최신
그라페낱말사전
THE GRAPHE DICTIONARY

기독교사전편찬회 감수
정훈성 · 박기원 편저

도서출판 영문

발 간 사

어느 분야를 막론하고 그 분야의 문화적 발전 및 지속성 내지는 근원 보존을 위한 사전이 있기 마련입니다. 기독교계에도 종교, 신학, 성경 등의 사전이 이미 여러 차례 발간되어 온 것도 사실입니다.

영문 출판사가 펴내는 최신 그라페 낱말사전은 성경과 신학, 신앙문제를 해설하고 있습니다. 그 이유는 우리나라의 문자가 오래 전부터 이두화 또는 취음으로 표기되어 모든 계층을 수용하기에 불편이 있기 때문입니다. 따라서 본 사전은 전문적 해석보다는 용어 자체를 성경적으로 해석되는 데까지 설명한 것이 특징입니다. 성경항목이 11,000 정도인데 비해 본 사전은 12,420여 항목과 이해를 돕기 위하여 고대 유적과 고분 벽화 등에서 옮겨그린 470여 장의 그림자료를 수록하였습니다.

이 작업의 시작은 지난 1984년 봄이었습니다. 본래는 포켓용 종합사전으로 집필해 오다가 점차 폭을 넓히고 양을 늘려 한국인 성도들에게 편리하게 성경, 신학, 신앙을 해석할 수 있는 책으로 만들었습니다.

만 10년이 되는 시점, 선교 100주년을 맞이하여 2판을 펴내고 그후 두 차례의 수정 증보판을 발행하였고 초판을 발행한 이후 10년이 되는 시점에서 대량 증보하여 제5판을 펴내게 되었습니다.

이 책이 성도 여러분에게 기쁨으로 전달되기를 바라는 마음 간절합니다. 따라서 누락된 부분이나 교정을 요하는 부분은 언제든지 연락하시고 지도해 주시면 감사하겠습니다.

이 사전이 성경을 바로 해석하고 신앙을 바르게 인도하며 성도의 바른 삶을 살 수 있도록 도우며 언제까지나 성경 곁에서 보좌역을 하는 책으로 남을 수 있도록 최선을 다할 것입니다.

2003년 5월
발행인 김 수 관 씀

일러두는 말

■ 항목수록
1. 성경항목은 신·구약 성경에 기록된 인명, 지명, 강령, 예언, 사회제도, 이루어진 사실 등 해설되어야 할 모든 단어를 수록했다.
2. 신학항목은 신·구약 성경에 직접 기록되지 않았다 하더라도 성경과 신앙사상에 중요한 개념을 이루는 신학, 교리, 사상, 역사에 관한 항목을 수록했다.
3. 일반항목은 일상생활 중에 성경이해에 도움이 되는 문헌이나 용어를 수록했다.

■ 항목배열
ㄱ ㄲ ㄴ ㄷ ㄸ ㄹ ㅁ ㅂ ㅃ ㅅ ㅆ ㅇ ㅈ ㅉ ㅊ ㅋ ㅌ ㅍ ㅎ

■ 문자 및 해설
히브리어, 헬라어, 영어, 한자를 〔 〕안에 기록하고 뜻을 밝혔다.

■ 일반약자(품사)

명:명사	대:대명사	형:형용사	자:자동사	감:감탄사
타:타동사	수:수사	관:관형사	부:부사	준:주린말
감:감탄사	약:약자	접:접미사	어미:어미	피동:피동사
구:어구	인:인명	지:지명		

참고서적
■ 성경부문
성경전서(개역, 국한문) - 대한성서공회
대성구사전 - 혜문사
완벽성구대전 - 아가페출판사
성서대백과사전 - 기독지혜사
성서백과대사전 - 성서교재간행사
새성서대사전 - 혜문사
기독교대백과사전 - 기독교문사
성경인명지명사전·오인명 - 백합출판사
최신성경인명지명사전·김남식 - 한국성서협회

성서어휘사전 - 기독교서회
기독교백과사전 - 문공사
성경주석·박윤선 - 영음사
매튜헨리 성경주석 - 기독교문사
바클레이 성경주석 - 기독교문사
렌스키 성경주석 - 백합출판사
풀핏 성경주석 - 보문출판사
칼빈 성경주석 - 성서교재간행사
영문성경사전 다수

■ 신학부분
교의신학·박형룡 - 신망애사
성경총론·박기원 - 성도출판사
장로직분론·박기원 - 성도출판사
뻘콥 조직신학 - 기독교문사
웨스트민스터 신앙고백해설 정훈성 - 한국복음문서연구회
바른신앙·장경두 - 성도출판사

■ 언 어
성경·K.J.V. R.S.V. N.I.V, 일어성경
원어대사전 - 기독교문사
한영대사전 - 시사영어사
원어성구사전 - 기독교문화협회. 요단출판사. 벧엘출판사

■ 낱말부분
신편국어대사전 - 대영출판사
이희승편 국어대사전 - 민중서림
한글학회편 큰사전 - 을유문화사
새국어사전 - 대영출판사
한국어사전편찬회 한국어사전 - 현문사
현대국어사전 - 동신문화사
새국어사전 - 동아출판사

■ 컷부분
영문성경사전, 도안사전, 영문성경, 영문성경사전

성경책명 약자와 장수

*( )안은 장수

구약성경

창세기(50) ······창	역대하(36) ······대하	다니엘(12) ······단
출애굽기(40) ······출	에스라(10) ······스	호세아(14) ······호
레위기(27) ······레	느헤미야(13) ······느	요 엘(3) ······욜
민수기(36) ······민	에스더(10) ······에	아모스(9) ······암
신명기(34) ······신	욥 기(42) ······욥	오바댜(1) ······옵
여호수아(24) ······수	시 편(150) ······시	요 나(4) ······욘
사사기(21) ······삿	잠 언(31) ······잠	미 가(7) ······미
룻 기(4) ······룻	전도서(12) ······전	나 훔(3) ······나
사무엘상(31) ······삼상	아 가(8) ······아	하박국(3) ······합
사무엘하(24) ······삼하	이사야(66) ······사	스바냐(3) ······습
열왕기상(22) ······왕상	예레미야(52) ······렘	학 개(2) ······학
열왕기하(25) ······왕하	예레미야애가(5) ······애	스가랴(14) ······슥
역대상(29) ······대상	에스겔(48) ······겔	말라기(4) ······말

신약성경

마태복음(28) ······마	에베소서(6) ······엡	히브리서(13) ······히
마가복음(16) ······막	빌립보서(4) ······빌	야고보서(5) ······약
누가복음(24) ······눅	골로새서(4) ······골	베드로전서(5) ······벧전
요한복음(21) ······요	데살로니가전서(5) ······살전	베드로후서(3) ······벧후
사도행전(28) ······행	데살로니가후서(3) ······살후	요한일서(5) ······요일
로마서(16) ······롬	디모데전서(6) ······딤전	요한이서(1) ······요이
고린도전서(16) ······고전	디모데후서(4) ······딤후	요한삼서(1) ······요삼
고린도후서(13) ······고후	디도서(3) ······딛	유다서(1) ······유
갈라디아서(6) ······갈	빌레몬서(1) ······몬	요한계시록(22) ······계

가[edge]몡(창22:17, 마9:20) ①넓이를 가진 물건의 한 가운데서부터 바깥쪽으로 끝진 곳. around side end. ②옆, 곁, 부근, 주변, 주위, 둘레, near. ③언저리, 변두리 가장자리, 펼쳐진 것이나 공간의 끝 닿는데. near.

가[可 ; 옳을 가]몡(창31:30) ①옳음. right. ②좋음. good. ③회의 따위에서 뜻을 같이하는 의사표시. approval.

가감[加減 ; 더할 가, 감할 감]몡(신4:2) ①더하거나 뺌. addition and subtraction. ②어떤 기준보다 넘치거나 모자람 ③더하거나 덜어서 알맞게 조절함.

＊하나님의 말씀은 가감할 수 없다.

가객[歌客 ; 노래 가, 손 객. singer] 몡(시68:25) ①노래를 잘 짓거나 부르는 사람 ②노래로 삶을 이어가는 사람. 가인(歌人). ③이스라엘의 노래하는 자라고도 불렀다(삼하23:1).

＊성도는 하나님을 노래하는 가객.

가격[價格 ; 값 가, 격식 격. price] 몡(마27:9) ①팔고 사는 물건의 값. ②돈으로 나타내는 교환가치.

＊성경시대 사람 소년의 값은 은 20, 어른은 은 30이었다.

가결[可決 ; 옳을 가, 결단할 결. approval]몡(행15:22) 회의에서 내어놓은 안건에 대하여 뜻을 모아 좋다고 결정지음.

가깝다[형](창19:20, 마3:2) ①거리가 짧다. near. ②시간의 동안이 짧다. quick. ③사귐의 정분이 두텁다. 친하다. intimate.

가끔[occaslonal] 몡(전7:22, 눅8:29) ①동안이 조금씩 뜨게, 드문드문. ②이따금, 어쩌다가.

가나 [נַחַל = 갈대] 지

1 그리심산 서쪽으로 흐르는 시내(와디 가나) 욥바 북쪽 지중해에 들어가기 전에 야르곤강과 합한다. 서 - 담부아, 남 - 에브라임과 단 사이의 경계, 북 - 므낫세(수16:8, 17:9).

2 두로의 동남쪽 약9.6km 지점에 있는 성읍. 아셀의 북쪽에 있으며 요한복음의 예수님께서 물로 포도주를 만든 곳과는 다르다(수19:28). 고대 서판에는 크누, 가누로 기록된 곳으로 오늘의 카나.

가나[*Kavá* = 갈] 지 (요2:1)

1. **위치** - 갈릴리 가나라고 부르는 가나는 나사렛 동북방에 있는 마을이다. 분명하지는 않으나 지금의 두 장소를 말하고 있다. ①케프르 켄나(Kefr Kenna) -가버나움과 벳새다로 통하는 디베랴 가로에 있는 마을로 나사렛 동북쪽 약6km 지점의 작은 마을. 성지순례 때 들리는 마을이다. ②길벳 카나(Khirvet Qana) - 나사렛 북쪽 약14.4km 지점에 있는 폐허지. 많은 학자들(요세보, 로빈슨등)이 이곳을 복음서의 가나로 여긴다. 이곳에 갈대가 많기 때문에 어원과 부합된다.

2. **관련기사** - ①예수님께서 물로 포도주를 만드신 곳(요2:1-11) ②예수님께서 왕의 신하의 아들을 고치신 곳(요4:46-50).
3. **출신인물** - 나다나엘(요21:2)

가나안〔כְּנַעַן = 자주빛〕[인](창9:18)
1. **인적관계** - ①노아의 손자로 함의 네째아들. ②구스와 미스라임, 붓의 형제(창10:6). ③가나안족의 조상(창10:15-19, 대상1:13-16).
2. **생애** - ①술에 만취되어 벌거벗고 잠든 노아를 보고 놀렸다. 그 아비 함이 형제에게 가서 일렀다(창9:20-22). ②노아의 저주를 받았다(창9:24-25). 이 일로 그의 후손들은 셈과 야벳족의 지배를 받게 되었다.
3. **교훈** - 존경받을 자가 실수했을 때 아랫사람이 취할태도(창6:9, 마7:5, 요일3:18). 노아에 관해서는 방심이 금물이며 저주하지 말아야 할 것을 배우게 된다(벧전5:8).

가나안〔כְּנַעַן = 낮은 땅〕[지](창10:19) 팔레스타인의 옛 이름.
1. **위치** - ①중동 요단강서편, 시돈에서 라사까지 지중해 동편 땅을 말한다. ②출애굽한 이스라엘 민족의 영토로 단에서 브엘세바까지를 말하고 ③넓게는 현재의 레바논, 시리아 남단, 가자 지구 등이다.
2. **관련기사** - ①시돈에서부터 라사까지 함의 네째아들 가나안의 후손들의 거주지(창10:6, 19). ②헷, 기르가스, 아모리, 가나안, 브리스, 히위, 여부스의 7족의 거주지(신7:1). ③아브라함과 이삭과 야곱에게 허락하신 땅(창12:7). ④애굽에 있는 이스라엘 백성을 모세를 통해 인도하여 들어가게 하신 땅(출13:17-22). ⑤여호수아가 모세를 계승하여 이 땅의 7족을 멸하고 이스라엘 12지파에게 나눠 주게 하였고(수4:1, 18-19). ⑥여호수아 사망 후 370년간의 사사 시대와 390년간의 왕정 시대를 지냈다.
3. **지형** - 산악이 많은 편이나 여러 곳에 평원이 있고, 수원이 풍족하여 토지가 비옥하고 기후가 온화하여 감람, 포도, 석류, 무화과, 밀 등이 풍부하고 가축과 해산물이 풍부하여 젖과 꿀이 흐르는 땅으로 불리어진다. 예수님의 제자 중 가나안 사람 시몬이 있다(마10:4).

4. **교훈** - ①약속의 땅이지만 싸워서 정복했던 곳으로 하나님의 말씀을 순종할때 평안을 누리는 성지이다. 주의 약속의 신실함을 깨달아야 된다(창12:7). ②자신 또는 세상을 완전히 정복하지 못한 그리스도인이 받는 고난. 천국에서는 죄가 용납되지 아니한다(고전6:9-10, 갈5:21). ③하나님께서 택하신 성도가 거할 영원한 천국을 상징한다.

가난〔Poor, Poverty〕[명](출23:3) 살림살이가 어려움, 또는 그런 상태. 빈곤. 가진 것이 없는 상태.

가난한 자〔povery stricken man〕[명](출22:25) 생활이 넉넉하지 못하고 가진 것이 없는 사람. 빈 자.

*성경은 가난한 사람을 돕고 압제하지 말라고 교훈한다. 가난은 특별한 재난으로 오는 수도 있지만 게을러서 오는 수도 있다. 예수님께서 가난한 사람을 도우셨고 사도시대 가난한 자를 위하여 집사를 세워 구제했다. 야고보는 교회에서의 차별을 금지하도록 교훈했다(행6:1-6, 약2:3-6). 품삯을제때 주고 이자를 받지 말고 추수때는 이삭을 남겨두라고 하였다(레19:139, 25:35 - 37, 19:9 - 10).

*예수님은 심령이 가난한 자가 복이 있다고 말쏨하셨다. 그리스도인의 마음 속에 죄가 없고 오직 주의 말씀만을 받아들일 준비가 되어 있어야 한다.

가납하다, 되다〔嘉納 ; 아름다울 가, 드릴 납〕[명] ①물건을 바치는 것을 고맙게 생각하고 받아 들임. acceptance. ②간(諫)하거나 충고하는 말이거나 의견을 쾌히 받아들임. approval.

가는 베(옷)〔linen〕[명](에1:6) 가는

실로 짠 옷감. 비단. 고운 옷.

가늘다[beaten, fine]혱(출26:1) 둘레가 작다. 굵지 않다. 너비가 좁다. 소리가 작다. 촘촘하다.

가능[可能 ; 옳을 가, 능할 능. possibility]명(막14:36) ①할 수 있음. ②될 수 있음. ③사유상(思惟上) 모순이 없음. ↔불가능(不可能).

가다[go, send]자(창10:30) 어떠한 곳으로 움직이다. 떠나가다. 세월이 지나다. 죽다.

가다라[Γαδαρηνός = 성을 둘렀다]지

1. 위치 - 갈릴리 호수 동남쪽 약9.6km지점. 해발 약360m되는 데가볼리의 산상에 있는 마을로 거라사라고도 함(막5:1). 지금은 유황성 온천이 있는 움케이스라는 곳으로 아랍인들의 마을이다.
2. 관련기사 - 예수님께서 귀신들린 사람을 고치신 곳(마8:28-34).

가담[םהישּׁ = 그들의 만짐]인(창36:11) 야곱의 형 에서의 손자로 에돔 사람의 족장. 이삭의 손자요 아브라함의 증손이다.

가데스[שׁד = 거룩한 샘]지(창14:7) 본명은 엔미스밧. 심판의 샘이란 뜻. 일명 가데스 바네아 또는 므리바 가데스라고도 한다(겔48:2, 민20:3-13) 참고 : 므리바.

1. 위치 - ①시내반도 동북지역. 브엘세바 남쪽 80km 지점에 있는 곳으로 이스라엘 남쪽 경계선. 현재는 아엔 가데스.
2. 관련기사 - ①그돌라 오멜의 점령지(창14:5-7). ②하갈이 이 근처로 도피함(창16:7,14). ③아브라함이 지낸 곳(창20:1). ④12정탐군의 보고를 들은 곳(민13:26). ⑤미리암을 장사지낸 곳(민20:1). ⑥모세가 반석을 친 곳(민20:1-13). ⑦모세가 에돔에 사신을 보낸 곳(민20:14-22). ⑧이스라엘이 범죄한 곳(민27:14). ⑨하나님의 위엄이 나타난 곳(시29:8). ⑩고라의 무리가 반항한 곳(민16:1-40). ⑪제사 규례를 가르친 곳(민15:1-31). ⑫13,000명이 죽은 곳(민16:41-50). ⑬에스겔이 이상으로 본 곳(겔47:19).
3. 교훈 - ①12정탐군 사건을 통한 신앙적 행위를 본받을 것(민13:1-14:38). ②모세가 두번 반석을 친 사건을 통하여 교역자 또는 지도자의 감정억제와 오직 하나님만 높여야함을 배울 것(민20:2-13).

가데스므리바지(민27:14)→므리바

가데스 바네아 지 →가데스

가두다 타(창39:20) ①일정한 곳에 넣어 두고 함부로 드나들지 못하게 하다. lock up. ②물이 일정한 곳에 괴어 있게 하다. standing(water).

가드 (사람) [גּת = 술짜는 틀]지(수11:22)

1. 위치 - 가사 북쪽 32km지점 블레셋 다섯 마을 중 하나. 아스돗과 에그론 사이에 있은 성읍. 그들에게 왕이 있었다(삼상27:2).
2. 관련기사 - ①아낙 자손이 남아 있었다(수11:22). ②하나님의 궤를 옮겨옴(삼상5:8). ③골리앗의 출신지(삼상17:4). ④다윗의 1,2차 망명처(삼상21:10-15). ⑤다윗이 정복한 성읍(대상18:1). ⑥하사엘이 정복한 곳(왕하12:17). ⑦르호보암이 재건한 곳(대하11:5-8). ⑧웃시야가 헐어버린 성읍(대하26:6). ⑨멸망이예언된곳(암6:1-3). ⑩시므이가 금족령을 위반하여 도피했다가 죽임을 당한 곳(왕상2:8-46).
3. 교훈 - 선민의 적진으로 그곳 사람들이 이스라엘과 유다를 괴롭혔다. 불신앙적인 고장. 요나가 니느웨를 실어한 것을 생각하여 교훈을

가드 림몬[נַּת-רִמּוֹן = 석류나무 근처 포도주 짜는 곳]지
① 단지파의 성읍으로(수19:45) ①정복하지 못한 지역(삿1:34-35). ②다윗이 정복하고 통치했다(대상18:1).
② 레위인의 성읍으로 ①고핫 자손의 거주지(수21:24). ②에브라임에 속한 땅(대상6:69)으로 빌로암, 이블로암으로 불린다(대상6:70).

가드 모레셋[נַּת מוֹרֶשֶׁת = 가드의 소유]지(미1:14) 세벨라에 있는 성읍. 가드 부근에 있었기 때문에 생긴 이름이다. 선지자 미가의 고향(미1:1, 렘26:18). 현재 예루살렘 서남쪽 32km지점 텔 에즈 유데이데.

가드 헤벨[נַּת הַחֵפֶר = 굴에 있는 포도주 짜는 틀]지(수19:13) 나사렛 동북 5km지점 ①여호수아가 스불론 지파에게 준 땅. 욥바에서 가까운 곳. ②선지자 요나의 고향(왕하14:25). 현재지명 - 엘메스헤드.

가득하다[full]형(창6:13) 수효나 분량이 어떤 한정된 수치에 차는 것. ①성도에게는 주의 은혜와 주의 권능 사랑과 그리스도의 향내가 가득해야 하고, ②죄악이나 강포 거짓이 가득해서는 아니된다.

가디[גָּדִי = 운이 좋은, 복된]인(왕하15:14-17) 살룸왕을 죽인 이스라엘왕 므나헴의 아버지. 10년간 통치했다.

가라사대[says that]지(창1:3) 말씀하시기를, 말씀하시다.
*하나님과 예수님의 말씀을 나타낼 때 사용하였다.

가라지명(마13:25)
① 곡식밭에 난 강아지풀, 독보리, 밀깜부기, 알곡이 아닌 쭉정이를 일컫는 말.

◀가라지
가라지

② 성경에서는 악한 것 또는 쓸모없는 것을 뜻한다. 그리고 이단자, 적그리스도, 불신자를 일컫는 말.

가락[spindle]명(삼하21:20) ①물레로 실을 자을 때, 고치 솜에서 풀려 나오는 실을 감는 두 끝이 뾰족한 쇠꼬챙이. 길이는 한 뼘 정도임. 가락꼬치. 전정자(錢釘子). ②손과 발의 갈라진 부분

가락지[ring]명(출35:22) 장식용으로 손가락에 끼는 금, 은, 옥 등으로 만든 고리. 지환(指環). 반지.

가량[假量 ; 거짓 가, 분량 량. approximately]명 명사나 수사(數詞) 따위 뒤에 쓰이어, '쯤'과 같이 수량상 대강의 뜻으로 나타내는 말.

가레아[קָרֵחַ = 털이 없다]인(왕하25:23) 예루살렘이 망한 후 바벨론 느브갓네살 왕이 세운 유다 총독. 그달리야의 군대장관이었던 요나단과 요하난의 아버지.

가렙[גָּרֵב = 문둥이, 더러운]인(삼하23:38) 이델사람으로 다윗의 용사 중의 한 사람.

가렙산[hill of gareb]지(렘31:39) 예루살렘 남서편에 있는 산으로 예루살렘 회복에 관하여 예레미야가 언급하였다.

가련[可憐 ; 옳을 가, 불쌍히 여길 련]형(사10:30) ①불쌍하다, 가엾다, 딱하다. miserable. ②동정심이 가도록 애틋하다. pitiful.

가련한 자[poor]명(시10:2) 신세가 딱한 사람. 고아나 과부. 나그네.

가렵다형(딤후4:3) ①살갗을 긁고 싶은 느낌이 있다. itchy. ②좀스럽고 아니꼽고 거슬리다. mean.

가령[假令 ; 거짓 가, 명령할 령. suppose]명(민24:13) 어떠한 일을 사실로나 상상으로나 가정(假定)하여 쓰는 말.

가로[街路 ; 거리 가, 길 로. street]명 도시의 길. 교통안전을 위하여 차도와 인도가 구분되는 길. 가도.

가로되[say]자(창2:23)〈왈=曰〉말하되, 말하기를.
* 하나님의 말씀과 구분하여 사람의 말에 쓰였다.

가로막다[obstruct]타(왕상6:16) 앞으로 가로 질러 막다.

가룟['Ισκαριώθ]지(요6:71) 예수님을 판 유다의 고향. 예루살렘 남쪽에 있다. 브엘세바 북동쪽 약29km 지점에 위치한 현재의 키르벳 엘 카라테인.

가룟 유다['Ισκαριώτης 'Ιούδας]인

1. **인적관계** - ①가룟 시몬의 아들로 예수님의 열 두 제자 중 한 사람(마10:4, 눅6:16). ②경리를 맡은 자(요12:6, 13:29).
2. **관련기사** - ①그의 이름은 예수님의 12제자중 맨 끝에 기록되었다(막3:19, 눅6:16). ②예수님의 사역시대 재정을 맡은 자(요12:6, 13:29). ③예수님의 발에 향유를 부은 여인을 책망한 자(요12:4). ④전도를 하고 귀신을 쫓아내고 병을 고친 일도 있다(눅9:1). ⑤예수님은 은 30에 판 자(마26:15). ⑥깨끗하지 못한 자로 예수님과 같이 그릇에 손을 넣은 자(요13:21-26). ⑦마귀라고 지칭받은 자(요6:67-70). ⑧도적이라고 지칭을 받은 자(요12:6). ⑨마귀의 도구로 사용된 자(요13:2). ⑩멸망의 자식이라 불리움(요17:12). ⑪사단이 그 속에 들어간 자(요13:27). ⑫입맞춤으로 예수님을 잡게 한 자(마26:49). ⑬예수님을 판 것을 후회하고 은 30을 성소에 던진 자(마27:3-) ⑭목매어 죽은 살인자(마27:5). ⑮그의 최후의 모습 - 곤두박질하여 배가 터져 창자가 튀어나와 흩어졌다(행1:18). ⑯나지 않았던 것이 좋을 뻔 한 사람(마26:24).
3. **교훈** - 재물을 맡았을 때 탐심이 생기기 쉽다. 돈이 일만악의 뿌리가 되는 것을 기억하고 있는 바 그것으로 만족해야 한다. 물질 때문에 스승을 배반한 자 그리스도를 배반하는 자가 되지 않도록 주의한다.

가루[meal, powder]명(창18:16) 깨뜨리거나 부수거나 갈아서 썩 잘게 만든 물건. 분말.

가르가스[עֲרְגַּס=엄숙하다]인(에1:10) 바사왕 아하스에로의 7내시 중 하나.

가르나임[קַרְנַיִם=쌍봉의 구릉]지(창14:5) 바산의 성읍. →아스드롯 가르나임.

가르다타(왕상19:11) ①쪼개거나 나누어 따로 따로 구별되게 하다. split. ②전체를 이루고 있는 속성을 하나하나 구별하여 내다. divide. ③시비를 분간하다. sort. ④두 갈레로 나누다.

가르다[קַרְתָה=연결하다]지(수21:34) 스불론에 있은 레위족의 한 동네. 므라리 자손에게 준곳. 대상6:77에는 나오지 않는다.

가르단[קַרְתָּן=성읍]지(수21:32) 납달리의 레위인의 마을. 기랴다임이라고도 부름(대상6:76) 두로의 동남쪽 24km의 지점 현재의 길벳 엘 쿠레이예.

가르미[כַּרְמִי=포도원]인(대상2:7) 물건으로 인하여 이스라엘을 괴롭힌 아갈의 아버지.

가르스나[שְׁרַסְנָא=쟁기로 밭가는 사람, 전리품]인(에1:14) 아하수에로궁의 일곱 관리 중 한 사람.

가르치다[teach]타(창37:16) ①지식이나 이치 따위를 알도록 하다. ②그릇된 것을 고치어 올바르게 잡아주다. ③ 지도하다. instruct

가르침[teach]명(왕상12:14) ①올바른 길을 알려주어 일깨움. ②지식 기술, 이치 등을 알려주어 제대로 소화시키게 하거나 또는 깨닫게 함. 그 내용과 사항.
* 성경 원어상. ①원숙함. ②본받음. ③알다. ④충고. ⑤권고. ⑥제자를 삼는다는 뜻이 있다.

가름대[fillet, crossbar]명(출27:10) 좌, 우나 상하를 구분하기 위하여 댄 물질. 건너 질러 놓은 대. 성막의 기둥과 기둥을 연결하기 위

하여 쓴 막대기. 성소와 지성소 사이는 금을 입힌 가름대 사용(출36:38). 바깥 뜰의 기둥의 가름대는 은이다(출27:10-19).

가리[גָּרִי = 집정관]㉧(왕하11:4) ①여호야다가 요아스를 왕으로 세울 때 가리 사람들의 백부장들이 여호와의 전에서 맹세했다. ②이들은 용병으로 알려져 있으며 소아시아 남부 카리아 주민으로 여긴다.

가리다[cover]㉣(창38:14) 보이지 않게 덮다. 통하지 않게 막다.

가리다[choose]㉣(창30:32) 여러 가운데서 골라내다. 분별, 구별하다.

가리키다[point at]㉣(창21:23) ①손가락 등으로 어떤 방향이나 대상 따위를 나타내 보이거나 집어서 말하다. ②'가리켜'로 쓰이어 특별히 지정해서 말하는 대상을 두드러지게 나타낼 때에 쓰임.

가릿대[rib bone]㉤(욥40:18) 쇠갈비의 뼈대(肋骨).

가마[kiln]㉤(출16:3) 큰 솥. 음식을 만드는 성전의 기구. 갑작스러운 파괴(시58:9)와 임박한 멸망(렘1:13)에 비유되었다.

가만두다[leave as it is]㉣(왕하14:27) ①손을 대지 않고 그대로 두어 두다. ②상관하지 않고 버려두다.

가만히[quietly]㉦(창31:20) ①움직이지 않으며 말없이. ②표나지 않게 조용히. ③남몰래 살그머니. ④곰곰히 차분히. ⑤아무 대책없이, 활동없이. 노력없이.
* 가만히 들어온 자는 이단자를 가리킨다(유4)

가말리엘[גַּמְלִיאֵל = 하나님의 상급]㉧
① 브다술의 아들. 므낫세의 족장으로 인구조사 일부담당(민1:10).
② 유다 공의회 의원
1. **인적관계** - ①대랍비 힐렐의 손자이며 시몬의 아들. ②사도 바울의 스승(행22:3)
2. **관계기사** - ①선교하다가 잡힌 사도들을 타이르고 석방함(행5:33-40). ②바리새파 사람으로 율법학자이며 산헤드린 공의회 회원으로 헤롯왕의 종교문제에 조언한 것으로 사도 바울이 변증했다(행22:3).

가모[家母 ; 집 가, 어미 모. mistress]㉤(사24:2) ①한 집안의 주부. ②남에게 자기 어머니를 일컫는 말. my mother. 자당.

가몬[קָמוֹן = 높은 곳, 서는 곳]㉧(삿10:5) 길르앗에 있는 성읍. 사사 야일을 장사한 곳

가물[גָּמוּל = 상주심]㉥(대상24:17) 다윗왕 때 제사장. 제22반열의 책임자.

가뭄[drought]㉤(욥24:19)→가물음. 비가 오지 아니하여 생김. 하나님의 심판으로 가뭄이 든다. 애굽에서 요셉이, 엘리야가 예언했다(창41:1-36, 왕상17:1)

가미 사람[גַּמִּי = 힘센, 뼈대가 굵은]㉧(대상4:19) 나합의 생질 그일라의 고향. 그의 후손과 그 위치는 분명하지 않다.

가바[גֶּבַע = 언덕]㉧(수18:24) 팔레스틴의 한 지방의 이름으로 보통 게바라고 기록되어 있다.

가바다[Γαββαθα = 높은 곳]㉧(요19:13) 빌라도가 예수님을 재판한 곳. 박석이라고도 함. 예루살렘 성내 현재 한 부녀수도원 바닥에 길이120cm 너비60cm 두께30cm되는 돌로 포장된 곳을 빌라도가 예수님을 사형선고한 곳으로 여긴다.

가바도기아[Καππαδοκία = 멸함]㉧
1. **위치** - 소아시아(현재 터키)의 토러스 산맥 북쪽 옛날 로마에 속한 고을의 하나. 북은 본도, 남은 길리기아, 동은 수리아, 서는 루가오니아에 접한 곳으로 광대한 목장과 좋은 가축이 많고 유대인이 많이 거주했다.
2. **관련기사** - ①오순절때 절기를 지키기 위하여 많은 사람이 예루살렘

가버나움

으로 왔다. ②베드로의 설교를 듣고 믿는 사람이 많았다. ③베드로의 선교여행지이며 베드로전서의 일부수취인들이 살던곳(벧전1:1). 갑바도기아라고도 씀.

가버나움[Καφαρναούμ=위로의 마을]지 나훔의 마을이란 뜻도 됨.
1. **위치** - ①갈릴리 호수(일명 게네사렛, 긴네렛) 북서쪽의 마을(마4:13-16) 현재의 델훔으로 추정함.
2. **관련기사** - ①로마군대의 주둔지(마8:5-8). ②예수님께서 이사하신 곳(마9:1, 막2:1). ③다메섹에서 지중해로 통하는 길목으로 상업이 발달한 곳으로 로마의 세관이 있던 곳(막2:14). ④유대인의 회당이 있었고(눅7:5). ⑤마태는 본동네라 불렀다. ⑥베드로와 안드레의 고향(막1:21). ⑦백부장의

폐허가 된 회당 ▲

종을 고치심(마8:5-13). ⑧신하의 아들을 살림(요4:46-53). ⑨베드로의 장모를 고침(마8:14-17). ⑩귀신들린 자를 고침(막1:21-28). ⑪중풍병자를 고침(마9:18). ⑫각색병을 고침(마8:16-17). ⑬네 제자를 부르심(마4:13-). ⑭제자들이 다툰 곳(막9:33-37). ⑮예수님이 설교하신 곳(요6:59). ⑯여러 가지 교훈하신 곳(막9:33-50). ⑰심판이 예고된 곳(마11:23-24).
3. **교훈** - 예수님께서 많은 기적을 보였으나 이곳 사람들은 예수님을 믿지 아니했다(눅10:15). 후에 이 성읍은 회교도에게 진멸되었다. 오늘날까지 폐허로 남아 있는데 그리스도를 받아들이지 않은 사람들의 고장이 어떻게 됨을 보여준다.

가볍다[dispise]형(왕상12:4) 무게가 무겁지 아니하다. 중대하지 아니하다. 홀가분하다.
*그리스도께서 우리의 죄짐을 가볍게 해 주셨다. 때로는 고난도 가볍게 해 주신다.

가보[Κάρπος=과실, 손목]인(딤후4:13) 드고아 사람으로 사도 바울의 친구. 바울은 디모데에게 가보에게 남겨두고 온 겉옷을 가져오도록 부탁했다.

가부[可否; 옳을 가, 아니 부]명(창24:50) ①하고자 생각하는 일이 옳은가 그른가의 여부. right. ②회의에 있어서 표결(表決)의 가(可)와 부(否) 찬성과 반대. 가불가(可不可). pro and con 옳다와 아니오.
*예수님께서 이것을 분명히 하도록 교훈하셨다(마5:37).

가불[גְּבוּל=기쁘지 않다, 굳고 메마른 땅, 불모의 땅]지
1 스블론에 접한 아셀의 성읍(수19:27) 악고의 동남15km, 갈멜산 동북16km 지점의 곳으로 현재의 카불
2 솔로몬이 두로왕 희람에게 성전건축을 협력한 사례로 준 20개 성읍의 지역. 희람이 불만을 품고 솔로몬에게 반환하였으므로 붙여진 이름(왕상9:13). 솔로몬은 이곳에 성읍들을 재건하고 이스라엘 사람들을 살도록 하였다(대하8:2).

가브리엘[גַּבְרִיאֵל=하나님의 능력, 하나님의 사람]인 천사장의 이름. ①바벨론에서 다니엘에게 이상을 풀어주기 위해서(단8:16-27), 그리고 70주의 계시를 전하기 위하여 나타났다(단9:21-27). ②사가랴의 아내 엘리사벳이 잉태하여 세례요한이 출생할 것을 예고(눅1:5-20). ③마리아에게 그리스도께서 성령으로 잉태되사 탄생하실 것을 예고(눅1:26).

가사[עַזָּה=견고함, 강함]지
1. **위치** - ①예루살렘 서남72.5km 지점의 마을. 현재의 가자. ②노아때부터 언급된 가나안 서남단의 성읍(창10:19). ③원주민 ; 아위사람. 후에 갑돌사람의 거주지가 된 곳

(신2:23). ④블레셋 다섯 성읍 중 하나(수13:3).
2. **관련기사** - ①유다지파에게 분배된 땅(수15:47). ②아낙 사람들이 피난한 곳(수11:22). ③다곤 신전이 세워진 곳(삿6:4). ④삼손의 활동지(삿16:). ⑤솔로몬의 통치지역(왕상4:22,24). ⑥히스기야가 점령함(왕하18:8). ⑦바로느고에게 정복당한 곳(렘47:1,5). ⑧에돔과 노예무역을 하던 성. 불로 멸망할 곳(암1:6,7). ⑨빌립이 구스 네시에게 보냄을 받아 그곳을 향해 광야길을 갔다(행8:21-29).
3. **교훈** - ①하나님께서 교훈으로 남겨두신 곳(삿3:3). ②하나님께서 채찍으로 남겨두신 곳(삿2:3, 수23:13). ③하나님의 심판이 예고된 곳(렘25:20).

가산[家産 ; 집 가, 낳을 산. family property]명(스7:26) 한집안의 재산. 가재(家財).

가상[嘉尙 ; 아름다울 가, 오히려 상. pratse]명(시104:34) 착하고 귀하게 여기어 칭찬함. 갸륵하게 여김.

가석[可惜 ; 옳을 가, 아낄 석. regrettable]명(사13:18) 애틋하게 아까움. 가엾음.

가세스[גָּזֵז = 양털깎는 사람]인
① 갈렙의 첩 에바가 낳은 아들(대상2:46).
② 갈렙의 손자. 하란의 아들(대상2:46).

가속[家屬 ; 집 가, 붙을 속. folks]명 집안의 살붙이, 자기 아내를 일컫기도 한다.

가스므[גֶּשֶׁם = 소나기]인 (느6:6) 게셈의 다른 이름(느2:19, 6:1,2). 아라비아 사람으로 유다를 대적할 때 산발랏과 도비야와 더불어 느헤미야의 예루살렘 성벽 개축을 반대하였다.

가슬루힘[כַּסְלֻחִים = 바닷가 사람]인 (창10:14) 함의 손자로 미스라임의 아들. 블레셋인의 조상. 그에게서 갑도림 족속, 블레셋 족속이 나왔다.

가슴[breast]명(창49:25) 동물의 목 아랫부분을 일컫는 말. 구약에서는 여자의 젖가슴, 신약에서는 남자의 가슴을 주로 말한다.

가슴을 치다[lament]구(마11:17) 가슴을 두드리다. 슬프거나 분할 때 하는 몸가짐으로 죄인이 마지막 날에 취하게 될 행동.

가슴핀[brooch]명(출35:22) 가슴에 다는 장신구, 성막을 짓기 위하여 자원하여 드린 물건 가운데 한 종류. 브로치로 보는 것이 좋다.

가시~나무·덩불·덩굴, 떨기[thorn bush]명(창3:18) 식물의 줄기나 잎에 바늘모양으로 뾰죽하게 돋아난 부분. 그 나무. ①울타리로 사용하였다(잠15:19) ②농사의 장애물(출22:6)
*가시는 악, 이스라엘의 적, 저주, 거짓 선지자, 사탄, 심판 등의 상징이 있다.

가시관[crown of thorns]명(마27:29) 가시로 만든 관. 예수님께 씌운 관은 찔레 가시로 만들었다고 한다. 이는 고통을 주며 희롱하기 위한 것이다.

가시뱌[כְסִפְיָא = 탐내다]지(스8:17) 북부 바벨론의 성읍. 에스라가 바벨론에서 귀환할 때 따라온 레위인과 느디님 사람의 거주지.

가시 울타리[hedge of thorns]명(잠15:19) 가시로 둘러 막은 울타리. 게으른 자의 길.

가시채[prick]명(행26:14) 찌르는 가시가 달린 막대기.

가신[家臣 ; 집 가, 신하 신. vassal]명(창14:15) 벼슬을 하는 집(고관댁)에 딸려 주인을 섬기는 사람.

가아스[גַּעַשׁ = 풍랑]지(삼하23:30) 딤나 세라 남쪽에 있는 마을. 다윗의 용사 힛대의 고향.

가아스 산[hill of gaash]지(수24:30)

에브라임 산맥 중에 있는 산. 여호수아가 살다가 죽은 후 장사된 곳. 세겜 서남쪽 32km지점으로 추정.

가알[לַעַג = 갚음, 협오]인(삿9:26) 에벳의 아들로 세겜인을 모아 기드온의 아들 아비멜렉을 반역할 것을 도모한 사람. 스불에 의해 세겜에서 쫓겨났다(삿9:26-41).

가야바[Καϊαφας = 오목하다, 비어 있다]인(마26:3)
1. **인적관계** - 예수님 당시 대제사장 안나스의 사위로 요셉이라고도 한다. 사두개파 사람.
2. **관계기사** - ①산헤드린 공의회에서 예수님께 유죄선언, 사형시키기로 결정(요11:47-53). ②한 사람이 만백성을 위하여 죽어야 한다고 예언했다(요11:50). 베드로와 요한을 심문하고 전도를 금지시킴(행4:1). ③예수님의 부활에 관하여 민감한 반응을 보였다(마27:62-66).
3. **교훈** - ①직권남용으로 무고한 사람을 죽게했다. 정치적 힘을 빌려 무죄한 사람을 죽게 했다. 감정에 치우쳐 옳고 그름을 판단하지 못했다. 이런 점을 거울삼아 우리가 주를 위하여 무엇을 할 것인가?

가옥[家屋; 집 가, 집 옥. house]명 (레14:55) 사람이 들어가 살기 위하여 지은 집. 대부분 집으로 번역된 말. 시대에 따라 변천이 많았다.

가우다[Καυδα]지(행27:16) 그레데섬 서남37km지점에 있은 작은섬. 바울이 로마로 갈 때에 풍랑 유라굴로를 만나 이 섬 아래를 지났다. 현재는 가우도스라고 부름.

가운데 기둥[sentral pillar]명(삿16:29) 서까래를 받친 기둥. 성전 등의 낭실을 만들기 위하여 가운데 기둥을 세웠다. 삼손은 다곤신당의 가운데 두 기둥을 밀어 쓰러뜨렸다.

가을[autumn; fall]명(출34:22) ① 한 해의 계절 가운데 세째 철. 여름 다음, 겨울 앞의 철. 절기로는 입추부터 입동 전까지의 기간. 천문학상으로는 추분부터 동지에 이르기까지. 기상학상으로는 9,10,11월을 북반구의 가을로 치고 음력으로는 7,8,9, 월을 말함. 날씨가 대체로 맑고 신선함. 하늘이 높고 오곡이 무르익는 단풍의 계절임. ② 농작물을 거둬들이는 철. ㉣ 갈.

가이[יַגַי]지(삼상17:51) 블레셋 대장 골리앗이 다윗에게 죽는 것을 보고 블레셋 군대가 도망갈 때에 이스라엘이 이곳까지 쫓아 갔다.

가이난[Καϊνάμ = 철공]인
① 에노스의 아들. 마할랄렐의 아버지. 아담의 증손자(눅3:37). 게난과 같은 사람(창5:9).
② 셈의 자손으로 아박삿의 아들(눅3:35).

가이사[Καῖσαρ]인(마22:17) 줄리어스 시이져 이후 로마 통치자의 칭호. ①예수님 탄생시 아그스도 (눅2:1). ②요한이 세례를 줄 때 - 디베료(눅3:1). ③사도행전 중기 - 글라우디오(행11:28). ④사도행전 말기 - 네로(행25:11).

가이사랴[Καισάρεια = 털이 많음]지
1. **위치와 개요** - 예루살렘 서북 113 km 욥바의 북쪽48km지점 지중해 연안의 항구. 로마 황제 가이사 아구스도를 존경하는 의미로 성 이름을 가이사랴라 부르고 팔레스틴을 지배하는 로마의 총독부와 병영을 두었고 사도 시대에는 매우 번창했다. 현재 항만시설과 원형경기장과 화려했던 유적들을 볼 수 있다.
2. **관계기사** - ①빌립집사가 거주한 곳(행8:40). ②고넬료의 집이 있은 곳(행10:1). ③베드로의 선교지(행10:34-43). ④바울이 2년간 구금된 곳(행18:22-21, 26:1).

가이사랴 빌립보[Καισάρεια Φιλίππου = 빌립보의 가이사랴]지
1. **위치** - ①갈릴리호수, 요단강의 수원이며 헬몬산의 남서쪽에 있다. 바알신을 섬기던 장소가 지금도 남아있다. ②분봉왕 헤롯 빌립(크레오파트라의 아들)이 화려하게 확

장하고, 디베료 가이사를 기념하는 의미에서 가이사랴라 하였고 자기의 이름 빌립을 추가하였다. ③현재는 바니움이며 폐허가 된 마을이 주변에 있으며 베드로신앙고백교회가 산 중턱에 있다.

2. **관계기사** - ①구약에 나오는 바알갓(수11:17) 또는 바알 헤르몬과 같은 곳으로 여긴다(삿3:3) ②베드로가 주는 그리스도시요 살아 계신 하나님의 아들이라고 신앙 고백했던 곳(마16:13-16).

3. **교훈** - 불신앙적인 세상에서 신앙을 고백할 수 있어야 하고 고백한 신앙에 근거하여 생활해야 한다.

가이사에 호소함[固](행25:11) 로마의 시민으로서 부당한 재판의 판결을 받았다고 여겨지면 그는 황제에게 그 억울함을 해결해 주도록 호소할 수 있다.

가이사의 집 사람들[固](빌4:22) 로마황제 가이사의 집안 사람으로 그리스도인이 된 사람들. 그들은 빌립보의 성도들에게 문안했다.

가이오[Γάιος][인]

1 마게도냐 사람으로 바울의 동역자. 에베소에서 폭도들에게 잡혀 극장에 끌려갔다(행19:29).

2 고린도 사람으로 바울과 동역자의 식주인(롬16:23), 바울에게 세례받은 자(고전1:14).

3 요한 삼서를 받은 자(요삼)이니 전기 2인 중 1인으로 여김.

4 더베사람. 바울을 따라 제3차전도 아시아까지 간 사람이다(행20:4).

가인[קַיִן = 얻음][인]

1 아담의 아들

1. **인적관계** - 아담의 장자로 농부(창4:2). 아벨의 형.

2. **생애** - ①인류 자연 생식방법에 따라 최초로 태어난 자(창4:1). ②하나님께 드린 제사가 열납되지 아니함(창4:3-8). ③인류 최초의 살인자(창4:9-17). ④하나님의 보증을 받고 에덴 동편 놋땅에 가서 도시건설을 했다(창4:1). ⑤불신앙의 대명사이며 신약에는 살인자의 대표로 기록되었다(유11).

3. **교훈** - ①하나님이 원하시는 제물을 무시(신12:23, 히9:22, 11:4)하였다. ②회개의 기회를 잃었다. ③그는 분을 품었다. 성경은 분내어도 죄를 짓지 말고 저녁까지 품지 말라고 교훈한다(엡4:26). ④외식적 자기 위주의 생각을 했다. 하나님과의 문제 해결보다 사람을 의식했다. 하나님은 사람의 중심을 보신다(삼상15:22).

2 겐 사람의 조상(민24:22). 발람은 가인의 멸망을 예언했다.

가인[קַיִן = 얻음][지] 유다 지파의 점령지 겐 족속의 거주지이었으므로 이 이름을 갖게 되었다(수15:57, 삿4:1). 헤브론 남쪽 6km지점으로 추정하며 가인의 무덤으로 전해진 곳이 있다.

가입[加入 ; 더할 가, 들 입. join][명](사14:1) 있는 것에 새로 더 넣음.

가장[the best][부](창3:1) 아주 매우. 제일.

가장[家長 ; 집 가, 어른 장][명](암4:1) ①집안의 어른, 가족을 통솔하는 권리가 있음. head of a family. ②'남편'을 높여 일컫는 말. My husband.

가장[假裝 ; 거짓 가, 꾸밀 장][명](고후11:13). ①임시로 거짓으로 꾸밈. pretence. ②가면으로 장식함. disguise. ③위장함.

가장을 위한 가면

가장[家藏 ; 집 가, 감출 장. household possesion][명](창31:27) 집에 보관하여 둠. 또는 그 물건.

가장자리[edge][명](출27:5) 물건의 둘레. 물건의 가를 이룬 선(線). 가. 언저리.

가장집물[家藏什物 ; 집 가, 감출 장, 세간 집, 만물 물. house-hold articles][명](창31:37) 가구. 주방기구

등 집안의 모든 세간.

가정[家庭 ; 집 가, 뜰 정. home]명 (레25:45) 가장을 중심으로 한 부부나 어버이와 자녀들의 모임. 집 울안. 가족이 사는 곳. 사회생활의 가장 작은 집단이다. ①가정은 하나님이 제정하신 인간 최소의 공동체로 결혼으로 이루어진다(창1:27-28, 마19:6). ②상호신뢰하고 하나님의 뜻을 이루어 나가야 한다 (딤전5:4, 딤2:5).

가정총무[家庭總務 ; 집 가, 뜰 정, 다 총, 힘쓸 무. manager]명(창39:4) 남의 가정의 일을 맡아 보는 직책. 집사라고도 함.

가족[家族 ; 집 가, 겨레 족. family]명(창46:8) 어버이를 중심하여 한 집안을 이루는 사람들. 한 핏줄로 이어진 사람들이 공동생활을 하는 인간사회의 가장 기초적인 구성원.
＊하나님께서 죄인을 택하시고 양자를 삼으시어 천국가족의 일원이 되게 하신 것을 명심하라(마10:34-39, 롬8:23).

가죽[skin]명(창27:16) 동물의 몸의 껍질을 이루는 질긴 표피. 짐승의 가죽을 벗겨 다루어서 구두, 가방 등을 만드는 재료로 사용함. leather 피혁(皮革). ①띠(마3:4). ②병(시119:83). ③부대(창21:14). ④신(겔16:10). ⑤줄(행22:25).
＊성경시대에는 회막의 덮게, 물과 포도주의 부대, 성경을 옮겨썼다 (딤후4:13, 출36:19, 수9:4).

가죽 옷[garments of skin]명(창3:21) 인류 최초의 옷. 부끄러움을 가리우고 가시로부터 몸을 보호하도록 양의 가죽으로 만들었다.

가죽종이[parchment]명(딤후4:13) 글을 쓰거나 책을 만드는데 쓰이는 얇게 만든 가죽 물질. 주로 양의 가죽으로 만들었다고 한다.
＊가죽종이는 성경을 뜻한다. 특히 구약 모세오경을 뜻한다.

가중[家中 ; 집 가, 가운데 중]명(창39:8) ①온 집안. 집안. whole family. ②한 집의 안. 한 가정의 안. inside of house.

가증[可憎 ; 옳을 가, 미워할 증. hateful]명(레7:18) 얄미움. 더러움. 꺼려함.

가증한 일[可憎~ ; 옳을 가, 미워할 증. abomination]구(신17:4) 보기에 꽤심하고 얄미운 일. 하나님께서 몹시 미워하시는 모든 것과 일. 의식적인 면에서는 우상을 섬기는 모든 행위(왕상11:5, 왕하16:3, 신18:9-14)이며 도덕적인 면에서는 비윤리적인 행위와 사업. 특히, 음행을 가리키며(잠20:23, 레18:22-23) 동물에 있어서는 부정한 것(레11:10)을 뜻한다.
＊가증한 행위에 대하여 하나님께서 용서하지 않으신다. (겔5:11-13)

가지[branch]명(창30:37) ①나무나 풀의 줄기에서 갈라져 뻗은 가는 줄기. 즉 줄기나 잎의 통칭. 관다발이 있는 다년생(多年生) 식물에 관해서도 일컬음. ②근본에서 갈라져 나간 것.
＊야곱의 가지는 이스라엘 12지파이며 포도나무이신 그리스도의 가지는 성도들이다(롬11:16-21, 요15:5-6). 메시야이신 그리스도를 상징한다(사11:1).

가책[苛責 ; 가혹할 가, 꾸짖을 책. servere scolding]명(요8:9) 가혹하게 책망함. 모질게 꾸짖음.
＊죄에 대하여 가책을 받으면 회개해야 된다. 가룟 유다처럼 가책을 받고도 회개하지 않으면 멸망한다.

가축[家畜 ; 집 가, 기를 축. domestic animals]명(창13:7) 즐기거나 또는 경제생활에 이용할 목적으로 집에서 기르는 짐승의 총칭. 개, 닭, 돼지, 말, 소, 양 따위.
＊하나님께서 인류를 위하여 구별해

서 창조하셨다(창1:24).
가치[價値 ; 값 가, 값 치. value]몡 (레5:15) ①값, 값어치. ②어떤 사물이 지니고 있는 의미나 중요성. ③욕망을 채워주는 것들과 그 정도.
*인간의 가치있는 생활은 하나님을 영화롭게 하고 그를 영원토록 즐거워하는 일이다. .
가편[可便] ; 옳을 가, 편할 편. consenting party]몡(행26:10) 안건을 결정할 때 찬성하는 쪽.
가하다[right]형(창1:30) ①어떤 안건이나 문제가 자기 뜻에 맞아 좋다. 그 제안을 옳다고 생각하다. ②도리에 맞아 옳다.
가할[זוֹלָה = 후퇴함, 잠복자]인(스2:47) 바벨론왕 느부갓넷살에게 사로잡혀 바벨론으로 갔던 자손 중에서 놓임을 받고 예루살렘으로 돌아와 성전에서 봉사한 사람.
가함[חָם = 불꽃, 불타오름]인(창22:24) 아브라함의 형제 나홀의 첩 르우마가 낳은 아들.
각[各 ; 각각 각. each]관(창2:19) 낱낱의, 따로 따로의, 하나 하나의.
각[脚 ; 다리 각. leg]몡(출29:17) ①종아리, 다리. ②짐승을 잡아 그 고기를 나눌 때 전체를 몇 등분한 그 부분.
각[角 ; 뿔 각. horn]몡(출29:17) 뿔로 만든 나팔. 성경시대에 신호용으로 사용했다.

각 교회[各 敎會 ; 각각 각, 가르칠 교, 모임 회. each church]몡(행14:23) 교회마다. 지교회.
각국[各國 ; 각각 각, 나라 국. every country]몡(창41:54) 나라마다
각근[恪勤 ; 삼갈 각, 부지런할 근. diligence]몡(사8:15) 조심함. 삼가함.
각기[各其 ; 각각 각, 그 기. each]부 (창1:11) 저마다. 각각 그대로.
각도[各道 ; 각각 각, 길 도. every province]몡(에9:28) 행정편의를 위하여 나눈 따로 따로의 도.
각도[刻刀 ; 새길 각, 칼 도. graver]몡(출32:4) 새김칼. 조각도.
각동[各洞 ; 각각 각, 고을 동. village]몡(눅10:1) 고을마다. 각 고을.
각방[各方 ; 각각 각, 모 방. every direction]몡(렘49:32) 각 방면. 여러 방면
각색[各色 ; 각각 각, 빛 색. varietes]몡(마4:24) ①색다른 여러 가지. 온갖 종류. ②여러가지 빛깔.
각성[各城 ; 각각 각, 재 성. every castle]몡(창41:48) 성마다. 여러 성.
각양[各樣 ; 각각 각, 모양 양. variety]몡 여러가지 모양.
각오[覺悟 ; 깨달을 각, 깨달을 오]몡 (행21:13) ①깨달아 마음을 작정함. preparedness. ②결심함. 마음을 단단히 먹음. determination.
각읍[各邑 ; 각각 각, 고을 읍. each village]몡(에9:28) 각각의 읍, 여러 읍.
각인[各人 ; 각각 각, 사람 인. each man]몡(창41:12) 각각의 사람. 각 사람.
각족속[各族屬 ; 각각 각, 겨레 족, 붙을 속. every family]몡(출32:4) 같은 종족 살붙이에 속하는 무리. 같은 겨레붙이.
각종[各種 ; 각각 각, 심을 종]몡(창2:16) ①여러가지의 종류. each kind. ②갖가지. 여러가지 all sorts.
각지[各地 ; 각각 각, 땅 지]몡(시106:27) ①여러 곳, 각처. various parts of the country. ②여러지방. various places.
각처[各處 ; 각각 각, 곳 처. various places]몡(레23:3) 여러 곳.
각촌[各村 ; 각각 각, 마을 촌. each village]몡(눅9:6) 각 각 마을. 마을마다.
각폭[各幅 ; 각각 각, 폭 폭. each width]몡(출26:2) 매폭. 폭마다. each width.
각하[閣下 ; 누각 각, 아래 하. excellency]몡(눅1:3) 벼슬이 높은 사

람에 대한 경칭.

간[肝 ; 간 간. liver]명(출29:13) 횡격막의 바로 밑, 복강(腹腔)의 오른쪽 윗부분에 있는 소화관(消化管)에 속한 가장 큰 분비선. 적갈색으로 위(胃)를 반쯤 덮고 있으며, 좌우 두 잎으로 나뉘었는데, 중앙 부근에 담즙(膽汁)을 저장해 두는 푸른 빛깔의 쓸개가 있다.

* 간은 제단에서 태워 제물로 하나님께 드렸다.

간[間 ; 사이 간. room]명(창6:14) 사방을 둘러 막은 그 선의 안. 사방을 막은 그 공간. 칸.

간[lenght]명(요21:8) 길이의 단위로 어른이 팔을 벌린 길이 약180cm로 본다. 구약과 계21:17에는 규빗으로 길이를 나타내고 있는데 요한복음에만 간으로 번역했다.

간검[看檢 ; 볼 간, 검사할 검. inspection]명(출27:21) 검사함.

간격[間隔 ; 사이 간, 막힐 격]명(출28:33) ①그다지 멀지 않게, 서로 떨어져 있는 것들의 공간적인 거리. distance. ②어떤 현상과 현상 사이에 있는 시간적인 동안. interval.

간계[奸計 ; 간사할 간, 셈할 계. trick]명(시83:3) 간사한 꾀. 간사한 계략.

간고[艱苦 ; 어려울 간, 쓸 고]명(시53:5) ①가난하여 고생이 됨. 가난과 고생. hardships. ②처리 나가기에 힘들고 어려움. 고간(苦艱). suffering.

간곡[懇曲 ; 간절할 간, 굽을 곡. cordiality]명(창50:21) 간절하고 극진함. cordiality. 부 간곡히.

간곤[艱困 ; 어려울 간, 곤할 곤. poverty]명(잠31:5) 군색하고 곤궁함.

간과[看過 ; 볼 간, 허물 과. overlooking]명(롬3:25) ①깊이 주의하지 않고, 예사로이 보기만 하고 내버려둠. ②대강으로 보아서 빠뜨리고 넘어감.

* 하나님께서 우리의 죄를 간과하지 않으신다.

간교[奸巧 ; 간사할 간, 공교로울 교. cunning]명(창3:1) 간사하고 교사스러움. 속이는 재주.

* 간교한 자는 사단, 마귀이다. 뱀에게 그 악역을 시켰다.

간구[懇求 ; 간절할 간, 구할 구. earnest. request]명(창25:21) 간절히 구함.

* 성도들은 그리스도 안에서 성령의 교통하심과 사역자를 위해서 간구해야 한다. 하나님께서 응답하시며 영혼이 강건케 된다(시138:3).

간권[懇勸 ; 간절할 간, 권할 권 inducement]명(왕하4:8) 손위사람에게 그의 잘못을 간(諫)하여 옳은 일을 하도록 권함.

간네[כַּנֵּה]지(겔27:23) 메소포타미아의 한 성읍 두로와 교역을 한 성읍 중 하나이다. 북 수리아의 성읍 갈래(암6:2)와 같은 곳으로 여기는 학자도 있다.

간다게[Κανδάκη =노예의 왕]인(행8:27) 구스(에디오피아) 여왕의 칭호. 그의 통치 영역은 아프리카 동북 홍해 연안으로 루비나, 센날, 에디오피아의 여러나라의 합한 것보다 더욱컸다.

간단[間斷 ; 사이 간, 끊을 단]명(습3:5) ①계속되지 않고 잠시 끊어짐. interuption. ②틈. 쉴 사이. leisure.

간단[簡單 ; 대쪽간, 홀 단]명(히13:22) ①일이나 차림, 식구, 구성원 등이 간편하고 단출함. ②복잡하거나 어수선하지 않고 쉬움. simplicity. ③줄거리만 간추리어 짤막함. brevity.

간담[肝膽 ; 간간, 쓸개 담]명(수14:8) ①간과 쓸개. liver and gall. ②속 마음. heart.

간밤[last night]명(삼상15:16) 지난밤. 어젯 밤.

간부[姦夫 ; 간음할 간, 지아비 부. adulterer]명(레20:10) 자기 아내가 아닌 여자와 정을 통한 남자.

간사[奸邪 ; 간사할 간, 간사할 사. slyness]명(사32:6) 성질이 간교하고 행실이 나쁨.

간사[奸詐 ; 간사할 간, 속일 사. craft and deceit]圈(시32:2) 간사하고 남을 잘 속임.

간섭[干涉 ; 방패 간, 건널 섭. interference]圈(창39:6) 남의 일에 부당하게 참견함.

간수[看守 ; 볼 간, 지킬 수. keeping watch]圈(출16:23) 죄인을 보살피고 지키는 사람. 건널목을 살피고 지키는 사람.

간신[艱辛 ; 어려울 간, 매울 신. hardship]圈(사5:10) 힘들고 고생스러움.

간악[奸惡 ; 간사할 간, 악할 악. iniquity]圈(시41:6) 간사하고 악독함.

간악[奸惡 ; 간사할 간, 악할 악. wickedness]圈(시41:6) 간사스럽고 악독함.

간역자[看役者 ; 볼 간, 역사 역, 놈 자. slave driver]圈(출3:7) 집을 짓거나 고치는 일을 감독하는 사람.

간역자[幹役者 ; 줄기 간, 역사 역, 놈 자. supervisor]圈(대하24:12) 공사일을 주관하는 사람. 감독.

간음[姦淫 ; 간음할 간, 음란할 음. adultery]圈(출20:14) 부부가 아닌 남녀의 성적(性的) 관계. 미혼자의 성행위는 행음, 또는 음행이라고 할 수 있다. 정조를 지키지 못하는 행위. ①간음은 계명으로 금지되었고(출20:14). ②둘째 사망에 들어가는 행위이다(계21:8) 우상 숭배는 영적 간음이다(마15:19).
*예수님은 육체적 행위 뿐만 아니라 음욕을 품은 자는 곧 간음한 자라고 하셨다(마5:21-27).

간음자[姦淫者 ; 간음할 간, 음란할 음, 놈 자. adulterer]圈(사57:3) 부부가 아닌 남녀와 성적(性的) 관계를 하는 사람. 간음하는 아내(겔6:32) 남편 이외의 다른 남자와 정을 통하는 아내. 간통한 여인. 창녀는 돈을 받고 성을 제공하지만 간음하는 여인은 정부에게 돈을 바치면서 행음한다. ①하나님을 배반한 선민의 추악한 행위. ②돌이킬 수 없는 배교적 죄성을 일컫는다.

간절[懇切 ; 간절할 간, 끊을 절. eagerness]圈(신18:6) 지성스럽고 절실함.

간조[乾燥 ; 마를 간, 마를 조. dryness]圈(신8:15) 물기나 습기가 없어짐. 메마름.

간직[看直 ; 볼 간, 곧을 직. keep]圈(출12:6) 잘 보관하여 둠.

간질[癎疾 ; 간질 간, 병 질. epilepsy]圈(마17:15) 지랄병. 발작하면 전신에 경련을 일으키고 의식을 잃고 거품을 내뿜으며 한참 넘어져 있는 병. 일종의 정신병.

간청[懇請 ; 간절할 간, 청할 청. entreaty]圈(창19:3) 간절히 청함.

간칭[秤稱 ; 지레 간, 일컬을 칭. balance]圈(잠16:11) 저울의 한 종류. 공정한 저울을 써야하듯 공정한 정치를 해야 할 것을 저울을 비유하여 교훈한다.

간품[看品 ; 볼간, 물건 품. sampling]圈(잠31:16) 품질의 좋고 나쁨을 살펴봄.

간하다[諫~ ; 간할 간. remonstrate]타(전4:13) 옷사람이나 임금에게 잘못한 일을 고치도록 말하다.

갇히다[bound]피통(창40:3) 가둠을 당하다. 투옥되다.

갇힌 자[criminal]圈(사42:7) 빠져 나갈 수가 없도록 가둠을 당한 사람. 죄인.

갈가[קְרָה = 밀]지(수15:3) 유다 남쪽 가데스 바네아 가까이 있는 국경 마을.

갈게[till, plought]圈(창3:23) 논 밭을 일구어 씨를 뿌리고 김을 메고 가꾸는 일.
*인류 최초의 생업이다.

갈고리[hook, gaff]몡(출26:6) ①끝이 뾰족하고 꼬부라진 물건. 흔히 쇠로 만들어 물건을 끌어당기는데 씀. ②갈고리쇠에 긴 나뭇자루를 박은 무기.

* 하나님의 주권을 상징한다(왕하 19:28, 암4:2, 대하33:11).

갈골[כַּלְכֹּל = 양육함. 재빠르다]인
① 솔로몬 시대 마혼의 아들. 지혜자 (왕상4:31, 대상2:6) 솔로몬의 지혜에는 미치지 못했다(왕상4:30).
② 유다지파 사람으로 세라의 아들 (대상2:6).

갈골[קַרְקֹר = 부드러운, 평평한 토지]지(삿8:10) 요단 동편에 있은 마을. 기드온이 추격하여 미디안 왕 세바와 살문나를 사로잡고 그 군대를 멸한 곳.

갈그미스[כַּרְכְּמִישׁ = 미슈의 성벽, 그모스의 요새]지
1. 위치 - 북 수리아. 유브라데 강가에 위치한 성읍. 당시 상업 도시로 변했으나 현재의 빈촌 예라불스.
2. 관계기사 - 애굽왕 바로느고가 앗수르를 치기 위해 진친 곳(대하35:20, 렘46:2). 그러나 바벨론 느브갓네살왕에게 패했다(사10:9).

갈급〔渴急; 목마를 갈, 급할 급. impatience〕몡(시42:1) 목이 마르듯이 몹시 조급함. 속이 달아오를 지경으로 몹시 급함.

갈기[mane]몡(욥39:19) 짐승의 목에 난 긴 털

갈다[till]타(창4:12) 땅을 파뒤집어 농사를 짓는 일.

갈다[rub, whet, shine]타(레16:12) 무딘 물건을 다른 물건에 문질러 뾰족하게 하거나 날을 세우는 일. 빛을 내거나 가루로 만듦.

* 죄인은 슬피 울며 이를 간다.

갈대[reed]몡(출2:3) 물가나 늪에서 자라는 특이한 식물 줄기는 곧고 단단하며 마디가 있고 속이 비었다. 잎은 어긋맞게 나며 길이 20~50cm로 길고 끝이 뾰족함. 이것으로 종이를 만들었다. 그리고 바구니도 만들었으며 측량 도구로도 사용했다. 로마 군인들은 예수님을 조롱하는데 사용했다(마27:29). 연약함. 보잘 것 없는 것(사36:6).

갈대

갈대배[reed ship]몡(사18:2) 갈대로 엮어 안에 물이 스며들지 않도록 역청을 발라 만든 배.

갈대아[כַּשְׂדִּים = 약탈]지
1. 위치 - 바벨탑을 쌓으려던 시날평지 일대. 유브라데강을 중심한 넓게는 시리아에서 이란까지.
2. 관련기사 - ①노아의 증손 니므롯이 4개의 성을 건설(창10:11). ②우르는 아브라함의 고향이다(창11:27-28). ③유다백성이 포로로 잡혀간 곳(대하36:20, 겔11:24). ④선지자 에스겔이 계시를 받은 곳(겔1:3). ⑤후에 바벨론 전 지역을 가리키는 말로 쓰임(단5:30, 사13:19).
3. 이 지역에서 일어난 강국 - ①갈대아. ②앗수르(칼두 앗시리아). ③바벨론(바벨로니아). ④메데(메디아). ⑤바사(페르시아).
4. 교훈 - 바벨론과 같은 말로 사용되어 선민의 적이다(렘50:10, 단3:8, 겔11:24).

갈대아 사람[chaldeans]인
1. 인적관계 - 셈족의 후예(창11:27-31).
2. 관련기사 - ①욥의 재산을 약탈(욥1:17). ②예루살렘을 멸망시킴(왕하25:1-21). ③느브갓네살왕(왕하24:1, 스5:12)의 선조. ④시드기야왕을 잡아 눈을 빼고 구리줄로 묶어 바벨론으로 끌고 감(왕하26:

6). ⑤박사, 술사들이 많음(단2:2-10, 4:7). ⑥하나님의 도구로 사용됨(합1:6). ⑦성전 기구들을 가져감(왕하25:6-15). ⑧유다사람을 포로로 잡아감(단1:). ⑨에스더가 왕비가 됨(에스더서). ⑩여러 왕이 일어남(단5:30).

갈대아 우르[지] →우르

갈라[נלָּח = 견고][지](창10:11) 함의 손자요 구스의 아들 니므롯이 세운 성.

갈라내다[sort out][타](사56:3) 구별하여 나누게 하다. 심판때 양과 염소를 갈라 세우듯 한다.

갈라디아[Γαλατία = 젖처럼 희다][지]

1. **위치** - 소아시아 중앙부에 위치한 고원지대. 주전 270년경에 꼬을족이 침입하여 헬라인과 동거하게 되어 지명을 꼬을헬라라 하더니 후에 갈(꼬을)라(헬라) 디아라 개칭하게 되었고 예수님 시대에는 로마의 점령지였고 그 다음에는 터어키의 점령지로 금일에 이른다.
2. **관련기사** - ①바울이 전도여행 때 다녀간 곳(행16:6, 18:23). ②베드로전서와 연관된 곳(벧전1:1). ③교회가 세워진 곳(고전16:1). ④바울서신 갈라디아서를 수신한 지역(갈1:2).
3. **교훈** - ①헌금에 관한 교훈(고전16:1). ②다른 복음에 관한 교훈(갈1:6-7). ③복음수호에 관한 교훈(갈1:8-24). ④소망에 관한 교훈(갈5:7-13) 등 하나님의 섭리를 깨달아야 한다(롬11:36).

갈라디아서[Galatians][명] (갈) 신약 제9권째 성경. 바울이 갈라디아의 교회에 보낸 서신. ①참 복음을 지키도록 하기 위하여, ②그릇된 교훈을 폭로하고 그릇된 교훈을 따름이 죄인 것과 율법의 참 목적은 그리스도를 소개하고 죄를 일깨워 주며, ③성도는 성령을 좇아 행함으로 인하여 성도의 생활이 완전해지는 것을 보여준다. 많이 쓰인 낱말은 율법 32회 믿음 21회. 내용분해는 박기원 편 성경총론을 참고하라.

● **갈라디아서에 나타난 그리스도** - ①중보자이신 그리스도(갈1:4). ②내주하시는 그리스도(갈2:20). ③저주를 받으신 그리스도(갈3:13). ④우리를 속량하신 그리스도(갈3:13, 4:5). ⑤율법아래 나신 그리스도(갈4:4). ⑥율법에서 자유케 하신 그리스도(갈5:1-6).

갈랄[גָּלָל = 둥글다, 굴린다][인]
① 레위사람 시그리의 손자이며 미가의 세째 아들(대상9:15).
② 레위사람 여두둔의 증손. 압다의 할아버지이며 삼무아의 아버지(느11:17).

갈래[piece][명](사11:15) 한 사물에서 한 군데로부터 둘 이상으로 갈라져 나간 낱낱의 부분이나 가닥 또는 계통.

갈래[גָּלָל = 빠름, 불태움][인](느12:20) 요야김시대 제사장이며 살래 족속의 족장.

갈레[כֻּלָּהּ = 그들의 전부][지]
① 구수의 아들 뛰어난 사냥꾼 니므롯이 세운 성읍(창10:9-10).
② 하맛과 가드의 중간지점의 도성(암6:2). 간데라고도 하며(겔27:23) 갈로와 같은 곳(사10:9).

갈렙[כָּלֵב = 개][인]
① 갈렙족속의 선조(삼상25:3).
1. **인적관계** - 여분네의 아들로 악사의 아버지이며 옷니엘의 장인(삿1:12-15).
2. **생애** - ①12정탐군에 뽑힘(민13:6). ②정탐하고 돌아와 바른 보고를 함(민13:27, 30). ③약속의 땅에 들어감(민14:10-12). ④가나안 헤브론 땅을 분배받은 족장(민34:17-19). ⑤85세에 가나안 정복을 끝냄(수14:6-13). ⑥옷니엘을 사위로 삼음(삿1:12-15). ⑦그

갈렙에브라다

의 자손의 명단(대상4:15).
3. 교훈 - 하나님의 약속을 의지하는 절대적 신앙. 행동을 동반한 진취적인 삶.

[2] 유다지파 사람 헤스론의 아들(대상2:18)로 글루배라고도 함(대상2:9).

[3] 홀의 아버지(대상2:50)

갈렙 에브라다[כָּלֵב אֶפְרָתָה = 짖을 수 있는 살찐 동물]지(대상2:24) 베들레헴 가까이에 있은 마을. 헤스론이 죽은 곳.

갈렙족속[calebites]명(삼상25:3) 아비가일의 남편 나발을 가리켜 말함. 일반적으로는 여분네의 아들 갈렙의 후손을 가리킨다.

갈로[כַּלְנוֹ]지(사10:9) 유브라데강 북쪽에 있던 수리아의 성읍. 갈레라고도 한다(창31:47, 암6:2).

갈르엣[גַּלְעֵד = 증거의 돌무더기]지 (창31:47-48) 야곱이 라반과 언약을 맺은 증거로 쌓은 돌무더기의 이름. 갈(무덤)과 에드(증거)를 합하여 만든 말.

갈리다[ripup, depart]피동(호13:16) 몇 갈래로 가름을 당하다.

갈리오[Γαλλίων]인
1. 인적관계 - 그리스 아가야의 로마 총독(행18:12-17) 역사에 의하면 네로 황제의 미움을 받아 죽은 철학자 세네카의 동생. 로마 황제 글라우디오 때에 아가야 총독이 되어 고린도에 있었다. 후에 로마 원로원의 회원이 되었다.
2. 관련기사 - 유대인들이 바울을 끌고와 재판을 요구할 때 편견없이 공정한 입장으로 유대인을 설득하고 기각했다.

갈린기둥[scarecrow, idols]명(렘10:5) 원어의 뜻은 종려나무이나 여기서 파생된 말이 허수아비이므로 공동번역에서는 허수아비로 번역했다. 우상(허수아비)의 허무성을 나타낸다.

갈릴리[גָּלִיל = 둥글다, 고리]지
1. 위치 - 구약시대는 요단의 서쪽, 북부 팔레스타인 끝단 지역. 레바논 동쪽지역(수20:7) 신약시대는 갈릴리 호수 서편 갈멜산 동편 지역 로마 행정관할구역 일대(요2:1) 디베랴가 행정 중심지.
2. 관련기사 - ①스블론, 아셀, 납달리 자손이 분배받은 지역(수19:). ②솔로몬이 히람에게 20고을을 주어도(왕상9:11) 영향이 없는 지역. ③아람군대에 정복됨(왕하15:29). ④헤롯이 통치함(눅3;1). ⑤발음이 특이함(마26:73). ⑥예수님의 거주지(마2:22). ⑦많은 이적을 베푸신 곳(마4:23). ⑧예수님께서 부활후 가신 곳(마26:32). ④바리새인을 피해 가신 곳(요4:1-3)⑩예언이 성취된 곳(마4:14-15) ⑪제자들을 선택하신 곳(마4:18-21). ⑫많은 무리가 예수님을 따름(마4:25). ⑬많은 여자들이 예수님을 섬김(마27:55). ⑭가나안 사람이 지배했다(삿1:30-33, 4:2). ⑮이방의 갈릴리라고 불렸다(사9:1, 마4:15).

갈릴리 가나 지→가나

갈릴리 바다(호수)[galile sea]지
1. 위치 - 갈릴리 동편에 있는 남북 약 23.5km 동서 약14.5km의 호수. 예루살렘 북북동 96km지점에 있다. 헤르몬산의 만년설이 녹아 그 산에서 발원하여 흐르는 물과 가이사랴 빌립보에서 발원한 물이 합하여 이 호수에 유입되었다가 남쪽 요단강으로 흘러 사해에 이른다.
2. 명칭 - ①구약은 긴네렛 동편해(민34:11). ②긴네롯 바다(수12:3). ③긴네렛 바다(수13:27). ④신약은 게네사렛 호수(눅5:1). ⑤갈릴리 바다(요6:1). ⑥디베랴 바다(요6:1). ⑦단순히 바다(요6:16-17, 막2:13). ⑧호수(눅8:22). ⑨현재는 티베리야라고 부른다.

갈릴리

3. **관련기사** - ①네 제자를 부르심(마 4:18). ②풍랑을 잔잔케 하심(마8: 26). ③비유로 가르치심(마13:). ④바다위를 걸으심(마14:22). ⑤부활후 오셔서 고기를 잡게 하심(요21:). ⑥베드로에게 양을 부탁하심(요21:). ⑦24회의 이적 중 18회를 이 바다에서 행하셨다.

4. **교훈** - 만물을 다스리시는 주님을 믿고 그에게 순종할 것과 불신앙으로 잠시 주님을 떠났을 때의 실패를 교훈삼아 생의 전부를 주님께 의지해야 한다.

갈릴리 사람[calilean]인 ①특이한 발음을 한다(마26:73). ②예수님의 제자를 가리킨다(눅22:59). ③이 단자가 일어나 망한다(행5:37). ④빌라도가 살해했다(눅13:1-2).

갈림[גַלִּים = 돌 무더기]지(삼상25: 44) 사울 왕의 딸 미갈의 남편 말다의 고향. 바울림에서 가까운 곳.

갈마들이다[renew, change]사동 (욥10:17) 가름하여 들이다. 서로 대신하여 (번갈아) 들이다.

갈망[渴望; 목마를 갈, 바랄 망. eager desire]명 (시42:2) 목이 마른 듯이 간곡하게 바람. 영혼의 갈망은 ①하나님을 갈망(시42:2). ②주를 갈망(시63:1, 119:174).

갈매기[sea-gull]명 (레11:16) 갈매기 과(鷗科)의 물새. 부정한 새로 규정하고 있다.

갈멜[כַּרְמֶל = 동산, 과수원]지
1. **위치** - 헤브론 근처 높은 지대에 있은 유다 성읍(수15:55).
2. **관련기사** - ①여호수아가 정복한 곳(수12:22). ②사울이 기념비를 세움(삼상15:12). ③기름진 땅(사10:18). ④다윗의 아내 아비가일의 고향(삼상25:40). ⑤나발의 고향(삼상30:5). ⑥다윗의 용사 헤스레의 고향(삼하23:35). ⑦웃시야왕의 포도원이 있은 곳(대하26: 10). (한글성경에는 지명이 없다.)

갈멜산[כַּרְמֶל = 동산]지
1. **위치** - 지중해 연안 팔레스틴 중앙 돌출된 반도로 일련의 갈멜산맥. 북서쪽에 하이파가 있고 옆에 기손강이 흘러 하이파만으로 들어간다.
2. **관련기사** - ①아름다운 산(사35: 2). ②아셀지파의 경계 산(수19: 26). ③여호수아가 욕느암왕을 죽임(수12:22). ④엘리야가 바알과 아세라 선지자 850명과 싸워 승리(왕상18:19-40). ⑤엘리야가 비오기를 기도한 곳(왕상18:41-45). ⑥아합의 아들 아하시야왕이 엘리야를 잡으려고 50부장과 그 부하를 두번이나 보내었다가 화를 입음(왕하1:9-12). ⑦엘리야 선지자가 승천한 후 엘리사가 잠시 머문 곳(왕하2:5). ⑧엘리사가 수넴여인을 이곳에서 만나 함께 그의 집으로 가서 그의 아들을 살림(왕하4:25). ⑨이에 관한 예언(암1:2).
3. **상징적 의미** - ①아름다움(마7:5-6) ②결실(사35:2) ③위엄(렘46: 18) ④번영과 행복(렘50:19)
4. **교훈** - ①우상숭배자에 대한 하나님의 심판(왕상18:16-40). ②심판과 환난의 전조를 깨달아야 한다 (사33:9, 암1:2, 나1:4).

갈미[כַּרְמִי = 포도를 만듬]인
1 르우벤의 아들로 갈미사람의 족장 (창46:9).
2 유다의 자손으로 아간의 아버지 (수7:1, 18).
3 유다의 아들(대상4:1).

갈보리[Κρανίον = 해골]지 예수님을 못박은 곳. 사형장, 한글 성경에는 없다. 눅23:22 골고다를 영어성경에 갈보리로 옮겼다(라틴역의 영어음역) → 골고다.

갈빗대[ribs]명 (창2:21) 갈비의 낱낱의 뼈대. 늑골. 짝으로 인용되고 애정이 깃드는 곳으로 생각함.
* 하나님께서 아담의 갈비대로 하와를 만드셨다.

갈아입다[changed clothes]동 (창41: 4) 옷을 바꾸어 입다.
*성도는 주의 피로 정결케 한 세마

포 예복으로 갈아 입는다.

갈이[명](사5:10) 면적의 단위. 한 쌍의 소가 하루 갈 수 있는 면적의 단위를 말함. 삼상14:14절 반일경지단은 갈이의 절반을 뜻함.

갈증[渴症 ; 목마를 갈, 병증세 증. thirst][명](사29:8) ①목 말라 물을 마시고 싶은 느낌(사29:8). ②갈급증(渴急症).
*영혼의 갈급증을 풀어야 한다.

갈하다[thirsty][형](출17:3) 물을 먹고 싶어하다. 목마르다.

감[material stuff][명](렘10:9) ①어떤 일을 하거나 무엇을 만드는 재료 또는 바탕이 되는 사물(事物).

감[減 ; 덜 감. reduction][명](창8:1) 덜어냄. 줄임.

감각[感覺 ; 느낄 감, 깨달을 각][명](왕하5:26) 일어나는 느낌. sensation. ②감촉되어 깨달음. sense. ③사물을 느껴서 받아들이는 힘. feeling.

감계[鑑戒 ; 거울 감, 경계할 계][명](신28:46) 본받을 만한 가르침.

감금[監禁 ; 감옥 감, 금할 금. imprisonment][명](렘36:5) 가두어 자유를 속박하고 감시함.

감다[wash][타](렘49:3) 머리나 몸을 물에 담가 씻다.

감다[close eyes][타](민24:3) 아래 위의 눈시울을 한데 붙이다. 눈을 아주 감았다는 것은 죽음을 뜻한다.

감당[堪當 ; 견딜 감, 마땅 당. ability][명](창32:10) 일을 맡아서 해냄.

감독[監督 ; 볼 감, 감독할 독. superintendent][명](출1:11) 보살펴서 지휘하고 단속함. 또는 그렇게 하는 사람. ①강제노역의 지휘감독자(출1:11). ②성읍 행정담당자(느11:9). ③신약 교회 교역자(딤전3:1). ④예수님이 감독이시다(벧전2:25).

1. 신약 교회 감독의 자격 - ①디모데전서에 나타난 자격(딤전3:1-7). ②디도서에나타난자격(딛1:5-9). ③베드로전서에 나타난 자격(벧전5:1-4).

2. 감독의 직분수행 - ①교회를 감독함(행20:17-31). ②교인을 인도(벧전5:2). ③신자를 일깨움(히13:17). ④교인을 가르침(딤전5:17). ⑤부족한 일들을 바로잡음(딛1:5).⑥교회조직활동(딛1:5).

3. 감독의 신분 - ①그리스도의 명을 따름(벧전2:25). ②장로와 같은 신분(행20:17-18). ③동역자가 있음(빌1:1). ④선임되어 임직함(딛1:5-7).

감독자[監督者 ; 볼 감, 감독할 독, 놈 자. inspector][명](왕하22:5) 보살피어 잘못이 없도록 시키는 사람.
*요셉은 보디발의 집 감독자이다.

감동[感動 ; 느낄 감, 움직일 동. emotion][(눅2:27) 깊이 느끼어 마음이 움직임. 성경에서는 하나님의 영에 의한 자극 격려를 가리킨다. 나쁜 뜻으로도 쓰인다(삼하24:1).

감람[橄欖 ; 감람나무 감, 감람나무 람. olive][명](창8:11) 감람나무의 열매. 푸른 빛이 나는 타원형의 핵과(核果)로 맛이 약간 쓰고 떫으며, 먹을수록 단맛이 남. 날로 먹기도 하고 꿀이나 소금에 절이어도 먹음. 한약방에서는 어독(魚毒)을 없애는데 효력이 있다고 하며, 씨에서 짠 기름을 감람유라 한다.

감람나무[橄欖~ ; 감람나무 감, 감람나무 람][명](신6:11) 감람과에 속하는 상록 교목. 잎은 홀수 깃꼴겹잎으로 어긋맞게 나고, 작은 잎은 타원형이며, 가죽처럼 두툼하고 거침. 봄에 희누른 빛깔의 다섯잎꽃이 원추 꽃차례로 피며, 열매는 감람이라고 하는데, 양쪽이 뾰족하고 길이 3cm되는 핵과(核果)임. 열매에서 짜낸 기름은 감람유

(橄欖油)라 하며 의식(儀式)에 쓰고, 그 가지와 잎은 평화의 상징.
* **상징적인 의미** - ①평화평온(창8:11). ②왕권(삿9:8-9). ③의인(시52:8). ④남은 자(사17:6). ⑤이스라엘(렘11:16). ⑥선택된 자(계11:4). ⑦이방인 신자(롬11:17). ⑧온전한 교회(롬11:24).

감람산[올리브산]지
1. **위치** - 예루살렘 동편에 있는 약 800m되는 산.
2. **명칭** - 감람나무가 많아 붙인 이름. ①예루살렘 앞산(왕상11:7). ②멸망산(왕하23:13). ③감람나무가 있는 산(느8:15). ④예루살렘 동편산(슥14:4). ⑤감람원(눅19:29, 행1:12). ⑥겟세마네 동산(요18:1).
3. **관련기사** - ①하나님의 영광이 머문 곳(겔11:23). ②갈라질 것이 예언된 곳(슥14:4). ③압살롬의 반란 때 다윗이 한 때 피신한 곳(삼하15:37). ④솔로몬이 우상의 신당을 세움(왕하23:13). ⑤초막절 나무를 마련함(느8:15). ⑥예수님께서 예루살렘 입성 때 머물렀다가 가신 곳(마21:1). ⑦예수님께서 재림에 관한 설교를 하신 곳(막13:3-4). ⑧예수님께서 예루살렘을 향하여 우신 곳(눅19:41). ⑨예수님께서 휴식을 취하신 곳(눅21:37). ⑩예수님께서 잡히시기전 기도하신 곳(마26:30-40). ⑪예수님께서 승천하신 곳(행1:12).
4. **교훈** - 하나님의 뜻을 구하라. 그에게 순종하라.

감람원[olivegarden]명(출23:11) 감람나무를 심은 농장. 안식년 규정에 따라 7년째는 묵혀 두어 가난한 자들의 양식이 되게 했다. 감람산과 겟세마네 동산을 가리키기도 한다. ①삼손이 여우 300마리로 불을 지름(삿15:45). ②사무엘이 왕의 특권으로 인용했다(삼상8:14). ③게하시가 감람원을 사서 처벌당함(왕하5:26). ④저당잡은 것을 돌려줌(느5:11). ⑤통회와기도에 인용(느9:25).

감람유[olive oil]명(눅7:46) 감람나무 열매에서 얻은 기름. 성경에서 음식물과 함께 기록된 기름은 감람유를 가리킨다. ①종교의식에 사용(출27:20). ②식품의조리(레2:7). ③화장품(신28:40). ④의약품(사1:6, 눅10:34). ⑤등유(민4:9, 마25:3). ⑥노동자의 임금으로(왕상5:11). ⑦공작에 사용(왕상6:23-33). ⑧임직을 할 때 사용(삼상16:3).

감사[感謝 ; 느낄 감, 사례할 사. thanksgiving]명(레7:12) 고마움을 나타내는 사례. 또는 고마운 마음으로 사례함. 하나님의 은혜에 대하여 사람이 마음과 물질로 표현함. 구약에 있어서 예배가 곧 감사이다. 신약의 성도는 구속함에 대해 하나님께 감사한다. 우리 생활에서 일어나는 모든 일을 감사해야 한다. 롬12:1은 감사의 극치이다.
* ①영적인예배(시116:17). ②하나님의 뜻을 따라(살전5:18)행하고, ③그리스도의 이름으로(엡5:20) 행하며, ④천국생활의 내용(계4:9, 7:12)이 감사이다.

감사무지[感謝無地 ; 느낄 감, 사례할 사, 없을 무, 땅 지. boundless gratitude]명(행24:3) 감사한 마음을 이루다 나타낼 길이 없음.

감사제[感謝祭 ; 느낄 감, 사례할 사, 제사 제. offerings of thanksgiving]명(왕상8:64) 특히 과거에 있어서 하나님께 받은 은혜를 감사해서 드리는 제사의 한가지.

감사제물[感謝祭物 ; 느낄 감, 사례할 사, 제사 제, 만물 물. thank offerings]명(대하29:31) 감사제에 바친 제물(양, 소, 비둘기 등).

감삭[減削 ; 덜 감, 깎을 삭. reduction]명(민36:3) 줄임. 뺌. 덜고 깎음. 삭감.

감소[減少 ; 덜감, 적을소. decrease]명(레26:22) ①줄어 듦. ②덜어서 적게 함.

감시[監視 ; 볼 감, 볼 시. mark]명

(욥33:11) 주의하여 지킴. 살펴봄.

감실[龕室 ; 감실 감, 집 실. shrines]명(행19:24) 사당 안에 신주를 모셔두는 곳. 이교의 신전을 가리키기도 한다.

감역관[監役官 ; 볼 감, 역사 역, 벼슬 관. inspector]명(삼하20:24) 국가나 민족 또는 공공을 위한 큰 일, 토목 건축공사 감독자.

감옥[監獄 ; 볼 감, 감옥 옥. prison. jail]명(느12:39) ①형벌의 집행에 관한 사무를 맡는 관아(官衙). ②죄인을 가두는 옥. ③영원한 감옥은 지옥이다.

감정[感情 ; 느낄 감, 뜻 정. emotion]명(창32:20) ①느끼어 움직이는 마음속 기분이나 생각. ②사물현상에 느끼어 움직이는 마음의 작용 중쾌, 불쾌, 기쁨, 슬픔, 노여움 등의 주관적인 의식현상.

감정[憾情 ; 한할 감, 뜻 정. displeasure]명(잠26:24) 마음에 언짢게 여기어 원망하거나 성나는 마음.

감찰[鑑察 ; 거울 감, 살필 찰. inspection]명(창16:13) 못된 짓을 못하도록 남의 행동을 감시하여 살핌. 언제나 하나님께서 감찰해 주심(창16:13). 죄악이 침입 못하도록 감찰해야 한다.

감추다[hide]타(출2:12) ①겉으로 드러나거나 찾아내지 못하도록 숨기다, 숨기어 두다, 가무리다. ②남에게 알리지 아니하다.
＊죄를 감추면 그 죄가 직고한다.

감하다[subtract]타(창8:1) 처음의 수나 양에서 줄임. 하나님께서 환난의 때를 감해 주셨다.

감화[感化 ; 느낄 감, 변화할 화. good influence]명(느2:12) 어떤 사물의 영향으로 마음에 감동을 받아 착하게 됨. 성도는 불신자를 감화시킬 의무가 있다.

감히[敢~ ; 구태어 감. dare]부(창18:27) ①죄송스러움이나 두려움을 무릅쓰고. ②주제 넘게.

갑[cab]명(왕하6:25) 고체량의 단위로써 1회 인용(引用). 스아의 6분의 1에 해당. 180분의 1호멜. 액체의 단위로도 됨. 3분의 1힌.

갑도림[חפתרים]인(창10:14) 함의 손자이며 미스라임의 일곱째 아들.

갑돌사람[caphtorite]지(신2:23) ①함의 손자 갑도림의 거주지(창10:6, 대상1:12). ②블레셋 사람의 원거주지(렘47:4, 암9:7). ③블레셋 인을 지칭한 이름.

갑돌섬[coasts of caphtor]지(렘47:4) 그레데 섬. 어떤 이는 애굽 나일의 삼각주라고 하나 두로와 시돈과 같이 언급된 것으로 보아 그레데 섬으로 해석함이 좋다.

갑바도기아지(벧전1:1) → 가바도기아. 베드로가 서신을 보낸 곳.

갑배[גבי = 채집자, 세리]인(느11:8) 포로된 바벨론에서 귀환한 후 예루살렘에 거주한 베냐민 사람.

갑본[גבון = 둘러 싸다]지(수15:40) 에그론 부근에 있는 유다 마을. 막베나와 같은 곳(대상2:49)

갑스엘[קבצאל=하나님의 모으심]지 ①유다 평지의 한 지방(수15:21). ②다윗의 용사 여호야다의 아들 브나야의 고향(삼하23:20, 대상11:22). ③바벨론에서 이거한 유다인의 거주지(느11:25). 여갑스엘이라고도 부름.

갑옷[甲~ ; 갑옷 갑. armour]명(출28:32) ①제사장의 옷. ②옛날 군사가 싸울 때 적의 창검(槍劍)이나 화살을 막기 위하여 입던 옷. 고대(古代)에는 가죽으로 만들었으나, 그 뒤에 차차 쇠로 만들게 되었다.

갑자기[suddenly]부(민12:4) 뜻지 아니한 때. 졸지에. 별안간.

갑절[double]명(창43:15) 어떤 수량이나 분량을 두번 합친 것. 배(倍).

갑주[甲胄 ; 갑옷 갑, 투구 주. helmet and armour]명(삼상17:54) 갑옷과 투구.

갑판[甲板 ; 갑옷 갑, 널 판. deck]명 (겔27:6) 큰 배 위의 평평하고 넓은 바닥.

값[value, worth, cost]명(창30:18) ①사물이 지니는 의의 또는 값어치. ②물건의 가격. ③댓가. 대금.

＊**성경의 여러가지 값** - ①소년의 값 - 은20(창38:28). ②장년의 값 - 은30(마26:15). ③소(출21:28-36) ④농토(레25:13-17). ⑤기업 반환(레25:23-38). ⑥종(레25:39-55). ⑦서원(레27:1-8).

＊**비유적인 표현으로** ①피의 값(마27:6). ②불의의 값(벧후2:13). ③행음의 값(호9:1).

값돈[corn money]명(창44:2) 값을 치룬 돈.

갓[גָּד=행운]인
① 야곱의 일곱째 아들
1. **인적관계** - 레아의 종 실바가 낳은 야곱의 아들(창30:11).
2. **관련기사** - ①갓지파의 조상 그의 후손이 애굽에서 나왔을때 45,650명(민1:25). ②가나안에 들어갔을때 40,500명(민26:18).
② 선지자
1. **인적관계** - 다윗 왕 시대 활동한 선지자.
2. **관련기사** - ①다윗에게 도피처를 옮길 것을 충고(삼상22:5). ②다윗이 인구조사를 한 후에 견책함(삼하24:11-14). ③다윗왕을 격려함(대하29:25). ④역사를 기록(대상29:29). ⑤나단과의 협력(대상29:29). ⑥성전건축에 조언 협조(삼하24:18-25).
3. **교훈** - 왕을 견책할 수 있는 정의, 용기를 배우자.

갓[גָּד=행복]지(민34:14) ①본래 요단 동편 길르앗(삿19:14, 렘49:1). ②갓지파가 모세에게 청구하여 받은 목축과 농업하기에 좋은 땅.

갓[gad]명(사65:11) 이방의 우상. 행운의 신. 길흉을 주관하는 신.

갓난아이[newborn-baby]명(벧전2:2) 이제 막 태어난 아이. 신생아. 영아. 신앙의 성장을 위하여 인용되었다. 갓난아이에게는 필요치 않는 더러운 옷, 옛사람의 행위, 악한 마음. 위선과 같은 모든 것을 버리고 다만 필요한 신령한 젖. 영의 양식만 찾아 진리로 합리적으로 성장할 것을 가르침.

갓닷[קָטָת=매우 작다]지(수19:15) 스불론의 성읍. 기르다. 기드론과 같은 곳으로 여김.

갓디[גַּדִּי=하나님의 군대]명(민13:11) 수시의 아들. 므낫세 지파의 대표. 가나안을 정탐한 사람.

갓디엘[גַּדִּיאֵל=갓은 하나님이시다]인(민13:10) 스불론 사람 소디의 아들로 모세때 가나안을 탐지하러 보낸 사람.

갓몬[קַדְמֹנִי=동쪽에 사는 사람]지(창15:19) 가나안 원주민의 한 종족을 이룬 지방 갓몬 족속

갓미엘[גַּדְמִיאֵל=하나님은 내 앞에 계심]인
1. **인적관계** - 바벨론에서 돌아온 예수아의 아버지(느12:24)
2. **관련기사** - ①스룹바벨과 함께 바벨론에서 귀환(스2:40). ②성전재건 감독자(겔3:9). ③회개운동에 동참한 자. ④언약서에 인친 자(느10:9).
3. **교훈** - 하나님의 말씀을 지키기 위하여 힘쓰라.

갓사람(지파)[gadits]인→갓
1. **인적관계** - 야곱의 일곱째아들 갓의 후손.
2. **관계기사** - ①야곱이 임종시 용맹성을 축복받음(창49:19). ②출애굽시 45,650명이 나옴(민1:25). ③드우엘의 아들 엘리삽이 두령(민2:14, 10:20). ④갓지파의 예물(민7:42-47). ⑤르우벤지파와 시므온지파와 같이 남쪽에 진을 침(민2:10-14). ⑥요단강 동편을 기업으로 받음(민32:21-31). ⑦40,500명이 가나안에 들어감(민26:18). ⑧길르앗 라못에 도피성이 있음(신4:43). ⑨목축에 알맞은 기업(민32:1-4). ⑪사울시대 하갈족속을 물리침(대상5:18-

21). ⑫다윗의 망명생활을 도움(삼하23:36-38). 다윗왕조에 속함(대상26:29-32). ⑬다메섹왕 하사엘의 공격을 자주 받음(왕하10:32-33). ⑭이스라엘이 잃어버린 땅을 찾음(왕하14:23-28). ⑮앗수르 땅으로 추방됨(대상5:26). ⑯자손중 므나헴이 이스라엘의 왕이 됨(왕하15:4). ⑰에스겔의 메시야 예언에 분깃이 언급됨(겔48:27). ⑱암몬 사람이 살게 됨(렘49:1). ⑲택함을 받은 수효에 들어감(계7:5).

3.교훈 - 공동책임이 부족했다(민32:1-6). 이기주의적인 안일한 생활은 지교회의 발전에 방해가 된다. 지도자의 경고를 듣고 회개하고 협력했다.

갓삼〔자르다〕인(스2:48) 바벨론왕 느부갓네살에게 사로잡혀 바벨론으로 갔다가 돌아온 느디님 사람. 성전봉사자(막일꾼).

강〔江 ; 강 강. river〕명(창2:10) 넓고 길게 흐르는 내. 흐르는 물길. 하천(河川) 성경에서는 언제나 물이 흐르는 강과 강우기에만 흐르는 강, 그리고 주로 나일강을 가리켜 쓰는 말이 있다.

＊**강이 상징하는 것** - ①하나님의 임재(사33:21). ②그리스도(사32:1,2). ③성령(요7:38,39). ④성도의 영적 번영(시1:3). ⑤평화(사66:12). ⑥재난(시124:4). ⑦해갈(요7:38). ⑧위험(고후11:26). ⑨심판(계8:10, 16:4).

강〔強 ; 굳셀 강 strong〕접두(민13:18) 매우 세거나 굳거나 된 것, 단단한 것을 가리킴.

＊하나님은 강하시다(신3:24) 용사, 군왕, 국가, 넘치는 물, 바람은 강함을 나타낸다.

강가〔river side〕명(민24:6) 강의 가장자리. 강변. 쉴만한 곳. 번영을 뜻하기도 한다.

강간〔強姦 ; 굳셀강, 간음할간. rape〕명(창34:2) 힘으로, 상대방의 의사와는 관계없이 억지로 성관계를 함. ①들에서 정혼한 여자를 강간한 자는 사형에 처함(신22:25-27). ②세겜에게 디나가 강간을 당함(창34:2). ③암논이 누이 다말을 강간함(삼하13:6-14). ④정복당한 자의 피해를 가리킴(사13:6).

강건〔強健 ; 굳셀 강, 굳셀 건. robustness〕명(수14:11) 몸이나 기력 같은 것이 건강하고 튼튼함.

강건〔康健 ; 평안할 강, 굳셀 건. healthiness〕명(시90:10) 기력이 튼튼함을 높이어 일컫는 말.

강경〔強硬 ; 굳셀 강, 굳을 경. uncompromising〕명(신3:28) 굳세게 꽉 버티어 굽히지 않음.

강국〔強國 ; 굳셀 강, 나라 국. strong nation〕명(사60:22) 힘이 센 나라.

강권〔強勸 ; 굳셀 강, 권할 권. pressing〕명(사60:22) 강력하게 권함.

강단〔講壇 ; 익힐 강, 단단. platform〕명(느8:4) 강의나 설교를 하는 높은 단. 연단이라고도 하며 바벨론 포로에서 돌아와 에스라가 율법을 가르치기 위하여 나무로 만들었다.

강대〔強大 ; 굳셀 강, 큰 대. powerfulness〕명(창18:18) 굳세고 큼.

강도〔強盜 ; 굳셀 강, 도둑 도. burglar〕명(레6:2) 폭력 또는 협박으로써 남의 물건을 빼앗는 짓.

＊강도는 갑자기 닥치고, 밤에 행하며 뉘우치지 않으며 성전을 더럽히는 자를 비유한다(마21:13). 강도를 당한다는 것은 빈궁을 상징적으로 의미한다(잠6:11). 거짓선지자를 가리킨다(요10:5,8, 호6:9).

강력〔強力 ; 굳셀 강, 힘 력. power〕명(고후10:4) 굳센 힘, 힘이 셈.

강렬〔強烈 ; 굳셀 강, 매울 렬. severity〕명(출10:19) 세차고 기세가 몹시 사나움.

강령〔綱領 ; 벼리 강, 거느릴 령. platform. plank〕명(시119:160) 일의 으뜸이 되는 줄거리. 입장·목적·계획·방침 및 운동의 차례·규범 따위를 요약해서 적은 것.

강론〔講論 ; 익힐 강, 의논할 론. discourse〕명(신6:7) ①학술이나 도

의(道義)의 뜻을 풀이하고 토론함. ②교리를 설명함.

강림[降臨 ; 내릴 강, 임할 림. descent from heaven]몡(창11:5) 하나님께서 속세로 내려오심. 그리스도의 성육신 탄생. 하나님께서 특별히 나타나심을 뜻한다. 구약시대 여러 사람에게 나타나셨고, 오순절 때 성령이 임하심도 임마누엘적 강림이다.

강물[江~ ; 강 강. river water]몡(왕하5:12) 강에 흐르는 물. 강수(江水). 만물을 소성케 함. →강

강박[强迫 ; 굳셀 강, 핍박할 박. duress. threat]몡(삿14:17) 무리하게 남의 의사를 꺾음.

강변[江邊 ; 강강, 가 변. near river]몡(민22:5) 강물 가. 강 가.

강보[襁褓 ; 포대기 강, 포대기 보. baby's quilt]몡(욥38:9) 포대기. 젖먹이를 업을 때 둘러 대는 보.

강성[强盛 ; 굳셀 강, 성할성. vigor]몡(창26:16) 힘차고 잘되어 성함.

강수[江水 ; 강강, 물수. riverwater]몡(시36:8) 강물.

강약[强弱 ; 굳셀 강, 약할 약. strength and weakness]몡(민13:18) 강하고 약함.

강장[强壯 ; 굳셀 강, 씩씩할 장. robustness]몡(왕하24:16) 기골이 크고 혈기가 왕성함.

강제[强制 ; 굳셀 강, 억제할 제. compulsion]몡(행5:26) 힘으로 으르대어 남의 자유를 억누름.

＊종, 노예, 포로, 죄수들은 강제노동을 한다.

강청[强請 ; 굳셀 강, 청할 청. insistence]몡(왕하2:17) 억지로 끈질기게 청함.

강탈[强奪 ; 굳셀 강, 빼앗을 탈. robbery. seizure]몡(시89:22) 억지로 빼앗음. 강도의 행위.

강퍅[剛愎 ; 굳셀 강, 괴퍅할 퍅]몡(출4:24) ①성미가 깔깔하고 고집이 셈. obstinacy. ②괴퍅하고 융통성이 없음. perverseness.

＊하나님에 대한 인간의 반항적인 태도를 일컬음. 바로, 헤스론왕 시혼, 애굽사람, 느브갓네살, 이방인 등은 강퍅한 자의 대표적 인물이다.

강포[强暴 ; 굳셀 강, 사나울 포. ferocity]몡(창6:11) 완강하고 포악함. 우악스럽고 사나움.

강포자[强暴者 ; 굳셀 강, 사나울 포, 놈 자]몡(욥15:20) 우악스럽고 사나운 사람. 완강하고 포악한 사람.

＊악한 사람, 죄인, 부자의 특성을 상징함(미6:12).

강하다[strong, mighty]혱(창25:23) 세다. 힘이 있다. ①하나님의 강한 손(출32:11). ②하나님의 강한 힘(욥9:4). ③성도는 마음을 강하게(신31:6). ④성도는 믿음을 강하게(고전16:13). ⑤기도로 주께서 강하게 하신다(시138:3).

강한 자[the strong]몡(욥5:15) 힘이 센 사람. ①대적(욥24:22, 시59:3). ②군사(사53:12). ③침략자(눅11:22). ④성도(롬15:1). ⑤주님(고전10:22). ⑥주의 대적(계6:15). ⑦사자(삿14:14).

갖옷[clothing lined with fur]몡(창25:25) 털옷. 에서의 살갗. 엘리야와 세례 요한의 의상에 관하여 기록하고 있다(왕하1:8, 막3:4).

갖추다[possess]타(창46:29) ①쓰임에 따라 여러가지를 골고루 갖게 차리다. ②몸을 가누어 바로하다. ③구비하다.

같다[same]혱(창3:5) ①서로다르지 아니하다. ②서로 딴 것이 아니다.

갚다[repay]타(창44:4) ①남에게서 빌리거나 꾸거나 빚진 것에 대하여 도로 돌려주다. ②남에게 진 신세나 은혜, 원한 등에 대하여 그에 상당하게 보응하다.

개[dog]몡(출11:7) 하나님께서 가축으로 창조하신 개과(犬科)에 속하는 짐승.

시리아의 들개

＊토했던 것을 먹는 짐승으로 하찮은 것, 남창, 사단 등을 상징함.

개같은 자[Dog, Sodomite]명(신23:18) 이교도의 신전에서 종교매음을 하는 남자를 가리켜 하는 말, 신전남창. 한때 신앙타락으로 인해 이스라엘에서 행해진 일이 있었다(왕상14:24). 이런 자는 하나님의 나라를 유업으로 받지 못한다(고전6:9-10).

개같은 자의 소득(신23:18) 이는 문맥상으로 보아 남창의 보수를 가리킨다. 가증한 것으로 하나님의 전에 바칠 수 없다.

개가[凱歌 ; 이길 개, 노래 가. triumphal song]명(삼하1:20) ①→개선가(凱旋歌). ②크게 이긴 기쁨이나 큰 성과를 올린 감격에서 나오는 함성.

개간[開墾 ; 열 개, 개간할 간. cultivation]명(사28:24) ①버려둔 거친 땅을 처음으로 일구어서 논밭을 만듦. 개작(開作). 기간(起墾). ②바다나 호수를 메워 논밭을 만듦. 땅을 일굼.

개구리[frog]명(출8:2) 원어의 뜻은 뛰어 오르는 것. 양서류(兩棲類). 무미목(無尾目)의 참개구리과, 청개구리과, 무당개구리과, 맹꽁이과에 속하는 동물의 총칭. 올챙이가 자라서 됨.

＊하나님께서 이스라엘 백성을 애굽에서 나오게 하실 때 바로에게 내린 두번째 재앙에 개구리를 사용하셨다. 더러워진 영(계16:3).

개국[開國 ; 열 개, 나라 국. establishment of a country]명(출9:18) 나라를 처음으로 세우는 일. 처음으로 나라가 세워짐. 건국.

개국이래 - 건국이후. 나라가 세워진 뒤 오늘까지.

개동시[開東時 ; 열 개, 동녘 동, 때 시. dawning time]명(창44:3) 동녘이 밝아오는 때. 새벽녘.

개량[改良 ; 고칠 개, 어질 량. improve]명(행24:3) 나쁜 것을 고쳐 좋게 함.

개미[ant]명(잠6:6) 개미과에 속하는 곤충을 모두 일컫는 말. 지혜있고 부지런한 것, 슬기있는 것으로 비유된다. 구약에는 2회 기록되어 있는데 성지에는 10종류의 개미가 있다. 전 세계에는 5,200여종의 개미가 있다고 한다.

개울[brook]명(욥6:15) 골짜기에서 흘러 내려오는 작은 물줄기.

개유[開諭 ; 열 개, 깨우칠 유. admonition]명(호2:14) 타일러가르침.

개의[介意 ; 끼일 개, 뜻 의. caring about]명(히12:2) 마음에 둠.

개인[個人 ; 낱 개, 사람 인. individual]명(행3:12) 국가나 사회에 대한 한 사람.

개정[開廷 ; 열 개, 조정 정. opening a court]명(욥11:10) 법정에서 재판을 시작함.

개종자[proselyte]명 한 종교 또는 다른 종파에서 다른 종교 내지 다른 종파로 돌아온 사람. 구약에서는 우거하는 타국인(출12:19, 레17:8)으로도 불렀다. 신약에서는 주께로돌아온 자라고 일컫는다(행8:27, 15:3).

＊구약에서 개종자는 할례를 받고 율법을 준수했다(출12:48-49) 신약에서의 개종자는 죄사함을 받고 그리스도안에서 지체가 된다(고전6:15) 에디오피아 내시, 사울, 고넬료, 빌립보 옥사장 등은 개종자.

개창[疥瘡 ; 옴 개, 부스럼 창. itch]명(신28:27) 옴. 개선충(疥癬蟲)의 기생에 의하여 생기는 전염성 피부병의 하나. 주로 손가락 사이, 사타구니 등에 생기며 매우 가렵다. 저주를 가리킨다.

개척[開拓 ; 열 개, 열 척. crearing]명(수17:15) ①거친 땅을 일구어 논밭을 만듦. ②새로운 분야, 운명, 전도 등을 엶. ③영토를 확장함.

개천[creek]명(창30:38) 좁은 내, 시내, 개울.

개키다[fol dvup]⟨타⟩(요20:7) 이부자리나 옷 등을 접어서 개다.

개펄[silt]⟨명⟩(겔47:11) 바닷가나 강가의 질펀한 땅. 모래벌판. 개흙땅.

개혁[改革 ; 고칠 개, 가죽 혁. reformation]⟨명⟩(히9:10) 옛 제도나 풍습 등을 새롭게 하는 일. 율법의 일시적인 것에서 그리스도의 새 질서로 가는 것을 가리킨다.
* 예수 그리스도가 개혁자이다(요12:15, 마21:12) 구약에서의 개혁은 우상타파와 성전정화이었다(대하15:8, 느13:9).

객[客 ; 나그네 객. guest]⟨명⟩(창15:13) 손. 나그네. 찾아온 사람. 세상에 사는 그리스도인이 객이며 고난받는 전도자가 객이다. 선교사는 타국에서나 본국에서도 객이다.
* 성경은 객을 잘 대접하라고 가르친다(롬12:13).

객상[客商 ; 손 객, 장사 상. trade in a strange land]⟨명⟩(왕상10:15) 고향을 떠나 다른 지방에 가서 하는 장사. 행상.

객실[客室 ; 손 객, 집 실. drawing-room]⟨명⟩(삼상9:22) 손님을 접대하거나 거처하려고 만든 방. ①식사를 하는 곳(삼상9:22). ②연회를 하는 곳(단5:10). ③심판을 하는 곳(왕상7:7). ④성찬을 세우신 곳(막14:14).

객점[客店 ; 손 객, 가게 점. inn]⟨명⟩(창42:27) 길손이 음식을 사먹거나, 쉬어가거나 묵어가던 집. 여관. 숙박업소. 렘9:2에서는 나그네의 유할 곳으로 번역되었다. 피난처이기도 하다.

거닐다[stroll]⟨자⟩(창3:8) 가까운 곳을 한가히 걷다.

거두다[gather]⟨타⟩(창8:22) ①모아들이다. ②기르거나 가꾸거나 하여 뒤를 보살피다. ③어떤 결과나 성과 따위를 얻거나 올리다. ④멈추어 끝내거나 그만두다.

거듭[again]⟨명⟩(삿5:23) 여러번, 되풀이, 반복.

거듭나다[born again]⟨자⟩(요3:3) 영적으로 새 사람이 되는 일. 중생.
* ①죄인이 성령의 새롭게 하심으로 거듭남(딛3:5,6). ②하나님의 아들이 되는 것(벧전1:3,23). ③새 생명(롬6:4). ④새로운 피조물(고후5:17, 갈6:15). ⑤하나님께로서 난 자(요일3:9, 5:1). ⑥그리스도와 함께 사는 자(갈2:20). ⑦거룩해짐(엡4:24, 골3:10). ⑧물과 성령으로 남(요3:5). ⑨하나님의 나라를 봄(요3:3).

거라사[Γερασηνός = 작은]⟨지⟩
1. 위치 - 갈릴리호수 동쪽에 위치한 성읍. 가다라와 같은 곳(막5:1, 마8:28).
2. 관련기사 - 예수님께서 더러운 귀신들린 사람을 고쳐 주신 곳. 귀신들이 나와 돼지떼에 들어가 돼지떼가 바다에 빠져 죽었다.
3. 교훈 - 귀신은 사람만 괴롭게 한 것이 아니라 짐승을 죽게 하였다.

거루[barge]⟨명⟩(행27:16) 거룻 배. 돛을 달지 않은 작은 배. 큰 배에 예비된 구명보트.

거룩하다[holiness]⟨형⟩(창2:3) 구별되다. 하나님과 관계에서만 성립되는 말이다. 종교생활의 완벽된 삶. 도덕성, 윤리성으로 인해서가 아니라 하나님과의 관계에서 그리스도의 속죄, 성령에 의한 성별에 기인한다(벧전1:16).

거룩하신 자[God]⟨명⟩(잠9:10) 하나님. 그리스도(고후5:21).

거룩한 땅[holy land]⟨명⟩(출3:5) ①시내산. ②가나안 땅. ③벧엘. ④예루살렘.

거룩한 백성[~百姓 ; 일백 백, 성 성. holy people]⟨명⟩(출19:6) ①이스라엘. ②구속받은 성도.

거룩한 성[holy Jerusalem]⟨명⟩(계21:10) 하나님의 도성. 예루살렘. 하늘나라. 새 예루살렘.

거룩한 안식일[holy sabbath]⟨명⟩(출16:23) 안식일의 성스러움을 강조한 말.

거룩한 자[holy one]⟨명⟩(막1:24) 성별된 사람. ①예수 그리스도(요6:

69, 사1:4). ②성도(갈3:13). ③경건한 자(시16:10).

거룻줄[rope]영(행27:32) 거룻배를 묶어 놓을 때 사용하는 줄.

거류인[居留人 ; 살 거, 머무를 류, 사람 인. temporary resident]영(출12:45) 일시적으로 머물러 사는 사람. 고향 또는 나라를 떠나 타향 또는 타국에 사는 사람.

거류자[居留者 ; 살 거, 머무를 류, 놈 자. temporary resident]영(시39:12) 일시적으로 머물러 사는 사람. ㉜ 거류인.
* 애굽에 내려간 야곱의 일행, 바벨론으로 포로된 이스라엘 사람, 그리스도인 등이다(빌3:20).

거름[fertilizer]영(왕상14:10) 식물이 잘 자라도록 주는 양분. 비료.

거름더미[manure]영(삼상2:8) 거름을 쌓아 놓은 더미.

거리[street]영(창19:2) 사람이 다닐 수 있는 길.

거리낌[obstacle]영(행24:16) ①어떤 사람이 딴 사물에 방해가 됨. ②어떤 사물이 마음에 걸려서 꺼려함. 꺼림칙함.

거만[倨慢 ; 거만할 거, 교만할 만. loftiness]영(잠1:22) 잘난체 하고 으시댐. 겸손하지 않고 남을 업신여김.

거만자[倨慢者 ; 거만할 거, 교만할 만, 놈 자. lofty]영(사2:12) 겸손하지 않고 남을 업신여기는 사람. 하나님 없이 살 수 있다고 뻐기는 사람. 책망을 듣지 아니하는 사람. 그들은 지혜를 구해도 얻지 못한다.
* 거만한 자를 하나님께서 심판하신다(사13:11).

거머리[leech]영(잠30:15) 거머리류의 물벌레. 동물의 피를 빨아먹고 산다. 남에게 붙어 귀찮게 구는 사람을 일컫는다. 만족할 줄 모르는 것을 상징하여 한 말.

거멀못[clamp]영(대상22:3) 나무 그릇 따위의 버러지거나 터지지 않도록 겹쳐 박는 못. 다윗의 성전건축 준비 자재마련에 사용되었다.

거문고[harp]영(왕하3:15) 여섯줄이 있는 현악기. 엘리사가 거문고 타는 자를 보고 감동했다. 신약에서 거문고는 비유적으로 쓰였다(계18:22).

거미줄[cobweb]영(욥8:14) 거미가 뽑아낸 줄로 친 그물. 약하고 헛된 것의 비유적으로 쓰였다. 속이는 자의 수법이다. 불완전한 것을 상징함(사59:5,6)

거민[居民 ; 살 거, 백성 민. habitants]영(창23:7) 그 땅에 사는 주민. 국민.

거반[居半 ; 살 거, 반 반. half, almost]영(눅10:30) 거지반(居之半).

거부[巨富 ; 클거, 부자부. greaman]영(창26:13) 큰 부자.

거상[居喪 ; 살 거, 복입을 상. mourning]영(호9:4) 사람이 죽어서 상중에 있는 일. *거상 기간은 보통 7일. 야곱을 위해서는 70일(창50:3). 굵은 베로 허리를 묶고 애통하며 애곡함(창37:34).

거세된 자[emasculated]영(신23:1) 완전하지 못한 남자. 남자 구실을 못하는 자. 상징적인 뜻은 형벌이요, 구원받지 못함을 뜻한다.

거스리다[be against]타(출15:17) ①하나님의 뜻을 어기고 반항하는 행위. ②남의 뜻이나 행동 따위에 따르지 않고 반대되는 방향을 잡다. ③천리(天理)나 순리를 벗어나다. ④세(勢) 또는 흐름을 따르지 않고 반대되는 방향을 잡다. go against.

거십[גרים=기만적, 속이는, 실망시키는]지(창38:1-5) 아둘람의 서남쪽 저지대에 있은 한 마을. 유다가 가나안 여인 수아의 몸에서 세째아들 셀라를 낳을 때 있은 곳.

거액[巨額 ; 클거, 수량액. colossal]영(고후8:20) 많은 돈.

거역[拒逆 ; 막을 거, 거스릴 역. disobedience]영(민14:9) 명령을 어김. 하나님의 뜻을 따르지 않고 마음대로 행함. 배반, 배신 죄를 뜻한다. 이스라엘과 에브라임이 거역하였다(삼상8:7, 호7:1, 14).

거울[mirror]冏(출38:8) ①빛의 반사를 이용하여 물체의 형상을 비추어 보는 물건. 옛날에는 구리로 만들었다. 불완전한 상태를 나타냄(고전13:12). ②본보기나 경계가 될만한 사실. model (유7). 그리스도의 말씀이다(약1:23-25).

거저[free, empty]틘(출21:11) 값없이. 그냥. 무료. 노력없이. 공으로.

거절[拒絶 ; 막을 거, 끊을 절. refusal]冏(창39:8) 받아 들이지 않고 물리침. 거부하다.

거접[居接 ; 살 거, 델 접. staying a while]冏(겔29:11) 잠시동안 몸을 의탁하여 머물러 삶.

거제[擧祭 ; 들 거, 제사 제. offering]冏(레7:14) 제물을 들어서 제사드림. 제물을 높이 들었다가 아래로 내려 놓는 제사법. 이는 한번 하나님께 바친 것을 제사장이 하나님으로부터 다시 받음을 보여준다.

거제물[~物 ; 만물 물. offerings]冏(출29:28) 거제를 드릴 때 드리는 제물. 구별된 짐승, 과자, 곡물을 거제물로 삼았다.

거주[居住 ; 살 거, 머무를 주. residence]冏(행17:26) 한 곳에 삶. 또는 그 집.

거주지[居住地 ; 살 거, 머무를 주, 땅 지. dwelling]冏(겔34:13) 한 곳에 사는 땅. 사는 마을.

거죽[outer surface]冏(레13:55) 물체의 겉 부분. 표면.

거지[beggar]冏(막10:46) 남에게 빌어 얻어 먹는 사람. 걸인. 성경시대에 거지가 있었다. 가난으로 된 거지도 있었지만 신체적인 결함으로 인해 거지노릇을 했다.

＊의인의 자손은 거지가 되지 아니함(시37:25).

거짓~되다[falsely]冏(창21:23) 사실과 어긋남. 꾸밈. 속임. 허위.

＊거짓된 것은 우상과 마귀의 말이다(렘10:14, 요8:44). 두 마음을 품는 것도 거짓이다(시12:12).

거짓그리스도[false christ]冏(마24:24) 스스로 그리스도라 하는 자. 스스로 메시야로 자처하는 자. 이단자. 혼란기, 말세가 가까울수록 많이 나타난다. 예수님께서 거짓 그리스도에 관하여 경고하셨다(막13:21-23).

거짓말[lie]冏(출5:9) 사실과 다르게 꾸며서 하는 말. 정말, 참말의 반대되는 말. 속이는 말. 마귀의 말.

＊거짓말은 진리에서 나오지 아니한다(요일2:21, 27) 속이는 말이 거짓말이다(행5:1-16).

거짓말장이[liar]冏(욥34:6) 거짓말을 썩 잘하는 사람.

＊마귀는 거짓말장이다(요8:44).

거짓 맹세[~盟誓 ; 맹세할 맹, 맹세할 세. false oaths]冏(호10:4) 거짓으로 하는 약속. 속이는 맹세.

＊①율법으로 금지되었다(레19:12). ②속죄해야 한다(레6:2-7). ③하나님께서 미워하심(슥8:17). ④심판을 받게 된다(말3:5).

거짓 사도[false apostles]冏(고후11:13) 하나님으로부터 받은 사명없이 자기를 사도로 위장하고 행세하는 사람. 아무 사명감도 없이 슬그머니 들어와 분리를 일삼는다. 이단자(계2:2-4)

거짓 선생[false teacher]冏(벧후2:1) 거짓을 가르치는 사람. 진리가 아닌 것을 진리인양 가르친다. 그리스도의 신성을 부정하고 불경건한 생활로 인도한다. 종말의 징조이다(벧후3:3,딤전1:14, 15,4:1-3, 딤후4:3, 4).

＊거짓으로 인도하는 자에게는 양이 따르지 아니한다(요10:9).

거짓 선지자[~先知者 ; 먼저 선, 알 지, 놈 자. false prophets]冏(마7:15) 하나님의 계시를 바로 전하지 않고 백성을 그릇되게 인도하는 사람. 스스로 선지자인척 하면서 속이는 자.
* 이리가 양의 가죽을 쓰고 나타나 표적도 행하고 가장 진실한 채 함 (마24:24, 7:16). 그들은 심판을 받게 된다.

거짓 증거[~證據 ; 증명할 증, 의거할 거. false testimony]명(마15:19) 법정에서 사실과 어긋나는 것을 사실인양 꾸며 말함. 위증. ①성경에 엄히 금하고 있다. ②하나님께서 미워하심(잠6:11). ③형벌을 받게 됨(신19:). ④바리새인들이 했다(마26:59).

거짓 증인[~證人 ; 증명할 증, 사람 인. false witnesses]명(마26:60) 사실이 아닌 것을 사실인양 만들어 증인으로 나서는 또는 세운 사람.

거짓 형제[~兄弟 ; 맏 형, 아우 제. false brothers]명(갈2:4) 형제가 아닌데도 형제인척 하는 사람. 진리를 따르지 아니하는 자. 그리스도 안에서 참된 형제의 반대되는 자. 바울은 유대인들에게 이 말을 사용했다(고후11:26).
* 거짓 형제는 이단자이다.

거처[居處 ; 살 거, 곳 처. dwelling place]명(창36:40) 한 자리를 정하여 자리잡고 사는 곳. 일반적으로 국가의 영토와 가옥을 말한다.
* 선민의 거처는 가나안. 하나님의 장막이 있는 어린양의 보좌 앞에서 영원하다(계22:3, 22, 사57:15).

거취[去就 ; 갈 거, 나아갈 취. attitude]명(창31:20) 어떤 일에 자신의 입장을 밝혀 취하는 태도.

거치는 것[obstacle]명(잠3:23) 길의 장애물을 비롯하여 복음과 신앙에 장애가 되는 것을 말함. 악을 행하는 사람들에게는 거치는 것이 없다.

거치는 반석[stumble stone]명(롬9:33) 그리스도. 악인을 심판하시는 그리스도. 성도들에게는 보배이다. 창3:15와 마21:44를 비교해 보라.

거친 들[desert]명(욥1:19) 농사를 지을 수 없는 들. 박토. 광야.

거친 땅[wasteland]명(삼하2:24) 쓸모없는 땅. 박토. 황무지. 넓은 미개척 토지. 야생동물이 사는 곳. 문명사회와 떨어져 공포를 주는 곳. 적막하고 고독한 곳. 광야.

거친 말[rage, insolent words]명(호7:16) 말을 함부로 하거나 소리 높여 마구 퍼붓는 말. 폭언.

거친 풀[nettie]명(잠24:31) 쐐기풀.

거품[froth]명(시75:8) ①액체가 공기나 기타 기체를 머금어서 속이 비어 둥글게 된 방울. 액체 중의 기포(氣泡). ②입으로 내뿜는 속 빈 침방울. foam.

거하다[居~ ; 살 거. dwell]자(창4:16) 어떤 곳에 머물러 살다. 성도가 영원히 거할곳은 하늘나라이다.

걱정[anxiety]명(렘17:8) 안심이 되지 못하여 속을 태우는 일. 근심.

건강[健康 ; 굳셀 건, 평안할 강. health]명(시39:13) 몸에 아무런 탈이 없어 튼튼함. 육체와 정신이 정상적으로 활동하는 상태.
* 절제하고 하나님의 말씀에 순종해야 함. 건강한 자에게는 의사가 필요없다(마9:12, 렘35:58).

건건하다[salty]형(렘17:6) 감칠 맛이 없고 조금 짜기만 하다.

건건한땅[salt land]명(렘17:6) 염분이 있기 때문에 농사를 지을 수 없는 땅. 황무지.

건과[愆過 ; 허물 건, 지낼 과. fault]명(대하33:19) 허물. 잘못. 과실.

건물[建物 ; 세울 건, 만물 물. erection]명(겔41:12) 인간 생활의 필요를 위해 땅 위에 세워진 구조물의 총칭. 집. *성경에서 말하는 건물은 주로 성전을 가리켰다. 성도를 하나님의 건물(집)로 표현했다(고전3:9).

건설[建設 ; 세울 건, 베풀 설]명(시24:2) ①새로이 세워 만듦. construction. ②조직체나 사업체 따위

검열

를 조직하고 꾸림. organization.

건장[健壯 ; 굳셀 건, 씩씩할 장. robustness]⑲(창49:14) 몸이 크고 힘이 굳셈.

건전[健全 ; 굳셀 건, 온전할 전. sound]⑲(마15:31)①신체가 튼튼하고 병이 없음. ②사상, 정신, 조직 따위가 건실하고 온전함. ③감정에 쏠리지 않고 분별이 있음.

건제[愆祭 ; 허물 건, 제사 제]⑲(레6:1) 속죄제와 같은 뜻을 가진 구약시대의 제사의 하나. 인간이 하나님과 사람에게 과실을 범한 경우 드린다. 제물은 수양이며 배상물인 경우에는 그것에 20%를 더하여 드린다(레5:14-19, 7:1-7). 이웃에 대한 과실에 대하여는 먼저 배상을 한 뒤에 건제를 드리도록 규정하고 있다.

건져내다[scoop up]⑬(창32:11) 건지다에서 꺼낸다는 뜻을 강조한 말. 건져 꺼내다.

＊그리스도께서 우리를 죄에서 건져 내셨다.

건조[乾燥 ; 마를 건, 마를 조. dryness]⑲(신8:15) 습기나 물기가 없이 마른 상태.

건지다[take out]⑬(창48:16) ①액체에 들어 있는 것을 밖으로 끌어내다. ②어려운 경우에 처한 것을 도와서 빠져나오게 하다.

건축[建築 ; 세울 건, 쌓을 축. building]⑲(출38:24) 건물, 각종 구조물을 그 목적에 따라 설계하여 세우거나 쌓아 만듦. 두로는 건축이 발달되었다. 솔로몬의 성전건축도 이들의 힘을 빌렸다(왕상5:18). 번영을 상징한다(시69:35).

건축자[建築者 ; 세울 건, 쌓을 축, 놈 자, architect]⑲(왕상5:18) 건물 따위, 각종 구조물을 세우는 사람. 최초의 건축자로 나타난 것은 도성을 건축한 가인이다.

건포도[乾葡萄 ; 마를 건, 포도 포, 포도 도. cake of raisins]⑲(민6:3) 말린 포도.

＊힘을 내게 하는 식물로 나실인에게 금지된 식품(민6:3). 여행용 식량(삼하6:19).

건포도병[乾葡萄餠 ; 마를 건, 포도 포, 포도 도, 떡 병. cake of raisins]⑲(대상16:3) 말린 포도를 넣어 만든 떡. 여행하는데 필요한 양식(삼하6:19) 화목제물로 사용되었다. 포도 열매를 송이채로 말린 것(대상16:1-3).

걷다[go, wark]⑥(레11:42) 두 다리를 번갈아 가면서 앞으로 가다.

걷다[take away]⑬(민1:51) 덮은 것이나 가리운 것을 집어 치우다.

걸상[~床 ; 평상 상. stook]⑲(에1:6) 걸터 앉는 의자. 성경시대에 금으로 만든 의자도 있었다. 왕좌.

걸식[乞食 ; 빌 걸, 밥 식. begging]⑲(시37:25) 음식을 남에게 빌어서 얻어 먹음.

걸음[walk]⑲(창9:23) 발을 옮겨 놓는 동작. 발걸음.

＊①길이로 사용되었다(삼하6:13). ②영역의 범위로 나타내었다(삼하22:37). ③바른 행실로 표현되었다(잠10:9).

걸인[乞人 ; 빌 걸, 사람 인. beggar]⑲(요9:8) 빌어먹는 사람. 거지.

걸터앉다[sit astraddles]⑥(행20:9) 온 몸의 무게를 실리고 걸어 앉다.

검[劍 ; 칼 검. sword]⑲(마10:34) 길고 큰 칼. 허리에 찰 수 있는 칼.

＊검은 하나님의 말씀, 심판 등을 상징한다(엡6:17, 계1:16).

검다[black]⑲(창30:32) ①빛깔이 먹빛과 같다. ②마음에 못된 욕심이 있다.

검불[dry grass]⑲(욥13:25) 마른 풀이나 나뭇잎. 헛된 것에 대하여 형용적으로 쓰인 말. 티끌, 지푸라기, 짚 등으로 번역된 곳도 있다. 보잘것 없음을 뜻한다.

검열[檢閱 ; 검사할 검, 살필 열. re-

검은 말

view)]명(사13:4) ①검사하여 열람함. ②사상 통제, 치안 유지를 목적으로 발표하기 이전에 심사하여 발표를 통제하는 일.

검은 말[black horse]명(계6:5) 흑마로도 번역된 이 말은 구약에서는 흩어진 유대인의 이상에 네 수레에 관련되어 인용되었다. 메시야의 내림을 고한다(슥6:1-8). 신약계시록 6:5에서는 전쟁의 결과로 기근이 극심할 것을 표상한다.

겁[怯; 겁낼 겁. cowardice, fear]명(창32:11) 두려움이나 무서움.

겁간[劫姦; 겁탈할 겁, 간음할 간. rape]명(창39:13) 힘으로 간음하는 것. 강간.

겁약[怯弱; 겁낼 겁, 약할 약. faint heartedness]명(렘51:46) 겁이 많아 마음이 약함.

겁탈[怯奪; 겁탈할 겁, 빼앗을 탈. plunderage]명(삿9:25) ①남의 것을 강제로 빼앗음. ②강간.

겉 사람[outward man]명(고후4:16) 심령을 의식하지 않고 육신의 소욕대로 행하는 사람. 인간의 육적 본능대로 살아가는 사람.

겉옷[outer garment]명(삼상15:27) 주로 외출할 때 옷 위에 걸쳐 입는 것. 외투.
*의와 열심을 상징한다(사61:10).

게난[게난 = 광대한 소유]인(창5:9) 예수님의 계보 중의 한 사람으로 에노스의 아들. 가이난과 같은 사람(눅3:37). 아담의 증손자(대상1:1, 2).

게네사렛[Γεννησαρέτ = 열 동산]지(마14:34) 갈릴리 호수 북쪽의 지대로써 비옥한 땅. 예수님의 갈릴리 전도의 거점이었다(막6:53). 가버나움은 이 지역 북방의 갈릴리 호수를 게네사렛 호수로도 부르는 것도 이 지명에서 유래한 것이다(눅5:1).

게달[게달 = 검은 천막에서 사는 사람]인
1 아브라함의 첩 하갈이 낳은 이스마엘의 둘째아들(창25:13).
2 게달에 의해 낳은 종족(렘2:10). 아라비아인 게달족의 흑모제 천막은 유명하다(렘49:28, 겔27:21). 시인이 게달의 장막에 유하는 것이 화라고 하였다(시120:5-).
3 큰 양떼의 소유자(사60:7)

게달[게달 = 흑인]지(사21:17) 아브라함의 첩 하갈이 낳은 아들 이스마엘의 둘째 아들 게달의 자손들이 거주하는 지방(창25:13). 그들은 검은 털 장막에 거주하였다. 아가서에 게달의 장막이 노래되었다(아1:5).

게데스[게데스 = 거룩하다, 성소]지
1 에돔지역과 경계를 이루는 유다의 성읍(수15:23) 가데스와 같은 곳.
2 가나안 족속의 수도(수12:22)
1. **위치** - 후레호의 북서쪽 7km 지점에 있다. 로마시대의 태양신 숭배터가 남아있고 현재는 데가데스.
2. **관련기사** - ①납달리 지파가 받음(수19:37). ②갈릴리 게데스라고도 함(수20:7). ③납달리의 게데스라고도 함(삿4:6). ④도피성으로 지정됨(수20:7, 21:32). ⑤드보라 사사를 도운 바락의 출신지(삿4:6). ⑥이스라엘 군대의 집결지(삿4:6). ⑦시스라를 죽인 헤벨의 아내가 이 근처에서 살았다(삿4:9, 10). ⑧이곳 주민은 앗수르에 포로가 되었다(왕하15:29).
3 레위자손 게르솜의 후손에게 준 잇사갈의 성읍(대상5:72). 여호수아서에는 기시온이라고 했다(수21:28).

게델[게델 = 두렵다, 예배하다]인(창10:23) 셈의 손자요 아람의 아들. 그의 후손을 가리킨다.

게델[게델 = 돌담 또는 울타리, 둘러싸다]지 유다 남부에 있던 가나안 사람의 성읍(수12:13) 벧 가델과 같은 곳(대상2:51) 이곳 사람을 게델 사람이라고 불렀으며 다윗시대 나무관리자 바알난의 출생지 (대상27:28).

게드마[קֵדְמָה = 동편]인(창25:15) 이스마엘의 막내아들과 그 자손.

게라[אֵרָא = 돌아다니다]인
1. 베냐민의 아들(창46:21).
2. 베냐민 자손 사사 에훗의 아버지 (삿3:15). 게라족의 에훗으로 보는 사람도 있다.
3. 다윗이 바후림에 온 때 다윗을 조롱한 시므이의 아버지(왕상2:8).
4. 베냐민의 장남 벨라의 아들(대상8:1-8). 그의 후손.

게라[gerah]명(출30:13) 한 세겔의 20분의 1에 해당하며 중량의 제일 적은 단위. 약 0.57g(바벨론에서는 24분의 1세겔로 계산하였다).

게렌합북[קֶרֶן הַפּוּךְ = 아름다운 눈화장의 뿔, 눈화장품을 넣는 용기를 뜻한다]인(욥42:14) 욥이 시험 후에 낳은 세째 딸. 전국에서 가장 아름다웠다.

게로스[קְרֹס = 뿔이 돋았다]인(스2:44) 스룹바벨과 함께 포로에서 돌아온 느디님 가족의 한 두령.

게룻김함[גֵּרוּת כִּמְהָם = 김함의여관]지(렘41:17) 베들레헴 근처에 있은 마을. 요하난과 그 일당이 애굽으로 도망하는 도중 머물었다. 김함이 세운 여관이라고도 한다(삼하19:37).

게르손[גֵּרְשׁוֹן = 추방됨, 거기 나그네가 되다]인
1. 레위의 맏아들(창46:11)
2. 모세의 손자로 단 지파의 제사장이 된 요나단의 아버지(삿18:30). 게르솜이라고도 쓰임(출2:21).

게르솜[גֵּרְשֹׁם = 추방됨, 거기 나그네 된]인
1. 게르손 1과 같은 레위의 아들(창46:11).
2. 모세의 장자(출2:21)
3. 요나단의 아버지(삿18:30) 게르손 2.
4. 바벨론에서 에스라와 함께 귀국한 비느하스 가족의 두령(스8:2).

게바[Κηφᾶς = 반석]인(요1:42) 아람(수리아)어로 게바는 헬라말 베드로와 같다. 바위라는 뜻이다 (마16:18)

게바[גֶּבַע = 바위]인(스2:26) 바벨론에 포로가 된 자의 후손으로 스룹바벨과 함께 돌아온 한 조상.

게바[גֶּבַע = 언덕]지
1. 위치 - 예루살렘 북쪽 11km. 기브아에서 약 5km 떨어진 곳.
2. 관련기사 - ①베냐민 지파의 성읍(수18:24, 삼상13:16). ②레위 자손 제사장의 거주지(수21:17, 대상9:60). ③블레셋과 요나단의 전장(삼상13:3).④다윗이 블레셋을 물리친 곳(삼하15:25).⑤유다 북부 국경의 성읍(왕상23:8). ⑥아사왕이 재건(왕상15:22). ⑦바벨론에서 돌아온 베냐민 지파의 거주지(스2:26).

게벨[גֶּבֶר = 힘있는 사람](왕상4:19) 우리아의 아들로 솔로몬 왕의 양식관리 12장관 중 한 사람.

게빔[גֵּבִים = 웅덩이]지(사10:31) 예루살렘 북쪽의 베냐민 성읍.

게산[גֵּישָׁן = 큰 양떼]인(대상2:47) 갈렙 자손. 야데의 아들.

게셀[גֶּזֶר = 분깃]지(수16:3)
1. 위치 - 예루살렘과 욥바를 잇는 가도 중간. 예루살렘에서 약 30km 지점에 위치한 팔레스틴의 성읍. 군사적 요충지.
2. 관련기사 - ①가나안의 성읍(수10:33). ②에브라임의 한 성읍(수16:10). ③이스라엘이 원주민을 쫓아내지 못했다(삿1:29). ④그핫 자손에게 분배된 성읍(수21:21). ⑤다윗이 블레셋을 쳐서 이르른 곳(삼하5:25). ⑥애굽왕이 불사른 성읍(왕상9:16).⑦솔로몬이 재건한 성읍(왕상9:17). ⑧일명 벧호론이라고 함(수16:3).

게셈[גֶּשֶׁם = 강]인(느2:19) 아라비아인. 예루살렘 성곽을 재건할 때 느헤미야를 반대한 사람 중 한 사람(느6:1). 가스드와 같은 사람.

게셋[גֶּשֶׂת = 왕성 하다]인(창22:22) 나홀의 아들이며 아브라함의 조카.

게으른 자

게으른 자[lazybone]명(잠6:6) 부지런히 일을 하지 아니하는 사람. 가난을 부르는 사람.

게으른 자의 특징 - ①개미에게 가서 배워야 함(잠6;6), ②잠자는 것을 좋아함(잠6:9, 19;15), ③감독자에게 거스리는 자임(잠10:26), ④양식을 위해 일하는 것도 싫어함(잠12:27, 20:4). ⑤식사도 일로 생각함(잠19:24, 26:5). ⑥헛된 정욕이 가득함(잠21:25). ⑦결과는 부림을 당한다(잠12:23).

게하라심[אִישׁ הָרָשִׁים = 장인들의 골짜기]명(대상4:14) 그나스의 후예인 요압의 후예로 수공업자이다.

게하라심[אִישׁ הָרָשִׁים = 장인들의 골짜기]지(느11:35) 사론평야 남쪽 로드와 오노사이의 넓은 계곡, 포로귀환후 베냐민 자손들이 살았다.

게하시[גֵּיחֲזִי = 계시의 골짜기, 환상의 계곡]명
1. **인적관계** - 엘리사의 제자(왕하4:12),
2. **관련기사** - ①엘리사와 동행하였다. 수넴 여자에게 아들이 없음을 보고 엘리사에게 구했다(왕하4:11-8:4). 여인의 아들이 죽었을 때 엘리사의 지팡이를 들고 뛰었다. 수넴여인의 아들을 살리지 못했다. ②엘리사에 의해 문둥병을 고침받은 아람왕의 군대장관 나아만을 속여 예물을 받으므로써 그 벌로 문둥병에 걸렸다(왕하5:20-27). ③엘리사의 행적을 여호람왕에게 고했다(왕하8:4-6).

게헨나[gehenna]지(마5:29 새번역). 아람어를 거쳐 헬라어 음사역.
1. **위치** - 구약성경에 나오는 힌놈의 아들 골짜기. 예루살렘 서쪽 골짜기. 내세의 지옥.
2. **관련기사** - 힌놈 골짜기 참고.
3. **신약 개역**에는 지옥이라고 번역하였다(마5:29, 10;28, 막9:56). 그곳의 참상을 보고 의역했다.

겐[קֵינִי]지 가나안의 한 지방. 그 주민은 유목민이요, 모세의 장인 이드로의 거주지. 그 자손이 아랏 남방 유다 황무지에서 유다 족속과 동거동화 되었다(창15:19, 삿1:16). 지금도 그 후손들이 흩어져 살고 있다(대상2:55).

겐그레아[Κεγχρεαί = 조, 수수]지
1. **위치** - 고린도 동편 11km지점에 있는 외항으로 지중해 연안의 여러 항구를 이어주는 교통의 요충지. 상업도시(행18:18).
2. **관련기사** - ①고린도와 가까운 항구로 바울이 이곳에서 서원이 있어 머리를 깎고 에베소로 건너갔다(행18:18). ②바울의 신앙의 자매 여집사 뵈뵈를 이곳 교회에서 봉사하도록 하였다(롬16:1-2). ③바울이 3차 선교여행시 이곳에서 배를 타려고 하였으나 유대인들의 음모를 알고 육로로 마게도냐로 갔다(행20:3).

겐 사람, 겐 족속[kenites]명

① 아브라함 당시. 갓몬사람, 그니스 사람과 함께 가나안에 살고 있던 유목민(창15:19). 미디안 사람과 관련이 깊다(민24:21-22).

② 모세시대
1. **인적사항** - 모세의 장인 이드로의 후손으로 유다사람과 동화되어 살았다(민10:29, 삿1:16).
2. **관련기사** - ①호밥이 모세와 동행(민10:29-32). ②발람은 모압산에서 겐사람의 천막을 바라볼 수 있었다(민24:21). ③이들은 가나안에 들어와서 유다 남부에서 살았다(삼상15:6). ④시스라를 죽인 야엘은 겐사람 헤벨의 아내이다(삿4:11). ⑤겐 사람은 후에 아말렉과 결합했다. 사울이 아말렉 사람을 토벌할 때 겐 사람을 떠나게 했다(삼상15:6). ⑥헤벨은 겐 사람의 정착촌에서 떠났다(삿4:11). ⑦다윗이 이곳 사람들에게 전리품을 보내었다(삼상30:29-30). ⑧야베스에 거한 서기관들은 모두 겐 사람들이다(대상2:55).

*이드로의 후손으로 알려진 사람들(베드윈족)은 지금도 이스라엘에서 흩어져 유목생활을 하고 있다.

겟세마네[Γεθσημανί =기름짠다][지]
1. **위치** - 예루살렘 동쪽 기드론 골짜기를 건너 여리고로 통하는 길 위쪽. 감람산 서쪽 동산(요18:1).
2. **관련기사** - ①예수께서 자주 제자들과 함께 가셨다(막14:32, 눅22:39) ②예수님께서 잡히시던 날 밤에 피땀흘려 기도하셨다. ③가룟 유다의 입맞춤의 신호를 하자 예수님께서 자원하여 잡히셨다(눅22:39,40). ④지금은 겟세마네 동산 교회가 있으며 약2,000년 되었다는 감람나무가 여덟구루가 있다. 예수님께서 기도하신 바위라고 전해진 큰 바위도 있다.
3. **교훈** - 하나님의 뜻대로 되기를 원하면서 주께서 기도한 곳. 우리의 바람보다 하나님의 뜻이 실현되기를 기도해야 한다. 범사에 주께 맡기는 생활이 필요하다. 시험을 이기는 힘은 기도함으로 얻게 된다.

겨[chaffs][명](욥21:18) 곡식의 겉껍질. 쭉정이 바람에 날려가는 지푸라기. 짚으로 번역된 곳도 있다.
* 헛된 일, 무가치한 것 등으로 사용되고 악인, 하나님의 심판, 거짓된 것을 상징한다(마3:12, 17:13, 33:11).

겨누다[타](시58:7) ①과녁 따위 목표물을 맞히기 위하여 그 방향과 거리를 바르게 잡다. aim(at) ②어떤 물체의 길이나 넓이 따위를 알기 위하여 대중이 될 만한 다른 물체로써 마주 대어보고 헤아리다. take the measure

겨드랑이[armpit][명](렘38:12) 가슴의 양편 옆, 팔 밑의 오목한 곳.

겨루다[compete][타](창32:28) 서로 버티어 이기고 짐을 다투다. 승부를 다툼.

겨를[spare time, depart][명](창31:40) 짬. 쉴 틈. 여가.

겨리[yoke][명](삼상11:7) ①짐승을 짝하여 헤아리는 단위. 두 마리가 한 겨리. ②소나 말. 두마리가 끄는 큰 쟁기.

겨울[winter][명](창8:22) 1년 중 4철 중의 한 철로 가을 다음, 봄앞에 드는 추운 철.
* 성지에서는 여름과 겨울 두 계절이 있을 뿐이다. 평균 기온이 4℃~8℃ 정도이다. 겨울에는 항해를 하지 않는다(행27:12, 28:11) 봄과 가을은 그 환절기 속에서 잠깐 느낀다.

겨자(씨)[mustard][명](마13:3) 십자화과에 속하는 식물로 갈릴리 평원에 많이 번식하였다. 높이 4~5m가 되며 씨는 매우 작다. 4~5월경 노란 꽃이 핀다. 예수님께서 모든 씨보다 작은 것이로되 라고 하신 말씀은 씨 중에서 가장 작은 것이란 뜻이 아니라 당시 일반적인 씨 중에서 가장 작은 것이다.

* 예수님께서 천국 비유로 사용하셨다. 미약한 것이지만 왕성한 생장력이 있어 확장되어가는 신앙의 견고성을 가르치셨다.

격노[激怒; 과격할격, 노할노. wild rage][명](신9:7) 몹시 성냄. 화냄. ①하나님의격노(시69:24) ②사람의 격노(출3:19)

격동[激動; 격동할 격, 움직일 동. provcation][명](신32:27) 심히 움직임. 몹시 감동함.
* 사람을 격동시키는 일이 여러가지 있으나 하나님을 격동시키는 일은 주로 죄악이다(신4:25,왕상16:2).

격려[激勵; 과격할(격동할) 격, 권면할, 힘쓸 려. encouragement][명](히10:24) 마음이나 기운을 북돋우며 힘쓰도록 함. 격동하여 장려
* 격려는 여러 계층의 사람들에게 힘을 주게 한다. 예수님께서는 성도들에게 주의 재림과 상주심으로 격

려하신다. 하나님의 약속은 성도들에게 좋은 격려이다.

격발[激發 ; 과격할 격, 필 발. outburst]⟨명⟩(신4:25) 심하게 일어남. 또는 일으킴.

격분[激忿 ; 과격할 격, 분낼 분. wild rage]⟨명⟩(삼하17:8) 대단히 성냄.

격언[格言 ; 격식 격, 말씀 언. proverb]⟨명⟩(욥13:12) 사리에 맞아 교훈이 될만한 짧은 말.

* 욥은 친구들에게 너희의 격언은 재 같은 속담이라고 비판하였다.

격절[隔絶 ; 막힐 격, 끊을 절. isolation]⟨명⟩(욥28:4) 사이가 떨어져 연락이 아니됨.

격투[格鬪 ; 격식 격, 싸움 투. hagrapple]⟨명⟩(욥38:23) 서로 맞붙어 치고 받고 하며 싸움.

격파[擊破 ; 칠 격, 깨드릴 파. depeating]⟨명⟩(수11:8) 쳐서 부숨.

격하다[隔~ ; 막힐 격. part]⟨타⟩(창35:16) 시간이나 공간적으로 사이를 두다.

겪다⟨타⟩(사53:3) ①어려운 일이나 경험이 될 만한 일을 당하여 지내다. experience. ②여러 사람에게 음식을 차리어 대접하다. entertain.

견강[堅強 ; 굳을 견, 강할 강. solidity]⟨명⟩(창49:24) 매우 굳세고 강함.

견강[堅剛 ; 굳을 견, 굳셀 강. firmness]⟨명⟩(창49:24) 성질이 매우 야무지고 단단함.

견고[堅固 ; 굳을 견, 굳을 고. firmness]⟨명⟩(창11:3) 굳고도 단단함. 확실함. 야무짐.

* 하나님의 말씀, 메시야 왕국이 견고하며 성도의 마음과 믿음, 선한 일을 견고히 해야 한다.

견대[肩帶 ; 어깨 견, 띠 대. shoulder stroap]⟨명⟩(출28:7) 어깨에 달린띠. 대제사장의 예복에 단 두 줄의 끈으로 이스라엘을 대표하는 열 두개의 보석이 붙어 있다.

견디다⟨자타⟩(창4:13) ①잘 배겨내다. bear. ②잘 참아 내다. endure ③물건이 쉽사리 닳아 없어지거나 헤어지지 않고 오래가다. last ④지지 않다. resist.

견책[譴責 ; 꾸짖을 견, 꾸짖을 책]⟨명⟩(신28:20) ①잘못을 꾸짖고 나무람. rebuke. ②공직자의 잘못에 대하여 다시는 그런 일을 하지 말라고 주의를 시키는 정도로 가하는 가벼운 벌. reprimand.

결과[結果 ; 맺을 결, 과실 과]⟨명⟩(사104:13) ①열매를 맺음. result. ②어떤 행위로 이루어진 결말의 상태. effect

결국[結局 ; 맺을 결, 사태(형편) 국]⟨명⟩(시37:37) 일의 끝장. 일의 귀결되는 마당. end. ⟨부⟩ 끝장에 이르러. after all. 드디어. 마침내.

결단[決斷 ; 결단할 결, 끊을 단. jugement]⟨명⟩(창44:7) 옳고 그름과 착함과 악함을 판결함.

* 신앙적 **결단** - ①아브라함의 결단(히11:8). ②요셉의 결단(창39:10-12). ③모세의 결단(히11:24,25).④룻의결단(룻1:15-18). ⑤라합의 결단(히11:31). ⑥여호수아의 결단(수24:15,16). ⑦다니엘과 세 친구의 결단(단1:8-). ⑧다니엘의결단(단6:1-16).⑨지도자를 따르는 결단(왕하2:1-6). ⑩임무수행을 위한 결단(느4:14-23).

결단나다[go to ruin]⟨자⟩(암3:15) ①사물이나 현상이 아주 해지거나 망그러져서 도무지 여망이 없이 되다. go to ruin. ②살림이 완전히 망하여 거덜이 나다.

결단코[never]⟨부⟩(창44:7) 마음먹은대로 반드시. 꼭. 기어이.

결렬[決裂 ; 결단할 결, 찢을 렬]⟨명⟩(시106:23) ①갈갈이 찢어짐. breaking off. ②의견이 맞지 않아 각각 헤어짐. rupture. break down.

결례[潔禮 ; 깨끗할 결, 예도 예. purification]⟨명⟩(레14:23) 정결케 하는 예식. 하나님과 사람과의 회복에 있어서 부정을 제거하기 위하여 물로 씻거나 제물을 바쳐 정화하는 의식을 행했다. 레11-16장에서 부정이라는 말이 가장 많이 나오는데,

이것은 또한 부정의 제거로써 이스라엘 사람을 이방인에서 구별하고, 육체적, 영적 건강을 보전케 하려 한 것이다. 결례의 방법 및 과정은 부정한 종류에 따라 달랐다.

* 결례의 상징적 의미는 그리스도의 대속으로 성령에 의하여 거듭나고 하나님께 순종하게 되는 것이다 (행15:9, 벧전1:22)

결례의 일[service of purification]명 (느12:45) 정결케하는 의식을 올바르게 집행하는 것과 함께 부정과 정결의 구별을 율례에 따라 백성들에게 가르쳐 주는 일은 제사장과 레위인의 일(직무)이었다(겔44:23, 학2:11, 말2:7).

결말[結末; 맺을 결, 끝 말. termin-aition]명 (약5:11) 일의 끝맺음. 종말, 끝남이 아니라 마무리됨을 뜻한다. 시작하는 일에는 반드시 결말이 있다(빌1:6).

결박[結博; 맺을 결, 얽을 박. binding]명 (창22:9) 두 손을 묶음. 마음이 시달려 괴로움. 성경에서는 몸의 매임, 투옥, 속박 등에 대해서도 사용되었다.

결실[結實; 맺을 결, 열매 실]명 (욥15:34) ①식물이 열매를 맺음. 또는 그 맺은 열매가 여묾. 열매맺이. fruit-bearing. ②일의 결과가 보람있게 잘 맺어짐. success.

* 성도들은 다음 여건을 갖추어 결실하게 된다. ①옛생명의 죽음(요12:24). ②생명수에 뿌리를 내린다(시1:3). ③중생(회심)(골1:6). ④가지를 자름(요15:2). ⑤그리스도 안에 거함(히12:11). ⑥선한 일을 도모함(골1:10). ⑦참된 결실(갈5:22,23). ⑧성도의 생활원칙(갈5:24).

결실기[結實期; 맺을 결, 열매 실, 기약할 기. fruiting season]명 (행14:17) 열매를 맺는 시기. 결과기.

결심[結心; 결단할 결, 마음 심. determination]명 (삿5:15) ①무엇을 하려고 굳게 마음을 결정함. 또는 그 마음. 결의(決意). ②의지 행위(意志行爲)의 동기(動機) 결정.

결안[決案; 결단할 결, 생각할 안. determination]명 (마20:18) 안건을 결정지음. 그 문서.

결의[決議; 정할 결, 의논할 의. decision]명 (눅23:51) 회의에서의 안이나 제의 등의 가부를 결정함. 의결(議決). 한 뜻으로 정함.

결점[缺點; 빠질 결, 점 점. defect]명 (레22:25) 모자라는 점. 흠.

결정[決定; 결단할 결, 정할 정 decision]명 (삼상25:17) 행동이나 태도가 일정한 방향을 취할 수 있도록 결단하여 작정함, 또는 그렇게 작정한 것이나 그것의 내용.

* 바른 결정은 하나님께 나아가며 그릇된 결정은 죄를 짓고 하나님과 멀어지며 죽음에 이른다.

결코[surely,never]부 (창3:4)결단코.

결탁[結託; 맺을 결, 맡길 탁. collusion]명 (창44:30) 마음이 서로 맞아 한 속이 되다.

결핍[缺乏; 빠질 결, 모자랄 핍]명 (창45:11) ①축나서 모자라고 아쉬움. shortage. ②있어야 할 것이 없음. lack. ③다 써서 없어짐.

결합[結合; 맺을 결, 합할 합. combination]명 (대하20:36) 관계를 맺고 합쳐서 하나로 됨.

결혼[結婚; 맺을 결, 혼인할 혼. marriage]명 (대하2:2) 남녀가 약속에 기초하여 정식으로 부부 관계를 맺는 사회적 제도. 구약에서 몇 곳에만 결혼으로 번역되었으나 대부분 혼인으로 번역되었다.

* 결혼은 우주정복을 위한 하나님의 뜻을 따라(창1:27-28) 남녀가 부모를 떠나 한 몸을 이루고 행복한 가정을 꾸미며 하나님의 뜻을 성취하는 것이다.

* 이방인(불신자)과의 결혼을 금지할것이며(창24:3, 느13:25) 친족과의 결혼과 중혼을 금한다.
* ①이스라엘과 하나님과의 관계(사54:5, 호1장) ②교회(성도)와 그리스도와의 관계(엡5:23-32).

결혼 때[As a bride]명(렘2:2) 히브리어 퀠룰로스의 번역으로 혼약(약혼)을 뜻하는 말. 하나님에 대한 이스라엘의 사랑의 회상에 쓰였다.

겸[兼; 겸할 겸. bothand, add]명(스7:11) ①두 명사 사이에 쓰이어 그 명사들이 표시하는 내용이 서로 어울림을 뜻함. ②두가지 이상의 행위나 동작을 아울러 함을 뜻함.

겸비[兼卑; 겸손할겸, 낮을 비. self-abasement]명(출10:3) 자기를 겸손하게 낮춤.

겸손[謙遜; 겸손할 겸, 겸손할 손. modesty, hunility]명(잠15:33) 자기를 낮추고 남을 높임. 성경은 거만, 오만, 교만 또는 자고(自高)의 반대되는 말로 일관하고 있다.

* **성경에서의 겸손**은 하나님 앞에서 자기의 죄를 자각, 자복하고 도저히 하나님을 기쁘시게 할 수 없음을 알고 낮은데 처하는 마음가짐을 말한다(대하33:12, 34:27). 성경은 겸손하라고 가르친다(빌2:3, 롬12:3, 골3:12, 벧전3:8).
* **그리스도의 모범** - ①그리스도의 자기비하(빌2:3-11, 요1:4). ②그리스도의 봉사(요13:3-5).
* **인간이 겸손하려면** 하나님의 거룩하심을 인식하고(사6:1-8) 죄인된 것과 한계를 인식해야 한다(눅15:17-21, 18:13-14).

겸손한 자[謙遜~者; 겸손할 겸, 겸손할 손~놈 자. downcast]명(욥22:29) 남을 높이고 스스로 자기를 낮추는 사람. 자기가 죄인임을 깨달은 사람.

* **겸손한 자에 대한 하나님의 약속**은 구원하시고 붙들어 주시고 은혜를 베풀어 천국의 큰 자가 되게 하신다(마18:4, 욥22:29, 시10:17).

겸전[兼全; 겸할 겸, 온전 전. perfect in all]명(출18:21) 여러가지를 다 갖추어 완전함.

겹[ditional thing, layer]명(출18:21) 포개어 거듭됨. 넓이나 선이 합하여 이룸. 켜.

경[經; 글 경. Bible]명(약2:8) 하나님의 말씀. 구약성경을 뜻한다(벧후1:20, 요5:39).

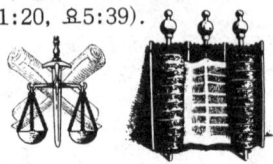

경[更; 고칠경. watch]명(마14:25) 야간시간 구분법의 한 단위. 구약시대는 야간을 4시간 단위로 나누었다.초경(애2:19), 2경(삿7:19), 새벽(출14:24, 삼상11:11). 이것은 군인이 보초를 서는 시간 구분이다. 신약시대에는 야간을 12분하는 방법(행23:23) 외에 민간적인 구분방식인 3시간 단위를 사용했다(막13:35). ①저물 때. ②밤중. ③닭 울 때. ④새벽. 야간 파수병은 1경식 근무하고 교대했다.

경각[頃刻; 잠시 경, 새길 각. moment]명(사29:5) 눈 깜박이는 동안. 몹시 짧은 동안을 일컫는 말.

경각간[頃刻間; 잠시 경, 새길 각, 사이 간. moment]명(욥21:13) 아주 짧은 시간. 삽시간. 눈 깜박할 사이. 순식간, 갑자기, 홀연히, 잠깐 등으로 번역할 수 있는 말로 극히 짧은 순간(시간)을 말한다.

* 불신자의 생애, 그 영화가 경각간이며 심판이 경각간에 이루어진다.

경갑[脛甲; 정강이 경, 갑옷 갑. greaves]명(삼상17:6) 정강이를 보호하기 위하여 만든 기구. 불레셋의 골리앗이 사용한 청동제 경갑에서 사용된 낱말.

경건[敬虔; 공경 경, 정성 건. godliness]명(행3:12) 종교적인 면에 있어서 속된 생각을 끊고 오로지 하나님께 자기를 맡기는 태도와 하나님을 기쁘시게 하려는 생활(딤전4:7-8). 경건하게 사는 것은 쉬운 일이 아니다(딤후3:12). 경건한 자에게는 천국에서 보상을 받게 됨(계14:13). 그러나 경건하지 아니한 자에게는 심판이 따를 뿐이다(벧후3:7).

경겁〔驚怯 ; 놀랠 경, 겁낼 겁. awe〕명(시116:11) 놀라서 겁을 냄.

경겁〔驚劫 ; 놀랠경, 두려울겁. fear〕명(욥41:25) 놀라서 두려워함.

경계〔警戒 ; 경계할 경, 경계할 계. precept〕명(창47:21) ①불의의 사고가 없도록 미리 마음을 가다듬어 단속함. ②나쁜 짓을 하지 않도록 타일러서 주의시킴.

경계〔境界 ; 지경경, 지경계. border〕명(민21:13) 사물의 구별되는 데가 맞닿은 자리. 땅이 서로 이어진 곳은 지계, 국가 영토가 맞닿는 곳은 국경이라 한다.

경계표〔境界標 ; 지경 경, 지경 계, 표 표. landmark〕명(신19:14) 일반 소유지들이 서로 맞닿는 곳이나 국토가 서로 맞닿는 곳에 세운 표지. 바울은 거주의 경계를 말했다(행17:16) 지형과 강은 자연적인 경계를 이룬다(수18:15-19).

경고〔警告 ; 경계할 경, 알릴(고할) 고. warning〕명(출21:29) 주의하라고 경계하여 알림. 또는 그 알리는 말. 성경에서는 하나님의 뜻을 알리는데 사용되었다. 하나님의 뜻을 멸시하여 멸망에 이르렀다.

경기〔競技 ; 다툴 경, 재주 기. contest〕명(딤후2:5) 서로 재주를 비교하여 낫고 못함을 겨룸.

경내〔境内 ; 지경 경, 안 내. precincts〕명(출10:4) 일정한 지경의 안. 구역 안.

경대〔敬待 ; 공경 경, 대접할 대. cordial reception〕명(딤전5:3) 삼가 공경하여 대접함.

경도〔經度 ; 지낼(글) 경, 법도 도. mense〕명(레18:19) ①여성의 생리. 월경. ②여성의 깨끗지 못함을 가리킨다.

경동〔驚動 ; 놀랠 경, 움직일 동. arousal〕명(사14:16) 놀라서 움직임.

경련〔痙攣 ; 경련 경, 손발구부러질 련. jerk〕명(막1:26) 근육이 오그라듦. 풍으로 인한 병.

경륜〔經綸 ; 글 경, 낚시줄 륜〕명(엡1:9) ①일을 조직적으로 잘계획함. management. ②천하를 다스림. ruling. ③경험과 능력. 그 솜씨.
＊성경에서는 하나님의 우주 지배, 작정과 예정 섭리를 일컫는 말이다. 때로는 성도의 직무에 관계된 말.

경만〔輕慢 ; 가벼울 경, 업신여길 만. arrogation〕명(사28:14) 업신여겨 모욕함. 존중해야 할 신성한 일이나 종교를 비방 조소하는 일을 일컬음.

경만한 자〔scoffers〕명(사28:14) 하나님을 비웃거나 조롱하는 자를 뜻함. 하나님의 말씀을 빈정대고 들으려 하지 않는 유다 지도자에게 이사야가 지칭했다. 거만한 자를 가리키는 말이다.

경멸〔輕蔑 ; 가벼울 경, 업신여길 멸. contempt〕명(삼상2:30) 깔봄, 업신 여김.

경문〔經文 ; 글경, 글월문. scripture verse〕명(마23:5) 기도문. 성경 말씀의 구절. 예수님께서 형식적인 것을 책망하셨다.

＊경문 - ①출13:1-10(유월절에 관한 것). ②출13:11-16(장자에 관한 것). ③신6:4-9(하나님에 관한 것). ④신11:13-21(율법에 관한 것)을 깨끗한 양피지에 적어 미간 경문함을 네 칸으로 나누어 한구절씩 넣었다. 13세 이상인 이스라엘 남자는 아침기도 때 달았다.

경박〔輕薄 ; 가벼울 경, 엷을 박. frivolousness〕(삿9:4) 말과 행동이 가볍고 신중하지 못함.

경배〔敬拜 ; 공경 경, 절 배. bowing respectifully〕명(창22:5) 존경하

여 겸손히 절함.
* 하나님만이 경배 받으실 분이다.
1. **하나님께 경배하라**(삼상1:3) ①경외하는 마음으로(시2:11). ②완전한 헌신(마6:24). ③겸손한 마음으로(행20:19).
2. **경배의 방법** - ①머리숙여(창24:26, 출4:31). ②엎드려(출34:8, 계5:14). ③신령으로(요4:24). ④봉헌함으로(사19:21).
3. **경배에 대한 하나님의 약속** - ①귀히 여김을 받음(요12:26). ②기뻐하심을 받음(롬14:18). ③상으로 유업을 받음(골3:24). ④천국에서 경배함(계22:3).
4. **잘못하는 경배** - ①우상에게(레26:1, 사44:17). ②천체(일월성신)에게(신4:19). ③마귀에게(마4:9). ④모든피조물에게(롬1:25). ⑤용과 짐승에게(계13:4,15). ⑥천사에게(계22:8,9). ⑦입술로만 하는 경배(마15:8,9, 막7:6,7).

경보[警報 ; 경계할 경, 갚을 보]명 (렘4:19) ①경계하라고 알림. warning. ②폭풍이나 위험이 닥쳐옴을 알림. alarm. 나팔 또는 북을 쳐서 알렸다.

경비[警備 ; 경계할경, 갖출 비. defence]명(겔34:4) 만일을 염려하여 미리 방비함.

경비[經費 ; 글 경, 허비할 비. expense]명(스6:4) ①사업을 경영하거나 운영하기 위하여 예산에서 쓰는 돈. 어떤 일을 하는데 드는 돈. 비용. ②국가 또는 공공 단체가 여러가지 사업을 경영하며 정책을 실현하는데 지출하는 비용. 주로 화폐를 말함.

경사[傾斜 ; 기울어질 경, 비낄 사. slopping]명(행27:39) 비스듬히 한쪽으로 기울어진 정도.

경사지[傾斜地 ; 기울어질 경, 비낄 사, 땅 지. slope]명(수10:40) 비스듬히 기울어진 땅.

경성[警醒 ; 경계할경, 술깰 성. guard]명(127:1) ①잠을 깨고 있음.
②정신을 차려 깨닫게 함.
* 일상생활에서(고전16:13) 신앙생활에서(마26:4) 그리스도의 재림을 기다리는데 경성해야 한다(마24:42-51).

경솔[輕率 ; 가벼울 경, 거느릴 솔. rashness]명(민30:6) 말이나 행동이 가벼워 조심성이 없음.

경쇠[chevrone music instrument]명 (삼상18:6) 틀에 옥돌을 달아 뿔망치로 치는 옛날악기. 편종과 짝을 이루어 쓰임.

경수[經水 ; 월경 경, 물 수. mense]명(창18:11) 생리, 월경. 경도.

경심증[驚心症 ; 놀랠 경, 마음 심, 병증세 증. confusion mind]명(신28:28) 더없이 놀라고 두려워 앓는 병의 모양.

경야[經夜 ; 지날 경, 밤 야. passing night]명(창19:2) 밤을 지내는 일.

경영[經營 ; 지날 경, 경영할 영. management]명(출10:10) ①기업이나 사업 등을 계속적으로 해나감. 또는 그렇게 하기 위한 조직이나 내용. 관리. ②계획을 세워 집을 이룩함.

경외[敬畏 ; 공경 경, 두려울 외. reverence]명(창22:12)공경하고두려워 함. 존의.
* 경외의 대상은 하나님이다. 그를 두려워하고 존중하며 믿음으로 섬길 것이다(말3:16).

경우[境遇 ; 지경 경, 만날 우. circumstances]명(잠25:11) ①조건이 생긴 때. case. ②부닥친 형편이나 사정.

경위[經緯 ; 글경, 씨 위]명(신19:4) ①피륙의 날과 씨. warp and woof. ②〈지〉경도와 위도. 경선과 위선. longitudeandlatitude ③경위(涇胃). ④일이 되어온 내력. details.

경작[耕作 ; 밭갈경, 지을 작. cultivation]명(창2:5) 논밭을 갈아 농사를 지음. 묵힌 땅을 갈아 농사를 짓는 일.

경쟁[競爭 ; 다툴 경, 다툴 쟁. contest. competition]명(창30:8) 같은 목적으로 서로 겨루어 다툼.

경전[經典 ; 경서 경, 법 전. Bible] 하나님의 말씀. 성경. 구약 39권 신약 27권 합 66권.

경절[慶節 ; 경사 경, 마디 절. a fete day]명(에8:17) 한 나라의 온 국민이 기념하는 경사스런 날. a joyful holiday.

경점[更點 ; 지날 경, 점 점. watch]명(시90:4) 옛날 밤의 시와 분을 가리키는 것으로 경은 밤을 다섯으로 나누고 점은 한 경을 다섯으로 나눈 시각.

경주[競走 ; 다툴 경, 달릴 주. race]명9히12:1) 일정한 거리를 정하고 동시에 달려 빠름을 다투는 것.

경주자[競走者 ; 다툴 경, 달릴 주, 놈 자. runner]명(전9:11) 경주하는 사람.

경중[輕重 ; 가벼울 경, 무거울 중. relative weight]명(신25:2) 가벼운 것과 무거운 것. 중요한 것과 중요하지 않는 것.

경책[警責 ; 경계할 경, 꾸짖을 책. admonition]명(대하24:27) 정신을 차리도록 꾸짖음.

경첩[輕捷 ; 가벼울 경, 빠를 첩. nimbleness]명(사18:2) 가뿐하고 민첩함.

경하다[輕~ ; 가벼울 경]형(삼상18:23) ①가볍다. light. ②말이나 행동거지가 방정맞다. nimble.

경험[經驗 ; 글 경, 시험할 험. experience]명(히5:13) ①몸소 겪고 치러 봄. ②직접 부딪쳐 얻는 기능.

경홀[輕忽 ; 가벼울 경, 문득 홀. carelessness](고후1:17) 신중하지 않고 소홀함.

경황[驚惶 ; 놀랠 경, 두려울 황. fear]명(렘8:9) 놀라고 두려워 우왕 좌왕함.

경히 여기다[輕~ ; 가벼울 경. scorn, despise]자(욥39:18) 가볍게 여기다. 업신여기다. 비웃다. 거절하다.

곁[side]명(창16:7) ①어느 한 군데에 딸린 쪽. ②옆.

곁길[side way]명(시58:3) 바른 길이 아닌 옆길. 잘못 들어선 길.
*그리스도는 오직 한 길, 참길이므로 그리스도를 따르지 않고 다른 신을 섬기는 행위가 곁길이다.

곁문[side gate]명(왕하25:4) 정문이 아닌 옆문.

계교[計巧 ; 셈할 계, 공교 교. design]명(삼상23:9) 여러모로 빈틈없이 생각하여 낸 꾀.

계교[計較 ; 셈할 계, 비교 교. comparison]명(왕상1:12) 서로 비교하여 견주어 봄.

계대[繼代 ; 이을 계, 대신 대. succession]명(민32:14) 대를 이음.

계략[計略 ; 셈할 계, 간략할 략. stratagem]명(렘18:23)계책과 모략.

계명[戒命 ; 경계할 계, 목숨 명. commandments]명(창26:5) ①하나님의 명령 특히 율법. 십계명. ②도덕상 마땅히 지켜야 할 생활의 조건. →십계명.

계명성[啓明星 ; 열 계, 밝을 명, 별 성. lucifer]명(사14:12) 새벽에 동쪽 하늘에 반짝이는 별, 금성, 명성, 효성 등으로 불린다.
*바벨론 왕을 가리켜 한 말. 그리스도는 광명한 새벽 별(계22:16). 계명성은 사단(마귀)을 가리킨다(겔28:12, 단10:13, 고후11:14).

계모[繼母 ; 이을 계, 어미 모. stepmother]명(레18:8) 친 어머니가 죽은 뒤 들어온 아버지의 후처. 의붓어머니. 후모.

계보[系譜 ; 이을 계, 적을 보. genealogy]명(창5:1) 사람의 조상이나 후손, 집안의 혈통이나 계통을 적은 책. 마1:1에는 세계(世系)라고 했다.

계산[計算 ; 셈할 계, 셈할 산]명(출12:4) 셈, 수량을 헤아림. account.

②약속에 따라 수치(數値)를 구하거나 식을 간단히 함. calculation.

계속[繼續 ; 이을 계, 이을 속. continuation]명(수6:13) ①어떤 행위나 상태가 끊이지 아니하고 잇대어 나아감. ②끊어졌던 이전의 행위나 상태를 다시 이어서 하여 감. 잇다. 잇대다. 끊이지 않고 잇대어. 연거푸.

계수[計數 ; 셈할 계, 셀 수. calculation]명(출30:12) 수효를 계산함. 또 그 결과의 수값.

계수[桂樹 ; 계수나무 계, 나무 수. cinnamon]명(아4:14) 녹나무과에 속하는 상록 교목. 남중국과 동인도에서 남. 키 10m 가량이며 특이한 방향(芳香)이 있다. 껍질은 계피(桂皮)라 하여 건위 약재, 과자, 요리 및 향료의 원료로 쓴다.

계수중[計數中 ; 셈할 계, 셀 수, 가운데 중. calculating]명(출30:12) 수효를 셈하고 있는 상태.

계승[繼承 ; 이을 계, 이을 승. succession]명(시45:16) 조상이나 선임자로부터 먼저 한 일을 이어받음.

계시[啓示 ; 열 계, 보일 시. revelation]명(렘14:14) ①하나님이 자신을 나타내는 방법 ②감추어져 알려지지 않은 것을 들어내거나 밝히시는 하나님의 방법.

＊하나님께서 자연을 통해서, 그리스도를 통해서, 성경을 통해서 계시하셨다.

계시록[啓示錄 ; 열 계, 보일 시, 기록할 록. revelation]명(계1:22) 성경 66권의 끝 권. 사도 요한이 밧모섬에 유배되었을 때 말세, 환난, 재림, 내세에 대한 하나님의 계시를 기록한 성경. 요한 계시록.

계약[契約 ; 맺을 계, 약속할 약. covenant]명(창26:28) ①일반적인 뜻으로는 사람과 사람 사이의 약속. ②하나님께서 인간을 구원하시기 위하여 인간에게 표시한 특별한 마음의 뜻(창3:15, 9:15, 신7:6-10). →언약

＊성경은 하나님의 계약진행을 나타낸 말씀이다.

계의[計議 ; 셈할 계, 의논할 의. stratagem]명(호10:6) 꾀, 서로 모의함. 계략.

계자[季子 ; 막내 계, 아들 자. youngest son]명(수6:26) 막내아들.

계집[maid]명(삼상20:30) ①여자. ②여자를 낮추어서 일컫는 말. 신분이 낮은 사람의 아내를 일컫는 말. female.

계집아이[girl]명(왕하5:2) 시집가지 아니한 여자 아이. 여아.

계집종[maid-servant]명(출23:12) 여자 종. 비녀(婢女). 비자(婢子).

계책[計策 ; 셈할계, 꾀책.stratagem]명(렘18:11) 용한 꾀와 거기에 따르는 방법.

계통[系統 ; 이을(혈통) 계, 거느릴 통. pedigree]명(민1:18) 낳다. 생산하다의 히브리어 야라드를 번역한 말 성경에서는 일족사이의 핏줄을 뜻한다.

계피[桂皮 ; 계수나무 계, 가죽 피. cassia bark]명(출30:24) 계수나무 껍질. 겔27:19에는 육계로 번역되었다. 제의용(祭儀用) 향료로 두로의 교역상품. 바벨론의 상품으로 심판, 왕의 몰락을 뜻한다.

계한[界限 ; 지경 계, 한정 한. boundary]명(욥38:10) 땅의 경계. 어떤 범위의 한계.

계획[計劃 ; 셈할 계, 그을 획. plan]명(창6:5) 미리 견주어 살피고 생각하여 일의 순서를 세움, 또는 그 세운 내용.

고[loop]명(출26:4) ①옷고름이나 끈 따위를 잡아 맬 때 한 가닥의 매듭에서 약간 잡아 빼어 고리처럼 내놓은 것. a loop

고[高 ; 높을 고. height]명(창6:15) 높이.

고[故; 연고 고. reason]圈(창11:8) ①때문에. ②연고가 있음.

고가[雇價; 품팔고, 값 가. wage]圈 (렘22:13) 품삯. 노임. 보상. 귀중품과 같은 뜻으로 성경에 사용.

고개[ridge]圈(대하20:16) 산이나 언덕을 넘어다니는 비탈진 높은 곳.

고국[故國; 옛 고, 나라 국. home land]圈(룻2:11) 조상이 살던 고향의 나라. 조국. 본향. 옛 나라를 고국이라고 한 경우도 있다. 고향이라고 번역된 말과 같다.

고기[fish]圈(창1:26) 물고기. 어류.

고기[meat]圈(창9:4) 온갖 동물의 살. 식용육(食用肉).

＊하나님께서 노아 홍수 이후 육식을 허락하셨다.

고기갈고리[forks]圈(출27:3) 제사장이 희생제물의 고기를 처리하는 데 쓰는 기구.

고나냐[יכׇנַנְיָהוּ = 주께서 제정하셨다]圈(대하31:12) 레위 사람으로 유대 16대 히스기야왕의 시대 하나님께 바친 십일조와 예물을 맡아 주관했다.

고난[苦難; 쓸 고, 어려울 난. distress]圈(창31:42)괴로움과어려움. 고초(苦楚). 징계, 연단도 있음. 환난이라고 번역된 곳도 있다.

＊①구원을 받지 못한 자는 자기 죄 때문에 고난을 받게 되고(시107:10). ②그리스도인은 고난을 통해 주의 율례를 배우게 된다(시119:71)

고넬료[Κορνήλιος = 뿔]圈(행10:1).

1. **인적사항** - 가이사랴에 주둔한 로마군 이달리야대의 백부장.

2. **관련기사** - ①경건하여 온 가족과 함께 하나님을 섬겼다(행10:2). ②가난한 유대인을 구제하고. ③하나님께 기도하였다(행10:3). ④환상 가운데 천사를 봄(행10:3). ⑤욥바로 사람을 보내어 베드로를 청하여 말씀을 듣고 성령을 받았다(행10:23-38). ⑥온 가족이 세례를 받았다(행10:48). ⑦베드로를 유숙하게 했다(행10:48).

3. **교훈** - 구원은 혈통에 있는 것이 아니라 믿음에 있다. 경건생활과 구제는 그리스도인이 취할 태도이다.

고니야[כָּנְיָהוּ = 주께서 견고케 하셨다]圈(렘22:24) 유대왕 여호야김의 아들 여고니야를 줄인 말. 바벨론에 포로가 되었다. →여호야긴. 야고냐.

고대[古代; 옛 고, 대신할 대. ancient times]圈(창6:4) ①지나간 옛 시대. 고세(古世). 상세(上世). 상대(上代).

고대[苦待; 괴로울 고, 기다릴 대. wait eagerly]圈(행27:29) 애타게 기다림. 몹시 기다림.

＊성도는 주님의 재림을 고대한다.

고독[孤獨; 외로울 고, 홀로 독. solitude]圈(시68:6) 홀지고 외로움.

고드란트[godrante]圈(막12:42) 단위가 제일 작은 로마돈. 호리라고 번역된 곳도 있다(마5:26). 렙돈의 2배의 가치로 한번 목욕하는 값. 무게일 때는 3.5g로 사분의 일 앗사리온.

고라[קֹרַח = 대머리, 우박]圈

① 오홀리바마가 낳은 에서의 아들. 가나안에서 태어나 에돔에 거한 에돔사람의 선조(창36:18-19).

② 에서의 손자로 엘리바스의 아들(창36:16).

③ 레위의 증손자. 그핫의 손자. 아론과 모세를 반역한 이스할의 아들(출6:21, 민16:1-49) 모세의 사촌으로 기록되었다.

④ 갈렙자손 헤브론의 아들(대상2:43, 12:6).

고라사람~자손[korahites]圈

1. **인적사항** - 레위지파 이스할의 아들 고라의 후손(출6:24).

2. **관련기사** - ①모세를 반역하다가

땅이 갈라져 삼키어 죽을 때 그 자손은 살아남음(민16:1-3,11,28-35). ②성전 문지기(대상9:19). ③요리사(대상9:31) ④시42, 44-49, 84, 85, 87, 88편은 고라자손의 노래이다. ⑤선지자 사무엘과 가수 해만은 고라자손이다(대상6:33-38). ⑥신약에서는 고라의 반역에 대하여 인용했다(유11).

고라산[chorashan]지(삼상30:30) 시므온 지파의 산성 다윗이 전리품을 보낸 성읍 중의 하나. 아산과 같은 곳. →아산

고라신[Χοραζείν = 나무가 많음]지
1. **위치** - 가버나움 북쪽 약3km 두로로 가는 길에 있으며 벳세다 근처의 마을이다(마11:21).
2. **관련기사** - ①예수님께서 이곳에서 말씀을 증거하시고 이적을 행하셨지만 믿지 아니함으로 심판이 선고된 마을(눅10:13). ②두로와 시돈과 비교되는 마을(마11:20) ③현재의 키르베트 케라제로 추정.

고랑[hollow]명(시129:3) 밭의 두둑과 두둑사이. 밭의 이랑과 이랑사이. 골. 골짜기. 학대 당하는 이스라엘. 채찍으로 맞아 난 자욱의 참상을 가리킨다.

고랑[fetters]명(막5:4) 속박을 위한 쇠고랑의 준말. 자유를 구속하기 위하여 손과 발에 채웠다(시149:8). 쇠사슬을 말함(대하33:11).

고레[יאזיא = 자고새]인
1 레위의 후손 에비아삽의 아들(대상9:19).
2 레위사람 임나의 아들. 히스기야 왕 때 하나님께 드리는 헌물 관리자(대하31:14).

고레스왕[כורש = 태양]인
1. **인적사항** - 바사 왕(대하36:22, 단1:21).
2. **관련기사** - ①바벨론을 정복하고 유대인의 귀환을 허락하여 성전재건을 하도록 하였다(스1:1-8). ②고레스에 관한 이사야의 예언(사44:28, 45:1-14).
3. **교훈** - 하나님께서는 그가 기름부은 자를 사용하신다. 하나님께서 작정하신 것은 반드시 이루어진다.

이란에 있는 고래스의 묘

고루[evenly]부(골4:6) 고르게. 똑같이. 많고 적음이 없이. 공평하게

고르[cor]명(겔45:14) 둥근 그릇이란 뜻을 가진 말로 도량형의 단위. ①용량의 제일 큰 단위. ②호멜과 같다. 10에바 약220ℓ(스7:22). 석(石=섬)으로 번역된 곳도 있다.

고르다[level]타(사28:24) 더하거나 덜함이 없이 똑같이. 울퉁불퉁한 것을 평평하게 함.

고르다[pick out]형(삼상17:40) 여럿 가운데서 필요한 것을 가려냄.

고르반[corban]명(막7:11) 히브리말 제물을 헬라 글자로 소리나는대로 적은 것으로 하나님께 바친 것이니 다른데 쓸 수 없다(레1:2, 민7:13)는 뜻으로 효도의 방편으로 삼았다. 율법의 정신보다 유전을 지키는 바리새인은 예수님의 책망을 들었다.

고리[ring]명(창24:30) 긴 물건을 구부려 둥글게 만든 물건.

고리대금, ~하는 자[高利貸金; 높을 고, 이할 리, 빌릴 대, 쇠 금. usury, extortioner]명(시109:11) ①이자가 비싼 돈. ②비싼 이자를 받는 돈놀이를 하는 사람.
*성경은 고리대금을 금한다.

고린도[Κόρινθος = 뿔]지(행18:)
1. **위치** - 그리스반도의 남부. 로마제국 아가야의 주된 도시.
2. **일반적인 개요** - 겐그리아 항구와 로마의 레기온 항구를 연결하고 지중해의 동서를 연결하는 지역으로

상업과 물질적인 번영을 누린 도시. 잡다한 인종들이 많이 모여 살고 있어 동서 문화와 종교의 혼잡을 이루었다. 고린도의 종교중에 여신 아프로디트라는 우상이 있어 180m나 되는 산성에 무녀(巫女)가 무려 1,000명이나 있었고 이로 인하여 고린도라 하면 음행한 사람의 대명사가 되었다.

3. 관련기사 - ①바울이 2년 가까이 선교하여 교회를 설립(행18:1-8). ②교인 전체의 수가 상당히 많은 것으로 예상한다(고전1:26). ③바울이 피소되어 아가야 총독 갈리오 앞에 서 있었다(행18:12-13). ④시장이 있던 곳(고전10:25). ⑤바울의 동역자 그리스도보(행18:8) 가이오, 에라스도(롬16:23) 스데바나(고전1:16) 등의 거주지.

4. 교훈 - 당쟁과 음행을 물리치라.

고린도사람[인] [corinthians]圆(행18:8) 고린도에서 사는 사람. 고린도 출신의 사람(고후6:11).

고린도 전서 [1 Corinthians]圆(고전) 신약 제7권째 성경. 바울이 제3차 선교 여행을 하는 중 에베소에서 고린도 교회에 보낸 기록이다. 고린도 교회에 교인들이 일으키는 여러가지 문제에 대하여 올바른 지도와 분쟁과 파벌주의에 대한 책망과 인간적인 행동의 결과를 가르치고 사도로서 사역의 변호에 있다. 기독교의 그릇된 행위에 대하여 책망하고 바로잡아 준다. 내용 분해는 박기원 편 성경총론을 참고하라.

• **고린도 전서에 나타난 그리스도** - ①하나님의 능력이신 그리스도(고전1:24). ②하나님의 지혜이신 그리스도(고전1:24). ③하나님께로부터 오신 그리스도(고전1:30). ④성도의 머리이신 그리스도(고전6:15). ⑤반석이신 그리스도(고전10:4). ⑥성례를 제정하신 그리스도(고전11:23-26). ⑦성경을 이루신 그리스도(고전15:3-4).

고린도 후서 [2 Corinthians]圆(고후) 신약 제8권째 성경. 고린도 교회에 두번째 보낸 바울의 기록이다. 처음 기록에 대한 결과에 대하여, 고린도 교인을 위로하고 예루살렘에 있는 가난한 교인을 위하여 헌금을 미리 준비하게 하고 주님의 말씀을 비방하고 헐뜯는 지도자에 대하여 사도의 직분을 바로 지킬 것을 원하였다. 그리스도를 위한 참된 사역의 주제인 '직분'이 18회나 사용되었다. 내용 분해는 박기원 편 성경총론을 참고하라.

• **고린도 후서에 나타난 그리스도** - ①성도의 위로자이신 그리스도(고후1:5). ②승리하신 그리스도(고후2:14). ③하나님의 형상이신 그리스도(고후4:4). ④교회의 주가 되신 그리스도(고후4:5). ⑤빛이신 그리스도(고후4:6). ⑥심판주 그리스도(고후5:10). ⑦강권하시는 그리스도(고후5:14). ⑧화목케 하시는 직책을 주신 그리스도(고후5:17-18). ⑨화목케 하시는 그리스도(고후5:19). ⑩무죄하신 대속자이신 그리스도(고후5:21). ⑪부요하신 그리스도(고후8:9). ⑫성도의 소유자이신 그리스도(고후12:9). ⑬능력을 주시는 그리스도(고후12:9). ⑭삼격일신(삼위일체)이신 그리스도(고후13:13).

고멜[גֹּמֶר = 끝, 마지막]인

① 노아의 손자요 야벳의 아들(창10:2) 아스그나스와 리밧과 도갈마의 아버지(창10:2-3). 겔38:6에는 도갈마와 함께 곡의 연합군에 계수되어 있다.

② 디블라임의 딸로 호세아 선지자의 아내(호1:3) 남편을 배반하고 음행한 여자. 하나님을 떠난 선민 이스라엘을 상징한다.

고명[高明 ; 높을 고, 밝을 명. noble]圆(사32:8) ①뛰어나게 품위가 높고 지혜로움. ②식견이 높고 사물에 밝음. 어떤 전공 분야에 대해 조예가 깊음.

고모[姑母 ; 고모 고, 어미 모. aunt]圆(레18:12) 아버지의 누이.

고모라(왕) [עֲמֹרָה = 물이 많다]지
1. 위치 - 소돔성과 함께 염해 남부 저지(低地)에 있던 다섯 성읍 중 하나. 옛날 번영했었다(창10:19).
2. 관련기사 - ①그돌라오멜의 연합군에 패했다(창14:8-11). ②도덕적 퇴폐로 인하여 유황불로 멸망(창19:24-28). ③악행을 경계하는 속어가 되고(신29:23, 사1:9, 렘23:14, 롬9:23). ④죄에 대한 경계가 된다(마10:15, 벧후2:6).

고물[stern]명(막4:38) 배의 뒤쪽. 선미. 예수님께서 풍랑이 일 때 이곳에서 주무셨다.

고민[苦悶 ; 괴로울 고, 번민할 민. agony]명(마26:37) 괴로와서 속을 태움. 번민함.

고민[苦憫 ; 괴로울 고, 민망할 민. pain]명(눅16:24) 속을 태우고 괴로워함. 번민함.

고발[告發 ; 알릴 고, 필 발. prosecution]명(삼상22:8) 범죄사실을 관에 알려 수사하게 함.

고백[告白 ; 알릴 고, 흰 백. confession]명(행24:14) 숨김없이 사실대로 말함. 하나님께 자기 죄를 낱낱이 아뢰고 하나님께서 구원하신 은혜를 들어내어 증거한다. 자복으로 번역된 곳도 있다.
＊사도신경은 우리의 신앙고백이다.

고범죄[故犯罪 ; 짐짓 고, 범할 범, 허물 죄. presumptuous sins]명(시19:13) 일부러 저지른 죄. 죄인줄 알면서 짓는 죄.

고벨화[~花 ; 꽃 화. camphire]명(아1:14) 향기로운 꽃이 피는 것으로 주로 중동지방에서 자란다. 애인을 칭찬하는데 쓰인 말. 높이가 2~3m 자란다. 애굽인과 중동지방인들이 손톱과 발톱에 붉은 물을 드릴 때 꽃잎을 사용한다.

고빙[雇聘 ; 품팔 고, 부를 빙. invitation]명(삿18:4) 학식이나 기술이 많은 사람을 쓰려고 모셔옴. 초빙. 청빙, 초청.

고사[固辭 ; 굳을 고, 말씀 사. positive refusal]명(왕하5:16) 굳이 사양함. 거절, 거부함.

고사하고[姑捨~ ; 잠깐 고, 버릴 사. apartfrom]부(창27:12) 그만두고, 더 말할 나위도 없다는 뜻. 도리어, 차라리.

고산[高山 ; 높을 고, 뫼 산. high mountain]명(사30:25) 높은 산.

고산[גּוֹזָן]지 메소보다미아의 북쪽 성읍. 또는 그 지방을 가리킨다. 유브라데강 상류 옛 부족국가의 한 지방. ①앗수르왕(디그랏 빌레셀)이 이스라엘 포로를 살게한 곳(대상5:26). ②사르곤 Ⅱ세에 의하여 사마리아인이 이곳으로 옮겨졌다(왕하17:6, 18:11). ③히스기야를 위협할때 사용된 지명(왕하19:12, 사37:12). ④하볼강 상류의 마을(왕하18:11).

고산 하볼 지 →고산

고살자[故殺者 ; 짐짓 고, 죽일 살, 놈 자. murderer]명(민35:16) 일부러, 고의적으로, 계획하여 사람을 죽인 사람. 계획살인, 일시적 격정에 의한 살인자.

고삼[Κωσάμ = 나누다]인(눅3:28) 그리스도의 계보, 조상중 한 사람. 엘마담의 아들.

고상[高尚 ; 높을 고, 높일(오히려) 상. nobleness]명(빌3:8) 우수하고 탁월함. 뜻이 높고 거룩함. 지조가 높고 깨끗하며 몸가짐이 곱고 맑아 속된 것에 굽히거나 휩쓸리지 아니함.

고생[苦生 ; 쓸 고, 날 생. toil]명(왕상22:27) ①어렵고 괴로운 가난한 생활. ②힘이 들고 괴롭게 수고함.

고세바[כֹּזֵבָא = 속인다, 거짓]지(대상4:22) 유다, 세벨라의 성읍(대상4:22). 셀라의 후손들이 정착해서 살았다. 악십(수15:44), 거십(창38:5)과 같은 곳.

고센[גֹּשֶׁן]지(창45:10)
1 애굽
1. 위치 - 애굽의 동북부 카이로 동북

나일강 삼각주 벨레스 부근으로 추측(창41:45).
2. **관련기사** - ①야곱의 가족이 요셉의 초청으로 이주하여 산 곳(창46:28). ②이스라엘 민족의 출애굽 출발지(출8:22, 9:26).
3. **교훈** - ①하나님께서는 언약의 백성을 위하여 예비하시고 은총을 베푸신다. ②택한 백성의 구원을 뜻한다.

2 여호수아가 점령한 가나안 남쪽 지방(수10:41, 11:16).

3 유다 지파가 점령한 지방으로 헤브론 남방에 있었다(수15:51).

고소[告訴 ; 알릴 고, 하소연할 소. charge]명(스4:6) 피해자나 기타 범죄의 이해관계인이 수사기관에 말이나 서면으로 범죄 사실을 신고하여 벌해줄 것을 구하는 일. 고발, 비난, 적대행위 등으로 쓰이는 말. 무고히 고소를 당하는 수도 있다(행25:16).

＊마귀는 성도를 고소한다.

고소사건[告訴事件 ; 알릴 고, 송사할 소, 일 사, 사건 건. accusation]명(행25:16) 범죄의 피해자가 그 사실을 수사기관에 신고한 일거리.

고스[קוֹץ = 가시나무]인(대상4:8) 유다의 자손. 아하헬 족속의 선조.

고스[Κῶs = 양]지(행21:1) 그리스와 소아시아 사이 에게해 가운데 있는 섬. 바울이 3차 선교여행 때 이곳에서 하루 쉬었다.

고스비[כָּזְבִּי = 속이는 자]인(민25:15) 미디안 족장 수르의 딸. 시므온 지파의 시므이와 관계한 죄로 싯딤에서 염병이 발생했다. 제사장 엘르아살의 아들 비느하스가 창으로 죽였다. 고스비 가족이 죽자 염병이 멈추었다(민25:6-8, 18).

고슴도치[hedgehog]명(사14:23) 쥐를 먹이고 벌레를 먹고 사는 고슴도치과의 야행성동물. 몸 길이는 20~30cm 정도이며, 다리는 짧

고, 주둥이는 돼지같이 뾰죽함. 등과 몸에 가시가 있고 적을 만났을 때 온 몸의 털을 세워 방어한다.

고아[孤兒 ; 외로울 고, 아이 아. orphan]명(출22:22) 부모를 여의어 몸 붙일 곳 없는 아이.

＊고아는 과부와 나그네 등과 함께 세상에서 냉대받기 쉽다. ①성경은 이들을 압제하지 말고 도우라고 교훈한다(사17:17). ②고아를 학대하는 것은 잔인하고 불의한 죄악이다(욥6:27). ③주께서는 우리를 고아와 같이 버려두지 않으시겠다고 약속하셨다(요14:18). ④환난 중에도 돌아보아야 한다(약1:27).

고아[גֹּעָה = 낮은]지(렘31:39) ①예루살렘의 회복에 관하여 언급된 곳. 여호와의 성지. 힌놈의 골짜기, 기드론 골짜기, 두로피온 골짜기가 만나는 낮은 지역으로 추정한다.

고아[קוֹעַ = 평탄한 곳]지(겔23:23) 바벨론의 한 지방. 고아 사람은 소아사람과 함께 티그리스강 동안 평야 게산 아람사람.

고안[考案 ; 상고할 고, 생각할 안. device]명(행17:29) 연구하고 생각하여 새로운 안을 냄. 상상력에 의한 창작력.

고역[苦役 ; 쓸 고, 역사 역. burden]명(출1:14) 몹시 힘들고 괴로운 일. 이스라엘이 애굽에서 종이 되어 노역을 하는 형편을 가리켜 한 말(출2:11, 5:9). 솔로몬이 죽은 후 여로보암이 르호보암에게 정치적 해결을 요구했다(왕상12:4).

고운 밀가루[fine wheat flour]명(출29:2) 밀을 곱게 빻은 가루. 제물을 만드는데 사용했다.

고운 베옷[fine linen]명(눅16:19) 부자나 상류층이 입는 옷. 애굽의 아마로 짠 부드러운 하의를 가리킨다. 이것을 입은 자에게는 화가 임한다(계18:16).

고요[calmness]명(출15:16) ①조용하고 평화스러움. 정적. ②아무 소리도 없다. 움직이지 않는다.

고용

* 하나님께서 성도들을 붙드실 때 바위처럼 움직이지 않는 모습.

고용〔雇用;품팔 고, 쓸 용. employment〕명(삼하10:6) 품삯을 주고 일을 시킴.

고용〔雇庸;품팔 고, 품팔이할 용. beingemployed〕(레25:50) 품삯을 받고 남의 일을 해 줌. 일을 시킴.

고용군〔雇傭軍;품팔 고, 품팔이할 용, 군사 군. hired soldiers〕명(렘46:21) 삯을 받고 일하는 사람. 외인부대 군인.

고율〔town〕명(창34:20) 지역을 나눈 행정구역. 군, 주, 현등의 총칭. country.

* 성경에서는 도시국가를 가리킨다. 촌과 구별해서 사용되었으며 읍내, 동네라고 번역된 곳도 있다.

고의〔袴衣;바지고, 옷의. breeches〕명(출28:42) 여름에 바지 대신에 입는 홑 옷. 단고바지.

* 땀을 막기 위해 가는 베로 만든 것인데 성스러운 예식을 집행하는데 배려해서 입도록 했다.

고이다〔prop〕자(왕상22:35) 괴다. 넘어지거나 쏠어지지 아니하도록 밑을 받치다.

고임(왕) 〔יםע = 이방인, 이교도〕자
① 아브라함 시대에 팔레스틴에 침입한 동방 연합군에 참가한 한 나라. 그 왕은 디달이었다. 설형문자 비문에 구데이로 기록되었다. 앗수르 동방 고원지대에 사는 유목민(창14:1, 9) 싸우기를 좋아했다.
② 이방인이 많은 갈릴리의 한 지역(수12:23).

고자〔鼓子;북 고, 아들 자. eunuch〕명(마19:12) 생식 능력이 없는 남자. 또는 거세된 남자.

* ①불완전한 남자이기 때문에 여호와의 총회에서 제외되었다(신23:1). ②이사야는 고자도 구원에 참가할 수 있다고 말했다(사56:3). ③내시는 거세된 남자를 가리킨다고 한다. 그러나 행8:27의 내시는 재무장관으로 본다. ④바울은 하나님의 일을 위해서 신앙적 이유에서 독신생활을 말했다(고전7:8).

고적〔孤寂;외로울 고, 고요할 적. loneliness〕명(애1:13) 외롭고도 쓸쓸함.

고직이〔庫直~;창고 고, 곧을 직. treasurer〕명(스1:8) 창고를 지키는 사람. 창고 관리자.

* 고레스 왕의 창고를 지키는 사람에서 인용하였는데 고관이다. 전리품을 관리하는 사람.

고집〔固執;굳을 고, 잡을 집. insistence〕명(느9:29) 자기의 의견을 굳게 내세워 우김.

* 성경적 고집은 하나님이 없다고 하는 것이다.

고창병〔鼓脹病;독 고, 부를 창, 병들 병. dropsy〕명(눅14:2) 헛배가 부르는 병. 복부 팽대중, 심장, 간장, 염통의 이상으로 생기는 병. 새 번역과 미표준역 등에서는 수종(dropsy)으로 번역했다.

고초〔苦楚;쓸 고, 아플 초. distress〕명(애3:19) 괴로움과 쓰라림, 고난, 고생, 고통.

고치다〔heal, cure〕타(레14:43) ① 그릇된 것을 바로잡다. correct. ② 못쓰게 된 것을 쓸 수 있게 만들다. mend. ③시간 예정 등을 변경하다. ④병을 낫게하다. ⑤새사람 되게 하다.

고토〔故土;옛 고, 흙 토. native place〕명(욥30:8) 자기의 고향, 고향 땅.

고통〔苦痛;괴로울 고, 아플 통. affiction〕명(창3:16) ①괴롭고아픔. pain. ②마음의 불만족으로 인하여 생기는 괴로움. agony.

고통중〔苦痛中;괴로울 고, 아플 고, 가운데 중. be in great pain〕명(눅16:23) 괴롭고 아픈 가운데 있음.

고하다〔告~;알릴 고〕타(창3:11) ①아뢰다, 여쭙다. tell. ②이르다. 까 바치다. inform. ③알리다. 공식적으로 발표하다. announce.

고함〔高喊;높을 고, 소리지를 함. shout〕명(삼상17:20) 크게 외치거

곤고한 자

나 부르짖는 목소리. 함성. 다성.

고핫 (자손) [יִקְהָת = 집회하다] 인
1. **인적관계** - 레위의 둘째아들. 고핫 자손의 선조(창46:11). →그핫.
2. **관련기사** - ①그핫 사람으로도 기록됨(출6:16). ②모세와 아론의 할아버지(출6:20). ③성막을지키고 운반하는 책임을 가짐(민4:4-15). ④가나안 기업분배시 중요한 성읍을 차지함(수21:4-9). ⑤다윗시대 이후 솔로몬시대 성전봉사자(대상15:5, 6:31-48). ⑥여호사밧 시대(대하20:19). ⑦히스기야 시대(대하29:12). ⑧요시야왕 시대(대하34:12). ⑨바벨론 포로 이후(대상9:32). ⑩성전에서 음악으로 봉사(대하20:19, 34:12).
3. **교훈** - 하나님께서 택하신 백성은 하나님 앞에서 항상 하나님을 경외한다.

고해 [苦海 ; 쓸 고, 바다 해. the bitter human world] 명 (슥10:11) 고통이 많은 인간 세상. 괴로움과 근심이 끝없이 많은 이 세상을 바다에 비유한 말.

고향 [故鄕 ; 연고 고, 시골 향. native place] 명 (창24:4) 자기가 태어나고 자라난 고장. 시골.
* 신약에서는 순례자로서의 고향을 말한다. 본향, 본토 등을 말함.

곡 [גוֹג] 인
1 르우벤 지파의 한 사람. 요엘의 손자(대상5:4).
2 메섹과 두발을 통치한 마곡의 왕으로 북방의 대군을 거느리고 와서 회복된 이스라엘을 쳤으나 여호와의 간섭으로 패할 것이라고 에스겔 선지가 예언하였다(38:39).
3 하나님의 나라와 그의 백성에게 대항하여 전쟁을 일으킬 반기독자로 나타나 멸망당하게 되는 나라(계20:8).

곡간 [穀間 ; 곡식 곡, 사이 간. barn] 명 (마3:12) 곡식을 쌓아두는 창고.

곡물 [穀物 ; 곡식곡, 만물 물. grains] 명 (창41:35) 사람의 식량이 되는 곡식을 일컫는 말. 벼, 보리, 밀, 조 등을 말하고 그 외는 잡곡이라고 한다. 지중해 연안에서는 올리브, 포도를 곡물이라 한다. 곡식 또는 알곡으로 번역된 곳도 있다.

곡성 [哭聲 ; 울 곡, 소리 성. wailing] 명 (출11:6) 곡소리. 우는 소리.

곡식 [穀食 ; 곡식 곡, 밥식. grain] 명 (창27:28) 쌀, 보리, 콩, 조, 기장, 수수, 밀, 옥수수 등의 총칭. 곡물(穀物). 성경시대의 주된 곡물은 보리, 밀을 가리킨다.

곡식단 [sheaf] 명 (삿15:5) 곡식을 거두어 들일 때 묶은 묶음.

곡식밭 [standing grain] 명 (신23:25) 곡식을 심은 밭.

곡읍 [哭泣 ; 울 곡, 울 읍. wailng] 명 (에4:3) 소리내어 슬피움. 곡으로도 번역되는 말(에4:3, 렘9:1).

곡조 [曲調 ; 굽을 곡, 고를 조. tune] 명 (사23:16) 음악과 가사의 가락.

곡초 [穀草 ; 곡식 곡, 풀 초. straws] 명 (출5:12) 이삭을 떨어낸 줄기.

곡하는 부녀 [mouring women] 구 (렘9:17) 상가에 가서 직업적으로 울어주는 여인. 이 세상에 죽음을 끌어들인 여자(하와)가 장례에서 길 안내를 한다는 풍습에서 기인되었다고 한다.

곡해 [曲解 ; 굽을(굽힐) 곡, 풀이할 해. misunderstanding] 명 (사56:5) 사실과 어긋나게 잘못 풀이함. 곱새김.

곤경 [困境 ; 곤할 곤, 지경 경. difficulties] 명 (삼하24:14) 곤란한 처지 또는 사정이나 때.

곤고 [困苦 ; 곤할 곤, 쓸 고. hardships] 명 (민11:15) 곤란하고 괴로움.

곤고한 자 [困苦~者 ; 곤할곤, 쓸 고, 놈 자. sorrowful] 어려움을 겪는 사람. 가난한 사람. 수고하고 슬프며 비참한 사람. 짓밟혀 억압받는 사람.

곤궁[困窮 ; 곤할 곤, 다할 궁. poverty]명(신24:14) 어렵고 궁함.

곤난[困難 ; 곤할 곤, 힘들 난. difficulty]명(느9:37) 몹시 딱하고 어려움. 또는 그러한 일.

곤두박질[falling headlong]명(행1:18) 몸이 번드쳐 갑자기 거꾸로 내리 박이는 짓. ㉘근두박질(筋斗撲跌).

곤란[困難 ; 곤할 곤, 어려울 난. difficulty]명(왕하19:3) 어려움.

곤비[困憊 ; 곤할 곤, 고달플 비. fatigue]명(창19:11) 피곤하고 기운이 없음. 곤핍.

곤액[困厄 ; 곤할 곤, 재앙 액. strait]명(욥20:22) 매우 어려움을 겪음. 나쁜 일이 겹쳐 괴로움을 당함.

곤욕[困辱 ; 곤할 곤, 욕될 욕. extreme insult]명(사53:7) 심한 모욕.

곤충[昆蟲 ; 맏 곤, 벌레 충. insects]명(레5:2) 다리 여섯, 날개 넷 달린 벌레를 일컫는 말. 부정한 것으로 기는 것, 떼를 이루는 것 등으로 번역된 말. →벌레.

곤핍[困乏 ; 곤할 곤, 모자랄 핍. fatigue]명(시6:6) 피곤하여 기운이 없음. 곤비.

곤하다[困~ ; 피곤할 곤. tired]형(삼하17:2) ①기운이 풀리어 피곤한 상태. ②졸음이 오거나 술에 취하여 정신을 가눌 길이 없다.

곧[atonce]부(창2:19) ①바로. 즉시. ②다시 말하자면.

곧다[straight]형(출33:3) ①휘지 않고 똑 바르다. ②마음이 바르다. honest.

곧이 듣다[take seriously]타(겔13:19) 남의 말을 조금도 의심하지 않고 바로 듣다. 사실대로 알다.

골고다[$Γολγοθά$ = 해골 곳]지
1. 위치 - 예루살렘 성밖언덕 이름(마27:33). 누가는 이곳을 해골이라는 곳으로 기록했다(눅23:33).
2. 관련기사 - ①멀리서 바라볼 수 있는 곳(막15:40). ②예루살렘성 가까운 곳(요19:20). ③큰 길 가(마27:39). ④예수님께서 십자가에 못박히신 곳(요19:17, 20, 히13:11-13).
3. 교훈 - 예수님께서 하나님의 뜻을 따라 복종하여 구원사역을 이루신 곳. 우리에게 놓인 골고다를 주저하지 말고 기쁨으로 올라가야 한다.
4. 현재의 위치는 두 곳으로 ①카토릭에서 주장하는 성묘교회와, ②예루살렘성 다메섹문 북동쪽 약 230m 지점의 고든의 갈보리. 예레미야의 동굴 위쪽 언덕임.

골고다로 알려진 곳

골라야[קוֹלָיָה = 하나님의 음성]인
① 거짓 선지자 아합의 아버지(렘29:21)
② 포로 생활에서 돌아와 예루살렘에 자리 잡은 베냐민 지파의 한 족속(느11:7).

골란[גּוֹלָן = 추방]지(신4:43)
1. 위치-갈릴리 호수 동북 27km지점 고원지대(수20:8)
2. 관련기사 - ①바산 지방에 있던 므낫세의 성읍으로 요단강 동편 세개의 도피성 중의 하나(수20:8) ②레위지파 게르손 자손에게 주었다(수21:27, 대상6:71).

골로새[$Κολοσσαί$ = 버림]지
1. 위치 - 소아시아의 부르기아도 리고 강변에 위치.
2. 관련기사 - ①로마의 속주 소아시아의 성읍(골1:2). ②골로새교회는 에바브라가 설립하였고 교인 중에는 빌레몬, 오네시모, 아킵보 등

이 있었다(몬23, 골1:7, 4:9,17). ③바울이 방문의사를 보였으나 방문하지 못했다(몬1:22, 골2:1). ④바울의 서신이 전달된 곳.

골로새서[Colossians]명(골) 신약 12번째 성경. 주후 62년경 바울이 로마에 투옥되어 있을 동안 기록하였다. ①인간의 철학에 대한 경고 ②외식주의에 대한 경고 ③천사 숭배 신비주의에 대한 경고를 하였고 그리스도가 으뜸임을 가르친다. 내용 분해는 박기원 편 성경총론을 참고하라.

● **골로새서에 나타난 그리스도** - ①도우시는그리스도(골1:10). ②흑암에서 건져내신 그리스도(골1:13). ③죄를 사해 주시는 그리스도(골1:14). ④하나님의 형상이신 그리스도(골1:15). ⑤창조물이 있기 전에 계신 그리스도(골1:15,17). ⑥창조주이신 그리스도(골1:16-17). ⑦교회의 머리이신 그리스도(골1:18). ⑧근본이신그리스도(골1:18). ⑨죽은 자 가운데서 먼저 사신 그리스도(골1:18). ⑩만물의 으뜸이신 그리스도(골1:18). ⑪화평을 이루시는 그리스도(골1:19-22). ⑫주님이신 그리스도(골2:6). ⑬하나님 우편에 앉아 계신 그리스도(골3:1). ⑭우리의 생명이신 그리스도(골3:4). ⑮만유시요 만유 안에 계신 그리스도(골3:11).

골리앗[גׇּלְיָת = 유랑자]고

1. **인적사항** - 블레셋 가드사람으로 거인이며 장수(삼상17:4). 키가 2.9m. 머리에는 놋 투구를 쓰고 몸에는 놋으로된 어린갑(고기비늘처럼 된 갑옷), 놋 5천세겔을 입고 다리에는 놋경갑을 차고 어깨에는 놋 단창을 메었는데 그 창자루는 베틀채 같고 창날은 철 6백세겔이나 되었다.
2. **관련기사** - 엘라 골짜기에서 이스라엘에 나타나 싸움을 돋구고 하나님을 모욕하다가 목동 다윗의 물매에 맞아 죽었다(삼상17:)
3. **교훈** - ①우리의 삶에 가로막힌 골리앗, 불신앙을 물리치자. ②자신의 힘만 의지하는 자는 망한다.

골목[alley, side street]명(잠7:8) 집과 집 사이로 난 좁다란 길. 큰 길로 뚫린 좁은 길.

골몰[汨沒 ; 골몰할(빠질) 골, 빠질 몰. engrossment]명(대상9:33) 한 가지 일에 파묻힘 부골몰히.

골방[~房 ; 방 방. chambers]명(왕상6:5) 큰방 뒤쪽에 딸린 어둡고 작은 방. 때로는 은신처를 말한다.

* 골방은 보물을 두는 곳, 기도의 장소(마6:6)를 가리킨다. 하나님 앞에서는 구석진 곳이라해도 모두 밝혀진다.

골수[骨髓 ; 뼈 골, 골수 수. marrow]명(욥21:24) ①뼈의 중심부인 골강(骨腔)에 가득차 있는 결체질의 물질. 골. 때로는 마음속을 골수라고 한다.

* 하나님의 말씀의 위력에 대하여 설명했다(히4:12).

골육[骨肉 ; 뼈 골, 살 육. bone and flesh]명(창13:8) ①뼈와 살. ②혈통이 같은 부자. 형제. 바울은 골육으로서의 이스라엘에 대하여 깊은 애정표시를 했다(롬11:14).

골육지친[骨肉之親 ; 뼈 골, 살 육, 갈지, 친할 친. relative]명(레18:6) ①부자, 형제사이. ②가까운 혈족관계.

골절[骨節 ; 뼈 골, 마디 절. joint]명(욥4:14) 뼈마디.

골짜기[valley]명(창14:3) 두 산 사이의 우묵하게 들어간 곳. 지형 변화에 따라 생긴다. 계곡, 시내와의 관계가 깊다. 성경에 나타난 골짜기마다 사연이 많다.

골호세[כָּל־הֹזֶה = 모두 보는 자]고
① 미스바지방의 방백 살문의 아버지(느3:15)
② 느헤미야시대 유다사람. 이사야의 아들이며, 바룩의아버지(느11:5).

곬명(사8:7) 한쪽으로 트인 방향 또는 길. blindlane. ①물이 흘러 내리는 길. water way. ②물고기 떼

들이 늘 다니는 일정한 길. course.
곰[bear]몡(삼상17:34) 육식동물곰과(熊科)의 총칭. 몸은 뚱뚱하고 네 발로 다니며 바로 서기도 한다. 헤엄을 치며 나무 타기도 잘하며 물고기도 잡아 먹는다.

* 다윗은 곰을 맨손으로 죽였고(삼상 17:34) 벧엘 근처에서는 42명의 어린이들을 물어 죽였다(왕하2:24). 맹수인 곰은 흉악성을 나타낸다. 말세 평화 회복이 될 때 암소와 곰이 함께 먹는다(사11:7). 예언적 상징은 세상 군왕의 야수성을 나타낸다(단7:5, 계17:2).

곰팡[mould]몡(학2:17) →곰팡이
곰팡이[mould]몡(수9:5) 하등균에 속하는 미생물을 모두 일컫는 말로 축축할 때 음식, 옷, 가루 등에 솜처럼 생긴다.
곱[ㄱ٦ډ=물구유, 물통]지(삼하21:18) 블레셋 사람의 마을로 다윗의 용사들이 싸우던 곳.
곱다혱(창18:6) ①마음에 들도록 산뜻하고 아름답다. 또는 소중하고 사랑스럽다. beautiful. ②촉감이 거칠지 않고 보드랍다. ③천의 발이 거칠하지 않고 매우 가늘다. ④가루가 굵지 않고 보드랍다. ⑤마음이나 말씨 등이 상냥하며 순하다. tender.
곱사등[hunchback]몡(레21:20) 등뼈가 구부러진 지체장애자. 곱추. 육체적인 결함으로 제사장이 될 수 없다(레21:18-20).
곳[place]몡(창1:9) 앞, 뒤, 상, 하 쓰지 않고 비어있는 부분. 장소.
곳간[storage]몡(신32:34) 물건을 간직하여 두는 곳. 창고. 곳집이라고도 한다. 저장하는 장소.
공[公 ; 공평할(벼슬) 공. Justice]몡(삼하8:15) 여러 사람을 위하거나 이에 관계되는 일.
공[功 ; 이바지할 공. merits]몡(사28:21) 어떤 일에 힘써 이바지함.
공[空 ; 빌 공. cipher. naught]몡(창29:15) ①대가가 없는 것. ②안이 빈 것. ③하늘, 공중. ④헛됨, 부질없음. ⑤쓸 데 없음.
공[貢 ; 바칠 공. tribute]몡(신20:11) 국민이 관청이나, 종주국에 바치는 것. 주로 값진 물건, 토산물. 사람. →공물.
공[ball]몡(왕상7:20) 둥글게 생긴 물건, 구(球). 고무나 가죽으로 둥글게 만든 운동구.
공간[空間 ; 빌 공, 사이 간. cipher]몡(욥26:7) ①앞뒤, 좌우, 상하로 무한하게 퍼져있는 빈 곳. ②쓰지 않고 비어 있는 곳. sapce room. ③시간과 함께 물질의 존재를 성립시키는 기초적인 근본 조건.
공갈[恐喝 ; 두려울 공, 꾸짖을 갈. threat]몡(엡6:9) 심히 무섭게 으르고 위협함. 공갈은 심적 압박을 가하는 범죄행위이다.
공격[攻擊 ; 칠 공, 칠 격. attack]몡(대하13:12) 적을 침, 처 부숨. 무찌르다.

공경[恭敬 ; 공손할 공, 공경할 경. respect]몡(출20:12) 삼가서 예를 차려 섬기는 일, 높이는 일.
* 부모를 공경하도록 십계명에서 명하고(출20:12). 자녀들이 주 안에서 부모에게 공경할 것을 지시하고 있다(엡6:3).
공관복음[Synoptic Gospels]몡 성경 신약 처음 세 복음서를 일컫는 말. 기사 내용이 서로 같기 때문이다.
공교하다[工巧~ ; 장인 공, 공교 교.

finely worked]휑(출31:4) 솜씨있고 아름답게. 능숙하게. 제사장의 옷감을 짜는데 인용된 말. 무늬를 놓아 아롱지게 한 것을 나타낸다. 정교하게라고 한 곳도 있다(출39:1, 41).

공구[恐懼 ; 두려울 공, 두려울 구. fear]휑(신28:20) 몹시 두려워함. 혼돈, 혼란, 당황 등과 같이 쓰이는 말.

공궤[供饋 ; 받들 공, 먹일 궤]휑(창45:23) 윗사람에게 정성을 다하여 음식을 드리고 보살펴 드리는 일.
* 주린 자에게 식물을 나누어 주는 일(사58:7)로 사도시대 집사를 택해서 이 일을 하게 했다(행6:). 말세에 이웃에 대하여 하지 아니한 것이 곧 주님을 공궤하지 않는 일이다(마25:31-46) 봉양하는 일로 번역된 곳도 있다(룻4:15). 기르다, 양육하다의 뜻도 있다(눅12:24, 계12:6, 14).

공급[供給 ; 받들 공, 줄 급. supply]휑(창27:37) 쓸 것을 대어줌.

공기[空氣 ; 빌 공, 기운 기. air]휑(계9:2) 지구의 표면 한 층을 둘러싸고 있는 빛깔이나 냄새가 없이 투명한 기체.
* 다섯째 나팔의 심판에 언급된 말로 사단이 거하는 장소(계16:12, 엡2:2). 공중, 허공 등으로 번역된 말(행22:23, 고전9:26, 14:9).

공덕[功德 ; 공 공, 큰 덕 grace]휑(신32:4) 은혜의 덕. 은혜와 신세. 하나님께서 우리에게 하신 일. 주의 행사, 여호와의 행하심, 주의 일과 같은 내용(욥36:24, 사5:12, 합3:2).

공도[公道 ; 공평할공, 길 도. Justice]휑(창18:19) 공평하고 바른 도덕. 떳떳하고 당연한 이치.

공동서신[公同書信 ; General Epistles]휑 공동서한, 공동서간, 공회서간이라고도 함. 바울서신 외의 일곱서신 즉 야고보서, 베드로 전후서, 요한1,2,3서 유다서를 가리킨다. 히브리서를 넣기도 하지만 히브리서를 바울 서신에 넣기도 한다. 신학자 에우세비오(주후263-339)에 의하여 처음 사용되었다.

공력[功力 ; 이바지할 공, 힘 력. endeavour]휑(창30:30) 공들이고 애쓰는 힘. endeavour.

공모[共謨 ; 한가지 공, 꾀 모. conspiracy]휑(삼하22:8) 두 사람 이상이 어떤 일을 꾀함.

공문서[公文書 ; 공평할 공, 글 문, 글 서. offical document. letter]휑(행9:2) 관청에서 보내는 문서. 관청에 보내는 문서. 사문서의 반대 말. 공문서를 휴대한 사람의 신분을 분명히 한다(행9:2, 22:5).

공물[貢物 ; 바칠(공물) 공, 만물 물. tribute]휑(삿3:15) 국민이 나라에 바치는 물건. 나라가 종주국에 바치는물건. 조공을뜻한다(삿3:15) 원래는 선물을 뜻하는 말이었는데 정복자가 정복을 당한 국가로부터 받는 것을 공물이라 했다(삿3:17, 18~, 왕상4:21). 다른곳에서는 공, 공세, 조공, 벌금 등으로 기록되었다(수17:13, 마17:25). 바울은 납세를 시민의 의무라고 가르친다(롬13:6-7).

공박[攻駁 ; 칠 공, 논박할 박. confutation]휑(민20:2) 따지고 캐어 말함.

공법[公法 ; 공 공, 법 법. public]휑(암5:7) 국가와 국가의 관계. 국가와 개인과의 관계 등 권력관계, 통치관계, 공익에 관한 사항을 규정지은 법.
* 하나님을 공경해야 할 법도를 어기고 거스려 행한 이스라엘을 앗수르에 의해 멸망시키기로 하셨다(암6:11-14).

공변되다[impartial]휑(호2:19) 사사에 매임이나 치우치지 않고 정당하다, 공평하다, 공공하다. 옳은 것에 기초하여 행하는 일. 그리스도의 구속사역의 고귀함을 설명(히2:1-4). 그의 심판도 공변하다.

공복[公服 ; 공평할 공, 옷 복. official uniform]휑(왕상10:5) 관리의

복장. 조의(朝衣).

공부[工夫 ; 장인 공, 지아비 부. study]명(전12:12) 학문과 기술을 닦는 일. 배우고 익힘.

공상[空想 ; 빌 공, 생각 상. idle fancy]명(전6:9) 실행할 수 없는 헛된 생각. 사실과 먼 생각.

공성퇴[攻城槌 ; 칠 공, 재 성, 옥다듬을 퇴. battering rans]명(겔4:2)

성벽 또는 성문을 파괴하기 위하여 사용된 기둥 같은 큰 나무, 공격용 무기. 기둥 머리를 금속으로 씌웠다. 앗수르 부조에서 그 모양을 알 수 있게 되었는데 수양의 머리 금속제품을 기둥머리에 장치하여 사용했다.

공세[貢稅 ; 바칠(공물) 공, 세금 세. tribute]명(시72:10) 나라에 바치는 세금. 피정복자가 정복자에게 바치는 금품. 조공, 공물, 세라고 번역된 곳도 있다.

공수[攻手 ; 빌 공, 손 수. empty-handed]명(창31:42) 빈손, 맨손.

공순[恭順 ; 공손할 공, 순할 순. submission]명(전10:4) 고분고분함.

공양[供養 ; 받을 공, 기를 양. providing one's elders with food]명(마25:44) 윗어른에게 음식을 드림. 받들어 모심.

공역[工役 ; 장인공, 역사역. works]명(왕상7:22) 공장이나 토목, 건축 등에 관한 일. 공사(工事).

공연히[空然~ ; 빌 공, 그러할 연. vainly]부(사49:4) 괜스레. 괜히.

공의[公義 ; 공평할 공, 옳을 의. Justice]명(창18:25) 선과 악을 공평하게 하는 의로우신 하나님의 성품의 하나.

공이[pestle]명(잠27:22) 곡식의 껍질을 벗기거나 가루로 만드는 기구. 방아공이. 절구공이.

공작[工作 ; 장인 공, 지을 작. work]명(삼상7:8) ①물건을 만드는 일. construction. ②어떤 목적을 위하여 일을 꾸밈. 활동. 그 행위. ③금속가공의 정교한 기술에 쓰였다(왕상7:8, 14). ④생업, 일 등으로 번역되었다.

공작[孔雀 ; 구멍 공, 참새 작. peacock]명(왕상10:22) 순계과(鶉鷄科)의 새. 머리에 10cm 정도의 벼슬이 있음. 꼬리가 매우 길고 아름다움. 꼬리를 펴면 큰 부채 모양이 되며 둥글게 잔 무늬가 많다.

＊솔로몬의 무역품(삼상16:22).

공장[工匠 ; 장인 공, 장인 장. mechanic]명(왕하22:5) 물건 만드는 것을 업으로 삼는 사람. 장색 장인으로 번역된 말. 금속공예를 포함한 수공업적 노동을 말함. craftsman. 석수와 목수도 해당된다. 뛰어난 기술자들을 말한다.

공장골짜기[valley of craftsmen]지(느11:35) 같은 일을 하는 기술자들이 모여 사는 지역. 예루살렘 근처 사론평야 남부 경계의 로드와 오노 가까이에 있는 골짜기.

공정[公正 ; 공평할 공, 바를 정. Justice]명(신1:16) 공평하고 바름. 재판, 공무처리에 있어서 한 쪽으로 기울어지지 않게 처리하는 것.

공주[公主 ; 공평할 공, 임금 주. princess]명(삼하13:18) 임금의 딸. 미혼일 때 아름다운 옷을 입혔다.

＊히브리어 사아라아는 여왕, 시녀, 왕비 (삿5:29, 사49:23) 등으로 번역한 말인데 예루살렘을 상징하여 공주로 번역하였다. 예루살렘이 공주처럼 선망의 대상이었지만 비참해질 것을 예언하였다.

공중[公衆 ; 공평할 공, 무리 중. the public]명(행16:37) 사회의 여러

사람. 일반의 여러 사람.

공중[空中 ; 빌 공, 가운데 중. sky] 명(창1:26) 하늘. 지구위의 공간, 궁창, 허공.

* 성경시대 공중이 여러층으로 되어 있다고 생각했다(신10:14, 시68:33). 하늘의 최상층은 하나님의 거처로 생각했다(사66:1, 계4:2). 사도 바울도 삼중층을 말했는데 주께서 공중에 재림하며 성도들이 들림을 받아 공중에서 주님을 영접하게 된다(살전4:17, 고후12:2). 공중재림, 공중휴거라고 한다.

공직[公直 ; 공평할 공, 곧을 직. fairness] 명(잠12:5) 사사로운 것 없이 공평하고 정직함.

공직[供職 ; 받을공, 맡을직. charge] 명(출39:26) 관청 또는 공공단체의 직무를 맡음.

공판[公判 ; 공평할 공, 판단할 판. public trial] 명(시35:23) 형사피고인의 유죄·무죄를 판결하는 소송 절차.

공평[公平 ; 공평할 공, 평평할 평. impartiality] 명(출23:6) 어느 한쪽에 기울지 않고 공정함.

공포[公布 ; 공평할 공, 베풀 포. official announcement] 명(출32:5) ①일반에게 널리 알림. ②새 법령을 알림.

공포[恐怖 ; 두려울 공, 떨 포. fear] 명(사54:14) 무서움과 두려움.

* 죄가 있으면 공포가 생긴다.

공허[空虛 ; 빌공, 빌 허. emptiness] 명(창1:2) 속이 텅 빔.

공회[公會 ; 공공, 모을 회. council] 명(왕상12:20) 공식적인 일로 인하여 모임.

* 유대인의 통치단체로 산헤드린이라 부르는 유대 최고 법원이기도 하다. 그 성원은 제사장 24, 장로 24, 서기관 22명으로 구성되고 대제사장이 의장이 된다(민11:16). 공회에 관속을 두어 경찰권을 행사하고 형벌은 가할 수 있으나 사형을 선고 집행할 수 없었다(요18:31). 예수님도 공회에 섰으며 사도들도 공회에서 심문을 받았다(마26:59, 행4:5-15, 24:20). 지방의회를 민회라고 했다(행19:32).

공회원[公會員 ; 공 공, 모을 회, 사람 원. council member] 명(막15:43) 공회(公會)에 참석할 구성원. 관원이라고도 한다.

공회의원[公會議員 ; 공 공, 모을 회, 의논할 의, 사람 원. council member] 명(눅23:50) 유대 산헤드린 의회에 나와 토의 결의할 수 있는 권리를 가진 사람. 아리마대 요셉을 가리켜 쓰인 말.

공효[功效 ; 공공, 본받을효. effect] 명(사32:17) 공을 들인 보람.

과거[過去 ; 지낼 과, 갈거. past](신4:42) ①지나간 때. 현재에 앞서는 때. 지난 적. ②지나간 동작을 나타내는 어법·보통 "았·었·더"의 보조어간으로써 나타냄.

과격[過激 ; 지낼 과, 과격할 격. violent] 명(잠15:1) 너무 지나치게 괄괄하고 격렬함.

과녁[target] 명(삼상20:20) 활이나 총을 쏠 때의 목표. 겨누는 표적물.

과다[過多 ; 지낼(건널) 과, 많을 다. excess] 명(신25:3) 너무 많음. 문 과다히.

과도[過度 ; 지낼 과, 자 도. excess] 명(잠11:24) 정도에 넘침.

과동[過冬 ; 지낼 과, 겨울 동. passing the winter] 명(사18:6) 겨울을 남. 월동. 겨우살이.

과목[果木 ; 과실 과, 나무 목. fruit tree] 명(창1:11) 과실 나무.

과부[寡婦 ; 홀어미 과, 지어미 부. widow] 명(창38:14) 결혼을 한 뒤 남편이 죽고 홀로된 여자. 미망인.

* 홀어미. 고대의 과부는 특별한 옷을 입었고(창38:14, 19) 불우하므로 천대를 받았기 때문에 도와 줄 것을 명했다(신10:18, 말3:5). 예수님께서도 과부를 긍휼히 여기셨고(막12:40), 특별히 구제를 받았

으며(행6:1-4), 환난 중에서도 도와 줄 것을 명했다(약1:27). 교회에서 특별 관리하도록 하였다(딤전5:3-16).

과부친척[寡婦親戚 ; 홀어미 과, 지어미 부, 친할 친, 겨레 척. window in onesfamily]명(딤전5:16) 홀로 된 여자의 친척.

과수[果樹 ; 과실 과, 나무 수. fruit tree]명(아4:13) 과실 나무. 과목.

과식[過食 ; 지낼 과, 밥 식. overeating]명(잠25:16) 음식을 지나치게 많이 먹음.

과실[果實 ; 과실 과, 열매 실. fruit]명(레19:24) 열매, 주로 가꾸는 식물에서 열리는 먹는 열매(경제용어에서는 이익을 뜻한다).

* 팔레스타인 지역의 과실은 포도를 비롯하여 무화과, 석류, 봉나무열매 오디, 감람열매 등이다.

과실[過失 ; 지낼 과, 잃을 실. fault]명(창37:2) ①잘못. 허물. 과오. ②조심하지 않았거나 일부러 하지 않은 일.

* 사람의 과실을 용서한 자는 하나님으로부터 용서를 받는다.

과연[果然 ; 과실 과, 그러할 연. really]부(창18:21) 알고 보니 정말.

과원[果圓 ; 과실 과, 동산 원. orchard]명(전2:5) 과실 나무를 재배하는 농원. 과수원.

과원지기[果園~ ; 과실 과, 동산 원, gardener]명(눅13:7) 과수원을 관리하고 지키는 사람.

* 열매맺지 못하는 무화과 과원지기는 그리스도이시다. 하나님과의 중보로 그 형벌이 유예되었다.

과자[菓子 ; 과자 과, 아들 자. cake]명(출16:31) 밀가루, 쌀가루, 설탕 따위로 만들어 끼니 밖에 먹는 기호 음식의 총칭.

* 고대로부터 꿀과 밀가루를 섞어 만들었다. 과자는 예물(레2:4). 축하품(대상12:40). 궁중자녀의 간식(삼하16:6-10). 선지자를 방문할 때 가져가는 선물(왕하8:8). 우상숭배의 제물(렘7:18, 44:19) 등

에 사용했다.

과장[誇張 ; 자랑 과, 베풀 장. exaggeration]명(사16:6) 실제보다 더 크게 떠벌림.

과하[過夏 ; 지낼 과, 여름 하. spending the summer]명(사18:6) 여름을 남.

과하다[過~ ; 지낼 과. too much]형(창33:13) 도수가 지나치다.

곽[廓 ; 둘레 곽. walls]명(사26:1) ①둘레. ②큼. ③넓음.

* 성경에서는 성벽을 말함. 적을 방어하기 위하여 구축한 성과 성루. 2층 성벽사이의 공간을 말한다.

관[冠 ; 갓 관. crown]명(출28:4) 머리에 쓰는 것, 지위에 따라 모양과 종류가 다르다. 또는 의식에 따라 다르다. 상징적인 의미는 왕권을 가리킨다.

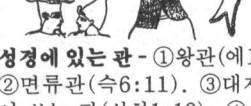

* **성경에 있는 관** - ①왕관(에1:11). ②면류관(슥6:11). ③대제사장이 쓰는 관(삼하1:10). ④승리의 관(고전9:25). ⑤가시관(막15:17) 등이 있다.

관[管 ; 대롱 관. pipe]명(욥40:18) 길이가 길며 속이 빈 둥근 물체. 철, 놋으로 만들었다.

관[棺 ; 관 관. coffin]명(눅7:14) 시체를 담는 궤. 히브리인들은 관을 쓰지 아니했다. 헤롯시대에 석관을 사용했다.

관계[關係 ; 상관할 관, 걸릴 계. relation]명(왕상12:16) 둘 이상이 걸림. 얽힘.

관념[觀念 ; 상관할 관, 생각할 념. interest]명(출7:23) 마음에 두고 잊지 못함. 관심.

관례(예)[官隷 ; 벼슬 관, 종 례. officer]명(마5:25) 관에서 부리는 하인들. 관하인(官下人)

관리[官吏 ; 벼슬관, 아전 리. officer]

명(창41:34) 국가 공무원. 벼슬아치. 신하, 관원 등으로 번역된 말.

관리[管理 ; 주관할 관, 도리 리. management]명(민1:50) ①사무를 정리하고 처리함. ②아랫 사람을 부리고 다스림. ③일을 다스림. ④물건을 처리함.

관리장[官吏長 ; 벼슬 관, 아전 리, 어른 장. officer]명(왕상4:5) 관직의 장. 대신(大臣). 임직된 사람, 부서의 장.

관망[觀望 ; 볼관, 바랄망]명(창42:1) ①형세를 바라다 봄. 어떻게 될 는지 지켜 봄. observation. ②멀리 바라다 봄. prospect.

관세[關稅 ; 관계할관, 세금세. toll] 명(마17:25) 국경을 통과하는 상품에 대하여 세관에서 받는 세금. 수입에 따른 통관세.

관속[官屬 ; 벼슬관, 붙을속. guards] 명(눅12:58) 옛날 지방관청의 아전(衙前)과 하인. 회당과 공의회의 관속으로 하속이라고도 한다(마26:58).

관심[關心 ; 관계할 관, 마음 심. interest]명(사5:12) 마음에 두고 잊지 못함.

관악[管樂 ; 대롱 관, 음악 악. pipe music]명(시5:) 〈음〉관악기로 연주하는 음악.

관영[貫盈 ; 꿰뚫을 관, 찰 영. complete]명(창6:5) 가득 참. 미치지 않은 곳이 없음.

＊죄가 관영하면 심판이 임한다.

관예[officer]명(마5:25) 관례.

관용[寬容 ; 너그러울 관, 얼굴 용. tolerance]명(렘13:14) 남을 너그럽게 대하거나 용서함.

＊기독교에서의 관용은 자신이 하나님의 무한한 사랑을 입은 것을 깨닫고 타인의 과실을 용서하는 것을 말한다(빌4:5)

관원[官員 ; 벼슬 관, 관원 원. ruler] 명(삿5:7) 국가 또는 지방 공공단체의 사무를 담당하는 사람. 공무원. 일반적으로 관리를 가리키는데 신약에서는 고관을 뜻한다.

관원장[官員長 ; 벼슬 관, 사람 원, 어른 장. the chief officer]명(창40:2) 어떤 공직 부서의 책임을 맡고 있는 사람. 장관, 환관, 내시로 번역되는 말(행8:39).

관유[灌油 ; 물댈 관, 기름 유. oil]명(출25:6) 감람유에 향료를 썩어 만든 기름. 제사장의 성별행사에 사용되었다. 제사장이 관리했다(민4:16).

관작[館籍 ; 벼슬 관, 벼슬 작. dignity]명(에6:3) 관직과 작위. 높은 벼슬을 뜻함.

관장[官長 ; 벼슬관, 어른장. officer] 명(왕상4:19) 지방을 관할하는 수령을 높여 부르는 말. 솔로몬의 12 관장, 로마 관리를 가리킨 말(눅21:12).

관절[關節 ; 빗장관, 마디 절. Joint] 명(히4:12) 뼈와 뼈를 결합하는 부분. 뼈 사이에 관절강이 있어 양뼈가 움직일 수 있다.

관정[官庭 ; 벼슬 관, 마당 정. praetorium]명(마27:27) 관청의 뜰. 총독의 관저로 예수님을 재판한 곳. 성전 북서 모퉁이 안토니아탑 안에 있었던 것으로 추정한다.

관제[灌祭 ; 물댈 관, 제사 제. libation]명(빌2:17) 각종의 희생제사 중의 하나로 포도주를 부어 드리는 제사법. 이것은 번제와 소제와 함께 드리는 보조적인 희생이다. 포도주 외에도 기름과 동물의 피를 쏟아 붓는 경우도 있다. 야곱은 벧엘에서(창35:14) 드렸고 신약성도의 순교를 뜻한다(딤후4:6).

관직[官職 ; 벼슬 관, 맡을 직. government service]명(사22:19) 관리의 직제. 또는 직책.

관하다[關~ ; 상관할 관. relate to] 자(창48:7) 대하다. 관계하다.

관할[管轄 ; 말을 관, 다스릴 할. jurisdiction]명(민25:5) ①일정한 권

한에 의해 통제하거나 지배함, 또는 그 미치는 범위. ②국가 및 권한에 의해 다루는 사무에 관하여 지역, 사항, 안건상(案件上)의 범위.

관할하[管轄下 ; 말을 관, 다스릴 할, 아래 하. under the leadership]명 (민33:1) 관할하는 아래.

괄리다[works]타(사44:12) 일을 하다(대장장이가 쇠를 달구는 일). 만들다, 행하다, 정하다, 범하다 등 원문의 뜻이 있다.

괄시[恝視 ; 소홀히할 괄, 볼 시. cold treatment]명(왕상2:16) 푸대접함. 싫은 태도로 대함.

광[廣 ; 넓을 광. width]명(창6:15) 너비. 면적.

광[鑛 ; 쇳돌 광. pit]명(욥28:1) 땅속에 있는 것(무기물)을 파내기 위하여 만든 구덩이 또는 굴, 갱(坑). 자원을 캐내는 곳.

광경[光景 ; 빛 광, 빛 경. spectacle]명(출3:3) ①벌어진 일의 형편과 모양. ②좋지 못한 볼썽사나운 꼴.

광고[廣告 ; 넓을 광, 알릴 고. declare]명(렘50:2) 세상에 널리 알림.

광대하다[廣大~ ; 넓을 광, 큰 대. vast]명(출3:8) 넓고 큼.

광막[廣漠 ; 넓을 광, 아득할 막. vastness]명(사22:18) 아득하게 넓음. 하염없이 너름.

광명[光明 ; 빛 광, 밝을 명. light] (창1:14) ①밝은 빛. ②빛을 내는 물체(해, 달, 별)

광석[鑛石 ; 쇠붙이 광, 돌 석. ore] 명(욥28:3) 금, 은, 쇠 등이 섞인 돌. 제련할 수 있는 광물질.

광선[光線 ; 빛 광, 줄 선. right]명 (삼하23:4) 빛, 빛의 줄기, 빛살, 빛이 나아가는 길.

광야[曠野 ; 빌 광, 들 야. desert] (창14:6) 너른 들판, 거친 들, 빈 들, 사막 등을 일컫는 말. 아라비아 지대의 사막, 사해 부근. 요단 동편 시내반도 일대.

광음[光陰 ; 빛 광, 그늘 음. time]명 (습2:2) 흘러가는 시간, 세월.

광장[廣場 ; 넓을 광, 마당 장. street] 명(왕상22:10) 너른 마당, 너른 빈 터. 공동으로 사용되는 넓은 장소. 구약시대에는 성문 가까이에 있었다(대하32:6). 대궐의 문앞에도 있었다(에4:6). 신약에서의 시장, 장터, 저자는 광장이다.

광주리[basket]명(창40:16) 대나버들, 갈대 따위로 엮어 만든 큰 그릇. 손잡이나 뚜껑이 있는 것도 있었다.

광채[光彩 ; 빛 광, 빛날 채. shone] 명(출34:29) ①눈부신 빛. ②어두운 속을 비추는 힘. ③뛰어난 모양, 모세의 얼굴, 변화산에서의 그리스도의 용모의 광채(마17:2).

광패[狂悖 ; 미칠 광, 거스를 패. frenzy]명(전10:13) 미친 사람처럼 도의에 벗어나는 언행을 가짐.

광포[廣布 ; 넓을 광, 베 포. diffusion] 명(대상10:9) ①널리 알게 함. 소문나게 함. ②폭이 넓은 베.

광풍[狂風 ; 미칠 광, 바람 풍. violent gale]명(욥8:2) 미친듯이 휩쓸어 일어나는 바람.

*예수님께서 광풍을 잔잔하게 하셨다(막4:37).

광활[廣闊 ; 넓을 광, 넓을 활. vastness]명(대상4:40) 훤하게 너름.

괘념[掛念 ; 걸 괘, 생각 념. mium] 명(삼하13:33) 마음에 거리낌을 두고 있지 않음.

괘씸하다[beinsolent]형(대상21:7) 예절이나 의리가 없어 기분이 좋지 못하다.

괭이[hoe]명(삼상13:20) 땅을 파는 농기구의 하나. 블레셋 철공에 의해 수리되었다(삼상13:20-21).

괴로움[affliction]명(창29:32) 몸

이나 마음에 고통을 느낌.
1. **종류** - ①육체(행7:34). ②마음(잠14:10). 영혼(욥7:11).
2. **원인** - ①질병(사38:17). ②죄(잠5:4). ③죽음(렘31:15). ④우상숭배(시16:4).

괴롭다[painful]휑(신1:12) 몸이나 마음이 편안하지 아니하고 고생스럽다. 힘들고 어렵다.

괴수[魁首 ; 우두머리 괴, 머리 수. ringleader]똉(왕상11:24) 나쁜 무리의 두목. 수괴. 반란의 주동자.
＊바울은 자신을 가리켜 죄인 중에 괴수라고 했다(딤전1:15).

괴악[怪惡 ; 괴이할 괴, 악할 악. wickedness]똉(삼하13:13) 말과 하는 짓이 이상 야릇하고 매우 악함.

괴악한 자[fool]똉(삼하13:13) 말이나 행동에서 매우 악한 사람. ①망령된 자. ②미련한 자. ③어리석은 자. ④우매한 자. ⑤우준한 자.

괴이[怪異 ; 괴이할 괴, 다를 이. mystery]똉(잠23:33)①이상야릇함. ②알 수 없음.

괴혈병[壞血病 ; 무너질 괴, 피 혈, 병들 병. pride]똉(레21:20) 피가 잘 흐르고 빈혈이 생기는 출혈성 질환. 일반적으로 비타민C가 부족하여 생김. ＊원어상으로는 비듬, 헌데, 딱지 등의 뜻도 있다. 이 병에 걸린 제사장은 직무수행을 할 수 없고(레21:20) 동물은 희생제물로 드릴 수 없다(레22:22).

굄[prop]똉(에2:15) 받쳐 괴는 일이나 물건.

굉굉[轟轟 ; 뭇 수레소리 굉, 뭇 수레소리 굉. thunderous]똉(나3:2) 소리가 매우 울리는 모양.

교[教 ; 가르칠 교. religion]똉(행2:10) ①종교의 준말. ②가르침. 깨우쳐 주다. instruct.

교계[較計 ; 비교할 교, 셈할 계. between me and you]똉(창23:15) 맞나 아니맞나 서로 견주어 살핌.

교도[教導 ; 가르칠 교, 인도할 도. instruction]똉(왕상12:6) 가르쳐 잘 이끌어 줌.

교만[驕慢 ; 교만할 교, 교만할 만. haughtiness]똉(레26:19) 제 스스로가 잘난 체하며 겸손하지 않고 뽐내어 방자함. 겸손의 반대되는 말. 언제나 자기 중심이다.
＊하나님을 의지하지 않고 제 힘으로 살겠다는 것이 교만이다.

교만한 얼굴[驕慢 ; 교만할 교, 교만할 만. pride of his countenance]ㄱ(시10:4) 악인의 얼굴, 하나님이 없다고 하는 자의 얼굴. 하나님을 무시하는 자의 얼굴.

교만한 자[驕慢~者 ; 교만할 교, 교만할 만, 놈 자. proud]똉(욥40:11) 하나님과 맞서려는 사람.
＊하나님께서는 교만한 자를 물리치시고 겸손한 자에게 은혜를 베푸신다(벧전5:5).

교묘[巧妙 ; 공교할 교, 묘한 묘. skill]똉(전4:4) ①썩 잘됨 ②기이하고 묘함.

교법사[教法師 ; 가르칠 교, 법 법, 스승 사. Teachers of the Law.]똉(눅5:17) 교리를 가르치는 스승. 율법교사.

교사[教師 ; 가르칠 교, 스승 사. teacher]똉(사43:27) 선생. 학문이나 기술을 가르치는 사람.
＊참 교사는 그리스도이시다.

교양[教養 ; 가르칠교, 기를(봉양할) 양. cultivation]똉(엡6:4) ①가르치어 기름. ②사회 생활에서 이루어지는 품행. ③학식을 배워 닦은 수양.

교육[教育 ; 가르칠 교, 기를 육. education]똉(왕하10:1) 가르치어 지식을 가지게 하는 일. 일반 교육은 학식과 기술을 습득케 하지만 기독교 교육은 하나님의 말씀으로 양육하고 말씀을 지켜 살도록 한다(마28:19-20). 구약에서는 부모, 제사장, 레위인, 선지자에 의해서 실시되었고 로마 지배하에서는 랍비, 회당장이 맡았다(눅24:46). 신약 교회는 직분을 맡은 장로(목사)가 가르친다(딤전3장).

교육하는 자[tutor]민(왕하10:1, 5)

아합이 자기의 자녀를 위하여 둔 가정교사. 다윗은 솔로몬을 위하여 나단을 교육하는 자로 삼았다 (삼하12:24-25).

교인[敎人 ; 가르칠 교, 사람 인. believer]명(마23:15) 신자, 성도.

교자[轎子 ; 가마 교, 아들 자. litter]명(사66:20) 가마. 멜빵에 걸어 메고 다니는 탈 것의 한가지. 민7:3에는 덮개있는 수레라고 했다.

교전[交戰 ; 사귈 교, 싸울 전. war]명(창14:9) 서로 맞붙어 싸움.

교접[交接 ; 사귈 교, 댈 접. tolie]명 (레18:23) ①서로 맞닿아서 붙음. ②성교. 교합.

교제[交際 ; 사귈 교, 사귈 제. fellowship]명(대하20:35) 서로 사귐. 그리스도인의 친교, 하나님과의 교제, 성령과 그리스도와의 교제 등이 가장 중요한 사귐이다.

교중사람[敎中 ; 가르칠 교, 가운데 중. those onside the Church]명(고전5:12) 교회 가운데 교인. 교회에 속했으나 불신자와 같은 사람 (골4:5, 딤전3:7, 살전4:12).

교창[交窓 ; 사귈 교, 창 창. window]명(왕상6:4) 분합문(分閤門) 위에 가로 길게 짜서 끼우는 빛받이 창. 안쪽은 넓고 바깥쪽이 좁은 붙박이 창. 연기가 잘 빠지고 빛이 잘 비춰 도록 된 창.

교통[交通 ; 사귈 교, 통할 통]명(잠3:32) ①서로 막힘이 없이 오가는 일. intercourse ②사람의 왕복, 화물의 운반, 의사의 전달 따위의 총칭. traffics.

교합[交合 ; 사귈 교, 합할 합. sexual union]명(레19:19) ①남녀의 육체적 관계. 성교. ②포유동물의 암수가 수정하기 위하여 교접하는 일.

교환[交換 ; 사귈 교, 바꿀 환. exchange]명(룻4:7) 서로 바꿈.

교활[狡猾 ; 교활할 교, 교활할 활. cunning]명(시105:25) 간사한 꾀가 많음. 사단의 활동.

교회[敎會 ; 가르칠 교, 모을 회. Church]명(마16:18) 일반적으로 하나님의 작정과 예정하심에 따라 성령의 감화로 부름받아 예수 그리스도를 구주로 믿고 구원받은 성도들의 모임을 말한다.

1. **용어에 관하여** - 교회는 그리스도께 속한 것이다. ①하나님의 피로 사신 것(행20:28). ②하나님의 성전(고전3:16). ③하나님의 권속(가족)(엡2:9). ④하나님의 집(딤전3:15). ⑤하나님의 교회(딤전3:15). ⑥그리스도의신부(엡5:22-32)그리스도의양떼(벧전5:2-4). ⑦촛대(계1:20). ⑧그리스도의 집(고전3:10). ⑨그리스도의 가지(요15:1-11). ⑩그리스도의 몸(롬12:5) 주의 집이라고 부른다. 이는 건물을 가리키는 것이 아니고 그 성격을 나타내는 것이다.

2. **구약에서의 교회** - 구약에서는 교회라는 말로 나타나 있지 않으나 그 성격으로 교회라고 부르는 것은 이스라엘의 종교적 회중을 말한다 (신9:10, 왕상8:14, 대하1:5, 7:8). 하나님께서 임재하지 않는 회중은 교회가 아니다. 그래서 하나님의 임재를 나타내는 성막, 회막, 성전을 중심한 생활이었다.

3. **신약에서의 교회** - 하나님의 백성을 그리스도의 터 위에 세우게 되었는데 오순절 성령강림으로 가시적으로 나타났다(마16:18, 눅22:29-30, 행2:2). 그리스도의 십자가의 구원, 그리스도의 부활을 믿고 자기 죄를 회개하고 세례를 받은 무리가 사도들의 가르침을 받고 유무상통하면서 교제하고 도우며 그리스도를 전하는 집단이 되었다 (행2:42). 이후 교회는 성령의 인도하심을 따라 확장되었다.

4. **교회의 구분** - 엄밀히 말하면 교회는 하나이다. 교회의 머리는 그리

스도(엡5:32). ①무형교회 - 인간의 눈으로 볼 수 없는 교회, 과거, 현재, 미래에 있어서 구원받은 성도의 총수(엡1:11-23, 롬6:3-5, 고전12:12-13). ②유형교회 - 복음 아래 부름받은 성도가 모인 지상 교회로 전세계를 통하여 참신앙을 고백하는 자와 그들의 자녀로 구성한다(고전7:14). 보이는 건물을 집회처로 삼고 조직체가 구성된 것과 그 속에는 가라지도 같이 자라게 된다.

5. **교회가 하는 일** - 교회는 선교적 사명과 교육적 사명을 동시에 행한다. 교제, 구제, 봉사는 수반되는 방편이지 목적이 될 수 없다(막16:15, 마28:19-20). ①전하고, ②가르치고, ③지키게 한다.

교훈[敎訓; 가르칠 교, 가르칠 훈. instruction, teaching]명(신32:2) 가르치고 타이름. 앞으로 살아가는데 도움이 될만한 것. 하나님으로부터 지혜를 얻어 사람에게 전달하여 천국 백성으로서의 바른 삶을 살도록 지도한다.

교훈에 교훈(사28:10) 이사야의 경고를 취중에 하는 말처럼 비웃고 교훈이 필요없다고 하는 제사장을 비롯한 지도자들에게 더해야 할 것. 교훈의 필요성을 절감하게 될 것을 말했다.

교훈의 터[instruction]固(히6:2) 기독교에서 기초로 할 교육내용 - ①신앙의 내용 ; 그리스도를 믿음으로 구원을 받고, ②교인이 되는 방법 ; 신앙고백과 세례를 받음. ③내세의 소망 ; 죽은 자의 부활과 영원한 소망과 심판에 대한 교훈이 기초가 된다.

구걸[求乞 ; 구할구, 빌 걸. begging]명(시109:10) 돈이나 먹을 것을 거져 얻으려는 행위. 비럭질. 동냥. 신체적 장애 때문에 구걸한 자가 많이 있다.

구경[求景 ; 구할 구, 빛 경. seeing a sight]명(삼상17:28) 어떤 대상을 재미있게 봄.

구경거리[求景~ ; 구할구, 빛 경]명 (겔28:17) 구경감. 구경할만한 흥미가 있는 대상.

구니 - 가족[גּוּנִי = 닮음, 비슷함]固 ① 납달리의 아들 구니가족의 조상 (창46:24).
② 갓 자손의 족장. 아하의 할아버지 (대상5:15). 압디엘의 아버지.

구다[כּוּתָה = 불명]지
1. **위치** - 바벨론 동북방에 있은 옛 도시(왕하17:24).
2. **관련기사** - ①앗수르왕 사르곤이 사마리아 사람을 이곳으로 이주시켰다(왕하17:24, 30).
3. **현재의 지명** - 델이브.

구더기[worm, maggot]명(욥7:5) 파리의 애벌레. 발이 없고 둥근 몸통으로 다닌다. ①농산물을 황폐케 하며(출16:20), ②사람을 죽게 한다(출12:23). ③죄인을 구더기로 비유하며(욥25:6). ④지옥에서도 사는 벌레(막9:4).

구덩이[pit]명(창14:10) 땅이 움푹 들어간 곳. 땅을 우묵하게 파낸 곳. 광물질을 캐기 위해 판 굴. ①들에 있는 옛 우물(창37:20-24). ②웅덩이(삼상3:13). ③우물(삼하3:26). ④깊은 옥(사24:22). ⑤죄수를 가두는 지하감옥(렘38:6). ⑥함정(겔19:48). ⑦음부를 가리키며 죽음과 같은 말(욥33:18-30). ⑧무덤과 같이 쓰이는 말(잠1:12). ⑨구렁, 구멍, 물괴는 곳을 가리키기도 한다(마12:11).

구렁[pit]명(잠23:27) 움푹 패어 들어간 땅. 깊이 빠진 곳. 빠지면 헤어나기 힘든 곳을 말함. ①음녀의 유혹에 빠지면 벗어나올 수 없으며, ②죽은 이후에 바꿀 수 없는 처지를 말할 때 사용했다(눅16:26).

구레네[Κυρήνη = 담]지
1. **위치** - 애굽 서쪽 지중해 연안 북아프리카 리비아에 있던 그리스의 식민지(마27:32).
2. **관련기사** - ①예수님의 십자가를 대신 억지로 지고 간 시몬의 출신지(마27:32). ②유대인들이 살고

있었으며 예루살렘을 순례했다(행 2:10, 6:9). ③안디옥 교회의 지도자 루기오의 출신지(행13:1). ④회당에 모여 스데반과 변론했다(행6:9). ⑤안디옥에서 주를 증거했다(행11:20).
3. 교훈 - 주께서 불러 쓰시고 믿는 자는 주를 증거해야 됨을 배운다.

구레뇨[$Kυρήνιος$ = 관할하는 자]인
1. 인적관계 - 로마 제국의 수리아 총독(눅2:2).
2. 관련기사 - 유대인에게 호적을 하게 했다. 이때 예수님께서 탄생하셨다(눅2:2).

구로[劬勞; 수고할 구, 수고로울 로. travail]명(욥39:16) 힘들여 수고함. 자식을 낳아 기르는 수고를 가리킨다(갈4:27). 심한 고통과 눈물이 따르며 노고와 애씀을 말한다.

구로하는 여인[woman in labor]구(렘13:21) 수고하는 여자. 예레미야의 예언에 많이 사용했다. 예루살렘을 상징한다.

구류[拘留; 거리낄 구, 머무를 류. detention]명(사43:6)잡아서 가두어 두는 것.

구르[גּוּר = 바알이 거처하는, 불쌍한 아이]지(왕하9:27) 예후가 유다왕 아하시야를 친 곳. 왕이 여기서 부상하였다.

구르다[roll]자(시107:27) ①데굴데굴 돌며 굴러가다. ②발을 들먹거리다. shake.

구르바알[גּוּר־בַּעַל = 바알의 거주지]지(대하26:7) 웃시야가 공격하여 이긴 아라비아의 한 지방.

구름[cloud]명(창9:13) 하늘에 올라간 수증기가 엉켜 떠다니는 것. ①비를 내림(삿5:4). ②무한한 연수(히12:1). ③불안정(호6:4). ④재난(애2:1). ⑤고뇌(전12:2) 등을 나타냄. ⑥하나님의 임재의 장소(출19:9). ⑦진행지시(출13:21). ⑧하나님의 장막(신31:15). ⑨하나님의 수레(사19:1). ⑩하나님이 말씀하시는 장소(마17:5). ⑪주께서 승천하실 때 가림(행1:9). ⑫주께서 타고 재림하시며(마24:30). ⑬성도가 휴거되어 주님을 영접하는 곳(살전4:17)이다.

구름기둥[pillar of cloud]명(출13:21) 하나님께서 이스라엘 백성을 애굽에서 인도하실 때 이스라엘 백성 앞에서 가게하신 세로로 선 구름뭉치. 하나님의 보호를 나타내며 하나님의 인도하심을 가리킨다.

구름하늘[the sky]명(잠8:28) 하늘, 창공, 중창, 궁창.

구리[gong]명(겔1:7) 붉은 빛깔로 전기가 잘 통하는 쇠붙이의 하나. 기호 Cu. 원자번호 29. 원자량 63, 53. 동, 청동, 적금이라고도 함. 놋으로도 번역된 말. 바울이 소리나는 구리라고 한 것은 구리로 만든 악기를 말한다(고전13:1-3).

구리장색[~匠色; 장인 장, 빛 색. coppersmith]명(딤후4:14) 구리로 물건을 만드는 일을 업으로 삼는 사람.

구멍[hole]명(출28:32) 뚫어지거나 패낸 자리. 허술하고 빈데가 있음을 말함. 구덩이, 굴로 번역된 말.
*은신처(삼상14:11), 평화회복(사11:8), 바른 삶(약3:11), 영원한 형벌의 장소(롬10:7), 귀신의 처소(눅8:31)로 사용되었다.

구박[驅迫; 몰 구, 핍박할 박. cruel]명(잠19:26) 몹시 못견디게 굶. 몹시 괴롭힘.

구변[口辯; 입 구, 말잘할 변. eloquence]명(삼상16:18) 말솜씨. 언변. 아론과 스데반, 바울은 구변이 좋은 사람이었다.

구별[區別; 구역 구, 다를 별. classification]명(출8:22) 종류에 따라 갈라 놓음. 차별을 둠. 차별함.

구부러지다[becrooked]자(삿5:27) 굽어지다. 한쪽으로 휘어지다.

구분[division]명(창30:40) 따로 따로 갈라 나눔.

구브로(사람)[$Κύπρος$ = 구리]지
1. 위치 - 지중해 북동쪽에 있는 섬(행4:36). 현재는 사이프러스, 키프

러스라고 부른다.
2. **관련기사** - ①깃딤이라고도 함(옛 지명) (창10:4). ②바나바의 출신지(행4:36, 15:39). ③나손의 출신지(행4:36). ④박해를 피해온 사람들이 교회를 세움(행11:19). ⑤지방 총독이 있은 곳(행13:4). ⑥바울과 바나바와 마가가 전도한 곳(행13:4~). ⑦바울 일행이 2차로 방문한 곳(행15:39). ⑧유대교 회당이 있었다(행4:36). ⑨바울이 이 부근을 두번 항해했다(행21:3, 27:4).

3. **교훈** - 주님의 교회를 핍박하던 사울이 이곳에서부터 바울로 활동한다. 그리스도인의 변화, 주를 향한 열정을 배우게 된다.

구비〔具備 ; 갖출 구, 갖출 비. possessing〕명(삼하23:5) 갖춤.
* 성도들이 구비해야 할 영적 전쟁의 무기(엡6:10-17).

구사〔 Χουζᾶς =물 주전자〕인(눅8:3) 헤롯의 청지기이며, 예수님을 믿은 요안나의 남편.

구사야〔קוּשָׁיָהוּ = 하나님이 사랑하신다〕인(대상15:17) 므라리 자손으로 다윗이 음악을 연주하도록 한 에단의 아버지. 기사와 같은 사람(대상6:44).

구산 (사람)〔כּוּשָׁן=구스에 속한 자〕인(합3:7) 미디안 부근의 사람.

구산 리사다임〔כּוּשַׁן רִשְׁעָתַיִם = 악이 겹친 구산〕인(삿3:8-10) 이스라엘을 8년간 압제한 메소보다미아왕.

구석〔nook, corner, side〕명(삿19:1) ①겉으로 잘 드러나지 않는 곳. ②모퉁이진 곳 안. 안쪽.

구설〔口舌 ; 입 구, 혀 설. words of denunciation〕명(시31:20) 시비하거나 비방하는 말.

구속〔拘束 ; 잡을 구, 묶을 속. restriction〕명(고전7:15) 자유를 억제함. 속박.

구속〔救贖 ; 구원할 구, 속전낼 속. salvation〕명(출6:6) 댓가를 지불하고 구원해 내는 일. 그리스도가 죄악에서 인류를 건져 냄을 말한다. 억압에서, 죄에서의 자유를 말한다. 구속은 하나님의 일방적인 언약에 따라 이루어진다. 구약에서는 희생을 드렸으나 신약시대에는 믿음으로 자유의 몸이 되게 하신다(사59: , 롬3:25, 히9:15).

구속자〔救贖者 ; 구원할 구, 속전낼 속, 놈 자. Redeemer〕명(시19:14) 죄악에서 인류를 대신하여 구원해 주신 그리스도(고전1:30).
* ①일반적으로는 팔린 토지를 사서 반환해 주는 친척을 뜻하는 말(레25:25-26). 룻과 나오미의 구속자는 보아스이다(룻1:4). ②이스라엘의 구속자는 하나님(삼하14:11, 호13:14). 성도의 구속자는 그리스도(마20:28).

구스〔כּוּשׁ = 검다〕인 노아의 손자 함의 아들(대상1:8, 창10:6-8). 니므롯의 아버지. 구스족속의 조상.

구스〔כּוּשׁ = 탄 얼굴〕지
① 기혼강에 둘러 쌓인 땅(창2:13).
② 함의 아들 구스자손이 거한 땅.
1. **위치** - 애굽 남방의 땅. 에디오피아를 가리킨다(대상1:8, 행8:26-). 현재의 수단과 누비아, 에디오피아 지역으로 추정.
2. **관련기사** - ①애굽과 리비아와 함께 언급된 지역(시68:31, 대하16:8). ②구스강은 나일강 상류를 말한다(사18:1). ③유다왕 아사 때 세라가 인솔하여 유다를 침략(대하14:9-15) 하였으나 전멸됨. ④히스기야왕 때에 구스왕 더르하가가 앗수르와 싸우려고 했다(왕하19:9). ⑤사도 시대 간다게가 통치하였고 그의 내시가 빌립에게 세례를 받았다(행8:26-39).
③ 고대 명칭 (구시)에 따르면 다윗을 증오한 베냐민 사람(시7편 표제).

구스강〔rivers of cush〕지(사18:1) 나일강 상류를 말함.

구스 사람 ~족속[ethiopian]명
1. 인적관계 - 동부 아프리카지역 구스(에디오피아)로 기록된 지역의 주민. 함의 아들 구스의 후손들(렘13:23).
2. 관련기사 - ①흑색 피부(렘13:23). ②무역업에 종사(사45:14). ③유다를 침략(대하14:9-15). ④앗수르를대항함(왕하19:9). ⑤예레미야 당시 방백 여후디의 증조부(렘36:14). ⑥선지자 스바냐의 아버지(습1:1). ⑦압살롬의 반란 때 다윗에게 승리를 알리려고 보낸 사람(삼하18:21-32). ⑧빌립에게 세례를 받은 간다게의 내시(행8:26-40). ⑨모세의 아내(민12:1-16).
3. 교훈 - 믿음은 피부의 색에 의하지 않는다. 각자 세상에서의 역할이 있다.

구스 여자[ethiopian woman]명(민12:1) 모세의 아내. 모세가 구스 여자를 아내로 취하자 아론과 미리암이 비방했다.

구슬[gem]명(아4:9) 보석붙이로 둥글게 만든 물건.

구슬꿰미[gemjewel]명(아1:10) 보석붙이로 둥글게 만든 물건을 꿰어 둔 꾸러미. 신부의 아름다움을 극찬하는데 쓰인 말.

구습[舊習; 옛 구, 익힐 습. old custom]명(엡4:22) 옛적 버릇. 옛부터 내려오는 관습.

구시[כוש = 하나님을 두려워함]인 (시7편의 표제) 다윗을 대적한 베냐민 사람. 구스사람으로 여김.

구시[כושי]인 구스.
1 여호야김의 신하 여후디의 증조부(렘36:14).
2 선지자 스바냐의 아버지(습1:1).

구아도[Κουάρτος= 네째]인(롬16:23) 바울과 함께 로마 신자에게 인사한 고린도 신자.

구약[舊約; 옛 구, 약속할 약. old testament]명(고후3:14) 성경 창세기부터 말라기까지의 39권. 히브리어로 기록되었다. 일부 아람어로 기록되었다(단2:4-7:28, 스4:8-6:18, 7:12-26, 렘10:11, 창31:47). 오실 메시야를 약속하신 하나님의 말씀. 율법, 역사, 교훈, 예언으로 구분된다.

구역[區域; 구역 구, 지경 역. district]명(창36:30) 갈라놓은 지역.

구원[救援; 구원할 구, 도울 원. salvation]명(창45:7) ①값없이 주시는 하나님의 은혜로 죄악과 고통에서 건져주심(딛2:11). ②재난, 불행, 외적의 침략으로부터 건짐(히11:7). ③병에서 해방(마9:22, 약5:15). ④멸망에서의구원(벧전1:9). ⑤하나님의 노하심에서 구원(롬5:9). ⑥심판에서의 구원(마24:22). ⑦회개가 수반되어야 구원을 받고(렘31:31-34). ⑧복음을 믿어야 구원된다(요3:16, 행16:31).

구원자[救援者; 구원할 구, 도울 원. 놈 자. saviour]명(삿3:9) 도와서 건져주는 사람. 죄악 또는 위험에서 건져주는 사람(느9:27). 사사(삿2:16). 여호와(삼하22:3, 시106:21), 그리스도(마1:21).

구유[manger]명(창24:20) 소와 말의 먹이를 담아 주는 먹이통. 여물통. 나무나 돌로 만듦. 물구유도 있으며(창30:38), 예수님께서 탄생하시어 누우신 곳(눅2:7-16).

구음[口音; 입구, 소리음. language]명(창11:1) 사람의 입에서 나오는 소리. 발음, 말, 언어, 방언을 가리킨다. 바벨탑 쌓기 전에는 하나이던 것을 하나님께서 탑을 쌓는 사람의 말을 혼란시켜 흩어지게 하셨는데 그 언어에 따라 모여 살게 되었다(창11:1-9).

구재[口才; 입 구, 재주 재. eloquence]명(눅21:5) ①좋은 말솜씨.

말재주. ②노래를 잘 함. singing talent.

구전[口傳 ; 입 구, 전할 전. oralinstruct]몡(렘36:4) 말로전함. 유전, 격언들을 말로 전했다.

구제[救濟 ; 구원할 구, 건질 제. almsgiving]몡(신15:10) 불행이나 재해, 고난을 당해 어려운 형편에 빠진 사람을 도와 건져 줌. ①구약에도 있었다. 이웃사랑으로 나타난다(레19:18, 잠19:17). ②하나님께서 가난한 자를 위한 배려(출20:10-11, 신23:19-25). ③개인적인 구제는 물론 집단적으로 시행되었다(삼하6:19, 느8:10). ④신약 교회에서는 위선적인 구제를 배격하고(마6:2-4), ⑤자원하는 마음으로(행2:42-47), ⑥힘에 넘치도록 하였다(행9:36, 10:2, 11:29-30, 고전16:1, 고후8:1-13). ⑦구제는 은밀하게 하는 것이다(마6:3). ⑧직원을 선택하여 제도적으로 시행했다(행6:1-6).

구조[救助 ; 구원할 구, 도울 조. rescue]몡(수10:6) 어려운 지경에 있는 사람을 구원하고 도와 줌.

구조[構造 ; 얽을구, 지을조. frame]몡(왕하16:10) 꾸며 만듦. 짜임새. 꾸밈새.

구주[救主 ; 구원할 구, 임금 주. saviour]몡(눅1:47) 인류를 죄와 비참한 상태에서 구원한 메시야 예수 그리스도. →구속자, 구원자.

구차하다[苟且 ; 구차할 구, 또 차. destitute]혱(막12:44) 몹시 가난하고도 궁색하다.

구축[驅逐 ; 몰 구, 쫓을 축. expulsion]몡(욥38:13) 몰아서 내쫓음.

구타[毆打 ; 때릴 구, 칠 타. blow]몡(신17:8) 심하게 때리고 침. 몹시 두들김. 구타사건은 최고 재판소에서 처리했다(왕하3:16-28). 교회 지도자(장로)가 가져서는 않될 성품(딛전3:3, 딛1:7).

구하다[求 ; 구할 구. obtain]타(창23:8) 필요한 것을 손에 넣으려고 찾거나 청하거나 하는 것. 요청하다. 요구, 기도하는 것.

구하다[救 : 구원할 구. relieve]타(창42:19) 위태롭고 어려운 지경에서 건져내다.

구합하다[苟合 ; 다만 구, 합할 합. violate]동(신27:20) ①겨우 합치하다. ②야부하다. 신명기에서의 구합은 성교를 뜻한다.

구합, ~하는 자[媾合 ; 교접할 구, 합할 합. lewdly defiles]몡ㄱ(겔22:10) 예루살렘 멸망을 앞두고 극도로 타락한 유대인을 책망할 때 에스겔이 사용한 말. 불륜, 근친상간을 두고 한 말. 극도의 죄악상을 말한다. ①욕보이는 일. ②눕는다. ③동침하다. ④잔다 등 성관계를 나타내는 히브리어를 옮긴 말.

국[soup]몡(삿6:19) ①고기, 채소 따위를 넣고 물을 많이 부어 끓인 음식. 하나님께 예물로 드렸고(삿6:19) 우상의 제물로도 사용했다(사65:4). ②국물.
* 엘리사의 생도들은 국을 먹다가 독이 든 것을 알았다(왕하4:38-40).

국[國 ; 나라 국. country]몡(출11:3) 어느 나라를 뜻하는 말.

국가[國家 ; 나라 국, 집 가. nation]몡(사34:12) 나라를 법적으로 부르는 말. 일정한 영토와 국민, 주권이 있어야 한다.

국경[國境 ; 나라 국, 지경 경. border]몡(민33:37) 나라와 나라 사이의 경계. 국가의 영토, 주권이 미치는 한계. 자연적인 국경과 인위적인 국경이 있다. 국계(國界).

국고[國庫 ; 나라 국, 창고 고. archives]몡(대하8:15) 나라의 창고. 나라의 돈, 재물을 보관하는 곳. ①솔로몬의 국고(대하8:15). ②히스기야왕의 국고(대하32:27). ③고레스왕의 국고(스5:17). ④간다게의 국고(행8:27).

국고성[國庫城 ; 나라 국, 창고 고, 재 성. store cities]몡(출1:11) 국가의 수요품을 보관하는 창고가 있는 성읍. 애굽의 라암셋과 비돔에 있던병참기지(출1:11). 솔로몬이 세운 각도의 국고성(왕상9:18).
국권[國權 ; 나라 국, 권세 권. national rights]명(단2:44) 나라의 권력. 국가의 주권과 통치권.
국내[國內 ; 나라국, 안내. interior]명(사39:2) 나라의 안.
국모[國母 ; 나라국, 어미 모. queen]명(렘28:2) 임금의 아내. 왕비.
국문[鞠問 ; 문초할 국, 물을 문. judgment]명(왕상8:32) 중죄인을 문초, 신문하는 일. 고문을 가하는 행위. 채찍질.
국물[soup]명(겔24:10) ①국, 찌개 등의 물. ㉘ 국.
국민[國民 ; 나라국, 백성 민. nation, people]명(창25:23) 한 나라의 통치권 아래에 있는 사람. 같은 국적을 가진 사람.
*그리스도인은 천국 국민이다.
국사[國事 ; 나라 국, 일 사. national affairs]명(단6:4) 나라의 여러가지 일.
국세[國稅 ; 나라 국, 세금 세. revenue]명(롬13:7) 나라가 경비의 재원을 확보하기 위해 직접 간접으로 국민으로부터 받아들이는 세금.
국왕[國王 ; 나라 국, 임금 왕. king]명(시135:11) 나라의 임금.
국중[國中 ; 나라 국, 가운데 중. interior]명(창41:34) 나라 안. 국내. 나라들 가운데.
국토[國土 ; 나라 국, 흙 토. land of a country]명(민32:33) 나라의 땅. 나라의 통치권이 미치는 영토.
군[君 ; 임금(군자) 군. prince]명(단10:13) 임금의 족속이나 공이 있는 신하의 봉작(封爵)의 하나.
군[軍 ; 군사 군. army]명(창10:9) ①일정한 조직, 편제를 가진 군인의 집단. ②군인의 별칭.
군[יוב = 견고함]지(대상18:8) 수리아의 성읍. 하닷에셀왕의 성. 다윗이 놋쇠를 많이 취한 곳. 다메섹 북방 베로데와 같은 곳.
군관[軍官 ; 군사 군, 벼슬 관. officer]명(눅22:4) ①군의 장교. ②군사(軍事)를 맡아보는 관리.

군급[窘急 ; 군색할(고생할) 군, 급할 급. emergency]명(삼상28:15) 일이 막히어 트이지 않아 급함.
군기[軍器 ; 군사 군, 그릇 기. arms]명(대상12:33) 군대에서 필요로 하는 기구. 병기.

군기고[軍器庫 ; 군사 군, 그릇 기, 창고 고. armory]명(왕하20:13) 무기를 쌓아둔 창고. 병기고.
군대[軍隊 ; 군사군, 떼 대. army]명 (창32:2) 일정한 조직 편제를 가진 군인의 집단. 외침으로부터 국가를 보호하기 위하여 20세 이상의 남자를 징집 훈련하여 무기를 주어 임무를 수행하게 했다.
군대장관[軍隊長官 ; 군사군, 떼 대, 어른 장, 벼슬 관. commander of army]명(창21:22) 군대의 우두머리. 총지휘관. 많은 무리를 뜻한다 (막5:9). ①여호와의 군대장관(수5:14). ②여호수아, 아브넬, 요압, 브나야, 오므리, 나아만 등이 군대장관이다.
군도[軍刀 ; 군사 군, 칼 도]명 (잠30:14) ①군인들이 차는 긴 칼. sword. ②전쟁에 쓰는 칼. sabre.
군량[軍糧 ; 군사 군, 양식 량. provisions]명(왕상20:27) 군대에서 사용하는 양식. 군수미.
군마[軍馬 ; 군사 군, 말 마. military horse]명(삿5:22) 군대와 말. 군사(軍事)나 전쟁에서 쓰는 마필. 전마라고도 한다. 힘을 상징한다.
*이스라엘 군마는 큰 힘줄을 끊었다. 말의 힘으로 승리하는 것이 아니라 하나님께서 승리하게 하신다.
군물[軍物 ; 군사 군, 만물 물. military supplies]명(왕하7:15) 군대에서 쓰는 식량, 의복, 무기, 깃발 따위의 물품.
군박[窘迫 ; 군색할(고생할) 군, 핍

박할 박. a poor life]몡(애1:7)
①몹시 가난하여 옹색함. ②어려운 고비에 막혀 일의 형세가 급함. ③적에게 공격을 당하여 괴로움을 받음. destitution.

군병[軍兵 ; 군사 군, 병사 병. soldier]몡(마27:27) 계급이 낮은 군인. 군사. 졸병. 사병.

군복[軍服 ; 군사 군, 옷 복. military uniform]몡(삼상17:38) 군인들의 제복. 투구와 갑옷(삼상18:4).

군사[軍士 ; 군사 군, 선비 사. soldier]몡(창14:10) 군병. 병사.

군왕[君王 ; 임금 군, 임금 왕. king]몡(시2:2) 임금, 나라의 통치자. 여호와를 대적하는 자의 두목.

군인[軍人 ; 군사 군, 사람 인. soldier]몡(민31:21) 군병, 군사와 같은 말. 현대 편제상 육·해·공군이 있으나 고대 이스라엘에는 보병뿐이었다. 상비군이 아니며 필요에 따라 소집되었다. 왕정시대의 상비군은 주로 왕의 시위대이었고 전투가 있을 때 모병했다.

군장[君長 ; 임금 군, 어른 장. chief prince]몡(단10:13) 군주. 부락의 우두머리를 가리키는 말. 군(君), 대군(大君)으로 번역된 말(단10:21, 12:1). chief. 앞 뒤 문맥을 보아 군장(軍長)으로 해석하는 것이 옳다.

군장[軍長 ; 군사 군, 어른 장. captain]몡(수10:24) 지휘관, 군대를 통솔하는 통치자, 대장. 용사를 가리키는 말. 원어에서는 통치자, 대장, 장관, 두목, 임금을 가리키는 낱말.

군주[君主 ; 임금 군, 주인 주. king]몡(사19:4) 임금.

군중[軍中 ; 군사 군, 가운데 중]몡(삼상29:6) ①진영의 안. in the camp. ②군대의 안. in the army.

군중[群衆 ; 무리(떼, 많을) 군, 무리(많을) 중. crowd]몡(신4:19) ①모인 무리. ②대중(大衆).

군축[窘逐 ; 군색할 군, 쫓을 축. pursuit]몡(애3:43) 남김없이 몰아냄. 샅샅이 쫓아버림.

군호[軍號 ; 군사 군, 이름 호. sign]몡(삿20:38) 군 작전에 쓰이는 암호. 깃발, 연기, 소리 등 미리 정한 대로 어떤 행동을 하도록 신호하는 일. 가룟 유다가 예수님을 체포하도록 입맞춤으로 군호를 정했다 (요19:2, 23)

굳다[solid]형(신8:15) ①누르는 힘에 그 본래의 모양을 바꾸지 않고 견디는 힘이 세다. ②변하거나 흔들리거나 또는 함락시킬 수 없을 만큼 견딜 힘이 강하다. strong.

굳세다[firm]형(눅23:5) ①한번 먹은 마음이나 뜻을 굽히거나 변함없이 그대로 지니고 나아가다. ②힘차고 튼튼하다. strong.

굳센 자[man of mighty]몡(암2:16) 힘이 강한 자. 용사.

굳어지다[hide, establish]자(욥38:30) 굳게 되다. 단단해지다. 튼튼해지다.

굳이[firmly]부(에9:29) ①굳게. ②고집을 부려서 억지로. stubbornly.

굴[堀 ; 굴 굴. den]몡(창19:30) 땅이나 바위 깊이 파인 곳. 굴로 번역된 원어는 동굴, 구덩이 절벽, 숨는 곳, 노천 등으로 번역되었다.
* ①사람의 거처(창19:30, 왕상19:9). ②가축을 보호하기 위한 우리 (삼상24:3). ③묘지(창23:, 요11:38). ④피신처(왕상18:4). ⑤동물의 거처(마8:20).

굴다[roll, wallow]자(렘6:26) 제 몸을 중심으로 싸고 데굴데굴 돌아나가다. 구르다.

굴뚝[chimney]몡(호13:3) 불을 땔 때 연기가 나가도록 세운 것. 연통.
* 성경에서 말하는 굴뚝은 아궁이와 연결된 것이 아니고 벽에 연기가

빠지도록 낸 창을 말한다.

굴레[bridle]명(욥30:11) ①말과 소의 목에서 고삐에 걸쳐 얽은 줄. ②속박. 얽매는 것.

＊재갈, 고삐, 조이는 끈 등으로 번역한 말로 짐승처럼 속박을 당하는 것을 나타냄.

굴복[屈服；굽을 굴, 옷 복. bow]명(창27:29) 힘이 미치지 못하여 굽혀 복종함. 뜻을 굽힘. submit.

＊복종의 행위를 나타내는 말. 윗사람 앞에서 무릎을 꿇고 머리를 숙이는것을 뜻한다. ①종(창27:29). ②경배(출20:5). ③절(창18:2). ④애곡(시44:25). ⑤겸손(눅24:5). ⑥멸시, 조롱(마27:29). ⑦복종(롬13:1) 등.

굴복[屈伏；굽을 굴, 엎드릴 복. be subdued yielding]명(시18:39) 항복하거나 힘에 겨워 꿇어 엎드림.

굴욕[屈辱；굽을 굴, 욕될 욕. humiliation, fall]명(에6:13) 남에게 억눌려 업신여김을 받는 수치스러움.

굴하다[屈~；굽을 굴. bowing]자타(욥19:6) ①몸을 굽히다. ②마음이 약해지다. yield. ③복종하다.

굴혈[窟穴；굴 굴, 구멍 혈. den]명(시10:9) 나쁜짓을 하는 무리들이 모여 있는 곳. 소굴. 악행자의 근거지. 그들의 거처. 동물 서식지.

＊신성한 곳을 악용하는 자에게 한 말(렘7:11, 눅19:46).

굵다[thick]형(창37:34) 부피가 크다.

굵은 베[sackcloth]명(창37:34) 옷감의 씨와 날이 굵은 것으로 짠 천. 염소나 산양의 털로 짠 검은 천을 가리킴. 값은 싸고 질김. 계6:10에는 총담이라고 했다.

＊①애도(창37:34). ②통회(마11:21, 느9:1, 욘3:5). ③재난을 경계(계11:3, 렘4:8). ④국가적 재난(에4:1, 왕하6:30)에 착용했고, ⑤일상복으로(사3:24, 욥16:15). ⑥가축에 씌움(욘3:8). ⑦선지자의 의복(슥13:4). ⑧전대, 자루를 만들었다(수9:4).

굶다[starve, fast]자(고후11:27) 먹을 것을 먹지 않음. 식사를 걸음.

굶주림[hunger]자 성경에서는 ①음식을 먹지 않아 배고픔(롬12:20). ②영적인 욕망(마5:6). ③심리적인 기근(눅15:17) 등으로 나타냄.

굽[hoof]명(창49:17) 말, 소, 양 등의 발톱.

굽[קוץ = 가시나무]자(겔30:5) 느부갓네살 때 애굽과 동맹한 지방.

굽다[curved, rest]형(출23:8) 한쪽으로 휘어져 있다.

굽다[roast, burn]타(창11:3) 불에 익히거나 또는 약간 타게 하다. 벽돌, 옹기 등을 굽는다.

굽어보다[merely look]타(욥30:20) ①고개를 숙이거나 허리를 숙여서 아래를 내려다 봄. 아랫 사람을 도와 주려고 살피다.

굿사람[cuthah]자(왕하17:30) ①굿자손. ②앗수르왕에 의해 이스라엘 백성들이 포로로 잡혀간 후 그 땅에 살게된 백성. 그 후 남아 있는 자들과 한 민족이 된 사마리아 사람들.

굿고다[גֻּדְגֹּדָה = 물 많은 우물, 갈라진 틈]자(신10:70 신광야 가데스와 모압 사이에 출애굽한 이스라엘 백성이 진을 쳤던 곳으로 홀하깃갓과 같은 곳(민33:32).

궁[宮；집 궁. palace]명(창12:15) 왕족의 집. 왕궁, 궁궐, 궁전, 대궐이라고도 말함. 그곳에 사는 사람을 포함해서 말할 때도 있다.

＊①왕의 거처(대하36:19). ②성안에 있는건물(요새) (스6:2). ③성읍이나 수도(단8:2). ④총독의 거처(느7:2). ⑤대제사장의 거처(마26:3). ⑥무기고, 보물창고(왕상10:17,21).

궁구[窮究；다할 궁, 연구할 구. search]명(욥28:3) 속깊이 연구함.

궁궐[宮闕 ; 집 궁, 대궐 궐. palace]명(대상14:1) 임금이 사는 집.

궁궐동산[palace garden]명(왕하21:18) 왕궁에 딸린 동산으로 왕의 묘지. 웃시야 동산이라고도 한다.

궁내[宮內 ; 집 궁, 안 내. house, court]명(에1:8) 대궐의 안.

궁내 대신[宮內大臣 ; 궁궐 궁, 안내, 큰대, 신하신. charge of the palace servants]명(왕상4:6) 으뜸 벼슬.

궁녀[宮女 ; 집 궁, 계집 녀. court lady]명(에2:3) 나인(內人). 시녀(侍女). 궁첩. 궁인. 궁빈.

궁문[宮門 ; 집 궁, 문 문. palace gate]명(대하12:10) 궁전의 문. 궐문. 왕궁으로 통하는 문.

궁성[宮星 ; 집 궁, 별 성. mazzaloth]명(왕하23:5) 별자리의 이름. 왕도 십이궁. 앗수르의 신. 우상.

궁성[宮城 ; 집 궁, 재 성. palace]명(사12:22) 궁궐을 둘러 싼 성벽. 요새화된 궁전. 멸망의 상징물.

궁실[宮室 ; 집 궁, 집 실. room of a palace]명(대상17:1) 궁전의 방.

궁장[宮墻 ; 집 궁, 담 장. palace]명(애2:7) 궁성(宮城).

궁전[宮殿 ; 집 궁, 대궐 전. royal palace]명(시48:13) 궁궐. 대궐.

궁정[宮庭 ; 집 궁, 뜰 정. court]명(왕상5:9) 대궐의 안 마당.

궁중[宮中 ; 집 궁, 가운데 중. court]명(창45:2) 궁안.

궁창[穹蒼 ; 하늘 궁, 푸를 창. firmament]명(창1:6) 높고 맑게 갠 푸른 하늘. 창공, 대공, 창천 등 여러 가지로 말함. 하나님께서 물과 물을 나누이게 한 공간. 새들이 날 수 있고 해, 달, 별이 있다. 우주공간.

궁핍[窮乏 ; 막힐(다할) 궁, 모자랄 핍. want]명(욥30:3) 몹시 가난하고 어려움.

궁핍한 자[窮乏 ~者 ; 다할 궁, 모자랄 핍, 놈 자. poor people]명(신15:11) 몹시 가난하고 어려운 사람.

* 성도는 궁핍한 자를 도와야 한다.

궂다[bad, foul]형(마16:3) 나쁘고 언짢다. 날씨가 좋지 않다.

권[權 ; 권세 권. authority]명(요18:31) 어떤 일을 결정할 수 있는 힘을 가진 것. 권한.

권계[勸戒 ; 권할권, 경계할(재계할)계. admonition, warn]명(살전5:14) 타이르고 조심하게 함.

권고[勸告 ; 권할권, 알릴(뵙고청할)고. advice]명(잠12:15) 타일러 하도록 함. 충고, 교훈하는 말.

권고[眷顧 ; 돌아볼 권, 돌아볼 고. visitation]명(창21:1) 돌보아 줌. 보살펴 줌. 해결해 줌. 귀여워 함. 하나님께서 인간을 긍휼히 여기시고 취하는 행동(눅19:44). 돌보아 주심을 말한다.

권고하시는 날[glorify God on the day he visits us]구(벧전2:12) 심판의 날. 종말의 심판이 아니고 회개하도록 찾아오시는 하나님의 특수사역을 말함.

권념[眷念 ; 돌아볼 권, 생각할 념. remember]명(창8:1) 마음에 두고 보살펴 생각함. 인류에 대한 하나님의 사랑의 표현에 사용된 말. 기도를 들으시는 하나님의 심정.

권능[權能 ; 권세 권, 능할 능. excellency of power]명(창49:3) 권세를 가지고 일을 처리하는 능력. 하나님께서 피조물에 행사하시는 힘.

권능자[權能者 ; 권세 권, 능할 능, 놈 자. mighty]명(막14:62) 권세와 능력을 가진 자.

* 절대 권능자는 하나님 뿐이다.

권도[權道 ; 권세 권, 길 도. concession]명(고전7:6) 바른 목적을 달성하기 위한 임기응변적인 수단과 방법. 차선책.

권력[權力 ; 권세 권, 힘 력. might]명(왕하13:8) 남을 강제로 다스릴 수 있는 힘. 공적으로 위임받아 행사할 수 있는 강력한 힘. authority.

권리[權利 ; 권세 권, 이할 리. right]명(신21:17) 권세와 이익. 일정한 이익을 주장하고 그것을 누릴 수 있는 자격. 법으로 인정받는 범위

권면[勸勉 ; 권할 권, 힘쓸 면. encouragement, advice]명(스6:14) 알아듣도록 타일러서 선한 일에 힘쓰게 함. 지혜있는 자가 사랑의 동기에서 그리스도 안에서 가르친다(잠10:13, 고전14:3, 빌2:1, 골3:16, 살전5:11).

권병[權柄 ; 권세 권, 자루 병. dominion]명(단4:3) 권력있는 신분. 그 지위. 죽이고 살릴 수 있는 힘. 하나님의 주권. 권세로 번역된 말.

권세[權勢 ; 권세 권, 세세 세. authority]명(삿18:7) 권력과 남을 복종하게 하는 힘. 세력. 권력.
*①하나님과 예수님의 권세(마7:29, 요17:2). ②세상 권세(롬13:1). ③하나님께서 주심(막3:15). ④일시적 사단의 권세(계13:2-)는 하나님 아래 있다.

권세자[權勢者 ; 권세 권, 권세 세, 놈 자. powers]명(롬8:38) 권력과 세력을 가진 자.

권속[眷屬 ; 돌아볼 권, 붙을 속. family]명(창18:19) 한 집안의 식구. 가족. 엡2:19은 하나님의 가족을 나타내는 말이다.

권속중[眷屬中 ; 돌아볼 권, 붙을 속, 가운데 중. in the family]명(롬16:11) 한 집안에 딸린 식구 가운데. 교인 가운데.

권영[權榮 ; 권세 권, 영화 영. authority and prosperity, kingdom]명(대하2:1) 권세와 영화.

권위[權威 ; 권세 권, 위엄 위. authority]명(시93:1) ①권력을 지닌 기관이나 인격, 지위 등이 그 기능의 우위성(優位性)을 공인(公認)시키는 능력. ②일정한 분야나 일반 사회에서 일인자로 인정 받고 어떤 영향력을 미칠 수 있는 위신, 또는 그런 대가(大家). ③권력과 위세. power. →권세.

권위[勸慰 ; 권할 권, 위로할 위. encouragement]명(롬12:8) 힘써 위로함.

권위자[勸慰子 ; 권할 권, 위로할 위, 아들 자. encourages]명(행4:36) 권면하고 위로해 주는 사람. 권사.

권유[勸誘 ; 권할 권, 꾀할 유. invitation]명(렘20:7) 권하여 달램.

권징[勸懲 ; 권할 권, 징계할 징. visit]명(욥7:18) 착한 행실을 권장하고 악한 행실을 징계함. 범죄자에게 책벌을 함.

권하다[勸~ ; 권할 권. bid, advice]타(삼상24:10) 잘 타이르다.

권한[權限 ; 권세 권, 한정 한. competency]명(막13:34) 법의 규정에 의하여 스스로 처리할 수 있는 범위. 권리.

궐[闕 ; 대궐 궐, 빠질 궐. absence]명(삿21:15) ①빠짐. ②궁궐.

궤[櫃 ; 함 궤. ark]명(출25:10) 네모진 그릇. 궤짝. 상자. 조각목(아카시아 나무)으로 만들었다.

*언약궤(수4:7), 법궤(레16:2), 하나님의 궤(삼하6:4), 여호와의 궤(수4:5), 증거궤(민3:31)를 말함.

궤계[詭計 ; 속일 궤, 셈할 계. craft]명(민25:18) 간사스러운 꾀.

궤사~한 자[詭詐 ; 속일 궤, 속일 사. deceit]명(시34:13) 간사스럽고 거짓된 사람. 교묘한 속임수. 그런 일을 하는 사람. 진실치 못한 사람을 가리킴.

궤술[詭術 ; 속일 궤, 꾀 술. craftiness]명(엡4:14) 간사한 일을 도모하는 꾀. 술책, 궤책, 속임수.

궤휼[詭譎 ; 속일 궤, 속일 휼. dectit]명(욥5:12) 교묘하고 간사스럽게 속임. 이상 야릇한 속임. →궤술.

궤휼자[詭譎者 ; 속일 궤, 속일 휼, 놈 자. crafty]명(사24:16) 이상 야릇하게 속이는 사람. 탐욕하거나 사기성이 있는 사람.
*궤휼자는 사단 마귀이다. traitor.

귀[ear]명(창35:4) 얼굴의 좌·우에 있어 청각을 맡아보는 기관. 마음으로 번역된 곳도 있다(렘6:10).

*①사람의 말, 소리를 듣는 청각(창50:4). ②장신구를 다는 귀(창35:4). ③영적 이해의 능력(사50:45).

귀[corner, quarter]명(민15:38) 네모진 물건의 모서리. 가장자리. 끝. 말단.

귀[貴 ; 귀할 귀. honour, rare]명(대상29:12) 귀하다는 뜻을 나타냄. 값진 것.

귀고리[earring]명(출35:22) 여자의 귓불에 거는 금, 은, 보석으로 만든 몸치장 고리. 귀걸이, 주문이나 부적을 넣어둔 것으로 생각된다(사30:20).

*지나친 장신구용은 우상숭배이다(창35:4를 읽어라).

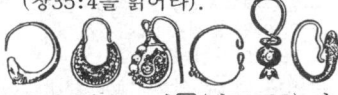

귀뚜라미[cricket]명(레11:22) 귀뚜라미과의 곤충. 수컷은 몸이 검은색이고 암컷은 회누르며 촉각은 몸보다 길다. 먹을 수 있는 곤충. 큰 메뚜기로 여긴다.

귀리[spelt]명(사28:25) 포아풀과의 일년생 또는 이년생 재배식물. 키는 90cm정도. 보리의 일종. 쌀보리로 여기는 학자도 있다. 밭 가장자리에 뿌렸고(사28:25), 이 가루로 만든 떡은 밀떡보다 못하다.

귀머거리[beaf]명(출4:11) 귀먹은 사람. 곧 귀가 어두워서 소리를 듣지 못하는 사람.

*성경에는 신체적인 귀머거리에 관한 교훈(레19:14) 영적인 귀머거리(사6:10) 등이 있다. 귀먹은 자를 저주하지 말라(레19:14). 주의 말씀을 듣고도 깨닫지 못하는 자(마13:14-16). 주께서 귀먹은 자를 고쳐 주셨다(눅7:22).

귀물[貴物 ; 귀할 귀, 만물 물. rare articles]명(렘20:5) 값진 물건. 보물, 귀금속.

귀부인[貴婦人 ; 귀할 귀, 지어미 부, 사람 인. noble lady]명(에1:18) 신분이 높은 여인. 상류층 부인.

귀비[貴妃 ; 귀할 귀, 비 비. honor women]명(시45:9) 여러 왕비를 말함. 그리스도와 성도와의 관계를 상징.

귀순[歸順 ; 돌아올 귀, 순할 순. submission]명(대하30:8) 반항하지 않고 따라와 순종함.

귀신[鬼神 ; 귀신 귀, 귀신 신. devil, demon]명(마7:22) 악령, 악신, 사신, 사귀와 같은 말. ①재난을 가져다 주는 신으로 알고 귀신숭배를 했다(삿9:23, 삼상19:9, 신32:17). ②희생을 바침(시106:37). ③선지자가 귀신 숭배를 경고함(사8:19). ④인간에게 들어와 병을 일으킴(막5:15, 마9:32, 12:22, 눅9:37-42).

귀인[貴人 ; 귀할 귀, 사람 인. noble man]명(민21:18) 존귀한 사람.

귀절[句節 ; 귀절 귀, 마디 절. paragraph]명(행8:32) ①구(句)와 절(節). ②토막의 글이나 말. 구절.

귀정[歸正 ; 돌아올(돌아갈) 귀, 바를 정. penitents, convert]명(사1:27) 잘못되어 가던 일이 바른 길로 돌아옴. ㊌옳은 길로 돌아옴.

귀족[貴族 ; 귀할 귀, 겨레(일가, 친족) 족. nobles]명(민22:8) ①신분이 높고 가문이 좋은 사람들. ②사회의 상류층으로 특권을 가진 지배 계급.

귀중[貴重 ; 귀할 귀, 무거울 중. honor]명(삼상18:30) 귀하고 중함. 사람의 명성, ①생명 등이 귀중함(삼상18:30, 삼상26:21). ②성도의 죽음(시116:, 72:13).

귀천[貴賤 ; 귀할 귀, 천할 천]명(신1:17) ①귀한 것과 천한 것. rich and poor. ②신분과 지위의 높고 낮음. high and low.

귀퉁이명(레16:18) ①귀의 언저리. the root of the ear. ②물건의 모퉁이. corner.

귀하다[貴~ ; 귀할 귀]형(삿5:10) ①신분, 지위가 높다. august. ②귀

엽다. lovely. ③흔하지 않다. rare. ④값지다. precious. 튀 귀히.

귓부리[earlobe]명 (출29:20) 귓불. 귀의 아래쪽으로 늘어진 살. 그 끝부분. 오른쪽 귓볼에 희생제물의 피를 발랐다(출29:20). 하나님의 말씀을 청종하는것을 뜻한다(레8:23-24).

규례[規例; 법 규, 본보기 례. ordinance, statute]명 (출12:14) 일정한 규칙. 정해진 예. 법도. 여호와께서 이스라엘 백성에게 지키라고 명령하신 모든 것(신5:31) 그 가르침을 말한다.

규모[規模; 법 규, 모범 모. custom, norm]명 (에1:8) ①본보기, 모범이 될만한 제도. ②일정한 예산의 한도.

규빗[cubit]명 (창6:15) 팔꿈치에서 긴 손가락 끝까지 길이의 단위. 작은 규빗 = 45cm, 큰 규빗 = 약 53cm~55cm(작은 규빗에 손바닥 너비를 더한 길이)(겔40:5).

규정[規定; 법 규, 정할 정. rules]명 (렘31:35) ①규칙. ②법의 조문.

균등[均等; 고를 균, 무리 등. equality]명 (창18:25) 고르고 가지런하여 차별이 없음.

그나냐[גְּנַנְיָה = 주가 굳게 하심]인
1 다윗시대 레위인의 족장(대상15:22). 언약궤를 옮겨올 때의 악장.
2 다윗시대 이스할 사람으로 유사(대상26:29). 재판관.

그나니[גְּנַנִי = 그가 설립하였다]인 (느9:4) 느헤미야시대 율법을 낭독하는 것을 도운 레위사람.

그나스[קְנַז = 사냥하다]인
1 에서의 장남 엘리바스의 아들(창36:11). 에돔족 그나스 사람의 선조(대상1:36, 53).
2 갈렙의 형제로 사사 옷니엘의 아버지(수15:17, 삿1:13).
3 갈렙의 손자이며 엘라의 아들(대상4:15).

그나아나[כְּנַעֲנָה = 분열하다]인
1 이스라엘왕 아합을 미혹케한 거짓 선지자 시드기야의 아버지(왕상22:11, 24).
2 베냐민 사람 빌한의 아들. 그 가문의 족장(대상7:10).

그낫[קְנָת = 소유]지
1. 위치 - 요단강 동편 므낫세지파 아우란에 있던 성읍.
2. 관련기사 - ①노바가 점령하여 노바라고 함(민32:42). ②그술과 아람족속에게 점령당함(대상2:23).

그냥[as it is]튀 (민19:12) 변함없이 그 모양으로.

그누밧[גְּנֻבַת = 도적질]인 (왕상11:20) 애굽으로 피난 간 에돔인 하닷과 바로의 왕비 다브네스의 동생 사이에서 난 사람. 궁전에서 바로의 아들과 같이 성장하였다.

그늘[shadow]명 (삿9:15) 볕이나 빛이 어떤 물체에 가리어진 곳. 들어나지 아니한 곳.

그니스[קְנִזִּי = 사냥군]지 (창15:19) 그나스에서 나온 가나안에 있은 한 족속. 금속을 잘 다루었다.

그다랴[גְּדַלְיָה = 주는 위대함]인
1 바스훌의 아들. 예레미야를 옥에 가둔 사람(렘38:1).
2 사반의 손자. 아히감의 아들. 예루살렘이 함락된 후 느부갓네살에 의해 유다 총독이 된 사람. 미스바에 있으면서 예레미야를 보호하고 선정을 베풀었다. 동족에 의해 암살되었다(왕하25:22-25, 렘39:14, 40:5-41:18).
3 예언자 스바냐의 할아버지(습1:1). 구시의 아버지.

그달랴[גְּדַלְיָהוּ]인 (스10:18) 바벨론 포로에서 돌아와 에스라의 권면으로 이방인 아내와 헤어진 제사장.

그달리야 명 →그다랴 2.

그대[thou]대 (창12:11) 너라고 하기에는 거북한 자리에 쓰는 말. 자네보다 좀 높이 말. ②애인끼리 서로 쓰는 말.

그대로[as it stands]튀 (창1:7) 더하거나 고침이 없이 있던대로. 그냥.

그데라[גְּדֵרָה = 울타리]지 ①유다 평

지의 성읍(수15:36). ②옹기장이들의 집단 거주지(대상4:23). ③다윗을 도운 요사밧의 고향(대상12:4).

그데라 사람[gederathite]인(대상12:4) 베냐민지파 사람. 다윗을 도운 요사밧의 가문. 지역으로는 현재의 제디레로 추정한다.

그데로다임[גְּדֵרֹתַיִם = 두 양우리]지(수15:36) 유다 낮은 땅 소고와 아세가 근처 스벨라의 마을. 14 성읍을 말할 때 맨 마지막에 있는데 그데라의 중복으로 보는 사람도 있다. 그래야 14성읍이 된다.

그데롯[גְּדֵרוֹת = 울타리]지(수15:41) 유다 낮은 땅에 있던 성읍. 아하스왕 때 블레셋 사람에게 점령 당했다(대하28:18). 소렉 골짜기에 있는 지금의 가드라인듯하다.

그데못[קְדֵמוֹת = 동방의 땅]지
1. **위치** - 요단 동쪽 모압광야에 있은 성읍(신12:26).
2. **관련기사** - ①아르논강 상류에 있은 마을. 출애굽한 이스라엘의 통과지역. 헤스본왕 시혼의 관할(신2:26-). ②르우벤 지파의 영지(수13:18). ③레위지파 므라리 자손에게 줌(수21:37, 대상6:79).

그돌[גָּדוֹל = 위대함, 요새]인
[1] 기브온에 살고 있던 베냐민 사람 여이엘의 아들(대상8:31, 9:37). 사울의 조상.
[2] 유다 사람 에렛자손(대상4:18).

그들[גְּדוֹר = 울타리]지
[1] 유다 남부 산지의 성읍(수15:58).
[2] 시므온 사람이 함족을 추방하고 점령한 성읍(대상4:39-).
[3] 베냐민 사람 여로함이 살고 있던 성읍(대상12:7).

그돌라오멜[כְּדָרְלָעֹמֶר 여신의 종]인
1. **인적관계** - 엘람왕(창14:1).
2. **관련기사** - ①4개국 연합군과 같이 소알왕과 싸웠다(창14:1-2). ②염해 근처에서 전쟁을 많이 함(창14:3). ③롯을 잡아감(창14:12). ④아브라함에게 패함(창14:17).

그두라[קְטוּרָה = 유향, 연기]인(창25:1) 사라가 죽은 후 취한 아브라함의 아내. 여섯명의 아들을 낳았다. 아라비아인의 조상이 되었다.

그란[קְרָן = 큰 수양]인(창36:26) 호리 족속 디손의 아들. 세일의 자손(대상1:41).

그랄[גְּרָר = 거주지]지(창10:19)
①가나안 남쪽 도시 블레셋지방(창10:19). ②아브라함과 이삭이 기근을 피하여 머문곳(창26:1-6). ③아비멜렉과 동맹을 맺었던 곳(창20:2, 26:1, 26). ④아사왕이 구스군을 이곳까지 추격하였다(대하14:13). 지금의 델제멘.

그러나[but]부(창6:18) 그러하나, 그러하지만.

그러므로[therefore]부(창11:90 그러하므로, 그런 까닭에, 그런고로.

그러하다[so, such]형(창27:24) 그와 같다. 그렇다.

그럴지라도[but]부(사9:12) 그러할지라도.

그렇다[yes]형(창4:15) 그러하다. 그렇고. 일치, 강조를 나타내는 말. 절대적 진실의 말. 그리스도인의 대답(약5:12).

그레데[Κρήτη = 배임]지
1. **위치** - 아가야 남방 지중해의 네번째로 큰 섬. 동서가 260km, 남북이 70km 크기의 섬. 기후가 좋고 땅이 비옥하다.
2. **관련기사** - ①유대인들이 많이 살던 곳(행2:11). ②바울이 로마에 갈 때 들린 곳(행27:7). ③디도가 목회를 한곳(딛1:5, 10, 14). ④블레셋 사람의 본고장 갑돌(렘47:4, 암9:7)을 그레데로 본다.

그레데 사람[cretan]인(딛1:12) 그레데에 사는 사람. 오순절 때 예루살렘에 왔다. 거짓말을 잘하고 악한 짐승같고 배만 위하는 게으름쟁이라고 어떤 선지자가 말했다.

그레스게[Κρήσκης = 자라다]인(딤후4:10) 바울의 동역자로 갈라디아 전도 때 같이 갔다. 전설에 비엔나 교회를 설립하였고, 칼게돈 교회의 감독을 지냈다고 한다.

그렛 사람[כְּרֵתִי = 수행자]지 ①다윗왕 때 블레셋 남부에 살고 있던 한 종족(삼상30:14, 삼하8:18, 20:23). ②다윗이 사울에게 쫓길 때 따르다가 후에 다윗의 친위대가 되었다(왕상1:38, 대상18:187). ③다윗이 예루살렘을 벗어날 때 수행했다(삼하15:18). ④압살롬의 난 때 다윗을 위해서 싸웠다(삼하20:7, 23). ⑤사독과 나단과 브나야와 같이 솔로몬을 다윗왕의 노새에 태워 기혼에 가서 기름을 부어 왕을 삼았다(왕상1:38, 39, 44). ⑥브나야에 의해 통솔되었다(대상18:17, 삼하8:18).

그루터기[stump]명(출5:12) 풀이나 나무, 곡식 등을 베어낸 뒤의 남은 뿌리쪽의 부분. 이스라엘의 회복을 그루터기에 비유했다(사6:13). 다니엘 4:15이하에서는 왕의 병이 회복될 것을 비유해서 말했다.

그룹[cherub]명(창3:24) 영물로 천사를 일컫는다. ①생명나무의 경호자(창3:24). ②하나님의 보좌 운반자(시18:10, 80:1). ③언약궤, 성소에서 지키는 자(출25:18-20, 왕상6:23-28). ④하나님의 임재를 보여주는 상징적 조형물(겔10장). ⑤속죄소를 덮는 영광의 그룹이 있다(히9:5). ⑥계시록에서 하나님을 찬양하는 생물(계4:6)을 그룹으로 여긴다.

그룹[kerub]지(스2:59) 바벨론의 한 지방의 이름. 스룹바벨과 같이 포로에서 돌아왔으나 이 지방 사람은 족속과 모계가 파악되지 않았다.

그른자[wrong]명(출2:13) 올바르지 못한 사람.

그릇[vessel]명(창42:25) 물건을 담는 기구를 모두 일컫는 말. 히브리어에서는 물건, 도구, 병기의 뜻도 있다. 헬라어에서는 물건, 장비, 비품, 도구 등 넓게 사용된다. 가죽, 천, 나무, 돌, 밀짚, 갈대, 금, 은, 구리, 철로 만들었다.

그릇, 그릇 ~가다[wrong, err, sin]무(레4:2) 올바르지 못하여 그르게, 틀리게, 잘못하여 죄를 지음.

*죄성을 가진 인간은 그릇가기 쉽다.

그리[there]무(창12:10) 그곳으로. 그쪽으로. that way.

그리다[sketch]타(수18:6) 어떤 모양을 닮게 나타내다. picture.

그리다[קָרָא = 방해됨]인(느8:7) 느헤미야 때 제3차 바벨론 포로에서 돌아온 후 이스라엘 총회를 열고 에스라가 율법서를 낭독할 때 백성에게 율법을 해석하여 깨닫게 한 제사장(느10:10). 글라야와 같은 사람. 이방인 아내와 헤어졌다(스10:23).

그리마옵소서[never]타(마16:22) 그렇게 하지 않기를 바라는 말.

그리스도[Χριστός = 기름부은 자]명(마1:16) 구약에 예언된 메시야이신 예수님. 하나님께서 약속하신 구세주. 기름붓는 것은 히브리 사람에게 있어서 국왕, 제사장, 선지자의 직분을 성별하여 세우는 표였다. 주께서 성육신하여 무형의 하나님의 형상을 보여 주셨다.

*그리스도는 왕이요, 대제사장이요, 선지자이시다.

그리스도 안에서[in Christ]구(고후5:17) 바울서신에 거듭 쓰인 말. 164회나 사용되었다. 그리스도에 속한, 그리스도와 동행을 나타낸다.

그리스도인[christian]명(행11:26) 하나님의 부르심을 받고 예수 그리스도를 구주로 믿는 기독교인을 일컫는 말. 수리아 안디옥에서 성도들에게 붙여진 별명. 그리스도에게 속한 사람, 그리스도를 따르는 성도는 그리스도의 마음을 품어야 한다(빌2:5).

초기 그리스도인의 표지

그리스보[Κρίσπος = 굽슬 굽슬하다]인(행18:8) 고린도의 유대교 회당을 맡은 사람, 바울의 전도로 믿고 세례를 받았다.

그리심산[the mount gerizim]지
1. **위치** - 요단강 서편 세겜의 남쪽 중부 팔레스타인에 있는 높이 약 860m 되는 산. 에발산 남쪽에 있는 산.
2. **관련기사** - ①축복을 선포하게 하신 산(신11:29). ②축복이 시행된 산(신27:12). ③여호수아가 단을 쌓은 산(수8:30-35). ④요담(기드온의 아들)이 나무 비유를 한 산(삿9:7). ⑤사마리아인의 예배처(요4:20-21).

그리욧[קְרִיּוֹת = 모이다, 성읍들]지 ①모압에 있는 도성(렘48:24). ②궁궐이 있었다(암2:2).

그리욧 헤스론[קְרִיּוֹת חֶצְרוֹן = 성읍들]지(수15:25) 사해 남쪽해변에 위치한 유다 남부의 도성 하솔과 같은 곳. 가룟 유다의 출신지로 보는 학자도 있다.

그리하다[will]자(창6:7) 그렇게 하다. 꾀하다. 원하다.

그림자[antitype, shadow]명(삿9:36) 햇빛이나 불빛에 가리어 나타나는 물체의 모양. 음영. 상징적으로 미리 보여주는 것. ①유월절 어린양은 그리스도의 그림자(고전5:7). ②노아의 방주는 그리스도 안에 있는 구원의 그림자(벧전3:21). ③모세의 성막은 하늘 성막의 그림자(히9:24, 8:2,5 비교).

그릿 시내[the brook cherith]지(왕상17:3) 선지자 엘리야가 아합왕을 피하여 숨어있던 요단 동편(왕상17:3). 요단강으로 흘러 들어가는 현재 와디 야아비스로 추정.

그마랴[גְּמַרְיָה = 주가 이루셨다]인
① 여호야김 때 성전의 문간방을 차지했던 사반의 아들. ①제사장(왕하22:8, 36:10). ②동생 아히감은 예레미야의 생명을 구해준 사람(렘26:24). ③조카 그다랴는 유다가 망한 후 느브갓네살이 임명한 유다 총독(렘39:14). 여호야김이 예레미야의 첫번째 두루마리를 불태울 때 둘라야와 함께 만류하였다(렘36:25).
② 시드기야왕이 느브갓네살에게 사신으로 보낸 힐기야의 아들. 예레미야는 포로된 유다인들에게 보내는 편지를 부탁했다(렘29:3).

그마림[chemarim]인(습1:4) 바알 종교의 제사장을 부르는 말.

그말리[גְּמַלִּי = 하나님의 상급]인(민13:12) 암미엘의 아들. 모세가 가나안 땅을 정탐하기 위하여 보낸 단 지파의 정탐군.

그모스[כְּמוֹשׁ = 정복자]명(민21:29) ①모압 사람의 우상(국가신) 모압 사람을 그모스 사람이라고도 부른다(렘48:46). ②맏아들을 번제물로 바친다(왕하3:27). ③암몬 사람의 우상(삿11:24)인데 왕상11:7에는 몰록이라고 했다. ④이 우상은 솔로몬이 모압 여인 아내로 인하여 예루살렘에 신당을 짓고 숭배했다(왕상11:17). ⑤요시야왕의 종교개혁 때 없앴다(왕하23:13). ⑥그모스나 몰록의 이름은 없으나 유다가 멸망할 무렵 힌놈의 아들의 골짜기에서 왕을 비롯하여 백성들이 섬겼다(대하36).

그무엘[גְּמוּאֵל = 하나님의 무리]인
① 나홀과 밀가 사이에서 태어난 세째 아들. 아람인의 조상(창22:21).
② 가나안 기업분배시 책임을 맡았던 에브라임 지파의 대표(민34:24). 그므엘과 같은 사람.
③ 다윗시대 레위 사람의 관장으로 하사바의 아버지(대상27:17).

그물[net]명(출27:4) 물고기, 날짐승 등을 잡기 위하여 실이나 노끈, 새끼, 철사 등으로 여러 코의 구멍이 나게 얽은 물건. ①짐승사냥(사51:20). ②새 잡이(잠1:17). ③고

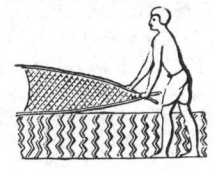

기잡이(마4:18, 전9:12). ④제단 장식(출27:4). ⑤성소낭실에 사용 (왕상7:17). ⑥야긴과 보아스 기둥에 사용(왕상7:13-20, 40-41).
상징적인 뜻 - ①악한 자의 음모(시140:5). ②악한여자의 마음(전7:26). ③하나님의 응징(겔12:13). ④말세의 심판(마13:47).

그므엘[קְמוּאֵל = 하나님의 회중]인 (민34:24) 에브라임 사람으로 가나안 기업분배에 참가한 족장.

그발[גְּבַל 지속]지

1 고대 베니게의 항구. 현재 베이루트 북방 40km 지점에 위치한 것으로 여김. 이곳 배는 지중해와 애굽 사이를 운항했다(왕상5:18). 여호수아가 정복하지 못한 곳(수13:5).
2 사해와 베드라 사이의 지역. 이스라엘의 적과 동맹한 지역(시83:7).

그발강[kebar river]지 ①갈대아인의 땅 바벨론의 강. ②강둑 양쪽에서 에스겔과 유대인 포로가 정착했다. ③에스겔이 이상을 본 곳(겔1:3, 10:20-22). ④그발하수라고도 함(겔43:3).

그발사람[men of gebal]인(왕상5:18) 두로(베니게)의 항구 그발에 사는 사람을 가리킨다. ①솔로몬이 성전 지을 때 두로의 희람왕이 이곳 사람을 보내어 돌과 나무를 다듬게 하였다. ②여호수아가 정복하지 못한 사람(수13:5). ③조선기술자(겔27:9).

그발 암모니[כְּפַר הָעַמֹּנִי = 암몬 사람의 마을]지(수18:24) 베냐민 사람의 한 마을이며 벧엘의 북쪽 5km 가볼아남과 같은 곳.

그비라[כְּפִירָה = 촌]지 ①기브온의 네 성 중의 하나. 후에 베냐민의 성읍이 되었다(수9:17). ②스룹바벨이 바벨론에서 돌아올 때 이 성 사람이 동행 했다(스2:25, 느7:29).

그살론[כְּסָלוֹן = 확실하다, 살쪄다] 지(수15:10) 유다 지역의 경계 기럇 여아림 가까이에 있던 성읍. 예루살렘 서쪽 16km 지점에 있는 케살론과 같은 곳으로 여김.

그술[גְּשׁוּר = 다리]지 ①여호수아가 점령하지 않은 곳(수12:5). ②므낫세의 아들 야일이 취했으나 주민을 몰아내지 못하였다(수13:13). ③다윗이 이곳 사람 마아가를 아내로 취했다(삼하3:2). ④압살롬이 암논을 살해하고 피신한 곳(삼하13:37). ⑤아람과 동맹하여 바산을 공격했다(대상2:23). ⑥그술왕 달매는 압살롬의 외조부가 된다(삼하13:37).

그슬롯[כִּסְלוֹת = 산중턱]지(수19:18) 잇사갈에 있은 성읍. 기슬롯, 다볼과 같은 곳.

그슬리다[scorch, be burned]사통(겔20:47) 그스르도록 하다. 피동 그스름을 당하다.

그슬린 나무[brand]명(슥3:2) 그을려서 검게 된 나무. 부지깽이.

그시스[גִּיחַ = 깎는다]지(수18:21) 팔레스타인의 골짜기 베냐민 지파가 얻은 성읍.

그시아[keziah]인(욥42:14) 고난 후에 낳은 욥의 둘째 딸.

그실[כְּסִיל = 미련 함]지(수15:30) 팔레스타인 남쪽에 있는 성읍. 브엘세바 북동 8km 지점 기르베트 에르라스로 여김.

그십[כְּזִיב = 거짓]지(창38:5) 유다의 한 성읍. 셀라의 출생지.

그 아들[the son]구(롬5:10) 예수 그리스도를 가리키는 말. 상속자(갈4:1-7).

그우엘[גְּאוּאֵל = 하나님의 구속하신 자]인(민13:15) 마기의 아들. 가나안에 파송된 갓 지파의 정탐군.

그윽히[secretly]부(시101:5) 깊숙하고 으늑하며 고요하게.

그일라[קְעִילָה = 접시]인(대상4:19) 호디야가 나함의 누이와 결혼하여 낳은 아들. 그 가문의 선조.

그일라[קְעִילָה = 요새]지(수15:44) ①유다 경내 헤브론 가까이에 있은 중요한 성읍. ②블레셋에게 빼앗긴 것을 다윗이 탈환하였다(삼상23:1-13). ③바벨론에서 귀환한 사람들은 하사뱌와 바왜의 지휘하에서 예루살렘성 재건에 종사하였다(느3:17-18). 헤브론 서북쪽 13km 지점에 있다.

그저[still]튀(창43:7) 지금까지 그치지 아니하고 그대로 줄곧. 어쨌든지. 무조건. 아무 생각없이.

그적거리다[scrawl]타(삼상21:13) 글씨나 그림을 함부로 쓰거나 그리다. 그적 그적하다.

그제야[then]튀(창19:3) 그때에야 비로소. so.

그치다[stop, leave off]자(창8:2) ①계속되던 움직임이 멈추게 되다. ②어떤 상태가 머물러서 더이상 나아가지 아니하다.

그핫[קְהָת = 모이다]인(창46:11) ①레위의 둘째 아들. 그의 자손. ②성전에서 하나님 여호와를 찬송하는 일을 맡은 사람(대하20:19, 34:12). 레위지파 3분의 중의 하나. 그는 아므람 가족, 이스할 가족, 헤브론 가족, 웃시엘 가족 등 네 가족을 낳았다(민3:27).

그헬라다[קְהֵלָתָה 모임]지(민33:22) 광야에서 이스라엘이 진친 곳.

극난[極難 ; 다할극, 어려울 난. very difficult]명(출14:25) 매우 어려움. 극히 어려움.

극남단[極南端 ; 다할 극, 남녘 남, 끝 단. south pole]명(수15:1) 남쪽의 끝.

극단[極端 ; 다할극, 끝 단]명(수15:2) ①맨 끝. extremity ②막다른 지경. the extreme.

극락[極樂 ; 다할 극, 즐거울 락. paradise]명(시43:4) 기쁨의 극치를 말함. 하나님을 바라보는 시인의 심적표현.

극렬[極烈 ; 다할 극, 사나울 렬. violence, glow]명(왕하3:26) 지극히 열렬함.

극렬[劇烈 ; 심할 극, 매움(사나울) 렬. vehemence]명(신28:59) 과격하고 맹렬함.

극북[極北 ; 다할 극, 북녘 북. extreme north]명(겔48:1) 북쪽의 끝.

극북방[極北方 ; 다할 극, 북녘 북, 모 방. northern boundary]명(겔47:17) 최북단 지방.

극상품[極上品 ; 다할 극, 웃 상, 물건 품. the best]명(사5:2) 제일 좋은 물건. 최고급품. 최상의 물품.

극심[極甚 ; 다할 극, 심할 심. most bitterly excessiveness]명(호12:14) 몹시 지독함. 극히 심함.

극악[極惡 ; 다할 극, 악할 악. atrocity]명(겔21:25) 지독히 악함.

극진[極盡 ; 다할 극, 다할 진. utter devotion]명(대상16:25) 마음과 힘을 다함.

극하다[be uttery exhausted]자(대하17:5) 아주 심하여 더할 수 없는 데까지 이르다. 끝까지 오다.

극히[exceedingly]튀(신7:26) 대단히 매우. 심히. 극도로.

근[斤 ; 근 근]명(요12:3) 저울로 다는 무게의 중간 단위. 600g. 성경에서는 약 327g을 말한다.

근래[近來 ; 가까울 근, 올래. recent time]명(신32:17) 가까운 요즈음 요사이.

근로[勤勞 ; 부지런할 근, 수고로울 로. work]명(사47:15) ①부지런히 일함. ②일정한 시간 안에 일정한 일을 함. laboring.

근린[近隣 ; 가까울 근, 이웃 린. neighbour]명(수9:16) 가까운 이웃.

근면[勤勉 ; 부지런할 근, 힘쓸 면. diligence]명(잠11:16) 부지런하게 힘을 씀. 부지런함.

근방[近方 ; 가까울 근, 모 방. near here]명(창14:6) 가까운 곳. 근처.

근방[近傍 ; 가까울 근, 곁 방. neighbourhood]명(레3:4) 가까운 곁.

근본[根本 ; 뿌리 근, 근본 본. foundation]명(창3:23) 사물의 본바탕.

근시[近侍 ; 가까울 근, 모실 사. attendant]명(에4:5) 가까이 모심.

근신[謹愼 ; 삼가할 근, 삼가할 신. prudence]명(잠1:4) ①삼가서 조심함. ②반성하여 조심함. ③말과 행동을 삼감. discretion.

* 자신을 지배하는 생활태도의 엄격함을 말한다. 구약의 잠언과 신약

의 목회서신에 많이 사용된 말.

근실〔勤實 ; 부지런할 근, 열매 실. diligent〕명(시119:4) 부지런하고 착실함.

근심〔grief, anxiety〕명(창6:6) 마음이 괴로워 속을 태우는 일. 걱정.

근심빛〔sad〕문(창40:6) 걱정이 되어 나타나는 기색.

근원〔根源 ; 뿌리 근, 근원 원〕명(창2:10) ①물줄기가 나오기 시작하는 곳. source. ②근본이나 원인. 가장 최고가 되는 것. base.

근읍〔近邑 ; 가까울 근, 마을(고을) 읍. near town〕명(행5:16) 가까운 이웃 마을. 가까운 고을.

근일〔近日 ; 가까울 근, 날 일. one of the days〕명(삼상25:10) 요사이. 요즈음.

근족〔近族 ; 가까울 근, 겨레(일가, 친족) 족. near relative〕명(레25:25) 가까운 친척.

근지〔近地 ; 가까울 근, 땅 지. near district〕명(신1:7) 가까운 곳에 있는 땅.

근채〔根菜 ; 뿌리 근, 나물 채. cummin〕명(마23:23) 당근과에 속하는 풀. 약 30cm의 키. 씨는 매운맛이 있다. 양념 재료로 쓰인다. 향로, 약재로 쓰인다. 지금의 성경지역에서는 볼 수 없다. 애굽산 식물로 알려져 있다. 바리새인이 십일조를 드렸다. 대회향으로 번역된 말(사28:25, 27)

근처〔近處 ; 가까울 근, 곳 처. near here〕명(창14:13) 가까운 곳. 근방.

글〔Script〕명(신9:10) ①여러 말이 모여 하나의 완전한 사상을 나타낸 것. sentence. 글월, 문장. ②글자. alphabet.

* 성경에 두루마리, 문서, 문자, 쓴 것, 책, ~의 글 등으로 번역되었는데 하나님의 말씀을 가리킨다. 마21:42에는 성경으로 옮겼다.

글라야〔הַגְלָיָה = 주의 집합〕인(스10:23) 이방인 여자와 결혼한 유다인. 그리다와 같은 사람(느8:7).

글라우디아〔Κλαυδία = 앉은뱅이〕인(딤후4:21) 로마의 여인으로 신자였다. 바울이 로마 전도 때 믿게 된 듯하다.

글라우디오〔Κλαύδιος = 유명함〕인

1. **인적관계** - 로마 황제(제4대로 봄) (행11:28)

2. **관련기사** - ①브리스길라와 아굴라 내외가 바울과 만날 인연을 맺어 주었다(행18:2). ②아가보가 예언한 대로 그 시대에 3년간 흉년이 들었다(행11:28). ③아내 아크릭비나는 그의 전 남편의 소생인 네로를 왕으로 세우기로 공모하고 글라우디오를 독살하였다고 역사가는 기록했다.

글라우디오 루시아〔Κλαύδιος Λυσίας〕인 ①예루살렘에 주둔하고 있던 로마의 천부장(행23:23). ②유대인 폭도의 손에서 바울을 구출하여 총독 벨릭스에게 편지를 보내었다(행23:26, 21:31-33 참고). ③돈을 주고 로마 시민권을 산 사람(행22:28).

글랄〔כְּלָל = 완전한〕인(스10:30) 이스라엘 사람으로 마핫모압의 자손중 하나. 바벨론에서 포로생활을 할 때 이방인을 아내로 취하여 돌아와 헤어졌다.

글레멘트〔Κλήμης = 온유하다〕인 (빌4:3) 빌립보교회 신자로 바울의 동역자. 바울이 빌립보교회에 서신을 보내어 그를 도우라고 부탁하였다. 그의 이름이 생명책에 기록되었음을 특기했다.

글로바〔Κλεόπας〕인 ①여신도 마리아의 남편(요19:25). ②엠마오 길에서 예수님을 만난 제자. 예루살렘으로 돌아와 주님의 부활을 제자들에게 전했다(눅24:18-).
글로에[Χλόη = 푸른꽃]<u>인</u>(고전1:11) 고린도의 여성도. 바울에게 소식을 전한 집.
글루배[כְּלוּבַי = 개]<u>인</u>(대상2:9) 헤스론의 아들. 갈렙의 변형.
글루히[כְּלוּהִי = 하나님이 기다리신다]<u>인</u>(스10:35) 바니의 아들. 바벨론에서 돌아와 이방인 아내와 이혼했다.
글룹[כְּרוּב = 새잡는 장]<u>인</u>
① 유다사람 수하의 형제로 모힐의 아버지(대상4:11).
② 다윗왕 때 농민을 관리한 에스리의 아버지(대상27:26).
글리다[קְלַיְטָא = 백성이 모이는 곳]<u>인</u>
① 이방여자를 취한 레위 사람(스10:23).
② 에스라가 율법을 낭독할 때 해석해 준 사람(느8:7).
③ 율법엄수 계약에 조인한 사람중 하나(느10:10).
글릴롯[גְּלִילוֹת = 돌로 둘린 곳]<u>지</u>(수18:17) 베냐민과 유다의 경계선에 있던 성. 길갈과 같은 곳.
글자[~字 ; 글자 자. written, character]<u>명</u>(출32:15) 사람의 말을 적는 부호. 문자.
긁다[scrape]<u>타</u>(레14:41) 손톱이나 칼날 같이 날카롭고 뾰족한 것으로 바닥이나 거죽을 문지르다. 떼어내다. 갈퀴 같은 것으로 거두어 그러모으다.
금[金 ; 쇠 금. gold]<u>명</u>(창2:11) ①누런 색을 띤 쇠붙이 원소. ②예나 지금이나 귀하게 여기는 쇠붙이. 순금, 황금, 정금으로 번역된 말.
1. 금의 산지 - ①하윌라(창2:11-12) ②스바(왕상10:2) ③오빌(왕상22:44) ④아라비아(대하9:14) ⑤두로를 통해 수입했다(겔27:2).
2. 금의 용도 - ①성막, 성전의 장식기구들(출25:18, 왕상6:22, 28). ②우상을 부어 만듦(출32:31). ③왕관(시21:3). ④사슬(창41:42) ⑤가락지(반지)(아5:14), 귀걸이

(삿8:26), 돈(스2:69, 행3:6). ⑦예물(마2:11). ⑧그릇(딤후2:20). ⑨촛대(계1:20). ⑩고리(창24:22). ⑪금꽃(왕상7:49).

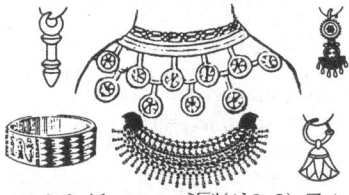

금가락지[gold ring]<u>명</u>(약2:2) 금으로 만든 반지. 금지환.
금강석[金剛石 ; 쇠 금, 굳셀 강, 돌 석. diamond]<u>명</u>(렘17:1) 보석의 하나. 순수 탄소로 된 결정체. 돌을 가리키는 말. ①굳은 것을 가리키는 말(겔3:9, 슥7:12). ②신성한 것(출28:18). 귀중함을 가리킨다(겔28:13).
금고[禁錮 ; 금할 금, 가둘 고. isolation]<u>명</u>(레13:4) 범죄자에게 내리는 형벌의 하나. 옥에 가두어 두는 형벌로 일을 시키는 징역과 다르다.
금고리[金~ ; 쇠 금. gold ring]<u>명</u>(창24:22) 금으로 만든 고리.
금관[金管 ; 쇠금, 대롱 관. gold pipe]<u>명</u>(슥4:12) 금으로 만든 대롱.
금그릇[vessel of gold]<u>명</u>(왕하12:13) 금으로 만든 그릇. 예물로 보내었다.
금기명[金器皿 ; 쇠 금, 그릇 기, 그릇 명. vessel of gold]<u>명</u>(왕하24:13) 금으로 만든 그릇.
금꽃[gold flower]<u>명</u>(왕상7:49) 금으로 만든 꽃. 금조화.
금년[今年 ; 이제 금, 해 년. this year]<u>명</u>(왕하19:29) 올해.
금단[金壇 ; 쇠 금, 제단 단. gold altar]<u>명</u>(출39:38) 금으로 만든 단.
금대접[金大楪 ; 쇠 금, 큰 대, 바래기 접. gold bowl]<u>명</u>(스1:10) 금으로 만든 대접.
금덩이[gold bullion]<u>명</u>(수7:21) 금뭉치. 금괴. 아간이 감추었다가 죽임을 당했다.
금독종[金毒腫 ; 쇠 금, 독할 독, 부

스럼 종. gold model of tumor]명 (삼상6:4) 금으로 만든 종기모양.

금돌쩌귀[gold hinge]명(왕상7:50) 금으로 문을 여닫기 위하여 만든 기구.

금등대[金燈臺; 쇠 금, 등잔 등, 집 대. gold lampstand]명(대상28:15) 금으로 만든 등대.

금띠[gold girdel]명(계1:13) 금으로 만든 허리에 두르는 띠.

금령[禁令; 금할 금, 명령할 령. prohibition]명(레4:2) 어떤 행위를 금하는 명령. 법령으로도 정할 수 있다.

금령중[禁令中; 금할 금, 명령할 령, 가운데 중. in the prohibition]명 (레4:2) 무엇을 못하게 하는 명령이 내린 기간.

금머리[gold head]명(단2:38) 금으로 만든 머리. 왕을 가리켜 한 말.

금면류관[金冕旒冠; 쇠 금, 면류관 면, 면류관 류, 갓 관. gold crown] 금으로 만든 왕관. 왕의 권위를 상징하여 머리에 썼다.

금물[金物; 쇠 금, 만물 물. solid gold]명(왕하25:15) 금으로 만든 모든 물건.

금반[金盤; 쇠 금, 소반 반. basins of gold]명(스1:9) 금으로 만든 쟁반. 금소반, 금대야.

금방울[bell of gold]명(출28:33) 금으로 만든 소리나는 방울. 대제사장의 에봇에 달았다.

금방패[金防牌; 쇠 금, 막을 방, 패 패. gold shield]명(삼하8:7) 금으로 만든 칼이나 창을 막는 병기.

금사과[gold apple]명(잠25:11) 금으로 만든 사과. 경우에 합당한 말을 일컫는다.

금사슬[gold chain]명(창41:42) 금으로 만든 목걸이.

금상[金床; 쇠 금, 평상 상. gold table]명(왕상7:48) 금으로 만든 상. 솔로몬왕의 왕좌.

금생[今生; 이제 금, 날 생. this life]명(시17:14) 육신이 살아 있는 동안의 생명. 지금의 생명.

＊그리스도인의 생명은 이 세상에서 뿐만아니라 영원한 생명이다(요5:24, 눅18:30, 요일2:25).

금세[今世; 이제 금, 인간 세. this world]명(막10:30) 금생(今生). 지금 세상. 구원의 은혜로 살고 있는 생애.

금송아지[golden calf]명(왕상12:28) 금으로 만든 송아지 모양=우상. ①모세가 하나님의 법을 시내산에서 받고 있는 동안 아론이 만들었다. ②여로보암이 만들었다(왕상12:28-32). ③송아지 우상숭배는 선지자들이 금했다(대하11:15, 호10:5-6). ④부도덕한 행위이다(고전10:7).

금수[禽獸; 새 금, 짐승 수. beasts and birds]명 모든 짐승. 은혜를 모르는 사람을 가리켜하는 말.

금숟가락[golden spoon]명(민7:14) 금으로 된 숟가락. 예물로 하나님께 드렸다.

금시[今時; 이제 금, 때 시. now]부 (삼상9:13) 이제. 지금.

금식[禁食; 금할 금, 밥 식. fast]명 (삿20:26) 종교적 목적을 위해서 음식을 먹지 아니함. 일정한 계율을 지키기 위하여 또는 어떤 결심을 보이기 위하여 음식을 먹지 않음. 기도와 어원이 같다.

1. **금식하는 때** - ①하나님에 대한 경건과 금욕적인 표현(출34:28, 신9:9,18). ②죄에 대한 회개(욘3:5-7). ③탄원을 위해서(삼하12:16). ④슬픔을 나타냄(느1:4). ⑤국가적인 재난(삼상31:11-13) ⑥위험한 때(에4:16). ⑦성직자 선택과 임직(행13:3). ⑧바리새인의 금식일(눅18:12, 주 2회 월, 목). ⑨포로에서 돌아온 유다사람의 금식일(슥8:19-연4회). ⑩자식을 위해서(삼하12:16-23). ⑪원수를

위해서(시35:13). ⑫고통의 날에 (마9:15).
2. **금식할 때의 행위** - ①기도(눅2:37). ②죄의 자복(느9:1-2). ③애통함(욜2:12). ④겸손한 자세(느9:1). ⑤베옷을 입고 재를 뿌림(삼상7:6, 단9:3-5). ⑥이웃을 위한 사랑(사58:3-12). ⑦기쁨으로 (슥8:19).
3. **주의사항** - ①남에게 보이려고 하지 말라(마6:16-18). ②기도의 틈을 내기 위하여 하라(고전7:5). ③머리에 기름을 바르고 얼굴을 씻으라(마6:17).

금식일〔禁食日 ; 금할 금, 밥 식, 날 일. fast day〕①바리새인은 주 2회 - 월, 목(눅18:12). ②유다사람 (1) 예루살렘이 포위된 날〈바벨론력 10월10일〉(왕하25:1) (2) 예루살렘이 함락된 날〈유다력 4월9일〉(렘52:6) (3) 성전이 파괴된 날〈유다력 5월〉(왕하25:8) (4) 그달랴가 살해된 날〈바벨론력 7월2일〉(렘41:1, 슥8:19).

금식기간〔the fast〕(행27:9) 속죄일. 유대인의 달력 9월10일(레16:29, 23:26-32).

금신〔金神 ; 쇠 금, 귀신 신. god of gold〕명(출32:31) 금으로 만든 우상. 헛된 것.

금실〔goldthread〕명(출28:5) 금으로 만든 실.

금예물〔金禮物 ; 쇠 금, 예도 예, 만물 물. gold as a wave offering〕명 (출35:22) 금으로 사례의 뜻을 표함. 예의를 나타내기 위한 금.

금우상〔金偶像 ; 쇠 금, 허수아비 우, 형상 상. idol of gold〕(사31:7) 금으로 만든 우상.

금은〔gold and silver〕명(왕하14:14) 금과 은. 보물로 여기는 금속.

금잔〔金盞 ; 쇠금, 잔 잔. golden cup〕명(대상28:17) 금으로 만든 술잔.

금장색〔金匠色 ; 쇠 금, 장인 장, 빛 색. gold smith〕(느3:8) 금으로 물건을 만드는 것을 업으로 하는 사람 ①성막의 일을 했다(출31:1-4). ②우상을 만들었다(민35:52). ③모여 살았다(느3:8, 32).

금장식〔金粧飾 ; 쇠 금, 단장할 장, 꾸밀 식. golden decoration〕명(렘4:30) 금으로 꾸밈.

금전〔金錢 ; 쇠 금, 돈 전. money〕명 (출21:21) 쇠붙이로 만든 돈. 돈.

금쥐〔goldenrat〕명(삼상6:4) 금으로 쥐 모양을 만든 것.

금지〔禁止 ; 금할 금, 그칠 지. prohibition〕명(창11:6) 어떤짓을 말려서 못하게 함.

금테〔golden frame〕명(출25:11) 금으로 만든 언저리를 두르는 띠.

금패〔金牌 ; 쇠 금, 패 패. golden medal〕명(레8:9) 금으로 만든 상패. 금메달.

금패물〔金佩物 ; 쇠 금, 찰 패, 만물 물. golden ornament〕명(민31:50) 사람의 몸에 차는 금으로 만든 귀한 장식품.

금품〔금품 ; 쇠 금, 물건 품. money and other articles〕명(출35:22) 돈과 물품.

금하다〔禁~ ; 금할 금. forbid〕타(창23:6) 못하게 말리다.

금항아리〔golden jar(pot)〕명(히9:4) 금으로 만든 항아리.

금향로〔金香爐 ; 쇠 금, 향기 향, 화로 로. golden censer〕명(히9:4) 향을 피우는 금화로.

금홀〔金笏 ; 쇠 금, 홀 홀. gold sceptre〕명(에4:11) 금으로 만든 패. 임금의 왕권을 상징한다. 그것을 내밀어 출입을 허락한다.

급〔急 ; 급할, 급작스러울 급. rapidity〕명(창18:6) 지체할 겨를이 없음.

급거〔急遽 ; 급할 급, 바쁠, 급할 거. hastily, in a hurry〕부(잠25:8) 급히 서둘러. 급작스럽게.

급속〔急速 ; 급할 급, 빠를 속. rapid speed〕명(신9:16) ①몹시 급함. ②몹시 빠름.

급절〔急切 ; 급할 급, 끊을 절. in haste〕명(사28:16) 시기나 형편이 매우 급하게 바싹 닥침.

굿시아[קְצִיעָה =계피]인(욥42:14) 욥이 재앙후에 낳은 둘째 딸.

긍휼[矜恤; 가엾이 여길 긍, 구제할 휼. mercy]명 비참한 상태에 있는 자를 불쌍히 여기고 도와 줌. ①언약에 기초한 하나님의 책임있는 사랑(애3:22, 롬9:16, 눅15:20). ②예수 그리스도를 통하여 구원하시는 하나님의긍휼(엡2:4, 딛3:5-6). ③죄인에게 향하신 그리스도의 사랑(딤전1:13). ④그리스도를 통한 구원의 은총(약5:11, 벧전1:3). ⑤하나님의 긍휼 안에서 삶(벧전2:10). ⑥주님께서 가르쳐 주신 삶의 원리(마5:7, 골3:12).

긍휼의 속성(출34:6-7) 하나님의 긍휼하심에 대한 표현 ①자비롭고. ②은혜롭고. ③노하기를 더디하시고. ④인자하시고. ⑤진실하시고. ⑥악을 용서하심. ⑦과실을 용서하심. ⑧죄를 용서하심. ⑨형벌을 받은 자를 면죄하지 않으심. ⑩아비의 악을 3대까지 보응하리라.

기[記; 적을 기. record]명 문체의 하나. 사실을 적은 글.

기[旗; 기 기. banner, ensign]명(민1:52) 깃발. 종이나 헝겊에 무슨 글자, 부호, 그림, 색깔 따위를 넣어 그려 장대에 달아 어떤 표지나 상징을 나타낸다. 국기, 군기, 신호기, 단체기, 축제기, 경조기 등 여러가지가 있다.

*①출애굽한 이스라엘 12파는 3지파씩 연합해서 진을 치고 각 하나씩 기를 가졌다(민1:52, 10장). ②여호와의 기〈닛시〉(출17:15). ③승리의 기호(아2:4). ④주를 경외하는 자에게 주시는 표(시60:4).

기[氣; 기운 기. breath]명(스9:3) 느낌. 기운을 나타내는 말.

기간[期間; 그 기, 사이 간. time]명(출21:19) 그 사이. 그 동안.

기갈[飢渴; 주릴 기, 목마를 갈. starvation]명(암8:11) ①배고프고 목마름 ②굶주림과 목마름.

기꺼이[glad]부(사60:7) 기쁘게. 기껍게.

기경[起耕; 일어날 기, 갈 경. cultivation]명(창45:6) ①논 밭을 갊. ②묵은 땅이나 생땅을 일구어 논 밭을 만듦. 농번기를 일컫는 말. serve.

기계[器械; 그릇 기, 기계 계. apparatus. instrument]명(대하26:15) 그릇, 연장, 기구 등을 모두 일컫는 말.

기계[機械; 기계(베틀) 기, 기계 계. machine]명(창4:22) 사람의 힘을 쓰지 않고 다른 힘을 이용하여 움직이게 짜 맞춘 틀.

기골[氣骨; 기운 기, 뼈 골. bones]명(욥20:11) ①원기나 핏기와 몸집. backbone. ②좀처럼 굽히지 않는 씩씩함. spirit.

기괴[奇怪; 기이할 기, 괴이할 괴. mysterious]명(렘5:30) 이상야릇함.

기구[器具; 그릇 기, 갖출 구. vessel, utensil]명(창27:3) 세간, 그릇, 연장의 총칭.

기근[饑饉; 주릴 기, 흉년들 근. famine]명(창12:10) 굶주림.

기근[飢饉; 주릴 기, 흉년들 근. famine]명(시37:19) 굶주림.

1. **기근의 원인** - ①범죄로 인하여(왕상17:1-18:46). ②자연현상(창12:10). ③전쟁으로 인하여(왕하6:24-25). ④심판(렘14:12-18). ⑤환난동안의기근(마24:7). ⑥벌로 인한 기근(겔14:21).

2. **기근의 상태** - ①양식을 구하려고 함(창41:27-56, 룻1:1). ②물가가 비쌈(왕하6:25). ③사람을 먹음(신28:53-57).

3. **상징적 의미**-①여호와의 말씀을 듣지 못함(암8:11) ②바벨론의 패망(계18:8) ③고난과 같이 그리스도의 사랑에서 끊을 수 없다(롬8:35-39) ④구원의 완성(계7:16).

기근시[飢饉時; 주릴 기, 흉년들 근,

때 시. in times of famine]명(시33: 19) 굶주릴 때. ①아브라함(창12: 10). ②이삭(창26:1). ③야곱(창 41:27-56, 47:13). ④엘리멜렉 (룻1:1). ④다윗시대(삼하21:1). ⑤엘리야 때(왕상17:1-18:46). ⑥엘리사 때(왕하4:38, 8:1). ⑦ 사마리아가 포위되었을 때(왕하6: 25). ⑧사도시대(행11:28).

기꺼이[gladly]부(시35:27) 기쁘게. 기껍게.

기나[קִינָה = 죽음의 노래]지(수15: 22) 가나안 유다 남부 사해부근에 있는 고을.

기낫[גִּינַת]명(왕상16:22) 이스라엘 왕위 다툼을 한 오므리의 적 디브니의 아버지.

기념~물[記念~物 ; 기록할 기, 생각 념, 만물 물. memorial]명(레2: 2). 기억하여 잊지 않음. 사람이나 일을 기억하여 물건을 남겨 두어서 훗날의 회상으로 삼음. 기념으로 드리는 제물(화제).

기념비[記念碑 ; 기록할(적을) 기, 생각 념, 비석 비. monument]명 (삼상15:12) 사적으로나 공적으로 기념하여 세운 비석. ①사울왕(삼 상15:12) ②압살롬(삼하18:18).

기념책[記念册 ; 기록할(적을) 기, 생각 념, 책 책. book of remembrance]명(말3:16) 오래도록 잊지 않도록 행적을 써두는 책. ①여호와를 경외하는 자의 명부(출32: 32,계20:12).②역대일기(에6:1).

기념칭호[記念稱號 ; 기록할 기, 생각 념, 일컬을 칭, 부르짖을 호. memorial name]명(호12:5) 기념하여 일컫는 이름. 하나님의 실명 대신 부르는 이름.

기념표[記念標 ; 기록할 기, 생각 념, 표 표. symbol]명(사57:8) 기념이 되는 표. 기리기 위한 물품.

기는 벌레[worm]명(미7:17) 바닥에 배를 다아 움직이는 날거나 뛰지 못하는 몸집이 작은 동물.

기능자[技能者 ; 재주 기, 능할 능, 놈 자. capable man]명(전9:11) 기술에 관한 재능이 있는 사람.

기다[creep, crawl]자(창1:24) 배를 바닥에 붙여 움직여 나아감.

기다리다[stay, wait for]타(창8:10) 사람이나 때가 오기를 바라다.

*성도는 주님의 재림을 기다린다.

기대[企待 ; 꾀할(바랄) 기, 기다릴 대. waiting]명(시37:9) 어떤 일이 이루어지기를 바라고 기다림.

기도[祈禱 ; 빌 기, 빌 도. prayer]명 (창20:7) 하나님께 예수님의 이름으로 감사와 회개와 소망을 아뢰는 것. 성도와 하나님과의 교제, 대화. 영적 호흡.

1. **바른 기도** - ①믿음으로(마21: 22). ②하나님의 뜻대로(요일5: 14). ③그리스도의 이름으로(요 14:14). ④참 마음으로(시66:18, 마6:5-6). ⑤겸손하게(눅18:10-14). ⑥간절히(마7:7-11). ⑦계속하여(살전5:17, 엡6:18).

2. **기도의 종류** - ①은밀한 기도(마6: 6). ②가정기도(행10:2, 30). ③공중기도(고전14:14-17). ④개인기도(눅18:10-14). ⑤감사기도(빌4:6). ⑥회개기도(렘3:13). ⑦타인을 위한 기도(약5:14-16). ⑧합심기도(마18:19).

3. **기도의 자세** - ①서서(출33:10). ②머리를 숙여(창24:26). ③앉아서(대상17:6). ④엎드려(마26: 39). ⑤무릎을 꿇고(행9:40). ⑥손을 들고(딤전2:8).

4. **응답되지 아니하는 기도** - ①교만 (마18:11-14). ②죄악(시66: 18). ③정욕으로(약4:3). ④의심함으로(약1:5-7). ⑤불순종하여 (잠28:9). ⑥무자비하기 때문에 (잠21:13).

기도시간[祈禱時間 ; 빌 기, 빌 도, 때 시, 사이 간. time of prayer]명 (행3:1) 기도하기로 정해진 시간, 기도하는 때. ①아침(시5:3). ②

기도처

시간따라(행3:1). ③종일(시86:3). ④하루에 세번(단6:10,13.) ⑤밤(시119:55). ⑥밤새도록(눅6:12). ⑦때를 가리지 않고(엡6:18).

기도처[祈禱處 ; 빌 기, 빌 도, 곳 처. place of prayer]명(행16:13) 기도 드리는장소. ①성전(시5:7, 마21:13). ②강가(행16:13). ③바닷가(행21:5). ④다락방(행1:13). ⑤지붕(행10:9). ⑥골방(마6:6). ⑦동산(마26:36). ⑧산(마14:23). ⑨성에서(행11:5). ⑩집에서(단6:10). ⑪옥에서(행16:25).

기돈[יְדֹן = 큰 불행, 투창]지(대상13:9) 웃사가 법궤를 만지고 죽은 곳. 나곤의 타작마당(삼하6:6).

기돔[גִּדֹּם = 절단, 고집]지(삿20:45) 기브아와 림몬 바위 사이에 있던 베냐민의 성읍.

기동[起動 ; 일 기, 움직일 동. rise, ordinary movement]명(출21:9) 몸을 일으켜 움직임.

기둥[pillar]명(창19:26) 물건을 받치거나 버티는 나무, 주(柱). ①구름기둥과 불기둥(출13:21~14:19). ②돌기둥(창28:18, 31:13). ③건물기둥(삿16:25). ④우상(신16:22). ⑤서약의기둥(창28:18). ⑥소금기둥(창19:26). ⑦집의 기둥(신6:9). ⑧우주의 기둥(욥26:11). ⑨문설주(출12:7). ⑩언약의 기둥(출24:4-8). ⑪연기기둥(욜2:30). ⑫진리의 기둥(딤전3:15). ⑬천사의 발 불기둥(계10:1). ⑭성전의 기둥(왕하18:16). ⑮야긴과 보아스(대하3:14-16).

기둥머리[capital]명(출36:38) 기둥의 맨 위,기둥 꼭대기.

기둥받침[footing stone of a pillar]명 (출38:31) 기둥의 아래를 받치는 주춧돌. 기둥을 괸 돌. socket.

기드론[Κεδρών = 흐린 물줄기]지
1. **위치** - 예루살렘성과 감람산 사이의 골짜기(요18:1)
2. **관련기사** - ①우상과 이교적 기구를 태우던 곳(왕상15:13). ②묘지가 있는 곳(왕하23:6). ③베다니로 통하는 길(삼하15:23). ④다윗이 피난길에 건넘(삼하15:23). ⑤여호사밧의 골짜기(욜3:2). ⑥물없는골짜기(대하32:4). ⑦예수님께서 감람산으로 가실 때 건넜다(요18:1).

기드론[קְדֹרוֹן = 제물의 향기]지(삿1:30) 스블론의 성읍으로 갓단과 같은 곳(수19:5).

기드오니[גִּדְעֹנִי = 용맹, 결단자]인(민1:11) 베냐민의 자손 아비단의 아버지.

기드온[גִּדְעוֹן = 나무 베는 자]인
1. **인적관계** - 므낫세 지파 아비엘 사람 요아스의 아들. 별명은 여룹바알(삿6:11).
2. **관련기사** - ①이스라엘의 사사. 미디안, 아말렉, 동방사람의 내습시 부름을 받았다(삿6:12-14). ②제단을 쌓아 부름에 대하여 확인(삿6:25-27). ③바알의 단을 부숨(삿6:28-32). ④군인을 모아 그 중 300명만 뽑아 이스르엘 골짜기에서 미디안을 침(삿6:33-7:1). ⑤미디안의 두 왕을 죽임(삿8:12-28). ⑥에봇을 만들어 자기 성읍에 둠(삿8:22-28). ⑦에봇은 이스라엘을 범죄케 했다(삿8:24-27). ⑧많은 아내와 아들 70명이 있었다(삿8:29-32). ⑨다섯번째 사사로 40년간 통치했다(삿6-8).
3. **교훈** - 전쟁은 수에 있지 않고 하나님의 섭리에 있다. 에봇으로 이스라엘을 범죄케 하였다. 범죄를 가능케 하는 것을 막아야 한다.

기들리스[גְּדֵרֹתַיִם = 흰 성벽]지(수15:40) 유다 평지에 있는 한 고을.

기랴다림지(스2:25) →기럇 여아림과 같은 곳.

기랴다임[קִרְיָתַיִם = 이중 성읍]지
① ①고대 엠족속의 성읍(창14:5). ②후에 르우벤 지파에 의하여 재건됨(민32:37). ③모압에게 빼앗김(겔25:9). ④디복 북서쪽 약10km 평지에 있는 길벳 엘 크레이야트로 여긴다.
② 납달리 땅에 있는 레위사람의 거주지(대상6:76) 게르손 자손에게 준 마을. 가르단과 같은 곳(수21:23).

기럇[קִרְיַת = 성읍]지(수18:28).
① 베냐민 지파가 점령한 성읍. 기럇 여아림과 같이 취급되는 곳.
② 다른 지명에 앞서 나오는 수식어로 사용됨. ~아르바. ~바알.

기럇바알[קִרְיַת בַּעַל = 바알의성읍]지(수15:60) 유다지파의 점령지. 기럇·여아림의 별명. 기브온 족속의 성읍. 바알숭배의 중심지(수18:14). 유다와 베냐민의 남서 경계. 예루살렘에서 약 11km되는 곳.

기럇산나[קִרְיַת סַנָּה = 종려나무의 성읍]지(수15:49) 유다 지파가 점령한 남부 산지의 한 성읍. 드빌과 같은 곳. 70인역에서는 기럇 세벨로 옮겼다.

기럇세벨[קִרְיַת סֵפֶר = 학자의성읍]지(수15:15) 드빌의 옛이름. 기럇 산나와 같은 곳. 헤브론의 서남 20km지점. 현재의 델벳밀섬으로 본다. 갈렙이 말하기를 이 성을 악사에게 주어 사위를 삼겠다고 하였는데 옷니엘이 취하자 말한대로 시행하였다(삿1:12-13).

기럇 아르바[קִרְיַת אַרְבַּע = 신(아르바)의 마을]지 헤브론의 옛이름 ①아브라함의 집(창23:2). ②갈렙이 아낙사람으로부터 뺏은 곳(수14:15). ③유다 산지마을(삿1:10). ④도피성이 있는 마을(수20:7). ⑤레위사람의 성읍(수21:11). ⑥바벨론 포로에서 돌아와 정착한 마을(느11:25). →헤브론.

기럇아바[קִרְיַת אַרְבַּע]지(느11:25) 바벨론 포로에서 돌아온 유다 자손의 거처중 하나. →기럇 아르바.

기럇 여아림 (족속)[קִרְיַת יְעָרִים = 산림의 아들]인(대상2:50) 유다지파 갈렙의 자손. 홀의 손자. 소발의 아버지에게서 파생된 족속. 이델, 붓, 수맛, 미스라, 소다, 네스다올 족속을 가리킨다(대상2:53).

기럇 여아림[קִרְיַת יְעָרִים = 산림의 마을]지 ①가나안 원주민 기브온 사람의 땅(수9:17). ②유다지파에 분배됨(수15:60). ③후에 베냐민의 땅이 됨(수18:28). ④블레셋에 빼앗긴 언약궤가돌아온 곳(삼상6:19-7:2). ⑤예언자 우리야의 고향(렘26:20). ⑥포로에서 돌아와 정착한 곳(느7:29), 기럇 바알(수15:60), 바알래(수15:9), 바알래 유다(삼하6:2)라고도 부르는 곳. 예루살렘 서쪽 약11km지점 현재의 데일 엘 아자르로 추정한다.

기럇후솟[קִרְיַת חֻצוֹת = 가로의 성읍]지(민22:39) 모압의 성읍. 모압왕 발락이 발람을 인도하여 간 아르논강과 바알의 산당 사이 마을. 발락이 소와 양을 잡아 발람과 귀족을 대접하였다(민22:40).

기력[氣力 ; 기운 기, 힘 력. will power]명(창49:3) 일을 감당해 나갈 수 있는 힘. 넋.

기록[記錄 ; 기록할 기, 기록할 록. things, record]명(출17:14) ①사실을 적은 서류. ②사실을 적음.
*①서기관과 사관에 의해 작성된 왕조의 기록(대상4:22). ②종족의 기록(스8:20). ③예수님의 계보(마1:1-17). ④계약문서(느9:38). ⑤하나님 말씀(출24:4,12). ⑥천국백성의 기록(계20:15).

기롱[譏弄 ; 나무랄 기, 희롱할 롱. deride, scoff]명(삿8:5) 속이거나 업신여겨 놀림. 어린애 취급. 소홀히 취급. 조롱 비웃음과 같은 뜻으로 번역된 말.

기룐[כִּלְיוֹן = 낭비하다]인(룻1:2) 엘리멜렉과 나오미의 아들로 말론의 형제. 모압으로 피하여 모압여인 오르바와 결혼해 살다가 그곳에

서 죽었다.
기르[ㄱㅊ= 요새]진(사22:6) 카스피 바다와 흑해 사이의 성읍. 길2와 같은 곳으로 여김.
기르가스[ㅇㅇㅈ = 진흙 땅에 사는]진(대상1:14) 가나안 땅의 원주민. 함의 자손들의 땅(창10:16). 여리고 시민과 협력하여 이스라엘에 대항했다(수3:10, 24:11). 여호수아가 정복했다.
기르다[nourish, feed]타(창14:14) ①동물이나 식물을 자라게 함. ②사람을 가르쳐 냄. train.
기르스 사람[ㅇㅇㅈ =사막의 땅에 사는]인진(삼상27:8) 아말렉 사람과 같이 산 종족. 다윗이 사울을 피하여 블레셋 가드에 있을 때 이 성을 침입하였다.
기름[fat]명(시119:70) 동물의 지방질, 살에 붙어 엉켜 있는 것. 지방(脂肪)으로 번역된 말. ①희생제물로 하나님께 돌림(창4:4). ②먹지 못하게 (레3:17). ③여호와께 향기로운 제물(레4:31, 출29:13).
기름[oil. 감람유]명(신24:20) 감람나무 열매를 짠 기름.

◀ 기름틀

* **기름이 상징하는 것** - ①하나님이 주시는 복(시104:14). ②하나님 은혜(마25:4). ③성령(마25:3). ④번영(신8:8). ⑤융성(신33:24). ⑥즐거움(히1:9). ⑦최고(창45:18). ⑧부족하면 슬픔(계6:6).
기름과자[cakes baked with oil]명(출29:23) 감람유에 튀긴 과자. 제사장의 임직 때의 예물중 하나. 맛은 광야의 식량 만나와 비교되었다(민11:8).
기름발리운 자[anointed one]구(슥4:14) 기름의 아들을 가리킨다. 하나님께 기름부음을 받은 왕과 제사장을 뜻한다. 당시로는 예수아와 스룹바벨을 지칭할 수 있으나 예표적 의미로 메시야를 뜻한다(사61:

1, 눅4:18).
기름병[vial of oil]명(삼상10:1) 기름을 담는 그릇.
기름붓다[anointing]타(출29:7) 기름을 머리에 부어 왕이나 제사장을 세워 지도자로 삼는다.
1. **기름부음을 받는 자** - ①메시야(시2:2). ②제사장(출29:7). ③선지자(왕상19:16). ④왕(삼상10:1) ⑤성물(출30:26-28), 족장(대상16:22). ⑥외국의 왕(왕상19:15).
2. **기름부음의 의미** - ①하나님께 세우심(대하22:7). ②임무부여(삼상24:6, 10). ③특권부여(시105:15).
기름섞인 무교과자[wafer]명(출29:2, 23) 기름에 튀기거나 기름을 발라 구운 누룩을 넣지 않은 전병. 제사장의 위임식, 나실인의 서원 때 소제로 드리는제물(레8:26, 민6:15, 19, 레7:12).
기름시내[streams of olive oil]명(욥29:6) 기름이 시내처럼 많이 흘러나는 모습, 풍성함을 나타낸 말.
기름지다[fatry, fertile]형(창18:7) 동물의 살찌고 좋은 상태와 땅이 걸다는 것을 일컫는 말.
기름진 꼬리[fat tail]형(출29:22) 수양의 살찐 고리를 나타내는 말. 하나님께 드리는 제물. 지방질이 많아 최상의 부분이다.
기리다[be praise]타(빌4:8) 좋은 점이나 잘하는 일을 추어서 말하다. 찬사, 축사.
기명[器皿 ; 그릇기, 그릇명. vessel]명(민4:12) 그릇, 기물(器物).
기명[記名 ; 기록할(적은) 기, 이름 명. signature]명(수21:9) 이름을 적음.
기묘[奇妙 ; 기이할 기, 묘할 묘. curiosity]명(레8:7) 기이하고 묘함.
기묘자[奇妙者 ; 기이할 기, 묘할 묘, 놈 자. wonderful]명(사9:6) 기이하고 묘한 사람.
* 이사야가 예언한 메시야. 예수 그리스도.
기묘하다[curious, wondrous]형(출

37:14) 하나님께서 계획하고 행하시는 모든 일. 창조와 섭리.

기물[器物 ; 그릇 기, 만물 물. vessel, tableware]명(왕상10:21). 기명(器皿). 그릇.

기별[奇別 ; 부칠 기, 다를 별. notice]명(삼하4:10) 소식을 전함. 알림. 옛날에 사람편에 전하는 소식.

기병[騎兵 ; 말탈 기, 병사 병. horsemen]명(창50:9) ①말탄 병정. 마병. ②말타고 싸우는 군사.

기부앗지(수18:28) 가나안 14성읍 중 하나. 베냐민 지파가 받았다.

기브롯 핫다아와[הַתַּאֲוָה קִבְרוֹת = 탐욕의 무덤]지(민11:34) 이스라엘 백성이 출애굽하여 시내산을 떠난후 처음 진을 쳤던 곳. 호렙과 하세롯 사이에서 메추라기를 많이 잡아 탐식하였기 때문에 여호와께서 진로의 재앙을 내려 죽게하여 장사지낸 곳. 세상것을 얻고 마음을 잃은 자의 말로를 보여주신 곳. 현재의 시내산 동북.50km 지점에 있는 엘웨스에베릭인 듯하다.

기브아[אגֻבְעָ = 구릉]명(대상2:49) 갈렙의 후손으로 다윗왕 때 남 유다에 거한 사람.

기브아[גִּבְעָה = 언덕]지

1 헤브론 동남방에 있던 유다지파의 성읍(수15:57). 현재의 델엘풀.

2 베냐민의 성읍. 라마에서 가까운 곳(삿19:13-14) ①베냐민의 기브아(삼상13:2). ②베냐민 사람의 기브아(삼상23:19). ③사울의 기브아(삼상11:4). ④형벌을 받은 곳(삿19-20). ⑤사울이 왕이 될 당시 거주지(삼상10:26). ⑥초기 이스라엘 왕정 수도(삼상22:6, 23:19). ⑦다윗의 용사들의 출신지(삼하23:29).

3 에브라임의 언덕에 있는 비느하스의 성읍(수24:33) 엘르아살의 무덤이 있는 곳.

기브온[גִּבְעוֹן = 언덕, 높은 곳]지인

1. **위치** - 예루살렘 북서쪽 약 9km지점 현재의 엘지부 마을.
2. **관련기사** - ①히위족속의 성읍(수9:3). ②소 왕국(수9:17). ③여호수아와 계약을 맺음. ④아모리 족속과 싸울 때 해가 멈춘 곳(수10:12-14, 사28). ⑤이 부근에서 요압이 아마샤를 죽임(삼하20:8). ⑥다윗과 이스보셋의 전투(삼하2:8-17, 3:30). ⑦다윗이 블레셋에 승리한 곳(대상14:16). ⑧사울로 인하여 기근이 들어 기브온 사람이 다윗왕의 허락을 받아 사울의 집 남자 7인을 장대에 달아 죽임(삼하21:1-9). ⑨성막과 제단이 있으므로 솔로몬이 제사를 지냄(왕상3:4-15). ⑩솔로몬이 하나님의 말씀을 들음. ⑪선지자 하나야의 출신지(렘28:1). ⑫포로에서 돌아온 백성이 거주했다(느7:25) ⑬예루살렘 성벽 재건을 도왔다(느3:7).

기뻐하다[be glad, rejoice, delight]자타(창45:16) 기쁨을 느끼다. 즐거워하다. 반가워 하다.

기쁘다[rejoice]형(창30:13) 마음에 즐거운 느낌이 나다.

기쁨[joy]명(신28:47) 마음의 즐거운 느낌. 마음의 평화, 만족.

* 의로운 자만이 하나님을 경외하는 일에 기초한 참된 기쁨을 누릴 수 있다(느8:10). 신약 복음시대에는 하나님 나라의 기쁨이 강조된다(빌4:4). 참된 기쁨은 성령의 열매이고(갈5:22) 환난도 기쁨을 막을 수 없다(고후1:3, 히12:2).

기사[奇事 ; 기이할 기, 일 사. miracle]명(출11:9) 기이한 일. 이적. ①하나님(신6:22). ②모세와 아론(출11:10). ③선지자(왕17:17-24, 왕하2:14). ④그리스도(요4:48, 행2:22). ⑤사도들(행2:43, 고후12:12). ⑥스데반(행6:8). ⑦거짓선지자(신13:1,2). ⑧적그

리스도(마24:24, 막13:22) 등이 행했다.

기사[記事 ; 기록할 기, 일 사. description]명(시77:11) 사실을 적음. 또는 그 글.

기상[氣象 ; 기운 기, 코끼리 상. nature]명(눅12:56) 대기의 상태. 날씨가 덥거나, 춥거나, 개이거나, 흐림, 비, 번개 따위가 일어나는 모든 물리적 현상. 천기(天氣).

기색[氣塞 ; 기운 기, 막을 색. beart fainted]명(창45:26) 심한 흥분이나 타격으로 기가 막힘. 너무나 놀라움에 기가 막힌 상태.

기생[妓生 ; 기생 기, 날 생. harolot]명(레19:29) 술자리에 나가 노래나 춤으로 흥을 돕는 것으로 업을 삼는 여자. 기녀.

*기생으로 번역된 말은 창녀, 음녀, 간음자 등을 나타낸다(잠6:26, 렘3:3, 수2:1).

기세[氣勢 ; 기운 기, 권세 세. spirit]명(욥20:11) 다른 사람이 두려워 할만한 늠늠한 모습.

기손(강) [קִישׁוֹן = 뒤틀린, 굴곡]지
1. 위치 - 다볼산에서 발원하여 갈멜산의 평야를 돌아 지중해(현재의 하이파만)로 들어가는 강. 요단강 다음으로 중요한 강. 폭5m, 길이 387km. 현재의 나할 엘무굿다강 (학살의 강이란 뜻).
2. 관련기사 - ①하솔의 군장 시스라가 드보라와 바락에게 패함(삿5:19-21). ②바알의 선지자들이 죽임을 당한 곳(왕상18:40). ③우기에는 강이 범람하여 전차의 통행이 불편함(삿5:21-22).
3. 교훈 - 하나님을 대항하는 자는 반드시 망한다.

기손사람[kishonite]인(대상11:34) 다윗의 용사. 하셈의 아들.

기숙[寄宿 ; 부칠 기, 잘 숙. endure, boarding]명(시30:5) 일시적으로 남의 집에 얹혀 먹고 자고 함.

기술[技術 ; 재주 기, 꾀 술. technique]명(행17:29) ①손재주. ②말이나 일을 꾀있게 다루는 솜씨.

기스[קִישׁ = 활]인
1 베냐민 사람. 사울왕의 아버지(삼상9:3).
2 베냐민 사람 여히엘의 아들(대상8:29).
3 다윗시대 레위사람 마흘리의 아들(대상23:21).
4 레위사람 므라리자손 압디의 아들. 히스기야왕의 명을 따라 성전을 정결케 한 사람(대하29:11).
5 베냐민 사람 모르드개의 선조(에2:5).

기스바[קִשְׁפָּא = 총애]인(느11:21) 느헤미야시대 느디님 사람의 두목.

기슬론[כִּסְלוֹן = 참된 소망]인(민34:21) 베냐민 사람의 방백으로 엘리닷의 아버지

기슬르 월[~月 ; 달 월. chisleu] (느1:1) 포로 이후 유대력 9월, 태양력 11~12월에 해당됨. 기슬래월로 번역된 곳도 있다(슥7:1).

기슬롯 다볼[כִּסְלֹת תָּבֹר = 다볼산 중턱]지(수19:12) 스블론과 잇사갈의 경계 목표가 된 성읍. 그술롯과 같은 곳(수19:18).

기슭[foot]명(아4:1) 비탈진 곳의 끝자리.

기시[קִישִׁי = 하나님의 산양]인(대상6:44) 레위사람. 므라리 자손. 에단의 아버지. 구사야와 같은 사람(대상15:17).

기시온[קִשְׁיוֹן = 매우 어렵다, 경고하다]지(수19:20) 잇사갈지파내의 레위인의 성읍 게데스와 같은 곳(대상6:72).

기식[氣息 ; 기운 기, 쉴 식. breath]명(창6:17) 숨을 내쉬고 들이쉬는 기운. 호흡.

기아[גִּיחַ = 솟아나는 샘]지(삼하2:24) 베냐민의 기브온과 얍복강 가까운 요단의 얕은 여울의 땅. 요압이 아브넬을 추격한 곳.

기악[妓樂 ; 기생 기, 음악 악. musicians]명(단6:18) 기생과 풍유. 기생의 풍유.

기약[期約 ; 기약할 기, 약속할 약. promise]명(시75:2) 때를 정하고

약속함.

기억[記憶 ; 기록할 기, 생각할 억. memory]圖(창9:15) 잊지 않고 외워 둠.

기업[基業 = 터기, 업업. inheritance]圖(창17:8) 대대로 전하여 오는 사업과 재산, 생을 위한 주된 사업. 이스라엘의 토지.
* ①기업의 주인은 하나님이심(렘25:23). ②상속됨(민27:4). ③딸에게 상속함(민27:8). ④그 족이 기업을 무를 책임이 있다(레25:25). ⑤희년에 돌아올 기업(레25:28). ⑥기업은 지켜야 한다(민36:6-9). ⑦하나님께서 복을 주심(시105:11). ⑧만물의 상속자는 그리스도(막12:7, 히1:2). ⑨성도의 기업(히9:15). ⑩하나님의 나라(마25:34,갈5:21) ⑫하나님의 주권적인은사(롬8:17,벧전1:3-4)

기오[Xios = 뱀]因(행20:15) 소아시아 서해의 작은 섬. 바울이 3차 선교여행을 마치고 돌아올 때 이곳에 들렀다. 서머나 만의 가장자리에 있다. 이 섬의 앞바다를 통과하여 밀레도로 간다.

기와[tile]圖(눅5:19) 흙이나 시멘트 등으로 만든 지붕을 이는 물건. 에스겔4:1에는 박석으로 옮겼다. 로마, 헬라 신전은 기와를 이었다.

기와 조각[potsherd]圖(욥2:8) 기와가 깨져 작게 된 것. 깨진 질그릇 조각. 욥41:30에는 날카로운 와륵이라고 옮겼다.

기우다[sew]固(시60:2) 옷을 깁다. 꿰매다.

기운[氣運 ; 기운 기, 움직일 운. tendency]圖(창25:8) 대세, 시세가 돌아가는 형편. 되어가는 형편.

기윤[chiun]圖(암5:26) 앗수르의 전쟁신. 토성신의 이름. 히브리말을

레판, 다이아나 성물.

소리나는대로 옮긴 말. 뜻은 가증한 자. 미워해야 할 자이다. 그 신당 빗니님이 주전1450년경 예루살렘 근처에 있었다는 애굽 장관들의 기록이 있다.

기이[奇異 ; 기이할 기, 다를 이. wonder]圖(출15:11) 이상하고 괴상하다. 놀랍다.

기적[奇蹟 ; 기이할 기, 자취 적. miracle]圖(시40:5) 상식으로 생각할 수 없는 신비로운 일. 하나님의 행하시는 일이나 영물들도 행하는 이적과 기사. ①불가사의한 일(출7:9, 눅11:4). ②희한한 능력(행19:11). ③표적(요2:11). ④기사(출1:9).

기절[氣絶 ; 기운 기, 끊을 절. fainting]圖(삿4:21) 깜짝 놀라 한 때 정신을 잃음.

기지[基址 ; 터 기, 터 지. site]圖(대상21:25) 터. 토대. 기초.

기지[基地 ; 터 기, 땅 지. base]圖(겔45:6) 터전. 근거지. 기점. 잡는다. 소유한다는 뜻이 있는 히브리어를 옮긴 말.

기지개[stretch]圖(암6:4) 피곤할때 몸을 쭉 펴고 팔 다리를 뻗는 것.

기진[氣盡 ; 기운 기, 다할 진. exhaustion]圖(렘48:45) 기력을 다하여 힘이 없어짐. faint.

기초[基礎 ; 터 기, 주춧돌 초. foundation]圖(수6:26) 사물의 밑바탕. 밑받침. 토대. 근본.
* ①집의 기초(눅14:29). ②성전의 기초(왕상5:17). ③땅의 기초(잠28:29). ④하늘 기초(삼하22:8). ⑤하늘나라 새 예루살렘의 기초(계21:14,19).

기초 돌[基礎~ ; 터 기, 주춧돌 초. foundation stone]圖(사28:16) 머릿돌. 건축의 토대. 건축물의 기초. 주초(柱礎).

기초문[基礎門 ; 터 기, 주춧돌 초, 문 문. the foundation gate]圖(대하23:5) 주되는 문. 예루살렘 성문 중 수르문(왕하11:6)을 말함.

기초석[基礎石 ; 터 기, 주춧돌 초,

돌 석. foundation stone]명(왕상5: 17) 기둥밑에 괴는 돌. 기초돌. 건축의 토대로 놓은 돌. 주초.

기치[旗幟 ; 기 기, 기 치. flag]명(아 6:4) 기. 깃발. 군기.

기타[其他 ; 그 기, 다를 타. the other]명(수22:7) 그밖. 또 다른 것.

기탄없이[忌憚 ; 꺼릴 기, 꺼릴 탄~. boldly]부(행4:13) 꺼림없이. 아무런 꺼리낌도 없이.

기한[期限 ; 기약할기, 한정한. term]명(창17:21) 미리 정해진 때.

기호[旗號 ; 기 기, 이름 호. ensign]명(민2:2) 깃발의 신호. 기로 표를 보이는 것.

*이스라엘의 통합군기. 모든 백성의 선두에 두는 커다란 기. 약 6m되는 천에 하나님의 백성 12지파의 이름이 기록된 기.

기호[記號 ; 기록할 기, 이름 호. figurehead]명(출13:9) 무슨 뜻을 나타내기 위한 표. 뱃머리(船首)에 장식한 조각상을 가리키는 말. 바울이 탄 배의 쓰스의 쌍둥이상을 가리킨다. →디오스구로.

기혼[גִּיחוֹן =솟아오른다]지
① 구스땅을 둘러 에덴 동산을 적신 네 강의 하나(창2:13). 위치는 알 수 없다.
② 예루살렘에 있는 샘.
1. 위치 - ①예루살렘 동문 밖 기드론 골짜기
2. 관련기사 - ①여브스 사람을 칠 때 올라간 수구(삼하5:8). ②솔로몬이 기름부음을 받은 곳(왕상1:33-39). ③히스기야가 수로를 만들어 실로암 못으로 윗샘의 물을 끌었다(대하32:30). ④외벽을 쌓았다(대하33:14).

기회[機會 ; 기계 기, 모을회. chance]명(민35:20) 어떤 일을 해 나가는 데 가장 알맞은 고비. 바라는 그 때.

긴네렛[כִּנֶּרֶת =수금, 거문고]지
① 갈릴리 바다의 옛 이름(민34:11).
② 납달리의 성읍(수19:35).
③ 일반적으로 게네사렛 평지에 해당하는 지역(마14:34). 벤하닷이 정복한 지역(왕상15:20).

긴네렛 바다[sea of kinnereth]지 ① 긴네렛 가깝게 있는 호수(민34: 11). ②게네사렛 호수(눅5:1). ③ 갈릴리 바다 혹은 디베랴 바다(요 6:1).

긴네롯[כִּנְרוֹת =거문고]지(수11:2) 갈릴리 바다 근처에 있는 성의 이름. 긴네렛과 같은 곳.

긴느도이[גִּנְּתוֹי =원예가]인(느12: 4) 바벨론에서 스룹바벨과 함께 돌아온 제사장. 긴느돈과 같은 사람(느12:16).

긴느돈[גִּנְּתוֹן =덮게]인
① 제사장 긴느도이와 같은 사람(느 12:16).
② 바벨론에서 돌아와 느헤미야와 같이 율법을 지키기로 서약한 제사장(느12:6).

긴옷[linen garment, long clothing]명 (출39:22) 제사장의 에봇. 청색실로 짜서 만들었다.

긴요[緊要 ; 요긴할 긴, 구할 요. burning necessity]명(대상9:26) 꼭 필요함. 매우 필요하고 중요함.

긷다[draw]타(창24:11) 우물이나 내 같은 곳에서 물을 퍼서 그릇에 담다.

길 명(창3:24) ①사람이나 차 등이 오갈 수 있는 곳. 도로. way. road. ②사람으로서 지켜야 할 도리(시119:9). morality ③예수그리스도(요14:6). The Way.
*①악인의 길-망한다(시1:6). ②의인의 길-형통(시1:5).

길[fathom]명(행27:28) 사람의 키, 양팔을 벌린 길이. 약 1.8m

길[קִיר =성벽]지(왕하16:9)
① 사해에서 12km되는 산위 모압의 이중 요새 중 하나(사15:1). 사해 수면보다 약 1,000m가 높다. 길하레셋(사16:7), 길하레스(사16:

길르앗 라못

11), 길헤레스(렘48:31)로 불리우는 곳.

② 메소보다미아의 성읍으로 수리아로 옮겨간 아람 사람이 살던 곳(암9:70, 왕하16:9).

길 가[by the way]명 (삼하2:24) 길의 곁. 길의 양옆. 노변.

길갈[גִּלְגָּל = 굴러가다, 돌 고리]지
① 여리고 동편, 출애굽한 이스라엘 백성이 처음 진을 쳤던 곳(수4:19) ①유다지파 북쪽 경계(수15:7). ②요단강 돌로 단을 쌓은 곳(수4:1-8, 19-24). ③석상이 있던 곳(삿3:19). ④사울이 마음대로 제사를 지낸 곳(삼상13:4-15). ⑤사울의 왕권이 박탈된 곳(삼상15:20-23). ⑥사무엘이 아말렉왕 아각을 죽인 곳(삼상15:33). ⑦압살롬의 난이 끝난 후 유다지파 대표들이 다윗을 만나러 간 곳(삼하19:15, 40). ⑧우상숭배가 심하여 선지자들의 책망을 들은 곳(호4:15, 암4:4). ⑨바벨론 포로 귀환후 정착한 벧 길갈, 길갈의 집으로 여김(느12:29).

② 벧엘 북쪽의 성읍. ①사무엘이 순회 방문한 성읍(삼상7:16). ②엘리야가 승천 전에 엘리사와 함께 이 성에서 출발하였다(왕하2:1). ②선지학교 학생들이 흉년에 엘리사에게 나갈 때 엘리사가 독기 있는 국의 독을 제거하여 대접함(왕하4:38-40). ③호세아, 아모스 두 선지자가 이 성에 대해서 경고했다(호4:15, 9:15, 암4:4, 5:5).

③ 그리심 산과 에발 산에 관련하여 기록된(신11:30) 세겜 동남 지점.

④ 사론 평원에 있던 고임왕의 성읍(수12:23).

⑤ 유다와 베냐민 경계에 있던 곳(수15:7). 아둠밈 비탈 가까운 곳.

길들다[teme, grow tame]지 (약3:7) ①짐승을 잘 가르쳐 사람의 말을 잘 따르게 하다. ②서투른 일이 잘하게 되다. ③손질을 잘하다.

길랄래[גִּלֲלַי = 구르다]인 (느12:36) 바벨론에서 돌아온 레위 사람 중 하나. 느헤미야시대 예루살렘성곽 낙성식에 악기를 가지고 행렬에 참가한 사람.

길로[גִּלֹה = 큰 기쁨]지 (삼하15:12) 유다 산 중의 성읍. 아히도엘이 출생하여 죽은 곳(삼하17:23).

길르압[כִּלְאָב = 부친의 소망]인 (삼하3:3) 아비가일이 낳은 다윗의 아들. 대상3:1에는 다니엘.

길르앗[גִּלְעָד = 강하다]인
① 므낫세의 손자. 마길의 아들. 길르앗인의 조상(민26:29). 슬로브핫의 할아버지(민27:1).

② 사사 입다의 아버지(삿11:1).

③ 갓의 자손(대상5:14). 미가엘의 아들.

길르앗[גִּלְעָד = 낙타봉, 강하다]지
1. 위치 - 요단 동편 지역. ①요단 동편의 모든 땅(창37:25, 수22:9, 삼하2:9). ②얍복강과 헤스본 사이의 지역(신3:10, 왕하10:33). ③라반과 야곱의 회견장소(창31:22, 23). ④아모리왕 시혼이 점령하고 있던 곳(민21:24). ⑤므낫세, 갓, 르우벤 지파에게 분배된 땅(수13:24-31). ⑥아말렉에 습격 당했으나 기드온에 의하여 회복됨(삿6-7). ⑦암몬이 침입하였으나 사사 입다가 구한 곳(삿11-12). ⑧암몬왕 나하스로부터 구한 때도 있었다(삼상11). ⑨다윗과의 관계(삼하8:12, 10:1-7). ⑩다윗이 바실레의 도움을 받은 곳(삼하17:27-29). ⑪왕권회복을 위한 최후 교전지(삼하15-19). ⑫전쟁터(암1:3). ⑬앗수르의 디글랏빌레셀이 침입 주민을사로잡아갔다(왕하15:29). ⑭유다로부터 이민이 있었다(대상2:22) ⑮암몬사람도 같이 삶(렘49:1). ⑯목축업이 성행한 곳(대상5:16). ⑰유향의 산지(렘8:22).

3. 출신인물 - ①입다(삿11:1). ②엘리야(왕상11:7).

4. 관련성읍 - ①길르앗 라못. ②길르앗 야베스. ③마하나임. ④미스바. ⑤숙곳. ⑥거라사.

길르앗 라못[רָמֹת גִּלְעָד]지 (신4:

43) 요단 동쪽에 있는 가장 중요한 도시의 하나. ①도피성의 하나(신4:43, 수20:8). ②갓의 영역 레위인의 거주지(대상6:80). ③솔로몬의 대관식이 있은 곳(왕상4:13). ④솔로몬의 12행정구역 중 제6 벤게벨의 주둣지(왕상4:13). ⑤이스라엘과 아람의 결전지로 아합이 죽은 곳(왕상8:28). ⑥예후가 기름부음받은 곳(왕하6:1-4). ⑦계속 이어진 전장(왕상22:3). ⑧라못과 같은 곳인데 다른 라못과 구별하기 위하여 붙인 이름.

길르앗 야베스[יָבֵשׁ גִּלְעָד = 길르앗의 야벳]困(삼상11:1) 요단강동쪽의 성읍. 야베스 길르앗과 같은 곳. ①야베스로만 기록된 곳도 있다(삼상11:3). ②사사시대 한 레위인과 그 첩을 해친 일로 생긴 베냐민과의 싸움에 참가하지 않은 일로 엄한 벌을 받은 곳(삿21:8-12). ③암몬왕 나하스의 침공시 사울이 구함(삼상11:1-). ④사울과 그 아들들을 장사함(삼상31:11-). ⑤다윗이 주민들의 훌륭한 점을 기림(삼하2:4-7). ⑥다윗이 사울과 아들들의 묘를 셀라로 이장(삼하21:12).

길리기아[Κιλικία = 돌을 굴림]困
1. 위치 - 소아시아의 동남부. 지중해 북동부에 접해 있는 로마 제국의 한 행정도. 다소가 행정 수부이다. 서부는 산악지대이나 동부는 비옥한 땅이다.
2. 관련기사 - ①스데반과 더불어 변론함(행6:9). ②바울이 교회를 굳게 하였다(행15:41). ③바울의 출신도(행21:39). ④바울의 전도 여행지(행27:5, 갈1:21).

길맛[כִּלְמַד = 울타리]困(겔27:27) 하란, 간네, 앗수르, 스바와 에덴과 함께 두로와 상거래를 한 지역. 유브라데강 유역 메데의 성읍. 위치 불명.

길보아 (산) [גִּלְבֹּעַ 들끓는 샘]困
1. 위치 - 이스르엘 평지 끝. 기손강과 요단 사이의 분수령. 남으로는 사마리아로 통하고 북쪽은 모래산과 골짜기를 이루는 곳.
2. 관련기사 - ①기드온이 진을 쳤던 하롯샘이 있는 곳(삿7:1). ②사울의 최후 전장(삼상28:4). ③사울이 아들들과 함께 전사한 곳(삼상31:1-8). ④다윗의 활노래중 이곳을 저주하였다(삼하1:21).

길쌈[spin, weaving]몡(마6:28) 실을 자아 옷감을 짜내는 일. 양털, 아마(삼) 등으로 길쌈을 했다.

수직베틀

길이[length]몡(출26:13) 한 끝에서 다른 한 끝까지의 거리. 긴 정도. 장(長).

길이[forever]뷔(시74:15) 오래도록. 영원함. 다함이 없이.

길이 있다 뷔(고후3:11) 길이 길이. 영원히 있다.

길이 참다 困(롬2:4) 오랫동안 기다리고 참는 것. 인내. ①죄인을 향하신 하나님의 사랑(롬3:25). ② 그리스도의 재림을 대망하는 성도의 태도(약5:7-8).

길표[~標; 표지 표. way mark, signpost]몡(렘31:21) 길을 찾아가기 쉽도록 알리는 표.

길하다[吉~; 길할 길. be lucky]혱(창40:16) 일이 잘 되어가다.

길하라셋[קִיר חֲרָשֶׂת = 질그릇의 성읍, 포대]困(왕하3:25) 모압의 한 지방. ①모압 길(사15:1). ②길헤레스(렘48:31)와 같은 곳.

길하레셋[קִיר חֲרֶשֶׂת = 토기의 성읍]困(사16:7) 모압의 성읍. 길하라셋과 같은 곳.

길한날[Holiday]몡(에9:22) 좋은날. 부림절을 지키는 날. 에9:19에는 같은 원어가 경절(慶節)로 번역되었다.

길헤레스[קִיר חֲרֶשׂ = 토기의 성읍]困(사16:11) 사해에 튀어나온 엘리산 반도 동남쪽 약 950m의 산 위에 있는 견고한 요새지. ①길헤레스(사16:11, 렘48:31). ②길하레셋(사16:7) 길하라셋(왕하3:25). ③모압의 길(사15:1) 등 여러가지로 부른다. 현재의 이름은 일게락이다.

길흉〔吉凶 ; 길할 길, 흉할 흉. good or ill luck〕명(신18:10) 좋은 일과 나쁜 길.

길흉을 말하는 자〔soothsayer〕구(신18:10) 점치는 자를 가리키는 말. 술사(렘27:9). 하나님께서 금지하셨다.

김소〔 = 뽕나무의곳〕지(대하28:18) 유다 서북부의 성읍. 아하스의 치세때 블레셋 사람에게 점령당한 곳.

김함〔 = 큰 욕망, 안색이 나쁘다〕인(삼하19:37) 길르앗 사람 바실래의 아들. 다윗 왕과 함께 요단강을 건너 돌아왔다. 게롯김함은 그의 거주지(렘41:47)로 여김.

깁다〔clout, mend〕타(수9:4) 헤진 곳에 조각을 대고 꿰매다.

깁발〔 = 큰 용사〕인(스2:20) 바벨론에서 존경을 받은 이스라엘 사람. 제1차 포로귀환시 스룹바벨과 더불어 인솔자의 한 사람. 기브온과 같은 사람(느7:25)

깁브돈〔 = 높다. 언덕〕지(수19:44) ①단지파에 있던 도피성. ②레위지파의 거주지(수21:33). ③블레셋 사람에게 점령당한 것을 나답과 이스라엘이 되찾았다(왕상15:27). ④나답이 신하에게 살해되자 블레셋 사람에게 빼앗겼다가 25년만에 오므리가 점령했다(왕상16:5). 룻다 동북 8km 지점에 있는 현재의 깃비아로 여긴다.

깁사임〔 = 모임, 두 무더기〕지(수21:22) 에브라임에 있은 레위인의 거주지. 욕므암과 같은 곳(대상6:68).

깃〔opening〕명(출28:32) 옷 깃의 준말. 옷의 목 둘레의 열려 있는 곳.

깃〔plume〕명(욥39:13) 새의 날개털.

깃다임〔 = 두개의 술틀〕지(삼하4:3) 베냐민 지파의 성읍. 에브롯 사람들이 도망친 곳. 대상7:21의 가드와 같은 곳.

깃달디〔 = 네가 말하였다. 우러러 높인다〕인(대상25:4) 헤만의 아들로 다윗시대 성전 악대의 제22반장.

깃대〔旗~ ; 기기.flagstaff〕명(사30:17) 기를 다는 막대기.

깃델 자손〔 = 강대하다〕인(스2:47) 바벨론왕 느부갓넬살에게 포로가 되었던 사람들 가운데 고향으로 돌아온 자손. ①느디님자손의 대표(스2:47). ②솔로몬의신복의 자손의 대표(느7:58).

깃들이다〔lodge〕자(시104:12) 짐승이 보금자리를 만들어 그 속에 들어가 살다. 그 속에 머무러 살다.

깃딤〔 = 괴롭게 하다〕인(창10:4) 노아의 증손이요, 야벳의 손자. 야완의 구브로섬에 거주했다.

깃딤〔 = 괴롭게 하다〕지(민24:24) ①야완의 자손이 점령하고 있던 구브로섬의 옛이름(창10:4, 대상1:7). ②이사야가 베니게 백성을 가리켜서 깃딤이라 하였다(사23:1). ③지중해 연안의 모든 섬과 히브리 소아시아 연안까지 포함(단11:30, 겔27:6)→구브로.

깃딧〔gittith〕명(시편 8, 81, 84편의 표제에 쓰인 리듬 또는 악기의 이름으로 거문고와 수금과 비슷한 것.

깊다〔deep〕형(느9:11) 곁에서 속까지, 위에서 아래까지의 사이가 멀다. 얕지 않다.

깊은 곳〔pit〕명(신32:22) 깊이가 먼 곳. 깊은 데. 구덩이.
* 마지막 깊은 곳은 지옥이다.

깊은 옥〔pit〕명(사24:22) 죄인을 가두는 곳. 하나님을 대항하는 세력이 심판을 받기 위해 갇히는 곳.

깊음〔deep〕형이슥함. ①창조 당시의 거대한 물(창1:2). ②바다(출15:8). ③물 저장소(창7:11). ④주의 판단(시36:6). ⑤죽은 자와 귀신의 처소(롬10:7, 계9:1, 11).

까다[peel]<u>타</u>(사34:15) 껍데기를 벗기다. 알에서 새끼가 나게 하다.

까다롭다[difficult]<u>형</u>(벧전2:18) ①성미가 너그럽지 못하여 다루기가 힘들다. fastidious. ②일의 조건이 복잡하여 맞추기가 힘든 상태.

까닭[reason]<u>명</u>(창20:6) ①일이 생기는 조건이나 원인. 이유. 턱. ②때문.

까마귀[raven, crow]<u>명</u>(창8:7) 까마귀과 까마귀 속에 속하는 새의 총칭. ①노아의 방주에서 제일 먼저 나와 다님(창8:7). ②엘리야에게 음식을 날라다 주었다(왕상17:4-7). ③부정한 새로 먹지 못함(레11:15). 하나님께서 기르심(눅12:24).

까부르다[fan winnow]<u>타</u>(룻3:2) 곡식에 섞인 겨, 티 같은 것을 키를 흔들어 날려 보내다.

깍다[shear]<u>타</u>(창31:19) ①물건을 얇게 떼어 내다. shave. ②털을 잘라내다. cut.

깔다[spread]<u>타</u>(왕하9:13) 밑에 펴 놓다. 바닥에 펴서 벌려놓다.

깜부기[smut]<u>명</u>(왕상8:37) 병에 걸려 마르거나 시든 과일이나 곡식의 이삭. 노란 것. 창백한 것을 뜻함.

깟시[coriander seed]<u>명</u>(출16:31) 미나리과에 속하는 일년생 식물.

회색 빛깔의 향기로운 씨는 생 것일 때는 악취가 나지만 마르면 향기를 낸다. 향료, 약재, 양념으로 쓰이고 만나로 비유된 말(민11:7).

깨끗하다[clean]<u>형</u>(창20:5) 말쑥하다. 맑고 정하다. 더럽지 않다.

* 병에서, 부정한 것에서, 옛 삶에서 깨끗하여짐. ①깨끗해야 하는 성도의 마음(시24:4). ②깨끗한 삶의 근거(딛1:15). ③깨끗하게 되는 방법(빌4:8). ④깨끗하게 된 표정(약1:27, 딤전1:5). ⑤깨끗한 삶의 목표(요일3:3). ⑥깨끗한 삶에 대한 명령(딤전4:12). ⑦깨끗한 삶의 상급(마5:8).

깨끗한 자[a righteous person]<u>명</u>(삼하22:27) 깨끗하게 된 사람(의인과 동격인 자). 죄사함을 받은 성도. 구별된 자.

깨다[wake up]<u>자</u>(창9:24) 잠, 졸음, 꿈에서 벗어나다.

깨닫다[comprehend]<u>타</u>(창16:4) 깨치어 환히 알게 되다. 몰랐던 것을 알게 되다.

* 성도는 하나님이 기뻐하시는 뜻을 깨달아야 한다. 하나님의 말씀을 통해서 깨닫는다(갈2:9).

깨뜨리다[break]<u>타</u>(출32:19) 깨다를 힘주어 하는 말. 약속 계약등을 위약하는 것.

깨물다[crunch]<u>타</u>(계16:6) 위 아래의 이가 맞닿도록 세게 물다.

깨어 있다[therefore keep watch]<u>자</u>(마24:42) 잠자지 않고 있다.

* 성도는 그리스도의 재림을 고대하고 깨어 있어야 한다.

깨어지다[get broken]<u>자</u>(삼상2:10) 깨지다의 원말. ①쪼개지는 것. 부서지는 것. ②일이 틀어지다.

깨우다[waken]<u>타</u>(왕상18:27) 잠이나 졸음, 술에서 깨게 하다.

깨우치다[enlighten]<u>타</u>(사50:4) 모

르는 사리를 깨닫게 하여 주다.
깨치다〔break〕타(창19:9) 깨뜨리다. 깨다. 부수다.
꺼리다〔shun〕타(신7:26) 싫어하여 피하다. shun.
꺼져가는〔smoldering〕형(사42:3) 불이 희미하게 사라져 가는 것을 말함. 희미해져 가는.
꺼지다〔collapse〕자(레6:13) 불이나 거품 따위가 사라져 없어지다.
꺼치다〔quench〕타(아8:7) 기본어근은 꺼지다로 꺼지게 하는 것을 말한다.
꺼풀〔caul〕명(출29:13) 껍질이나 껍데기의 쌓인 층.
* 간에 붙은 엷은 막을 가리킨다.
꺽다〔break〕자(출9:25) 나무가지 따위를 부러뜨리다.
꺽어버리다〔break〕자(시58:6) 부러뜨려 쓸모없게 만들다. 부러뜨려 없애다.
꺽어지다〔be broken〕자(겔31:12) 부러져 동이 나거나 종이 같은 것이 모지게 접히다.
껍질〔bark〕명(창31:37) 알맹이를 둘러싼 거죽. 열매의 바깥부분.
껴안다〔embrace〕타(창26:8) 두팔로 끼어서 안다.
꼬다〔twist〕타(출26:1) 여러 가락을 한데 비비어 서로 엇갈아 한줄이 되게 하다.
꼬드기다 타(행43:3) ①남의 마음을 부추기어 움직이게 하다. incite. ②연줄을 튀겨 솟구어 오르게 하다. jerk.
꼬리〔tail〕명(출4:4) ①동물의 꽁무니에 길게 가늘게 달린 부분. ②맨 뒤끝.
* 상징적으로 학대당하는 사람들에게 사용되었다(신28:13). ①머리와상대적이기때문이다(사19:14). ②허약하고 거짓선지자와 같다(사7:4, 19:15). ③기름진 꼬리는 제물이다(레3:9).
꼬부라지다〔bend〕자(눅13:11) 한쪽으로 옥아 들다. 구부렁 하다.
꼬불꼬불하다〔be rather, bent〕형(사27:1) 이리 저리 꼬부라진 모양. 꾸불꾸불하다.
꼬집다 타(겔23:24) ①비틀어 집어 뜯다. pinch. ②남의 흠이나 감정이나 비밀을 찔러서 날카롭게 건드리다. finding fault wiyh.
꼭 부(겔3:18) ①어김 없이, 반드시. tightly. ②힘주어 조르거나 누르는 모양. tightly. ③굳이 참거나 견디는 모양. patiently.
꼭대기〔top〕형(창11:4) 맨 위쪽. 아래가 까마득하게 보이는 곳.
꼴〔feet〕명(왕상4:28) 짐승의 먹이풀. 목초.
* 생명의 양식(요10:9).
꽂다〔insert〕타(삼상26:8) 박아세우거나 찔러 넣다. 박히게 하다.
꽂히다〔inserted〕피동(삼상26:7) 꽂음을 당하다. 세움을 당하다. 세워지다.
꽃〔flower〕명(출25:31) 식물의 가지나 줄기에 피는 것. 지고나면 씨, 열매가 달린다.

*①성전에 있는 기물의 장식(출25:31-34). ②심판의 모습을 상징(나1:4)③심판을 당한 구스(사18:5)④영광과아름다움(벧전1:24). ⑤성숙한 여인(고전7:36). 아론의 꽃핀 지팡이(민17:8).
꽃받침〔knop〕명(출25:31)꽃을 받히는 바깥 꽃덮개. 성막에 있는 금잔의 장식.
꽃밭〔flower garden〕명(아5:13) 꽃이 많이 피어 있는 곳. 화원. 아름다움을 상징함.
꽃술〔pistil and stamen〕명(아7:12) 꽃의 생식기관. 암술과 수술이 있다. 꽃심.

꽹과리[small gong]명(고전13:1) 놋쇠로 만든 농악기의 하나. 징보다 작다.

꾀다[tempt]타(창3:13) 그럴싸하게 남을 속이거나 추켜세워 자기의 생각대로 끌다.

꾀임형(삿20:31) 꾀어 속임. 유인, 유혹.
* 본래는 놀래거나 당황하게 여기는 것을 뜻하는 말.

꾀임을 받다[be deceived]타(왕하21:9) 속임을 받다. 유인되다.

꾀하다[plot]타(창37:18) 어떤 일을 하려고 뜻을 모은다. 계획하다.

꾸다[dream]타(창37:6) 꿈을 보다.

꾸다[borrow]타(신15:6) 남의 것을 갚을 조건으로 잠시 빌어 쓰다.

꾸러미명(렘10:17) ①꾸리어 싼 물건. package. ②꾸려 싼 물건을 헤아리는 단위. a bundle of.

꾸미다[decorate]타(창27:16) ①모양이 나도록 매만져 차리다. decorate. ②사실에 없는 것을 거짓으로 둘러대거나 만들다. ③어떤 일을 짜고 꾀하다. plot.

꾸어주다[lend]자(신15:2) 돈이나 물건을 잠시 빌려 주다. 상업적인 것보다 자선적인 입장에서 행해야 한다. 어려움을 당한 사람에게 본질적으로 돕는 행위(신15:7-11).

꾸이다[lend]타(출22:25) 물건이나 돈을 다음에 받기로 하고 꾸다.
* 꾼 것을 갚지 못할 경우 채무자는 채권자의 노예가 되었다(출21:2-11). 투옥될 수도 있다(왕하4:1). 희년 때 해방된다(신15:12).

꾸지람[scolding]명(삼하22:16) 아랫 사람의 잘못을 꾸짖는 말. 책망.

꾸지람 받다[be scolded]타(히12:5) 잘못한 일에 대하여 꾸짖음 받음. 책망을 받음.

꾸짖다[scold]타(창37:10) 아래 사람의 잘못된 일을 집어 내어 나무라다. 책망하다. scold.

꿀[honey]명(창43:11) 꿀벌이 꽃에서 따다가 모아둔 먹이.
* ①하나님의 말씀(시19:10). ②선한 말(잠16:24). ③음녀의 유혹(잠5:3)을 상징함.

꿀방울[honeydrop]명(아4:11) 떨어져 나온 꿀의 작은 덩이.

꿀송이[honeycomb]명(잠16:24) 꿀덩어리.

꿇다[kneed]타(삿7:5) 무릎을 꾸부려 바닥에 앉다.

꿇리다[kneed down]동(창24:11) 무릎을 꿇어 앉힘.

꿇어앉다[kneed down]자(창49:14) 무릎을 꿇어 앉다.

꿇어 엎드리다[climbed]자(왕상18:42) 무릎을 꿇고 몸을 앞으로 구부려 엎디다.

꿈[vision]명(창20:6) 잠을 자는 동안에 생시와 마찬가지로 여러가지 일을 봄. 어떤 바램, 이상.
* ①하나님께서 앞으로 될 일을 보이심(창28:11-12). ②교훈을 삼게 하심(마1:20). ③죄를 방지하게 하심(마27:19, 창20:1-7). ④언약을 확인(창28:12-15). ⑤승리를 이끄심(삿7:9-15).

꿈꾸는 자[dreamer]명(창37:19) 꿈을 꾸는 사람. → 요셉. 헛된 것을 생각하는 사람 - 이방종교의 술사. 점장이.

꿈꾸다[dream]자(창37:5) ①자는 동안에 꿈이 보이다. ②속으로 은근히 바라거나 뜻을 세우다.

꿰다타(창24:47) ①가운데 구멍을 뚫고 꽂다. pass through. ②구멍에 끈이나 실을 지나가게 하다. let pess.

꿰뚫다[pierce]타(민24:8) ①꿰어 통하게 하다. ②마음속에 잘 알고 있다.

꿰미[string]명(아4:9) 구멍뚫린 물건을 꿰어 묶는 끈이나 꼬쟁이.

꿰어매다[sew]타(출39:17) 꿰미로 풀리지 않게 묶다.

뀌어주다[lend]자(렘15:10) 나중에 받기로 하고 빌려주다.

뀌이다[lend]타(렘15:10) 빌리다.

끄다타(삼하14:7) ①타는 불을 못타게 하다. put out. ②밝은 불빛을 어둡게 하다. switch off.
끄르다[untie]目(사20:2) 맨 것이나 맺은 것을 풀다.
끈[string]명(창38:18) 물건을 묶는 줄. 제사장의 흉패와 에봇의 고리를 묶는 실. 금실을 가리키는 말.
끊다[cuting off]目(창24:27) ①이어져 있는 것을 잘라 가르다. ②관계를 떼다. break off. ③목숨을 죽이다. kill.
* 의도적으로 율법을 범한 자에게 가하는 형벌의 하나(레17:3-4)사형과 관련되어 말하였다(레17:10, 18:29, 출31:14).
끊어버리다[becutoff]자(삼상2:33) ①이어져 있는 것을 떼어 버림. ②관계를 없앰.
끊어지게하다[be cut]자(신32:26) 이어져 있거나 붙어 있는 것을 끊기거나 떨어지게 하다.
끊어지다[break, have done with]자(창17:14) 이어져 있는 것이나 맺어진 관계가 서로 각각이 되다. 죽게되다. 중단되다.
끊이다 자(창24:27) ①끊어지게 되다. be cut. ②물건이나 일의 뒤가 달리어 없이 되다. be broken.
끊이지 않다[not go out]目(레6:13) 물건이나 일이 떨어지지 않고 계속 있다.
끊임없다[ceaseless]형(사34:10) 잇대어 떨어지지 않고 계속 나감.
끊쳐지다[be cut]目(출12:15) 끊어지다. 그치다.
끊치다[break,stop.end]자(삿21:6) 끊어지다. 그치다. 끝나다.
끌다目(레3:7) ①바닥에 대고 잡아당기다. draw. ②수레, 말, 소 따위를 당겨 움직이게 하거나 부리다. drive. ③길게 뻗쳐 늘이다. lengthen. ④감정 따위를 당겨 쏠리게 하다. attract. ⑤이끌다. lead.

끌러주다[unite]자(사58:6) 묶이거나 매인 것을 풀어 주다.
끌려가다[arrested]目(창38:25) 붙들려서 끌리어 가다. 잡혀나감
끌려들다[take in]目(창43:18) 말려들어가다. 안으로 끌리어 들다.
끌리다[to be attracted]피동(욥15:12) 끌다의 피동형, →끌다.

끌어가다[pull, draw]目(레26:4) 당기어 가다.
끌어내다[search out]目(창38:24) 속에 넣은 것을 당겨 밖으로 내다.
끝나다[end]자(느6:15) 일이 다 이루어지다. 시간이 다하여 없다.
끝날[last day]명(창6:13) 마지막 날. 말일.
* 세상끝날은 주님이 오시는 날이다.
끝내다[finish]目(삼하20:18) 일을 다 이루게 하다. 완성.
끝물[the last products of the season]명(삿8:2) 과실, 푸성귀 또는 생선 같은 것의 맨 나중에 나오는 차례.
끝없다[be without end]형(시119:44) 다함이 없다.
끼다[set, inlay]目(삿16:29) ①제 몸의 벌어진 사이에 넣어 죄어서 빠지지 않게 잡다. ②걸려 있도록 꿰다. ③곁에 두거나 가까이 하다. ④다른 것을 덧붙이거나 겹치다. ⑤남의 힘을 빌다.
끼다[settle]자(욥2:2) ②수증기, 연기, 안개 구름같은 것이 퍼져 서리다. ②때나 먼지, 이끼, 녹 따위가 생겨나다. ③어떤 표정이나 기미가 어리어 돌다.
~끼리[among]접미(약2:4) 함께 패를 지음을 나타내는 말. among.
끼우다[put in between]자(창24:47) 사이에 빠지지 않게 박아 넣다.
끼쳐두다[trouble]目(삼하14:7) ①남에게 패나괴로움을 지우게 하다. ②어떤 일을 남아있게 하다. ③셈을 덜하고 남기다.
끼치다目(창34:30) ①남에게 패나괴로움을 주다. trouble. ②은혜를 베풀다. ③무엇을 후세에 남게 하다. hand down.

나[i]<대>(창9:16) 말하는 이가 자기 스스로를 가리켜 일컫는 말.
* 성경에서 나, 내가, 나의 등은 그리스도 자신이 일컬은 말이다(마4:19, 계22:20).

~나[but]<조>(창13:8) 어떤 동작이나 상태를 말할 때 받침없는 낱말에 붙어 선택하는 뜻으로 쓰인다. ※ 그러나.

나가다 <자>(창4:16) ①안에서 밖으로 가다. go out. ②속했던 곳에서 물러가다. leave. ③출마하거나 진출하다.

나감향[螺弇香 ; 소라 라, 뚜껑 감, 향기 향. stacte, onycha]<명>(출30:34) 홍해나 지중해에 있는 조개의 손톱모양의 꼭지에서 뽑은 향료. 태울 때 향내가 난다. 향단에서 태우는 향료 중 하나.

나감향을 뽑아 내는 조개.

나곤[ןוכנ = 견고함]<인><지>(삼하6:6) 레위사람. 기럇 여아림(바알레 유다) 가까이에 있는 타작마당의 주인. 웃사가 하나님의 궤에 손을 대었기 때문에 죽은 곳. 베레스 웃사라고 부르는 곳(삼하6:8). 기돈의 타작마당과 같은 곳(대상13:9).

나귀[donkey, ass]<명>(창12:16) 당나귀. 나귀는 들나귀와 길들여진 집나귀가 있다. 짐을 운반하고 농사를 지을 때 밭갈이에 사용한다. ①

가축(눅13:45). ②재산(창12:16). ③운송수단(창42:26). ④승용(창22:3). ⑤농경(신22:10). ⑥무기(삿15:15-17). ⑦말하는 나귀(민22:28-31).
* 상징하는 것 ①나귀를 타는 것은 온유겸손하다(슥9:9, 마21:1-9). ②천하고미련하다(욥30:7, 잠26:3). ③음란하고 방종하다(렘2:24, 겔23:20, 호8:9).

나그네[way faver]<명>(창23:4) ①제 고장을 떠나서 다른 고장에 가 있는 사람. ②여행 중에 있는 사람. 길손.
* ①하늘나라의 국적을 가진 성도의 신분(히11:13, 빌3:20). ②죄악에서 불러내어 택한 백성(요17:6, 벧전1:1-2). ③하나님의 소유(벧전2:9-10).

나그네길[pilgrimage](창47:9) 사람의 생애, 나이, 인생 여로. 하늘나라가 영원한 집임을 강조하는 말.

나깃수[Ναρκίσσος = 수선화]<인>(롬16:11) 바울이 문안한 로마의 성도. 네로가 즉위할 때 아그립바에게 피살 되었다고 함. 기독교가 고위층에 전파되었음을 입증하는 예.

나날이[day by day]<부>(삼하13:4) 날마다. 날로. 매일.

나누게 하다[be divide]<자>(민34:29) 갈라지게 하다. 떨어지게 하다.

나누다 <타>(창1:4) ①각기 독립되게 여러 부분으로 가르다. divide. ↔ 합하다. 합치다. ②음식 따위를 함께 먹거나 갈라먹다. 분배하다. distribute. ③서로 말이나 이야기를 주고 받다.

나는 스스로 있는 자[I am](출3:14) 독자적이고 온전하신 하나님을 나타내는 말. 하나님은 스스로 모든 것을 작정, 섭리, 성취하신다. 그리스도는 아버지에 의해서 배운 것을 스스로 말씀하신다(요8장).

나다[be born]<자>(창2:5) ①아이가

출생하다. ②사물이 생기다. ③밖으로 들어나다. ④밖으로 흘러 나오다. ⑤어떤 것이 이루어지다.
나다나엘[Ναθαναήλ = 하나님의 선물, 하나님께서 주신다]헬
1. **인적관계** - 갈릴리 가나 사람(요21:2).
2. **관련기사** - ①빌립의 친구. 예수님을 소개 받음(요1:45-50). ②무화과 나무 아래서 기도한 사람(요1:48). ③참 이스라엘 사람으로 간사한 것이 없다(요1:47). ④예수님께 신앙고백한 사람(요1:49). ⑤예수님께서 부활하신 후 디베랴 바다가에 나타나실 때 베드로와 같이 있었다(요21:2). ⑥바돌로매를 나다나엘로 여긴다(마10:3).
3. **교훈** - 간사함이 없는 그의 성품. 메시야를 기다리며 기도한 그의 소망적 신앙. 바른 신앙고백을 배우게 된다.

나단[נָתָן = 양심, 주는 자]헬
[1] 유다사람 여므엘 족속 사밧의 아버지. 앗대의 아들(대상2:36).
[2] 다윗이 왕이 된 후 밧세 바에게서 태어난 세째 아들(삼하5:14). 다윗의 계통은 나단을 통해서 계승되었다(눅3:31). 스가랴 때에 중요시 되었다(슥12:12).
[3] 이갈의 아버지. 요엘의 형제. 소바성읍의 주민(삼하23:36). 다윗의 30용사 중 한 사람.
[4] 다윗과 솔로몬 시대 선지자.
1. **인적관계** - 사붓과 사마리아의 아버지(왕상4:5).
2. **관련기사** - ①다윗의 성전 계획에 찬성함(삼하7:2,3). ②성전 건축이 솔로몬 시대에 이루어질 것을 계시받고 다윗왕에게 권고함(삼하7:12,13). ③다윗에게 존귀와 평안이 있을 것을 계시받고 전함(삼하7:8-11). ④다윗이 우리야의 아내 밧세바를 범한 것을 알고 찾아감(삼하11:2-5). ⑤양 새끼 비유로 다윗의 죄를 지적함(삼하12:1-14). ⑥갓과 사무엘과 같이 다윗의 행적을 기록함(대상29:29, 대하9:29). ⑦성전에 악기를 배치함(대하29:25) ⑧아도니야의 반역 음모를 폭로하여 솔로몬이 왕위를 계승하도록 조력함(왕상1:11-46). ⑨솔로몬의 이름을 '여호와의 사랑하심을 입은 자'란 뜻의 '여디디야'라고 함(삼하12:24,25). ⑩사독과 함께 솔로몬에게 기름을 부어 왕으로 세움(왕상1:38-40). ⑪나단의 아들 사붓은 솔로몬 궁의 대신을 지냈고, 아리아는 관리장을 지냈다(왕상4:5).

3. **교훈** - 선지자로서의 임무수행. 왕을 책망할 수 있는 용기. 불의를 책할 수 있는 자가 되어야 한다.
[5] 에스라가 아와강가에서 하나님의 전에 종사할 사람을 구하러 보낸 족장(스8:6)
[6] 이외에도 같은 이름을 가진 자가 있다.

나단멜렉[נְתַן־מֶלֶךְ = 멜렉(신의 아름, 단지의 왕)이 주었다]헬(왕하23:11) 요시아왕 때의 시종관. 여호와의 전에 들어가는 입구에 집을 가지고 있었다. 태양신을 위하여 바친 말들을 불태운 사람.

나답[נָדָב = 고상하다]헬(출6:23).
[1] 아론의 맏아들(출6:23). 아비후와 같이 여호와께 다른 불로 제사를 드렸기 때문에 벌을 받아 죽었다(레10:1-7). 자식이 없었다(민3:4, 대상24:2).
[2] 유다지파 여무엘 자손 중 한 사람(대상2:28-30).
[3] 베냐민지파 여이엘과 마아가 사이에서 태어난 아들(대상8:30, 9:36). 사울왕의 삼촌.

나도기름

④ ①여로보암 I세의 아들. 아버지와 한가지로 우상숭배자. ①집보돈의 성읍을 포위하고 있을 때 잇사갈의 집 바아사에게 살해되었다(왕상15:25-32). ②선지자 아히야가 예언한대로 이루어졌다(왕상14:1-16). ③2년간 이스라엘을 다스렸다(왕상15:25). ④그 일가에 하나님의 형벌이 내렸다(왕상14:10-11, 15:25-30).

⑤ 유다파 여라므엘 자손 중 한 사람(대상2:28, 30).

나도기름[spikenard]명(아1:12) 히말라야가 원산지인 나드 식물의 뿌리에서 짜낸 값비싼 향유(香油). 마리아가 예수님께 부었다(요12:3). 솔로몬이 사용했다(아1:12).

나도초[~草 ; 풀 초. nard]명(마4:13) 히말라야가 원산지로 알려진 향기나는 풀의 이름. 솔로몬이 화원에 심었다(아4:13, 14).

나드[nard]명(아4:14) 향내가 그윽하고 값이 몹시 비싼 향유(香油-요12:3). 나도와 같다.

나라[Nation, Kingdom]명(창10:5) ①국가 ②이 세상과는 다른 어떠한 특수한 사물의 세계(계1:9).

나라 사람[a nation]명(요18:35) 국민, 백성. 한 세계에 속한 무리.

나루[ford]명(창32:22) 강 가나 냇가, 좁은 바다목에 배가 건너다니는 일정한 곳.

나루턱[ford]명(수2:7) 나룻배가 들어와 닿는 자리. 도선장.

나룻배[ferryboat]명(삼하19:18) 강을 건너다니는 작은 배. 사람이나 짐승, 물건을 건네어 주는 배. 다리(교량)가 놓이기 전 강을 건너는 교통수단.

나룻터[ferry]명(삼하15:28) 나루터

나맥[裸麥] ; 벌거벗을 나, 보리 맥. spert, rye]명(출9:32) 쌀보리. 애굽에서는 일찍이 재배하였다.

나머지[excess, rest]명(창14:10) 어떠한 한도에 차고 남은 부분. 여분.

나무[tree, wood]명(창1:12) ①줄기와 가지에 단단한 껍질이 있는 다년생 식물. ②집을 짓거나 물건을 만드는데 쓰는 재료.

나무[wood]명(시58:9) 땔감. 땔나무. 연료.

나무궤[wooden chest]명(신10:1) 싯딤나무로 만든 법궤. 언약궤, 증거궤를 가리키는 말.
십계명 두 돌비와 만나, 아론의 싹난 지팡이를 넣은 궤.

나무그릇[wooden vessels]명(호4:13) 나무로 만든 그릇. 목기(木器)

나무우상[wooden idol]명(사45:20) 섬기기 위하여 나무를 새겨 만든 것. ①금지된 우상(출23:24). ②세우는 것을 금함(신16:22). ③아세라 목상(왕하21:37, 23:15). ④목상(레26:1). ⑤남·북왕조가 섬겼다(호3:4, 미5:13).

나무조각[piece of wood]명(암4:11) 나무가 부서져 작게 된 것.

나무진[pitch]명(출2:3) 나무가지나 둥지를 잘라 낸 뒤에 나는 진. 수지. 방수제로 사용.

나무 토막[bit of wood]명(사44:19) 나무가 여러개로 잘라진 동강이

나물[shrubs, herb]명(출12:8) ①먹을 수 있는 풀이나 나무잎. ②채소를 조리한 반찬.

나물밭[vegetable-garden]명(신11:10) 가꾸는 채소밭. 아합이 이스르엘에 갖기를 원했다(왕상21:2).

나발[לבנ]=어리석다]인(삼상25:1-42) ①유다의 갈멜에 살던 인색한 부자. ②그 이름처럼 어리석고 교

만하여 다윗의 화를 입게 되었으나 아내 아비가일의 지혜로 구출됨 ③ 나발이 죽은 후 그의 아내 아비가일은 다윗의 아내가 되었다(삼상27:3, 30:5).

나봇[נָבוֹת = 뛰어난 사람]인
1. **인적관계** - 이스르엘 근처에 좋은 포도원을 가진 사람(왕상2:1)
2. **관련기사** - ①아합이 그의 포도원을 갖기를 원했으나 거절했다. 이로 인하여 이세벨이 묘략을 꾸며 죽였다. ②나봇을 죽인 죄로 아합 왕조가 멸망하였다(왕하9:25, 36 왕상21:20). ③나봇이 거절한 이유는 상속 재산을 양도할 수 없는 이스라엘의 율법을 지킨 것(레25:33)이다. 그리고 아합의 물욕에 경고한 것이다.
3. **교훈** - 하나님이 주신 기업은 지켜야 한다. 왕의 명령을 거절할 수 있는 하나님 절대 신앙을 본받을 것.

나비[נָבִיא = 하나님의 곁에 숨음, 감추어진 것]인(민13:14) 납달리 사람 웝시의 아들(민13:14) 가나안 땅을 탐지하기 위해 파송된 정탐군.

나비스[נָבִישׁ = 증거함]인(창25:15) 이스마엘의 열 한번째 아들. 족장의 한 사람. 그의 후손이 이스라엘과 싸웠으나 졌다(대상5:18-22).

나쁘다[bad]형(마6:23) ①됨됨이, 성질, 질이 좋지않다. ②마음이나 하는 짓이 착하지 못하다.

나사[螺絲 ; 소라 라, 실 사. scerw]명(왕상6:8) 소라처럼 비틀리게 고랑이진 물건. spiral.

나사렛[Ναζαρέθ = 거룩, 감시자]지
1. **위치** - 갈릴리 도에 있는 성읍(마14:13) 예루살렘 북으로 91km 지점. 사방에 산이 둘러 쌓인 마을. 현재의 엔 나시라.
2. **관련기사** - ①예수님께서 자라신 곳(눅4:16). ②예수님의 고향(마13:54, 막6:1, 4). ③예수님께서 안식일에 가르치신 곳(눅4:16). ④예수님을 벼랑에서 떠밀어 죽이려고 한 곳(눅4:29). ④예수님이 오랫동안 복음을 전파했으나 믿지 않고 도리어 두번이나 배척하였다(마13:13:57, 눅4:29).

마리아 우물

나사렛 사람[nazarene]인 ①예수님(마2:23). ②예수님의 제자들의 별명(행24:5). ③멸시하는 말로 쓰임(마26:71).

나사렛 예수[Jesus of nazareth]인 예수님을 일컫는 말. ①요셉의 아들(요1:45). ②귀신들린 자가 떨면서 말함(막1:24). ③소경이 들음(눅18:37). ④주께서 친히 쓰심(행22:8). ⑤천사의 부활증거에서(막16:6). ⑥무리들이사용(요18:7). ⑦십자가 상의 죄명에 사용(요18:19). 사도들이 증거(행2:22). ⑧대적당하는 이름(행26:9).

나사로[Λάζαρος = 주의 도움]인
① ①베다니의 마르다 마리아의 오빠로 죽은 지 4일만에 예수님께서 살리셨다(요11:43). ②예수님을 위해 잔치를 베품(요12:1-2). ③제사장들이 죽이려 함(요12:9-11).
② 예수께서 비유로 가르치실 때 쓴 이름으로 매일 부자집 문전에서 구걸만 하였으나 내세에는 부자는 지옥에 가고 나사로는 천국에 갔다고 하셨다(눅16:22-23).

나사모양[螺絲貌樣 ; 소라 라, 실 사, 모양 모, 모양 양]명 소라처럼 빙빙 비틀린 생김 생김.

나서다[go out]자(수2:19) 앞으로 나와서 서다. 나타나서 일을 가로막거나 간섭하다.

나손[נַחְשׁוֹן = 뱀, 점쟁이]인(출6:23) 아미나답의 아들. 엘리세바의 오빠. 아론의 처남. 살몬, 보아스, 다윗으로 이어지는 혈통. 유다지파의 족장, 광야에서 단의 봉헌 예물을 드릴 때 제1일에 예물을 드린 자(민7:12-18, 눅3:32).

③시체로 인하여 더럽히지 말것 (민6:6-7). ④거룩할 것(민6:8). ⑤도덕적 정결(암2:11-12).

나아가다[advance]区(창10:11) ①앞으로 향하여 가다. ②병이나 하는 일이 점점 좋아지다. ③높은 자리를 향하여 가다.

나아라[נַעֲרָה = 소녀]인 (대상4:5) 유다 자손 드고아의 아버지의 첩.

나아라[נַעֲרָה = 처녀임]지(수16:7) 에브라임 동편의 한 성읍. 나아란과 같은 곳.

나아란[נַעֲרָן = 소녀, 배회하다]지(대상7:28) 에브라임의 성읍. 나아라와 같은 곳(수16:7).

나아래[נַעֲרַי = 나의 어린 아들]인(대상11:37) 에스베의 아들이며 다윗의 용사중 한 사람.

나아마[נַעֲמָתִי = 유쾌]인

① 가인의 후에 두발가인의 누이(창4:22) 라멕과 씰라의 딸(창4:16-22).

② 암몬 사람으로 솔로몬의 아내이며 르호보암의 어머니(왕상14:31).

나아마[נַעֲמָה = 즐거움]지(수15:41) 유다 세베라 산악지에 있던 성읍. 벧세메스의 서북쪽의 마을.

나아마 사람[naamthite]인(욥2:11) 욥이 환난을 당할 때 찾아온 욥의 친구 소발(욥11:1, 20:1, 42:9).

나아만[נַעֲמָן = 즐거움]인

① 베냐민의 아들(창46:21).

② 베냐민의 손자이며 벨라의 아들 (민26:40, 대상8:4).

③ 베냐민의 증손 에훗의 아들(대상7:10). 게바 거민의 족장.

나손[Μνάσων]인(행21:16) 구브로 출신의 초대교회 신자. 바울을 환대한 사람(행21:16). 야손이라고 부르는 이름.

나시르 사람[nazirites]인(암2:11) 성별된 사람이란 뜻 → 나실인.

나실인[~人 ; 사람 인. nazirites]인 (민6:2) 하나님께 특별히 성별, 서원한 사람(삿13:5-7). 금지된 행위-①독주를 마시지 말것(민6:3-4). ②머리를 깎지 말것(민6:5).

④ 다메섹왕 벤하닷의 수리아 장군(왕하5:1). ①문둥병자(왕하5장). ②이스라엘에서 납치해 온 어린 여종을 두었다. ③왕의 편지를 휴대하고 이스라엘 왕을 찾아갔다. ④엘리사를 찾아갔으나 화가나서 돌아갔다. ⑤돌아가는 길에 엘리사가 말한대로 요단강에서 몸을 씻었고 문둥병이 완치되었다. ⑥엘리사에게 돌아가 선물을 주려고 하였다. ⑦엘리사가 선물을 받지 아니하자 흙을 가져갔다. ⑧게하시에게 선물을 주었다. ⑨하나님 여호와만 섬기기로 하였다.

교훈 - 이적을 보고야믿는 자가 있다. 하나님은 만인의 하나님이다.

나암[נַעַם = 아름다움, 즐거움]인 (대상4:15) 유다 지파의 야베스계통 갈렙의 아들.

나오미[נָעֳמִי = 우리의 즐거움]인 나아만의 여성형 이름.

1. 인적관계 - 엘리멜렉의 아내.
2. 관련기사 - ①말론과 기론의 어머니(룻1:2). ②베들레헴 사람(룻1:1-5). ③흉년을 피하여 모압으로 간 사람. ④오르바와 룻의 시어머니(룻1:1-5). ⑤남편과 두 아들을 잃음(룻1:1-5). ⑥룻과 같이 베들레헴으로 돌아와 룻의 공양을 받았다. ⑦룻을 보아스에게 시집 보냄(룻기 참고).
3. 교훈 - 슬픔의 여인. 며느리 룻을 위한 배려. 손자를 봄으로 이름과 같이 즐거운 자가 되었다.

나욧[נָוִיֹת = 사는 곳]지(왕상19:18) 라마에 있던 사무엘의 거주지. 선지자들의 공동생활처(삼상19:18-20:1). 다윗이 사울을 피해서 이곳에서 지냈다(삼상19:18-23).

나음[excellence, heal]부(롬3:1) 뛰어난 것, 잘난 것.

나음[perfect cure]타(마14:36) 고침. 치료되다. 완쾌되다.

나이[age]명(창12:4) 사람, 생물이 태어나서 살아온 햇수.

나인[Ναϊν = 아름답다, 즐겁다]지 (눅7:11) 나사렛 동남쪽 9km 지점 갈릴리의 성읍. 예수님께서 이곳 과부의 아들을 살리셨다(눅7:11-17).

나일강[יְאֹר = 검다]지
1. **위치** - 중앙아프리카 동부 고지에서 발원하여 애굽 전역을 지나 지중해로 흐르는 약 5,600km의 강.
2. **특징** - 우기에 범람하여 인류문명을 꽃피웠다.
3. **관련기사** - ①바로가 꿈에 일곱 암소와 일곱 이삭을 봄(창41:1-7). ②이스라엘의 남자가 출생하면 던져 죽인 곳. ③모세가 출생하여 숨겨 키울 수가 없게 되자 갈대상자에 넣어 버린 곳. ④바로의 딸에 의하여 모세가 건짐을 받음(출2:5). ⑤재앙으로 강물이 피로 변함(출7:20). ⑥선지자들이 예언에 인용(슥10:11).
4. **교훈** - 강(江)도 하나님의 뜻을 이루는데 사용되었다.

나중[latter]명부(민24:22) 얼마지 난 뒤. 처음에 대한 끝이란 뜻. 먼저 할일을 한다음. ①후일(욥8:7). ②멸망의 때(잠5:4). ③종말의 날(마10:22). ④하나님께서 완성하심을 뜻함(계21:6). ⑤이전에 대한 후의 뜻으로(계2:19). ⑥지위나 서열의 하위(마19:30).

나중된자[last who]명(스8:13) 뒤처진 사람. 뒤에 온 사람.

나팔[喇叭 ; 나팔 나, 나팔 팔. horn, trumpet]명(출19:13) 쇠나 뿔로 만든 악기. 불어서 소리를 낸다. 종교적인 면에서는 레위 사람이 불었다(민10:8). 뿔나팔. ①신호용으로 사용(출19:13, 느4:18). ②찬양의 도구로 사용(대상13:8, 시98:6). ③말씀선포할 때 사용(사58:1, 렘4:5). ③의식에 사용(고전14:8). ④성도를 모으기 위하여 사용(살전4:16). ⑤심판의 도구(마24:31, 살전4:16). ⑥영광을 얻으려는 선전에 사용(마6:2). ⑦주께서 강림하실 때 사용(고전15:51).

나팔수[喇叭手 ; 나팔 나, 나팔 팔, 손 수. bugler]명(왕하11:14) 나팔을 부는 사람.

나팔절[~節 ; 마디 절. day of blow the trumpet]명(레23:24) 유대력의 제7월(티쉬리) 초하루에 지키는 절기. 나팔을 불어서 알리기 때문에 붙인 이름. ①노동을 중지하고 ②희생을 드린다(민29:1-6). 7월은 유대교의 신년이다(출12:12 참조).

나하라임[naharaim]지(시60:설명) 아람 나라에 있던 한 지방.

나하래[נַחְרַי = 주께서 택하신 것, 콧김]인(삼하23:37) 브에롯 사람으로 다윗의 30용사 중 한 사람. 요압의 병기를 잡은 사람(대상31:39).

나하마니[נַחֲמָנִי = 위로함, 긍휼함]인(느7:7) 예수아와 스룹바벨과 같이 바벨론에서 돌아온 12명의 족장 중 한 사람.

나하스[נָחָשׁ = 예언함, 뱀]인
① ①암몬의 왕으로 길르앗 야베스를 공격하였으나 사울왕에 의하여 패하였다(삼상11:1-11). ②다윗에게 친절을 베풀었다(삼하10:2). ③나하스의 아들 소비는 압살롬을 도왔다(삼하17:27).
② 아비갈(이드라의 아내, 마아사의 어머니)과 스르야(요압의 어머니)의 아버지. 요압과 아마사의 외조부. 이드라의 장인(삼하17:25).

나할랄[נַהֲלָל = 목장]지(수19:15) 갈멜산 아래 하이파의 끝 동쪽 8km 지점. ①스불론의 성읍. ②레위지파의 성이 됨(수21:35). ③가나안인에 의해 오랫동안 지배된 곳(삿10:30).

나할리엘[נַחֲלִיאֵל = 하나님의골짜기]

나함

지](민21:19) 모압의 아르논에서 여리고에 이르는 동안 이스라엘이 광야생활 중에 유숙한 지방.

나함[נָחָם = 위로함]인](대상4:19) 유다 자손으로 호디야의 처남. 그 일라와 에스도모의 외삼촌.

나핫[נַחַת = 휴식함, 고요]인]
1 에서의 아들 르우엘의 맏아들(창36:13)로 에돔족장(대상1:37).
2 레위사람 고핫의 자손으로 소배의 아들(대상6:26). 사무엘의 조상.
3 레위사람으로 히스기야 때 예물을 관리한 사람(대하31:13).

나홀[נָחוֹר = 거친숨. 코고는 자]인]
1 ①스룩의 아들로 데라의 아버지. 아브라함의 할아버지(창11:22-25, 눅3:34).
2 데라의 아들로 아브람과 하란의 형제(창11:26, 수24:2). 나홀은 하란의 딸 밀가와 결혼하여 8명의 자녀를 낳았다(창11:29, 22:20-22). 브두엘의 아버지가 된다.

나훔[נָחוּם = 위로자]인]
1 예수님의 계보에 기록된 나훔(눅3:25).
2 엘고스 사람. 유대왕 히스기야 때 선지자(나1:1). 니느웨 성이 황무하여질 것을 예언했다(나3:7).

나훔[Nahum]명](나) 구약 제34권째 성경. 선지자 나훔의 기록으로 앗수르의 수도 니느웨에 대한 예언. 또한 유다를 위한 격려의 말씀이기도 하다. 요나 선지자의 외침에 회개한 니느웨가 죄에 빠짐으로 멸망할 것을 예언 하였다. 그러므로 하나님의 심판과 그 심판의 이유를 보여준다. 요절3:5-7. 내용 분해는 박기원 편 성경총론을 참고하라.

• **나훔에 예언된 그리스도** - ①복음을 전파하는 자(나1:15) - (마4:17). ②짐을 가볍게 하실 자(나1:12-13) - (마11:28). ③환난날의 산성(나1:7). ④심판하실 자(나1:8). ⑤노하기를 더디하시는 자(나1:3).

나흘[the fourth day]명](삿11:40) 사일(四日). 네째 날. 96시간.

낙[樂 ; 즐거울 낙(락). pleasure]명](창18:2) ①즐거움. 재미. ②위안이 되는 일

낙개[Nayyai = 빛나다]인](눅3:25) 그리스도의 계보 중 한 사람.

낙담[落膽 ; 떨어질 락, 쓸개 담. fail]명](출15:15) ①실망하여 갑자기 마음이 상함. discouragement. ②매우 심하게 놀라서 간이 떨어질듯 함. fright.

낙망[落望 ; 떨어질 락, 바랄 망. disappointment, castdown]명](사42:6) 바라는 일이 안됨.

낙성[落成 ; 떨어질 낙(락), 이룰 성. dedication]명](느12:27)공사의 목적물이 완성됨.

낙성가[落成歌 ; 떨어질 락, 이룰 성, 노래 가. song of completion]명](시30:) 성전 건축을 완성하고 불렀던 노래.

낙성식[落成式 ; 떨어질 락, 이룰 성, 격식 식. dedication]명](신20:5) 집을 다 지어 낙성을 축하하는 의식. ①집 낙성식(신20:5). ②예루살렘 성곽 낙성식(느12:27). ③여호와의 전 낙성식(왕상8:63).

낙성예식[落成禮式 ; 떨어질 낙(락), 이룰 성, 예도 예, 격식 식. dedication]명](단3:2) 건축 공사가 다 마무리 되어 축하하는 예식. 봉헌함. 느브갓네살의 신상 낙성예식

낙심[落心 ; 떨어질 락, 마음 심. discouragement]명](민32:7) 바라는 일이 이루어지지 않아서 마음이 풀어짐. ①선을 행하다가 낙심하지 말라(갈6:9). ②충고를 받을 때(히12:5). ③피곤할 때(히12:3). ④환난때문에(엡3:13). ⑤답답할 때(고후4:8) 낙심하지 말라.

낙엽[落葉 ; 떨어질 락, 잎 엽. fallen leaves]명](욥13:25) 잎이 말라 줄기나 가지에서 떨어짐. 또는 그 잎.

낙원[樂園 ; 즐거울 낙(락), 동산 원. paradice]명](눅23:43) 걱정 없이 살 수 있는 즐거운 동산. ①에덴동산(창2:8). ②하나님께서 택한 백성(성도)을 위하여 예비하신 곳 =

천국(계2:7, 22:1-2). ③아브라함의 품(눅16:22). ④세째 하늘(고후12:2-4). ⑤더 높은 하늘(엡4:8-10). ⑥회개한 강도가 죽어서 간 곳(눅23:43).

낙태[落胎 ; 떨어질 락, 아이밸 태. cast, aborution]똉(창31:38) ①태아가 달이 차기 전에 죽어서 태움. ②사람의 힘으로 태아를 모체에서 떼어냄.

낙토[樂土 ; 즐길 락, 흙 토. pleasant land]똉(시106:24) 살기 좋은 땅. 가나안 땅을 일컫는 말.

낙헌[樂獻 ; 즐길 락, 드릴 헌. freewill offering]똉(레23:38) 서원이나 기도와 함께 기쁨으로, 자원하여 드림.

낙헌예물[樂獻禮物 ; 즐길 락, 드릴 헌, 예도 예, 만물 물. present of freewill offering]똉(레22:23) 낙헌제로 드리는 제사의 희생제물. 자원하여 드리는 예물.

낙헌제[樂獻祭 ; 즐길 락, 드릴 헌, 제사 제. freewill offering]똉(레22:18) 자발적이고 즐거운 마음으로 하나님께 예물을 드리는 제사. 서원한 것을 갚는 서원제와 함께 자의(自意)로 예물을 드리는 자원제이었다. 낙헌제의 제물은 소, 양, 염소의 흠 없는 수컷으로 화목제나 번제로 드렸고 그 희생제물이 되는 고기는 이튿날까지 다 먹었다. 제삼일까지 남았으면 불살라 버려야 했다(레7:16, 17).

낚다[angle, draw out]타(욥41:1) 낚시로 고기를 잡다.

낚시[angle, hook]똉(욥41:1) 물고기를 낚는데 쓰는, 미끼를 끼는 작은 쇠갈고랑이. 고기를 잡는 일. 베드로가 낚시를 던져 고기를 잡았다(마17:27).

난[亂 ; 어지러울 란. chaos, uproar]똉(행21:38) 전쟁이나 분쟁으로 세상이 어지러워 백성이 뿔뿔이 흩어지는 사태. 난리.

난간[欄干 ; 난간 난(란), 방패 간. railing]똉(신22:8) 층계, 다리등의 가장 자리에 종횡으로 나무나 쇠를 건너 세워 놓은 것. 사람이 떨어지는 것을 막고 장식으로도 세운다.

난곳[native]똉(행2:8) 태어난 고향.

난땅[nativity]똉(겔16:3) 태어난 고향.

난류[亂類 ; 어지러울 란, 같을 류. worthless fellow]똉(삼하20:1) 불법한 행동을 마구하는 무리.

난리[亂離 ; 어지러울 란, 떠날 리. a war, tumult]똉(대하20:9) 난(亂), 전쟁. 소요.

난봉[dissipation]똉(대하13:7) 허랑방탕스러운 짓. 또는 그 사람.

난산[難産 ; 어려울 난, 낳을 산. difficult delivery]똉(창35:17) ①해산이 순조롭지 못하여 고생함. ②일을 이루기 어려움.

난육[爛肉 ; 문드러질 난(란), 살 육. sore on one's skin. raw flesh]똉(레13:10) 살이 문드러진 것.

난장이[dwarf]똉(레21:20) 이상하게 키가 작은 사람. 발육부진으로 비정상적인 사람. 제사장이 될 수 없다.

낟가리[stack of corn]똉(출22:6) 낟알이 붙은 채로 쌓은 곡식단 더미.

날[日. day]똉(창1:5) 하루 동안. 24시간. 구약에서는 해질 때부터 다음 해질 때까지(레23:32).

1. **시간적인 날** - ①24시간(마6:34). ②낮(시121:6). ③저녁, 아침, 낮으로 나눔(시55:17). ④신약에서는 12시간으로 나눔(요11:9).

2. **지정된 날. 기간** - ①사건의 날(삼하22:19). ②권고하시는 날(벧전2:12). ③여호와의 날(암5:18). ④죽는 날(전2:3). ⑤시작하는 날(히7:3). ⑥주님의 날(벧후3:8,10). ⑦하나님의 날(벧후3:12). ⑧그리스도의 날(빌1:10). ⑨주 예수의 날(고전5:5). ⑩구원의 날(고후6:2). ⑪구속의 날(엡4:30). ⑫심판의 날(벧후3:7). ⑬멸망의

날(벧후3:7).⑭마지막날(히1:2).
날[raw, uncooked]명(출12:9) 삶지 않고 익히지 않은 생것.
날[wrap]명(레13:48) 옷감을 짤 때 세로로 놓인 실. 세로 줄.
날[blade]명(삿3:22) 칼, 가위, 연장들을 잘 자를 수 있도록 가장 날카롭게 한 부분.
날개[wing]명(창1:21) 새나 곤충 따위의 몸에 붙어서 나는데 작용하는 기관. 나래. *보호, 인도하심을 상징(시57:1, 눅13:34, 출19:4).
날개치다[wing, flying]자(사18:1) 날거나 솟구치려고 날개를 움직이다. 위험을 나타내는 새의 동작.
날것[uncooked thing]명(삼상2:15) 익히지 않은 음식.
날다[fly]자(창1:20) ①날개를 움직이거나 또는 다른 힘으로 몸이 공중에 뜨다. ②매우 빨리가다. hurry.
날래다[fast]형(욥26:13) 움직임이 나는듯이 빠르고 기운차다.
날리다[let fly]자타(출9:8) ①하늘로 날게 하다. ②짐짓 놓아 달아나게 하다. release
날마다[everyday, daily]명부(창39:10) 그날 그날. 매일 매일.
날새다[day break]자(욥21:4) 한 밤을 지내다. 한 날이 밝아오다.
날서다[be edged]자(삿3:16) 칼, 연장의 날이 날카롭게 되다.
날수[~數; 셀 수. days]명(창50:3) 날의 수효. 전생애. 살아온 세월.
날짐승[fowls]명(전10:20) 새. 조류.
날짜[date]명(대상29:27) ①어떤 일에 소용되는 날의 수효. ②작정한 날. ③날의 차례. 일자.
날치다[rage]타(시102:8) 함부로 마구 덤비어 짐짓 기세를 떨치다.
날카롭다[pointed]형(창4:22) ①끝이 뾰족하거나 서슬이 서 있다. 잘 들다. ②성질 따위가 격렬하다. ③기세가 매섭다. ④생각하는 힘이 빠르고 정확하다.
낡다[become old]형(신29:5) ①물건이 삭거나 헐어서 정도가 오래되다. ②옛 것이 되다.

남[another]명(창20:3) ①자기 이외의 다른 사람. 타인. ②일가 친척이 아닌 사람.
남[南; 남녘 남. south]명(출27:9) 남쪽. 북쪽의 반대방향. 우측.
남겨두다자(민9:12) 나머지가 있게 하여 두다. 일부를 떼어 두다.
남기다[remain]타(창27:36) ①나머지가 있게 하다. ②남아 있게 하다. 처져 있게 하다.
남녀[男女; 사나이 남, 계집 녀. man and woman]명(출10:9) 남자와 여자.
남녀간[男女間; 사나이 남, 계집 녀, 사이 간. son or daughter. man or woman]명부(출21:29) ①남자이건 여자이건. ③남자와 여자 사이.
남녀노비[~奴婢; 종 노, 계집종 비. slaves]명(렘34:9) 남자 종과 여자 종. 부리는 남녀 종.
남녀 노소[男女老少; 사나이 남, 계집 녀, 늙을 노, 젊을 소. man and woman of all ages]명(출10:9) 모든 사람.
남녀형제[~兄弟; 맏형, 아우 제]명(수2:13) 형제자매.
남다[survive]자(창7:23) ①가지 않고 처지다. ②한도를 넘어 더 있다.
남단[南端; 남녘 남 끝 단. southern extremity]명(수18:19) 남쪽 끝.
남문[南門; 남녘 남, 문 문. south gate]명(겔40:28) 남쪽에 있는 문.
남방[南方; 남녘 남, 모 방. south]명(창12:9) ①남녘. ②남쪽 지방.
남방왕[king of the south]명(단11:5) 역대 애굽왕을 가리키는 말(단11:5-15). 수리아는 북방왕이다(단11:6).
남보석[藍寶石; 바구니 남, 보배 보, 돌 석. sapphire]명(출28:18) 남색 빛(푸른 빛과 자주빛이 겹친 색)을 띤 보석의 하나. 대제사장의 흉패 둘째줄에 단 보석. 하나님의 임재와 물질적인 번영을 나타낸다(겔1:26, 겔28:13). 새 예루살렘의 둘째 성곽의 기초(계121:19).
남북[南北; 남녘 남, 북녘 북. north

and south]명(신3:27) 남과 북.

남비[pan, pot]명(삼상2:14) 솥 붙이의 한가지. 금속제 또는 도기제로 밑은 얕고 위는 열렸는데 뚜껑으로 덮음. 성경시대에서는 솥과 남비의 구별이 곤란하다.

남색[男色 ; 사내 남, 빛 색. sodomy]명(왕상14:24) 남자끼리 하는 성행위. 계간. AIDS의 원인으로 소돔과 고모라가 이 병으로 망한 것으로 본다.

남색하는 자[homosexual]명(딤전1:10) 이방신전에서 매음하던 남자(왕상14:24). 남성간 동성연애자(롬1:27). 미동(신23:17). 남창(욥37:14)으로 하나님의 유업을 받지 못한다(고전6:9).

남아[男兒 ; 사내 남, 아이 아. man child]명(욥3:3) 남자 아이. 남자다운 남자.

남은 자[remnant]명(삿7:3) 하나님께서 죄인을 벌하시는데 그 심판을 면하게 하신 소수의 사람. ①홍수 심판에서 남은 노아의 여덟 식구(창6:5-8). ②소돔성의 유황불 심판에서 남은 롯과 두 딸(창18:17-19:29). ③바로가 이스라엘 남아를 살해할 때 남은 모세(출2장) ④광야에서 죄로 죽은 성인 남자 가운데 남은 자(민14:29-30). ⑤바알에 무릎을 꿇지 않고 남은 선지자 7천명(왕상19:18). ⑥여호와를 찾고 선을 구하는 자(암7:3). ⑦겸비하여 주를 찾는 자(습2:3). ⑧시온에서 피난처를 찾은 자(사8:18). ⑨신실한 성도(롬11:5).

남음[haveing over]명(출16:18) 모자라지 않다. 넉넉하다. 넘치다.

남자[男子 ; 사내 남, 아들 자. man]명(창1:17) ①하나님께서 처음 만드신 사람. ②사나이. 남성.

＊①하나님이 자기 형상대로 창조한 처음 사람(창1:27, 2:7, 15). ②자연계를 다스리는 임무를 부여 받은 자(창1:28-30). ③돕는 배필을 얻은 자(창2:20-22). ④하와가 준 선악과를 먹고 범죄한 자(창3:1-24). ⑤땀흘리는 가장(창4:1-).

남자답다[manly]형(고전16:13) 사나이 답다. 남성적이다.

남자손[男子孫 ; 사나이 남, 아들 자 손자 손. the sons]명(수17:6) 남자만의 후손. 여자가 빠진 자손.

남정[男丁 ; 사내 남, 일꾼 정. a male adult]명(출10:11) 열 다섯살이 넘은 젊은 남자.

남종[manservant]명(출20:10) 사내 종. 타인을 위하여 수종들고 봉사하는 남자.

남짓하다[slightly over]형(사32:10) 무게, 분량, 수효 따위가 어느 정도보다 조금 더 되다.

남창[男娼 ; 사내 남, 창기 창. male prostitute]명(욥36:14) 남색(男色)을 파는 남자. 미동.

남편[男便 ; 사내 남, 편할 편. husband]명(창3:6) 아내의 배우자. 高 부군(夫君).

남편[南便 ; 남녘 남, 편할 편. south]명(출26:18) 남쪽 편. 남향.

남풍[南風 ; 남녘 남, 바람 풍. south wind]명(욥37:17) 남쪽에서 불어오는 바람.

남향[南向 ; 남녘 남, 향할 향. southward]명(수15:2) 남쪽으로 향함.

남형[男兄 ; 나이 남, 맏형. elder brother]명(창34:11) 남자 형.

납[蠟 ; 백랍 랍. lead]명(출15:10) 보통 쇠붙이 가운데서 가장 무거운 회색의 푸른 금속 원소. 기호pb. 번호82.

납달리[נַפְתָּלִי = 경쟁, 씨름]인
1. **인적사항** - 야곱의 여섯째 아들(창35:25).
2. **관련기사** - ①라헬의 몸종 빌라의 둘째아들(창35:25). ②야스엘, 구니와 예셀, 실렘의 아버지(창46:24, 민26:48). ③납달리 지파의 시조. 이 지파 사람이 애굽에서 나온 자 53,400명. 가나안으로 들어간 자 45,400명(민1:42, 26:50). ④야곱의 마지막 예언적 축복을 받음(창49:21). ⑤후손 납달리 지파는 갈릴리 호수 북서부 지역을 분

납달리

배 받음(수19:32-39). ⑥사사 바락이 납달리 사람을 소집하여 여사사 드보라와 함께 가나안왕 야빈을 격퇴시킴(삿4:10). ⑦기드온이 납달리 아셀 므낫세 사람을 소집하여 미디안을 습격(삿7:23-25). ⑧다윗왕 즉위식 때 납달리 장관 1천명과 군사 3만 7천명이 참석함(대상12:34). ⑨북왕국 이스라엘 멸망시 앗수르의 디글랏빌레셀 Ⅲ세에 의해 포로로 끌려감(왕하15:29).

납달리〔נַפְתָּלִי〕 = 경쟁, 씨름〕지
1. **위치** - 갈릴리 바다 서쪽, 잇사갈 땅의 북쪽 지역(민1:15).
2. **관련기사** - ①가나안 기업 분배시 여섯번째 받음(수19:32-39). ②솔로몬이 성전을 건축할때의 놋장색 히람의 아내가 속한 지파(왕상7:14). ③아람왕 벤하닷의 공격을 받음(왕상15:20). ④앗수르의 디글랏빌레셀의 침략을 받음(왕하15:29). ⑤요시아 왕이 이 지방의 우상을 없이함(대하34:6). ⑥예수님과 제자들이 여러차례 방문한 곳(마4:13, 15). ⑦이스라엘 회복의 여명이 이 땅에서 시작될 것을 이사야가 예언하였다(사9:1).

납달리 게데스〔지〕(삿4:6) 납달리 지방에 있던 산지 마을→게데스.

납두힘〔נַפְתֻּחִים〕 = 열어 놓음〕인(창10:13) 함의 아들. 미스라임의 넷째 아들. 애굽의 한부족(대하1:11).

낫〔pruning〕명(신16:9)풀이나 나무, 곡식 등을 베는 연장.

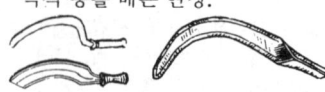

* 주님의 날, 최후의 심판을 상징(막4:29, 계14:14-19). 평화의 상징으로 묘사된 말(사2:4, 미4:3).

낭떠러지〔cleff〕명(욥39:28) 깍아지른 듯한 언덕.

낭독〔朗讀 ; 밝을 랑, 읽을 독. recitation〕명(출24:7). 소리를 내어 읽음.

낭실〔廊室 ; 행랑실, 집실. vestibule〕명(왕상6:3) ①대문 양쪽에 있는 방. 결채. 현관. 기둥만 서 있고 벽이 없는 복도. ②성경에서는 레위인들이 지키는 서쪽 건물의 이름(대상26:18). ③예루살렘 서쪽 광장(대상26:18).

낭패〔狼狽 ; 이리 랑, 이리 패. failure〕명(시35:4) 일이 잘못되어 당황하게 됨.

낮〔day〕명(창1:5) ①해가 떠 있는 동안. ②한 낮. ③밤과 구별되는 말.
* ①빛을 낮이라 함(창1:5). ②해가 주관하는 동안(시136:8). ③아침, 정오, 저녁(마16:2, 3, 행26:13). ④주께서 주관하심(시74:16). ⑤불변함(렘33:20). ⑤목자가 나무 그늘에서 쉬는 시간(아1:7). ⑥낮잠을 자는 시간(삼하4:5). ⑦예수님께서 성전에서 가르치시는 시간(눅21:37). ⑧예수님께서 아버지의 일을 하시는 시간(요9:4). ⑨계시를 받은 시간(행22:6). ⑩그리스도의 빛이 비취는 시간(요11:9). ⑪성도의 생활(살전5:5, 8).

낮아지다〔bring low〕자(레26:41) 낮게 되다.
* 성도는 낮아져야 한다.

낮은 자〔the lowly〕명(욥5:11) 천한 사람, 업신여김을 받는 사람.

낯〔face〕명(창3:8) ①얼굴의 바탕.

낯빛〔complexion〕명(단3:19) 얼굴에 나타나는 표정. 안색.

낱낱이〔one by one〕부(욥40:11) 하나하나 마다.

낳다〔bear〕타(창3:16) ①아이나 새끼를 뱃 속에서 내놓다. ②결과를 나타내다.

낳아주다〔give, bare〕(창17:6) 아이를 낳아서 줌. 손(孫)을 낳아서 바치다.

내〔內 ; 안 내. within〕명(레25:30) 일정한 테두리의 안.

내〔brook〕명(왕상18:5) 물이 흘러가는 길. 강보다 작고 개울보다 크다.

내겝〔nekeb〕지(수19:33) 납달리 지파의 한 접경.

내기〔betting〕명(왕하18:23) 일정한 조건하에서 승부를 겨루는 일.

내력[來歷 ; 올 래, 지날 력. history] 명(눅1:2) ①겪어 온 자취. ②내림.
내리다[go down]자(창2:5) ①높은 데로 향하여 옮다. ②탈 것에서 내려 옴.
내리닫다[run down]자(마8:32) ①아래로 향하여 뛰다. run down. ②힘차게 마구 달리다.
내리치다[beat]타(눅1:57) 계속하여 마구 때리다. beat.
내밀다[project]자(창8:9) ①한 쪽 끝이 길쭉하게 나오다. ②한쪽으로 도드라지다. 타안에서 앞으로 나 밖으로 밀다(창8:9).
내버리다[throw away]타(마5:29) ①폐물같은 것을 내던져 버리다. ②그냥 방치하여 두고서 돌아보지 아니하다. abandon.
내 보내다[let out]타(창3:23) ①안에서 밖으로 나가게 하다. ②직장이나 살던 곳에서 아주 나가게 하다. dismiss.
내부[內腑 ; 안내, 장부 부. internal organs]명(시109:18) 체내의 내장 기관 안속. 속 깊이.
내생[來生 ; 올 내, 살 생. the future life]명(딤전4:8) 죽은 후의 생활. 장래의 생명.
내세[來世 ; 올 래, 인간 세. the future life]명(막10:30) 사람이 죽은 뒤 영혼이 사는 곳. 천국과 지옥.
*성도는 천국에서 영생을 누린다.
내세우다타(행24:13) ①나와 서게 하다. support. ② 의견을 내다. submit[offer] ③자기의 주장이나 견해를 내놓고 주장하다. insist.
내소[內所 ; 안 내, 바 소. Most Holy Place]명(왕상6:16) 성소의 안에 있는 장소. 지성소(至聖所). 언약궤가 있고 대제사장이 연 1회 속죄하기 위하여 들어간다. inner room.
내시[內侍 ; 안내, 모실 시. eunuch] 명(왕상22:9) 궁중에서 임금을 모시는 관직의 총칭, 환관으로 번역된 말로 시종을 가리킨다. 왕을 지키고 시중들며 살림을 맡아 본다.
내실[內室 ; 안내, 집 실. inner room] 명(삿16:9) 안방. 내당(內堂).
내어 쫓다[drive away]타(창21:10) 쫓아 내다. 물리치다.
내외[內外 ; 안 내, 밖 외]명(왕상6:30) ①안과 밖. inside and outside. ②부부. married couple.
내외소[內外所 ; 안내, 밖 외, 곳 소. Holy Place and Most Holy Place] 명(왕상6:29) 안 쪽과 바깥 쪽. 성전의 성소와 지성소.

내응[內應 ; 안 내, 응할 응. secret communication]명(왕하6:11) 비밀히 내부에서 적과 통함. 내통.
내일[來日 ; 올래, 날 일. tomorrow] 명(출8:10) 오늘의 바로 다음 날. 명일.
내장[內臟 ; 안내, 오장 장. internal organ]명(출12:9) 동물의 내부기관. 해부학적으로는 호흡기, 소화기, 비뇨생식기, 내분비선으로 가른다. 주로 창자를 일컫는 말.
내전[內殿 ; 안 내, 대궐 전]명(왕상8:6) ①왕비(王妃)의 존칭. empress. ②침전. ③성막, 성전의 지성소를 말함. the Most Holy Place.
내탕고[內帑庫 ; 안내, 나라곳집 탕, 창고 고. treasures](왕하20:13) 임금의 사유재산을 두던 곳간. 창고. 저장소. 금고.
*①히스기야왕의 보물고(왕하20:13, 15).②바사왕의금고(스7:20). ③다윗왕의 창고(대상27:25). ④솔로몬의 국고(왕상9:19). ⑤왕의 창고(대상16:4, 대하17:12-13). ⑥바로의 국고성(출1:11). ⑦하나님의 십일조 창고(말3:10). ⑧곡식창고(눅12:24, 마6:26).
냄새[smell]명(창34:30) ①코로 맡을 수 있는 온갖 기운. 향내 따위. ②경향. 풍기는 기운. 어떤 사물, 분위기 등이 갖는 색채.

냇물[water in the river]명(사32:2) 내에 흐르는 물. 하수.

냉과리[hearth]명(시102:3) 덜 구워져서 불을 붙이면 연기와 냄새가 나는 숯

냉수[冷水 ; 찰냉, 물수. cold water]명(잠25:13) 찬물.

너구리[badger]명(시104:18) 개과에 속하는 아시아 특산의 동물. 원어의 뜻은 숨어 있는 자. 성경에서 사반, 오소리로 번역된 말.

너그럽다[lenient]형(잠19:6) 마음이 넓고 이해가 있어 감싸주는 성질이 있다.

너울[veil, lock]명(아4:1) 여자들이 나드리 갈 때 얼굴을 가리는 검은 천. 여자의 허영을 나타내는 말. 면박. 수건으로 번역된 말.

너풀거리다[flutter]자(신32:11) 거세게 흔들리어 너붓거리다.

너희[you]대(창1:29) 너의 복수

넉넉하다[enough]형(살전2:14) 표준한 것 보다 남고 모자라지 않다.

널[plank]명(행27:44) ①널빤지. 판판하고 넓게 켜낸 나무조각 ②관.

널다[spread]타(삼하17:19) 빨래나 곡식을 말리기 위하여 벌려 놓다.

널리[scatter]부(욥37:11) 너르게. 넓고 크게.

널조각[a piece of broadly]명(행27:44) 널빤지의 토막, 널 쪽.

널판[~板. plank, board]명(출26:15) 널빤지. 성전 건축에는 아카시아 널판을 사용했다.

넓다[wide]형(창34:21) 표면의 넓이가 크다.

넓이[width]명(출25:25) 넓은 크기. 면적. 표면의 크기.

넓적다리[thigh]명(출28:42) 다리의 무릎 관절 위 부분. 오금 위 다리. 대퇴부. ①세계 세력을 상징하는 말(단2:32). ②하나님께 서원을 할 때 드리는 제물의 부위(민6:20). ③ 아래 다리 전부(출28:42).

넓히다[widen]타(출26:18) 현재보다 넓게하다. 확장하다.

넘겨주다[deliver]타(마10:17)내주다. 맡기다. 전해 주다.

넘기다[deliver]타(신19:12) ①낮은 데로부터 높은 데로 지나가게 하다. make pass over. ②쓰러지게 하다. overthrow. ③때나 기회를 지나가게 하다. spend. ④권리나 의무를 저 쪽으로 가게 하다. transfer. ⑤재앙을 모면하다. transfer. ⑥일정한 차례에서 다음의 차례로 넘기다. pass over.

넘다자(창31:52) ①정도에 벗어나 지나치다. exceed. ②때가 지나가다. elapse. ③낮은 데서 공간이나 물건의 위를 지나다. pass over(수18:12). ④분수에 지나다. ⑤고비를 지나다. pass. ⑥건너 뛰다. jump over.

넘어가다[pass over]자(출12:13) ①바로 선 것이 쓰러지다. tumble ②동안이 지나가다. elapse. ③남의 소유가 되다. pass into another's hand. ④이 쪽에서 저 쪽으로 물건이나 공중을 지나가다. cross.

넘어뜨리다[knock over]타(욥12:19) ①서 있는 물건을 쓰러지게 하다. ②남의 지위나 차지한 권세를 꺾다. ③망하게 하다.

넘어오다[come over]자(사31:5) ①선 것이 쓰러져 이쪽으로 오다. ②책임, 권리, 관심 따위가 이쪽으로 옮겨오다. ③건너서 오다.

넘어지다[fall]자(레26:37) ①한쪽으로 쓰러지다. ②승부놀이에서 지거나 망하다. ③쓰러져 죽다.

넘치다[overflow]자(민11:20) ①가득차서 밖으로 흘러나다. ②어떤 상태가 표준보다 지나다.

넝쿨[branches, vine]명(시80:11) 덩굴의 사투리. 뻗어나가 땅 바닥에 퍼져 다른 물건에 감기어 오르는 식물의 줄기.

넣다타(창7:16) ①안으로 들여보내다. put in. ②어떤 범위 안에 포함하게 하다. include.

네겝〔נֶגֶב = 건조한 땅〕[지]

[1] 헤브론 남방(창13:14)
1. **위치** - 가사 남방과 아카바만을 연결하는 지역.
2. **관련기사** - ①유다지파와 시므온 지파에게 분배된 땅(수15:19). ② 가데스바네아(창20:1). 브엘라헤로이(창24:62). 브엘세바(수15:28). 시글락(수15:31). 아랏(민21:1).등은 이 지역에 있는 마을이며, ③네겝은 산지이다(수10:40, 12:8). ④남방으로 번역된 지역(창12:9). ⑤아말렉, 에돔, 가나안인의 거주지(민20:4-21). ⑥전쟁을 자주 한 곳(대하4:39-43). ⑦애굽으로 가는 길(마2:13-15, 렘43:6-12). ⑧우물이 있는 곳(창16:7, 21:19, 삿1:14-15). ⑨이사야의 예언대로 백합화와 같이 번영하게 될 곳이다(사35:1).

[2] 다볼산과 디베랴 사이 중간 지점에 있던 마을. 납달리 족속에게 분배된 땅에 있던 마을(수19:33). 아다미 네겝이라고도 한다.

네레오〔Νηρεύς〕(롬16:15) 로마에 있는 성도. 그의 자매 올름바와 더불어 바울이 문안한 자. 로마의 비문에서 발견된 바에 의하면 빌롤로고와 율리아의 아들.

네르갈〔nergal〕(왕하17:30) 커다란 성읍의 주인이란 뜻을 가진 바벨론나라 구다성읍 사람들이 섬기던 우상이다. 전쟁, 염병, 사냥을 맡은 신으로 화성이 그의 별이다.

네르갈 사레셀〔נֵרְגַל שַׂרְאֶצֶר = 네르갈이여 왕을 옹호 하소서. 큰 성읍의 주인〕[인](렘39:3). 느부갓네살의 고관. 예루살렘을 포위하고 함락한 후 예레미야를 옥중에서 구출한 사람. 박사장(렘39:13).

네리〔Νηρί = 빛, 등불〕[인](눅3:27) 스룹바벨의 조부. 예수님의 계보 중 한 사람. 스알디엘의 아버지.

네리야〔נֵרִיָּה = 하나님은 빛〕[인](렘32:12) 마세야의 아들. 바룩과 스라야의 아버지.

네모〔four square〕[명](출27:1) 네 귀가 난모. 사각 모.

네발〔animal〕[명](행10:12) 헬라어의 직역으로 짐승을 뜻한다. 롬1:23에는 금수로 번역된 말.

네벡〔נֶבֶק = 싹〕[인](출6:21)

[1] 레위 자손 고핫의 가계 중 이스할의 자손

[2] 다윗의 첩이 낳은아들(삼하5:15).

네아〔נֵעָה = 배회함, 거주〕[지](수19:13) 스불론에 있던 성. 림몬의 북쪽에 있는 성읍으로 여긴다.

네압볼리〔Νεάπολις = 새 읍〕[지](행16:1) 마게도냐의 빌립보 항구도시. 바울이 2차 전도여행 때 환상을 보고 드로아를 거쳐 유럽선교를 위해 상육한 곳이 되었다(행16:11-20:5). 바울이 루디아를 만나 교회를 설립했다.

네피림〔נְפִילִים = 큰 사람, 용사〕[인](창6:4) 일반적으로 체격이 크고 힘이 센 거인을 말한다. 홍수 이후 아낙자손을 말한다(민13:33, 수11:21).

넬〔נֵר = 등불〕[인]

[1] 베냐민 사람 아비엘의 아들로 아브넬의 아버지. 사울 왕의 숙부가 된다(삼상14:50,5).

[2] 베냐민 사람으로 여히엘의 아들. 기스의 아버지. 사울왕의 할아버지가 된다(대상8:33, 9:36).

넵도아〔נֶפְתּוֹחַ = 열린 물〕[지](수15:9) 유대와 베냐민 경계의 샘 이름(수18:15). 예루살렘의 서북 3km 욥바 가도에 있다.

년〔年;해 년. year〕[명](계9:15). 해를 재는 단위인 '해'를 뜻한다.

년말〔年末;해 년, 끝 말. year-end〕[명](삼하14:26) 한 해의 끝무렵.

년사〔年事;해 년, 일 사. the year〕[명](시65:11) 농사가 되어가는 형편.

년수〔年數;해 년, 셀 수. age, number of years〕[명](레25:15) 햇수.

년월일시〔年月日時;해 년, 달 월, 날 일, 때 시. date and hour〕[명](계9:15) 아무 해, 아무 달, 아무 날, 아무 시.

노[櫓 ; 노 노. oar]명(겔27:6) 물을 헤치어서 배를 나가게 하는 기구.

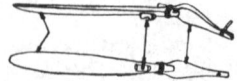

노[怒 ; 성낼 노 angry]명(창27:44) 언짢은 표정을 밖으로 내다. 성화. ①인간의 잘못에 대한 하나님의 반응(롬1:18). ②하나님께서 회개하지 않는 자에게 내심(출32:12). ③장래의 노하심은 심판(살전1:10, 5:9). ④노를 푸는 방법 - 회개(마3:7-8).

노[אֹן=성 읍]지(렘46:25) 데베스라고 알려졌던 고대 상부 애굽의 수도. 심판을 받을 도시(겔30:15). 카이로의 남방 650km 지점. 나일강 가.

노가[נֹגַהּ=맑은 것]인(대상3:7) 예루살렘에서 난 다윗의 아들.

노경[老境 ; 늙을 로, 지경 경. old age]명(창21:7) 늙바탕.

노고[勞苦 ; 수고로울 노(로), 쓸 고. toil]명(전2:26) 수고롭게 애씀.

노끈[cord, rope]명(출28:14) 가늘게 꼰 줄. 물건을 묶거나 매는데 씀.
* 예수님께서 성전을 청결하게 하실 때 채찍으로 사용하셨다(요2:15).

노기[怒氣 ; 성낼 노(로), 기운 기. anger]명(대하28:9) 성이나 얼굴빛이나 감정의 노여운 기색.

노년[老年 ; 늙을 로, 해 년. old age]명(창24:36) ①늙은 나이. 만년. ②늙은 사람.

노답[נֹדָב=존귀]인(대상5:19) 르우벤과 갓, 므낫세 반지파에게 정복당한 시리아에 있던 유목 부족.

노동[勞動 ; 수고로울 로, 움직일 동. labour]명(레23:7) 일반적인 뜻은 사람이 몸을 움직여서 일을 하는 것을 말한다. ①무죄시대에서도 일을 했다(창2:15). ②당시는 가꾸고 보전하는 즐거운 일이었다. 타락 이후 생활수단으로 땀을 흘리며 일을 하는데 고통이 따르게 되었다(창3:17). ③하나님께서 인간에게 안식하는 날을 주셨다(출20:10). ④노동은 존중되어야 한다(시128:1). ⑤노동의 댓가는 제때 지불되어야 한다(레19:13). 게으른 것을 경계했다(잠6:6, 롬12:11). ⑥일하기 싫은 자는 먹을 권리가 없다(살후3:10).

노동자[勞動者 ; 수고로울 로, 움직일 동, 놈 자. a worker]명(전5:12) 댓가를 얻기 위해 몸과 마음을 써서 일하는 사람. 일꾼.

~노라 어미(창9:3) 자기의 동작을 베풀어 말할 때 쓰이는 종결어미.

노래[song]명(창31:27) 노래 말에 가락을 붙여 부르는 것. 노래는 찬양, 감사, 기쁨, 놀라움, 사상, 감정, 생활의 모든 것을 표현한다.
* **노래의 종류** - ①성도의 노래(엡5:19). ②신령한 노래(골3:16). ③어린양의 노래(계15:3). ④구속받은 자의 노래(계14:3). ⑤홍해를 건넌 이스라엘 자손의 노래(출15:11). ⑥슬픈 노래(삼하1:17). ⑦활 노래(삼하1:18). ⑧찬송하는 노래(느12:46). ⑨감사하는 노래(느12:46). ⑩구원의 노래(시32:7). ⑪혼인 노래(시78:63).

노래하는 자[singers]명(스2:41) ①노래를 부르는 사람. ②찬양대원. 천군천사.
* ①레위사람(대하35:25). ②아삽자손(스2:41).

노랫거리[song]명(애3:14) 노래가 될만한 재료가 되는 것.

노략[擄掠 ; 노략질할 로, 노략질할 략. spoil]명(창14:12) 떼를 지어 재물을 빼앗아감. 약탈을 의미함.

노략군[擄掠軍 ; 노략질할 로, 노략질할 략, 군사 군. spoilers]명(삼상13:17). 떼를 지어 재물을 빼앗는 무리. ①적진에 들어가서 약탈하는 부대(삼상13:17). ②블레셋군(왕하17:20). ③거짓선지자(마7:15).

노략물[擄掠物 ; 노략질할 로, 노략질할 략, 만물 물. plunder]명(삿5:30) 떼를 지어 빼은 물건과 사람.

노략질[擄掠~ ; 노략지랄 로, 노략질할 략. spoil]몡(마7:15) 남의 것을 뺏는 것. 사회적 혼란과 거짓 선지자를 묘사(호7:1).

노력[勞力 ; 힘쓸 노, 힘 력. effort]몡(잠16:26) 애를 쓰고 힘을 드림. 수고로도 번역된 말(고전15:50).

노루[gazelle]몡(신12:15) 사슴과의 짐승. 사슴과 비슷하나 수컷에는 세 갈래로 돋은 뿔이 있고 그 아래쪽에 혹이 많다. ①먹을 수 있는 깨끗한 동물(신12:15). ②발이 빠름(삼하2:18). ③사랑의 맹세에 인용(아2:7). ④사슴으로도 번역되었다(대상12:8). ⑤노루새끼는 술람미 여자의 아름다움에 인용되었다(아4:5). 같은 원어가 아7:3에는 사슴새끼로 번역되었다.

노롯[role]몡(마26:68) ①역할이나 구실. ②하는 일의 뜻을 나타냄.

노리개[trinkets]몡(삼하1:24) ①금, 은, 주옥 등으로 만든 여자의 패물. ②장난감.

노바[חֹפָה= 특출한 사람, 으르렁거림]인(민32:42) 므낫세의 자손으로 가나안에 들어갔을 때 그낫을 취하고 자기 이름으로 노바라 했다.

노바[חֹבַח= 짖어 댐]지
1 므낫세 사람 노바가 점령한 제벨하우란 서쪽 비탈진 그낫의 새 이름(민32:42).
2 사사 기드온이 미디안 사람을 추격한 길에 있던 성읍(삿8:11).

노배[יָרִי= 열매가 많이 맺힘]인(느10:19) 이스라엘 백성이 돌아와 반성할 것에 대한 언약을 하나님 앞에서 기록하고 인을 친 족장.

노복[奴僕 ; 종 노, 종 복. man servant]몡(창26:14) 남자종.

노비[奴婢 ; 종 노, 계집종 비. male and female servants]몡(창12:16) 남종과 여종의 총칭.

노새[mule]몡(삼하13:29) 말과(馬科)의 변종(變種). 수나귀와 암말 사이에서 난 잡종임. ①탈 수 있다(삼하13:29). ②예물(왕상10:25). ③무역물(겔27:14). ④무지한 자를 상징(시32:9).

노소[老少 ; 늙을 로, 적을 소. young and old]몡(창19:4) 늙은 사람과 젊은 사람.

노송나무[老松~ ; 늙을 노(로), 솔 송. chargers]몡(나2:3) 소나무과의 교목. 껍질은 적갈색이며 목재로 씀.

노쇠[老衰 ; 늙을 노(로), 쇠할 쇠. senility]몡(창18:12) 늙어서 힘이 점점 떨어짐.

노아[נֹחַ= 위로, 휴식]인
1 아담의 8대손(창5:29).
1. **인적관계** - 셈과 함과 야벳의 아버지. 레멕의 아들.
2. **관련기사** - ①당대의 의인(창6:8-9). ②물심판에 관한 하나님의 지시를 받았다(창6:14-16). ③500세 이후에 아들 셈, 함과 야벳을 낳았다(창5:32). ④노아는 600세 되던 해 둘째 달에 방주에 아내, 세 아들과 세 며느리가 들어갔고, 그 이후 40주야 계속 비가 내렸다(창7:1-24 ; 8:1-17). ⑤601세 되던 해 정월 1일, 지면에서 물이 걷히고(창8:13). 7주 후인 2월 27일에는(창8:14) 그들이 마른 땅에 내려왔다. ⑥하나님은 다시는 인간을 홍수로 멸하지 않겠다는 약속의 증표로 무지개로 언약하셨다(창9:8-17). ⑦술에 취하여 손자(함)의 조롱을 받았다. 그래서 가나안을 저주하였다(창9:20-). ⑧노아는 홍수 이후 350년을 더 살았고 950세에 죽었다(창9:28-29).
3. **교훈** - 하나님의 뜻을 믿고 따르는

신앙을 본받고 감정에 치우쳐 저주한 일을 거울삼아 언행을 바르게 해야 할 것.

② 므낫세 지파 중 슬로브핫의 둘째 딸(수17:3). 남자 형제가 없었기 때문에 기업상속을 받았다.

노아댜[נוֹעַדְיָה = 주께서 정하신대로 만남]인

① 레위 사람 빈누이의 아들. 에스라가 바벨론에서 가져온 성전의 금과 은 기구를 받은 사람(스8:33).

② 예루살렘을 재건할 때 느헤미야를 두렵게 하려고 거짓 예언을 한 여선지자(느6:14).

노 아몬[נֹא אָמוֹן = 아몬신의 거리]지(나3:8) 고대 애굽의 수도(겔30:14). 지금의 아스완 땜의 부근. 카르나와 룩소르신전의 장대한 유적이 있는 곳. 카이로 남방 약650km 지점 나일강 상류에 있다. 아몬은 그들의 수호신이며 그의 제사장은 왕 다음으로 권세가 있었다. 지금의 데베스.

노여워하다[be offended]자(합3:8) 화가 날만큼 분하고 섭섭해 하다.

노염[怒焰 ; 노할 노, 불꽃 염. fury]명(창49:7) 노여움.

노예[奴隷 ; 종 노, 종 예. slave]명(창43:18) ①종. ②인간으로서의 기본적인 권리 자유가 인정되지 아니하고 남의 지배 밑에서 강제 노동을 하며 사고 팔 수 있음. ③어떠한 특정한 것에 얽매이거나 지배를 받는 사람을 일컬음.

＊①전쟁에서 패한 민족(민31:9). ②사들임(창17:27). ③태어나면서(창17:12). ④빚으로 인하여(출22:3) 노예가 됨. ⑤죄인은 죄의 노예이다(히12:1).

노옹[老翁 ; 늙을 로, 늙은이 옹. old man]명(대하36:17) 늙은 남자를 높여 일컫는 말.

노유[老幼 ; 늙을 로, 어릴 유. old and young]명(수6:21) 늙은이와 어린이

노인[老人 ; 늙을 로, 사람 인. old man]명(창43:27) 늙은이. 나이 많은 분.

1. **노인의 역할** - ①지혜로 지도함(욥12:12). ②백성을 인도함(수24:2, 29). ③영적인 일에 봉사(눅2:36-38). ④왕의 의논 대상자(대하10:6) ⑤왕을 교도함(대하10:8)

2. **노인에 대한 태도** - ①공경하라(레19:32). ②보호자로 여겨라(사46:4). ③돌보아 드려라(왕상1:15). ④의논하고 지시를 따르라(왕상12:6-8).

노자[盧鳥玆鳥 ; 더펄새 로, 까마귀 자]명(레11:17) 가마우지. 물고기를 잡아 먹는 물새. 철새로 겨울에 성지에 찾아드는 새 성경에 먹지 못하게 한 새(신14:17).

노적가리[露積~ ; 이슬 로, 쌓을 적. heap of grain]명(룻3:7) 한 데 쌓아둔 곡식더미.

노정[路程 ; 길로, 한도정. distance]명(출17:1) 길의 이수(里數). 여행의 경로.

노중[路中 ; 길로, 가운데 중. on the journey]명(창45:24) 길 가운데. 도중(道中).

노질[櫓~ ; 노 로. row]명(사33:21) 노를 저어서 배를 나가게 하는 일.

노질하는 배[galley with oars]구(사33:21) 노를 저어 움직이게 하는 작은 배. 시온의 평화를 예언하는 데 사용하였다.

노하[נוֹחָה = 쉼]명(대상8:2) 야곱의 막내아들인 베냐민의 네째 아들. 애굽에 내려가는 야곱의 일행명단에 들어 있지 않은 것을 보아 애굽으로 이주한 후에 낳은 것으로 본다. 스부밤과 같은 사람으로 여기는 학자도 있다(민26:39).

노하다[怒~ ; 성낼 노. get angry]자(창18:30) 성을 내다. ①노하기를 빨리 하는 자는 어리석다(잠14:7). ②더디하는 자는 명철하며 용사보

다 낫고(잠14:29, 16:32), ③슬기롭다(잠19:11).

녹[rust]명(겔24:6) ①동록(銅綠). 구리에 슬은 푸른 녹. ②쇠붙이가 산화작용으로 변한 색.
*①세상의 보화, 금과 은이 더럽혀지는 것(약5:3). ②예루살렘의 더러움을 상징한 말(겔24:6-13).

녹다[melt]자(수2:11) ①높은 온도에 굳어진 것이 물러지거나 물같이 되다. ②결정체가 액체에 풀리다. dissolve.

녹두[綠豆 ; 푸른빛록, 콩두. lentils]명(삼하17:28) 콩과(荳科)의 일년생 재배식물. 열매는 녹색이며 식용임. ①녹두재배(삼하23:11). ②진중 도시락(삼하17:28). ③죽의 재료(창25:34). ④혼합 빵의 재료(겔4:9).

녹두나무[lentiles]명(삼하23:11) 녹두.

녹로[轆轤 ; 수레소리 록, 두레박틀 로. wheel]명(렘18:3) 질그릇(도자기)을 만들때 점토를 올려 놓고 모양을 만들기 위해서 돌리는 둥근 나무기구.

녹명[錄名 ; 기록할 녹(록), 이름 명. remained]명(민11:26) 이름을 기록함. 생명록에 녹명되지 아니한 자는 멸망의 심판을 받게 된다(계17:8).

녹보석[綠寶石 ; 푸를 록, 보배 보, 돌 석. beryl]명(출28:20) 녹색내지 엷은 녹색이며 간혹 노랑색, 분홍색, 흰색을 띠기도 하는 보석. 새 예루살렘의 네째 기초(계21:19). 취옥(翠玉)은 녹보석 중의 왕이다. 성경에서 겔28:13에는 청보석, 계21:20에는 녹옥으로 번역되었다.

녹색[綠色 ; 푸를 록, 빛 색. green]명(에1:6) 푸른색과 누런색의 혼합색. 풀색.

녹옥[綠玉 ; 푸른빛 록, 구슬 옥. beryl]명(계21:20) 옥의 한가지. 녹보석, 청보석. 새 예루살렘 성벽장식 여덟번째 기초석(계21:20).

녹주옥[綠珠玉 ; 푸를 록, 구슬 주, 구슬 옥. beryl]명(출28:17) 옥(녹주석)의 일종. 대제사장의 흉패 첫째줄에 단 보석. 에메랄드, 녹옥. 다른 곳에는 황옥이라고 번역되었다(겔1:16, 10:9).

논단[論斷 ; 의논할 논(론), 끊을 단. conclusion]명(레19:16) 논하여 단정을 내림. 뜻을 펴보아 끝을 맺음.

논쟁[論爭 ; 의논할 논(론), 다툴 쟁. debate]명(신19:17) 말로나 글로 사리를 설명하여 다투다. 무엇인가 말로 싸우는 것을 뜻한다(롬1:29, 고후12:20).

논하다[論~ ; 의논할 논(론). reason with(one)]타(민23:23) 자기의 의견이나 일의 이치나 도리를 설명하다.

놀[tempest, storm]명(마8:24) 바다의 사나운 큰 물결. 헬라어(세이스모스)는 대 지진, 흔들림, 요동을 뜻하는 말이다.

놀다[amuse oneself]자(욥40:20) ①재미 있는 일을 하며 즐기다. ②놀이를 하다. play

놀다[idle]자(마20:7) ①일을 하지 않고 세월을 지내다. ②일을 하다가 일정한 동안 쉬다. ③사용되지 아니하다.

놀라다[amaze, be suprised]자(창45:3) ①갑자기 무서움을 느끼다. ②뜻밖의 일을 만나서 가슴이 두근거리다. be startled.

놀라움[startled]명(렘8:15) 놀라는 일. 놀라와 함.

놀래다[surprise]타(욥7:14) 남을 놀라게 하다.

놀리다[banter]타(창41:44) ①남을 비웃다. ②쉬게 하다. ③이리 저리 움직이다.

놈[fellow]명(창19:9) 사내를 낮추어 일컫는 말.

놉 [רה = 높은 곳, 산당] 지
1. 알렉산드리아를 건설하기 전에 애굽의 제 I 왕조 메네스가 건설한 나라의 수도 선지자가 장차 화려할 것을 예언하였다(사19:13, 렘2:16, 46:14, 겔30:13).
2. 예루살렘 가까이에 있던 제사장의 성읍(삼상22:11). ①사울왕때 제사장 아히도벨의 성읍. 다윗이 사울을 피하여 도망하는 도중 이곳 제사장 아히멜렉의 후대를 받은 관계로 사울이 그곳 제사장 84인과 그들의 모든 가족을 전멸하였다(삼상21:1-9, 22:11-19). ②예루살렘을 함락하기 위하여 진격하던 앗수르군이 진을 쳤던 곳(사10:32).
3. 바벨론에서 귀환한 후 레위 자손과 베냐민 자손이 거주한 곳(느11:32).

놋 [brass] 명 (출25:3) 구리와 아연을 섞어서 만든 쇠붙이. 놋쇠.

놋 [נוד = 유리하는 땅] 지 (창4:16) 가인이 자기 동생을 죽이고 여호와 앞에서 쫓겨난 뒤에 살던 에덴 동편의 땅.

놋경갑 [~脛甲 ; 정강이 경, 갑옷 갑. bronze armor] 명 (삼상17:6) 정강이를 보호하기 위하여 놋쇠로 만든 화살이나 칼 막이. 놋정강이 싸게.

놋고리 [brazen ring] 명 (출27:4) 놋으로 만든 고리. 성막 그물에 달았다.

놋공장 [~工匠 ; 장인 공, 장인 장. bronze craftsman] 명 (대하24:12) 놋으로 물건을 만드는 것을 업으로 하는 사람.

놋관 [~管 ; 대롱 관. brass pipe] 명 (욥40:18) 놋쇠로 만든 대롱.

놋그릇 [brass ware] 명 (왕하25:14) 놋쇠로 만든 그릇. 유기.

놋그물 [bronze net] 명 (출35:16) 놋쇠로 만든 그물. 놋망.

놋기둥 [bronze pillar] 명 (왕상7:15) 놋쇠로 만든 기둥.

놋단 [~壇 ; 제터 단. bronze altar] 명 (출39:39) 놋쇠로 만든 제단.

놋단창 [~短鎗 ; 짧을 단, 창 창. bronze javelin] 명 (삼상17:6) 놋쇠로 만든 짧은 창.

놋머리 [head of bronze] 명 (왕하25:17) 놋쇠로 만든 기둥머리.

놋문 [~門 ; 문 문. door of bronze] 명 (시107:16) 놋쇠로 만든 문.

놋바다 [bronze tank] 명 (렘27:19) 놋쇠로 만든 물통.

놋바퀴 [bronze wheels] 명 (왕상7:30) 놋쇠로 만든 바퀴.

놋뱀 [bronze serpent] 명 (민21:9) 놋쇠로 만든 뱀의 모양. 이스라엘 백성이 광야에서 불뱀에게 물렸을 때 모세가 만들어 장대 위에 달았다. 그리스도를 예표(요3:14-15).

놋산 [~山 ; 뫼 산. copper] 명 (슥6:1) 놋쇠 광산.

놋소 [bronze oxen] 명 (왕하16:17). 놋쇠로 만든 소. 우상.

놋쇠 [brass] 명 (욥6:12) 구리와 아연을 섞어서 만든 쇠붙이. 놋.

놋점장 [~店匠 ; 가게 점, 장인 장. a skilled bronze craftsman] 명 (왕상7:14) 놋쇠로 만든 물건을 파는 사람.

놋제금 [~提琴 ; 끌 제, 거문고 금. bronze bilen] 명 (대상15:19) 놋쇠로 만든 현악기의 한가지.

놋줄 [bronze cord] 명 (삿16:21) 놋쇠로 연결하여 만든 줄.

놋창 [~槍 ; 창 창] 명 (삼하21:16) 놋쇠로 만든 창. bronze spear.

놋축 [~軸 ; 굴대 축. bronze axle] 명 (왕상7:30) 놋쇠로 만든 굴대.

놋투구 [bronze armor] 명 (삼상17:5) 놋쇠로 만든 투구. 머리를 보호하는 기구.

농담 [弄談 ; 희롱할 농(롱), 말씀 담.

joke]몡(창19:14) 실없이 하는 우스갯 소리. 농지거리하는 말, 장난으로 하는 말.

농부[農夫 ; 농사 농, 지아비 부. farmer]몡(왕하25:12) 농사를 업으로 하는 사람. 농사꾼.
* ①아담이 처음 농부(창4:2). 가인이 그 뒤를 이음 ②노아와 그의 가족(창9:20). ③밭가는 농부(대상27:26). ④포도원 농부(마21:33-41). ⑤고용된 농부(대하26:10, 27:25-31). ⑥선지자가 된 농부(왕상19:19). ⑦근면이 요구됨(잠24:30-34). ⑧보상을 받게 됨(고후9:6-110. ⑨어리석은 농부(눅12:16-21). ⑩악한 농부(눅20:16). ⑪인내하는 농부(약5:7). ⑫참농부는 하나님(요15:1) 이시다.

농사[農事 ; 농사 농, 일 사. farming]몡(창4:2) 농부가 곡식을 가꾸는 일. 목축, 임업도 농사에 속한다.

농업[農業 ; 농사 농, 업 업. farming]몡(창9:20) ①농사짓는 직업. ahriculture. ②땅을 이용하여 유용한 동물을 먹이는 유기적 생산업.

농작물[農作物 ; 농사 농, 지을 작, 만물 물. crop]몡(사16:9) 곡식, 채소, 과실 등 농사일로 얻어지는 모든 것.

높다[high]혱(창7:19) ①아래서 위로 멀다. 위로 향하여 길게 솟아있다. ②남이 우러러 존경할만한 지위나 신분이 있다. 존귀하다. 지고하다. ③정도보다 위일 때 쓰는 말.

높은 마음[arrogant]몡(롬11:20) 잘난체 하는 마음가짐. 교만. 거만.

높은 망대[watch tower](삼하22:3) 높이 솟은 망루.

높은 자[highest]몡(욥21:22) 높은 사람.
* 가장 높으신 분은 하나님이시다.

높은 자리[seaton high best seat]몡(시7:7) ①심판자의 자리(시7:7). ②무리들의 상석(눅11:43). ③존귀한 자리(대상17:17).

높이[high]몡(출25:20) 높은 정도. 아래에서 위까지의 거리. 틘 높게.

높이다囘(창27:38) ①힘을 들여 높게하다. 올리다. elevate. ②높여 받들다. 존경하다. worship.
* ①교회의 머리되신 그리스도를 높임(엡1:20-22, 빌2:9-11). ②스스로 높이는 자(행10:44). ③하나님이 높이는 자(마18:14).

놓다[put]囘(창15:11) 일정한 자리에 두다.

놓치다[let go]囘(잠4:13) 잡거나 얻거나 또는 닥쳐온 것을 도로 잃어버리다.

뇌[腦 ; 뇌 뇌. brain]몡(단2:28) 머릿골. 두뇌의 준말. 신경세포가 모여 신경계의 중심이 되는 부분 두개골에 쌓여 있는 대뇌와 소뇌.

뇌물[賂物 ; 뇌물 뇌(뢰), 만물 물. bribe, gain]몡(출23:8) 자기의 이익을 얻기 위하여 권력자에게 몰래 주는 정당하지 못한 재물. ①법의 공정한 집행을 흐리게 한다(대하19:7). ②뇌물을 받은 자는 화를 당한다(욥15:34). ③죄인이 되게 함(시26:10). ④양심을 타락시킴(출23:3). ⑤정의를 실행하지 못함(사1:23). ⑥무질서하게 됨(암5:12)⑦교만하게 만듦(에3:8-9). ⑧형벌을 받게 됨(암2:6).

뇌성[雷聲 ; 천둥 뇌, 소리 성. thunder]몡(출9:23) 우레소리.

누[樓 ; 다락 루. turret]몡(겔16:24) 다락. 층집.

누[累 ; 폐끼칠 루. burden]몡(삼하13:25) 정신적으로나 물질적으로 남에게 거치적거리어 무거운 짐이 되는 것. 괴로움.

누가[Λουκᾶς = 빛나다]인

1. **인적관계** - 수리아 안디옥에서 출생한 사람으로 그리스도인 의사(골4:14). 헬라인으로 여긴다. 데오빌로와 친분이 있는 사람(눅1:3, 행121).

2. **관련기사** - ①누가복음과 사도행전을 기록하였다(눅1:3, 행1:1).

②바울의 2차전도여행 때 드로아에서 동행하여 빌립보 전도에 참가했다(행16장). ③바울이 로마로 갈 때 동행하였다(행27:18). ④바울의 사랑을 받는 자(골4:14). ⑤마지막까지 바울과 같이 있은 자(딤후4:11). ⑥바울의 동역자, 빌레몬에게 문안을 했다(몬24).
3. 교훈 - 이름없이 주를 위한 봉사. 끝까지 동역자와 함께 하는 열의.

누가복음[luke]명(눅)신약 복음서 세 번째 성경. 공관복음의 하나로 죄인의 구세주로 완전한 신성과 인성을 가지신 예수 그리스도 "인자의 온 것은 잃어버린 자를 찾아 구원하려 하심"을 차례대로 의사 누가가 기록하였다. 내용 분해는 박기원 편 성경총론을 참고하라.

• **누가복음에 나타난 그리스도** - ①누가는 예수님을 "인자로"로 불렀다. ②누가복음은 예수님께서 하나님이실 뿐만 아니라 사람임을 증명하고 있다. ③예수님은 육신을 입고, 태어나서 성장하시고 우리의 슬픔을 대신 지시고 값없이 죄인을 구원하시기 위하여 자원하시어 십자가에서 죽임을 당하셨다. ④예수님은 인간의 연약함을 체험하셨다. ⑤예수님은 모든 면에서 우리를 도와 주실 수 있는 분이시다.

누각[樓閣;다락 루, 누각 각. towered mansion]명(시103:3) 높은 다락집.

누구[대](창3:11) ①그 사람이 알지 못하거나 그 이름을 꼭 집어서 말 할 수 없는 그 어떤 사람을 일컫는 대명사. somebody. ②남의 이름을 물을 때 쓰는 대명사. who.

누구든지[everyone]부(창4:15) 누구라고 가려 말할 것 없이 모두. 하나님의 부름에 있어서 누구든지는 제한된 백성을 말한다(요3:16).

누기오[Λούκιος = 빛의]인(롬16:21) 구레네 사람으로 안디옥 교회의 교사이며 바울의 동족.

누렇다[deep yellow]형(레13:30) 매우 누르다. 노랗다.

누룩[leaven]명(출12:15)술을 빚거나 가루를 부풀게 하는 재료. 효소. 효모. ①유월절 전병과 소제물에는 넣을 수 없다. ②화목제물과 요제의 떡에는 넣을 수 있다(레7:13, 민15:20-21). ③잘못된 교훈을 가리킨다(마16:6,12). ④부도덕한 행위(고전5:5-7). ⑤천국을 상징한다(마13:33). ⑥기만에 대한 경계(눅12:1).

누르다[press down]타(욥33:7) 힘을 들여 위에서 아래로 내려 밀다.

누른빛[yellow]명(레13:30) 색깔이 누렇다. 문둥병을 감정하는데 쓰인 말. 황금색, 청황색은 사망을 뜻한다(시68:13, 계6:8).

누리다[enjoy]타(레26:34) 복을 받고 잘 살다, 즐기다.

누명[陋名 ; 더러울 루, 이름 명. false charge]명(신22:14) 억울하게 뒤집어 쓰다.

누설[縷洩 ; 샐 누(루), 샐 설]명(수2:14) ①물이 샘. leakage. ②비밀을 새게 함. disclosure.

누이[sister]명(창4:22) 같은 어버이에서 태어난 사람 중 남자가 여자를 일컫는 말. 항렬이 같은 여자.

누이다[lay down]타(삼상19:13) 눕히다. 사람의 몸이나 긴 물건을 가로되게 놓다.

누추하다[陋醜~ ; 더러울 누, 추할 추. squalidness]형(겔16:36) 지저분하고 더럽다. 추루하다.

눈[eye]명(창3:5) 사람이나 동물의 볼 수 있는 감각기관, 시각. 사람의 생활에서 눈이 중요함을 말하고 있다. 여러가지 상징으로 사용되었다(마6:22).

눈[snow]명(출4:6) 공중에 있는 수증기가 찬 기운을 만나 얼어서 땅위로 내려오는 여섯모진 흰 결정체. ①겨울에 내림(잠26:1). ②열에 녹고(욥6:16-17).③물이되며(사55:10). ④하나님이 내려 주신다(욥37:6).

*①깨끗한 것을 나타내는 말(시51:7). ②아름다움으로 인용됨(시

147:16). ③윤택함을 나타낸다(사 55:10). ④물의 공급원(렘18:14).

눈[ןיִנ = 생선, 물고기]명(출33: 11) 모세의 후계자인 에브라임 자손 여호수아의 아버지.

눈가림[deceit, eyeservice]명(엡6: 6) 거죽만 꾸미어 남의 눈을 속임. 잘못을 잊도록 눈을 가리게 하는 물질. 뇌물이라고 할 수 있다.

눈깜짝일 동안[for a moment]구(잠12:19) 눈을 한 번 깜박한 매우 짧은 사이.

눈꺼풀[eyelid]명(욥16:16) 눈알을 덮는 까풀. 눈까풀.

눈동자[~瞳子 ; 눈동자 동, 아들 자. pupil]명(신32:10) 눈알의 한가운데 있는 광선이 들어가는 작은 구멍. 동공. 동자.

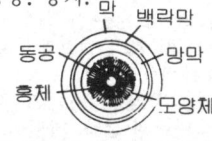

* 사람마다 눈을 가장 잘 보호하듯이 하나님께서 그의 백성을 귀중하게 여기심을 표현한다(시17:8). ①하나님의 보호(신32:10). ②하나님의 율법(잠7:2, 슥2:8).

눈멀다[blind, lose one's sight]자(레22:22) 시력을 잃다. 눈이 보이지 아니하다. 눈먼 짐승은 서원제물로 드릴 수 없다(레22:22).

눈물[tear]명(왕하20:5) 눈알 위에 있는 눈물구멍에서 나는 물. 슬플 때나 흥분하였을 때 흘린다.

눈물골짜기[valley of tear]지(시84: 6) 우는 자의 골짜기로도 번역되는 말. 예루살렘 근처 골짜기의 이름. 힌놈의 골짜기 북부를 가리키는 것.

눈썹[brows]명(레14:9) 눈 두덩 위에 난 짧은 털. 미모.

눈앞[before one's eye]명(창30:41) 눈에 보이는 바로 앞.

눈짓하다[winking]자(창39:7) 눈을 움직이어 상대자에게 어떤 뜻을 나타내거나 알리다. 유혹의 뜻을 나타낸다(잠10:10).

눌린 자[oppressed]명(눅4:18) 억눌림을 받고 있는 사람. 구박을 당하는 사람. 억압당하는 사람.

* 마귀에게 눌린 자는 귀신 들린 자. 주께서 고쳐주셨다(행10:38).

눔바[Νύμφα = 신랑의 예물]인(골4:15) 라오디게아의 여성도이며 그의 집은 예배처소였다.

눕다[lie down]자(창19:4) 등이나 옆구리를 바닥에 대고 몸을 편하게 펴다. 잠자리에 드는 것을 뜻한다.

눕는 곳[bed]명(겔25:5) 잠을 자는 자리. 침상. 침대. ①마당(출22:27, 신24:13). ②깔개나 방석(삿4:18, 사28:20). ③침상(삼하17:28, 눅5:25, 요5:5-8). ④들것(막6:55). ⑤침실(왕상11:2). ⑥다락(왕상17:19). ⑦화문요(잠7:16-17).

뉘우치다[regret]타(출13:17) 잘못을 깨닫고 후회하다. 가룟 유다의 뉘우침은 감정적이었다(마27:3).

느고[וֹכְנ = 때림]인(대하35:20) 바로 느고를 가리킨다. 애굽의 제26왕조 제2대 왕으로 유브라데 까지 진출하였다. ①아스글론을 취하여 팔레스타인으로 진입할 발판을 삼고(렘47:1,5). ②므깃도 전쟁에서 요시야를 물리치고(왕하23:29). ③그 후계자 여호아하스를 폐위시키고, 여호야김을 왕으로 세워 공물을 바치게 하였다(왕하23:30-37). ④느브갓네살에게 패하였다(왕하24:7, 렘46:2).

느고다[אָדוֹקְנ = 분별함, 줄무늬로 된 것]

① 느디님 사람의 선조로 성전에서 일보던 사람(스2:48, 느7:50).

② 혈통을 밝힐 수 없는 포로 귀환민의 한 선조(스2:60, 느7:62).

느끼다[experience, feel]타(막6:20) 마음에 깨닫다.

느다냐[הָיְנָתְנ = 주께서 주심]인

① 유다 방백 이스마엘의 아버지. 왕자를 죽이고 스스로 왕이 된 그달랴를 죽인 사람(왕하25:23-25).

② 다윗 때 음악대장(대상2:14).

3 여후디의 아버지. ①바룩을 부르기 위하여 파견된 사람(렘36:14). ②셀레마의 손자.

4 레위사람 아삽의 아들. 성전음악대 제24조 5악장(대상25:2, 12).

5 레위사람으로 여호사밧왕의 보냄을 맡아 유다 성읍들에서 율법을 가르친 사람(대하17:8).

느다넬[נְתַנְאֵל = 하나님의 선물]명

1 잇사갈 지파의 방백으로 수알의 아들. 잇사갈지파 54,400명의 두령. 성막 헌물을 관리한 사람(민1:8, 2:5, 7:18-23).

2 이새의 네째아들로 다윗왕의 형(대상2:14).

3 하나님의 궤 앞에서 나팔을 불며 봉사한 제사장(대상15:24).

4 레위사람 스마야의 아버지(대상24:6).

5 오벧에돔의 아들로 다윗시대 성전의 문지기(대상26:4).

6 레위사람으로 요시야왕 때 그 지파의 두령(대하35:9).

7 바스훌의 아들 바벨론에서 돌아와 에스라의 권유를 받고 이방인 아내와 헤어진 사람(스10:22).

8 바벨론에서 돌아온 여디야족속의 사람(느12:21).

9 예루살렘 성벽 낙성식 때 나팔을 불고 봉사한 사람(느12:36).

10 여호사밧 왕이 율법을 가르치기 위하여 각 성읍에 파견한 방백(대상26:4).

느다니아 → 느다냐

느다뱌[נְדַבְיָה = 주께서는 관대하시다]명(대상3:18) 느브갓네살 왕에 의해 바벨론으로 사로잡혀간 여고냐 왕의 아들.

느도바[נְטֹפָתִי = 물방울]지(대상2:54) ①예루살렘 서남22km 지점. 갈렙의 거주지. ②바벨론에서 돌아온 백성들이 정착한 고을(스2:22, 느7:26). ③바벨론에 포로가 되기 전에는 갈렙족속이 살고 있었다(대상2:54). ④다윗의 용사 중 두 사람이 이곳 출신이다(삼하23:28). 현재 벳넷데입.

느디님~사람[נְתִינִים = 주어진 자들]명(대상9:2) ①다윗 때부터 레위인을 도와 성전의 잡역을 한 사람들. ①기브온 사람. 가나안 사람. 포로된 사람이 하였다(민31:30, 40, 수9:27, 스8:20). ②일정한 지역에서 살았다(스7:20). ③한 계급을 이루는 집단(느7:24). ④율법을 엄수할 서약서에 서명하고 ⑤잡혼을 하지 않기로 힘썼다(느10:28-). ⑥제사장, 레위사람들과 한가지로 세금이 면제되었다(스7:24). ⑦이방인의 성전노예 채용을 견책하였다(겔44:7-).

느무엘[נְמוּאֵל = 하나님께서 할례주심]명(민26:9).

1 르우벤지파 엘리압의 아들이며 다단과 아비람의 형.

2 시므온의 자손 느무엘 족속의 족장(민26:12). 여므엘과 같은 사람(창46:10).

느바욧[נְבָיוֹת = 높은 곳]인(창25:13) 이스마엘의 장자. 게달의 형. 북부 아라비아의 한 목축민족을 가리킴(사60:7). 에서의 아내가 느바욧 사람이다(창28:9, 36:3). 이 민족의 왕 아레다에 대하여 바울이 언급했다(고후11:32).

느바욧[נְבָיוֹת = 높은 곳]지(사60:7) 사해 동방 지금의 요르단 지역. 게달의 느바욧 보다 동편지역을 말한다. 주전 7세기경 찬란한 문명을 가졌고 페트라 바위궁전과 무덤은 유명한 고적이다.

발굴된 주화.

느발랏[נְבַלָּט = 굳은 땅]지(느11:34) 바벨론 포로에서 돌아온 베냐민 자손이 살던 곳.

느밧[נְבָט = 본다]인(왕상11:26) 나누인 이스라엘 초대왕 여로보암의 아버지.

느보[nebo]명(사46:1) 바벨론 사람

과 앗수르 사람들이 섬기던 신의 이름. 알리는 자, 말하는 자라는 뜻이 있다. 문학과 과학의 신으로 바벨론의 국가신 벨의 아들로 신의 뜻을 사람에게 전하는 신. 물을 다스리는 신. 그의 별은 수성이다.

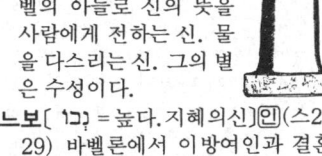

느보[נְבוֹ = 높다.지혜의신] 인 (스2:29) 바벨론에서 이방여인과 결혼하여 돌아온 사람.

느보[נְבוֹ = 지혜의 신. 높다] 지
① ①느보산 가까이에 있던 모압의 성읍(민32:3). ②요단 동편 지역으로 르우벤이 다시 축성했다(민32:38, 대상5:8). ③모압의 메사가 이곳을 빼앗았다(사15:2, 렘48:1, 22). ④느보산 남쪽 3km지점에서 요새와 고대 모압 토기가 발굴되었다.
② 유다의 성읍. 벧엘과 아이와 함께 기록된(스2:29, 느7:33) 포로 귀환민의 거주지. 그 주민.

느보산[mountains of nebo] 지 (민33:47) 모세가 죽기 전에 올라가 가나안을 내려다 보고 최후를 마친 산. 르우벤과 갓지 파에게 준 땅에 있다(신32:49, 34:1-4). 이 산 북쪽에는 모세의 샘(아인무사)이 솟아 작은 시내를 이루고 있다. 산의 높이는 약805m.

느부갓네살[נְבוּכַדְרֶאצַּר = 느보가 그 경계를 지켰다] 인

1. 인적관계 - 갈대아 왕으로 신 바벨론 제국의 창건자인 나보볼라살의 아들로 후계자

2. 관련기사 - ①갈그미스에서 애굽 왕 느고를 파하고(렘46:2). 수리아를 합병함. ②예루살렘을 침공하여 여호야김을 포로로 잡아가고 여호야긴을 왕으로 세웠다(왕하24:1-8). ④시드기야가 반역함으로(렘37:5), 예루살렘 성전을 불사르고 보물을 탈취하고 백성을 사로잡아 갔다(왕하25장). ⑤두로를 침공했다(겔29:19). ⑥수리아, 암몬, 모압을 점령했다(렘52:30). ⑦애굽도 침공했다(겔29:19). ⑧유다인 포로를 교육하여 채용하였다(단1장). ⑨꿈을 꾸었으나 몰라 다니엘이 해몽해 주었다(단2장). ⑩두라 평원에 왕의 신상을 세우고 섬기게 하였다. 사드락과 메삭과 아벧느고의 신앙을 보고 하나님을 찬양하고 참 신이라고 하였다(단3장). ⑪하나님의 진노를 받아 정신병에 걸려 야수의 생활을 했다(단4:33). ⑫정신병이 회복된 후 하나님을 찬양했다(단4:34).

느부사라단[נְבוּזַרְאֲדָן = 느보가 자손을 주었다] 인 (왕하25:8). ①예루살렘 포위시 느부갓네살의 근위대장. 예루살렘을 파괴하고 성전을 불태웠다(왕하25:8-20). ②예루살렘 점령후 예레미야를 우대했다(렘39:11-14). 고관 60명과 백성 745명을 포로로 끌어가고 쓸모없는 자만 남겨 두었다(렘52:12,30) 예루살렘이 망한 뒤 5년동안 유다인을 끌어갔다(렘52:30).

느부사스반[נְבוּשַׁזְבָּן = 느보가 나를 구원함] 인 (렘39:13) 바벨론 왕 느부갓네살이 예루살렘을 포위할 때 왕의 곁에 있은 시위대장.

느부심[נְפוּסִים = 확장함] 인 (스2:50) 바벨론 포로에서 돌아와 성전에서 봉사한 느디님 사람. 느비스심과 같은 사람(느7:52).

느비스심[נְפִישְׁסִים] 인 (느7:52) 바벨론 제1차 포로 귀환시 특수 귀환자의 한 사람. 성전봉사자. 느부심과 같은 사람(스2:50).

느시야[נְצִיחַ = 현저함, 탁월한 자] 인 (스2:54) 스룹바벨과 함께 바벨론에서 돌아온 성전 봉사자(느7:56).

느십[נָצִיב = 수비 함] 지 (수15:43) 유다 세벨라 평지에 있던 성읍.

느아랴[נְעַרְיָה = 주의 방패든 자] 인
① 유다사람 다윗의 후손 스마야의 아들(대상3:22, 23). 스가냐의 가문의 한 사람.
② 시므온 사람의 족장(대상4:42). 히스기야왕 때 세일산에서 아말렉

을 쫓아 내었다.
느이엘[נְעִיאֵל = 하나님께서 옮기심]지(수19:27) 아셀지파의 성읍. 가불 북쪽에 있는 것으로 여긴다.
느헤미야[נְחֶמְיָה = 여호와께 위로를 받음]인
① 하가랴의 아들
1. **인적관계** - 유다지파 사람. 하가랴의 아들. 바사국 아닥사스다왕의 술맡은 관원(느1:1,2,11, 2:2). 하나니의 형제.
2. **관련기사** - ①바사국의 장관(느1:11, 2:1). ②하나니를 통해서 예루살렘에 관한 소식을 듣고 슬퍼함(느1:2-3). ③아닥사스다왕에게 간청하여 예루살렘 성벽 재건을 허락받음(느2:1-8). ④유다 총독이 되어 돌아와 12년간 성벽재건에 힘씀(느5:14). ⑤유다지역에거주하는 이방인과 다투게 됨(느2:9,10). ⑥예루살렘 성벽을 답사하고 건축을시작함(느2:11-3장). ⑦산발랏과도비야의 조롱을 받음(느4:1-6). ⑧성곽 공사를 시작했으나 방해를 받음(느4:7-23). ⑨무장하고 성곽 공사를 진행(느4:15-20). ⑩신앙개혁과 국가 재건(느5장-). ⑪아닥사스다의 재 임명을 받고 돌아와 이방인과의 잡혼을 금함(느13장). 유다인의 악습을 교정했다.
3. **배울점** - 애국심, 개혁정신, 탁월한 지도력. 율법을 지켜 안식일을 엄수하였다. 신앙가이며 애국자로서 이교적 문화속에서 유다문화를 확립하였다.

② 벧술지방 절반을 다스린 자. 아스북의 아들로 성곽 일부를 재건하였다(느3:16).

③ 스룹바벨과 함께 바벨론 포로에서 돌아온 12두령의 한 사람(스2:2, 느7:7).

느헤미야[Nehemiah]명(느) 구약 제16권째 성경. 하가랴의 아들 느헤미야의 기록으로 에스라서가 끝난 후의 12년간의 역사의 기록. 에스라에 의한 신앙 운동은 당시에 크게 일어났지만 그후 예루살렘의 백성들이 매우 약한 상태에 처한 형편, 적들로부터 괴로움을 받고 있을 때 예루살렘 성벽 재건 허락을 받고 총독의 지위로 돌아온 느헤미야의 지도력으로 어떻게 성벽을 재건하고 백성이 어떻게 본래의 상태로 돌아간 것을 말해준다. 성경 분해는 박기원 편 성경총론을 참고하라.

● **느헤미야에 나타난 그리스도** - ①총독 느헤미야(느1:1) - 원수의 박해와 방해로부터 예루살렘 성곽을 완성하는 느헤미야는 그리스도의 완전하신 사역을 예표한다. 그리스도는 하나님의 뜻을 이루셨다. (1)성전재건. (2)성곽 준공. (3)언약갱신. (4)메시야 계보 보전. ②느헤미야의 눈물(느1:4) - 예수님께서 성전을 보시고 우셨다(눅19:41). 그리고 목자없는 양같이 유리하는 것을 보시고 민망히 여기셨다(마9:36-). ③우림과 둠밈(느7:65) - 제사장이 여호와 앞에 나아갈때 지니는 표로 빛(우림)과 완전(둠밈)을 뜻한다. 하나님의 뜻을 판별하는 것으로 그리스도는 참 빛이시요 완전하신 분이시다. ④성경해석(느8:8) - 성경 해석은 그 뜻을 잘 깨닫고 실천하도록 하기 위함이다. 주님 그리스도께서 율법을 폐하지 아니하시고 새 교훈을우리에게주셨다(마5-7장). ⑤에스라와 마찬가지로 선민의 회복을 예시한다.

느헬람[נֶחְלָמִי = 꿈을 꾸는 자]인 지 (렘29:24) 예레미야가 예언할 때 반대한 거짓선지자 스마야가 속한 가문 또는 그 지역.

느후스다[נְחֻשְׁתָּא = 구리]인(왕하24:8) 엘다단의 딸로 여호야긴왕의 어머니. 여호야김의 아내. 느브갓네살에 의해 바벨론으로 잡혀갔다.

느후스단[nehushtan]명(왕하18:4) 예루살렘 백성들이 섬기던 놋뱀을 히스기야왕이 파괴하고 붙인 이름.

느훔[נַחוּם = 불쌍히 여김, 위로]인 (느7:7) 스룹바벨의 인도로 바벨론에서 돌아온 사람. 르훔과 같은

사람(스2:2).

늑봉[勒捧 ; 억누를 늑(륵), 받들 봉. oppress]圈(레6:2) 사람에게서 돈이나 물건을 억지로 받아냄. 강제 징세의 뜻이 있다(왕하15:2). 레위기의 규례는 범죄로 취급되었다. 늑봉한 물건을 돌려 보낼 때 5분의 1을 더해서 임자에게 주라고 하였다. 그리고 숫양을 속건제물로 드리게 하였다(레6:1-7).

늑징[勒徵 ; 억누를 늑(륵), 거둘 징. extortion]圈(눅3:13) 관원이 까닭 없이 돈이나 물건을 징수함.

늑탈[勒奪 ; 억누를 륵, 빼앗을 탈. prey, plunder]圈(창21:25) 남의 것을 폭력이나 위력으로 강제로 빼앗음. 강탈. 약탈.

늘[always]副(창44:5) 언제든지, 언제나, 자나깨나, 만날, 항상.

늘다[increase]재(시62:10) 본디보다 더하여지다. 많아지거나 커지다. 붇다.

늙다[grow old]재(창18:11) 나이가 많아지다. 오래되다.

늙은이(자)[old person]圈(사47:6) 늙은 사람. 나이 많은 분. 노인.

늣(느치)[hopping locust]圈(욜1:4) 딱정벌레와 비슷하며, 껍대기를 몸에 쓴 작은 벌레. 해충의 하나. 메뚜기, 황충으로 번역된 말. 농작물을 황폐하게 만든다(나3:15).

능[能 ; 능할 능. able, talent]圈(민14:16) 어떤 일을 이룰 수 있는 힘이나 재주. 기능.

능란하다[能爛~ ; 능할 능, 빛날 란. skillful]圈(사3:3) 익숙하고 매우 솜씨가 있다.

능력[能力 ; 능할 능, 힘 력. mighty]圈(창31:29) 잘 감당해 내는 힘. 능. 지성, 감정 기억에 정신이 일정한 작용을 할 수 있는 힘. 전능, 힘등으로 번역된 말.

능욕[凌辱 ; 능가할 능(릉), 욕될 욕. insult]圈(삼하21:21) 남을 업신여겨 욕보임. 여자를 욕보임. 강간.

능치못하다[能~ ; 능할능. too hard]圈(창18:14) 서툴다. 능히 할 수 없다.

능하다[能~ ; 능할능. mighty, skillful]圈(창47:6) 서투르지 아니하고 익숙하다. 團능히.

능하신 자[potentate](딤전6:15) 예수 그리스도를 가리키는 말. 지도자, 주권자, 권세있는 자를 나타낸다(눅1:51). 절대권자를 가리킨다(행8:27). 주권자로서의 하나님을 표현하고 있다(딤전6:13-16).

능한 자[chiefmen](겔17:13) 지도자 또는 왕에 대하여 쓰던 말. 느브갓네살을 가리키는 말(겔31:11).

능히[能~ ; 능할 능. easily]團(창13:16) 익숙하여 홀가분하게.

늦은 비[later rain]圈(약5:7). 시기적으로 봄비를 말한다. 양력 3. 4월에 내려 곡식을 여물게 한다. 복의 비로 여긴다(신11:14, 욜2:23). 나무와 풀에 소중한 비(슥10:1). 그리스도의 재림을 준비하게 한다 (약5:1-11).

늦다[late, slow]재(신11:14) ①정한 시간에 이르지 못하다. late ②시간적으로나 정도가 빠르지 아니하다.

늦추다[postpone, loose]타(행27:40) 기한을 연기하다.

니가노르[Nικάνωρ = 승리자]인 (행6:5) 예루살렘 초대교회에서 구제와 봉사를 위하여 투표로 뽑아 안수하여 세운 일곱 사람 중 한 사람.

니게르[Νίγερ = 검다]인(행13:1) 안디옥 교회의 유망한 교사, 시므온의 이방적인 별명.

니고데모[Νικόδημος = 이긴 백성] 인
1. 인적관계 - 유대 관원
2. 관련기사 - ①밤에 예수님을 찾아가서 중생의 도리를 배운 바리새인으로 유대인의 지도자(요3:1-9). ②유대 의회(산헤드린) 의원의 한 사람으로 교사이기도 하다(요7:50, 3:10). ③바리새인들의 공회에서 예수님을 정죄하는 것은 부당

하다고 반박하였다(요7:51). ④요셉과 함께 예수님의 시체를 장사하였다(요19:38-42). 장례시 100근의 몰약과 향료를 바쳤다.

니고볼리[Νικόπολις = 승리의 성] 인(딛3:12) 아가야 서북쪽 해안 마게도냐의 경계의 성. 바울이 겨울을 나고자 디도를 부른 곳.

니골라[Νικόλαος = 백성의 승리자] 인(행6:5) 수리아 안디옥에서 태어나 유대교에 들어갔다가 뒤에 기독교로 개종한 헬라사람. 예루살렘 교회에서 선택 받은 일곱 봉사자(집사)중 한 사람(행6:1-6).

니골라당[nicolaitan]명(계2:6) 니골라를 따르는 무리들. 에베소와 버가모 교회에 침투한 초대교회 이단의 일파. 한번 믿은 뒤에는 무슨 행동을 해도 죄가 되지 아니한다고 주장한다. 그들은 발람의 길을 따르는 자요, 사도들의 교훈을 거슬렀다(행15:20-29).

니느웨(사람)[נִינְוֵה = 합의] 지
1. **위치** - 고대 앗수르국의 수도. 메소포타미아 지역 최대 최고의 도시 중의 하나.
2. **관련기사** - ①함의 손자 니므롯이 메소포타미아와 다른 도시와 함께 건설한 것으로 여긴다(창10:10-12). ②인구 60만의 큰 도시로 좌우를 분별 못하는 자가 12만이나 있었다. ③40일 뒤에 망한다는 요나의 외침을 듣고 회개한 도시(욘3:4-10). ④히스기야왕 때에 앗수르왕 산헤립이 예루살렘을 공격하다가 하룻밤에 군사 18만 5천명을 잃고 돌아가서 니스록 신당에서 경배하다가 두 아들에게 피살됨(왕하19:35-37). ⑤그 후 미디안 사람이 쳐서 취하였고 바벨론에게 멸망되었다. ⑥나훔과 스바냐가 예언한 대로 되었다(나3:7, 습2:3). ⑦예수님께서 심판하실 때에 니느웨 사람들이 이 세대의 사람들을 정죄할것이라고하셨다(마12:41).

니도[Κνίδος = 매임]지(행27:7) 소아시아 남부에서 에게해로 뻗은 니도 반도 서쪽 이스칸딜갑에 있은 성읍. 바울이 로마에 갈 때 통과하였다.

느므라[נִמְרָה = 물이 넉넉함]지(민32:3) 요단강 동쪽에 있던 한 성읍. 벧니므라와 같은 곳(민32:36).

니므롯[נִמְרוֹד = 늠름함]인(창10:8) 함의 장남 구스의 아들. 유명한 사냥군(창10:8-10). 시날 4성읍과 앗수르 4성읍을 건축하였다. 고대 바벨론의 시조.

니므림[מֵי נִמְרִים = 맑은 샘]지(사15:6) 사해 남단 5km 지점 모압 남쪽에 있던 강. 현재의 와디 누메이라로 추정된다.

니산월[~月; 달 월. nisan]명(느2:1) 움직인다, 출발한다의 뜻이 있는 달. 바벨론 포로에서 돌아와 사용한 달력의 첫달. 고대력은 아빕월. 태양력으로는 3, 4월 유월절을 지키는 달. 늦은 비가 오는 달이다.

니스록[nisroch]명(왕하19:37) 니느웨에서 섬기던 앗수르의 우상. 독수리의 머리를 가진 신이라고 한다. 산헤립이 이 신전에서 두 아들에게 암살되었다(왕하19:37).

~님[sir]접미(창33:10) 남의 이름이나 어떤 명사 밑에 붙어서 존경을 나타내는 말.

님시[נִמְשִׁי = 끌어냄, 족제비]인(왕상19:16) 예후의 아버지. 그의 선조로 되어 있다(왕하19:16, 9:20, 2, 14).

닙산[נִבְשָׁן = 부뚜막, 아궁이]지(수15:62) 유다 동남부의 성읍. 현재 사해 서안에 있는 길 베드엘 마가리로 여겨진다.

닙하스[nibhaz]명(왕하17:31) 앗수르왕 사르곤이 수리아에서 사마리아로 이주시킨 아와 사람들의 신.

다[all]<U>부</U>(창6:17) 남김없이. 모조리. 몽땅. 전부. 모두. 있는대로.

다고[give, request]<U>타</U>(잠30:15) 달라, 다오와 같은 말.

다곤[דָּגוֹן = 큰 물고기]<U>명</U>(삿16: 23) 블레셋 사람들이 섬기던 신의 이름. 농사(곡물)에 관한 신(우상)으로 바알의 아버지이다.

*①삼손이 다곤 신전에서 죽음(삿16:23-). ②블레셋 사람들이 하나님의 언약궤를 아스돗에 있는 다곤 신전에 두었다. 다곤 신상이 법궤 앞에 넘어졌다(삼상5:2-7). ③전사한 사울의 머리를 벳산의 다곤신당에 걸어둠(대상10:10). ④지명에 다곤이 병기 된 것을 보아 그 곳에서도 다곤 숭배가 있은 것으로 본다. 벧 다곤(수15:41, 19:27).

다그몬 (사람) [דַּגְמוֹן = 지혜]<U>인지</U> (삼하23:8) 다윗의 세 용사 중 하나인 요셉 밧세벳의 고향. 그 종족. 하그몬과 같다.

다나안[דָּנִיָן = 심판]<U>지</U>(삼하24:6) 팔레스타인의 한 지방. 길르앗과 시돈사이에 있는 것으로 알려져 있다. 다윗의 군대 장관 요압이 왕명을 받고 인구조사차 방문한 지역.

다녀가다[drop in]<U>자</U>(행15:3) 어느 곳에 들렀다가 가다.

다니다[go to]<U>자</U>(창3:14) ①일정한 곳을 지나가고 지나오고 하다. ②볼 일을 보거나 어떤 목적으로 왔다 갔다 하다. attend.

다니엘[דָּנִיֵּאל = 하나님은 우리의 심판자]<U>인</U>(대상3:1)

1 다윗이 헤브론에서 낳은 아들. 갈멜여인 아비가일이 그의 어머니이다(대상3:1). 길르압과 같은 사람(삼하3:3).

2 레위사람 이다말의 후손으로 에스라와 함께 바벨론에서 돌아온 제사장(스8:2).

3 느헤미야 시대에 율법엄수를 서약날인한 제사장(느10:6). 2와 같은 사람으로 보는 학자도 있다.

4 에스겔의 예언중에 언급된 지혜로운 사람(겔14:14). 다니엘서의 주인공으로 보는 사람도 있다. 노아, 다니엘, 욥으로 언급한 것을 보아 욥 이전의 사람으로 보는 학자도 있다(겔14:14, 20, 28:3).

5 유다 왕족 선지자

1. **인적관계** - 예루살렘에서 출생한 귀족(단1:3-7).
2. **관련기사** - ①유다왕조가 멸망될 때 바벨론으로 포로된 소년(단1:1, 렘25:1). ②유다 왕족의 혈통(단1:3). ③다니엘의 세 친구는 하나냐, 미사엘, 아사랴(단1:6). ④세 친구와 함께 왕의 음식을 거절하고 채식을 요구하여 10일간 시험했다(단1:8-16). ⑤왕의 사치스러운 음식이 율법에 위배되었고 동족의 처지도 생각할 줄로 여긴다. ⑥느부갓네살왕의 잊은 꿈을 알려주고 해몽까지 하였다(단2:). 느브갓네살왕은 여호와 하나님을 영화롭게 하였으며 다니엘을 높였다. ⑦다니엘은 박사의 어른이 되었다(단2:48). ⑧두번째 왕의 꿈을 해석해 주었다(단4장). ⑨그후 벨사살왕의 연회장 벽에 사람의 손이 나타나 글자 쓴 것을 읽어 주고 그 뜻을 해석한 후 세 총리 중 하나가 되었다(단5:10-28). ⑩다리오왕 때 다니엘은 세 총리의 으뜸이 되었다(단6:3). ⑪2인의 총리가 다니엘을 제거하려고 다리오왕 외에 타인이나 타신에게 경배하는 자는 모두 처벌한다는 영을 내리게 하였다(단6:4-9). ⑫다니엘은 그것을

알면서도 하루 세번 예루살렘을 향하여 기도하였다. 사자굴에 던져졌으나 하나님께서 지켜주심으로 살아났다(단6:10-27). ⑬하나님께서 다니엘에게 이상을 보여 주셨다(단7-12). ⑭구약 제27권 다니엘서의 기록자이다.

3. 배울점 - ①하나님의 법대로 사는 신앙. ②죽음을 각오한 신앙. ③동족애가 투철한 신앙. 하나님의 뜻대로 산 신앙.

다니엘[Daniel]명(단) 구약 제27권째 성경. 대선지서에 속한다. 아람어로 기록된 것이 특색이며 약 72년 동안의 역사적인 사건을 기록한 것이다(여호야김이 즉위한지 3년부터 고레스왕 3년까지 이방인의 때에 대한 시작과 특성, 그 과정과 종말에 대하여 기술되었고 성도들이 나라를 얻어 영원할 것을 예언하였다(단7:17-18). 내용 분해는 박기원 편 성경총론을 참고하라.

● **다니엘서에 예언된 그리스도** - ①세상 왕국을 쳐부술 큰 돌(단2:34-35, 45). 그리스도는 산 돌이시다. 그리고 모퉁이의 머릿돌이 되시므로 이 돌 위에 떨어지는 자는 깨어지고 돌이 사람 위에 떨어지면 가루로 만들어 흩으신다(마21:42-44, 롬9:33, 벧전2:4, 고전10:4). ②신의 아들(단3:25). 고난받는 성도와 함께 계시고 도우시는 그리스도(마28:20). 내가 세상을 이기었노라 하신 주님의 말씀을 상기하라(요16:33, 계5:5, 고후2:14). ③권세를 받은 인자(단7:13-14).

하나님으로부터 만물을 다스릴 권세를 받은 그리스도를 예언(요17:2, 눅12:4). 성도 또한 이 권세를 받아 누리게 된다(계2:26). ④쇠하지 아니할 왕국(단7:13-14). 그리스도의 영원한 나라(계11:15). ⑤기름부음을받은자(단9:25-26). 왕이신 그리스도를 예언. ⑥육십이 이레(단9:25-26). 그리스도의 탄생 시기를 예언. ⑦재림의 그리스도(단7:13). 구름을 타고 오실 그리스도의 재림의 모습을 예언(마24:30-31, 계6:15, 눅17:34-35, 마25장 등). ⑧그리스도 현현의 모습(단9:25-26). 계시록에 나타난 그리스도의 모습과 비교해 보라(계1:12-16).

다단[דָּתָן = 샘에 속한]인(민16:1) 르우벤 자손으로 동생 아비람과 같이 고라의 무리에 가담하여 모세와 아론에게 대항하다가 땅 속에 삼키움을 당한 자(신11:6, 시106:17).

다대오[Θαδδαιος = 사랑받는 아들, 칭찬함]인(마10:3) 예수님이 뽑으신 12제자 중 한 사람. 누가복음에서는 야고보의 아들 유다로 기록되어 있다(눅6:16). 요한 복음에는 가룟 사람이 아닌 유다라고 기록하였다(요14:22). 성경에는 다데오의 활동이 기록되어 있지 않으나 전설에는 수리아와 아라비아, 메소포타미아에서 전도하다가 페르시아에서 순교하였다고 한다.

다드몰[תַּדְמֹר = 종려나무]지(왕상9:18) 솔로몬이 다메섹 동부약217km지점 수리아 광야 오하시스가에 세운 성읍. 하란과 지중해, 유브라데강 유역에서 다메섹을 지나 애굽으로 통하는 교통 중심지. 헬라와 로마시대에 팔미라라고 부르던 이다.

다듬다[arrange, level]타(출20:25) ①맵시나게 매만지다. 곱게 닥다. ②거친 바닥이나 거죽을 손질하여 고르고 매끈하게 만들다.

다듬은 돌[hewn stone]명(출20:25) 석공이 정으로 가공한 돌. ①제단에는 다듬지 아니한 자연석을 쓰게 하였다(출20:25). ②솔로몬의 성전에 두로의 석공들이 다듬은 돌을 사용했다(왕상6:17, 16:36, 17:12). ③희생제물의 단은 다듬은 돌을 썼다(겔40:42). ④다듬은 돌로 집을 짓는 것은 사치스러운 것으로 비난을 받았다(사9:10).

다라[דָּרַע =그가 알았다, 가시나무]인(대상2:6) 유다와 다말 사이에서 태어난 셀라의 아들. 다르다와 같은 사람(왕상4:31).

다락문[~門; 문 문. gate of upper room]명(삿3:23) 다락으로 통하는 문.

다락방[~房; 방 방. upper room]명(삿3:20) 옥상에 마련된 방. 부엌 위에 2층처럼 만들어 물건을 넣어두는 한국식 다락과는 다르다. ①에글론왕이 있은 다락방(삿3:20-25). 문이 있고, 난간도 있고 발을 칠 수 있는 창문도 있었다. ②수넴 여인이 엘리사를 위해서 마련한 다락방(왕하4:10-11). ③엘리야가 머문 다락방(왕상17:19, 23). ④문루로 나가는 통로의 다락방(삼하18:33). ⑤성벽으로 건너갈 수 있는 다락방(느3:31-32). ⑥창살 달린 창문으로 꾸민 아하시야의 다락방(왕하1:2). ⑦넓은 궁궐에다가 다락방을 만든 여호야김 왕은 예레미야의 책망을 받았다(렘22:13-14). ⑧솔로몬의 성전 다락방(대상28:11). ⑨120명 이상이 모일 수 있는 마가의 다락방. 예수님께서 제자들과 같이 유월절을 보내기 위해 식사를 준비하고 만찬을 베프셨고 오순절날 기도하던 무리들에게 성령이 강림하셨다(막14:5, 행1:13). ⑩베드로가 죽은 도르가를 살려낸 욥바의 다락방(행9:37, 38). ⑪바울이 드로아에서 복음을 전하던 방(행20:8,9)은 3층다락이다.

다락지붕[top of upper chamber]명 (왕하23:12) 다락 옥상.

다탈라[אֲלָתָהּ =그의 증거한 것]지 (수18:27) 베냐민지파가 차지한 영토 서쪽에 있은 성읍.

다량[多量; 많을 다, 분량 량. great deal]명(시80:5) 많은 수나 부피의 정도.

다레아[דַּרְעָא =속이는 방]인(대상8:35) 사울의 아들 요나단의 손자이며 미가의 아들이다(대상9:41). 비돈, 멜렉, 아하스의 형제.

다르곤[דַּרְקוֹן =대단히 빠르게, 서두르다]인(스2:56) 솔로몬의성전에서 봉사하던 사람. 그의 후손이 스룹바벨과 함께 바벨론에서 귀국했다.

다르다[defferent, biverse]형(창4:25) 같지 아니하다. 틀리다.

다르다[דַּרְדַּע 지식의 보배, 가시나무]인(왕상4:31) 유다사람세라의 손 중 마홀의 아들. 지혜가 많았으나 솔로몬과 같지는 못했다. 다라와 같은 사람(대상2:6).

다르닥[tartak]명(왕하17:31) 앗수르왕 사르곤이 이스라엘을 패망시키고 아와사람을 사마리아에 옮겨 살게 하였을 때 그들이 만들어 예배한 신(우상). 나귀모양을 한 신이라고 한다.

다르단[דַּרְתָּן =총 지휘관]명(왕하18:17) 히스기야왕 때 예루살렘을 공격한 앗수르 군대의 사령관의 칭호. 18만 5천명의 전사자를 내고 도망간 지휘관. 사르곤의 무관에 대하여는 군대장관이라고 번역한 것을 보아 직위를 나타내는 말이다(사20:1).

다른 교훈[teach any different doctrine](딤전1:3)그리스도의 참복음과 다른 가르침. 복음에 반대되는 교훈. 복음을 그릇되게 가르치는 교훈. 교회를 무너뜨릴 위험이 있는 이단적 그리스도의교훈(딤전6:3).

다른 불[unholy fire](레10:1) 정해놓은 불이 아닌 것. 거룩한 제단의 불이 아닌 것(민3:4). 아론의 아들 나답과 바비후가 다른 불로 분향했기 때문에 죽었다.

다른 신[other god](출20:3) 여호와이신 하나님 이외의 모든 신. 다른 신을 섬기는 것을 제1계명에서 금지하고 있다. 이방의 신, 외국의 신으로 번역된 말.

다름아니라[be nothing but]부(고전1:2) 딴 까닭이 없이. 실인즉, 말하자면의 뜻의 접속부사.

다름없다[same]형(사66:3) 비교하여 보아 다름이 없다. 같다.

다리[leg]명(출29:17) 동물의 아래 몸에 붙어서 딛거나, 뛰거나 하는 일을 하는 부분. **비유적으로** - ①약함(시147:10). ②무익하고 어리석음(잠26:7). ③성읍의 타락상(사47:2). ④곧고 꼿꼿함(아5:15) 건짐을 받아 살아 남은 자(암3:12) 등에 쓰인 말. **예언적으로** - ⑤한 기간, 군왕의 통치기간을 말했다. ⑥예수님께서는 십자가에 못박혔을 때 빨리 죽으셨으므로 다리를 꺾이지 않았다(요19:31-36과 시34:20 비교). ⑦정금다리는 그리스도의 나타나심을 노래한 것이다(아5:5). **기타** - ⑧칼을 감춤(삿3:16). ⑨놋 경갑을 참(삼상17:6). ⑩제물(출29:17). ⑪힘 없는 다리(잠26:7). ⑫행음표현(겔16:25).

다리오[דָּֽרְיָוֶשׁ = 강포하는 사람]고(스4:5) 바사국의 왕들의 이름.

1 다니엘서와 관련된 다리오 ①바벨론을 정복한 아하스에로(아닥사스다)의 아들(단5:31). ②62세에 왕이 된 메데사람(단5:31). ③방백 120명을 세워 전국을 통치하였다(단6:1). ④다니엘을 으뜸 총리로 세우고 총리와 120도 방백을 다스리게 하였다(단6:3). ⑤온 백성에게 왕만을 경배하고 다른 신에게나 사람에게 기도하면 사자굴에 던져 넣겠다는 금령을 공포하였다(단6:7-8). ⑥금령을 어긴 다니엘을 사자굴에 던져 넣었다(단6:12-17). ⑦밤이 맞도록 금식하고 염려했다(단6:18). ⑧살아 있는 다니엘을 사자굴에서 나오게 하고 다니엘을 모함한 관리들을 사자굴에 던져 넣었다(단6:23-24). ⑨영원히 변치 않는 다니엘이 섬기는 하나님만 섬기도록조서를내렸다(단6:25-28).

2 성전 재건을 도운 다리오 - ①예루살렘 성전 재건 공사가 그의 즉위 2년까지 중단 되었다(스4:24). ②강 서편 총독의 예루살렘 성전 재건에 관한 보고를 받고 정부의 보관문서를 찾게 했다(스5:6-6:1). ③악메다 궁에서 고래스왕이 내린 조서를 찾아 확인하였다(스6:3-5) ④성전 재건공사를 계속하게 하고 세금일부를 지원해 주었다(스6:6-8). ⑤그리고 하나님께 드릴 제물도 제사장이 요구하는 대로 지원해 주도록 조치하였다. ⑥다리오왕 제2년 6월 24일 중단 되었던 성전 재건공사를 재개하여(학1:15, 2:18), 6년 12월 3일에 완공하였다(스6:15). ⑦선지자 학개와 스가랴선지자는 다리오왕의 통치에 관하여 예언했다(학2:1, 10, 18, 슥1:7, 7:1). ⑧제사장들을 등록하였다(느12:22).

＊⑧에 관해서는 이설이 있다. 다리오 Ⅲ세 곧 바사 마지막 왕이 행했다는 학자도 있다.

다리오왕의 무덤.

- 다리오 Ⅰ세 주전522-주전522
- 다리오 Ⅱ세 주전423-주전404
- 다리오 Ⅲ세 주전335-주전331

다릭[darice]명(대상29:7) 바사시대에 통용되던 금돈의 단위. 성경에 기록된 최초의 금화로 고래스왕이 주조하여 사용했다. 금 8.4g의 가치이며(약5$) 활과 창이 새겨져 있다(스2:59).

바사의 다릭

다림[plumbing]명(왕하21:13) 수평과 수직을 살피는 것.

다림보다[plummet]구(왕하21:13) 어떠한 것을 겨냥대여 살펴보다. 이해관계를 노리어 살펴보다.

다림줄[plumbline]명(암7:7) 다림볼 때 쓰이는 줄. 추를 뜻하며 수직 또는 수평을 재는 기구를 뜻한다. 하나님의 백성이 하나님의 계시에 일치하도록 살았는지 심판 때 하나님의 기준에 맞는 지를 확인하는 것을 말한다(암7:7-8).

다마리[Δαμαρίs = 암소]인(행17:34) 아덴에서 바울의 전도로 회개한 여성도.

다만[only]부(창34:23) 오직~그뿐의 뜻을 나타내는 말. 단지.

다말[תָּמָר = 종려나무]인

① 엘의 아내
1. **인적관계** - 야곱의 아들 유다의 장자 엘의 아내(창38:6).
2. **관련기사** - ①엘과 결혼하였으나 사별 하였다(창38:6). ②승혼법에 따라 오난의 아내가 되었으나 사별하였다. ③셀라가 장성하기까지 친정에 돌아가 살았다(창38:11). ④창기의 의상을 입고 유다에게 나타남(창38:12-17). ⑤유다에게 약조물을 받고 동침하여 아이를 가짐(창38:18). ⑥다말이 행음한 사실이 들어나 죽임을 당하기 직전 상대가 유다임을 밝혔다(창38:18-26). ⑦쌍둥이 아들을 낳았다(창38:27-28). ⑧베레스와 세라의 어머니(창38:28-30). ⑨다윗계의 선조(룻4:12, 대상2:4). ⑩예수님의 계보에 기록된 여자 중 한 사람(마1:3).

② 다윗의 딸. 압살롬의 친 누이(대상3:9). 이복오빠 암논에게 강간을 당하였다(삼하13장).

③ 다윗의 아들 압살롬의 외딸(삼하14:27). 우리엘의 아내가 되어 마아가(르호보암)를 낳은 것으로 여긴다(대하13:2).

다말[תָּמָר = 종려나무]지(겔47:19, 48:28) 사해 남부에 있던 성읍. 유다의 최남단 경계에 있던 성읍. 애굽시내 북부에 있던 성읍. 유다 광야에 솔로몬이 건설한 다드몰과 같은 곳으로 여김(왕상9:18). 지금의 하세 바로 추정한다.

다메섹[דַּמֶּשֶׂק = 활발]지(창14:15)
1. **위치** - 고대 아람(시리아)국과 현재의 시리아의 수도. 남서에 헬몬산을 안고 있는 레바론 동편 고원에 있는 도성. 아마나강과 바로발강이 흐르는 지역(왕하5:12)
2. **관련기사** - ①아브라함이 롯을 구하기 위하여 다메섹 서쪽까지 추격하였다(창14:15). ②아브라함이 상속자로 여긴 엘리에셀의 고향(창15:2). ③다윗이 점령하여 속국을 만들고 수비대를 두어 조공을 받았다(삼하8:5-6). ④소바사람 르손이 다메섹에 가서 스스로 왕이 되었다(왕상11:23-24). ⑤유다 아사왕이 동맹을 맺었다(왕상15:17-19). ⑥벤하닷이 이스라엘왕 바아사와 동맹을 맺었다(왕상15:18-19). ⑦엘리야가 하사엘에게 기름을 붓고 아람왕이 되게 하였다(왕상19:15). ⑧아람왕과 벤하닷이 조약을 맺었다(왕상20:34). ⑨하합이 다메섹 왕과 싸우다가 전사했다(왕상22:29-36). ⑩나아만 장군의 거주지(왕하5장). ⑪엘리사가 방문한 곳(왕하8:7). ⑫하사엘이 다메섹에서 왕권을 잡았다(왕하8:15). ⑬여로보암이 실지회복을 하려던 곳(왕하14:28). ⑭앗수로왕이 공격하여 르신을 죽였다

(왕하16:9). ⑮아하스왕이 앗수르 왕 디글랏 빌레셀을 만나기 위하여 간 곳(왕하10:10). ⑯솔로몬의 아가에 언급된 곳(아7:4). ⑰이사야가 예언한대로 르신왕은 전사했다(사7:4-8:5). ⑱예레미야, 에스겔, 아모스 선지자의 예언에 언급된 곳(렘49:23,. 겔27:18, 암1:3). ⑲앗수르에 의하여 멸망하였다(왕하16:9). ⑳신약시대 사울이 다메섹 도상에서 주님을 만나 변화되었다(행9:1-9). ㉑그리스도인이 많은 지역(행9:2, 22:5-6). ㉒직가라고 하는 거리는 현재의 데르브 엘 므스타김으로 동, 서로 난 길이다(행9:10-11). ㉓사울을 안수하여 눈을 뜨게한 아나니아가 살던 곳(행9:10). ㉔아레다왕의 방백이 사울을 잡으려고 다메섹 성을 지켰다(고후11:32). ㉕사울은 아라비아로 갔다가 다메섹으로 돌아갔다(갈1:17).
3. **교훈** - 하나님을 대항하는 국가는 망한다. 죄가 더한 곳에 은혜가 더욱 넘쳤다(롬5:20)는 말씀을 기억하라.

다메섹강[rivers of damascus]명(왕하5:12) 다메섹 동남쪽에서 다메섹을 지나 북서쪽으로 흘러 지중해로 들어가는 강. 아마나강과 바로발강. 요단강 보다 아름답고 맑은 물이 흐른다.

다메섹 엘리에셀[eliezer of damascus]명(창15:2) 아브라함이 자기의 상속자로 여기고 있던 하인. 엘리에셀.

다바네스[תַּחְפַּנְחֵס = 흑인의 요새]지
1. **위치** - 애굽 동부 성읍(렘2:16)
2. **관련기사** - ①느부갓네살이 예루살렘을 점령하고 유다 총독으로 세운 그달랴를 죽인 사람들이 망명한 곳(렘43:7-9). 예레미야가 가서 예언했다. ②애굽에 임할 심판 가운데 언급된 성읍(겔30:18) ③라암셋 남동 13km 지점 텔 테프네로 여긴다. 이곳에서 예레미야가 예언한 것으로 보이는 한 요새를 찾아 내었다(렘43:9, 44:1-2) 무역의 중심지로 알려진 곳이다.

다밧[נָטָף =몰약의 기름, 물방울을 떨어뜨림]인(왕상4:11) 솔로몬의 딸. 12장관의 한 사람인 돌높은 땅을 주관하는 벤아비나답의 아내가 되었다.

다베라[תַּבְעֵרָה = 불에 탄다, 불타오르는장소]지(민11:3) ①이스라엘 백성이 출애굽한 후에 이 곳에 이르러 악담으로 하나님을 원망하므로 하나님께서 불로 멸하신 후부터 부르게 된 이름(민11:1-3, 신9:22). ②기브롯 핫다아와(욕심의 무덤)라고도 부른다(민11:34).

다볼[תָּבוֹר =채석장]지(수19:22) 스블론 땅에 있는 레위인의 성읍. 므라리 사람의 거주지(대상6:77).

다볼 상수리나무[great tree of tabor]명(삼상10:3). 사울이 사무엘에게 기름부음을 받고 집으로 돌아갈 때 지나간 곳. 여기서 벧엘로 가는 세 사람을 만났다. 베냐민 경계 셀사에 있는 라헬의 무덤과 벧엘 또는 기브아 사이에 있은 것으로 여긴다.

다볼산[mount tabor]지(삿4:6)
1. **위치** - 갈릴리호수 서남에 있는 산. 이스라엘에서 갈릴리 호수에 이르는 남부에 위치.
2. **관련기사** - ①납달리 사람 바락이 야빈과 시스라를 대적하기 위하여 잇사갈과 스블론 사람을 집결한 곳(삿4:6). ②기드온의 형제들이 세바와 살문나에게 살해된 곳(삿8:18-19). ③선지시대에는 우상을 위한 장소(호5:1). ④주의 이름을 인하여 즐거워하는 산(시89:12). ⑤여호와께서 맹세하면서 말씀하신 산(렘46:18).

다불과[多不過: 많을 다, 아닐 부, 지날 과 at the most.]명(고전14:27) 많더라도 그 이상이 안됨.

다브네스[תַּחְפְּנֵיס]인(왕상11:19) 다윗과 솔로몬과 같은 시대의 바로의 왕비. 연대에 의하면 애굽 21왕조의 왕비이다. ①에돔왕의 후손

인 하닷이 정치적인 이유로 애굽에 도피했을 때 동생을 주어 아내를 삼게 했다. 하닷의 처형이 된다. ②하닷의 아이 (이질)를 바로궁에서 키운 왕비(왕상11:20).

다브랏[דָּבְרַת = 순복함]지(수19:12) 스블론과 잇사갈 경계에 위치한 레위인의 마을(수21:28). 다볼산 기슭 지금의 데브리예로 여긴다.

다브림몬[טַבְרִמּוֹן = 림몬은 선하다]인(왕상15:18) 다메섹 왕. 벤하닷의 아버지. 아사와 동맹했다.

다브엘[טָבְאֵל = 하나님은 선하심]인

1 유브라데강 서쪽에 있는 바사의 한 관리(스4:7). 성전공사를 중단시키기 위하여 아닥사스다왕에게 유다사람들이 반란을 음모한다는 편지를 보낸 사람. 이로 인하여 성전재건이 지연되었다.

2 아람왕 르신과 이스라엘 왕 베가가 유다왕 아하스를 물리치고 왕으로 세우려던 사람의 아버지. (사6:5-6).

다볼래[tarpelites]인(스4:9) 앗수르왕이 사마리아로 이주시킨 종족 중 하나. 아닥사스다왕에게 성전재건을 중지시키도록 모략하는 서신을 바사 사령관 르훔과 서기관 심새와 같이 작성한 이방인.

다비다[Ταβιθά = 암사슴]인
1. **인적관계** - 욥바의 여성도. 도르가라고도 한다(행9:36).
2. **관련기사** - ①선행을 일삼은 성도 (행9:36). ②그가 병으로 죽자 시체를 씻어 다락에 뉘임(행9:37). ③룻다에 있던 베드로를 청하여 그의 선행을 자랑함(행9:38-39). ④베드로가 사람을 내어 보내고 기도한 후 손을 잡아 이르켜 살렸다(행9:40-41). ⑤다비다가 다시 살아남으로 많은 사람들이 예수님을 믿게 되었다(행9:42).
3. **교훈** - 하나님의 뜻을 따라 선행할 것이며 죽은 후도 아쉬워하는 사람이 되라.

다소[多少 ; 많을 다, 적을 소. many or few]명(레25:16) 많음과 적음.

다소(성) [Ταρσεύς = 기쁨]지(행9:11)
1. **위치** - 소아시아의 남동 길리기아도의 수도
2. **관련기사** - ①바울의 출신지(행9:11). ②바울이 회개한 후 한 번 이곳에 들렸다(행9:30, 11:25). ③바나바가 사울을 찾으려고 간 곳(행11:25). ④바울이 자랑으로 여기는 성읍(행22:3).

다소간[多少間 ; 많을 다, 적을 소, 사이 간. more or less]부(삼상25:36) 많으나 적으나 얼마쯤.

다스리다[govern, rule over]타(창1:28) ①보살펴 관리하거나 처리하다. ②죄를 물어 벌을 주다.

다시[again]부(창4:12) ①하던 일을 되풀이, 한번 더, 또. ②고쳐서, 새로이. ③이전 상태대로. once again

다시 남[regeneration]새로남. 중생을 뜻한다. 옛 사람은 죽고 그리스도를 통해 하나님의 은혜로 새 사람이 됨. →거듭남(중생).

다시스[תַּרְשִׁישׁ = 전쟁, 금속 정련]인
1 노아의 증손자이며, 야벳의 손자 야완의 아들(대상1:7). 달시스와 같은 사람(창10:4).
2 베냐민 사람 빌한의 아들로 여디엘의 손자(대상7:10).
3 바사의 일곱 방백 중의 한 사람(에1:14). 아하스에로왕 다음으로 높은 지위에 있는 사람.

다시스[תַּרְשִׁישׁ = 예속]지
1. **위치** - 지중해 연안에 있는 무역항. 스페인의 남부 타르데수스로 추정한다(욘1:3).
2. **관련기사** - ①야완의 아들들의 후손이 거주하는 지역으로 무역과 관련이 있는 곳(왕상10:22). ②바다와 접한 서쪽의 끝의 땅으로 여기는 곳(시72:10). ③금속 광물이 많은 곳(렘10:9, 겔27:12). 두로와 교역한 곳. ④요나는 욥바에서 다시스로 가는 배를 탔다(욘1:3).

다아낙왕

⑤유다 여호사밧 왕이 이스라엘의 아하시야왕과 배를 지어 다시스로 보내려 하였으나 여호와께서 그 배를 파선케 하셨다(왕하22:48, 대하20:35-37). ⑥이사야가 멸망할것을 예언하였다(사23:10,14). ⑦구원의 날에 다시스에서 찾아 올 것을 이사야가 예언했다(사60:9, 66:19).

다아낙 왕[king of taanach]인 (수12:21) 여호수아가 정복한 서편 31명의 왕 중 하나.

다아낙[מְעֲנָךְ = 모래로 된 땅]지
1. **위치** - 므깃도 동남6km 지점.
2. **관련기사** - ①여호수아가 정복한 가나안의 성읍(수12:21). ②므낫세 자손에게 분배된 땅. 그러나 그들은 가나안 사람을 쫓아내지 못했다(삿1:27). ③레위사람 그핫 자손의 거주지(수21:25). ④여사사 드보라가 가나안 사람을 물리친 곳(삿5:19). ⑤솔로몬왕 시대에는 관장 바아나의 행정구역에 들었다(왕상4:12).

다아낫 실로[תַּאֲנַת שִׁלֹה = 실로의 뽕나무, ~에 접근]지(수16:6) 에브라임 북동 경계의 성읍. 현재 나블스의 동남11km지점 다아나로추정.

다윗[דָּוִיד = 사랑받는 자]인
1. **인적관계** - 아브라함의 14대손 유다지파 이새의 여덟째 아들로 유다 베들레헴에서 출생한 사람(삼상16:10, 17:12-14).
2. **관련기사** - ①그의 어머니는 하나님을 섬기는 경건한 부인이었다(시86:16, 116:16). ②다윗의 계보(룻4:17, 22, 대상2:3-15)③다윗의 용모(삼상17:42). ④양치는 목동으로 강건한 자(삼상16:11, 17:34-36). ⑤사울이 범죄하므로 다윗이 기름부음을 받음(삼상16:1-13). ⑥악신이 들린 사울왕을 위하여 다윗이 수금을 탐(삼상16:14-23). ⑦다윗이 골리앗을 이김(삼상17:). ⑧다윗이 승리하고 돌아올 때 여자들의 환영을 받음(삼상18:7). ⑨왕자 요나단과 다윗이 맺은언약(삼상18:1-4). ⑩사울이 다윗을 시기함(삼상18:5-16). ⑪다윗이미갈과결혼함(삼상18:17-27). ⑫사울이 두려워하여 다윗을 공격함(삼상18:28-30). ⑬사울이 다윗을 죽이려고 하므로 다윗이 피함(삼상19장). ⑭다윗과 요나단의 우정(삼상20장). ⑮제사장 아히멜렉의 도움을 받음(삼상20:1-9). ⑯다윗이 가드로 피하여 위기를 모면함(삼상20:10-15). ⑰다윗의 피난생활 중에서 일어난 일들(삼상22장-24장). ⑱다윗과 아비가일 그리고 그의 다른 아내들, 가족(삼상25장, 삼하3:1-5). ⑲사울을 향한 다윗의 사랑(삼상26장). ⑳다윗과 가드왕(삼상27장). ㉑다윗이 동족과의 전쟁을 피하게 됨(삼상29장). ㉒다윗이 아말렉과 싸워 이김(삼상30장). ㉓다윗이 사울과 요나단의 죽음을 슬퍼하고 길르앗 야베스 사람을 축복함(삼하1:1-2:7). ㉔다윗과 아브넬(삼하2:8-3:39). ㉕다윗의 의로운 처사(삼하4:9-12). ㉖다윗이이스라엘의 왕이 되어 활동한 내용(삼하5장). ㉗다윗이 하나님의 언약궤를 예루살렘으로 옮김(삼하6장). ㉘다윗과의 맺은 하나님의 언약(삼하7장 9장). ㉙다윗의 영토확장(삼하8장). ㉚다윗과 므비보셋(삼하9장). ㉛다윗의 범죄와 회개(삼하11장-12장). ㉜다윗의 자녀들의 불상사와 압살롬의 반역(삼하 13장-18장). ㉝다윗이 예루살렘으로 돌아와 다스림(삼하19-21장). ㉞하나님의 구원에 대한 다윗의 노래(삼하22장). ㉟다윗이 성전 건축을 갈망함(삼하22장). ㊱다윗의 유언(삼하23:1-7). ㊲다윗

의 용사들의 명단과 업적(삼하23:8-39). ㊳다윗의 인구조사와 이로 인한 벌(삼하24장). ㊴다윗이 후계자로 솔로몬을 왕으로 세움(왕상1장). ㊵다윗이 왕이되어 40년 동안 이스라엘을 다스림. ㊶70세에 죽어 다윗성에 장사됨(왕상2:1-12). ㊷시편 1편을 비롯하여 많은 노래를 지었다(삼하23:1). ㊸예수님을 예표하며 예수님의 계보에 든 사람(마1:1, 롬1:3). ㊹다윗의 나라의 도래(막11:10, 행13:34).

다윗의 수금

3. **교훈** - 그의 겸손, 그의 신앙, 그의 회개를 본받자.

다윗성[city of david]명(삼하5:7) 다윗이 성을 쌓고 도읍한 예루살렘. 기드론 골짜기가 내려다 보이는 곳에 있다. 다윗의 거처.

다윗의 동네[city of david](눅2:4, 11) ①다윗이 태어나서 살던 베들레헴을 가리킨다. ②다윗은 그곳에서 양을 쳤다(삼상17:12-15). ③그리고 기름부음을 받았다(삼상16:1-13). ④그리하여 다윗의 동네라고 부르게 되었고(요7:42). ⑤미가 선지자의 예언대로 그리스도께서 탄생하셨다(미5:2,마2:6).

다윗의 뿌리[the root of david]명(계5:5) 그리스도 예수 메시야의 칭호(계22:16). 사11:1과 10에서 유래된 말로 다윗의 후손으로서의 메시야를 일컫는 말인데 뿌리로 번역된, 헬라어 $\rho i \zeta a$(리자)는 새로 나온 가지 또는 어린가지를 뜻한다. 나무가 잘려도 그루터기에서 새싹이 돋아나는 것과 같이 그리스도의 왕국은 끊어지지 않고 영원함을 나타내는 말이다.

다윗의 열쇠[the key of david]명(계 3:7) 하늘나라의 문을 여는 열쇠. 그리스도의 권세를 가리키는 말. 오직 한길이신 그리스도만이 우리를 천국으로 들어가게 하신다. 반면에 그리스도를 믿지 아니하는 자는 그리스도를 거부하는 것이므로 그리스도께서 버린 자이다. 사22:22에 예언한 그리스도임을 보여준다(계3:7-13).

다윗의 자손[son of diavid]
① 다윗왕의 후손인 요셉을 가리킨다(마1:20, 눅1:27).
② 메시야이신 예수 그리스도를 가리킨다(마9:27). 솔로몬의 시에서(시17:23) 구약의 선지자들이 예언했다(사9:7,렘23:5,겔34:23).

다윗의 장막[dwelling of david]명(행15:16) 영원한 다윗왕조를 가리키는 말. 천국, 하나님 나라를 지칭한다.

다윗의 혈통[bloody of david](롬1:3) 예수님의 인성 계보를 말한다. 그러나 다윗의 피를 이어 받지 아니하였다(마1:18-23, 눅20:44).

다음[next]명(창25:13) ①어떤 차례나 번에서 바로 뒤 ②일정한 일이나 시간이 끝난 뒤.

다음날[tomorrow]명(민33:3) 오는 날, 내일, 명일.

다자[多子 ; 많을 다, 아들 자]명(신33:24) 아들이 많음.

다정[多情 ; 많을 다, 뜻 정, cordiality]명(삿19:3) ①정이 많음. 인정이 많음. inconatancy. ②사귄 정이 두터움. 매우 정다움. close friendship.

다투다[contend]자(창13:7) ①서로 옳고 그름을 주장하여 싸우다. dispute. ②승부를 겨루다. 경쟁 하다. compete. ③분쟁. 알력.

＊다투게 되는 것은 ①죄로 말미암아(잠17:19), ②거 만하여(잠22:10), ③미움이 생겨(잠10:12), ④분노하기 때문에(잠29:22), ⑤사람의 본성을 나타낸다(렘15:10, 합1:3). ⑥그리스도인들에게는 피하도록 권고하고 있다(고전1:11

다하스[דַּחַשׁ = 너구리]인(창22:24) 아브라함의 동생 나홀이 첩 르우마에게서 낳은 세째아들. 아람족의 조상으로 지역의 이름이 된 것으로 추정한다. 지금의 다마스카스 근처에 있는 타하쉬로 추정한다.

다한[דָּהָן = 야영]인

1. 에브라임의 아들. 에브라임 족속 중 다한사람의 조상. (민26:35).
2. 눈의 아들 여호수아의 조상 중 한 사람(대상7:25).

다핫[דַּהַת = 하부]인(대상6:24).

1. 레위의 세 아들 중 하나인 그핫 족속이며 이스할의 아들. 우리엘과 스바냐의 아버지(대상6:24).
2. 에브라임 지파 사람으로 스델라 종족 베렛의 아들(대상7:20).
3. 에브라임 사람으로 엘르앗의 아들(대상7:20).

다핫[דַּחַת = 아래에 있는 것]지(민33:26) 광야에서 이스라엘 민족이 유숙한 곳.

다행[多幸 ; 많을 다, 다행할 행]명(행26:2) ①운수가 좋음. great fortune. ②뜻밖에 잘됨. good-luck. 부다행히.

다호마스[tachomas]명(레11:16) 부정한 것으로 먹지 못하는 새의 이름. 히브리 원문의 뜻은 '찢고 얼굴을 할퀴다'의 뜻으로 독수리의 일종으로 여겨진다. 어떤 이는 올빼미라고 한다. 개역성경에는 히브리어 발음대로 옮긴 것이다.

단[bundle, sheaf]명(창37:7) 곡식, 땔나무, 푸성귀 등의 묶음.

단[壇 ; 단단, altar]명(창8:20) ①높직하게 만들어 놓은 자리. ②흙이나 돌로 쌓아 올려 제사를 지내는 곳. 일반적으로 제단을 뜻한다.

단[דָּן = 재판관]인(창30:5-6) ① 야곱의 아내 라헬의 여종 빌하가 낳은 야곱의 다섯째 아들. 빌하의 장남. ②그의 아우는 납달리이다(창30:1-6). ③그는 아들 후심(수함)을 낳았고 단지파의 시조가 되었다(창46:23, 민26:42).

단나[דַּנָּה = 심판의 땅]지(수15:49) 유다 산지에 있던 성읍.

단단하다[solid]형(욥41:24) 무르지 아니하고 매우 굳다. 부단단히

단련[鍛鍊 ; 쇠부릴 단, 쇠부릴 련. refine]명(욥23:10) ①몸과 마음을 닦아 익숙하게 함. ②쇠붙이를 불에 달구어 두드림. temper.

＊히브리 원어에서는 살펴본다. 시험해 본다. 연단한다. 등으로 번역된 말. 욥이 하나님 앞에서 순금인 것이 분명함을 확신하고 한 말. 신약에서는 금속을 불에 달구어 목적하는 물건을 만드는 것과 같은 것. 신앙의 훈련, 환난의 인내를 뜻한다(계1:5, 3:18)

단물[fresh water]명(약3:11)①민물, 담수. ②단맛이 있는 물.

단번[單番 ; 홑 단, 차례 번. once all]명(히7:27) 오직 한차례. 단 한번에. 그리스도께서 인류의 속죄를 위하여 희생제물이 되시는 행위가 단 한번만으로 완전하고 영원한 효과를 가진다는데서 사용한 말. 대제사장이 짐승의 피로 해마다 행하는 것과는 달리 그리스도는 자신의 피로 오직 한 차례만으로 영원한 제물로 구속을 이루신 것을 말한다(히9:11과 레16:11,15비교).

단비[beneficial rain]명(신32:2) 꼭 필요할 때 알맞게 오는 비. 감우(甘雨) ①결실을 풍성케 하는 소중한 비(렘3:3). ②하나님의 말씀의 작용(신32:2). ③야곱의 감화력(미5:7). ④그리스도의 감화력(시72:6). ⑤배후에 하나님이 계심을 아는데 쓰였다(렘14:22).

단산[斷産 ; 끊을 단, 낳을 산. stopping conception]명(히11:11) 아이 낳던 여자가 아이를 낳지 않게 됨.

단속[團束 ; 단속할 단, 묶을 속.

단쇠[bronze]몡(겔1:4) 빛이 나는 물질을 표현한 말로 그 정확한 것은 알 수 없다. 뜨거워진 쇠붙이 에스겔이 본 이상. 빛난 보석(패물)으로 알려져 있다(호박).

단식[斷食 ; 끊을 단, 먹을 식. fast]몡(행10:30) 먹는 일을 끊음. 곡기를 놓음. 금식.

단신[單身 ; 홀 단, 몸 신. single handed]몡(출21:3)홀 몸.

단언[斷言 ; 끊을 단, 말씀 언. assertion]몡(고전15:31) 딱 잘라서 하는 말. 단정지어 하는 말.

단의 성읍[city of dan]지 팔레스타인 북편의 성읍. 본명은 라이스이다(삿18:29) 세렛이라고도 한다(수19:47) 헤르몬산의 남쪽 기슭에 있는 지금의 텔 엘 카데이로 여긴다. 현재의 이스라엘 영토의 최북단이다. ①가장 오래된 성소가 있었고 관리자는 모세의 손자 요나단이었다(삿18:30). ②여로보암이 예루살렘 성전예배를 막기 위하여 금송아지를 만들어 세우고 섬기게 하였다(왕상12:29). ③선지자 아모스는 우상예배를 비난했다. ④벤하닷에 의하여 패망하였다(왕상15:20).

단장[丹粧 ; 붉을 단, 단장할 단. ornament]몡(벧전3:3) 얼굴에 분, 연지 등을 발라서 곱게 하고 머리나 옷차림 등을 맵시나게 곱게 꾸밈. 외모보다 마음의 단장을 강조한다(벧전3:3-5)

* **영적의미** - ①하나님(시104:1,2). ②메시야(시45:7,8). ③이스라엘의 회복(렘31:4). ④거룩하고 의롭게 된 성도(딛2:10, 사61:10, 계19:14). ⑤성결한 여성도(딤전2:9). ⑥우리가 하나님의 교훈을 빛나게 하는 것을 나타낸다(딛2:10).

단장품[丹粧品 ; 붉을 단, 단장할 장, 물건 품 toilet articles]몡(출33:5) 곱게, 아름답게 꾸미는데 쓰이는 물품. ①옷(렘4:30). ②귀걸이(출32:2). ③장신구(창24:22). ④관(겔23:42). ⑤세마포 예복(계19:8,14). ⑥보석(계18:16).

단정[端正 ; 끝 단, 바를 정. decency]몡(롬13:13) 얌전하고 바름, 얌전하고 조촐함.

단정[斷定 ; 끊을 단, 정할 정. judgement]몡(레13:59) ①딱 잘라서 말함. ②판단.

단지파[ןד =재판관, 심판]몜

1. **인적관계** - 야곱의 다섯째 아들 단의 후손

2. **관련기사** - ①단 지파에 관한 야곱의 축복.〈길의 뱀이요 첩경의 독사〉지혜로 적과 싸울 것을 예언했다(창49:16-17). ②모세도 바산에서 뛰어 나오는 사자새끼라고 하였다(신33:22). ③출애굽한 지파의 총수는 62,700명 ⑤분배된 땅을 소유하지 못하고 아모리 사람에게 쫓겨났다(삿1:34-35). ⑥일부는 북방으로 가서 새 정착지를 마련했다(수19:47-48). ⑦그래서 이스라엘의 영토를 말할 때 단에서부터 브엘세바까지라고 말했다(삿8장). ⑧이 족속은 자치적 정신이 강하고 민첩하고 용감하여 항상 칭송을 받았다(창49:16, 신33:22). ⑨계시록 144,000의 수에 단지파가 들어 있지 않다(계7:5-8) 대신 레위지파가 들어왔다.

3. **출신인물** - ①오홀리압(출31:6). ②삼손(삿13:2-24).

4. **교훈** - 하나님이 주신 기업을 지키지 못하면 유리하게 된다. 믿음을 지키지 못하면 계수에 들지 못한다.

단창[短槍 ; 짧을 단, 창 창. javelin]몡(수8:18) 짧은 창. 공격용 무기의 하나. 작은 창을 뜻한다. 본질

적으로는 찌르는 무기이다.

단축[短促 ; 짧을(모자랄) 단, 재촉할 촉. urgency]圐(시89:45) ①앞으로 닥아올 시일이 가까움. 매우 바싹 다가섬. ②음성이 짧고 급함.

단축[短縮 ; 짧을 단, 오그라질 축. shortening]圐(고전7:29) ①짧게 줄어듦. ②짧게 줄임.

단풍~나무[丹楓~ ; 붉을 단, 단풍나무 풍. plane tree]圐(겔31:8) ①단풍과에 속하는 나무의 총칭. ②늦가을에 붉게 물든 나뭇잎. red leaves.

* 히브리어의 원 뜻은 '껍질을 떨어 뜨리는 것'인데 신풍나무로도 번역되었다(창30:37).

단후멧[מַתַּנְהֻם =선물, 위안]圐(왕하25:23) 느도바 사람으로 예루살렘이 함락된 뒤 미스바 총독 그달랴의 군대장관인 스랴야의 아버지(렘40:8).

닫다[shut]囼(창7:16) 열린 문이나 뚜껑, 덮게를 도로 제자리에 가게 하여 막다.

달[moon]圐(창37:9) 하나님이 창조하신 물체. 제 3일에 만드신 광명. 위성의 하나. 지구에 태양 다음가는 빛을 준다. 옛날에는 달의 회기를 기준으로 모든 일을 했다.

* 관련기사 - ①해보다는 못하고(창1:16, 사31:26) ②하나님이 지배하며(시104:19, 136:9), ③달 숭배를 금지했다(신4:16-19, 욥31:26-27).

달[month]圐(창7:11) 한 해를 열 둘로 나눈 하나. 고대에 있어서 달의 회기를 기준하여 달력을 만들었다. 그래서 29일이 되는 달과 30일이 되는 달이 있었는데 히브리인들은 1년을 354일로 정하고 있다. 지구 공전을 기본으로 하는 태양력은 1년을 365일로 정하고 4년마다 윤년을 두어 1일을 더한다. 그러므로 태음력은 11일이 부족하기 때문에 3년마다 윤달을 두어 맞춘다. 제2의 달(와이달)이라 하여 12월(아달) 다음에 두었다.

* ①초기 가나안력은 계절을 나타내는 말로 이삭의 달, 꽃의 달, 물이 넘치는 달, 비의 달등으로 불렀고〈아빕, 지브, 에다님, 불〉②왕조시대부터 수의 차례에 따라 제1월, 제2월, 제12월로 하다가 ③바벨론 포로 이후 바벨론력에 따라 달에 이름을 붙여 부르게 되었다.

* 매달 첫날 월삭은 예배와 잔치를 위한 특별한 날로 구별했다(민10:10). 월삭에는 일상적인 일을 중단했다(암8:5)

달구다[make heat]囼(겔24:11) 쇠나 돌같은 것을 불을 대어 몹시 뜨겁게 하다.

달다[weigh]囼(창23:16) 무게를 헤아리다.

달다휑(출15:25) ①꿀이나 설탕의 맛과 같다. sugary. ②입맛이 당기어 아주 좋다. have a good.

달다囼(민21:8) ①높이 늘어뜨리다. hang. ②물건에 다리를 만들어 붙이다. annotate.

달다囼(겔1:4) ①몹시 뜨거워지다. get hot. ②마음이 타다. fret. 안타깝다.

달라다[ask for]圐(욥6:22) 남에게 무엇을 주기를 요구하거나 청하다.

달라붙다囼(눅11:53) ①끈기 있게 바싹 붙다. stick to. ②가까이 덤벼 대들다. challenge.

달란트[talent]圐(출25:39) 성경에 나타난 무게의 최대 단위. ①구약에서는 3,000세켈로 약34kg에 해당한다. 바벨론에서 가장 무거운 달란트는 약60kg이고 가벼운 달란트는 약30kg이었다. ②신약시대는 약41kg에 해당한다. 국가에 따라 차이가 많다.

* 말세에 내리는 우박의 무게가 한 달란트나 된다(계16:21).

달란트[talent]圐(대상29:4) 성경에 나타난 돈의 단위. 금은 은의 15배, 은은 3,000세켈의 무게, 6,000드라크마의 가치. 용서하는 중대성에 대하여 비유로 하신 예수님의 말씀 중 데나리온과 비교하면 그 차이는 매우 크다(마18:21-35).
* 달란트는 성도들에게 맡긴 기회와 능력의 상징이다. 우리 주님께서 우리에게 위탁하신 일에 대한 상급이다. (마25:15-28).

달려가다[run]자(창18:7) 뛰어가다.

달려들다[jump on]자(창43:18) 와락 덤벼들거나 매달리다.

달리[differently]부(레7:24) 다르게, 틀리게.

달리다[run]자(출29:13) ①뛰어 가다. 빨리가다. ②급히 몰다(출9:23)(마차나 수레).

달리다[hang]자(민13:23) ①가지나 열매 따위가 붙어 있다. ②사람이나 일에 붙어 있다. care. 피통 어떠한 것에 걸리어 있다. be hung.

달리다 굼[talithakoum]명(막5:41) 아람어. 예수님께서 야이로의 딸을 살리실 때 하신 말씀. 소녀야…일어나라의 뜻. 예수님 당시 팔레스타인에서 아람어가 일상 생활어로 사용되었음을 알 수 있다.

달마누다[Δαλμανουθά = 과부]자 (막8:10) 예수님께서 4천명을 먹이신 후에 배를 타고 가신 곳. 갈릴리 호수 서편 막달라 근처 해변.

달마디아[Δαλματία = 꺼진 등, 밝지 않음]지(딤후4:10) 아드리아 바다 동해안에 있는 일루리곤도의 일부의 이름 바울이 디도를 파견한 지방(딤후4:10). 바울도전도했다(롬15:19). 알바니아에 속한 곳.

달매[מַלְכַּי = 땅을 일구다]
1 헤브론에 살던 아낙의 세 아들 중 하나. 이들 족속은 갈렙에 의해 추방되었다(민13:22, 수15:14, 삿1:10).
2 그술왕으로 다윗의 아내(압살롬의 어머니) 마아가의 아버지(삼하3:3, 13:37, 대상3:2).

달몬[דַּלְמוֹן = 포로]인
1 성전 문지기의 한 사람으로 그가 세운 가족의 이름(대상9:17).
2 스룹바벨과 함께 포로 귀환 때에 돌아온 자손(스2:42, 느7:45) 달문과 같은 사람.

달문→ 달몬

달본[= 진실함]인(에9:7) 하만의 아들. 아달월 13일에 9명의 형제들과 함께 유다사람에게 살해되었다(에9:7).

달빛[light of moon]명(사30:26) 달에서 비쳐오는 빛. 월광(月光).

달시스[ = 금속의 정령]인(창10:4) 노아의 아들 야벳의 손자이며 야완의 아들(대상1:7) 그들이 사는 지역을 다시스라고 하였다(대상1:7).

달음질[running]명(삼하18:27) ①급히 달리는 발걸음. ②달음박질.
* 상징적인 의미 - ①주님의 계명의 길로 달음질(시119:32) ②신앙의 경주(빌2:16).

달팽이[smail]명(시58:8) 달팽이과에 속하는 연체동물의 총칭. 우렁이와 비슷하다. 나사형 껍질이 납작하게 되었고 두껍지 아니함. 시편의 기자가 저주에 사용했다.

달하다[達~ ; 통달할 달]자타(출3:9) ①뜻을 이루다. attain. ②어떠한 곳에 닿아서 이르다. reach. ③복을 누리다. enjoy.

닭[hen ; cock]명(느5:18) 하나님이 창조하신 꿩과의 새. 집에서 기르는 가축. ①울음으로 때를 알렸다(마26:34). ②하나님께서 사랑으로 보호해 주심을 가르쳤다(마23:37). ③닭 울 때는 밤을 넷으로 나누어 제3경을 가리킨다. 제1경은 저물 때 오후6시~9시. 제2경 밤 중 오후9시~12시. 제3경은 닭 울 때 오전0시~3시. 제4경은 새벽. 오전3시~6시(막13:35).

담[wall]圓(창49:22) 집의 둘레나 일정한 공간을 둘러 막기 위하여 나무나 흙, 돌이나 벽돌등으로 높이 쌓아 올린것.

담[毯 ; 담요 담. carpet]圓(아3:10) 짐승의 털을 물에 빨아 짓이겨서 편편하고 두툼하게 만든 조각. 담요의 재료로 쓰임.

담군[擔軍 ; 멜 담, 군사 군. carrier]圓(왕상5:15) 무거운 물건을 운반하는 것을 말은 사람. 수송인.

담그다[soak]타(레11:32) ①액체속에 넣어 두다. ②잠기게 하다.

담다[put in]타(창43:21) 물건을 그릇속에 넣다.

담당[擔當 ; 멜(짐) 담, 마땅 당. charge]圓(출18:22) 어떤 일을 말음.

담대[膽大 ; 쓸개 담, 큰 대. bold]圓(출14:8) 겁이 없이 용기가 대단함. 담력이 큼 튀담대히 ①의로우면 담대하고(잠28:1) ②믿음이 있으면 담대해진다(민13:30, 엡3:12) ③기도가 성도를 담대하게 한다(엡6:19).

담력[膽力 ; 쓸개 담, 힘 력. pluck]圓(대하25:11) 겁이 없고 매우 용감스런 기운.

담론[談論 ; 말씀 담, 평할 론. talk]圓(삼상12:7) 서로 말을 주고 받으며 논의함.

담무스[tammuz]圓(겔8:14) 고대 바벨론부터 섬겨오는 남신. 봄의 식물을 보호하는 신으로 섬겼다. 주로 여자들이 섬겼다. 단11:37의 여자의 사모하는 것은 담무스 예배를 가리키는 것으로 여긴다. 그발에 있는 신전이 이 예배의 중심지로 본다(왕상5:18).

담보[擔保 ; 멜 담, 보호할 보. security]圓(창43:9) ①말아서 보증함. ②보증물로 맡김. *어떤 사람이나 일에 대하여 보증이 되도록 하는 것.

담부[擔負 ; 멜 담, 질 부. had charge of laborers]圓(대하34:13) 등에 지고 어깨에 멤.

담즙[膽汁 ; 쓸개 담, 진액 즙. gall]圓(애3:5) 간장에서 분비되는 소화액. 쓸개진을 말한다. 성경에서는 비유적으로 심한 고통을 나타낸다(창3:19) 악한 행위를 가리킨다(행8:23, 히12:5).

담책[擔責 ; 멜 담, 꾸질 책. charge]圓(삿19:20) ①담당한 책임. ②책임. 책임을 지고 맡아 봄.

담화[談話 ; 말씀 담, 말씀 화. talk]圓(삼상9:25) ①주고 받는 말. 이야기 ②어떤일에 대하여 개인이나 공적으로 밝히는 말.

담황옥[淡黃玉 ; 맑을 담, 누루 황, 구슬 옥. topaz]圓(계21:20) 보석 옥(玉)의 한 종류. 새 예루살렘 성곽의 아홉째 기초석.

답례[答禮 ; 대답할 답, 예도 례. return salute]圓(대하9:12) 남에게 받은 예를 도로 갚음.

담바옷[תִּבַּפָּה=좋은 시간, 인장반지]인(스2:43) 느디님 사람 가운데 한 사람. 그의 가족은 스룹바벨과 함께 바벨론에서 돌아왔다.

담밧[תַּבַּת=경축함]지(삿7:22) 요단강 동편 한 지방의 이름.

담베셋[תַּבָּשֶׁת=낙타의 혹]지(수19:11) 스불론 서쪽 지방. 욕느암 동편지역 언덕마을.

답부아[תַּפּוּחַ=사과]인(대상2:43) 갈렙의 자손 헤브론의 둘째아들.

답부아[תַּפּוּחַ=사과, 생기를 넣어주는 자]지

① 에브라임과 므낫세의 경계 가나안 사람의 성읍. (수16:8, 9, 17:8) 세겜 남쪽의 엔 답부아와 같은 곳으로 여긴다.

② 유다의 세벨라 평지 성읍. (수15:34) 엘라 골짜기의 남쪽 요충지.

답부아 왕[king of tappuah]인(수12:17) 여호수아가 정복한 요단 서편 31왕 중 하나.

답장[答狀 ; 대답할 답, 편지 장. answer]圓(대하2:11) 받은 편지에 대한 회답의 편지.

답조[答詔 ; 대답할 답, 조서 조. written reply]圓(스5:5) 응답의 조서. 지시사항. 금지사항에 관한

닷드내[יִדְּנִי =가르침]⦅인⦆(스5:3) 유브라데강 서안 관할구의 바사 총독으로 성전 재건을 방해한 사람 (스6:6).

닷딤후시[חָתִּים הֳדָשִׁי]⦅지⦆(삼하24: 6) 다윗의 명을 받아 요압이 인구를 조사하기 위하여 방문한 땅. 헷 사람의 땅 가데스로 여긴다.

당[堂; 집 당. shrine]⦅명⦆(민16:1) ①당집. 신을 섬기기 위하여 만든 집. ②절(寺). ③사당(祠堂).

당[黨; 무리 당. Party, faction]⦅명⦆ (삼상5:2) 이해를 같이하는 무리. 그 집단. 당파. ①구약에서 당으로 번역된 히브리 말은 '정한다'는 어원에서 온 명사로 뜻을 같이하여 모인 무리를 말한다(민16장). ②신약에서는 근본적으로 대치되는 무리를 말한다. 목적은 같은데 의견의 차이가 나는 것이 아니라 진리와 비진리에 속한 것을 뜻한다 (약3:13-15) 이단 또는 거짓 선지자로 번역될 수 있다(벧후2:1).

당(當; 마땅할 당. confront]⦅명⦆(창 31:41) 입게 됨을 일컫는 말.

당국자[當局者; 마땅 당, 판 국, 놈 자. ruler, person in authority]⦅명⦆ (요7:26) 그 일을 맡아보는 자리에 있는 사람. 당국.

당기다⦅타⦆(삼하22:35) ①끝에서 가까이 오게 하다. pull. ②줄을 팽팽하게 하다. draw. ③일정이나 시간을 예정보다 짧게 하다.

당당히[堂堂~; 집 당, 집 당. fairly] ⦅부⦆(엡3:12) 매우 의젓하고 어연번듯하게. 버젓하고 바르게.

당돌히[唐突~; 당나라 당, 부딪칠 돌. boldly, rudely]⦅부⦆(막15:43) ①조금도 꺼리거나 어려워함이 없이 올차고 다부지게. ②웃사람에게 대하는 태도가 아니꼽고 건방지게.

당세[當世; 마땅할 당, 인간 세. present day]⦅명⦆(창6:9) 그 시대나 그 세상. 지금 세상. 당대.

당시[當時; 마땅할 당, 때 시. that time]⦅명⦆(창6:4) 일이 생긴 그 때.

당신[身; 마땅할 당, 몸 신. he, she, you]⦅명⦆(창16:5) ①웃 어른을 극히 높혀 일컬을 때 쓰는 제 3인칭 대명사. ②"하오"할 자리의 사람을 일컫는 제 2인칭 대명사.

당아새[塘鵝~; 못 당, 거위 아. osprey, pelican]⦅명⦆(레11:18) 구약 성경에 먹지 못하게 한 부정한 새의 이름. 연못에 사는 거위, 기러기의 변종으로 본다. 영어 성경에는 사다새로 번역한 곳도 있다. 가마우지라고도 번역 했다.

당연[當然; 마땅할 당, 그를 연. due proper]⦅명⦆(삿6:30) 마땅함. 이치로 보아 마땅히 그러할 것임.

당원[黨員; 무리 당, 사람 원. member of the faction, the herodians] ⦅명⦆당에 가입한 사람. 당을 구성하고 있는 사람. 헤롯을 따르는 무리.

당일[當日; 마땅할 당, 날 일. the day]⦅명⦆(창17:26) 일이 생긴 바로 그 날.

당장[當場; 마땅할 당, 마당 장. the spot]⦅명⦆(출21:20) 무슨 일이 일어난 바로 그 곳. 그 자리.

당처[當處; 마땅할 당, 곳 처. actual spot]⦅명⦆(삿7:21) 일이 생긴 그 곳.

당첨[當籤; 마땅할 당, 제비뽑을 첨. prize winning, lot]⦅명⦆(대상26:14) 제비에 뽑힘. 추천됨.

당파[黨派; 무리 당, 갈림 파. sect] ⦅명⦆(행5:17) 주의 주장과 이해를 같이 하는 무리의 나누인 갈래. 견해의 차이에서 오는 무리의 분파를 말한다.

당하다[當~; 마땅할 당. face]⦅자⦆(창 7:23) ①어떠한 처지나 시기에 이르러 있다. ②어떠한 일을 만나거나 겪다. ③감당하다. undertake.

당황[唐慌; 당황할 당, 황홀할 황.

confusion, trouble]명(사32:10) 놀라서 어찌 할 줄을 모름.

닻[anchor]명(행27:13) 배를 한 곳에 멈추어 서게 하는 기구. 줄에 갈고리가 달려있어 물에 던지게 되면 흙바닥에 박히도록 만든 쇠. 안전한 항구에 내림으로 안식하게 됨을 말한다(히6:19).

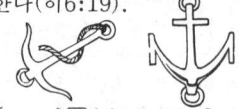

닿다[touch]자(창28:12) ①사물이 서로 가까이 되어 사이에 빈틈이 없게 붙다. ②어떤 목적지에 가서 이르다. reach.

대[臺 ; 집 대. tower, siegeworks]명 (창11:4) ①높은 곳. ②물건을 받치거나 올려 놓는 것의 총칭.
* ①시날 평원에 쌓은 반항의 대(바벨탑)(창11:4). ②성읍을 굳게 하기 위하여 성벽에 마련된 높은 탑(창11:4). ③단, 제단으로서의 대(겔16:24). ④계단으로 쓰인 말(느9:4).

대[隊 ; 떼 대. unit]명(삿7:16) ①군대처럼 만든 무리. ②줄을 지은 무리. party.

대[代 ; 시대 대. generation]명(수5:7) ①대신. ②가계나 지위를 이어온 차례를 헤아리는 단위.

대[大 ; 클 대. big, great]명(수9:1) 큼. 으뜸. 뛰어난 것을 가리킴.

대강[大綱 ; 큰대, 벼리 강. roughly] 부(대하12:7) 세밀하지 아니한 정도로 대충. 대개. 대략. 약(約).

대강이[head]명(삼하3:8) 머리의 낮춘 말. 모욕적인 언사로 쓰는 말.

대군[大君 ; 큰 대, 임금 군. great prince](단12:1) ①중전이 낳은 왕자. ②군주를 높여 일컫는 말.

대군[大軍 ; 큰 대, 군사 군. big army] 명(왕하18:17) 많은 병사의 군대.

대궐[大闕 ; 큰 대, 대궐 궐. imperial palace]명(에2:19) 임금이 거처하는 집. 궁궐.

대금[貸金 ; 빌릴 대, 쇠 금. loan]명 (시15:5) ①꾸어준 돈. ②돈 놀이. 또는 그 돈. lending money.

대낮[day time]명(욥5:14) 환히 밝은 낮. 낮의 한 가운데. 정오. 백주.

대노[大怒 ; 큰 대, 성낼 로. great warth, wild rage]명(출32:19) 몹시 화를 냄.

대다부(창22:12) ①어디에 서로 닿게 하다. touch. ②서로 맞대어 비교하다. compare. ③서로 잇다. connect.

대단하다[大端~ ; 큰 대, 끝 단]형 (삼상26:21) ①매우 심하다. severe. ②크고도 많다. many. ③아주 중요하다. serious.

대답[對答 ; 대신 대, 대답할 답. answer]명(창18:9) 물음이나 부름 등에 응하는 말. 성냄이 없는 부드러운 답변.
* ①질문에 대한 답변(마11:4). ②요구나 명령에 대한 답변(마4:4). ③응답을 요구하는 상황에서의 대처(요2:18). ④서로 대화의 계속(마11:25). ⑤반증(마3:15). ⑥온유와 두려움으로 대답하라(벧전3:15).

대대[代代 ; 대신 대, 대신 대. successive generations]명(창17:9) 거듭된 세대. 세세(世世).

대대후손[代代後孫 ; 대신 대, 대신 대, 뒤 후, 손자 손. future generations]명(창17:7) 대대로 이어오는 자손의 끝까지.

대략[大略 ; 큰 대, 간략할 략. sum, outline]명(창2:4) 대강. 대충.

대로[大路 ; 큰 대, 길 로 high road] 명(민20:17) 폭이 넓은 길. 큰 길.
* ①요단강 동편 남북으로 난 왕의 대로(민20:17). ②벧엘에서 세겜으로 통하는 큰 길(삿21:19). ③대로의 황폐는 나라의 쇠망을 말한다(레26:22). ④사막의 대로는 이스라엘의 회복을 뜻한다(사40:3). ⑤이스라엘의 구원은 물가운데 첩경(사43:16). ⑥만백성을 위한 대로(사49:11, 62:10). ⑦오직 한 길(요14:6) 이 길로 하나님께 갈 수 있다.

대리석[大理石 ; 큰 대, 이치 리, 돌 석. marble]圕(에1:6) 석회암이 변하여 된 매끄럽고 아름다운 돌. 일반적으로 아름다운 건축재를 뜻한다. 아5:15에는 화반석으로 번역했다.

대맥[大麥 ; 큰 대, 보리 맥. barley]圕(사28:25) 보리.

대머리[baldness]圕(레13:40) 머리털이 미어서 벗겨진 머리. 두발탈모증.

* ①과로해서(겔29:18). ②질병으로(사3:17, 24) 생기고. ③나병의 대머리는 부정한 것으로 여긴다(레13:40-44). ④머리카락을 밀어서 생기는 대머리(사3:24, 렘47:5)는 불행의 상징으로 사용했다. ⑤모욕적인 언사로 썼다(왕하2:23). 이로 인하여 많은 어린이가 곰에 물려 죽었다(왕하2:24-).

대면[對面 ; 대할 대, 낯 면. set fase, meeting]圕(창32:20) 서로 얼굴을 마주 봄

* 왕하14:8은 서로 만나서 싸우자는 뜻이다.

대문[大門 ; 큰 대, 문문. main gate]圕(삼상21:13) 집의 정문. 큰 문.

대문짝[doors of gate]圕(삼상21:13) 대문의 한짝.

대변[大便 ; 큰 대, 똥 변. dung, excrement]圕(신23:13) 사람의 똥. dung.

대부분[大部分 ; 큰 대, 떼 부, 나눌 분. the majority]圕(마21:8) 절반이 넘는 수효나 분량.

대사[大事 ; 큰 대, 일 사]圕(시71:19) ①큰 일. great thing. ②⊗ 대례(大禮). 일생에 중요한 의식. important ceremony.

대상[隊商 ; 떼 대, 장사 상. travelling companise, caravan]圕(사21:13) 사막지방에서 볼 수 있는 낙타를 끌고 떼지어 다니며 장사하는 무리. 상품 운반수단으로 낙타와 나귀나, 노새도 썼다(창37:25).

대서[代書 ; 대신 대, 글 서. writing for another]圕(롬16:22) 대신하여 쓴 글씨. 대필.

대성통곡[大聲痛哭 ; 큰 대, 소리 성, 아플 통, 울 곡. voices and wept bitterly]圕(삿21:2) 크게 소리내어 목놓아 슬피 욺.

대소[大小 ; 큰 대, 작을 소. small and great, large and small]圕(창19:11)圕 크고 작음.

대소간[大小間 ; 큰 대, 적을 소, 사이 간. great and small affairs]圕(삼상22:15) 큰 것이나 작은 것을 아울러.

대소사[大小事 ; 큰 대, 작을 소, 일 사]圕(삼상20:2) 큰 일과 작은 일. great and small affairs. 모든 일.

대속[代贖 ; 대신할 대, 바꿀 속. atonement]圕(출13:13) 값을 지불하고 형벌과 죄에서 구원함.

* 그리스도는 우리 죄를 대속하셨다.

대속물[代贖物 ; 대신 대, 바꿀 속, 만물 물. ransom]圕(욥33:24) 예수 그리스도의 몸. 어린양. 죄와 형벌을 구하기 위하여 내는 값이나 물건.

* ①죄의 대상(代償)으로 하나님께 바치는 것(출30:12). ②만민의 죄를 대신 지신 예수그리스도(마20:28). ③죄인의 몸값(막10:45). ④노예된 인간을 위해 지불하는 속전(막10:45). ⑤하나님을 반항한 인간과 하나님과의 화목제물이신 그리스도(롬3:28, 고전6:20).

대승[戴勝 ; 일 대, 이길 승. hoopoe]圕(레11:19) 먹지 못하게 규정된 새. 후투디. 오디새. 머리에 깃관이 있는 것이 특징이다.

대신[大臣 ; 큰 대, 신하 신. prince, minister]圕(창12:15) 왕이 다스리는 나라의 으뜸 벼슬. 지금의 각부장관. 고관. 막6:21에는 큰자, 계6:15에는 왕족으로 번역한 말.

대신[代身 ; 대신 대, 몸 신. instead, vicariousness]몡(창2:21) ①남을 대리함. ②어떤 것을 딴 것으로 바꿈.

대신 간구[intercede] 중보의 기도를 말한다. ①모세의 기도(출32:11-14) ②그리스도의 기도(요17:9, 눅22:31-32) ③제자들에게 명했다(마5:44) ④바울도 언급했다(롬15:30, 딤전2:1-2).

대싸리[broom]몡(욥30:4) 명아주과에 속하는 일년초. 씨는 지부자라고 하여 약재로 쓰임.

* 로템나무를 가리키는 말. 모양이 대싸리처럼 생겼기 때문에 번역한 것으로 여긴다. 뿌리는 궁핍한 자의 식량으로 극도의 비참한 모습을 나타낸 말이다.

대야[wash-basin]몡(출27:3) 얼굴이나 손을 씻을 때 쓰는 둥글고 넓적한 물그릇. 세면기. 희생의 피를 담는 제단용 그릇(민4:14). 희생수를 담는 그릇(슥9:15).

대언[代言 ; 대신 대, 말씀 언. speaking for another]몡(겔37:4) 남을 대신하여 말함.

대언자[代言者 ; 대신 대, 말씀 언, 놈 자. prophet]몡(출7:1) 남을 대신하여 말해주는 사람. 대변자. 변호사. 중보자를 가리키는 말. ①모세를 위한 아론(출7:11). ②선지자(사5:11-13, 겔37:12). ③그리스도(요일2:1). ④보혜사(요14:16).

대연[大宴 ; 큰 대, 잔치 연. grand feast]몡(창21:8) 큰 잔치.

대왕[大王 ; 큰 대, 임금 왕. great king]몡(왕하18:9) 왕의 높임 말. 특히 뛰어나고 훌륭한 왕을 이르는 말. 앗수르왕을 가리켜 쓰인 말.

대우[待遇 ; 기다릴 대, 만날 우. treatment]몡(창34:31)예의를 갖추어 대함.

대인[大人 ; 큰 대, 사람 인]몡(삼하3:38) ①어른, 성인, adult. ②벼슬이 높은 사람. higher officials. ③거인. giant.

대작[大作 ; 큰 대, 지을 작, be mighty]몡(욘1:4) 바람소리, 아우성 소리, 바람, 구름, 파도 따위가 크게 일어남.

대장[大將 ; 큰 대, 장수 장. captain, commander]몡(왕상9:22) ①군인의 가장 높은 계급. ②한 무리의 우두머리. 수령.

대장군[大將軍 ; 큰 대, 장수 장, 군사 군. marshal]몡(삿5:14) 큰 장군. 사령관.

대장부[大丈夫 ; 큰 대, 어른 장, 지아비 부. brave man]몡(민13:33) 장하고 씩씩한 사나이.

대장장이[smith]몡(왕하24:14) 쇠를 달구어 온갖 기구와 연장을 만드는 일을 하는 사람

대저[大抵 ; 큰 대, 막을 저. generally]튀(레25:3)대체로 보아서. 무릇. 대개.

대적[對敵 ; 대할 대, 대적할 적. adversary]몡(창14:20) ①적을 마주 대함. 적과 맞섬. ②적이나 어떤 세력과 맞서 겨룸.

* 원수가 되는 것을 말함.

대전[大殿 ; 큰 대, 대궐 전. nave]몡(대하3:5) 임금이 거처하는 궁전. 성경에서는 성전의 성소를 가리킨다. 지성소 보다 2배나 크기 때문이다. 지성소는 내전.

대접[大楪 ; 큰 대, 바래기 접. bowl]몡(출25:29) 위가 넓적하고 아래가 편평하며 높이가 낮은 그릇의 하나. (한문은 취음으로 쓴 것).

대접[待接 ; 기다릴 대, 댈 접. rodger, sospitality]몡(창12:18) ①마땅한 예로서 대함. ②음식을 차려 접대함.

* 성경에서 나그네를 우대하는 행위

를 말한다. 아브라함이 길손을 대접함으로 좋은 소식을 듣게 되었다. (창18:1-8) 교회에서 권장하는 일이다 (마25:35, 히13:2).

대제사장〔大祭司長 ; 큰 대, 제사 제, 맡을 사, 어른 장. high priest〕명 (레21:10) 레위 자손 중에서 하나님께 제사하는 일을 맡은 직분을 가진 사람들의 우두머리. 백성을 대표하여 예배(제사)에 관한 사항을 주관했다 (출27:21, 28장). 기름부어 세웠다 (레4:3).

* 대제사장의 예복은 제사장들의 옷과 구별되었다. 대제사장의 옷은 영광과 아름다움을 나타내며 거룩함을 상징한다 (출28:2).

1. **속바지**(고의) - 무릎 위까지 오는 반바지 세마포로 만들었다 (출28:42).
2. **속옷** - 가는 베실로 곱게 짜시 길게 만들었다 (출28:29-40).
3. **겉옷** - 에봇의 받침옷으로, 순하늘색이다. 그 옷자락에 세가지 색으로 된 석류가 달려 있는데 그 사이마다 금방울이 하나씩 달려 있다 (출28:4, 39).
4. **에봇** - 대제사장의 겉옷이다. 두개의 앞치마처럼 된 것을 어깨띠로 연결하여 하나는 몸의 앞을, 하나는 몸 위로 가리게 입는다. 금실과 청색, 자색, 홍색실과 가늘게 꼰 베실로 만들었다 (출28:6-14).
5. **에봇의 어깨띠** - 에봇을 짜는 방법으로 짜서 호마노를 하나씩 테에 끼워 어깨띠에 붙였는데 호마노마다 이스라엘 여섯지파를 상징하였다. 대제사장이 백성을 어깨에 맨 것과 같다 (출28:6-14).
6. **판결흉패** - 흉패는 정사각형(약 25cm)으로 에봇을 짜는 법대로 짜서 금테를 두르고 각기 다른 열두개의 보석을 세개씩 네줄로 붙였다. 거기에는 이스라엘 열두지파의 이름을 새겼다. 흉패 안에는 우림과 둠밈을 넣어둔다 (출28:15-30).
7. **관** - 제사장의 모자와 다르게 머리에 쓰는 것. 상용하는 모자와 구별되게 세마포로 짜서 만들었다 (출28:38).

대제사장의 관

8. **금판** - 대제사장이 쓰는 관 앞 이마 부분에 '여호와의 성결'이라고 새긴 금패를 청색 끈으로 관 앞에 매달았다 (출28:38).
9. **허리띠** - 에봇을 짜는 방법으로 가늘게 만들었다. 그것으로 에봇위에 허리를 묶었다.

대주재〔大主宰 ; 큰 대, 주인 주, 재상 재. the lord〕명 (미4:13) 하나님. 주 예수 그리스도. 큰 임금.

대진〔對陣 ; 대할 대, 베풀 진. confrontation of armies〕명 (수10:5) 마주 진(陳)을 침.

대질〔對質 ; 대할 대, 바탕 질. confrontation〕명 (욥9:32) 두 사람의 말이 어긋날 때 딴 사람 앞에서 대면 시켜 따짐. 무릎맞춤.

대척〔對斥 ; 대할 대, 쫓을 척. antipodism〕명 (창31:36) ①서로 등지는 일. ②어떤 일에 대하여 정 반대되는 일.

대추나무〔date palm〕명 (욜1:12) 갈매나무과에 속하는 나무. 열매는 손가락 마디만 하고 붉다.

＊대추야자를 가리킨다. 종려나무로 번역된 나무에 대추처럼 생긴 열매가 달린다.

대취〔大醉 ; 큰 대, 취할 취. dead drunkenness〕명(삼상25:36) 술에 몹시 취함. 만취.

대패〔plane〕명(사44:13) 목공 공구의 하나. 나무를 곱게 밀어 깍는 연장. 우상을 만드는데 사용하였다.

대표〔代表 ; 대신할 대, 겉 표. representation〕명(민1:44) 여러 사람이나 단체를 대신하여 책임을 지고 나서는 일. 또는 그 사람.

대풍〔大風 ; 큰 대, 바람 풍. great wind, strong wind〕명(욥1:19) 큰 바람, 몹시 세게 부는 바람. 태풍.

대하다〔對 ; 대할 대. face〕자 타(창15:10) ①앞에 두고 마주 보다. ②관계를 맺어 상대하다. associate with. ③접대를 하거나 상대하다. receive.

대항〔對抗 ; 대할 대, 대항할 항〕명(레26:23) ①서로 맞서 싸움. rivalry. ②어떤 힘에 대하여 그것을 막는 운동을 일으킴. counteaction.

대해〔大海 ; 큰 대, 바다 해. the great sea〕명(민34:6) 지중해. 팔레스타인의 서부 경계가 되는 바다. 서해(신11:24, 욜2:20) 불레셋 바다(출23:31). 단순히 해변(겔26:5)이라고 부른다(행27:30).

대해변〔大海邊 ; 큰 대, 바다 해, 가 변. toward the great sea〕명(수9:1) 큰 바닷가. 지중해 연안. 레바논 앞에 있는 연안

대회〔大會 ; 큰 대, 모을 회. great congregation assembly〕명(레23:36) ①여러 사람의 모임. ②성대한 집회. rally. ③큰 집회. general meeting.
＊이스라엘 회중을 가리키는 말. 신약의 교회(행19:32, 약2:2).

대회향〔大茴香 ; 큰 대, 회향 회, 향기 향. cummin〕명(사28:25) 목란과에 속하는 나무 또는 떨기나무의 열매. 흥분제, 구충제로 쓰인다.

더둘로〔Τέρτυλλος = 거짓말쟁이. 세째〕인(행24:1) 신약시대 예루살렘에 있던 로마의 직업적인 변호사. 대제사장 아나니아의 부탁을 받아 바울을 총독 벨릭스에게 '이 사람은 천하에 산재한 유대인을 요란케 하고 나사렛당의 괴수요 성전을 더럽힌 자' 라고 무고했다(행24:1-8).

더듬다〔grope abort〕타(출10:21) 잘 보이지 않는 것을 손으로 만져보며 찾다.

더디〔slow〕부(수10:6) 느리게.
＊노하기를 더디 하는 것은 이해심 많은 사람의 모습으로 ①싸움을 진정시킨다(잠15:18). ②용사보다 낫다(잠16:32) ③때로는 우둔한 것을 나타내며(출4:10) ④게으르며(딛1:12) ⑤감수성이 무디며(눅24:25) ⑥경건한 생활의 인내를 가리킨다(약1:19).

더디다〔beslow〕형(출22:29) 움직이는 시간이 오래 걸리다.

더디오〔Τέρτιος = 세째〕인(롬16:22) 바울의 서기로 로마서를 대필한 사람.

더러운 것〔filth〕명(사4:4) 쓰레기나 찌꺼기를 뜻하는 말로 죄에 대한 상징으로 말했다(벧전3:21) 도덕적으로 부끄러운 것이 더러운 것이다(겔36:25, 시14:3, 골3:8).

더러운 귀신[unclean spirit]명(막1:23) 악한 영을 가리키는 말. 특히 마가복음에 많이 쓰였다. 사람에게 질환을 가져왔다. 예수님께서 더러운 귀신을 쫓으셨다. 더러운 귀신은 멸망한다(계18:2).

더러움[impurity]명(스9:11) 더러워진 일, 더러워진 자국. ①도덕적인 의미로는 음란을 가리킨다(렘3:1, 2, 겔24:13) ②영적인 의미로는 우상숭배(대하29:5).

*더러움이 없는 분은 예수님 뿐이시다(히7:26).

더럽다[defile, pollute]형(레1:16) ①때가 묻다. ②언행이 야비하다. ③보기에 싫다.

*①악, 불의(약1:21, 사64:6). ②육체의 일(갈5:19). ③음행, 음란(겔24:13). ④형제의 아내를 취함(레20:21). ⑤귀신(마10:1, 막1:23). ⑥우상(행15:20). ⑦인간의 의(사64:6). ⑧더럽히지 말아야 한다(고후7:1).

더미[heap]명(대하31:6) 많이 모여 쌓인 큰 덩어리. 무더기. 산처럼 쌓은 것을 나타낸 말. ①삼손이 당나귀 턱 뼈로 죽인 블레셋 사람의 시체더미(삿15:16) ②히스기야 왕 때 유다인들이 가져온 십일조(대하31:6).

더베[Δέρβη = 소나무의 일종]지
1. 위치 - 소아시아 중부 루가오니아의 성읍.
2. 관련기사 - ①바울이 1차 전도여행 때 방문한 곳(행14:6, 20) ②바울이 2차 여행 때 방문했다(행16:1) ③바울이 3차 여행시 방문 하였다(행20:4).
3. 출신인물 - 바울과 같이 전도한 가이오(행20:4).

더불어[with, together]부(창8:16) ①함께. 같이 ②상대로 하여.

더욱[more]부(창3:14) 오히려. 더 하게. 점점. 더.

더위[heat]명(창8:22) 여름철의 몹시 더운 기운. heat.

더위잡다[cluthat]타(욥2:7) 높은데로 오르려고 무엇을 끌어 잡다.

더하다자타(창3:16) ①있는 것에 더 보태다. add. ②처음보다 심하여 지다. worse.

덕[德 ; 큰 덕. virtue]명(잠22:11) 일반적으로 품위, 학식, 인격 등이 뛰어나고 너그러운 도덕적 품성. 윤리에 따라 행동할 수 있는 인격적인 능력을 말한다. 은혜, 덕택, 덕분. 고대로부터 어질고, 의롭고, 예절바르고, 지혜가 있는 것을 일컫는다.

*그리스도인의 덕은 하나님께서 요구하시는 것으로 ①생활중에 당연히 갖추어야 할 것(빌4:8, 벧후1:5). ②하나님의 성품을 닮아가는 것이다(벧후1:4, 빌4:8, 벧전2:9) ③믿음에 덕을 덕에 지식을 더해야 한다(벧후1:5, 갈5:22-23).

덕행[德行 ; 큰 덕, 행할 행. virtue, edifying]명(잠31:29) 어질고착한 행실. 덕성스러운 행실. 건덕을 뜻하는 말로 개인 또는 교회의 의무이다(롬14:19, 엡4:29) 그리고 영적 성장에 필수적 요건이다(고전14:4-17, 살전5:11).

던지다[throw]타(창37:20) ①물건을 들어 공중을 향하여 힘껏 내어 보내다. ②아래로 떨어지게 하다(물건, 폭탄). ③버리다. 뛰어들다. give up.

덜다[deduct]타(빌2:28) 적게 하다. 줄게 하다.

덜되다[incomplete]형(딤전5:9) ①다 되지 아니하다. 미완성. ②사람의 됨됨이가 나쁘다.

덤불[thicket]명(창3:18) 어수선하게 엉크러진 수풀.

덥다[heat, warm, hot]형(삼상11:9) ①기온이 높은 기운을 느낀다. ②체온, 물체의 열이 높다. ③온도가 높다. 무덥다. ④춥다의 반대.

덧[over]접두(마13:25) 거듭의 뜻을 나타내는 말.

덧뿌리다[sowed]자타(마13:25) 씨를 뿌린 위에다가 더 뿌리다.

*원수(마귀)가 마음밭에 가라지(그

덧입다[put on]타(고후5:2) 입은 위에 더 입다. 더껴입다.

덩굴[creeper]명(왕하4:39) 물건에 감기거나 땅바닥에 퍼져서 뻗어나가는 식물의 줄기. 넝쿨의 바른 말.

덩어리[lump]명(삿7:13) 크게 뭉쳐진 덩이.

덩이[loaf, morsel]명(출9:24) 작게 뭉쳐진 것. 그것을 세는 단위.

덫[trap]명(수23:13) 짐승을 꾀어 잡는 기구. 짐승의 다리에 걸려 벗어나지 못하게 한다. ①악인의 꾀(렘52:26) ②이교도에 의한 유혹(수23:13) ③올무, 그물 등으로도 번역된 낱말(롬11:9, 호9:8).

덮개[tent, cover]명(출26:14) ①뚜껑. ②잘 때 덮는 이불 따위.

덮다[covershadow]타(창9:14) ①무엇을 씌워 엎어 안보이게 하다. ②가리워 감추다.

덮어주다[ignore]자(잠17:9) 어떤 문제를 가리워주다. 따지지 아니하고 없는 것처럼 하다.

덮치다[force down]자타(호8:1) 겹쳐 누르다. 뜻밖에, 갑자기 엄습하다. 일이 한꺼번에 닥치다.

데가볼리[Δεκαπολις = 열 성읍]지
1. 위치와 개요 - 갈릴리해 동방 요단강 좌우의 지방. 헬라의 식민지 열 도시로 성립되어 수리아 총독 지배하에 있었다. 이곳은 유대 지방이었지만 이방인이 많이 살았다.
2. 관련기사 - ①예수님께서 전도하기 위하여 방문하셨다(마4:25) ②귀신들린 자가 고침을 받고 예수님을 증거한 곳(막5:20) ③옛날 므낫세 지파에게 분배한 땅(민32:33-4) ④벳산, 거라사, 가다라와 같은 곳. 구약의 길르앗이 중심이 된 곳. ⑤이방인들이 많이 살았기 때문에 돼지를 많이 길렀다(마8:30).

데겔[tekel]명(단5:25) 무게를 다는 세겔의 아람말. 벨사살왕의 연회 때 벽에 나타난 문자 중 한 부분. 저울질 되었다는 뜻으로 도덕적인 모자람을 나타낸다.

데나리온[denarion]명(마18:28) 신약시대 쓰이던 은돈. 무게 약 3.8g. 그 때 하루의 품삯(마20:2). 드라크마와 거의 같은 가치를 지니고 있었다. ①납세에 사용하였다(마22:18-21). ②농부의 하루 품삯(마20:2). ③착한 사마리아 사람이 지불한 치료 숙박비(눅10:30-37).

데다[get burnt]자(출21:25) 불이나 뜨거운 것에 살갗을 다치다. 화상을 입다.

데라[תֶּרַח = 표박]인
1 아브라함과 나홀과 하란의 아버지(창11:26). 본래 갈대아 우르에서 우상을 섬기다가 주전 1918년 경에 자손을 거느리고 하란으로 이거하여 205세에 별세하였다. (당시 아브라함의 나이는 75세)(수24:2, 3, 눅3:34).
2 나홀의 아들(창11:24).

데라[תֶּרַח = 산양]지(민33:27) 이스라엘 백성이 애굽에서 나와 광야를 지날 때 진을 친 곳.

데레스[תֶּרֶשׁ = 엄중한]인 (에2:21) 바사왕 아하수에로 때의 문지기 책임자. 빅단과 같이 왕을 죽이려고 하는 것을 모르드개가 알고 에스더에게 알려 왕을 암살하려는 것을 막게 되었다.

데리다[take with]타(창11:31) 손아랫사람이나 동물 따위를 같이 있게 하거나 거느리고 다니다.

데마[תֵּימָא = 다스리는 자]인
1 이스마엘의 아들(창25:15).
2 바벨론에서 스룹바벨과 함께 돌아온 느디님 사람 중 하나(스2:53).

데마[Δημᾶς]인(골4:4) 사도 바울

의 친구. 데살로니가에서의 동역자. 바울이 두번째 옥에 갇혔을 때. 세상을 사랑하여 바울을 떠나 데살로니가로 갔다(딤전4:10, 몬24) 신앙을 버리고 고향으로 간 것으로 짐작됨.

데마[אמָיֵתּ = 오른쪽, 남쪽땅]지(욥6:19) 이스마엘의 아홉째 아들 데마의 후손들의 거주지. 아카바만 에 시온게될 동남 서부 아라비아. 이사야와 예레미야가 데마에 대하여 예언했다(사21:14, 렘25:23).

데만[ןמָיתֵ = 오른 편 남쪽]인(창36:11) 엘리바스의 아들이며 에서의 손자(대상1:36). 에돔족의 이름. 그 족속의 족장. 에돔왕 후삼이 데만 족속이다(창36:34). 슬기로운 사람들(렘49:7).

데만[ןמָיתֵ = 오른 손, 남쪽 땅]지 왕의 길이 통과하는 곳. 페트라 부근 에돔인의 땅. 모압 남방지역. ①욥의 친구 엘리바스의 고향(욥2:11) ②예레미야는 이곳 사람이 지혜롭다고 하였다(렘49:7) 아모스는 그 도성 보스라와 함께 기록하였다(암1:12).

데메드리오[Δημήτριο = 백성의 어머니]인

① 에베소 사람으로 은장색. 아데미 우상을 만들어 이익을 보다가 바울의 전도 때문에 영업에 방해가 되자 동업자들을 충동하여 소동을 일으켰다(행19:24).

② 사도 요한이 추천한 초대교회 신자(요삼12).

데므니[ינִמְיּ = 남방]인(대상4:6) 유다 자손 아스홀의 아들. 나아라의 소생으로 잠계에 속한다.

데바[חמָוּרְ = 몸을 보호하는 자]인(창22:24) 나홀의 첩 르우마가 낳은 아들.

데베스[ץבֵתֵּ = 진흙]지(삿9:50) 세겜에서 벳산으로 가는 길 부근에 있던 성읍. ①기드온의 아들 아비멜렉이 이 성을 공격할 때에 한 여인이 망대 위에서 맷돌 윗짝을 던져 두개골에 맞아 깨어져 죽게 되었을 때 소년에게 죽여 달라고 했다(삿9:50-57). ②우리아를 성 가까이에 내보내어 죽게한 요압이 다윗에게 보고할 때 아비멜렉에 관한 이야기를 인용했다(삼하11:22-24). 나보스에서 동북km 지점. 현재의 도바스로 여긴다.

데벳스 →데베스

데벳월[thbeth]명(에2:16) 유대력 10월, 태양력 1~2월.

데살로니가[Θεσσαλονίκη = 하나님의 승리]지

1. **위치** - 마게도냐의 한성. 알렉산더 대왕의 이복 누이이자 아내인 데살로니가를 성읍의 이름으로 했다. 지금도 지명은 데살로니가이다.

2. **관련기사** - ①자유시의 특권이 있어 매년 시민의 모임에서 5~6명의 당국자를 뽑아 모든 일을 처리했다(행17:6-8). ②사도 바울이 2차 전도여행 때 이곳을 방문했다(행17:1-10). 바울이 이곳에서 이방인 신자를 얻었으나 유대인의 반대를 받아 디모데와 실라와같이 베뢰아로 갔다. ③바울이 귀로에 다시 방문했다(행20장) ④바울은 아리스다고와 세군도와 같이 예루살렘으로 갔다(행20:4, 27:2). ⑤고린도에서 바울이 데살로니가 전후서를 이곳 교회에 보내었다. ⑥빌립보 교인들이 바울에게 선교비를 보내었다(빌4:16).

3. **출신인물** - 아리스다고와 세군도.

4. **교훈** - 선교의 어려움. 하나님의 역사를 깨닫자. 모범적인 데살로니가 교회를 본받자(살전1:3-7).

데살로니가 사람(인)[thessalonians]인(행20:4) 마게도냐의 한 성 데살로니가의 주민. 아리스다고와 세군도의 출신지.

데살로니가 전서[~前書 ; 앞 전, 글 서. 1Thessalonians]명(살전) 신약 13권된 성경. 바울이 기록하였다. 교회의 바른 인식과 박해와 그리스도의 재림을 기다릴 것을 교훈하였다. 주제:주의 강림과 위로. 분해는 박기원 성경총론을 참고하라.

데살로니가후서

- **데살로니가 전서에 나타난 그리스도** - ①우리를 택하신 그리스도(살전1:4). ②죽었다가 부활하신 그리스도(살전1:10). ③재림하실그리스도(살전1:10, 5:4-11). ④사도를 세우신 그리스도(살전2:6). ⑤죽임을 당하신 그리스도(살전2:15). ⑥갚으시는그리스도(살전2:19). ⑦흠없게 하시는 그리스도(살전3:13). ⑧다시 살리시는 그리스도(살전4:13-18). ⑨거룩하게 하시는 그리스도(살전4:7, 5:23).

데살로니가 후서[~後書; 뒤 후, 글 서. 2 Thessaloians]명(살후) 신약 14권째 성경. 바울이 기록하였다. 주께서 부르신 성도들에게 주의 날이 가까워 오므로 핍박을 견디어 믿음을 지킬 것을 교훈하였다. 주제: 주의 날. 내용 분해는 박기원 편 성경총론을 참고하라.

- **데살로니가 후서에 나타난 그리스도** - ①불꽃 중에 재림하실 그리스도(살후1:7). ②성도들에게 영광을 얻으시는그리스도(살후1:10). ③적그리스도를 심판하실 그리스도(살후2:1-12). ④구원을 얻게 하신그리스도(살후2:13). ⑤복음으로 부르신 그리스도(살후2:14).

데오빌로[θεόφιλος = 하나님의 벗]민(눅1:3) 신약 누가복음과 사도행전의 수신인. 누가와 친근한 사이. 각하라는 칭호를 가진 것으로 보아 높은 지위에 있은 사람. 사도행전에는 그 칭호를 쓰지 아니한 것으로 보아 관직에서 물러난 것으로 사료된다. 누가는 사도행전에서 벨릭스를 각하로 호칭했다(행23:26).

데해사람[dehavites]민(스4:9) 사마리아에 식민시킨 아람백성. 성전 재건을 방해한 사람.

델라[חֶלְאָה = 갈라진 틈, 열매가 많음]민(대상7:25) 에브라임의 한족장. 다한의 아버지.

델렘[חֶלֶם = 압제함, 양새 끼)민(스10:24) 에스라 시대 바벨론에서 이방인 아내를 얻어 돌아온 성전 문지기.

델렘[חֶלֶם = 산양]지(수15:24) 유다 남쪽에 있었던 성읍. 들라임과 같은 곳(삼상15:4).

델멜라[חֵל מֶלַח = 소금 무더기]지(스2:59) 바벨론의 이스라엘 포로의 식민지였다(느7:16). 이곳 유다인들의 계보는 알려지지 않았다.

델아빕[חֵל אָבִיב = 홍수의 언덕]지(겔3:15) 그발 강가의 지방으로 유다인 포로가 살고 있었다. 에스겔이 이곳에서 예언했고(겔3:15) 지금의 이스라엘의 가장 큰 도시인 텔아비브는 이 명칭에서 나왔다.

델하르사[חֵל חַרְשָׁא = 수풀의 언덕, 태양의 언덕]지(스2:59) 바벨론에 사로잡혀 간 이스라엘 포로들이 살던 곳. 위치는 알수 없다.

도[道; 길 도. the way]명 마땅히 지켜야 할 근본이 되는 가르침. truth. 길. 도로 road.
1. **문자적인 용법** - 길. 장사길. 나그네길(창3:24, 마2:12, 행25:3).
2. **상징적 용법** - ①선한 길(마21:31, 고전4:17). ②악한 길(민22:32, 행14:16). 사람의 행동이나 인격에 관하여 사용됨.

도[道; 길 도. province]명(왕상20:14) 지방 행정구역의 하나. 바사국은 120도나 되는 행정도를 가진 광대한 나라였고 로마제국도 도마다 총독을 두어 다스렸다. 총독의 임기는 1년이었다(행13:7-구브로, 행18:12-아가야) 본디오빌라도는 가이사랴에 있으면서 수리아 총독의 권한도 가졌다.

도[度; 법도 도. degree]명(왕하20:9) ①물건의 길이나 너비를 재는 기구. 각도의 단위. ②해시계의 눈금.

도가니[crucible]명(시12:6) 쇠붙이를 녹이는데 쓰는 그릇.
* 하나님은 그의 종들을 도가니에 의해 연단하신다(잠17:3, 27:21). 에시온게벨에 있는 동제련소에서 많은 도가니가 발굴되었다.

도갈마[תֹגַרְמָה]⑲(창10:3) 노아의 증손이며 야벳의 손자. 고멜의 세 아들 중 하나(대상1:6).

도갈마[תֹגַרְמָה]㉐(겔27:14) 아라랏 북방. 두로 상인은 이곳에서 말과 노새를 수입하였다. 지금의 아르메니아 남서지방으로 여긴다.

도겐[תֹכֶן = 알맞는 물량, 계량]㉐(대상4:32) 시므온의 한 촌락이며 위치는 분명치 않다.

도고(禱告; 빌 도, 알릴 고. intercession]⑲(딤전2:1) 남을 위하여 간구하는 기도. 중재기도. 중보기도. 기도의 4대요소 중 하나.
1. **간구** - 필요한 것을 하나님께 아룀.
2. **기도** - 하나님의 은혜를 구하며 소원을 아룀.
3. **도고** - 중재 기도로 대신 기도하는 것. 그리스도께서 자신과 죄인을 위하여 하나님께 구하셨다.
4. **감사** - 하나님의 은혜에 대한 감사. 영구히 드리는 찬양이다.

도끼[hatchet]⑲(신19:5) 나무를 찍거나 패는 연장의 하나. ①주로 산에서 나무를 찍는 데 썼다(신19:5, 눅3:9). ②금속제 도끼는 블레셋 사람의 철공이 만들었다(삼상13:20-21). ③상징적인 의미는 교만(사10:15)과 심판(마3:10)

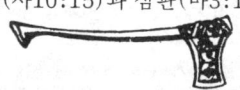

도다님[תֹדָנִים = 떨어짐]⑲(창10:4) 야완의 아들이요 야벳의 손자, 노아의 증손이다.

도다와후[תֹּדַוְיָהוּ = 하나님의 친구, 하나님의 사랑]⑲(대하20:37) 마래사 사람. 여호사밧 왕이 이스라엘의 아하시야왕과 결탁하여 배를 만들 때 배가 난파할 것을 예언한 엘리에셀의 아버지.

도단[תֹּדָן = 우물]㉐
1. **위치와 개요** - 세겜과 사마리아 가까운 성읍(창37:17). 제닌의 서남 8km 에스드라엘론에서 지중해에 통하는 옛 통상로에 연하여 30m의 높은 언덕 위에 있는 견고한 요새. 현재 이름은 델도다.
2. **관련기사** - ①야곱의 아들들이 양을 치던 곳. 요셉이 아버지의 심부름을 갔다가 형들에게 붙잡혀 팔린 곳(창37:17-36). ②예언자 엘리사가 살던 곳이다(왕하6:13-19). 아람군대가 엘리사를 붙잡기 위하여 성을 포위했다.

도대[דּוֹדַי = 하나님의 친구, 하나님의 사랑을 받은 자]⑲ 아호아 사람. 엘르아살의 아버지. 다윗의 2월군장관. 도도와 같은 사람.

도도[דּוֹדוֹ = 사랑함]⑲
① 잇사갈 사람으로 아비멜렉 다음으로 사사가 된 돌라의 할아버지(삿10:1).
② 아호아 사람으로 엘르아살의 아버지(대상11:12) 다윗의 세 용사중 한 사람으로 도대와 같은 사람.
③ 베들레헴 출신으로 다윗의 30용사중 한 사람(삼23:24). 엘하난의 아버지(대상11:26).

도랑[ditch]⑲(삼상18:32) 매우 좁고 작은 개울.

도랑물[water of ditch]⑲(잠5:16) 도랑에 흐르는 물이나 고인 물.

도략[韜略; 칼집 도, 간략할 략. counsel, guidance]⑲(잠8:14) 기이하고 묘한 꾀. 전쟁을 위한 전략, 위장술 등이 포함된다. 지혜와 지식이 가지고 있는 계획, 의견 책략 방책을 말한다. 참 지식은 뛰어난 지성이 있음을 말한다(잠11:14). 모사 교훈으로도 번역된 말(사40:14, 시73:24).

도량[度量; 법도 도, 분량 량. measure, generosity]⑲(욥11:9) ①너그러운 마음과 깊은 생각. ②일을 알고 잘 다루는 품성. managing ability.

도량형[度量衡; 법도 도, 분량 량, 저울 형. weights and measures]⑲ (레19:35) 길이와 부피 무게를 헤아리는 단위를 모두 일컫는 말.
1. **도** - 길이 : 규빗, 장, 스타지온.
2. **양** - 부피 : 밧, 휜, 갑, 되, 말.
3. **형** - 무게 : 게라, 므나, 달란트 등.

도로[again, before]튀(창38:19) 먼저와 다름없이. 또다시. 먼저대로.

도로[道路 ; 길 도, 길 로. way, road]명(레26:22) 사람이나 차가 다닐 수 있도록 만든 길.

도륙[屠戮 ; 죽일 도, 죽일 륙. slain, slaughter, slaughter]명((출32:27) 모두 무찌러 죽임. 도살 또는 살륙으로 번역된 말. 옳고 그름을 묻거나 가리지 않고 죄다 죽임. 싸움에서 쓰러진자를 가리키는 말도 됨. ①아모리 사람의 도륙(수10:10) ②입다가 암몬사람을 도륙(삿11:33) ③삼손이 블레셋 사람을 도륙(삿15:8) ④아합이 아람사람을 도륙(왕상20:21) ⑤아비야가 이스라엘군을 도륙(대하3:17) ⑥아마샤가 에돔 사람을 도륙(대하25:14) ⑦유다사람이 하만 일당을 도륙(에9:5, 11) ⑧심판날의 도륙(렘25:34) ⑨종말의 도륙(단11:44).

도르가[Δορκάς = 노루]인(행9:36) 욥바에 있는 신도. 죽은 것을 베드로가 소생시킨 사람. 봉사를 잘한 성도 아람어로 다비다라고 한다.

도리[道理 ; 길 도, 도리 리. truth]명(창19:31) ①사람이 지켜야 할 바른 길. ②사물의 정당한 이치.

도리깨[flail]명(사28:27) 곡식의 낟알을 두들겨서 떠는 농기구의 하나. 쇠로 만들어 병기로도 사용하였다. 보리나 밀단을 도리깨로 타작하였다(룻2:17) 소회향과 대회향을 떠는데 사용(사28:27) 대량 탈곡은 타작마당에서 소를 이용했다.

도리어[on the contrary, but]튀(창49:19) ①오히려. ②차라리.

도마[Θωμᾶς = 쌍둥이]인
1. **인적관계** - 예수님의 열두 제자 중 한 사람(마10:3) 디두모라고 부르는 제자(요11:16).
2. **관련기사** - ①예수님께서 부르셨다(막3:18). ②그리스 이름으로 디두모라고 부르는 사람(요20:24, 21:2). ③예수님과 함께 고난을 받으려는 기백이 엿보인다(요11:16). ④예수님이 가시는 길을 물음(요14:5). ⑤제자들이 말한 예수님의 부활을 믿지 않음(요20:24). ⑥예수님의 손의 못자국을 확인하고 부활을 확신함(요20:26-28). ⑦디베랴 바다로 베드로와 다른 제자들과 같이 고기를 잡으러 나갔다가 부활하신 예수님을 만남(요21:1-3). ⑧오순절날 성령을 받았다(행1:13-). ⑨전설에 의하면 인도에 가서 전도를 하다가 순교했다고 한다. 인도에는 도마교가 있다.
3. **교훈** - 도마는 논리적인 사람으로 평가해야 한다. 예수님의 부활을 의심하는 도마로 말하지만 다른 제자들은 예수님을 보고도 의심했는데(눅24:38-43) 도마는 합리적인 사고를 가진것으로 인정해야 한다.

도마뱀[lizard]명(레11:29) 도마뱀과의 동물을 모두 가리키는 말. 식용이 금지된 부정한 동물. 큰 것은 1m 50㎝ 정도의 것도 있다.

도말[塗抹 ; 바를 도, 지울 말. paint out]명(출17:14) 겉에 무엇을 발라서 본래의 모습이 들어나지 않게 함. 덮어 씨워 보이지 않게 함.
* 성경에서 도말은 단순히 가리워 나타나지 않도록 은폐하는 것이 아니고 기억에도 남지 않도록 지워버리는 것을 말한다(골2:14).

도망[逃亡 ; 도망할 도. 망할 망. flee, escape]명(창14:10) ①몰래 피해 달아남. escape. ②쫓기어 달아남. 줄행랑. flight.
* ①탈출(사15:5). ②달아나는 것(겔17:21). ③방황하여 돌아 다니는것(창4:12, 14). ④반대 방향으로 가는것(욘1:3). ⑤도피하는 것(행27:42). ⑥망명생활(삼상19:).

도모[圖謨 ; 그림 도, 꾀 모. counsel, device]명(삼하14:13) 일을 이루

도시

기 위해 수단과 방법을 꾀함.

도무지[at all]튄(민6:5) ①이러니 저러니 할 것 없이 아주. ②이러고 저러고 할 것 없이 모두. ③도대체.

도바도니야[אֲדֹנִיָּהוּ טוֹב = 여호와는 선하시다]인(대하17:8) 여호사밧왕이 유다의 각 성에 율법을 가르치기 위하여 파견된 레위사람.

도백[道伯 ; 길 도, 맏 백. governor]명(단3:2) ①지방행정 도의 장관을 일컫는 말. ②지금의 도지사를 예스럽게 일컫는 말.

도벨[תֹּפֶל = 황폐, 석회반죽]지(신1:1) 이스라엘 백성이 바란 광야에서 유숙한 곳. 이곳에서 모세가 출애굽 2세들에게 율법을 일러 주었다. 사해 동남 24km 지점으로 알려져 있다.

도벳[הַתֹּפֶת = 불사르는 곳]지

1. **위치** - 힌놈의 아들의 골짜기가 합하는 곳의 명칭
2. **관련기사** - ①본래는 아름다운 곳이었으나 바알에게 제사하면서 더러운 곳이 되었다(대하28:3, 33:6, 렘32:35). ②요시야왕이 쓰레기장을 만들어 오물을 버렸다. (사30:33). ③예레미야가 도륙의 골짜기라고 예언(렘7:31, 19:6). ④므낫세 치하에서 우상을 섬기던 곳(사30:33). ⑤요시야가 종교개혁을 단행했다(왕하23:10). 지옥과 같이 쓰이는 게헨나를 가리킴. ⑥십자군 시대에도 피를 많이 흘렸다고 한다.
3. **교훈** - 우상을 섬기는 사람뿐만 아니라 우상을 섬기던 곳도 망한다.

도보[徒步 ; 무리 도, 걸을 보. walk, on feet]명(민20:19) 탈것을 타지 않고 걸어감. 보행.

도비야[טוֹבִיָּה = 주는 선하시다]인

① 여호사밧왕이 유다 각지에 율법을 가르치기 위하여 파견된 레위인 중 한 사람(대하17:8).

② 유다 사람과의 혼혈족 암몬인으로 산발랏에게 붙어 느헤미야가 예루살렘성을 재건할 때 방문 방해한 사람(느2:10, 19). 제사장 엘리아십이 그에게 성전의 한 방을 주어 살게 하였는데 느헤미야가 쫓아 보냈다(느13:4-9).

③ 바벨론에서 귀환한 족속의 한 족장(2:60, 느7:62). 혈통을 파악할 수 없다.

④ 바벨론에 남아 있는 포로의 예물과 헌금을 가지고 예루살렘에 돌아온 사람(슥6:10).

도살[屠殺 ; 죽일 도, 죽일 살. slaughter]명(약5:5) 사람을 마구 찔러 죽이거나 짐승을 잡아 죽이는 일. 도륙이라고도 한다. 누구에게도 도움을 기대할 수 없는 상태(롬8:36)와 심판을 말한다(약5:5).

도살장[屠殺場 ; 죽일 도, 죽일 살, 마당 장. slaughter house]명(사34:7) 소나 돼지같은 짐승을 잡는 곳. 도수장.

도성[都城 ; 도읍 도, 재 성. capital city]명(창36:32) 정치적 중심지(서울·수도)로써 왕이 살고 있는 왕성. 세상에서는 ①느부갓네살왕의 도성(단4:30). ②아모리왕 시혼의 도성(민21:26)이 있었으며, 하나님이 거하시는 ③거룩한 성(사52:1).④하나님의 성(사46:4). ⑤살아계신 하나님의 도성(히12:22). ⑥거룩한 성 새 예루살렘(계21:2).

도성인신[道性人身 ; 길 도, 성품 성, 사람 인, 몸 신]명(요1:1) 로고스라 하며 하나님이 사람의 형상으로 오신 것을 일컫는 말. 개역성경에는 '말씀이 육신이 되어'라고 번역했다. 성육신을 일컫는 말.

*도성인신 하신 이는 예수 그리스도 우리의 구주이시다.

도수[都數 ; 도읍 도, 셀 수. total]명(삼하24:2) 모두 합한 수효. 도합(道合). 합계.

도수장[屠獸場 ; 죽일 도, 짐승 수, 마당 장. slaughter]명(사53:7) 가축 따위나 짐승을 잡는 곳. 도살장과 같은 말.

도시[都市 ; 도읍 도, 저자 시. urban area, city]명(막6:56) 사람이 많

이 모여 살고 번잡한 곳. 도회지.

도아[תּוֹחַ = 겸손함. 아이]인(대상 6:34) 레위 사람으로 그핫의 자손 중 한 사람

도엑[אֲוֹאֵג = 걱정함. 겁쟁이]인(삼상21:7) 에돔 사람으로 사울의 목자장. 다윗이 사울을 피하여 놉땅에 갔을 때 아히멜렉이 다윗을 도와 준 것을 사울왕에게 알려 사울의 명령을 따라 아히멜렉과 놉땅의 제사장 85명을 죽인 사람(삼상22:9-22). 다윗왕은 하나님의 심판이 도엑에게 임할 것을 노래했다(시 52편 제목).

도와주다[cooperation, help]타(신28:31) 남에게 도움을 주다. 남을 위하여 힘써 주다.

도우[יַחְדּוּ = 웃는 것]인(대상18:9) 하맛왕. 다윗왕에게 문안한 사람. 도이와 같은 사람.

도움[help, remedy]명(삼하18:3) 남을 돕는 일. 도와줌. ①하나님의 은사(고전12:28). ②성도에게 권하는 바(행20:35). ③성도가 할 일(살전5:14). ④기도로 도움(고후1:1). ⑤하나님께로부터 지혜를 얻어(사50:4). ⑥물질로(요일3:17). ⑦필요를 채우고(롬16:2). ⑧행동으로(신22:4). ⑨복음으로(행16:9).

도읍[都邑 ; 도읍 도, 고을 읍. capital, reign]명(수13:10) ①서울. ②약간 작은 시.

도이[יַחְדּוּ= 방황하다]인(삼하8:9) 아람왕 하닷에셀과 싸운 하맛왕. 다윗이 하닷에셀의 군대를 격파하였다는 소식을 듣고 아들 요람을 보내어 다윗왕에게 문안했다(대상18:9).

도임[到任 ; 이를 도, 맡길 임. arrive at one's new post]명(행25:1) 지방관(地方官)이 임소에 다다름. 부임(赴任).

도장[圖章 ; 그림 도, 글 장. signet,

seal]명(창38:18) 개인, 단체, 관직등의 이름을 나무, 뿔 등에 새겨서 증거로 삼는데 쓰는 물건. 인장.

도적[盜賊 ; 도둑 도, 도둑 적. thief, robber]명(출22:2) 남의 물건을 훔치거나 빼앗는 일.

도적질[盜賊~ ; 도둑 도, 도둑 적. thief]명(창30:33) 남의 물건을 훔치거나 빼앗거나 하는 짓. 제 8계명에서 금한다. 도적한 물건은 배상하도록 되어 있다. 배상을 하지 못할 때는 노예가 된다. 도적질 할 때 주인에게 발각되어 피살되어도 어쩔 수 없는 일이다. 그러나 낮에는 주인이 문책당한다(출22:1-4).

* 남의 재산에 손해를 끼치는 행위는 도적질이다. 임금체불, 불량품생산, 시간위약, 매점매석, 폭리, 과잉진료, 과다청구, 영업방해 등.

도주[逃走 ; 달아날 도, 달아날 주. escape, fell]명(행7:29) 피하거나 쫓겨서 달아남. 도망.

도포[道袍 ; 길 도, 도포 포. ceremonial dress]명(욥29:14) 옛날 보통때의 예복으로 입던 웃옷.

도피[逃避 ; 달아날 도, 피할 피. escape. refuge]명(35:12) ①피해서 달아남. ②적극적인 투쟁에서 빠져나옴.

도피성[逃避城 ; 달아날 도, 피할 피, 재 성. city of refuge]명(민35:6) 사람을 과실로 죽인 자가 피하도록 지정한 성. 피의 복수를 막기 위하여 만들었다. 도피성은 레위인의 성읍 중 여섯을 지정했다. 모세가 지정한 요단동편 : ①르우멘 지파의 에셀 ②갓지파의 길르앗 라못 ③므낫세지파의 골란(신4:41-43) 여호수아가 지정한 요단서편:④납달리의 게데스 ⑤에브라임의 세겜. ⑥유다의 헤브론(수20:7)이다.

* 도피성은 그리스도의 구원을 상징한다(히6:18). 모든 사람을 향해 그문은 언제나 열려있다(요6:37). 영원하신 대제사장이신 그리스도께서는 죽지 않는다. 그래서 성도는 도피성을 떠날 이유가 없다(민

35:25-28, 히7:25).

도피처[asylum]명(출21:14) 최소한 일시적인 보호를 받기 위하여 도망하는 곳. 도피성과 제단은 도피처이다. 제단의 뿔을 잡고 있던 아도니야를 솔로몬이 죽이지 아니했다(왕상1:50-53). 요압도 도피처를 이용했다(왕상2:28). 도피처를 남용하는 것을 막기 위한 율법도 있다(레4:2, 5:15-18).

도합[都合 ; 도읍 도, 함할 합. total]명(창46:27) 모두 한데 합한 셈, 합계. 도수(都數).

도후[도후 = 쇠약함]인(삼상1:1) 사무엘의 조상 중 한 사람. 나핫 도아와 같은 사람(대상6:26, 34).

독[jar]명(욜2:24) 간장, 술, 김치따위를 담가두는데 쓰는 질그릇.

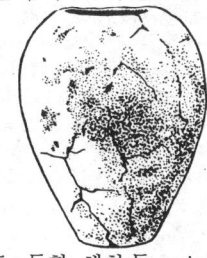

독[毒 ; 독할, 해칠 독. poison]명(신32:24) 목숨을 해치는 성분. 성경에서는 주로 뱀의 독을 말한다. 소발은 독사의 독을 빤다는 말은 악인의 운명을 말한다(욥20:16). 악한 영향력은 독과 같다(시58:4, 140:3). 일반적으로 뱀의 혀에 독이 있는 것으로 여기나 길들이지 못한 사람의 혀가 죽이는 독이다(약3:8).

독사[毒蛇 ; 독사 독, 뱀 사. viper]명(창49:17) 독이 있는 뱀. 사악한 사람을 가리키는 말(마23:33, 12:34). 외식하는 서기관과 제사장.

독생[獨生 ; 홀로 독, 날 생. only begotten]명(요1:18) 스스로계신 그리스도의 탄생.

독생자[獨生子 ; 홀로 독, 날 생, 아들 자. the only Son]명(요1:14) 예수 그리스도. 하나님의 아들. 형제가 없고 단 하나뿐인 아들은 독자라고 한다. 요한의 글에서 5회 사용된 독생자는 예수 그리스도와 하나님과의 견줄 수 없는 관계를 나타내기 위해 사용한 말. 그리스도의 독특한 방법(성령으로 잉태)으로써의 출생을 가리킨다(마1:18-21).

독수리[eagle]명(출19:4) 독수리과에 속하는 새. 매. 수리와 비슷하다. 사나운 새로 먹지 못하도록 금지되었다(레11:13-19). ①모세는 하나님의 보호를 노래했다(신32:14). ②세차게 하늘 높이난다(사40:31). ③높은 곳에 보금자리를 짓고(욥39:27) ④새끼를 잘 훈련하고(신32:11). ⑤세심한 주의를 기울인다(신32:11-14). ⑥힘과 위엄을 상징한다(사40:31).

독실[篤實 ; 두터울 독, 열매 실]명(창42:11) ①정성스럽게 참 되어 거짓없이 극진함. sincerity. ②인정이 많고 친절함. warm. hearted.

독자[獨子 ; 홀로 독, 아들 자. only son]명(창22:2) 외아들.

독종[毒腫 ; 독할 독, 부스럼 종. emerod, boil, tumors]명(출9:9) 몹시 악성인 부스럼. 출애굽때 제6재앙으로 애굽에 내린 병. (천연두로 여김) 블레셋 사람이 전염성 종기로 인하여 사망했을 때 독종의 형상을 만들어 언약궤를 돌려 보낼 때 사용했다(삼상5:6-12, 6:11-17).

독주[毒酒 ; 독할 독, 술 주. strong drink]명(레10:9) 포도주보다 알콜성분이 강한 술. ①음료로 먹는 것이 아니고 취하게 하는 술을 말한다(민6:3, 사5:22). ②나실인에게 금지된 술(민6:3, 눅1:15) ③제사장도 성전에 들어갈 때 마실 수 없다(레10:9) ④왕도 공정한 재판을 하기 위해서 삼가야 했다(잠31:45) ⑤독주를 마시는 것은 비난 받을 일이다(잠20:1, 31:4, 창9:21-22).

독처[獨處 ; 홀로 독, 곳 처. solitary life, be alone]명(창2:18) 홀로 삶. 독거. 외롭게 혼자서 삶.

독초[毒草 ; 독할 독, 풀 초. poisonous fruit]명 독이 있는 풀. 실제로 어떤 풀인지 알 수 없다. 독이 있는 풀은 여럿이 있다. 팔레스타인에서 흔히 볼 수 있는 양귀비라고 풀이한다.

독촉[督促 ; 감독할 독, 재촉할 촉. pressing, hast]명(출5:13) 조급하게 조름. 재촉함.

독하다[bitter]형(신32:24) ①독기가 있다. ②맛이나 냄새가 지독하다. ③마음이 잔인하고 악독하다. ④정도가 지나치게 심하다. ⑤매우 굳세고 모질다.

독한 인진[毒~茵蔯 ; 독할 독, 사철 쑥 인, 약쑥 진. poisonous weeds]명(호10:4) 독이 있는 쑥. 이스라엘에 대한 심판이 고통스러울 것을 독초에 비유해서 호세아가 예언했다. 황무케 됨을 뜻한다. 이것을 양귀비로 보는 학자도 있다.

독핫[הַדְקוֹת]인(대하34:22) 여선지자 훌다의 시아버지. 하스라의 손자이며 요시야왕 시대 예복관리자 살룸의 아버지.

돈[money]명(창17:13) 금전. 화폐. 주화가 나오기 전에는 교환가치를 인정한 것을 가지고 물물교환하였다. 동전 다음에 지폐가 발행되었다. ①성경시대 처음으로 나오는 돈은 금화 다릭이다(느7:70-72). ②신약에서는 렙돈(막12:42), 고드란트(막12:42), 므나(눅19:13), 데나리온(마20:2), 앗사리온(눅12:6), 세겔(마17:27), 드라크마(눅15:8), 반세겔(마17:24), 달란트(마18:24), ③돈을 사랑하는 것이 일만악의 뿌리가 된다(딤전6:10). 그러므로 있는 바를 족한 줄로 여겨야 한다(히13:5).

돈궤[money box]명(요12:6) 돈을 넣어 두는 작은 상자. 가룟 유다가 맡았던 현금상자.

돈뭉치[amount of money]명(창42:35) 뭉칫돈. 많은 돈. 돈다발.

돈 바꾸는 사람[money-changer]구(요2:14) 서로 종류가 다른 돈을 바꾸어 주는 것을 일로 삼는 사람. 환전상인. 당시 유대에서는 각국의 돈과 성전에 드릴 돈을 바꾸었다. 예수님이 돈 바꾸는 사람을 쫓아 내신 것은 그들의 부정직함과 물욕이 있었기 때문이다(막11:15, 요2:15).

돋다[rise]자(창19:23) ①해, 달 따위가 솟아 오르다. ②살에 우둘투둘한 것이 올라오다. form(레13:2). ③싹 따위가 생겨 나오다. bud out.

돋우다[exalt]타(사40:4) ①위로 높아지게 하다. ②감정을 자극하여 상기하게 하다. ③부추기다. ④수준이나 정도를 높이거나 짙게 하다.

돌[stone]명(창11:3) 바위보다는 작고 모래보다 크다. ①땅을 경작하기 위해서는 돌을 제거하고(사5:2). ②기념비를 세우고(창31:45). ③건축용재(네14:45, 왕상15:22). ④그릇과 맷돌을 만들었다(출7:19, 신24:6). ⑤저울의 추(신25:13). ⑥경계표(신19:14). ⑦할례용 칼로 사용했다(수5:2). ⑧극형을 집행할 때 사용했다(수7:25, 행7:58). ⑨예수님은 모퉁이의 머릿돌이시다(벧전2:7).

돌[דֹּאר = 싼다, 포위]지(수11:2)
1. **위치** - 갈멜산 반도 남쪽 17km지점. 가나안의 한 성읍
2. **관련기사** - ①가나안 12왕의 연합군이 여호수아를 대적 하였으나 여호와께서 도우심으로 전멸된 곳. ②아셀 지파에 속하였다가 므낫세 지파에게 주었다. 그러나 원주민들을 축출하지 못하고 조공만 받았

돌감람나무[~橄欖~ ; 감람나무 감, 감람나무 람. wild olive]몡(롬11:17). 야생하는 감람나무. 이방인을 뜻한다.

*성도의 믿기전 상태가 돌감람나무와 같다.

돌격[突擊 ; 부딪칠 돌, 칠 격. break forth sudden assault]몡(출19:22) ①불시에 덤비어 침. ②돌진하여 공격함. charge.

돌구덩이[hollow, stones pit]몡(사14:19) 돌이 깊게 파인 곳.

돌기둥[pillar of stone]몡(창35:14) 돌을 깎아 다듬어서 세운 기둥. 석주(石柱). 야곱이 언약의 증거로 세웠다. 후에 우상숭배로 변했다(레26:1, 신16:22).

돌다[compass, tune]자(창3:24) ①둥글게 움직이다. ②먼 길로 가다. ③방향을 바꾸다. ④자리를 옮기다. ⑤유통되다.

돌단[stone platform]몡(신27:5) 돌을 쌓아 올린 제단. 여호와를 위한 제단은 다듬지 않은 돌을 썼다. 여호수아가 쌓은 돌단(수8:30-35).

돌담[stone wall]몡(잠24:31) 돌로 쌓은 담. 고대의 성벽은 돌담이다.

돌라[תּוֹלָע = 벌레, 붉은 연지]인
1 잇사갈의 아들이며 돌라 족속의 조상이다(창46:13, 민26:23).
2 잇사갈 지파 부아의 아들. 사밀에서 태어난 사람. 아히멜렉 다음에 사사가 되어 23년동안 이스라엘을 다스렸다(삿10:1-2).

돌랏[תּוֹלַד = 후손]지(대상4:29) 시므온자손이 살던 고을. 유다의 성읍 엘돌랏과 같은 곳.

돌레마이[Πτολεμαίς = 상무]지(행21:7) ①지중해 연안 악고만 북단에 있던 성읍. 구약시대는 악고라 불렀다(삿1:31). ②사도 바울이 최후의 예루살렘길을 갈 때 여기에 상륙하였다. 현재의 이름 악카라이다.

돌려대다[turn and offer]타(마5:39) 돌려서 서로 맞닿게 하다.

돌려 보내다[return]타(창20:7) ①가져온 것을 도로 보내다. ②찾아온 사람을 그냥 보내다.

돌로 치다[stoning]타(출8:26) 구약시대의 사형집행의 한 방법. 신약시대 유대인들이 스데반을 쳤다(행7:59).

돌리다[turn]타(신1:7) ①돌게 하다. ②다른쪽으로 방향을 바꾸다. change the direction. ③마음을 달리먹다. change one's mind.

돌무더기[pile of stone]몡(수7:26) 돌덩이가 모여 쌓인 것. 무덤, 황폐의 상황묘사.

돌밭[rocky ground]몡(마13:5) 흙이 적고 돌이 많은 밭. 곡식의 성장을 막는다. 믿다가 낙심한 자의 마음밭(마13:20).

돌보다[care for]타(눅10:34) 뒤를 보살펴 주다.

돌비[~碑 ; 비석 비. stone tablet]몡(고후3:3) 자연석 그대로 또는 돌을 다듬어서 만든 비. 석비. 시내산에서 하나님이 모세에게 주신 십계명돌비(출31:8) 육의 심비는 복음으로 새겨진 성도의 심령이다(고후3:3).

돌아가다[return, send away]자(창3:19) ①사물이 본디 있었던 자리로 다시 가다. go back. ②둥글게 움직이다. turn ③가까운 길을 두고 먼길로 가다. take a round-about way.

돌아보다[visit]자(창19:17) ①뒤로 고개를 돌리어 보다. look back. ②살펴보다. 돌보다. regard. ③지난 일을 회상하다. recollect. ④순시하다. 순찰하다. go the round of.

돌아서다[turn one's back]자(수7:8)

돌아오다

①뒤를 향해 서다. ②남과 등지다.
돌아오다[come back]재(창8:9) ①다시 오다. ②되돌아 오다. return.
돌이키다[reflection]타(창9:23) ①뉘우쳐 생각하다. ②고개나 몸을 돌리다. turn one's face. ③처음 상태로 돌아가게 하다. recover.
돌입[突入 ; 부딪칠 돌, 들 입 inrush]명(삿20:37) 마구 뛰어 들어감.
돌질[stoning]명(출17:4) 돌맹이질. 돌을 던지는 행위.
돌쩌귀[hinge]명(왕상7:50) 문짝을 문설주에 달아 여닫게 하는 쇠붙이. ①솔로몬 성전의 내외소 문에 단 왕금제 돌쩌귀(왕상7:50). ②게으른 자가 침상에서 뒹구는 것을 형용하였다(잠26:14).

돌치다[turn. chage]타(출14:2) 돌리다.
돌파[突破 ; 부딪칠 돌, 깨질 파]명(출19:21) ①무찔러 깨뜨림. 뚫어 깨뜨림. braeking through. ②곤란, 장애 따위를 헤치고 나아감. surmounting a difficulty. ③어느기준을 넘음. passing.
돌판[tables of stone]명(출24:12) 넓적하게 다듬은 돌. ①십계명이 기록된 돌판. ②증거판(출31:8). ③증거의 두돌판(출32:15, 16) ④언약의 돌판(신9:9).
돌 항아리[stone jar]명(요2:6) 유대인의 결례에 따라 돌로 만든 항아리. 약 18ℓ을 담는다.
돐[full year]명(왕하4:16) 어느 한 해가 돌아온 그 날. 1주년.
돕[コピ = 선하다. 좋은땅]재
1. 위치 - 바산의 남쪽 길르앗 동편 아람의 도시. 국가의 하나(삿11:3). 현재의 이름은 엘 데이이베.
2. 관련기사 - ①입다가 사사가 되기 전에 이복 동생들에게 쫓겨나 이곳에 피신하였다가 길르앗 장로들의 청함을 받아 사사가 되었다. ②이 성 사람들이 암몬을 도와 다윗을 대적하다가 패주하였다(삼하10:6-14).
돕가[חֹפָחַד = 공작석]재(민33:13) 이스라엘 백성이 출애굽하여 유숙하던 곳. 홍해와 시내산 사이 신 광야의 한 곳.
돕는 배필[helpmeet]명(창2:18-20) 아담을 위해 창조된 하와. 남편에게는 아내. 결혼생활에 있어서의 반려자. 남편의 존재를 성숙하게 하는 협조자. 돕는 짝. 배우자. 아라비아인들은 지금도 '내 마음의 친구, 내 갈비뼈' 라고 한다.
돕는 자[helper]명(시5:4) 힘이 부족하거나 없는 사람을 도와 주는 사람. 조력자를 뜻하는 말로 일반적으로는 힘있는 자를 가리키나 성경은 하나님을 가리켜 우리를 돕는 자라고 하였다(히13:6). 하나님께서는 우리를 떠나지 아니하시고 (신31:6-8, 수1:5) 지켜 주시기 때문에 성도는 무서워할 것이 없고 악인이 해치지 못한다(시118:6).
돕다[help]타(창2:18) ①힘을 보내다. 조력하다. ②위험을 벗어나게 하다. save. ③구원하다. relieve. ④후원하다. support. ⑤이끌어 잘못됨이 없게 하다. stand by.
동[銅 ; 구리 동. copper]명(민31:22) 구리. 놋쇠로 번역된 말.
동[東 ; 동녘 동. east]명(창12:8) 동쪽. 이스라엘 백성이 방위를 기준 삼을 때 해돋는 쪽(민2:3). 정면.
동거[同居 ; 같을 동, 살 거. dwell together]명(창13:6) ①집이나 한 방에서 같이 삶. live in the same house. ②가족이 아닌 사람이 어떤 가족과 같은 집에서 함께 삶. live with another family. 동서(同棲).
동관[同官 ; 같을 동, 벼슬 관 fellow official]명(마18:28) 같은 관청에서 일하는 같은 등급의 관리.
동국[東國 ; 동녘 동, 나라 국. eastern country]명(창25:6) 동쪽에 있는 나라. 메소포타미아 부부를 가리킨다.
동남[東南 ; 동녘 동, 남녘 남]명(왕

상7:39) ①동쪽과 남쪽. east and south. ②동쪽과 남쪽의 중간이 되는 방위. south-east.

동남〔童男 ; 아이 동, 사내 남. boy〕명(율3:3) 사내아이. 소년. 동자(童子).

동남방〔東南方 ; 동녘 동, 남녘 남, 모 방. south-east〕명(대하4:10) 동쪽과 남쪽 사이의 방위. 동남간.

동네〔town, city〕명(대상18:1) ①여러 사람이 모여 사는 마을. ②각기 자기가 사는 집의 근처.

동녀〔童女 ; 아이 동, 계집 녀. girl〕명(왕상1:3) 계집아이. 소녀. 다윗을 위해 구해온 스넴 여자.

동독〔董督 ; 바로잡을 동, 감독할 독. super intendence〕명(왕상5:16) 감시하며 독촉함. 감독, 지휘, 주관함.

동등〔同等 ; 한가지 동, 무리 등. same rank, equality〕명(사40:25) ①같은 등급. ②자격이나 수완 입장이 같음.

* 인권에 있어서 하나님 앞에서 같다. 그러나 하는 일, 역할은 구별된다.

동록〔銅錄 ; 구리 동, 푸를 록. rust〕명(마6:19) 구리에 슬은 푸른 녹. ㉠녹. 금속이 부식되어 생기는 현상. 본래의 형상이 어떤 현상에 따라 먹혀 들어가는 것. 지상의 헛된 것을 표현하는 말로 식물(食物)로 번역된 말(히12:16).

동료〔同僚 ; 한가지 동, 동료 료. colleague〕명(스4:7) 같은 일자리에 있는 사람. 친구, 일행, 관계를 맺은자, 시민, 이웃을 의미한다.

동류〔同類 ; 같을 동, 같을 류. same class, fellow〕명(시45:7) ①같은 무리. 동배(洞裵). ②같은 종류. 동종(同種).

동리〔洞里 ; 골 동, 마을 리. village〕명(삼상6:18) 마을. 동네.

동맹〔同盟 ; 한가지 동, 맹세할 맹. alliance〕명(창14:5) 같은 목적이나 이익을 위하여 같이 행동하려는 일. 언약이나 음모를 하는 일. 결혼도 동맹관계이다.

동무〔同伴 ; 한가지 동, 힘쓸 무. friend〕명(왕상20:35) ①벗. 친구. ②뜻을 같이 하고 가깝게 지내는 사람. companion. ③어떤 일을 같이 하는데 서로 짝이 되는 사람. comrade.

동문〔同門 ; 동녘 동, 문 문. eastern gate〕명(겔10:19) 동쪽을 향하여 난 문. 동쪽에 있는 문.

동문간〔同門間 ; 동녘 동, 문 문, 사이 간. inside the east gate〕명(겔40:10) 예루살렘 동쪽 출입문이 있는 곳. 그 옆.

동문지기〔同門直~ ; 동녘 동, 문 문, 곧을 직. guarder at the east gate〕명(대하31:14) 예루살렘 동쪽 문을 지키는 사람.

동물〔動物 ; 움직일 동, 만물 물. animal〕명(창8:19) 하나님이 창조하실 때 제5일과 제6일에 만드신 숨쉬고, 움직이고, 번식하는 모든 것을 일컫는 말. 나는 것과 기는 것으로 크게 나눈다. 사람의 식물(창9:3).

* 성경에서는 ①생축(가축)과 ②들짐승 ③날짐승 ④기는 것 ⑤떼를 지어 다니는것 ⑥수중동물을 언급했다.

동방〔東方 ; 동녘 동, 모 방. east〕명(창2:8) 문자적으로는 앞을 말한다. 동쪽. 해돋는 쪽. 노아의 자손들이 이동하여 간 지역(창11:2). ①북쪽은 밧단아람. 라반과 발람이 살던 곳(창29:1, 민23:7). ②남은 모압, 에돔(사11:14). ③게달민족이 살던 곳(렘49:28).

동방사람〔man of the east〕명(창29:1) 동방자손이라고도 하며 팔레스틴 동편 민족을 일컫는 말. ①그두라가 낳은 아브라함의 후손(창25:1-6). ②욥은 동방사람 중 의인이다(욥1:3). ③동방사람은 미디안과 아말렉과 연합하여 이스라엘을 공격했다(삿6, 8:11).

동복〔同腹 ; 한가지 동, 배 복. uterine brothers〕명(신13:6) 한 어머니의 배에서 난 사람.

동북[東北 ; 동녘 동, 북녘 북]명(단 11:44) ①동쪽과 북쪽의 한 가운데 쪽. north-east. ②동쪽과 북쪽. east and north.

동사[同事 ; 한가지 동, 일 사. joint enterprise]명(삼상:14:45) ①공동으로 일을 경영함. ②같은 일. 함께 일함.

동산[東山 ; 동녘 동, 뫼 산. east mountain]명(왕하9:27) 동쪽에 있는 산.

동산[garden]명(창2:8) 마을 앞이나 뒤에 있는 자그마한 언덕이나 숲. 아름답게 꾸민 곳. 에덴을 가리키는 말. 그 곳은 낙원이었다.

동산길[way of garden]명(렘39:4) 동산으로 나 있는 길.

동산 정자[東山亭子 ; 동녘 동, 뫼 산, 정자 정, 아들 자. garden house]지(왕하9:27) 히브리어 '벳 하간'을 뜻으로 풀이하여 옮긴 말. 에스드라 엘론 평원의 남쪽 끝의 작은 성읍. 이스르엘 겨울궁에서 약간 먼 곳. 갈멜능선 기슭의 마을. 예후가 유다왕 아하시야를 피하여 간 곳. 언간님과 같은 곳으로 헬라 이름으로 기네아라 하는 곳.

동산지기[gardener]명(요20:15) 동산을 지키고 관리하는 사람.

동생[同生 ; 같을 동, 날 생. younger brother(younger sister)]명(창 22:10) ①아우나 손아래 누이. ②같은 항열에서 자기보다 나이가 적은 사람.

동서[同壻 ; 같을 동, 사위 서. sister-in-law, wife of one's husband's brother]명(룻1:15) ①형제의 아내끼리 서로 일컫는 말. ②자매의 남편끼리 서로 일컫는 말. husband of one's wife's sister.

동서[東西 ; 동녘 동, 서녘 서. east and west]명(신3:72)동쪽과 서쪽.

동서남북[東西南北 ; 동녘 동, 서녘 서, 남녘 남, 북녘 북. four directions]명(창13:14) 동쪽과 서쪽과 남쪽과 북쪽. 사방.

동서편[東西便 ; 동녘 동, 서녘 서, 편할편. east and west]명(수11:3) 동쪽과 서쪽.

동시[同時 ; 같을 동, 때 시. same time]명(출3:3) ①같은때. ②같은 시기. 같은 시대.

동심[動心 ; 움직일 동, 마음 심. being inclined, shake]명(살후2:2) 마음이 움직임.

동안[while]명(창8:22) 어느 때로부터 어느 때까지의 사이.

동양[東洋 ; 동녘 동, 큰 바다 양. the orient]명(왕상4:30) 우랄 산맥, 카스피 해, 흑해, 지중해, 홍해 동쪽 지역. 아시아.

동업자[同業者 ; 한가지 동, 일할 업, 놈 자. joint enterprise, partner]명(눅5:10) 한가지 사업을 위하여 함께 일하는 사람들.

동여매다[put bands upon]타(겔3:25) 묶어서 흩어지거나 떨어지지 않게 하다. 어떤 규칙으로 자유를 제한하다. 속박하다.

동역자[同役者 ; 한가지 동, 역사 역, 놈 자. fellow workers]명(롬16:3) 같은 목적의 일을 하는 사람. ①복음을 위해 수고하고 애쓰는 사람(빌2:25). ②하나님의 나라를 위해 함께 역사하는 자(골4:11). ③하나님의 동역자(고전3:9). ④하나님의 일꾼(살전3:2). ⑤진리를 위해 함께 수고하는 자(요삼1:8). ⑥그리스도 안에서(롬16:3). ⑦생명록에 기록된 자들이(빌4:3).

동이[round jar]명(슥9:15) 질 그릇의 한가지. 항아리보다 작다. 모양이 둥글고 배가 부르며 넓고 양옆에 손잡이가 달린 그릇.

동이다[bind, gird]타(왕상18:46)① 묶어 매다. ②졸라 매다. fasten.

동일[同一 ; 한가지 동, 한 일. same equal]명(출12:49) 똑 같음. 서로 같음. 평등함.

동자[瞳子 ; 눈동자 동, 아들 자. apple of the eye](명)(신32:10) 눈동자. 하나님께서 아끼시고 살피심.

동작[動作 ; 움직일 동, 지을 작. action, doing](명)(삼하5:24) 어떤 일을 하기 위하여 몸의 움직임. 거동. 인간의 신체 또는 기계의 움직임. 동물의 행동.

동정[同情 ; 한가지 동, 뜻 정. kindness, compassion](명)(욥29:24) 남의 어려움을 가엾게 여김, 남의 어려움에 도움을 베풂. 성도의 믿음을 보여 주는 행위이다(롬15:26). 자신도 고난을 감수하는 그리스도인의 행위(행4:32-35).

동족[同族 ; 같을 동, 겨레 족. kinderd](명)(창23:11) 같은 겨레붙이. 동일한 종족. 골육지친.

동족중[同族中 ; 같을 동, 겨레 족, 가운데 중. in the same clan](명)(갈1:4) 한겨레 가운데.

동종[同宗 ; 한가지 동, 마루 종. the same blood, brethren](명)(대상15:17) 같은 종파. 성과 본이 같은 일가. 같은 집안. 골육지친.

동참[同參 ; 같을 동, 참가할 참. woushipping together, share](명)(사63:9) 같이 참례함.

동철[銅鐵 ; 구리 동, 쇠 철. copper and iron](명)(창4:22) 구리와 쇠.

동침[同寢 ; 한가지 동, 잠잘 침. sleep together, lay with](명)(창4:1) ①부부가 한 자리에서 함께 잠. ②부부 아닌 남녀가 한 자리에서 함께 잠. 동금(同衾).

동트다[dawn, arise](자)(창19:15) 동쪽 하늘이 밝아 날이 새다.

동편[東便 ; 동녘 동, 편할 편. the east side](명)(창2:14) 동쪽 방향. 앞을 뜻하는 말. 동쪽을 바라보고 우는 남, 좌는 북, 뒤는 서를 뜻함.

동포[同胞 ; 같을 동, 태보 포. brethren](명)(출2:13) 한국민. 한겨레.

동풍[東風 ; 동녘 동, 바람 풍. east wind](명)(창41:6, 23) 동쪽에서 불어오는 바람. 아라비아 쪽에서 불어오는 바람. 봄에 많다. ①홍해를 가를 때 분 바람(출14:21). ②요나가 쉬고 있던 박덩굴을 말림(욘4:8). ③농작물을 말림(창41:6).

동하다[動~ ; 움직일 동. move](자)(레11:10) ①움직이다. ②느끼다. feel. ③마음이 끌리다. stimulate.

동해[東海 ; 동녘 동, 바다 해. east sea](명)(겔47:18) ①동쪽의 바다. ②사해(死海).

동행[同行 ; 한가지 동, 행할 행. going together](명)(창5:22) 길을 같이 감.

동향[東向 ; 동녘 동, 향할 향. eastern exposure](명)(겔11:1) 동쪽을 향함. 동쪽으로 나감.

돛[sail](명)(사33:23) 돛대에 달아 바람의 힘을 받아 배가 가도록 넓게 만든 것. 애굽의 수입품으로 만들었다(겔27:7).

＊상징, 표(表), 깃대라는 뜻을 가진 말. 행27:4-7은 항해하다를 뜻한다.

돛대[mast](명)(잠23:24) 돛을 달기 위하여 배에 세운 기둥. 사33:23에서 돛대줄로 번역된 말. 행27:19는 단순한 배의 기구를 뜻한다. 배의 중요한 기구를 포함해서 말할 수 있다. 항해를 위한 배의 조종에 관한 것들 모두.

돼지[pig](명)(레11:7) 하나님이 제 6일에 창조하신 멧돼지과에 속하는 가축. 굽이 갈라져 있으나 새김질을 못해 구약에서는 먹지 못하게 하였다. 지금도 이스라엘 사람과 아랍사람들은 먹지 아니한다.

＊①곡식에 피해를 주는 멧돼지(시80:13). ②이방인들이 종교의식에 사용한 돼지(사65:4, 66:17). ③귀신이 나가면서 돼지떼에 들어갔다(마8:31). ④탕자가 먹인 돼지(눅15:15, 16) ⑤돼지에게 진주를 던지지 말라(마7:6). ⑥삼가하지

못하는 여인을 지칭한 돼지코에 금고리(잠11:22). ⑦배교한 자를 가리킨다(벧후2:22).

되[measure]몡(신25:15) 곡식, 액체, 가루 따위의 분량을 헤아리는 단위. 에바를 말함. 에바는 약22ℓ인데 어떤곳에서는 '말'로 번역했다(잠20:10). 계6:6의 '말'은 1.1ℓ 정도이다. 편의상 용량을 나타내기 위하여 번역 사용한 말.

~되어미(창5:1) 앞 말의 사실을 인정하면서 뒷 말에 조건을 붙이려 할 때나 뒷 말의 사실이 앞 말의 사실에 구속되지 아니함을 보일 때에 ㅆ이나 ㅄ받침으로 끝나는 것 이외의 어간에 붙어 쓰이는 말.

되다[come]자(창1:5) ①때가 오다 ②어떤 모양이 이루어지다. 만들어지다. ③어떠한 신분이나 지위를 얻다. become. ④변하다. turn. ⑤일이 이루어지다. succeed.

되다[measure, mete]타(출16:18) 말(斗)이나 되(升)로 곡식이나 액체, 가루 등을 헤아리다.

두건[頭巾; 머리 두, 수건 건. mourner's hempen cap]몡(출39:28) 상중(喪中)에 머리에 쓰는 건(巾).

두골[頭; 머리 두, 뼈 골. cranium]몡(삿9:53) 머리뼈. 두개골.

두기고[Τύχικος = 유쾌함]인
1. 인적관계 - 아시아 사람으로 로마의 신실한 성도(행20:14, 골4:7).
2. 관련기사 - ①에베소 사람 드로비모와 함께 바울의 전도여행에 동참한 사람. ②바울이 고린도에서 예루살렘으로 올라갈 때 동행했다(행20:4). ③바울이 아시아로 보내는 편지 곧 에베소서, 골로새서, 디모데전서를 가지고 간 사람(엡6:21, 골4:7, 딤후4:12). ④바울은 그를 그레데로 보내어 디도를 동반하여 니고볼리로 오게 하였다(딛3:12).

두껍다[thick]형(왕상6:36) 두께가 크다. 엷지 아니하다.

두께[thickness]몡(출26:24) 넓적한 물건의 높이, 두꺼운 정도.

두다[put, set, put upon]타(창1:17) ①정한 곳에 놓다. ②머무르게 하다. station(창3:24). ③마음속에 간직하다. cherish.

두더쥐[mole]몡(사2:20)두더지. 두더지과에 속하는 젖먹이 동물을 모두 일컫는 말. 쥐와 비슷하고 땅굴을 뚫고 다닌다. 눈의 기능은 거의 없으나 귀, 코가 예민하다.

두둑[furrow, levee]몡(겔17:7) ①밭사이의 경계를 이루는 두둑하게 된 언덕(밭두둑). ②곡식을 심기 위하여 땅을 갈아서 골을 낸 우뚝한 곳. ridge.

두드리다[knock, beat]타(삿19:22) 여러번 때리다. 자꾸 툭툭 치다.

두때[times]몡(단12:7) 말세에 택한 백성이 시련속에서 양육 받는 기간.

두라[דּוּרָא = 성벽]지(단3:1) 바벨론 남쪽 9.6km 지점의 평원 느부갓네살 왕이 황금우상을 세운 곳이다.

두락[斗落; 말 두, 떨어질 락. suring by pecks]몡(레27:26) 농토의 면적을 나타내는 단위, 마지기.

두란노[Τύραννος = 주권]인(행19:9) 바울이 에베소에서 집회를 위해 빌려쓴 장소의 소유자로 본다.

두란노서원[~書院; 글 서, 집 원. hall of tyrannus]몡(행19:9) 에베소의 집회장소. 옛날 서당과 유사하며 자유로운 강론, 토론장으로 활용된 것으로 여긴다. 주인의 이름을 따라 부른 것으로 짐작된다. 바울이 유대인의 회당에서 3개월간 머물렀다. 반대자가 많아 이곳으로 옮겨 2년동안 하루도 쉬지않고 말씀을 전하였다(행19:9-10).

두려움[fear]몡(출15:4) 두려운 느낌. ①자연과 대인 관계에서 생기는 무서움. ②하나님에 대한 두려움은 경외라고 한다(reverence). 형 두렵다.

원인 - ①자연의 위협(행27:17-29).

②전쟁(겔21:12). ③적(출15:14). ④죽음(시55:4-5). ⑤핍박(요20:19). ⑥불신앙(눅8:24-25). ⑦불순종(창3:10). ⑧심판(눅21:26).
* 하나님을 두려워하는 것은 하나님이 무서워서가 아니라 하나님을 경외하는 마음에서이다.

두령〔頭領; 머리 두, 거느릴 령. ruler, leader〕명(민1:4) 여려 사람을 거느리는 우두머리가 되는 사람. 두목. 구약에서는 지도자, 족장, 방백, 장군, 장관등을 일컫는 말. 신약에서는 지배자를 말함(요12:31, 눅14:1).

두로〔Τύρος = 바위, 반석〕지
1. 위치 - 지중해 동쪽 연안 베니게의 중요한 항구.
2. 관련기사 - ①여호수아 때부터 견고한 성읍(수19:29) ②아셀 지파에게 분배된 지역이었으나 점령하지 못했다(삿1:31-32). ③다윗시대에는 요충지로 알려진 곳(삼하24:7). ④두로왕 희람은 다윗궁을 짓는데 협조했다(삼하5:11). ⑤솔로몬이 성전을 지을 때 물자와 인력을 지원받았다(왕상5:1, 9:10-14). ⑥두로 사람과는 전쟁을 하지 않고 통상 교역을 했다(왕상9:27, 28). ⑦두로왕 엣바알은 딸 이세벨을 아합왕에게 시집보내었다(왕상16:31). ⑧엣바알의 딸과 외손녀가 바알을 섬김으로 선지자의 경고를 받았다(왕상16:31-32, 18:17~, 19:14). ⑨조개 종류에서 취한 자색염료를 생산하여 무역이 잘 되었다(겔27:16). ⑩예언자들이 망할 것을 예언한 그대로 되었다(사23:1, 렘47:4). 아모스-에돔에 넘겨 주겠다(암1:9). 요엘-헬라에 노예로 팔았다(욜3:5-6). 예레미야-바벨론을 섬기게 되리라(렘27:1-11). 에스겔-열국에 의하여 멸망한다(겔26:29). 이사야 - 황무하게 된다(사23:2). 스가랴 - 주께서 쫓아 내시고 불에 삼키운다(슥9:4). ⑪예수님께서 가나안 여인의 딸에게 들어간 귀신을 쫓아내셨다(마15:21-28). ⑫바울이 7일간 머물러 있을 때 성령의 감동을 받은 이곳 사람들이 바울에게 예루살렘으로 가는 것을 막았다(행21:2-7). ⑬헤롯에게 이곳 사람들이 화친할 것을 요청했다(행12:27). ⑭회개하지 않는 고을 멸망할 것을 예수님께서 증거하셨다(눅10:13-14).

두루〔all〕부(창3:24) 빠짐없이. 골고루. 모두에게.

두루마기〔robe〕명(계6:11) 외투처럼 길게 생긴 겉옷. 예복으로 입기도 하고 외출할 때 입는다. 원어는 길게 끌리는 옷을 말한다. 승리의 표로 순교자에게 주고(계6:11). 두루마기를 빠는 자가 복이 있다(계22:14)고 계시했다.

두루마리〔roll, scroll〕명(민5:23) 가죽이나 종이를 가로 길게 이어서 돌돌 만 물건.

두루마리책〔scroll〕명(렘36:2) 하나님의 말씀을 기록한 두루마리. 그리스도에 관한기록. 성경(히10:7).

두루미〔crane〕명(렘8:7) 두루미과에 속하는 다리, 목, 부리가 길고 물고기, 곤충 등을 잡아 먹는 새. 학. 성지에서는 아프리카에 가서 월동하고 3.4월에 돌아온다.

두마〔הָמוּד = 침묵〕명지
① 이스마엘의 여섯째 아들(창25:14). 그의 후손이 살던곳. 아라비아반도 북서부 오하시스지대. 지금의 에즈 죠프로 추정한다.

두 마음

[2] 유다 산악지대의 성읍(수15:52). 헤브론에서 서남쪽 약16km에 위치. 석굴묘, 성터, 성벽등 유적이 있으며 현재의 에에도메.

[3] 에돔에 대한 상징적인 이름(사21:11).

두 마음[double minded]명(약4:8) 하나님을 섬기는 마음과 세상을 사랑하는 마음. 일구이언을 하는 진실되지 못한 사람(약1:7-8).

두멍[cauldron, laver]명(출30:19) 물을 길어 붓고 쓰는 큰 독. 큰 통. 저수조. 물탱크.

두목[頭目 ; 머리 두, 눈 목. boss]명(출16:22) 우두머리. 두령. 때로는 폭군을 의미하는 단어. ①백성의 두목(출18:25). ②군장의 두목(삼하23:8). ③지파의 두목(왕상8:1). ④용사의 두목(대상11:10). ⑤만민의 두목(욥12:24). ⑥회중의 두목(출16:22). ⑦유다의 두목(슥12:5). ⑧문지기의 두목(렘37:13). ⑨방백들의 두목(스9:2). ⑩제사장의 두목(스8:29). ⑪섬기는 자 같이 하라(눅22:26).

두문불출[杜門不出 ; 막을 두, 문 문, 아닐 불, 날 출. keeping indoors]명(느6:10) 집에만 있고 밖에 나가지 아니함.

두발[頭髮 ; 머리 두, 터럭 발. hair]명(렘48:37) 머리털.

두발[תּוּבָל =지도함]인(창10:2) 노아의 세째아들 야벳의 다섯째 아들.

두발[תּוּבָל =지도함]지(사55:19) 노아의 세째아들 야벳의 다섯째 아들이 살던 땅. 소아시아의 북동부 갑바도기야 지역의 부족국가. ①노예와 놋을 두로와 거래했다(겔27:13). ②곡에게 지배 당했다(겔38:2-3). ③여호와의 은혜의 음성을 듣게 된다(사66:19).

두발가인[קַיִן תּוּבַל =대장장이 두발]인(창4:22) 씰라가 낳은 라멕의 아들. 가인의 후손. 쇠를 녹이고 다룰 줄 아는 사람. 동철로 날카로운 기계를 만들었다는 것은 무기를 제조한 것을 의미한다. 기계문명의 조상.

두아디라[Θυάτιρα= 희생]지
1. 위치 - 소아시아의 루디아도의 성읍(행16:14). 버가모의 동남60km 지점. 현재 터키의 아카사.
2. 관련기사 - ①빌립보 최초의 여성도 루디아의 고향. 자주 옷감의 산지(행16:14-). ②소아시아 일곱 교회 중 하나(계1:11, 2:18). ③음행, 간음, 사탄, 우상 숭배로 인하여 심하게 책망을 들은 교회(계2:20-24).
3. 교훈 - 음행경계. 이단배격.

두텁다[affectionate, thick]형(욥15:26) 인정이 많다. 사랑이 깊다.

두호[斗護 ; 말 두, 보호할 호. patronage, countenance]명(출23:3) 남을 두둔하여 보호함.

둔하다[鈍 ; 문할둔. stupid]형(출4:10) 영리하지 못하고 더디다.

둘러띠다[compass]지(사50:11) 동여매다. 단단히 태세를 갖추다.

둘러 보다[loolk about, patrol]타(삼상17:42) 주위를 두루 살펴보다.

둘러 비추다[shine round]타(행9:3) 빛나다. 두루 비치다.

둘러 서다[surround]지(창37:7) 여러 사람이 어떤 곳의 둘레에 둥글게 서다.

둘러 싸다[envelop]타(수7:9) 빙 둘러서 에워싸다.

둘러 엎다[destroy]타(마21:12) ①들어 부수어서 엎어버리다. ②하던 일을 중단하고 떠엎어 버리다. give up.

둘레[border]명(겔1:18) 물건을 가로 둘린 테두리. 바깥 언저리.

둘째 사람[the second man]인(고전15:47) 하늘에서 나신 그리스도.

둘째 사망[the second death]명(계21:8) 죄로 인하여 불과 유황으로 불타는 못에 던져 처벌받게 되는 영원한 죽음. 악인의 종말. 우상숭배자, 불신자의 영원한 죽음이다.

둠밈〔thummim〕명(출28:30) 하나님의 뜻을 묻기 위하여 우림과 함께 사용하였던 물건. 제사장의 흉패 안에 넣어 가슴위에 있게 하여 그것으로 질문에 대한 해답으로 '하라' '하지 말라' 판별을 하였다(삼상23:9~12, 30:7~8).

둥글다〔round〕형(출16:14) 동그라미나 공과 같이 모가 없이 중심에서 거리가 똑 같다.

뒤 명(창18:10) ①등이 있는 쪽. 후면. rear. ②그늘. 배후. 보이지 않는 곳. back. ③이 다음의 때. 장래. afterwards. ④일에 있어서 나중, 다음, 결과, 자취, 흔적. track.

뒤끝〔end〕명(삼하2:23) ①일의 맨 나중, ②어떤 일의 바로 그 뒤.

뒤꿈치〔heel〕명(욥18:9) 발뒤꿈치.

뒤대다〔serve〕타(호4:2) 뒤를 돌보아 주다.

뒤따르다〔follow〕타(창37:17) ①뒤를 따르다. ②먼저 사람의 뜻과 사업 같은 것을 이어받아 계속하다.

뒤 떨어지다〔fall behind〕자(삼상30:9) ①뒤에 처지다. ②뒤에 남아 있다. ③시대에 맞지 아니하다. 수준에 이르지 못하다.

뒤를 좇다〔follw〕타(눅23:55) 뒤를 따라가다.

뒤져보다〔search〕타(창31:37) 샅샅이 뒤지어서 찾아 보다.

뒤집다 타(욥12:15) ①안과 겉을 바꾸다. turn inside out. ②위가 밑으로 되고 밑이 위로 되게 하다. turn upside down. ③일의 차례를 바꾸다. reverse. ④어떤 일이나 상태를 아주 돌리어 틀어지게 하다. 아주 딴 판으로 바꾸어 놓다.

드고아〔תְּקוֹעַ = 나팔소리, 박수(拍手)〕명(대상2:24) 베들레헴 남쪽 성읍에 살던 주민 아스훌의 아들.

드고아〔תְּקוֹעַ = 나팔소리, 손뼉〕지
1. **위치** - 베들레헴 남쪽 9km 지점, 예루살렘에서 남방 16km 지점. 높은 언덕위의 유다 성읍. 현재의 쿨벳 데구아이다.
2. **관련기사** - ①아모스 선지자의 고향(암1:1). ②여호사밧이 드고아 뜰에서 백성들과 같이 여호와를 찬송할 때에 여호와께서 복병을 두어 유다를 치러온 모든 적병을 진멸하셨다(대하20:20-23). ③요압이 지혜로운 드고아 여인을 시켜 다윗에게 청하여 압살롬을 예루살렘으로 돌아오게 하였다(삼상14:2, 21). ④다윗의 용사 중 이라의 고향(삼하23:26). ⑤르호보암은 이 성을 요새지로 건축했다(대하11:6). ⑥바벨론에서 돌아온 후 예루살렘을 중수할 때 이 성 사람들도 협력하였다(느3:5, 27). ⑦나팔부는 장소(렘6:1).

드고아 들〔desert of tekoa〕지(대하20:20) 드고아 동편의 평지. 여호사밧왕 때 모압과 세일산 거민을 물리친 곳.

드고아 사람〔tekolite〕인(삼하23:26) 유다 남쪽 성읍 드고아에 사는 사람. ①선지자 아모스(암1:1). ②지혜로운 여인(삼상14:1-14). ③이라(삼하23:26).

드다〔Θευδᾶς = 칭찬, 하나님의 선물〕인(행5:36) 공회에서 사도들의 전도활동을 그대로 두라는 가말리엘이 두다의 사건을 인용하였다. 유대인으로 자기를 나타내고 자랑하며 400명의 추종자가 있었으나 그가 죽임을 당하자 모두 흩어졌다. 하나님께로부터 오지 아니한 자의 말로를 가말리엘이 예증했다.

드단〔דְּדָן〕인(창10:7)
1 아브라함의 후처 그두라의 소생. 욕산의 아들(대상1:32). 아라비아 백성을 가리킨다.
2 함의 손자요 구스의 아들 라아마의 자손(창10:7). 아라비아 사람의 조상. 북서 아라비아에 살고 있던 족속(사21:13).

드단〔דְּדָן〕지(사21:13) 남아라비아 대상로에 있던 드단 자손의 거주지. 에돔과 밀접한 관계가 있다.

드디어[at last]튀(왕하4:25) 무엇으로 말미암아, 마침내, 그 결과로, 결국.

드라고닛[ΤραΧωνῖτις = 거친 땅, 작은 땅]지(눅3:1) 다메섹 동남쪽 40km지점의 땅. 헤롯의 아우 빌립이 관할하던 지방. 시리아의 한 지방. 구약시대의 바산으로 알려진 곳(신3:4). 지금의 아우란.

드라빔[teraphim]명(창31:19) 사람의 모양으로 된 것을 가정신으로 섬겼다. 그 크기가 작아서 도둑 맞기도 하였다. 그것을 둠으로 행운이 깃들것으로 믿었다. 사사시대를 지나면서 그 크기가 사람의 크기만 했다. 그것이 대중 우상이 되었다(삿17:5, 삼상19:13,16). ①라헬의 드라빔 사건(창31:17-50).

②점치는데 사용(삼상15:23, 겔21:21). ③에봇과관련하여(삿18:140-20). ④예언자의 책망을 들음(삼상15:23, 슥10:2, 호3:4).

드라크마[drachma]명(눅15:8) 돈의 단위를 나타냄. 신약시대의 헬라 돈이었다. 일반 노동자가 받는 하루 품삯(마20:2). 무게는 3.8g.

드러나다[appear]자(창1:9) ①겉으로 보이게 나타나다. ②감춘 것이 발각되다. be discovered. ③알려지지 않은 사실이 알려지다. become known.

드러내다[show]타(레20:18) 드러나게 하다. 예수님께서 자기 자신을 드러내어 하신 말씀은 나는 그리스도이다(요18:20).

드로비모[Τρόφιμος = 교양이 있는 사람, 양육하다]인

1. **인적관계** - 에베소 출신 이방인 그리스도인(행21:29).
2. **관련기사** - ①바울을 따라 아시아까지 동행한 사람(행20:1-6). ②예루살렘 교회를 위한 구제금을 가지고 바울과 같이 예루살렘에 갔다. 유대인들이 바울과 드로비모가 성내에 함께 있는 것을 보고 성전구역 안으로 들어간 것으로 속단하여 바울을 고소했다(행21:27-30). 당시 성전 안마당으로 들어가는 곳에 '이방인이 안마당에 출입하면 죽음을 면치 못한다'는 안내문을 헬라어와 라틴어로 기록한 비석을 세워 놓았다. ③바울이 가이사에게 상소하여 로마로 같이 가던 중 그는 병들어 밀레도에 남게 되었다(딤후4:20).

드로아[Τρῳάs = 관통]지

1. **위치** - 소아시아 서북 무시아도의 항구. 고대 트로이에서 남남서 방향 약 25km지점 에게해의 항구. 이곳에서 마게도냐로 건너간다. 지금의 터키령 에스키스팀불.
2. **관련기사** - ①사도 바울이 마게도냐인의 환상을 보고 유럽 전도의 첫 출발지가 되었다(행16:6-9). ②누가가 선교여행의 일원으로 기록하였다(눅16:10). 누가 자신의 이름이 등장하지 않지만 사도행전의 기록자로 '우리' 라고 자신을 포함해서 언급했다. ③디도가 고린도에서 돌아오기를 바울이 기다린곳(고후2:12-13). 바울이 이곳을 거쳐 마게도냐로 갔다. ④바울이 아가야를 방문하고 돌아온 곳(행20:2-3). ⑤바울이 7일동안 교회를 방문하였다(행20:6). ⑥이 때 유두고 사건이 발생했다(행20:9-12). ⑦바울이 디모데에게 편지하면서 드로아 가보의 집에 둔 겉 옷과 가죽에 쓴 책을 가지고 오라고 부탁하였다(딤후4:13).

드루배나[*Τρύφαινα* = 예민, 우아함]인(롬16:12) 로마의 여성도. 주를 위해 수고한 여집사로 추측한다.

드루보사[*Τρυφῶσα* = 예민, 우아함]인(롬16:12) 로마의 여성도. 루배 루나의 자매인 듯 하다.

드루실라[*Δρουσίλλα* = 이슬이내림]인(행24:24) 헤롯 아그립바 I 세의 막내 딸. 매우 아름다운 여자이다. 고멕키네 왕자와 약혼 하였다가 그가 유대교를 신봉치 않기 때문에 파혼하고 에메사왕 아지스와 결혼하였다가 벨릭스가 유대를 통치하자 유혹에 빠져 아지스를 버리고 벨릭스를 섬겼다. 바울이 가이샤라에서 벨릭스와 이 여자 앞에서 전도하였다. 바울은 정의, 절제, 심판을 외쳤다.

드리다[give, offer]타(창4:3) 주다의 높임말. 바치는 것을 뜻한다.

드만[תֵּימָן = 남쪽의 땅]지(욥1:9) → 데만.

드발리야[מְבַלְיָהוּ = 여호와는 성결하심]인(대상26:11) 레위지파 므라의 자손 호사의 세째아들. 다윗 때 성문지기 반장을 한 사람.

드보라[דְּבוֹרָה = 벌]인(창35:8)
① 메소보다미아에서 데리고 온 이삭의 아내 리브가의 유모(창35:8). 벧엘에서 죽었다(창35:8).
② 랍비돗의 아내.
1. **인적관계** - 에브라임 출신 사사이며 선지자(삿4:4).
2. **관련기사** - ①라마와 벧엘 사이에 있는 종려나무 아래서 재판을 하였다(삿4:5). ②바락과 같이 시스라를 물리쳤다(삿4:5-23). ③드보라의 승리의 노래(삿5장) ④당시 사람들은 드보라를 이스라엘의 어미라고 했다(삿5:7).
3. **교훈** - 하나님께서 여인을 불러 쓰셨다. 하나님의 일에는 성의 차이가 없다.

드빌[דְּבִיר = 가장 거룩한곳]인(수10:3) 아모리 사람 에글론왕. 막게다에서 여호수아에게 패하여 살해되었다(수12:13).

드빌[דְּבִיר = 가장 거룩한 곳]지
① 유다 남부의 성읍(대상6:58).
1. **위치** - 헤브론 서남 8.8km지점 지금의 길벳 라붓으로 추정.
2. **관련기사** - ①아나김이 다스렸던 가나안의 왕도(수10:38-, 11:21, 12:13). ②여호수아에게 정복된 곳(수10:38-39). ③갈렙의 사위 웃니엘이 점령한 곳(수15:15, 삿1:11). ④본명은 기럇 산나, 기럇 세벨(수15:49, 수15:15). ⑤윗샘과 아랫샘이 있다(수15:19). ⑥더 높은 산지의 마을(수15:48-49).
② ①갓의 성읍(수13:26) 길르앗 동편에 있던 로드발과 같은 곳 ②다윗이 압살롬의 반란을 피하여 간 곳(삼하17:27). ③여로보암 Ⅱ세가 아람과 싸운 곳(암6:13).
③ 아골 골짜기 근처 유다 북쪽의 성읍(수15:7). 예루살렘과 여리고 길에 있는 지금의 도그렛에드 데블과 같은 곳.

드우엘[דְּעוּאֵל = 하나님을 앎]인(민1:4) 갓사람으로 엘리아삽의 아버지. 르우엘과 같은 사람(민2:14).

드합느헤스[תַחְפַּנְחֵס = 유혹]지(겔30:18) 애굽 동북. 하나님께서 저주하신성읍. → 다바네스(렘2:16).

드힌나[תְּחִנָּה = 자비함, 은혜로우심]인(대상4:12) 유다 지파의 잡계 자손. 에스돈의 아들. 이르나하스의 아버지. 나하스 성읍 설립자.

득남[得男 ; 얻을 득, 사내 남. the birth of a son]명(창4:1) 아들을 낳음. 생남(生男).

득의[得意 ; 얻을 득, 뜻 의. satisfaction]명(창40:14) ①뜻을 이룸. ②바라는 일이 이루어져 의기가 오름.

득죄[得罪 ; 얻을 득, 허물 죄. committing]명(창39:9) 남에게 대한 큰 잘못으로 죄를 얻음. 사람에게는 과실이고 오직 하나님께 죄를 지은 것이다(시51:4, 대하6:39).

든든하다[strong]형(삼상25:28) ①약하지 아니하고 굳세다. ②무르지 아니하고 굳다. firm. ③속이 배서 여무지다. 속이 차서 실속이 있다. solid. ④마음이 허술하지 아니하고 미덥다. reliable.

듣기[hearing]명(겔3:27) 남의 말을 올바르게 알아듣고 이해하는 일.
* 마귀에게 속한 자는 하나님의 말씀 듣기를 싫어한다.

듣다[hear]타(창3:8) ①귀청이 울려서 소리를 느끼다. ②칭찬이나 꾸지람을 받다. receive.

들[field]명(창2:5) 평평하고 넓은 땅. 벌판. 평야. 광야. 밭으로 번역된 말. ①인류 최초의 살인 현장, 순교 현장(창4:8). ②농업, 목축지(창37:7-18). ③전장(삼상25:15-16). ④사냥터(창27:5). ⑤들짐승이 사는 곳(시80:13). ⑥들꽃의 성장지(마6:28). ⑦경작지(룻2:2). ⑧초장(창34:5). ⑨위험한 곳(삿5:5, 삼하14:30). ⑩에스겔 선지자가 하나님의 영광을 본 곳(겔3:22).

들 가시[thorns of wilderness]명(삿8:7) 야생하는 떨기나무.

들 감람나무[wild olive]명(느8:15) 야생하는 감람나무. 기름나무라고도 함. 초막절 장막짓는 재료. 감람나무와 비슷하나 자생하는 것이다(롬11:17, 24 참고).

들개[stray dog]명(사13:22) 키우는 주인이 없이 제멋대로 돌아다니는 개. 야견.

들다[have]타(창3:22) ①손에 가지다. ②물건을 위로 올리다. raise. ③어떠한 사실이나 예를 들어 말하다. give an example.

들다[set in, follow]자(창26:1) ①절기나 풍년 흉년이 돌아오다. ②마음에 아주 맞다. be satisfied with. ③안에 담기거나 포함되거나 하다. hold. ④거처할 곳을 정하고 거기 있게되다. dwell.

들라살[לַשָּׁאר = 앗수르의 언덕]지 (왕하19:12) 에덴 사람들이 살던 메소보다미아 북부에 있던 성읍. 앗수르왕 산헤립의 선왕들이 공략했던 성들 가운데 하나(사37:12).

들라야[לָיָהוּ = 주가 구원하셨다]인
① 아론의 자손으로 다윗시대 제사장. 제23반장(대상24:18).
② 여호야김왕이 선지자 예레미야의 예언이 기록된 두루마리를 불태우려 할 때 만류한 스마야의 아들(렘36:12, 25).
③ 다윗의 후손 엘료에네의 아들(대상3:24).
④ 스룹바벨과 함께 바벨론에서 돌아온 가장(스2:60).
⑤ 스마야의 아버지이며 므헤다벨의 아들(느6:10).

들라임[עֲטָלִים = 두 어린 양]지(삼상15:4) 사울이 아말렉과 싸우기 위하여 군대를 계수하고 정렬한 곳.

들레다[make a noise]자(수6:10) 야단스럽게 떠들다(마12:19).

들려주다[be audible]타(호7:12) 듣도록 하여 주다.

들리다[be posessed by]자(마11:18) 나쁜 귀신이 붙거나 병이 덥치다

들리다[drop in]자(행20:15) 지나는 길에 잠깐 거치다. 들르다.

들리다[put, exalt]자(삿7:16) 높다. 일어나다. 자라다. 쳐들다. 들어올리다. 은유적으로 거만, 과시를 나타내는 말.

들리다[hear]자(창18:21) 소리가 귀청을 울려 감각이 일어나다. 소문이 퍼져 남들이 알게 되다.

들릴라[דְּלִילָה = 생각나게, 암시하다]인(삿16:4) 블레셋 사람으로 소렉 골짜기에 살던 아름다운 여자. 한 때 삼손의 애인. 블레셋 사람의 부탁을 받아 삼손의 힘의 비밀을 탐지하여 알려준 댓가로 은1,100을 받았다(삿16:4-22). 이 돈은 아브라함이 막벨라 굴을 산 값의 14배나 된다(창23:35).

들메다[be stopped up]타(행12:8)

신이 벗겨지지 아니하게 끈으로 신을 발에 동여매다.

들보[beam]囘(왕상6:6) 두 기둥을 가로 질러 걸치는 나무. 예수님은 대(大) 소(小)의 대비로 사용하셨다(마7:3-5). 들보는 사랑없이 남의 결점을 보는 것이다. 인간의 무반성, 모순성을 지적한 말.

들 사람[wild men]囘(창25:27) 주로 들이나 산에서 활동하는 사람.

들 소[wild ox]囘(민23:22) 소과에 속하는 야생종을 일컫는 말. 힘이 강함. 몹시 거칠고 사나운 것을 나타낸다.

들어가다[come into, enter]재(창6:18) 밖에서 안으로 향하여 가다.

들어내다[lift out]태(사22:6) 물건을 들어서 밖으로 내어 놓다.

들어서다[step in]재(수3:8) ①밖에서 안으로 다가 서다. ②어떤 테두리 안에 자리 잡다. come up to.

들어오다[come in]재(창19:2) ①밖에서 안쪽으로 향해 오다. ②어떤 자리에 끼려고 오다. join.

들어올리다[lift]재(겔3:12) 들어서 위로 올림. 손을 위로 올려 맹세하고, 머리를 들어 멀리 바라보고, 마음이 들어 올려졌을 때는 담대함과 교만을 나타내는 것이 되지만 주님에 대해서는 신뢰, 경건한 용기를 가지게 된다(대하17:6).

들어주다[grant]태(행18:14) 말이나 청원하는 것을 듣고 허락하거나 원을 풀어주다.

들어주다[pulling up]재(겔30:25) 높이 올려주다.

들여가다[carry in]태(대하9:28) ①밖에 있는 것을 안으로 가져가다. ②물건을 사서 집으로 가져 가다.

들여놓다[bring in]태(출26:33) 안으로 가져다 놓다.

들여다 보다[look into]태(행27:39) ①안을 엿보다. look in. ②가까이에서 자세히 보다.

들여오다[take in, bring in]태(레10:18) 안으로 가져오다.

들 염소[wild goat]囘(삼상24:2) 임자 없이 야생하는 염소. 산양, 산염소로 번역된 말. 절벽을 잘 탄다. 다윗의 피신처인 들염소바위는 엔게디 가까운 곳에 있다.

들 외[wild cucumber]囘(왕하4:39) 심어 가꾸지 않았으나 들에서 자생하여 열린 오이. 야등 덩굴의 열매. 맛이 쓰다.

들이다[let in]태(창12:15) ①들어오게 하거나 들어가도록 하다. ②부릴 사람을 집에 두다. employ.

들이던지다[throw in]태(왕하13:21) 안으로나 아래로 내던지다.

들이밀다[drive in]태(아5:4) ①안으로나 한 쪽을 향하여 밀거나 들여보내다. ②함부로 냅다 밀다. push violently. 〈디밀다. 내밀다.〉

들이키다[draw closer]태(왕상7:31) 안쪽으로 가까이 옮기다.

들짐승[wild animal]囘(창2:19) 들에서 사는 짐승, 야생동물, 주로 산짐승 야수를 가리킨다(창7:14). ①불순종의 벌(레26:22). ②바벨론의 멸망(사13:21). ③하나님의 적의 최후(사34:14). ④두로에 관한 예언(사23:1-18). ⑤바벨론의 멸망과 유다 포로귀한(렘50:39, 50:-51:). ⑥곡의 심판(겔39:4)에 인용되었다.

들창[~窓 ; 창 창. small window]囘(잠7:6) 벽에 위쪽으로 자그맣게 낸 창.

들창문[~窓門 ; 창 창, 문 문. small willdow]囘(고후11:33) 들 창.

들추다[reveal]태(렘13:26) ①끄집어 들어내다. ②찾으려고 뒤지다. ransack.

들키다[be found out, find]재(잠6:

31) 숨기려던 일이나 물건이 남의 눈에 뜨이어 알려지다.

들 포도〔~葡萄 ; 포도 포, 포도 도. wild vine〕명(사5:2) 야생포도. 머루. 포도가 썩어 악취를 내는 것을 가리킨다. 하나님을 배반한 인간의 부패상을 나타낸다.

들 풀〔wild grasss〕명(마6:30) 자생하여 가꾸지 않는 풀. 잡초.

등〔back〕명(출33:23) ①사람이나 동물의 가슴이나 배의 반대쪽. ②물건의 밑바닥의 반대쪽. upper side.

등〔燈 ; 등잔 등. lamp〕명(출27:20) 불을 켜서 어두운 곳을 밝게 하는 기구. 접시 모양으로 된 토기를 주로 사용했다. 점점 발전하면서 여러 모양의 등을 사용하게 되었다. ①등이 꺼진 것은 망한 것을 뜻하고(잠13:9). ②주의 말씀(시119:105) ③그리스도를(계21:23). 성도의 교회생활(마25:1, 3)을 가리킨다.

등〔等 ; 무리 등. and so on〕명(레6:3) ①그 밖에도 같은 무리의 것이 있는 가운데서 한 예로서 보이는 뜻으로 나타내는 말. ②여럿의 뜻을 나타내는 말.

등경〔燈檠 ; 등잔 등, 도지게 경. candlestick, lamp stand〕명(마5:15)

등잔을 올려 놓거나 걸어두는 틀.

등대〔燈臺 ; 등잔 등, 집 대. lighthouse〕명(출25:31) 밤중 뱃길의 위험한 곳을 비추어 주거나 목표로 삼게 하기 위하여 등불을 켜 놓은 대. 촛대. 등경.
＊주로 성막과 성전에서 사용한 일곱 가지가 난 등대를 말한다(왕상7:48-49). ＊일곱 교회를 상징한다

(계1:20).

등대〔等待 ; 무리 등, 기다릴 대. write up, waiting〕명(막3:9) 미리 마련하거나 갖추어 두고 기다리게 함.

등등하다〔騰騰~ ; 오를 등, 오를 등. wild〕형(행9:1) 기세를 뽐내는 모양이나 마음에 느낌을 나타내는 태도가 아주 높다. 사울이 다메섹 교인을 체포하기 위하여 가는 모습을 나타낸 말.

등록〔登錄 ; 오를 등, 베낄 록. registration〕명(시87:6) ①문서에 올림. ②법의 규정에 의하여 관청 장부에 기재하여 증명하는 일.

등불〔燈~ ; 등잔 등. light〕명(출27:20) 등에 켠 불. 등잔불. 옛날에는 항상 등불을 예비했다.

상징적 의미 - ①하나님의 말씀(벧후1:19). ②하나님의 인도(삼하22:29, 시27:1). ③사람의 양심과 영혼(잠20:27). ④구원(사62:1). ⑤생명(잠13:9, 24:20). ⑥복과 번영(욥29:3). ⑦메시야(요1:6-9). ⑧눈은 사람 몸의 등불(마6:22). ⑨세례요한은 켜서 비추는 등불(요5:35). ⑩다윗은 이스라엘의 등불(삼하21:17-).

등불빛〔light〕명(렘25:10) 등잔불에서 비취는 빛.

등사〔謄寫 ; 베낄 등, 베낄 사. copy〕명(신17:8) 원본과 같이 옮겨 베낌. 복사. 모사.

등상〔凳床 ; 걸상 등, 평상 상. stool〕명(사66:1) 발판이나 걸상으로 만든 세간.

등유〔燈油 ; 등잔 등, 기름 유. lamp-oil〕명(출25:6) 등불을 켜는 데 쓰는 기름.

등잔〔燈盞 ; 등잔 등, 술잔 잔. lamp〕명(출25:37) 기름을 담아 불을 켜는 그릇. 주로 등불로 번역된 말.

성전의 촛대 위에 놓여진 것.

등잔불[燈盞~ ; 등잔 등, 술잔 잔. lamp light]명(레24:2) 등잔에 켠 불. 등불.

등지다[turn back]자(출23:27) 남과 서로 사이가 틀어져서 돌아서다. 배반하다.

등한하다[等閑~ ; 무리 등, 한가할 한. negligence]형(히2:3) 마음에 두지 아니하고 예사로 여기다.

디과[תִּקְוָה = 희망]인

1 요시야 왕 때 여선지자 훌다의 남편 살룸의 아버지. 훌다의 시아버지. 할하스의 아들(왕하22:14). 독핫과 같은 사람(대하34:22).

2 에스라가 이방인과의 혼인관계를 정리하도록 할 때 반대하던 사람인 야스야의 아버지(스10:15).

디글라[דִּקְלָה = 종려나무]인(창10:27) 셈의 후손. 욕단의 아들. 사해 동남쪽 오하시스 근처에 살던 종족.

디글랏 빌레셀[תִּגְלַת פִּלְאֶסֶר = 내 능력은 니눕 신이다]인

1. **인적관계** - 앗수르왕(왕하15:29). 불과 같은 사람(왕하15:19).
2. **관련기사** - ①수리아 안디옥을 점령하고 육군 본영을 두었다(사10:9, 37:13). ②이스라엘왕 므나헴이 조공을 바쳤다(왕하15:19). ③이사야가 동맹하지 말라고 아하스 왕에게 경고했다(사7:4). ④아하스는 이사야 선지자의 말을 듣지 않고 디글랏 빌레셀에게 조공을 주고 동맹을 맺었다(왕하16:7-8). ⑤디글랏 빌레셀은 북 이스라엘의 길르앗등 8고을을 점령하고 주민을 앗수르로 옮겨 갔다(왕하15:29). ⑥다메섹을 공격하고 르신을 죽였다(왕하16:9). ⑦아하스를 다메섹으로 오게하여 조공을 바치게 하였다. 아하스는 예루살렘 성전의 제단을 헐고 다메섹 우상의 제단을 본따세웠다(왕하16:10-18).

디나[דִּינָה = 살피다]인

1. **인적관계** - 야곱의 아내 레아가 낳은 딸(창30:21).
2. **관련기사** - ①세겜왕 하몰의 아들 세겜에게 능욕당한 것을 야곱의 아들들이 복수하였다(창30:21-34). ②이 사건은 야곱에게 매우 걱정거리가 되게 했다. (창34:30, 40:5-). ③야곱은 임종시 디나사건 복수의 주모자 시므온과 레위에 대하여 저주하였다(창49:5-7).
3. **교훈** - 디나 사건은 현재에도 많이 일어나는 사건이다. 무방비 또는 자기를 보이려고 하는 것은 화를 입게 된다. 복수를 하지 말라.

디나[דִּינָיֵא = 살피다]자(스4:9) 에스라 시대 서기관 심새의 이름이 알려지지 않은 동료의 출신지. 이것을 지명으로 하지 않고 관직으로 보는 학자도 있다. 그래서 스4:9을 '방백 르훔과 서기관 심새와 그 동료'로 번역한다.

디달[תִדְעָל = 두려워 함]인(창14:1) 여러 유목민 족속 중 고임 족속의 왕. 그돌라오멜과 동맹하였다. 고고학적 발굴로 설형문자 토판에 남아 있는 그렘왕 두도그라와 동일인물로 추정하고 있다.

디도[Títos = 공경]

1. **인적관계** - 헬라 사람으로 바울의 동역자(고후8:23, 갈2:3).
2. **관련기사** - ①바울에 의하여 그리스도인이 되었고(딛1:4). ②예루살렘 회의에 안디옥 교회 대표로 바나바와 바울과 같이 참석한 것으로 여긴다(행15:2, 갈2:1). ③바울이 에베소에 있을 때 디도를 고린도로 파견했다(서신 전달자)(고후2:13, 12:18). ④훌륭한교역자

바벨론과 영토 경계석   석의.

(고후7:5-6). ⑤바울과 고락을 같이 한 동역자(고후7:13-15). ⑥그레데 섬의 목회자(딛1:5). ⑦장로를 세우도록 위임받았다(딛1:5). ⑧달마디아(오늘의 유고슬라비아)로 전도하러 갔다(딤후4:10).
3. 교훈 - 신실하고 부지런한 교역자. 모범적인 선교 동역자.

디도서[Titus]**명**(딛) 바울이 기록한 목회서신 중 하나. 신약전서 17번째 성경으로 신자의 경건생활에 대하여 실제로 선행을 보여 주는데 목적을 두었다. 조직교회의 직분론을 상술하였다. 내용분해는 박기원 편 성경총론을 참고하라.

* 디도서에 나타난 그리스도 - ①크신 하나님 예수 그리스도(딛2:13). ②모든 불법에서 구속하신 그리스도(딛2:14). ③깨끗하게 하시는 그리스도(딛2:14). ④친 백성이 되게 하신 그리스도(딛2:14). ⑤긍휼하심으로 새롭게 하신 그리스도(딛3:5). ⑥풍성히 주시는 그리스도(딛3:6). ⑦후사가 되게 하신 그리스도(딛3:7).

디도 유스도[Τίτιος 'Ιοῦστος]**인** (행18:7) 바울의 전도로 하나님을 공경하는 성도가 된 고린도에 있는 로마 시민. 유대인의 배척으로 회당에서 전도를 못하게 된 바울에게 자기 집을 제공하여 복음을 전하게 하였다.

디두모[Δίδυμος = 쌍둥이]**인**(요11:16) 히브리 이름 도마와 같은 뜻. 도마의 별명(요20:24, 21:2).

디딤판[~板 ; 널 판. step-boards]**명** (겔41:25) 발로 디디기 위하여 놓은 판.

디라스[דִּירָס = 파괴자]**인**(창10:2) 노아의 손자이며 야벳의 일곱 아들 중 막내. 소아시아 연안에 거주하는 에라스킨 사람으로 추정한다.

디랏[תִּרְעָתִי = 문]**지**(대상2:55) 에게 바다의 섬들. 그 연안지방 혹은 드레스라고도 한다. 바울의 출생지인 길리기아 다소 혹은 다시스 야베스에 거한 서기관의 족속. 겐 사람을 가리키는 말.

디랏족속[tirathites]**인**(대상2:55)

디르사[תִּרְצָה = 상쾌한, 기뻐하는 것]**인**(민26:33) 므낫세 자손 슬로보핫의 다섯 딸 중 막내.

디르사[תִּרְצָה = 즐거움]**지**
1. 위치 - 므낫세 서편지역. 세겜대신 이스라엘의 수도 역할을 한 곳(왕상14:17). 현재는 뗄엘바라라고 부르고 있으며 나볼스의 동북 11km지점.
2. 관련기사 - ①여호수아가 점령하여 에브라임 자손에게 준 성읍. ②화려한 것으로 유명하다(아6:4) ③여로보암 I 세로부터 오므리에 이르기까지 이스라엘 왕국의 수도이었다(왕상14:17, 15:21, 33). ④므나헴의 혁명의 근거지이었다(왕하15:14).

디르사나무[holmtree]**명**(사44:14) 우상의 재료가 되는 나무들은 결국 땔감밖에 되지 않는 것임을 비웃으며 비난하는데 쓰인 나무의 이름으로 큰 나무를 가리키는 것임에는 틀림 없으나 실삼나무인지 상수리나무인지(70인역) 분명치 않다. 잣나무라고 번역한 곳도 있다(겔27:5). 레바론에 생육한 나무(왕상5:8, 사37:24)

디르사 왕[king of tirzah]**인**(수12:24) 여호수아에게 정복된 31왕 중 하나.

디르하가[תִּרְהָקָה]**인**(왕하19:9) 이디오피아인으로서 애굽의 마지막 왕이었다. 왕이 되기 전에 유다왕 히스기야를 돕기 위해서 앗수르왕 산헤립을 치러 출동하였다(사37:9). 이사야는 디르하가를 믿지 말라고 했다.

디르하나[חֶרְחֲנָה = 겸손]인(대상2:48) 갈렙의 첩 마아가가 낳은 아들.

디리아[דְּרָיָה = 두려워함]인(대상4:16) 유다족속 여할렐렐의 아들.

디매오[Τίμαιος = 존경.'명예]인(막10:46) 예수님께서 여리고를 지나가시다가 고쳐 주신 소경 바 디매오의 아버지.

디모나[דִּימוֹנָה]인(수15:22) 유다 남부의 성읍. 디본과 같은 곳.

디모데[Τιμόθεος = 하나님을 공경하는 자, 하나님을 찬양하는 자]인
1. **인적관계** - 유니게의 아들로 로이스의 외손자(딤후1:5). 루스드라에서 헬라인 아버지와 유대인 어머니 사이에서 출생(행16:1, 20:4).
2. **관련기사** - ①사도 바울이 사랑하는 아들이라고 부르는 목사(고전4:17). ②바울이 믿음으로 낳은 참된 아들(딤전1:2). ③어릴 때 부터 성경을 배웠다(딤후3:15). ④신실한 전도자(행16:2). ⑤선교를 위하여 특별히 부름을 받은 자(딤전1:8, 4:14). ⑥장로와 집사를 장립하도록 위임받았다(딤전3장). ⑦성별하여 안수받은 자(딤전4:14, 딤후1:6). ⑧바울의 선교여행 중 실라와 같이 베뢰아에 머물러 있었다(행17:14). ⑨데살로니가로 파송되었다(행18:5, 살전3:6). ⑩바울과 함께 고린도로 갔다(살전1:1, 살후1:1). ⑪에라스도와 함께 마게도냐로 갔다(행19:22). ⑫다시 바울과 함께 고린도로 갔다(롬16:21). ⑬바울이 마지막으로 예루살렘에 갈때 동행했다(행20:4). ⑭바울이 디모데를 만나기를 갈망했다(딤후4:9, 21). ⑮바울과 같이 옥에 갇혔다가 출옥한 것으로 보인다(히13:23). ⑯디모데 전후서의 수신자.
3. **교훈** - 주를 위한 수고. 복음의 사역자, 교인을 양육. 교회를 치리한 신실한 종.

디모데 전서[~前書; 앞 전, 글 서. 1 Timothy]명(딤전) 바울이 기록한 목회서신 중 하나. 신약전서 제 15번째 성경이다. 거짓 교사들을 경고하고 건전한 교리와 교회 정치를 위한 교훈, 교회의 올바른 질서를 교훈 하였다. 내용분해는 박기원 편 성경총론을 참고하라.
- **디모데 전서에 나타난 그리스도** - ①능하게 하시는 그리스도(딤전1:12). ②성도에게 직분을 맡기신 그리스도(딤전1:12). ③죄인을 구원하시기 위해 세상에 오신 그리스도(딤전1:15). ④영원하신 왕 그리스도(딤전1:17). ⑤중보자이신 그리스도(딤전2:5). ⑥속전을 지불하신 그리스도(딤전2:6). ⑦구주이신 그리스도(딤전4:10). ⑧만왕의 왕 만주의 주로 재림하실 그리스도(딤전6:15). ⑨죽지 않고 거하시는 그리스도(딤전6:16). ⑩직원을 세우시는 그리스도(딤전3장).

디모데 후서[~後書; 뒤 후, 글 서. 2Timothy]명(딤후) 사도 바울이 기록한 목회서신의 하나. 신약 제 16번째 성경. 타락한 배교시대에 그리스도의 참된 종이 가야할 바른 길을 제시하였고 성경의 영감과 교훈에 대하여 가르쳤다. 내용분해는 박기원 편 성경총론을 참고하라.
- **디모데 후서에 나타난 그리스도** - ①예정 예택하신 그리스도(딤후1:9). ②복음과 썩지 아니할 것으로 나타내신 그리스도(딤후1:10). ③모든 것의 근원이신 그리스도(딤후1:2, 13). ④다윗의 씨로 죽었다가 다시 사신 그리스도(딤후2:8). ⑤구원을 영원한 영광과 함께 얻게 하시는 그리스도(딤후2:10). ⑥성도와 함께 영원히 살 그리스도(딤후2:11). ⑦성도와 함께 다스릴 왕이신 그리스도(딤후2:12). ⑧하나님의 사람으로 온전케 하시는 그리스도(딤후3:16-17). ⑨산 자와 죽은 자를 심판하실 그리스도(딤후4:1). ⑩강건케 하시는 그리스도(딤후4:17). ⑪의의 면류관을 주실 그리스도(딤후4:8). ⑫악한 일에서 건져내 천국에 들어가도록 구원하신 그리스도(딤후4:18).

디몬[*Τίμων* =휴식]⑩ (행6:5) 예루살렘 교회에서 구제사무를 맡아보기 위하여 택한 일곱 사람 중 한 사람. 집사로 불리움. 성령이 충만하고 지혜가 넘친 사람.

디몬[דִּימוֹן =피 흐른다]㊂ (사15:19) 모압의 작은 마을. 디본, 디본갓과 같은 곳. 디본강. 디본 시내는 사해동쪽 시내(사15:9) 아르논강(민21:13)

디밧[דִּיפַת]⑩ (대상1:6) 노아의 아들 야벳의 손자. 고멜의 아들(창10:3). 리밧과 같은 사람.

디베랴[*Τιβεριάς* =지키다]㊂ (요6:1) 갈릴리 호수 서안의 도시 중 하나. 주후 20년경에 헤롯 안디바가 세운 곳인데 당시 황제에 경의를 표하기 위해서 디베랴라는 이름을 붙였고 호수는 디베랴 호수라 부르게 되었다(요6:1, 21:1). 오늘의 디베리아스. ①구약시대 납달리의 성읍(수19:35). ②갈릴리 바다와 연관하여 언급된 곳(요6:1, 21:1).

디베랴 바다[*Τιβεριάδος* =좋은 관찰]㊂ (요21:1) 갈릴리 호수를 일컫는 말. 헤롯 안디바가 로마황제 디베료를 기리기 위하여 지은 성읍의 이름을 따서 부르게 되었다. 예수님께서 바다를 잠잠케 하시고 물위로 걸어 가신致도 이곳이다. 예수님께서 이 바닷가를 두루 다니시며 전도하셨다. 예수님이 부활하셨으나 제자들은 이 바다에 고기 잡으러 갔다. 이곳에서 부활하신 예수님을 만나게 되었다.

디베료[*Τιβέριον* =좋은 관찰]⑩ (눅3:1) 로마제2대 황제 주후12년 아구스도에 의해 지방의 군통치자로 임명되었다가 아구스도가 죽은 후에 로마의 황제로 즉위하였다(주후14년). 처음에는 선정을 베풀더니 점점 포학하여 천문학자와 사물의 이치를 연구하는 격물학자를 전부 축출하고 자기를 비방하는 자는 경중을 막론하고 다 죽였다. 또 명령을 내려 자기를 하나님 섬기듯 하였다. 제위 22년 6개월 될 때 술에 취하여 자는 가운데 시위대장 몰포가 찔러 죽였다. 요한이 요단강에서 회개의 세례를 베푸던 때는 그의 즉위 15년경 이었다.

디배료의 청동화.

디본[דִּיבוֹן =파리한]㊂

① 모압의 작은 성읍(민21:30). 시혼에게 점령 당하였고(사15:9). 후에 갓지파와 르우벤지파에게 분급되어 디본갓이라 부르다가(민33:45). 그 후에 모압왕 메사에게 점령되었다(왕하3:4-27). 보리의 산지(룻1장). 디몬과 같은 곳.

② 유다의 성읍(느11:25). 바벨론에서 돌아온 뒤에 유다 자손의 일부가 살던 곳. 네게브가 수도.

디본 갓[דִּיבוֹן גָּד =갓의 황폐]㊂ (민33:45) ①모압의 성읍. 아르논강 북의 두개의 작은 언덕 위에 걸쳐 건설하였다. ②출애굽한 이스라엘 백성의 유숙지. ③유다 남방의 한 성읍(느11:25). 디본과 같은 곳(민21:30). * 주후 1868년에 클레인이 폐허에서 유명한 비문(碑文)을 발견하였다. 현재는 디반.

디브니[דִּבְנִי =보리짚]⑩ (왕상16:21) 시므리왕이 7일간 통치하다가 죽자 이스라엘 사람들이 왕을 삼으려 했던 기낫의 아들. 디브니가 패하여 죽으므로 반대파 오므리가 왕이 되었다.

디브리[דִּבְרִי]⑩ (레24:11) 단지파 슬로밋의 아버지. 그의 딸 슬로밋의 아들은 모세시대 하나님의 이름을 저주했기 때문에 돌에 맞아 죽었다(레24:11-15).

디브핫[טִבְחַת =살륙하다]㊂ (대상18:8) 소바왕 하닷에셀의 성읍. 다윗이 여기서 많은 놋을 취하였다. 베로대와 같은 곳.

디블라[דִּבְלָתָה =기름지다]㊂ (겔6:14) 가나안 북쪽의 곳. 당시 수리

아의 한 지방. 디불라 또는 리불라

디블라임[דִּבְלָיִם = 두개의 말린 무화과 과자]인(호1:3) 예언자 호세아의 아내 고멜의 아버지.

디사합[דִּי זָהָב = 금이 많은 땅]지 (신1:1) 숩 맞은 편 아라비아 광야의 한 지방.

디산[דִּישָׁן = 산양]인(창36:21) 호리 족속 세일 자손의 족장. 우스와 아란의 아버지(대상1:42).

디셉[תִּשְׁבִּי]지(왕상17:1) 길르앗에 있던 선지자 엘리야의 출생지. 그를 디셉사람으로 부른다.

디손[דִּישׁוֹן = 살진 것]인

1 세일의 5남. 호리 족속의 족장(창36:21).

2 세일의 손자로 아나의 아들. 하므란의 아버지(대상1:41). 에서의 둘째 아내 오홀리바마의 오빠.

디스[דִּישִׁי]지(대상11:45) 시므리의 아들 요하가 살던 곳. 요하는 에디아엘의 아우이다.

디오누시오[Διονύσιος]인(행17:34) 아덴의 아레오바고 재판관. 바울의 설교를 듣고 신자가 되었다.

디오드레베[Διοτρέφης = 양육받음]인(요삼9) 가이오의 교회원 그의 지위를 이용하여 형제를 대접하지 않고 형제와 장로들과 싸워 형제들을 쫓아 내었다(삼1, 10). 교회의 제도를 인정하지 아니하였다. 으뜸되기를 좋아했고 요한의 반대자.

디오스구로[Διόσκουροις 제우스의 쌍둥이]명(행28:11) 사도 바울이 멜리데 (말타)에서 탄 알렉산드리아 배의 이름. 곡식 운반선.

딘하바[דִּנְהָבָה = 과실의 곳]지(창36:32) 에돔왕 벨라의 도성.

딜론[דִּילוֹן = 유명한 선물]인(대상4:20) 유다족 잠계 시몬의 아들.

딜르안[דִּלְעָן = 돌출하다]지(수15:38) 라기스 근처 세벨라의 성읍.

딤나[תִּמְנָה = 정함, 분깃, 부분]인

1 에서의 아들 엘리바스의 첩으로 아말렉을 낳았다(창36:12).

2 셀라의 딸이요, 로단의 누이(창36:22, 대상1:39).

3 엘리바스의 아들 중 하나(창36:40, 대상1:36). 에시온 게벨 북부에 살았다.

딤나[תִּמְנָה = 정함, 분깃, 부분]지

1 유다의 며느리 다말의 친정동네 (창38:12). 다말이 창녀복을 입고 시아버지 유다를 유혹하여 장성한 셀라를 자기에게 주지 아니한 앙갚음을 하였다. 이로 인하여 다말은 베레스를 낳았다. 베들레헴 서쪽 15km지점 키르벳 티브네로 추정.

2 유다 북단의 마을.

1. **위치** - 벧세메스와 에그론 사이에 있던 유다지파에게 분배된 마을 (수15:10, 57).

2. **관련기사** - ①출애굽한 이스라엘 백성이 완전히 정복하지 못했다 (삿1:34). ②삼손시대 블레셋 인에게 점령된 마을(삿14:1-4) ③삼손의 처가의 마을(삿14:1-4). ④삼손이 사자를 죽인 마을(삿14:5). ⑤삼손이 여우 삼백의 꼬리에 횃불을 달아 곡식을 태웠다(삿15:1-8). ⑥다윗이 정복한 이후 유다의 영토가 되었다. 웃시야왕 시대에 유다의 통치를 받은 것이 분명하다(대하26:6). ⑦아하스왕이 다메섹의 압력을 받을 때 블레셋에 점령 당했다(대하28:15).

3 스블론 지파의 성읍. 레위인의 거주지(수21:35). 림몬과 같은 곳 (수19:3, 대상6:77).

4 단 지파에게 분배된 성읍(수19:43).

딤나 사람[timnite]인(삿15:6) 삼손의 장인을 일컫는 말.

딤낫세라[תִּמְנַת סֶרַח = 열매가 많은 부분]지

1. **위치** - 에브라임 산지의 마을. 지금의 길벳 딥나로 추정.

2. **관련기사** - ①여호수아가 기업으로 받은 아기스 북쪽의 성읍(수19:50). ②여호수아가 장사된 곳(수24:30). ③딤낫 헤레스와 같은 곳으로 여김(삿2:9). 현재 남쪽 언덕 위에 '여호수아의 굴무덤'이라고 전해진 곳이 있다.

딤낫 헤레스[חֶרֶס תִּמְנַת = 태양의 딤나]지(삿2:9) → 딤낫세라.

딥사[תִּפְסַח = 여울 목, 나루터]지
1 유브라데강 중류의 서안에 위치한 지역. 솔로몬 때 북방국경(왕상4:24). 지금의 디브세. 이곳은 유브라데강의 배가 다닐 수 있는 상류의 한계선이다
2 이스라엘왕 므나헴이 공격한 마을(왕하15:16).

따다[pick]타(창3:6) 무엇에 붙어 있거나 매달려 있는 것을 잡아 떼다.
따뜻하다[warm]형(왕상1:1) ①덥지 않을 정도로 온도가 알맞다. ②감정이나 분위기가 쌀쌀하지 아니하고 친근하고 포근하다.
따라 가다타(창24:6) ①남의 뒤를 좇아 가다. follow. ②남이 하는 짓이나 일을 좇아 하다. take after.
따라 다니다[go with]타(행8:13) ①남의 뒤를 좇아 다니다. ②뒤를 좇듯 붙어 다니다.
따라 미치다타(신19:8) 뒤를 좇아가 따라 이르다.
따라 오다[come with]타(수20:5) 남의 뒤를 좇아서 오다.
따로[separately]부(창21:28) 한데 뒤섞이지 아니하고 떨어져서 서로 다르게. 별도로.
따로 세우다[set apart]타(스8:24) 뒤섞이지 아니하도록 골라서 세움.
따로있다[beseparate]형(고후6:17) 어떤 무리에서 나와서 별도로 있다.
따르다[follow]타(창1:26) ①좇다. 남의 뒤를 좇아 가다. ②남이 하는 일을 본 뜨다. imitate. ③남을 사모하여 붙좇다. adore. 추종.
따르다[pour]타(레14:15) 액체를 기우려서 붓거나 쏟다.
따름[only]명 그 뿐의 뜻을 나타내는 말(대하2:6).
따 먹다[pluck and eat]타(창3:6) 따서 먹다.
*선악과를 따 먹음으로 죄가 세상에 들어왔다.
따오기[crested ibis]명(레11:18) 따오기과에 속하는 새. 몸은 해오라기 같다. 부정한 새. 먹지 못한다.

딱지[scab]명(레13:2) 다쳐서 상하였거나 또는 헌데가 난 자리에 피나 진물이나 고름이 나와 말라 붙은 조각.
딸[daughter]명(창6:1) 여자로 태어난 자식, 자녀. 원어상 후손을 뜻하는 낱말이기도 하다. ①한 성읍을 뜻하는 딸(사1:8, 10:32). ②예루살렘-시온의 딸(사4:4). ③나라의 주민으로서의 딸(사47:1-, 렘6:26). ④여성미(렘6:2). ⑤분노의 울부짖음(렘31:22). ⑥형벌(렘51:33). ⑦하나님을 경외하는 자(사43:6).
땀[sweat]명(창3:19) 사람 또는 동물의 피부에 나타나는 진액. 덥거나 긴장되었을 때 나온다. ①사람이 범죄하여 형벌로 땀을 흘리게 되었다(창3:19). ②예수님께서 인류의 죄짐을 지시려고 겟세마네동

산에서 땀을 흘리며 기도하셨다(눅22:44).

땅[land]몡(창1:2) ①하나님의 창조물. 바다를 제외한 지구의 겉면. earth. ②농사를 지을 수 있는 곳을 두루 일컫는 말. soil.
* 성경상 여러가지 뜻 - ①지구를 가리키는 말(욥1:7). ②육지(창1:10). ③흙(왕하5:17, 창2:7). ④인류가 사는 전 지역(눅21:26, 창11:1). ⑤영적인 것의 반대되는 현상, 세상의 것(골3:2,5와 빌3:19 비교). ⑥한 나라(창21:21). ⑦유대 땅(마27:45). ⑧로마 제국(눅2:1).

땅 값[the land is worth]몡(창23:15) 땅을 사고 팔때 주고 받는 돈. 땅의 주인은 하나님이시기 때문에 땅의 사용권 양도의 값이다.

땅 끝[the ends of the earth]몡(신33:17) 지구의 끝. 실제로는 온 지구 위(행1:8).

땅 위[in the earth]몡(사42:5) 지구의 표면상. 지구상. 세상.

땋다[braid]타(출28:14) 머리 털이나 실같은 것을 엇걸어 짜아지게 하다.

때[time]몡(창2:2) ①시간의 어떤 점이나 부분. ②그 당시. days. ③어떤 경우. occasion.
1. **하나님의 때** - ①하나님이 약속하신 때(출7:5). ②그리스도께서 오신 때(시40:7). ③그리스도의 때(요2:4). ④그리스도 재림의 때(행1:7). ⑤주의 날(벧후3:8, 시90:4). ⑥심판의 때(벧전4:17). ⑦영원하심(계11:15, 22:5).
2. **하루를 구분하는 때** - ①새벽(수6:15).②아침(막1:35).③낮(오정)(느8:3). ④저녁(출12:6, 30:8). ⑤밤(창1:5). 밤중(출12:29).

때다[burn]타(삼하24:22) 아궁이에 불을 넣다.

때때로[now and then]부(대하24:11) 가끔. 이따금.

때리다[strike]타(출5:14) 맨 손으로나 손에 쥔 것으로 치다.

때마다[every time]조(고전15:30) 때를 하나도 빼지 않고 낱낱이 모두의 뜻.

때문[reason]몡(눅5:19) 어떤 원인, 이유, 목적, 결과, 이익 따위를 나타내는 말.

땜[soldering]몡(사41:7) ①깨어지거나 뚫어진 곳을 때워 고치는 일. 땜질. ②떨어진 곳을 깁는 일. ③한 부분만 고치는 일.

떠나 가다[leave]자(창26:16) 본디 자리를 떠서 옮겨지다.

떠나다[leave]자(창2:24) ①다른 곳을 향하여 옮겨지다. ②어떠한 일과 관계를 끊다. part from. ③없어지거나 사라지다. be away from. ④죽다. die.

떠내다[dip up]타(전10:9) ①액체의 얼마를 떠서 내다. ②나무같은 것을 흙과 함께 파내다. ③살이나 다른 고체의 얼마를 도려 내다. cut off.

떠 내려가다[drift away]자(히2:1) 물 위에 떠서 물을 따라 내려가다.

떠 다니다[float about]자(창7:18) 하늘이나 물 위로 떠서 오고 가고 하다. 떠돌다.

떠들다[make a noise]자(출32:17) ①시끄럽게 지껄이다. ②소문이나 여론 따위가 굉장히 크게 나다. be talked about. ③매우 술렁거리다. be alarmed. ④소동을 일으키다. make a fuss.

떠들다[raise]타(왕상13:29) 덮이거나 가린 것을 조금 걷어 쳐들다.

떠 메다[lift up and shoulder it]자(사46:1) ①땅에 닿지 않도록 쳐들어서 어깨에 메다. ②어떤 일이나 책임 따위를 전적으로 맡아 지다. take chage of.

떠 오르다자(창7:17) ①가라 앉았던 것이 솟아서 위로 오르다. be afloat. ②해나 달이 뜨다. rise to the surface. ③생각이 나다. recall.

떠 지다[one's eye come open]자(요9:10) 눈이 뜨이게 되다.

떡[bread]몡(창14:18) 곡식의 가루

를 시루에 안쳐 찌거나 굽거나 혹은 소대에 부쳐서 익혀 만든 모든 음식의 이름. ①밀가루 떡(레2:4). ②보리 떡(삿7:13, 겔4:12). ③건포도 떡(대상16:3). ④무화과 떡(삼상30:12). ⑤기름으로 구운 떡(민11:8). ⑥누룩넣은떡(레7:13). ⑦누룩 없는 떡(민6:19). ⑧숯불에 구운 떡(왕상19:6). ⑨예수님이 축사하신 떡(마14:19). ⑩만나(요5:32). ⑪더러운 떡(말1:7). ⑫부정한 떡(겔4:13). ⑬고생의 떡(왕상22:27). ⑭환난의 떡(사30:20).

* **떡이신 그리스도** - ①하늘에서 내린 참 떡(요6:32). ②하나님의 떡(요6:33). ③생명의 떡(요6:35, 48). ④산 떡(요6:51). ⑤그리스도의 몸(고전10:16, 눅22:19).

떡 굽는 자[baker](창40:1) 곡식의 가루를 반죽하여 굽어 음식을 만드는 사람. ①사라(여자)가 만듦(창

18:6, 레26:26). ②애굽의 관원이 만듦(창40:5). ③떡장사가 만듦(렘37:21). ④천한 일로 여김(삼상8:13).

떡 덩이[bread]명(삿8:5) 떡의 덩어리. 양식. 제물.

떡 반죽그릇[basket]명(신28:5) 떡을 만드는 가루를 반죽할 때 쓰는 큰 그릇.

떡 부스러기[morsel]명(시147:17) 떡의 조각.

떡을 떼다[breaking of bread]구(행2:42) 초대교회 성도의 교제의 실제. 식사를 같이 함.

떡조각[morsel, sop]명(룻2:14) 떡에서 떼어 낸 작은 부분.

떨기[cluster]명(욥38:31)풀이나 나무같은 것이 하나의 뿌리에서 여러 개의 줄기가 나와 더부룩하게 되어 있는 그 전체.

떨기나무[bush]명(창21:15) 높이가 약 2~3m의 아카시아과의 나무로 밑 등에서 줄기가 많이 나는 나무. 가시떨기라고도 함(신33:16). 가시나무 떨기라고도 한다(행7:30, 35). 예레미야는 광야, 사막의 떨기나무라고 하였다(렘17:6,

48:6). 학자에 따라 로뎀나무(왕상19:4, 5). 에셀나무(창21:33) 라고 한다.

떨다[tremble]자타(창27:33) 분하거나 무섭거나 몹시 추울 때 몸의 한 부분이 벌벌 흔들리다. 위협을 느끼다.

떨다[clear]타(신24:20) ①붙었던 것을 떼어 내다. ②먼지를 털어 내다. shake.

떨리다[tremble]자(삼상4:13) 두렵거나 분하거나 매우 추워서 몸의 한 부분이 흔들리거나 경련이 일어나다.

떨림[fearful, terror]명(출15:15) ①두려움. 공포. ②진동. shock.

떨어뜨리다[fall, drop, run down]타 (삼하18:11) ①위에 있던 것을 아래로 내려지게 하다. ②붙었던 것을 떨어지게 하다. ③고개를 푹 숙이다.

떨어지다[fall]자(레11:37)①해, 달, 벼락 등 어떤 물체가 위에서 아래로 내려지다. ②질병이나 습관 또는 어떤 물체에 붙었던 것이나 달렸던 것이 따로 되어 갈라지거나 없어지다. come off, be shaken off. ③형세나 수준 등이 낮아지다, 또는 못해지다. go down. ④옷이나 신 따위가 헤어지다. be worn out.

떨어진 이삭[gleaning]구(레19:9)곡

식을 거두어 들일 때 땅에 떨어진 이삭. 낙수(落穗). 가난한 사람을 위하여, 이방인의 소득이 되게 했다(신24:19-22).

떨어치다[let fall]타(사33:9) 힘을 들이어서 세게 떨어지게 하다.

떨치다자(35:33) ①위세, 명성, 용맹 같은 것이 널리 알리어져 있다. make well known. ②소리가 높게 울리다. sound loud.

떨치다[shake off]타(삿16:20) 세게 흔들거나 털어서 떨어지게 하다.

떼[troop, flock]명(창18:7) 목적과 행동을 함께 하기 위하여 한데 많이 몰린 것. 또는 그 무리. 군대라고 번역된 말(마22:7, 계9:16). 예수님께서 교회를 한 무리라고 표현하셨다(마26:31, 요10:16).

떼[ralf]명(왕상5:9) 뗏목.

떼다타(창21:8) ①붙었던 것을 떨어지게 하다. take away. ②사이나 동안을 멀어지게 하다. seperate. ③갈라내다. deduct. 나누다. ④주었던 권리나 지위를 빼았다. dismiss. ⑤계속되던 것을 끊다. wean. ⑥봉한 것을 뜯다. unsal.

또[again, and]부(창1:14) ①같은 짓을 거듭 하여서. ②그 뿐 아니라 다시 더. too, also. ③그래도 or.

또한[also, too]부(창20:5) 마찬가지로, 한가지로, 역시.

똥[dung, excrement]명(출29:14) 사람이나 짐승이 먹은 음식물이 소화가 되어 항문을 통해서 내보낸 찌끼. 분(糞). 배설물. ①진 밖에서 불태웠다(출29:14). ②위선적인 얼굴에는 똥 냄새가 난다(말2:3). ③거름으로 사용(눅13:8). ④연료로 사용(겔4:12, 15). ⑤기근때 양식으로 사용(왕하6:25). ⑥상징적인 의미-하나님의 진로의 결과(습1:17). 육신의 영광(빌3:8). ⑧똥문(糞門)은 예루살렘 성문중 쓰레기를 나르는 문이다(느2:13, 12:31).

뚜껑[cap]명(창8:13) 물건, 그릇의 아가리를 덮는 기구. 덮개.

뚜렷하다[distinct]형(아6:10) 엉크러지거나 흐리지 아니하고 똑똑하고 분명하다.

뚝 뚝[dripping]부(아5:13) ①큰 물건이나 물방울 따위가 잇달아 떨어져서 나는 소리. 또는 그 모양. ②단단한 물건을 계속 두드리는 소리. ③큰 물건이 부러져 나는 소리.

뚫다[bore]타(출21:6) ①구멍을 내다. ②막힌 것을 헤치거나 갈라 통하게 하다. open. ③장애나 난관 등을 헤치다. put throw. ④어떤 일을 위한 길을 찾아 내다. master.

뚫어지다[be pierced]자(학1:6) ①구멍이나 틈이 생기어지다. ②길이 통하여지다. ③이치를 통하게 되다. ④어느 곳을 찾게 되다.

뛰놀다[gambol]자(출32:6) 이리 뛰고 저리 뛰면서 놀다.

뛰다[run]자타(레11:21) ①몸을 날리어 달음질 치다. ②몸을 위로 솟게 하다. jump.

뛰다[spatter]자(왕하9:33) ①물방울 진흙덩이 같은 것이 튀겨 흩어지다. ②가슴이 두근두근 하다. ③물가가 오르다.

뛰어나다[be superior to]자(창49:26) 여럿 가운데서 훨씬 낫다. 우수하다.

뛰어나오다[come running]자(신33:22) 몸을 솟구치면서 빨리 달리면서 밖으로 나오다.

뛰어넘다[jumpover]타(삼하22:30) 몸을 솟쳐서 높거나 넓은 물건을 넘다.

뛰어 들어가다[jump in]자(욥2:9) 빨리 달려서 안으로 가다.

뜨거운 기운[scorching heat]명(계7:16) 차지않고 몹시 더운 열.

뜨겁다[hot]형(출16:21) 열이 몹시 높다.

뜨다[open one's eye]타(민24:4) 감았던 눈을 벌리다.

뜨다[cut]타(출29:17) ①전체에서 일부를 떼어 내다. ②많은 양에서 일부를 덜다. scoop. ③죽은 짐승의 몸둥이를 일정한 크기로 떼어내다. carve in several parts.
뜨다[move, clear out]<u>타</u>(창27:39) 옮기거나 사라지다.
뜨인 돌[the stone]<u>명</u>(단2:34) 주권자. 심판자. 예수 그리스도.
뜨뜻하다[be ashamed]<u>형</u>(대하32:21) 부끄러움. 수치를 나타내는 말. 창피하다.
뜯기다[be extorted]<u>피동</u>(창29:7) ①빼앗기거나 뜯음을 당하다. ②짐승에게 꼴을 뜯어 먹게 하다. put cattle to graze.

뜯다[pull out]<u>타</u>(스9:3) ①전체에서 일부분을 조각조각 떼어내다. ②붙거나 달히거나 막힌 것을 떼거나 찢거나 헐다. tear off. ③돈이나 재물을 얻거나 억지로 빼앗아내다. extort. ④남의 약점이나 흠집을 애써 잡아내다.
뜯어 먹다[nibble, will eat away]<u>타</u>(창40:19) ①다른 것에 붙은 것을 떼어서 먹다. ②남의 돈이나 재물 따위를 억지로 조금씩 빼앗아 먹다. extort. ③어떤 것을 생활수단의 대상으로 하여 거기서 생기는 것으로 생활하다. live on.
뜰[court]<u>명</u>(출27:9) 집안에 있는 마당. 성막의 뜰은 휘장으로 막았다. 솔로몬 성전의 뜰은 돌벽으로 경계를 하였다.
뜰안[court]<u>명</u>(대하24:21) 뜰, 정원.
뜻[intention]<u>명</u>(창23:8) ①어떠한 것을 하겠다고 속으로 먹은 마음. will. ②말이나 글에 가진 속내. 의미. meaning. ③어떤 일이나 행동이 가지는 중요성. 의의. purpose.
*①마음에 품고 있는 목적, 계획, 목표, 표적(히4:12). ②의지적 결정(눅14:28). ③하나님의 마음, 주님의 뜻(마6:10, 살전4:3, 고후1:1). ④인간의 뜻(창3:6, 고전7:37). ⑤사람의 뜻과 마음을 살피시는 하나님(계2:23).
뜻 밖에[unexpectedly]<u>부</u>(눅21:34) 생각하지 아니한 때. 의외로.
뜻하다[plan]<u>타</u>(창48:11) ①장차 하고자 하는 일의 뜻을 세워서 마음에 지니다. ②언어나 문장 등이 어떤 사상을 표현하다. mean.
뛰다[float]<u>자</u>(행27:39) 뜨이다. <u>타</u> 띄우다.
띄우다[float]<u>타</u>(대하2:16) 물위나 공중에 뜨게 하다. 시간적, 공간적으로 사이를 뜨게 하다.
띠[girdle]<u>명</u>(출12:11) ①허리를 둘러 매는 끈. belt. ②좁고 기다랗게 생긴 것.
*상징적인 뜻-권능, 담대함, 강함을 나타낸다(욥12:18, 사11:5).
띠[frontlets]<u>명</u>(출18:16) 경문을 가리키는 말. 하나님의 인도하신 그 권능을 띠처럼 마음속에 새기고 미간에 표를 삼아 이마나 팔에도 띠(경문)를 둘렀다(신6:8, 11:18).
띠다[tie the girdle]<u>타</u>(출12:11) 띠나 끈을 허리에 두르다.
띠우다[float]<u>타</u>(겔16:10) 떨어지게 하다. 사이를 내다. 떠우다.

라가[raca]囲(마5:22) 쓸모없고 보잘것 없는 자에게 업신여기어 쓰는 말. 예수님 당시 유대인이 쓰던 욕. 미련한 놈. 바보. 천치. 인간의 지적능력의 결핍, 도덕적 결핍에 사용하는 경멸의 언사.

라갈[לָגָל = 장사, 팔고 삼]지(삼상30:29) 유다 남쪽의 성읍. 다윗이 아말렉에서 뺏은 선물을 보냈다. 70인역에는 갈멜로 되어 있다.

라겜[רֶקֶם = 비었다, 다양한색깔]인(대상7:16) 므낫세지파 마길의 네째 아들. 그의 어머니는 마아가.

라기스[לָכִישׁ = 완고한]지
1. **위치** - 예루살렘 서남, 헤브론 서편의 유다 산지 마을.
2. **관련기사** - ①여호수아가 점령하였다(수15:3-). ②유다지파에게 분배된 성읍(수15:39). ③솔로몬이 요새를 경고히 하여 유다 남방의 방어진지를 삼았다(대하11:9). ④르호보암이 지켰다(대하14:9). ⑤아마샤가 피살된 곳(왕하14:9). ⑥히스기야왕 때 앗수르왕 산헤립이 포위하여 히스기야에게 조공받을 것을 조약하였다(왕하18:12, 14). ⑦느부갓네살이 점령하여 불살랐다(렘34:7). ⑧바벨론에서 귀환 후 다시 입주한듯 하나 자세하지 않다(느11:30). ⑨죄의 도성(미1:13).

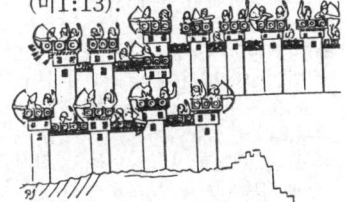

라기스 왕[king of lachish]인(수10:3) 이스라엘을 대적하다가 패망한 가나안의 한 왕.

라단[לַעְדָּן = 경축절에 출생한 자]인

① 요셉의 둘째 아들 에브라임 자손 다한의 아들. 여호수아의 선조(대상7:26).
② 레위 자손 게르손의 아들. 그 족장(대상23:7-9). 립니와 같은 사람(대상6:17).

라마[lama]부(마27:46) 무슨, 어떠한 이유로의 아람말. '엘리 엘리 라마 사박다니' - 예수님께서 십자가 상에서 하신 일곱 말씀 가운데 한 마디.

라마[רָמָה = 높은 곳]지
① ①베냐민 북쪽의 성읍(수18:25). ②라헬이 자식을 위하여 애통한 곳(렘31:15, 마2:18). ③바아사가 북방침입을 막기 위하여 성을 구축(왕상15:17-22). ④예레미야가 바벨론으로 잡혀 가다가 계시를 받은 곳(렘40:1). ⑤바벨론에서 돌아와 거한 곳(스2:26, 느11:33).
② ①에브라임 산중의 한 성읍. 여사사 드보라의 고향(삿4:5). ②사무엘의 고향이며 그 무덤이 있는 곳(삼상7:17, 25:1). ③라마다임 소빔과 같은 곳(삼상1:1→1:19).
③ 납달리의 요해 도시로 과실 재배로 유명함(수19:36). 아셀의 경계에 있던 마을(수19:29-)
④ 두로 부근 아셀의 성읍(수19:29).
⑤ 길르앗 라못의 성읍. 이스라엘 왕 요람이 아람왕 하사엘과 싸우다가 부상한 곳(왕하8:29).
⑥ 시므온 땅의 한 마을(수19:8-). 라못과 같은 곳(삼상30:27).

라마다임 소빔[רָמָתַיִם צוֹפִים = 소빔 사람의 높은 언덕]지(삼상1:1) 에브라임 산중 마을. 선지자 사무엘의 출생지. 줄여 라마라고도 부른다(삼상2:11). 신약에는 아리마대라고 기록되었다(마27:57). → 라마

라맘[לָהְמָם = 빛의 곳, 도망하여 피

라맛 레히

신하는 곳]㊍(수15:40) 유다 남쪽 세베라에 있던 마을. 헤브론의 서북쪽에 있다.

라맛 레히[רָמַת לְחִי = 턱뼈의 산]㊍ (삿15:17) ①삼손이 나귀의 턱뼈로 블레셋 사람 천명을 죽이고 그곳 이름을 라맛 레히라고 불렀다. ②다윗의 용사 삼마가 블레셋을 친 곳(삼하23:11)→레히.

라맛 미스베[רָמַת הַמִּצְפֶּה = 높은 곳, 망대]㊍(수13:26) 길르앗의 성읍. 길르앗의 미스바와 같은 곳 (창31:49). 갓의 경계. →미스바.

라먀[רָמְיָה = 높은 곳, 여호와는 높다]㊀(스10:25) 에스라 때 이방여인을 취하고 포로생활에서 돌아온 바로스의 자손 중 하나. 이방인 아내와 이혼했다.

라멕[לֶמֶךְ = 능력 있는 것]㊀

1 가인의 후손 므두사엘의 아들(창 4:18). 그는 아다와 씰라를 아내로 취하여 일부다처주의를 시작한 자이다. 라멕의 아들들은 문명의 창시자이며 기술의 발명자가 되었다. 라멕이 그 아내들 앞에서 부른 "검(劍)의 노래"는 구약에 보존된 가장 오래된 노래중의 하나다(창4: 23-24). 라멕의 복수는 77배라고 했다(창4:24).

2 셋의 7대손으로 노아의 아버지(창 5:25, 대상1:3). 예수님의 계보에 든 경건한 사람. 눅3:36에는 레멕이라고 번역하였다.

라못[רָאמוֹת = 높은 언덕]㊀ 여레못과 같은 사람(스10:29).

1 길르앗에 있던 갓 지파에 속한 성읍. 길르앗 라못이라고도 한다(신 4:43). 도피성(수20:8, 21:38).

2 다윗이 아멜렉을 완전히 물리치고 탈취물을 보낸 네겝 지방의 한 성읍(삼상30:27).

3 잇사갈에 있던 레위 사람 게르손 자손이 살던 마을(대상6:73).

4 ①유다 남부의 성읍(삼상3:27). ②솔로몬왕은 이 성에 장관 한 사람을 주재시켰다(왕상4:13, 19). ③아람과의 전쟁터(왕상22:3) → 길르앗 라못. 현재의 위치는 두가지 설이 있다. 에드이 서남 15km 현재의 레뭇과 같은 곳으로 여긴다. 그 서남15km의 엘호슨이라는 학자도 있다.

라바[רָפָא = 그가 치료함]㊀

1 베냐민의 다섯째 아들(대상8:2). 야곱과 함께 애굽으로 내려간 식구 중에는 없다(창46:21).

2 사울의 아들 요나단의 자손(대상 8:33~37). 르바야라고도 부른다 (대상9:43).

라빠[רַבָּה = 물이 솟아오르는 곳]㊍ (수15:60) 예루살렘 서쪽 높은 지대에 있던 마을→람바.

라반[לָבָן = 흰빛]㊀(창24:26).
1. **인적관계** - 브두엘의 아들.
2. **관련기사** - ①메소보다미아 밧단 아람에 있는 하란에서 살았다(창 24:15, 29:4-5). ②아브라함의 동생 나홀의 손자. ③리브가의 오라비요 야곱의 외숙이며 장인이다 (창28:5, 29:21-30). ④야곱을 속여서 큰 딸을 신방에 들게 하고 후에 라헬을 야곱의 아내로 주었다 (창29:18-30). ⑤많은 양떼를 가졌으나 욕심이 많고 인색하고 교활하여 자기 사위 야곱을 열번이나 속여 이익을 보려다가 도리어 당하였다(창30장-31장). ⑥라반은 야곱을 가나안으로 돌려 보내고 드라빔이 없어진 것을 알고 뒤쫓아가 찾으려고 했으나 찾지 못했다. 야곱과 계약을 맺었다(창31:43-55).

라반[לָבָן = 흰빛]㊍(신1:1) 시내와 가데스 바네아 사이 출애굽한 이스라엘이 머문 곳. 립나와 같은 곳.

라부[רָפוּא = 위로, 고침 받았다]㊀ (민13:9) 바란 광야에서 가나안땅을 탐지하러 보낸 베냐민 지파의 대표. 발디의 아버지.

라사[לֶשַׁע = 물이솟아나는곳, 지혜]㊍(창10:9) 유다 남방 경계. 위치는 분명하지 않으나 사해 서쪽 소돔과 고모리와 같이 언급된 것을 보아 그 남쪽에 있는 것으로 여긴다. 이 근처에 온천이 있다. 갈릴로애와 같은 곳으로 여긴다. 그러나 반대의견이 많다.

라새아[*Λασαία* = 돌]지(행27:8) 그레데섬 남쪽의 성읍. 로마로 가는 사도 바울을 태운 배가 항해중에 입항한 미항을 가리키기 위하여 인용한 성읍. 미항의 동쪽 약8km 지점에 있은 것으로 추정한다.

라아다[לַעְדָּה = 질서, 목이 살찐 사람]인(대상4:21) 유다의 후손 셀라의 아들. 마레사의 아버지.

라아마[רַעְמָה = 요동]인
① 노아의 후손으로 함의 장자인 구스의 아들이며 스바와 드단의 아버지(창10:7, 대상1:9).
② 스바와 함께 두로와 통상하는 사람(겔27:22). 세바 비문에는 아라비아의 마인 사람으로 되어있다.

라아먀[רַעַמְיָה = 요동하다, 진노하신다]인(느7:7) 스룹바벨과 예수아와 같이 바벨론 포로생활에서 돌아온 사람. 이방 여인을 취했던 바로느자손 중의 한 사람. 르엘라야와 같은 사람(스2:2).

라아사[רַעְמְשָׂא 사자]지(사10:30) 앗수르군이 예루살렘으로 진군하는 길의 묘사에 기록된 성읍. 예루살렘 북쪽 2km의 엘 이사위에와 같은 곳으로 여긴다.

라암세스[רַעְמְסֵס = 태양신은 그를 낳았다]지(창47:11) 바로가 야곱에게 기업으로 준 땅. 애굽 동북부 고센 지방에 위치한 라암셋.

라암셋[רַעְמְסֵס = 태양신은 그를 낳았다]지
1. **위치** - 나일강 하류 삼각주의 기름진 곳. 지금의 산 엘 하아르로 여긴다(출1:11).
2. **관련기사** - ①애굽의 동북부 고센 지방의 한 성읍. 이스라엘 백성의 노역으로 건설된 애굽 국고성. 바로 라암셋을 기념하기 위하여 축성한 곳. ②구약의 소안(민13:22, 시18:12)으로 인정하는 학자도 있다. ③이스라엘 백성의 출애굽을 이곳에서 시작하였다(출12:37). ④→라암세스.

라엘[לָאֵל = 하나님께 속한자]인(민3:24) 게르손 자손의 족장. 엘리아삽의 아버지.

라오디게아[*Λαοδίκεια* = 의인]지
1. **위치** - 브루기아 지역 로마의 식민지역 성읍. 골로새에서 서쪽으로 16km 지점에 있다.
2. **관련기사** - ①바울의 전도로 복음이 들어간 곳(골2:1). ②유대인이 많이 살고 있었고 혼합주의적인 경향이었다. 에바브라에 의해 관리되었다(골4:13). ③바울이 골로새 성도들에게 라오디게아 교인에게 문안하고 서신을 교환할 것을 원했다(골4:15-16). ④요한이 계시를 받아 이웃 6교회와 함께 권면하였다(계1:11). ⑤주께서 그들이 재산을 의지하는 것을 책망하셨다(계3:17). ⑥미지근한 교회(계3:16). ⑦영적인 안약을 발라야 하는 교회(계3:17).
3. **교훈** - 그리스도의 교훈을 따라 영안을 밝게 하여 다시 오실 그리스도를 소망하고 믿음으로 살것. 열심을 내고 회개하여 예복을 입고 주의 음성을 들어야 한다(계3:17-22).

라이사[לַיְשָׁה = 사자]지(사10:30) 예루살렘 북쪽에 있던 성읍. 앗수르군이 예루살렘 침공때 묘사한 성읍.

라이스[לַיִשׁ = 강한 자]인(삼상25:44) 사울왕이 다윗에게 준 딸 미갈을 다시 시집보낸 남편 발디의 아버지.

라이스[לַיִשׁ = 사자]지(삿18:7) 이스라엘 북쪽 국경선에 있던 성읍. 단 지파가 점령한 땅. 단이라고 이름을 고쳤다(삿18:7, 14, 27, 29). 헬몬산 남쪽 기슭에 있는 레센과 같은 곳(수19:47).

라함[רַחַם = 긍휼하심]지(대상2:44) 갈렙의 자손. 세마의 아들이며 요르그암의 아버지.

라합[רָחָב = 넓다]인
1. **인적관계** - 여리고에 있은 가나안의 기생(수2:1).

라합

2. 관련기사 - ①여호수아가 파견한 정탐군을 숨겨 주어 화를 면하였다 (수2:1-21). ②여리고가 함락될 때 그의 일가는 구조되었다(수6:17). ③유다지파 살몬의 아내가 되어 보아스를 낳았고 예수님의 계보에 오르게 되었다. ④믿음으로 산 사람 중의 하나로 본이 되었다(히11:31, 약2:25).

라합[רָחַב = 넓다]㊅(시87:4) 지역은 확실하지 않다. 하나님의 진노를 받는 곳으로 지칭된 곳. 멸망할 애굽을 상징적으로 일컬었다(사30:7).

라합[rahab]㊅(욥9:13) 바다의 괴물의 이름. 교만에 대한 상징적 표현어(욥26:12).

라핫[לָהַט = 진실하게 됨, 무거운 짐을 지움]㊅(대상4:2) 유다 자손 소라 사람 야핫의 둘째 아들. 소라 일족의 선조.

라헤로이[לַחַי רֹאִי = 살아계신 하나님이 나를 보심]㊅(창24:62) 리브가가 약대를 타고 갈 때에 이삭이 나와 맞이한 곳. 브엘 라헤로이.

라헬[רָחֵל = 암양]㊅(창29:6)

1. 인적관계 - 브두엘의 아들 라반의 둘째 딸로 언니 레아와 같이 야곱의 아내가 되었다.

2. 관련기사 - ①야곱을 먼저 만났다 (창29:10). ②야곱이 그에게 입맞추고 소리내어 울었다(창29:11). ③아버지에게 야곱이 온 것을 알렸다(창29:12). ④야곱이 그의 미모에 반해 7년을 일하였다(창29:1-30). ⑤여종 빌라를 야곱에게 주었다(창30:1-13). ⑥야곱의 입장을 지지하였다(창31:14-16). ⑦아버지의 드라빔을 몰래 가져왔다(창31:19). ⑧요셉과 베냐민의 어머니(창30:22-25). ⑨야곱은 라헬을 가장 안전한 위치에 두었다 (창33:2). ⑩가나안으로 가던 도중에 에브랏 근처에서 베냐민을 난산하고 죽어 그 곳에 장사되었다(창35:16). ⑪그에 관한 예언과 성취(렘31:15, 마2:18).

라호미[לַחְמִי = 먹을 것이 많다]㊅(삼하21:19) 가드 사람. 골리앗의 동생. 엘하난이 죽였다(대상20:5).

락갓[רַקַּת = 바닷가, 좁은 곳]㊅(수19:35) 납달리의 성읍. 갈릴리 서쪽 디베랴와 막달라 중간 지점. 지금의 델 레큐앗으로 여긴다.

락곤[רַקּוֹן = 가늘다, 좋은 곳]㊅(19:46) 지중해 연안 평야. 단지파의 성읍. 욥바의 북동11km지점 지금의 델엘 레쿠에잇으로 여긴다.

락굼[רַקֵּם = 포가 놓인 곳, 요해]㊅(수19:33) 납달리 지파의 성읍. 갈릴리 호수 남서쪽 2km지점 지금의 기르벳 엘 만수우라로 여긴다.

람[רָם = 높이 들었다]㊅

① 야곱의 네째 아들 유다의 증손자. 헤스론의 아들로 아미나답의 아버지(룻4:19). 예수님의 계보에 기록된 사람(마1:3). 누가복음에는 아니라고 기록되었다(눅3:33).

② 유다 지파 헤스론의 손자이며 여라므엘의 아들(대상2:25, 27).

③ 부스사람으로 바라겔의 아들인 욥의 친구 엘리후의 조상(욥33:2).

랍바[רַבָּה = 큰 성읍, 수도]㊅

① 암몬의 수도(삼하12:36).

1. 위치 - 요단강 동쪽 압복강의 상류에 있던 성읍. 지금의 요르단왕국의 암만과 같은 곳(신3:11).

2. 관련기사 - ①갓 지파의 경계를 이루는 곳(수13:25). ②바산 옥의 다스리던 곳(신3:11). 바산 옥의 유명한 철침대가 남아 있다.〈크기 길이 4.8m 너비 2.15m〉③다윗이 통치하기까지 암몬의 수도이었다 (삼하12:26). ④이스라엘을 대항하기 위하여 아람의 용병을 고용하였다(대상19:17). ⑤요압이 포위하고 전투한 장소(삼하10:8-14). ⑥헷 사람 우리아가 전사한 곳(삼하11:1, 12:26). ⑦다윗이 점령했

라헬의 무덤

으나 얼마 안되어 다시 빼앗겼다(삼하17:27). ⑧다윗은 주민을 강제노동을 시켰다(대상20:1-3, 삼하12:26-29). ⑨다윗이 압살롬의 난을 피할 때 이곳 왕이 다윗을 예우하였다(삼하17:27). ⑩아모스가 형벌이 임할 것을 예언했다(암1:14). ⑪예레미야도 형벌을 예언하였다(렘49:2, 3). ⑫에스겔도 형벌을 예언하였다(겔21:20, 25:5). ⑬길르앗 동쪽 왕의 대로에 위치해 있으므로 느부갓네살의 공격, 앗수르, 바벨론, 바사에 예속되었다가 그리스가 이땅을 점령하였다.

② 유다 남방에 있던 성읍. 예루살렘 서쪽 10km지점. 아둘람 굴에서 서남에 위치한 현재의 지명 루밧으로 추정한다.

랍바성[~城 ; 재 성]지(암1:14) 선지자 아모스가 멸망하리라고 예언한 암몬의 수도. →랍바①

랍비[rabbi]명(마23:7) 유대인들이 말씀을 가르치는 선생을 부르는 존대말. 존경과 경외심을 나타내는 히브리 낱말의 소릿말이다. 이 말은 '나의 큰 자' '나의 주인'을 뜻하는 말. 예수님 당시 모음 전환법으로 랍오니(요20:16) 라고 사용되었다. 아람어 형식을 따른 것으로 본다. ①바리새파교사에게(마23:7). ②세례 요한에게(요3:26). ③예수님께(마26:25, 요3:2). ④랍오니는 예수님께만 사용되었다(막10:51, 요20:16).

랍비돗[לַפִּידוֹת= 번개, 횃불]인(삿4:4) 여사사 드보라의 남편.

랍빗[רַבִּית= 많다]지(수19:20) 잇사갈의 성읍. 다브랏의 성읍. 다브랏과 같은 곳.

랍사게[רַבְשָׁקֵה= 술 따르는 자의 대장]인(왕하18:17) 앗수르왕 산헤립의 세 장군 중 한 사람. 산헤립왕의 명령을 받아 예루살렘을 침공하였다. 오만불손한 말로 위협하였다. 히스기야는 하나님께 기도하였다. 하나님께서 히스기야왕의 기도를 들으시고 앗수르의 군인 18만 5천을 밤사이에 죽이셨다(왕하19장). 랍사게는 히브리말도 잘했다. 유다 백성을 위협하기 위하여 고의적으로 히브리말로 외쳤다.

랍사리스[רַב־סָרִיס= 우두머리]인

① 앗수르왕 산헤립의 세 장군 중 한 사람으로 랍사게와 함께 대군을 거느리고 예루살렘을 침략한 사람. 히스기야의 대신들과 회담을 할 때 말하는 것은 랍사게가 대표로 하고 다른 사람은 시종 함께 하였다(왕하18:17).

② 바벨론 고관의 칭호로 느부갓네살이 예루살렘을 포위한 후 예루살렘 성문에서 재판을 한 바벨론의 방백 살스김(렘39:3).

③ 예레미야를 옥에서 석방한 느부갓네살의 관리의 칭호(렘39:13).

랍오니[rabboni]명(요20:16) 선생님→랍비. 막10:51에는 선생님으로 번역했다. →랍비.

랏대[רַדַּי= 주께서 넓히심, 여호와께서 정복하심]인(대상2:14) 이새의 다섯째 아들이며 다윗의 형.

랏사론[לְשָׁרוֹן= 큰 돌]지(수12:18) 가나안에 있는 한 성읍. 요단강서쪽 정복한지명에 기록되었다.

레가[לֶכָה= 여행]인(대상4:21) 유다의 아들 셀라의 후손 중 에르의 아들.

레가[רְכָה= 내리받이 고개]지(대상4:12) 유다의 한 성읍.

레갑~족속[רֵכָב= 기병, 약대를 타는 자]인

① 베냐민 사람 에브롯의 림몬의 아들. 이스보셋의 군장이었다. 아브넬이 죽은 후 그의 형제가 공모하여 이스보셋을 죽여 이스보셋의 머리를 다윗에게 가지고 왔다. 다윗은 그들에게 상을 주지 않고 무죄한 자를 잔인하게 죽인 죄를 물어 그들을 처형하였다(삼하4:2-12).

② 요나답의 아버지. 레갑 족속의 시조(대상2:55). 겐 사람으로 이스라엘 사람과 함께 가나안으로 들어온 것으로 추정한다. 자녀들에게 성결을 가르쳤다. ①예후 때의 지

도자 여호나답(요나답)은 바알숭배를 파괴하는 일에 협력했다(왕하10:15, 23). ②예레미야때에 선지자는 레갑족속을 배워야 할 대상으로 여겼다(렘35:19). 이들 족속의 딸들은 제사장들과 결혼하였는데 "내 앞에 설 사람이 영영히 끊어지지 아니하리라"라고 약속한 예언이 이루어졌다.

③ 벧학게렘 지방을 다스리고 예루살렘 분문을 수리한 말기야의 아버지(느3:14). 바벨론 포로귀환 후의 레갑 족속의 어른이 되었다.

레겜[רֶקֶם = 잡색, 공허함, 얼룩]인

① 이스라엘 사람 비느하스에게 살해된 미디안의 왕(민31:8). 이스라엘 백성에게 이방신 숭배와 음행을 하도록 한 죄악으로 하나님께서 보응하셨다(민25장).

② 헤브론과 관련되어 있는 갈렙의 가족의 한 조상(대상2:43). 삼매의 아버지(대상2:43-44).

③ 길르앗에 있는 마길의 한 가족의 조상(대상7:16).

레겜[רֶקֶם = 친구]인(대상2:47) 유다사람. 야대의 아들.

레겜[רֶקֶם = 돌의 퇴적]지(수18:37) 위치가 확인되지 않은 베냐민 지파의 성읍.

레겜멜렉[רֶקֶם מֶלֶךְ = 왕의 친구]인 (슥7:2) 바벨론에서 포로생활을 하다가 예루살렘으로 돌아온 한 이스라엘 사람의 이름.

레기온['Ρήγιον = 파괴]지(행28:13) 이탈리아 반도 서남단에 있던 고대 희랍의 식민지. 큰 도시로 피타고라스 철학의 중심지였다. 바울 일행이 탄 배가 하루 쉬어간 곳. 시실리의 맞은 편에 있다.

레멕[לֶמֶךְ = 강하다]인(눅3:36) 아담의 9대손. 노아의 아버지. → 라멕

레멧[רֶמֶת = 높은 곳, 산당]지(수19:21) 잇사갈의 한 성읍 라못과 야르뭇과 같은 곳.

레바[רְבַע = 사분의 일]인(대상6:73, 수21:29)

① 모압 들판에서 살해된 모압 다섯 왕 가운데 하나. 이스라엘 백성을 유혹하여 우상을 섬기게 하고 도덕적 타락을 가져오게 하였기 때문이다(민31:8, 수13:21). 같이 망한 왕은 에위, 수르, 레겜, 후르이다.

② 에브라임 자손 브리아의 아들(대상7:25). 여호수아의 조상.

레바논(산)[לְבָנוֹן = 흰산]지

1. 위치 - 팔레스타인 북부에 솟아있는 시리아 산맥(신1:7).
2. 관련기사 - ①하나님이 출애굽한 이스라엘에게 방향을 돌려 가라고 명한 곳(신1:7). ②모세가 보기를 원했던 곳(신3:25). ③이스라엘 백성의 가나안의 경계(신11:24). ④백향목, 잣나무의 산지(왕상5:6-10). ⑤최고봉은 헬몬산(신3:8, 9, 수11:3). ⑥점령하지 못한 이스라엘 영토(수13:5, 삿3:3). ⑦실제적인 경계는 레바논 골짜기 바알갓이다(수11:17). ⑧배의 돛대 재료의 생산지(겔27:5).

레바논 나무궁[house of the forest of rebanon]명(왕상7:2-5) 솔로몬 왕의 집무실 겸 무기고. 레바논의 백향목으로 건축한 호화로운 궁궐. 길이가 45m, 폭이 22.5m가 되는 장방형 건물로 백향목 기둥을 네줄로 세우고 기둥위에 백향목 들보 45개가 있다. 그 위에 길이가 22.5m, 폭이 13.5m나 되는 홀을 만들어 상아 왕좌에 앉아 재판을 진행하였다(왕상7:1-8). 솔로몬은 이 나무궁에 황금제 큰 방패와 작은 방패를 걸어놓았다(왕상10:16, 사22:8).

레사['Ρησά = 친구]인(눅3:27) 스룹바벨의 아들. 예수님의 계보에 있는 한 사람.

레센[לֶשֶׁם = 억제함, 요해]지 단 지파가 취한 성읍(수19:47). 팔레스틴 북부 라이스(삿18:7)와 같은 곳. 후에 단이라고 이름을 고쳤다.

레센[רֶסֶן = 샘의 머리]지(창10:12) 니므롯이 건설한 니느웨와 갈라 사이 티그리스강 유역 앗수르 성읍.

레셈[רֶשֶׁף = 불꽃]인(대상7:25) 에브라임 자손 브리아의 아들이며 델라의 아버지.

레셈[רֶשֶׁף = 구은 돌]지(왕하19:12) 앗수르왕이 점령한 동부 수리아의 성읍. 히스기야왕에게 공포감을 일으키게 하기 위하여 예시한 성읍. 앗수르 비문에 레사바라고 기재되어 있는 것으로 보아 팔미라와 유브라데강 사이에 있는 현재의 루사아페로 짐작된다.

레아[לֵאָה = 암소]인(창29:16)
1. **인적관계** - 라반의 장녀. 외모는 아름답지 않았다(창29:16)
2. **관련기사** - ①라반의 장녀이며 라헬의 언니. ②야곱이 속아서 얻은 아내(창29:15-30). ③르우벤, 시므온, 유다, 잇사갈, 스불론의 어머니(창29:31-35). ④야곱의 딸 디나의 어머니(창34:1). ⑤시녀 실바를 야곱에게 줌(창30:9). ⑥르우벤에게서 합환채를 받아 라헬에게 주고 남편과 잠자리를 같이 함(창30:14-16). ⑦이로 인하여 야곱의 여섯째 아들 스불론을 낳았다(창30:20). ⑧가나안에 돌아와 죽어 막벨라 굴에 장사되었다(창49:31).

레위[לֵוִי = 친함, 연합함]인
1 야곱의 아들(창29:34).
1. **인적관계** - 레아가 낳은 야곱의 세째 아들(창29:34).
2. **관련기사** - ①이스라엘 제사장 계통의 조상(창49:5-7). ②여동생 디나가 세겜에서 욕을 당하자 세겜 사람을 속여 죽였다(창34:2, 25-26). ③야곱과 같이 애굽으로 갈 때 게르손, 고핫, 므라리 세아들과 같이 가서 137세에 별세하여 그 곳에 묻혔다(창46:11, 출6:16). ④그의 후손에서 아론, 모세, 미리암이 출생 하였다(출6:16-26, 민26:59). ⑤제사장 가족. 성전 봉사자의 조상이 되었다(출32:25-29, 신38:8-11). ⑥계시록 12지파의 계수에 든 지파(계7:7).
3. **교훈** - 용서하지 않고 위계에 의한 보복을 한 것은 잘못이다.

2 예수님의 계보 중 한 사람으로 멜기의 아들이다(눅3:29).

3 예수님의 계보 중 한 사람으로 시므온의 아들이다(눅3:29).

4 예수님의 제자. 예수님을 자기 집으로 초대하여 잔치를 하였다. 알패오의 아들 세리 마태와 같은 사람(마9:9, 10:3, 막2:14, 눅5:27-29). → 마태.

레위기[Leviticus]명(레) 구약 세번째 성경. 모세가 기록한 5경의 하나. 하나님께서 출애굽기25장 22절을 통하여 약속하신 것을 어떻게 이루어 주시는 것과 성결에 대한 교훈과 제사장들의 바른 사역을 규정하고 예수 그리스도께서 구주로 오심과 구속의 사역을 이루신다는 예언적 말씀(유형)을 기록하였다. 하나님께 드리는 예배에 관한 특별한 방법을 상세하게 기록했다. 내용분해는 박기원 편 성경총론을 참고하라.

● **레위기에 나타난 그리스도의 모형** - ①대제사장(레21:10) - 영원한 대제사장이신 그리스도(히2:17, 9:11). ②제사와 제물. (1)번제(레1:3) - 그리스도께서 자신을 온전한 사람으로 하나님께 드림. (2) 소제(레2:1) - 그리스도께서 자신이 향기로운 제물이 되심. (3) 화목제(레3:1) - 그리스도의 죽으심은 하나님과 사람사이를 화목하게 하심. (4) 속죄제(레4:2) - 그리스도께서 인류의 죄를 위하여 죽으심. (5) 속건죄(레5:14) - 그리스도께서 우리를 살리시기 위해 우리의 허물을 위하여 죽으심. (6) 희생제물은 예수 그리스도의 희생을 예포하다. ③성막 - 출애굽기에 나타난 그리스도의 모형을 참고하라. ④절기와 성일 (1) 안식일(레23:3) - 영원한 안식 (2) 유월절(레23:5) - 그리스도 대속의 죽으심. (3) 무교절(레23:6) - 그리스도의 무죄, 성도의 성결. (4) 초실절(레23:10) - 그리스도는

처음 열매가 되심. 그의 부활(고전 15:20-23). (5)속죄일(레23:27) - 그리스도께서 우리의 죄를 사하셨다. (6)초막절(레23:34) - 그리스도의 고난, 그리스도의 재림을 예표한다.

레위사람[levitites]명(출4:14) 레위족을 일컫는 말. 다윗 때는 성전 노래대, 성막수위, 예수님 때는 귀족을 일컬었다.

레위인(자손, 족속, 집)[~人; 사람인]명(민1:47) →레위. 레위사람. 기업을 분배받지 않았으나 십일조를 받아 살았다(민18:20-24, 신10:9, 레25:23).

레위인의 성읍[town of levitites]지 레위인들은 가나안 기업분배 때 땅을 받지 아니하였다. 가나안 땅을 분배받은 다른 지파에 속한 성읍(48개)에 흩어져 거주하였다(민30: 수20:21: 대상6:54-81). 이들이 사는 성읍 중 6성읍은 도피성으로 지정되었다(신4:41-43, 19:1-10, 수20:1-9). 일부 레위인들은 지정된 성읍에서 살지 않고 떠돌아 다녔다(삿17:7-13).

레이[רֵעִי = 친구]인(왕상1:8) 다윗의 신실한 신하. 다윗의 아들 아도니야가 다윗 대신 왕이 되려고 계교를 꾸밀 때에 여호야다의 아들 브나야, 선지자 나단과 함께 다윗에게 충성을 다하였다.

레판[rephan]인(행7:43) 바벨론 별의 신(토성)의 이름. ①이스라엘 백성이 애굽과 광야에서 숭배하던 우상(행7:43). ②히브리어로 기윤인데 70인역 헬라어 성경에 레판으로 되어있다(암5:26).

레히[רֶחִי = 턱뼈]지(삿15:9) ①삼손이 나귀의 턱뼈로 블레셋 군인 1천명을 죽인 곳(삿15:14-19). ②삼손이 매우 목이 마를 때 하나님께서 샘물을 내어 마시게 한 곳. 소라의 동남 3km지점 현재의 굴벳싯삭으로 짐작된다.

렙돈[lepton]명(막12:42) 유대에서 사용된 쇠돈 가운데서 가장 작은 돈. 반고드란트 의 과부가 연보한 동전. 눅12:59에는 호리로 옮겼다. 무게는 1.7g. 앗사리온의 8분의 1, 고드란트의 2분의1에 해당된다(눅21:2).

로가[רֹגַה = 풍족한 비, 동란]인(대상7:34) 레아의 종 실바가 낳은 아셀의 자손. 브리아의 가족 헤벨에서 나온 소멜의 아들. 족장.

로고스[λόγος = 말씀, 도]명 한글 성경에는 없는 말. 요1:1을 구역 한글 성경에는 도(道)라고 번역했고 개역 성경에는 말씀이라고 번역한 헬라어. 철학에서는 세계의 법칙을 말하는 개념으로 사용한다. 성경에서는 삼격일신(三格一神, 삼위일체) 하나님을 일컫는 말로 성자 예수님을 가리킨다. ①말씀의 선재(요1:1). ②말씀은 곧 하나님(요1:1). ③말씀에 의하여 모든 것이 창조되었다(요1:2). ④생명이 있고(요1:3). ⑤성육신 하심(요1:6, 14). ⑥사람들의 빛이심(요1:14). ⑦당시 사람들이 영접하지 아니하였다(요1:14). →말씀.

로글림[רֹגְלִים = 옷감 바래는 곳, 세탁자의 밭]지(삼하17:27) 길르앗의 성읍. 다윗이 압살롬의 난을 피하여 마하나임에 있을 때 친절을 베푼 바실래의 고향.

로단[לוֹטָן = 굴에 사는 자]인(창36:20) 세일산에 거주한 호리사람. 세일의 맏아들(대상1:38, 39). 애굽 비문에 rwtn으로 기록된 것을 보아 롯과 관계 있는 것으로 보는 이가 있다. 어떤 사람은 디워야단으로 여긴다.

로데[Ῥόδη = 장미꽃]인(행12:13) 요한 마가의 어머니 마리아의 집에서 부리던 여종. 베드로가 옥에서 나와 찾아와서 문을 두드릴 때 베드로인 것을 알고 기도하던 성도들에게 알렸다. 그는 초대 그리스도인이 분명하다.

로마

로데발[לֹא דְבַר = 목장이 없음]<u>지</u> (삼하17:27) 요단강 동편 마하나임 근처에 있던 지명. 요나단의 아들 므비보셋을 보호하고 다윗을 선대한 마길의 고향.

로뎀나무[juniper. broom]<u>명</u>(왕상19:4) 중동지방 광야에서 자라는 나무. 키는 크지 않으나 사막에서 약간의 그늘을 만들어 준다. 욥기 30:4에는 대싸리 나무로 번역 되었는데 그 모양이 비슷하기 때문인 것으로 본다. ①엘리야가 그 아래서 쉬었다(왕상19:4, 5). ②땔감으로 쓰이며 뿌리는 숯을 만들어 사용한다(시120:4).

로도[*Pódos* = 장미]<u>지</u>
1. **위치** - 지중해 에게해 지역, 소아시아의 남서 갈리아해에 있는 섬.
2. **관련기사** - ①바울이 3차 전도 여행 때 기항한 섬(행21:1). ②구약의 도다님은 이 섬을 가리킨다(창10:4). ③두로와 교역한 백성 중 로도(드단 ; 맛소라 사본 인용) 사람이 있었다(겔27:20).

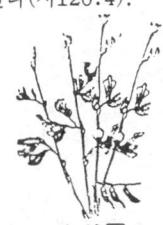

발굴된 주화

＊이곳에는 세계 7대 불가사이의 하나인 아폴로신전이 있었고 30m나 되는 황동 태양신상(우상)이 있었다.

로드[לֹד = 자손, 싸움]<u>지</u>(스2:33) 신약에서 룻다로 기록된 로드는 샤론 평원의 남쪽 접경지대의 베냐민 성읍의 하나. 욥바에서 동남으로 18km 지점 해안에서 예루살렘으로 가는 중요 도로변에 있다. 엘바알의 아들이 세웠다(대상8:12)→룻

로드발[לֹא דְבַר = 목장이 없다]<u>지</u> (삼하9:4) 마하나임 동편에 있던 성읍으로 요나단의 외아들 므비모셋이 피난하였던 길르앗의 성(삼하17:20). 드빌과 같은 곳(수13:26). ①북 이스라엘이 점령 하였다고 자랑하던 성읍(암6:13). ②므비보셋을 숨겨준 마길의 고향(삼하9:4, 5). ③다윗이 압살롬을 피하여 간 곳(삼하17:27).

로루하마[לֹא רֻחָמָה = 자비를 받지 못한 자]<u>인</u>(호1:6) 호세아가 부정한 아내 고멜의 몸에서 태어난 딸에게 지어준 상징적인 이름. 하나님이 이스라엘에 대하여 노하심의 원인으로 알려진 이름.

로마[*Rώμη* = 세력]<u>지</u>
1. **위치와 개요** - ①지중해 이달리아 반도 중부에 위치한 로마제국의 수도. 때로는 로마 제국을 가리킨다. ②고대 제국에 있어서 정치, 문화의 서구 중심지요 사도시대 이후에는 기독교 중심지로 유명하다. ③예수님 당시 동으로는 유브라데강, 서로는 라인강, 남으로는 지중해를 건너 아프리카주의 북부 일대 곧 나일강까지 이르러 전성시대를 이루었다. ④국민생활은 극도로 사치하였다.
2. **관련기사** - ①로마 황제 가이사 아구스도가 천하에 호적령을 내림(눅2:1). ②총독 빌라도가 예수님을 십자가에 못박게 하고 죄명을 써 붙였다(요19:20). ③오순절 때 많은 사람이 예루살렘에 와서 성령을 받았다(행2:10). ④로마의 식민지 빌립보(행16:12). ⑤유대인들을 로마에서 떠나게 하였다(행18:2). ⑥바울이 선교를 위하여 열망한 곳(롬1:15, 행19:21). ⑦주께서 바울에게 로마로 가라고 하심(행23:11). ⑧바울이 멜리데에서 로마로 향함(행28:14). ⑨바울이 로마에서 옥에 갇혀 있으면서 전도하였다(행28:16). ⑩바울이 에베

소서, 빌립보서, 골로새서, 디모데후서, 빌레몬서, 다섯 성경을 기록한 곳. ⑪바울이 로마에 있을 때 오네시보로가 도움(딤후1:16-17). ⑫빌1:13은 바울의 전도의 결과를 보여준다. ⑬빌4장은 사도들의 초기 순교를 예상하는 것인데 전설에 의하면 베드로와 바울이 네로 황제 때 순교하였다(요21:18).

3. **교훈** - 이방도 하나님의 경륜에 의하여 사용하신다.

로마말[latin]圐(요19:20) 예수님의 죄명을 빌라도가 로마말과 헬라말로 써 분혔다. 당시 로마말은 라틴어이다. 관청과 상거래, 일반생활속에 널리 사용되었다.

로마사람(인)[romans]인(행16:21). 로마의 시민권을 가진 사람은 로마제국 어디에서든지 특권을 누리고 보호를 받았다. 돈을 주고 산 사람도 있었고 출생과 더불어 받은 사람도 있었다(행16:38). ①빌립보사람들(행16:21). ②바울 일행(행16:37). ③군인과 옥졸들이 두려워 하였다(행22:29, 16:38). ④정죄하지 않고는 채찍을 가할 수 없다(행22:25). ⑤특별 보호를 받음(행23:27). ⑥법에 따라 처리된다(행25:6). ⑦로마의 관리들(요11:48).

기독교 박해자 네로상

로마서[Romans]圐(롬) 사도 바울의 기록으로 신약전서 여섯번째 성경이다. 믿음으로 의롭다함을 얻는 진리를 교훈하고 있다. 유대인의 배교로 이방인이 구원받는 양자의 원리를 보여주는 교리서이다. 의롭다 ; 17회, 믿음 ; 37회, 그리스도 ; 39회 사용되었다. 내용분해는 박기원 편 성경총론을 참고하라.

●**로마서에 나타난 그리스도** - 로마서는 믿음으로 의롭게 된 그리스도인의 실생활을 보여준다. ①둘째 아담(롬5:14). 첫째 아담은 세상에 죄를 들어오게 하였다. 그러나 죄인의 구속자 둘째 아담 예수 그리스도는 온 인류의 죄를 사해 주셨다(롬3:24). ②복음(롬1:2,9,16). 복음의 중심이 되신 그리스도는 선지자들로 말미암아 미리 약속된 하나님의 아들이다. ③하나님의 능력(롬1:16). ④칭의(의로 여김)(롬1:17). 그리스도를 믿음으로 의롭다함을 받게 된다. 그리스도는 의로 여기시는 분이시다. 그리스도의 대속의 죽음과 부활은 성도의 구원, 칭의, 화목, 영화, 영생의 근거가 된다.

로스[שׁאר = 우두머리]인

[1] 베냐민의 일곱째 아들. 일족과 함께 애굽으로 내려갔다(창46:21). 출애굽한 베냐민 가계에 나오지 않는다(민26:38-39, 대상8:1-15). 아들 없이 죽었기 때문이다.

[2] 에스겔이 예언한 백성이나 그 지역의 이름. 곡이라고도 한다(겔38:2). 말의 뜻을 따라 왕으로 여기는 이도 있다.

로암디에셀[רוֹמַמְתִּי עֶזֶר = 내가 도움을 귀히 여긴다]인(대상25:4) 레위사람 헤만의 아들로 성전에서 나팔부는 자. 다윗 때 성전에서 제금과 비파 수금을 잡은 찬양 대원. 24반열의 책임자(대상25:31).

로암미[לֹא עַמִּי = 내 백성이 아니다]인(호1:9) 선지자 호세아의 아내 고멜이 낳은 호세아의 둘째 아들에게 상징적으로 준 이름(호2:23). 하나님에 대한 이스라엘의 부정의 죄를 지적한다.

로이스[Λωίς = 유쾌하다]인(딤후1: 5) 유니게의 어머니. 디모데의 외할머니. 로이스는 바울을 통하여 예수님을 믿었다. 그의 남편은 헬라 사람으로 불신자이었다(행16: 1). 바울은 디모데의 신앙이 모계를 통하여 이어진 것을 칭찬하였다. 경건한 기독교 가정이었음을 보여준다(딤후3:15).

록[log]명(레14:10) 액체의 최소량을 나타내는 단위. 갑의 4분의 1. 약 0.3ℓ.

롯[סול = 가리웠다]인
1. **인적관계** - 하란의 아들로 아브라함의 조카(창11:27).
2. **관련기사** - ①데라(롯의 할아버지)가 우르를 떠날 때 따라 갔다(창11:31). ②아브라함을 따라서 가나안으로 갔다(창12:5). ③아브라함을 따라서 애굽에 갔다가 나와서 남방으로 갔다(창13:1-5). ④아브라함과 헤어져 소돔으로 감(창13:5-13). ⑤이기적인 롯이 포로가 되었을 때 아브라함이 구출함(창14:12-16). ⑥하나님의 사자를 극진히 영접함(창19:1-14). ⑦천사를 보호하기 위하여 그의 딸을 주려고 했다(창19:1-14). ⑧소돔에서 구원받음 그러나 그의 처는 뒤를 돌아다 봄으로 소금 기둥이 되었다(창19:15-26, 눅17:32).

⑨소돔에서 나온 롯은 소알에 있다가 두려워 산에 올라가 굴에 거하였다(창19:30). ⑩롯의 두 딸이 롯의 씨를 받아 모압과 암몬족속을 이루게 되었다(창19:30-38). ⑪말세는 롯의 때와 같다고 예수님께서 말씀하셨다(눅17:28-32).
3. **롯에 대한 평가** - 이기적이요 도덕적인 영량력을 상실한 자로 평가하지만 베드로후서 2:7-8은 무법자의 음란한 행실로 인하여 고통하는 의로운 롯이라고 평가하였다.
4. **교훈** - 하나님께서 의인을 구원하신다. 도덕적 부패, 이기주의는 신앙생활의 적이다.

롯[סול = 가리웠다]지(대상8:12) ①비옥한 샤론 평원에 베냐민 사람 세멧이 세운 성읍. ②바벨론에서 돌아온 후에 다시 거주하였다(스2:23, 느7:23, 11:35). 신약의 룻다와 같은 곳. ③베드로는 여기서 애니아를 고쳤다(행9:33). →로드 지금의 델아비브(욥바) 근처.

롯의 처(아내)[lot's wife]인(눅17:32) 소돔성이 유황불로 심판을 받을 때 소돔성에서 떠났으나 하나님의 사자의 말을 듣지 않고 뒤를 돌아다 봄으로 소금기둥이 된 여자(창19:17, 26).

롯 자손[descendants of lot]인(시83:8) 택한 백성의 원수. 롯의 후손. 앗수르의 도움을 받은 자손.

루가오니아[Λυκαονία = 양의 가슴]지(행14:6) 남부 소아시아 지역. 갈라디아 남쪽에 있는 험준한 산악지대. ①루스드라와 더베가 속한 지역(행14:5-6). ②루가오니아의 방언이 있었다(행14:11). 바울은 위험을 무릅쓰고 핍박중에서 루스드라와 더베와 그 근방에 교회를 세웠다. 현재의 터어키국 카라마니카도에 편입되어 있다.

루기아[Λυκία = 매우 덥다]지 (행27:5) 소아시아 서남쪽 산지가 많은 해변의 작은 도시. 이웃에 무라와 바다라 두 성이 있었다. ①바울이 마지막 예루살렘을 방문할 때 배를 갈아 탔다(행21:1-2). ②바울이 로마로 갈 때 이곳을 경유하였다(행27:5-6).

루기오[Λούκιος = 빛]인
① 구레네 사람으로 초기 안디옥 교회의 교사이며 예언자(행13:1).

루리아

[2] 바울 사도가 '나의 친구'라고 말한 고린도 교회의 신자(롬16:21). 이 두 사람을 동일인이라고 말하는 학자도 있다→누기오

루디아[Λυδία = 생산]인(행16:14)
1. **인적관계** - 유럽 최초의 여성도
2. **관련기사** - ①두아디라 출신으로 자주 장사를 하던 여자. 바울이 빌립보에서 전도할 때 믿게 된 사람이다. 바울의 일행을 강권하여 자기 집에 유하게 하였다(행16:14-40). ②루디아는 실상 그의 출신지를 말하는 것이고 원 이름은 유오디아가 아니면 순두게 였다고 말하는 학자도 있다(빌4:1).
3. **교훈** - 선교를 위한 그리스도인의 진정한 봉사.

루딤[לוּדִים]인(창10:13) 함의 손자이며 미스라임(애굽주민)의 맏아들. 노아의 증손자(대상1:11).

루딤인[lydians]인(렘46:9) 소아시아 서안 중앙부에서 오지에 이르기까지의 지역에 거주한 사람. 활을 당기는 사람. 선민의 적.

루마[רוּמָה = 높이, 고상함]지(왕하23:36) 여호야김 왕의 어머니 스비다(아버지는 브다야)의 출신지.

루빔[לוּבִים = 목마르다, 메마른]지(나3:9) 애굽의 서북쪽 아프리카에 있던 건조한 지방 구레네 부근의 주민. ①룹과 같고(대하16:8). ②르하빔과 같은 곳으로 여긴다(창10:13, 대하1:11). 대하11:3에는 훔으로 기록했다. 이곳 사람들은 애굽과 구스와 같이 선민을 괴롭혔다(대하12:2-3). 지금의 리비아.

루사니아[Λυσανίας = 비애는 끝났다]인(눅3:1) 세례 요한때 아빌레네의 분봉왕. 디베료 가이사 제15년에 제위한 사람.

루스[לוּז= 편도(살구) 나무]지
[1] 벧엘의 옛 이름. ①고대 가나안의 성읍(창28:19). ②야곱이 벧엘이라고 하였다(창28:19). ③야곱이 가나안으로 돌아올 때 경유함(창35:6). ④하나님께서 나타나 복을 허락하신 곳(창48:3). ⑤요셉 족속이 정탐한 곳(삿1:23). ⑥에브라임과 베냐민의 경계를 이룬다(수16:2, 18:13).
[2] 에브라임 사람에게 쫓겨난 벧 사람이 헷 사람의 땅에 건설한 성읍(삿1:26)의 이름.

루스드라[Λύστρα = 양의 무리]지
1. **위치와 개요** - 로마의 속주 갈라디아 남부 루가오니아의 성읍. 더베와 이고니온 중간 지점에 있다. 고고학적 발굴로 인하여 라틴어로 새긴 제단과 주화등이 당시의 번영함을 증거한다.
2. **관련기사** - ①사도 바울이 1차 전도 여행 때 교회를 세운 곳(행14:6-20). ②사도 바울이 앉은뱅이를 고쳐준 곳(행14:8). ③그곳 주민들은 하나님이 내려 오셨다고 생각하여 바울은 허메, 바나바는 쓰스라하여 제사를 드리려는 일이 있었다(행14:10-18). ④이들에게 방언이 있었다(행14:10). ⑤바울이 2차 전도여행 때 방문한 곳(행16:1). ⑥바울이 디모데에게 할례를 행함(행16:2-3). ⑦바울이 3차 전도여행 때의 경유지(행18:23). ⑧바울이 돌에 맞아 거의 죽게 된 상태까지 이르렀다(행14:6-21, 딤후3:11).
3. **출신인물** - 헬라인 디모데(루이스의 외손자이며 유니게의 아들).
4. **교훈** - 감정적인 신앙은 열성적이나 배교하기가 쉽다. 디모데와 같이 성경을 배우고 대를 이은 신앙이 교회에 유익하며 사회의 칭찬을 받게 된다.

루시아[Λυδίας]인(행24:22) 예루살렘에 주둔한 로마 수비대를 지휘한 천부장. 바울이 예루살렘 폭도들에게 폭행을 당하게 될 때 유대인의 손에서 구하여 가이사랴로 보내었다(행21:31-22:28). 글라우디오 루시아는 그의 완전한 이름이다(행23:26).

루포['Ροῦφος = 붉다]인
[1] 구레네 시몬의 아들로 알렉산더와

르두시 (족속)

형제간(막15:21).
② 바울이 문안한 로마의 신자(롬16:13).
루하마[רֻחָמָה = 불쌍히 여기는 자] 인(호2:1) 선지자 호세아의 딸에게 여호와께서 주신 상징적인 이름. 하나님을 버리고 다른 사람과 음행한 이스라엘의 죄를 사하여 하나님과의 관계가 호전된 것을 보여주는 위로의 말씀(호1:10-11).
* 베드로와 바울이 성도와 하나님과의 관계를 잘 나타내었다(벧전2:10, 롬9:25, 26).
루힛[לוּחִית = 판자로 만듦]지(사15:5) 사해 남부의 동쪽 호로나임 부근에 있던 모압 자손의 성읍. 예레미야의 예언에 인용된 성읍(렘48:5).
룹[לוּבִים]지(대하16:8) 북아프리카의 주민. 현재의 리비아 사람. 아사왕 때 구스 사람과 함께 유다를 치러온 지방. 르하밈과 같고(창10:13, 대상1:11), 루빔이라고도 한다(나3:9).
룻[רוּת = 자손, 친구]인
① 노아의 손자이며 셈의 아들(창10:22, 대상1:17).
② 모압 여자.
1. **인적관계** - 나오미의 며느리. 다윗의 증조모.
2. **관련기사** - ①모압 여인(룻1:4). 나오미의 며느리, 기룐의 아내. ②과부가 되었다(룻1:5). ③시어머니를 따라 모압을 떠나 베들레헴으로 왔다(룻1:6-22). ④곡식 이삭을 주워 시어머니를 공양(룻2:3). ⑤나오미의 말을 잘 따랐다(룻3:1-5). ⑥보아스와결혼함(룻4:9-13). ⑦룻이 오벳을 낳음(룻4:13-17). ⑧다윗의 증조모이며 이새의 할머니(룻4:17, 22). ⑨예수님의 계보에 기록된 이방 여인(마1:5-17).
3. **교훈** - 우상의 도성에서 살았지만 참 하나님을 알고 섬긴 바른 선택, 굳건한 믿음 그의 효행을 본받아야 한다.
룻[רוּד = 자손, 친구]지(사66:19) 이사야의 예언에 인용된 지방. 뿔과 활을 당기는 자라 하였다. 에스겔도 예언에 인용했다(겔27:10). 리비아 서편지역으로 추정한다.
룻기[Ruth]명(룻) 구약 여덟번째 성경이다. 기록자는 확실하지 않으나 사무엘이라고 하는 사람이 많다. 사사시대 동안에 빛이 되었던 사람들의 생활에 대하여 우리에게 통찰력을 갖게 하고 효도와 다윗의 혈통을 보여주며 특별히 하나님을 섬기도록 선택 받은 사람이 받는 복을 보여준다. 내용 분해는 박기원 편 성경총론을 참고하라.
● **룻기에 나타난 그리스도의 모형** - ①보아스의 혈연적 관계(룻3:9). 그리스도께서 우리를 자녀라고 하신다(요1:12, 빌2:5-8). ②보아스가 엘리멜렉의 기업을 무를 대가를 치룸(룻2:1-2). 그리스도께서 우리의 죄값을 그의 피로 갚으셨다(벧전1:18-19). ③보아스의 자원(룻3:12). 그리스도께서 십자가를 자원하여 지셨다(마20:28). ④보아스와 룻의 결혼(룻4:). 교회는 그리스도의 신부이다(고전11:2, 계21:9). ⑤나오미와 룻은 성도의 옛 모습을 보여준다.
룻다[Λυδδα = 장식]지(행9:32). 샤론 평원 욥바에서 동으로 15km 구약에는 롯이라고 기록되어 있는 베냐민의 성읍. 베드로가 이곳에서 애니아의 중풍병을 고쳤다(행9:35). 이로 인하여 신자가 많이 생겼다.
르두시 (족속)[letushimites]인(창25:3) 드단의 자손이며 아브라함과 그두라의 후손. 앗수르 족속과 르움미 족속의 조상.

르말라[רְמַלְיָהוּ = 주께서 높아지셨다]인(왕하15:25) 이스라엘왕 베가의 아버지. 베가는 전왕 브가히야를 살해하고 왕이 되었다.

르말리야 인(사7:1)→르말야.

르무엘[לְמוּאֵל = 하나님께 속한 자] 인(잠31:4) 잠언 31장의 작가. 시인이요 왕이다. 그의 어머니가 가르친 교훈을 기록했다(잠31:1-9). 그가 누구인지는 알 수 없다. 랍비 주석학자들은 솔로몬의 다른 이름으로 본다. 그로티우스는 히스기야로, 고고학적인 발굴에서 팔레스타인 동방 아라비아 족속의 맛사의 왕으로 해석하는 이도 있다.

르바[רְפָא]인(수12:4) 바산왕 옥의 조상.

르바나[לְבָנָה = 달, 향료, 흰]인(느7:47) 스룹바벨과 함께 바벨론에서 돌아온 느디님 사람의 한 분파의 족장. 특별 귀환 자(스2:45).

르바야[רְפָיָה = 주께서 고치신다]인
① 다윗의 자손(대상3:21). 여사야의 아들. 아르난의 아버지.
② 시므온 자손 군대장(대상4:42). 에돔땅을 치고 그 곳에서 살았다.
③ 잇사갈의 한 부족의 조상(대상7:2). 돌라의 아들로 족장.
④ 사울의 자손(대상9:43). 비느아의 아들로 엘리아사의 아버지. 라바와 같은 사람(대상3:37).
⑤ 예루살렘 반지구의 지사 후르의 아들(느3:9). 느헤미야와 같이 예루살렘 성벽을 수리했다.

르바엘[רְפָאֵל = 하나님께서 낫게 하신다]인(대상26:7) 레위 사람 스마야의 아들 오벳 에돔의 자손으로 둘째 성전의 문지기.

르바옷[לְבָאוֹת = 숫 사자]지(수15:31) 시므온의 한 성. 유다 남방경계의 성. 벧 르바옷과 같은 곳(수19:6).

르바임[רְפָאִים = 거인들]인(신2:11) 장대한 거인을 일컫는 말. 르바족속, 거인이들이라고 번역된 말. 가나안 초기 원주민을 가리킨다. ①모압사람은 에임이라 불렀다(신2:11). ②바산왕 옥(신3:11). ③암몬족속이 삼숨밈이라고 부르는 사람(신2:20). ④블레셋의 영웅들(삼하21:16-22, 대상20:4-8).

르바임[רְפָאִים = 원기가 왕성]지(신2:11) ①예루살렘 남쪽에서 베들레헴 방향으로 있는 넓고 기름진 골짜기(수18:16). ②다윗이 블레셋을 격파한 곳(삼하5:18, 23:13, 대상11:15, 14:9). ③곡창지대(사17:5)로 인용되었다.

르바족속[rephaites]인(창14:5) 그돌라오멜에게 패한 가나안의 한 족속. 70인역에서는 '거인들'이라고 번역하였다(수12:4, 대상11:5, 14:9, 20:4). 르바족속의 남은 자 바산왕 옥의 철침대의 크기를 보아 장대한(거인) 족속임이 분명하다. →아낙족속. 옥.

르보나[לְבוֹנָה = 유향]지(삿21:19) 에브라임 산간지역 마을. 실로의 서북 4.8km지점, 벧엘에서 세겜으로 가는 대로 서쪽에 있다. 아랍 이름 룹반 살카아르.

르비딤[רְפִידִים = 평야, 평원]지
1. **위치와 개요** - 신광야와 시내산 사이. 시내산 북서 20km지점의 비옥한 땅.
2. **관련기사** - ①출애굽한 이스라엘 백성이 시내산에 이르기 전 마지막으로 머문 곳(출19:2, 민33:14). ②모세가 바위를 쳐서 물을 나게 한 곳(출17:1-7). ③아말렉과 싸워 이긴 곳(출17:8-16). 모세가 손을 들면 이스라엘이 승리했다. 그래서 아론과 훌이 모세의 손을 받들었다. ④여호와 닛시의 곳(출17:15). ⑤천부장, 백부장, 오십부장, 십부장 등 조직을 하게 된 곳(출18:24-27). ⑥현재의 와디 페이라로 여긴다. 과거의 흔적이 남아 있다.

르손[רְזוֹן = 중요하고 고귀함]인(왕상11:23) ①엘리아다의 아들. 소바왕 아다에셀의 신하. ②다윗이 아다에셀을 칠 때(삼하8:3) 도망하여 주변의 병력을 모아 스스로 수리아(다메섹)왕이 되었다(왕상 11:23-25). ③솔로몬시대에는 이스라엘의 강한 적이었다(왕상11:25).

르신[רְצִין = 시내, 작은 강]인
① 다메섹 아람왕으로 이스라엘왕 베가와 동맹하여 앗수르의 명에서 벗어나려다가 오히려 잡혀 죽었다(왕하16:5, 6). 앗수르왕 디글랏 빌레셀에게 조공을 바친자의 비문에 기록된 인물이다. 유다왕 아하스는 르신과 동맹하지 않았다. 이때 이사야가 임마누엘에 대한 예언을 하였다(사7:1-9). 르신은 앗수르에 살해되었다(왕하16:7-9).
② 바벨론 포로에서 귀환한 느디님 사람(느2:48,7,50).

르아야[רְאָיָה = 주께서 보신다]인
① 유다의 한 부족의 조상 소발의 아들. 하로에와 같다(대상2:52).
② 르우벤의 자손 미가의 아들(대상5:5). 바알의 아버지(대상5:5).
③ 스룹바벨과 함께 바벨론에서 돌아온 성전 봉사자의 가족(스2:47, 느7:50).

르엘라야[רְעֵלָיָה = 하나님께서 멸망케 하는 사람]인(스2:2) 스룹바벨과 같이 바벨론에서 돌아온 한 이스라엘 사람. 12인솔자 중 한 사람. 라아먀와 같은 사람(느7:7).

르우[רְעוּ = 벗]인(창11:18) 셈의 6대손이며 아브라함의 고조부. 예수님의 계보 중의 한 사람으로 벨렉의 아들(눅3:35). 스룩의 아버지(창11:18-21, 대상1:25).

르우마[רְאוּמָה = 높음]인(창22:24) 아브라함의 동생 나홀의 첩.

르우벤(지파, 자손)[רְאוּבֵן = 나의 괴로움을 권고하셨다]인
1. **인적관계** - 야곱의 장남(창29:32).
2. **관련기사** - ①레아가 낳은 아들(창29:31). ②르우벤 지파의 시조(민26:5-11). ③하녹, 발루, 헤스론, 갈미의 아버지(창46:8-9, 출6:14, 대상5:3). ④빌하와 간통함으로 그늘에서 살았다(창35:22). ⑤ 어머니 레아에게 합환채를 드렸다(창30:14). ⑥요셉을 구원하려고 애썼다(창37:21). ⑦애굽에 곡식을 사러갈 때 베냐민을 두고 맹세함(창42:37). ⑧아버지 야곱과 같이 애굽으로 감(창46:8). ⑨야곱의 임종시 축복을 받음(창49:3). ⑩출애굽 때 르우벤 지파의 족장은 엘리술이었다(민1:5). ⑪인구조사 때 46,500명. 2차 조사 때는 43,730명으로 감소되었다(민26:7). ⑫가나안을 정탐한 르우벤 지파의 대표는 삭굴의 아들 삼무아(민13:4). ⑬아론과 모세에게 반역하였다.(민16:50, 26:9). ⑭요단 동편을 기업으로 받았다(민32:1-42, 수18:7). ⑮그들은 형제지파를 도와 가나안 전투에 참가하였다(수4:12). ⑯시스라와의 전투를 기피하여 드보라의 노래에 비난 받았다(삿5:15). ⑰하갈 사람과의 전투에서 대승했다(대상5:18-22). ⑱그들이 메소보다미아로 끌려 갈 때까지 기업의 땅에서 살았다(대상5:22-26). ⑲택자 144,000명에 든다(계7:5).
3. **교훈** - 범죄함으로 장자의 기업이 유다에게 넘어갔다.

르우벤[רְאוּבֵן]지(겔48:7) 출애굽한 르우벤 지파에게 분배된 지역. 요단강 동편 도피성 베셀은 사해 부근에 있었다(신4:43). 현재의 지역은 요르단국에 속한다.

르우엘[רְעוּאֵל = 하나님의 친구]인
① 에돔 족속의 조상 에서의 아들. 그의 어머니는 이스마엘의 딸 바스맛이다(창36:4,10). 나핫, 세라, 삼마, 미사의 아버지(창36:13, 17, 대상1:35-37).
② 모세의 장인이요 미디안의 제사장(출2:18, 민10:29). 이드로라고도 한다.
③ 갓 사람 엘리아삽의 아버지(민2:14).
④ 예루살렘에 거주한 베냐민 사람 이브니야의 증손(대상9:8).

르움미[לְאֻמִּים]인(창25:3) 욕산의

아들 드단의 자손. 아라비아에 정착한 것으로 보인다. →르두심

르하뱌[רְחַבְיָה = 주의 확장] 인 (대상 23:17) 레위 족속 족장으로 엘리에셀의 아들. 모세의 손자.

르하빔[לְהָבִים] 인 (창10:13) 미스라임의 아들. 아프리카 북단 애굽과 리비아 사이의 주민으로 여김.

르호보딜[רְחֹבֹת עִיר =도시의 넓은 곳] 지 (창10:11) 니므롯이 건설한 앗수르의 한 성읍. 니느웨의 외곽으로 큰 니느웨의 한 부분이다.

르호보암 (왕) [רְחַבְעָם = 백성을 반성하게 함] 인

1. **인적관계** - 다윗의 손자이며 솔로몬의 아들(왕상11:43).
2. **관련기사** - ①솔로몬이 죽은 뒤 세겜에서 왕위에 올랐다(왕상12:1). ②백성의 짐을 더 무겁게 하겠다고 대답하여 통일 왕조가 나눠었다(왕상12:3-16). ③두 지파의 왕으로 전락했다(왕상12:17-27). ④40세에 왕이 되어 17년 동안 다스렸다(왕상14:21). ⑤우상을 섬김(왕상14:21-24). ⑥애굽의 침략을 받아 성전과 왕궁의 기물을 내어 주었다(왕상14:25-28). ⑦여로보암과 전쟁을 하였다(왕상14:30). ⑧제사장과 레위 사람이 돌아왔다(대하11:13). ⑨왕비는 하말랏이다(대하11:18). ⑩아내 18명 첩 60을 두었다(대하11:21). ⑪그의 자녀는 각 성읍에 흩어져 살게 했다(대하11:23). ⑫선한 일도 하였다(대하12:12). ⑬예수님의 계보에 기록되었다(마1:7).
3. **교훈** - 하나님을 의지하고 선한 정책을 베풀어야 한다.

르호봇[רְחֹבוֹת =넓은 곳] 지
① 이삭이 그랄 골짜기에서 세번째 판 우물. 브엘세바에서 서남 32km 지점(창26:22).
② 유브라데 강변의 한 성읍 고대 에돔 왕의 한 사람인 사울의 고향(창36:37, 대상1:48).

르홉[רְחֹב = 넓다] 인
① 소바왕 하닷에셀의 아버지(삼하 8:3).
② 느헤미야의 언약문서에 도장을 찍은 레위인(느10:11).

르홉[רְחֹב = 광장] 지
① 요단강 상류의 땅. 가나안 정탐군의 활동 북방 한계선(민13:21).
② 아셀의 성읍. 레위 지파 게르손 자손에게 양여한 곳(수19:28, 대상6:75).
③ 이스라엘 최북단에 있던 성읍. 단 부근인 듯하다(삼하10:8).
④ 삿18:28의 베드르홉과 같은 곳으로 여김.

르훔[רְחוּם = 인자함, 불쌍히 여김] 인
① 스룹바벨과 함께 돌아온 포로 지도자 중의 한 사람(느7:7, 스2:2).
② 예루살렘을 재건하고 있던 유다 사람을 모반자라고 아닥사스다 왕에게 고발한 사마리아의 바사 관리. 그는 왕명에 의한 권력으로 성전 재건공사를 중지시켰다(스4:8).
③ 예루살렘성 한 부분을 재건한 레위사람(느3:17).
④ 율법엄수 계약에 인을 친 한 유다 가족의 수령(느10:25).
⑤ 스룹바벨과 함께 돌아온 한 제사장(느12:3).

리노[Λίνος = 사자같다] 인 (딤후4:21) 디모데에게 문안한 로마 성도.

리밧[רִיפַת] 인 (창10:3) 고멜의 아들. 노아의 증손자. 야벳의 손자. 디밧과 같은 사람(대상1:6).

리베[רֵיבַי] 인 (삼하23:29) 베냐민 지파 사람. 기브아 출신으로 다윗의 30 용사 중 한 사람. 잇대의 아버지.

리버디노회당[Λιβερτίνος= 자유인] 명 (행6:9) 폼페이우스의 전쟁 때 로마에 포로로 갔다가 자유인으로 해방되어 돌아온 유대인의 무리가 모이는 회당. 여기서 스데반과 변론을 하였다.

리브가[רִבְקָה = 그물 끈] 인
1. **인적사항** - 이삭의 아내이며 에서와 야곱의 어머니.
2. **관련기사** - ①브두엘의 딸(창22:

23) ②물을 길러 갔다가 아브라함이 보낸 종 엘리에셀을 만났다(창24:15) ③가나안으로 가서 에서의 아내가 되었다(창24:15-67) ④에서와 야곱을 낳음(창25:21-28) ⑤애굽으로 갔을 때 이삭의 누이처럼 행동하였다(창26:6-11) ⑥에서가 이방인 아내를 취한 것을 걱정함(창26:34-35) ⑦야곱을 시켜 이삭의 축복을 받게 함(창27:1-29). ⑧야곱을 하란으로 보냄(창27:42-46) ⑨유모 드보라를 상수리나무 밑에 장사 지냄(창35:8) ⑩막벨라에 있는 가족 묘지에 장사되었다(창49:31) ⑪사도 바울이 인용하였다(롬9:10,12).

3. **교훈** - 하나님만 의지하는 신앙. 복의 근원이 하나님임을 믿었다.

리블라[רִבְלָה = 벌거숭이의 곳)지 (민34:11) 여호와께서 모세에게 약속하신 땅의 동쪽 하살에논과 갈릴리 호수 중간에 있던 성읍. 가나안의 경계. 지금의 하르멜로 여김.

리비아[לוּבִים = 바다 중심)지
1. **위치와 개요** - 아프리카의 북부 애굽의 서편에 있는 대부분 사막 지대의 국가(단11:43). 2차대전후 독립한 산유국.
2. **관련기사** - ①옛 이름은 훔이다(대하12:2-4). 구스와 같이 애굽을 도와 유다를 쳤다(대하16:8). ②수리아군의 용병(단11:43). ③예수님 당시에는 유대인들이 많이 살았다. ④오순절을 지키러 왔다가 성령강림하는 것과 사도들이 각국 방언으로 말하는 것을 보았다(행2:10). ⑤구레네는 리비아의 한 지방이다(마27:23). ⑥굽(겔30:5), 르하빔(창10:13, 대상1:11)과 같은 곳.
3. **교훈** - 하나님께서 버리신 백성, 함의 후예들의 선민대적. 하나님께서 선민을 위하여 사용하신다.

리비야[명](행2:10) →리비아
리스바[רִצְפָּה = 뜨거운 돌(숯))인 (삼하3:7) 아야의 딸이며 사울의 첩으로 알모니와 므비보셋을 낳았다. 사울이 죽은 후 아브넬이 취했다(삼하3:7). 비극의 여인(삼하21:1-11). 리스바의 아들이 기브온 사람에 의해 살해되었다.

리스위[יִשְׁוִי = 같은 것)인(삼상14:49) 아히노암의 몸에서 난 사울의 아들. 이스보셋, 에스바알과 같은 사람(삼하2:8, 대상8:33).

리시아[רִצְיָא = 즐거움)인(대상7:39) 아셀의 자손으로 울라의 아들이며 족장. 방백의 두목.

리워야단[לִוְיָתָן = 비틀다, 꼬다)명 (사27:1) 바다에 사는 괴물의 이름. 뱀, 용, 악어 등으로 해석하기도 한다. 일식이나 월식을 일으키는 것으로 알고 있었다. ①욥이 낮을 저주하는 자로 인용하였다(욥3:8). ②약탈자 앗수르를 상징(사27:1). ③악어(욥41:4), 용(시47:14)으로 번역되어 애굽을 상징한다. ④계12:9는 그 형상을 잘 나타낸다.

릭히[לִקְחִי = 한 부분)인(대상7:19) 므낫세 사람 시미다의 아들. 세겜의 동생.

린나[רִנָּה = 찬송, 외침)인(대상4:20) 유다사람 시몬의 아들. 갈렙의 조상.

림모노[רִמּוֹנוֹ)인(대상6:77) 브라리 자손 중 남은 자 스불론지파 사람.

림몬[rimmon]명(왕하5:18) 수리아 장군 나아만과 다메섹 왕이 섬긴 우상. 앗수르 사람은 라마스라고 한다. 태풍과 비와 번개의 신 하다드의 별명. 바알이라고도 한다. 풍요의 신으로 소의 등에 서서 번개를 잡고 있는 모습으로 나타낸다. → 바알.

수리아지방의 우상 바알 림몬

림몬[רִמּוֹן = 석류, 림몬신]인(삼하 4:2) 베냐민 족속 에브롯 사람. 바아나와 레갑의 아버지. 이스보셋을 살해하여 다윗에게 처형되었다(삼하5:6).

림몬[רִמּוֹן = 석류, 림몬신]지

① ①유다 남부 시므온의 성읍(대상4:32, 수15:32). ②에느림몬과 같은 곳(느11:29). ③예루살렘 남쪽 림몬(슥14:10). 시글락의 남쪽 15km지점 현재의 에르라마민으로 추정한다.

② 스불론의 레위 사람의 성읍(수19:1, 대상6:77). 딤나와 같은 곳으로 여긴다(수21:35). 나사렛 북쪽 10km지점 지금의 룸마네로 추정.

③ 전쟁에 패한 베냐민 사람 600명이 도망하여 4개월동안 숨은 장소(삿20:45, 21:13). 벧엘의 동쪽 5km지점 람문으로 추정한다.

림몬베레스[רִמֹּן פֶּרֶץ = 석류나무가 있는 고개. 림몬 신이 부수다]지 (민33:19) 애굽에서 나온 이스라엘 백성이 15번째 진친 곳. 립나에 가기 전에 머문 곳. 에시온게벨 서남쪽 약32km 떨어진 곳에 있는 것으로 여긴다.

립나[לִבְנָה = 흰빛]지(민33:20)

① 광야에 있는 동안 이스라엘 백성이 유숙하던 곳(민33:20).

② 유다와 블레셋 경계의 성읍.
1. **위치** - 막게다와 라기스 사이 평지 유다와 블레셋의 경계를 이루는곳.
2. **관련기사**-①여호수아가 공격하여 점령하였다(수10:29). ②유다지파의 기업으로 분배되었다(수15:42). ③레위인의 거주지가 되었다(수21:13, 대상6:57). 도피성 마을. ④요람이 에돔사람의 공격을 받을 때 이곳 사람들이 반란을 일으켰다(왕하8:22). ⑤산헤립에 의해 포위된 마을(왕하19:8).
3. **출신인물** - ①예레미야. 요시야왕의 왕비이며 예레미야의 딸 하무달은 여호아하스와 시드기야 왕의 어머니이다(왕하23:31, 24:18, 렘

③ 하맛 땅의 립나. 오론데스강 연안에 있는 성읍. 군사 요충지. ①바로느고가 여호아하스를 가두었던 곳(왕하23:32). ②느부갓네살이 시드기야 왕을 심문한 곳(왕하25:6-20). ③왕의 목전에서 그의 아들들을 죽이고 ④왕의 두 눈을 빼고 귀인들을 죽인 곳(왕하23:33, 25:6, 렘39:5, 52:9-27). 리블라.

립나 왕[king of libnah]인(수12:15) 여호수아에게 패망한 가나안 왕

립나인[libnah]인(렘52:1) 예레미야와 그의 딸 하무달.

립니[לִבְנִי = 향료, 희다]인

① 레위 자손으로 게르손의 아들(출6:17). 립니 족속의 조상인데 라단이라고도 부른다(민3:18-21).

② 레위사람 므라리 자손으로 말리의 아들(대상6:29).

릿마[רִתְמָה = 금잔화 수풀]지(민33:18) 출애굽한 이스라엘 사람들이 광야에서 14번째 머문 곳. 시내광야를 떠나 세번째 머문 곳.

릿사[רִסָּה = 황폐된 무덤]지(민33:21) 이스라엘 사람들이 애굽에서 나와 열일곱번째 머문 곳. 시내 광야에서 여섯번째 머문 곳이다. 에시온게벨 서북향 56km지점 시내산과 사막으로 통하는 지금의 엘 쿤틸라로 여긴다.

마가[Μάρκος = 광채 나다, 의젓하다. 라틴어로는 큰 망치][인]
1. **인적관계** - ①예루살렘의 부유한 가정의 레위인으로 추정. ②마리아의 아들로(행12:12). ③바울의 동역자인 바나바의 생질(골4:10). ④히브리어로 요한이라고도 한다(행12:12).
2. **관련기사** - ①상당한 재산이 있고 넓은 다락방이 있어서 예수님께서 최후의 만찬을 이곳에서 잡수셨다(눅22:12-13). ②예수님께서 잡혀가실 때 베 홑이불을 두루고 따라 가다가 악당들에게 잡히자 홑이불을 벗어 버리고 나체로 도망했다(막14:51-52). ③예수님께서 승천하신 후 사도들과 120문도들이 그의 집에서 10일간 기도하는 가운데 성령이 임하셨다(행1:13-15, 2:1, 12:12). ④바나바와 바울이 흉년 구제금을 가지고 예루살렘에 갔다가 마가를 데리고 안디옥에 돌아와 선교동역자로 일하게 했다(행12:25). ⑤바울과 그의 외숙 바나바를 따라 전도차 구브로섬 살라미를 거처 바보에서 배를 타고 밤빌리아의 버가에 갔다가 혼자 예루살렘으로 돌아갔다(행13:13). ⑥바울이 무례하게 여겨 제2차 선교 여행시에는 데리고 가기를 원치 않아 바나바가 따로 데리고 구브로로 가서 선교했다(행15:36-40). ⑦바울과 함께 전도하다가 옥에 갇혔다(골4:10) ⑧베드로와 함께 바벨론에 가서 전도하였다(벧전5:13). ⑨베드로가 아들이라고 불렀다(벧전5:13). ⑩바울이 로마에서 마가를 부름(딤후4:11) ⑪바울이 두번째 옥에 갇혔을 때에 디모데와 같이 소아시아의 에베소에서 전도한듯 하다(딤후4:11). ⑫마가복음의 기록자.

* 초대 교부의 전설에 의하면 그는 베드로의 동행자로 베드로가 아람어로 설교하면 마가는 희랍어와 라틴어로 통역하였으며 베드로의 비서로 통신 사무를 담당하였다고 한다. 주후 64년 베드로가 순교당한 후에 그는 애굽으로 가서 전도 하였으며 마침내 알렉산드리아 교회를 세우고 전도하다가 순교하였다고 한다.

3. **교훈** - ①주님을 바로 따라야 낭패를 보지 않는다(막14:51-12). ②선교사의 고난을 기억하고 후원할 것(행15:36-40). ③일시적인 낙오를 회개하고 끝까지 선교사업에 헌신한 것을 배워야 한다(벧전5:13, 딤후4:11, 골4:10, 딤후4:11, 몬24).

마가단[Μαγαδάν = 망대, 탑][지]
1. **위치** - 갈릴리 호수 서쪽의 성읍. 막달라와 같은 곳으로 여김(마15:39). 디베랴의 북쪽 5km 지점. 현재의 엘 메지텔로 여김.
2. **관련기사** - ①예수님께서 7병이어로 4,000명을 먹이신 후 이곳으로 가셨다(마15:39). ②병행기사로 달마누다(막8:10)와 같은 뜻으로 여김. ③막달라 마리아의 출신지(마27:56). 어떤 영문성경에서는 막달라라고 했다.

마가복음[Mark][명](막) 바울과 바나바와 함께 전도한 마가가 기록한 신약전서 두번째 성경. 로마인을 위하여 기록된 것으로 알려져 있다. 그리스도를 하나님의 종으로 묘사하였다. 섬기려 오신 그리스도의 사역을 기록하였고 '곧' 이란 말을 40회나 사용하였다. 내용 분해는 박기원 편 성경총론을 참고하라.
- **마가복음에 나타난 그리스도** - 마가복음은 종으로서의 그리스도를 나타내었다. 인간의 영육간 필요

를 채워주시는 그리스도. ①하나님의 아들 그리스도(막1:1) 그가 복음이시다. ②복음을 선포하신 종 그리스도(막1:14). ③믿게 하시는 종 그리스도(막5:24, 36). ④병고를 짊어져 주신 종 그리스도(막1:21, 2:17, 5:24, 36). ⑤죄를 짊어지신 종 그리스도(막15:20-32). ⑥성도에게 사명을 부여하신 그리스도(막16:15-18). ⑦승천하신 그리스도(막16:19-20).

마가스[מָגָס = 먼 곳, 마지막, 끝] 지(왕상4:9) 세벨라에 있던 성읍. 솔로몬의 식량장관 벤데젤이 담당한 솔로몬 행정구 12중 제2구. 군량을 두었던 곳. 게셀의 남쪽 4km 지점 현재의 길벳 엘 무케이진.

마게도냐[Μακεδονία = 숭배] 지
1. 위치 - ①아가야(헬라, 그리스) 북부 빌립보, 데살로니가, 베뢰아 등이 모두 그 지방에 속함(행16:9). ②로마의 속주로 데살로니가에 수도를 두고 총독에 의하여 지배됨. ③현재의 유고슬라비아국의 일부.
2. 관련기사 - ①바울이 밤에 환상을 보고 바울의 유럽선교의 시발국이 됨(행16:9, 10). ②바울 일행이 빌립보를 지나 마게도냐로 감(행16:12). ③실라와 디모데가 마게도냐에서 바울에게로 감(행18:5). ④바울의 유럽선교와 아세아 선교의 왕래지(행19:21). ⑤디모데와 에라스도를 마게도냐로 파견함(행19:22). ⑥에베소의 소요가 진정된 후 바울이 찾아간 곳(행20:1). ⑦바울이 유대인을 피하여 돌아간 곳(행20:3). ⑧예루살렘의 가난한 성도를 도움(롬15:26). ⑨선교동역자를 편하게 쉬도록 했다(고후7:5, 11:9). ⑩하나님께서 마게도냐 교회에 많은 은혜를 주셨다(고후8:1).

발굴된 주화.

마게도냐 사람 (인)[macedonian]인 (행19:29) 로마의 속주 마게도냐 출신 사람을 일컫는 말. ①가이오와 아리스다고(행19:29). ②데살로니가사람(행27:2). ③선교사와 예루살렘 교인을 도왔다(고후9:2-4, 롬15:26).

마곡[מָגוֹג = 확장]인 ①야벳의 둘째 아들(창10:2) ②고멜과 마대와 완과 두발과 메섹과 디라스의 형제(창10:2).
* 일반적으로 스구디아인과 같은 종족으로 여김.

마곡[מָגוֹג = 넓힘]지 마곡의 후손들이 살던 곳. 아시아 북부지역으로 여김. ①에스겔은 곡을 마곡 땅의 왕이라 하고 메섹과 두발의 임금이라 하였다(겔38:2). ②유목민을 이끌고 이스라엘을 침략하지만 주께서 그의 군대를 물리치신다(겔38:8-12, 39:2). ③주께서 하늘에서 불을 내리심으로 여호와를 알게 된다(겔39:6). ④그리스도의 재림 때 사단에게 유혹되어 최후의 전쟁이 일어날 것을 상징적으로 묘사하였다(계20:7-10).

마골 밉사빕[מָגוֹר מִסָּבִיב = 사방의 공포]인(렘20:3) ①예레미야를 거짓 선지자라고 괴롭히던 제사장 임멜의 아들. 바스훌에게 예레미야가 상징적으로 붙인 이름. ②여호야김왕 때 바벨론으로 잡혀갈 것을 예레미야가 예언하였다(렘20:1-6). ③선지자 예레미야를 구타한 사람(렘20:2). ④예레미야를 옥에 가둠(렘20:3). → 바스훌.

마광[磨光 ; 갈마, 빛 광. burnishing]명(사49:2) 옥이나 돌 등을 갈아서 광을 냄.

마구[馬廐 ; 말 마, 마굿간 구. manger]명(눅13:15) 말을 기르는 곳. 마굿간.ㆍ ①예수님께서 탄생하신 곳(눅2:7, 12-16). ②밤에 가축을 보호하는 곳으로 예수님께서 병고에 시달리는 여인을 고치시면서 비유로 하신 말씀(눅13:15).

마귀[魔鬼 ; 마귀 마, 귀신 귀, devil] 명(신32:17) 사단의 부하. 어원적으로는 중상자, 거짓 고소자, 원수, 사단과 같은 말. 초자연적이며 눈에 보이지 않고 부하를 거느리고 성도를 해치려는 공중의 권세잡은 자. 하나님의 피조물. 본래 하나님을 받드는 일을 하였으나 타락함으로 하나님과 성도의 원수가 되었다(겔28:15, 벧전5:8, 요일3:8, 사14:12-15).

1. **마귀의 별명** - ①사단(눅10:10). ②귀신의 왕(마12:24). ③악한 자(마13:19). ④공중의 권세를 잡은 자(엡2:2). ⑤옛 뱀(계20:2). ⑥거짓의 아비(요8:44). ⑦참소하는 자(계12:10). ⑧바알세불(마12:27). ⑨꾀는 자(계12:9). ⑩크게 분내는 자(계12:12). ⑪싸우는 자(계12:17). ⑫빛의 천사로 가장한 자(고후11:14). ⑬아바돈(계9:11). ⑭대적(벧전5:8). ⑮무저갱의 사자(계9:11). ⑯벨리알(고후6:15). ⑰이 세상의 신(고후4:4). ⑱이 세상의 임금(요14:30). ⑲유다(요6:70). ⑳어두운 세상 주관자(엡6:12). ㉑하늘에 있는 자(겔28:14,16).

2. **마귀가 하는 일** - ①사람을 유혹함(창3:1). ②시험하여 넘어뜨리려 함(마4:1-, 엡6:11, 딤전3:7). ③질병을 일으킴(고후12:7, 욥2:7). ④사람을 억압함(행10:38). ⑤천국운동의 말씀을 빼앗는 자(눅8:12, 딤후2:26). ⑥성도와 싸우는 자(딤후3:12). ⑦우는 사자와 같이 성도들에게 덤벼듦(벧전5:8). ⑧성도를 대적함(요13:27). ⑨성도를 미혹하려고 함(고후11:3). ⑩성도를 괴롭힘(욥2:7). ⑪올무에 빠지게 함(딤전3:7). ⑫멸망으로 인도함(마25:41).

3. **마귀의 특징** - ①악함(요일2:13). ②교만함(딤전3:6). ③간교함(창3:1, 고후11:3). ④사나움(눅8:29). ⑤헐뜯음(욥1:9). ⑥권세가 있음(엡2:2). ⑦천사로 가장함(고후11:14). ⑧비겁한 행동을 함(약4:7). ⑨이적도 행한다(마12:24).

4. **마귀의 말로** - ①잠시 놓여 미혹함(계20:2-8). ②심판날에 영원한 불에 던져짐(마25:41, 계20:2-10).

마귀적[魔鬼的 ; 마귀 마, 귀신 귀, 적실할 적. demonic][형](약3:15) 마귀에 속한. 마귀의 상태를 이룬 것을 나타냄.

마기[יָגְמ = 상심][인](민13:15) 그우엘의 아버지. 가나안 땅을 탐지하려 보낸 갓 지파의 족장. 불신앙적인 보고를 했다(민13:26-33).

마길[מָכִיר = 판다][인]

1 요셉과 아스낫의 장손자(창50:23, 대상7:13). ①므낫세의 큰 아들(민26:29, 수17:1). ②어머니는 아람여인이며 첩이다(대상7:14). ③아내는 마아가(대상7:16). ④베레스와 세레스의 아버지(대상7:16-). ⑤길르앗의 아버지(민26:29, 대상7:14). 관사가 있는 것을 보아 지명으로 해석함. 또는 길르앗을 정복하였기 때문에 붙인 이름으로 여긴다. ⑥그 족속은 마길 족속이며 싸움을 좋아하였다(삿5:14). ⑦아모리 사람의 길르앗을 점령하였다(민32:39, 수13:31).

2 요단 동쪽 로드발의 주민 암미엘의 아들. 사울 왕가의 몰락후 이스보셋과 므비보셋을 보호하였으며 또 압살롬에게 쫓겨난 다윗왕을 원조하였다(삼하17:27).

마길[מָכִיר = 판다][지](삿5:14) 여사사 드보라가 마길에서 다스리는 자들이 내려왔다고 노래하였다.

마나엔[Mαναήν = 위로자][인](행13:1) 바나바와 바울과 더불어 안디옥 교회를 봉사한 교사이다. 헤롯 안디바의 젖동생이었다고 한다. 그는 헤롯이 왕이 되리라고 예언했으며 왕궁에서 총애를 받았다고 한다.

마나핫[מָנַחַת = 샘물, 휴식처][인](창36:23) ①호리 족속 세일의 자손으로 소발의 아들. ②알완(알랸)과 에발과 스비와 오남의 형제(대상1:40).

마나핫[מְנֻחָה = 휴식처][지](대상8:6)

마나핫 사람(족속)

게 바에 살던 베냐민 족속이 끌려갔던 곳으로 유다지파 갈렙후손이 차지한 곳(대상2:54). 예루살렘 서남쪽 5km지점 엘말하로 여김.

마나핫 사람(족속)[manahathites]인 (대상2:54) 유다지파 갈렙자손 중 마나핫에 살던 므누홋 사람을 가리킨다(대상2:52) →므누홋

마네[manaeh]명(왕상10:17) 귀금속의 무게 단위 약570g. 60마네는 1달란트. 바벨론에서는 60세겔에 해당된다. 에스겔 45장 12절에는 50세겔이 한 마네. 신약의 므나와 같이 본다(눅19:3). 100드라크마와 같은 돈의 가치(눅19:11-27).

마노[瑪瑙 ; 옥돌 마, 화반석 노. agate]명(대상29:2) 석영·담백석·옥수의 혼합물. 단석, 문석을 말함. 다양한 색깔을 띠는 보석으로 반 투명체의 수정체이다. 백마노는 옥수라고도 하고 홍마노는 붉은 벽옥을 가리킨다. 옛날 사람들이 이 보석이 마법의 힘을 가진 것으로 여겼다.

마노아[מָנוֹחַ = 휴식]인
1. 인적관계 - 삼손의 아버지. 단지파 사람. 소라에서 살았다(삿13:2).
2. 관련기사 - ①들에 있을 때 삼손 출생을 주의 사자가 예고해 주었다(삿13:13-33). ②여호와의 사자를 알아보지 못했다(삿13:20). ③여호와의 사자를 알아본 후에 여호와께서 은혜를 베풀어 주신 것을 깨달았다(삿13:21-23). ④부부가 삼손이 블레셋 여자를 취하는 것을 반대하였다(삿14:2-4).

마늘[garlic]명(민11:5) 백합과에 속하는 식물. 줄기를 먹을 수 있고 구근은 양념으로 사용된다. 광야생활을 하던 이스라엘 사람들이 애굽에서 먹었던 것을 회상한 식품.

마당[garden]명(창50:11) 집 앞이나 뒤 어느 일정한 곳에 평평하고 단단하게 닦아 놓은 땅. 광장. 뜰. 애굽의 열재앙 중 개구리 재앙이 애굽인의 마당까지 임했다(출8:13).

마당질[threshing]명(삼하24:22) 기구를 쓰거나 두드리어서 곡식의 이삭을 터는 일. 타작. 탈곡.

마당질 하는 제구[threshing sledge]명(삼하24:22) 탈곡기. 도리깨를 가리키는 말. ①곡식 떠는 기계라고도 번역된 말(대상21:23) ②여호와의 심판을 형용한 말(사41:15).

마대[מָדַי = 측량]인(창10:2) 노아의 손자. 야벳의 세째아들. 그의 후손이 메데사람이다(왕하17:6, 사21:2참조). 성경에 언급된 메데왕(앗수르왕)은 살만에셀Ⅲ과 Ⅴ세이다 (왕하17:3, 6).

마돈(왕)[מָדוֹן = 다툼]지(수11:1) 가나안의 한 성읍. 부족나라. 마돈 왕 요밥은 다른 왕들과 동맹하여 이스라엘을 공격했다(수12:19). 갈릴리호수 부근의 마을로 여김.

마드렛[מַטְרֵד = 고통]인(창36:39) 에돔왕 하달의 처 므헤벨의 어머니. 하달의 장모.

마드리[מַטְרִי = 하나님의 비]인(삼상10:21) 베냐민지파의 가족. 사울에게서 나온 한 가문.

마디[knot]명(삿19:29) ①대, 나무, 갈대 등의 줄기에서 잎이나 가지가 나는 동그랗고 잘록한 부분. ②길다란 물체에서 같은 간격으로 볼록볼록 도드라지거나 잘록 잘록 들어간 곳. ③맞닿은 곳. 뼈마디. 관절. joint.

마땅하다[upright, ought to]형(삼하3:35) ①사물이 제자리에 옳게 들어서서 잘 어울리다. ②그렇게 하는 것이 옳다. 당연하다.

마라[מָרָא = 괴롭다, 근심, 슬픔](룻1:20) 나오미가 자기를 부른 이름. 인생의 괴로움을 묘사하였다. 모압에서의 자신의 괴로웠던 과거를 표현한 이름이다.

마라[מָרָה = 쓰다]재(출15:23)
1. **위치** - 홍해연안 스에즈 남동 72km 지점 아인 하와라로 여김. 모세의 샘과 같은 곳.
2. **관련기사** - ①이스라엘 백성이 출애굽하여 홍해를 건넌후 처음 진을 친 곳(출15:23, 민33:8-9). ②모세가 쓴 물을 나무를 던져 단 물이 되게 하였다. 지금도 그 곳 물을 마시면 구토하게 된다고 한다. 그 때 모세가 던진 나무는 쥐염나무였다고 하며 그 나무는 염수를 단맛을 내게 하는 효력이 있다고 한다.

마라나다[μαράναθά = our Lord come !]구(고전16:22) 한글개역성경에는 '주께서 임하시느라' 라고 번역된 말. 계22:20의 '아멘 주 예수여 오시옵소서'를 의미할 수 있다. 단어의 구성상 예수님의 초림을 의미하고 재림을 바라는 말이다.

마랄라[מַרְעֲלָה= 두려워함]재(수19:11) 스불론 지파의 서쪽 경계를 이루고 있던 성읍. 욕느암의 북쪽 2km지점 델갈타로 여김.

마레사[מָרֵאשָׁה = 소유]인
1 갈렙의 손자요 헤브론의 아버지(대상2:42).
2 유다지파 라아다의 아들(대상4:21). 옹기장이.

마레사[מָרֵאשָׁה = 소유, 정상]재
1. **위치** - 유다 평지의 성읍.
2. **관련기사** - ①유다 평지 세벨라에 있던 난공불락의 성읍(수15:44). ②선지자 미가는 마레사 사람을 견책하였다(미1:15). ③르호보암이 요새를 쌓았다(대하11:8). ④아사가 구스(이디오피아)의 세라의 군대와 싸워 승리한 곳(대하14:8). ⑤선지자 엘리에셀의 출생지(대하20:37).

마롯[מָרוֹת= 쓴샘들]재(미1:12) 유다평지에 있던 성읍. 마아랏과 같은 곳으로 여김(수15:59). 헤브론의 북쪽 9km지점 벳 움말로 추정한다.

마루[floor]명(왕상6:15) ①집채 안이나 그 밖의 곳에 바닥과 사이를 두고 널빤지를 깔아 놓은 간(間). ②길게 등성이가 이루어진 지붕이나 산의 꼭대기. ridge.

마루턱[ridge]명(삼하15:32) 산마루나 용마루에 두드러진 턱.

마르다[dry up]타(창8:7) ①물기가 날아가 없어지다. ②점점 줄어들어 없어지다.

마르다[Μαρία = 숙녀, 부인]인
1. **인적관계** - 마리아의 언니(눅10:38). 나사로의 누이(요11:1-40).
2. **관련기사** - ①베다니에서 살았다(요11:1). ②예수님을 잘 대접하려고 한 여인(눅10:38-42). ③예수님께 마리아의 일로 불평하였다(눅10:38-42). ④나사로가 죽을 때 슬퍼했고 부활이요 생명이신 주님을 믿음(요11:24). ⑤시몬의 집에서 잔치가 있을 때는 잠자코 기쁘게 봉사하였다(요12:1-3). ⑥문둥이 시몬의 아내인듯 하다(마26:6, 요12:2).
* 그가 살던 집터가 지금도 베다니에 남아 있다.

마르스나[מַרְסְנָא= 잊어버리기 쉬운 사람]인(에1:14) 아하수에로 왕의 잔치에 초대받은 바사와 메데의 일곱 방백 중의 하나. 아하스에로왕 다음 가는 사람이다.

마른[dry]조(출14:21)물기가 없는. 건조한.

마른 곡초[blight]명(왕하19:26) 앗수르왕 산헤립에게 정복된 나라의 주민들의 참상의 모습. 같은 원어가 시37:2에서는 푸른 채소로, 사37:27에는 자라지 못한 곡초로 번역되었다.

마른 나무[dried wood]명(사56:3) 성장능력을 상실한 상태의 나무. 멸망을 받을 사람의 형편을 말함.

마른 땅[dry land]명(출14:21) 건조한 육지. 물기가 없는 땅. 광야.

마른풀[dry grass, chaff]명(사5:24) 멸망받을 유대인의 무관심한 심정을 나타낸 말. 불에 태울 수 밖에 없는 상태. 사33:11에는 겨로 번역된 말. 소멸될 것을 말함.

마리[the number animals]명(민15:11) 동물, 물고기를 헤아리는 말.

마리아[Μαριάμ = 높다]인(마1:16) 히브리어로 미리암을 헬라어 형식으로 나타낸 말이다.

① 예수님의 어머니
1. **인적관계** - ①나사렛 목수 요셉의 아내(마1:20). ②유다와 야곱의 어머니(유1, 약1:1)
2. **관련기사** - ①요셉과 정혼중 성령으로 예수님을 잉태하였다(마1:18, 눅1:27). ②주의 예고를 겸손히 받아 들였다(눅1:38). ③그리스도의 계보에 들어 있다(눅3:23 이하). ④약혼자 요셉의 관대한 이해로 파혼당하지 않고 해산할 날을 기다리다가 가이사 아그스도의 호적령에 따라 요셉과 함께 베들레헴

나사렛에 있는 마리아 우물

에 호적을 하려고 갔다가 예수님을 낳았다(눅2:1). ⑤헤롯왕의 유아 학살을 피하여 애굽으로 피난갔다(마2:13). ⑥헤롯이 죽은 후 나사렛으로 돌아왔다(마2:19). ⑦마리아는 평소 예수님의 인격의 신뢰성에 유의하고 있었다(눅2:51, 요2:20-12). ⑧예수님께서 12세 때 유월절 지키러 예루살렘에 갔다가 예수님을 잃고 찾느라고 애썼다(눅2:44-45). ⑨가나의 혼인 잔치에 예수님과같이 참석했다(요2:3-5). ⑩다른 아들들을 데리고 예수님을 만나려고 갔다가 당한 일(마12:46-50). ⑪예수님이 십자가에 못박힐 때 옆에서 지켜 보았다(요19:25-27). ⑫예수님이 떠난 후 요한의 봉양을 얼마동안 받았다(요19:27). ⑬마가의 다락방에서 120문도와 같이 합심 기도했고 오순절날 성령을 받았다(행1:14).
3. **예언된 여인** - ①여인(창3:15). ②처녀(사7:14).

② 막달라 마리아. ①갈릴리호수 서쪽 막달라출신 여인. 일찌기 일곱 사귀에 들렸던 여인. 예수님에 의하여 고침을 받고 주를 따르게 되었다(눅8:2-3). ②예수님이 십자가에서 돌아가실 때 다른 여인과 같이 지켜보았고(요19:25). ③예수님의 시신이 아리마대 요셉의 새 무덤에 안장된 것을 지켜 보았다(막15:47). ④예수님의 시체에 바를 향유를 가지고 새벽에 예수님 무덤에 갔다가 부활하신 예수님을 만나 이 사실을 제자들에게 전하였다(막16:9, 요20:11-18).

③ 마르다의 동생 마리아. 예루살렘에서 가까운 베다니에 사는 마르다의 동생이며 나사로의 누이(요11:1). 활동적인 언니 마르다에 비해 조용한 성격이며 예수님의 교훈 듣기를 좋아하고 잘 이해하였다. 그의 오빠 나사로는 죽은지 나흘만에 예수님께서 살리셨다(요11장).

④ 야곱과 요셉(요세)의 어머니 마리아. ①갈릴리 사람으로 예수님을 섬긴 여자의 이름 중에 기록되어 끝까지 십자가 앞에 있었다(마27:55). ②글로바의 아내와 동일 인물로 여긴다(요19:25). ③그는 막달라 마리아와 같이 예수님의 장례를 목도하였다(막15:40-41). 예수님께서 부활하신 날 다른 여인과 같이 무덤에 갔었다(막16:1).

⑤ 요한 마가의 어머니 마리아. ①예루살렘에 큰 집을 가진 여인. 그의 집에서 120명의 성도가 모여 합심하여 기도할 때 성령이 임했다. 초대 교회의 집회 장소를 제공하였고 옥에서 풀려난 베드로가 찾아갔다(행1:, 12:12). ②마가는 바나바의 생질임으로 마리아와 바나바는 남매간이다(골4:10).

⑥ 바울이 문안한 마리아. 로마에 살던 한 신자. 바울이 그의 수고를 기록하였다(롬16:6).

마문[馬門 ; 말 마, 문 문. horse gate] 명(대하23:15) 예루살렘 성곽 동부의 성문. 기드론 골짜기로 통하는 문. 왕족들의 말의 출입구. 느헤미야가 이 성문을 복원하였다(느3:28). 렘31:40에는 말문으로 번역했다.

마므레[מַמְרֵא = 강하다]인(창14:13) 아모리 사람의 족장. 아브라함의 동맹자. 에스골, 아넬 형제들과 같이 그돌라오멜에게 롯과 사로잡혀간 사람과 재산을 찾아 주었다.

마므레[מַמְרֵא = 강한]지
1. **위치** - 헤브론 북쪽의 성읍(창13:18). 오늘의 라멧 엘카릴.
2. **관련기사** - ①아브라함이 장막을 치고 싶었던 곳(창14:13, 18:1). ②아모리 사람의 소유이었던 막벨라 뒤에 있어 이삭도 이곳에서 살았다(창35:27). ③상수리 나무 아래서 아브라함이 하나님의 사자를 만난 곳(창18:1-). ④아브라함이 앞(동)에 있는 막벨라 굴을 사서 장지로 삼았다(창23:17-19, 49:30, 50:13). ⑤제단을 쌓은 곳으로 이스라엘 사람에게 중요한 장소일 뿐만 아니라 아랍인에게도 중요한 장소이다.

마병[馬兵 ; 말 마, 병사 병. cavalry] 명(출14:9) 말을 타고 싸우는 군인. 기병. 강한 군인을 일컫는 말.

마병대[馬兵隊 ; 말 마, 병사 병, 떼 대. cavalry squadron] 명(사21:7) 말을 타고 싸우는 부대. 기병대.

마살[מָשָׁל = 간청, 땅을 판다]지(대상6:74) 악고 평원에 있었던 아셀 지파의 성읍. 레위사람의 거주지. 미살과 같은 곳(수19:26).

마세아[מַסֵאָה = 주는 피난처]인 (렘32:12) ①선지자 예레미야의 서기관 바룩의 할아버지. ②네리야의 아버지. ③시드기야왕의 시종장 스라야의 할아버지(렘51:59)

마술[魔術 ; 마귀 마, 꾀 술. charms] 명(나3:4) 요술. 사람의 눈을 흐리게 하는 야릇한 술법. 마법을 써서 기이한 일을 하는 것.
* 일시적인 눈가림으로 하는 것이 아니라 악령의 힘을 빌려 초인간적인 일을 하는 것을 말한다.

마술사[魔術師 ; 마귀 마, 꾀 술, 스승 사. juggler]명(사8:19) 마술을 업으로 삼는 사람. 요술쟁이, 박수라고도 함. 마술사는 죄악에 매여 마귀의 방편 노력을 한다. 이들은 구원받지 못하고 불구덩이에 던지운다(계9:21, 21:8, 22:15).

마스[מַשׁ = 끌어냄]인(창10:23) 셈의 손자이며 아람의 네째아들. 대상1:17에서는 메섹이라 했다.

마스[מַשׁ = 끌어 냄]지(창10:2, 3) 셈족 중 아람의 자손들이 거주하던 지역. 북부 메소보다미야의 메시우스산과 같은 곳으로 여긴다. 이 산은 아르메니아와 메소보다미아의 경계를 이루는 산.

마스길[maskil]명(시32:제목) 교훈적인 시를 뜻한다. 시편32, 42, 44, 45, 52, 54, 55, 74, 78, 88, 89, 142편의 제목이다. 지혜의 시로 번역된 곳도 있다(시47:7). 한편으로는 특별한 음악 연주방법을 나타내는 말이라고 해석한다.

마스레가[מַשְׂרֵקָה = 좋은 포도밭]인 (창36:36) 에돔을 다스리던 삼라의 고향(대상1:47). 위치는 정확하지 않으나 사해의 남쪽 어느 한 곳으로 여김.

마시다[drink]타(창9:21) ①물이나 술, 우유 따위를 목구멍으로 넘기

마아가

다. ②공기, 가스, 담배연기 등을 들이마시다. breath.
* 성경시대에는 물, 우유, 술을 마셨는데 악을 행하고 하나님의 진노를 자초하는 일에 쓰인 말이다(욥15:16, 21:20).

마아가[מַעֲכָה = 억누름, 압제]인
1 아브라함의 동생 나홀이 첩 르우마에게서 낳은 아들(창22:24).
2 그술왕 달매의 딸. 다윗왕의 아내가 되어 압살롬을 낳았다(삼하3:3, 대상3:2).
3 ①다윗왕의 손녀. 압살롬의 딸. 르호보암의 아내(왕상15:2, 대하11:20). ②유다 아사의 어머니(왕상15:2, 10, 13). ③아사왕 때 우상숭배에 빠졌기 때문에 폐위되었다(왕상15:13-16).
4 가드왕 아기스의 아버지(왕상2:39). 마옥이라고도 부른다(삼상27:2).
5 다윗의 용사 하난의 아버지(대상11:43).
6 다윗시대 시므온 사람을 다스린 스바댜의 아버지(대상27:16).
7 헤브론의 아들 갈렙의 첩. 세벨과 디르하나의 어머니(대상2:48).
8 기브온 사람 여이엘의 아내. 사울왕의 증조모(대상8:29).
9 모세시대 므낫세의 방백 마길의 아내(대상7:15-16).

마아가 (갓) [מַעֲכָה = 억누름]지
1. **위치**-헬몬산과 그술 사이의 갈릴리 호수와 요단 상류의 동쪽 아람의 작은 나라. 아람 마아가. 현재의 시리아 지방(삼하10:6).
2. **관련기사** - ①나홀 자손의 거주지(창22:24). ②마아갓 족속이 살던 곳(신3:14). ③이스라엘 백성이 진멸하지 못했다(수13:11, 13). ④중요 성읍은 벧마아가(삼하20:14,15). ⑤다윗의 30 용사 엘리벨의 고향(삼하10:6, 23:34, 대상19:6). ⑥오랫동안 독립을 유지하였다(수13:13). ⑦그들은 암몬 사람과 동맹하여 다윗왕에게 대적하

였다(삼하10:6, 대상19:6).

마아가 사람[people of maacah]인(수12:5) ①작은 아람 왕국의 주민들(신3:14, 대상19:6-7). ②다윗왕에게 대항한 사람들(삼하10:6-8). ③에스드모는 갈렙의 후손(대상4:19). ④야아시니야의 아버지(왕하25:23, 렘40:8)는 예루살렘 패망 후의 지도자이다.

마아대[מַעֲדַי = 상쾌한 것]인(스10:34) 바니 자손. 에스라의 권유로 이방여인 아내와 헤어졌다.

마아댜[מַעַדְיָה = 상쾌한]인(느12:5) 바벨론에서 예수아와 스룹바벨과 함께 돌아온 제사장의 한 사람. 모아댜(느12:17), 바아시야(느10:8)와 같은 사람으로 여긴다.

마아랏[מַעֲרָת = 평지]지(수15:59) 유다 남부의 성읍. 마롯과 같은 곳. 헤브론의 북부 11km지점 베이트 움마르로 여김.

마아새[מַעְשַׂי = 주의 일]인(대상9:12) 바벨론에서 돌아온 제사장 임멜의 자손. 아디엘의 아들. 느11:13에는 아사렐의 아들 아맛새로 되었다.

마아세야[מַעֲשֵׂיָה = 주의 역사]인
1 다윗시대 레위사람. 성전 악사. 오벳에돔의 집에서 법궤를 옮겨올 때 앞에서 비파를 연주한 사람(대상15:18, 20).
2 여왕 아달랴를 물리치고 요아스를 즉위시킨 제사장 여호야다를 도운 백부장(대하23:1).
3 웃시야 왕이 군대를 조직할 때 서기관 여이엘과 함께 일한 사람(대하26:11).
4 유다왕 아하스의 아들로 이스라엘과 싸울 때 에브라임사람 시그리에게 살해된 사람(대하28:7)
5 요시야왕 때 예루살렘 시장(대하34:8). 사반과 요아를 도와 성전을 수리했다.
6 거짓 선지자 시드기야의 아버지(렘29:21).
7 선지자 예레미야 시대의 제사장

스바냐의 아버지(렘21:1, 29:25, 37:3).

8 선지자 예레미야시대 레위사람으로 예루살렘 성전의 문지기(렘35:4, 대상26:1참조).

9 유다 자손으로 바룩의 아들. 바벨론 포로에서 귀환후 예루살렘에 거주했다(느11:5). 대상9:5에서는 아사야로 되었다.

10 베냐민 사람. 그 자손은 바벨론 포로에서 귀환후 예루살렘에 거주했다(느11:7). 대상9:7-8의 표에는 기록이 없다.

11 대제사장 예수아의 종족(宗族)으로 제사장. 바벨론 포로에서 귀환후 에스라의 권유로 이방인 아내와 이혼했다(스10:18).

12 하림집의 제사장. 에스라의 권유로 이방인 아내와 이혼했다(스10:21).

13 바스훌 집의 제사장. 이방인 아내와 이혼했다(수10:22).

14 바핫 모압의 집 사람. 이방인 아내와 이혼했다(스10:30).

15 느헤미야 시대 예루살렘 성벽을 다시 쌓은 아사랴의 아버지. 그의 선조(느3:23).

16 느헤미야와 함께 율법엄수 계약서에 서명날인한 백성의 두목(느10:25). 14 또는 17과 동일인으로 여기는 학자도 있다.

17 에스라가 백성에게 율법을 읽어줄 때, 옆에 있던 사람(느8:4). 14 또는 16과 같은 사람으로 여기는 이도 있다.

18 에스라가 백성에게 율법을 읽어줄 때, 그 옆에 서 있던 사람중 하나(느8:7).

19 느헤미야시대 예루살렘 성벽의 낙성식에참가한레위사람(느12:41).

20 느헤미야시대 예루살렘 성벽 낙성식에 참가한 레위사람(느12:42).

마아스[מַעַשׂ = 성내다]인(대상2:27) 여라므엘의 손자이며 람의 아들.

마아시야[מַעֲשֵׂיָהוּ = 주의 구원]인

1 다윗 시대 제사장 24반열에 근무했다(대상24:18).

2 바벨론 포로에서 돌아와 율법엄수 계약에 조인한 대표자. 제사장(느10:8).

마앗[Μααθ = 끊는 것, 붙잡다]인 (눅3:26) 예수님의 계보 중 한사람. 다른 계보에는 없다.

마애[מָעַי = 불쌍히 여기는 자]인(느12:36) 느헤미야 시대 레위사람. 예루살렘 성벽을 다시 쌓고 낙성식 때 나팔을 분 악대원.

마옥[מָעוֹךְ = 압제]인(삼상27:2) 가드왕 아기스의 아버지. 사울의 손에서 피한 다윗을 도왔다.

마온[מָעוֹן = 주민, 거주자]인(대상2:45) 갈렙의 후손 중 삼매의 아들로 벳술의 아버지.

마온[מָעוֹן = 주민, 거주자]지 ①갈멜과 십 부근의 유다 산지마을(수15:55) ②부자 나발의 고향(삼상25:3) ③다윗이 사울을 피하여 은신 하였던 곳(삼상23:24).

마온사람[maonites]인(삿10:12) 입다시대 시돈과 아말렉 사람과 함께 이스라엘을 대적한 마온사람은 세일산지역 마안 사람으로 추정한다. 에돔족속 므우님으로 부르며 패트라의 동남쪽 순례자의 가도에 살고 있었던 것으로 여긴다. 70인역에는 미디안 사람으로 되었다.

마을[village]명(마14:15) 여러집이 모여 사는 곳. 촌락. 동네. 읍, 고을. 일정한 크기에 따른 것보다 집단 주거지를 일컫는다. 그 이유는 같은 곳을 동네, 촌 등으로 표기했기 때문이다(눅2:4과 요7:42).

마음[mind]명(창6:5)①심령. spirit. ②의식, 감정, 생각 따위의 정신적인 작용의 총체. mind. ③시비선악을 판단하는 힘. mentality. ④기분. 느낌. mood. ⑤뜻. 의지. 속. will. ⑥인정. consideration.

* 성경에 있어서의 마음은 인간의 내면생활의 중심이며 종교생활의 근원으로 하나님께서 역사하시는 장소이다. 이곳에서 인격, 윤리적 태도와 행위가 결정된다(삼상16:7, 살전2:17, 눅16:15, 벧전1:22).

마음과 자세

마음은 지적인 면, 정적인 면, 의 지적인 면이 있다.

● **하나님의 역사** - ①감찰하심(대상 28:9). ②모든비밀을아심(시44: 21). ③부드러운 마음을 주심(겔 11:19). ④일치한 마음을 주심 (겔11:19). ⑤마음을 열어 주심 (행16:14). ⑥빛을 비춰 주심(고후4:6). ⑦굳게 해 주심(살전3: 13). ⑧강하게 해 주심(시27:14), ⑨담대하게 하심(시27:14). ⑩사랑하심(롬5:5). ⑪평강을 주심(골3:15). ⑫깨끗한 마음을 주심(시51:10). ⑬새 마음을 주심(겔18:31). ⑭양심을 주심(히10: 22, 요일3:19-21). ⑮성령으로 내주하심(고후1:22, 엡3:17).

마음과 자세[mind and attitudes](빌2:5) 사람이 취할 마음의 자세는 그리스도의 마음을 품는 것이다. 예수님은 하나님과 동등됨을 취할 것으로 여기지 아니하시고 오히려 자기를 비어 종의 모습으로 강생하셨다(빌2:6-8).

마음 먹다[take heart]타(고전4:6) 무엇을 하겠다는 뜻이나 생각을 가지다(옳은 일에).

마음에 두다[observe]구(창37:11) 잊지 아니하고 마음 속에 새겨 두다(바른 일에).

마음에 맞다[own heart]구(삼상13: 14) 마음에 들다(진리에).

마음에 새기다[be in one's heart]구 (신6:6) 잊지 아니하도록 마음에 글을 써두듯 간직하다(말씀을).

마음에 합하다[according to one's heart]구(렘3:15) 마음에 꼭 맞다(주의 마음에).

마음을 같이하다[with one mind]구 (행1:14) 뜻과 생각을 같이하여 행동하다. ①선한 목적으로 같이 한다(시86:11). ②나쁜 목적으로 같이 하는 일도 있다(수9:2).

마음을 높이다 [be high minded] 구 (단5:20) 교만한 생각을 가짐. 하나님을 대적하는 마음이다.

마음을 다하다[do it heartily]구(골3:23) 뜻과 생각을 다 쏟아 힘씀. 주를 위하여 다해야 한다.

마음을 두다[look well]구(욥7:17) 잊지 아니하고 마음 속에 새겨두다. 관심을 가지다(옳은 일에).

마음을 쓰다[set heart]구(단6:14) 어떤 일에 생각을 계속하다. 염려하다.

마음을 얻고자 하다[willing to do a pleasure]구(행24:27) 뜻과 생각을 가지도록 마음에 들도록 하다.

마음을 품다[mind]구(갈5:16) 마음 속에 지니다. 그리스도의 마음을 품어라.

마음이 타다[yearn]구(창43:30) 마음이 불안하다. 애타다.

마음 판[~板 ; 널 판. tablet of heart] 명(잠3:3) 문자적으로는 심장을 뜻하나 사람의 심령을 가리킨다 (spirit). 행동에 있어서 사람의 마음에서 일어나는 애정으로 하나님의 말씀을 간직하고 실생활에 옮기는 일이다.

마주[opposite]부(창15:10) 서로 똑바로 향하여.

마주치다[collide]자(삼하18:9) ① 서로 정면으로 부딪치다. ②눈길이 서로 맞다. meet with. ③어떤 처지나 경우에 부닥치다.

마지막[last, final, end]명(삼하23: 1) 시간, 일, 차례의 맨 끝. 최종. 최후.

마지막 날[last day]명(요6:39) 예수님이 재림하는 날. 세상 끝날. 심판날. 최후의 날.

＊다르게 나타내는 말①말일(사2:2-5). ②여호와의 날(욜3:14). ③그 날(암5:18). ④여호와의 큰 날(습1:7,14). ⑤주의 날(살전5:2). ⑥그리스도의 날(빌1:6), 구원의 날(엡4:30). ⑦하나님의 날(벧후3: 2). ⑧마지막(히6:8). ⑨마지막 때(유18).

마지막 때[time of the end](요일2: 18). 적그리스도가 나타나는 때, 인류의 종말. 심판이 임하는 때. 경건치 아니하는 자가 정욕대로 행하는 때. →마지막 날.
마지 못하여[unavoidably]혱(행28: 19). 긴하지 아니하거나 마음에는 없으나 사정상 그렇게 아니 하려야 아니 할 수 없다. 부득이 하다.
마지 아니하다[cannot help …ing]조동(전4:8) 소망이나 의지를 나타내는 동사 밑에 붙어 충심으로 그렇게 함을 강조할 때 쓰는 말.
마차[馬車; 말마, 수레차. carriage]명(왕상18:44) 말이 끄는 수레. 운반수단으로 사용하는 것.

마치[as if]부(신2:22) 비유하는 말 앞에 쓰며 '바로', '영락없이', '거의 비슷하게' 등의 뜻을 나타냄.
마치[anvil, hammer]명(사41:7) ①두드리거나 박는데 쓰는 쇠로 만든 작은 손연장의 일종. 쇠뭉치에 자루가 달려 있음. ② →망치.
마치다[finish]자(창2:2) 마지막으로 끝나다. 타 마지막으로 끝내다.
마침[now, behold, chance]부(창19:1) ①어떤 기회에 알맞게. ②공교롭게도 바로. ③우연.
마침내[at last]부(창12:5) 마지막에는, 급기야. 필경. 드디어. 기어이.
마태[Ματθαῖος = 하나님의 선물, 하나님의 은사]인
1. **인적관계** - 예수님이 선택하신 12제자 중 하나(마9:9).
2. **관련기사** - ①본명은 레위(막2:14, 눅5:27). ②부친은 알패오(막32:2). ③세관에서 일을 보던 중 예수님의 부르심을 받아 곧 주를 따랐다(마9:9, 막2:14, 눅5:27). ④예수님을 집으로 모심(마9:10), 나중에 사도가 되었다(마10:3, 막6:15, 행1:13). ⑤마태복음의 기록자. ⑥예수님의 승천을 목격했고 기도하던 중 성령을 받았다(행1:-2:).
마태복음[Matthew]명(마)신약 첫 번째 성경이다. 세리로서 예수님의 제자가 된 마태의 기록으로 구약성경을 60회이상 인용하여 예수님께서 메시야이심과 왕되심을 증명하였다. 율법의 완성과 그리스도인의 실제생활의 원리를 가르쳤고 천국에 대하여 보여준다. 유대인들이 그리스도를 거절하였으나 성경(예언)대로 이루어진 구속사역의 완성과 그리스도인의 참 임무를 부여하고 있다(마28:19-20). '가르쳐 지키게 하라'. 내용 분해는 박기원 편 성경총론을 참고하라.

- **마태복음에 나타난 그리스도** - 마태복음은 왕이신 그리스도를 나타낸다. ①아브라함의 후손(마1:1). ②다윗의자손(마1:1, 20,눅1:27). ③메시야이신 왕(마1:23, 2:2, 3:17, 26:64). ④여호와의 종이신 그리스도(마12:7-21). ⑤인자이신 그리스도(마24:30). ⑥예언대로 오신 메시야(마12:39, 40, 13:13-15, 17:5-13). ⑦죄 사하는 권세를 가지신 그리스도(마9:6). ⑧가르치고 전파하시는 그리스도(마4:23, 9:35, 5장 - 7장). ⑨하나님의 아들 그리스도(마16:16). ⑩구원사역을 성취하신 그리스도(마27:45-54, 20:28). ⑪예언하신 그리스도(마24:1-28). ⑫재림하실 그리스도(마24:29-31). ⑬시험에 들지 않도록 기도하라고 명하신 그리스도(마26:41). ⑭항상 성도와 같이 하시는 그리스도(마28:20).

마필[馬匹; 말 마, 짝 필. horse]명(사2:7) 말.
마하나임[מַחֲנָיִם = 하나님의 군대, 천사의 두 무리]인
1. **위치** - 얍복강 북쪽 브니엘의 동편 10km지점. 현재의 마하네 부근.
2. **관련기사** - ①야곱이 하란에서 돌아오는 길에서 하나님의 사자를 만났던 곳(창32:2). ②갓과 므낫세 지파의 경계(수13:26-30). ③레위인의 거주지(수21:38, 대상6:80). ④사울이 죽은 후 이스보셋이 왕이 되어 세력을 유지하던 곳(삼

하2:8, 29). ⑤다윗이 압살롬의 난을 피해 갔던 곳(삼하17:24-27, 19:32). ⑥솔로몬의 제7행정구역. 잇도의 아들 아비나답의 관리구역(왕상4:14). ⑦이곳 여자들은 춤을 잘 추었다.

마하낫[מַחֲנַת](인)(대상2:54) 마나핫을 한글성경에 잘못 옮겨 쓴 것이다. →마나핫.

마하네단[מַחֲנֵה־דָן = 단의 진영](지)
1. 위치 - 기럇여아림의 서쪽 소라와 에스다올 사이의 마을(삿13:25).
2. 관련기사 - ①삼손이 성령의 감동을 받은 곳(삿13:25). ②단 지파 가족 600명이 블레셋 사람에게 쫓겨 북쪽으로 가다가 머문 곳(삿18:12). 그래서 단의 진영 - 마하네단이라고 이름한 것으로 여긴다.

마하래[מַהְרַי = 급하고 맹렬함, 성급함](인)(삼하23:28) 유다지파 세라족속 느도바 사람. 다윗의 30용사 중의 한 용사. 그는 제10월군 장군으로 24,000명을 거느렸다(대상11:30, 27:13).

마하시옷[מַחֲזִיאוֹת = 관찰력, 환상] (명)(대상25:4) 레위 자손 헤만의 아들로 다윗왕 때 나팔수의 한 사람. 그는 14형제 중 막내이고 12인의 자식을 두었다. 성전악대의 제23반열의 장이다.

마하위[מַחֲוִים](지)(대상11:46) 다윗의 30용사 중 엘리엘과 엘리암의 출신지. 이곳 출신자를 마하위 사람이라고 부른다. 요단 동편의 마하나임 출신자를 가리키는 것으로 여긴다.

마할랄렐[מַהֲלַלְאֵל = 하나님을 찬양하다, 하나님은 빛나다](인)
1 아담의 5대손. 홍수 이전의 셋계의 족장이며 가인의 아들로 야렛의 아버지(창5:12-17). 예수님의 계보에 기록된 사람(눅3:37).
2 유다 지파 베레스의 후손. 바벨론에서 돌아와 예루살렘에서 산 사람(느11:4).

마할랏[מַחֲלַת = 동정심, 병듦](인)
1 아브라함의 아들 에서의 아내. 창36:3에서는 바스맛으로 되었다.
2 ①다윗의 아들 여리못의 딸로 르호보암의 아내(대하11:18). ②여우스, 스마랴, 사함의 어머니.

마할랏[mahalath](명)(시53:) 시의 제목에서 언급된 음악용어. 뜻은 알려지지 않았다.

마할랏 르안놋[mahalath leannoth](명) (시88:) 시의 제목에서 언급된 음악용어. 노래하기 위한 마할랏으로 뜻은 분명하지 않다.

마핫[מַחַת = 물리치다](인)
1 레위지파 고핫족속 사무엘의 선조(대상6:35).
2 히스기야시대 레위사람으로 성전예물을 관리한 사람(대하29:12, 31:13). 아마새의 아들로 여긴다.

마헬살랄하스바스[מַהֵר שָׁלָל חָשׁ בַּז = 급히 뺏으리라, 빠른 노략물, 신속한 먹이](인)(사8:1) 다메섹과 사마리아에 비운의 날이 올 것을 나타내기 위하여 이사야의 둘째 아들의 상징적인 이름. 유다의 적의 운명의 확실성을 나타낸 이름이다.

마홀[מָחוֹל = 쇠약한 것](왕상4:31) 솔로몬 시대 지혜가 많은 헤만, 갈골, 다르다 세 현인의 아버지. 세 현인은 솔로몬의 지혜와 비교된다(왕상5:11).

마홀리[מַחְלִי = 병, 질병](인)
1 레위자손 중 므라리의 아들(출6:19). 족장으로 사촌과 결혼했다(대상23:22). 말리와 같은 사람(민3:20).
2 마홀리의 형제인 무시의 아들(대상23:230. 에델과 여리못의 형제(대상24:30). 말리와 같은 사람(대상6:47).

막[幕 ; 장막 막. hut, tent, curtain] (명)(출26:7) 천이나 가죽으로 비바람을 가릴 정도로 지은 집. 천막. 성막을 가리키는 말.

막게다[מַקֵּדָה = 목자의 숙소]지
1. 위치 - 세벨라에 있던 가나안 사람의 성읍(수10:10).
2. 관련기사 - ①여호수아가 가나안 다섯 왕을 추격해 가서 굴에 숨어 있는 것을 죽였다. ②점령후에는 유다지파의 영토가 되었다(수10:16, 15:41).

막게다 왕[king of makkedah]인(수10:28) 가나안의 원주민의 성읍 막게다를 다스린 왕. 여호수아에게 다른 다섯 왕과 같이 패망했다.

막나드배[מַכְנַדְבַי = 무엇이 (하나님의) 너그러움과 같은가]인(스10:40) 바벨론에서 돌아온 바니 자손 중 하나. 에스라의 권유로 이방인 아내와 이혼한 사람.

막다[stop, close]타(창6:14) ①통하지 못하게 하다. stop. ②앞이 트이지 않도록 둘러싸다. wall up. ③어떤 행동을 못하게 하다. 말리다. block. ④어떤 현상이 일어나지 못하게 하다. prevent. ⑤버티어 지키다. defend. ⑥어떤 일을 미치지 못하게 하다. prevent. ⑦끝을 맺다. close.

막달라[Μαγδαληνή = 탑, 성벽]지
1. 위치 - 갈릴리호수 서안 디베랴의 북쪽 5km지점 구약의 마가단으로 여김. 게네사렛 평원 남단에 있는 지금의 엘메지델로 여긴다.
2. 관련기사 - 마리아의 출신지(마27:56, 요20:1, 18).

막달라 마리아 인 마리아②를 보라.

막대[stick]명(삼하23:21) 막대기.

막대기[stick]명(레27:32) 기름하고 가는 나무나 대의 토막. 목자의 용구로 짐승을 공격할 때 사용함(시23:4). 비유적으로는 심판의 도구이다(잠26:3).

막데스[מַכְתֵּשׁ = 죽음의 무더기]지(습1:11) 예루살렘 제2구역. 이방 상인들이 살던 곳. 성전 서쪽 어문과 관련된 곳(습1:10-11).

막디엘[מַגְדִּיאֵל = 하나님의 선물]인(창36:43) 에서의 후손으로 에돔의 한 족속의 족장.

막반내[מִבְנַּי = 튼튼한, 살찐 것]인(대상12:13) 갓사람 중에서 나온 용사로 시글락에서 다윗왕에게 돌아온 사람.

막베나[מַכְבֵּנָא = 사슬, 혹]지(대상2:49) 팔레스틴에 있었던 지방 이름. 갑본과 같은 곳. 라기스의 동남 4km지점 지금의 킬벳 헤브라로 여김.

막벨라[מַכְפֵּלָה = 두겹의 동굴]지
1. 위치 - 헤브론 가까이에 있는 동굴. 오늘의 헤브론 중심지.
2. 관련기사 - ①아브라함이 아내 사라의 장지로 삼기 위하여 헷속에게 은 400세겔을 주고 샀다(창23:9-19). ②사라의 무덤이며 아브라함, 이삭, 리브가, 레아, 야곱의 무덤이다(창25:9-, 49:30, 50:13). ③오늘에는 아브라함의 가족 묘 위에 십자군 때 세운 큰 집이 있다. 아랍인들이 관리하는 곳에서는 확성기로 하루 5회 기도시간을 알린다.

막비스[מַגְבִּישׁ = 강하게 하는 것, 강한 자]인(스2:30) 바벨론 포로에서 돌아온 가족. 그들은 156명이나 되었다. 이들이 살던 곳을 뜻한다고도 한다. 지명으로 해석하면 아들람의 남서 약4.5km지점 킬벳 엘마비에로 여긴다.

막비아스[מַגְבִּישׁ = 강한 자]인(느10:20) 바벨론에서 돌아와 에스라와 같이 율법엄수 계약에 날인한 대표자 중 한 사람.

막심하다[莫甚~ ; 아닐 막, 매우 심. tremendous]명(시119:107) 더할 나위없이 몹시 심하다.

막헬롯[מַקְהֵלֹת = 백성들이 모이는 곳, 집회]지(민33:25) 출애굽한 이스라엘 백성이 시내산과 가데스 바네아 사이에 21번째 머물러 진을 친 곳. 위치는 알 수 없다.

막히다[be closed, shut]피동(창8:2) 막음을 당하다. 나오던 것이나 열린 것이 막힘.

막히다 지(벧전3:7) ①어려운 문제에 부딪쳐 진행이 순조롭지 아니하

만[萬; 일만 만. ten thousands]명 (레26:8) 천(수)의 열 갑절. 많은 수를 가리킴.

만[滿; 찰 만. full]명 (창41:1) 제둛이 꽉 참을 나타냄.

만[on the - day]명 (창15:16) 동안이 얼마 계속 되었음을 나타내는 말.

만가지[many]주 (호8:12) 수효가 많음. 무한대로 큰 수.

만고[萬古; 일만 만, 옛 고. perpetaity]명 (유25) ①오랜 옛날. ②한없는 세월. eternity.

만고 전[萬古前; 일만 만, 옛 고, 앞 전. before all time]규 (유25) 세상 처음.

만국[萬國; 일만 만, 나라 국. all the kingdoms]명 (신28:25) 세계의 모든 나라.

만국인[萬國人; 일만 만, 나라 국, 사람 인. all nations people]명 (욥1:16) 이 세상 모든 나라의 사람.

만군[萬軍; 일만 만, 군사 군. sabaoth, host]명 (삼상1:3) 많은 군사. 주로 천사에 대하여 쓰인 말(대하 8:18). 만물, 천군으로 쓰임 (창2:1, 느9:6).

만군의 여호와(주, 하나님)[Lord of hosts, the Lord Almighty]규 (삼상1:3) 우주 만물을 창조하시고 섭리하시는 하나님을 일컫는 말. 구약에서 255회나 사용되었다. 신약에서는 만군의 주로 쓰인다 (롬9:29, 약5:4). 우주의 왕으로서 힘의 하나님을 나타낸다 (시89:8). 심판의 집행자로서 공의로 다스리시는 하나님을 말하고 있다 (암3:13).

만기[滿期; 찰 만, 기약할 기. expiration]명 (삼상18:26) 기한이 참.

만나[manna]명 (출16:31) 출애굽한 이스라엘 백성이 광야에서 먹은 양식. 서리같이 고운가루. 갓씨 같기도 하다 (민11:7-8).

1. **관련기사** - ①출애굽한 이스라엘 백성이 식량이 없어 원망할 때 하나님께서 은혜로 내리신 양식 (출16:4). ②갓씨 같고 희며 맛은 꿀이 섞인 과자와 같다 (출16:31, 민11:8). ③그것을 거두어 갈고, 찧고, 삶고, 과자를 만들었다 (민11:8). ④매일 한 사람이 한 오멜씩 거두었다 (출16:16-). ⑤다음날까지 보관하면 썩었다 (출16:16-). ⑥여섯째날에는 갑절을 거두었다 (출16:). ⑦밤에 내렸다 (민11:9). ⑧백성들이 싫어했다 (민11:4-6). 가나안에 들어가 길갈에서 농산물을 먹을 때까지 내렸다 (수5:10-12). ⑨출애굽 이전에는 알려져 있지 않은 음식. ⑩비같이 내렸다 (시78:24). ⑪언약궤 안에 넣어 두었다 (히9:4).

2. **상징적인 의미** - ①하나님의 영광 (출16:7). ②그리스도 (참떡, 양식) (요6:32-35). ③순종 (출16:4). ④신령한 영의 양식 (계2:17). 하늘나라의 양식으로도 해석한다.

만나다[meet, find, fall]자타 (창4:14) ①오거나 가서 마주 대하여 보다. ②때를 당하다. be time for. ③무슨 일을 당하다. suffer. ④인연으로 어떤 관계를 맺게 되다.

만대[萬代; 일만 만, 대신할 대. allages]명 (사41:4) 아주 오랜 세대.

만들다[make]타 (창1:7) ①힘이나 기술 등을 들여서 목적하는 사물이나 그 무엇을 이루다. ②글, 문서 따위를 작성하다. compose.

만류[挽留; 당길 만, 머무를 류. detention]명 (창24:56) 붙잡고 말림.

만만[萬萬; 일만 만, 일만 만. many many]명 (신33:17) 만에 만을 곱함과 같이 아주 많은 수를 말함. 무한정의 큰 수.

만명[萬名; 일만 만, 이름 명. all the people]명 (삼하18:3) 일만 명의 사람. 다수의 사람.

만물[萬物; 일만 만, 만물 물. all thing, all creations]명 ①하나님이 창조하신 우주의 모든 피조물 (창2:

1, 느9:6). ②하나님께서 지배하시는 모든 것(시8:6). ③그리스도로 말미암아 지음을 받고 통제되는 것(요1:3, 3:35, 히1:3). ④여호와께 속한 것(신10:14). ⑤주의 종(시119:91). ⑥성도의 것임(고전3:21). ⑦새롭게 됨(계21:5).

만민[萬民 ; 일만 만, 백성 민. the wholenation, people]몡(창18:18) 모든 백성. 모든 사람.

만민중[萬民中 ; 일만 만, 백성 민, 가운데 중. every creature]몡(사63:3) 온 백성 가운데.
*성도는 만민 중에서 택함을 받은 자이다.

만방[萬邦 ; 일만 만, 나라 방. all countries]몡(대상16:28) 여러 나라. 모든 나라.

만사[萬事 ; 일만 만, 일 사. all things]몡(삼하23:5) 온갖 일. 모든 일.

만삭[滿朔 ; 찰 만, 초하루 삭. partuiency, fulfil]몡(욥39:2) 아이 낳을 달이 참. 또는 그 달.

만삭되지 못하여 난 자[be untimely]구(고전15:8) 아이 낳을 달을 채우지 못하고 난 사람. 조산아. 또는 유산된 아이. 바울 자신을 가리키는 말. 부족한 사람. 모자라는 사람. 팔푼이.

만상[萬象 ; 일만 만, 코끼리 상. all visible things]몡(시33:6) 모든 물건의 드러난 형상. 만유(萬有).

만세[萬世 ; 일만 만, 인간 세. all ages]몡(시45:17) 영원한 세월. 아주 오래된 시대.

만세수[萬歲壽 ; 일만 만, 해 세, 목숨 수. live forever, long live]몡(왕상1:31) 오랜 세월을 삶. 장수. 축하하는 말로 쓰이나 아첨할 때 사용되었다(단6:6). 야유하는 뜻으로 쓰인 말(마27:29).

만세전[萬歲前 ; 일만 만, 해 세, 앞 전. before the world began]몡(잠8:23) 영원 전. 세상이 있기 전.

만안[萬安 ; 일만 만, 평안 안. peacefulness]몡(스5:7) 매우 편안함.

만왕[萬王 ; 일만 만, 임금 왕. all kings]몡(시72:11) 수많은 왕.

만왕의 왕[萬王~王 ; 일만 만, 임금 왕, ~임금 왕. the King of king](딤전6:15) 예수 그리스도를 일컫는 말. 가장 위대하신 왕. 메시야. 가장 강하신 왕. 하나님의 어린 왕(계17:14).

만유[萬有 ; 일만 만, 있을 유. over all]몡(대상29:11) 이 세상에 있는 모든 물건. 만상.

만유의 머리[head above all]구(대상29:11) 하나님.

만유의 회복[establishing]구(행3:21) 하나님의 작정과 섭리의 완성을 뜻하는 말. 그리스도께서 재림하신 후 이루어지는 새 하늘과 새 땅. 그리스도께서 새롭게 하시는 만물이다.

만인[萬人 ; 일만 만, 사람 인. every one]몡(시91:7) 매우 많은 사람. 헤아릴 수 없는 사람.

만일[萬一 ; 일만 만, 한 일. if]몡(창18:26) 혹 그러한 경우에 어떠한 조건을 전제하는 말. ①행여나 하는 미심스러운 경우. 만약. 이것이 ~내려진다면 ②뜻밖의 일. ③만 가운데 하나 정도로 아주 적은 양. 만분의 일.

만족[滿足 ; 찰 만, 발 족. contentment]몡(고후3:5) 바라는 대로 이루어져 흐뭇함. *실제에 있어서 하나님의 사랑스러운 섭리를 깨닫고 현재의 상태를 받아들이는 자세이다. ①모세는 이드로와 같이 있는 것에 만족했다(출2:21). ②요셉의 만족(창37:27). ③예수님이 가르쳐 주신 만족(마6:19-34). ④성도의 만족(딤전6:6-8). ⑤하나님과 교제함의 만족(빌4:11-13, 3:8-9).

만주의 주[萬主~主 ; 일만 만, 임금 주. the Lord of lord]몡(딤전6:15) 예수 그리스도. 많은 임금 중의 임금. 참된 임금.

만지다[finger, handle]타(창3:3) ① 손으로 여기 저기 누르거나 주무르

만찬

거나 문지르다. ②다루거나 손질하다.
* 성경에서는 이성관계, 의식적이거나 금지된 것에 접촉하는 것을 가리키고 있다.

만찬[晩餐 ; 저녁 만, 밥 찬. last supper]몡(고전11:20) 저녁 식사.

만찬석[晩餐席 ; 저녁 만, 밥 찬, 자리 석. supper place]몡(요21:20) 저녁식사를 베푼 자리.

만큼[…as]몡(창3:6) 그 말과 거의 같은 수량. 앞말과 거의 같은 수량이나 정도. 조 거의 같은 한도를 나타내는 조사.

만홀[慢忽 ; 교만할 만, 문득 홀. carelessness]몡(사1:4) 아무런 생각 없이 데면데면 허술하게 여김. 업신여김.
* 하나님을 만홀히 여기는 자는 구원을 받지 못한다.

만회[挽回 ; 당길 만, 돌아올 회. recovery]몡(대하36:16) 바로 잡아 회복함. 본래처럼 되게 함.

많다[many]형(창13:6) 사물의 수효나 분량 정도가 어느 표준을 넘다. 적지 않다.

맏[eldest]몡(마22:25) 차례의 첫번

맏 딸[first daughter]몡(삼상14:49) 맏이가 되는 딸. 큰 딸. 장녀.

맏 물[the first(fruits)]몡(신26:2) 곡식, 과일, 원두, 푸성귀, 해산물 등에서 그 해 들어 제일 먼저 생산된 것. 햇것. 선출(先出).

맏 아들[first son]몡(창22:21) 맏이가 되는 아들. 장자. 장남.
* ①상속을 받을 때 동생의 2배를 받았다(신21:17). ②성별되고 하나님의 백성이 되었다(출4:22). ③성도는 하나님의 장자로서 하늘나라의 상속자이다(히12:23).

맏이[eldest]몡(마22:25) 여러 형제나 자매 중의 가장 손위.

맏 형[~兄 ; 맏 형. eldest brother]몡(욥1:13) 제일 윗 형. 큰 형.

말[language]몡(창3:17) 사람의 뜻과 생각을 나타내는 소리. 언어.

1. **바른말** - ①건전한교훈을 말함(딤

2:1, 8). ②진리를 말함(엡4:25). ③지혜를 나타냄(고전2:6-7). ④권면함(고전2:4). ⑤바르게 함(딤전6:3). ⑥하나님과 그리스도의 비밀을 말함(시35:28, 골4:3, 4). ⑦하나님의 말씀(시119:172). ⑧분노를 쉬게 함(잠15:1). ⑨어려운 사람을 돕는다(사50:4).

말[bushel]몡(잠20:10) 곡식과액체, 가루 따위의 분량을 되는데 쓰는 그릇. 그 수의 양. 되의 열갑절. ①곡물을 되는 기구(왕상7:26). ②고체의 계량(출16:36).
* 성경에 말로 번역한 원어는 어떤 곳에서는 원어음 그대로 스다, 에바, 밧으로 표기했다.

말[末 ; 끝 말. end]몡(창42:15) 끝을 나타내는 말.

말[horse]몡(창47:17) 말 과에 속하는 짐승을 모두 일컫는 말. 힘이 세고 잘 달린다.

* **하나님의 명령** - ①말을 의지하지 말라(사31:1, 호14:4). ②군마와 마구를없애라(슥9:10). ③고기를 먹지 말라(레11:4, 왕하7:13). ④힘줄을 끊어라(수11:6-9).

말간 반석[~盤石 ; 반석 반, 돌 석. bare rock]몡(겔26:4, 14) 하나님의 심판의 결과를 나타낸 말. 흙속에 있던 반석이 들어나 흙이 없는 표면을 가리키는 말. 알렉산더 왕이 두로를 침략할 때 옛 두로의 흙을 파서 두로(섬) 바다를 메워 길을 만들어 난공불락이라고 자랑하던 두로왕국을 멸망시켰다. 에스겔이 예언한대로 되었다.

말감[מַלְכָּם = 저희의 왕]몡(대상8:9) 베냐민지파 사하라임의 아들. 그의 어머니는 호데스이다.

말감[malcham]몡 암몬 사람이 섬기던 우상의 이름. 밀곰, 몰렉과 같다(렘49:1).

말갛다[pure]〖형〗(왕상14:10) 조금도 다른 것의 섞임이 없이 맑다.

말거리[proverb, topic]〖명〗(시44:14) ①말성거리. ②이야기 자료.
＊웃음거리, 속담에 쓰였다. 속담으로 번역된 말(삼상10:12).

말게하다[be stop]〖타〗(고전4:6) 하지 못하도록 막다.

말고[*Μάλχος* = 권고자, 왕의 권세]〖인〗(요18:10) 대제사장의 종으로 예수님을 잡으러 겟세마네에 온 무리들에 끼어 있다가 베드로의 칼에 오른쪽 귀를 잘렸다. 예수님께서 고쳐 주셨다.

말굴레[horse bridle]〖명〗(계14:20) 말에 씌우는 굴레. 목에서 고삐에 걸쳐 얽은 줄.

말굽[horse heel, hoof]〖명〗(창49:17) 말의 발톱.

말기람[מַלְכִּירָם = 우리 왕은 높다]〖인〗(대상3:18) 여호야김의 손자이며 사로잡혀간 여고냐의 아들.

말기수아[מַלְכִּישׁוּעַ = 여호와는 구원이심, 여호와는 부요하다]〖인〗(삼상14:49) 사울이 아히노암에게서 낳은 아들. 요나단의 동생. 길보아 산에서 블레셋과의 전쟁에서 전사했다(삼상31:2, 대상8:33, 9:39, 10:2).

말기야[מַלְכִּיָּה = 나의 왕은 야웨]〖인〗

1 레위지파 게르손족속 시므이의 아버지. 성전악사인 아삽의 선조(대상6:4).

2 다윗시대 제사장 제5반열의 반장(대상24:9).

3 제사장. 예레미야 때 유명했던 바스훌의 아버지. 그의 후손들이 느헤미야 때 바벨론 포로생활에서 돌아왔다(대상9:12, 렘21:1, 38:1, 느11:12).

4 바로스의 후손. 에스라 때 이방인 아내와 이혼한 사람(스10:25).

5 이방인 아내와 이혼한 바로스의 다른 후손(스10:25).

6 하림의 아들. 느헤미야의 성벽 재건에 협력한 사람(스10:31, 느3:11). 이방인 아내와 이혼했다.

7 레갑의 아들. 벧학게렘의 유다 마을 한 지역 책임자. 느헤미야 치하에서 예루살렘의 성문 수리하는 책임을 맡았다(느3:14). 문짝과 자물쇠와 빗장을 만들었다.

8 예루살렘 함밉갓 문과 마주 대하는 성곽을 수리한 금장색(느3:31).

9 에스라가 예루살렘 백성 앞에서 성경을 읽을 때 곁에 서 있었던 사람 중 하나(느8:4).

10 느헤미야가 작성한 계약서에 인친 제사장(느10:3).

11 예루살렘의 재건된 성벽 기공식때 감사송을 부른 제사장 중의 한 사람. 10과 동일인일 수도 있다(느12:42).

12 왕의 아들로 예레미야를 던져 넣은 시위대 뜰의 구덩이(옥)의 주인.

말기엘[מַלְכִּיאֵל = 하나님은 나의 왕]〖인〗(창46:17) 아셀 자손 브리아의 아들. 말기엘의 조상(민26:45, 대상7:31).

말년[latter years]〖명〗(겔38:8) 일생의 마지막 무렵. 늘그막. 어떤 시기의 끝장. 말기.

말다[give up]〖타〗(창3:3) 하던 것이나 할 것을 그만 두다.

말다[roll, wrap]〖타〗(왕하2:8) 천이나 종이 따위 넓고 부드럽거나 잘 휘는 것을 몸에 싸서 감다.

말 다니는 길[horses entrance]〖지〗(왕하11:16) 유다왕 요람의 아내 아달랴가 죽임을 당한 곳. 마문(馬門)과 관련하여 예루살렘 동남방 마문을 통하는 길이 된다(느3:28, 렘31:40).

말다툼[dispute]〖명〗(딤후2:14) 말로써 옳고 그름을 가리는 다툼. 말시비. 입다툼. 언쟁. 말싸움.

말 뒷발의 힘줄[hough]〖명〗(수11:6) 하나님께서 여호수아에게 명령하여 쓸모없는 말로 만들라고 하셨다. 다윗은 소바왕 하닷에셀의 말의 힘줄을 잘랐다(삼하8:4). 오직 하나님만 의지하게 하는 방법이다.

말뚝[pin, stake]〖명〗(출27:19) 땅에

말라

박는 끝이 뾰죽한 몽둥이. ①야엘이 시스라를 죽이는 데 사용했다(삿4:21, 22, 5:26). ②이사야는 예루살렘성의 안전성을 언급할 때 인용했다(사33:20). ③스가랴는 믿을 수 있는 위정자를 상징해서 인용했다(슥10:4). ④못으로 번역되는 말이다(스9:8, 겔15:3). ⑤성막의 말뚝(출27:19).

말라[מַחְלָה = 질병]인
1 므낫세지파 슬로브핫의 다섯 딸 중 맏이. 남형제가 없으므로 사촌과 결혼하여 상속을 받게 되었다(민26:33, 민27:1, 36:11).
2 마길의 누이 함몰레겟이 낳은 아들(대상7:18). 므낫세의 손녀.

말라기[מַלְאָכִי = 나의 사자]인(말1:1) ①구약시대의 선지자. ②구약 말라기의 기록자.

말라기[Malachi] 명(말) 구약 제39번째의 성경. 선지자 말라기의 예언으로 포로에서 돌아온 이스라엘 백성의 경건치 못한 생활, 이방인과의 잡혼, 하나님을 무시하는 생활, 십일조를 드리지 않는 것 등을 책망하고 회개할 것을 촉구하였다. 백성들의 궁극적인 구원은 하나님의 은혜로 말미암아 되는 것을 예언하였다. 내용 분해는 박기원 편 성경총론을 참고하라.
• **말라기에 예언된 그리스도** - ①그리스도의 길을 예비할 자(말3:1) - 마3:3. ②여호와 언약의 사자(말3:1) - 갈3:20, 딤전5:2. ③그리스도의 사랑(말1:2) - 요13:1, 마20:28, 요15:9. ④참제사장(말2:5-6) - 히9:26, 히7:1, 10:20-21.

말로디[מַלּוֹתִי = 나의 충만한 것](대상25:4) 헤만의 아들. 다윗시대에 노래로 봉사한 사람. 제사장 제19반열의 장(대상25:26).

말론[מַחְלוֹן = 병약자, 소모]인(룻1:2) 엘리멜렉과 나오미 사이에서 난 아들. 기룐의 형제로 모압여인 룻의 남편. 모압에서 죽었다.

말루기 족속[מַלּוּכִי = 큰 소유, 고문]인(느12:14) 바벨론에서 돌아온 제사장 요나안의 조상. 말룩과 같은 사람.

말룩[מַלּוּךְ = 통치함, 권고함]인
1 레위자손 므라리 족속 압디의 아버지.하사바의 아들(대상6:44,45) 솔로몬 성전 악사의 선조.
2 바벨론에서 돌아온 바니 자손 중 한 사람(스10:29). 에스라의 권면으로 이방인 아내와 이혼했다.
3 하림의 동료중 한 사람(느10:27).
4 스룹바벨과 함께 바벨론에서 돌아온 제사장(느12:2). 말루기와 같은 사람(느12:14).
5 바벨론에서 돌아와 에스라와 함께 율법 엄수약에 서명한 제사장(느10:4).
6 바벨론 포로에서 돌아와 율법 엄수에 서명한 백성의 두목(방백)(느10:27).

말리[מַחְלִי = 질병]인
1 므라리의 아들 마흘리에게서 난 가족의 창립자(민3:33, 26:58).
2 무시의 아들이며 말리의 손자(대상6:47, 23:23).

말리다[make dry]타(수4:23) 젖은 것을 마르게 하다. 건조시키다.

말리다[be rolled]타(사34:4) 펴졌던 물건이 돌돌 감기다.

말리다[dissuade]타(행19:30) 남이 하고자 하는 짓을 못하게 하다.

말문[horse gate]명(렘31:40) 예루살렘성 동남방의 문. 말의 출입구. 기드론 시내로 통하는 문.

말미[leave]명(느13:6) 직업에 매인 사람이 얻은 겨를. 짬. 휴가.

말미암다[comefrom, for]자(창4:1) ①까닭(원인)이나 인연으로 되다. 계기가 되다. ②관계하다. be due to. ③거치어 오다. owe to.

말석[末席 ; 끝 말, 자리 석. bottom] 명(눅14:9) ①맨 끝자리. ②일터에서나 모임에서의 지위의 끝. lowest seat. ③자기를 낮추어서 말하는 자리. my seat.

말세[末世 ; 끝 말, 인간 세. the last day, last time]명(신31:29) ①세

상 끝날. ②예수님이 재림하시는 때가 가까워 오는 세상. ③예수님 승천부터 재림의 순간까지.
1. **번역된 용어** - ①정 한때의 끝(단8:17-19). ②마지막 때(단11:35). ③말일(호3:5). ④말세(행2:17). ⑤마지막 때(히1:2). ⑥세상 끝(마24:3). ⑦끝(마24:6). ⑧후일(민24:14, 창49:1). ⑨끝날(신4:30).
2. **말세의 징조** - 마24장에서 ①거짓 그리스도의 출현(5). ②난리(전쟁)와 난리의 소문(6,7). ③처처에 기근(7). ④지진(7). ⑤교회에 대한 박해(9). ⑥교회 내에서의 배교와 타락(10-12). ⑦불법이 성행함(12). ⑧전 세계에 복음이 전파됨(14). ⑨노아의 때와 같음(37-42). ⑩미혹하는 자가 있음(살후2:2). ⑪주의 날이 이미 이르렀다고 말함(살후2:2). ⑫배도하는 일이 있음(눅18:8). ⑬기롱하는 자가 나타남(벧전3:3-5).
3. **말세의 사람들의 형편** - 딤후3장 ①자기를 사랑한다(2). ②돈을 사랑한다(2). 탐욕. ③자긍한다(2). ④교만하다(2). ⑤훼방한다(2). ⑥부모를 거역한다(2). ⑦감사치 아니한다(2). ⑧거룩하지 아니하다(2). ⑨부정하다(3). ⑩원통함을 풀지 아니한다(3). ⑪참소한다(3). ⑫절제하지 못한다(3). ⑬사나웁다(3). ⑭선한 것을 좋아하지 아니한다(3). ⑮배반한다(4). ⑯판다(4). ⑰조급하다(4). ⑱자고한다(4). ⑲쾌락 사랑하기를 하나님 사랑하는 것 보다 더 한다(4). ⑳경건의 모양은 있으나 경건의 능력을 부인한다(5). ㉑어리석은 자를 유인한다(6). ㉒욕심에 끌린다(6). ㉓항상 배우지만 진리의 지식에 이르지 못한다(7). ㉔진리를 대적한다(8). ㉕마음이 부패해진다(8). ㉖믿음에서 버려진다(8).
4. **말세와 성도** - ①깨어 있으라(마25:1-13). ②충성하라(마24:14-30, 계2:10). ③구원의 날을 바라보라(눅21:25-28). ④성결한 생활을 하라(롬13:12-14). ⑤잃은 자를 찾아라(벧후3:9,15). ⑥천국을 바라보라(벧후3:13). ⑦모이기를 힘쓰라(히10:25). ⑧주의 일을 힘쓰라(벧전4:7). ⑨예비하라(마24:44).
5. **말세에 될 일들** - ①예수님의 재림(마24:1-14). ②구속의 완성(마24:3,14). ③영혼추수(마13장). ④심판이 임함(마25:31-46). ⑤세상이 망함(살후1:6-10). ⑥새 하늘과 새 땅이 이루어진다(계21:1) ⑦흰보좌앞 심판(계20:11-15)

말소리[voice of words]圄(신1:34) ①말을 하는 소리. 언성. ②말에 쓰이는 소리. 음성.

말씀[Logos]圄(창3:3) ① 예수 그리스도(요1:1). 성경. 하나님께서 역사하시는 능력. ②웃어른의 말. word. 웃어른에게 하는 제 말.

* **신약의 가리킴** - ①그리스도(요1:1-14) ②복음(갈2:2). ③계시(눅11:28, 롬9:6, 골1:25-27). ④구약(마15:6). ⑤진리(엡1:13).

말안장[harness]圄(왕상22:34) 사람이 타기 위하여 말의 등에 얹는 기구. 안장.

말에 능치 못한 자[never been eloquent]㊀(출4:10) 말을 잘하지 못하는 사람. 능한 자는 아론이다. (출4:14). 모세 자신을 두고 한 말.

말을 좇다[agreed to, hearken]㊀(창23:16) 상대방의 말대로 따르다. 명령, 지시에 순종, 복종하다.

말을 짖다[evil report]圄(느6:13) 없는 말을 만들다.

말일[末日 ; 끝 말, 날 일. last day]圄(사2:2) 그 달 그 해의 마지막 날. 세상의 끝날.

말장이[fluent speaker, whisperer]圄(잠16:28) 말을 잘 하는 사람. 말수가 많은 사람. 습관적으로 어리석은 말을 떠버리는 사람.

말째[末~ ; 끝 말. youngest, last]圄(창42;15) 차례의 맨 끝.

말째 아들[youngest son](창42:13)

말폭

히브리어에서는 어리다. 젊다. 말째 등의 형용사로, 제자로 번역되는 말이기도 하다. 맨끝의 아들, 막내둥이. 계자(46:26).

말폭[末幅 ; 끝 말, 베 폭. the end curtain in on set]몡(출26:4) 휘장 끝너비.

말하다[speak]잠(창3:2) ①생각이나 느낌을 말로 나타내다. ②부탁하다. ③평가하다. comment.

말하되[said]태(창11:3) 말 하기를.

맑다[clear, pure]혱(왕상5:11)①더러움이 섞이지 않고 깨끗하다. ②날씨가 밝다.

맛[taste]몡(출16:31) ①혀를 자극하여 감각을 일으키는 요소가 되는 사물의 성질. ②어떤 사물, 현상에서 느껴지는 느낌.

맛다나[מַתָּנָה = 선물, 은사]잠(민21:18) 알논강과 모압평원 사이에 있던 지방의 이름. 애굽에서 나온 이스라엘 백성이 머문 곳. 그데못 동남 5km지점 길벳 엘 메데이네로 여긴다.

맛다나[מַתַּנְיָה = 주의 선물]인
1 유다 최후의 왕 시드기야의 본명(대상25:4, 16, 대하29:13). 요시야왕의 제 3남으로 막내. 바벨론왕 느부갓네살에 의해 여호야긴을 대신하여 왕이 되어 시드기야로 개명되었다. 여호야긴의 삼촌(왕하24:17. 〈맛다니야〉. 대상3:15) → 시드기야
2 레위 사람 아삽의 자손 미가의 아들. 바벨론 포로에서 예루살렘으로 돌아온 사람(대상9:15).
3 헤만의 아들로, 다윗시대 성전 악사(대상25:4, 16).
4 레위인. 아삽 자손(대하20:14).
5 아삽의 자손. 유다왕 히스기야의 종교개혁 때 성전을 깨끗이 한 레위인 중 한 사람(대하29:13).
6 스룹바벨 시대 성전 성가대원. 레위인 지도자(느11:17, 22, 12:8).
7 예루살렘의 문지기 레위인. 문안의 창고를 감독했다(느12:25).
8 레위인 스마야의 아버지(느12:35).
9 느헤미야시대 창고지기 하난의 할아버지. 삭굴의 아버지(느13:13).
10 포로에서 귀환후 에스라의 권면에 의해 이방인 아내와 이혼한 사람(스10:26, 27, 30, 37).

맛다니야[מַתַּנְיָה = 주의 선물]인(왕하24:17) 시드기야왕의 다른 이름. 느부갓네살이 왕으로 세우고 고쳐 불렀다(대상25:4, 16, 대하29:13).

맛다[Ματταθά = 선물, 하나님의 은사]인(눅3:31) 예수님의 계보 중 나단의 아들로 다윗의 손자.

맛다다이[Ματταθίας = 주의 선물]인
1 예수님의 계보 중에 나오는 사람(눅3:25). 아모스의 아들.
2 예수님의 계보 중에 나오는 사람(눅3:26). 서머인의 아들.

맛단[מַתָּן = 한 선물]인
1 바알의 제사장(왕하11:18). 요아스를 유다왕으로 세운 여호야다가 바알의 제단에서 살해하였다(대하23:17).
2 유다사람 스바댜의 아버지(렘38:1). 시드기야왕의 유사. 예레미야를 처형할 것을 요구했다.

맛단[Ματθάν = 하나님의 은사]인(마1:15) 마리아의 남편 요셉의 할아버지. 예수님의 계보에 기록된 사람. 맛닷과 같은 사람.

맛닷[Ματθάτ = 선물, 은사]인
1 예수님의 계보 중의 한 사람(눅3:29). 레위의 아들.
2 예수님의 계보 중의 한 사람(눅3:24). 요셉의 할아버지. 헬리의 아버지.

맛닷다[מַתַּתָּה]인(스10:33) 하숨자손 중의 한 사람. 에스라의 권면으로 이방인 아내와 이혼한 사람.

맛드내[מַתְּנַי = 관대함]인
1 하숨의 아들. 이방인 아내와 이혼한 사람(스10:33).
2 바니의 아들(스10:37). 이방인 아내와 이혼한 사람.
3 예수아의 아들로 요야립 집안의 제사장(느12:19).

맛디다[מַתִּתְיָה = 주의 선물]인

1 고라자손 살룸의 맏아들. 성전에서 남비에 지지는 일을 하였다(대상9:31).

2 에스라가 백성들에게 율법을 읽어줄 때 오른쪽에 섰던 사람(느8:4).

맛디디아[מַתִּתְיָה = 여호와의 은사]인(대상16:5) 다윗시대 성전악대 아삽 조의 비파와 수금을 연주하는 사람. 성전 악대 제14반열의 장(대상25:21).

맛디디야[מַתִּתְיָה = 주의 선물]인

1 다윗왕이 법궤를 예루살렘으로 옮겨올 때의 악사. 제14반의 악사(대상25:3, 21). 맛디디아와 같은 사람.

2 느보자손(스10:43). 이방인 아내와 이혼한 사람.

3 에스라가 율법을 읽을 때 같이 서 있던 사람(느8:4).

맛디아[Maθθías = 하나님의 은사, 하나님이 주심]인(행1:23) 가룟유다 대신 뽑힌 제자. 예수님의 행적에 대하여 잘 알고 있던 자. 사도로 칭함을 받았다. 성경에서는 그 후의 행적을 알 수 없다.

맛만나[מַטְמֵנָה = 거름더미, 은사]인 (대상2:49) 갈렙의 첩 마아가가 낳은 사압의 아들.

맛만나[מַטְמֵנָה = 거름더미]지(수15:31) 유다 남부 네게브에 있던 갈렙 자손의 성읍. 벧 말가봇과 같은 곳으로 추정. 시글락의 동쪽 7km지점 브엘세바의 동북쪽 16km지점 오늘의 킬벳 움딤네로 여긴다.

맛메나[מַדְמֵנָה = 거름더미, 똥의 산]지(사10:31) 예루살렘 북쪽 아나돗과 게빔 사이에 있던 베냐민의 한 성읍. 앗수르군의 침입로로 언급되었다.

맛멘[מַדְמֵן = 거름더미, 똥의 산]지(렘48:2) 모압의 한 성읍. 예레미야가 멸망할 것을 예언했다. 게락의 북쪽 13km지점의 길벳 딤네.

맛보다[be taste]타(삼상14:24) ①음식의 맛을 알기 위하여 먼저 조금 먹어보다. ②몸소 겪어보다.

맛사[מַשָּׂא = 들어올림, 무거운 짐]인 (창25:14) 이스마엘의 일곱째 아들. 북 아라비아 족속을 말한다. 팔레스틴 가까운 동남 지역에 살고 있던 것으로 여긴다.

맛사[מַסָּה = 시험하다]지(출17:7) 므리바에서 하나님의 임재를 시험했기 때문에 부르게 된 이름. 모세가 반석을 쳐 물을 나게 하였다. 호렙 근처에 있던 반석에 대한 상징적인 이름. 다른 이름은 므리바.

맛사왕[king of massa]인(잠30:1, 31:1) 한글 성경에는 없으나 영역 RSV는 맛사의 왕 아굴, 르므엘로 의역했다.

망[網 ; 그물 망. muzzle. net]명(신25:4) 그물 모양으로 만들어 가려두거나 치거나 하는 물건의 총칭. 소의 입에 씌웠고 침묵을 상징한다 (마22:12, 벧전2:15, 겔39:11).

망대[望臺 ; 바랄 망, 집 대. watch-tower]명(창35:21) 적의 동정을 살펴보는 높은 대. 망루. 감시하며 수비와 침략의 적을 공격하는데 사용했다.

망령되다[妄靈~ ; 망령될 망, 신령 령. dotage]형(수7:15) 늙거나 정신이 흐려져 말과 행동이 정상을 벗어나다. 부망령되이(출20:7).

망령된 일[profane, vain]구(수7:15) ①아간이 여호와의 언약을 어긴 일(수7:15). ②남색하는 것(삿19:23). ③하나님의 이름을 망령되이 일컫는 일(출20:7). ④금하고 있는 일을 하는 것(레19:12). ⑤헛맹세에 하나님의 이름을 사용하는 것(신5:11). ⑥마술을 하면서 하나님의 이름을 이용하는 것 (신18:9-14). ⑦하나님의 이름을 이교도처럼 되풀이 하는것(마6:7) ⑧헛된 말과 변론하는 것(딤전6:20, 딤후2:16). ⑨하나님에 대하여 경건하지 않은 것과 세속적인 행위. ⑩망령된 행위는 우상숭배이다(렘10:14-15).

망매〔茫昧 ; 망망할 망, 어두울 매. unenlightened〕명(욥8:9) 견문이나 식견이 없어 세상 일을 잘 모름.

망명〔亡命 ; 망할 망, 목숨 명. flee from one's own country〕명(삼상29:3) 정치적인 이유로 자기 나라에서 살지 못하고 남의 나라에 몸을 피함.

망사〔網紗 ; 그물 망, 깁 사. gauze〕명(사3:18) 그물같이 설피고 성기게 짠 깁.

망자존대〔妄自尊大 ; 망녕될 망, 스스로 자, 높을 존, 큰 대. magnity, self-conceit〕명(시38:16) 두서없이 함부로 제가 잘난체함.

망탄〔妄誕 ; 망령될(실없을) 망, 낳을 탄. whopping lie, vanish〕명(렘16:19) 터무니 없는 거짓말.

망하다〔亡~ ; 망할 망. be ruined〕자(출10:7) 조직체나 사물이 깨어져서 없어지거나 못쓰게 되다. 형몹시 고약하다. wretched.

맞다〔strike〕자 타(출5:16) 닿음을 당하다. 똑바로 닿다. 때리는 매나 총알 등을 그대로 몸으로 받다. be shot. be beaten.

맞다〔meet〕타(창33:4) ①오는 사람을 기다려 받아들이다. ②시간의 흐름에 따라 어떤 때가 다가오는 것을 당하다. ③남편, 아내, 사위, 며느리를 예를 갖추어 데려오다. take a (wife).

맞다〔right〕자형(잠15:23) ①틀리거나 어긋남이 없다. ②어떤 사실이나 정도가 알맞다. suitable. ③감정, 마음, 입맛 등에 들다. tasteful. ④물건과 물건이 빈틈 없이 닿다. agree, fit.

맞아 들이다〔receive〕타(눅15:27) 오는 사람을 맞아 안으로 인도하다.

맞아 죽다〔be stoned to death〕자(출21:28) 매나 돌, 총알 등을 그대로 몸에 받아 맞음을 당하여 목숨이 끊어지다. 타살되다.

맞은자리〔wound〕명(사30:26) 상처.

맞은 편〔~便 ; 편할 편. opposite side〕명(창18:2) 마주 보이는 쪽.

맞추다〔agree, set〕타(신19:5) ①서로 꼭 맞도록 하다. set. ②일치하게 하다. ③마음에 들도록 하다. ④결합하다.

맞다〔an end〕자(신33:12) 마치다. 끝이 나다.

맡기다〔entrust〕타(창32:16) ①자기가 해야 할 일을 남에게 부탁하다. deposit. ②물건을 남에게 맡기다.

맡다〔take charge〕타(창24:2) ①어떤 일을 책임지고 담당하다. ②어떤 물건을 받아 보관하다. keep. ③증명, 면허, 인가등을 받다. get. ④어떤 사물, 자리 따위를 차지하다. under take. ⑤부탁, 위임, 주문 따위를 받다.

맡다〔smell〕타(창27:27) 냄새를 코로 들이 마셔 감각하다.

매〔buzzard, falcon, hawk〕명(레11:14)매과에 속하는 사나운 새의 총칭. 수리보다 몸이 작고 부리가 짧고 발, 발가락이 가늘다. 시력은 예리하고 사냥에 쓰인다. 새매로 번역한다. 성경에서 가증히 여기는 새. 먹지 못함.

매〔每 ; 매양 매. one, every〕명(출16:16) 어떠한 명사 위에 붙어 '마다' '각각'의 뜻을 나타냄.

매〔rod, whip〕명(출5:16) 사람이나 짐승을 때리는 막대기. 회초리.

매〔millstone, grind〕명(욥31:10) 곡식을 가는데 쓰는 기구. 맷돌.

매끄럽다〔smooth〕형(삼상17:40) ①거칠지 아니하고 반들 반들하다. ②성질이 바르다.

매년〔每年 ; 매양 매, 해 년. every year〕명(출23:14) 해마다. 매해.

매년제〔每年祭 ; 매양 매, 해 년, 제사 제. annual sacrifice〕명(삼상1:21) 해 마다 거르지 않고 하나님께 드리는 제사. 가족 전원이 참가한다(삼상2:19, 20:6). 성소에 가서 지킨다.

매다〔tie〕타(창28:38) 풀리지 않게 끈으로 잡아 동여 묶다.

매단[每壇 ; 매양 매, 단 단. every altar]명제사를 드리는 제단 마다 (민23:2).

매맞다[getflogged,duffet]자(고전4:11) 떼리는 매에 얻어 맞음을 당하다. 악인. 죄인. 불순종자, 노예, 아이가 매를 맞는다(신25:3, 레19:20, 잠26:3, 잠22:15).

* 억울하게 매맞은 자. ①그리스도(사50:6). ②종(눅20:10, 11). ③사도들(행5:40). ④바울(행16:19-24).

매매[賣買 ; 팔매, 살매. buying and selling]명(창34:10) 물건을 사고 파는 일.

매매증서[賣買證書 ; 팔 매, 살 매, 증거할 증, 글 서. purchase]명(렘32:11) 물건을 사고 판 것을 증명하는 서류. 재산취득증서. 보통 2장을 만들어 나누어 가진다.

매명[每名 ; 매양 매, 이름 명. every one]명(출16:16)한 사람 한 사람.

매방[每房 ; 매양 매, 방 방. every room]명(겔40:7) 방마다. 각 방.

매복[埋伏 ; 묻을(묻힐) 매, 엎드릴 복. ambush]명(수8:4) 일정한 곳에 숨어 있음. 주로 기습공격을 하기 위해 무장을 하고 숨어 있는 군사전략. ①여호수아가 아이성 공격 때(수8:). ②세겜의 아비멜렉 사람이(삿9:25). ③기브아전투에서(삿20:). ④여로보암이 유다를 공격할 때(대하13:13). ⑤바벨론 포로에서 돌아오는 길에 매복한 원수(스8:31). ⑥강도의매복(잠23:28, 눅10:30). ⑦사냥꾼의 매복(렘5:26). ⑧광야에 매복하는 자(애4:19).⑨피흘리는자의매복(미7:2). ⑩바울을 죽이려는 자의 매복(행23:16, 25:3). ⑪ 블레셋에 대한 다윗의 매복(삼하5:23-25). ⑫여호사밧이 암몬에 대하여 매복함(대하20:22). ⑬바벨론에 대하여 하나님이 명하신 매복(렘51:12).

매사[每事 ; 매양 매, 일 사. every thing]부(사19:14) 일마다. 모든 일. 항상. 어느 것. 전적으로.

매양[每樣 ; 매양매, 모양 양. when]부(막11:19) 번번이. 언제든지. 늘. 전과 같이.

매어달다[hang]타(수10:26) 묶어서 드리우거나 걸다. 교수형을 가리킨다.

매우[exceedingly, very]부(수13:1) 정도보다 퍽 지나치게. 대단히.

매이다[be bound]자(창27:40) 맴을 당하다. ①억제나 구속을 당하는 형편에 놓이다. ②어떠한 의무 관계에 처하다.

* 성경에서 쇠사슬, 착고, 노예를 뜻하는 말로 상징적 의미에서 도덕이나 법적의무를 나타낸다. ①불의에 매임(행8:23). ②평안의 매임(엡4:3). ③사랑의 매임(골3:14).

매인[每人 ; 매양 매, 사람 인. each man]명 부(출12:3) 한 사람마다. 매명(每名).

매일[每日 ; 매양 매, 날 일. every day, daily]명(출5:19) 날마다.

매장[埋葬 ; 묻을 매, 장사 장. bury]명(왕상2:34) 시체를 땅에다 묻음. 히브리인들은 죽은 후24시간 이내에 매장했다.

매장지[埋葬地 ; 묻을 매, 장사지낼 장, 땅 지. burial ground]명(창23:4) 장사할 땅. 묘지. 장지(葬地).

매제[妹弟 ; 누이 매, 아우 제. one's younger sister's husband]명(대상3:19) 손 아래 누이의 남편.

매주일[每週日 ; 매양 매, 돌 주, 날 일. every week]명(고전16:2) 이래마다. 주일마다.

매질[whipping]명(막13:9) 매로 때리는 일. 방망이로 치는 일. ①매를 때릴 수 있는 한계(신25:3). ②39대의 매(고후11:24).

매폭[每幅 ; 매양 매, 베 폭. every width]명 부(출36:9) 폭마다.

맥[脈 ; 맥 맥. blood vessel]명(삼하4:1) ①심장의 운동으로 피가 흐르는 줄기 ②맥박이 뛰는 자리. pulse.

맥추[麥秋 ; 보리 맥, 가을 추. wheat harvest]명(창30:14) 보리가 익은 철. 보리가을. 보리를 거두는 때.

맥추절〔麥秋節; 보리 맥, 가을 추, 마디 절. feast of harvest〕명(출23:16) 유대인이 지키는 절기의 하나. 밀, 보리를 거두어 들인 후에 지키는 절기로 유월절 후 49일. 그래서 칠칠절이라고도 한다(출34:22, 신16:9-11). 시내산에서 율법이 주어진 날로 축하했다. 오순절이라고도 이르며 신약시대 성령이 강림한 날이다(행2:).

맨 나중〔the every end, last〕명부 (고전15:8) 제일 뒤에.

맨 밑〔the pit〕명(사14:15) 음부(지옥)의 바닥. 형벌이 가장 심한 곳.

맨 발〔bare feet〕명(삼하15:30) 아무 것도 신지 아니한 발. 벗은 발. ①당시의 관습(신25:9, 룻4:7). ②맨발로 걷지 않도록 권한다(렘2:25). ③굴욕의 표(욥12:19). ④적에 의한 묘멸(사20:2-4). ⑤슬픔을 표현(삼하15:30). ⑥죽은 자를 위한 탄식의 표시(겔24:17, 23). ⑦신은 부정하므로 하나님 앞에서는 벗어야 한다(출3:5, 수5:15). ⑧식탁에 임하기 전에 벗는다(눅7:38). ⑨자기 전에 벗는다(행12:8). ⑩가난을 나타낸다(눅15:22).

맵시〔good figure〕명(삼하19:24) 곱게 매만진 모양.

맷돌〔mill stone, grind〕명(출11:5) 곡식을 가는데 쓰는 기구. 아래짝과 윗짝으로 되어 있는 가정 상비기구(욥41:24, 삿9:53). ①위급할 때 무기로 사용되었다(삿9:53, 삼하11:21). ②여종이 맷돌질을 했다(출11:5). ③굴욕의 기호(삿16:21, 욥31:10). ④저당을 금했다(신24:6). ⑤소리가 들리지 않는 것은 곤고와 파멸을 의미한다(렘25:10, 계18:22). ⑥부인 둘이서 돌림(마24:41). ⑦연자맷돌도 있다(막9:42).

맷돌질〔grinding〕명(전12:3) 맷돌로 곡식을 가는 일.

노예들이 했다.

맹렬하다〔猛烈~ ; 사나울 맹, 매울 렬. violent, devour〕형(창49:7) 기세가 매우 사납고 세차다.

맹사〔猛士 ; 사나울(용감할) 맹, 선비 사. mighty men〕명(렘48:14) 힘세고 용맹한 무사.

맹세〔盟誓 ; 맹세할 맹, 맹세할 세. oath〕명(창14:22) 하나님 또는 어떤 대상을 가리켜 자신의 말과 행동에 거짓이 없음과 약속 성취를 확인하기 위해 자신의 의지를 엄숙히 증언하는 행위.

1. **하나님의 맹세** - 하나님의 일방적인 언약 ①구속의 언약(창3:15). ②아브라함에게(창22:16, 24:7). ③족장들에게(창50:24). ④모세에게(신29:12). ⑤백성에게(신29:10-13). ⑥다윗 왕조에(시89:35-37, 49). ⑦메시야에게(시110:1-4, 히7:15-22). ⑧많은 후손과 복주심(출32:13, 신13:17). ⑨땅을 주심(창26:3, 출6:8).

2. **맹세에 관하여 알아 둘 것** - ①맹세한 것은 지켜야 한다(민30:2-16). ②맹세는 구속력이 있다(민30:2). ③거짓맹세에 대한 형벌이 있다(신19:16-19, 딤전1:10). ④맹세의 심각성(출20:7, 슥8:16-17). ⑤속아서 한 맹세도 인정하고 이행(슥9:20). ⑥두려워서도 이행(삼상14:24, 26). ⑦맹세를 남용하지 말라(마5:33-37, 23:16-22). ⑧정직하면 맹세할 필요가 없다(마5:34-37). ⑨정직한 성도는 맹세할 필요가 없다(약5:12). ⑩예수님께서 맹세에 대하여 가르치셨다(마26:63-64).

맹수〔猛獸 ; 사나울 맹, 짐승 수. fierce animal, beasts〕명(고전15:

맹약[盟約 ; 맹세할 맹, 약속할 약. pledge, oath]몡(수9:20) ①맹세하여 굳게 맺은 약속. ②동맹국 사이의 조약. treaty.

맺다[bear]타(창1:11) ①나무나 풀이 열매를 이루다. ②끈으로 얽어 매듭지게 하다. tie. ③약속을 굳게 하다. contract. ④인연이나 관계를 짓다. form.

맺히다[change into drops]자(신32:2) ①눈물이나 이슬 같은 것이 방울지다. ②꽃이나 열매가 생기다. bear. ③마음 속에 뭉쳐 잊혀지지 아니하다. cherish.

머금다타(시45:2) ①입 속에 넣고 다물다. keep in one's mouth. ②어떤 감정이나 생각 따위를 품다. bear in mind. ③눈에 눈물을 괴게 하다. be filled with tears.

머리[head]몡(창3:15) 사람이나 동물의 목 위의 부분. 두목, 어른 등으로 번역된 말. 히브리인들은 머리를 지식, 지성의 자리로 생각하지 않고 생명의 본원으로 생각했다.
* 머리가 됨 - ①하나님께서는 그리스도의 머리(고전11:3). ②그리스도는 교회의 머리(엡4:12, 골1:4). ③그리스도는 세상의 머리(엡1:22). ④그리스도는 모퉁이의 머릿돌(벧전2:7,8). ⑤그리스도는 남자의 머리(고전11:3). ⑥아담은 인류의 머리(롬5:12). ⑦남편은 아내의 머리(고전11:7, 엡5:23-33).

머리맡[one's bedside]몡(왕상19:6) 누울 때 머리를 두는 곳. 그 옆이나 윗자리. 침상.

머리카락[hair]몡(왕하14:11) 머리에 난 털의 낱개. 두발.

머리터럭[hair]몡(행27:34) 머리털. 머리카락.

머리털[hair]몡(레13:40) 머리에 난 털. 두발.
* 히브리인의 관습 - ①몸의 아름답고 중요한 부분으로 여겼다(아5:11, 잠16:31). ②긴 머리는 여성임을 구별했다(눅7:38,고전11:6) ③남자는 짧게 잘랐다(레21:5, 겔44:20). ④압살롬의 사치한 머리(삼하14:26). ⑤나실인의 긴 머리(민6:5). ⑥대머리는 제사장이 되지 못한다(레21:5). ⑦나환자는 머리를 깎았다(레13:40). ⑧대머리는 모욕을 뜻함(왕하2:23). ⑨고난을 당할 때는 삭발을 했다(사3:17). ⑩검은색 머리를 좋아했다(아5:11). ⑪흰머리는 신적 장엄성을 상징했다(단7:9, 계1:14). ⑫백발은 노인의 아름다움을 말한다(잠20:29). ⑬머리를 단장했다(룻3:3, 사3:24). ⑭이발사는 옛날부터 있었다(겔5:1). ⑮머리를 둥글게 깎는 것을 금지했다(레19:27, 21:5).

머릿돌[headstone]몡(시118:22) ①예수 그리스도. ②건축물의 기초가 되는 돌. 정초석.

머릿짓[motion, beckon]몡(요13:24) 고개를 끄덕여서 상대방에게 의사를 전달함.

머물다[stop]자(창8:4) ①움직이다가 중도에 그치다. ②나아가다가 잠시 멈추다. stay. 머무르다.

먹[ink]몡(렘36:18) 벼루에 물을 붓고 갈아서 글씨를 쓰거나 그림을 그리는 데 쓰는 검은 물감.

먹 그릇[inkhorn]몡(겔9:2) 필기용구를 가리킨다.

먹다[eat]타(창2:9) ①음식 등을 섭어 삼키다. ②재물을 따거나 받거나 하여 자기 것으로 하거나 차지하다. embezzle. ③마음, 뜻, 생각 따위를 품다. intend. ④어떤 나이에 이르다. guow older. ⑤공포심이나 위압감을 느끼다. fear.

먹음직하다[be good for food]형(창3:6) 보기에 맛이 있을듯 하다.

먹이[provender, food]몡(창42:27) ①먹을 양식. 먹을 거리. ②짐승의 사료. fodder. 풀, 꼴.

먹이다[let someone eat, give food to]몡(창29:2) ①음식을 먹게 하다. ②물이나 술 따위를 마시게 하

먹줄[inked string]명(슥1:16) 목공이 나무에 줄을 칠 때 먹통에서 나오게 하여 쓰는 실.

먹히다[devour, be eaten]피동(욥6:6) 먹음을 당하다.

먼저[first]부(창11:28) 시간적으로 앞서서.

먼저 나신 자[the first born]인(골1:15) 선재하신 그리스도. 부활하신 그리스도.

먼저 나온자[firstborn]인(창25:25) 쌍둥이의 형. 에서를 가리키는 말.

먼저 된 자[one that is first]인(마19:30) 시간, 수, 차례, 지위에서 무엇보다도 앞에 있는 사람.

먼지[dust]명(사40:15) 공기 속에 섞이어 날리거나 또는 물건 위에 쌓이는 아주 가벼운 티끌.

멀다[far]형(민9:10) ①서로 사이가 많이 떨어져 있다. ②시간적으로 사이가 크다. remtoe future. ③서로의 사이가 서먹하다. distant.

멀다[go blind]자(신15:21) 눈이 보이지 아니하게 되다. 시력을 잃다.

멀리[far awfy]부(창22:4) 시간적, 공간적으로 사이가 아주 떨어지게.

멀리하다[keep away]타(출23:7) 교제에 있어서 가깝게 사귀지 아니하고 피하거나 사이를 두다.

1. 멀리해야 할 것 - ①거짓말(잠30:8). ②다툼(잠20:3). ③우상숭배(요일5:21). ④술(민6:3). ⑤잘못된 교훈(마16:12). ⑥음행(행15:20). ⑦궤휼과 사곡한 말(잠4:24). ⑧이방인과의 혼인(스9:1,2). ⑨이방인의 더러운 것(스6:21). ⑩패역한 자의 길(잠22:5). ⑪피(행15:20). ⑫거짓 일(출23:7).

2. 멀리해야 할 자 - ①음녀(레15:31, 잠5:8). ②악인(민16:21). ③이방인(느13:3). ④이단자(딛3:10). ⑤손할례당(빌3:2). ⑥서기관(막12:39).

멈추다[leave, stop]자타(창29:35) ①움직이거나 하던 일을 그치다. ②비나 눈이 내리다가 그치다.

멍에[yoke]명(창27:40) ①끌기위하여 말이나 소의 목에 얹는 기구. ②행동에 구속을 받거나 무거운 짐을 진 것을 비유하여 하는 말.

*비유와 상징 ①압박(신28:48). ②굴복(렘27:8). ③고역(왕상12:11,14). ④지배(창27:40). ⑤예속(딤전6:1). ⑥죄짐(애1:14). ⑦율법(행15:10). ⑧주께 속함(마28:29-30).

멍에를 같이 한 자[loyal yoke fellow]구(빌4:3) 그리스도인. 같은 목적을 하고 가는 자.

멍에를 메우다[pur a yoke]구(호10:11) 짐을 넘겨주다. 전가하다.

멍엣목[their yoke]명(겔34:27) 장대같은 멍에. 상징적으로 고난.

멍엣소[ox]명(렘51:23) 멍에를 지고 짐을 끌거나 밭을 갈 수 있는 소.

메[maul, hammer]명(사44:12) 어떤 물건을 치거나 박을 때 쓰는 나무나 쇠로 만든 방망이.

메[mountain]명(렘17:2) 산.

메네 메네 데겔 우바르신 [mene mene tekel parsin]구(단5:25) 벨사살 왕이 큰 잔치를 하면서 느부갓네살왕이 예루살렘 성전에서 가져온 금, 은 기명으로 술을 마시고 자기의 우상을 찬양할 때 벨사살이 앉은 맞은편 횟벽에 쓰여진 이상한 글자. 아람어를 소리나는대로 옮긴 말. 하나님께서 왕을 헤아리고, 달아보고 나누어보듯 살피신다는 뜻(단5:26-28 참고).

א‎נ‎ה‎ (פ‎ר‎ ס‎)‎ה‎ ת‎ק‎ל‎

메다[bind, tie, carry]자(창9:23) ①물건을 어깨위에 올려놓다. ②책임과 임무 따위를 맡다. carry on the shoulder.

메닷[מֵידָד = 사랑 받는 자]인(민11: 26)출애굽한 이스라엘 백성이 광야에서 주의 영이 장로들에게 임했을 때 진영에 남아 있던 에닷과 함께 주의 영을 받아 예언한 사람.

메대[מָדַי = 헤아림]지인
1. **위치** - 북은 가스피 해, 동은 사막, 남은 바사, 서쪽으로 앗수르, 티그리스강과 알메니아가 있다. 엘람의 북쪽 산악국.
2. **관련기사** - ①조상은 마대이다(창10:2). ②앗수르왕은 사마리아를 점령한 후 이스라엘 백성을 포로로 잡아 메대로 끌고 갔다(왕하17:6, 18:11). ③이사야와 예레미야는 메대가 바벨론을 멸망시킬 것을 예언하였다(사13:17, 렘51:11). ④바사가 바벨론 함락때 메데사람 다리오가 다스렸다(단5:28-31). ⑤에스더와의 관련(에스더). ⑥두 뿔이 있는 숫양으로 예언됨(단8:3-7, 20). ⑦메데의 법률은 변경할 수 없다(에1:19, 단6:8, 15). ⑧메대인 다리오왕 때 다니엘이 사자굴 속에 들어 갔다가 나왔다(단5:31-6:23). ⑨고레스왕은 유다인 포로를 귀환시키고 성전을 재건하도록 하였다(스1:1). ⑩아닥사 스다왕 때 성전 재건 공사가 중지되었다(스4장). ⑪다리오왕이 성전재건을 허락했다(스6장-). ⑫곰에 비교됨(단7:5). ⑬헬라국을 칠 것이 예언됨(단11:2). ⑭메대인은-은을 돌아보지 않으며 금을 기뻐하지 않는다고 하였다(사13:7). ⑮이 지방에 거주하던 유대인들이 오순절을 지키기 위하여 예루살렘에 왔다가 성령강림을 보고 복음을 들었다(행2:9).

메덱암마[מֶתֶג הָאַמָּה = 도성, 어미 성읍의 고삐]지(삼하8:1) 다윗이 블레셋을 쳐서 뺏은 성읍. 가드 근처인듯 하다(대상18:1).

메드바[מֵידְבָא = 흐르는 물]지
1. **위치** - 요단강 동쪽 고지대 모압의 중요 성읍(민21:29, 30).
2. **관련기사** - ①르우벤 지파에게 분배된 땅(수13:9, 16). ②요압이 암몬인과 그 연합군을 격파 하였다(대상19:7-15). ③이스라엘 왕 오므리가 다시 차지했다(왕하3:4). ④후에 모압왕 메사가 다시 차지했다(왕하3:5). ⑤이사야가 멸망할 것을 예언했다(사15:1-4).

메뚜기[locust]명(출10:4) 메뚜기과에 속하는 곤충을 일컫는 말. 곡식에 해를 끼친다. 어떤 것은 먹을 수 있다.

1. **다른 이름들** - ①황충(욜1:4). ②베짱이(레11:22). ③늣(욜1:4). ④팟종이(욜1:4).
2. **관련기사** - ①재앙으로 보냄(출10:12-19). ②심판으로 보냄(욜1:4, 신28:38, 왕상8:37). ③미력함(시109:23). ④먹을 수 있다(레11:32, 마3:4).
3. **상징** - ①무력함(사40:22). ②하찮은 존재(전12:5). ③쇠퇴함(나3:15, 17).④침략군(삿6:5,렘46:23). ⑤마지막 재앙(계9:3-11). ⑥높아지려는 자(사33:5). ⑦열등감(민13:33).

메랍[מֵרַב = 증대함]인(삼상14:49) ①사울의 맏딸. 미갈의 언니(삼상17:25). ②사울은 골리앗을 죽인 사람에게 주겠다고 약속했으나 그 약속을 어기고 메랍을 므흐랏 사람 아드리엘에게 주었다(삼상18:19). ③그 아들 5명은 기브온 사람에게 살해되었다(삼상21:8).

메레스[מֶרֶס = 슬픔, 망각자]인(에1:14) 아하수에로의 일곱 박사 중 한 사람. 왕의 기색을 살폈다.

메렛[מֶרֶד = 역적, 반항자]인(대상4:17) 에스라의 아들이며 바로의 딸 비디아의 남편이다.

메로놋[מֵרֹנֹתִי]인지(대상27:30) 기브온과 미스바 인근의 마을. ①다윗왕의 나귀를 맡았던 에드야의 출신지. ②바벨론에서 돌아와 성벽을 중수한 야돈의 출신지.

메로스[מֵרוֹז=물러가다]지(삿5:23)

메롬호수 부근. 다볼산 북쪽 마을. 벳산의 북서 7km지점. 이곳 주민들은 야빈의 군대장관 시스라와 싸울 때 출전하지 않아 비 애국적 태도를 취했기 때문에 드보라의 노래 가운데서 저주하였다.

메롬[מֵרוֹם=높은 곳의 물]지(수11:5) 여호수아가 북부 가나안 연합군을 격파한 곳(수11:5,) 위치는 정확하게 알 수 없다. 학자에 따라 갈릴리 호수 북쪽 16km지점 현재의 메이론과 후레 호수로 보는 이와 하솔의 서북서 11km지점 예벨 기슭 델 엘 길벳을 지지하는 고고학적 증거를 제시하는 이가 있다.

메마르다[sterile thirsty]형(시68:6) 땅이 물기가 없고 기름지지 아니하다. 박토. 비유적으로 씀.

메마른 땅[parched ground]명(사35:7) 여름 뜨거운 햇볕에 달아오른 땅이 신기루로 아른거리는 상태를 말하는 것인데 지금은 희미하나 장차 평강이 이룩될 황금시대와 대조해서 사용한 말.

메바앗[מֵיפַעַת=이름난 곳]지(수13:18) 모세가 르우벤 지파에게 준 요단 동쪽의 아모리성읍. 후에 레위인 므라리 족속의 거주지(수21:37, 대상6:79). 후에 모압인에게 빼앗겼다(렘48:21).

메사[מֵשַׁע=큰 고통, 건져냄]인
1 모압왕
1. 인적관계와 개요 - 주전 9세기의 모압왕. 이스라엘과 유다와 에돔을 대적했다(왕하3:4). 모압의 중흥의 위업을 기록한 비석이 주후 1868년에 드본의 옛터에서 발굴되었다. 그것은 메사의 비석 또는 모압의 비석이라고 알려졌는데 높이 1미터 폭 60센티 지름 35센티의 현무암으로 된 것이다.
2. 관련기사 - ①오므리가 모압을 정복하여 아합시대까지 이스라엘에 새끼양 십만의 털과 숫양 십만의 털을 조공으로 바쳤다(왕하3:4). ②아합이 죽은 후 반란이 일어나 이스라엘의 지배에서 벗어났다(왕하3:5). ③여호람과의 동맹국이 메사를 정복하려고 메사를 공격하였다(왕하3:9-27). ④에돔왕에게 피신하려고 하였으나 뜻을 이루지 못했다(왕하3:26). 길하레셋성 위에서 맏아들을 그모스에게 번제물로 바쳤다(왕하3:27).
2 유다 자손 갈렙의 맏아들(대상2:42). 십의 아버지.
3 모압지방에서 살았던 베냐민 사람(대상8:9).

메사[מֵשָׁא]지(창10:30) 셈의 후손 욕단의 자손이 살던 땅의 경계. 수리아와 아라비아사막 동쪽 일부.

메사합[מֵי זָהָב=금물(金水)]인(창36:39) 에돔왕 하달의 처 므헤다벨의 할아버지(대상1:50).

메삭[מֵישַׁךְ=누구냐]인(단1:7) ①다니엘의 세 친구 중 하나인 미사엘에게 바벨론의 환관장이 지어 부른 이름(단2:49, 3:14). ②포로생활을 하면서도 오직 하나님만을 의지하고 권력에 끌려 포도주를 마시거나 부정한 고기를 먹지 아니했다. ③바벨론의 관리(단2:49). ④왕의 신상에 절하지 아니했다. ⑤왕이 신상에게 절할 것을 요구하자 풀무불에 들어갈지라도 우상에게 절하지 않았다(단1:8, 15, 3:19-30). ⑥그리스도께서 보호해 주셨다(단3:25-30).

메섹[מֶשֶׁךְ=빼앗음]인
1 야벳의 아들인데 대개는 두발과 함께 기록되어 있다(대상1:5, 창10:2). ①에스겔과 시편 기록자가 언급한 한 족속(겔38:3, 39:1, 시120:5). ②노예와 청동기를 교역했다(겔27:13). ③곡의 군대에 참가했다(겔32:26).
2 셈의 아들(대상1:17). 마스와 같은 사람으로 여김(창10:23).

메섹[מֶשֶׁךְ=빼앗음]지(창10:2) 야벳의 아들 메섹 두발과 그의 자손들이 거주하던 땅(대상1:5, 시120:5).

메소밥[מְשׁוֹבָב=상을 주었다, 회복되었다]인(대상4:34) 히스기야왕 때 시므온 사람의 한 방백. 그랄 근처 함에 정착했다. 그돌까지 세력을 확장했다(대상4:34-41).

메소보다미아[מֵסוֹפּוֹטַמְיָא = 강 사이의 땅]지

1. **위치와 개요** - 유브라데스강과 티그리스강 사이의 고원지대. 히브리어로 아람나하라임(창24:10)의 번역어. 일명 밧단아람(창25:20). 아람(창31:20). 하란(왕하19:12)으로 불림. 현재의 이라크와 이란 일부가 포함된다. 원래는 북방의 앗수르를 가리켰다. 후에 바벨론을 가리켰다.

2. **관련기사** - ①아브라함의 할아버지 홀로부터 라반까지의 고향(창24:10, 행7:2). ②야곱이 형에게 쫓겨 이곳으로 와서 21년간 외숙을 위하여 봉사하고 그의 두 딸을 취하여 11남 1녀를 낳았다(창29:21-30:24). ③발람과 구산리사다임이 거하던 곳(신23:4, 삿3:8). ④일시 이스라엘이 점령한곳(삿3:8-10). ⑤마병과 병거가 유명한 지역(대상19:6). ⑥산헤립에게 점령되었다(왕하19:12, 16). ⑦요압이 암몬과 동맹한 군사를 물리쳤다(대상19:6-13). ⑧오순절에 이 곳에서 온 사람도 성령강림을 목격하였다(행2:9).

메소보다미아 왕[king of mesopotamia]인(삿3:8) 구산 리사다임. 가나안에 안주한 이스라엘을 8년동안 괴롭힌 왕. 사사 웃니엘에게 패한 왕.

메시야[מָשִׁיחַ = 기름부음]명(요1:41) 예수 그리스도.

1. **어의** - 기름부음을 받은 자라는 뜻(단9:25, 요1:41, 4:25). ①대제사장에게 사용되었다(레4:3, 16, 6:15). ②왕(삼상24:6). ③족장(시5:9-12). ④예언자(시105:8~15). ⑤속죄자가 되기 위하여 하나님으로 부터 기름부음을 받은 자(단9:25, 시2:2, 눅23:2, 39).

2. **중요 메시야 예언** - ①여인의 후손(창3:15). ②언약의 자손(창12:1-3). ③야곱에게서 나오는 별(민24:17). ④유다지파의사자(창49:10). ⑤다윗의 자손(사10:1-10). ⑥멜기세덱의 제사장(시110:4). ⑦선지자(신18:15-19). ⑧하나님의 아들(시2:7, 8). ⑨임마누엘(사7:14). ⑩종(사42:1-4).

그리스도께서 메시야되심의 증거 - ①예언대로 오신 이 - 여인의 후손(창3:15). 동정녀 탄생(사7:14). 베들레헴 탄생(미5:2). ②하나님이 증거하셨다(마3:17). ②자신의 증거 - 이적(말4:23-25). 교훈(마5:-8:이외). ③죽음과 부활승천(롬4:25, 5:6, 요14:3).

*구약은 오실 메시야의 예언이다.

메시야 시[messianic psalms]명(시편2, 16, 45, 72, 89, 110)

메알곤[מֵי הַיַּרְקוֹן = 푸른 들, 엷은 푸른색]지(수19:46) 단지파의 성읍. 욥바 근처에 있었다.

메어치다[lay, to the ground]타(왕하8:12) 어깨 위로 휘둘러서 땅에 내리치다.

메우다[fill up]타(창26:15) 구멍이나 파진 곳을 무엇을 넣거나 채워서 막게 하다.

메우다[yoke]타(신28:48) 말이나 소의 목에 멍에를 메게 하다. 짐을 지우다.

메질군[the hammer]명(사41:7) 때리는 사람. 깡패. 폭행자.

메추라기[quail]명(출16:13) 꿩과의 새. ㉠메추리. [quail] ①이스라엘 백성이 광야생활에서 먹은 육식(민11:31, 시105:40). ②사울에

게 쫓기는 다윗 자신을 두고 한 말(삼상26:20).

멘나[Μεννά = 큰 고통]인(눅3:31) 다윗의 증손자. 예수님의 계보에 있는 사람.

멜기

멜기[Μελχί = 왕]인
1. 예수님의 계보 중 한 사람. 스룹바벨의 증조부이다(눅3:24).
2. 요셉의 고조부(눅3:28)

멜기세덱[צֶדֶק מַלְכִּי = 의의 왕]인 그리스도. 그는 영원한 왕이시며 계보없는 제사장이시다(히6:20, 시110:4, 히8:1). ①아브라함 시대의 예루살렘 제사장(창14:18). 지극히 높으신 하나님의 이름으로 축복했다. 아브라함은 그에게 전리품의 10분의 1을 드렸다. ②후대에 이상적인 왕의 전형이 되었다. 이러한 왕은 멜기세덱의 반차를 좇은 "영원한 제사장"이라고 칭하게 되었다(시110:4). ③히브리서에서 그의 특이한 지위를 묘사하고 그리스도의 우월성을 논하고 있다(히5:6-10, 7:). ④아브라함 이상이다(히7:4-10). 히7장 참조.

멜레아[Μελεά 충만, 가득한 농산물]인(눅3:31) 예수님의 계보 중의 한 사람. 다윗의 고손자.

멜렉[מֶלֶךְ = 권하는 사람, 왕]인(대상8:35) 베냐민 사람 요나단의 손자이며 미가의 아들(대상9:41). 사울의 증손자.

멜리데[Μελίτη = 꿀이 흐름]지
1. 위치 - 시실리섬 남쪽 95km지점에 있으며 지금도 멜리데라고 부른다(행28:1). 말타라고도 부른다. 바울상이 해변에 서 있다.
2. 관련기사 - ①바울 일행이 파선하여 상륙한 섬(행28:1). ②바울이 독사에 물렸으나 상하지 않았다. ③추장 보블리오의 부친의 병을 고쳐 줌으로써 매우 호감을 사게 되었다. 많은 개종자가 났다. ④이 섬에서 겨울을 나고 섬 사람들과 작별하고 로마로 갔다.

멤피스[memphis]지 애굽의 늪땅을 가리키는 말(한글 개역 성경에는 없으나 영문성경, 그리고 지도등에 표기된 지명이기 때문에 관련기사를 통해서 그 곳을 해설한다).
①애굽의 수도(호9:6, 사19:13).
②그달랴를 살해한 유다인들이 도피하여 산 곳(렘44:1). ③에스겔과 예레미야가 심판을 예언한 곳(겔30:14, 렘46:14,19). →놉.

멧부리[peak]명(겔34:6) 산의 봉우리나 등성이의 가장 높은 꼭대기. 에돔의 멸망에 인용된 말. 모두 시체가 될 것을 언급했다.

멧비둘기[a wood pigeon]명(시74:19) 산비둘기.

며느리[daugter-in law]명(창38:11) 아들의 아내. 자부.

며칠[some days]명(창24:55) 몇일. 얼마의 날.

멱통[crop, throat]명(레1:16) 산멱통의 준말. 산 동물의 목구멍. 새의 목부분에 있는 모이 주머니. 제물로 바치기 전에 떼어 버렸다.

면[面 ; 낯면. face]명(왕상7:31) ①얼굴. ②겉쪽. surface.

면대[面對 ; 낯 면, 대할 대. facing each other, face of face]명(요이12) 서로 얼굴을 대함.

면려[勉勵 ; 힘쓸 면, 힘쓸 려. diligence persuade]명(왕하18:32) 힘써 함. 힘쓰게 함.

면류관[冕旒冠 ; 면류관 면, 깃발 류, 갓 관. crown]명(삼하1:10) 임금이나 관직자가 쓰는 관. 헌신을 뜻하는 말.

1. 면류관을 쓰는 사람 - ①대제사장(출29:6-7). ②왕(왕하11:12). ③왕비(에2:17). ④대신(에8:15). ⑤신랑, 신부(겔16:12). ⑥연회에서 쓴다(사28:1,3, 겔23:42). ⑦승리자가 쓰는 관(고전9:25, 딤후2:5). ⑧성도가 쓰는 생명의 면류관(계2:10). ⑨대관식을 가졌다(출29:6-7, 레11:12).

2. **여러가지 면류관** - ①의의 면류관(딤후4:8-). ②생명의 면류관(약1:12, 계2:10). ③인자와 긍휼의 면류관(시103:4). ④승리의 면류관(딤후2:5, 계3:11). ⑤썩지 않는 면류관(고전9:25). ⑥기쁨의 면류관(빌4:1-). ⑦자랑의 면류관(살전2:19). ⑧영광의 면류관(벧전5:4). ⑨금 면류관(계4:4, 14:14-). ⑩가시 면류관(마27:29, 요19:2,5). ⑪영화로운면루관(잠4:9). ⑫지아비의 면류관(잠12:4). ⑬노인의면류관(잠17:6). ⑭지켜야 할 면류관(계3:11).

3. **상징과 비유** - ①하나님이 세우신 왕통의 기호(계12:3) ②하나님이 주신 왕직(시21:3, 132:18) ③더럽혀질 때는 나라의 종말을 말함(시89:39, 애5:16, 겔21:6) ④존귀와영광(욥19:9, 잠4:9) ⑤풍성한 수확(시65:11) ⑥풍성한 지혜(잠14:24) ⑦덕 있는 아내(잠12:4) ⑧손자(잠17:6) ⑨백발(잠16:31) ⑩그리스도의 영광과 존귀(시8:5, 히2:7,9) ⑪상급(벧전5:4) ⑫그리스도인의 소망(요일2:28, 3:2-3) ⑬불멸의 상(고전9:25)

면박[面帕; 낯 면, 비단 박. muffler, veil]명(창24:65) 얼굴을 가리우는 수건. 여인의 정장의 한 부분. 정확한 것은 알 수 없으나 여인의 얼굴 또는 전신을 가리는데 사용하였다. 면사포와 같은 뜻을 가진 말. ①이스라엘 부인들은 면박을 쓰지 아니했다(창12:14-) ②혼례 때 쓴다(창24:65, 아4:1, 3, 사47:2) ③신분을 감추기 위해 부인이 썼다(창38:14-) ④후대 상류부인들이 썼다(사3:18-19).

면박[面駁; 낯 면, 얼룩얼룩할 박. personal reproof]명(욥21:3) 마주보고 꾸짖어 나무람.

면제[免除 ; 면할 면, 덜 제. release]명(신15:1) ①책임을 면함. ②채무를 면함. ③일시적 또는 영원히 면하게 할 수 있다. ④아하수에로와 에스더의 결혼에 따른 면제(에2:18). ⑤바라바는 예수님 때문에 형이 면제되었다.

면제년[免除年 ; 면할 면, 덜 제, 해 년. year of release]명(신15:2) 매 7년마다 채무를 면제하여 주는 해. ①노예와 채무자를 위한 제도(신15:1-9). ②해방을 원하지 않는 종은 귀를 뚫었다(출21:5). ③이웃나라 형제로부터의 면제(신15:2). ④채무이행을 악용해서 노예(종)로 삼는 것을 막는데 있다. ⑤바벨론에서 돌아온 후 성실히 지켰다(느10:31).

면죄[免罪 ; 면할 면, 허물 죄. acpuittal]명(출34:7) 죄를 면함

면책[面責 ; 낯 면, 꾸짖을 책. personal reproof, rebuke]명(시80:16) 마주 대하여 책망함.

면하다[免~ ; 면할 면]타(창4:15) ①벗어나다. escape. ②피하다. avoid. ③허락을 받다. be allowed. ④그 일을 아니하게 되다. be exempted.

멸망[滅亡 ; 멸할 멸, 망할 망. perdition, desolation]명(창19:15) 망하여 없어짐. 구원과 축복의 반대되는 말이다(빌1:28).

1. **멸망의 시기와 방법** - ①졸지에, 속히(시35:8, 잠24:22). ②심판하여(벧후3:7, 사34:5). ③마지막으로 속박되는 장소(계17:8, 11). ④영원한 정죄이다(계17:8, 11, 살후1:9). ⑤하나님께서 행하심(사13:6). ⑥제 곳으로 간다(행1:25). 영원한 형벌.

2. **멸망에서 벗어나려면** - ①회개하라(욘3:10). ②구세주를 믿으라(요3:16). ③하나님의 뜻을 따르라(눅21:18 참고 마18:14).

멸망산[滅亡山 ; 멸할 멸, 망할 망, 뫼 산. mount of corruption]명(왕하23:13) 예루살렘 앞에 있는 산. 망하여 없어질 산. 솔로몬이 우상을 숭배한 곳(왕상11:7). 요시아왕이 그 지역을 정결케 하였다(왕하23:13).

멸망시키는 자의 마음[the Spirit of a

destroyer]구(렘51:1) 갈대아 사람 고레스왕의 마음. 하나님께서 고레스왕의 마음을 감동시켜 바벨론을 치게 하셨다.

멸망에 처함[damnation]구(마23:33) 영원한 형벌에 처하는 조치, 지옥의 판결을 뜻한다(벧후2:1).

멸망의 가증한 것[abomination of desolation]구(마24:15, 눅21:24) 성전에서의 우상예배. 예루살렘 성전이 파괴되고 이교도들이 성지를 주관하게 되는것을 예수님께서 예언하셨다. 다니엘이 예언한 것은 예수님 시대에 이루어졌고 앞으로도 이루어질 것이다(단8:13, 9:27, 11:31).

멸망의 구덩이[pit of destruction]구(사38:17) 음부(지옥) 또는 무덤을 가리킨다(욥26:6, 시88:11).

멸망의 비[besom]구(사14:23) 멸망시키는 빗자루. 깨끗이 쓸어 없애는 형용어.

멸망의 아들(자식)[son of perdition]구(요17:2) ①가룟 유다를 일컫는 말. 멸망될 자로 정해져 있는 사람. ②적그리스도(살후2:3). ③그리스도의 가르치심이 불완전해서가 아니라 예언을 이루기 위해서 정해진 멸망의 자식이다(시41:9).

멸망의 웅덩이 → 멸망의 구덩이

멸망자[destruction]명(시35:17) 망하는 사람. 망하게 하는 사람. 대적. 원수.

멸시[蔑視 ; 업신여길 멸, 볼 시. presumptuous]명(창16:4) 업신여겨 봄. 낮추어 봄. 종교적인 멸시는 하나님의 긍휼을 기대하면서도 하나님의 계명을 무시하는 행위이다. ①반역한 이스라엘의 행위(민14:44). ②하나님의 명령을 거역하는 교만(창25:29, 출21:14). ③범죄와 자만(시19:13,잠21:24). ④고의적인 행위(민15:30). ⑤저항하는 고집 센 행위(벧후2:10). ⑥반복해서 행한다(시78:17). ⑦백성 중에서 끊어진다(민15:30).

멸절[滅絶 ; 멸할 멸, 끊을 절. extinction]구(창6:17) 멸망하여 끊어져 없어짐.

멸하는 자[destroyer]구(출12:23). ①애굽 재앙 때의 죽음의 천사(출12:23). ②다윗이 인구조사를 할 때의 하나님의 사자(삼하24:15-16). ③앗수르가 진을 쳤을 때의 여호와의 사자(왕하19:35). ④헤롯을 친 주의 사자(행12:23).

멸하다[滅~ ; 멸망할 멸. perish]자(창6:13) 멸망하다. 없어지다. 타 없애버리다. 사람, 도성, 국가 등을 멸한다.

명[命 ; 목숨 명. command]명(창2:16) ①목숨. ②명령. ③운명.

명[名 ; 이름 명, number of persons]명(요삼14) ①사람의 수효를 나타내는 말. ②이름. name.

명년[明年 ; 밝을 명, 해 년. next year]명(창17:21) 내년.

명랑[明朗 ; 밝을 명, 밝을 랑. brightness]명(욥25:5) 밝고 쾌할 함.

명령[命令 ; 목숨명,명령할(하게 할) 령. command]명(창26:5) 웃사람이 시키는 분부. 雙 하명. 하나님께서 우리에게 주신 계명. 언약.

명령자[命令者 ; 목숨 명, 명령할 령, 놈 자. commander]명(사55:4) 명령을 하는 사람.

명록[名錄 ; 이름 명, 기록할 록. a list]명(느2:20) 기념물 또는 기록.

명목[名目 ; 이름 명, 눈 목]명(민4:32) ①사물의 이름. 명칭. appellation. ②구실. 핑계. 이유. pretext. 이름아래. ②명분 아래. under the name.

명백[明白 ; 밝을 명, 흰 백. clearness]명(단6:22) 분명하고 뚜렷함.

명부[名簿 ; 이름 명, 장부 부. a list, memorial]명(딤전5:9) 관계자의 이름이나 주소 직업 따위를 적어놓은 장부. 명적.

명분[名分 ; 이름 명, 나눌 분. birthright]명(갈4:5) 신분상, 도덕상 지켜야 할 도리. 이유나 구실. 재산분배에 있어서는 권리. 장자는 다른 형제의 두배를 받았다(히12:

16, 대상5:1, 신21:17). 죄인이 하나님의 아들이 되는 것(갈4:5).

명성[名聲 ; 이름 명, 소리 성. fame]명(민14:15) 좋은 소문. 명예로운 소문. 세상에 떨친 이름.

명수[名數 ; 이름 명, 셀 수. number of persons]명(민1:2) 사람의 수효.

명심[銘心 ; 새길 명, 마음 심. keeping in mind]명(신4:39) 마음에 깊이 새겨둠.

명예[名譽 ; 이름 명, 가릴 예. glory]명(신26:19) ①자랑. ②이름이 뛰어난 평판. honour. ③체면. dignity.

명의[名義 ; 이름 명, 옳을 의. name]명(에8:8) ①명분과 의리. ②문서상의 이름.

명의하[名義下 ; 이름 명, 옳을 의, 아해 하. under the name]명(창48:6) ①이름 아래. ②명분 아래.

명절[名節 ; 이름 명, 마디 절. festivals]명(호2:11) 축하하는 날. 신성한 절기. ①유월절(무교절, 1월 14일-21일. 출12:3-20). ②오순절(초실절, 맥추절, 추수절, 칠칠절, 유월절 후 7주, 출34:22). ③장막절(초막절, 수장절, 나팔절, 7월15일-21일-레23:34). ④부림절(민족구원절, 12월14일-15일. 에9장). ⑤수전절(성전수복절. 9월25일-요10:22). ⑥안식일(출23:14-17). ⑦월삭(민10:10). ⑧희년(레25:8-17). →절기

명절일[名節日 ; 이름 명, 마디 절, 날 일. feast]명(호9:5) 이름 있는 날. 축일. 축제일. 명절

명정[命定 ; 목숨(명령할) 명, 정할 정. calling forth]명(사41:4) 하나님이 영원 전부터 작정하시고 명령하여 이루심.

명주[明紬 ; 밝을 명, 명주 주. silk]명(겔16:10) 누에 고치에서 뽑은 실로 짠 천. 비단.

* 상징적인 의미는 사치하고 음란함을 가리킨다(겔16:10, 13, 계18:12)

명철[明哲 ; 밝을 명, 밝을 철. insight, wisdom]명(창41:33) 재주가 있고 사리에 밝음. 부 명철히.

명철(한)자[明哲者 ; 밝을 명, 밝을 철, 놈 자. wise man]명(전9:11) ①재주있고 사리에 밝은 사람. ②지혜로운 자(잠10:14).

명칭[皿稱 ; 그릇 명, 일컬을 칭. scales]명(잠16:11) 저울의 한 종류. 무게를 다는 기구. 천칭을 말함. 공정하게 사용되어야 한다. 하나님의 창조의 권능을 나타내는데 사용된 말(사40:12).

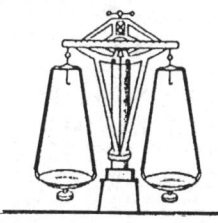

명칭[名稱 ; 이름 명, 일컬을 칭. name]명(시102:12) 사물을 부르는 이름.

명하[名下 ; 이름 명, 아래 하. under the name]명(요삼15) 이름 아래.

명하다[命~ ; 목숨 명. command]타(창2:16) ①명령하다. ②명명(命名)하다. ③임명하다.

몇[some]명 관(창27:44) ①확실하지 않은 수효를 부를 때 쓰는 말. ②얼마되지 않는 수.

모[angle]명(출27:1) 날카로운 가장자리. 물건의 귀난 곳.

모[母 ; 어미 모. mother]명(창37:10) 어머니. 모친. 자당. 자친.

모계[謀計 ; 꾀모, 셈 할계. stratagem]명(렘19:7) 이리 저리 꾀를 짜내어 남을 해치려는 속임수. 속임수를 써서 일을 꾸밈.

모년[暮年 ; 저물 모, 해 년. old age]명(욥42:12) ①늙은 나이. 노년. ②늙은이. old man.

모독[冒瀆 ; 무릅쓸 모, 더럽힐 독. blasphemy]명(눅12:10) 언행으로 더럽혀 욕되게 함.

* 하나님의 영광을 욕되게 하는 모든 행위. ①신성한 장소를 경히 여김

모래

(행6:11-14). ②거룩한 이름을 망령되이 일컫는 일(신5:11, 사52:5). ③하나님의 이름을 훼방하는 일(레24:16). ④성령을 훼방하는 자는 사함을 받지 못한다(눅12:10).

모래[sand, dust]명(창22:17) 잘게 부스러진 돌 부스러기. 사(砂).

모략[謀略 ; 꾀 모, 간략할 략. strategy, counsel]명(신32:28) 남을 해치려는 속임수나 꾀.

모레[מוֹרֶה = 점치는 자, 지시하는 자, 교사]지

① 세겜 가까운 곳. 아브라함이 장막을 쳤던 곳(창12:6). ①상수리나무가 있는 곳. 아브라함이 단을 쌓았다. ②지계표시로 언급되었다(신11:30). ③언약을 갱신한 곳(수24:26). ④아비멜렉이 세겜의 왕이 된 곳(삿9:6, 9:37). 에발산과 그리심산 근처로 본다.

② 미디안 사람이 진을 쳤던 곳(삿7:11). 에스드라엘론 평원 동쪽에 있는 산. 작은 헬몬산이라고 한다.

모레[the day after tomorrow]명(삼상20:12) 내일 다음날.

모레셋[מוֹרֶשֶׁת = 갓의 재산]지(렘26:18) ①유다 서남부 세헤라의 성읍. ②미가 선지자의 고향(미1:1). ③라기스 북동쪽 약10km지점 지금의 델 에이 유데이데로 여긴다.

모르다[do not know]타(창42:7) ①알지 못하다. ②깨치지 못하다.

모르드개[מָרְדֳּכַי = 모르닥(바벨론의 주 신) 예배자]인

① 에스더의 사촌 오빠.
1. **인적관계** - 베냐민지파 사람. 기스의 증손, 시므이의 손자 야일의 아들. 에스더의 양육자(에2:5-10).

모르드게의 무덤

2. **관련기사** - ①바벨론 느부갓네살에 의하여 여고니아와 같이 포로가 되었다(에2:5-6). ②삼촌의 딸 하닷사(에스더)를 그의 부모가 죽은 후 양육하였다(에2:7). ③에스더에게 잘 가르쳤다(에2:10-20). ④아하수에로왕 암살 음모를 미연에 방지하였다(에2:22-23). ⑤하만이 재상으로 있을 때 그에게 절하지 않았다(에3:1-6). ⑥하만이 유다인을 죽일 계교를 알고 에스더와 협력하여 마침내 하만의 계교를 방지하였다(에6:1-11). ⑦나라의 치리자가 되었다(에8:7, 15). ⑧부림절을 지키게 하였다(에9:20-31).
3. **배울점** - ①에스더를 양육, 교육한 일. ②오직 하나님께 머리를 숙여야 한다는 신앙. ③인간을 무서워하지 아니한 신앙.

② 스룹바벨과 같이 바벨론에서 돌아온 사람의 지도자(느7:7).

모리아[מוֹרִיָּה = 높은, 주의 계시]지
1. **위치** - 예루살렘 동쪽의 산.
2. **관련기사** - ①아브라함이 브엘세바에서 3일 길을 걸어 가서 이삭을 제물로 바친 곳(창22:12). ②여부스 사람의 타작마당이 있던 곳(삼하24:18-25). ③솔로몬이 성전을 지은 곳(대하3:1).

모만[侮慢 ; 업신여길 모, 교만할 만. be scornful scoffer]명(잠29:8) 남을 업신여기고 저만 잘난체 함. 거만하다, 경만하다로 번역되는 말. 어떤 것에도 거룩함을 인정하지 않고 모든 권력을 경멸한다.

모맥[牟麥 ; 보리 모, 보리 맥. wheat and barley]명(수3:15) 밀과 보리.

모면[謀免 ; 꾀 모, 면할 면. escape]명(왕상15:22) 꾀를 내어 벗어남. 어려운 고비에서 겨우 벗어남.

모반[謀叛 ; 꾀 모, 모반할 반. rebellion]명(삼하15:31) 국가 전복을 꾀함. 자기 나라를 배반하고 반역함. 내란을 일으킴.

모반자[conspirator]명(삼하15:31) 공모하여 대항하는 사람. 반역자.

모발[毛髮 ; 털 모, 터럭 발. hair]명(레13:33) 머리털과 몸에 난 털의 총칭.

모본[模本 ; 모범 모, 밑 본. model] 圐(행20:35) ①본보기. example. ②모형. mould. ③모방. imitation.
* 그리스도께서 우리에게 보이신 모본(빌2:1-11).

모사[謀士 ; 꾀 모, 선비 사. counselor]圐 남을 도와 꾀를 내는 사람. 계략을 꾸미는 사람.

모사[מוֹצָא = 해돋이, 출구]인
① 갈렙의 첩 에바가 낳은 아들(대상 2:46).
② 사울의 후손 시므리의 아들(대상 8:36-37, 9:42-43).

모사[מֹצָה = 나감, 갈대의 곳]지(수 18:26) 베냐민에 있던 한 성읍. 예루살렘 서쪽 길벳 베이트 미제의 폐허지로 여김.

모살[謀殺 ; 꾀 모, 죽일 살. murder] 圐(출21:14) 미리 꾀하여 사람을 죽임.

모세[מֹשֶׁה = 물에서 건져냄]인
1. **인적관계** - 레위족속 아므람과 요게벳이 낳은 둘째아들. 형은 아론, 누나는 미리암이다(출2:1, 6:20,
2. **관련기사** - ①그의 출생과 양육(출2:1-10). ②애굽의 학문을 배움(행7:22). ③동족을 사랑함(출2:11-14). ④바로의 공주의 아들됨을 거절하고 미디안으로 도망감(출2:15, 히11:23-27). ⑤미디안에서 십보라와 결혼함(출2:16-21). ⑥두 아들을 둠(출2:22). ⑦장인 이드로를 도움(출3:1). ⑧하나님께서 부르심(출3:2-4:17). ⑨형 아론을 만남(출4:14-28). ⑩히브리인 장로들을 모음(출4:29-31). ⑪바로왕에게 출국을 요구함(출5:-12:). ⑫유월절제정(출12:1-29, 히11:28). ⑬히브리사람을 출애굽 시킴(출12:30-38). ⑭유월절을 지키고 시내산에 이름(출12:39-19:2). ⑮시내산에서 있은 일(출19:1-40장, 행7:38). ⑯시내산에서 가데스 바네아까지(민10:-14:). ⑰광야생활(민15:1-36:). ⑲모세의 최후기간(신1:-34:8). ⑳기록한 율법을 제사장에게 맡김(신31:9-26).
* 출애굽기부터 신명기까지 모세의 생애가 기록되어 있다.
3. **모세의 장점** - ①믿음이 강했다(히11:23-28). ②겸손했다(민12:3). ③성실했다(민12:7). ④존경을 받았다(출33:8-10). ⑤논리적이었다(민14:12-20). ⑥능변가가 되었다(신32:-33:). ⑦하나님의 뜻에 따랐다(신3:24-27, 34:1-4).
4. **단점** - ①부름에 핑계 하였다(출3:11). ②참지 못했다(출5:22-23). ③화를 내었다(출32:10).
5. **성경을 기록했다** - ①창세기. ②출애굽기. ③레위기. ④민수기. ⑤신명기. ⑥시편 90편.

모세라[מוֹסֵרָה = 사슬, 징계의 곳]지(신10:6). 아론의 장지(민33:38). 모세롯과 같은 곳(민33:30).

모세롯[מֹסֵרוֹת = 징계의 장소]지(민33:30) 신 광야에서 이스라엘 백성이 진쳤던 곳. 모세라와 같은 곳(신10:6).

모숨[lock]圐(겔8:3) 가늘고 긴 물건이 줌 안에 드는 수효.

모시다[serve, bring]타(창18:8) 웃사람이나 존경하는 이를 받들다.

모신[謀臣 ; 꾀 모, 신하 신. bidding, strategist]圐(삼상22:14) 모사를 잘하는 신하. 꾀를 잘 내는 신하.

모아댜[מוֹעַדְיָה 하나님의 장식, 여호와는 불러 모으신다]인(느12:17) 스룹바벨과 함께 바벨론에서 돌아온 제사장. 마아댜와 같은 사람(느12:5).

모압~족속[מוֹאָב=아비의 소생]인
1. **인적관계** - 롯이 맏딸을 통해 낳은

모압

아들(창19:30). 그의 후손.
2. **관련기사** - ①모압자손의 선조(창19:37). ②이스라엘이 홍해를 건널 당시에는 큰 세력을 가지고 있었다(출15:15). ③그들은 암몬 족속과 더불어 요단 동쪽 지역에 있던 한 종족을 멸망시켰다(신2:10, 19:21). ④아모리왕 시혼의 공격을 받았다(민21:13-15, 26-30). ⑤이스라엘에 대하여 친절했다(신2:29). ⑥이스라엘 백성의 통과를 허락하지 아니했다(삿11:7). ⑦모세는 공격하지 못하게 하였다(신2:9). ⑧모압왕은 발람을 보내어 이스라엘을 저주하게 하였다(민22:-24:, 수24:9). ⑨요단강을 건너기 전 이스라엘 진지는 싯딤이었다(민22:1, 수3:1). ⑩이스라엘 사람들을 음행케 했다(민25:). ⑪사사시대 이스라엘을 침략하였다(삿3:12-30). ⑫다윗의 선조 룻은 모압 여인이다(룻1:22, 마1:5-16). ⑬다윗은 그의 부모를 모압왕에게 맡겼다(삼상22:3-4). ⑭다윗에게 조공을 바쳤다(삼하8:2, 12). ⑮오므리와 그의 아들은 아합을 섬겼다(왕하3:-). ⑯모압왕 메사는 이스라엘을 반역했다(왕하3:4-27). ⑰유다가 정복했다(대하20:1-30). ⑱여호야김 때 유다에 쳐들어 왔다(왕하24:2). ⑲모압인은 10대 후손에 이르기까지 여호와의 회중에 드는 것이 금지되었다(신23:3-6, 느13:1). ⑳예언자들은 모압족속을 하나님 나라의 원수의 전형으로서 비난했다(사25:10, 렘9:26, 겔25:8-11, 암2:1-2, 습2:8-11).

모압[מוֹאָב = 아비의 소생]지
1. **위치** - 사해 동남쪽 고원지대. 남은 에돔, 동은 아라비아 사막, 서는 사해, 북은 요단 평야로 이루어진 나라였다. 차츰 아르논강과 헤스본강으로 이동하였다. 사해 수면보다 131m나 높은 고지대이다.
2. **관련기사** - 모압 인 관련기사를 참고하라.

모압 길[מוֹאָב]지(사15:1) 모압에 있는 한 성읍. 이사야가 망하여 황폐할 것을 예언하였다.

모압비석[moabite stone]명 모압의 디본(민21:30)에서 발견된 고고학적 유물. 높이 1m, 너비 80cm, 두께 35cm의 흑색 현무암으로 된 비석은 위가 둥글다. 내용은 메사가 그들의 신 그모스의 도움으로 이스라엘에 승리한 기록이다. 열왕기하 3장에 관한 모압 입장에서의 전승비이다. 34행으로 된 비문에 나오는 열 다섯 곳의 지명이 구약에 나온다. 그들의 신은 그모스이고 이스라엘의 신은 여호와라고 밝히고 있다. 히브리 고서체와 흡사한 문자로 새겼는데 고문 연구에 큰 역할을 했다. 현재 루브르박물관에 보관되어 있다.

(모압비석 비문 일부)

모압비석 비문의 일부.

모압 여인[moabitess]명(룻1:22) ①나오미의 며느리. 다윗왕의 증조모인 룻을 일컫는다. ②솔로몬의 아내 중 모압 여인이 있었다(왕상11:1). ③여호사밧의 어머니도 모압 여인이다(대하24:26).

모압왕[king of moab]인 모압을 다스린 왕. ①십볼(수24:9). ②에글론(삿3:12). ③이스라엘의 행로를 막은 모압왕(삿11:17). ④메사(왕하3:4). 이스라엘의 적이다.

모양[貌樣 ; 모양 모, 모양 양. state]명(창1:26) 사람이나 물건의 겉에 나타나는 꼴. 됨됨이.

모욕[侮辱 ; 업신여길 모, 욕될 욕. insult]명(렘19:8) 깔보고 욕되게 함.

모우님 사람[meunites]인(대상4:41) 유다 남쪽에 있던 에돔 세일산에 살던 일족. ①여호사밧왕 때 모압인과 결탁하여 유다를 침략하다가 패함(대하20:1). ②웃시야왕을 괴롭히다가 히스기야왕 때 시므온 지파에게 패함(대상4:39-41). ③

마온(대하26;7). 므우님(스2:50)이라고도 한다.

모으다[gather]囘(창12:5) ①여럿을 한 곳으로 오게하다. ②많이 벌어 가지다. save.

모의[謀議 ; 꾀 모, 의논할 의. consultation]圀(창49:6) 어떠한 일을 꾀하고 의논함.

모임[congregation]圀(시35:15) 여러 사람이 어떤 목적으로 한 곳에 모이는 일. 회(會). 회집. 집회.
* ①주의 이름으로 모임(마18:20). ②교회에 모임(고전11:18). ③하나님의 잔치에 모임(계19:17). ④주의 재림 때 모임(살후2:1). ④만국이 모임(슥12:3). ⑥모이기를 폐하지 말라(히10:25).

모자라다[be short, lack, want]재|형(요2:3) 어떤 표준이나 수효에 미치지 못하다. 부족하다.

모지다[utmost corners]혱(렘9:26) ①모양이 둥글지 아니하고 모가 나 있다. ②성질이나 일 또는 물건이 모난 데가 있다.

모집[募集 ; 모을 모, 모을 집. invitation, collection]圀(삼상28:1) 널리 알리어 사람이나 사물을 모음.

모친[母親 ; 어미 모, 친할 친. mother]圀(창24:67) 어머니.

모태[母胎 ; 어머니 모, 아이밸 태. mother's womb]圀(민12:12) ①어머니의 태안. 태라고도 한다. ②사물의 발생근거. 일의 맨처음. beginning.
* ①하나님이 주관하심(창20:18). ②하나님께서 조성 하심(욥31:15). ③하나님께서 모태에서 택하심(갈1:15).

모퉁이[corner, side]圀(출25:26) ①구부러지거나 꺾이어 돌아간 자리. ②구석진 곳. nook.

모퉁이 돌[corner stone]圀(시144:12) 집을 짓거나 성을 쌓을 때 구부러진 곳에 두는 큰 돌. 기초석. ①그리스도(벧전2:6-7). ②굳건한 믿음(사28:16). ③교회의 초석(엡2:20). 시온의 딸(시144:12).

모퉁이 문[corner gate]圀(왕하14:13) 예루살렘 북서쪽 성곽 모퉁이에 있던 문. ①에브라임 문에서 약 200m 되는 곳에 있는 문(대하25:23). ②요아스가 헐어버린것을 웃시야가 망대를 세웠다(대하26:9). ③예레미야가 재건을 예언했다(렘31:38). 오늘의 읍바 문으로 여긴다.

모해[謀害 ; 꾀 모, 해칠 해. doing harm to]圀(삼하25:5) 속임수나 꾀를 써서 남을 해침.

모형[模形 ; 모범 모, 형상 형. type]圀(수22:28) ①똑같은 모양의 물건을 만들기 위한 틀. mould. ②물건의 원형대로 작게 만든 본. miniature.
* 식양(출25:9), 형상(신4:16), 표상(롬5:14), 본(롬6:17) 등으로 번역된 말.

목[neck]圀(창27:16) ①머리와 몸의 사이를 잇댄 잘록한 부분. ②목구멍. ③목소리.

목[木 ; 나무 목. wood]圀(레26:13) 나무. 목재.

목거리[necklace, jewels]圀(출35:22) 목걸이. 목에 거는 장신구.

목걸이[necklace]圀(시73:6) 목에 거는 장식물의 총칭. ①주로 여인의 목에 걸었다(출35:22). ②약대의 목에도 걸었다(삿8:26). ③장신구이다(아1:11).

목격자[目擊者 ; 눈 목, 칠 격, 놈 자. eye-witness]圀(눅1:2) 눈으로 직접 본 사람.

목공[木工 ; 나무 목, 장인 공. craftsman(~men)]圀(사41:7) ①나무로 물건을 만드는 사람. 또는 그 일. ②목수. carpenter.

목구멍[throat]圀(시5:9) 입 속의 깊숙한 안쪽. 입 속에서 기도(氣道)와 식도(食道)로 통하는 곳.

목기[木器 ; 나무 목, 그릇 기. woodenvessel]圀(레11:32) 나무그릇.

목도[目覩 ; 눈 목, 볼 도. see, observation)]몡(사44:21) 몸소 직접 봄. 목격.

목도리[wimple, cloak]몡(사3:22) 추위를 막기 위하여 또는 모양을 내려고 목에 두르는 물건. 사치와 교만에 인용한 말.

목 마르다[thirst]형(출17:3) ①물을 마시고 싶다. ②물 주기를 매우 바라다. thirst for.

목매어 죽이다[strangle]타(행15:20) 목을 매어서 목숨을 끊어지게 하다. 목매어 죽인 동물의 고기를 먹지 못하게 하였다.

목백[牧伯; 칠 목, 맏 백. prince, princes]몡(스1:8) 지방관리의 이름(목사, 牧使). ①유다의 목백 세스바살(스1:8). ②일반적인 목백(욥3:15, 애1:6).

목사[牧師; 먹일 목, 스승 사. reverend, pastor]몡(엡4:11) 보호하고 가르치는 뜻을 가진 목사는 하나님의 사자로, 교회의 교역자로, 양떼(교인)를 위하여 하나님의 말씀을 가르치고 세속에 물들지 아니하도록 격려하며 지역내의 다른 목사와 같이 공동 복음사역을 하는 사람. 양떼를 치는 자, 목자, 목양자, 양치는 자 등으로 번역된 말(마9:36, 25:32, 26:31, 막6:34, 요10:2, 벧전2:25).

목상[木像; 나무 목, 형상 상. wooden idol]몡(레26:1) ①나무로 만든 우상. ②나무로 만든 사람의 형상 조각. wooden imaged.

목석[木石; 나무 목, 돌 석. tree and stones]몡(신4:28) ①나무와 돌. ②감정이나 인정이 둔한 사람. insensible person.

목소리[voice]몡(출23:21) ①음성. 음색. tone.

목수[木手; 나무 목, 손 수. carpenter]몡(삼하5:11) 나무를 잘 다루어 집이나 물건을 만드는 사람. 목공(木工). 이스라엘 사람들은 베니게 사람에게서 배웠다(삼하5:11). 요시야시대에 자력으로 할 수 있었다(왕하12:11-).

목숨[life, soul]몡(창12:13) 살아있는 힘. 생명. 살아가는 원동력.

목엽[木葉; 나무 목, 잎 엽. leaves]몡(사33:9) 나무잎.

목욕[沐浴; 머리감을 목, 목욕할 욕. bathing]몡(출2:5) 머리를 감고 몸을 씻는 일. ①바로의 딸(출2:5). ②밧세바(삼하11:2). ③룻(룻3:3). ④나아만(왕하5:14). ⑤베데스다의 병자(요5:2-7). ⑥정결의식(레14:8). ⑦제사장 직분수행(출30:19-21).

목욕장[沐浴場; 머리감을 목, 목욕할 욕, 마당 장. bathroom]몡(아4:2) 목욕을 하는 장소.

목욕통[沐浴桶; 머리감을 목, 목욕할 욕, 통 통. washbowl]몡(시60:8) 머리를 감고 씻을 수 있는 통. 적에 대한 모멸적인 언사로 실제는 들어가서 목욕을 하는 것이 아니라 세수대야 정도의 것이다.

목을 뱀[behead]동(마14:10) 극형의 한 방법. 세례 요한을 헤롯이 목을 베어 죽였다.

목이 곧다[stiff-neck]자(출33:9) 교만한 자, 하나님을 섬길 줄 모르는 자의 태도.

목자[牧者; 칠 목, 놈 자. shepherd]몡(창13:7) ①양을 치는 사람. ②목회자. minister.
*①처음 목자는 아벨(창4:2). ②아브라함과 가족(창13:1-7, 26:20, 37:12). ③다윗(삼상16:, 23). ④고용된 목자(삼상21:7). ⑤베들레헴 목자(눅2:8-11). ⑥참 목자이신 그리스도(요10:14). ⑦목자이신 여호와(시23:1). ⑧참 목자는 자기 양을 안다(요10:1-18).

목자장[牧者長 ; 먹일 목, 놈 자, 어른 장. chief shepherd]圏(삼상21:7) ①양치는 사람의 우두머리. ②그리스도(벧전5:4). 크신 목자란 뜻. 피로 영원한 계약에 따라 구속을 완성하셨다(히13:20).

목장[牧場 ; 기를 목, 마당 장. pasture]圏(삼하7:8) 말, 소, 양 등을 놓아 기르는 넓은 들이나 산 같은 초지(草地). 생활의 풍성함을 뜻한다(시23편). 백성의 목장은 나라요 성도의 목장은 교회이다(시79:13, 요10:11).

목적[目的 ; 눈 목, 적실할 적. purpose, matter]圏(수22:24) ①일을 이루려거나 도달하려고 하는 목표 방향. ②의지에 따라 행위를 규정하는 방향.

목전[目前 ; 눈 목, 앞 전. under one's eyes]圏(창38:7) 눈 앞, 주로 하나님이 보시는 앞에서를 말함.

목축[牧畜 ; 기를 목, 기를 축. feed cattle keeping sheep]圏(창34:5) 가축을 기름. 우리를 만들어 다른 짐승으로부터의 침해를 막고 서로 협동하여 가축을 길렀다.

목회서신[pastoral epistles]圏목회상의 문제를 많이 취급한 바울서신 중 디모데 전, 후서와 디도서를 가리킨 말.

몫[share, portion]圏(신21:17) 여럿으로 분배하여 가지는 각 부분.

몰각[沒覺 ; 빠질 몰, 깨달을 각. lack understanding]圏(사56:11) 무지하여 깨달음이 없음. 지각이 없음.

몰다[drive]囲(창33:13) 짐승 따위를 바라는 곳으로 가게 하다.

몰라다[מוֹלָדָה =출생]因(수15:26) ①유다 남쪽의 성읍. ②포로 귀환 후에도 유다 자손의 거주지가 되었다(느11:26). ③시므온의 성이라고 부르며 브엘세바와 함께 기록되어 있다.

몰래[secretly, in secret]튀(잠9:17) 남이 모르도록 가만히.

몰렉[molech]圏(레18:21) 암몬사람의 국가신 밀곰, 말감과 같다(왕상11:5, 삼하12:30-31). 몰록이라고도 부른다(행7:34). 유다왕국 후기 역사에 많이 언급되는데 장자를 불에 태워 몰렉에게 바쳤다. 예루살렘 힌놈의 골짜기에 이 제단이 있었다.

몰록[moloch]圏(왕상11:7) 암몬 사람의 국가신 우상. 맏아들을 불에 태워 바친다.
→몰렉.

몰릿[מוֹלִיד =그가 생산하다]因(대상2:29) 에라벨의 자손으로 아비술과 아비하일의 아들.

몰사[沒死 ; 빠질 몰, 죽을 사. be swallowed, drown, be choked]圏(삼하17:16) 모두 다 죽음.

몰살[沒殺 ; 빠질 몰, 죽일 살. slay, annihilation]圏(수11:6) 모두 죽임.

몰수[沒數 ; 빠질 몰, 셀 수. the whole]圏(창47:14) 수량의 전부.

몰아내다[expel, drive out]囲(민22:6) 억지로 몰려 나가게 하다.

몰아넣다[crowd into]囲(출10:19) ①있는대로 휩쓸어 들어가게 하다. ②억지로 몰아서 들어가게 하다. push in.

몰약[沒藥 ; 빠질 몰, 약 약. myrrh]圏(창37:25) 감람과에 속하는 관목. 겹잎으로 되었고 네잎꽃이 핀다. 아라비아와 아프리카에 퍼져 있다. 즙은 향수와 의료품으로 쓰인다. ①동방박사가 아기 예수님께 이것을 드렸다(마2:12). ②예수님의 장례에 사용되었다(요19:39). ③고가품이다(아5:13). ④무

몰약산

역품이다(아3:6). ⑤제사장 임직식에 기름을 넣어 사용했다(출30:23). ⑥향으로 사용했다(시45:8, 잠7:17, 아1:13). ⑦마취제로 쓰인다(막15:23).

몰약산[沒藥山; 빠질 몰, 약 약, 뫼 산. mountain of myrrh]명(아4:6) 몰약이 나는 산.

몸[body]명(창2:24) 사람이나 동물의 머리에서 발까지 딸린 모든 것을 일컫는 말. 육체. 육신. ①신체적 존재(마5:29). ②죄의 지배에 맡긴 몸(롬6:12). ③산제사를 드리는 몸(롬12:1). ④구속되는 몸(롬8:23). ⑤영광의 몸(빌3:21). ⑥그리스도의 몸-교회(고전12:2, 롬12:5).

몸값[ransom]명(왕하12:4) 팔려온 몸의 값어치. 어른은 은 30, 아이는 은 20이다(마26:15, 창38:28).

몸둥이[stump]명(삼상5:4) 몸뚱이. 사람이나 짐승의 몸의 덩치. 체구.

몸에 무늬 놓음[tattooing]구(레19:28) 피부 밑에 물감을 넣어 피부의 겉에 지울 수 없는 표를 하는 것. 이교도의 관습으로 그 신에게 속한 것을 나타낸다. 죄인에게, 종에게 사용되었다. 하나님의 백성에게는 금지했다. 고의로 몸에 상처를 내어서는 않된다. 내 몸에는 예수님의 흔적이 있어야 한다(갈6:17).

몹시[very]부(마8:6) 심히 매우.

못[nail]명(대하3:9) 쇠나 대로 뾰족하게 만들어 박는데 쓰는 물건. 사물을 고정시키는데 사용한다. 사형집행에 사용했다. 쇠못은 교훈의 확실성을 나타낸다(전12:11).

못[pond, pool]명(출7:19) 넓고 깊게 패인 땅에 늘 물이 고이어 있는 곳. 지(池). 고여서 흐르지 아니하는 물을 말한다.

못되다[under]형(레7:18) ①돼먹지 아니하다. ②모진 성질을 가지고 있다. vicious.

못박다[fasten]자(삼상31:10) ①물건에 못이 들어 박히게 하다. ②남의 마음에 상처를 입히다.

못자국[the scar of the nail]명(요20:25) 못을 박음으로 남은 흠.

못하다[inferior to]형(창8:9) 서로 비교하여 질이나 양이나 정도가 다른 것보다 낮다. 떨어지다.

몽둥이[dart, staff, club]명(욥41:29) 조금 굵고 긴 막대기. 지팡이, 막대기로 번역된 말. ①하나님이 벌하시는데 사용(사10:5). ②형벌의 매(사30:32). ③지배를 상징(겔7:10).

몽사[蒙事; 꿈 몽, 일 사. dream]명(렘23:27) 꿈에서 본 일.

몽설[蒙泄; 꿈 몽, 셀 설. uncleanness, wet dream]명(신23:10) 자다가 저절로 정액이 사출됨. 몽정. 설정. 부정한 것으로 여긴다.

몽조[蒙兆; 꿈 몽, 억조 조. dream]명(창40:5) 꿈자리.

몽치[club, stave]명(마26:47) 짧고 단단한 몽둥이.

몽학선생[蒙學先生; 어릴 몽, 배울 학, 먼저 선, 날 생. custodian]명(갈3:24) 어린 아이나 가르칠만한 사람. 몽학훈도. ①율법을 일컫는 말. ②그리스도의 안내자. ③몽학선생은 아이가 성장할때까지 필요한 것과 같이 율법의 임무도 일시적이다.

묘[廟; 사당 묘. shrine]명(삿9:4) 제사지내는 사당.

묘[墓; 무덤 묘. grave, tomb]명(창35:20) 사람의 무덤. 뫼.

묘비[墓碑; 무덤 묘, 비석 비. tombstone]명(창35:20) 무덤 앞에 세우는 비석. 비(碑).

묘성[昴星; 별이름 묘, 별 성. pleiades]명(욥9:9) 별자리의 이름. 오리온 자리와 가까운 황소 자리 안

에 있는 별무리의 하나로 본다. 아모스5:8에는 일곱별로 나온다.

묘실[墓室 ; 무덤 묘, 집 실. burial place]명(창23:6) 시체를 두는 곳. 무덤.

묘지[墓地 ; 무덤 묘, 땅 지. burial field, graves]명(왕하20:6) ①무덤이 있는 땅. ②매장지. 원어는 무덤, 묘, 묘실, 묘지 등으로 번역이 되었다.

묘책[妙策 ; 묘할 묘, 꾀 책. ingenious trick]명(시64:6) 매우 교묘한 꾀. 묘계.

묘하다[妙~ ; 묘할 묘. strange]형(렘6:2) ①이상스럽다. ②말할 수 없이 기이하다. mysterious. ③뛰어나게 잘되다. excellent.

무거운 짐[burden, weight]형(출1:11) 지기 어렵고 눌려서 피곤하게 하는 것을 뜻한다. 짐의 상태를 나타내는 말.

무겁다[heavy]형(출1:11) ①무게가 있다. 가볍지 않다. ②언행이 신중하다. prudent. ③병이나 죄가 심하거나 많다. serious. ④부담이나 책임이 중대하다. heavy.

무고[無故 ; 없을 무, 연고 고. without relation]명(삼상19:5) ①별다른 연고가 없음. ②아무 사고없이 편안함. peace. 부 무고히.

무관[無關 ; 없을 무, 상관할 관. unrelated]명(욥33:14) 아무런 관계가 없음.

무교[無酵 ; 없을 무, 술괼 교. no yeast]명(출29:2) 누룩을 넣지 않음. 누룩이 없음.

무교병[無酵餠 ; 없을 무, 술괼 교, 떡 병. unleavened bread]명(창19:3) 누룩을(부풀게 하는 효소)을 넣지 않고 만든 넓고 얇은 떡(빵). 유교병과 반대되는 말(출12:15). 긴급한 상황 속에서 만들어 먹었다(창18:6, 삼상28:24).

무교전병[無酵煎餠 ; 없을 무, 술괼 교, 지질 전, 떡 병. bread of no yeast baked]명(출29:2) 누룩을 넣지 않고 넓게 지진 지지미. 무교병.

무교절[無酵節 ; 없을 무, 술괼 교, 마디 절. feast of unleavened berad]명(출12:17) 히브리력 니산월 15일~25일까지 지내는 구약의 절기. 집안에 누룩을 없애고 누룩을 넣지 아니한 떡을 먹으며 지낸다. 유월절 다음날부터 지내는 절기. 깨끗한 생활의 상징(고전5:8).

무교절일[無酵節日 ; 없을 무, 술괼 교, 마디 절, 날 일. the day of unleavened bread]명(눅22:7) 누룩 넣지 않은 떡을 먹는 절기.

무궁[無窮 ; 없을 무, 다할 궁. infinity]명(욥36:5) ①한이 없음. 공간 또는 시간이 끝이 없음. ②끝없이 영원히 계속함. eternity.

＊①하나님의 전능하심(욥36:5). ②주의 연대(시102:24). ③우상숭배자를처벌하는의(시106:28-31). ④주의 지혜(시147:5). ⑤주의 권세(사9:7). ⑥여호와의 사랑(렘31:3). ⑦여호와의 자비와 긍휼(애3:22). ⑧하나님의 권세(단6:26). ⑨주의 나라(눅1:33). ⑩하나님의 이름과 찬양(단2:22). ⑪죄인의 부끄러움(단12:2).

무기고[武器庫 ; 굳셀 무, 그릇 기, 창고 고. arsenal]명(사39:2) 전쟁에 쓰는 기구를 간직하여 두는 창고. 군기고. 병기고.

무남독녀[無男獨女 ; 없을 무, 사내 남, 홀로(외로울) 독, 계집 녀. only daughter]명(삿11:34) 아들이 없는 집안의 외딸.

무너뜨리다[fall, destroy]타(삿7:13) 무너지게 하다.

무너지다[collapse]자(신29:23) ①높이 쌓인 큰 물건이 허물어지다. ②세웠던 계획 따위가 수포로 돌아가다. break.

무녀[巫女 ; 무당 무, 계집 녀. sorceress]명(사57:3) 굿하고 점치는 여자. 무당. 귀신과 인간의 중개 구실을 한다고 하여 주문을 외우고 악령의 신비한 지식을 초인간적으로, 혹은 마술적으로 나타낸다. ①사술(사47:9). ②술객(출7:11).

③무당(출22:18)으로 번역된 말.
무능[無能 ; 없을 무, 능할 능. lack of ability]명(사40:29) 재능이 없음. 능력이 없음.
무늬[pattern, tattoo, streak]명(창30:37) 물건 가죽에 나타난 어룽진 모양. 피부반점. 고의적으로 피하에 물감을 넣어 만들기도 한다(레19:28).
무당[巫堂 ; 무당 무, 집 당. witch]명(출22:18) 점을 치고 굿을 하는 신들린 사람. 요술에 능한 자라고도 번역되는 말(사3:3). ①성경에서 금지하고 있다(레19:26, 31, 신18:10-14). ②사형에 해당하는 죄이다(출22:18).
무더기[heap]명(창31:46) 수북하게 쌓은 물건더미.
무덤[grave]명(민19:16) 묘, 묘지.
무도[舞蹈 ; 춤을 출 무, 밟을 도. dance]명(삿21:21) ①춤을 춤. ②음악에 맞추어 몸을 움직임으로써 감정이나 의사를 표현하는 것.
무디다[be blunt]형(삼상13:21) ①끝이나 날이 날카롭지 못하다. ②느끼고 깨닫는 힘이 부족하다. dull. ③날씨가 느리고 무뚝뚝하다.
무라[Μύρα = 몰약, 불사르다]지(행27:5) 소아시아 루기아도 남안의 성읍. 바울이 로마로 가는 길에 들렀던 곳. 바울 일행은 이 항구에서 알렉산드리아 곡물선을 갈아 탔다.
무력[無力 ; 없을 무, 힘 력. powerless]명(신32:36) 힘이 없음.
무례[無禮 ; 없을 무, 예도 례. rudeness]명(시31:18) 예의를 차리지 못함. 예의에 어긋남. 실례.
무론[無論 ; 없을 무, 의논할 론. course]명(창14:23) 물론. 원문상으로는 무엇이든지, 전체의 뜻이다.
무론남녀[無論男女 ; 없을 무, 의론할 론, 사나이 남, 계집 녀. men or women, all members]명(출36:6) 남자나 여자나 할 것 없이 모두.
무론노소[無論老少 ; 없을 무, 의론할 론, 늙을로, 젊을 소. both young and old]명(창19:4) 늙은이나 젊은이나 할것 없이 모두. 누구나.
무론대소[無論大小 ; 없을 무, 의논할 론, 큰 대, 작을 소. young and old]명(창19:11) 크고 작고를 막론하고 모두. 누구나.
무론사생[無論死生 ; 없을 무, 의론할 론, 죽을 사, 날 생, means life or death]명(삼하15:21) 죽고 사는 것을 가리지 않고. 죽음을 무릅쓰고.
무료[無料 ; 없을 무, 헤아릴 료. for nought, free of charge]명(시44:12) 요금이 필요 없음. 공짜.
무르다[sendback, redeem]타(레25:24) 샀던 물건을 도로 주고 값으로 치룬 돈을 찾다.
무르다[mellow]자(겔24:5) 굳은 물건이 푹 익어 녹실 녹실하게 되다.
무릅쓰다[risk, brave, consume]타(창31:40) 어려움이나 억누르는 것을 참고 견디다.
무릇[generally]부(창4:14) 헤아려. 생각하건데.
무릎[knee]명(창30:3)정강이와 넓적다리 사이의 관절의 앞쪽.
무릎을 꿇고[knelt down]구(눅23:41) 일반적으로 무릎을 꿇으면 항복, 굴복을 뜻한다. 무릎을 꿇는 행위는 ①축복을 받는 사람(창24:11). ②하나님을 찬양하는 사람(창24:48, 왕상1:48).③문안(시49:18). ④예배(스9:5). ⑤기도하는 자세(단6:10, 행9:40). ⑥그리스도의 기도 자세(눅22:41). ⑦야유하는 행동(막15:19).
무리[group]명(창11:6) 한동아리를 이룬 사람 또는 짐승의 떼.
무리[無理 ; 없을 무, 이치 리. compulsion]명(시35:19) ①억지로 우겨댐. ②이치에 맞지 않음. unreasonableness.
무망[無妄 ; 없을무, 망령될(실없을) 망. withoutiniquity, unexpectedly]명(신32:4) 뜻하지 아니하다. 엉겁결에.
무명[無名 ; 없을 무, 이름 명]명(고

후6:9) ①세상에 이름이 알려져 있지 않음. unknown. ②이름이 없음. nameless. ③명의나 명문이 붙어 있지 않음. causeless.

무법[無法 ; 없을 무, 법 법. abominate]명(벧전4:3) ①법이 없음. illegality. ②도리에 어긋남. rude.

무사[武士 ; 굳셀 무, 선비 사. warrior]명(수17:1) 무사(武事)를 익히어 그 방면에 종사하는 사람. 또는 그 계급.

무사[無事 ; 없을 무, 일 사]명(삼상20:21) ①아무 일이 없음. safety. ②사고가 없음. withort a hitch.

무색[無色 ; 없을 무, 빛 색. cast down the light]명(욥29:24) ①아무 색깔이 없음. colourless. ②부끄러워 볼낯이 없음. feeling shame.

무섭다[fearful]형(마21:26) ①마음에 두려운 느낌이 있다. ②남이 놀랄만큼 사람이 영악하다. fierce.

무성[茂盛 ; 성할무, 성할 성. dense, rank]명(창41:5) 초목이 우거짐.

무소[誣訴 ; 무고할무, 하소연할 소. false accusation]명(눅3:14) 없는 일을 꾸미어 소송을 제기함.

무소불능[無所不能 ; 없을 무, 바 소, 아닐 불, 능할 능. omnipotence]명(욥42:2) 능하지 않은 것이 없음.

무쇠[rigid iron]명(사48:4) 잡물이 섞인 쇠.

무수[無數 ; 없을 무, 셀 수. numberless]명(출8:3) 한이 없는 수. 셀 수 없는 많은 수효.

무수한 것 - ①죄악(시40:12). ②하나님의 병거(시68:17). ③짐승(시104:25). ④사람(민10:36, 눅12:1). ⑤천사(히12:22, 계5:11).

무술람[מְשֻׁלָּם = 상주었다]인

① 요시야왕 때 성전을 성결하게 하는 일을 감독한 레위사람(대하34:12).

② 바벨론에서 돌아와 예루살렘에 거주한 베냐민 사람 스뱌의 아들(대상9:8).

무슨[what]관(창20:9) 무엇인지 모르는 일이나 물건을 물을 때 쓰는 말. 의문을 나타내는 말.

무시[無視 ; 없을 무, 볼 시. setting at naught]명(시73:20) 존재를 알아 주지 않음. 업신여김.

무시[無時 ; 없을 무, 때 시. at all times, whenever]명(레16:2) 일정한 때가 없음. 무상시(無常時). 언제나.

무시[מוּשִׁי= 물러가는 자]인(출6:19) 레위 지파 므라리의 아들. 무시인의 조상. 무시가족은 무시에게서 난 후손을 말한다(민3:33).

무시아[Μυσία = 죄인]지(행16:7) 소아시아의 서북부. 바울이 2차 선교여행 때 지나간 곳. 프로폰트해 남쪽지역. 드로아, 아소, 버가모 같은 성읍이 포함된 지역.

무식[無識 ; 없을 무, 알 식. ignorance, be unlearned]명(욥34:35) 아는 것이 없음. 식견이 없음.

무식한 자[ignorance]명(고전14:23) 학식이나 지식이 없는 사람. 판단력이 자라지 못한 사람. ①우상숭배자(렘10:14, 사29:12). ②성경을 잘못 해석하는 사람(벧후3:16). ③배우지 못한 사람.

무신[無信 ; 없을 무, 믿을 신. unfaithfulness]명(신32:20) ①신의, 신용이 없음. ②소식이 없음. 서신·통신·왕래가 없음. hearing nothing.

＊①하나님이 없다고 하는 자는 무신론 자(딛1:16). ②하나님을 무시하는 자도 무신론 자(출5:2). ③도덕적으로 타락하는 자도 무신론 자(롬13:12-13, 벧전4:3). ④어리석은 철학을 펴는 자도 무신론 자(시14:1, 53:1).

무실레못[מְשִׁלֵּמוֹת = 원수 같은 사람들, 보상행위, 화해]인

① 에브라임 자손으로 베레갸의 아버지(대하28:12). 이스라엘이 유다에서 잡아온 포로들을 돌려 보내라고 한 사람.

② 임멜의 아들이며 제사장(대상9:12, 느11:13). 그는 마아새의 고조부이다. 그의 자손들이 바벨론

에서 돌아와 예루살렘에서 살았다.

무심중[無心中 ; 없을 무, 마음 심, 가운데 중. in an ungarded moment]图囝(레5:4) 마음을 쓰지 않는 가운데. 무심결에. be hidden.

무안[無顔 ; 없을 무, 얼굴 안. be confounded, shame]图(시70:2) 면목이 없음. 부끄러움. 부끄러워서 볼 낯이 없음.

무엇[what]떼(창4:10)이름이나 속 내용을 모르거나 또는 작정하지 못한 사물을 이르는 말.

무엇이든지[anything]囝(창39:23) 가릴것 없이 모두.

무여지다[as bald]囝(미1:16) 커지다. 확산되다. 넓어지다. 증가하다. 번지다 등의 뜻으로 쓰이는 말.

무역[貿易 ; 무역할 무, 바꿀 역. merchandise, traffic, trade]图(창42:34) ①팔고 사고 바꿈질을 함. ②외국과 장사 거래를 함. 교역.
* 국영으로 하였다(왕상16:28).

무역자[貿易者 ; 무역할 무, 바꿀 역, 놈 자. traders]图(사23:8) ①팔고 사고 바꿈질하는 사람. ②외국과 장사 거래를 하는 사람.
* 솔로몬이 각지에 상인들을 보내었다(왕상10:14-22).

무역품[貿易品 ; 무역할 무, 바꿀 역, 물건 품. merchandise]图(겔27:33) 사고 팔고 바꿈질하는 물품. ①금(왕상9:28). ②목재(왕상5:6-9). ③향품(왕상10:10). ④노예(욜3:6). ⑤동물(왕상10:22, 28). ⑥백단목(왕상10:11, 12). ⑦보석(왕상10:11).

무용[無用 ; 없을 무, 쓸 용. uselessness]图(전10:11) 소용이 없음.

무용[武勇 ; 굳셀 무, 날랠 용. bravery]图(삼상16:18) 무예와 용맹.

무익[無益 ; 없을 무, 더할 익. be no profit, profit nothing, futility]图(에3:8) 아무 이로운 것이 없음.
* 무익한 것들 - ①우상(사44:9-11). ②할례나 무할례(고전7:19). ③사랑이 없는 구제(고전13:3). ④그리스도를 떠난 봉사(요15:5). ⑤심령에 낙을 누리지 못하게 하는 수고(전2:11,4:8). ⑥변론(욥15:3). ⑦불의의 재물(잠10:2). ⑨굽의 도움(사30:7). ⑩자녀를 때림(렘2:30). ⑪거짓말(렘7:8). ⑫술책(단11:17). ⑬육(요6:63). ⑭치우치는 것(롬3:12). ⑮다툼(딛3:9). ⑯계명(히7:18).

무인지경[無人之境 ; 없을 무, 사람 인, 갈 지, 지경 경. uninhabited region]图(레16:22) 사람이 전혀 없는 곳.

무자[無子 ; 없을 무, 아들 자. without a son]图(창15:2) ①아들이 없음. ②무자식. 아들 딸이 전혀 없음. childless.

무자비[無慈悲 ; 없을 무, 사랑 자, 슬플 비. mercilessness]图(롬1:31) 자비스러운 마음이 없음.
* **무자비한 것** - ①형제를 비판하는 것(마7:1-4). ②하나님 두기를 싫어하는 것(롬1:28-31). ③잘못된 판단을 하는 것(눅7:39). ④용서를 하지 않는 것(눅15:25-32, 고후2:6-11). ⑤보복하는 것(창34:25-31). ⑥학대하는것(출5:4-19). ⑦포로에게 가하는 잔학행위(왕하25:6-21). ⑧채무자에게 가혹행위(마18:29-38). ⑨강도를 만난 사람을 보고 그냥 지나가는 행위(눅10:30-32). ⑩무죄한 스데반을 돌로 쳐 죽인 행위(행7:54-58). ⑪그리스도를 십자가에 못박은 행위(마27:35).

무장[武裝 ; 굳셀 무, 꾸밀 장. arm, equipment]图(민31:5) ①전쟁을 할 때 군인의 몸차림. ②전쟁 준비를 하는 장비. armament.

* ①전신갑주(대하26:14). ②칼(삼상17:51). ③방패(삼상17:

7, 41). ④투구(삼상17:38). ⑤갑옷(삼상17:5). ⑥경갑(삼상17:6). ⑦띠(삼상18:4). ⑧활(삼하1:18). ⑨창(사2:4). ⑩물매(삼상17:40). ⑪막대기(시2:9) 등으로 무장한다.

무저갱[無低坑 ; 없을 무, 밑 저, 구덩이 갱. abyss, bottomless pit, the deep]몡(눅8:31) 바닥이 없음을 뜻하는 이 낱말은 지옥, 음부. 사단과 그의 족속이 벌을 받아 영원히 거하는 곳. 신약에 일곱번 나온다(계9:1, 2, 11:7, 17:8, 20:1, 3). 옥이라고도 함(계20:7).
*①하나님이 무저갱의 열쇠를 가지셨다(계9:1). 아불루온이 무저갱의 왕이다(계9:11).

무정[無情 ; 없을 무, 뜻 정. heartlessness, be inhuman]몡(욥6:10) 정이 없음. 인정이나 동정심이 없음. 마귀의 자손이 하는 행동.

무죄[無罪 ; 없을 무, 허물 죄. faultlessness]몡(출23:7) 허물이나 잘못이 없음. be no sin.

무죄자[無罪者 ; 없을 무, 허물 죄, 놈 자. innocency]몡(신21:9) ①범죄하기 이전의 아담과 하와(창2장). ②구속 받은 성도(시19:13, 계1:5). ③예수 그리스도(마27:24, 히7:26).

무지[無知 ; 없을 무, 알 지. ignorance]몡(욥38:2) ①지식이 없음. 아는 것이 없음. ②어리석음. stupidity. ③하는 짓이 미련스럽고 사나움. harsh and wild.

무지개[rainbow]몡(창9:13) 공중에 떠 있는 물방울이 햇빛에 굴절 반사되어 태양과 반대 방향 하늘에 고운 7가지 색의 반원형으로 나타나는 현상. ①홍수 이후 하나님께서 물로 심판하지 않을 것을 약속하신 표이다(창9:12-17). ②하나님의 영광의 상징(겔1:28). ③하나님의 진실과 은혜의 상징(계4:3).

무지무각[無知無覺 ; 없을 무, 알 지, 없을 무, 깨달을 각. stupidity]몡(시82:5) 아는 것도, 깨달음도 없음. 흑암 중에 왕래하는 자의 모습.

무찌르다[slaughter]타(삼하22:38) ①닥치는대로 남김 없이 막 죽이다. ②마구 쳐들어가다. attack.

무한[無限 ; 없을 무, 한정 한. infinity]몡(욥37:23) 크기, 넓이, 시간 등이 한이 없음. 끝이 없음.

무할례[無割禮 ; 없을 무, 나눌 할, 예도 례. uncircumcised]몡(롬2:25) 할례를 받지 않음. 복음의 보편성에 쓰인 말(롬4:9, 갈2:7, 엡2:11).

무할례당[無割禮黨 ; 없을 무, 나눌 할, 예도 례, 무리 당. the uncircumcised]몡(엡2:11) 할례를 받지 않은 무리.

무할례시[無割禮時 ; 없을 무, 나눌 할, 예도 례, 때 시. unicrcumcised]몡(롬4:10) 할례를 받지 않았을 때. 영적으로 믿기 전.

무할례자[無割禮者 ; 없을 무, 나눌 할, 예도 례, 놈 자. unicrcumsision]몡(행11:3) 할례를 받지 아니한 사람. 이방인.
*마음과 귀에 할례를 받지 아니한 자는 하나님의 말씀을 듣고 깨달을 수 없다(행7:51). 범죄한 자요 귀머거리이다(레26:41, 렘4:4, 겔44:9).

무함[誣陷 ; 무고할 무, 빠질 함. slander]몡(출23:1) 없는 일을 꾸며 남을 함정에 몰아 넣음.

무화과[無花果 ; 없을 무, 꽃 화, 과실 과. fig]몡(창3:7) 무화과 나무의 열매.

무화과나무[無花果 ; 없을 무, 꽃 화, 과실 과. fig tree]몡(창3:7) 뽕나무과에 딸린 낙엽관목. 높이 3m정도, 잎은 광란형으로 3~5갈래로 째진 손바닥 형태임. ①잎으로 벗은 몸을 가림(창3:7). ②그늘에서 기도(요1:48, 50). ③열매는 먹는다(삼상30:12). ④선물로 보낸다(삼상25:18). ⑤판다(느13:15). ⑥약으로 쓴다(사38:21). ⑦과자를 만든다(삼상12:40).
***상징적 의미** - ①평화(왕상4:25).

②의인(렘24:1-10). ③이스라엘(호9:10, 눅13:6-9). ④말세 - 그리스도의 재림(마24:32). ⑤신앙의 불성실(마21:21). ⑥최후의 심판(계6:13). ⑦예루살렘 멸망에 대한 예언(눅13:6-9).

무화과 나무잎[fig leaf]圐(창3:7) 아담과 하와가 범죄한 후 옷을 만든 재료.

무화과 뭉치[無花果~ ; 없을 무, 꽃 화, 과실 과. cakes of figs]圐(삼상25:18) 무화과를 눌러서 덩어리로 만든것.약으로 쓰인다(왕하20:7).

무화과병[無花果餠 ; 없을 무, 꽃 화, 과실 과, 떡 병. cakes of figs]圐(대상12:40) 무화과를 말려서 그 것을 눌러 덩어리로 만든 것. 식용으로 만들었다.

무화과 반죽[cakes of figs]圐(왕하20:7). 무화과 뭉치와 같은 말. 약용으로 사용했다.

무효[無效 ; 없을 무, 본받을 효. ineffectiveness]圐(민6:12) ①보람이, 효력이 없음. ②법률상 행위의 효과가 없음. invalidity.

무흠[無欠 ; 없을 무, 모자랄 흠. flawlessness]田(히8:7) 흠이 없음.

묵다[be old]困(레25:22) ①오래되다. ②머무르다.

묵도[默禱 ; 잠잠할 묵, 빌 도. silent prayer]圐(창24:25) 가만히 속으로 빎. speak in heart.

묵묵히[默默~ ; 잠잠할 묵, 잠잠할 묵. silent]旦(창24:21) 잠잠함. 말이 없이.

묵상[默想 ; 잠잠할 묵, 생각 상. silent prayer]圐(창24:63) 정신을 모아 잠잠히 생각하고 기도함.
＊①주를 묵상(시63:6). ②주의 법도, 기사, 증거, 말씀을 묵상한다(시119:15-148).

묵시[默示 ; 잠잠할 묵, 보일 시. revelation, vision]圐(삼하7:17) 하나님이 성령으로 자기의 뜻을 나타내시어 일러줌. 계시. ①하나님께서 백성을 인도하심(창46:2-5). ②미래를 보여 주심(창15:1-21, 다니엘, 에스겔). ③심판과 하나님의 보좌를 보여 주심(계4:1-11, 20:22). ④메시야 시대의 증거를 보여 주셨다(욜2:28, 행2:17).

묵은 땅[unplowed ground]圐(렘4:13). 농사를 짓지 아니하고 묵혀둔 땅. 상징적으로 황폐된 사람의 마음(호10:12).

묵인[默認 ; 잠잠할 묵, 인정할 인. tacit approval]圐(행14:16) 모르는 척하고 슬며시 하도록 함.

뮦다[bind up]田(창37:7) ①끈으로 단을 지어 잡아 매다. ②몸을 얽어매다. arrest. ③한군데로 합치다. bundle.

문[門 ; 문 문. door. gate]圐(창4:7) 여닫게 해 놓은 물건. 들고 나가는 곳. 출입구.
＊①예수 그리스도(요10:9)②구원의 날(마25:10). ③복음 전파의 기회(고후2:12). ④의(시118:19-20). ⑤천국(계21:25).

문간[門間 ; 문 문, 사이 간. gate, entrance]圐(겔40:7) 대문또는종문이 있는 자리. 현관.

문기둥[gateposts]圐(출38:30) 문설주. 입구. 열린 장소.

문둥병[~病 ; 병들 병. leprosy]圐(출4:6) 나균으로 말미암아 생기는 만성 전염병. 잠복기가 긴 것이 특징. 나병. 한센씨병이라고 함.
＊①난치병이므로 격리 치료(레13:, 민5:1-3). ②제사장이 진찰 확인함(레13:, 눅17:12). ③성결규례(레14:1-9). ④형벌, 징벌로 생김(민12:1-10, 삼하3:29). ⑤하나님이 하신 일임을 보이심(출4:6-7,민12:1-10,왕하5:25,대하26:16-21). ⑥하나님께서 고쳐주심

(출4:7, 눅17:14).

문둥병자[~病者 ; 병들 병. 놈 자. leper]명(삼하3:29) 문둥병에 걸린 사람. 문둥이.

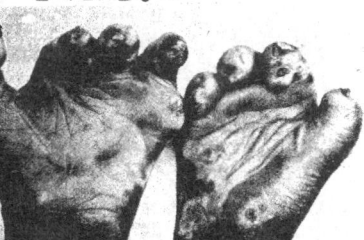

문둥병환자[~病患者 ; 병들 병, 근심 환, 놈 자. leper]명(민5:2) 문둥병을 앓고 있는 사람.

문둥이[leper]명(왕하7:3) 문둥병자. 나병자.

문둥환자[~患者 ; 근심 환, 놈 자. leper]명(레13:44) 문둥이, 나환자. 한센씨 병자.

문득[suddenly]부(마2:9) 생각이 갑자기. 홀연히.

문란[紊亂 ; 어지러울 문, 어지러울 란. disorder]명(레18:23) 도덕이나 질서가 얽히어서 어지러움.

문루[門樓 ; 문 문, 다락 루. chamber over the gate]명(삼하18:33) 문 위에 세운 다락. 옥상다락. 원어는 거의 다락방으로 번역되었다.

문밖[outdoors]명(창19:6) 문의 바깥. 성문의 밖.

문벌[門閥 ; 문 문, 문벌 벌. lineage]명(고전1:26) 대대로 내려오는 그 집 안의 지체. 가세(家世).

문벽[門壁 ; 문 문, 바람 벽. jamb, post]명(겔41:4) 벽기둥.

문빗장[bar of gate]명(신33:25) 문을 잠글적에 가로지르는 쇠장대나 나무때기. ⓒ 빗장.

문설주[門楔柱 ; 문 문, 쇄기 설, 기둥 주. post, mezuzah]명(출21:6) 문짝을 달려고 중앙과 문지방 사이 문의 양편에 세운 기둥. 설주로 번역된 곳도 있다(삿16:3). ①출애굽 전야 장자 죽음의 재앙을 피하기 위하여 양의 피를 발랐다(출11:

23). ②여호와의 말씀을 기록해 두었다(신6:9, 11:20). ③계속하여 종이 되기를 원하는 자는 그 곁에서 귀를 뚫었다(출21:6). ④우상의 기념표를 두었다(사57:8). ②와 상반된 행동이다.

문안[問安 ; 물을 문. 평안 안. greet, salute]명(출18:7) 웃어른께 안부의 말씀을 여쭘.

*성도는 주의 이름으로 문안한다(고전1:1-3).

문의[問議 ; 물을 문, 의논할 의. question]명(막9:10) 물어서 의논함.

문인방[lintel](출12:22-23) 출입구나 창 따위의 위에 가로 놓여 벽을 받쳐 주는 나무 또는 돌. 아래는 문지방. 암9:1, 습2:14의 문지방은 원어상 큰 기둥이다.

문자[文字 ; 글 문, 글자 자. letter]명(스4:7) 말의 음과 뜻을 표시하는 시각적 기호. 글자.

문장[門帳 ; 문 문, 휘장 장. curtain]명(출26:37) 문과 창문에 쳐서 늘어뜨리는 휘장.

문장기둥[tent pegs]명(출38:31) 휘장 또는 천막을 칠 때 받치는 기둥.

문제[問題 ; 물을 문, 제목 제. question]명(왕상10:1) ①대답을 얻기 위한 물음. ②당면한 연구 사항. subject. ③사태의 의문 가운데 있는 일. in one's family.

문중[門中 ; 문 문, 가운데 중. near relatives]명(행4:6) 일가끼리의 가까운 집안. 문안. 종중(宗中).

문지기[gate keeper]명(삼하18:26) 문을 지키는 사람. 성문, 성전문, 대궐문등을 지켰다. 문을 지키는 자로도 번역되었다. 신약에서 개인집 문지기도 있다(막13:34).

문지방[門地枋 ; 문 문, 땅 지, 막을 방. threshold]명(삿19:27) 문아래 문설주 사이에 가로놓은 나무.

문짝[door]명(삿16:3) 여닫게 된 문의 한 짝.

문채[紋彩 ; 무늬 문, 채색 채. linen]명(잠7:16) ①문장의 광채. beautiful style. ②무늬. pattern.

문턱[threshold]명(습1:9) 문짝의 밑이 닿는 문지방의 웃머리.

문통[threshold]명(겔40:6) 문턱을 가리키는 말. 문의 폭, 문지방을 말한다.

문틀[chink between parts of doors]명(아5:4) 닫는 문의 틈바구니.

문하[門下 ; 문 문, 아리 하. at the feet]명(행22:3) ①스승의 아래. private school. ②스승아래 가르침을 받는 사람. 문하생 disciple. ③문객이 드나드는 권세 있는 집. influential family.

묻다[say, ask]타(창3:1) 모르는 일에 대하여 남에게 대답을 구하다.

묻다[bury]타(창35:4) ①물건을 다른 물건 속에 넣어 안 보이게 하다. ②일을 숨기어 감추다. cover.

묻다[be stained with]타(레6:27) 물·가루·때 같은 것이 들러 붙다.

물[water]명(창1:6) 산소와 수소의 화합물. H2O. ①하나님이 창조하신 것. 처음에 지구를 싸고 있었으나 윗 물과 아랫 물로 나누이게 되었다(창조 제2일). ②하나님이 경계를 정하시고 다스리신다(시104:5-9).

물[物 ; 만물 물. thing]명(겔13:21) 물건. 사람의 감관으로 감식할 수 있는 사람 이외의 유형의 모든 것.

물가[beside the water, the water's edge]명(민24:6) 물이 있는 곳의 가장 자리.

물건[物件 ; 만물 물, 물건 건. thing, stuff]명(창31:7) ①사람의 감관으로 감식할 수 있는 사람 이외의 유형 모든 것. ②소유할 수 있는 것. object. ③제 구실을 하는 것. 뛰어난 것. something.

물결[wave]명(삼하25:2) 물이 움직이어 일어나는 무늬. 수파(水波).

물고기[fish]명(창1:21) 물에 사는 아가미와 지느러미가 있는 고기를 일컫는 말.

1. **관련기사** - ①하나님이 창조하신 것. 인간이 다스림(창1:20-28). ②이교도들이 우상으로 섬김(삼상5:4, 신4:15-18). ③솔로몬이 논함(왕상4:33). ④애굽 재앙 때 많이 죽었다(시105:29).

2. **관련된 기적** - ①요나를 삼켰다가 육지에 토한 큰 물고기(욘1:17-2:20). ②많은 고기가 잡힘(눅5:6, 요21:6). ③5천명을 먹임(마14:17-21). ④4천명을 먹임(마15:32-39). ⑤한 세겔을 삼킨 고기를 잡아 그 돈으로 성전세를 내었다(마17:27).

3. **상징적인 뜻** - ①인생(겔47:9-10). ②구원받을 자(마4:19). ③재앙을 당하는 인생(전9:12). ④심판받을 인생(마13:47).

물구유[gutter]명(창30:38) 짐승에게 물을 담아 먹이는 통. 구유통.

물긷는 자[drawer of water]인(신29:11) 가정의 구성원이 하는 일반적인 일이 아니고 천한 종의 신분임. 기브온 사람들이 했다(수9:21).

물다[bite]타(창449:17) 위 아래의 이 사이에 넣고 누르다.

물대다[irrigation]타(신11:10) 물을 논에 들어오게 하다. 식물에 물을 줌. 인위적으로 만든 수로를 통해 물을 공급하는 것을 말한다.

물동이[water-jar]명(요4:28) 물을 담는 동이. 물을 운반할 때 사용하는 그릇.

물돼지[dolphin]명(겔16:10) 해달(출25:5)과 같은 원어를 번역한 말. 가죽은 여인들의 신을 만들고 성막 덮개로 쓰였다. 물돼지는 해달과 비슷한 돌고래나 바다동물로 보는 이도 있다.

물두멍[cauldron, laver]명(출30:

18) 물을 길어 놓고 쓰는 큰 가마. 큰 독. 물저장조, 물탱크.

물론[勿論 ; 말 물, 의논할 논. of course, however]명(레17:15) 말 할 것도 없음. 무론(無論).

물리치다[refuse]타(삼하5:6) ①주는 것을 거절하여 받지 아니하다. reject. ②적을 쳐서 물러가게 만들다. repulse.
＊배척을 뜻하는 말로 쓰임. 버리다의 뜻도 있다.

물매[sling]명(삿20:16) 돌팔매질을 하기 위하여 쓰는 기구.

물매군[slinger]명(왕하3:25) 물 맷돌을 던지는 사람. 투석군.

물맷돌[slingstones]명(41:28) 자갈, 작은 돌. 물매에 끼워 던질 수 있는 정도의 돌.

물목[物目 ; 만물 물, 눈 목. list of articles, sum]명(출38:21) 물건의 목록.

물방울[water drop]명(잠19:13) 물의 둥글 둥글한 덩이.

물병[~瓶 ; 병 병. water-bottle]명(삼상26:11) 물을 넣는데 쓰는 병.

물산[物産 ; 만물 물, 낳을 산. product]명(민35:3) 생기어 나는 물건. 생산품.

물샘[spring, well of water]명(출15:7) 물이 땅에서 솟아 나오는 자리. 샘.

물어 뜯다[bite off, raven]타(창49:27) 이로 물어서 뜯다. 들짐승이 갈가리 뜯는 것을 말한다.

물어보다[ask, enquire]타(삿18:5) 모르는 일에 대하여 대답을 구하다. 알아보다. 문의하다. 상의하다.

물어주다[restore]타(레24:21) 남의 물건에 입힌 손해에 대하여 그만한 물건이나 돈으로 갚아주다. 변상하다.

물웅덩이[cistern]명(대하26:10) 물이 괴어 있는 웅덩이.

물음[question]명(요16:30) 묻는 일. 묻는 말. 질문.

물음을 받다[question]타(사65:1) 질문을 받다.

물품[物品 ; 만물 물, 물건 품. fairs]명(창14:21) 쓸만한 가치가 있는 물건. article. 제품, 상품으로도 번역된 말.

물항아리[water-jar]명(창24:14) 물을 넣는데 쓰는 항아리.

물화[物貨 ; 만물 물, 재물 화. goods]명(느10:31) 물품과 재물.

뭅빔[מֻפִּים = 갈망]인(창46:21) 야곱의 손자. 베냐민의 아들로서 한 종족의 조상. ①스브밥(민26:39). ②숩빔(대상7:12, 15). ③스부반(대상8:5)과 같은 사람.

뭇[many]관(출20:18) 많은 수효를 나타내는 말.

뭇[bundle, sheaf]명(신24:19) 곡식이나 장작 그리고 잎나무를 작게 묶은 단.

뭇람벤[muthlabben]명(시9) 시편 9 편의 제목. 아들의 죽음이란 곡에 맞추어 부르라는 뜻.

뭇 백성[百姓 ; 일백 백, 성 성. many common people]명(왕하1:18) 여러 국민. 모든 사람. 인류.

뭉치[bundle]명(창42:35) 덩이.

뭉치다[lump]자(삼상28:24) 여럿이 뭉쳐서 한 덩이가 되다.

뭉키다[lump, remain]자(욥41:22) 여럿이 뭉치어 한 덩이가 되다.

뭍[land]명(창1:9) 땅. 육지.

므게랏[מְחֵרָתִי]지(대상11:36) 다윗의 용사 헤벨의 출신지.

므고나[מְכֹנָה = 견고한 자리]지(느11:28) 시글락 부근에 있던 유다 성읍으로 포로 귀환민들이 이곳에 살았다.

므깃도[מְגִדּוֹ = 회합의 장소]지

1. **위치** - 갈멜산 북동쪽, 나사렛 남서쪽 약16㎞지점 이스르엘 계곡의 서쪽 경계에 위치. 평야에 있는 지금의 델 엘 무테셀림이다. 애굽에서 다메섹으로 통하는 통로이다.

2. **관련기사** - ①여호수아가 정복한 곳(수12:21). ②므낫세 지파가 기업으로 받은 곳(수17:11). ③이곳 주민은 이스라엘 백성의 종이 되었다(삿1:27-28). ④사사시대 전투가 있었다(삿5:19-21). ⑤솔로몬 치세시 바아나가 주관한 지역(왕상4:12). ⑥솔로몬이 요새화한 성읍(왕상9:15-19). ⑦아하시야가 죽은곳(왕하9:27). ⑧바로느고가 살해된 곳(왕하23:29-30). ⑨선지자가 예언에 언급한 곳(슥12:11). ⑩말세 최후 전적지로 여기는 곳(계16:16).

므나[mina]명(눅19:13) 돈의 단위.

므나헴[מְנַחֵם = 위로자]인

1. **인적관계** - 이스라엘 16대 왕으로 가디의 아들.
2. **관련기사** - ①디르사에서 이스라엘의 왕이 됨(왕하15:14). ②군대 장관직에 있다가 사마리아에 올라가 살룸 왕을 죽이고 왕위를 탈취하였다(왕하15:14). ③성격이 난폭하고 잔인하였기 때문에 적이 많이 생겼고 친 애굽파와 친 앗수르파가 생겨 싸움이 심하였다(호7:11). ④이 때를 기회로 디글랏빌레셀 Ⅲ세가 침입하려 하자 그에게은 천 달란트를 주고 보호국이 되기를 간청하여 위기를 모면하였다(왕하15:19-20).

므낫세[מְנַשֶּׁה = 잊어버림]인

1 요셉의 아들(창41:51). ①에브라임에게 장자권을 빼앗겼다(창48:13-20). ②이스라엘 12부족을 말할 때에 므낫세와 에브라임을 구별하지 않고 요셉족이라고만 하는 전승(창49:22)과 그들 둘을 구별해서 말하는 전승도 있다(신33:13-17). ③므낫세 대신에 마길 족속을 치는 전승도 있다(삿5:14). ④므낫세가 차지한 땅은 요단강 동과 서에 있으므로 각각 므낫세 반지파라고도 부른다(민34:13-55). ⑤마길과 야일이 므낫세의 아들로 되어 있는 것은 삿5:14에 마길이 동반부의 일족이기 때문이다(민32:39-41). ⑥동반부의 땅을 길르앗. 서쪽땅을 세겜이라고도 한다(수17:2). ⑦사사 기드온은 서반부 출신(삿6:15)이며 입다와(삿6:15) 엘리야(왕상17:1)는 동반부 출신이다.

2 유다왕

1. **인적관계** - 히스기야의 아들. 어머니는 헵시바이다(왕하21:1).
2. **관련기사** - ①12살에 왕이 됨(대하33:1). ②우상을 숭배하고 악정을 했다(대하33:1-9). ③앗수르에 포로되어 바벨론으로감(대하33:10-11). ④회개하여 다시 왕위에 오름(대하33:12-13). ⑤우상의 단을 없앰(대하33:14-20).

3 바벨론 포로에서 돌아와 이방인 아내와 이혼한 바핫모압 자손(스10:30).

4 바벨론에서 돌아와 이방인 아내와 이혼한 허숨자손(스10:33).

므낫세(지파)[mamassites]인(신4:43) 요셉의 아들. 므낫세에게서 난 후손. ①므낫세 지파의 계수(민1:34, 35). ②그 중 절반은 요단 동편에 거주하기를 원함(민32:33-42). ③가나안 족속을 치는데 여호수아를 도움(수1:12-18). ④동서편으로 나뉨(수22:7). ⑤동편 반 지파에게 분배된 지역(신3:12-15). ⑥서편 반 지파에게 분배된 땅(수17:1-13). ⑦슬로핫의 딸들이 편입됨(수17:3, 4). ⑧므낫세 지파의 요구에 대한 여호수아의 답변(수17:14-18). ⑨이스라엘을 떠나 단을 쌓음으로 문제가 일어남(수22:9-34). ⑩바산 골란이 도피성이 됨(수20:8). ⑪가나안 족속을 모두 쫓아내지 못함(삿1:27, 28). ⑫다윗을 도움(대상12:19-31). ⑬아사를 좇음(대하15:9). ⑭유월절 절기에 참가함(대하30:1-18). ⑮우상을 파괴함(대하31:1).

출신인물 - ①기드온(삿6:15). 서반부. ②입다(삿6:15). ③엘리야(왕상17:1). 동반부.

므낫세[מְנַשֶּׁה]지(신3:13)

① 요단 동편에 있는 본래 길르앗의 일부와 바산왕의 온 나라이던 것을 목축과 농업에 적합한 땅이기 때문에 요셉의 의 아들 므낫세의 반지파가 모세에게 청구하여 배당받은 땅이다(신3:13). 동과 북은 수리아, 서는 요단강을 격하여 납달리 접경, 남은 갓지방이다. 도피성 골란은 남방에 있다.

② 요단 서편 지역. 동은 요단, 서는 지중해, 남은 에브라임, 북은 잇사갈. 남방에 유명한 세겜성이 있고 성 동편에는 저주하는 에발산이 있고 서편에는 축복하는 그리심산이 있다. 이 땅은 므낫세의 다른 반지파가 여호수아에게서 분배받은 땅이다(수17:7-13). 예수님 당시에는 사마리아 도에 속하였고 지금은 이스라엘의 중심부이다.

므누홋[מְנֻחוֹת]인(대상2:52) 소발의 자손. 기럇여아림 가문의 사람. 마나핫과 같은 사람.

므니[meni]명(사65:11) 우상, 운명의 신으로 섬김

므단[מְדָן = 분쟁]인(창25:2) 아브라함의 후처 그두라가 낳은 아들로서 시므란, 욕산, 미디안, 이스박, 수아의 형제. 아라비아의 한 부족의 조상이 되었다.

므두셀라[מְתוּשֶׁלַח = 대 확장, 창의 사람]인(창5:21) 성경에 나타난 사람 중 가장 오래 산 사람. 셋의 6대 손 에녹의 아들. 라멕의 아버지로 노아의 할아버지. 그는 969세를 살았다(눅3:37).

므두사엘[מְתוּשָׁאֵל]인(창4:18) 가인의 고손자. 므후야엘의 아들. 라멕의 아버지.

므라다임[מְרָתַיִם 거역하는, 반역]지(렘50:21) 바벨론을 가리키는 말. 옛 남부 바벨론에 쓰인 이름.

므라리[מְרָרִי = 쓰다]인(창46:16) ①레위의 세째 아들(출6:16). ②게르손, 고핫의 형제. 야곱과 함께 애굽으로 갔다. ③므라리족의 시조(민3:17, 20, 4:29).

므라리가족(사람)[merariites]인(민3:20) 레위의 세째 아들에게서 난 후손. ①두 계파로 나누어짐(출6:19). ②광야생활 때 성전 기구들을 운반(민3:33-37). ③성막에서 봉사한 자의 수(30세-50세가 3200명)(민4:42-45). ④르우벤, 갓, 스불론 지역에서 12성읍을 거주지로 받음(수21:7). ⑤다윗이 법궤를 옮길 때 도움(대상15:1-6). ⑥에단의 지도로 성전의 노래대가 됨(대상6:31, 25:1-3). ⑦한 편은 성전 문지기 직무를 맡음(대상26:10-19). ⑧히스기야의 종교개혁 때 협력(대하29:12-19). ⑨바벨론 포로 귀환후에도 성전에서 봉사하였다(느11:15, 스8:18-19).

므라야[מְרָיָה = 그가 높여졌다]인(느12:12) 요야김 때의 제사장 스라야 족속중 제사장의 족장.

므라욧[מְרָיוֹת = 반역, 고통]인

① 성막이 실로에 있을 때의 제사장 스라히야의 아들(대상6:6-7). 아론 계통 에스라의 선조(스7:3-4).

② 아히둡의 아들이며 사독의 아버지. 제사장(대상9:11, 느11:11).

③ 요야김왕 때의 제사장(느12:15). 므라욧의 후손.

므레못[מְרֵמוֹת = 높아진]인

① 학고의 후손 우리아의 아들로 제사장 에스라가 바벨론에서 가져온 금, 은 기명을 저울로 달아 기록하고 또 느헤미야의 감독하에 예루살렘성곽 재건하는 일부분(어문수리 성벽 일부)을 도운 제사장(스8:33, 느3:3-4, 20, 21). 새 언약에 서명한 사람(느10:5).

② 바니의 아들. 이방인 아내와 이혼한 사람(스10:36).

③ 스룹바벨과 함께 바벨론에서 돌아와 느헤미야와 함께 언약에 날인한 한 제사장(느10:5, 12:3).

므로닥[merodach]명(렘50:2) 바벨론 제국이 섬기던 우상. 마르둑을 가리킨다. 느부갓네살왕, 앗수르, 바사왕, 고레스도 이 신을 섬겼다.

므로닥발라단[מְרֹדַךְ בַּלְאֲדָן]인(사39:1) ①발라단의 아들. ②바벨론

므리바[מְרִיבָה = 다투다]지

1 이스라엘 백성이 시내산으로 향해 가던 때 르비딤 근처의 한곳(출17:7). 이스라엘 사람은 이곳에서 물이 없어서 모세를 원망하였고 모세는 하나님의 명령으로 반석을 쳐서 물을 내었다. 이 사건과 관련하여 지은 이름으로 맛사(시험하라)라고도 불렀다. 노하심 (히3:8) 이라고도 한다.

2 신 광야 가데스 바네아 근방에 있었던 곳(민20:1-13). ①이것은 단지 므리바(시95:8). ②또는 므리바의 물(신33:8, 민20:13, 시81:8, 106:32). ③므리바 가데스의 물(민27:14, 신35:51). ④므리못 가데스(겔47:19, 48:28) 등으로 기록. ⑤모세와 아론이 벌을 받았다(민20:12, 24). 이것은 확실히 브엘세바 남쪽 현재의 아인 가데스 샘이다. →가데스 바네아.

므리바 가데스[מְרִיבַת קָדֵשׁ = 바알의 영웅]지(겔48:28) 가데스 바네아의 샘을 가리키며 이스라엘의 남경(南境)에 있다. 가데스 므리바 또는 므리바와 같은 곳(민20:13).

므리봇 가데스[מְרִיבוֹת קָדֵשׁ]지(겔27:19) 신 광야에 있은 샘. 므리바 가데스와 같은 곳(표기의 차이).

므립 바알[מְרִיב בַּעַל = 바알의 영웅]인(대상8:34) 요나단의 외아들. 후에 므비보셋이라고 불렀다(대상9:40). →므비보셋2.

므바앗[מֵיפָעַת = 높음]지(수21:37) 모압의 성읍. 메바앗과 같은 곳.

므무간[מְמוּכָן = 권세, 박사]인(에1:14) 아하수에로왕 때 바사와 메대의 일곱방백 중의 한 사람. 왕의 기색을 살피며 나라의 첫 자리에 앉은 사람. 왕의 자문관(에1:16-21). 정책 조정역.

므분내[מְבֻנַּי = 하나님이 지으셨다]인(삼하23:27) ①후사 사람이며 ②다윗의 30용사 중의 하나. ③블레셋 거인을 죽인 사람. 다윗의 군대 12군 중 제 8군의 대장. ④십브게와 같은 사람(삼하21:18, 대상11:29, 27:11).

므비보셋[מְפִיבֹשֶׁת = 부끄러움을 없애는 자]인(삼하4:4)

1 사울의 아들. 아야의 딸로 사울의 첩이 된 리스바가 낳은 아들(삼하21:8-). 후에 다윗이 기브온 사람에게 주어 목매게 했다.

2 요나단의 아들(삼하4:4).
1. **인적관계** - ①사울왕의 손자. ②왕자 요나단의 아들. ③미가의 아버지(삼하9:12). ④①의 조카.
2. **관련기사** - ⑤5살 때 할아버지 사울과 아버지 요나단이 전사하였다. ②유모가 아이를 데리고 도망가다가 떨어뜨려 다리를 절게 되었다(삼하4:4). ③길르앗의 드발에서 암미엘의 아들 마길의 보호를 받았다(삼하9:9). ④므립바알로 불리게 되었다(대상8:34, 9:40). ⑤다윗이 왕위에 오른 뒤 그 옛 친구의 아들 므비보셋을 찾아 원래의 요나단의 재산을 다 주었고 시바를 종으로 주었다(삼하9:). ⑥다윗이 자기 식탁에서 먹게 했다(삼하9:). ⑦다윗이 압살롬의 난을 격을 때 시바의 모함을 당했다(삼하16:1-4). ⑧다윗이 므비보셋의 무죄함을 알고 시바의 재산을 분배해 주었다(삼하19:24-). ⑨기브온사람에게 사울의 집 사람을 넘길 때 다윗이 구해 주었다(삼하21:1-9).

므세사벨[מְשֵׁיזַבְאֵל = 주의 구원]인

1 므술람의 후손으로 예루살렘 성벽

수리를 도운 사람(느3:4).

② 느헤미야와 함께 율법엄수 계약에 날인한 사람(느10:21).

③ 왕을 섬겼던 브다히야의 아버지 (느11:24).

*셋을 한 사람으로 보는 사람이 있으며 또는 둘로 보는 사람도 있다.

므셀레먀[מְשֶׁלֶמְיָה = 여호와께서 갚아 주심]인(대상9:21) 다윗시대성전 문지기 스가랴의 아버지. 그는 고라자손으로 셀레먀라고도 했다(대상26:14).

므소바[מְצֹבָיָה]인(대상11:47) 다윗의 용사 야아시엘의 다른 이름. 그의 출신지를 가리키기도 한다.

므술람[מְשֻׁלָּם = 상을 주었다]인

① 베냐민 사람. 엘바알의 아들(대상8:17).

② 요담 시대 바산에 산 가드 사람(대상5:13).

③ 요시야 시대 서기관 사반의 할아버지(왕하22:3).

④ 레위인. 고핫의 자손. 요시야 시대 성전 수리 감독자(대하34:12).

⑤ 사독의 아들. 힐기야의 아버지. 중요 제사장 가족의 일원(대상9:11). 살룸(대상6:12, 기타)과 같은 사람 → 살룸

⑥ 무실레못의 아들로, 바벨론 포로에서 귀환한 제사장(대상9:12).

⑦ 포로에서 귀환한 스룹바벨의 아들 (대상3:19).

⑧ 베냐민 사람. 살루의 아버지. 요엣의 아들(대상9:7, 느11:7). 호다위의 아들로도 기록됨.

⑨ 베냐민 사람. 스바댜의 아들(대상9:8).

⑩ 예루살렘으로 돌아올 사람을 찾도록 에스라에 의해 파견된 족장 중 한 사람(스8:16). 아래의 ⑪과 같은 사람으로 여긴다.

⑪ 에스라가 유대인에게 이방인 아내와 이혼할 것을 권고할 때 반대한 자(스10:15).

⑫ 바니의 아들. 포로에서 귀환후 에스라의 권고를 받아들여 이방인 아내와 이혼한 자(스10:29).

⑬ 베레갸의 아들. 예루살렘의 성벽을 수리한 사람(느3:4, 30). 그의 딸은 느헤미야의 적(敵) 암몬 사람 도비야와 결혼했다(느6:18).

⑭ 브소드야의 아들. 예루살렘 옛문을 수리했다(느3:6).

⑮ 에스라가 백성에게 율법을 읽어 들려줄 때 그 왼쪽에 서 있던 사람 (느8:4).   *중복될 수도 있다.

므술레못[מְשֻׁלֶּמֶת = 상주다]인(왕하21:19). 므낫세왕의 왕비. 아몬왕의 어머니.

므실레못[מְשִׁלֵּמוֹת = 보답, 보상]인

① 에브라임의 수령(대하28:12). 사로잡아온 유다지파 사람을 종으로 삼는 것을 반대했다.

② 제사장 가족 족장(대상9:12). 아사렐, 아호세의 조상(느11:13).

므실레밋[מְשִׁלֵּמִת = 보상, 보답]인 (대상9:12) 마아새의 시조이며 임멜의 아들. 아다야의 조상이다.

므아라[מְעָרָה = 동굴]지(수13:4) 시돈에 속한 굴이 있는 마을. 이곳은 여호수아가 늙을 때까지 점령하지 못했다.

므오노대[מְעוֹנֹתַי = 하나님의 거처] 인(대상4:14) 그나스 사람 옷니엘의 아들. 오브리의 아버지.

므오노님[מְעוֹנְנִים = 무당]지(삿9:37) 팔레스틴의 한 평야. 세겜에서 볼 수 있다. 그 곳에 상수리 나무가 있어서 점치는 자들이 앉아 점쳤다.

므으님[בְּנֵי מְעוּנִים]인(스2:50) 바벨론에서 돌아온 느디님 자손. 모우님 사람으로도 번역되었다(느7:50).

므헤다벨[מְהֵיטַבְאֵל = 하나님은 은혜를 주심]

① 마드렛의 딸로 에돔왕 하달의 아내(창36:39).

② 거짓 예언자. 도비야와 산발랏에 고용되어 느헤미야를 위협한 거짓 예언자 스마야의 증조부(느6:10).

므홀랏[מְחֹלָתִי]지(삼상18:19) 사울의 맏사위 아드리엘의 고향. 그를 므홀랏 사람이라고 불렀다. 엘리사의 고향 아벨 므홀라와 같은

므후만[מְהוּמָן = 믿을만한 사람]인
(에1:10) 아하수에로왕의 일곱 종 무관 중 하나. 바사국 국정자문관.

므후야엘[מְחוּיָאֵל = 하나님은 살려주심]인 (창4:18) 가인의 증손. 므두사엘의 아버지. 야랏의 아들.

므히다[מְחִידָא = 유명한, 귀한 것]인 (스2:52) 바벨론에서 돌아온 느디님 사람.

므힐[מְחִיר = 상급, 품삯]인(대상4:11) 유다 자손 글룹의 아들. 수하의 조카.

믈라대[מוֹעַדְיָה = 여호와는 근원이시다]인(느3:7) 느헤미야시대 예루살렘 성벽을 수리한 기브온 사람.

미가[מִיכָה = 누가 여호와와 같으랴]
① 사사시대 에브라임 산지에 살던 사람. 집 안에다 은전 200을 들여 우상을 만들어 놓고 레위인 나그네를 제사장으로 삼았다. 후일 단지파가 북쪽으로 이주할 때 제사장을 억지로 끌고 갔고 우상도 빼앗아갔다(삿17:13). 단지파성소의 유래가 되기도 한다(삿8:29-34).
② 르우벤지파의 한 족장(대상5:5). 시므이의 아들. 르아야의 아버지.
③ 므비보셋의 아들(삼하9:12, 5:5). 사울의 아들 요나단의 손자.
④ 웃시엘의 아들. 고핫의 제사장(대상23:20).
⑤ 압돈의 아버지(왕하22:12, 대하34:20). 미가야로 기록된 사람(왕하22:12).
⑥ 레위사람 아삽의 후손 시그리의 아들(대상9:15). 맛다냐의 아버지(느11:17, 22). 후손 중 우시, 스가랴(느11:22, 12:35)가 있다.
⑦ 바벨론에서 돌아온 후 율법 엄수에 서명한 사람(느10:11).
⑧ 모레셋 사람. 이사야와 같은 시대의 예언자. 미가서의 기록자(미1:1). 북왕국 이스라엘이 멸망하기 전 선지자의 직무를 수행했다.

미가[Micah]명(미) 구약 제 33권째 성경. 선지자 미가의 기록으로 이스라엘과 유다에 대한 예언. 피할 수 없는 하나님의 심판과 그리스도로 말미암은 은혜로운 회복에 대하여 예언하였다. 내용 분해는 박기원 편 성경총론을 참고하라.
● 미가서에 예언된 그리스도 - ①그리스도의 탄생지(미5:2). 그리스도는 예언대로 베들레헴에서 탄생하셨다(마2:1). ②그리스도의 선재(미5:2) - 요1:1. ③앞장서 이롭게 통치하실 왕(미2:12-13, 4:1-8, 5:4-5). ④우러러 바라볼 자(미7:7,8) - 요11:41(비교 ; 눅18:13, 행7:55). ⑤평강의 주(미5:4). ⑥그리스도의 궁휼(미7:19) - 요13:1.

미가야[מִיכָיָה = 누가 주님 같으랴]인
① 유다왕 아비야의 어머니(대하13:2). 기브아의 우리엘의 딸. 대하11:20에는 마아가라고 하였다.
② 유다왕 여호사밧이 율법을 가르치도록 파견한 방백(대하17:7).
③ 이믈라의 아들(왕상22:8-28). 아합왕 시대의 예언자. 아합이 길르앗 라못을 치려고 할 때 바알의 예언자들은 왕이 듣기 좋은 아첨을 했으나 미가야는 패전할 것을 예언했다. 미가야는 투옥되었으나 이스라엘은 미가야의 예언대로 패했다(대하18:6-27, 왕상22:8-28).
④ 악볼의 아버지(왕하22:12).
⑤ 그마랴의 아들(렘36:11-13). 여호야김 때의 방백으로 바룩이 예레미야의 예언을 읽을 때 듣고 왕에게 고했다.
⑥ 느헤미야 때의 제사장(느12:35). 스가랴의 선조. 요나단의 후손. 느11:17,22의 미가와 같은 사람.
⑦ 느헤미야 시대의 제사장으로 예루살렘성 낙성식 행렬에서 나팔을 분 사람(느12:41).

미가엘[מִיכָאֵל = 하나님 같은 자]인
① 정탐군으로 뽑힌 아셀지파 아델사람 스둘의 아버지(민13:13).
② 갓 사람(대상5:13). 부스의 자손 길르앗 가족의 족장.
③ 다른 갓 사람(대상5:14).

④ 레위 사람(대상6:40). 악사로 아삽의 선조.

⑤ 잇사갈 사람(대상7:3). 히스라히야의 아들.

⑥ 베냐민 사람(대상8:16).

⑦ 므낫세 사람(대상12:20). 시글락에서 다윗을 따른 천부장, 군장.

⑧ 다윗의 한 관원으로 오므리의 아버지(대상27:18). 잇사갈 백성을 다스렸다.

⑨ 여호사밧의 아들(대하21:2). 그의 형제는 요압에 의해 살해되었다.

⑩ 스바댜의 아버지(스8:8). 에스라와 함께 바벨론에서 귀국했다.

미가엘〔michael〕몡(단10:13) 천사장의 이름. 수호천사로 활동. ①모세의 시체에 대하여 마귀와 싸웠다(유9). ②다니엘의 예언 중 도움을 주었다(단10:13). ③군, 대군, 군장, 군대의 주재등으로 표현됨(단10:13, 21, 12:1, 8:11). ④사단과 싸우는 지휘관(계12:7).

미각〔味覺 ; 맛 미, 깨달을(깨우칠) 각. taste, palate〕몡(욥6:30) 혀의 미신경(味神經)이 달고, 시고, 짜고, 맵고, 쓴맛을 느껴서 아는 느낌.

미간〔眉間 ; 눈썹 미, 사이 간. the brow〕몡(출13:9) 두 눈썹과 눈썹 사이. 양미간.

미갈〔מִיכַל= 누가 하나님 같을꼬〕인
1. **인적관계** - 사울왕의 작은 딸(삼상14:49). 메랍의 여동생. 이름은 미가엘의 단축형이다.
2. **관련기사** - ①다윗의 용맹에 반하여 그를 사랑하였다(삼상18:20). ②사울은 이것을 기회로 다윗을 죽이려 하였으나 미갈이 더욱 다윗을 사랑함으로 다윗을 무사히 도피시켰다(삼상18:25, 19:11). ③다윗이 망명한 후 사울은 미갈을 갈림에 사는 발디에게 시집보냈다(삼상25:44). ④다윗이 왕위에 오른 후 다시 데려다가 아내를 삼기는 하였으나 아비갈, 아히노암 등의 여자들과 결혼하였기 때문에 전과 같은 애정은 없었다(삼하3:14) ⑤법궤를 다윗성으로 옮기는 날 다윗이 기뻐 춤추는 것을 보고 비웃었기 때문에 형벌로 종신 임신하지 못하였다(삼하6:16-20, 22-24).

미구〔未久 ; 아닐 미, 오래 구. before long〕뷔(시106:13) 오래 되지 않은 동안.

미그론〔מִגְרוֹן= 험한 곳, 단층〕지
① 사울의 진지. 개바 부근에 있었다(삼상14:2). 믹마스의 남쪽으로 여김.
② 앗수르 군대의 진로가 되리라고 예언된 성읍(사10:28). 믹마스 북쪽 2km 지점 지금의 막룬으로 여김.

미그리〔מִכְרִי= 값〕인(대상9:8) 베냐민 사람으로 바벨론에서 돌아온 엘라의 할아버지.

미글롯〔מִקְלוֹת= 멸시, 지팡이〕인
① 기브온 부근에 살던 베냐민 가족의 조상(대상8:32, 9:37). 여이엘의 자손.
② 다윗을 섬기던 관원(대상27:4). 2월반의 주장.

미냐민〔מִנְיָמִן= 오른 쪽, 행운이〕
① 히스기야왕 시대 한 레위 사람(대하31:15). 고레를 도와 주께 드린 헌물을 분배한 사람.
② 요야김 대제사장 시대의 제사장(느12:17).
③ 예루살렘 성벽 낙성식 때 나팔을 분 제사장(느12:41). 미야민과 같은 사람(느10:7, 8).

미덴〔מֵיתַנִי〕지(대상11:43) 다윗의 30용사 요사밧의 출신지.

미동〔美童 ; 아름다울 미, 아이 동. cult prostitute, sodomite〕몡(신23:17) ①음탕하게 우상숭배를 하는 데 바쳐진 남자. 이교신전에서 매음하던 남자. 신전남창. 남자창기. ②남색의 상대가 되는 남자.
＊남창(욥36:14). 남색하는 자(왕하14:24)로도 번역된 말. 이스라엘 백성이 가나안에 들어가기 전에 금지되었고(신23:17-18). 바울이 이것을 악행으로 규정하고 있다(고전6:9, 딤전1:10).

미들레네〔Μιτυλήνη= 종 말〕지(행

20:14) 소아시아 본토에서 서쪽으로 17km 떨어진 에게 바다의 한 섬. 레보의 수도. 사도 바울이 찾아갔을 때에는 로마의 아시아현에 속해 있었고 주전63년 봄베이 시대에 자치권을 얻었다(행20:14). 앗소와 기오와의 중간에 있는 도시.

미드레닷[מִתְרְדָת = 미드라에 의해 주어진 자]囹

① 바사의 창고 관리인(스1:8) 예루살렘 성전 기물을 세스바살에게 인계했다.

② 아닥사스다 Ⅱ세 론기마느스의 한 관리(스4:7)→미드르닷

미드르닷[מִתְרְדָת = 미드라(바사의 광명신)에 의해 주어진 자]囹

① 바사왕 고레스가 저를 명하여 성전 기구를 유다 방백 세스바살에게 내어 주게 하였다(스1:8).

② 아닥사스다왕 때에 사마리아에 주둔한 바사의 장관. 그 동료와 함께 왕에게 상소하여 성전건축 공사를 방해하려 하였다(스4:7).

미디안[מִדְיָן = 다툼]囹(창25:2) 아브라함의 후처 그두라가 낳은 네째 아들(대상1:32) 미디안 사람의 조상이다. 아가바만 부근 아라비아 광야가 그 중심지로 되어 있었다(창37:25~28).

미디안[מִדְיָן = 다툼]囹

1. **위치** - 요단강 동남 아카바만의 동쪽 지역(창25:2).
2. **관련기사** - ①아브라함의 후처 그두라의 아들 미디안의 후손의 거주지. ②거민은 유목민으로 낙타와 양을 많이 기르고 이웃나라 에돔, 모압, 암몬, 유다 등과 무역을 하였고 요단강을 건너 유다를 자주 침입하였다. ③요셉이 미디아인에게 팔렸다(창37:28). ④모세가 애굽인을 살해 하고 이곳에 망명하여 40년을 유하는 중 이곳 제사장의 딸을 취하였다(출2:15, 21, 행7:29). ⑤이스라엘 백성이 이곳 여자와 행음한 것을 알고 아론의 손자 비느하스는 격분하여 시므리와 고스비의 두 남녀를 창으로 찔러 죽였고 여호와께서는 염병을 내리어 2만4천명을 죽이셨다(민25:6-15) ⑥미디안 사람들이 이스라엘 백성을 유혹하여 죄악에 빠지게 하므로 이스라엘인들이 격분하여 복수전을 일으켜 미디안의 남자들을 다 죽이고 또 다섯왕을 죽이고 여자과 아이들을 사로잡아 왔다. 그리고 양, 소 등 모든 재물을 탈취하고 성읍과 촌락을 불질렀다(민31:7-10). ⑦후에 다시 세력을 길러가지고 이스라엘을 침략하여 7년간 학정을 하였다(삿6:1). ⑧사사 기드온이 일어나서 3백명 군사로 미디안을 격퇴하고 오렙 두 방백을 죽였다. 후에 다시 침입하지 않았다(삿7:5-25, 8:28).

미래[未來 ; 아닐 미, 올 래. future, before]囹(전9:1) 아직 돌아오지 않은 앞날. 장래.

미려골[尾閭骨 ; 꼬리 뼈 미, 마을 려, 뼈 골. back bone]囹(레3:9) 엉덩이 뼈. 꽁무니 뼈. 좌골.

미련[stupidity]囹(삼상25:25) 어리석고 둔함. 바보. 일이 잘못된 후에야 뻗대는 힘을 부르는 태도.

미련한 자[poolishness, fool]囹(잠1:7) 어리석은 사람.

1. **일반적인 표현** - ①죄악으로 고난을 당함(시107:17). ②욕을 당함(잠18:13). ③자기의 길을 굽게 함(잠19:3).④어리석은자(잠14:8). ⑤우매한 자(시38:5). ⑥지혜가 없는 자(잠7:7).
2. **미련한 자의 행위** - 잠언 중에서 ①자기의 행위가 옳은 줄로 여긴다(1:7). ②지식을 미워한다(1:22). ③자기의 행위가 옳은 줄로 여긴다(12:15). ④분노를 당장에 나타내 보인다(12:16). ⑤미련한것을 나타낸다(13:16). ⑥교만하여 매를 자청한다(14:3). ⑦미련한 말을 쏟는다(15:2). ⑧아비의 훈계를 업신여긴다(15:5). ⑨어미를 업신여긴다(15:20). ⑩사연을 듣기 전에 대답한다(18:13). ⑪분쟁을 일으킨다(20:3). ⑫그들의 생각은

죄이다(24:9). ⑬미련한 것을 거듭 행한다(26:11). ⑭자기의 마음을 믿는다(28:26). ⑮스스로 높은 체한다(30:32).

미르마〔מִרְמָה = 교활한 말〕인(대상8:10) 베냐민 사람 사하라임의 아들. 칠형제 중 하나. 어머니는 호레스이다.

미리〔before〕무(창46:28) 앞서서. 어떤일이 아직 생기기 전에.

미리암〔מִרְיָם = 높다, 바다의 별, 사랑〕인
1. **인적관계** - 아므람과 요게벳의 딸. 아론과 모세의 누이(민15:59, 출7:7).
2. **관련기사** - ①어린 모세를 구하려고 애를 썼다(출2:4, 8). ②홍해를 건넜을 때는 승리의 노래를 부르며 춤을 추었다(출15:20). ③모세를 시기 힐난한 까닭에 벌을 받아 문둥병에 걸린 것을 모세가 기도하여 나았다(민12:1-15, 신24:9). ④가데스에 진쳤을 때에 죽어 장사하였다(민20:).
* 미리암은 히브리어 발음이며 헬라어로는 마리아이다.

미말〔微末 ; 작을 미, 끝 말. very little〕명(고전4:9) 아주 작음.

미명〔未明 ; 아닐 미, 밝을 명, early dawn〕명(삿19:25) 날이 새기전이나 샐 무렵. 잔야.

미문〔美門 ; 아름다울 미, 문 문. beautiful gate〕명(행3:2) 예루살렘 성전의 동편 문. 베드로와 요한이 앉은뱅이를 고친 장소. 이방인의 뜰에서 여인의 뜰로 들어가는 문.

미쁘다〔reliable, be true〕형(행13:34) 믿음성이 있다. 미덥다.

미사〔מִזְבָּה = 두려워함〕인(창36:13) 에서와 이스마엘의 딸에서 태어난 르우엘의 아들. 에돔인의 족장. 밋사와 같은 사람(대상1:37).

미사엘〔מִישָׁאֵל = 누가 하나님 계심 같으랴〕인
① 모세와 아론의 숙부. 웃시엘의 아들. 거룩하지 못한 불을 드림으로 징계를 받아 죽은 나답과 아비후의 시체를 성막에서 옮기는 일을 도운 사람(출6:22, 레10:4).
② 에스라가 율법책을 낭독할 때 그 좌편에 섰던 자(느8:4).
③ 다니엘의 세 친구 중 하나. 환관장이 바벨론 이름으로 메삭이라고 고쳤다(단1:6, 7).

미살〔מִשְׁאָל = 검사〕지(수19:26) 헬몬산과 요단강 사이에 있던 작은 언덕이라고 한다(시42:6).

미살〔מִשְׁעָל = 땅을 판다〕지(수19:26) 아셀지파의 성읍이었으나 레위인의거주지가되었다(수21:30).

미삼〔מִשְׁעָם = 검사〕인(대상8:12) 베냐민 사람 엘바알의 아들. 그는 형제와 같이 오노와 롯을 건설하였다.

미석〔美石 ; 아름다울 미, 돌 석. etty stone〕명(눅21:5) 아름다운 돌.

미스갑〔מִשְׂגָּב = 안전, 산지〕지(렘48:1) 모압땅에 있던 성읍. 느보와 기랴다임 두 성읍을 포함한 지방.

미스라〔מִשְׁרָע = 확장하다〕인(대상2:53) 포로 귀환 후의 기럇여아림의 가족으로서 홀의 아들이며 갈렙의 후손.

미스라임〔מִצְרַיִם = 두개의 땅, 성읍〕인(창10:6, 13) 노아의 아들 함의 둘째아들. 애굽 북부지역의 주민의 선조.

미스라임〔מִצְרַיִם = 두개의 땅, 성읍〕인 ①함의 자손(창10:6, 13)의 거주지. 애굽의 히브리 이름. ②솔로몬왕이 말을 수입한 곳(왕상10:28, 대하1:17). ※애굽이라 번역한 곳도 있다. 앗수르 비문에는 무스리(Musri) 라고 쓰여 있다. 그러므로 말의 명산지인 가바도기아의 무스리라고 여기며 또 왕하 7:6에 헷 사람과 연합하여 이스라엘을 침입한 애굽왕은 소아시아의 무스리 왕을 가리키는 것이라고 해석하는 학자도 있다.

미스르봇 마임〔מִשְׂרְפוֹת מַיִם = 물의 용솟음, 온천〕지(수11:8) 두로와

미스마

악고 중간 지방으로 여호수아에게 쫓긴 가나안인의 분견대가 도망할 때 지나간 곳. 시돈 사람의 남쪽 경계(수13:6).

미스마[מִשְׁמָע = 들음, 순종] 인

1 이스마엘의 아들로 아라비아 일족을 가리키는 말(창25:14, 대상1:30). 마호멧, 아라비안 나이트는 그의 후손이다.

2 시므온 자손으로 밉삼의 아들(대상4:25, 26).

미스만나[מִשְׁמַנָּה = 기름지다, 비만] 인(대상12:10) 다윗이 사울왕을 피하여 시글락에 숨어 있을 때 귀순한 용사. 갓사람.

미스바[מִצְפָּה = 망대] 지

1. 위치 - 길르앗 북부 팔레스틴 유다 서남부 평야에 있던 여러 도시.

1 요단강 동편, 길르앗의 성읍(삿10:17, 11:11). ①길르앗의 미스바(삿11:29). ②라맛미스베(수13:26)와 같은 곳. ③길르앗 라못. ④라못길르앗(신4:43, 왕상4:13). ⑤라마(왕하8:28, 29)로 알려진 곳. ⑥위치는 갓지파의 분깃의 경계(수13:26). ⑦레위인의 거주지로 할당되었고(수21:38). ⑧도피성으로 지정되었다(신4:43, 수20:8). ⑨입다의 고향(삿11:34). ⑩솔로몬이 관장을 둔 12지구의 하나(왕상4:13). ⑪이 땅을 보존하기 위해 이스라엘과 아람(수리아)과의 사이에 싸움이 있었다(왕상22:3이하, 왕하8:28).

2 미스바 땅(수11:3), 또는 미스바 골짜기(수13:8). 팔레스틴 북부의 한 지방으로 이스라엘은 하솔왕 야빈과 그 동맹자를 메롬 물가에서 물리치고, 동방 미스바 골짜기까지 그들을 추격했다. 시돈의 동편, 헬몬산 남쪽 지역으로 여김.

3 유다의 미스바(수15:38). 가나안에 들어왔을 때 유다지파에게 분배된 성읍의 하나. 현재의 텔 에스 사피에(Tell es-safieh)와 같은 곳으로 여긴다.

4 모압의 미스바(삼상22:3). 이 장소는 알려져 있지 않다. 사울이 다윗을 추적할 때 다윗이 모압왕의 보호에 의해 자기의 부모를 구한 미스바로 본다.

5 베냐민의 미스바(수18:26, 삼상7:5). 유다와 경계를 한 ①초기 이스라엘의 정치적 중심지. ②사무엘이 공직 순회 때 종종 방문한 성읍(삿20:1-3, 삼상7:5, 16, 10:17). ③라마에서 멀지 않았다(수18:25, 왕상15:22). ④아사왕은 이 요해를 견고히 하고(왕상15:22). ⑤총독 그달랴는 이곳에서 살해되었다(렘40:6-15). ⑥포로 귀환 후의 중요한 성읍(느3:15).

미스발[מִשְׁפָּר = 수효] 인 (스2:2) 스룹바벨과 함께 포로 귀환민을 지도한 사람(느7:7). 미스베렛과 같은 사람(느7:7).

미스베[מִצְפֶּה = 감찰, 살피다] 지

1 ①야곱이 처자와 양떼를 거느리고 장인 라반을 작별치 않고 떠나 왔을 때 라반이 쫓아와서 언약하고 경계표를 쌓은 돌 무더기. 라반은 여갈사하두다라 하고 야곱은 갈르엣 또는 미스바라 했다. 그 뜻은 "감찰하옵소서"이다(창31:48, 49). ②그후 이곳은 이스라엘의 요새지가 되고 여호와께 기도하는 성지가 되었다. 사사 입다는 암몬 자손과 싸우려 할 때에 이곳에 진을 치고 여호와께 고하고 나아가 싸워 승리하였다(삿10:7, 11:11, 29:34).

2 헬몬산 아래 히위족의 거주지. 하솔왕 야빈에게 속한 북방 동맹군이 여호수아를 대적하여 싸우다가 미스바 골짜기에서 전멸 당하였다(수11:1-9).

3 유다의 서남방 세빌라 지방의 한 작은 성읍(수15:38). 지금의 텔·에·사피 인듯 하고 탐험가의 말에 의하면 가드와 동일시한다.

④ ①베냐민의 한 성읍(수18:26, 호5:1). ②사무엘이 백성을 다스릴 때 모든 지파를 소집하여 추첨으로 사울왕을 택한 곳(삼상7:5-16, 10:17-24). ③아사왕이 라마에서 석재를 가져다가 성을 쌓고(왕상15:22, 대하16:6). ④예루살렘이 함락된 후 갈대아 장관 그달리야가 주둔하다가 느다냐의 아들 이스마엘에게 죽임을 당한 곳(왕하25:25, 렘40:8, 41:16). ⑤바벨론에서 돌아온 후 이 지방이 중요 도시가 되었고(느3:7,15,19) 마카비 시대에는 세리우카스에 대한 항쟁의 근거지가 되었다.

⑤ 모압의 한 도. 다윗이 이 성으로 모압왕을 찾아가서 자기의 양친을 부탁하였다(삼상22:3).

* 미스바 ④참고

미스베렛[תרפמס = 집필, 글을 쏨] 인(느7:7) 스룹바벨과 함께 포로 귀환민을 지도한 사람→미스발

미야민[ימימן = 오른 쪽, 행운]인

① 다윗 시대의 제사장 제6반의 조상. 이 이름은 그 가족을 대표하는 말로도 쓰임(대상24:9).

② 바로스의 아들(스10:25) 바벨론에서 돌아와 에스라의 권유로 이방인 아내와 헤어진 사람.

③ 스룹바벨과 함께 바벨론에서 돌아온 제사장(느12:5).

④ 바벨론에서 귀국후 율법엄수 서약에 서명한 사람(느10:7). 느12:41의 베냐민과 같은 사람.

미약[微弱; 작을 미, 약할 약. insignificance, be base]형(삿6:6) 작고 약함. 보잘것이 없음.

미운 물건[idols, abomination]명(렘16:18) 우상, 우상숭배, 가증스러운 것. 몹시 싫어하는 것.

미움[hate, hatred]명(신21:15) 밉게 여기는 마음. 증오.

* **일반적인뜻** - ①육신적인 일(롬8:7, 갈5:19-). ②중생하지 못한 자의 일(요일3:15). ③미워하는 일(딛3:3). (1)성도(눅6:22). (2)빛(요3:20). (3)의인(요15:25). (4)하나님을 미워함(롬1:30). ④싫어함(잠8:36). ⑤덜 사랑함(눅14:26). ⑥옳지 않다고 여김(계2:6). ⑦마음에 들지 않는다고 여기는 모든 행위(왕상22:8, 대하18:7). ⑧종말은 살인(요일3:15).

미워하다[hate]타(창26:27) 미워하는 생각을 가지다. 밉게 여기다. 밉게 보다.

* **하나님이 미워하시는 것** - ①우상(신7:26). ②거짓(시31:6). ③두 마음(시119:113). ④악(롬12:9). ⑤이단(계2:6). ⑥행악자의 집회(시26:5). ⑦가족과 자기 목숨을 주님보다 더 중히 여기는것(눅14:26, 요12:25).

미장이[靡匠~ ; 쓰러질 미, 장인 장. plasterer, mason]명(왕하22:6)집을 지을 때 벽 등에 흙따위를 바르는 일을 하는 사람. 토공. 미장공.

미지근하다[halfhearted, lukewarm]형(계3:16) ①약간 더운듯하다. ②행동 태도가 분명하지 않다.

미천[微賤 ; 작을 미, 천할 천. small, obscurity]명(욥40:4) 신분이나 지위가 보잘 것 없고 낮음. 미약하고 비천함.

미치광이[mad man]명(삼상21:14) 미친 사람. 정신이상자. 귀신 들린 자.

1. 원인 - ①악 때문에(전9:3). ②하나님에 대한 불순종 때문에(신28:28,34). ③하나님의심판(단4:31-33). ④귀신 들림으로(막5:1-5).

2. 증상 - ①감정을 억제할 수 없음(막5:1-5). ②비합리적인 행동을 함(삼상21:12-15). ③비윤리적. 비도덕적인 행동을 함(렘50:38).

미항[美港 ; 아름다울 미, 항구 항. the fair havens]지

1. 위치 - 그레데 섬 남해안의 항구.

2. 관련기사 - 바울이 로마로 갈 때에 바울이 이곳에서 월동하자고 제의했으나 선장이 듣지 않고 뵈닉스로 가다가 풍랑을 만나 큰 고생을 하였다(행27:8-11).

미혹[迷惑 ; 미혹할 미, 미혹할 혹.

믹네야

tempt, temptation]명(신4:19) ①마음이 흐려져 무엇에 홀림. ②정신이 헷갈리어 헤맴.
＊말세의 징조로 일어난다.

믹네야[מִכְנֵיָהוּ = 주의 것]인(대상15:18) 다윗시대 성전 음악대원(대상15:21). 수금을 탄 레위인.

믹다렐[מִגְדַּל־אֵל = 하나님의 탑]지(수19:38) 게데스의 북쪽 납달리의 성읍. 과수원이 많은 성읍.

믹달갓[מִגְדַּל־גָּד = 갓(행복의 신)의 탑]지(수15:37) 과수원으로 둘러 쌓인 유다 서남쪽의 성읍.

믹담[מִכְתָּם = 속죄의 시, 황금의 시]지(시56) 시편의 제목.

믹돌[מִגְדֹּל = 망대, 탑]지
1 이스라엘이 홍해를 건너기 전 홍해 북단서쪽에 있는 마을(민33:7). 아나시타스의 파피루스에는 "쎄티 I세의 믹돌"이란 말이 쓰여 있다. 아마 딤사 호수와 핏텔 호수 중간에 있는 세라세움일 것이다.
2 애굽의 한 성읍. 예루살렘 멸망후 유다인이 거주한 애굽 북쪽 끝의 성읍(렘44:1, 46:14).
3 애굽의 남쪽 경계 스에네와 대치적으로 북쪽 경계 도시로 기록되어 있다(겔29:10, 30:6). 지금의 엘헤르로 여긴다.

믹마스[מִכְמָשׂ = 그모스의 곳, 숨겨진 곳]지(삼상13:2) ①예루살렘 북쪽 11km 지점 지금의 묵마스 와디에 있었던 도시(삿10:28). ②골짜기 건너 남쪽 언덕 위에 있는 베냐민의 게바를 바라볼 수 있다. ③사울이 이곳에 진을 쳤으나 블레셋 사람에게 패전 하였다(삼상13:23). ④요나단이 승전한 곳(삼상14:1-18). ⑤선지자 이사야는 예루살렘 공격 예언에 언급했다(사10:28). ⑥바벨론에서 귀국한 백성의 거주지(스2:27, 느7:31, 11:31-36).

믹므다[מִכְמְתָת = 적갈색, 정복자]지(수16:6) 세겜 동쪽 에브라임과 므낫세의 경계선(수17:7).

믹므닷 지(수17:7)→믹므다.

민간[民間 ; 백성 민, 사이 간. civil-ian]명(대하19:4) 관이나 군에 대한 일반 국민의 사회.

민니[מִנִּי = 쐐기못]인(렘51:27) 아라랏과 아스그나스와 함께 바벨론의 공격자로 기록되어 있는 백성.

민니[מִנִּי = 쐐기못]지(렘51:27) 울미야호와 반호 사이의 아라랏의 한 지방.

민닛[מִנִּית = 분배]지(사11:33) 사사 입다가 점령한 암몬의 성읍. 밀의 산지.

민답[悶沓 ; 번민할 민, 논 답. anxiety, horror]명(겔3:15) 걱정으로 가슴이 답답함. 민울.

민란[民亂 ; 백성 민, 어지러울 란. riot, tumult]명(마27:24) 국민들이 들고 일어남. 민요.

민망[憫惘 ; 민망할 민, 실심할 망. regrettable, pitiful]명(욜1:18) 답답하고 딱하여 걱정스러움.

민수기[Numbers]명(민) 구약제4권째 성경. 모세 5경의 하나로 모세의 기록이다. 출애굽한 이스라엘 백성들이 광야에서 두번이나 인구조사를 하였기 때문에 붙인 이름이다. 하나님께 대한 이스라엘 백성들의 불신앙때문에 40년동안의 광야생활의 여정을 기록하였다. 2차에 걸친 인구조사는 역사적으로는 그 자손들이 서로 연합하도록 하는 데에 목적이 있다. 내용 분해는 박기원 편 성경총론을 참고하라.

● **민수기에 나타난 그리스도의 모형** - ①놋뱀(민21:1-9). 그리스도께서 구속의 십자가에 달리실 것을 예표한다(요3:14-15, 19:18-19). 믿음으로 구원을 받게 됨을 예표. ②구름기둥과 불기둥(민9:22). 그리스도의 임재(요8:21, 마1:23). ③도피성(민35:13-14). 그리스도 안에 있는 죄인의 안식처. ④붉은 암송아지(민19:). 그리스도의 희생. ⑤매일 내린 만나(민11:6). 생명의 떡이신 그리스도를 예표(요6:31-33). ⑥반석에서의 물(민21:4-9). 그리스도는 반석이시며 영원히 갈하지 않는 샘물이시다(요4:14, 고전10:4). ⑦발람은

그리스도의 왕권을 미리 보았다(민24:17). ⑧성막(민2:). 교회의 머리이신 그리스도, 교회중심의 성도의 생활을 상징(엡5:23, 마18:2).

민요[民擾 ; 백성 민, 어지러울 요. tumult, uproar]명(마26:5) 백성들이 들고 일어난 난리. 민란, 소요.

민장[民長 ; 백성 민, 어른 장. officials]명(느4:14) 백성의 우두머리.

민족[民族 ; 백성 민, 겨레(일가, 친족) 족. people, nation]명(창12:2) 말과 풍속이 같으며 독특한 문화를 가지는 겨레.

민중[民衆 ; 백성 민, 무리(많을) 중. people]명(신20:1) 사람의 무리.

민첩[敏捷 ; 민첩할 민, 빠를 첩. alacrity]명 빠르고 익숙함(사32:4).

민회[民會 ; 백성 민, 모을 회. legal assembly]명(행19:39) 어떤 지역 안에서의 주민이 자치를 목적으로 조직한 모임.

믿게하다[believe]타(출4:5) 믿음을 가지도록 만들다.

믿는 도리[profession]명(히3:1) 그리스도, 복음, 하나님의 말씀.

믿는 자[believers]인(행15:14, 딤전4:12). 그리스도를 믿는 자에게 붙여진 이름. 안디옥에서 그리스도인이라고 처음으로 불렀다. 그리스도를 영접하고 믿음을 실천하는 사람(엡1:3, 고전1:2, 롬8:1). 아버지의 성품에 따라 살아야 한다(엡4:1, 마5:48, 롬6:11).

믿다[believe]타(창15:6) 확신하는 것, 신뢰하는 것. 참되고 믿을 만한 것으로 마음에 받아 들이는 것을 뜻한다. 복음을 믿고 복음에 복종할 의무를 가진다(롬10:16, 살전2:13).

믿음[faith]명(합2:4) ①믿는 마음. 신앙. ②받아 들이는 것. ③맡기는 것. ④강한 의지.

믿지 아니하는 자[un veliever]구(고전6:6) 그리스도를 믿지 아니하는 불신자. 멸망을 받을 자. 사단의 자식. 불신앙인.

밀[wheat]명(출9:32) ①포아풀과의 일년생 풀. ②밀의 열매. 소맥(小麥).

밀[wax]명(시68:2) 꿀을 짜낸 찌꺼기를 끓여서 만든 기름. 밀납. 초.

밀가[מִלְכָּה = 여왕]인(창11:29)
① 하란의 딸로 나홀의 처가 되어 8형제를 낳았는데 리브가의 아버지 브두엘이 있다(창22:20, 24:15, 24:47).
② 슬로브핫의 딸(민26:33, 27:1, 36:11, 수17:3). 분깃을 받을 남자가 없으므로 모세에게 호소하여 기업을 받게 되었다.

밀가루[wheat flour]명(출29:2) 참밀의 가루. 소맥분.

밀곰[milcom]명(왕상11:5) 뜻은 왕이며 암몬 사람의 국가신. 우상. 솔로몬이 섬겼다. 요시야의 종교개혁때 없앰 (왕하23:13). 몰렉과 같은 우상(왕상11:7).

밀랄래[מִלֲלָי = 웅변, 말잘하는사람]인(느12:36) 레위 사람으로 음악대원. 예루살렘 성벽 낙성식 때 봉사했다.

밀레도[Μίλητος = 피난민]지
1. **위치** - 소아시아 서해안에 있는 요항(要港)으로 옛날 아니오니아국의 수도였다. 에베소 다음으로 번화한 곳이었다.
2. **관련기사** - ①바울이 에베소 교회의 장로들을 청하여 권면을 한 곳이다(행20:17-35). ②드루비모는 병으로 인하여 이곳에 남아 있었다(딤후4:20).

발굴된 주화

밀로[מִלּוֹא = 토성, 가득함]지
① ①원래 예루살렘 동쪽 언덕 시온의 여부스인의 성터의 일부였다고

추측(삼하5:9, 대상11:8). ②솔로몬과 히스기야가 이 성을 수축하였다(왕상9:15, 대하32:5). ③요아스가 죽은 곳(왕하12:20-21).
② 밀로의 집이라 한 것은 세겜에 있는 세겜망대와 같다(삿9:46). 망대(보루 堡壘)였다(삿9:6).

밀실[密室 ; 빽빽할 밀, 집(방) 실. secret room]⑲(욥9:9) 비밀로 쓰는 방. 골방. 은밀한 장소. 기도처.

밀어 다니다[moves]㉮(레11:42) 떠돌아 다니다. 이리저리 다니다. 방랑하다. *지렁이 뱀 등의 다니는 모습을 나타낸 말.

밀접[密接 ; 빽빽할 밀, 댈 접]⑲(시119:31) ①아주 가까운 관계에 있음. intimacy. ②썩 가깝게 맞닿음. closeness.

밀치다[push away]㉮(창19:9) 힘껏 밀다. 밀어뜨리다.

밉다[hateful]㉲(출5:21) 눈에나 귀에나 생각에 거슬러서 싫다.

밉살[מִבְצָר = 요해]⑳(창36:42) 에돔의 한 족장. 사해 남쪽 북 에돔 지역에 거주한 것으로 여김.

밉삼[מִבְשָׂם = 기쁨, 향내]⑳
① 이스마엘의 아들. 아라비아 백성(창25:13, 대상1:29).
② 시므온 사람(대상4:25). 미스마의 아버지.

밉할[מִבְחָר = 선택된 자]⑳(대상11:38) 하그리의 아들. 다윗의 큰 용사 중 한 사람.

밋가[מִתְקָה = 상쾌, 단 샘]㉰(민33:28) 광야에 있던 이스라엘의 한 야영지.

밋딘[מִדִּין = 넓어짐]㉰(수15:61) 유다평야에 있던 성읍.

밋사[מִצָה = 공포, 즐거움]⑳(대상1:37) 에서의 자손 미사.

및[and]㉯(창9:15) 또. 그 밖에.

밑⑲(창24:2) ①무엇이 있는 자리의 아래쪽. bottom. ②일의 근본. root. ③밑동. 아래.

밑받침[underlay]⑲(겔43:14) 밑에 받치는 물건.

밑층[~層 ; 겹 층. the ground floor]⑲(욘1:5) 아래 층, 하층.

밑판[~板 ; 널 판. bottom board]⑲(출25:31) 밑에 대는 판 또는 밑이 되는 판.

밑편[~便 ; 편할 편. down]⑲(왕상7:31) 아래쪽. 밑 부분.

바[bar]명(마16:17) 아들. 히브리어 벤의 아람어. 시2:12과 잠31:2에서는 모두 아들이라고 번역했다.

바구니[basket]명(마16:9) 대나 싸리로 둥글고 깊게 엮어 만든 그릇.

바꾸는 사람[exchenger]인(요2:14) 성전 입구에 앉아서 타국의 돈을 성전세겔로 바꾸어 주는 환전인.

바기엘[פַּגְעִיאֵל=하나님과 만남, 주의 행운]인(민1:13) 모세가 시내 광야에서 백성의 수를 조사할 때 아셀 지파의 두령으로 뽑혀 협조한 자. 오그란디의 아들.

바깥[exterior]명(출26:35) 밖이 되는 곳. 외(外)

바깥 뜰[garden of exterior]명(에6:4) 집 밖에 있는 뜰. 성전 밖에 있는 뜰을 가리킨 말.

바꾸다[change]타(창23:17) ①서로 주고 받다. 교환하다. ②변화시키다. ③대신하다.

바뀌다[be changed]자(왕하13:20) 서로 바꾸어지다. 웨바꾸이다.

바나바[Βαρναβας=위로의 아들]인
1. **인적관계** - 레위사람이며 본명은 요세이다. 기독교로 개종한 초대 교인. 성품이 온유하고 재능이 많다. 당시 교인들이 권위자라고 불렀다(행4:36).
2. **관련기사** - ①성령을 받은 후에 토지를 팔아 헌금하여 구제사업에 쓰게 하였다(행4:36-7). ②사울이 회개한 후 예루살렘에 가서 교우들을 만나고자 했을 때 모두 핍박자로 알고 두려워 만나주지 않자 바나바가 데리고 가서 잘 소개하였다(행9:26-27). ③예루살렘 교회에서 안디옥 교회로 파송되어 협력하였다(행11:22-24). ④다소에 가서 사울을 데리고 안디옥에 와서 같이 전도하여 대부흥을 일으켰다(행11:25-26). ⑤바울과 안디옥 교회의 헌금을 가지고 예루살렘에 갔다가 오는 길에 생질 마가를 데리고 왔다(행11:30, 12:25). ⑥바울과 함께 이방인 선교사로 피택되어 소아시아 선교여행을 하였다(행13:2-14). ⑦루스드라 선교시 쓰스라고 불림을 받았다(행14:8-12). ⑧예루살렘 공회에서 말하였다(행15:1-12). ⑨수리아여러 교회에서 할례에 관한 질문이 많이 이 문제를 묻기 위하여 바울과 함께 예루살렘 교회를 다녀왔다(행15:30). ⑩마가로 인하여 바울은 실라를 데리고 수리아와 길리기아 방면으로 가고 바나바는 마가를 데리고 구브로로 갔다(행15:36-41). ⑪바울이 높게 평가했다(고전9:6). ⑫갈2:11 이하에 그의 일면을 보여준다.

바누엘[Φανουήλ=하나님의 얼굴]인(눅2:36) 예수님 탄생 당시의 예언자 안나의 아버지.

바늘[needle]명(마 19:24) 한 끝은 뾰족하고 한 끝에 귀가 있어 실을 꿰어 옷 따위를 꿰매거나 시치는데 쓰는 가느다란 강철 침(針).

바늘 귀[needle's eye]명(막10:25) 바늘 머리에 뚫린 실을 꿰는 구멍(마19:24). 불가능한것을 비유해서 한 말.

바니[בָּנִי=세우는 자, 자손]인
① 갓 지파 사람 다윗의 30용사 중 한 사람(삼하23:36).
② 레위사람. 에스라가 율법을 가르

바다

친 후에 백성이 예배드릴 때 기도를 인도한 사람 중 한 사람(느9:4-5).

③ 레위사람 므라리자손 힐기야의 할아버지(대상6:46).

④ 유다 사람. 베레스의 후손(대상9:4).

⑤ 바벨론에서 돌아온 사람의 선조 중 하나(스2:10). 빈누이와 같은 사람(느7:15).

⑥ 바벨론에서 돌아와 에스라의 권유로 이방인 아내와 이혼한 사람(스10:34)의 조상.

⑦ 바벨론에서 돌아와 이방인 아내와 헤어진 사람의 후손(스10:38). ⑥의 후손.

⑧ 레위 사람. 르훔의 아버지(느3:17).

⑨ 율법엄수 서약서에 인친 레위사람 (느9:4).

⑩ 율법엄수 서약서에 인친 백성의 두령(느10:14)

⑪ 레위사람 아삽자손으로 감독 웃시의 아버지(느11:22).

바다[sea]명(창1:10) 지구 표면의 염분이 섞인 물로 덮인 부분 ①육지와 비교된 말(창1:10). ②갈릴리 호수, 사해, 홍해를 가리키는 말(민34:10-12, 마4:18). ③지중해를 가리킴(민13:29). ④유브라데, 나일도 바다라고 했다(렘51:63, 사18:2).

＊상징과 비유적인 뜻 - ①악의 세력의 거처(단7:3, 계13:1, 21:1). ②하나님이 지배 하심(욥38:8-11). ③거짓선생(유13). ④복음의 확장(사11:9). ⑤의로움(사48:18). ⑥신천신지 완성(계21:1).

바다[molten]명(왕상7:23-26) 솔로몬이 성전 안 뜰에 세운 기물의 이름. 다윗의 전리품 청동을 녹여 만든 물두멍의 이름. 직경 10규빗,

높이 5규빗, 둘레 30규빗, 용량은 2천밧(약 4,600ℓ). 소 세마리씩 동서남북으로 향해 있는 등에 실었다(대하4:2-6).

바다라[Πάταρα=통역]자(행21:1) 소아시아 루시아 도의 항구. 로도 섬 대안에 있는데 지금은 수심이 얕아 배가 정박하지 못한다. 바울이 3차 선교여행 귀로에 이곳에서 배를 타고 베니게로 건너갔다(행21:2). ※우상 아폴로와 파다레우스를 섬기는 중심지로 유명한 신당이 있었다.

바다 풀[sea weeds]명(욘2:5) 바다 속에서 자라는 풀. 해초(海草). 요나의 머리를 감 쌌았다.

바닥[floor]명(민5:17) 물건의 밑이 되는 부분. 타작마당을 뜻하는 말.

바대[Πάρθος]자인(행2:9)미디안 동편에 있던 나라. 인도로부터 티그리스강 사이에 있었다. 주민은 무술에 능하여 강대국이었으며 주전 256년경 페르샤로부터 독립하여 5백년간 태평하게 지내다가 로마와 오랫동안 항쟁하였고 지금은 이라크의 한 지방이다. 이 지방 사람들이 오순절에 예루살렘에 와서 성령이 강림하는것을 보았다(행2:9).

바돈[פַּרְדּוֹן=구속]인(스2:44) 스룹바벨과 함께 바벨론에서 돌아온 느디님 사람.

바돌로매[Βαρθολομαιος=돌로매의 아들]인(마10:3) 예수님의 12사도 중 한 사람. 일반적으로 나다나엘과 같은 사람이라고 생각한다. 사도의 명부에 언제나 빌립과 함께 기록되어 있다(막3:18, 롬6:14). ①빌립의 인도를 받았다(요1:45-46). ②가나 출신이다(요21:2).

바둑판[~板；널 판. checker work] 명(왕상7:17) 바둑두는 판. 성전 현관 앞 기둥머리 장식을 형용한 말. 그물, 바둑판 모양의 무늬를 말한다(욥18:8, 출28:4).

바드랍빔[בַּת־רַבִּים=다수의 딸]자 (아7:4) 요단강 동편 헤스본의 성

문 이름.

바드로바[Πατροβᾶs = 아비의 생명]인(롬16:14) 바울이 문안한 로마의 성도.

바드로스[פַּתְרוֹס = 남방의 땅]지(사11:11) 애굽어의 바도레스를 음역(音譯)한 것. 애굽을 가리킨 말이다. ①예레미야는 애굽과 이곳에 있는 유다인을 저주하였다(렘44:1). ②이사야는 유다인이 애굽과 바드로와 구스에서 귀환할 것을 예언하였다. ③에스겔은 포로된 애굽인이 이곳에 귀환할 것을 예언하였다(겔29:14, 30:14).

바드루심[פַּתְרֻסִים = 남쪽땅의 사람들]인(창10:14) 함의 손자이며 미스라임의 아들. 이들은 바드로스(애굽)의 주민이다(대상1:12).

바드루심지(대상1:12) 므스라임 애굽자손의 거주지(창7:18).

바디[Pin, reed]명(삿16:14) 베틀에 딸린 물건의 하나. 대오리로 만들어 베실을 낱낱이 꿰어 짜는 기구.

바디매오[Βαρτιμαῖος = 디매오의 아들]인(막10:46) 예수님께서 여리고 성 근처를 지나가신다는 말을 듣고 뛰어나와 구원을 청한 소경으로 눈고침을 받았다.

바라[בַּעֲלָה = 암소]지(수18:23) 베냐민의 성읍인데 예루살렘 동북 8km의 와데이바리에 있는 굴벳 바라로 추측한다.

바라갸[Βαραχίας = 주의 복]인(마23:35) 예수님께서 말씀하신 구약 최후의 순교자. 성전과 제단사이에서 죽임을 당한 자(눅11:51). 요아스 왕이 성전 제단 사이에서 죽인 사가랴의 아버지로 해석하는 이도 있다. 그러나 대하24:21-22에는 사가랴를 스가랴라 하고 스가랴의 아버지를 여호야다라 하였다.

바라겔[בָּרַכְאֵל = 하나님이 복 주심]인(욥32:2) 부스의 후손으로(창22:21) 욥의 친구 람 엘리후의 아버지.

바라다[expect, hope, desire]타(창50:17) 생각대로 또는 소원대로 되기를 원한다.

바라바[Βαραββᾶs = 그의 아들]인(마27:16) 강도, 소요, 살인으로 체포된 죄수. 유월절에 죄수를 석방하는 관습에 따라 예수님 대신 석방된 사람이다(막15:15, 눅23:18, 요18:40).

바라보다[see]타(창13:10) ①떨어져 있는 곳을 건너보다. ②무슨 일에 간섭하지 않고 남만 쳐다보다. look on. ③은근히 제 처지가 되기를 바라며 있다. expect.

바락[בָּרָק = 번개]인
1. **인적관계** - 납달리 지파 야비노암의 아들(삿4:6).
2. **관련기사** - ①여사사 드보라와 함께 하솔왕 야빈을 물리친 이스라엘의 군 지휘관. 가나안을 격멸하고 드보라와 함께 노래를 지어 하나님을 찬송하였다. 그들의 치하에서 이스라엘은 40년간 태평을 누렸다. ②히브리서 기자는 믿음의 사람으로 기록하였다(히11:32).

바란[פָּארָן = 빛난, 장식의 땅]지
1. **위치** - 시내 반도 동북쪽 지역. 가데스 바네아 근처 광야(창21:21). 현재는 에디. 석회석으로 된 높은 지대.
2. **관련기사** - ①애굽과 미디안 사이 가데스와 신 평야를 포함하고 있는 들(왕상11:18). ②좁은 뜻으로는 신 평야를 제외한 남쪽을 가리킨다(민13:21, 20:1). ③아브라함에게 쫓겨난 이스마엘의 피난처였다(창21:21). ④출애굽한 이스라엘 백성의 숙영지(민10:12). ⑤모세가 이곳에서 가나안을 정탐하도록 12지파대표를 보내었다(민13:3). ⑥다윗이 피신한 곳(삼상25:1). ⑦미디안과 애굽사이의 지역(왕상11:18). ⑧하나님께서 나타나심과 관련된 곳(신32:2, 합3:3).

바람[wind]명(창8:1) 기압의 변화로 일어나는 대기의 움직임.
* 하나님께서 ①창조하셨고(암4:13). ②불게 하시고(시147:18). ③모으시고(잠30:4). ④조절하

신다(시107:25).

바로[פַּרְעֹה = 태양, 큰 집]인(창12:15) 애굽왕의 호칭(칭호)인데 성경중에 기록된 바로는 12인이다.

1 아브라함 때의 바로.
아브라함의 아내 사라를 취하려다가 여호와께서 징계하심으로 돌려 보내었다(창12:15-20).

2 요셉 때의 바로.
①힉소스조 마지막 왕 아브히스로 추정(주전186-1850). 어떤 날 두가지 꿈을 꾸고 해몽을 못하여 번민중에 술맡은 관 원장의 소개로 옥중에 있는 히브리 소년 요셉을 불러내어 해몽을 부탁했다. 요셉

바로왕의 왕관

이 정확히 해몽하므로 바로는 요셉의 명철이 하나님께로부터 난 줄을 알고 소년 요셉을 총리대신에 임명하여 7년 풍년때에 저축하여 7년 흉년을 잘 해결하였다(창41:). ②가나안에서 흉년으로 사경을 헤매는 요셉의 가족 70명을 오도록하여 기름진 고센땅을 주어 정착하게 하고(창46:27, 47:6-11). ③야곱이 별세하자 모든 신하와 장로를 가나안 장지까지 보내고 병거와 기병으로 요셉을 호종(扈從)하게 하여 그 장례가 국장이나 다름없이 장엄하게 거행하였다(창50:7.11).

3 모세 출생시의 바로.
이스라엘 백성의 번성함을 시기하여 핍박하고 노예화 시키고 남자를 낳으면 죽이라고 산파에게 명령하였다. 그 때에 모세가 출생하였다(출1:-2:).

4 출애굽시의 바로.
①모세와 아론이 하나님의 명령을 받고 바로에게 찾아가 이스라엘 백성을 놓아 달라고 요구하는 것을 거절하다가 10가지의 큰 재앙을 당

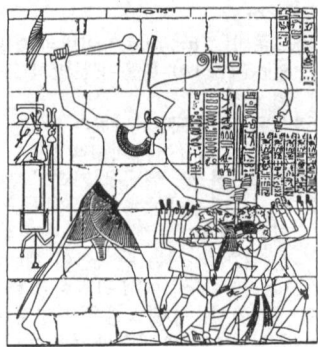

바로가 이스라엘 민족을 박해하였다.

하고 나서 출발을 허락하여 이스라엘 백성은 자기들의 모든 재산과 애굽인의 금, 은까지 가지고 애굽에서 출발하였다(출8:-12:). ②이스라엘 백성이 출애굽한 후 약속을 위반하고 군사를 거느리고 추격했다가 홍해에서 전멸되었다(출14:1-20).

5 유다사람 메렛의 처 비디아의 아버지(대상4:18).

6 솔로몬의 장인(왕상3:1).

7 솔로몬의 대적 하닷의 동서(대상11:14-19).

8 르호보암을 치던 시삭(대하12:2).

9 이스라엘왕 호세아 때의 소(왕하17:4)

10 히스기야왕 때 바로(왕하18:21).

11 애굽 26왕조 제 2대왕 느고 Ⅱ세 스에즈 운하를 제일 먼저 계획한 사람. ①므깃도 평원에서 유다와 싸워 요시아를 죽임(왕하29:23-33, 대하35:20-22). ②여호아스왕을 폐위하고 그 형제 엘리야김을 여호야김이라 개명하여 왕을 삼고 조공을 받았다(대하36:4). ③새 바벨론왕 느부갓네살에게 참패하여 수리아 전토를 빼앗겼다(렘46:).

12 시드기야왕과 예레미야 때의 호브라(렘37:5, 44:30).

*이름이 알려진 바로-①시삭(왕상14:25-26). ②소(왕하17:4). ③디르하가(왕하19:9). ④느고(왕

하23:29). ⑤호브라(렘37:5).
바로 느고[פַּרְעֹה נְכֹה]인(왕하23:29) 애굽 26왕조의 제2대왕 16년 동안 재임. 스에즈 운하를 제일 먼저 계획한 사람. ①바벨론에 대항하여 고전하고 있던 앗수르를 도와 아시아에서 힘의 균형을 유지한 아버지의 정책을 따라 갈그미스를 정복하기 위하여 출전했다(대하35:20). ②앗수르 왕을 도움(왕하23:29) ③가사를 정복했다(렘47:1). ④요시야가 대항하다가 죽었다(대하35:20-24). ⑤여호아하스를 추방하고 엘리야김을 세워 조공을 받았다(대하36:3-4). ⑥느부갓네살에게패했다(렘46:1, 왕하24:7). 바로 11과 같은 사람.
바로스[פַּרְעֹשׁ = 벼룩]인(스2:3) 가문의 이름으로 일부 후손들은 ①스룹바벨과 함께(스2:3) ②일부는 에스라(스8:3)와 같이 바벨론에서 돌아와 ③몇몇 후손은 이방인 아내와 이혼했다(스10:25) ④일부는 느헤미야가 행한 계약에 참여하였고(느10:14). ⑤보다야는 예루살렘 성벽 보수를 도왔다(느3:25).
바로 잡다[make straight]타(갈6:1) ①굽은 것을 곧게 하다. ②그르칠 염려가 있는 것을 지도하다.
바로 행하다[straight]자(삼상6:12) 곧게 가다. 올바르게 살다.
바로 호브라[פַּרְעֹה חָפְרַע]인(렘44:30) 예레미야 때의 애굽의 왕. 시드기야에게 원조를 약속했으나 느부갓네살을 막지 못했다.
바루아[בָּרוּחַ = 꽃이 피다]인(왕상4:17) 여호사밧의 아버지. 솔로몬 왕의 식물을 맡은 사람. 잇사갈 지방을 다스렸다.
바룩[בָּרוּךְ = 축복받은 자]인
1 네리야의 아들.
1. **인적관계** - 예레미야의 벗(렘32:12)
2. **관련기사** - ①예레미야의 서기(렘36:4) 예레미야의 예언을 두루마리에 기록했다. ②여호야김 앞에서 예언서를 읽었고 위험을 무릅쓰고 예레미야를 도왔다. 여호야김 왕이 칼로 찢어 불태운 예언내용을 다시 기록했다(렘36:23-27). ③예레미야가 산 아나돗의 토지에 관한 예언(렘32:6-16, 43-44). ④그달랴가 죽은 후 그가 예레미야에게 권하여 유다의 남은 백성이 애굽에 가는 것을 반대하였다. 이것으로 비난을 받고 애굽으로 끌려갔다(렘43:5-7).
2 삽배의 아들(느3:20) 예루살렘 성벽 일부를 수리했다. 율법엄수 서약서에 인친 사람(느10:6).
3 하사야의 손자 골호세의 아들(느11:5) 유다지파의 실로 사람. 유력 인사.

바로고스[בַּרְקוֹס = 고스(에돔신)의 아들]인(스2:53) 스룹바벨과 같이 바벨론에서 돌아온 느디님 사람의 조상(느7:55).
바르낙[פַּרְנָךְ=섬세한]인(민34:25) 모세 시대의 스블론 지파의 대표. 엘리사반의 아버지.
바르다[right]형(창24:48) ①도리에 맞다. ②틀리거나 비뚤어지지 않고 곧다. straight ③정직하다. honest
바르다[paint]타(출12:7) ①풀이나 물 같은 액체를 묻히다. ②종이 따위를 풀칠하여 딴 것에 붙이다. stick
바르발[פַּרְפַּר = 빠르다, 신속]지(왕하5:12) 나아만이 말한 다메섹 근처 남부 수리아의 강 이름. 헤르몬 산에서 발원하여 눈이 녹은 물이 흐르는 나할 엘아와지로 추정. 이 강은 다메섹 남쪽 9km지점을 동으로 흐르고 평원의 남단을 지난다.
바르실래[בַּרְזִלַּי= 강한 쇠]인(스2:61) ①에스라와 느헤미야 때의 제사장 중 한 사람. ②처는 길르앗 여자요 장인의 이름도 똑같은 바르실래이다. ③이스라엘 계보중에 기록하지 않았으므로 부정하게 여겨 제사장의 직분을 행치 못하였다(스2:6-62, 느7:63-64).
바르와임[פַּרְוַיִם]지(대하3:6) 솔로

몬이 지은 성전의 천정을 도장한 정금의 산지(대하3:6) 아라비아 예멘에 있는 파르와로 여긴다. 소바의 금(시72:15)은 이 부근을 가리키는 것으로 여긴다.

바르훔[בַּרְחֻמִי]囨(삼하23:31) 다윗의 30용사 중 한 사람인 아스마웻의 고향(삼하23:31). 위치는 알수 없다. 대상11:33에는 바하룸으로 번역되었다.

바리[load]图(왕하5:17) 소나 말에 잔뜩 실은 짐을 헤아리는 말

바리[brass bowel for woman's meal] 图(렘52:19) 그릇의 하나. 위가 좁고 가운데 배가 나왔으며 뚜껑에 꼭지가 있다. 은제 바리(민7:13). 금제 바리(렘52:19).

바리새인[人 ; 사람 인. pharisees]图 (마3:7) 하나님을 두려워하는 분리주의자(갈6:13).유대교의 일파. 그 집단에 속한 사람. 자유주의자인 사두개파와 숙명론적인 엣세네파와 같이 유대 3대 당파의 하나로 ①극단적인 율법주의자이다. ②회당에서 가르치며, ③메시야를 대망하였다. ④내세에 대하여 의인의 부활과 악인의 심판, 음부를 믿었다(행23:6) ⑤율법을 잘지키기 위하여 유전(탈무드)을 지켰다(막7:5-8, 마23:). ⑥회당조직을 통하여 전유대에 영향을 주었다(마23:2-7). ⑦바울(행26:5) ⑧가마리엘(행5:34-40, 22:3)도 바리새인이다. ⑨요한이 그들을 공격하였다(마3:7-23).⑩예수님께서 공격하셨다(막2:1-3:6) ⑪예수님을 십자가에 못박게 한 무리(막15:1) ⑫교회를 핍박한 자(행9:1). ⑬하나님께 대한 열심은 있었으나 참된 지식은 아니었다(롬10:2).

바리야[בְּרִיָה = 도망자]囚(대상3:22) 다윗의 자손 스마야의 아들

바마[בָּמָה = 높은 곳, 산당]囨(겔20:29) 우상 예배가 행해진 곳. 거기에 다니는 일은 무슨 일인가라는 비난이 내포되어 있는 말.

바마스다[בַּרְמַשְׁתָּא = 고대의 바사어로 제1의 사람]囚(에9:9) 하만의 일곱째 아들. 수도 수산에서 유다인에게 살해되었다.

바메나[Παρμενᾶς = 확고함]囚(행6:5) 예루살렘교회 구제를 위하여 뽑은 일곱 사람 중.

바못[בָּמוֹת = 높은 곳]囨(민21:19) ①이스라엘 백성이 광야에서 진을 쳤던 곳(민21:19-20) ② 아모리사람 시혼의 한 성읍. 모세가 공취하여 르우벤지파에게 분배하였다(수13:7) 바못 바알과 같은 곳(민22:41, 수13:17).

바못 바알[בָּמוֹת בַּעַל = 바알의 산당] 囨(수13:7) 모압왕 발락이 발람을 데리고 올라가 이스라엘 진영의 일부를 내려다 보게 한 곳. 바못과 같은 곳. 후에 르우벤 지파에게 분배된 곳(수13:17)

바벨[בָּבֶל = 언어를 혼잡케 함]囨 ①함의 손자 니므롯이 시날평지에 세운 성읍(창10:10). ②노아의 자손들이 다음의 홍수를 피하기 위하여 하늘까지 닿는 돌탑을 쌓으므로 여호와께서 언어를 혼잡하게 하여 통솔력을 중지시키므로 탑(대)을 쌓는 것이 중지되어 이름을 바벨이리 하였다(창11:1-9).③후의 신생국이 바벨론이다.

바벨론[בָּבֶל = 신들의 문]囨

1. 위치, 개요 - 국명 겸 도시의 이름으로 로마인들이 부르던 갈대아인의 영토(렘24:5, 25:2, 겔12:13)
*국토는 길이 720km, 너비 180km의 대평원으로 동은 티그리스강, 서는 아라비아 사막, 남은 페르샤 비다, 북은 앗수르고국으로 땅이 비옥하고 기후는 열대성에 속하여 1년 2회 수확을 한다. 바벨론성은 주위 108km, 높이 90m, 폭 22.5m, 성곽은 2중, 성문은 100개인데 모두 구리로 만들었다. 홍수 후에 쌓은

돌담에 둘러쌓인 도시 주화.

바벨탑이 이곳에 있다.
2. **관련기사** - ①함의 손자 니므롯이 건설한 나라(고대) 시날평원 일대(창10:10, 11:2). ②바벨탑을 세운 곳(창11:1-9). ③아브라벨 왕의 도성(창14:1). ④앗수르의 수도(대하33:11). ⑤느부갓네살 왕때 국력이 강성하여 유다국을 멸하고 국민을 포로로 잡아갔다(왕하25:8-12) ⑥포로된 다니엘과 세 청년이 왕궁에서 시종하였다(단1:7). ⑦당대 최대의 수도(단4:30). ⑧성벽으로 둘러싸인 요새(렘51:58). ⑨바벨론의 성문(사45:1-2). ⑩우상 벨을 숭배한 곳(사46:1). ⑪하나님을 모독하였다(단5:1-3). ⑫바벨론에 관한 예언이 성취되었다(렘21:7, 25:12, 단2:31-38, 7:2-4, 사13:1-22, 사45:1-4, 렘50:13, 39).

바벨론 포로[babylonian exile]인 예루살렘이 멸망될 때 느부갓네살에 의해 포로되어 바벨론으로 끌려간 유다 사람. 포로된지 70년후인 고레스 원년에 해방되어 예루살렘으로 귀국하게 되었다(대하36:20-23).

바벨탑[tower of babal]명(창10:10). 홍수 이후 시날로 간 무리가 흩어지는 것을 막기 위하여, 사람의 이름을 남기기 위하여 하나님을 대항하여 쌓은 탑(창11:4). 이 탑은 8층까지 건설 되었는데 1층은 장 광이 각각 180m나 되는 넓은 건평이요 최고층 8층에는 정금으로 만든 벨이라는 높이 40m의 어마어마한 신상이 있었다. 하나님께서 언어를 혼잡케 하심으로 공사가 중단되었다(창11:5-9).

바보[Πάφος = 대문]지
1. **위치, 개요** - 구브로의 서쪽 끝에 있던 성읍. 로마 지배하에서 구브로의 행정수도였다. 여신 아프로디테 숭배지.
2. **관련기사** - ①사도 바울이 1차 선교여행 때 바예수를 꾸짖고 총독 서기오 바울에게 전도하여 믿게 한 곳(행13:11). ②바울 일행이 버가의 본토로 가는 배를 탄 곳(행13:6-13).

바사[פרס persia]지(대하36:22)
1. **위치** - 구약시대에 나타난 바사는 동은 갈마니야, 서는 수사, 남은 바사만, 북은 메대를 경계로 삼은 국토. 현재의 이란.
2. **관련기사** - ①느부갓네살 때 약탈해 간 성전 기명과 사로잡아 갔던 백성을 고레스 Ⅱ세때 돌려보냄(스1:8-11) ②다리오는 다니엘을 사자굴에 넣음(단6:16) ③에스더가 아하수에로의 왕후가 됨(에2:16-17) ④유다 방백들의 고소를 받고 아닥사스다 Ⅰ세는 성전 재건을 중지시켰다(스4:8, 23) ⑤아닥사스다 Ⅱ세는 에스라에게 조서를 내려 누구든지 예루살렘에 돌아가고 싶은 사람은 재산을 다 가지고 가서 하나님을 섬기라고 했다(스7:1) ⑥다리오 Ⅱ세는 제사장들을 등록시켰다(느12:).

바사 군인.

바사바[Βαρσαββᾶs 명세의 아들]인
1 요셉 또는 유스도라하는 사람으로 예루살렘 교회의 유능한 인물. 가룟 유다의 후임을 선택할 때 후보

자로 추천되었으나 낙선되었다(행 1:23-26).

② 일명 유다. 예루살렘교회의 지도자의 한 사람. 공회에서 결정한 규례를 가지고 바울과 바나바와 실라와 함께 안디옥에 갔다(행15:22)

바삭[עָשָׂק = 분배자]인(대상7:33) 아셀 자손. 야브렛의 맏아들. 빔할과 아스왓의 형제.

바산[בָּשָׁן = 평탄한 땅]지

1. **위치와 개요** - 동은 하우란 산악, 서는 갈릴리호수, 남은 길르앗, 북은 헬몬산 사이에 펼쳐진 광대한 지역(민21:23).

2. **관련기사** - ①땅이 기름져 목축에 알맞은 곳(시22:12, 암4:1 신32:14) ②백향목이 우거진 곡창지대(사2:13, 겔27:6, 슥11:2). ③긴네렛 호수동편지역(민21:33-35). ④바산왕 옥이 모세의 백성과 싸워 패하였다(민21:33-35, 신3:1-7). ⑤땅은 므낫세 반지파에게 분배되었다(신3:13). ⑥북쪽 아르곱 지방에는 높은 성과 철문으로 방비된 60개 도시가 있었다(신3:4). ⑦솔로몬 제6행정구역. 벤게벨이 다스린 곳(왕상4:13). ⑧예후 시대 하사엘의 공격을 받은 곳(왕하10:32-33). ⑨목축으로 유명한 곳(겔39:18). ⑩이스라엘이 정복하는 곳(느9:22). ⑪잔인한 사람의 곳(시22:12, 암4:1). ⑫쾌락을 따르는 사람의 곳(암4:1). ⑬자만으로 하나님의 심판이 임할 곳(사2:1). ⑭상수리 나무로 배의 노를 만들었다(겔27:6). ⑮단 지파에 대한 모세의 축복(신33:22). ⑯신약시대 가이사아구스도가 헤롯에게 준 곳-드라고닛(눅3:1, 2). ⑰르바임, 하봇야일(신3:13, 14).

바산다다[בַּשְׁנְדָתָא = 기도로 얻은 이]인(에9:7) 하만의 큰 아들.

바세아[פָּסֵחַ = 절뚝거림, 정지]인

① 유다의 후손. 글룹의 자손 에스돈의 아들(대상4:12).

② 느헤미야 때 옛 문을 수리한 요야다의 아버지(느3:6).

③ 스룹바벨과 함께 바벨론에서 돌아온 느디님족의 선조(스2:49, 느7:51).

바스담임[דַּם־דַּמִּים = 피의 경계]지 (대상11:13) 소고와 아세가 사이에 있던 유다지파의 성읍. 블레셋 사람이 진을 친곳. 에베스담밈과 같은 곳.

바스맛[בָּשְׂמַת = 향기]인

① 에서의 아내. 헷족속 엘론의 딸(창26:34).

② 에서의 다른 한 아내. 이스마엘의 딸(창28:9, 36:3-17). 느바욧의 누이.

③ 솔로몬의 딸. 아히마아스의 처가 되었다(왕상4:15).

바스훌[פַּשְׁחוּר = 평화]인

① 말기야의 아들. 예루살렘 함락 직전의 왕 시드기야를 모신 고관. 예언자 예레미야를 반대한 사람(렘21:1, 시38:). 시드기야 왕에게 바벨론에 사자를 보내어 항복하라고 권고한 예레미야를 매국노라고 비난하고 왕에게 예레미야를 죽이라고 권고하였으나 뜻대로 이루어지지 않는 것을 보고 물 없는 웅덩이에 집어 넣어 죽이려고 하였다.

② 여호야김왕 때 성전 제사장 임멜의 아들. 이교신앙으로 전락되어 가는 백성들의 멸망을 예언하는 예레미야를 착고에 채워 두었다가 놓아주자 예레미야는 그 이름 바스훌(평화)을 고쳐 마골밋사빕(공포에 둘러쌓이리라)이라고 별명을 지어 주었다. 여호야긴과 함께 바벨론에 잡혀가서 죽게 되리라고 예레미야가 예언하였다(렘20:1-6).

③ 예레미야를 반대한 그다랴의 아버지(렘38:1).

④ 스룹바벨과 함께 돌아온 제사장 가족의 선조(스2:38, 10:22).

⑤ 느헤미야 때 율법엄수 계약서에 서명한 제사장(느10:3).

바슬룻[בַּצְלוּת = 벌거벗김, 껍질을 벗긴다]인(스2:52) 스룹바벨과 함께 바벨론에서 돌아온 느디님 사람의 조상. 느7:5에는 비슬릿.

바슬릿[בַּשְׁלִית = 벌거벗김]〔인〕(느7:54)→바실룻과 같은 사람.

바실래[בַּרְזִלַּי = 쇠로 만든것]〔인〕
1 길르앗의 추장(삼하17:27).
①다윗이 압살롬의 난을 피하여 망명했을 때 다윗과 그 군대에 식량을 공급한 길르앗 사람(삼하17:27). ②압살롬이 죽은 후 다윗이 요단강을 건너면서 여생을 궁중에서 같이 보내자고 했으나 사례하고 초청을 사절한 사람(삼하19:31, 왕상2:7). ③다윗이 죽을 때 바실래의 자손에게 친절하라고 유언(왕상2:7). ④그 후손에 대하여 스2:61, 느7:63에 언급되었다.
2 므홀랏 사람 아드리엘의 아버지(삼하21:8) 아드리엘은 사울왕의 사위이며, 메랍의 남편이며, 미갈의 형부이다.
3 길르앗 사람 바르실레의 딸을 아내로 한 제사장(스2:61, 느7:36).

바아나[בַּעֲנָא = 슬픔의 아들]〔인〕
1 베냐민 사람. 림몬의 아들. 형제 레갑과 함께 이스보셋을 죽여 다윗왕의 총애를 받고자 하였으나 그 행위가 염치없고 악하여 다윗왕은 그를 사형에 처하고 시체를 쪼개다(삼하4:2-12).
2 아히롯의 아들. 솔로몬의 12관장 중 하나(왕상4:12).
3 후새의 아들. 솔로몬의 12관장 중 하나(왕상4:16).
4 느도바 사람으로 다윗의 30용사 중 한 사람이었던 헬렙의 아버지(삼하23;29, 대상11:30).
5 스룹바벨과 함께 바벨론에서 돌아온 사람(스2:2, 느7:7).
6 느헤미야 시대 율법엄수 계약을 한 사람(느10:27).

바아라[בַּעֲרָא = 어리석은, 야비함]〔인〕(대상8:8) 베냐민 사람. 사하라임의 두 아내 중 하나.

바아래[בַּעֲרַי = 신의 계시]〔인〕(삼하23:35) 아람 사람으로 다윗의 30용사 중의 하나. 대상11:37에는 에스베의 아들 나아대라고 했다.

바아사[בַּעְשָׁא = 바알은 태양, 용감함]〔인〕(왕상15:16) ①잇사갈 지파 아히야의 아들. ②나답과 여로보암의 온 가족을 죽이고 왕위에 올라 24년간 통치하였다. ③송아지 예배를 행하고 예언자 예후에 의하여 여로보암처럼 파멸될 것이 선언되었다(왕상15:27). ④벤하닷과 아사의 협공을 당했다(왕상15;18-22). ⑤그는 유다왕 아사와 평생 싸웠다(왕상16:1-4). ⑥그가 죽어 디르사에 장사되었고 아들 엘라가 왕위를 승계했다.

바아세아[בַּעֲשֵׂיָה = 여호와는 대담하심]〔인〕(대상6:40) 레위사람그핫의 자손. 게르손 가족. 가수 아삽의 선조. 말기야의 아들이며 미가엘의 아버지.

바알[baal]〔명〕(민22:41) 가나안 우상의 이름. 말의 뜻은 주 혹은 소유자. ①셈족의 최고 신. 베니게 시돈인의 우상(삿3:7). ②가나안 및 수리아에서 주신으로 섬김을 받는 남성의 신. 여신 아스다롯과 같이 섬겼다(삿2:13, 삼상12:10). 토지의 생산력과 가축의 번식력을 주관하는 신으로 농경인들 사이에 널리 섬겼다. 이스라엘 민족은 가나안 정착 초기부터 바알신앙의 영향을 받게 되었다. ③음란하게 섬겼다(민25:1-5, 삿8:33, 호9:10). ④분향하고 입을 맞추었다(렘7:9, 왕상19:18, 호13:1,2). ⑤광적으로 제사를 드렸다(왕상18:26-28). ⑥인신제사를 드렸다(렘19:5). ⑦바알의 이름으로 예언하고 맹세했다(렘2:8, 12:6, 23:18). ⑧제물은 먹었다(시106:28).

이스라엘과의 관계 - 이스라엘 민족

바알

은 가나안 정착 초기부터 바알신앙의 영향을 받았다. 그 이유는 이스라엘 백성이 유목생활에서 농경생활로 옮긴데 원인이 있을 것이다. ①발락이 발람을 바알의 산당으로 인도함(민22:41). ②여호수아가 죽은 후에 이스라엘 백성이 바알을 섬기다가 여호와의 진노를 받아 원수의 압제하에 8년간 고생하였다. 하나님께서 옷니엘을 보내어 구원하게 하셨다(삿2:11-15, 3:8-11). ③기드온 때 바알 숭배가 보편화되어 있었다(삿6:28-32). ④사사 기드온은 바알의 단을 부셔버리고 백성들로부터 여룹바알(바알과 싸운 사람)이란 별명을 얻었다(삿6:25-32). ⑤사무엘 때 바알숭배를 회개하였다(삼상7:3, 4). ⑥아합왕이 엣바알의 딸 이세벨을 아내로 맞으면서 바알이 이스라엘에 큰 혼란을 일으키다가 엘리야를 통한 여호와 신과의 대결이 있었다(왕상16:-18:). ⑦갈멜산에서 엘리야와의 대결(왕상18:17-40). ⑧바알에게 무릎을 꿇지 않은 선지자 7천이 있었다(왕상19:18). ⑨이스라엘왕 예후는 바알선지 대회를 소집하여 신당에 들여보낸 후 80인의 군사를 시켜 모조리 죽이게 하고 바알 신당을 변소로 만들었다(왕하10:18-27). ⑩아달랴가 바알을 섬기게 했다(왕하11:17-20, 대하22:2-4). ⑪호세아선지자가 바알숭배를책망함(호2:8-17). ⑫아하스는 바알의 상을 만듬(대하28:2-4). ⑬유다왕 므낫세 때에는 바알의 단을 성전 안에까지 쌓고 숭배하였다(왕하21:4). ⑭요시야왕은 그것을 전부 헐어 버렸다(왕하23:4-6). ⑮힌놈의 골짜기에 바알의 신당을 세웠다(렘32:35). ⑯유다왕조 말기에 바알숭배가 극심했다(렘11:13-17). ⑰예레미야 때 가정 옥상에까지 침투하여 여호와께서 바벨론에게 화를 입을 것을 예언하셨다(렘32:28-29)

바알[בַּעַל = 주인]

① 르우벤 자손 미가의 손자. 르아야의 아들. 브에라의 아버지(대상5:5).

② 기브온 사람. 여이엘의 아들(대상8:30, 9:36).

바알[בַּעַל = 주인]지(대상4:33) 유다 남방에 있는 시므온의 성읍. 브알롯 또는 바알랏브엘이라 불렀다(수15:24, 19:8).

바알갓[בַּעַל גָּד = 행운의 바알]지 (수11:17, 12:7, 13:15) 가나안의 북단으로 신약시대의 가이사랴 빌립보 혹은 하스베와 같은 곳으로 보는 사람이 있다.

바알 다말[בַּעַל תָּמָר = 종려나무의 바알]지(삿20:33) 예루살렘 북쪽 기브아 근처에 있는 마을.

바알라[בַּעֲלָה = 여주인, 점유자]지

① 유다 남쪽 변경(수15:9,10, 대상13:6, 수15:29). 기럇 여아림. 바알레 유다와 같은 곳(수9:17, 삼하6:2).

② 유다 평지의 성읍(수15:29). 시므온의 성읍. 빌라(수19:3), 빌하(대상4:29)와 같은 곳.

바알라산[mount baalah]명(수15:11). 에그론과 얍느엘의 중간지점에 위치한 산

바알랏[בַּעֲלָת = 여주인들]지(수19:44) ①단 지파의 성읍. ②솔로몬에 의해 재건된 요새(왕상9:18).

바알랏 브엘[בַּעֲלַת בְּאֵר = 우물의 여주인들]지(수19:8) 시므온지파에게 분배된 곳. 레겔 라마로 알려진 곳(삼상30:27). 가나안 여신의 신전이 이곳에 있었다. 단순하게 바알로 언급된 곳(대상4:33).

바알랏 유다[בַּעֲלֵי יְהוּדָה = 유다의 바알]지(삼하6:2) 유다의 성읍. 기럇여아림 바알랏과 같은 곳.

바알리스[בַּעֲלִיס = 높음의 아들]인 (렘40:14) 그다랴 때의 암몬 사람의 왕. 그는 에돔왕을 비롯한 다섯 왕들이 반 바벨론 동맹을 맺도록 사자를 유다왕 시드기야에게 보내었다(렘27:3). 그는 그다랴를 죽이기 위하여 이스마엘을 보내었고

느브갓네살이 예루살렘을 함락시킨 후에도 얼마동안 왕으로 있었다(렘40:14).

바알 므온[בַּעַל מְעוֹן = 거주지의 주]<u>지</u>(민32:38) ①모압 고원에 르우벤 지파가 세운 성읍. ②벧 바알 므온과 같은 곳(수13:17). 벧므온(렘48:23) 브온(민32:3)등 3성과 동일한 장소로 추정. ③에스겔은 성을 가리켜 영화로운 성읍이라 하였다(겔25:9).

바알 부라심[בַּעַל פְּרָצִים = 깨어진 곳의 바알]<u>지</u>(대상14:11)→바알 브라심.

바알 브라심<u>지</u>(삼하5:20) 다윗이 이스라엘왕이 된 후 맨 처음 블레셋 군을 이곳에서 파하고 말하기를 '여호와께서 내 대적을 물을 흩음 같이 흩으셨다' 하여 지은 이름(삼하5:20-21, 대상14:11). 브라심 산이 부근에 있다(사28:21).

바알브릿[baal - berith]<u>명</u>(삿8:33) '계약의 주'란 뜻을 가진 세겜사람들이 섬기던 우상(삿9:4). 엘 브릿이라고도 한다(삿9:46). 기드온이 죽은 후 세겜에서 이 신을 섬겼다.

바알 브올[baal - Peor]<u>명</u>(민25:3) 브올산에서 섬기던 우상. 출애굽한 이스라엘 사람들이 싯딤에 진을 쳤을 때 모압 여자들과 행음하고 바알 브올을 섬겼다. 처녀를 바치는 종교의식이 행해졌다. 벧 브올과 같은 것(신3:29, 4:46).

*①앉아서 먹고 마시며 일어나서 뛰놀았다(민25:2-3, 고전10:7). ②하나님을 노엽게 했다(민25:1-9). ③주 하나님을 시험하는 불신앙(민21:4-6, 고전10:9). ④불평과 원망이 일어났다(민21:4-5, 고전10:10). ⑤벌로 24,000명이 죽었다(민25:9-). ⑥바울이 인용 언급했다(고전10:8). ⑦경계의 거울이 되었다(시106:28, 호9:10). ⑧교회의 훈계이다(고전10:1-13).

바알브올[בַּעַל מְעוֹן = 브올의바알]<u>지</u>(호9:10) 모압의 성읍. 이스라엘 백성이 우상을 섬긴 곳

바알 살리사[בַּעַל שָׁלִשָׁה = 살리사(삼분지 일)의 주]<u>지</u>(왕하4:42) 에브라임의 성읍. 살리사 길갈근처의 마을. 이곳 사람이 엘리사에게 처음 익은 이삭으로 만든 떡과 다른 먹을 것을 가지고 왔다.

바알세불[baal - zebull]<u>명</u>(마10:25) 귀신의 왕. 사단의 별명. 예수님께서 눈 멀고 벙어리된 자를 고쳤을 때 바리새인들이 바알세불을 힘입어 병을 고쳤다고 하였다.

바알 세붑[baalzebub]<u>명</u>(왕하1:2) 블레셋 땅 에그론에서 숭배하던 파리신. 일명 똥신(주).

바알 스본[בַּעַל צְפוֹן = 북쪽의 주]<u>지</u>(출14:2) 이스라엘 백성이 출애굽하여 홍해를 건너기 전 머문곳. 나일강 동편. 비하롯 동쪽지역(출14:9).

바알의 산당[place of baal] (민22:41) 모압왕 바락이 발람을 데리고 올라간 곳. 이스라엘 진영 일부를 바라보게 한 장소. → 바못 바알.

바알 하난[בַּעַל חָנָן = 은혜의 주]<u>인</u>
1 악볼의 아들로 에돔의 제7의 왕(창36:38-39, 대상1:49-50).
2 게델 사람으로 다윗의 감람나무와 무화과 나무(뽕나무)를 맡은 사람(대상27:28).

바알 하몬[בַּעַל הָמוֹן = 군중의 주]<u>지</u>(아8:11) 솔로몬의 포도원이 있던 땅. 세금으로 은 1천을 받았다.

바알 하솔[בַּעַל חָצוֹר = 마을의 바알(주)]<u>지</u>(삼하13:23) 예루살렘 서북24km지점. 압살롬의 목장이 있던 곳이며 암논을 죽인 마을.

바알 헤르몬[בַּעַל חֶרְמוֹן = 헤르몬의 주]<u>지</u>(삿3:3) 요단강 동편 므낫세 땅의 경계. 바알갓과 같은 곳으로 여긴다(대상5:23).

바예수[Βαριησοῦς = 예수의 아들]<u>인</u>(행13:6) 구브로에 있는 거짓 선지자 박수. 바울이 서기오 바울에게 전도할 때 방해하다가 바울에게 책망을 받고 소경이 된 사람(행13:6-11).

바왜[בַּוַי = 희망자]<u>인</u>(느3:18) 느

바요나

헤미아시대의 그일라 반지역을 다스린 유다 사람 헤나닷의 아들.

바요나(시몬) [*Βαριωνά*=요나의 아들]인 (마16:17) 시몬의 아들 베드로를 가리켜 예수님께서 부르셨다. 요1:42, 마21:15-17에는 요한의 아들 시몬으로 표기했다.

바우[בעו = 우는 소리] 지 (창36:39) 에돔왕 하달의 도성으로 바이와 같은 곳.

바울[*Παῦλος* = 작은 자] 인

1. **출생과 교육** - 길리기아의 다소 출신으로 가말리엘 문하에서 율법의 엄한 교훈을 받았다. ①열심있는 자(행22:3). ②청결한 양심으로 선조때부터 섬기던 하나님을 섬기고(딤후1:3). ③할례를 받았고 자랑할만한 베냐민지파 사람이요 율법으로는 바리새인이요 열심으로는 교회를 선두에서 핍박하던 사람이므로 바리새인의 입장에서 볼 때에는 도무지 결점이 없는 사람이었다(빌3:5-6). ④조상의 유전에 대하여 더욱 열심이 있었다(갈1:14). ⑤나면서부터 로마의 시민권을 가졌다(행22:26-28).

2. **성격** - 논리의 힘과 종교적 능력의 결합 즉 이성과 영력이 일치된 것이 특색이다. ①결점이 있다면 너무 성급하여 후회하는 일이 있었던 점(행15:39, 23:4-5). ②자기 몸에 가시가 있다고 말한 것은 성격의 나무람 같다(고후12:7).

3. **회개** - ①기독교인들이 율법을 경히 여기고 성전을 모독한다고 생각했었다(행6:31). ②스데반을 죽이는 일에 가담한 것은 의분심에서였다(행7:5-4:3). ③그후 기독교인을 본격적으로 박해하기 위하여 다메섹으로 향하였다(행9:1-2). ④다메섹도상에서 그리스도의 음성을 듣고 회개하여 기독교인이 되었다(행9:1, 22:4, 26:9). ⑤직가 유다의 집에서 아나니아에게 세례를 받았다(행9:10-18).

4. **선교활동** - ①공중앞에서 회개한 사실을 간증하고 전환된 마음을 수습하고 앞날을 위한 준비로 아라비아에 은거하여 더욱 힘을 얻고 돌아와 유대인에게 예수님이 기다리던 그리스도임을 전파하였다(갈1:16-18, 행9:22) ②수리아 길리기아에 가서 전도한 것으로 본다(갈1:21-24, 행11:25-26). ③1차 선교 여행에서 바나바와 함께 마가를 데리고 안디옥에서 출발하여 구브로 섬을 경유 소아시아 중남부 지방의 유대인 회당을 순방하면서 거기를 발판으로 선교하였다. 이 선교 활동중 이방인 회심자와 유대인의 율법과의 관계에서 문제가 야기되어 유대교의 전통을 고집하는 자들의 반대에 부딪쳐 이 문제 해결을 위하여 예루살렘에 올라가 예루살렘회의 때 이방인 선교에 관한 문제 협정을 지었다(행13:4-14:28, 15:1-21). ④2차 선교여행은 실라를 데리고 안디옥을 출발하여 드로아 바다를 건너 유럽땅에 들어가 마게도냐지방의 고린도에 이르러 1년반동안 머물렀다가 그 후에 에베소를 지나 예루살렘을 방문하고 안디옥으로 돌아왔다(행15:40-18:22). ⑤3차 선교여행은 부르기아지방을 지나 에베소에 도착하여 거기서 3년동안 머물러 있으면서 그 부근에서 선교하였다. 그후 다시 유럽으로 건너가 마게도냐에서 고린도로 가서 다시 예루살렘으로 갔다. 이 선교여행에서 지중해 안에 몇개의 교회가 설립되었고 신약성경에 편집된 편지(바울 서신)도 많이 썼다(행18:23-21:14). ⑥3차 선교여행을 끝내고 예루살렘에 도착한 바울은 반대파인 율법주의자들의 선동과 모략으로 입건되어 가이사랴에 2년간 감금을 당하였다. 그러나 그것이 인연이 되

어 바울은 총독 벨릭스, 베스도, 그리고 아그립바왕 앞에서 자신을 변명할 기회를 얻게 되었다. 그 후 로마 황제 가이사에게 상소하여 지중해를 건너 로마로 갔다(행21:17-24:27).

5. **인물** - 헬라 문화의 교육을 받았으며 로마의 시민권을 가지고 있었다. ①지중해연안에서 많은 박해를 받으면서 선교하였다(고후11:23-28). ②그리스도의 복음 진리에 대한 확신을 가지고 30여년간 선교사로서 눈부신 활동을 하였다(고전9:10). ③건강이 좋지 못했고 용모도 보잘 것 없었다(고후10:10, 12:7). ④분주한 선교활동을 하면서 천막깁는 것으로 생계를 유지한 때도 있었다(행18:3). ⑤인간적으로 적지 않은 결함도 있었지만 풍부한 신앙이 그 모두를 가릴 수 있었다. 바울은 분주하고 고난이 많은 선교사의 생애속에서도 주의 복음을 널리 전파하였다(빌4:11-13).

6. **사상** - ①바울의 선교중심 사상은 십자가의 그리스도였다(고전2:2). ②바울은 항상 율법주의자와의 대결에서 인간 스스로의 행위에 의하여 구원이 주어지는 것이 아니고 오직 믿음으로써만 구원을 얻는다(의신득구)고 주장하였다(롬1:17, 3:21-28, 갈2:16). ③그리스도와 함께 죽고 그리스도와 함께 사는 은혜를 전파하였다. 이 복음의 진리는 성령을 통해서만 이루어진다고 주장하였다. 고로 성령이 사람들을 사랑의 생활로 이끌어낸다고 역설하였다(갈5:22).

7. **기록한 성경** - 신약 성경 가운데. ①로마서 ②고린도전서 ③고린도후서 ④갈라디아서 ⑤에베소서 ⑥빌립보서 ⑦골로새서 ⑧데살로니가 전서 ⑨데살로니가 후서 ⑩디모데 전서 ⑪디모데 후서 ⑫디도서 ⑬빌레몬서이며, 히브리서도 바울의 기록으로 보는 학자가 많다. 믿음으로 구원을 얻고 교회의 질서, 교리와 훈계, 생활 중심으로 되어 있다.

바위[rock]명(민23:9) 부피가 아주 큰돌. 암석.

바이[יְעִי]지(대상1:50) 에돔왕 하닷의 도읍지 바우와 같은 곳.

바잇[bayith]명(사15:2) 고유명사로써 기재하였으므로 해석에 어려움이 있다. 어떤이는 모압의 한 고을로 해석한다. 산당으로 해석하는 이도 있다. 어떤이는 딸로 해석하여 "디본의 딸은 산당에 올라가서"라고 번역한다.

바지[trousers, breeches]명(겔44:18) 아랫도리에 입는 옷.

바치다[offer, give]타(출5:18) ①웃어른께 올리다. ②세금이나 공납금 따위를 내다. pay. ③목숨을 내놓다. sacrifice.

바퀴[wheel]명(출14:25) 돌리기 위해 둥글게 만든 물건을 일컫는 말.

바퀴살[spoke]명(왕상7:32-33). 바퀴통의 중심에 뻗힌 막대기. 바퀴축과 연결되어 있다.

바퀴 축[~軸; 굴레 축. axletree of wheels]명(왕상7:32) 바퀴가 잘 돌아가도록 끼운 굴레.

바탕[tendency, nature]명(창30:35) ①사람이 타고난 성질이나 체질. 또는 재질(才質). ②물건의 재료. 또는 그 품질. ③글씨, 그림, 수 따위가 놓이는 물체의 바닥이나 그 빛깔. material, quality.

바탕[for a time]명(창21:16) ①무슨 일을 한 차례 끝내는 동안. ②활을 쏘아 살이 이르는 거리. shooting range.

바트[bath]명(사5:10) 용량의 단위. 밧과 같다.

바하룸[בַּחֲרוּמִי = 젊은이에 속한]지(대상11:33) 다윗의 용사 아스마웻의 고향. 바후림과 같은 곳.

바핫모압[מֹאָב פַּחַת = 모압의 통치자]인(스2:6) 스룹바벨과 같이 바벨론에서 돌아온 한 가문의 조상에서 예수아 가문과 요압 가문으로 나누인다. 그 중 어떤 사람은 이방인 아내와 이혼했다(스10:30). 일족의 대표로 율법엄수에 서명했다(느10:14). 핫숨은 예루살렘 성벽을 재건하였다(스3:11).

바후림[בַּחֻרִים = 젊은이의 마을]지(삼하3:16) ①다윗이 정혼한 미갈을 데려올 때 발디엘이 따라온 곳. ②다윗을 저주하고 돌을 던진 시므이와 다윗의 용사 아스마웻의 고향(삼하16:5, 23:31). ③다윗의 밀정 요나단과 아히마아스가 압살롬을 피하여 이곳에 왔을 때 이곳 사람이 자기 우물에 숨겨 주었다(삼하17:8).

박[gourd, konb]명(왕상6:18) 박과의 일년생 재배식물. 바가지를 만듦.

박격[迫擊; 핍박할 박, 칠 격, close attack, overcome]명(창49:19) 대들어 몰아냄.

박넝쿨[gourd]명(욘4:6) 박의 덩굴. 잎이 넓어 그늘을 만들었다.

박다[drive into]타(삿4:21) ①두들기거나, 꽂거나, 틀거나 하여 들어가게 하다. ②인쇄하다. print ③사진을 찍다. take a photograph.

박대[薄待; 엷을 박, 기다릴 대, ill treatment]명(창31:50) 아무렇게나 인정없이 대접하고 대우함.

박멸[撲滅; 칠 박, 멸할 멸, eradication, destroy]명(시89:23) 짓두드려서 없애버림.

박박갈[בַּקְבַּקַּר = 부지런한 조사자]인(대상9:15) 예루살렘에 거주한 레위사람 미가의 아들. 시그리의 손자. 아삽의 증손, 느도바 사람의 마을에서 살았다.

박부갸[בַּקְבֻּקְיָה = 병(瓶), 여호와께서 비게 하심]인

1 레위지파 아삽의 가족 중의 한 사람. 바벨론에서 귀환하여 성전에서 예배의식을 도왔고 또 곡간을 지키는 일을 맡았다(느12:9).

2 느헤미야 시대 성전의 문을 지키던 사람(느12:25).

*1과 2를 같은 사람으로 본다. 아삽의 자손으로 여긴다.

박북[בַּקְבּוּק = 그릇(瓶)]인(스2:51) 바벨론에서 돌아온 느디님 사람의 한 조상.

박사[博士; 넓을 박, 선비 사. wise, wise men]명(창41:8) 일정한 학문을 전공하여 낸 논문을 심사하여 수여하는 가장 높은 학위.
*성경에서는 ①식견자를 가리킨다(창41:8). ②진리의 탐구자를 의미한다(마2:1). ③지혜가 있는 사람이다(에1:13). ④슬기로운 사람을 가리킨다(단4:6, 5:7, 15). ⑤마술사, 박수도 포함된다(행13:6-8).

박사장[博士長; 넓을 박, 선비 사, 어른 장. the rabmag]명(렘39:3) 박사 중 우두머리. 성경에서는 바벨론 사령관의 칭호. 예루살렘 함락 때 진주한 네르갈 사레셀의 칭호(렘39:13).

박석[薄石; 박석 박, 돌 석. tile, pavement]명(대하7:3) 넓적하고 얇게 뜬 돌. 길이나 뜰에 까는 돌. ①성전과궁전에깔았다(겔40:17). ②빌라도의 재판장에 깔았다(요19:13). 이곳에서 예수님의 사형선고를 했다.

박수[sorcerer, magician]명(출7:11) 마술사. 남자무당. 인간의 길흉을 점쳤다. 여자의 경우는 마술사, 복술자, 요술하는 자, 진언자, 신접한 자, 초혼자, 길흉을 말하는 자 등의 뜻을 가진다.

박수[拍手; 손뼉 칠 박, 손 수. clap]명(왕하11:12) 손뼉을 침.

박수장[~長; 어른 장. master of magician]명(단4:9) 다니엘에게 가장 뛰어난 사람으로 칭찬하여 한 말.

박장[拍掌; 손뼉칠 박, 손바닥 장. hand clapping]명(욥27:33) 손바닥을 침.

박재[雹災; 누리 박, 재앙 재. hail disaster, plague of hail]명(계16:21) 우박이 농작물에 끼치는 재앙.

박쥐[bat]명(레11:19) 하나님이 창조하신 박쥐과의 새. 원어는 밤에 나

는 것. 몸과 머리는 쥐와 같고, 앞다리가 날개와 같이 변형되었으며, 낮에는 어두운 곳에 있다가 땅거미 때부터 나돌아 다닌다. 시력은 둔하나 감촉은 예민함. 식용이 금지된 부정한 것.

박탈[剝奪 ; 벗길 박, 빼앗을(잃을) 탈. deprivation, take away]명(사10:2) ①남의 재물이나 권리를 빼앗음. ②이미 지닌 권리의 전부 혹은 일부를 상실시킴.

박하[薄荷 ; 엷을 박, 연꽃 하. peppermint]명(마23:23) 꿀풀과의 다년생풀. 영생이. 약제로 쓰임. 바리새인들이 종교적 열심을 나타내기 위하여 십의 일조를 드렸다.

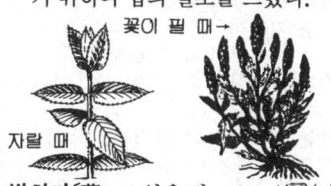

박하다[薄~ ; 엷을 박. stingy]형(민21:5) 미약하다. 가볍다. 인색하다. 남을 위한 마음이 적다. heartless.

박해[迫害 ; 핍박할 박, 해할 해. persecute vex, persecution.]명(민25:17) 핍박하여 해롭게 함. 괴롭힘. 박해를 받은 성도는 하나님께 호소한다(시31:15, 마5:11).

반구[斑鳩 ; 얼룩질 반, 비둘기 구. turtledove.]명(아2:12) 산비둘기. 가난한 자의 제물(눅2:24).

반달[半~ ; 절반 반. crescent]명(사3:18) 초승달. 초생달. 음력 8~9일경의 절반만 둥근 달.

반달장식[~粧飾 ; 단장할 장, 꾸밀 식. crescent neeklaces]명(사3:19). 반달모양을 한겉모습을 꾸미는 물건. 목에 거는 사치품.

반대[反對 ; 돌이킬(뒤집을) 반, 대할 대. opposition]명(스10:15) ①사물이 아주 맞서서 다름. ②남의 말이나 의견을 뒤집어 거스림. objection.

반드시[without, fail]부(창9:5) 꼭, 틀림없이.

반듯하다[straight, square]형(출27:1) ①어디가 기울거나 비뚤어지지 않다. ②아무 흠점이 없다. perfect. ③생김새가 반반하다.

반분[半分 ; 반 반, 나눌 분. half, dividing into halves]명(출21:35) ①절반으로 나눔. ②절반분량.

반석[盤石 ; 반석 반, 돌 석. rock]명(창49:24) 바위는 부피가 큰 돌을 뜻하고 반석은 넓고 편편한 아주 큰 돌을 말한다.

*①하나님이 반석이시다(삼하22:2). ②선민 이스라엘이 반석이다(신32:4, 15, 18, 31). ③그리스도는 광야에서 이스라엘을 먹이신 반석(고전10:4, 민20:11). ④그리스도는 이스라엘이 버린 반석(시118:22, 사8:14). ⑤그리스도는 심판의 반석(마21:44). ⑥메시야의 영원한 나라가 반석(단2:34-35). ⑦베드로가 반석(마16:16-18).

반세겔[half-shekel]명(출30:13) 10게라. 2드라크마. 성전 세의 금액(마17:24).

반역[叛逆 ; 모반할 반, 거스릴 역, 놈 자. treason]명(삼하15:12) 배

반수[半數 ; 반 반, 셀 수. half]명(출30:23) 수의 절반. 절반되는 수. 반하고 피함. 일반적으로는 주권자에 대한 것이지만 갈5:20은 신자의 반목 불화를 뜻한다.

반역자[叛逆者 ; 모반할 반, 거스릴 역, 놈자. traitor]명(잠24:21) 반역하는 사람. 반민

반열〔班列 ; 반열 반, 베풀 렬. social standing〕명(대상9:23)신분,등급, 품계의 차례. ㉺반렬.

반원형〔半圓形 ; 반 반, 둥글 원, 형상 형. semicircle〕명(왕상7:31) 반 둥근 모양.

반일경지단〔半日耕地段 ; 반 반, 날 일, 갈 경, 땅 지, 조각 단. half a furrow's length in an acre of land〕명(삼상14:14) 소 한마리가 한나절 갈 수 있는 밭. 경작면적.

반장〔班長 ; 반열 반, 어른 장. squad leader〕명(대상26:12) 반의 우두머리.

반점〔斑點 ; 얼룩질 반, 점 점. spot〕명(렘13:23) 얼룩진 점.

반죽〔dough〕명(창18:6) 가루에 물을 조금 섞어서 이겨 개는 일. 또는 그 물건.

반죽 그릇〔kneading bow〕명(출8:3) 가루를 반죽할 때 쓰는 그릇. 식물(食物)이 풍족한 것에 쓰였다(신28:5, 17).

반지〔班指 ; 얼룩질 반, 손가락 지. ring〕명(창41:42) 한 짝으로만 끼게 된 가락지.

*①예물(출35:22). ②여인의 장식품(사3:21). ③사회적 지위표시(약2:2).④권위의상징(창41:42). ⑤왕권 조서의 서명(에3:12).

반지파〔半支派 ; 반 반, 가지 지, 물갈래 파. half tribe〕명(민34:13) 한 종속(지파)의 절반. 므낫세 동, 서 반지파를 가리킨다.

반차〔班次 ; 나눌 반, 다음 차. divisions, in turn〕명(대상24:1) 차례, 조. 반열.

반척〔半尺 ; 반 반, 자 척. half cubit〕명(겔43:17) 한자의 절반

반포〔頒布 ; 펼 반, 베 포. promulgation〕명(출33:19) 세상에 펴서 널리 알림.

반포〔班布 ; 얼룩질 반, 베 포. linen, broider〕명(출28:4) 반물빛의 실과 흰실을 섞어 짠 무명. 제사장의 옷을 만들었다(출28:39).

반포자〔頒布者 ; 펼 반, 베 포, 놈 자. preacher, apostle〕명(딤후1:11) 세상에 널리 알리는 사람. 전도자 ①구약에서는 왕의 전령(단3:4). ②신약에서는 복음전파자(딤후1:11). 전파하는 자와 같다(딤전2:7, 벧후2:5).

반폭〔半幅 ; 반 반, 베 폭. half curtain〕명(출26:12) 베, 옷감의 절반 폭.

반항〔反抗 ; 돌이킬 반, 대항할 항. resistance〕명(시78:40) 순종하지 아니하고 반대하며 거스름.

받다〔receive〕타(창3:14) ①주는 것을 가지다. ②위에서 내려오는 것을 아래에서 잡다. catch.

받다〔gore〕타(출21:28) 뿔 따위로 부딪히다.

받들다〔respect〕타(창40:13) ①공경하고 모시다. ②밑을 잘 들어 올리다. raise. ③높이 들다. lift up.

받치다〔prop, stand up〕타(왕상7:25) ①다른 물건으로 괴다. ②'받다'의 힘줌말 자 ①밑바닥이 배기다. ②기운이 치밀다.

받침〔support, base〕명(출25:31) 물건의 밑바닥을 괴는 물건.

발〔foot〕명(창18:4) ①다리 끝에 달려 땅을 디디게 하는 부분. ②물건의 아래에 길게 붙은 다리. leg.

*①하나님께서 만물을 그 발아래 두심(시8:6). ②그리스도의 모범(요13:5). ③발씻기는것은 친절과 일맥상통한다(딤전5:10). ④발앞에 엎드리는 것은 겸손, 간청, 인사(신33:3, 막5:22, 계1:17).

발가락〔toe〕명(단2:41) 발의 앞쪽에 갈라져 있는 부분.

발각〔發覺 ; 필 발, 깨달을 각. be detectend, bewray〕명(사16:3) 드러나 알게 됨. 들킴.

발견〔發見 ; 필 발, 볼 견. discovery〕명(창31:32) 세상 사람에게 알려지지 않은 사물을 맨 먼저 찾아냄.

발교〔醱酵 ; 필 발, 술괼 교(효)〕명

(출12:34) 밀가루 반죽을 할 때 누룩을 넣어 부풀게 하는 것
발꿈치[heel]몡(창3:15) 발바닥의 뒤쪽 부분.
발뒤꿈치[heel]몡(욥18:9) 발꿈치의 발바닥 부분. 발 뒤쪽 부분.
발등상[~凳床 ; 걸상 등, 평상 상. foot stool]몡(대상28:2) 발을 올려 놓는 받침. 지배, 주권적 행사를 뜻한다.

포로나 노예를 발등상을 하였다.

발디[פַּלְטִי = 구원]인
① 모세가 바란 광야에서 가나안을 정탐하기 위하여 보낸 12인의 정탐군 중 베냐민지파의 대표자(민13:1-9).
② 갈림사람. 라이스의 아들 ①사울이 다윗에게 아내로 준 딸 미갈을 뺏어 이사람에게 주었다(삼상25:44). ②다윗이 왕이 된 후에 데리고 왔다(삼하3:5).
발디[지](삼하23:26) 다윗의 30용사 중 헬레스의 고향.
발디엘[פַּלְטִיאֵל = 하나님이 구원하심]인(민34:26) 잇사갈지파의 족장 앗산의 아들. 가나안땅을 분배할 때 잇사갈지파의 대표로 택함받은 족장. → 발디
발라[בָּלָה = 헌, 낡은]지(수19:3) 팔레스틴의 서남방에 있는 시므온의 성읍. 빌하와 같은 곳(대상4:29) 또는 바알라(수15:29)로 여기는 사람도 있다.
발라단[בַּלְאֲדָן 신은 아들을 주셨다]인(왕하20:12)유다왕 히스기야시대의 바벨론왕 므로닥발라단의 아버지(사39:1) 부로닥 발라단.
발락[בָּלָק = 멸하는 자, 공허]인(민22:2) 십볼의 아들이며 모압의 왕. 발람을 매수하여 이스라엘을 저주하려던 자(수22:9삿11:25, 6:5, 계12:14). 이스라엘을 유혹하여 행음, 우상숭배를 하도록 했다.
발랄[פְּלַלְיָה = 판단, 심판, 하나님께서 결정하셨다]인(느3:25) 바벨론에서 돌아와 예루살렘성을 재건할 때 도운 우새의 아들.
발람[בִּלְעָם = 백성의 주]인
1. **인적관계** - 유브라데 강변 브돌성 브올의 아들(민22:5).
2. **관련기사** - ①술사이며 거짓 선지자(수13:22). ②모압왕 발락이 이스라엘을 저주하려고 청할 때 물욕에 끌려가다가 타고 가던 나귀에게 책망을 받고 천사의 견책도 받았다(민22:28-33, 벧후2:15). ③모압에 이르러 여호와의 지시대로 3차에 걸쳐 이스라엘을 축복하였다(민23:1-24:9). ④발락이 화가나서 질책할 때 발람의 대답이 당신이 그 집의 은 금을 가득히 채워서 내게 줄지라도 나는 여호와의 말씀을 어기고 선악간 임의로 행하지 못하고 여호와께서 말씀하신대로 말하리라고 하였다(민24:10-13). ⑤그 후 이스라엘 자손을 범죄하게 하는 일이 있어 모세가 미디안 5왕을 죽일 때 발람도 죽였다(민25:1-9, 31:8, 16,17, 계2:14).
3. **예언** - ①하나님의 계획안에 있다(민21:18, 23:16). ②성령의 지배에 따른 것임(민24:2). ③이스라엘을 축복하는 것임(민24:10). ④그리스도가 언급된 예언(민24:14-19).
4. **그의 길** - ①불법과 탐욕의 길(벧후2:14-15). ②어그러진 길(유11). ③부도덕적이었다(계2:14).
발론[פַּלּוֹנִי]지(대상27:10) 유다의 남방 헤브론과 브엘세바 중간에 있는 작은 마을. 다윗의 30용사 중 헤레스와 아히야의 고향. 대상11:27, 36에는 블론으로 되었다. 잘못 옮겨 쓴 것으로 본다.
발루[פַלּוּא = 구별된]인(창46:9) 르우벤의 아들. 야곱과 같이 애굽으로 갔다. 그의 후손을 가리키며 그 중 족장을 지칭한다(출6:14).

발명[發明 ; 필 발, 밝을 명. defend, invention]몡(행19:33) ①이전에 없던 것을 처음 생각해 내거나 만들어 내는 일. ②경사(經史)의 뜻을 깨달아 밝힘. clarification. ③죄가 없음을 변명함. pleading.

발목[ankle, bone]몡(겔47:3) 다리와 발이 이어진 관절 부분.

발목고리[anklets]몡(민31:50) 발목에 거는 고리. 놋으로 만들었다. 이사야는 천박한 것이라고 반박했다(사3:18).

발목 사슬[ankle bracelet, armlets]몡(사30:2) 죄인의 발목에 두른 쇠고리 줄. 장식물로 사용되었다(출35:22, 삼하1:10).

발목 힘줄[hock, hamstring]몡(창49:6) 발목에 있는 핏줄.

발밑[followed his steps]몡(합3:5) 발 아래.

발바닥[sole of the foot]몡(레11:27) 발 아래쪽 평평한 부분.

발분[發忿 ; 필 발, 분할 분. be roused, cause anger]몡(시85:5) 분을 내다. 성내다. 화내다.

발생[發生 ; 필 발, 날 생. appear, occurrence]몡(레13:14) ①생겨남. 태어 남. birth. ②일어남.

발설[發說 ; 필 발, 말씀 설. leave, announcement]몡(욥10:1) 입밖에 말을 내어 남이 알게 함.

발 소리[sound of footsteps]몡(왕상14:6) 걸음을 걸을 때 발이 땅에 부딪혀 나는 소리.

발 아래[under his feet]몡(출24:10) 발 밑.

발언[發言 ; 필 발, 말씀 언. answer, speaking]몡(욥32:6) 의견을 폄. 말을 꺼냄. 발설.

발원[發源 ; 필 발, 근원 원. go out originate]몡(창2:10) 물의 근원. 강이 시작되는 곳. go out.

발육[發育 ; 필 발, 기를 육. growth]몡(시92:12) 발달되어 자람. 발생하여 성장함.

발을 씻김[foot washing]동(요13:1-17). 발에 묻은 먼지를 물로 씻는 행위. ①방문객의 발을 씻긴다(창18:4). ②호감의 표시이다(삼상25:41). ③게을리하는 것은 불친절이다(눅7:44). ④그리스도의 모범(요13:1-17).

발자취[track, step]몡(욥13:27) ①발로 밟은 흔적. ②발을 옮겨 걸어간 그 종적.

발짓[kicking]몡(겔16:6) 발을 움직이는 동작.

발치[direction, feet]몡(룻3:4) 누웠을 때 발을 뻗는 곳.

발톱[nails, paw]몡(삼상17:37) 발가락 끝을 보호하기 위하여 생긴 뿔과 같이 단단한 물질. 상징적으로 권세나 통제를 뜻한다.

발 편[~便 ; 편할 편. direction]형(요20:12) 발치. 발이 있는 쪽.

발포[發布 ; 필 발, 베 포. promulgation]몡(사10:1) 세상에 널리 폄.

발표[發表 ; 필 발, 겉 표. declare, announcement]몡(시78:2) 세상에 널리 드러내어 알림.

발하다[發~ ; 필 발]동(창30:2) ①빛이나 소리 따위를 내다. ②드러내어 알리다. ③생겨나 드러나다. come in to being. ④떠나다. leave. ⑤시작하다. originate.

발행[發行 ; 필 발, 행할 행. go on journey]몡(창13:3) ①길을 떠나감. depature. ②출판물·지폐·채권따위를 박아냄. publication.

밝다[bright]형(창3:3) ①어둡지 아니하다. ②분명하다. clear. ③환하게 잘 알다. be familiar with.

밝다[break]자(삼상29:10) 날이 새다.

밝히다[make bright]타(창21:19) ①밝게 하다. ②일을 분명하게 하다. make clear. ③밤을 지새우다. sit up all night.

밟다[tread]타(신11:24) ①발로 디디거나 누르다. ②발자국을 따라가다. follow. ③물건 위에 발을 옮겨 놓고 누르다. trample. ④예전 사람이 한대로 하다. go through. ⑤일을 차례대로 하다. go through.

밟히다[be trodden]<u>피</u><u>통</u>(욥39:10) 발로 밟음을 당하다.

밤[night]<u>명</u>(창1:5) 해가 진 뒤로부터 해뜨기 전까지의 동안. 낮의 대응하는 말. 사람에게 휴식을 위한 시간(시104:23).

＊상징적인 의미 - ①죽음(요9:4). ②무지와 죄(계21:5). ③이 세상(롬13:11-12). ④옛 사람의 상태(살전5:5-7). ⑤심판(미3:6).

밤[chestnut]<u>명</u>(사6:13) 밤나무의 열매.

밤나무[teil, tree]<u>명</u>(사6:13) 밤이 열리는 나무. 율목(栗木).

밤빌리아[Παμφυλία = 잡종]<u>지</u>
1. 위치와 개요 - 소아시아 남쪽 해안 지방. 루기아와 길리기아 사이에 있다. 길이 약 130km, 폭 약 50km, 북은 도적이 많기로 유명한 타우러스산이 있다. 주후 74년 로마 영토화. 이 이름은 도리아족 3파 중의 하나인 밤빌리아는 바사, 마게도냐, 수리아, 버가모, 로마 등의 지배를 받아 왔다.
2. 관련기사 - ①오순절에 참석한 사람(행2:10). ②바울과 바나바는 1차 선교여행을 구브로에서 버가로 다녀 안디옥으로 간듯하다(행13:13). ③요한 마가가 되돌아 간 곳(행13:13). ④바울이 말씀을 전파한 곳(행14:24-25). ⑤바울이 로마로 가던 중 지나간 곳(행27:5).

밤새우다[set up all night]<u>자</u>(시59:15) 잠을 자지 아니하고 밝히다.

밤이슬[nightdew]<u>명</u>(아5:2) 밤에 내리는 이슬.

밤중[~中 ; 가운데 중. midnight]<u>명</u>(출11:4) 깊은 밤. 밤의 한 가운데.

2경을 말함. 나쁜 일이 야간에 많이 생겼다.

밥[meal]<u>명</u>(민14:9) ①먹이. prey. ②음식. ③욕망의 희생물. 차지되는 모가치. one's share.

밥상[~床 ; 평상 상. dinning table]<u>지</u>(시69:22) 음식을 차려 놓는데 쓰는 소반.

밧[bath]<u>명</u>(왕상7:26) 액체의 양을 되는 단위.

밧단[פַּדָּן = 평야]<u>지</u>(창48:7) 메소보다미아에서 야곱이 잠시 동안 있은 곳. 밧단아람과 같은 곳.

밧단 아람[אֲרָם פַּדַּן = 아람평야]<u>지</u>
1. 위치 - 메소보타미아라고 불리우는 지방과 같으며 아브라함의 친척이 살고 있던 하란부근의 한 지방을 말한다(창28:2, 5, 7, 31:18, 35:9, 26, 46:15, 48:7). 유브라데강 상류지역.
2. 관련기사 - ①아브라함의 친척이 살던 곳(창28:2-7). ②이삭의 아내 리브가의 고향(창25:20). ③야곱이 형 에서를 피하여 찾아 간 곳(창28:2-7). ④야곱의 두 아내와 자식의 출생지(창29장). ⑤야곱이 양을 치다가 가나안으로 돌아간 곳(창31:17-18). ⑥메소보타미아로 알려진 곳(창24:10). ⑦아람족속의 땅(창31:24). ⑧아람말을 사용했다(왕하18:26).

밧모[Πάτμος = 송진]<u>지</u>(계1:9)
1. 위치 - 소아시아와 헬라사이 에게해에 있는 한 섬(島)인데 지금의 파티노이다. 남북이 약 16km, 동서 10km, 주위 약 60km, 옛날의 유형지였다. 한 때는 수도원이 건설되어 (크리스토폴러스가 1088년에 지음)요한의 시체라는 미이라가 그 수도원에 안치 되어 있다.
2. 관련기사 - 사도 요한이 도미시안 황제 때 이곳으로 정배당하여 "계시의 굴"에서 18개월간 지내며 계시를 받아 요한계시록을 기록했다(계1:3, 9)

밧세바[בַּת־שֶׁבַע = 맹세의 딸]<u>인</u>
1. 인적관계 - 길로사람 아히도벨의

손녀이며 엘리암의 딸(삼하11:3, 23:34). 밧수아와 같은 사람(대상3:5).

2. **관련기사** - ①다윗의 장군 헷사람 우리아의 아내(삼하11:3, 12:24). 다윗과 간음하여 낳은 여자. ②다윗은 밧세바를 욕심내어 충신 우리아를 위험한 전지로 보내어 죽게 하고 밧세바를 아내로 삼았다(삼하11:2-5). ③다윗이 우리아의 죽음을 애곡함 (삼하11:26). ④첫 아이는 하나님께서 치심으로 죽었고 솔로몬, 시므아, 소밥, 나단등을 낳았다(대상3:5). ⑤다윗 말년에 왕위를 둘러싸고 복잡한 경쟁이 있을 때 밧세바는 예언자 나단의 후원을 얻어 반대파인 아도니야파와 겨루어 솔로몬을 계승자로 올려놓는데 성공하였다(왕상1:11-31). ⑥아도니야의 속임수에 넘어가 그를 위하여 솔로몬에게 중재했으나 실패하였다(왕상2:19).

밧수아 回(대상3:5) 밧세바.

방〔房 ; 방 방. room, chamber〕명(창24:31) 사람이 거처하기 위해 집안에 만들어진 간. ①개인 방(삿16:9). ②성전의 방(대상9:26). ③포로후성전(스8:29). ④에스겔이상의 방(겔40:17). ⑤이층방(삼하18:33).

방관〔傍觀 ; 곁 방, 볼 관. standing by idly〕명(욥1:12) 상관하지 않고 곁에서 보고만 있음. 좌시(坐視).

방금〔方今 ; 모 방, 이제 금. immediately, justnow〕부(눅22:60) 바로. 이제. 방장.

방도〔方道 ; 모 방, 길 도. means〕명(빌1:18) 일을 치러 갈 길. 일에 대한 방법과 도리.

방망이〔maul, mallet〕명(삿4:21) 무엇을 두드리거나 다듬는데 쓰는 기구. 나무를 둥글고 길게 깎아 만듦.

방면〔方面 ; 모 방, 낯 면. direction〕명(렘31:39) ①어떤 방향의 지방. ②생각하거나 뜻 두는 데. field.

방문〔訪問 ; 찾을 방, 물을 문. visit〕명(왕하8:29) 남을 찾아 봄.

방백〔方伯 ; 모 방, 맏 백. governor, satrap〕명(왕하17:20) 지방 관청의 수령. 도지사. 지방장관. ①총독 ②지도자 ③주권자 ④지배자 ⑤왕 등으로 번역되는 말.

방법〔方法 ; 모 방, 법 법. method〕명(출30:32) 일을 치러내는 솜씨와 법. 차례.

방불〔彷彿 ; 방황할 방, 비슷할 불. close resemblance, as good〕명 그럴듯하게 비슷함. 거의 같음.

방비〔防備 ; 막을 방, 갖출 비. defense〕명(왕하6:10) ①미리 막아서 지킴. ②지키는데 쓰는 물건.

방석〔magic bands〕명(겔13:18, 20). 점 치는 여자가 손에 감은 끈. 점끈. 점줄.

방석〔方席 ; 모 방, 자리 석. cushion〕명(창31:22) 깔고 있는 작은 자리. 깔개. 같은 원어가 요로도 번역되었다(잠7:16).

방석〔放釋 ; 놓을 방, 풀 석. release, loose〕명(시105:20) 놓아 줌. 죄수를 풀어 주는 것. 석방.

방성대곡〔放聲大哭 ; 놓을 방, 소리 성, 큰 대, 울 곡. weeping loudly and bitterly〕명(창21:16) 소리를 크게 지르면서 움.

방술〔方術 ; 모 방, 꾀 술. charming〕명(시58:5) 술법의 일종, 특히 뱀을 쓰는 마법에 대해 사용되었다 (전10:11). 마법, 주문등과 같은 원어. 요술로도 번역된 말(사3:3).

방식〔方式 ; 모 방, 법 식. formula〕명(수6:15) 정해진 형식. 법식.

방어〔防禦 ; 막을 방, 막을 어. defence〕명(왕하11:6) 남이 쳐들어 오는 것을 막아 냄.

방언〔方言 ; 모 방, 말씀 언. tongues, glossolalia, langurge〕명(창10:5) 말. 나라 또는 지방말. 사투리.
* 성경에서는 배우지 않은 말을 무아의 상태에서 말하는 현상을 일컫는다. ①오순절 날 성령이 강림한 이

후 제자들의 말(행2:3-13). ②은사로써의 방언(고전12-14장). 예언과 함께 기록된 영적 은사의 최하위(고전14:18). 이는 교회의 덕과 질서를 위하여 경계하고 있다(고전14:12, 23-25).

방울[bell]〔명〕(출28:33) 쇠붙이로 둥글게 만들어 흔들면 소리가나게 하는 물건. 고대 주술적 힘을 가진 악기로 사용됨. 점장이의 용품

방울[drop]〔명〕(욥38:28). 구슬같이 된 물의 덩이.

방임[放任 ; 놓을 방, 맡길 임. non-interference, give oneself over be naked]〔명〕(엡4:19) 되는대로 내버려 둠. 간섭하지 않고 내버려 둠.

방자[放恣 ; 놓을(내쫓을) 방, 방자할 자. be naked, impudence]〔명〕(출32:25) 삼가하지 않고 제멋대로. 제멋대로 하는 말. 거짓이면서 하나님을 빙자해서 하는 말.

방장[方將 ; 모 방, 장차 장. now]〔부〕(마9:18) ①방금. 지금 ②곧. 장차.

방종[放縱 ; 놓을 방, 기리 종. license]〔명〕(민15:39) 꺼림이 없이 함부로 놀아 먹음.

방주[方舟 ; 모 방, 배 주. ark]〔명〕(창6:14) 네모난 배. 노아가 만들어 홍수를 피한 배. 길이 약137m, 너비 약 14m, 높이 약 14m 크기의 배. 약 15,000t급의 배.

* 히브리어 터바는 모세의 갈대상자에도 사용되었다. 헬라어 키보토스는 ①언약궤(히9:4, 계11:19). ②방주(히11:7, 벧전3:20, 마24:38). ③방주는 그리스도의 모형으로 신자는 그리스도 안에서 구원받게 된다(롬8:1). ④하나님께서 성도를 대환난에서 보호해 주시는 것을 보여준다(계7:3).

방책[方策 ; 모 방, 꾀 책. counsel, plan]〔명〕(삿20:7) 방법과 꾀.

방축[防築 ; 막을 방, 쌓을 축. dike]〔명〕(잠17:4) 물을 막기 위하여 쌓은 둑. 방죽.

방축물[防築物 ; 막을 방, 쌓을 축, 만물 물. dike]〔명〕(레11:36) 방축을 쌓은 물건.

방침[方針 ; 모(방향) 방, 바늘 침. policy, counsel]〔명〕(출18:19) ①앞으로 무슨 일을 처리 나갈 방향과 계획. ②방위를 가리키는 자석의 바늘. 자침.

방탕[放蕩 ; 놓을(내쫓을) 방, 방탕할 탕. excess]〔명〕(신21:20) 주색에 빠져 난봉을 부림. 절제하지 못하고 주색에 탐닉하는 행위(고전7:5, 눅21:34, 잠12:11)

방패[防牌 ; 막을 방, 방붙일 패. buckler, shield]〔명〕(창15:1) 창·칼·화살 따위를 막아내던 무기. ①작은 것은 둥글고 칼을 들고 활을 쏘는 병사가 사용했고(대상5:18, 대하14:8-). ②큰 것은 전신을 가리울 만한 것으로 장방형이다. 창을 던지는 병사가 사용했다(대상12:8, 24).

①큰 방패
②작은 방패

1. **자료** - 금, 청동(왕사10:16, 14:27, 삼하22:36).
2. **상징적인 의미** - ①하나님의 보호(시5:12, 33:20). ②하나님의 은혜(시5:12). ③왕의 보호(시84:9, 89:18). ④하나님의 도우심(신33:29). ⑤하나님의 신실하심(시91:4). ⑥믿음(엡6:16). ⑦구원(시18:35, 삼하22:36). ⑧통치자(시47:9). ⑨은신처(시119:114).

방해[妨害 ; 거리낄 방, 해할 해. disturbance, trouble]〔명〕(스4:4) 남의 일에 헤살을 놓아 해를 끼침.

방향[方向 ; 모(방향) 방, 향할 향. direction]〔명〕(신1:7) ①향하는 쪽. 방위(方位). ②생각이 향하는 곳. 의향. intention.

방황[彷徨 ; 방황할 방, 방황할 황. wandering]〔명〕(창21:14) ①일정한 방향이 없이 떠돌아 다님. ②갈바를 몰라 이리 저리 헤맴.

밭[field, land, ground]〔명〕(창2:5) 물

을 대지 않고 식물을 심어서 가꾸는 땅. 농토 ①곡식과 채소를 심는 땅(창37:7, 창2:5, 4:12). ②들과 같은뜻으로쓰인 말(창23:11, 19). ③골짜기와 같은 뜻으로 쓰인 말(왕하23:4).

*상징적인 뜻 - ①세상(마13:38,44). ②구원받지 못한 자의 심령(마13:3-7, 요4:35). ③세상일(마22:1-5). ④하나님의 백성(고전3:9). ⑤교회(고전3:9).

밭 갈다[plowing]타(출34:21) 밭의 흙을 파 뒤집어 곡식을 심도록 함.

밭 값[price of field]명(창23:13) 밭을 사고 파는 금액.

밭고랑[furrow, ridge]명(시65:10) 밭이랑 사이의 홈이 진 곳.

밭머리[the end of field]명(창23:9) 밭이랑의 양쪽 끝이 되는 곳.

밭이랑[ridge in a field]명(호10:4) 밭의 흙을 높이어서 만든 것.

배[belly]명(창3:14) 몸의 일부. 가슴과 엉덩이뼈 사이에 있는 곳. 위, 장이 있는 복부.

배[倍 ; 갑절 배. double, twofold]명(창43:13) 갑절. 곱.

배[ship]명(창49:13) 나무·쇠 같은 것으로 만들어 물 위에 떠 다니며 사람이나 물건을 나르는 물건. 선박. 해상운송수단으로 사용되는 것. ①어선(눅5:2, 요21:3-8). ②여객선(욘1:3). ③무역선(왕상9:26-28). ④전함(민24:24). ⑤화물선(행27:3, 38) ⑥갈대배(사18:2). ⑦작은 배(마4:21-9:1).

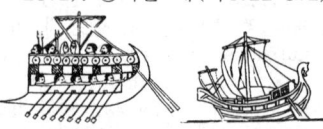

배고파하다[to be hungry]자(잠25:21) 뱃속이 비어서 음식을 먹고 싶어 하다. 시장하다.

배꼽[navel]명(아7:2) 탯줄을 끊으므로 배에 생긴 자리.

배꼽줄[umbilical cord]명(겔16:4) 탯줄

배 기호[~記號 ; 쓸 기, 일컬을 호. symbol of ship]명(행28:11) 배의 이름.

배다[conceive]타(창30:38) ①뱃속에 아이, 새끼, 또는 알을 가지다. ②식물의 이삭이 잎이나 껍질 속에 생기다. swell with.

배도[背道 ; 등 배, 길 도. fall away, immorality]명(살후2:3)도리에어그러짐. 진리를 버림. 불신. fall away.

배도자[背道者 ; 등 배, 길 도, 놈 자. faithlessmen]명(시101:3) 도리에 어긋난 사람. 믿다가 믿음을 버린 사람. 이단자. 배교자(행21:21, 살후2:3).

배반[背叛 ; 등 배, 배반할 반, 돌이킬 반. betrayal, deny]명(창14:4) 신의를 저버리고 등지고 돌아 섬. 원어상으로는 넘겨주는 것을 뜻한다. ①가룟 유다가 그리스도를 배반한 것은 원수들에게 그리스도를 넘겨 주었다(마26:14-16). ②주께서 배반자에 대하여 견책 하셨다(시41:9). ③배반자는 마귀와 멸망의 자식이다(요6:70, 17:12). ④믿음을 배반함(딤전5:8). ⑤언약을 배반함(단11:32). ⑥진리를 배반함(딜1:14). ⑦말씀을 배반함(눅8:13). ⑧하나님을 배반함(욥15:25). ⑨주를 배반함(딤전5:11, 요13:21). ⑩주의 이름을 배반함(계3:8).

배상[賠償 ; 배상할(물어줄) 배, 갚을 상. pay, reparation]명(출21:19) 남에게 끼친 손해를 물어 줌.

배석자[陪席者 ; 따를 배, 자리 석, 놈 자. conferred]명(행25:12) 자리를 같이 한 사람.

배설[排設 ; 벌릴 배, 베풀 설. arrangement]명(창21:8) 의식에 쓰는 여러가지 설비를 차려 놓음. 진설(陳設).

배설물[排泄物 ; 밀어낼 배, 샐 설, 만물 물. dung, refuse]명(신23:13) 안에서 밖으로 새게 하여 내보낸 물질. 똥. 대변.

배식[陪食 ; 따를 배, 밥 식. dining with one's superior]명(창43:32) 같이 음식을 먹음. 귀인을 모시고 먹음.

배약[背約 ; 등(어길) 배, 약속할 약. breach of promise]명(레26:25) 약속을 어김.

배약하는 자[covenant breaker]인(롬1:31) 하나님이 내버린 자. 육신의 생각으로 사는 자. 마음에 하나님 두기를 싫어하는 자.

배양[培養 ; 움돋을 배, 기를 양. cultivation]명(암7:14) ①식물을 가꾸어 기름. ②인재를 길러 냄. education.

배역[背逆 ; 등 배, 거스릴 역. rebel, backsliding]명(수22:18) 은혜를 배신하는 행위. ①하나님에 대한 배역은 상금을 잃음(고후5:10). ②징계를 받음(히12:6, 고전11:32). ③친교를 잃음(요일1:7). ④유익한 장소에서 떠남(고전5:5, 11:30). ⑤죽게됨(고전11:30). ⑥패역과 같은 말(렘5:6).

배우다[learn, study]타(신4:10) ①가르침을 받다. ②남이 하는 일을 보고 그와 같이 하다. imitate. ③학문을 닦다.

＊①하나님의 율례(시119:71, 73). ②여호와 경외(신14:23). ③순종(히5:8). ④의(사26:9, 10). ⑤좋은 일(딛3:14).

배종[陪從 ; 따를 배, 따를 종. attendance]명(대상27:32) 임금을 모시어 뒤 따름. 보호자.

배척[排斥 ; 물리칠(밀어낼) 배, 쫓을 척. rejection]명(왕하18:7) 물리쳐서 내뜨림.

배필[配匹 ; 짝 배, 짝 필. spouse]명(창2:18) 부부로서의 알맞은 짝. 배우자.

배회[徘徊 ; 배회할 배, 배회할 회. loitering]명(창24:65) 어떤 곳을 중심으로 어정거리며 이리저리 거닐며 다님.

백곡[百穀 ; 일백 백, 곡식 곡. all kinds of grain]명(시144:13) 온갖 곡식.

백골[白骨 ; 흰 백, 뼈 골. bone]명(겔32:37) 살이 썩고 남은 뼈.

백관[百官 ; 일백 백, 벼슬 관. all government officials, princes]명(시105:22) 모든 벼슬아치. 모든 관직자. 전 공무원.

백단목[白檀木 ; 흰 백, 박달나무 단, 나무 목. almug tree]명(왕상10:11) 나무의 이름. 아직 어떤 나무인지 밝혀지지 않았다. 솔로몬왕이 오빌과 레바논에서 수입하여 여호와의 전과 왕궁의 난간을 만들고 그리고 악기를 만들었다. 열대지방이 원산인 백단향이라고 하는 이도 있다. 70인에는 다듬지 않는 나무로 번역하였다.

백마[白馬 ; 흰 백, 말 마. white horse]명(슥1:8) 몸빛이 흰 말. 부루말. 성경에서는 상징적인, 초자연적인 말에 대하여 기록했다. ①심판을 상징한다.(계19:11, 14). ②승리를 상징한다(슥1:8, 6:3, 계6:2).

백마노[白瑪瑙 ; 흰 백, 마노 마, 마노 노. agate]명(출28:19) 보석의 하나. 중심부분에 흰색과 갈색을 띤 옥으로 애굽에서 많이 난다.

백막[白膜 ; 흰 백, 꺼풀 막. sclera]명(레21:20) 눈알의 거죽을 싼 얇은 막. 흰창.

백만[百萬 ; 일백 백, 일만 만. a million]수(대하14:9) 일만의 백배. 많은 수를 가리킴.

백목[白木 ; 흰 백, 나무 목. white cotton]명(사19:9) 무명.

백발[白髮 ; 흰 백, 터럭 발. white hair]명(신32:25) 하얗게 센 머리털. 은발. 인생의 지혜를 간직한 표.

백발노옹[白髮老翁 ; 흰 백, 터럭 발, 늙을 노, 노인 옹. aged(man)]명

(대하36:17) 머리털이 허옇게 센 늙은이.
백부장[百夫長 ; 일백 백, 지아비 부, 어른 장. centurion]명(출81:21) 백명의 사람을 거느리는 우두머리. 백명 부하를 둔 군인의 지휘관.
*구약에서는 재판관과 군사적 지휘관(신1:15, 삼하18:1) 신약에서는 로마군 보병 100명의 대장(마8:13)을 가리킨다.
백색[白色 ; 흰 백, 빛 색. white]명(에1:6) 흰 빛깔. 준백(白).
백석[白石 ; 흰(깨끗할) 백, 돌 석. white stone]명(에1:6) 흰 돌.
백석[百石 ; 일백 백, 섬 석. hundred measure]주(눅16:7) 100섬. 일백 고르. 일백 호멜과 같은 양(겔45:14).
백성[百姓 ; 일백 백, 성 성. people]명(창9:19) 그 나라의 국민. 성경에서는 주로 이스라엘을 말한다.
*①이스라엘(출1:20). ②외국인(신32:8). ③일반 국민(렘21:7). ④만국 백성(창10:5). ⑤열국 백성(슥8:23). ⑥주의 백성(신26:15). ⑦땅의 백성(대하33:25).
백성중[百姓中 ; 일백 백, 성 성, 가운데 중. in the people]명(수5:4) 국민 가운데.
백수[白首 ; 흰(깨끗할) 백, 머리 수. gray hairs]명(시71:18) 하얗게 센 머리. 백발. 늙음. 노령. 노년.
백숙모[伯叔母 ; 맏 백, 아제비 숙, 어미 모. uncle's wife]명(레18:14) 아버지의 맏형의 아내. 큰 어머니.
백숙부[伯叔父 ; 맏 백, 아제비 숙, 아비 부. uncle]명(레20:20) 아버지의 맏형. 큰 아버지.
백주[白晝 ; 흰 백, 낮 주. daytime, noonday]명(신28:29) 환하게 밝은 낮. 대낮. 오전과 오후의 중간.
백철[白鐵 ; 흰 백, 쇠 철. wrought iron]명(겔27:19) 빛깔이 흰 쇠붙이. 양은, 니켈, 함석 따위. 윤이 나고 반들반들한 쇠. 두로의 교역품의 하나. 불에 달구어 두드린 쇠를 말한다. 단철(鍛鐵). 연철(鍊鐵)을 가리킨다.
백체[白體 ; 흰 백, 몸 체. body]명(용10:8) 온 몸.
백탁병자[白濁病者 ; 흰 백, 흐릴 탁, 병들 병, 놈 자. issue, discharge]명(삼하3:29)계속적으로 피나 걸쭉하고 뿌연 것이 오줌으로 나오는 병. 성병환자. 이 병을 앓는 사람은 이스라엘 사람이 될 수 없다(레15:2, 13:46).
백합화[百合花 ; 일백 백, 합할 합, 꽃 화. lily, crocus]명(왕상7:19) 나리꽃. 성경의 교훈은 아름다움, 향기, 성도를 가리킨다. 마6:28의 들의 백합화는 들꽃으로 번역한 성경도 있다. 어떤 학자는 아네모네를 가리킨 것이라고 한다. ①아름다움을 나타냄(아5:13). ②영적 성장을 나타냄(호14:4-5). ③그리스도를 가리킴(아2:1). ④하나님의 보호(마6:28, 눅12:27).

팔레스틴 백합화 아네모네   백합

백향목[柏香木 ; 잣 백, 향기 향, 나무 목. ash, cedar]명(레14:4) 소나무과에 속하는 나무이름. 삼나무. 레바논이 주산지이며 다윗과 솔로몬이 수입하여 궁전과 성전을 지었다.

*비유적인 뜻 - ①교만한 통치자(사2:13). ②강대한 나라(암2:9). ③성도의 성장(시92:12). ④이스라엘의 영광(민24:6). ⑤그리스도의

영광(겔17:22-23). ⑥미(아5:15). ⑦영광(시80:10,104:16).

백향목궁[柏香木宮 ; 잣 백, 향기 향, 나무 목, 집 궁. a palace built of cedar]몡(삼하7:2) 백향목으로 만든 궁전. 다윗궁을 일컫는 말.

뱀[serpent,viper,dragon]몡(창3:1) 파충류의 한 무리. 손 발은 없고 배로 다니며 밧줄과 같이 생겨 길다. 아담과 하와를 범죄케 한 동물로 하나님의 저주를 받아 배로 다니게 되었다(창3:1-15).

애굽사람은 뱀을 신으로 섬겼다.

1. **특징** - ①하나님이 창조하심(욥26:13). ②간교한 동물(창3:1). ③독이 있다(민21:6). ④배로 다님(창3:15, 잠30:19). ⑤사람을 유혹했다(창3:1-5) ⑥저주를 받았다(창3:14-15).
2. **비유적인 뜻** - ①총명함(마10:16). ②악의(시58:4). ③불순(전10:8). ④적(사14:29). ⑤사단(계20:2). ⑥술 중독에 따른 해독(잠23:31-32). ⑦죄인(시58:34). ⑧그리스도(요3:14-15).

뱃속[inside of the stomach, womb]몡(욥20:14) 배 안, 복중(腹中)

뱉다[spit out]타(민12:14) ①입 밖으로 내보내다. ②차지했던 것을 도로 내놓다. give up.

버가[Πέργη = 망대]지
1. **위치** - 소아시아 남쪽에 위치한 아시아 중앙부에 있는 밤빌리아의 고대 도시. 해안에서 12km 내륙에 있다. 지금의 이름은 물타나.
2. **관련기사** - ①바울은 바나바와 함께 1차 선교 여행을 할 때 이곳에 상륙하여 내륙의 비시디아의 안디옥에 도착하였다(행13:3-14). ②귀로에 다시 이곳에 들러 전도하였다(행14:25). 아데미 여신의 전각이 그 가까운 언덕에 있었다.

버가모[Πέργαμος = 높여 짐, 성]지
1. **위치** - 소아시아 서부에 있는 무시아의 도시. 에게해 바다 연안에서 24km내륙에 있다. 앗탈루스왕족의 수도로써 주전 3-2세기에 문화 도시로 번성했고 유네스미 Ⅱ세가 도서관을 창설한 것으로 유명하다.
2. **관련기사** - ①소아시아의 7교회의 하나가 있는 곳(계1:11, 2:12). ②이교의 신전이 많이 있으며 특히 제우스 신전이 넓이 30㎡, 제단의 높이 12m나 되는 거대한 것으로 "사단의 위"는 이 신전을 가리키는 것으로 생각된다(계2:13). ③초기의 순교자 안디바가 여기서 순교했다(계2:12-13). 로마 "황제 예배 신전"이 있어 기독교에 있어서는 초대교회때 부터 싸움의 도시였다.

버가모교회[pergamos church]몡(계2:12-17). ①좌우에 날 선 검을 가지신 이가 말씀하심(12). ②사단의 위가 있는 곳(13). ③순교자를 낸 교회(13). ④믿음을 지킨 교회(13). ⑤발람의 교훈으로 인해 책망을 들음(14). ⑥니골라당의 교훈을 따르므로 책망을 들음(15). ⑦회개해야 할 교회(16). ⑧주께서 싸우시겠다고 하심(16). ⑨성령이 하시는 말을 들으라(17). ⑩승리자에게 감추인 만나를 줌(17). ⑪돌위에 새 이름이 기록됨(17).

버금[next]몡(창41:43) 다음차례. 두번째.

버니게[Βερνίκη = 승리자]인
1. **인적관계** - 팔레스틴 왕 헤롯 아그립바 Ⅰ세의 딸(행25:13). 두번이나 남편을 갈아 치우고 오빠 헤롯 아그립바 Ⅱ세와의 사이에 남매간 불륜의 관계를 맺었다는 혐의를 받았다. 그녀는 또 후에 로마 황제가 된 디도의 첩이 되었다.
2. **관련기사** - 바울이 가이사랴에서 총독 베스도에게 재판을 받았을 때 그녀도 아그립바 Ⅱ세와 함께 임석하고 바울이 사형이나 결박을 당할 만한 죄가 없다고 생각한 사람중의 하나였다(행25:13, 23, 26:30).

버드나무[willow]몡(창30:37) ①버들의 총칭. ②포플라. foplar.

버들〔willow〕명 (레23:40) 버들과 (楊柳科)의 낙엽 교목. 물가나 길옆에 흔히 나고 습지에 잘자란다.

버릇〔used, habit〕명 (출21:29) ①러 번 거듭하는 사이에 마음과 몸에 배어 굳어버린 성질이나 짓. ②어른에게 대하여 차려야 할 예절. manners. ③한쪽으로 치우치게 쏠리는 먹는것이나 취미. propensity.

버리다〔throw away, cast, leave〕타 (창35:2) ①쓰지 못할 것을 내던지다. ②보지 않다. 모른 체하다. abandon(신22:19). ③쓰지 못하도록 만들다. spoil 망가뜨리다.

버시〔$Περσίς$=전복〕인 (롬16:12) 로마에 있는 신도. 주님을 위하여 많이 힘쓴 사람.

버짐〔scab〕명 (레21:20) 피부병의 한 가지. 마른 버짐, 진버짐이 있다. 제사장의 육체적 조건에 부당하다.

버터〔curd〕명 (창18:8) 우유에서 분리한 지방을 저어서 물과 분리시키고 덩어리가 되게 한 식품. 영양이 뛰어난 이상적 식품으로 애용된다 (삼하17:29, 잠30:33, 욥29:6).

버티다〔stand〕자 타 (삿16:26) 참고 배기다. 쓰러지지 아니하게 가누다. 의지하게 하다. 괴다.

버팀대〔prop, ledge〕명 (왕상7:35) 물건이 쓰러지지 않도록 버티어 세우는 나무나 도구.

번〔番 ; 차례 번, one's turn〕명 (창18:32) 차례.

번갈다〔take turns〕자 (왕상5:14) 차례를 돌려가다.

번개〔lightning〕명 (출19:16) 구름을 가진 공중전기가 방전할 때 생기는 불빛. 천둥과 함께 일어난다.
* 나타내는 뜻 - ①하나님의 불로 불리운다(욥1:16). ②화살처럼 날아가는것을 표현(시18:14, 합3:11). ③하나님의 무기(신32:41). ④주의 영광과 능력의 신비성(출19:16, 겔1:13). ⑤하나님의 보좌에서 나옴(계4:5, 11:19). ⑥인자의 재림묘사(눅10:18, 마24:27). ⑦예수님의 부활하신 무덤에 있던 천사(마28:3과 단10:6비교). ⑧하나님의 심판(계8:5). ⑨빠름(겔1:14). ⑤사단의 떨어짐(눅10:18)을 나타낸다.

번갯불〔lightning flashes〕명 (시78:48) 공중전기가 방전할 때 나는 불꽃. 천둥과 함께 일어난다.

번갯빛〔lightning〕명 (욥36:30) 구름을 가진 공중전기가 방전할 때 생기는 빛. 몹시 빨리 번쩍이는 빛.

번거롭다〔troublesome, trouble〕형 (욥4:13) ①일의 갈피가 어수선하고 복잡하다. ②조용하지 못하고 수선하다. noisy.

번뇌〔煩惱 ; 번거로울 번, 번거로울 뇌. grief, sorrow〕명 (삿16:16) 마음이 시달려 괴로움. 원 번노.

번뜩이다〔cast forth〕자 타 (시144:66) 물건의 겉이 뒤척거림에 따라 얼비치는 광선이 세게 끔벅거리다.

번뜻하다〔lighten〕형 (눅17:24) 어디가 조금도 비뚤어지거나 기울거나 굽지 아니하고 바르다.

번민〔煩悶 ; 번거로울 번, 번거로울 민. anguish〕명 (창41:8) 마음이 답답하고 괴로워 함. 성도는 기도하면서 믿음의 선한 싸움을 싸워야 한다(골4:12, 딤전6:12).

번민〔煩憫 ; 번거로울 번, 불쌍히여길 민. torment, trouble〕명 (삼상1:6) 마음이 번거롭고 답답하여 괴로워 함. 안달하다. 애태우다.

번병〔番兵 ; 차례 번, 군사병. sentry, watch〕명 (삿7:19) 파수 당번이 되어 근무하는 병사. 보초병.

번성〔蕃盛 ; 무성할 번, 성할 성. growing luxuriantly, multiply〕명 (창1:20) ①초목이 무성하게 자람. ②자손이 늘어서 퍼짐.

번성〔繁盛 ; 번성할 번, 성할 성. prosperity〕명 (레26:9) 한창 늘어서 잘되어 감. 증가함. ①하나님의 은혜로(시35:27). ②믿음으로(대하20:20) 됨.

번식〔繁殖 ; 번성할 번, 번식할 식. breeding, grow, increase〕명 (창48:16) 붇고 늘어서 퍼짐. 불어남.

번역〔飜譯 ; 풀 번, 통역할 역. translation〕명(마1:23) 한 나라의 말로된 글의 내용을 다른나라 말로 옮김. 준 역(譯).

번제〔燔祭 ; 구울 번, 제사 제. burnt sacrifice〕(창8:20) 구약시대 하나님께 드리는 제사법의 하나로 희생의 제물을 불에 태워드렸다. 제물에 대하여는 드리는 사람의 형편에 따라 양이나 비둘기를 택했다. 짐승의 머리위에 손을 얹고 성소 입구에 있는 제단 북쪽에서 잡아 각을 뜨고 피를 뿌리고 내장과 다리를 씻어 제물 전부를 제단 위에서 불태워드렸다(출29:38-42, 민28:32). 특징은 모두 하나님께 드린다(신33 ; 10) 온전한 제물이다 (삼상7:9), 시51:19).

번제단〔燔祭壇 ; 구울 번, 제사 제, 제단 단. altar〕명(출30:28) 번제를 드리는 단.

번제단

번제물〔燔祭物 ; 구울 번, 제사 제, 만물 물. sacrifices〕명(출10:25) 번제에 쓰는 제물. 1년된 흠 없는 숫양, 비둘기 등.

번제소〔燔祭所 ; 구울 번, 제사 제, 바 소. the place of the burnt offering〕명(레4:29) 성소 남쪽 번제드리는 제물을 잡는 장소.

번조〔煩燥 ; 번거로울 번, 마를 조. enraged, fret〕(사8:21) 부화가 치밀거나, 불쾌하거나 조바심이 날 때 손발을 가만이 두지 못하고 놀리는 짓.

번창〔繁昌 ; 많을 번, 창성할 창. prosperity, increase〕명(시115:14) 한창 잘되어 성함.

번철〔燔鐵 ; 구울 번, 쇠 철. griddle, pan〕명(레2:5) 지짐질 하는데 쓰는 솥뚜껑 모양의 기구.

번폐〔煩弊 ; 번거로울 번, 폐단 폐. troublesome abuses, weary〕명(말1:13) 번거로움과 폐로움.

번홍화〔番紅花 ; 차례 번, 붉을 홍, 꽃 화. saffron〕명(아4:14) 성경시대 중요시 된 방향성 식물. 솔로몬이 노래한 꽃 크로커스로 알려져 있다. 붓꽃과에 속하는 다년초. 아시아 서부가 원산지. 꽃의 암술에서는 노란 가루가 많고 이것을 음식의 색과 맛을 내는데 쓰였다. 약품에도 사용된다.

벌〔bee, hornet〕명(출23:28) 벌 목에 속한 곤충을 모두 일컫는 말. 나뭇가지에 집을 짓고 사는 것과 땅속에 집을 짓고 사는 것도 있다. 꼬리에 침을 가지고 있다. 여자의 이름 드보라(창35:8, 삿4:4)의 뜻.

***상징적인 뜻** - ①수 많은 대적(시118:12). ②하나님의 군대(출23:28, 수24:12). ③침략자(사7:18).

벌〔罰 ; 벌줄벌. punishment〕명(창4:15) 죄를 지은 사람에게 괴로움을 주어서 징계하고 억누르는 일.

*①**여러가지 벌** - 성적범죄에 대한 벌(레20:10-14, 창19:13-24). ②육적인 범죄에 대한 벌(고전5:11, 출21:12, 마23:34-36). ③종교적인 범죄에 대한 벌(레20:2-5, 출22:20, 레24:14-16). ④내적 범죄에 대한 벌(잠16:5, 17:13, 민20:12, 레23:10).

벌거벗다〔strip oneself bare〕자(창2:25) 옷을 입지 아니하여 알몸이 되다. ①원래의 상태(창2:25). ②죄악을 안 상태(창3:7-11). ③구원받지 못한 상태(고후5:3).

벌금〔罰金 ; 벌줄 벌, 쇠 금. penalty, amerce〕명(출21:22) ①재산형의 하나. ②징계하여 벌로 받는 돈.

*①범죄에 대해 부과(신22:19). ②손해배상금(민5:7). ③반역한 국가에 부과(왕하23:33, 대하36:3).

벌다〔hire〕타(신23:18) 일을 하여 돈이 생기게 하다. 이익을 얻다. 득을 보다.

벌레[worm, insect]명(출16:20) 몸이 썩 작은 동물. 곤충.
* ①교만한 헤롯은 벌레에 물려 죽었다(행12:23). ②베드로는 먹지 않기로 했다(행10:9-16). ③경멸하여 말함(욥25:6).

벌리다[open, gape, widen]타(창4:11) ①두 사이를 넓게 하다. ②접혀 있는 것을 펴다. open. ③비집거나 헤치다. dig.

벌목[伐木 ; 칠 벌, 나무 목. felling]명(신19:5) 나무를 벰. 성전건축을 위한 벌목(왕하5:6).

벌받다[be punished]자(신18:19) 잘못을 해서 벌을 당하다.

벌써[long time ago]부(창43:10) ①이미 오래 전에. ②예상보다 빠르게. already.

벌어지다[open]자(민24:6) ①갈라져서 사이가 뜨다. ②활짝 펴서 넓게 열리다. become wide. ③일이 생기어 터지다. break out.

벌이다[under take]타(삿20:20) ①일을 베풀어 놓다. ②물건을 늘어놓다. lay out. ③가게를 차리다. open. ④대형(隊形)을 갖추다.

벌하다[罰~ ; 벌줄 벌. punishment]타(레18:25) 벌을 주다. 처벌하다.

범과[犯過 ; 범할 범, 허물 과. sin, committing a fault]명(레5:5) 법을 어김. 잘못을 범함.

범람[汎濫 ; 뜰 범, 넘칠 람. flood, overflow]명(시32:6) 물이 넘쳐 흐름.

범백[凡百 ; 무릇 범. 일백 백. all things]명(대하8:16)①모든 사물. ②상궤(常軌)를 벗어나지 않는 언행. ons's manners.

범법[犯法 ; 범할 범, 법 법. violation of the law, commit]명(잠28:21) 법을 어김. 범과.

범법한 자[a transgressor]인(갈2:18) 법을 어긴 사람. 율법을 지키지 않는 사람. 의롭지 못한 사람. 범죄자.

범사[凡事 ; 무릇 범, 일 사. things, every way, all things]명(창24:1) ①모든 일. ②평범한 일. 보통일. ordinary matter.

범인[犯人 ; 범할 범, 사람 인. criminal]명(욥24:24) 죄를 지은 사람. 범죄인.

범죄[犯罪 ; 범할 범, 허물 죄, crime, transgression]명(창20:6) 죄를 지음 또는 지은 그 죄. ①유혹을 받아(막4:18-19). ②욕심이 생겨(시106:14). ③영적 소경이 되어(벧후1:9,계3:17) 범죄한다.

범죄자[犯罪者 ; 범할 범, 허물 죄, 놈 자. sinner, transgressor]명(욥24:19) 죄를 범한 사람. 죄인.

범죄하다[犯罪~ ; 범할 범, 허물 죄. commit. violate, betray]명(창20:6) 죄를 짓다. 법을 어기다.

범하다[犯~ ; 범할 범. commit]타(창20:9) ①도리에 벗어난 짓을, 법률 따위에 위반한 짓을 하다. ②여자의 정조를 유린하다.

법[法 ; 법 법. law]명(출12:49) ①방법. method. ②규칙. regulation. ③예의와 도리. courtesy. ④사람이 서로 사회생활을 해 나감에 있어 그 이해(利害)를 조정하고 그 사회의 질서를 유지하기 위하여 국가가 정한 규율. 법률. ⑤규례.

법관[法官 ; 법 법, 벼슬 관. judge]명(레16:2) 재판을 맡아 보는 공무원. 족장, 사사, 선지자, 제사장, 왕이 했다.

법궤[法櫃 ; 법 법, 함 궤, ark of law]명(레16:2) 하나님이 두 돌비에 친히 쓰신 십계명과 광야에서 먹었던 만나 그리고 아론의 싹난 지팡이가 들어 있는 궤. 언약궤. 황금궤. 궤. 증거궤.

법도[法度 ; 법 법, 법도 도. laws and institutions]명(창26:5) 사람이 생활상에 지켜야 할 예의. 법과 제도.
* 구약 성경에서는 규례와 법도라는

말로 많이 쓰였다(신4:1, 33:10). ①모세가 세운 규례(출15:25). ②유월절 규례(민9:14). ③선언하는 규례(민10:8). ④나그네에 대한 규례(민18:8). ⑤다윗이 선포한 규례(삼상30:25). ⑥하나님이 정하신 일반적인 규례(사58:2, 눅1:6). ⑦정부에 관한 규례(롬13:2). ⑧자연법칙(욥38:33, 렘31:35). ⑨복종의 규례(벧전2:13). ⑩성도에게 필요한 규례(엡2:15, 골2:14, 20, 히9:1, 10).

법령[法令 ; 법 법, 명령할 령. laws and ordinances]명(사10:1) 법률과 명령.

법률[法律 ; 법 법, 법 률. law, statute]명(신31:21) 법과 지켜야 할 규율. 강제력을 갖는 사회 생활의 규범. 법령. 규례.
* 성경에서의 법률은 가르침을 뜻하는 토라 즉, 모세 5경을 가리킨다(신1:-4, 스7:6, 마12:5). 넓은 의미로는 구약 전체이다(요10:34, 15:25).

법률사[法律士 ; 법 법, 법 률, 선비 사. magistrate]명(단3:2)법과 율례를 잘 아는 사람. 또는 그 직책.

법막[法幕 ; 법 법, 장막 막. tabernacle]명(대하24:6) 성막. 지정소 입구 휘장.

법정[法廷 ; 법 법, 조정(법정) 정. court]명(약2:6) 송사(訟事)의 심리를 하고 판결하는 곳. 재판정. 추상적으로는 사건심리 그 자체를 가리킨다. 당시 법정은 로마법에 의해 인가된 유대인의 법정을 가리킨다.

법칙[法則 ; 법 법, 법칙 칙. law and rule]명(시62 ; 제하) 반드시 지켜야만 하는 규범.

벗[friend]명(왕상4:5) ①마음이 서로 통하여 사귄 사람. 친구. ②뜻을 같이 하는 사람. comrade.

벙벙하다[becamedumb]형(렘14:9) ①얼 빠진 사람처럼 아무 말이 없다. ②물이 넓게 밀려오거나 흘러가지 못하여 가득 차 있다.

벙어리[dumb, speechless]명(출4:11) 소리를 듣지 못하고 말을 못하는 사람.
* **원인과 교훈** - ①신체의 결함에서(마15:30-31). ②악령에 의해서(마9:32-33). ③심리적 원인(단10:15-19). ④죄의식(시39:9-11).⑤열등감(잠31:8).⑥하나님의 일시적 심판(눅1:20, 겔3:26).

베[linen]명(창37:34) 실로 짠 감. 아마로 짠 섬유.

베가[beka]명(출38:26) 무게 또는 돈의 단위. 유대 화폐 반세겔.

베가[בֶּקַע = 눈을 뜸]인
1. **인적관계** - 이스라엘왕 르말리야(르말랴)의 아들. 브가히야의 연대 장이었는데 왕을 죽이고 왕위를 빼앗았다(왕하15:25). 이스라엘 18대왕. 8왕조 시조.
2. **관련기사** - ①유다왕 아하스를 자기들의 동맹에 가담시키려고 하였으나 거절 당하자 다비엘을 유다왕으로 세우려고 하였다(사7:3-9). ②그 결과 동맹군이 유다에 침입했다(왕하16:5, 대하28:5). ③유다는 이로 인하여 전세가 불리하여 앗수르에 원조를 청했다(왕하16:7). ④디글랏 빌레셀은 다메섹을 돌파하여 르신을 죽였다(왕하16:9). ⑤앗수르왕 디글랏 빌레셀이 이스라엘을 침략하여 갈릴리의 모든 사람을 포로로 잡아갔다(왕하15:29). ⑥앗수르 포로는 베가치세때에 생긴 사건이다. 그는 엘라의 아들 호세아에게 죽임을 당했다(왕하15:30). ⑦베가는 악을 행했다는 세평을 받았으며, 예언자 호세아는 그의 치세의 종교적 암흑을 그리고 있다(호4:6-7).

베게[pilow]명(창28:11) 누울 때에 머리를 고이는 물건.

베겔[בֶּכֶר = 어린 약대]
1 베냐민의 둘째 아들. 그 족속의 족장(창46:21, 대상7:8, 민26:38-41, 대상8:1-41)에는 베겔이 없다.
2 에브라임 지파의 한 족속의 조상(민26:35).

베고랏[בְּכוֹרַת = 맏이, 초태생의 후손(종가 종손)]인(삼상9:1) 베냐민 지파 기스의 증조부. 사울왕의 고조부.

베냐민[בִּנְיָמִין = 행복의 아들]인
① 야곱의 막내아들
1. **인적관계** - 어머니 라헬. 요셉의 친동생(창35:18).
2. **관련기사** - ①라헬이 그를 난산하고 죽을 때 이름을 베노니(슬픔의 아들)라 불렀으나 야곱은 그 이름이 불길하다고 하여 베냐민이라고 했다. 유대인은 오른손을 중요시 했다(창48:14). ②요셉이 없어진 후 야곱의 귀여움을 받았다(창46:21). ③요셉의 사랑을 받았다(창43:29-34). ④베냐민을 위한 유다의 노력(창44:18-34). ⑤요셉의 선물을 많이 받았다(창45:22). ⑥아들 다섯을 낳았다(대상8:1-2). ⑦베냐민 지파에 대한 야곱의 예언(창48:27). ⑧1차 인구조사시 35,400명(민1:36-37). 2차 인구조사시 45,600명(민26:41)이었다. ⑨성막 서쪽에 진을 쳤다(민2:18-24). ⑩활과 물매를 갖고 싸웠다(삼상20:20, 36, 대상7:6-12, 삿3:15). ⑪베냐민지파는 억센 군사를 가지고 있었다(대하14:8). ⑫드보라와 함세하여 적을 물리쳤다(삿5:14) ⑬분열왕국 때 유다와 같이 했다(왕상12:21, 대하11:1).
3. **출신인물** - ①사사 에훗(삿3:15). ②사울왕(삼하2:9-15). ③사도 바울(빌3:5).

② 빌한의 아들. 베냐민의 자손 중 한 사람(대상7:10).

③ 하림의 아들. 바벨론에서 돌아와 이방인 아내와 이혼(스10:32)

④ 예루살렘 성문 이름(렘20:2, 37:13, 38:7, 슥14)

베냐민[benjamin]지(수81:11-28) 야곱의 열두째 아들 베냐민 지파가 분배받은 땅. 동은 요단강, 서는 단, 남은 유다, 북은 에브라임과 경계를 이루고 벧엘, 예루살렘, 아이, 여리고, 길갈등이 이 땅에 있었다(겔48:22). 예수님 당시에는 유대도에 속했으며 현재는 이스라엘의 한 지방

베냐민 문[benjamin gate]명(렘37:13) 예루살렘 성문의 하나. 베냐민의 문(렘20:2)으로도 기록되었다. 양문(羊門)이라고도 한다(느3:1, 요5:2). 성전뜰의 북동쪽 모퉁이 문이다.

베냐민 사람[benjamin]인(삿3:15) 야곱의 12째 아들의 후손. 그 지파에 속한 사람들을 가리키는 말(대상27:12, 에2:5).

베냐민 지파[tribe of benjamin]인(민1:37) 야곱의 막내아들 베냐민의 자손. →베냐민 관련기사 참조.

베노니[בֶּן־אוֹנִי = 내 슬픔의 아들]인 (창35:18) 야곱의 아내 라헬이 난산으로 죽음에 직면하여 지은 베냐민의 처음 이름. 야곱이 베냐민(행복의 아들)이라고 개명했다.

베니게[Φοινίκη = 종려, 자색]지
1. **위치** - 수리아 서부의 고대국가(행11:19) 갈멜산 북쪽 약200km지점. 사방 30㎞의 토지, 평야가 적고 토양이 박하여 농사에는 부적당. 두로, 시돈, 비부로스등 좋은 항구를 가지고 있고 레바논 산맥의 목재로 배를 만들어 지중해 흑해를 중심으로 해상 무역과 식민지 활동에 종사(왕상16:29) 오늘의 레바논 지역.
2. **관련기사** - ①함의 아들 가나안과 그의 후손의 거주지(창10:15). ②솔로몬시대에 성전 건축의 목재, 석재 기술자를 파견(삼하5:11, 왕상5:9, 17, 18). ③솔로몬에게 항해술에 능숙한선원을 파견(왕상9:26-28). ④엣 바알의 딸 이세벨이 이스라엘 왕 아합의 악한 아내였다(왕상16:31). ⑤베니게의 종교가

베니게의 배.

흘러들어가 압도적인 세력을 확보, 엘리야 선지의 출현을 촉진하는 큰 원인이 되었다(왕상16:29). ⑥대서양까지 "열국의 시장"이 되었다(사23:3) ⑦예수님께서 이곳에서 전도하셨다(마15:21). ⑧스데반이 순교한 후 초대 교인들이 이곳으로 흩어지게 되었다(행11:19) ⑨바나바와 사울(바울)이 전도한 곳(행15:3). ⑩바울이 상당수의 성도와 접촉한 곳(행21:2-7). ⑪바울이 로마로 가는 항해에서 잠시 멈춘 곳(행27:3).

베다[cut]囘(창17:11) 날이 있는 연장으로 물건을 끊어서 자르다.

베다[pillow on]囘(삿16:19) 베게 위에 머리를 얹다. 고개를 받치다.

베다[חֶטְבָה= 확신]囚(삼하8:8) ①소바왕 하닷에셀의 수도. 다윗이 소바와 수리아를 격파하고 이곳에서 많은 놋을 빼앗아 왔다(삼하8:8) ②디브핫과 같은 곳으로 여김(대상18:8).

베다니[Βηθανία=괴롬의 집, 종려나무의 집]囚

① 예루살렘 동쪽의 마을.
1. **위치** - 여리고로 가는 길 감람산 남동의 한 촌(요11:18)
2. **관련기사** - ①마리아와 마르다, 나사로의 주거지. 지금도 나사로 동네라고 부른다(막11:1, 눅19:29). ②예수님께서 나사로를 살리신 곳(요11:1-44). ③예수님께서 문둥이 시몬의 집에서 대접을 받으실 때에 어떤 여인이 귀한 향유를 가지고 와서 주님의 머리에 붓고 그의 머리털로 주님의 발을 씻은 일이 이곳에서 일어났다(마62:6, 막14:3). ④예수님이 승천하신 감람산에서 가까운 곳(눅24:50).

② 요단강 건너편 베다니(요1:28). 요한이 세례주던 곳(요3:23). 여리고 남동11km지점 요단강의 중요한 나룻터.

베단[בְּדָן= 심판의 아들]인(삼상12:11) 사사 바락의 다른 이름.

베데르 산[בֶּתֶר= 험한]囚(아2:17) 예루살렘 서남10km지점에 있는 산.

베데스다[Βηθεσδά=은혜의 집]囚
1. **위치** - 예루살렘 성전 북동쪽 양문(베냐민문) 곁에 있는 샘솟는 연못(池)의 이름.

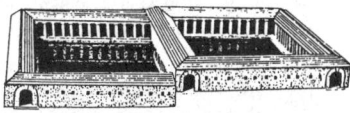

*1888년 발굴한 성마리아 프로뷘디카 회당 폐허에 있는 못을 가리켜 베데스다라 한다. 지금도 예수님이 이적 행하신 퇴색된 벽화를 볼 수 있다. 이샘은 길이 9m의 바위를 파서 만든 큰 웅덩이인데 동서16.7m 넓이 3.8m로써 동쪽에는 24단의 돌층계를 내려와 못에 이르게 되어있다. 대개 이것을 베데스다 못으로 생각한다. 헤롯왕이 처음 시설한 것으로 여긴다.

2. **관련기사** - ①행각 다섯이 있었고 여러가지 병자들이 모여 물이 동하기를 기다릴 때 예수님께서 38년 된 병자를 고쳐 주셨다(요5:2-9). ②예수님께서 하나님과 일체이심을 보여주신 곳(요5:17). ③유대인들이 예수님을 죽이려한곳(요5:18).

베덴[עֶדֶן= 비자(榧子)]囚(수19:25) 아셀에 있던 마을. 할리와 악삽 사이에 있었다.

베델리엄[bdellium]명(창2:12) 만나와 같은 색으로 된 보석의 일종으로 본다. 진주로 번역된 곳도 있다(민11:7).

베드라바[בֵּית רָפָא= 고침의 아들, 거인의 집]인(대상4:12) 유다 지파 레가 사람 에스돈의 손자이며 드힌나의 아들.

베드로[Πέτρος= 반석]인
1. **인적관계** - ①벳세다 사람 요나의 아들. 안드레의 형제 본명은 시몬이다. 수리아어로 게바이며 게바를 번역하면 베드로 즉 반석이다. ②갈릴리 바다에서 어업을 하다가 주님의 부르심을 받고 가족과 생업을 버리고 주를 따라 12제자가 되

베드로

었고 야고보와 요한과 더불어 주께 친근하였으며 그의 행적과 공로가 지대하다(요1:41-44, 막10:2, 마17:1, 막5:37, 막14:33).

2. **인간성** - 그의 성격은 정열적, 충동적이고 확고한 결심과 순간적인 주저와의 중간에서 동요로 인해 많은 실패가 전해지고 있다. 배반하지 않는다고 선두에서 맹세하고 주님을 세번씩이나 부인한 것이 그 예이다(막14:54, 77-72, 마16:22, 갈2:12).

3. **관련기사** - ①안드레의 인도로 예수님을 만나게 되었다(요1:41). ②결혼하여 아내가 있었다(막1:30, 고전9:5). ③학문은 높지 못했다(행4:13). ④예수님께서 이름을 고쳐 주셨다(요1:42). ⑤사람을 낚는 어부로 예수님의 부름을 받았다(마4:18-22). ⑥예수님께서 베드로의 장모의 열병을 고쳐 주셨다(마8:14-15). ⑦12제자로 세움을 받았다(마10:2-4). ⑧바다 위를 걸어 주님께 가다가 풍랑을 보고 무서워 함(마14:29-30). ⑨예수님을 그리스도라고 고백하였다(마61:13-19). ⑩주님의 죽으심을 만류하다가 책망을 들었다(마16:21-23) ⑪변화산에 올라가서 장막 셋을 지어 하나는 주님을 위해, 하나는 모세를 위하여, 또 하나는 엘리야를 주고 내려가지 말고 거기서 그대로 살자고 하였다(마17:4). ⑫주께서 영생을 가르치실 때 "우리는 어디로 갑니까?"하고 물어 보았다(요6:67). ⑬주님의 명령에 의하여 낚시에 물린 고기 입에서 나온 돈을 가져다가 성전세를 바쳤다(마17:24-26). ⑭용서에 관하여 예수님께 질문을 했다(마18:21). ⑮요한과 함께 가서 유월절 잔치를 예비했다(눅22:8). ⑯"주여 내 발뿐 아니라 손과 머리도 씻어 주소서"라고 했다(요13:9). ⑰다 주를 버릴지라도 나는 주를 버리지 않겠다고 했다(마26:33). ⑱야고보와 요한과 같이 예수님을 따라 앞으로 나가 기도를 하려고 하였으나 육신이 약하여 잤다(마26:36-46). ⑲검으로 대제사장의 종 말고의 귀를 베었다(요18:10). ⑳주님을 세번 모른다고 부인하고 후에 통곡 회개했다(눅22:62). ㉑예수님의 처형을 목격함(벧전2:21-24). ㉒부활하신 예수님의 무덤으로 달려갔다(요20:1-8). ㉓부활하신 예수님을 만남. (1)제자들과 같이(눅24:33-34). (2)혼자서(고전15:5). ㉔다시 어부로 돌아갔다(요21:1-14). ㉕양을 먹일 책임을 맡았다(요21:15-19). ㉖예루살렘으로 돌아옴(행1:11-14). ㉗예수님의 승천을 목격했다(마28:16-20, 행1:). ㉘제자들과 120문도와 같이 기도하였다(행1:15-26).

4. **지도적 역할과 선교활동** - 예수님이 십자가에 죽으셨다가 부활하신 후 40일간에 11차 나타나셨는데 그 중 베드로는 여러번 만났다. ①마가의 다락방에 모여 기도하는 중 가룟 유다 후임을 택하는 일을 주장하였고(행1:15-26). ②오순절에 성령을 받은 후 전도를 시작했다(행2:1-8). ③하루 3천명의 신자를 얻고 기사와 이적을 많이 나타내고 신도들이 유무상통하여 성전에 모이기를 힘쓰고 떡을 떼고 하나님을 찬송하였다(행2:9-42). ④성전 미문에서 나면서 앉은뱅이 된 자를 고침(행3:1-7). ⑤솔로몬 행각에서 전도할 때 하루에 남자만 5천신도가 더 하였다(행3:11-26, 4:4). ⑥제사장과 사두개인들이 베드로를 잡아 안나스와 가야바와 요한과 알렉산더와 대제사장의 족속들 앞에 서게 되었을 때 그들

앞에서 담대히 "천하 인간의 다른 이름으로는 구원을 얻지 못한다"고 증거 하였다. ⑦그들이 다시 예수를 전하지 말라고 경계할 때 베드로와 요한이 "하나님 앞에서 너희 말 듣는 것이 하나님 말씀을 듣는 것보다 옳으냐?"고 반문하자 형벌할 핑계를 얻지 못하고 공갈하여 놓아주었다(행4:1-22). ⑧아나니아와 삽비라가 토지를 팔아 일부를 감추고 성령을 속이는 것을 베드로가 책망하자 당장 엎드려 죽었다(행5:1-11). ⑨허다한 병자를 고칠 때에 병자들은 베드로의 그림자라도 병자위에 지나가기를 바랬다(행5:15-16). ⑩옥에 갇혔을 때 천사가 놓아 주었다(행5:18-19). ⑪사마리아에 요한과 함께 가서 신도들의 성령 받을 일을 위하여 기도한 후 성도들이 성령을 받았다. 시몬이 그 성령의 권능을 은으로 사고자 할때 "네가 은과 함께 망하리라"고 책 하였다(행8:14-20). ⑫바울을 만남(행9:26, 갈1 ; 17-18). ⑬룻다에서 8년된 중풍환자 애니아를 고쳐 주고 ⑭욥바에서 죽은 다비다를 다시 살렸다(행9:32-43). ⑮가이사랴에 있는 백부장 고넬료에게 전도함으로 이방 선교의 첫 문을 열었다(행10:7). ⑯이방인들에게 복음을 전함(행10:24-46). ⑰안디옥에서 바울에게 견책당함(갈2:11). ⑱이방인에게 대한 견해를 밝힘(행11:1-18). ⑲헤롯이 야고보를 죽이고 또 베드로를 죽이려고 옥에 가두었을 때 천사가 나타나서 석방시켰다(행12:1-17). ⑳예루살렘 총회에 참석함(행15:7-14). ㉑그후 소아시아에 가서 전도함(벧전1:1). ㉒베드로에 대한 바울의 견해(갈2:14). ㉓바울에 대하여 언급함(벧후3:15-16).

5. **교훈** - 순수한 일신론(一神論)을 주장하고 유대인과 이방인을 다 책하였으며 그리스도께서 이방인을 교화시키라는 명령을 내리셨다고 하였다. 사도 중 대표적인 발언자로 성령의 역사를 받으라고 하였다.

6. **서신** - 베드로 전·후서를 기록하였다. 그 후의 사적은 성경에서는 더 찾아볼 수 없으나 전설에 의하면 바울과 같이 로마에서 전도하다가 박해를 피하여 가던 중 주님이 나타나서 일깨워 주시므로 다시 로마로 가서 순교하였다 한다.

베드로 전서[1 Peter]명(벧전) 신약 제21권째 성경. 예수님의 제자 베드로의 기록으로 고난을 당하는 그리스도인들을 위로하여 신앙의 용기를 주는 데에 목적이 있다. 현재의 고난은 앞으로 있을 더 큰 박해에 대하여 대비시키고 있다. 장차 임할 놀라운 소망을 성도들에게 보여 주고 그리스도의 모본을 따르도록 권한다. 남편, 아내, 종, 장로, 시민 등 모든 사람에게 그들의 의무를 잘 감당하도록 권고하고 원수들에게 공격을 받을만한 여지를 주지 않도록 권고한다. 내용분해는 박기원 편 성경 총론을 참고하라.

• **베드로 전서에 나타난 그리스도** - ①죽으시고 부활하심으로 산 소망이 되신 그리스도(벧전1:3). ②기업을 잇게 하시는 그리스도(벧전1:4). ③선지자로 예언된 그리스도(벧전1:10-12). ④산 돌이신 그리스도(벧전2:4-5). ⑤고난 당하신 그리스도(벧전2:21). ⑥물, 부활하신 그리스도(벧전3:21).

베드로 후서[2 Peter]명(벧후) 신약 제22권째 성경. 베드로가 흩어져 있는 성도들을 위한 두번째 기록. 내부의 거짓교사의 교훈에 대한 분별과 그에게 대항하도록 신자들을 강하게 훈련하는 데에 목적이 있다. 예수님을 부인하는 것과 주님의 재림을 조롱하는 거짓 교사들을 삼가고 은혜 안에서 자라도록 말한다. 그리스도의 재림, 주의 날을 기억하고 오래 참으며 거룩한 생활을 하도록 권고한다.

• **베드로 후서에 나타난 그리스도** - ①영광중에 강림하실 그리스도(벧

베드르홉

후1:16). ②죄인의 구주이신 그리스도(벧후2:20). ③오래 참으시는 그리스도(벧후3:9, 15). ④약속대로 의에 거하게 하시는 그리스도(벧후3:13).

베드르홉[בֵּית רְחֹב = 넓은 곳]지 단 지파의 일부가 가나안 북방으로 진출하여 점령한 라이스 근처의 땅(삿18:28). ①암몬사람과 짝하여 다윗을 대적하였다(삼하10:6, 8). ②르홉과 같으며(민13:21) 지금 이름은 후넌이다. (민13:21).

베드야[בְּדְיָה = 여호와의 보호]인(수10:35) 바벨론에서 돌아온 바니의 자손. 이방인 아내와 이혼한 사람.

베들레 아브라[בֵּית לְעַפְרָה = 티끌의 집]지(미1:10) 블레셋 가드 부근의 성읍. 멸망을 상징한다.

베들레헴[בֵּית לֶחֶם = 떡 집]지

1 예루살렘 남방. 예수님의 탄생지.
1. **위치** - 예루살렘 남방 약8km지점. 해발 775m되는 곳. 헤브론을 거쳐 애굽으로 가는 구릉에 있는 마을.
2. **관련기사** - ①본명은 에브랏이다(창35:19). ②라헬이 장사된 곳(창35 ; 19). ③미가의 집 제사장의 고향(삿17:1-13). ④에브라임 지방 레위인의 첩의 고향(삿19:1-30). ⑤룻의 시아버지 엘리멜렉의 고향. 그의 시어머니 남편의 고향이기도하다(룻1:1, 19). ⑥보아스의 고향(룻4:9-11). ⑦다윗의 고향(삼하10:1-18)으로 기름부음을 받은 곳. ⑧다윗이 도망해 다닐 때 블레셋 군대가 주둔했다(대상11:17-19). ⑨다윗의 이곳 샘물을 길어오게 했다(삼하23:13-17, 대상11:15-19). ⑩다윗의 친척 아사헬이 이곳에 묻혔고 ⑪다윗의 용사 엘하닥의 출생지이다(삼하23:24, 21:19). ⑫르호보암이 예루살렘 방어를 위해 이곳을 요새화했다

(대하11:6). ⑬그다랴를 죽인 자들이 여기 대피했다(렘41:17). ⑭미가서에는 에브라다라 불렀다(미5:2). ⑮이 이름은 씨족 이름이다(대상2:19, 48:7). ⑯메시야가 날 곳이란 미가의 예언이 성취되었다(마2:6, 미5:2). ⑰바벨론에서 귀국한 유다사람의 거주지(느7:26). ⑱호적령에 따라 요셉과 마리아가 찾아간 곳(눅2:4-5). ⑲서기관과 제사장들이 메시야의 탄생지로 알고 있던 곳(마2:4-5). ⑳예수님이 탄생 하신곳(마2:1-6, 눅2:). ㉑다윗의 동네라고 말함(눅2:11). ㉒목자들이 탄생하신 예수님을 찾아간 곳(눅2:4-15). ㉓헤롯이 영아를 학살한 곳(마2:8, 16).

2 스불론의 베들레헴(수19:15). ①나사렛 서북 10km 지점의 베일 람인데 사사 입산의 고향(삿12:8-10). ②그의 무덤이 있는 땅(삿12:8, 10).

베들레헴 사람[bethlehemite]인(삼상16:1) 유다 베들레헴 출신자를 일컷는 말. 다윗의 아버지 이새(삼상17:58)와 다윗의 용사 엘하난의 아버지 야레오르김을 가리켜 한 말(삼하21:19).

베띠[hemp cloth belt]명(렘13:1) 베로 허리를 묶기 위하여 만든 띠.

베라[בֶּרַע = 선물, 우뚝 솟다]인(창14:2) 아브라함 시대의 소돔왕. 그돌라오멜이 침략하였을 때 패했다.

베레갸[בֶּרֶכְיָה = 주께서 복 주심]인

1 잇도의 아들로 예언자 스가랴의 아버지(슥1:1, 7).

2 다윗시대 사람으로 여호와의 회막에서 찬송하는 직무를 맡았던 사람(대상6:39, 15:16).

3 다윗시대의 레위인 아삽의 아버지. 법궤를 예루살렘으로 옮길 때 지킨 사람(대상15:23).

4 이스라엘왕 베가시대의 한 씨족의 우두머리(대하28:12). 유다 포로를 돌려 보내도록 하였다.

5 스룹바벨의 아들(대상3:20).

6 레위지파 느도바사람 엘가나의 자

손으로 아사의 아들(대상9:16).
7 느헤미야시대 성전문을 수리한 사람(느3:4, 30, 6:18). 므세사벨의 아들로 므술람의 아버지.
* 바라갸라고도 부름(마23:35).

베레스[פֶּרֶץ = 분열됨]인
1 유다가 다말에게서 낳은 아들. 세라와 쌍둥이(창38:29) 예수님의 계보에 있는 사람(마1:3).
2 므낫세 자손 마길의 아내 마아가가 낳은 아들(대상7:16).

베레스 웃사[פֶּרֶץ עֻזָּא = 웃사가 터짐, 웃사가 위반함]지(삼하6:8) 다윗이 하나님의 언약궤를 예루살렘으로 옮겨올 때 하나님의 궤가 넘어지려는 것을 보고 웃사가 손을 대었기 때문에 하나님께서 그를 치심으로 죽었다. 다윗이 후에 이곳을 베레스 웃사라고 하였다(대상13:11). 갸랏 여아림의 동쪽 언덕으로 여긴다.

베레야[בֶּרֶכְיָה = 여호와 복주심]인 (대상15:17) 다윗이 언약궤를 옮길 때 음악을 담당한 레위사람 아삽의 아버지 헤만의 형제로 요엘의 아들.

베렛[בֶּרֶד = 우박]인(대상7:20). 에브라임의 손자이며 수델라의 아들. 하닷의 아버지. 민26:35의 베겔과 같은 사람.

베로대[בֵּרֹתַי = 우물]지(삼하8:8) ①소바왕 하닷에셀에게 속한 수리아의 성읍. ②다윗이 소바와 수리아를 치고 이곳에서 많은 놋을 빼앗아 왔다(삼하8:8). 하닷과 다메섹 사이에 있던 브로다와 같은 곳(겔47:16) 현재의 베이롯으로 이곳에는 암석에 판 우물이 남아 있다.

베롯[בֵּרֹתִי = 우물]지(대상11:39) 베냐민의 성읍. 요압의 병기 잡은 자 나하랫의 출신지. 브에롯과 같은 곳.

베뢰아[Βέροια=너머의 땅]지
1. 위치 - 데살로니가 서편 80km 지점 마게도냐의 한 성읍.
2. 관련기사 - ①사도 바울이 2차 선교여행 때 데살로니가에서 나와 이곳에서 전도하여 성공하였다(행17:10-14). ②이곳 사람은 성경을 연구했다(행17:11). ③바울 일행은 선동하는 무리들 때문에 이곳을 떠났다(행17:13-14). ④바울 당시는 매우 번영했다. 후에 바울의 동반자가 된 소바더는 이 도시 출신이다(행20:4). 현재는 베리아인데 주민 중에는 터기인이 많다.

베뢰아 사람[berean]인(행20:4) 베뢰아 출신자. 데살로니가 사람보다 신사적이었다. 간절한 마음으로 바울과 실라의 말을 듣고 확인하기 위하여 성경을 연구했다. 믿는 사람이 많아졌고 그 중에는 헬라의 귀부인과 남자도 많았다(행17:10-13). 브로, 소바더는 이곳 사람이다. 소바더는 바울과 함께 아시아로 갔다(행20:4).

베리[בֶּרִי = 우물에]인(대상7:36) 아셀족의 자손 소바의 아들이며 족장. 용사. 방백.

베림[הַבֵּרִים]지(삼하20:14) 아벨과 벧 마아가 사람들과 같이 요압을 따른 사람들이 살던 곳으로 여긴다. 비그리와 동일시 한다.

베배[בֵּבָי = 아버지다운]인
1 스룹바벨과 같이 바벨론에서 돌아온 사람으로 율법엄수 계약을 같이 한 사람(느10:15).
2 바벨론에서 돌아와 이방인 아내와 헤어진 사람(스10:28)의 조상.
3 에스라와 함께 바벨론에서 돌아온 족장 스가랴의 아버지(스8:11).

베새[בֵּסַי = 짓밟음]인(스2:49) 바벨론에서 귀국한 성전봉사자(느디님) 가족의 선조(느7:52)

베새[בֵּצַי = 권세를 부림, 칼]인
1 포로된 바벨론에서 귀국한 사람 323명의 조상(스2:17, 느7:23).
2 포로된 바벨론에서 귀국하여 율법엄수를 계약한 사람으로 백성의 두목(느10:18).

베섹[בֶּזֶק = 갈라진 틈, 빛남]지
1 가나안 사람의 왕 아도니 베섹의 거주지(삿1:4). 브리스 사람도 같

이 살았다(삿1:5). 유다사람이 브리스 사람 1만명을 죽인 곳(삿1:5) ② 사울이 길르앗 야베스를 구원하기 위하여 진군할 때 군대를 사열한 곳(삼상11:8).

베셀[בֶּצֶר=성체, 요해]인(대상7:37) 아셀지파 사람 소바의 아들이며 족장.

베셀[בֶּצֶר=성체, 요해]지(신4:43) 모압 고지대에 있던 성읍. ①르우벤지파의 땅으로 도피성. 후에 레위 사람들에게 주었다(수20:8, 21:36). ②므라리 사람의 거주지(대상6:78). ③세스본 동쪽 지역. 고고학자들이 발굴한 메사의 비문에 베셀을 세웠다고 제 2행에 기록되어 있다. 이스라엘 백성에게 쫓겨난 메사가 후일에 다시 찾아 재건한 것으로 여긴다.

베스도[Φῆστος=명절, 기쁨]인
1. 인적관계 - 로마의 총독.
2. 관련기사 - ①벨릭스의 뒤를 이어 유대 총독이 되었다(행24:22). ②단기 재직에는 훌륭한 행정관이었다. 바울이 경의를 표했다(행26:24). ③바울의 무죄함을 알았으나 산헤드린 재판을 제의. 바울은 유대인의 억지에 양보할까 염려하여 가이사에게 호소했다. 베스도가 이를 허락하였다(행25:). ④아그립바는 바울이 가이사에게 호소하지 아니하였더라면 놓을 수 있었다고 했다(행26:32).

베실[hemp yarn, linen]명(출26:1) 삼 껍질을 가늘게 갈라서 만든 실. 마사(麻絲).

베옷[sheet]명(레13:47) 베로 지은 옷. 삼베옷. 무명옷. ①세마포 옷(잠31:24). ②예수님의 수의(마27:59). ③마가 요한의 겉옷(막14:51). 굵은 베옷도 있다.

* 베옷을 입는 뜻은 - ①슬픔을 표시(창37:34, 삼하3:31). ②항복을 표시(왕상20:31, 32). ③금식의 표시(시58:5). ④회개의 표시(느9:1-3, 마11:21).

베짱이[grass hopper]명(레11:22) 여치과의 날아다니는 벌레.

베틀[loom, weaver]명(욥7:6) 베를 짜는 틀. 직조기.

베틀의북[shuttle]명(욥7:6) 베를 짤 때 날줄을 넣는 도구. 상징적으로 빨리 지나가는 인생길을 표현한 말.

베틀채[weaver's rod]명(삼상17:7) 베를 짤 때 날줄을 올렸다 내렸다 하는 장치에 딸린 나뭇가지. 골리앗의 창자루를 표현할 때 사용된 말이므로 베틀의 양쪽 수평목을 가리킨 말로 보아야 한다. 일반적인 채는 가늘기 때문이다. 보통의 창자루보다 크고 600세겔(약6.5kg)이나 되는 창날을 박을 수 있을 정도면 보통사람의 다리 굵기로 보는 것이 타당하다.

베풀다[hold, show]타(창19:3) ①무슨 일을 펴서 열다. 차려놓다. 늘어놓다. ②은혜를 입히다. grant. ③물건이나 돈을 주다. give.

벤[בֵּן=아들]인(대상15:18) 다윗왕 때 성전에서 음악을 한 사람. 둘째 반열에 속한 사람이다.

벤게벨[בֶּן־גֶּבֶר=게벨(영웅)의아들]인(왕상4:13) 솔로몬왕 때 길르앗 라못의 지방장관.

벤 데겔[בֶּן־דֶּקֶר = 데겔(찌름)의 아들]인(왕상4:9) 솔로몬왕의 12식량 장관중의 한 사람. 이 장관들은 왕과 왕실을 위하여 식물을 예비하되 각기 1년에 한 달씩 식물을 예비하였다. 벤 데겔은 마가스, 사알빔, 벧세메스 엘론 벧하난등의 전 지역을 담당했다.

벤 소헷[בֶּן־זוֹחֵת = 소헷(자랑)의 아들]인(대상4:20) 유다 사람 이시의 아들.

벤 아비나답[בֶּן־אֲבִינָדָב = 아비나답(관용)의 아들]인(왕상4:11) 솔로몬의 딸 다밧의 남편으로 12장관중 돌 높은 땅을 담당한 사람.

벤 암미[בֶּן־עַמִּי=내 근친의 아들]인

(창19:38) 롯의 작은 딸의 아들. 암몬족의 조상.

벤 하난[בֶּן חָנָן = 은혜로운 분의 아들]인(대상4:2) 유다 사람 야베스 계통의 시몬의 아들.

벤 하닷[בֶּן הֲדַד = 하닷(神)의 아들] 인(왕상15:18) 하닷은 서부 아시아에서 섬기던 "폭풍의 신"으로 아람시대 다메섹 세 왕의 이름이다.

① 다메섹왕 다브림몬의 아들(왕상15:18). 헤시온의 손자(왕상15:18) 벤하닷 Ⅰ세. ①유다왕 아사가 예루살렘 궁전과 성전의 금과 보물을 보내어 이스라엘 왕 바아사를 칠 것을 제의 하자 이를 수락하여 이스라엘의 동북 변경을 약탈했다(왕상15:17, 대하10:2). ②다메섹에서 지중해 해상로를 확보했다(왕상15:18-24, 대하15:19-16:6).

② 벤하닷 Ⅱ세. 벤하닷 Ⅰ세의 아들. 유능한 군인 정치인. ①이스라엘 왕 아합과 싸워 패하고 아람왕과 평화조약을 맺게 되었다(왕상20:1-34). ②이스라엘 사람의 상가를 허락했다(왕상20:26-34). ③공동의 적 앗수르의 살만에셀의 서부 침공으로 3년간 이스라엘과의 평화조약이 지속되었다(왕상22:1). ④그의 부하 하사엘에게 죽임을 당했다(왕하8:15). 하사엘이 왕이 되었다.

③ 벤하닷 Ⅲ세. 하사엘의 아들로 후계자(왕하13:3, 25). 요아스왕이 세번 쳐서 패망시켰다. 그의 아버지 하사엘이 확장한 성읍을 지키지 못하고 잃었다(왕하13:22-25).

벤 하닷의 궁전[fortresses of benhadad]명(렘49:27) 아람 다메섹에 있던 궁전을 일컫는 말(암1:4).

벤 하일[בֶּן חַיִל = 용사의 아들]인 (대하17:7) 유다의 방백으로 여호사밧왕의 명을 따라 성읍에 파송되어 율법을 가르친 사람.

벤 헤셋[בֶּן חֶסֶד = 긍휼의 아들]인 솔로몬의 식량을 맡은 12장관 중 하나. 왕실을 위하여 일년에 한 달의 식물을 예비하였다(왕상4:10).

벤 훌[בֶּן חוּר = 훌의 아들]인(왕상4:8) 솔로몬의 식량을 맡은 12장관 중 하나. 제1구인 에브라임 산지를 담당하였다. 이 관장은 왕과 왕실을 위하여 일년에 한 달의 식물을 예비하였다.

벤 가델[בֵּית גָּדֵר = 돌담의 집]지(대상2:51) 유다의 성읍. 가델과 같은 곳(수12:13).

벤 가물[בֵּית גָּמוּל = 낙타의 집]지(렘48:23) 모압의 성읍. 디본 동편에 있던 곳으로 여김. 하나님의 심판으로 유명한 곳.

벤 갈[בֵּית כַּר = 어린 양의 집]지(삼상7:11) 이스라엘 백성이 사무엘의 지도로 블레셋 사람을 몰아낸 곳. 블레셋 평원의 유다성읍. 세례 요한의 출생지로 추정한다. 지금의 아인카렘.

벤 길갈[בֵּית הַגִּלְגָּל = 환상의 집]지 (느12:29) 여리고 부근의 성읍. 길갈과 같은 곳으로 예루살렘 성벽 낙성식에 참가한 노래하는 레위 사람들이 살던 곳.

벤 니므라[בֵּית נִמְרָה = 표범의 집] 지(민32:36) 요단 동편 요새화 된 모압의 성읍. 갓 지파에게 분배된 곳(수13:27).

벤다곤[בֵּית דָּגוֹן = 다곤(곡물의신)의 집]

① 유다 평지의 성읍(수15:41).
② 아셀의 변경에 있던 성읍(수19:27). 악고의 동남 갈멜산 기슭의 마을로 여김. 다곤신을 숭배하는 곳임을 그 명칭을 보아 알 수 있다.

벤 담부아[בֵּית תַּפּוּחַ = 사과의 집] 지(수15:53) 유다 남부의 성읍. 헤브론 서북 5km 지금의 엘뎀 바.

벤 디블라다임[בֵּית הַדִּבְלָתָיִם = 두 무화과 과자의 집]지(렘48:22) 예레미야가 멸망할것을 예언한 모압의 성읍. 알몬 디블라다임과 같은 곳(민33:46). 메사왕이 건축하였다.

벤르바웃[בֵּית לְבָאוֹת = 암사자의집] 지(수19:6) 사르헨 근처에 있던 시므온의 성읍. 벤비리와 르바웃과 같은 곳(대상4:31, 수15:31).

벧 르홉[בֵּית רְחֹב=넓은 집][지](삼하10:6) 단지역의 성읍. 베드르홉과 같은 곳(삿18:28). 이곳 주민은 암몬사람과 한 패가 되어 다윗에게 대적하였다(삼하10:6). 르홉이라고도 한다(삼하10:8).

벧 마아가[בֵּית מַעֲכָה= 마아가의 집][지](삼하20:14) 헤르몬산 기슭 단의 서편 6km지점의 성읍으로 비옥한 땅. ①다윗의 용사 요압이 다윗을 대적하는 세바를 잡으려고 이 도(道)의 아벨 성까지 갔다(삼하20:14-22). ②애굽의 도도모스Ⅲ세가 점령한 팔레스틴의 109성중의 하나인 옛 성읍. 벤하닷의 공격을 받았다(왕상15:20). ③디글랏 빌레셀 Ⅲ세가 이 성 백성을 포로하여 갔다(왕하15:29).

벧 말가봇[בֵּית מַרְכָּבוֹת = 전차(병거)의 집][지](수19:5) 유다 남단 시므온의 땅. 세벨라의 평지에 있던 마을(대상4:31)

벧 메르학[בֵּית מֶרְחָק = 성 끝의 집][지](삼하15:17) 다윗이 압살롬의 반란을 피하여 첫번 피한 곳이다.

벧 므온[בֵּית מְעוֹן=도피의 집][지](렘48:23) 모압의 성읍. 바알므온과 같은 곳(민32:38).

벧 밀로[בֵּית מִלּוֹא=요해의 집][지] 세겜의 성읍. 세겜의 망대와 같은 곳(삿9:40, 49).

벧 바라[בֵּית הָרָה=도선장][지](삿7:24) 기드온이 에브라임을 시켜 미디안 장관 오렙과 스엡을 사로 잡아왔다(삿7:24-26). 이스라엘 남쪽. 이곳은 요단강을 건너는 나루터다. 현재의 이바라로 여긴다.

벧 바세스[בֵּית פַּצֵּץ=분산의 장소][지](수19:21) 잇사갈 지파가 차지한 땅의 성읍. 다볼산 부근, 엔간님, 엔하닷 가까운 곳으로 여긴다.

벧 바알 므온[בֵּית בַּעַל מְעוֹן = 바알므온의 신전][지](수13:17) ①모압의 성읍. 르우벤 지파가 차지하였다. ②처음에는 바알므온이라 하였다(민32:38). ③이스라엘 백성이 벧자를 가하고 바알 2자를 빼고 벧므온이라 함(렘32:3). ④또 간단히 므온이라고 하였다(민32:3).

벧 벨렛[בֵּית פֶּלֶט=피난의 집][지](수15:27) ①유다 남부의 고을(수15:27). ②바벨론에서 귀환한 후에도 차지하였다(느11:25). 가사의 남쪽 25km지점 지금의 텔 화라로 최근 유물이 많이 발견되었다.

벧 브올[בֵּית פְּעוֹר= 브올신전][지](신3:29) ①모압의 땅이었으나 르우벤의 영토가 된 곳(수13:20) ②느보산 북쪽 8km지점 비스가 산맥 가까운 곳인데 그 맞은 편에 이스라엘이 진을 쳤다(신3:29). ③모세의 묘지가 이 근처에 있으리라 생각된다(신34:6).

벧 비리[בֵּית בְּרִאִי = 나의 창조자의 집][지](대상4:31) 시므온 지파가 차지한 땅의 성읍. 벧르바옷과 같은 곳(수19:6).

벧 산[בֵּית שְׁאָן=안전의 집][지] (삼상31:10) 요단계곡 얄룻강 남안의 성읍으로 ①잇사갈 지파에게 분배되었다. 후에 므낫세 지파가 차지했다(벧스안-수17:11, 대상7:29). ②므낫세 지파 사람은 가나안 사람을 완전히 추방하지 못하고 조공을 받았다(수17:12-17, 삿1:27-28). ③길보아산 전투에서 전사한 사울왕과 그의 아들들의 시체를 성벽에 못박았다(삼상31:10-13, 삼하21:12-14).

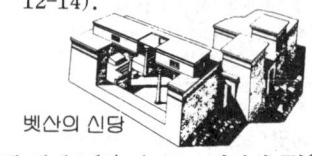

벤산의 신당

벧 세메스[בֵּית שֶׁמֶשׁ=태양의 궁][지] ① 유다의 성읍
1. **위치** - 유다의 북단 소렉 골짜기의 마을(수15:10). 본래는 헤레스(태양의 산)라고 하는 아모리 사람의 성읍(삿1:35).
2. **관련기사** - ①단 지파에게 분배된 마을(수15:10). ②이르세메스라고도 부름(수19:41). ③레위인의 거주지(수21:16). ④단 지파가 북

쪽으로 이동한 후 유다의 성읍이 되었다(수15:10). ⑤아벡에서 블레셋이 승리한 이후(삼상4:) 하나님의 법궤가 아스돗으로 옮겨갔고(삼상5:) 하나님의 법궤가 돌아온 곳(삼상6:10-7:2). ⑥솔로몬의 제2행정구역에 속한 마을(왕상4:9). ⑦유다왕 아마샤가 이스라엘왕 요아스에게 패한 곳(왕하14:11-13, 대하25:21-24). ⑧아하스 치세 때 블레셋에 빼앗긴 마을(대하28:18).

* 발굴된 도자기로 보아 주전2000~600년까지 주민이 살았으며 견고한 요새였으나 마침내 느부갓네살 Ⅱ세의 군대에게 멸망된 듯 하다.

② 잇사갈의 성읍(수19:22) 갈릴리 호수 남쪽 요단강이 흘러 내리는 엘 아베이디르 여긴다.

③ 납달리 마을(수19:38). 가나안 사람을 축출하지 못하고 이들을 강제노동에 종사시켰다(삿1:33).

④ 애굽의 한 도시. 태양숭배의 중심지(렘43:13). 우상숭배로 멸망할 것이 예언됨.

벧 세메스 사람[people of beth she-mesh]인(삼상6:13) 유다의 벧 세메스 출신자. 하나님의 궤가 블레셋에서 돌아올 때 본 사람. 법궤는 여호수아의 밭에서 섰다(삼상6:14-18).

벧 술[בֵּית צוּר = 바위집]지
1. 위치 - 아얄론 남쪽 헤브론의 산간 동리(대상2:45). 헤브론 북쪽 6km 지점. 옛날에는 유다국에서 가장 강한 성이었으나 지금은 작은 마을이다. 마카비시대의 요새지. 주전 165년 루시아의 희랍군을 이곳에서 격파하였다.
2. 관련기사 - ①유다지파 갈렙 족속의 정착지(대상2:45). ②르호보암이 요새화 한 곳(대하11:7). ③바벨론에서 귀국한 백성의 정착지(느3:16).

벧 스안[בֵּית שְׁאָן = 안전의 집]지
1. 위치 - 잇사갈 지파와 므낫세의 경계의 마을(수17:11). 벧산이라고도 한다(삼상31:10). 갈릴리 호수 남쪽 18km지점. 요단강 서쪽 6.4km되는 지금의 베산.
2. 관련기사 - ①주민은 철병거를 사용하였다(수17:16). ②므낫세의 관리 마을이었으나 원주민을 쫓아내지 못했다(수16:16, 삿1:27). ③솔로몬 때 바아나가 관장한 곳(왕상4:12). ④벧산, 벳산이라고도 하는데 사울과 그 아들이 블레셋과 싸우다가 이곳을 빼앗기고 전사하였다(삼상31:10-13, 삼하21:12-14).

벧 싯다[בֵּית הַשִּׁטָּה = 아카시아 나무의 곳]지(삿7:22) 요단강 유역 사르단 부근의 마을. 기드온이 미디안 군대를 추격하여 물리친 곳.

벧 아낫[בֵּית עֲנָת = 아낫(여신)의 신전]지(수19:38) 가나안 수리아에서 예배하던 여신 아낫에서 유래된 이름으로 납달리 지파에게 분배된 기업. 원주민을 다 쫓아내지 못하고 그들과 같이 살았다(삿1:33).

벧 아놋[בֵּית עֲנוֹת = 아낫의 신전]지(15:59) 유다의 헤브론 북쪽 지역.

벧 아라바[בֵּית הָעֲרָבָה = 아라바 저지(低地)의 집]지(수15:6) 유다와 베냐민의 경계. 요단 평원의 성읍. 수18:18에는 아라바라고 하였다.

벧 아벨[בֵּית אַרְבֵּאל = 아벨의 집]지(호10:14) 앗수르왕 살만에셀에게 멸망당한 성읍. 오늘의 길벳 이르비드로 여긴다.

벧 아스마웻[בֵּית עַזְמָוֶת = 죽음의 힘의 집]지(느7:28) 바벨론에서 돌아온 사람들이 정착한 곳. 예루살렘근처 아스마웻과 같은 곳.

벧 아웬[בֵּית אָוֶן = 사악의 집, 허영의 집, 우상의 집]지(수7:2) ①벧엘 동편, 아이성이 가까운 곳(수7:2). ②광야 황무지(수18:12). ③블레셋 사람이 동편에 진을 쳤다(삼상13:5). ④아얄론 가는 길(삼상14:23). ⑤의미가 나쁜 것으로 보아 벧엘(하나님의 집)을 비유적으로 호세아가 쓴듯하다(호4:15. 5:8, 10:5).

벧에던[בֵּית עֵדֶן = 환란의 집]지(암 1:5) 아람(수리아)의 중요도시. 정치적으로 다메섹과 관련된 땅.

벧 에멕[בֵּית הָעֵמֶק = 평원의 집]지 (수19:27) 아셀지파의 성읍. 아크레 평야에 있었다. 지금의 악고의 동북쪽 8km지점 델 미마스로 여긴다.

벧 에셀[בֵּית הָאֵצֶל = 비탈진 곳]지(미 1:11) 유다 남부의 성읍. 드빌의 북동 5km지점 지금의 데일 엘 아살로 여김.

벧 엘[בֵּית־אֵל = 하나님의 집]지
① 에브라임의 벧엘.
1. **위치** - 예루살렘 북편 세겜쪽으로 19km, 실로 남방 29km. 아이성의 서편3km지점의 동산 꼭대기에 서 있는 오늘의 베이틴 동네. 우물 넷이 있어 동네에 좋은 물을 공급한다. 옛날에는 마을 남쪽에 반석을 파고 만든 저수지까지 있었다. 벧엘은 라기스 보다 먼저 이스라엘에게 점령되었으며 본래 이름은 루스(Luz)였다.
2. **고대** - ①아브라함이 여기 천막을 치고 그의 첫 팔레스틴에서의 제단을 쌓은 곳(창12:8). ②동쪽 언덕에서 여리고 성이 보인다. 롯이 여기서 들을 바라보고 욕심에 찬 선택을 한듯하다(창13:). ③야곱이 에서를 피하여 하란으로 가는 길에 하나님의 역사를 꿈에 본 후 "하나님의 집"이라고 이름지었다(창28:19). ④야곱이 하나님께 충성을 맹세하고 이곳에 제단을 쌓았다(창28:11-22). ⑤야곱이 세겜을 떠나 벧엘에 와서 제단을 쌓고 엘벧엘이라 하고 돌기둥을 세웠다(창35:1-7, 14, 28:18-22). ⑥야곱이 밧단 아람에서 돌아오는 길에 여기서 하나님의 은총에 대하여 확증을 얻고 야곱이 그 곳을 벧엘이라 했다(창28:19, 13, 15).
3. **가나안 정복이후** - ①베냐민 지파에게 망했다(수18:22) ②에브라임 지파에게 망한 곳(대상7:28). ③여사사 드보라가 벧엘에 살면서 재판했다(삿4:5). ④길갈에 있던 법궤를 이곳으로 옮겨와 하나님을 예배했다(삿20:18-31). ⑤하나님께 희생의 제물을 드린곳(삿21:2-4). ⑥백성들의 정신문제를 자문해 주기 위하여 늙은 선지자 사무엘이 해마다 이곳을 순행했다(삼상7:16). ⑦사람들이 제물을 가지고 찾아간 곳(삼상10:3). ⑧사울왕은 벧엘사람을 군인으로 뽑았다(삼상13:2). ⑨다윗은 전리품의 한 부분을 벧엘에 보냈다(삼상30:27). ⑩여로보암이 예루살렘으로 백성들이 가는 것을 막기 위하여 금송아지를 세우고 성소로 만들었다(왕상12:29-33). ⑪예후도 성소로 유지했다(왕하10:29). ⑫북왕조 이스라엘의 제일 큰 성소가 되었다(암7:10).⑬아비야에게 점령된 곳(대하13:19). ⑭엘리야가 지나간 곳(왕하2:1-3). ⑮엘리사가 올라간 곳. 도중에 아이들에게 조롱을 당했다(왕하2:23-24). ⑯우상숭배로 인하여 선지자들의 책망을 받았다(렘48:13, 호10:5, 암3:14). ⑰아모스가 벧엘을 향해 설교를 하다가 위험에 빠졌다(암7:10-13). ⑱호세아는 벧엘을 벧아웬(사악한 집, 우상의 집)이라고 불렀다(호4:15, 10:5, 8). ⑲앗수르의 영토가 되었다(왕하17:24-28). ⑳유다 요시야왕이 탈환하여 종교개혁을 하였다(왕하23:4-16). ㉑바벨론에서 귀국한 백성이 살았다(스2:28, 느7:32). ㉒베냐민 족속에게 반환되었다(느11:31).

② 유다의 동네. 시므온 사람의 거주지로 위치는 알 수 없다. 브돌 브두엘등 여러 이름으로 나타나 있다(수19:3, 삼상30:22, 대상4:30).

벧 여시못[בֵּית הַיְשִׁימוֹת = 황야(사막)의 집]지
1. **위치** - 요단강 하류(사해)의 동편 모압평지에 있었다(수13:27).
2. **관련기사** - ①출애굽한 이스라엘 백성이 마지막으로 머물렀던 곳(민33:49). ②르우벤 지파에게 분배된 땅(수13:2). ③후에 모압에

벧 하간[בֵּית הַגָּן = 동산의 집](왕하9:27) 한글 성경에는 동산정자로 번역된 곳. 에스드라 엘론 평원 남단의 성(길)으로 유다왕 아하시야가 예후를 피해서 도망한 곳. 언 간님과 같은 곳으로 여김(수19:21, 21:19).

벧 하란[בֵּית הָרָן = 높은 곳, 산당의 집](민32:36) ①모압 평지에 있던 갓지파의 성읍(수13:27- 벧하람). ②헤롯의 생일 연회를 이곳 궁전에서 행하였다(마14:12-성경에는 지명이 기록되지 않았다). 여리고 건너 9km지점. 현재는 텔엘라메.

벧 하람(수13:27) → 벧 하란

벧 학게렘[בֵּית הַכֶּרֶם = 포도의 집] ①유다의 성읍(느3:14) ②신호를 보내는 곳(렘6:1). ③에스라 때 레갑의 아들 말기야가 다스린 곳(느3:14).

벧 호글라[בֵּית חָגְלָה = 자고새(메추라기)의 집](수15:6) 유다의 동부경계 베냐민 지파의 성읍(수18:19, 21). 사해 북쪽 가까이, 요단의 서쪽 현재의 아인 하질라어와 같은 곳으로 추정함. 그리스도께서 세례를 받으신 곳으로 여겨 순례자가 많이 찾아든다.

벧 호론[בֵּית חוֹרוֹן = 호론 신의 집, 굴 집]
1. **위치** - 아얄론 평야에서 기브온과 예루살렘으로 가는 두 산성 동리(수10:10).
2. **관련기사** - ①여호수아가 기브온을 물리친 곳(수10:10-14). ②에브라임과 베냐민의 경계 마을(수16:3-5). ③레위 자손 그핫 사람에게 준 마을(수21:20, 대상6:68). ④솔로몬이 요새화 한 곳(왕상9:17, 대하8:5). ⑤에브라임의 딸 세라가 세운 마을(대상7:24). ⑥북왕국 이스라엘에 속했다(대상7:24). ⑦호론 사람 산발랏의 출신지(느2:10). ⑧아래 벧 호론과 위 벧호론이 있다. 비탈길로 약 4km의 사이를 두고 이루어졌다(수16:15, 21:22, 수18:13, 왕상9:17).

벧[בֵּל = 주(主)](사46:1) 아카드어로 벨루인데 바알과 같다. 바벨론의 우상 므로닥의 히브리 이름. 바벨론은 세 수호신을 섬겼는데 아누는 태양으로 하늘을, 벨은 공중과 땅을, 아이는 땅속과 물나라를 다스렸다. 메소보다미아의 지배적 신(렘50:2, 51, 44).

벨드사살[בֵּלְטְשַׁאצַּר = 왕의 생명을 지켜주소서](단1:7) 바벨론 환관장이 다니엘에게 지어준 바벨론의 이교적인 이름(단2:26). 다니엘의 이름이 바벨론 이름으로 바뀌었으나 신앙은 바뀌지 않았다.

벨라[בֶּלַע = 멸망, 삼킴]
1 에돔왕 브올의 아들(창36:32, 대상1:43).
2 베냐민의 큰 아들(창46:21) 벨라 사람의 선조(민26:38)
3 길로앗 주민 르우벤 사람 아사스의 아들(대상5:8)로 두목.

벨라[בֶּלַע = 멸망, 삼킴]
1 사해 부근 시날의 연합군에 약탈 당한 5성중 하나. 소갈과 같은 곳으로 여긴다(창14:2).
2 르우벤 자손의 거주지(민26:38).

벨렉[פֶּלֶג = 나누임, 흐르는 물](창10:25) 에벨의 아들 또는 자손. 예수님의 계보에 기록된 사람(창11:16-19, 대상1:19, 25, 눅3:35).

벨렛[פֶּלֶט = 해방, 자유]
1 유다사람 갈렙 자손 야대의 아들(대상2:47).
2 다윗의 용사. 베냐민 사람 아스마웻의 아들(대상12:3). 시글락에서 다윗을 도운 용사.

벨렛[פֶּלֶט = 신속, 빠름]
1 르우벤 자손 온의 아들(민16:1). 고라와 같이 모세를 반역했다.
2 유다 자손 요나단의 아들(대상2:33) 사사의 형제.

벨리알[בְּלִיַּעַל = 사악한 신, 무가치한 자](삼상2:12) 구약성경에는 아들, 딸, 자녀들, 사람 등의 접두어와 결합하여 불량자 극악한 자, 비루한 사람을 가리킨다. (삼상2:12, 10:27, 삿19:22). 신약에서는 바울이 사단과 같은 뜻으로 사용했다(고후6:15). 하나님을 대항하는 자. 사단. 마귀.

벨릭스[Φηλιξ = 즐겁다, 행복]인
1. **인적관계** - ①유대총독(11대 주후52년-60년)(행23:24). ②드루실라의 남편(행24:24).
* 로마황제 글라우디오의 신하 팔라스의 동생으로 황족을 섬기는 노예로부터 자유인이 되어 유대총독에까지 승진했다. 그는 폭정을 하여 제사장을 죽이고 고소사건의 재판에도 부정을 하였다. 그는 세번이나 이혼을 했다. 그의 세째 아내는 아그립바 I세의 딸로서 강제로 그 남편과 이혼시키고 자기의 아내로 삼았다. 그는 가이사랴에서 바울을 심문하여 바울이 무죄한 것을 알면서도 뇌물을 받을 목적으로 재판을 연기하여 가이사랴 시민에게 고소를 당하여 로마에 재판을 받기 위해 소환을 당했으나 그의 동생 팔라스의 청에 의해 네로 황제의 용서를 받았다.
2. **관련기사** - ①바울의 일로 글라우디오 루시아로부터 편지를 받았다(행23:25-30). ②바울이 마지막 예루살렘 방문시 체포되었을 때의 총독으로 바울을 심문하였다(행23:24-27). ③바울에게 변론할 기회를 주었다(행24:10-21). ④바울에 관한 재판을 연기했다(행24:22-23). ⑤아내와 같이 바울의 말을 듣고 두려워 하였으나 회개하지 아니했다(행24:26). ⑥뇌물을 바랐던 사람(행24:26-27)

벨사살[בֵּלְשַׁאצַּר = 벨이여 왕을 지키소서]인
1. **인적관계** - 바벨론 왕 느부갓네살의 아들(단5:2, 22). 갈대아 사람.
* 바사군에 패한 바벨론 왕
2. **관련기사** - ①성전의 기명으로 잔치를 하였다(단5:1). ②잔치 도중 벽에 나타난 글씨를 보고 놀랐다(단5:5-12). ③다니엘에게 도움을 청했다(단5:13-16). ④다니엘이 글씨의 뜻을 해석해 주었다(단5:17-29). ⑤다니엘에게 상을 주었다(단5:29).

벳바게[Βηθφαγή = 무화과의 장소]지(마21:1) 베다니와 예루살렘 사이에 있던 마을. 감람산 동족, 예루살렘에서 여리고로 가는 길가에 있다. 예수님께서 이곳에서 나귀 새끼를 타시고 예루살렘에 입성하셨다(막11:1-7). 벧바게라고표기하는 것이 통일성이 있다.

벳 브올[בֵּית פְּעוֹר = 브올의 신전]지(신4:46) 모압의 한 성읍. 벧브올과 같은 곳.

벳산[בֵּית שָׁן = 조용한 집]지(삼하21:12) 요단 유역의 성읍. 벧산과 같은 곳.

벳새다[Βηθσαϊδά = 어부의 집]지
1. **위치** - 갈릴리 호수 동북쪽 가버나움 근처 어부마을(막6:45, 요12:21). 로마황제의 딸 벳새대 율리오의 이름을 따서 지었다.
2. **관련기사** - ①베드로, 안드레, 빌립의 고향(요1:44, 12:21). ②예수님께서 소경을 고치신 곳(막8:22). ③주민은 불신앙적이어서 예수님의 책망을 들었다(눅3:1). ⑤예수님께서 5병 2어로 5,000명을 먹이신 곳(마14:13-21, 눅9:10-17). ⑥제자들이 배를 타고 먼저 건너간 곳(막6:45).

벳술[בֵּית צוּר = 암석의 집, 벼랑의 집]인(대상2:45) 마온의 아들.

벼룩[flea]명(삼상24:14) 벼룩무리에 딸린 벌레. 피를 잘 빨아 먹으며 높이 뛴다. 다윗은 사울에 비하여 벼룩이라고 표현했다.

벼리다[temper and sharpen]타(삼상13:20) 무디어진 쇠붙이 연장을 불에 달구어 두드려서 날카롭게 만들다.

벽[壁 ; 벽 벽. wall]명(출14:22) 집의 둘레 또는 방의 칸막이를 하기 위하여 막은 것. 바람벽.

벽돌[壁~ ; 벽벽. brick]명(창11:3)

료(겔4:1). 토관.
2. **벽돌제조** - ①이스라엘 사람이 만듦(출1:13-14). ②짚을 넣지 않고 만듦(축조5:7-18). ⑬암몬사람이 만들었다(삼하12:31).

벽돌가마〔brickwork〕명(나3:14) 벽돌을 굽는 가마

벽돌구이〔brickmaking〕명(삼하12:31) 벽돌을 가마에 넣어 구어내는 일. 연와제조.

벽력〔霹靂 ; 벼락 벽, 벼락 력. thunder〕명(사29:6) 벼락. 뇌성. 공중의 음전기와 양전기가 충돌하여 생기는 현상.

벽옥〔碧玉 ; 푸를 벽, 구슬 옥. jasper stone〕 푸른 빛이나는 옥을 말함. ①대제사장의 흉패에 달았다(출28:20, 39:13). ②보좌에 앉으신 이를 묘사할 때 사용된 보석(계4:3). ③새 예루살렘을 묘사할 때 쓰인 보석의 이름(계21:11). ④새 예루살렘 성곽 기초석(계21:18). ⑤창옥으로도 번역됨(겔28:13).

변〔邊 ; 가 변. interest, usury〕명(겔18:8) 변리, 돈을 빌려 주고 일정 비율을 받는 돈. 이자. 이식. 변리.

변개〔變改 ; 변할 변, 고칠 개. alter, change〕명(레27:10) 바꾸어 고침. 변경.

변경〔邊境 ; 가 변, 지경 경. border, territory〕명(민20:23) 나라의 경계가 되는 곳. 변방. 국경선 끝. 가장자리, 영역을 뜻하는 말이다.

변동〔變動 ; 변할 변, 움직일 동. change〕명(히12:27) 변하여 움직임. 바뀌어 짐.

변론〔辯論 ; 말잘할 변, 의논할 론. strife dispute, debate〕명(삼하19:9) ①옳고 그름을 따짐. ②소송 당사자가 법정에서 하는 주장과 진술.
*①욥의 변론(욥23:7). ②세례 요한의 변론(눅3:15). ③바울의 변론(행17:17-).

변리〔邊利 ; 가 변, 이할 리. interest〕명(출22:25) 변돈에서 느는 이자.
*영세민에게 받는 것을 금함(출22:25, 시115:5, 잠28:8).

변명〔辯明 ; 말잘할(따질) 변, 밝을 명. exculpation〕명(욥13:6) ①옳고 그름을 가려 밝힘. ②무죄함을 밝힘. ③자기 합리화를 함. ④핑계를 함.

변박〔辨駁 ; 분별할 변, 논박할 박, =辯駁 ; 말잘할 변, 논박할 박. reprove〕명(욥24:25) 옳고그름을 가려서 잘못된 것을 꾸짖으면서 말함. refutation.

변방〔邊方 ; 가 변, 모 방. territory, border〕명(민20:16) 국경. 경계선. 변경(邊境). 지경으로 번역된 말(창10:19, 출8:2).

변백〔辨白 ; 분별할 변, 흰 백. exculpation〕명(욥13:35) 변명(辯明).

변별〔辨別 ; 분별할 변, 다를 별. taste, discrimination〕명(욥12:11) 시비, 선악을 분별함. 식별. 분변.

변사〔辯士 ; 말잘할 변, 선비 사. debater, orator〕명(행24:1) ①변호사를 말한다(더둘로를 가리킨 말) ②말을 잘 하는 사람. 또는 연설을 하는 사람. eloquent speaker. 말솜씨가 아주 능한 사람. good talker. 사도 바울은 아무 것도 아님을 스스로 말했다(고전1:20).

변소〔便所 ; 똥 변, 바 소. latrine〕명(신23:12) 똥, 오줌을 누는 곳, 뒷간. 화장실. 바알신당을 헐어버리고 변소를 만들어 사용했다(왕하10:27).

변역〔變易 ; 변할(고칠) 변, 바꿀 역. alter, change〕명(창31:7) 변하여 바뀜. 바꿈. mutation.
*율법도 변역되지만 그리스도가 대제사장이 되신 사실은 변역될 수 없다(히7:12).

변장〔變裝 ; 변할 변, 살 장. disguise〕명(삼상28:8). 옷차림과 모양을 다르게 꾸밈.
***성경에서 변장한 사람** - ①다말(창38:14). ②사울 왕(삼상28:8). ③

아비야(왕상14:2). ④한 선지자(왕상20:38). ⑤이스라엘왕(왕상22:30). ⑥요시야(대하35:2).

변쟁[辯爭; 말잘할 변, 다툴 쟁. complaint]图(욥33:13) 말다툼.

변전[邊錢; 가 변, 돈 전. usury]图(겔22:12) 변리, 이자, 이식. 변돈.

변죽[邊~; 가 변. brim, ledge]图(왕상7:28) 그릇 따위의 가장자리.

변하다[變~; 변할 변. fall, be turned]자타(창4:5) ①전과 달라지다. change. ②일이나 물건이 고치어 지다. get renewed. ③얼굴 빛이나 상호 따위가달라지다. change.

변하지 아니하다[be at a stay]구(레13:5) 변함없다. 달라지지 아니하다.

＊**변하지 아니하는 것** - ①하나님(말3:6). ②그리스도(히1:10-11, 13:8)③여호와의 말씀(사31:2). ④고의의 빛(단3:27). ⑤소금언약(민18:19). ⑥사시는 하나님(단6:26). ⑦주의 연대(히1:12). ⑧마음의서원(시15:4). ④여호와의 맹세(시110:4, 132:11). ⑩구원의 경륜(히6:17).

변형[變形; 변할 변, 형상 형. modification, disguise]图(왕상20:38) ①변하여 달라진 모양. ②형태를 달라지게 함.

＊①그리스도께서 용모를 변형하심(마17:2, 막9:12, 눅9:29). ②그리스도 안에서 성령에 의한 변형(롬12:1-2, 고후3:18). ③스데반의 얼굴(행6:15). ④모세의 얼굴(출34:29-35).

변호[辯護; 말잘할 변, 보호할 호. defence, maintain]图(시9:4)①남에게 이롭도록 변명함. ②법정에서 상대방의 공격에 대한 방어.

변화[變化; 변할(바꿀) 변, 화할 화. change]图(욥38:14) 변하여 다르게 됨.

별[star]图(창1:16) 하나님이 해와 달과 함께 만드신 것. 밤하늘에 반짝이는 수 많은 것. 성(星).

1. 일반적인 것 - ①하나님이 창조하신 것(창1:16). ②궁창에 두심(창1:17). ⑬수효가 많음(창15:5). ④높은 곳에 있다(욥22:12). ⑤하나님이 이름을 지으셨다(시147:4). ⑥숭배하지 말것(신4:19, 17:3-7).
2. 상징적인 뜻 - ①그리스도의 강림(마2:1-10). ②지혜있는 성도의 영화(단12:3). ③교회의 사자(계1:16, 20). ④그리스도의 재림(계22:16).

별궁[別宮; 다를 별, 집 궁. several house]图(왕하15:5) 왕이나 왕세자의 혼례때에 비(妃)를 맞아들이던 궁전. 본궁에서 멀리 떨어져 있다. 웃시야왕이 문둥병에 걸렸을 때 거처했다(왕하26:21).

별다르다[parlicutar kind, another]형(히7:15) 유난히 다르다. 예사스럽지 않다. 특별하다.

별떨기[constellations]图(사13:10) 성좌(별무리)를 일컫는 말. 별의 위치를 알기 위하여 나누어 놓은 별의 구역. 삼성, 오리온 좌를 가리킨다(욥38:31).

별명[別名; 다를 별, 이름 명. nickname]图(창25:30) 본 이름외에 그 사람의 생김새나 버릇 따위로 지어 부르는 딴 이름.

별미[別味; 다를 별, 맛 미. special taste. special food]图(창27:4) 특별히 좋은 맛. 또는 그 음식.

별세[別世; 다를 별, 인간 세. decease, death]图(눅9:31) 이세상을 떠남. 죽음.

별식[別食; 다를 별, 밥식. rare dish, wound]图(잠18:8) 별다르게 만든 좋은 음식. 특식. 별미.

별실[別室; 다를 별, 집 실. special room]图(삼하20:3) ①작은 방. ②특별히 따로 된 방.

병[病; 병들(앓을) 병. disease, sick]图(창48:1) ①생활 기능의 장해로 생물체의 온 몸 또는 일부분의 생리적으로 이상이 생겨 고통을 느끼게 되는 현상. ②온갖 일이나 물건에 생기는 탈. 고장. trouble. ③좋지 못한 버릇. bad habit.
1. **발병원인** - ①나이가 많아서(창48:1, 10). ②과실로(왕하1:2). ③시험으로(욥2:7). ④죄로(삼하12:15, 잠23:29). ⑤술때문에(호7:5). ⑥하나님의 징계로(민12:9) ⑦과로로(빌2:25-30). ⑧하나님의 영광을 위하여(요9:3, 11:4).
2. **치료** - ①약으로(왕하20:7). ②기도로(약5:15-16). ③기적으로(왕하(17:17-23). ④의사에 의해서(마9:12). ⑤그리스도로 말미암아(막5:29). ⑥하나님께서 치유하심(시103:3, 빌2:25).

병[瓶 ; 병 병. flagon, jar]图(출25:29) 아가리를 좁게 만들어 액체를 담는데 쓰는 그릇. ①토기병(왕상14:3). ②가죽병(시56:8). ③순금병(출25:29). ④잔, 종자(민4:7, 대상28:17) 등으로 번역된 말.

병거[兵車 ; 병사 병, 수레 거(차). chariot]图(창50:9) 전쟁을 하는데 쓰이는 말이 끄는 수레. 전차.

병거성[兵車城 ; 병사 병, 수레 거, 재성. towns for chariots]图(왕상9:19) 전차부대 주둔지. 솔로몬이 많이 축성하였다.

병거장관[chariot commanders]图(대하18:30) 전차대의 지휘관.

병고[兵庫 ; 병사 병, 창고 고. arsenal]图(렘50:25) 무기를 간직하여 두는 창고. 병기고.

병기[兵器 ; 병사 병, 그릇 기. arms]图(신1:41) 전쟁 때 쓰는 무기. 성경시대에는 창, 칼, 활, 병거, 공성퇴 등이었다.

병기 든 자[armour bearer]图(삼상14:7) 전쟁시 왕이나 장군을 보호하며 그 주인에게 충성하는 자(삿9:45, 삼상31:5).

병법[兵法 ; 군사 병, 법 법. tactics]图(삼하17:8) 전쟁 때 군대를 운용하는 방법. 전술.

병상[病床 ; 병들 병, 평상 상. sick bed]图(욥33:19) 병든 사람이 누워 있는 침상.

병색[病色 ; 병들(앓을) 병, 빛 색. sick appearance]图(레13:5) 병으로 앓는 기색이나 얼굴 빛.

병신[病身 ; 병들 병, 몸 신. the maimed]图(눅14:13) ①병든 몸. 몸의 일부가 온전치 못하거나 기형인 사람에게 쓴다. sick body. ②모양을 제대로 온전히 갖추지 못한 물건이나 사람. 불구에 대하여 쓰인다. invalid.
* 상징적으로 천국잔치에 초청된 사람을 나타낼 때 쓰인말(눅14:7-24).

병인[病人 ; 병들 병, 사람 인. the sick, invalid]图(사10:18) 병을 앓는 사람.

병자[病者 ; 병들 병, 놈 자. invalid]图(막1:32) 병인(病人).

병정[兵丁 ; 병사 병, 일꾼 정. soldier]图(대하13:17) 군인. 병역에 복무하는 장정.

병중[病中 ; 병들 병, 가운데 중]图(시41:3) ①병을 앓는동안. during one's illness. ②현재 병으로 누워 있음. in sick-bed.

병행[並行 ; 나란할 병, 행할 행. going side by side]图(전7:14) ①나란히 함께 감. ②두가지 일을 한꺼번에 치르거나 행함.

볕[sunshine]图(삼하4:5) ①햇빛으로 말미암아 나는 따뜻하고 밝은 기운. 햇빛의 준말. ②양지.

보[洑 ; 보(돌아흐를, 스며들) 보. river]图(잠21:1) 논에 물을 대기 위하여 둑을 쌓고 흐르는 냇물을 막아 두는 곳.

보[保 ; 보호할 보. keep, security]图(행17:9) ①책임지고 틀림이 없음을 증명함. 보석금. ②채무자가 채무를 이행하지 않을 경우 대신하여 채무 이행을 부담하는 일. 보증.

보[褓 ; 포대기 보. wrapping cloth] 명(민4:6) 보자기.

보[報 ; 갚을(여쭐) 보. requite]명 (삼하18:31) 알리다. 여쭈다. 갚다.

보[補 ; 기울(도울) 보. mend, repair]명(잠10:17) 돕다.

보게렛하스바임[פֹּכֶרֶת הַצְּבָיִים = 산양을 동여 매는 자]인(스2:57) 바벨론에서 돌아온 솔로몬의 종의 후손 중 하나(느7:59).

보계[譜系 ; 계보 보, 이을 계. genealogy]명(대상4:33) 혈연·사제관계 및 종교의 전통 등의 계통을 도표로 나타낸 것. 보첩(譜牒).

보고[寶庫 ; 보배 보, 창고 고. treasury]명(신28:12) 재물을 쌓아 두는 창고.
* 신전 창고를 가리키는 말. 고대에는 신전이 가장 안전한 장소로 여겨 재화를 보관했다.

보고[報告 ; 갚을 보, 알릴 고. teel, report]명(민13:27) 감독하는 지위에 있는 사람에게 일의 내용이나 결과를 말로나 글로 알림.

보관[保管 ; 보호할 보, 맡을 관. custody]명(신17:18) 맡은 물건을 잘 간직하여 보살핌.

보그루[בֹּכְרוּ = 처음나다]명(대상8:38) 베냐민 사람. 요나단의 후손 아셀의 아들.

보금자리[nest]명(민24:21) ①새가 깃들이는 둥우리. ②포근하고 아늑한 집. house. (욥29:18).
* 형용적으로는 요새를(민24:21). 상징적으로는 본향(잠27:8). 무력함(사10:14)을 나타낸다.

보김[בֹּכִים = 우는 자]지(삿2:1) 벧엘 부근의 성읍. 여호와의 사자가 이 곳에서 이스라엘 백성의 불신앙을 책망하므로 백성이 울었다(삿2:5) 그래서 보김이라고 부르게 되었다.

보내다[send, give]타(창12:20) ①무엇을 한 곳에서 다른 곳으로 가게 하다. ②물건을 부쳐주다. ③시간을 지나게 하다. spend.

보다[see]타(창1:4) ①눈을 통하여 알다. ②일을 맡아 하다. attend to.

~보다[then]조(창32:16) 주어 아래 붙어서 두가지를 비교하는데에 쓰는 조사.

보답[報答 ; 갚을 보, 대답할 답. ecompense, render]명(신32:6) 남의 두터운 호의나 은혜를 갚음.
* ①감사함으로 하나님께 보답(살전3:9). ②효를 행함으로 부모에게 보답(딤전5:4). ③행한대로 보답함(삿9:16).

보드나도[Φορτουνᾶτος = 행운]인 고린도교회의 성도. 스데바나와 아가이고와 같이 바울을 찾아갔다. 고전5:9에 있는 브드나도는 교정상 잘못으로 본다. 원래는 보드나도이다.

보디발[פּוֹטִיפַר = 태양신이 준 자]인
1. **인척관계** - 애굽의 시위대장(창37:36).
2. **관련기사** - ①요셉을 미디안사람에게서 샀다(창37:36). ②그는 요셉의 인격을 존중하여 매우 후대했으나 그 부인의 거짓말을 듣고 죄없는 요셉을 옥에 가두었다(창39:1-20).

보디베라[פּוֹטִי פֶרַע = 태양신이 주셨다]인(창41:45) 애굽의 온 지방의 제사장. 그의 딸 아스낫을 요셉에게 아내로 주었다(창41:45-50) 이로 말미암아 요셉은 애굽의 귀족과 인척관계를 맺었다.

보디올[Ποτίολοι = 샘, 온천]지
1. **위치** - 나폴리 서쪽11km 지점의 항구. 한적한 어촌. 현재의 폿촐리. 온천으로 유명하며 원래는 희랍의 식민지였고 디케알키아라 불렀는데 로마인들이 점령하여 주전194년에 보디올이라 개칭하였다. 열방제국과의 교통상 중요 도시이다.
2. **관련기사** - 바울은 로마로 가던 도중 이곳에 상륙하여 성도의 영접을 받았다. 1주일을 여기서 보내고 로마로 걸어갔다(행28:13-14).

보라[look]명(창3:22) 보아라! 자! (원문에는 놀라는 뜻이 있다) 만일, 그러므로 등의 뜻도 포함되어 있다.

보라다[פּוּרָתָה = 장식품, 많이 주어짐]인 (에9:8) 아하수에로 왕의 총리대신이었던 하만의 열 아들 중 하나.

보르기오 베스도[Πόρκιος Φῆστος = 돼지](행24:27) 벨릭스의 후임으로 온 유대의 로마 총독. →베스도.

보름[full moon]명(잠7:20) 열 다섯 날(15일) 만월(滿月).

보리[barley]명(창24:25) 오곡의 하나. 포아풀과의 재배식물. 원어의 뜻은 털있는 곡물의 하나. ①팔레스틴의 농작물(신8:8, 룻1:22). ②가난한 자의 식량(삿7:13, 요6:9). ③가축의 사료(왕상4:28). ④의식에 사용(민5:15). ⑤간음한 여인을 사는 값으로 사용(호3:2). ⑥인부의 품삯(대하2:10). ⑦10월~11월에 파종하여 6월에 추수한다(룻2:23, 삼하21:9).

보리떡[barley bread]명(삿7:13) 보릿가루로 만든 떡. 농민 이스라엘의 상징. 신약시대 보리가격은 밀의 삼분의 일이다(계6:6).

보리추수[wheat harvest]명(룻1:22). 보리를 낫으로 베어 거두어 들임. ①맥추(창30:14, 출34:22). ②보리베기(삼하21:9).

보물[寶物 ; 보배 보, 만물 물. treasure]명(창24:53) 보배로운 물건.
1. **귀중품** - ①금과 은과 보석(단11:39). ②왕의 소유재물(대하12:9). ③왕에게 드리는 예물(마2:11-).
2. **신성한 의미** - ①믿음에 따라 하나님께 드리는 것(왕상14:26). ②금장식, 기물, 가재(대하36:18).
3. **상징적 의미** - ①선민 이스라엘(출19:5, 신7:6). ②하나님 나라(마13:44-46). ③하나님께 대하여 부요(눅12:21). ④하늘에 쌓아두어야 할 것(마6:19-21). ⑤지혜(욥28:12-20). ⑥여호와를 경외함(사33:6). ⑦그리스도(고후4:7). ⑧지식(골2:3). ⑨입술(잠20:15). ⑩상급(마19:21).

보물고[寶物庫 ; 보배 보, 만물 물, 창고 고. storehouses]명(왕하20:13) 보배로운 물건을 잘 간수해 두는 곳.

보발군[步發軍 ; 걸음 보, 필 발, 군사 군. couriers, post]명(대하30:6) 급한 공문을 걸어서 전송하던 사람. 전령(傳令). 신속한 것을 나타내는 말(욥9:25 체부).

보배[treasure]명(신33:19) 귀하고 중한 물건. 소중한 물건. 금, 은, 보석, 보물등. 보화로도 번역된 말.
＊**상징적 비유** - ①하나님을 경외하는 덕(사33:6). ②하나님이 선택하신 백성(신26:18). ③헛됨(호13:15). ④시온의 아들(애4:2).

보배롭다[precious]형(신26:18) 보배로 삼을 만한 가치가 있다. 매우 귀중하다.

보배합[~盒 ; 합 합. treasures]명(마2:11) 보배를 담아 두는 그릇. 보석함.

보병[步兵 ; 걸음 보, 군사 병. infantry, soldier]명(삿20:2) 걸어서 전쟁을 하는 군인. 육군의 병과. 보군. 보졸. 군의 주력이 되어 싸웠다(삼상4:10, 15:4). 말을 타는 기병과 구별한 말(행23:23, 31). 군병, 군사로도 번역된 말.

보복[報復 ; 갚을 보, 다시 복. avenge]명(삼상18:25) 앙갚음.

보블리오[Πόρκιος = 평민]인
1. **인적관계** - 멜리데(말타) 섬 원주민의 추장(행28:7).
2. **관계기사** - 로마로 가던 바울 일행이 지중해에서 폭풍을 만나 파선하여 상륙한 멜리데섬 추장. 그곳 주

민들은 바울 일행을 3일 동안 친절히 대우했다. 바울은 보블리오의 아버지의 병을 고쳐 주었다(행28: 7-8).

보살피다[look after, oversee]타(대상23:4) 뒤를 돌보아 주다.

보석[寶石 ; 보배 보, 돌 석. precious stone]명(출25:7) 아름다운 빛깔・광택을 갖고 투명도가 크고, 내구성이 있고, 희귀하게 산출되는 광물. 다이어먼드, 에메랄드, 사파이어 등 보통 진주, 산호 등 무기광물이 아닌 것도 포함된다.

1. **일반적인 보석** - ①대제사장의 흉패의 장식물(출28:7-20). ②새 예루살렘의 기초(계21:11-21). ③두로왕의 장신구(겔28:13). ④교역품(계18:12). ⑤전리품(삼하12:30). ⑥수입품(왕상10:11). ⑦가공품(출28:11, 35:33).

2. **상징적인 뜻** - ①부유함(약2:2-4). ②하나님 나라(마13:45-46). ③가치척도(잠3:15). ④뉘우침표시(창35:4). ⑤사랑의 표시(겔16:11-13). ⑥세속적임(딤전2:9).

보세스[בוֹצֵץ = 빛나는 자]지(삼상14:4) 믹마스의 서남쪽 2km지점 와디 에수웨니 북안에 있는 암석 벼랑. 남안의 세네와 마주보고 있다. 요나단의 기습과 동시에 지진이 있었고 적의 동요가 있었다.

보수[報酬 ; 갚을 보, 잔돌릴(갚을) 수. reward, the wages]명(창29: 15) 일한 대가. 임금. 품삯. 품값. 삯. 노임. 값. 보응 등 고마움을 갚는 일도 포함된 말.

보수[報讐 ; 갚을 보, 원수 수. recompense, avenge, vengeance]명(민35:12) 앙갚음. 해를 입힌 자에게 원한을 풀기 위하여 보복하는 행위. 원수갚음.

*그리스도의 교훈 - ①악을 악으로 갚지 말라(마5:38-48). ②일흔번의 일곱번이라도 용서하라(마18: 22). ③선으로 악을 이김(롬12:19-).④하나님께 맡김(눅18:17-).

보수일[報讐日 ; 갚을 보, 원수 수, 날 일. avenge day]명(렘46:10) 앙갚음을 하는 날.

보수자[報讐者 ; 갚을 보, 원수 수, 놈 자. the avenger]명(신19:6) 앙갚음 하는 사람.

보스갓[בָּצְקַת = 산당, 높은 곳]지(수15:39) 라기스 가까운 평지에 있던 유다의 성읍. 요시야 왕의 어머니 여디다의 출신지(왕하22:1).

보스라[בָּצְרָה = 요해, 요새]지

① 에돔의 수도(창36:33, 사34:6, 렘49:13, 암1:12). 멸망할것이예고된 곳. 사해 동남쪽 30km지점. 현재의 브세이라로 여긴다.

② ①예레미야가 멸망을 예언한 모압의 마을. 베셀과 같은 곳으로 여긴다(신4:43, 렘48:24). ②도피처의 하나였다(수20:1). ③헤스본의 동편 8km지점 움 엘 아마드로 여김.

보습[mattock, share]명(삼상13: 20) 쟁기나 곡괭이의 밑바닥에 맞추는 삽모양의 쇳조각. 농구의 부속. 가축을 사용하여 밭과 논을 가

보습

는 농구의 쇠. 철물이 발달되지 아니했을 때는 굳은 나무를 사용했다.

*①평화로울 때는 칼을 쳐서 보습을 만듦(사2:4, 미4:3). ②전쟁때는 보습을 쳐서 칼을 만든다(욜3:10).

보아너게[Βοανηργές = 우뢰의 아들]명(막3:17) ①예수께서 그의 제자 야고보와 요한에게 아람어로 붙인 별명 ②"우뢰의 아들"이라고 설명되나 어원적으로는 소동, 흥분, 분노의 아들로 해석된다. 이는 이들 형제가 과격한 성격을 가지고 또 열렬한 구변을 가졌기 때문이라고 생각된다. 어느날 예수님을 따라 사마리아를 지날 때 영접하지 아니한다고 하늘에서 불을 내려 멸하자고 예수님께 청했다가 책망을 받은 적이 있다(눅9:35-54).

보아스[בֹּעַז = 민첩함, 유력자]명

1. **인적관계** - ①살몬의 아들(룻4: 21). ②룻의 남편. ③오벧의 아버

지(룻4:14-17). ④다윗왕의 선조(룻4:18-22).
2. 관련기사 - ①베들레헴의 부자(룻2:1-18). ②흉년을 피해 모압으로 간 엘리멜렉의 친척(룻2:1). ③룻을 도왔다(룻2장). ④룻의 소원을 들어기업을무를것을알림(룻3장). ⑤룻을 얻기 위하여 행한 일(룻4:1-8). ⑥기업을 무르고 룻과 결혼했다(룻4:9-13) ⑦예수님의 계보에 기록된 사람(마1:5, 눅3:32).

보아스[boaz]똉(왕상7:21) 솔로몬 성전의 입구에 세운 두 놋기둥 중 왼쪽(북측)의 이름. 두로 사람 희람이 주조했다(왕상7:15-22).

보아 주다[have respect] 타 (잠24:23) 도와 주다. 돌보아 주다.

보암직하다[pleasing to the eye]형 (창3:6) 불만한 가치가 있다. 볼만하다.

보양[保養 ; 보호할 보, 기를 양. preservation of health]똉(엡5:29) 몸과 마음을 보살펴 잘 기름.

보여주다[show]타(사40:14) 보이다. 눈에 뜨이게 하다. be in sight.

보응[報應 ; 갚을 보, 응할 응. rewards, avenge, requite]똉(출32:34) 선악의 행위에 대한 되갚음. ①구약은 하나님께 복종하는 자에게 번영을 주시고 악한 자에게 응징하신다(레26장, 신28장). ②신약은 세상적이거나 물질적인 것이 아니라 그리스도로 말미암아 은혜 안에서 이루어지는 구원을 말한다(고후4:17, 벧전1:4, 계21:7, 살전1:10, 5:9).

보이다[be in sight, be seen]자(창8:5) 눈에 뜨이다. 보게 하다. show.

보인[保人 ; 보호할 보, 사람 인. guarantor, record]똉(욥16:9)보(保) 서는 사람, 보증인.

보자기[cloth, sheet]똉(민4:6) 물건을 싸는 작은 보. ①성막에서 사용된 여러가지 색의 보자기(민4:6-13). ②골리앗의 칼을 싼 보자기(삼상21:9).③베드로가 환상중에 본 부정한것을 싼 보자기(행10:1-11, 11:5).

보장[保障 ; 보호할 보, 막힐(막을) 장. stronghold, hold]똉(신32:38) 거리낌이 되지 아니하도록 틀림없음을 책임짐. 침범 당하지 않도록 막아줌(경제적, 신분상, 위험에서)

보전[保全 ; 보호할 보, 온전 전. sefeguard]똉(창6:20) 보호하여 안전하게 함.

보조[步調 ; 걸음 보, 고를 조. pace, step]똉(고후12:18) ①많은 사람의 걸음걸이의 속도. ②여러사람이 함께 행동하는 주의 또는 그 방침. acting in concert.

보조[補助 ; 기울 보, 도울 조. assistance]똉(느7:70) 모자라는 것을 보충하여 도와 줌.

보존[保存 ; 보호할 보, 있을 존. preservation, live, save]똉(창6:19) 잘 지니고 있어 탈이 없이함.

보좌[寶座 ; 보배 보, 자리 좌. seat, throne]똉(창41:40) 임금이 앉는 자리. 왕좌.

솔로몬의 왕좌

1. **일반적 의미** - ①왕좌(왕상10:18-20, 22:10). ②총독의 자리(느3:7) ③제사장의 의자(삼상4:13) ④귀빈의 좌석(왕하4:10).
2. **하나님에 관하여** - ①좌정하신 곳(시9:4, 사6:1). ②예언적 이상에서 보여짐 (겔1:4-28, 단7:9-10, 계4장). ③하늘에 있음(시11:4, 사66:1, 마5:34). ④예루살렘(렘3:17). ⑤성전(겔43:7).

보주[保主 ; 보호할 보, 임금 주. security]똉(욥17:3) 보증을 서 주시는 이, 보증인. 담보물. 실제에 있어서는 그리스도.

보증[保證 ; 보호할 보, 증명할 증. earnest, pledge, surety]똉(시119:122) 틀림이 없음을 책임짐. 채무자가 채무를 이행하지 아니할 경우 대신하여 채무를 책임짐.

*성경은 보증을 금하고 있다(잠11:

보증물〔保證物 ; 보호할 보, 증명할 증, 만물 물. surety〕명(욥17:3) 틀림이 없음을 책임지는 담보로 내어 놓는 물건.

보충〔補充 ; 기울 보, 가득할 충. supplement bare〕명(창31:39) 모자람을 보태어 채움.

보통〔普通 ; 넓을 보, 통할 통. ordinariness, common〕명(신3:11) 널리 일반에게 통함. 특별하지 아니하고 예사로움.

보통규빗〔common cubit〕명(신3:11) 보통사람의 팔꿈치에서 손가락 끝까지의 길이. 45cm~53cm.

보하다〔報~ ; 갚을 보. bring on inform〕타(삼하18:31) ①기별하다. 알리다. ②갚다. 보답하다.

보하다〔補~ ; 기울(도울) 보. invigorate〕자타(삼하18:31) 영양분이나 보약을 먹어 몸의 기운을 돕다.

보한〔בֹּהַן = 엄지 손가락〕인(수15:6) 르우벤의 아들.

보한의 돌〔stone of bohan〕명(수18:17) 베냐민 지파와 유다지파의 경계에 세운 돌.

보행〔步行 ; 걸음 보, 행할 행. walking〕명(출12:37) 걸어 감.

보행자〔步行者 ; 걸음 보, 행할 행, 놈 자. walker〕명(민11:21) 걸어서 가는 사람.

보혜사〔保惠師 ; 보호(보증)할 보, 은혜 혜, 스승 사. comforter, helper〕명(요14:16) 도울 목적으로 부르다, 권고하다, 위로하다, 격려하다 등의 헬라어 형용사 파라칼레오에서 온 말이며 명사로 변호사, 탄원자, 중보자 등을 가리킨다. 요한복음과 요한서신에 다섯번 나온다. ①성령(요14:26). ②대언자 그리스도(요일2:1).

보호〔保護 ; 보호할 보, 보호할 호. protection〕명(출23:20) 잘 돌봄.

보호자〔保護者 ; 보호할 보, 보호할 호, 놈 자. protector, saviour〕명(민14:9) 잘 돌보아 주는 사람.

보화〔寶貨 ; 보배 보, 재물 화. treasure〕명(잠1:13) 보배로운 물건. 보물과 화폐의 총칭. ①보물 ②보배 ③재물 등으로 번역된 말.

복〔福 ; 복 복. blessed, happy〕명(창1:22) 하나님의 은혜. 하나님께서 택하시고 구원에 이르게 하심을 말한다. 일반적으로 행복과 같은 말로 쓰인다. ①구약에서는 번영을(시32:1-2, 65:4, 신6:24, 30:15) ②신약에서는 그리스도의 구속으로 의롭게 되는 것을 말한다(롬4:6-8, 약1:12, 벧전3:14, 4:14).

복구〔復舊 ; 회복할 복, 옛 구. raise up, restoration〕명(사44:26) 그 전 모양으로 회복함.

복락〔福樂 ; 복 복, 즐거울 락. happiness and pleasure〕명(시36:8) 행복과 즐거움.

복록〔福祿 ; 복 복, 녹 록. welfare, good〕명(욥21:16) 복과 녹. 행복.

복명〔復命 ; 다시 복, 목숨 명. bring word, report〕명(왕하22:9) 사명을 띤 사람이 일을 마치고 돌아와 아룀.

복발〔復發 ; 다시 복, 필 발. recurrence, spread〕명(레13:57) 근심이나 서러움이 다시 일어남.

복병〔伏兵 ; 엎드릴 복, 병사 병. ambush〕명(수8:2) 적을 기습하기 위하여 군사를 숨겨둠. 또는 숨어 있는 그 군사. 이스라엘이 즐겨 사용한 전술. ①여호수아(수8장). ②여로보암(대하13장). ③사울(삼상15:15). ④기브아에서의 복병(삿20:22-38). ⑤여호와의 복병(대하20:22).

복술〔卜術 ; 점칠 복, 꾀 술. divination〕명(레19:26) 점쟁이. 점을 치는 술법.

* 하나님의 신뢰를 가로 막고 떠나게 하는 이교적, 마술적 방법으로 금지된 행위이다(왕하17:17, 겔13:6) 신약에서도 배격한다(갈5:20, 계9:21, 18:23).

복술자〔卜術者 ; 점칠 복, 꾀 술, 놈 자. diviner〕명(신18:10) 점쟁이.

복역〔服役 ; 옷 복, 역사 역. service〕

명(스9:9) ①공역 또는 병역에 복무함. ②징역을 치름.
복음[福音 ; 복 복, 소리 음. gospel]명(마4:23) 좋은 소식. 기쁜 소식. 반가운 소식. ①그리스도 예수(막16:15, 롬1:17). ②하나님께서 사람을 구원하기 위한, 그리스도를 믿음으로 구원을 얻는 기쁜 소식(요3:16). ③그리스도의 증거, 가르침(마4:23). ④전도의 내용.
복장[服裝 ; 옷 복, 꾸밀 장. clothes, dress]명(창49:11) 옷차림.

복종[服從 ; 일할 복, 따를 종. obedience]명(창16:9) 남의 명령 또는 의사를 좇음. 순종.
* 누구의 명령에 복종하느냐, 어떤 명령(요구)에 복종하느냐가 중요한것이다(고후10:5). 그리스도에게 복종하므로 사단의 노예에서 해방된다(고후10:1-6).
복중[腹中 ; 배 복, 가운데 중. womb, bowels]명(창25:23) 배의 속. 태중. 자궁 내. 태.
복직[復職 ; 회복할 복, 맡을 직. reinstatement, restore]명(창41:13) 이전 직업을 회복함.
볶다[roast]타(레2:14) ①마른 물건을 그릇에 담아 약간 눋도록 불에 익히다. ②음식에 물이나 기름을 치고 익히다. fry. ③성가시게 굴다. bully.
볶은 곡식[parched grain]명(레23:14) 밀이나 보리를 냄비에 볶아 익히고 그 껍질을 벗겨 먹는다. ①노동자의 식물(룻2:14). ②휴대용 식물(수5:11, 삼상25:18). ③제물(레2:14).
본[本 ; 밑 본. example]접두(창28:19) 본보기가 될 만한 바른 방법. ①윤리적인 의미로 사용되는 모범(딤전4:12, 벧전5:3) ②성도의 본(살전1:7). ③선행(딛2:7). ④식(행7:44), 모형(히8:5), 형상(행7:43) 등으로 번역된 말.
본곳[本~ ; 밑 본. birthplace, homeland]명(수4:18) 본 고장. 처음 자리.
본국[本國 ; 근본 본, 나라 국. one's native country]명(출12:19) ①자기가 난 나라. ②자기의 국적이 있는 나라. one's home country.
본궁[本宮 ; 근본 본, 집 궁. main palace]명(삼하20:3) 임금이 거하는 주되는 궁전.
본기업[本基業 ; 밑 본, 터 기, 일 업. property]명(느11:3) 처음 분배된 땅. 열두지파에게 나누어 준 가나안 땅. 그들의 거주지.
본남편[本男便 ; 밑 본, 사내 남, 편할 편. one's legal husband]명(호2:7) 처음 혼인한 남편. 본서방.
본능[本能 ; 밑 본, 능할(재능) 능. instinct, natura]명(유10) 교육이나 훈련에 의하지 않고 선천적으로 갖고 있는 동작이나 재능.
본도[Πόντος = 바다]지(행2:9)
1. **위치** - 소아시아 동북부 흑해 연안 험준한 지방. 북부는 비두니아와 합하여 비두니아 본도라고 부르고 나머지는 갈라디아에 포함되었다. 본래는 독립국이었으나 오랫동안 로마 대장 봄베에게 정복 당하였고 그 후 터키의 영토로 오늘에 이르렀다.
2. **관련기사** - ①유대인들이 많이 거주하는 곳으로 오순절에 예루살렘에 올라왔다가 성령강림하는 것을 이곳 거민들이 목격하였다. ②본도 사람들이 돌아가서 교회를 설립하였는데 그 중에는 바울의 동역자인 아굴라와 같은 신도가 있었다(행18:2). ③베드로가 이 지방에 헤어져 있는 유대인에게 서신을 보내었다(벧전1:1).
본동네[one's own city, village]명(마9:1) 자기가 사는 동네를 일컫는 말. 간이 국한문성경에는 本洞里로 되어 있다.
본디오[Πόντιος = 다리]지(눅3:1)

본디오 빌라도

예수님을 심문하고 정죄한 유대 총독. 빌라도의 고향 (행4:27, 딤전6:13).

본디오 빌라도[*Πόντιος Πιλᾶτος*] 인[눅3:1) 정치적 생명을 위하여 예수님을 죽이도록 유대인에게 넘겨준 유대 총독 (행4:27~, 요19:17) →빌라도

본래[本來; 밑 본, 올 래. beginning] 명(출4:10) 처음부터. 본디. 원래. 태초.

본물[本物; 밑 본, 만물 물. something in its orignal form]명(레6:5) 본디 그대로의 물건.

본받다[本~; 근본 본. model]타(출23:24) ~의 것을 본보기로 하여 그대로 따라하다.

* ①하나님(엡5:1). ②그리스도(롬8:29). ③사도(살전1:6, 살후3:7-9). ④교회(살전2:14). ⑤신앙인(히6:12, 11장). ⑥선행(요삼11)을 본받다.

본방언[本方言; 밑 본, 모 방, 말씀 언. language, tongues]명(행1:19) 본디 자기가 쓰는 말. 그 지방의 언어. 국어.

본부[本夫; 밑 본, 지아비 부. lawful (legal) husband]명(렘3:1) 본남편. 처음 남편. 본서방.

본분[本分; 밑 본, 나눌 분. one's part, function]명(창38:8) ①자기에게 알맞은 신분. one's place ② 마땅히 행하여야 할 직분. duty.

* 성도의 본분은 하나님을 영화롭게 하고 그리스도를 전하는 것이다.

본성[本性; 밑 본, 성품 성. real nature]명(롬2:14) 타고 난 성질. 성품. 영적인 것과 대조하여 나타내는 말로 기원, 출생, 존재, 자연이란 뜻을 가진 말. 구속받지 못한 사람, 중생하지 못한 원래의 사람을 나타내는 데 사용한다 (롬11:21, 24). ②인간의 본성대로 이면 하나님의 심판을 받는다(엡2:3). ②그리스도로 말미암아 신적 본성에 동참하게 된다(벧후1:4). ③본성에서 자유하게 된다(갈4:8). ④ 신령한 몸이 되고(고전15:44-46). ⑤신령한 삶을 살게 된다(고전2:14).

* 인간의 본성은 악하다.

본성[本城; 밑 본, 재 성. city wall] 명(삼상28:3) ①자기가 거주하는 성 ②처음부터 거주하는 성.

본성읍[本城邑; 밑 본, 재 성, 고을 읍. town, own city]명(신19:12) 자기가 사는 고을.

본수[本數; 밑 본, 셀 수. figure]명 (창43:21) 본래의 수.

본심[本心; 밑 본, 마음 심. original purpose, willing]명(애3:33) 본디부터 가지고 있는 마음. 본마음.

본이름[one's real name]명(창28:19) 처음 이름, 본명. 개명하기 전 이름.

본자손[本子孫; 밑 본, 아들 자, 손자 손. progeny]명(마8:12) 원 후손. 상징적으로는 왕권.

본전[本錢; 밑 본, 돈 전. principal] 명(마25:27) ①사업하는 밑천이 되는 돈. ②변리가 붙지 않은 밑돈. 원금. own money.

본족[本族; 밑 본, 겨레 족. original clan, one's own family]명(레25:41) 본래의 족속. 본래의 친족.

본족속[本族屬; 밑 본, 겨레 족, 붙을 속. original clan]명(대상12:30) 원뿌리, 본디 친족.

본주[本主; 밑 본, 임금 주. original owner]명(레27:24) 처음에 섬기던 주인. 원래 소유자.

본지경[本地境; 밑 본, 땅 지, 곳 경. original boundary]명(욥3:6) 본디 살던 고장. 원래의 지역.

본질[本質; 밑 본, 바탕 질. intrinsic nature]명(갈4:8) 본래의 성질. 본바탕.

본질상[本質上; 밑 본, 바탕 질, 위 상. nature]명(갈4:8) 인간이 무엇이냐고 규정짓는 말. 성질, 본성등이 포함되어 있다.

본처[本處; 밑 본, 곳 처. this place] 명(삼상5:11) ①본 고장. ②이곳

본처[本妻; 밑 본, 아내 처. lawfu

본체〔本體 ; 밑 본, 몸 체, true form〕명(빌2:6) ①참 모습이나 형체. ②현상의 밑바탕을 이룬 실체. substance.

본토〔本土 ; 밑 본, 흙 토. this place〕명(창11:28) ①선조때부터 살던 곳. 본 향. ②섬에 대하여 그에 소속된 육지. mainland.

본토인〔本土人 ; 밑 본, 흙 토, 사람 인. native〕명(창12:48) 원래부터 살던 사람. 원주민.

본향〔本鄕 ; 밑 본, 시골 향. homeland〕명(민22:5) 본디의 고향. 시조가 태어난 땅.
* 인류의 본향은 하나님의 도성이다(히11:14).

볼〔cheek〕명(신10:3)①뺨의 한복판. ②좁고 기름한 물건의 너비. width.

볼기〔buttocks〕명(신14:5)뒤쪽허리 아래 허벅다리 위 좌우쪽으로 살이 두둑한 부분. 엉덩이.

볼기 흰노루〔ibex, pygarg〕명(신14:5) 볼기 부분이 흰 것이 특징인 노루. 먹을 수 있는 정결한 동물.

볼모〔pledge〕명(왕하14:4) ①담보로 상대 편에 물건을 저당 잡는 일. security. ②나라 사이에 침범하지 않겠다는 서약으로 왕자를 상대국에 맡겨 두던 일. 인질 hostage.

볼지어다〔look〕자타(출7:1) 기본 어근 '보다'에서 나와 주의를 기우려 보라는 뜻이다. 정탐하다, 노려보다의 뜻도 있다.

봄비〔spring rain〕명(슥10:1) 봄에 오는 비. 늦은 비를 말한다(신11:14, 욥29:23).

봉사〔奉事 ; 받들 봉, 일 사. service〕명(창29:18) 모든 종류의 일을 하다. 시중 들다. 대분하면 세상적인 봉사와 종교적인 봉사이다.

봉사자〔奉仕者 ; 받들 봉, 일 사, 놈 자. minister〕명(사61:6) ①남의 뜻을 받들어 섬기는 사람. ②남을 위하여 자기를 돌보지 아니하고 희생하는 사람.
* 성도는 주를 위한 봉사자이다. 교회 직분자를 일컫는 말이다.

봉쇄〔封鎖 ; 봉할 봉, 쇠사슬(닫을)쇄. sealing up〕명(렘13:19) ①봉하여서 잠금. ②외부와의 연락을 끊음. blocking up. ③전쟁에서 한 쪽 나라가 상대편의 통로를 차단하여 버림. blockade.

봉안〔奉安 ; 받들 봉, 평안 안. rest, enshrinement〕명(대상28:2) ①받들어 모심. ②편히 쉬게 함.

봉양〔奉養 ; 받들 봉, 기를 양. nourish, cherish〕명(창45:11) 부모나 조부모를 받들어 모심.

봉양자〔奉養者 ; 받들 봉, 기를 양, 놈 자. supprter〕명(룻4:15) 부모나 조부모를 받들어 모시는 사람.

봉우리〔peak〕명(창8:5) 산 봉우리.

봉적〔逢賊 ; 만날 봉, 도둑 적. be stolen〕명(출22:7) 도둑을 만남.

봉하다〔封~ ; 봉할 봉. seal up〕타(왕하12:10) ①열지 못하게 단단히 붙이다. ②넣어두어 있게 하다. 입을 다물다. hold one's tongue.

봉함〔封緘 ; 봉할 봉, 봉할(묶을) 함. sealing〕명(사8:16) 편지를 봉투에 넣고 부리를 붙임.

봉헌〔奉獻 ; 받들 봉, 드릴 헌. consecration〕명(민7:10) 물건을 받들어 드림. dedication.

봉헌식〔奉獻式 ; 받들 봉, 드릴 헌, 법 식. the dedication〕명(스6:16) 바치는 예식. 하나님께 바치는 예식. ①성막 봉헌식(출40:34-38). ②제1성전 봉헌식(왕상8:12-66). ③제2성전 봉헌(스6:1-22). ④성곽봉헌식(느12:27).

봉헌예물〔奉獻禮物 ; 받들 봉, 드릴 헌, 예도 례, 만물 물. devoted things, offering〕명(민7:84) 봉헌식에 바치는 예물 ①자원하여 드림(레22:18-25). ②흠 없는 것으로 드림(레1:3). ③성전 봉사자를 위해서 사용됨(민18:14). ④매매를 금함(레27:28-29).
뵈닉스[Φοινιξ=종려나무]지
1. 위치 - 그레데 섬 남쪽의 한 항구.
2. 관련기사 - 바울이 로마로 호송되어 가는 도중 바울의 말을 듣지 않고 이 항구에서 겨울을 지내려고 항해하다가 광풍을 만나 파선하여 고생하였다(행27:18-21).
뵈다[humbly see]타(단5:27) 웃어른을 대하여 보다.
뵈뵈[Φοίβη=순결, 빛남]인
1. 인적관계 - 바울이 로마교회에 소개한 고린도 동쪽항구 겐그리아 교회의 성도(여집사).
2. 관련기사 - 바울을 포함한 여러 사람의 후원자가 되어 성도들의 합당한 예로 후대하였다. 그는 지위와 재산이 있는 사람인 것 같으며 로마서를 전한 사람인 듯하다.
뵈옵다[humbly see]타(창4:14) '뵈다'를 겸손하게 일컫는 말.
부[富 ; 부자 부. wealth, riches]명(삼상25:2) ①재산이 많음. ②부귀. ③특정한 경제 주체에 딸린 재물의 총계. 유목생활 때는 가축을 의미했다.
＊①하나님이 주심(창26:12, 말3:10). ②노력의 댓가로 얻어짐(잠10:4, 28:9). ③친구를 가질 수 있음(잠19:4). ④영원히 지속되지 못함(잠27:24). ⑤교만의 원인이 됨(겔28:5). ⑥하나님과 같이 섬길 수 없음(마6:24). ⑦시험과 올무에 걸리게 됨(딤전6:9).
＊그리스도를 소유함이 참 부이다.
부겔로[Φύγελος = 망명객]인(딤후1:15) 소아시아의 그리스도인 중 하나. 로마에서 바울과 함께 있었으나 박해를 두려워하여 바울을 버리고 간 사람.
부고[府庫 ; 마을 부, 창고 고. warehouse, treasuries]명(에3:9) 곳집. 창고. 곳간. 내탕고.
부과[賦課 ; 부세 부, 과목 과. imposition, tex]명(왕하23:35) 매겨서 부담 시키는 일.
＊성도에게 부과된 임무는 전도와 봉사이다.
부귀[富貴 ; 부자 부, 귀할 귀. riches and honours]명(대하17:5) 재산이 많고 지위가 높음.
＊①부귀를 얻는 지혜(잠3:16). ②부지런함으로(잠12:27). ③부요, 재산, 재물로 번역된 말(잠28:8, 시119:14, 112:3).
부근[附近 ; 붙을 부, 가까울 근. neighbourhood]명(눅3:3) 가까운 언저리. 근처.
부끄러운 말[blasphemy]명(골3:8) 더러운 말. 음란한 말. 욕.
부끄럽다[be ashamed, wick]형(창2:25) ①양심에 거리껴 남을 대할 낯이 없다. ②스스러움을 느껴 수줍다.
부녀[婦女 ; 지어미(시집간여자) 부, 계집 녀. woman, lady]명(창14:16) ①부인. ②일반 여자.
＊결혼한 여자를 높여 부르는 말(요이1,5).
부논[פוּנֹן = 광산 구덩이]지(민33:42) 이스라엘 백성이 출애굽하여 모압에 도착하기 위하여 진쳤던 곳. 지금의 길벳 페이난으로 여긴다. 놋 광산이 있고 왕의 대로(민20:17)가 분기되는 곳이다.
부느엘[פְנוּאֵל = 하나님의 얼굴]지(왕상12:25) 분열 이스라엘 처음 왕 여로보암이 건축한 성읍. 브니엘과 같은 곳(삿8:8).
부니[פוּנִי]인(민26:23) 잇사갈의 아들 부와의 후손.
부당[不當 ; 아닐 부, 마땅 당. injustice]명(렘26:16) 이치에 어그러짐. 부부당히
부대[部隊 ; 나눌 부, 떼 대. garrison, unit]명(삼상13:23) ①일부의 군대. ②집단적 행동을 취하는 무리.
부대[負袋 ; 질 부, 전대 대. bottle, sack]명(레11:32) 큰 자루. 포대.

부대[富大 ; 부자 부, 큰 대. fat]몡 (신32:15) 몸집이 뚱뚱하고 큼.

부데[Πούδης = 소심한, 수줍어하다]인(딤후4:21) 바울이 마지막 옥에 갇혔을 때 로마에 있던 신자. 바울이 디모데후서를 쓸 때 같이 디모데에게 문안하였다.

부드럽다[soft]형(시65:10) ①거세지 않고 물러서 매끈매끈하다. ②딱딱하지 않고 곱고 순하다. very weak.

부득불[不得不 ; 아닐 부, 얻을 득, 아닐 불. inevitably]부(고전9:16) 하는 수 없이. 불가불.

부득이[不得~ ; 아닐 부, 얻을 득. unavoidably, willing]부(삼상13:12) 마지 못하여. 하는 수 없이.

부들[rush]몡(사35:7) 부들과의 다년생 풀. 샛노란 화분(花粉)은 지혈제(止血劑)로 쓰고, 잎은 자리를 매는 데 씀. 향포(香浦). cattail.

부디엘[부디엘 = 하나님은 나의 풍족]인(출6:25) 아론의 아들 엘르아살의 장인.

부딪히는 돌[stumbling-stone]몡(롬9:32) 거치는 돌. 그리스도. 하나님의 아들(창3:15, 사8:14, 롬9:33).

부딪히다[get bumped into]재(시91:12) 부딪게 되다. 부딪힘을 당하다.

부라[부라 = 아름다움, 가지, 당당한]몡(삿7:10) 기드온의 부하. 기드온이 미디안과 싸우기 전에 여호와의 명령대로 먼저 부라를 데리고 적진에 가서 정탐하고 돌아와 3백명의 군대에게 나팔과 항아리를 들려 밤중에 적진에 침입하여 나팔을 불고 항아리를 부수어 적을 물리쳤다(삿7:10-11, 19-23)

부락[部落 ; 나눌 부, 마을 락. encampment]몡(창25:16) 시골의 집이 많이 모여 있는 큰 마을. 고대의 천막 촌락을 가리키는 말로 진으로 번역된 곳도 있다(겔25:4).

부러워하다[envy]재(잠3:31) 부럽게 생각하다.

부러지다[get broken]재(삼상4:18) 꺾여서 잘라지다.

부로[Πύρρος = 분홍빛]인(행20:4) 바울의 최후 예루살렘 여행에 동반한 베뢰아사람 소바더의 아버지.

부로닥 발라단[부로닥 발라단 = 대담한, 말덕은 아들을 준다]인(왕하20:12) 바벨론 왕인데 말덕발이데나 Ⅱ세를 가리킨다. 남부 바벨론에서 갈대아인의 세습 군왕으로 비드갸긴을 수도로 한 앗수르의 강적이었다. 주전721년경 바벨론을 점령하고 왕이 된 후 히스기야에게 친선 사절을 보냈다. 이것은 앗수르를 견제하는 정책에서 나온 것이다(왕하20:12, 사39:1 므로닥발라단) 주전710년경 사르곤 Ⅱ세에게 패하여 엘람으로 도망 하였다가 7년후에 돌아와 다시 왕위에 올랐으나 9개월 후에 쫓겨나 엘람 서편 나깃도에 피하여 있다가 그 곳에서 죽은 듯 하다.

부르[pur]몡(에3:7) 제비를 뽑음. lot. 추첨.

부르다[call]타(창3:9) ①남을 오라고 하다. ②노래를 하다. sing. ③소리를 내어 외치다. shout. ④일컫다. name.

부르다[full]형(창24:19) ①뱃속이 차서 가득하다. ②속이 차서 퉁퉁하다. inflated.

부르심[calling]몡(롬11:29) 하나님이 인간을 구원하기 위하여 죄악에서 선민을 불러 그리스도를 믿게 함. 그리스도 안에서 부르신다(빌3:14, 벧전4:16).

부르짖다[shout]재(창41:55) 소리를 높여 하소연 하거나 주장하다.

부르뜨다재(신8:4) ①살가죽이 들뜨고 물이 생기다. get a blister. ②물것에 물려 살이 부어 오르다. swell up.

부름[call]몡(행10:29) ①어떤 일을 이루기 위하여 불러들임. ②칭하다. 이름하다. 부르다.

＊①하나님이 사람을 불러 구원하시는 일(롐8:30, 9:11). ②죄인을 초청(마9:13). ③소망이 있게 함(엡4:4). ④영광에 이름(벧전5:10). ⑤영생에 이름(딤전6:12). ⑥그리

스도와 사귐(고전1:9). ⑦어두움에서 빛으로 이르게 함(벧전2:9). ⑧하나님의은혜로(갈1:6, 15). ⑨복음선포로(살후2:14). ⑩성결함(살전4:7). ⑪자유함(갈5:13). ⑫평강에 영생함(고전7:15). ⑬인내해야 된다(벧전2:21).

부리다[compel to serve, rule over]타(레25:39) ①일을 시키다. ②사람을 쓰다. employ ③재주를 피우다. play a trick.

부리다[unload, ungird]타(창24:32) ①짐을 내려놓다. ②활 시위를 벗기다. unstring.

부림[purim]명(에9:26) 히브리달력으로 아달월(마지막 달, 태양력으로는 2, 3월) 14, 15일에 거행하는 유대인의 축제일의 이름(에9:26, 29). 바사국 아닥사스다왕 때 하만의 악한 계획에서 구원받은 유대인들이 지키는 절기. 부림절(에9:15, 52). 그 달13일에는 준비로 금식하고 14일 저녁 별빛이 보이기 시작하는 때부터 회당에 모여 에스더서를 낭독한다.

부림일 명(에9:31) → 부림

부명[父命 ; 아버지 부, 목숨 명. father'sinstruction]명(창50:12) 아버지의 분부. 아버지의 가르침.

부모[父母 ; 아비 부, 어미 모. parents]명(창2:24) 아버지와 어머니. 어버이. 양친.
* 의무 - ①교육(신4:9, 6:7, 잠22:6). ②양육(엡4:6). ③물질공급(고후12:14). ④다스림(딤전3:4). ⑤사랑(딛2:4). ⑥보호(히11:23). ⑦교정(신21:18-21).

부복[俯伏 ; 숙일 부, 엎드릴 복. fall down prostration]명(시72:11) 굽어 엎드림.

부분[部分 ; 나눌 부, 나눌 분. part]명(민18:29) 전체 속의 한 쪽.

부분적[部分的 ; 나눌 부, 나눌 분, 적실할 적. partial]명(고전13:9) 전체 가운데 한 부분의 것.

부비[浮費 ; 뜰 부, 허비할 비. expense]명(눅10:35) 일에 드는 비용.

부삽[~挿 ; 가래 삽. shovel]명(출27:3) 숯불이나 재 따위를 담아 옮기는데 쓰는 삽. 제단의 재를 취하는 도구. 청동제였다(민4:14). 나무로 만든 부삽(사30:24).

부상[負傷 ; 질 부, 상할 상. wound]명(왕상22:34) 몸에 상처를 입음. 다침.

부상자[負傷者 ; 질 부, 상할 상, 놈 자. wounded man]명(렘37:10) 몸에 상처를 입은 사람. 다친 사람.

부서뜨리다[break down]타(욥16:12) "부스러 뜨리다"의 준말. 부수어서 깨뜨리다.

부성[富盛 ; 부자 부, 성할 성. be rich]명(에5:11) 넉넉하고 성함. 부하고 번성함.

부세[賦稅 ; 부세 부, 세금세. custom, toll]명(스4:13) 세금액을 매기어서 물림. 인두세, 여행자에게 물리는 세금. 물품세.

부속[附屬 ; 붙을 부, 붙을 속. attachment, join]명(민25:3) 어떠한 데에 딸려 붙음.

부속품[附屬品 ; 붙을 부, 붙을 속, 물건 품. accessories]명(민1:50) 주되는 일이나 물건에 딸린 것.

부수다[break]타(출32:30) 여러 조각이 나게 뚜드려 깨뜨리다.

부숴뜨리다[break]타(삼하22:43) 부수어서 깨뜨리다.

부숴지다[break]자(사19:10) 단단한 조각이 깨어져 여러 조각이 나다. 바서지다.

부스[בּוּז = 멸시함]인

1 아브라함의 형제 나홀의 처 밀가가 낳은 둘째 아들(창22:21).

2 갓의 자손 야도의 아들로 아비하일의 7대 조부(대상5:14).

부스[בּוּז = 멸시함]지(욥32:2) 북아라비아의 한 지방(렘25:23) 욥을 찾아온 친구 엘리후의 고향.

부스러기[bits, crumb]명(시147:17) 잘게 부스러진 찌끼. 바스러기.
* 상징적 의미 - ①가난(눅16:20). ②파멸(사41:15). ③비천함(마15:27). ④소중함(요6:12-13).

부시[בּוּזִי = 멸시, 깔봄]인(겔1:3) 에스겔 선지자의 아버지

부싯돌[flint]명(수5:2) 불을 일으키는 데 쓰이는 돌. 석영. 수석이라고도한다. 이 돌에 부시깃을 놓고 쇠로 치면 불티가 일어나 부시깃에 붙어 불을 얻게 된다. 차돌, 굳다, 굳은 돌, 바위, 굳은 바위, 반석 등으로 번역된 말.

*①돌칼을 만들었다(수5:2-3). ②할례를 행함(수5:2-3, 창17:9-13). ③굳은 것을 나타냄(사5:28, 50:7).

부아[פּוּעָה = 입, 딸]인

① 애굽에 살던 이스라엘 산파. 바로의 명령을 어기고 이스라엘 백성의 사내아이가 출생할 때 죽이지 않고 살렸다(출1:15).

② 잇사갈사람 도도의 아들. 사사 돌라의 아버지(삿10:1).

③ 잇사갈의 둘째아들. 부니족의 선조(대상7:1). 부와와 같은 사람(창46:13).

부어 만든 바다[molten sea]명(왕상7:24) 솔로몬의 성전에 있는 바다를 주조하여 만든 것을 나타냄. 천국의 유리바다를 상징함(계14:6, 15:2).

부어 만든 우상[molten idol]명(민33:52) 여호와 앞에 가증한 것 ①만들고 세우는 자는 저주를 받게 된다(신27:15). ②거짓 스승임(합2:18). ③거짓이요 생명이 없다(렘51:17). ④멸망함(대하34:3-4).

부어 만들다[cast]타(출25:11) 쇠붙이를 녹여 거푸집에 부어서 만들다. 주조하다.

부엉이[owl]명(레11:17) 올빼미과의 새. 낮에는 수풀에 숨고 밤에 나와 들쥐등 작은 짐승을 잡아 먹음. 식용이 금지된 새.

부엌[kitchen]명(겔46:23) 음식을 만드는 곳. 취사장. 주방. 미래 성전의 구도. 제물을 요리하는 곳.

부여조[父與祖 ; 아비 부, 더불어 여, 할아비 조. ancestor]명(창49:29) 어버이. 선조.

부역[賦役 ; 부세 부, 역사 역. servitude]명(느5:18) 국가나 공공단체가 국민에게 의무적으로 시키는 노역(勞役). 노임을 받지 않는 노력. 세금의 일종으로 간주된다.

부와[פּוּוָה = 입,딸]인(창46:13) 애굽에 내려간 잇사갈의 아들. 부아와 같은 사람(대상7:1).

부왕[父王 ; 아비 부, 임금 왕. the king one's father]명(왕하14:5) 아버지인 임금.

부요[富饒 ; 부자(넉넉할) 부, 넉넉할 요. wealth]명(시104:24) 재물을 넉넉히 가짐. ①여호와의 부요하심(시104:24, 롬11:33). ②정직한 자의 부요(시112:3). ③참 부요는 세상의 것이 아님(눅12:15). ④하늘에 보물을 쌓아두라(눅12:21).

부윤[府尹 ; 마을 부, 다스릴(장관) 윤. governor]명(왕상22:26) 반후(府)의 행정 사무를 맡아 보던 으뜸 벼슬. 행정고위관을 말하나 왕으로 번역된 곳도 있다(시45:16, 사9:6, 단8:25, 10:13).

부음[being poured out](잠25:20) 그릇에 든 액체를 쏟음.

부음을 받다[be poured]타(레21:10) 제사장이나 왕으로 세움을 받다.

부의[賻儀 ; 부의 부, 법 의. condolatory gifts]명(겔24:17) 초상집에 부조로 보내는 돈이나 물건.

부인[否認 ; 아니 부, 인정할 인. deny]명(레6:2) 그러하지 않다고 보거나 주장함. 모른다고 함. ①자기를 부인하고(마16:24). ②그리스도를 부인하지 말라(마10:33). ③거짓 선지자. 적 그리스도는 그리스도를 부인하는 자(벧후2:1, 요일2:22-23).

부인[夫人 ; 지아비 부, 사람 인. wife, Mrs. madam]명(창24:36) 남편이

있는 여자.
부자〔富者 ; 부자 부, 놈 자. rich〕몡 (출30:15) 재산이 넉넉한 사람.
부자〔父子 ; 아비 부, 아들 자. father and son〕몡(암2:7) 아버지와 아들.
부자간〔父子間 ; 아비 부, 아들 자, 사이 간. fathers and sons alike〕몡 (렘13:14) 아버지와 아들 사이.
부정〔不淨 ; 아니할 부, 깨끗할 정. uncleanness, impurity〕몡(창7:2) 깨끗하지 못함. 정결하지 못하다. 정한 것의 반대되는 말. 율법에 의하여 구별됨(레10:10). 더러움, 불결 등으로 번역된 말.

1. **부정한 것**〔abomination〕 ①이방인 (레18:24, 신18:9-12). ②시체 (민19:11-22). ③문둥병(레13장-14장). ④생식기(레12장, 15장). ⑤동물과새(레11장, 사65:4). ⑥의식상의 부정(레5:3, 7:20, 14:19, 민19:13). ⑦도덕적인 부정 (롬6:19, 고후12:21, 골3:5). ⑧육체(막5:15). ⑨결례에 대한 논쟁(요3:25).
2. **부정한자** - ①아이를 낳은여인(레12:2). ②나환자(레13:3). ③유출병자(레15:2). ④설정을 한 자 (레15:16). ⑤피흘리는 여인 (레15:19). ⑥찢겨 죽은 것을 먹은 자 (레17:15). ⑦시체를 만진 자(레21:11). ⑧짐승의 시체를 만진 자 (레5:2).
3. **부정한짐승** - ①약대(레11:4). ②돼지(레11:7). ③사반(레11:4). ④토끼(레11:5). ⑤지느러미와 비늘이 없는 고기(레11:10-11). ⑥새들(레11:13-19). ⑦곤충(레11:20).⑧동물의시체(레11:27). ⑨기는 것(레11:30).
4. **부정한 새** - 독수리, 솔개, 어응, 매, 까마귀, 타조,.다호마스, 갈매기, 새매, 올빼미, 노자, 부엉이, 따오기, 당아, 올응, 학, 황새, 대승, 박쥐(레11:13-19).

부정〔不正 ; 아닐 부, 바를 정〕몡(미6:11) ①바르지 않음. injustice. ②옳지 못한 짓. wrong. ③법률에서 벗어남. ④정직하지 않음. dishonesty. ⑤온당하지 않음. impropriest.
부정당〔不正當 ; 아닐 부, 바를 정, 마땅 당. iniquity, decline〕몡(출23:2) 정당하지 아니함.
부제사장〔副祭祀長 ; 버금(다음) 부, 제사 제, 맡을 사, 어른 장. second priest〕몡(왕하25:18)제사장에 버금가는 사람.
부조〔扶助 ; 도울 부, 도울 조. aid, relief〕몡(행11:29) ①남을 도와줌. help. ②잔치집이나 상가에 물건이나 돈을 보냄. gift of money.
부족〔不足 ; 못할 부, 발 족. want, be tender shortage, lack〕몡(창18:28) 모자람. 넉넉하지 못함. 정도에 미치지 못함.
부종〔附從 ; 붙을 부, 따를 종. hold fast to him, cleave〕몡(신11:22) 달라 붙어 따르다. 바싹 뒤따르다. 경외하며 가까이 함(신10:20).
부지〔不知 ; 아닐 부, 알 지. ignorance〕몡(창34:25) 알지 못함.
부지〔扶持 ; 도울 부, 버틸 지. endurance〕몡(대하18:34) 배겨 남. 버티어 나감.
부지깽이〔fire-brand〕몡(사7:4) 불을 땔 때 불을 거두어 넣거나 끌어당기는데 쓰는 막대기.
부지런하다〔diligent〕혱(신6:7) 일을 꾸준히 열심히 하다.
1. **일상적인 것** - ①자녀교육(신6:7). ②생활(잠31:13). ③재산관리(잠27:23). ④교제(딤후1:17). ⑤풍족해 짐(잠13:4, 10:4). ⑥다스리게 됨(잠12:24).
2. **영적인 것** - ①기도(롬8:5). ②주를 섬김(롬12:11). ③그리스도를 닮는 일(벧후1:4-9). ④복음전파 (딤후4:1-5). ⑤소망 중 풍성하게 됨(히6:11).

부지중〔不知中 ; 아닐 부, 알 지, 가운데 중. have unwittingly〕몡(창34:25) 알지 못하는 사이. 자기도

모르는 사이(히13:2). ①천사를 대접함(히13:2). ②살인(수20:3-5). ③시체로 인한 부정 (레5:2-3). ④범죄 (레4:22, 민15:24). ⑤성물을 먹음(레22:14).

부추[leek]몡(민11:5) 달래과에 속하는 다년생 풀. 마늘 비슷한 냄새가 나며 식용. 풀로 많이 번역된 말.

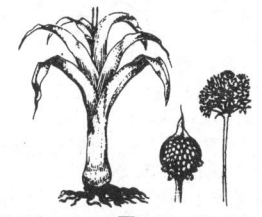

부치다[griddle]타(레2:5) 넓은 철판에 기름을 바르고 음식물을 익히어 만들다.

부치다[send]타(삼하11:14) 물건이나 편지 등을 보내다.

부치다[transmission]자(대상29:8) ①회부(回附)하다. 간주하다. ②의탁하다. 맡기다.

부친[父親 ; 아버지 부, 어버이 친. father]몡(창24:23) 아버지.

부탁[付託 : 부탁할 부, 부탁할 탁. request, charge]몡(창28:1) 남에게 당부함. 남에게 맡김.

부터[from]조(창2:10) 시작의 뜻을 나타내는 특수 조사.

부패[腐敗 ; 썩을 부, 패할 패. depravity]몡(출32:7) ①썩음. 썩어서 결단나서 쓸모없게 됨. putrefaction. ②정신이 타락하여 생기가 없어짐. corruption.
1. 원인 - ①죄악된 심성 (레17:9, 눅6:43-33, 딤전6:5). ②욕심 (약1:14-15,딤전6:10).③배교(벧후2:1-22).
2. 양상 - ①도덕적인 부패 (창6:12, 눅11:39, 롬1:29).②사회적인 부패 (시82:2, 잠31:4, 전3:16). ③종교적인 부패 (신4:16, 9:12, 출32:7, 말3:8, 마23:23-24).

부풀다[swell]자(욥11:2) ①살, 가죽이 부르터 오르다. swell. ②부프러기가 일어나다. have fuzz.

부하[部下 ; 떼 부, 아래 하. servant]몡(삿7:10) 지위상으로 본 아랫사람. 명령을 받아서 일하는 사람. ㉮ 휘하.

*아이, 종, 소년으로 번역된 말.

부하다[富 ; 부할 부. rich]형(삼상25:2) 가진 것이 많다. 살림이 넉넉하다. 재산이 많다.

부형[父兄 ; 아비 부, 맏 형. father and brother]몡(창37:10) 아버지와 형.

부활[復活 ; 다시 부, 살 활. resurrection]몡(마22:23) ①죽었다가 다시 살아남. ②쇠하였다가 다시 일어남. revival.
1. 부활한 사람 - ①야이로의 딸(막5:35-43). ②나사로(요11:1-44). ③나인성의 과부의 아들(눅7:11-17). ④해골들(겔37장). ⑤수넴여인의 아들(왕하4:18-30). ⑥과부의 아들(왕상17:17-24).
2. 그리스도의 부활 - ①예언되었다 (시16:10, 마16:21, 요2:19). ②하나님이 살리심(롬10:9). ③성경대로 살아나심(고전15:4). ④능력으로 살아나심(롬1:4).
3. 그리스도께서 부활하신 후 나타나 보이심 - ①막달라 마리아에게(요20:14-18). ②무덤에서 돌아가던 여인들에게(마28:8-10). ③베드로에게(눅23:34, 고전15:5-). ④엠마오 도상의 두 제자에게(눅24:13-31). ⑤도마 이외의 10사도들에게(눅24:36-43, 요20:9-24). ⑥11사도들에게 도마가 있을 때 (요20:24-29). ⑦디베랴 바다에서 고기 잡던 일곱 제자들에게(요21:1-23). ⑧어떤 산 위에서, 사도 및 5백명에게(고전15:6-). ⑨야고보에게(고전15:7-). ⑩열 한 사도에게 (눅24:50-53, 막16:19-20, 행1:9-12). ⑪스데반에게 (행7:55-). ⑫다메섹 도상의 바울에게(행9:3-6, 고전15:8-). ⑬예루살렘 성전에서 바울에게(행22:17-19, 행23:11-). ⑭밧모섬에서

요한에게(계1:10-19).
* ⑩을 둘로 나누어 승천까지 11번 나타나신 것으로 하는 이도 있다.
부활시[復活時 ; 다시 부, 살 활, 때 시. at the resurrection]영(눅14:14) 죽었다가 다시 살아날 때, 만민의 부활이 이루어진다. ①마지막날(요6:39-44). ②나팔소리가 날 때(고전15:51-55). ③주가 강림하실 때(살전4:13-18). ④썩지 않는 영광스러운 몸으로(고전15:42-54). ⑤그리스도와 같이 됨(빌3:21).
부흥[復興 ; 다시 부, 일 흥. revival]영(합3:2) ①일단 쇠잔한 것이 다시 일어남. 또는 다시 일어나게 함. ②재건함. reconstruction.
북[drum, tabret]영(창31:27) 타악기의 하나. 작은 소고로 환락용으로 사용되었다. 전승, 축하용으로 사용하였다(출15:20, 삼상10:5, 삼하6:5).

북[shuttle]영(욥7:6) ①베를 짤 때 씨줄을 넣는 통. ②재봉틀의 아래 실패통. spindle.
북[earth covering roots]영(사5:6) 풀과 나무의 뿌리를 싸고 있는 흙.
북[北 ; 북녘 북. north]영(수18:18) 북쪽. 남쪽의 반대쪽. 왼쪽을 가리킴. 어두움을 뜻함.
북극[北極 ; 북녘 북, 다할 극. north pole]영(사14:13) 지축의 북쪽 끝 또는 그 연장선이 닿는 천구(天球)의 북쪽 끝.
북기[יֹקְרִי = 시험하심]인
1 단 지파의 족장 요글리의 아들(민34:22). 가나안 기업분배 참가자.
2 아비수아의 아들(대상6:5). 제사장 웃시의 아버지. 아론의 5대손.
북기야[בֻקִּיָּהוּ = 황폐해짐. 시험함]인(대상25:4) 레위사람. 헤만의 아들. 다윗왕 때 제6성전봉사반장이며 음악 봉사자.
북두성[北斗星 ; 북녘 북, 말 두, 별 성. arcturus, bear]영(욥9:9) 북쪽하늘에 국자모양으로 벌려있는 일곱개의 별. ㉘ 북두칠성.
* 하나님의 주권을 나타낼 때 사용한 말.
북문[北門 ; 북녘 북, 문 문. north gate]영(겔8:14) 북쪽으로 낸 문.
북방[北方 ; 북녘 북, 모 방. north]영(수11:2) 북쪽. 북쪽지방. ①북방왕은 지배자(단11:6-40). ②먼 북방은 아르메니아(겔38:16, 39:2)를 가리킨다.
북편[北便 ; 북녘 북, 편할 편. north]영(출26:20) 북쪽.
북풍[北風 ; 북녘 북, 바람 풍. north wind]영(잠25:23) 북쪽에서 불어오는 바람. 춥고 비를 일으킨다(욥37:9). 고통을 준다.
북향[北向 ; 북녘 북, 향할 향. facing north]영(수18:17). 북쪽을 향함.
분[忿 ; 분할 분. indig, wrath]영(창4:5) 분한 마음. ㉘ 분심(忿心).
분[分 ; 분할 분. divide]영(신19:3) ①나눔. ②몫.
분간[分揀 ; 나눌 분, 가릴 간. discernment]영(삼하14:17) 가리어 헤아림.
분격[忿激 ; 분할 분, 과격할 격. infuriation]영(욥36:18) 몹시 성냄.
분기[憤氣 ; 분할분, 기운 기. anger]영(눅6:11) 분한 기운. 원통하여 일어나는 분한 기운.
분기[忿氣 ; 분할 분, 기운 기. rage]영(창49:7) 분한 기운을 나타냄. 격노. 격분.
분깃[分~ ; 나눌 분. portion]영(창14:24) 나누어진 물건의 한 몫. 이스라엘의 가나안기업 토지를 말함. 신약에서는 구속받은 성도의 상속(롬8:17, 갈4:7).
분냄[angry]영(갈5:20) 분노. 격분. 우상숭배와 같은 악에 속하는 일.
분노[忿怒 ; 분할(성낼) 분, 노할 노. 憤怒 ; 분할 분, 노할 노. fury, anger, wrath]영(창27:45) 분하여 몹시 성을 냄. ①노하기를 더디해야 함(잠14:17). ②분을 오래 품지 말라(엡4:26).

분니[בִּנּוּי = 세움, 일으킴]인
1 레위인으로 포로에서 귀국한 사람. 이스라엘 자손이 모여 금식하며 죄를 자복하고 율법책을 낭독하여 여호와께 경배하고 부르짖은 자 중 한 사람(느9:4).
2 느헤미야와의 계약서에 인친 레위 사람(느10:15).
3 레위인 스마야의 고조부. 예루살렘에 거주하는 자의 두목 중의 한 사람(느11:15).

분란[紛亂 ; 어지러울 분, 어지러울 란. trouble, be confused]명(행19:32) 어수선하고 야단스러움.

분량[分量 ; 나눌 분, 분량 량. quantity, measure]명(창49:28) 부피나 수효가 많고 적은 정도.

분리[分離 ; 나눌 분, 떠날 리. sedition, separation]명(느13:3) 갈라서 떼어 놓음. 또는 따로 떨어짐. ①이스라엘과 이방인의 분리(스4:6, 시119:15). ②악한 무리와의 분리(요15:19, 살후3:6). ③거짓 신자와 분리 (마18:17,살후3:9). ④부정한 것과의 분리(레10:10, 히13:11).⑤악인과 분리 (눅16:26, 17:34).

분명[分明 ; 나눌 분, 밝을 명. plain, clearness]명(창26:28) ①밝고 똑똑함. ②그렇게 되게 빤함. being evident. ③사람됨이 똑똑함. being smart.

분문[糞門 ; 똥 분, 문 문. dung gate]명(느2:13) 예루살렘성 남쪽의 문. 흰놈 골짜기로 통하는 문의 이름. 두담 샛문. 하시드문과 같은 문.

분반[分班 ; 나눌 분, 나눌 반. part]명(스6:18) 여러 반으로 나눔.

분발[奮發 ; 떨칠 분, 필 발. strenuous efforts, stir up]명(사42:13) 마음을 단단히 먹고 기운을 냄.

분방[分房 ; 나눌 분, 방 방. defraud incontinency]명(고전7:5) 같은 방에 살지 않고 다른 방을 사용함. 자제력을 말하고 있다. 음란, 탐욕,

분배[分配 ; 나눌 분, 짝 배. distribution]명(레7:10) 몫을 고르게 나누어 줌.

분벽[粉壁 ; 가루 분, 벽 벽. white wall]명(단5:5) 희게 꾸민 벽.

분변[分辨 ; 나눌 분, 분변할 변. discrimination]명(신1:39) 사물이 같지 않은 것을 알아 냄. 분별.

분별[分別 ; 나눌 분, 나눌 별. discrimination]명(창27:23) ①사물의 이치를 가려서 앎. ②종류에 따라 나누어서 가름. classification.

분복[分福 ; 나눌 분, 복 복. one's lot]명(전2:10) 타고난 복.

분봉왕[分封王 ; 나눌 분, 봉할 봉, 임금 왕. tetrarch]명(마14:1) 한 나라를 나누어 그 하나를 다스리는 사람. 분할한 왕국의 지배자. 영주라고도 함. 대국의 지방 장관도 분봉왕이라고 불렸다. →헤롯.

분부[吩咐 ; 분부할 분, 분부할 부. order]명(삼하13:28) 아랫사람에게 명령을 내림. 또 그 명령.

분수[分數 ; 나눌 분, 셀 수. one's circumstance, proportion]명(민16:3) ①자기 신분에 알맞는 정도. ②타고난 운수. one's lot.

분연[奮然 ; 떨칠(힘쓸) 분, 그럴 연. resolutely]명(대하25:10) 떨치고 힘을 내어 일어나는 모양. 부분연히.

분외[分外 ; 나눌 분, 밖 외. beyond one's lot, excellence]명(잠17:7) 제 분수의 밖. 분수에 지나는 일.

분요[紛擾 ; 어지러울 분, 요란할 요. trouble]명(삼상28:15) 어수선하고 야단스러움. 분란.

분의[分誼 ; 나눌 분, 바른길 의. justice]명(수22:25) ①옳고 바른 도리. ②제 분수에 알맞는 도리. duty.

분쟁[紛爭 ; 어지러울 분, 다툴 쟁. schins]명(민27:14) 말썽을 일으키거나 엉클어져 다툼. division.

분정[分定 ; 나눌 분, 정할 정. take portion]명(신4:19) 나누어 정함.

분주[奔走 ; 달릴 분, 달릴 주. being

busy, cumber]몡(대하23:12) 아주 바쁨. 튀분주히.

분천[噴泉 ; 뿜을 분, 샘(우물) 천. fountain]몡(신8:7) 힘있게 솟아오르는 샘.

분초[分秒 ; 나눌(가를) 분, 초 초. moment]몡(욥7:18) 시계의 분과 초. 곧 매우 짧은 시간.

분토[糞土 ; 똥 분, 흙 토. dung, refuse]몡(사5:25) 일반적으로 썩은 흙을 뜻한다. 실제적 의미는 똥이다. 거름으로 번역된 말.

분파[分波 ; 나눌(가를) 분, 물갈래 파. sect]몡(수18:10) 여러 갈래로 나누어짐. 또는 그 갈래. division.

분하다[憤~ ; 분할 분/忿~ ; 분할 분. mortifying, fury]혱(창4:5) ①억울하고 원통하다. ②될듯한 일이 되지 않아서 섭섭하고 아깝다. regrettable. 튀분히

분한[憤恨, 忿恨 ; 분할 분, 한될 한. anger, grief, indignation]몡(신29:33) 분하고 한이 되는 일. 분노, 진노 등으로 번역된 말. 매우 분하,원통하고 한이 되는 일.

분향[焚香 ; 불사를 분, 향기 향. incense-burning]몡(출25:6) 향을 피움. 향을 불에 태움. 종교적 의식에서 행함.

*기도를 상징한다(시141:2)

분향단[焚香壇 ; 불사를 분, 향기 향, 제단 단. altar for burning incense]몡(출30:27) 향을 피우는 단.

분다[swell, prevail]자(창7:20) 부피나 수효가 늘어나다.

불[fire]몡(창19:24) ①물질이 빛과 열을 내며 타는 모양. ②등불. light. ③세차게 일어나는 기세나 정욕. burning passion.

불[bul]몡(왕상6:38) 비가오는 달이란 뜻으로 가나안 달력의 달 이름. 제8월. 태양력. 10월~11월.

불[בֵּל = 힘셈]몡(왕하15:19) 앗수르왕 디글랏 빌레셀 Ⅲ세의 바벨론식 호칭.

불가[不可 ; 아닐 불, 옳을 가. being wrong]몡(창18:25) 옳지 않음.

불가불[不可不 ; 아닐 불, 옳을 가, 아닐 불. necessarily]튀(눅14:18) 않을 도리가 없이 마땅히. 부득불.

불가승수[不可勝數 ; 아닐 불, 옳을 가, 이길 승, 셀 수. being innumerable]몡(대하12:3) 하도 수가 많아서 셀 수가 없음.

불결[不潔 ; 아닐 불, 깨끗할 결. separation, uncleanness]몡(레15:19) 깨끗하지 않고 더러움.

불결기[不潔期 ; 아닐 불, 깨끗할 결, 기약할 기. discharge period]몡(레15:25) 깨끗하지 않고 더러운 기한(월경하는 동안).

불공평[不公平 ; 아닐 불, 공평할 공, 평평할 평. unjustice]몡(시82:2) 공평하지 않음. 한쪽으로 기울다.

불과[不過 ; 아닐 불, 지낼 과. only, as it were]튀(사7:4) 그 정도나 수량에 지나지 못함을 가리키는 말.

불구[不久 ; 아닐 불, 오래 구. being not long]몡(사10:25) (앞으로) 오래지 않음.

불구[不具 ; 아닐 불, 갖출 구. deformity]몡(마15:30) ①몸의 한 부분이 온전하지 못함. ②편지 끝에 불비(不備)의 뜻보다 조금 낮게 쓰는 말. yours truely.

불구자[不具者 ; 아닐 불, 갖출 구, 놈 자. maimed]몡(마15:30) ①신체의 일부가 온전치 못한 사람. 병든 몸. sick body. ②모양을 온전히 제대로 갖추지 못한 물건이나 사람. invalid.

*①손을 쓸 수 없는 사람, 죄의 유혹과 관련된 말(마18:8, 막9:43). ②예수님께서 온전케 하심(마15:30-31).

불그스름하다[reddish]혱(레13:19) 붉다.

불그스름한 사슴[roebuck]몡(신14:

5) 먹을 수 있는 정결한 동물. 꽃사슴. 영양, 어린사슴, 수노루 등으로 번역된 말. fallow deer.

불기둥[pillar of fire]명(출13:21) 불이 기둥처럼 솟은 모양. 하나님께서 이스라엘 사람들을 인도하실 때 밤에 나타내셨다. 하나님의 임재와 보호 인도하심을 보이셨다.

불길[不吉 ; 아닐 불, 길할 길. inauspiciousness, evil]명(수23:15) 재수나 운수가 좋지 않음.

불꽃[flame]명(출3:2) ①타는 불에서 일어나는 붉은 기운. ②쇠붙이나 돌이 부딪칠 때 일어나는 불빛. ③전기가 방전할 때 일어나는 불빛. spark.

불다[blow, pass over]자(창8:1) 바람이 일어나다.

불다[alame]타(출19:13) ①입에서 숨기운을 내어 보내다. exhale. ②관악기에 입을 대어 입김으로 소리를 내다. blow. ③지은 죄를 사실대로 말하다. confess.

불덩이[fireball]명(출9:24) 덩이로 되어 있는 불타고 있는 숯불.

불똥[snuff]명(출25:38) ①심지가 타 들어갈 때 생기는 찌꺼기 덩이. ②타는 물건에서 튀는 작은 불덩이. spark.

불똥그릇[tray, snuffdish]명(출25:38) 불똥을 담는 그릇. 순금제 접시.

불량[不良 ; 아닐 불, 어질 량. inferiority]명(삼상25:17) ①질이나 상태 따위가 좋지 못함. ②착하지 못함. depraved.

불량자[不良者 ; 아닐 불, 어질 량, 놈 자. worthess men]명(삼상2:12) ①행실이 나쁜 사람. rowdy. ②좋지 못한 사람.

불러내다[call]타(삿16:25) 불러서 나오게 하다.

불만[不滿 ; 아닐 불, 찰 만. dissatisfaction, complain]명(유16) 만족하지 아니함.

불말[fire and horses]명(왕하2:11) 불수레를 끄는 말. 영어 성경에는 불과 말로 나오는 곳도 있다. 구약 성경에서 불은 하나님의 임재를 가리킬 때가 많다.

불못[lake of fire]명(계20:14) 지옥을 가리킴. hell. 불과 유황으로 타는 못(계21:8) 음부, 악인이 형벌을 받는 곳을 가리킨다.

불뱀[fiery serpent]명(민21:6) 사막 독사의 이름. ①하나님을 원망하던 이스라엘 백성이 불뱀에 물렸다(민21:6-8). ②불뱀의 서식지는 광야이다(신8:15, 사30:6).

불법[不法 ; 아닐 불, 법 법. iniquity]명(욥13:33) 법에 어긋남. unlawfulness. 하나님의 뜻에 어긋남. ①적그리스도의 행위(살후2:7-8). ②죄이다(요일3:4).

불법자[不法者 ; 아닐 불, 법 법, 놈 자. criminal]명(눅22:37) 법을 지키지 않는 사람. 마귀, 불신자.

불병거[~兵車 ; 병정 병, 수레 거. chariot of fire]명(왕하6;17) 불처럼 보이는 싸움 수레(환상을 보았기 때문에 실제의 것이 아님).

불붙다[catch fire]자(계18:9) 불이 당겨서 타다.

불붙듯 하다[furious]형(에1:12) 불이 붙는 것처럼 뜨거움을 나타냄.

불빛[flame]명(눅22:56) ①타는 불의 빛. ②화광(火光)같이 밝고도 붉은 빛. flame colour.

불사르다[lay in ashes]타(민19:5) 불에 태워 없애다.

불선[不善 ; 아닐 불, 착할 선. evil]명(시36:4) ①착하지 않거나 좋지 못함. ②잘하지 못함. clumsiness.

불수레[chariot of fire]명(왕하2:11) 불로된 수레. 불말과 함께 쓰인 말. 만군의 주를 상징(왕하6:17, 시68:17, 합3:8).

불순종[不順從 ; 아닐 불, 순할 순, 좇을 종. disobedience]명(엡2:2) 순종하지 아니함. 거역. 항거.

불시험[~試驗 ; 시험할 시, 시험할 험. painful test, fiery trial]명(벧전4:12) 불에 달구는 것과 같은 고통스러운 시험. 연단.

불신자[不信者 ; 아닐 불, 믿을 신, 놈 자. unbeliever]명(고전10:27)

하나님을 믿지 않는 사람. 사단에 속한 자.
*그리스도인과 대조적으로 쓰이는 말. ①믿지 아니하는 자(고전6:6, 딛1:15, 계21:8). ②불신자(고전10:27, 딤전5:8). ③패역한자(민17:10). ④목이 곧은 자(행7:51).

불쌍하다[pitiful, miserable]혱(출2:6) 가엾고 애처롭다.

불쌍히 여김[pity, tenderhearted]혱(출2:6) 어렵게 된 사람을 애처럽게 여김. ①하나님은 가난한 자를 불쌍히 여기시고 긍휼을 베푸신다(잠19:17, 마5:7). ②하나님을 경외하는 자를 하나님께서 불쌍히 여기신다(시103:13, 겔36:21).

불쑥[all of a sudden swell out]부(사30:13) ①갑자기 쑥내미는 모양. ②앞뒤 생각없이 함부로 말을 하는 모양. abruptly.

불안[不安 ; 아닐 불, 편할 안. uneasiness]명(시38:8) ①평안하지 못함. ②사회의 질서가 바로 잡히지 않아서 뒤숭숭함. unrest.

불알[testicles]명(레21:20) 남성의 생식기의 한 부분. 음낭 속에 들어 있어 정충을 조성하는 기관. 고환.
*현직 제사장의 자격에서 생리적 완전성을 요구했다.

불 옮기는 그릇[tray, firepan]명(출27:3) 숯불과 재를 옮길 때 사용하는 그릇. 손잡이가 달린 쟁반을 가리킨다. 번제단에서 사용하는 그릇. 놋으로 만들었다.

불완전[不完全 ; 아닐 불, 완전할 완, 온전 전. defect, flat]명(레21:18) 완전하지 못함.

불월[~月 ; 달월.bul]명(왕상6:38) 가나안 달력의 이름으로 제8월. 양력 10월~11월에 해당함.

불을 쬐다[warmed at fire]구(막14:54) 불 가까이 가서 더운 기운을 받다.
*베드로는 불을 쬐다가 예수님을 부인했다.

불의[不義 ; 아닐 불, 옳을 의. wickedness]명(출18:21) 의리에 어긋남. 옳지 않음. injustice. 죄. sin.

불의자[不義者 ; 아닐 불, 옳을 의, 놈 자. one who does wrong]명(욥31:3) 의리에 어그러지는 일을 하는 사람. the wicked.

불의 혀[tongues of fire]혱(행2:3) 오순절 날 120문도가 기도하던 중 성령이 각 사람에게 임한 모습을 나타낸 말. 성령의 세례가 임한 모습이 가시적으로 나타났다. 세례 요한이 '내 뒤에 오시는 이가 성령과 불로 세례를 줄 것'이라고 한 예언의 성취이다.

불일듯하다[inflame, stirup]혱(롬1:27) 어떠한 모양이 불이 일어나듯이 성하고 빠르다.
*정욕이 불일듯 하면 패망한다.

불집게[sunffers, tongs]명(출25:38) 부집게. 부젓가락. 등잔의 불똥을 떼는데 쓰는 쇠로 만든 집게.

불쾌[不快 ; 아닐 불, 쾌활할 쾌. displeasure]명(삼상18:8) ①마음이 유쾌하지 않음. ②기분이 나쁨. bad feeling.

불타다[burning]자불이 붙어서 타다. 불로 물질을 태우는 모양.
상징적 의미 - ①하나님께 헌신 (레6:9, 눅24:32, 요5:35). ②심판, 형벌(사33:12, 계19:20). ③하나님의 진노(수7:26, 시69:24). ④육신의 고통(욥30:30). ⑤우상과 성욕(사57:5, 고전7:9). ⑥아첨하는 입술(잠26:23). ⑦정결케 함(사6-7, 벧전1:7). ⑧육적 고난(계13:24-25, 고후11:29).

불티[sparks]명(욥5:7) 타는 불에서 튀는 아주 작은 불똥.

불편[不便 ; 아닐 불, 편할 편]명(행27:12) ①편하지 못하고 거북스러움. discomfort. ②병으로 몸이 편하지 못함. inconvenience.

불평[不平 ; 아닐 불, 평평(고를)할 평. complaint]명(창37:4) ①불만이 있어 마땅하지 않게 여김. ②병으로 몸이 편하지 못함. discomfort. ③공평하지 아니함. unfairness.

불합[不合 ; 아닐 불, 합할 할. dissatisffaction]명(신23:14) ①물건이나 일이 뜻에 맞지 않음. ②정의(情誼)가 서로 맞지 않음. disagreement.

불호[不好 ; 아닐 불, 좋을 호. bed, dislike]명(민13;19) 좋아하지 않음.

불화[不和 ; 아닐 불, 화목할 화. discord]명(마10:35) 사이가 서로 화합하지 못함.

붉다[red]형(창25:25) 피의 빛과 같다. ①피빛(왕하3:22). ②술 마시는 자의 눈(창49:12). ③산호(애4:7-). ④포도주(잠23:31). ⑤좋은 안색(삼상16:12). ⑥하늘의 색(마16:2-3). ⑦달빛(마24:23). ⑧나병의 피부색(레13:19). ⑨팥죽(창25:30). ⑩말(슥1:8). ⑪용(계12:3).

상징적 의미 - ①전쟁, 죄를 상징(사1:18, 슥6:2, 계6:4). ②우상의 어리석음(잠13:14, 겔23:14).

붉은 말[red horse]명(마24:6-10) 전쟁과 살륙을 상징하는 말. 홍마.

붉은 빛[vermilion]명(렘22:14) 피의 빛과 같은 색. red. 적색(赤色).

붉은 옷[scarlet]명(삼하1:24) 옷의 색깔이 피빛과 같다. 상징적으로 왕의 옷.

* 말세 세상 왕의 상품(계18:12).

붉은 용[red dragon]명(계12:3,9) 하나님을 대적하는 사단을 상징한다. 흉악한 살인마음을 나타내고 그 잔인성을 말해 주며 공포심을 더해 준다.

붓[pen]명(시45:1) 글씨를 쓰거나 그림을 그리는 문구(文具). 털붓. writing brush.

*①글씨라는 뜻으로 쓰임(요삼13).
②혀에 대한 비유로 쓰임(시45:1).

붓[מיפ = 활]인

1. 인적관계 - 함의 세째 아들(창10:6). 노아의 손자.
2. 관련기사 - ①구스, 미스라임, 가나안의 형제(민3:9, 대상1:8). ②붓 사람은 용감하고 활에 능하여 인근 나라에 용병으로 나아갔다 (겔27:10, 렘46:9). ③애굽의 동맹(겔30:5). ④바사국과 동맹(겔38:5-마곡).⑤두로와동맹(겔27:10). ⑥고대 붓의 자손이 이디오피아의 동남 소말린랜드에 거주한 것으로 생각하였으나 70인역 헬라어 성경에는 리비아에 거한다고 하였다.

붓[מיפ = 활]지(대상2:53) 함의 세째 아들 붓의 후손이 살던 지역. 방패 잡은 구스인과 붓인이여 나오라(겔27:10). 바사와 룻과 붓이 병정이 되었다(겔27:10). 아프리카 동맹국. 리비아 지방. →인명 붓.

붓다[pour into]자(창24:20) 다른 곳에 쏟아 넣거나 담다.

붓다[swell up]자(레13:28) 살갗이 부풀어 오르다.

붓 족속[puthites]인(대상2:53) 유다 남쪽 기럇여아림에 거주한 갈렙족의 한 가문.

붕우[朋友 ; 벗 붕, 벗 우. friend]명(시122:8) 벗. 친구.

붙다[come in touch with, hind]자(출9:9) ①서로 마주닿다. ②맞닿아 떨어지지 않다. stick to.

붙다[burn]자(출3:2) 불이 옮아서 당기다.

붙들다[catch]타(창21:18) ①손으로 꽉 잡다(쥐다). ②남을 못가게 말리다. detain. ③도와 주다. help. ④달아나는 것을 잡다.

붙박이[fixture]명(왕상6:4) 한곳에 박혀 있어서 움직임이 없는 사물.

붙이다[attach]타(창9:2) ①붙게 하다. ②사이에 들어 어울리게 만들다. arrange. ③이름을 지어 달다. give a name. ④딸리게 하다.

붙잡다[seize]타(삼상14:13) ①손으로 붙들어 쥐다. ②달아나지 못하게 붙들어 잡다. detain.

붙접다[cling, cleave to] 타 (시101:3) 바싹 뒤따르다. 따라가 미치다. 달라붙다. 힘써 좇아가다. 굳게 결합하다. 확고히 머물다.

불좇다[follow]타(룻1:14) 공경하는 마음으로 섬기며 따르다. 히브

브가히야[פְקַחְיָה = 여호와께서 눈을 뜨게 하심](인)(왕하15:22) 이스라엘왕 므나헴의 아들. 그의 2년간 치세 중에는 앗수르에게 조공을 바쳤다. 그는 자기의 신하 베가에게 살해 되었다(왕하15:23-25).

브곳[פְקוֹד = 방문, 형벌](지)

① 갈대아의 상징적 명칭(렘50:21).
② 예루살렘을 치려 올 사람 중 하나. 바벨론 동남 엘람부근의 부구두 사람으로 여긴다(겔23:23).

브나[בּוּנָה = 거만, 오만](인)(대상2:25) 유다사람 여라므엘의 둘째 아들.

브나야[בְּנָיָה = 여호와께서 세워주심](인)(삼하8:18)

① 다윗의 군장. ①제사장 가족 여호야다의 아들(대상27:5). ②다윗의 호위대장. 용감한 무사(삼하20:23, 23:20). ③모압과 애굽 용사들을 이기고 다윗의 신임을 받았으나 요압과의 다툼이 심했다. 아도니야의 실패로 브나야가 요압을 처형하고 그 자리를 차지하여 사령관이 되었다(왕상2:28-35).
② 에브라임산지 비라돈 사람으로 다윗의 11월군 장관(삼하23:30, 대상27:14).
③ 히스기야 시대 시므온지파 방백(대상4:36).
④ 다윗 시대 비파를 탄 레위인(대상15:18-20).
⑤ 법궤 앞에서 나팔을 분 제사장(대상15:24).
⑥ 여호사밧 시대 레위인. 아삽자손 야하시엘의 조상(대하20:14).
⑦ 히스기야 때 성전 예물을 관리한 레위인(대하31:13).
⑧ 블라댜의 아버지. 에스겔 시대의 방백(겔11:11-13).
⑨ 이방인 아내와 이혼한 사람. 제사장 바로스의 자손(스10:25).
⑩ 이방인 아내와 이혼한 사람. 바핫모압의 자손(스10:30).
⑪ 이방인 아내와 이혼한 사람. 바니 자손(스10:35).
⑫ 이방인 아내와 이혼한 사람. 느보의 자손(스10:43).

브네브락[בְּנֵי־בְרַק = 우뢰의 아들들](지)(수19:45) 단지파의 성읍으로 욥바의 동남 6km지점 현재의 이븐이브락과 같은 곳.

브네 야아간[בְּנֵי יַעֲקָן = 야아간의 아들들](인)(민33:31) 출애굽한 이스라엘의 유숙지. 브에롯 브네야 아간과 같은 곳(신10:6).

브노[בְּנוֹ = 그의 자식](인)(대상24:26) 레위사람. 므라리 자손 야아시야의 아들.

브누엘[פְּנוּאֵל = 하나님의 얼굴](인)

① 유다의 손자. 훌의 아들(대상4:4). 그들의 설립자.
② 베냐민 사람 사삭의 아들(대상8:25). 이브드야의 형제.

브누엘[פְּנוּאֵל = 하나님의 얼굴](지)

1. **위치** - 요단강 동편 얍복강과 숙곳 사이의 성읍.
2. **관련기사** - ①사사 기드온이 미디안을 추격하기 위하여 협력을 구했으나 거절당했다(삿8:8-17). ②기드온이 망대를 파괴 하였다(삿8:9-17). ③여로보암은 견고한 요새를 삼았다(왕상12:25, 부느엘). ④브니엘과 같은 곳(창30:30).

브니누[בְּנִינוּ = 우리 아들](인)(느10:13) 바벨론에서 돌아와 느헤미야와 함께 언약(율법)을 엄수할 것을 서약하고 도장 찍은 사람.

브니엘[פְּנִיאֵל = 하나님의 얼굴](지)

1. **위치** - 요단 동편 얍복강 부근. 브누엘과 같은 곳.
2. **관련기사** - ①야곱이 귀국길에 천사와 씨름해서 이긴 곳(창32:30). ②하나님의 얼굴을 뵈온 곳이라 하여 야곱이 명명. 이곳은 옛적 성소와 유관하다고 본다. 브누엘은 기드온이 무너뜨린 산성에 관련되어 나온다(삿8:8). ③숙곳 동쪽 높은 지대에 있었다. 여러해 후에 여로보암이 이곳을 요새화 하였다(왕상12:35).

브닌나[פְּנִנָּה = 산호](인)(삼상1:2) 사무엘의 아버지 에브라임 사람 엘

가나의 첩. 한나가 아이를 낳지 못했기 때문에 얻었다.

브다술[פְּדָהצוּר = 바위신이 구해내다]인(민1:10) 출애굽하여 광야시대 므낫세 지파의 대표. 가말리엘의 아버지(민10:23).

브다야[פְּדָיָה = 하나님은 속량해 주심]인

1 므낫세 반지파의 관원 요엘의 아버지(대상27:20). 다윗시대 강서편을 다스렸다.

2 루마사람. 여호야김왕의 아내 스비다의 아버지(왕하23:36).

3 에스라가 강론할 때 그 좌편에 섰던 사람 중 한 사람. 제사장인 듯하다(느8:4).

4 레위인으로 느헤미야가 곳간을 감독하기 위하여 선택한 사람 중 한 사람(느13:13).

5 바로스의 아들. 바벨론에서 귀국하여 예루살렘 성벽 재건을 도왔다(느3:25).

6 베냐민 사람 여사야의 가계에 속한 사람. 골라야의 아들로 요엣의 아버지(느11:7).

7 므슬람과 하나냐의 할아버지(대상3:18-19). 다윗의 후손 스룹바벨의 아버지. 다른 곳에서는 스룹바벨은 브다야의 형제 스알디엘의 아들로 기록되었다(스3:2; 느12:1, 학1:1).

브다헬[פְּדַהְאֵל = 하나님이 구원하심]인(민34:28) 납달리 지파의 족장 암미훗의 아들(광야시대).

브다히야[פְּתַחְיָה = 하나님이 (태를) 열어주심]인

1 아론의 자손으로 제사장 반열의 열아홉째 사람(대상24:16).

2 바벨론에서 귀국하여 에스라의 권유로 이방인 여자와 이혼한 사람(스10:23).

3 유다지파의 세라족 므세사벨의 아들. 바사왕의 신하가 되어 이스라엘 백성에 관한 사무를 취급한 사람(느11:24).

브단[בְּדָן = 심판의 아들, 혹은 단의 아들]인(대상7:17) 므낫셋 지파 마길의 아들 길르앗의 후손. 울람의 아들.

브닷[בְּדַד = 분리, 부분]인(창36:35) 에돔왕 하닷의 아버지.

브도님[בְּטֹנִים = 비자(榧子)]지(수13:26) 요단강 동쪽 가나안 정복 후 갓의 성읍. 길르앗 북쪽으로 지금의 길벳 바드네와 같은 곳으로 여김.

브돌[בְּתוֹר=꿈의 해석]지 ①메소보다미아 북부 아람에 있던 성읍(민22:5). ②거짓 예언자 발람의 고향(신23:4).

브두엘[בְּתוּאֵל = 하나님의 사람]인

1 아브라함의 조카이며 리브가와 라반의 아버지. 상부 메소보다미아에서 살았다(창25:20).

2 선지자 요엘의 아버지.

브두엘[בְּתוּאֵל = 하나님의 집]지(대상4:30) 시글락 남쪽에 위치한 유다의 남부에 있던 시므온 지파의 마을. 브둘과 같은 곳(수19:4).

브둘[בְּתוּל = 하나님의 집]지(수19:4) 유다 남부 시므온의 성읍. 브두엘과 같은 곳.

브드나도[Φορτουνᾶτος = 행운]인 (고전16:17) ①고린도 교회의 성도. 스데바나와 아가이고와 같이 에베소에 있는 바울을 방문한 사람(고전16:17). ②그들이 고린도 교회의 사정을 바울에게 전하여 바울의 안부를 물었다(고전5:9). ③바울은 이것을 감사하여 이들을 알아주라고 권했다(고전16:18).

브라가[בְּרָכָה = 축복, 찬양]인(대상12:3) 시글락에서 다윗에게 합세한 베냐민 지파 사람.

브라가[בְּרָכָה = 축복, 찬양]지

1. 위치 - 유다의 남부 드고아 부근에서 남동으로 엔게디 부근에서 사해로 흐르는 마른 강의 골짜기.

2. 관련기사 - 여호사밧이 암몬과 모압을 격퇴하고 도와주신 여호와께 감사드린 장소(대하20:26).

브라심(산, 山) [פְּרָצִים = 돌파]지 (사28:21) 예루살렘 부근에서 다윗이 블레셋 사람을 격파한 장소.

바알브라심과 같은 곳(삼하5:20, 대상14:11) → 바알브라심.

브라야[בְּרָאיָה = 여호와께서 창조하심]인(대상8:21) 베냐민 사람 시므이의 아들. 아얄론 거민의 족장.

브라이도리온[praetorium]명(막15:16) 빌라도가 집무하던 관저의 이름. 관정(요19:9), 궁으로 번역된 말(행223:35). 말의 뜻은 군 사령부. 또는 통치자의 관저를 의미한다. 로마의 유대 총독부이다.

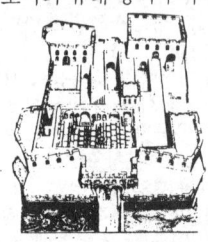

브로고로[Πρόχορος = 춤의 지휘자, 지도자]인(행6:5) 예루살렘 교회에서 헬라어를 쓰는 과부들을 돕기 위해 사도들이 뽑은 7인 중의 한 사람.

브로다[בְּרוֹתָה = 우물들]지(겔47:16) ①하맛 부근의 수리아 성읍. ②이스라엘 북부 국경(겔47:16). ③베로데와 같은 곳(삼하8:8).

브루기아[Φρυγία = 박토]지
1. **위치** - 소아시아 중부 할리스강 서편의 광대한 지역. 고원지대로 초지가 많아 목축업이 발달된 곳.
2. **개요** - 아리아족이 마게도냐에서 소아시아로 옮겨와 살았다. 이고니온, 라오디게아, 골로새, 히에라폴리스, 비시디아, 안디옥이 있다.
3. **관련기사** - ①이 지방에서 사는 유대인들이 오순절에 예루살렘에 올라와 성령 강림을 목격했다. 그리고 베드로의 설교를 들었다(행2:1,10). ②바울이 2차, 3차 선교여행시 이 땅을 통과했다(행16:6, 18:23). ③일찍부터 교회가 있었다(골4:13,16, 계3:14).

브루다[בְּרוּדָא = 분리, 격리]인(스2:55) 스룹바벨과 함께 귀국한 솔로몬의 신복의 자손 중 하나. 느7:57에는 히브리어형 브리다라고 기록되어 있다.

브리다[בְּרִידָא = 분리]인(느7:57) 브루다와 같은 사람(스2:55).

브리스[פְּרִזִּי = 마음에 속한]인(창13:7) ①아브라함 때 가나안 원주민. ②야곱이 두려워했다(창34:30). ③이스라엘과 혼합이 금지된 족속(출23:23-25). ④가나안 일곱 족속 중 하나(신7:1). ⑤여호수아가 정복했다(수3:10). ⑥이스라엘과 통혼하여 우상을 섬기게 했다(삿3:5-7). ⑧솔로몬이 노예로 삼았다(왕상9:20-21). ⑨이스라엘이 추방해야 할 민족(신20:17).

브리스[פְּרִזִּי = 촌락의 주민]지(창13:7) 가나안 원주민의 성읍. 유다 산지의 성읍. 여호수아가 점령했다(수3:10,12:8,17:15,24:11). 그러나 원주민을 다 쫓아 내지 못했다(삿1:4,5, 3:5).

브리스가[Πρίσκα = 늙다, 고풍]인
1. **인적관계** - 바울의 동역자 아굴라의 아내(롬16:3).
2. **관련기사** - ①남편보다 먼저 쓰임을 받은 초대교회의 지도자(행18:18, 롬16:3, 딤후4:19). ②고린도 교회에 문안한 인사(고전16:19). ③바울이 디모데에게 문안하도록 권한 인사(딤후4:19). ④브리스길라와 같은 사람(행18:2).

브리스길라[Πρίσκιλλα = 작은 노부인]인(행18:2) 브리스가와 같은 사람. 성경 기록상 남편보다 앞서 기록되었다. → 브리스가.

브리아[בְּרִיעָה = 뛰어난 자, 재앙(불운)을 받음]인

1 아셀의 네째 아들(민26:44, 대상7:30). 헤벨과 말기엘의 아버지. 야곱과 함께 애굽으로 내려간 브리아 가족의 선조(창46:17).

2 에브라임의 세째 아들. 형 에셀과 엘르앗이 가드인에게 피살된 후 낳았으므로 부친이 이 이름을 지어 주었다(대상7:21-23).

3 베냐민 지파 엘바알의 네째 아들.

아얄론의 족장이 되어 가드인을 축출하였다(대상8:12-14).
④ 레위지파 게르손 자손 시므이의 아들. 다윗 때 사람(대상23:10-11).

브베[בֵּבַי = 아버지다운]인
① 스룹바벨과 함께 바벨론의 포로에서 귀국한 백성의 선조(스2:11). 자손이 623명 있었다.
② 율법엄수 계약에 조인한 사람 중의 하나(느7:16). 자손이 628명 있었다.

브사렐[בְּצַלְאֵל = 주의 보호]인
① 유다지파 우리아의 아들(대상2:20). ①훌의 손자(출31:2). ②세공, 조각, 공작에 뛰어난 기술자로 성막 건설의 감독자(출31:2, 35:30, 대하1:5).
② 바핫 모압의 아들. 이방여인과 혼인한 사람(스10:30). 에스라의 권유로 이혼했다.

브소드야[בְּסוֹדְיָה = 여호와의 친밀함, 비밀을 아는 자]인(느3:6) 바벨론에서 돌아와 예루살렘성 옛문을 재건한 므술람의 아버지.

브솔(시내)[הַבְּשׂוֹר = 찬샘 (冷泉)]지
1. **위치** - 시글락 남쪽의 작은 시내. 가사 남에서 지중해로 들어간다(삼상30:9).
2. **관련기사** - ①사울이 아말렉을 칠 때에 이 시내를 건넜다(삼상15:5). ②다윗이 아말렉을 치려고 갈 때 일부 군사를 남겨둔 곳(삼상30:1-25). ③다윗이 아말렉을 치고 두 아내와 모든 것을 다시 찾아와 남겨둔 군사와 같이 돌아갔다(삼상30:1-25).

브아랴[בְּעַרְיָה = 여호와는 주 되심]인(대상12:5) 베냐민 사람으로 다윗의 용사 중 한 사람. 시글락에서 다윗을 따랐다.

브알롯[בְּעָלוֹת = 여주인들]지
① 유다 최남부의 성읍(수15:24). 바알랏 브엘과 같은 곳(수19:8).
② 솔로몬의 12행정구역 제9구에 있은 성읍(왕상4:16)바아나가 통치하던 곳(왕상4:16)시므온의 성읍.

브에라[בְּאֵרָה = 우물]인(대상5:6) 르우벤 자손의 두목. 앗수르왕 디글랏 빌레셀에 의해 바벨론으로 포로되어 갔다.

브에라[בְּאֵרָא = 우물]인(대상7:37) 아셀사람 헤벨의 자손으로 족장이며 용사로 방백의 두목.

브에롯[בְּאֵרוֹת = 우물]지
1. **위치** - 예루살렘에서 북으로 16km 지점 지금의 엘비레로 여긴다.
2. **관련기사** - ①기브온의 성읍(수9:17). ②베냐민 지파에게 분배된 기업(수18:25, 삼하4:2). ③바벨론에서 귀국한 백성의 거주지(스2:25, 느7:29). ④레갑, 바아나, 나하래의 고향(삼하23:37).

브에롯 브네야아간[בְּאֵרֹת בְּנֵי־יַעֲקָן = 야아간의 아들들의 우물]지(신10:6) ①출애굽한 이스라엘 백성들이 광야에서 머문 곳. ②브네야아간과 같은 곳(민33:31, 32).

브에롯 사람[beerothite]인 ①이스보셋을 죽인 레갑과 바아나의 아버지 림몬(삼하4:2-9). ②요압의 병기를 잡은 나하래(삼하23:37, 대상11:39-베롯). ③포로에서 귀국한 후의 브에롯 정착민(느7:29, 스2:25).

브에리[בְּאֵרִי = 우물에 속한 자]인
① 에서의 아내 헷 사람 유딧의 아버지(창26:34).
② 선지자 호세아의 아버지(호1:1).

브에스드라[בְּעֶשְׁתְּרָה = 아스다롯의 궁]지(수21:27) 갈릴리호수 동편. ①바산에 있던 성읍. 레위족속 게르손의 거주지. ②도피성 중 하나(수21:27). ③아스다롯과 같은 곳(대상6:71).

브엘[בְּאֵר = 우물]지
① 출애굽한 이스라엘 백성의 한 진지. 백성들이 물을 마시고 노래를 지어 불렀다(민21:16-17). 모압에 있던 우물터.
② 기드온의 아들 요담이 그의 형 아비멜렉을 피하여 숨었던 곳이다(삿9:21).

브엘 라해로이[בְּאֵר לַחַי רֹאִי = 나를

브엘라다

감찰하는 살아계신 이의 우물]지
1. **위치** - 브엘세바 서남 약 80km지점 아인무웨일레로 추정. 수리아 애굽 대로상에 우물이 여럿 있는데 아라비아 사람들은 그것을 하갈의 우물이라 불렀다.
2. **관련기사** - ①하갈이 하나님을 뵙고 그 명령대로 아브라함에게로 돌아간 곳(창16:14). ②이삭이 리브가를 만난 곳(창24:62). ③아브라함이 죽은 후 이삭의 거주지(창25:11).

브엘라다[בְּעֶלְיָדָע = 주는 아심]인 (대상14:7) 예루살렘에서 태어난 다윗의 아들. 삼하5:16에는 에랴다, 대상3:18에는 엘리아다로 되어 있다.

브엘세바[בְּאֵר שֶׁבַע = 일곱 우물, 언약의 우물]지
1. **위치** - 시므온의 성읍. 헤브론 남서 약 40km지점 연안 동편에 위치, 고대 대상로.
2. **관련기사** - ①아브라함이 체류(창21:14, 31). ②하갈을 내보낸 아비멜렉과 맹세한 곳(창21:14). ③후기에 이삭이 산 곳(창26:23). ④야곱이 태어난 곳(창28:10). ⑤세바를 찾은 곳(창26:33). ⑥유다지파에게 주었으나 시므온에게 넘겼다(수15:28, 19:2). ⑦사무엘의 아들들이 사사가 된 곳(삼상8:2). ⑧이스라엘 국토의 남단 한계(삼하17:1, 삿20:1, 대하30:5). ⑨바벨론에서 귀환한 백성의 거주지(느11:27, 30). ⑩우상을 섬기던 곳(암5:5, 14).
3. **하나님이 나타나심** - ①하갈에게(창21:14, 17-19). ②이삭에게(창26:23-24). ③야곱에게(창46:1-5). ④엘리야에게(왕상19:3-7).

브엘 엘림[בְּאֵר אֵילִים = 용사들의 우물]지(사15:8) 모압에 있는 우물. 브엘①과 같은 곳(민21:16).

브온[בְּעֹן = 주거지]지(민32:3) 모압 평원의 한 성읍. 바알므온, 벤므온과 같은 곳이며 메드바의 남서쪽 8km 지점에 있는 지금의 마인으로 여긴다.

브올[peol]명(민25:18) ①모압에서 섬기던 우상의 이름. ②바알브올이라고도 부름(민25:3). ③이스라엘에 염병이 내림(민31:16, 수22:17). ④역사적으로 상기해야 할 죄악(고전10:18, 민25:9).

브올[בְּעוֹר = 등복, 목자]인
① 에돔왕 벨라의 아버지(창36:1).
② 발람의 아버지(민22:5).

브올[בְּעוֹר = 등불]지
1. **위치** - 느보산의 한 봉우리로 여김.
2. **관련기사** - ①발락이 발람을 데리고 올라갔던 요단 동쪽 모압 광야를 굽어보는 산(민23:28). ②바알브올과 같은 곳(호9:10). ③벤 브올을 섬기던 곳(신3:29).

브올래대[פְּעֻלְּתַי = 주는 상급이심]인(대상26:5) 오벧에돔의 여덟째 아들. 다윗왕 때 문지기.

불라댜[בְּלַטְיָה = 주가 구원하심]인
① 스룹바벨의 손자이며 하나냐의 아들(대상3:21). 여사야의 형제.
② 히스기야 시대 시므온 사람 이시의 아들. 아말렉과 세일산에서 싸울 때 시므온 사람의 대장(대상4:42).
③ 브나야의 아들. 에스겔이 환상 중에 본 25방백 중 하나. 예루살렘 함락 전 친애굽파에 속하여 바벨론에 반기를 들어 예루살렘 함락을 일찍이 오게 한 지도자. 에스겔이 그의 죽음을 예언했다(겔11:1-13).
④ 느헤미야 밑에서 율법준수 서약에 인친 제사장의 한 사람(느10:22).

블라스도[Βλάστος = 새싹, 어린 가지]인(행12:20) 헤롯 아그립바 I세의 침소를 맡은 신하. 두로와 시돈 사람들을 주선하여 왕을 볼 수 있게 하였다.

불라야[פְּלַלְיָה = 여호와는 심판하셨다]인
① 유다사람 다윗의 후손 엘료에네의 일곱 아들 중 세째(대상3:24).
② 포로에서 귀국한 레위사람. 에스라와 같이 율법을 깨닫게 했다(느

8:7). 율법엄수 서약에 인친 사람 (느10:10).

③ 포로에서 귀국한 사람 중 예루살렘에 거주한 자. 암시의 아들이며 여로함의 아버지로 하나님의 전을 맡았다(느11:12).

블레곤[Φλέγων = 간절, 불타는]인 (롬16:14) 바울이 문안한 로마의 성도.

블레셋[פְּלֶשֶׁת = 나그네, 외국인]인

1. **인적관계** - 함의 둘째 아들의 후손. 미스라임의 아들 가슬루힘에게서 나온 족속(창10:13-14).
2. **관련기사** - ①이삭이 흉년이 들었을 때 블레셋 왕 아비멜렉을 찾아갔다(창26:1-8). ②이삭의 부한 것을 시기함(창26:14). ③이삭이 판 우물을 메웠다(창26:18). ④출애굽한 이스라엘 백성이 피하여 감(출13:17). ⑤이스라엘을 시험하시기 위해 블레셋을 남겨 둠(삿3:1-4). ⑥블레셋 국가, 땅, 지방 등은 블레셋지 참고하라.

블레셋[פְּלִשְׁתִּי = 나그네, 외국인, 이주자의 땅]지

1. **위치** - 팔레스틴(가나안) 서남 해안에 정착한 그레데(갑돌) 섬에서 나온 민족(가슬로힘의 후손)의 정착지(신2:23, 암2:7). 에그론에서 남으로 애굽강(시홀)에 이르는 비옥한 땅.
2. **명칭** - ①블레셋(시60:8). ②블레셋 땅(창21:32-34). ③블레셋 지방(수13:2).
3. **종교** - 할례받지 아니한 민족으로 이스라엘의 멸시를 받았다(삿14:3, 삼상17:26). ①다곤을 섬겼다(삿16:21-23, 삼상5:1-5). ②바알세붑을 섬겼다(왕하1:2-6). ③술객이 많았다(사2:6). ④아스다롯(물고기신)을 섬겼다(삿2:13).
4. **관련기사** - ①블레셋 인명란 참고. ②요새화된 성읍이 있었다(수13:13). ③이스라엘에 징계의 대적으로 사용했다(삿3:2-3). ④삼갈이 격퇴했다(삿3:31). ⑤이스라엘이 이들의 신을 받아들였다(삿10:

6-7). 그래서 학대를 받았다. ⑥삼손이 이스라엘을 블레셋으로부터 구원함(삿13:1-16:31). ⑦이스라엘이 블레셋과의 전쟁에서 졌다(삼상4:1-11). ⑧블레셋사람들이 여호와의 궤를 빼앗아 다곤 신전에 옮겨 둠(삼상4:1-5:12). ⑨에벤에셀 전투에서 이스라엘이 승리함(삼상7:7-14). ⑩철공업이 발달했다(삼상13:19-22). 그래서 무기를 잘 만들었다. ⑪이스라엘을 침공한 골리앗이 다윗에게 죽임을 당했다(삼상 17장). ⑪다윗이 블레셋 사람 앞에서 미친 체함(삼상21:10-15). ⑫다윗이 아기스왕에게 피신했다(삼상 27장). ⑬사울과 길보아 산에서 전투했다(삼상 29장). ⑭사울과 그 아들들이 블레셋 군인에게 죽임을 당함(삼상31:1-7). 블레셋이 다윗에게 자주 패배함(삼하5:17-25). ⑮다윗이 죽은 후 독립함(대하11:8). ⑯이스라엘 왕 나답에게 포위 당함(왕상15:27). ⑰유다 왕 웃시야에게 패배함(대하26:6, 7). ⑱히스기야에게 패배함(왕하18:8). ⑲여호람 치세 때 립나 주변이 독립하려고 함(사9:8-12). ⑳아하스 치세 때 유다를 침공(대하28:18). ㉑바벨론 포로에서 귀국한 이후 유다와의 관계(스9:5-6). ㉒앗수르 왕 사르곤 왕에게 패망함(사20:1).

5. **예언** - ①이스라엘을 삼킬 것임(사9:11, 12). ②여호와의 징벌이 선포됨(렘25:15, 20). ③바로에 의해 진멸당할 것임(렘47:1-7). ④블레셋에게 하나님의 보복이 있을 것임(겔25:15-17). ⑤멸망될 것임(습2:4-6).

블렛[פְּלֵתִי = 사환, 사자]지(삼하8:18) ①다윗의 친위대 외국인 용병의 고향. ②다윗왕 때 브나야가 이 지역을 관할하였다. ③이곳 사람들은 그렛 사람과 함께 솔로몬을 다윗의 노새에 태우고 기혼에 가서 왕을 삼았다(왕상1:38, 39).

블론[פְּלֹנִי = 이런 사람]지(대상11:

27) 다윗의 용사 헬레스의 출신지 (삼하23:26절의 발디의 잘못 옮겨 쓴 것으로 보는 사람도 있다).

비[rain]명(창2:5) 찬 공기 속의 수증기가 엉겨 된 구름이 점점 성장하여 그 물방울이 결합하고 커져서 떨어지는 현상.

*상징적인 뜻 - ①영적 복(시72:6). ②하나님의 말씀(사55:10, 11). ③하나님의 의(호10:12). ④최후의 심판(마7:24-27).

비[broom, besom]명(사14:23) 먼지나 쓰레기를 쓸어내는 기구. 멸망을 상징한다.

비[碑 ; 비석 비. monument, pillar]명(창35:20) ①끼친 은혜나 공적을 기념하기 위하여 돌에 새겨 세운 것. ②묘비(墓碑). tomb-stone.

설형문자 비석.

비결[秘訣 ; 비밀 비, 결단할 결. secret]명(빌4:12) 드러나지 않은 썩 좋은 방법.

비골[בִּיגֹל = 위대한, 강한]인(창21:22) ①그랄왕 아비멜렉의 군대장관. 왕과 함께 아브라함에게 와서 우호 조약을 맺고 그 땅 이름을 브엘세 바라 하였다(창21:22-32). ②그후 그 두 사람은 다시 이삭을 찾아와서 우호 조약을 맺었다.

비교[比較 ; 견줄 비, 비교 교. comparison]명(삿8:2) 둘 이상의 것을 서로 견주어 봄.

비굴[卑屈 ; 낮을 비, 굽을 굴. meanness]명(시107:39) 사람이 줏대가 없고 하는 짓이 천함. 못남.

비그리[בִּכְרִי = 젊음, 장남]인(삼하20:1) 베냐민 사람. 다윗 왕조를 반역한 세바의 아버지.

비그왜[בִּגְוַי = 행복, 행운]인

1 바벨론에서 스룹바벨과 함께 돌아온 지도자(스2:2). 그의 아들 우대와 사붓은 에스라와 함께 귀국했다. 비그왜의 권속은 2,126명이다(스2:14, 8:14).

2 느헤미야시대 율법엄수 서약에 조인한 사람(느10:16).

비기다[like]자(출20:23) ①견주어 보다. compare. ②승부가 안 나다. end in a tie. ③줄 것과 받을 것을 서로 엇셈하다. set off.

비논[בִּינוֹן = 광산 굴]인(창36:41) 에서의 자손. 에돔사람의 족장.

비논[בִּינוֹן = 광산 굴]지(대상1:52) 동광이 있는 북 에돔의 성읍. 부논으로 여긴다(민33:42-43).

비누[soap]명(렘2:22) 때를 씻어 내는데 쓰이는 물건.

*비누로 죄악을 씻을 수 없다.

비느아[בִּנְעָא = 터져 나옴]인(대상8:37) 사울왕의 아들 요나단의 후손 모사의 아들.

비느하스[פִּינְחָס = 흑인]인

1 아론의 손자.
1. **인적관계** - 아론의 세째 아들 엘르아살의 아들(출6:25, 수24:33).
2. **관련기사** - ①아버지를 이어 대제사장이 되었다(출6:25, 대상6:4, 50). ②싯딤에 있을 때 모압여인과 행음하고 우상 숭배하는 미디안 여인을 회막에 데리고 들어온 두 이스라엘 사람을 여자와 함께 죽였다(민25장, 시106:30-31). ③고라족 레위인들의 감독지도자(대상9:20). ④제사장으로 미디안 정복에 참가(민10:8, 31:6). ⑤오해를 풀기 위하여 10인의 방백과 함께 요단강 동편에 정착한 지파에게 여호수아의 파송을 받았다(수22:10-14). ⑥에브라임 산지를 분깃으로 받았다(수24:33). ⑦베냐민 사람을 칠 것인지 하나님께 물었다(삿20:24-28). ⑧포로후 비느하스 자손이란 제사장직이 생겼다(스8:2).

2 엘리의 둘째 아들.
1. **인적관계** - 홉니의 동생(삼상1:30).
2. **관련기사** - ①제사장. 홉니와 같이 실로에 있었다(삼상1:3). ②엘리가 하나님보다 더 중히 여겨 하나님의 사람의 책망을 받았다(삼상2:29). ③형과 같이 한 날에 죽을 것이 예언되었다(삼상2:34). ④블레셋과의 전투에서 법궤를 옮겨왔다(삼상4:4). ⑤하나님의 궤를 빼앗기고 전사했다(삼상4:11-17). ⑥그의 아내는 아들을 낳았으나 죽었다(삼상4:19-20).

3 제사장 엘르아살의 아버지. 바벨론에서 귀국할 때 에스라가 가지고 온 금과 은, 기명을 달아 받고 책에 기록한 사람(스8:31-34).

비늘[scale]명(레11:9) ①파충류·어류 따위의 피부를 덮고 있는 얇은 딱지로 된 보호조직(레11:9). ②물고기의 비늘 모양으로 생긴 물건. scales.

비다[empty]형(창37:24) 속에 든 것이 없다. 차 있지 않다.

비단[緋緞 ; 비단 비, 비단 단. silk]명(계18:12) 누에고치에서 뽑은 명주실로 짠 피륙의 총칭.

비단방석[緋緞方席 ; 비단 비, 비단 단, 모 방, 자리 석. silk cushion]명(암3:12) 명주실로 짠 피륙으로 만든 깔고 앉는 자리.

비돈[פִּדֹן = 순진한]인(대상8:35) 사울왕의 아들 요나단의 후손 므빕바알의 손자이며 미가의 맏아들.

비돔[פִּתֹם = 아툼신의 집]지(출1:11) 애굽왕 바로(라암셋Ⅱ세)가 애굽땅 고센에 이스라엘 백성을 동원하여 세웠던 국고성 중의 하나. 나일강 운하 언덕에 사방을 토성으로 두르고, 그 안에 아툼 신당을 세우고, 크고 작은 지하실에 곡식을 저장했다. 성벽은 짚 섞인 벽돌로 쌓았고 짚없는 벽돌도 섞여 있다. 현재의 텔엘 마스쿠다.

비두니아[Βιθυνία = 복종]지
1. **위치** - 소아시아 북부 흑해 남안 보르기아 북방. 평원의 비옥한 땅.
2. **관련기사** - ①바울과 실라는 비두니아 전도를 원했다. 그러나 성령께서 허락하지 않으시고 밤에 환상중에 마게도냐인이 나타나 마게도냐를 도우라 하므로 마게도냐로 건너갔다(행16:6-12). ②후에 이곳에 교회가 설립되어 베드로가 서신을 보내었다(벧전1:1).
3. **역사적 기록** - ①주후 106년 로마 총독 불리니가 양선한 신자들을 핍박하는 사실을 드라야노 황제에게 고발하였다. ③주후 325년에 나이쓰성에서 감독 장로 318인이 공의회로 모여 삼격일신(삼위일체) 하나님에 대한 신경을 작정하였다.

비둔[肥腯 ; 살질 비, 살질 둔. fat, heavy]명(삿3:17) 살이 찌거나 옷을 두껍게 입어서 동작이 둔함.

비둘기[pigeon, dove]명(창8:8) 비둘기과의 새의 총칭. 크기는 중형으로 그 종류가 840종이나 된다고 함. 일반적으로 평화의 상징이라고 한다.

* **관련기사** - ①홍수가 그친 뒤에 노아가 물의 정도를 알기 위하여 사용했다(창8:8-12). ②아브라함이 하나님께 드렸던 제물(창15:9). ③번제로 드렸던 제물(레1:14). ④속죄제를 위한 제물(레12:6). ⑤인간이 비둘기처럼 되려고 원함(시55:6). ⑥시제에 사용되는 새(시68:13). ⑦애인을비유함(아1:15). ⑧슬피 우는 새(사38:14). ⑨마리아가 예수님을 낳은 후 결례의 예물로 드림(눅2:22, 24). ⑩제물로 드리려고 성전에서 매매함(마21:12) ⑪아름다움 (아2:14).

비드론[בִּתְרוֹן = 협곡]지(삼하2:29) 아라바나 요단 골짜기의 한 지역. 아브넬과 그 종들이 마하나임 수로를 따라 올라간 곳.

비디아[פְּדָיָה = 여호와의 딸, 숭배자]

비라돈

[인](대상4:18) 바로의 딸로 유다지파 베렛의 아내. 그의 이름을 보아 이방인으로 개종하여 하나님을 섬기는 자가 된 것을 볼 수 있다.

비라돈[פִּרְעָתוֹן = 산 꼭대기][지] (삿12:13) ①마지막 사사 압돈의 고향(삿12:15). ②다윗의 용사 중 브나야의 고향(삼하23:30, 대상11:31, 27:14).

비람[מַרְעֶה = 야생나귀][인](수10:3) ①벧호론에서 여호수아에게 패하고 후에 죽임을 당한 야르뭇왕. ②아모리 다섯 왕 중의 하나(수10:16-27).

비로소[for the first time][부](창4:26) 마침내. 처음으로.

비록[even if][부](창29:15) …지라도 …지만 등의 어미가 붙는 낱말과 동반하여, 아무리 그렇다 하나.

비루[鄙陋 ; 더러울 비, 더러울 루. meanness][명](삼하16:7) 마음이 고상하지 못하고 하는 짓이 더러움.

비루[卑陋 ; 낮을(천할) 비, 더러울 루. meanness, be vile][명](욥34:18) ①낮고 좁음. 더러움. ②말이나 행동이 천하고 더러움.

비루한 자[worthless fellow][인](삼하6:7) 비열하고 야비한 사람. 무가치한 불량배. 개처럼 취급되는 사람(삼하21:15-17).

비루먹다[suffer from mange][자](레22:22) 개, 나귀, 말 등이 피부병에 걸리다.

비류[匪類 ; 도둑(악할) 비, 같을 류. bandit][명](삿19:22) 도둑의 무리. 건달. 불량배. 깡패. 비적. 무가치한 사람을 뜻함. 벨리알에 속하는 악당(고후6:15). 사특한 자(나1:11).

비르사[בִּרְשַׁע = 두꺼운, 강한][인](창14:2) 아브람 시대 고모라왕. 그는 엘람왕 그돌라오멜과 싸웠다(창14:8-11).

바르사앗[בִּרְזוֹת = 상처들, 올리브의 우물][인](대상7:31) 아셀 자손 말기엘의 아들.

비몽사몽[非夢似夢 ; 아닐 비, 꿈 몽,

336

닮을 사, 꿈 몽. dreamy state, in a trance][명](행10:10) 꿈인지 아닌지 어렴풋한 상태.

비밀[秘密 ; 비밀 비, 빽빽한 밀. secret, mystery][명](삼상18:22) 숨기고 있는 일. 공개하지 않는 일. 남몰래 알고 있는 사실을 뜻한다.

*성경에서는 하나님의 계시에 의하지 않고는 알려질 수 없는 일. 하나님의 구원계획, 그리스도의 재림, 그리스도 자신(골1:27, 2:2). 하나님의 목적(계10:7). 하나님의 나라(막4:11-).

비방[誹謗 ; 비방할 비, 헐뜯을 방. slander, taunt][명](민12:1) 악의에 찬 마음으로 남을 헐뜯어서 욕함.

1. **비방하는 이유** - ①시기하여 (행13:45). ②정죄하기 위하여(눅5:29). ③중상함(고후12:20). ④누명을 씌움(신22:14-17). ⑤악행을 함으로(벧전2:12). ⑥불신앙임으로(렘6:10).

2. **교훈** - ①비방하지 말라(약4:11, 벧전2:1). ②징계를 받게 된다(민12:2-13). ③부끄러움을 당함(벧전3:16). ④악을 낳게 된다(요삼10).

비베셋[פִּי־בֶסֶת = 고양이 여신전][지] (겔30:17) 애굽의 풍요한 성읍의 하나. 카이로의 동북 48km지점 나일강의 지류 벨숩 동편의 델 바스다로 여긴다. 고양이를 신성시하여 섬긴 것으로 여겼다. 에스겔은 이곳과 아웬의 소년들은 칼에 엎드려지고 거인은 포로가 되겠다고 예언하였다.

비비다[rub, crush][타](민22:25) ①맞대어서 서로 문지르다. ②한데 뒤섞어서 버무리다. mix. ③구멍을 뚫으려고 송곳 따위를 대고 이리저리 돌리다. drill.

비빈[妃嬪 ; 비 비, 지어미 빈. queen and royal concubine][명](에2:14) 왕비와 왕이 취한 궁녀.

비사[比辭 ; 견줄(나란히 할) 비, 말씀 사. simile][명](요16:25) 비유로 쓰는 말.

비사[譬詞 ; 비유할(나란히 할) 비, 말 사. parable]명(욥27:1) 비유로 쓰는 말.

비상[非常 ; 아닐 비, 항상 상]명(사28:21) ①심상하지 않음. uncommonness. ②보통과 다름. emergency. ③평범하지 아니함. extraordinary.

비석[碑石 ; 비석 비, 돌 석. tombstone]명(삼하18:18) 빗돌. ①라헬의 묘비(창35:20). ②사울의 전승비(삼상15장). ③압살롬의 비(삼하18:18). ④요시야왕이 본 묘실의 비석(왕하23:17). ⑤의인들의 비석(마23:29). ⑥언약의 비석(히9:4).

▼ 더베 근처에서 발견된 비석

비소[鼻笑 ; 코 비, 웃음 소. scorn]명(겔23:32) 비웃는 웃음. 코웃음.

비소[誹笑 ; 비방할 비, 웃음 소. scornful smile]명(욥27:23) 비웃음.

비손[מַיִם ‎ = 흐르는 물]지(창2:11) 에덴동산에서 흘러 나오는 넷 강 중의 하나.

비스가[הַפִּסְגָּה ‎ = 뾰족한 곳]지
1. 위치 - 사해 동북 모압땅 바위로 된 아바림산맥 북부에 있는 산.
2. 관련기사 - ①요단 동쪽 사막이 내려다 보이는 산(민21:20). ②이스라엘 백성이 가나안으로 들어가기 위하여 아모리왕 시혼에게 통과를 교섭했다(민21:20). ③발락이 제단을 쌓고 발람을 불러 이스라엘을 저주하도록 했다(민23:14). ④모세가 묻힌 곳(신3:27, 34:1-5). ⑤이스라엘의 영토가 된 곳(신3:17, 수12:3, 13:20).

* 현재의 아랍 안내인은 모세가 비스가 산에서 바라보았고 느보 산에서 잠들었다고 말한다.

비스다[בִּגְתָא ‎ = 이중의 선물]인(에1:10) 아하수에로왕의 어전 내시 (환관) 일곱 중 하나.

비스바[בִּשְׁוָה ‎ = 확장]인(대상7:38) 아셀자손 에델의 아들로 족장.

비스요다[בִּזְיֹתְיָה ‎ = 여호와의 멸시]지(수15:28) 유다 남부 브엘세바 부근의 성읍.

비슬람[בִּשְׁלָם ‎ = 평화의 아들]인(스4:7) 스룹바벨의 인솔로 바벨론 포로에서 돌아올 때 가나안에 있던 바사왕 아닥사스다의 관리. 성전 재건을 방해하기 위하여 아닥사스다 왕에게 편지를 보내었다.

비시디아[Πισιδία]지(행13:14)
1. 위치 - 소아시아 남부의 한 지역. 밤빌리아의 북편 평원과 접하는 산악지대. 오늘의 아나토리 터키.
2. 관련기사 - 바울과 바나바가 1차 선교여행시 두번 지나간 곳(행13:14, 14:24).

비싸다[expensive, costly]형(요12:3) 상품의 값이 정도에 지나치게 너무 많다.

비용[費用 ; 허비할 비, 쓸 용. cost, charge, expense]명(출38:24) 무엇을 사거나 어떤 일을 하는데 쓰이는 돈.

비우다[empty]타(빌2:7) 안의 것을 치우거나 쏟거나 해서 치우다. 비게 하다.

* 그리스도의 근본은 하나님의 본체이시나 오히려 자기를 비워 종의 형체로 성육신 하셨다.

비웃다[scorn, scorn]타(왕상9:8) 빈정거려 웃다. 업신여겨 웃다.

비웃음[hiss, scorn]명(대하29:8) 비웃는 일. 또는 그 웃음. 멸시를 나타내는 표현. 조소와 멸시이다.

비위[脾胃 ; 지라 비, 밥통 위. humour]명(딤전5:23) ①지라와 밥통. spleen and stomach. ②음식이나 사물에 대하여 좋고 언짢음을 느끼는 기분. liking. ③싫은 것을 잘 참

비유

아내는 힘. patience.
비유[譬喩 ; 비유할 비, 비유할 유, 比喩 ; 견줄(나란히 할) 비, 비유할 유. parable, allegory]몡(시49:4) 어떠한 사물이나 관념을 그와 비슷한 사물이나 관념을 끌어내어 설명하는 일.
비자[婢子 ; 여종 비, 아들 자. maid, slave girl]몡(창24:61) 여자 종. 여자가 자신을 겸손하게 낮추어 일컫는 말로 쓰인다.
＊처녀(신22:21), 소녀(창24:14), 여종(잠9:3), 계집종(삼하14:7), 계집아이(행12:13)로 번역된 말.
비자[榧子 ; 비자 비, 아들 자. muts, pistacio]몡(창43:11) 비자나무의 열매. 야곱이 곡식을 구하기 위하여 아들들을 애굽에 보낼 때 예물로 보낸 가나안 특산물 중 하나.

비쭉이다[shoot out, pout]타(시22:7) 비웃거나 마음이 마땅하지 않을 때 입을 쑥 내미는 모양을 하다.
비쩍거리다[totter]자타(시60:3) 비치적거리다. 비칠거리다.
비천[卑賤 ; 낮을 비, 천할 천. humbleness, abasement]몡(욥14:21) 신분이 낮고 천하다.
비추다[light on]타(출13:21) ①빛을 보내어 밝게 만들다. ②맞대어 보다. compare with. ③넌지시 깨우쳐 주다.
비취다[be lighted up]피동(창1:15) 비추이다. 비침을 받다.
비취옥[翡翠玉 ; 비취(푸를) 비, 푸를 취, 구슬 옥. chrysoprase]몡(계21:20) 연한 녹색을 띤 옥의 일종. 새 예루살렘 성벽의 열번째 보석의 이름.
비탈[slope]몡(민21:15) 기울어 경사진 곳.

비탈길[sloping, hill]몡(삼상9:11) 한 쪽이 기울어진 길. 언덕길.
비틀거리다[totter, stagger]자타(욥12:25) 발을 제대로 옮기지 못하고 자꾸 쓰러질듯이 걷다.
비틀걸음[tremble]몡(사51:17) 비틀거리면서 걷는 걸음. 배틀걸음.
비틀다[twist, wring]타(레1:15) 바싹 꼬면서 힘있게 틀다.
비파[琵琶 ; 비파 비, 비파 파. harp, viol, psaltery]몡(삼상10:5) 현악기의 하나. 수금이라고도 함. 거문고 lute. 시대의 변천과 국가에 따라 현의 수와 모양이 다르다.
비판[批判 ; 비평할 비, 판단할 판. judge]몡(마7:2) 좋고 나쁨, 옳고 그름을 가려 정함. 판결, 판단, 정죄로 번역된 말.
비하다[比〜 ; 견줄 비. compare]타(아1:9) 비교하다.
비하히롯[פִּי הַחִירֹת = 여신 히롯의 신전]지(출14:2) ①이스라엘 백성이 홍해를 건너기 전 애굽 땅에서 마지막 진쳤던 곳(민33:7,8). ②믹돌과 홍해사이 바알스본 가까운 곳이다(출14:9). 민33:8에는 하히롯으로 되었다. 위치는 불명.
빅다[בִּגְתָא =신의 은사]인(에1:10) 아하수에로 왕의 일곱 신하 중 하나. 빅단, 빅다나와 같은 사람으로 여긴다(에2:21, 6:2).
빅다나[בִּגְתָנָא =신의 선물]인(에6:2) 빅단과 같은 사람.
빅단[בִּגְתָן = 하나님의 선물]인(에2:21) 데레스와 공모하여 아하수에로왕을 모살하려다가 모르드개의 고발로 발각되어 나무에 매달려 처형되었다(에2:21-23). 빅다, 빅다나와 같은 사람으로 여긴다.
빈곤[貧困 ; 가난 빈, 곤할 곤. poverty, poor]몡(잠14:21) 가난하여 살기가 어려움.
빈궁[貧窮 ; 가난 빈, 다할 궁. poverty]몡(신24:15) 가난하여 살기가 궁색함.
빈궁[嬪宮 ; 지어미 빈, 집 궁. wife of heir apparent, concubine]몡(단

빈누이[בִּנּוּי = 건물, 세움]인

1 바벨론에서 돌아온 가족의 선조 바니와 같은 사람(느7:15).

2 바벨론에서 돌아온 바핫모압의 아들(스10:30).

3 바니 자손의 한 가장(스10:38).

4 에스라 시대 레위사람(스8:33).

5 헤나닷의 아들. 성벽을 재건한 사람(느3:24).

6 스룹바벨과 함께 바벨론에서 돌아온 레위사람(느12:8).

빈 들[lonely place, desert]명(욥39:4) 너른 들. 너른 벌판. 광야. 황야.

빈 땅[wilderness, waste]명(겔36:10) 농사도 짓지 않고 집이 세워져 있지 않은 땅. 아무 것도 없는 땅.

빈민[貧民; 가난할 빈, 백성 민. poor]명(욥29:12) 가난한 백성.

빈부[貧富; 가난할 빈, 부자 부. poor and rich]명(룻3:10) 가난과 부자.

빈약[貧弱; 가난할 빈, 약할 약. poorness]명(시41:1) ①보잘것없음. ②가난하고 약함. meagerness.

빈장[嬪牆; 궁녀 빈, 여자벼슬 장. concubine]명(왕상11:3) 임금이 취한 첩. 첩으로 번역된 말.

빈천[貧賤; 가난할 빈, 천할 천. be poor]명(왕하24:14) 가난하고 신분이 낮음.

빈핍[貧乏; 가난할 빈, 모자랄 핍. poverty]명(삼상2:8) 가난하여 아무 것도 없어 어려움.

빈한[貧寒; 가난할 빈, 찰 한. destitution, be poor]명(레25:35) 가난하여 집안이 쓸쓸함.

빌가[בִּלְגָּה = 유쾌함, 광휘]인

1 다윗시대의 제사장. 제15반열의 장(대상24:14).

2 스룹바벨과 같이 바벨론에서 돌아온 제사장. 족장(느12:5, 8).

빌개[בִּלְגַּי = 광휘]인(느10:8) 느헤미야시대의 제사장. 스룹바벨과 같이 바벨론에서 돌아온 빌가와 같은 사람(느12:5, 8). →빌가2

빌다[pray]타(창27:36) ①소원대로 되도록 기도를 드리다. ②잘못의 용서를 청하다. beg a person's pardon.

빌다[borrow]타(왕하4:3) ①남의 물건을 돌려 주기로 하고 얻어다가 쓰다. ②남의 도움을 입다. get one's aid.

빌다스[בִּלְדָּשׁ = 거미, 불꽃]인(창22:22) 아브라함의 동생 나홀의 아들. 밀가가 낳았다.

빌닷[בִּלְדַּד = 논쟁의 아들]인(욥2:11) 욥의 세 친구 중의 하나. 아브라함의 직계 후예이며 아라비아 동방 수아사람(창25:2, 대상1:32). ②세상에 지혜있는 자로 동정이 부족한 자의 표본이다. 욥의 고통을 논하기를 '너와 네 자녀가 당하는 고통은 중한 죄악을 범한 까닭이다' 라고 단언하였다. 이에 대하여 욥이 그렇지 않다고 답변하자 침묵해 버렸다(욥8:, 18:, 25:).

빌대[בִּלְדַּי = 구해내심]인(느12:17) 요야김 때의 제사장. 모아다 족속의 족장.

빌라델비아(교회)[Φιλαδέλφεια = 형제애]지

1.위치 - 소아시아 서부 루디아지방의 도시에 있은 교회.

2.관련기사 - ①요한 계시록 일곱 교회의 하나(계1:11). ②다윗의 열쇠를 가진 거룩한 이가 편지를 보냄(계3:7). ③적은 능력으로 말씀을 지켰다(계3:8). ④주를 배반하지 아니함(계3:8). ⑤사단의 회 거짓말하는 자가 찾아와 절하게 됨(계3:9). ⑥주께서 시험을 이기게 하심(계3:10). ⑦주의 재림이 임박함으로 면류관을 빼앗지 못하게 하라고 권면 받았다(계3:11). ⑧성전의 기둥이 되게 하심(계3:12-13).

빌라도[Πιλᾶτος = 창을 가짐]인

1.인적관계 - 유다와 사마리아, 이두메를 다스린 로마의 다섯째 총독(주후26-36). 창을 잘 쓴다 하여 빌라도라 불렸다. 유대인에게 도전 로마군대를 예루살렘의 헤롯궁으로 옮겼고 예루살렘에 황제 화상

이 있는 군기를 꽂고 경배케 하고 유대인과 사마리아인을 학살했다.
2. **관련기사** - ①로마국의 유대 총독(눅3:1). ②갈릴리 사람들을 많이 죽였다(눅13:1). ③예수님을 재판하였다(마27:2). ④재판할 때 자신의 결백을 주장하며 손을 씻었다(마27:24). ⑤예수님을 헤롯에게 보내었다(눅23:6-12). ⑥헤롯이 예수님을 돌려 보냄으로 재판하게 되었다(눅23:6-12). ⑦예수님께 진리가 무엇이냐고 물었다(눅18:38). ⑧예수님이 유대인의 왕이라고 하신 것을 허용했다(눅23:3). ⑨빌라도는 유월절 특사로 예수님을 석방하려 했으나 군중의 동요를 두려워하여 아내의 경고에도 불구하고 정치 재판으로 사형 선고를 내려 죽이게 했다(마27:19, 19:17). ⑩예수님께 채찍질 함(요19:1). ⑪예수님의 무죄를 선언함(요19:4-5). ⑫가이사의 충신이 아니다는 말을 듣고 예수님을 십자가에 못박게 함(요19:15-16). ⑬예수님의 죄목에 유대인의 왕이라고 써 붙임(요19:19). ⑭유대인의 요구를 거절함(요19:22). ⑮악명높은 자(행3:13, 13:28, 딤전6:18).

빌레도[$\Phi\iota\lambda\eta\tau os$ = 사랑]인(딤후2:17) 후메네오와 같이 부활에 대한 거짓 가르침으로 신자들에게 해를 끼친 사람. '부활은 과거의 것이요 육체적인 것이 아니다' 라고 하였다. 이들의 교훈은 암(독한 창질)과 같다.

빌레몬[$\Phi\iota\lambda\acute{\eta}\mu\omega\nu$ = 애정있는 사람]인
1. **인적관계** - 바울의 전도를 받아 유력한 신도가 된 골로새 사람.
2. **관련기사** - ①종 오네시모의 주인(몬1-10). ②아킴보, 에바브라와 함께 골로새 교인(몬9, 골4:12). ③바울이 에베소에서 전도할때 신자가 된 것으로 짐작된다(행19장, 몬10). ④빌레몬서의 수신자(몬). ⑤사도 바울이 오네시모를 부탁함(몬10-11).

빌레몬서[Philemon]명(몬) 신약 제 18권째 성경이다. 골로새의 그리스도인 빌레몬에게 보낸 사도 바울의 기록으로 진실한 그리스도인의 재치와 예절에 관한 이상적인 모본을 보여주고 있다. 골로새 지방의 부유한 신자 빌레몬의 종 오네시모가 도망하여 로마에서 바울의 전도로 신자가 된 후 바울은 빌레몬과 오네시모를 위하여 중재하는 일을 하였다. 내용 분해는 박기원 편 성경총론을 참고하라.

- **빌레몬서에 나타난 그리스도** - 빌레몬서는 어떻게 하나님께서 우리의 죄를 용서해 주시는가에 대해 증거하고 있다. 오네시모는 그의 주인에게서 도망친 죄를 지었다. 오네시모는 바울이 그의 죄에 대해 변호하며 그의 빚을 대신 갚아주겠다고 했기 때문에 다시 돌아갈 수 있었다. 우리는 하나님을 멀리 떠난 죄를 지었다. 우리는 예수께서 우리 죄를 위해 속전을 지불해 주셨기 때문에 하나님께로 돌아갈 수 있는 것이다.

빌롤로고[$\Phi\iota\lambda\acute{o}\lambda o\gamma os$ = 학문을 사랑하는 자]인(롬16:15) 로마의 성도로 바울의 문안을 받았다.

빌르암[םָעְלִב = 멸 하다]지(대상6:70) 므낫세 지파에게 준 성읍. 이블르암과 같은 곳(수17:11).

빌리다[lend]타(눅6:34) ①도로 받기로 하고 남에게 물건을 내어주다. ②도움을 얻다. be aided.

빌립[$\Phi\iota\lambda\iota\pi\pi os$ = 말을 사랑하는 자]인

① 사도 빌립
1. **인적관계** - 벳새다 출신 예수님의 제자.
2. **관련기사** - ①참 이스라엘 사람 나다나엘의 친구(요1:44). ②처음엔 요한의 제자(요1:35-44). ③예수님을 따름(요1:39). ④나다나엘을 예수님께 인도함(요1:45). ⑤12제자로 세움을 받았다(마10:3). ⑥예수님께서 오병이어로 5,000명을 먹이실 때 질문을 받았다(요6:5-7). ⑦헬라인들을 예수님께 소개했다(요12:20-22). ⑧하나

님을 보여 달라고 예수님께 말했다(요14:8-12). ⑨부활하신 예수님을 만나 보았고(고전15:5). ⑩ 120문도와 같이 기도하던 중 오순절날 성령을 받았다(행1:13, 2장).

② 전도자 빌립, 집사.
1. **인적관계** - 초대교회 봉사자(집사) 7인 중 하나(행6:1-6).
2. **관련기사** - ①지혜와 성령이 충만한 자(행6:5). ②스데반이 순교한 후 사마리아로 가서 전도했다(행8:4-8). ③간다게의 내시에게 복음을 전하고 세례를 베풀었다(행8:26-40). ④가이사랴로 갔다(행8:40). ⑤바울이 방문했다(행21:8). ⑥딸들이 예언했다(행21:8-9). ⑦전도자라고 불리운 사람(행21:8-9).

③ 헤롯 빌립Ⅰ세. 헤롯 대왕의 아들 중 하나. 헤로디아는 빌립의 이복형 헤롯 안디바의 아내였는데 다음엔 다른 이복형 헤롯 빌립의 아내가 되었다. 그래서 헤로디아는 세례 요한의 비난을 받았다(막6:17, 마14:3).

④ 헤롯 빌립Ⅱ세(주전4~주후34) 헤롯 대왕의 아들 중 하나. 탁월한 지방 영주(눅3:1). 가이사랴 빌립보와 율리아스시를 창설. 헤로디아의 딸 살로메와 결혼했다.

당시 주화

빌립보 [Φιλιπποι = 말]지
1. **위치** - 아가야(그리스-헬라) 북방 마게도냐 동쪽 언덕 위에 자리잡은 요새 도시. 주전 168년에 로마 령이 되었다.
2. **관련기사** - ①바울과 실라가 2차 선교 여행을 할 때 이곳에 첫발을 디뎌 구라파 전도의 문을 여는 첫발이 되었다. 그 첫 열매의 교인이 자주 장사하는 루디아라는 여신도다(행16:14). ②바울과 실라가 귀신들린 여자 점쟁이에게 귀신을 내쫓아 고쳐 주었다. 주인이 자기의 수입이 없어지게 되어 군중을 충동하여 송사하므로 법관에게 매를 맞고 옥에 갇혔다. ③이 감옥에서 바울과 실라가 기도하고 찬송할 때 지진이 나서 문고리가 벗겨지고 문이 스스로 열렸다. 옥사장이 놀라 자결하려고 하였다. 바울이 간수에게 전도하고 온 가족에게 복음을 전하였다(행16:16-34). ④그후 바울이 또 한번 들렸다(행20:1). ⑤이곳 교인들은 바울을 대단히 존경하였으며 바울에게 받은 신앙을 감사하여 마게도냐를 떠날 때와 데살로니가에 있을 때에 여러차례 도와 주었다(빌4:15-16). ⑥바울이 로마옥에 갇혔을 때에는 에바브로디도를 통하여 위문품을 보냈으므로 바울이 감사의 서신을 보냈다(빌4:18). 십자가의 원수에 대한 경고, 주의 재림소망, 성도가 하나됨으로 오는 평안과 기쁨, 그리스도의 능력에 맡김으로써 오는 평안과 기쁨을 기록했다. 내용분해는 박기원편 성경총론을 참고하라.

빌립보서 [Philippians]명(빌) 신약전서 제11번째의 성경. 바울의 기록으로 빌립보 교인들에게 감사하며 주님과 함께 동행하는 성도들에게 격려와 거짓스승에 대한 경고, 주안에서 기뻐하며 기도와 감사생활을 하도록 권면하였다. 기쁨을 18회나 사용하였다. 내용 분해는 박기원 편 성경총론을 참고하라.

● **빌립보서에 나타난 그리스도** - ①널리 전파되는 그리스도(빌1:18). ②생명이신 그리스도(빌1:21). ③하나님의 본체이신 그리스도(빌2:6). ④낮아지신 그리스도(빌2:7). ⑤복종하신 그리스도(빌2:8). ⑥자랑하게 하시는 그리스도(빌2:16). ⑦의가 되게 하신 그리스도(빌3:9). ⑧죽으신 그리스도(빌3:10). ⑨변화시키시는 그리스도(빌3:21). ⑩생각과 마음을 지키시는 그리스도(빌4:7). ⑪승리하게 하시는 그리스도(빌4:13).

빌산 [בִּלְשָׁן = 혁의 아들, 찾는 사람]

빌어먹다

인](스2:2) 스룹바벨과 더불어 바벨론에서 돌아온 지도자.

빌어먹다[live as a begging]자타(시109:10) 남에게 구걸하여 먹다.

빌하[בִּלְהָה = 유순함, 단순함]인

1 ①라헬의 종으로 야곱의 첩이 되어 단과 납달리를 낳았다(창29:29, 30:48). ②야곱의 장자 르우벤이그와 간통 하였다(창29:29, 30:4-8, 35:22).

2 느헤미야와 함께 율법엄수 계약에 날인한 사람(느10:24).

빌하[בִּלְהָה = 단순함]지(대상4:29) 시므온 자손의 성읍. 바알라 빌라와 같은 곳.

빌한[בִּלְהָן = 얌전, 단순]인

1 에셀의 아들. 호리족의 족장(창36:27, 대상1:42).

2 베냐민의 후손 여디아엘의 아들. 7형제의 아버지(대상7:10).

빌할[בִּלְהָל = 인내, 할례의 아들]인 (대상7:33) 아셀 사람 야불렛의 아들.

빗갈[בִּרְדָּד = 관통의 아들]인(왕하9:25) 이스라엘왕 예후의 장관으로 병거의 지휘관.

빗장[bar]명(신3:5) 문을 잠글 적에 가로지르는 나무 토막이나 장대. 문빗장.

빗장목[bolt, band]명(레26:13) 문빗장을 지를 때 쓰는 나무.

빙거[憑據 ; 의지할 빙, 의지할 거. evidence]명(눅6:7) 사실의 증명이 될만한 근거.

빙물[聘物 ; 찾을 빙, 만물 물. marriage, dowry, present]명(창34:12) 남을 방문할 적에 가지고 가는 예물. 선물. 빙폐(출22:17). 폐백(삼상18:25) 등으로 번역된 말.

빙자[憑藉 ; 의지할 빙, 빙자할 자. through, dependence]명(출35:29) ①남의 힘을 빌어서 의지함. ②내세워서 핑계함. making a pretence of.

빙폐[聘幣 ; 부를(초빙할) 빙, 폐백 폐. endow present]명(출22:16) 공경하는 뜻으로 보내는 예물.

빚[debt]명(왕하4:7) 꾸어 쓴 돈이나 외상값 따위. 갚아야 할 돈. 부채. 이자를 받는것이 금지되어 있다(출22:25, 신23:19).

2.영적인빚 - ①복음(롬1:14). ②육신의 빚이 아님(롬8:12). ③복음을 전파해야 한다(롬1:16-17).

빚다[knead, mingle, frame]타(사5:22) ①가루를 반죽하고 소를 싸서 만두·송편 따위를 만들다. ②술을 담그다. brew.

빚 주는 사람[creditor]명(눅7:41) 남에게 변을 받고 돈을 꾸어 주는 사람. 빚 돈을 주는 사람.

빚진 자[debtor]명(삼상22:2) 남에게 돈을 꾸어 쓴 사람. 갚아야 할 것이 있는 사람. ①종으로 팔리게 된다(레25:39,47). ②하소연하게 된다(왕하4:1-7). ③파멸이 온다(잠6:1-5). ④영적 빚진 그리스도인(롬8:12).

빛[light]명(창1:3) 하나님이 창조하신 것. 밝게 보이는 것. 밝게 보이게 하는것. 광명. light. 광선(光線). rays. 번쩍이는 것. shine. 영광(榮光). glory. 빛깔. colour 등을 말한다.

＊①하나님이 빛이시다(시27:1, 요일1:5). ②그리스도가 빛이시다(요8:12). ③성도가 빛이다(마5:14, 엡5:8, 빌2:15). ④말씀이 빛이시다(시119:105).

빛나다[shine]자(출39:28) ①빛이 환하게 드러나다. ②훌륭하게 드러나다. be brigt.

빛내다[make a thing shine]타(마24:29) 빛나게 하다.

ㅃ

빠뜨리다[entrap, be drowned]**타**(출 21:27) ①나쁜 곳에 빠지게 되다. ②지닌 것을 부주의로 잃다. lose. ③넣기를 잃다. omit.

빠르다[quick, fast]**형**(삼하1:23) ①행동이 더디지 않고 속도가 크다. ②어떤 과정이나 하는 동안이 짧다. ③때가 아직 오지 아니하다. 이르다. ④차례가 앞이다. ⑤날쌔다.

빠지다[fall into]**자**(창14:10) ①구덩이나 물 속에 떨어져 들어가다. ②한 동아리에 끼지 못하다. get left out. ③여럿 가운데 다른 것만 못하다. be inferior.

빠치다[be brought down]**타**(왕하10:19) 빠뜨리다.

빨다[wash]**타**(창49:11) 더러운 것을 씻어 깨끗하게 하다.

빨다[suck, smoke]**타**(신32:13) ①입 속으로 당겨 들어오게 하다. sip. ②속으로 배거나 스며들게 하다. absorb. ③물 같은 것을 겉으로 뽑아내다. suck.

빨래[washing]**명**(막9:3) 더러운 것을 깨끗하게 씻는 일.

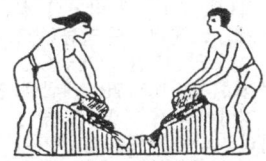
애굽인의 빨래

빨리[quickly]**부**(삿5:22) 빠르게.

빵[bread]**명**(호7:4) 가루를 주 원료로 하여 맛을 내는 것과 부풀게 하는 것을 섞어서 반죽하여 굽거나 찐 음식.

빻다[pulverize]**타**(왕하23:6) 짓 찧어서 가루로 만들다.

빼다[pull out]**타**(창41:42) 박힌 물건을 겉으로 나오게 하다.

빼앗기다[be deprived]**피동**(창14: 16) 빼앗음을 당하다.

빼앗다[take (a thing) away from]**타**(창14:11) ①남의 것을 힘으로써 제 것으로 삼다. rob a person of. ②남의 일을 가로채다. deprive a person of. ㉾ 뺏다.

빼어나다[excelcin, good]**자**(삼상16:12) 여럿 가운데 뛰어나게 잘나다. distinguish oneself.

빽빽하다[close, thick]**형**(출19:9) ①가뜩 들어서서 사이가 촘촘하다. dense. ②소견이 좁아서 시원한 맛이 없다. narrowminded. ③구멍이 거의 막혀 답답하다. clogged.

뺨[cheek]**명**(왕상22:24) ①얼굴의 양 옆. ㉾뺨따귀·귀싸대기. ②물건의 두쪽 볼의 넓이. width.

* **뺨을 침** - ①시드기야가 미가야의 뺨을(왕상22:24). ②무리가 욥의 뺨을(욥16:10). ③주께서 원수의 뺨을(시3:7). ④대제사장이 예수님의 뺨을(마26:67).

버터[butter]**명**(창18:8) 우유 속의 지방을 분리하여 적당히 발효시켜 소금으로 간을 맞춘 식품. 음식을 요리하는데 사용하는 기름.

* ①우유로 만듦(잠30:33). ②유아를 양육함(사7:15, 22). ③일상식품(삼하17:29, 창18:8). ④번영을 나타냄(신32:13, 14, 욥29:6). ⑤미끄러움(시55:21).

뻔뻔하다[impudent]**형**(겔2:4) 잘못이 있어도 부끄러운 줄을 모르다.

뻔하다[come near…ing]**형**(시73: 2) 까딱하면 그렇게 될 형편에 다 달았으나 그렇게 되지 아니하였음을 나타내는 말.

뻗다[spread, retch]**자**(시80:11) ①나뭇가지 덩굴들이 바깥쪽으로 길게 자라다. ②힘이 어디까지 미치다. spread out. **타**①꼬부렸던 것을 펴서 바르게 하다. ②어떤 것에 미치게 손 따위를 내밀다.
뻗치다[spread out]자 타 (욥38:24) '뻗다'의 힘준말.
뻣뻣하다[rigid]형 (창4:10) ①단단하고 힘있게 꿋꿋하다. ②풀기가 매우 세다. stiff. ③성질이 고분고분하지 않다. rough. 부 뻣뻣이.
뼈[bone]명 (창2:23) 척추동물의 근육을 붙이어 몸집을 구성하고 지탱하는 물질.
뼘[span]명 (출28:16) 엄지손가락과 다른 손가락의 잔뜩 벌린 거리.
뽐내다[boast]자 (욥31:29) 잰 체하다. 잘난 체하다.
뽑다[pull out]자 (레16:9) ①박힌 것을 뽑혀 나오게 하다. ②가려내다. select.
뽑히다[be pulled out]피동 (수7:14) ①뽑음을 당하다. ②여럿 중에서 가리어 냄을 당하다. be chosen.
뽕나무[mulberry tree]명 (삼하5:24) 뽕나무과의 낙엽, 활엽, 교목. 잎은 누에의 먹이가 됨.
뾰족하다[sharp pointed]형 (욥16:9) 끝이 둥글게 날카롭게 빨다.
뿌리[root]명 (신29:18) ①식물을 떠받치고 땅 속의 수분이나 양분을 빨아 올리는 식물의 밑둥 땅 속에 박힌 부분. ②사물의 근본.
*상징적인 뜻 - ①선민의 남은 자(사5:14, 왕하19:30). ②물질적 기초(렘12:2). ③민족의 발생(롬11:16-18). ④악의 뿌리(딤전6:10). ⑤영적기초(엡3:17). ⑥그리스도 (사11:1, 10).

뿌리다[sprinkle, sow]자 타 (창47:23) ①물이나 물건을 흩다. ②빗방울이 날려 떨어지다.
뿐[merely]형 (창6:5) 그것만이고 더는 없다는 뜻을 나타내는 말.

뿔[horn]명 (창22:13) ①소·염소·사슴 따위의 머리에 난 단단하고 뾰족한 물질. 각(角). ②모든 물건의 머리나 겉쪽에 불거진 부분.
1. **동물의 뿔** - ①숫양(창22:13). ②숫염소(단8:5) ③들소(신33:17, 17). ④쇠뿔(시69:31).
2. **뿔의 용도** - ①기름을 담는다(삼상16:1, 13). ②화장품 용기(욥42:14). ③나팔(수6:4). ④제단의 장식(왕상1:50).

3. **뿔의 상징** - ①높이 들리는 뿔은 높여짐을 뜻한다(시75:10, 112:9). ②뿔이 나게 하는 것은 힘을 준다(시132:10). ③구원의 뿔은 힘을 주심(삼하22:3, 눅1:69). ④높이 든 뿔은 교만(시75:5). ⑤뿔을 티끌에 더럽힘은 의로운 마음의 기세가 사그러짐(욥16:15). ⑥뿔을 베는 것은 힘을 자름을 뜻한다(시75:10, 렘48:25). ⑦도피처(왕상1:50, 2:28). ⑧세상의 군왕(단7:7, 계17:12,16). ⑨정복(신33:17). ⑩찬양(삼상2:1, 10). ⑪권력(왕상22:11). ⑫적그리스도의 힘(계13:1). ⑬악인의 힘(시22:21). ⑭하나님의 권능(합3:4). ⑮그리스도의 권능(계5:6).
뿔[pul]자 (사66:19) 애굽에 인접된 리비아의 한 지방. 그 주민.
뿜다타 (유13) ①속의 물기가 겉으로 스며 나오다. ooze out. ②속에 있는 것을 바깥으로 불어 내어 보내다. spout. ③입으로 물을 뿜어 내어 물건을 추기다. spray water.
뿔라[beulah]명 (사62:4) 뜻은 결혼한 여자. 포로 이후 시온의 회복과 하나님의 사랑을 나타내는 말.

ㅅ

사[四 ; 넉 사. four]㊀㊳(창5:13) 넷의 한자 말.

사가랴[ZaXapías 주는 기억하심]㊇
① 제사장
1. 인적관계 - ①엘리사벳의 남편(눅1:13). ②세례 요한의 아버지(요1:57-62). ③예수님을 낳은 마리아의 친척(눅1:40-41).
2. 관련기사 - ①아비야 반열의 제사장(눅1:5). ②임무수행 중 천사를 봄(눅1:5-17). ③요한의 출생을 고지 받았으나 믿지 아니함으로 벙어리가 됨(눅1:18-23). ④아들의 이름을 요한이라고 지음(눅1:57-66). ⑤사가랴의 예언기도(눅1:67-79).
② 순교자(마23:35, 눅11:50). 바가랴의 아들. 예수님께서 말씀하신 구약 최후의 순교자.
③ 세례 요한에게 친족과 이웃들이 지어주려던 이름(눅1:59).

사갈[שָׂגֻב = 짐, 노역의 댓가]㊇
① 하랄 사람으로서 다윗의 30용사 아히암의 아버지(대상11:35). 삼하23:33에는 사랄로 되었다.
② 레위 자손 오벧에돔의 네째 아들(대상26:4). 그는 다윗 시대의 성전 문지기 반차의 조상이다.

사갸[שַׁעַרְיָה = 방황, 주의 명성]㊇ (대상8:10) 베냐민사람 사하라임의 아들.

사거리[四~넉 사. cross road]㊳(잠8:2) 네거리. 교차로.

사건[事件 ; 일 사, 물건 건. event, matter]㊳(민25:18) ①일어난 일이나 일거리. ②뜻밖에 일어난 일.

사게[שָׁגֵא = 방황]㊇(대상11:34) 하랄사람. 다윗의 30용사. 요나단의 아버지. 삼하23:11의 삼마.

사경[四更 ; 넉 사, 고칠(다시) 갱. the fourth watch]㊳(마14:55) 해가 진 후부터 해가 뜰 때까지 하룻밤을 다섯 등분한 네번째 시각. 새벽 2~4시 사이.

사경[四境 ; 넉 사, 지경 경. four boundaries, coast]㊳(시105:31) 주위의 완전 경계.

사경내[四境內 ; 넉 사, 지경 경, 안 내. in the four boundaries]㊳(신16:4) ①사방 경계 지역 안. ②나라 안. in one's land.

사고[事故 ; 일 사, 연고 고. cause, accident]㊳(수20:4) ①뜻밖에 일어난 탈. ②일의 원인. cause of a matter. ③어떤 일에 대한 까닭. reason.

사곡[邪曲 ; 간사할 사, 굽을 곡. crookedness]㊳(신32:5) 요사하고 바르지 못함. 품행이 바르지 못함.

사곡한 자[godless man, hypocrite]㊳(욥13:16) 하나님을 믿지 않고 비뚤어진 일을 하는 사람(잠11:9).

사공[沙工 ; 모래 사, 장인 공. mariner, sailor, seaman]㊳(왕상9:27) 배를 운전하는 뱃사공. 선원, 선인. ①구약에서 해상 무역에 뛰어난 베니게의 선원에 대하여 쓰였다(왕상9:27, 겔27:8-36). ②신약에서는 바울이 탔던 배의 선원(행27:27). ③키잡이(pilot) (약3:4).

사과[沙果 ; 모래 사, 과실 과. apple]㊳(잠25:11) 사과나무의 열매.

사과나무[沙果~ ; 모래 사, 과실 과. apple tree]㊳(아2:3) 능금나무과에 속하는 낙엽, 활엽나무.

사관[史官 ; 역사 사, 벼슬 관. recorder]㊳(삼하8:16) 관리의 하나. 궁중에 앉아서 왕과 그 주변에서 일어나는 모든 행적을 기록하는 고급 관리. 왕에게 정보를 전하고 국사 처리에 고문도 했다(왕상4:3, 왕하18:18).

사관[舍館 ; 집 사, 집 관, Inn]㊳(눅2:27) 객지에 머무를 때 한 집에

사귀 몸을 붙이는 일. 또는 그 집. 하숙(boarding). 손님방(guest room) 등을 말한다. 객실로 번역된 말(막14:14, 눅22:11).

사귀[邪鬼 ; 간사할사, 귀신(도깨비)귀, unclean spirit]명(슥13:2) 요사스런 귀신. 더러운 귀신, 악령.

사귀다[fellowship]자타(히10:33) 서로 가까이 하여 얼굴을 익히고 사이좋게 지내다. 교제, 친교.
* ①하나님과의 사귐(요4:9, 행10:28, 요일1:6). ②그리스도와의 사귐(고전1:9, 요일1:3). ③성령과의 사귐(고후13:13, 빌2:1). ④성도의 사귐(행5:13, 몬6, 요일1:7).

사금[砂金 ; 모래 사, 쇠 금. placer gold, dust of gold]명(욥28:6) ①금이 섞여 있는 모래. ②모래처럼 자디잔 금(金).

사기[事機 ; 일 사, 기계 기. important moment]명(삼하15:11) 일의 중요한 고비.

사기[詐欺 ; 속일 사, 거짓말할 기. deceit]명(수7:11) 거짓으로 사람을 속여 해롭게 함. fraud. ①올무(롬1:29). ②속임(막7:22). ③궤계(마26:4, 막14:1). ④궤사(벧전2:22). ⑤적그리스도의 행위(살후2:1-4). 마귀의 행위(창3:4).

사기[史記 ; 역사 사, 적을 기. records]명 역사적인 사실을 기록한 책.

사나운 짐승[lion]명(욥28:8) 히브리어에서는 '위엄있는 것들'의 뜻으로 사자와 같은 사나운 짐승으로 언급했고, 욥41:34에는 혼돈을 상징하는 악어로 인용했다.

사납다[fierce, wild evil]형(합1:6) 성질, 행동이 모질고 억세다.

사내[man, boy]명(민31:17) 남자를 강하게 표현한 말. 사나이의 준말.

사내아이[male children]명(마2:16) 어린 남자아이. 헤롯이 예수님을 죽이려고 이들을 죽였다.

사냥[hunting]명(창10:9) 총이나 다른 기구로 짐승을 잡는 일. 수렵.

사냥개[greyhound]명(잠30:31) 사냥할 때 쓰기 위하여 길들인 개. 어질지 못하고 피동적인 사람의 은어.

사냥군(꾼)[~軍 ; 군사 군. hunter]명(창10:9) 사냥하는 사람.

사냥물[~物 ; 만물(물건) 물. be hunted]명(겔13:21) 사냥으로 잡는 짐승.

사노아[נוֹחַ = 늪지대, 악취]지
[1] 유다, 세벨라의 동네(수15:34, 느3:13, 11:30) 예루살렘 골짜기문을 수리한 사람들의 거주지.
[2] 유다 산지에 있던 산촌(수15:56, 대상4:18).

사는 날[career]명(수24:31) 이 세상에 있는 동안. 생애. 한 평생.

사다[buy]타(창17:23) ①남의 것을 값을 주고 제 것으로 만들다. ②곡식을 팔아 돈으로 바꾸어 가지다. exchange money.

사닥다리[ladder, stair]명(창28:12) 높은 곳을 올라갈 때에 디디고 오르게 만든 기구. ㉾ 사다리.

사단[שָׂטָן = 대적. satan]명(욥1:6) 하나님의 뜻을 거역하고 사람을 미혹하는 영물을 일컫는 말. 마귀.
1. **구약의 사단** - ①의심을 불러 일으킨 자(창3:1-6).②인류를 범죄케 한 자(창3:1-6).③그리스도의 발꿈치를 찍을 자(창3:15). ④시험하는 자(욥1:12). ⑤질병을 일으키는 자(욥2;7). 뼈와 살을 쳤다. ⑥여호와의 사자의 좌우에 서서 그를 대적하는 자(슥3:1). ⑦이스라엘과 다윗을 격동하게 한 자(대상21:1). ⑧하나님 앞에서 의인을 비방하는 자(욥1:9-11). ⑨속이는 자(창3:4).⑩벌하는 자(시78:49) ⑪독사(시140:3).
2. **신약의 사단** - ①시험하는 자(막1:13). ②곡식 중에 가라지를 뿌리고

간 자(마13:25). ③악한 사상을 일으키는 자(요13:27). ④궤계하는 자(고후2:11). ⑤이 세상의 신(고후4:4). ⑥순종치 않는 자 중에서 노력하는 자(엡2:3). ⑦교만하여 자긍하는 자(딤전3:6). ⑧우는 사자같이 삼킬 자를 찾는 자(벧전5:8). ⑨처음부터 범죄한 자(요일3:8). ⑩거짓 기적을 일으킴(살후2:9, 히2:14). ⑪거짓말을 함(요8:44). ⑫광명한 천사로 가장하는 자(고후11:4). ⑬범죄를 충동하는 자(요13:2, 고후12:7, 살전2:8). ⑭성경을 오용하는 자(마4:6). ⑮질병을 일으켜 괴롭히는 자(마17:14-21). ⑯정신이상을 일으키는 자(눅8:27-37). ⑰사람을 괴롭히는 자(벧전5:8, 계20:10). ⑱성도를 괴롭힘(눅13:16). ⑲거짓의 아비(요8:44). ⑳기만하는 자(계12:9). ㉑훼방하는 자(벧전5:8). ㉒큰 용, 옛 뱀(계12:9). ㉓곡과 마곡을 미혹하고 전쟁을 일으킴(계20:7-8). ㉔세상 임금(요14:30). ㉕이 세상의 신(고후4:4). ㉖공중의 권세 잡은 자(엡2:2). ㉗참소하는 자(계12:10). ㉘귀신의 왕(마9:34, 눅11:15). ㉙바알세불(막3:22). ㉚벨리알(고후6:15). ㉛대심판 날에는 악인과 함께 영원한 불에 들어갈 자(마25:41). ㉜그리스도께 멸망될 자(롬16:20, 요일3:8). ㉝마귀(마4:1, 계12:9). ㉞사귀(마4:24, 계16:13). ㉟귀신(마12:43). ㊱복음을 가로채는 자(마13:35, 39). ㊲악한 자(벧후3:17, 요일2:13). ㊳독사(눅3:7). ㊴악귀(눅7:21, 행19:15). ㊵살인자(요8:44, 벧전5:8). ㊶화전을 놓는 자(고후2:11, 엡6:11, 딤전3:7). ㊷흑암을 주장하는 자(엡6:12, 골1:13). ㊸처음부터 범죄한 자(요일3:8). ㊹무저갱의 사자(계9:11). ㊺천 하를 꾀이는 자(계12:9). ㊻형제를 참소하는 자(계12:10). ㊼세상의 신(고후4:4, 계16:14). ㊺사신(삼상15:23).

사당[祠堂 ; 사당 사, 집 당. shrine] 명(왕상16:32) 신주를 보존해 놓은 집.

사대[四代 ; 넉 사, 이을 대. fourth generation] 명(창15:16) 자기로부터 증손까지.

사대(교회)[Σαρδεις = 남은 물건] 명

1. **위치** - 소아시아 서쪽 해안에 있던 루디아의 수도. 서머나 동쪽 약80 km지점. 트몰러스산 북쪽 기슭 헐머스 평야 남단에 자리잡고 있다. 주전1200년경에 세워진 난공불락의 요새지대이었다. 세월이 흘러감에 따라 상업 도시로 번영하였으며 직물과 귀금속 생산지로 이름난 곳이다. 주전6세기 두 차례에 걸쳐 파괴되었다. 이곳에는 여신 시빌리의 신전이 있었고, 부도덕한 제사 의식이 거행되었다.

2. **관련기사** - ①소아시아 일곱 교회 중 하나(계1:11). ②"살아 있는 것 같으나 죽은 자"라는 경고를 받은 교회. 그 이유는 밀의종교(密義宗敎)의 부도덕한 영향을 받고 있었기 때문이다(계3:1). ③회개하라고 경고받은 교회(계3:3). ④신실한 성도가 몇명 있었다(계3:4-5). ⑤지금은 서머나, 빌라델비아 철도의 정거장 부근 폐허에 세워진 한 촌에 그 이름이 붙어 있다.

사도[使徒 ; 부릴 사, 무리 도. apostle] 명(마10:2) 어의는 파견된 자, 사자. 전권이 위탁된 자이다. 예수님이 복음을 전파하기 위하여 친히 세우신 열 두제자. twelve apostles. 후에 가룟 유다 대신 맛디아를 선출하였다. 바울을 사도의 반열에 넣는다. 주님의 동생 야고보 바나

사도교부

바, 마가 요한도 사도라 일컬을 수 있다. 예수님의 구속사역의 증인으로 부름을 받아 증거한 자들이다(눅24:48, 행1:8, 고전9:1, 갈1:19, 고전15:17).

사도교부[patres apostolici]몡 전통적인 입장에서 초기 기독교의 주요한 문서들을 집필한 사도 이후의 제자들을 가리키는 총칭.

사도시대[apostolic age]몡 예수님과 함께 활동하던 원사도들과(주후 30-33) 주후 100년 요한의 임종시까지를 사도시대라 한다.

사도신경[the apostles creed]몡 ①서방교회에서 사용되던 신앙에 관한 신경으로 어⌐ 증거나 설명도 없이 간단하고도 긍정적이며 기독교 신앙을 가장 절실하게 고백한 신앙고백서다. ②이것의 설명은 칼빈의 기독교 강요에 폭넓게 설명되고 있다. ③내용은 하나님, 그리스도, 성령, 인간, 영생, 부활 등을 강조하고 있다.

사도직[apostleship]몡(롬1:5) 예수님의 사역과 고난과 부활과 승천을 목격한 자로서 예수님께서 직접 제자로 부른 사람을 사도라 한다(행1:25). 바울은 자기의 사도직을 주님으로부터 직접 받은 것이라고 주장한다.

사도행전[Acts]몡(행) 신약 제5권째 성경. 주님의 사역에 대한 의사 누가의 계속적인 기록이다. 주님의 부활사건과 마지막 부탁과 승천, 성령 강림으로 처음 교회가 설립되고 성도의 참된 교제, 복음 사역의 기록. 처음에는 베드로를 중심한 사역이며 16장 이후는 바울의 사역이다. 성령의 역사하심이 교회를 통하여 나타난다. 내용 분해는 박기원 편 성경총론을 참고하라.

- **사도행전에 나타난 그리스도** - 사도행전에는 복음서에 나타난 그리스도의 공통적인 면과 사도행전만의 그리스도와 사도들의 증거로 나타난 그리스도가 있다. ①성령이 강림하심으로 보이심(행2:1-13, 10:44-48). ②스데반에게 보이심(행7:55). ③바울에게 보이심(행9:1-6). ④베드로의설교(행2:14-41, 10:34-43). ⑤스데반의 설교(행7:1-53). ⑥빌립의 설교(행8:26-39). ⑦바울의설교(행21:37-23:27). ⑧베드로가 앉은뱅이를 고침(행3:1-10). ⑨아나니아와 삽비라의죽음(행5:1-11). ⑩사도와 베드로가 옥에서 놓임(행5:19, 12:6-19). ⑪에니야의 치유와 다비다가 다시 살아남(행9:32-43). ⑫바울의 선교를 통한 성령의 역사. (1) 사울의 눈이 어두어짐과 밝아짐(행9:7, 18). (2) 루스드라에서 앉은뱅이가걸음(행14:8-10). (3) 루디아의 개종(행16:14). (4) 귀신들린여종을 고침(행16:16-18). (5) 옥사장의 회개(행16:25-34). (6) 폭풍에서건짐을 받음(행27:1-44). (7) 독사가 물었으나 상함이 없음(행28:3-5). 그리스도 예수님은 하나님께서 선지자를 통하여 약속하신 구세주로 하나님의 약속하신 기한이 되어 지상에 오셔서 그의 구원사역을 완수하시고 승천하셨다. 그리고 약속하신 성령을 보내어 복음이 전파되게 하시며 때가 되면 심판하려 세상에 다시 오실 것이다.

사독[צָדוֹק =공평, 의롭다]몡

① 다윗의 신하 사독.
1. **인적사항** - ①아론의 아들 엘르아살의 후손(대상6:1-3). ②아히마아스의 아버지(왕상4:15).
2. **관련기사** - ①다윗시대 예루살렘 대제사장(대상6:4-53, 24:6). ②처음엔 사울을 따른 자이었으나 아론의 집 군대장관 22명과 함께 헤브론에서 다윗을 따르게 되어 충성했다(대상12:28, 15:24-29). ③그후 아비아달과 함께 다윗을 충성스럽게 따랐다(삼하20:25). ④압살롬이 반란을 일으켰을 때는 레위 사람과 함께 법궤를 메고 다윗을 좇았으나 다윗의 명령으로 예루살렘으로 돌아가 다윗의 연락책임을

졌다(삼하15:1-17:29). ⑤아비아달이 다윗의 아들 아도니야를 지지하였을 때 사독은 다윗이 밧세바에게 낳은 왕자 솔로몬을 지지하여 그에게 기름을 부어 왕위를 계승하게 하였다(왕상1:39). ⑥아비아달을 대신하여 대제사장직을 맡았다(왕상2:35). ⑦충성스러운 그의 후손들(겔40:46, 43:19).

② 대제사장 사독의 집 후손으로 아히둡의 손자이며 제사장의 한 사람(대상9:11, 느11:11). 살룸의 아버지(대상6:12).

③ 유다왕 요담의 어머니 여루사의 아버지(왕하15:33).

④ 바아나의 아들. 느헤미야를 도와 예루살렘성을 재건했다(느3:4).

⑤ 제사장 임멜의 아들. 예루살렘 성벽의 일부 마문(馬門) 근처를 수리하였다(느3:29).

⑥ 에스라가 이스라엘의 부패한 풍속, 도덕, 종교의 개혁을 강조하였을 때 감동하고 계약서에 조인한 백성의 지도자 중 한 사람(느10:21).

⑦ 느헤미야로부터 창고지기로 임명받은 사람(느13:13).

⑧ 마리아의 남편 요셉의 조상. 예수님의 계보에 있는 사람(마1:14).

사두개인(파) [sadducees]명(마22:23) 유대교의 당파 중 하나. 주전 2세기경부터 그 세력이 왕성해졌다. 종교적으로 보수적 사상을 주장하였고 왕조에 대해서 비판적이었던 바리새파와 대립되었다. 그들은 부활, 천사, 영생, 영혼 등에 대해서 믿지 않았다(막12:18, 행23:8). 이름의 유래는 정확하지 않으나 사독 제사장의 이름을 따서 생긴 것으로 보는 사람이 많다. 마카비의 반란 때 일어난 단체이다.
* ①세례 요한이 독사의 자식이라고 했다(마3:7). ②예수님께 하늘로부터 오신 표적을 구했다(마16:1-12). ③예수님께 부활에 관한 난제를 질문했다(마22:23-33). ④바리새인과 같이 예수님을 비난했다(마16:6,11). ⑤사도들을 옥에 가두었다(행4:1-22, 23:1-10).

사드락 [שַׁדְרַךְ = 달신의 명령]인(단1:7, 2:49) 다니엘의 세 친구 중 한 사람인 하나냐에게 느부갓네살의 환관장이 지어준 바벨론식 이름. 그는 왕의 신상에 절하지 아니하여 풀무불에 던져졌으나 상하지 아니하였다(단3:12-30).

사라 [שָׂרָה = 여왕, 여주인]인

1. **인적관계** - ①본명은 사래(창17:15). ②데라의 딸, 아브라함의 이복 누이(창20:12). ③아브라함의 아내(창11:29). ④이삭의 어머니(창21:3).

2. **관련기사** - ①아름다운 여인(창12:11). ②애굽에서 바로에게 소개된 사건(창12:14-20). ③수태하지 못한 여인(창16:1). ④아브라함에게 여종 하갈을 주어 후손을 보게 하였다(창16:2-4). ⑤하갈과 이스마엘을 쫓음(창16:5-8) ⑥나그네를 대접하였다(창18:6-9). ⑦사라가 아들을 낳을 것이 예고됨(창18:10-14). ⑧이 말을 듣고 사라가 웃었다(창18:15). ⑨아비멜렉과의 관계(창20:2-16). ⑩사라로 인하여 아비멜렉의 후손이 없어짐(창20:16). ⑪사라가 잉태하여 이삭을 낳았다(창21:2-3). ⑫127세를 일기로 헤브론 기럇아르바에서 죽었다(창23:1-2). ⑬헷족속에게서 산 밭에 장사됨(창23:19, 25:10). ⑭이스라엘을 생산한 자(사51:2). ⑮믿음의 여성(히11:11-12). ⑯아브라함을 주라 불렀다(벧전3:5,16). ⑰약속의 아들의 어머니(롬9:9). ⑱경건한 아내(벧전3:6).

사라지다 [disappear]자(출3:2) 모양이나 자취가 없어지다.

사랄 [שָׁרָר = 힘센, 확고]인(삼하23:33) 하랄 사람 아히암의 아버지. 다윗의 30용사 중 한 사람. 대상11:35의 사갈과 같은 사람.

사람 [man, men]명(창1:26).

1. **하나님이 창조하심** - ①하나님의 형상을 따라(창1:26-30). ②흙으

로 만들어(창2:7). ③코에 생기를 넣음으로(창2:7). ④남자와 여자로(창1:27). ⑤만물을 다스리고 정복할 자로(창1:26-30). ⑤하나님의 영광을 위하여(사43:7, 계4:11). ⑥지성을 부여(차2:19-20, 욥32:8, 골3:10). ⑦기묘하게 창조(시139:14-16). ⑧평등하게 지음 받았다(잠22:2, 행10:28). 인격과 인권이 동등하다. ⑨하나님이 복을 주심(창1:28). ⑩영과 육으로 구분된다. 육은 먼지(흙)로 구성되었고(창2:7, 3:19), 영은 하나님과 교제하는 성품이다. 영은 영원히 죽지 아니한다.

2. 구원에 이르는 사람 - ①예정 예택하시는 하나님의 작정으로 된다(딤후2:19, 엡1:4-5, 요13:1). ②거듭남으로(요3:1-12). ③하나님의 사랑에 근거하여(요3:16). ④예수 그리스도의 공로로(히9:12, 10:12-14). ⑤그리스도의 피의 댓가로(벧전1:18-19). ⑥그리스도의 중보로(요17:11, 24, 롬8:32-39, 히9:12-15). ⑦믿음으로(행16:31). ⑧새 언약을 이룸(히8:8-13). ⑨영생한다(요3:16, 계22장).

사랍[יָשָׂרָף = 불타는 뱀]인(대상4:22) 유다의 아들 셀라의 자손 옹기장이. 한 때 모압을 다스린 사람.

사랑[love]명(잠22:2) ①아끼고 위하는 따뜻한 인정을 베푸는 일, 또는 그 마음. ②마음에 드는 이성을 몹시 따르고 그리워하는 일. 또는 그러한 마음. 연애(戀愛). ③일정한 사물(事物)에 대하여 몹시 즐기거나 좋아하는 마음.

1 하나님이 사랑이시다(요일4:8). 하나님의 사랑은 희생의 사랑으로 없어지지 아니한다(고전13:13). 하나님의 사랑은 예수 그리스도를 통하여 이 세상에 나타났고 보이셨으며 이루셨다. 그리고 지금도 계속되고 있다. 구원과 성취.

2 기독교의 근본사상이 사랑이다(요3:16). 아가페의 사랑. 자기를 남에게 주는 사랑(요일3:16).

3 인간의 하나님에 대한 사랑은 사죄의 은혜에 대한 감사이다. 많이 속량받은 자가 많이 사랑한다(눅7:36-50). 마음을 다하고 성품을 다해서 사랑해야 한다(신6:5, 마22:34-40).

4 일반적인 사랑은 구약에서 '아하바'로 표기하였는데 남녀나 가족, 정신적인 사랑 등을 의미한다(창25:28). ①인간과 인간에 대한 사랑은 하나님의 사랑에 기초해서 성립된다(레19:18, 요일4:11, 21). ②이웃사랑은 새 계명이다(요15:12, 갈5:13). ③원수까지도 사랑해야 한다(요15:12-17, 살전4:9, 눅6:27).

5 이외에 에로스로 표기한 것은 동물적 성애를 뜻한다.

사랑스럽다[amiable]형(창30:27) 사랑옵게 생각되다. 시84:1은 하나님의 처소를 묘사했다.

사래[שָׂרַי = 영귀, 헌화]인

1 아브라함의 아내 사라의 옛 이름(창11:29). →사라

2 바니의 아들. 에스라의 권고로 이방인 아내와 이혼했다(스10:40).

사레셀[שַׂרְאֶצֶר = 왕을 수호함]인

1 ①앗수르왕 산헤립의 아들. 그의 형 아드람멜렉과 공모하여 니스록 신전에서 부왕을 죽였다(사37:38, 왕하19:27). 형과 함께 아라랏으로 도망했다.

2 예언자 스가랴시대의 사람으로 벧엘에서 예언자 스가랴를 찾아와 은혜를 구한 사람(슥7:2).

사렙다[Σάρεπτα = 부어녹음]인

1. 위치 - 베니게 서해안 시돈 남방 13km지점 산 꼭대기의 마을. 구약 사르밧과 같은 곳.

2. 관련기사 - ①예언자 엘리야가 흉년이 들었을 때 이곳에 가서 한 과부의 집에서 유숙하였고 과부의 아들이 죽었을 때 살려 주었다(왕상17:8-14). ②예수님께서 하나님의 은혜에 관하여 인용하셨다(눅4:26). →사르밧

사례[事例 ; 일 사, 법식 례. times] 똉(에1:13)전례나 실례(instance). 관례, 관습을 말한다.

사례[謝禮 ; 사례할(빌) 사, 예도 례. thanks]똉(잠31:28) 고마운 뜻을 상대자에게 나타내는 인사.

사례물[謝禮物 ; 사례할 사, 예도 례, 만물 물. present, reward]똉(사1:23) 고마운 뜻을 나타내는 선물.

사로잡다[catch alive]타(창14:12) 산 채로 잡다. 생포하다.

사로잡은 자[captive, captivity]똉(암1:6) 포로, 산 채로 잡은 사람.

사론[שָׁרוֹן = 평지]지(사35:2)
1. **위치** - 지중해 동쪽 연안 욥바로부터 갈멜산까지의 평야. 남북이 80km, 동서가 9〜19km된다.
2. **관련기사** - ①북부 지방은 상수리나무 숲이 우거진 곳(사35:2). ②남부 지방은 비옥한 농경지(사65:10). ③들에는 이른 봄에 아름다운 꽃이 만발하여 흡사 화원과 같다. 수선화로 유명하다(아2:1). ④이곳에 다윗의 목장이 있었다(대상27:29). ⑤신약에는 행9:35에 한번 나온다. 많은 회심자가 나왔다.

사루헨[שָׁרוּחֶן = 은총의 집]지(수19:6) 유다 남부 시므온의 성읍. 사아라임과 같은 곳(대상4:31).

* 힉소스 왕조가 애굽에서 쫓겨나 팔레스틴에서 애굽 남쪽으로 통하는 중요한 통로에 자리잡은 요새.

사르곤[סַרְגוֹן = 왕은 미쁘다]인
1. **인적관계** - 앗수르 왕.
2. **관련기사** - 성경과 관계가 있는 사람은 사르곤Ⅱ세 (주전722-705). ①그의 이름은 사20:1에 기록되어 있다. 그는 살만에셀Ⅴ세가 사마리아를 포위하고 있던 중 죽게되자 그 뒤를 이어 왕위에 올라 사마리

포로의 눈을 뽑고 있는 사르곤왕

아 공격을 계속하여 주전 721년경 사마리아를 함락하고 많은 주민을 포로로 잡아갔다(왕하17장). ②앗수르 왕조의 가장 유력한 왕중의 한 사람으로 왕위에 있을 때 수도를 야슈에서 갈라(니므롯)로 옮겼다가 또 니느웨 북쪽16km지점에 있는 둘사르킨(콜사밧)에 도시를 건설하고 수도로 정하였다. 주전 711년경 앗수르 군대를 팔레스틴에 보내어 므로닥발라단과 히스기야의 음모를 분쇄하고 므로닥을 바벨론에서 추방한 후 바벨론의 구주로 환영을 받고 왕이 되었으나 주전705년경 암살을 당하였고 그 뒤를 산헤립이 이었다.

사르다[winnow, chaff]타(창38:24) ①곡식을 까부른 뒤에 싸라기를 따로 흔들어 떨어뜨리다. ②불을 붙여 피우다. make fire. ③태워 없애다. burn.

사르단[צָרְתָן = 냉각의]지
1. **위치** - 여리고 북방 20km지점.
2. **관련기사** - 요단강 기슭에 있던 성읍(수3:16). ①이스라엘 백성이 요단강을 건넜던 곳(수3:16). ②므낫세 지파가 차지한 곳. ③솔로몬시대에는 장관 바아나의 관할 구역이었다(왕상4:12). ④성전건축을 위해 이곳에서 구리를 녹이는 주조소를 만들었다(왕상2:45, 대하4:17).

* 주전 6세기경 정복되어 다른 요르단 도시와 함께 쇠망하였고 오늘의 텔 에스 사이디에가 그 옛터인 것 같다. 요단 골짜기의 사르단은 팔레스틴의 단과 브엘세바같이 경계표 노릇을 했다.

사르밧[צָרְפַת = 녹이는 곳]지(왕상17:9) 시돈 남쪽 베니게의 성읍. 사렙다와 같은 곳. ①엘리야가 과부에게 도움을 받은 곳(왕상17:8-24, 눅4:26). ②약속된 땅(욥1:20). ③사렙다와 같다(눅4:26).

사리[事理 ; 일 사, 이치 리. reason] 똉(전8:1) 일의 도리. 사물의 이치.

사릿[שָׂרִיד = 남은 자, 피난처]지(수

19:10) 스불론 변경의 마을. 나사렛 서남쪽 애스드랠론평야 북쪽에 위치한 텔사둣과 같은 곳으로 여긴다(수1:9;12).

사마[סֹמֵא = 청취자]인(대상7:37) 아셀지파 사람 소바의 아들.

사마[שַׁמָּה = 그가 들으신다]인(대상11:44) 다윗의 용사 중 한 사람. 아도엘사람 호담의 아들.

사마리아[שֹׁמְרוֹן = 살핌]지
1. **위치와 개요** - ①북왕조 이스라엘의 수도. 또는 그 전체(왕상21:1, 16:24, 29). ②로마 통치 유대의 한 지역. 갈리리와 유대 사이.
2. **관련기사** - ①사마리아성은 세겜 북방 11km지점에 91m 높이의 언덕 위에 있었는데 현재는 세바스티에라는 곳으로 보잘 것 없는 동네가 되었다. ②디르사에 수도를 정하였던 오므리왕(아합왕의 아버지)이 세멜이라는 사람으로부터 이 산을 사서 그 소유주의 이름을 따서 사마리아라고 하였다(왕상16:23-24) ③사마리아도는 여호수아가 가나안을 쳐서 취하여 12지파에게 분할해 줄 때 에브라임, 단, 므낫세 반지파에게 준 땅이 예수님 당시의 사마리아다. ④여호수아 때부터 솔로몬왕 때까지는 통일 국가를 이루었다. 솔로몬이 죽은 후에 남북 2국으로 분립되어 남에는 유다, 베냐민 2파가 솔로몬의 아들 르호보암을 왕으로 삼은 유대국이 건설되었고 북에는 기타 10지파가

사마리아 출토 상아 세공품

느밧의 아들 여로보암을 왕으로 삼은 이스라엘국이 건설되어 250여 년간을 내려왔다(왕상14장). ⑤불병거에 의해 구출됨(왕하6:8-23). ⑥아합의 혈족이 예후에게 멸절됨(왕하10:1-28). ⑦앗수르왕 살만에셀이 이스라엘국을 쳐서 취하였다. 이 때에 살만에셀은 이스라엘 백성을 포로로 다른 지방에 옮기고 앗수르 국민을 사마리아에 옮겼다(왕하17:3-6, 22). ⑧산당을 제거함(왕하23:19). ⑨교만한 성읍(사28:1). ⑩하나님의 심판이 예고된 성읍(사28:1-4, 암3:11-12). ⑪마게도냐의 알렉산더 대왕이 점령하여 또 사마리아인을 축출하고 자기 국민을 사마리아도에 이주시키니 자연히 상혼혼혈(相婚混血)이 되어 버렸다. ⑫그때부터 유대인들은 사마리아를 이방시하고 그 주민을 이족시하였다. ⑬유다인들이 바벨론에서 귀환하여 예루살렘 성전을 재건할 때 사마리아인들이 협력하기를 원하여도 거절하였다. 사마리아인들은 이방시하는 유다인들에게 원한을 품고 바사국의 인사들에게 뇌물을 주어 예루살렘 성전 건축을 방해하였고 일방적으로는 그리심산에 따로 성전을 건축하고 예루살렘성전을 반대하게 되었다(스4:1-6, 요4:19). ⑭이러한 두가지의 원인으로 유대인과 사마리아인 간에는 피차 반목 질시하게 되었고 유대인이 그 지역에 가지도 않고 그곳 주민과는 상종도 하지 않으므로 갈릴리도를 갈 때는 사마리아도를 통과하지 않고 멀리 요단강을 건너 돌아 다녔다. ⑮예수님께서는 그것을 관계치 않으시고 통과하시다가 수가성에 있는 야곱의 우물가에서 사마리아 여인을 만나 생수의 원리를 가르쳐 주셨다(요4:3-14). ⑯여기서 이틀을 유하셨다(요4:40). ⑰선한 사마리아 사람의 비유를 들을 수 있고(눅10:30-37). ⑱문둥병자 10명을 고쳐 주었을 때 아홉은 가버렸으나 사마리

아 사람 하나만 예수님께로 돌아와서 감사했다. 예수님은 그를 칭찬하셨다(눅17:11-19). ⑲그래서 예수님을 사마리아인이라고 욕한 사람이 있다(요8:48). ⑳오순절 이후 복음이 전파됨. ㉑스데반의 순교후 예루살렘교회가 핍박을 만나 교인들이 사방에 흩어지는 중에 이 사마리아도에도 들어가서 교회 설립의 기초가 되었다(행8:1). ㉒사마리아교회(행9:31). ㉓바울이 복음을 전했다(행15:3).

사마리아 사람〔samarians〕인 (왕하17:29) ①사르곤Ⅱ세가 사마리아를 점령한 후 앗수르 사람을 이주하여 살게 했는데 그들과 원주민의 혼혈족을 뜻한다(왕하17:24-40). ②예수님이 비유로 인용하셨다(눅10:30-37) ③예수님을 메시야로 믿었다(요4:39). ④예수님이 그들의 집에서 유하셨다. (요4:40).

사막〔沙漠 ; 모래 사, 아득할 막. desert〕명지 (레11:30) 넓은 모래 벌판이 이루어지고 암석이 노출하여 있는 불모의 지역. 황폐한 곳. 이사야서에 많이 나오는 곳(사33:9, 35:1). 장래의 번영과 관련하여 사용된 말(사40:3, 41:19, 51:3).

사막 도마뱀〔snail, sand lizard〕명 (레11:30) 먹을 수 없는 부정한 동물. 모래땅에 사는 작은 도마뱀.

사망〔死亡 ; 죽을 사, 망할 망. death〕명 (출12:30) 사람의 죽음. 목숨이 끊어짐. 서거.
1. **여러가지 표현** - ①죽어가는 과정(창21:16). ②독과 같음(왕하4:40). ③멸망에 처한사람(삿5:18). ④먼지(흙)로 되돌아 가는 것(창3:19, 전12:7). ⑤숨이 끊어지는 것(시104:29). ⑥육체에서 떠나는 것(고후5:3-4, 벧후1:13-15). ⑦세상의 장막을 벗는 것(고후5:3-4, 벧후1:13-15). ⑧어두움으로 향하는 것(욥10:21-22, 38:17). ⑨잠자는 것(시13:3, 요11:13-, 살전4:15).
2. **사망의 원인** - 범죄에 대한형벌(롬5:12, 약1:15, 창2:17).

사망의 그늘〔shadow of death〕명 (암5:8) 죽은 자의 거처. 깊은 어두움. 혹은 음부 '위험한 고통'을 뜻할 때 사용된 말. 인간의 비참한 모습을 나타낸 말(욥3:5, 10:21, 38:17, 시44:19, 사9:2).

사망의 그늘진 문은 지옥(스올)문을 가리킨다(욥38:7).

사망자〔死亡者 ; 죽을 사, 망할 망, 놈 자. the dead〕명 (시88:5) 죽은 사람. 목숨이 끊어진 사람.

사면〔四面 ; 넉 사, 낯 면. all sides〕명 (창35:5) 사방. 동서남북.

사명〔使命 ; 부릴 사, 목숨 명. duty〕명 (행20:24) ①맡겨진 임무. ②사신이 받은 명령. mission.

사모〔思慕 ; 생각 사, 사모 모. yearning〕명 (창3:16) ①마음에 두고 몹시 그리워함. ②우러러 받들고 마음으로 따름. admiration.

＊창3:16절의 사모하다의 원문은 '여자의 마음대로 하려고 하나'로 번역함이 옳다.

사모〔紗帽 ; 깁 사, 모자 모. adorns his head〕명 (사61:10) 제사장의 머리에 쓰는 관. ①관복을 입을 때 쓰던 모자. ②구식 혼례에 쓰인 예모. 화환(사30:20, 61:3), 수건(겔24:17, 23)으로 번역된 말.

사모〔Σάμος = 높은 봉우리〕지
1. **위치** - 에베소 남서 지점에 있는 에게바다의 작은 섬. 세계 불가사의의 하나인 헤라 신전이 있다. 동서 43km, 남북 22km, 인구 대부분이 희랍 사람이다. 이 섬에는 많은 유대인들이 살고 있으며 포도주, 감람유, 담배, 오렌지, 건포도 등이 이 섬의 주요 특산물이다.
2. **관련기사** - 사도 바울이 제3차 전도 여행에서 돌아오는 길에 이곳에 들렸다(행20:15).

사모드라게〔Σαμοθράκη = 드라게의 높은 봉우리〕지
1. **위치** - 소아시아의 드로가에서 마게도냐의 네압볼리로 가는 에게해상에 있는 작은 섬. 도시는 섬의 북

쪽에 있다. 1600m의 웅장한 봉우리는 항해하는 사람의 눈에 현저한 목표가 되며 현재 주민은 희랍인들이다.
2. **관련기사** - 바울 사도가 제2차 선교여행시 들렸던 곳.

사무〔事務 ; 일 사, 힘쓸 무. office work〕명(창39:22) 주로 문서를 맡아 다루는 업무. 행정업무.

사무감독〔事務監督 ; 일 사, 힘쓸 무, 볼 감, 감독할 독. the officiaals〕명 (대상29:6) 문서를 다루는 사람의 행동이나 실적을 지켜봄. 그 사람.

사무엘〔שְׁמוּאֵל = 하나님께 구하여 얻다〕인

① 사사, 선지자
1. **인적관계** - ①엘가나와 한나의 아들(삼상1:5-21). ②요엘과 아비야의 아버지(대상6:28).
2. **관련기사** - ①한나가 기도하여 얻은 아들(삼상1:5-21). ②실로의 성소에서 자랐다(삼상1:24-28). ③밤에 잘 때에 여호와께서 사무엘을 세번이나 불러 그와 함께 하시겠다고 하셨다. 온 이스라엘은 사무엘을 여호와께서 보내신 선지자인 줄 알게 되었다(삼상3:). ④엘리가 죽은 후에 사무엘이 제사장 겸 사사가 되었다(삼상4:18). ⑤온 이스라엘 중 아스다롯과 바알 등의 우상을 없애고 오직 여호와만 섬기게 했다(삼상7:4). ⑥미스바에서의 부흥운동(삼상7:3-6). ⑦블레셋을 물리쳤다(삼상7:5-14). ⑧전국을 순회하면서 다스렸다(삼상7:15-17). ⑨성막의 직분을 세웠다(대상9:22). ⑩왕에 관한 규례를 백성에게 설명하였다(삼상8장). ⑪사울을 왕으로 세움(삼상10장). ⑫사울의 범죄를 책망함(삼상15장). ⑬다윗에게 기름을 부어 왕으로 세움(삼상16장). ⑭사울을 피해 온 다윗을 도와 나욧으로 데리고 갔다(삼상19:18-20:1). ⑮라마에서 살다가 별세하였다. 40년동안 사사로, 선지자로 활동했다(삼상25장, 행3:24, 13:20). ⑯계시의 기록자(대상29:29) ⑰믿음의 사람(히11:32-34). ⑱하나님이 인정하시는 인물(렘15:1). ⑲기도의 응답을 받은 자(시99:6) ⑳부지런한 지도자(삼상7:15-17). ㉑백성의 존경을 받은 지도자(삼상25:1).

② 악령 사무엘(삼상28:1-20). 블레셋이 이스라엘을 치려고할 때 사울이 변장하고 무녀를 찾아가 사무엘의 영을 불러 장래 일을 물으려고 할 때 나타난 악령. 그는 왕위가 다윗에게 돌아갈 것을 말했다. 사울은 블레셋과의 전쟁에서 죽었다.

＊죽은 영을 불러 예언을 듣는 것은 하나님을 불신앙하는 사악한 행위이다. 악령이 사무엘을 가장하여 나타난 것 뿐이다(참고 눅16:19-31). 영매는 사단의 장난이다.

사무엘 상〔1 Samuel〕명(삼상) 구약 제9권째 성경. 히브리어 성경에는 사무엘 한 권의 책이다. 기록한 사람은 알려져 있지 않으나 사사시대가 끝난 후에도 이스라엘 역사는 계속되었다는 것과 특별히 왕국의 탄생을 보여주고 왕의 치적, 윤리적인 목적으로 선과 악에 대한 실례를 들어 규정하고 있다. 사무엘의 출생과 사울왕의 죽음까지의 역사적 기록이다. 내용 분해는 박기원 편 성경총론을 참고하라.

• **사무엘 상에 나타난 그리스도의 모형**: ①사무엘 - 사무엘은 사사요, 제사장이요, 선지자이다. 그리스도의 신분과 사역을 예표한다. ②요나단(삼상18:1) - 우리의 신실한 친구이신 그리스도를 예표한다(요15:15). ③다윗(삼상13:14)

- 하나님의 마음에 맞는 사람. 다윗의 혈통에서 그리스도께서 탄생하셨다(마2:1-12). 그리스도는 영원한 왕이시다. 다윗의 고향은 그리스도의 탄생지요, 목자였던 다윗은 선한 목자이신 그리스도의 모형이며 왕인 다윗은 만왕의 왕되신 그리스도의 모형이다.

사무엘 하[2 Samuel]명(삼하) 구약 제10권째 성경. 다윗왕의 통치기간인 40년동안의 모든 사건을 기록한 역사서이다. 하나님이 사울왕의 사망에서부터 솔로몬왕이 통치할 때까지 이스라엘 역사를 계속 주관하심과 이스라엘의 가장 큰 힘과 영광스러운 통치기간동안 군주국이 굳게 제정되었음을 나타낸다. 내용 분해는 박기원 편 성경총론을 참고하라.

- **사무엘 하에 나타난 그리스도의 모형** : ①다윗(삼하7:4-17) - 영원한 왕위는 그리스도께서 성취하신다(마21:9, 22:45). 그리스도는 다윗의 왕위에 앉아 영원히 다스리신다(사9:7, 눅1:32). ②솔로몬(삼하7:) - 하나님께서 다윗의 자손이 영원한 나라를 세우실 것을 약속하셨다. 나단의 약속은 예수 그리스도를 가리켜 말한 것이다(계11:15, 12:5). ③아라우나의 타작마당을 다윗이 샀다(삼하24:16-24) - 그리스도께서 우리의 죄값을 그의 피로 지불하셨다.

사무치다[touch the heart]자(삼상5:12) 속까지 깊이 미치어 닿다.

사믈라[שַׂמְלָה = 외투]명(대상1:47, 48) 마스레가 출신 에돔왕. 창36:37에는 삼라로 되어 있다.

사믈래[שְׁלֹמַי = 여호와는 보상자]인(스2:46) 바벨론에서 돌아온 느디님 사람의 조상 중 하나. 살매와 같은 사람(느7:48).

사밀[שָׁמִיר = 예리한, 보석]인(대상24:24) 레위 사람 미가의 아들.

사밀[שָׁמוּר = 예리한 끝, 보석]지

① 에브라임 산지에 있는 한 성읍. 사사 돌라의 거주지요 매장지.

② 유다지파에 있던 성읍(수15:48).

사박다니[sabachthani]명(마27:46) 예수님께서 십자가에 달리셨을 때 하신 말씀 중 한 마디로 '나를 버리십니까?'의 아람 말.

사반[coney]명(레11:5) 토끼, 들오소리의 일종. shaphan. 민첩한 작은 동물의 이름. 히브리어를 소리나는대로 옮긴 말. 시리아 토끼로 보는 사람도 있다. 바위지역을 좋아한다(잠30:26) 너구리(시104:18)로 번역한 낱말. 부정한 동물로 식용이 금지되었다.

사반[שָׁפָן = 너구리]인

① 서기관 사반

1. **인적관계** - ①므술람의 손자 아살리야의 아들(왕하22:3). ②아히감, 그마랴 엘라사의 아버지(렘26:23, 36:2, 25, 29:3). 유다패망시 총독으로 임명된 그달야의 할아버지(렘40:11).

2. **관련기사** - ①요시야왕의 서기관. 성전에서 제사장 힐기야가 발견한 율법책(십계명)을 왕 앞에 가지고 가서 읽었다(왕하34:8-21). ③왕은 그 말씀의 뜻을 물으려고 여선지 훌다에게 보냈다(렘26:24). ④그의 자손은 여호와를 섬기며 예언자들의 벗이었다(왕하22:12-14, 대하34:20-22).

② 우상숭배 지도자

1. **인적관계** - 야아사냐의 아버지.

2. **관련기사** - 에스겔의 이상 속에 나타난 우상숭배 지도자(겔8:11).

사발[沙鉢 ; 모래 사, 바리때 발. pitcher]명(렘35:5) 사기로 된 위가 넓은 그릇. bowl.

사밤[שְׂפָם = 벗겨진]인(대상5:12) 바산에 살았던 갓 사람의 족장.

사밧[שָׁפַט = 살폈다, 심판했다]인

사밧

① 시므온 사람. 호리의 아들(민13:5). 모세가 가나안 땅을 정탐하기 위해 보낸 자 중 한 사람.

② 선지자 엘리사의 아버지(왕상19:16, 왕하3:11, 6:31).

③ 다윗의 자손 스마야의 여섯 아들 중 막내 아들. 스룹바벨의 손자(대상3:22).

④ 바산 땅 갓사람의 족장(대상5:12).

⑤ 아들래의 아들. 다윗의 소떼를 맡아 관리했다(대상27:29).

사밧[זָבָד = 그는 주셨다]인

① 에브라임 수델라의 집사람 중 하나(대상7:21).

② 유다사람 여라므엘의 가계 가운데 세산의 종. 앗대의 손자이며 나단의 아들(대상2:36, 37).

③ 알래의 아들. 다윗왕의 용사 중 한 사람(대상11:41).

④ 암몬여인 시므앗의 아들. 제사장 여호야다의 아들 스가랴를 요아스왕이 백성에게 명하여 돌로 쳐 죽이게 하자 당을 지어 요아스를 살해한 자 중 하나(대하24:26→여호사밧). 왕하12:21에는 요사갈.

⑤ 에스라의 권고로 이방인 아내와 이혼한 사람(스10:27).

⑥ 에스라의 권고로 이방인 아내와 이혼한 사람. 하숨 자손 중 하나(스10:33).

⑦ 에스라의 권고로 이방인 아내와 이혼한 사람. 느보 자손 중 하나(스10:43).

사방[四方 ; 넉 사, 모 방. round about]명(창19:4) ①동서남북의 총칭. four direcions. ②여러 곳. 사면. all sides.

사배[四培 ; 넷 사, 곱 배. four times over]명(삼하12:6) 네 갑절. 남의 것을 변상하는 범위. 세리장 삭개오도 예수님께 토색한 것이 있으면 사배를 갚겠다고 하였다(눅19:8).

사본[寫本 ; 베낄 사, 근본 본. written copy]명 옮기어 베낌. 또는 그 문서나 책. 성경 원본을 옮겨 쓴 두루마리. 여러 말로 옮겨 쓴 번역사본도 있다.

사본[צָפוֹן = 북쪽]지(수13:27) 요단강 동편 갓지파의 성읍.

사붓[זָבוּד = 주어지다]인

① 나단의 아들(왕상4:5). 솔로몬왕의 친구이며 대신이었다. 대상2:36의 사밧과 동일인으로 여긴다.

② 바벨론 포로에서 귀국한 비그왜자손 중 우대의 형제(스8:14).

사브낫 바네아[צָפְנַת פַּעְנֵחַ = 하나님께서 말씀하심, 하나님은 살아계심]인(창41:45) 요셉이 바로의 꿈을 해석하고 총리가 된 다음 받은 이름. 후일 유대인들은 비밀을 드러내는 자라고 뜻을 풀이한다.

사브대[שַׁבְּתַי = 안식일에 난 자]인(느8:7) 포로귀환 백성에게 율법을 읽어 줄 때 입회한 사람. 삽브대와 같은 사람(느11:16).

사빌[שָׁפִיר = 아름다운]지(미1:11) 유다 남부 에브라임의 한 성읍. 미가 선지자가 책망한 마을.

사사[私事 ; 사사 사, 일 사. own, personal. affairs]명(잠23:4) 사사로운 일. 개인적인 일. 공무가 아님.

사사[士師 ; 선비 사, 스승 사, judge]명(민25:5) 구약시대 선지직, 제사장직, 왕직을 겸한 사람. 이스라엘 백성이 출애굽하여 가나안을 정복한 후부터 왕국을 건설하기까지 백성들을 다스린 판관, 지도자.

*①옷니엘(삿3:7-11). ②에훗(삿3:12-30). ③삼갈(삿3:31). ④드보라(삿4-5장). ⑤기드온(삿6-8장). ⑥아비멜렉(삿9장) 자칭 왕이 된 자. ⑦돌라(삿10:1, 2). ⑧야일(삿10:3-5). ⑨입다(삿12:1-7). ⑩입산(삿12:8-10). ⑪엘론(삿12:11, 12). ⑫압돈(삿12:13-15). ⑬삼손(삿13-16장). ⑭엘리(삼상7:15). ⑮사무엘은 사사로 선지자의 일을 했다(삼상7:15). ⑯사무엘의 아들들(삼상8:1-3). ⑰엘리는 제사장으로 사사의 일을 보았다(삼상1장-4장).

사사[שָׂשָׂא = 공포, 투사]인(대상2:33) 요나단의 아들이며 벨렛의 동생. 이는 유다지파 헤스론의 장자 여라므엘 자손이다.

사사기[Judges]명(삿) 구약 제7권째 성경. 여호수아의 죽음부터 삼손의 죽음까지 약300년동안의 사건을 기록한 역사서로 그 기록자는 밝혀져 있지 않다. 가나안 땅에 돌아간 이스라엘 백성의 생활상. 하나님을 잘 섬길 때에는 평안하였고 우상을 섬길 때에는 어려움을 당한 교훈을 통해서 하나님의 진노의 사실을 알려주고 있다. 사사들은 왕을 세우기 전 이스라엘 백성의 지도자로 재판관으로 하나님의 세우심을 받아 일했다. 하나님이 사사를 세우지 않았을 때 인간은 자기 소욕대로 행했다. 내용 분해는 박기원 편 성경총론을 참고하라.
- **사사기에 나타난 그리스도의 모형** - ①사사(삿2:18). 통치자요, 구원자이며, 재판관이다. 그리스도의 신분을 예표한다. 왕정의 준비로 영원하신 왕의 필요성을 보여준다. ②여호와 살롬(삿6:24). 그리스도는 우리의 평안. 평화의 왕이신 그리스도의 임재를 예표한다. ③감람나무(삿9:7-). 그리스도의 왕권. 하나님을 기쁘시게 하는 통치자(롬11:24, 계11:4). ④여호와의 사자(삿2:1). 창세기에 나타난 그리스도의 모형 여호와의 사자 항을 참고하라.

사사롭다[私私~ ; 사사 사. personal, own]형(사58:14) 공적이 아니고 개인적인 성질을 띠고 있다.

사사시대[judge peplod]명 이스라엘 백성이 가나안 땅에 들어간 연대를 기준해 볼 때 주전1370~1070까지 약 180년으로 추산된다. 그 근거는 사사들의 치세기간을 합산한 것이다.

사삭[יָשָׁק= 습격자, 욕망]명(대상8:14, 25) 베냐민 지파 브리아의 아들. 족장이며 두목이다. 열한명의 아들이 있었다(대상8:22-25).

사상[思想 ; 생각사, 생각상. though, device]명(대상28:9) ①생각. ②판단과 추리를 거쳐서 생긴 의식내용. ③통일있는 판단의 체계. ④사회 및 인생에 대한 일정한 견해.

사새[יְשַׁי= 희끄무레한, 창백한]명(스10:40) 바니의 자손. 빈누이의 아들. 바벨론 포로에서 귀환 후 에스라의 권고에 따라 이방인 아내와 이혼한 사람이다.

사생자[私生子 ; 사사 사, 날 생, 놈 자. bastard, strange children]명(신23:2) 법률상 부부가 아닌 사람에게서 난 사람(아이). 서자, 서출, 사생아.
*①금지된 결혼관계에서 출생한 자녀(레18:6-20, 20:10-21). ②10대에 이르기까지 성민의 회에 들지 못한다(신14:2,23:2,출19:5-6). ②모압과 암몬사람(창19:30-38). ④멸시를 받는다(삿11:2).

사술[邪術 ; 간사할 사, 꾀 술. charms]명(민23:23) 요사스럽고 못된 술법. 마술에 의해 기이한 일을 행함. 이교도들의 술수. 하나님을 불순종하는 죄이다(삼상15:23). 술수, 마술, 복술, 점 등으로 번역된 말.

사슬[chain]명(창41:42) 쇠고리를 이은 줄. 좐 쇠사슬. 장신구의 일종이나 자유의 구속을 뜻함. 죄의 속박(렘40:3,4). 형벌(계20:1, 유6)을 말한다.

사슴[hind, deer]명(창49:21) 사슴과의 짐승. 털빛은 대개 갈색. 수컷은 골질의 뿔이 한 쌍 있으며 봄철에 자라남. 성질은 온순하고 숲에 삶.

1. 관련기사 - ①식용이 가능한 동물(신14:3-6, 15:22). ②왕의 식탁에 올랐다(왕상4:23). ③아름답다(아2:9). ④다리가 튼튼하여 잘 뛴다(사35:6). ⑤목말라한다(시42:1). ⑥모성애(렘14:5). ⑦쌍태새

끼(아4:5, 7:3). ⑧빠르다(대상 12:8). ⑨높은 곳을 다닌다(합3:19). ⑩정결하다(신12:15).
2. **상징적 표현** - ①구원받은 성도(사35:6). ②연인, 그리스도의 신부(아2:17). ③하나님을 사모하는 성도(시42:1-3).

사신[邪神 ; 간사할 사, 귀신(신령) 신. demon, devil, iodlatry]명(삼상15:23) 재앙을 내린다는 요사스러운 귀신. 악신, 사귀와 같은 말. 마귀 귀신으로도 번역된 말.

사신[使臣 ; 부릴 사, 신하 신. messenger]명(수9:4) 임금이나 국가의 사명을 받고 외국에 가는 신하. 사자와 같은 말로 쓰인다.

* 성도는 그리스도의 사신이다(고후5:20).

사실[事實 ; 일 사, 열매 실. fact, truth]명(레6:2) ①실제로 어느 때, 어느 곳에 있는 일. ②자연계에 나타난 객관적 현상 또는 경험. ③법률상의 효과를 발생하는 현상.

사아난[שַׁעֲרַיִם = 무리의 장소]지(미1:11) 유다지파의 분깃. 평지의 성읍. 스난과 같은 곳(수15:37).

사아난님[צַעֲנַנִּים = 옮기는 천막]지(수19:33) 요단강 서편 게데스에 가까운 성읍. 납달리의 변경이다. 모세의 장인 호밥의 자손 헤벨이 장막을 친 곳(삿4:11, 17).

사아라임[שַׁעֲרַיִם = 이중문]지
1 다윗이 블레셋 대장 골리앗을 죽이자 그 군대가 도망하다가 죽어서 넘어진 자가 이곳에서부터 가드와 에그론까지 쌓였다(삼상17:51-52).
2 시므온 지파의 성읍(대상4:31). 사두헨과 같은 곳(수19:6).

사아스가스[שַׁעֲשְׁגַז]인(에2:14) 아하수에로궁의 비빈을 주관하던 내시. 에스더를 맡았다.

사아완[יַעֲוָן = 혼란한]인(창36:27, 대상1:42) 호리족 세일의 자손으로 에셀의 아들 중 하나.

사악[邪惡 ; 간사할 사, 악할 악. iniquity, evil, wickedness]명(삼하23:6) 간교하고 도리에 어긋나고 악독스러움.

사악한 자[corrupter]명(삼하23:6) 간사하고 악독스러운 사람. 마귀. 사단. 우상숭배자.

사알랍빈[שַׁעֲלַבִּים = 여우의 굴]지(수19:42) 아모리 사람의 성읍. 단 지파에게 배정된 땅이나 솔로몬왕 때까지 점령하지 못했다. 엠마오 북쪽 3km지점, 지금의 셀비드.

사알림[שַׁעֲלִים = 여우]지(삼상9:4) 단 지파의 성읍. 사울의 아버지 기스가 나귀를 잃고 그 아들 사울에게 나귀를 찾으러 내보내었더니 이곳까지 왔으나 찾지 못하였다.

사알본[שַׁעַלְבֹנִי]지(삼하23:32) 다윗의 30용사 중 한 사람인 엘리아바의 고향.

사알빔[שַׁעֲלַבִּים = 여우의 굴]지(삿1:35) 아모리 사람의 성읍. 단 지파가 점령하려 했으나 뜻을 이루지 못했다. 솔로몬의 제2행정구역(왕상4:9).

사압[שָׁעָף = 연합, 친교]인
1 유다지파 갈렙의 자손으로 야대의 아들(대상2:47).
2 마아가에서 난 갈렙의 아들(대상2:49). 맛만나의 아버지.

사양[辭讓 ; 말씀 사, 사양 양. declination]명(눅14:18) 받을 것을 겸사하여 안 받거나 남에게 내어 줌.

사업[事業 ; 일 사, 업 업. activity]명(잠22:29) ①일. work. ②어떤 목적을 가지고 계획적으로 운영하는 일. enterprise. ③영리를 목적으로 계속하여 행하는 경제적인 일.

* 하나님의 청지기로서 충성되게 사업을 해야 한다.

사역[使役 ; 부릴 사, 역사 역. forced labor, tribute]명(수16:10) ①부리어서 일을 시킴. employment. ②남으로 하여금 하게 하는 동작. causative. 강제성이 내포된 일. 역군으로 번역된 말.

사역자[使役者 ; 부릴 사, 역사 역, 놈 자. servant, minister]명(삼상27:12) 일을 시킴을 당하는 자. 쓰

이는 자. 천사, 복음전도자를 일컫는 말(시104:4, 고전3:5, 히1:7). 원어 디아코노스는 하인을 뜻하는 말이다. 복음선교를 위하여 하나님께 쓰임을 받는 자(고후3:6, 엡3:7, 골1:23). 하나님의 일꾼(롬13:6)이다. 교회의 공적 일꾼(집사)에 쓰인 낱말(빌1:1, 딤전3:8,12).

1. **자격** - ①주의 부름을 받은 자(마4:18-22, 10:1-4). ②성령이 충만한 자(행1:8, 6:1-6). ③성도의 본이 되는 자(딤전4:12). ④가르치기를 잘 하는 자(딤전3:2). ⑤기도를 힘쓰는 자(행6:4). ⑥충성하는 자(계2:10). → 장로항 참고.
2. **사명** - ①복음전파(막16:15, 고전1:23). ②교회설립(엡4:12). ③양떼를 먹임(요21:15-17). ④가르침(딤후2:2, 마28:19-20). ⑤권면함(딛1:9). ⑥위로함(고후1:4-6). ⑦이단을 경계함(딤후4:2-5). ⑧권징함(딛2:15). ⑨그리스도를 본받아(요13:14). ⑩짐을 나누어지고(갈6:2). ⑪성도를 위하여 기도하며(골1:9). ⑫사랑을 실천한다(요21:16). →장로.

사연[事緣 ; 일 사, 인연 연. cause]명(민27:5) 일의 사정과 까닭.

사욕[私慾 ; 사사 사, 욕심 욕. evil desires, selfish desire]명(미7:3) 자기의 이익만 차리는 욕심.

사욕[邪慾 ; 간사할 사, 욕심 욕. evil desires, lust]명(골3:5) 그릇된 욕심. 도리에 어긋난 욕망. 음란한 욕망. 육욕.

사용[使用 ; 부릴 사, 쓸 용. use]명(레19:36) ①물건을 이용. ②사람을 부림. employment.

사울[שָׁאוּל = 희망, 크다]인

1 에돔왕 사울, 유브라데 강변 르호봇 사람(창36:37).

2 야곱의 둘째 아들 시므온이 가나안 여자에게서 낳은 아들. 사울 가족의 족장(창46:10, 민26:13).

3 이스라엘 왕 사울
1. **인적관계** - ①기스의 아들(삼상9:1-2) ②아히노암의 남편(삼상14:50). ③요나단의 아버지(삼상13:16). ④다윗의 장인(삼상18:17-27). ⑤므비보셋의 할아버지.
2. **관련기사** - ①겸손한 자(삼상9:2). ②아버지의 나귀를 찾으려고 다님(삼상9:3-14). ③사무엘을 만남(삼상9:15-27). ④왕으로 기름부음을 받음(삼상10:1-16). ⑤예언함(삼상10:11-13). ⑥백성이 사울을 왕으로 뽑음(삼상10:17-25). ⑦기브아로 돌아감(삼상10:26). ⑧자제심이 있었다(삼상10:27, 11:13). ⑨암몬과의 전투에서 승리(삼상11:1-11). ⑩사울의 관용과 왕권확립(삼상11:12-15). ⑪사울의 군대(병력) (삼상13:1-2). ⑫블레셋과의 전쟁에서 승리(삼상13:3-11). ⑬사울이 망령되이 제사장직을 행하여 사무엘의 책망을 들음(삼상13:8-23). ⑭블레셋과의 전쟁(삼상14:1-22). ⑮사울의 어리석은 맹세와 그 결과(삼상14:23-48). ⑯사울의 가문에 관한 기록(삼상14:49-52). ⑰사울이 범죄하므로 버림받음(삼상15장). ⑱다윗이 골리앗을 물리침으로 사울이 시기함(삼상17:18:16). ⑲사울이 다윗을 사위로 삼음(삼상18:17-27). ⑳다윗을 죽이려고 함(삼상18:18-24장). ㉑다윗의 관용에 대한 그의 뉘우침과 축복(삼상26장). ㉒사울이 무당을 찾아감(삼상28:1-25) ㉓사울의 최후(삼상31:1-10) ㉔야베스 사람이 사울의 시체를 매장함(삼상31:11-13). ㉕기브온 사람을 죽인 죄로 인한 그의 가문의 몰락(삼하21:1-9).

4 레위사람 그핫의 아들(대상6:24).

5 사도 바울의 옛 이름(행7:28, 8:1, 9:1, 13:9).

6 초대 안디옥교회의 성도(행13:1).

사위사[שַׁוְשָׁא = 고결함]인(대상18:16) 다윗 왕국의 외교문서를 취급한 서기관. ①그의 이름을 보아 히브리인이 아닌 것 같다(애굽인으로 추정). ②다른 곳에서는 스와,

스라야, 시사로 나와 있다(삼하20: 25, 8:17, 왕상4:3). ③위를 동일인으로 볼 때 그의 아들은 솔로몬 시대 서기관 엘리호렙과 아히야.

사웨[הוֵשׁ = 넓은 골짜기]지 (창14: 17) ①아브라함이 동방 연합군인 그돌라오멜과 함께한 왕들을 파하고 돌아올 때에 소돔왕과 만난 곳. ②왕의 골짜기라고도 하는 압살롬이 기념비를 세운 곳(삼하18:18).

사웨 기랴다임[קִרְיָתַיִם שָׁוֵה = 기랴다임의 평원]지 (창14:5) 그돌라오멜이 엠을 진압시켰던 곳으로 요단 동편 모압의 고지대 기랴다임과 같은 곳(민32:37).

사위[son-in law]명 (창19:12) 딸의 남편.

사위[詐僞 ; 속일 사, 거짓 위. deception, lying]명 (호4:2) 거짓말로 사람을 속임.

사위다[a fire go out, burn up]지 (계8:7) 불에 태워 재가 되다.

사유[私有 ; 사사 사, 있을 유. private forest]명 (대상29:3) 개인의 소유, 혹은 사사로이 가짐.

사유[赦宥 ; 용서할 사, 죄사할 유. forgiving, pardon]명 (왕상8:39) 죄를 용서하여 줌. 사죄함.

사이[between]명 (창3:8) ①표시와 표시의 중간. ②동안. interval. ③간격. gap. ④틈. space. ⑤사귀는 정분. relations.

사일[עֲמִי = 작다]지 (왕하8:21) 유다왕 여호람이 에돔사람과 싸운 곳. 전차로 야습했다가 패했다.

사자[嗣子 ; 이을 사, 아들 자. heir]명 (삼하14:7) 대를 잇는 아들.

사자[使者 ; 부릴 사, 놈 자. angel, messenger]명 (창16:7) 어떠한 임무를 띠고 심부름하는 사람. ①평화를 위하여(삼하3:12-13). ②하나님의 말씀을 전함(학1:13)

사자[獅子 ; 사자 사, 아들 자. lion]명 (창49:9) ⑤ 고양이 과의 맹수.

* **상징하는 것** - ①그리스도(계5:5). ②의인(잠28:1). ③세계제국(단7:1-4). ④마귀(벧전5:8). ⑤원수(시91:13). ⑥핍박자(시22:13). ⑦적그리스도(계13:2). ⑧강함(삿14:18, 습3:3). ⑨사나움(욥10:16). ⑩유다지파(창49:9).

사자굴[獅子窟 ; 사자 사, 아들 자, 굴 굴. pit of lions]명 (단6:7) 사자를 넣어둔 굴. 다니엘이 던져진 곳. 사형 집행처.

사자새끼[whelp]명 (창49:9) 어린 사자. 유다지파.

* **상징적 표현** - ①유다지파(창49:9). ②이스라엘 방백(겔19:2-9). ③단지파(신33:22). ④바벨론 정착민들(렘51:38).

사적[事蹟 ; 일 사, 자취 적. trace]명 (창6:9) 사건의 자취. 사실의 형적.

사정[事情 ; 일 사, 뜻 정. circumstance]명 (창40:14) ①일의 형편. ②딱한 처지를 하소연하여 도움을 비는 일.

사정[私情 ; 사사로이 할 사, 뜻 정. personal feeling]명 (고전2:11) ①사사로운 정. 개인의 정. ②자기만의 편의를 얻자는 마음. self-interest.

사죄[赦罪 ; 용서할 사, 허물 죄. forgiveness]명 (사33:24) 죄를 용서함.

* 그리스도를 믿음으로 사죄함을 받는다. ①자백함으로(요일1:9). ②그리스도의 피로(히9:22).

사죄[死罪 ; 죽을 사, 허물 죄. capital offence]명 (행25:11) ①사형에 처할 범죄. ②죽음에 해당할 만큼 무거운 죄.

사지[四指 ; 넉 사, 손가락 지. four fingers]명 (렘52:21) 네 손가락.

사지[死地 ; 죽을 사, 땅 지. place of death]명 (잠5:5) ①죽을 곳. ②살아나올 길이 없는 곳. jaws of death.

사척[四尺 ; 넉 사, 자 척. four feets]명 (겔41:5) 넉 자. 120cm 정도.

사체[死體 ; 죽을 사, 몸 체. dead body, carcass]囘(창15:11) 죽은 몸뚱이, 시체. 주검. 송장. ①짐승의 사체(삿14:8). ②사람의 사체(수8:29). ③만지면 부정하다(레11:40). ④악취가 난다(사34:3).

사촌[四寸 ; 넉 사, 마디 촌. uncle's son]囘(레25:49) 아버지 형제의 아들·딸과의 관계.

사취[詐取 ; 속일 사, 가질 취. fraud, oppress]囘(호12:7) 거짓으로 속여서 남의 것을 빼앗음.

사치[奢侈 ; 사치 사, 사치 치. luxury, abundance]囘(잠19:10) 지나치게 향락적인 소비를 함.

1. **사치한 자** - ①솔로몬(왕상4:22-23, 10:21-22). ②바사왕(에1:3-11). ③바벨론(단4:30). ④두로(겔27:1-27). ⑤애굽(히11:24-27). ⑥이스라엘(암6:1-7). ⑦음녀(바벨론)(계18:10-13).
2. **결과** - ①도덕적 부패(나3:1-19). ②영적인 부패(계3:17). ③시험에 듦(수7:20-21). ④고난과 애통하게 됨(계18:7). ⑤멸망(계18:9).

사태[沙汰 ; 모래 사, 미끄러질 태. land-slip]囘(민23:3) ①비로 인하여 산비탈이 무너지는 현상. ②사람이나 물건이 한꺼번에 주체할 수 없이 많이 몰려 나옴을 가리키는 말. flood.

사통[私通 ; 사사 사, 통할 통. adultery]囘(겔16:32) ①부부가 아닌 남녀가 몰래 정을 통함. ②공사(公事)에 관하여 사사로이 편지 따위가 왕래를 하거나 그러한 편지. private correspondence.

사특[邪慝 ; 간사할 사, 사특할 특. iniqnty, viciousness]囘(삼하22:27) 못되고 악함. 불량자를 일컫는 말(삼상2:12). 비류, 극악한 자를 가리킨다(삿19:22).

사특한 자[the froward]囘(욥34:30) 타락한 자. 불양자, 비류. 불법을 행한 자. 배반자. 불경건한 자. 교활한 자. 음모를 꾸미는 자. 심술궂은 자 등.

사하다[赦~ ; 용서할 사. pardon]囘(출23:21) 죄를 용서하다. 씻는다. 덮는다. 속량한다. 속죄를 뜻함.
＊①주님의 이름으로(시25:11). ②죄를 고백하고 회개한 사람에게(요일1:9, 사55:7). ③하나님께서(골2:13). ④그리스도의 피에 근거하여(마26:28, 히9:22). 죄사함을 받는다. 그러므로 ⑤다시는 죄를짓지 말라(요8:11, 히10:18).

사하라임[שַׁחֲרַיִם = 두 새벽]囘(대상8:8) 베냐민 지파의 후손. 아내 셋이 있었다. 그 중 두 사람과 헤어졌다. 많은 자식을 가졌다.

사하수마[שַׂחֲצוּמָה = 두 높은 곳]囝(수19:22) 잇사갈 지파의 성읍.

사함[מִשָּׂא = 싫어함]囘(대하11:19) 르호보암과 마하랏의 아들.

사해[死海 ; dead sea]囝(창14:3)
1. **위치** - 요단골짜기 남단에 있는 염도가 매우 높은 바다. 소돔과 고모라가 멸망해서 생긴 곳(창13:10, 19:23-26). 동은 모압의 고원과 느보산이 있다(신34:1-4). 서에는 사울을 피해 다윗이 피신한 엔게디가 있다(삼상23:29).
2. **크기** - 사해의 수표면은 내륙에 있으면서도 지중해 표면보다 약392m나 낮다. 남북은 약 85km, 동서는 약16km, 면적은 약950㎢, 깊은 곳은 약440m되는 곳도 있다.
3. **다른 이름들** - ①염해(민34:3). ②아라바 바다(신3:17). ③동해(겔47:18). ④바다(암8:12, 미7:12). ⑤성경외의 문헌에서는 소돔의 바다, 롯의 바다, 평지의 바다, 아스팔트의 바다라고 부른다.

사해사본[dead sea scrous]囘사해 근처에 남아 있었던 고대 종교 사본 수집물의 총칭. 1946년 이후 와디쿰란 동굴에서 많이 발견되었다.

사형[死刑 ; 죽일(죽음) 사, 형벌 형. worthy of death]囘(마26:66) 범인의 생명을 빼앗는 형벌. 죄인을 죽이는 형벌.

1. **사형에 해당하는 죄** - ①살인자(창9:5,6, 레24:17). ②안식일을 범

한 자(출35:2, 민15:32-36). ③부모를 치거나 저주한 자(출21:15,17). ④부모에게 불순종한 자(신21:18-21). ⑤법정의 판결을 거부한 자(신17:12). ⑥여호와를 망령되이 일컬은자(레24:11-14). ⑦사신에게 희생을 드린 자(출22:20). ⑧자녀를 우상에게 바친 자(레20:2-5). ⑨거짓예언자(신13:1-10). ⑩폭동자(행5:36,37). ⑪반역자(왕상2:25, 에2:23). ⑫무당(출22:18). ⑬근친상간자(레20:11,12,14). ⑭남색자(레18:22, 20:13). ⑮간음자(레20:10, 신22:21-24) ⑯약혼한 여자를 강간한 자(신22:25). ⑰행음한제사장의 딸들(레21:9). ⑱짐승과 행음한 자(출22:19, 레20장). ⑲유괴죄(출21:16, 신24:7). ⑳여호와의것을도적질한자(수7:8-26).

2. **집행방법** - ①돌로 쳐서(출19:13, 행7:57-58). ②칼로침(출32:27-28). ③목을 자름(마14:10, 막6:16). ④교수형(창40:22,수8:29). ⑤십자가형(마27:35, 눅23:33). ⑥화형(창38:24, 렘29:22). ⑦증인에 의하여(신13:19, 행7:58). ⑧회중에 의하여(민15:35, 신13:9). ⑨군인에 의하여(막15:16-24).

사형선고[死刑宣告 ; 죽일(죽음) 사, 형벌 형, 베풀 선, 고할고. sentence of death]명(고후1:9) 죽을 죄를 지은 사람에게 그 벌로 죽이라고 법관이 판결하는 것.

사화[私和 ; 사사로이 할 사, 화목할 화. reconciliation, agree with]명(마5:25) ①서로 원한을 풀어 잘 지내게 함. ②송사(訟事)를 화해함. private settlement.

사환[使喚 ; 부릴 사, 부를 환. servant, laid]명(창22:3) 심부름을 하는 사람. 집사(교회의 직분).

＊①하나님의 집 사환(히3:5). ②임금의 사환(마22:13). ③아브라함의 사환(창22:3). ④제사장의 사환(삼상2:13). ⑤사울의 사환(삼하9:9). ⑥다윗의 사환(삼상25:10). ⑦므비보셋의 사환(삼하16:1). ⑧엘리야의 사환(왕상18:43). ⑨엘리사의 사환(왕하4:12). ⑩종(벧전2:18-고용인).

삭개[יַכַּי = 순결]명(스2:9) 스룹바벨과 함께 바벨론에서 돌아온 한 자손의 가장.

삭개오[Ζακχαῖος = 의로운 사람, 순수하다]명

1. **인적관계** - 여리고성의 세리장(눅19:1-10).

2. **관련기사** - ①부자(눅19:2). ②키가 작은 사람(눅19:3). ③예수님을 보고자 뽕나무 위에 올라간 사람(눅19:4). ④예수님의 부름을 받음(눅19:5). ⑤예수님을 영접함(눅19:6-7). ⑥가난한 자를 위하여 소유의 절반을 내어놓고 토색한 일이 있으면 4배를 갚겠다고 말함(눅19:8). ⑦구원받은 아브라함의 자손이 되었다(눅19:9-10).

삭굴[גַּכּוּר = 순결]명(민13:4)

1 바란 광야에서 가나안 땅을 탐지하도록 모세에 의해 파송되었던 르우벤 지파의 대표 삼무아의 아버지(민13:4).

2 시므온자손 중 미스마의 아들(대상4:26).

3 레위인 므라리의 자손 야아시야의 아들(대상24:27).

4 아삽의 아들. 성전에서 노래하는 자(대상25:2).

5 므라리의 아들. 바벨론에서 귀국하여 성벽재건을 도왔다(느3:2).

6 바벨론에서 귀국하여 율법엄수 문서에 서명한 사람(느10:12).

7 느헤미야가 임명한 창고 보조원 하난의 아버지(느13:13).

삭다[crumble]자(사22:25) 물건이 오래되어 썩은 것처럼 되다.

삭도[削刀 ; 깎을 삭, 칼 도. razor]명(민6:5) 머리털을 깎는데 쓰는 칼, 면도.

고대 삭도

삭발[削髮 ; 깎을 삭, 터럭 발. hair cutting]명(렘47:5)머리털을 깎음.

삭제[削除 ; 깎을 삭, 덜 제. elimination]명(민27:4) ①깎아서 없앰. ②지워버림. cancellation.

삯[wages, hire]명(창30:32) ①일을 한데 대하여 보수로 주는 돈이나 물건. ②임금. 품삯, 노임, 고가 (렘22:13), 값.

1. **삯의 작정** - ①하루를 기준(신24:15). ②1년을 기준(레25:50). ③매일 해가 지기 전에 지급하라(레19:13). ④생계비가 되도록 주라 (마20:1-14).

2. **종류** - ①불의의 삯(행1:18, 벧후2:15). ②악인의 삯(잠11:18). ③죄의 삯(롬6:24). ④종의 삯(왕상5:6). ⑤품꾼의 삯(말3:5, 약5:4). ⑥교훈하는 삯(미3:1). ⑦일꾼의 삯(학1:6, 딤전5:18). ⑧거짓 선지자의 삯(유11).

삯군[hired servant]명(레25:53) 일을 한 댓가로 돈을 받는 사람. 자기의 일처럼 하지 않고 태만함(요10:12-13).

산[山 ; 뫼 산. mountain]명(창7:19) 육지의 표면이 주위의 땅보다 훨씬 높게 솟은 부분.

＊①지계의 목표가 된다(민34:7). ②주거지(창36:8). ③시체 매장지(왕하23:16). ④군영지(삼상17:3). ⑤피난처(창19:10, 마24:16). ⑥건축재의 공급원(대하2:18, 느8:15). ⑦망대(겔40:2, 마4:8). ⑧목축지(시50:10, 눅8:32). ⑨집회장소(수8:30-33, 마5:1). ⑩요새(시125:2). ⑪사냥터(삼상26:20). ⑫전쟁터(삼상17:3). ⑬우상숭배하는 곳(사65:7).

산골[山~ ; 뫼 산. remote place in the mountain]명(삼상23:14) 궁벽한 산속. 두메. 산간.

산기[産期 ; 낳을 산, 기약할 기. time of parturition]명(삼상4:19) 밴 아이를 낳는 시기.

산당[山堂 ; 뫼 산, 집 당. high place]명(레26:30) ①산신(山神)을 섬기는 사당. 산신당. ②히브리어로 '바아마아'(높은 곳)를 뜻한다. 그러나 산당은 우상을 섬기는 곳이 되었다. 가나안 사람들의 것을 이스라엘 사람들이 본따서 종교적 타락을 가져왔다. 선지자들의 비난을 받았고 왕의 금령을 받았다(대하21:11, 왕하22:52).

＊**우상을 섬기던 장소로** ①푸른 나무 아래(왕하17:9, 23:5-8). ②산의 골짜기 가운데 세웠다(렘7:31, 겔6:3).

산란[散亂 ; 흩을 산, 어지러울 란. grieve, dispersion]명(신28:65) ①흩어져 어지러움. ②정신이 어수선함. disorder.

산록[山麓 ; 뫼 산, 산줄기 록. foot of mountain]명(신3:17) 산 기슭.

산문[産門 ; 낳을 산, 문문. vulva]명(호13:13) 해산하는 여자의 음부.

산물[産物 ; 낳을 산, 만물 물. fruit, produce]명(레25:19) 그 지방에서 생산되는 물건.

산발랏[סַנְבַלַּט = 월신이 생명을 주심]인

1. **인적관계** - 바사왕의 강 서편 총독(느2:10).

2. **관련기사** - ①벧호론의 주민. 호론 사람이라고 불리었다(느2:10). ②사마리아에서 세력이 대단하였다(느4:1). ③느헤미야의 예루살렘 성벽 재건을 방해했다(느4:7-8). ④느헤미야를 죽이려고 했다(느6:1-4). ⑤느헤미야를 협박했다(느6:5-10). ⑥산발랏의 딸에게 장가든 제사장 요다야의 아들은 면직되었다(느13:28).

산비둘기[山~ ; 뫼 산. turtledove, dove]명(창15:9) 비둘기과의 새. 전신은 담황색, 머리, 목, 배는 회백색. 반구, 산구, 명구, 골구 등

으로 부른다. ①희생제물(창15: 9, 레1:14, 민6:10). ②봄을 고한다(아2:12). ③백성의 영적 무감각을 탄식함(렘8:7). ④예수님의 결례시 바친 제물(눅2:24).

산비탈[山~ ; 뫼 산. steep mountain slope]<div>명</div>(삼하16:13) 산기슭이나 산 허리의 몹시 기울어진 곳.

산산나[סַנְסַנָּה 종려 가지]<div>지</div>(수15: 31) 유다 남쪽의 성읍.

산산이[散散~ ; 흩을 산, 흩을 산. inpieces]<div>부</div>(삼상2:10) 여지없이 흩어지거나 깨어진 모양.

산상[山上 ; 뫼 산, 웃 상. top of a mountain]<div>명</div>(신9:10) ①산위. ②뫼 쓰는 일을 하는 곳.

산상설교[sermon of the mount]<div>명</div>(마5:~7:) 예수님께서 가버나움 산 위에서 교훈하신 말씀을 일컫는 말. 산상보훈이라고도 한다. 어거스틴이 주석할 때 사용하였다.

산성[山城 ; 뫼 산, 재 성. fortress]<div>명</div>(민13:19) 산에 쌓은 성. 적의 공격에 대한 방어 요새. 하나님의 보호를 형용한 말(시9:9, 59:9).

산악[山岳 ; 뫼 산, 큰산악(山嶽 ; 뫼 산, 메뿌리 악). mountains]<div>명</div>(계16:20) 크고 작은 모든 산.

산양[山羊 ; 뫼 산, 양 양. mountain sheep]<div>명</div>(신14:5) 염소. 영양(羚羊).

산업[産業 ; 낳을 산, 업 업. increase, inheritance]<div>명</div>(창47:27) 생산업과 생산과정을 이루는 사업의 총칭.
*성경에서 말하는 산업은 근대산업을 말하는 것이 아니고 일반적인 소유를 가리킨다. 재산, 소유, 상속 등을 말하고 기업으로도 번역된 말이다.

산염소[wild goat]<div>명</div>(신14:5) 산양. 염소. 양과 달라 성질은 활달하고 영리하다. 바위도 잘 탄다. 들염소라고도 번역되었다(삼상24:2).

산울[hedge]<div>명</div>(대상4:23) 나무를 심어서 된 울타리. 담장.

산 자[~者 ; 놈 자. the living]<div>(</div>창3:20) 살아있는 모든 사람. 죽은 자의 반대말.

산제사[祭祀 ; 제사 제, 제사 사. living sacrifices]<div>명</div>(롬12:1) 그리스도를 믿고 따르는 성도의 성결하고도 바른 일상생활.

산중[山中 ; 뫼 산, 가운데 중. mountain recess]<div>명</div>(대하27:4) 산속.

산지[山地 ; 뫼 산, 땅 지. hill country]<div>명</div>(민13:17) 산으로 된 지형. 팔레스틴의 중앙 산악지대를 일컫는 말.

산파[産婆 ; 낳을 산, 할미 파. midwife]<div>명</div>(창35:17) 아이를 낳을 때 아이를 받고 산모를 간호하는 일을 업으로 하는 여자. 낳게하는 자, 조산부, 조산원.

산헤드린[sanhedrin]<div>명</div>(마5:22) 주후 70년까지 있었던 예루살렘 공회. 유대 최고의 관청. 유대인들은 의회라 불렀다. 의원은 70인이다.

산헤립[סַנְחֵרִיב = 달의 신이 형제를 더해 주신다]<div>인</div>
1. **인적관계** - 사르곤Ⅱ세의 아들. 아버지를 이어 앗수르왕이 되었다.
2. **관련기사** - ①히스기야를 협박함(왕하19:1-7). ②여러 나라를 패한 강한 왕(왕하19:8-13). ③히스기야의 조공을 받음(왕하19:14-16). ④하나님을 훼방한 자(왕하19:16). ⑤유다의 성읍을 파괴한 자(사1:6-9). ⑥여호와의 사자에 의하여 패함(왕하19:36). ⑦니느웨로 돌아갔다가 아들들에게 암살당함(왕하19:37, 사37:37-38).

산혈[産血 ; 낳을 산, 피 혈. loss of blood]圐(레12:4) 아이를 낳을 때 나오는 피.

산호[珊瑚 ; 산호 산, 산호 호. coral]圐(욥28:18) 산호충의 몸을 싸고 있는 석회질의 뼈. 외피를 벗기어 장식용으로 쓴다.

살[flesh]圐(창2:21) ①동물체를 이루는 근육 조직의 하나. 피부에 덮여 있는 뼈를 싸는 골격근으로 이루어진 부분. ②과실의 껍질과 씨 사이의 연한 부분.

살[arrow, stings]圐(창21:16) 화살.

살[spokes]圐(왕상7:33) 차 바퀴의 뼈대가 되는 대.

살구[almond]圐(출25:33) 살구 나무의 열매, 씨는 약재로 씀.

＊살구의 영적의미는 깨우는 자, 지키는 자이다. 부활의 표상을 상징했으며 성전의 금 촛대와 잔을 이 꽃모양으로 만들었다(출25:32, 38).

살구꽃[almond flowers]圐(출25:33) 살구나무의 꽃 행화(杏花). 성전과 기물에 장식한 꽃.

살구나무[almond]圐(창30:37) 앵두과의 낙엽교목. 봄에 붉으스레한 다섯 잎 꽃이 핌. 다른 번역본에는 편도(감복숭아)로 번역한 말.

＊①야곱이 양새끼를 배게 할 때 사용(창30:37). ②성막의 등대에 새김(출25:33-34). ③아론의 지팡이에 움이 돋고 순이 나서 꽃이 피어 열매가 열림(민17:8). ④백발을 나타냄(전12:5).

살구열매[apricot almond]圐(민17:8) 살구나무에 열린 열매. 매실.

살기[殺氣 ; 죽일 살, 기운 기. violent temper]圐(행9:1) ①죽일 기운. ②거칠고 무시무시한 기운.

살다[living]圐(창3:20) ①목숨을 이어나가다. be live. ②목숨을 이어 나가려고 활동을 하다. live. ③일정한 곳에서 집을 짓고 살림하다. dwell.

살라[Σάλα = 보내다, 활]圐(눅3:35) ①알박삿의 아들이며 예수 그리스도의 계보에 있는 사람. ②구약에서는 셀라라고 하였다(창10:24).

살라미[Σαλαμίs = 던짐]圂

1. **위치** - 지중해 동부에 있는 구브로 섬 동쪽 끝에 위치한 항구이며 구브로섬의 수도이며 상업 도시이다.

2. **관련기사** - 사도 바울과 바나바가 1차 선교여행시 이곳 유대인 거리에서 전도하였다(행13:5). 이곳에 첫 발을 디딘 원인은 유대인이 많음이요, 바나바의 고향이다. 헤롯왕이 이곳에서 구리를 채광해 오기 때문에 유대인이 이곳에 많이 정착하게 되었다. 전설에 의하면 바나바가 이곳에서 전도하다가 유대인의 폭동으로 순교하였다 한다.

살랍[הָלָף = 약초, 상처]圐(느3:30) 느헤미야와 예루살렘 성벽을 재건한 하눈의 아버지.

살래[סְלַי = 위로 올려진]圐

① 바벨론에서 돌아온 베냐민 사람. 예루살렘에서 살았다(느11:8).

② 스룹바벨과 함께 바벨론 포로에서 귀국한 제사장 살래 가족의 족장(느12:20). 살루와 같은 사람(느12:7).

살레겟(문)[שַׁלֶּכֶת = 떨어짐, 버려진]圂(대상26:16) 예루살렘 성전의 서편 돌담에서 큰 길로 통하는 문. 성전의 쓰레기를 내가는 곳.

살렘[שָׁלֵם = 평화]圂

① 멜기세덱이 제사장과 왕으로 있은 도성. 예루살렘의 고대 명칭으로 여긴다(창14:18, 히7:1).

② 세례 요한이 세례 베풀었던 곳으로 애논에서 가까운 요단 서쪽 땅이다(요1:28, 3:23, 26, 10:40). 나볼러스 동쪽 살림(salim)이라고 말하는 사람도 있다.

살렘왕[שָׁלֵם = 평화]圐(창14:18) 멜기세덱. 왕과 제사장을 겸한 사

살려주다

람. 아브라함이 그돌라오멜과 함께한 왕들을 쳐서 이기고 돌아올 때 아브라함을 영접하고 축복하였다. 예수님을 예표하는 사람이다(히7:1-2).

살려주다[save]탄(수2:13) 죽게 된 사람을 용서하거나 구해 주다.

살로메[Σαλώμη=평화]인

① 예수님을 따르던 여인 중 한 사람(막15:40). ①예수님의 십자가 수난 현장을 지켜 보았으며 예수님이 부활하신 아침 일찌기 무덤을 찾아갔다(막16:1). ②세베대의 아내이며 야고보와 요한의 어머니라고 생각된다(마27:56).

② 헤로디아의 딸로 헤롯왕의 생일 축하를 위한 연회석상에서 춤을 추어 헤롯왕의 마음을 기쁘게 하였으며 그 값으로 세례 요한의 목을 베어달라고 하여 요한이 그때 죽었다(마14장). 그는 헤롯왕의 동생 헤롯 빌립의 딸이다.

살루[סַלּוּא=경멸, 올라감]인

① 베냐민 지파 므술람의 아들(대상9:7, 느11:7). 바벨론에서 귀국한 사람.

② 스룹바벨과 함께 바벨론에서 귀국한 제사장, 족장(느12:7). 살래라고도 함(느12:20).

살루[סָלוּא=높이 올려짐]인(민25:14) 미디안 여자 고스비와 결혼했기 때문에 그와 함께 죽임을 당한 시므리의 아버지.

살론[שַׁלּוּן=보람]인(느3:15) 미스바 지역을 다스린 골호새의 아들. 예루살렘 샘문과 셀라 못가 성벽을 수리했다.

살룸[שַׁלּוּם=보응]인

① 야베스의 아들. 이스라엘의 스가랴왕을 암살하고 왕위에 올랐다. 1개월만에 므나헴에게 살해 당했다(왕하15:10, 13-15).

② 납달리의 네째 아들. 빌하가 낳았다(대상7:13). 실렘과 같은 사람.

③ 유다 왕손 여라므엘사람 시스매의 아들. 여가먀의 아버지(대상2:40-41).

④ 시므온 자손 사울의 아들(대상4:25).

⑤ 유다 요시야왕의 네째아들. 아버지를 이어 왕이 되었다(대상3:15, 렘22:11). 여호아하스와 같은 사람.

⑥ 디과의 아들. 할하스의 손자. 여선지자 훌다의 남편. 요시야왕 시대 예복을 맡은 자(왕하22:14, 대하34:22).

⑦ 이스라엘 베가왕 시대 사마리아의 지도자. 유다의 포로를 돌려 보낼 것을 권면한 에브라임 사람의 유사 여히스기야의 아버지(대하28:12).

⑧ 하나멜의 아버지. 선지자 예레미야의 큰아버지(렘32:7).

⑨ 마아세야의 아버지. 예레미야시대 문지기 중 하나(렘35:4).

⑩ 포로생활에서 귀국후 에스라의 권유로 이방인 아내와 이혼한 문지기(스10:24).

⑪ 빈누이의 아들(스10:42).

⑫ 예루살렘 반 구역을 다스린 할로헤스의 아들. 딸들과 함께 예루살렘 성벽을 복원했다(느3:12).

⑬ 제사장 사독의 아들. 힐기야의 아버지. 에스라의 선조(대상6:12-13, 스7:2).

살륙[殺戮 ; 주일 살, 죽일 륙. slaughter]명(삼상4:10) 무엇을 빙자하고 사람을 마구 찔러 죽임.

＊①패전한 이스라엘 백성이 살륙당함(삼상4:10, 17). ②여호와의 궤를 들여다 본 벳세메스 사람 5만 70명이 살륙당했다(삼상6:19). ③요나단이 블레셋을 살륙함(삼상14:30). ④모압과 암몬의 상호 살륙(대하20:23). ⑤아람왕과 이스라엘왕 베가가 유다를 쳐서 살륙함(대하28:5-9). ⑥포로 귀환 때 유다인을 살륙하려는 대적이 서 있었다(느4:11). ⑦도살, 푸주, 도수장, 도륙 등으로 번역된 말.

살륙의 골짜기[valley of slaughter]지(렘7:32) 바벨론군에 의한 예루살렘의 비참한 모습을 나타내는데 인용된 말. 예루살렘 남쪽 힌놈의 아들의 골짜기에 붙인 이름. 우상에게 제사를 드리던 장소가 이로 인하여 살륙장이 되어 시체로 채워질 것을 묘사했다(렘19:6).

살륙 죄[殺戮罪；죽일 살, 죽일 륙, 허물 죄. sin of slaughter]명(호5:2) 사람을 마구 찔러 죽인 죄.

살르가[סַלְכָה = 방랑]지(신3:10) 바산의 동쪽에 있던 옥의 성읍. 후에 갓 사람의 기업으로 북쪽 경계가 되었다(수13:11, 대상5:11).

살리다[save, alive]사동(창12:12) ①죽게된 것을 살게 하다. restore to life. ②생활 방도를 강구하여 목숨을 유지하게 하다. maintain.

살리사[שָׁלִשָׁה =제국의 땅]지(삼상9:14) 기스가 나귀를 잃고 그 아들 사울이 이곳까지 찾아갔으나 찾지 못한 곳.

살림[livelihood]명(눅15:12) 한 집을 꾸리고 살아가는 일. 그 형편.

살마[שַׂלְמָא = 강한]인
① 유다지파 사람 보아스의 아버지(대상2:11). 모압사람 룻의 시아버지(룻4:21, 마1:4, 5).
② 훌의 아들이며 갈렙의 손자(대상2:50-51).

살만[שַׁלְמַן = 우상]인(호10:14) 납달리 지파의 성읍. 벳아벨을 훼파한 사람의 이름. 살만에셀이란 이름을 줄인 동일인이라는 주장과 호세아 시대의 모압왕 살만과 동일인이란 두가지 주장이 있다.

살만에셀[שַׁלְמַנְאֶסֶר = 살만신(神)이 제일]인(왕하17:3) 성경과 관련된 앗수르왕은 살만에셀 Ⅲ세와 Ⅴ세 두 사람이다.
① 살만에셀 Ⅲ세(주전859-824). 구약에 그 이름은 기록되지 않았으나 다른 기록에는 주전 853년 칼칼에서 아합왕과 그의 동맹군인 다메섹의 벤하닷의 군대와 싸웠다. 이때는 하는 수 없이 퇴군하였으나 주전814년 수리아를 공격했을 때 예후가 조공을 바쳤다(리므룻에서 발견된 비석에 예후의 조공내용이 새겨져 있다. 살만에셀이 다메섹 왕 하사엘을 공격한 기록도 있다).

예후가 조공을 바치고 있다.

② 살만에셀 Ⅴ세(주전727-722). 북왕국 이스라엘을 멸망시킨 왕. 북왕국의 마지막 왕 호세아가 처음에는 살만에셀에게 조공을 바쳤으나 애굽왕과 동맹하고 앗수르를 배반하였다. 살만에셀은 이스라엘의 수도 사마리아를 3년동안 포위하고 호세아왕과 백성들을 사로잡아 갔다(왕하17:3-6, 18:9-11).

살매[שַׁלְמַי = 보답자]인(느7:48) 느디님 사람의 조상 중 한 사람. 살플대와 같은 사람(스2:46).

살모나[צַלְמֹנָה = 그늘진]지(민33:41) 이스라엘 백성이 출애굽하여 아라바에서 머물었던 곳.

살모네[Σαλμώνη = 흘러간다]지(행27:7) 지중해 동북 끝에 있는 곳(串, 岬). 지금은 시데로스 곶이라고 한다. 바울이 로마로 갈 때에 강한 서북풍을 만나 고생한 곳. 방향을 남서로 돌려 계속 항해했다.

살몬[שַׂלְמוֹן =그늘진]인
① ①나손의 아들. 여리고의 기생 라합과 결혼하여 보아스를 낳았다(룻4:20). ②예수님의 계보에 있는 사람(마1:4-5, 눅3:32).
② 다윗의 30용사 중 하나인 아호아 사람(삼하23:28). 일래와 같은 사람(대상11:29).

살몬[צַלְמוֹן =그늘진, 어두운]지(시68:14) 요단강 동편 눈이 덮힌 산. 숲이 무성한 산. 바산의 최고봉을 가리키는 듯하다.

살몬산[צַלְמוֹן =그늘진 산]지(삿9:48) 아비멜렉이 성을 불사르기 위해 나무를 모았던 세겜부근 삼림이 우거진 산.

살문나[צַלְמֻנָּע = 보호를 배척함]인(삿8:5-21) 기드온에게 잡혀죽은 미디안의 왕.
살스김[מַלְכִּישׁוּעַ =흑인 노예의 왕] 인(렘39:3) 느부갓네살 군대의 환관장.
살인[殺人 ; 죽일 살, 사람 인. homicide]명(출20:13) 사람을 죽임. ①마음에서 나온다(마15:19). ②분노의 결과이다(마5:21-22). ③영생이 있지 않는다(요일3:15). ④하나님을 알지 못해서 생긴다(호3:1, 2).

1. 예 - ①최초의 살인(창4:8). ②아비멜렉의 살인(삿9:5). ③도엑이 제사장을 살해(삼상22:18). ④압살롬이 형을 죽임(삼하13:28). ⑤이세벨의 살인(왕상21:13). ⑥헤롯의 영아 살해(마2:16).
2. 규례 - ①계명으로 금지 되었다(출21:15). ②피는 피로 속함(민35:31-). ③요압의 보응(왕상2:28-). ④과실치사와 도피성(민35:11, 신19:5). ⑤흉악한 범죄임(눅23:19, 25, 계9:21). ⑥미워하는것도 살인죄와 같다(요일3:15) ⑦살인자는 영생에 들어가지 못한다(마5:21-22, 요일3:15). ⑧육신의 일(갈5:19).
3. 과실살인 - ①원한이 없는 돌발적인 싸움에서(민35:22). ②무의식중 던진 돌에 맞아 죽음(민35:22-23). ③자루가 빠져 날라간 도끼날에 맞아 죽음(신19:5). ④난간이 없는 지붕에서 추락사(신22:8). ⑤주인이 모르는 사이 소가 받아 죽임(출21:28-32). ⑥도둑을 밤에 죽인 경우(출22:2). ⑦전쟁 중의 적. 침략자에 대한 스스로 지킬 권리(삼하2:18-23, 출17:8-16, 삿6:33-40). ⑧정당방위(에9:1-10, 삼하2:19-23).

살인자[殺人者 ; 죽일(없앨) 살, 사람 인, 놈 자. murderer]명(민31:9). 무기를 가지고(민35:16-18), 의도적으로(민35:15) 사람을 죽인 자. 마귀는 살인자이다.

*①하나님의 형상을 파괴했기 때문에 죽어야 한다(창9:6). ②사형권은 정부가 갖는다(민35:33, 요19:10, 롬13:1-4). ③공동정범(행7:52, 5:28). ④사단(요8:44). ⑤증오하는 자(요일3:15, 마5:21). ⑥영원한 나라에 갈 수 없다(갈5:20, 계21:8).

살인죄[殺人罪 ; 죽일 살, 사람 인, 허물 죄. murder sin]명(민35:31) 사람을 죽인 죄.

살쩍[temple]명(삿4:22) 관자놀이와 귀 사이에 난 털. 무엇을 씹으면 근육이 움직이는 곳. 야빈의 군대장관 시스라가 야엘에게 이 살쩍에 말뚝이 박혀 죽었다(삿4:10-24).

살지다[fat]형(창41:2) ①몸에 살이 많다. ②땅이 기름지다.

살찌다[grow fat]자(시119:70) 몸에 살이 오르다.

살창[~窓 ; 창 창. lattice]명(삿5:28) 나무를 좁고 가늘게 만들거나 쇠를 여러개 박아서 만든 창문. 건물 바깥 벽에 난 창, 사람이 밖을 내다볼 수 있을 정도의 창.

살피다[watch]타(출1:16) 자세히 알아보다. 깊게 생각하다.
*①자기(삿5:16). ②마음(시139:1, 23). ③양심(잠20:27). ④성경(요5:39). ⑤죄(욥14:16). ⑥병(레13:51). ⑦안부(삼상17:18). ⑧의양(삼상20:12). ⑨사정(삼상24:15). ⑩적진(삼하11:6). ⑪인생길(욥13:27). ⑫역사(스4:15). ⑬완전한 사람(시37:37). ⑭종적(시56:6). ⑮속 마음(잠20:27). ⑯양떼의 형편(잠27:23). ⑰모든 일(전1:13). ⑱지혜와 명철(전7:25). ⑲아래의 땅(사51:6). ⑳제물(겔21:21). ㉑거치게 하는 자(롬16:17).

살해[殺害 ; 죽일 살, 해할 해. murder]명(에8:7) 남의 목숨을 죽임. →살인, 살인자.

삶[living]명(신5:33) ①사는 일. 살아있는 일. life. ②살아가는 일. 날마다의 생활.
*①인생의 삶(창43:7, 27-28). ②영적인 삶(눅15:24, 32). ③부활

의 삶(고전15:22). ④불신자의 삶(민6:33, 마25:30,46).

삶다〔seethe〕타(출12:9) ①물에 넣고 끓이다. boil. ②달래거나 꾀어서 반대하던 사람을 고분 고분하게 만들다. appease.

*환란을 뜻한다(욥30:27).

삼〔flax〕명(출9:31) 의복이나 실을 만드는 삼과의 1년생 식물. 대마. 아마. 모시. 황마. 밧줄도 만든다(겔46:3).

삼가〔respectfully〕부(창24:6) 조심스럽게.

삼가다〔be cautious, beware〕자 타(출10:10) ①매사를 조심성있게 경계하다. ②겸손한 태도로. respect.

***삼가할 것** - ①거짓선지자(마7:15). ②탐심(눅12:15). ③독주(삿13:4). ④개들(빌3:2). ⑤악한 사람(마10:17). ⑥행실(잠19:16). ⑦자신(신4:9). ⑧이웃(렘9:4). ⑨악한 생각(신15:9). ⑩여호와를 버리지 않도록(신8:11). ⑪지켜야 할 것(갈4:10). ⑫떨어질까(벧후3:17). ⑬양떼를 위하여(행20:28).

삼갈〔שַׁמְגַּר =술따르는 사람, 신이 주셨다〕인(삿3:31) ①이스라엘의 사사로서 블레셋 사람과의 싸움에서 소 채찍을 사용하여 블레셋 사람 600명을 죽이고 이스라엘을 구하였다. ②드보라의 노래 내용에는 이스라엘이 삼갈의 때에 소로(작은 길, 뒷길)로 다녔다고 했다. 블레렛 사람을 두려워 했기 때문이다(삿5:6).

삼갈 르보〔סַמְגַּר נְבוֹ =느보의 검(복 주소서)〕인(렘39:3) 유다왕 시드기야 9년 10월 싸움에 참전한 느부갓네살 군대의 한 방백. 예루살렘을 함락할 때 중문에 앉은 사람(렘39:3).

삼격일신〔三格一神=삼위일체. trinity〕명(마28:19, 눅3:21-22) 아버지와 아들과 성령이 각각 세 신격으로 영원토록 하나의 실재(實在)로서 존재한다는 성경에 근거한 복음주의 학설. 세 신격이 한 하나님이시다. →삼위일체.

삼겹줄〔threefold cord〕명(전4:12) 세 올로 꼰 줄. 튼튼한 줄. 하나보다 둘, 둘보다 셋이 강한 것을 나타내는 말.

삼경〔三更 ; 석 삼, 시각 경. third watch, midnight〕명(눅12:38) 하룻밤을 오경으로 나눈 세째. 밤 11시부터 오전 1시까지의 사이.

삼관〔三館 ; 석 삼, 집 관. three taverns〕지(행28:15) 로마로 가는 압비아 가도(街道)에 있은 세 휴게소. 바울이 로마로 갈 때 로마에 있는 형제들이 나와 바울을 영접한 곳. 역촌, 주막, 사관(여관)이 있은 곳.

삼다〔make a something of a person〕타(창6:2) ①자기와 어떤 관계를 맺게 하다. ②무엇이 되게 하다. use~as.

삼대〔三代 ; 석 삼, 이을 대. three generations〕명(창50:23) 자기부터 손자까지.

삼라〔שַׂמְלָה =옷〕인(창36:36, 대상1:47) 에돔의 다섯번째 왕 이름. 사물라와 같은 사람(대상1:47).

삼림〔森林 ; 수풀 삼, 수풀 림. wood, froest〕명(신19:5) 나무가 울창한 숲. ①은신처(삼상22:5, 수17:5). ②싸움터(삼하18:6-8, 17). ③건축자재(목재) 공급원(왕상7:2).

삼마〔שַׁמָּא=장식, 명성〕인

1 이삭의 아들 에서와 이스마엘의 딸 바스맛 사이에서 태어난 르우엘의 아들(창36:13, 대상1:37).

2 이새의 세째 아들. 다윗왕의 형. 요나단의 아버지. ①사무엘이 왕을 택하려고 할 때 뽑히지 않았다(삼상16:9-13, 17:3). ②시므아라고도 한다(대상2:13). ③블레셋과의 싸움에 참가하였다(삼상17:13). ④아들 요나단이 가드 거인을 죽였다(삼하21:20-21).

3 하랄사람으로 하게의 아들(삼하23:11). 다윗의 30용사 중 한 사람. 요나단의 아버지(삼하23:32).

ㅅ

아들도 다윗의 30용사 중 하나.

④ 하룻 사람. 다윗의 30용사 중 한 사람(삼하23:25). 삼못과 같은 사람(대상11:27). 대상27:7에는 이스라사람 삼훗이라 하였다.

삼매[שַׁמַּי = 황폐한]인

① 유다지파 여라므엘의 후손. 오남의 아들. 나답과 아비술의 아버지(대상2:28, 32).

② 유다지파 갈렙자손 레겜의 아들(대상2:44-45).

③ 유다지파 이스마 사람 에스라의 손자. 바로의 딸 비디아가 낳은 메렛의 아들(대상4:17).

삼못[שַׁמּוֹת]인(대상11:27) 하룻 사람으로 다윗의 30용사 중 한 사람. 삼훗(대상27:8), 삼마(삼하23:25)와 같은 사람.

삼무아[שַׁמּוּעַ = 명성]인

① 삭굴의 아들(민13:4). 가나안을 정탐하러 간 12명 중 르우벤 지파의 대표자.

② 예루살렘에서 밧세바가 다윗에게 낳아준 아들. 시므아와 같은 사람(삼하5:14, 대상3:5).

③ 레위사람 여두둔의 자손 압다의 아버지. 갈랄의 아들(느11:17). 스마야와 같은 사람(대상9:16).

④ 대제사장 요야김 때의 한 제사장. 빌가의 아들로 그 일족의 족장(느12:18).

삼사대〔三四代 ; 석 삼, 넉 사, 이을 대, third and fourth generation〕명 (출20:5) 조상의 죄를 이어받는 대수. 할아버지로부터 손자까지.

삼성〔參星 ; 석 삼, 별 성. orion〕명 (욥9:9) 오리온 자리에 있는 별. 삼형제 별이라고도 부른다. 욥38:31에는 띠가 있는 별로 묘사했다. 하나님께서 오묘하게 창조하셨다(암5:8).

삼손[שִׁמְשׁוֹן = 태양의 사람]인

1. **인적관계** - ①마노아의 아들(삿13:1-23). ②사사기 마지막 사사.

2. **관련기사** - ①출생 전에 천사가 그의 모친에게 생산할 것을 예고하는 동시에 태모는 독주를 마시지 말고 출생하는 아이의 머리에 삭도를 대지 말 것을 부탁하였다. 이 아이가 자라서 이스라엘을 블레셋의 손에서 구원하겠다고 하였다(삿13:2-5). ②마노아의 아내가 이 사실을 남편에게 알림(삿13:6-7). ③마노아와 그의 아내가 하나님의 사자를 만남(삿13:8-23). ④삼손의 출생과 처음 성령감동(삿13:24-25). ⑤삼손이 블레셋 여자를 아내로 삼기 위하여 부모에게 청함(삿14:1-4). ⑥삼손이 사자를 죽임과 시체에서 꿀을 얻음(삿14:5-9). ⑦삼손이 결혼피로연 때 낸 수수께끼, 그의 아내의 배신(삿14:10-18). ⑧삼손의 분노, 약속을 지키고 아내를 떠남(삿14:19-20). ⑨삼손이 아내를 빼앗기자 블레셋 사람의 밭을 불사름(삿15:1-5). ⑩삼손이 블레셋 사람들을 죽임(삿15:6-8). ⑪삼손이 동족에게 결박을 당하여 블레셋에 넘겨짐(삿15:9-13). ⑫삼손이 결박을 끊고 나귀 턱뼈로 천명을 죽임(삿15:14-16). ⑬삼손이 목말라 기도함으로 물을 마시게 됨(삿15:17-19). ⑭삼손이 가자의 기생 들릴라를 찾아가 위기를 당함(삿16:1-3) ⑮삼손이 들릴라에게 속아 머리를 깎이우고 블레셋에 잡힘(삿16:4-22). ⑯구경거리가 된 삼손, 삼손의 최후(삿16:23-31). ⑰삼손이 최후에 죽인 자가 활동 기간에 죽인 자보다 많았다(삿16:30) ⑱삼손은 20년동안 사사로 일했다(삿15:20). ⑲히브리

서 기자는 그를 믿음의 사람이라고 했다(히11:32).

삼숨밈[מְזֻמִּים = 소음을 내는 족속들]명(신2:20) 거인들이 사는 나라의 민족 이름. 고대 암몬에서 모세 이전에 살고 있었던 민족. 암몬사람이 정복한 후에 부른 이름이다.

삼스레[שִׁמְשְׁרַי = 영웅, 용맹]명(대상8:26, 28) 베냐민지파 여로함의 큰 아들. 족장이며 두목이다.

삼시[三時; 석 삼, 때 시]명(마20:3) 오전 9시.

삼실[string of tow]명(삿16:9) 삼으로 된 실. 들릴라가 삼손을 묶는데 사용한 실.

삼야[三夜; 석 삼, 밤 야. three nights]명(욘1:17) 세 밤. 3일 밤. 요나가 고기 뱃속에 있은 기간.

삼 오라기[string of tow]명(사1:31) 삼의 토막.

삼위일체[三位一體; 석 삼, 자리 위, 하나 일, 몸 체. Trinity]명 성부, 성자, 성령이 한 하나님이란 교리. 삼격일신(三格一神)과 같음. 기독교의 신관을 나타내며 하나님의 본성을 가리킨다. ①창조사역에서(창1:1-3,26, 요1:1-3). ②송영 삼창(사6:3, 계4:8)을 하나님의 세 신격을 찬양하는 것으로 보는 이가 있다. ③그리스도 강생의 상황(눅1:35). ④예수님 세례시의 정황을 보아서(마3:16-17). ⑤예수님께서 보혜사 성령을 보내시겠다고 약속하신 내용을 보아서(요14:16-17). ⑥주께서 제자들을 파송하실 때의 말씀을 보아서(마28:19). ⑦성도를 예택, 성결 구원하시는 하나님의 사역을 보아서(벧전1:2). ⑧축도사(고후13:13) 등을 보아 삼위일체(삼격일신) 교리를 말한다.

삼일삼야[三日三夜; 석 삼, 날 일, 석 삼, 밤 야. three day and three nights]명(욘1:17) 밤과 낮 사흘. 삼주야(三晝夜) 요나가 고기 뱃속에 있은 기간. 예수님이 장사되어 무덤에 있은 기간.

삼줄[line of flax]명(겔40:3) 삼으로 꼰 줄.

삼촌[三寸; 석 삼, 마디 촌. uncle]명(레25:49) 아버지의 형제를 일컫는 말.

삼층[三層; 석 삼, 층 층. third floor]명(창6:16) 위로 세째 층.

삼층루[三層樓; 석 삼, 층 층, 다락 루. third floor]명(행20:9) 3층 다락. 위로 세 층.

삼키다[gulp down]타(창41:7) ①목구멍을 넘기다. ②감추어 자기의 소유물로 만들다. embezzle.

삼현금[三絃琴; 석 삼, 줄 현, 거문고 금. trigon. sackbut]명(단3:5) 줄 셋을 메고 만든 거문고. 줄은 짧고 고음을 내는 악기.

삼홋[שִׁמְחוֹת]인(대상27:8) 이스라 사람 다윗의 군대 5월 지휘관. 사무엘하 23:25의 삼마. 대상11:27의 삼못과 같은 사람으로 여긴다.

삽[挿; 가래 삽. mattock]명(신23:13) 땅을 파고 흙을 떠 내는데 쓰는 연장. 쇠 날에 나무 자루가 달려 있다. 애굽의 삽은 목재가 주종이었다. 블레셋 철공에 의해 만들었다(삼상13:20-21). 보습으로 번역된 말(사2:4).

삽[סַף = 문지방]명(삼하21:18) 몸집이 장대한 블레셋 군인. 곱전쟁에서 십브개에게 피살되었다. 십배라고도 함(대상20:4).

삽다[סַבְתָּא]인(창10:7, 대상1:9) 함의 손자. 구스의 세째 아들.

삽드가[סַבְתְּכָא]인(창10:7) 구스의 아들. 함의 손자. 남 아라비아 거주자.

삽디[זַבְדִּי = 여호와의 선물]인

1 유다지파 아간의 할아버지. 세라족의 가장(수7:1, 17). 시므리와 같은 사람(대상2:6).

2 베냐민 지파 세마의 아들(대상8:19).

3 스바사람. 다윗왕의 포도주 창고 관리자(대상27:2).

4 레위지파 아삽의 아들. 미가의 아버지. 그 가족(느11:17).

삽디엘[שַׁבְּתִיאֵל] = 하나님의 선물(은사)]인

1 유다지파 베레스의 자손 중 다윗의 군대 정월 지휘관 야소보암의 아버지(대상27:2).

2 느헤미야시대 바벨론에서 귀국한 하그돌림의 아들. 성전감독 중 한 사람(느11:14).

삽배[שַׁבַּי] = 은사, 순결]인

1 배배의 자손. 에스라의 권고에 따라 이방인 아내와 이혼한 사람(스10:28).

2 성벽 수리 공사를 한 바룩의 아버지(느3:20).

삽브대[שַׁבְּתַי] = 안식일에 태어난]인 (스10:15) 바벨론 포로에서 귀국한 백성에게 율법을 가르쳐 준 레위 방백이며 바깥 일을 다스리는 유사(有司)였다(느8:7, 11:16).

삽비라[Σάπφιρα 아름다운, 즐거움]인](행5:7-11) 예루살렘 교회 신도 아나니아의 아내. 토지를 팔아서 하나님께 드리겠다던 약속을 어기고 거짓말을 하다가 죽은 사람. 성령에 의한 형벌을 받았다.

삿두[שַׁתּוּ] = 귀여운, 즐거운]인](스2:8) 바벨론포로에서 귀국한족장. 율법 엄수에 서명하고 이방인 아내와 이혼한 사람(느10:14, 스10:27).

상[上 ; 윗 상. upside]명](창6:16) ①위. 상부. ②가장 잘함. 가장 빼어나다. first class.

상[床 ; 평상 상. table]명](출25:23) 소반. 책상. 평상 등 상의 총칭. 하나님께서 베푸시는 잔치를 상(床)이라고 표현함. ①음식을 차려놓는 성막과 성전의 상을 말한다(겔41:22, 히9:2, 왕상7:48). 목재에 금을 입혔다. ②식탁(삼하9:7, 마15:27). ③침상(왕하4:10). ④이방신전의 상(사65:11). ⑤자리로 번역된 말(막2:4, 행9:33).

상[賞 ; 상줄 상. reward, prize]명](룻2:12) 잘한 일을 칭찬하며 기리기 위하여 주는 표적.

＊①하나님이 상이시다(창15:1, 시19:11). ②하나님이 주시는 상(마6:24, 계22:12). ③왕이 주는 상(삼하19:36). ④축하연 때 베푼 상(에2:18). ⑤보답으로 주는 상(잠11:18).⑥수고의댓가(전4:9). ⑦경기 주자가 받는 상(빌3:14). ⑧하나님이주시는칭찬(계11:18). ⑨그리스도께서 상을 가지고 재림하신다(계2:23). ⑩유업으로 받는 상(골3:24).⑪선지자의상(마10:41). ⑫하늘의 큰 상(눅6:23). ⑬일한대로 받는 상(고전3:8). ⑭주의 부름의 상(빌3:14). ⑮온전한 상(요이 8). ⑯주의 이름을 경외하는 자의 상(계11:18). ⑰주께서 주실 상을 가지셨다(계22:12).

상[像 ; 형상 상. figure, image]명](출34:13) 광선의 반사 굴절로 인해 생기는 물체의 형상.

상가[喪家 ; 복입을 상, 집 가. house of mourning, lament]명](렘16:5) ①초상난 집. ②상제의 집. house of mourner.

상거[相距 ; 서로 상, 떨어질 거. distance, space]명](창32:16) 서로 떨어진 거리.

상고[商賈 ; 장사 상, 장사고. trader, merchant]명](창23:16) 장사를 하는 사람. 장수. 상인. 여기 저기 오가는 자, 무역업자를 가리킨다.

상고[上古 ; 위 상, 옛 고. ancient times, beginning]명](왕하19:25) ①오랜 옛날. ②역사의 시대구분의 한 가지.

상고[詳考 ; 상세할 상, 상고할 고. ask, carefulconsideration]명](신4:32) 자세히 참고함. 자세하게 검토함.

상관[上官 ; 위 상, 벼슬 관. magistrates]명](행16:20) 높은 자리의 관리. 행정관.

상관[相關 ; 서로 상, 관계할 관. correlation, part]명](창19:5)①서로 관련을 가짐..②남의 일에 간섭함. involvement.

상급[賞給 ; 상줄(칭찬할) 상, 줄 급. awarding a prize, reward]명](창

15:1) 상으로 줌. 또는 그 물건.
*하나님께서 주시는 상급 - ①하나님(창15:1). ②자녀(시127:3). ③의의 면류관(딤후4:8). ④생명의 면류관(약1:12). ⑤영광의 면류관(벧전5:4).
상납[上納 ; 위 상, 드릴 납. payment to the authorities]명(창47:24) ①조세 따위를 바치던 일. ②하급자가 상급자에게 부정한 재물을 바침.
상납[上臘 ; 위 상, 백랍 랍. tin]명(민31:22) 금속 원소의 하나. 은백색 광택이 있고 도금 및 합금에 씀. 주석.
*①두로의 교역품(겔27:12). ②부정을 제거해야 한다는 형용사적인 표현으로 사용(겔27:12).
상달[上達 ; 위(높을) 상, 통달할 달. report]명(출2:23) 웃사람에게 말이나 글로 여쭈어 알게함.
상당[相當 ; 서로 상, 마땅할(당할) 당. considerable]명(레5:15) ①어지간 함. ②제 분수에 알맞음. proper. 분 상당히.
상대[相對 ; 서로 상, 대할 대. relation]명(마18:15) ①서로 마주 봄 ②다른 것의 제한을 받아 그것과의 제한을 받아 그것과 함께 변화함. ③서로 대함. relativity.
상대편[相對便 ; 서로 상, 대할 대, 편할 편. other party, neighbor]명(출22:9) 상대가 되는편, 맞은 편.
상등[上等 ; 위 상, 무리 등. superiority]명(출30:23) 높은 등급.
상론[相論 ; 서로 상, 평할 론. conference, takecounsel]명(마22:15) 서로 의논함.
상륙[上陸 ; 위 상, 물 육. landing]명(행18:22) 배에서 내리어 육지로 올라옴.
상면[上面 ; 위 상, 낯 면. surface]명(출30:3) 위쪽의 겉 바다.
상번제[常燔祭 ; 항상 상, 구울 번, 제사 제. continual burnt offering]명(민28:3) 제단에서 계속적으로 제물을 태우는 제사. 항상 드리는 번제. 화제(火祭)라고도 한다. 제물의 일부는 제사장이 가졌다(민28:6).
상복[喪服 ; 복입을 상, 옷 복. mourning dress]명(삼하14:2) 상제로 있는 동안 입는 예복. 소복. 슬픔을 나타내는 복장. 굵은 베로 만들었다.
상사[喪事 ; 복입을 상, 일 사. mourning]명(창24:67) 초상이 난 일.
상상[想像 ; 생각할 상, 모양(형상) 상. imagenation]명(신31:21) ①미루어 생각함. ②이미 아는 사실이나 관념을 재료로 하여 새 사실, 새 관념을 만드는 작용.
상석[上席 ; 위 상, 자리 석. place of honor]명(마23:6) ①윗 되는 벼슬자리. higher seat. ②윗 자리. 상좌. top seat.
*연회에 있어서 주인의 좌우석.
상소[上疏 ; 위 상, 상소 소. petition to the throne]명(행25:26) 임금에게 글을 올림.
상속[相續 ; 서로 상, 이을 속. inheritance]명(신18:8) ①이어 받음. succession. ②유산을 계승하는 일.
*①영토계승(창15:2, 마21:38). ②기업(신4:20), 유업(잠17:2), ③산업(잠20:21)을 뜻함. ④신분 상속(마19:29, 21:43). ⑤하나님 나라(마25:34, 약2:5, 갈5:21).
상속권[相續權 ; 서로 상, 이을 속, 권세 권. right of inheritance]명(렘32:8) 상속을 받기전 상속 혹은 상속개시 후에 상속인이 상속의 효과에 대하여 가진 기득권.
상속산업[相續産業 ; 서로 상, 이을 속, 낳을 산, 업 업. patrimony]명(신18:8) 이어받은 산업. 유업(갈3:26-4:7). 기업(시105:11)등과 같은 말. ①둘째아들이 요구했다(눅15:12). ②동생이 예수님께 부탁했다(눅12:13). ③법으로 정해졌다(민27장, 신21장, 룻4:1-12).
*성도의 상속산업은 신앙이다.
상속자[相續者 ; 서로 상, 이을 속, 놈 자. heir, inheritor]명(창15:2) 상속을 받는 사람의 법률상의 호칭.

상속인.
상수리〔oak, plain〕图(창12:18)상수리 나무의 열매. 참나무 열매.
상수리나무〔oak-tree〕图(창12:6) 참나무과의 다년생 낙엽교목. 참나무.

1. 용도 - ①고대 성목(聖木), 신목(神木)으로 제의의 중심지를 이루었다(창35:4,신11:30,수24:26). ②경계표시(신11:30, 수19:33). ③유숙지(삿4:11). ④쉼터(삿6:11, 왕상13:14). ⑤자칭 왕의 취임장소(삿9:6). ⑥길 이름(삿9:37). ⑦장지(대상10:12). ⑧노를 만듦(겔6:13). ⑨우상을 섬기는 곳(겔27:6, 사57:5). ⑩행음하는 장소(호4:13).

2. 상징 - ①강하다(암2:9). ②교만하다(사2:11). ③멸망한다(슥11:2). ④수치(사1:29). ⑤폐허(사1:30). ⑥이스라엘의 회복(사6:13).

상실〔喪失;복입을 상, 잃을 실. loss〕图(롬1:28) 불행 하게도 잃어버림.
상심〔傷心;상할 상, 마음 심. grief〕图(시147:3) 마음을 상함. 걱정함.
상아〔象牙;코끼리 상, 어금니 아. ivory〕图(왕상10:18) 코끼리의 위턱에 길게 뻗은 두 개의 앞니.

*①솔로몬왕의 무역품(왕상10:22, 대하9:11). ②부와 미로 예찬되었다(아5:14,7:4).③솔로몬의 왕좌(왕상10:18). ④아합의 상아궁(왕상22:39). ⑤사치품(암3:15). ⑥상아 침대(암6:4). ⑦재산(시45:8). ⑧상을 만들었다(암6:4). ⑨갑판(겔27:6). ⑩상징적으로 술람미여인의 목에 비유(아5:14, 7:4). ⑪다시스(왕상10:22), 두로(겔27:6,15), 바벨론(계18:12)교역품.

상아궁〔象牙宮;코끼리 상, 어금니 아, 집 궁. palace decorated with ivory〕图(왕상22:39) 상아로 만든 궁전. 상아로 장식된 궁전. 아합왕의 궁전.
상아기명〔象牙器皿;코끼리 상, 어금니 아, 그릇 기, 그릇 명. article of ivory〕图(계18:12) 상아로 만든 그릇. 멸망할 바벨론의 상품. 정교하게 조각하여 만든 장식품이다.
상아상〔象牙床;코끼리 상, 어금니 아, 평상 상. beds inlaid with ivory〕图(암6:4) 상아로 만든 침대.
상약〔相約;서로 상, 약속할(얽맬) 약. engagement〕图(삿20:38) 서로 약속함.
상업〔商業;장사 상, 업 업. business, merchandise〕图(마22:5) 상품을 사고 팔아 이익을 얻는 영업.
상업차〔商業次;장사 상, 업 업, 차례 차. business〕图(마22:5) 상품을 사고 팔기 위하여 떠나는 일. 장삿길.
상여〔喪輿;복입을(초상) 상, 가마 여. bier〕图(삼하3:31) 시체를 나르는 제구.
상의〔相議;서로 상, 의논할 의. consultation〕图(삿19:30) 서로 의논함.
상자〔箱子;상자 상, 아들 자. box, basket〕图(출2:3) 나무나 대 또는 종이 따위로 만든 통. 버드나무, 갈 등으로도 만들었다. 바구니.
상전〔上典;위 상, 법 전. master, husband〕图(출21:4) 종에 대하여 주인을 이르는 말. 주(主).
상제〔喪制;복입을 상, 억제할 제.

상종[相從 ; 서로 상, 따를 종, join]명(삿18:28) 서로 서로 의좋게 지냄. association.

상좌[上座 ; 위(높을) 상, 자리 좌. best seat]명(마23:6) 높은 자리. ①잔치에서는 주인의 양 옆자리(마23:6). ②회당에서는 회중과 마주보는 장로의 자리(눅14:7). ③바리새인들이 앉기를 위한 자리(눅11:43, 20:46).

상주[喪主 ; 복입을(초상) 상, 주인 주. hithp, mourner]명(삼하14:2) 주장이 되는 상제. 죽음을 슬퍼하는 사람.

상주다[賞~ ; 상줄(칭찬할) 상. reward, prize]타(삼하22:21) 칭찬하여 상을 주다. ①여호와께서 의를 따라(삼하22:21). ②하나님을 찾는 자에게(히11:6). ③주를 위하여 능욕과 고난을 받은 자에게(히11:26). ④죽도록 충성한 자에게(계2:10) 주신다.

상직군[上直軍 ; 위 상, 곧을 직, 군사 군. watchman]명(욥27:18) 당직을 맡아 하는 사람. 지키는 사람.

상직막[上直幕 ; 위 상, 곧을 직. 천막 막. cottage, lodge]명(사1:8) 농작물을 지키기 위하여 만든 막. 원두막. 주거와 떨어져 있는 것으로 황폐할 예루살렘의 모습을 표현한 말(사1:8). 침망과 같은 원어(사24:20).

상책[上策 ; 위 상, 꾀 책. best plan]명(삼상27:1) 제일 좋은 꾀. 상수(上數).

상처[傷處 ; 상할 상, 곳 처. wound]명(왕상22:35) 다친 자리. 흉터.

상천하지[上天下地 ; 위 상, 하늘 천, 아래 하, 땅 지. in heaven and on earth]명(신4:39) 온 천지.

상층[上層 ; 위 상, 층 층. up-stair]명(겔42:5) 윗 층.

상쾌[爽快 ; 시원할 상, 쾌활할 쾌. refreshingness]명(삼상16:23) 기분이 시원하고 매우 거뜬함.

상태[狀態 ; 모양 상, 태도 태. condition]명(행26:4) 현재의 모양이나 되어 있는 형편.

상품[商品 ; 장사 상, 물건 품. wares, cargo]명(욥41:6) 팔고 사는 물건. 생산자가 소비자에게 판매할 목적으로 내어놓은 물건들. ①물품(겔27:17). ②무역(겔27:9). ③무역품(겔27:33-34)과 같은 말. ④짐(행21:3)으로 번역된 말. ⑤취부의 수단인 화물(짐)(계18:19).

상품물[上品物 ; 위(높을) 상, 물건 품, 만물 물. the best goods]명(신33:15) 제일 좋은 물건.

상하다[傷~ ; 상할 상. bruised, hurt]자타(창3:15) 다치거나 헐어지거나 깨어지거나 썩다. ①꺾어진 이삭(레2:14, 삼하17:19). ②상한 갈대 애굽(왕하18:21). ③사단이 예수님의 발꿈치를 상하게 함(창3:15). ④예수님께서 상함으로 구원을 성취하셨다(사53:5, 눅4:18). ⑤하나님께서 보살피시는 사람(사42:3, 마12:20). 하나님께서 사단을 상하게 하신다(롬16:20).

상한[傷寒 ; 상할 상, 찰 한. inflammation]명(신28:22) 추위로 생기는 급한 열병. 고열병의 한가지.

상한 자[break, broken heart]인(레21:20) 상처입은 사람. 구타당한 사람. 거세된 자. 부정한 자. 더러운 자. 불경건한 자.

상합[相合 ; 서로 상, 합할 할. coincidence]명(엡4:16) 서로 맞음.

상해[傷害 ; 상할 상, 해할 해. hurt, wound]명(시35:4) 남의 몸에 상처를 내어 해롭게 함.

상황[狀況 ; 모양(형상) 상, 하물며 황. condition]명(단9:18) 형편과 모양.

새[fowl, bird]명(창1:20) 하늘을 나는 날짐승의 총칭.
*하나님의 창조물(창1:20-21). 아담이 이름을 지었다(창2:19-20).

새[new]관(창8:11) 낡지 않은. 새로운. 옛 것이 아니고 바뀌인.

새계명

새 계명[~誠命 ; 경계할 계, 명령할 명. new commandment]몡(요13:34) ①예수님께서 서로 사랑하라고 하신 명령(요13:34). ②예수님께서 제자들을 사랑하신 것과 같이 하는 것(요13:34). ③구약에서도 언급된 것(레19:18). ④이웃을 내 몸과 같이 하는 것(마19:19, 22:39). ⑤친구를 위하여 목숨을 버리기까지 하는 것(요15:13). ⑥옛 계명에 근거한 사랑(요일2:7-11). ⑦율법의 완성(마22:34-40). ⑧그리스도 안에서 가능하다(빌4:13). ⑨그리스도께서 주셨다(요13:34). ⑩요한이 썼다(요일2:8).

새기다[carve, engrave]타(출20:4) 물건의 바탕에 글·그림 또는 무슨 형상 따위를 파다.

새긴 우상[~偶像 ; 허수아비 우, 형상 상. graven image]몡(출20:4) 돌이나 나무 금속을 다듬고 파서 만든 우상. 부어 만든 우상도 있다(신27:15, 대하34:4)

새김질[rumination]몡(레11:3) 소나 양이 먹은 것을 도로 입으로 내어서 다시 잘게 씹어 삼키는 짓. 새김질 하지 않는 동물은 이교제사에 사용했다(왕하23:11, 사66:3).

새끼[young, kid]몡(창15:9) 짐승의 어린 것.

새 노래[new song]몡(시33:3) 신령한 노래(계14:3). 찬송(시40:3).

새다재(삿5:4) ①틈에서 흘러나오다. leak. ②비밀이 드러나다. be disclosed. ③밤이 가고 날이 밝아오다. dawn.

새다[dawn]타(창32;24) 밤이 다하도록.

새달[new moon]몡(삿8:21) 초생달. 초생달 모양의 목걸이 장식.

새문[newgate]몡(렘36:10) 성전문. 성전 윗뜰에 있는 문.

새벽[day spring]몡(출14:24) 밤이 거의 지나고 날이 밝을 녘. ①여호와께서 애굽군대를 어지럽게 하신 때(출14:24). ②환자가 지루한 때(욥7:4, 신28:67). ③찬미와 기도의 때(시57:8, 119:147). ④말씀에 접하는 때(느8:3). ⑤말씀을 가르치기 위하여 가는 때(행5:4). ⑥새벽기도의 시간(막1:35).

새땅[newearth]몡(사65:17) 구속받은 하나님의 백성이 거할 하늘나라(계21:1). 하나님의 지배아래 있게 되는 영원한 나라(벧후3:13. 사66:22).

새로 입교한 자[novice]구(딤전3:6) 신입교인. 초신자.

새롭다[renew, be new]형(신24:5) ①본디 새것이 그대로 있다. ②지나간 일이 다시 생각되어 마음에 새삼스럽다. fresh.

새마음[new spirit, new heart]몡(삼상10:9) 회개한 마음. 뉘우친 마음. 새롭게 된 마음. 새 영(겔36:26, 18:31) 회개한 자에게 하나님께서 주심으로 생기는 마음.

새매[hawk]몡(레11:16) 날카로운 소리를 내는 새. 매, 솔개, 독수리, 작은 올빼미, 쏙독새로 여긴다. 부정한 새. 먹지 못한다(신14:15).

새문[newgate]몡(렘36:10) 성전문. 성전 윗뜰에 있는 문.

새벽[day spring]몡(출14:24) 밤이 거의 지나고 날이 밝을 녘. ①여호와께서 애굽군대를 어지럽게 하신 때(출14:24). ②환자가 지루한 때(욥7:4, 신28:67). ③찬미와 기도의 때(시57:8, 119:147). ④말씀에 접하는 때(느8:3). ⑤말씀을 가르치기 위하여 가는 때(행5:4). ⑥새벽기도의 시간(막1:35). ⑦깨어 있어야 할 때(막13:35). ⑧룻이 보아스의 발치에 누어있은 때(룻3:14). ⑨홍해가 회복된 때(출14:27). ⑩여리고성 함락을 위하여 출발한때(수6:15). ⑪기습공격시기(삼상11:11). ⑫주님께 감사드리는때(대상23:30). ⑬살인자가 활동하기 좋은 때(욥24:14). ⑭예수님이 법정에 서신 때(요18:28, 막15:1). ⑮예수님이 부활하신 때(눅24:1, 22).
* 새벽이슬은 청년을 가리킨다(시110:3).

새벽 별[morning star]명(욥3:9) 새벽 하늘에 떠 있는 별. ①금성, 샛별. 여호와의 창조를 노래한 별. ②그리스도(계22:16). ③주께서 성도에게 주시기로 약속하신 별(계2:28).

새벽 빛[sun rises]명(호6:3) 먼동이 틀때 비취는 빛. 그리스도의 나오심을 묘사한 말.

새 부대[～負袋 ; 짐질 부, 자루 대. new ottle]명(마9:17) 쓰지 않은 자루. 새 술을 담는 용기.

새사냥군[fowler]명(렘5:26) 그물과 올가미로 새를 잡는 사람. 새를 속여서 잡는 것과 같이 속여서 모은 재산을 집에 채우는 일을 표현한 말(호9:8). 사냥군과 같은 원어(시91:3, 잠6:5).

새 사람[new man]명(엡4:24) 예수 그리스도를 믿음으로 과거를 회개하고 새로운 삶을 시작하는 사람. 참된 그리스도인. 옛 사람을 버리고 질적으로 새롭게 된 사람. 중생한 사람. 영적 소생자.

새 생명[～生命 ; 날 생, 목숨 명. newness life]명(롬6:4) 새로운 목숨. 그리스도로 말미암아 중생한 자의 생명(골3:10, 딛3:5).

새 술[new wine]명(삿9:13) 새로 빚은 술. ①그리스도의 말씀, 교훈(눅5:38). ②성령을 받은 제자들을 비난할 때 사용한 말(행2:13).

새 신[～神 ; 귀신 신. new spirit]명(신32:17) 새로 섬기게 된 신. 하나님을 버리고 택한 우상.

새 언약[～言約 ; 말씀 언, 약속할(맹세할) 약. new testament, new covenant]명(렘31:31) ①하나님께서 그리스도로 말미암아 인류를 구원하시겠다고 하신 언약(창3:15). 새 계약이라고도 할 수 있다. 이는 하나님의 일방적인 선언이다. ②그리스도의 십자가의 피로 세우신 하나님의 은혜 곧 복음이다(히13:20, 고전11:25, 눅22:20).

새 영[new spirit]명(겔36:26) 하나님께서 회개한 자에게 주시는 영. 옛 사람이 사라지고 새로운 변혁이 일어난다. 새 영은 소생의 원동력이 된다.

새예루살렘[new Jerusalem]명(계3:12) 천국. 구속받은 성도가 살 곳. 하나님이 다스리는 나라. 영원하며(히13:14) 하늘에서 내려옴(계21:2, 10).

새 이름[new name]명(사65:15) ①그리스도인이라고 일컬음(행11:26). ②천국에서의 성도의 이름(계3:12). ③하나님이 주시는 이름(사56:5). ④여호와의 입으로 정하시는 이름(사65:15).

새 일[new thing]명(민16:30) 하나님이 인류를 구속하시는 일.

새 잡는 자[fowler]명(호9:8) 나는 새를 붙드는 사람. 새 사냥군.

새 집[new house]명(신20:5) 새로 지은 집.

새 포도주[new wine]명(마9:17) 새로 짠 포도주. 상징적으로 주의 말씀. 가르침(막2:22).

새품[brier, bramble]명(사34:13) 찔레. 가시덩굴.

새 하늘[new heaven]명(사65:17) 새로 만드시는 하늘. 내세.

새 해[new year]명(창47:18) 새로 시작되는 해. 신년.

색[色 ; 빛 색. colour]5(잠6:24) 빛. 빛깔.

색욕[色慾 ; 빛 색, 욕심 욕. sexual desire, concupiscence]명(살전4:5) 남녀간의 성에 대한 욕심. 색욕

거리(유4) 사단이 취하는 행동.
색점[色點 ; 빛색, 점점. bright spot] 명(레13:2) 색이 있는 점. 피부점.
샘[spring]명(창7:11) 물이 땅에서 나오는 자리. 샘터. 우물. will. 주위의 나무를 자라게 함(창49:22).
상징적 의미 ①명철(잠16:22). ②의인의 입(잠10:11). ③축복(렘2:13). ④부패(잠25:26). ⑤거짓교훈(벧후2:17).
샘 근원[~根源 ; 뿌리(근본 밑) 근, 근원 원. into springs]명(사41:18) 샘이 흘러 나는 곳.
샘문[fountain gate]명(느2:14) 바벨론 포로에서 돌아와 세운 성벽의 한 문의 이름. 기드론 골짜기를 따라 실로암 못에 이르는 곳에 있었던 문. 골호세의 아들이 재건하였다.
샘물[spring water]명(창16:7) 우물, 솟는 물.
샛문[~門 ; 문 문. side gate]명(렘39:4) 정문 외에 따로 만든 작은 문. 다른 문.
샛별[morning star, day-star]명(벧후1:19) 새벽에 동쪽 하늘에서 찬란하게 반짝이는 별. 새벽별, 금성. 재림하실 그리스도(벧후1:19계22:16).
생[crude]접(레23:14) 아직 익거나 마르지 아니한 것을 나타내는 말.
생[生 ; 날 생. living]명(막2:21) 삶. 생명. 태어남. 죽음의 반대말.
생각[intention]명(창6:5) ①의견. ②의도. ③느낌. ④사고(思考). ⑤사상(思想). ⑥깨달음. ⑦기대. ⑧판단. ⑨상상. ⑩각오. ⑪사려.
1. **하나님의 생각** - ①사람의 생각과 다르다(사55:8-9).②성도에게 보배롭고 평안, 소망을 주심(시139:17,렘29:11). ③성도를 생각하심(시13:3). ④우리를 향하신 주의 생각이 많다(시40:5). ⑤깊으심(시92:5). ⑥사람의 생각보다 높으심(사55:9).
2. **사람의 생각** - ①하나님의 생각과 반대됨(사55:8-9, 창6:5). ②하나님이 없다고 함(시10:4). ③불안한 생각(마1:20). ④허망한 생각(마3:9). ⑤악한 생각(마9:4). ⑥모든 일(스5:19). ⑦고소할 생각(요5:45). ⑧교만(눅1:51). ⑨사악함(시56:5). ⑩두려움(창26:9).⑪주께서통촉하심(시139:2).⑫하나님이감찰하심(히4:12). ⑬하나님이 지키심(빌4:7). ⑭그리스도께 복종하게 함(고후10:5). ⑮헛것으로 아심(고전3:20).

생것[生 ; 날 생. rawness]명(시58:9). 날것. 익지 않은 것.
생과부[生寡婦 ; 날 생, 적을 과, 지어미 부. grass widow]명(삼하20:3) ①남편과 생이별한 여자. ②갓 결혼하였거나 약혼만 하였다가 배우자가 죽은 여자.
생기[生氣 ; 날 생, 기운 기. vitality]명(창2:7) 싱싱하고 힘찬 기운. 생명(겔37:5-10) ①처음 생기 - 하나님께서 사람을 흙으로 만드신 후 코에 불어 넣으셨다(창2:7). ②생기는 주장할 수 없다(전8:8). ③우상에게는 생기가 없다(렘10:14). ④사단이 일시적 주관(계14:15).
생남[生男 ; 날 생, 사내 남. delivery of a boy]명(렘20:15) 아들을 낳음. 득남.
생도[生徒 ; 날 생, 무리 도. studnt]명(왕하2:3) 학교에서 교육을 받는 사람. 선지자의 문하생을 말함.
생령[生靈 ; 날 생, 신령 령. living soul]명(창2:7) 생명(生命), 살아있는 자란 뜻. 사람에 관한 영적 존재를 나타냄.
생명[生命 ; 날 생, 목숨 명. life]명(창1:30) 목숨. 살아있는 원동력을 말함. 하나님이 창조하심. 사물의 존립, 유지의 원동력.
생명길[paths of life]명(잠2:19) 올바로 가는 길. 사는 길. ①훈계를 지키는 자의 길(잠10:17). ②위로 향한 길(잠15:24).
생명나무[生命~ ; 날 생, 목숨, 명. tree of life]명(창2:9) 에덴동산에 있었던 나무. 먹으면 영생함. 새 하늘과 새 땅(내세 천국)에 있는 나무(계2:7, 22:2, 19).
*①지혜로 비유됨(잠3:18). ②의인의 열매로 비유됨(잠11:30). ③소원이 이루는 것(잠13:12). ④온량한 혀로 비유됨(잠15:4). ⑤실과를 먹은 자는 영원히 죽지 않는다(창2:9, 3:22, 243). ⑥하나님의 낙원에 있다(계2:7). ⑦이기는 자가 그 열매를 받는다(계2:7). ⑧하늘나라 길 좌우에 있다(계22:2). ⑨성도가 나아간다(계22:14). ⑩하나님의 생명록에 기록된 나무(계22:19).

생명수(샘)[生命水 ; 날 생, 목숨 명, 물 수. springs of living water]囘 ①값없이 주는 것(시61:1, 사44:3, 55:1, 요4:10). ②보좌에 앉으신 어린양이 구원하신 성도들을 그 샘에 인도하여 눈물을 씻기시는 물 → 하나님의 은혜를 상징하며 환란에 대한 위로(시36:8-9, 렘2:13).

생명싸개[生命~ ; 날 생, 목숨 명. bundle of the living](삼상25:29) 인간의 생명을 감싸 지키는 것. 주의 품을 가리키는 말.

생명의 도[living oracles] 囘 (행7:38) 산 말씀, 예수 그리스도, 구속의 복음 진리.

생명의 주[Lord of life]囘(행3:15) 예수 그리스도. ①빛이심(요1:4). ②풍성함(요10:10). ③길, 진리, 생명(요14:6). ④유일하심(요일5:12). ⑤영원하심(롬5:21). ⑥사망을 폐하심(요일1:2).

생명책[book of life]囘(시69:28) 하나님이 정하신 구원받을 자의 이름을 기록한 책. 생명책에 기록되지 아니한 자는 구원받을 수 없다(계20:15, 21:27). 영원한 생명을 받을 자의 명부(빌4:3, 계3:5).

생물[生物 ; 날 생, 만물 물. living creature]囘(창1:20) 생명을 가지고 살아가는 모든 것. 곧 동물과 식물의 총칭. ①땅에 사는 모든 것(창7:4) ②사람(창2:7). ③동물(창1:24). ④물고기(창1:21). ⑤영물(계4:6-9, 겔1:5).

생베[生~ ; 날 생. new cloth, unbleached cloth]囘(마9:16) 빨지 아니한 베, 생포(生布). 원단.

생산[生産 ; 날 생, 낳을 산. bearing]囘(창16:1) ①아이를 낳음. bear (출산 - 창4:1, 창29:35). ②물건을 만들어 냄. industry. ③땅의 소산(시67:6). ④영적 결실(막4:8, 히12:11).

생선[生鮮 ; 날 생, 생선 선. fish]囘(민11:5) 말리거나 절이지 않은 잡은 그대로의 물고기. 고기로 번역된 곳도 있다(요6:11).

생선문[生鮮門 ; 날 생, 생선 선, 문 문. Fish Gate]囘(대하33:14) 예루살렘 둘째구역 성곽 북쪽에 난 문의 이름. 갈릴리의 고기장사의 출입문. ①어문(느3:3, 습1:10). ②중문(렘39:3)과 같은 문.

생소[生疏 ; 날 생, 트일 소, 生疎 ; 날생, 성길소. know not, stammer]囘(사28:11) ①친하지 못함. unfamiliarty. ②서투름. unskillfulness.

생수[生水 ; 날 생, 물 수. living water]囘(아4:15) 샘 구멍에서 나오는 물. 생명수. ①근원 - 하나님(렘2:13, 17:13). ②발원 - 성전(겔47:1, 욜3:18). ③솟는 곳 - 예루살렘(슥14:8). ④마르지 않음(계7:17). ⑤강같이 흐름(요4:14, 7:38).

생시[生時 ; 날 생, 때 시]囘(시49:18) ①태어난 시간. birth hour. ②잠자지 않는 동안. waking hours. ③살아있는 동안. life time.

생업[生業 ; 날 (삶) 생, 업 업. occupation]囘(창47:3) 살아가기 위한 직업. 생활수단으로서의 일. 업으로 쓰인 곳도 있다(창46:33).

생육[生育 ; 날 생, 기를 육. bringing up]囘(창1:22) 낳아서 기름.

생의 바퀴[生~ ; 삶 생. wheel of birth](약3:6) 인생의 전생애를 일컫는 말. 출생, 생존을 말함.

생일[生日 ; 날 생, 날 일. birthday]명(욥1:4) 태어난 날 또는 해마다 그 달의 그 날. 생신이라고도 함. ①잔치를 함(창40:20, 막6:21) ②저주하게 된 날(욥3:1, 렘20:14).

생장[生長 ; 날 생, 길 장. growth, be born]명(창17:23) 나서 자람.

생전[生前 ; 날 생, 앞 전. life time]명(창25:6) 살아 있는 동안. 죽기 전. 일생.

생존[生存 ; 날 생, 있을 존. existance the living]명(창43:27) 살아 있음. 생의 바퀴.

생존세계[生存世界 ; 날 생, 있을 존, 인간 세, 지경 계. this world]명(사38:11) 살아있는 이 세상.

생질[甥姪 ; 생질 생, 조카 질. nephew]명(창29:12) 누이의 아들. ①야곱은 라반의 생질(창29:13). ②마가는 바나바의 생질(골4:10). ③바울의 생질(행23:16).

생축[牲畜 ; 희생 생, 기를(가축) 축. cattle, beast]명(창34:23) 집에서 기르는 동물. 가축으로 제물로 쓰이는 것을 가리킴. 하나님이 그 종류대로 만드셨다(창2:24).

생포도[生葡萄 ; 날 생, 포도 포, 포도 도. grape]명(민6:3) 말리거나 즙을 짜지 않은 포도.

생활[生活 ; 날 생, 살 활. living]명(창27:40) 살아 나감. 살림을 함. livelihood.

성도의 생활 - ①이방인의 풍습을 버림(레18:3, 20:23). ②육신의 소욕을 버림(갈5:16-21). ③기도생활(마6:9). ④신실한 생활(행20:18). ⑥모범적 생활(마5:7, 눅11:33). ⑦믿음으로 삶(롬1:17). ⑧선행(갈6:9). ⑨봉사(행6:1-6).

생활비[生活費 ; 날 생, 살 활, 허비할 비. living expenses]명(막12:44) 생활에 필요한 모든 비용.

생황[笙簧 ; 생황 생, 피리 황. bagpipe, dulcimer]명(단3:5) 바벨론의 관악기. 17개의 가는 관을 세워 놓고 나무통 옆에 붙은 구멍으로 입김을 불어 넣어 소리를 냄.

서[西 ; 서녘 서. west]명(창12:8) 서쪽. 동쪽의 반대쪽. 뒷쪽(후방)을 가리키는 말(사9:12). 서해(지중해)를 가리키기도 함. 해지는 쪽(눅8:7).

서광[瑞光 ; 경사스러울 서, 빛 광]명(사21:4) ①상서로운 빛. auspicious colour. ②길한 일의 조짐. good omen.

서기[書記 ; 글 서, 기록할 기. clerk, scribe]명(왕하12:10) ①회의 같은 데서 기록을 맡아 보는 사람. ②각 관청의 아랫 벼슬.

서기관[書記官 ; 글 서, 기록할 기, 벼슬 관. scribe, secretary]명(삼하8:17) 성경을 옮겨 쓴 학자. 신약시대에서는 율법사라고 불렀다(마22:35). 바라새파 사람임.

1. **구약시대 서기관** - ①기록과 보관(삼하8:17, 렘36:25). ②공증인(렘32:3-12). ③성전관계(대하34:8, 왕하12:10). ④국정관계(에3:12, 대상27:32). ⑤왕의 역할대행(왕하18:18). ⑥가르치(대하7:6,12). ⑦인구조사(왕하25:19).

2. **신약시대 서기관** - ①헤롯에게 그리스도의 탄생지를 말했다(마2:4). ②예수님을 따르려고 했다(마8:19). ③바른교훈을 하지 아니함(마7:29). ④예수님을 참담하다고 여김(마9:3). ⑤표적을 구함(마12:38). ⑥예수님께 질문함(마15:1-2). ⑦예수님을 고난받게 함(마16:21). ⑧성경을 잘못 앎(마17:10). ⑨예수님을 은30에 삼(마20:18). ⑩호산나 찬송을 막음(마21:15). ⑪모세의 자리에 앉음(마23:2). ⑫외식함(마23:13-34). ⑬예수님을 재판함(마26:57). ⑭예수님을 희롱함(마27:41). ⑮예수님을 해할 것을 의논함(막2:6). ⑯예수님이 귀신들렸다고 함(막3:22). ⑰예수님을 버림(막8:31). ⑱변론

함(막9:14). ⑲예수님을 멸할 것을 꾀함(막11:18). ⑳계명에 관하여 질문함(막12:28). ㉑하나님은 한 분임을 인정함(막12:32). ㉒상석을 원하는 자(막12:39). ㉓ 궤게를 써서 예수님을 잡고자 함(막14:1). ㉔무리를 파견하여 예수님을 체포함(막14:43). ㉕예수님을 결박하여 빌라도에게 끌고 감(막15:1). ㉖제자들을 비방함(눅5:30) ㉗송사할 증거를 찾음(눅6:7) ㉘메시야를 버림(눅9:22). ㉙맹렬한 질문공세(눅11:53). ㉚예수님을 원망함(눅15:2). ㉛예수님을 죽이려고 꾀함(눅19:47). ㉜예수님의 권세를 물음(눅20:1-2). ㉝백성을 두려워함(눅20:19). ㉞예수님의 말씀이 옳다고 시인함(눅20:39). ㉟서서 예수님을 고소함(눅23:10). ㊱간음중에 잡힌 여인을 끌고 옴(요8:3). ㊲제자들을 해하려고 함(행4:5). ㊳제자들을 공회로 넘김(행6:12). ㊴서로 다툼(행23:9). ㊵정죄를 받음(눅20:46-47).

서기오바울[Σέργιος Παῦλος 그물] 인(행13:7) 바울이 제1차 선교여행 때 구브로섬에서 만난 총독. 바울의 전도를 받고 신자가 되었다. 최근 발견된 비문과 화폐에 그의 이름이 들어 있다고 한다.

서기장[書記長; 글 서, 기록할 기, 어른 장. town clerk] 명(행19:35) 에베소의 높은 관리의 직명. 일반적으로 회의 같은 데서 기록을 맡아보는 사람 중 우두머리를 말함. 서기관으로 번역된 말(행19:23-41, 마2:4, 5:20).

서까래[beam, rafter] 명(왕상6:9) 마룻대(상량)에서 도리 또는 보에 걸쳐 처마 끝까지 건너지른 통나무. ①전도서 10:18에는 석가래로 되었는데 집권자의 위선을 두고 했고 ②아가서 1:17에도 석가래라고 했는데 궁궐의 사치한 생활에 대한 저항에 사용되었다.

서늘하다[cool] 형(창3:8) 조금 추운 느낌이 있다.

서다[stand] 자(창18:2) 발바닥을 땅에 대고 몸을 곧게 하다.

서로[each other] 부(창11:3) 함께, 다같이. 명 쌍방.

서리[hoarfrost] 명(출16:14) 공중의 수증기가 기온이 빙점이하로 내릴 때 지표에 접촉해서 얼어붙은 흰 가루. ①하나님의 창조능력과 지배(욥38:29, 시147:16). ②만나가 내린 모양을 표현(출16:14). ③서리로 인한 재해(시78:47).

서리다[condence, wrap] 자(욥8:17) 김이 엉기어 축축하다.

서머나(교회)[Σμύρνα = 몰약성] 지 (계2:8-11) 소아시아(터키) 서해안 헬메안만 내에 있는 중요한 해항도시. 에베소에서 북으로 58km 지점 에게바다를 향해 있는 한 도시. 화재와 지진으로 여러번 파괴되었고 외적의 침략으로 거의 폐허가 되었으나 알렉산더 대왕이 점령한 후 재건하여 유명한 도시가 되었다. 이곳에 있던 유대인 개종자들에 의하여 교회가 설립되었고 그들은 로마의 황제 예배를 끝까지 반대하였다. 그로 인하여 많은 박해를 받았으나 끝까지 굴하지 않았다. 계시록에 소아시아 일곱 교회 중의 하나. ①처음이요, 나중이요, 죽었다가 살아나신 이가 말씀하심. ②실상은 부요한 자. ③사단의 훼방을 받음(9). ④고난을 두려워 말라(10). ⑤장차 시험을 받게 됨(10). ⑥충성하면 생명의 면류관을 받게 된다(10). ⑦이기는 자는 둘째 사망에 들어가지 아니한다(11). 다른 교회는 모두 책망을 받았으나 빌라델피아 교회와 이 교회는 칭찬을 받았으며 죽도록 충성하라는 권면을 받았다(계2:8-11). 주후160년경 교회가 핍박을 받았을 때에 10여세되는 소년 챠반일을 맹수의 굴에 던졌으나 조금도 두려워하지 않는 것을 보고 이것은 유령의 유혹이라 하여 서머나의 초대 감독인 폴리갑을 죽이려고 체포하였을 때 나이 86세였다. 그의 덕망을 보고 예수만 부인하면 살려주겠다고 하였으나 "86년간 나를 배반하지 않은 예수를 내가 배반할 수 없다"고 대답하고 화형 당하였다. 지금의 이즈미르.

서머인[$Σεμεΐν$ = 들어주심]인(눅3:26) 예수님의 계보 중 한 사람.

서명[署名 ; 관청 서, 이름 명. signature, desire]명(욥31:35) 서류 따위에 책임을 밝히기 위하여 직접 이름을 써 넣음.

서모[庶母 ; 뭇 서, 어미 모. one's-father's concubine]명(창35:22) 아버지의 첩.

서바나[$Σπανία$ = 토끼]지(롬15:23) ①바울 사도가 가고자 한 곳(롬15:23). 구약의 다시스와 같은 곳(욘1:3). ③지금의 스페인.

서방[西方 ; 서녘 서, 모 방. western districts]명(신33:23) 서쪽. 서쪽 방향.

서약[誓約 ; 맹서할 서, 약속할 약. oath]명(민30:2) 맹세하고 약속함.

서원[書院 ; 글 서, 집 원. lecture hall]명(행19:9) 선비들이 모여서 학문을 강론하던 곳. 학교. 서당.

서원[誓願 ; 약속 서, 원할 원. vow]명(창28:20). 요구되어 있지 않는 일을 자발적으로 엄숙하게 하나님께 맹세하여 세움. ①자의적으로(신23:22) ②파괴할 수 없음(민30:2-, 신23:21-23). ③조건부 서원(창28:20-22). ④경솔한 서원(삿11:30-40). ⑤형식적인 서원(막7:9-13, 마15:3-6). ⑥악한 서원(렘44:25). ⑦무효가 되는 서원(민30:1-16).

서원물[誓願物 ; 약속 서, 원할 원, 만물 물. votive offering]명(레27:9) 하나님께 서원하면서 바치는 물건. 서원이 이루어진 후에도 드린다(레7:16, 민15:3). 희생제물.

서원자[誓願者 ; 약속 서, 원할 원, 놈 자. the vow]명(레27:8) 하나님앞에 서약한 사람.

서원제[誓願祭 ; 약속 서, 원할 원, 제사 제. votive offering]명(레22:18) 하나님께 맹세하며 드리는 제사. 제물은 2일 이내에 먹어야 한다(레7:11-21).

서자[庶子 ; 뭇 서, 아들 자. child born of a concubine]명(창25:6) 첩에서 난 아들. 사생자.

서적[書籍 ; 글 서, 호적 적. book, roll, documents]명(스6:1) 왕조의 기록문서. 책, 도서, 서책. 서고에 넣어 소중히 보관했다.

서적곳간[archives]명(스6:1) 문서 보관소. 서고.

서쪽[west]명(눅12:54) 해가 지는 방향. 비바람이 이는 방향. 뒷편, 해지는 쪽.

서책[書冊 ; 글 서, 책 책. books]명(단9:2) 서적. 구약의 예언서.

서판[書板 ; 글 서, 널 판. table]명(사8:1) 글씨 쓸 때 종이 밑에 까는 널판. 그러나 성경에서는 글씨를 쓰는 판을 말한다. 재료로는 널판, 토판, 돌판, 양피등이 있다.

서편[西便 ; 서녘 서, 편할 편. west]명(출3:1) 서쪽 편.

서풍[西風 ; 서녘 서, 바람 풍. west wind]명(출10:19) 서쪽에서 불어오는 바람.

서해[西海 ; 서녘 서, 바다 해. western sea =지중해]명(신11:24) ① 팔레스틴의 서쪽 바다 곧 지중해를 가리키는 말(욜2:20, 스14:8). ② 구약에서는 서해, 대해, 상해, 블레셋 바다 라고도 한다. 대개 이스라엘의 국경을 삼았다(민34:6, 출23:31). ③이 바다 가운데 있는 구브로섬을 비롯하여 소아시아 마게도냐, 로마, 서바나, 애굽등에 복음이 전파되었다(행13:4, 롬15:28).

서향[西向 ; 서녘 서, 향할 향. west]명(겔48:21) 동쪽에서 서쪽을 바라보고 있음.

석[石 ; 돌 석. stone]명(단5:4)①돌. ②섬. 대두 열 말(학2:16).

석가래[rafter]명(전10:18) 서까래.

석류[石榴 ; 돌 석, 석류 류. pomegranate]명(출28:33) 석류 나무의 열매. 맛이 시고 닮. 대제사장의 제복 겉옷 가장자리에 석류를 수놓아 장식 했다. 성전 기둥 머리에도 조각했다(왕상7:18). 처녀의 뺨을 생각나게 한다(아4:3, 6:7).

석류나무[pomegranate tree]명(삼상14:2) 석류나무과에 속하는 낙엽고목.

석류석[石榴石 ; 돌 석, 석류 류, 돌 석. emerald]명(출28:18) 철, 망강, 간·마그네슘·칼슘·알루미늄을 포함한 규산염 광물의 하나. 적, 녹, 흑갈색을 띠고 광택을 가진 보석. 대제사장의 흉패에 사용했고 '홍보석'이라고도 한다(겔27:6). 새 예루살렘의 영광을 묘사한 말(사54:12).

석류즙[石榴汁 ; 돌 석, 석류 류, 진액 즙. juice of pomegranates]명(아8:2) 석류 열매를 짠 액.

석상[石像 ; 돌 석, 형상 상. stone image, pillar]명(레26:1) 돌로 만든 사람이나 동물의 형상. 이교도의 예배 대상물인 우상. 주상, 석주로 번역된 말.

석쇠[burning, hearth]명(레6:9) 고기 따위를 굽는 기구. 적쇠. 희생제물을 굽는 화로를 가리키는 말.

석수[石手 ; 돌 석, 손 수. mason]명(삼하5:11) 돌을 전문으로 다루는 사람. 석공.

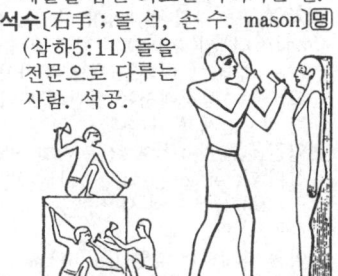

석양[夕陽 ; 저녁 석, 볕 양. setting sun]명(수10:26) 저녁 해. 서쪽으로 넘어가는 해. 낙조.

석청[石淸 ; 돌 석, 맑을 청. wild honey]명(마3:4) 산속의 나무나 돌 사이에 벌이 모아둔 꿀. 석밀. 세례 요한의 식량.

석회[石灰 ; 돌 석, 재 회. plaster]명(신27:2) ①생석회, 소석회의 총칭, 횟돌. 뼈를 불태워 만든 회를 가리킴(암2:1). ②탄산칼슘, 시멘트, 유리제조용, 비료 따위로 쓰임. lime.

섞다[mix, mingle]타(16:31) ①두 가지 이상의 것을 함께 합치다. ②휘저어 합치다. ③한 동작에 다른 동작을 함께 나타내다.

선[善 ; 착할 선. goodness, well]명(창4:7) 착하고 올바름. 어질고 좋음. 악의 반대어(창3:5). 가치있고 소중하고 좋은 것을 말한다. ①그리스도(요10:11). ②하나님의 뜻(약4:17). ③하나님의 만물창조에 묘사된 말(창1:4, 10, 12, 18, 21, 25, 31). ④의와 같은 말(신6:18, 12:28). ⑤선민의 행위(막12:34). ⑥그리스도 안에서의 생활(벧전3:16). ⑦선을 행하는 자 없음(롬3:12). ⑧하나님의 속성(시25:8, 136:1). ⑨성도가 행할 것(갈6:9). ⑩성도들에게서 성령의 열매로 나타난다(갈5:22).

선가[船價 ; 배 선, 값 가. boat-fare]명(욘1:3) 배를 타거나 배로 물건을 실어 옮기는 값. 선비(船費).

선객[船客 ; 배 선, 손 객. ship passenger]명(계18:17) 배를 탄 손님.

선견[先見 ; 먼저(앞설) 선, 볼 견. foresight, see]명(사30:10) 일이 일어나기 전에 먼저 앎.

선견자[先見者 ; 먼저 선, 볼 견, 놈 자. seer, holy man]명(삼상9:9) 하나님의 계시로 닥쳐올 일을 미리 보고, 말하고 백성들을 선도하는 사람. 선지자. 왕궁에서 채용(삼상9:19).

선고[宣告 ; 베풀 선, 알릴 고. call, pronounce]명(렘25:13) ①공포

하여 널리 알림. declaration. ②재판 관결을 내림. sentence.
선 과실[untimely fig]圈(계6:13) 익지 않은 과일. 풋과일. 생과일.
선교[宣敎 ; 널리펼 선, 가르칠 교. preaching]圈 기쁜소식(그리스도)을 널리, 밝혀 전하는 일. 그리스도인의 지상 사명(마28:18-20). 교회의 사명임(마16:15, 고전9:16-17, 롬1:14-17).
선대[善待 ; 착할 선, 기다릴 대. do good, hospitality]圈(민10:29) 잘 대접함. ①여호와의 선대(시145:9). ②주를 기억하는 자에게 선대(사64:5). ③원수를 사랑하고 선대(눅6:35). ④미워하는 자를 선대(눅6:27). ⑤제한된 선대(눅6:33). ⑥주의종을선대(시119:65). ⑦과부를 선대(욥24:21). ⑧동행자에게 선대(민10:29). ⑨정보제공자에게선대(삿1:24). ⑩시어머니에 대한 선대(룻1:8). ⑪의로운 자의 선대(삼상24:17). ⑫주의 이름을 인한 선대(시109:21). ⑬주를 기억하는 자를 선대(사64:5). ⑭선지자에 대한 선대(렘40:4). ⑮만유에 대한 여호와의 선대(시145:9).
선동[煽動 ; 부추길 선, 움직일 동. agitation, stir up]圈(삼상22:8) 주로 감정에 호소하여 대중을 일정한 행동으로 몰아 넣음.
선두[先頭 ; 먼저 선, 머리 두. van]圈(대하20:27) 첫 머리. 앞장.
선량[善良 ; 착할 선, 어질 량. goodness]圈(신6:18) 착하고 어짊. 성질이 착하고 온순함.
선물[膳物 ; 올릴 선, 만물 물. gift]圈(창30:20) 남에게 호의의 표현으로 주는 물건. present. 예물로 번역된 곳도 있다(창32:13, 왕상10:25). ①하나님이 주신 선물 - 사랑으로 독생자를 주셨다(요3:16). ②은사(롬8:32). ③영생(롬6:23). ④성령(행2:38). ⑤하나님의 은혜(엡3:7). ⑥그리스도의 선물(엡4:7).

선봉[先鋒 ; 먼저 선, 뾰족할 봉. van guard]圈(신3:18) 맨 앞장. 군대의 앞장.
선비[scribe]圈(고전1:20) ①옛날에 학식은 있으나 벼슬을 하지 않은 사람. ②학덕을 갖춘 사람의 예스러운 일컬음. ③어질고 순한 사람을 비유하는 말. scholar.
*성경에서는 율법에 정통한 자를 말함. 율법학자.
선사[膳賜 ; 올릴 선, 줄 사. hold a present]圈(삼상30:26) 남에게 선물을 줌. 호의의 표시로 주는 것.
선생[先生 ; 먼저 선, 날 생. master, teacher]圈(왕하2:3) ①스승. 가르치는 사람. ②학식에 능한 사람. ③일반적인 높임말. sir.
*성경에는 가르치는 분이라는 기능적인 칭호보다는 높이는 말로 쓰였다. 호칭으로 쓰였다. 주라고도 함.
*일반적인 직무 - 어린이를 가르침(롬2:20). ②제자를 가르침(막9:18). ③생도를 가르침(왕하2:3). ④율법을 가르침(딤전1:7). ⑤하나님의 말씀을 가르침(히5:12). ⑥선지자의 선생(왕하2:3). ⑦거짓 선생(벧후2:1).
선생님[ribbi Sir]圈(마8:19) 제자가 스승을 부르는 말. 예수님을 일컫는 말(마9:11, 12:38). ①선한 선생(막10:17, 눅18:18). ②스승(딤전2:7, 딤후4:3). ③눅5:5에는 주되신 선생으로 표현했다. ④랍비 - 경칭으로 사용한다(요3:26).
선악[善惡 ; 착할 선, 악할 악. good and evil]圈(창2:9) 착함과 악함. 서로 대립, 반대되는 개념을 가지고 있다. 성경에서는 인간의 도덕적 상호관계를 나타냄.
선악간[善惡間 ; 착할 선, 악할 악, 사이 간. either good or bad]圈(창31:24) 선과 악의 사이. 團선하거나 악하거나.
선악을 알게하는 나무[tree of knowledge of good and evil]圈(창2:9) 하나님께서 에덴동산에 두신 특별

한 두 나무 중 하나. 이 나무의 실과를 먹는 날에는 정녕 죽으리라고 하셨다. 아담과 하와는 실과를 따 먹으므로 범죄하였다. 하나님의 비밀을 나타내는 나무(신29:29).

선언[宣言 ; 베풀 선, 말씀 언. declaration, proclaim]명(신30:18) 방침이나 주장 따위를 널리 공포함.

선영[先塋 ; 먼저 선, 구슬 영. ancestral graveyard]명(창47:30) 조상의 무덤이 있는 곳. 선산.

선왕[先王 ; 먼저 선, 임금 왕. late king]명(렘34:5) ①선대(先代)의 임금. ②옛 날의 성왕(聖王). royal ancestor.

선인[先人 ; 먼저 선, 사람 인. my late father]명(신19:14) ①돌아가신 아버지. 선친 ②앞 세대의 사람.

선인[善人 ; 착할 선, 사람 인. good man]명(시125:4) 착한 사람. 선량한 사람. 마음이 바른 사람.
* 하나님의 뜻을 성취시키는 사람. 여호와의 은총을 받은 사람(잠12:2). 악인과 반대되는 말.

선인[船人 ; 배 선, 사람 인. sailor]명(계18:7) ①뱃 사공. ②뱃 사람.

선장[船長 ; 배 선, 어른 장. shipmaster]명(겔27:8) 선원과 배 안의 사무를 지휘·통솔하는 사람.
* ①선원과 여객에 대한 지휘 명령. ②출항 전의 선박검사. ③목적지까지의 항해 성취. ④선상지휘. ⑤화물의 선적 하역지휘 감독. ⑥승선자에 대한 관리를 한다(욘1:6, 행27:11).

선전[宣傳 ; 베풀 선, 전할 전. propaganda, declare]명(느6:7)①어떤 일이나 주의, 사상을 널리 이해시켜 공감을 얻도록 알리는 일. 그 방법. ②말하여 널리 전함.
* 그리스도인이 선전해야 할 것 - ①회개의 합당한 일(행26:20). ②이방인에게 빛을(행26:23). ③아름다운 덕을(벧전2:9).

선정[選定 ; 가릴 선, 정할 정. selection]명(수18:4) 가려내거나 골라서 정함.

선조[先祖 ; 먼저 선, 할아비 조. fathers, ancestor]명(창46:34) 핏줄을 이어 받은 조상.

선종[善終 ; 착할 선, 마칠 종. die, transcend death]명(욥29:18) 좋게 끝을 맺음. 좋게 숨을 거둠. 초월한 죽음.

선주[船主 ; 배 선, 주인 주. ship owner]명(행27:11) 배의 임자.

선지[先知 ; 먼저 선, 알 지. prophet]명(합1:12) ①앞 일을 미리 알아차림. ②하나님의 계시로 닥쳐올 일을 미리 알고 백성들을 선도하는 선견자. 선지자. 예언자.

선지자[先知者 ; 먼저 선, 알 지, 놈 자. prophet]명(창20:7) 하나님의 계시로 닥쳐올 일을 미리 알고 백성들을 선도하는 사람. 하나님의 입. 선견자. 예언자. 선지. ①백성들에게 하나님의 뜻을 전함(창20:7, 민11:29). ②하나님의 입(출4:16, 7:1) ③장래일을 고지(암3:7). ④죄를 책망(삼하12:25~).

선지자의 글[the prophets]명(눅24:27). 구약의 예언서를 가리키는 말. 이사야~ 말라기.

선지자의 생도들[prophets]명(왕하2:3) 선지자의 문하생들. 선지자의 가르침을 받는 사람.

선진[先進 ; 먼저 선, 나아갈 진. dlder, advancement]명(히11:2) 앞서 나아감. 선각자. 선배.
* 믿음의 조상을 일컬음.

선착[先着 ; 먼저 선, 이를 착. first arrival, swift]명(전9:11) ①먼저 도착함. ②선착수(先着手).

선척[船隻 ; 배 선, 외짝 척. ship]명(왕상22:48) 배. 선박.

선체[船體 ; 배 선, 몸 체. hull, ship]명(행27:17) 배의 몸체.

선택[選擇 ; 가릴 선, 가릴 택. selection]명(사56:4) 골라서 뽑음. 나쁜 것을 버리고 좋은 것을 취함.
* 하나님께서 자기의 뜻대로 개인이나 민족을 뽑음. 구약시대에는 이스라엘 민족. 신약시대에는 그리스도를 믿는 자. 이는 예정하시고

선파

택하시므로 절대적인 하나님의 은혜이다(요15:6, 롬11:5).
선파[宣播 ; 베풀 선, 씨뿌릴 파. proclamation, declare]명(삿5:10) 큰 소리로 말하여 알림.
선포[宣布 ; 베풀 선, 베 포. proclamation]명(신1:1) 널리 세상에 알림. ①구원(시40:10). ②주의 이름(히2:12). ③진리(요14:6, 18:37, 시30:9). ④공의(시50:6). ⑤하나님의 일(시9:11). ⑥율법(신4:44). ⑦영광(대상16:24).
선하다[good, well]형(창26:29) 착하다. 하나님의 뜻을 따르는 일.
선한 목자[good shepherd]명(요10:11) 예수 그리스도. ①목자장이심(벧전5:4). ②양을 위하여 목숨을 바침(요10:11). ③자기 양을 안다(요10:14). ④여러가지 일을 보이심(10:32). ⑤양과 염소를 구별함(마25:31-46). ⑥온순함(사40:11). ⑦큰 목자이심(히13:20). ⑧단 하나 뿐임(요10:16). ⑨양의 문이심(요10:7). ⑩구원을 주심(요10:9).
선한 양심[good conscience](벧전3:16) 중생한 자의 마음. 하나님을 향하여 살아감. 고난을 당하였을 때 진리를 숨기거나 꾸부러지게 하지 아니하는 그리스도인의 정절.
선한 일[good work](마19:16) 착한 행실. 좋은 일. 구제, 주의 일등을 말함. 선행.
선행[善行 ; 착할 선, 행할 행. good deed]명(느6:19) 착하고 어진 행실. ①악을 버림(시34:14). ②하나님을 의지함(시37:3). ③원수를 사랑함(눅6:35). ④나눠줌(히13:16). ⑤구제함(행9:36). ⑥보상을 받음(고전3:13-15). ⑦온전케 됨(딤후3:17). ⑧은혜를 대신하지 못함(롬11:6). ⑨항상 예비해야 함(딤후2:21). ⑩하지 아니하면 죄가 됨(약4:17).
선혈[鮮血 ; 고울 선, 피 혈. flesh blood]명(사63:3) 상하지 않은 선명한 피. 생생한 피.

설계[設計 ; 베풀 설, 샘할 계. plan]명(왕상6:38) ①계획을 세움. ②제작, 공사등의 목적으로 계획을 도면 따위에 명시함. design.
설립[設立 ; 베풀 설, 설 립. foundation]명(사30:33) 베풀어 세움.
설만[褻慢 ; 더러울 설, 교만할 만. provoke, blasphemy]명(느9:18) 행동이나 말에 무례하고 음란하고 방자함. 하나님을 욕되게 하는 행동. ①우상을 섬기는 행위(느19:16-18, 출32:4). ②죽여야 할 죄(단3:29, 레24:16).
설명[說明 ; 말씀 설, 밝을 명. show, explanation]명(창44:16) 말하여 밝힘. 사물의 내용, 이유, 뜻 같은 것을 알 수 있도록 일러줌. ㉠해설.
설비[設備 ; 베풀 설, 갖출 비. equipment]명(겔46:23) ①베풀어서 갖춤. ②건축물의 부대시설.
설정[泄精 ; 샐 설, 정할 정. spill on, emission]명(창39:9) 정액이 나옴. 정액을 사정함. 꿈에서 여자를 가까이 해서 사정하는 일을 말함. 몽설. 몽정이라고도 한다. 오난의 행위는 체외사정이라고해야옳은 말.
설주[楔柱 ; 쐐기 설, 기둥 주. post]명(출12:7) 문설주의 주린 말.
설치[設置 ; 베풀 설, 둘 치. establishment]명(왕상8:21) 설립. 세움.
설혹[設或 ; 베풀 설, 혹 혹]명부(창24:41) ①그렇다 치더라도 even if. ②가령. 설령 if.
섬[island]명(에10:1) 물(바다) 가운데 들어난 육지. 히브리어에서는 해안도 뜻한다. 해변으로 번역된 곳도 있다. 휴식을 취하는 장소.
섬기다[serve]타(창14:4) 모시어 받들다. 힘써 거들어 주다. wait on. 경외하다.
대상 - ①여호와(출23:25). ②그리스도(롬14:18). ③예수(마27:55). ④주인(눅16:13). ⑤성도(롬15:25). ⑥모든 사람(고후9:13, 막9:35). ⑦주님(행13:2). ⑧두목(눅22:26). ⑨제사장(느12:44). ⑩왕(대상28:1). ⑪열국(대

하12:8). ⑫아버지(눅15:29). ⑬백성(렘27:12). ⑭아우(창27:40). ⑮외삼촌(창30:29). ⑯성도(고후8:4).

섬기지 말것 - ①우상(출20:4-5, 렘5:19). ②일월성신(대하33:3). ③하늘 군대(행7:42). ④천사(골2:18). ⑤죄의 법(롬7:25). ⑥이 방신들(수24:20). ⑦열국(대하12:8). ⑧자기 배(롬16:18). ⑨피조물(롬1:25). ⑩재물(마6:24).

섬돌[stone step, stairs]명(왕상7:6) 오르내리는 돌 계단. 석층계.

섭리[providence]명 배려, 돌봄, 힘입음. 창조때부터 영원까지 피조물 전체를 돌보시는 하나님의 은혜. 특히 그리스도를 통하여 구원하시는 하나님의 작정을 실현하는 일. 하나님의 뜻에 따라 인도하시는 일 (욥15장, 롬8장, 고전15장 등).

섭섭하다[unwilling, loath]형(왕상1:6) ①마음에 끌려 서로 헤어지기가 어렵다. ②줄거나 없어져 아깝다. ③기대에 어그러져 마음이 서운하거나 불만스럽다.

섭정[攝政 ; 끌어잡을 섭, 정사 정. regency]명(왕상22:47)왕이 나이 어리거나 기타의 이유로 정치를 못할 때 임금을 대신하여 정치를 함.

섭정왕[攝政王 ; 끌어잡을 섭, 정사 정, 임금 왕. deputy king]명(왕상22:47) 임금이 없는 나라에 대신 정치를 해 주는 왕. 군주를 대신하여 정치를 하는 대리자. 관리장, 관리, 사환등으로 번역된 말(왕상4:5, 5:16, 룻2:5).

성[anger]명(고전13:5)상해나 모욕을 받고 유쾌하지 않은 충동이 왈칵 일어나는 감정. 역정(逆情). 화.

성[城 ; 재 성. city, castle]명(창4:17) 적군을 막기 위하여 흙이나 돌로 쌓아 올린 큰담. 성읍을 말할 때도 있으며 하나님의 섭리를 비유적으로 표현함(삼하23:3, 시9:9).

성결[聖潔 ; 거룩할 성, 깨끗할 결. holiness, sanctity]명(출15:13) 거룩하고 깨끗함.

＊성도의 칭의 이후의 모습. 의롭다 함을 얻은 성도가 거룩해져 가는 과정, 그 상태

성경[聖經 ; 거룩할 성, 글 경. the Bible, The Scriptures]명(마21:42) ①하나님의 말씀. ②성령의 감동으로 하나님의 말씀을 기록한 책. ③하나님의 계시.

구성 - 분류

① 구약 39권

율법서
①창세기　　　④민수기
②출애굽기　　⑤신명기
③레위기

역사서
⑥여호수아　　⑫열왕기 하
⑦사사기　　　⑬역대 상
⑧룻기　　　　⑭역대 하
⑨사무엘 상　　⑮에스라
⑩사무엘 하　　⑯느헤미야
⑪열왕기 상　　⑰에스더

시가서
⑱욥기　　　　㉑전도서
⑲시편　　　　㉒아가서
⑳잠언

선지서
㉓이사야　　　㉜요나
㉔예레미야　　㉝미가
㉕예레미야 애가　㉞나훔
㉖에스겔　　　㉟하박국
㉗다니엘　　　㊱스바냐
㉘호세아　　　㊲학개
㉙요엘　　　　㊳스가랴
㉚아모스　　　㊴말라기
㉛오바댜

② 신약 27권

복음서 (역사)
①마태복음　　③누가복음
②마가복음　　④요한복음

역사서
⑤사도행전

서신서
⑥로마서　　　⑪빌립보서
⑦고린도 전서　⑫골로새서
⑧고린도 후서　⑬데살로니가 전서
⑨갈라디아서　⑭데살로니가 후서
⑩에베소서　　⑮디모데 전서

성공 388

⑯디모데 후서
⑰디도서
⑱빌레몬서
⑲히브리서
⑳야고보서
㉑베드로 전서
예언서
㉗요한 계시록
㉒베드로 후서
㉓요한 일서
㉔요한 이서
㉕요한 삼서
㉖유다서

다른 이름 - ①경(약2:8). ②책(시40:7). ③글(요19:24, 롬4:3). ④진리의 글(단10:21). ⑤진리의 말씀(딤후2:15, 약1:18). ⑥여호와의 책(사46:16). ⑦하나님의 말씀(눅11:28). ⑧율법(마5:17). ⑨율법책(갈3:10). ⑩주의 법(히8:10). ⑪주의 율법(히8:10). ⑫성령의 검(엡6:7). ⑬율례(출24:3). ⑭지혜의 말씀(고전12:8). ⑮아버지의 말씀(요17:17).

성공[成功 ; 이룰성, 공 공. success]명(전10:10) ①목적 또는 뜻을 이룸. ②사회적인 지위를 얻음.

성곽[城郭 ; 재 성, 넓을 곽. castle]명(신1:28) ①성의 둘레. enclosure. ②내성과 외성 전부. castle. ③성(城).

성굽이[castles corner]명(대하26:9) 성곽 모퉁이.

성급하다[性急~ ; 성품 성, 급할 급. hasten, quicktempered]형(합1:6) 성질이 몹시 급하다. 부성급히.

*①어리석은 말을 한다(욥2:7-9). ②장자의 명분을 팜(창25:29-34). ③약속의 땅에 들어가지 못함(민20:11-12). ④패역한 자(민20:10). ⑤복수심의 발로(창34:25-27) ⑥갈대아 사람과 같음(합1:6) ⑦위험을 초래함(행27:29-34).

성내[城內 ; 재 성, 안 내. inside of a castle]명 성안. 성중(城中). 안전을 뜻함.

성내다[angry]자(욥39:24) 노여움을 나타내다. 골을 내다.

*①하나님의 의를 이루지 못한다(약1:20). ②더디 해야 할 행동(약1:19). ③사랑이 없는 자의 행위(고전13:5). ④어리석은 자의 행위

(잠14:17). ⑤다툼을 이르킴(잠29:22).

성도[聖徒 ; 거룩할(성인) 성, 무리 도. saint]명(신33:2) 하나님의 택하신 자(백성) (시85:8). 그리스도인(골1:2). ①경건한자(시4:3). ②자비한 자(삼하22:26). ③거룩한 자(대하2:9). ④성도(대하6:41). ⑤예배를 위해 성별된 자(시33:3, 시16:3). ⑥거룩한 백성(단8:24). ⑦하나님의 부르심을 입은 자(롬1:7). ⑧존귀한 자(시16:3). ⑨예수님을 믿는 모든 사람(행9:13, 41). ⑩하나님의 권속들(엡2:19). ⑪박해를 받음(계13:7).

성령[聖靈 ; 거룩할(지존할) 성, 신령 령. Holy Spirit]명(마1:18) 하나님의 영. 하나님의 신격의 하나. 하나님이심(행5:3, 딤후3:16).

*구약에서는 성신, 신으로 번역된 말(시51:11, 사63:10, 11, 욥2:29).

1.명칭 - ①보혜사(요14:16, 26). ②살리는 영(요6:63, 롬8:11). ③아버지의 성령(마10:20). ④아들의 영(갈4:6). ⑤생명의 영(롬8:2). ⑥대언의 영(계19:10). ⑦그리스도의 영(롬8:9). ⑧성결의 영(롬1:4). ⑨영광의 영(벧전4:14). ⑩영원하신성령(히9:14). ⑪진리의 영(요14:17, 15:26, 16:13). ⑫하나님의 성령(마3:16, 롬8:9). ⑬예수의 영(행16:7). ⑭주의 성령(눅4:14). ⑮내 신(욜2:29). ⑯양자의 영(롬8:15). ⑰하나님의 영(벧전4:14). ⑱내 영(행2:17). ⑲성신(시51:11). ⑳하나님의 신(창1:2). ㉑주 여호와의 신(사61:1). ㉒간구하는 성령(슥12:10). ㉓주의 영(행16:7, 고후3:17). ㉔예수 그리스도의 성령(빌1:19). ㉕우리 가운데 계시는 성령(롬8:11, 고전6:19). ㉖은혜의 성령(히11:29). ㉗허락하신 성령(행1:4, 2:33, 엡1:3). ㉘간구하시는 이(롬8:26). ㉙성령(마1:8). ㉚여호와의 신(사11:2, 미3:8). ㉛지혜와 계시의 성신(엡1:17). ㉜지혜

와 총명의 신(사11:2, 골1:9). ㉝모략과 재능의 신(사11:2). ㉞지혜와 여호와를 경외하는 신(사11:2). ㉟살아계신 하나님의 영(고후3:3).
2. **별명** - ①비둘기(마3:16, 요1:32). ②물(요7:38, 39). ③바람(행2:2). ④불(행2:3). ⑤기름(행4:27, 히1:9, 약5:14). ⑥인(도장)(고후1:22, 엡1:13, 4:30). ⑦기운(욥33:4).
3. **성품** - ①선하심(느9:20, 시143:10). ②거룩하심(사6:3). ③진실하심(행28:25). ④사랑하심(롬15:30).
4. **사역** - ①창조하심(창1:2). ②주권적 분배(고전12:11). ③거듭나게 하심(요3:3, 8). ④가르치심(요14:26). ⑤계시 하심(고전2:10, 11). ⑥말씀하심(행28:25). ⑦명령하심(행8:29). ⑧사람들과 함께 하심(창6:3). ⑨위로하심(행9:31). ⑩증거하심(요15:26). ⑪책망하심(요16:8). ⑫감동시키심(대하36:22). ⑬잉태시키심(눅1:35). ⑭임재하심(마3:16). ⑮기적을 행하도록 하심(마12:28). ⑯부활시키심(롬1:4). ⑰죄를 깨닫게 하심(행5:31, 32). ⑱진리를 깨 닫게 하심(요14:26). ⑲분별력을 주심(고전2:10-16). ⑳열매를 맺게 하심(갈5:22). ㉑은사를 주심(고전12:3-11). ㉒기쁨을 주심(롬14:17). ㉓충만하게 하심(행2:4). ㉔거룩하게 하심(롬15:16). ㉕하나님의 백성과 함께 계심(사63:11, 학2:5). ㉖성경을 기록하게 하심(딤후3:16). ㉗성도에게 권능을 주심(요16:7-14, 행1:8). ㉘보증하심(엡1:13-14). ㉙예수님을 그리스도로 증거하심(요1:32, 고전12:13). ㉚죄악을 징계하심(요16:8, 히3:7-8). ㉛성도 안에 계심(요4:14, 롬8:9). ㉜성도를 도우심(요14:16-17). ㉝성도를 가르침(요일2:27, 고전2:13). ㉞성도를 인도하심(롬8:14, 갈5:18). ㉟성도를 인치심(엡1:13, 딤후2:19). ㊱성도들에게 일을 시키심(행13:2-4, 고전12:11, 빌2:12, 13). ㊲성도를 위해 간구하심(롬8:26-27, 엡6:16). ㊳성도의 표가 되심(고후1:22, 엡1:14). ㊴섬기는 자에게 임하심(눅24:49, 요일2:20-27). ㊵예수님이 하나님의 아들임을 증거한다(롬8:18, 요일4:14).
5. **성도의 태도** - ①힘써 기도하라(행2:1-4). ②순종하라(행7:51). ③멸시하지 말것(히10:29). ④소멸하지 말 것(살전5:19). ⑤훼방하지 말 것(막3:28-30, 마12:31). ⑥근심시키지 말 것(엡4:30). ⑦속이지 말 것(행5:3).

성령의 열매[fruit of the Holy Spirit] (갈5:22-23) 그리스도를 믿은 후 육체의 소욕을 버린 성도의 행실. ①사랑(요일4:8). ②희락(롬14:17). ③화평(롬5:1). ④인내(벧후1:6). ⑤지비(골3:12). ⑥양선(행11:24). ⑦충성(고전4:21). ⑧온유(엡4:2). ⑨절제(벧후1:6).

성령의 전[temple of the Holy Spirit] (고전6:19) 하나님께 속한 그리스도인의 신체에 대한 표현. 그리스도인은 성령께서 내주하시는 하나님의 영의 집이다(살전4:8). 그러므로 하나님을 예배할 유일한 존재를 말한다(롬14:7-8).

성례전[Sacraments]명 하나님의 은총과 구원의 상징으로 신자들에게 베푸는 기독교 의식. 세례식과 성찬식을 말한다.

성루[城壘; 재 성, 진 루. rampart] 명(나3:8) 성 바깥 둘레의 흙담 또는 돌담. 산성을 일컫기도 한다. 적을 막기 위하여 성 밖에 임시로 만든 소규모의 요새. 성보(城堡). 이중성벽에서의 외성. 해자(삼하20:15). 곽(사26:1)과 같은 말.

성루[城樓; 재 성, 다락 루. watch tower] 성문 위에 세운 누각. 성의 망루.

성립[成立; 이룰 성, 설 립. compl-

etion]圈(잠15:22) 이루어 짐.
성막[聖幕 ; 지존할(거룩할) 성, 장막 막. Tabernacle, tent]圈(출26:1) 성전을 짓기까지의 임시 성전. 이동에 편리하도록 천과 나무로 조립하였다. 출애굽한 이스라엘 백성은 성막을 중심으로 생활하였다. 이는 하나님 중심 생활을 가리키는 것이다. 장막으로도 나타낸 말.

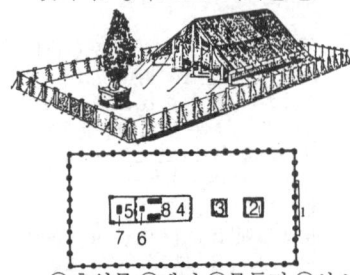

①출입문 ②제단 ③물두멍 ④성소 ⑤지성소 ⑥향단 ⑦언약궤(법궤) ⑧촛대와 떡상(진설병)

성막문[聖幕門 ; 거룩할 성, 장막 막, 문 문. gate of Tablernacle]圈(출26:36) 성막의 출입구.

성문[城門 ; 재 성, 문 문. gate of castle]圈(창19:1) 성곽의 문. 성을 출입하기 위해서, 그리고 적의 공격시의 방어에 중요하다. 크고 견고한 것이 특징이다.

성문루[城門樓 ; 재 성, 문 문, 다락 루. watch tower]圈(삼하18:24) 성문 위에 지은 누각. 출입을 감시하기 위하여, 공격에 대한 방위를 위해서 지은 누각.

성문짝[door of the city gate]圈(삿16:3) 성문의 문짝. 문비. 문설. 삼손은 큰 성문짝을 떼어 짊어지고 산에 올라갔다.

성물[聖物 ; 거룩할 성, 만물 물. sacred gifts]圈(출28:38) 하나님을 위하여 구별된 물건.

성민[聖民 ; 거룩할(성인) 성, 백성 민. people of the saints]圈(신7:6) 택하신 백성. 구약은 이스라엘 민족, 신약에서는 성도. ①하나님께서 그리스도의 피로 댓가를 지불하고 사신 자에 대한 호칭(신7:6). ②여호와의것(사43:1). ③여호와의 종(사43:10). ④하나님의 사랑으로 택하심(신7:7-8). ⑤거룩하게 보존해야 함(신7:1-5, 딤후2:21, 벧전1:15-16). ⑥하나님앞에서 자랑치 못함(고전1:26-31).

성밖[outside the town]圈(레14:40) 성의 바깥. 성외(城外). 동구밖.

성벽[城壁 ; 재 성, 벽 벽. castle wall]圈(레25:29) 성 둘레의 벽곽이라고도 함. 성읍 방위용 돌담. 도시 촌락의 구분.

*상징적인 의미 - ①보호(삼상25:16). ②지조가 강한 부인(아8:9). ③구원(사26:1). ④저항력(레15:20). ⑤하나님 자신(슥2:5). ⑥에덴동산이 하나님의 도성으로 변한 곳(창2:15→계21:12-19).

성별[聖別 ; 거룩할(성인) 성, 다를 별. consecrate]圈(느3:1) 거룩하게 구별함. ①하나님을 위하여 세속적인 것에서(출13:2, 레25:10, 느13:22). ②성도가 그리스도를 닮는 과정(행13:2). ③하나님의 것으로 됨(갈1:15, 딛2:14). ④거룩하게 되기를 기도함(살전5:23).

성사[成事 ; 이룰 성, 일 사. success]圈(사48:5) 일을 이룸. 계획된 일을 완성함.

성산[聖山 ; 거룩할 성, 뫼 산. holy mountain]圈(시3:4) 시온산. 예루살렘 성전이 있는 산. 상징적으로는 천국.

성소[聖所 ; 거룩할 성, 바 소. sanctuary]圈(출15:17) 거룩한 곳. 구별된 곳을 말한다.

1. **성막과 성전** - ①하나님이 거하시는 곳(출25:8). ②성막, 성전 전체(출38:24, 수24:26). ③지성소(히9:12). ④성막과 성전의 지성소, 휘장 앞 향단과 떡상 촛대가 있는곳(히9:2). ⑤영원한 성소(겔47:12, 48:8-21).

2. **지역** - ①벧엘(창28:18-20, 삿20:27). ②세겜 - 에발산(수8:30-

35). ③길갈(수9:6). 실로(삼상3:3). ④예루살렘(삼하6:16). ⑤이스라엘(시78:54).

성소의 세겔[shekel of the sanctuary] 몡(출3:13) 이스라엘의 성년 남자가 속량하기 위하여 해마다 한번 바치는 인두세. 그 돈.

성소의 지경[holy land](시78:54) 하나님께서 선민에게 주신 땅. 성지라고 불리우는 팔레스틴 전역. 젖과 꿀이 흐르는 땅.

성소장[聖所帳 ; 거룩할 성, 바 소, 휘장 장. curtain of the sanctuary] 몡(레4:6) 성소안에 가로 친 휘장. 지성소와 성소를 구별짓는 휘장.

성신[聖神 ; 지고할(거룩할) 성, 신령 신. Holy Spirit]몡(대상12:18) 성령을 구약에서 성신으로 번역하였다. 하나님의 영을 나타내는 말. 하나님의 신, (여호와의 신)으로도 번역되었다(창1:2, 미3:8). →성령.

성실[誠實 ; 정성 성, 열매 실. faithfulness, sincerity, be faithful]몡(창24:27) 정성스럽고 참되어 거짓이 없음. 상호 신뢰의 기본임. 하나님의 속성(창24:27).
*①정직함(고후7:2). ②도덕적 성실(창20:3-10). ③뇌물을 거절함(행8:18-23). ④서약을 지킴(렘35:12-19). ⑤자기를 인도함(잠11:3). ⑥몸의 띠(사11:5).

성심[誠心 ; 정성 성, 마음 심. sincerity]몡(창47:29) 정성스러운 마음. 신실한 마음.

성안[townsso]몡(신31:12) 성내.

성욕[性慾 ; 성품 성, 욕심 욕. lust] 몡(렘2:24) 성교를 하고자 하는 욕망. 정욕.
*신약에서는 욕망, 정욕등으로 번역된 말.

성육신[incarnation]몡(요1:14) 예수님께서 육신을 입고 오심을 뜻함. '도성인신'이라고도 함. 하나님께서 사람이 되심.

성읍[城邑 ; 재 성, 고을 읍. town]몡 (창13:12) 고을. 마을. 거주지. 딸들로도 번역된 말. ①약탈을 막기 위해 성벽을 쌓거나 높은 곳에 집을 지었다(신3:5, 에9:19, 왕상16:24). ②탑을 세우고 파수를 본다(왕하7:10). ③시장이 있다(창23:10). ④재판을 했다(창23:10). ⑤수도가 있다(왕하18:10). ⑥도피성(출21:13). ⑦산위에 있는 동리(마5:14). ⑧어머니의 도시(삼하20:19). 딸들의 소도시(민21:25)

성읍문[城邑門 ; 재 성, 고을 읍, 문 문. town gate]몡(신22:15) 성읍을 드나드는 문. 성벽문.

성의[聖衣 ; 거룩할 성, 옷 의. holy garment]몡(출29:29) ①제사장의 예복. ②구속받은 성도가 입을 세마포(계19:8).

성일[聖日 ; 지고할(거룩할) 성, 날 일. holy day]몡(출31:14) 하나님께서 성별하신 날. ①하나님이 천지창조를 이루신 것을 기념하는 날. 안식일. the day of rest(출35:2). ②절기(골2:16). ③하나님께 예배하는 날. ④축하하는 날(출31:14, 느8:9-11).⑤주의 날(계1:10).

성전[聖殿 ; 지고할(거룩할) 성, 대궐 전. holy temple]몡(왕하16:18) ①하나님께 제사 드리는 곳. 주로 예루살렘 성전을 가리킴. 제1성전 - 솔로몬이 건축, 제2성전 - 스룹바벨의 지도로 건축, 제3성전 - 헤롯이 제2성전을 46년이상 기간에 증축했다. ②예수 그리스도(요2:19). ③그리스도인(고전3:16).

성전고[聖殿庫 ; 지고할(거룩할) 성, 대궐 전, 창고 고. temple treasury] 몡(마27:6) 성전에 딸린 창고, 기물을 보관하는 성전의 곳간. 부정한 돈, 토색, 매춘으로 번 돈은 성전고에 넣을 수 없다.

성전 말은 자[cpatains of the temple] (행4:1) 성전을 경호하는 레위인 군장(대장). 상관으로 번역된 말 (행16:20). 성전의 군관으로 쓰인 말(눅22:52).

성정[性情 ; 성품 성, 뜻 정. passion, nature and heart nature]명(행14:15) ①사람이 본디 가지고 있는 본성. ②성질과 마음씨.

성중[城中 ; 재 성, 가운데 중. in the castle]명(창18:24) 성안, 성내.

성지[聖地 ; 거룩할 성, 땅 지. holy land]명(렘31:40) 거룩한 땅. ①하나님을 위하여 쓰일 구별된 곳. ②성경에 나오는 장소. ③예루살렘. ④성경에 나오는 지역.

성찬[communion]명(마26:26-29) 세례식과 함께 중요시되는 기독교 의식의 하나. 예수님께서 잡히시던 날 밤에 행하신 의식. 주님을 기념하는 의식. 떡은 주의 몸, 포도즙은 주의 피를 기념함. 죄에 대하여는 죽고 새로운 생명으로 사는 것을 나타냄. 그리스도와의 지속적인 교제를 나타낸다. 그리스도의 재림까지 지킨다(고전11:26).

성첩[城堞 ; 재 성, 성가퀴 첩. windows, pinacles]명(사54:12) 성위에 나지막하게 쌓은 담. 여기에 의지하여 몸을 숨기고 적을 쏘거나 침. 성가퀴. 시온의 회복과 영광에 대하여 묘사한 말.

성취[成就 ; 이룰 성, 이룰 취. fultil, finish]명(사53:10) 일을 뜻대로 이룸.
1. 하나님 - ①약속(행13:32). ②뜻(사53:10, 행13:22). ③말씀(시148:8). ④예언(왕상2:27). ⑤의(마3:15). ⑥역사(살후1:11). ⑦선한 말(렘33:14). ⑧일(렘33:2, 전11:5). ⑨하나님이 정하신 때(눅21:24). ⑩예수님이 오심으로 이루어짐(마1:22, 계17:17, 엡1:10). ⑪심판하므로(계18:8). ⑫만사(전11:5).
2. 사람 - ①일(룻3:18). ②하나님의 말씀(골1:25). ③그리스도의 법(갈6:2). ④직분(골4:17). ⑤은혜(고후8:6). ⑥마음으로 원대로(고후8:11). ⑦율법의 요구(롬8:4). ⑧이웃사랑(롬13:8). ⑨서로 짐을 짊(갈6:2). ⑩땅 끝까지 선교(막16:15, 골1:25).
3. 성취하는 방법 - ①성령을 좇아(롬8:4). ②그리스도의 일꾼이 되어(골1:25). ③사랑으로(롬13:8). ④짐을 서로 짐(갈6:2). ⑤포기하지 않음(갈6:9).
4. 방해되는 것 - ①불신앙(히4:6,11). ②세상사랑(마16:26). ③게으름(잠24:30-34). ④세상염려(마13:21-22). ⑤재물(마19:21-22). ⑥뿌리가 없어(마13:21) ⑦두려움(마14:29-30). ⑧혈기(요18:10-11).

성탄절[christmas]명 예수님께서 육신을 입고 오심을 축하하는 날. 양력 12월 25일.

성태[成胎 ; 이룰 성, 아이밸 태. pregnancy]명(창30:2) 아이를 뱀. 잉태. 임신. 수태됨.

성패[聖牌 ; 거룩할 성, 패 패. the sacred sign of dedication]명(출29:6) "여호와의 성결"이라고 쓴 패를 제사장의 관 위에 매었던 것.

성품[性品 ; 성품 성, 물건 품. personality]명(왕상2:4) 성질과 됨됨이. 본성.

성품[性稟 ; 성품 성, 줄 품. nature and heart nature]명(신2:30) 성정(性情)

성하다[restore]형(왕상13:6) ①상한데 없이 본디대로 온전하다. intact. ②병이 없다. healthy.

성하다[盛~ ; 성할 성]형(창22:17) ①초목이 무성하다. thick. ②국가가 번창하다. prosperous.

성호[聖號 ; 지고할(거룩할) 성, 이름 호. holy name]명(레20:3) 거룩하신 하나님의 이름. 성호를 망령되이 일컫는 것을 금지시켰다 (출20:5). ①하나님(창1:1). ②여호와(출6:3). ③여호와 하나님(창2:4). ④지극히 높으신 하나님(창

14:18-22). ⑤주 여호와(창15:2,8). ⑥영생하시는 하나님(창21:33). ⑦전능하신 하나님(창28:3). ⑧스스로 있는 자(출3:14). ⑨질투의 하나님(출34:14). ⑩영원하신 하나님(신33:27). ⑪사시는 하나님(수3:10). ⑫만군의 하나님(시80:7). ⑬이스라엘의 거룩한 자(사43:3, 14, 15). ⑭크고 능하신 하나님(렘32:18). ⑮하늘의 하나님 여호와(욘1:9). ⑯천부(마6:26). ⑰만세의 왕(딤전1:17). ⑱능하신 자(딤전6:15). ⑲빛들의 아버지(약1:17). ⑳만왕의 왕(딤전6:15). ㉑주(마4:7). ㉒그리스도(마16:16). ㉓예수(마1:21). ㉔예수 그리스도(마1:8). ㉕그리스도 예수(행24:24, 몬23).

성화[聖化. sanctification]몡 성경에는 없는 낱말. 성령의 역사로 죄와 더러움에서 분리되어(중생) 거룩함에 참예하는 성도의 과정. 하나님의 은혜에 의하여 구원된 인간의 일면을 나타냄. 완전한 성화는 천국에서 이루어진다.

1. **일반적인 뜻** - ①하나님이 자기 백성으로 삼음(레11:44, 45). ②그리스도를 옷입음(고전6:11, 히2:11). ③새 사람이 됨(골3:9, 10). ④죄에 거하지 아니함(롬6:1, 2). ⑤하나님께 드림(롬12:1). ⑥그리스도의 장성한 분량이 충만한데까지 이름(엡4:13, 고전3:1). ⑦완전한 데 까지 나아가는 것(히6:2). ⑧범사에 자람(갈5:22, 23, 요일4:17, 18). ⑨하나님의 사랑이 이룸(요일4:12). ⑩교회의 일(엡4:16).
2. **방법** - ①하나님(살전5:23). ②그리스도(히13:12). ③그리스도의 피(히9:14). ④성령(벧전1:2). ⑤진리(요17:17). ⑥말씀(엡5:26). ⑦기도(딤전4:4-5).

성회[聖會 ; 지고하(거룩할) 성, 모을 회. holy assembly]몡(출12:6) 거룩한 집회. 성도들이 예배에 모임. 종교적인 집회. 바알의 대회에도 사용되었다(왕하10:20).

섶[fuel]몡(사9:5) 섶나무의 준말.

섶나무[brushwood, fuel]몡(사9:19) 잎나무, 풋나무, 물거리나무 등의 총칭. 하나님앞에서 무용함을 가리키는 말.

세[稅 ; 세금 세. tax]몡(민31:37) 조세. 세금.

세[貰 ; 빌릴 세. hire, trbute]몡(출22:15) 남의 물건을 빌어쓰고 그 값으로 주는 돈.

세[歲 ; 해 세. years ago]몡(창5:3) 숫자밑에 쓰이어 "살"의 뜻을 나타내는 말.

세간[household stuff, goods]몡(느13:8) 집안 살림에 쓰는 모든 기구. 살림살이. 가정 집물.

세겔[shekel]몡(창23:15) 돈의 단위. 중량(11.42g)의 단위. 20게라(출30:13) 성전에서 사용한 세겔은 일반세겔과 구별되었다(마17:27) 시대에 따라 가치가 다르다.

세겔[זֵכֶר = 기억하다]囹(대상8:31) 기브온에 거한 베냐민지파 여이엘의 자손. 대상9:37에는 스가랴로 되어 있다. →스가랴

세겜[שְׁכֶם = 어깨, 조각, 일부]囹

① 히위사람 하몰의 아들. 세겜족의 족장(창33:19). ①야곱의 딸 디나를 강간하였다. ②디나의 오빠 시므온과 레위가 묘략을 꾸며 세겜과 그의 모든 남자를 죽이고 많은 재물을 약탈하였다.

② 므낫세 지파에 속한 길르앗의 자손으로 족장(민26:31).

③ 므낫세 지파 스미다의 아들(대상7:19).

세겜[שְׁכֶם = 어깨, 조각, 일부]囝

1. **위치** - 에발산과 그리심산 사이의 한 성읍. 예루살렘에서 북으로 65km지점에 있다(창33:18).

세겜사람

2. 관련기사 - ①가나안 중부에 있은 중요 성읍(수20:7, 삿9:26). ②성소가 있은 곳(창12:6, 33:18). ③아브라함이 약속받은 땅(창12:1-7). ④히위인의 거주지로 디나사건이 일어난 곳(창33:1-31). ⑤시므온과 레위가 보복으로 주민을 살해했다(창34:25-29). ⑥푸른 초장이 많은 곳(창37:12, 13). ⑦요셉의 형들이 이 곳에서 양을 칠 때 야곱이 그 아들들의 안부를 알기 위하여 요셉을 보내었다(창37:12-13). ⑧요셉의 유골을 애굽에서 가져와 이곳에서 장사하였다(수24:32). ⑨토지 분배시 에브라임 지파에게 주었다(수17:7). ⑩여호수아가 에발산에 단을 쌓은 후 이곳에 민중을 모으고 율법책을 낭독하여 들려 주었다(수24:1, 25). ⑪피난처가 됨(수20:7). ⑫우상숭배의 중심지(삿9:1-7). ⑬이스라엘이 이곳에 모여 르호보암을 왕을 삼으려다가 10지파가 배신하고 여로보암을 왕을 삼았다(왕상12:20). ⑭여로보암이 성을 쌓고 수도로 삼았다(왕상12:25). ⑮파괴된 성읍(삿9:23, 45). ⑯시편에 언급된 성읍(시60:6, 108:7). ⑰도피성의 하나(수20:7). ⑱아비멜렉이 왕국을 건설 실패한 곳(삿9장). ⑲사마리아 사람의 수도(왕상12:25). 야곱의 우물이 있는 곳(요4:6). ⑳수가와 같은 곳(창48:21, 22, 수24:32, 요4:5).

세겜사람[shechemites]명(민26:31) ①히위족(창34:1-31). ②므낫세 지파의 세겜 거주자(민26:31).

세계[世系; 인간 세, 이을 계. genealogy]명(창10:32) 대대의 계통의 계보. 족보.

세계[世界; 인간 세, 지경 계. all earth, world]명(출15:9) 일반적으로 온 세상을 가리킨다. 땅. ①하나님의 창조물(창1:1, 히1:2). ②유한한 세계로 심판을 받음(시96:13, 행17:31). ③새로운 세계(히2:5, 계21:1). ④주의 것임(고전3:22, 약3:6). ⑤그리스도를 말미암아 창조됨(요1:3, 골1:16, 히11:3).

세계상[世界上; 인간 세, 지경 계, 위 상. everywhere throughout the world]명(욥37:12) 온세상에. 지구상. 지구의 표면.

세공업[細工業; 가늘 세, 장인 공, 업 업. workmanship]명(계18:22) 자질구레한 물건을 만드는 수공업. 금사슬, 보석을 만듬(출28:11, 13).

세공업자[細工業者; 가늘 세, 장인 공, 업 업, 놈 자. craftsman]명(계18:22) 작은 물건을 만드는 것을 업으로 삼는 기술자를 가리킨다. 금사슬, 보석등을 만드는 사람.

세관[稅關; 세금 세, 관계할 관. tax office]명(마9:9) 항만, 공항, 국경지대에서 외국과 거래하는 물건을 조사하고 그것에 대한 세금을 물리고 선박과 비행기, 화물의 단속을 맡고 있는 정부의 기관. 마태가 근무하다가 주의 부름을 받았다.

세구[שֵׁכוּ = 망대]지(삼상19:22) 사울이 다윗을 잡으려고 사람을 보내었으나 그곳에 이르자 잡으러 간 사람들이 예언을 하고 잡지 않았다. 사울이 직접가서 잡으려 하였으나 사울도 그곳에서 예언을 하였다. 거기에는 큰 우물이 있다.

세군도[Σέκουνδος = 제2]인(행20:4) 데살로니가 교회의 신자. 사도 바울을 따라 아시아까지 간 사람 중의 한 사람. 헌금의 협조자(고후8:23).

세금[稅金; 세금 세, 쇠 금. tax]명(수6:8) 조세의 돈. 국비를 충당하기 위하여 국민에게 거두는 돈.

1. 재원 - ①물납(왕상4:7-28). ②예물(증여물)(삼상10:27). ③공세(삼하8:6-14). ④강제 부과(삿1:28, 왕상9:20-21). ⑤무역(왕상10:15). ⑥조공(왕하23:35). ⑦부역(왕상5:13). ⑧잠세(스4:13). ⑨인두세(마22:17). ⑩성전세(마17:24).

2. 용도 - ①군대의 유지비(대상27:

1). ②왕실경비(왕상4:7-19). ③성전 유지비(마17:24).

세나[Zηvᾶs = 요부의 선물, 제우스의 은사]인(딛3:13) 그레데 교회의 신자. 율법사. 바울의 친구.

세낫살[צַשְׁנַאצַּר = 월신이여 아들을 지켜주시오]인(대상3:18) 바벨론으로 잡혀간 유다왕 여고냐의 네째아들. 에스겔과 함께 바벨론으로 포로된 사람. 스룹바벨의 삼촌. 세스바살과 같은 사람으로 여긴다.

세네[סֶנֶה = 아카시아]지(삼상14:4) 믹마스 남쪽 3km지점에 있는 지금의 아카시아 골짜기라고 하는 곳. 요나단이 블레셋의 배후를 치기위하여 올라간 벼랑바위의 하나. 보세스 맞은 편에 있는 벼랑바위의 이름.

세다[turn gray-haired]자(레19:32) 머리털이 희어지다.

세다[count]타(창13:16) 수를 헤아리다.

세단[זֵיתָן = 감람나무]인(대상7:10) 베냐민 사람 여디엘의 자손 빌한의 아들.

세달[זֵתַר = 별]인(에1:14) 아하수에로왕 때에 바사와 메대의 일곱방백의 한 사람. 왕 다음가는 고관.

세달[שֵׁתַר = 살해자]인(에1:10) 아하스에로 왕의 어전 내시.

세담[זִתָם = 감람나무]인(대상23:8) 라단의 아들. 게르손 자손으로 그의 형제들과 같이 여호와의 곳간을 맡아 관리한 족장이다. 스담과 같은 사람(대상26:22).

세대[世代 ; 인간 세, 이을 대. generations]명(창7:1) ①여러 대. ②한 시대(약30년)의 사람들. ③세계 역사의 어떤 기간. 이 세상을 일컬어 말함.

세라[זֶרַח = 새벽, 해돋이]인

① 에서의 자손 르우엘의 아들. 에돔족의 족장(창36:13,대상1:37).
② 에돔의 왕. 요밥의아버지(창36:33,대상1:44).
③ 다말이 낳은 유다의 아들 ①베레스의 동생(창38:30). ②세라 가족의 조상(민26:20). ③아간, 브다히야의 선조(수7:1,느11:24). 예수님의 계보에 있는 사람(마1:3).
④ 시므온 가족의 족장(민26:13). 스할(창46:10), 소할과 같은 사람(출6:15).
⑤ 에드니의 아버지(대상6:41).
⑥ 게르손의 후손(대상6:21).
⑦ 구스사람으로 아사왕 때 유다를 공격한 사람(대하14:8-15).
⑧ 다윗의 용사(대상27:11).

세라[שֶׂרַח = 풍부함]인(창46:17) 아셀의 딸.

세라[Zαρά 새벽]인(마1:3) 예수님의 족보에 있는 사람. 세라③과 같은 사람.

세레뱌[שֵׁרֵבְיָה = 여호와의 열]인
① 에스라와 같이 돌아온 레위사람의 족장(스8:18).
② 에스라가 율법을 낭독할 때 옆에 있는 사람(느8:7).
③ 스룹바벨과 함께 돌아온 사람(느12:8).

세레스[שֶׁרֶשׁ = 뿌리]인(대상7:16) 므낫세지파 마길과 마아가의 아들.

세레스[זֶרֶשׁ = 즐거운 자]인(에5:10) ①하만의 아내. 모르드개를 50규빗되는 나무에 달아 죽이라고 말하였다. ②또 하만에게 당신이 그 앞에서 굴욕을 당하기 시작하였으니 능히 저를 이기지 못하리라고 하였다(에6:13).

세렛[סֶרֶד = 두려움]인(창46:14) 스불론의 아들. 세렛 가족의 조상(민26:20).

세렛[צֶרֶת = 빛 남]인(대상4:5-7). 유다자손 아스훌과 헬라의 아들.

세렛[זֶרֶד = 번성]지(민21:12) 세렛 시내를 가리킨다. 이스라엘 백성이 출애굽하여 진친 곳. 에돔과 모압 국경을 흐르는 강. 이스라엘 백성은 이 강을 따라 동으로 우회하여 가나안 땅으로 향했다(신2:13-14). 버드나무 시내와 같은 곳으로 여김(사15:7). 사해 동남쪽 끝으로 흐르는 와디 엘 헤사로 56km나 되는 강. 낙차가 심하다.

세렛사할[רֶצַת הַשַּׁחַר = 아침의 광채] 지(수13:19) 르우벤 지파의 성읍. 아침 햇살을 맨 처음 볼 수 있다는 데서 이 이름이 생겼다고 한다. 사해의 동쪽에 있는 온천장. 지금의 자라트와 같은 곳. 헤롯이 요양한 곳으로 여긴다.

세력[勢力 ; 권세 세, 힘 력. power, force, influence]명(출14:27) 권세의 힘. 일을 하는데 필요한 힘. energy. ①무력함(슥4:6). ②멸망함(계20:7-10). ③교만하기 쉬움(레26:19). ④여호와의 율법을 버리기 쉬움(대하12:1). ⑤치려고 함(에8:11). ⑥거짓숭배(단11:10). ⑦더할 수 없다(단11:38). ⑧치부한다(계18:3). ⑨사망의 세력(히2:14). ⑩불의 세력(히11:34). ⑪개의 세력(시22:20). ⑫주의 말씀(행19:20)

세례[洗禮 ; 씻을 세, 예도 례. baptism]명(마3:6) 자신이 죄인임을 깨닫고 구주이신 예수님을 믿은 후 그리스도인이 됨을 여러 사람 앞에 공포하는 표. 교인이 되는 의식.
＊물에 잠기게 하는 것은 침례이다.
1. 의의 - ①그리스도인이 되는 인증(고후1:22, 엡4:30) ②그리스도와의 연합(롬6:3). ③중생의 씻음(엡5:26, 딛3:5). ④기름 부음(요일2:20,27). ⑤구원의 표(벧전3:21). ⑥예수의 흔적을 인침(갈6:17). ⑦이름(고전5:4). ⑧한 몸을 이룸(고전12:13). ⑨그리스도를 옷 입음(갈3:27). ⑩그리스도와 함께 장사됨(골2:12). ⑪하나님을 향해 찾아감(벧전3:21). ⑫죄사함을 받은 증거(행22:16).
2. 예수그리스도의 이름으로 시행(행10:48) - ①제자에게(마28:19). ②구원을 얻을 자에게(막16:16). ③거듭난 자에게(요3:5). ④회개한 자에게(행2:38). ⑤주의 이름을 부르는 자에게(행22:16).
3. 그리스도의 세례 - ①세례 요한으로 부터 받음(마3:13-15) ②의를 이루심(막13:15). ③성령이 비둘기 같이 임함(마3:16). ④하늘에서 소리가 남(마3:17). ⑤직접 세례를 주지 아니하셨다(요4:2).
4. 모세의 세례 - ①구름과 바다에서(고전10:2) ②홍해를 건넌 것을 세례로 해석한다(출14:21-31).

세례 요한['Ιωαννης = 하나님이 사랑하는 자. John the baptest]인
1. 인적관계 - ①헤롯 때의 제사장 사가랴의 아들(눅1:8-13). ②어머니는 엘리사벳(눅1:57-63).
2. 관련기사 - ①예언과 성취(사40:3-5, 마3:3). ②천사의 출생예고(눅1:11-20). ③성별된 자(눅1:15). ④복중에 있을 때 마리아의 방문(눅1:39-41). ⑤광야에 거함(눅1:80). ⑥그의 생활(마3:4). ⑦요단강에서 회개의 세례를 줌(마3:1-3). ⑧빌립과 안드레를 제자로 둠(요1:35-45). ⑨예수님을 메시야로 증거하였다(요1:29-36). ⑩예수님의 길을 예비한 자(마3:3-12). ⑪예수님께 세례를 주었다(마3:13-16). ⑫헤롯의 부도덕을 책망함(막6:17-18). ⑬헤롯에 의해 투옥됨(마4:12). ⑭제자들을 예수님께 보냄(마11:2-6). ⑮오리라 한 엘리야(마11:14). ⑯귀신들렸다고 비웃음을 받음(마11:18). ⑰메시야로 오인됨(눅3:15). ⑱헤롯에게 목베임(마14:3-12).
3. 인격과 평가 - ①자기를 이긴 사람(마3:4). ②순종한 자(마3:15). ③사명을 다한 자(요3:25-31, 행13:24-25). ④선지자보다 나은 자(마11:9) ⑤여자가 낳은 자 중 큰 자(마11:11). ⑥거룩한 자(막6:20). ⑦겸손한 자(막1:7, 요1:19-23). ⑧증언자(막1:5). ⑨담대한 자(마14:3-4). ⑩예수님으로부터 존귀를 얻음(눅7:24-27). ⑪이적을 행치 않은 자(요10:41).
4. 주에 관한 증거 - ①유대 백성을 책망(마3:7-12). ②능력이 많으신 이(마3:11). ③그의 신을 들기도 감당치 못함(마3:11). ④성령과

불로 세례를 줌(마3:11). ⑤손에 키를 든 자(마8:12). ⑥심판자(마3:12).
5. **바리새인과 사두개인을 책망** - (마3:7-12, 눅3:7-9) - ①독사의 자식들아 ②임박한 진노를 피하라 하더냐 ③회개의 합당한 열매를 맺으라. ④아브라함을 조상이라 생각하지 말라. ⑤이미 도끼가 나무뿌리에 놓였다. ⑥좋은 열매를 맺으라 ⑦찍혀 불에 던지우지 말라.
6. **백성들을 가르침** - ①나누어 주라(눅3:11). ②세리에게는 정한 세 외는 받지 말라(눅3:12). ③군인에게는 강포하지 말라(눅4:14) 무소하지 말라, 받는 요를 만족하라.

세르〔צַר = 좁은〕지(수19:35) 납달리에 있던 성읍.

세리〔稅吏 ; 세금 세, 아전 리. tax collector, publican〕명(마5:46) 세금을 거두는 관리. ①요한의 교훈을 들음(눅3:12). ②예수님의 친구(9:10, 11:19). ③하나님의 나라에 들어갈 자(마21:31). ④세관에 앉은 자(눅5:27). ⑤말씀을 들으려고 함(눅15:1). ⑥바른 기도를 함(눅18:10-13). ⑦세례를 받음(눅7:29). ⑧예수님을 믿음(마21:32). ⑨예수님의 제자가 됨(마10:3). ⑩예수님을 영접(눅19:1-10). ⑪죄인으로 취급됨(마9:10). ⑫바리새인과 동류(마21:31). ⑬이 방인과 같은 자(마18:17). ⑭사랑을 할 줄 아는자(마5:46). ⑮천대받는 자(마9:10-11).

세리장〔稅吏長 ; 세금 세, 아전 리, 어른 장. chief tax collictor〕명(눅19:2) 세무행정에 종사하는 관리의 우두머리. 삭개오의 직책.

세마〔שְׁמָא = 주님은 들어주신다〕인
1 갈렙의 자손. 헤브론의 아들(대상2:43).
2 르우벤 지파 족장 벨라의 할아버지(대상5:8). 요엘의 아들.
3 베냐민지파 아얄론 주민 일족의 아들. 가드시민을 쫓아냄(대상8:13).
4 에스라가 율법을 낭독할 때 도운 사람(느8:4). 스마.

세마〔שְׁמָא = 시랑(豺狼)〕지(수15:26) 유대 남서쪽의 성읍.

세마포〔細麻布 ; 가늘 세, 삼 마, 베 포. fine linen〕명(창41:42) ①올이 고운 삼베. ②예복과 장례때 시신을 쌓다(요19:40). ③성도의 하늘 나라 예복(계19:8), 14). ④순결(계19:4). ⑤의(계19:8). ⑥교만을 나타냄(계18:16).

세마포장〔細麻布帳 ; 가늘 세, 삼 마, 베 포, 휘장 장. hangings of fine twined linen〕명(출27:9) 세마로 만든 휘장

세말〔歲末 ; 해 세, 끝 말. year-end〕명(신11:12) 한 해의 마지막 때. 세밑. 세모. 연말.

세메벨〔שְׁמֵאֵבֶר = 술찌꺼지〕인(창14:2) 스보임의 왕. 소돔, 고모라, 아드마, 소알의 왕들과 동맹하여 시날, 엘라살, 엘람, 고임등 4개국을 상대하여 싸우다가 패하였다.

세멜〔שֶׁמֶר〕= 지켜 봄. 파수〕인
1 이스라엘왕 오므리가 수도 사마리아를 건설하기 위하여 은 2달란트로 산 사마리아의 언덕 산을 소유했던 사람의 이름(왕상16:24) 사마리아라는 이름의 기원을 여기서 찾을 수 있다.
2 레위 사람 므라리자손 말리의 아들. 바니의 아버지(대상6:46).

세멧〔שֶׁמֶד = 파괴〕인(대상8:12) 베냐민 지파 자손 엘바알의 아들. 오노와 롯과 그 향리를 세웠다.

세미〔細微 ; 가늘 세, 작을 미. be small, minuteness〕명(출16:14) 아주 가늘고 작음.

세바〔זֶבַח = 희생〕인(삿8:5) 미디안왕 살문나와 함께 기드온에게 살해되었다.

세바〔שֶׁבַע = 맹세, 일곱〕인
1 갓지파 아비하일의 아들로서 바산에 거주했다(대상5:13, 6).
2 베냐민 지파 비그리의 아들. 압살롬의 난이 진정되고 다윗의 왕권이 회복될때 10지파와 유다지파 사이에 시비가 일어났다. 세바가 나팔

세바 을 불어 10지파를 소집하고 '다윗을 따를 필요가 없다' 하고 외쳐 돌려 보내고 자기는 벧마아가 아벨에 가 있었다. 다윗의 장군 요압과 아비새의 형제가 따라가서 그 성을 포위하자 그 성에 있는 지혜있는 여인 하나가 세바의 머리를 베어 성위에서 요압에게 던졌다(삼하 20:1-22).

세바 [שֶׁבַע = 풍부][지] (수19:2) 시므온 사람의 성읍. 브엘세바의 단축형(창26:33, 수19:2).

세바 [שִׁבְעָה = 맹세, 일곱][명](창26:33) 이삭이 판 우물의 이름(이삭이 아비멜렉과 계약을 맺고 명명했다).

세베대 [Ζεβεδαιος = 주께서 주심][인](마4:21) 갈릴리 어부. 예수님의 제자 야고보와 요한의 아버지. 그의 아내 살로메가 많은 재물을 가지고 예수님을 섬겼다는 사실로 보아 그는 상당한 재산가였다고 생각된다. 배를 가졌으며 고용한 사람이 있었다(막1:19-20).

세벨 [שֶׁבֶר = 곡식, 멸망][인](대상2:48) 갈렙의 첩 마아가의 소생

세벨산 [שֶׁבֶר = 아름다움, 우아][지](민33:23) 아라비아 광야에 있는 산이름. 출애굽한 후 진쳤던 곳.

세삭 [שֵׁשַׁךְ = 왕의 집][지] (렘25:26, 51:41) 바벨론의 다른 명칭.

세산 [שֵׁשָׁן = 백 합화][인](대상2:31) 유다 사람 여라무엘의 자손 이시의 아들. 그는 아들이 없어 딸을 애굽 사람(종) 야르하와 결혼시켰다(대상2:34-35).

세 살 갈고리 [fork][명](삼상2:13) 제사장의 종이 희생제물을 삶을 때 쓰는 도구. 고기를 찌르는 삼지창.

세상 [世上; 인간 세, 위 상. world][명](창5:24) 사람이 살고 있는 온 누리. 사회.

*세상과 그리스도인 - ①세상에서 택함을 받음(요15:19). ②보냄을 받음(요17:18). ③환난을 당함(요16:33). ④속하지 않음(요17:14). ⑤본받지 아니함(롬12:2). ⑥십자가에 못박음(갈6:14). ⑦이김(요일5:5). ⑧빛임(마5:14). ⑨물들지 아니함(약1:27). ⑩정욕을 버림(딛2:12). ⑪소금임(마5:13). ⑫일터(마28:19-20). ⑬세상의 영을 받지 아니함(고전2:12). ⑭아무것도 가지고 온 것이 없음(딤전6:7). ⑮경건한 생활(딛2:12). ⑯세상이 감당치 못함(히11:38). ⑰세상을 이긴다(요일5:4).

세상적 [世上的; 인간 세, 위 상, 적실할 적. earthly, belong to the world][부](약3:15) 신앙적이 아님. 세상에 좇은 일. ①주의 일을 방해(딤후2:4). ②말씀이 막힘(마13:7, 22). ③복음을 방해(눅14:18-20). ④불신앙(마6:25-32). ⑤마음이 우둔해짐(눅21:34). ⑥진리를 거스림(약3:14). ⑦시기와 자랑(약3:14). ⑧교만(막9:35). ⑨버려야 함(막8:35, 마19:29).

세새 [שֵׁשַׁי = 희끄무레한][인](민13:22) 아낙 자손 중 한 사람. 갈렙이 쫓아 내었다(수15:14).

세세 [世世; 인간 세, 인간 세. successive generations][명](사34:10) 대대(代代).

세세무궁 [世世無窮; 인간 세, 인간 세, 없을 무, 다할 궁. for ever][명](롬16:27) 영원토록 끝이 없음.

세세하다 [細細~; 가늘 세, 가늘 세][형](삼상3:18) ①아주 자세하다. minute. ②잘디잘아 보잘 것 없다 trifling. ③매우 가늘다. very thin

세속 [世俗; 인간 세, 풍속 속. common customs, world][명](약1:27) 이 세상. 세상의 풍속.

세스바살 [שֵׁשְׁבַּצַּר = 불에 절하는 자][인](스1:8) 유다의 장관으로 바벨론 포로에서 돌아올 때 고레스왕의 명령으로 성전 기물을 접수 받은 사람. 대상3:18에 나오는 세낫살과 같은 사람으로 본다.

세아 [seah][명](창18:6) 곡식을 되는 단위(삼상25:18) 반 오멜.14.17ℓ에 해당함.

세약 [細弱; 가늘 세, 약할 약. thin][명](창41:6) 가늘고 약함. 연약함.

세에라[הרֲאֶשׁ = 혈연 관계, 친척]인 (대상7:24) 에브라임의 딸. 성읍 벧 호론과 우센세에라를 세웠다.

세우다[stand](창9:10) 세로로 서게 하다. 일으키다. ①그리스도의 몸(엡4:12). ②교회(고전14:4-12). ③새언약(고전11:25). ④언약(창6:18)⑤우리(성도)(살전5:9). ⑥의(롬10:3). ⑦구주(행13:23). ⑧제자(눅10:1). ⑨왕(단9:1). ⑩권세를(고후10:8). ⑪사도(딤전2:7). ⑫전파하는 자(딤전2:7). ⑬장로(딛1:5). ⑭봉사자(행6:1-6). ⑮직분자(고전12:28).

세월[歲月 ; 해 세, 달 월. days of year, time and tide]명(창4:3) 흘러가는 시간. ①인생길의 여로(창47:9). ②기간, 시대, 계절을 가리킨다(골4:5). ③아껴야 함(엡5:16). ④악함(엡5:16).

세일[שֵׂעִיר = 털보]인(창36:20) 에돔땅에 살았던 호리족속의 조상 (대상1:38).

세일[שֵׂעִיר = 털이 많음]지
① 에서의 후예. 에돔 전체를 가리킴 (창14:6). 사해 남방 아카바만에 이르는 지역(창32:3, 사21:11).
② 예루살렘 서쪽의 유다지파에게 분배된 나무가 무성한 산(수15:10). 기럇 여아림의 서쪽 지역.

세일산[שֵׂעִיר = 험한 산]지(창36:8) ①아브라함 시대에 엘람왕 그돌라오멜이 이 산에서 호리 족속을 정복하였다(창14:5-6). ②에서의 자손 에돔족속은 호리족속을 내어쫓고 이곳을 거주지로 삼았다 (창33:14, 민24, 18, 신1:44, 수24:4). ③오랜 후에 유다왕 여호사밧 때에 이 산 주민과 암몬과 모압의 연합군이 유다를 치러 온 것을 여호와께서 진멸하여 주셨다(대하20:22, 23). ④이 땅이 발람과 모세와 드보라, 바락의 시에 올라 있다(민24 ; 18, 신32:3, 삿5:4). ⑤이사야와 에스겔 두 선지자의 예언에 들어있다(사21:11, 겔25:8).

세입금[歲入金 ; 해 세, 들 입, 쇠 금. annual revenue]명(왕상10:14) 한 회계년도 사이의 총 수입금.

세째하늘[third heaven]명(고후12:2) 뜻은 하늘의 가장 높은 곳. ①하나님의 거처로 생각함(시2:4, 사40:22). ②그리스도가 계시는 하늘(엡4:10, 히4:14). ③바울이 이끌려 간 곳(고후12:2). ④파라다이스로 해석함(고후12:4, 눅23:43, 계2:7).

세초[歲初 ; 해 세, 첫 초 new year's day]명(신11:12) ①새해의 첫날. ②연초. 연시.

세탁[洗擢 ; 씻을 세, 빨래할 탁. laundry]명(사36:2) 빨래.
* 세탁하는 곳은 예루살렘 성밖 기혼 샘근처에 있었다(왕하18:17).
방법 - ①물로(삼하19:24). ②잿물로(말3:2).
상징 - ①죄사함(시51:7). ②성결 (계4:4).

세탁업자[洗擢業者 ; 씻을 세, 빨래할 탁, 업 업, 놈 자. laundryman]명(사36:2) 세탁을 업으로 하는 사람.

세탁자[洗擢者 ; 씻을 세, 빨래할 탁, 놈 자. fuller]명(왕하18:17) 세탁을 하는 사람, 직물을 빨고 표백하는 사람.

세탁자의 밭[fuller's field]지(왕하18 ; 17) 예루살렘 동쪽 기혼샘 부근에 있던 세탁장. 세탁물을 표백하는곳(사7:3, 36:2). ①이사야와 아하스가 만난곳(사7:3). ②히스기야왕의 관리가 산헤립의 군대장관을 만난 곳(사36:2).

센[שֵׁן = 이빨]지(삼상7:12) 사무엘이 블레셋에 대한 전승을 기념하기 위해 미스바와 센 사이에 돌을 세우고 이름을 에벤에셀이라 하였다. 이는 '여호와께서 여기까지 우리를 도우셨다'의 뜻이다.

센 머리[hoary head](레19:32) 희어진 머리 모습. 백발을 말함. ①장수에 대한 존경(레19:32). ②하나님의 보호가 없는 여로(사46:4). ③영화의 면류관(잠16:31).

셀라[sela]몡(시3:2) 높인다의 뜻. 시편에서 71회 사용. 하박국의 기도 중에 3회 사용되었다. 노래 소리나 음악의 소리를 높이라는 부호.

셀라[שֶׁלַח = 투창, 무기]인(창10:24) 셈의 손자. 에벨의 아버지. 아르박삿의 아들(대상1:18,24). 예수님의 계보 중 살다와 같은 사람(눅3:35).

셀라[שֵׁלָה = 고요함, 기도]인(창38:5) 유다가 가나안 여인 수아에 의해 낳은 아들. 셀라 가족의 선조(대상2:3, 4:21).

셀라[סֶלַע = 바위, 반석]지에서의 후손이 세운 에돔의 수도. 유다 아마샤가 정복하여 욕드엘로 개명한 곳(왕하14:7). 후에 나밧왕국의 수도가 된 곳. 지금의 페트라 ①견고한성(시60:9, 108:10). ②멸망이 예언된 성(옵3:4). ③여호와께 돌아올 자가 있다(사42:11). ④도망한 모압 사람이 조공을 바치게 됨(사16:1~). ⑤처음엔 아모리인의 경계(삿1:36, 렘49:16). ⑥염곡과 연관된 곳(대하25:12).

셀라[צֶלַע = 절름발이]지(수18:28) 베냐민의 성읍. 사울과 요나단의 유골을 장사한 곳(삼하21:14). 셀사와 같은 곳(삼상10:2).

셀라못[selah pond]몡(느3:15) 파견 자란 뜻을 가진 연못. 예루살렘 동쪽 왕의 동산 근처에 있으며 실로암 못과 같다. 느헤미야 때 살룬이 못가에 성벽을 재건하였다.

셀라하마느곳[סֶלַע הַמַּחְלְקוֹת = 분리하는 바위]지(삼상32:24-29) 다윗이 사울을 피하여 몸을 숨긴 곳. 사울이 알고 와서 포위하였을 때 블레셋의 침입이 있어 저절로 포위망이 풀렸다. 다윗이 그 뜻으로 지은 이름이다.

셀레먀[שֶׁלֶמְיָה = 보응하심]인

① 다윗왕 때 성전 경비원(대상26:14) 레위 사람. 대상9:21, 26:1에는 므셀레먀로 되었다.

② 예레미야시대 구시의 아들. 느다냐의 아버지(렘36:14).

③ 압디엘의 아들. 스라야와 함께 서기 바룩과 선지자 예레미야를 체포하도록 여호야김의 명령을 받은 자(렘36:26).

④ 하나냐의 아버지. 예루살렘 성벽 수리를 도운 자(느3:30).

⑤ 하나냐의 아들(렘37:13). 이리야의 아버지(렘37:13).

⑥ 예레미야 시대의 사람. 여후갈(렘37:3, 38:1 유갈)의 아버지.

⑦ 빈누이의 아들. 포로에서 귀환 후 에스라의 권면에 의해 이방인 아내와 그 아들과 인연을 끊었다(스10:39).

⑧ 다른 빈누이의 아들로 포로에서 귀환후 에스라의 권면에 의해 이방인 아내와 그 아들과 인연을 끊었다(스10:41).

⑨ 제사장으로 10분의 1의 예물을 주관하기 위해 느헤미야에 의해 임명된 사람(느13:13).

셀레스[שְׁלֵשׁ = 세째]인(대상7:35) 아셀 자손 헬만의 아들.

셀렉[צֶלֶק = 갈라진 곳]인(삼하23:37) 다윗의 30용사 중 한 사람. 암몬사람이다.

셀렙[שֶׁלֶף = 끌어냄]인(창10:26) 셈의 자손 욕단의 아들. 남부 아라비아에 거주.

셀렛[סֶלֶד = 높임]인(대상2:30) 유다사람 여라므엘의 자손 나답의 큰 아들. 그는 자식없이 죽었다.

셀롯[ζηλωτης = 열심당]인(눅6:15) 유대의 극단적인 애국정당의 이름. 가나안 당이라고도 부름. 하나님에 대하여 독점적이며 배타적 입장을 취하는 열심당으로 예수님의 열두 제자 중 베드로가 아닌 다른 시몬을 가리킨다.

셀사[צֶלְצַח = 바위]지(삼상10:2) 베냐민의 성읍. 라헬의 무덤이 부근에 있다. 사울이 아버지의 나귀를 잃고 사무엘을 찾아가 그 행방을 물었다. 사울은 왕으로 기름부음을 받고 사무엘의 지시대로 라헬의 묘실 가까이에서 잃은 나귀를 찾아 돌아갔다(삼상10 ; 2-9).

셈[םֵׁש =높은 지위, 유명한]인
1. **인적관계** - ①노아의 장자(창5:32). ②함과 야벳의 형. ③엘람, 앗수르, 아르박삿, 룻, 아람의 아버지(창10:22).
2. **관련기사** - ①홍수 때 구원됨(창7:7-13,벧전3:20). ②아버지의 수치를 가리워 줌(창9:23). ③노아의 축복(창9 ; 26). ④에벨 온 자손의 조상(창10:21). ⑤아브라함의 조상(창11:10-26). ⑥예수님의 계보에 든 사람(눅3:36). 셈의 자손은 아시아주를 비롯하여 히브리, 수리아, 갈대아, 아라비아, 아라미, 페르사등으로 산재해 있으며 그들의 문자를 셈 문자라 칭하고 함의 자손 중에서도 이 문자를 사용한다.

셈하다[account]타(눅16:2) 계산하다. 회계하다. 손익에 대한 계산.

셉나[אָנְבֶׁש =돌아오소서]인 ①히스기야왕 때의 서기관(왕하18:18). ②랍사게와 아람어로 협상함(왕하18:26). ③옷을 찢고 왕에게 나아감(왕하18:37). ④굵은 베옷을 입고 이사야를 찾아갔다(왕하19:2). ⑤이방인으로 국고를 맡고 궁을 지휘했다(사25:15). ⑥자기를 위하여 호와로운 묘실을 만들어 이사야의 책망을 들음. 힐기야의 아들 엘리야김이 그 직책을 맡게 되리라고 예언하였다(사22:19-21).

셋[תֵׁש =대신 둠]인
1. **인적관계** - ①아벨을 대신하여 출생한 아담의 세째 아들. ②에노스의 아버지(창5:6).
2. **관련기사** - ①형 가인의 장자의 직분을 가지게 되었고 하나님을 섬기는 자의 시조가 되었다(창4:25). ②912세를 향수(창5:7). ③셋의 계보에서 예수님이 탄생하셨다(눅3:38). ④경건한 사람들을 대표한다.

셋[תֵׁש = 소동하는 자식]인(민24:17 난외 해설) 소동하는 자식을 난외에 셋의 자손으로 해설하고 있다. 발람은 이 자손들이 이스라엘에 의하여 멸망할 것을 예언했다(민24:15-19). 이들은 모압 사람들이다.

셋돈[hire lend]명(마22:19) 세로 나가는 돈. 임대료.

셋집[貰~ ; 빌릴 세. house to lend]명(행28:30) 세를 내고 빌어서 사는 집. 바울이 로마에서 셋집에 살았다.

소[ox, kine]명(창12:16) 하나님이 창조하신 가축. ①제물(출20:24). ②들에서 기른다(민22:4). ③농사일에 쓰임(삿14:18, 암6:12). ④탈곡에 사용(호10:11). ⑤짐을 운반한다(대상12:40). ⑥수레를 끈다(삼상6:7). ⑦새끼는 8개월동안 젖을 먹음(삼상6:7). ⑧유제품을 만듦(창18:7). ⑨식용됨(신14:4). ⑩중요재산(욥24:3). ⑪성전 장식물(왕상7:25). ⑫나귀와 같이 멍에를 맬 수 없다(신10:). ⑬맛이 좋음(삼상28:24, 잠15:17).

상징 - ①황소 - 적(시22:12, 68, 30). ②초자연적 힘(겔1:10, 계4:7).

소[אֹוס]인(왕하17:4) 애굽왕. 이스라엘 최후의 왕 호세아가 앗수르를 배반하고 소에게 사자를 보내어 원조를 청하였다.

소견[所見 ; 바 소, 볼 견. one's views]명(신12:8) 사물을 보고 가지는 바의 의견이나 생각.

소경[blind]명(출4:11) 눈이 보이지 않는 사람. 맹인. 봉사. 장님. 시력상실자. 실명자.
2. **영적인 소경** - ①진리를 볼 수 없다(마6:23). ②죄에 빠짐(마15:14). ③말씀을 깨닫지 못함(고후3:14). ④복음을 막음(고후4:4). ⑤생명에서 떠남(엡4:18). ⑥어두운 가운데 있음(요일2:11). ⑦갈 곳을 알지 못함(요일2:11). ⑧열매 없는 자(벧후1:5-9). ⑨거짓 스승

(마23:24). ⑩심판을 받음(마23: 16-22).

소고[小鼓 ; 작을 소, 북 고. timbrel] 명(울15:20) 두개의 채로 치는 작은 북. 타악기의 하나. ①춤을 출 때 사용(출15:20). ②예언할 때 사용(삼상10:5). ③노래할 때 사용(삼상18:6). ④종교의식에 사용(삼하6:1-5, 대상13:8). ⑤찬양에 사용(시149:3). ⑥장식에 사용(렘31:4). ⑦예비된 악기(겔28: 13). ⑧연회시 사용(창31:27).

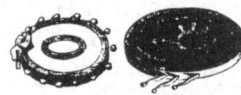

소고[שׁוֹבָה = 연한 가지]인(대상4: 18) 유다사람 갈렙의 자손 중 메렛의 아내 여후디야가 낳은 헤멜의 후손. 소고가문을 이루었다.

소고[שׁוֹבָה = 연한 가지]지
1 유다의 한 성읍. ①블레셋이 이스라엘과 싸우려고 먼저 이곳에 모여 에베스담엠에 진을 치고 싸우려다가 그 대장 골리앗이 다윗의 물맷돌에 맞아 죽었다(삼상4:7; 10). ②르호보암시대에 국방성으로 삼았다(4대하11:5, 7). ③아하스왕 때 블레셋이 다시 취하였다(대하 28:18).
2 유다산지의 한 성읍(수15:48).
3 솔로몬 행정구역의 제3구역의 성읍(왕상4:10) 벤헤셋이 주관한 지역. 사론평원에 있었다.

소금[salt]명(창9:26) 염화나트륨이 주성분인 백색이고 짠맛을 띤 결정체. ①맛을 낸다(욥6:6, 마5: 13). ②소제물에 뿌림(레2:13). ③성읍에 뿌림(삿9:45). ④쓴 물에 뿌림(왕하2:20-21).⑤먹음(수 4:14). ⑥제물(스6:9). ⑦성결케 하는데 사용(겔16:4, 43:24, 출 30:35).

상징 - ①폐허(겔47:11). ②하나님의 백성인 성도의 모범(마5:13). ③하나님의 언약(민18:19). ④버림받음(겔47:9). ⑤심판(막9: 49). ⑥화목(막9:50). ⑦언어순화(골4:6). ⑧좋은것(눅14:34). ⑨멸망(삿9:45). ⑩은혜(막9:50).

소금[salt]명(마5:13) 구원된 성도. 빛과 같이 그리스도인을 일컫는 말.

소금 구덩이[salt pits]명(습2:9) 모압의 황폐에 대하여 소돔처럼 될 것을 뜻한다.

소금기둥[pillar of salt]명(창19:26) ①소금으로 된 기둥. ②소돔과 고모라가 멸망할 때 롯의 아내가 도망하다가 뒤를 돌아봄으로 소금기둥이 되었다. 현재 사해 남서안 절벽에 있다.

소금땅[salty waste](겔47:11) 염분이 함유된 황무지. 농사를 지을 수 없는 땅. 염지.

소금언약[~言約 ; 말씀 언, 약속할 약. all the special contributions]명 (민18:19) 불변하시는 하나님의 언약. 레위인과 다윗에게 하신 하나님의 언약(민18:18, 대하13:5).

소나기[shower]명(욥24:8) 여름철에 갑자기 퍼붓는 큰 비. 폭풍, 단비로 번역된 말(신32:2).

소나무[pine]명(사41:19) 소나무와의 상록교목. 육송(陸松).

소낙비[shower]명(시72:6) 소나기를 강조한 말. →소나기.

소녀[少女 ; 젊을 소, 계집 녀. girl] 명(창24:14) 나이가 어린 여자 아이. ①인정이 많음(창24:14). ②아름다움(창24:16). ③사랑받음(창34:3).

소년[少年 ; 젊을 소, 해 년. boy]명(창4:23) 나이가 어린 사내아이.

소대[סָדַד = 외면하다]인(스2:55) 솔로몬의 신복의 자손. 바벨론에서 스룹바벨과 함께 돌아온 자손.

소도[小刀 ; 작을 소, 칼 도. knife]명(렘36:23) 작은 칼.

소돔[סְדֹם = 에워쌓인 곳]지
1. 위치 - 사해부근에 있던 가나안 사람의 성읍(창10:19).

2. **관련기사** - ①고물아, 아르마, 스보임, 소알과 같이 기록된 성읍(창14:2,10). ②물이 많은 비옥한 땅(창13:10). ③롯의 거주지(창13:11,12). ④동방왕의 연합군에 침략당함(창14:2-16). ⑤죄가 많은 곳(창19:24-28). ⑥아스팔트(역청)구덩이가 많은 곳(창14:10). ⑦주민은 악함(창13:13). ⑧롯이 사로잡혀 갔다(창14:12). ⑨아브라함이 중보기도를 함(창18:16-33). ⑩천사가 그곳으로 감(창19:4). ⑪유황불로 멸망됨(창19:24-28).

3. **그들의 죄악** - ①악함(창13:13). ②완고함(렘23:14). ③성적범죄(유7). ④죄가 중함(창18:20)

4. **상징적 교훈** - ①패역(사1:9, 겔16:46-63). ②심판(계11:8). ③사악함(신32:32). ④완고함(눅10:12). ⑤경건치 아니한 자의 본(벧후2:6). ⑥멸망(AIDS)(롬9:29, 마11:24).

소돔의 포도나무[vine of sodom](신32:32) 타락하여 부패한 백성을 일컫는 말. 쓸개포로를 맺음.

소동[騷動];시끄러울 소, 움직일 동. noise, tumult]명(민24:17)여럿이 떠들어 댐. 야단법석. 난동. 사건이나 큰 변. 장차 멸망할 모양 자손을 소동하는 자식이라고 했다.

소득[所得;바 소, 얻을 득. portion, gains]명(레6:17) ①자기 소유가 됨. ②생긴 이익.

소디[סוֹדִי = (하나님의) 밀의의 참여자]인(민13:10) 가나안 땅을 탐지하러 보낸 스불론 지파의 대표 갓디엘의 아버지.

소라[צָרְעָה = 강타, 호박벌]지

1. **위치** - 유다평지의 성읍. 예루살렘 서쪽 24km지점에 있다.

2. **관련기사** - ①단 지파의 거주지(수19:40,41). ②삼손의 출생지(삿13:2). ③삼손이 활동을 하고 매장된 곳(삿13:24,16:31). ④갓 지파가 북으로 떠남(삿18:2-11). ⑤르호보암이 요새화(대하11:10,11). ⑥포로에서 귀환한 사람들이 정착함(느11:29).

소라사람(족속)[zorathites]인
1 소발의 자손(대상2:53).
2 유다지파의 후손 살마의 자손(대상2:54).

소란[騷亂;시끄러울 소, 어지러울 란. disturbance, commotion]명(눅21:9) 시끄럽고 어수선함.

소렉[שׂוֹרֵק = 포도 골짜기]지(삿16:4) ①유다평지. 동과 서를 가르는 에라계곡의 북쪽, 아얄론 계곡의 남쪽에 있다. 삼손과 관계가 깊은 곳으로 그의 아버지 집이 있던 딤나가 다 이 계곡 근방에 있었다(삿13:2,14:1). ②또 이 계곡에 삼손이 열렬하게 사랑한 들릴라의 집도 있었다(삿16:4). 부근에서 가장 큰 도시는 베데시멘이다. 이 계곡은 지중해 연안 욥바로부터 예루살렘으로 가는 통로가 된다.

소로[小路;작을 소, 길 로. lane]명(삿5:6) 작은 길. 협로.

소리[voice]명(창3:10) ①사람이나 동물의 발성기에서 나는 울림. ②물체가 떨리어 나는 음.

소망[所望;바 소, 바랄 망. byway hope]명(룻1:12) 바람, 기대.

소망하는것 - ①하나님(시39:7). ②하나님의 구원(시33:20, 미7:7). ③구원의 대망(눅2:28-38). ④구원의 완성(행24:15). ⑤믿음(히11:1). ⑥하나님 나라(롬8:23, 벧전1:13). ⑦기다림(롬8:25). ⑧인내(롬5:4). ⑨믿음, 사랑과 함께(고전13:13). ⑩영생(딛1:2).

소맥[小麥;작을(가볍게 여길) 소, 보리 맥. wheat]명(사28:25) 밀.

소멜[שֹׁמֵר = 지키는 자, 감시자]인
① 유다 왕 요아스를 모반하여 밀로궁에서 죽인 신복 여호사바드의 아버지(왕하12:21). 대하24:26에는 모압 여인 시므릿의 아들 여호사바드으로 되어 있다.
* 소멜과 모압여인 시므릿 사이의 소생은 여호사밧, 여호사바드.
② 아셀지파 사람 헤벨의 아들(대상7:32). 호담의 형제. 아히와 로가와 호바와 아람의 아버지(대상7:34).

소멸[消滅; 다할 소, 멸망할 멸. be wasted, extinction]명(민14:33) 사라져 없어짐. 지워 없앰.

소멸[燒滅; 불태울 소, 멸망할 멸. destruction by fire]명(민16:35) 타서 없어짐. 태워 없앰.

소문[所聞; 바 소, 들을 문. rumour]명(창45:16) 널리 떠도는 말.

소바[שֹׁבִי = 저주](대상7:35) 아셀 지파 헬렘의 아들.

소바[צוֹבָה = 주거]지(삼상14:47) 아람사람의 한 소왕국. 사울, 다윗, 솔로몬 제왕과 싸운 곳. 다메섹과 하마레사이에 있었는데 하맛소바라고도 불렀다(삼상14:47, 삼하8:3, 10:6-8, 왕상11:23, 왕하8:3). 시편에 아람소바라고 표기한 곳도 있다(시60편).

소바더[Σώπατρος = 건전한 출생]인(행20:4) 바울이 3차 선교여행을 마치고 돌아올 때 예루살렘으로 데리고 온 베뢰아 사람(행20:14). 롬16:21에 기재된 「소시바더」와 동일한 사람으로 여긴다.

소바 아람 사람[syrians of zobah]인 (삼하10:6) 암몬 자손이 다윗을 대적하기 위해 고용한 용병.

소박[שׁוֹבָךְ = 확장, 쏟아냄]인(삼하10:16) 소바왕 하닷에셀의 군대장관. 다윗을 대항한 자. 요단 동편 헬람땅에서 살해되었다(대상19:16-18).

소반[小盤; 작을 소, 쟁반 반. small dining table, charger]명(마14:8) 음식을 놓고 먹는 작은 상.

소발[צוֹפַר = 거만, 수다]인(욥2:11) 욥의 세 친구 중 한 사람. 나아마사람(욥2:11, 11:1, 42:9) 욥의 고난에 대해서 엘리바스와 빌닷과 함께 고난의 응보설을 가지고 욥을 설득시키려고 하였다. 헬라어 성경에는 소발을 미네아왕이라 하였다. 그렇다면 그는 아라비아 추장일 것이다.

소발[שׁוֹבָל = 방랑, 새싹]인
① 호리족속 세일의 자손. 다섯 자녀를 두었다(창36:20, 23).
② 갈렙 자손 훌의 아들(대상2:50).
③ 유다의 아들(대상4:1). 르아야의 아버지(대상4:2).

소밥[שׁוֹבָב = 반역하는 자]인
① 다윗 왕이 예루살렘에서 낳은 아들 중 하나(삼하5:14).
② 예수님의 계보에 있는 헤스론의 손자. 갈렙의 둘째 아들(대상2:18).

소배[שֹׁבָי = 포로 경비병]인
① 엘가나의 아들. 나핫의 아버지(대상6:26).
② 스룹바벨과 함께 바벨론에서 돌아온 사람(스2:42).

소베렛[סֹפֶרֶת = 서기]인(느7:57) 솔로몬의 신복의 자손. 스2:55에는 관사와 같이 번역했기 때문에 하소배로 되었다.

소베바[צֹבֵבָה = 천천히 걷는]인(대상4:8) 유다사람 고스의 아들.

소벡[שׁוֹבֵק = 버림]인(느10:24) 바벨론에서 돌아와 계약서에 날인한 44명 중 한 족장.

소변[小便; 작을 소, 오줌 변. urine, piss]명(왕하18:27) 오줌.

소비[שֹׁבִי = 포로]인(삼하17:27, 27) 암몬족속에 속한 랍바 사람 나하스의 아들. 다윗을 도운자.

소빔[צֹפִים = 파수자]지(민23:14) 모압 들에 진을 친 이스라엘을 저주하기 위하여 발락이 발람을 데리고 갔던 비스가 산정.

소산[所産; 바 소, 낳을 산. product, fruit]명(창3:17) 생산품.

소산님[shoshannim]명 시편45, 69의 제목. 백합화와 같이 생긴 악기의

소산님에듯[tume of lilies]명(시80:) 노래의 음정. 소산님. 시편60에는 수산에듯으로 되어 있다. 풀기 어려운 말이다.

소산물[所産物 ; 바 소, 낳을 산, 만물 물. products, increase]명(욥31:39) 그곳에서 생산되는 온갖 물건. ㉗ 소산.

소산지[所産地 ; 바 소, 낳을 산, 땅 지. fertile land]명(신8:8) 생겨나는 바의 땅. 물건이 생산되는 곳.

소생[所生 ; 바 소, 날 생. one's own child, sons, fruit]명(창21:9) 자기가 낳은 아들이나 딸.

소생[蘇生 ; 깨어날 소, 날 생. revival]명(창45:27) 다시 살아남. 회생, 갱생. 죽은 자의 부활과는 다름. 숨을 돌이키거나 잃었던 원기를 회복하는 일을 뜻한다.

＊**영적소생** - ①하나님을 찾음(시69:32). ②영혼의 소생(시23:3). ③주의 이름을 부름(시80:18). ④기쁨의 원천(시85:6). ⑤영이 살림(요6:63).

소성[蘇醒 ; 깨어날 소, 술깰 성. reviving]명(시19:7) 잃었던 정신을 다시 찾거나 혼수상태에서 깨어남. 치료, 고침을 뜻함. ①약간의 회복(스9:8). ②힘을(사57:10). ③영혼을(시19:7). ④만국을(계22:2). ⑤병에서(눅9:11). ⑥말씀으로(시119:25). ⑦주의 인자하심을 따라(시119:88). ⑧마음을(사57:15). ⑨생명을(에1:11) 소성한다.

소소하다[蕭蕭~ ; 쓸쓸할 소, 쓸쓸할 소. desolate]형(욥39:25) 바람이나 빗소리. 멀리서 들려오는 악기소리등의 형용.

소속[所屬 ; 바 소, 붙을 속. belonging, appertainings]명(창45:11) 어떤 기관이나 단체에 딸려 있음. 또는 그 사람이나 물건.

소송[訴訟 ; 하소연할 소, 송사할 (시비할) 송. cause, lawsuit]명(출18:19) ①법률상의 판결을 법원에 요구하는 절차. ②백성끼리의 분쟁의 판결을 관청에 호소하는 일.

소송장[訴訟狀 ; 하소연할 소, 송사할 송, 문서 장. indictment]명(욥31:35) 법률상의 판결을 법원에 요구하는 서류.

소수[少數 ; 적을 소, 셀 수. a few, minority, a few]명(신26:5) 수효가 적음. ①악행을 따르지 않음(출23:2). ②아이성의 사람(수7:3). ③유다의 남은 자(렘44:28). ④하나님을 신뢰하는 자(민14:1-10). ⑤안수받은 병자(막6:5). ⑥좁은 문으로 들어가는 자(마7:13-23).

소스데네[Σωσθένης =권세를 힘입어 평안함]인(행18:12-17) ①고린도에 있는 유대인 회당의 회당장. 본래 이 자리에 있던 그리스보가 개종한 후 후임으로 온 듯하다. 총독 갈리오는 바울에 대하여 고소한 유대인의 고소를 기각했다. 유대인들은 소스데네가 무능해서 그렇다고 갈리오 앞에서 잡아 때렸다. ②고전1:1에 나오는 소스데네와 동일한 사람인듯하다. 그리스도교로 개종한 사람이다.

소시[少時 ; 젊을 소, 때 시. one's youth]명(시25:7) 젊을 때.

소시바더[Σωσίπατρος =아버지를 건짐]인(롬16:21) 사도 바울의 친척 신자. 바울과 함께 문안한 사람.

소식[消息 ; 끌 소, 쉴 식. message tiding]명(창29:13) 안부. regards. 형편, 상태. circumstances. 편지, 소식. letter, news.

＊구약에서는 하나님으로부터의 사신의 전갈. 신약에서는 복음 구원의 아름다운 소식을 말한다(요일1:5, 3:11, 롬10:15).

소아[小兒 ; 작을 소, 아이 아. child]명(삼상15:3) 어린이.

소아[סוֹא =부한]인(겔23:23) 앗수르 비문의 "수투"로 추정하면 앗수르, 바벨론 사람들과 같이 나오는 메소보다미아의 유목민. 디그리스 동편에 산 아람족으로 에스겔 시대에는 느부갓네살에게 정복되었다가 후에 예루살렘공격에 가담했다.

소아시아[anatolia]지)성경에는 나오지 않으나 지금의 터키 지방을 가리키는 말로 다음 지역이 속해있는 로마 행정구역. 아시아, 비두니아, 가바도기아, 카리아(Caria), 길리기아, 갈라디아, 루가오니아, 루기아, 루디아, 무시아, 밤빌리아, 브루기아, 비시디아, 본도.

소안[צען = 낮은 땅]지)
1. 위치 - 애굽 나일강 하류 삼각주 북동부옛 도시(사19:11, 13:4, 겔2:144). 헤브론보다 후에 건설된 도시(민13:22). 평원에 있다(시78:12). 힉소스왕조가 이 도시를 재건하였다는 증거가 된다. 힉소스 제2왕조의 수도로 라메스, 다니스, 아리바스등의 별명을 가지고 있다.
2. 관련기사 - ①하나님이 진노를 내릴 곳(겔30:14) ②하나님이 기적을 행하신 곳(시78:12, 43). ③방백들은 어리석다(사19:11).

소알[צוער = 작은(小)]지)
1. 위치 - 요단 평지의 도시. 원명은 벨라이다(창13:10, 14-8).
2. 관련기사 - ①엘람왕의 공격으로 패했다(창13:10, 14:1-12). ②소돔과 고모라가 멸망할 때 롯과 두 딸이 잠시 피난했던 곳(창19:20-23). ③모세가 비스바산에서 바라본 곳(신34:1-3). ④이사야, 예레미야 시대에도 존속했으며 모압에 있던 도시(사15:5, 렘48:34) 현재 사해동남단의 해저에 매몰된 도시로 생각된다.

소요[騷擾 ; 시끄러울 소, 어지러울 요. disturbance, trouble]명)(욥3:17) 여러사람이 떠들어 어수선한 상태. 소란. 폭동.

소욕[所欲 ; 처소 소, 하고자 할 욕. lust, one's wishes, desire]명)(시10:3) 하고 싶은 마음. 하고 싶은 일.

소용[所用 ; 바 소, 쓸 용. service, need]명)(출5:7) 쓰일 곳. 쓰임.

소원[所願 ; 바 소, 원할 원. desire]명)(창4:7) 바라는 바. 원하는 일. 소망. ①죄의 소원(창4:7). ②간절한 소원(신18:6). ③마음의 소원(삼상20:4). ④모든 소원(삼하23:5). ⑤한가지 소원(왕상2:16). ⑥가난한 자의 소원(욥31:16). ⑦겸손한 자의 소원(시10:17). ⑧악인의 소원(시140:8). ⑨경외하는 자의 소원(시145:19). ⑩의인의 소원(잠11:23) ⑪지식없는 소원(잠19:2) ⑫심령의 소원(전6:2). ⑬아들의 소원(마11:27). ⑭무리의 소원(마27:15). ⑮하나님의 뜻을 위한 소원(빌2:13). ⑯눈물로 간구하는 소원(히5:7).

소위[所爲 ; 바 소, 할 위. conduct, doing]명)(창31:28) ①소행. ②하는 짓. deed. 행위.

소위[所謂 ; 바 소, 이를 위. as they speak so-called]부)(막10:42) 이른바. 말 하고자 하는 바.

소유[所有 ; 바 소, 있을 유. possession, substance]명)(창12:5) 자기 몫으로 가진 물건.
*그리스도인은 하나님의 소유인 백성이다(벧전2:9).

소유물[所有物 ; 바 소, 있을 유. 만물 물, possessions, stuff]명)(창31:18) 소유권이 있는 물건.

소유주[所有主 ; 바 소, 있을 유, 주인 주. owner]명)(욥31:39) 소유권을 가진 사람. 주인.
*하나님이심 - ①세상(시24:1). ②사람(겔18:4). ③성도(고전6:19, 20). ④택한 백성(벧전2:9).

소유지[所有地 ; 처소 소, 있을 유, 땅 지. one's land]명)(수1:15) 가진 땅. 자기의 땅. ①개인(창23:4). ②상속(민33:54). ③경계표시(신19:14). ④공적증명(룻4:1-4, 렘32:10-17). ⑤대가를 지불한 매매(창33:192, 렘32:6-44). ⑥국가의 소유(창47:20). ⑦짐승의 이름이 기록됨(계13:16, 17).

소읍[小邑 ; 작을 소, 고을 읍. small

town]명(행21:39) 자연 부락들의 소재지가 되는 작은 고을.
소임[所任 ; 바 소, 맡길 임. one's duty]명(행24:27) ①맡은 직책. ②적은 임무, 하급 직원. undering.
소자[小子 ; 작을 소, 아들 자. dear disciple, child]대(창43:29) ①부모에게 자기를 낮추어 일컫는 말. 손아랫사람을 일컫는 말. you.
소제[掃除 ; 쓸 소, 덜 제. cleaning]명(사14:23) 깨끗이 쓸고 닦아서 먼지 따위가 없게 함. 청소를 하다.
소제[素祭 ; 흴 소, 제사 제. cereal offering. meat]명(출29:41) 성결한 생애를 하나님께 약속하는 표시로써 한 홉의 밀가루와 기름과 유향을 불태우고 떡을 구워 놓고 드리는 제사.
소제물[素祭物 ; 흴 소, 제사 제, 만물 물. the meat offering]명(레2:3) 소제드릴 때 드리는 제물. 주로 피없는 곡물을 가리킨다. ①예물(민15:18-29:). ②고운 가루로 만든 전병(레2:1, 14-16). ③첫가물과 같이 사용(레2:11-13). ④극빈자의 속죄제물(레5:11-13).
소주[燒酒 ; 불사를 소, 술 주. strong drink]명(눅1:15) 알콜 성분이 많고 물같이 맑은 술의 하나. 구약에서는 독주로 번역된 말.
소집[召集 ; 부를 소, 모을 집. call, gather]명(민10:2) ①불러서 모음. ②의회를 열려고 의원들을 모음. convention.
소청[所請 ; 바 소, 청할 청. request]명(스6:9) 남에게 무슨 일을 청함.
소출[所出 ; 바 소, 날 출. crops]명(창41:47) 논밭에서 거둔 곡식 또는 그 수확량. fruit
소쿠리[bamboo basket]명(삿6:19) 앞이 트이고 테를 둥글게 엮어 짠 대그릇.
소탕[掃蕩 ; 쓸 소, 방탕할 탕. sweep away, cleaning up]명(사28:17) 휩쓸어 모두 없애 버림.
소할[הלוח = 고결함, 희다]인
① 야곱의 손자이며 시므온의 아들(창46:10). 그 지파 족장 중 한사람. 세라와 같은 사람(대상4:24).
② 헷 족속 헤브론의 아버지(창23:8). 아브라함이 묘지로 구입한 막벨라 굴의 소유자(창25:9).
소함[החס = 참옥, 줄마노-보석의 일종]인(대상24:27) 레위지파 므라리 자손. 야아시야의 아들.
소합향[蘇合香 ; 깨어날 소, 합할 합, 향기 향. stacte]명(출30:34) 인도에서 나는 향의 하나. 구약 성막의 증거의 궤 앞에 두기 위한 특별한 향료. 조록나무과에 속한 낙엽교목 때죽나무에서 뽑은 수지로 추정한다.
소행[所行 ; 바 소, 행할 행. one's doing, work]명(욥36:9) 하는 짓.
소향[所向 ; 바 소, 향할 향. one's destination, quarter, own side]명(사47:15) 목표하고 가는 곳.
＊성도의 소향은 하늘나라.
소헬렛 돌[תלחזה = 뱀의 돌]지(왕상1:9) 예루살렘 정남쪽 힌놈의 골짜기와 기드론 골짜기가 합하는 에느로겔 근방의 돌. 아도니야가 반역하여 양과 소를 잡고 자기 동생들과 왕의 신하를 청하여 대연을 베풀었다.
소헷[ההוז = 비만한]인(대상4:20) 유다지파 이시의 아들. 옹기장이가 되어 수풀과 산울 가운데 거한 자. 왕과 함께 거하여 왕의 일을 하였다(대상4:23).
소혈[巢穴 ; 보금자리 소, 구멍 혈. den]명(렘25:38) 굴혈. 거처.
소화[燒火 ; 불사를 소, 불 화. burning]명(출12:10) 불사름.
소회향[小茴香 ; 작을 소, 회향 회, 향기 향. dill, fitches]명(사28:25) 미나리과의 1년생 초본 식물. 회향의 일종. 요통 등의 약으로 씀.

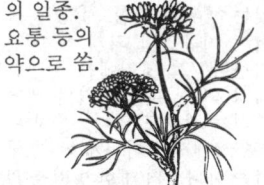

속[interior]똉(창3:19) ①안깊숙한 곳. 내부. ②물체의 거죽을 제외한 부분. ③사물의 중심을 이루는 부분. 내용. core.

속[屬; 붙을 속. belongings]똉(창14:23) 딸린 것.

속[俗; 풍속 속. common, earthly]똉(레10:10) 풍속 또는 고상하지 못하고 속된 것을 일컫는다.

속[贖; 바꿀 속. continuation]똉(출21:30) 대갚음을 바침. 죄를 지었을 때 벌 대신 다른 것으로 그것의 대갚음을 함.

속건제[贖愆祭; 살(죄면할) 속, 허물 건, 제사 제. trespass offering, guilt offering]똉(레5:6) 거룩한것이나 소유권에 대해서 하나님의 율법을 모르고 범한 허물을 용서 받기 위해서 하나님께 드리는 제사.

속건제물[贖愆祭物; 살(죄면할) 속, 허물 건, 제사 제, 만물 물. the trespass offering]똉(레14:13) 속건제를 지낼 때 드리는 숫양. 배상물의 가격의 20%를 더하여 드림.

속다[be tricked]재(마2:16) ①다른 사람의 꾐에 빠져 손해를 보다. ②거짓을 진실로 잘못 알다. be deceived. ③속아서 피로움을 당하다. suffer.

속담[俗談; 풍속 속, 말씀 담. proverb]똉(창10:9) ①옛부터 내려오는 민간의 격언. ②속된 이야기. common saying.

속되다[俗~; 풍속 속. be unholy, vulgar]혱(레10:10) ①고상하지 못하고 저속하다. ②세속에 물들었다. be wordly.

*성도는 세속의 옷을 벗어야 한다.

속량[贖良; 살(속전낼) 속, 어질 량. redeem]똉(레25:48) 무르는행위, 되찾는 행위를 말함. ①종을 풀어주어서 자유인이 되게 하는 것을 의미한다. 그 댓가에는 금전뿐만 아니라 대신 일을 하거나 생명을 제공하는 경우도 있다. ②적의 속박(포로)에서 벗어나게 함. ③구약에서는 하나님께 대한 범죄를 없애기 위하여 송아지와 양을 잡아 그 피를 제단에 뿌리고 고기를 불살라 댓가로 지불했다(출29:1-28, 레4:20-35). ④영적 이스라엘이 됨(갈6:16). ⑤그리스도의십자가의 죽음으로 이루어짐(눅1:68).

속량물[贖良物; 바꿀 속, 어질 량, 만물 물. ransom]똉(사43:3) 종의 신분을 풀어서 자유인이 되게 하기 위하여 교환하는 물질. 금전, 송아지, 양 등으로 한다.

*예수 그리스도는 인류의 죄에 대한 속량의 희생제물로(요일2:2) 자기의 생명을 주려 오셨다.

속량자[deliverer]똉(행7:35) 구원자. 해방자. 구속자를 말한다. ①모세(행7:35). ②그리스도(갈3:13). ③여호와(사35:10).

속박[束縛; 묶을 속, 얽을 박. bind, shackles, captivity]똉(욥36:13) ①몸을 자유롭지 못하게 얽어 맴. ②포박 굴레. ③자유를 빼앗거나 제한 함. 구속. restraint.

속 사람[inner man, inward man]똉(롬7:22) 거듭난그리스도인의 심성. ①성령으로 강건하게 됨(엡3:16). ②숨은 사람(벧전3:4). ③하나님의 법을 즐거워한다(롬7:22). ④날로새로워짐(고후4:16). ⑤하나님이 보심(삼상16:7).

속살[skin](왕하6:30) 옷으로 가려진 살. 피부. 몸.

속살거리다[whisper, mutter]재(사8:19) 작은 음성으로 속닥거리다. 속삭이다. 중얼거림.

속속히[速速~; 빠를 속, 빠를 속. rapidly]뮈(사5:19) 재빨리. 속도감 있게. 매우 빠르게.

속신[贖身; 바꿀 속, 몸 신. ransom]똉(출21:8) 속량. 되찾아 옴.

속여 빼앗다[exploited]재(고후7:2) 남을 속여서 물건을 빼앗다. 사기.

속옷[tunic, coat]똉(출28:4) 살에 닿게 입는 옷. 내의. 내복.

속이다[deceive]타(창27:12) 거짓을 진실처럼 곧이듣게 하다. ①뱀이 하와를 속임(창3:13). ②성령을 속임(행5:1-11). ③범죄한 인간의 행위(막7:22).
1. **속이는 자** - ①사단(창3:13, 고후11:4). ②뱀(창3:13). ③거짓 선지자(렘14:14, 마24:11). ④거짓 선생(벧후2:1-3). ⑤적 그리스도(마24:4-27, 요일4:1-6). ⑥일꾼으로 가장한 자(고후11:3-5). ⑦자기 자신(고전3:18, 약1:22). ⑧이웃(잠26:19). ⑨교만(욥1:3).
2. **속이는 방법** - ①헛된 말로(엡5:6, 딛1:10). ②거짓말로(시35:20). ③무고히(시25:3). ④궤사를 행하여(시78:57). ⑤공공한 말로(골2:4) ⑥불의로(살후2:10) ⑦저울로(암8:5).
3. **속이는 자의 결과** - ①속임을 당함(사33:1, 딤후3:13). ②수치를 당함(시25:3). ③더욱 악해짐(딤후3:13). ④하나님의 미움을 받음(잠11:1). ⑤절반도 살지 못함(시55:23).

속전〔贖錢 ; 살(죄면할) 속, 돈 전. ransom〕명(출21:11) 죄를 벗어나려고 바치는 돈. 속금(贖金).
＊예수님은 우리의 속전이 되심.

속죄〔贖罪 ; 바꿀 속, 허물 죄. atonement〕명(출29:36) 댓가를 지불하고 죄를 면하는 일. ①구약에서는 죄사함을 받기 위해, 하나님과 관계 회복을 위해 소나 양등을 잡아 그(생명)를 제단에 부었다(출29:1-28, 레4:20-35). ②신약에서는 예수님이 인류의 죄를 대신하여 십자가에 달려 죽음으로써 인류의 모든 죄를 대신하신 일. 인류의 죄를 예수님의 죽음으로 비기어 없앰을 뜻함(히9:12, 마1:21). ③성도는 하나님의 은혜로 속죄된다(사53:10-12, 롬3:23-26).

속죄금〔贖罪金 ; 살(죄면할) 속, 허물 죄, 쇠 금. redemptin price〕명(출21:30) 속전. 사람의 생명을 구하기 위하여 대신 내는 돈. 몸값. 보석금. ①노예 - 은 30세겔. ②20~60세 남자 - 은 50세겔. ③여자 - 은30세겔. ④5~20세 남자 - 은20세겔. ⑤여자 - 은10세겔. ⑥1개월~5세된 남자 - 은5세겔. ⑦여자 - 은3세겔. ⑧60세이상 남자 - 은15세겔. ⑨여자 - 은10세겔. 이상은 레27:2-8에 의한 것임.

속죄물〔贖罪物 ; 살(죄면할) 속, 허물 죄, 만물 물. ransom〕명(출29:33) 죄를 속하고 화목하게 하는 제물. 임직자를 거룩하게 한다.

속죄소〔贖罪所 ; 살(죄면할) 속, 허물 죄, 바소. mercy seat〕명(출25:17) 속죄의 제사를 드리는 곳. 성막 또는 성전 지성소에 안치된 거룩한 궤의 뚜껑이며 속죄의 의식을 행할 때 거기에 피를 붓는다(출25:17-22, 37:6-9). ①보살렘이 만들었다(출37:1-9). ②순금으로 만들었다. ③언약궤의 상부(출26:34). ④하나님이 사람을 만나는 장소(민7:89). ⑤1년 1회 피를 뿌린다(레16장). ⑥그리스도를 예표(히9:5-12). ⑦그리스도는 단번에 이루셨다(히9:12).

속죄양〔the Lamb〕명 예수 그리스도(사53:7). 구속주(계5:9). ①아사셀양(레16:8-22). ②세례 요한이 증거(요1:29, 36). ③제물이 되심(벧전1:19, 계7:13, 14). ④만인에게 전파되어(행8:32-35). ⑤영원히 경배를 받음(계5:6-13).

속죄일〔贖罪日 ; 살(죄면할) 속, 허물 죄, 날 일. day of atonement〕명(레23:28) 하나님께 속죄하는 날. 전국민이 죄를 속하는 대제일. 매년 티쉬리달(thisre月 ; 제7월) 태양력으로 9월~10월경 10일을 속죄일로 정하고 이 날에 금식하며 대제사장은 희생제를 드렸다(레16:1-34, 민29:7-11). ①일을 쉬며 금식함(레23:26-32). ②금식하는 절기(행27:9). ③초막절과 대조를 이룸(레23:40, 신12:7-21). ④속죄일. 아사셀 양을 보냄(레16:6-10). ⑤하나님과의 화해(레16:29-34, 히9:7). ⑥그리스도께서 성취(마27:51). ⑦하나님과 자유로이 교통(히10:19-23).

⑧하나님께 담대히 나아가게 됨(히4:16).

속죄제[贖罪祭 ; 속전낼 속, 허물 죄, 제사 제. sin offering]몡(출29:14) 사람이 부지중에 지은 죄를 속하기 위하여 드리는 제사. 여러가지 희생 제사중에서도 가장 중요하고 기본적인 제사(대하29: , 스6:17, 느10:33). 속죄제를 드리는 법은 사람의 형편과 처지에 따라 매우 치밀하게 만들어 졌다(레4:1-35). 신약 히브리서는 예수 그리스도의 죽으심은 우리 죄를 위한 속죄제의 제물이 되셨다는데 초점을 두고 있다(히9:28, 10:12).

속죄제물[贖罪祭物 ; 속전낼 속, 허물죄, 제사제, 만물 물. priest]몡(레5:8) 속죄제를 드릴 때 바치는 제물. 대제사장이 1년에 한번 드리는 대속죄일에는 수송아지. 백성들을 위하여는 염소를 드렸다(레16:11-19).

속죄제육[贖罪祭肉 ; 속전낼 속, 허물죄, 제사제, 살 육. sin offering]몡(레10:19) 형벌을 대속하고 정결케 하기 위하여 드리는 제물.

속하다[贖~ ; 속전낼 속. continuation]몡(출21:30) 죄를 씻기 위하여 물건을 대신하여 바치다.

속하다[屬 ; 붙을 속. belong to]자(창14:23) 매이거나 소속되다.

속하다[速~ ; 빠를 속. fast]형(창18:6) 매우 빠르다.

손[hand]몡(창3:22) ①사람의 팔목에 달린 부분. ②인체 좌우의 어깨로 부터 나온 부분, 곧 손과 팔의 총칭. arm. ③권한(창39:22).

손[guest, foreigner]몡(왕상1:41) ①만데서 와서 임시로 묵는 사람. ②주인을 찾아 온 사람. ③나그네(길손) 객이라고도 한다.

*①손님 대접을 힘쓰라고 교훈한다(롬12:13). ②아브라함의 예(히13:2). ③주 안에서 한식구이므로(엡2:19). ④주님이 기뻐하시는 일이다(마25:35-40).

손가락[fingers]몡(출29:12) 손에 달려 있는 다섯개의 길죽한 가락. 물건을 짚는 역할을 함.

손가락질[pointing, putting]몡(잠6:13) ①손가락으로 가리키는 것. ②흉보는 것. back biting.

손거울[hand mirror]몡(사3:22) 손에 들고 쓰는 작은 거울.

손넓이[hand breadth](대하4:5) 손가락 넷의 너비. 한 규빗의 6분의 1. 약7.5cm. 손바닥 넓이로도 쓰였다(출37:12).

손녀[孫女 ; 손자 손, 계집 녀. granddaughter]몡(창36:14) 아들이나 딸의 딸

손님[guest]몡(마9:15) 방문객을 높여서 부르는 말.

*성도는 손님대접을 극진히 해야 한다. 선교사는 어디서나 손님이다.

손맥[~脈 ; 맥 맥. pulse]몡(삼하4:1) 손목과 같은 원어를 손맥이라 번역하였다. 손을 쥐고 있는 상태가 아니고 편 상태를 가리키는 말로 힘이 풀렸음을 뜻한다.

손목[wrist]몡(신6:8) 손과 팔에 연결된 관절.

손목고리[bracelet]몡(창24:22) 손목장신구. 손목에 끼는 고리. 팔찌.

손바닥[plam, hand breadth] 몡(출25:25) 손의 안쪽 손등과 반대쪽.

손방패[buckler]몡(시91:4) 칼이나 창, 돌등을 막기 위한 방어용 무구(武具). 하나님의 보호를 형용하기 위하여 쓴 말.

손뼉치다[clap one's hands, clap]자(민24:10) 손바닥을 소리가 나도

록 마주치다. 매우 즐거워하는 모습. applaud.

손상[損傷 ; 덜 손, 상할 상. damage, loss]명(레19:27) 떨어져 헌 것이 되거나 부딪쳐 깨어진 것.

손수[one's own hand]명(출35:25) 남의 힘을 빌지 않고 제손으로. 몸소. 친히.

손수건[~手巾 ; 손 수, 수건 건. handkerchief]명(행19:12) 주머니에 넣거나 가지고 다니는 작은 수건. 얼굴의 땀을 씻음.

손실[損失 ; 덜 손, 잃을 실. damage]명(삼상25:21) ①없어져 적어짐. ②장사를 하다가 손해를 봄. loss.

손자[孫子 ; 손자 손, 아들 자. grandson]명(창11:31) 자녀의 아들. 딸. 손녀도 포함해서 말할 때도 있다. ①노인의 면류관임(잠17:6). ②번영과 행복(신4:25, 욥42:16). ③부양 의무가 있다(딤전5:4).

손주머니[handbags]명(사3:22) 여인들의 휴대품의 일종. 예루살렘의 사치스러움을 표현한 말(사3:16, 4:1).

손짓[sign]명(눅5:7) 손을 놀려서 어떤 뜻을 나타내는 것.

손톱[nail]명(신21:12) 손가락 끝에서 자라나 손가락 끝을 단단하게 받쳐주는 각질(角質).

손할례당[損割禮黨 ; 덜 손, 나눌 할, 예도 례, 무리 당. the concision]명(빌3:2) 몸을 상하여 할례받은 것을 자랑하는 당파. 갈5:12에는 거세로 보기 쉬우나 역시 할례로 봄이 옳다.

손해[損害 ; 덜 손, 해할 해. loss]명(출21:19) ①이익을 얻지 못하고 재물이 전보다 적어짐. ②타인으로 부터 해를 받음. damage.

배상내용 - ①상해시 치료기간(출21:18, 19). ②절도(출22:1-15). ③부당한 것(레6:1-7). ④낙태하게 했을 때(출21:22). ⑤사람을 받은 소는 죽인다(출21:28-32). ⑥구덩이에 빠진 가축(축21:33-36). ⑦배우자비방(신22:13-19). ⑧간통(신22:28, 29). ⑨토색→4배(눅19:8,9).

솔개[kitefowl, vulture]명(창15:11) 매과에 속하는 육식 날짐승. 소리개의 준말. 팔레스타인에 10여종이 서식한다. 부정한 새로 먹을 수 없다 (레11:13).

솔기[seam]명(왕상22:34) 옷을 지을 때 폭을 맞대고 꿰멘 줄. 봉제선.

솔로몬[שְׁלֹמֹה = 평화롭다]인

1. **인적관계**-①다윗왕의 아들(삼하12:24) 어머니는 밧세바(삼하12:24). ②시므아, 소밥, 나단의 동복형제(대상3:5). 예루살렘에서 출생하였다(삼하5:14).

2. **관련기사**-①다윗은 자기 생애에 너무나 파란곡절이 많았기 때문에 그 아들 솔로몬의 치세에는 평안할 것을 기원하여 이름을 솔로몬이라 하였다(대상22:9). ②아도니야의 청함을 받지 못함(왕상1:10). ③21세에 이스라엘 3대왕이 되어 40년동안 다스림(왕상1:5-48). ④아도니야를 살려 줌(왕상1:49-53). ⑤다윗의 임종 유훈을 들음(왕상2:1-10). ⑥대적을 없앰(왕상2:11-46). ⑦결혼을 함(왕상3:1-2). ⑧기브온에서 일천번제를 드림(왕상3:3-4). ⑨하나님께 지혜를 구함(왕상3:5-15). ⑩지혜로운 재판(왕상3:16-28). ⑪왕국조직(왕상4:1-28). ⑫솔로몬의명성(왕상4:29-34). ⑬솔로몬의 교역(왕상5:1-12). ⑭성전건축을위한 준비(왕상5:13-18)와 성전건축(왕상6:1-10). ⑮하나님의 언약(왕상6:11-13). ⑯성전의 구조와 설치물들(왕상6:14-36). ⑰성전건축기간(왕상6:37-38). ⑱왕궁의 건축과 그 구조(왕상7:1-12). ⑲성전의 세공물들(기구들)(왕상7:13-47). ⑳성전의 금으로 된 여러가지 기구(왕상7:48-57). ㉑하나님의 언약궤를 성전에 옮김(왕

상8:1-9). ㉒하나님의 영광이 성전에 차고 솔로몬은 백성을 축복함(왕상8:10-14). ㉓솔로몬의 성전 헌당사(왕상8:15-21). ㉔솔로몬의 기도(왕상8:22-53). ㉕백성을 위한 솔로몬의 축원과 그의 권면(왕상8:54-61). ㉖제물을 드리고 초막절을 지킴(왕상8:62-66). ㉗하나님께서 두번째 솔로몬에게 나타나시어 그에게 약속하심(왕상9:1-9). ㉘솔로몬왕과 두로왕 히람의 교역(왕상9:10-14). ㉙솔로몬의 성읍 건설. 일꾼으로 쓴 노예(왕상9:15-24). ㉚솔로몬이 해마다 세번 번제를 드리고 조선사업도 함(왕상9:25-28). ㉛스바 여왕이 솔로몬을 방문 예찬(왕상10:1-13) ㉜솔로몬의 번영과 사치, 금의 용도와 군비 확장(왕상10:14-29). ㉝솔로몬의 타락과 그의 우상숭배(왕상11:1-10). ㉞하나님께서 솔로몬 왕국을 분리할 것을 예언(왕상11:11-13). ㉟솔로몬을 반역한 사람들(왕상11:14-40). ㊱솔로몬의 통치 연한과 그의 죽음(왕상11:41-43).

3. **장점** - ①지혜가 뛰어남(왕상4:29-34). ②저술을 많이 했다(왕상4:32). ③명철함(왕상3:16-28). ④허무를 깨달음(전도서).
4. **단점** - ①이방인과 결혼(왕상3:1-3, 11:1-3). ②처첩을 많이 둠(전2:8). ③사치한 생활(전2:1-11). ④우상숭배(왕상11:4-8). ⑤백성을 노예화(왕상12:1-4). ⑥말을 애굽에서 도입(왕상10:28).
5. **성경을 기록** - 시편 일부. 잠언. 전도. 아가.
6. **유적** - 예루살렘의 헤롯 성전 안에 이방인의 뜰 동편 지붕이 있는 주랑(柱廊)의 일부에 솔로몬 성전을 회상하며 "솔로몬의 행각"이라고 붙인 이름이 있다(요10:23, 행3:11, 5:12).

솔로몬의 신복[solomon's servants] (왕상11:26) 솔로몬을 극진히 섬긴 사람. 충복. ①여로보암(왕상11:26). ②스룹바벨과 함께 귀국한 사람들 중에 그 후손이 많음(스2:55, 58, 느7:57, 60). ③유다읍에 거함(느11:3). ④외국인이 많았다(느7:46-59).

솔로몬행각[stoa tou solomonos]뎡 (요10:23) 예루살렘에 있었던 헤롯성전의 유개주랑(有蓋柱廊 - 지붕과 기둥만있고, 벽이 없는 복도) ①예수님께서 수전절 때 이 행각에서 가르치셨다. ②사도들이 기적을 행했다(행3:11, 5:12).

솜[cotton]뎡(잠31:19) 목화의 삭과(朔果)속에 있는 흰 섬유를 따서 씨를 뽑아낸 물건.

솜뭉치[cotton bundle]뎡(잠31:19) 솜을 말거나 엉키게 한 덩이.

솟다[raise]자(자35:6) ①솟아 오르다. ②끓어 오르다. boil up. ③샘물 따위가 터져 나오다. spring.

솟아나다[springout]자(민20:11) 묻혀 있던 것이 위로 나오다. 혱무리 가운데서 표적나게 뛰어나다.

솟쳐내다[raise, cast up]타(시57:20) 높이 올라 가도록 채내다.

송곳[gimlet, awl]뎡(출21:6)구멍을 뚫는 기구. 끝이 뾰족하고 자루가 있는 연장. ①계속 노예됨을 원할 때 문설주에 대고 귀를 송곳으로 뚫었다(신15:17). ②성도는 그리스도의 종이다(롬1:1).

송구[悚懼; 두려워할 송, 두려울 구. being sorry, be pained]뎡(율2:6) 두렵고 미안한 마음.

송사[訟事; 송사할 송, 일 사. suit, cause]뎡(출23:3) 소송(訴訟) 분쟁의 판결을 관청에 호소하는 일.

＊성도는 송사하지 않는 것이 최선이다(마5:25-).

송아지[calf]명(창18:7) 새끼 소. ①잘 뛴다(시29:6). ②손님을 접대(창18:1-8). ③왕 접대(삼상28:22-25). ④제물(레9:2,3). ⑤잔치에 쓰임(눅15:23). ⑥먹고 즐김(눅15:23).⑦부자의 음식(암6:4).
상징 - 용기. 힘을 나타내며 기쁨과 찬양을 상징한다(말4:2, 호14:2)

송아지예배[～禮拜 ; 인사 례, 절 배. calfworship]명(출32:4) ①애굽에서 나온 이스라엘 백성들이 금으로 송아지를 만들어 하나님으로 섬겼다(신9:16, 행7:41). ②여로보암 왕 때 예루살렘 성전에 가지 못하도록 벧엘에 금송아지를 만들어 세우고 예배하게 하였다(왕상11:40, 12:29). ③선지자들은 송아지예배가 우상숭배이며 하나님의 노여움을 사는 행위라고 공박하였다(호8: 5, 왕하10:29, 암5:5).

송영[doxology]명 하나님의 영광을 찬양하는 노래(시71:8). 존중의 히브리어 명사. 하나님의 영광이 한없이 그리스도로 말미암아 있기를 바라는 것이다(롬16:27, 엡3:20-21, 유25).

송이[cluster]명(창40:10) 꽃이나 열매 따위가 모여 달린 한 덩이.

송이꿀[the purest honey]명(시19:10) 벌집에 들어 있는 대로의 꿀. 다른 당분을 섞지 않은 순수하고 질이 좋은 꿀. 덩어리 꿀. 야생의 꿀집을 나타낸 말(잠24:13).

송장[dead body, corpse]명(왕하19:35) 사람의 시체. 죽은 몸.

송축[訟祝 ; 칭송할(송사할) 송, 빌 축. blessing]명(왕상8:15) 경사가 있을 때 축복을 보냄.

솥[iron pot, kettle, trying pan]명(레2:7) 쇠나 양은으로 만든 그릇. 음식을 만들 때 쓴다.

쇠[iron]명(사45:2) 광물에서 나는 쇠붙이의 총칭. 철.
＊강함과 무거움을 나타낸다(렘28:13,14). 쇠기둥(렘1:18).

쇠기둥[iron pillar]명(렘1:18) 쇠로 된 기둥. 강함을 묘사한 말.

쇠똥[cattle dung]명(겔4:15) 소의 배설물(똥). 원문에는 가축의 똥을 말한다.

쇠망[衰亡 ; 쇠할 쇠, 망할 망. ruin]명(시21:16) 쇠퇴하여 멸망함.

쇠멸[衰滅 ; 쇠할 쇠, 멸할 멸. ruin, fail]명(사21:6) 쇠망(衰亡). 쇠퇴하여 없어짐.

쇠문[iron gate]명(행12:10) 철로 만든 문. 베드로가 갇혔던 감옥의 문.

쇠미[衰微 ; 쇠할 쇠, 작을 미. decline be wasted]명(민24:22) 쇠하고 잔약하고 희미하여 짐.

쇠빗장[ironcrossbar]명(시107:16) 대문이 열리지 않도록 가로 지른 장대를 쇠로 만든 것.

쇠사슬[chain]명(대하33:11) 쇠로 만든 사슬. 속박(구속)하기 위하여 묶는다.

쇠스랑[forked rake]명(삼상13:21) 서너개의 쇠발에 나무자루를 긴 갈퀴모양의 농구.

쇠약[衰弱 ; 쇠할 쇠, 약할 약. weakness, fail, faint]명(창47:13) 쇠약하여 약하여 짐.

쇠잔[衰殘 ; 쇠할 쇠, 남을 잔. fail, wither]명(레26:39) ①힘이 빠져 거의 죽게 됨. being worn-out. ②쇠하여 없어짐. wane.

쇠진[衰盡 ; 쇠할 쇠, 다할 진. ruin, famish]명(습2:11) 기운이나 세력이 쇠하여 아주 없어짐. 송두리째 망하여 버림.

쇠채찍[goad]명(삼상13:21) 가축을 길들이기 위해 사용하는 채찍에 쇠붙이를 댄 것. 블레셋 대장장이

가 만들었다.

쇠패[衰敗 ; 쇠할 쇠, 패할 패. fade, seniledecay]명(잠5:11) ①늙어서 기력이 쇠하여 짐. ②쇠하여 패망함. decline.

쇠풀무[iron furnace]명(신4:20) 애굽을 가리키는 말. 죄악된 세상. 환란, 고통, 압제를 당하던 때.

쇠하다[衰~ ; 쇠할 쇠. grow weak, fail]자(출18:18) ①힘이 차차 줄어들다. 약해지다. ②세력이 적어지다. be run down. ③원기가 없어지다. lose vigour.

수[male]명(창6:19) 생물의 남성.

수[壽 ; 목숨 수. age, old]명(창25:8) ①나이. ②사는 기간. 오래 삶. longevity.

수[繡 ; 수놓을 수. embroidery]명(출26:1) 헝겊에다 색실로 그림이나 글씨를 놓음.

수[數 ; 셀 수. number]명(창16:7) 셀 수 있는 물건의 많고 적음.

수가[Συχάρ = 마지막]지(요4:5-6) ①사마리아도의 한 동리. 야곱의 우물이 있는 곳(창48:22, 요4:5-6). ②야곱과 조상의 분표가 있는 곳. 예수님께서 지나 가시다가 그 우물에 물길러 나온 사마리아 여인을 만나 생수의 원리를 설명하고 전도한 곳(요4:39-41).

수갓[שבתחי]인(대상2:55) 유다 야베스에 살던 세 서기관 가족 중 하나. 레갑 자손. 함맛에게서 나온 겐자손. 소고 출신자들(수15:35, 대하11:7).

수건[手巾 ; 손 수, 수건 건. towel, veil]명(출34:33) 얼굴이나 몸을 닦기 위하여 폭보다 길이를 길게 만든 헝겊 조각.

수고[受苦 ; 받을 수, 괴로울 고. toil, labor]명(창3:16) 힘쓰고 애써 일하는 것. 노력.

* 사랑의 수고가 값진 것이다(살전1:3) 구약에서는 육적인 수고(창31:42, 전1:3). 신약에서는 신령한 일에 대한 수고를 말한다(고전15:58, 살후3:8, 갈5:6).

수공물[手工物 ; 손 수, 장인 공, 만물 물. handicraft]명(시115:4) 손으로 만든 공예품. 물건.

수구[水口 ; 물 수, 입 구. water shafts, gutter]명(삼하5:8) 물이 흘러 나가는 곳.

수군거리다[whispers, murmur]자타(시41:7) 남이 알아듣지 못하게 나지막한 소리로 가만히 말하다. 쑤군거리다.

수궁[守宮 ; 지킬 수, 집 공. lizard]명(레11:30) 수궁과의 동물. 도마뱀과 비슷하나 허리가 납작하며 머리는 3각형. 꼬리는 뭉툭하다. 벽호(壁虎). 회갈색의 도마뱀으로 본다. 부정한 동물. 먹지 못한다.

수금[竪琴 ; 세울 수, 거문고 금. harp]명(창4:21) 거문고 중의 한 악기. 유발이 처음 사용하였다. 바벨론 포로 때 버드나무가지에 걸렸다(시137:2). 신약에서는 거문고로 번역되었다(고전14:7).

우르의 수금

수금[囚禁 ; 가둘수, 금할금. prison]명(시68:6) 죄인을 가두어 두는 것. 수금된 자는 갇힌 자. prisoner

수나귀[ass, donkey]명(창45:23) 수당나귀. 말과에 속한 짐승으로 말보다 작은 것의 수컷.

수납[收納 ; 거둘 수, 드릴 납. sum, receipt]명(왕하22:4) 받아 거둠.

수넴[요첼의 땅]지

1. **위치** - ①잇사갈지파의 경내 므레산록 다볼산의 서남 8km지점에 있다(수19:18). 현재의 솔람.

2. **관련기사** - ①길보아전쟁 전에 블레셋 군대 전지였다(삼상28:4). ②이 성은 미인이 많은 곳으로 다윗왕의 말년에 시봉한 여자 아비삭의 고향이다(왕상1:3-4). ③엘리사 선지자를 잘 대접한 여인의 거주지(왕하4:8-11).

수넴여인[shunammite]명

[1] 다윗의 노년에 봉사한 아름다운 여인 아비삭(왕상1:3, 2:17).
[2] 엘리사를 도와 준 여인(왕하4:25, 36). ①방을 만들고 가구를 주어 엘리사가 올 때마다 유하게 했다. ②엘리사는 아들을 낳게 해 주었다. ③아이가 죽자 살려 주었고, ④잃은 재산을 찾아주었다(왕하4:8-37, 8:1-6).

수년〔數年 ; 셀 수, 해 년. several years〕명(왕상17:1) 두 서너 해, 사 오년.

수놓다〔needlework〕자(출26:1)온갖 색실로 천에 그림이나 글씨, 무늬를 떠서 놓다.

수놓은 가는 베〔linen〕(겔27:7)삼베에 수를 놓은 것. 돛을 반든 베

수니〔שׁוּנִי = 조용한〕인(창46:16) 갓의 세째 아들.

수다〔數多 ; 셀 수, 많을 다. great number〕명(수11:4) ①수가 많음. ②쓸데없는 말수나 말이 많음. talkativeness. 부 수다히.

수단〔手段 ; 손 수, 조각 단. means〕명(신32:27) 일을 처리해 나가는 씨와 꾀.

수델라〔שׁוּתֶלַח 찢는 소리〕인
[1] 에브라임의 아들. 수델라 가족의 조상(민26:35, 대상7:20).
[2] 에브라임의 자손 사밧의 아들(대상7:21).

수도〔水道 ; 물 수, 길 도. conduit〕명(왕하18:17) 강물을 끌어 음료수를 제공하거나 더러운 물을 흘려보내는 시설. 상수도나 하수도를 말한다. 수로라고도 함. 히스기야의 수도는 유명하다(왕하20:20, 대하32:30).

수도구〔水道口 ; 물 수, 길 도, 입 구, aqueduct〕명(사36:2) 물을 흘려보내는 시설의 입구. 수로.

수두〔首頭 ; 머리 수, 머리 두. the first place, leader〕명(민10:14) 어떤 일에 앞장서 있는 사람. 우두머리. 선두자.

수라구사〔Συράκουσαι = 비밀〕지(행28:12) 바울이 로마로 호송되는 항해 중에 들렀던 항구. 시실리 섬의 항구도시. 주전 8세기경부터 개항한 곳.

수렁〔swamp〕명(시40:2) 곤죽이 된 진흙과 개흙이 많이 괸 곳. 빠지기만 하면 자꾸 들어가기만 함.

수레〔wagon〕명(창41:43) 바퀴를 달아 굴러가게 만든 제구. 성경에 화물용과 전시용(戰時用) 두 가지가 있었다. 화물용은 목재를 두 필의 소가 끌었다(삼상6:7, 삼하6:3-4). 곡식을 운반(암2:13). 사람 승거(창45:19, 25)우편용등으로 사용했다. 전시용은 두 필의 말이 끌었고 병거로 번역된다(창4:43, 46:49, 왕하5:9, 행8:29).

수령〔首領 ; 머리 수, 거느릴 령. leader〕명(삼상19:20) 한 그룹이나 당파의 대표자.

수령〔守令 ; 지킬 수, 명령할 령. prefects〕명(단3:2) 바벨론의 관직의 하나. 지방 장관. 원님.

수로〔水路 ; 물 수, 길 로. water course〕명(사18:2) 물 길, 뱃 길.

수로보니게〔Συροφοινίκισσα 붉다〕지(마15:21-29, 막7:24-30) 팔레스틴의 북방을 차지한 수리아지방 중에서 지중해 연안쪽에 있는 베니게를 가리킨다. 수리아와 베니게를 합병한 이름. 북아프리카 리비아의 베니게와 구별하기 위하여 이렇게 부른다. 두로와 시돈 같은 도시가 있고 좋은 항구가 있어 통상과 무역이 성행한 곳이다. 한 여인이 예수님께 간구하여 병 고침을 받았다.

수르〔שׁוּר = 바위〕인(민25:15)
[1] 미디안의 한 두령. ①시혼과 동맹하였거나 아니면 예속된 사람으로 고스비라 하는 여인의 아버지. ② 미디안사람이 이스라엘 백성을 음행케 하였으므로 모세가 미디안을

치던 전장에서 죽였다(민25:18, [2] 베냐민 사람 여아엘의 아들(대상 8:30). 영문성경에는 수르와 술이 같다. 국어 성경에는 다르게 번역하였다.

수르[שׁוּר = 바위]집(출15:22) 애굽어로는 헤뎀(성벽), 술로 표기된 같은 지명. 스에즈와 벨숩사이의 곳. 애굽측에서 아시아인의 침입을 막기 위하여 방어벽을 쌓았던 까닭에 가지게 된 이름. ①이스라엘 백성이 홍해를 건너 첫번 이곳에 진을 쳤다가 물이 없어 라마로 갔다(출15:22, 13:2). ②사울왕과 다윗은 아말렉 사람을 이곳까지 쳐서 물리쳤다(삼상15:7, 27:8). ③옛적 사라의 여종 하갈이 도망하여 이곳에 이르렀을 때 여호와의 사자가 나타나 주인에게 돌아가 복종하라고 하였다(창16:6-9). ④아브라함이 이곳 근방 그랄에 정착하였다(창20:1). ⑤이스마엘이 이곳에 거주하였다(창25:18).

수루문[the gate sur]명(왕상11:6) 예루살렘 성전의 문. 성전 뜰 남쪽의 문.

수리[受理 ; 받을 수, 이치 리, acceptance]명(사1:23) 의뢰 받아서 처리함.

수리[修理 ; 닦을 수, 이치 리, repair] 명(왕하12:5) 고장이 난 곳이나 낡은 곳을 손보아 고침.

수리삿대[צוּרִישַׁדַּי = 그 반석은 전능자]인(민1:6, 2:12) 출애굽 후 광야시대 시므온 지파의 족장 슬루미엘의 아버지.

수리아[אֲרָם = 높은 곳]집

1. **위치** - 유다 북부에 있는 큰 나라 유브라데강 지중해 길리기아까지를 경계로 하고 다메섹, 안디옥, 실루기아, 발라무, 라오디게아 등 큰 나라가 있다(마4:24). 시리아. 구약에서는 아람. 수리아는 앗수르의 단축형.

2. **관련기사** - ①국체는 여러 약소 국가들이 모인 합중국같고 주권자는 다메섹국이다. ②소바왕 하닷에셀 과 동맹하여 다윗을 대적하다가 도리어 패전하였다(삼하8:5). ③솔로몬왕 말년까지 복속하였고 솔로몬왕 말년 소바왕 르손이 이탈하여 독립하였다(왕상11:23, 25). ④하닷왕 때에 여러 차례 사마리아를 포위하였으나 언제나 패전하였다(왕하16:7). ⑤그후 하사엘이 수리아 아람왕이 되어 이스라엘을 괴롭히다가 요아스왕에게 패하였다(왕하13:22-25). ⑥르신이 이스라엘과 동맹하여 유다를 쳤다. 그러자 유다왕 아하스는 앗수르왕 디글랏 빌레셀에게 구원을 청하니 즉시 대군을 동원하여 수리아를 쳐서 앗수르국의 속령을 삼았다(사7:1-6, 왕하16:7-6). ⑦예수님께서 갈릴리에 두루 다니시며 복음을 전하시고 모든 병을 고치시니 그 소문이 수리아 온 땅에 가득히 전해졌다(마4:23-24). ⑧로마의 식민지(눅2:2). ⑨복음이 전파됨(행15:23, 41). ⑩바울이 방문하였다(행18:18, 21:3, 갈1:21).

* 바벨론, 바사, 마게도냐, 로마, 터키 등 여러 나라에 속하였다가 제1차 세계대전 후에 불란서의 위임통치를 받다가 제2차 세계대전 후에 완전한 독립국이 되어 국호를 시리아라하고 수도는 다메섹(다마스카스)에 정하였다.

수리아 안디옥[syria antioch]집(행11:19-21) 스데반의 순교 이후 교회가 박해를 받을 때 흩어진 성도들이 처음에는 유대인에게 전도를 하다가 다음은 헬라인에게 복음을 전하고 교회를 설립하였다. 처음으로 그리스도인이라 부르게 된 곳. 바울과 바나바를 선교사로 파송하였다(행13:1, 2, 14:26).

수리엘[צוּרִיאֵל = 하나님은 반석]인 (민3:35) 레위사람 아비하일의 아들. 그 족속의 족장.

수마노[水瑪瑙 ; 물 수, 옥돌 마, 화반석 노. onyx]명(욥28:16) 아름다운 광택이 나는 석영(石英) 중의 하나. 홍(紅), 흑(黑), 백(白) 세가지 색깔이 있다.

수만[數萬 ; 셀 수, 일만 만. thousands]명(유14) 상당히 많은 수효.

수만명[數萬名 ; 셀 수, 일만 만, 이름 명. many thousands]명(단11:12) 상당히 많은 사람.

수말[horse, stallion]명(렘5:8) 말의 수컷. 하나님을 반역하고 우상을 섬기는 음탕한 자를 지칭한 말.

수맛[שִׁמְעָה = 마늘]지(대상2:53) 기럇여아림에서 나온 한 족속. 갈렙의 후손의 일족.

수면[水面 ; 물 수, 낯 면. face of the water]명(창1:2) 물의 맨 윗 면. 물의 표면. 하나님이 경계를 그으신 곳(욥26:10).

수목[樹木 ; 나무 수, 나무 목. tree]명(창23:17) 자라고 있는 나무.

수문[水門 ; 물 수, 문 문. water gate]명(느3:26) 예루살렘성 동편문. 오벨 동쪽 성벽의 문. 기혼샘 서쪽에 있는 문. 물을 길러가는 출입문이기 때문에 붙인 이름(느8:1, 3, 12:37).

수바[סוּפָה = 회오리 바람]지(민21:14) 요단 동편 아르논 근처 모압의 한 지방명. 와협의 성읍.

수바엘[שׁוּבָאֵל = 하나님이여 돌아오십시오]인

① 모세의 자손(대상24:20). 아므람의 아들.

② 다윗왕의 선견자. 헤만의 아들(대상25:20). 스브엘과 같은 사람.

수박[watermelon]명(민11:5) 박과의 1년생 덩굴 풀. 열매는 크고 둥글며 겉은 푸른 줄이 있다. 수분이 많고 단맛이 있다.

수백[數百 ; 셀 수, 일백(많을) 백. hundreds]명(삼상29:2) 백의 두서너배. 딸린 부하의 수.

수보[修補 ; 닦을 수, 기울 보. repairing]명(느4:7) 갖추지 않은 데를 더하고 허름한 데를 기움. 무너진 담을 다시 고쳐 쌓음.

수비대[守備隊 ; 지킬 수, 갖출 비, 떼 대. garrison]명(삼상13:3) 경비, 경계를 위하여 배치된 군대. 원어의 뜻은 '선다' '위치에 임한다'.

수사슴[hart]명(왕상4:23) 성장한 사슴의 수컷. 사슴으로 번역된 말.

수사자[lion]명(창49:9) 사자의 수컷 사자로 번역된 말. 욥4:10-11에는 사자, 사나운 사자, 젊은 사자, 늙은 사자, 암사자가 있다.

수산[שׁוּשַׁן = 백합]지(느1:1)

1. 위치 - 엘람왕국의 옛도시. 파사만 북방 240km 지점 칼라강 언덕에 자리잡고 있다. 파사만의 수로가 편리하여 옛날부터 번영하였다. 현재의 이름은 스스.

2. 관련기사 - ①아하스에로왕이 즉위한 도성(에1:2) 수산궁이 있다. ②바사 제국의 수도(에1:5). ③모르드개와에스더가살던곳(에2:5). ④포로된 유다백성이 많이 살았다(에4:16,9:18). ⑤에스더의 활동(에1:-10:) ⑥느헤미야가 아닥사스다 왕궁에서 근무(느1:1). ⑦다니엘이 환상으로 간 곳(단8:2).

3. 고고학적 발견 - ①하므라비 법전 ②다리오왕의 궁전터 ③엘람사료.

수산나[Σουσάννα = 백합화]인(눅8:3) 자기의 소유물로 봉사하며 예수님께 수종들던 여신도.

수산에둣[susanedduth]명(시60) 시편60편의 제목.

수색[愁色 ; 근심 수, 빛 색. worried look]명(삼상1:18) 그늘진 얼굴. 근심스러운 얼굴.

수색[搜索 ; 찾을 수, 찾을 색. grope, seek]명(삼상26:20) ①더듬어서

찾음. ②형사 소송법상 피의자나 피고인 또는 증거물을 찾기 위하여 사람의 몸, 물건, 주택 등을 조사하는 강제처분. search.
수석[首席 ; 머리 수, 자리 석. top seat]명(삼상9:22) 맨 윗자리. 맨 웃 사람. 수좌(首座) 제 1위.
수선화[水仙花 ; 물 수, 신선 선, 꽃화. narcissus, lose]명(아2:1) 수선화과의 다년생 풀. 온대지방 물가에 절로 남. 흰꽃이 핌. 샤론의 들꽃. 같은 원어가 백합화로 된 곳도 있다(사35:1). 미를 극찬한 표현.

수소[ox, bullock]명(출29:1, 레23:18) 소의 수컷. 황소. ①노역에 쓰임. 식용함(겔39:18). ②희생제물(레9:4). ③바울과 바나바에게 바치려 했다(행14:13).
수송아지[male calf]명(레1:5, 민7:15) 새끼 소의 수컷.
수수께끼[riddle]명(삿14:12) 사물을 비유하여 그 말의 뜻을 알아 맞히는 놀이. 이상하고 신기하여 짐작할 수 없는 일. mystery. 어려운 문제로 번역된 말(왕상10:1, 대상9:1). ①삼손의 수수께끼(삿14:12-19). ②지혜있는 자의 뛰어난 증거(잠1:6). ③하나님의 계시의 오묘함(시49:4,5). ④비밀(시78:2). ⑤은밀한 말(민12:8). ⑥비유적인 암시된 말(겔17:2, 20:49, 마13:35).
수스[זוּזִים = 비옥]지(창14:5) 팔레스틴의 경계. 암몬의 원주민이 살던 지방. 엘람왕 그돌라오멜에게 정복된 곳.
수스족속[zuzites]인(창14:5) 팔레스틴 동쪽 함에 거주한 족속. 엘람왕 그돌라오멜의 공격을 받음. 삼숨밈 사람으로 본다(신20:20).
수습[收拾 ; 거둘 수, 주울 습. gathering]명(렘10:17) 흩어진 물건을 주워 거둠. 산란한 것을 정리하거나 진정시킴. control.
수시[סוּסִי = 마부]인(민13:14) 므낫세지파 대표로 가나안을 정탐한 갓디의 아버지.
수심[愁心 ; 근심 수, 마음 심. worry, complaint]명(욥7:13) 근심하는 마음 또는 근심하는 일.
수아[שׁוּחַ = 외지(外地). 움푹 팬 땅]인(창25:2, 대상1:32) 아브라함의 후처 그두라가 낳은 아들. 시므란, 욕단, 므단, 미디안, 이스박의 동생. 아라비아 족속의 조상. 욥의 친구의 동족으로 여긴다(욥2:11, 18:1, 25:1, 43:9).
수아[שׁוּעָא = 부귀. 고귀함]인
① 유다의 장인. 가나안 여인의 아버지(창38:2).
② 아셀지파 헤벨의 딸(대상7:32).
수아[סוֹחָה = 쓸어버림]인(대상7:36) 아셀사람 소바의 아들.
수아[שׁוּחִי = 우물]지(욥2:1) 욥의 친구 빌닷의 고향으로 슈히라고도 한다.
수아 사람[shuhite]인(욥2:11) 욥이 고난을 받을 때 찾아온 세 친구 중 하나. 빌닷 출신으로 여김(욥8:1, 18:1, 25:1, 42:9).
수아의 딸[daughter of shua]인(창38:2) 유다의 아내. 에르, 오난, 셀라의 어머니.
수알[שׁוּעָל = 여우] 인 (대상7:36) 아셀지파 소바의 세째 아들.
수알[צוּעָר = 작은]인(민1:8) 잇사갈지파의 족장 느다넬의 아버지(민2:5, 10:15).
수알[שׁוּעָל = 이리]지(삼상13:17) 베냐민의 성읍. 블레셋의 약탈대가 향한 오부라의 근접지역.
수양[ram]명(창15:9) 하나님이 창조하신 양의 수컷. 가축. ①식품(창31:38). ②제물(창22:13). ③가죽은 성막의 덮게로(출25:5). ④뿔은나팔로(수6:4-13). ⑤부자,

강자의 형용어(겔34:17). ⑥세력 상징 - 메데 바사(단8:3-7, 20).

수양버들[垂楊~ ; 늘어질 수, 버들 양. willow tree]명(겔17:5) 버들과의 낙엽교목. 봄에 잎보다 먼저 암자록색의 꽃이 핀다. 세계에 약 180종이 있다고 한다.

수에네[הנס = 시장(市場), 열림, 열쇠]지(겔29:10) 애굽의 남방 나일강 제1폭포의 동쪽 언덕 에레반진 섬 대안의 이디오피아의 중요한 국경 요새지(겔30:6). 이곳은 현재의 아스완 에레반진섬. 옛날 바사 시대에 많은 유대인이 이 곳에 정착하여 하나님을 섬겼으며 팔레스틴과도 긴밀한 연락을 가졌던 것 같다. 아프리카와의 교역중심지. 시님 땅. 이곳에서 "파피루스"가 발견됨으로 알려지게 되었다.

수염[鬚髥 ; 수염 수, 구레나룻 염. beard]명(레13:29) 코밑, 턱, 뺨에 나는 털. 간직해야 한다. 자르거나 양편을 깎는 것은 금지 되었다(레19:27, 21:5).

수염소[he goat]명(창30:35) 하나님이 창조하신 염소의 수컷. ①식용(신32:14). ②제물(민7:17, 사1:11). ③지도자로 형용(렘50:8, 겔34:17, 슥10:3). ④침략자를 상징(단8:5, 21). ⑤영웅(사14:9), 숫양(창31:10), 염소(신32:14)로 번역된 말.

수염소 우상[satyr]명(대하11:15) 광야에 사는 마신을 가리키는 말. 염소의 발을 가진 마신(사13:21). 일본 개역에는 귀신으로 되었다.

수욕[羞辱 ; 부끄러워할 수, 욕될 욕. humiliation, shame, rail]명(창34:14) 수치와 욕을 당함.

수용물[需用物 ; 쓸 수, 쓸 용, 만물 물. burnt offerings, need]명(스6:9) 확보하여 써야 할 물건.

수운[輸運 ; 보낼 수, 움직일 운. transport, carry away]명(왕상5:9) 물건운반. 화물운반.

수원[水原 ; 물 수, 근원 원. source of a stream]명(시78:15) 흐르는 물의 근원.

수원[隨員 ; 따를 수, 사람 원. attendant]명(왕상10:2) ①수행원. ②외교사절과 같이 오는 사람. suite

수은제[酬恩祭 ; 갚을 수, 은혜 은, 제사 제. peace(fellowship) offering]명(왕상3:15) 가축을 제물로 하여 하나님과 사람 사이의 평화를 위하여 드리는 제사의 하나(레7:11-21) ①누룩 넣은 것을 불살라 드린다(암4:5) ②짐승의 피를 단에 뿌린다(왕하(16:13). ③언약궤 앞에서 번제와 같이 서서 드린다(왕상3:15). 이 제사는 감사제(레7:12), 서원제(레7:16), 자원제(레7:16) 등 세 종류가 있었다. 칠칠절(오순절) 같은 때에 행했다(레23:19).

수응[酬應 ; 갚을 수, 응할 응. give meeting the demands of others]명(창34:11) 남의 부탁을 들어줌.

수인[數人 ; 셀 수, 사람 인. several person]명(창33:15) 몇 사람. 여러 사람.

수일[數日 ; 셀 수, 날 일. several days]명(창29:20) 여러날.

수입[收入 ; 거둘 수, 들 입. earning]명(학1:6) ①금품을 거두어 들임. ②금전을 벌어 들이는 일. 소득.

수장[收藏 ; 거둘 수, 감출 장. garnering, gather]명(신16:13)거두어 들여 깊이 간진함.

수장절[收藏節 ; 거둘 수, 감출 장,

마디 절. feast of ingathering]명 (출23:16) 유대인의 절기의 하나. 가을의 추수를 감사하는 절기(출 34:22). 초막절(레23:34)과 같은 절기. 티쉬리월(7월 - 양력9월~ 10월) 15일부터 1주일 동안 지킴 (후대에는 8일동안 지켰다. 하나 님의 인도를 기념하는 절기(레23: 33,34).

수전절[修殿節 ; 닦을 수, 대궐 전, 마디 절. feast of the bedication]명 (요10:22) 성전수리를 기념하는 절기. 봉헌식, 낙성식 등의 말로 쓰임. 주전168년 헬라, 수리아의 안디오커스 에피파네스시대에 성 전에 우상을 두어 더럽힌 것을 유 다 마카비가 제단을 다시 쌓고 성 전을 정결케 하여 주전 165년 재봉 헌한 것을 기념하는 절기이다. 유 대력 슬래우월(12월~1월) 25일 부터 8일간 계속되는 축일은 히스 기야왕이 성전을 성결케 한 사실과 연관된다(대하29:17).
①예수님은 하나님의 아들임을 말 씀하셨다. ②유대인들이 죽이려 고 했다. ③예수님은 그들의 손에 서 벗어나셨다(요10:22-39).

수절[守節 ; 지킬 수, 마디 절. preserve chastity]명(창38:11) ①절개 를 지킴. ②정절을 지킴.

수정[水晶 ; 물 수, 수정 정. crystal]명(욥28:18) 석영의 육각 기둥꼴 의 결정체. 대제사장의 흉패에 사 용되었다(출30:10). 자수정, 홍석 영, 황수정등이 있다. ①지혜(욥 28:18). ②궁창의 형상(겔1:22). ③천국의 바다(계4 ; 6). ④하나님 의 영광의 빛(계21:11). ⑤생명수 의 강(계22:1).

수족[水族 ; 물 수, 겨레 족. atic animal]명(욥26:5) 물속에사는동물.

수족[手足 ; 손 수, 발 족. hand and feet]명(창41:44) ①손과 발. ②요 긴하게 부리는 사람.

수종[隨從 ; 따를 수, 따를 종. chamaberlain]명(창40:4) ①원 시종. ②따라 다니는 하인. servant.

수종자[隨從者 ; 따를 수, 따를 종, 놈 자. servant]명(출33:11) 시중 들고 심부름 하는 사람. 하인.

수중[水中 ; 물 수, 가운데 중. in the water]명(레11:12) 물 속.

수중[手中 ; 손 수, 가운데 중. in the hands]명(창16:6) ①손의 안. ② 자기가 부릴 수 있는 세력의 범위. in one's possession.

수직[守直 ; 지킬 수, 곧을 직. guard, keep]명(민3:8) 맡아 지키는 것.

수척[瘦瘠 ; 여윌(파리할) 수, 파리 할 척. emaciation, weak]명(시6: 2) 몸이 야위어 깡마름.

수천[數千 ; 셀 수, 일천 천. several thousands]명(삼상29:2) 천의 몇 갑절이 되는 수효.

수축[修築 ; 고칠(닦을) 수, 쌓을 축. repair]명(왕상11:27) 방축따위 의 헐어진 데를 고쳐 쌓음. 집을 고 쳐 지음.

수치[羞恥 ; 부끄러워할 수, 부끄러 워할 치. shame]명(창20:16) 부끄 러움. 패려함(잠14:17)

＊수치스러운 일 - 하나님의 은총을 입지 못한 일. ①수태하지 못함(창 30:23). ②과부(사54:4). ③적군 으로 부터의 모욕(시69:19). ④하 체를 드러내는 일(사3:18). ⑤부 도덕(창34:7). ⑥범죄(수7:15). ⑦강간(삼하13:12). ⑧불의 한 자 (습3:5). ⑨술객(미3:7). ⑩우상 섬기는 자(렘50:2). ⑪에브라임 (호10:6). ⑫패전(렘48:20).

수컷[male]명(출12:5) 짐승의 수놈.

수탐[搜探 ; 찾을수, 찾을 탐. search]명(창44:12) 수사하여 샅샅이 알 아봄.

수태[受胎 ; 받을 수, 아이밸 태. conceive, impregnation]명(눅1: 7) 아이를 뱀. 잉태. 임신.

수태고지 - ①아브라함에게 사라의 수태(창18:10). ②마노아에게 그 의 아내의 수태(삿13:1-3). ③사 가랴에게 엘리사벳의 수태. ④천 사가 마리아에게(눅2:21). ⑤요셉 에게 마리아의 수태(마1:18).

수풀[wood, forest]몡(창13:18) 나무가 무성한 곳. 덩굴이 엉킨 곳. bush. ①다윗의 피신처(삼상23:15). ②레바논(왕상7:2). ③벧엘(왕하2:23,24). ④헤렛(삼상22:5). ⑤십광야(삼상23:15-19). ⑥아라비아(사21:13).
상징 - ①군대(사10:18,19). ②국가(렘21:14). ③무결실(호2:12).
수풀의 돼지[wild boar]몡(시8:13) 멧돼지.
수하[手下 ; 손 수, 아래 하. under hands]몡(창16:9) 손 아랫사람.
수하[שׁוּחָה = 우물,팬땅]인(대상4:11) 유다의 아들 홀의 자손. 글룹의 아우. 후사와 같은 사람(대상4:4).
수한[壽限 ; 목숨 수, 한정 한. span of life]몡(삼하7:12) 하늘에서 받은 수명. 타고난 수명의 한정.
수함[שׁוּחָם = 우물을 파는 자]인(민26:42) 단의 아들로 수함 족속의 조상. 후심으로 된 곳도 있다(창46:23).
수호장[守護長 ; 지킬 수, 보호할 호, 어른 장. leader of protecting]몡 지키어 보호하는 사람 중 우두머리.
수확[收穫 ; 거둘 수, 거둘 확. harvest]몡(사32:11) 농작물을 거두어 들임. 또는 그 소출.
수효[數爻 ; 셀 수, 사귈 효. number]몡(출5:8) 물건의 수. 사람의 수.
숙곳[סֻכּוֹת = 작은 양의 우리]지
[1] 요단강의 동편
1. **위치** - 얍복강 가까운 곳. 야곱이 형 에서와 화해한 후 집과 가축을 위한 우리를 세운 곳(창33:17). 이것이 지명의 유래가 된 것으로 본다.
2. **관련기사** - ①야곱이 붙인 이름. 야곱은 여기서 잠시 머물다가 세겜으로 떠났다(창33:18). ②처음에는 헤스본왕 시혼의 영토이었으나 이스라엘 백성이 출애굽하여 들어온 후에는 갓 자손의 땅이 되었다(수13:27). ③77인의 장로가 다스린 곳. 기드온에 의하여 징벌된 곳(삿8:4-17). ④비옥한 곳(시60:6,107:7). ⑤솔로몬의 주물공장이 부근에 있었다(왕상7:46).
[2] 출애굽한 이스라엘 백성이 처음 진을 친 곳(출30:20). 애굽말 "스꾸"의 음역인듯하다. 일명은 비돔인데 전자는 정치적 명칭이요 비돔은 종교적 명칭이라 한다.
숙곳 브놋[sucoth - benoth]몡(왕하17:30) 사마리아에 옮겨온 바벨론 사람의 우상. 말의 뜻은 '소녀들의 성막(오두막)'으로 번역할수 있는 말. 브놋은 바벨론의 주신 말둑의 아내 비니두로 여기는 사람도 있다. 우상과 매음행위는 항상 뒤따랐다. 그러므로 문자적인 해석으로는 매춘을 위한 장소로 보여진다.
숙부[叔父 ; 아재비 숙, 아비 부. uncle]몡(삼상10:14) 아버지의 동생. 작은 아버지.
숙소[宿所 ; 잘 숙, 바 소. inn]몡(출4:24) 머물러 침식을 하는 곳. 잠자는 곳.
숙이다[bow down]타(창24:26) 숙게 하다. 경배를 나타냄.
순[筍 ; 죽순 순. sprout, bud]몡(민17:8) 식물의 새싹.
순[branch]몡(슥3:8) 다윗의 자손 메시야의 칭호(슥3:8). 가지라고도 번역된 말(렘23:5, 33:15). 이상적 지도자를 가리키는 말.
순간[瞬間 ; 잠간 순, 사이 간. as soon as, moment]몡(수8:19) 잠시동안. 짧은 동안.
순결[純潔 ; 순수할 순, 깨끗할 결. pure, innocent]몡(출27:20) 아주 깨끗함. 섞인 것이 없이 순수함. ①상질의 감람유(출27:20). ②성도의 행위(계14:14). ③이질적인 것에서의 자유를 뜻함(레24:2). ④맑음을뜻함(아6:10). ⑤윤리적 순결(시24:4, 욥11:4). ⑥비둘기같음(마10:16). ⑦순진함(롬16:18, 빌2:15). ⑧정결케 함(딤전5:22). ⑨여호와의 말씀(시12:6). ⑩여호와의 계명(시19:8).
순교자[martyr]몡 복음(그리스도)

순금

을 위하여 목숨을 바친 사람. 마귀의 증오(요일3:12)와 박해를 받을 때 믿음을 지켜 생명을 바치는 일(계6:9, 13:15).

1. **성도의 태도** - ①그리스도를 기억하라(마10:21-22). ②죽음을 두려워 하지 말고 담대하라(마10:28, 롬8:37). ③각오하라(행21:13, 벧후1:14). ④예비하라(마16:24, 25). ⑤하나님께로 나야 함(요일5:4-5).
2. **순교한 자** - ①아벨(마23:35). ②선지자들(눅11:50-51). ③스가랴(마23:35). ④세례 요한(막6:18-29). ⑤스데반(행7:58-60). ⑥야고보(행12:2). ⑦안디바(계2:13). ⑧초대교회의 성도들(행9:1, 히11:37).

순금[純金 ; 순전할 순, 쇠 금. pure gold]명(욥28:19) 다른 쇠가 섞이지 않은 황금. 금을 시적으로 표현한 말(사13:12). 정금으로 번역된 말(잠25:12).

순두게[Συντύχη = 행운]인 (빌4:2) 빌립보교회의 여성도. 유오디아와 불화한 일이 있어서 바울이 주안에서 한 마음이 되라고 권면하였다.

순례자[pilgrimage]명(창47:9) 나그네. 후대에 성지의 여행자를 가리키는 말. ①실로(삼상1장) ②벧엘과 단(왕상12:29, 30). ③길갈과 브엘세바(암4:4, 5:5). ④예루살렘(왕상12:72-, 애1:4, 대하35:)을 순례했다. ⑤년 3회(출23:17) - 유월절, 칠칠절(오순절), 초막절(신16:16)에 순례했다. ⑥의무적 순례(눅2:41). ⑦순례의 노래(시120~134편).

순리[順理 ; 따를(순할) 순, 이치 리. reason, natural]명(롬1:26) 도리에 순종함 또는 순조로운 이치.

순복[順服 ; 따를(순할) 순, 옷 복. obedience]명(삼하22:45) 순순히 복종함.

순산[順產 ; 따를(순할) 순, 낳을 산. easy delivery]명(사66:8) 아무런 탈없이 아이를 낳음. bring forth.

순서[順序 ; 순할순, 차례 서. order]명(민2:17) 정하여 있는 차례.

순식간[瞬息間 ; 잠간 순, 쉴 식, 사이 간. single moment]명(출33:5) 눈을 한번 깜짝거리거나 짧게 한번 숨쉴 동안만한. 아주 짧은 동안. ①인생의 생명(욥34:20). ②하나님의 심판(출33:5). ③성도의 부흥(사66:8). ④마귀의 시험(눅4:5). ⑤성도의 변화(고전15:51). ⑥거짓된 혀(잠12:19).

순적[順適 ; 따를(순할) 순, 맞을 적. good speed, proceeding smoothly]명(창24:12) ①거스르지 않고 좇으며 사람의 마음에 들도록 함. ②순조롭게 나아감. ③태연자약한 모양.

순전[純全 ; 순수할(순전할) 순, 온전 전. purity]명(레13:24) 다른 성분이 섞이지 않고 한가지만 있음. 순결과 같은 말로 쓰였다. 능력, 행위의 완전성을 나타냄. 완전한 자(창6:9). 제물의 완전을 말함(신32:4, 19:7).

순정[純精 ; 순수할 순, 뜻 정. pure heart, perfect]명(대하4:21) 정직하고 거짓없는 순수한 사랑.

순종[順從 ; 따를(순할) 순, 따를 종. obedience]명(창26:5) 시키는 대로 복종함. 성경에서는 하나님의 말씀을 듣고 그대로 하는 행위를 말한다. 하나님의 말씀을 지키는 행위(삼상15:2-22). ①하나님께(행5:29). ②그리스도께(요14:21). ③진리(갈5:7). ④믿음의 도(행6:7). ⑤부모(엡6:1). ⑥통치자(롬13:1, 딛3:1). ⑦남편(고전14:34, 35). ⑧상전(엡6:5). ⑨교회의 지도자(히13:17). ⑩온전히(신26:16). ⑪제사보다나음(렘7:23). ⑫하나님의 백성이 됨(눅8:21, 마12:50, 약1:25). ⑬영혼을 깨끗하게 한다(벧전1:22). ⑭진심으로 순종한다(롬6:17). ⑮시험이 따른다(고후2:4).

순진[純眞 ; 순수할 순, 참 진. the

simple, naiue]명(롬16:18) 꾸밈 없는 마음.
순찰[巡察 ; 돌아다닐 순, 살필 찰. patrol]명(창41:45) 돌아다니면서 일어나는 일들을 살핌.
순찰자[巡察者 ; 순행할 순, 살필 찰, 놈 자. messenger, watcher]명(단4:13) 순찰하는 사람.
순청색[純青色 ; 순수할 순, 푸를 청, 빛 색. pure blue]명(민4:6) 다른 색이 섞이지 않고 순수한 푸른색.
순하다[順~순할 순. soft, gentle]형(레26:41) ①성질이 부드럽다. ②맛이 부드럽다. mild. ③일이 섭고도 마음대로 잘되다. easy.
순행[巡行 ; 순행할 순, 행할 행. go through, circuit]명(대하17:9) 이곳 저곳 돌아다님(巡).
순회[巡廻 ; 돌아다닐 순, 돌 회. go in circuit, tour]명(삼상7:16) 여러 곳을 차례로 돌아다님.
숟가락[spoon]명(출25:29) 밥이나 국따위를 떠 먹는 기구. ㉮ 숟갈. ㉯ 수저. 우묵한 곳을 가리키는 말. 손(창20:5) 잔(출25:29)등으로 번역된 말.
술[wine]명(창9:24) 알콜이 있어 마시면 취하는 음료의 총칭. 포도주로 번역된 곳이 많다.
1. **술에 취하면** - ①벌거벗는다(창9:20-21). ②방탕함(엡5:18, 롬13:13). ③의식을잃음(창19:32,33). ④강포해짐(잠4:17). ⑤충혈됨(창49:12). ⑥거만스러움(잠20:1). ⑦비척거림(시60:3). ⑧마음을 빼앗김(호4:11). ⑨공의를 굽게 함(사5:22,23). ⑩불순종하게 된다(마24:48-51). ⑪병을 얻음(호7:5). ⑫판단을 그르침(잠31:4,5, 사28:7). ⑬해를 당함(잠23:31,32). ⑭향락에 빠짐(사22:13). ⑮화를 입게 됨(사5:11). ⑯가난하게 됨(잠21:17). ⑰이성을 잃음(창19:33). ⑱쾌락으로삼음(전2:3). ⑲화를 당함(사28:1). ⑳종이 됨(딛2:3). ㉑무질서하게 됨(고전11:21,22). ㉒타락함(에1:10,11). ㉓착취함(암4:1). ㉔처벌당한다(마24:50-51). ㉕근친상간한다(창19:32-36). ㉖소원을 들어 준다(에5:6). ㉗살인한다(마14:5-10).
2. **받을 형벌** - ①돌로 쳐서 죽임(신21:20,21)②교제를 끊음(고전5:11) ③국가의 패망(단5:1-4). ④전쟁에서 패함(왕상20:16-21). ⑤하나님나라에 들어갈 수 없다(고전6:9,10). ⑥슬퍼하고 이를 갈게 된다(마24:51).
술[tassel]명(민15:38) 여자의 옷 따위에 장식으로 다는 여러가닥의 실 ①이스라엘 백성에게 옷단귀에 달도록 하나님이 명령하셨다(민15:38). ②방종하지 않도록 함(민13:39). ③바리새인들은 크게 했다(마23:5). ④손 댄자가 병고침을 받았다(마9:20,14:36).
술[צוּר = 바위, 반석]인
① 이스라엘인에게 살해된 미디안 5왕 중 하나(수15:21)→수르.
② 예루살렘에 사는 베냐민 사람 여이엘의 아홉 아들 가운데 하나(대상8:30-36).
술[שׁוּר =성벽, 둘러 쌓인 곳]지
1. **위치** - 애굽의 동북방향. 가나안의 남부와 경계를 이루는 곳. 광야를 가리킴(창16:7).
2. **관련기사** - ①하갈과 이스마엘이 쫓겨간 곳(창16:17). ②아브라함이 그 옆에서 일시 거주함(창20:1). ③앗수르로 통하는 길목에 있다(창25:18). ④사울이 아말렉을 추격한곳(삼상15:7).⑤이스라엘 사람은 홍해를 건넌 후 이 광야로 들어갔다(출15:22). 수르와 같다
* 아시아인의 침입을 방지하기 위하여 페르슈으로부터 스에즈에 이르는 반도를 횡단하는 방어벽(防禦壁)을 설치한 데서부터 술 또는 에담이라 불리었다.
술객[術客 ; 꾀 술, 손 객. magicians, sorcerer]명(창41:8). 마술, 마법을 하는 사람. 음양·점술에 정통한 사람. 술가(術家). 복술가. ①

애굽의 술객(창41:24). ②모세를 당하지 못함(출9:11). ③뱀에 물린 자에게는 소용이 없음(전10:11). ④바벨론 술객(단1:20). ⑤다니엘 보다 못함(단5:15~). ⑥수치를 당함(미3:7). ⑦유황이 타는 못에 들어갈 자(계21:8). ⑧주께서 버린 백성(사2:6). ⑨부도덕한 자의 범주에 듬(계22:15).

술관원[cup bearer]명(왕상10:5) 왕에게 술을 가져가는 관직. 가장 신임하는 신하. ①바로의 술맡은 자(창40:1,18). ②솔로몬의 술관원(대하9:4). ③아닥사스다의 술관원-느헤미야(느1:11).

슬람미[שׁוּלַמִּית]지(아6:13) 수넴과 같은 곳.

슬람미 여자[shulammite]인(아6:13) 솔로몬이 극진히 사랑한 여자. 왕인 신랑에 대한 여왕인 신부를 가리키는 말. 그리스도의 신부인 성도.

술 맡은 자[cup butler]인(창40:1) 술을 맡은 관리. 왕의 신복. 바로의 술맡은 자는 요셉의 해몽대로 복직되었다(창40:1-18).

술법[術法; 꾀술, 법법. secret arts]명(출7:11) 음양과 복술에 관한 실현 방법. 괴이한 재주와 법. 마력에 의한 기이한 일을 함. 비범한 술법. ①대항하기 위하여 사용(출7:11). ②하나님의 심판을 막을 수 없다(렘8:17). ③신접한 여인이 행함(삼상288).

술사[術士; 꾀 술, 선비 사. diviner]명(수13:22) 공교한 방술을 행하는 자. 어떤 특기를 가진 사람. 술책을 잘 꾸미는 사람. ①발람(13:32). ②갈대아 술사(단5:11).

술수[術數; 꾀 술, 셀 수. sorcery, witchcraft]명(레19:26) 술법, 잔꾀. 길흉을 점치는 방법. 목적을 위해서 쓰는 술책과 수단.
*①하나님께서 금하심(레19:26). ②이세벨이 행함(왕하9:22). ③이교적인 죄(갈5:20). ④마술(나3:4). 복술(계9:21)과 같은 말이다.

술취하다[drunkard, thuoughwine]자(잠23:21) ①먹은 술 기운이 온 몸으로 퍼지다. ②술을 마셔 정신이 몽롱해지다. ③술에 중독된 상태.
*하나님의 뜻에 합당하지 못한 행위.

술친구[drunken]명(마24:29) 술로써 사귄 친구. 늘 같이 술을 마시는 친구.

술틀[wine wat]명(느13:15) 포도주를 만들기 위하여 포도를 넣고 발로 밟아 짜는 큰 통(애1:15). 성경에는 포도즙 틀, 즙틀이라고 했다(사16:10, 63:2, 계14:19).

숨[breath]명(출8:15) 사람이나 동물이 코나 입으로 공기를 들이 마시고 내쉬는 기운. 호흡.

숨지다[give up the ghost]자 마지막 숨이 끊어지다. 목숨이 끊어져 죽다. 사망. 운명.

숩[שׂוּף = 아들, 꿀벌집]인(삼상1:1) 레위사람. 사무엘의 선조. 소배와 같은 사람(대상6:26).

숩[סוּף = 갈대]지(신1:11) 요단 동편 아라바 광야 맞은편의 땅. 모세가 이스라엘에게 고별설교를 한 곳.

숩땅[צוּף = 꿀]지(삼상9:4) 사울이 나귀를 찾으려 베냐민 땅을 지나 사환과 함께 간 곳.

숩빔[שֻׁפִּים = 뱀]인
1 베냐민 자손 일의 아들(대상7:15). 스부함과 같은 사람.
2 레위사람. 다윗왕 때 예루살렘 서문 살레겟의 문지기(대상26:16).

숩사람[סֻכִּיִּים = 장막의 사람]인(대하12:3) 애굽왕 시삭이 예루살렘을 침공할 때 참가한 백성 중 하나. 애굽 문헌에 구스의 굴에서 사는 사람으로 알려져 있다.

숭배[崇拜; 높을 숭, 절 배. admiration]명(출23:24) ①높이어 우러러 공경함. ②종교적 대상을 숭배하고 귀의하는 심적태도와 외적 표현의 총칭. worship. serve.

숭배자[崇拜者 ; 높을 숭, 절 배, 놈자, admirer]몡(엡5:5) 높이 우러러 공경하는 사람.

숭상[崇尙 ; 높일(높을) 숭, 오히려 상. worship, regard]몡(시31:6) 높이어 존중하게 여김.

숯[coal, charcoal]몡(삼하22:9) 나무를 가마 속에서 구워낸 덩어리. 연료에 쓰인다. 목탄.

숯불[charcoal fire]몡(삼하14:7) 숯을 피운 불.

1. 용도 - ①제빵(왕상19:6, 겔1:13). ②난방 함(요18:19). ③조리(사44:19, 요21:9). ④풀무(사44:12).철을 녹임.⑤기계제조(사54:16).

2. 상징, 비유 - ①깨끗게(사6:6). ②영광(롬12:20). ③심판(겔24:11, 시140:10). ④음행(잠6:28-29). ⑤후사(씨)(삼하4:7). ⑥죄(잠6:25-29).⑦하나님의 지배를 받음(사54:16). ⑧하나님의 광채(삼하22:13). ⑨형벌의 도구(시18:12, 120:4). ⑩원수를 친구되게 한다(롬12:20).

숱하다[much, well]혱(겔17:3) ①물건의 분량이나 부피가 많다. ②혼하다. 썩 많다. plentiful.

쉬다[rest from one's work]자(창8:22) ①하던 일을 잠시 그만 두다. stop. ②일을 하지 않고 놀다. suspend(창8:22). ③피곤을 풀려고 몸을 편하게 두다. rest. ④잠을 자다. sleep(마26:45).

＊쉬지 말 것 - ①기도(살전5:17). ②믿음, 사랑, 소망(살전1:3). ③하나님께 감사(살전2:13).④간구하는 가운데 성도를(딤후1:3). ⑤눈동자(애2:18). ⑥눈물로 훈계(행20:31). ⑦전도(행5:42). ⑧주께찬송(계4:8).⑨선행(갈6:9).

쉴곳[resting place](창49:15) 쉬는 장소. 휴식하는 곳. ①잔잔한 물가(시23:2). ②나무아래(창18:14). ③흙속-죽음(욥17:16). ④평화의 왕이 지배하는 미래(사23:18). ⑤여호와의 처소(사66:1). ⑥성전은 쉴 곳이 아니다(미2:10).

쉽다[easy]혱(창26:10)①어렵지 않다. ②간단하고 빨리 이룰 수 있다. simple. ③가능성이 많다. apt to.

쉽지 않다[scarcely]혱(롬5:7) 어렵다. 가능성이 적다.

스가가[קָצָצָה = 닫혀진 곳, 덮게]지(수15:61) 유다 광야에 있던 성읍. 아골골짜기에 있었다.

스가냐[שְׁכַנְיָהוּ = 주께서 거하심]인

1 아론의 자손. 다윗왕 시대 증가되었고 다윗이 배정한 제사장조직 24반열중 제10반(대상24:11).

2 여호야긴의 자손 스마야의 아버지(대상3:21-22). 에스라와 함께 귀환한 핫두스의 선조(스8:2).

3 히스기야시대 제사장. 여호와의 예물 분배를 도왔다(대하31:15).

4 엘람의 자손으로 여히엘의 아들. 바벨론 포로중 취한 이방인 아내들과 헤어져야 할 것을 에스라에게 조언하고 에스라의 개혁운동에 조력했다(스10:2-5).

5 느헤미야 시대에 예루살렘 성벽을 수리하고, 동쪽문의 문지기를 한 스마야의 아버지(느3:29).

6 스룹바벨과 함께 바벨론 포로에서 귀환한 제사장(느12:3). 느10:4, 12:14의 스바냐와 동일인으로 보여진다. →스바냐.

7 야하시엘의 아들로 남자 300명을 인솔하여 에스라와 함께 바벨론 포로에서 귀환했다(스8:5).

8 암몬 사람 아라의 아들. 도비야의 장인(느6:18).

스가랴[זְכַרְיָהוּ = 주가 기억하심]인

1 여로보암Ⅱ세를 이어 왕이된 예후왕조의 마지막 왕(왕하14:29, 15:8). 6개월간 다스렸다(왕하15:8-10). 살룸에 의해 살해되었다(왕하14:29, 15:8, 11).

2 르우벤 자손의 족장(대상5:7).

3 베냐민 사람 기브온의 조상 여이엘의 아들(대상9:37). 대상8:31에서는 세겔로 불리움.

스가랴

4 레위사람 므셀레먀의 아들(대상 26:2, 14에서는 셀레먀). 다윗 시대에 문지기로 봉사. 대상9:21에서는 회막문지기로 기록되었다.

5 레위사람. 다윗 시대의 성전악사. 언약궤를 예루살렘으로 옮길 때 비파를 타서 여창에 맞추었다(대상 15:18, 20, 16:5).

6 언약궤를 예루살렘으로 옮길 때 나팔을 분 제사장(대상15:24).

7 다윗시대 웃시엘의 가족. 잇시야의 아들(대상24:25).

8 다윗시대 므라리 자손 호사의 네째 아들. 문지기(대상26:11).

9 므낫세 지파사람. 관장(官長) 잇도의 아버지(대상27:21).

10 레위 사람에게 율법을 가르치기 위해 여호사밧왕이 보낸 다섯 방백 중 한 사람(대하17:7).

11 레위 사람 아삽 자손 브나야의 아들(대하20:14).

12 여호사밧왕의 네째 아들(대하21:2). 여호람이 왕이 된 후 죽임을 당했다(대하21:4).

13 요아스왕 치세때의 선지자. 제사장 여호야다의 아들로 아버지처럼 의로운 사람이었다. 하나님의 신이 그에게 임하여, ①여호야다의 사후에 일어날 배교에 대하여(대하24:17-19) 충고했다. ②요아스왕의 명령에 의해 성전뜰에서 돌로 그를 쳐죽였다(대하24:20-22). ③예수님께서 말씀하신 사가랴로 보는 이도 있다(마23:35-36).

14 웃시야왕 때 초기의 선지자(대하 25:5). 웃시야왕에게 하나님을 경외할 것을 가르쳤다.

15 여베레기야의 아들. 이사야와 동시대의 인물(사8:2).

16 히스기야왕의 어머니 아비야의 아버지(왕하18:2, 대하29:1).

17 아삽 자손. 히스기야왕 시대 성전을 정결케 하는데 참가했다(대하 29:13).

18 그핫의 자손. 요시야왕 때 행한 예루살렘 성전의 수리공사의 감독관(대하34:12).

19 요시야왕 시대에 하나님의 전을 주장한 고위 제사장의 일인(대하 35:8).

20 베레갸의 아들. ①다리오왕 시대의 선지자. ②구약 12 소선지서 중 스가랴의 기록자(슥1:17, 7:1, 8:1 내지 12:16). 참고 ; 스5:1, 6:14에 의하면 잇도의 손자로 되었고, 느12:16, 슥1:1에서는 잇도의 자손으로 되어있다. ③예수님이 나귀를 타고 입성할 것을 예언(슥9:9). ④바벨론에 포로되어 있다가 돌아와서 성전을 재건할 때 학개선지자와 함께 공사를 맡은 장로들을 권면하여 다리오왕 6년에 완성하였다(스6:14-15).

21 에스라와 함께 바벨론의 포로에서 귀환한 바로스의 자손으로 종족(宗族)의 족장(스8:3).

22 에스라와 함께 바벨론 포로에서 귀환한 베배의 자손으로 그 종족의 족장(스8:11).

23 바벨론에서 에스라가 레위 사람을 찾기 위해 가시뱌지방으로 파견된 대표 중 일인(스8:16).

24 엘람의 아들. 포로귀환 후 에스라의 권면에 의해 이방인 아내와 아들과 헤어진 사람(스10:26).

25 에스라의 율법서 낭독에 입회한 사람(느8:4). 상기 21과 같은 사람으로 보는 사람도 있다.

26 포로에서 귀환한 유다사람 베레스의 자손. 아마랴의 아들(느11:4).

27 포로에서 귀환한 유다사람 베레스의 자손. 실로 사람 요아립의 아들(느11:5).

28 말기야 가문의 바스훌의 자손으로 제사장(느11:12).

29 아삽의 자손 요나단의 아들. 예루살렘 성벽의 낙성식에서 음악대를 지휘한 사람(느12:35-36).

30 예루살렘 성벽의 낙성식에서 나팔을 분 제사장(느12:41).

스가랴[Zechariah] 명 (슥)구약 제38권째 성경이다. 선지자 스가랴의 기록으로 성전건축을 격려하고 메시야를 소개한다. 그리스도의 재림에 관해서도 계시하였다. 내용분해는 박기원 편 성경총론을 참고하라.

- **스가랴에 예언된 그리스도** - ①여호와의 사자(슥3:1). ②의로운 순(슥3:8). ③일곱 눈을 가진 돌(슥3:9). ④왕인 제사장(슥6:13). ⑤겸손한 왕(슥9:9-10). ⑥모퉁이 돌(슥10:4) - 벧전2:4-7. ⑦말뚝(슥10:4). ⑧싸우는 활(슥10:4). ⑨배척당할 자(슥10:4-13). ⑩은 30에 팔릴 자(슥10:4-13). ⑪선한 목자(슥10:4-13). ⑫찔림을 받음(슥12:10). ⑬씻는 샘(슥13:1). ⑭칼로 침을 당함(슥13:7). ⑮로운 왕(슥14:) ⑯오실 심판자(슥14:). ⑰머릿돌(슥3:8, 4:7) - 벧전2:7, 4. ⑱나귀를타심(슥9:9) - 마21:, 막11:7, 눅19:35). ⑲언약의 피(슥9:11) - 마26:26, 벧전1:18. ⑳그리스도의 재림(슥14:4).

스가리야[זְכַרְיָה = 주가 기억하심]인
1 여호야다의 아들. 제사장. 요아스에게 죽임을 당함. 마23:35의 사가랴로 여김.
2 히스기야왕의 외할아버지(왕하18:1, 2) 스가랴(대하29:1).

스게와[Σκευᾶς = 소망]인(행19:14) 에베소에 있던 유대인 제사장. 그의 일곱 아들이 바울을 만나 바울이 악귀를 쫓아 내는 것을 보고 그들도 악귀를 쫓아내려 하였으나 도리어 악귀에게 억눌리게 되어 상처만 입고 벗은 몸으로 도망쳤다. 이로써 예수의 이름으로 이적 행하는 것이 마술이 아니라는 것이 증명이 되었다(행19:11-20).

스구디아[Σκύθης = 초가]인지(골3:11) 이 지방은 흑해로부터 중앙 아시아까지 라고 하는 설이 있으나 바울의 언사를 보면 문명국인을 가리킴이 아니고 야만인을 가리킨 것으로 본다. 앗수르 비문에 이슈쿠자이로 불리우는 종족으로 봄. 몽골계 유목민으로 이란어를 쓰는 것으로 나타나 있다.

소굽[שׂוֹבָב = 높여진 자]인

1 벧엘 사람 히엘의 막내 아들. 그의 아버지가 여리고성을 건축하고 문을 세울 때 죽었다(왕상16:34, 수6:26). 여호수아의 예언이 응했다.
2 유다 사람 마길의 딸에게서 난 헤스론의 아들. 야엘의 아버지(대상2:21, 22).

스나아[סְנָאָה = 증오, 가시울타리] 인 바벨론 포로에서 돌아와 성전 재건공사에 참여한 사람(스2:35, 느7:38). 하스나아와 같은 사람.

스난[צְנָן = 풍성한 땅]지(수15:37) 유다 평지의 한 성읍. 사아난과 같은 곳(미1:11).

스닐[שְׂנִיר = 흰 산]지(신3:9) 헤르몬 산에 대한 아모리 사람이 부르는 이름. 아라비아 이름(아4:8). 시니루와 같은 곳. 잣나무 산지(겔27:5).

스다구[Στάχυς = 이삭]인(롬16:9) 바울이 로마에 있을 때 친하게 지낸 교인.

스다디온[stadia]명(계14:20) 거리를 재는 로마 리수(里數). 한 스다디온은 180m에 해당된다. 30스다디온이 10여리로 번역된 곳도 있다(요6:19).

스달 보스내[שְׁתַר בּוֹזְנַי = 밝은 별]인 (스5:3) 바사 관할 내 유다의 강 서편총독(스6:6, 13). 성전재건을 방해한 사람이다.

스담[זַתָּם = 감람나무]인(대상26:22) 레위 사람 여히엘리의 아들. 세담과 같은 사람(대상26:22).

스닷[צְדָד = 비탈진 곳]지(민34:8) 다메섹 북방 100km지점, 이스라엘의 북쪽 경계 헤르몬산 동쪽의 성읍(겔47:15).

스데바나[Στεφανᾶς = 면류관을 쓰다]인(고전1:16) 사도 바울에게 세례를 받은 아가야의 처음 익은 열매(성도). 브드나도와 아가이고와 함께 에베소에 가서 바울을 반가히 만났다(고전16:15-18). 그 회답으로 고린도 전서를 가지고 돌아왔다.

스데반[Στέφανος = 면류관]인

스데올

1. **인적관계** - 예루살렘 교회에서 뽑은 일곱 집사 중 한 사람으로 기독교 최초의 순교자.
2. **관련기사** - ①초대교회 빈민구제 사업을 위해 선택된 집사. 때로는 설교도 했다(행6:). ②그는 헬라 말을 잘하는 헬라니스트로서 신앙이 돈독하고 성령이 충만한 사람이며 말을 잘하고 이적 행하는 은사도 받았으며 일곱 집사 중에 가장 뛰어난 사람이다. ③구약의 역사에 근거하여 유대교의 성전예배를 비판하고 예수님이 메시야임을 증거하였다. 이로 인해 그는 모세의 율법을 반대하고 하나님을 모독하였다는 위증자들의 모함으로 예루살렘 근처에서 돌에 맞아 순교하였다. ④예수님이 하나님의 우편에 서신 것을 보았다(행7:59). ⑤돌에 죽는 마당에서 예수님이 하신 기도를 연상케 하는 기도를 드렸다 - '예수여 내 영혼을 받으시옵소서' '주여 이 죄를 저들에게 돌리지 마옵소서' ⑥스데반의 최후를 목격한 바울은 얼마후 다메섹으로 가는 길에서 회개 하였는데 아마도 스데반의 죽음에서 받은 최후의 인상이 크게 작용되었을 것이다(행7:59-8:1, 9장). ⑦경건한 사람이 스데반을 장사함(행8:2). ⑧예루살렘 초대교회는 스데반의 박해 사건을 계기로 해서 사방으로 퍼져 나가게 되었다(행11:19). ⑨바울이 스데반에 대하여 증언했다(행22:20).

스데울[שְׁדֵיאוּר = 빛의 사람, 샤다이는 빛이시다](인)(민1:5) 르우벤지파의 족장 엘리술의 아버지. 모세를 도운 사람(민7:30, 35, 10:18).

스도이고[Στοϊκος = 행낭](인)(행17:18) 아덴에서 바울과 변론한 헬라철학의 일파. 바리새적인 교리가 많고 기독교와 같은 점도 있으나 아주 상반된 점이 있다. 그들의 교리는 ①오만으로 도(道)의 기간(基幹)을 삼고 ②인생에게 행복을 주는 것은 오직 지식뿐이다. ③인생의 재해는 실상이 아니요 각인의 상상에 연계되고 ④어진 사람은 희락과 비애에 동심(動心)치 않고 인내와 엄격으로 실행하여 세정에 빠지지 않는다고 하였다. ⑤하나님의 유일무이(唯一無二)하심과 그의 말씀으로 세계를 창조하심과 뜻대로 만물을 처리하심을 믿는다. 당시 아덴에는 이 학파가 많았다.

스둘[סְתוּר = 감추어진](인)(민13:13) 미가엘의 아들. 아셀지파의 두령으로 가나안을 정탐하러 갔다.

스라야[שְׂרָיָה = 주는 고집하심](인)

1 다윗왕 때 서기관(삼하8:17). 스와(삼하20:25), 시사(왕상4:3), 사워사(대상18:16)와 같은 사람.

2 시드기야왕과 함께 바벨론에 잡혀간 제사장(왕하25:18, 렘52:24). 느부갓네살왕의 시위대장에게 잡혔고 립나에게 살해되었다. 제사장 계보를 보면 아사랴의 아들로 바벨론에 포로된 여호사닥의 아버지. 대제사장 예수아와 에스라의 선조로 추정됨(스7:1).

3 느도바 사람 단후멧의 아들. 유다 군대장관. 예루살렘이 함락된 후 에도거기서 살았다(왕하25:23, 렘40:8). 후에 애굽으로 피한 사람(왕하25:26, 렘41:17-18).

4 그나스의 둘째 아들. 요압의 아버지. 옷니엘의 형제(대상4:13, 14)

5 시므온 사람 아시엘의 아들(대상4:35).

6 바룩의 형제. 시드기야왕과 함께 바벨론으로 포로된 시종장. 예레미야의 예언을 휴대하였다. 예레미야가 "이 땅을 멸하여 영영 황폐하리라"하고 이 책을 다 읽은 후 유브라데강에 던지며 "바벨론이 재앙으로 인하여 이같이 침륜하고 일어나지 못하리라"하고 경고하라고 부탁하였다(렘51:59-64).

7 스룹바벨과 함께 바벨론에서 귀국한 제사장 12명의 지도자 중 한 사람(스2:2). 아사랴와 같은 사람(느7:7).

8 서기관 바룩과 선지자 예레미야를 잡으려고 여호야김이 보낸 사람 중

한 사람(렘36:26).
9 힐기야의 아들로 제사장. 바벨론에서 귀환후 성전을 맡은 자(느11:11, 대상9:11).
10 바벨론에서 돌아와 율법엄수 계약에 날인한 사람(느10:2).

스라히야[וּרְחָיָה = 여호와께서 나타나셨다]인
1 웃시의 아들(대상6:6, 스7:4). 제사장의 직계.
2 에스라와 함께 바벨론에서 귀환할 때 남자 200명을 데리고 온 족장 엘여호네의 아버지(스8:4).

스랍[שְׂרָפִים = 불타는 자, 고귀한 자]명(사6:2-6) 여호와를 곁에서 모시는 세 쌍의 날개를 가진 그룹천사. 인격적이며 영적이며 초자연적인 영물. 존경(얼굴을 가리움), 겸손(발을 가리움)을 나타내고 있으며 미가엘 천사와 구별된다(단10:13, 계12:7).

스레다[צְרֵדָה = 서늘함, 요해]지
1 여로보암의 출신지이며 에브라임의 성읍(왕상11:26). 딤나세라 북방4km의 곳.
2 요단 저지에 있던 성읍. 성전에서 쓸 놋그릇을 만들었던 곳(대하4:17). 왕상7:46의 사르단과 같은 곳.

스레라[צְרֵרָה = 차가운]지(삿7:22) 기드온에게 패한 미디안 군대가 도망한 요단 골짜기의 성읍. 사르단과 같은 곳(왕상4:12).

스롤[צְרוֹר = 묶음, 작은돌]인(삼상9:1) 베냐민 사람. 아비엘의 아버지. 기스의 할아버지. 사울의 증조부가 된다.

스루아[צְרוּעָה = 두드려 맞은 자]인 (왕상11:26)여로보암 I 세의 어머니. 과부가 되었다.

스루야[צְרוּיָה = 빛나는 자, 향기를 내는 자]인(삼상26:6) 다윗왕의 누이. 요압, 아비새, 아사헬의 어머니(삼하2:13, 18, 17:25, 왕상1:7, 대상2:16).

스룩[שְׂרוּג = 힘, 가지]인(창11:20) 아브라함의 증조부. 예수님의 계보에 있는 사람(눅3:35). 르우의 아들이며 나홀의 아버지.

스룹바벨[זְרֻבָּבֶל = 바벨론 출생]인
1. 인적관계 - 다윗왕의 후손 브다야(스알디엘)의 아들(대상3:19). 포로된 유다왕 여호야김의 손자(대상3:18-19).
2. 관련기사 - ①므술람, 하나냐, 슬로밋, 하스바, 오헬, 베레갸, 하사댜, 유삽헤셋의 아버지(대상3:19-20). ②바벨론에서 출생했다(마1:12). ③레사, 아비훗의 아버지(마1:13, 눅3:27). 역대기에는 없는 이름이다. ④바벨론을 정복한 고레스왕이 유다사람의 모국 귀국을 허락했을 때 대제사장 예수아와 함께 동족을 인솔하여 예루살렘으로 돌아옴(스2:2). ⑤제사제도를 회복 시행(스3:2). ⑥성전을 재건함(스3:8). ⑦성전재건공사 방해를 물리침(스4:2). ⑧성전재건완료(스3:12). ⑩학개, 스가랴 선지자의 격려를 받음(학1:12, 2:23,슥4:6). ⑪스가랴는 스룹바벨에 관해서 예언을 했다(슥4:7-10). ⑫당시 다윗의 위를 대표한다(학2:20-23). ⑬유다 총독(학1:14). ⑭예수님의 계보에 기록된 사람(마1:12, 눅3:27).

스르디스[Σύρτις = 모래톱]지(행27:17) 리비아 해안의 이름. 얕은 모래 바닥이 자주 변하므로 항해자들이 매우 두려워 하는 곳.

스리[צְרִי = 생산자, 향유]인(대상25:3) 다윗시대의 악사 여두둔의 아들. 수금을 연주하는 이스리와 같은 사람(대상25:11).

스마[שְׁמַע = 그는 들어주심]인(느8:4) 에스라가 수문광장에서 성경을 읽을 때 오른쪽에 섰던 제사장.

스마갸[סְמַכְיָהוּ = 여호와께서 지속

스마라임

하신다]인(대상26:7) 레위 사람 오벧에돔의 자손. 스마야의 아들로서 용사이며 문지기.

스마라임[צְמָרַיִם = 여러 봉우리]지
1 벧엘 가까운 베냐민의 성읍(수18:22).
2 벧엘 가까운 베냐민의 성읍 부근에 있는 산의 이름(대하13:4). 유다왕 아비야가 여로보암에게 외친 산.

스마랴[שְׁמַרְיָהוּ = 여호와께서 보호해 주심]인(대상12:5) 베냐민 사람. 다윗이 사울에게 쫓겨 시글락에 숨어 있을 때 그를 도우러 온 용사 중 한 사람이다.

스마랴[שְׁמַרְיָה = 주가 보호함]인
1 르호보암왕의 아들(대하11:19).
2 에스라때 하림의 아들(스10:32). 포로에서 돌아와 이방인 아내와 헤어진 사람.
3 에스라시대 빈누이의 아들(스10:41). 포로에서 돌아와 이방인 아내와 헤어진 사람.

스마아[שַׁמָּה = 명성]인(대상12:3) 기브아 출신 베냐민사람. 다윗을 도운 아이에셀과 요아스의 아버지.

스마야[שְׁמַעְיָה = 명성]인
1 시므온 사람 시므리의 아버지(대상5:4).
2 레위 사람 엘리사반의 자손. 다윗이 언약궤를 옮길 때 참가한 사람(대상15:8-11).
3 레위 사람 느다넬의 아들. 다윗시대 서기관. 다윗이 제사장을 24반차로 나눌 때 기록한 사람(대상24:6, 23-26장).
4 레위 사람 오벧에돔의 큰아들(대상26:4-7). 성전 문지기.
5 레위 사람 여두둔의 자손. 히스기야왕 때 성전청결에 힘쓴 사람(대하29:14).
6 르우벤 사람 요엘의 아들(대상5:4).
7 르호보암왕 때 선지자 ①르호보암이 이스라엘 10지파를 치려는 것을 말림. ②르호보암의 군인을 집으로 돌려 보냄(왕상12:22,대하11:2-4). ③5년후 애굽왕 시삭이 예루살렘을 침공해 왔을 때 죄로 인한 형벌임을 경고했다. ④유다의 관리들은 겸허히 받아 들여 고난을 적게 받았다(대하12:5-8). ⑤르호보암의 행적을 기록했다.
8 여호사밧에 의해 파견되어 유다 성읍의 백성에게 율법을 가르친 레위 사람(대하17:8).
9 히스기야왕 때 여호와의 제물 및 거룩한 것을 분배한 레위 사람(대하31:15).
10 요시야왕 때 레위인의 두목으로 요시야가 유월절 행사를 할 때 그는 레위 사람에게 제물을 풍성히 보냈다(대하35:9).
11 기럇 여아림 출신 선지자 우리야의 아버지(렘26:20).
12 여호야김 왕의 서기관 들라야의 아버지(렘36:12).
13 포로된 바벨론에서의 거짓선지자. ①곧 귀환할 수 있다고 예언했다. ②예레미야의 예언을 불만스럽게 여겨 예루살렘의 제사장에게 편지를 보냈다. ③예레미야는 그가 포로된 곳에서 죽으리라고 예언했다(렘29:24, 31, 32).
14 포로귀환 때 일행 중에 빠져 있는 레위 사람을 얻기 위해 에스라가 파견한 사람 중 한 사람(스8:16).
15 외 10여명이 더 있다.

스말[צְמָרִי = 양털]지(창10:18) 가나안의 자손 중 한 족속이 거주하는 베니게 남방 성읍(대상1:16). 애굽이 팔레스틴과 수리아를 점령하였을 때 이 성에 총독이 주재하였으나 후에 쇠패하였다.

스무엘[שְׁמוּאֵל = 하나님의 이름]인
1 토지분배 보조원으로 뽑힌 시므온 사람(민34:20).
2 잇사갈 자손 돌라의 아들(대상7:2).

스미닛[שְׁמִינִית = 여덟째 (제8)]명 시편 6편과 12편의 악조. 여덟번째 음으로 해석된다(대상15:21).

스미다[soak into]자(겔47:2) ①액체가 물에 배어들다. ②기체가 안

스바다

으로 흘러들다. infiltrate.

스미다[שְׁמִידָע = 지혜의 명성]인 (민26:32) 길르앗의 자손.

스미라[שִׁמְרִי = 아름다운 젊은이] 인(대상7:8) 베냐민사람 베겔의 아들.

스미라못[שְׁמִירָמוֹת = 최고 명성]인
① 레위 사람. 다윗이 오벧에돔의 집에서 여호와의 궤를 옮겨 올 때 비파를 탄 악사(대상15:18, 20).
② 여호사밧왕이 백성에게 율법을 가르치도록 파송한 사람 중 한 사람(대상17:8).

스바[סְבָא = 남자]인
① 함의 손자. 구스의 아들(창10:7).
② 욕단의 아들(창10:28).
③ 아브라함의 아내 그두라가 낳은 욕산의 아들(창25:3, 대상1:32).

스바[שְׁבָא = 남자]지(왕상10:1-13) 노아의 손자 구스의 아들 스바자손의 국토. 남부 아라비아 백성과 홍해를 건너 식민한 백성들을 통털어 부르는 이름. 지금의 에디오피아와 아라비아반도 동남단 지역. 시바와 같은 지역으로 본다. ①스바족, 구스의 후손들이 사는 국토(욥1:15). ②솔로몬의 지혜를 알아보기 위하여 여왕이 찾아왔다(왕상10 ; 1-13). ③황금, 보석, 향료등을 무역했다(욥6:19, 겔27:22). ④장대한 족속의 땅(사45:14). ⑤먼 나라로 불리움(욜3:8). ⑥유다를 침략할 것을 예언(욜3:6-8). ⑦약탈자의 무리(겔38:13). ⑧그리스도께 찾아와 예물을 드림(시72:12, 15). ⑨여호와의 찬송을 전파함(사60:6). ⑩이스라엘(선민)을 구원하기 위한속량물(사43:3). ⑪그리스도는 남방나라라고 하셨다(마12:42).

스바(사람)[sabeans]인(욥1:15) 스바의 주민. ①욥의 가축을 뺏고 종들을 죽인 사람(욥1:15). ②장대한족속임(사45:14). ③상인이 많았다(겔27:22, 23).

스바냐[צְפַנְיָה = 주가 숨기셨다]인
① 마아세야의 아들. 시드기야왕이 예레미야에게 보낸 제사장(렘21:1).
② 요시야 시대의 선지자. 히스기야의 현손이요 구시의 아들. 구약 성경 스바냐의 기록자(습1:1) 외국인의 침입을 예언하였고 므낫세의 정책을 공격하고 심판이 임할 것을 경고하였다.
③ 바벨론 포로에서 돌아온 요시아의 아버지(슥6:10, 14).
④ 시위대장에게 잡힌 부제사장(렘52:24).
⑤ 레위 사람 다핫의 아들. 헤만의 선조. 우리엘과 같은 사람(대상6:24, 36, 15:5).

스바냐[שְׁבַנְיָה = 하나님은 강력하심]인
① 다윗시대의 언약궤 앞에서 나팔을 분 성전악사(대상15:24).
② 레위 사람으로 에스라시대에 서약에 도장을 찍고 율법서를 읽어 준 사람(느10:10).
③ 바벨론에서 돌아와 율법엄수에 서명한 제사장(느10:4). 스가냐와 같은 사람.
④ 에스라와 같이 율법엄수에 서명한 사람(느10:12).

스바냐[Zephaniah]인(습) 구약 제36권째 성경이다. 선지자 스바냐의 기록으로 장차 유다에 임할 하나님의 심판에 대하여 그리고 믿음이 약하여 남은 자들의 처신에 대하여 경고하고 바벨론 침략을 예시하였다. '여호와의 날' 20회 사용했다. 내용 분해는 박기원편 성경총론을 참고하라.

- **스바냐에 예언된 그리스도** - ①심판 주(습1:3, 15, 16) - 마13:41, 24:29, 계6:12. ②전능하신 자(습3:17) - 고후6:18. ③심중에 거하시는 그리스도(습3:5, 11-17) - 요15:4. ④그리스도의 사역(습3:17-20) - 요5:17, 17:4, 6:38, 마26:69, 막14:36, 눅22:42.

스바니야인(왕하25:18) 예레미야 때 부제사장→스바냐와 같은 사람.

스바다[צְבֹעִים = 망대 골짜기]지(대

하14:10) 유다지파가 살고 있던 마레사 근처 골짜기 사본과 같은 곳. 유다왕 아사가 구스의 군대를 격파한 곳.

스바댜[שְׁפַטְיָה= 주의 심판]인

[1] 다윗이 헤브론에서 낳은 다섯째 아들. 아비달의 소생(삼하3:4).

[2] 하룹사람. 다윗이 시글락에 있을 때 도운 용장(대상12:5).

[3] 여호사밧왕 때 왕에게 속한 모든 일을 관리한 자. 유다지파의 어른 이스마엘의 아들(대상19:11).

[4] 마아가의 아들. 다윗왕 때 시므온 사람의 관장(대상27:16).

[5] 여호사밧왕의 아들 중 하나(대하21:2).

[6] 맛단의 아들. 시드기야왕의 유사 중 하나. 느브갓네살이 예루살렘을 공격할때 예레미야를 구덩이에 던져 넣은 사람(렘38:1).

[7] 바벨론 포로생활에서 돌아온 사람이 여럿이 있다.

스바댜[זְבַדְיָה = 주의 선물]인

[1] 고라족속 므셀레먀의 세째 아들. 다윗왕때 성전 문지기(대상26:2).

[2] 베냐민 사람 브리아의 아들. 엘바알의 손자(대상8:15).

[3] 베냐민 사람 엘바알의 아들(대상8:17).

[4] 여로함의 아들. 시글락에서 다윗을 따랐다(대상12:7).

[5] 요압의 형제 아사헬의 아들. 다윗의 용사(대상27:7).

[6] 유다 사람들에게 율법을 가르치기 위해 파송된 레위 사람 중 하나(대하17:8).

[7] 이스마엘의 아들. 유다의 유사. 왕의 모든 일을 다스린 자(대하19:11).

[8] 이 외에도 여럿이 있다.

스바랏[סְפָרַד = 쓴것]지 (욥20) 포로된 유다사람이 차지할 남방 성읍.

스바림[שְׁבָרִים = 파괴]지 (수7:5) 아이 부근에 있던 채석장.

스발[סְפָר = 수를 세어 봄]지 (창10:30) 아라비아의 성읍. 욕단 사람의 경계 성읍.

스발와임[סְפַרְוַיִם]지

[1] 바벨론의 북쪽 55km지점에 있는 현재의 압합바. 앗수르왕 사르곤Ⅱ세가 사마리아를 점령한 후 이곳 사람을 식민하였다. 운하를 사이에 둔 2개의 시가로 되어 있다(왕하17:24, 31).

[2] 앗수르에게 멸망한 수리아의 한 마을. 살만에셀 Ⅴ세에게 멸망한 샤바라인 하맛과 다메섹이 여기에 있다(왕하18:34, 사36:19, 37:13).

스발와임 사람[sepharvites]인(왕하17:31). 북 수리아 스발와임의 거주자. 자녀를 불살라 아드람멜렉과 아남멜렉에게 바쳤다.

스밤[שְׁבָם = 추위]지 (민32:3) 르우벤 지파가 점령한 모압의 성읍. 헤스본과 가깝고 포도의 생산지로 널리 알려진 곳(민32:3, 38, 수13:19, 사68:1-9, 렘48:32) 심마와같은 곳으로도 한다.

스밤[שְׁפָם = 벗은]지 (민34:10) 가나안 북동경계의 성읍. 림나에서 가까운 곳.

스밤사람[shiphmite]인(대상27:27) 유다 남단의 성읍 스밤출신자. 삽디는 다윗의 포도주 곳간을 맡았다. 십못사람이다.

스밧[צְפַת = 망루]지 (삿1:17) 유다 남부에 있던 가나안 족속의 성읍. 유다, 시므온 지파가 협력하여 얻은 후 르호마라고했다.

스밧월[~月 ; 달월. shebat]명(슥1:7) 히브리 달력 11월(양력 1~2월에 해당) 포로 이후 사용하였다.

스보[שְׁבוֹ = 뛰어난]인(창36:23) 호리 족속 세일 자손 소발의 자녀.

스보[צְפוֹ = 파수대]인(창36:11, 15) 에돔자손 엘리바스의 세째 아들.

스보임[צְבֹיִים = 영양]지

[1] ①사해 남단에 있던 작은 도시(창10:19,14:2,8).②소돔과 고모라와 함께 멸망한 도시(창10:19, 25, 신29:23, 호11:8). ③왕이 다스렸다(창14:2,8).

[2] ①베냐민의 도시로 스보임 골짜기 블레셋의 노략군이 간 곳(삼상13:

18). ②포로에서 돌아와서 거주한 것으로 봄(느11:34). 이 골짜기는 여리고와 예루살렘 사이에 있었다고 생각된다. 여리고에서 약7.5km 떨어진 와디암 다바아라고 이름한 곳으로 여긴다.

스본[אֶפְסָן = 겨울의, 어두운]**고**(민 26:15) 갓지파 스본사람의 조상. 시본과 같은 사람(창46:15).

스부반[שְׁפוּפָן = 뱀]**고**(대상8:8) 베냐민의 손자. 벨라의 아들.

스부밤[שְׁפוּפָם = 뱀]**고**(민26:39) 베냐민의 아들.

스불[זְבֻל = 거주지]**고**(삿9:28) 아비멜렉시대 세겜의 장관 가알의 반란을 분쇄한 수비장(삿9:26-41).

스불론[זְבוּלוּן = 후한 선물]**고**
① 야곱의 열째 아들. 레아가 낳은 여섯째 아들(창35:23, 출1:3). 애굽으로 이주한 사람.
② 스불론지파의 조상(민1:9,신27:13,33:18). 스불론 자손.

스불론[זְבוּלוּנִי = 동거]**지**(창30:20) ①야곱의 열째 아들 스불론의 후손이 받은 땅. ②납달리, 아셀, 잇사갈 등에 둘러 있는 12성읍이다(수19:10-16). ③야곱이 축복하기를 스불론은 해변에 거하리니 그 지경이 시돈까지라 하였다(창49:13). ④모세가 축복하기를 '스불론이여 너는 기뻐하라' 라고 하였다(신33:18). ⑤예수님께서 나사렛을 떠나 스불론과 납달리 지경에 있는 해변 가버나움에 사셨으니 이는 이사야의 예언이 응하였다(마4:13-15, 사9:1-2).

스불론 자손 (지파)[zebulunites]**고** (민1:9) ①야곱의 열째 아들의 후손(창30:20). ②야곱의 축복(창49:13). ③출애굽 후 광야 생활시 족장은 헬론의 아들 엘리압(민1:31,10:16). ④후기에는 바르낙의 아들 리사반(민34:25). ⑤가나안 정탐군은 소디의 아들 갓디엘(민13:10). ⑥출애굽 후 1차 인구조사(민1:30) 75,400명. ⑦2차 인구조사(민26:27). 60,500명. ⑧에발산에서 모세의 설교를 들음(신27:13, 수8:32-35). ⑨의로운 희생제물을 바칠 것을 맹세(신33:18,19). ⑩그들이 받은 기업(수10:10-16,19:27-34). ⑪기드온을 지원함(삿4:6-10,5:14,6:35). ⑫드보라를 지원함(삿5:14). ⑬사사 엘론은 스불론 지파 사람임(삿12;12). ⑭다윗을 왕으로 모시기 위하여 50,000명의 사람이 헤브론으로 감(대상12:33,40). ⑮다윗왕 때 스불론의 장관은 이스마아(대상27:19). ⑯히스기야왕의 유월절 잔치에 참석(대하30:10-18). ⑰앗수르와의 전쟁을 참고 견디어 복이 주어질 것이 예언됨(사9:1,2→마4:12-16). ⑱예수님께서 이 지방에서 전도하심(마4:12-16). ⑲에스겔이 본 환상에 스불론 문이 있다(겔48:33). ⑳구원받을 성도의 수 - 12,000 (계7:8).

스브엘[שְׁבוּאֵל = 하나님께 붙잡힘]**고**
① 모세의 자손. 게르솜의 아들(대상23:16,26:24). 수바엘과 같은 사람(대상25:20).
② 헤만의 아들(대상25:4) 다윗시대 성전악사.

스비[צְפִי = 파수]**고**(대상1:36) 에돔 자손 엘리바스의 세째아들. 스보와 같은 사람(창36:11).

스비[שְׁפִי = 드러남]**고** 호리족 세일 자손 소발의 아들(대상1:40). 스보와 같은 사람(창36:23).

스비내[שְׁבַי = 속량된 자]**고**(스10:43) 느보의 자손 중 한 사람. 바벨론 포로에서 귀환 후 에스라의 권고로 이방인 아내와 헤어진 사람.

스비다[זְבִידָה = 주어진]**고**(왕하23:36) 여호야김왕의 어머니. 보다야의 딸.

스스로[for oneself]**부**(창24:65) 저절로. 누구의 지시를 받지 않고. **명**자기 자신. oneself.

스승[teacher, guide]**명**(대상25:8) 자신을 옳은 길로 이끌어 주고 가르쳐 주는 사람. 선생, 교사에 대한 호칭, 은사. ①명철이 스승보다 났다(시119:99). ②스승의 말씀은 잘 박힌 못과 같다(전2:11). ③들어나는 스승(사30:20). ④거짓 스승(합2:18). ⑤참 스승이신 그리스도(고전4:15). ⑥이방인의 스승 바울(딤전2:7). ⑦사욕을 따르는 스승(딤후4:3).

스아[seah]명(창18:6) 곡식을 되는 히브리인의 단위. 약7.6ℓ 세아와 같다(삼상25:18).

스아랴[שְׁעַרְיָה = 여호와께서 귀히 여기심(평가)]인(대상8:38, 9:44) 베냐민 사람. 사울의 아들 요나단의 후손. 아셀의 아들.

스알[שְׁאָל = 구함]인(10:29). 포로에서 귀국한 바니의 아들. 이방여인과 혼인한 사람. 에스라의 권유로 헤어졌다.

스알디엘[שְׁאַלְתִּיאֵל = 하나님께 청구한다] 인 (대상3:17) ①여호야긴왕의 맏아들. 스룹바벨의 아버지(스3:2, 학1:1). 대상3:17에는 스룹바벨의 숙부로 되었다. 승혼관계로 스룹바벨이 태어난 것으로 본다. ②예수님의 계보에 든 사람(마1:12, 눅3:27).

스알야숩[שְׁאָר יָשׁוּב = 남은 자는 돌아오리]인(사7:13) 이사야선지자의 큰 아들의 상징적인 이름. 이스라엘이 앗수르에 의하여 패망하지만 반드시 하나님께로 돌아올 것을 예언한 이름(사8:18, 10:20).

스엡[זְאֵב = 이리]인(삿7:25) 이스라엘을 공격한 미디안 두 방백중 한 사람. 에브라임 사람이 포도주틀에서 죽였다(삿8:3, 시83:11).

스오림[שְׂעֹרִים = 보리]인(대상24:1, 6, 8) 아론의 자손. 다윗 때에 성전 봉사 제4반열에 뽑힌 제사장으로 족장.

스올[שְׁאוֹל = 음부]명(욘2:2) 죽은 자의 거주지를 가리키는 히브리말의 소리. 악마의 거주지를 뜻한다. 신약에서는 무저갱, 지옥 음부등으로 표현했다(눅8:31, 계9:1, 2). 게헨나라고도 한다(새번역).

스와[שְׁוָא = 자기 만족을 주는]인
① 다윗의 충신 중 한 사람. 서기관이 되어 공문서 전부를 관장했다(삼하20:25). 대상18:16에는 사워사로 되었다. 스라야, 시사로도 표기된 사람(삼하8:17, 왕상4:3).
② 유다 지파 여분네의 아들 갈렙의 첩 마아가가 낳은 아들(대상2:49). 막베나와 기브아의 아버지(대상2:49).

스이라[הַשְּׂעִירָה = 구릉, 언덕]지(삿3:26) 사사 에훗이 모압왕 에글론을 죽이고 도망한 곳.

스하랴[שְׁחַרְיָה = 여호와는 새벽이라]인(대상8:26) 베냐민 사람 여호함의 아들. 형제들과 같이 예루살렘에 거주하였다.

스할[צֹחַר = 하얀 것]인
① 아브라함이 막벨라 굴의 중재를 바란 에브론의 아버지(창23:8).
② 시므온의 아들(창46:10).

슬기[sagacity]명(잠15:5) 사리를 바르게 판별하고 일을 잘 다스리는 재능. 지혜. 사리나 말의 내용을 깨닫는 재주. intelligence. *①경계를 받는 자가 얻는다(잠15:5). ②노하기를 더디 한다(잠19:11). ③거스리는 자를 돌아오게 한다(눅1:17).

근원 - ①하나님(잠19:14). ②잠언(잠1:54). ③지혜의 마음(잠16:23). ④아비의 훈계(잠15:5).

슬기로운 자[man of wisdom](잠12:16) 슬기롭게 행동하는 사람. ①수욕을 참는 자(잠12:16). ②지식을 감추어 두는 자(잠12:23). ③지식으로 행하는 자(잠13:16). ④자기의 길을 아는 자(잠14:8). ⑤행동을 삼가는 자(잠14:15). ⑥지식으로 면류관을 삼는 자(잠14:18). ⑦침묵하는 자(잠17:28). ⑧재앙을 보고 피하는 자(잠22:3). ⑨책망을 청종하는 자(잠25:12). ⑩노를 그치게 하는 자(잠29:8).

슬기롭다[sagacious, be wise]형(출35:25) 지혜롭다. 슬기가 있다.

슬로못[שְׁלֹמוֹת = 평화]인
1 레위 사람 이스할의 아들(대상24:22). 슬로밋과 같은 사람(대상23:18).
2 모세의 아들 엘리에셀의 후손(대상26:25, 26, 28). 다윗왕 때 곳간을 맡은 사람.

슬로미[שְׁלֹמִי = 평화스러운]인(민34:27) 아셀 지파의 족장. 아히웃의 아버지.

슬로밋[שְׁלֹמִית = 평화]인
1 단지파 디브리의 딸. 그의 아들이 여호와의 이름을 훼방하며 저주하다가 모세 앞에서 죽었다. (레24:11-16).
2 레위인 고핫족속 이스할의 아들 족장. 슬로못이라고도 하였다(대상23:18, 24:22).
3 모세의 아들 엘리에셋의 자손으로 그와 그의 형제를 다윗이 명하여 헌납한 보물을 주관하게 하였다(대상26:25-26). 히브리어 본문에는 슬로못이다.
4 이 외에도 4인이 더 있다(대상3:19, 23:9, 대하11:20, 스8:10).

슬로브핫[צְלָפְחָד=갈라진 틈, 그늘]인(민36:2-7) 1 므낫세 자손 헤벨의 아들. 그는 다섯 딸만 있고 아들이 없었다. 그래서 여자의 상속권을 승인받게 되었다(민26:33, 27:1-7, 수17:3, 대상7:15). 2 율법에 여자 상속인은 같은 족속과 결혼 하도록 정하게 되었다.

슬루미엘[שְׁלֻמִיאֵל = 하나님은 평화이심]인(민1:6) 시므온 지파의 족장. 수리삿대의 아들(민2:12, 7:36, 10:19).

슬퍼하다[sorrowful, mourn, moan]타(창23:2) 슬프게 여기다. 슬픔을 느끼다. 슬픈 마음이 되다.
*①사랑하는 아내의 죽음(창32:2). ②아들의 죽음(창37:35). ③황송한 말씀을 들음(출33:4). ④여호와의 치심(레10:6). ⑤악평을 듣고(민14:36-39). ⑥왕을 위하여(삼상15:35). ⑦왕자의 반란으로(삼하13:37). ⑧왕의 죽음(대하35:24). ⑨고국 소식을 듣고(느1:1-4). ⑩재앙으로(욥41:11). ⑪인생고로(시90:10). ⑫죄로 인하여(시38:18). ⑬궤사를 보고(시119:158). ⑭먹을 것을 인하여(사16:7). ⑮백성의 상함(렘8:21). ⑯목장을 위하여(렘9:10). ⑰죽은 자로 인하여(요11:33-35, 겔24:17). ⑱신랑을 빼앗길 때(마9:15). ⑲고민으로(마26:37). ⑳주의 시체가 없으므로(막16:10). ㉑두 마음을 품은 자(약4:8-9).

슬프다[woe, alas, grieve]형(창42:38) ①낙심이 되고 괴롭다. sad. ②원통하고 분하다. sorrowful.
*성경에는 죄의 고백과 함께 하는 탄식을 나타낸 말이다.

슬픔[sorrow, mourning]명(삼하19:2) 슬픈 마음.

슬픔의 변화 - ①기쁨이 됨(에9:22). ②춤이 됨(시30:11). ⑬인자하심이 임함(시32:10). ④찬송의 웃음으로(사61:3). ⑤즐거움으로(렘31:13). ⑥참으면 아름다움(벧전2:19).

슬하[膝下 ; 무릎 슬, 아래 하. protection of one's parents]명(창50:23) 어버이 곁에. 부모의 그늘에.

습격[襲擊 ; 덮을 습, 칠 격. attack, fall]명(수11:7) 예고 없이 갑자기 적을 공격함.

습관[習慣 ; 익힐 습, 버릇 관. habit, wont]명(삼하2:13) 버릇. 어떤 행동이나 의식의 형태가 고정되어 언제나 같은 형태가 무의식중에 나타나는 것. 마음에나 몸에 배어 굳어 버린 성질이나 버릇을 말한다.

습기[濕氣 ; 젖을 습, 기운 기. damp, moisture]명(욥37:11) 축축하게 물기운이 있는 것.

승객[乘客 ; 탈 승, 손객. passenger]명(겔27:34) 차나 배, 비행기 등에 탄 사람.

승낙[承諾 ; 이을 승, 승낙할 낙. consent]명(몬14) 청하는 일을 들어 줌. 수락. 신입(申入)에 의하여 계약을 성립시킴. acceptaance.

승리[勝利 ; 이길 승, 이할 리. victory]명(삼상26:25) 겨루거나 싸워서 이김. 경쟁에 이김. ①여호와께서 승리케 하심(시9:19). ②모사가 많으면 승리함(잠24:6). ③전쟁의 승리(삼상26:25). ④원수는 승리하면 안됨(시41:11).

그리스도의 승리 - ①십자가의 승리(골2:10-15). ②죽음에서 부활의 승리(행2:29-36). ③재림의 승리(계19 ; 11-21).

그리스도인의 승리 - ①세상을 이김(요일5 ; 4). ②육신을 이김(갈5:16-21). ③마귀를 이김(약4:7, 눅10:19).④죄를이김(롬6:12-14)

승리의 방편 - ①그리스도 안에 거함(빌4:13). ②성령을 따르므로(갈5:16,17,25). ③기도함으로(요16:22-24). ④하나님을 신뢰함으로(고전15:57). ⑤선으로악을(롬12 ; 21).

승리자[勝利者 ; 이길 승, 이할 리, 놈 자. victor]명(사49:24) 싸움에서 이긴 사람. 겨루어서 이긴 사람. ①그리스도 안에 있는 자(빌13:4, 고후2:14). ②하나님께로 난 성도(요일5:4,5).

승인[承認 ; 이을 승, 인정할 인. approval]명(창18:15) 옳다고 인정하여 승낙함. ②들어줌. consent.

승전[勝戰 ; 이길 승, 싸움 전. victory]명(시45:4) 전쟁에 이김.

승전가[勝戰歌 ; 이길 승, 싸움 전, 노래 가. song of victory]명(출32:18) 전쟁에서 이긴 후 기뻐 의기양양하게 부르는 노래.

승천[昇天 ; 오를 승, 하늘 천. ascnesion]명(왕하2:11) ①지상에서 하늘로 올라감. into the heaven. ②지상생활에서 하늘나라로 감. death of a christian.

승천한자 - ①에녹(창5:24). ②엘리야(왕하2:11). ③그리스도(행1:2). 부활하신 후 40일 동안 세상에 계셨다(행1:9-11).

승하다[勝~ ; 이길 승. win]타(민12:3) ①이기다. ②낫다. 뛰어나다. superior to.

시[詩 ; 글 시. psalm, poetry]명(대하29:27) 문학의 한 부분. 자연·인생등의 모든 사물에 대하여 일어나는 정서·감흥·상상·사상 등을 일종의 효율적으로 표현한 글.
＊성경의 시편. 교회예배에 사용함(고전14:26, 시95:2).

시[時 ; 때 시]명(마8:13) ①시간의 단위. 하루의 24분의 1. hour. ②사람의 난 시각. ③때. time.

시각[時刻 ; 때 시, 새길 각. time]명(신16:6) ①시간의 흐름 속의 어느순간. 때. ②짧은동안. moment.

시간[時間 ; 때 시, 사이 간. time]명(삼상20:35) ①때의 사이. 시각과 시각 사이. ②시각. 시한. fixed. ③과거·현재·미래의 무한한 연속.

시골[country]명(삼상6:18) 도시서 떨어져 있는 마을이나 지방.

시그리[יִזְרִי = 기억, 유명한]인
① 요아스가 왕이 되도록 도운 엘리사밧의 아버지(대하23:1).
② 레위 사람. 모세의 아들 엘리에셀의 후손 중 요람의 아들(대상26:25).
③ 여호사밧왕의 유다 지파군 대장 아마샤의 아버지(대하17:16).
④ 에브라임의 용장, 베가의 군장. 아하스 왕의 아들 아마세야와 그의 고관들을 살해했다(대하28:7).
⑤ 이외 레위인과 베냐민 사람 8명이 더 있다(출6:21, 8:19, 대상8:23, 27, 9:15, 26:25, 느11:9, 12:17).

시글락[צִקְלַג = 굴곡]지
1. **위치** - 유다의 최남단(수15:31).
2. **관련기사** - ①시므온 지파에게 준 땅. 후에 유다 지파에 속했다. ②사울왕 시대에는 블레셋 군대에게 점령된 곳. 사울의 손을 피해 달아난 다윗이 이곳에 피신해 있었다. 이곳을 근거로 해서 아말렉 군대와 싸웠다(삼상27:) ③유다의 지배에 들어옴(삼상27:6). ④다윗은 사울이 죽었다는 소식을 들을 때까지 머물러 있었다(삼하1:1). ⑤포

시기〔時機 ; 때 시, 베틀 기. oportunity〕명(롬13:11) 알맞는기회. 때.

시기〔時期 ; 때 시, 때 기. season, time〕명(수3:15) 정해진 때.

시기〔猜忌 ; 시기할 시, 꺼릴 기. jealousy〕명(창26:14) 샘이 나서 미워함. 남이 잘되어 가는 것을 싫어하고 뼈를 썩게 한다(잠14:30).

시기오놋〔shigionoth〕명(합3:1) 식가욘의 복수형.

시나〔שִׁינָא = 풍부〕인(대상23:10) 레위 지파 중 게르손의 자손 시므이의 아들. 시사와 같은 사람(대상23:11).

시날〔שִׁנְעָר = 지켜봄〕지(창10:10) 바벨론을 고대에서 시날이라고 불렀다(창11:2, 15, 사11:11, 슥5:11, 단1:2). ①노아의 자손의 거주지(창10:10). ②바벨 탑을 세운 곳(창11:2-9). ③아므라벨왕이 다스린곳(창14:1, 9). ④느부갓네살왕의 신전이 있은 곳(단1:1-2). ⑤포로되어 간 곳(사11:11). ⑥스가랴가 예언한 지역(슥5:11). ⑦바벨, 바벨론 전 지역이 해당된다.

시날 왕〔king of shinar〕명(창14:1) 그돌라오멜과 동맹한 아므라벨 왕.

시납〔שִׁנְאָב = 아버지의 이〕인(창14:2) 가나안 왕. 에람왕과 싸워 졌다.

시내〔市內 ; 저자 시, 안 내. in the city〕명(마8:33) 도시 안쪽. 시중(市中).

시내〔stream, brook〕명(창32:23) 골짜기나 평지에서 흐르는 과히 크지 않은 내. 하천.

시내산〔סִינַי = 가시나무 숲〕지
1. **위치** - 홍해 북부 시내반도에 있다.
2. **관련기사** - ①호렙산과 같은 곳으로 여긴다(출3:2, 신29:1). ②모세가 십계명을 받은 산(출19장, 행7:38). ③출애굽하여 1년동안 있은 곳(신19:1). ④가데스 바네아에서 세일산을 지나 11일 행진한 곳(신1:2). ⑤산을 쉽게 바라볼 수 있는 곳(출19:16, 20). ⑥이스라엘이 여호와의 백성이 된 곳(출19:25-24:8). ⑦이스라엘 백성이 금송아지를 만들어 예배한 곳(출32:4, 행7:30, 46). ⑧백성을 계수한 곳(민1:18). ⑨아비후가 죽은 곳(레10:1-2, 출26:30). ⑩하나님의 영광이 머문 곳(출24:16). ⑪엘리야가 이세벨을 피해간 곳(왕상19:8).

3. **고고학적 발견** - 1895년 독일 학자 디신딥이 이 산중 한 사원에서 고본 성경을 발견하였는데 주후 300년경에 필사한 것이다. 현재에 전래하는 최고의 시내 사본. 러시아의 베드로그라드 헬라 교회당에 보관되어 있다.

시냇물〔stream of water〕명(왕상17:4) 시내의 흐르는 물. ①고기가 산다(사19:8). ②땅을 기름지게 한다(신8:7). ③쉴만한 물가가 있다(시23:2). ④식물을 소성케 함(왕상18:5). ⑤때로는 마름(사19:6).

시녀〔侍女 ; 모실 시, 계집 녀. maid〕명(창29:24) ①궁녀. ②가까이 있어 시중드는 여자. waiting made.

시님〔סִינִים〕지(사49:15) 애굽의 스에네를 가리킴이라 하나 확실하지 않다. 다만 여호와께서 이사야를 통하여 은혜의 때, 구원의 날에 혹은 원방에서, 혹은 북방과 서방에서 혹은 시님땅에서 돌아 오리라고 예언하셨다.

시대〔時代 ; 때 시, 대신할 대. days, generation, times〕명(출1:6) 시간을 역사적으로 나눈 한 기간. 꽤 오랜 기간. 특정한 당시나 당대. 때와 때의 사이.

시돈〔צִידוֹן = 어장, 노략물〕지
1. **위치** - 고대 베니게의 옛도시로 상업이 번창한 곳. 두로의 북쪽 동지

시드기야

중해 연안에서 제일 큰 항구(창10: 15-19). 이스라엘의 북방경계(창49:13, 수19:28).
2. **관련기사** - ①이스라엘이 점령하지 못한 곳(삿1:13). ②이스라엘을 압제했다(삿10:12). ③시돈의 종교 아스다롯 여신을 침투시킴(왕상10:6, 11:5, 33). ④아합이 이세벨(시돈왕 엣바알의 딸)과 결혼한 후에 바알을 섬겼다(왕상16:31-33, 18:17-40). ⑤시돈멸망에 관한 이사야의 예언(사23:12). ⑥예레미야는 바벨론에 굴복할 것을 예언(렘27:3, 6). ⑦요엘이 이스라엘 사람을 노예로 팔 것을 예언. 이로 인한 심판을 받음(욜3:4-6). ⑧성전재건 때 그곳에서 목재를 운반해 왔다(스3:7). ⑨예수님께서 가신 곳(마15:21). ⑩심판날에 고라신과 벳새다보다 견디기 쉬움(마11:22). ⑪바울이 방문한 곳(행27:3).

시드기야[צִדְקִיָּהוּ = 주는 정의로우심]인

① 요시야의 막내 아들.
1. **인적관계** - ①유다국 마지막 왕. ②본명은 맛다니야였던 것을 예루살렘이 바벨론에게 멸망한 후 바벨론왕이 여호야긴을 대신하여 왕위에 올리고 고쳐준 이름. ③여호야긴의 삼촌(왕하24:17-20).
2. **관련기사** - ①악한 왕. 11년간 통치(대하36:11-13). ②예레미야의 경고를 듣지 않음(대하36-12). ③즉위 초에 바벨론에 대하여 귀순할 서약을 하였으나 3년 후에 이웃 왕들과 동맹하여 바벨론 배척 음모를 꾸미다가 예레미야에게 비난을 받았다(렘27:과 겔27:21비교). ④느부갓네살을 배반하였다(렘52:3). ⑤애굽과의 동맹정책을 펴다가 6개월만에 예루살렘은 파괴되고 도망쳤으나 잡혀 비참한 상태로 느부갓네살 앞에 끌려 가 그의 자식들을 죽이는 것을 보았고 자기는 눈을 뽑혔다(렘51:59, 왕하25:1-7, 렘32:-34, 겔12:10-14). ⑥예레미야와의 관계(렘34:-38:).

② 아합의 거짓 선지자 400명 중 한 사람. 수리아와 싸울 것을 여호사밧에게 진언하였다. 미가야 선지는 그를 거짓 선지라고 견책하였으나 아합왕은 그의 말을 용납한 까닭에 길르앗라못 공략에 실패하였다. (왕상22:5-17, 29-35).

③ 마아세야의 아들로 여호야긴 시대의 선지자. 예레미야가 그에게서 거짓 선지자라는 비난을 받았다. 그래서 예레미야는 예언하기를 느부갓네살이 저를 불로 사르리라고 하였다(렘29:21-23).

④ 하나냐의 아들로 여호야김 왕 때 유다 방백(렘36:12).

⑤ 여고냐의 아들(대상3:16).

⑥ 율법엄수 계약서에 날인한 사람(느10:1)

시드래[שִׁדְרַי = 여호와는 보호이심] 인(대상27:29) 다윗을 섬긴 감독 중 한 사람. 출신지인 사론에서 소떼를 맡아 본 사람.

시드리[סִתְרִי = 여호와는 지키심] 인(출6:22) 레위 지파 고핫의 손자 웃시엘의 아들.

시들다[wither]자(사40:8) 거의 마르게 되다. 기운이 빠져 풀이 죽다. be dejected. 기세가 줄어져 없어지다. be out of spirit.

시라 우물[cistern of serah]지(삼하3:26) 헤브론 부근의 우물. 요압의 사자가 아브넬을 쫓아가 이 우물가에서 데리고 와서 요압이 저를 죽였다. 지금은 아인사라라고 한다.

시랑[豺狼 ; 승냥이 시, 이리 랑. fox, hyaena, jackal]명(시44:19) 들개. 들짐승. 황무지 황폐한 곳에서 서식하는 짐승. 여우와 늑대의 중간형. 죽은 짐승의 고기를 잘 먹는다.

떼를 지어 다닌다.

시련[試鍊 ; 시험할 시, 쇠부릴 련. temptation]명(잠27:21) ①신앙이나 결심, 실력 따위를 시험하는 일. ordeal. ②시험적으로 곤란을 부과하여 심신의 힘을 단련함. trial. ③죄의 유혹과는 구별되는 일.
결과 - ①인내를 온전히 이룸(약1:2-4). ②금보다 귀함(벧전1:7). ③존귀와 영광을 나타냄(벧전4:12-16). ④부족함이 없도록 하심(약1:2-4). ⑤감당하게 된다(고전10:13).

시론[שִׁרְיוֹן = 갑옷]지(신3:9)시돈사람이 헤르몬산을 부르는 이름(신29 ; 6).

시립[侍立 ; 모실 시, 설 립. atteding]명(왕상10:5) 웃어른을 모심.

시모[媤母 ; 시집 시, 어미 모, mather in law]명(룻1:14) 남편의 어머니. 시어머니. 시어미로 번역된 곳도 있다(미7:6).

시몬[שִׁמְעִי = 들음]인(대상4:20) 유다사람. 암논, 린나, 벤하난, 틸론의 아버지. 그 가족의 족장.

시몬[Σίμων = 응답하심]인
① 베드로 ①요나, 요한의 아들(마16:17, 요1:4221:15-17). ②안드레의 형(요1:40). ③예수님의 제자중 하나(마4:18, 10:2). ④베드로로 개명(마16:18).
② 예수님의 제자 중 가나안 사람(마10:4). 열심당 사람(행1:13).
③ 주의 형제(마13:55).
④ 바리새인. 그가 예수님을 초대하였을 때 한 여인이 향유를 가지고 와서 예수님의 발에 부은 것을 보고 심중에 이상히 여김으로 예수님께서 2명의 빚진 자 비유로 가르치셨다(눅7:36-47).
⑤ 베다니의 문둥병자. 그가 예수님을 초대하였을 때 한 여인이 옥합에 고귀한 기름을 담아 가지고 와서 예수님의 머리에 부음을 보고 제자들이 시기하였다(막14:3-9).
⑥ 구레네 사람. 억지로 예수님의 십자가를 지고 골고다까지 간 사람(마27:32-33).
⑦ 가룟 유다의 아버지(요6:71).
⑧ 욥바의 피장이. 베드로가 그 집에 있을 때에 가이사랴의 백부장 고넬료의 청함을 받았다(행10:5-6).
⑨ 사마리아에서 요술하는 자. 요술로 모든 사람에게 숭배를 받더니 빌립에게서 천국 복음을 듣고 예수님을 믿고 세례를 받은 후 빌립을 따랐다(행8:9-13).

시무[視務 ; 볼 시, 힘쓸 무. attending to business, to do service]명(창39:11) 일을 맡아 봄.

시므란[שִׁמְרָן = 찬양하는, 영양]인(창25:2, 대상1:32) 아브라함의 후처 그두라에게서 난 아들. 아라비아인의 조상.

시므랏[שִׁמְרָת = 감시, 지킴]인(대상8:21) 베냐민지파 아얄론 거민 시므이의 아들.

시므론[שִׁמְרוֹן = 파수, 찬양하는]인
① 잇사갈의 네째 아들(창46:13).
② 시므론 사람의 조상(민26:24).

시므론[שִׁמְרוֹן = 파수]지(수11:1) ①가나안의 수도. ②시므론왕이 하솔왕 야빈에게 구원병을 청하여 이스라엘 백성들을 못 들어 오게 했다(수12:20). ③후년 스불론 지파에게 점령 당하였다(수19:15).

시므론 므론[שִׁמְרוֹן מְרֹאון]지(수12:20) 시므론과 같은 곳. 여호수아가 점령했다.

시므리[שִׁמְרִי = 영양]인
① 북 왕국 이스라엘의 왕으로 7일을 다스린 사람. ①엘라왕의 부하 전차대 지휘자. ②엘라왕이 술취해 있을 때 살해하고 왕이 됨. ③바아사의 온 집을 멸함. ④오므리의 공격을 받음. ⑤궁중에서 방화하여 자살함(왕상16:8-20).
② 살루의 아들. 시므온지파의 한 족장. 싯딤에서 모압여인과 음행한

시므리

연고로 그 여자와 함께 비느하스에게 살해되었다(민25:1-8).

3 세라의 아들. 아간의 할아버지(대상2:6). 유다와 다말에 의한 후손.

4 베냐민사람. 요나단의 후손. 여호아닷의 아들(대상8:36).

시므리[שִׁמְרִי = 주께서 지켜주심]回

1 시므온 사람 스미야의 아들(대상4:37).

2 다윗의 용사 여디아엘의 아버지(대상11:45).

3 레위 자손 중 므라리 자손 호사의 아들(대상26:10).

4 엘리사반의 자손으로 성전을 정결케 한 지도자(대하29:13).

시므리[zimri] 지(렘25:25) 디그리스강 지방. 이곳 주민은 엘람 메데와 함께 망할 것을 예레미야가 예언하였다.

시므릿[שִׁמְרִית = 주께서 지켜주심]回(대하24:26) 모압 여인. 요아스왕을 살해한 여호사밧의 어머니. 소멜과 같은 사람(왕하12:21).

시므아[שִׁמְעָא = 빛남, 하나님은 응답하심]回

1 이새의 세째 아들. ①다윗의 형(대상2:13). ②삼마와 같은 사람(삼상16:9). ③요나답, 요나단의 아버지(삼하13:3, 32, 21:21).

2 레위 자손 중 한 사람(대상6:30). 므라리의 후손.

3 게르손 자손. 솔로몬왕 때 성가대원 중 한 사람(대상6:39).

4 미글롯의 아들(대상8:32). 예루살렘 거민.

5 다윗이 예루살렘에서 낳은 아들 중 하나(대상3:5). 삼무아와 같은 사람(삼하5:14).

시므암[שִׁמְאָם = 명성, 소문]回(대상9:38) 베냐민 사람. 여이엘의 후손. 미글롯의 아들. 시므아와 같은 사람(대상8:32).

시므앗[שִׁמְעַת = 보고, 명성]回(왕하12:21) 암몬여인. 요아스왕을 죽인 사밧(요사갈)의 어머니(대하24:26).

시므앗 족속[shimeathites]回(대상2:55) 겐 사람의 자손. 야베스에 거한 서기관의 일족.

시므온[שִׁמְעוֹן = 주의 응답, 듣다]回

1 야곱의 아들(그 지파)

1. **인적관계** - ①레아의 소생(창29;33). ②르우벤의 동생. 레위, 유다, 잇사갈, 스불론의 형(창35:23). ③여무엘, 야민, 오핫, 야긴, 스할, 사울의 아버지(창40:10). ④증오심이 강함(창37:20).

2. **관련기사** - ①요셉을 미워함(창37:20). ②누이 디나의 치욕을 씻으려고 세겜사람을 학살함. ③부친 야곱의 책망과 저주를 받았다(창34:25-30, 49:5-7). ④애굽에 식량을 구하러 갔다가 인질로 잡혀 있었다(창42:24, 36). ⑤야곱의 축복(창49:5-7). ⑥출애굽한 사람은 59,300명이었으나 가나안으로 들어간 사람은 22,000명이었다(민1:23, 26:14). ⑦모세가 임종시 12지파를 축복할 때 이 지파는 빠졌다(신33:). ⑧가나안에 들어가서 토지를 분배할 때 겨우 유다지파의 남은 땅을 차지하였을 뿐이다(수19:1). ⑨에스겔이 말하는 시므온의 영토(겔48:24-25, 33). ⑩계시록 선민의 수(계7:7).

2 예루살렘의 경건한 성도. 그리스도를 보기 전에는 죽지 않는다고 하더니 과연 아기 예수님께서 그 부모에게 안겨오는 것을 보고 반가히 받아 안고 하나님을 찬송하고 그 부모를 축복했다(눅2:25-34).

3 안디옥의 교회의 선지자, 교사. 니게르라고도 한다(행13:1).

4 예수님의 계보에 있는 사람(눅3:30).

5 사도 베드로의 옛 이름(행15:14).

시므온[שִׁמְעוֹן 들으심]지(민25:14) 야곱의 둘째 아들 시므온지파의 거주지. 저희는 무슨 이유에서인지 여호수아가 첫번 땅을 나누어 줄 때는 제비뽑는데 넣어주지 않아 빠졌고 두번째 나눌 때에 유다지파가 받은 분깃중에 남반부의 13성을 얻어 가졌다. 이 지방에는 유명한 브엘세바, 시글락, 호르마 등이 있다. 솔로몬왕 이후 남북으로 분열될 때 르호보암이 유다 온 집과 베냐민 지파를 오라고 했는데 그 남방임에도 불구하고 이 지파를 부르지 않는 것으로 보아 소외된 것으로 보여진다. 야곱의 예언대로 된 것으로 본다.

시므이[שִׁמְעִי = 주께서 들어주심] 인

① 베냐민지파 게라의 아들. ①사울왕에게 충성을 다하고 ②다윗이 왕위에 오르자 항상 반역자로 간주되었고 ③압살롬의 난 때에 다윗을 저주하였다. ④다윗이 개선할 때 시종 아비새가 시므이 죽이기를 왕에게 간청하였으나 다윗이 허락 않아 위기를 모면하였다. ⑤후대 솔로몬왕 때에 과실을 범하여 처형되었다(삼하16:5-13, 19:18-24, 왕상2:35-46).

② 다윗왕의 신하 중 하나 ①아도니야의 반란에 가담하지 않고 끝까지 다윗을 섬긴 사람. ②솔로몬의 관장이 되었다(왕상1:8).

③ 시므온 사람. 사울의 후손 삭굴의 아들(대상4:26-27).

④ 이외에도 13명이 있다. (민3:8, 대상3:19, 5:4, 6:29, 8:21, 25:17, 27:27, 대하29:14, 31:12, 스10:23, 33, 38, 에2:5).

시민[市民 ; 저자(장) 시, 백성 민. citizen] 명 (행21:39) 시(市)의 주민. 국정에 참여할 지위에 있는 사람. 공민(公民). people.

의무 - ①명령을 준행(스7:26, 잠24:21). ②납세(마22:21). ③복종(딛3:1). ④준법 질서(벧전2:13, 14).

시민권[市民權 ; 저자 시, 백성 민, 권세 권. citizenship] 명 (행22:28) ①시민으로서의 행동·사상·재산·신앙의 자유가 보장되며, 거주하는 토지나 국가의 정치에 참여할 수 있는 권리. ②시민이나 국민으로서의 권리. personal right.

시바[שִׁבְיָא = 어린가지] 인 (삼하9:2) 사울의 신하. ①사울이 죽은 뒤에 다윗은 사울왕가에 남아 있던 사람들에게 많은 혜택을 주었는데 시바의 충고를 듣고 요나단의 아들 므비보셋을 대우하여 시바로 그에게 수종들게 하였다. ②그후 시바가 므비보셋이 반역할 생각이 있다고 거짓 고발하므로 다윗은 므비보셋의 소유를 시바에게 주었다(삼하16:1-14). ③요단강까지 다윗을 마중함(삼하19 ; 17). 므비보셋의 반역이 사실이 아님이 밝혀지자 그 땅을 반으로 나누어 므비보셋에게 주었다(삼하19:24-30).

시바[וַיִשְׁבָה = 빌림] 인 (대상4:16) 유다자손 여할렐렐의 아들.

시바[seba] 지 (시72:10) 스바와 같은 곳(렘6:20).

시방[時方 ; 때 시, 모 방. now] 명 부 (삼하12 ; 23) 지금.

시본[שִׁבוֹן = 지켜 봄, 기대, 갈망] 인 (창46:16) 갓의 아들. 스본 가족의 선조. 스본 참고.

시부[媤父 ; 시집 시, 아비 부. fater in law] 명 (창38:13) 남편의 아버지. 시아버지.

시브[월 ; 月. ziv] 명 (왕상6:1, 37) 히브리 달력 제2월. 양력 4~5월에 해당된다.

시브라임[סִבְרַיִם = 두 가지 희망. 두 언덕] 지 (겔47:16) 다메섹과 하맛 사이 수리아의 성읍.

시브론[שִׂבְרוֹן = 향기로운 냄새] 지 (민34:9) 팔레스틴 북쪽의 성읍.

시브온[צִבְעוֹן = 얼룩색] 인

① 에서의 아내 오홀리바마의 할아버지(창36:2, 14). 세일산쪽으로 이주했다.

② 호리 족속 세일의 아들(창36:20, 대상1:38).

시비[是非 ; 옳을 시, 아닐 비. right and wrong] 명 (신25:1) ①잘 잘못. ②옳고 그름을 따지는 말다툼. dispute.

시비[שִׁמְעִי = 많은] 인 (대상4:37) 시므온 사람 알론의 아들. 족장.

시비간[是非間 ; 옳을 시, 아닐 비,

시비아[הַצִּבְיָה = 영양]인(왕하12:1) 요아스 왕의 어머니. 브엘세바 출신으로 아하시야왕의 비.

시비야[שִׁבְיָה = 암양]인(대상8:9) 베냐민사람 사하라임의 아들.

시사(時事; 때 시, 일 사. events of the day, the times)명(대상29:30) ①그 때 그 때 생기는 여러가지 세상 일. ②현대의 사회 정세.

시사[שִׁישָׁא = 열렬히 사랑함]인
① 레위 지파 시므이의 아들(대상23:10-11).
② 시므온자손 시비의 아들. 시므리족의 족장(대상4:37).
③ 르호보암과 압살롬의 딸 마아가 사이에서 난 아들(대하11:20).

시사[שַׁוְשָׁא = 빛남, 구별]인
① 솔로몬의 서기관 엘리호렙의 아버지→사워사(대상18:16).
② 르우벤자손의 두목 아디나의 아버지(대상11:42).

시삭[שִׁישַׁק = 현저함]인(왕상14:25) 애굽의 왕. ①솔로몬의 장인(왕상9:16). ②게셀 땅을 딸에게 주었다(왕상3:1-9, 9:16). ③솔로몬의 신하 여로보암의 망명을 수락했다(왕상11:40, 대하10:2). ④ 르호보암이 즉위한지 5년에 예루살렘을 쳐 보물을 탈취해 갔다(대하12:2-9, 왕상14:25-26).

시세(時勢; 때 시, 권세 세. tide of the times)명(대상12:32) ①시국의 형편. 시대의 추세. ②그 때의 물건값. 시가(時價). current price.

시스[הַצִּיץ = 꽃, 고개]지(대하20:14-19) 엔게디에 있는 한 고개의 이름. 모압과 암몬이 유다를 치러 올 때 이 고개에서 접전하려 하였으나 레위인 야하시엘이 하나님의 감동함을 받고 여호사밧 왕에게 싸우지 말고 여호와의 구원을 보라고 예언한 것이 응하였다. 드고아 남방에 있는 현재의 와디 후사시.

시스라[סִיסְרָא = 전장을 배열함]인
① 북부 가나안 하솔왕 야빈의 군대 장관(삿4:2). ①드보라와 바락의 군사에게 패하여 달아나다가 야엘에게 살해되었다(삿4:12-24). ② 그러나 다른 곳에는 시스라 자신이 독립된 왕인 것처럼 되어 있다(삿5:28, 30, 삼상12:9).
② 스룹바벨의 인솔하에 귀국한 느디님 사람의 일가의 이름(스2:53, 느7:55).

시스매[סִסְמַי = 태양]인(대상2:40) 유다지파 엘르아사의 아들. 살룸의 아버지.

시시로(時時~ ; 때 시, 때 시. at all times)부(시62:8) 가끔. 때때로.

시신(侍臣; 모실 시, 신하 신. attendant)명(왕하22:12) 가까이에서 임금을 모시는 신하.

시신(屍身; 죽을 시, 몸 신. corpse)명(행5:6) 죽은 사람의 몸. 송장.

시아[שִׁיעָא = 운동, 격동]인(대상5:13) 바산에 거한 갓 자손 중의 한 사람. 아비하일의 아들.

시아[סִיעָא = 모임]인(느7:47) 포로에서 돌아온 느디님 사람의 조상. 시아하와 같은 사람.

시아하[סִיעֲהָא = 모임, 의회]인(스2:44) 느디님 사람. 솔로몬신복의 한 조상. 그 자손은 스룹바벨과 같이 포로에서 귀환했다. 시아와 같은 사람.

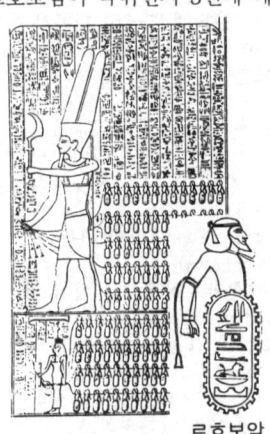

시삭의 도시 점령도

시어미〔mather-in-law〕명(미7:6) 시어머니. 남편의 어머니. 시모(媤母). 장모로 번역된 곳도 있다(마8:14, 눅4:38).

시온〔ציון = 봉우리, 요새〕지
1. **위치** - 예루살렘의 기드론과 두로뵈온 두 골짜기 사이에 솟은 절벽으로 된 남쪽 봉우리.
2. **관련기사** - ①옛날 다윗이 이곳을 쳐서 수도로 삼고 정치적 중심지로 만들었다(왕상8:1, 대상11:5, 대하5:2). ②그리고 법궤를 이곳으로 옮겨 종교적 중심지로 삼았다(삼하6:12-18). ③다윗은 산등성이에 있는 여부스 사람 아라우나의 타작 마당을 사서 제단을 쌓았고 후일에 솔로몬이 그곳에 성전을 세웠다(삼하24:18, 왕상8:1). ④시온은 "거룩한 자" "여호와의 산"으로 불렸고 시적인 표현으로 흔히 사용하였다(시2:6, 9:11). ⑤예루살렘을 찬양하는 말로 시온성이라고 불렸다(시126:1, 사1:26, 10:24).

상징 - ①"시온의 딸"이란 말은 예루살렘 주민의 시적 표현이다(시9:14, 사1:8, 37:32, 아3:11, 슥2:10). ②하늘에 있는 하나님의 도성(히12:22, 28, 계14:1).

시온〔ישוי = 폐허〕지(수19:19) 잇사갈 지파의 성읍.

시올〔ציאר = 작음〕지 (수15:54) 유다 지파의 성읍(산지에 있음).

시완(월 ; 月)〔sivan〕명(에8:9) 바벨론 달력의 제3월. 포로후 유다에서 사용하던 역서의 3월의 명칭. 양력으로는 5~6월에 해당된다.

시위〔bowstring〕명(시11:2) 화살을 꿰어 당기는 줄. 줘 또는 줄로 번역된 말.

시위〔侍衛 ; 모실(받들) 시, 호위할 위. Royalbody-guards〕명(왕상14:28) 임금을 호위하는 일.

시위대〔侍衛隊 ; 모실(받들) 시, 호위할 위, 떼 대. praetorian guard〕명(삼하23:23) 임금을 호위하는 군대. 근위대. 친위대. ①왕궁 수비와 보호하는 군대(삼하22:17, 왕하11:6). ②로마 관정(마27:27, 빌1:13).

시위대장〔侍衛隊長 ; 모실 시, 호위할 위, 떼 대, 어른 장. captain of the palace guard〕명(창37:36) 임금을 호위하던 군대의 장.

시위대장관〔侍衛隊長官 ; 모실 시, 호위할 위, 떼 대, 어른 장, 벼슬 관. commander of king's army〕명 (렘52:14) 임금을 호위하는 군대의 우두머리.

시위병〔侍衛兵 ; 모실 시, 호위할 위, 군사 병. guard〕명(막6:27) 임금을 모시어 호위하는 군인. 호위병으로 번역된 말(왕하11:4). 본래는 보초, 파수병.

시위소〔侍衛所 ; 모실 시, 호위할 위, 바 소. guardroom〕명(왕상14:28) 시위병이 근무하는 장소.

시위자〔侍衛者 ; 모실 시, 호위할 위, 놈 자. guard〕명(삼상22:17) 임금님을 모시어 호위하는 사람.

시위청〔侍衛廳 ; 모실 시, 호위할 위, 관청 청. court of the guard〕명(느3:25) 임금님을 모시어 호위하는 관청.

시인〔詩人 ; 글 시, 사람 인. poet〕명 (민21:27) 글을 짓는 사람. 시를 잘 짓는 사람. ㊟시백(詩伯)

시인〔是認 ; 이 시, 인정할 인. approval, confess〕명(마10:32) 옳다고 인정함. ①죄를 자백한다(요일1:9). ②예수님을 구주로 믿음(마10:32). ②하나님께 영광을 돌림(빌2:11). ③구원을 얻음(롬10:9).

시일〔時日 ; 때 시, 날 일. days, date〕명(호2:13) 때와 날. 하루 이상의 시간.

시작〔始作 ; 비로소(처음) 시, 지을 작. beginning〕명(창6:1) 처음으로 함.

시작점〔始作點 ; 비로소 시, 지을 작, 점 점. outer fringe〕명(욥26:14) 기초적인 것. 처음.

시장〔市場 ; 저자 시, 마당 장. agora, mart〕명(사23:3) 물건들을 사고

시장

파는 곳. ①장터(눅7:32). ②저자(행16:19). ③상고(창23:16). ④광장을 말한다.

시장[澌腸; 물찾을 시, 창자 장. 澌腸 울 시, 창자 장. hungery]圐(삼하17:29) 배가 고픔(마12:1).

시절[時節; 때 시, 마디 절]圐(시1:3) ①철. season. ②때 기회. chance. ③사람의 한 평생을 나눈 한 동안. times.

시제[施濟; 베풀(줄) 시, 구제할 제, help, give]圐(잠21:26) 구제를 시행함. 어려운 처지를 도와 줌.

시조[始祖; 비로소 시, 할아버지 조. founder]圐(사43:27) 한 족속의 맨 처음 조상. 태조. 인류의 시조 아담(창2:7, 19).

시종[始終; 비로소(처음) 시, 마칠 종. beginning and end]圐(대상29:29) 시작과 끝. 항상. 종시(終始). always. ①알파와 오메가(계1:8). ②처음과 나중(계22:13).

시종[侍從; 모실 시, 따를 종. chamberlain]圐(창45:1) ①임금을 모시고 있던 시종원의 한 벼슬. ②왕의 침실과 거실을 감독하는 환관이 었다. 후궁들을 돌보는 관계로 고자를 채용했다(행12:20).

시종장[侍從長; 모실 시, 따를 종, 어른 장. leader of the chemberlain]圐(렘51:59) 임금을 모시는 사람 중 으뜸되는 사람.

시집[marriage, husband's family]圐(민36:3) 남편의 직계 가족이 사는 집. 시댁(媤宅).

시체[屍體; 죽을 시, 몸 체. corpse, dead body]圐(창23:3) 숨이 끊어져 죽은 몸뚱이. 송장.

조각석관.

관에 넣어 장사한다.

시초[始初; 비로소(처음) 시, 처음 초. beginning]圐(사18:2) 처음, 애초.

시편[Paslms]圐(시) 구약 제17권째 성경. 하나님을 찬양하는 노래와 기도로 약 13명의 기록자가 있다. 전 150편을 5권으로 나누어 편집하였다. 모세가 1편, 다윗이 73편, 레위 사람이 12편, 고라자손이 10편, 솔로몬이 2편, 헤만이 1편 외 미상. 2편과 95편이 신약에서 다윗의 시로 인용되었다(행4:25, 히4:7). 내용 분해는 박기원 편 성경총론을 참고하라.

● **시편에 나타난 그리스도** - ①장차 오실 메시야(시2, 16, 22, 24, 40, 45, 68, 69, 72, 97, 110, 118편). ②참되신 목자(시23편). 그리스도는 온 인류의 목자이시다. 참 목자는 양을 위하여 목숨을 버린다(요10:11). ③말씀(시119편). 말씀이신 그리스도. 주의 말씀의 단맛, 주의 말씀은 길을 밝히는 등불이시다. ④영광의 왕(시24편). 그리스도는 영원한 왕이시며 영원히 영광을 누리실 만왕의 왕이시다(딤후6:15-16). ⑤수난 당하실 주(다음 성구를 대조해 보라). (1) 시22:1→마27:46. (2) 시22:6-7→눅23:35-36. (3) 시22:6-8→마27:39-43. (4) 시22:12-13→마27:38-44. (5) 시22:16→요19:16-19. (6) 시22:18→마26:35. (7)시22:28→고전15:23-24.

시하[אלְמָה = 가뭄]圐

[1] 솔로몬의 신하의 조상(스2:43). 느디님 사람(느7:46).

[2] 오벨에 사는 느디님 사람의 두목 중 한 사람(느11:21).

시행[施行; 베풀 시, 행할 행. carrying out]圐(창22:1) 어떤 사물의 성질, 능력 정도 등에 관하여 실지로 경험하여 봄.

시험[試驗; 시험할 시, 험할 험. test, temptation] 어떤 사물의 성질, 정도, 능력 등에 관하여 실지로 증거가 되는 표시를 알아 봄.

＊성도에게 오는 시험은 두 가지로 해석된다. ①유혹을 받는 일이다. 죄에 빠지게 되는 일이다. 마귀가 아담을 꾀고 예수님을 시험하는 것과 같이 성도를 넘어 뜨리려고 시험한다. 사단의 시험과 정욕에 따른 시험이 있다(창3:1, 고후2:11, 약1:13-15). ②신앙의 연단. 이기는 자는 승리의 면류관을 차지하게 된다(창22:1, 고후13:5).

시험적[試驗的 ; 시험할 시, 시험할 험, 적실할 적. trial]명(삼상17:39) 시험삼아 하는 것.

시혼[סִיחוֹן = 청소하다]인(민21:21) 아모리왕. ①요단 동쪽을 점령하고 헤스본을 수도로 정하였다. ②출애굽한 이스라엘 백성들이 그곳을 지나려 했으나 아모리 사람들이 길을 막고 지나가지 못하게 하여 ③야하스에서 싸움이 벌어졌다(시135:11, 136:19-20). ④승리의 노래(민21:27-30). ⑤미디안 다섯 방백이 그를 섬김(수13:21).

시홀[שִׁיחוֹר = 흙탕, 나일]지
① ①여호수아가 가나안에 들어가서 얻은 땅의 남방경계를 이 강으로 삼았다(수13:3). ②다윗왕도 이 강에서부터 하맛 어귀까지의 이스라엘 백성을 소집하고 기럇여아림에 있는 법궤를 옮겨왔다(대상13:5). ＊애굽시내로 보는 것이 타당하다.
② ①여러 곳에 애굽의 시홀 시내라 하였으나 사23:3에는 시홀은 곧 나일강임을 명시하였다. ②곡창지(사23:3). ③예레미야가 내려가지 못하게 경고한 곳(렘2:18).

시홀림낫[שִׁיחוֹר לִבְנָת = 미루나무강]지(수19:26) 아셀지파 남쪽 경계의 강. 갈멜산의 정남방에서 발원하여 지중해로 흘러가는 나할에 젤강으로 추측된다.

시후[時侯 ; 때 시, 기후 후. season]명(레26:4) 사계절의 절기.

식[式 ; 법 식. pattern]명(행7:44) ①이미 관습이 된 전례. fashion. ②의식. ceremony.
＊양식과 설계(출25:9, 40).

식가온[shiggaion]명(시편) 음악 용어. 시편 제7편의 곡조. 급격한 변화가 있는 리듬의 정열적인 노래를 표시.

식구[食口 ; 밥 식, 입 구. family]명(창47:12) 같은 집에 살며 끼니를 함께 하는 사람.

식굿[siccuth = 중오]명(암5:26) 이스라엘 백성이 광야에서 섬긴 앗수르의 신. 목성(木星)신, 전쟁의 신을 가리킨다. 몰록신으로 해석된다. 스데반의 변론 참조(행7:43).

식그론[שִׁכְרוֹן = 과음, 술주정]지(수15:11) 유다 북방 국경지대의 성읍.

식량[食量 ; 밥 식, 분량 량. food]명(출12:4) 먹을 양식. 먹을 수 있는 만큼의 부피. 양식.

식료[食料 ; 밥 식, 헤아릴 료. foodstuffs, bread]명(창39:6) 음식에 들어가는 재료.

식료품[食料品 ; 밥(먹을) 식, 헤아릴 료, 물건 품. foodsutffs]명(시132:15) 식료가 되는 물품. 인간이 생존해 가는데 있어서 없어서는 안될 먹을거리. 마실거리.
＊성도의 신령한 식료품은 주의 말씀(벧전2:2). 주님의 피(요6:55, 고전10:4).

식물[食物 ; 밥 식, 만물 물. food]명(창1:29) 먹을 수 있는 물건. 생물이 생존을 위해서 섭취하는 물질.

식물[植物 ; 심을 식, 만물 물. vegetation]명(욥8:16) 생물계에서 동물과 둘로 크게 구분되는 일군의 생물의 총칭. 그 종류 및 형태는 23만여종에 이른다.

식민지[植民地 ; 심을 식, 백성 민, 땅 지. colony]명(행16:12) ①본국을 떠나 있으나 통치를 받는 국외의 영역. 이주민이 원주민을 지배함. ②새로 점령하여 속령으로 된 지역.

식사[食事 ; 먹을 식, 일 사. meals, diet]명(룻2:14) 여러가지 음식을 먹는 일. 또는 그 음식. ①조석으로 식사(출16:12, 눅14:12). ②노동자는 점심을 먹었다(룻2:14).

③식사할 때 예법(마23:6, 눅14: 7-11). ③초청된 손님(삼상9:22, 창43:33). ④의식적 의미(마15: 1,2, 막7:3). 감사, 식기도(삼상9: 13, 마15:36, 마26:26,27). ⑤수종드는 자가 있다(왕상10:5). ⑥여흥이 있다(눅15:25). ⑦절제해야 한다(암6:4-6).

식양[式樣 ; 법 식, 모양 양. pattern]명(출25:7) 일정한 모양과 격식. 식. 설계. 모형.

식언[食言 ; 먹을 식, 말씀 언. breaking a promise, lie]명(민23:19) 약속한 말을 위반하고 지키치 않음.

식욕[食慾 ; 밥 식, 욕심낼 욕. appetite]명(잠16:26) 음식을 먹고 싶어하는 욕망.

식음[食飮 ; 밥 식, 마실 음. eating and drinking]명(행9:9) 먹고 마시는 것.

식주인[食主人 ; 밥 식, 주인 주, 사람 인. proprietor of an inn, host]명(롬16:23) 나그네를 치르고 밥을 파는 그 집 주인.

식탁[食卓 ; 밥 식, 높을 탁. dining table]명(창19:3) 여러 사람이 식사할 때에 음식물을 벌여 놓는데 쓰이는 큰 탁자.

식후[食後 ; 밥 식, 뒤 후. after a meal]명(고전11:25) 밥 먹은 뒤.

신[shoes]명(출3:5) 발에 신고 걷는데 쓰이는 물건의 총칭. 포로와 종은 신을 신지 않았다(사20:2).

상징적 의미 - ①신김→적자아들, 자유인(눅15:25). ②벗음→하나님을 경외(출3:5). ③벗음→양도의 증거를 위함(룻4:7,8). ④맨발→애곡(삼하15:30). ⑤끈을 푸는 것→존경, 수종(눅3:16). ⑥끈을 매는것→경성함(사5:27). ⑦던지는 일→소유(시60:8). ⑧신음→봉사(엡6:15). ⑨복음(엡6:15).

신[信 ; 믿을 신. faith]명(사26:2) ①믿음. 신앙심. piety. ②거짓이 없음. 성실함. ③의심하지 않음.

신[神 ; 신령 신. God]명(창1:2) ①하나님. God. ②종교의 대상으로서 초인간적인 또는 초자연적 위력을 가지는 존재. god. ③인간이 만든 우상(idol)

신[腎 ; 콩팥 신. stones, kidney](신23:1) ①콩팥, 신장. ②남자의 외부 생식기. penis.

신[יִן =습지, 늪](민13:21) 팔레스틴의 남쪽 아라비아 사막의 서쪽 사해와 아가바만 사이에 있는 광야. ①이스라엘 백성이 출애굽하여 유리하는 중 이곳에 이르렀을 때 미리암이 죽었다(민20:1, 27:14). ②모세는 므리바 물가에서 여호와의 명령을 거역하였다(민27:14). ③가나안에 들어간 유다지파 기업지의 남단에 있다(수15:1). ④백성들이 먹을 것이 없어 굶어 죽겠다고 지도자 모세를 원망할 때 여호와께서 만나와 메추라기를 내려 주신 곳(출16:1,13). ⑤옛날 애굽의 국경 요새지로써 지금의 벨숨못과 동일시한다(겔30:15-16).

신고[辛苦 ; 매울 신, 쓸 고. labor, hardships]명(창35:16) 대단히 괴로움. 또는 그것을 당함.

신궁[神宮 ; 귀신 신, 집 궁. temple]명(욜3:5) 귀신을 모신 집.

신기[神奇 ; 귀신 신, 기이할(운수사나울) 기. marvelous, divine]명(벧후1:3) 이상하고도 신통한 것.

신낭[腎囊 ; 콩팥 신, 주머니 낭. scrotum, stones](신23:1) 음낭을 싸고 있는 주머니. 이것을 잘라서 세했다. 거세된 자는 성소에 참여하지 못했다(레21:17-24).

신당[神堂 ; 귀신 신, 집 당. shrine]명(삿9:27) 신령을 모신 당집.

신들메[thong of sandal]명(창14:23) 신을 메는 일. ㉠들메. ①푸는 일은 노예의 일(마3:11). ②매는 일은 경성하는 일(사5:27). ③겸허함을 보임(창14:23).

신랑[新郞 ; 새 신, 밝을 랑. bridegroom]명(시19:5) 새로 결혼한 남자. 새서방.

* 그리스도(계19:7, 21:2)
신령[神靈 ; 귀신(신령) 신, 신령 령. spirit, deities]몡(대상25:1) 민속, 풍습으로 섬기는 모든 신.
신령한 몸[spiritual body] 귀 (고전15:44) 거듭난 사람. 성도. 구원 받은 성도의 부활한 몸. 영광의 몸.
신령한자[spiritual]귀(고전2:15) 육의 사람의 반대말. 육의 사람에서 변화된 하나님의 사람. 그리스도인.
신뢰[信賴 ; 믿을 신, 힘입을 뢰. reliance]몡(대하20:20) 믿고 맡김.
신명기[Deuteronomy]몡(신) 구약제 5권째 성경. 모세의 기록으로 하나님의 언약을 믿도록 강권적인 권면과 가나안 땅에 들어갈 준비를 하도록 하였다. 하나님께서 요구하는 것이 무엇인지 알고 따르도록 하였다. 율법을 지키라(177회 사용)고 거듭 당부한다. 내용 분해는 박기원 편 성경총론을 참고하라.
- 신명기에 나타난 그리스도의 모형 - ①모세(신18:15-19). 모세의 사역에서 그리스도의 모형을 찾아볼 수 있다(출애굽기에 나타난 그리스도의 모형 중에서 모세 항을 참고하라). ②여호수아(신34:9-11). 하나님께서 모세처럼 그의 말씀을 예언하도록 여호수아를 택하셨다. 여호수아는 모세처럼 그리스도를 예표한다.

신묘막측[神妙莫測 ; 귀신 신, 묘할 묘, 아닐 (없을) 막, 측량할 측. fearfully and wonderfully]몡(시139:14) 신통하고 묘하여 측량할 수 없음.
신문[訊問 ; 물을 신, 물을 문. judge, questioning]몡(삿8:14) 증인, 감정인 또는 피고에 대하여 구두로 사건을 캐어 물어 조사하는 일.
신문소[訊問所 ; 물을 신, 물을 문, 바 소. audience hall]몡(행25:23) 신문하는 곳. 가이사랴 총독의 넓은 대청. 바울이 끌려간 장소.
신민[臣民 ; 신하 신, 백성 민. subject]몡(출1:9) 군주국가에 있어서 관원과 국민. people

신복[臣服 ; 신하 신, 옷 복. honest submission]몡(왕하17:3) 신하가 되어 복종함.
신복[臣僕 ; 신하(백성) 신, 종 복. servant]몡(창20:8) 임금을 섬기는 벼슬자리에 있는 사람. 신하. ①왕을 위해 싸움(삼하2:17). ②왕을 섬김(창45:16). ③명령을 따름(삼하15:15, 에3:2). ④반역자가 됨(대하33:24).
신부[新婦 ; 새 신, 지어미 부. bride]몡(아4:8) 결혼한지 얼마 안되는 새색시. 신랑의 대어. 그리스도에 대한 교회(계18:23, 21:2).
* ①신랑의 집으로 감(창24:59, 룻4:11). ②축하연(시45:15). ③잔치기간(창29:27, 삿14:12).
신사[神祠 ; 귀신(신령) 신, 모일 사. shrine]몡(롬2:22) 귀신을 모신 신당.
신사적[紳士的 ; 귀신 신, 선비 사, 적실할적. noble, gentle]몡(행17:11) 예절 바르고 남의 입장을 존중하는 모양.
신상[神像 ; 귀신 신, 형상 상. god's image, idol]몡(창35:2) 신령을 그린 그림이나 돌. 또는 나무로 새긴 형상. 우상. 섬기는 신을 구체적으로 나타내기 위하여 만든 것.
* ①제조가 금지되었다(출20:4-6). ②나무나 돌에 새겨 만듦(출20:4). ③은이나 금을 부어 만듦(출20:23, 34:17). ④신상에 대한 찬미(단5:23).
신선[新鮮 ; 새 신, 고울 선. freshness]몡(시92:10) 새롭고 산뜻함.
신설[伸雪 ; 펼 신, 눈 설. plead]몡(삼상25:39) 원통함을 풀고 부끄러운 일을 씻어 버림. ㉮신원설치(伸寃雪恥). 원수를 갚음.
신성[神性 ; 귀신 신, 성품 성. deity]몡(롬1:20) ①신의 성격. 성질. ②마음. 정신.
* 자기를 신성시 하는 것은 하나님을 모독하는 행위이다(시74:10, 단5:23).
신속[迅速 ; 빠를 신, 빠를 속. haste,

quickness]몡(스6:8) 몹시 빠름.
신실〔信實 ; 믿을 신, 열매 실. truth, sincerity〕몡(레6:2) 믿음성이 있고 꾸밈이 없음. 거짓이 없음.
신앙〔信仰 ; 믿을 신, 우러러볼 앙. faith〕몡(빌1:27) ①종교의 교리를 마음으로 믿고 받드는 것. ②어떤 사람의 덕이나 주의를 믿고 우러러봄. belife.
*①그리스도를 구주로 믿는다(요3:16, 빌1:27). ②하나님을 믿는다(히6:1).
신원〔伸寃 ; 펼 신, 원통할 원. avenge, punish〕몡(신10:18) 가슴에 맺힌 원한을 풀어 버림. 처벌해 주기를 원하는 것에 대한 시행. 처벌.
*하나님께서 신원하심(계18:20)
신을 벗음〔put off shoes〕(출3:5) 경외, 겸손 등을 보이는 태도. 슬픔 표시. '신'항 참고.
신음〔呻吟 ; 앓을 신, 앓을 음. moaning〕몡(출6:5) ①괴로워서 끙끙 거리며 소리를 냄. ②몹시 앓음. being very sick.
신임〔信任 ; 믿을 신, 맡길 임. confidence〕몡(왕하21:6) 믿고 맡김.
신자〔信者 ; 믿을(참될) 신, 놈 자. veliever〕몡(행10:45)믿음을 가진 사람. 예수 그리스도를 구주로 받아 들이는 기독교인(요1:12, 10:4). 믿는 자, 믿는 사람으로 많이 번역되었다.
신장〔身長 ; 몸 신, 길 장. stature height〕몡(민13:32) 키. 몸길이.
신접〔神接 ; 귀신 신, 댈 접. contact with a god〕몡(레19:31) 신령이 몸에 접함.
신접자〔神接者 ; 귀신 신, 댈 접, 놈 자. medium〕몡(신18:11) 신령이 몸에 접한 사람. 무당. 귀신들린 자. 영매자. 주술자. 초혼자. 마술자. 요술자.
*①엄금되었다(레19:31, 신18:11). ②사울이 추방했다가 찾아갔다(삼상28:3-9). ③왕조에 깊이 뿌리내리고 있었다(왕하21:6, 대하33:6).

신족속〔sinites〕몡(창10:17) 가나안의 아들에게서 나온 한 족속. 또는 그 주민(대상1:15).
신청〔信聽 ; 믿을신, 들을 청. taking for truth, hearken〕몡(잠29:12) 곧이 들음. 믿고 들음.
신칙〔申飭 ; 낼 신, 삼갈 칙. admonition, charge〕몡(출19:21) 단단히 일러서 경계함.
신 포도〔sour grape〕몡(렘31:29) 설익은 포도. 약간 신맛이 있는 포도(겔18:2). 중동지방의 식용품.
신 포도주〔vinegar〕몡(마27:34) 맛이 초처럼 된 포도주. 예수님이 십자가상에서 고통을 받으실 때 받지 않으셨다. 쓸개를 탄 포도주. 마취 작용을 하는 것으로 알고 있다(마27:48, 막15:36, 눅23:36, 요19:30).
신풍나무〔plane tree〕몡(창30:37) 푸라타나스 무리의 나무. 나무껍질을 해마다 벗는데서 유래. 야곱이 양태를 수태시킬 때 이용했다(창30:37). 단풍나무로 번역된 곳도 있다(겔31:8). 레바논의 백향목과 비교된 나무.

신하〔臣下 ; 신하 신, 아래 하. servant〕몡(창37:36) 임금을 섬기는 벼슬 자리에 있는 사람. 신복으로 번역된 말. 쓰이는 자를 가리킴. 왕의 침소를 맡은 신하도 있다(행12:20).
신호〔信號 ; 믿을(참될) 신, 이름 호. signal〕몡(민31:6) ①일정한 부호를 써서 떨어져 있는 곳에서 서로 의사를 통하는 방법. ②미리 약속한 방법으로 어떤 일을 알리는 것. signaling.
신화〔神話 ; 귀신 신, 말씀 화. myth,

fable]명(딤전1:4) 사람의 지혜가 아직 열리지 못한 아주 오랜 옛날에 신(神)을 중심으로 한 이야기. 허탄한이야기(딤전4:4,딤전1:4). 만든 이야기(벧후1:16). 꾸민 이야기. 가공적 이야기, 어리석은 이야기를 가리킨다. 사람들은 신화에 미혹되기도 한다. 변론을 일으킨다(딤전1:4).

신후[身後 ; 몸신, 뒤 후. after death]명(전6:12) 죽은 뒤.

신후사[身後事 ; 몸신, 뒤 후, 일 사. funeral]명(전3:22) 죽고 난 뒷일. 장사(葬事) 지내는 일.

싣다[lade, load]타(창37:25) ①짐을 운반할 목적으로 수레 따위에 올려놓다. ②간행물에 글 따위를 나게 하다. print. ③어느 바닥에 물이 괴게 하다.

실[thread]명(창14:23) ①고치·솜·삼·털 등의 동식물의 섬유를 길고 가늘게 자아내어 겹으로 꼰 것. ②가늘고 긴 것.

실과[實果 ; 열매 실, 과실 과. fruit]명(창2:16) 먹을 수 있는 초목의 열매.

실과나무[fruit tree]명(겔47:12) 과목. 열매를 맺는 나무. 풍요함을 나타냄.

실라[Σίλας = 생각]인(행15:22)
1. **인적관계** - 초대 교회의 지도자적인 인물.
2. **관련기사** - ①예루살렘교회의 결정을 안디옥교회에 전달한 특사. 바울과 바나바를 동행했다(행15:22, 27). ②선지자(행15:32). ③사도 바울의 2차 선교여행에 동참(행16:19-). ④빌립보에서 바울과 같이 투옥됨(행16:25, 35-38). ⑤로마 시민권을 가진 것으로 여김(행16:38). ⑥데살로니가 베뢰아 선교(행17:1-15). ⑦고린도 교회를 위해 일했다(고후1:19). ⑧바울이 말한 실루아노는 실라의 라틴식 발음이다(살전1:1, 살후1:1). ⑨베드로와 친분을 가진 사람(벧전5:12).

실라[אלָס = 길, 광주리]지(왕하12:20) 예루살렘의 한 지역명. 요아스가 신복에게 살해된 곳.

실렘[שִׁלֵּם = 보답, 응보]인(창46:24) 납달리의 네째 아들. 살룸과 같은 사람(대상7:13).

실로[實~ ; 참될 실, 사실 실. really]부(창20:12) 참으로.

실로[שִׁילֹה = 안식처]인(창49:10) 실로가 오실 때 까지라 한 말씀이 있어 난해의 구절이라 한다. 이것을 세가지로 해석하면 ①실로 땅으로 생각하여 이스라엘이 가나안 정복 직후 그 곳에 성막을 두게 되어 하나님의 임재를 나타낸다. ②세상의 평화를 위해 오시는 메시야(구주)의 인칭 고유명사로 본다. ③저에게 속한 자 또는 "그가 저의 것이 됨이라"는 뜻으로 읽어 메시야를 가리킴이라 한다. 수리아 번역에서는 그것(주권), 주권이 저의 것이 된 자가 오시기까지 라고 읽는다.

실로[שִׁלֹה]지(수18:1)
1. **위치** - 에브라임의 성읍. 예루살렘에서 세겜에 이르는 곳 도로변(삿21:19). 벧엘에서 동북 15km지점 동편에 높이 379m 되는 언덕 위에 있는 지금의 세이룬과 동일시한다.
2. **관련기사** - ①종교의 중심지로 이스라엘 자손이 모여 회막을 세웠다(수18:1, 10). ②가나안에 들어가 기업을 분배한 곳(수18:1, 10). ③베냐민 사람이 이곳 여자를 약탈하여 아내를 삼은 일이 있다(삿21:16-23). ④엘리와 사무엘 시대에는 성막을 간이 성전으로 개조한 것으로 추측한다(삼상1:9). ⑤한나가 실로의 성막에서 기도 드렸다(삼상1:9). ⑥사무엘이 실로의 성막에서 자랐다(삼상1:24). ⑦언약궤를 전쟁터로 옮겼다가 빼앗겼다(삼상4: 렘7:12-16). ⑧엘리가 재판하던 곳(삼상4:12-18). ⑨여로보암이 왕될 것을 예언하던 선지자 아히야의 출신지이다(왕상11:29, 14:2). ⑩여로보암의 아내가

병든 아들을 위하여 간 곳(왕상14:2, 4). ⑪여호와의 징벌이 내릴 것이 예언된 곳(렘7:12-14). ⑫후일에 재건되었다(렘41:5). ⑬옛날의 중요성은 찾을 수 없다(시78:60).

실로사람[shilonite]인(왕상11:29) 벧엘 북동의 성읍 실로 출신의 사람. ①아히야(왕상11:29). ②바벨론 포로생활에서 귀환한 유다의 일족. ③스가랴(느11:5).

실로아[שִׁלֹחַ = 배수관]지(사8:6). 예루살렘 동남부에 있는 못(池)의 이름. ①이 물은 언덕 허리에 설치한 수관을 통하여 실로아못에 흘러 들어감. ②히스기야왕은 앗수르의 공격을 막기 위하여 터널을 파고 기혼의 샘물을 이 못에 끌어들였다(왕하20:20). ③그리고 이 못의 물은 다시 흘러서 아래 있는 옛못(古池)과 아랫못(下池)에 흘러 들어간다(사22:9-11). ④왕의못(느2:14). 이 못은 장이 16m, 너비가 5.4m. ⑤샘문 곁에 있다(느3:15). ⑥신약의 실로암 못(요9:7). ⑦실로암탑(눅13:4)과 같은 곳. ⑧히스기야의 못에 관한 비문 기록(왕하20:20).
* 하나님의 보호를 상징한다.

실로암[Σιλωάμ = 보냄을 받음]지
1. 위치 - 예루살렘 남동부. 현재의 처녀샘.
2. 관련기사 - ①옛이름은 실로아(사8:6). ②보냄을 받았다는 뜻(요9:7). ③우물이 아닌 수로를 통한 저수지(사8:6, 왕하20:20). ④예수님 당시도 실로암 망대가 무너져서 사람이 죽었다는 말이 있다(눅13:4). ⑤날 때부터 소경된 사람의 눈

에 예수님께서 땅에 침을 뱉아 발라준 다음 실로암에 가서 씻으라고 하여 눈을 뜨게 한 이적으로 알려졌다(요9:7). ⑥실로암 못은 길이 16m, 너비 5.4m. 못 물은 윗쪽에 있는 "옛 못" 또는 "윗 못"에서 "아랫 못"으로 흘러 들어갔다(사7:3, 왕하18:17, 사22:9, 11).

실루기아[Σελεύκεια = 흰 빛]지(행13:4) 북쪽 지중해에 들어가는 아론드강 북안에 있는 항구. 안디옥에서 북으로 8km지점 옛 수리아왕 실루기스가 창건하고 자기 이름으로 성이름을 삼았다. 그가 죽은 후 이곳에 묻혔다(분묘가 있다). 바울과 바나바가 제2차 선교여행시에 이곳에서 배를 타고 구브로로 갔다. 지금은 옛터만 남아 있는데 두 돌기둥이 있어 근세인이 말하기를 하나는 바울의 기둥, 하나는 바나바의 기둥이라 한다.

실루아노[Σιλουανός]인(고후1:19) 실라의 라틴형 이름(살전1:1, 살후1:1, 벧전5:12).

실르대[שִׁלְתַי = 그늘, 주의 보호]
① 베냐민 지파 시므이의 아들(대상8:20).
② 므낫세의 천부장. 시글락에서 다윗에게 귀순한 용사 중 한 사람(대상12:20).

실리다[load]타(창45:23) 물건을 짐승이나 운반 수단에 올려 놓다.

실망[失望; 잃을 실, 바랄 망. disappointment]명(욥31:16) 희망을 잃어 버림. 낙심함.

실바[זִלְפָּה = 한방울]인(창29:24, 30:9-13). 레아의 몸종으로 야곱의 첩이 되어 갓과 아셀을 낳았다.

실사[שִׁלְשָׁה = 삼인조]인(대상7:37) 아셀지파 소바의 아들. 방백의 한 사람으로 용사이며 족장.

실상[實狀; 참될 실, 모양 상. being sure]명(신9:4) ①실제의 형편. ②있는 그대로를 드러냄. real circumstance.
* 믿음이 바라는 것들의 실상이다(히11:1).

실색[失色 ; 잃을 실, 빛 색. loseing color]명 놀라서 얼굴색이 변하는 것(사29:22).

실수[失手 ; 잃을 실, 손 수. mistake]명(전5:6) ①잘못된 일. ②실례(失禮). impoliteness.

실심[失心 ; 잃을 실, 마음 심. dispiritedness]명(렘4:9) 근심 걱정으로 인해 맥이 빠짐.

실정[實情 ; 참될 실, 뜻 정]명(에2:23) ①실제의 사정. real state of things. ②진실한 정의. true friendship.

실족[失足 ; 잃을 실, 발 족. stumble, temptaiton]명(신32:35). 걸림이 되는 것. 넘어지게 하는 것. 죄를 짓도록 하는 것. 나의 행동으로 타인에게 손상을 입게 하는 것.
* 타인을 실족케 하는 자는 화를 당한다(마18:7).

실패[失敗 ; 잃을 실, 패할 패. diminishing, failure]명(롬11:1) 일이 목적대로 되지 않고 헛되이 됨. ①하나님의 뜻을 거스림(창11:3-8). ②기도의 부족(막9:24-29). ③계획 부족(눅14:28-32). ④불순종(민14:40-45). ⑤불신앙(히4:6). ⑥과욕과 자랑(약4:13-17). ⑦교만(에7:1-10).

실하다[實~ ; 옹골찰 실. sturdy]형(창30:41) 튼튼하다. 속이 옹골지다. substantial.

실행[失行 ; 잃을 실, 행할 행. misdeed]명(민5:12) 도의에 어그러진 좋지 못한 행동을 함. 의식과 운동 능력에 장해가 없고 소기의 운동의 일부 또는 전부가 실패하거나 불능에 빠지는 일.

실행[實行 ; 참될 실, 행할 행. practice]명(민23:19) 실제로 행함.

실히[שְׁלֹמִי = 용사, 여호와께서 보내심]인(왕상22:42) 여호사밧왕의 어머니 아스바의 아버지(대하20:31).

실힘[עֲלֻמִים = 무장된 사람, 파송된 자]지(수15:32) 유다 남부 시므온의 성읍. 사아라임, 사루헨과 같은 곳(대상4:31, 수19:6).

싫다[disagreeable, refuse]형(레26:44) ①마음이 언짢다. ②하고 싶지 않다. unwilling.

싫어하다[dislike, loathe]타(창27:46) ①싫은 태도를 보이다. ②미워하다. hate.

심다[plant]타(창8:22) ①초목의 뿌리를 땅 속에 묻고 흙을 덮다. ②씨앗을 뿌리다. sow.

심령[心靈 ; 마음 심, 신령 령. spirit]명(왕하5:26) ①정신작용을 일으킨다고 여기는 근본적 존재. ②육체와는 따로 떨어져 있다고 생각되는 마음의 주체. ③마음 속의 영혼. 영. soul.

심리[審理 ; 살필 심, 다스릴 리. trial]명(왕상3:28) ①소송 사건에 있어서 법관의 필요한 모든 조사를 함. ②사실이나 사건의 연유 경과를 자세히 조사함.

심마[שִׁמְעָה = 상담, 숙고]인(대상6:20) 레위 지파 게르손 자손 중,
① 하얏의 아들(대상6:20).
② 시므이의 아들(대상6:42)
③ 요아의 아버지(대하29:12)

심문[審問 ; 살필 심, 물을 문. interrogation, judgment]명(욥14:3) 자세히 따져 물음.

심문권[審問權 ; 살필 심, 물을(문초할) 문, 권세 권. judgment, right of interrogation]명(겔23:24) 자세히 따져 묻는 권리.

심방[尋訪 ; 찾을 심, 찾을 방. visit]명(갈1:18) 방문하여 찾아봄.
①하나님이 사람을 찾으심(창3:9).
②그리스도의 심방(마10:38-42).
③교역자가 교인을 심방(벧전5:1-11). ④마귀의 심방(벧전5:8).

심복[心腹 ; 마음 심, 배 복. bowel, very heart]명(몬12) ①가슴과 배. ②마음 속, 생각하고 있는 일.

심비[心碑 ; 마음 심, 비석 비. tables of heart]명(고후3:3) 마음의 비석. 거듭난 성도의 부드러운 마음. 에스겔이 예언한것(겔36:26). 율법을 새긴 석비는 깨어지지만 심비에

새긴 그리스도의 편지는 순종하므로 전달된다.

심사[心思 ; 마음 심, 생각 사. disposition]명(삿5:15) 마음을 쓰는 됨됨이. 좋지 않은 마음보.

심상[尋常 ; 찾을 심, 항상 상. commonness]명(잠14:8) 대수롭지 않고 예사스러움.

심새['שמשי = 태양의 아들]인(스4:8) 수리아에 주재했던 바사의 서기관. ①귀환한 유다인이 무너진 예루살렘 성벽 돌담을 수리하려 할 때 이 일을 반대한 사람 가운데 한 사람. ③이 일을 아닥사스다 왕에게 상소하여 다리오 제2년까지 공사가 중단되었다(스4:9-23).

심술[心術 ; 마음 심, 꾀 술. crossgrained]명(대하36:8) 온당하지 않게 고집을 부리는 마음.

심원[心願 ; 마음 심, 원할 원. one's heart's desire]명(단6:1) 마음속 깊이 바람 또는 바라는 대로.

심장[心腸 ; 마음 심, 창자 장. heart, bowel]명(시7:9) 마음의 속. 감정이 우러나는 속자리. ①도덕적 종교적 성격을 교훈함(시16:7). ②하나님이 감찰하심(시7:9, 렘11:20). ③그리스도의 심정으로 사모해야 함(빌1:8).

심장[心臟 ; 마음 심, 오장 장. heart, bowel]명(삼하18:14) 혈관계통의 중심부. 혈액순환을 시키는 장기. 염통으로 번역된 곳도 있다(왕하9:24, 사45:5). 심사, 심중으로 번역된 말(시33:11, 창17:17). ①심장 상태는 사람의 건강을 좌우한다(잠14:30). ②슬플 때 기절함(삼상4:13-18).

심정[心情 ; 마음 심, 뜻 정. feelings]명(삼상1:15) ①사람의 마음에 품은 생각과 감정. ②마음씨. disposition. ③마음의 정황.

심중[心中 ; 마음 심, 가운데 중. in the heart]명(창17:17) 마음속. ㉠뇌리.

심지[flax, wick]명(마12:20)①등불에 기름을 빨아 올려 불을 켜게 된 헝겊이거나 종이로 만든 물건. ②남포·폭탄 따위를 터뜨리기 위해 불을 달게 되어 있는 줄. fuse.

심지[心志 ; 마음 심, 뜻 지. mind, will]명(사26:3) 마음에 지니는 뜻. 마음과 뜻. 등불로도 번역된 말.

심지어[甚至於 ; 심할 심, 이를 지, 늘 어. what is worse, insomuch]부(신12:31) 심하면. 심하게는.

심판[審判 ; 살필 심, 판단할 판. judgement]명(창18:25) 일반적인 뜻은 잘한 것과 잘못한 것을 헤아리고 살펴서 가름하는 일.

*성경의 가르침은 하나님께서 믿지 않는 죄인과 사단을 지옥에 던지는 마지막 심판이다. 그 때 성도는 새 예루살렘에서 주님을 모시고 영원히 살게 된다. 하나님의 구속 사역의 완성이 심판이다(요3:31).

심판날[the day of judgement]명(마10:15) 심판을 받는 날. ①사람이 행한대로 하나님께서 갚으시는 날(사34:8). ②그리스도를 믿느냐, 믿지 않느냐에 달렸다(고후5:10, 히10:26-31). ③그리스도의 재림하시는 날(행17:31, 롬2:16).

심판대[審判臺 ; 살필 심, 판단할 판, 집 대. judgement seat]명(롬14:10) 심판하는 자리. ①구약에서는 사사, 왕, 제사장들이 재판할 때 앉았다(출18:13, 왕상7:7). ②마지막 심판대는 어린양의 백보좌 앞이다(계20:11).

심판자[審判者 ; 살필 심, 판단할 판, 놈 자. judge]명(욥23:7) ①사건을 헤아리고 판단하는 사람. ②인간의 선과 악을 심판하시는 하나님. God. ③재림하실 그리스도(히12:23, 약5:9).

심판장[審判長 ; 살필 심, 헤아릴 판, 어른 장. judge]명(시50:6) 재판장으로 번역된 말(사33:22). 하나님. 예수 그리스도. ①성도의 죄는 기억하지 아니하신다(히10:17). ②죄악을 심판하신다(요5:29, 롬5:16). ③공의롭고 참된 심판장(살후1:5, 계19:2).

심하다[甚~ ; 매우 심. severe, be sore]형(창12:10) 정도가 지나치다.

심화[心火 ; 마음 심, 불 화. passion]명(삼하13:2) 분통이 터져 일어나는 울화.

십[זיו = 녹임, 흐르는]인
① 갈렙의 손자. 메사의 아들. 마레사의 아버지(대상2:42).
② 유다 자손 여할렐렐의 아들(대상4:16).

십[זיו = 정련소, 용해]지
① 유다 최남단. 헤브론 남동의 성읍(수15:24).
② 헤브론 동남방. 동으로 십 광야가 있다. ①고대에는 관목이 무성했으며 다윗이 사울왕을 피하여 이곳에 숨어 있는 것을 지방민이 밀고했던 일이 있다(삼상23:14-24, 26:1-2). ②르호보암왕이 이곳을 요새화 하였다(대하11:8).

십계[十誡 ; 열 십, 경계할 계. the ten commandments]명(출34:28) 모세가 시내산에서 하나님으로부터 친히 받은 인간이 살아가면서 지켜야 할 열가지 법. 하나님에 관한법(1-4). 인간에 관한법(5-10). (출20장을 찾아 보라).

십계명[十戒命 ; 열 십, 경계할 계, 목숨 명. the ten commandments]명(신4:13) 열가지 신자의 도덕법. 십계. ①하나님이 친히 기록하여 모세를 통하여 주셨다(출24:12). ②첫번째 돌판은 깨어졌다(출32:19). ③두번째 돌판은 법궤에 넣어 두었다(신10:1-5). ④가장 큰 계명은 사랑이다(마22:35-40).

십단[שְׁפָטָן = 심판을 행함, 공정함]인(민34:24) 에브라임 자손의 족장. 그무엘의 아버지.

십마[שְׂבָמָה = 춤듯]지(민32:38) ①요단 동쪽 헤스본 가까운 모압의 도시. ②르우벤 족속에게 분배되었던 땅(수13:19). ③포도의 산지로 유명하다(사16:8, 렘48:32).

십못[שִׁפְמוֹת = 풍요]지(삼상30:28) 유다의 한 성읍. 다윗이 아말렉에게서 포로되었던 두 아내와 빼앗겼던 모든 물건을 탈환하고 적의 많은 물건을 빼앗아다가 이 성 장로들에게 선물로 보냈다.

십배[יִשְׁפִּי = 문지방]인(대상20:4) 블레셋의 용사. ①거인 자손. ②삽과 같은 사람. ③다윗이 블레셋 사람과 게셀에서 전쟁할 때 후사 사람 십브개에게 피살된 블레셋 거인의 자손.

십보라[צִפֹּרָה = 작은 새]인(출2:21-22) 미디안 제사장 이드로의 딸. ①모세의 아내. ②두 아들, 게르솜과 엘리에셀을 낳았다(출4:20-26, 18:2). ③차돌로 아들을 할례했다(출4:24-26). ④모세를 피의 남편이라고 불렀다(출4:24-26). ⑤르비딤에서 모세와 재회하였다(출18:1-9).

십볼[צִפּוֹר = 작은새]인(민22:2) 모압왕 발락의 아버지. 발람을 매수하여 이스라엘을 저주하도록 하였다.

십볼렛[שִׁבֹּלֶת = 옥수수, 이삭, 개울]명(삿12:1-6)길르앗 사람들이 요단 강가에서 도망가는 에브라임 사람들을 붙잡기 위하여 사용했던 낱말. 에브라임 사람은 십볼렛이라고 발음하기가 어려웠다. 그래서 나루터에서 이 말을 발음하도록 하여 도망하는 에브라임 사람을 가려 내었다.

십부장[十夫長 ; 열 십, 지아비 부, 어른 장. leader of tens]명(출18:21) 군대에서 10명의 부하를 담당하는 사람.

십분의 일[十分一 ; 열 십, 나눌 분, 한 일. tithe]명(창14:20) 열등분 한 것 중 하나. 아브라함이 멜기세덱에게 십분의 일을 주었다. 십일조. 하나님께 구별해서 드리는 분량.
*①수량에 집착하여 큰 뜻을 잃으면 않됨(마23:23, 눅11:42). ②성도의 의무(민18:21, 말3:8-10).

십브개[סִבְּכַי = 여호와의 숲]인(대상11:29) ①후삿 사람으로 다윗의 용사 중 한 사람(대상20:4). ②블레셋의 장대한 거인 삽을 죽임으로 그의 이름이 유명해졌다(삼하21:18). ③다윗군 8월 장관이 되었다(대상27:11). 삼하23:27에는 므분내라 하였다.

십브라[שִׁפְרָה = 아름다운]인(출1:15-21) 애굽의 조산부. 히브리인의 산파역을 맡았다. 바로의 명령을 무서워하지 않고 히브리 사람들이 낳은 사내 아이를 살렸다.

십사만사천[a haundred and forty and four thousand]주(계7:4) 구속받은 성도를 상징하는 수효 12지파×12사도×1000. 각 지파 일만이천

십여리[十餘理 ; 열 십, 남을 여, 마을 리. three or four miles]명(요6:19) 십리 남짓. 4km 조금 지나서.

십이방백[十二方伯 ; 열 십, 두 이, 모 방, 맏 백. the ancestors of twelve tribes]명(창25:16) 이스라엘 열 두 아들들의 자손으로 이루어진 종족들의 우두머리.

십이지파[十二支波 ; 열 십, 두 이, 지탱할 지, 물갈래 파. the twelve]명(창49:28) 이스라엘 열 두 아들을 조상으로 하는 파.

십일조[十一條 ; 열 십, 한 일, 가지 조. tenth, tithe]명(민18:21) 자신에게 주어진 모든 수입의 10분의 1을 하나님께 감사한 마음으로 드리는 일. 유대인들이 드린 것은 일년 동안 모은 농산물, 가축 등이었고 전리품도 십일조로 바쳤다(창14:20, 28:22, 삼상8:15-17). 성전봉사자, 성전수리, 구제비로 사용했다. →십분의 일.

십자가[十字架 ; 열 십, 글자 자, 시렁 가. cross]명(마10:38) ①옛날 중동과 서양에서 사형의 틀로 사용하던 十자꼴의 형틀. 갈대아, 로마, 그리스 사이에서 이 제도가 생겼다 한다. ②예수님께서 인류의 죄를 대속하실 때 달리신 형틀. ③기독교의 상징이며 또한 모든 인간이 죄악의 짐을 지고 주님 가신 그 어렵고 험한 길을 사랑과 봉사에 헌신함으로 이겨 나가자는 상징과 교훈임. one's cross.

1.**상징** - ①하나님과의 화해(엡2:16). ②구원(고전1:18). ③그리스도인의 고난(마16:24).
2.**십자가상의 여덟말씀** - ①아버지여 저희를 사하여 주옵소서 자기의 하는 것을 알지 못함이니이다(눅23:34). ②여자여 보소서 아들이니이다(요19:26). ③보라 네 어머니라(요19:28). ④오늘 네가 나와 함께 낙원에 있으리라(눅23:43). ⑤엘리 엘리 라마 사박다니(마27:46, 막15:34). ⑥내가 목마르다(요19:28). ⑦내 영혼을 아버지 손에 부탁하나이다(눅23:46). ⑧다 이루었다(요19:30).
*②와 ③을 한 말씀으로 보고 가상 7언으로 하는 이도 있고 순서도 약간 다르다.

십현금[十鉉琴 ; 열 십, 줄 현, 거문고 금. ten stringed lyre]명(시92:1) 줄이 열개 있는 거문고. 주의 성호를 찬양하는데 사용하는 악기.

싯나[שִׂטְנָה = 대적함]지(창26:21) 이삭이 그랄지방에 판 우물. 이삭의 목자와 그랄의 목자가 다투었다.

싯딤[שִׁטִּים = 평원, 들판]지(창14:3) 소돔과 고모라의 평원지대(창14:8-10). 역청(아스팔트핏치)이 많은 곳. 지금은 사해 바닷속.

싯딤[צִדִּים = 편, 쪽]지(수19:35) 납달리지파의 성읍.

싯딤[שִׁטִּים = 아카시아나무]지
① 모압의 성읍(창14:8-12).
1.**위치** - 여리고 대안 요단강의 동 11km지점 지금의 굴벳엘그후렌이라는 곳. 아브라함 당시에 엘람왕 그돌라오멜이 이 골짜기에서 소돔, 고모라의 모든 재물을 약탈하고 아브라함의 조카 롯을 잡아 갔다. 이 골짜기에는 역청 구덩이가 많았다.
2.**관련기사** - ①옛 이름은 아벨싯딤. ②요단 동편에서 이스라엘 백성의 최후 진지. 여기서 백성들이 발람의 계교에 빠져 모압 여자와 간음하고 또 우상에게 제사하므로 여호

와께서 진노하여 열병을 내리시니 2만4천명이 죽었다(민22-25:9, 미6:5). ③이곳에서 여호수아가 두 명의 정탐군을 여리고에 보냈다(수2:1).

② 예루살렘 서쪽의 골짜기(욜3:18).

싯딤나무[shittim wood]명(신10:3) '셧타'라는 말의 파생어로 아카시아나무를 가리킨다. 조각목이라 한 곳도 있다(출25:10).

싱겁다형(욥6:6) ①짜지 않다. not salted enough. ②술이 독하지 않다. mild.

싸개[wrapper]명(출38:17) 물건을 싸는 종이나 헝겊. 또는 얇은 금속.

싸다[wrap]타(출12:34) 보자기나 종이 따위로 물건을 안에 넣고 둘러 말아서 보이지 않게 하다.

싸매다[tie up, sew up]타(욥5:18) 헝겊 따위로 싸서 묶다.

싸우다[fight, war, strive]자(창14:2) 서로 이기기를 다투다.

싸움[war, battle, conflict]명(민1:13) 싸우는 일. 전투, 전쟁, 분쟁.

싸이다[be wrapped]피동(삼상21:9) 싸임을 당하다.

싹[sprout]명(시65:10) 식물의 씨에서 돋아난 첫 잎과 줄기.

쌍[雙; 짝쌍. pair]명(눅2:24) 둘씩 짝을 이룬 물건. 암, 수의 짝.

쌍둥이[twin]명(창25:24) 한태에서 난 두 아이.

쌍쌍이[雙雙~; 짝 쌍, 짝 쌍. by twos]부(사21:7) 둘씩 둘씩 짝을 지은 모양.

쌍태[雙胎; 짝 쌍, 아이밸 태. twin fetus]명(창38:27) 한 배 안의 두 태아.

쌓다[pile up]타(창4:17) ①물건을 겹겹이 포개 놓다. ②여러번 거듭하다. repeat. ③기초를 세우다. build.

쌓이다[be piled up]피동(출15:8) ①여러개의 물건이 한데 겹치어지다. ②근심 걱정이 연달아 겹치다. ③할 일이 많이 닥치다.

써레[harrow]명(삼하12:31) 갈아놓은 논이나 밭의 바닥을 고르게 하는 농기구.

썩다[rot]자(민12:12) ①물기를 가진 물질이 바깥공기를 쐬어 본디의 바탕이 변하여지다. ②좋은 재주를 가지고도 마음껏 발휘하지 못하다. get rusty.

썰다[cut]타(레6:21) 물건을 잘게 토막내어 베다.

쏘다[soda]명(잠25:20) 빨래할 때 쓰는 잿물. 거품이 이는 산성성분. 질산칼륨.

쏘다[shoot]타(창21:20) ①화살이나 총알을 놓아 날아가게 하다. ②벌레 따위가 살에 찌르다. sting. ③듣는 사람이 따끔하게 느낄만한 말로 자극을 주다. criticize.

쏟다[pour out]타(창42:35) ①물건을 거꾸로 붓다. ②나오게 하다. empty. ③마음을 기울이다. devo

쐬다[expose oneself to]타(출19:13) 바람, 연기 따위를 몸이나 얼굴에 받다.

쑤다[cook, seethe]타(창25:29) 풀,

죽 같은 것을 익게 하다.
쑤시다[pick]재(욥30:17) 바늘로 찌르는 것 같이 아프다.
쑥[mugwort, wormwood]명(신29:18) ①엉거시과(菊科)의 다년생풀. ②다북쑥의 준말.

쑥[wormwood]명(계8:11) 세째 천사가 나팔을 불 때 강과 물샘에 떨어진 별의 이름. 쓴맛을 나타내는 것으로 재앙을 뜻한다.
쓰다[write]타(출31:18) ①글씨를 그리다. ②글을 짓다. compose. ③글자로 나타내다. describe.
쓰다[bitter]형(출12:8) ①맛이 소태와 같다. ②입맛이 없다. ③괴롭다.
쓰다[put on]타(레16:4) ①모자 따위를 머리에 얹다. ②머리가 보이지 않도록 이불 따위를 덮다. pull over. ③먼지, 가루, 액체 따위를 몸에 잔뜩 받다. be covered.
쓰다[employ]타(창22:3) ①사용한다. ②사람을 부리다. ③돈을 없애다. 돈을 들이다. spend. ④무슨 일 따위에 마음이나 또는 힘을 기울이다. exercise. ⑤물건을 만드는 원료를 삼다. use.
쓰러지다[fall]재(삿5:270 쌓여 있거나 서 있던 것이 한쪽으로 쏠리어 넘어지다.
쓰레[harrow]명(욥39:10) 써레.
쓰스[Ζεύs=인류의 왕으로서 아버지. zeus]명(행14:12) 헬라인과 로마인이 숭배하는 괴수모양의 신. 하늘신. 헬라에서는 쓰스를 제우스라고 부르며, 로마에서는 쥬피

쓰스 　　　　　　허메

터라고 한다. 바울과 바나바가 루스드라에서 나면서부터 앉은뱅이었던 사람을 일으키는 기적을 보고 바울을 허메(대변자 - 사자)라 부르고 바나바를 쓰스라 불렀다. 바울과 바나바는 우리는 똑같은 사람이며 이 기적을 하나님께서 행하신 것이요 사람을 신이라고 부르는 것은 망령된 언사라고 가르쳐 주고 예수님을 믿도록 권고하였다(행14:8-15).
쓰스신당[~神堂 ; 귀신 신, 집 당. priest of zeus]명(행14:13) 쓰스신을 섬기는 사당.
쓰스의 쌍동 아들[twin gods]명(행28:11 난외주) 바울이 로마로 갈 때 타고 간 배의 이름. 디오스구로라고도 한다.
쓰이다[write]재(욥19:23) 글씨가 써지다.
쓰이다[be consumed]재(스7:20) 무엇을 하는데 물건이 소용되다.
쓴 물[fresh water]명(약3:11) 소태와 같이 쓰디 쓴물. 단물의 상대어.
쓸개[gall-bradder]명(욥16:13) 간장(肝臟)에서 나오는 담즙(膽汁)을 일시적으로 담아두는 엷은 주머니. 담(膽).
쓸개포도[filled with poison]명(신32:32) 독성이 있는 포도를 형용하는 말. 나쁜 포도.
쓸다[sweep, clear]재(눅15:8) ①비로 쓰레기를 한데 모아 없애다. ②제 앞일을 깨끗이 해 치우다. clear.
쓸데없다[of no use]형(욥13:4) 쓰일 곳이 없다. 필요없다.
씌우다[put on]타(출29:6) ①머리에 쓰게 하다. ②허물을 남에게 돌리다. impute.
씨[seed]명(창1:11) ①식물의 눈이 트는 근본. ②과실의 핵(核). kernel. ③생물이 발생되는 근본. stock.
씨[woof]명(레13;48) 베를 짤 때 가로로 넣는 실.
씨름[wrestling]명(엡6:12) 서로 맞 잡고 넘어뜨리는 것으로 이기고

짐을 가늠하는 힘겨루기.

씨종[slave girl, bondmaid]몡(레19:20) 대대로 종노릇하는 사람.
씰라[צִלָּה=그늘, 보호]인(창4:19) 므두엘의 아들 멕의 두 아내 중의 하나. 두발가인을 낳은 여자.
씹다[chew]타(욥30:3) ①입에 넣어 이로 여러번 자꾸 깨물다. ②타인을 좋지 않게 말하다. speak ill of.
씹볼렛[sibboleth]몡(삿12:6) 말의 뜻은 강으로 흐름. 또는 이삭. 사사 입다가 인솔하는 길르앗 사람이 싸움에 져서 도망가는 에브라임 사람을 가려낼 때 발음하게 한 낱말.
씻다[wash]타(창18:4) ①물로 더러운 것을 없애어 깨끗하게 하다. ②물건에 묻은 것을 닦아 없애다. ③누명을 벗다. vindicate.
∗그리스도께서 인류의 죄를 그의 피로 씻었다(행22:16, 고전6:11, 엡5:26, 계7:14).
씻어버리다[wiping]타(왕하21:13) ①씻어서 더러운 것을 깨끗하게 만들다. ②누명 따위를 벗어버리다.
∗성도는 그리스도의 보혈로 죄를 씻어버렸다.
씻지 아니하다[unwash]타(마15:20) ①더러운 것을 깨끗하게 하지 아니하다. ②부정한 것을 그냥 두다.

아[ah, oh]감(눅4:34) ①놀람, 당황, 초조 등을 나타내거나 또는 급한 때에 내는 소리. ②상대자의 소리. ③아아. ④아하. 더러운 귀신이 그가 들어간 사람을 통하여 예수님을 싫어하여 사용하였다.

아가[Song of Songs]명(아) 구약 제22권째 성경. 지혜의 왕 솔로몬의 노래. 결혼과 사랑의 연모가 결혼으로 이어지고 하나님을 찬양하는 데 있다. 문자적으로의 해석은 솔로몬과 그의 신부와의 대화이며, 비유적인 해석으로는 이스라엘을 위한 하나님의 사랑이며, 예표적인 해석으로는 그리스도와 교회와의 사랑을 나타내는 데에 있다. 이 예표적인 해석방법은 기독교 초기부터 오늘에 이른다. 내용 분해는 박기원 편 성경총론을 참고하라.

● **아가에 나타난 그리스도의 모형** - 솔로몬의 아름다운 노래인 아가는 그리스도와 교회와의 친밀함을 노래하고 있다. 구약 성경에서 이스라엘을 가리켜 "여호와의 신부"(사54:5,6, 렘2:2, 겔16:8-14, 호2:16-20)라고 묘사하였고 신약 성경에서는 그리스도의 신부(고후11:2, 엡5:23-25, 계19:7-9, 21:9)라고 묘사하였다. 영적 이스라엘인 성도가 하나님의 신부임을 예수하면서 교회의 신랑이신 그리스도를 예시한다.

아가미[jaw, gill]명(욥41:2) 물속에서 사는 동물의 숨쉬는 기관.

아가보["Ἄγαβος = 사랑하는 자]인 ①예루살렘 초대교회의 예언자(행11:27). ②장차 천하가 크게 흉년이 들어 기근이 심할 것을 예언(행11:20). ③안디옥에서 예루살렘으로 구제금을 보냈다. ④가이사랴에 내려가 바울이 잡힐 것을 예언했다(행21:10).

아가야['Ἀχαΐα = 형제]지

1. **위치와 개요** - ①그리스 전국토를 통괄하는 한 국가(주전7,8세기). ②고린도의 주도권 아래 있던 아가야 동맹국이 로마에 패한 후 로마의 지배하에 들어갔다(주전146). ③로마는 아가야를 마게도냐와 병합하였다. ④주전27년 아구스도가 황제가 되어 마게도냐와 아가야로 분할하여 아가야를 원로원 직할영으로 했다.

2. **관련기사** - ①예수님 당시 고린도를 수도로 하여 갈리오 총독이 통치했다(행18:17). ②사도 바울이 서신을 보낸 지역(고후1:1). ③아가야의 첫 열매인 스데바나의 고향(고전16:15). ④이 지방에는 고린도, 아덴 기타 유대인들의 거주지가 있었다(행17:17, 18:4,7). ⑤아가야 성도들은 마게도냐인과 함께 어려움을 당하는 예루살렘 교회의 가난한 성도들에게 헌금하였다(롬15:26). ⑥아볼로가 계속 사역한 곳(행17:16-18, 19:1. ⑦옛 이름은 헬라이다(행20:2). ⑧주의 말씀이 전파됨(살전1:7,8).

아가이고['Ἀχαϊκός = 아가야에 속한 자]인(고전16:17) 고린도 교회의 성도. 스데바나와 브드나도와 함께 에베소로 바울을 찾아갔다. 그의 이름의 뜻을 보아 아가야 출신 노예로 보는 이도 있다.

아가페[Ἀγαπη = 하나님은 사랑이시다]명(요일4:8) ①신약성경에 나타난 유일한 사랑의 표현으로 절대적이고 이타적인 사랑을 말함. ②예수님처럼 친구를 위하여 목숨을 버릴 수 있는 사랑.

＊ 하나님 만이 하실 수 있는 사랑이 아가페이다.

아각[אֲגַג = 난폭하다, 맹렬하다]인
① 아말렉(에서의 후손) 왕. 사울에

게 패하고 목숨을 잃지 않았으나 선지자 사무엘에 의해 처형되었다(삼상15:4-33).
② 함므다다의 아들 하만의 출신 부족(스3:1).
③ 발람의 노래에 언급되었는데 곡의 잘못 기록으로 추측하고 있다. 70인역에는 곡으로 읽는다(민24:7).
* 아각은 개인의 이름보다 지역이나 바로처럼 왕으로서의 대명사로 봄이 유력시 된다. 선민의 적으로 간주된다.

아간[עָכָן = 곤란]인
① 유다 지파 갈미의 아들(수7:1). ①아갈과 같은 사람(대상2:7). 괴롭히는 자로 불리웠다. ②여리고 전쟁에 참가하여 전리품을 도적질하여 하나님의 진노를 샀다(수6:17-19). ③이로 인하여 아이성 공격에 실패했다(수7:1). ④아간의 죄가 들어나 그와 그 가족을 아골 골짜기에서 돌로 쳐서 죽이고 시체를 불살라 버렸다(수7:8-26). ⑤여호수아가 아간의 죄를 상기시켰다(수20:20).
② ①호리족속 세일의 자손 에셀의 아들. 에돔사람에게 쫓겨났다(창36:47) ②야아간과 같은 사람(대상1:42).

아갈[עָכָר = 괴롭히는 자]인 유다지파 가르미의 아들(대상2:7). 아간과 같은 사람(수6:18, 7:1).

아게[אֵגֵא = 도망자]인(삼하23:11). 하랄 사람. 다윗의 세 용사중 한 사람인 삼마의 아버지.

아겔다마['Ακελδαμά = 피밭]지(행1:19) 가룟 유다가 예수님을 판 것을 후회하고 그 돈을 제사장에게 돌려 주었다. 제사장과 장로들이 그 돈으로 외국인의 묘지로 하기 위하여 토기장이의 밭을 사 피밭이라고 했다(마27:7). 스가랴 선지자의 예언이 성취되었다(슥11:12,13). 지금은 그 소재가 분명하지 않으나 예루살렘 서남 힌놈의 골짜기 아래에 있는 학에둠으로 여기며 실로암에서 가깝다. 근처에 고대 무덤들이 있다.

아골(골짜기)[עָכוֹר = 괴로움]지 여리고 남방에 있는 골짜기. 근처에 고대 무덤들이 있다. ①아간과 그 가족을 처형한곳(수7:21-26). ②유다의 북쪽 경계를 이루고 있는 지역(수15:7). ③장래 국토 번영을 묘사할 때 서쪽에 있는 사론평야와 대비하여 말했다(사65:10). ④환난의 골짜기가 회개함으로 소망의 문이 될 것을 호세아가 예언했다(호2:15). ⑤사해의 북서쪽 7km 지점에 있는 현재의 와디 무켈리크로 추정한다.

아구[way in]명(창29:2) 아귀. 어떤 물체의 입구가 열려지는 곳.

아구리[mouth]명(슥5:8) 아가리.

아구사도대[augustus cohort]명(행27:1) 바울을 로마로 압송하는 백부장 율리오의 부대이름. 로마 황제 직속부대로 가이사랴에 주둔하고 있었던 것으로 여긴다.

아구스도[Αὔγουστος = 신성한, 왕다운]인(눅2:1) 주전 17년에 즉위하여 예수님 탄생 직전에 호적령을 내린 로마의 황제. 이 때 요셉과 마리아가 베들레헴으로 호적하러 갔다.

아굴[אָגוּר = 고용인, 채집자]인(잠30:1) 야게의 아들. 잠언 30장을 기록한 사람.

아굴라['Ακύλας = 독수리]인
1. **인적관계** - 브리스길라의 남편. 북부 소아시아 본도에서 출생한 유대인(행18:1-3).
2. **관련기사** - ①아내와 같이 로마에서 살다가 글라우디오의 유대인 박해 때 고린도로 와서 바울을 만나 같이 천막짓는 일을 하면서 기독교 선교운동에 가담했다(고전16:19, 롬16:3-5). ②바울과 함께 에베소로 옮겨 그 가정의 집을 교회

로 제공하여 예배를 드렸다(행18장, 롬16:3, 고전16:19, 딤후4:19). ③아볼로를 인도하였다(행18:26). ④후에 로마로 옮긴듯 하다(딤후4:19).

아궁이[oven]명(애5:10) 불을 때기 위하여 꾸며 만든 구멍을 말하는데 성경에서는 빵을 굽는 화덕을 가리킨다(마6:30, 눅12:28).

아그랍빔[םיִבָּרְקַע = 전갈]지(수15:3, 민34:4) 사해 남단과 신 광야 사이에 있는 비탈. 유다 남방 경계표 중의 하나.

아그립바[$'Αγρίππας$ = 독자]인 신약시대 유대를 통치한 분봉왕의 이름.

1 헤롯 아그립바 Ⅰ세(주전10-주후44) 아리스도불러스의 아들. 대 헤롯과 마리암 Ⅰ세의 손자. 행12:1에는 단지 헤롯왕으로 나와 있다. 청년시절에 로마에 가서 교육을 받았고 디베랴 시장을 맡아 있다가 갈리굴라로부터 숙부 빌립의 영토를 다스릴 왕으로 임명되었다. 39년에는 갈리야, 41년에는 사마리아와 유대를 통치. 그 지배 영역은 헤롯 대왕과 비등하게 되었고, 44년에 죽었다. 그는 유대인의 환심

당시 주화

을 얻기 위하여 그리스도 교도를 박해 하였고 야곱을 참수시켰으며 베드로를 투옥했다(행12:1-19).

2 헤롯아그립바 Ⅱ세(주후30-100) 헤롯 아그립바1세의 아들. 로마에서 교육을 받았다. 53년에는 칼키우스 왕에 임명됨. 53년에 갈리야의 일부를 그 영토에 편입시켰다. 유대 왕으로서 아버지의 왕위는 계승하지 못했다. 그는 누이 베니게와 함께 총독 베스도를 축하하려고 가이사랴에 갔을 때 거기서 감금된 바울을 심문하는데 배석했다(행25:13, 32). 예루살렘 함락 후에도 누이 베니게와 함께 로마로 갔고 100년경에 사망했다. 그는 헤롯가의 마지막 왕이요, 성품이 악한 자였다.

아기[baby]명(룻4:16) ①어린 아이. ②사람을 어리게 여겨 하는 말.

아끼다[spare]타(창22:12) ①함부로 쓰지 않고 귀중하게 생각하다. ②마음에 들어 알뜰하게 생각하다. value.

아기스[שיִכאָ = 뱀 부리는 사람]인
1. 인적관계 - 마옥의 아들.
2. 관련기사 - ①가드왕(삼상27:2). ②블레셋 지경의 가드 왕. 다윗이 사울을 피하여 다닐 때 두번 그에게 가서 보호를 받았다(삼상21:10, 27:2-12, 왕상2:39). ③다윗과 그 군대를 받아 들이고 또 남방의 시글락을 주어 그곳에 1년 4개월 동안 유하게 하였다(삼상27:5-7). ④블레셋과 사울의 결전시에는 블레셋의 다른 왕들의 반대로 그 싸움에 참가하지 않았다(삼상29:). ⑤다윗이 죽은 후에도 살아 있었다(왕상2:39-40). ⑥시편 34편의 표제에서 아기스를 아비멜락으로 부른 것이라고 한다.

아기죽거리다[toddle, mince]자(사3:16) 시온의 딸들의 걸음걸이에 대해 사용한 말. 남자를 유혹하기 위해 교태를 부리면서 걷는 모습. 심판을 받게 된다.

아나[הָנֲע = 말솜씨, 응답]인
1 에서의 처 오홀리바마의 어머니(창36:2, 14, 18).
2 시브온의 아들(창36:24, 대상1:40). 아버지의 나귀를 먹일 때 광야에서 온천을 발견하였다.
3 에돔땅 세일의 4남으로 호리족속의 족장. 시브온의 형제(창36:20).

아나냐[הָיְנֲע = 여호와께서 보호하심]인(느3:23) 마아세야의아버지. 바벨론에서 돌아와 예루살렘 성벽을 재건한 아사랴의 할아버지.

아나냐[הָיְנֲע = 여호와께서 보호하심]지(느11:32) 포로 귀환 후 베냐민 사람이 거주한 감람산 동편

기슭의 마을. 베다니로 추정된다.

아나니 [עֲנָנִי = 비 구름] 인 (대상3:24) 다윗의 자손으로 엘료에네의 일곱 아들 중 하나.

아나니아 ['Avavias = 여호와는 은혜로우심] 인 (행5:1).

① 초대 예루살렘교회 교인으로 자기 소유를 팔아 다 바치기로 약속하고 땅을 판 돈 일부를 감추어 두고 전부라고 하나님을 속인 벌로 급사한 사람 (행5:1-6). 삽비라의 남편.

② 다메섹의 그리스도인. 곧은 거리 (직가) 유다의 집으로 가서 회개한 바울에게 세례를 준 사람 (행9:1-19, 22:12-26).

③ 바울이 예루살렘에서 잡혔을 때의 대제사장. 바울을 심문하고 또 더둘로를 데리고 가이사랴에 가서 바울을 벨릭스 총독에게 고소한 사람 (행23:2-5, 24:1). 그는 유대 반란시에 친 로마파로 몰려 유대인의 손에 죽었다.

아나돗 [עֲנָתוֹת = 여신 아낫의 장소, 여신의 응답] 인

① 베냐민의 손자요, 베겔의 아들. 족장이며 용사이다 (대상7:6-9).

② 바벨론에서 돌아와 느헤미야의 계약에 날인한 사람 중 하나 (느10:19). 아나돗 사람의 족장.

아나돗 [עֲנָתוֹת = 여신 아낫의 장소, 여신의 응답] 지

1. **위치** - 여호수아가 레위인에게 준 베냐민의 동네 (수21:18). 예루살렘 북쪽 4km지점에 있던 마을.

2. **관련기사** - ①대제사장 아비아달의 은거지 (왕상2:26-27). ②선지자 예레미야의 출신지 (렘1:1, 11:21-23). ③다윗의 용사 아비에셀의 고향 (삼하23:27, 대상11:28, 27:12) ④예후의 출신지 (대상12:3). ⑤앗수르의 침공이 예언됨 (사10:30). ⑥예레미야는 이곳 토지를 사들여 안주해야 할 것을 예언했다 (렘32:7-9). ⑦바벨론에서 돌아온 베냐민 사람의 거주지 (스2:23).

아나밈 [עֲנָמִים = 암석인 들] 인 (창10:6, 14. 대상1:11). 함의 손자요, 미스라임의 아들.

아나야 [עֲנָיָה = 주께서 응답하심] 인

① 에스라가 율법책을 읽을 때 도운 레위사람 (느8:4).

② 포로에서 돌아와 죄를 회개하고 자숙할 것을 맹세하는 서약에 날인한 족장 중 한 사람 (느10:22).

아나하랏 [עֲנָחֲרַת = 움푹한 길] 지 (수19:19) 이스르엘 골짜기의 잇사갈 지파 성읍. 모래 구릉의 동편. 지금의 엔나우라 인듯하다.

아낙 (자손) [עֲנָק = 거인, 긴목] 인

1. **인적관계** - 네피림 (민13:28) 거인. 아르바의 아들 (수15:13).

2. **관련기사** - ①하나님의 아들과 사람의 딸들 사이에서 태어난 거인 (네피림)의 후손. 가나안 원주민 (민13:28, 신9:2, 수21:11). ②아르바의 아들이며 아낙 사람의 조상 (수15:13, 21:11). ③헤브론에 거주한 사람들 (민13:22). ④여호수아에게 진멸된 사람들 (수10:36-39, 11:21). ⑤갈렙에게 쫓겨 블레셋 땅 가드, 아스돗으로 간 약간의 사람 (수11:22, 삿1:20). ⑥가드사람 골리앗의 조상으로 여김 (삼상17:4).

아낙 [עֲנָק = 긴목, 거인] 지 모세가 가나안에 정탐꾼을 보냈을 때 본 가장 장대한 족속의 거주지 (민13:22-23).

아난 [עָנָן = 구름] 인 (느10:26) 포로에서 귀환 후 백성의 죄를 회개하고 자숙할 것을 약속하여 계약서에 날인한 족장 중 한 사람.

아남멜렉 [עֲנַמֶּלֶךְ = 왕의 형상] 명 (왕하17:31) 바벨론의 한 성읍 스발와임 사람이 섬긴 하늘의 신 우상의 이름. 앗수르왕 사르곤이 스발와임 사람을 사마리아로 이주시켰을 때 이들이 아들을 불살라 아남멜렉에게 바쳤다.

아납 [עֲנָב = 포도송이, 포도가 많은 곳] 지 (수11:21) 드빌 근처 유다 남부의 성읍. 여호수아에게 망한 아낙 자손의 거주지. 기럇세벨의

아낫[עֲנָת = 응답][인](삿3:31) 이스라엘 제3대 사사 삼갈의 아버지.

아내[wife][명](창2:24) 부부중 남자에 대한 여자를 일컫는 말. 처. 마누라.

1. **아내를 묘사한 말** - ①돕는 배필(창2:18,20). ②뼈 중의 뼈, 살 중의 살(창2:23). ③남편의 면류관(잠12:4). ④남편의 짝(말2:14). ⑤맹약한 자(말2:14). ⑥신부(요3:29). ⑦연약한 그릇(벧전3:7).

2. **아내의 의무** - ①남편을 사랑함(딛2:4). ②피차 복종하라(엡5:21). ③주님께 하듯 복종하라(엡5:22-24). ④남편을 경외하라(엡5:33). ⑤남편에게 순복하라(벧전3:5,6). ⑥신뢰할 수 있어야 함(잠31:11,12).⑦순전해야 함(딛2:5) ⑧자녀를 사랑해야 함(딛2:4). ⑨순결해야 함(계21:2). ⑩만족해야 함(잠5:18,19).

아넬[עָנֵר = 새싹, 폭포][인](창14:13-24) 아모리 족속 마므레와 에스골의 형제. 아브라함의 동맹자. 침략해 온 네 왕을 반격하여 포로된 아브라함의 조카 롯을 구했다.

아넬[עָנֵר = 새싹, 폭포][지](대상6:70) 요단강 서쪽 므낫세 지파의 성읍. 레위사람의 거주지. 수21:25에서는 다아낙으로 표기되었다.

아넴[עָנֵם = 두개의 샘][지](대상6:73) 잇사갈 지파의 성읍. 레위인의 거주지. 수21:29에서는 언간님으로 표기되었다.

아눕[עָנוּב = 함께 묶여진][인](대상4:8) 유다자손 고스의 아들.

아니['Αρνί = 높은 땅][인](눅3:33) 유다지파 베레스의 가계 헤스론 자손 아미나답의 아버지. 람과 같은 사람(룻4:19, 대상2:9, 마1:3, 4). 아람으로도 기록되었다.

아니암[אֲנִיעָם = 백성의 슬픔][인](대상7:19) 므낫세 자손 미스다의 아들.

아님[עָנִים = 샘][지](수15:50) 헤브론 남방 18km지점에 있던 유다 산지의 성읍.

아다[עָדָה = 아름답다][인]

① 라멕의 두 아내 중 하나. 야벨과 유발의 어머니(창4:19-23).

② 헷 족속 엘론의 딸로 에서의 아내 중 하나. 엘리바스의 어머니(창36:2,10). 창26:34에는 바스맛으로 기록되었다. 결혼한 후에 이름을 고쳤다(당시 풍습을 따른 것으로 추정).

아다다[עֲדָדָה = 축제일][지](수15:22) 유다 지파의 남부 브엘세바 남동 에돔 근처의 성읍. 아로엘과 같은 곳.

아다라[עֲטָרָה = 왕관][인](대상2:26) 유다 자손 여라므엘의 둘째 아내로 오남의 어머니.

아다롯[עֲטָרוֹת = 왕관][지]

① 요단강 동편 바산왕 옥의 영토를 기업으로 받은 갓 지파가 건설한 성읍(민32:34).

② 에브라임과 베냐민의 경계의 성읍(수16:2) 수18:13에는 아다롯 앗달로 기록되었다.

③ 에브라임 북쪽의 성읍(수16:7). 요단강 부근에 있는 것으로 추정. 현재의 텔 엘 마잘로 여김.

④ 요압의 본향(대상2:54).

아다롯 벳 요압[עַטְרוֹת בֵּית יוֹאָב = 요압의 울타리][지](대상2:54) 살마 자손이 살던 유다의 마을. 베들레헴 가까이에 있었다.

아다롯 소반[עַטְרוֹת שׁוֹפָן][지](민32:35) 모압의 성읍인 것을 갓 지파가 점령하여 건설한 성읍.

아다롯 앗달[עַטְרוֹת־אַדָּר = 타작마당의 울타리][지](수16:5, 18:13) 에브라임과 베냐민 접경에 있던 성읍. 아다롯과 같은 곳.

아다림[אֲתָרִים = 지나간 자취][지](민21:1) 팔레스틴 남부의 시내 반도 광야의 한 지방. 가나안 사람 곧 아랏왕이 추격해 올 때 진을 친 곳.

아다마[אֲדָמָה = 붉은 땅][지](수19:36) 긴네렛 서안 납달리의 성읍.

아다미 네겝[אֲדָמִי הַנֶּקֶב = 좁은길의 붉은곳][지](수19:33) 아다미 고개.

납달리의 성읍. 디베랴 서남 8km지점 옛 다미에 인듯한다.

아다야[עֲדָיָה = 주가 즐거워하심]히
1 유다왕 요시야의 외할아버지(왕하22:1).
2 게르손 자손으로 찬송을 부르는 자 중 하나(대상6:41). 잇도와 같은 사람(대상6:21).
3 베냐민 지파 시므이의 아들(대상8:21).
4 포로에서 돌아온 제사장. 여로함의 아들(대상9:12, 느11:12).
5 포로에서 돌아온 바니가계의 한 사람으로 이방여인과 결혼한 사람(스10:29).
6 포로에서 돌아온 빈누이 가계의 한 사람으로 이방여인과 결혼한 사람(스10:39).
7 유다자손 요야립의 아들(느11:5).
8 아론 자손 중 한 사람(느11:12). 4와 같은 사람으로 보여짐.
9 여호야다를 협력하여 스스로 왕이 된 아달랴를 폐하고 요아스를 유다왕으로 세운 백부장 마아세야의 아버지(대하23:1).

아다야[עֲדָיָה = 여호와께서 지으신 자]히(느11:4) 유다 사람 웃시야의 아들. 포로에서 돌아와 예루살렘에 거했다. 우대와 같은 사람으로 여기는 학자도 있다(대상9:4).

아닥[עָדָק = 숙소, 여관]지(삼상3:1-5, 17:20, 26-30) 유다의 한 성읍. 다윗이 없을 때 아말렉이 다윗의 두 아내와 모든 여인을 포로로 잡아가고 물건을 탈취하여 간 것을 다윗이 반격하여 모든 것을 찾아오는 길에 탈취한 많은 물건을 아닥 장로들에게 선사하였다.

아닥사스다[אַרְתַּחְשַׁשְׂתָּא = 대왕]히
1 바사 왕 크셀크세스를 가리킨다(스4:7). 아하수에로와 같은 사람(스4:6) 유다인들이 예루살렘으로 돌아와 성전과 성곽재건하는 것을 막으려고 강 서편 총독이 고소한 것을 받아들여 그 사역을 중단하게 했다(느4:7-23).
2 바사 왕 롱기마누스를 가리키는 말(스7:1). 에스더 때의 아하스에로왕 이후에 즉위하여 에스라를 지도자로 한 제2차 포로귀환을 허락하여 성전중심 생활을 하게 하였다. 3차 포로귀환을 허락(지도자 느헤미야)하여 13년후 예루살렘 성곽을 재건하도록 하였다.

아달(adar)명(스6:15) 유대력으로 12월, 태양력으로는 2월~3월.

아달랴[עֲתַלְיָה = 여호와는 크심]히
1 유다왕 여호람의 왕비. ①이스라엘왕 아합의 딸. 오므리의 손녀. 아하시야의 어머니. 그 어미 이세벨의 피를 받아 잔인한 성격의 소유자였다(대상8:26, 11:2). ②아하시야 왕이 죽은 후 그 왕자를 다 죽이고 스스로 왕위에 올라 7년간 재위한 유다왕 중 유일의 여왕(왕하8:26, 27, 11:1, 대하21:6, 22:2). ③제사장 여호야다가 왕자 요아스를 세워 왕을 삼으니 국민이 즐거이 만세를 불렀다. 이것을 안 아달랴는 반역이라 외치다가 백부장들에게 끌려나가 죽임을 당하였다(왕하11:1-16, 대하22~23장).
2 여로함의 아들. 베냐민 지파 중 족장(대상8:36).

아달리야[אֲדַלְיָא 영예로운]히(에9:8) 아하수에로 왕의 신하 하만의 다섯째 아들.

아달리야[עֲתַלְיָה = 여호와는 존귀하심]히(스8:7) 에스라와 함께 바벨론에서 돌아온 엘람자손 여사야의 아버지.

아담[אָדָם = 사람, 흙, 붉다]히
1. **하나님이 창조하심** - ①흙으로 지음받음(창2:7). ②하나님의 형상대로 창조됨(창1:26, 27). ③하나님이 생기를 코에 불어넣어 생령이 됨(창2:7). ④여자보다 먼저 창조된 자(딤전2:17). ⑤하나님께서 아담의 갈빗대 하나로 여자를 만드셨다(창2:18-23).
2. **인류의 조상**(눅3:38) - ①산 영이다(고전15:45). ②죄를 짓지 아니한 거룩한 상태(전7:29). ③의무를 부여받은 자(창1:26, 28, 29).

④일을 한 자(창2:8, 15). ⑤인류를 대표한 자(롬5:12-14). ⑥에덴에서 생활한 자(창2:15). ⑦금령을 받은 자(창2:16, 17). ⑧하나님의 창조물의 이름을 지은 자(창2:19, 20). ⑨처음 가정을 이룬 자(창2:22-25). ⑩오실 메시야의 표상(롬5:14).

3. **죄를 지은 자** - ①사단의 유혹을 받음(창3:1-5). ②하나님의 명령을 어김(호6:7). ③하나님의 주권에 반항 범죄함(창3:6, 딤전2:14). ④눈이 밝아짐, 벗은 것을 앎(창3:7). ⑤두려워하고 무화과나무 잎으로 치마를 만들어 가리움(창3:7). ⑥동산 나무 사이에 숨음(창3:8). ⑦죄를 전가한 자(창3:12). ⑧새 언약을 받게 됨(창3:15). ⑨여자를 다스리는 자(창3:16). ⑩땅이 저주를 받게 됨(창3:17). ⑪땀흘려 일해야 먹고 살게 됨(창3:17-19). ⑫흙으로 돌아감(창3:19). ⑬가죽 옷을 입게 됨(창3:21). ⑭하나님과의 교제가 끊김(창3:8, 22, 23). ⑮에덴에서 쫓겨남(창3:24).

4. **인적관계** - ①인류의 시조(눅3:38). ②하와의 남편(창2:18-23). ③죄인(롬2:3). ④가인과 아벨, 셋의 아버지(창4:1, 2, 25). ⑤세상에 죄가 들어옴으로 구원이 필요함(롬5:12, 요3:16).

아담(둘째)[$A\delta\alpha\mu$]명(고전15:45-49) 첫 아담은 죄를 가져왔지만 이에 대비하여 둘째 아담은 은혜로 죄를 사해 주셨다. 그리스도 예수를 일컫는 말(롬5:12-21).

아담[םָדָא = 붉다]지(수3:16) 요단 동쪽 모압 땅 사르단 가까이에 있은 지명. 여호수아가 이끄는 이스라엘이 요단강을 건널 때 이 지점에서 요단강의 흐르는 물이 막히어 이스라엘은 마른 강바닥을 걸어 건널 수 있었다.

아담[雅淡; 맑을 아, 맑을 담. refinement]명(창39:6) 말쑥하고 담담함. 우아(優雅).

아닷[ןָדָא = 가시 나무]지(창50:10, 11) 애굽과 헤브론 사이에 있은 타작마당. 요셉이 야곱을 장사할 때 애굽인이 이곳에 이르러 크게 슬피울고 임무를 마치고 돌아갔다. 후에 아벨 미스라임(애굽의 탄식)이라 하였다(창50:7-13).

아데마['$A\rho\tau\epsilon\mu\alpha s$ = 아데미의 선물]명(딛3:12) 바울의 동역자의 한 사람. 두기고와 같이 바울의 서신을 가지고 그레데에 있는 디도를 찾아갔다.

아데미["$A\rho\tau\epsilon\mu\iota s$ = 큰 어머니, 모신(母神)]명(행19:34) 로마 사람과 헬라 사람들이 섬기는 여신. 그들의 신화로 아비는 쓰스, 어미는 래도네라 하고 쌍동이 자매는 아폴로라고 부른다. 로마 사람은 다이아나라 부른다. 수리아 사람들은 애다누라고 불렀다. 주전656년경 알렉산더 대왕 때 불에 타 없어진 것을 후에 데미트리오가 가정신으로 섬기도록 만들어 팔았다. 바울의 전도때 소요가 일어났다(행19:23-41). 이 우상을 만든 장소는 에베소 옛돈으로 알려져 있다.

아덴['$A\theta\eta\nu\alpha\iota$ = 도착]지

1. **위치** - 수호의 여신 아데나에서 온 이름으로 현재는 그리스의 수도. 옛적부터 헬라국의 제일 유명한 성이었다. 전성기에는 약25만의 인구가 살았다고 한다.

2. **관련기사** - 바울이 2차 전도여행시 전도한 곳(행17:16-34). 우상숭배(처녀신)가 너무 심하여 알지 못하는 신의 단까지 있었다. 바울이 이곳 유명한 철학자 에비구레오와 스도이고와 쟁론하고 아레오바고

회의소에서 부활의 진리를 전하매 관원인 디오누시오와 다마리 여사와 여러 사람이 주께로 돌아왔다.
*사도 바울 당시 이 성에는 플라톤의 이상주의, 에피큐러스의 향락주의 스토익의 금욕주의가 유행하여 교회를 세우지 못했었다. 성경에는 없으나 전설에 의하면 그후에 이 성에 교회가 왕성하여 위에 기록한 디오누시오가 제1대 감독이 되었다 하며 콘스탄티노블의 함락 후부터 헬라교의 중심지가 되었다 한다. 미넬바 여신의 청동상과 파이슬로 묘 등 세계적으로 유명한 유적이 많이 있다.

아덴 주화

아델[רֵאֵל = 닮은, 묶은]인

1 히스기야라고 하는 아델사람. 그의 자손 98명이 포로에서 돌아왔다(느7:21).

2 스룹바벨과 같이 바벨론 포로에서 귀환한 성전문지기 자손의 한 조상이다(스2:42, 느7:45).

3 포로 귀환 후 맹약에 날인한 족장 중 한 사람이다(느10:17).

아도나이[אֲדֹנָי = Adonai]명(창15:2, 8) 하나님은 통치하시는 주. 여호와. 하나님의 이름(야웨)을 직접 부르기를 두려워한 이스라엘 사람들이 여호와의 성호를 아도나이라 읽는다.

아도니감[אֲדֹנִיקָם = 나의 주님이 높이 들렸다]인(스2:13) ①에스라 때에 유대인의 한 가족의 두령으로 그의 자손 666인이 스룹바벨을 따라 예루살렘에 귀환했다(느7:18). ②남아 있던 자는 에스라와 함께 귀환하였다(스8:13). 율법 엄수에 조인한 아도니야와 같은 사람.

아도니람[אֲדֹנִירָם = 나의 주님은 높으심]인(삼하20:24) 압다의 아들로 다윗, 솔로몬, 르호보암 시대의 감독관. 여로보암을 따르는 자에게 돌로 맞아 죽었다(왕상12:18, 대하10:18). 아로람과 같은 사람.

아도니베섹[אֲדֹנִי־בֶזֶק = 베섹은 나의 주]인(삿1:3-7) 세겜 동북쪽 21km지점. 가나안의 한 성 베섹의 왕으로 유다와 시므온 지파의 추격을 받아 도망을 가다가 잡혀 엄지손가락을 잘리우고 탄식하기를 "옛적에 70왕의 수족의 엄지가락을 찍었더니 하나님이 나의 행한대로 갚으셨다"라고 하였다. 예루살렘에 끌려가 있다가 거기서 죽었다.

아도니세덱[אֲדֹנִי־צֶדֶק = 주께서는 의로우시다]인 ①아모리 사람으로 여호수아가 가나안에 들어갈 때의 예루살렘 왕(수10:1, 3). ②이스라엘이 기브온과 화친하였다는 소식을 듣고 다른 네 왕과 결탁하여 여호수아를 대적하다가 패하여 막게다 굴에 숨었다가 잡혀 목을 밟혀 죽임을 당했다. 시체가 나무에 달렸다가 그가 숨었던 막게다 굴에 장사되었다(수10:1-27). 70인역 성경에는 아오니 베섹과 같은 사람으로 나타난다.

아도니야[אֲדֹנִיָּה = 야웨는 주]인

1 다윗의 네째 아들. 학깃의 소생(삼하3:4). ①형 압살롬이 죽고 왕위 계승문제로 솔로몬과 다투었다(왕상1:5-53). ②요압장군과 아비아달 제사장의 지원을 받았으나 결국 나단은 밧세바를 시켜 다윗으로 하여금 솔로몬을 계승자로 임명 왕이 되게 하였다(왕상2:13-18). ③아도니야는 일시 목숨을 건졌으나 마침내 솔로몬에게 죽임을 당했다(왕상1:5-2:25).

2 여호사밧왕 때 율법교사로 각처에 파송된 레위사람(대하17:8).

3 느헤미야와 함께 맹약에 날인한 제사장 중 한 사람(느10:16).

아도라임[אֲדוֹרַיִם = 두 더미, 탈곡마당]지(대하11:9) 유다 남부의 성읍. 르호보암의 견고한 15요새 중 하나. 헤브론 서남쪽 약 8km지점에 있는 현재의 두라로 여긴다.

아도람[אֲדֹרָם = 나의 주님은 높으심] 명(삼하20:24) 다윗, 솔로몬, 르호보암 3대를 섬긴 감독관. 르호보암이 이스라엘의 10지파가 자기를 배반하고 떠나갔을 때 그들을 돌이키기 위하여 파송되었다가 거기서 돌에 맞아 죽었다(왕상12:18). 아도니람과 같은 사람.

아둘람[עֲדֻלָּם = 피난처, 은신처]지
1. **위치** - 유다 남부에 있은 가나안 사람의 성읍(창38:1, 12).
2. **관련기사** - 헤브론 북서 16km지점, 베들레헴 서남 20km 사해 서쪽에 있는 호르밧 아둘람. ①유다의 친구 히라의 고향(창38:1, 12, 20). ②여호수아가 점령하였다(수12:15). ③유다지파의 분깃으로 됨(수15:35). ④다윗이 사울을 피해 숨은 곳(삼상21:1-2, 삼하23:13-17, 대상11:15, 16). ⑤다윗의 세 용사가 베들레헴 우물의 물을 길러 돌아왔다(삼하23:14-17, 대상11:15-19). ⑥르호보암이 요새로 강화했다(대하11:7). ⑦바벨론에서 돌아온 유다인들이 거주함(느11:30). ⑧선지자 미가 시대에는 번영했다(미1:15).

아둘림비탈[עֲדֻמִּים = 붉은 곳, 피]지 ①예루살렘에서 여리고로 가는 도로 중간 유다와 베냐민의 경계 언덕길(수18:7, 8, 17). ②예수님께서 착한 사마리아 사람의 비유를 하실 때 강도를 만난 장소로 추정(눅10:30-36). ③이 부근의 암석이 적색이므로 피의 고개라 부른다. 지금은 달앗 에돔이라 한다.

아드나[עַדְנָה = 즐거움]명(느12:15) 바벨론에서 돌아온 하림 족속의 제사장. 족장.

아드나[עַדְנָא = 즐거움]명
1 므낫세 사람으로 다윗을 따른 용사(대상12:20).
2 유다사람으로 여호사밧왕 때 천부장(대하17:14).

아드라뭇데노[Ἀδραμυττηνός = 죽음의 공해]지(행27:2) 소아시아의 무시아도 서해 앗소에서 동으로 약 40km되는 곳에 있는 항구. 바울이 가이사랴에서 이곳 배를 타고 무라로 갔다(행27:5).

아드람멜렉[אַדְרַמֶּלֶךְ = 아다드는 왕] 명(왕하17:31) 앗수르 사람이 사마리아에 옮겨온 우상. 스발와임 사람들이 섬기던 신(神)으로 아이들을 불에 태워 번제로 드렸다.

아드람멜렉[אַדְרַמֶּלֶךְ = 왕의 위엄, 아다드는 왕]명(왕하19:37) 앗수르왕 산헤립의 아들로 그 형제 사레셀과 함께 니스록 전각에서 제사하던 부왕을 죽이고 아라랏 땅으로 도망하였다.

아드리아 바다[adriatic sea] 지 (행27:27) 헬라 남쪽 그레데와 이탈리아, 시실리 사이 바다. 바울이 로마로 갈 때에 이 바다에서 풍랑을 만나 파선하여 크게 고생하였으나 주님의 보호로 상하지 않고 구원함을 얻어 멜리데 섬에 상륙하였다.

아드리엘[עַדְרִיאֵל = 하나님은 나의 도우심]명(삼하18:19) 므흘랏 사람 바실레의 아들. 다윗과 약혼했던 사울의 딸 메랍에게 장가간 사람. 그의 다섯 아들들은 기브온 사람에게 교살 당했다(삼하21:8).

아드마[אַדְמָה = 붉은 땅]지 ①요단 저지(低地)에 있은 5성읍의 하나(창14:2, 8). ②가나안 사람의 동부 경계선(창10:19). ③소돔과 고모라의 멸망 당시 스보임과 함께 멸망한 성읍(창10:19). ④아드마 멸망에 대한 회상(신29:23).

아드마다[אַדְמָתָא = 하나님이 주신] 명(에1:14) 아하수에로의 7방백 중 한 사람.

아득하다[far away]형(출14:3) ①끝없이 멀다. ②매우 멀어서 정신이 까무러질 듯하다. dim past. ③까마득하게 오래다.

아들[son]명(창4:17) 사내로 태어난 아이.

1. **일반적인 아들** - ①부모에게서 태어난 사내(창4:17). ②사람의 후손(말3:6, 눅1:16, 마1:1). ③연장자가 연소자를 일컫는 말(삼상3:6, 딤전1:2). ④성읍의 주민을 가리킨다(애4:2).
2. **묘사된 아들** - ①성별된 자식(창6:2). ②천사(욥1:6). ③말씀을 듣는 자(잠7:1). ④메시야(사7:14, 시2:7). ⑤그리스도인(요1:12). ⑥신앙인의 연소자(딤전1:2). ⑦권세를 받은 자(요17:2).
3. **지켜야 할 것** - ①바른 제사를 드려야 함(창4:4). ②성경을 배우고 지켜야 함(신6:6-8). ③부모의 훈계와 법도를 지켜야 함(잠1:8, 잠3:11). ④분깃을 지켜야 함(눅15:11-16). ⑤악을 멀리해야 함(잠1:10-19). ⑥지혜를 따라야 함(잠3:13-35). ⑦음녀를 멀리할 것(잠5:1-23). ⑧위험에서 피할 것(잠6:1-35). ⑨원망하지 말 것(눅15:29-30).

아들래[עַדְלָי = 하나님의 공의]인(대상27:29) 다윗 왕의 소떼를 맡았던 사밧의 아버지.

아들래[עַתְלָי = 여호와는 찬양되심]지(스10:28) 바벨론에서 이방여인을 아내로 취하여 돌아와 에스라의 권고로 이혼한 베배 자손.

아들의 명분[full rights of sons]구(갈4:5) 양자의 결연을 뜻하는 말로 그리스도로 말미암아 죄사함을 받은 이방인 신자. 성도의 신분 변화를 뜻한다. ①선민 이스라엘(롬9:4). ②모든 성도(갈4:5, 엡1:5). ③성도의 구속, 영화(롬8:14-21).

아디나[עֲדִינָא = 장식, 가냘픈]인(대상11:42) 다윗의 용사중 한 사람. 르우벤 사람 시사의 아들.

아디노[עֲדִינוֹ = 가느다란 장식]인(삼하23:8) 에센 출신 다윗의 용사. 요셉 밧세벳과 같은 사람인 듯하다.

아디다임[עֲדִיתַיִם = 이중의 장식품]지(수15:36) 유다지파가 받은 스펠라의 한 성읍.

아디엘[עֲדִיאֵל = 하나님의 광채]인
1 바벨론에서 돌아온 한 가장(스2:15, 8:6).
2 바벨론에서 돌아와 율법을 잘 지키기로 서약 날인 한 사람 중 하나 (느10:16-17).

아라[אַרְאֵ = 사자]인 아셀 지파 예델의 아들(대상7:38).

아라[אָרָא = 여행자, 나그네]인
1 아셀 지파 울라의 아들. 한니엘과 리시의 형(대상7:39).
2 스룹바벨과 함께 바벨론에서 1차로 귀국한 한 족속의 두목(스2:5).
3 암몬사람 도비야의 장인의 아버지 (느6:18). 처조부.

아라랏[אֲרָרַט = 높은 곳]지 서아시아 아라크세스강 중류의 고지대. 아르메니아의 한 지방. 앗수르왕 산헤립을 암살한 두 아들이 도망한 곳(왕하19:37, 사37:38). 예레미야는 신 바벨론을 멸망시킬 나라로 민니, 아스그나스와 함께 예언했다(렘51:27). 바사 통치 때는 제13주가 되었다.

아라랏산[אֲרָרַט = 높은 곳]지 노아의 방주가 머문 산(창8:4) 정확한 위치는 알 수 없으나 터키의 북동쪽 100km 떨어진 곳에 있는 쌍봉의 사화산(死火山)을 추정한다. 터키인은 이 산을 아그리 다그(험한 산)라 하는데 정상을 정복하기에 어려운 산으로 그 중턱에는 본래 알굴이라는 동리가 있다가 지진으로 일부가 파괴되어 매몰되었고, 전설에 노아가 그 동리에서 포도를 재배하였다 하며 그 아래 난짓여완이라고 하는 곳에 노아의 분묘가 있다고 한다. 한편 길가메슈의 홍수기에는 노아의 방주가 니지르(구원)에 머물렀다고 하는데 이란 서부 그로스산맥 중턱에 있는 산으로

아라바

바벨론과는 160km 떨어진 곳이다.

아라바[עֲרָבָה = 거친 들, 마른 땅][지] (신1:1) ①넓은 의미로는 갈릴리 호수 남쪽에서 요단 골짜기를 지나 사해를 넘어 아가바 만까지 이르는 저지대(수11:2). 비옥한 땅, 은신처로 관련된 기사가 많다(삼하2:29, 4:7,8, 왕하25:4, 렘39:4). ②사해(신3:17, 4:49). ③좁은 뜻으로는 사해 남쪽 에시온게벨에 이르는 건조한 황무지를 가리킨다. 이 지대는 광산이 있고(신8:9), 솔로몬 시대에 철 등을 공급했다.

아라비아[עֲרָב = 광야, 사막][지](왕상10:15) 세계에서 제일 큰 반도로 사막이 대부분이다. 홍해, 페르샤, 인도양에 둘러 쌓여 있다. 남부지대는 비옥하여 옛부터 이스라엘과 관계가 깊었다. ①광물의 산지(대하9:14). ②이스라엘과 무역하였다(사21:13, 겔27:21). ③신광야가 있는 지역(출16:1). ④시내산이 있는 지역(출19:18). ⑤세일산이 있다(창14:5,6). ⑤바울이 회개한 후 3년간 있은 곳(갈1:17-18). 현재 이 반도에는 예멘, 오만, 사우디아라비아 등이 있다.

아라비아 사람[arabian][인](사13:20 황야의 사람).

1. 관련된 족속들 - ①이스마엘(창37:25). ②미디안(창36:35, 수13:21,삿6:-8:).③에돔(창36:9). ④아말렉(창36:12, 대상1:36). ⑤모압(창19:36-37). ⑥암몬(창19:38). ⑦호리(창36:20).

* 초기 함의 후예들이 살다가 남진해 갔고 회교의 창시자 모하멧은 아브라함의 서자 이스마엘의 후손이다.

2. 이스라엘과의 관계 - ①교역이 많았다(창37:25-36, 삿8:24). ②출애굽한 이스라엘 백성의 가나안 진행을 방해했다. ③이동하면서 장막을 치고 사는 유목민(사13:20). ④솔로몬이 여러 왕으로부터 금을 받음(대하9:14). ⑤여호사밧왕이 아라비아인에게 국세로 숫양과 숫염소 각 7천7백씩을 받고(대하17:11). ⑥여호람왕 때에 아라비아인의 침략을 당함(대하21:16-17). ⑦웃시야왕이 아라비아를 정벌했다(대하26:7). ⑧바벨론에서 돌아온 유다인에게 적대적 행위를 했다(느2:19, 4:7). ⑨선지자의 경고를 받음(사21:13-17). ⑩오순절 성령 강림시 아라비아의 유대인들이 참예하였다(행2:11).

아라우나[אֲרַוְנָה = 송아지][인](삼하24:16, 대상21:25 = 오르난) 여부스인으로 모리아 산에 있는 타작마당의 소유자. 다윗 왕에게 자기 소유인 타작마당을 판 사람. 그 산은 후에 성전을 건축하는 기지가 되었다(삼하24:16-24,대상21:25) 오르난과 같은 사람.

아란[עֲרָן = 야생의 염소][인](창36:28) 에서의 자손. 호리족속의 족장. 디산의 아들(대상1:42).

아랄[אֲרָרִי = 산지의 사람][지](삼하23:33) 다윗의 30용사 중 사랄의 아들 아히암의 고향.

아람[אֲרָם = 고원][인]

① 셈의 다섯째 아들. 아람 사람의 조상(창10:22).

② 아브라함의 형제 나홀의 손자. 그므엘의 아들(창22:21).

③ 메소보다미아 북부 및 수리아에 살던 셈족의 종족. 또한 그들이 거주하던 지역을 가리킴(민23:7, 호12:12).

④ 유다지파 마길자손 길르앗의 아버지(대상2:23).

⑤ 아셀의 자손인 소멜의 아들(대상7:34).

⑥ 예수님의 계보에 있는 사람. 한글 번역에는 람으로 되었다(마1:3).

아람[אֲרָם = 고원][지]

1. 위치 - 셈의 다섯째 아들 아람의 자손의 거주지.

2. 관련기사 - ①지중해에서 유브라데강까지(창10:23, 25:20, 28:2). ②다메섹을 수도로 하였으나 통일국가를 형성하지 못했다. 그 중에 중요한 지방은 메소보다미아이다(창24:10). ③발락에게 팔려 이스

라엘을 저주하려던 발람의 고향(민23:7). ④사사시대 초대에 그 왕 구산리사다임이 이스라엘을 8년간 압제하다가 사사 옷니엘에게 격퇴 되었다(삿3:8,10). ⑤그후 다시 유력한 국가를 형성하였다가 다윗에게 파멸을 당하여 수도 다메섹에는 이스라엘의 수비대가 주둔하고 조공을 바치게 되었다(삼하8:5-6). ⑥솔로몬 말년에 다메섹을 르손에게 잃었다(왕상11:25). ⑦아람인은 상업의 재능을 가지고 있어 각지에 통상하는 중 저희 언어를 동방 세계의 국제 통용어가 되게 하였다(왕하18:26, 사36:11, 스4:7, 단2:4). ⑧우상을 섬기던 곳(삿10:6). ⑨엘리사가 아람군의 눈을 멀게 했다(왕하6:18). ⑩이스라엘과 아람전쟁(왕하13:17-19). ⑪야곱이 피하여 간곳(호12:12). ⑫아람에 관한 예언(겔16:57, 암1:5). ⑬신약시대에 아람어가 팔레스타인 일반에게 통용되었다(막5:41 → 달리다굼, 7:11 → 고르반, 14:36 → 아바, 15:22 → 골고다, 행1:19 → 아켈다마).

아람 나하라임[אֲרַם נַהֲרַיִם = 두 강의 아람]🗺(창19:6) 메소보다미아 북부지방(신23:4). 아브라함이 이주하기 전에 이곳에서 살았다(창24:10). 이 지역에 밧단 아람(창28:5)과 고대도시 하란이 있었고 강 건너편으로도 표시된다(삼하10:16).

아람 마아가[אֲרַם מַעֲכָה = 마아가의 아람]🗺(대상19:6, 수13:11,13) 갈릴리 바다 동북 지방의 땅. 그술 접경 수리아인의 소국(小國).

아람말[aramic language]🔤 셈족의 말. 아람말은 앗수르 시대의 통용어였다. 구약중 일부가 아람어로 기록되었다(렘10:11, 스4:8-6:18, 7:12-26, 단2:4-7:28). 신약에서의 아람말 "아람" ⑬ 참고하라.

아람 사람[aramean]🔤 메소보다미아와 북부 수리아(시리아)에 사는 부족(창28:5, 31:20,24, 신26:5). ①브두엘(창25:20). ②나아만(왕하5:20). ③므낫세의 첩(대상7:14).

아람소바[אֲרַם צוֹבָה = 소바의 아람]🗺(시60) 다메섹 동부의 오론테스강과 유브라데스강 사이의 지역 소바의 왕(삼상14:47). 소바 아람(삼하10:6)으로도 불린다.

아랍[עֲרָב = 잠복]🗺(수15:52) 유다의 남부산간에 있는 성읍. 다윗의 30용사 중 바아래의 고향(삼하23:35). 헤브론 남서 11km지점.

아랏[עֲרָד = 들나귀, 도망자]👤(대상8:15) 베냐민사람 브리아의 아들로 족장.

아랏[עֲרָד = 들나귀, 도망자]🗺 가나안의 31왕국 중의 하나. 여호수아에 의해 멸망되었고 겐 사람이 살던 곳(삿1:16, 수12:14). 이스라엘이 아다림 길로 온다함을 듣고 그 왕이 나와 이스라엘을 공격하였으나 이스라엘이 여호와의 능력을 의지하여 그 성읍을 멸하고 그 이름을 호르마로 고쳤다.

아래[foot]📖(창1:7) ①물건의 땅으로 향한 쪽. 바닥이 되는 쪽. ②물건의 머리와 반대되는 쪽. ③낮은 쪽. 못한 쪽. 밑. ⑤하(下).

아랫못[lower pool]📖(사22:9) 예루살렘에 있는 못으로 실로암 못을 가리킨다. 히스기야왕의 방위와 관련하여 기록되었다. 옛못과 같이 여긴다(사22:11). 기혼샘 가까이에 '윗못'이 있다(왕하18:17, 사7:3).

아랫샘[lower springs]📖(수15:19) 갈렙이 딸 악사(사위-옷니엘)에게 준 우물(삿1:15).

아랫짝[lower millstone]📖(욥41:24) 한 쌍으로 된 물건의 밑에 있는 짝. 맷돌의 아래것을 가리킨다.

아랫층[lowest floor]📖(겔41:7) 층계의 하층. 건물의 하층.

아레다['Ἀρέτας 유덕한]👤(고후11:32) 기원전 100년부터 기원후까지 페트라를 수도로 하여 한 때 다메섹까지 다스린 나바데아 왕국(아

아레오바고

라비아)의 왕의 이름. 회개한 바울을 잡으려고 다메섹 방백을 보내었다. 바울은 광주리를 타고 성벽을 내려와 피했다.

아레오바고["Αρειος πάγος = 귀신의 산]지(행17:19)
1. **위치** - 아가야(그리스, 헬라)의 수도 아덴 북서에 있는 석회암의 낮은 언덕. 아덴 최고 재판소와 최고 회의소가 있었다(행17:19).
2. **관련기사** - ①바울이 아덴 사람에게 그리스도의 부활을 증거한 곳(행17:18-34). ②아레오바고의 의원 디오누시오가 회개했다(행17:34).
* 아레오바고는 군대신(神)인 아레스가 바다의 신(神) 포세돈의 아들 할리토시우스를 최초로 재판하여 처형한 곳이라는 고사가 있다.

아렉(사람)[אֶרֶךְ 긴(長)]지(수16:2) 에렉과 같은 곳. 요단 유역의 성읍. 아다롯 부근의 사람. 압살롬이 다윗을 반역했을 때 다윗의 친구 후새가 아렉 사람이다(삼하15:32, 대상27:33).

아렐리[אַרְאֵלִי 영웅의아들]인(창46:16) 갓의 아들. 아렐리 족속의 조상(민26:17).

아로디[אֲרוֹדִי 내 자손]인(창46:16) 갓의 아들. 아로디가의 조상 → 아롯.

아로새기다[impress]타(왕상6:18) 묘하게 재주를 이용하여 새기다. 정교하게 조각하다.

아로엘[עֲרוֹעֵר = 에워 쌓인]지
1 아르논강 중류 북쪽에 있는 모압의 성읍. ①시혼왕이 다스린 아모리왕국 남쪽에 있었다(신2:36, 3:12, 삿11:26). ②르우벤과 갓 사람에게 분배된 곳(신3:12). ③갓 자손이 재건한 성읍(민32:34). ④다윗이 인구조사를 처음으로 시작한 곳(삼하24:5). ⑤예후시대 수리아왕 하사엘에게 빼앗김(왕하10:33). ⑥후에 모압의 성읍이 되었다(렘48:19).
* 모압왕 메사의 비석에 그가 탈취하여 요새를 건설했다고 쓰여 있다(메사의 비석 26행).
2 암몬사람의 성읍. ①갓 사람의 분깃(수13-25). ②남바의 북서 3km 지점의 성읍. ③사사 입다가 격파했다(삿11:33).
3 유다의 성읍. ①네겝의 경계에 있은 성읍(삼상30:28). ②다윗이 시글락에서 탈취한 전리품을 보냄(삼하30:28). ③다윗의 용사 중 사마와 여히엘의 고향(대상11:44) ④아다다라고도 함(수15:22). ⑤브엘세바의 남동 20km지점 아라라로 추정함.

아론[אַהֲרֹן = 고상]인
1. **인적관계** - ①레위 자손(출6:16-20). ②아므람과 요게벳의 큰 아들(출6:20). ③미리암의 오빠(출15:20). ④모세의 형(출7:1, 7). ⑤엘리세바의 남편(출6:23). ⑥나압, 아비후, 엘르아살, 이다말의 아버지(출6:23).
2. **그의 생애와 사역** - ①83세 때 대변자로 소명됨(출7:2). ②모세와 같이 바로에게 나아감(출7:8, 9:8). ③모세의 지시를 따라 재앙을 내리도록함(출7:8-12,8:5,6,16,17). ④유월절 규례를 받음(출12:1). ⑤아말렉과의 전쟁에서 훌과 같이 모세의 손을 들어 승전케 했다(출17:12). ⑥모세와 같이 재판을 행함(민15:33). ⑦이스라엘을 대표함(출24:1-11). ⑧금송아지를 만들어 섬김(출24:12-14, 32:). ⑨제사장에 임직됨(출28:41,40:13-16). ⑩지성소에 들어가는 대제사장(레16:17). ⑪르호산에서 123세로 죽음(민20:22-29). ⑫엘르아살이 그 직을 계승함(민20:23-29, 신10:6). ⑬영원한 대제사장 그리스도를 예표함(히7:11-28). ⑭멜기세덱의 반차보다 낮음(히7:11-19).
3. **그의 특성, 특권** - ①매우 말을 잘하는 자(출4:4). ②순종하는 자(레10:1-7) ③질투하는 자(민12:2). ④이적을 행함(출7:9-20). ⑤

하나님의 영광을 봄(출24:9-10). ⑥이스라엘 제2인자(출24:14). ⑦백성을 축복함(레9:22) ⑧죄의 식을 가진 자(민12:11). ⑨하나님으로부터 증거를 받음(민17:8-10, 히9:4). ⑩중보기도자(민12:10-12, 16:46-48). ⑪거룩한 자(시106:16).
4. **아론의 죄** - ①금송아지를 만들어 섬김(출32:). ②백성을 잘못 인도함(출32:21-25). ③지도자를 비방함(민12:1-16). ④므리바에서 거역함(민20:7-13, 24).

아론의 지팡이[stick of aaron]명(민17:2-3) ①바로왕 앞에서 이적을 행한 지팡이(출7:9-12, 19, 8:5). ②대제사장의 직무를 수행함에 있어서의 지팡이(민17:). ③대제사장직의 절대권을 증명해 주는 싹난 지팡이(민17:10). ④언약궤에 넣었다(히9:4).

아론 자손[descendants of aaron]명 아론에게서 난 후손. ①아론 자손의 계보와 반차(대상6:50, 24:1). ②나답, 아비후, 엘르아살, 이다말의 후손(출6:23). ③제사장 직무를 맡음(민29:4-7,31:10,레8:1-32). ④가나안 13성읍을 받음(수21:4, 13, 19). ⑤므라리, 고핫, 게르손 자손(민4:). ⑥성전 봉사자(대상23:32). ⑦사독이 감독자(대상27:17). ⑧엘리사벳(눅1:5).

아롯[אֲרוֹדִי = 야생 나귀]명(민26:17) 갓의 아들로 한 종족의 조상. 창46:16에는 아로디로 되어 있다.

아롯[אֲרוֹדִי = 야생 나귀]지(민26:17) 유다 남동쪽에 있는 성읍. 후새의 아들 바아나의 관할구역.

아롱지다[spotted]자(창30:32) 점이나 줄무늬가 규칙적으로 촘촘(아롱 아롱)하게 이루어져 있는 것.

얼룩진 것을 말한다. 허끗 허끗한 것을 뜻한다. 슥6:3,6에는 '어룽진'으로 번역되었다.

아뢰다[tell a supperior]타(신26:5) 윗 사람에게 말씀드려 알리다.

아루마[הָארוּמָה = 높은 곳]지(삿9:41) 세겜근처, 나블러스에서 동남 6km지점에 있는 지방의 이름. 기드온의 아들 아비멜렉이 피한 곳.

아룹봇[אֲרֻבּוֹת = 뜰]지(왕상4:10) 므낫세 지파에 속한 성읍으로 솔로몬시대 12행정구역의 하나. 벤헤셋이 음식물을 준비했다.

아르[עָר = 성읍]지(민21:15, 28) 모압의 한 성읍. 출애굽한 이스라엘의 여정에 있은 마을로 아모리왕 시혼에 의해 망함(민21:28). 알과 같은 곳(사15:1). 사해의 동쪽 4km지점 지금의 랍바로 추정함.

아르곱[אַרְגֹּב = 돌 많은 곳]인(왕하15:25) 이스라엘왕 브가히야를 호위하다가 반역자 베가에게 왕과 함께 죽은 사람.

아르곱[אַרְגֹּב = 돌 많은 땅]지 ①옥이 다스리던 바산국의 한 지방명(신3:4, 왕상4:13). 성벽문에 놋빗장을 한 성읍이 60이 있었다. ②그술 마아가 사람의 땅과 접하고 므낫세의 아들 야일이 점령한 지역(신3:13-14). ③솔로몬 시대에는 제6행정구역에 속했고 길르앗 라못에 사는 벤게벨이 주관했다(왕상4:13). ④갈릴리 호수와 요단강 동편지역인 이곳은 신약시대에는 헤롯 빌립이 다스린 드라고닛이다(눅3:1).

아르난[אַרְנָן = 재 빠른]인(대상3:21) 다윗의 자손. 스룹바벨 가문의 한 사람. 르바야의 아들. 바댜의 아버지.

아르논 강[אַרְנוֹן = 급류의 강]지
1. **위치** - 모압 최대의 강으로 사해 동쪽 산지에서 발원하여 사해로 들어간다(신2:36).
2. **관련기사** - ①모압과 아모리의 경계의 강(민21:13, 26). ②르우벤 자손과 갓 자손의 경계 강(수13:

9, 16). ③아람왕 하사엘이 점령한 지역(왕하10:33). ④아모리 사람이 일시 회복함(민21:26). ⑤암몬 사람들이 자기들의 영토임을 주장(삿11:13). ⑦발락이 이 강가에까지 가서 발람을 영접하였다(민22:36, 신23:31).

아르돈[אַרְדּוֹן = 곱추]图(대상2:18) 갈렙의 아들. 헤스론의 손자.

아르바[אַרְבַּע = 넷]图(수14:15) 기럇 아르바(후대 헤브론)의 창설자. 아낙의 아버지. 아낙사람 중에 가장 힘센 사람.

아르바[עַרְבָתִי = 바알의 힘]图(삼하23:31) 다윗의 30용사 중 아비알본과 아비엘의 고향(대상11:32). 벧아르바와 같은 곳.

아르박삿[אַרְפַּכְשַׁד = 영역]图 ①노아의 손자. 셈의 세째 아들(창10:22). ②홍수 2년 후에 출생(창11:10). ③35세 때 아들 셀라를 낳음(창10:22, 11:10-13). ④아브라함의 선조로 483세에 죽음(대상1:17, 18, 24). ⑤신약에는 아박삿이라고 기록되었다(눅3:36).

아르밧[אַרְפָּד = 침상]图(왕하18:34) 아람국의 수도로 하맛에서 가깝고 앗수르의식지였다(사10:9, 36:19). 아렛보의 북쪽 32km지점에 있는 견고한 성. 디글랏빌레셀 III세에게 2년간 포위를 당했던 일이 있었다. 선지자들의 예언대로 패망했다(사10:9, 렘49:23).

아르사[אַרְצָא = 견고함]图(왕상16:19) 디르사에 있던 이스라엘왕 엘라의 궁내대신. 그의 집에서 시므리가 엘라를 죽이고 왕이 될 때 가담했다.

아르왓[אַרְוָד = 피난처]图(창10:18) 드로 북쪽 56km지점 육지에서 3km 떨어져 있는 암석으로 된 작은 섬에 건설된 베니게의 도시로 주민은 항해에 능하고 강한 군병으로 유명하다(대상1:16, 겔27:8, 11). 현재의 레바논국의 루앗.

아르왓 족속[arvadites]图(창10:18, 대상1:16) 베니게 (레바논) 북단 아르밧의 주민. 함의 아들 가나안의 후손.

아름다운 나무실과[choice fruit from tree]图(레23:40) 초막절에 드릴 과실. 그것이 무슨 열매인지를 알 수 없으나 외형으로나 맛으로도 좋은 것을 뜻한다.

아름다운 땅[good tidings] 图 (민14:7) 하나님께서 약속하신 가나안 땅을 일컫는 말.

아름다운 소식[good news, good tidings]图(사40:9) 좋은 소식, 기쁜 소식, 구원의 소식, 복음을 일컫는 말(눅2:10, 롬10:15).

아름답다[beautiful, best, fair]圏(창2:9) ①예쁘고 곱다. ②사물의 됨됨이가 기쁨과 만족한 느낌을 줄 만하다. 하나님의 창조물의 모습을 나타내었다.

아롯[אֲרֹד = 굽은 등]图
[1] 베냐민의 아들(창46:21).
[2] 베냐민의 손자. 벨라의 아들(민26:40). 나아만의 형. 대상8:3에서는 앗달로 기록되었다.

아리다다[אֲרִידָתָא = 강한]图(에9:8) 유다인의 적 하만의 열 아들 중 여섯째. 유다인에 의해 수산에서 살해되었다.

아리대[אֲרִידַי = 환희]图(에9:9) 유다인의 적 하만의 아홉째 아들.

아리땁다[beautiful]圏(창12:11) 마음이나 몸가짐이 썩 아름답다.

아리마대['Αριμαθαία = 높이 있음, 높은 곳]图 ①예루살렘 서북 35km 지점의 성읍(마27:57) ②예수님의 시체를 자기의 새 무덤 안에 안장한 요셉의 고향이요, ③사무엘 선지의 출생지 라마, 라마다임 소빔과 같은 곳으로 여김(삼상1:19).

아리새[אֲרִיסַי]图(에9:9) 바사국 수산성에 사는 유다인의 적으로 살해된 하만의 여덟째 아들.

아리스다고['Αρίσταρχοs'= 선한 정치, 최선의 통치자]图

1. **인적관계** - 데살로니가 출신 마게도냐 사람으로 에베소에서 아데미 소동으로 연극장에 가이오와 같이

잡혀간 사람(행19:29).
2. **관련기사** - ①바울의 3차 선교에 동행한 자(행20:4). ②유대인으로 회심한 자(골4:10). ③바울의 로마행 동행자(행27:2). ④바울과 함께 갇힌 자(골4:10). ⑤바울의 동역자로 동고한 자(몬24). 빌레몬에게 안부를 전함.

아리스도불로['Αριστόβουλος = 참된 권면]힌(롬16:10) 로마의 성도. 바울은 그의 집 사람들에게 문안했다.

아리에[אַרְיֵה = 하나님의 용광로]힌 이스라엘왕의 호위소에서 베가에게 왕과 같이 죽임을 당한 사람(왕하15:25). 브가히야의 신복.

아리엘[אֲרִיאֵל = 하나님의 사자]힌
[1] 모압사람. 그의 두 아들이 다윗의 용사 브나야(여호야다의 아들)에게 죽임을 당했다(대상11:22, 삼하23:20).
[2] 에스라와 함께 예루살렘에 귀환한 족장 중 한 사람(스8:16).

아리엘[אֲרִיאֵל = 하나님의 제단의면]힌(사29:1-7) 이사야가 예루살렘에 준 상징적인 이름. 하나님의 진노가 내려 불타는 장소가 되게 할 것을 말함.

아리옥[אַרְיוֹךְ = 달(月)신의 종]힌
[1] 엘라살왕(창14:1-9). 아브라함시대 엘람왕과 연합하여 아브라함을 쳤으나 패함.
[2] 느부갓네살 왕의 시위대장. 왕이 꾼 꿈을 박사들이 풀지 못하여 모든 박사들을 죽이려할 때 그가 그 일을 다니엘에게 알게 하였다(단2:14).

아마겟돈['Αρμαγεδών = 전쟁마당]힌(계16:16) 므깃도의 별명. 종말적인 전쟁터. 악의 세력의 최종 패배의 장소를 상징적으로 나타낸 명칭(삿4,5,7장, 삼상31:8, 왕하23:29).

아마나[אֲמָנָה = 끊임없는 흐름]힌(아4:8) 외레바논 남쪽 부분 산봉우리의 하나로 추정. 여기서 아바나 강이 발원한다.

아마나강[rivers of abana]힌(왕하5:12) 다메섹에서 28km 지점. 레바논 산맥에서 발원한 빠라다강 중 하나가 다메섹 성중을 지나 흐르는 강. 나아만이 자랑한 강이다.

아마랴[אֲמַרְיָה = 여호와께서 약속하심]힌
[1] 다윗왕 시대의 레위사람. 그핫의 가문 헤브론의 아들(대상23:19, 24:23).
[2] 유다 여호사밧왕 시대의 제사장(대하19:11).
[3] 선지자 스바냐의 증조부(습1:1).
[4] 히스기야왕 시대의 레위사람. 즐거이 하나님께 드리는 예물, 지성물의 분배를 도운 사람 중의 하나(대상31:15).
[5] 비느하스의 자손. 므라욧의 아들. 아히둡의 아버지 제사장 사독의 할아버지(대상6:7, 52, 23:19, 24:23, 스7:3).
[6] 솔로몬의 성전에서 제사장 직분을 행한 아사랴의 아들(대상6:11, 스7:3).
[7] 바벨론 포로에서 스룹바벨과 함께 예루살렘으로 귀환한 제사장(느12:2). 임멜(대상24:14)과 같은 사람으로 해석하는 이도 있다.
[8] 요야김 때의 제사장 족속의 하나(느12:13).
[9] 느헤미야 시대에 율법엄수의 계약서에 인친 제사장(느10:3).
[10] 빈누이의 자손. 바벨론 포로 중에 이방인 아내를 취하고, 귀환후 에스라의 권면에 의해 이혼한 자(스10:42).

아마사[עֲמָשָׂא = 무거운 짐진 자]힌
[1] 다윗의 누이 아비가일의 아들(삼하17:25). ①이드라의 아들로 요압의 사촌(삼하17:25). ②압살롬이 요압을 대신하여 반란군의 지휘관으로 세움(삼하17:25). ③압살롬이 죽은 후 다윗의 군장이 됨(삼하19:3). ④요압에 의해 피살되었다(삼하20:10-13). 아마사를 죽인 요압은 징계를 받았다(왕상2:28-34).

아마새

② 하들레의 아들로 에브라임 자손의 두령(대상28:12). 이스라엘왕 베가가 유다왕 아하스와의 싸움에서 포로를 해방시켜 돌아가게 한 지도자 중 한 사람(대하28:12, 1-15).

아마새[עֲמָשַׂי = 무거운 짐진 자]인
① 레위사람 그핫의 자손 중 엘가나의 아들(대상6:25, 35, 36).
② 히스기야 때 레위사람 그핫의 자손으로 성결케 하기 위하여 일어난 마핫의 아버지(대하29:12).
③ 다윗이 오벳에돔의 집에서 법궤를 옮겨올 때 그 앞에서 나팔을 불던 제사장 중 한 사람(대상15:24).
④ 다윗을 섬기기로 맹세한 유다와 베냐민의 30용사로 다윗의 군대장관이 된 사람(대상12:16-18).

아마샤 (아마시야) [אֲמַצְיָה = 여호와께서는 힘이 있다]인
① 유다국의 제9대 왕. ①요아스왕의 아들로 25세에 즉위(왕하12:20-21). ②아버지를 살해한 자를 죽임(왕하14:1-5). ③모세의 율법에 따라 암살자의 자녀는 죽이지 아니했다(왕하14:1-6). ④이스라엘군인 10만을 고용(대하25:5-12) 에돔을 공격하려 했다. ⑤하나님의 사람의 지시로 이스라엘 고용병을 돌려보내고 에돔을 쳐서 물리쳤다(대하25:5-12, 왕하14:5-7). ⑥전리품 에돔의 우상을 섬기다가 선지자의 책망을 들음(대하25:14-16). ⑦이스라엘왕 요아스에 도전하여 패함(왕하14:8-14, 17-20). ⑧라기스로 도망쳤으나 부하에 의해 살해됨(대하25:25-28). ⑨그의 비운의 원인은 하나님을 떠난 것에 있다(왕하14:1-20, 대하25:1-27).
② 여로보암Ⅱ세 때 벧엘의 단에서 봉사하던 제사장인데 그가 왕에게 선지자 아모스를 무고하여 유다로 추방하자고 권고하였다(왕상12:25-38, 암7:10).
③ 시므온 사람의 족장. 요사의 아버지(대상4:34).
④ 므라리 가계의 레위사람. 다윗시대 찬양대원으로 에단의 계보에 있다(대상6:31-32, 45).

아마시야[אֲמַצְיָה = 주는 강하심]인
① 시므온족속 요사의 아버지(대상4:34).
② 레위족속 므라리 자손 힐기야의 아들(대상6:45).
③ 시글리의 아들로 유다왕 여호사밧의 군 대장(대하17:16).

아말[עָמָל = 노고]인 (대상7:35) 아셀지파 헬렘의 아들.

아말렉[עֲמָלֵק = 골짜기에 사는 자]
인 에서의 아들 엘리바스가 그의 첩 딤나에 의해 낳은 아들(창36:12). 아말렉 사람의 조상. 에돔과 애굽사이에 거주하던 족속(민24:20, 삿3:13).

아말렉[עֲמָלֵק = 호전적인, 골짜기에 사는 자]지
1. **위치** - 팔레스틴 남방 광야에서 시내반도까지의 땅.
2. **관련기사** - ①에서 자손의 거주지(창26:16). ②하윌라에서 애굽앞 술에 이르는 지역(삼상15:7). ③브엘세바남방지역(창14:7). ④발람이 열방중 으뜸이라고 함(민24:20). ⑤엘람왕 그들라오멜에게 정복당한 일이 있다(창14:7). ⑥에브라임 산지까지 침공한 일이 있다(삿12:15). ⑦시글락까지 침공한 일이 있다(삼상30:1, 2). ⑧출애굽한 이스라엘과 싸워 패함(출17:8-16, 신25:17-19). ⑨가데스에서 이스라엘을 공격했다(민14:43-45). ⑩시대별 이스라엘과의 관계. (1) 기드온(삿7:12-25). (2) 사울(삼상14:47, 48). (3) 다윗(삼상27:8-9). (4) 시므온지파(대상4:42, 43). (5) 사사시대(삿3:13). ⑪패망이 예언됨(출17:4).

아맘[אֲמָם = 모이는 곳]지 (수15:26) 남부 유다의 성읍.

아맛[עַמָּד = 머무는 곳]지 (수19:26) 아셀지파의 성읍.

아맛새[עֲמַשְׁסַי = 전리품 운반, 무거운 짐]인 아사렐의 아들. 임멜 가계의 제사장으로 포로 귀환 후 예

루살렘에 거함(느11:13). 아마새와 같은 사람(대상9:12).

아멘[ἀμήν נָאֵמ = 진실, 소원]몡 히브리어 동사 아만(의뢰한다, 의지한다)에서 온 말로 진실로, 참으로의 뜻이 있다. 이 말을 처음에 쓰는 경우에는 다른 사람의 말을 동의하는 뜻이 되고 단독으로 말할 때는 맹세가 되고 말이 끝난 후에 하면 그것과 동일하여 의뢰함이 된다.

1 그리스도가 아멘이시다(계3:14).
2 그리스도의 말씀이 아멘이시다(요1:51). 요한복음에는 아멘, 아멘 거듭 말씀하셨다(마6:25).
3 구약의 용례 - ①확증하는 말로 쓰임(민5:22). ②동의하는 말로 쓰임(신27:15-26), 왕상1:36). ③송영이 끝났을 때 붙임(대상16:30). ④맹세하는 말로 쓰임(느5:13).
4 신약의 용례 - ①송영 끝에 쓰임(롬9:5). ②서신 끝에 쓰임(롬16:27). ③기도 끝에 쓰임(마6:13, 고전14:16). ④의지하는 말로 쓰임(고후1:20). ⑤동의하는 말로 쓰임(계1:7). ⑥옳음을 나타내는 확인(마11:9, 26). ⑦그와 같이 되어지기를 바람(계22:20).

아모리(사람, 족속)[amorites]몡 ①함의 아들 가나안의 후손(창10:16). ②가나안 땅의 원주민의 대부분을 지칭함(겔16:3). ③키가 크고 우상을 숭배했다(암2:9, 삿6:10). ④여호수아에게 패함(수10:1-43). ⑤완전히 근절되지 않아 이스라엘과 혼인을 했다(삿1:34-36, 3:5-6). ⑥사무엘시대에 평화 유지(삼상7:14)⑦솔로몬 시대 노예가 됨(왕상9:20, 21, 대하8:7).
＊비교해 볼 성구. 창34:2와 48:22, 수15:63과 10:5.

아모스[עָמוֹס = 무거운 짐진 자]몡
1. **인적관계** - 주전 8세기 이스라엘의 선지자.
2. **관련기사** - ①베들레헴 남쪽 10km 지점, 돌이 많은 드고아에서 목자 겸 뽕나무를 재배하다가 선지자로 부름을 받아(암7:14). ②고향 유다를 떠나 북왕국 이스라엘의 벧엘에서 당시의 왕 여로보암Ⅱ세의 정치와 종교적 타락을 공박했었다(암7:7-9). 그의 활동은 단시일인 것 같다. ③열국의 재난을 예언(암1:1-3, 15). ④이스라엘의 죄를 책망(암4:1-7:9). ⑤제사장 아마샤를 책망(암7:10-17). ⑥이스라엘 멸망을 예언(암9:1-10). ⑦회복과 복을 예언(암9:11-15). ⑧구약 아모스의 기록자(암1:1).

아모스[אָמוֹץ = 강하다]인
1 선지자 이사야의 아버지(왕하19:2, 20, 사1, 13:1, 20:2).
2 맛다디아의 아버지. 나훔의 아들. 예수님의 계보에 든 사람(눅3:25).
3 므낫세의 아들(마1:10, 눅3:23).

아모스[Amos]몡(암) 구약 제29권째 성경. 선지자 아모스(소를 치던 목자)의 북쪽 이스라엘 왕국을 향한 경고와 예언이다. 예후의 증손인 여로보암Ⅱ세가 이스라엘을 다스릴 때, 우상숭배와 향락, 환락, 방탕, 강탈, 뇌물, 부정의 죄에 대하여 하나님의 심판을 피할 수 없다는 경고를 하였다. 그러나 주위에 있던 이방 민족이 먼저 심판을 받게 되고 그 후에 이스라엘을 다시 회복하실 것을 예언하였다. 유다도 포함된 예언이다. 내용 분해는 박기원 편 성경총론을 참고하라.

● **아모스에 예언된 그리스도** - ①살 길을 주시는 그리스도(암5:4-6). 구원의 길, 생명의 길은 오직 예수 그리스도 뿐이다(행4:12, 16:31, 눅19:10). ②영생의 양식을 주시는 그리스도(암8:11). 그리스도께서 자신을 생명의 떡이라고 하셨다. 그에게로 가는 자마다 굶주림과 목마름이 없다(요6:27-40). ③여호와의 비밀(암3:7). 그리스도의 성육신 구원사역, 부활, 승천, 재림의 비밀이 있음을 보여준다. ④심판의 권세를 가진 자(암3장). 아모스는 심판과 회복을 예언했다. 장차 그리스도의 심판이 어떠할 것인

지를 이상을 통해 보여준다. ⑤선민의 회복(암9:11-15).

아목[עַמֹּק = 깊다, 기술자]인(느12:7) 스룹바벨과 함께 바벨론에서 돌아온 제사장 가계의 족장. 제사장 요야김 시대에는 아목족속으로 불리웠다(느12:20).

아몬[amon]명 애굽의 국가신(렘46:25) 태양신과 같다. 더베에서 섬겼다. 앗수르에 의해 패망된 뒤에는 지방신으로 격하되었고 풍요의 신으로 숭배되었다. 그 우상의 이름을 따라 성읍이 있었다(나3:8).

애굽의 국가신

아몬[אָמוֹן = 믿을 수 있는 자]인
① 유다국 15대 왕으로 예수님의 계보에 든 사람(마1:10). 2년간 통치(왕하2:19-26, 대하33:21-25).
② 이스라엘 왕 아합시대 미가야를 잡아 끌고간 사람(왕상22:34, 35).
③ 솔로몬의 수종자의 후손. 바벨론에서 돌아온 사람(스7:59). 아미와 같은 사람(스2:57).

아무[anyone]대(창10:9) 꼭 이름을 지정하지 아니하는 대명사.

아무[any]관(창19:22) 어떤 사물이든지 꼭 지정하지 아니하고 감추어 이르거나 가정하여 이르는 말. 모.

아무때[any time]명(막14:11) 정함이 없는 시기. 어떠한 때.

아무든지[any man, whoever]대 조(출16:19) 꼭 이름을 지정하지 아니하는 대명사에 무엇이나 가리지 아니하는 뜻을 나타내는 조사가 붙어 한 사람 이상을 지정하지 아니하고 누구나, 누구이든, 어떤 사람이든의 뜻을 나타낸다. 모든 사람.

아무렇게[be any way]부(살후2:3) 아무러하게. 아무 모양. 형편, 조건으로 되어있음을 나타내는 말.

아무리[however]부(창34:12) ①아무렇게. ②비록. ③암만 그렇게 해도 그럴 수는 없다는 말.

아무쪼록[by all means, as much as one can]부(고전9:22) 될 수 있는 대로.

아문[衙門 ; 마을 아, 문 문. palace, superior]명 옛 날 상급 관청. 관청의 총칭(마26:3). 빌라도의 관저를 가리키는 말(막15:16). 뜰 또는 집으로 번역된 말(요18:15, 눅11:21).

아므라벨[אַמְרָפֶל = 강한 백성]인(창14:1) 시날왕으로 아브라함 시대에 엘람왕 그돌라오멜과 연합하여 가나안 지방을 침략했다(창14:1-9).

아므람[עַמְרָם = 고귀한 백성]인
① 레위자손으로 요게벳과 결혼하여 아론, 모세, 미리암을 낳았다(출6:18-20). 137세까지 살았고 아므람 자손의 선조(대상26:23).
② 바니의 아들(스10:34). 바벨론에서 돌아와 이방인 아내와 이혼.

아미[עַמִּי = 신뢰할 수 있는]인(느2:57) 솔로몬의 신복의 자손 아몬과 같은 사람.

아미나답['Ἀμιναδάβ = 고귀한혈족]인(마1:4) 야곱의 아들 유다의 5대손이요, 다윗의 7대 조부이다(마1:4). 룻4:19, 대상2:10-15에는 암미나답이라 하였다.

아미새(아마새)인(대상15:24) 다윗이 법궤를 옮겨올 때 하나님의 궤 앞에서 나팔을 분 제사장.

아밋대[אֲמִתַּי = 진실한]인(왕하14:25) 이스라엘왕 여로보암Ⅱ세 때의 선지자 요나의 아버지. 나사렛 동북 가드헤벨 사람(욘1:1).

아바[ἀββά 아버지]명(막14:36, 롬8:15, 갈4:6). 아빠. 아람어로 아버지이며 신약성경에 세번 나온다. 아바 아버지는 하나님을 간곡히 부르며 자기를 낮추는 겸손한 자세를 표현한 말이다.

아빠[papa]몡(사8:4) 아버지와 같은 말. 어린이의 말.

아바나 강[river of abana]몡(왕하5:12) 레바논 산맥에서 발원하여 다메섹을 지나 지중해로 들어가는 강. 나아만이 자랑한 강.

아바돈[abaddon]몡(계9:11) 무저갱의 왕(사자)의 이름으로 사단을 일컫는 말. 히브리어의 뜻은 멸망이며(욥28:22, 시88:11), 헬라어의 뜻은 파괴자, 파멸자이다. 사단은 옛부터 사람을 유혹하여 파멸에 이르게 한다.

아바림산[mountain of abarim]지
1. **위치** - 요단강 동편, 사해 북동쪽 모압 경내의 산(민27:12).
2. **관련기사** - ①모세가 이 산을 지나 느보산에 올라가 약속의 땅 가나안을 바라봄(신32:49). ②이스라엘이 진친 곳(민33:47, 48). ③르우벤 지파의 분깃(민32:37). ④예레미야가 예언한 땅(렘22:20).

아바삭[אׇבְצָרְכָּן]몡 앗수르왕 오스납발이 사마리아와 요단 서편에 이주시킨 부족. 예루살렘 재건중지를 위해 총독과 같이 다리오왕에게 무고히 고소했다(스5:6, 6:6).

아바삿[אֲפַרְסַתְכָיֵא]몡(스4:9) 사마리아에 이주시킨 바사(아람, 앗수르) 사람. 예루살렘 백성을 무고히 아닥사스다 왕에게 고소했다.

아바새[אֲפַרְסְכָיֵא]몡(스4:9) 사마리아에 이주한 앗수르의 한 부족.

아박다[אֲבַגְתָא 행복한, 번영]몡(스1:10) 아하수에로왕의 7인 시종관 중 한 사람. 왕비 와스디를 왕 앞에 나오게 하는 명령을 받았다.

아박삿[Ἀρφαξάδ]몡(눅3:36) 셈의 세째 아들. 예수님의 계보에 든 사람. 창10:22의 아르박삿과 같은 사람.

아반[אֲחִיָן = 지혜있는 자의 형제]몡(대상2:29) 유다지파 헤스론의 장남 여라므엘 자손 아비술의 아들.

아버지[pather]몡(창9:31) 아비.
1. **용법과 관계** - 어버이 중 남자. 부친. ①영적인 면에서는 하나님을 일컫는다(마6:9, 갈4:6). ②이스라엘 사람으로는 아브라함을 가리킨다(눅16:24, 요8:39, 창17:4). ③제사장에게도 불렀다(삿18:19, 왕하2:12). ④넓은 뜻으로 조부(창28:13). ⑤원어상으로 조상(창15:15, 마3:9). ⑥민족의 조상(창10:21, 신26:5, 벧후3:4). ⑦문화적인 창시자(창4:20). ⑧창시자(욥38:28). ⑨보호자(욥29:16). ⑩빈궁자와 고아의 아비(시68:5). ⑪존경하는 분에게 경칭으로 썼다(삼상24:11). ⑫선지자에 대한 호칭(왕하2:12). ⑬통치자(관리, 치리자)에게 사용(창45:8). ⑭주인에게 쓰임(왕하5:13). ⑮장로들을 아버지라 불렀다(요일2:13). ⑯랍비(마23:9).
2. **아버지의 의무와 권한** - ①자녀사랑(시103:13, 잠23:25). ②아들에게 할례를 행함(창17:27). ③성경을 가르치라(신1:31, 6:6-9, 욥1:5). ④교사이며 영광임(잠1:8, 17:6). ⑤자녀를 노엽게 하지 말라(엡6:4). ⑥교양과 훈계로 양육하라(엡6:4). ⑦재산분배권(눅15:12). ⑧공경의 대상(엡6:2). ⑨저축해야 함. ⑩딸을 노예로 팔 수 있음(출21:7). ⑪좋은 것을 공급해야 함(눅11:11).

아버지의 집 - ①가문(창12:1) 혈족. ②가정(창46:31) 친척. ③종족(창24:38). ④성전(눅2:49, 요2:16). ⑤천국(요14:2).

아버지의 형제[uncle]몡(민27:4) 삼촌, 큰 아버지. 작은 아버지. 할아버지의 아들들. 사촌의 아버지들.

아버지 하나님[God the Father]몡(엡5:20) 언약을 기초로한 하나님의 특별하신 은총으로 하나님을 부르는 말. 삼격일신(三格一神)(삼위일체) 하나님 중 성부 하나님을 가리키는 말. ①구약에서 이스라엘 민족 전체의 아버지란 뜻으로 하나님을 불렀다(신7:6~, 32:6, 사63:16, 렘31:9). ②신약에서는 그리스도의 속죄사역으로 하나님을 아버지라 부르게 되었다(막14: 36, 요5:18, 고후6:18, 요20: 17, 엡2:18, 마11:26). ③성령으로 말미암아 그리스도인이 된 자가 하나님을 아버지라 부른다(롬8: 15, 갈4:6).

아베가[עֲפֵקָה = 강한요새]固(수15: 33) 유다 산골 헤브론 근처의 성읍.

아벡[אֲפֵק = 강한 요새]지
1 헤스론에 가까운 곳으로 가나안 왕이 살던 땅(수12:18).
2 아셀 지파의 성읍(수19:30). 실제로는 점령하지 못했다(삿1:31-아빅).
3 이스르엘 골짜기에 있던 성읍으로 아합이 벤하닷 II 세를 (왕상20: 26-30), 요아스가 엘리사에 의해 아람군을 물리친 곳(왕하13:17).
4 시돈 북방 그발 가까이에 있던 아모리 사람의 성읍(수13:4).
5 에스골에 가까운 잇사갈 지파에 속한 땅으로 블레셋 군대가 모였던 곳이다(삼상29:1). 사론아벨이라고도 부른다(삼상4:1).

아벨[הֶבֶל = 숨, 생기, 공허]固
1. **인적관계** - 아담과 하와가 낳은 둘째 아들(창4:2).
2. **관련기사** - ①양치는 목자(창4:2). ②하나님께서 그의 제사를 받으심(창4:4). ③형의 돌에 맞아 죽음(창4:8). ④아벨 대신 셋을 주심(창4:25). ⑤의인임(마23:35, 요일3:12). ⑥믿음의 사람(히11:4). ⑦최초의 순교자(눅11:50,51). ⑧아벨의 피. 그리스도의 속죄의 피와 대조(히12:24). ⑨바른 경배를 한 자(창4:4, 히11:4).

아벨[אָבֵל = 숨, 생기, 공허]지(삼하20:14) 가나안 북부의 마을. 지헤로 유명했다. 벧마아가 아벨, 아벨 마아가라고도 불리운다.

아벨 그람임[אָבֵל כְּרָמִים = 평원에 있는 포도원, 목장]지(삿11:33) 모압땅 민넛 근처에 있던 성읍. 사사 입다가 암몬을 쳐서 20성읍을 취하고 또 이 성까지 쳐서 크게 도륙하고 항복 받았다.

아벨레[Ἀπελλῆς = 흑색]固(롬16: 10) 바울이 문안한 로마의 성도.

아벨 마임[אָבֵל מַיִם = 수초장(水草場), 물의 목장]지(대하16:4) 아람왕 벤하닷이 유다왕 아사의 청으로 진격하여 취한 성읍이다. 아벨 벧마아가와 같은 곳.

아벨 므홀라[אָבֵל מְחוֹלָה =춤터]지
1. **위치** - 기드온이 패주하는 미디안을 추격하는 길에 있었다(삿7:22).
2. **관련기사** - ①솔로몬의 5행정구역. 에스드라엘론이 주관하던 곳(왕상 4:12). ②아드리엘의 고향(삼상 18:19). ③선지자 엘리사의 고향(왕상19:16). 엘리야가 이곳에서 엘리사를 부르게 된 곳.
*이곳 출신 사람들은 므흘랏 사람이라 부른다(삼상18:19, 21:8).

아벨 미스라임[אָבֵל מִצְרַיִם =애굽인이 곡(哭) 함]固(창50:11) 요셉과 그 형제와 애굽인들이 야곱을 막벧라 굴에 장사하기 위하여 가면서 이곳에 멈추어 7일동안 울었다 하여 가나안인이 지은 이름. 이전의 이름은 아닷.

아벨 벧 마아가(아벨 벳 마아가)[אָבֵל בֵּית מַעֲכָה = 벧마아가 부근의 초원(목장)]지
1. **위치** - 이스라엘 북쪽 중요 성읍의 하나.
2. **관련기사** - ①다윗을 배반한 세바가 도망한 곳(삼하20:14-22). ②아람왕 벤하닷에 의해 함락됨(왕상15:20). ③앗수르왕 디글랏 빌레셀에 의해 함락되어 주민은 포로로 잡혀갔다(왕하15:29). ④벧마아가 아벨과 같은 곳(삼하20:15).

아벨 싯딤[אָבֵל הַשִּׁטִּים = 아카시아 언덕의 목장]지(민33:49) 여리고

대안 요단강의 동쪽 11km지점에 위치한 모압의 성읍. 싯딤과 같은 곳. ①여호수아가 정탐군을 보낸 곳(수2:1). ②이스라엘이 가나안에 들어가기 전 최후의 진지(수3:1).

아벳 느고[אֲבֵד נְגוֹ = 느고의 종]㈀
1. **인적관계** - 다니엘과 같이 포로된 아사랴에게 바벨론왕의 환관장이 지어준 이름. 이스라엘 혼을 빼앗기지 않은 유다지파 사람(단1:7).
2. **관련기사** - ①왕의 진미를 거절하고 채식을 요구했다(단1:8-16). ②하나님으로부터 지식을 받음(단1:17-21). ③바벨론의 한지방(도)을 다스림(단2:49). ④믿음을 지키다가 풀무불에 들어감(단3:12). ⑤풀무불에서 구원됨(단3:13-27). ⑥느부갓네살의 칭찬을 들음(단3:28-30).

아볼로[Ἀπολλῶς = 침략자]㈀
1. **인적관계** - 알렉산드리아 출신 유대인(행18:24).
2. **관련기사** - ①구약성경에 능하고 웅변가이다(행18:24-25). ②에베소에서 아굴라와 브리스길라를 만나 그리스도를 알게 됨(행18:26). ③아가야로 건너가 성경으로 예수 그리스도를 증거하여 유대인을 이겼다(행18:24-28). ④바울이 모범적인 사람이라고 칭찬한 사람(고전4:6). ⑤고린도교회에서 아볼로파가 생겨 바울의 책망을 들었다(고전1:12, 3:4-6, 22). ⑥바울과 신앙이 일치함(고전3:8). ⑦바울이 아볼로의 파송을 언급함(딛3:13). ⑧바울과의 불화가 없음을 말해 줌(고전16:12).

아볼로니아[Ἀπολλωνία = 아볼로에게 속한 곳]㈂(행17:1) 데살로니가와 암비볼리 사이에 있은 마게도냐의 성읍. 바울은 두번째 선교여행 때 데살로니가로 가기 위해 이곳을 통과했다.

아볼루온[Ἀπολλύων = 아폴로 신, 사단]㈀(계9:11) 무저갱의 왕(사자) 사단의 헬라어식 이름. 히브리어 아바돈과 같다. ①시험하는 자(마4:3)요, ②참소하는 자(계12:10)요, ③멸하는 자(계9:11)요, ④미혹하는 자이다(계20:10).

아브넬[אֲבְנֵר = 부친은 등불]㈀
1. **인적관계** - 넬의 아들로 사울왕의 사촌 동생. 야아시엘의 아버지(삼상14:50, 대상27:21).
2. **관련기사** - ①사울왕의 군대장관(삼상14:50, 51). ②다윗이 골리앗의 머리를 가지고 올 때 사울왕에게 인도했다(삼상17:57). ③다윗이 사울의 진중에서 창과 물병을 가지고 가는 것을 모르고 자다가 다윗에게 책망을 받았다(삼상26:12-16). ④전리품을 구별하여 드림(대상26:28). ⑤사울이 죽은 후 이스보셋을 왕위에 올리고 다윗을 대항하여 싸웠으나 요압에 의해 패함(삼하2:12-17). ⑥사울의 첩 리스바와 통간함(삼하3:7). ⑦이스보셋과 언쟁 저주함(삼하3:8-11). ⑧다윗에게 충성을 맹세함(삼하3:12,13). ⑨다윗에게 미갈을 데리고 감(삼하3:14-16). ⑩장로들과 그 외 사람에게 다윗에게로 가기를 권함(삼하3:17-21). ⑪요압의 동생 아사헬을 죽임(삼하2:18-23). ⑫요압에게 죽임을 당함(삼하3:8-27). ⑬다윗이 요압을 저주함(삼하3:28,29). ⑭베냐민의 관장 야아시엘의 아버지(대상27:21).

아브라함[אַבְרָהָם = 열국의 아버지]㈀
1. **혈족(가문)** - ①노아의 12대손. ②셈의 11대손(창11:10-26, 대상1:24-27). ③데라의 아들(창11:26). ④사래의 남편(창11:29). ⑤나홀과 하란의 형(창1:27). ⑥롯의 삼촌(창1:27, 31). ⑦이삭의 아버지(창21:1-8). ⑧이스마엘의 아버지(창15:5-16). ⑨그두라와 재혼함(창25:1). ⑩시므란, 욕산, 므단, 미디안, 이스박, 수아의 아버지(창25:2-3). ⑪야곱과 에서의 할아버지(창25:26) ⑫우르가 고향임(창11:28, 31). ⑬옛 이름은 아브람이다(창17:1-5).

아브라함

2. **아브라함의 생애** - ①75세 때 하나님의 부르심을 받음(창12:1-3, 행7:2-4). ②하란을 거쳐 가나안에 들어감(창11:31, 창12:4-6). ③가나안 땅을 기업으로 받음(창12:7). ④세겜에 도착하여 벧엘에 거함(창12:6,8).⑤기근으로 애굽에 내려감(창12:10-20). ⑥바로에게 아내 사라를 누이라고 함(창12:11-19). ⑦남방으로 옮겨 부자가 됨(창13:1-5). ⑧벧엘에 장막을 침(창13:3). ⑨주께서 돌보아 주심(시105:9-15). ⑩롯과 헤어짐(창13:6-12). ⑪하나님께서 재차 약속하심(창13:14-17). ⑫헤브론 마므레 상수리나무 수풀에 거함(창13:18). ⑬318명의 종을 데리고 포로된 롯과 그의 가족을 구출함(창14:1-16). ⑭살렘 왕 멜기세덱을 만나 축복받음(창14:18-20) ⑮멜기세덱에게 십일조를 드림(창14:17-24, 히7:1-10). ⑯후사와 기업을 약속받음(창15:1-21). ⑰후사가 없어 하갈을 첩으로 삼음(창16:1-4). ⑱하갈의 몸을 통해 이스마엘을 낳음(창16:5-16). ⑲하나님의 약속과 이름을 고침받음(창17:1-8)⑳할례를 행함(창17:9-14, 23-27). ㉑믿음으로 의롭게 됨(롬4:3, 창15:6). ㉒믿음의 자손을 약속받음(갈4:22-31, 창17:15-22). ㉓세 천사를 영접함(창18:1-15). ㉔소돔성을 향한 도고(창18:16-33). ㉕소돔성의 멸망을 목격함(창19:27,28). ㉖그랄에 거주하면서 아비멜렉에게 사라를 누이라고 소개(창20:1-18). ㉗아비멜렉을 위하여 기도함(창20:17). ㉘100세에 이삭을 낳고 할례를 행함(창21:1-8). ㉙하갈과 이스마엘을 내어쫓음(창21:9-21, 갈4:22-30). ㉚브엘세바 우물로 아비멜렉과 언약함(창21:22-33). ㉛이삭을 제물로 드림(창22:1-19,히11:17,약2:21) ㉜숫양을 이삭 대신 제물로 바침(창22:1-19). ㉝브엘세바로옮겨 와삶(창22:19). ㉞나홀의 소식을 들음(창22:20-24). ㉟사라와 사별. 막벨라 굴을 사서 장례함(창23:). ㊱140때 이삭을 리브가와 혼인시킴(창24:). ㊲그들라와 재혼하여 자식을 얻음(창25:1-4).㊳175세에 죽어 막벨라 굴에 장사됨(창25:7-9).

3. **아브라함의 신앙** - ①전지 전능하신 하나님을 믿었다(창17:1). ②불변하신 하나님을 믿었다(창21:33). ③지극히 높으신 하나님을 믿었다(창14:22). ④창조주이시요 지배하시는 하나님을 믿었다(창24:3). ⑤의로우신 심판주이신 하나님을 믿었다(창18:25). ⑥약속의 하나님을 믿고 따랐다(창12:2, 22:18)⑦후사를 믿었다(창17:1-8, 행3:25).

4. **그의 생활에서의 특성** - ①순종생활(히11:8) ②관대한 생활(창13:8,9). ③부유한 생활(창13:2-6). ④의분한 생활(창14:13-16). ⑤불의와는 타협하지 않는 생활(창14:21-24). ⑥드리는생활(창14:18-20). ⑦기도하는 생활(창17:23-33, 20:17). ⑧믿음으로 사는 생활(롬2:, 갈3:, 창15:6). ⑨행함으로 믿음을 보이는 생활(약2:21). ⑩미래를 바라보는 생활(창25:5,6). ⑪심약한 자(창12:11-19). ⑫아내의 말을 따름(창16:1-4, 26:9-21). ⑬욕심이 없는 자(창14:21-24).

5. **아브라함의 호칭** - ①아브람(창11:27). ②아브라함(창17:5). ③주(벧전3:6, 창18:12). ④방백(창23:6) ⑤하나님의 벗(친구)(약2:23). ⑥주의 종(창26:24, 시105:6). ⑦선지자(창20:7). ⑧많

은 무리의 아버지(창17:5, 난외).
6. **그리스도와의 관계** - ①한 조상(계보)으로 택하심(마1:1). ②그리스도를 약속받음(눅1:73, 행3:25). ③그리스도의 때를 미리앎(요8:56). ④그리스도의 모형인 멜기세덱에게 십일조를 드림(히7:1-10). ⑤그리스도가 통치하는 하나님의 나라를 바라봄(히11:8-16).
7. **그리스도인들에게 주는 교훈** - ①믿음의 조상(롬4:11-25, 갈3:7,29, 마8:11). ②성도가 안길 아브라함의 품(눅16:19-25). ③믿음으로 의롭게 됨의 증거(롬4:1-12). ④이방인에게 복음전파, 택자 구원(갈3:7-14). ⑤성도는 약속을 따라 난 자(갈4:22-31). ⑥성도가 그의 신앙을 본받게 됨(약2:21-23, 히11:8-16).
8. **아브라함의품** - (눅16:22)유대인이 낙원의 별명으로 즐겨쓰는 말. 예수님께서 부자와 나사로의 비유에서 나사로가 죽은 후에 간 곳에서의 모습. 초대한 자의 가장 가까이에 있는모습(마8:11, 요13:23)으로 친근관계를 나타냄.

아브람[אַבְרָם = 높은 아버지]인(창11:26) 데라의 아들로 아브라함의 옛 이름.

아브로나[עַבְרֹנָה = 통로]지(민33:34-35) 애굽에서 나온 이스라엘백성이 머문 곳. 홍해 연안 아가바 만 부근. 에시온게벨과 가까운 곳.

아비[father]명(창9:18) 아버지의 낮춘 말. 아버지를 참고하라.

아비[אֲבִי = 내 아버지]인(왕하18:2) 유다왕 히스기야의 어머니. 스가랴의 딸. 아비야라고도 한다(대하29:1).

아비가일[אֲבִיגַיִל = 내 아버지께서 기뻐하신다]인
1 마온의 부자 농부 갈멜사람 나발의 아내. ①아름답고 총명함(삼상25:2,3). ②나발의 일로 노한 다윗을 진정시킴(삼상25:14-35). ③나발이 죽은 뒤 다윗의 아내가 됨(삼상25:36-42). ④길르압을 낳음(삼하3:3).
2 다윗의 이복 누이. 다윗의 군장인 아마사의 어머니(대상2:16,17, 삼하19:25) 아비갈과 같은 사람.

아비갈인(삼하17:25) 다윗왕 이복 누이 아비가일과 같은 사람.

아비나답[אֲבִינָדָב = 내 아버지는 고귀(존귀) 하다]인
1 기럇여아림 근방에 거주하던 유다지파 자손으로 블레셋인이 돌려보낸 법궤를 20년간 보관한 사람. 그의 아들 웃사는 법궤가 넘어지는 것을 막으려고 법궤에 손을 대어 즉사했다(삼하7:1,2, 삼하6:3-7, 대상13:7).
2 이새의 둘째 아들. 다윗의 형. 블레셋 전장에서 사울을 위하여 싸웠다(삼상16:8, 17:13, 대상2:13).
3 사울의 아들. 그 형제 요나단과 말기수와 함께 길보아 전장에서 블레셋인에게 피살되었다. 야베스 사람이 그 시신을 장사했다(삼상31:2, 대상8:38, 9:39, 10:2).

아비노암[אֲבִינֹעַם = 내 아버지는 환희]인(삿4:6) 납달리의 게데스 사람으로 사사 바락의 아버지.

아비다[אֲבִידָע = 아버지는 아신다]인 아브라함의 후처 그두라의 아들인 미디안의 아들.

아비단[אֲבִידָן = 내아버지는재판관]인 ①기드오니의 아들(민1:11). ②베냐민 자손의 족장(민2:22). ③성막을 세울 때 예물을 드린 자(민7:60,65). ④군대를 이끌고 모세와 아론을 도운 자(민10:24).

아비달[אֲבִיטַל = 아버지는 이슬]인(삼하3:4, 대상3:3) 다윗의 아내 중 한 사람. 스바댜의 어머니.

아비둡[אֲבִיטוּב = 아버지는 선 하심]인(대상8:11) 베냐민사람. 사하라임과 그의 아내 후심 사이에서 태어난 아들.

아비람[אֲבִירָם= 내 부친은 높다]인
1 르우벤 자손 발루의 아들인 엘리압의 아들로 고라와 다단과 공모하여 모세와 아론을 반항한 죄로 여호와의 치심을 받아 저들의 가족들과

아비마엘

함께 땅의 삼킨 바 되었다(민16:1-3, 25-33).

② 벧엘사람 히엘의 장자. 그의 부친이 여리고성을 재건하려고 기초를 닦을 때 죽었다(왕상16:34). 이것은 여호수아의 예언이 응하였다(수6:26).

아비마엘[אֲבִימָאֵל = 내 아버지는 하나님이시다] (창10:28) 셈족 욕단의 아들. 종족이나 지명을 나타내는 일도 있다(대상1:22).

아비멜렉[אֲבִימֶלֶךְ = 아버지는 왕이시다]

① 그랄왕 ①아브라함의 아내 사라를 범하려다가 화를 당했다(창20:1-18). ②아브라함에게 보상함(창20:14-16). ③우물문제로 아브라함과 평화조약을 체결했다(창21:22-34).

② 이삭 때의 그랄왕. 그도 역시 이삭의 처 리브가를 취하려다가 중지하고 우물로 인하여 분쟁이 있던 것도 화해하고 우호조약을 체결하였다(창26:1-11, 23-31).

③ 기드온의 첩의 소생(삿8:31). ①기드온이 죽은 후 스스로 왕이 되려고 형제 70인을 죽임(삿9:1-5). ②세겜에서 스스로 왕이 되었다(삿9:6). ③형제중 살아 남은 요담의 비난(나무비유)을 받음(삿9:7-21). ④에벧의 아들 가알이 그를 배반함(삿9:22-29). ⑤세겜을 쳐서 성읍을 재건하지 못하고 헐고 소금을 뿌림(삿9:46). ⑥데베스를 함락하여 취함(삿9:41-50). ⑦여인이 던진 맷돌에 맞아 머리가 깨어짐(삿9:53). ⑧병기잡은 소년의 칼에 찔려 죽음(삿9:54). ⑨하나님께서 그의 죄를 갚으셨다(삿9:56-57).

④ 다윗 때의 제사장으로 아비아달의 아들(대상18:16). 삼하8:17에는 아비아달의 아들 아히멜렉이라 했고 삼상22:20에는 아히멜렉의 아들 아비아달이라 기록되었다. 70인 역에는 아히멜렉으로 옮겼다.

아비삭[אֲבִישַׁג = 아버지는 방랑자]

①수넴의 아름다운 여자. 늙은 다윗을 시중들게 하고 다윗의 품에 두기 위하여 구하여 온 여자(왕상1:1-4). ②솔로몬이 왕으로 지목되는 것을 보았다(왕상1:15-31). ③다윗이 죽은 후에 다윗의 네째아들 아도니야가 자기 아내로 주기를 청원하는 것을 솔로몬이 불의의 청이므로 허락하지 않고 아도니야를 죽였다(왕상2:16-25).

아비살롬[אֲבִישָׁלוֹם = 평화의 아버지] (왕상15:2, 10) 르호보암의 장인. 압살롬의 다른 이름.

아비새[אֲבִישַׁי = 부친은 이새]

1. **인적관계** - ①다윗의 이복 누이 스루야의 아들(삼하2:18). ②요압과 아사헬의 형제(대상2:16). ③다윗가에 충성한 사람(삼하17:25).

2. **관련기사** - ①사울을 죽이려다가 다윗의 책망을 들었다(삼상26:5-9). ②아브넬의 군대를 격파함(삼하2:17-24). ③요압과 함께 아브넬을 죽임(삼하3:30). ④염곡에서 에돔인 1만8천명을 죽임(삼하8:13, 대상18:12). ⑤암몬과의 싸움에서 승전함(삼하10:10, 대하19:11). ⑥다윗이 압살롬의 반역을 피할 때 시므이가 저주하는 것을 그가 죽이려 했으나 다윗이 또 만류했다(삼하16:9-14). ⑦요압과 잇대와 함께 군대 3분지 1씩을 맡아서 나가 압살롬의 난을 평정함(삼하18:1-15). ⑧그의 형 요압과 함께 세바를 추격하여 아벨에 이르러 그 성을 포위하자 그 성의 지혜로운 여자 하나가 세바의 머리를 베어 성 위에서 던져줌으로 성공했다(삼하20:6-22). ⑨블레셋과의 전쟁에서 이스비브놉이 다윗을 죽이려하는 것을 아비새가 저를 죽이고 다윗을 구원하였다(삼하21:15-17). ⑩그가 혼자 창으로 3백인을 죽이고 3인의 용사 중 으뜸이 되었다(삼하23:18, 대상11:20). ⑪베들레헴 우물물을 길어 다윗에게 주었다(대상11:15-19). ⑫다윗의 감정을 사기도 했다(삼하3:39).

아비수아[אֲבִישׁוּעַ = 부친은 구원]인
① 아론의 후예. 제사장 비느하스의 아들(대상6:4), 스7:5).
② 베냐민지파 벨라의 아들(대상8:4). 그 가문의 족장.

아비술[אֲבִישׁוּר= 아버지는 벽]인(대상2:28-29). 유다 사람 헤스론의 맏아들 여라므엘의 자손으로 삼매의 아들. 아내 아비하일을 통해 두 아들을 낳았다.

아비아[אֲבִיָּה = 노력, 항쟁]인(삼상9:1) 베냐민 지파의 유력자 기스의 아버지와 사울왕의 선조.

아비아달[אֲבִיָתָר = 아버지는 탁월하다, 아버지는 풍성하시다]인
1. **인적관계** - 놉의 제사장 아히멜렉의 아들(삼하15:24-36).
2. **관련기사** - ①아버지가 다윗을 도와 준 일로 사울이 제사장을 죽일 때 피하여 다윗에게로 왔다(삼상22:20-23). ②다윗이 제사장으로 세움(삼상23:6-12). ③다윗 즉위 시 사독과 함께 제사장직을 수행함(삼하8:7). ④압살롬의 반역 때 다윗을 도움(삼하15:24-29). ⑤아히도벨의 모략을 다윗에게 알림(삼하15:34-36). ⑥다윗의 후계왕으로 아도니야를 지지하였다(왕상1:7, 19, 25). ⑦솔로몬에 의해 제사장직을 면직당하여 아나돗으로 갔다(왕상2:26-27). ⑧제사장직을 잃어 엘리가문에 대한 예언이 성취되었다(왕상2:27, 삼상2:31-35). ⑨예수님이 아비아달의 일을 언급하셨다(막2:26).

아비아삽[אֲבִיאָסָף = 아버지는 모으심]인(출6:24) 레위지파 고라의 아들이며 고라족 족장. 성막 문지기로 에비아삽이라고도 함(대상6:23).

아비알본[אֲבִי־עַלְבוֹן = 힘의 아버지]인(삼하23:31) 다윗의 30용사 중 한 사람으로 아르바 사람 아비엘과 같은 사람.

아비야[אֲבִיָּה = 주는 아버지]인
① 사무엘의 둘째 아들(삼상8:2). 브엘세 바에서 사사가 된 후 아버지의 뒤를 잇지 않고 이를 탐하여 재판을 굽게 했다(대상6:28).
② 유다왕 르호보암의 아들. 어머니는 압살롬의 딸 마아가이다. 왕상15:31에 아비얌으로 기록되었다. 그는 이스라엘왕 여로보암과 싸웠다(왕상15:7). 예루살렘에서 3년간 왕위에 있었고 예수님의 계보에 들었다(마1:7). 14명의 아내에게서 38명의 자녀를 낳았다(대하13:21).
③ 분열 이스라엘의 왕 여로보암의 아들. 여로보암이 하나님을 배반했기 때문에 병들어 죽었다(왕상14:1-18).
④ 베냐민 지파 베겔의 아들로 족장(대상7:8).
⑤ 스가랴의 딸로 유다왕 아하스의 아내. 히스기야왕의 어머니. 아비와 같은 사람(대하29:4).
⑥ 아론 자손. 다윗시대 제사장의 24반열 중 제8반열 제사장(대상24:10). 세례 요한의 부친 사가랴는 아비야 반열에 속했었다(눅1:5).
⑦ 느헤미야 시대의 제사장으로 율법 엄수 서약에 날인한 자(느10:7).
⑧ 스룹바벨과 예수아와 함께 바벨론에서 돌아온 제사장 중 하나(느12:1, 4, 17).

아비얌[אֲבִיָם= 내 아버지는 고상함]인(왕상14:31). 르호보암의 아들. 아비야와 같은 사람(왕상15:1-8).

아비에셀[אֲבִיעֶזֶר = 주는 도우심]인
① 요셉의 큰아들 므낫세의 아들 마길의 누이인 함 몰레겟의 아들(대상7:18). ①길르앗에 속한 므낫세 지파의 하나(수17:2). ②사사 기드온의 가문(삿6:11). ③그의 후손은 오브라에 거주했다(삿6:24, 8:32). ④이에셀과 같은 사람(민26:30).
② 아나돗 출신 다윗의 용사 중 하나. 9월 군대를 지휘한 아홉째 반차의 군대장관으로 24,000명을 지휘했다(삼하23:27, 대상27:12).

아비에셀[אֲבִיעֶזֶר = 하나님은 도우신다]지(삿6:11)사사 기드온의

아버지의 거주지.

아비엘[אֲבִיאֵל = 하나님은 내 아버지시다]인
① 베냐민 사람 기스의 아버지. 사울왕의 할아버지이며 또 사울왕의 총사령관 아브넬의 할아버지이다(삼상9:1, 14:51).
② 아르밧 사람. 다윗의 30용사 중 한 사람(대상11:32), 삼하23:31의 아비알본과 같은 사람.

아비하일[אֲבִיחַיִל = 내 아버지는 전능하시다]인
① 레위지파 므라리 족속의 족장이 되어 장막 북편에 진을 친 수리엘의 아버지(민3:35).
② 솔로몬의 아들 르호보암왕의 아내인 마하랏의 어머니로 다윗의 장형 엘리압의 딸이다(대하11:18).
③ 에스더의 부친이며 모르드개의 삼촌(에2:15, 9:29).
④ 바산에 거한 갓 지파의 족장으로 후리의 아들(대상5:14).
⑤ 유다지파 헤스론과 여라므엘의 자손 중 아비술의 아들(대상2:29).

아비 형제의 아들[father's brother's son]명(민36:11) 사촌(四寸).

아비후[אֲבִיהוּא = 그는 내 아버지]인
1. 인적관계 - 아론의 둘째 아들(출6:23).
2. 관련기사 - ①모세와 함께 시내산에 올라감(출24:1, 9). ②형 나답과 함께 제사장에 임명됨(출28:1, 민3:2, 3). ③형 나답과 함께 하나님이 명하시지 않은 불로 분향했기 때문에 벌 받아 죽음(레10:1-7, 민3:4, 대상24:2).

아비훗[אֲבִיהוּד = 아버지의 영광]인
① 베냐민 사람 벨라의 세째아들(대상8:3).
② 스룹바벨의 아들. 예수님의 계보에 있는 사람(마1:13).

아빅[אָבִיק= 강한 요새지]지 ①아셀지파의 성읍(삿1:31). ②블레셋과의 전장(삼상4:1, 29:1) 아벡과 같은 곳(수19:36).

아빌레네['Αβιληνή = 아벨의 땅]지(눅3:1) 헤르몬산 북동쪽 다메섹 서쪽 지역으로 로마에 속한 영토. 디베료가 황제일 때 루사니아가 분봉왕으로 있었다.

아빕[abib]명(출13:4, 신16:1) 가나안계의 월력 이름. 유대 월력으로 정월에 해당하고 태양력으로는 3~4월. 바벨론 포로에서 돌아온 후에는 '니산' 월이라 했다. 유월절이 들어있는 달이다.

아사[אָסָא = 치료]인
① 유다 3대왕
1. 인적관계 - 르호보암의 손자요 아비야의 아들(왕상15:8-10).
2. 관련기사 - ①우상을 파하고 10년간 평안을 누림(대하14:1-5). ②어머니 마아가가 우상을 만들었기 때문에 태후의 위를 폐했다(왕상15:9-13). ③선지자 아사랴의 권고로 종교개혁을 단행하여 여호와의 단을 고치고 백성은 하나님과 새로운 언약을 맺었다(대하15:1-15). ④이스라엘왕 바아사가 유다를 치기 위해 라마성을 건축할 때 다메섹왕(아람, 수리아) 벤하닷에게 성전의 금과 은을 보내어 바아사를 격퇴하고 라마 건축자료를 가져와 베냐민지역 게바와 미스바 두 성을 건축하였다(왕상15:1-22). ⑤선지자 하나니의 충고를 듣지 않고 옥에 가두었다(대하16:1-10). ⑥백성을 학대 하였다(대하16:16). ⑦치세 39년 병들었을 때 하나님을 의지하지 않고 의사를 의지했다(대하16:12). ⑧죽어 예루살렘에 장사됨(대하16:14). ⑨예수님의 계보에 든 사람(마1:7, 8).
② 레위사람 엘가나의 아들. 느도바 사람의 마을에 거주했다(대상9:16).

아사[אָסָה = 강한]지(대상7:28)에브라임 지파의 경계. 가사와 같은 곳으로 여긴다.

아사냐[עֲזַנְיָה = 여호와께서 응답하셨다]인(느10:9) 느헤미야시대의 레위사람으로 서약에 도장을 찍은 사람. 예수아의 아버지.

아사랴[עֲזַרְיָהוּ = 주가 도우셨다]인

1 유다왕 웃시야와 같은 사람(왕하 14:21, 15:1, 대상3:12).
2 유다의 증손자이며 에단의 아들(대상2:8).
3 유다왕 여호사밧의 아들(대하21:2 상). 여호람의 아우.
4 예후의 아들(대상2:38).
5 유다왕 여호사밧의 아들(대하21:2 하). 스가랴의 아우.
6 솔로몬왕 시대 대제사장 사독의 아들이며 제사장이 되었다(왕상4:2). 아사리아와 같은 사람.
7 사독의 손자로 아히마아스의 아들(대상6:9). 그는 대제사장을 상속하는 가계의 사람.
8 아마랴의 아버지(대상6:10). 솔로몬시대 예루살렘 성전에서 제사장 직분을 행했다.
9 느헤미야 시대 하나님의 율법엄수 계약서에 날인한 제사장(느10:2).
10 바벨론 포로에서 돌아와 예루살렘에 거한 제사장 힐기야의 아들. 스라야의 아버지(대상6:13, 14, 9:11, 스7:1).
11 레위사람 그핫의 자손. 선지자 사무엘과 헤만의 조상(대상6:36).
12 레위사람. 에스라가 읽은 율법의 뜻을 설명하고, 백성을 일깨운 사람(느8:7).
13 마아세야의 아들. 느헤미야시대 예루살렘 성전 재건에 참가한 사람(느3:23, 24).
14 바벨론 포로에서 스룹바벨과 같이 돌아온 12지도자 중 한사람(느7:7). 스라야와 같은 사람(스2:2).
15 예루살렘성벽 낙성식 때 행진에 참가한 유다 방백(느12:33).
16 지혜로 유명한 유다사람 에단의 아들(대상2:8).
17 헤스론의 맏아들 여라므엘의 자손으로, 오벳의 손자이며 예후의 아들(대상2:38, 39).
18 호사야의 아들로, 선지자 예레미야의 예언을 듣고서 예레미야에 반항했다(렘42:1, 43:2).
19 다니엘의 친구. 바벨론 왕 느부갓네살에게 뽑혀 왕에게 쓰인 이스라엘 4명의 청년 중 한 사람. 바벨론 이름은 아벳느고(단1:6-7). 레위사람 요하난의 아들(대상6:10).
20 나단의 아들로 솔로몬 왕의 관리장(왕상4:5).
21 아사왕의 종교개혁에 힘을 준 선지자 오뎃의 아들(대하15:1-8).
22 웃시야왕이 제단에서 분향한 것을 보고 꾸짖은 제사장(대상6:10, 대하26:16-20). 히스기야시대의 제사장이었던 아사랴와는 다른 사람(대하31:10-13).
23 히스기야 시대 왕의 명령을 따라 성전을 깨끗케 한 그핫 사람(대하29:12, 15).
24 히스기야 시대 왕의 명령을 따라 성전을 깨끗케 한 므라리 사람(대하29:12, 15).
25 제사장 여호야다가 아달랴를 물리치고 요아스를 왕이 되도록 도운 백부장. 여로함의아들(대하23:1).
26 여호야다가 아달랴를 물리치고 요아스를 왕이 되도록 도운 백부장으로 오벳의 아들(대하23:1-).
27 유다 아하스왕 때 에브라임 사람 요하난의 아들. 이스라엘왕 베가가 유다를 침공 포로를 노예로 삼으려고 할 때 선지자 오뎃과 함께 반대하여 포로를 유다로 돌려 보내었다(대하28:12-15).
28 레위사람 므라욧의 아들(스7:3).
29 여호야다의 백부장(대하23:1).
30 요시야왕 때 서기관 사반의 아버지(왕하22:3).

아사렐[אֲשַׂרְאֵל = 주가 도우셨다]인
1 사울을 피해 시글락에 숨어 있던 다윗을 도운 고라사람. 다윗의 용사 중 한 사람(대상12:6).
2 헤만의 아들로 다윗왕 때 궁전악사(대상25:18). 대상25:4에는 웃시엘로 기록되었다.
3 단 지파 여로함의 아들로 다윗시대 단 지파의 관장(대상27:22).
4 바벨론에서 돌아와 예루살렘에 거한 아맛세의 아버지(느11:13).
5 레위사람으로 예루살렘 성벽 봉헌식에 나팔을 분 제사장(느12:36).

아사렐

아삽의 아들, 스가랴의 형제.

⑥ 바니 자손 중의 한 사람으로 이방 여인을 아내로 취했다가 에스라의 권면으로 이혼한 사람(느10:41).

⑦ 레위사람으로 노래를 부르는 사람(대상25:2).

아사렐[עֲשַׂרְאֵל = 하나님이결박한자]인(대상4:16) 유다 지파 자손으로 여할렐렐의 아들.

아사렐라[אֲשַׂרְאֵלָה = 하나님께 바르게 선 자]인(대상25:2) 아삽의 아들로 다윗왕의 세 악대의 한 지휘자로 봉사했다. 대상25:14에는 여사렐라 라고 하였다.

아사리아[하나님께서 도우셨다]인 아사랴와 같은 사람.

① 대제사장 사독의 아들(왕상4:2).

② 나단의 아들로 솔로몬 12행정구역 장관을 지낸 사람(왕상4:5).

아사셀[azazel]명(레16:8) 속죄일의 의식 때 두 마리의 염소 중 제비를 뽑아 한 마리는 하나님께 드리고 한 마리는 아사셀을 위하여 광야로 보내었다. 아사셀이 지역적인 명칭인지, 인격적인 존재를 가리키는 것인지 명확지 않으나 유대전통에서는 악령으로 생각한다(레17:7, 신32:17, 마12:43, 눅11:24, 계18:2). 광야로 보내어 돌아오지 못하게 하는 것은 백성의 죄를 지워 먼 곳으로 추방하여 떠나 보내는 것으로 그 죄의 본성(아사셀)에게로 보내어 완전히 제거하는 뜻이 담겨있다. 그리스도의 표상이다(사53:11,12).

아사스[עָזָז = 강한]인(대상5:8) 르우벤사람 벨라의 아버지.

아사시야[עֲזַזְיָהוּ = 여호와는 강하시다]인

① 다윗시대 성막에서 수금을 타던 레위사람. 수금 제8음에 맞추어 인도했다(대상15:21).

② 다윗이 인구조사를 할 때 에브라임의 관장인 호세아의 아버지(대상27:20).

③ 히스기야시대 성전감독자. 예물과 십일조를 관리했다(대하31:13).

아사야[עֲשָׂיָה = 주께서 하셨다]인

① 요시야 왕의 시신(侍臣). 성전에서 발견된 율법서에 관하여 여선지자 훌다에게 가서 뜻을 알아보았다(왕하22:8-14, 대하34:14-21).

② 시므온 자손의 족장 중 하나. 모우님 사람을 쳐서 전멸하고 그들 목장을 점령해 공을 세운 사람(대상4:34-41).

③ 다윗 때 레위 사람. 므라리 자손의 족장으로 언약궤를 예루살렘으로 옮기는데 참가한 사람(대상6:6, 11-14, 15:1-6).

④ 포로된 바벨론에서 돌아온 실로 사람(대상9:5). 마아세야라고도 함(느11:5).

아사헬[עֲשָׂהאֵל = 주가 만드셨다]인

① 스루야의 아들.

1. 인적관계 - 다윗의 누이 스루야의 아들(삼하2:18).

2. 관련기사 - ①요압과 아비새의 동생(삼하2:18). ②그는 걸음이 빠르기로 유명했다. 30용사 중 한 사람(삼하23:24). ③군대 장관 중의 한사람(대상27:7). ④아브넬에게 죽임을 당했다(삼하2:18-23). ⑤그의 형 요압이 그 원수를 갚았다(삼하3:27).

② 여호사밧 때 백성을 가르친 레위 사람. 율법을 가르치기 위해 순회했다(대하17:8).

③ 히스기야 때 십일조와 헌물을 관리한 사람(대하31:13).

④ 요나단의 아버지. 에스라의 이방 여인과의 이혼 정책에 반대한 사람(스10:15).

아산[עָשָׁן = 연기]지 ①유다 서남부 평야. 유다에 속했던 땅. ②나중에 시므온에게 분할 됨(수19:7, 대상4:32). ③최후에 레위인의 거주지, 도피성이 되었다(대상6:59). 고라산과 같은 곳(삼상30:30).

아살[אָצֵל = 고귀하다]지(슥14:5) 예루살렘에서 가까운 마을.

아살랴[אֲצַלְיָהוּ = 여호와께서 보존하셨다]인(대하34:8) 유다왕 요시야의 서기관. 사반의 아버지.

아살리야[עֲצַלְיָהוּ = 주는 나누어 두셨다]_인(왕하22:3) 요시야 왕 때 서기관 사반의 아버지. 아살랴(대하34:8). 므술람의 아들(왕하22:3, 대하34:8).

아삽[אָסָף = 모아 쌓는 자]_인
1 다윗의 3악사 중의 한 사람. ①성전에서 찬송하는 찬양대 대장이며 선지자라고 불리는 레위인. 베레갸의 아들(대상6:31, 39, 대하29:30). ②그가 지은 시가 시편 중에 12편이 있다(시50, 73-83:). ③그의 시는 다 예언적 의사가 포함되어 있다. 그의 자손과 제자들은 성전에서 봉사하는 직무를 가지고 있었다(대하29:13-30, 35:15). ④그의 후손이 제2성전이 중건되었을 때 찬송했다(스3:10).
2 히스기야왕의 서기관 요야의 아버지(왕하18:18, 36:3-22).
3 느헤미야시대 바사왕의 신하. 왕의 삼림을 감독하는 자(느2:8).
4 레위인의 두목 맛다냐의 증조부(대상9:15, 느11:17).
5 고라족속 성전문지기(대상26:1). 에비아삽과 동일인(대상9:19).

아세가[עֲזֵקָה = 갈라진 땅]_지
1. **위치** - 베들레헴에서 27km지점 유다 서남부 평지의 성읍(수10:10).
2. **관련기사** - ①여호수아가 기브온에서 가나안인을 이곳까지 추격하였다(수10:14). ②다윗이 이곳에서 블레셋의 골리앗을 죽였다(삼상17:1-49). ③르호보암이 성을 굳게하여 요새화 했다(대하11:9). ④바벨론 느브갓네살의 군대와 치열한 접전 끝에 함락되었다(렘34:7). ⑤바벨론에서 귀환 후 다시 이곳에 거주하였다(느11:30). ⑥유다의 최남단 요새(렘34:7).

아세라[asherah]_명 우상의 이름. 모든 신의 어머니. 태양신의 배우자. 바다의 여신. 운명의 신. 사랑과 풍요의 신으로 섬겼다. ①고대 가나안의 여신. 나무로 만든 우상(출34:13). ②바알 제단 곁에 세워 섬겼다(삿3:7, 6:25, 28). ③아스다롯의 히브리 명사(삿2:13). ④성경에 엄금된 우상(신16:21). 전멸할 것을 명령받았다. ⑤왕국 멸망의 원인이 되는 우상(왕하17:7-). ⑥선지자들은 아세라 예배를 금했다(사17:8, 27:9, 미5:14). ⑦하늘의 황후로 널리 섬겼다(렘17:2, 18). ⑧이세벨에 의해 널리 섬기게 되었다(왕상16:33, 18:19). ⑨아세라 선지자들은 기손강에서 죽임을 당했다(왕상18:19-40). ⑩아사왕의 어머니가 섬겼다(왕상15:13). ⑪아합이 바알의 전에 세움(왕상16:32, 33). ⑫므낫세 왕이 성전에 세움(왕하21:7). ⑬엘리야 선지자가 배격했다(왕상18:19-40). ⑭요시야왕이 배격했다(왕하23:4-15). ⑮아세라 우상을 섬긴 결과로 나라가 망했다(왕하17:7-). ⑯아세라를 섬기는 결과로 남창(미동의 집)이 생겼다(왕하23:4, 7).

아셀[אָשֵׁר = 기쁨]_인
1. **인적관계** - 야곱의 여덟째 아들.
2. **관련기사** - ①레아의 종 실바가 낳은 둘째 아들(창30:13, 출1:4, 대상2:2). ②네 아들과 두 딸을 낳았다(창46:17, 대상7:30). ③야곱은 그에게 축복하기를 "아셀에게서 나는 식물은 기름지고 그가 왕의 진수를 공궤하리라" 하였다(창49:20). ④모세는 축복하기를 "저는 자손의 복을 받으며 그 형제에게 기쁨이 되며 그 말이 항상 기름에 잠뀌리라" 하였다(신33:24). ⑤애굽에서 나올 때에 그의 자손 수는 41,500명이었는데 가나안에 들어갈 때는 53,400명이 되었다(민

1:40, 26:47). ⑥가나안에 들어가서 기업지를 받을 때에 지중해변 가장 기름진 땅을 얻었다. ⑦아기 예수님을 보고 기뻐하던 여선지 안나는 이 지파 바누엘의 딸이다(눅2:36).

아셀[אָצֵל = 고귀한]囿(대상8:37) 사울왕의 아들 요나단의 자손. 엘르아사의 아들. 아들 여섯이 있었다(대상9:43-44).

아셀[אָשֵׁר = 행복, 쾌락]지(민1:13) ①야곱의 여덟째 아들 아셀지파의 거주지. ②이스라엘의 서북편 지중해변 기름진 곳(수19:24-34). ③토지가 비옥하고 경치가 아름답고 남방에는 갈멜산이 있고 지중해변에는 두로항이 있다. 예수님 당시에는 갈릴리도에 속하였다. 야곱과 모세가 축복한 대로 되었다(창49:20, 신33:24-25).

아셀[אָצֵל = 행복한]지(수17:7) 세겜동편 므낫세 남쪽 경계의 성읍.

아셀 사람[people of asher]명(삿1:32) 야곱의 여덟째 아들 아셀을 선조로 하는 모든 사람. ①출애굽한 지파의 수(민1:40, 41, 26:47). ②가나안 사람을 쫓아내지 못했다(삿1:31, 32). ③드보라때 참전하지 아니함(삿5:17). ④기드온 때 참전하였다(삿6:35, 7:23). ⑤미약한 존재가 됨(시106:34-36) ⑥솔로몬 행정구역의 제9구(왕상4:16). ⑦히스기야시대 유월절에 참석(대하30:11). ⑧예수님 탄생시 여선지자 안나는 아셀 사람이다(눅2:36).

아소도[Ἄζωτος = 요새, 축출]지(행8:40) 구약의 아스돗의 헬라식 이름(수11:22).

1. **위치** - 유대국 서남 지중해변 가사 북에 있어 애굽에서 유대국에 들어오는 관문이다.
2. **관련기사** - ①여호수아가 유다 파에게 주었으나 오랫동안 취하지 못하였다. ②웃시야 왕이 정복하여 견고한 산성을 쌓았다(대하26:6). ③느헤미야 시대에 유다인이 이곳 여자들을 취하여 낳은 자식들이 유다방언을 알지 못하여 느헤미야가 책망하였다(느13:23-26). ④집사 빌립이 가사에서 이디오피아 내시에게 전도하고 이 성에 머물러 복음을 전하였다(행8:40).

아소르[Ἀζώρ = 돕는 사람](마1:13) 예수님의 계보 중 한 사람. 포로 후의 사람.

아수바[עֲזוּבָה = 버려짐, 파멸]囿
1 실히의 딸로 유다왕 히스기야의 어머니(왕상22:42, 대하20:31).
2 갈렙의 아내: 에셀, 소밥, 아르돈의 어머니(대상2:18).

아순그리도[Ἀσύγκριτος = 비교할 수 없다]囿(롬16:14) 로마에 있은 성도. 바울이 안부를 물었다.

아술사람[ashurites]囿(삼하2:9) 사울의 아들 이스보셋의 통치를 받은 족속.

아스갓[עַזְגָּד = 가드신은 강함]囿
1 스룹바벨과 같이 포로에서 귀환한 자손의 조상(스2:12).
2 느헤미야 때 바벨론 포로에서 귀환 후 서약에 날인한 족장 중의 한 사람(느10:15).
3 에스라와 함께 포로에서 돌아온 족장(느8:12).

아스겔론[אַשְׁקְלוֹן = 털 가시나무]지(렘47:5, 7) 블레셋 다섯 도시 중 하나. 아스글론과 같은 곳.

아스그나스[אַשְׁכְּנַז = 만연된 불]囿 노아의 증손. 야벳의 손자로 고멜의 아들(창10:3, 대상1:6). 그의 자손은 예레미야 시대 동부 아르메니아의 아라랏과 민니의 부근국가와 같이 바벨론을 공격했다(렘51:27).

아스글론[אַשְׁקְלוֹן = 떨기나무]지
1. **위치** - 가사의 북쪽 27km지점 블레셋 5대 도시 중 하나인 아스겔론과 같은 곳(삿1:1-19, 14:19).
2. **관련기사** - ①얼마 동안 유다에 속하여 있었다. ②삼손이 블레셋 사람을 죽일 때 부터 다윗 때까지 블레셋이 점령하고 있었고(삼상6:17, 삼하10:20). ③그후 선지자들

은 이 성이 장차 멸망할 것을 예언하였다(암1:8, 렘25:20, 47:5, 습2:4,7, 슥9:5).
*이 성은 지중해에 임하여 있고 그 뒤에는 토지가 비옥하여 포도와 파의 주산지.

아스나[אַסְנָה = 가시나무]인(스2:50) 바벨론에서 돌아온 느디님사람.

아스나[אֲשְׁנָה = 전능하신]지
① 소라 근처에 있은 유다에 속한 성읍(수15:33).
② 유다에 속한 다른 성읍(수15:43).

아스낫[אָסְנַת = 애굽 여신 느잇에게 속한 자]인(창4:45) 온의 제사장 보디베라의 딸로 바로에 의해 요셉의 처가 되어 에브라임과 므낫세를 낳았다(창41:15-52, 46:20).

아스놋 다볼[אַזְנוֹת תָּבוֹר = 다볼의 귀]지(수19:34) 다볼산 부근 납달리 경계에 있은 성읍.

아스다롯[עַשְׁתָּרוֹת = 여신의 곳]지
1. 위치 - 갈릴리호수 동쪽지역 현재의 델 아스달.
2. 관련기사 - ①이스라엘 백성이 바산왕 옥에게서 빼앗은 므낫세 사람의 땅(수9:10, 13:31) ②레위지파의 게르손 자손의 거주지(대상6:11). ③르바임 사람이 살던 아스드롯 가르나임과 같은 곳(창14:5)으로 여김(신1:4). ④브에스드와 같은 곳(수21:27). ⑤아스드랏으로도 기록되었다(대상11:44). 다윗의 용사 웃시야의 출신지.

아스다롯[astaroth]명(삿2:13) 가나안 주민이 섬기는 여신의 이름. 아세라와 같은 우상. 바알신과 같이 섬겼다(삼상7:3, 12:10, 렘7:18, 삿10:6). 베니게 사람들(두로와 시돈)이 주로 섬겼다. ①아브라함 시대부터 섬겼다(창14:5). ② 사사시대 이스라엘도 섬겼다(삿2:13, 10:6). ③블레셋 사람이 섬겼던 우상(삼상31:10). ④시돈사람의 우상(왕상11:5, 33, 왕하23:13). ⑤시돈과의 화친정책으로 예루살렘에 신전을 세웠다(왕상11:5). ⑥하나님을 떠나게 된 원인이 됨(삿2:13, 10:6). ⑦사무엘 때 제거됨(삼상7:3, 4). ⑧솔로몬 때 숭배함(왕상15:33) 〈시돈과의 화친정책〉. ⑨요시야왕이 파괴함(왕하23:13). ⑩선지자들의 공격을 받았다(삼상7:3, 렘7:18). *제사의식 때 성의 해방을 부르짓고 실행한다. 그래서 남창이 생겨났다(왕하23:4, 7). 아세라를참고하라.

아스돗[אַשְׁדּוֹד = 견고한 곳, 진(陳)]지 ①아낙 사람의 성읍. 블레셋 5대성읍의 하나(수11:22, 수13:3). ②유다 지파에게 분배되었다(수15:46). ③블레셋 사람이 법궤를 뺏앗아 가져간 곳(삼상5:1-8). ④다곤 신당이 있은 곳(삼상5:1-8). 재앙을 받음. ⑤웃시야의 공격을 받은곳(대하26:6). ⑥느헤미야를 대적하여 예루살렘 재건을 방해(느4:7). ⑦선지자들이 멸망될 것을 예언한곳. 예레미야(렘25:20), 아모스(암1:8), 스바냐(습2:4), 스가랴(슥9:6). ⑧앗수르왕 사르곤에 의해 망함(사20:1). ⑨유다인들과 통혼함(느13:23). 그의 자녀가 히브리말을 하지 못했다. ⑩신약시대 아소도. 빌립집사가 전도한 곳이다(행8:10).

아스드랏[עַשְׁתְּרָתִי]인(대상11:44) 웃시야의 고향. →아스다롯

아스드롯 가르나임[עַשְׁתְּרֹת קַרְנַיִם = 아스드롯 근처의 쌍봉]지(창14:5) 길르앗 지방의 견고한 성. 아브라함의 조카 롯을 사로 잡아간 엘람왕 그돌라오멜이 르바족속을 친 곳.

아스리감

가르나임과 같은 곳.
아스리감[עֶזְרִיקָם = 도움이 일어나다]인
1 다윗의 자손 스룹바벨의 세째 아들 느아랴의 아들(대상3:23).
2 베냐민 사람 아셀의 아들(대상8:38, 9:44).
3 유다 아하스왕의 궁내대신 에브라임의 용사이었으나 시그리에게 죽임을 당했다(대하28:7).
4 레위사람 므라리자손 하사바의 아들(대상9:14, 느11:15).

아스리엘[אַשְׂרִיאֵל = 하나님이 기쁨을 채워주심]인 므나셋 지파 길르앗자손. 아스리엘가의 선조(민26:31, 수17:2, 대상7:14). 모세의 2차 인구조사 때 명단에 있다. 광야에서 출생한 사람으로 본다.

아스리엘[עַזְרִיאֵל = 하나님은 도움이심]인
1 므낫세 반지파의 족장(대상5:24). 요단 동편에 정착했다. 앗수르 왕의 포로가 되었다.
2 다윗시대의 납달리 관원장(대상27:19).
3 예레미야 시대 스라야의 아버지(렘36:26).

아스마웻[עַזְמָוֶת = 죽음은 강함]인
1 다윗의 30용사 중 바후룸 사람(삼하23:31, 대상11:33).
2 베냐민지파 여시엘과 벨렛의 아버지(대상12:3) 다윗을 도왔다.
3 아드엘의 아들로 다윗의 곳간을 맡은 자(대상27:25).
4 사울의 아들 요나단의 후손. 여호앗다의 아들(대상8:36, 9:42).

아스마웻[עַזְמָוֶת = 죽음에 강하다]지 (느12:29) 예루살렘 북북동에 있은 베냐민 사람의 성읍. 바벨론에서 돌아와 살았다. 벧아스마웻과 같은 곳(느7:28).

아스몬[עַצְמוֹן = 강하다]지(민34:4-5) 팔레스틴 남쪽 경계 가데스바네아 부근의 성읍.

아스바다[אַסְפָּתָא = 거룩한 말(聖馬)에 의해 받음]인(에9:7) 하만의 세째 아들.

아스베야의 집[עֲשְׁבֵּעַ = 내가 탄원하다]지(대상4:21) 아마로세마포를 짜는 자의 집. 유다자손 셀라의 집을 말함.

아스벨[אַשְׁבֵּל = 긴 입술의 소유자]인 ①야곱의 손자. 베냐민의 둘째 아들(창46:21, 대상8:1). ②이스벨 가족의 선조(민26:38). ③대상7:6에는 여디아엘이 대표이다.

아스부나스[אַשְׁפְּנַז = 말의 코, 객]인 (단1:3) 바벨론왕 느부갓네살의 왕궁 환관장. 왕명에 따라 유다 포로를 교육하여 왕을 섬기게 했다.

아스북[עַזְבּוּק = 함께 황폐된, 용서]인(느3:16) 벧술지방 절반을 다스린 느헤미야의 아버지.

아스왓[עַשְׁוָת = 빛나게 만든]인(대상7:33) 아셀의 자손 야블렛의 아들. 헤벨의 손자.

아스홀[אֲשְׁחוּר = 검다]인(대상2:24) 유다사람 드고아의 아버지. 헤스론이 갈렙 에브라다에서 죽은 뒤 아비야의 유복자(대상4:5-7).

아시마[ashima]명(왕하17:30) 이스라엘이 멸망한 후 앗수르왕 사르곤에 의해 사마리아에 이주한 하맛 사람들이 가정신으로 섬긴 우상. 여신(암8:14).

아시사[עֲזִיזָא = 강한 자]인(스10:27) 바벨론 포로 때 이방인 아내를 취하여 유다로 돌아왔다가 이혼한 사람 중 한 사람. 삿두의 아들.

아시아['Ασία 해돋는 나라, 중앙]지
1. **위치와 개요** - ①성경에 기록된 아시아는 아시아주 전체를 가리킨 말이 아니고 ②소아시아반도 지금의 터키지방을 가리킨 이름. ③수도를 에베소로 한 로마 행정구역의 아시아도를 말한다(행6:9, 벧전1:1, 계1:4).
2. **관련기사** - ①오순절 때 이곳에 살던 유대인들이 참가했다(행2:9, 10). ②성령께서 바울의 아시아선교를 막으셨다(행16:6) ③아시아에서의 바울의 사역(행19:1-26). ④바울의 경유지(행20:16, 17). ⑤바울이 아시아 성도에게 문안함

(롬16:5). ⑥베드로가 아시아 교회에 서신을 보냄(벧전1:1). ⑦바울이 큰 환란을 당한 곳(고후1:8). ⑧바울이 서신 중에 언급한 지역(고전16:19, 딤후1:15). ⑨아데미를 섬긴 지역(행19:27).

아시아의 7교회 - ①에베소. ②서마나. ③버가모. ④두아디라. ⑤사데. ⑥빌라델비아. ⑦라오디게아(계1:4, 2:-3:).

아시아 관원[chief of asia]圐(행19:31) 에베소의회의 의원(議員)을 가리키는 말. 바울의 친구들이 있었다.

아시엘[עֲשִׂיאֵל = 하나님은 나의 힘]凬 레위사람으로 다윗시대 성막에서 비파를 타던 악사(대상15:20). 야시엘과 같은 사람.

아시엘[עֲשִׂיאֵל = 하나님은 창조주]凬 시므온 사람의 한 족장(대상4:35). 예후의 증조부

아아[ah, oh]囝(왕하6:5) 아. 아하. 히브리 말의 경우에는 절망이나 슬픔을 나타내는 감탄사. 헬라어인 경우에는 아픔이나 불쾌함을 나타내는 감탄사(마11:21, 약2:20)로 쓰인다.

아야[עֲיָה = 대머리 독수리]凬
①에돔족 호리사람 세일의 손자. 시브온의 아들로 아나의 형제. 나귀를 치다가 온천을 발견하였다(창36:24, 대상1:40).
②사울의 첩 리스바의 아버지(삼하3:7, 21:8-11). 사울의 첩장인.

아야[עַיָּה = 폐허]凤(느11:31) 벧엘 남동의 성읍. 아이와 같은 곳.

아얄론[אַיָּלוֹן = 사슴의 언덕]凤
①아모리 사람의 성읍.
1. 위치와 개요 - 유다 서북부 평지에 있던 아모리 사람의 성읍(수10:12). 여호수아의 승리의 노래에 처음 나타나는데 이 골짜기 위에 달이 머물렀다(수10:12-13).
2. 관련기사 - ①단지파의 경내에 있던 레위인의 거주지(수19:42, 21:24, 대상6:69). ②후에 베냐민 지파에 속하였다(대상8:13). ③나중에 유다지파에 속하여 르호보암이 요새지로 삼았다(대상11:10). ④여호수아가 점령한 후에도 아모리 족속이 거주하고 있었다(삿1:35). ⑤사울 시대 요나단이 블레셋인을 이곳 까지 추격 하였다(삼상14:21). ⑥아하스시대에는 블레셋에게 빼앗겼다(대하28:18).
②스불론의 성읍. 사사 엘론이 장사된 곳(삿12:12).

아얏[עַיָּת = 폐허]凤(사10:28) 아야, 아이와 같은 곳.

아얠렛사할[aijeleth-shahar]圐(시22:) 시편 22편의 제목. 새벽 암사슴이란 곡조의 이름으로 여긴다.

아와[עַוָּא = 지방]凤(왕하17:24) 앗수르왕 사르곤에 의해 정복된 북수리아의 성읍. 이곳 사람들은 후에 사마리아로 옮겨졌다(왕하18:34). 이들은 사마리아에서 닙하스와 다르닥 우상을 만들어 섬겼다(왕하17:31).

아우[younger brother]圐(창4:2) 같은 항렬에서 나이가 적은 이. 동생.

아우르다[put together]타(시81:2) ①여럿을 한 덩어리나 한 판을 이루다. ②여럿이 조화를 이루다.

아울러[together]튄(출12:8) ①여럿을 한데 합하여. ②그것과 함께.

아웬[אָוֶן = 악, 미혹, 우상]凤
①애굽인의 태양신 숭배 중심지. 제사장 학교가 있던 온을 말한다(창41:50, 겔30:17). 현재 카이로동북 11km지점 나일강 동안에 있는 엘마다리에.
②호10:18의 아웬의 산당이라 한 것은 우상의 산당이라고 읽는 것이 옳다. 이것은 벧엘 곧 하나님의 집에 대하여 반대의 이름으로 호4:15, 10:5에 있는 벧아웬(우상의 집)이라고 부르는 것과 같다.
③암1:5의 아웬은 두 레바논산 사이에 있는 수리아분지(盆地). 태양신(바알)을 숭배하던 곳이다.

아위[עַוִּים = 사막 부락민]圐凤(신2:23) 가나안 원주민으로 가사 가까이에 있었다. 갑돌에 의해 블레셋

아윔 에 흡수된 곳(수13:3).

아윔[עַוִּים =폐허, 촌락들]지(수18: 23) 벧엘 근처에 있던 베냐민지파의 성읍. 아이와 같은 곳.

아윗[עֲוִית =폐허, 오두막 마을]지 (창36:35) 에돔왕 부닷의 아들 하닷의 수도(대상1:46).

아이[עַי =폐허]지(창12:8)

1 가나안의 요해지
1. 위치 - 벧엘 동남 3km 지점에 있던 가나안인의 진지(창12:8).
2. 관련기사 - ①아브라함이 가나안에 들어가 벧엘과 아이 사이에 장막을 쳤다(창13:). ②여호수아는 이 성을 공격하였으나 아간의 범죄로 실패하고 아간을 징벌한 후 두 번째 공격하여 점령하였다(수7:2-5, 8:1-29). ③그 싸움의 결과로 황폐하여졌던 것을 이사야시대에 재건하였고 후에 앗수르 군대의 침입을 당하였다(사10:28). ④바벨론 포로 귀환 후의 유다인의 거주지(스2:28, 느7:32). ⑤베냐민 사람이 포로에서 돌아와 살았다(느11:31, 참고 : 아이, 아야, 아이앗은 같은 곳).

2 헤스론 부근 요단 동부 암몬의 성읍(렘49:3).

아이배다[conceive]자(출21:21) 아이를 잉태하다. 임신하다.

아이[Child]명(창25:22) ①갓 출생한 아들, 딸을 일컫는 말(창21:8). 젖을 먹고 자란다. ②생각이 어린 사람을 일컫는 말(고전14:28). ③자식을 일컫는 말(창30:1-12). ④교육을 받는다(삼하4:4, 왕하10:1). ⑤악습으로 아이를 우상에게 제물로 바쳤다(출13:12, 34:19). ⑥아버지에게 존속된 자(출21:7, 22:16,17).⑦고아를 돌볼 의무가 있다(신10:18). ⑧고아를 위하여 신원하라고 선지자가 경고했다(사1:17, 렘5:28). ⑨부족한 점이 많은 것을 뜻함(고전13:11). ⑩자기를 낮추는 자(마18:3). ⑪천국에 들어갈 자의 모형(마18:3). ⑫그리스도의 입성을 노래했다(마21:15). ⑬예수님께 물고기 두 마리와 떡 다섯개를 드린 아이가 있다(요6:9). ⑭아이를 위하여 저축하라(고후12:14).

아인[ain]명 히브리문자16번째 글짜의 이름. 뜻은 눈. 시편119:121-128의 제목. 아인은 수치일 때 70으로 한다.

아인[עַיִן =샘]지

1 약속의 땅 가나안의 리브라 동북의 경계가 되는 성읍. 오론데스강 근원지에 가깝다(민34:11).

2 유다 남부 브엘세바 동북 14km지점의 성읍(수15:32, 19:7, 대상4:32, 느11:29). 움엘루마임인 듯하다. 또 엔리몬이라고도 한다.

3 제사장 아론 자손에게 준 성읍인데 70인 역에는 아산이라고 하였다(수21:16).

아인 가렘[ein karem]지(눅1:24, 39) 예루살렘 서쪽 6km지점 요한의 부모 사가랴와 엘리사벳이 살던 곳을 일컫는 지금의 지명.

아자비[uncle]명(레10:4) 아저씨의 옛말.

아전[衙前 ; 마을 아, 앞 전. officer]명(대하24:11) 지방 관청에서 근무하는 하급직원. 형리를 가리키는 말.

아주[very quiter]부(레1:17) ①더 생각할 여지도 없이. ②다시는 없도록. 갑 잘하는 체하는 남의 행동을 비웃는 말.

아직[yet, still]부(마15:16) ①그가 오지 않은 뜻. ②과거에 있었던 그대로.

아첨[阿諂 ; 아첨할 아, 아첨할 첨. flatter](욥32:22) 남에게 잘 보이기 위하여 사리 분별도 없이 비위를 맞추어 알랑거리는 짓. ㉙ 아부(阿附). 원어가 뜻하는 것은 간질간질하게 하여 기분을 맞추는 것을 뜻함. 아첨이 심하면 옳지 않는 것도 옳다고 하고 좋지 못한 것을 좋다고 하게 된다.

아첨하는 자 - 남의 귀를 즐겁게 하는 사람. 아부하는 사람. ①거짓선지자(왕상22:13, 대하18:12). ②미혹하는 자(롬16:18). ③악한 사람(시5:9) ④신실하지 못한 자(시5:9). ⑤두 마음을 가진 자(시12:2). ⑥거짓말을 하는 자(시12:2). ⑦남을 미워하는 자(잠26:28). ⑧속이는 행위(겔12:24). ⑨음녀, 말로 호리는 자(잠2:16). ⑩이를 위하는 자(유16). ⑪시기하는 자(단6:6-8). ⑬악인더러 옳다고 하는 자(잠24:24). ⑭모해하려는 자(행24:2-4). ⑮위험을 모면하려는 자(삿8:1-3). ⑯야곱과 같은 자(창33:10).

* 아첨하는 자의 종말은 패망 뿐이다(잠26:28, 행12:21-23). 그러므로 그리스도인은 아첨하지 않아야 한다(살전2:5).

아침[morning]명(창1:5) 날이 새어 밥을 먹을 때까지의 동안. 오전 6시 전후한 시간을 가리킨다. 좀 넓게는 오전 9시까지 해당된다(아침과 낮의 중간지점 이전이다).

아침의 아들[son of dawn]명(사14:12) 스스로 존재하는 신이라고 높이는 바벨론 왕을 가리켜 쓰인 말. 계명성 - 루시퍼 마귀를 일컬음.

아켈라오[Ἀρχέλαος 지배자, 치민] 인(마2:22-23) 헤롯 아켈라오. 헤롯대왕의 아들. 헤롯 안디바의 형. 유대, 사마리아, 이두매 분봉왕(주전4~주후6). 다른 형제와 마찬가지로 로마에서 교육을 받았다. 그에게는 왕의 칭호가 주어지지 않고 분봉왕으로서 치리했으나 악정으로 인하여 유대인의 불평을 초래하여 드디어 로마정부로부터 파면을 당했다. 요셉과 마리아가 아켈라오를 피해 애굽에서 갈릴리 나사렛으로 갔다.

아켈라오의 주화

아킴[Ἀχίμ = 지혜]인(마1:14) 예수님의 계보 중 사독의 아들.

아킵보[Ἄρχιππος = 마부]인(골4:17) 골로새의 교인. 빌레몬 가족의 한 사람(몬2). 복음의 군사 된 자. 주 안에서 받은 직분을 삼가 진력하라고 바울이 권면했다.

아프다[painful, grieve, sore]형(삼상4:19) 몸이나 마음이 견디기에 거북하고 몹시 괴롭다.

아하[humph]감(신28:67) 미처 생각하지 못한 일을 깨달아 느꼈을 때 내는 소리. 아. 아아.

아하라[אֲחַרַח = 형제를 따라]인(대상8:1) 베냐민의 세째 아들. 하히람, 에히라고도 불리운 사람(민26:38, 창46:21).

아하수에로[אֲחַשְׁוֵרוֹשׁ = 위대한 자]인

1 메데인으로 갈대아왕이 된 다리오의 아버지(단9:1).

2 바사왕(에1:1).
1. **인적관계** - 에스더의 남편(에1:1).
2. **관련기사** - ①인도, 구스까지 127도의 통치자(에1:1). ②수산궁에서 즉위(에1:2). ③왕후 와스디를 폐위시킴(에1:15-2:1). ④에스더를 왕비로 삼음(에2:16, 17). ⑤하만의 말을 잘따름(에3:1, 8-12). ⑥유다인 전멸 조서를 내림(에3:13-15). ⑦모르드개에게 포상함(에6:). ⑧에스더의 호소를 들음(에7:1-8). ⑨역조서를 내려 하만을 칠 수 있도록 하였다(에7:9, 10, 8:3-17). ⑩모르드개의 직위를 높임(에8:1, 2, 10:1-3).

아하스[אָחָז = 소유자, 붙잡았다]인

1 유다왕.
1. **인적관계** - 요담의 아들.
2. **관련기사** - ①20세에 즉위했다(왕하16:1, 2). ②가증한 우상을 숭배했다(왕하16:3-4). ③아람 왕 르신과 이스라엘 왕 베가의 공격을 받았다(왕하16:5, 6). ④앗수르 왕에게 원병을 청함(왕하16:7-9). ⑤앗수르왕에게 뇌물을 바침(왕하16:8, 9). ⑥성전에 앗수르의 다메섹 이단의 단을 뜬따 단을 만들게 함(왕하16:10-11). ⑦자기의 명령대로 제사를 드리게 함(왕하16:

12-16). ⑧여호와의 전 기물들의 위치를 변경함(왕하16:17, 18). ⑨예루살렘에서 16년을 치리함(대하28:1). ⑩이사야의 예언을 들음(사7:1-16). ⑪호세아와 미가의 예언도 들었다(호1:1, 미1:1). ⑫죽어 예루살렘에 장사됨(왕하16:20). ⑬그의 아들 히스기야가 왕위에 오름(왕하16:20). ⑬아하스의 패전기록(대하28:5-15). ⑭하나님을 의지하지 아니함(사7:1-16). ⑮예수님의 계보에 있다(마1:9).

② 사울의 아들 요나단 자손 미가의 아들(대상8:35, 36, 9:40-42).

아하스베[אֲחַסְבַּי = 만발한, 빛나는] (삼하23:34) 다윗의 30용사 엘리벨렛의 아버지.

아하시야[אֲחַזְיָה = 주의 소유]인

① 북 이스라엘 왕.

1. 인적관계 - 아합과 이세벨의 아들(왕상22:48, 49).

2. 관련기사 - ①2년간 다스림(왕하22:48, 49). ②바알 우상 예배자(왕상22:53). ③금을 얻기 위하여 유다왕 여호사밧과 함께 배를 다시스로 보냈었으나 파선되었고 다시 시도했으나 선지자의 경고대로 이루지 못했다(왕상22:48, 49, 대하20:25-37). ④선지자의 예언대로 난간에서 떨어져 병들었다(왕하1:1). ⑤에글론에 있는 우상 바알세붑에게 병의 치유를 물어보려고 사자를 보내었다(왕하1:2). ⑥모압이 반역하였다(왕하3:5). ⑦엘리야가 죽게 되리라고 예언한대로 죽었다(왕하1:3-8). ⑧그는 무지한 왕이었다(왕상22:51, 53).

② 유다왕

1. 인적관계 - 여호람과 아달랴의 아들(왕하8:25, 26).

2. 관련기사 - ①아람왕에 대항하여 이스라엘의 요람(여호람)과 연합하여 싸웠다(왕하8:28). ②요람이 부상하여 이스르엘로 돌아갔는데 그곳에 문병하러 감(왕하9:16, 대하21:17). ③요람을 없애려는 예후에게 살해됨(왕하9:27, 28). ④어머니처럼 바알을 섬겼다(대하22:3). ⑤여호 아하스라고도 부름(대하21:17). ⑥아사랴라고도 부른다(대하22:6).

아하와[אַהֲוָא = 들, 시내]지 (스8:15). 바벨론 서북방을 흐르는 강. 혹은 운하의 이름. 에스라가 귀국하기 위하여 백성을 모아 장막을 치고 이 강가에서 금식을 선포하고 기도한 후 정월 12일에 이곳에서 출발하여 예루살렘을 향하였다(스8:21, 31).

아하헬[אַחֲרֵי אֹהֶל = 흉벽 뒤의, 안전한]인(대상4:8) 유다지파의 하룸의 아들. 아하헬 족속의 선조.

아합[אַחְאָב = 아버지의 형제]인

① 이스라엘 왕

1. 인적관계 - 오므리의 아들(왕상16:29).

2. 관련기사 - ①두로 왕의 딸 이사벨과 결혼했다(왕상16:31). ②바알 숭배자(왕상16:31-33). ③엘리야의 경고를 듣지 않음(왕상17:1). ④가뭄이 심하자 오바댜를 시켜 엘리야를 찾게 함(왕하18:1-6). ⑤바알과 아세라 선지자를 갈멜산에 모아 엘리야와 대결하게 함(왕상18:17-43). ⑥비가 오리라는 엘리야의 말을 듣고 이스르엘로 돌아감(왕하18:44-46). ⑦이세벨에게 엘리야가 바알과 아세라 선지자를 죽인 일을 고함(왕상19:1). ⑧아람왕 벤하닷과 동맹국왕 32인의 침략을 받음(왕상20:1-6). ⑨아합이 장로들을 모으고 벤하닷의 침공을 의논하여 벤하닷의 요구를 거절함(왕상20:70-9). ⑩벤하닷의 재차요구를 거절함(왕상20:10-12). ⑪선지자의 말을 들음(왕상20:13-15). ⑫아람 연합국과의 전쟁(왕상20:16-21). ⑬선지자의 경고에도 불구하고 사로잡은 벤하닷과 구영토 회복을 조건으로 화친계약을 맺고 그를 놓아줌(왕상20:31-34). ⑭아합에 대한 선지자의 예언(왕상20:40-42). ⑮나봇의 포도원을 탐냄(왕상21:1-16). ⑯아합왕조

의 멸망이 예언되었다(왕상21:17-26). ⑰일시적 회개로 멸망이 지연됨(왕상21:27-29). ⑱길르앗 라못을 탈환하기 위하여 유다왕 여호사밧과 연합하여 아람과 싸울 것을 결심(왕상22:1-4). ⑲선지자 미가야의 말을 듣지 않고 거짓선지의 말을 듣고 나가 싸움(왕상22:5-33). ⑳선지 미가야를 가둠(왕상22:24-28). ㉑아합의 최후(왕상22:34-36). ㉒하나님의 말씀대로 됨(왕상22:37-38). ㉓아합의 아내 아세벨의 최후(왕하9:30-37). ㉔아합의 아들 70인이 살해됨(왕하10:1-10). ㉕엘리야의 예언이 성취됨(왕하10:11-17). ㉖미가와 호세아 선지자의 예언을 참고하라(미6:16, 호1:1).

2 예레미야시대 거짓선지자. 바벨론에서 백성을 속였다. 골리앗의 아들인 그에게 예레미야가 죽을 것을 예언했다(렘29:21-22).

아헬[אָחֵל = 따르는, 다른]인(대상7:13) 베냐민 사람 후심의 아버지. 아하라와 같은 사람(대상8:1).

아호아[אֲחוֹחָה = 형제적]인(대상8:4) 베냐민 지파 벨라의 아들. 아히와 같은 사람인 듯하다(대상8:7).

아호아[אֲחוֹחִי = 형제적인]인지(삼하23:28) 다윗의 30용사 중 한 사람인 살몬의 고향.

아호아 사람[ahoahite]명(대상8:4) 베냐민지파 벨라의 아들. 아호아에게서 출생한 사람들. ①도도(대상11:12). ②도대(삼하23:9). ③엘르아살(삼하23:9). ④살몬(삼하23:28). ⑤일래(대상11:29).

아호[אָחוֹ = 그의 형제]인
1 웃사의 형제. 아비나답의 아들. 법궤를 실은 수레를 끈 사람(삼하6:3). 아히요와 같은 사람이다(대상13:7).
2 베냐민 사람 부리아의 아들. 예루살렘에 거주한 족장(대상8:14).
3 베냐민 사람 여이엘의 아들. 사울왕의 삼촌(대상8:31, 9:37).

아후매[אֲחוּמַי = 물의 형제]인(대상4:2) 유다지파 소라족속 야핫의 아들. 라핫의 형제.

아훗삼[אֲחֻשָּׁם = 그들의 소유]인(대상4:6) 유다사람 헤스론 족속. 나아라에 의한 아스훌의 아들.

아훗삿[אֲחֻזַּת = 소유]인(창26:26) 이삭시대 그랄왕 아비멜렉의 친구.

아훗새[אֲחַזְיָה = 여호와가 잡으셨다]인(느11:13) 임멜의 손자요, 므실레못의 아들. 에스라시대 바벨론에서 돌아온 제사장 아사렐의 아버지. 아맛새의 할아버지. 야세라와 같은 사람(대상9:12).

아히[אָחִי = 내 형제]인
1 압디엘의 아들이며 바산 길르앗에 거주한 갓지파의 족장(대상5:15).
2 아셀자손 소멜의 맏아들(대상7:34). 로가, 호바, 아람의 형.

아히감[אֲחִיקָם = 내 형제가 일어남]인 ①요시야왕의 서기관 사반의 아들(왕하22:12). ②대제사장 힐기야가 성전에서 발견한 율법책의 말씀을 묻기 위하여 요시야왕이 여선지 훌다에게 파견한 5인의 사신 중 하나(왕하22:12-14). ③여호야김 즉위 초 예레미야가 국가의 죄를 책망할 때 제사장과 선지자들이 예레미야를 죽이려고 했다. 그때 예레미야를 보호한 사람(렘26:24) ④그달랴의 아버지(왕하25:22). 그의 아들은 느부갓네살왕의 명령으로 예레미야를 구출했다(렘39:14, 40:5).

아히나답[אֲחִינָדָב = 형제는 고귀함]인(왕상4:14) 솔로몬 치하에서 마하나임 성읍을 주관한 관장. 잇도의 아들.

아히노암[אֲחִינֹעַם = 내 형제는 아름답다]인
1 이스라엘 제1대 왕 사울의 왕비. 아히마아스의 딸(삼상14:50).
2 다윗의 아내.
1. 인적관계 - 이스르엘 여자로 암논의 어머니(삼상25:43, 삼하3:2).
2. 관련기사 - ①다윗이 가드왕 아기스에게 피신하였을 때 처와 아비가일이 함께 하였다(삼상27:3). ②

시글락에서 포로가 되었을 때 다윗이 구출했다(삼상30:5). ③다윗과 함께 헤브론으로 갔다(삼하2:2).

아히도벨[אֲחִיתֹפֶל = 무지의 형제] 인 ①길로 사람. 다윗의 모사(삼하15:12). ②압살롬의 반란 때 압살롬의 고문이 됨(삼하15:31). ③압살롬에게 다윗의 후궁들을 범하게 함(삼하16:22-23). ④두번째 모략을 압살롬에게 권했으나 압살롬이 시행하지 않아 고향에 돌아가 자살했다(삼하17:23). ⑤우리아의 아내 밧세바의 할아버지(삼하11:3, 23:34). ⑥시41:9, 55:12는 아히도벨의 반역을 노래한 것.

아히둡[אֲחִיטוּב = 선한 내 형제] 인
① 엘리의 손자. 비느하스의 아들. 아히야의 아버지(삼상14:3).
② 놉의 제사장 아히멜렉의 아버지(삼상22:9-12, 20). 피난중인 다윗을 도움으로 사울에게 살해됨.
③ 다윗시대 제사장 사독의 아버지(삼하8:17, 대상6:7,8, 스7:2).
④ 다른 사독의 아버지(대상9:11).

아히라[אֲחִירַע = 악의 형제] 인(민1:15, 2:29, 7:78, 10, 27) 에난의 아들로 납달리 족속의 두령(민2:29). 제12일에 예물을 드렸다.

아히람[אֲחִירָם = 고귀한 형제] 인(민26:38) 베냐민의 세째 아들로 아하라와 같은 사람(대상8:1)창46:21에는 에히로 되었다.

아히람 가족[ahiramite] 명 (민26:38) 베냐민자손 아히람의 후손.

아히마아스[אֲחִימַעַץ = 내 형제가 분노함] 인(삼상14:50)
① 사울왕의 처 아히노암의 아버지(삼상15:50).
② 다윗시대 제사장 사독의 아들. ①아사랴의 아버지(대상6:8,9,53). ②압살롬의 반란계획을 다윗에게 알렸다(삼15:27, 36). ③승리의 소식을 다윗에게 알렸다(삼하18:24-30).
③ 솔로몬의 딸 바스맛의 남편. 납달리 땅의 관장(왕상4:15).

아히만[אֲחִימָן = 선물의 형제] 인
① 헤브론의 거인 아낙의 아들(민13:22). 유다지파 갈렙에 의해 추방되었다(수15:14).
② 레위사람. 성전문지기(대상9:10).

아히멜렉[אֲחִימֶלֶךְ = 왕의 형제] 인
① 엘리의 자손 아히둡의 아들(삼상21:1). ①놉 땅의 제사장(삼상22:9, 14:3, 대상24:3). ②그가 다윗에게 성막안의 진설병과 골리앗의 검을 준 까닭에 사울이 그의 온 가족과 제사장 85인을 죽였다. 사울의 독수에서 벗어난 자는 오직 아비아달 뿐이었다(삼상22:9-20).
② 다윗이 사울에게 쫓길 때 아비새와 함께 다윗을 따른 헷 사람(삼상26:6-9).
③ 아비아달의 아들로 다윗을 따랐다 (삼하8:17, 대상24:3, 6, 31). 사독과 같이 대제사장이 되었다.

아히마하스 인(삼하17:20) 아히마아스와 같은 사람. 다윗에게 죽음을 무릅쓰고 소식을 전한 사람.

아히못[אֲחִימוֹת = 내 형제는 죽음] 인(대상6:25) 레위지파 고핫사람 엘가나의 아들. 아마새의 형제.

아히사막[אֲחִיסָמָךְ = 형제가 도왔다] 인(출31:6, 35:34) 단지파 사람. 모세시대 성전기구를 만든 사람 오홀리압의 아버지.

아히사할[אֲחִישַׁחַר = 여명의 형제] 인(대상7:10) 베냐민 지파의 족장. 여디아엘의 손자로 빌한의 아들. 그 자손 중에서 용사가 많이 나왔다.

아히살[אֲחִישָׁר = 노래부르는 자의 형제] 인(왕상4:6) 솔로몬왕의 궁내 대신.

아히안[אֲחִיָן = 형제적인] 인(대상7:19) 므낫세 자손. 스미다의 아들. 세겜, 릭히, 아니암의 형.

아히암[אֲחִיאָם = 어머니의 형제] 인(삼하23:33) 아랄사람 사랄의 아들로 다윗의 30용사 중 한 사람 (대상11:35).

아히야[אֲחִיָה = 여호와의 형제] 인
① 아히둡의 아들로 사울시대 제사장 (삼상14:3, 18). 엘리의 아들 비느하스의 손자이다.

② 실로의 선지자. ①여로보암에 대하여 두 가지 예언을 하였다. 하나는 솔로몬이 우상을 섬김으로 나라를 나누어 그 중 10을 하나님께서 여로보암에게 주시겠다고 하였다(왕상11:29-33). ②또 하나는 여로보암 역시 우상을 섬김으로 그 나라가 망할 것과 그 아들 아비야가 죽을 것을 예언하였다(왕상14:1-16).

③ 솔로몬시대의 서기관(왕상4:3). 그의 아버지 시사도 다윗왕 때 서기관이었다.

④ 유다자손 헤스론의 맏아들 여라무엘의 아들(대상2:25).

⑤ 이스라엘왕 바아사의 아버지(왕상15:27).

⑥ 베냐민사람의 족장(대상8:4). 아호아와 같은 사람(대상8:7).

⑦ 다윗의 군인 중 큰 용사. 블론사람(대상11:36).

⑧ 다윗시대 성막 곳간을 맡은 레위사람(대상26:20).

⑨ 느헤미야 때 레위사람(느10:26). 율법엄수에 날인한 백성의 대표.

아히에셀[אֲחִיעֶזֶר = 돕는 형제]인
① 모세 때 단지파 암미삿대의 아들로 족장(민2:25, 7:66, 10:25). 광야에서 제4진으로 진행했다.
② 기브아 사람으로 사울 왕의 가문 사람. 다윗이 사울을 피하여 다닐 때 함께한 용사요 궁사(弓士)(대상12:1-3).

아히오[אַחְיוֹ = 존귀한 형제]인
① 아비나답의 아들. 다윗이 그의 집에 있던 법궤를 옮길 때 형제가 법궤를 실은 수레를 끌었다. 그의 형 웃사가 법궤를 붙들었다가 여호와께서 치심으로 웃사는 죽었다(삼하6:3 아효와 같은 사람).
② 베냐민사람 여히엘의 아들로 기스의 형제(대상8:31, 9:37).

아히오[אָחִיו = 그의 형제]인(대상8:14) 브리아의 아들로 가드사람을 쫓아낸 사람.

아히홋[אֲחִיהוּד = 위엄있는 형제]인 슬로미의 아들로 아셀 자손의 족장. 가나안 땅 분배할 때 조력자(민34:27).

아히훗[אֲחִיחֻד = 비밀형제]인(대상8:7) 베냐민사람 에훗의 아들. 웃사의 형제. 빌라의 손자로 게바에 거했다.

아힐룻[אֲחִילוּד = 한 태의 형제]인
① 다윗과 솔로몬 시대의 사관(史官) 여호사밧의 아버지(삼하8:16, 20:24, 왕상4:3, 대상18:5).
② 솔로몬의 관장(官長) 바아나의 아버지(왕상4:12).

악[惡 ; 악할 악. evil]명(창6:5) ① 착하지 않음. 올바르지 않음. 나쁨. ②양심을 따르지 않고 도덕률을 어기는 일.

1. **선과 반대되는 말.** - ①해가 되는 것(창26:29, 삼하12:18). ②고통스러운 것(잠11:15, 계16:2). ③무가치한 것(왕하2:19, 렘24:2). ④근심되는 것(창21:11, 느2:3, 전7:3). ⑤화가되는 것(출5:19, 시30:18). ⑥해를 주는 행위(삼하13:16). ⑦부패한 것(잠25:19, 마6:23). ⑧속이는 것(슥5:7-8). ⑨행음하는 것(창19:7). ⑩욕심(약1:14).

2. **악한 것** - ①마음이 악함(렘17:9). ②세월이 악함(엡5:6). ③귀신(사귀)이 악함(마12:45). ④사람이 악함(마12:35, 15:19, 막7:23). ⑤생각과 계획이 악함(창6:5). ⑥이 세대가 악함(마12:39, 갈1:4). ⑦우상숭배(엡5:5, 암9:15).

3. **하나님과의 관계에 있어서** - ①하나님과의 계약관계를 파괴하는 행위(창3:1-7, 신13:1-17). ②우상숭배(암9:15).

4. **악의 근원** - ①범죄한 천사. 사단(마귀)(유6, 마12:45, 엡6:16). ②마귀(창3:1-7, 엡6:16). ③욕심(약1:14). ④인간의 마음에서부터(마15:18,19).

악감[惡感 ; 악할 악, 느낄 감. ill feeling, animosity]명(행14:2) ①좋지않게 생각하는 감정. ②분하고 원통한 감정.

악갓[㰅㯰㯰 = 요새, 성곽]**(지)**(창10:10) 바벨론 북부 시날 땅에 니므롯이 건설한 4대 도시 중 하나. 후에 사르곤 Ⅰ세가 도성을 쌓았던 곳.

악고[㯰㯰 =무더운 모래]**(지)** ①갈멜산 북쪽 6km지점에 있는 베니게의 항구. 아셀지파의 분깃(수19:30). 그곳 주민을 모두 쫓아내지 못했다(삿1:31). ②사도 시대에는 돌레마이라 하여 바울이 최후 예루살렘에 올라 갈때 이곳에서 1일간 유숙하였다(행21:7).

악굽[㯰㯰㯰 =교활한]**(인)**

① 다윗의 자손 엘료에네의 아들(대상3:24).

② 바벨론에서 돌아온 성전의 동문 문지기(대상9:17, 스2:42).

③ 스룹바벨과 함께 바벨론 포로에서 돌아온 성전봉사자(느디님)의 한 족장(스2:45).

④ 에스라를 도와 백성들에게 율법을 가르친 레위사람(느8:7).

악귀[惡鬼 ; 악할 악, 귀신 귀. evil spirits]**(명)**(눅7:21) 아주 몹쓸 귀신. 더러워진 영과 같은 말. 악귀에 들렸다는 것은 더러운 영에 붙들려 있다는 뜻이다.

악기[樂器 ; 음악 악, 그릇 기. musical instrument]**(명)**(삼하6:5) 음악을 할 때 쓰는 모든 기구.

악념[惡念 ; 악할 악, 생각 념. evil intention]**(명)**(신15:9) 모진 생각, 나쁜 마음. 쓸데없는 생각.

악담[惡談 ; 악할 악, 말씀 담. curse, speak evil]**(명)**(시41:5) 남을 못되도록 저주하는 나쁜 말.

악독[惡毒 ; 악할 악, 독할 독. cruel venom, mischief malignity]**(명)**(신32:33) 악한 마음, 원한, 적대감, 교활함을 나타내는 말. 독살스러우며 동기에서 악을 담고 있다.
①독사를 가리킴(신32:33). ②악을 행하는 자를 가리킴(시28:3). ③혀의 악함을 가리킴(사59:3, 4:8). ④바리새인을 가리킴(눅11:39). ⑤누룩을 가리킴(고전5:8). ⑥니느웨성을 가리킴(욘1:2). ⑦사람의 마음에서 나오는 것을 가리킴(막7:22). ⑧마음에 하나님 두기를 싫어하는 자를 가리킴(롬1:29). ⑨옛사람을 가리킴(딛3:3). ⑩버려야할것을 가리킨다(벧전2:1).

악령[惡靈 ; 악할 악, 신령 령. satan]**(명)**(고전2:6-8, 갈4:8-10) 원한을 품고 재앙을 내린다는 영혼. 귀신. 마귀. 사단.
*그리스도의 십자가 부활은 이 악령을 깨뜨렸다.

악메다[㯰㯰㯰㯰 =모이는 곳]**(지)**(스6:2)메데의 수도. 고레스 왕이 점령한 뒤로 바사의 여름궁. 예루살렘 재건 문서가 보관되었던 곳. 현재의 이란의 수도 테헤란의 서쪽 300km지점에 위치한 마을.

악볼[㯰㯰㯰㯰㯰 = 쥐]**(인)**

① 에돔왕 바알하난의 아버지(창36:36, 대상1:49).

② 미가야의 아들로 엘단의 아버지. 요시야왕의 명령을 받고 여선지자 훌다에게 가서 성전에서 발견된 율법책에 기록된 뜻을 물었다(왕하22:8-14). 대하34:20에는 압돈으로 되어있다.

악사[樂師 ; 음악 악, 스승 사. musician]**(명)**(시68:25) 주악에 종사하던 한 벼슬.

악사[樂士 ; 음악 악, 선비 사. singers]**(명)**(시68:25) 악기와 음악을 연주하는 사람.

악사[㯰㯰㯰 = 발목걸이]**(인)**(삿1:11-15) 애굽에서 나와 가나안에 들어간 사람 중 하나인 갈렙의 딸(대상

2:49). 갈렙이 기럇세벨을 쳐서 취하는 자에게 악사를 아내로 주겠다고 선포하였더니 숙부(그나스)의 아들(사촌) 옷니엘이 취하여 그에게 주고 또 윗샘과 아랫샘을 주었다(수15:16-19).

악삽[אַכְשָׁף = 마술의 장소, 헌신]囿
①악고 평원에 있던 가나안의 성읍(수1:11). ②여호수아가 점령함(수12:20). ③아셀 지파에게 분배된 곳(수19:25). ④하솔왕과 동맹하여 이스라엘 침략을 대비하고 있었다(수11:~12:20).

악성[惡性 ; 악할 악, 성품 성. fret, malignancy]囿(레13:51) 모질고도 악독한 성질.

악수[握手 ; 잡을 악, 손 수. handshake]囿(애5:6) ①두 사람이 서로 손을 마주 잡아 흔듦. ②서로 교제를 맺음. ③적대감이 없는 인사의 방편.

악신[惡神 ; 악할 악, 귀신 신. devil]囿(삼상16:14) 바른 법을 어지럽히고 사람에게 재앙을 가져다 주는 나쁜 신. 악령, 귀신 등과 같은 뜻을 지닌 말. 초기 이스라엘 사람들은 하나님께서 악신을 사람에게 보내어 불행을 가져오게 하는 것으로 알았다. ①아비멜렉과 세겜사람에게 임함(삿9:23). ②사울에게 임함(삼상16:13-23, 18:10). ③아합에게 임함(왕상22:1-23). ④다윗이 내쫓음(삼상16:23). ⑤예수님이 내쫓으심(눅7:21). ⑥바울이 내쫓음(행19:11-12).

악심[惡心 ; 악할 악, 마음 심. evil intention]囿(히3:12)①악한마음. ②남을 해치려는 마음. 악독을 참고하라.

악십[כְּרִיצַשׁ = 속임]囿
① 가나안 성읍. ①아셀지파에게 분배되었다(수19:29). ②가나안 주민을 내쫓지 못했다(삿1:31). 다윗시대에 점령했다.
② 유다지파 남부의 성읍(수15:44). 미가선지자는 이 성읍의 멸망을 예언했다(미1:14). 고세 바(대상4:

22)와 거십(창38:5)은 악십과 같은 장소이다.

악어[鰐魚 ; 악어 악, 고기 어. leviathan, dragon, crocodile]囿(레11:30) 악목(鰐目) 파충류의 총칭. 도마뱀과 비슷한 모습으로 매우 큰 파충류. 성지에서는 갈멜산 남방 지역에 살고 있다.

악업[惡業 ; 악할 악, 업 업. evil]囿(사1:16) 나쁜 짓, 나쁜 직업.

악의[惡意 ; 악할 악, 뜻 의. ill will, malice]囿(롬1:29)남을 해치려는 나쁜 마음.

악인[惡人 ; 악할 악, 사람 인. bed man]囿(창18:23) 성질이 악한 사람. 의인과 반대되는 말로서 사로잡혀 행동하는 사람과 하나님을 믿지 아니하는 사람을 가리킨다. ①남색하는 소돔성 사람(창13:3). ②하나님을 대적하는 애굽사람(출9:27). ③우상을 섬기고 살인한 자(대하24:7). ④하나님의 백성을 몰살하려는 자(에7:6). ⑤몽둥이로 사용된 이방나라(사14:5, 30:32). ⑥뇌물을 받는 자(잠17:23). ⑦남이 재앙을 받기를 원하는 자(잠21:10). ⑧바람에 나는 겨와 같은자(시1:4).⑨망할자(시1:6). ⑩심판받을 자(마13:49,행24:15)

악질[惡疾 ; 악할 악, 병 질. murrain, pestilence]囿(출9:3) 고치기 어려운 병. 전염병, 애굽에 내린 재앙의 병. 하나님을 순종하는 자에게는 임하지 않을 것을 약속하셨다(신7:15). 반면 불순종하는 자에게는 애굽의 병을 앓게 된다(신28:60).

악창[惡瘡 ; 악할 악, 부스럼 창. bad boil]囿(욥2:7) 고치기 어려운 악성의 부스럼. 독창, 암.

악취[惡臭 ; 악할 악, 냄새 취. stink, offensive(evil) smell]囿(출7:18) 고약한 냄새, 썩는 냄새. 시체냄새

(요11:39).

악특[惡慝 ; 악할 악, 사특할 특. be mischief]명(신26:10) 악하고 간사함. 해악.

악평[惡評 ; 악할 악, 평할 평. evil report, bed reputation]명(민13:32) 남을 나쁘게 말하는 비평. 좋지 않은 평.

악하다[evil, displease, be wicked]형(창6:5) ①성질이 거칠고 사납다. ②독하고 모질다. ③양심을 어기고 도덕률을 벗어나다. ④하나님을 대적하다. ⑤사단, 불신앙의 행위.

악한날[wicked for a day]명(잠16:4) 악한 사람이 그들의 악을 인하여 형벌을 받는 날. 심판의 날이다.

악한 자[sinner, villain]명(욥3:17) 하나님을 대적하는 자. ①사단, 마귀, 사귀, 악귀(마6:13, 13:19, 요일2:13, 막4:15). ②선을 행치 않는 자(딤전5:8). ③죄의 종인 자(벧후2:14, 19). ④하나님을 부인하는 자(시14:1). ⑤불순종하는 자(딛1:16). ⑥음란한 자(벧전2:12-22). ⑦진리를 따르지 않은 자(요3:19-21). ⑧하나님과 원수된 자(롬8:7). ⑨그리스도의 비난을 받는세상 왕(요16:11). ⑩가족을 돌보지 않는 자(딤전5:8). ⑪악을 쌓는 자(눅6:45). ⑫심판을 받고 멸망함(요일5:18-20).

악한 정욕[evil desires]명(골3:5) 바르지 못한 마음에 생기는 여러가지 욕심, 탐심. 이방인과 같은 자로 진리를 왜곡하고 사망에 이르게 됨(살전4:5, 롬1:25, 26, 롬7:5).

악행[惡行 ; 악할 악, 행할 행. evil, misconduct]명(레18:17) 몹시 그릇된 행실.

악형[惡刑 ; 악할 악, 형벌 형. torture]명(히11:35) 참혹하고 잔인한 형벌. 일종의 고문. 개종을 강요하기 위한 수단으로 사용.

안[inside]명(창9:21) 둘러쌓인 가에서 가운데로 향한 곳이나 쪽.

안개[mist, vapour]명(창2:6) 연기처럼 피어 올라 땅 가까운 대기 속을 널리 떠 있는 수증기. ①허무(렘10:14), ②멸망(호13:3), ③악인의 운명(벧후2:7), ④인간의 생명(약4:14)을 비유한 말.

안기다[be embraced]자(사60:4) 남의 품속에 들다. 타 안도록 시키다.

안나["Avva = 은혜]인

① 아셀지파 바누엘의 딸. 결혼 9년 후에 남편이 죽고 즉시 성전에 들어가서 84년간 봉사하고 있는 중에 아기 예수님을 보고 크게 기뻐하였다(눅2:36-38). 신약성경에서 가장 오래 살았다.

② 성경에는 나오지 않으나 육적인 계보로 예수님의 외할머니. 제사장 다단의 딸로 엘리자벳(요한의 어머니)의 어머니이다. 전설에 따른 것이다. 희랍교회에서는 4세기 경부터 안나숭배가 시작되었다고 한다.

안나스["Avvas = 여호와의 은사]인①예수님 당시 대제사장(눅3:2) ②가야바의 장인(요18:13). ③예수님이 잡히시고 안나스의 심문을 받았다(요18:13). ④다음 가야바에게 갔다(요18:24). ⑤베드로와 요한을 심문하는 자리에 있었다(행4:5, 6).

안녕[安寧 ; 편안할 안, 편안할 녕. still living, hail]명(창43:27) ①탈 없이 무사함. ②서로 인사할 때 쓰는 말.

안다[embrace, hug, bear]타(창29:13) ①두 팔로 끼어서 가슴에 품다. ②날짐승이 알을 품다. ③남의 일을 책임지고 맡다.

안도댜[אֲנְתֹתִיָה = 여호와의 응답]인(대상8:24) 베냐민사람 사삭의 아들.

안돈[安頓 ; 편안할 안, 조아릴 돈. silenced, still]명(민13:30) 사물을 매만져 바로 잡음. 조용하게 함.

안드레['Ανδρέας = 남성적]인

1. 인적관계 - 요나의 아들. 베드로의 형제(마16:17).

2. 관련기사 - ①세례 요한의 제자(요

1:40). ②형 베드로를 예수님께 인도(요1:40-42). ③벳세다 사람으로 어부(마4:18). ④빌립과 한 고향사람(요1:44). ⑤예수님의 제자가 됨(마4:18,19). ⑥12제자 중 하나(마10:2). ⑦예수님께 말세 징조를 물음(막13:3,4). ⑧도시락을 가진 소년을 예수님께로 인도(요6:8). ⑨헬라인의 요청을 빌립과 같이 예수님께 전함(요12:20-22). ⑩마가의 다락방에서 기도하였다(행1:13). ⑪소아시아와 헬라에서 복음을 전하다가 십자가에 달려 죽었다고 전한다.

안드로니고[*Ἀνδρόνικος* = 승리자] 인(롬16:7) 바울의 친척으로 바울과 함께 로마옥에 갇혔던 사람.

안뜰[innercourt]명(왕상6:36) 안채에 있는 뜰. 안마당을 말함. 궁정에서는 왕궁뜰. 옥좌가 보이는 뜰이 안뜰이다(에5:1). ①솔로몬의 궁전 안뜰(왕상6:36, 7:12). ②바사의 궁전 안뜰(에4:11, 5:1). ③성전의 안뜰(겔8:16, 10:3, 40:19). 성전의 안뜰은 번제단이 있는 곳이다.

안디바[*Ἀντιπᾶς* = 반대자, 대신하는 자]인
1 버가모교인으로 요한의 신실한 증인. 주의 도리를 위하여 죽임을 당했다(계2:13).
2 헤롯 안디바. 헤롯대왕의 아들(눅3:1,19). 세례 요한과 예수님을 적대함(마14:1-11, 눅23:7-12).

안디바드리[*Ἀντιπατρίς* = 아버지 같이 대하라]지(행23:31) 예루살렘에서 가이사랴까지의 군용도로 중간 바울이 호송도중 밤에 도착한 곳. 사론 평원의 마을로 구약시대에는 아벡(수12:18)이라 불렀다. 헤롯이 재건하여 그의 아버지 안디바를 기념하여 붙인 이름. 예루살렘에서 북서쪽 55km, 가이사랴 남쪽 45km 지점, 지금은 성터만 남아있다.

안디옥[*Ἀντιόχεια* = 병거, 전사]지
1 수리아에 있는 안디옥.

1. **위치와 개요** - 구브로섬 동북부, 다소의 동남부에 있는 지중해 연안도시. 주전 300년경에 수리아왕 셀고스니가돌이 건설한 당시는 세계 제일의 화려한 도시였다.
2. **관련기사** - ①니골라의 고향(행6:5). ②스데반의 순교후 흩어진 그리스도인이 말씀을 전한 곳(행11:19-21). 최초의 이방인 교회. ③바나바가 처음 목회사역을 한 곳(행11:22-24). ④처음으로 그리스도인이란 칭호를 받게 됨(행11:26). ⑤바나바가 사도 바울을 청하여 같이 가르침(행11:25-30). ⑥처음 선교사 바울과 바나바를 파송함(행13:1-4, 15:35-41). ⑦바울이 안디옥교회에 선교보고를 함(행14:26-28). ⑧안디옥교회에서 구제사업이 일어남(행11:29-30). ⑨안디옥교회의 유력한 일꾼 - 아가보, 니게르, 시므온, 루기오, 마나엔, 사울(바울), 바나바 등이었다(행6:5, 11:28, 13:1-4). ⑩유대주의자들과 변론함(행15:1-4, 갈2:11-21).

* 주후 110년경에 요한의 제자로 유명한 익나시우스는 이 성에서 40년간 복음운동에 충성하다가 순교를 했다고 한다.

2 비시디의 안디옥. ①사도시대 큰 신전과 연극장과 회당이 있었다(행13:14). ②사도 바울이 방문한 곳(행13:14, 42). ③복음을 거부한 유대인들이 많았다(행13:45-51). ④바울이 2차 선교여행시 방문한 곳(행14:21). ⑤바울이 핍박

을 당한 곳이다(딤후3:10-11).
안락[安樂 ; 편안할 안, 즐길 락. comfort, quiet]명(레12:1) 마음이 편안하고 즐거움.
안력[眼力 ; 눈 안, 힘 력. strength of vision]명(창29:17) 눈으로 사물을 보는 힘. 시력.
안목[眼目 ; 눈 안, 눈 목. eyelid, discernment]명(시11:4) 사물을 보고 분별하는 힘.
안방[boudoir, chamber]명(창43:30) 주부가 쓰는 방, 내실.
안부[安否 ; 편안할안, 아니 부. one's state of health, welfare, salute]명(창43:27) 편안한지 어떤 연고가 있는지 소식을 묻는 것.
안색[顏色 ; 얼굴 안, 빛 색. countenance look]명(창4:5) 얼굴빛. 일반적으로 마음상태가 얼굴로 나타나는 것을 말한다. 그러나 악인은 거짓을 감추기 위하여 좋은 척 한다.
* **안색의 변화** - ①근심을 나타냄(느2:2,3). ②즐거움을나타냄(잠15:13).③거짓으로나타냄(잠10:18). ④분을 참지 못해 나타냄(잠25:23).
안수[按手 ; 어루만질 안, 손 수. ordination, laying on of hands]명 손을 머리에 얹고 행하는 의식으로 ①하나님께 바치기로 성별할 때(민27:18, 신34:9). ②사역자를 세울 때(행6:1-6). ③선교사를 파송할 때(행13:1-13). ④제물을 드릴 때(레1:4, 16:21). ⑤복을 빌 때(창48:14, 막10:16). ⑥병을 고칠 때(막6:5, 눅13:13). ⑦안수함으로 성령을 받음(행8:17). ⑧안수함으로 은사를 불일듯 함(딤후1:6). ⑨경솔하게 안수하지 말라(딤전5:22).
안식[安息 ; 편안할 안, 쉴 식. sabbath, rest]명 일반적으로는 몸과 마음을 편안하게 쉬는 것을 뜻한다(창2:2, 히4:1-11). 하나님께서 천지만물을 창조하시고 안식하신 것은 피곤해서가 아니라 창조의 완성과 만족하심을 나타내신 것이다(사40:28).
1. **안식의 필요** - ①노동에서의 안식(창18:4). ②가정에서의 안식(룻1:9, 3:1). ③전쟁에서의 안식(수23:1). ④일을 그침(고후7:5). ⑤자는 일(마26:45, 막14:41). ⑥육신의 안식(출20:10). ⑦불안하므로(고후2:13). ⑧귀신에게도 필요함(마12:43, 눅11:24).
2. **성도의 안식** - ①그리스도로 말미암아(마11:28-30). ②사랑의 교제의 강화(고전16:18, 빌1:19). ③약속된 안식(히3:11, 4:1-5). ④그리스도의 재림으로 완성된다(살후1:6,7).
안식년[安息年 ; 편안할 안, 쉴 식, 해 년. sabbatical year]명 이스라엘 백성들에게 토지의 휴식을 주기 위해 하나님께서 정하신 제도. 6년 동안은 가꾸고 거두지만 7년째 되는 해에는 토지에 작물을 경작하지 않을 뿐만 아니라 자연산까지도 거두는 것을 금했다(레25:5). ①토지의 휴식과 휴작(레25:4-5) 토지는 하나님의 소유라는 뜻이 담겨있다(창1:1). ②부채의 탕감이 이루어짐(출23:10,11, 신15:1-12). ③종에게 자유를 줌(출21:2-6).
안식시[安息時 ; 편안할 안, 쉴 식, 때 시. while the rest]명(레26:35) 편안하게 쉴 때.
안식일[安息日 ; 편안할 안, 쉴 식, 날 일. sabbaton]명 하나님께서 천지 창조를 마치신 날. 쉬는 날.
1. **구약의 안식일** - ①하나님께서 창조사역을 완성하신 날(창2:3). ②하나님께서 안식하신 날(창2:3). ③하나님께서 복을 주사 거룩하게 하신 날(창2:3). ④여호와께 거룩한 안식일(출16:23). ⑤출애굽한 이스라엘 백성이 광야에서 지키던 날(출16:22-23). ⑥율법으로 정해진 날(출20:8-11). ⑦노동을 쉬었다(출20:10). ⑧만나도 내리지 아니했다(출16:25,26). ⑨거룩히 지키는 날(신5:12-15). ⑩잊어

서는 안될 날(신12:12-15). ⑪준수하지 않으면 벌을 받음(민15:32-36). ⑫이방인과 구별되는 기준(출31:13,17). ⑬하나님의 명령임(출31:13). ⑭안식일 준수에 대한 교훈(사56:2-7).

2. **안식일을 제정한 목적** - ①하나님의 창조를 기억하게 함(창2:2). ②복 주시기 위하여(창2:1-3). ③육체적 안식과 회복을 위하여(출23:12). ④사람을 위하여(막2:27). ⑤택자와 불택자를 구별하기 위하여(출31:13,17). ⑥속죄와 관련됨(레23:26-32). ⑦하나님의 구원을 기억하게하도록(신5:12-15). ⑧하나님을 찾도록 하기 위함이다(시73:27,28).

3. **안식일을 지키는 법** - ①제6일 해질 때부터 제7일 해질 때까지(레23:32). ②엿새동안 부지런히 일해야 함(출20:10, 신5:13). ③종과 객도 쉬게 해야 함(출20:10, 신5:14). ④부리는 짐승도 쉬게 해야 함(출20:10, 신5:14). ⑤불을 피우지 못함(출35:3). ⑥사고 팔지 못함(느13:15-20). ⑦물건의 운반을 금함(느13:19, 렘17:21). ⑧추수도 금지됨(출34:21). ⑨탈곡을 금함(마12:1). ⑩일정한 거리만 감(행1:12). ⑪오락을 금함(사58:13,14). ⑫포도주 제조를 금함(느13:15). ⑬인간의 길로 행치 아니함(사58:14). ⑬제사를 드려야 함(민28:9,10). ⑭하나님께 예배함(겔47:3). ⑮시체를 두지 못함(요19:31). ⑯준수하지 않으면 벌을 받음(민15:32-36). ⑰일하는 자는 죽이라(출35:2).

4. **안식일에 할 수 있는 것** - ①제사(민23:9). ②스스로 괴롭게 함(레23:32). ③제사장의 직무수행(마12:5). ④교훈하는 것(막6:2, 눅13:10). ⑤가축을 먹이는 것(눅13:15). ⑥사람을 구하는 것(눅14:5). ⑦짐승을 구하는것(눅14:5). ⑧할례를 행하는 것(요7:23). ⑨강론하는것(행18:4). ⑩공무수행(왕하11:5-9). ⑪낭실을사용하는것(왕하16:18). ⑫일정한 거리를 가는 것(행1:12). ⑬전쟁수행(수6:15-16).

5. **안식일을 바르게 지키는 법** - ①6일동안에 열심히 일해야 한다(출20:9-10). ②일상업무를 정돈하라(사56:2-7). ③거룩한 휴식을 취하라(요8:56). ④공적인예배에 참석하라(히10:25, 사56:2). ⑤자비와 그리스도의 사랑을 실천하라(요9:1-16). ⑥하나님의 말씀을 읽으라(막1:21, 눅4:16-30). ⑦명상과 기도를 하라(시107:24). ⑧교회 봉사를 하라(롬12:11, 엡5:17-21). ⑨생명을 구하는 일을 하라(요5:5-18, 눅14:1-6). ⑩주 안에서기뻐하라(고전13:6, 롬12:1-2). ⑪세속적인 즐거움을 삼가라(사56:2-7). ⑫오직 주님을 찬양하라(눅1:46, 골3:16). ⑬선을 행하라(마12:12). ⑭말씀을 증거하라(요5:17, 딤후4:2).

6. **안식후 첫날**(마28:1) 새로운 주(週)가 시작되는 날. 주의 날(계1:10). ①구약에서는 요제를 드리는 날(레23:11). ②큰 지진이 일어난 날(마28:2). ③주께서 부활하신 날(마28:1-7). ④예수님께서 울고 있는 마리아를 위로하셨다(요20:13). ⑤예수님께서 두 제자와 함께 엠마오 길을 걸으셨다(눅24:13). ⑥예수님께서 두 제자에게 성경을 가르치셨다(눅24:24-31). ⑦예수님께서 다른 모든 제자들에게 메시지를 보내셨다(마28:10). ⑧예수님께서 베드로와 사사로운 이야기를 나누셨다(눅24:34). ⑨예수님께서 10명의 제자들과 함께 식사를 나누셨다(눅24:36-45). ⑩예수님께서 제자들에게 나타나 고기를 잡게 하셨다(요21:1-14). ⑪예수님께서 도마가 없을 때 나타나셨다(요20:19-23). ⑫예수님께서 도마가 있을 때 나타나셨다(요20:24-28). ⑬성령이 임했다(행2:, 계1:10). ⑭성도들이 헌금을

하였다(고전16:2). ⑮집회를 가졌다(행20:7). ⑯사도 요한이 밧모섬에서 계시를 받은 날(계1:10).
7. **안식일에 갈 수 있는 거리**(행1:12) 약 1km. 예루살렘에서 감람산까지의 거리. 약 2,000규빗.
8. **안식할 처소**[사66:1] 편히 쉴 곳. 주의 품. 하나님께서 계신 장소에 대하여 사용한 말. 미래 평화의 왕이 지배하시는 곳. 영원한 안식의 묘사이다(미2:10, 사28:18).
9. **안식일과 주일** - ①안식일은 계명의 한 부분이지만 주일은 생활의 전부이다. ②안식일은 이스라엘의 계약의 징표이지만 주일은 구원의 날이다. ③안식일은 율법상 의무수행이지만 주일은 자발적으로 예배드리는 날이다. ④안식일은 법 아래 있지만 주일은 은혜 안에 있다(롬16:15). ⑤안식일은 한 주의 마지막 날이지만 주일은 그 주의 시작하는 날이다. ⑥안식일은 하나님의 창조를 기념하는 날이지만 주일은 주님의 부활을 기념하는 날이다. ⑦안식일은 창조의 완성이며 주일은 구원의 완성이다. ⑧안식일은 하나님께서 쉬셨지만 주일은 그리스도께서 부활하시고 일하셨다. ⑨안식일은 이스라엘을 위하는 날이며 주일은 성도를 위한 날이다. ⑩안식일은 지상에서 쉬지만 주일은 영원한 안식이다.

안심[安心 ; 편안할 안, 마음 심. peace of mind]몡(창43:23) 근심 걱정 없어 마음을 놓음.

안약[眼藥 ; 눈 안, 약 약. eyelotion, eyesalve]몡(계3:18) 눈병, 안질에 쓰이는 약. 라오디게아 교회에 권면할 때 사용된 말로 심령의 눈을 밝게 하는데 사용하게 하였다. 진리를 볼 수 있도록 하는 것이다. 심령의 시력을 회복하는 것이다.

안연[晏然 ; 늦을 안, 그러할 연. calmness, confident]몡(삿8:11) 마음이 편안하고 침착함.

안온[安穩 ; 편안할 안, 평온할 온. peace]몡(욥3:26) 조용하고 편안함. 튀 안온히.

안위[安慰 ; 편안할 안, 위로할 위. comfort, consolation]몡(창5:29) 마음과 몸을 편안하게 하고서 조용히 위로함.

안위할 자[安慰者 ; 편안 안, 위로 위, 놈 자. comforter]몡(욥16:2) 슬픔 중에 있는 자를 동정하고 편안하게 하여 마음을 위로하는 사람.
* 진정으로 안위할 자는 그리스도이시다.

안일[安逸 ; 편안할 안, 평안 일. prosperity, indolence]몡(욥21:23) 썩 편안하고 한가함. ①육신의 안일(욥21:23). ②안일한 부녀자의 화(사32:9). ③안일한 이스라엘의 화(암6:1). ④안일한 열국의 화(슥1:15).

안장[安葬 ; 편안할 안, 장사 장. burial]몡(사14:20)편하게 장사지냄.

안장[鞍裝 ; 안장안, 꾸밀 장. saddle]몡(창22:3) 나귀나 말의 등에 얹어서 사람이 타게 만든 자리. 깔고 앉는 자리(레15:9).

안장▶

안전[安全 ; 편안할 안, 온전 전. safety]몡(창12:13) 편안하고 온전하여 걱정이 없음. 평화에 대한 인간의 바램이다. 평강, 평화, 평안의 원어에서 번역된 단어이다. ①하나님의 보호에서 이루어짐(신33:12). ②하나님께서 주셔야 이루어짐(시4:8). ③하나님을 의지할 때 이루어짐(잠29:25). ④지혜를 따를 때 이루어짐(잠3:21-23). ⑤법도를 지킬 때 이루어짐(레25:18). ⑥사도들의 권고를 받는 말(빌3:1).

안전지대[安全地帶 ; 편안할 안, 온전 전, 땅 지, 띠 대. safety zone]몡(시12:5) 평안하고 온전한 곳.

안정〔安靜 ; 편안할 안, 고요할 정. repose, quietness〕몡(대상4:40) 정신과 마음이 고요하고 편안함.

안쪽〔inside〕몡(출28:26) 안으로 향한 쪽.

안존〔安存 ; 편안할 안, 있을 존. gentleness〕몡(잠17:27) ①사람됨이 얌전하고 조용함. ②편안하게 있음. peacefulness.

안존한 자〔a man of understanding〕인(잠17:27) 얌전하고 조용한 사람. 명철한 사람.

안찰〔按察 ; 어루만질 안, 살필 찰. close inspection〕몡(왕하13:16) ①자세히 살피어 조사함. ②손을 얹음. put hands.

안통〔inside width of a bowl〕몡(겔40:6) ①그릇 따위의 속의 너비. ②마음 속을 속되게 이르는 말.

안팎〔inside and outside〕몡(창6:14) 안과 밖.

앉다〔sitdown〕자(창18:1) 엉덩이를 바닥에 붙이고 상반신(上半身)을 편하게 세우다.

앉은뱅이〔cripple lame〕몡(마11:5) 앉기는 해도 일어서지는 못하는 불구. 같은 원어가 절뚝발이로도 번역되었다. ①앉은뱅이가 일어서게 되는 것은 메시야시대의 특징으로 예언됨(사35:6). ②예수님께서 고쳐주심(마11:5, 눅7:22). ③베드로와 요한이 고쳐줌(행3:2-7). ④빌립 집사가 고쳐줌(행8:5-7). ⑤바울 사도가 고쳐줌(행14:8-10).

알〔egg〕몡(신22:6) ①새·물고기·벌레 따위의 자성 생식세포. spawn. ②달걀. egg. ③열매 따위의 낱개. grain. ④작고 둥근 물건의 낱개. ball.

알〔=성읍〕지(사15:1) 모압의 성읍. 아르와 같은 곳.

알가〔אַלְקִי = 도망자〕지(창10:17) 함의 후손의 거주지. 트리폴리 북쪽 18km지점의 베니게 마을.

알가족속〔arkites〕몡(창10:17) 함의 아들 가나안 후손들. 베니게의 성읍 알가의 주민(대상1:15).

알갱이〔piece, least grain〕몡(사48:19) 열매 따위의 낱개.

알곡〔~穀〕곡식 곡. cereals, wheat〕몡(마3:12) ①낱알로 된 곡식. ②쭉정이나 기타 잡 것을 모두 골라낸 곡식. *구속받은 성도.

알다〔know〕타(창3:5) ①모르던 것을 깨닫다. ②인식하다. comprehend. ③분별하다. discern. ④경험하다. experience. ⑤경험한 것을 기억하다. remember.

알 다스헷〔al-tasheheth〕몡 시편 제 57, 58, 59, 65편 제목. '멸하지 마옵소서'라는 구원을 바라는 말. 처녀란 뜻을 가진 음악용어.

알라못〔alamoth〕시편 46편의 표제로 리듬의 이름 소프라노(여창 女唱)를 가리킨다(대상15:20).

알람멜렉〔אַלַמֶּלֶךְ =왕의 상수리나무〕지(수19:26) 아셀지파의 성읍. 현재의 나사렛 북방 붓다우프의 평원에서 시작하여 기손강과 합류하는 와디 엘 멜렉은 이 지명에서 따른 것이다.

알랍〔אַחְלָב = 열매가 풍성한 땅〕지 (삿1:31) 아셀 지파에게 속한 고을이었는데 그들은 가나안인을 쫓아내지 못하였다. 두로 남쪽 13km 지점에 있는 라스엘 아비야르와 같은 곳으로 추정한다.

알래〔אַחְלָי =그렇게 되었으면〕인
① 유다지파 세산의 딸. 아버지의 종 애굽 사람 야르하의 아내가 되었다(대상2:31, 35).
② 다윗의 용사 사밧의 아버지(대상11:41).

알랴〔עַלְיָה = 숭고함〕인(대상1:51)에서 자손 에돔의 족장.알와와 같은 사람(창36:43).

알란〔עַלְיָן = 장엄한〕인
① 호리사람 세일 자손 소발의 아들. 알완과 같은 사람(대상1:40).
② 에서의 자손에 의해 점령되기 전에 살고 있던 에돔의 원주민(창36:20-30).

알레멧〔עַלְמֶת = 은신처, 덮음〕인
① 베냐민 자손 베겔의 9아들 중 맏이

(대상7:8).

2 베냐민사람 사울왕의 후손으로 여호앗다의 아들(대상8:36).

3 베냐민자손 사울의 후손으로 야라의 아들(대상9:42).

알레멧[עַלֶּמֶת = 숨은 곳]지(대상6:60) 베냐민의 성읍. 알몬과 같은 곳(수21:18). 제사장들의 거주지.

알렉산더[ʼΑλέξανδρος = 인간의 옹호자, 원조자]인

1 예수님의 십자가를 대신 지고 골고다로 간 구레네사람 시몬의 아들(막15:21)과 그의 동생 루포와 함께 잘 알려진 사람.

2 대제사장 가족 중의 하나(행4:6). 베드로와 요한을 심문했다.

3 바울에게 많은 해를 끼친 구리장색(딤후4:14).

4 에베소의 아데미로 인하여 데메드리오의 선동 때 유대인 대변자(행19:33).

5 바울이 사단에게 내어준 사람(딤전1:19-20). 신앙과 착한 양심을 버렸기 때문이다.

알렉산드리아[ʼΑλεξάνδρια = 돕는 자]지 주전 332년 알렉산더 대왕이 정복 후 세운 애굽의 도시. 나일하구에서 서쪽으로 23km지점의 지중해안. 왕의 이름을 따서 붙인 명칭이다. ①아볼로의 출생지(행18:24). ②스데반을 핍박한 사람도 있었다(행6:9). ③바울이 타고 간 배의 이름(행27:6, 28:11). 여기에 당시 50만권의 파피루스 도서를 가진 도서관이 있었고 학문과 문화의 중심지였다. 구약성경 헬라어역인 70인역도 주전 3세기 경 여기서 완성되었다. 이곳에는 헬라어를 쓰는 유대인이 많이 살고 있었으며 클레멘트와 오리게네스가 여기서 초기의 신약 본문을 편집했었다.

알론[אַלּוֹן = 떡갈나무]인(대상4:37) 시므온지파 스마야 자손으로 족장. 여다야의 아들.

알론바굿[אַלּוֹן בָּכוּת = 애곡의 상수리나무]지(창35:8) 리브가의 유모 드보라를 안장한 기념으로 야곱이 벧엘의 상수리나무에 붙인 이름.

알루스[אָלוּשׁ = 사람들의 무리]지(민33:13) 이스라엘 백성이 시내산 돕가와 르비딤사이 광야를 지날 때 진을 쳤던 곳.

알리다[inform]타(창45:1) 알게하다. 통지하다.

알맞다[suitable]형(행1:12) 정도에 지나치거나 모자라거나 하지 아니하다. 적당하다. 마땅하다.

알모니[אַלְמֹנִי = 궁전에 속한 자]인(삼하21:8) 사울왕의 첩 리스바가 낳은 아들. 다윗왕의 명령으로 나무에 달아 기브온 사람이 죽였다.

알모닷[אַלְמוֹדָד = 선동자]인(창10:26, 대상1:20) 셈의 후손. 욕단의 장자. 남 아라비아 남부의 부족.

알몬[עַלְמוֹן = 이정표, 아래쪽의 은신처]지(수21:18) 베냐민지파의 성읍이었으나 레위인들의 거주지. 아나돗 동북 2km지점 알레멧과 같은 곳(대상6:60). 예루살렘 동북 6km지점에 있는 현재의 쿠르벳 알미트로 여김.

알몬 디블라다임[עַלְמֹן דִּבְלָתָיְמָה = 두 무화과과자의 이정표]지(민33:46-47) 이스라엘 백성이 모압에서 머물러 진을 쳤던 곳. 아르논과 싯딤 사이에 디본갓 다음으로 진을 쳤다. 벧디블라다임과 같은 곳(렘48:22).

알아듣다[understand]타(창11:7) 말의 뜻을 분별하여 듣다.

알아보다[check]타(창37:33) ①조사하여 보다. ②더듬어 보다. search. ③다시 볼 때 잊어버리지 않고 기억하다. recognize.

알와[עַלְוָה = 불법, 사악한]인(창36:40) 에서의 자손으로 에돔 족속의 족장. 대상1:51에는 알랴로 기록되었다.

알완[עַלְוָן = 불의함]인(창36:23) 호리족속 세일의 자손으로 소발의 맏아들. 대상1:40에는 알랸으로 되어 있다.

알지 못하는 신[unknown god]명(행17:22-23) 바울이 아덴에서 본 제

단에 새겨진 이름. 헬라 사람들이 많은 신을 만들어 섬기는 가운데 이런 이름도 있었다. 바울은 이것을 이용하여 그리스도를 권하였다.

알지 못하는 신의 비석(버가모)

알파[A = 시작]명(계1:8) 헬라어 알파벳 첫 글자. 시작을 뜻한다.

알파와 오메가[A. Ω. alpha and omega]명(계1:8) 그리스문자의 첫 글자와 마지막 글자의 이름으로 예수 그리스도의 영원성을 말함(계21:6). 그리스도의 별명으로 쓰임(계22:13). 사41:4, 44:6에는 '태초에도 나요 나중에 있는 자' 그리고 '나는 처음이요 나는 마지막이라'고 되어 있다.

알패오['Αλφαιos= 사유]인
1 열 두 제자 중 작은 야고보의 아버지(마10:3). 글로바와 같은 사람이며 요세의 아버지로 마리아의 남편이다(요10:25, 막15:40).
2 예수님의 제자가 된 세리 마태(레위)의 아버지(막2:14).

앓다[suffer from sickness, be sick]자타(레15:33) 병에 걸려 괴롭게 지내다. 여자들의 생리 중일 때도 쓰였다. 속을 태우다.

암[female]명(창6:19) 암컷.

암나귀[ass]명(창32:15) 나귀의 암컷. 성욕을 억제하지 못한 자를 묘사하여 표현했다(렘2:24).

암노루[roe]명(잠5:19)노루의암컷. 사랑스럽고 아름다움을 나타낸 말.

암논[אַמְנוֹן = 충성스럽다]인
1 이스르엘여자 아히노암에게서 낳은 다윗의 장자. 이복 누이 다말을 강간하고 그의 오빠 압살롬에게 피살되었다(삼하3:2, 13:28-29, 대상3:1).
2 유다지파 시몬의 아들(대상4:20).

암마[אַמָּה = 앞 팔]지(삼하2:24) 기브온에서 요단의 거친 땅을 통하는 기아 맞은 편에 있는 산(언덕).

암몬[עַמּוֹן = 나의 근친의 아들]인 (창19:38) ①롯과 그의 작은 딸 사이에서 낳은 아들. 또 그에게서 나온 자손을 말하며, ②삼숨밈 사람을 멸하고 얍복강과 아르논강 사이 요단강건너 지방에 거주했다(신2:19, 3:16, 민21:24, 삼상11:11). ③이스라엘의 공격 대상이 아님(신2:19, 37). ④여호와의 회중에 들지못함(신23:3). ④결혼상대가 될 수 없는 종족(스9:1-3). ⑤솔로몬왕의 처 가운데 르호보암의 어머니 나아마는 암몬 여인이었다(왕상14:21). ⑥사밧의 어머니 시므앗도 암몬 여인이다(대하24:26).

암몬[עַמּוֹן = 같은 촌사람]지
1. **위치** - 요단동편. 모압 북편의 땅. 수부는 람바이다.
2. **관련기사** - ①롯의 아들 암논의 후손의 거주지(창19:38). ②주민의 성격이 잔인무도하여 싸움을 좋아하고 원수의 눈을 빼는 일과 잉태한 여인의 배를 가르는 짓을 했다(삼상11:2, 암1:13). ③유대인들은 두 가지 사건으로 이 족속을 미워하였다. ④이스라엘 백성의 통과할 도로를 내어주지 않았다. ⑤발락이 발람에게 뇌물을 주어 이스라엘을 저주하려고 하였다(신23:4). ⑥이 족속은 일곱 신을 숭상했다(왕상11:5, 33). ⑦무정한 족속(겔25-26). ⑧오만한 족속(습2:9, 10). ⑨패망이 예언된 족속(렘49:1-6).⑩사로잡혀패망함(암1:13-15).
3. **이스라엘과의 관계** - ①모압과 합세하여 침략했다(삿3:13). ②입다에게 패했다(삿11:4-33). ③사울이 왕이 되기 전에 싸워 승리했다(삼상11:1-11). ④일시적으로 다윗과 우호관계를 유지(삼하10:1, 2). ⑤다윗이 진멸함(삼하11-12장). ⑥솔로몬이 나아마를 아내로 취했다(왕상14:21). ⑦여호사밧시대(대하20:1-25). ⑧웃시야

는 그들로부터 조공을 받음(대하 26:8). ⑨요담은 그들로부터 조공을 받음(대하27:5). ⑩느부갓네살을 도와 공격했다(왕하24:2). ⑪그달랴를 죽였다(왕하25:25, 렘 40:11-14). ⑫예루살렘 재건을 방해했다(느4:3-7).

암미[עַמִּי = 내 백성]인 호세아의 부정한 아내 고멜이 낳은 아들의 상징적인 이름(호2:1). 구원의 날에 이스라엘에게 붙여지게 될 새 이름. 로암미(내 백성이 아니다)와 반대되는 이름(호1:9). 이스라엘의 회복을 뜻함.

암미나답[עַמִּינָדָב = 왕의 혈족]인
① 유다지파의 헤스론족속. ①람의 아들(대상2:10). ②나손의 아버지(민1:7). ③아론의 아내 엘리세바의 아버지(출6:23). ④다윗의 선조(룻4:19,20). ⑤예수님의 계보에 있는 사람(마1:4, 눅3:33). 아미나답으로 되어있다.
② 레위 사람 그핫의 아들로 고라의 아버지(대상6:22). 앗실의 할아버지. 이스할과 같은 사람(대상6:38, 민16:1).
③ 다윗 때의 제사장 웃시엘의 자손. 족장(대상15:10-11).

암미사밧[עַמִּיזָבָד = 친척을 주심]인 (대상27:6) 다윗의 용사요 3월 군대의 장관인 브나야의 아들. 그의 아버지의 군대에 속하였다.

암미삿대[עַמִּישַׁדָּי = 권능자의 친척]인(민1:12) 아히에셀의 아버지(민2:25, 7:66, 10:25). 모세를 협력한 두령이다.

암미엘[עַמִּיאֵל = 주는 나의 친족]인
① 모세가 가나안을 정탐하기 위해 보낸 12사람 중 단지파의 대표로 그말리의 아들(민13:12).
② 요단 동편 로드발 사람으로 마길의 아버지(삼하9:4,5). 그의 아들 마길은 요나단의 아들 므비보셋을 숨겨주었고, 압살롬의 반란 때는 음식을 가지고 다윗을 영접했다(삼하17:27).
③ 다윗의 장인이요 그의 처 밧수아의 아버지(대상3:5).
④ 오벧에돔의 아들로 성전문지기(대상26:5).

암미훌[עַמִּיהוּד = 고귀한 혈족, 탁월한 백성]지(삼하13:37) 그술 왕. 달매의 아버지.

암미훗[עַמִּיהוּד = 친척은 빛남]인
① 시내광야에서 제1차 인구 조사시 에브라임지파를 대표하여 모세를 도운 에브라임 사람. 엘리사마의 아버지(삼하13:37).
② 시므온지파의 족장 스무엘의 아버지(민324:20).
③ 납달리 사람으로 브다헬의 아버지(민34:28).
④ 유다의 아들 베레스 자손 오무리의 아들. 우대의 아버지(대상9:4). 바벨론에서 돌아와 예루살렘에서 살았다.

암불리아[Ἀμπλιᾶτος = 확장, 많은]인(롬16:8) 로마의 성도로서 바울이 문안한 사람. 이 이름은 노예들에게 흔한 이름이다.

암비볼리[Ἀμφίπολις = 강에 둘린 성읍]지(행17:1) 마게도냐의 주요 도시. 드라게지방의 한 도시. 빌립보에서 데살로니가로 가는 중간에 있는 성. 스드루몬 강이 둘려 있으므로 이 이름을 가지게 되었다. 바울이 제2차 선교여행시 통과하였다. 오랫동안 터키국에 속하여 있다가 지금은 그리스국에 속하였다.

암사슴[hind]명 사슴의 암컷. 튼튼한 다리를 가졌고,(삼하22:34) 사랑스러운 것으로 표현되고(잠5:19) 새끼보다 먹을 것을 중히여겨 새끼를 버림으로 무자비한 것을 나타냄(렘14:5).

암사자[lioness]명 사자의 암컷(창49:

9) 유다지파에게 축복할 때 야곱이 사용한 말로 왕성함을 가리킨다.

암살[暗殺 ; 어두울 암, 죽일 살. assassination]명(신27:24) 사람을 남몰래 죽임. ①암살은 제6계명을 어기는 것이다(출20:13). ②가인이 아벨을 죽인 것도 암살이다(창4:8). ③하나님의 형상을 몰ара 없애는 범죄(창9:6). ④사형에 해당한 범죄행위(민35:33). ⑤저주를 받을 죄(신27:24). ⑥용서 받지 못할 큰 죄(신19:11-13).

암소[heifer cow]명(창15:9) 소의 암컷. ①사육된다(사7:21). ②농사에 쓰임(삿14:18). ③탈곡에 사용됨(호10:11). ④희생의 제물로 쓰임(신21:3-6). ⑤예물로 드림(창32:15)⑥수레를 끌음(삼상6:12). ⑦결례의의식에쓰임(민19:2-10). ⑧풀을 먹고 살며(사11:7). ⑨새끼를 낳는다(욥21:10). ⑩바로의 꿈에 보였고(창41:12-27). ⑪번영과평화의 형용어로쓰였고(호4:16). ⑫완강함의 형용어이며(호4:16). ⑬사치한 여자를 형용하는 말이기도 하다(호4:1). ⑭아브라함이 하나님의 언약을 확인하는데 사용되었다(창15:9). ⑮암소를 잡는 법(레22:28). ⑯그리스도의 피의 우월성을 나타냄(히9:13).

암송아지[heifer]명(민19:2) 송아지의 암컷. ①제물로쓰임(민19:2). ②제사장이 진 밖에서 잡음(민19:3-8). ③피를 일곱번 뿌리고 불사름(민19:3-8). ④재를 모아 진 밖에 보관(민19:9). ⑤재는 부정한 자를 깨끗케 하는데 사용(민19:17). ⑥재를 거둔 자는 옷을 빤다(민19:10). ⑦사무엘이 새 왕을 기름부으러 갈 때 끌고 갔다(삼상16:2). ⑧아름다움에 비유됨(렘46:20). ⑨삼손의 아내 딤나 여인에 비유됨(삿14:18). ⑩그리스도의 속죄를 예포함(히9:13,14).

암수[male and female]명(창6:19) 동물의 암컷과 수컷을 가리킴.

암시[חָזָק = 강한]인

1 레위사람 므라리 자손 바니의 아들이며 힐기야의 아버지. 다윗시대 전에서 찬송하던 에단의 조상(대상6:46).
2 아디야의 조상으로 바벨론 포로에서 돌아온 제사장(느11:12).

암약대[she-camel, dromedary]명(렘2:23) 낙타의 암컷. 예레미야의 예언에 인용된 말. 암약대가 그 성욕 때문에 어지럽게 달리듯이 유다 민족이 우상을 섬겼다는 뜻.

암양[ewe]명(창21:28) 양의 암컷. 암양으로 번역된 원어는 암양새끼도 포함된다. ①다윗이 범죄했을 때 나단이 다윗에게 암양새끼의 비유를 들어 다윗의 범죄를 깨닫게 하고 회개하도록 하였다(삼하12:1-25). ②아브라함이 아비멜렉의 우물을 살 때 증거로 삼았다(창21:30). ③아름다움의 형용어로 사용되었다(아6:6). ④고난의 주 그리스도를 예표하는 데 쓰였다(사53:7). ⑤양을 잡는 규례(레22:28). ⑥양, 암양, 암양새끼, 어린양 등으로 번역됨.

암염소[she-goat]명(창15:9) 염소의 암컷. 젖은 자양이 많다. 식성이 좋아 건강하고 성질이 활달하나 조급하다. 희생제물로 쓰인다.

암초[暗礁 ; 어두울 암, 주춧돌 초. rock, reef]명(행27:29) 물속에 보이지 않는 바위. 비유적으로 쓸 때는 바다나 육지를 불문하고 신앙의 거치는 것이 된다. 오점일 수 있다(유12).

암콤[she-bear]명(왕하2:23-24) 곰의 암컷. 엘리사가 여리고에서 벧엘로 가는 길에서 아이들이 엘리사를 조롱할 때 엘리사가 아이들을 저주했다. 이때 수풀에서 암콤 둘이 나와 아이 42명을 해쳤다. 미련한 것으로 표현되기도 한다(잠17:12). 사나운 것으로 비유된다(삼하17:8, 호13:8).

암탉[hen]명(마23:37) 닭의 암컷. 예수님께서 이스라엘을 위한 애정을 병아리를 나래아래 보호하는 암닭에 비유하셨다(눅13:34).

암혈[岩穴 ; 바위 암, 구멍 혈. cave] 명(사2:19) 바위 굴. 팔레스틴에는 자연 동굴이 많다. 인공 동굴은 무덤으로 사용했다(요11:38).

암혈[巖穴 ; 바위 암, 구멍 혈. cave] 명(사2:19) 바위 굴. 바위틈을 일컫기도 한다.

암흑[暗黑 ; 어두울 암, 검을 흑. darkness](출20:21) 어둡고 캄캄함. 앞일이 분명하지 않은 상태.

압논[אַמְנוֹן]인(대상3:1) 다윗의 아들 암논과 같은 사람.

압다[עַבְדָּא = 하나님의 종]인

1 아도니람의 아버지(왕상4:6). 솔로몬 때 일꾼의 감독.

2 레위사람 삼무아의 아들. 바벨론에서 돌아와 예루살렘에서 살았다(느11:17). 대상9:16의 오바댜와 같은 사람으로 여긴다.

압돈[עַבְדּוֹן=예배하는 곳]인

1 12사사 중의 한 사람으로 비라돈 사람 힐렐의 아들. 그는 아들 40과 손자 40이 있으며 8년간 사사직에 있었다(삿12:13-15).

2 요시야왕 때 미가의 아들. 그의 사적은 아히감항과 악볼 항을 보라(대상8:23, 30).

3 기브온에 거주한 베냐민사람 여이엘의 맏아들. 사울왕의 선조(대상 8:30, 9:36).

4 예루살렘에 거주한 베냐민사람 사삭의 아들로 족장(대상8:23).

압돈[עַבְדּוֹן=예배하는 곳]지(수21:30, 대상6:74) 아셀지파가 취득한 성읍. 후에 레위지파 게르손 자손의 거주지가 되었다.

압디[עַבְדִּי=여호와의 종]인

1 므라리자손 기시의 아버지. 다윗 때 성막 악사였던 에단의 할아버지(대상6:44).

2 엘람자손으로 바벨론 포로에서 귀환 후 이방인 아내와 이혼한 사람(스10:26).

3 히스기야 시대 성전을 깨끗하게 한 기스의 아버지(대하29:12).

압디엘[עַבְדְּאֵל = 하나님의 종]인 예레미야선지자와 바룩 서기관을 체포하라는 명령을 여호야김 왕으로부터 받은 셀레미야의 아버지(렘 36:26).

압디엘[עַבְדִּיאֵל = 하나님의 종]인 갓자손의 족장 아히의 아버지이며 구니의 아들(대상5:11, 15).

압바임[עַפַּיִם = 얼굴 들, 콧구멍]인 유다지파 헤스론의 장남 여라므엘 자손 나답의 아들이며 이시의 아버지(대상2:30-31).

압박[壓迫 ; 누를 압, 핍박할 박. oppression]명(민10:9) 세력으로 누르고 짓밟음.

압박자[壓迫者 ; 누를 압, 핍박할 박, 놈 자. oppressors]명(시119:121) 세력으로 누르고 구박하는 사람. 세상의 왕들. 통치자, 마귀, 사단 등이다.

압비아['Αμφία = 풍부]인(몬2) 골로새교회의 여성도. 빌레몬의 아내로 추정하는 사람도 있다.

압비오 저자['Αππίου = 시장]지 (행28:15) 로마시의 동남 70km되는 곳. 유명한 로마 43번째 이정표가 있는 역. 여행자의 유숙지. 바울이 로마에 갈 때 로마형제들이 이곳까지 출영하였다.

압살롬[אַבְשָׁלוֹם=평화의 부친]인

1. **인적관계** - 다윗이 헤브론에서 낳은 세째 아들.

2. **관련기사** - ①그술왕 달매의 딸 마아가의 소생(삼하3:3). ②그의 아름다움으로 크게 칭찬받았다(삼하 19:25). ③누이 다말이 암논에게 욕을 당함으로 암논을 죽임(삼하 13:1-22). ④외할아버지 달매에게로 피신하여 3년동안 지냄(삼하 13:34-39). ⑤요압장군의 중재로 예루살렘으로 돌아옴(삼하14:1-24). ⑥다윗과 화해했으나 왕궁에

있지 못함(삼하14:27). ⑦민심을 사기 위해 계략을 꾸밈(삼하15:1-6). ⑧헤브론에서 왕이 될 것을 선언(삼하15:7-12). ⑨반란을 일으켜 예루살렘으로 입성했다(삼하15:13-29). 다윗은 요단동편으로 피난했다. ⑩아히도벨(밧세 바의 아버지)은 압살롬의 참모가 되었다(삼하15:31). ⑪다윗이 보낸 후새를 참모로 삼음(삼하15:34-37). ⑫아히도벨의 계략을 따라 압살롬이 부왕의 후궁들을 범함(삼하16:20-17:4). ⑬후새의 작전계획을 따름(삼하17:5-14). ⑭다윗을 추격하기 위하여 군인을 모음(삼하17:24-26). ⑮에브라임 수풀에서 싸울 때 도망가다가 머리털이 나무가지에 걸림(삼하18:9). ⑯요압에게 죽임을 당함(삼하18:10-14). ⑰압살롬에 대한 다윗의 태도. (1) 그에게 관용을 원함(삼하18:5). (2)슬퍼함(삼하18:33). ⑱압살롬은 살았을 때 자기를 위해 비석을 세웠다(삼하18:18). ⑲아들 셋과 딸 하나를 둠(삼하14:27). 그러나 일찍 죽어 대를 잇지 못했다(삼하18:18).

압살롬의 무덤

압제[壓制 ; 누를 압, 누를 제. oppresion]명(창49:15) 강제로 빼앗고 핍박함. 압박하고 억제함.

압제자[壓制者 ; 누를 압, 누를 제, 놈 자. oppressors]명(사9:4) 압박하고 억제하는 사람. ①고용주(신24:14, 약5:4). ②부자(시12:5, 약2:6). ③통치자(사3:5, 잠28:16). ④악인(시55:3). ⑤재판관(호5:11). ⑥사람(시119:134). ⑦이방인(삿10:12). ⑧마귀, 사단(행10:38).

앗나[עַנָא = 즐거운]인(스10:30) 바핫모압의 자손. 바벨론에서 돌아와 이방인 아내와 이혼한 사람.

앗단[אַדָּן = 강한 곳]인(스2:59) 스룹바벨과 함께 바벨론에서 귀환한 사람.

앗단[אַדָּן = 강한 곳]지(스2:59) 바벨론의 성읍. 혈통이 분명치 않은 족속이 거하는 땅. 스룹바벨이 예루살렘에 귀환케 했다. 앗돈이라고도 한다(느7:6).

앗달[אַדָּר = 존귀 명예]인(대상8:3) 베냐민 사람 벨라의 아들(대상8:3). 아롯과 같은 사람으로 여긴다.

앗달[אַדָּר = 영광스러운, 높은곳, 타작마당]지(수15:3) 유다의 성읍. 하사아달과 같은 곳. 현재 브엘세바 남쪽 30km지점 에제페로 여긴다.

앗달리아['Ἀττάλεια 고상한]지(행14:25) 소아시아 남쪽 해안 밤빌리아도(provincia pamphylia)에 있던 고대 도시. 소아시아에서 애굽으로 왕래하는 길목이었다. 아름다운 항구 도시로 원래 버가모왕 앗달로가 수리아와 애굽으로 통상하기 위하여 창건한 성읍이다. 바울과 바나바가 1차 선교여행시에 이곳에서 배를 타고 안디옥에 돌아왔다.

앗대[עַתַּי = 좋은 기회]인

1 유다자손. 아버지는 애굽인 종 야르하이며 어머니는 여라므엘의 자손 세산의 딸이다(대상2:34, 35).

2 사울로 인해 시글락에 피신해 있는 다윗에게 귀순한 갓사람. 용사이다(대상12:11).

3 르호보암의 아들. 압살롬의 딸 마아가의 소생이다(대하11:20).

앗돈[אַדּוֹן = 강한]지(느7:61) 바벨론의 한 지방. 앗단과 같은 곳.

앗디['Ἀδδί = 붙들다]인(눅3:28) 스룹바벨의 5대 조부. 예수님의 계보 중 한 사람.

앗브엘[אַדְבְּאֵל = 하나님의 이적(연단)]인(창25:13) 이스마엘의 세째 아들. 북아라비아의 한 선조.

앗사리온[assarion]명 (마10:29) 로마의 화폐단위. 소액 동전을 나타냄. 16분의 1데나리온(눅12:6). 3.4g에 가까운 무게의 청동화. 점점 작아져 0.4g에 이르렀고 참새 값에 지나지 않는다(마10:29).

앗산[אַתָּי = 강함]인 (민34:26) 모세시대의 잇사갈 자손의 족장 발리엘의 아버지.

앗소['Ασσος = 확실]지 (행20:13-14) 소아시아의 무시아도에 있는 고대의 항도였으나 지금은 터키국의 바이람칼레시라는 작은 촌락으로 떨어졌다. 바울이 3차 선교여행의 귀로에 바울은 드로아에서 육로로, 일행은 수로로 이 촌에 이르러 배를 타고 미둘레네로 갔다.

앗수르[אַשּׁוּר = 평원]인 (창10:22) 노아의 손자이며 셈의 아들. 앗수르인의 조상이 되었다.

앗수르[אַשּׁוּר = 평원]지
1. **역사적 관계** - ①노아의 손자이며 셈의 둘째아들 앗수르의 후손의 거주지. 그의 이름을 따라 후에 국가명이 되었다(창10:22). ②힛데겔강이 앗수르동편으로 흘렀다(창2:14). ③함의 손자 니므롯이 여섯 성읍을 건축했다(창10:8-13). ④그들은 수호신(우상-앗수르)을 만들고 어린이를 산채로 불태워 바치는 일도 있었고 자연숭배가 많았다. ⑤수도는 니느웨(창10:11, 왕하19:36, 욘1:2)로 옮김. ⑥영토는 바사까지 이르렀다. ⑦남방 바벨론에 망함(렘50:17).
2. **예언과 교훈** - ①모세가 패망을 예언했다(민24:22-24). ②이스라엘이 앗수르의 포로가 됨(호10:6, 11:5). ③멸망해도 동정받지 못함(나3:1-19). ④그들은 교만한 나라(사10:5-15, 겔31:3). ⑤잔인한 나라로 묘사되었다(나3:1-19). ⑥이스라엘을 향한 하나님의 몽둥이로 이용됨(사7:17-20, 10:5-6). ⑦앗수르의 최후에 대한 예언(사10:12, 14:24-25). ⑧구원에 동참하게 됨(사19:23-25).
3. **이스라엘과의 관계** - ①앗수르왕 불이 침공함(왕하15:17-18). ②이스라엘왕 므나헴이 조공을 바침(왕하15:19-22). ③이스라엘왕 베가 때 침략을 당함(왕하15:29). ④살만에셀이 사마리아를 포위함(왕하17:3-5). ⑤사르곤에 의해 망함(왕하17:6-41). ⑥이사야가 다메섹이 공격당할 것을 예언(사8:4). ⑦이사야가 심판받을 것을 예언하였다(사7:1-8).
4. **유다와의 관계** - ①아하스왕은 앗수르의 우상을 가져와 섬겼다(왕하16:10-20). ②산헤립이 유다의 요새를 공격(왕하18:13). ③히스기야가 조공을 바침(왕하18:14-16). ④랍사게가 포위하여 히스기야를 협박함(왕하18:17-37). ⑤여호와의 사자가 앗수르 군대를 물리침(왕하19:35). ⑥사르곤의 군대가 유다 아스돗을 취함(사20:1-6). ⑦므낫세왕은 우상을 수입하여 섬겼다(왕하21:1-9).

앗수르신에게 기도하는 귀족

앗수르 족속[asshurites]명 (창25:3) 아브라함의 손자(후처 그두라가 낳은 욕산의 둘째 아들). 드단의 후손 일부가 앗수르 족속이 되었다.

앗술[עַשּׁוּר = 돕는 자]인
① 예레미야시대의 거짓선지자 하나냐의 아버지(렘28:1).
② 에스겔시대의 방백 야아사냐의 아

버지(겔11:1).

③ 느헤미야와 같이 바벨론에서 돌아와 맹약에 날인한 사람(느10:17).

앗실[אַסִּיר = 포로]®
① 레위지파 사람. 애굽에서 태어난 고라의 아들(출6:24). 고라자손을 형성했다.
② 고라자손 중 에비아삽의 아들(대상6:23, 37). 다핫의 아버지.

앙망[仰望 ; 우러러볼 앙, 바랄 망. looking up]®(시25:15) ①우러러 봄. ②우러러서 바람. expectation. ③사모하여 바라 봄(사40:35). ④의지하여 바라 봄. ⑤믿고 바라 봄.
* 그리스도인은 하나님의 구원, 나라, 교훈, 긍휼, 용서와 보호를 간절한 마음으로 오래 기다리면서 앙망해야 한다.

앙모[仰慕 ; 우러러볼 앙, 사모할 모. adoration, seek]®(출33:7) 우러러 사모함. 마음을 바쳐 사모함.

앙장[仰帳 ; 우러러볼 앙, 휘장 장. curtain]®(출26:1)①천장에 치는 휘장. ②상여 따위에 치는 휘장의 일종. 구약에서의 앙장은 성막을 덮는 휘장을 말한다.

앙화[殃禍 ; 재앙 앙, 재화 화. calamity]®(잠12:21) 죄의 앙갚음으로 받는 온갖 재앙. 보복을 당함.

앞[front]®(창7:1) ①뒤의 반대쪽 곧 얼굴이 향하는 쪽. ②장래. future. ③이전. 지난적. past. ④차례에 먼저 있는 편. the former. ⑤전면. fore part.

앞뜰[gateway]®(막14:68) 가야바의 뜰에 사용된 말로 가운데 뜰, 주 건물의 앞에 있는 뜰을 가리킨다. 출입구, 통로, 앞마당 등으로 해석할 수 있다.

앞머리[forehead]®(레13:14) ①정수리 앞쪽 부분의 머리. ②머리의 앞쪽에 난 머리털.

앞서다[go before]®(창24:7) 남보다 먼저 나아가다.

앞세우다[let one go ahead]®(창48:20) ①앞에서게 하다. ②먼저 내어 놓다. present first.

앞잡이[guide]®(창33:12) ①앞에서 이끌어 주는 사람. ②남의 시킴을 받고 움직이는 사람.

앞지르다[get ahead of, take before]®(삼7:24) 빨리 나아가서 남들보다 먼저 앞을 차지하다.

앞치마[semicinctium, apron]®(행19:12) 취사 따위를 할 때 몸 앞에 걸쳐 입는 겉치마. 노동을 할 때 사용하는 것으로 바울이 귀신을 쫓을 때 사용했다.

애가[哀歌 ; 슬플 애, 노래 가. the lamentations]®(삼하3:33) 슬픈 마음을 읊조린 노래. 예레미야 애가를 가리킴. 장례식 때 슬퍼하는 노래.

애걸[哀乞 ; 슬플 애, 빌 걸. supplication, beseech]®(창42:21) 애처럽게 사정하여 빎.

애곡[哀哭 ; 슬플 애, 울 곡. wailing, lamentation]®(창50:10) 슬퍼 흐느끼는 울음. 소리내어 슬피 움. 사람이 죽었을 때의 애곡 기간은 ①보통은 7일(창50:10, 삼상31:13).②30일간(민20:29,신34:8). ③70일간(창50:3). ④72일간(애굽의 왕이 죽었을 때).

애곡성[哀哭聲 ; 슬플 애, 울 곡, 소리 성. sound of wailing]®(욥30:31) 슬퍼 흐느껴 우는 소리.

애굽[מִצְרַיִם = 검은 땅]®

1. **지리적 배경** - 나일강유역, 특히 하류의 삼각주에 번영한 세계 최고의 문명 발상지. 함의 후손이 정착했다(창10:6). 함의 땅이라고 함(시105:27). 희랍어로는 아이굽토스에서 왔고, 아랍어로는 킵트, 히브리 사람들은 미스라임이라고 했는

애굽신 앞에서 고관 임직식

애굽강

데 동쪽이라는 뜻이다. 동은 홍해, 시내반도. 서는 붓(리비아), 북은 지중해, 남은 협곡으로 비교적 고립된 지대.

2. **관련기사** - ①아브라함이 기근이 들자 곡식이 풍부한 애굽으로 갔었다(창12:10). ②아브라함의 아내의 시중을 든 하갈은 애굽 여인이었다(창16:1). ③여호와께서 이삭에게 애굽으로 가지 말라고 하셨다(창26:2). ④요셉이 보디발의 집에서 종살이를 했다(창39:1). ⑤요셉이 애굽 총리가 됨(창41:41). ⑥요셉이 온의 제사장 보디베라의 딸 아스낫과 결혼하여 에브라임과 므낫세를 낳음(창41:45-52). ⑦가나안 땅에 기근이 들어 야곱 가족이 애굽으로 이주(창45:47:). ⑧야곱이 17년간 살고 147세에 죽었다(창47:28). ⑨주전 18세기경 애굽을 정복한 힉소스의 수령 가운데는 히브리 사람의 이름이 나와 있고 히브리인의 거주 사실이 창37-50장에 있다. ⑩출1:8에 요셉을 알지 못하는 왕이란 바로 아모시스 왕을 가리킨다. ⑪출애굽의 기록이 애굽측 역사에는 나와 있지 않으나 이스라엘이 여호와의 백성이라는 것과 구원한 하나님에 대한 감사는 구약 최고의 신앙고백으로 알려져 있다. ⑫이스라엘 백성들이 여호와께 간구할 때 '여호와께서 모세와 아론을 바로에게 보내어 이스라엘을 해방하여 줄 것을 교섭하였으나 듣지 아니함으로 10재앙을 내리시니 그때에야 허락하여 60만 백성을 인솔하고 노예생활에서 해방되어 출애굽 하였다' 라고 찬양한다(출7:20-13:30, 12:40). ⑬신26:5-10은 예언자의 발언 가운데 반영되어 있다(렘2:1-3, 호2:14-16, 암2:10-12).

3. **이스라엘과 유다와의 관계** - ①솔로몬왕은 바로왕의 딸을 아내로 취하였다(왕상3:1). ②르호보암 왕 때에는 예루살렘을 쳐서 조공을 받아 갔다(왕상14:25-26). ③이스라엘 왕 호세아는 앗수르와 대항하기 위하여 애굽(소)에 원조를 청했다(왕하17:4). ④므깃도평원에서 요시야 왕을 죽였다(왕하23:29, 대하35:20). ⑤여호야김왕 4년에 느부갓네살과 싸워 졌다(대하35:20). ⑥시드기야왕 때 유다를 침공했다(렘37:, 44:30). ⑦예레미야와 바룩은 애굽으로 갔다(왕하25:22-26, 렘40:13, 41:17, 43:7). ⑧예수님께서 헤롯의 독수에서 피하여 애굽으로 내려갔다가 오셨다(마2:14-15, 19-24).

4. **애굽의 특성과 예언관계** - ①야심적인 나라(렘46:8,9). ②미신이 성한 나라(사19:3). ③배반적인 나라(사36:6). ④히브리인이 애굽에 머물 것(창15:13). ⑤피하는 자의 도움이 못됨(사31:1). ⑥미약한 나라가 됨(겔29:14,15). ⑦필연코 멸망함(겔30:24,25). ⑧애굽의 회개(사19:18-25). ⑨그리스도의 피난(호11:1, 마2:13-15). ⑩출애굽은 그리스도의 구원을 예표함.

* 세계적 명물인 "피라밋" 돌무덤이 있는데 높이 약 22.4m, 광이 약 22.4m, 면적이 약 52,140㎡이다.

애굽강〔river of egypt〕지

1 가사 남쪽에 있는 강(창15:18). 여호와께서 아브라함에게 이 강으로부터 유브라데강까지의 땅을 네 자손에게 주겠다고 허락하셨다.

2 다른 하나는 나일강을 가리키는 말(암8:8, 9:8).

애굽땅〔land of egypt〕명(미7:15) 나일강(애굽하수) 유역의 땅을 가리킴. 히브리인이 종살이 하던 땅.

애굽백성〔egyptians〕명(창41:56) 바로의 통치를 받는 백성.

애굽사람〔egyptians〕명(창12:12)

애굽인의 사당과 여사제

함의 아들 미스라임의 후손들. 애굽에 거주하는 사람.
애굽 시내[brook of egypt]지(민34:5) 하나님께서 아브라함에게 약속하신 남쪽 한계의 강.
애굽신[god of egypt]명 애굽 사람들이 섬기는 우상. 태양신과 자연을 숭배했다. 바스드는 성욕을 인격화한 신이고 아몬을 자연에 활력을 주는 신으로 섬겼다.

애굽여인[she-egyptians]명(창16:1) 사라의 종 하갈을 가리키는 말. 아브람이 애굽에 내려갔을 때 바로가 사라를 범하려다가 화를 받고 보상으로 하갈을 수종들게 한 것으로 여긴다. 아브람의 첩이 되고 이스마엘을 낳았다.
애굽왕[king of egypt]명(창40:1) 바로로 기록되었다. 이스라엘과는 좋은 관계를 유지하지 못했다.
애굽의 열 재앙 - 이스라엘 백성을 놓아 주지 않으려는 바로를 징계하기 위하여 하나님께서 내리신 열가지 재앙. ①피 재앙(출7:14-24). ②개구리 재앙(출8:1-15). ③이 재앙(출8:16-19). ④파리재앙(출8:20-32). ⑤생축에 내린 악질 재앙(출9:1-7). ⑥독종 재앙(출9:8-12). ⑦우박재앙(출9:13-35). ⑧메뚜기 재앙(출10:1-20). ⑨암흑재앙(출10:21-29). ⑩장자의 죽음 재앙(출11:1-10).
애굽하수[the river of egypt]명(출1:22) 나일강을 가리키는 말(사7:18, 렘46:7). 다른 하나는 애굽강 유다 남쪽경계를 가리킨다(왕상8:6, 대하7:8).
애논[$Aἰνών$ = 샘의 근원]지(요3:23) 세례 요한이 세례를 베풀었던 곳. 요단강에서 서쪽의 장소. 예루살렘에서 동복 10km 지점 지금도 그 근처에 샘이 많이 있는 아이눈으로 여긴다.
애니아[$Aἰνέας$ = 칭찬, 난산]인(행9:33-35) 룻다의 성도. 중풍으로 8년간 고생하다가 베드로에게 고침을 받았다.
애매[曖昧; 희미할 애, 어두울 매. vagueness, wrongfully]명(벧전2:19) 희미하여 분명치 못함. 이것인지 저것인지 분명하지 못함. 성도들의 어떤 이유에서 고난을 받는지 알 수 없을 때가 있다.
애석[哀惜; 슬플 애, 아낄 석. spare, missing something]명(신13:8) 슬퍼하고 아깝게 여김.
애쓰다[make an effort, labor]자(잠16:26) 어떠한 일을 이룩하기 위하여 마음과 힘을 다하여 움직이다.
애찬[愛餐; 사랑 애, 밥 찬. feasts of charity, fellow-ship meals]명(유12) 초대교회에서 성찬식이 끝난 뒤 한 자리에 모여 회식하던 잔치. 그리스도인의 형제애를 나타냄과 사랑의 잔치이다. 이 잔치에 참가하기 위해서 성도의 순결이 요구된다(벧후2:13, 고전11:34).
애타다[be much worried, burn]자(고후11:29) 마음의 근심이 커서 속이 타는 듯하다.
애통[哀痛; 슬플 애, 아플 통. deep lamentation, mourning]명(창23:2) 매우 슬퍼하고 아파하는 일.
*애통하는 자의 복(마5:4).
애통성[哀痛聲; 슬플 애, 아플 통, 소리 성. sound of mourning]명(욥30:31) 매우 슬퍼하는 소리.
애호[哀呼; 슬플 애, 부를 호. appeal]명(사22:12) 슬피 하소연함.
애호[愛護; 사랑 애, 보호할 호. protection]명(렘3:4) 다른 사람을 사랑하고 보호함.
애호자[愛護者; 사랑 애, 보호할 호, 놈 자. protector, guide]명(렘3:4) 다른 사람을 사랑하고 보호하는 사람. 친밀한 관계를 나타냄. 믿고 의지하는 보호자로 여호와에 대하

액수

액수[額數 ; 수량액, 셀 수. taxation, sum]명(왕하23:35) 돈의 머릿수 (금액). 값을 나타냄.

액체몰약[pure myrrh]명(출30:23) 개역성경에는 유질 몰약으로 된 말. 불순물이 섞이지 않은 순수한 몰약. 지성물을 구별하는데 사용했다(출30:23-29).

야간[יָעָן = 괴로운]인(대상5:13) 바산에 거주한 갓사람 사밧의 일곱 형제중 하나.

야게[יָקֶה = 신중, 경건한]인(잠30:1) 잠언 30장의 기록자. 맛사사람 아굴의 아버지.

야경[夜警 ; 밤 야, 지날 경. night time]명(시119:148) 저녁 7시부터 익일 새벽3시까지. 구약에서는 4로 구분했고 신약에서는 3으로 나누어 1경으로 삼았다.

야고보['Ἰάκωβος 발 뒤축을 잡음]인 야곱의 헬라어 표현.

1 큰 야고보
1. **인적관계** - 어부 세베대의 아들로 제자 요한의 형제(마4:21).
2. **관련기사** - ①갈릴리에서 고기를 잡던 어부(막1:19). ②베드로와 안드레의 동업자(눅5:10). ③동생과 함께 예수님의 부름을 받았다(막1:29). ④예수님으로부터 보아너게(우뢰의 아들)란 별명을 받았다(막3:17). ⑤예수를 받아들이지 않는 사마리아 사람들에게 불을 내려 멸해도 좋을지를 예수님께 여쭈었다(눅9:51-54). ⑥예수님의 꾸지람을 들었다(눅9:55). ⑦예수님과 특별히 같이 한 일이 있다. (1)변화산에서(마17:1). (2)야이로의 딸을 살리실 때(막5:37). (3)베드로의 장모의 열병을 고치실 때(막1:29-31). (4)감람산에서 성전을 향하여 앉으셨을 때(막13:3-14). (5)겟세마네 동산에서 기도하실 때(막14:32-35). ⑧다른 제자의 미움을 삼(막10:35-45). ⑨부활하신 주님을 만남(요21:1-2). ⑩예수님이 승천하신 후 합심하여 기도하며 성령을 기다림(행1:13). ⑪헤롯 왕에게 죽임을 당했다(행12:1,2).
* 야고보의 어머니를 살로매로 보는 이도 있다. 살로매는 예수님의 어머니의 자매이므로 예수님과는 이종이 된다(요19:25).

2 작은 야고보(막15:40). ①알패오의 아들(막3:18). ②예수님이 십자가에 달리실 때 멀리서 바라봄(막15:40). ③기도하며 성령을 기다림(행1:13).

3 주의 동생 야고보(막6:3).
1. **인적관계** - ①요셉과 마리아의 아들(막6:3). ②유다와 시몬의 형제(막6:3, 유1). ③주의 형제(갈1:19).
2. **관련기사** - ①부활하신 주님을 만났다(고전15:7). ②다락방에 모여서 기도했다(행1:14). ③베드로가 옥에서 나와 야고보에게 전하라고 했다(행12:17). ④예루살렘 교회의 감독(행15:13-23, 21:18). ⑤ 바울의 협력자(갈2:9,12). ⑥야고보서의 기록자로 본다(약1:1).

4 제자 유다의 아버지(눅6:16). ①열심당 유다의 아버지(행1:13). ②제자 다대오의 아버지로 여김(마10:3, 막3:18).

야고보서[James]명(약) 신약 제20권째 성경. 야고보의 기록. 참된 신앙이란 그 결과가 생활속에 경건과 선한 생활로 나타나야 함을 보여주는데 목적이 있다. 참 믿음은 역사한다. 그러므로 믿음을 반대하여 말하는 것이 아니라 오히려 믿음을 위하여 논리적으로 말하고 있다. 참 신앙인은 그 행함의 열매, 하나님의 뜻에 의한 생활을 수반한다고 말한다.

● **야고보서에 나타난 그리스도** - ①주님이신 그리스도(약1:1, 2:1). ②재림하실 그리스도(약5:7-8). ③가장 긍휼히 여기시는 그리스도(약5:11).

야곱[יַעֲקֹב] = 발 뒤축을 잡음, 거짓말쟁이]@

1. **인적관계** - ①아브라함의 손자(대상1:34). ②기도의 응답으로 태어난 이삭과 리브가의 둘째 아들(창25:20-26). ③에서의 동생. 형의 발꿈치를 잡고 나왔다(창25:20-26).

2. **관련기사** - ①리브가의 사랑을 받으며 집안 일을 돌보았다(창25:27-28). ②팥죽 한 그릇으로 형의 장자권을 샀다(창25:20-34). ③어머니의 말을 듣고 아버지를 속여 축복을 받았다(창27:1-38). ④형에서의 미움을 받았다(창27:41-46). ⑤형을 피해 외가인 밧단아람으로 갔다(창27장). ⑥아버지로부터 외사촌 누이 중에서 아내를 얻으라는 부탁을 받았다(창28:1-5). ⑦벧엘에서 돌베개를 하고 자다가 천사가 오르락 내리락 하는 이상을 봄(창28:12). ⑧하나님께서 야곱을 돌아오게 하실 것을 약속하심(창28:13-15). ⑨돌베개를 세워 하나님께 서원함(창28:20-22). ⑩밧단아람에 도착하여 외삼촌 라반과 외사촌 누이 라헬을 만남(창29:1-14). ⑪야곱이 노동의 보수로 라헬을 원함(창27:15-20). ⑫7년동안 무임 노동하여 레아와 라헬을 아내로 얻음(창29:21-30). 후에 7년을 더 무임노동했다. ⑬야곱의 가족관계; 두 첩을 얻고 11명의 아들을 낳음(창29:31-30:24). ⑭야곱이 가나안으로 갈 준비를 함(창30:25-43). ⑮라헬과 레아를 불러 의논함(창31:1-16). ⑯라반에게서 몰래 떠남(창31:17-21). ⑰라반이 알고 뒤쫓아 옴(창31:22-24). ⑱야곱과 라반의 쟁론(창31:25-42). 드라빔건이 큼. ⑲라반과 돌무더기를 사이에 두고 약조함(창31:43-55). ⑳하나님의 사자를 만남(창32:1,2). ㉑에돔에 있는 형 에서에게 사자를 보냄(창32:3-5). ㉒형에게 보낸 사자들이 돌아와 보고함(창32:6). ㉓종과 가축을 먼저 보내고 기도함(창32:7-12). ㉔형에게 먼저 예물을 보냄(창32:13-21). ㉕가족과 같이 얍복강을 건넘(창32:22-23). ㉖어떤 사람이 씨름을 하다가 야곱을 침(창32:24-25). ㉗축복을 받고 이름을 이스라엘이라 고침 받음(창32:26-32). ㉘형 에서와 화해함(창33:1-16). ㉙세겜에 이르러 단을 쌓음(창33:17-20). ㉚딸 디나가 세겜에게 강간 당함(창34:1-12). ㉛야곱의 아들들이 계략을 세워 세겜을 침(창34:13-31). ㉜세겜에서 벧엘로 가 단을 쌓음(창35:1-15). ㉝라헬이 베냐민을 난산함(창35:16-18). ㉞라헬이 죽어 베들레헴 길에 장사됨(창36:19-20). ㉟르우벤이 빌라와 통간함(창36:21-22). ㊱야곱의 소생들(창36:23-26). ㊲아버지 이삭을 장사함(창36:27-29). ㊳요셉을 편애함(창37:1-31). ㊴요셉이 죽은줄 알고 애통함(창37:32-35). ㊵기근 때 아들들을 애굽에 보내어 양식을 사 오도록 함(창42:1-5). ㊶베냐민을 애굽으로 보냄(창43:1-15). ㊷요셉이 살아있다는 소식을 듣고 기운을 차림(창45:25-28). ㊸가족을 이끌고 애굽으로 이주함(창46:1-27). ㊹요셉을 만남(창46:28-34)㊺바로왕을 만남(창47:7-12). ㊻요셉에게 죽은 후 장사지낼 것을 부탁(창47:28-31). ㊼요셉의 두 아들 에브라임과 므낫세에게 축복함(창48:1-22). 죽기 전에 아들들에게 축복함(창49:1-28). 애굽에서 죽고 가나안 막벨라 굴에 장사되었다(창50:1-4).

야곱의 열 두 아들(창29:32-30:24, 35:18)
1. 르우벤　레아　창29:32
2. 시므온　레아　창29:33
3. 레 위　레아　창29:34
4. 유 다　레아　창29:35
5. 단　　　빌하　창30:5-6
6. 납달리　빌하　창30:8
7. 갓　　　실바　창30:11
8. 아 셀　실바　창30:13
9. 잇사갈　레아　창30:18
10. 스불론　레아　창30:20
11. 요 셉　라헬　창30:24
12. 베냐민　라헬　창35:18

야곱의 예언(창49:1-27)
1. 르우벤 ; 탁월치 못하리라(창49:4).
2. 시므온 ; 저주를 받으리라(창49:7).
3. 레 위 ; 저주를 받으리라(창49:7).
4. 유 다 ; 형제의 찬송이 되리라(창49:8-13). 사자새끼로다. 홀이 유다를 떠나지 아니하리라.
5. 스불론 ; 해변에 거함. 시돈까지의 기업을 낳음(창49:13).
6. 잇사갈 ; 압제아래 섬기리라(창49:14-15).
7. 단　 ; 백성을 심판하리라. 독사(창49:16-18).
8. 갓　 ; 군대의 박해를 추격(창49:19-).
9. 아 셀 ; 왕의 식량을 공급(창49:20).
10. 납달리 ; 아름다운 소리를 냄(창49:21).
11. 요 셉 ; 무성한 가지, 목자가 남, 복을 줌(창49:22-
12. 베냐민 ; 물어뜯는 이리(창49:26).

야곱의 우물[Jacob's well]명(창33:19, 요4:5-12) 세겜 동쪽 1.6km지점 야곱이 하몰의 아들에게 산 땅에 판 우물. 야곱 자신은 물론 그의 가족과 가축이 먹었다. 직경은 2.3m, 깊이는 23m나 된다. 예수님께서 갈릴리로 가시는 길에 사마리아를 통과하시다가 우물 곁에서 한 여인을 만나 영원히 목마르지 않는 생수의 원리를 가르치셨다(요4:13-14). 현재 그 우물 곁에 한 교회를 세웠다.

야굴[יָגוּר = 거주지]지(수15:21) 유다지파의 성읍. 에돔과 경계를 이루고 있다. 구르바알과 같은 곳(대하26:7).

야긴[יָכִין = 확립, 군게함]명
① 시므온의 세째 아들. 족장 중 한 사람(창46:10, 출16:5). 대상4:24의 야립과 같은 사람.
② 아론의 자손으로 성전봉사자 제21반장(대상24:17).
③ 바벨론 포로에서 돌아와 예루살렘에 거주한 제사장 가족 중 족장(대상9:10, 느11:20). ②와 ③을 같은 사람으로 보는 사람도 있다.

야긴[jakin]명(왕상7:21, 대하3:17) 솔로몬 성전의 현관에 세워진 두 기둥 중 오른편 기둥의 이름. "그는 존재한다"라는 뜻이다.

야긴가족[jakinite]명(민26:12) 시므온의 아들 야긴에서 태어난 후손, 그 가문.

야긴과 보아스[jakin and boaz]명(왕하25:16,17) 솔로몬의 성전 현관에 세워진 두 기둥의 이름. 오른편은 야긴, 왼편은 보아스.

야김[יָקִים = 주님이 세우셨다]명
① 베냐민 사람 시므이의 아들(대상8:19, 24:12).
② 다윗시대 제사장 24반차 중 제12반차의 대제사장(대상24:12).

야내[יַעֲנַי = 여호와께서 응답하심]명(대상5:12) 갓 자손의 족장으로 바산에 살고 있었다.

야노아[יָנוֹחַ = 휴식]지
① 납달리 지파의 분깃 중의 한 성읍. 주전 734년경에 이 성읍 사람들은 앗수르에 점령되고 포로되었다(왕하15:29).
② 에브라임 지경에 있던 성읍. 세겜 남동 10km 지점에 있다.

야님[יָנִים = 잠듬]**지**(수15:53) 헤브론 부근 산지 유다의 성읍.

야다[יָדַע = 현명한](대상2:28, 32) 유다지파 헤스론 자손. 여라므엘과 아다라 사이에서 태어난 오남의 아들.

야대[יַדַּי = 여호와께서 인도하심]**인**(대상2:47) 유다지파 갈렙 자손 중 하나.

야도[יַחְדּוֹ = 연합, 하나님께서 기쁨을 주심]**인**(대상5:14) 갓 자손으로 부스의 아들. 길르앗의 증조부. 아비하일의 6대조.

야돈[יָדוֹן = 하나님이 심판하심]**인**(느3:7) 예루살렘 성벽을 재건한 메로놋 사람(느3:7).

야드니엘[יְתַנְיאֵל = 하나님이 은사를 주심]**인**(대상26:2) 고라자손 므셀레먀의 일곱 아들 중 네째 아들로 성전문지기.

야등덩굴[野藤 ; 들 야, 등나무 등. wild vine]**명**(왕하4:39) 들 오이. 많이 먹으면 독성이 나타난다. 엘리사의 생도들이 이것을 국을 끓여 먹고 식중독에 걸렸다.

야디엘[יְדִיעֲאֵל = 하나님이 기쁨을 주심]**인**(대상5:24) 요단강 동 므낫세 반 지파의 족장으로 큰 용사. 바산에서 헤르몬산까지를 점유하고 있었다.

야라[יַעְרָה = 꿀벌의 집]**인**(대상9:42) 베냐민 사람 사울왕의 가문 아하스의 아들. 여호앗다와 같은 사람(대상9:42).

야레오르김[יַעְרֵי אֹרְגִים = 산림지 거주자들]**인**(삼상21:19) 블레셋 가드사람 골리앗의 동생 라호미를 죽인 베들레헴 출신 엘하단의 아버지. 야일이라고도 함(대상20:5).

야렙[יָרֵב = 호전적, 도전자]**인**(호5:13, 10:6) 이스라엘의 조공을 받던 앗수르왕을 가리킴. 디글랏빌레셀Ⅲ세.

야렛[יֶרֶד = 후손, 내려감]**인**(창5:18) 셋의 후손. 마할랄렐의 아들이며 아담의 6대손. 에녹의 아버지로 예수님의 계보에 든 사람(눅3:37).

야로아[יָרוֹחַ = 부드러운, 섬세한]**인**(대상5:14) 갓 자손 후리의 아버지. 아비하일의 할아버지. 길르앗의 아들.

야료[惹鬧 ; 끌 야, 시끄러울 료. interruption, prophesy]**명**(삼상18:10) 까닭없이 트집을 부리고 마구 떠들어 대는 짓.

야르못[יַרְמוּת = 언덕, 높은]**지**

① 가드 동북부 가나안의 성읍. ①비람 왕이 통치했다(수10:3). ②여호수아가 함락하여 왕을 죽임(수10:3-27). ③유다지파의 성읍이 되었다(수15:35). ④바벨론에서 돌아온 유다인 거주지(느11:29). ⑤위치는 벳세메스 남쪽 5km 지점 현재의 이름은 엘야르목.

② 잇사갈의 성읍. ①레위인의 성읍이 되었다(수21:29). ②레멧과 같은 곳(수19:21). ③라못과 같은 곳(대상6:58, 73). ④갈릴리 호수 남단에 위치한 성읍.

야르하[יַרְחָע]**인**(대상2:34, 35) 유다사람 세산의 애굽인 종. 세산의 딸과 결혼하여 데릴 사위가 되어 세산의 계대가 되었다.

야립[יָרִיב = 하나님이 싸우심]**인**

① 시므온의 아들(대상4:24). 창46:10에는 야긴으로 되어 있으나 출6:15, 민26:12에는 나오지 않는다.

② 에스라가 아하와강에서 모은 포로 귀환자의 한 족장(스8:16).

③ 바벨론 포로에서 돌아와 이방여인 아내와 이혼한 제사장 중 한 사람(스10:18).

야만[野蠻 ; 들 야, 오랑캐 만. barbarians]**명**(롬1:14) 미개인에 대하여 주로 쓰는 말. 교양이 없고 도의심이 없는 사람을 가리켜 씀. 바울

야매 이 복음에 대한 자기의 의무감을 나타낼 때 사용한 말. 민족이나 문화와는 관계없이 복음을 전해야 함을 보임.

야매[יַחְמַי = 여호와께서 지켜주심]인(대상7:2) 잇사갈 자손 돌라의 아들로 족장.

야믈렉[יַמְלֵךְ = 하나님께서 다스리게 하심]인(대상4:34) 시므온 지파의 인도자.

야민[יָמִין = 오른손]인
1 시므온의 아들 야민의 후손(창46:10).
2 헤스론의 큰 아들 여라므엘의 아들(대상2:27).
3 포로에서 돌아와 에스라를 도와 율법을 읽어 해석해 준 레위사람(느8:7).

야민가족[Jaminite]명(민26:12) 야곱의 아들 시므온이 낳은 야민의 후손.

야발[יָבָל = 움직임, 강]인(창4:20) 라멕과 그의 아내 아다 사이에서 난 아들. 장막에 거하면서 목축을 하는 자의 조상. 그의 형제 유발과 함께 문명의 창시자이다.

야베스[יַעְבֵּץ = 마른, 건조한]인
1 스가랴를 살해하고 왕이 된 살룸의 아버지(왕하15:10-14).
2 그의 형제보다 존귀한 자. 어머니가 수고로이 낳아 이름을 지어준 사람. 하나님께 기도하여 부귀와 평안을 누린 사람(대상4:9-10).

야베스[יַעְבֵּץ = 산당]지 베들레헴 근처 유다의 성읍. 길르앗 야베스와 같은 곳(대상2:55, 삼상11:1). 서기관과 학자들이 살던 곳.

야베스 길르앗[יָבֵשׁ גִּלְעָד = 증거의 언덕, 건조함]지
1. **위치** - 요단 동편 길르앗에 있던 성읍(삿21:8-9).
2. **관련기사** - ①므낫세 반 지파에게 분배된 땅(민32:39-40). ②사사시대 총회에 참석하지 아니하여 동족의 침공을 받아 처녀들을 빼앗겼다(삿21:8-14). ③사사시대 이곳 주민이 거의 죽었다(삿21:8-14). ④사울이 암몬사람을 물리친 곳(삼상11:1-11). ⑤사울의 은혜를 기억한 사람들이 사울과 그의 세 아들을 장사했다(삼상31:11-13). ⑥다윗이 이곳 사람들을 칭찬하고 축복했다(삼하2:5-7). ⑦이름이 오늘날까지 전해져 지금은 와디 야베스. 강가의 야베스이다.

야벳[יֶפֶת = 확장, 넓게하라]인
1. **인적관계** - 노아의 둘째 아들(창6:10, 7:13, 9:18, 10:1, 대상1:4).
2. **관련기사** - ①야벳의 자손이 팔레스틴 서북방에 거주하여 아리안인의 조상이 되었다(창10:2-5, 21). ②노아가 술에 취하여 나체로 잘 때 합당하게 행하였으므로 축복을 받아 광대한 판도를 가지고 자유를 누리게 되었다(창9:20-27). ③야벳의 자손은 고멜, 마곡, 마다, 야완, 두발, 메섹, 디라스(창10:1-5, 대상1:4-5).

야브네[יַבְנֶה = 하나님은 세우심]지(대하26:6) 유다 서해안에 가까운 성읍. 웃시야가 블레셋 사람과 싸워 빼앗았다. 얍느엘과 같은 곳(수15:11). 후에 헬라이름으로 얌니바라 부르게 되었다. 욥바의 남 20km 해안에서 6km에 있는 지금의 엘나라고 본다. 주후 90년에 이곳에서 개최되었던 얌디야 회의에서 구약 성경이 결정되었다.

야블렛[יַפְלֵט = 하나님은 구원하신다]인(대상7:32-33) 아셀 자손 중 헤벨의 아들. 그 가문의 족장.

야블렛 사람[japhletites]명(수16:3) 세겜의 동쪽에 있는 에브라임 남서 경계에 거주하는 아셀자손 중 헤벨의 아들 야블렛의 일족.

야비아(야비야)[יָבִיעַ = 빛나는]인
1 여호수아시대의 라기스왕(수10:3) 에글론왕 드빌, 야르뭇왕 비람, 헤브론왕 호람과 함께 여호수아에게 패망했다.
2 다윗이 예루살렘에서 낳은 아들 중 하나(삼하5:15). 야비야와 같은 사람(대상3:7).

야비아[יָבִיעַ = 빛나는]지(수19:1

2) 스불론 자손의 한 성읍. 나사렛 남방 3km지점의 지금의 야바.

야비야[יָבְיָה = 빛나는]地(대상3:7) 다윗왕이 예루살렘에 돌아와 낳은 아들 중 하나. 야비아와 같은 사람 (삼하5:15, 대상14:6).

야빈[יָבִין = 깊이 생각함]人
1 가나안의 하솔왕. 연합군을 지휘하여 에돔강 부근에서 여호수아와 싸우다가 패하고 살해 당하였다 (수11:1-15).
2 사사 시대 하솔 왕으로 20년간 이스라엘을 압제하였다. 드보라가 사사가 되어 바락과 함께 하솔과 싸우게 되었다. 기손강 전투에서 그의 군대 장관 시스라가 패주하다가 헤벨의 아내 야엘에 의해 죽임을 당했고 후에 야빈도 패망하게 되었다(삿4:2-24). 다윗의 시에 인용되었다(시84:9).

야사[יָהְצָה = 탈곡장]地(대상6:78) 요단강 동편 모압의 성읍으로 르우벤 지파가 받은 성읍. 후에 레위인의 성읍이 되었다(렘48:21). 야하스와 같은 곳(민21:23).

야살의 책[book of jashar]명(수10:13) '야살'은 의로운 자란 뜻이 있다. 고대 시집으로 의로운 이스라엘 민족의 노래를 말한다. ①수10:13,14에는 여호수아의 기도의 결과로 해와 달이 머문 것을 기록했고, ②삼하1:17-27에는 다윗의 활 노래가 기록되었다. * 민21:14의 여호와의 전쟁기와 연관해 보라.

야세라[יַעְזֵרָה = 하나님께서 보호하심]人(대상9:12) 바벨론에서 돌아온 제사장. 마아세의 할아버지. 야디엘의 아버지.

야센[יָשֵׁן = 졸림, 잠]人(삼하23:32) 다윗의 30명의 용사 중 하나인 요나단의 아버지(삼하23:32)대상 11:34에는 기손사람 하셈이라고 기록되어 있다.

야셀[יַחְצְאֵל = 하나님께서 강하게 하심]人(민26:48) 납달리의 아들. 창46:24에는 야스엘, 대상7:13에는 야시엘과 같은 사람.

야셀[יַעְזֵיר = 도우심]地
1. 위치 - 헤스론 북방에 위치.
2. 관련기사 - ①아모리의 성읍(민21:42). ②갓 지파에게 준 성읍(민32:1,3, 수13:25). ③후에 레위인의 거주지(수21:39, 대상6:81, 26:31). ④포도의 산지로 유명하다(사16:8,9, 렘48:32). ⑤모세가 정탐군을 보내어 정탐한 곳(민21:32).⑥모압에 의해 점령당한 곳(사16:8,9, 렘48:32). ⑦견고한 요새지였다(민32:35).

야셀가족[jahzeelite]명(민26:48) 납달리의 아들 야셀에서 난 후손의 가족.

야소브암[יָשָׁבְעָם = 백성은 돌아올 것이다]人
1 다윗의 30용사 중 두령(대상27:23). 1월 군대의 대장. 그가 단번에 300명을 죽였다(대상11:11).
2 시글락에서 다윗을 도운 베냐민 지파의 용사(대상12:1-6).

야손[Ἰάσων = 구원, 치료]人
1 데살로니가 사람. 바울과 실라의 두번째 선교여행시 그의 집에서 유숙하였다. 바울과 실라를 잡지 못한 유대인들이 그를 대신 잡아 가서 관장에게 송사하였으나 즉시 석방되었다(행17:1-9).
2 사도 바울의 친척으로 바울을 따라 고린도에 가서 전도하였다(롬16:21). 이 두 사람을 같은 사람으로 보는 이도 있다.

야수비네헴[יָשֻׁבִי לֶחֶם = 베들레헴에 돌아옴]人(대상4:22) 모압을 다스리던 사람.

야숩[יָשׁוּב = 그는 돌아오심]人
1 잇사갈의 네째 아들로 족장(민26:24, 대상7:1). 창세기 46:13에는 욥으로 되었다.
2 포로에서 돌아온 바니자손. 에스라의 권고로 이방여인과 이혼한 사람(스10:29).

야스야[יַעֲשִׂיָה = 여호와께서 보심]人 (스10:14-15) 에스라가 이방여인을 취한 자들에게 이혼을 권유할 때 그 일을 반대한 4인 중의 한 사람. 야하시아로 고쳐 읽어야 한다.
야스엘[יַחְצְאֵל = 하나님께서 나누어 주신다]인(창46:24) 납달리의 아들. 야스엘 가족의 족장. 야셀과 같은 사람(민26:48).
야시스[יָעִיש = 하나님께서 유명하게 하신다]인(대상27:30) 다윗의 양 떼를 맡아 관리한 하갈 사람.
야시엘[יַחֲצִיאֵל = 주는 분배하심]인 납달리의 아들. 야스엘, 야셀과 같은 사람(창44:24, 민26:48).
야아간[יַעֲקָן = 현명한]인(대상1:42) 세일자손 에셀의 아들.
야아고바[יַעֲקֹבָה = 친구, 우애]인 (대상4:36) 시므온 지파의 족장.
야아레시야[יַעֲרֶשְׁיָה = 하나님께서 심으신다]인(대상8:27) 베냐민자 손의 족장. 여로함의 아들.
야아사냐[יַאֲזַנְיָה = 여호와께서 들으심]인

1 레갑 사람 예레미야(선지자가 아닌 사람)의 아들(렘35:3). 유다인들에게 실물교훈을 위해 포도주를 마시게 했으나 마시지 아니했다.
2 앗술의 아들로 방백(겔11:1). 에스겔이 환상 중에 보았다.
3 이스라엘의 장로 사반의 아들(겔8:11). 우상숭배를 한 70인중 한 사람.

야아사니야[יַאֲזַנְיָהוּ = 여호와께서 들으심]인

1 바벨론왕 느부갓네살이 유다인을 포로로 잡아간 후에 유다에 남겨둔 군대의 장관. 유다총독 그달리야를 도운 마아가 사람(왕하25:23). 아사랴, 여사냐라고도 함(렘43:2, 렘40:8). 야하사니야의 도장이 비스바에서 발견되었다.
2 레갑사람 예레미야(예언자 예레미야가 아님)의 아들. 유다인의 모범이 되었다(렘35:3). 유다인의 실물교육을 주기 위해 포도주를 마시게 하였으나 마시지 아니했다.
3 에스겔의 환상 중에 본 이스라엘 장로로 사반의 아들. 우상에게 향을 피우고 있는 70인의 지도자 중 한 사람(겔8:11).

4 앗술의 아들로 백성의 방백. 에스겔이 환상 중에 본 25명 중 하나. 예언하는 일을 받은 사람(겔11:1).
야아수[יַעֲשׂוּ = 여호와께서 만드심]인(스10:37) 바벨론에서 돌아와 이방인 아내와 이혼한 바니의 자손.
야아시야[יַעֲשִׂיָהוּ = 여호와께서 강하게 하신다]인(대상24:26-27) 레위사람 므라리 자손 브노의 아버지.
야아시엘[יַעֲשִׂיאֵל = 하나님께서 강대케 하신다]인(대상15:18) 다윗 대의 제2급 레위사람. 다윗이 법궤를 모셔올 때 악사로 봉사했다. 대상15:20에는 아시엘, 대상16:5에는 여이엘, 대상23:19에는 야하시엘로 되어 있다.
야아시엘[יַעֲשִׂיאֵל = 하나님께서 행하신다]인

1 므소바 사람으로 다윗의 30용사 중 하나(대상11:47).
2 아브넬의 아들. 다윗시대 베냐민 지파의 관장(대상27:21).

야알라[יַעְלָא = 물염소]인(스2:56) 솔로몬왕의 신복 궁중 종사자. 바벨론에서 스룹바벨과 같이 돌아온 사람의 선조(느7:58).
야엘[יָעֵל = 산양]인(삿4:17) ①겐 사람 헤벨의 아내(삿4:17). ②드보라 때 가나안 왕 야빈의 군대장관 시스라를 자기 장막에서 젖을 마시게 하고 잠들었을 때 말뚝을 살쩍에 박아 죽인 사람(삿4:11-22). ③드보라가 야엘을 노래했다(삿5:24-27).
야완[יָוָן = 헬라 사람]인
1. **인적관계** - 노아의 손자. 야벳의 네째 아들(창10:1-2, 대상1:5).
2. **관련기사** - ①고멜, 마대, 두발, 메섹, 디라스의 형제(창10:2). ②엘리사, 달시스, 깃딤, 도다님의 아버지(창10:4, 대상1:7). ③헬라인 특히 소아시아 연안의 이오니아 사람을 대표한다(사66:19). ④주의 영광을 볼 먼 섬들의 하나로 노래되었다(시66:49). ⑤욜3:6에서는 헬라족이라고 번역되었다.

무역업 종사자로 베니게와 블레셋에서 포로와 노예를 팔았다. ⑥드발 메섹과 함께 두로와 교역을 했다(겔27:13, 19). ⑦다니엘서의 인용에는 야완이 헬라라고 번역되어 알렉산더 대왕의 제국을 가리키고 있다(단8:21, 10:20, 11:2).

야완[יָוָן = 헬라]지(사66:19) 야벳의 자손 야완이 살며 이룬 나라 → 헬라. 두로와 더불어 무역을 하였다(겔27:13).

야웨[יהוה]명 '여호와'라고 번역된 하나님의 고유명사. 히브리음에 가까운 표기로 야훼로 발음하기도 한다. 이스라엘 사람들은 아도나이라고 읽기 때문에 자음만으로 된 문자를 어떻게 발음해야 정확한지는 알 수 없다.

야이로['Ιάιρος = 빛나게 하심]인
1. **인적관계** - 갈릴리 지방의 회당장. 야일의 헬라식 발음(막5:22).
2. **관련기사** - ①12세 된 딸이 병들었을 때 예수님을 찾아 가서 고쳐 주시기를 구했다(막5:22, 눅8:41). ②도중에 혈루증 앓는 여인으로 지체될 때 딸이 죽은 것을 전해 들었다(마9:18). ③직업적으로 곡하는 사람이 있었다. 예수님께서 베드로와 야고보와 요한을 데리고 죽은 소녀의 방에 들어가서서 아이가 죽은 것이 아니라 잔다고 하셨다. ④부모도 방에서 나가게 하신 다음 예수님께서 소녀의 손을 잡고 '달리다굼'(소녀야 일어나라)이라 하셔서 살리셨다(마19:18-26, 막5:21-43, 눅8:40-56).

야인(野人 ; 들 야, 사람 인. barbarian)명(골3:11) 야만인을 줄여서 옮긴 말. 문화적, 예절 면에서 부족한 사람으로 문명인이 아님. 유대인의 입장에서는 모든 이방인. 그리스도인으로 새롭게 됨에 있어서 어떤 종족이나 집단과는 무관함을 나타낸다.

야일[יָאִיר = 하나님께서 일깨우심, 교화시킴]인
① 므낫세의 아들로 마길의 형제. 얍복강 이북 아모리인의 영토를 점령하고 하봇야일이라고 이름하였다(민32:41).
② 길르앗 사람. 이스라엘의 사사가 되어 22년간 치리하였다. 그는 아들 30명이 있어 30성읍을 가지고 하봇야일이라 하였다(삿10:3-5).
③ 가드인 골리앗의 아우 라흐미를 죽인 엘하난의 아버지(대상20:5). 야레오르김과 같다(삼하21:19).
④ 모르드개의 아버지. 에스더의 삼촌(에2:5).
⑤ 유다지파 헤스론이 므낫세 사람 마길의 딸과 결혼하여 낳은 스굽의 아들. 길르앗의 23성읍을 가진 사람(대상2:21-22).

야일의 밭(시132:6 난외) 야일의 소유인 나무숲을 가리킴.

야일의 모든 촌 - 므낫세의 아들. 야일이 차지한 요단 동편 길르앗의 고을(왕상4:13).

야일 사람[jairite]명(삼하20:26) 므낫세의 아들 야일에서 비롯된 자손들. ①야일의 촌(신3:14). ②야일의 모든 고을(민3:41). ③하봇야일(민32:41). ④야일의성읍(대상2:23).

야하스[יַהְצָה = 탈곡장]지 ①아모리 왕 시혼의 성읍(민21:23). ②이스라엘의 통과를 막기 위해 나가 싸운 곳. 시혼이 패하여 모두 죽임을 당했다(신2:32-35). ③르우벤 지파에게 분배된 성읍(수13:18). ④레위 지파 므라리 사람에게 주었다(수21:36). ⑤모압 족속이 다시 빼앗아 영유했다(사15:4, 렘48:34). ⑥야사와 같다(대상6:78).

야하시엘[יַחֲזִיאֵל = 하나님께서 지켜주심]인
① 다윗이 시글락에 숨어 있을 때 함께 한 용사로 베냐민 자손 중 한 사람(대상12:4).
② 다윗 때 브나야와 함께 법궤 앞에서 나팔을 분 제사장(대상16:6).
③ 고핫자손의 족장. 헤브론의 아들(대상23:19).
④ 레위지파 아삽자손 스가랴의 아들

로 암몬과 모압과 싸울 때, 여호사밧과 그 군대가 위험 중에 있을 때 그가 여호와의 감동함을 받아 격려하며 여호사밧이 경배하고 레위인은 찬송하였다(대하20:14-19).

⑤ 에스라와 같이 바벨론에서 귀환한 한 족속 스가냐의 아버지(스8:5).

야핫[יַחַת =그는 붙잡아 올린다, 회복, 부흥]인

① 유다의 증손자. 르하야의 아들. 매아후와라핫의 아버지(대상4:2).

② 레위지파 게르손 자손 립니의 아들(대상6:20, 43).

③ 레위지파 게르손자손 시므이의 아들(대상23:10-11).

④ 레위지파 고핫자손 슬로못의 아들(대상24:22).

⑤ 레위지파 므라리자손으로 요시야 왕 시대 성전수리를 감독한 사람(대하34:12).

약[藥; 약 약. medicine]명(렘30:13) 병, 상처를 고치려고 먹거나 바르거나 주사하는 물건의 총칭. ①몰약은 진정제로 쓰이는 향료(창37:25, 겔27:17). ②유향은 상처 치료제(렘8:22, 46:11, 51:8,9). ③합환채는 최음제, 임신 촉진제(창30:16). ④무화과는 말려 연고로 만들어 종기 치료제로 사용(왕하20:7, 사38:21). ⑤잿물은 세탁제, 표백제(렘2:22). ⑥포도주는 위장 진정제(딤전5:23). ⑦기름은 상처 치료제(눅10:34, 약5:14). ⑧안약은 눈을 보게 함(계3:18). ⑨쓸게 탄 포도주는 진정 마취제(마27:34).

약[約; 대략, 어림 약. about]관(막8:9) 어느 수량에 거의 가까운 정도를 나타내는 말. 대강. 어림잡아.

약간[若干; 같을 약, 방패 간. few, little]명(수11:22) ①얼마 안됨. 조금. ②얼 마쯤.

약대[camel]명(창12:16) 낙타를 일컫는 말. 사막 여행에 쓰임. ①예로부터 중요한 재산이다(욥1:3). ②다윗 시대 약대사육 감독자를 두었다(대상27:30). ③식용이 금지됨(레11:4). ④여행, 짐 운송수단(창24:10, 37:25). ⑤약탈, 노획물(삿6:1-6, 대상5:21). ⑥발이 빠름(렘2:23). ⑦유순함(창24:11). ⑧예수님께서 비유로 말씀하셨다(마19:24).

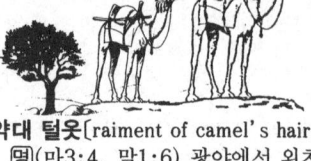

약대 털옷[raiment of camel's hair]명(마3:4, 막1:6) 광야에서 외치는 자, 예수님의 길을 예비한 세례 요한의 의복. 선지자의 일반적인 복장이다(슥13:4, 왕하1:8).

약속[約束; 약속할 약, 묶을 속. promise]명(마20:2) 장래의 일에 대하여 상대자에게 언명하는 일. 성경에서는 하나님께서 사람에게 일방적으로 하시는 언약을 가리킨다. 성취될 조건이 제시되어 있다. ①구원, 영생은 믿음으로(요3:16). ②성령강림은 기도하고 기다림으로(행1:4,5). ③천국은 승리한 자에게(계2:11).

약전[略傳; 간략할 략, 전할 전. brief-life, generations]명(창37:2) 대강 추려서 적은 전기.

약점[弱點; 약할 약, 점 점. weak point]명(롬15:1) 불충분한 점. 모자라서 남에게 뒤떨어지는 점.

약정[約定; 약속할 약, 정할 정. promise]명(삼상21:2) 남과 어떤 일을 약속하여 작정함. 본래 계약을 뜻하는 말이다.

약조[約條; 약속할 약, 가지 조. agreement, league]명(수9:6) 조건을 붙여 약속함. 또는 약속된 조문.

약조물[約條物; 약속할 약, 가지 조; 만물 물. pledge]명(창38:17) 조건을 붙여 약속하여 정한 물건. 약속이행의 보증물. 담보물.

약탈[掠奪; 노략할 략, 빼앗을 탈. plunder, spoil]명(삼상14:48) 폭력을 써서 강제로 빼앗음. 무리하게 빼앗는 일. 강도나 전쟁에서 생

약탈자〔掠奪者; 노략할 략, 빼앗을 탈, 놈 자. plunderer〕몡(나2:2) 폭력을 써서 억지로 빼앗는 사람.

약하다〔弱~ ; 약할 약. weak〕혱(창30:42) ①튼튼하지 않다. ②연하고 무르다. frail.

약혼〔約婚 ; 약속할 약, 혼인할 혼. engagement〕몡(신20:7) 결혼하기로 약속함. 정혼이라고도 함.

얀나〔'Ιανναί〕인(눅3:24) 예수님의 계보 중 한사람으로 요셉의 6대 조부이며 멜기의 아버지. 요한난의 헬라식 이름으로 '하나님은 은혜로우시다' 란 뜻을 나타낸다.

얀네〔'Ιάννης = 조롱〕인(딤후3:8) 애굽의 술객으로 얌브레와 함께 모세를 대적하였다(참고 출7:11).

알람〔יַעְלָם = 젊음, 상승하는 자〕인(창36:5, 대상1:35) 에서의 아들. 에돔의 족장(대상1:35). 어머니는 오홀리바마이다.

알론〔יַלוֹן = 밤을 보냄, 묶은 자〕인(대상4:17) 유다 자손 에스라의 아들.

알르엘〔יַחְלְאֵל = 하나님께서 기다리심〕인(창46:14) 야곱의 손자요 스불론의 아들.

얌브레〔'Ιαμβρῆs=지혜로운 자〕인(딤후3:8) 애굽의 마술사로 얀네와 함께 모세를 대적한 사람(참고 출7:11).

얍느엘〔יַבְנְאֵל = 하나님이 세움〕지
① 마알라 산과 바다 가까운 유다 서북쪽 경계의 성읍. 대하26:6에는 아브네, 마카비 이후는 얌니아라 불렀다. 유대전쟁후 율법연구의 중심지가 되어 특히 유대교 정경(구약)결정 회의가 여기에서 열리어 유명하게 되었다.
② 납달리 북쪽 경계, 다볼산과 갈릴리 바다 사이에 있던 곳(수19:33).

압복강〔יַבֹּק = 흐르는 강〕지 길르앗 동편 고원에서 발원하여 아모리 땅과 바산의 국경선을 이루어 흐르는 요단강 지류(신3:16).

압복(나루)〔ford of jabbok〕지 ①야곱이 가나안으로 돌아올 때 건넌 나루(창32:22). ②야곱이 어떤 사람과 씨름하다가 위골이 난 곳(창32:24-26). ③야곱이 이스라엘이란 새 이름을 얻은 곳(창32:27-28). ④야곱이 개명후 축복을 받은 곳(창32:29). ⑤야곱이 하나님을 보았기 때문에 브니엘이라고 이름하였다(창32:30). ⑥출애굽한 이스라엘 백성이 점령한 곳(민21:24). ⑦암몬 사람들의 거주지(신2:37). ⑧아모리왕 시혼이 다스린 영토(수12:2, 삿11:22). ⑨사사 입다 때 암몬자손의 왕이 돌려줄 것을 요구한 지역(삿11:13). ⑩입다가 그곳주인을 물리침(삿11:14-33).

얏두아〔יַדּוּעַ = 알고 계심〕인
① 느헤미야와 함께 바벨론에서 돌아와 율법엄수 계약에 도장을 찍은 사람(느10:21).
② 포로에서 돌아온 예수아의 자손. 구약 최후로 기록된 대제사장중 한 사람(느12:11, 22).

얏딜〔יַתִּיר = 폭 넓은〕지 ①유다지파에게 분배된 곳(수15:48). ②레위자손의 성읍이 된 곳(수21:14, 대상6:57). ③다윗이 아말렉을 이기고 탈취물을 이 성에 선물로 보냈다(삼상30:27). ④시글락 동쪽 16km, 헤브론의 서남 21km지점 현재의 굴벳얏딜로 여긴다.

양〔樣 ; 모양 양. form〕몡(행23:15) 모양.

양〔量 ; 분량 량. weihgt, quantity〕몡(마23:32) 수량, 무게, 부피의 정도. *악이 일정한 양에 달하면 벌을 받게 된다.

양〔兩 ; 두 양. two〕몡(막7:33) ①둘. ②두개가 상대되는 한 짝.

양〔羊 ; 양 양. sheep〕몡 소과에 속하는 가축(삼하12:3). 뿔이 있는 것과 없는 것이 있다. ①풀을 먹으며 수태 5개월후에 한 두마리의 새끼를 낳는다(창30:40-43). ②성격이 온순하며(렘11:19), ③비공격적이기 때문에(사53:7), ④자기방어가 약하다(미5:8). ⑤그러므로 목자가 필요하다(요10:4, 27). ⑥제물로 사용되었다(창4:4). ⑦그리스도를 예표한다(요1:29).

양각〔羊角 ; 양 양, 뿔 각. horn of sheep〕명(수6:4) 양의 뿔. 기름을 담기도 한다(삼상16:1).

양각나팔〔羊角~ ; 양양, 뿔각. horn of sheep〕명(수6:4) 양의 뿔로 만든 나팔. 신호용으로 쓰임. 여호수아가 여리고 성을 함락시킬 때 사용했다. 큰 사건이 일어났을 때 백성에게 알리기 위해서(삿3:27), 백성을 모으기 위해서(왕상1:34) 사용했다.

양군〔兩軍 ; 둘 량, 군사 군. both armies〕명(삼상17:21) ①양편의 군사. ②운동경기에서 두 편.

양금〔洋琴 ; 큰바다 양, 거문고 금. harp, cornets, castanets〕명(삼하6:5) 작은 망치로 줄을 쳐서 소리를 내는 악기. 다윗시대에 사용되었다. 바벨론 느부갓네살 궁중악기 중 하나(단3:5, 10, 15).

양떼〔sheeps, flock〕명(창26:14) 양의 무리. 성도(그리스도인)의 무리를 일컫기도 한다(요10:1-16).

양면〔兩面 ; 둘 량, 낯면. both faces〕명(출32:15) ①앞면과 뒷면. ②두면. ③두 가지 방면.

양문〔羊門 ; 양양, 문문. sheep gate〕명(느3:1) 예루살렘 성전 북편 문. 베냐민 문이라고도 함. 제물로 쓸 동물들이 양문을 지나 성전 구내에 들어가게 하였다. ①베냐민 문과 같다(렘37:13). ②포로에서 돌아와 느헤미야의 성벽 재건 때 제사장 엘리아십이 그 형제 제사장들과 함께 건축하였다(느3:1). ③성전 봉헌식 때 행렬이 이 문에 이름(느12:39). ④가까이에 함메아 망대가 있다(느12:39). ⑤베데스다 연못 가까이에 있은 문(요5:2).

양방〔兩方 ; 둘 량, 모 방, the two〕명(신19:17) 이쪽과 저쪽. 이편과 저편 두 편 쌍방.

양방간〔兩方間 ; 둘 량, 모 방, 사이 간. between〕명(신1:16) 이쪽 저쪽 사이.

양부〔養父 ; 기를 양, 아비 부. foster father〕명(사49:23) 친부는 아니지만 길러 주신 아버지. 양아버지.

양새끼〔lamb〕명(삼하12:4) 양의 어린 것. 사랑하는 것. 아끼는 것을 비유하여 나단이 다윗에게 한 말.

양선〔良善~ ; 어질 량, 착할 선. goodness〕명(갈5:22) 어질고 착함. 올바르고 너그러움을 뜻함(롬15:14, 살후1:11) 성령의 아홉 가지 열매 중 하나로 일반적, 도덕적인 것에 성령에 의해 성령의 지배하에 생활하는 그리스도인의 생활 결실의 하나이다. 육의 지배를 받지 않고 그리스도와 연합한 성도의 생활 중 사람에 대하여 나타나는 품성이다(요15:5, 고전12:12, 13).

양순〔良順 ; 어질 량, 순할 순. meekness〕명(약3:17) 성격과 몸가짐이 어질고 순함. 위로부터 난 지혜 중 하나.

양식〔糧食 ; 양식 량, 밥 식. food〕명(창14:11) 사람이 살아가는데 필요한 먹을 거리. ①육신의 양식은 채소, 곡물, 열매, 고기 등이며(창1:29, 9:4, 시72:16). ②영적인 양식은 하나님의 말씀(계2:7, 17)과 그리스도이다(요6:32-51).

양식값〔the silver〕명(창44:2) 먹을 거리의 값. 양식의 대금.

양심〔良心 ; 어질 량, 마음 심. conscience〕명(요8:9) 사물의 선악, 정사를 판단하고 명령하는 의식 능력. 인간에 내재하여 선과 악을 구별하는 기능(롬2:15, 딤전4:2).
*인류가 범죄하므로 바른 양심을 가지지 못하게 되었다. 양심은 인간에게 재판관의 입장일 수 있다. 사람은 혼자 있어도 양심과의 동반자이다. ①나면서 부터 주어짐(롬2:

15). ②불의를 식별함(고후4:2). ③하나님께 대한 인격적 책임을 가짐(롬2:15). ④거듭남과 믿음으로 예리해진다(딛1:15). ⑤신앙의 전투 무기가 된다(딤전1:5,9). ⑥그리스도의 피로 깨끗해짐(히9:14, 롬12:2). ⑦하나님의 뜻을 알게 됨(벧전4:19). ⑧깨끗한 양심의 소유자를 하나님께서 쓰심(행23:1, 딤후1:3). ⑨성령과 함께 진실을 증거함(롬8:16, 고전4:4). ⑩타인의 진실을 증거(증언) 함(고후4:2, 5:11). ⑪약한 양심을 위해 사용(고전8:7,8, 10:28,29). ⑫양심에서 사랑이 나옴(딤전1:5). ⑬죄를 깨닫는다(요8:9). ⑭양심을 따라 하나님을 섬김(행23:1). ⑮양심이 깨끗한 자는 직분을 가짐(딤전3:9). ⑯율법의 행위를 밝혀냄(롬2:15). ⑰주인자에게 복종함(롬13:5). ⑱악한 양심은 파멸됨(딤전1:18,19). ⑲불신자의 양심은 더러움(딛1:15). ⑳하나님의 은혜대로 행함(고후1:12).

양약[良藥; 어질 량, 약 약. good medicine]圖(잠3:8) 매우 효험이 있는 약. 좋은 약.

양우리[sheeppen, pots]圖(시68:13) 양을 먹여 기르는 우리. 양사(羊舍). 양을 위험에서 보호함. 하나님의 돌보심을 상징한다(겔34:).

양육[養育; 기를 양, 기를 육. bringing up]圖(창50:23) ①길러 자라게 함. ②부양하여 기름. ③교육함(엡6:4).

양육자[養育者; 기를 양, 기를 육, 놈 자. nurse]圖 ①부양하여 길러주는 사람(4:16). ②양치는 목자(왕하3:4).

양육하는 아비[nurse](민11:12) 양부(養父), 양육자를 가리킴(룻4:16). 모세가 이스라엘 백성의 불신으로 인하여 마음이 상하여 하나님께 항변할 때 나온 말.

양을 치는 자[sheep breeder](왕하3:4) 모압왕 메사를 가리킨 말로 목자라고 할 수 있다(암1:1).

양의 문[gate of sheep]圖 ①양 우리의 입구. 양이 출입하는 문(요10:1). ②예수님을 가리킴(요10:7). ③그리스도 이외는 구원의 길이 없다는 뜻이다.

양자[養子; 기를 양, 아들 자. adoption]圖(롬8:15) 아들없는 집에서 대(代)를 잇기 위하여 친족 남자나 타인을 데려다 기르는 남자. 친자식과 같은 법적 지위와 권리를 갖게 된다. ①성도를 일컫는 말(갈4:4-5). ②하나님의 은혜로 된다(롬4:16,17). ③영광의 후사(롬8:17,18).

양척[兩隻; 둘 량, 외짝 척. both of us, neither, arvitrate]圖(욥9:33) 분쟁 당사자. 원고와 피고. 하나님과 사람 사이. 중재자는 그리스도시다.

양친[兩親; 둘 량, 친할 친. parents]圖(눅2:50) 어버이. 아버지와 어머니. 부모와 같은 말.

양털[wool]圖(창31:19) 양의 털, 양모(羊毛).

양편[兩便; 둘 량, 편할 편. both sides]圖(출18:16) 두편. 이쪽과 저쪽. 양척.

양푼[brass basin, pot]圖(출24:6) 음식을 담고 또는 데우는데 쓰는 놋그릇. 둥근 것을 뜻하는 말. 제사 때 피를 담는 그릇. 종지, 잔, 가마로도 번역된 말(사22:24, 아7:2, 삿6:19, 민11:8 참고).

양피[陽皮; 볕 양, 가죽 피. flesh of foreskin]圖(창17:11) 사나이의 생식기 껍질. 포경, 포피. 할례 때 이 부분을 잘랐다.

얕다[shallow]圈(레13:20) ①깊지 않다. ②빛깔이 연하다. light.

어거[馭拒; 말부리 어, 막을 거. drive, turn]圖(삼상8:11, 욥39:7) 말이나 소를 바로 몰다.

어거[禦拒 ; 막을 어, 막을 거. obey]동(약3:3) ①소나 말을 바르게 몰다. ②거느리어서 바른 길로 나가게 하다. ③제어하다.

어구[entering]명(삿3:3) 어귀.

어귀[way in, toward]명(민13:21) 드나드는 길목의 첫머리.

어그러지다[slip out of joint]자(시22:14) ①제자리를 빗나가 틀어지다. ②생각과는 맞지 않다. be contrary to.

어금니[molar]명(욥29:17) 포유동물류의 상하 양턱의 안쪽에 있는 이. 송곳니 안쪽에 있는 모든 큰 이. 사람은 상 하 각 다섯쌍이 있다. 악인의 힘을 상징할 때 쓴 말.

어긋맞다[around, fell on]자(창33:4) 이쪽 저쪽 서로 어긋나게 마주 있다.

어기다타(출1:17) ①약속, 시간 등을 지키지 아니하다. break. ②틀리게 하다. act against.

어깨[shoulder]명(창9:23) 팔과몸이 붙은 자리와 목 사이 윗 바닥. ①짐을 맴, 운반함(출12:34). ②의무를 뜻함(마23:4). ③메시야의 권위를 뜻함(사9:6, 22:22). ④중보적 행위를 나타냄(출28:12). ⑤보호를 상징함(신33:12). ⑥정복을 상징함(사11:14). ⑦노예를 상징함(사14:25). ⑧멸망을 상징함(겔29:7).

어깨고기[meat of shoulder]명(겔24:4) 잡은 짐승의 목 아래부분의 살. 바벨론이 예루살렘 요인을 멸망시킬 것을 비유적으로 한 말.

어눌[語訥 ; 말씀 어, 말더듬을 눌. stammer]명(사32:4) 말을 더듬어 잘 하지 못하다.

어눌한 자[stammer]명(사32:4) 말을 더듬어 잘 하지 못하는 사람. 그리스도께서 회복하심을 이사야가 예언했다. 예수님께서 고쳐 주셨다(막7:32).

어두움[darkness]명(창1:4) 어둠, 어두운 상태, 어둡고 캄캄함. 어두움은 밝음과 대치되는 말로 밤을 뜻한다(창1:4-5). ①혼돈과 관계가 있다(창1:2, 욥17:12). ②빛이 나누어져 있다(창1:4). ③죄의 원인이다(롬13:12, 엡5:8). ④악인의 길이다(잠4:19). ⑤하나님의 뜻과 상반됨(시139:11, 12). ⑥하나님을 순종하지 않는 상태(잠2:13, 사50:20). ⑦소경이 소경을 인도하는 것과 같다(마15:14). ⑧악영의 권세(엡6:12). 세상 주관자. ⑨사단의 세력(눅22:53, 골1:13). ⑩고통(렘애5:10). ⑪우매한 자의 길(전2:14). ⑫볼 수 없게 함(욥22:11). ⑬여호와의 날에 임함(암5:18). ⑭지옥(마22:13). ⑮세상(요1:5). ⑯불신자일 때의 생활(롬13:12, 엡5:8). ⑰열매없는 생활(엡5:11, 갈5:22). ⑱재앙의 전조(나2:10). ⑲눈을 멀게 함(요일2:11). ⑳영원한 형벌을 가리킨다(마8:12, 유6).

＊성도는 어두운데서 빛으로 옮겨졌다(요8:12, 엡5:8, 벧전2:9).

어떻게[what, how]부(창2:19) 어떠하게.

어떤이[others]명(막4:18) 어떠한 사람. 누구라고 직접적으로 지적하여 말하지 않음.

어려운 문제[hard questions] (왕상10:1) 솔로몬왕의 지혜를 듣고 찾아온 시바의 여왕이 솔로몬에게 질문한 것. 비밀, 수수께끼로도 번역할 수 있는 말. 솔로몬은 모두 대답했다(대하9:2).

어렵다[hard]형(출18:26) ①하기에 힘이 들거나 괴롭다. ↔쉽다. ②살기에 고생이 되다. needy.

어루러기[leucoderma](레13:39) 땀이 잘 나는 사람의 몸에 사상균에 의해 생기는 피부병의 한 가지.

어루만지다[touch, caress]타(왕상19:5) ①가볍게 쓰다듬어 주다. ②위로하여 마음이 좋도록 하여주다. soothe.

어룽지다[become spotted, grizzle]자(눅6:3) 점이나 줄이 생겨 어룽어룽한 무늬가 생기다. 형어룽어

어른[chief, father]명(민3:32) 나이, 지위, 항렬이 자기보다 위인 사람.
어리다[be a young, very young]형 (창8:21) ①나이가 적다. ②경험이 적거나 수준이 낮다. immature.
어리석다[unwise, fool]형(창31: 28) ①꾀가 적다. ②슬기롭지 못하다. foolish. 지혜있는 것의 반대어.
*①무식함(잠9:13). ②미련함(잠1:7). ③시기함(욥5:2). ④방자함(잠14;16). ⑤조급함(잠14:29). ⑥변론함(딤후2:23). ⑦잘 속음(잠14:15). ⑧물질을사랑함(딤전6:9). ⑨하나님이 없다고 한다(시14:1).
어리석은자[folly, unwise] 슬기롭지 못한 사람. 지혜가 없는 사람을 일컫는 말. 하나님이 없다고 하는 자.
어린갑[魚鱗甲 ; 고기 어, 비늘 린, 갑옷 갑. armor, coat of mail]명 (삼상17:5) 고기비늘처럼 엷은 쇠비늘로 만든 갑옷. 블레셋 사람 골리앗이 입은 갑옷의 이름. 약 5천 세겔(80kg정도)의 무게.

어린 나귀[ass colt, young ass]명(삿10:4) 나귀의 어린것. 예수님께서 예루살렘으로 입성하실 때 타셨다(요12:14). *온유, 겸손을 가리킨다.
어린 사슴[young hart]명(아2:9) 사슴의 어린 것. 사랑하는 여인, 그리스도의 신부를 상징한다.
어린 사자[young lion]명(사11:6) 사자의 새끼. 메시야가 오실 때의 지상의 평화가 이룩되며 자연계의 평화도 회복되어 항구적인 평화가 이룩됨을 묘사할 때 이사야가 인용했다. 성전에 있는 조각(겔41:19).
어린 수양[young ram]명 양의 수새끼(레14:10). ①소제물(레14:10). ②속건제물(레14:12). ③화목제물(레23:19). ④화제물(민15:11). ⑤정한 곳에서 잡았다(레14:13).
어린아기 (아이)[babe, infant, children]명 하나님의 선물(기업)로 주신 자식. 대를 이을 자(창15:2). 그들의 순수한 마음이 천국을 가리킨다(마18:19).
1. 호칭과 교훈 - ①하나님이 이스라엘을 부를 때(사30:1) = 자식. ②예수님이 제자를 부를 때(막10:24) = 애들. ③성령님이 성도를 중거할 때(롬8:14-16) = 아들. ④사도들이 선도하여 얻은 성도를 가리킬 때(갈4:19) = 자녀. ⑤사도들이 성도를 가리켜 부를 때(엡5:8) = 빛의 자녀. ⑥의의 말씀을 경험하지 못한 자를 가리킬 때(히5:13). ⑦그리스도안의 초신자(고전3:1). ⑧신앙의겸손을교훈함(마18:4). ⑨악에는 어린아이가 되라(고전14:20).⑩영적 성장(벧전2:2).
어린 암양[young ewe, lamb]명(레14:10) 양의 새끼 중 암컷. 죄를 사하기 위한 희생제물로 드리는 동물(민6:14). 나단이 다윗을 책할 때 비유하였다(삼하12:3).
어린양[~羊 ; 양 양. lamb]명(창22:7) ①새끼양. 하나님께 드리는 제물로 사용하였다. 1년미만의 것을 가리킴. ②인간의 죄를 구속하시기 위하여 드린 예수 그리스도(요1:29).
어린염소[young goat, kid]명(민15:11) 새끼 염소. 하나님께 드리는 제물로 쓰였다.
어머니[mother]명(창43:29) 자기를 낳은 여성. 모친. 자당. 아버지의 아내.
1. 넓은 의미 - ①시온(예루살렘) (사50:1, 시87:5). ②사마리아(호4:5). ③바벨론(렘50:12, 계17:5). ④위에 있는 예루살렘(갈4:26). ⑤촌락(삼하20:19)-어미. ⑥훌륭한 여성(삿5:7). ⑦사라는 열국의 어미(창18:16). ⑧하와는 산자의 어미(창3:20). ⑨하나님의뜻대로

하는 자(마12:50) ⑩유다와 이스라엘(겔19:2,10, 호2:2,5).
2. 모성과 모성애 - ①최대의 행복(삼상1:6-, 창24:60). ②해산으로 구원에 이름(딤전2:15). ③사랑과 보호의 상징(마23:37). ④긍휼히 여김(사49:15). ⑤예루살렘에 대한 하나님의 사랑을 비유하였다(사66:13).

어문[魚門; 고기 어, 문 문. fish gate] 명 예루살렘 북방문. 현재의 다메섹문. 예루살렘 성문으로는 가장 아름답다. 두로에서 생선(고기) 상인들이 출입하는데서 그 이름이 유래되었다(느13:15). ①느헤미야가 증축하였다(느3:3). ②하스나의 자손이 일했다(느3:3). ③성전 봉헌식 행진이 머문 곳(느12:38-40). ④곡성이 울릴 것이 예언된 곳(습1:10).

어미[mother] 명(창3:20) ①어머니의 낮춤말로 쓰인다. ②동물의 새끼와 관련지은 암컷(신22:6).
＊어머니 항을 보라.

어부[漁夫; 고기잡을 어, 지아비 부. fisher] 명(욥41:6) 물고기를 잡는 일을 업으로 하는 사람.
곧. 속히. 얼른. 행동을 재촉하는 말.

어여쁘다[pretty, be fair] 형(아4:7) 예쁘다의 옛스러운 말.

어응[魚應; 고기 어, 매 응. osprey] 명(레11:13) 매목(目) 물수리과의 새. 물수리. 날개 길이는 45cm정도 물고기를 잡아 먹고 산다. 먹을 수 없는 새.

어인[御印; 모실 어, 도장 인. king's seal] 명(단6:8) 임금의 도장.

어전[御殿; 모실 어, 대궐 전. imperial palace, king's house] 명(에5:1) 임금이 사는 대궐.

어전[御前; 모실 어, 앞 전. presence of a king] 명(에1:10) 임금의 앞.

어제[yesterday] 명(출5:14) 어저께, 전날.

어족[魚族; 고기 어, 겨레 족. fishes] 명(신4:18) 물고기 종류에 딸리는 것의 총칭. ⑪ 어류.

어주[御酒; 모실 어, 술 주. imperial gift wine, royal wine] 명(에1:7) 임금이 내린 술.

어지럽다[dizzy] 형(신32:11) ①눈이 아뜩아뜩하고 머리가내 둘리다. ②모든 것이 제자리에 있지 못하고 어수선하여 정신을 차릴 수 없다. disturbed.

어찌[why] 부(창26:27) ①어떠한 원인이나 이유로, 어이. ②어떻게 하여. ③어떠한 정도로.

어질다[humane] 형(왕하10:3) 마음이 너그럽고 부드러우며 착하다.

어찌하여[what is this why do you] 부(창3:13) 어떠한 이유로. ㉔어째.

억류[抑留; 누를 억, 머무를 류. detention] 명(창43:18) ①억지로 머무르게 함. ②자유를 구속함.

억압[抑壓; 누를 억, 누를 압. rule, suppression, persecute] 명(사14:6) 남의 자유를 힘으로 억누름.

억울[抑鬱; 누를 억, 답답할 울. regret, wrong] 명(창30:6) 원통하여 가슴이 답답함. 잘못이 없는데 누명을 쓰는 일.

억제[抑制; 누를 억, 억제할 제. straint] 명(창43:21) 억지로 못하게 함. 억눌러서 일어나지 못하게 함.

억제할 것 - ①범죄(시32:9). ②감정(창43:31). ③권력(스4:23). ④격노(잠29:11).

억지[臆志; 가슴 억, 뜻 지. obstinacy, necessity] 명(창31:31) 무리한 생각이나 행동을 고집하는 일.

억지로 하지 말 것 - ①헌금(고후9:5,7). ②선행(몬14). ③성경해석(벧후3:16). ④선민답게 행동(갈3:14). ⑤할례(갈2:3). ⑥왕(요6:15). ⑦십자가를 짐(마16:24). ⑧동행(마5:41). ⑨뇌물요구(잠29:4). ⑩칭찬(고후12:11). ⑪동침

(삼하13:14).

억탈[抑奪 ; 누를 억, 빼앗을 탈. extortion]명(겔18:7) 억눌러서 빼앗음. 강탈과 같음. 금지되어 있다.

억탈물[抑奪物 ; 누를 억, 빼앗을 탈, 만물 물. stolen, robbed]명(겔33:15) 억지로 빼앗은 물건. 억탈물은 돌려주어야 한다.

언감님[עֵין גַּנִּים = 동산의 샘]지(수19:21) 잇사갈의 성읍. 아넴과 같은 곳으로 레위사람에게 주었다(수21:29). 엔간님이라고도 한다.

언덕[hill, heap]명(출15:8) 땅이 좀 높고 비탈진 곳. 구릉. 낮은 산을 가리키는 말. 경계를 이룬다.

언도[言渡 ; 말씀 언, 건널 도. give sentence]명(눅23:24) 재판의 결과를 말로 알리는 선언.

언사[言辭 ; 말씀 언, 말 사. speak, speech]명(창37:4) 말. 말씀씨.

언약[言約 ; 말씀 언, 약속할 약. covenant]명(창9:9) ①대인관계에 있어서 서로의 이익을 말로 약속하는 일. 그 약속. 이에 따른 동의의 뜻이 들어있다. ②성경.
*하나님의 언약은 일방적인 확약의 통보이다. 하나님 스스로가 정한 대로 사람에게 꼭 이루신다.

언약궤[言約櫃 ; 말씀 언, 약속할 약, 함 궤. Ark of the Covenant]명(민10:33) 하나님이 모세를 통하여 인간에게 주신 십계명 두 돌판을 간직해 두는 궤. 증거의 궤. 법궤. 만나와 아론의 싹난 지팡이도 같이 들어있다.

*여러 가지 명칭-①궤 (출25:10,21). ②증거의 궤(출25:21,22). ③언약의 궤(민10:33). ④하나님의궤(삼상4:11). ⑤이스라엘 하나님의 궤(삼상5:7). ⑥주 여호와의 궤(왕상2:26). ⑦주의 능력의 궤(대하6:41).

언약서[言約書 ; 말씀 언, 약속할 약, 글 서. the book of covenant]명(출24:7) 하나님과 이스라엘 백성 사이에 세운 언약의 내용을 기록한 문서.

언약책[言約冊 ; 말씀 언, 약속할 약, 책 책. the book of covenant]명(왕하23:2) 율법책: 성경. 두루마리.

언어[言語 ; 말씀 언, 말씀 어. language, tongue]명(창11:1) 생각이나 느낌을 음성으로 전달하는 수단과 체계. 말을 일컫는다.

언어의 혼잡(창11:1-9) 바벨탑을 쌓는 과정에서 하나님께서 의사소통이 잘되지 않도록 서로 다른 말을 하게 하셨다. 원시 단일 언어에서 다종언어로 확산되었다. 언어의 다양함이 오순절 때 모인 각 나라 방언을 사용하는 사람으로 보아 알 수 있다(행2:9-11). 하늘나라에서는 통일된다(계5:9).

언쟁[言爭 ; 말씀 언, 다툴 쟁. quarrel]명(딤전6:4) 말다툼.

언제든지[at any time, always]부(레25:32) 어느 때든지. 아무때고.

얹다[put upon, lay]타(창48:14) 물건을 다른 물건의 위에 올려놓다.

얻다[receive, get]타(창12:16) ①주는 것을 받아 가지다. ②자기의 것으로 만들다. obtain. 취득하다.

얼[孼 ; 재앙 얼. damage, ill]명(시106:32) 남에게서 당하는 해.

얼굴[face]명(창3:19) 목위 머리의 앞면 곧 이마와 턱과 두 귀의 둘레 안. 인격과 감정이 나타나는 곳. 낯과 같은 말. 앞, 수면, 표면, 체면, 모습, 겉 등도 해당됨.

얼다[freeze]지(욥37:10) 물 따위가 찬 기운으로 굳어지다.

얼룩[stain]명(호7:9) 본 바닥에 다른 빛이 묻어 얼룩얼룩한 점이 박힌 무늬.

얼룩무늬[spotted]명(창30:35) 물건에 얼룩얼룩하게 박힌 무늬.

얼른[hastily]부(왕상20:33) 빠르게. 어서. 속히.

얼마[how many]명(사44:16) ①어떠한 수효의 분량이나 정도. ②밝혀서 말할 수 없는 수효나 정도. ③ 어떠한 비율.

얼음[ice]명(욥6:16) 물이 얼어서 굳어진 것. 찬 것, 액체가 동결된 것을 뜻함. 우주의 지배자가 하나님 이심을 노래할 때 욥이 말했다(욥37:1-13, 38:25-30). 잠25:13에는 충성된 사자로 비유됨.

얽다[bind]자(욥18:8) 줄로 이리저리 걸어 묶다. 엮어 맞추어 짜다.

얽매다[bind up]타(롬7:6) ①얽어매다. ②일에 몸과 마음을 기울이다.
*①법에 얽매임(롬7:6). ②죄에 얽매임(히12:1). ③더러운 것에 얽매임(벧후2:20). ④자기 생활에 얽매임(딤후2:4).

엄금[嚴禁; 엄할 엄, 금할 금. strict prohibition]명(행5:28) 엄중하게 금지함.

엄마[ma, mama]명(사8:4) 어머니를 부르는 어린아이의 말. 다메섹과 사마리아의 함락이 속히 임할 것을 예언할 때 이사야가 사용했다.

엄몰[淹沒; 담글 엄, 빠질 몰. sinking, overflow]명(시42:7) 물 속에 가라앉음. 침몰.

엄습[淹襲; 가릴 엄, 덮을 습. come upon, surprise attack]명(창34:25) 뜻밖에 덮침. 침략, 돌진, 공격, 침투.

엄위[嚴威; 엄할 엄, 위험 위. majesty]명(시47:2) 엄격한 위풍. 원어는 아름다움, 위엄, 영광을 나타내는 말과 같다. ①하나님의 속성중 하나(시47:2). ②불신앙의 유대인에게 나타나심(롬11:22).

엄장[嚴壯; 엄할 엄, 장사 장. majesty]명(단8:23) 몸을 가지는 태도가 장대함. 마지막 때 나타날 패역한 왕의 얼굴에 대한 묘사에 쓰인 말. 냉혹하고 비정한 것을 뜻함.

엄중[嚴重; 엄할 엄, 무거울 중. strictness]명(렘23:33) 엄격하고 신중함. ①하나님의 손이 엄중하심(삼상5:6, 11). ②하나님의 말씀이 엄중하심(렘23:38). ③하나님의 보응이 엄중하심(시31:23).

엄중한 말씀[the burden of the Lord](렘23:33) 경고하시는 하나님의 말씀을 가리킴.

엄지[thumb]명(출29:20) 손가락, 발가락 가운데서 가장 굵은 가락. 엄지가락. 제사장의 위임식 때 숫양의 피를 엄지에 발랐다.

엄지가락[thumb]명 엄지와 같은 말. ①제사장의 위임식 때 제사장의 손과 발의 엄지가락에 피를 발랐다(레8:23). ②정결하게 하는 자의 손과 발의 엄지가락에 피를 발랐다(레14:14). ③정결케 하는 자의 손과 발의 엄지가락에 기름을 발랐다(레14:17). ④정복한것을 나타내기 위하여 수족의 엄지가락을 잘랐다(삿1:6).

엄하다[嚴~ ; 엄할 엄. rigor, austere]형(창42:7) ①틀지고 바르다. ②잡도리가 심하다. strict. ③엄숙하다. solemn. ④무섭다. stern.

업[業 ; 업 업. accupation]명(창15:7) 일. 직업. 생활을 위해 하는 일. 기업, 유업으로도 번역되는 말.

업다[bear]타(출19:4) ①물건이나 사람을 등에 지고, 잠거나 동여매어 붙어 있게 하다. ②남을 이용하려고 끌고 들어가다.

업신여기다[despise, scorn]타(삼상17:42) 제 잘난체 하고 남을 낮추어 생각하려고 내려다 보다.

업을 삼다[inherit]부(창15:8) 찾이하다. 소유하다. 점유하다. 성공하다. 상속하다 등의 뜻이 있는 히브리어의 번역말.

없다[have not]형(암6:10) ①있지 않다. ②가지지 않다. ③남지 않다.

없어지다[be lost, fail, take away]자(욥6:17) 가진 것이 분실되다. ②다 써서 남지 않게 되다. ③있던 것이 사라지다. ④죽다.

엉겅퀴[thistle]명(창3:18) 엉거시과의 다년생 풀. 산이나 들에 저절로 남. 잎은 뻣뻣하며 센 가시털이 있음. 작은 가지가 자라서 그 끝에 자홍색의 두상화가 핌.
*①저주의 상징(창3:18). ②황폐의

상징(사34:13). ③거짓의 상징(마7:16) ④무용한 것을 상징(히6:8)

엉긴 젖[curdled milk, cheese]명(삿5:25) 우유나 양유가 굳은 상태. 요구르트, 버터, 치즈 등을 일컫는 말. 욥10:10 이하에서는 인체의 형성을 말한다.

엉크러지다[get entangled]자(나1:10) 엉클어지다의 잘못 옮긴 말. 일이나 물건이 서로 얽히게 되다.

엎다[overthrow]타(창19:25) ①밑바닥과 윗바닥을 바꾸어서 뒤집어 놓다. ②망쳐버리다. ③못 일어나도록 위를 덮다.

엎드리다[lie flat]자(창4:7) ①몸의 앞 부분을 땅에 가깝게 대거나 붙이다. bend. ②몸의 앞 전체를 땅에 대다. 부복(俯伏)하다. lie flat. ㉠ 엎디다. 존경, 경배를 나타내며 항복을 나타내기도 한다.

에겔[עֵגֶל = 자손, 뿌리]인(대상2:27) 유다자손 여므라의 손자. 람의 아들.

에그론[עֶקְרוֹן = 불모의 땅, 근절]지 ①블레셋 다섯 성읍 중 하나(수13:3). ②북단의 성읍(삼상6:16, 17). ③유다 지파에게 분배된 곳(수15:11, 45). ④단지파에게 돌아감(수19:43). ⑤다시 유다가 소유함(삿1:18). ⑥하나님의 법궤가 빼앗겨 간 곳(삼상5:10-6:17). ⑦사무엘 시대 다시 빼앗음(삼상7:14). ⑧바알세불 우상을 섬기던 곳(왕하1:2-16). ⑨선지자들이 멸망할 것을 예언한 곳(렘25:15-20). ⑩스바냐의 예언대로 지금은 그 흔적이 없다(습2:4).

에글라[עֶגְלָה = 암 송아지]인(삼하3:5) 다윗의 아내. 이드르암의 어머니.

에글라임[אֶגְלַיִם = 두 저수지]지(사15:8) 모압의 성읍.

에글랏 셀리시야[עֶגְלַת שְׁלִשִׁיָּה = 세살 암소]지(렘48:34) 에글랏 슬리시야와 같은 곳.

에글랏 슬리시야지(사15:5) 모압의 성읍. 렘48:34에는 에글라 셀리시야로 표기하였다.

에글론[עֶגְלוֹן = 송아지의 고장]인 (삿3:13-15) 모압왕으로 18년간 이스라엘을 지배하며 조공을 받았다. 사사 에훗이 조공을 바치러가서 그를 암살하고 그 통치에서 벗어났다. 이로써 모압이 이스라엘을 더 괴롭히지 못하게 되었다.

에글론[עֶגְלוֹן = 송아지의 고장]지 ①가나안 남서부 평지에 있던 아모리사람의 성읍(수10:3). ②이곳 왕 드빌이 다른 4명의 왕과 연합하여 기브온에서 여호수아와 싸워 졌다(수10:). ③유다지파에게 분배된 곳(수15:39).

에나임[עֵינַיִם = 두개의 샘]지(창38:14) 아들람에서 딤나로 가는 도중에 있는 성읍. 유다가 창녀로 변장한 며느리 다말과 정을 통한 곳. 에남과 같은 곳(수15:34).

에난[עֵינָן = 샘, 수원]인(민1:15) 모세시대 납달리 지파의 족장 아히라의 아버지(민2:29). 제1차 인구조사에 협력했다.

에남[עֵינָם = 두샘]지(수15:34) 유다지파의 성읍. 에나임과 같은 곳(창38:14).

에네글라임[עֵין עֶגְלַיִם = 두 송아지의 샘]지(겔47:10) 사해 북서부에 있던 성읍. 쿰란에 가까운 지금의 아인페슈카.

에노스[אֱנוֹשׁ = 사람]인 아담과 같은 뜻. ①아담의 손자(창4:24, 대상1:1). ②셋의 아들(창4:26). ③게난의 아버지(창5:9). ④예수님의 계보에 들었다(눅3:38). ⑤90세에 게난을 낳고, 905세를 향수했다(창5:9-11). ⑥이때 여호와의 이름을 불러 경배했다(창4:26).

에녹[חֲנוֹךְ = 창시자, 바친 자]인

에녹

1 아담의 7대손. ①야렛의 아들(창5:18). ②므두셀라의 아버지(창5:21, 대상1:3). ③하나님과 동행한 사람(창5:24). ④죽지 않고 승천한 사람(창5:22-24, 히11:5). ⑤예언한 사람(유14). ⑥예수님의 계보에 들어가 있다(눅3:37).

2 가인의 큰 아들(창4:17).

에녹〔חֲנוֹךְ = 봉헌된 자〕지(창4:17, 18) 가인이 놋 땅에서 쌓은 성의 이름. 그의 아들의 이름을 따라 붙였다.

에느로겔〔עֵין רֹגֵל = 표백(세탁자)의 샘, 여행자의 샘〕지 유다와 베냐민 경계의 엔 로겔과 같은 샘(수15:7). 압살롬의 반란 때 다윗의 두 정탐군이 머문 곳(삼하17:17). 아도니야가 이 근처에서 왕이 되려고 음모를 꾸몄다(왕상1:5-9).

에느 림몬〔עֵין רִמּוֹן = 석류의 샘〕지(느11:29) 유다 남부의 성읍. 브엘세바 북쪽에 있는 성읍. 유다 자손이 바벨론에서 돌아와 거주한 촌 중의 하나. 수15:32, 19:7, 대상4:32의 아인 림몬과 동일시 되며 지금의 굴벳 움엘루마인으로 여김.

에다님(월)〔ethanim〕명(왕상8:2) 히브리 월력 7월의 이름. 태양력의 9~10월에 해당 됨. 가을의 시작의 달로 신년제, 속죄일, 초막절 등이 들어있다.

에단〔אֵיתָן = 장수, 영구적〕인

1 유다가 다말에게서 난 세라의 아들(대상2:6,8). 아사랴의 아버지.

2 지혜로운 사람으로 알려진 에스라 사람(왕상4:30-31). 솔로몬의 지혜와 비교되었다.

3 레위사람 게르손 자손. 아삽의 선조. 심마의 아들로 찬양대원이다(대상6:42). 일명 여두둔이라 하며 시편 89편 저작자이다(대상15:19, 25:1).

4 레위지파의 므라리 자손 기스의 아들. 성전의 찬양대 지휘자로 특히 놋제금을 치는 자이다(대상6:44, 15:17-19).

에담〔עֵיטָם = 사나운 새의 곳〕인(대상4:3, 32) 유다의 자손 중 하나. 이스르엘과 이스마의 선조.

에담〔אֵתָם = 방어성벽〕지(출13:20) 애굽에서 나온 이스라엘 백성의 제2 유숙지. 애굽 광야의 끝을 말함. 애굽의 동쪽 국경. 스에즈운하 부근의 광야. 히브리어 이름은 수르 광야이다(출15:22, 민33:6-8).

에담〔עֵיטָם = 들짐승의 굴〕지

1 삼손이 피란한 유다 서부의 바위 틈(삿15:8)과 소라 동편 산위에 있는 벧아담촌과 같다고 본다. 예루살렘 서남쪽에 있다.

2 베들레헴 남부의 성읍. 르호보암이 재건하여 요새화한 곳(대하11:6). 이 부근에 솔로몬의 못이 있어 예루살렘으로 물을 보낸다(아6:11, 12, 전2:5,6).

3 시므온 지파의 동네(대상4:32).

에덴〔עֵדֶן = 즐거움, 쾌락, 기쁨〕인 히스기야 시대 레위사람 게르손 자손 요아의 아들로 히스기야의 종교개혁에 협력한 사람(대하29:12). 하나님께 드린 선물을 나누어 주었다(대하31:14, 15).

에덴〔עֵדֶן = 기쁨, 환희〕지 선지자가 예언한 메소보다미아의 한 지방(겔27:23). 장수의 출신지.

에덴동산〔garden in eden〕명(창2:8-15) ①하나님께서 인류를 창조하여 살도록 하신 곳. ②선악을 알게 하는 나무와 생명나무가 있는 곳. ③아담의 일터. ④네 강의 발원지. ⑤인간이 하나님의 명령을 어겼기 때문에 쫓겨났다(창3:23, 24). ⑥여호와의 동산(사51:3). ⑦신약에서는 낙원(파라다이스)으로 기록했다(눅23:43, 고후12:4, 계2:7). 이것은 어원상으로의 말이지 아담이 살던 그 지경은 아니다. 최초에 덴은 무죄 상태였다.

에덴 족속〔people of eden〕인(왕하19:12) 유다가 멸한 족속. 들라살에서 살았다(사37:12).

에델〔עֵדֶר = 양떼〕인

1 베냐민 지파 에훗의 자손 브라아의 아들로 족장(대상8:15).

② 레위 사람 므라리 자손 무시의 아들. 성전에서 봉사하는 사람(대상 23:23, 24:30).

에델[עֵדֶר = 풍부]지
① 유다 남부에 있는 에느림몬의 성읍(수19:7).
② 유다 평지 시므온의 성읍. 라기스의 북동에 위치(수15:42).

에델 망대[tower of edar]명 (창35:21) 베들레헴 부근 야곱이 밧단아람에서 헤브론으로 돌아오면서 이곳에 천막을 쳐 유숙했다. 이 망대는 베들레헴과 헤브론 사이에 있어 목자들이 양을 지키는 망대도 되고 행인들의 휴식처도 되며 여름 피서지로도 되는 곳이다. 천군이 예수님의 탄생을 목자들에게 알린 곳이 이곳으로 여긴다.

에돔[אֱדוֹם = 붉다]인
① 이삭의 아들. 에서의 다른 이름(창25:25). 야곱에게 팥죽 한 그릇에 장자의 명분을 판데서 유래함.
② 에돔의 후손(애4:21). 집단을 부르는 말.

에돔[אֱדוֹם = 붉다]지(민20:14) 사해에서 홍해 동북편 아가바만에 미치는 산악지대. 원래는 세일 땅이었다. 에서의 후손들이 원주민 호리족속을 몰아내고 국가를 세웠다(창14:6, 36:20-30). 출애굽한 이스라엘 백성이 이곳을 통과하여 가나안으로 가려 했으나 용납하지 아니하여 시내광야쪽으로 돌아가게 되었다(신2:1, 12, 민20:17-20). 이스라엘 왕정시대 에돔의 수도는 셀라였다(왕하14:7). 포도원도 있고 우물과 도로도 있었다. 헬라시대 이후 이두매라 불렸다(막3:8). 중요 도시로 보스라와 대만이 있었다. 그 중심부는 지금의 페트라이며 요르단 국이다.

에돔사람 (족속) [adomites]명 에돔의 후손. 에돔에 사는 사람.
1. **족속의 형성** - ①야곱의 형 에서가 조상임(창36:1-19). ②세일에 있는 원주민 호리족을 멸하고 그곳에 거주하게 되었다(창14:6, 36:20-30). ③세일산 주변 땅을 점령하였다(신2:4, 5, 12, 22). ④이스라엘보다 앞서 왕정을 실시했다(창36:12-39, 대상1:43-51).
2. **이스라엘과의 관계** - ①출애굽한 이스라엘의 통과를 거절했다. 이스라엘은 시내광야 길로 돌아갔다(민20:14-21). ②여호와의 총회에 들어올 수 있도록 허락된 족속(신23:7,8). ③사울과 전쟁을 했다(삼상14:47). ④다윗은 에돔을 속국으로 만들었다(대상18:13). ⑤이것은 발람의 예언의 성취이다(민24:18). ⑥다윗이 수비대를 두었다(왕상11:15-17). ⑦요압이 6개월 동안 평정했다(왕상11:15, 16). ⑧애굽으로 도망간 에돔족이 솔로몬의 적이 되었다(왕상11:14-22). ⑨모압, 암몬, 도우님 사람과 연합하여 유다를 침공(대하20:1, 2). ⑩유다에 패망함(대하20:22-23). ⑪에돔족에 왕이 없고 섭정왕이 있었다(왕상22:47). ⑫모압왕 메사가 이스라엘을 칠 때 이스라엘과 유다의 편이 되었다(왕하3:4-27). ⑬일시 유다의 지배에서 벗어났다(왕하8:20-22, 대하21:8-10). ⑭유다왕 마사가 다시 취했다(왕하14:7, 대하25:11, 12). ⑮유다왕 아하스 때 이스라엘왕 베가와 다메섹왕 르신이 유다를 칠 때 합세하여 백성을 포로해 갔다(왕하16:5, 대하28:17). ⑯유다가 바벨론왕 느부갓네살에 의해 함락될 때 기뻐함(시137:7, 8). ⑰이스라엘의 종이 될 것이 예언됨(창27:37-40). ⑱하나님

의 심판이 예언됨(겔35:5,6, 욥1:21). ⑲황폐될 것이 예언됨(사34:9-17, 욥1-). ⑳메시야 왕국의 기업이 될 것이 예언됨(암9:11,12). ㉑신약시대 이두매사람이다(막3:8).
3. **민족성** - ①호전적인 민족(창27:40). ②우상을 숭배하는 민족(대하25:14,20). ③교만한 민족(렘49:16). ④복수심이 강한 민족(겔25:12). ⑤거짓선지자의 말을 잘 듣는 민족(렘27:9). ⑥하나님의 영원한 진노를 받은 민족(말1:4).

에드난[אֶדְנָה = 땅의 소산]인(대상4:7) 유다지파 헤스론의 자손 헬라의 아들.

에드니[עֶדְנִי = 인자한]인(대상6:41) 레위지파 게르손 자손. 말기야의 아버지이며 세라의 아들.

에드레이[אֶדְרֶעִי = 곡창지, 강함]지
1 바산 왕 옥의 크고 견고한 성읍. 이스라엘은 이곳에서 바산을 쳐서 멸한 후 므낫세 반 지파 마길 자손에게 주었다(민21:33, 신3:1-10, 수13:29-31). 갈릴리 동편 비옥한 땅이다.
2 납달리 지파가 받은 견고한 성읍 중 하나(수19:37). 게데스 가까이에 있었다.

에디오피아[Αἰθιοπία 검은 살빛]지
1. **위치** - 아프리카 동북단 애굽의 동남에 위치.
2. **관련기사** - ①히브리 이름 구스(시68:31)로 불리는 땅. ②아프리카 북부 나일강 동부 홍해 사이의 나라. ③주민은 함게 구스의 후손들로 봄(창10:6, 대상1:8). ④이사야는 실력있는 국가로 예언했다(사18:1, 20:4). ⑤시바의 여왕은 이곳 여왕으로 본다. ⑥여왕의 재무장관 간다게가 오순절에 참예했다가 돌아가는 길에 빌립을 만나 성경해석을 듣고, 예수님을 영접하고 세례를 받았다(행8:27).

에라스도["Εραστος = 사랑하는 자]인
1 바울의 동역자가 된 고린도성의 곡간을 맡은 자(롬16:23). 고린도에서 발견된 도로 포장용 돌에 에라스도의 업적이라고 새긴 것이 발견되었다.
2 바울의 제자 중 한 사람. ①에베소에서 디모데와 함께 마게도냐로 보낸 사람(행19:22). ②고린도교회 전도자(딤후4:20).

에란[עֵרָן = 파수군]인(민26:36) 에브라임지파 수델라 자손. 에란 가족의 족장.

에랴다[אֶלְיָדָע = 하나님은 아신다]인 예루살렘에서 출생한 다윗의 아들(삼하5:16, 대상3:8). 대상14:7에는 브엘랴다로 되어 있다.

에랴십[אֶלְיָשִׁיב = 하나님은 회복하심]인(스10:36) 이방인 아내를 얻어 바벨론에서 돌아온 바니 자손. 에스라의 권고로 이혼하였다.

에렉[אֶרֶךְ = 길이, 크기]지 ①니므롯이 시날 땅에 세운 4성 중 하나(창10:10). ②이 성 사람들이 아닥사스다 왕에게 이스라엘 백성을 고소하였다(스4:7-10). ③유브라데강 하류 지방 앗수르왕의 장지. 현재 이름은 와르가이다.

에렛[עֶרֶד = 섬기는 자]인(대상4:18) 유다사람 그돌 주민의 조상.

에료에내[אֶלְיוֹעֵינַי = 나의 눈은 여호와를 향한다]인(대상3:23,24) 다윗의 자손. 느아랴의 아들. 엘료에내와 같은 사람(대상3:23).

에르[עֵר = 간수자, 잠깬 자]인 → 엘
1 야곱의 손자요 유다의 아들(민26:19, 대상2:3). 엘(창38:3, 46:12)과 같은 사람.
2 유다지파 셀라 자손으로 레가의 아버지(대상4:21).
3 예수님의 계보에 든 사람(눅3:28).

에리[עֵרִי = 각정자, 파수자]인 → 엘리

에디오피아의 고기잡이 배

1 갓의 아들(창46:16).
2 에리 가족의 조상(민26:16).

에멕 그시스[יְצִיץ עֵמֶק = 가파른 꿀 골짜기, 가장자리 골짜기]지(수18:21) 여리고 가까운 요단 골짜기. 베냐민 지파에게 분배된 마을.

에밈[אֵמִים = 두터운 자]인(신2:11) 요단 동편의 원주민. 롯의 자손들의 땅에 살던 장대한 엠 사람을 모압사람들이 부르는 말.

에바[ephah]명(출16:36) 분량의 단위. 한 바구니에 담는 양. 10오멜. 고체양의 단위로 약 22ℓ. 무게로 환산하면 약 22.7kg이다.

에바[basket]명(슥5:5-11) 스가랴가 이상을 본 가운데 나오는 말. 에바는 종교적인 죄악 곧 신전을 뜻하고 그 가운데 앉은 여인은 여신을 뜻한다.

에바[עֵיפָה = 어두움]인
1 아브라함의 후처 그두라가 낳은 미디아의 아들(대상1:33).
2 갈렙의 첩(대상2:46).
3 유다사람 갈렙자손 야대의 아들(대상2:47).

에바다[ephphatha]명(막7:34) 아람어 에파다의 소리글로 '열리라'는 뜻. 예수님께서 데가볼리에서 귀먹고 말더듬이를 고치실 때 사용하셨다.

에바부라['Επαφρᾶς = 사랑스러운, 물거품]인(골1:7) ①골로새 사람으로 바울의 동역자. 사도 바울의 전도로 예수님을 믿고 골로새 교회의 지도자가 되었다(골4:13). ②로마 옥중에 있는 바울에게 골로새 교회의 소식을 전하고 자신도 투옥되었다(몬23). ③바울은 그를 가리켜 '함께 종된 자'라고 불렀다(골1:7). ④그리고 신실한 일꾼이라고 하였다(골1:7). ⑤그리스도 예수의 종 등으로 부른다(골4:12).

에바부로디도['Επαφρόδιτος = 매력있는, 아담한]인(빌2:25) ①바울이 빌립보교회에 파견한 목회자(빌2:25-30). ②바울이 로마에서 투옥되었을 때 바울을 방문하여 빌립보교회의 헌금을 전달했다(빌4:18). ③그는 로마에서 중병에 걸려 빌립보로 돌아갔다. ④바울은 그를 가리켜 (1)그의 형제, (2)함께 수고하고, (3)함께 군사된 자, (4)너희의 사자, (5)쓸 것을 돕는 자라고 했다(빌2:25). ⑤바울은 빌립보교회가 목숨을 아끼지 않고 일한 그를 영접하기를 권했다. ⑥그는 빌립보교회의 부족을 채웠다(빌2:30).

에발[עֵיבָל = 벌거벗은]인
1 호리족속 소발의 아들(대상1:40).
2 요단의 아들. 오발과 같은 사람(대상1:22).

에발산[mount ebal]지(신11:29) ①사마리아 고원에 있는 산. 그리심산과 마주하고 있다. 에발산 아래 고대 세겜이 있었다(신27:12,13). ②모세가 율법을 기록한 곳(신27:1-8). ③모세의 명대로 여호수아가 단을 쌓은 곳. 여호수아는 율법을 기념하는 글을 세운 후 열 두 지파의 절반은 에발산, 절반은 그리심산에 세우고 율법의 축복과 저주를 읽어 주었다(수8:30-33, 신11:29). ④일명 저주의 산(신11:29)이며 약 940m의 높이 현재는 나물루스라고 부른다.

에배[עֵיפַי = 새]인(렘40:8) 베들레헴 가까운 느도바에 살던 사람. 예루살렘이 함락된 뒤에 그의 아들들은 유다 총독 그다랴의 부하 군인이 되었다. 그다랴와 함께 이스마엘에게 살해되었다(렘41:3).

에베네도['Επαίνετος = 찬송한다, 칭찬한다]인(롬16:5) 아시아에서 맨 처음 기독교 교인이 된 사람으로 바울의 친구.

에베소[''Εφεσος = 인내]지
1. **위치** - 로마제국 아시아도의 수도. 항구 도시로 정치, 교통, 상업, 종교의 중심지. 밀레도 북쪽, 서머나의 남쪽에 있다.
2. **관련기사** - ①유대인의 회당이 있던 곳(행18:19). ②사도 바울이 2차 선교여행 때 방문하여 유대인과

에베소교회

변론한 곳(행18:19). ③바울이 브리스길라와 아굴라를 머물게 하였다(행18:18,19). ④아볼로가 방문하여 전도한 곳(행18:24-28). ⑤바울이 재차 방문하여 전도한 곳(행19:1-10). ⑥두란노 서원에서 사도바울이 강론했다(행19:8-10) ⑦바울의 소지품을 인하여 기적이 일어났다(행19:10-12). ⑧마술을 하던 자들이 회개했다(행19:13-22). ⑨은장색 데메드리오로 인한 소동(행19:23-29). ⑩알렉산더가 우상숭배자의 소요를 진정시켰다(행19:30-41). ⑪바울이 밀레도에서 에베소 장로들을 청했다(행20:17-38). ⑫바울이 로마 옥중에서 에베소서를 기록하여 두기고를 통해 전달했다(엡1:1, 6:21). ⑬디모데가 머물러 사역한 곳(딤전1:3, 딤후1:18). ⑭두기고가 에베소를 방문함(딤후4:12). ⑮아시아 일곱교회 중 하나(계1:11, 2:1-7). ⑯사도 요한이 이 성에 오랫동안 감독으로 있었으며 요한복음과 세 서신을 발송하고 밧모섬에서 계시를 받아 이곳 교회에 보냈다(계1:11, 2:1). ⑰디모데, 아굴라, 브리스길라, 아볼로, 두기고 등이 이곳 교회의 교역자였다(딤전21:3, 행18:18, 19, 24, 20:4, 21:29, 딤후4:12). ⑱세례 요한의 제자 오네시모 그리고 알렉산더, 데메드리오, 스게와의 아들, 후메내오, 부겔로, 허모게네, 드로비모 등의 고향이다(행19: 3, 14, 24, 딤후1:15-18, 4:14, 딤전1:20).

아데미 주화 아데미와 전각.

에베소 교회[church of ephesus]몡 (계1:11) ①사도 요한이 편지한 아시아 일곱 교회 중 하나. ②오른 손에 일곱 별을 붙잡고 일곱 금 촛대 사이에 다니시는 이가 말씀하셨다(계2:1). ③행위의 수고와 인내를 아심(계2:2). ④악한 자를 용납하지 않고 자칭 사도를 시험하여 들어냄(계2:2). ⑤환난 중 주의 이름을 위하여 견디며 부지런했다(계2:3). ⑤처음사랑을 버림(계2:4). ⑥회개 하라. 처음 사랑을 가지라(계2:5). ⑦회개하지 아니하면 촛대를 옮길 것이다(계2:5). ⑧니골라당의행위를미워했다(계2:6). ⑨성령이 하시는 말씀을 들으면 하나님의 낙원에 있는 생명나무의 과실을 받아 먹을 수 있다(계2:7).

에베소서[Ephesians]몡(엡) 신약 제 10권째 성경이다. 사도 바울이 3년이상 노동을 하면서 자비량 사역을 한 에베소교회에 보낸 기록으로 그리스도의 죽음으로 말미암아 한몸된 거룩한 성도들의 성스러운 지위와 이 지위에 합당한 일상생활을 살아가도록 믿음 안에서 성도들이 강하여지기를 권하고 있다. 그리스도 안에 있는 성도들은 주를 찬송하므로 하나님을 영화롭게 하며 하늘에 속한 모든 신령한 복을 받게 된다는 교훈이 있다.

● **에베소서에 나타난 그리스도** - ①성도들 안에 계시는그리스도(엡1:1). ②복을 주시는 그리스도(엡1:3). ③성도를 택정하신 그리스도(엡1:4). ④양자되게 하신 그리스도(엡1:5). ⑤구주이신 그리스도(엡1:7). ⑥기업을 주신 그리스도(엡1:11). ⑦소망을 주신 그리스도(엡1:12). ⑧인치신 그리스도(엡1:13). ⑨성도를 살리신 그리스도(엡2:5). ⑩성도를 지으신 그리스도(엡2:10). ⑪성도를 가깝게 하신 그리스도(엡2:13). ⑫자라게 하시는 그리스도(엡2:21, 4:13). ⑬후사, 지체, 약속에 참예하신 그리스도(엡3:6). ⑭하나님께로 담대히 나아가게 하신 그리스도(엡3:

12). ⑮은혜를 분량대로 주시는 그리스도(엡4:8). ⑯머리이신 그리스도(엡4:15). ⑰새롭게 하시는 그리스도(엡4:23-24). ⑱우리를 사랑하시는 그리스도(엡5:2). ⑲교회의 머리이신 그리스도(엡5:23).

에베스[אֶבֶץ = 빛나는]지(수19:20) 잇사갈 족속의 성읍.

에베스담밈[אֶפֶס דַּמִּים = 피의 곳]지(삼상17:1) 다윗이 블레셋 대장 골리앗을 죽일 때 블레셋군이 진쳤던 곳. 소고와 아세가 사이 바스담밈과 같은 곳(대상11:13).

에벤에셀[אֶבֶן הָעֵזֶר = 도움의 돌]지 ①이스라엘이 블레셋과 싸우기 위하여 진쳤던 곳(삼상4:1-10). ②블레셋 사람은 아벡에 진을 쳤다. ③엘리의 두 아들 홉니와 비느하스가 전사한 곳(삼상4:17). ④법궤를 빼앗긴 곳(삼상5:1).

에벤에셀[evenezer]명(삼상7:12) 이스라엘과 블레셋이 미스바에서 싸울 때 하나님께서 우뢰를 발하며 이스라엘을 도와 이긴 기념으로 사무엘 선지자가 미스바와 센 사이에 세운 돌기둥의 이름. 후에 지명이 되었다. 이 싸움에서 패한 블레셋은 사무엘의 생존 중 다시 침범치 못하였다.

에벨[עֵבֶר = 맞은 편, 송아지]인

① 셈의 증손이며 셀라의 아들. 아브라함의 7대조부(창10:21-25, 11:14-26). 히브리족의 선조로 기록됨(대상1:17-27).

② 갓 자손으로 아비하일의 아들(대상5:13).

③ 베냐민 자손으로 엘바알의 아들(대상8:12).

④ 베냐민 자손으로 사삭의 아들(대상8:22).

⑤ 느헤미야 시대의 제사장으로 아목 사람의 족장(느12:20).

에벨[עֹפֶר = 어린 사슴, 영양]인

① 아브라함의 후처가 낳은 미디안의 아들(창25:4, 대상1:33).

② 유다 자손으로 에스라의 아들(대상4:17).

③ 므낫세 반 지파(요단 동부)의 한 족장(대상5:24).

에벳[עֶבֶד = 종]인

① 사사가 되려고 아비멜렉과 싸우다가 패한 가알의 부친(삿9:26-28).

② 에스라와 함께 예루살렘에 귀환한 아딘 자손의 족장(스8:6).

에벳멜렉[עֶבֶד מֶלֶךְ = 왕의 종]인(렘38:7) 유다왕 시드기야의 환관. 구스지방 출신으로 예레미야가 구덩이에서 죽게 된 것을 구출해 주었다(렘39:15-18). 예루살렘 멸망 때 보호될 것이 예언되었다.

에봇[ephod]명

① 대제사장의 의복의 하나. 겉옷 위에 덧입었다. 흉패 아래 앞치마와 같은 것으로 하나님 앞에 나아가는 예복. 하나님의 뜻을 알기 위해서 사용되었다(출28:6-12, 레8:7, 삼상14:3, 호3:4).

② 소년 사무엘이 실로에 있던 성막에서 입은 간단한 의복(삼상2:18).

③ 다윗이 하나님의 궤를 예루살렘으로 옮겨 올 때 에봇을 입었다(삼6:14, 대상15:27). 그러므로 종교적인 의미를 가진 옷이다.

에봇[ephod]명(삿8:27) 사사기드온이 미디안과 싸워 탈취한 귀걸이로 만든 신상의 이름. 주민들이 음란하게 섬겼다. ①기드온이 오브라에 세운 에봇(삿8:27). ②미가의 신당에 둔 에봇(삿17:5).

에봇[אֶפֹד = 신탁(계시)]인(민34:23) 모세시대 므낫세 자손의 족장 한니엘의 아버지.

에브라다[אֶפְרָתָה = 곡창지, 풍요]인 갈렙의 둘째 아내. 에브랏이라고도 함(대상2:50, 19).

에브라다[אֶפְרָתָה = 곡창지, 풍요]지
1 베들레헴의 옛이름. ①에브랏이라고도 함(룻4:11). ②베들레헴 에브라다라고도 함(미5:2). ③이 땅은 매우 기름진 땅으로 곡식과 과실이 잘 되었다. ④이곳 주민들을 에브랏 사람이라고 한다(룻1:2, 삼상17:12). ⑤야곱의 아내 라헬이 죽은 곳(창35:16-20, 48:7).
2 기럇 여아림 근처의 땅(시132:6).

에브라임[אֶפְרַיִם = 열매가 풍성함]인 ①야곱의 손자이며, 요셉의 둘째아들(창41:52), 므낫세의 동생이다. ②야곱이 축복할 때 오른손을 얹고 축복하여 형 므낫세보다 흥할 것을 예시했다(창48:8-20). ③여호수아, 드보라, 압돈 등은 에브라임의 후손이다(민13:8, 16, 삿4:5, 12:15, 삼상1:1).

에브라임[אֶפְרַיִם = 열매가 풍성함]지 ①요셉의 둘째 아들 에브라임의 후손의 거주지로 비옥한 땅(수17:15, 19, 20:7). ②가나안에 들어간 후 하나님의 언약궤와 성막이 있어 종교의 중심지가 되었던 실로가 그 곳에 있다(삼상1:3, 4:3). ③예수님께서 머무신 성읍(요11:54).

에브라임[ephraim]명(호4:17) 북쪽 왕국 이스라엘을 일컫는 말.

에브라임문[ephraim gate]명(왕하14:13) 예루살렘 성문의 이름. 에브라임으로 통하는 문으로 다메섹 문이라고도 한다(느12:39, 대하25:23).

에브라임 사람 (지파)[ephraimite]명 야곱의 손자이며 요셉의 아들인 에브라임의 후손을 가리키는 말(수16:4,10, 삿5:14). ①이스라엘 12지파의 반열에 속함. ②에브라임에 관한 야곱의 예언(창48:20). ③1차 인구조사 때 40,500명으로 12지파 중 10번째(민1:33). ④2회 인구조사에서는 32,500명으로 11번째(민26:37). ⑤에브라임이 기업으로 받은 지역(수16:1-10). ⑥모세의 후계자 여호수아(수19:50). ⑦에브라임 땅 실로에 성막을 세움(수7:24, 8:3). ⑧가나안 사람을 종으로 삼음(삿1:29). ⑨사사 드보라를 도왔다(삿5:14, 15). ⑩사사 기드온을 도움(삿7:24, 25). ⑪사사 기드온과 다툼(삿8:1-3). ⑫사사 입다와 싸움(삿12:1-6). ⑬유다지파와는 비우호적이었다(대상12:20, 삼하19:40-43). ⑭다윗의 즉위식에 참석했다(대상12:30, 38). ⑮여로보암이 르호보암을 반항하여 북왕국 이스라엘을 장악했다(왕상12:). ⑯벧엘과 단에 금송아지를 두어 섬기게 했다(왕상12:). ⑰많은 주민이 신앙문에 유다로 이주했다(대하15:9). ⑱북왕조 이스라엘과 같은 뜻으로 사용됨(사7:2-17, 9:9, 호4:17, 5:3, 9:3-17). ⑲하나님의 긍휼이 약속되었다(렘31:9, 20). ⑳죄 때문에 하나님의 진노가 내려 함락될 것도 예언되었다(호9:3-17,12:7-14). ㉑메시야의 은총이 약속되었다(슥9:9-13). ㉒포로에서 돌아와 예루살렘에 거주했다(대상9:3, 느 11장).

에브라임 수풀[forest of ephraim]지 (삼하18:6) 요단강 동쪽에 있는 수풀로 압살롬이 다윗을 반역하며 싸운 곳. 압살롬이 노새를 타고 도망가다가 수풀에 걸려 요압에게 죽임을 당했다(삼하18:6-15).

에브랏[אֶפְרָת = 곡물의 땅]인(대상2:19) 헤스론의 아들 갈렙의 둘째 아내. 훌의 어머니이다. 대상2:24, 50, 4:4에는 에브라다로 기록되었다.

에브랏[אֶפְרָת = 곡물의 땅]지(창35:16) ①베들레헴의 옛 이름. 야곱의 애처 라헬이 베냐민을 낳고 죽은 후 이곳에 장사되었다. ②보아스가 룻을 취하여 아내를 삼았을 때 이 성의 장로와 백성들이 축복하였다(룻4:11). →에브라다.

에브랏 사람[ephrathites]명 유다의 성읍. 베들레헴의 옛 이름으로 이곳 출신을 일컫는 말. 엘리멜렉과 나오미와 그의 두 아들(룻1:2). 다

윗의 아버지 이새(삼상17:12).

에브론[עֶפְרוֹן = 영양, 유력함]인(창23:6-17) 아브라함시대 헤브론에 살던 헷사람. 소할의 아들로 막벨라 굴을 아브라함에게 은 400세겔에 팔았다.

에브론[עֶבְרֹן = 나루터]지(수19:28) 악고 북동, 아셀에 있던 레위사람의 성읍.

에브론[עֶפְרוֹן = 영양(羚羊)]지
① 넵도아 샘과 기럇여아림 사이 유다와 베냐민 경계의 산(수15:9).
② 벧엘 북동의 성읍. 오브라와 같은 곳(대하13:19). 아비야가 여로보암에게서 뺏은 고을.

에블랄[יֶפְלָל = 심판관]인(대상2:37) 유다사람 여라므엘 자손. 사밧의 아들.

에비구레오[Ἐπικούρειος = 도움]인(행17:18) 주전 250년에 죽은 그리스의 에피큐러스가 세운 쾌락을 추구하는 철학파. 4세기까지 지속되었다. 그의 윤리는 감각으로 선악의 표준을 삼았다. 개인의 감각적 쾌락을 최고의 선으로 하여 행복의 실제적 탐구에 종사했다. 그러나 진정한 쾌락은 안정한 심적 상태라고 보고 욕망억제의 필요를 제창했다. 이 파에서는 학문이나 덕 모두를 쾌락주의 수단으로 보았다. 에비구레오파는 스도아파와 한가지로 바울에게 반대적 태도를 표명했었다(행17:16-34).

에비아삽[אֲבִיאָסָף = 모임의 아버지]인(대상6:23) 레위 사람 고라의 아들. 고라의 자손으로 된 곳도 있다(대상9:19, 6:37).

에산[יֶשְׁעָן = 버팀, 비탈]지(수15:52) 유다 남부의 성읍. 길벳사무아와 같은 곳. 헤브론 서남 18km지점, 지금의 키르벨 삼마.

에살핫돈[אֵסַר חַדֹּן = 앗수르의 신이 한 아우를 줌(죽은 형을 대신해서 줌)]인(스4:21) ①앗수르왕 산헤립이 사랑한 아들(왕하19:37) ②부왕이 히스기야 왕과 싸워 참패한 뒤 형들에게 살해되자 원수를 갚고 왕이 되었다(왕하19:37, 사37:38).

에서[עֵשָׂו = 털이 많다, 붉다]인
1. **인적관계** - 이삭과 리브가의 아들로 아브라함의 손자(창25:25).
2. **관련기사** - ①동생 야곱과 쌍둥이. 야곱이 에서의 발꿈치를 잡고 나왔다(창25:26). ②털이 많은 자. 사냥을 잘했다(창25:27). ③아버지 이삭의 사랑을 받았다(창25:28). ④팥죽 한 그릇에 장자권을 동생에게 팔았다(창25:29-34). ⑤40세가 되어 두 아내를 취했다(창26:34). ⑥후에 마할랏을 아내로 취했다(창28:9, 36:3). ⑦야곱에게 이삭의 축복을 빼앗겼다(창27:1-40) ⑧동생 야곱을 미워하게 되었다(창27:41-45). ⑨20년만에 야곱과 화해했다(창33:1-17). ⑩야곱과 함께 이삭을 장사했다(창35:29). ⑪에서의 후손은 세일 지방에서 살았다(신2:4, 12, 22). ⑫세일산을 에서의 산이라고 부른다(옵8-10). ⑬에서를 가리켜 에돔(붉다)이라 한다(창36:1). ⑭에돔족은 에서의 후손이다(렘49:7,8,창36:1). ⑮하나님께서 미워하셨다(말1:2). ⑯망령된 자이다(히12:16). ⑰회개의 기회를 얻지 못했다(히12:16,17). ⑱믿음으로 구원받게 됨을 예시했다(롬9:11-12). ⑲멸망이 예언되었다(옵18).

에섹[עֵשֶׁק = 억압]인(대상8:29) 베냐민 사람 엘르아사의 아들. 아셀의 동생.

에섹[עֵשֶׂק = 다툼]지(창26:20) 이삭이 그랄에서 판 우물의 이름. 그랄 목자와 이삭의 목자가 다투었다 하여 이 이름을 가졌다.

에센[יֵתֶר]지(삼하23:8) 다윗의 군장 아디노의 출신지. 다그몬, 학몬과 같다(삼하23:8, 대상11:11).

에셀[אֲצֵל = 보물]인 호리족속 세일의 여섯째 아들. 에돔의 족장(창36:21, 대상1:38).

에셀[עֵזֶר = 도움]인
1. 후사의 아버지(대상4:4).
2. 갓 사람으로 시글락에서 다윗을 도운 군인(대상12:9).
3. 예수아의 아들로 미스바를 다스린 사람(느3:19). 예루살렘 성벽 일부를 수리했다.
4. 느헤미야 시대의 제사장으로 예루살렘 성곽 준공식에 참가했다(느12:42).
5. 에브라임 사람으로 가드 원주민에게 살해된 사람(대상7:21).

에셀나무[eshel tree, tamarisk tree]명(창21:33) 팔레스틴 연안평원, 요단유역, 시내사막에서 자라는 상록수 관목. 밑둥치에서 여러가지가 돋아나 깃털같은 작은 잎이 있어 물기가 적은 곳에서도 수분증발이 적어 고사하지 않는다. 뿌리는 30m나 내리기 때문에 지하수를 흡수하여 자란다. 봄에 가지에 흰꽃, 분홍꽃을 피우며 '거룩한 나무'라 하여 성소, 분묘, 회의소 같은 곳에 심었다. ①아브라함이 브엘세바에 심었다(창21:33). ②사울이 나무아래 앉았다(삼상22:6). ③사울과 그 아들의 뼈를 길르앗 야베스에 있는 에셀나무 아래 매장했다(삼상31:13).
*예레미야에서는 떨기나무라고 번역했다(렘17:6, 48:6).

에셀바위[the stone ezel]명(삼상20:19) 요나단이 다윗을 숨어있게 한 바위 이름. 부친 사울왕이 죽이려는지 여부를 활로 신호하겠다고 약속했다.

에셈[עֶצֶם = 뼈]지(수15:29) 유다남부 에돔 가까운 성읍. 시므온 지파의 거주지(수19:3, 대상4:29).

에스겔[יְחֶזְקֵאל = 하나님께서 강하게 하심]인
1. **인적관계** - ①제사장 부시의 아들(겔1:3).
2. **관련기사** - ①제사장으로 예루살렘 근처에서 살았다. ②유다왕 여호야긴과 함께 바벨론에 포로되어 갔다. ③여호야긴이 사로 잡혀간 후 5년부터 선지자로 부름받아 활동했다(겔1:1-3). ④갈대아 땅 그발강(유브라데강 지류) 델 아빕에서 포로된 백성과 함께 살았다(겔3:15-17). ⑤예레미야, 다니엘과 당대 선지자이다. ⑥박해 받을 것을 하나님께서 예시하셨다(겔3:25). ⑦장로들에게 조언하였다(겔8:1). ⑧그의 아내의 죽음(겔24:18). 그는 울지 않았다. ⑨그의 글에서 그의 비범한 인물됨을 발견할 수 있고, 목이 곧고 마음이 강퍅한 그 백성들이 우상을 숭배하고 악을 행함을 담대히 공격한 대선지로서 적임자임을 보여주었고 종신토록(20년간) 선지자의 직무에 진력한 것은 일대 특색이다. ⑩예레미야 선지자는 정신적 종교가임에 반하여 에스겔은 의식적, 형식적 방면에 중대한 관심을 보였다. ⑪그의 예언의 요지는 예루살렘이 망할 것과 장래의 구원으로 본국이 회복될 것으로 포로된 동포를 위로하였다. ⑫그의 죽은 시기는 알 수 없으나 바벨론에서 같은 지도자에게 피살된 것으로 추측된다. 지금의 이라크의 수도 바그다드 근처의 한 곳을 가리켜 에스겔의 분묘라고 말하는 사람도 있다.
3. **계시와 이상** - ①소명에 관한 이상(겔1:4-28). ②예언의 자세→벙어리가 되게 함(겔3:12-27). ③예루살렘 심판의 계시(겔4:-24). ④상

징적인 동작→수염을 깎음(겔5:1-12). ⑤이상에 의한 유다의 죄에 관한계시(겔8:-11:). ⑥상징적인 동작→행구를 옮김(겔12:3-16). ⑦주의 선언에 의한 계시(겔13:-24). ⑧외국인에 관한 심판계시(겔25:-29:). ⑨종말에 관한 예언(겔33:-48). ⑩마른뼈의 회생(겔37:)→예루살렘 회복. ⑪성전의 이상(겔40:-46:). ⑫생명강물(겔47:)→성도의 희망.

에스겔[Ezekiel]명(겔)구약 제26권째 성경. 선지자 에스겔의 이상. 이스라엘 자손이 포로되지만 장차 올 그들의 영광스러운 회복에 관한 예언이다. 1∼24장까지는 예루살렘의 멸망전에 외친 예언. 하나님의 심판이 임한 이유를 설명하고 있으며 이방민족들의 필연적인 멸망도 아울러 예언하고 있다. 25장 이하에는 이스라엘의 회복과 예루살렘의 영광스러운 날이 올 것을 상세히 예언하였다. 내용 분해는 박기원 편 성경총론을 참고하라.

* **에스겔에 예언된 그리스도** - ①인자(겔2:1). 인간으로 오신 중보자 그리스도(딤전2:5). ②성육신(겔1:26). 영광의 보좌를 버리시고 인간이되신그리스도(빌2:6-7, 계4:2-3). ③목자(겔34:11-31). 그리스도는 이스라엘의 잃어버린 자를 구원하러 오셨다(눅19:10, 요15:16, 눅15:3-7, 요10:). ④왕(겔21:26-27). 메시야의 통치, 영원하신 만왕의 왕 그리스도. ⑤가지(겔19:11). 그리스도의 왕권.

에스골[אֶשְׁכֹּל = 포도 송이]명(창14:13-24) 아모리 족속 아넬과 마므레의 형제. 3형제가 아브라함을 도와 포로된 롯을 구하고 노략물을 분배했다.

에스골[אֶשְׁכֹּל = 포도송이]지 헤브론 북서의 비옥한 땅(민13:23).

에스골 골짜기[אֶשְׁכֹּל = 포도송이]지 애굽에서 나와 가나안에 들어가기 위하여 모세가 12명의 정탐군을 보내었을 때 이 골짜기에서 포도송이를 잘라 두 사람이 메고 돌아왔다(민13:24, 32:9, 신1:24).

에스다올[אֶשְׁתָּאֹל = 간구처]지
1. 위치 - 예루살렘의 서쪽 19km지점 유다와 단 경계에 있은 단지파의 촌락(수15:20, 33, 19:40, 41, 삿18:2).
2. 관련기사 - ①삼손의 고향 마하네단 근처의 마을(삿13:25) 삼손이 이곳에서 하나님의 감동을 받았다. ②삼손이 장사된 곳(삿16:31). ③기업지를 얻지 못한 단 지파사람 600명이 이곳을 떠나 기럇여아림에 가서 진을 쳤다(삿18:2, 11).

에스다올 사람[eshtaolites]명(대상2:53) 에스다올에 사는 주민을 가리키는 말. 이곳 사람은 갈렙의 자손들이다.

에스더[אֶסְתֵּר = 별, 소녀]인
1. 인적관계 - 베냐민 사람 아비하일의 딸(에2:15).
2. 관련기사 - ①모르드게의 사촌누이(에2:7, 15). ②본명은 하닷사(天人花). ③어릴 때 부모를 잃고 모르드게의 양육을 받음. ④왕후로 간택됨(에2:17, 18). 수산궁으로 들어감. ⑤모르드게의 명대로 신분을 밝히지 않았다(에2:20). ⑥왕을 죽이려는 음모가 있음을 모르드게로부터 듣고 모르드게의 이름으로 왕에게 알림(에2:22). ⑦총리 하만이 자기에게 경의를 표하지 않는 모르드게에게 분노하여 온 유다 민족을 죽이려는 계획을 세웠다. 모르드게가 이것을 알고 에스

에스더의 무덤

더에게 편지하였다(에4:1-9). ⑨에스더가 왕에게 고하여 그 일을 뒤엎고 전날 왕을 암살하려던 자를 알려주어 화를 면케한 공로가 있는 모르드게를 총리로 삼고 유다인을 진멸하려던 칙령에 대항할 수 있는 자위권을 유다인에게 주어 하만의 일족을 멸했다(에7:-8:). ⑩위기일발의 함정에서 구출되어 평화로운 새 출발을 하게 된 유다인들은 모르드게와 에스더의 뜻을 따라 127도에 흩어져 있는 유다 민족 전체가 아달월(12월) 14, 15양일(유월절 한달전)을 죽음에서 구원받은 것을 기념하는 절기로 정하여 이것을 영원히 지키는데 부림절이다(에9:20-23).

*지금도 유대민족은 이 절기를 지키며 에스더서를 낭독하다가 하만이라는 이름만 나와도 소름이 치게 저주하고 에스더와 모르드게의 이름이 나올 때는 애국심이 솟아난다고 한다.

에스더[Esther]圐 (스)구약 제17권째 성경. 기록한 사람은 밝혀져 있지 않으나 모르드게로 여기는 학자들이 많다. 하나님의 백성이 흩어져 사는 동안 많은 환난을 당할 때마다 하나님의 섭리로 보호하여 주심을 보여준다. 바사 제국의 지배를 받던 이스라엘 백성들이 하만의 흉계로 멸망하게 되었을 때 에스더와 모르드게를 통하여 구원받게 된 부림절의 기원을 보여주는 역사서이다. 에스더에는 "하나님"이나 "여호와"란 단어가 나오지 않지만 하나님의 섭리의 역사가 기록되어 있다. 내용 분해는 박기원 편 성경 총론을 참고하라.

• **에스더에 나타난 그리스도의 모형**
①목숨을 내어 놓은 에스더(에4:16). 그리스도는 자기 목숨을 선민을 위해 바치셨다. ②에스더의 중재(소원)(에5장). 그리스도는 죽을 죄인을 하나님께 나아가 자기는 죽으시고 죄인은 살리셨다(마20:28). ③다윗의 왕통(에6-10장). 하만을 인하여 유다인들이 멸종 직전에 놓여 있었다. 그러나 하나님께서 에스더를 준비하시고 다윗의 위를 잇도록 섭리하셨다. ④하만과 모르드게(에3:2). 모르드게는 사람에게 무릎을 꿇지 아니했다. 마귀가 그리스도를 유혹하였으나 그리스도는 하나님의 말씀으로 물리쳤다(마4:8). ⑤성령의 역사(에5:2, 6:1). 에스더가 왕의 부름을 받지 않고 왕궁 뜰에 들어갔을 때 성령이 왕의 마음을 감동시키셨다. 그리스도께서 보혜사를 보내시어 항상역사하신다(요14:6, 15:26).

에스돈[אֶשְׁתּוֹן =애처가, 여자다운] 인(대상4:11-12) 유다자손. 모힐의 아들. 드힌나의 아버지.

에스드모[אֶשְׁתְּמֹה =순종]지(수15:50) 유다 산지. 에스드모아와 같은 곳(수21:14).

에스드모아[אֶשְׁתְּמוֹעַ =신의 소리가 들리는 곳]인(대상4:17) 갈렙의 후손 마아가 사람.

에스드모아[אֶשְׁתְּמוֹעַ =신의 음성이 들리는 장소]지 ①도피성이 있는 제사장의 마을(수21:14, 대상6:57). ②에스드모와 같은 곳(수15:50). ③다윗이 시글락을 치고 탈취물을 이 성 사람들에게도 분배하였다(삼상30:28). ④헤브론의 남쪽 14km지점에 있다.

에스라[עֶזְרָא =주께서 도우심]인
① 제사장, 학사, 개혁자.
1. **인적관계** - 아론의 16대손이며 아사랴의 손자(스7:1).
2. **관련기사** - ①시드기야왕 때 대제사장이던 스라야의 아들로서 제사장이며 모세의 율법에 능한 서기관이다(왕하18:21, 스7:1, 6). ②그는 바사정부의 서기관이기도 하다(느12:26). ③그는 비록 포로된 땅 바벨론에서 율법에 정통하고 애국 애족의 정신과 성전에 대한 관념을 깊이 새겨서 예루살렘에 귀환하여 부패한 도덕과 종교를 개혁하게 되었다(스7:6-10). ④그가 바사왕 고레스에게서 예루살렘에 귀

환할 허락을 받고 또 성전 건축할 물자와 금전을 얻어 가지고 귀환할 때 약 1,800명을 거느리고 출발하였다(스8:1-20). ⑤아하와강변에서 귀환 도중 하나님께서 보호해 주실 것을 위하여 금식기도한 후 떠났다(스8:21-23). ⑥봉헌물을 제사장에게 줌(스8:24-30). ⑦4개월만에 무사히 예루살렘으로 귀환(스8:31-36). ⑧제도개선(스9:14, 10:9-44). ⑨이방인 여인과 혼인한 사람을 이혼하도록 하였다(스10:10-12). ⑩유월절을 지키고 느헤미야와 함께 초막절을 성대히 지키며 율법을 가르쳤다(느8:1-18). ⑪예루살렘 성곽 낙성식에 참가하여 선두에 서서 다윗궁 윗길에서 수문으로 갔다(느12:26-43). ⑫마지막으로 구약성경을 취집하고 자기가 친히 몇책을 기록하였고 또 회당을 창설하였다. 그는 이스라엘의 부패한 풍속, 도덕, 종교의 개혁을 단행하여 그 당시의 이스라엘을 성결케 할 뿐 아니라 후세에 전하여 준 성경과 회당은 영원히 불멸할 사업이며 그의 공헌이다.

에스라의 무덤

② 스룹바벨과 예수아와 같이 바벨론에서 돌아온 제사장, 족장(느12:1, 13).

③ 레위사람의 가장(느12:33).

④ 유다의 자손(대상4:17).

⑤ 에단 헤만의 조상(왕상4:31). 시편 88편과 89편의 제목에 기록되었다.

에스라[Ezra]명(에) 구약 제15권째 성경이다. 기록자는 불명하나 제사장이요 학사(신약 율법사)인 에스라로 여긴다. 유다인들이 바벨론 포로에서 본국으로 돌아와 성전을 재건한 기록으로 고레스왕이 포로된 유다인들의 해방을 공포한 때부터 약80년동안의 역사를 기록하였다. 1장~6장까지는 첫번째 귀환과 성전재건의 기록이요, 7장~10장까지는 두번째 귀환과 이방여인을 아내로 취한 사람들에게 헤어질 것을 권하고 있다. 내용 분해는 박기원 편 성경총론을 참고하라.

• **에스라에 나타난 그리스도의 모형** ①왕통. 다윗을 지키시리라는 하나님의 약속이 바벨론에 포로됨으로 끊어지는 것 같이 보였으나 하나님께서는 포로된 70년만에 약속하신 대로 잡혀간 왕족들이 유다로 돌아와 다윗의 왕통을 계승하게 하셨다(대상3:17-19, 대하36:22, 렘25:12-13, 29:, 33:14, 마1:12-13). ②세스바살과 에스라. 둘은 바벨론 포로생활에서 민족을 이끌고 본토로 돌아온 지도자이다. 그리스도는 우리의 참 지도자이시며 우리의 길이 되신다(요14:6). ③성전재건(스3-6장). 그리스도께서 자신을 가리켜 성전이라 하시고 헐면 3일만에 일으키리라고 하셨다. 성전재건은 죽은지 3일만에 부활하실 것을 예표함이다(요2:19-21, 11:25). ④율법서해설(스7:10-11). 그리스도는 율법을 폐하러 오신 것이 아니라 완전케 하러 오셨다(마5:17-18). 그리스도께서는 율법의 일점 일획이라도 없어지지 아니하고 다 이루리라고 말씀하셨다. 그리고 율법의 불완전성을 보충하셨다. ⑤에스라서는 그리스도의 용서와 회복하심을 예시한다.

에스리[עֶזְרִי = 나의 도움]인(대상27:26) 다윗의 농경지를 감독한 사람으로 글룹의 아들.

에스바알[אֶשְׁבַּעַל = 바알의 사람]인(대상8:33) 사울의 네째 아들로서 이스보셋, 리스와 같은 사람. 이밖에 두 사람이 있다(느12:1, 대상4:17, 9:39).

에스반[אֶשְׁבָּן]인(창36:26) 에돔에 거한 호리족속 세일의 자손. 디손의 아들이며 족장.
에스배[יֶשְׁבִּי = 빛나는]인(대상11:37) 다윗의 용사 나아래의 아버지.
에스본[חֶצְרוֹן = 빛남, 수고함]인
1 갓의 아들(창46:16) 야곱의 손자.
2 베냐민 자손 벨라의 다섯 아들 중 맏이(대상7:7).
에슬리[Ἐσλί = 나를 가까이 함]인 (눅3:25) 예수님의 계보에 든 사람. 나훔의 아버지.
에시온게벨[עֶצְיוֹן גֶבֶר 거인의 잔등]지
1. 위치 - 아가바만 북쪽에 있는 에돔에 속한 성읍. 애굽에서 나온 이스라엘 백성이 진을 친 곳(신2:8).
2. 관련기사 - ①솔로몬이 항구로 개발하여 통상을 하였다(왕상9:26, 대하8:17). 금 제련소를 두었다. ②일시 황폐하였으나 여호사밧이 부흥시켰다. ③이곳에서 배를 건조하였으나 하나님께서 파선토록 하셨다(대하20:36, 왕상22:48).
에우다[encircle, besiege, inclose]타 (삼하20:15) ①둘레를 빙 둘러서 막다. ②딴 길로 돌리다. ③포위하다. ④공격, 장악하다.
에운[enclosed]타(눅5:6) 에우다의 과거사. ①사방을 삥 둘러싼. ②그물에 많은 고기가 걸려든. ③많은 고기를 잡은.
에워싸다[surround, compass]타(창19:4) 둘레를 둘러싸다. 포위하다. 대부분 군사적 공격을 위해서 사용되었다. 비유적인 표현으로 악과 궤휼을 없애기 위해서 공격을 취해야 한다(호7:2, 11:12). 에워쌈은 멸망이 임박함을 뜻한다. 예수님의 말씀을 듣기 위해서 예수님을 에워 쌈(마8:18, 요10:24).
에위[אֱוִי 욕망]인(민31:8) 미디안 다섯왕 중 하나. 우상숭배로 이스라엘 백성을 미혹했다. 모세의 선 발군에 살해되었다(수13:21).
에윌므로닥[אֱוִיל מְרֹדַךְ = 므로닥 사람]인(왕하25:27-31) 느부갓네살Ⅱ세의 아들로 그 부친의 위를 계승하여 새 바벨론 제국의 군왕이 되어 포로로 구금되어 있는 유다왕 여호야긴을 석방하여 다른 노예 군왕의 상석에 두고 우대하였다(왕하25:27-30, 렘52:31-34). 그러나 재위 겨우 2년에 의형제(매부) 네갈사레에게 암살을 당하였다.
에클레시아[ἐκκλησία]명 한글 성경에 나와 있지 않으나 교회를 가리키는 헬라말이다. 설교에 많이 인용된다. 불러 모은다는 뜻이 있다. 하나님께서 복음으로 그의 백성을 모아 한 집단을 만든 교회를 가리킨다. 그리스도가 그 머리이며 각처에 지교회(지방교회)가 있다(갈1:2, 살전1:1).
에훗[אֵהוּד = 강한 결합]인
1 왼손잡이 사사.
1. 인적관계 - 베냐민 사람 게라의 아들(삿3:15).
2. 관련기사 - ①12 사사 중 제2대(삿3:15, 31). ②이스라엘이 18년간 모압의 압제를 받는 중 에훗이 조공을 바치러 가서 에글론왕을 조용히 만나 이야기하다가 준비하여 가지고 간 검으로 찔러 죽이고 에브라임 산으로 돌아와 모압인 1만명을 죽이고 항복을 받은 후 80년간 이스라엘을 태평하게 하였다(삿3:15-30). ④에훗이 죽은 후 이스라엘은 다시 범죄하였다(삿4:1).
2 베냐민 자손 빌한의 아들(대상7:10). 그 가문의 족장.
3 베냐민의 증손자로 게바 거민의 족장(대상8:6,7).
에히[אֵחִי = 단일, 유일]인(창46:21) 베냐민의 아들이며 애굽에 내려간 야곱의 가족.
엔간님[עֵין גַּנִּים = 동산 우물]지 〈→ 언간님〉
1 유다 평지 세벨라에 있던 한 성읍(수15:34).
2 잇사갈의 에스드라엘론 평원에 있은 성읍(수19:21 언간님). 아넴, 동산정자로 번역된 히브리어 벧하간과 같은 곳(수21:29).
엔게디[עֵין גֶּדִי = 염소의 우물]지
1. 위치 - 사해 서안 중앙부 아모리 족속의 거주지(창14:7).

2. **관련기사** - ①유다 지파에게 분배된 성읍. 우물이 있다(수15:62, 대하20:2). ②다윗이 사울을 피해 숨은 곳(삼상23:29, 24:1). ③주위에 종려나무와 포도원이 있고 고벨화가 유명하다(아1:14). ④모압인과 암몬인이 이곳에 와서 여호사밧을 치려다가 세일 사람을 친후 피차 살육하여 한 사람도 남지 않았다(대하20:1, 2). ⑤이곳에서 예루살렘에 가려면 시스 고개를 넘는다(대하20:16). ⑥에스겔 선지는 이곳에서부터 엔에글라임까지 그물치는 곳이 되겠다고 하였다(겔47:10). ⑦지금은 아인게데라 부른다.

엔답부아[עֵין תַּפּוּחַ = 사과의 샘] 지(수17:7) 에브라임과 므낫세 경계에 있던 므낫세의 성읍. 답부아와 같은 곳(대상2:43).

엔돌[עֵין דֹּאר = 주거의 샘] 지
1. **위치** - 다볼산 남방 므낫세 지파의 성읍(수17:11).
2. **관련기사** - ①사사 드보라와 바락이 이곳에서 시스라를 이겼다(시83:10). ②사울이 길보아 전쟁에 출전하기 전에 이 성 무녀에게 변장하고 가서 가짜 사무엘의 혼령을 불러 대화한 일이 있다(삼상28:1-10). *그 이름이 지금도 지명으로 사용되며 암벽을 파서 만든 무덤, 곡창, 물통 등이 남아 있다.

엔로겔[עֵין רֹגֵל = 여행자의 샘] 지
1. **위치** - 예루살렘 정남 힌놈과 기드론이 합치는 남쪽에 남아있는 샘(수18:16).
2. **관련기사** - ①유다와 베냐민의 경계(수18:16). ②요나단과 아히마아스가 압살롬을 피하여 잠시 이곳에 머물렀다가 바후림 우물 속에 숨었다(삼하17:17-18). ③아도니아는 반역을 도모하기 위하여 이 근방에서 큰 잔치를 베풀었다(왕상1:9). ④에느로겔과 같은 곳(삼하17:17).
*이 샘은 지금 빌에읍이라고 부르는데 그 깊이는 40m나 된다.

엔미스밧[עֵין מִשְׁפָּט = 심판의 샘] 지(창14:7) 신 광야에 있던 성읍. 그돌라오멜 동맹군의 전장 가데스 바네와 같은 곳.

엔세메스[עֵין שֶׁמֶשׁ = 태양의 샘] 지(수15:7, 18:17) 유다와 베냐민 사이에 경계가 되는 샘. 예루살렘과 감람산 동편 여리고로 가는 길 옆에 있다(수18:17). 현재의 아니헬 호드. 15세기 이후는 사도의 샘이라 불렀다.

엔하술[עֵין הַצּוֹר = 마을의 우물] 지(수19:37) 북부 갈릴리에 있던 납달리의 성읍.

엔학고레[עֵין הַקּוֹרֵא = 부르짖는 자의 샘] 지(삿15:19) 사사 삼손이 나귀 턱뼈로 블레셋인 1천명을 죽이고 목말라 애쓸 때 하나님이 샘을 터쳐 마시우시게 하셨다. 삼손이 그 샘 이름을 엔학고레라 하였다.

엔핫다[עֵין חַדָּה = 기쁨의샘] 지(수19:21) 잇사갈 지파의 성읍.

엘[עֵר = 감시자, 경계자] 인 유다의 아내 가나안 여인 수아의 딸이 낳은 아들(창38:3-7). 다말에게 장가 들었으나 그가 악하므로 벌을 받아 죽었다. 에르와 같은 사람(대상2:3).

엘[אֵל] 명 강한 자란 뜻을 가진 가장 널리 쓰인 하나님의 명칭. 가나안에서는 지고의 신(至古神)으로 피조물의 신, 인류의 아버지, 신의 신으로 불렀다. 사람들은 우상으로 그 이름을 전락시켰다. 하나님께서 자신을 나타내실 때 이 명칭을 사용하셨다. 히브리어에 '엘'이든 말은 하나님과 관련이 있다. ①엘 샤다이→전능하신 하나님(출6:3). ②엘 칸 노→질투하시는 하나님(수2:19). ③엘 가돌→크신 하나님(신7:21). ④엘로힘→전능하신 창조주 하나님(창2:4). ⑤엘 엘리온→지극히 높으신 하나님(창14:22). ⑥엘 올람→신비로우신 하나님(창21:33). ⑦엘리온→복 주시는 하나님(사7:17). *사람의

엘가나

이름에도 엘이 많이 들어 있다.

엘가나[אֶלְקָנָה = 하나님은 소유하신다)](인) 레위사람이 많이 쓴다.

1 레위사람 고라의 아들(출6:24). 죽음을 면한 사람(민26:11).

2 사무엘의 아버지. 에브라임 산지 라마다임 소빔에 거주한 레위사람 여로함의 아들로 한나와 브닌나의 남편(삼상1:1, 21, 대상6:27, 34).

3 레위사람 그핫자손 앗실의 아들(대상6:23).

4 아마새, 아히못의 아버지(대상6:25).

5 소배의 아버지(대상6:26).

6 슙의 아버지. 마핫의 아들(대상6:35). 아마새의 손자.

7 아마새의 아버지. 요엘의 아들(대상6:36). 아사랴의 손자.

8 느도바 사람 아사의 아버지(대상9:16). 베레갸의 할아버지.

9 고라사람으로 시글락에서 다윗을 도운 용사(대상12:1-6).

10 다윗 시대 성막 문지기(대상15:23).

11 아하스왕의 총리대신. 베가가 예루살렘을 칠 때 에브라임의 용사. 시그리에게 피살되었다(대하28:7).

엘고스[אֶלְקוֹשִׁי](지)(나1:1) 선지자 나훔의 출신지로 유다 남부에 있었 다고 추측하고 혹은 갈릴리의 한 동리로 추정한다.

엘다아[אֶלְדָּעָה = 하나님이 부르심, 바라심)](인)(창25:4) 미디안 한 부족의 조상으로서 아라비아 지방의 유목민(대상1:33). 아브라함의 후처 그두라가 낳은 아들들의 후손.

엘닷[אֶלְדָּד = 하나님은 사랑하셨다)](인)(민11:26-29) 광야에서 모세를 돕기 위해 선택된 70장로 중 한 사람. 다른 사람은 모두 회막에 들어갔으나 엘닷과 메닷은 진중에 남아 예언을 했다. 한 소년으로부터 이 사실을 전해들은 여호수아가 모세에게 예언하지 못하도록 요구했다. 모세는 여호수아에게 "여호와께서 그 신을 모든 백성에게 주

시사 선지자 되게 하시기를 원하노라"고 했다. 기술의 아들 엘리닷과 같은 사람으로 여긴다(민34:21).

엘돌랏[אֶלְתּוֹלַד = 하나님께서 낳으신 이](지)(수15:30) 유다 남부 에돔에 가까운 시므온의 성읍(수19:4). 돌랏과 같은 곳으로 여김(대상4:26).

엘드게[אֶלְתְּקֵה = 주는 두려움이심](지)(수19:44) 단지파 중에 있던 동리로 레위인이 살았다(수21:33).

*앗수르 비문에는 알타쿠(Altaqu) 라고 써져 있으며 산헤립이 이 근방에서 팔레스틴과 애굽의 연합군을 쳐부수고 엘드게와 딤나까지 침략하였다(왕하18:13, 19:8).

엘드곤[אֶלְתְּקֹן = 하나님께서 기초이시다](지)(수15:59) 딤나의 동쪽, 베들레헴 서쪽 유다지파 서부 산지의 성읍.

엘라[אֵלָה = 상수리 나무](인)

1 에돔의 족장 중 한 사람(창36:41, 대상1:52).

2 이스라엘 북 왕조 3대왕 바아사의 아들로 아버지를 이어 왕이 되었다. 궁내대신 아르사의 집에서 술잔치를 하던 중 군장 시므리에게 살해되었다(왕상16:6-14). 선지자 예후의 예언이 성취되었다.

3 갈렙 자손 중 하나(대상4:15).

4 이스라엘 최후의 왕이 된 호세아의 아버지(왕하15:30).

5 베냐민 사람 미그리의 손자. 웃시의 아들(대상9:8).

6 베냐민 사람 시브이의 아버지. 솔로몬의 식량을 맡은 12장관중 하나로 베냐민 지방을 다스렸다(왕상4:7,18).

엘라골짜기[אֵלָה = 상수리나무 골짜기](지) ①사울이 블레셋과 대진한 소고부근의 골짜기. ②다윗이 골리앗과 싸워 이긴 곳(삼상17:2, 19,21:9). ③예루살렘의 서남 25km지점. 양편에 50m 이상의 산 사이 너비가 4백m 가량된다. 지금의 와디 에스순트.

엘라단[אֶלְנָתָן = 하나님이 주심](인)

1 유다왕 여호야긴의 외할아버지로 느후스다의 아버지(왕하24:8). 악볼의 아들로 예언자 우리아를 죽이기 위하여 여호야김이 애굽으로 보낸 사람(렘26:22). 왕이 예레미야의 두루마리를 불태우려 할 때 만류한 사람(렘36:12, 25).

2 에스라가 레위사람을 아와 강가로 모이도록 연락을 취한 사람(스8:16). 2인이 있고

3 에스라시대 레위족속, 느디님(성전 봉사자)사람 중 명철한 사람(스8:16).

엘라사[אֶלְעָשָׂה = 하나님이 지음]인

1 사반의 아들
①유다왕 히스기야가 힐기야의 아들 그마랴와 함께 바벨론으로 파견된 서신 전달자(렘29:3). ②예레미야의 친구이며 포로된 동포에게 편지를 전달했다(렘29:1-32).

2 바스훌의 자손으로 바벨론에서 이방인 아내를 취하고 돌아온 제사장 중 한 사람(스10:22).

엘라살(왕)[אֶלָּסָר = 참나무]인지 그돌라오멜과 동맹한 아리옥왕이 다스리는 지역. 유브라데강 북안에 있는 고대 바벨론의 성읍. 아브라함 때에 시날, 엘람, 고이의 세 왕과 연합하여 가나안을 침입. 소돔과 고모라의 모든 재물과 양식을 빼앗고 또 아브라함의 조카 롯을 사로 잡아갔다(창14:1-9).

엘라암[אֱלִיעָם = 하나님의 기쁨과 즐거움]인(대상11:46) 다윗의 용사 중 한 사람으로 여리배와 요사위야의 아버지.

엘람[עֵילָם = 높은 곳]인

1 셈의 장자. ①그의 자손이 수리아 남방과 바사 동편 지방에 거주함으로 그 지방 이름을 엘람이라 하고 그 지방의 시조가 되었다(창10:22). ②신약 사도시대 오순절에 이 지방에 거주하던 유대인들이 참예하였다가 성령 강림을 목도하였다(행2:9).

2 베냐민 사람 사삭의 아들 중 여덟째(대상8:24-25).

3 다윗 때 성막 문지기. 고라자손 므셀레먀의 다섯째 아들(대상26:3).

4 스룹바벨과 동반 귀환한 다른 엘람(스2:31).

5 예루살렘성 재건을 마친 후 봉헌식에 참석한 제사장(느12:42).

6 바벨론에서 돌아온 엘람 사람.
①스룹바벨과 함께 돌아온 사람 1254명(스2:7).
②에스라와 함께 돌아온 사람 70명(스8:7).
③느헤미야 때 율법엄수의 계약에 날인한 사람(느10:14).

엘람[עֵילָם = 고지대]지(지역, 국가) 바벨론 동부지역. 메소보다미아 남동부 지역.

1 셈의 장자 엘람의 거주지(창14:1).

2 아브라함 때 그돌라오멜이 다스리던 지역(창14:1-11).

3 바사와 같은 뜻으로 사용됨. 수산성이 수도로 120도를 통치하던 강대국(사21:2, 렘25:25, 겔32:24).
①앗수르가 유다를 침략할 때 도왔다(사22:6). 바벨론이 앗수르를 패할 때 해방되었다. ②느부갓네살이 애굽 침공시 선봉군이 되었다(겔32:24). ③메대 바사국의 120 행정도 중 한 도(단8:2). ④바벨론을 멸망시킬 때 메대 바사와 연합했다(사21:2, 9). ⑤예레미야와에스겔이 망할 것을 예언했다(렘49:34-39, 겔32:24, 25). ⑥예루살렘성전 재건을 방해한 사마리아 사람은 앗수르가 이주시킨 엘람인이다(스5:9). ⑦하나님께서 유다의 포로들이 엘람에서 해방될 것을 약속하셨다(렘49:39).

4 오순절날 성령강림을 목격한 엘람 지방 사람이 있었다(행2:9).

엘랏[אֵילַת = 상수리 나무]지

1. 위치 - 홍해 연안 아카바만 북쪽에 있는 엘 바란이라고도 불리는 지역(창14:6).

2. 관련기사 - ①에돔의 족장 엘라가 점령하여 정착한 곳(창36:41). ②출애굽하여 시내산에서 출발한 이스라엘이 지나간 곳(신2:8). ③다

윗시대 점령하여 솔로몬이 통상항구로 사용했고 무역선을 건조했다(왕상9:26, 대하8:17의 엘롯과 같음). ④그후 에돔에 빼앗겼다가 아사랴(유다왕 웃시야)가 탈환하여 재건했다(왕하14:22, 대하26:2 엘롯). ⑤아하스 때 에돔에게 빼앗겼다(왕하16:6). ⑥에시온게벨, 엘롯과 같은 곳(왕상9:26, 대하26:2).

엘라다[אֶלְעָדָה = 허락하시는하나님] 인 다윗이 예루살렘에서 낳은 아들(대상3:8). 브엘라와 같은 사람(대상14:7). 에랴다와 같은 사람(삼하5:16).

엘렙[הָאֶלֶף = 황소] 지 (수18:28) 베냐민지파의 성읍.

엘로힘[Elohim] 명 (출20:7) 한글 성경에는 없으나 하나님의 명칭이다. 셈어로 최고의 신을 가리킨다. 신중의 신으로 여호와(야웨) 하나님을 일컫는 말이다.

엘론[אֵילוֹן = 참나무] 인
① 헷사람. 에서의 아내 바스맛의 아버지((창26:34, 36:2).
② 스불론의 아들. 그 가족의 족장(창46:14, 민26:26).
③ 입산의 뒤를 이어 사사가 된 사람으로 아얄론에 장사되었다(삿12:11-12).

엘론[אֵילוֹן = 참나무] 지 단지파의 성읍. 엘론 벧하난과 같은 곳으로 여김(수19:43). * 아얄론과 같은 곳(삿12:12).

엘론 벧하난[אֵילוֹן בֵּית חָנָן = 은혜의 집, 상수리나무 숲] 지 (왕상4:9) 단 지파의 성읍. 솔로몬의 행정구역 제2구역에 있던 동네. 벤데겔이 다스리던 곳. 블레셋 평원부락.

엘롯[אֵילוֹת = 떡갈나무] 지 (왕상9:26) 홍해 연안, 에돔의 항구 엘랏과 같은 곳으로 솔로몬이 건설한 무역항 에시온게벨과 같은 곳(대하18:17, 26:2). 엘랏 참고.

엘료에내[אֶלְיְהוֹעֵינַי = 내 눈은 하나님을 향함] 인
① 다윗의 자손 느아랴의 아들. 호다위야의 아버지(대상3:23, 24).
② 시므온 자손 요시비야의 아들(대상4:36).
③ 베냐민 자손. 베겔의 아홉 아들 중 네째(대상7:8).
④ 에스라시대 이방여인을 취한 제사장(스10:22, 느12:41).
⑤ 이방여인을 취한 삿무의 자손(스10:27).

엘루마['Ελύμας = 지혜, 마술사] 인 (행13:8) 유대인 바예수의 별명. 구브로섬의 마술사. 바보성에 있으면서 바울과 바나바를 대적하다가 소경이 된 자. 당시 총독은 그리스도인이 되었다(행13:6-12).

엘루새[אֶלְעוּזַי = 하나님은 나의 피난처] 인 (대상12:5) 다윗의 용사.

엘룰[elul] 명 (느6:14) 유대력 6월, 태양력 8~9월.

엘르아다[אֶלְעָדָה = 하나님이 장식하심 (입히심)] 인 (대상7:20) 에브라임자손 다핫의 아들로 족장.

엘르아사[אֶלְעָשָׂה = 하나님께서 창조하심] 인
① 유다 지파 여라무엘 자손 헬레스의 아들. 시스매의 아버지(대상2:39, 40). 후손 세산 때에 가서 아들이 없어 딸을 애굽인 종 야르하를 데릴사위로 하여 가문의 대를 잇게 했다(대상2:34).
② 베냐민 지파 사울과 요나단의 자손. 라바의 아들이며 아셀의 아버지(대상8:37, 9:43).

엘르아살[אֶלְעָזָר = 하나님께서 도우심] 인
① 아론의 세째 아들(출6:23).
1. **인적관계** - ①비느하스의 아버지(출6:25). ②부디의 딸을 아내로 삼았다(출26:25, 대상6:4).
2. **관련기사** - ①아버지와 두 형과 같이 제사장이 되었다(출28:1, 민16:39). ②동생 이다말과 함께 봉직(레10:1-7, 민3:1-4). ③레위인 족장의 어른(민3:32). ④아론이 죽은후 대제사장직을 승계(민20:22-25). ⑤여호수아에게 안수하여 모세를 대신하여 이스라엘의

지도자가 되게 하였다(민27:22-23). ⑥그의 아들 비느하스가 미디안을 쳐서 이기고 노략물을 많이 가져오매 반은 싸움에 나갔던 군인에게 나눠주고 반은 회중에게 주었다(민31:25-27). ⑦가나안 땅에 들어가서 여호수아가 12지파에게 땅을 분배하는 일을 마치고 죽은 후에 엘르아살도 죽으니 에브라임에 장사하였다(수24:29-33).

2 아비나답의 아들. 사무엘 때 블레셋에 빼앗긴 법궤가 기럇여아림으로 돌아와 산에 사는 이 사람의 집에 임시로 두었다(삼상7:1).

3 다윗 왕의 3용사 중 한 사람. 아호아사람 도도의 아들(삼하23:9, 대상11:12).

4 예루살렘성을 재건하고 봉헌식에 참석하여 음악을 담당한 제사장(느12:42).

5 레위 사람으로 므라리 자손 마흘리의 아들(대상23:21, 22, 24:28).

6 에스라시대 제사장 비느하스의 아들(스8:33).

7 이방 여인과 결혼한 사람. 바로스의 아들(스10:25).

8 예수님의 계보 중 요셉의 아버지(마1:15).

엘르알레[אֶלְעָלֵה =하나님이 오르심] 지(민32:3) 모압 고지대의 성읍. 갓과 르우벤지파가 점령했다. 후일 모압사람에 의해 빼앗겼다(사15:4, 16:9, 렘48:34).

엘르앗[אֶלְעָד = 하나님께서 증거하신다] 인(대상7:21) 에브라임의 아들. 형제 에셀과 함께 가축을 뺏으러 갔다가 가드사람을 죽였다(대상7:21).

엘리[עֵלִי = 높음, 고상함] 인

1. **인적관계** - 사사시대 말기의 대제사장(삼상1:3). 홉니와 비느하스의 아버지.

2. **관련기사** - ①한나를 축복했다(삼상1:12-19). ②사무엘을 맡아 기르는데는 성공하였으나 자기 아들을 교육시키는 데는 실패하였다(삼상2:11-12). ③하나님의 견책을 받고, 더우기 블레셋과의 전쟁에서 대패하여 언약궤를 빼앗기고 두 아들은 전사하였다(삼상4:17). ④두 아들이 죽은 비보를 듣고 엘리는 의자에서 넘어져 목이 부러져 죽고 그의 며느리도 모든 소식을 듣고 놀라 이미 잉태하였던 아이를 해산하고 죽으니 이 때에 생산한 아들 고아 이가봇이 있을 뿐이다(삼상4:18-22). ⑤그의 자손은 솔로몬왕에게 쫓겨난 아비아달을 최후로 제사장직에서 추방되었다(왕상2;27).

엘리[Eloi]명 (마27:46) 예수님께서 십자가상에서 하신 여덟(일곱) 말씀 중 네번째 하신 말씀. 뜻은 '나의 하나님' 이다. 시22:1의 인용어.

엘리가[אֶלִיקָא = 거절하시는 하나님] 인(삼하23:25) 하롯 사람으로 다윗의 30용사 중 하나.

엘리닷[אֱלִידָד = 사랑하시는 하나님] 인(민34:21) 베냐민 지파의 지도자로 기슬론의 아들.

엘리멜렉[אֱלִימֶלֶךְ = 하나님은 왕이심]지(룻1:2) 베들레헴사람. 나오미의 남편. 말론과 기룐의 아버지. 룻과 오르바의 시아버지(룻1:1-3). 흉년으로 인하여 가족을 데리고 모압으로 가서 그곳에서 죽었다. 보아스의 가장가까운 친척(룻2:1-3) 보아스가 엘리멜렉의 땅을 사고 룻과 결혼하여 후에 다윗 왕조가 이루어졌다(룻4:3-9).

엘리바스[אֱלִיפַז = 하나님은 정금(능력)이심]인

1 엘론의 딸 아다가 낳은 에서의 아들(창36:10, 대상1:35).

2 욥의 세 친구 중 가장 나이가 많은 데만(에돔의 한 지방) 사람. 그는 지혜로운 자로서 가장 정당하게 욥을 권면하였다(욥2:11, 4:). 욥을 비난했고(욥4:1,5), 용서를 받았다(욥4:7-9).

엘리발[אֱלִיפַל = 하나님은 심판하심] 인(대상11:35) 하랄사람 울의 아들. 다윗의 용사. 엘리벨렛과 같은 사람(삼하23:34).

엘리벨렛[אֱלִיפֶלֶט = 하나님은 심판하심]인(삼하5:16)

1 다윗의 아들. 엘벨렛과 같은 사람(대상3:6-8, 14:7).

2 다윗의 용사. 엘리발과 같은 사람(삼하23:34).

3 베냐민사람. 사울의 후손 에섹의 아들(대상8:39).

4 에스라와 함께 돌아온 아도니감 자손(스8:13).

5 이방여인을 취한 하숨 자손(스10:33).

엘리블레후[אֱלִיאָלֵהוּ = 하나님께서 특별히 해 주심]인(대상15:18) 레위 사람으로 다윗시대의 성막 악사(대상15:21).

엘리사[אֱלִישָׁע = 하나님은 구원이심]인 엘리야의 후계 선지자.

1. **인적관계** - ①사밧의 아들. 요단계곡의 성읍 아벨므홀라의 부농(왕상19:16). ②엘리야의 부름을 받음(왕상19:16, 19). ③엘리야를 따름(왕상19:19-21). ④엘리야의 승천을 봄(왕하2:1-12). ⑤선지자로 활동(왕하2:23-25).

2. **엘리사를 통한 이적** - ①엘리야의 겉옷으로 요단강물을 가름(왕하2:14). ②여리고의 좋지 못한 물을 맑게 했다(왕하2:19-22). ③조롱하는 아이들을 암콤 둘이 나와 42명을 죽게했다(왕하2:23-25). ④선지자 생도의 아내로 과부된 여인의 빚을 빈 그릇에 기름을 채워 갚게했다(왕하4:1-7). ⑤죽은 수넴 여인의 아들을 살렸다(왕하4:8-37). ⑥길갈의 기근 때, 사망의 독이 솥에 든 것을 알고 가루를 넣어 없어지게 했다(왕하4:38-41). ⑦보리떡 20개와 자루에 담은 채소로 백명을 먹게 하고도 남았다(왕하4:42-44). ⑧아람왕의 군대 장관 나아만의 문둥병을 고쳐 주었다(왕하5:1-19) ⑨게하시가 거짓말하여 취한 물건으로 인해 문둥병이 들게 했다(왕하5:20-27). ⑩요단에 떨어진 도끼를 떠오르게 했다(왕하6:1-7). ⑪아람왕의 잠자리에서 한 말까지 알아 이스라엘을 도와 승리하게 했다(왕하6:8-12). ⑫사환의 눈을 밝게 하여 하나님의 군대를 보게 했다(왕하6:13-17). ⑬아람군의 눈을 멀게하여 사마리아로 인도했다(왕하6:18-23). ⑭시체가 죽은 엘리사의 뼈에 닿자 살아났다(왕하13:20-21).

3. **예언과 활동** - ①모압과 싸움에서 승리를 예언(왕하3:11-27). ②수넴여인이 아들을 낳을 것을 예언(왕하4:8-37). ③자기를 노리는 왕의 사자가 올 것을 알고 있었다(왕하6:32-33). ④기근 때 곡식값에 관한 예언(왕하7:1-). ⑤엘리사의 예언대로 장관이 밟혀 죽었다(왕하7:1-20). ⑥기근이 올 것을 예언(왕하8:1-3). ⑦아람왕 벤닷의 죽음을 예언(왕하8:7-15). ⑧아합왕가의 멸망을 예언(왕하9:1-10:28). ⑨예후를 새 왕으로 기름을 붓게 함(왕하9:1-10:28). ⑩이스라엘왕 요아스가 아람을 이길 것을 예언(왕하13:14-19). ⑪바알 예배를 근절하고 여호와예배를 힘썼다(왕상19:15-16). ⑫엘리사는 예후와 아람왕 라사엘을 활용하여 개혁했다(왕하8:12, 9:).

2 야벳의 후손 중 야완의 큰아들(창10:4, 대상1:7).

엘리사(섬)[elishah]명(겔27:7) 야벳의 후손 야완의 장자 엘리사 자손이 살던 땅. 청색, 자색 직물을 두로에 수출하던 곳(겔27:7). 구브로섬을 가리킨다. 깃딤섬이라고도 함(겔27:6).

엘리사마[אֱלִישָׁמָע = 하나님은 응답하심]인

1 이스라엘 백성이 시내광야에서 첫번 인구조사를 할 때 도운 에브라임지파 암미훗의 아들(민1:10).

2 다윗 왕이 예루살렘에서 낳은 아들 중 한 사람(삼하5:16).

3 유다지파 헤스론의 자손(대상2:41).

4 유다국 여호사밧왕 때에 여호와의 율법책을 가지고 지방을 순행하며 가

르친 제사장(대하17:8-9).

5 모세의 후임이 되어 가나안에 이스라엘 백성을 인도한 여호수아의 할아버지(대상7:26-27).

6 유다국이 망한 후에 바벨론왕 느부갓네살이 총독으로 임명한 그다랴를 쳐죽인 이스마엘의 할아버지(왕하25:25, 렘41:1).

7 유다지파 세산의 자손으로 여가마의 아들(대상2:41).

엘리사반[אֱלִיצָפָן = 하나님이 보호하심]인

1 레위지파 고핫자손 웃시엘의 아들로 족장(민3:30, 대상15:8, 대하29:13). 엘사반과 같은 사람(출6:22, 레10:4).

2 스불론자손 바르낙의 아들로 족장(민34:25). 가나안 땅을 분배하기 위해 모세가 뽑았다.

엘리사밧[אֱלִישָׁפָט = 하나님은 심판하심](대하23:1) 시글리의 아들로 유다 여왕 아달랴의 폐위 운동을 위하여 대제사장 여호야다에게 협력한 백부장.

엘리사벳[ʼΕλισάβετ = 하나님의 맹약]인

1. **인적관계** - 제사장 사가랴의 아내(눅1:5). 세례 요한의 어머니.

2. **관련기사** - ①임신을 못한 여인(눅1:7). ②천사가 예고한 대로 임신을 했다(눅1:24, 25). ③마리아의 친척(눅1:36). ④마리아가 성령으로 잉태한 후 방문하여 문안함(눅1:36, 39-41). ⑤마리아가 잉태한 아이에 관하여 축복하고 찬송함(눅1:41-45). ⑥세례 요한을 낳음(눅1:57-60). ⑦의인이며 흠없이 행한 사람(눅1:5, 6).

엘리세바[אֱלִישֶׁבַע = 하나님께서 언약하심]인(출6:23) 유다 지파 아미나답의 딸로 대제사장 아론의 아내. 그는 나손의 누이로 나답, 아비후, 엘르아살, 이다말의 어머니(대상2:3-10).

엘리수아[אֱלִישׁוּעַ = 하나님은 구원이심](삼하5:15) 예루살렘에서 태어난 다윗의 아들(대상14:5, 삼하5:15). 대상3:6은 엘리사마.

엘리술[אֱלִיצוּר = 하나님은 반석이심]인(민1:5) 이스라엘 백성이 출애굽하여 인구조사를 할 때 르우벤지파의 족장이며, 스데울의 아들.

엘리아김[אֶלְיָקִים = 하나님은 확립하심]인

1 히스기야왕의 궁내대신.

1. **인적관계** - 힐기야의 아들. 엘리야김과 같은 사람(사22:15-25).

2. **관련기사** - ①앗수르의 랍사게와 회담함(사36:3, 11-22). ②히스기야왕과 이사야 사이의 사자(사37:2-5). ③메시야의 예표가 됨(사22:20-25).

2 유다왕 요시야의 아들로 애굽왕 바로느고에 의하여 유다왕이 된 사람. 여호야김으로 이름을 고쳤다(왕하23:34, 대하36:4).

3 포로에서 돌아와 예루살렘 성벽 재건 낙성식에 참가한 제사장(느12:41).

4 예수님의 계보에 있는 사람(마1:13, 눅3:30).

엘리아다[אֶלְיָדָע]인(대상25:4, 27) 헤만의 아들로 성전 악사

엘리아다(에라다)[אֶלְיָדָע = 하나님은 아심]인

1 다윗이 예루살렘에서 낳은 아들(대상3:8). 브엘랴다와 같은 사람(대상14:7).

2 소바 사람으로 솔로몬을 대적한 르손의 아버지(왕상11:23).

3 베냐민 사람으로 여호사밧왕을 호위하기 위하여 자기 지파 20만명을 거느린 큰 용사(대하17:17).

엘리아바[אֱלִיחֲבָא = 하나님은 감추심]인(삼하23:32) 사알본 사람으로 다윗의 30용사 중 한 사람.

엘리아삽[אֶלְיָסָף = 하나님은 더하게 하심]인

1 출애굽 때 갓 지파의 족장이며 드우엘의 아들로 인구조사를 위해 뽑힌 두령(민1:14, 2:14, 10:20).

2 레위지파 게르손 자손으로 르우엘의 아들. 성막봉사의 임무를 맡은 게르손 자손의 족장(민3:24).

엘리아십 [אֶלְיָשִׁיב = 하나님이 회복케 하심]헬

1. 유다지파 다윗의 후손 엘료에내의 아들(대상3:23, 24).
2. 아론의 후손으로 다윗시대 제사장(대상24:12).
3. 예수아의 손자이며 요야김의 아들로 대제사장이다. 예루살렘 성벽 재건에는 협력했으나 암몬사람 도비야를 위하여 성전 뜰 방을 사사로이 사용하게 하므로 느헤미야가 격노하여 도비야를 축출하였다(느3:1, 13:7-9). 그의 손자 요야다의 한 아들이 호론사람 산발랏의 사위가 되었으므로 느헤미야가 퇴거시켰다(느13:4, 5, 28).
4. 포로 귀환 후의 레위인 가수. 이방인 아내와 이혼한 사람(스10:24).
5. 삿두 자손으로 이방인 아내와 이혼한 사람(스10:27).
6. 바니의 아들. 이방인 아내와 이혼한 사람(스10:36 에라십).

엘리암 [אֱלִיעָם = 하나님은 친척]헬

1. 다윗의 군장 우리아의 장인. 밧세바의 아버지(삼하11:3). 암미엘과 같은 사람(대상3:5).
2. 아히도벨의 아들로 다윗의 용사(삼하23:34).

엘리압 [אֱלִיאָב = 하나님께서 아버지 되시]헬

1. 헬론의 아들로 시내 광야에서 인구를 조사할 때 스불론 지파의 인도자(민1:9, 10:16).
2. 발루의 아들로 다단과 아비람의 아버지. 르우벤지파의 한 족장. 그의 아들은 모세를 대적한 250인의 인도자이다(민26:8, 16:1-12, 신11:6).
3. 이새의 장자. ①다윗의 큰 형이다(삼상16:6, 대상27:18 엘리후). 블레셋과의 싸움에 참가했고 다윗을 무시했다(삼상17:13, 28, 29). ②그의 딸 아비하일은 르호보암의 아내이다(대하11:18).
4. 갓지파 사람으로 다윗의 용사. 다윗이 사울을 피하여 광야를 도망할 때 함께한 자이다(대상12:9).
5. 레위지파 나핫의 아들로 사무엘의 조상(대상6:27). 엘리엘, 엘리후와 같은 사람(대상6:34, 삼상1:1).
6. 레위자손으로 다윗시대의 문지기 겸 음악대원(대상15:18, 16:5).

엘리야 [אֵלִיָּהוּ =여호와는 하나님이심, 내 하나님은 여호와]헬

1. 아합왕 때 선지자.

1. **인적사항** - ①길르앗의 디셉 사람(왕상17:1). ②털옷을 입고 허리에 띠를 띠고 있었다(왕상19:13, 왕하1:8). ③엘리사의 스승(왕상19:19-21).
2. **선지자로서의 사역** - ①아합 왕에게 가뭄을 선포했다(왕상17:1). ②그릿 시내로 피함(왕상17:3). ③까마귀가 가져다 주는 음식을 먹음(왕상17:4-7). ④사르밧과부의 도움으로 삶(왕상17:8-16). ⑤죽은 과부의 아들을 살림(왕상17:17-24). ⑥하나님의 말씀을 전하기 위하여 아합에게 가는 도중에 오바댜를 만남(왕상18:1-15). ⑦아합에게 바알 선지자 450인과 아세라 선지자 400인과 갈멜산에서 참 하나님을 분별하기를 제의했다(왕상18:16-19). ⑧여호와가 참 하나님이심을 보임(왕상18:20-39). ⑨우상의 선지자를 기손강에서 죽임(왕상18:40). ⑩기도하여 비가 오게 함(왕상18:41-46). ⑪

▼갈멜산 정상에 있는 엘리야상

이세벨을 피하여 유다로 감(왕상 19:1-3). ⑫천사가 가져다 준 음식을 먹음(왕상19:4-6). ⑬하나님의 음성을 듣고 하나님의 임재를 확인함(왕상19:9-14). ⑭하나님의 지시를 받음(왕상19:15-18). ⑮엘리사를 만나 부름(왕상19:19-21). ⑯나봇의 포도원을 취한 아합을 찾아가 경고함(왕상21:15-29). ⑰아하시야에게 경고함(왕하1:9-16). ⑱하늘로 올리움을 받음(왕하2:1-15).

3. **엘리야를 통한 기적** - ①사르밧 과부의 집에 가루와 기름이 마르지 않게 함(왕상17:14-16). ②죽은 과부의 아들을 살림(왕상17:17-24). ③비를 오게 함(왕상18:41-45). ④제단에 불이 내려 제물을 태움(왕상18:24-38). ⑤불이 내려 오십부장을 사르게 함(왕하1:10-12).

4. **엘리야의 예언** - ①가뭄이 임함(왕상17:1). ②아합 가문의 멸망(왕상21:17-29). ③아하시야의 죽음(왕하1:2-17). ④여호람이 받을 재앙(대하21:12-15).

5. **엘리야의 특색** - ①세례요한의 예표(왕상19:13, 말4:5,6, 눅1:17). ②변화산에서 나타나 그리스도와 말씀함(마17:3,4).

② 예루살렘에 거한 베냐민 지파 여로함의 아들로 족장(대상8:27).

③ 하림자손으로 에스라시대의 제사장. 이방여인과 결혼하여 이혼을 했다(스10:21).

④ 엘람 자손으로 이방여인과 결혼하여 이혼한 사람(스10:26).

엘리야김[אֶלְיָקִים = 하나님이 세우심]인〈엘리아김〉

① 힐기야의 아들로 히스기야 왕 때의 궁내대신. 예루살렘 백성과 유다집의 아버지라 일컬음을 받은 사람. 앗수르군이 예루살렘을 공격할 때 적장 랍사게에게 사자를 보냈다(왕하18:18, 26, 37, 사22:10-25, 36:3).

② 느헤미야 시대 제사장(느12:14).

〈엘리아김〉

③ 유다국의 21대 왕으로 25세에 즉위하여 (애굽의 바로느고가 여호야김이라 고침) 11년간 치리하는 동안에 여호와 보시기에 악을 행하였다(왕하23:36-37).

④ 바벨론에서 돌아온 스룹바벨의 손자(마1:13). 〈엘리아김〉

엘리에네[אֶלְיעֵינַי = 내 눈은 하나님께 향한다]인 (대상8:20) 베냐민 사람 시므이의 아들.

엘리에서[Ἐλιέζερ = 하나님은 도움이심]인 (눅3:29) 예수님의 계보 중 한 사람.

엘리에셀[אֱלִיעֶזֶר = 하나님은 도우시는 이]인

① 아브라함의 상속 후보자였던 다메섹사람(창15:2) 청지기로 이삭의 아내를 구하기 위하여 메소보다미아로 가서 리브가를 데리고 왔다(창24:).

② 모세의 둘째 아들(출18:4, 대상23:15).

③ 베냐민 지파의 한 가장. 로 베젤의 아들(대상7:8).

④ 도라와 후의 아들로 여호사밧 시대의 예언자(대하20:37).

⑤ 법궤를 예루살렘으로 옮겨 올 때 궤 앞에서 나팔을 분 제사장(대상15:24).

⑥ 르우벤 지파의 한 장관. 시그리의 아들(대상27:16).

⑦ 에스라의 사자(스8:16).

⑧ 유다왕 여호사밧 때의 선지자(대하20:37).

⑨ 바벨론에서 이방 여인과 결혼한 제사장(스10:18).

⑩ 이방여인과 결혼한 레위사람(스10:23).

⑪ 이방여인과 이혼한 하림자손(스10:31).

⑫ 예수님의 계보에 든 사람(눅3:29 엘리에서).

엘리엘[אֱלִיאֵל = 엘은 하나님]인

① 므낫세 자손의 족장 중 요단 동부 지역에 거한 사람(대상5:24).

② 레위 사람 도아의 아들로 여로함

엘리 엘리 라마 사박다니

의 아버지(대상6:34).

③ 베냐민 사람 시므이의 아들(대상 8:20, 28).

④ 베냐민사람 시삭의 아들(대상8: 22).

⑤ 다윗의 용사 중 한 사람이며 마하위 사람(대상11:46).

⑥ 갓 사람으로 다윗의 용사(대상12:11).

⑦ 오벳에돔의 집에 있던 언약궤를 예루살렘으로 옮긴 레위사람(대상15:9,11).

⑧ 그핫 사람으로 사무엘의 선조(대상6:34) 엘리암, 엘리후와 같은 사람(대상6:27, 삼상1:1).

⑨ 유다왕 히스기야 시대 성전 예물을 관리하던 레위인(대하31:13).

엘리 엘리 라마 사박다니[Eloi, Eloi, lama sabachthani]구(마27:46) 십자가상에서 예수님이 하신 여덟(일곱) 말씀 중 히브리어(엘리 엘리) 아람어(라마 사박다니)이다. 막15:34는 엘리를 헬라어 음사로 엘로이로 했다. "하나님 나의 하나님, 어찌하여 나를 버리시나이까"이다. 이것은 시22:1에서 인용한 말로 예언의 성취이다. 구원을 이루신 십자가의 말씀이다(고전1:8). 이로 인하여 하나님과 사람 사이에 놓인 죄의 담을 허시고 하나님과의 화목의 길을 여셨다(고후5:20,21).

엘리옷['Ελιούδ = 하나님은 나의 영광, 찬송]인(마1:14, 15)예수님의 계보 중 한 사람, 요셉의 5대 조부. 아킴의 아들.

엘리호렙[אֱלִיחֹרֶף = 하나님은 보상하심]인(왕상4:3) 시사의 아들로 솔로몬의 서기관.

엘리후[אֱלִיהוּ = 나의 하나님]인

① 선지자 사무엘의 조상(삼상1:1). 엘리압, 엘리엘과 같은 사람(대상6:27, 34).

② 다윗의 형(대상27:18). 유다관장 엘리압과 같은 사람(삼상16:6).

③ 므낫세사람. 다윗의 천부장 중 하나(대상12:20).

④ 욥의 친구(욥32-37).

⑤ 고라자손 오벳에돔의 후손으로 엘사밧의 형제. 다윗 때 문지기로 봉사(대상26:7).

엘림[אֵילִם = 큰 나무]지(출15:27) 이스라엘 백성이 홍해를 건너 두번째로 진을 쳤던 곳. 마라와 신광야 사이에 12샘과 70주의 종려나무가 있었다(민33:9). 지금의 오아시스인 듯하다.

엘마담['Ελμαδάμ = 광대]인(눅3:28) 예수님의 계보 중 한 사람. 포로 이전 사람.

엘바란[אֵיל פָּארָן = 바란의 상수리나무]지(창14:6) 바란광야의 동편 아가바만의 엘랏 동방의 연합군이 서쪽으로 향해 옮긴 장소.

엘바알[אֶלְפַּעַל = 하나님은 일하심]인(대상8:11) 베냐민 사람 에훗 후심에게서 낳은 아들. 아비둡의 아우. 에벨과 미삼, 이스므래와 이슬리아와 요밥의 아버지(대상8:12,18)

엘벧엘[אֵל בֵּית־אֵל 벧엘의 하나님]지(창35:7) 야곱이 밧단아람에서 돌아오다가 벧엘에 세운 제단의 이름. 야곱이 에서를 피해 외삼촌 집으로 가다가 이곳에서 하나님께서 꿈에 보여주신 은혜를 후일 무사히 돌아오면서 세웠다(창28:10-).

엘벨렛[אֶלְפָּלֶט =심판하시는 하나님]인(대상14:5) 다윗의 아들 엘리벨렛과 같은 사람(삼하5:16).

엘브릿[el-berith 계약의 신]명(삿9:46) 세겜에서 섬긴 우상의 이름. 바알브릿과 같다(삿8:33, 9:4).

엘사반[אֶלְצָפָן = 보호, 숨기시는 하나님]인(출6:22) 모세와 아론의 아저씨 웃시엘의 아들, 그는 죽은 아론의 아들을 메어 냈다. 엘리사반과 같은 사람(민30:30).

엘사밧[אֶלְזָבָד =하나님이 주심]인

① 레위사람. 오벳에돔의 후손 스마야의 아들.성전문지기(대상26:7).

② 갓 자손으로 전쟁에 능한 다윗의 용사(대상12:12).

엘 샤다이[אֵל שַׁדַּי = 전능하신 하나님. God Almighty]명(창17:1, 창

28:3, 출6:3) 인간의 무능함과 대비되는 하나님의 명칭이다. 인간을 구원하실 하나님의 언약의 신실하심과 계속성을 보여준다.

엘 엘로헤 이스라엘[El Elohe Israel] 지(창33:20) 야곱이 가나안 땅에 무사히 귀국한 것을 기념하여 세겜에서 하몰의 아들에게서 은 100개를 주고 산 땅에 장막을 치고 제단을 쌓은 후 지은 이름.

엘여호에내[אֶל־יְהוִה עֵינַי = 내 눈은 여호와께 향한다]인
1 고라사람 아삽의 후손 므세레먀의 아들로 성전 문지기(대상26:3).
2 에스라와 함께 바벨론에서 돌아온 바핫모압 자손의 지도자로 스라히야의 아들(스8:4).

엘하난[אֶלְחָנָן = 하나님은 은혜로우심]인
1 야레오르김의 아들로 골리앗의 아우 라호미를 죽였다(삼하21:19).
2 베들레헴 사람 도도의 아들로 다윗의 30용사 중 한 사람(삼하23:24, 대상11:26).

엠[אֵימִים = 무서운, 강폭자]지(창14:5) 옛날 요단강 동편 아르의 고대 주민의 거주지. 그돌라오멜에게 공격을 받음. 모압 사람들은 에임이라 부른다(신2:10-11).

엠마오['Εμμαοῦς = 온천]지(눅24:13) 예루살렘에서 약 10km 되는 마을. 예수님께서 이 동리로 가는 두 제자에게 나타나시어 동행하면서 성경을 가르치시고 집에 들어가 떡을 떼실 때 부활하신 것을 알게 하셨다.

엠족속(사람)[emites]인(창14:5) 고대 요단 동편 지역의 원주민. 그돌라오멜의 동맹군의 침략을 받았다. 모압사람들은 에임 사람이라고 부른다(신2:10).

엣[עֵד=여호와께서 하나님이 되시는 증거]지(수22:34) 두 지파 반이 가나안에서 전쟁이 끝나고 토지분배를 필한 후에 요단강을 건너가서 세운 제단의 이름.

엣가신[עֵת קָצִין = 심판의 때]지(수19:13) 가드헤벨 가까이에 있은 스불론 지파의 성읍.

엣바알[אֶתְבַּעַל = 바알의 사람]인(왕상16:31) 시돈의 왕이며 아합의 처 이세벨의 아버지. 본래 아세라 신의 제사장이며 이름이 이도발이었다. 후에 두로왕 벨레스를 죽이고 왕위에 올라 32년간 시돈을 통치하였다.

여가먀[יְקַמְיָה = 주는 모으신다]인
1 유다사람 살룸의 아들(대상2:41).
2 다윗 왕통의 자손 여고냐의 아들(대상3:18).

여가므암[יְקַמְעָם = 백성을 모아 굳게 하신 자]인(대상23:19, 24:23) 레위사람 그핫 자손으로 헤브론의 네째 아들.

여간[如干 ; 같을 여, 방패 간. fairly] 부(잠15:170 보통으로, 어지간히.

여갈사하두다[יְגַר שָׂהֲדוּתָא = 증거의 무더기]지(창31:47) 야곱과 라반의 언약의 표로 만든 돌무더기에 라반이 붙인 아람어 이름. 야곱은 히브리 이름으로 갈르엣이라 했다.

여갑스엘[יְקַבְצְאֵל = 하나님이 모으신다]지(느11:25) 유다 남쪽의 성읍. 갑소엘과 같은 곳.

여고냐[יְכָנְיָה = 여호와의 맡긴 자]인(대상3:16) 유다국 22대 왕 여호야긴의 옛 이름. 여호야김 왕의 아들로 고니야라고도 한다(렘22:24, 28). 여고니야와 같은 사람(렘27:20, 29). 바벨론으로 포로되었다(렘24:1). 예수님에 계보에 들어있다(마1:11, 12).

여고니야 인(렘27:20) 여고냐와 같은 사람. 유다왕 엘리야긴, 고니야와 같은 사람.

여골리아[יְכָלְיָה = 여호와는 행하심]인(왕하15:2, 대하26:3) 유다왕 웃시야(아사랴) 왕의 어머니, 여골리야와 같은 사람(대하26:3).

여골리야 인(왕하15:2) 유다왕 웃시야의 어머니로 여골리아와 같은 사람(대하26:3).

여관[旅館 ; 나그네 려, 집 관. inn] 명(눅2:7, 10:34) 길손을 묵게 하

는 집. 나그네가 쉬어 가는 곳. 착한 사마리아 사람이 강도만나 죽게 된 사람을 데려간 곳.

여구디엘[יְקוּתִיאֵל = 여호와께서 기르심]인(대상4:18) 유다사람. 사노아의 조상. 에렛의 아내 여후디야의 소생.

여기다[regard]타(창15:6) 마음속으로 그렇게 인정하거나 생각하다.

여기 저기[to and fro]부(욥1:7) 이곳 저곳.

여김을 받다[be counted]구(시44:22) 인정을 받음. 그렇게 생각함. 측에 넣다. 취급하다. 의견을 가짐.

여년[餘年 ; 남을 여, 해 년. one's remaining years, residue of years]명(사38:10) 살아 있을 때까지의 남은 해. 여생(餘生).

여다야[יְדָיָה = 하나님은 사랑하셨다]인
① 시므리의 아들로 시므온의 한 족장(대상4:37).
② 하르맙의 아들로 예루살렘 성벽 재건을 도운 사람(느3:10).

여다야[יְדַעְיָה = 하나님은 알고 계신다]인
① 다윗시대 제사장의 제2반열의 조장(대상9:10, 24:7). 그의 후손은 스룹바벨과 함께 바벨론에서 귀국했다(스2:36, 7:39).
② 스룹바벨과 함께 바벨론에서 귀국한 제사장 일가의 한 가장(느12:6, 19).
③ 요야림의 아들로 느헤미야 때 성전에서의 직무를 수행한 제사장(느11:10). 개인보다는 반차의 이름으로 보는 이도 있었다(대상9:10, 24:7, 8).
④ 대제사장 예수아시대 성전의 헌물을 가지고 바벨론에서 귀국한 사람중 하나(슥6:10, 14).
⑤ 동명 이인인 제사장(느12:6, 7).

여델[יֶתֶר = 충만, 풍부]인(삿8:18-20) 사사기드온의 장자. 미디안왕세바와 살문나를 잡아온 후 그더러 죽이라 하였으나 어린 소년이므로 무서워서 죽이지 못하였다. 같은 원어가 예델로 번역된 곳이 있다.

여뎃[יְתֵת = 정복, 발톱]인(창36:40) 에서의 자손. 에돔의 한 족장.

여뎃[יְתֵת = 정복, 발톱]지(창36:40) 에돔 성읍.

여두둔[יְדוּתוּן = 찬송]인
① 다윗시대 여호와의 전의 악사.
1. 인적관계 - 레위사람 므라리 자손 갈랄의 아버지(대상9:16).
2. 관련기사 - ①악기(수금) 연주자(대상25:1). ②그달리야 외 다섯 아들을 둠(대상25:3, 6). ③음악 봉사자의 가문(대하29:14). ④왕의 선견자임(대하35:15). ⑤그의 후손은 바벨론에서 돌아와 같은 일을 맡아 했다(느11:17). ⑥시편 39, 62, 77편의 기록자이다. ⑦에단과 같은 사람으로 여긴다(대상15:17, 19).
② 레위사람 고라자손 오벧에돔의 아버지(대상16:38).

여두르[יְטוּר = 울안]인(대상5:19) 이스마엘의 아들. 아브라함의 손자. 여둘과 같은 사람(대상5:19).

여둘[יְטוּר = 울안]인(창25:15, 대상1:31, 5:19-여두르) 이스마엘의 아들. 아브라함의 손자.

여디다[יְדִידָה = 사랑을 받는 자]인(왕하22:1) 아달야의 딸로 유다왕 요시야의 어머니.

여디디야[יְדִידְיָה = 여호와가 사랑하는 자]인(삼하12:25) 하나님의 보내심을 받은 나단이 솔로몬에게 지어준 이름.

여디아엘[יְדִיעֲאֵל = 하나님이 아신자]인
① 베냐민의 세째 아들(대상7:6).
② 시므리의 아들로 므낫세의 천부장.

다윗에게 돌아와 30용사 중 한 사람이 되었다(대상12:20).
③ 디스 사람으로 다윗의 용사(대상11:45).

여디야엘[יְדִיעֲאֵל = 하나님이 아신 자]인(대상26:2) 므셀레먀의 아들로 다윗시대 여호와의 전 문지기.

여라므엘[יְרַחְמְאֵל = 하나님이여 불쌍히 여기소서]인

① 유다 지파 헤스론의 아들. 그의 자손 여라므엘 족속은 유다 남방에 거주하여 다윗과 친교를 맺었다(대상2:9, 삼상27:10, 30:29).
② 레위지파 므라리 자손으로 다윗이 하나님을 경배하는 반을 조직할 때에 기스의 가족을 대표한 사람(대상24:29). 사울왕의 아버지와 다른 사람.
③ 왕의 아들. 여호야김왕이 그를 명하여 예레미야와 바룩을 체포하라고 하였다(렘36:26).

여라무엘(여라므엘) 사람[jerahmeelites]인(삼상27:10), 30:29) 유다사람 헤스론의 후손으로 유다 남부에서 살던 사람.

여러[many, severa]관(창21:34) 수효가 많은.

여러분[everybody, all of you]명(행7:2) 여러 사람을 높여 부르는 말.

여레매[יְרֵמַי = 높은 곳에 사는]인(스10:33) 하숨의 자손이며 이방인 아내와 이혼한 사람. 예레미야의 단축형 낱말.

여레못[יְרֵימוֹת = 높은 곳]인

① 베겔의 아들로 족장이며 용사(대상7:8).
② 베냐민사람 브리아의 아홉 아들 중 세째(대상8:14).
③ 레위 사람 므라리 자손 무시의 아들(대상23:23). 여리못과 같은 사람(대상24:30).
④ 레위 사람 헤만의 아들(대상25:6, 22). 다윗시대 악사로 여리못과 같은 사람(대상25:4).
⑤ 납달리 사람 이스리엘의 아들로 그 지파의 관장(대상27:19).
⑥ 포로에서 돌아와 이방인 아내와 이혼한 엘람자손(스10:26).
⑦ 포로에서 돌아와 이방인 아내와 이혼한 삿두 자손(스10:27).
⑧ 포로에서 돌아와 이방인 아내와 이혼한 바니자손(스10:29).

여로보암[יָרָבְעָם = 많은 백성]인

① 분열 이스라엘 초대왕
1. **인적관계** - 에브라임 사람 ①스레다족속 느밧의 아들(왕상11:26). ②어머니는 스루아(왕상11:26).
2. **관련기사** - ①솔로몬을 대적한 사람(왕상11:26). ②선지자 아히야가 장차 열지파의 왕이 될 것을 예언(왕상11:29, 39). ③애굽으로 도망가서 시삭왕의 보호를 받았다(왕상11:40). ④솔로몬이 죽은 후 애굽에서 돌아와 르호보암에게 제의했으나 듣지 않자 북왕국을 세움(왕상12:1-20). ⑤여로보암은 아히야의 예언대로 되었으나 그의 권면을 무시하였다(왕상11:38, 39, 12:14, 15). ⑥백성이 예루살렘으로 가는 것을 막기 위하여 벧엘과 단에 금송아지를 만들어 두고 섬기게 했다(왕상12:25-33). ⑦수도를 세겜으로 하다가 브누엘로 옮겼다(왕상12:25). ⑧레위사람의 제사장직을 폐함(대하11:14). ⑨일반인을 우상의 제사장으로 임명했다(왕상12:31, 대하11:13-15, 13:6). ⑩7월15일에 지키던 초막절을 8월15일로 옮겼다(왕상12:32, 33). ⑪유다에서 온 선지자와 아히야의 책망을 받았다(왕상13:1-10). ⑫그는 손이 마르고 자식을 잃었다(왕상13:1-10, 14:1-8). ⑬유다왕 르호보암과의 싸움이 계속되었다(왕상14:30). ⑭수도를 디르사로옮겼다(왕상14:17, 아6:4). ⑮유다왕 아비얌과도 전쟁을 하였다(왕상15:7). ⑯그의 치세는 22년이다(왕상14:20). ⑰그는 끝까지 회개하지 않았다(왕상13:1-14:18). ⑱그의 우상숭배는 패망의 원인이다(왕하17:16, 18). ⑲ 범죄자, 우상숭배자를 '여로보암의 길로 간다'라고 말한다(왕상15:

26, 34, 왕하3:3, 15:9, 18, 24).
⑳하나님의 징계로 죽었다(대하13:20). ㉑아히야 선지자의 예언대로 되었다(왕상14:17-20, 15:25-28).

[2] 여로보암Ⅱ세.
1. **인적관계** - 요아스의 아들(왕하13:13).
2. **관련기사** - ①이스라엘 제13대 왕(왕하14:16, 23). 예후 왕조의 4대 왕. ②하맛과 다메섹, 아라바에 이르기까지 실지를 회복하였다(왕하14:25-28). ③41년간 악하게 다스림(왕하14:23-24). ④그의 죽음(왕하14:29). ⑤선지자 요나의 예언(왕하14:23-28) →번영. ⑥선지자 아모스의 예언. 도덕적, 종교적. ⑦빈부의 심한 차이(암2:6-7) - 도덕적 사회악. ⑧헛된 제사(암5:21-24, 7:10-17) →종교적. ⑨거짓된 마음(암6:1-8) → 사회악, 종교적. ⑩선지자 호세아의 예언(호1:-3:) →하나님의 긍휼로 구원됨.

여로함[יְרֹחָם = 그가 긍휼히 여기시기를]인
[1] 엘가나의 아버지(삼상1:1)이며 선지자 사무엘의 할아버지(대상6:27, 34).
[2] 베냐민사람 삼스래의 아버지. 예루살렘 거민이다(대상8:27, 28).
[3] 베냐민 사람 이브느야의 아버지(대상9:8).
[4] 제사장으로 바스훌의 아들. 아다야의 아버지(대상9:12).
[5] 그돌 출신 베냐민 사람으로 시글락에서 다윗을 도왔다(대상12:7).
[6] 단 지파의 관장 아사렐의 아버지(대상27:22).
[7] 대제사장 여호야다가 부른 백부장 아사랴의 아버지(대하23:1).
[8] 베냐민 사람 야아레시야의 아버지(대상8:27). 여레못과 같은 사람(대상8:14).

여루사[יְרוּשָׁא = 남편에의해소유됨]인(왕하15:33) 사독의 딸로 유다 왕 웃시야의 아내. 요담왕의 어머니(대하27:1).

여루엘[יְרוּאֵל = 하나님이 놓으신 기초]지(대하20:16) 유다왕 여호사밧이 암몬, 모압, 세일 사람과 싸워 이긴 곳. 사해 서안 엔게디 서쪽 시스고개에 가까운 평원. 선지자 야하시엘이 예언한대로 되었다.

여룹바알[יְרֻבַּעַל = 바알과 다툼]인(삿6:32) 사사 기드온이 바알의 제단을 파괴한 후 기드온의 아버지가 지어준 별명. 바알을 비웃는 이름. 후에 바알을 빼고 베셋을 쓰게 되었다(삼하11:21). 여룹베셋.

여룹베셋[יְרֻבֶּשֶׁת = 치욕(우상)과 다툼]인(삼하11:21) 기드온을 여룹바알이라 하였는데 그 바알이라는 어구(語句)가 싫어 다시 지어준 이름. 다윗왕이 인용하였다.

여름[summer]명(창8:22) 네 철의 하나. 봄과 가을의 중간 계절. 성지에는 2계절 여름과 겨울로 구분한다. 팔레스틴의 여름은 건조기(4월 하순부터 10월 중순까지)다. 몹시 덥다(시32:1). 무화과 익는 계절. 포도의 계절이다.

여름궁[summer house]명(암3:15) 왕이 더운 계절을 피하기 위하여 여름에 거처하는 궁.

여름실과[fig]명(삼하16:1) 주로 무화과를 가리키는 말로 익은 과실을 가리키기도 한다. 선지자들의 예언에서는 심판이 임박함을 말한다(암8:1, 미7:1).

여리고[יְרִיחוֹ = 향기, 달(月), 종려의 성읍]지(민22:1)
1. **위치** - 요단 골짜기 남단에 있던 큰 도시. 구약시대의 여리고와 신약시대의 여리고가 있다.
   *현재의 여리고는 예루살렘에서 암만에 이르는 도로변에 있다.
2. **구약시대** - ①종려나무의 성읍이라고도 함(신34:3, 삿3:13). 그 주변에 종려나무가 많아 붙여진 이름. ②가나안 제1의 오래된 성읍(민22:1, 26:3). ③모압 맞은편의 성읍(민22:1, 26:3). ④하나님께서 모세에게 보여주심(신34:1-3).

⑤여호수아가 정탐군을 보냄(수2:1). ⑥기생 라합의 집에서 정탐군이 피함(수6:25, 히11:31). ⑦여호수아가 여호와의 군대장관을 만난곳(수5:13-15). ⑧견고한 요새. 7일동안 둘레행진으로 무너짐(무6:1-21). ⑨여리고 재건자에 대한 예언(수6:26). ⑩베냐민 지파가 받은 기업. 에브라임과의 경계(수16:1, 7, 18:12, 21). ⑪ 모압왕 에글론에게 일시 점령당했다(삿3:12, 13). ⑫다윗 때 암몬왕에게 보낸 사자가 모욕을 받고 수염이 깎여 돌아왔다(삼하10:5, 대하9:5). ⑬히엘이 재건하다가 저주를 받아 두아들이 죽음(왕상16:34). ⑭엘리야가 엘리사를 머물게 한 곳.

(왕하2:4). ⑮선지자의 생도들이 있던 곳(왕하2:5). ⑯엘리사가 엘리야를 따라 간 곳(왕하2:4). ⑰배가 때 포로되었던 이스라엘 군이 석방된 곳(대하28:15). ⑱시드기야왕이 잡힌 곳(왕하25:5, 렘39:5, 52:8). ⑲바벨론에서 돌아온 여리고 사람은 345명이다(스2:34, 느7:35). ⑳이곳 사람들이 예루살렘성 재건을 도왔다(느3:2).
2. **신약시대** - 구약시대 여리고보다 남쪽에 헤롯이 건설하여 겨울궁으로 사용했다. ①소경 바디메오를 예수님이 고쳐주신 곳(마20:29, 눅18:35). ②삭개오의 집이 있은 곳(눅19:1). 삭개오는 예수님과 그 일행을 초청했다. ③예수님께서 착한 사마리아 사람의 비유에 언급한 곳(눅10:30).

여리고 왕 - 여호수아에게 패망했다(수2:2-3, 10:28-30).

여리못[יְרִימוֹת = 죽음의 터, 높은 곳, 두꺼운, 평창하다.]인
① 베냐민사람 벨라의 다섯 아들 중 막내(대상7:7).
② 그둘사람. 다윗을 도운 용사(대상12:5).
③ 레위사람. 므시의 아들 여레못과 같은 사람(대상24:30).
④ 선견자 헤만의 아들. 성전음악인(대상25:4). 여레못과 같은 사람.
⑤ 다윗의 아들(대하11:18).
⑥ 히스기야시대 레위사람(대상31:13). 성전 재물을 관리한 사람.

여리배[יְרִיבַי = 하나님은 다투심]인 (대상11:46) 엘라암의 아들. 다윗의 30용사 중 하나.

여리야[יְרִיָּה = 여호와께서 보심]인 (대상23:19)헤브론의 맏아들이며 족장.

여리엘[יְרִיאֵל = 하나님의 백성, 하나님이 보심]인(대상7:2) 잇사갈 자손 둘라의 아들.

여리옷[יְרִיעוֹת = 휘장들]인(대상2:18) 갈렙의 아내.

여망[餘望; 남을 여, 바랄 망. the remaining hope, hope]영(행27:20) 앞날의 희망, 아직 남은 희망.

여명[餘名; 남을 여, 이름 명. above, over]영(욘4:11) 정수에서 약간 더 되는 수효를 나타내는 말. 어림수. 10여명, 100여명 등으로 쓰임.

여무엘[יְמוּאֵל = 하나님의 날]인(창46:10) 시므온의 맏아들. 느무엘과 같은 사람. 족장(민26:12).

여미마[יְמִימָה = 비둘기]인(욥42:14-15) 욥이 환난 후에 얻은 첫째 딸. 전국에서 가장 아릿다운 여자이다. 욥은 그에게도 아들과 같이 산업을 주었다. 여성의 미를 나타내는 말(아2:14).

여베레기야[יְבֶרֶכְיָה = 여호와께서

여부[與否 ; 더불어 여, 아니 부. yes or no, whether]멸(창8:8) 그렇고 그렇지 아니한 분간.

여부스[יְבוּסִי = 평강의 집]인(창10:16) 가나안의 아들. 가나안 종족 중 여부스인의 조상(창15:21).

여부스[יְבוּס = 평강의 집]지 ①예루살렘의 옛 이름(창15:21). ②가나안 일곱 종족 중 여부스인의 거주지(수3:10). ③여호수아가 여부스 왕 아도니세덱을 죽였으나 그 땅을 뺏지 못했다(수7:1-27). ④베냐민 지파에게 분배된 땅(수18:28, 대상11:4). ⑤유다지파 북쪽 베냐민과 경계 지역(수15:18). ⑥첩을 가진 레위사람이 지나간 곳(삿19:1, 11). ⑦다윗왕 때 요압이 이 성을 빼앗았다(대상11:6). ⑧다윗이 도읍을 정하여 33년간 통치한 곳(삼하5:4-5). ⑨유다국의 수도로 이곳 주민은 노예가 되었다(왕상9:20-21). ⑩시온산성, 다윗성으로도 불린다(삼하5:7, 대상11:5).

여부스 사람[jebusites]인 이스라엘 백성이 가나안을 정복하기 전부터 살고 있던 종족(민13:29, 수11:3). 솔로몬 성전 부지를 여부스 사람 아라우나에게서 샀다(삼하24:16, 18, 대하3:1). 이들은 솔로몬에 의해 노예가 되었다(왕하9:20, 21).

여분네[יְפֻנֶּה = 출현, 준비된 길]인 1 여호수아와 함께 이스라엘 백성을 거느리고 가나안에 들어간 갈렙의 아버지(민14:20-30, 수14:6). 2 아셀 지파 예델의 아들. 비스바와 아라의 형(대상7:38).

여브스 지(삿3:5) 예루살렘의 옛 이름. 원문은 여부스와 같다.

여사나[יְשָׁנָה = 오랜, 늙은]지(대하13:19) 유다지파 에브라임 산지의 성읍. 유다왕 아비야가 여로보암 I 세로부터 빼앗았다.

여사냐[יְזַנְיָהוּ = 들으심]인 (렘40:8) 마아가사람. 호사야의 아들. 유다 군장으로 예레미야의 조언을 구함(렘42:1-3). 야아사니야와 같은 사람(왕하25:23).

여사렐라[יְשַׂרְאֵלָה 하나님 앞에 의로움]인(대상25:14) 아삽의 아들. 아사렐라와 같은 사람. 다윗 때 성막에서 찬양을 하던 사람.

여사야[יְשַׁעְיָה 하나님이 구원하셨다]인 스룹바벨의 손자로 하나냐의 아들(대상3:21).

여사야[יְשַׁעְיָהוּ = 하나님이 구원하심]인 선지자 이사야와 같은 원문. 1 여두둔의 아들로 다윗시대 수금 타던 사람(대상25:3, 15). 2 모세의 후손으로 르하뱌의 아들(대상26:25). 3 엘람 사람으로 아달랴의 아들. 그는 70인을 데리고 에스라와 함께 예루살렘으로 돌아왔다(스8:7). 4 레위지파 므라리 자손으로 바벨론에서 돌아오면서 아하와 강변에서 에스라를 만났다(스8:19). 5 베냐민 사람으로 이디엘의 아버지(느11:7).

여상[如常 ; 같을 여, 항상 상. same, being as usual]멸(출4:7) 늘 같음.

여선지[女先知 ; 계집 녀, 먼저 선, 알 지. prophetess]멸(삿4:4) 하나님의 부름을 받아 예언의 능력을 가진 여인을 일컫는 말. ①미리암(출15:20). ②드보라(삿4:4). ③훌다(왕하22:14, 대하34:22). ④노아댜(느6:14). ⑤아사야의 아내(사8:3). ⑥안나(눅2:36). ⑦빌립의 딸들(행21:8, 9). ⑧이세벨(계2:20) 선지자로 자칭한 자.

여선지자[女先知者 ; 계집 녀, 먼저 선, 알 지, 놈 자. prophetess]멸 (대하34:22) 여자 선지자. 한글 성경에 훌다를 여선지자라고 표기했다. 왕하22:14에는 여선지이다.

여소하양[יְשׂוֹחָיָה = 여호와께서 낮추심, 주께서 던져버리심]인(대상4:36) 시므온 족속 통통의 족장.

여손[女孫 ; 계집 녀, 손자 손. granddaughter]멸(수17:6) 손녀. 손자

중 여아.
여수[如數; 같을 여, 셀 수. same number]몡(출5:18) 같은 수. 수가 같음. 뮈여수히.
여수룬[יְשֻׁרוּן = 옳은 자]인(신32:15, 신33:5, 26) 모세가 이스라엘 총회에 읽어 준 노래와 축복 중에 있는 말로 의로운 자, 올바른 자를 뜻한다. 이스라엘의 참된 모습을 나타내는 말. 이스라엘(선민)의 애칭으로 사용된 말이기도 하다. 이 말이 내포하고 있는 뜻에서 이스라엘이 벗어나면 견책을 받게 된다(신32:15). 하나님께서 자기 백성을 사랑하시기 때문이다(잠13:24, 히12:6).
여시미엘[יְשִׂימִאֵל 하나님이 세우신다, 하나님의 창조]인(대상4:36) 시므온 자손의 한 족장.
여시새[יִישִׁי = 나이가 든, 노인]인(대상5:14) 갓 사람 부스 자손 야도의 아들.
여시엘[יַעֲזִיאֵל = 하나님의 모임]인(대상12:3) 베냐민 사람 이스마얏의 아들. 다윗의 용사.
여신[女神; 계집 녀, 귀신 신, goddess]몡(왕상11:5) 여성의 신. ①시돈사람→아스다롯(왕상11:5, 33). ②에베소사람→아데미(행19:37). ③하늘 여신(렘44:17-19).
여아[女兒; 계집 녀, 아이 아, daughter]몡(마14:11) 계집 아이. 딸.
여아드레[יַעֲדְרַי = 확신]인(대상6:21) 레위 사람 게르손 자손. 에드니와 같은 사람으로 아삽의 조상.
여아림산[הַר־יְעָרִים = 우거진산]지(수15:10) 유다지파 북쪽 경계지역의 산. 그살론을 가리킴. 예루살렘 서쪽 16km지점.
여왕[女王; 계집 녀, 임금 왕, queen]몡(왕상10:1) 여자 임금, 여성 군주. ①이스라엘의 아달랴(왕하11:3). ②스바의 여왕(왕상10:1-13, 마12:42) ③에디오피아의 간다게(행8:27). ④남방여왕(눅11:31).
여우[fox]몡(삿15:4) 개과의 짐승. 모양은 개와 비슷하나 몸은 홀쭉하고 다리는 가늘고 짧다. 굴에 서식하며 농사를 해친다. 가나안 남부지역에는 애굽여우 북부는 힘센 갈색 여우가 서식한다.

비유 - 대적(아2:15). ②속이는 자(눅13:32). ③거짓 선지자(겔13:4). ④교활함(눅13:32).
여우스[יְעוּשׁ = 상담자]인(대상8:10) 사하라임이 베냐민 사람 아내 호데스에게서 낳은 아들.
여우스[יְעוּשׁ = 수집자]인
① 에서가 오홀리바마에게서 낳은 아들(창36:5).
② 베냐민 사람 빌한의 아들(대상7:10).
③ 에겔의 아들(대상8:39).
④ 레위사람 게르손 자손 시므이의 아들(대상23:10).
⑤ 르호보암이 아비하일에게서 낳은 아들(대하11:19).
여우엘[יְעִיאֵל = 하나님이 소중히 여기심]인
① 레위 사람 엘리사반 자손(대하29:13). 히스기야와 같이 개혁운동을 하였다.
② 유다사람. 세라의 자손으로 족장(대상9:6).
③ 에스라와 함께 바벨론에서 돌아온 아도니감의 자손. 족장(스8:13).
여이엘[יְעִיאֵל = 하나님의 보화]인
① 르우벤 지파의 족장(대상5:7).
② 기브온과 사울 왕의 조상(대상9:35).
③ 웃시야 왕의 서기관(대하26:11).
④ 호담의 아들 다윗의 용사(대상11:44). 사마의 아우.
⑤ 다윗 시대 성막 문지기(대상15:18). 여히야와 같은 사람(대상15:23).
⑥ 레위사람으로 수금연주자 야시엘과 같은 사람(대상15:21).

여인

7 레위사람으로 아삽의 자손(대하 20:14).
8 요시야왕 시대 레위사람의 한 족장(대하35:9).
9 바벨론 포로에서 돌아와 이방인 아내와 이혼한 사람. 느보의 아들(스10:43).
10 비파와 수금을 타던 레위 사람(대상16:5).

여인[女人 ; 계집(여자) 녀, 사람 인. woman]몡(창12:11)여자.여편네. 부인. 성경에서 여인을 다음과 같이 묘사하고 있다.
1. **좋게** - ①아름답다(창12:11). ②지혜롭다(삼하20:16). ③슬기롭다(삼하14:2).④덕이있다(잠11:6). ⑤어질다(잠12:4). ⑥착하다(잠12:4). ⑦거룩하다(벧전3:5).
2. **나쁘게** - ①악하다(잠6:24). ②다툰다(잠21:19). ③성낸다(잠21:19). ④음란하다(잠30:20). ⑤부정하다(레21:7). ⑥더럽다(레21:14).⑦저주거리가됨(민5:27). ⑧어리석다(욥2:10).

여자[女子 ; 계집(여자) 녀, 아들 자. woman]몡(창1:27) 계집. 남자의 상대로 아담이 자기 아내에게 붙여 준 이름(하와 창2:23). 부드럽고 섬세함을 뜻함. 일반적으로 이스라엘에서는 여자가 남자보다 못한 것으로 취급되었으나 신약에서는 그리스도 안에서 동등하며(갈3:28), 많은 여자들의 활동을 볼 수 있었다.
1. **여자의 위치** - ①남자에게서 창조됨(창2:21-25). ②남편을 돕는 배필(창2:18-20). ③해산의 수고(창3:16). ④남자의 다스림을 받음(창3:16). ⑤남자보다 약하나(벧전3:7). ⑥남자의 영광이 됨(고전11:7-9). ⑦집안의 일들을 함(창2:18, 고전11:8-10, 딤전5:14). ⑧귀히 여김을 받아야 함(엡5:21, 벧전3:7). ⑨사랑을 받아야 한다(골3:19).
2. **여자의 권리와 의무** - ①결혼(고전7:36). ②남편에게 복종(엡5:22). ③집안 일을 보살핌(잠31:27). ④단정하고충성(딤전3:11).⑤서원을 이행(민30:39). ⑥조용히 배워야 함(딤전2:11). ⑦자녀를 바람과 양육(출2:2-10, 삼상1:9-2:19). ⑧봉사해야 함(행12:12, 빌4:2). ⑨기업 상속을 받음(민27:6-11)⑩이혼해서는 안됨(고전7:10). ⑪행음해서는 안됨(요8:4). ⑫부지런해야 한다(잠31:27).
3. **여자에게 금지된 것** - ①남장을 하지 말라(신22:5). ②머리털을 깎지 말라(고전11:5-15). ③가르치지 말라(딤전2:12). ④남자를 주관하지 말라(딤전2:12).⑤사치하지 말라(벧전3:1-7). ⑥창기가 되지 말라(레19:29).

여짜오되[said]타(출32:31) 아뢰다. 말하다.
여전[如前 ; 같을 여, 앞 전. being as before, stay, same]몡(창29:3) 전과 다름이 없음.
여제자[女第者 ; 계집(여자) 녀, 아우 제, 사람 자. disciple]몡(행9:36) 가르침을 받는 여자.
여종[女~ ; 계집 녀. maid servant, handmaid]몡(창16:1)종노릇하는 여자. 계집종. 여주인을 대신하여 첩이 되어 아이를 낳아 주었다(창16:1-5). 자기를 낮추어 부른 때도 있다(삼상1:11).
여주인[女主人 ; 계집 녀, 주인 주, 사람 인. mistress]몡(창16:4) 여자 주인. 여종에게 일을 시킴. 필요한 것을 공급해 준다.
여집사몡성경에 직접적으로 표현된 말은 아니나 뵈뵈를 여집사로 본다(롬16:1).
여차[如此 ; 같을 여, 이 차. being like this, such]몡(수7:20) 이러함. 이와 같음.
여차여차[如此如此 ; 같을 여, 이 차,

같을 여, 이 차. being like this]⑲ (수7:20) 이러 이러함.

여창〔女唱 ; 계집 녀, 노래 창. singing with a woman's voice〕⑲(대상15:20) 음악 용어로 여성의 음률 높은 소리를 뜻한다. 시46: 표제 알라못은 여창으로 번역된 히브리어 단어를 발음대로 옮겼다.

여출일구〔如出一口 ; 같을 여, 날 출, 한 일, 입 구. one accord, one mouth〕⑲(왕상22:13) 이구 동성. 여러 사람이 다같은 말을 함.

여할렐렐〔יְהַלֶּלְאֵל = 하나님을 찬미한 자〕⑳

1 유다사람 야베스 일족의 선조(대상4:16).

2 레위사람 므라리 자손 아사랴의 아버지(대하29:12).

여행〔旅行 ; 나그네 려, 행할 행. travel, journey〕⑲(민9:10) 볼 일이나 유람을 목적으로 먼 길을 가는 일. ①하나님의 부름을 받은 여행(창12:1-9). ②선교여행(사도행전). ③기도로 준비(롬1:10-15).

여행을 위한 주머니〔bag for journey〕⑲(마10:10) 예수님께서 제자들 부르시고 전도하도록 보내실 때 가지고 가지 말라고 하신 것.

여헤스겔〔יְחֶזְקֵאל = 하나님은 강하게 하심〕⑳(대상24:16) 아론의 자손으로 다윗시대 여호와의 전에서 수종드는 제20반차 제사장.

여호나단〔יְהוֹנָתָן = 주가 주심〕⑳

1 여호사밧왕이 율법을 가르치기 위해 유다 각 고을에 파견한 레위사람(대하17:8).

2 바벨론에서 돌아온 스마야 족속으로 제사장의 어른(느12:8).

여호나답〔יְהוֹנָדָב = 여호와는 관대하심〕⑳겐사람 레갑의 아들. 포도주를 마시지 말라고 자손에게 언명했다(왕하10:15). 요나답과 같은 사람(렘34:8, 19).

여호람〔יְהוֹרָם = 주는 존귀하심〕⑳

1 유대왕.

1. **인적관계** - ①여호사밧의 장자. 왕위계승자(왕하8:16). ②아합왕과 이세벨의 딸을 아내로 삼았다.

2. **관련기사** - ①왕이 되어 8년동안 유다를 다스림(왕하8:16, 17). ②동생들을 죽임(대하21:2, 4, 13). ③에돔이 배반함(왕하8:20-22). ④엘리야가 죽음을 예언(대하21:12-15). ⑤블레셋과 아라비아의 침략을 받음(대하21:16, 17). ⑥예언대로 죽음(대하21:16-20). ⑦백성이 묘실에 장사하지 아니함(대하21:16-20). ⑧여호아하스만 남음(대하21:16-20).

2 아합의 아들(왕하1:17).

1. **인적관계** - 요람이라고도 부름(왕하8:16, 28).

2. **관련기사** - ①왕이 되어 12년동안 이스라엘을 다스림(왕하3:1). ②모압왕이 배반함(왕하3:1-27). ③선지자 엘리야의 도움을 받음(왕하3:1-27). ④그의 재임기간 엘리사가 나아만의 문둥병을 고쳐줌(왕하5:1-27). ⑤엘리사로부터 아람군대의 이동을 들음(왕하6:8-23). ⑥타락하여 우상을 섬김(왕하6:30-33). ⑦아람과의 전투에서 부상을 입음(왕하8:28, 29). ⑧예후에게 죽임을 당함(왕하9:21-24). ⑨시체는 나봇의 밭에 던져짐(왕하9:25).

3 유대왕 여호사밧이 백성을 가르치기 위하여 파견한 제사장 중 한 사람(대하17:8).

여호사닥〔יְהוֹצָדָק = 여호와는 의로우심〕⑳(대상6:14-15). ①대제사장 스라야의 아들. ②바벨론에 포로되어 있는 동안에 사망한 듯하다(스3:2, 느12:26). 요사닥, 요세덱이라고도 한다.

여호사바드〔יְהוֹזָבָד = 여호와께서 주심〕⑳(왕하12:21) 유다왕 요아스의 신복으로 요아스를 살해한 사람. 여호사밧 8과 같은 사람(왕하12:22).

여호사밧〔יְהוֹשָׁפָט = 여호와는 심판하심〕⑲

1 유다왕(유다국으로 4대)

1. **인적관계** - 아사왕의 아들. 여호람

여호사밧 골짜기

의 아버지(대하17:1, 대하21:1).
2. **관련기사** - ①35세에 즉위(왕상22:41, 42). ②아합과 사돈을 맺음(대하18:1). ③이스라엘과의 화해정책(대하18:10-19:3, 왕상22:44). ④즉위한 후 우상을 파하고 하나님의 계명준수(대하17:1-6). ⑤제사장과 레위인으로 백성을 가르침(대하17:7-11). ⑥건설사업과 동원된 용사(대하17:12-19). 외국의 조공을 받음. ⑦아합을 방문하자 라못을 치자는 꾀임을 받음(대하18:1-3). ⑧하나님께 묻기 위하여 선지자에게 물음(대하18:4-13). ⑨미가야의 참예언과 아합왕의 분노(대하18:14-27). ⑩아합과 여호사밧이 라못을 칠 때 변장하고 나감. 아합으로 오인받아 죽을 뻔 함(왕상22:30, 대하18:28-34). ⑪예후의 책망을 받고 백성을 하나님께로 인도(대하19:1-4). ⑫관리들을 세워 백성을 잘 다스림(대하19:5-11). ⑬유다가 이방 동맹군의 침략을 받음. 여호사밧이 기도함(대하20:1-13). ⑭아하시엘을 통해 주신 하나님의 약속과 여호사밧의 승리(대하20:14-30). ⑮여호사밧의 통치와 평가(대하20:31-37). ⑯여호사밧의 치적(왕상22:41-50). ⑰아들을 위한 준비(대하21:2, 3). ⑱25년간 통치 다윗성에 장사됨(대하21:1). ⑲예수님의 계보에 올랐다(마1:8).
3. **교훈** - ①신앙쇄신. ②우상타파. ③주께 기도. ④선지자의 조언과 책망을 받아 들임.

2 솔로몬왕 때 사관. 아힐룻의 아들(왕상4:3).

3 솔로몬왕 때 잇사갈 지방의 장관. 바루아의 아들(왕상4:17).

4 이스라엘국의 제10대 왕 예후의 아버지(왕하9:2).

5 아히룻의 아들. 다윗왕 때 사관(史官)(삼하8:16).

6 모압 여인 시므릿의 아들. 요아스왕을 살해한 사람(대하24:26).

7 오벳에돔의 둘째 아들. 다윗왕 때 성전 문지기(대상26:4).

8 여호사밧왕이 베냐민 지파에서 얻은 대장 중 한 사람. 군사 18만명을 인솔하였다(대하17:18).

여호사밧 골짜기[valley of jehoshaphat]지(욜3:2, 12) ①기드론의 옛 이름으로 여김. 요엘선지자가 심판의 광경을 가리킨 기호로 사용한 이름. ②유대인과 회교인은 말세 심판이 이곳에서 있을 것을 생각하고 힌놈, 기드론 골짜기를 매장지로 사용하고 있다(왕하23:6). ③판결 골짜기로 부른다(욜3:14).

여호사브앗[יְהוֹשַׁבְעַת = 여호와는 서약을 이루심]인(대하22:11) ①유다국 여호람의 딸. ②아하시야왕의 누이. ③요아스의 고모. ④대제사장 여호야다의 아내가 되었다. 아하시야의 아들들을 죽일 때 요아스를 빼내어 6년간 성전에 숨겨두고 양육하였다.

여호세바[יְהוֹשֶׁבַע = 여호와는 완전하심]인(왕하11:2)대제사장 여호야다의 아내. 여호사브앗과 같은 사람.

여호수아[יְהוֹשׁוּעַ = 여호와는 구원이심]인

1 출애굽한 이스라엘 지도자.
1. **인적관계** - ①에브라임 지파 눈의 아들. ②본명은 호세아(민13:8).
2. **관련기사** - ①모세의 수종자가 되어 항상 회막 곁에 있었다(출33:11). ②아말렉을 쳐부수었다(출17:8-16). ③가나안에 보낸 12정탐군 중의 한 사람(민13:16). ④가나안을 탐지한 10지파의 대표가 보고할 때에 민중을 낙담케 하고 모세와 아론을 원망하였으나 여호수아는 갈렙과 함께 강경히 말하기를 "그들은 우리의 밥이다. 그들의 신은 그들에게서 떠났고 여호와는 반드시 우리에게 승리를 주실 것이니 두려워 말고 쳐들어 가자"고 하였다(민13:1-14:10). ⑤여호와께서는 20세이상 된 자로 여호와를 원망한 자를 모두 광야에서 죽

게하고 오직 여호수아와 갈렙만이 가나안에 들어가리라 하셨다(민14:26-32). ⑥여호와의 명령으로 제사장 엘르아살이 회중의 목전에서 여호수아에게 안수하여 모세의 후계자로 세웠다(민27:18-23). ⑦하나님의 신에 감동되었다(민27:18, 신34:9). ⑧여호와께서 여호수아에게 너는 이스라엘을 인도하여 가나안으로 들어가게 하리니 강하고 담대하라 내가 너와 함께 있으리라 하셨다(신31:23). ⑨모세가 죽은 후에 싯딤에서 두 사람의 정탐군을 여리고에 보냈다(수2:1). ⑩요단강을 육지 같이 건너서 길갈에 진을 치고 여리고 평지에서 유월절을 지킨 후 여호와의 군대를 보고 여리고성을 쳐서 취하는 동시에 전일 2인의 정탐군을 숨겼다가 돌려 보내준 기생 라합을 구원하였다(수3:11-17, 5:10-15, 6:20-27). ⑪아이성을 치다가 패하자 그 장본인 아간을 잡아 아골 골짜기에서 돌로 쳐 죽인 후 아이성을 다시 쳐서 불살라 황폐케 하였다(수7:4-29). ⑫계속 가나안 7족을 멸하여 이스라엘 12지파에게 분배하고 자기는 에브라임 산지 딤낫세라를 받아 그 성읍을 중건하고 거기 거하였다(수19:49-51). ⑬살인한 자를 위하여 요단강 동편과 서편에 도피성을 셋씩 건설했다(수20:2, 21:13). ⑭임종시에 백성을 세겜에 모으고 성실과 진정으로 여호와를 경외하라(수23:1-8, 24:28)고 권면한 후 110세에 별세(수24:29). 딤낫세라에 장사되었다(수24:30). ⑮스데반이 그의 행적을 논함(7:45).

요단강 돌들로 단을 쌓았다

3. **교훈** - ①신앙(민13:1-14:10). ②담대함(민14:6-10). ③지혜(수8:3-29). ④솔선수범(수24장).

2 벧세메스 사람 여호수아. ①블레셋이 여호와의 법궤를 빼앗아가 있는 동안 많은 재앙이 있으므로 젖뗀 암소 두 마리에 메워 보냈더니 여호수아의 밭에 이르렀다. ②그곳 사람들이 그 궤를 들여다보다가 여호와께서 치심으로 5만 7십명이 죽은고로 무서워서 그 궤를 기럇여아림으로 보내었다(삼상6:17-21).

3 유다왕 요시아 때 예루살렘을 통치한 여호수아(왕하23:8).

4 여호사닥의 아들. ①스룹바벨 시대 대제사장(학1:1). ②여호와께서 스가랴에게 명하여 스바냐의 아들 요시아에게서 금과 은을 취하여 면류관을 만들어 여호수아의 머리에 씌우라 하셨다(슥6:9-12). ③예수아로 표기된 사람(스2:2, 느7: ,12:1).④스가랴가 예언한 그리스도의 모형(슥6:11-13).

여호수아[Joshua]명(수)구약 제6권째 성경. 전통적 유대인의 대부분이 여호수아의 기록으로 생각한다. 하나님께서 아브라함 때부터 약속하신 가나안 땅을 출애굽한 이스라엘 백성들이 점령해 가는 모든 과정을 보여 주는데 목적이 있다. 가나안 땅의 정복과정에서 일어난 일로 인생 삶을 교훈하고 있으며 가나안 정복후 각 지파에게 기업(63회나 사용)으로 땅을 분배한 기록이 있다. 내용 분해는 박기원 편 성경총론을 참고하라.

• **여호수아에 나타난 그리스도의 모형** - ①여호수아(여호와는 구원이시다). (1) 이름(수1:1). '여호와는 구원이시다' 라는 뜻을 가진 여호수아(예수아)는 '예수'와 같은 뜻을 가진 이름이다(마1:21). (2) 가나안으로 인도(수3:). 가나안 땅으로 그의 백성을 인도함 같이 그리스도께서 그의 백성을 천국으로 영원한 삶, 영광에 들어가게 하

여호아하스

신다(히2:10). (3) 승리(수6:, 12:). 그리스도는 영원한 승리를 이루셨다(롬8:2-4, 히7:18-19). ②여호와의 군대장관(수5:13-15). 우리를 위해 싸우시는 그리스도(고후2:14, 요16:33). ③라합의 창에 드리운 붉은 줄(수2:18). 그리스도의 보혈이 우리를 구원하심(히9:19-22). ④그리심산, 에발산(수8:30). 저주와 축복을 한 산으로 그리스도께서 세상을 심판하려고 오신 것이 아니라 구원하러 오셨다(요3:17-18). ⑤도피성과 법궤 등은 출애굽기를 참고하라.

여호아하스[יְהוֹאָחָז = 여호와께서 붙드심, 여호와가 지탱하심]인

1 예후의 아들로 이스라엘 왕. ②요아스의 아버지(대하25:17). ③왕이 되어 17년간 재위 중 여호와 앞에 범죄하므로 아람왕 하사엘이 침입하여 백성을 진멸하고 군대를 축소시켰다(왕하13:1-7). ④여호와께 간구했다(왕하13:2-9).

2 ①유다 왕 요시야의 둘째 아들(대하36:2-5). ②아마샤의 할아버지(대하25:23). ③여호야김의 형제(대하36:4). ④부친의 왕위를 이어 3개월간 재위. ⑤애굽왕 느고에게 잡혀 애굽으로 끌려가 있다가 그곳에서 죽었다(왕하23:30-34). ⑥별명은 아하시야 또는 살룸(대하22:1, 렘22:11).

3 유다왕 여호람의 말째 아들(대하21:17). 예루살렘이 침략 당할 때 홀로 살아 남았다.

여호앗다[יְהוֹעַדָּה = 여호와께서 치장하심]인(대상8:36) 아하스의 아들. 사울의 자손 아리와 같은 사람. 알레멧 형제의 아버지.

여호앗단[יְהוֹעַדָּן = 여호와는 기쁨을 주심]인(왕하14:2) 유다왕 아마샤의 어머니(대하25:1). 예루살렘 사람.

여호야긴[יְהוֹיָכִין = 여호와께서 세우심, 여호와께서 임명하심]인

1. **인적관계** - 여호야김의 아들(왕하24:6).

2. **관련기사** - ①유다왕. 느부갓네살이 여호야김의 반란을 벌하려고 진군해 올 때 8세에 위에 올랐다(대하36:8,9). ②여고냐(대상3:16), 여고니야(렘27:20)로도 불렸다. ③3개월만에 느부갓네살에게 예루살렘이 함락당하고 바벨론 제1차 포로가 되었다(왕하24:8-16). ④바벨론왕 에윌므로닥이 석방함(왕하25:27, 렘52:31-34). ⑤에스겔은 그를 위하여 애가를 지어 정당한 유다왕으로 존경을 아끼지 않았다(겔19:1).

여호야김[יְהוֹיָקִים = 여호와께서 높이심]인(왕하23:34)

1. **인적관계** - 요시야왕의 첫째 아들(대하36:2-5).

2. **관련기사** - ①유다왕 여호아하스를 바로느고가 애굽으로 잡아가고 그 대신 세운 왕. ②본명은 엘리아김(왕하23:34). ③25세에 즉위하여 국민에게 중세를 과하고 ④애굽왕 느고에게 조공을 바쳤다(왕하23:31-36). ⑤그후 바벨론왕 느부갓네살이 느고를 물리치므로 바벨론왕에게 '조공을 바쳤다(왕하24:1). ⑥바벨론에 3년간 예속됨(하24:1, 단1:1,2).⑦여호와 보시기에 악을 행함(왕하23:37,렘52:2).⑧그의 우상숭배(대하36:5,8) ⑨선지 우리야를 죽임(렘26:20-23). ⑩예레미야는 서기관 바룩을 시켜 모든 예언을 기록하게 하고 백성 앞에서 읽었으나 여호야김은 그 두루마리를 뺏아 불에 태웠다

(렘36:1-31). ⑪여호야김에 대한 예언(렘22:18-19, 25:1-11, 26:1-7). ⑫그와 신하들에 대한 예언(렘36:30-31). ⑬쇠사슬에 결박

여호야다[יְהוֹיָדָע = 여호와는 아심]
명 〈요야다〉
1 브나야의 아버지(삼하8:18). ② 시글락에서 다윗과 합세한 3천7백명을 거느린 아론의 집 족장이다(대상12:27).
2 다윗시대 시위대장 브나야의 아버지(삼하8:18, 23:20).
3 브나야의 아들(대상27:34). 왕의 모사 아히도벨 다음가는 사람.
4 제사장 여호야다. ①아하시야가 죽을 때의 성전 제사장(왕하11:4). ②역대기는 왕녀 여호사브앗의 남편이라고 했다(대하22:11). ③여호사브앗은 그의 조카 요아스를 아달랴의 왕족 학살에서 구해내어 6년간 성전에 감추어 길렀다. ④여호야다는 요시야를 왕위에 올려 놓고 조언자가 되었다(왕하11:17-19, 대하24:2-16). ⑤성전 수리를 지휘 감독함(왕하12:3-16). ⑥사후에 그의 업적이 인정됨(대하24:15-16).
5 예레미야시대 제사장(렘29:26). 스바냐가 그를 대신함.
6 예루살렘 성문을 재건한 자 중 한 사람(느3:6). 〈요야다〉

여호야립[יְהוֹיָרִיב = 여호와가 다투심]
명 〈요야립〉
1 다윗시대의 제사장 24반차 중 첫번째로 제비 뽑힌 사람(대상24:7). 느11:10에는 요야립.
2 스룹바벨시대 제17반차 제사장(느12:6). 대상9:10의 여호야립.

여호와[יְהוָה = 나는 스스로 있는 자]
명 (창2:4) 하나님의 칭호. 야웨로 발음하는 것이 원어에 가깝다. 이 칭호는 창2:4에 처음으로 기록된 이래 단독으로 여호와로 기재되기도 하고 여호와 하나님 또는 하나님 여호와, 만군의 여호와라고 기재되었다. ①셋이 에노스를 낳은 후 사람들이 비로소 여호와의 이름을 부름(창4:26). ②모세가 여호와라는 뜻을 물을 때 하나님께서 "나는 스스로 있는 자니라"라고 대답하시고 계속 말씀하시기를 "너희 조상의 하나님 곧 아브라함의 하나님이요 이삭의 하나님이요 야곱의 하나님 여호와라는 이는 나의 영원한 이름이요 대대로 기억할 나의 표니라"라고 하셨다(출3:14-15). ③히브리 원어에는 야하웨, 야웨라 읽게되며 그 뜻은 전에도 계시고 지금도 계시고 장래에도 계시사 완전하고 무궁한 생명을 뜻한다(계1:4). ④여호와는 의로우시며(시11:7). ⑤왕이시며(렘51:57). ⑥사람을 감찰하신다(창16:13).

* 하나님의 고유명사 '여호와' 뒤에 붙여서 쓰이는 여러가지 말과 뜻. 개역 한글성경에는 모두 그 뜻을 바로 옮겼다.

1. **여호와 게물룻**(렘51:56) 보복하시는 여호와, 보응하시는 여호와. 죄악에 대하여 갚으심.
2. **여호와 나카**(사58:11) 인도하시는 여호와. 성도의 길을 인도하신다.
3. **여호와 닛시**(출17:15) 주는 나의 기. 모세가 아말렉을 이기고 쌓은 단의 이름. 주께서 그의 백성을 소집하는 표징이 되신다는 뜻이다.
4. **여호와 로이**(시23:1) 여호와는 나의 목자. 성도를 푸른 초장으로 쉴만한 물가로 인도하시고 보호하신다(요10:1-).
5. **여호와 로프에하**(라파)(출15:26) 치료하시는 여호와. 질병에 걸리지 않게 하심. 회복시키는 여호와.
6. **여호와 샬롬**(삿6:24) 여호와는 평강이심. 기드온이 미디안을 이기고 오브라에 쌓은 단의 이름. 주와 자기 사이에 모든 일이 화평하게 된 것을 기념함이다.
7. **여호와 미카데쉬**(레20:8) 거룩하게 하시는 여호와. 그의 거룩하심같이 성도를 거룩하게 하신다.
8. **여호와 삼마**(겔48:35) 여호와는 저곳에 거하심. 에스겔이 예루살렘과 성전의 재건을 예언한 후 예루살렘에 부여한 이름.

여호와의 날

9. **여호와 이레**[창22:14) 여호와께서 준비해 주심. 아브라함이 이삭으로 번제하려고 할 때 이삭 대신으로 여호와께서 짐승을 예비하여 주심으로 아브라함이 그곳을 여호와 이레라 하였다.

여호와의 날[the day of the Lord](암5:18-20) 심판의 날. 재앙의 날. 그 날에 이방인은 멸망을 받으나 이스라엘은 구원을 받을 줄 알고 기다렸다. ①어두움의 날. ②사자를 피했으나 곰을 만남. ③손을 벽에 대었다가 뱀에 물림 같다.

여호와의 사자[angel of the Lord](창16:7-11) ①행인(창18:2-15). ②천사(눅1:26, 삼하24:16). ③여호와스스로(삿6:12). ④어떤 사람(창32:24). ⑤신들의 아들(단3:25). ⑥도성인신하신 그리스도(요1:14, 사9:6). ⑦통치자(롬13:1-4). ⑧선지자들(마11:10, 요1:6). ⑨멜기세덱(창14:18). ⑩여호와의 군대장관(수5:14).

여호하난[יְהוֹחָנָן = 여호와는 은혜로우심]인(여호난)

① 아삽의 자손. 다윗시대 제6반차의 회막 문지기(대상26:1-3).

② 예루살렘의 용맹한 군사 28만을 거느린 여호사밧의 군대장관(대하17:13-15).

③ 요아스왕 때 여호야다를 지지한 세력있는 백부장 이스마엘의 아버지(대하23:1).

④ 이방 여자를 아내로 취하여 귀국한 사람 중 하나(스10:28).

⑤ 요야김 때의 제사장 아말랴 족속의 족장(느12:12-13).

⑥ 암몬사람 도비야의 아들(느6:17, 18).

⑦ 에스라가 들어갔던 방의 주인(스10:6).

⑧ 예루살렘성 낙성식 때 성위에 올라가 감사 찬송을 부른 자 중 한 사람(느12:42).

여황[女皇; 계집 녀, 임금 황. empress]명 여성 황제. 사치한 자. 교만에 빠진 자. 자기를 영화롭게 하는 자. 바벨론을 상징한 이름.

여후갈[יְהוּכַל = 여호와는 가능하심]인(렘37:3) ①셀레먀의 아들이며 유다의 방백. ②시드기야의 사신으로 예레미야에게 간 자. ③유갈과 같은 사람(렘38:1).

여후디[יְהוּדִי = 유대인]인(렘36:14) ①유다왕 여호야김의 관리. 구시의 증손. ②느다냐의 아들. ③예레미야의 예언을 바룩과 같이 읽은 사람.

여후디야[יְהֻדִיָּה = 유대여인]인(대상4:18) ①갈렙 자손 에스라의 아내(대상4:17-18). ②예렛과 헤벨과 여구디엘의 어머니.

여후엘[יְחִיאֵל = 하나님은 살아계시다]인(대하29:14) 헤만의 자손. 히스기야의 종교개혁을 도운 사람.

여훗[יָחֻת = 찬미]지(수19:45) 단지파의 마을. 욥바의 동 13km지점에 있는 마을.

여히스기야[יְחִזְקִיָּה = 여호와께서 강하게 하심]인(대하28:12) 히스기야와 같은 이름이다. 살룸의 아들이요 에브라임 자손의 두목중 사람. 이스라엘왕 베가가 유다왕 아하스를 이기고 많은 사람을 사로 잡고 물건을 노략하여 사마리아로 돌아오는 것을 보고 아사랴, 베레갸, 아마샤와 더불어 담대히 왕께 간하여 동족 유다인을 포로함이 불가하다고 하여 먹을 것을 주어 돌려 보내었다.

여히야[יְחִיָּה = 여호와께서 사신다]인(대상15:24) 하나님의 궤 앞에서 오벧에돔과 같이 문을 지킨 자.

여히엘[יְחִיאֵל = 하나님은 살아계심]인(대상15:18)

① 여호사밧의 아들(대하21:2).

② 다윗이 법궤를 오벧에돔 집에서 옮겨올 때 악대 봉사자(대상23:8).

③ 학모니의 아들로 다윗시대에 왕자들의 배종(수행원)(대상27:32).

④ 이 외에 5인이 있다(대하31:13, 35:8, 스8:9, 10:2, 10:21).

여히엘리[יְחִיאֵלִי = 하나님이 사실 것이다]인(대상26:21) 게르손 사람

라단 자손 그 족장.

역군[役軍 ; 역사 역, 군사 군. levy, coollie]몡(왕상5:13) 토목·건축 따위의 공사터에서 삯일을 하는 사람. 일꾼. 노역자. able-hand.
* 노예를 역군으로 썼다(왕상9:21, 출1:11).

역대[歷代 ; 지낼 력, 대신할 대. successive generations]몡(신32:7) 차례 차례 전하여 내려오는 대.

역대 상[1 Chronicles]몡(대상) 구약 제13권째의 성경. 아담 이후의 계보와 왕국통치(사울, 다윗) 성전건축준비, 왕국조직, 제사장직, 조직 등 솔로몬왕의 통치가 시작될 때까지의 역사. 에스라의 기록으로 본다. 이스라엘의 왕위와 정치적인 역사에 관한 것으로 다윗왕의 통치와 성전 건축을 위한 준비에 관하여 주제를 삼고 있다. 아담부터의 족보가 기록된 것은 성경의 역사성을 나타내며 시대를 통하여 하나님이 특별히 선택하여 주심을 계시하는 것이다. 내용 분해는 박기원 편 성경총론을 참고하라.

- **역대 상에 나타난 그리스도의 모형** - ①왕적 계보(대상1-9장). 본서의 기자는 다윗의 계보를 아담으로 부터 아브라함과 야곱을 거쳐 유다지파의 다윗 이후의 여러 왕들에 이르기까지 기록하여 하나님께서 만왕의 왕이신 그리스도를 보내시기 위하여 얼마나 오랫동안 준비하신 것을 보여 준다(마1:1-25, 창49:10). (1) 아담의 후손. (2) 아브라함의 자손. (3) 유다지파사람. (4) 다윗의 왕위에 오른 자. (5) 역대 유다 왕들. ②다윗의 왕권(대상11-12장). 그리스도의 왕권을 예표하는 다윗의 왕권은 사무엘상에 나타난 그리스도의 모형 중 다윗을 참고하라.

역대 하[2 Chronicles]몡(대하) 구약 제14권째 성경. 본래는 역대 상과 역대하는 한 권의 성경이다. 솔로몬왕의 통치에서부터 성전재건을 위한 고레스왕의 공포까지 유다, 예루살렘의 역사이다. 9장까지는 솔로몬왕의 통치와 성전건축과 제사(예배)에 관한 기록이며 10장부터는 나라가 갈라지고 성전예배를 떠난 백성들의 생활상과 비극, 나라의 멸망과 포로된 70년후의 바사의 고래스왕이 해방을 명령하기까지의 역사의 기록이다. 내용 분해는 박기원 편 성경총론을 참고하라.

- **역대 하에 나타난 그리스도의 모형** - ①모리아산과성전(대하3:1-7). 이삭이 순종한 산으로 후에 성전이 세워졌다. 성전보다 크신 이가 그리스도시다(마12:6). ②메시야계보의 승계(대하10-26장). 메시야계보가 위협당하나 순수하게 이어진다(마1:1-25). ③미가야선지자를 통한 말씀(대하18:13). 하나님의 말씀을 대언하시는 그리스도를 예표(요7:16, 12:50, 14:24).

역대지략[歷代志略 ; 지낼 력, 대신 대, 뜻 지, 간략할 략. history of kings]몡(왕상14:19) 지난여러 대를 간략하게 적은 기록. ①이스라엘왕 역대지략(왕상14:19). ②유다왕 역대지략(왕상14:29). ③다윗왕 역대지략(대상27:24). ④레위자손도 기록하였다(느12:23).

역량[力量 ; 힘 력, 분량 량. ability]몡(스2:69) 어떤 일을 하여 낼 수 있는 힘. 또는 힘의 정도.

역리[逆理 ; 거스릴 역, 이치 리. irrationality]몡(롬1:26) ①사리에 어그러짐. ②도리를 어김.

역사[力士 ; 힘 력, 선비 사. lusty, strong man]몡(삿3:29) 보통보다 뛰어나게 힘이 센사람. 장사.

역사[役事 ; 역사 역, 일 사. public undertaking]몡(출1:13) ①국가나 민족 또는 공공을 위한 큰 일. ②토목·건축 따위의 공사. construction work. ③기적. miracle.

역시[亦是 ; 또 역, 이 시. too, also, like wise]몡(느5:10) ①또한. ② 전에 생각했던대로.

역졸[驛卒 ; 역말 역, 군사 졸. post, courier]몡(에3:13)옛적에 역에서

부리던 심부름꾼. 전령. 문서전달자. 보발군(대하30:6).

역청[瀝靑 ; 거를 력, 푸를 청. pitch] 📖(창6:14) 천연산의 고체·반고체·액체 또는 기체의 탄화 수소 화합물의 총칭. 도로 포장, 방부, 방루 등의 재료로 쓰임. 유브라데 강변 '힡' 역청광은 오늘날도 생산하고 있다. ①노아의 방주에 사용(창6:14). ②바벨탑에 사용(창11:3). ③갈대상자에 방수제로 사용(출2:3). ④싯딤 골짜기에 많음(창14:10).

엮다[plait, knit]📖(창3:7) ①노끈이나 새끼로 이리저리 여러 가닥으로 어긋 매여 묶다. ②물건을 얼기 설기 맞추어 매다. bind together. ③어떤 사실을 체계적으로 이야기하거나 글로 적다. describe. ④책을 편찬하다. compile.

연[蓮 ; 연꽃 련. lotus]📖(욥40:21) 연꽃과의 다년생 풀. 인도·이집트가 원산. 여름에 꽃이 핌.

연[鉛 ; 납 연. lead]📖(욥19:24) 납. 무르고 청백색의 금속 원소. 활자 합금·땜납 등에 쓰임.

연[輦 ; 손수레 련. royal carriage]📖(아3:7) 임금이 탔던 덩 모양의 가마. 어깨로 짊어지고 의자가 있는 들것. ⓔ옥련(玉輦).

연갑자[年甲者 ; 해 년, 갑옷 갑, 놈 자. own age, equals]📖(갈1:14) 서로 비슷한 나이의 사람.

연결[聯結 ; 잇닿을(이을) 련, 맺을 결. connection, frame]📖(엡2:21) 서로 이어서 맺음. 결연.

연고[緣故 ; 인연 연, 연고 고. cause, relation]📖(창12:17) ①사유. ②혈통상이나 법률상의 관계. 인연을 이르는 말. 인연.

연구[研究 ; 갈 연, 궁구할 구. research]📖(출31:4) 어떤 일이나 사물에 대하여 조사하고 생각함.

연극장[演劇場 ; 넓힐 연, 연극 극, 마당 장. theatre]📖(행19:29) 연극을 할 수 있도록 베풀어 놓은 곳. 사람들의 집회소(행19:40).

연기[煙氣 ; 연기연, 기운기. smoke]📖(창15:17) 어떤 물건이 탈 때 일어나는 흐릿한 기체. 하나님의 임재(사6:4). 심판(계14:8-11, 사51:6)을 나타낸다.

연기[延期 ; 끌 연, 기약할 기. postponement, defer]📖(행24:22) 정한 기한을 물림. 퇴기. 퇴한.

연년[年年 ; 해년, 해년. every year]📖(출13:10) 해마다. 🗐연년이.

연단[鍊鍛 ; 쇠부릴 련, 쇠부릴 단. experience, temper]📖(욥28:1) ①쇠붙이를 불에 달구어 두드림. ②몸과 마음을 닦아 익숙하게 함. *①하나님께서 마음을 연단하심(잠17:3). ②금과 같이 시험하심(사48:10, 슥13:9). ③작정하신 기간(단12:10). ④금보다 귀하게 연단함(벧전1:7). ⑤소망을 이룸(롬5:4). ⑥복음을 전함(빌2:22). ⑦깨끗하게 함(말3:3). ⑧선악을 분별함(히5:14). ⑨성도가 사야할 것(계3:18). ⑩탐욕의 연단은 저주를 받는다(벧후2:14). ⑪마귀는 넘어지게 하는시험을 한다(마4:1-11).

연달[練達 ; 쇠부릴 련, 통달할 달. skil]📖(히2:11) 단련하여 통달함.

연대[年代 ; 해 년, 대신할 대. era, period]📖(신32:7) 햇수나 대수.

연락[連絡 ; 이을 련, 연락 락. join, contact]📖(겔37:7) ①이어 댐. ②서로 연고를 맺음. connection. ③서로 사정을 알림. communication.

연락[聯絡 ; 이을 련, 연락 락. contact, rejoice, sport]📖(출26:4) 서로 이어 댐.

연락[宴樂 ; 잔치 연, 즐길 락. merry making]📖(신16:14) 잔치를 베풀고 즐김.

연련[戀戀 ; 사모할 련, 사모할 련. being ardently attached to.]📖(창34:3) 그립고 애틋하여 잊지 못함. 연연.

연로[年老 ; 해 년, 늙을 로. old age]📖(욥15:10) 나이가 많아서 늙음.

연마[鍊磨 ; 쇠부릴 련, 갈 마. grinding and polishing, whet]명(시64:3) ①갈고 닦음. ②노력을 거듭하여 정신이나 기술을 닦음. hard training. ③학문이나 기술을 연구하여 닦음. study.

연말[年末 ; 해 년, 끝 말. year-end]명(삼하14:26) 한해의 마지막 때. 세말. 세밀. 구랍.

연명[延命 ; 끌 연, 목숨 명. continue, prolongation of life]명(출21:21) ①목숨을 겨우 이어 살아감. ②감사나 수령이 부임할 때 궐패 앞에서 왕명을 선포하던 의식.

연모[戀慕 ; 사모할 련, 사모할 모. love, ravish]명(잠5:19) 이성을 사랑하여 그리워 함.

연보[捐補 ; 줄 연, 기울 보. offering, collection, adundance]명(대하34:9) 교회 사업을 돕기 위하여 돈이나 물건을 내는 일. 헌금. 헌물. 성도의 의무금. 성금. 구제금.
*①성도를위하여(고전16:1). ②풍성히 - (1) 시련가운데서, (2) 가난 가운데서, (3) 힘에 지나도록, (4) 자원하여, (5) 자신을 주께 드리고, (6) 하나님의 뜻을 따라 했다(고후8:2). ③거액의(고후8:20). ④약속의(고후9:5). ⑤너그러운(고후9:11). ⑥후한(고후9:13) 연보가 있다. ⑦매주 첫날 모일 때 한다(고전16:2). ⑦성전수리를 위해서 연보했다(대하34:9, 14).

연보궤[捐補櫃 ; 줄 연, 기울 보, 함 궤. box of offering, treasury]명(막12:41) 연보를 넣는 함. ①요아스왕이 성전 수리를 위해서 성전에 설치(대하24:8-9, 왕하12:9). ②예수님께서 연보궤를 향하여 앉으심(마12:41). ③가난한 과부가 두 렙돈을 헌금궤에 넣음(막12:42). ④부자는 많이 넣음(막12:41).

연부년[年復年 ; 해 년, 다시 부, 해 년. every year, year to year]부(삼하21:1) 해마다.

연사[年事 ; 해 년, 일 사. agricultural conditions]명(시65:1) 농사가 되어가는 형편. 한 해의 일.

연석[宴席 ; 잔치 연, 자리 석. banquet hall]명(마14:6) 연회를 베푸는 자리.

연세[年歲 ; 해 년, 해 세. age]명(창47:8) ㉿나이.

연소[年少 ; 해 년, 적을 소. youth]명(룻3:10) 나이가 젊음. 나이가 어림.

연속[連續 ; 이을 련, 이을 속. continuity]명(욥41:3) 연달아 계속됨.

연수[年數 ; 해 년, 셀 수. age]명(레25:15) 나이. 햇수.

연숙[練熟 ; 익힐 련, 익힐 숙. expertness]명(렘50:9) 단련이 잘 되어 썩 익숙함.

연습[練習 ; 익힐 련, 익힐 습. practice, exercise]명(창14:14, 사2:4) 자꾸 되풀이하여 익힘.

연안[沿岸 ; 물따라 내려갈 연, 언덕 안. coast]명(삿11:26) 강물이나 바닷가 일대.

연애[戀愛 ; 사모할 련, 사랑할 애. love, dote]명(창29:18) 남녀간에 서로 사모하는 사람, 곧 사랑하는 이성과 일체가 되려고 하는 애정.
상징적교훈 - ①음란(겔23:17, 20). ②하나님을 떠남(호2:13). ③우상숭배(겔23:7).

연약[軟弱 ; 연할 연, 약할 약. weakness]명(신28:54) 연하고 약함. ①힘을 잃음(요15:5). ②나약함(나3:13). ③하나님을 의지해야 함(고후3:5).

연연[戀戀 ; 사모할 연, 사모할 연. cleave, long]명(창34:3) 그립고 애틋하여 잊지 못하는 모양.

연인[戀人 ; 사모할 련, 사람 인. lover]명(렘4:30) 그리워하고 사모하는 상대편의 사람. 애인.

연자맷돌[研子~ ; 갈 연, 아들 자. large millstone]명(마18:6) 말과 소를 부리어서 곡식을 찧는 큰 맷돌.

연장[tool, weapon]명(민35:16) 물건을 만드는데 쓰는 기구.

연접[連接 ; 이을 련, 댈 접. conjunction]몡(왕상6:5) 서로 잇닿음.

연종[年終 ; 해 년, 마칠 종. yearend]몡(출23:16) 한 해의 마지막 때.

연주[演奏 ; 넓힐 연, 연주할 주. play, musical performance]몡(시33:3) 여러 사람 앞에서 악기를 써서 음악을 들려 줌.

연줄기[lotus]몡(욥40:21) 연꽃이 피는 연의 대.

연치[年齒 ; 해 년, 이 치. age]몡(출6:16) 나이의 높임말.

연하다[連~ ; 이을 련. connect]타(출25:19) 이어 대다. 잇닿다.

연한[年限 ; 해 년, 한정 한. years, term]몡(창1:14) 작정된 햇수.

연합[連合 ; 이을 련, 합할 합. join]몡(겔37:17) 이어서 합함.

연합[聯合 ; 이을 련, 합할 합. union]몡(창2:24) 두가지 이상의 사물이 서로 합함. 또는 서로 합하게 함.
*①부부(창2:24). ②형제(시133:1). ③여호와께 연합(왕하18:6, 사56:6). ④언약에 의하여(렘50:5). ⑤그리스도와(요15:1-7). ⑥성도간(골2:19).⑦그리스도를깨닫게 하려고(골2:2). ⑧하나님이 자라게 하신다(골2:19).

연합국[聯合國 ; 이을 련, 합할 합, 나라 국. allied]몡(렘50:9) 주의 사상을 같이하여 행동을 같이하는 나라들.

연혼[連婚 ; 잇닿을 련, 혼인할 혼. marriage]몡(대하18:1) 혼인으로써 연고 관계가 생김. 겹사돈, 정략혼인. 가증한 일을 행하는 족속과는 연혼할 수 없다(스9:14).

연회[宴會 ; 잔치 연, 모을 회. banquet, feast]몡(삿9:27) 축하, 위로, 환영, 석별 등을 위하여 여러 사람이 모여 베푸는 잔치. 축하회.
로마식 연회

연회장[宴會長 ; 잔치 연, 모을 회, 어른 장. man in charge of the feast]몡(요2:8) 잔치를 주관하는 사람.

연휼[憐恤 ; 불쌍히여길 연, 구제할 휼. relief, favor]몡(시102:14) 불쌍히 여겨 물품을 내어 줌. 구제.

열국[列國 ; 벌일 렬, 나라 국. the nations]몡(창10:32) 여러나라. 세상나라. 이방나라. 불신사회.

열기[熱氣 ; 더울 열, 기운 기. hot air]몡(욥30:30)①열이 높은 기세 ②뜨거운 기운. heat. ③높은 체온. fever. ④흥분한 의기. fiery spirit.

열납[悅納 ; 기쁠(즐거울) 열, 들일 납. regard]몡(창4:4) 기쁘게 받아 들임.

열다[bear fruit]자(눅13:9) 열매가 맺히다.

열다[open]자(창8:6)①닫힌 창이나 문 따위를 트다. ②뚜껑이나 덮개 따위를 벗기다. take off.

열 두 궁성[~宮星 ; 집(궁궐) 궁, 별 성. mazzaroth, constellation]몡(욥38:32) 별자리 이름. 태양 주위를 도는 열 두 별자리. ①우상숭배의 대상(왕하23:5). ②하나님의 권능을 나타냄(욥38:32).

열 두 보좌[~寶座 ; 보배 보, 자리 좌, twelve thrones]몡(마19:28) 예수님을 따르는 성도를 위해 하늘나라에 마련된 영광의 자리. 이스라엘 열 두 지파를 심판할 자리.

열 두 사도[~使徒 ; 부릴 사, 무리 도. twelve apostles]몡(마10:2)①예수님을 도우며 복음을 전하기 위하여 예수님이 세우신 열 두 제자. - 베드로, 안드레, 야고보, 요한, 빌립, 바돌로매, 도마, 마태, 알패오의 아들 야고보, 다대오, 시몬, 가룻 유다. ②예수님이 승천하신 후 맛디아를 뽑아 가룻 유다를 대신했다(행1:20-26).

열 두 지파[~支派 ; 지탱할 지, 물갈래 파. twelve tribes of Israel]몡(출29:14) 이스라엘의 열 두 아들을 이어가는 가계. ①르우벤. ②시므온. ③유다. ④잇사갈. ⑤스불론.

⑥에브라임. ⑦므낫세. ⑧베냐민. ⑨단. ⑩아셀. ⑪갓. ⑫납달리.
*레위자손은 성별되어 지파의 기업을 받지 아니했다. 요셉 자손은 에브라임과 므낫세 지파로 나뉨.

열렬[熱烈 ; 더울 열, 매서울 렬. ardour]圐(신29:24) 주의·주장·애정·실행 등이 매우 맹렬함.

열리다[opened]邳(창7:11) 닫힌 것이 열어지다. 문화가 개발되다. become civilized. 막혔던 것이 뚫어지다. get through. 개방됨.

열리다[bear fruit]邳(민17:8) 열매가 맺히다.

열매[fruit]圐(창1:7) ①꽃이 수정하여서 그 씨방이 발육한 것. 실과. 과실. ②노력에 의한 성과.

열방[列邦 ; 벌일 렬, 나라 방. many countries]圐(출15:14) 여러나라. 불신앙의 세계. 다스림을 받음.

열방인[列邦人 ; 벌일 렬, 나라 방, 사람 인. the nations]圐(렘10:2) 다른나라 사람. 이교도. 불신자.

열병[熱病 ; 더울 열, 병들 병. febrile disease]圐(레26:16) 몸에 열이 대단히 나는 병.
*하나님의 재앙으로 열병이 내림(레26:16).

열성[熱誠 ; 더울 열, 정성 성. earnestness]圐(시69:9) 열렬한 정성.

열쇠[key]圐(삿3:25)①자물쇠를 여는 쇠. ②어떤 문제를 성취하는 가장 요긴한 해결책을 비유하여 이르는 말. due.

*①그리스도의 권위(계1:18). ②사도의 권위(마16:19). ③교훈의 능력(눅11:52).

열심[熱心 ; 더울 열, 마음 심. zeal]圐(삼하21:2) 어떤 일에 골똘히 힘씀. 또는 그런 마음.

1. **성도의 열심** - ①주님을 섬김(롬12:11). ②기도(렘29:13). ③구제(고후9:2).④선행(갈4:18).⑤사랑(벧전4:8). ⑥주의 도를 배움.

가르치고, 양육(행18:25, 살전2:7-12). ⑦회개(욜2:12). ⑧주의 전 사모(요2:17). ⑨좋은 일(갈4:18).⑩지도자를 위하여(고후7:7).

2. **하나님의 열심** - ①일의 성사(왕하19:31, 사9:7). ②경고하심(겔5:13). ③성령을 기름붓듯 하심(행10:38).

3. **그리스도의 열심** - ①아버지의 뜻을 이룸(요4:34). ②아버지의 집에서의 대화(눅2:49).③복음전파(요9:4). ④마귀에게 눌린 자를 해방시킴(행10:38). ⑤병자를 고치심(마8:). ⑥가르치심(마5:- 7:,13:). ⑦음식을 잡수실 겨를도 없었다(막3:20, 6:31).

열왕[列王 ; 벌일 렬, 임금 왕. kings]圐(창17:16) 여러 왕.

열왕기[列王記 ; 벌일 렬, 임금 왕, 기록할 기. the book of kings]圐(대상9:1) 임금의 행적에 관한 기록. 역대 지략.

열왕기 상[1 Kings]圐(왕상)구약 제11권째 성경. 기록자에 대하여 알 수 없으나 탈무드에 의하면 예레미야가 본서의 기록자라고 한다. 이스라엘 민족의 가장 흥왕했던 시대로부터 점점 쇠퇴하여져서 멸망하는 때까지 약126년 동안의 역사이다. 연약한 사람이 자기 자신을 어떻게 지배할 수 있는가를 보여주는 윤리적인 목적도 있으며 선지자의 직무와 악한 왕에 대한 종말을 아울러 기록하였다. 내용 분해는 박기원 편 성경총론을 참고하라.

• **열왕기 상에 나타난 그리스도의 모형** - ①성전(왕상6:2). 예수님께서 자기 몸을 성전이라고 하셨다(요2:21). 성도는 성전이다(고전3:16). ②솔로몬 (1)지혜(왕상3:4-13). 놀라운 지혜를 가지신 그리스도를 예표(눅2:47,52). (2)영광(왕상10:14-39). 솔로몬의 명성과 영화, 부귀와 명예는 영원한 나라에서의 그리스도의 모습을 예표한다(계19:1). (3)지위(왕상1:39)-그리스도는 솔로몬보다 더

크시다(마12:42). ③엘리야(왕상17:19:) - 그리스도께서 산 위에서 그의 모습을 변화하실 때 엘리야와 모세가 나타났다(마17:1-3). 엘리야의 사역과 이적은 그리스도의 생애의 일면을 보여준다.

열왕기 하[2 Kings]명(왕하) 구약 제12권째 성경. 본래는 열왕기 상과 하는 한 권의 성경이다. 아합의 아들인 아하시야가 이스라엘을 통치할 때부터 바벨론 포로가 될 때까지 약 270년동안의 역사이다. 엘리야의 후계자인 엘리사 선지자의 활동이 13장까지 기록되었고 14장에서 17장까지는 엘리사의 사망에서부터 포로되기까지의 북쪽왕국에 대한 기록이며 18장에서 25장까지는 남쪽 유다가 포로되기까지의 역사이다. 내용 분해는 박기원편 성경총론을 참고하라.

* 열왕기 하에 나타난 그리스도의 모형 - ①왕통(왕하7:). 아달랴가 다윗의 왕통을 무너뜨리려 하였으나 다윗의 왕통이 보존되어 그리스도께서 탄생하심(마1:1). ②엘리야(왕하1-2장). 열왕기 상에 나타난 그리스도 엘리야 항을 참고하라. 그리스도의 승천(행1:9). ③요단강물(왕하5:14). 그리스도의 보혈로 죄를 씻음을 예표(엡1:7, 히9:12). ④회리바람(왕하2:11). 그리스도의 승천을 예표(행1:8). 성도 또한 들림을 받아 주와 함께 거할 것이다(살전4:17).

열정[熱情 ; 더울 렬, 뜻 정. passion, great desire]명(렘51:39) ①어떤 일에 열중하는 마음. ②열렬한 애정. ardent love.

열조[列祖 ; 벌일 렬, 할아비 조. ancestor, fathers]명(창25:8) 훈공이 있는 조상. 선조. 죽은 조상.

열족[列族 ; 벌일 렬, 겨레 족. people of all the nations]명(사66:18) 여러 족속. 모든 족속. 전 인류.

열파[裂破 ; 찢을 렬, 깨뜨릴 파. explosion, rend]명(렘4:20) 깨어져 갈라짐. 파열.

열흘갈이[tne-acre]명(사5:10) 십일 동안 논밭을 가는 일. 그 넓이.

엷다[thin]형(레13:6) 두께가 두껍지 않다. 빛이 진하지 않다.

염[鹽 ; 소금 염. salt]명(시107:34) 소금.

염곡[鹽谷 ; 소금 염, 골 곡. valley of salt]지(삼하8:13) ①사해 남부. 페트라 근처에 있는 골짜기. 다윗, 아마샤 두 왕이 많은 에돔인을 살륙한 곳(왕하14:7,대상18:12, 대하25:11). ②시60편의 제목.

염려[念慮 ; 생각 념, 생각 려. care, fear]명(창38:11) ①마음을 놓지 못함. ②걱정하는 마음. worry.

염밭[鹽~ ; 소금 염. barrenness, salty wasteland]명(시107:34) 소금기가 있는 밭. 악을 행하므로 옥토가 염밭이 되어 농사를 지을 수 없다.

염병[染病 ; 물들일 염, 병들 병. typehus, plague]명(레26:25) 장질부사. 장티프스균이 장에 침입하여 일어나는 급성 전염병.

* 하나님의 재앙,징계로 내림(신28:21, 대하7:13).

염성[鹽城 ; 소금 염, 재 성. city of salt]지(수15:62) 사해근처 유다 광야의 성읍.

염소[goat]명(창27:9) 소과 양아과(羊亞科)에 속하는 동물. 면양과 비슷하나 턱수염이 있고 성질이 거칠다. ①많음 - 재산(창30:32). ②흠없는수컷 - 제물(레1:10). ③고기 - 별미(창27:9). ④털 - 성막덮게(출26:7). ⑤가죽 - 옷(히11:37). ⑥젖 - 음료(잠27:27). ⑦새끼 - 어미의 젖으로 삼지 말것(출34:26). ⑧보상물(창38:20, 23). ⑨피 - 그리스도의 속죄예표(히9:12-19).

염소 새끼[kid of goat]명(창27:16) 낳은지 얼마않된 염소의 어린 것. ①재물(창38:17). ②신물(38:20-23). ③제물(삿6:19). ④선물(삿15:1). ⑤보잘 것 없음을 나타냄(삿14:6, 눅15:29).

염소 털[goat's hair]명(출25:4) 염소의 몸에 실모양으로 난 것. 털가죽. ①야곱이 아버지의 축복을 받으려고 할 때 에서처럼 보이려고 염소 새끼의 가죽을 사용했다(창27:16). ②하나님께 드린 선물(출25:4). ③성막의 덮게, 앙장(출26:7). ⑤실을 만듦(출35:26). ⑥깨끗하게 할 물건(민31:30). ⑦가발로 사용(삼상19:13).

* 야곱은 이삭을, 미갈은 사울을 속이는데 사용했다.

염습[殮襲;염할 염, 덮을 습. shouding, be gathered]명(렘25:33) 죽은 이의 몸을 씻긴 후에 옷을 입히는 일. ㉾염(殮).

염증[厭症;싫을 염, 병증세 증. be grieved, inflammation]명(욥4:2) 몸의 어느 한 부분이 세균이나 약품의 작용으로 발적·종창·동통·발열 등을 일으키는 증세.

염치[廉恥;청렴할 렴, 부끄러울 치. sense of shame]명(삼하6:20) 조촐하고 깨끗하여 부끄러움을 아는 마음. ㉾염통머리.

염통[heart]명(왕하9:24) 심근의 수축과 판막의 작용에 의하여 정맥에서 혈액을 받아 동맥을 통해 몸의 각 기관에 혈액을 보내는 순환기관의 한 중추부분. 심장.

염해[salt sea]지(창14:3) 사해라고 부르고 있는 소금의 바다. 성경에서는 염해(민34:3), 아라바의 바다(신3:17, 수8:14), 동해(겔47:8, 욜2:20, 슥14:8), 또는 바다(겔47:8, 암8:12, 미7:12)라고 부른다. 지중해의 수면보다 392m나 낮아서 세계에서 가장 낮은 곳으로 물이 흘러 들어가기만 하고 흘러나오지 못한다. 매일 수위가 1cm 가량 증발한다고 한다. 이 호수는 남북으로 길게 생겼는데 남북이 약 80km, 동서가 약 15km, 면적은 1,036㎢ 평균수심은 360m, 가장 깊은 곳은 400m가 된다. 염분 함유량은 25%로 보통 다른 물의 6배가 넘는다. 그래서 물고기가 살 수 없고 계란이 뜨며 사람의 몸도 뜨나 머리가 잠기려는 경향이 있어 수영은 곤란하다. 옛날 소돔과 고모라는 사해 남단 물속에 잠겼다.

영[營;진 영. camp]명(대상9:18) 영문(營門)의 준말. 감영.

영[嶺;재 령. ridge, hill]명(사10:29) 높은 메의 고개.

영[令;명령할 령. command]명(왕상5:6) 하도록 내리는 명령, 지시.

영[靈;신령 령. soul, spirit]명(출28:3) 신령, 심령, 영혼의 준말. ①감정의 중심(시51:10). ②본성(고전2:11). ③의식(눅8:55). ④하나님의 통치아래 있다(욥12:10, 시31:5).

영감[靈感;신령 령, 느낄 감. spirit, inspiration]명(왕하2:9) 하나님께서 성령을 통하여 역사하시는 방법. 성경은 영감된 하나님의 말씀이다(딤후3:15-16).

영걸[英傑;뛰어날 영, 뛰어날 걸. great man, mighty]명(창10:8) 영웅과 호걸. 뛰어난 인물. 힘있는 용사.

영광[榮光;영화 영, 빛 광. glory]명(창49:6) 빛나는 영예. 이름을 빛내는 것. honor.

* 성도는 하나님의 영광을 위하여 창조되었고 부름을 받은 자이다.

1. **하나님의 영광** - ①역사에 나타남

(시19:1). ②그리스도에게 나타남(요1:14). ③사람에게 반영된다(고전11:7). ④하늘 위에 높다(시113:4). ⑤온 땅에 충만하다(사6:3). ⑥영원무궁하다(시104:31).

2. **그리스도의 영광** - ①창세전에 하나님으로부터 받음(요17:5). ②하나님께로부터 오는영광(벧후1:7). ③만물이 그리스도의 영광으로 산다(빌3:21). ④하늘에서 받으신다(계5:12). ⑤영광 중에 재림하신다(마16:27).

3. **사람의 영광** - ①하나님의 영광에 이르지 못함(롬3:23). ②하나님이 주신다(단2:37). ③빨리 지나간다(벧전1:24). ④죽음과 함께 끝이 난다(시49:17). ⑤마귀가 시험할 때 이용한다(마4:8). ⑥그리스도께서 회복하신다(고후5:17).

영구[永久 ; 길 영, 오래 구. eternity, for ever]명(신29:29) 길고 오램.

영락[零落 ; 떨어질 령, 떨어질 락. ruin]명(스6:9) ①잎이 말라서 떨어짐. ②세력이나 사람이 아주 보잘 것 없이 됨.

영락없다[零落~ ; 떨어질 령, 떨어질 락. sure]형(스6:9) 조금도 틀리지 않고 번번이 맞는다.

영문[營門 ; 진 영, 문 문. outpost, castle camp]명(삼상10:5) 군영(軍營).관리가 직무를 행하던 관청 이름. ①성전의 영문(대하31:2). ②관리가 있는 곳(느7:2). ③심문하는 곳(행22:24). ④채찍질 하는 곳(요19:12). ⑤재판하는 곳(막15:16, 요18:28, 33). ⑥그리스도가 고난을 받은 곳(히13:11-13). ⑦바울이 잡혀간곳(행21:33-37). ⑧레위인의 영(대상9:18).

영벌[永罰 ; 길 영, 벌줄 벌. eternal punishment]명(마25:46) 지옥에서 죄인이 받는 영원한 벌.

영생[永生 ; 오래 영, 날 생. eternal life, immortality]명(창3:22) ①영원 무궁한 생명. ②하나님의 거룩한 뜻을 알고 행함으로써 천국의 복락을 길이 누리는 생활.

＊①예수님을 믿는 것(요3:16, 36, 딤전6:12). ②예수님을 아는 것(요17:3). ③여호와의 복(시133:3). ④성도의 거처(마18:9). ⑤성도의 상속(마19:29). ⑥의인이 들어가는 곳(마25:46). ⑦핍박을 받은 자가 얻는 것(막10:30). ⑧주 안에 있음(롬6:23). ⑨성령으로부터 거둠(갈6:8). ⑩선한 싸움을 싸운 자의 것(딤전6:12). ⑪성도에게 약속된 것(딛1:2). ⑫후사가 됨(딛3:7). ⑬하나님의 은사(롬6:23). ⑭그리스도(요일1:2). ⑮그리스도의 명령(요12:50). ⑯이 세상에서 내세까지(요12:25). ⑰추수 때 영생을 거둔다(갈6:8). ⑱그리스도의 긍휼로 이름(유21). ⑲살인자는 들어갈 수 없다(요일3:15). ⑳우상숭배자, 음행자는 얻지 못한다(엡5:5).

영성[零星 ; 떨어질 영, 별 성. few, scantinss]명(대상16:19) 수효가 적어서 보잘 것 없는 모양.

영세[永世 ; 길 영, 인간 세. eternal world]명(창9:12) 사람이 헤아릴 수 없는 흘러가는 때.

영세전[永世前 ; 길 영, 인간 세, 앞 전. long ages past]명(롬16:25) 만물이 창조되기 전. 하나님만 계시던 때. 태초(요1:1).

영속[永贖 ; 길 영, 바꿀 속. reconciliation]명(단9:24) 하나님의 자비로 죄에 대하여 영원히 속량받아 하나님과 화목을 이룸. 속죄.

영솔[領率 ; 거느릴 영, 거느릴 솔. command]명(민10:14) 부하를 거느려 이끔.

영아[嬰兒 ; 어릴 영, 아이 아. little one, infant]명(렘48:4) 신생아. 젖먹이.

영양[羚羊 ; 큰뿔양 령, 양 양. wild bull, antelope]명(사51:20) 소과의 짐승. 염소와 비슷하나 몸이 크고 살찐 편임. 몸에 긴 털이 있고 검은 회색 또는 회갈색임. 산양.

영업[營業 ; 경영할 영, 업 업. business]명(시107:23) 삶과 수입을

위하여 계속하여 사업을 해 나감.
영영[永永 ; 길 영, 길 영. for ever]명 (창44:32) 영원히, 언제까지나.
영예[榮譽 ; 영화 영, 기릴 예. honour, praise]명(대상16:35) 빛나는 자랑.
① 미련한 사람의 영예(잠26:1). ② 겸손한 자의 영예(잠29:23). ③ 사람의 영예(잠25:27). ④ 주의 영예(대상16:33). ⑤ 여호와의 영예(시78:4). ⑥ 자기의 영예를 구하는 것은 헛됨(잠25:27).
영웅[英雄 ; 재주 영, 수컷 웅. hero, mighty man]명(출15:15) 아는 것. 재능 또는 담력, 용맹 등이 남달리 뛰어남.
영원[永遠 ; 길 영, 멀 원. eternity]명(창6:3) 끝없이 오랜 때.
* 영원한 것 - ① 하나님(신33:27). ② 그리스도(미5:2). ③ 성령(히9:14). ④ 하나님의 집(전12:5). ⑤ 하나님의능력(롬1:20). ⑥ 언약(사55:3). ⑦ 복음(계14:6). ⑧ 경륜(엡3:9-11). ⑨ 의(시119:142-144). ⑩ 인자하심(시100:5). ⑪ 사랑(렘31:3, 고전13:13). ⑫ 하나님 나라(시145:13).
영원무궁[永遠無窮 ; 길 영, 멀 원, 없을 무, 다할 궁. eternity]명(출15:18) 다함이 없이 오래고 오램. 때의 끝이 없음. 영세무궁.
영원하신 하나님[the eternal God] (신33:27) 하나님의 속성을 나타내는 말. 그에 속한 것, 그가 하시는 일의 한계가 없음을 나타냄. ① 그의 이름이 영원함(시135:13). ② 나라(딤전1:17). ③ 시간(딤후3:8, 계1:8). ④ 경륜(엡3:9-11). ⑤ 능력(롬1:20). ⑥ 사랑(렘31:3). ⑦ 말씀(마24:35), ⑧ 복음(계14:6). ⑨ 의(시119:144). ⑩ 언약(사55:3). ⑪ 인자하심(시100:5). ⑫ 영광(벧전5:10). ⑬ 제사(히10:12). ⑭ 성령(히9:14). ⑮ 속죄(히9:12). ⑯ 구원(히5:9). ⑰ 심판(히6:2).
영원한 심판[eternal judgment](히6:

2) 의와 불의, 선과 악, 신앙과 불신앙에 대한 판가름. 확정지음. 성령을 훼방하는 자는 영원한 형벌을 받게 된다(막3:29).
영장[營長 ; 경영할 영, 어른 장. supervisor]명(대하26:11) 감독관 또는 집행관, 감독자, 지배자, 집단의 장.
영장[伶長 ; 영리할(광대) 령, 어른 장. music director, chief]명(합3:19) 노래하는 자의 우두머리. 악장(樂長).
영적[靈的 ; 신령(영혼) 령, 적실할 적. spiritually]명(고전2:14) 영감(靈感)에 속하거나 영감을 통한것. 신령스러운 것.
1. 요소 - ① 말씀(시19:10). ② 그리스도(요16:48-51) ③ 값없이 얻음
2. 무기 - ① 그리스도의 전신갑주(엡6:11-17, 살전5:8). ② 하나님의 말씀(엡6:17). ③ 믿음(요일5:4). ④ 빛의 갑옷(롬13:12). ⑤ 의의 병기(롬13:12, 고후6:7). ⑥ 성령(갈5:16-18).
3. 성장 - ① 은혜를 통해서(벧후3:18). ② 어린아이의 일을 버림(고전13:11). ③ 지혜에 장성 하기까지(고전14:20). ④ 주 안에서(엡4:14-16).
영접[迎接 ; 맞이할 영, 댈 접. meet, take in, reception]명(창14:17) 손님을 맞아 대접함. ① 하나님을(시21:3). ② 그리스도(요1:11). ③ 성도(마25:35, 40). ④ 어린이(마18:5). ⑤ 나그네(창19:1, 삿19:15). ⑥ 기쁨으로(빌2:29).
영존[永存 ; 길 영, 있을 존. endure, permanence]명(시49:9) 영구하게 존재함. 끝없이 있다.
영지[領地 ; 거느릴 령, 땅 지. territory, province]명(대상6:66) 토지(土地)로 성립되는 국가의 영역. 한 나라의 통치권이 미치는 지역.
영채[營寨 ; 경영할 영, 나무우리 채. camp, tent, garrison, castle]명(삼하11:11) 진영, 울타리.
영토[領土 ; 거느릴 령, 흙 토. land

fulence]몡(욥35:6) 그림자가 형상을 좇고, 울림이 소리에 응함과 같이 한 가지 사물로 인하여 다른 사물에 작용이 미치는 결과.

영혼[靈魂 ; 신령 령, 넋 혼. soul]몡(삿5:21) 육체를 떠나서도 존재하며, 인간 활동의 근원으로 생각되는 정신적 실체. 넋
*①생령(창2:7). ②육신과 분리된다(행7:59, 계6:9, 20:4). ③죽지 아니함(마10:28). ④하나님이 취하심(욥27:8). ⑤사후의 영(전3:21, 눅16:22). ⑥사망에서 구원(약5:20). ⑦믿음으로 구원(벧전1:9). ⑧육체와 싸움(벧전2:11). ⑨유혹을 당함(벧후2:14). ⑩하나님께 부탁함(벧전4:19). ⑪하나님을 영원히 경배한다(계4:10).

영화[榮華 ; 영화 영, 빛날 화. glory, prosperity]몡(창45:13) 몸이 귀하게 되어서 이름이 남.

옆구리[flank]몡(민33:55) 몸의 양쪽 갈비가 있는 부분.

예[oldtimes]몡(왕상21:25) 오래 전. 옛적.

예[yes]감(행5:8) 존대하는 자리에 대답하는 말.

예[禮 ; 예도 례. honor, salute]몡(행28:10) ①예법. ②사람이 마땅히 지켜야 할 의식. 인사. politeness.

예[例 ; 보기 례. manner, example]몡(요16:2) ①본보기로써 足한 것. ②세상에 흔한 것. common thing.

예고[豫告 ; 미리 예, 알릴 고. advance notice]몡(행7:52) 미리 알림. ①멸망(막13:1-2). ②메시야(행7:52). ③복(행3:24-26). ④징계(고후13:2). ⑤사람(사47:13).

예델[יִתְרָא = 차고 넘침, 뛰어남]인
1 ①압살롬의 대장. ②다윗에게 귀순한 아마사의 아버지. ③다윗의 누이 아비가일의 남편. ④이드라와 같은 사람(삼하17:25).
2 유다자손 야베스의 후손 에스라의 아들(대상4:17).
3 아셀자손 이드란과 같은 사람(대상7:30-38).
4 유다자손 삼매의 아우. 야다의 아들. 요나단의 형(대상2:32).

예드야[יְדַעְיָה = 주는 기뻐하심]인
1 레위사람 그핫의 후손 수바엘의 아들. 아므람의 손자(대상24:20).
2 다윗의 나귀를 맡았던 메르놋 사람(대상27:30).

예라[יֶרַח = 달(月)]인(창10:26) 셈의 후손. 욕단의 아들. 아라비아의 일족.

예라[יֶרַח = 달]지(창10:26) 아라비아의 성읍. 욕단 자손의 거주지.

예레미야[יִרְמְיָה = 여호와는 건설하심, 여호와는 일으키심]인

1. **인적관계** - 베냐민 땅 아나돗의 제사장 힐기야의 아들(렘1:1).
2. **관련기사** - ①태어나기 전부터 소명을 받았다(렘1:4-10) ②유다왕 요시아 13년부터 시드기야 왕 11년까지 42년간 선지자로 활동(렘:1-3)③바스훌에 의해 투옥됨(렘20:1-6). ④눈물의 선지자. 여호와를 배반하고 국가와 민족을 좀먹는 행동을 일삼는 관민을 볼 때에 크게 책망하나 목이 곧은 민중은 듣지 않고 도리어 죽이려고까지 하였다(렘36:19). ⑤여호야김 왕이 그의 두루마리를 불태움(렘36:1-26). ⑥하나님의 말씀을 다시 기록함(렘36:27-32). ⑦바벨론왕에 의해 멸망될 것을 예언(렘36:27-32). ⑧그 후에 갈대아인에게 항복하라고 권고하자 잡혀 토굴에 갇혔다(렘37:13-16). ⑨그후 물없는 진흙 구덩이에 던져 넣은 것을 구스 사람 에비멜렉이 왕에게 청하여 끌어내고 시드기야왕이 비밀히 와서 다시 물으매 바벨론왕에게 항복하면 살고 항복하지 않으면 죽는다고 대답하였다(렘38:7-13, 38:16-18). ⑩예루살렘 함락시 느부갓네살에 의해 석방됨(렘39:11-14). ⑪바벨론으로 압송 중 자유인이 되어 미스바로 돌아감(렘40:1-6). ⑫백성들이 애굽으로 가는 것을 막으려고 하였으나 듣지 않아 그들을 따라 애굽 다바네스로 가서

예언했다(렘43:5-13). ⑬애굽 땅에 내려간 자들이 멸망할 것과 애굽왕 바로를 그의 원수에게 부칠 것을 예언했다(렘40:1-6, 41:2, 3, 16, 18, 43:1-7, 44:12-30). ⑭블레셋, 모압, 암몬, 에돔, 다메섹, 바벨론이 망할 것을 예언하였다(렘47:4, 48:4, 49:2, 20, 27, 50:2).
3. **특징** - ①독신(렘16:1-13). ②고뇌의 선지자(렘15:18, 20:7-18). ③눈물의 선지자(렘애). ④고난의 선지자(렘37:12-14). ⑤선지자를 책망한 선지자(렘29:20-32). ⑥포로에게 예언을 전한 선지자(렘29:4-9).
4. **교훈** - 불굴의 선지자. 오직 주의 말씀을 위해 헌신. 백성이 있는 곳에는 선지자가 있어야 한다.
5. **성경기록** - 예레미야서와 예레미야 애가. 예수님께서 어려서 애굽으로 피란하셨다가 돌아오신 일에 대하여 예레미야 31:15을 인용하였다(마2:17). 그는 애굽에서 동족 비행을 책하고 다니다가 돌에 맞아 죽었다는 설이 있다.
② 요시야왕의 장인(왕하23:31).
③ 므낫세 반 지파의 족장 중 하나(대상5:23, 24).
④ 시글락에서 다윗의 군대에 가담한 용사(대상12:4).
⑤ 시글락에서 다윗에게 합세한 기브온 용사(대상12:10).
⑥ 갓 사람으로 다윗의 용사가 된 사람(대상12:13).
⑦ 레갑자손 야아사냐의 아버지(렘35:3). 하바시냐의 손자.
● 외 3인(느10:2, 12:12, 34).

예레미야[Jeremiah]명(렘) 구약 제24권째 성경. 제사장 집안에서 부름받은 예레미야선지자가 선한 요시야왕이 다스리던 13년에 예언하기 시작하여 마지막 왕인 시드기야왕까지 예언한 기록. 이스라엘의 멸망의 원인이 하나님을 떠나 우상숭배를 한데 있으며 이스라엘 집과 유다 집에 세운 하나님의 놀라운 새 언약을 전하였다. 내용 분해는 박기원 편 성경총론을 참고하라.
● **예레미야에 예언된 그리스도의 모형** - ①목자(렘23:4, 31:10) - 요10:11). ②의로운가지(렘23:1-8) - 눅3:31, 다윗의 혈통을 살펴보라. ③여호와우리의의(렘23:5-6). ④생수의 근원(렘2:13, 17:3) - 요7:37-38. ⑤치료하는의사(렘8:22) - 눅5:31. ⑥통치자(렘23:). ⑦새 언약을 세울 그리스도(렘31:31-34) - 눅22:20. ⑧애통하는그리스도(렘8:21) - 마23:37-38, 눅19:41. ⑨평안과 소망을 이루는 그리스도(렘29:11) - 요14:27. ⑩사랑해 주시는 그리스도(렘31:3) - 요13-15장. ⑪구속자(렘50:34). ⑫다윗같은 왕(렘30:9).

예레미야 애가[Lamentations]명(애) 구약 제25권째 성경. 기록자의 이름이 밝혀져 있지 않으나 70인역에는 선지자 예레미야의 기록이라고 한다. 예루살렘의 멸망과 황폐함을 슬퍼하는 애가는 하나님의 백성들이 지은 죄와 반항 때문에 당한 고통과 불행, 시온의 심판, 선지자의 고통(예루살렘성을 보시고 우신 그리스도의 모형)시온의 영광과 황폐, 하나님께 구원의 자비를 구하는 최후의 기도가 기록되어 있다. 내용 분해는 박기원 편 성경총론을 참고하라.
● **예레미야 애가에 예언된 그리스도의 모형** - ①눈물을 흘리실 그리스도(렘애4:1-2) - 예루살렘을 사랑하시는 그리스도의 눈물(마23:37-38, 24:2, 눅19:41). ②고난을 당하실 메시야(그리스도). (1) 조롱과 비웃음을 당하심(렘애2:15-16, 3:14) - 마27:27-31, 41-42. (2) 매를 맞음(렘애3:30) - 마27:30. (3) 피를 흘림(렘애4:13) - 요19:34. ③자비와긍휼하심(렘애3:19-20) - 죽기까지 사랑하신 그리스도를예언(요13:1, 엡2:4).

예렛[יֶרֶד=봉사자]인(대상4:18) 유다사람 그돌의 아버지.

예루살렘[יְרוּשָׁלַםִ=평화의 터]지

1. **위치** - 유다와 베냐민 두 지파의 경계선상에 있으며 지중해, 헤브론, 요단강, 사마리아를 접경으로 삼고 있다(수10:1).

2. **명칭** - ①수10:1에 처음 기재되었으나 오래전부터 있었다. 유사한 이름→살렘(창14:18, 시76:2). ②옛 이름은 여부스이며(삿19:10-11). ③별명으로 오홀리바라 하고(겔23:4). ④시온산의 이름을 따라 시온성, 다윗왕의 도성 ⑤다윗의 자손은 하나님의 성전이다. ⑥하나님의 성전이 있는 고로 거룩한 성이라 하였다(삼하5:7, 5:9, 눅2:11, 시46:4, 느11:1, 마4:5). ⑦아리엘(사29:1). ⑧의의 성(사1:26). ⑨여호와의 보좌(렘3:17). ⑩거룩한 산(단9:16). ⑪헵시바(사62:4).

3. **구약의 관련기사** - ①아도니세덱이 통치하던 곳(수10:1). ②주민은 여부스 사람(수15:63). ③아도니베섹을 끌고 가서 죽인 곳(삿1:7). ④베냐민 사람이 그 거민을 쫓아내지 못함(삿1:21). ⑤다윗 왕조의 수도(삼하5:55). ⑥다윗이 골리앗의 머리를 이곳으로 가져옴(삼상17:54). ⑦다윗이 여부스 세력을 멸절함(삼하5:6-8). ⑧다윗성이라 명명함(삼하5:7-9). ⑨다윗이 언약궤를 가져옴(삼하6:12-17). ⑩다윗왕의 인구조사로 인하여 온역의 재앙에서 구원받음(삼하24:16). ⑪솔로몬왕이 성전을 건축함(왕상5:5-8). ⑫르호보암왕 때에 애굽과의 전쟁에서 수탈당함(왕상14:25-27). ⑬이스라엘 왕 요아스 군대에게 약탈당함(왕하14:13,14). ⑭앗수르왕 산헤립의 침략에서 기적적으로 구원받음(왕하19:31-36). ⑮여호야김 때에 주권을 애굽왕에게 빼앗김(왕하23:33-35). ⑯여호야긴 때에 바벨론왕 느부갓네살의 공격을 받음(왕하24:10,11) ⑰아하스 때 아람왕 르신의 침략을 받음(사7:1). ⑱웃시야때에 지진이 일어남(암1:1). ⑲시드기야왕 때에 바벨론 느부갓네살왕에게 함락됨(렘39:1-8). ⑳70년동안 황폐해짐(렘25:11,12). ㉑이로부터 유대인들은 이 예루살렘을 극히 존중히 여기고 경모하였다(시122:6, 137:5-6, 왕상8:38, 사62:1,7, 단6:10, 마5:35). ㉒성전이 해파됨(대하14,19). ㉓고레스가 성전 재건을 허락함(대하36:23). ㉔바벨론 포로생활을 청산하고 귀국한 백성들이 성전을 재건했다(스1:1-4). ㉕성전건축이 방해 받음(스5:1-17). ㉖예루살렘 성곽 낙성(느12:27-47).

4. **신약의 관련기사** - ①예수님의 탄생 소식을 듣고 소동했다(마2:1-3). ②예수님께서 모세의 법을 따라 결례를 받음(눅2:22). ③시므온이 예수님을 반기고 예언함(눅2:25). ④예수님께서 12살 때 올라가심(눅2:41-45). ⑤헤롯이 46년 동안 성전을 증축함(요2:20,21). ⑥예수님이 여기서 많은 이적을 행하심(요4:45). ⑦예수님이 성을 보고 우심(눅19:41,42). ⑧멸망이 예고됨(눅19:43,44). 예수님이 왕으로 입성하신 곳(마21:9,10). ⑨예수님이 예루살렘의 멸망을 슬퍼하심(마23:37,38). ⑩ 그리스도의 복음이 전파됨(눅24:47). ⑪오순절 성령 강림 후 교회가 세워지고 선교활동의 근원지(행2:1-47). ⑫기독교인들이 박해를 받음(행4:1-30). 스데반이 순교함(행7:1-50). ⑬박해로인하여 교인들이 사방으로 흩어짐(행8:2-5). ⑭전도하려고 떠난 사도들의 귀환(행8:25). ⑮에디오피아의 내시 간다게가 예배하러 왔다가 돌아감. 빌립을 만나 세례를 받았다(행8:27). ⑯핍박자 사울이 예루살렘 교회의 일원이 됨(행9장). ⑰사도들의 총회가 열림(행15:1-29). ⑱ 바울이 방문함(행20:16). ⑲바울이 천부장에게 잡혔다(행21:30-

예루살렘

36). ⑳바울이 벨릭스 총독에게 압송됨(행23:12-33).
5. **예언** - ①스가랴선지자는 '많은 백성과 강대한 나라들이 예루살렘으로 와서 만군의 여호와를 찾고 여호와를 구하리라' 라고 예언하였다(슥8:22-23). ②바벨론에 의한 패망(렘20;5). ③70년간의 폐허(렘26:18). ④고레스의 해방과 성전재건 허락(사44:-26-28). ⑤예수님의 영광의 입성(슥9:9). ⑥예루살렘의 영적 부흥(슥14장). ⑦복음전파의 근거지(사2:3). ⑧멸망의 가증한 것이 서게 됨(마24:1-22). ⑨한동안 이방인들에게 밟힘(눅21:24). ⑩회개운동의기점(눅24:47). ⑪위에 있는 예루살렘은 자유성이라 하였다(갈4:26). ⑫너희가 이를 곳은 시온산과 하나님의 도성인 하늘의 예루살렘이라 하였고(히12:22). ⑬내 하나님께로부터 내려오는 새 예루살렘의 이름과 나의 새 이름이 그의 위에 기록하리라 하였고(계3:12). ⑭내가 보매 거룩한 성 새 예루살렘이 하나님께로부터 내려오니 그 예비한 것이 신부가 신랑을 위하여 단장한 것 같다고 하였다(계21:2).
6. **역사적 중요성** - ①예루살렘은 고대 가나안 사람의 수도였으나 ②다윗왕이 점령하였다. ③아모스와 호세아를 제외한 모든 선지자들의 활동무대였으며 ④구약 성경 대부분이 여기서 기록되었다. ⑤느부갓네살이 점령하였고, ⑥포로에서 돌아온 후 다시 재건하였으며, ⑦파사, 희랍, 로마시대를 통하여 그의 신성을 점점 더 하였다. ⑧예수님의 사역, 죽음, 부활, 승천의 무대였다. ⑨주후 70년 타이러스가 예루살렘을 함락시켰고, ⑩136년 하드리안 황제 때 재건되었다가 ⑪637년 칼리프 오말(Calif Omar)에게 점령되었고, ⑫회교의 중심지가 되었다. ⑬1099년 십자군이 점령하였고, ⑭1517년 터키 사람이 점령하였다. ⑮1917년 알렌비 (Allenby) 장군의 연합군이 점령하기까지 터키 사람의 수중에 있었다. ⑯1920년 국제연맹의 결의로써 영국의 위임통치로 되었다가 ⑰제2차대전 이후 U.N의 결의에 따라 독립하였다.
7. **성전** - ①솔로몬의 성전. 느부갓네살의 손에 부서지기까지 존속하였고 포로 기간 중에도 그 위치를 잊어버리지 않았다(렘41:5, 학2:3, 스3:12). ②스룹바벨 성전. 바벨론에서 돌아온 스룹바벨이 그 자리에 다시 지었다(스6:15) ③헤롯성전. 헤롯의 종교정책의 일환으로 스룹바벨 성전을 중앙에 두고 증축하였다(요2:20-21).

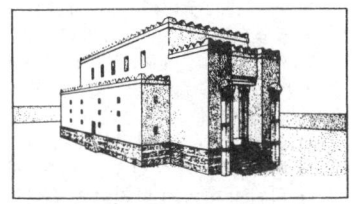

8. **문들** - ①모퉁이문(대하26:9). ②분문(느3:13, 12:31). 힌놈의 골짜기로 통함. 시체 출입. ③에브라임문(왕하14:13, 대하25:23, 느8:16, 12:39). ④어문(느12:39, 습1:10) 갈릴리로 통함. 어부의 문. ⑤샘문(느12:37). 실로암 부근 물을 길음. ⑥마문, 혹은 말문(대하23:15, 느28, 렘31:40). 말의 출입문. ⑦베냐민문(슥14:10). ⑧감옥문(느12:39). ⑨양문(느3:1, 12:39) 제물의 출입문. ⑩베냐민의 윗문(렘20:2). ⑪골짜기문(대하26:9, 느2:13, 3:1). ⑫수문(느3:26, 8:16, 12:37).
9. **시대적 증거** - ①솔로몬시대 예루살렘은 성전과 왕궁, 바로의 딸의 집이 계속해 있었으며 주위는 성벽을 쌓았다. 왕궁은 남쪽에 있었으리라 본다. 왜냐하면 다윗 궁보다는 높고 성전보다는 낮다고 하였다(왕상6:36, 7:8, 12, 사1:26, 왕상8:1, 9:24, 10:5, 왕하11:19,

렘22:1, 26:10, 왕상7:8, 9:24, 3:1, 9:15). ②히스기야시대의 예루살렘은 산헤립의 침입을 예상하여 기혼의 물을 다윗성 서쪽에 끌어들이는 수로의 기록이 있다(왕하20:20, 대하32:4, 30, 7:3, 사22:9-11). 이것은 바위를 뚫은 굴인데 이 굴의 안벽에는 옛날 히브리어의 비문이 조각되어 있다. 이것이 소위 실로암 비문(Siloam inscription)이다. ③신약시대의 예루살렘은 예수님의 예루살렘 방문이 가장 큰 사건이다. 예수님께서 처음 세번 예루살렘을 방문하신 것은 성전과 관계가 있었다(눅2:22-39, 41-50, 요2:13-22). 네번째는 베데스다못(요5:). 여섯번째는 실로암못과 관계가 있었다(요9:). 일곱번째는 예루살렘에 올라가서 수난주일 동안 일, 월, 화요일에 성전에서 가르치셨다(막11:-16:) 목요일에는 다락방에서 만찬을 잡수셨다(막14:15). 이 다락방은 마가의 어머니 마리아의 집이었을 것이다. 이곳은 예수님께서 승천하신 후에 초대교회의 집회 장소가 되었다. 전설에 의하면 욥바의 문 곁에 빌라도의 집이 있었다고 하며 헤롯 궁전과 같이 있었을 것이라 한다. 십자가와 무덤의 장소인 골고다에는 현재의 성묘교회(聖墓教會)가 서 있다고 한다. 옹기장이의 밭 "아겔다마"는 나그네의 매장지였다(행1:18).

10. 인접지역 - ①기드론 골짜기 : 이 골짜기는 예루살렘 동쪽 와디 시티 마리암(wady siti maryam)일 것으로 본다. 그 이유는 요18:1과 막14:26을 보면 예수님이 감람산에 가실 때 이 골짜기를 건느셨다. ②힌놈의 골짜기 : 이 골짜기는 예루살렘 서남쪽을 에워싼 넓은 골짜기로 와디 엘 라바비(wady er-rababi)일 것이다. ③엔 로겔(en-rogel) : 골짜기와 관계가 있는 것은 샘과 못이다. 왕상1:을 보면 아도니야는 엔로겔에서 대관식을 거행하였으며 솔로몬은 기혼에서 행하였다. ④베데스다(bethesda) : 38년된 병자가 일어난 곳이다(요5:). 예루살렘 부근에는 기혼(처녀의 샘)이 유일한 간헐천(間歇泉)이다. 아마 이것이 베데스다못의 유적일 것이다. ⑤실로암(siloam) : 지금은 아인(ain 泉)이라고 부르는데 실상은 샘이 아니라 처녀의 샘 물을 바위를 뚫어서 급수(給水)한 것이다.

10. 왕 - ①여호수아에게 패망한 왕(수10:1-5). ②아도니세덱(수10:3). ③솔로몬(전1:1).

예리[銳利 ; 날카로울 예, 이로울 리. sharpness]명(히4:12) ①칼날 따위가 날카로움. ②두뇌와 판단력이 날카롭고 정확함. keenness.

예물[禮物 ; 예도 례, 만물 물. present]명(창32:13) 사례의 뜻으로 주는 물건. 혼인할 때 시부모가 며느리에게 주는 물건. 결혼식장에서 신랑 신부가 정표로 주는 물건. ①우정의 증표(왕하20:12, 13). ②환심을 사기 위하여(창32:13). ③제물(레1:2). ④확인하기 위한 예물(삿6:18-24). ⑤석별의 증표(미1:14). ⑥축하선물(마2:11). ⑦즐기는 증표(계11:10). ⑧진상품(시72:10). ⑨조공(왕하7:3-4). ⑩댓가(사례) (왕하8:7-10).

예배[禮拜 ; 예의 예, 절 배. worship]명(요4:20) 겸손한 마음으로 경배하는 일. 경외심으로 드려야 한다.

1. **참된 예배** - ①하나님께 드린다(신26:10). ②신령과 진정으로 드리는 예배(요4:24). ③하나님께 영광을 돌리는 예배(계14:7, 시16:29). ④그리스도께 드리는 예배(계4:1-11, 빌2:6). ⑤영적 예배, 성도의 일상생활(롬12:1-).

2. **거짓예배** - ①우상(출34:14, 단

3:5-18). ②사람(행10:25-26). ③피조물(신17:3, 롬1:25). ④천사 숭배(골2:18-23). ⑤사단(신32:17, 마4:10). ⑥적그리스도(계13:4-13).

예법[禮法 ; 예도 례, 법 법. ordinance, manners]명(히9:1) 예의나 몸가짐의 법칙. 㐂예(禮).

예복[禮服 ; 예도 례, 옷 복. vestment, ceremonial dress]명(레21:10) 예식 때 입는 옷. 예절을 특별히 차릴 때 입는 옷.

예비[豫備 ; 미리 예, 갖출 비. preparation]명(창24:31)미리 준비함. 또는 그 준비. 형법에서 범죄에 필요한 준비 행위.
*①있을 곳(창24:31). ②흉년대책(창41:36). ③제물(민15:8). ④양식(수1:11).⑤떡(수9:5).⑥단(수22:26).⑦준비(왕상1:5). ⑧식물(왕상4:7). ⑨전쟁(대상12:23). ⑩성전 건축대(대상22:14). ⑪포위(나3:14). ⑫형틀(시7:13).⑬방(대하31:11).⑭길(말3:1, 사40:3).⑮마음(시10:17).⑯그물(시57:6).⑰진리(시61:7).⑱땅(시65:9). ⑲천체(시74:16). ⑳고기(시78:20). ㉑등(시132:17, 마25:1-). ㉒지혜(잠2:7). ㉓마병(잠21:31). ㉔도류(사14:21). ㉕성(히11:16). ㉖좋은 것(히11:40). ㉗대답(벧전3:15). ㉘방주(창6장, 벧전3:20).㉙심판(벧전4:5). ㉚첫 장막(히9:2). ㉚한 몸(히10:5). ㉚유월절(눅22:13). ㉛향품(눅24:1). ㉜복음의 신(엡6:15).㉝선 한일(딤후2:21). ㉛필요한 것(딛3:14). ㉜나팔 불기를(계8:6). ㉝죽이기로(계9:15). ㉞양육할 곳(계12:6).㉟어린양의 혼인잔치(계19:7). ㊱새 예루살렘 거룩한 성(계21:2). ㊲주의 길(마3:3).

예비일[豫備日 ; 미리 예, 갖출 비, 날 일. preparation day]명(마27:62) 미리 준비하는 날. ①안식일 하루 전날. 즉 금요일을 말함(막15:42). ②예수님이 십자가에 달리신 날(요19:14-42). ③아리마대 요셉이 예수님을 장사한 날(마27:57-62).

예산[豫算 ; 미리 예, 셈한 셈. count, estimate]명(눅14:28) 미리 필요한 금액 따위를 계산함. 그 계산.

예선[豫選 ; 미리 예, 가릴 선. provisional selection]명(삼상16:1) 정식으로 뽑기 전에 미리 뽑음.

예세브압[יָשָׁבְעָם = 아버지의 자리, 아버지의 목숨, 지속]인(대상24:13) 아론 자손으로 제사장. 다윗시대의 성전봉사14반차로 뽑힌 족장.

예셀[יֵשֶׁר = 올바른]인(대상2:18) 유다사람 헤스론의 후손. 갈렙의 아들.

예셀[יֵצֶר = 납모양]인(창46:24) 야곱의 손자. 납달리의 아들(창46:24).

예수['Iησοῦς = 구세주]인

1 구주 예수 그리스도(마1:1) → 예수 그리스도.

2 그리스도의 계보 중 한 사람. 엘리에서의 아들(눅3:29).

3 바울의 동역자이며 유대 사람으로 유스도라고도 한다(골4:11).

예수 그리스도['Iησοῦς Xριστός]인 (마1:1) 보이지 않는 하나님이 인간의 형체를 입고 보이는 하나님으로 오신 구세주의 이름을 뜻하는 '예수'와 그의 칭호를 나타내는 '그리스도'를 합하여 부르는 이름. ①인간으로 오신 예수님께서 그의 직분인 선지자요 왕이요 제사장의 직분을 완수하시는 것을 나타내는 말. ②그는 혈통으로 다윗의 후손이요 직분상으로는 창세전에 계신 자요 하나님이시며 창조주이시고 구원자이시다(요1:1). ③로마황제 아구스도가 호적령을 내릴 때 유대 베들레헴 마구간에서 탄생하셨다. 헤롯이 아기를 해하려할 때 애굽에 갔다가 헤롯이 죽은 후에 나사렛에 돌아와 사셨다. ④나사렛 사람이라고 일컫는다. ⑤요한에게 세례를 받고 광야에서 금식기

예수 그리스도

도하며 마귀의 시험을 물리치고 공생애를 시작하셨다. ⑥많은 교훈과 이적을 행하시고 ⑦빌라도의 정치재판으로 사형선고를 받고 ⑧구속사역(세상죄를 지고 달리신 어린양)을 이루시고 ⑨장사된지 3일만에 다시 살아나시어 ⑩하나님 되심을 보이시고 40일동안 세상에 계셨고 11번 나타나시고 승천하셨다 (눅24:50).

1. **인성** - ①여인(마리아)의 몸에서 나셨다(마1:18, 눅2장, 갈4:4). ②자라셨다(눅2:40). ③사람이라 하심(마2:28, 행17:31, 딤전2:5). ④인자라 하심(마8:20, 눅9:22, 요1:51, 행7:56, 히2:6). ⑤다윗의 자손이라 함(마9:27, 21, 22:42, 롬1:3, 계22:16). ⑥나사렛 예수라 함(마21:11, 막1:24, 눅4:24, 요19:19, 행2:22). ⑦사랑하심(막10:21, 요11:36). ⑧피곤하심(요4:6). ⑨동정하심(마9:36, 23:37). ⑩목이 갈하심(요4:7, 19:28). ⑪주무심(막4:38, 눅8:23).⑫주리심(막11:12,눅4:2). ⑬우심(막14:34, 눅19:41, 요11:35, 히5:7). ⑭근심하심(눅12:44). ⑮성내심(막3:4). ⑯기도하심(마14:23). ⑰영혼히 떠나심(눅23:46,요19:30,고전15:3). ⑱죽으심(히7:29, 눅23:33). ⑲뼈와 살이 있음(부활하신 후)(눅24:39, 요27:20). ⑳족보에 기재되었다(마1:1-16).

2. **신성** - ①선재(요1:1, 미5:2). ②창조주(창1:1, 요1:1-3). ③편재(히13:8, 눅8:24). ④전지(마11:2-6, 막12:40). ⑤전능(마28:18, 14:25-26). ⑥부활(롬1:4). ⑦승천(행1:6-11).

3. **성부와의 관계** - ①동등이심(요5:18,빌2:6).②하나이심(요10:30). ③아버지의 형상이심(요14:9, 골1:15).④하나님의본체(빌2:5-6). ⑤영화가같다(요17:5). ⑥공동사역(창1:1, 요1:1-3). ⑦영광을 나타냄(딛2:13). ⑧크고작음(요14:28). ⑨아버지가낳은독생자(히1:5, 요3:16). ⑩아버지께 드림(고전15:24-28). ⑪아버지의 뜻을 행하셨다(요6:38).

4. **무죄성** - ①거룩하신 자(행4:27-30). ②하나님의거룩하신자(막1:24, 눅4:34). ③죄를 범하지 않았다(벧전2:21). ④죄를 알지도 못함(고후5:21). ⑤책잡을 수 없음(요8:46). ⑥빌라도가무죄하다고 함(요18:38). ⑦백부장이 증언했다(눅23:47).

5. **성품** - ①사랑이심(요14:31). ②거룩하심(행3:14, 롬4:6). ③의로우심(계9:8). ④온유하심(마11:29). ⑤겸손하심(마11:29). ⑥순종하심(빌2:8).

6. **탄생하신 목적** - ①복음전파(막1:38).②죄인을회개시키려고(눅5:32).③악을소멸하려고(눅12:49). ④구원하시려고(눅19:10, 딤전1:15). ⑤분쟁을 일으키려고(눅12:51). ⑥빛을 비추려고(요8:12, 12:35). ⑦생명을 주시려고(요10:10). ⑧진리를 증거하시려고(요18:37). ⑨죄인을 위해 죽으시려고(요18:37). ⑩모든 것을 다 이루시려고 오셨다(요19:30).

7. **예언과 성취** - ①여인의 후손(창3:15 → 마1:18, 23). ②아브라함의 후손(창12:3 → 마1:18, 23). ③유다의 후손(창49:10 → 마1:1). ④다윗의 자손(삼하7:16 → 마1:2). ⑤동정녀 탄생(사7:14 → 마1:23). ⑥베들레헴에서 날것(미5:2 → 마2:6). ⑦애굽 피란(호11:1 → 마2:15). ⑧성령 받음(사11:2 → 행1:38). ⑨예루살렘에 왕으로 입성(슥9:9 → 요12:12-16). ⑩친구에게 팔림(시41:9, 55:14 → 요12:12-16). ⑪제자들이 헤어짐(슥23:7 → 마26:56). ⑫은30에 팔림(슥11:12 → 마26:15). ⑬판값으로 질그릇을 굽는 밭을 삼(슥11:13 → 마27:7). ⑭침 뱉음을 받고 채찍으로 맞음(사50:6 → 마27:30, 요19:1). ⑮뼈를 꺾지 아

니함(출12:46, 시34:20 → 요19: 31-36). ⑯쓸개와 신포도주를 먹임(시69:21 → 마27:34). ⑰옷을 나눔(시22:18 → 마27:35). ⑱옷에 대하여 제비 뽑음(시22:18 → 마27:35). ⑲하나님이 저를 구원하지 아니하신다고 희롱함(시22:8 → 마27:43-44). ⑳다른 말로 희롱함(시22:7 → 마27:39-42). ㉑발을 찌른 것(시22:16 → 마27:35). ㉒멸시하고 버림을 받음(사53:3 → 마27장). ㉓손으로 때림(사53:5 → 마26:67). ㉔여러 관원 앞에서 심문받음(사53:8 → 눅22:54, 23:6,7,11). ㉕부자의 무덤에 장사됨(사53:9 → 요19:38-42). ㉖죄가없음(사53:9→요19:4,6, 눅23:47). ㉗하나님의 허락하심으로 됨(사53:10 → 행2:23). ㉘사자를 앞에 보내심(말3:1, 사40:3 → 막1:2). ㉙권능으로 일하심(사35:5 → 마11:52). ㉚예언한 때에 오심(단9:24 → 눅2:8,12, 3:15).

8. **하나님의 아들이 되신 증거** - ①하나님의 증거(마3:17). ②천사의 증거(눅1:35). ③세례 요한의 증거(막1:8). ④베드로의 증거(마16:16). ⑤나다나엘의 증거(요1:49). ⑥배에 있은 사람들의 증거(마14:33).⑦바울의증거(롬1:4). ⑧마귀도증거했다(눅4:41). ⑨이적을 행하심으로 증거(마9:25, 눅7:15, 요11:43). ⑩부활하심으로 증거됨(마28:2-4). ⑪자신의증거(요10:30).

9. **중보자이심** - ①참 하나님이심(요1:1-3, 골1:16, 빌2:6-8). ②생명의 근원(요11:25, 요1:4). ③주관자(마9:25-26, 17:27, 27:45). ④권세를 가진 자(마28:18, 계3:14). ⑤천국의 열쇠를 가진 자(마16:19, 계1:18).

10. **구속주이심** - ①무죄한 자(히4:15). ②법을성취한자(히5:8-9). ③제물이 되심(고후5:21). ④부활하신 영원한 제사장(히7:24-28). ⑤단번에 이루심(히9:28, 10:2, 유3). ⑥영원하신 구속주(히4:9, 9:10-12). ⑦성도를 도우시며 거룩하게 하심(요16:13-14).

11. **심판주이심** - ①하나님께서 그에게 맡기심(요5:22). ②만왕의 왕이신 자(딤전6:15). ③모든 사람이 그의 앞에서 심판을 받게 된다(마25:32). ④인류의 생사권을 주관하심(계3:7). ⑤영원한 왕으로 영원히 경배를 받으실 분(계11:15, 21:1). ⑥신천신지 건설(계20장).

12. **예수님의 기도시간** - ①세례를 받으실 때(눅3:21,52). ②시험당하실 때(마4:1-11). ③모든 병 고친 후(막1:35). ④이름이 나타나신 후(눅5:16, 막1:15-16). ⑤5천명 떡 먹이실 때(마14:16, 막6:41). ⑥떡 먹은 사람을 보내신 후(마14:23, 막6:46). ⑦사도를 세우실 때(눅6:12-16). ⑧주기도문 가르치실 때(눅11:1). ⑨산 위에서 변화하실 때(눅9:28,29). ⑩믿는 자를 위하여 (요17:9). ⑪마음이 슬플 때(나사로 부활시킬때)기도하심(요11:41). ⑫고난을 받으실 것을 예언하시기 전(눅9:18). ⑬마음이 상하고 답답하실 때(마26:36,38,39, 요12:27,28, 눅22:42). ⑭원수를 위하여(눅23:46). ⑮세상을 떠날때(눅23:46). ⑯기쁘실 때(눅10:21-22).

13. **예수님이 계신 곳** - ①모이는 곳에 : 연합하게 하시려고(마18:20). ②박사들가운데 : 들으시려고(눅2:46). ③산위에 : 교훈하시려고(마5:1-7장)④무덤앞에 : 살리시려고(요11:38-44). ⑤만찬석 : 새 언약을 세우시려고(마26:26-29). ⑥겟세마네 : 기도하시려고(마26:36-45). ⑦빌라도앞 : 재판받으시려고(요19:1-13). ⑧십자가 위 : 고난 받으시려고(요19:18). ⑨제자들 가운

데 : 위로 하시려고(요20:19-29). ⑩영광 중에 찬미하시려고(히2:12, 마26:30). ⑪교회 안에 : 판단하시려고(계1:13). ⑫보좌 위에 : 다스리시려고(계5:6, 22:3). ⑬흰 보좌에 : 심판하시려고(계20:11).

14. **부활하신 후에 나타나심** - 〈승천 전〉①막달라 마리아에게(막16:9, 요20:18). ②여인들에게(마28:9, 눅24:10). ③게 바에게(눅24:34, 고전15:5). ④엠마오 도상의 두 제자에게(막16:12, 눅24:13-35). ⑤열 제자에게(눅24:39, 요20:20). ⑥도마가 있을 때(요20:26). ⑦디베랴 바닷가 일곱 제자에게(요21:1~). ⑧갈릴리 산에서(마28:16, 막16:14). ⑨갈릴리에서 5,000명에게(고전15:6). ⑩야고보에게(고전15:7). ⑪감람산에서승천하시기전(막16:19,눅24:50,행1:3). 〈승천후〉①스데 반에게 (행7:55). ②다메섹 길에서 바울에게(행9:5, 고전15:3). ③고린도 성에서 바울에게(행18:9). ④예루살렘에서 바울에게(행22:17) ⑤밧모섬에서 요한에게 (계1:13).

15. **예수님께 가면 얻는 것** - ①능력(빌4:13). ②만족(빌4:19). ③충만함(골2:9-10). ④배 부름(요6:35). ⑤평안함(요14:27). ⑥성결함(요15:14-15). ⑦기쁨(빌3:1, 4:4, 요15:10-11). ⑧의롭다 함(행13:39, 롬3:24). ⑨구원(롬5:10, 딤후2:10). ⑩무죄함(롬8:1-14). ⑪성령(롬8:2, 고전6:19). ⑫거룩함(고전1:2). ⑬의(갈2:16). ⑭일체됨(갈3:28). ⑮택함(엡1:4). ⑯은사(엡1:6). ⑰죄사함(엡1:7). ⑱기업(엡1:11). ⑲지위(엡2:6). ⑳친근함(엡2:13). ㉑영화(잠13:8, 살후1:12, 딤후2:10). ㉒은혜(딤후2:1). ㉓참 소망(히6:19-20). ㉔생명의 면류관(약1:12). ㉕예언할 말씀(벧후1:19). ㉖보호(유1). ㉗위로(사61:2-3). ㉘고침(마8:16-17). ㉙쉼(마11:28). ㉚영생(요3:16,36, 6:47, 롬6:23).

16. **예수님의칭호** - ①하나님의아들. ②인자. ③중보자. ④말씀. ⑤거룩한 자. ⑥여호와의 종. ⑦떡. ⑧길. ⑨진리. ⑩생명 등 360여 개나 된다.

17. **예수님의 명령** - ①회개하라(마4:17). ②믿으라(막1:15). ③거듭나라(요3:7). ④구하라(마6:23). ⑤성령을 받아라(요20:22). ⑥따르라(요12:26). ⑦기도하라(눅22:40). ⑧두려워 말라(마14:27).⑨성경을상고하라(요5:39). ⑩말씀을 기억하라(요15:20). ⑪빛을 비추라(마5:16). ⑫하나님을 사랑하라(막12:30). ⑬경배하라(마4:10). ⑭내 말을 지키라(요14:23). ⑮주를 기념하라(눅22:19). ⑯순종하라(막12:17). ⑰이웃을 사랑하라(마19:19). ⑱탐심을 버리라(눅12:15). ⑲외식하지 말라(눅12:1, 마23:2-3). ⑳온유하라(마11:29, 막10:44). ㉑형제를 사랑하라(요15:12). ㉑온전하라(마5:48). ㉒지혜로와라(마10:16, 7:6).㉓복음을전파하라(막16:15). ㉔어린양을 먹이라(요21:15-17). ㉕신실하라(마24:13). ㉖충성하라(마24:45). ㉗재 림을 기다리라(눅12:40). ㉘성령을 기다리라(행1:4).㉙세례를주라(마28:19-20). ㉚가르쳐 지키게 하라(마28:19-20).

예수아[יֵשׁוּעַ = 주는 구원이심]인
1 아론의 자손. 다윗시대 제9반차의 제사장(대상24:11).
2 레위인으로 히스기야왕 때 제사장들에게 십일조를 나눠준 자(대하31:15).
3 제사장. ①대제사장 여호사닥의 아들. 이스라엘백성이 바벨론에서 귀환할 때 인솔자 중 한 사람. ②예

루살렘성 재건에 협력하고 ③예루살렘 재건에 큰 재능을 발휘하고 ④성전에서 제사드리는데 많은 노력을 하였다(느7:7, 스2:2, 3:9). ⑤그는 경건하고 고상한 인격자로 동족을 본국에 귀환케한 역사는 모세와 방불하다. ⑥에스라나 느헤미야는 알지만 이 예수아는 아는 사람이 많지 않은 숨은 공로자이다.
• 이 외 4인이 더 있다(느3:19, 7:43, 7:11, 스8:33).

예수아[jeshuah]지(느11:26) 바벨론 포로에서 돌아온 사람들이 살던 한 마을.

예스라 사람[ezrahite]인지(왕상4:31) 에단과 마홀의 아들 헤만, 갈골, 다르다. 그들이 살던 곳.

예스라히야[יִזְרַחְיָה=여호와는 빛남]인(느12:42) 예루살렘 성곽 낙성식 때 성가대 감독. 이스라히야와 같은 사람(대상7:3).

예식[禮式 ; 예도 례, 법 식. service, establisheb form]명(출12:25) 예법에 의하여 행하는 의식.

예언[豫言 ; 미리 예, 말씀 언. prediction]명(민11:25) 미리추측하여 하는 말. 하나님의 계시로 의하여 장래에 나타날 일을 미리 말하는. 또는 그 말. prophesy. 성경.

예언자[豫言者 ; 미리 예, 말씀 언, 놈 자. prophesies]명(렘28:9) 예언을 하는 사람. 선지자.

예절[禮節 ; 예도 례, 마디 절. etiquette]명(롬16:2) 예의 범절.

예정[豫定 ; 미리 예, 정할 정. prearrangement]명(사30:32) 일에 앞서 작정함. ①하나님의 뜻대로(행2:23, 엡1:5). ②하나님의 기뻐 하신 뜻을 따라서(눅12:32, 고전1:21). ③하나님의 주권으로(롬9:15-24). ④미리 아신 바임(행2:23, 롬8:29, 갈3:8). ⑤창세전 그리스도 안에서(엡1:4). ⑥하나님의 은혜로(딤후1:9). ⑦정하신 바가 됨(행13:48, 눅22:22).
*신학적 술어는 예정론이다.

예조[豫兆 ; 미리 예, 억조 조. sign]명(왕상13:3) 미리 보인 징조.

예지[豫知 ; 미리 예, 알 지. foreknowledge]명 한글 개역 성경에는 없는 말이나 미리 아심을 뜻하는 한문어(행2:23, 벧전1:2). 전능하신 하나님께서 모든 것을 다 아시는 것을 뜻한다.

예표[豫表 ; 미리 예, 겉 표. signs]명(사8:18) 미리 알려주는 표징. 성경 각권에 나타난 그리스도를 참고하라.

예후[יֵהוּא=그가 여호와이심]인
① 아나돗의 베냐민 사람. ①시글락에서 다윗과 합세. ②다윗을 도와 싸우다가 전사했다(대상12:3).
② 하나니의 아들. ①이스라엘의 선지자(왕상16:1). ②이스라엘의 바아사 왕을 책망하였다(왕상16:1-7). ③멸망에 관해서 예언하였다(왕상16:1-7) ④유다의 여호사밧왕을 책망하였다(대하19:2-3) ⑤여호사밧의 사적을 기록하였다(대하20:34).
③ 북 이스라엘의 왕. 제4왕조의 창시자. ①임시의 아들(대하22:7). 님시의 손자(왕하9:2). ②아합왕의 신하였다(왕하9:25). ③이스라엘군 대장이 되어 길르앗 라못에서 수리아와 싸웠다(왕하9:25-). ④엘리사에게 기름부음을 받아 왕이 됨(왕상19:16, 17). ⑤아합왕의 추종자 진멸(왕하9:11-37). ⑥아합의 왕자를 죽임(왕하10:1-17). ⑦바알숭배자를처형(왕하10:18-28). ⑧여호와 신앙인이 아니었다(왕하10:30, 31). ⑨수리아를 대항하기 위하여 친 앗수르 정책을 취했다. ⑩수리아의 침공으로 죽었다(왕하10:35).

예후가 살만에셀에게 조공을 바쳤다.

④ 유다 자손 오벳의 아들. 이사랴의 아버지(대상2:38).

5 시므온 자손 요시바의 아들(대상 4:35).

옛[old]명(수14:15) 지나간 때의.

옛길[ancient paths]명(렘18:15) 과거 다니던 길. 묵은 길. 옛 습성.

옛못[old pool, reservoir]명(사22:11) 두 성벽 사이로 흐르는 저수지. 옛샘.

옛문[~문, 문문. old gate, jeshanah gate]명(느12:39). 예루살렘 성곽 북쪽의 성문.

옛사람[the people long ago]명(마5:21) ①옛 날 사람. ancients. ②죽은 사람. the dead. ③하나님을 알지 못하고 죄를 짓던 사람. 믿기 전의 성도의 모습. 거듭나지 못한 사람(롬6:6, 골3:9).

오그란[יָקָע = 괴로운, 휘젓는]인 (민1:13, 2:27) 아셀자손 바기엘의 아버지.

오난[אוֹנָן = 힘, 강함]인(창38:1-10) ①야곱의 손자. ②유다의 아들. ③그의 형 엘이 죽은 후에 그의 처 다말을 취하여 형의 후사를 이어주는 일을 거부하므로 여호와께서 그를 쳐 죽이셨다.

오남[אוֹמָם = 힘, 강함]인
1 호리족속 소발의 아들 중 하나(창36:23, 대상1:40).
2 유다사람 여라므엘이 아다라를 통하여 낳은 아들(대상2:26). 삼매와 야다의 아버지(대상2:28).

오네시모['Ονήσιμος = 이익]인
1. 인적관계 - 골로새사람 빌레몬의 종(골4:7-9).
2. 관련기사 - ①주인에게 죄를 짓고 로마에 도망하여 있는 중 바울에게서 복음을 듣고 회개하여 신자가 되었다(몬10-17). ②바울이 그를 전 주인에게 권하여 보내며 빌레몬서를 붙여 그 신덕을 증거하고 또 그 죄를 사하여 형제같이 사랑하라 하였다(골4:9, 몬10-12). ③두기고와 함께 바울의 편지를 골로새교회에 전달한 사람(골4:7-9).

오네시보로['Ονησίφορος = 이익을 취함]인(딤후1:16-18) 에베소교회의 늙은 교우. 바울이 에베소에 있을 때 여러번 위로하고 또 로마에 갇혔을 때에도 찾아가서 위로하였다.

오노[אוֹנוֹ = 부(富)]인(스2:1) 바벨론에서 돌아온 이스라엘 사람의 조상 중 하나(느7:37).

오노[אוֹנוֹ = 부(富)]지(대상8:12) ①베냐민지파 엘바알의 아들들이 세운 성읍(스2:3, 느7:32). ②바벨론에서 귀환 후 베냐민 자손이 거주하였다(느11:31-35). 룻다의 서북 8km에 있는 지금의 이름은 퀘홀아나.

오늘[today, this day]명(창4:14) 이 날, 금일(今日).

오다[come]자(창8:9) ①가까이 오다. ②도달하다. come to hand.

오뎃[עוֹדֵד = 회복자]인
1 유다국 선지자 아사랴의 아버지(대하15:1).
2 사마리아에 있는 선지자. 이스라엘왕 베가가 유다와 싸워 이기고 20만명을 포로하였을 때 동족 살상을 막은 사람 중 하나(대하28:9).

오드니[עָתְנִיאֵל = 여호와의 사자]인 (대상26:7) 레위사람 스마야의 아들로 문지기.

오라기[piece](사1:31) 실 올의 동강이. 오라지.

오라버니[elder brother]명(창27:43) 오빠, 여자의 같은 항렬의 손위의 사내. 圇오라버님.

오라비[brother]명(창20:5) ①오라버니의 낮춤말. ②여자가 자기의 사내 동생을 일컫는 말.

오락[娛樂 ; 즐길 오, 즐길 락. recreation, pleasure]명(사58:3) 즐겨 노는 놀이. 환락. 쾌락.
* 안식일, 성일에는 오락이 금지되었다(사58:13).

오락가락[to and fro, wander]부(욥38:41) ①왔다 갔다 하기를 되풀이하는 모양. ②비나 눈이 내리다 그쳤다 하는 모양.

오래[long time]부(창26:8) 긴 동안.
* 오래참음은 성령의 열매요 그리스

도인의 미덕이다(갈5:22, 엡4:2, 골3:12).
오렌[אֹרֶן= 백향목, 소나무]囹(대상2:25) 유다자손 헤스론의 맏아들 여라므엘의 아들.
오렙[עֹרֵב= 큰 까마귀]囹(삿7:25) 미디안왕. 스엡과 함께 이스라엘에 침입하였다가 기드온에게 패한 후 에브라임에게 피살되어 그 머리를 기드온에게 가져왔다(삿8:3).
오로지[solely, prepare]틧(대하11:16) 오직. 한 마음으로. 전혀.
오르난[אָרְנָן= 강한, 재 빠른]囹(대상21:15-18) ①다윗이 국세 조사한 것으로 인하여 여호와께서 3일간의 온역을 내려 7만명이 죽었다. 그 때 사자가 오르난의 타작 마당에 선 것을 보고 다윗이 그 땅을 사서 제단을 쌓고 번제와 화목제를 드리니 재앙이 그쳤다(대상21:15-25). ②성전 부지를 다윗에게 판 사람(대상21:15-25). ③별명 - 아라우나.
오르다[지](창7:20) ①높게 솟다. rise. ②높은 곳으로 자리를 옮기다. mount. ③뭍으로 옮다. 상륙하다. land. ④탈 것에 타다. get on.
오르락내리락[going and down]틧(창28:12) 오르고 내리기를 자꾸 하는 모양.
오르바[עָרְפָּה= 암사슴, 외고집 딸, 갈기]囹(룻1:4, 14) 모압여인, 말론의 아내. 나오미의 며느리, 룻의 동서인데 그의 남편이 죽은 후 시어머니의 권고에 의하여 친가로 돌아갔고 룻은 시어머니를 따라 갔다.
오른[right]圈(출29:20) 바른.
오른손[right hand]囹(출15:6) 바른 손. 우수(右手).
*성경에서는 오른손은 특별한 의미를 지니고 있다. ①권능(출15:6). ②축복(삿3:15, 삼하20:9). ③힘의 상징(욥30:12, 시91:7). ④위엄과 영광의 자리(왕상2:19, 시45:9). ⑤그리스도의 권능과 영광(막12:36, 행2:34-35). ⑥능력(창48:14, 출29:20).

오만[傲慢 ; 거만할 오, 교만할 만. arrogancy, haughtiness]囹(삼상2:3) 태도가 거만함. 또는 그 태도.
오만한 자[scornful, mocker, foolish]囹(시1:1) 하나님이 없다고 하는 자. 하나님을 조롱하는 자. 어리석은 자, 비웃는 자. ①복 있는 사람이 자리를 같이 아니함(시1:1). ②주 앞에 서지 못함(시5:5). ③눈이 낮아짐(사5:15).
오말[אוֹמָר= 웅변]囹(창36:11) 에서의 자손, 엘리바스의 둘째 아들(창36:15, 대상1:36).
오메가[Ω]囹(계1:8) 헬라어(히랍, 그리스) 알파벳의 끝 글자. 마지막을 뜻한다. 그리스도의 존재를 나타내는 칭호(계22:13). 하나님께도 사용되었다(계21:6).
오멜[ommer]囹(출16:16) 구약시대 고체양의 단위. 약2.3kg.
오목[烏木 ; 까마귀(검을) 오, 나무목. ebony]囹(겔27:15) 감나무과의 상록 교목. 흑단(黑檀)의 심재(心材). 매우 단단함(검은 색).
오묘[奧妙 ; 속 오, 묘할 묘. secret, profound]囹(신29:19) 심오하고 미묘함.
오므리[עָמְרִי= 주를 섬기는 자]囹
① 베냐민 사람 베겔의 아홉 아들 중 다섯째(대상7:8).
② 유다사람 베레스 자손(대상9:4).
③ 다윗왕 때 잇사갈 지파의 관장(대상27:18).
④ 이스라엘왕 아합의 아버지.
1. **인적관계** - 엘라의 군대장관. 엘라가 디르사에서 시므리에게 살해 당하였을 때 깁브돈에서 군대를 지휘하였다. 군대는 반역 시므리를 묵과할 수 없어 오므리를 왕으로 삼았다. 그가 군대를 거느리고 디르사를 기습하였다. 시므리는 이미 사태가 기울어짐을 깨닫고 자결함으로써 불과 7일 천하로 끝났다(왕상16:15-16).
2. **관련기사** - ①디브니와 그 형제 요람이 지휘한 도당을 4년만에 정벌했다(왕상16:17-23). ②궁전은

시므리에 의해 불사름 되었으나 오므리는 잠시 디르사에 머물렀다. ③수도로써 경치가 좋고 요새가 견고한 사마리아를 정하였다(왕상16:16). ④사마리아에 있어서의 그들의 특권은 인정하지 않을 수 없게 되었다(왕상20:34). ⑤그는 자기의 지위를 강화하기 위하여 아들 아합을 두로왕의 딸 이세벨과 결혼시킴으로 동맹을 맺었다(왕상16:31). ⑥모압을 정복하여 메사가 다스릴 때까지 다시 일어설 수 없도록 만들었다(왕하3:4). ⑦악하게 통치함(왕상16:25-28). ⑧선지자의 비난을 받았다(미6:16).

오바댜[עֹבַדְיָה = 주의 종, 여호와를 예배하는 자]인

1 선지자 오바댜(욥1:1). ①에돔에 대한 하나님의 심판을 예언한 선지자. ②구약 오바댜의 기록자.

2 아합의 궁내 대신. 이세벨이 바알을 숭배하고 여호와의 선지자를 멸할 때 엘리야 등 선지자를 보호한 사람. 갈멜산 대결의 기회를 이 사람이 만들었다(왕상18:3-16).

3 잇사갈 족속의 족장. 이스라히야의 아들(대상7:3).

4 다윗의 후손 스룹바벨의 손자(대상3:21).

5 에스라와 함께 돌아온 요압자손의 족장(스8:9).

6 느헤미야와 동시대 제사장(느10:5). 언약서에 인친 사람.

7 대제사장 여호야긴 때 곳간을 지킨 사람(느12:25).

8 시글락에서 다윗을 따른 갓 사람의 장수(대상12:8,9).

9 스불론지파 이스마야의 아버지(대상27:19).

10 레위족 므라미 사람(대하34:12). 요시야왕이 성전을 수리할 때 감독 한 사람.

11 레위사람 스마야의 아들(대상9:16). 갈랄의 손자.

12 여호사밧이 백성에게 율법을 가르치기 위해 보낸 사람(대하17:7).

13 베냐민사람 아셀의 여섯 아들 중 다섯째(대상8:38).

오바댜[Obadiah]명(욥) 구약 제31권째 성경. 선지자 오바댜의 에돔에 대한 예언. 구약에서는 가장 짧은 성경. 예루살렘의 멸망으로 인하여 유다가 고통을 당할 때 야곱의 형 에서의 후예 에돔의 교만함과 포악한 행위로 곧 하나님의 심판이 임할 것을 경고했다. 1절부터 9절까지는 에돔이 멸망할 것을, 10절에서 16절까지는 에돔이 멸망할 원인에 관하여, 17절에서 21절까지는 장래 시온에 대한 하나님의 은총이 예언되었다. 내용 분해는 박기원 편 성경총론을 참고하라.

- **오바댜에 나타난 그리스도의 모형** - ①열방의 심판자(15-16절). 대적자를 심판하심. ②이스라엘의 구원자(17-20절). ③영원한 왕국의 소유자(21절).

오발[עוֹבָל = 벗은, 노출된]인(창10:28) 셈의 후손 욕단 자손의 아들로 아라비아의 에발과 같은 사람.

오발[עוֹבָל = 벗겨진]지(대상1:22) 욕단의 아들들의 거주지. 그들이 세운 나라.

오벧에돔[עֹבֵד אֱדֹם = 에돔의 종]인

1 가드 사람. ①하나님의 법궤를 기브아 사람 아비나답의 집에서 다윗성으로 옮겨오다가 재앙이 돌발하여 3개월간 그의 집에 보관한 사람. ②법궤가 있는 동안 하나님께서 그의 집에 많은 복을 주셨다(삼하6:3-11, 대상13:13-22).

2 레위 자손 여두둔의 아들. 다윗왕 때 악대 비파와 수금을 타고 겸하여 문지기로 봉사한 사람(대상15:18-24, 16:5).

3 유다국 아마샤왕 때에 성전 기명을 간수하던 사람. 그 때에 이스라엘왕 요아스가 올라와 성전 기명을 약탈하여 가고 백성을 포로하여 갔다(대하25:21-24).

오벨성[wall of ophel]지(대하27:3) ①예루살렘 동남부 골짜기에 끼어 있는 견고한 요새(느3:26). ②기드론 골짜기와 지금 매워진 지레베

온 골짜기를 끼고 있는 견고한 요새지. ③여부스가 건설하고 요담왕과 므낫세왕이 많이 증축하였다(대하27:3, 33:11). 느헤미야 때는 느디님 사람이 살았다.

오벳[עוֹבֵד = 종, 섬기는 자]명
1 보아스의 아들. ①모압 여인 룻이 낳은 아들. ②다윗의 할아버지(룻4:21). ③예수님의 계보에 든 사람(마1:5).
2 다윗왕 때 성전 문지기 중 한 사람. 오벳에돔의 큰 아들 스마야의 세째 아들(대상26;7).
3 다윗왕의 용사(대상11:47).
4 여라므엘의 후손 에불랄의 아들. 예후의 아버지(대상2:37, 38).
5 제사장 여호야다를 도와 여왕 아달랴를 죽이고 어린 요아스를 왕위에 오른 아사랴의 아버지(대하23:1-15, 24:1).

오봇[אֹבֹת = 그릇들, 가죽부대]지 (민21:10) 부논 서쪽 광야에서 이스라엘 민족이 머문 곳. 모압 동부 아라비아의 진지.

오브니[עָפְנִי = 구릉, 피곤하게]지 (수18:24) 베냐민 지파의 성읍.

오브라[עָפְרָה = 작은 마을, 새끼 암사슴]명(대상4:14) 유다 족속 웃니엘의 손자 므오노대의 아들.

오브라[עָפְרָה = 새끼 암사슴]지
1 베냐민의 산업지(수18:23, 삼상13:17). 믹마스 근처의 에브론과 같은 곳.
2 요단강 서편 므낫세의 성읍. ①기드온이 살던 곳. ②기드온이 장사된 곳. ③기드온이 천사를 보고 제단을 쌓고 여호와 살롬이라 이름하였다(삿6:11-24, 8:23, 32, 9:5). ④아비멜렉이 형제를 죽인 곳(삿9:5).

오빌[אוֹפִיר = 낙타 몰이꾼]명
1 셈의 자손 욕단의 아들(창10:29, 대상1:23).
2 이스마엘 사람으로 다윗의 약대 사육감독자(대상27:30).

오빌[אוֹפִיר = 낙타몰이꾼, 운전자]지 (왕상9:28) ①오빌의 자손이 거주하던 땅(창10:29, 30). ②금의 명산지(왕상9:28). ③솔로몬왕이 히람의 배로 이곳의 금과 백향목과 보석을 많이 운반하여 성전과 왕궁을 건축하는데 쓰고 악기를 만들었다(왕상10:11-12). ④그후 여호사밧왕이 이곳의 금을 다시스의 배로 출항하여 가져오다가 에시온게벨에서 파선하여 실패하였다(왕상22:48-490. ⑤이 오빌의 금에 대하여는 성경 여러 곳에 기재되어 있다(욥22:24, 28:16, 시45:9, 사13:12). 지금 그 소재를 확실히 밝힐 수는 없으나 아라비아의 서남단으로 추측되며 다시스에서 편도 항해에 18개월을 요한다고 한다.

오살[誤殺 ; 그릇 오, 죽일 살. kill, accidental homicide]명(신4:42) 살의도 없이 잘못하여 사람을 죽임. 과실 치사.

오셈[עֹצֶם = 강함]명
1 이새의 여덟아들 중 여섯째. 다윗의 형(대상2:15).
2 유다 자손 여라므엘의 네째 아들(대상2:25).

오순절[五旬節 ; 다섯 오, 열흘 순, 마디 절. pentecost]명(행2:1) 유월절에서 50일째. 유대력 시브월(제2월, 양력4-5월) 6일에 지킴.
1. **구약** - ①유대인의 절기 중 하나. 맥추절(출23:16). ②칠칠절(출34:22). ③보리추수의 완결 기념일(레23:17, 20). ④요제를 드림(레23:15-20). ⑤화제를 드림(레23:18). ⑥노동이 금지됨(레23:18). ⑦레위인도 예물을 드림(신16:10-14). ⑧솔로몬시대 잘지켰다(대하8:12, 13).
2. **신약** - ①성도들이 한 곳에 모여 기도했다(행2:1). ②성령이 임한 날(행2:1-4). ③요엘의 예언이 응한 날(욜2:28-32, 행2:17-21). ④최초 복음설교가 실시된 날(행2:22-36). ⑤초대교회의 시작(행2:41). ⑥그리스도의 지체로서의 활동(행2:41-47). ⑦방언의 시작(행2:5-11). ⑧각 나라에 흩어져 있던 자

가모임(행2:8-11). ⑨에디오피아의 내시 간다게가 오순절에 왔다가 돌아감(행8:26-28). ⑩바울이 오순절 절기 때 예루살렘에 가고자 하였다(행20:15-16).

오스납발[אָסְנַפַּר](인)(스4:10) 사마리아에 여러나라 백성을 식민시킨 앗수르왕 앗슈르 바니팔. 니느웨 도서관에 있는 설형문자 해독으로 확인되었다. 그것은 금일의 문화탐구의 큰 광명을 주었다.

오스니[אָזְנִי = 주는 들으심, 귀를 가진](인)(민26:16) 갓 자손 에스본과 같은 사람(창46:16).

오십간[五十間 ; 다섯 오, 열 십, 사이 간](명) 약 90m의 거리. 1간은 6尺(자). 미터법이 나기 전의 길이의 단위(6자(약180cm)×50간=90m).

오십부장[五十夫長 ; 다섯 오, 열 십, 사내 부, 어른 장. leader of fifties](명)(출18:21) 50명의 부하를 거느린 사람.

오예물[汚穢物 ; 더러울 오, 잡초 예, 만물 물. unclean](명)(겔7:19) 더럽고 지저분한 물건.

오월[五月 ; 다섯 오, 달 월. may](명)(민33:38) 일년 중 다섯번째의 달.

오정[午正 ; 낮 오, 바를 정. noon](명)(창18:1) 낮 12시. 낮의 한 중간.

오지[pottery](명)(렘19:1) 오지그릇의 준말. 질그릇.

오지병[~瓶 ; 병 병. earthenbottle, clay jar](명)(렘19:1) 진흙으로 구어 만든 병.

오직[only](부)(창14:24) 다만. 여럿 중에서 단 하나만. 단지. 오로지.

오찬[午餐 ; 낮 오, 밥 찬. lunch](명)(마22:4) 낮에 대접하는 음식.

오핫[אֹהַד = 강한, 결합](인)(창46:10) 야곱의 손자. 시므온의 아들. 그 지파 족장(출6:15).

오해[誤解 ; 그릇 오, 풀 해. misunderstanding](명)(신32:27) ①뜻을 잘못 해석함. ②뜻을 그릇되게 함.

오헬[אֹהֶל = 천막, 장막](인)(대상3:20) 다윗의 후손 스룹바벨의 아들.

오호라[嗚呼 ; 탄식할 오, 부를 호. ah, alas](감)(삼하1:19) 슬프다. 애달프다. 히브리어로 ①아하(겔4:14). ②오오이(애5:16). ③호오(암5:16). ④호오이(왕상13:30). 모두 탄식하는 말로 번역되었다.

오홀라[אׇהֳלָה = 천막 가진 여인](인)(겔23:4) 오홀리바와 음녀의 자매. 에스겔이 하나님을 배반한 사마리아의 죄악을 나타내기 위한 상징적 이름. 주를 대항하는 나라. 바벨론의 동맹자(겔23:36-49).

오홀리바[אׇהֳלִיבָה = 그녀 안에 있는 장막](인)(겔23:4) 오홀라와 음녀 자매. 예루살렘의 악을 나타내는 상징적인 이름. 유다의 심판이 임할 것을 말했다(겔23:-36-49).

오홀리바마[אׇהֳלִיבָמָה = 높은 곳의 장막](인)

[1] 허위족속 시므온의 딸 아나의 소생으로 에서의 아내 중 하나(창36:2, 5, 25). 유릿이라고도 함(창26:34).

[2] 에서의 후손 에돔사람의 족장(창36:41, 대상1:52).

오홀리압[אׇהֳלִיאָב = 아버지의 천막](인)(출31:6) 단 지파 아히사막의 아들. 저는 하나님께서 직조와 자수와 조각의 재능과 지혜를 주셔서 브사렐과 함께 하나님의 영으로 충만하여 성막을 짓는데, 기둥을 만드는데 봉사하였다(출31:1-11, 35:34-35, 36:16).

오히려[rather, yet](부)(창43:6)①아직도 좀. 그보다. ②생각과는 달리. 차라리. 도리어.

옥[獄 ; 감옥 옥. prison, dungeon](명)(창39:20) 죄인을 가두는 곳. 벌주는 곳. 감옥. 강제노역장(삿16:21, 25).

옥[עֹג = 긴 목을 가진, 둥근](인)(사3:11) ①요단강 동편 바산왕. ②느바임 족속. 신장이 장대하여 9규빗의 철침상을 가진 자. ③그가 60여성을 통치(수13:12). ④암몬 사람의 람바에 있었다(신3:11). ⑤에드레이, 아스다롯에도 있었다(수12:

4, 5, 13:12). ⑥이스라엘은 시혼을 정복한 후 에드레이에서 옥을 살해했다(민21:32-35, 신3:3). ⑦그의 영토는 므낫세 반지파, 르우벤, 갓 지파에게 분배되었다(신3:13, 4:47, 수13:12). ⑧시135:11, 136:20에는 옥을 멸망시킨 일을 노래하고 있다.

옥석〔玉石 ; 구슬 옥, 돌 석. marble〕명(계18:12) 가공하지 아니한 옥. 대리석. 옥에 들어있는 돌. jade. 좋은것과 나쁜것. wheat and chaff.
＊말세에 멸망할 바벨론의 상품.

옥수〔玉髓 ; 구슬 옥, 골수 수. agate, chalcedony〕명(계21:19) 석영과 단백석의 중간 광물질. 새 예루살렘 성벽 세째 기초석. 마노를 말함.

옥졸〔獄卒 ; 감옥 옥, 군사 졸. jailer, tormentor〕명(마18:34) 갇혀 있는 사람을 지키는 사령. 옥사장이.

옥중〔獄中 ; 감옥 옥, 가운데 중. in prison〕명(행12:7) 옥 속. 감옥의 안. ①가이사랴(행23:31). ②빌립보(행16:19-31, 빌1:13). ③로마(행2:23). ④헤롯(눅3:20). ⑤베드로(행12:1-4). ⑥사도 요한(계1:9). ⑦보디발(창39:20, 40:3).

옥중서신〔captivity epistles〕명 성경에 직접 언급된 말은 아니나 바울이 옥중에서 기록한 서신들. 에베소서, 빌립보서, 골로새서, 빌레몬서를 가리키는 신학적 용어.

옥토〔沃土 ; 기름질 옥, 흙 토. good land〕명(신8:10) 기름진 땅. ①인간의 마음(마13:8). ②가나안(신8:10). ③유다왕국(겔17:8).

옥합〔玉盒 ; 아름다울(훌륭할) 옥, 합 합. alabaster〕명(마26:27) 옥으로 만든 뚜껑이 있는 작은 그릇. 향유병(마26:7).

온〔all〕관(마2:3) 전부의. 모두의.
온〔און = 태양의성〕인(민16:1) 르우벤 사람. 벨렛의 아들. 고라와 함께 모세를 반역한 사람.
온〔און = 태양의성〕지(창41:45) ①요셉의 장인 보디베라가 제사장으로 있던 곳(창46:20). 카이로에서 12km 떨어진 곳. ②우상숭배의 중심지. ③벳세메스라고도 불리움(렘43:13). ④히브리 사람을 혹사한 곳(출1:11). ⑤이사야는 장망성으로 표현(사19:18). ⑥예수님이 애굽으로 피난하신 후 이곳에서 지냈다는 전설이 있다. ⑦70인역에 헤리오폴리스로 번역된 곳.

온갖〔all kinds〕관(왕상9:4) 모든 종류. 여러가지.

온기〔溫氣 ; 따뜻할 온, 기운(힘) 기. warmth〕명(시19:6) 따뜻한 기운.

온량〔溫良 ; 따뜻할온, 어질(온순할) 량. gentle, whole some〕명(잠15:4) 성질이 온화하고 착함.

온순〔溫順 ; 따뜻할 온, 온순할 순. gentle, gently〕명(사40:11) 성질이 온화하고 순함.

온역〔瘟疫 ; 병 온, 염병 역. pestilence〕명(출5:3) 전염병. 돌림병.
1. **발생** - ①애굽의 다섯번째 재앙(출9:1-16). ②다윗이 국력을 조사한 후의 벌로(삼하24:13-15). ③솔로몬 시대(왕상8:37-40, 대하6:28).
2. **원인과 결과** - ①죄에 대한 징계의 수단(출5:3, 대상21:12-22). ②대적에 임할 재앙(출9:1-6, 겔38:22). ③택한 백성에 대한 경고(겔6:11,12). ④하나님의 심판(합3:5) ⑤말세가 임할 징조(눅21:11).

온유〔溫柔 ; 따뜻할 온, 부드러울 유. meekness〕명(민12:3) 온화하고 부드러움. 믿음, 관용, 겸허, 인내, 사랑과 함께 거론된 말. ①성령의 열매 중 하나(갈5:22). ②가르침의 근본(딤후2:25, 딛3:2). ③말씀이 온유하게 함(욥15:11). ④부르심에 합당하게 행하는 방법(엡4:1-2). ⑤성도의 옷차림(골3:12).

⑥하나님의 사람이 따르는 것(딤전6:11). ⑦성도가 대답할 방법(벧전3:15). ⑧그리스도의 도를 받는 방법(약1:21). ⑨사랑의 속성(고전13:4). ⑩징계의 방편(딤후2:25). ⑪하나님의 은사로 받게 된다(약1:17).

온유한 자[meeknees]명(마5:5) 외모로는 유순하나 죄와 불의에 대하여는 강경한 사람. 땅을 기업으로 받을 성도. ①그리스도(마11:29, 21:5). ②그리스도인(마5:5, 시37:11). ③공의로 지도를 받음(시25:9). ④구원하심(시76:9).

온전[穩全 ; 평온할(편안할) 온, 온전 전. perfect]명(창20:5) 흠없이 완전함.
1. **온전하게 하시는 이** - ①하나님(마5:48, 히10:14). ②예수님(히12:2, 벧전5:10).
2. **방법과 결과** - ①지혜를 말함(고전2:60. ②자신을 깨끗이 함(고후7:1). ③찬미(마21:16). ④직분으로 봉사(엡4:11-12). ⑤기도로 믿음의 부족을(살전3:10). ⑥말씀이 하나님의 사람으로(딤후3:15-17). ⑦인내로(딛2:2). ⑧고난으로(히2:10). ⑨섬기는 자로 양심을(히9:9). ⑩주가 성도를 영원히(히10:14, 벧전5:10). ⑪선한 일로(히13:21). ⑫말에 실수 없이(약3:2). ⑬순종하므로(요일4:18). ⑬구제(마19:21). ⑭사랑(골3:14). ⑮선행(약2:22). ⑯율법(약1:25). ⑰부족함이 없음(약1:4). ⑱상(요이8). ⑲마음(창20:5). ⑳제물(레22:21, 말3:10).

온천[溫泉 ; 따뜻할 온, 샘 천. hot spring]명(창36:24) 더운 물이 솟아 나오는 샘. *아나가 발견했다.

온통[wholly, whole]부(창1:11) 있는 대로 모두.전부.몰수이.모조리.

올름바['Ολυμπᾶs = 하늘]인(롬16:15) 로마에 있는 여성도.

올무[snare, robber]명(출23:33) 새나 짐승을 잡는데 쓰는 올가미. ①우상(삿2:3). ②서약(잠6:1-2). ③거짓교훈(계2:14). ④마귀의궤계(딤전3:7, 딤후2:26). ⑤부요함(딤전6:9, 10). ⑥유혹(잠7:23).

올빼미[owl]명(레11:17) 부정하며 먹지 못하는 새. 올빼미과의 새. 부엉이와 비슷하나 모양이 다름.

올응[兀鷹 ; 우뚝할 올, 매 응. giereagle, griffon]명(레11:18) 독수리의 일종. 부정한 새. 먹지 못함.

옮기다[remove, journey]타(창11:2) ①자리를 바꾸다. transfer. ②병 따위를 전염시키다. infect. ③말을 여기 저기 전하다. spread.

옳다[yes, speak well]형(창16:5) ①바르다. correct. ②좋다. 그렇다. 가하다. right.
*성경에서는 긍정하는 말. 일치, 대답을 강조하는 말로 쓰인다(마5:37, 약5:12).

옴[itch, scall]명(레13:30)개선충의 기생에 의하여 생기는 전염성 피부병의 하나. 개창. 나병과 비슷하기 때문에 감별을 받아야 한다(레13:30-37, 14:54).

옷[clothes, garment]명(창9:23) 사람의 몸에 입는 물건. 의복(衣服). 피복. ①재료에 의하여 구별됨. ②색깔에 의해서 구별됨. ③용도에 의해서 구별됨. ④방법에 의해서 구별됨. ⑤시기에 따라 구별됨.
*①인간이 만든 최초의 옷은 무화과 나뭇잎 치마(창3:7). ②하나님이 만들어 주신 옷은 가죽옷(창3:21).

옷가[hem]명(마14:36) 옷의 끝 부분. 옷의 아랫도리 부분.

옷깃[collar of coat]몡(욥30:18) 저고리나 웃옷의 목에 둘러대어 앞으로 여미는 부분. ㉰깃.

옷니엘[עָתְנִיאֵל =하나님은 힘이시다]인(삿3:8-11) ①그나스의 아들. 갈렙의 동생(삿1:13,대상4:13). ②최초의 사사. ③기럇세벨을 탈취한 상급으로 갈렙의 딸을 아내로 맞았다(수15:16, 삿1:13). ④메소보다미아왕 구산리사다임과 싸워 이스라엘을 해방하고 40년간 활약했다.

옷단[skirt, hem]몡(렘2:34) 옷의 자락이나 끝 가장자리를 접어 넣어 붙이거나 감친 부분. 단.

옷단귀[the corners of garments]몡(민15:38) 옷단의 모퉁이 끝부분.

옷술[tassel]몡(마23:5) 옷에 장식으로 다는 여러가닥의 실. 외식하는 사람이 옷술을 크게 했다.

옷자락[skirt, lap]몡(룻3:9) 두루마기·치마·저고리 등의 앞·뒤로 드리는 부분. ㉰자락. 옷의 끝부분, 시129:7에서는 품으로 번역되었다. 옷자락을 떨치는 것은 없음을 보여주는 뜻이고 치마로도 번역된 곳도 있다(나3:5,렘13:26).

옹기장이[甕器匠~ ; 독 옹, 그릇 기, 장인 장. potter]몡(대상4:23) 오지 그릇을 만드는 사람. 질그릇을 만드는 것을 업으로 하는 사람. 토기장이로 번역된 말.

옹기점[甕器店 ; 독 옹, 그릇 기, 가게 점. furnace, kiln]몡(창19:28) 질그릇을 파는 가게. 토기를 구워내거나 파는 곳. 풀무로도 번역된 말(출9:8).

옹위[擁圍 ; 안을 옹, 둘레 위. guard]몡(아3:7) 둘레를 호위함.

옹위[擁衛 ; 안을 옹, 호위할 위. escort]몡(사66:15) 부축하여 좌우로 호위함.

와나[וַנִּי = 여호와의대답]인(스10:36) 바벨론에서 이방여인을 아내로 취하고 돌아와 에스라의 권유로 헤어진 바니의 자손 이름.

와륵[瓦礫 ; 기와 와, 조약돌 륵. potsherd, stone]몡(욥41:30) ①기와와 조약돌. ②하찮은 것의 비유.

와스디[וַשְׁתִּי = 아름다운 여인, 가장 좋은 것]인(에1:9) ①바사왕 아하수에로의 왕비. ②여인을 위해 잔치를 베품(에1:9). ③왕의 청을 거역함(에1:11-12). ④폐비가됨(에1:15-19). ⑤와스디를 대신하여 에스더가 왕비가 됨(에2:1-17).

와헙[וָהֵב]지(민21:14) 모압의 아르논강 가까운 아모리 지경.

완강[頑強 ; 완고할(흉악할) 완, 굳셀 강. doggedness, harden]몡(출7:14) 태도가 거칠고 굳셈.

완고[頑固 ; 완고할(어리석을) 완, 굳셀 고. obstinacy, stubborn]몡(삼상15:23) 성질이 검질기게 굳고 고집이 셈. ①완고한 것은 사신우상에게 절하는 죄와 같다(삼상15:23). ②회개하지 아니하는 마음(롬2:5). ③충고를 거절한다(왕상12:12-15). ④말씀을 듣지 아니한다(렘22:21). ⑤말씀을 깨닫지 못한다(고후3:14). ⑥불의를 계속한다(계22:11). ⑦알지 못하고 행한다(딤전1:13). ⑧하나님께 버림을 받는다(요12:40, 롬1:28). ⑨갈멜족속의 행위(삼상25:13). ⑩정직하지 못하다(시78:8).

완력[腕力 ; 팔목 완, 힘 력. physical strength]몡(욥30:21) ①주먹심. ②육체적으로 억누르는 힘.

완비[完備 ; 완전할 완, 갖출 비. be perfected, completion]몡(대하8:16) 빠짐없이 완전히 갖추어 짐. 또는 갖춤.

완성[完成 ; 완전할 완, 이룰 성. the fulfiling, completion]몡(롬13:10) 다 이룸.

완악[頑惡 ; 완고할(흉악할) 완, 악할 악. wickedness, stubborn]몡(신21:18) 성질이 검질겨 거만하고 모짊. 강퍅과 같은 말로 쓰임.

완연[宛然 ; 완연할 완, 그러할 연.

clearness, utterly]명(고전6:7) 분명하게 나타남. 모양이 서로 비슷함. resemblance.

완전[完全 ; 완전할 완, 온전 전. faultlessness, perfect]명(창6:9) 부족함이 없음. 흠이 없음.

완패[頑悖 ; 완고할 완, 거스를 패. stubborn, difiant]명(잠7:11) 언행이 완악하고 행동이 패악함.

왕[王 ; 임금 왕. king]명(창14:1) 임금. ㉠전하. 어른.

* 임무 - ①언약을 세운다(창21:22-32). ②법을 집행(신17:19). ③공의로통치(삼하23:3-4).④전쟁수행(삼상8:20, 11:5-11). ⑤공정한 재판(왕상3:16-28). ⑥명령, 법령공포(단3:1-6, 눅2:1, 욘3:7). ⑦징세(삼상8:15, 마22:17-21). ⑧징병(삼상8:11). ⑨징용(삼상8:12-14).

왕곡[王谷 ; 임금 왕, 골 곡. king's valley, king's dale]지(창14:17) 예루살렘부근 살렘왕 멜기세덱이 전승하고 돌아온 아브라함을 맞이하여 축복한 장소. ①왕의 골짜기, ②사웨골짜기와 같은 곳.

왕골[rush]명(욥8:11) 방동산이과의 일년생 풀. 논에 심음. 줄기는

삼각형인데 자리를 만드는 데 씀. 완초.

왕관[王冠 ; 임금 왕, 갓 관. crown]명(에6:8) 임금의 머리에 쓰는 관. 존엄, 권위를 상징함. ①머리장식(에6:8). ②회복될 시온의 영광을 상징(사62:3).

왕국[王國 ; 임금 왕, 나라 국. kingdom]명(시46:6) 군주국. 임금이 다스리는 나라를 일컬음.

왕궁[王宮 ; 임금 왕, 집 궁. king's house]명(출8:9) 임금이 기거하는 궁전. ①왕의 거처(삼하11:1). ②왕의 직무처(삼하11:8). ③보물고가 있다(왕상14:26). ④내탕고가 있다(왕하20:13). ⑤후원이 있다(에1:5). ⑥후궁이 있다(에2:13). ⑦사치한 자의 거처(마11:8,눅7:25). ⑧재앙을 받은곳(출8:9-11).

왕권[王權 ; 임금 왕, 권세 권. royal power]명(마16:28) 임금의 권력. 왕의 권한. * 나라(마8:12), 왕위(눅19:12), 천국(마4:23), 하나님의 나라(마12:28)로 번역된 말.

왕노릇[reign]명(눅1:33) 왕이 되어 다스림. 그리스도의 본직. 성도의 영원한 생활.

1. 세상왕 - ①죄는 사망안에서 왕노릇함(롬5:21, 6:12). ②사망의 왕(롬5:14, 21). ③세속의 왕(창36:31).

2. 성도 - ①땅에서(계5:10). ②그리스도로 말미암아(롬5:21, 계20:6). ③영원히(계22:5, 딤후2:12).

3. 그리스도 - ①정의로(사31:1, 렘23:5,6). ②사단을 발아래 두시기까지(고전15:25). ③스스로 정권을 잡으시고(계11:17). ④영원토록 통치하신다(계11:15).

왕도[王都 ; 임금 왕, 도읍 도. royal city]명(수10:2) 왕궁(王宮)이 있는 도시. 정치적 중심지. 왕성(王城)(수10:2).

왕래[往來 ; 갈 왕, 올 래. coming and going]명(창8:7) 가고 옴. 편지 따위를 주고 받거나 소식을 전함. correspondece.

왕명[王命 ; 임금 왕, 목숨 명 king's commandment]명(에1:12) ①왕의 명령. ②임금의 목숨.

왕벌[王~ ; 임금 왕. hornet]명(출23:28) 호박벌. 말벌. ①공격자(출23:28). 하나님이 보내심. ②수색자(신7:20).

왕복[王服 ; 임금왕, 옷 복. royal robe]명(왕상22:10) 왕의 옷. 위

엄, 왕위를 상징함(행12:21).
왕비[王妃 ; 임금 왕, 비 비. queen]명(왕상11:3) 임금의 아내.
* 왕후, 후비 ①정략적 결혼으로 많은 왕비를 둠(왕상11:3, 아6:8,9). ②왕의 총애를 받음(왕상11:19, 에1:9, 느2:6). ③공주에서 왕비로(왕상3:1, 16:31). ④미모로 인해 왕비로(에2:7, 17). 대를 이을 아들을 낳으므로(왕상2:13). ⑤왕비의 성장(시45:9). ⑥권리박탈(나2:7, 에1:13-22).
왕성[旺盛 ; 왕성할 왕, 성할 성. vigorous, flourish]명(창26:13) 잘 되어 한창 성함. 부왕성히.
왕성[王城 ; 임금 왕, 재 성. capital of kingdom, royal city]명(삼하12:26) 임금의 도성.
왕실[王室 ; 임금 왕, 집 실. royal family, king's house]명(삼상22:14) 임금의 집안. 왕가.
왕위[王位 ; 임금 왕, 자리(벼슬) 위. throne]명(신17:18) 왕의 자리.
왕의 골짜기[king's valley](삼하18:18) 예루살렘부근의 골짜기. 압살롬이 기념비를 세운곳. 왕곡, 사웨의 골짜기와 같은 곳.
왕의 대로[king's highway](민20:17) 다메섹에서 애굽으로 가는 큰 길. 요단강 동쪽 남북으로 난 큰 길. 고대의 통상로. 모세가 출애굽시킨 이스라엘 백성을 가나안으로 인도하기 위하여 에돔왕에게 통과를 요청했다. 아모리의 시혼왕에게도 요청했으나 거절당했다(민20:17-18, 21:22).
왕의 동산[king's garden] 명 (왕하25:4) 예루살렘 셀라 못 곁에 있는 동산(느3:15). 시드기야왕이 이 동산 결문 길로 도망했다.
왕의 못[king's pool]명(느2:14) 예루살렘 동남끝 실로암못을 가리킴. 느헤미야가 성벽정찰을 하기 위하여 통과했다.
왕의 벗[friend of king]명(왕상4:5) 궁중고관으로 왕의 상담역과 고문을 맡은 공직자의 이름. ①아비멜렉 왕의 벗(창26:26). ②다윗 왕의 벗(대상27:33). ③솔로몬왕의 벗(왕상4:5).
왕의 저울[king's weight]명(삼하14:26) 이스라엘 왕가에서 쓰던 저울. 압살롬의 머리카락의 무게를 달았다.
왕자[王子 ; 임금(으뜸) 왕, 아들 자. prince]명(삿8:18) 왕의 아들.
왕족[王族 ; 임금(으뜸) 왕, 겨레 족. royal family, seed of royal]명(왕하25:25) 임금의 일가.
왕좌[王座 ; 임금왕, 자리좌. throne]명(단7:9) 임금이 앉는 용상이 있는 자리. 왕의 보좌. 천상의 보좌는 심판의 자리이다(계4:2, 시9:4, 7, 11:4).

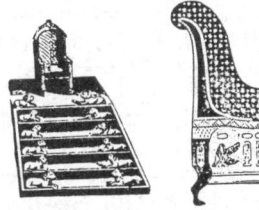

왕후[王候 ; 임금 왕, 제후 후. great man, prince]명(욥21:28) 제왕과 제후.
왕후[王后 ; 임금(으뜸) 왕, 왕후 후. queen, princess]명(느2:6) 임금의 아내. 왕비. 태후.
왜[why, what]부(창18:13) 무슨 까닭으로, 어째서, 의문을 나타내는 말.
왜사다[אויסדאי=대기의 아들]인(에9:9) 하만의 열 아들 중 하나.
외[cucumber]명(민11:5) 박과의 일년생 식물. 찬으로 먹는다. ㉥오이. ①이스라엘 백성이 애굽에서 먹던 것(민11:5). ②선지자의 생도들이 먹었다(왕하4:39).
외[外 ; 바깥 외. out side]명(창19:12) ①바깥. 곁. ②표면. except.
외국[外國 ; 밖 외, 나라 국. strange, foreign country]명(행26:11) 딴 나라. 외방(外邦). ㉥해외(海外).
외국인[外國人 ; 밖 외, 나라 국, 사

람 인. foreigner]명(레22:10) 다른 나라의 사람. 그 나라의 국적을 가지지 않는사람. ①이방인(출12:49). ②나그네(창23:4). ③거류인(출12:45). ④타국인(레19:34). ⑤열방인(렘10:2). ⑥외인(애5:2). ⑦객(신14:21). ⑧약속을 바라보는 성도(히11:13).

외딸[only daughter]명(아6:9) 아들이 없이 하나뿐인 딸. 딸로는 하나뿐인 딸. 외동딸.

외로운 자식[orphans](잠23:10) 고아. 과부. 의지할데가 없는 사람. 학대하지 말것을 권하고 있다.

외롭다[helpless]형(시10:8) 의지할 곳이 없다. 고독하다. solitary.

외면[外面 ; 밖 외, 낯 면. outward appearance]명(왕상7:9) 거죽.

외모[外貌 ; 밖 외, 모양 모. appearance]명(신1:17) 거죽 모양.
* ①하나님은 사람의 중심을 보신다(삼상16:7). ②외모로 판단하지 말라(요7:24, 고후10:7).

외방[外邦 ; 밖 외, 나라 방. foreign country]명(히11:9) 다른나라. 외국. 타국.

외방인[外邦人 ; 밖 외, 나라 방, 사람 인. foreigner]명(레22:25) 다른나라 사람. 외국인.

외삼촌[外三寸 ; 밖 외, 석 삼, 마디 촌. maternal uncle]명(창28:2) 어머니의 남자 형제. 외숙부.

외성[外城 ; 밖 외, 재 성. outworks, wall]명(대하32:5) 밖에 있는 성.

외소[外所 ; 밖 외, 바 소. nave]명(왕상6:17) 밖의 장소. 곧 옛날 유대인들의 성전 지성소(내소) 바깥 쪽. 성소.

외손녀[外孫女 ; 밖 외, 손자 손, 계집 녀. granddaughter by daughter]명(레18:10) 딸이 낳은 딸.

외식[外飾 ; 밖 외, 꾸밀 식. hypocrisy]명(마6:2) 겉치레. 겉만 꾸밈. 종교적 경건에 대하여 가장하는 것을 말함. 안으로는 세속적이면서 겉으로는 경건하게 보이는 것. ①의식적(마6:2, 22:18). ②무의식적(마7:5, 막7:6, 눅12:56). ③예수님이 책망하심(마23장). ④성도들이 경계해야 할 부덕(딤전4:2, 벧전2:1). ⑤유혹되지 말라(갈2:13). ⑥거짓말을 함(딤전4:2).

외식하는 자[hypocrites](마6:2) 속과 겉이 다른 종교인. 서기관과 바리새인.

* 특징 - ①구제할 때 사람에게 영광을 받으려고 함(마6:2). ②기도할 때 사람에게 보이려고 함(마6:5). ③금식할 때 슬픈 기색을 냄(마6:16). ④먼저 자기 눈속의 들보를 빼어야 할 사람(마7:5). ⑤입으로만 공경함(막7:6). ⑥예수님을 시험함(마22:18). ⑦처벌을 받음(마24:51). ⑧시대를 분별하지 못함(눅12:56). ⑨성경을 잘못 해석함(눅13:15). ⑩천국문을 닫고 들어가지 않는 자(마23:13). ⑪교인을 배나 지옥자식으로만듦(마23:15). ⑫십일조를 드리면서도 율법의 의, 인, 신을 버리는 자(마23:23). ⑬탐욕과 방탕으로 가득한 자(마23:25). ⑭회칠한 무덤과 같은 자(마23:27). ⑮선지자들의 무덤을 쌓고 의인들의 비석을 꾸미는 자(마23:29). ⑯사람에게 옳게 보이려고 함(마23:28). ⑰주를 정죄함(마23:15). ⑱누룩과 같은 자로 비유됨(눅12:1). ⑲외식을버려야한다(벧전2:1-2).

외아들[only son]명(잠4:3) ①형제가 없는 단 하나뿐인 아들. 독자. ②독생자. 예수 그리스도(마16:16, 요3:16).

외양간[猥養間 ; 기를 외, 기를 양, 사이 간. stall, stable. cowshed]명(왕상4:26) 말과 소가 자고 먹는 곳. ㉘외양(猥養). 우리(암6:4), 구유(잠14:4)로 번역된 말. 말4:2는 구원된 의인의 환희를 나타낸다.

외인[外人 ; 밖(바깥) 외, 사람 인. stranger]명(창31:15) ①집안 식구 이외의 사람. unrelated person. ②외국인. foreigner. ③동아리 밖의 사람.

외전[外殿 ; 밖 외, 대궐 전. sanctuary, holy place]명(겔41:15) 성전의 바깥 장소. 지성소의 바깥쪽. 성소. 향단, 떡상, 촛대가 놓여 있는 곳. 제사장이 분향하는 곳. 외소와 같은 곳.

외조모[外祖母 ; 밖 외, 할아비 조, 어미 모. mother's mother]명(딤후1:5) 어머니의 친정 어머니. 외할머니.

외조부[外祖父 ; 밖 외, 할아비 조, 아비 부. mother's father]명(창28:2) 어머니의 친정 아버지. 외할아버지.

외치다[shout, cry]자 타(레13:45) 소리를 지르다. 큰 소리로 부르짓다.

＊①나환자 - 부정하다(레13:45). ②여리고 함락 - 나팔소리와 함께(수6:5). ③기드온의 군대 - 여호와와 기드온의 칼이여(삿7:20). ④땅이 울리도록(삼상4:5). ⑤왕의 만세(삼상10:24). ⑥법궤가 돌아올 때(삼상4:6). ⑦전쟁(삼상17:8). ⑧알릴 때 (삼상20:37). ⑨예언할 때(겔9:1). ⑩회개를 촉구할 때 (마3:3). ⑪은혜를 구할 때(눅18:38). ⑫증거할 때(요1:15). ⑬가르칠 때(요7:28, 38). ⑭왕의 입성 때(요12:13). ⑮멸망할 때(계18:19). ⑯우상을 섬길 때(행19:34). ⑰성전의 지대를 놓을 때(스3:11-13). ⑱하나님의 창조의 기쁨을(욥38:7). ⑲강포한 자의 외침은 듣지 않으심(합1:12). ⑳성도들이 즐거이 (시132:9).

외투[外套 ; 밖 외, 덮개 투. mantle, robe, garment]명(수7:21) 겨울에 겉옷 위에 입는 옷. 아간은 시날의 외투를 훔쳤다. 겉옷으로 많이 번역되었다.

왼발[leftfoot]명(계10:2) 왼쪽의 발.

왼손[left hand]명(삿3:21) 왼쪽의 손 좌수(左手). 구제할 때 모르게 함(마6:3).

왼손잡이[lefthanded person]명(삿3:15) 왼손을 오른 손보다 낫게 쓰는 사람. ①에훗(삿3:15). ②베냐민 사람(삿20:16).

요[料 ; 헤아릴 료. wages in kind]명(녹3:14) 벼슬 아치에게 급료로 주는 곡식(무명, 베, 돈을 통틀어 일컫는 말). 하인들에게 주는 곡식.
＊보수, 임금을 말함. ①족한 줄로 알라(눅3:14). ②교회에서 교역자에게 주는 사례비(고후11:8).

요[褥 ; 요(욕) 요. couch, pallet]명(시6:6) 방바닥에 까는 침구의 한 가지. 화문요가 있었다(잠7:16).

요게벳[יוֹכֶבֶד = 여호와는 영광]인
1. **인적관계** - ①레위사람 아므람의 아내(민26:59). ②아론, 미리암, 모세의 어머니(출6:20).
2. **관련시기사** - ①조카 아므람과 결혼(출6:20). ②모세를 숨겨서 기름(출2장). ③애굽왕에게 양자로 간 모세의 유모. 모세를 신앙으로, 애국애족의 정식으로 길러내어 위대한 지도자의 밑거름이 되었다(민20:59, 히10, 23) 성경상에 나타난 3대 현모(賢母) 곧 예수님의 모친 마리아와 사무엘의 모친 한나와 함께 그 이름이 빛난다.

요구[要求 ; 구할 요, 구할 구, request]명(신10:12) 달라고 청함. 어떠한 행위의 청구. claim.

요글리[יָגְלִי = 추방, 유배된 자]인 (민34:22) 단자손의 족장. 북기의 아버지. 이스라엘 기업분배를 위해 임명된 사람.

요긴[要緊 ; 요긴할 요, 굳을 긴. burning necessity]명(행15:28) 꼭 필요함. 긴요.

요김[יוֹקִים = 여호와는 세우심]인 (대상4:22) 유다사람 셀라의 아들. 옹기장이.

요나[יוֹנָה = 비둘기]인
① 니느웨로 간 선지자.
1. **인적관계** - 아밋대의 아들(욘1:1).

2. 관련기사 - ①이스라엘 여로보암 Ⅱ세때 예언을 시작했다(왕하14:25). ②니느웨로 파송됨(욘1:1). ③다시스로 도망(욘1:3). ④불순종한 선지자로 말미암아 풍랑이 일어났다(욘1:4-10). ⑤죄인(요나)을 제비뽑아 바다에 던지니 고기가 삼킴(욘1:11-17)⑥고기 뱃속에서 드린 요나의 회개기도(욘2:1-9). ⑦고기가 요나를 육지에 토해냄(욘2:10). ⑧하나님의 두번째 명령을 순종한 요나의 니느웨 전도(욘3:1-4). ⑨니느웨 사람들의 회개(욘3:5-9). ⑩하나님의 긍휼에 의해 니느웨성이 구원받음(욘3:10). ⑪요나가 니느웨에 대한 하나님의 긍휼을 원망함(욘4:1-3). ⑫타이르시는 하나님, 니느웨에 대한 요나의 냉정(욘4:4-5). ⑬하나님의 훈계 - 박넝쿨로 요나를 가르치심(욘4:6-11). ⑭그리스도 부활의 모형(마12:39, 눅11:30).
* 여로보암 Ⅱ세때의 선지자와 니느웨로 간 요나를 같은 사람으로 보지 않는 이도 있다.
3. 교훈 - 하나님의 사랑을 일깨움.

2 예수님의 제자 베드로의 아버지(마16:17, 요21:15).

요나[Jonah]몡(욘)구약제32권째 성경. 선지자 요나의 기록으로 이스라엘 뿐만 아니라 이방민족까지도 하나님께서 사랑하시고 역사하신다는 사실과 이방민족이(니느웨) 구원 받는 요건이 회개에 있음을 보여주며, 마지막날에 유다인들처럼 남은 자들이 있을 것을 상징적으로 보여줄 뿐만 아니라 순종하지 아니하는 선지자에 대하여 하나님께서 어떻게 하시는가를 교훈하고 있다. 내용분해는 박기원 편 성경총론을 참고하라.

● 요나에 예언된 그리스도의 모형 - ①그리스도의 죽음, 매장, 부활을 예언(욘1:17) - 그리스도께서 직접 요나의 사건을 인용하시어 자신의 죽음, 매장, 부활을 증거하셨다(마12:40-41, 고전15:3-4, 마26:51). ②용서를 보이신 그리스도(욘4:)-요3:16). ③세상을 주관하시는 주(욘1:4-16) - 그리스도께서 바다를 잠잠케 하셨다(마8:24-27, 막4:37-41, 눅8:23-25). 욘1:14-17절과 막4:38, 41절을 비교하라.

요나단[יְהוֹנָתָן = 주께서 주심]몡
1 모세의 후손. ①베들레헴 출신으로 에브라임 산지 미가의 집 우상의 제사장(삿18:30). ②단 지파의 우상숭배를 도움(삿18:3-31).
2 사울왕의 장자.
1. 인적관계 - ①사울의 아들(삼상14:49). ②므비보셋의 아버지(삼하4:4).
2. 관련기사 - ①블레셋 수비대를 기습공격했다(삼상13:2). ②믹마스를 습격했다(삼상14:1-4)③사울의 명령을 어겼으나 구원됨(삼상14:24-45). ④다윗이 하나님의 사람인 줄 알고 여러번 위험에서 건져주었고 가정과 국민에 대한 애정이 넘치는 사람이다(삼상18:1-4). ⑤다윗의 생명을 구하기 위하여 애씀(삼상19:1-7). ⑥사울에 관한 정보를 다윗에게 알림(삼상20장). ⑦다윗이 장차 왕이 될 것을 말함(삼상23:17). ⑧다윗과 사울의 화해를 위한 중보노력(삼상19:1-7). ⑨다윗의 망명중에 그를 찾아감(삼상23:6-18). ⑩다윗이 왕이 되면 버금이 되겠다고 하던 뜻을 이루지 못하고 블레셋 전쟁으로 길보아산에서 아버지와 형제가 함께 전사하였다(삼상31:1-2). ⑪다윗은 슬픈 노래로 사울과 요나단을 조상하였다. 곧 활노래는 야살의 책에 까지 기록되었다(삼하1:

18-27). ⑫다윗이 왕된 후에 요나단을 생각하고 그의 가족을 찾아내어 그의 아들 므비보셋에게 그의 조부모의 재산을 돌려주고 그는 다윗의 상에서 먹게 하였다(삼상31장, 삼하4:4, 9:1-13).

3. **교훈** - ①우정의 사람. 다윗이 요나단을 잊지 못했다(삼하4:1, 9:1-13, 21:7-10). ②현실을 잘파악한 사람(삼상23:17). ③용감한 사람(삼상13장-14장).

3 다윗의 형 삼마의 아들. 가드의 장수 키가 장대하고 손과 발에 여섯 가락씩 가진 자를 죽였다(삼하21:21). 대상20:7에는 시므이의 아들.

4 다윗의 숙부. 모사이며 서기관(대상27:32).

5 압살롬의 반란 때 다윗의 연락원으로 아히마아스와 함께 중책을 역임했고 아도니야의 반란 때는 다윗이 솔로몬으로 왕을 삼았다는 소식을 전해 듣고 낙심하여 아도니야를 도망하도록 하였다(삼하15:27, 36, 17:17, 왕상1:42-43).

6 유다국 시드기야왕 때의 서기관으로 방백들이 예레미야를 때려 그의 집에 가두었다(렘37:15).

7 아사헬의 아들로 제사장. 이방인과 결혼을 금지한 사람(스10:15).

8 그 밖에 9명이 있다(삼하23:32, 대상2:32-33, 렘37:15, 40:8, 스8:6, 10:15, 느12:11, 14, 35).

요나답[יְהוֹנָדָב = 주는 관대하심]인

1 시므아의 아들로 다윗의 조카. 다윗의 아들 암논과 친하여 암논이 압살롬의 누이 다말에 대한 연고로 병이났을 때 간교한 계교를 가르쳐 주었다(삼하13:3-5). 가드의거인을 죽인 삼마의 아들 요나답과 같은 사람으로 여긴다(삼하21:21, 대상20:7).

2 겐 족속 레갑의 아들(대상2:55, 렘35:5-19). ①모세의 장인 이드로의 후예로 추정한다(삿1:16). ② 그는 이스라엘 왕 예후당시에 레갑 족속의 족장으로 지혜가 있고 경건하여 극히 존경함을 받았다(왕하10:15-16). ③예후가 바알숭배자들을 진멸할 때 협조하였다(왕하10:23). ④자기 자손에게 절제생활에 대하여 훈계한 것을 엄수함을 예레미야가 칭찬하는 동시에(렘35:1-15) ⑤이스라엘백성이 여호와의 법을 준수하지 않는 것을 책망했고 요나답을 축복하였다(렘35:16-19).

요남[Ἰωνάμ = 여호와는 은혜로우심]인(눅3:30) 예수님의 계보에 있는 사람(히브리어 요하난을 헬라어로 발음한 것).

요낫 엘렘 르호김[Joath elem rehokim]명(시56:1) 시 56편의 제목.

요다[Ἰωδά]인(눅3:26) 예수님의 계보에 있는 사람. 바벨론포로시대 사람.

요단[יַרְדֵּן = 여호와는 완전]인 (대상2:47) 유다사람 갈렙 자손 야대의 아들.

요단강[Jordan]지 팔레스틴의 가장 큰 강. 북쪽 레바논 헬몬산에서 발원하여 팔레스틴을 세로로 갈라남쪽 사해로 흐른다. 시발점에서 사해까지 약900m나 낮아지므로 중간에 폭포 비슷한 급류가 27개소나 된다.

1. **위치와 개요** - ①가나안과모압, 암몬의 경계를 이룸. ②가나안의 동편(민34:12).

2. **관련기사** - ①들이 있다. 롯이 부근에 거주했다(창13:10, 11). ②야곱이 건넜다(창32:10). ③요셉이 애곡하던 곳(창50:10). ④모세의 도강이 금지됨(신3:27). ⑤여호수아가법궤를 앞세우고건넘(수3:1-17). ⑥여호수아가 이곳 돌을 가져다가 길갈에 단을 쌓음(수4장). ⑦기도온의 300용사가 건넘(삿8:4) ⑧에브라임 사람의 도망을 막음(삿12:5, 6). ⑨다윗이 건넘(삼하17:22-24). ⑩엘리야가 갈라지게 함(왕하2:5-8). ⑪엘리사가 갈라지게 함(왕하2:13-14). ⑫나아만이 몸을 씻은 강(왕하5:10-12). ⑬세례 요한이 활동하던 곳(마3:

6, 요1:28). ⑭예수님이 세례 받으신 강(마3:13-17). ⑮범람하는 강(대상12:15). ⑯멸시를 받는 강(왕하5:10,12).

요단들[field of jordan]㈑(창13:10) 요단강을 사이에 두고 있는 평야. 롯이 선택한 땅. 아브라함이 롯을 구한 곳(창14:12-16).

요단저편[beyond jordan](창50:11) ①요셉이 야곱의 장례때 울던 곳(창50:11). ②신약시대 베뢰아를 말함(마4:15, 막10:1, 요3:26).

요담[יוֹתָם = 주는 완전하심]㈑
① 유다왕 웃시아의 아들. ①부왕의 문둥병으로 정무를 살피지 못할 때 얼마동안 섭정하다가 ②죽은 후 25세때 즉위하여 16년간의 치세를 공의롭게 하고 ③만년에 다메섹왕 베가에게 위협을 받았다. ④이 시대의 선지자는 이사야(왕하15:) ⑤예수님의 계보에 있다(마1:9).
② 기드온의 막내 아들. 아비멜렉이 오브라에서 그의 형들 70인을 죽이고 왕이 될 때에 그가 나무들이 왕을 택하는 유명한 비유로 세겜인을 경고하고 브엘로 피한 후 종적을 감추었다(삿9:5-5-21).
③ 갈렙의 수손. 야대의 아들(대상2:48).

요동[搖動; 들림 요, 움직일 동, noise, move, shake]㈑(삿9:9) 흔들리어 움직임.

* **원인** - ①사단의 책동으로(눅22:31-34). ②믿음이 적음(마13:19-22). ③의심(약1:6-8). ④성숙하지 못해서(벧후1:5-10). ⑤거짓교사의 가르침(갈1:6-10). ⑥강풍(사54:11). ⑦바람에밀려서(약1:6).

요라[יוֹרָה]㈑(스2:18) 바벨론 포로에서 귀한한 이스라엘자손의 족장. 하룹과 같은 사람(느7:24).

요란[擾亂; 어지러울 요, 어지러울 란. disturbance, confusion]㈑(신7:23) 시끄럽고 떠들썩 함. ①죄를 짓는 자(시64:2). ②다툼이 있는 곳(약3:16). ③고난으로(대하15:6). ④다른 복음(갈1:7).

요람[יוֹרָם = 여호와는 높으심]㈑
① 유다왕.
1. **인적관계** - 여호사밧왕의 아들. 아하시야의 아버지(대상3:10-11). 여호람.
2. **관련기사** - ①여호사밧왕의 생존시 8년간 유다를 다스렸다(왕하8:16-17). ②아합의 사위가 되었다(왕하8:18). ③이스라엘의 악습을 받아들임(대하21:11-13). ④동생을 죽임(대하21:13). ⑤중병에 걸리게 됨(대하21:14-15). ⑥예언대로 됨(대하21:16-20). ⑦다윗성에 장사되었으나 열왕의 묘실에 들어가지 못했다(대하21:20). ⑧예수님의 계보의 사람(마1:8).
② 이스라엘왕. ①아합과 이세벨의 아들. ②형 아하시야를 이어 12년간 재위. ③수리아왕 하사엘과 싸우다가 패하여 부상한 것을 ④예후가 활로 쏘아 죽였다(왕하9:24).
③ 하맛왕 도이의 아들. 다윗왕에게 문안을 한 사람(삼하8:9-10).
④ 모세의 아들 엘리에셀의 후손. 여사야의 아들로 시그리의 아버지(대상26:25).

요래[יוֹרַי = 여호와께서 가르치심]㈑(대상5:13) 바산에 거한 갓자손의 족장.

요르그암[יָרְקְעָם = 퍼져있는 백성]㈑(대상2:44) 유다지파 갈렙 자손. 라합의 아들 요르그.

요르그암[יָרְקְעָם = 퍼져있는 백성]㈐(대상2:44) 유다의 성읍. 갈렙

자손의 거주지. 욕드암과 같은 곳으로 여긴다.

요리[料理 ; 헤아릴료, 이치 리. cook] 명 (창18:7) 맛난 음식을 만듦. 또는 맛난 음식.

요리인[料理人 ; 헤아릴(다스릴) 료, 이치 리, 사람 인. cooker] 명 (삼상9:23) 전문으로 요리를 만드는 사람. 요리사. 요리하는 자.

요림[ʹΙωρίμ = 하나님의 칭찬] 인 (눅3:29) 예수님의 계보의 사람.

요밥[יוֹבָב = 소리 높여 외침] 인
1 셈의 6대 손자인 욕단의 아들(창10:29, 대상1:33).
2 에돔의 제 2대 왕이며 세라의 아들(창36:33).
3 베냐민 자손 사하라임의 아들. 어머니는 호데스(대상8:9).
4 마돈왕(수11:1). 메롬 물가에서 여호수아에게 패했다(수12:19).
5 베냐민 사람 엘바알의 아들(대상8:18).

요사[יוֹשָׁה = 주의 은사] (대상4:34) 시므온 자손 아미시야의 아들.

요사갈[יוֹזָכָר = 여호와께서 기억하심] 인 (왕하12:19-21) ①시므앗의 아들. 요아스왕을 죽인 자 중 한 사람. ②사밧이라고도 부른다(대하24:26). ③요아스왕을 죽인 이유는 여호야다의 아들들의 피를 인함이라 하였다. 그 후 그는 아마샤에게 피살되었다(대하25:2-3).

요사닥[יוֹצָדָק = 여호와는 의로우시다] 인 (스3:2) 사독의 혈통에 속한 제사장. 스룹바벨과 함께 바벨론에서 귀환한 대제사장 예수아의 아버지(느12:26). 여호사닥과 같은 사람.

요사밧[יוֹשָׁפָט = 여호와는 심판하셨다] 인 여호사밧의 준말
1 미덴사람. 다윗의 30용사 중 하나(대상11:43).
2 다윗시대 제사장. 언약궤를 오벧에돔의 집에서 예루살렘으로 옮길 때 그 앞에서 나팔을 불었다(대상15:24).

요사밧[יוֹזָבָד = 주께서 주셨다] 인
을 때 귀순한 용사(대상12:4).
2 므낫세의 천부장. 다윗의 용사가 되었다(대상12:20).
3 레위사람으로 히스기야왕 시대 성전 예물 감독자(대하31:13).
4 예수아의 아들(스8:33). 하나님의 전 외부 일을 맡았던 레위사람(느11:16).
● 이 외에도 여럿이 있다(대하31:13, 35:9, 대상26:9, 스10:22).

요사위야[יוֹשַׁוְיָה = 여호와께서 두신다] 인 (대상11:46) 엘리암의 아들로 다윗의 용사.

요새[要塞 ; 구할 요, 변방 새. stronghold fortress] 명 (삼상22:4) 국방상 중요한 지점에 평시부터 구축해 놓은 견고한 군사적 방어시설. 국방상 중요한 진지.
*①예루살렘(시48:12). ②함메아 망대(느3:1). ③하나넬 망대(느3:1). ④풀무망대(느3:11). ⑤내어민 망대(느3:25). ⑥큰 망대(느3:26).

요세[ʹΙωσῆς = 주는 더해 주심] 인
1 요셉을 단축시킨 말. "증가한다"의 뜻. 알뵈오의 아내 마리아의 아들이며 작은 야곱의 형제(막15:40-47, 마27:56).
2 예수님의 육친의 형제 중 한 사람(막6:3, 마13:55, 요셉).

요섹[ʹΙωσήχ = 그는 더하심] 인 (눅3:26) 예수님의 계보 중 한 사람. 영어 성경에는 요셉으로, 일본 성경에는 요섹으로 번역하였다.

요셉[יוֹסֵף = 그는 이긴다. 여호와께서 더해주심] 인
1 야곱의 아들.
1. 인적관계 - 라헬이 낳은 아들. 베냐민의 동복형(창30:22-25).
2. 관련기사 - ①요셉의 꿈. 형들과의 사이가 멀어짐(창37:1-11). ②요셉이 아버지의 심부름으로 형들을 찾아감(창37:12-17). ③요셉을 죽이려는 형들의 계략(창37:18-22). ④요셉이 이스마엘 사람에게 팔림(창37:23-30). ⑤요셉의 형들이 야곱을 속임. 야곱이 슬퍼함

(창37:31-36). ⑥요셉이 애굽 보디발의 집에서 형통함(창39:1-6). ⑦요셉이 보디발의 아내의 유혹을 받음(창39:7-12). ⑧요셉이 무고히 참소됨(창39:13-18). ⑨요셉이 투옥됨(창39:19-22). ⑩바로의 두 관원장이 요셉이 갇힌 옥에 투옥됨(창40:1-4). ⑪요셉이 술 맡은 관원장의 꿈을 해몽함(창40:5-15). ⑫요셉이 떡 맡은 관원장의 꿈을 해몽함(창40:16-19). ⑬요셉의 해몽대로 이루어졌다(창40:20-23). ⑭술맡은 관원장이 요셉을 바로가 꾼 꿈의 해몽자로 추천함(창41:9-13). ⑮바로가 꾼 꿈을 요셉에게 말하여 풀게 함(창41:14-16). ⑯요셉이 바로의 꿈을 풀어 줌. 7년 풍년후 7년 기근(창41:17-32). ⑰요셉이 바로에게 국가적 시책을 건의함(창41:33-36). ⑱바로가 요셉을 총리대신으로 등용함(창41:37-45). ⑲7년 풍년동

안 많은 곡식을 창고에 저장함(창41:46-49). ⑳요셉이 온 땅의 제사장 보디베라의 딸 아스낫과 결혼하여 두 아들, 므낫세와 에브라임을 봄(창41:50-57). ㉑요셉이 형들을 환대함(창42:5-17). ㉒요셉의 형들이 참회함(창42:18-24). ㉓시므온을 인질로 남겨두고 곡식을 가지고 돌아감(창42:25-35). ㉔요셉이 형제들을 자기 집으로 초청함(창43:15-17). ㉕요셉의 형들이 두려워함(창43:18-23). ㉖요셉의 집에서 일어난 일(창43:24-25). ㉗요셉이 형들을 만나 아버지의 안부를 물음(창43:26-28). ㉘요셉이 베냐민을 만난 후 은밀한 곳에서 울음(창43:29-30). ㉙요셉이 형들을 잘 대접함(창43:31-34). ㉚요셉이 형들의 진실성을 다시 시험함(창44:1-2). ㉛요셉이 계략으로 베냐민을 되돌아오게 하려고 함(창44:3-9). ㉜요셉이 형들을 문책함. ㉝형들이 돌아와서 사죄함(창44:16-34). ㉞요셉이 자기를 형들에게 밝힘(창45:1-3). ㉟요셉이 하나님의 섭리를 말하고 형들을 위로함(창45:4-8). ㊱요셉이 그의 아버지를 초청함(창45:9-15). ㊲바로가 듣고 기뻐하고 야곱의 가족을 초청함(창45:16-20). ㊳요셉이 선물을 주어 형제를 돌아가게 함(창45:21-24). ㊴형들이 돌아와 야곱에게 알림. 야곱의 의심과 결심(창45:25-28). ㊵가족을 애굽으로 오게 하여 고센에 있게 함(창46:1-34). ㊶요셉이 형 다섯을 바로에게 소개함(창471-6). ㊷요셉이 야곱을 바로에게 소개함(창47:7-10). ㊸애굽땅을 바로의 것으로 만듦(창47:13-17). ㊹요셉이 토지를 받고 식량을 내어줌 - 토지법 설정(창47:18-26). ㊺야곱의 유언과 요셉의 서약(창47:27-31). ㊻요셉이 병상의 부친 이스라엘을 위문함(창48:1-2). ㊼야곱이 요셉의 두 아들을 가족으로 인정함(창48:3-7). ㊽야곱이 요셉의 두 아들 므낫세와 에브라임을 축복함(창48:8-22). ㊾야곱이 요셉의 아들에게 축복함(창49:13-15). ㊿요셉에 대한 예언(창49:22-26). ㉛야곱의 시체에 방부제 향을 넣음(창50:1-3). ㉜야곱의 시체를 가나안 막델라 굴에 장사함(창50:4-14). ㉝요셉의 형들의 두려워함과 요셉의 위로(창50:15-21). ㉞요셉의 죽음. 예언과 유언들(창50:22-26). ㉟구원받을 성도(계7:8).

3. 그리스도를 상징하는 것 - ①은 20에 팔림 - 예수님은 은 30에 팔림

(창37:28-마26:15). ②아버지의 사랑을 받음(창37:3, 마3:17). ③참 목자, 양을 위하여 목숨을 버림(창37:2, 요10:11-14). ④야곱이 아들을 보냄같이 하나님께서 독생자를 보내심(창37:13-14, 눅20:13, 요3:17, 히10:7, 19). ⑤형들의 미움을 받음 같이 자기 백성, 형제들의 환영을 받지 못했다(창37:4-5, 8, 요1:11, 7:5, 15:25). ⑥형들이 죽이려고 모의함(창37:20, 요11:53). ⑦유혹(시험)을 당함(창39:7, 마4:1). ⑧애굽으로 내려감(창37:28, 마2:14-15). ⑨옷을 벗김(창37:23, 요19:23-24). ⑩결박당함(창39:20, 마27:2). ⑪곤욕을당함(창39:20, 사53:7). ⑫누명을 쓰게 됨(창39:11-18, 마26:59-60). ⑬하나님께서 함께 하심(창39:2, 21, 23, 요1:32). ⑭하나님께 영광을 돌림(창39:21, 눅23:47). ⑮행악자가 벌을 받음(창40:2-3, 21-22, 눅23:32). ⑯30세에 사역을 시작함(창41:46, 눅3:23). ⑰다스림(창41:41, 빌2:9-11). ⑱당당하며 담대히 나아감(창41:45, 엡3:11-12). ⑲형제(이스라엘)들이 알지 못함(창42:7-8, 롬10:1-3, 11:7-8). ⑳형제를 용서함(창45:1-15, 미7:18-20, 슥12-10). ㉑형제(만방-모든나라)가 그에게 모여듬(창41:47, 사2:2-3).

2 모세가 가나안 정탐을 보낸 잇사갈 사람 이갈의 아버지(민13:7).

3 다윗 때 찬양의 직임을 맡은 아삽의 아들(대상25:2, 9).

4 에스라 때에 이방 여인을 취하여 돌아온 바니 자손.

5 바벨론에서 돌아온 스바냐 족속 제사장(느12:14).

6 마리아의 남편('Ιωσήφ)

1. **인적관계** - 야고보, 유다, 요셉의 아버지(마13:55).

2. **관련기사** - ①다윗의 후손(마1:20). ②천사의 현몽(마1:19-25). ③호적을 하려고 베들레헴으로 감(눅2:4-7). ④율법을 지킴(눅2:21-24). ⑤애굽으로 피난(마2:13-14). ⑥헤롯이 죽은 후 나사렛에서 생활함(마2:19-23). ⑦예수님과 같이 유월절을 지킴(눅2:41-42). ⑧예수님을 잊어버림(눅2:48). ⑨돌아와서 예수님을 양육함(눅2:51-52). ⑩의로운 사람이다(마1:19).

3. **교훈** - 그의 문제를 해결하는 방법. 말씀에 대한 순종.

7 예수님의 계보 중 유다의 아들(눅3:30).

8 예수님의 계보 중 맛다디아의 아들(눅3:24, 25).

9 예수님의 동생. 야고보와 유다의 형제(마13:55, 27:56). 요세라고도 함(막15:40).

10 아리마대 사람. ①부자(마27:57, 요19:38). ②산헤드린 공의회 의원(눅23:50, 51). ③의로운 사람(막15:43). ④은밀히 예수님을 믿음(요19:38). ⑤빌라도에게 가서 예수님의 시체를 인수(막15:44-46). ⑥니고데모와 같이 예수님의 장례를 준비함(요19:39-40). ⑦예수님의 시체를 자기의 새 무덤에 장사지냄(눅23:53).

11 가룟 유다 대신 사도로 추천된 두 사람 중 제비에 뽑히지 아니한 사람. 다른 이름은 바사바이며 별명은 유스도이다(행1:23, 23).

12 바울의 동역자 바나바의 본래 이름(행4:35).

요셉 밧세벳[בַּשֶּׁבֶת יֹשֵׁב=평온히 거하는]열(삼하23:8)다윗의 3용사. 다그몬사람. 한 때 800명을 쳐 죽였다. 야스브암과 같은 사람(대상 11:11, 27:2).

요술[妖術 ; 요망할 요, 꾀 술. witchcraft charms, sorcery]명(신18: 10) 사람의 눈을 어리게 하는 야릇한 술법. 마술. 마법. ①이교적 미신으로 금지된 행위(사19:3). ②이세벨이 즐김(왕하9:22). ③힌놈의 골짜기에서 성행(대하33:6). ④왕들도 즐겨 찾음(대하33:1-7).

요아스왕이 종교개혁을 선포.

요술객[妖術客 ; 요망할 요, 꾀 술, 손 객. conjurer, wizard]명(사19: 3) 요술하는 재주를 가진 사람. 마술사. 마법사. 술객. 점술가.

요술자[妖術者 ; 요망할 요, 꾀 술, 놈 자. conjurer, orator]명(사3:3) 요술객. 마법사. 점술자.

요스브가사[יָשְׁבְקָשָׁה = 단단한 곳]명(대상25:4) 하나님의 말씀을 전하는 선견자 헤만 자손으로 다윗시대 성전악사.

요시뱌[יֹשִׁבְיָה = 여호와께서 더하심]명(스8:10) 에스라와 함께 바벨론에서 돌아온 슬로밋의 아버지.

요시비야[יֹשִׁבְיָה = 하나님이 거처 (살곳)를 주신다]명(대상4:35) 시므온 자손 예후의 아버지.

요시아[יֹאשִׁיָּא = 주는 구원이심]명
① 스가랴와 같은 시대의 스바냐의 아들(슥6:10).
② 유다왕 요시아(습1:1).

요시야[יֹאשִׁיָּהוּ = 주는 구원이심]명
1. **인적관계** - 아몬왕의 아들. 어머니는 보스갓아다야의 딸 여디다(왕하21:25-26).
2. **관련기사** - ①아몬이 암살된 후 8세에 즉위하여 31년간 다스림(왕하22:1). ②출생전에 예언된 인물(왕상13:1-2). ③성전을 수리함(왕하22:3-9). ④율법책(신명기)을 발견하여 여선지 훌다에게 사람을 보내어 화와 복에 관한 것을 알게 되었다(왕하22:3-14, 대하34: 8-20). ⑤힐기야가 발견한 율법서(신28:-30)에 의해 종교개혁을 단행함(왕하23:1-2). ⑥우상을 태운 재를 벧엘에 가져다 뿌림(왕하23: 4이하). ⑦성전에 있던 아세라 목상을 기드론 시내로 가져가 불사름(왕하23:7). ⑧성전 안에 있던 미동의 집을 헐고 행음하지 못하도록 함(왕하23:7). ⑨몰렉우상을 파함(왕하23:10). ⑩전왕들이 세운 우상의 단을 헐어서 가루로 만들어 기드론 시내에 쏟아 넣음(왕하23: 12). ⑪이스라엘에도 영향력이 미침(왕하23:19, 대하34:6-7). ⑫이스라엘의 성소를 파괴했다(참고 왕상12장-13장, 왕하17:28, 23:1 5이하). ⑬우상의 제사장을 죽이고 해골을 불태움(왕하23:16-). ⑭여로보암 시대 선지자의 예언 성취이다(왕하13:1,2). ⑮계속된 우상박멸(왕하23:24). ⑯요시야의 종교개혁 완성과 유월절 잔치(대하34장29-35:19). ⑰애굽왕 느고와 싸우다가 전사함(대하35:20-24, 왕하23:29). ⑱그의 죽음은 많은 사람에게 슬픔을 주었다(대하 35:24). ⑲예레미야는 요시야의 개혁이 외적인 것임을 지적했다(렘2:-6:). ⑳예레미야가 그의 죽음을 애도함(대하35:25-27). ㉑ 예레미야가 그의 공적을 논함(렘 22:11-18). ㉒예수님의 계보에 기록된 사람(마1:10-11).

교훈 - ①말씀을 두려워함. ②선지자의 조언을 들음. ③원리대로 실천.

요아[יוֹאָח = 야웨는 형제이심]명
① 유다왕 히스기야 때의 사관 아삽의 아들. ①앗수르왕이 예루살렘 윗못 수도 곁에서 왕을 부를 때 궁내되신 엘리야김과 서기관 셉나와 함께 나간 사신. ②앗수르 대장 랍사게가 유다와 여호와를 모독할 때

히스기야왕에게 옷을 찢으며 보고하였다. ③히스기야도 역시 옷을 찢으며 여호와께 간절히 기도하였더니 여호와의 사자가 그날밤에 앗수르 군사 18만 5천을 전멸시켰다(왕하18:13-37).

2 레위사람 심마의 아들. 잇도의 아버지(대상6:20-21). 히스기야왕 때 성전을 깨끗하게 하는 일에 협조한 사람(대하29:12).

3 유다 요시야왕 때의 서기관 요아스의 아들. 성전을 수리하기 위하여 돈을 거두어 대제사장 힐기야에게 전한 사람(대하34:8, 9).

4 다윗시대 성전문지기 오벧에돔의 세째 아들. 스마야와 여호사밧의 동생(대상26:4).

요아난[´Ιωανάν = 여호와께서 총애하심]헬(눅3:27)예수님의 계보에 있는 한 사람. 스룹바벨의 손자.

요아스[יוֹאָשׁ 여호와의 도우심, 여호와는 강하심]헬

1 남국 유다왕.
1. **인적관계** - ①아하시야왕의 아들. ②아먀사의 아버지(왕하11:2, 대상3:11).
2. **관련기사** - ①할머니 아달랴가 왕족을 살해할 때 고모 여호세바에 의해 구출됨(왕하11:1-3, 대하22:1). ②성전에서 6년동안 여호야다의 보호를 받으며 성경을 공부함(왕하11:4-12). ③제사장 여호야다의 도움으로 요아스가 왕이 됨(왕하11:4-12). ④아달랴가 여호야다에 의해 죽임을 당함(왕하11:13-16). ⑤여호와의 언약을 따른 유다가 안정되고 요아스가 다스림(왕하11:17-21). ⑥아달랴와 바알의 제사장 맛단을 죽임(왕하11:17,18,대하23:16-). ⑦요아스가 성전수리를 명함(왕하12:1-8) ⑧여호야다가 헌금을 모아 성전을 수리함(왕하12:9-16). ⑨여호야다가 죽은 후 우상을 섬기게 됨(대하24:17-19). ⑩여호야다의 아들 스가랴를 죽임(대하24:20-22). ⑪아람의 공격을 받자 성전의 기물을 하사엘에게 내어 줌(대하24:25). 후에 조공도 바쳤다. ⑫반 요아스 세력에 의하여 살해되었다(왕하12:20, 대하24:25). ⑬다윗성에 장사되었으나 왕들의 묘소에 묻히지 못했다(왕하12:1-21, 대하24:23-25). ⑭예수님의 계보에도 없다(마1:10).

2 이스라엘 왕.
1. **인적관계** - 여호아하스의 아들. 여로보암 Ⅱ세의 아버지(왕하13:10-13, 14:27).
2. **관련기사** - ①하나님 보시기에 악한 왕(왕하13:11). ②요아스의 통치와 그의 죄(왕하13:10-13). ③엘리사에 대한 그의 슬픔(왕하13:14-21). ④아람에 빼앗긴 두 성읍을 회복함(왕하13:22-25). ⑤유다왕 아마샤를 물리치고 예루살렘을 파괴함(왕하14:8-14, 대하25:21-23). ⑥요아스에 대한 엘리사의 예언(왕하13:14-25). ⑦북의 아람과 남의 유다를 격파하여 세력을 구축했다(왕하14:8-16, 대하25:17-24). ⑧사마리아에 장사됨(왕하14:16).

3 아비에셀 사람으로 기드온의 아버지(삿6:11-32).

4 이스라엘 왕 아합의 아들(왕상22:26, 대하18:25).

5 이밖에 여섯이 있다(대상7:8, 27:8, 삿6:31, 왕상22:26, 대상4:22, 12:3).

요아하스[יוֹאָחָז = 여호와께서 붙드심]헬

1 이스라엘왕 여호아하스와 같은 사람(대하25:25). 요아스의 아버지.

2 요시야왕의 사관 요아의 아버지(대하34:8, 참조 ; 왕하18:18).

요안나[´Ιωάννα = 하나님은 은혜로우심. 여호와의 은사]헬(눅8:3) ①헤롯 안디바의 청지기 구사의 아내. ②그는 물질로 주님을 도왔고 ③예수님의 시체에 바를 향품과 향유를 준비하고 무덤을 찾아간 여인 중 하나(눅24:10). ④예수님의 부활사실을 제자들에게 알린 사람

요압

(눅24:10).
요압[יוֹאָב = 야웨는 아버지되심]인
① 다윗의 장군.
1. **인적관계** - 다윗의 누이 스루야의 아들. 아비새와 아사헬의 형(삼하 2:13,18).
2. **관련기사** - ①다윗의 생질이며 그의 용사(대상2:15-16). ②이스보셋과 싸워서 이김(삼하2:13-32). ③아브넬을 죽임(삼하3:27). 보복살인. ④다윗의 책망을 들음(삼하3:28-39). ⑤여브스 사람(사울의 요새)을 쳐서 이김으로 다윗군의 전군장이 됨(삼하5:8, 대하11:6). ⑥에돔 남자들을 죽임(왕상11:15,16). ⑦암몬과 싸울 때 전군을 지휘(삼하10:1-14, 대상19:1-19). ⑧람바를 공략함(삼하12:25-29, 대상20:1-5). ⑨우리아를 최전방에 내보내어 전사시킴 (삼하11:6-27). ⑩압살롬을 용서하도록 드고아의 슬기 있는 여인을 보냄(삼하14:1-23)⑪왕명을 무시하여 압살롬을 죽임(삼하18:9-15). ⑫다윗이 비통하는 것을 원망함(삼하19:1-8). ⑬다윗이 요압을 강등시키고 그의 사촌 아마샤를 군대장관으로 임명함(삼하19:13). ⑭세바의 란을 진정시킴(삼하20:1-22). ⑮아마샤를 살해함(삼하20:23). ⑯이스라엘 전군 지휘관이 됨(삼하20:23). ⑰다윗의 국력조사를 반대하고 그의 명령을 완수하지 않았다(삼하24:1-9, 대상21:1-6). ⑱아도니야의 모의에 가담함(왕상1:7). ⑲다윗이 그를 징계할 것을 유언함(왕상2:1-6). ⑳솔로몬이 왕이 되었다는 소식을 듣고 아도니야를 버림(왕상1:38-49) ㉑솔로몬에게 죽임을 당했다(왕상2:28-34). ㉒용감하고 냉혹한 사람이다(왕상11:21).
② 그나스의 손자(대상4:14). 스라야의 아들. 공장의 골짜기 주민.
③ 스룹바벨과 함께 귀국한 이스라엘 사람(스2:6, 느7:11).
④ 에스라와 함께 바벨론에서 귀국한 자손(스8:9).
요야김[יוֹיָקִים = 여호와께서 세우심]인(느12:10-16) 바벨론 포로 제1차 귀국자 예수아의 아들. 아버지를 이어 대제사장이 되었다.
요야다[יוֹיָדָע = 여호와께서 인정하심]인
① 바세아의 아들. 예루살렘 옛문을 수리한 사람(느3:6).
② 제사장 엘리아십의 아들. 느헤미야와 동시대 사람. 그의 아들 하나는 이방인 호론사람 산발랏의 사위가 되었으므로 느헤미야가 축출하였다(느12:10,22,13:28).
요야립[יוֹיָרִיב = 야웨는 다투심]인
① 유다 지파 마아세야 자손 스가랴의 아들(느11:5).
② 제사장이며 여호야립과 같은 사람(느11:10, 12:6,19) 예루살렘 거주자.
③ 에스라 시대의 명철한 사람(스8:16).
요에셀[יוֹעֶזֶר = 여호와는 도우심]인(대상12:6) 고라 사람. 시글락에서 다윗에게 가담한 용사.
요엘[יוֹאֵל = 여호와는 하나님]인
① 브두엘의 아들로 소선지서 요엘의 기록자. 언제 어디서 예언하였는지 미상이나 요엘서를 상고하면 유다왕 웃시야의 시대인 듯하다.
② 사무엘의 장자. 사사가 되어 이익을 따라 뇌물을 취하고 판결을 바르게 하지 못함으로 장로들의 배척을 받았다(삼상8:2-3).
③ 다윗왕 때 레위인의 족장. 오벳에돔의 집에 있는 법궤를 옮겨온 사람(대상15:11, 17-19).
④ 히스기야왕 때 성전을 깨끗하게 한 레위인(대하29:12,15).
⑤ 이 외에 10명이나 있다(대상4:35, 5:4,12, 7:3, 11:38, 23:8, 26:22, 27:20, 스10:43, 느11:9).
요엘[Joel]명(욜)구약 제29권째 성경. 브두엘의 아들 선지자 요엘의 예언. 요엘의 예언에 나타난 네가지 해충은 하나님께서 장차 바벨론, 바사, 헬라, 로마의 네 나라가 연

이어 예루살렘을 공격할 것을 가리킨다(욜1:1, 2:28-32, 행2:16-21). 이스라엘 민족이 장차 이방민족들에게 멸망되지만 마지막 은혜의 때 곧 "여호와의 날"이 임할 것이라는 중요한 상징적인 예언을 보여준다. 현재는 인간의 날(고전4:3을 문자적으로 보면)이나 그리스도의 재림과 동시에 마지막 천년왕국을 통치하는 여호와의 날을 예언했다. 내용분해는 박기원편 성경총론은 참고하라.

- **요엘에 예언된 그리스도의 모형** - ①성령을 보내실 분(욜2:28-32) - 그리스도께서 성령을 보내실 것을 약속하시고 오순절에 보내셨다(요14:15, 행1:8, 2:16-21). ②열방을 심판하실 분(욜3:2, 12) - (히12:23). ③산성과 피난처(욜3:16) - 환난을 당한 성도의 피난처가 되신다(시14:6, 9:9). ④구원자(욜3:22) - 주의 이름을 부르는 자는 구원을 얻고 의에 이른다(행2:21, 롬10:10, 13).

요엘라[יוֹאֵלָה = 그가 돕는다]인(대상12:7) 그돌사람 여로함의 아들. 다윗의 용사.

요엣[יוֹעֵד = 여호와는 증인이시다]인(느11:7) 베냐민 사람 에서의 후손. 브라액의 아들. 느헤미야 시대 예루살렘 거주자.

요제[搖祭; 흔들 요, 제사지낼 제, wave offering]명(출29:24) 하나님께 드리던 제사의 한가지 제물을 흔들어 제사지내는 데서 일컬음. 거제와 함께 동물을 희생으로 드린다.

요제물[搖祭物; 흔들 요, 제사 제, 만물 물. gifts of wave offering]명(출29:27) 요제를 드릴 때의 제물. 숫양의 가슴과 넓적다리. 제사장들이 먹을 수 있으나 타인은 먹지 못한다. 다음날 아침까지 남아 있으면 불에 태운다.

요통[腰痛; 허리 요, 아플 통, lumbago]명(사21:3) 허리가 아픈 병.

요하[יֹחָא = 야웨가 소생시켰다]인

① 베냐민 사람 브리아의 아홉 아들 중 막내(대상8:16).
② 디스 사람 시므리의 아들. 다윗의 용사(대상11:45).

요하난[יוֹחָנָן = 여호와는 인자하심, 은혜로우심]인⟨→여호하난⟩.

① 유다 요시야왕의 장자. 여호야김, 시드기야, 살룸의 맏형(대상3:15).
② 갓 사람. 다윗에게 돌아온 자. 산의 사슴같이 빠른 용사 중 여덟째 사람(대상12:8-12).
③ 느헤미야가 예루살렘성을 재건할 때 방해하던 도비야의 아들. 므술람의 사위(느6:14, 18).
④ 예레미야 시대 갈렙의 아들. 유다 군장(왕하25:22, 23). ①유다 총독 그다랴를 도와 주었다(렘40:8, 9). ②그다랴에게 암살음모를 알려주었다(렘40:13, 14). ③그다랴의 죽음에 대하여 보복하려고 했다(렘41:11-16). ④유다의 남은 백성을 애굽으로 데려갔다(렘41:16-18). ⑤예레미야는 이들을 따라가 예언했다.
⑤ 레위사람 엘리아삽의 아들로 족장(느12:23). 여호하난과 같은 사람(스10:6). 역대지략에 기록된 자.
⑥ 이 외에도 10명이 있다(대상3:24, 6:9, 12:12, 26:3, 대하17:15, 23:1, 28:12, 스6:18, 8:12, 10:2, 느12:13).

요한[Ἰωάννης = 주가 사랑하는 자]인

① 세례 요한.
1. **인적관계** - 제사장 사가랴와 엘리사벳의 아들(눅1:5-25).
2. **관련기사** - ①기적으로 잉태(눅1:7-14, 24). ②출생전 이름이 정해진 자(눅1:13). ③사가랴 불신으로 벙어리가 되었다(눅1:18-6). ④모태로부터 성령의 충만함을 입은자(눅1:15). ⑤주 앞에서 큰 자(눅1:15). ⑥금주가 명령됨(눅1:15). ⑦복중에 있을 때 마리아의 방문을 받음(눅1:39-56). ⑧성령의 능력으로 주의 길을 인도함(눅1:16-17). ⑨유다광야에서 생활

함(눅1:80). ⑩그는 낙타 털옷을 입고 음식은 메뚜기와 석청을 먹었다(마3:4). ⑪디벨리우스황제 때 유대 광야 요단강변에 나타나 복음을 외쳤다(눅3:2). ⑫그의 설교의 내용은 하나님의 나라가 가까왔으니 회개하고 복음을 믿으라는 것이다(마3:1-2). ⑬그는 회개의 표시로 세례를 베풀었다(마3:5-6). ⑭외식하는 자를 책망함(마3:7-11). ⑮그리스도를 소개함(마3:11-12). ⑯좋은 소식을 전한 자(눅3:18). ⑰그리스도를 메시야로 증거함(요1:29). 예수님께 세례를 줌(마3:15, 막1:9, 눅3:21). ⑱옥중에서도 제자들을 예수님께 보냄(눅7:19). ⑲요한에 대한 예수님의 증거(눅7:20-27). ⑳그는 분봉왕 헤롯 안디바의 불의한 결혼을 비난하여 투옥되었다가 목 베임을 당하였다(막6:17-29, 마14:3-12, 28년경). ㉑요한의 제자들이 장례를 치룸(마14:12). ㉒의로운 사람임(막6:20). ㉓구약 선지자의 최후의 인물. 예수님도 칭찬하셨다(마11:11-13).

3. **설교요지** - ①천국이 가까왔다. ②회개하고 복음을 믿으라. ③회개의 합당한 열매를 맺으라. ④속으로 아브라함이 우리 조상이라고 하지 말라. ⑤이미 도끼가 나무 뿌리에 놓였다. ⑥좋은 열매맺지 아니하는 나무는 찍힐 것이다. ⑦옷 두 벌 있는 자는 없는 자에게 나누어 주라. ⑧먹을 것도 그렇게 하라. ⑨정한 세 외에는 받지 말라. ⑩사람에게 강포하지 말라. ⑪무소하지 말라. ⑫받는 요를 족한 줄 알라(눅3:7-14).

4. **교훈** - 성실한 의무 수행자. 의에 대하여 굴하지 않았다.

② 사도 요한.

1. **인적관계** - 세베대의 아들. 야고보의 동생(마4:21-22).

2. **관련기사** - ①배에서 그물을 깁고 있을 때 예수님의 부름을 받았다(마4:21). ②시몬의 동업자(눅5:10) ③베드로가 많은 고기를 잡았을 때 놀랐다(눅5:10). ④"보아너게"(우뢰의 아들)란 별명을 가진 예수님의 제자. 이것은 그의 과격한 성격때문인 듯하다(막3:17,9:38, 눅9:54-55). ⑤베드로, 야고보와 더불어 예수님의 측근자였으며 중요한 일이 있을 때 예수님의 동반자가 되었다(막5:37, 9:2, 14:33). ⑥야이로의 딸을 살릴 때(눅8:51). ⑦변화산에서(마17:1). ⑧성전을 마주하고 앉았을 때(마13:13). ⑨겟세마네동산에서 기도함(막14:33). ⑩예수님을 따르지 않는 자가 이적을 행하는 것을 금함(막9:38). ⑪야망이 많아 예수님께 무례한 요구를 함(마10:35). ⑫성질이 급하여 보복을 하려고 함(눅9:45). ⑬그의 어머니가 예수님께 좋은 자리를 부탁함(마20:20-21). ⑭예수님을 위해서 유월절을 준비함(눅22:8) ⑮예수님의 사랑을 받는 제자(요13:23). ⑯예수님의 재판정에 들어감(요18:15). ⑰디베랴 바다에 고기를 잡으러 감(요21:3). ⑱베드로의 장래를 예수님께 물음(요21:20). ⑲오순절 성령을 받은 이후 기도하려고 성전에 올라감(행3:1). ⑳베드로와 같이 앉은뱅이를 일으킴(행3:3-4). ㉑공회앞에서 그리스도를 증거함(행4:13-19). ㉒사마리아 성도를 심방함(행8:14). ㉓그의 형(야고보)이 순교함(행12:2). ㉔예루살렘교회의 중요인물(갈2:9). ㉕로마의 도미디아누스왕제 때 밧모섬에 유배되었다.

4. **기록한 성경** - 요한복음, 요한 일, 이, 삼서, 요한 계시록.

5. **교훈** - 확실한일꾼. 협력하는일꾼.

③ 마가요한(막14:51-52, 행12:12)
①예수님이 그의 다락방에서 만찬을 잡수시고 새 언약을 세우셨다(눅22:7-20). ②홋이불만 두루고 예수님을 따르다가 무리에게 붙잡힐 때 알몸으로 도망함(막14:51). ③120문도가 그의 다락방에서 모

여 기도하는 중 성령을 받음(행1: 12-2:4). ④베드로가 옥에서 나와 그의 집으로 감(행12:12). ⑤예루살렘 구제일을 마친 바나바와 사울이 그를 데리고 안디옥으로 돌아옴(행12:25). ⑥살라미에서 선교 봉사함(행13:5). ⑦버가에서 선교여행을 중단하고 예루살렘으로 돌아감(행13:13). ⑧바나바와 선교여행을 떠남(행15:37).

4 산헤드린 공회의원(행4:6). 베드로와 요한을 심문한 사람.

요한계시록[Revelation]몡(계) 신약 제27권 맨 끝의 성경. 예수님이 가장 사랑하시던 제자 요한이 받은 말세에 대한 하나님의 계시. 이미 나타나신 그리스도에 관한 마지막 진리를 주는 데 목적이 있을 뿐만 아니라 교회에 대한 교훈과 권고 그리고 책망으로 그리스도의 날을 기다리게 하고 마지막날의 심판과 구원받은 성도가 거할 새 하늘과 새 땅, 새 예루살렘에 대한 계시이다. 내용분해는 박기원편 성경총론을 참고하라.

• **요한계시록에 나타난 그리스도** - ①계시이신 그리스도(1:1). ②땅의 왕들의 머리가 되신 그리스도(계1:5). ③처음이요 나중인 그리스도(계1:17). ④죽었다가 사신 그리스도(계1:18, 2:8). ⑤사망과 음부의 열쇠를 가지신 그리스도(계1:18). ⑥일곱 별을 붙잡고 일곱 금촛대 사이에 다니시는 그리스도(계2:1). ⑦좌우에 날선 검을 가진 그리스도(계2:12). ⑧눈이 불꽃같고 발이 빛난 주석과 같은 하나님의 아들이신 그리스도(계2:18). ⑨하나님의 일곱 영과 일곱 별을 가지신 그리스도(계3:1). ⑩거룩하고 진실하사 다윗의 열쇠를 가지신 그리스도(계3:7). ⑪아멘이시요 충성되고 참된 증인이시며 하나님의 창조의 근본이신 그리스도(계3:14). ⑫전에도 계셨고 이제도 계시며 장차 오실 그리스도(계4:8). ⑬보좌에 앉으신 그리스도(계5:1). ⑭유다 지파의 사자 다윗의 뿌리이신 그리스도(계5:5). ⑮죽음을 당한 어린양 그리스도(계5:6,12). ⑯인봉한 것을 떼시기에 합당하신 그리스도(계5:9, 6:1). ⑰찬양을 받으실 그리스도(계5장, 7장). ⑱사람을 자기 피로 사서 하나님께 드린 그리스도(계5:9). ⑲도적같이 오실 그리스도(계16:15). ⑳만주의 주시요 만왕의 왕이신 그리스도(계17:14, 19:16). ㉑백마를 탄 그리스도(계19:11). ㉒하나님의 말씀인 그리스도(계19:13). ㉓철장으로 다스릴 그리스도(계19:15). ㉔성전이신 그리스도(계21:22). ㉕속히 오실 그리스도(계22:7,12). ㉖알파와 오메가, 처음과 나중, 시작과 끝이신 그리스도(계22:13). ㉗사자를 보내신 그리스도(계16). ㉘다윗의 뿌리, 자손, 광명한 새벽별이신 그리스도(계22:16).

요한복음[John]몡(요) 신약 제4권째 성경. 요한복음은 창세전에 계신 하나님(예수님)께서 창조하신 세상에, 보이는 하나님으로 오신 기록으로 시작하여 예수님이 ①생명의 떡, ②세상의 빛, ③문, ④참 목자, ⑤부활과 생명, ⑥길, 진리, 생명, ⑦참 포도나무이심을 밝혔고, 참 사람을 보이셨고, 새 계명을 따르게 하였다. 공관복음처럼 예수님의 생애에 대한 기록은 많지 않으나 물과 성령으로 거듭나 믿음으로 구원을 받는 도리를 밝히고 있다. 내용분해는 박기원편 성경총론을 참고하라.

* 요한복음은 하나님이신 그리스도의 인성을 잘 나타내었다. ①피곤하셨다(요4:6). ②갈증이 나셨다(요4:7). ③하나님을 의지하셨다(요5:19). ④통분, 민망히 여기셨다(요11:34). ⑤눈물을 흘리셨다(요11:35). ⑥번민하셨다(요12:27). ⑦죽으셨다(요19:30).

• **요한복음에 나타난 그리스도** - 요한복음은 하나님이신 그리스도를

나타낸다. 보이지 않는 하나님이 보이는 하나님으로 오신 것을 나타낸다. 선재하신 그리스도께서 그가 창조하신 세상에 오셨다. ①세례요한 : 그가 하나님의 아들이시다(1:34). ②나다나엘 : 당신은 하나님의 아들이시요(1:49). ③베드로 : 주는 하나님의 거룩하신 자이니이다(6:69). ④마르다 : 주는 그리스도시요 세상에 오시는 하나님의 아들이시나이다(11:27). ⑤도마 : 나의 주시며 나의 하나님이시니이다(20:28). ⑥요한 : 예수님께서 하나님의 아들 그리스도이시다(20:31). ⑦그리스도 : 나는 하나님의 아들이다(10:36). ⑧말씀 곧 하나님(요1:1). ⑨육신이 되신 하나님(요1:14).

요한 이서[2 John]명(요이) 신약 제24권째 성경. 사도 요한이 택하심을 입은 성도들(특히 부녀)에게, 그의 자녀들과 함께 믿음(진리) 안에서 살도록 권고하는 기록이다. 미혹하는 거짓 교사들을 삼가 속임 당함을 피하는 방법에 관하여 알려준다. 진리 가운데 거하고(1 - 4) 서로 사랑하여 미혹하는 자를 받아들이지 말고 성도의 교제 가운데 즐거움을 찾으라고 권면한다. 내용분해는 박기원편 성경총론을 참고하라.

- **요한 이서에 나타난 그리스도** - 요한 이서는 그리스도의 인성을 부인하는 영지주의자들에게 그리스도께서 육체로 오신 사실을 강조한다(요이 7). 그리스도의 교훈 안에 거하는 자는 하나님이신 그리스도께서 육체로 오시어 구속사역을 이루신 것을 믿는다.

요한 일서[1 John]명(요일) 신약 제23권째 성경. 기록자 요한은 흩어져 있는 교회들과 그리스도를 믿는 자들에게 확신을 주고 주와 밀접한 교제 가운데 행할 수 있는 방법을 보여 주어 생명이 있는 하나님의 가족으로 사랑 안에서 확신을 가지고 살아가도록 권면하는데 목적이 있다. ①빛 되신 하나님, ②사랑이신 하나님, ③생명이신 하나님에 대하여 예리한 대용법을 사용하여 가르치고 있다. 내용분해는 박기원 편 성경총론을 참고하라.

- **요한 일서에 나타난 그리스도** - 요한 일서 전반에 나타난 그리스도는 하나님이시며, 사람이신 것과 사람이면서 하나님이신 그리스도를 강조하고 있다. 이것은 거짓 교사들이 그리스도의 양성교리를 부인하는 것을 반박하고 참 하나님이시요, 영생이심을 나타내었다(요일5:20). ①태초부터 있는 생명의 말씀이신 그리스도(요일1:1)-요1:1. ②육체로 오신 그리스도(요일4:2)-요1:14. ③제물이 되신 그리스도(요일2:2, 3:16, 4:10). ④대언자이신 그리스도(요일2:1). ⑤생명을 주시는 그리스도(요일5:12).

요한 삼서[3 John]명(요삼) 신약 제25권째 성경. 사랑하는 가이오에게 보낸 요한의 기록. 참 성도를 영접하도록 하는 권면이다. 사도들은 교회를 이끌어갈 하나님의 사역자들을 보내었으나 교회의 지도자인 디오드레베는 교역자를 배척하고 교역자와 교제하는 성도들을 출교하려 하였다. 이에 대하여 참된 신앙인과 교역자들과의 교제하기를 거절하는 일에 대하여 경고하고 있다. 8절은 요절. 내용분해는 박기원 편 성경총론을 참고하라.

- **요한 삼서에 나타난 그리스도** - ①구세주이신 그리스도(요삼7) - "예수"란 이름은 구세주를 뜻한다(마1:21). 주의 이름을 위한다는 것은 그리스도를 간접적으로 표현한 것이다. ②진리이신 그리스도(요삼3, 12)-요14:6.

요해처[要害處 ; 구할 요, 해할 해, 곳 처. stronghold]명(삼하5:17) 지세가 험준하며 적을 방비하기에 편리한 곳. 요충지. 요새. 진지.

욕[辱 ; 욕될 욕. reviling, dishonor]명(창16:5) 치욕. 욕설의 준말. 주로 남을 저주하고 명예를 더럽히기 위하여 사용한다. ①욕을 욕으로 갚지 말라(벧전3:9). ②수치(시35:26, 창25:29). ③수욕(시71:13). ④미련한 자의 현달함(잠3:35). ⑤교만(잠11:2). ⑥미련하므로(잠18:13). ⑦악 때문에(렘22:22). ⑧기근(렘36:30). ⑨악한 말(마5:11) ⑩라가라는 말(마5:22). ⑪욕하는 자는 공회에 잡힘(마5:22). ⑫주의 이름으로 욕을 먹으면 상이 있다(마5:11-12). ⑬성폭력(신21:14).

욕느암[מעין ‎= 백성의 소유]지〈→욕므암〉

1 므깃도 북쪽의 성읍 욕므암과 같은 곳(왕상4:12).

2 가나안의 한 성읍(수12:22). ①여호수아가 취하여 ②스불론 지파에게 주었고 ③레위인의 거주지로 양여 하였다(수19:11, 21:34). 지금의 렐 엘 가문.

욕단[יקטן ‎= 무자비하게 침]인(창10:21-30, 대상1:17-23) 셈의 증손자이며 에벨의 둘째 아들. 남아라비아 13족속의 조상(대상1:17-23). 그의 영토는 창10:30에 기록되었다.

욕되다[辱~ ; 욕될 욕. be disgrace, defile]형(34:2) 면목이 없게 되다. 명예롭지 못하다. ①죄를 지으므로(창34:2). ②부모를 욕되게 하지 말라(잠28:7, 29:15). ③하나님의 이름을 욕되게 하지 말라(레18:21).

욕드암[יקדעם ‎= 백성의 분노]지(수15:56) 유다지파 산지의 성읍. 요르그암과 같은 곳.

욕드엘[יקתאל ‎하나님은 멸하심]지

1 유다 평지의 성읍(수15:38).

2 유다왕 아마샤가 정복한 에돔의 성읍. 이전 이름은 셀라이다(왕하14:7, 대하25:11). 혹은 에돔의 수도 페트라와 같은 곳으로 여긴다.

욕망[欲望 ; 하고자 할 욕, 바랄 망. craving, desire]명(사5:14) 무엇을 하거나 가지고자 간절히 바람. 또는 그러한 마음. 부족을 채우고자 하는 마음. ①일반적인 욕망(신14:26). ②정치적 욕망(삼하3:21). ③탐욕(민1:29). ④우상숭배(사1:29). ⑤이웃의 소유물에 대하여(출20:17). ⑥하나님의 것에 대하여(수7:21-). ⑦부정한 이익(잠1:19). ⑧정욕(잠21:25). ⑨음부의 욕망(사5:14). ⑩성도의 욕망(빌1:23).

욕므암[יקמעם ‎= 백성의 지속]지(대상6:68) 에브라임 산지 레위자손의 성읍. 그핫자손의 영지, 옥느암과 같은 곳으로 도피성(대상6:66-68, 왕상4:12). 깁사임과 같은 곳으로 여긴다(수21:22).

욕브하[יגבהה ‎= 높은 곳, 산당]지(민32:35) 갓지파의 성읍. 견고한 요새지. 양의 우리가 세워진 곳(삿8:11). 요단강동편 굴벳 아브지핫으로 여긴다.

욕산[יקשן ‎= 새 사냥군, 교활한]인(창25:2) 아브라함의 후처 그두라에게서 낳은 둘째 아들. 아라비아의 두 부족 스바와 드단의 선조.

욕심[慾心 ; 욕심 욕, 마음 심. lust, desire, selfishness]명(민15:39) 자기에게만 이롭게 하고자 하는 마음. 탐내는 마음. desire. 분수에 지나치게 하고자 하는 마음.

1. **종류** - ①마음과 눈의 욕심(민15:39). ②도적의 욕심(렘49:9). ③악행(렘3:5). ④음부와 같은 욕심(합2:5). ⑤다른 욕심(막4:19). ⑥육신과 안목의 정욕(요일2:16). ⑦마귀의 욕심(요8:44). ⑧부끄러운 욕심(롬1:26). ⑨육체의 욕심(갈5:16) ⑩유혹의 욕심(엡4:22). ⑪광야에서의 욕심(시106:14). ⑫여러가지 욕심(딤후3:6).

2. **결과** - ①죄를 낳는다(약1:15). ②얻지 못함(약4:2). ③역리로 행함(롬1:26). ④성취하지 못함(갈5:16). ⑤패함(수7:11-26). ⑥죽임(왕상21:1-16). ⑦배반함(눅22:1-16). ⑧끌려감(약1:14). ⑨썩어진다(엡4:22). ⑩말씀을 막아 결실치 못함(막4:19).

3. **승리 법** - ①옛사람을 버림(엡4:22). ②십자가에 못박음(갈5:24).

욥[יוֹב = 미움, 원함]인 (창46:13) 잇사갈의 아들. 돌라, 부와, 시므론의 형제. 야숩과 같은 사람(대상7:1, 민26:24).

욥[אִיּוֹב 중오자, 사랑을 입은 자]인

1. **인적관계** - 여미라, 굿시아, 게렌합북의 아버지(욥42:14).
2. **관련기사** - ①우스 사람(욥1:1). ②의인(욥1:1,8). ③열 자녀를 가졌다(욥1:2). ④큰 부자(욥1:3). ⑤결례를 행함(욥1:4-5). ⑥여호와께서 사단에게 욥을 칭찬하셨더니 사단이 말하기를 그가 재산이 많고 자녀가 많아 행복한 생활을 하므로 하나님을 거역할 이유가 없다고 대답했다(욥1:6-12). ⑦욥의 자녀와 재산에 관한 시험(욥1:13-22). ⑧욥에 대한 두번째 하나님과 사단의 대화(욥2:1-6). ⑨욥의 몸에 임한 시험과 아내를 통한 시험(욥2:7-10). ⑩욥의 세 친구와 논쟁(욥2:11이하). ⑪욥은 자기가 의롭다고 변증함(욥32:1). ⑫하나님께서 욥에게 말씀하심(욥38:1-41,34). ⑬하나님의 위대하심을 보고 욥이 회개함(욥42:1-6). ⑭욥의 친구들이 하나님의 지시대로 번제를 드림(욥42:7-10). ⑮욥의 재산이 갑절이 나 늘어남(욥42:11-12). ⑯욥에게 아들 일곱과 딸 셋을 하나님이 주심(욥42:13-15). ⑰욥이 140년을 더 살았다(욥42:16-17).

3. **교훈** - ①심한 고난중에서도 하나님을 원망하지 않고 ②낙심하지 않고 ③유혹을 이기고 ④스스로 위로받고 ⑤끝까지 인내함(약5:11).

욥기[Job]명 (욥) 구약 제18권째 성경. 기록한 사람이 밝혀져 있지 않으나 욥 자신이라고 여긴다. 욥은 실재 역사적인 인물로 그 연대는 아브라함 시대나 약간 이전 시대로 본다. 신앙이 깊은 사람이 당하는 고통을 하나님의 공의와 사랑이 어떻게 조화되는가를 다루고 있다. 성도의 재난은 죄의 결과만이 아니라 하나님의 주권과 지혜 그리고 인간의 믿음 없는 것을 보여주기 위한 것이라고 하나님은 말씀하신다. 욥기는 홍수시대는 기록되어 있고 소돔, 고모라의 멸망사는 기록되지 않은 것으로 보아 아브라함 시대 사람으로 본다. 욥은 실존 인물이다(겔14:14). 내용분해는 박기원 편 성경총론을 참고하라.

- **욥기에 나타난 그리스도의 모형** - ①중보자(판결자) (욥9:32) - 그리스도는 하나님과 죄인사이의 중보자이시다(딤전2:45, 히9:15). ②땅위에 오실 구속자(욥19:25) - 그리스도께서 죄인을 구하려 오셨다(엡1:7, 눅24:21).

욥바[יָפוֹ = 아름다운]지

1. **위치** - 예루살렘 서북쪽 약66km지점 지중해 동쪽에 돌출한 고지대에 있는 항구도시. 현재의 쟈파(Jaffa) 예루살렘에서 이곳까지 철로가 부설되어 있다.
2. **관련기사** - ①단 지파에게 준 성읍(수19:46). ②해운의 중심지(스3:7). ③솔로몬의 성전 건축에 쓰일 레바논의 백향목을 뗏목으로 이 구에 운반하였다(대하2:16). ④요나가 이 항구에서 다시스로 가는 배를 탔다(욘1:3). ⑤기독교가 예루살렘에서 사방으로 퍼지자 욥바는 기독교의 중요한 중심지가 되었다. ⑥베드로가 이곳에서 이방인 전도를 시작하여 도르가를 살렸다(행9:36-42). ⑦또 피장이 시몬의 집에 있을때 고넬료의 하인들이 찾아왔다(행10:5-8).

욧바[יָטְבָה = 강이 많은]지 (왕하21:19) 유다왕 아몬의 어머니 므솔레멧의 출생지. 하루스의 고향.

욧바다[יָטְבָתָה = 강이 많음, 선함]지 (신10:7-8) 이스라엘 백성이 광야에서 진쳤던 곳. 이곳에는 시내가 많이 있다. 여호와께서 이곳에서 레위 지파를 성별하여 여호와의 법궤를 메이고 그 앞에서 그를 섬기며 또 그 이름으로 복주셨다.

용〔龍 ; 용 용. dragon〕명(욥7:12) 큰 구렁이 같고 발톱과 뿔이 있다는 전설상의 동물. 성경에서는 사단을 가리키는 말.

* 히브리어 탄닌은 문맥상 설명으로 이리(욥3:29). 뱀(시91:13). 큰물고기(창1:21). 악어(겔29:3) 등으로 번역되었다.

1. 상징 - ①붉은 용→사단(계12:3). ②리워야단→앗수르와 바벨론(사27:1). ③용→애굽(사51:9). 바벨론(렘51:34). ④큰 용→사단, 마귀, 꾀는 자(계12:9). ⑤뱀→미혹하는 자(창3:1,계20:2).
2. 활동 - 꾀고, 미혹하고 교회를 삼키려고 한다(계12:4,9).

용감〔勇敢 ; 날랠 용, 구태여 감. be valiant bravery〕명(민24:18) 씩씩하고 겁이 없으며 기운참. 전쟁과 관련되었다. 하나님을 의지하는 자의 행동(시60:12).

용기〔勇氣 ; 날랠 용, 기운 기. courage, bravery〕명(삼상30:6) 씩씩하고 굳센 기운. ①스스로도 낼 수 있다(삿20:22). ②여호와를 의지하므로 냄(삼상30:6, 빌1:28).

용납〔容納 ; 얼굴 용, 들일 납. suffer, approval〕명(창13:6) 남의 말이나 행동을 너그러운 마음으로 들어주거나 받아들임. ①아이들(마19:14). ②권면(히13:22). ③인내와 사랑으로(엡4:2). ④하나님의 인자하심으로(롬2:4). ⑤교만한 자는 용납하지 말라(시101:5).

용도〔用度 ; 쓸 용, 법도 도. want, expenditure〕명(고후11:9) 필요로 하는 비용. 씀씀이.

용량〔容量 ; 얼굴 용, 분량(헤아릴) 량. dosage, measure〕명(겔45:11) 용기 안에 들어갈 수 있는 분량.

용력〔勇力 ; 날랠 용, 힘 력. strength〕명(왕하18:20) 용맹, 세력, 권력, 지배등을 나타낸다.

용맹〔勇猛 ; 날랠 용, 사나울 맹. valour〕명(삿18:2) 날래고 사나움.

용모〔容貌 ; 얼굴 용, 모양 모. countenance〕명(창39:6) 얼굴 모양.

용사〔勇士 ; 날랠 용, 선비 사. the mighty braveman〕명(창6:4) 용기있는 사람. 용맹스러운 사람. 전사. ①네피림(창6:4). ②왕의 용사(수6:2). ③사사(삿6:12,11:1). ④여호와(출15:3).

용서〔容恕 ; 얼굴 용, 용서할 서. spare, forgive, pardon〕명(창18:24) 잘못이나 죄를 관용을 베풀어 꾸짖거나 벌하지 않음. 사죄.

* 용서의 근거 - ①하나님의 자비심(시78:38). ②하나님의 사랑(요3:16). ③인생이 연약함(시103:12-14). ④회개(눅17:3-4). ⑤주의 말씀(마18:21-22). ⑥주의 본(엡4:32).

용신〔容身 ; 얼굴 용, 몸 신. moving, have room〕명(막2:2) 몸을 놀림. 세상에서 살아감.

용인〔容認 ; 용서할 용, 인정할 인. admission, receive〕명(사57:6) 용납하여 인정함.

용정〔龍井 ; 용 룡, 우물 정. jackal's well, dragon well〕지(느2:13) 예루살렘 동남쪽 기드론 골짜기에 있던 우물. 삼하17:17의 에느로겔과 같은 곳. 아도니야가 뱀(소헬렛)의 돌 곁에서 잔치를 베풀고 스스로 왕이 된 곳(왕상1:9).

용정〔舂精 ; 찧을용, 정할정. milling, beat〕명(대하2:10) 곡식을 찧음.

우〔右 ; 오른 우. right〕명(창13:9) 오른쪽.

우갈〔אֻכָל〕인(잠30:1) 아굴이 잠언을 가르친 자녀. 제자.

우거〔寓居 ; 붙여살우, 살 거. lodge, sojourn〕명(창12:10) 남의 집에 임시로 삶. 타향에서 임시로 삶.

우거하는 집(땅) 〔lodging〕(창28:4, 행24:23) 나그네가 사는 집. 나그네를 접대하는 장소. 여행 중인 타국의 임시 거처.

우거하는 타국인[sojourner, stranger](레18:26) 짧은 동안의 여행자. 임시 체류 외국인이 아니고 영주권자를 뜻한다. ①히브리인의 애굽 생활(창47:4, 출3:22). ②가나안의 기브온 사람(수9:3-15, 10장, 삼하21장). ③종교행사에 참가할 수 있다(출12:19, 레16:29). ④암몬과 모압사람은 가입할 수 없다(신7:3, 23:3).

우겨싸다[hard pressed, trouble]타(고후4:8) 욱여싸다. 한 가운데로 모아들여서 싸다. 가엣 것을 욱이어 속에 넣어 싸다.

우고[憂苦 ; 근심 우, 쓸 고. sorrow, suffering]명(출3:7) 근심하고 괴로워함.

우대[עוּדֵי = 하나님은 구원이심, 하나님은 돕는 자]인

① 암미훗의 아들(대상9:4).
② 포로에서 돌아온 유다지파 비그왜 자손(스8:14).

우둔[愚鈍 ; 어리석을 우, 둔할(무딜) 둔. simple]명(시19:7) 어리석고 무딤. 동요하기 쉬움.

* 하나님의 말씀은 우둔한 자를 지혜롭게 한다(시19:7, 119:130).

우러러보다[look up]타(욥36:25) 위를 쳐다보다. 앙망하다. respect.

* 존경을 나타냄(요11:41, 행7:55).

우렁차다[resounding, thunder]형(욥40:9) 소리가 굉장하다.

우로[雨露 ; 비 우, 이슬 로. rain and dew]명(삼하1:21) 비와 이슬.

우뢰[雨雷 ; 비 우, 천둥 뢰, thunder]명(출19:16) 공중에서 전기가 흘러 부딪쳐 일어나는 소리. 천둥.

* ①불길한 징조로 여긴다(삼상12:17,18). ②엄숙성을 나타낸다(출19:16). ③하나님의 음성으로 표현된다(시104:7). ④적에게는 멸망, 주의 백성에게는 구원임(출9:23, 삼상7:10). ⑤천사의 음성으로 생각됨(요12:29). ⑥번개를 동반한다(계4:5, 1:4). ⑦심판을 알림(계10:3, 11:19). ⑧하나님의 능력과 권위를 나타낸다(욥26:14, 계4:5). ⑨우뢰의 아들(야고보와 요한 막3:17).

우르[אוּר = 빛, 빛남]지

1. **위치** - 바벨론의 동남 225km 지점 유브라데강의 서쪽, 현재의 델엘 므갓알.
2. **관련기사** - ①아브라함의 고향(창11:28). ②갈대아 사람의 성읍(창11:28). ③아브라함이 부름을 받은 곳(창11:31, 느9:7, 행7:2, 히11:8). ④우상의 도시(수24:2). ⑤하란이 죽은 곳(창11:28).

우르 신전제단

우르바노[Οὐρβανός = 세련된 도시]인(롬16:7) 로마의 성도. 바울의 동역자.

우리[we]대(창1:26) 자기나 자기 무리를 대표하여 스스로 일컫는 말.

우리[fold, cage]명(창49:14) 짐승을 가두어 두는 곳. ①들짐승으로부터 보호(삼상30:30, 욥1:17). ②침입을 막음(요10:1). ③둘러쌓인 마당(뜰)(막26:58, 계11:2).

우리야[אוּרִיָּה = 불같은]인 우리아.

① 유다지파 훌의 아들. 출애굽한 후 성막 공사를 감독한 브사렐의 아버지(출31:2, 35:30, 대상2:20).
② 길르앗 사람. 솔로몬의 관장 게벨의 아버지(왕상4:29).
③ 바벨론에서 귀국한 성전 문지기. 에스라의 권유로 이방인 아내와 헤어진 사람(스10:24).

우리아(야) [אוּרִיָּה = 주는 빛]인

① 헷족속의 사람. ①다윗의 충성된 군인. ②미인 밧세바의 남편. ③그가 랍바에 출정중 다윗왕이 그의 처와 간통하고 ④그 죄의 자취를 감추려고 그를 소환하여 집에 가서 편히 쉬게 하였으나 전쟁 중에 있는 동료들을 생각하여 불응하였다. ⑤부득이 전장에 다시 보내어 대장 요압에게 편지하여 우리아를 맹렬

한 싸움의 제일 앞에 세워 죽게 하였다. ⑥그 아내 밧세바는 다윗왕의 왕비가 되었다(삼하11, 마1:6). ⑦우리야(마1:6). 예수님의 계보에서 언급되었다.

② 유다 아하스 왕 때 제사장. ①아하스왕이 다메섹에서 보낸 우상의 제단 도형을 받아 그대로 만들어 ②왕으로 제사하게 하였다(왕하16:10-16). ③진실한 증인(사8:2).

③ 예레미야와 동시대 선지자. ①기럇여아림의 스마야의 아들. 왕국에 대하여 예언 하였다. ②그를 잡아 죽이려 하므로 애굽으로 도망하였다(렘26:20-21). 왕의 부하에 체포되어 죽었다. 시체는 공동묘지에 안장되었다(렘26:20-23).

④ 제사장. 에스라가 율법을 낭독할 때 그의 곁에 있은 사람(느8:4).

⑤ 제사장. 학고스의 아들. 예루살렘 성벽수리에 조력한 므레못의 아버지(스8:33, 느3:4, 21).

우리엘〔אוּרִיאֵל = 하나님은 빛〕(인)

① 레위사람 그핫자손 다핫의 아들로 족장(대상6724).

② 기브아사람 미가야의 아버지. 그의 딸 아갸야는 유다 왕 아비야의 어머니이다(대하13:2).

우림〔Urim〕(명)(출28:30) 하나님의 뜻을 묻기 위하여 쓰는 도구 중 하나(레8:8). 제사장의 흉패 속에 둠밈과 같이 넣어 두고 하나를 꺼내어 하나님의 뜻을 가름한다(신33:8, 느7:65, 삼상28:6). 그 모양과 색과 어느 것이 가(可)인지는 알려져 있지 않다.

우릿간〔booth, cage〕(명)(창33:17) 우리로 사용하는 간.

우매〔愚昧 ; 어리석을 우, 어두울 매. folly, fool〕(명)(민12:11) 어리석고 사리에 어두움. 지혜의 반대어(전2:13).

우매무지〔愚昧無知 ; 어리석을 우, 어두울 매, 없을 무, 알 지. foolish and unwise〕(명)(신32:6) 어리석고 몽매하여 지혜가 없음.

우매자〔愚昧者 ; 어리석을 우, 어두울 매. 놈 자, foolishness〕(명)(전2:14) 어리석고 몽매한 사람. 사리에 어두운 사람.

＊행위 - ①종일 하나님을 비방한다(시74:22). ②부끄러워할 줄 모름(전10:3). ③어리석음(신32:6). ④짐승과 같음(시73:22). ⑤어두움에 다님(전2:14). ⑥게으름(전4:5). ⑦연락함(전7:4). ⑧성냄(전7:9). ⑨우매한 말을 함(전10:3). ⑩탐욕이 많고 잔인하고 악함(전7:7). ⑪우상숭배자(렘23:13). ⑫자기 심령에 따라 예언함(겔13:3). ⑬마음에 하나님 두기를 싫어한다(롬1:28, 31).

우맹〔愚氓 ; 어리석을 우, 백성 맹, fools〕(명)(마23:17)어리석은 국민. 미욱한 백성. 우민(愚民) 원래의 뜻을 잘 모르는 백성·서기관과 바리새인들.

우묵하다〔sunken in〕(형)(레13:3) 가운데가 조금 둥글게 깊숙하다.

우물〔well〕(명)(창21:25) 땅을 파고 물을 괴게 하여 물을 얻게 하는 설비. 샘. ①분쟁의 원인(창26:20). ②깊다(요4:11). 야곱의 우물은 깊이가 23m나 된다. ③덮게가 있다(창29:2-3). ④여인들이 물을 길렀다(창24:13, 요4:1-11). ⑤물이 마를 수도 있다(렘14:3).

우바르신〔parsin, upharsin〕(동)(단5:25) 벨사살왕이 성전의 그릇으로 술을 마실 때 벽에 나타난 글의 마지막 말. 그 뜻은 '그리고 나누었다' 이다.

우바스〔אוּפָז= 순금〕(지)(렘10:9) 아라비아의 금 생산지(단10:5).

우박〔雨雹 ; 비 우, 우박 박. hail〕(명)(출9:18) 봄·여름 또는 가을에 기상의 급변으로 오는 싸라기. 눈보다 크고 탄탄한 덩이눈. ①우뢰를 동방하여 올 때가 많다(출29:

23). ②사람과 농작물에 피해를 준다(출9:18-34, 수10:11).

우살[יוּצָל]인(창10:27) 남부 아라비아에 거주한 셈의 자손. 욕단에게서 나온 아라비아 13족 중 하나(대상1:21, 겔27:19).

우상[偶像 ; 허수아비 우, 형상 상. idol, image]명(출20:4) ①나무나 돌 또는 쇠붙이 따위로 만든 형상. ②형태가 없는 신(神)을 형상으로 나타낸 것. ③하나님 보다 더 사랑하는 모든 것이 우상이다.

* ①형상을 만듦(출20:4-5, 롬1:23). ②은과 금의 수공예품(시115:4, 사44:13-17). ③작은 것(창31:34). 큰것(단3:1, 삼상19:6). ④없는 것을 있는 것과 같이(레26:1). ⑤우상제조법(왕상14:9, 사40:19-20, 44:9-20, 렘10:8-9, 신4:16).

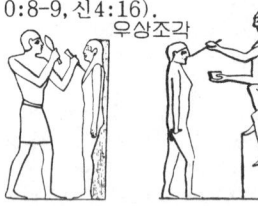
우상조각

우상숭배[偶像崇拜 ; 허수아비 우, 형상 상, 높을 숭, 절 배. idolatry]명(고전5:10) 나무나 돌 또는 쇠붙이로 만든 것이나 보이지 않는 것이나 보이는 것을 신으로 섬기는 일. 미신 행위. 완고한 것. 하나님보다 더 사랑하는 모든 일. ①하나님께 돌려야 할 영광을 썩어질 것, 헌된 것, 하나님이 아닌 것에 돌리는것(롬1:21-23). ②오래된 인간의 비 이성적이며, 무지의 행위(창31:30-35, 수24:2, 행17:29). ③하나님의 나라를 유업으로 받지 못하는 행위(고전6:9, 갈5:20, 엡5:5). ④세상 끝날까지 지속됨(계9:20). ⑤무형의 우상숭배(탐심 - 골3:5, 엡5:5, 왕고 - 삼상15:23). ⑥종노릇을 하는 것(갈4:8-9). ⑦허구임(행14:15).

우상숭배자[idolater]명(엡5:5) 우상을 섬기는 사람. 하나님의 나라를 기업으로 얻지 못한다(계22:15). 영적 행음자.

우새[אוּשָׁי = 강건한]인(느3:25) 바벨론에서 돌아와 예루살렘 성벽을 수리한 발랄의 아버지.

우센세에라[אֻזֵּן שֶׁאֱרָה = 귀, 작은땅]지(대상7:24) 에브라임의 딸 세라에 의해 건축된 벧호론 부근의 작은 성읍.

우수[右手 ; 오른 우, 손 수. right hand]명(창48:13). 오른 손.

우스[עוּץ = 견고]인

① 셈 자손 아람의 아들(창10:23).

② 셈의 아들(대상1:17).

③ 아브라함의 형제 나홀과 밀가의 아들(창22:21).

④ 에돔에 거한 호리족속 디산의 아들(창36:28, 대상1:42).

우스[עוּץ = 견고]지(욥1:1) 가나안 동쪽 욥의 거주지. 아라비아 지방. 에돔과 경계를 이루는곳(애4:21). 스바사람과 갈대아 사람이 습격한 곳(욥1:15, 17).

우슬초[牛膝草 ; 소 우, 무릎 슬, 풀 초. hyssop]명(출12:22) 박하과의 작은 식물. 향기가 높은 풀. ①돌담에서 자란다(왕상4:33). ②유월절 때 피를 묻혀 문설주에 바르는데 사용한다(출12:22). ③나병환자의 결례의식 때 사용한다(레14:4, 민19:6, 18). ④피를 적셔서 사

용한다(레14:6). ⑤사용한 후 불에 태운다(민19:6). ⑥정결케 하는 일에 대한 형용어(시51:7, 히9:19). ⑦십자가상의 예수님의 고통을 덜기 위하여 사람들이 사용했

(요19:29).

상징 - 그리스도의 속죄(시51:7).

우습다〔funny. laughing〕⑱(욥41:29) 웃음이 나올만하다. 하찮다. 가소롭다.

우승〔優勝 ; 넉넉할 우, 이길 승, victory, excel〕⑲(신7:14) 가장 뛰어남. 첫째로 이김.

우시〔 = 강한힘〕⑳ (대상7:7) 베냐민의 손자. 벨라의 아들. 에스본의 동생. 웃시엘. 여리못, 이리의 형.

우심〔尤甚 ; 더욱 욱, 심할 심. extreme〕⑲(사28:22) 더욱 심함.

우애〔友愛 ; 벗 우, 사랑(아낄) 애〕⑲(롬12:10) ①형제 사이의 정애(情愛). brotherly love. ②벗 사이의 정분. friendship.

우양〔牛羊 ; 소 우, 양 양. cattle and sheep〕⑲(창24:35) 소와 양.

우엘〔 = 하나님의 뜻〕⑳(스10:34) 유다지파 바니자손. 이방인 아내와 헤어진 사람.

우연〔偶然 ; 우연 우, 그럴 연. accident〕⑲(민35:22) ①뜻하지 않은 일. ②원인을 모르는 일. unexpectedness. ③미리 알 수 없었던 일이 일어나는 것. ㉺우연히.

우열〔優劣 ; 넉넉할 우, 용렬할 렬. good or bad〕⑲(레27:33) 우수함과 저열함.뛰어나거나 못함. 승렬. ㉮우렬.

우열간〔優劣間 ; 넉넉할 우, 용렬할 렬, 사이 간. good or bad〕㉺(레27:10) 좋거나 못하거나.

우유〔牛乳 ; 소 우, 젖 유. milk〕⑲(창18:8) 소의 젖. 거이 젖으로 번역된 말. ①음료로(창18:8). ②야곱이 유다에게 축복할 때 인용한 말(순백)(창49:12).

우유기름〔butter〕⑲(시55:21) 버터. 엉긴 젖. 위선적인 말을 가리킨다.

우의〔友誼 ; 벗 우, 옳을 의. friendship, kindness〕⑲(렘2:2) 친구사이의 정의. 우정. 우애.

우정〔友情 ; 벗 우, 뜻 정. friendship, secret〕⑲(욥29:4) 우의(友誼).

* 주께서 제자들을 사랑하신 것과 같아야 한다(요15:13).

우주〔宇宙 ; 집 우, 집 주. world〕⑲(행17:24) 하나님이 창조하신 세계. 천지(창1:1).

우준〔愚蠢 ; 어리석을 우, 꿈틀거릴 준. stupidity〕⑲(신32:12) 어리석고 재빠르지 못함. ㉺우준히.

우준한 자〔dull man, foolish〕⑲(시92:6) 어리석고 재빠르지 못한 둔한 사람. 영적 이해가 없는 짐승 같은 인간. 야수적이며 무감각한 우매한 자. 무지한 자(잠30:2, 시73:22). 여호와의 백성과의 대칭. 미련한 자이다(마5:22).

우택〔雨澤 ; 비 우, 못 택. seasonable rainfall〕⑲(시104:16) 비의 혜택.

우편〔右便 ; 오른 쪽 우, 편리할 편. right side〕⑲(출29:22) 오른 쪽. 좋은 쪽. 바른 쪽. 방향에 있어서 남쪽을 가리킨다. 능력을 상징한다(시110:1).

우향〔右向 ; 오른쪽 우, 향할 향. right wheel〕⑲(겔21:16) 오른 쪽으로 향함.

우환〔憂患 ; 근심 우, 근심(병) 환. worry, anguish〕⑲(시107:39) 근심이나 걱정이 되어 해로운 일. 질병. illness.

운노〔 = 고난받는〕⑳(느12:19) 바벨론 포로에서 스룹바벨과 함께 돌아온 레위사람.

운니〔 = 억눌린〕⑳(대상15:18) 다윗시대 레위인으로 성전악사. 비파를 탔다(대상15:20).

운동〔運動 ; 운전할 운, 움직일 동. motion, movement〕⑲(마14:2) ①몸을 놀려 움직임. ②어떤 일의 주선을 위하여 힘씀. ③물체가 시간의 결과와 함께 어떤 기준 물체에 대하여 위치를 바꾸는 현상.

운동력〔運動力 ; 운전할 운, 움직일 동, 힘 력. active, power〕⑲(히4:12) 몸을 움직이는 힘.

운동장〔運動場 ; 운전할 운, 움직일 동, 마당 장. race, stadium〕⑲(고전9:24) 운동경기를 하는 마당.

운명

운명[殞命 ; 죽을 운, 목숨 명. die, death]명(막15:37) 죽음. 명이 끊어짐. 숨을 거둠. 사망함.

운명[運命 ; 운전할(옮길) 운, 목숨 명. fortune, fate]명 성경에는 없는 낱말이다. 므니를 해석한 말. 사람에게 닥쳐오는 모든 길흉. 운수. 하나님이 결정하신다(암3:6, 마10:29-30). 죽음과의 관계를 갖고 있다(전2:14, 9:2).

운명신[運命神 ; 운전할 운, 목숨 명, 귀신 신. destiny]명(사65:11) 이스라엘이 섬기던 우상 므니의 풀이말. 화복의 신 갓과 함께 섬겼다.

운모석[雲母石 ; 구름 운, 어미 모, 돌 석. mica]명(에1:6) 화강암의 한 성분을 이룬 돌. 유리의 대용. 아하스에로왕의 궁전 포장에 사용.

운무[雲霧 ; 구름 운, 안개 무. cloud and mist]명(사18:4) 구름과 안개. 내막을 알 수 없는 의심스러운 일을 비유하여 이르는 말.

운반[運搬 ; 운전할 운, 운반할 반. conveyance, bring]명(민1:50) 물건 또는 사람을 옮겨 나름.

운수[運數 ; 운전할(옮길) 운, 셀 수. fortune]명(사65:11) 숙명론적으로 이미 정하여져서 사람의 힘으로서는 어떻게도 할 수 없는 사람에게 돌아오는 길흉과 화복.

운수신[運數神 ; 운전할 운, 셀 수, 귀신 신. fortune]명(사65:11) 운수의 신격화 한 것. 이스라엘이 므니와 함께 섬기던 우상. 갓의 풀이말. 아람, 수리아, 아라비아의 행복의 신.

운전[運轉 ; 운전할 운, 구를 전. driving, turn about]명(약3:4) 차, 배 따위를 조종하여 달리게 함. 기계따위를 움직여 돌림.

운제[雲梯 ; 구름 운, 사닥다리 제. fort, siegeworks]명(겔4:2) 구름에 닿을 정도의 높은 사닥다리(왕하25:1). 성을 에워싸고 공격할 때 사용하는 긴사다리(렘52:4) 높은 보루, 공성 보루등으로 사용된 말(겔9:14). 토둔(토성), 흉벽과 같은 것(사37:33).

* 이상 원어의 용례에 따른 것이다.

운하[運河 ; 움직일(나를) 운, 물 하. canal]명(출7:19) 육지를 파서 강을 내고 배가 다니게 한 수로. 나일 강을 가리킨 말.

운행[運行 ; 운전할(옮길) 운, 행할 행. revolution]명(창1:2) ①운전하여 다님. operation. ②전체가 그 궤도를 따라 운동함.

운향[芸香 ; 향풀 운, 향기 향. rue]명(눅11:42) 궁궁이. 향초의 하나. 약용식물. 높이는 1m 정도이고 강한 향기를 뿜는다. 요단 골짜기와 유다 남부사막에 야생한다. 바리새인은 이것의 십일조도 드렸다.

울[hedge, wall]명(스9:9) ①울타리 ②속이 비고 위가 트인 물건의 가를 둘러싼 부분. fence.

울[אוּר = 빛]인(대상11:35) 다윗의 30용사 중 엘리발의 아버지.

울다[weep, crow]자(창27:38) 소리 내면서 눈물을 흘리다.

원인 - ①자식의 생명이 위험하므로(창21:16). ②축복을 빼앗겨서(창27:28). ③친척을 만나(창29:11). ④형제의 재회(창33:4). ⑤아들을 잃어서(창37:35). ⑥형제의 이별(창44:24). ⑦동생을 만나서(창43:30) ⑧아버지를 만나서(창46:29). ⑨형들이 용서를 빌기 때문에(창50:17). ⑩아기 울음을 듣고(출2:6). ⑪탐욕을 품은 것을 보고(민11:4). ⑫여호와를 원망하며(민11:10). ⑬육식을 바라며(민11:13). ⑭여호와를 멸시하여(민11:20). ⑮영호와의 진노가 임하여(민25:1-6). ⑯죄 책 감(신1:45). ⑰하나님의 말씀을 듣고(삿2:4). ⑱미워하고 사랑하지 아니한 것으로 여겨(삿14:16). ⑲동정을 사기 위해서(삿14:17). ⑳형제와 싸워야 할 때(삿20:23). ㉑고부간의 이별(룻1:9). ㉒자식없는 서러움(삼상1:7). ㉓적의 침입때문에(삼상11:4-5). ㉔장인의 학대처가와의 이별(삼상20:41). ㉕사위가 목숨을 살려주므로(삼상24:16). ㉖가족이 포로되어(삼상30:1-4). ㉗패전(삼하1:12). ㉘왕의 죽음(삼하1:24). ㉙아내와의 이별(삼하3:15-16). ㉚장사를지내고(삼하3:32). ㉛아이를 위하여(삼하12:21). ㉜욕을 당하고 쫓겨나서(삼하13:11-19). ㉝자식의 모반(삼하15:30). ㉞악을 앎으로(왕하8:12). ㉟죄책감(신1:45). ㊱죄를 자복(스10:1). ㊲나쁜 고국소식(느1:4). ㊳율법의 말씀을 듣고(느8:9). ㊴학살예고를 듣고(에4:3). ㊵악의 제거를 위해(에8:3). ㊶친구의 형편때문에(욥2:12). ㊷말씀을 지키지 아니함을 보고(시119:136). ㊸씨를 뿌리려고(시126:6). ㊹시온을 기억하며(시137:1).㊺하나님의심판(암5:16-17). ㊻추방(마8:12). ㊼지옥의 고통(마13:42).㊽스승의 죽음(막16:10).㊾이웃의 죽음(요11:33). ㊿가책(막14:12). 51시체가 없으므로(요20:13, 15). 52순교자의 장례(행8:2). 53은인의 죽음(행9:39).54성도들과의이별(행21:13). 55고생(약5:1). 56합당한 자가 보이지 않아(계5:4). 57멸망을 바라보고(계18:9). 58고난이 무서워(계18:15). 59망하게 되어(계18:19). 60자식의 죽음(삼하18:33).

울라[אֻלָא = 무거운 짐, 멍 에]명(대상7:39) 아셀의 자손 아라, 한니엘, 리시아의 아버지. 족장으로 뽑힌 큰 용사. 방백의 두목.

울람[אוּלָם = 앞에, 제일 먼저]명
1 므낫세 자손 세레스의 아들(대상7:16).
2 베냐민 사람 에섹의 아들(대상8:39). 그의 아들들은 활쏘는 용사.

울분[鬱憤 ; 답답할 울, 분할 분. be furious resentment]명(잠22:24)

분한 마음이 가득히 쌓여 있음.

울음[weep]명(욥16:16) 우는 소리. 우는 일. ①방성대고(창21:16). ②감추려는 울음(창43:30). ③원망의 울음(민11:1, 4). ④거짓된 울음(삿14:16, 17). ⑤참된 울음(삼상20:41). ⑥고통의 울음(시126:6). ⑦비통한 울음(나2:7). ⑧애통한 울음(마5:4). ⑨영원한 울음(마8:12). ⑩통곡(마26:75). ⑪거룩한 울음(요11:35). ⑫동정의 울음(눅19:41, 롬12:15). ⑬사자같은 울음(벧전5:8).

울음군[mourner]명(암5:16) 우는 것을 전문으로 하는 사람. 울음을 울어 주고 그 댓가를 받는 사람. 장의에 울기 위해 고용된 사람.

울타리[hedge fence]명(시62:3) 담 대신에 풀·나무 따위를 얽어서 집을 둘러 막은 물건. ⑤울.

움[sprouts]명(민17:8) 나무를 베어낸 뿌리에서 다시 나오는 싹.

움[cottage]명(습2:6) 땅을 파고 위를 거적따위를 덮고 추위, 더위나 비, 바람을 피하게 만든 곳. 움막.

움마[הֻמָּה = 연합, 교제]지(수19:30) 아셀지파에게 분배되었으나 점령하지 못한 성읍(삿1:31).

움막[~幕 ; 장막 막. corner of the roof]명(잠21:9) 움으로 지은 막. 움집보다 더 작은 것. 움파리. 땅굴집. 토막. 보잘 것 없는 주거.

움속[meadow, cellar]명(눅11:33) 땅을 파서 거적으로 위를 덮어 비바람이나 추위를 막게 하기 위하여 만든 움안. 가옥의 지하에 마련된 것도 있다. 움속에는 주로 포도주가 저장되어 있다. 허술하고 비밀로 하는 곳. 그 속(대상27:27, 잠25:24).

움직이다[move, change its location]자타(창1:21) 자리를 옮기다. 몸짓을 하거나 흔들다.

움켜쥐다[grip]타(신15:7) 큰 손가락을 오므리어 힘있게 쥐다.

움키다[grasp]타(창49:9) 손가락을 우그려 물건을 놓지지 않도록 힘있게 잡다. 새나 짐승따위가 무엇을 발가락으로 힘있게 잡다. clasp.
움큼[handful]명(출9:8) 손으로 한 줌 쥔 분량 만큼의 단위.
웃다[laugh, smlie]자(창17:17) 마음의 기쁨을 얼굴에 나타내다. 입을 벌리고 소리내어 기뻐하다. laugh.
웃덮개[cover, cap]명(출26:14) 집의 위를 가리게 하는 물건. 지붕.
*성막은 해달의 가죽으로 웃덮개를 만들었다.

웃사[אֻזָּא = 힘, 능력]인
1 아비나답의 아들. 하나님의 법궤를 우차에 싣고 예루살렘으로 올라갈 때에 소가 뛰자 그가 손으로 법궤를 붙든 것이 죄가 되어 여호와께서 치시므로 즉사하였다(삼하6:3-11,대상13:7-14).
2 레위사람 시므이의 아들(대상6:29). 시므아의 아버지.
3 베냐민 사람 에훗의 자손(대상8:7). 아히훗의 형. 게바 거민.
4 스룹바벨과 함께 바벨론에서 돌아온 느디님 사람(스2:49,느7:51).

웃사의 동산[garden of uzza]지(왕하21:18) 궁궐동산. 유다왕 므낫세와 아몬이 장사된 왕실 묘지. 왕하21:26에는 웃시야의 동산으로 되었다. 히브리 원문은 같다.

웃시[עֻזִּי = 힘, 능력]인
1 아삽자손. 바니의 아들. 예루살렘 레위인의 감독. 성전을 관리하고 왕명을 따라 찬양대원에게 양식을 보급했다(느11:22-23).
2 레위사람 아론의 후손으로 북기의 아들(대상6:3-6).
3 잇사갈의 손자. 돌라의 아들(대상7:1-3). 다윗시대에 가서는 용사가 22,600명이 있었다.
4 레위사람 여다야 족속 제사장. 에스라와 같이 바벨론에서 귀국하였다(느12:19,42).
5 베냐민 사람. 바벨론에서 귀환한 미그리의 아들. 엘라의 아버지(대상9:8).
6 예루살렘 성벽을 재건하여 낙성식에 참가한 제사장(느12:42).

웃시야[עֻזִּיָּא = 능력자]인(대상11:44) 아스드랏 사람. 다윗의 용사.

웃시야[עֻזִּיָּהוּ = 하나님의 힘]인
1 유다왕.
1. **인적관계** - 아마샤왕의 아들. 별명은 아사랴(왕하14:21) 모친은 여골리아(대하26:3). 아들은 요담(대하26:23).
2. **관련기사** - ①이스라엘 여로보암 27년 16세에 유다 왕이 되어 52년을 다스렸다(왕하15;1-2). ②39년에 야베스의 아들 살룸이 이스라엘의 왕이 됨(왕하15:13). ③여호와께 간구하므로 형통함(대하26:4-5). ④블레셋과 싸워 이김(대하26:6-7). ⑤암몬사람이 조공을 바침(대하26:8). ⑥예루살렘을 견고히 함(대하26:9). ⑦농지개량(대하26:10). ⑧국력(대하26:11-14). ⑨공업발전(대하26:15). ⑩웃시야의 교만과 범죄(대하26:16-18)⑪문둥병에 걸림(대하26:19-20). ⑫별궁에서 삶(대하26:21). 아들이 섭정. ⑬이사야가 그의 행적을 기록했다(대하26:22). ⑭그가 죽던 해 이사야가 성전에서 깨끗함을 받았다(사6:1). ⑮열왕의 묘실에 장사되지못함(대하26:23) ⑯그가 다스릴 때 지진이 일어났다(암1:1). ⑰예수님의 계보에 있는 사람(마1:8,9).
2 다윗왕 때 밭, 성읍, 촌, 산성의 곳간을 맡은 요나단의 아버지(대상27:25).
3 레위 사람 고라족속 사무엘의 선조(대상6:24-28).
4 외 포로에서 돌아온 자 2명(스10:19-21,느11:4).

웃시야의 동산[garden of uzza]지(왕하21:26) 궁궐 동산. 유다왕 므낫세와 아몬이 장사된 곳. 왕실 묘지. 왕하21:18에는 웃시의 동산으로 되었다. 히브리 원문은 같다.

웃시엘[עֻזִּיאֵל = 하나님은 내 힘]인
1 레위지파 고핫의 아들. 한 족속의 조상(출6:18, 22, 민3:19, 27, 30). ①아론의 친족(레10:4). ②그의

자손의 족장 아미나답과 그 형제 112인이 법궤를 다윗성으로 옮겼다(대상15:10).

② 히스기야왕 때에 세일산에서 아말렉인을 격파한 시므온 지파의 장군(대상4:41-43).

③ 히스기야왕의 개혁을 도운 레위지파 여두둔의 아들(대하29:14).

④ 이 밖에 4인이 있다(대상7:7, 25:4, 스7:4, 느3:8).

웃옷〔coat, weil〕图(아5:7) ①위에나 거죽에 입는 옷. ②출입할 때에 입는 옷. 표의(表衣).

웃음〔laugh〕图(욥8:21) 웃는 소리. 웃는 일.

웅거〔雄據；수컷 웅, 의지할 거. settled, dwell〕图(왕상11:24) 어떤 땅에 자리잡고 굳세게 막아 지킴.

웅덩이〔cistern, pit〕图(레11:36) 늪보다 작게 물이괸 곳. 작은 저수지.

웅장〔雄壯；수컷 웅, 씩씩할 장. grandeur〕图(시68:33) 으리으리하게 크고 굉장함. 우람하고 굉장함.

웅크리다〔crouch〕動(창49:9) 춥거나 겁이 날 때 몸을 우그려들이다.

워단〔[ᛁ] = 판관, 사사〕 두로와 길쌈을 하는 실(系)을 무역한 지방.

원〔冤；원통할 원. bitter feeling〕图(렘50:34) 원통함.

원〔元；으뜸 원. former〕图(롬11:21) 본디. 가지가 붙어 있는 몸체.

원〔願；원할 원. desire, wish〕图(출35:5) 바람. 바라는 바. 소원.

원가지〔元~；으뜸 원. naturul branch〕图(롬11:21) 원줄기에 직접 붙어 있는 굵은 가지. 유대인. 접붙인 가지의 원목. 선민. 이스라엘.

원거인〔原居人；근원 원, 살 거, 사람 인. native〕图(창36:20) 그 지방에서 오래 전부터 살던 사람.

원고〔原告；근본 원, 알릴 고. plaintiff accuser〕图(잠18:17) 송사를 하는 장본인. 법원에 민사·형사 또는 행정소송을 제기한 당사자.

원근〔遠近；멀 원, 가까울 근. far and near〕图(신21:2) 멀고 가까움.

원년〔元年；으뜸 원, 해 년. first year〕图(왕하25:27) 연호를 정하였을 때의 첫 해. 건국된 첫 해.

원돌감람나무〔wild olive tree〕图(롬11:24) 버려진 상태의 인간의 본성, 죄지은 인간의 원상태. 이방인.

원두밭〔cucumber field, dodge〕图(사1:8) 원두 놓은 밭. 참외·수박·포도 등 과일을 지키기 위한 막이 있는 밭. 짐승의 피해를 막기 위하여 원두막을 세웠다(사1:8).

원래〔元來；으뜸 원, 올 래. originally〕副(느13:5) 본디. 전부터 날때부터. 처음부터.

원로〔元老；으뜸 원, 늙을 로. elder, senate〕图(행5:21) 이스라엘의 공의회(산헤드린) 장로.

원만〔圓滿；둥글 원, 찰 만. perfection〕图(잠4:18) 일이 되어감이 순조로움. 조금도 결함이나 부족함이 없음. 충분히 가득함.

원망〔怨望；원망할(미워할) 원, 바랄 망. resentment, complaint〕图(출15:24) 남을 못마땅하게 여기고 탓함. 지나간 일을 불만하게 여김. hatred.

1.원인 - ①굶주림(출16:2). ②목마름(출17:3). ③괴로움(욥7:11). ④재앙(욥23:2). ⑤두려움(신1:27) ⑥부당한 처우(수9:18). ⑦미련하므로(잠19:3) ⑧불만족(마20:11). ⑨불공정(행6:1). ⑩ 술에 잠기므로(잠23:29-30).

2.교훈 - ①원망하지 말라(빌2:14). ②원망은 하나님께 범죄하는 것이다(민14:27). ③회개하라(마5:23-24). ④원망은 심판을 받게 된다(약5:9).

원방〔遠方；멀 원, 모 방. distant place, far country〕图(신28:40) ①먼 지방. ②먼 쪽.

원수〔怨讐；원망할(미워할) 원, 원수 수. enemy〕图(창3:15) 자기 또는 자기 나라에 해를 끼친 사람. ①하나님을 대적하는 자(렘46:10). ② 하나님의 뜻을 거스리는 자(사1:24, 25). ③집안식구(마10:34-36). ④원수를 사랑하라(마5:38-

원수갚음

44). ⑤원수를 갚지 말라(레19:18, 롬12:19).

원수갚음[revenge, avenge](행7:24) 복수. 보복. ①사람에게는 금지되었다(레19:18). ②하나님이 갚으심(레26:25, 삼하18:19). ③진노하심에 맡김(롬12:19). ④주께서 심판하심(히10:30).

원수되다[be enemy](엡2:15) 성경에서는 사람과 사람 사이의 원수가 된 것보다 죄로 인하여 하나님과 원수된 것을 나타내고 있다. ①하나님과 같이 되고자 하는 행위(창3:1-6). ②하나님과의 사이가 멀어진 상태(엡2:14).

원시[遠視 ; 멀 원, 볼 시. longsightedness]명(벧후1:9) 먼 곳을 바라봄.

원시[元始 ; 으뜸 원, 비로소 시. beginning]명(렘17:12) 처음. 근본. 자연 그대로 있음. primitive.

원욕[願欲 ; 원할 원, 하고자할 욕. wish and desire]명(전12:5) 소원과 욕망.

원정[寃情 ; 원통할 원, 뜻 정. committed cause]명(렘11:20) 억울한 죄의 정상. 억울한 죄를 입었던 고통스러운 생각.

원죄[paccatum originale]명(롬5:12-21) 온 인류를 타락시킨 아담의 범죄. 첫 언약을 어긴 죄의 유전.

원천[源泉 ; 근원 원, 샘 천. fountain head]명(창49:25) 물이 솟아나는 근원. 사물의 근원. origin.

원컨대[願~ ; 원할 원. I pray](창12:13) 바라건데. 청컨데. 옙 원하건데.

원통[寃痛 ; 원통할(원한) 원, 아플 통. mortification, cause]명(삼상1:16) 분하고 억울함.

원하다[願~ ; 원할 원. hope, will]타(창9:25) 바라다.

원한[怨恨 ; 원망할(원수) 원, 원한 한. grudge]명(민35:21) 원통한 생각. 뉘우치는 생각. regret.

원한[寃恨 ; 원통할(원한) 원, 원한 한. grudge]명(호9:7) 원통한 생각.

원혐[怨嫌 ; 원망할 원, 싫어할 혐. grudge and hatred]명(신4:42) 원망스러움과 혐의. 원망하고 미워함. detesting.

월[月 ; 달 월. moon. month]명(계9:15) 달.

월경[月經 ; 달 월, 글 경. menstruation]명(겔18:6) 성숙기의 여자에게 대개 28일 간격을 두고 규칙적으로 일어나는 자궁출혈. 경도. 경수. 의식적으로 부정한 것으로 여긴다(레18:19, 겔22:10).

월망[月望 ; 달 월, 바랄 망. full moon, new moon]명(시81:3) 보름, 월삭과 대조적인 날.

월삭[月朔 ; 달 월, 초하루 삭. new moon, beginning of month]명(민10:10) 그 달의 초하룻날. 매월 일일.

월삭을 지키는 법 - ①노동을 금지한다(암8:5). ②제물을 드린다(민10:10). ③나팔소리와 함께 시작됨(민10:10, 시81:3). ④정한 음식을 먹는다(삼상20:5-6) ⑤선지자를 찾아가는 습관도 있다(왕하4:23). ⑥가족이 한 자리에서 식사를 한다(삼상20:18,24, 사66:23) ⑦안식일과 같이 중요한 날(대하8:13). ⑧월삭을 지나야 곡식을 팔 수 있다(암8:5). ⑨이스라엘이 싫어했다(사1:14) ⑩여호와께서 폐하신다(호2:11, 골2:16). ⑪모형적이므로 평론하지 못하게 하라(골2:16).

윕시[יָפְנֶה = 부유한]인(민13:14) 바란 광야에서 가나안을 정탐하라고 파견된 납달리 지파의 대표 나비의 아버지.

위[位 ; 자리 위. throne]명(출11:5) 대제사장, 왕, 재판관, 군장등이 앉는 자리 또는 그 차례나 지위. ①다윗의 위는 그리스도의 왕권을 말한다(삼하3:10). ②사단의 위는 우상숭배의 자리(계2:13).

위[胃 ; 밥통 위. stomach]명(신18:3) 내장기관의 하나. 식도와 장 사이에 있는 주머니 모양의 소화기관.

위[upper part]똉(창1:2)·중간의 이상이 되는 곳. 꼭대기. top.

위경[危境 ; 위태할 위, 지경 경. crisis]똉(시107:20) 위태로운 고비.

위골[違骨 ; 어길 위, 뼈 골. straining of bones, be out of joint]똉(창32:25) 뼈가 어그러짐.

위광[威光 ; 위엄 위, 빛 광. dignity, authority]똉(창49:3) 높은 지위에 있어서 감히 범할 수 없는 권위. 위엄, 탁월, 존엄, 상승 등을 나타내는 말. 상징적의미는 의기양양, 유쾌함.

위급[危急 ; 위태할 위, 급할 급. be adverse, emergency]똉(삼상13:6) 위태하고 급함. 위난이 절박함.

위대[偉大 ; 위대할 위, 큰 대. greatness]똉(시93:4) 국량이 매우 큼. 대단히 거룩하고 훌륭함.

위력[威力 ; 위엄 위, 힘 력. power]똉(사8:7) 권위에 찬 힘. 세력.

위령[威令 ; 위엄 위, 명령할 령. authoritative order]똉(합1:7) 위엄을 담는 명령(습3:4). 감히 범할 수 없는 명령. 원어는 위광과 같다.

위로[慰勞 ; 위로할 위, 위로할(수고로울) 로. comfort]똉(창24:67) 어루만져 괴로움을 잊게 하고 마음을 즐겁게 하여 수고를 치하함. 슬퍼하는 사람의 마음을 즐겁게 하고 새 힘을 갖도록 격려하는 일.
*결과 - ①영혼이 소성됨(애1:16). ②고난의 승리(고후1:6). ③주께 감사(사12:1). ④주를 의지한다(시23:1).

위로자[慰勞者 ; 위로할 위, 위로할 로, 사람 자. comforter]똉(전4:1) 슬픔과 수고한 것을 어루만져 주고 괴로움을 잊게하여 칭찬해 주는 사람. ①하나님(고후1:3, 4). ②예수 그리스도(요14:1, 18, 16:33). ③성령(롬5:5, 행9:31). ④말씀(롬15:4). ⑤성도(살전3:7). ⑥친구(욥2:11, 5:19). ⑦왕(삼하10:2). ⑧친지(요11:23-35). ⑨위로자가 없다(전4:1).

위문[慰問 ; 위로할 위, 문안할 문. consolation, comfrot]똉(요11:19) 위로하여 문안함.

위반[偉反 ; 어길 위, 돌이킬 반. unlawfulness, have broken]똉(겔44:7) 법률·명령·약속등을 어기거나 지키지 아니함.

위법[違法 ; 어길 위, 법 법. unlawful thing, illegality]똉(행10:28) 법률이나 명령을 지키지 아니하고 어김. 법대로 하지 아니하고 다르게 함. 해서는 아니될 일을 하는 것.

위선[緯線 ; 씨 위, 줄 선. web]똉(삿16:13) 베를 짜는 씨줄. 지구위의 적도에 평행하게 그린 가상선. 곧 위도를 나타낸 선. 씨줄. 경선 날실의 대어.

위선[爲先 ; 될 위, 먼저 선. first of all]똉(레23:10) 조상을 위함. 또는 그 일. ㉑위선사(爲先事) 무엇보다도 먼저. 우선(于先).

위선자[僞善者 ; 거짓 위, 착할 선, 사람 자. hypocrisy. hypocrite]똉 개역 한글 성경에는 없으나 외식하는 서기관과 바리새인들을 지칭하는 말이다. ①자기가 가지고 있지도 않은 덕성을 가지고 있는 듯이 겉으로 꾸미는 사람(마23:5-7). ②마음이 사곡한 자(욥36:13). ③사특한 자(욥34:30). ④자기 의를 세우려고 하는 자(롬10:3). ⑤사단(고후11:13-15). ⑥말로만 신앙인인 자(막7:6, 사29:13). ⑦회칠한 무덤과 같은 자(마23:27). ⑧불신실한 자(눅12:46). ⑨악한 자(마22:18). ⑩천국문을 가로 막은 자(마23:13, 6:16). ⑪언행이 다른 자(겔33:31). ⑫의무를 이행하지 않는 자(마23:23-24). ⑬독선적인 자(눅18:11-12). ⑭정통에만 얽매인 자(마15:1-9). ⑮거듭나지 못한 자(눅11:39, 요3:3). ⑯간계를 쓰는 자(눅20:23). ⑰예수님께서 힐책하셨다(마23:13-29).

위세[威勢 ; 위엄 위, 권세 세. authority, fury]똉(사66:15) 위엄이 있는 기세. 맹렬한 기세.

위소[衛所 ; 호위할 위, 바 소. the palce, citadel]圐(왕상16:18) 왕궁을 지키기 위해서 특히 견고히 한 부분. 시위소. 성체. 높은 곳 ①최후의 방위거점(왕상16:18). ②호위소(왕하15:25). ③견고한 성 (사34:13, 잠18:9).

위안[慰安 ; 위로할 위, 평안할 안. consolation, comfrot]圐(시94:19) 위로하여 안심시킴.

위엄[威嚴 ; 위엄 위, 엄할 엄. fear, majesty]圐(출15:7) 의젓하고 엄숙함. 또는 그러한 느낌. 감히 범할 수 없는 존엄성을 말한다. 참 위엄은 하나님께만 해당되는 것이다. ①하나님의 속성(출15:7, 11, 대상29:11, 욥37:22). ②하나님께 돌려야한다(신32:3). ③궁창에서 나타내심(신33:26). ④거스리는 자를 엎으심(출15:7). ⑤하나님의 광휘(시96:6, 104:1). ⑥땅을 진동시키심(사2:2). ⑦소리를 발하심(시29:4). ⑧그리스도를 통해서 나타나심(미5:4). ⑨보좌에 앉으신 위엄(히1:3, 8:1). ⑩세세에 있을 위엄이다(유25).

위의[威儀 ; 위엄 위, 거동 의. majeaty, pomp]圐(행25:23) 위엄이 있는 의용. 몸가짐.

위인[爲人 ; 될 위, 사람 인. character]圐(느7:2) 사람된 품.

위임[委任 ; 맡길 위, 맡길 임. mandate]圐(창39:4) 어떤 일을 지워 맡김. 또는 그 맡은 책임.

위임식[委任式 ; 맡길 위, 맡길 임, 법 식. ordination]圐(출29:22) 어떤 일을 지워 맡길 때의 의식. 성직을 임명하는 의식. ①제사장(민3:3). ②왕(삼상9:15-16). ③정결케 함(출29:4-9). ④제물을 준비함(출29:1-3). ⑤제사를 드림(기름부음)(출29:36-37, 레8:22, 16:32). ⑥7일간 행함(출29:35-36, 레8:33). ⑦선교사(행13:1-3).

위임제[委任祭 ; 맡길 위, 맡길 임, 제사 제. ordination offerings]圐(레7:37) 제사장직을 위임할 때 드리는 제사.

위중[危重 ; 위태할 위, 무거울 중. seriousness]圐(왕상17:17) 병세가 대단함. 위독함.

위증[僞證 ; 거짓 위, 증명할 증. perjury]圐(신19:16) 거짓의 증거. 법원에서 호출된 증인이 거짓으로 진술함.

위증인[僞證人 ; 거짓 위, 증명할 증, 사람 인. false witness]圐(신19:18) 거짓증인. 위증자.

위증자[僞證者 ; 거짓 위, 증명할 증, 놈 자. false witness]圐(시27:12) 위증인. 거짓증인.

위치[位置 ; 자리 위, 둘 치. position]圐(민2:17) 차지한 자리. 처해 있는 신분. 있는 장소. 자리잡은 곳.

위탁[委託 ; 맡길 위, 부탁할 탁. trust, give a charge]圐(렘29:3, 민27:19) 남에게 사물의 책임을 맡김. ①직분을 위탁(민27:23). ②서신을 위탁(렘29:1-3). ③선교를 위탁(막16:15-16). ④교육을 위탁(마28:19-20). ⑤신실한 임무수행(딤후4:1-8). ⑥충성을 다할 것(계2:10, 롬15:15-32). ⑦상이 있다(딤후4:8, 약1:12).

위태하다[危殆~ ; 위태할 위, 위태로울 태. dangerous]圐(대상12:19) 형세가 매우 어렵다. 마음을 놓을 수가 없다. 안전하지 못하고 위험하다.

위풍[威風 ; 위엄 위, 바람 품. dignity, majestic air, be comely]圐(잠30:29) 위엄이 서리는 풍채.

위하다[爲~ ; 위할 위. for, sake]퇴(창2:18) 잘 되도록 관계해 주다. wish well. 이롭게 하다. profit

위한[爲限 ; 될 위, 한정 한. fixing a term]圐(삿11:38) 기한이나 한도를 정함.

위험[危險 ; 위태할(두려워할) 위, 험할 험. danger, peril]圐(신8:15) 위태함. 안전하지 못함.

위협[威脅 ; 위엄 위, 위협할 협. threat]圐(시10:18) 위력으로 으르고 협박함.

윗궁[upper palace]명(느3:25) 왕의 집무전. 본궁. 망대와 시위청을 옆에 두고 있다.

윗못[upper pool]명(왕하18:17) 실로암 못. 높은 곳에 있기 때문에 붙인 이름→실로암.

윗문[upper gate]명(왕하15:35) 예루살렘 성전에 들어가는 문 가운데 하나. ①북문(겔9:2). ②베냐민 문(렘20:2). ③웃시야와 요담이 건축했다(왕하15:35, 대하27:3). ④장소적인 것과 아울러 중요성을 강조하고 있다.

윗샘[rpperspring]지(수15:19) 갈렙의 딸 악사가 옷니엘에게 시집을 가면서 요구한 드빌(기럇 세벨)에 있는 샘.

유[類 ; 무리 류. kind]명(레11:24) ①무리. ②종류의 준말.

유갈[יְהוּכַל = 세력있는]인(렘38:1) 시드기야왕의 신복. 예레미야를 대적한 여후갈과 같은 사람.

유교물[有酵物 ; 있을 유, 술괼 교, 만물 물. leavend bread]명(출12:19) 누룩을 넣어서 만든 음식물. 효소를 넣어서 만든 음식물.

유교병[有酵餅 ; 있을 유, 술괼 교, 떡 병. leavened bread]명(출12:15) 누룩을 넣어서 만든 떡. ①화목제, 감사제 때 드린다(레7:13). ②칠칠절에 드린다(레23:17). ③유월절에는 먹을 수 없다(출12:8).

유구무언[有口無言 ; 있을 유, 입 구, 없을 무, 말씀 언. speechless]명(마22:12) 아무 소리도 못함. 곧 변명할 말이 없다는 뜻임.

유기[鍮器 ; 놋쇠 유, 그릇 기. brassware]명(레6:28) 놋그릇.

유년[幼年 ; 어릴 유, 해 년. infancy, young]명(민30:16) 나이가 어린 때. 어린 사람.

유니게[Εὐνίκη = 선한 승리]인(딤후1:5) ①디모데의 어머니. 그의 남편은 헬라인이다. ②그의 어머니 로이스의 교훈을 받아 그의 아들 디모데를 잘 가르쳤다(행16:1). ③바울은 유니게의 거짓없는 믿음을 칭찬하였다(딤후1:5).

유니아[' Ιουνιᾶς]인(롬16:7)바울과 함께 갇혔던 로마 성도. 바울의 친척. 사도들에게도 높임을 받는 자. 여성도로 보는 학자가 많다.

유다[יְהוּדָה = 찬송]인
① 야곱의 네째 아들.
1. **인적관계** - ①야곱의 네째 아들(창29:15-35). 어머니는 레아이다. ②가나안 사람 수아의 딸을 아내로 삼음(창38:1-2). ③엘, 오난, 셀라, 베레스, 세라의 아버지.
2. **관련기사** - ①동생 요셉을 죽이지 못하게 함(창37:26-27). ②며느리를 봄(창38:6). ③아들 엘을 잃음(창38:7). ④작은 아들 오난을 다말에게 가서 형의 대를 잇게 함(창38:8). ⑤둘째아들 오난이 죽음(창38:9). ⑥유다가 다말에게 가서 셀라가 장성할 때까지 수절하고 있으라고 친정으로 보냄(창38:11). ⑦아내가 죽음(창38:12). ⑧다말과의 불륜(창38:13-26). ⑨다말에게서 베레스와 세라 쌍둥이를 얻음(창38:27-30). ⑩양식을 구하기 위하여 베냐민을 데리고 애굽으로 감(창43:1-5). ⑪애굽에 인질로 남음(창44:33-34). ⑫야곱을 애굽으로 인도함(창46:28). ⑬애굽으로 내려간 유다의 가족(창46:12). ⑭야곱이 축복하였다(창49:3-10). ⑮장자권과 후손에서 메시야 탄생이 예고된 축복(창49:10). ⑯예수님의 계보에 든 사람(마1:3-6).

유다지파 - ①출애굽시 12지파 중 유다지파 자손수가 가장 많았고 세력도 가장 강하여 광야에 있을 때나 가나안에 들어갈 때 늘 선봉이 되었다(민1:27, 2:9). ②그 본영의 기호는 사자(Lion)이다(창49:9, 계5:5). ③그 기업지는 가나안 남방. 다른 지파보다 광대하고 예루살렘, 시온산, 성전, 왕궁들이 다 이 지방에 있었고, 국명도 유다라 하여 왕통도 다윗으로부터 22대 시드기야 왕까지 계승되었고 만왕

유다

의 왕 예수님께서 유다지파에서 탄생하셨으니 야곱의 축복이 응하였다(창49:10).

② 바벨론 포로에서 귀국한 사람들(스3:9, 10:23, 느11:19, 12:8, 12:32-34, 36).

유다['Ιούδας = 찬송] 인

① 가룟 유다(마10:4). ①시몬의 아들. 예수님의 제자(요6:71, 마10:4). ②돈 주머니(회계, 경리)를 맡은 자(요12:6). ③정직하지 못한 자(요13:29). ④베다니 마리아가 향유를 예수님께 부은 것을 탓했다(요12:4-5). ⑤예수님을 은 30에 팔았다(막14:11). ⑥예수님을 잡도록 하였다(마26:47-51). ⑦가책을 받아 돈을 돌려주고 목매어 죽었다(마27:1-5, 행1:18). ⑧예수님은 그에 대하여 미리 아셨다(요6:70-71, 마26:21-24). ⑨그는 하나님의 긍휼을 구하지 않아 멸망했다(시109:8, 행1:20).

② 야고보의 아들(요14:22). ①가룟 유다와 구별되는 예수님의 제자. 다대오라고도 한다(마10:3, 막3:18). ②예수님이 세상에 널리 알려지기를 원했다(요14:12).

③ 주의 형제(막6:3). ①예수님을 잘 알지 못하고 소문만 듣고 잡으려고 갔다(막3:21, 31). ②예수님을 믿지 아니했다(요7:5). ③오순절 이후 그리스도인이 되었다(행1:13-14, 2장). ④아내와 같이 전도하기 위해 다닌 것으로 생각된다(고전9:5). ⑤유다서 기록자(유1).

④ 바사바 유다(행15:20). ①예루살렘 교회의 지도자. 실라와 함께 바울과 바나바를 따라 안디옥 교회에 파송된 사람. ②선지자라 일컬음(행15:32). ③실라를 안디옥에 남겨두고 예루살렘으로 돌아왔다(행15:33).

⑤ 갈릴리 유다(행5:37). 셀롯(열심당) 사람. 가이사 아구스도의 호적령을 반대하여 궐기하였다가 실패한 사람.

⑥ 다메섹 유다(행9:11). 회개한 사울이 다시 다메섹으로 갔을 때 머무른 집 주인.

⑦ 예수님의 계보에 있는 사람(눅3:30). 시므온의 아버지. 구약에서의 다른 행적은 나타나지 아니한다.

유다['Ιουδαία = 찬양] 지

1. **위치** - 요단강서부. 가나안의 남부지방. 유다지파의 거주지. 시대에 따라 남왕국 유다의 통치지역. 신약시대는 유대라 불렸다.

2. **구약시대** - ①이 땅은 여호수아가 가나안에 들어가 12지파에게 토지를 분배할 때 유다 지파에게 준 지방. 당시의 경계는 동으로 사해, 서는 지중해, 남은 시므온 땅, 북은 베냐민과 단인데 이 성에 7만 6천 5백명의 인구가 살고 있었다(수15:, 민26:22). ②솔로몬왕이 죽은 후 그 아들 르호보암에 이르러는 국가가 분열되어 북방의 10지파는 여로보암을 왕으로 추대하고 국호를 이스라엘이라 하였다(왕상12;20). ③르호보암이 유다와 베냐민지파의 왕이 되어 국호를 유다라고 부르게 되었다(왕상12:23). ④20대에 390년을 지나는 동안 아사, 여호사밧, 요아스, 히스기야, 요시아 등의 명군이 시시로 일어나 여호와의 율법에 의하여 선정을 하였으나 말년에 4대가 여호와를 진노케 하여 바벨론왕 느부갓네살에게 망하였다(대하36:12-20). ⑤그 후 메대, 파사에 속하여 있는 동안 고레스왕 원년에 스룹바벨의 인도로 유다인 5만명이 예루살렘에 돌아와 성곽과 성전을 개축하였다(스2:2, 64-65, 6:15, 느12:27).

3. **신약시대** - ①로마제국의 속령. 가이사, 아그스도의 지배를 받았다(눅2:1). ②로마는 유대전토를 갈릴리, 사마리아, 유대 3도로 나누었다. ③유대도는 옛날 에브라임, 단, 베냐민, 유다, 시므온 지방으로 사마리아와 함께 로마국 총독이 관할하였고 ④갈릴리도는 갓, 르우벤지파의 땅을 합하여 헤롯 안디바가 관할하였다. ⑤유대 광야라

한 곳은 예루살렘 동남에 있어 세례 요한이 전도하고 예수님께서 시험을 받으신 곳(마2:1, 3:1). ⑥중앙은 산악지대로 길이 험준하나 직선이므로 예수님께서 갈릴리도에 내왕하실 때는 이 길을 택하여 사마리아를 통과하셨다 (요4:3-4). ⑦토지는 암석과 모래가 많아 아주 척박하나 일부 비옥한 땅이 있어 밀과 콩 등을 외국에 수출하고 포도, 감람, 석류, 무화과 등을 가장 많이 생산하는 고장이며 헤브론 포도는 매우 유명하다. 모세의 정탐군이 포도 한 송이를 2명이 메고 왔다고 하였다(민13:23). 생업은 목축, 농업, 상업이 가장 중요하고 그 중에 유대인의 상업술은 세계에서 손꼽을 만 하다. ⑧교회가 든든히 섰다(행9:31).

4. **역사적인 사항**
주전332년 ; 마게도냐의 속국.
주전200년 ; 수리아.
주전163년 ; 마카비시대.
주전 63년 ; 로마에 침몰.
주후614년 ; 터키.
주후636년 ; 회교도오말에게 침공 당하여 회교의 도성이 됨.
주후1099년 ; 십자군에 의한 해방.
주후1187년 ; 애굽에 침몰.
주후1291년 ; 터키가 재차 침공한 후 제1차 세계대전까지 이르렀다.
주후1945년 제2차대전 종전 이후 UN의 결의로 1948년 이스라엘 국으로 독립했다.

유다서〔Jude〕명(유) 신약 제26권째 성경. 야고보의 형제인 유다의 기록으로 구원에 관하여 언급할 뿐만 아니라 가만히 들어온 거짓 교사들로 인하여 큰 위협을 당하고 있는 성도들에게 엄숙하게 경고함으로 그 정도의 절박함을 보여준다. 사단(마귀)의 정체가 무엇인지 밝히고 있으며 참된 그리스도인들에게 믿음을 위한 싸움을 싸우도록 권한다. 내용분해는 박기원 편 성경총론을 참고하라.

• **유다서에 나타난 그리스도** - ①성도를 지키시고 돌보시는 그리스도(유1, 24). ②단번에 주신 믿음의 도이신 그리스도(유3). ③심판주이신 그리스도(유5-7). ④긍휼하신 그리스도(유21).

유다도〔judah〕명(스2:1) 바사국 120도 중 하나. 옛 유다왕국의 영토.

유다인〔jews〕명(에2:5) 유다지파, 유다족속, 유다의후손, 유대인. 유다사람.

유대〔'Ἰουδαία=찬송〕지 유다를 보라.

유대교〔judaism〕명(행2:10) 구약시대로부터 지금까지 유대인의 종교. 구약을 믿고 오실 메시야를 기다리며 이스라엘의 회복을 고대한다. 율법을 엄수한다. 신약시대 개종자가 많이 생겼다.

유덕〔有德 ; 있을 유, 큰 덕. virtuousness〕명(잠11:16) 덕행이 있음.

유두고〔Εὔτυχος = 복되다〕인(행20:9-10) 바울이 드로아에서 설교하는 것을 듣다가 졸아 3층에서 떨어져 죽은 청년. 바울이 살렸다.

유딧〔יְהוּדִית = 유대인(여성형)〕인(창26:34, 36:2) 헷 사람브에리의 딸. 에서의 아내. 오홀리바마와 같은 사람(창36:2).

유라굴로〔euroclydon〕명(행27:14) 헬라어 유라굴론에서 온 말.지중해 북부 그레데 해안에 봄에 부는 강한 북동풍의 이름. 바울이 탄 배가 항해 중 만났다.

유력〔有力 ; 있을 유, 힘 력. able, powerful, worthily〕명(룻2:1) 세력이 있음. 목적에 달할 가능성이 많음. highly probable.

유력자〔有力者 ; 있을 유, 힘 력, 놈 자. tourist, the strong〕명(전9:11) 세력이 있는 사람.

유령〔幽靈 ; 귀신 유, 영혼 령. ghost〕명(마14:26) 죽은 사람의 영혼. 죽은 사람의 영혼이 나타나는 형상. 실제로 없고 헛된 것.

유리〔流離 ; 흐를 류, 떠날 리. wandering, vagabond〕명(창4:12) 정

한 직업이 없이 이리 저리 돌아다니는 일. ㉑유리표박(流離漂泊).

유리하는 자 - ①저주받은 가인(창4:12,14). ②악인(시109:10). ③마술사(행19:13).

유리[琉璃 ; 유리 류, 유리 리. glass]명(욥28:17) 단단하나 깨어지기 쉬우며 투명한 물질. 초자. 맑은 것을 뜻함. 유리바다는 천국의 아름다움을 말한다. 수정같이 아름답다고 표현했다(계4:6, 21:18,21).

불어서 만든다.

유리바다[sea of glass]명(계4:6) 수정과 같이 맑고 투명하고 동요없는 성전의 특성을 나타낸 말. 그리스도의 의와 성결을 나타낸다. ①하늘 보좌 앞에 있다(계4:6). ②성도들이 유리바다가에서 거문고를 연주한다(계15:2).

유린[蹂躪 ; 밟을 유, 짓밟을 린. overriding]명(사63:18) 폭력으로 남의 권리를 침해함. 짓밟음.

유명[有名 ; 있을 유, 이름 명. fame]명(창6:4) 이름이 있음. 이름이 세상에 널리 알려져 있음. renown. 이름이 높고 명성이 있음.

유명[幽冥 ; 그윽할 유, 어두울 명. destruction darkness]명(잠15:11) 깊숙하고 어두움. 저승. the world of dead. ①여호와가 지배하시는 곳(음부)(욥26:6,시139:8). ②멸망의 곳(잠15:11). ③만족이 없는 곳(잠27:20).

유모[乳母 ; 젖 유, 어미 모. nurse]명(창24:59) 어머니 대신 젖을 먹여 길러주는 여자. ①생모대신 젖을 먹였다(출2:7). ②양육함(룻4:16). ③보호함(왕하10:2). ④교육함(왕하10:1,5). ⑤계속 돌봄(왕하11:2,3). ⑥성장 후에도 시중을 든다(창24:59, 35:8). ⑦국민의 봉사자를 상징(사49:23). ⑧유순한 교역자(살전2:7). ⑨성직자(민11:12). ⑩왕비, 사도로 비유된다(사49:23, 살전2:7).

유무[有無 ; 있을 유, 없을 무. existence]명(민13:20) 있음과 없음.

유발[יוּבָל = 음악, 강]명(창4:21) 레멕과 아다의 아들. 악기를 처음 발명한 자.

유방[乳房 ; 젖 유, 방 방. breast]명(욥3:12) 유즙(乳汁)을 분비하는 기관. 젖통이. 가슴, 품 등으로 번역된 말. 좋게 비유된 곳도 있지만 (아가서) 성과 관련되어 부정한 일로 지적하고 있다(겔23:3, 21, 34, 호2:2).

유벽[幽僻 ; 그윽할 유, 궁벽할 벽. seclusion, covert]명(삼상25:20) 깊숙하고 매우 후미지고 으슥함.

유복[有福 ; 있을 유, 복 복. bless, being fortunate]명(시89:15) 복이 있음.

유부녀[有夫女 ; 있을 유, 지아비 부, 계집 녀. another man's wife]명(신22:22) 남편이 있는 여자.

유브라데강[חְרָת = 흐른다]지

1. 위치 - 아시아주 서부에 있는 동방 최대의 강(창2:14). 그 발원지는 에덴 동산과 알미니아 계곡. 그러나 홍수 이전의 유브라데강과 홍수 이후의 유브라데강은 다를 수 있다. 현재의 강 길이는 2,850km. 하류에서 합류되는 티그리스강과 더불어 메소포다미아의 수운(水運)과 농업발달에 원동력이 되어 그 지역 고대 문명의 발상지가 되었다.

2. 관련기사 - ①천지창조 때 에덴에서 발원한 4대강중 하나(창2:14). ②아브라함의 자손에게 허락한 동쪽 경계선(창15:18). ③르우벤지파의 동편 경계선(대상5:9). ④다윗과 솔로몬의 점령지(삼하8:3, 대하9:26). ⑤애굽, 느고왕 때 확장지(왕하23:29). ⑥바벨론왕 느부갓네살이 탈취(왕하24:7). ⑦예레미야가 요대를 이 강변에 감추었다(렘13:4-5). ⑧계시록에는 큰 강

유브라데에 결박한 네 천사를 해방하라 하였다(계9:14). ⑨하나님의 주권이 미치는 곳(슥9:10). ⑩여섯째 천사가 대접을 쏟은 곳(계16:12).

유브라데강 고기잡이.

＊예언서는 상징적인 강으로 본다.

유사[有司 ; 있을 유, 맡을 사. ruler, official]圈(출22:28) 단체의 일을 맡아 보는 사무직. ①구약 이스라엘 백성의 종족에 따라 세워 지도하던 사람. ②감독교회의 직분(일반적으로는 집사).

유사장[有司長 ; 있을 유, 맡을 사, 어른 장. officer, chief governor]圈(렘20:1) 유사의 우두머리. 감독자. 관리장. 장관(삿9:8).

유삽헤셋[חֶסֶד יֻשַׁב=그의 사랑은 돌아온다]個(대상3:20) 다윗의 후손. 스룹바벨의 아들.

유숙[留宿 ; 머무를 류, 잘 숙. lodging]圈(창24:23) 남의 집이나 여관에서 묵고 있음.

유순[柔順 ; 부드러울 유, 순할 순. obedience, tender]圈(신28;54) 성질이 부드럽고 온순함.

유스도[΄Ιοῦστος = 올바름. 정직]圈
① 바사바, 요셉 유스도 - 가룟 유다 대신 사도의 직분을 수행할 사람을 뽑을 때 맛디아와 같이 추천되었으나 뽑히지 아니했다(행1:23).
② 예수 유스도 - 골로새 교회에 바울과 같이 문안한 사람. 바울의 위로가 된 사람(골4:11).
③ 디도 유스도 - 하나님을 공경하는 고린도의 성도. 바울이 유대인의 방해를 받고 이방인에게로 가겠다고 선언한 후 들어 간 집 주인. 회당장 그리스보의 가정과 고린도인이 믿고세례를 받았다(행18:6-8).

유식[有識 ; 있을 유, 알 식. intelligence, learned]圈(사29:11) 지식이 있음. 아는 것이 많음.

유실물[遺失物 ; 잃을 유, 잃을 실, 만물 물. lost articles]圈(레6:4) 잃어버린 물건.

유심[有心 ; 있을 유, 마음 심. attention, with much heed]圈(사21:7) 주의를 기울임. 뜻이 있음.

유심[留心 ; 머무를 류, 마음 심. attention, lay to one's heart]圈(전7:2) 마음에 둠. 유의. 마음, 심장 등으로 해석되는 원어.

유아[幼兒 ; 어릴 유, 아이 아. children]圈(출12:37) 어린 아이. ①인구 계수에 제외됨(출12:37). ②사로 잡히기 쉽다(민14:31). ③유아를 위한 성읍 건축(민32:16). ④성읍에 거한다(민32:17). ⑤멸할 수에 포함됨(신2:34). ⑥전리물, 탈취물에 포함됨(신20:14). ⑦여호와 앞에 설 수 있는 자 (신29:11). ⑧유다에 남겨 두었다(렘40:7). ⑨많이 죽었다(사65:20). ⑩빼앗아 돌아왔다(렘41:16).

유암[幽暗 ; 그윽할 유, 어두울 암. 幽闇 ; 그윽할 유, 어두울 암. darkness]圈(신4:11, 욥3:5) 그윽하고 어둠침침함. 암흑, 흑암을 가리킨다. ①하나님의 임재(신4:11-12). ②욥이 생일을 원망(욥3:5). ③불효자의 앞길(잠20:20).

유약[柔弱 ; 어릴 유, 약할 약. being young and weak, tender]圈(창33:13) 튼튼하지 않고 어림.

유언[遺言 ; 남길 유, 말씀 언. the last words]圈(디후23:27) 임종할 때 자손들에게 남기는 말. 생시 자기가 죽은 뒤에 법률상 효력을 낼 목적으로 한 의사 표시. ①야곱의 유언 축복(창49:2-27). ②다윗의 유언(대상23:29). ③이사야의 유언(사38:1). ④유언한 사람이 죽어야 효력이 생긴다(히9:16,17).

유업[遺業 ; 끼칠 유, 업 업. inheritance, heir]圈(창28:4) 선대로 부터 이어 내려오는 사업. 기업으로 많이 번역된 말. 은사, 자산, 소유, 상속재산과 같은 말. 자기의 몫이라고도 할 수 있다. 양도할 수 없다(왕상21:3-4).

유업을 이을 자[heir]명(갈3:29) 상속자. 대를 이을 자. 메시야 왕국을 소유할 그리스도인. 그리스도의 유업(천국복음 전파)을 계승할 성도의 특권(갈4:7, 약2:5).

유여하다[有餘~ ; 있을 유, 남을 여. plentiful, residue]형(말2:15) 남음이 있다. 넉넉하다.

유여하다[裕餘~ ; 넉넉할 유, 남을 여. plentiful]형(고후8:14)유여하다(有餘~). 넉넉하다.

유예[猶豫 ; 오히려 유, 미리 예. postponement, respite]명(삼상11:3) 우물쭈물하고 결정하지 않음.

유오디아[*Eυoδia* = 꽃다운 향기. 성공]인(빌4:2) 빌립보 교회의 여성도. 바울이 순두게와 같이 일하도록 권유했다.

유월절[逾越節 ; 넘을 유, 넘을 월, 마디 절. pass over]명(출12:11) 하나님께서 이스라엘 백성을 애굽에서 인도하여 내실 때 악한 바로 왕에게 10가지 재앙을 내리셨는데 마지막 장자를 죽이는 재앙을 내리실 때 양의 피를 문설주에 바르게 하여 하나님을 믿고 의지하는 것임을 표시하도록 하였다. 이 표시를 보고 천사가 넘어가 문설주에 피가 없는 자의 집 장자를 쳤다. 이 날을 기념하여 지키는 절기이다(출12:1-28).

1. 지키는 법 - (출12:3-10). ①히브리력 니산월. 정월(가나안력 아빕월, 양력3~4월) 10일. 1년된 수양을 택함(3). ②그날 양을 해질 때 잡음(6). ③그 피는 문설주 좌우와 인방에 바름(7). ④그 밤에 양고기를 불에 구워 무교병과 쓴 나물과 같이 허리에 띠를 띠고 신을 신고 지팡이를 잡고 급히 먹는다(8:11). ⑤생으로나 삶아서 먹지 못함(9). ⑥모두 불에 구워서 먹되 아침까지 남겨두지 못한다(10).

2. 무교절을 지킴 - (출12:15-20) ①정월14일-20일 저녁까지(18:21). ②무교병을 7일동안 먹는다(15). ③첫날 누룩을 집에서 없이한다(15). ④유교병을 먹지 못함(15). ⑤첫날과 칠일은 성회가 됨(16). ⑥노동을 중지하고 식물을 갖출 것(16). ⑦발효음식물을 먹지 못한다(20).

3. 유월절 어린양 - 인류를 죄에서 구원하실 그리스도의 모형(요1:29, 고전5:7).①흠이없음(벧전1:19). ②택함(벧전2:4). ③피흘림(행2:23). ④정한 때에 잡음(출12:6, 행2:23, 마26:1-2). 그리스도께서 십자가상에서 죽은때와 같다.

유위부족[有爲不足 ; 오히려 유, 될 위, 아닐 부, 발 족. not enough, not content]명(요삼1:10) 오히려 모자람. 싫증이 나지 않음.

유의[留意 ; 머무를 류, 뜻 의. intention, consider]명(욥1:8) 마음에 둠. 유심(留心).

유익[有益 ; 있을 유, 더할 익. being profitable, advantage]명(창25:30) 이익이 됨. 도움이 됨. 무익한 것의 반대말. ①은사(고전12:7). ②신앙(히11:1). ③수고(고전15:10, 살전1:3). ④충성(계2:10). ⑤봉사(딤후4:11). ⑥선생(갈6:9). ⑦사랑(고전13:3, 벧전4:8). ⑧인내(눅8:15, 21:19). ⑨말씀(딤후3:16, 계3:16). ⑩순종(삼상15:22). ⑪고난(시119;71). ⑫이별(요16:7). ⑬권유(행18:27). ⑭말(고전7:35). ⑮모임(고전11:17). ⑯육체의 연습(딤전4:8). ⑰섬김(딤전6:2). ⑱복종(히13:17). ⑲자기의 유익을 구하지 말라(고전13:5). ⑳하나님께서 유익하게 하신다(히12:10).

유인[誘引 ; 꾀일 유, 끌 인. temptation]명(수8:6) 남을 꾀어 냄.

유일[唯一 ; 오직 유, 한 일. one, only]명(시22:20) 오직 하나. 하나 밖에 없음. ①하나님의 유일하심(사37:16, 요17:3). ②그리스도(요14:6, 유4). ③만왕의 왕, 만주의 주(딤전6:15). ④성령(고전12:3, 엡4:4). ⑤교회(요15:1-, 엡1:23, 5:23). ⑥성경말씀(딤후3:16). ⑦하늘나라(새 하늘과 새 땅) (계21:1). ⑧생명나무(창2:9, 계22:19). 생명수(샘)(계22:17).

유전[遺傳 ; 남을 유, 전할 전. tradition]명(창7:3) 끼쳐 내려옴. 구전(口傳)으로 전해지는 것. 조상의 몸의 형태나 성질이 자손에게 전하여 지는 일.

1. **유전의 종류** - ①장로의 유전(마15:2). ②사람의 유전(골2:8). ③조상의 유전(갈1:14). ④복음의 유전(살후2:15). ⑤망령된 행실(벧전1:18).

2. **유전의 피해** - ①하나님의 말씀을 패함(마15:6). ②계명을 범함(마15:3). ③계명을 저버림(막7:9). ④자찬함(고전11:2).

3. **그리스도의 유전** - ①복음진리(살후2:15). ②사도들에 의해 전해짐(살후3:6). ③잘 지켜야 함(갈1:14, 고전11:2). ④지키지 않는 자와의 결별(살후3:6).

유조[有助 ; 있을 유, 도울 조. helpfulness]명(욥15:3) 도움이 있음.

유족[裕足 ; 넉넉할 유, 발 족. full, plenty]명(삼상2:5) 모자람이 없이 넉넉함.

유진[留陣 ; 머무를 류, 진칠 진. remained camp]명(민9:18) 행군하던 군대를 잠시 머무르게 하는 일.

유질몰략[流質沒樂 ; 흐를 류, 바탕 질, 빠질 몰, 약 약. pure myrrh]명(출30:23) 불순물이 섞이지 않은 액체몰약을 다른 말로 나타낸 말.

유출[流出 ; 흐를 류, 날 출. outflow, issue]명(레15:13) 흘러나옴.

유출병[流出病 ; 흐를 류, 날 출, 병들 병. issue, discharge]명(레15:2) 혈루증(하혈)과 냉 등의 총칭. 남성의 성병, 설정, 정액등도 포함되며 여성은 월경, 성병에 의한 출혈, 대하 등을 말한다. 성기에서의 소변아닌 분비물 전부.

유치[幼稚 ; 어릴 유, 어릴 치. infancy]명(신28:50) 나이가 어림. 학문이나 기술 따위가 미숙한 일. early stage. 성경에서는 유아, 어린이를 가리켰다(신31:12).

유쾌[愉快 ; 즐거울 유, 쾌활할 쾌. pleasure, rejoice]명(잠23:16) 마음이 즐겁고 상쾌함.

유하다[柔 ; 부드러울 유. smoothe, soft]형(시55:21) 부드럽다. 온유하다.

유하다[留~ ; 머무를 류. stay, abide]자(창26:3) 머무르다. 자다.

유행[流行 ; 흐를 류, 행할 행. fashion, overflow]명(신29:22) 세상에 널리 크게 행하여 짐.

유향[乳香 ; 젖 유, 향기 향. balm, frankincense]명(창37:25) 감람과의 유향수(乳香樹)에서 짜낸 즙액. 향료. 나무껍질에 상처를 내어 얻은 수지를 말린 것. ①향료(출30:34). ②희생제를 드릴 때 사용(레2:1-2, 6:15). ③거룩한 기름의 하나(출30:34). ④수입품도 있다(사60:6). ⑤몰약과 섞어 사용함(아3:6). ⑥왕에게 드린 예물(마2:11). ⑦사치품(계18:13). ⑧약품(렘46:11). ⑨주산지 - 길르앗(렘8:22). 스바(렘6:20).

유향목[乳香木 ; 젖 유, 향기 향, 나무 목. frankincense tree]명(아4:14) 감람과의 유향수(乳香樹). 유향을 짜내는 나무.

유혹[誘惑 ; 꾀일 유, 미혹할 혹. temptation]명(민25:18) 남을 꾀어서 정신을 어지럽게 함. 그릇된 길로 꾀임. 범죄, 타락하게 함.

1. **유형** - ①사단의 유혹(창3:1-6). ②이성의 유혹(창36:1-19). ③음

유혹

녀의 유혹(잠5:3-5). ④세상의 염려와 재리의 유혹(마13:22). ⑤종교적 유혹(마27:64). ⑥우상의 유혹(신30:17) ⑦간사한 유혹(엡4:14). ⑧죄의 유혹(히3:13). ⑨영혼의 유혹(벧후2:14). ⑩인도자의 유혹(사3:12). ⑪잡류들의 유혹(신13:13) ⑫아들의 유혹(신7:4). ⑬백성을 유혹(미3:5).

2. 방법 - ①거짓말로(창3:1-6). ②가만히(욥31:27). ③외식으로(갈2:13). ④욕심으로(엡4:22). ⑤간사하게(엡4:14). ⑥정욕으로(벧후2:18). ⑦요염한 태도(사3:16). ⑧지식으로(시47:10).

3. 결과 - ①말씀을 가로막고 결실하지 못함(마13:22). ②하나님의 진노가 임함(사66:4, 민25:15).

유혼〔幽魂 ; 저승 유, 넋 혼. shades〕명(시88:10) 영혼. 숨은 혼. 저승혼. 죽은 자를 뜻함. 사후의 그림자 같은 존재를 뜻한다.

유황〔硫黃 ; 유황 류, 누를 황. brimstone〕명(창19:24) 원소를 원자 번호 차례로 배열했을 때 그 성질이 주기적으로 바뀌는 성질의 제6족 산소족에 속해 있는 비금속 원소의 하나. 성냥의 원료 및 약용, 화약제조. 표백용으로 쓴다. ①하나님의 심판의 도구로 사용(눅17:29). ②하나님의 심판의 상황(창19:24, 욥18:15, 계9:17). ③고난을 겪게 하는 재료(계14:10). ④숨을 막히게 한다(사30:30). ⑤지옥의 참상(계21:8).

육〔肉 ; 살 육. flesh〕명(요3:6) 사람의 살. 짐승의 고기. 영과 대비한 말. 거듭나기 전 인간. 외형적 인간을 가리킨다.

1. 사람 - ①산 사람(창2:21). ②죽은 사람(삼상17:44). ③신체의 일부(레15:27). ④몸(시63:1). ⑤썩은 몸(슥14:12). ⑥살찐 몸(단1:15). ⑦모두(민16:22, 신5:23, 사40;5,6).

2. 혈족 - ①형제(창37:27). ②육친(레18:6). ③골육(사58:7). ④근친(롬11:14, 엡5:29).

3. 육적인 사람 - ①거듭나지 못한 사람(요3:6). ②영적인 사람과 반대되는 말(요3:6, 고후7:1). ③겉사람(롬2:28, 고후4:16). ④나약함(갈4:13, 롬6:19). ⑤무력함(롬8:3). ⑥정욕적임(롬13:14). ⑦불완전함(고후5:16). ⑧한계가 있다(고전1:26, 고후1:17). ⑨남아진다(고후4:16). ⑩잠시 지나가는 것(고후4:18). ⑪썩어질 것을 심고 거둔다(갈6:8). ⑫무익함(요6:63). ⑬성령의 일을 받지 아니한다(고전2:14). ⑭하나님나라를 볼 수 없다(요3:3). ⑮하나님의 법에 대적한다(롬8:7). ⑯자랑할 수 없다(고전1:29). ⑰그리스도께서 육체를 입으셨다(요1:14). ⑱그리스도의 죽으심으로 우리 속에 생명이 나타난다(고후4:10-). ⑲하나님과의 화목(엡2:14, 히2:14). ⑳십자가에 못박아야 한다(갈5:24). ㉑육의 일을 도모하지 말라(롬13:14). ㉒그리스도의 피를 마시라(요6:53-56). ㉓신령한 몸으로 다시 살아난다(고전15:44). ㉔그리스도의 할례로 육적 몸을 벗는다(골2:11).

육계〔肉桂 ; 살 육, 계수나무 계. cassia, cinnamon〕명(출30:24) 육계수나무의 두꺼운 껍질. 계피와 혼돈하기 쉽다(출30:23). 성소에서 사용한 향품.

육백 륙십 륙〔666. six hundred and sixty six〕(계13:18)

1. 사람 - 하나님을 대적하는 사단 마귀(짐승)로 부터 손에나 이마에 표를 받은 자의 무리(계13:17). 종말에 일어날 적 그리스도의 나라.

2. 달란트 - 솔로몬이 세금으로 거두

어 들인 금의 무게(왕상10:14).

육백승[六百乘 ; 여섯 육, 일백 백, 탈 승]명(출14:7) 병거(兵車) 600대. 승은 탈것을 헤아리는 말.

육선[肉饍 ; 살 육, 반찬 선. meat dish]명(잠17:1) 쇠고기등으로 만든 반찬. 고기반찬. 육찬.

육신[肉身 ; 살 육, 몸 신. body]명(신5:26) 산 사람의 몸. 물질적인 신체. →육 참고.

육에 속한 자[sensually]구(유19) 새롭게 된 성도의 본성과 구별되는 말로 보다 저급하거나 야수적인 말. 성을 나타내는 말. 하나님을 거스리는 자. 사단의 지배를 받는 자. 불신자. 정욕대로 행하는 자. 기롱하는 자. 성령이 없는 자.

육의 심비[肉~心碑 ; 살 육, 마음 심, 비석 비. on tablets of flesh](고후3:3) 복음으로 나타난 그리스도의 편지가 기록된 성도의 심령.

육적[肉的 ; 살 육, 적실할 적. physical]명(골2:11) 육체적. 육욕적.

육정[肉情 ; 살 육, 뜻 정. carnal desire, blood](요1:13) 남녀 사이의 육체의 정욕. 성욕. 색욕. 거듭나지 아니한 인간의 상태.

육지[陸地 ; 뭍 륙, 땅 지. land]명(창7:22) 물이 덮이지 않은 지구의 땅. 뭍.

육지악어[陸地鰐魚 ; 뭍(육지) 륙, 땅지, 악어 악, 고기 어. chameleon, monitor lizard]명(레11:30) 큰 도마뱀. 육식성 도마뱀. 먹을 수 없는 동물. 크기는 1m에서 1m50정도이다. 열대지방에 많이 서식한다.

육지창[六枝槍 ; 여섯 육, 가지 지, 창 창. shovel, fork]명(사30:24) 쇠스랑과 같은 것으로 가축의 사료를 키질하여 정미롭게 하는 도구. 탈곡후 지푸라기를 바람이 불 때 날리는데 사용한다(사30:24). 작업은 해지기 전에 끝내어야 한다(호13:3, 레13:24).

육척[六尺 ; 여섯 육, 자 척. six cobits]명(겔40:5) 여섯 자. 약 180㎝

육체[肉體 ; 살(몸) 육, 몸 체. flesh, body]명(창6:3) 몸. 육신. →육.

육체의 가시[thorn in flesh]명(고후12:7) 가시로 찌르는 것 같은 병. 육적 고통. 사단의 사자.

육축[六畜 ; 여섯 육, 가축(기를) 축. cattle]명(창1:24) 소·말·개·돼지·양·닭, 가축의 총칭. 하나님의 창조물. 처음부터 구별하여 창조된 가축이다. 유목민의 재산(창13:2).

윤택[潤澤 ; 윤택할 윤, 못 택. gloss, fat]명(신32:15) 윤기있는 광택.

율[律 ; 법 률. state, portion]명(마24:51) 범죄자를 처벌하는 법.

율례[律例 ; 법 률, 본보기 례. state]명(창26:5) 법규. 법률의 모범적인 정례. 율법. 하나님의 법. 계명.

율리아['Ιουλία = 감았다]인(롬16:15) 로마에 있은 성도.

율리오['Ιούλιος = 감았다]인(행27:1) ①아구사도 영문의 백부장. ②총독 베스도가 그리스도의 명령으로 바울과 기타 죄인을 로마로 호송한 자. ③바울을 선대하여 시돈에서 친구를 만나는 것을 허락하고 ④항해 중에 군사들이 바울을 죽이려는 것을 그가 힘을 써 구출하였다(행27:42-44).

율법[律法 ; 법 률, 법 법. law]명(출13:9) 지켜야 할 법.
1. **내용** - ①하나님이 인간에게 주신 것(출24:12). ②윤리적인 것(출20:1-17, 신5:6). ③언약적인 것(출20:23-23:9). ④관련 법규(신12장-26장). ⑤새 언약이 요구됨(렘31:31-34). ⑥모세를 통해서 주신 것(요1:17, 마5:17,18). ⑦하나님의 뜻이 나타나있다(롬7:7-9). ⑧율법으로는 구원을 얻을 수 없다(히7:19) ⑨그리스도께로 인도하는 몽학선생이다(갈3:24) ⑩그리스도께서 이루신다(마5:

17, 18). ⑪그리스도의 십자가상에서 성취(막14:24). ⑫일반적 국가법(눅20:20). ⑬구약 전체(롬3:19, 요10:34). ⑭마음에 새겨진 것(롬2:14, 15).
2. 목적 - ①하나님의 뜻을 알게 한다(롬2:18). ②죄를 깨닫게 한다(롬3:20). ③행악자를 다스린다(딤전1:9). ④하나님의 뜻을 나타낸다(롬7:1-9). ⑤그리스도께로 인도한다(갈3:24). ⑥믿음의 법과 대조된다(롬3:27, 7:21). ⑦은혜에 참예하지 못한다(롬6:14, 7:6, 갈2:19). ⑧판단하게 한다(약1:25, 2:10-12).

율법문제[律法問題 ; 법 률, 법 법, 물을 문, 제목 제. questions about one's own law]명(행23:29) 율법에 대하여 다루게 된 사건.

율법사[律法士 ; 법 률, 법 법, 선비 사. lawyer]명(마22:35) 율법을 잘 아는 사람. 율법 전문가. 교법사를 가리키는 말. ①요한의 세례를 받지 아니함(눅7:30). ②예수님을 시험함(눅10:25). ③안식일에 병고치는것을 책잡음(눅14:3). ④어려운 짐을 사람에게 지움(눅11:45-46). ⑤율법사의 질문과 예수님의 대답(마23:35-40). ⑥예수님이 그들에게 질문하심(눅14:3). ⑦예수님께서 율법사를 책망하심(눅11:45-52). ⑧완전하다고 생각하는 자(눅11:45). ⑨교법사 세나(딛3:13).

율법사[律法師 ; 법 률, 법 법, 스승 사. expert in the law]명(눅7:30) 법률을 잘 알고 가르치는 스승. 성경을 해석하여 생활에서 지킬 세칙을 만들어 지키도록 하였다. 예수님을 반대하고 제사장과 더불어 예수님을 십자가에 못박게 하였다.

율법을 세우신 자[ruler](사33:22) 율법을 입법한 하나님에 대하여 한 말. 시온의 성도들에게 임할 왕. 재판장이며 보호자이시다.

율법의 선생[teacher of the law](딤전1:7) 율법을 잘 가르치는 교사. 율법 교사. 교법사와 같은 말(눅5:17, 행5:34).

율법서[律法書 ; 법 률, 법 법, 글 서. the Book, testimony]명(신17:18) 법률을 기록한 글. 모세 5경. 창세기, 출애굽기, 레위기, 민수기, 신명기. 좁은 뜻으로는 십계명. 넓은 뜻으로는 성경 전체.

율법책[律法冊 ; 법 률, 법 법, 책 책. book of God's laws]명(신29:21) 율법을 기록한 책. 모세 5경. 성경. 율법서. 판단, 실행의 근거가 되는 책(왕하14:6).

웃다[יָטַשׁ =물이 많음, 내뻗친, 기울어진]지(수15:55) ①유다 산중의 성읍. ②제사장들의 거주지. ③사가랴의 거주지. 곧 세례 요한의 출생지. 지금 이름도 웃다인데 헤브론의 남 6km지점에 있다.

으뜸[first, head, chief]명(민24:20) 첫째, 우두머리. 기본, 근본.

으불로[Εὔβουλος =신중, 지혜로운]인(딤후4:21) 로마의 신자. 바울이 디모데 후서를 쓸 때에 함께 있던 사람.

은[銀 ; 은 은. silver]명(창20:16) 구리 속에 딸린 금속원소의 한 가지. 금보다 조금 가볍고 청백색을 띤 쇠붙이. ①산지(아라비아 - 대하9:14, 다시스 - 왕상10:22). ②지하에서 채광된다(욥28:1). 도가니에 녹여정련한다(시12:6, 겔22:22). ③돈으로 사용(창20:16). ④예물로 줌(왕상10:25). ⑤장식, 기구를 만듦(출38:19). ⑥기명을 만듦(대하9:24). ⑦우상을 만듦(삿17:4). ⑧관을 만듦(슥6:11). ⑨악기를 만듦(민10:2). ⑩잔을 만듦(창442). ⑪등대를 만듦(대상28:15-16). ⑫전의 모형 - 은감전(시115:4, 행19:24). ⑬나팔(민

10:2). ⑭대접(왕하12:13). ⑮등대(대상28:15). ⑯세공법은 베니게에서배워옴(시12:6, 말3:3). ⑰바리(민7:13). ⑱은반(민7:13). ⑲받침(출26:19). ⑳사슬(사40:19). ㉑줄(전12:6). ㉒주머니(잠7:20). ㉓시문학에도 쓰임(욥3:15, 시66:10).

상징적 교훈 - 성도의 연단과 정결(시66:10, 렘6:26-30).

은감실[銀龕室 ; 은 은, 감실 감, 집 실. silver shrines]명(행19:24) 은으로 만든 모조 신당(헬라인 여행자들이 가지고 다녔다). 에베소의 은 세공업자가 아데미신전을 만들었다. 데메드리오가 선동하여 반란을 이르켰다.

은근[慇懃 ; 은근할 은, 은근할 근. politeness]명(렘13:17) 겸손하고 정중함. 은밀하게 정이 깊음. 정성되고 다정함. 튀은근히.

은금[銀金 ; 은 은, 쇠 금. silver and gold]명(창13:2) 은과 금.

은물[銀物 ; 은 은, 만물 물. silver]명(왕하25:15) 은으로 만든 물건.

은미[隱微 ; 숨을 은, 작을 미. hide, obscurity]명(왕상10:3) 희미하여 알기 어려움. 드러나지 않음.

은밀[隱密 ; 숨을 은, 빽빽할 밀. being secret]명(민12:8) 숨어 있어서 형적이 나타나지 아니함. ①은밀한 말(민12:8). ②일(삿3:19). ③장소(삼상13:6). ④죄(시90:8). ⑤선물(잠21:14). ⑥은밀한 중에 구제하라(마6:6).

은바리[silver bowl]명(민7:13) 입이 조금 좁고 중배가 나왔으며 뚜껑에 꼭지가 있는 은으로 된 그릇. 은 오목주발.

은박[銀箔 ; 은 은, 금박 박. beaten silver]명(렘10:9) 은을 쳐서 종이와 같이 아주 얇게 만든것. 다시스의 무역상품. 헛된 우상을 만들었다(렘10:9). 장식품(출38:17).

은반[銀盤 ; 은 은, 소반 반. basins of silver, silver charget]명(민7:13) 은으로 쳐서 만든 쟁반.

은비[隱秘 ; 숨을 은, 비밀 비. secretive, hidden]명(사48:6) 숨겨진 비밀. 미묘하여 알기 어려운 진리.

은사[恩賜 ; 은혜 은, 은혜 사. gift]명(렘31:12) 값 없이 주는 것. 온전한 선물. 하나님의 은혜를 말한다. ①빛들의 아버지로 부터(약1:17). ②구원(롬5:15). ③영생(요4:10, 롬6:23). ④성령(고전12:4). ⑤그리스도(요3:16).

개별은사 - (롬12:6 - 8, 고전12:4-10). ①예언. ②섬김. ③가르침. ④권위함. ⑤구제. ⑥다스림. ⑦긍휼베품. ⑧사랑. ⑨지혜의 말씀. ⑩지식의 말씀. ⑪믿음. ⑫신유. ⑬능력 행함. ⑭영분별. ⑮방언. ⑯통역. ⑰성령으로 나누어 주시는 은사들임(고전12:11). ⑱기도로 받음(고후1:11).

은상[銀床 ; 은 은, 평상 상. silver table]명(대상28:16) 은으로 만든 상.

은신처[隱身處 ; 숨을 은, 몸 신, 곳 처. hiding place]명(시32:7) 몸을 숨기는 곳. ①안전한 곳(아2:14). ②피난처(사28:17).

은우상[銀偶像 ; 은 은, 허수아비 우, 형상 상. silver sinful idol]명(사31:7) 은으로 만든 우상.

은은하다[殷殷~ ; 우뢰소리 은, 우뢰소리 은. bellowing]형(시81:7) 소리가 멀리서 잇달아 들려오다.

은익[隱匿 ; 숨을 은. 숨길 익. concealment, conceal]명(창37:26) ①숨기어 감축. 비밀로 함. ②물건의 효용을 잃게 하는 행위.

은인[恩人 ; 은혜 은, 사람 인. benefactor]명(눅22:25) 은혜를 베푼 사람. 성경시대는 관리나 집권자(왕)의 경칭으로 사용된 말. 그래서 예수님께서 제자들에게 이런 칭호로 불리우는 것을 경계하셨다.

은잔[銀盞 ; 은 은, 잔 잔. silver cup]명(창44:2) 은으로 만든 잔. 은배(銀盃).

은장색[銀匠色 ; 은 은, 장인 장, 빛 색. silver smith]명(삿17:4) 은으

은적[隱跡 ; 숨을 은, 발자취 적. covering one's traces, haunt]몡(삼상23:22) 종적을 감춤.

은총[隱寵 ; 은혜 은, 사랑할 총. favour, mercy]몡(창32:10) 높은 사람에게서 받는 특별한 사랑. 하나님의 용서, 그리스도의 속죄적 사랑. *아가페 사랑이 은총이다.

은택[恩澤 ; 은혜 은, 은혜(덕택) 택. benefits]몡(시51:18) 은혜로운 덕택. 은혜와 덕택.

은폐[隱蔽 ; 숨을 은, 가릴 폐. hide, concealment]몡(렘16:17)덮어 감추거나 가리어 숨김.

은행[銀行 ; 은 은, 행할 행. bank]몡(눅19:23) 신용을 기초로 하여 돈을 맡거나 대부하여 자본의 수요와 공급을 매개하는 구실을 하는 기관.

은혜[恩惠 ; 은혜 은, 은혜 혜. grace]몡(창6:8) 베풀어 주는 혜택. 고마움. 신세. 받을 만한 자격을 갖추지 않은 자에게 조건없는 사랑으로 사죄와 생명을 주시는 일. 하나님께서 예수 그리스도로 인하여 죄인을 의롭다 하시고 영원한 생명을 주신 일(요3:16, 갈2:16). ①성도는 하나님의 은혜 아래 있다(요1:16, 롬6:14). ②그리스도 안에 충만(요1:14, 눅2:40). ③그리스도로 말미암음(요1:17). ④은혜 위에 은혜(요1:16). ⑤복음, 말씀이 은혜이다(행20:24, 14:3). ⑥율법과 대립(요1:17).

* **은혜 안에 들어감** - ①부름을 받음(갈1:15). ②거듭남(요3:3-8). ③회개함(행11:18). ④믿음(행18:27, 히11:1, 6). ⑤신앙고백(롬10:9, 고전12:3, 마16:16). ⑥구원의 확신(롬8:16, 요일5:10). ⑦칭의(롬3:24, 갈2:16). ⑧양자됨(갈4:5-7). ⑨성결(고후6:15, 딤전6:5, 히11:25). ⑩성화(딤후2:21, 엡5:26, 살전4:3).

은혜롭다[gracious, gracious, holy]혱(출34:6) 베풀어 주는 혜택을 입어 매우 고마움을 느끼다.

* 은혜로운 것은 말썽없이 지나는 것이 아니라 법을 준행하는 일이다.

은휘[隱諱 ; 숨을 은, 꺼릴 휘. concealment]몡(시40:10) 꺼리어 숨기고 피함.

을래강[אוּלַי = 순수한 물]지(단8:2) 바사국 수산성 동쪽을 흐르는 강. 다니엘이 이 강변에서 숫양의 이상을 보았다.

읊다[recite]타(21:27) 소리를 내어 시를 외다. 시를 흥얼거리며 짓다.

음[音 ; 소리 음. voice, sounds]몡(고전14:7) 소리. 음악의 곡조.

음낭[陰囊 ; 그늘 음, 주머니 낭. scrotum, secrets]몡(신25:11) 불알을 싸고 있는 주머니. 신낭.

음녀[淫女 ; 음란할(방탕할) 음, 계집 녀. harlot]몡(시73:27) 음탕한 여자. 음부. 창기. 창녀. 성을 파는 여인. 바벨론을 묘사(계17:5, 15).

음란[淫亂 ; 음란할(방탕할) 음, 어지러울 란. lewdness, fornication]몡(출34:15) 주색에 빠짐. 음탕하고 난잡함. ①성적문란, 방종(롬13:13, 딤전1:10). ②우상숭배, 하나님을 멀리하고 더럽힘(렘3:2, 호1:2, 4:12). ③얼굴에 나타남(겔16:58, 23:27). ④매춘(마15:9, 고후2:21, 살전4:3). ⑤간음, 음행과 같다(고전5:1-5, 겔5:19).

음령[陰靈 ; 그늘 음, 신령 령. shade]몡(욥26:5) 죽은 사람의 영.

음료[飮料 ; 마실 음. 헤아릴 료. drink]몡(요6:55) 술, 차, 물 따위와 같은 마시는 물건의 총칭. ①참된 음료 - 그리스도(요6:55). ②신령한 음료 - 그리스도(고전10:4).

음부[陰府 ; 그늘(어두울) 음, 마을 부. hades, sheol, grave, hell]몡(창37:35) 죽은 자의 거처. 사람이 죽으면 누구나 가는 곳. 구덩이. 흑암.

* **음부에 들어갈 자** - ①그리스도를

영접하지 않는 자(요1:12). ②불의를 좇는 자(롬2:8-9). ③마귀와 그의 사자(마25:41). ④범죄한 천사(벧후2:4). ⑤두려워하는 자(계21:8). ⑥불신자 ⑦흉악한 자. ⑧살인자 ⑨행음자 ⑩술객 ⑪우상숭배자 ⑫거짓말 하는 자(①~⑫ 계21:8). ⑬짐승의 표를 받은 자(계14:11). ⑭짐승과 거짓 선지자(계19:20). ⑮사단(계20:2).

음부〔淫婦；음란할 음, 지어미 부. adulteress, harlot〕(레20:10) 음녀. 간음한 여인. 성적 부정한 여인. ①반드시 죽일 죄인(레20:10, 요8:1-11). ②방자한 행위(겔16:30). ③의인의 심문을 받음(겔23:45). ④남편을 더 두는 여인(호3:1, 롬7:3). ⑤하나님을 버린 이스라엘(겔16:35, 호14:14). ⑥종교적 음부(신23:17, 왕상13:24). ⑦큰 음녀(계17:1, 19:2).

음성〔音聲；소리 음, 소리 성. voice〕명(창3:8) 사람의 발음 기관에서 생기는 음향.

음식〔飮食；마실 음, 밥 식. bread, sacrifices, food〕명(창37:25) 먹고 마시는 물건. ①하나님이 주신다(창1:29, 30, 시104:21). ②생명을 유지시킴(창2:16, 3:18, 19). ③목숨보다 중하지 아니함(마6:25-31). ④건강을 유지시킴(행9:19)⑤믿음으로 받을 것(롬14:2-) ⑥기도제목이 됨(마6:11, 딤전4:4-5). ⑦감사할것(삼상9:13). ⑧그리스도께서 채워주심(시145:15, 요21:5, 6).

음실〔陰室；그늘 음, 집 실. unsunny room〕명(렘37:16) 햇빛이 잘 들지 않는 음침한 방. 토굴. 옥.

음심〔淫心；음란할 음. 마음 심. sexual desire〕명(벧후2:14) 남녀의 음행을 하고 자 하는 마음. 색욕. 나쁜 욕정. 정욕을 품음.

음악〔音樂；소리 음, 풍류(음악) 악. music〕명(대하34:12) 음을일정한 방법에 의하여 조화·결합시키어 미감(美感)을 일으키게 하는 예술. ①목소리로(창31:27). ②악기로(대상23:5, 대하5:13). ③번뇌를 잊게 함(삼상16:14-17). ④마음을 유쾌하게 함(시137:1-4). ⑤남녀가 같이 함(전12:4). ⑥의식에서 연주(대상13:6-8, 25:1-31, 대하23:11, 13, 삼상16:23).

음예〔陰翳；그늘(어두울) 음, 가릴 예. shade, darkness〕명(욥28:3) 많은 구름이 하늘을 덮어 어두움.

음욕〔淫慾；음란할(방탕할) 음, 욕심 욕. lewd, adultery〕명(사57:5) 행동이 음란하고 방탕함. 주색에 빠짐. 음심이 가득함. 정욕을 품음.

음침하다〔陰沈~；그늘 음, 잠길 침. dark, shadow〕형(시23:4) 성질이 명랑하지 못하고 의뭉스럽다. gloomy. 날씨가 흐리고 밝지 아니하다. ①사망의 골짜기(시23:4). ②어두운 곳(시88:6). ③황폐한 땅(렘2:6).

음탕〔淫蕩；음란할 음, 방탕할 탕. lewd〕명(시106:39) 행동이 음란하고 방탕함. 주색에 빠짐.

음풍〔淫風；음란할(방탕할) 음, 바람 풍. immoral manners, whore〕명(레19:29) 음란하고 더러운 풍속.

음행〔淫行；음란할(방탕할) 음, 행할 행. obscene act〕명(민25:1) 음란한 행위. 외설스러운 행위. 비윤리적, 비도덕적 성행위. ①피할 죄(고전6:18, 살전4:3). ②사귀지 말 것(고전5:9-11). ③결혼하여 피하라(고전7:2). ④우상숭배의 죄(겔23:29, 계17:1, 19:2, 호2:2). ⑤음행한 연고 없이 아내를 버릴 수 없다(마19:9). ⑥육체의 일(갈5:19, 엡5:3). ⑦회개 하지않음(계9:21). ⑧진노의 포도주를 먹임(계14:8, 18:3). ⑨땅을 더럽게 함(계19:2). ⑩간음, 행음과 같은 말, 매음도 해당됨(출20:14, 계2:14). ⑪음욕을 품지 말라(마5:27-28). ⑫마음에서 비롯됨(마15:19). ⑬어두운 일(롬13:12-13). ⑭더러운 일(계17:4). ⑮마음을 빼앗긴다(호4:11). ⑯하나님을 알지 못하게 한다(호5:4). ⑰땅을 더럽게 한다(계19:2). ⑱더러운 것이다(계18:3, 갈5:19). ⑲교회 안에도 있다(고전5:1). ⑳멀리하라(행15:29).

음행자[fornicator]몡(고전5:9) 행음하는 사람. ①자기 몸에 죄를 짓는 자(고전6:18). ②사귀지 말라(고전5:9). ③하나님 나라의 기업을 얻지 못한다(엡5:5). ④범법하는 자(딤전1:9-10). ⑤하나님의 심판을 받는다(히12:16-17, 13:4).

읍[邑 ; 고을 읍. town]몡(수3:16) 행정구역의 하나. 작은 도시.

읍내[邑內 ; 고을 읍, 안 내. town, city]몡(막5:14) 읍의 안. 관청이 있던 부락. 고을 안.

읍장[邑長 ; 고을 읍, 어른 장. city authorities, ruler of city]몡(행17:6) 고을의 우두머리. 읍의 행정사무를 통할 하는 사람. 로마 관리와 구별하여 사용된 칭호.

응답[應答 ; 응할(대답할) 응, 대답할 답. reply, answer]몡(창35:3) 물음에 대답함. ①부르고 부르짖음에 대한 답(욥19:7, 아5:6). ②하나님께서 응답하심(잠16:1). ③환난중에 응답하심(창35:3).

응대[應對 ; 응할 응, 기다릴 대. interview, sing]몡(호2:15) 만나봄. 접대함. reception.

응득[應得 ; 응할(대답할) 응, 얻을 득. decree, lot]몡(렘13:25) 응답으로 얻는 것. 분깃으로 받은 것.

응락[應諾 ; 응할(대답할) 응, 승락할 락. consent, hear]몡(왕하12:8) 승락함. 허락함. 인허함. 결재함.

응식[應食 ; 응할 응, 밥 식. stipend, part]몡(레8:29) 직무에 응하여 받는 녹. 사례비. 봉급.

응용[應用 ; 응할 응, 쓸 용. application]몡(전10:19) 어떠한 원리를 실제로 이끌어 활용함.

응하다[應~ ; 응할 응. comply, pass]자타(민11:23) 따르다. 대답하다. answer. 하라는 대로 하다. comply. ①말씀의 성취(계17:17). ②예언의 성취(눅4:21). ③성경이 응함(요13:14, 17:12, 19:24). ④그리스도에게(눅18:31). ⑤불법한 자에게(벧후2:22). ⑥세상 끝에(행1:11). ⑦복음과 같이 이루어짐(계10:7).

응험[應驗 ; 응할(대답할) 응, 시험할 험. amount to pay, fail]몡(겔12:22) 드러난 조짐이 맞음.

의[義 ; 옳을 의. righteousness]몡(창15:6) 사람이 행하여야 할 바른 도리. justice. 옳은 행위. loyalty. 악을 떠남. 그리스도의 피로, 은혜로 의롭게 된다(롬3:24, 5:9).

* **의의 종류** - ①율법의 의(빌3:6). ②행동의 의(창15:6, 요일2:29). ③개인의 의(빌3:9). ④하나님께로 난의(빌3:9). ⑤그리스도를 믿음으로 되는 의(롬4:13, 빌3:9). ⑥칭의(롬3:22, 8:33). ⑦복음의 의(롬1:17). ⑧하나님의 의(롬3:5). ⑨순종으로 된 의(롬6:16). ⑩공의(벧전2:23, 시22:31). ⑪의의 왕(히5:13).

의견[意見 ; 뜻 의, 볼 견. opinion]몡(창20:10) 마음 속에 느낀바 생각. 개인적인 소견. 사견.

의논[議論 ; 의논할 의, 의논할 논. argument]몡(삼하19:43) 어떠한 일을 서로 문의 함. 서로 어떤 일을 꾀함. consultation.

*①경영이 잘됨(잠15:22). ②마음의 합의(눅5:22). ③의논하여 결정(눅20:14). ④대립이 될 수 있다(왕상12:6,8). ⑤의논을 하지 않으면 경영이 파함(잠15:22). ⑥평화를 위한 의논(슥6:13). ⑦악한 의논(마26:4, 요12:10-11). ⑧하나님의 의논(창1:26).

의례[依例 ; 의지할 의, 본보기 례. following precedent, meet]몡(에2:9) 전례에 따름.

의로운 자[righteous]몡(출23:7) 죄인 중에서 구별된 사람. 흠없는 사람. 거룩한 사람. 원칙적으로 그리스도의 의를 힘입어 구속받은 성도.

의뢰[依賴 ; 의지할 의, 힘입을 뢰. request]명(레26:26) 남에게 의지함. 또는 부탁함. ①하나님께 의뢰함(시37:3). ②하나님이 아심(나1:7, 딤후1:12). ③안전함(잠29:25). ④수치를 당하지 아니함(시22:5). ⑤선을 행함(시37:3). ⑥자기를 의뢰하지 말라(고후1:9).

의리[義理 ; 옳을 의, 도리(이치) 리. justice]명(잠10:2) 사람으로서 지켜야 할 바른 길. ①죽음을 건짐(잠10:2). ②죽음을 면하게 함(잠11:4). ③형통함(렘22:15). ④없으면 살인자가 된다(사1:21).

의무[義務 ; 옳을(뜻) 의, 힘쓸 무. duty, debtor]명(신25:5) 마땅히 해야 할 본분. 맡은 직분. 법률상의 강제 규정도 있다. ①사람이 하나님께(살전1:9, 요4:23). ②사람이 사람에게(마25:35). ③국민이 국가에(롬13:1-4). ④성도가 교회자에게(롬12:6-8, 엡3:9-10). ⑤성도가 성도에게(행2:35, 고후8:14, 9:12). ⑥주종관계(롬13:1-7, 벧전2:17-20, 엡6:5-9, 딤전6:1-2). ⑦가족관계(엡5:25-33, 6:1-4).

의문[疑問 ; 의심할 의, 물을 문. question, doubts]명(단5:12) 의심하여 물음. 또는 그러한 문제.

의문[儀文 ; 법 의, 글문 문. ordinance, letter]명(롬2:27) 율법의 여러가지 규정. 율법으로도 번역된 말. 옛 언약. ①묵은 것(롬7:6). ②죽이는 것(고후3:6). ③영으로 하는 것이 아님(고후3:6). ④돌에 새긴 것도 있다(고후3:7). ⑤거스려 대적함(골2:14). ⑥완전한 것이 올 때 없어짐(갈3:24). ⑦그리스도께서 이루셨다(마5:17, 18, 롬13:10). ⑧그리스도께서 폐하셨다(엡2:15, 골2:20).

의복[衣服 ; 옷 의, 옷 복. clothes, suit]명(창24:53) 옷. 피복. 몸의 부끄러움을 가림→옷.

의사[醫師 ; 의원 의, 스승 사. physician]명(창50:2) 의술에 의하여 병을 진찰·치료하는 일을 업으로 삼는 사람. doctor. 의원

의사[議士 ; 의논할 의, 선비 사. counseler]명(대상16:14) 의논할 선비. 상담자. 충고자. 사려깊은 사람. 매수될 수 있다(스4:5).

의사[意思 ; 뜻 의, 생각 사. heart, intention]명(잠18:2) 무엇을 하려고 하는 생각, 마음. 뜻.

의수[依數 ; 의지할 의, 셀 수. receive as much]명(눅6:34). 정한 수에 따름.

의심[疑心 ; 의심할 의, 마음 심. jealousy, doubt]명(민5:14) 미심쩍게 여기는 생각. 못믿는 마음. ①사단이 생기게 함(창3:4). ②마음에 생김(눅24:38). ③사람에 대하여 가짐(갈4:20). ④믿음이 적어 의심함(마14:31). ⑤약속을 의심함(롬4:20). ⑥식물을 의심함(롬14:23). ⑦주님을 의심함(마28:17). ⑧누구인지 의심함(요13:22). ⑨환상의 뜻을 의심함(행10:17). ⑩앞 일을 의심함(행25:20).

의약[醫藥 ; 의원(병고칠) 의, 약 약. medicine]명(렘46:11) 의료에 쓰이는 약품. 의술과 약.

의원[醫員 ; 의원(병고칠) 의, 관원 원. physician]명(대하16:12) 의사(醫師)와 의생(醫生)의 총칭. medical staff. ①병든 자에게 필요함(마9:12). ②무익한 의원(욥13:4) ③자기병을 고쳐라(눅4:23). ④고통을 주기도 함(막5:26). ⑤누가는 사랑받는 의원(골4:14). ⑥참된 의원은 하나님이심(신32:39).

의원[議員 ; 의논할 의, 관원 원.

의인

member of tthe council]圈(눅23:50) 의회에서 의결권을 가진 사람. 유대의 최고의회인 산헤드린 의원을 가르킨다. ①아리마대 요셉(눅23:50). ②니고데모(요3:1,7:50,19:39). ③가말리엘(행5:34).

의인[義人 ; 옳을 의, 사람 인. righteous]圈(창6:9) 사리에 바르고 자비와 긍휼이 있는 옳은 사람.

* 의인은 없다. 성도는 그리스도를 믿음으로 의인이 된자이다. ①고난을 당함(히11:25,시34:19). ②복을 받음(시5:12). ③여호와가 건지심(시34:17). ④여호와께서 사랑하심(시146:8). ⑤하나님 앞에서 뛰논다(시68:3). ⑥은혜를 베푼다(시37:21). ⑦땅을 차지함(시37:29). ⑧영생에 들어감(마25:46). ⑨상을 받음(마10:41). ⑩천국에서 해와 같이 빛남(마13:43). ⑪생활화 된 선행자(마25:37). ⑫기도의 힘이 강하다(약5:16). ⑬예수님은 의인을 부르러 오시지 않았다(막2:17). ⑭의인은 하나도 없다(롬3:10). ⑮그리스도가의인이시다(벧전3:18). ⑯평안함(잠1:33). ⑰거짓이없다(계14:5).

의자[椅子 ; 교의 의, 아들 자. chair]圈(삼상1:9) 걸터앉아 몸을 뒤로 기대게 만든 기구.

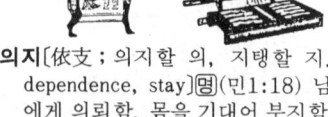

의지[依支 ; 의지할 의, 지탱할 지. dependence, stay]圈(민1:18) 남에게 의뢰함. 몸을 기대어 부지함.
의지하는 것 - ①하나님(시2:12, 잠16:20). ②그리스도(요13:23). ③믿음(롬9:32).
의탁[依托 ; 의지할 의, 받칠 탁. reliance, commit]圈(삿3:15) 남에게 의존함. 남에게 의뢰하여 부탁함.

의탁[依託 ; 의지할 의, 부탁할 탁. reliance, commit]圈(대하14:11) 남에게 맡기어 부탁함. 남에게 의존함.

의합[意合 ; 뜻 의, 합할 합. amicability, agree]圈(암3:3) 의가 좋음. 뜻과 마음이 서로 맞음.

의향[意向 ; 뜻 의, 향할 향. idea]圈(수9:25) 생각. 마음의 뜻. 의사.

의혹[疑惑 ; 의심할 의, 미혹할 혹. suspicion]圈(요10:24) 의심하여 분별하기 어려움. 의아함.

이[tooth]圈(창49:12) 사람이나 동물의 입 안에 있어 식물을 씹는 기관. 치아. ①희다(아4:2). ②날카롭다(사41:15). ③음식을 씹음.

이[louse]圈(출8:16) 이과의 곤충. 사람의 몸에 기생하여 발진티푸스, 재귀열의 매개. ①출애굽 때 열재앙 중 세번째 내림(출18:16). ②티끌이 이가 됨(출18:17). ③사람과 생축에 해를 가함(출8:18). ④술객은 내지 못했다(출8:18). ⑩하나님의 징벌(시105:31).

이[利 ; 이할 리. lucre, profit]圈(출18:21) 장사하여 남긴 돈. 이익. 이식. 변리. ①뇌물을 취함(삼상8:3). ②탐해서는 않됨(잠1:19). ③가난한 자를 학대해서 얻으면 않됨(잠22:6). ④자기의 이익만 취하면 않됨(사56:11). ⑤이자(겔22:12). ⑥불의한이(겔22:13). ⑦토색 한 이(겔22:12)⑧정당한 이 저축해야함(고전16:2). ⑨거짓교훈(딛1:11). ⑩더러운 이(벧전5:2). ⑪사기(벧후2:3). ⑫아첨함(유16).

이가봇[אִי־כָבוֹד =영광이 떠남]圈(삼상4:21) 제사장 엘리의 손자. 비느하스의 아들. 그가 출생할 때 법궤를 빼앗겼다는 말과 시아버지와 남편이 죽었다는 소식을 듣고 그의 어머니가 놀라 죽어가면서 아들을 낳아 붙인 이름.

이간[離間 ; 떠날 리, 사이 간. alienation]圈(잠6:19) 고의로두사람 사이를 서로 떨어지게 만듦.

이갈[לנֻגְ = 속량하다, 보복]인
1 가나안 땅을 정탐한 잇사갈지파 대표. 요셉의 아들(민13:17).
2 다윗의 30용사(삼하23:36).
3 스룹바벨의 자손 스마야의 아들(대상3:22).

이거[移居;옮길 이, 살게. removal, carry away]명(마1:11)집을 옮겨 삶. 이주(移住). 이사.

이경[二更;두 이, 지날 경. second watch]명(삿7:19) 오후 10시부터 자정까지의 시간.

이고니온['Ικόνιον = 양의 가슴]지
1. **위치** - 소아시아 평원 서남쪽 자두와 살구나무가 많은 오아시스 가운데 있던 옛도시. 갈라디아의 성읍(행13:51). 현재는 터키국의 큰성 코니아.
2. **관련기사** - ①사도 바울이 1차 선교여행시 선교한 곳(행13:51). ②많은 신자가 생김. 유대인들의 위협을 받음(행14:1-6). ③바울은 루가오니아지방으로 피하였다(행14:19, 딤후3:11). ④바울이 2차 선교여행 방문하였다(행14:21). ⑤칭찬듣는 디모데를 동역자로 얻었다(행16:1-2). 이때 세웠던 교회는 주후 850년경 회교도의 침입으로 없어졌다.

이기다[win, prevail, over come]타(창30:8)서로 힘이나 재주를 부려 저편을 넘어뜨리다. 감당하다.

이끌다[lead]타(창2:15) 앞에 서서 남을 인도해 따라오게 하다. 보다 나은 길로 갈 수 있도록 길잡아 주다. 마음…시선 따위를 쏠리게 하다. attract. *모든 사람을 주께서 이끄신다(요12:32).

이다[carry on one's head]자 타(왕상20:31) 머리위에 얹다.

이다말[רמָתָאִ = 전첩목(戰捷木)의 섬, 손바닥 땅]인(출6:23) ①아론의 막내아들. ②어머니는 엘리세바 ③회막 건축 때 회계를 맡았다(출38:21). ④회막 이동 때에 게르손 사람, 메라리 사람의 일을 감독하였다. ⑤엘로부터 아비아달에 이르기까지 대제사장은 이다말의 가계(家系)였다(민3:2, 4:28, 대상24:3-6, 스8:1).

이단[異端;다를 이, 끝 단. heresy, sect]명(행24:5)①자기가 신봉하는 길과 달리 별도의 길을 이룸. ②전통이나 권위에 반항하는 것. ③하나님의 신조에 반대함. ④전통의 길을 왜곡 해석함.
*기독교의 이단은 그리스도의 구속에 영향을 주는 그릇된 성경해석을 하는 집단이다.

이달라[הלָאֲתִ = 하나님께서 보여주심]지(수19:15) 스불론지파의 경계에 있던 성읍.

이달리야['Ιταλία = 송진]지
1. **위치와 개요** - 로마제국의 본국 영토. 유럽 남부 중앙에서 지중해로 뻗은 큰 반도. 처음에는 이태리 반도의 서남일부 지역을 가리킨 명칭이었는데 가이사시대에 알프스 산맥까지 이르는 전체 지역의 명칭이 되었다.
2. **관련기사** - ①유대인을 추방함(행18:2)로마와 같은 명칭으로 사용된 것으로 본다. ②군대명칭으로도 쓰였다(행10:1). ③바울 일행이 알렉산드리아 배를 타고 가기로 했다(행27:1, 6). ④바울 일행은 이달리야반도 보디올에 상륙하여 로마로 갔다(행28:13-24). ⑤많은 유대인이 일찌기 세계 권력의 수도인 이달리야(로마)로 옮겨갔고 그리스도교도 초기에 수입되었다(히13:24).

이달리야대[italian cohort]명(행10:1) 로마군 보병대 하나의 명칭. 6,000명의 병력을 가지고 있었다고 본다. 가이사랴에 주둔한 보병대로 백부장 고넬료의 소속대.

이대[יחִאֲ = 곁에]인(대상11:31)

베냐민 사람 기브아자손 리베의 아들로 다윗의 용사. 잇대와 같은 사람(삼하23:29).

이델족속[ithrite]몡(대상2:53) 기럇여아림 출신의 한 족속. 다윗의 30용사. 이라와 가렙의 출신족속(삼하23:38).

이동[移動; 옮길(바꿀) 이, 움직일 동. movement, remove]몡(신19:14) 옮겨 움직임. 움직여서 자리를 바꿈. 권리 따위를 넘김.

이두[二頭; 두 이, 머리 두. two animals]몡(민31:38) 두 마리.

이두래['Ιουραία = 취하다]지(눅3:1) ①유대국의 북쪽지역. 갈릴리와 다메섹 간의 산악지대. 로마 속국의 한 도의 이름. ②이스마엘 자손 여둘의 일족이 살았던 곳(창25:15-16,대상1:31). ③여호수아 때에는 므낫세 지파에게 분배된 곳. ④예수님 탄생, 로마 통치시대에는 분봉왕 헤롯 빌립이 다스렸다.

이두매['Ιδουμαία = 에돔의 영토, 붉음]지
1. **위치** - 사해 서남부. 구약시대의 에돔과 같은 곳(막3:8).
2. **관련기사** - ①헬라인이 에돔을 이두매라고 한다. 세일이라고 한다(창14:6). ②애굽에서 나온 이스라엘 백성이 가나안으로 가는 통로를 빌리려고할 때 거부함으로 힘으로 가려고 하였으나 하나님께서 형제의 의로 대접하라고 하셨다(민20:17-18,신2:4-5). ③사울왕은 싸우고 다윗왕은 쳐서 취하였다(삼상14:47,삼하8:14). ④바벨론왕 느부갓네살이 유다를 침입할 때 에돔이 도왔으나 선지자의 예언대로 망했다(왕하24:2,렘49:7-22). ⑤예수님의 명성이 널리 전파된 곳(막3:8).

이드라[הִדְרָא = 우수, 탁월]몡(삼하17:25) 마아사의 아버지 예델과 같은 사람. 압살롬의 군장. 다윗의 누이 아비가일의 남편.

이드란[יִתְרָן = 우수한]몡
① 호리사람 디손의 자녀(창36:26, 대상1:41).
② 아셀자손 소바의 아들(대상7:37).

이드로[יִתְרוֹ = 유명, 탁월하다]몡
1. **인적관계** - 십보라의 아버지. 모세의 장인(출3:1) 별명은 르우엘(하나님의 친구,출2:18). 호밥이다(삿4:11).
2. **관련기사** - ①시내반도 홍해 동편 아카바만 서안에 거주하던 미디안의 제사장(출18:1). ②모세가 애굽으로 가서 동족을 인도하도록 허락했다(출4:18). ③하나님께서 이스라엘을 인도하신 소문을 들었다(출18:1). ④가족들과 같이 모세를 찾아왔다(출18:2-9). ⑤여호와께 번제물을 드렸다(출18:12). ⑥재판에 대하여 모세에게 조언하였다(출18:8-27).

이드르암[יִתְרְעָם = 백성은 귀함]몡(삼하3:5,대상3:3)헤브론에서 난 다윗의 여섯째 아들. 그의 어머니는 에그라이다.

이드마[יִתְמָה = 여원]몡(대상11:46) 모압사람으로 다윗의 용사.

이들라[יִתְלָה = 내려감]지(수19:42) 벧호론 가까운 단지파의 성읍.

이들랍[יִדְלָף = 통곡]몡(창22:22) 나홀의 아들. 부두엘의 형제. 그의 어머니는 밀가이다.

이디엘[אִיתִיאֵל = 하나님은 나와 함께 하신다]몡
① 우갈과 함께 아굴의 제자(잠30:1). 잠언을 받은 사람.
② 베냐민자손 여사야의 아들. 바벨론에서 귀국한 후 예루살렘에 거주한 살루의 선조(느11:7).

이라[עִירָא = 망보는 사람, 어린 당나귀]몡 다윗의 30용사.
① 야일 사람으로 다윗의 대신이 된 사람(삼하20:26).
② 드고아사람 익게스의 아들(대상27:9).
③ 이델사람(삼하23:26,38).

이람[עִירָם = 성읍에 속한, 수당나귀]몡(창36:43) 에서의 후예. 에돔의 지도자. 아람족장.

이랏[עִירָד = 노래하는]몡(창4:16-

18) 가인의 손자이며 에녹의 아들. 므후야엘의 아버지.

이랑[ridge]몡(욥31:38) 한 두둑과 고랑을 합하여 가리키는 말. 밭이랑의 준말. ①이랑에 파종함(사28:25). ②비가 내림은 은총의 표시(시65:10). ③부정하게 뺏지 못한다(욥31:38). ④황폐를 형용(호10:4, 12:11). ⑤농경법(욥39:10).

이래[以來; 서 이, 올 래. since]몡(출9:18) 그 뒤로.

이레[seventh]몡(삼상11:3) 초이레. 칠일.

이론[理論; 이치(도리) 리, 의논할 론. theory]몡(고후10:5) 지식을 법칙적 통일적으로 인식 시키기 위한 체계. 순관념적으로 조직된 논리.

이론[יִרְאוֹן = 공포의 장소]지(수19:38) 납달리 성읍. 후레 호수의 서쪽 16km지점 지금의 지그룬.

이롭다[profitable, good]형(잠11:17) 유리하다. 해가 되지 아니하다. 이익이 있다. 이하다.

이루[עֵרוּ 파수군, 수나귀]인(대상4:15) 유다사람 여분네의 아들 갈렙 자손 중 하나.

이루다[achieve]타(창1:14) 성공하다. 되게 하다. 일을 마무리 짓다. complete. 성취를 말한다. ①하나님의 창조사역 성취(창1장~2장). ②하나님의 언약 성취(창3:15, 요19:30). ③예언의 성취(사7:14, 마5:2-마1:23, 2:1).

이르나하스[עִיר נָחָשׁ = 구리의 성읍, 뱀의 성읍]인(대상4:12) 유다지파 레가 사람. 에스돈의 손자. 드힌나의 아들.

이르다[reach, come]자(창6:13) 일정한 공간·시간·법위에 미치다.

이르다[tell, say]타(창1:28) 알아듣도록 말하다. 잘못을 깨닫도록 말하다. 일러주다. 알리다.

이르다[early]형(신11:14) 늦지 않다. 더디지 않다. 빠르다.

이르브엘[יִרְאֵל = 하나님이 고치심] 지(수18:27) 베냐민의 성읍.

이르세메스[עִיר שֶׁמֶשׁ = 태양의성읍] 지(수19:41) 단의 성읍. 벧세메스와 같은 곳.

이른 비[autumn rains]몡(신11:14) 유대의 파종절기(8월-양력, 11월-12월)에 내리는 비. 가을비. 하나님의 은총(신11:14, 약5:17).

이름[name]몡(창2:11) 사물을 말로 나타낸 일컬음. 사람 개인의 명칭. ①하나님께서 지으심(창1:5). ②사람이 지음(창2:11).

이리[wolf]몡(창49:27) 개과의 산짐승. 승냥이보다 큼. 개와 비슷하나 좀 파리하고 꼬리가 짧고 굽등이 굵고 굽은. ①사납다(합1:8). ②가축을 해함(요10:12). ③사막에 거함(렘5:6). ④잘 물어뜯음(창49:27).

이리[here]부(창45:8) 이곳으로. 이쪽으로.

이리[עִירִי = 파수자]인(대상7:7) 베냐민 자손 벨라의 아들. 대상7:12에는 일로 되어 있다.

이리뒤척 저리뒤척[tos singadout in bed]타(욥7:4) 몸을 이쪽 저쪽으로 뒤척거리는 모양.

이리야[יִרְאִיָה = 여호와가 보신다] 인(렘37:38) 하나먀의 손자이며 셀레먀의 아들. 예레미야를 체포 감시하였다.

이마[forehead]몡(출28:38) 눈썹 위에서부터 머리털이 난 아랫부분. 어떤 물체에서 꼭대기의 앞이 되는 부분. 이맛돌의 준말. ①제사장은 '여호와의 성결'이란 패를 붙임(출28:38). ②반점이 돋는 것은 문둥병(레18:41-44). ③골리앗은 물맷돌에 맞아 죽음(삼상17:49). ④웃시야왕은 문둥병에 걸림(대하26:19). ⑤우상의 이마는 놋(사48:4). ⑥금강석으로 된 이마(겔3:9). ⑦우는 자에게 표함(겔9:4).

⑧표있는 자는 살림(겔9:6). ⑨성도의 구별(계7:3). ⑩이름을 기록함(계17:5). ⑪짐승을 섬긴자의 표(계14:9).

상징 - ①놋 이마는 완악함(사48:4). ②금강석 - 뻔뻔함(겔3:7-9). ③선민(겔9:6). ④구원받을 자의 표(계20:4,계14:1). ⑤멸망받을 자의 표(계14:9, 13:16).

이면[裏面 ; 속 리, 낯 면. inside]명(롬2:29) 속. 안. 표면에 나타나지 아니하는 부분. 내부사실.

이면적[inwardly]형(롬2:29) 원문상으로 감추어진, 비밀의 뜻이 있다.

이모[姨母 ; 이모 이, 어미 모. aunt]명(레18:13) 어머니의 자매. 그의 골육지친.

이물[bow, foreship]명(행27:30) 배의 머리. 선수. 선두.

이므라[יִמְרָה = 완고한]인(대상7:36) 아셀자손 소바의 아들.

이므리[אִמְרִי = 말 잘하는]인
① 오므리의 아들(대상9:4).
② 양문을 건축할 때 일한 삭굴의 아들(느3:2).

이믈라[יִמְלָא = 하나님이 채우실 것이다]인(왕상22:8) 여호사밧왕에게 충고한 미가야선지자의 아버지.

이미[already]부(창43:23) 다 끝났거나 지난 일을 말할 때 벌써의 뜻으로 쓰임. 앞서.

이방[異邦 ; 다를 이, 나라 방. foreigncountry, gentiles]명(창15:13) 타국. 이국(異國). 다른 나라.

1. **이방계집** - ①말로 호리는 여자(잠2:16). ②부도덕한 상대(잠5:20). ③유혹하는 자(잠6:24) ④조심해야 할 상대(잠7:5). ⑤음녀, 매춘부(잠5:20).
2. **이방신** - 우상 잡신을 말함→우상.
3. **이방여인** - ①이스라엘을 범죄하도록 함(느13:20). 〈모압과 암몬의 여인, 발람의 길. 이세벨 참고〉 ②함정으로 비유됨(잠23:27). ③구원된 자도 있다(라합과 룻 마1:5).

이방인[異邦人 ; 다를 이, 나라 방, 사람 인. foreigner]명(출12:49) 다른 나라 사람. 히브리 사람이 이르는 다른 나라 사람.

이방중[異邦中 ; 다를 이, 나라 방, 가운데 중. in the foreign country]명(겔6:8) 다른 나라 가운데.

이방 포도나무[wild vine]명(렘2:21) 야생 포도나무. 잡종 포도. 머루와 같은 것. 들포도나무. 본래의 목적대로 상품의 포도가 아닌 이스라엘을 비판하는 데 쓰인 말(사5:1-10, 호10:1).

이번[~番 ; 차례 번. this time]명(창18:32) 이제. 돌아온 바로 이 차례.

이복[異腹 ; 다를 이, 배 복. different mother]명(창20:12) 아버지는 같고 어머니가 다른.

이복누이[異腹~ ; 다를 이, 배 복. daughter of different mother]명(창20:12) 아버지는 같고 어머니가 다른 여형제. 배다른 여형제.

이불[bedclothes, sheet]명(삿4:18) 잠을 잘 때에 몸을 덮는 침구. ①보자기(미4:6). ②질식시키는 데 사용(왕하8:15). ③보온용으로 사용(왕상1:1). ④간막이로 사용(삿4:20). ⑤암살에 사용(삿4:20).

비유 - ①피할 수 없는 큰 환난(사28:20). ②동침(삼7:16).

이브느야[יִבְנְיָה = 여호와께서 세우심]인(대상9:8) 베냐민 사람 여로함의 아들.

이브니야[יִבְנִיָּה = 여호와께서 세우심]인(대상9:8) 베냐민 사람. 르우엘의 아버지.

이브드야[יִבְדְיָה = 여호와께서 자유롭게 하신다]인(대상8:25) 베냐민 사람 이삭의 아들. 족장.

이브리[עִבְרִי = 파도의 나그네]인(대상24:27) 레위인 므라리 사람. 야아시야의 아들. 히브리사람으로 옮긴 말과 같은 원어.

이블르암[יִבְלְעָם = 백성의 멸망]지(수17:11) ①처음에는 잇사갈지파에게 분배한 성읍. ②후에 므낫세지파에게 주었으나 원주민을 쫓아내지 못한 성읍(삿1:27). ③유다왕 아하시야가 예후를 피하여 도망하다가 이 부근에서 부상을 당했다(왕하9:27). ④이스라엘 왕 스가랴가 살해된 곳(왕하15:10). ⑤빌르암과 같은 곳(대상6:70).

이사[移徙 ; 옮길 이, 옮길 사. house-moving, journey, remove]몡(창20:1)·집을 옮김. 이주. 이거.

이사야[יְשַׁעְיָהוּ = 야웨의 구원]囤
1. **인적관계** - ①아모스의 아들(사1:1, 왕하19:2). ②아내도 선지자(사8:3). ③스알야숩의 아버지(사7:3). ④마헬살랄하스바스의 아버지(사8:3).
2. **관련기사** - ①웃시야, 요담, 아하스, 히스기야시대 선지자(사1:1). ②아모스, 호세아시대의 선지자(암1:1, 호1:1). ③선지자로 소명된 상황(사6:1-13). ④아내와 두 아들과 더불어 예루살렘에 거하면서 일생동안 굵은 베옷을 입고 지냈다(사10장, 20장). ⑤아하스의 정책비판(사7-8장). ⑥벗은 몸과 맨발로 활동(사20:2, 3). ⑦히스기야왕을 격려함(왕하19장). ⑧유다의 장래와 앗수르에 대한 예언(왕하19:20-34). ⑨히스기야왕의 죽음을 예언(왕하20:1). ⑩바벨론에 포로될 것을 예언(왕하20:12-21). ⑪왕의 행적 기록(웃시야-대하26:22, 히스기야-대하32:32). ⑫그의 죽음에 관한 기록은 없으나 전설과 성경을 부합시키면 므낫세왕 때 톱으로 켜서 죽였다고 본다(히11:37)

3. **예언** - 이사야서 참고 ①열국의 멸망. ②그리스도의 탄생과 사역. ③선민의 회복.

이사야[Isaiah]몡(사)구약 제23권째 성경. 선지자 이사야의 예언으로 유다왕 아하스가 통치하게 되자 백성들은 우상숭배와 도덕적 타락에 빠졌다. 이 때 이사야는 하나님을 경외하는 신앙심을 갖도록 경고하며 호소하였다. 미래에 메시야가 오시어 이스라엘을 감싸주고 세계의 가장 영광스러운 민족으로 회복하실 것과 이방민족에게도 구원의 은혜가 임하게 될 것을 예언. 대선지서의 하나이다. 내용분해는 박기원 편 성경총론을 참고하다.

● **이사야에 예언된 그리스도의 모형** - ①그리스도의 탄생(사7:14, 9:6). ②그리스도의 계보(사11:1). ③그리스도와 성령(사11:2). ④그리스도의 사역(사11:3-5, 42:1-4). ⑤그리스도의 고난(사53:). ⑥그리스도의 죽음(사53:). ⑦그리스도의 부활(사25:8). ⑧그리스도의 구속(사49:7, 50:20). ⑨그리스도의 통치(사11:3-16, 32:1-8). ⑩그리스도의영광(사60:1-3). ⑪그리스도의 위로(사61:2-3). ⑫그리스도의 공의(사11:4-5, 42:1-3). ⑬그리스도의심판(사11:4). ⑭그리스도의 품성(사42:1-3). ⑮흑암의 빛, 사망의 생명(사9:2). ⑯ 자유를 주시는 분(사61:1-3). ⑰다윗의 집 열쇠를 가진 자(사22:22-23). 〈제물〉①번제(사52:13-15). ②소제(사53:1-3). ③화목제(사53:4-6). ④속죄제(사53:7-9). ⑤속건제(53:10-12).

이삭[ear]몡(창41:5) 풀의 끝에 열매가 열리는 부분. 농작물을 거둔 뒤에 땅에 처져 흩어진 지스러기.
* ①처음 익은 이삭은 여호와의 것이다(레2:14). ②고아와 과부, 나그네를 위하여 남겨두는 규례(레19:6, 신24:19-22). ③시장할때 타인의 것도 잘라 먹을 수 있다(신23:25). ④룻의 이삭줍기(룻2:2-23). ⑤예수님의 제자들이 안식일에 이삭을 잘라 먹으므로 쟁론이 일어났다(마12:1). ⑥바로가 꿈에 본 일곱이삭(창41:5-24). ⑦요셉이 일곱이삭에 대하여 해설하였다(창41:25-32).

이삭[יִצְחָק = 웃음]**명**

1. **인적관계** - ①아브라함의 외아들(창17:19). ②어머니는 사라(창21:3). ③에서와 야곱의 아버지(창25장). ④리브가의 남편(창24:67).
2. **관련기사** - ①아브라함이 100세 때 사라가 낳은 언약의 아들(창21:-3, 마1:2). ②출생이 약속된 자(창17:19). ③언약의 자손(창17:19-21). ④젖을 뗄 때 큰 잔치를 베품(창21:8). ⑥이삭의 후손이 아브라함에게 약속된 씨 (창21:12). ⑦모리아산에서 제물이 됨(창22장). ⑧리브가와의 결혼(창24장). ⑨아브라함이 이삭에게 상속함(창25:5) ⑩아버지를 장사함(창25:9) ⑪브엘라헬로이 근처에서 거함(창25:11). ⑫이사과 야곱의 출생(창25:21-26). ⑬육식을 즐기는 자(창25:28). ⑭애굽으로 피난(창26:1-16). ⑮그랄에 거함(창26:17). ⑯우물분쟁에서 양보함(창26:18-22). ⑰브엘세바로 이동(창26:23-35). ⑱하나님께 단을 쌓음(창26:25). ⑲야곱을 축복함(창27장). ⑳야곱을 밧단아람으로 보냄(창28장). ㉑헤브론에서 죽고 막벨라 굴에 장사됨(창35:28-29).

이산[離散 ; 떠날 리, 흩을 산. scattering]**명**(사11:12) 떨어져 흩어짐. 헤어짐.

이상[以上 ; 써 이, 위 상. above]**명** (출30:14) 위치나 순서상 일정한 표준부터 그 위. 더 많음. more.

이상[異常 ; 다를 이, 떳떳할 상. strangeness]**명**(창15:1) ①보통과 다름. 보통이 아님. ②의심스러움. uncommoness.

이상[異像 ; 다를 이, 형상(모양) 상. vision]**명**(창46:2) 이상한 모양. 환상. 꿈.
 *①여호와의 말씀이 임함(창15:1). ②하나님이 나타나심(창46:2). ③하나님이 알리심(민12:6). ④계시(계9:17, 고후12:1-6). ⑤예언(계1:1-3).

이상[異狀 ; 다를 이, 모양 상. harm, abnormality]**명**(행28:6) 보통과는 다른 상태. 틀린 상태.

이상 골짜기[valley of vision]**명**(사22:1) 예루살렘 남부 힌놈의 골짜기를 가리키는 말. 그 골짜기에서 이교신을 섬겼다(렘7:31-34).

이상중[異像中 ; 다를이, 형상(모양) 상, 가운데중. vision]**명**(욥33:15) 보통과 다른 상태에서. 이상을 보는 가운데. 이상 속에.

이새[יִשַׁי = 주님의 선물]**명**

1. **인적관계** - ①다윗 왕의 아버지(삼상16:18-19). ②유다 지파 헤스론의 후손. 오벳의 아들(대상2:4-12). ③룻과 보아스의 손자(룻4:17-22).
2. **관련기사** - ①8명의 아들과(삼상16:10-11, 17:2). ②두 딸의 아버지(대상2:15-16). ③베들레헴 사람(삼상16:1, 18). ④하나님의 뜻을 잘 파악하지 못했다(삼상16:1-19). ⑤다윗을 목동으로 보냄(삼상16:19). ⑥선물을 지워 사울에게 보냄(삼상16:20). ⑦아들들의 안부를 알기위해 전장에 다윗을 보냄(삼상17:17-58). ⑧이새의 줄기에서의 싹은 그리스도(사11:1, 10). ⑨예수님의 계보에 있는 사람(마1:5, 눅3:42). ⑩바울은 그리스도에 의하여 그의 뿌리가 완성되었음을 말했다(롬15:12).

이생[~生 ; 날 생. this life]**명**(눅8:14) 세상에 살아 있는 동안. 이승.

이성[理性 ; 이치 리, 성품(바탕) 성. reason]**명**(벧후2:12) 이치에 따라 사리를 분별하는 성품. 존재 일반

이세벨[אִיזֶבֶל= 성숙, 고상함][인]
1. **인적관계** - ①시돈왕 엣바알의 딸(왕상16:31). ②이스라엘 아합왕의 아내(왕상16:31). ③아하시야의 어머니이다.
2. **관련기사** - ①아합왕과 결혼하였다(왕상16:31). ②바알과 아세라 우상을 섬기게 한 자(왕상16장). ③악한 왕비(왕상21:25). ④선지자를 많이 죽였다(왕상18:4, 13). ⑤우상의 선지자와 식탁을 같이함(왕상18:19). ⑥사마리아에 아세라 신당을 세움(왕상16:31-33). ⑦엘리야를 죽이려고 함(왕상19:1-2). ⑧나봇의 포도원을 뺏음(왕상21:5-15). ⑨국민에게 살해 당했다(왕하9:7-36) ⑩엘리야의 예언대로 이루어졌다(왕하9:36-37).

이세벨[Ιεζάβελ][인](계2:20) 자칭 선지자. 행음케 하는 자. 우상의 제물을 먹게 하는 자. 이단자.

이소할[צֹהַר = 황갈색의][인](대상4:7) 유다 사람 헤스론 자손 아스훌과 헬라사이에서 난 아들.

이스가[יִסְכָּה = 하나님께서 보내심, 관찰자][인](창11:29) 데라의 손녀. 하란의 딸. 밀가와 롯의 자매. 유대인의 전설에 그는 사라와 동일인이라고 한다.

이스글론[אַשְׁקְלוֹן][지](삿14:19) 블레셋 다섯 도시의 하나. 아스글론과 같은 곳.

이스라[יִזְרָח][지](대상27:8) 다윗의 용사 삼훗의 선조 출신지.

이스라엘[יִשְׂרָאֵל = 하나님과 겨루어 이겼다][인]
1. **인적관계** - 이삭의 아들로 에서의 아우. 야곱과 씨름을 한 이가 고쳐 부른 이름(창32:28, 35:10).
2. **관련기사** - ①얍복강에서 하나님과 겨루어 이기므로 야곱대신 고친 이름. ②하나님께서 직접 부르신 이름(창35:10). ③에델 망대를 지나 장막을 침(창35:21).④노년에 얻은 아들 요셉을 사랑함(창37:3). ⑤요셉을 형들에게 보냄(창37:13-14). ⑥아들에게 속음(창37:31-36). ⑦흉년에 양식을 구해 오도록 아들들을 애굽으로 보냄(창42:5). ⑧베냐민으로 인하여 근심함(창43:6). ⑨애굽으로 이주(창45:21, 28). ⑩하나님께서 이상을 보이심(창46:2). ⑪요셉과 만남(창46:8).⑫요셉을 축복함(창47:29) ⑬죽은 후의 장례를 요셉에게 부탁함(창47:29-30). ⑭요셉에게 맹세시킴(창47:30). ⑮요셉에게 경배함(창47:30). ⑯손자(요셉의 아들들)를 만나 안음(창48:2-14). ⑰출애굽을 예언함(창48:21). ⑱아들들에게 축복함(창49장). ⑲그의 죽음과 장례(창50장). → 야곱.
3. **명칭의 사용** - ①야곱(창47:31). ②자손(백성)(창49:16). ③국가 - 통일 국가와 분별국가 - 의 국호. ④남은 백성 - 바벨론 포로에서 귀국한 백성(스9:1). ⑤선민(시22:23, 148:14). ⑥구원 받을 성도(계7:4, 21:12).

이스라엘[יִשְׂרָאֵל = 하나님과 겨루어 이겼다][지]

[1] **구약**: 이스라엘이라는 이름은 야곱시대 부터 사용하였다(창32:24-32). 어원의 해석은 호12:3-4에 기록되어 있다. ①유목시대와 가나안 정주시기에는 12지파로 구성된 전체를 가리켰다. ②한 임금의 지배하에 들어간 왕정시대에는 일종의 정치적 지리적 개념으로 쓰였다. ③왕국의 실재가 사라진 후에는 종교적 의미가 회복되어 남은 백성을 지칭하였다. ④예루살렘 함락과 바벨론 포로와 그 후의 귀환으로 신앙, 종교적 공동체에 적용하여 사용되었다.

[2] **복음서**: 복음서에서 예수님의 선교대상은 유대인이 아니라 이스라엘이었다. 마태와 누가는 옛 전통을 충실히 해석하고 있으나 마가는 이러한데 무관심했고, 제4복음서는 다섯 구절만이 이스라엘에 관련하고 있다. ①예수님 자신은 잃어

이스라히야

버린 이스라엘 집의 양에게 온 것을 말씀하셨다(마15:24). ②그러나 위임된 선교를 이스라엘에만 국한하고 사마리아와 이방은 제외하였다(마10:5). ③하지만 신약 전체에 있어서 이스라엘은 하나님의 백성의 이름이며 세계의 여러 민족 가운데서 택하고 구별한 성도를 의미한다.

③ **바울서신** : ①바울에게 있어서 이스라엘은 중요한 위치를 차지하고 있다(롬11:11). ②바울의 말에 의하면 이스라엘에서 난 자가 모두 이스라엘에 속한 것이 아니라고 지적했다(롬9:6). ③혈육의 이스라엘은 예수 그리스도 안에서 주어진 하나님의 의로 인하여 실족했다(롬9:3-10:4). ④그러나 위의 두 경우를 대립시킨 것이 아니고 하나님의 의를 따르는 자는 혈육이든 혈육이 아니든 믿음안에서 이스라엘에 속한다고 가르친다.

이스라히야[יְזַרְחְיָה =여호께서 빛나심]인(대상7:3) 잇사갈 사람 울라의 손자이며 웃시의 아들.

이스르엘[יִזְרְעֵאל = 하나님께서 씨를 뿌려주심]인

① 유다 자손을 가리키는 말. 이것을 지명으로 해석하는 자도 있다(대상4:3).

② 호세아가 자기 장자에게 지어준 상징적 이름(호1:4).

③ 하나님께서 이스라엘에게 주신 상징적 이름(호2:22).

이스르엘[יִזְרְעֵאל = 하나님께서 씨를 뿌려주심]지(수15:56)

① 갈멜산 북쪽에서 요단강을 향하여 내려간 깊은 골짜기. 물이 많고 비옥한 벌판이 있고 수리아와 애굽간의 큰 길이 있다. 때로는 불꽃 튀기는 격전장이었다(삿6:33, 삼상29:1). 계16:16은 이 평야의 일부를 아마겟돈(므깃도)이라 하며 세계 최후의 전장으로 기술하고 있다.

② 이스르엘 마을. 길보아 산에서 가깝고(삼상31:1-5) 나사렛에서 예루살렘에 이르는 주요 도로변에 있다. 이 마을에서 나봇의 포도원 사건(왕상21:1), 왕비 이세벨의 참사가 있었다(왕하9:30-35).

③ 다윗의 아내 아히노암의 출신지(삼상25:43, 27:3).

이스리[יִצְרִי =제조자]인(대상25:11) 레위 사람 여두둔의 아들. 성전 악사 제 4반장.

이스마[יִשְׁמָא =높은, 황폐]인(대상4:3) 유다자손 에담의 아들.

이스마갸[יִשְׁמַעְיָהוּ =여호와는 붙드신다]인(대하31:13) 히스기야시대 성전 예물관리자.

이스마야[יִשְׁמַעְיָה =하나님이 들으신다, 여호와는 응답]인

① 기브온 사람 다윗의 용사 중 한 사람. 시글락에서 다윗을 도왔다(대상12:4).

② 다윗 시대 스불론 사람의 관장이며 오바댜의 아들(대상27:19).

이스마엘[יִשְׁמָעֵאל = 하나님이 네 고통을 들으셨다]인

① 아랍인의 조상.

1. **인적관계** - 아브라함이 사라의 여종 하갈에게서 낳은 아들(창16:11).

2. **관련기사** - ①여호와의 사자가 알려준 이름(창16:11-16). ②13세에 할례를 받았다(창17:25). ③아랍 사람들이 할례의 적령기로 여기지만 약속의 아들이 아니다(창17:18-21). ④이삭을 희롱하였다(창21:8-9). ⑤하갈과 같이 쫓겨났다(창21:8-21). ⑥하나님께서 돌봐주셨다(창21:8-21). ⑦애굽 여자와 결혼하여 12명의 아들과 딸 하나를 두었다(창25:13, 28:9, 36:3). ⑧아브라함의 장례에 참석하였다(창25:9). ⑨한 민족을 이룸(창21:13). ⑩그의 딸은 에서의 아내가 되었다(창28:9). ⑪137세에 죽었다(창25:17). ⑫아라비아 12임금의 선조(창17:20, 21:31, 25:12-19). ⑬자손의 계보(대상1:29-31). ⑭육체에 따라 난 자(갈4:22-31). ⑮그의 후손으로 회교의 교조 마호멧이 났다.

② 사울의 아들 요나단의 후손 중 아셀의 세째아들(대상8:38, 9:43).

③ 유다왕 여호사밧 시대 스바댜의 아버지(대하19:11).

④ 여호하난의 아들. 제사장 여호야다를 도와 요아스를 왕위에 올리는데 참가한 사람(대하23:1).

⑤ 다윗 왕가의 혈통을 받은 엘리사마의 손자 느댜냐의 아들(왕하25:25). ①왕의 고관(렘41:1). ②그달랴와 갈대아 사람을 죽임(렘40:5,14). ③순례자 70명을 죽였다(렘41:4-8). ④그의 행적기록(왕하25:23, 렘41장).

⑥ 바벨론 포로에서 귀국한 바스홀의 아들. 에스라의 권고로 이방인 아내와 헤어진 사람(스10:18, 20).

이스므래[יִשְׁמְרַי = 여호와가 지키신다]인(대상8:18) 베냐민 자손 엘바알의 아들.

이스바[יִשְׁבָּח = 칭찬, 찬양]인(대상4:17) 유다자손 에스드모아의 조상.

이스바[יִשְׁבָּה = 벗겨진]인(대상8:16) 베냐민자손 브리아의 아들. 미가엘의 형제.

이스박[יִשְׁבָּק = 버리는 자]인(창25:2) 그두라에게서 난 아브라함의 아들(대상1:32). 아랍족의 조상.

이스반[יִשְׁפָּן = 토끼, 벗겨진, 견고한]인(대상8:22) 베냐민 자손 사삭의 아들 중 족장. 예루살렘 거주자.

이스보셋[אִישׁ־בֹּשֶׁת = 부끄러운사람]인

1. **인적관계** - ①사울왕의 아들(삼하2:8). ②에스 바알이라고도 한다(대상8:33).

2. **관련기사** - ①사울왕이 죽은 후 아브넬이 마하나임으로 데리고 감(삼하2:8). ②40세에 왕이 되었다(삼하2:10). ③2년동안 왕위에 있었으나 유다 족속은 다윗을 따랐다(삼하2:10). ④다윗의 부하와 겨룸(삼하2:15). ⑤아브넬을 책망함(삼하3:7). ⑥아브넬을 두려워함(삼하3:11). ⑦미갈을 다윗에게 보냄(삼하3:14-15). ⑧신복의 죽음에 맥이 풀림(삼하4:1). ⑨이스보셋의 군장(삼하4:2). ⑩낮잠을 자다가 살해됨(삼하(4:1-12). ⑪아브넬의 무덤에 장사됨(삼하4:12).

이스비브놉[יִשְׁבִּי בְּנֹב = 놉에 산다]인(삼하21:16) 블레셋 거인의 이름. 300세켈 놋창을 들고 새 칼을 찾지만 다윗의 한 용사에게 살해당했다.

이스와[יִשְׁוָה = 동등, 평평하게]인(창46:17) 아셀의 아들.

이스위[יִשְׁוִי = 평평한]인

① 아셀의 둘째 아들(창46:17).

② 이스위가문의 증손(민3:27).

이스할[יִצְהָר = 빛나는, 새로운기름]인(출6:18) 레위 사람 고핫의 아들. 모세를 반역한 고라와 네벡과 시그리의 아버지(출6:21). 이스할 가족의 시조(민3:27, 대상24:22).

이스홋[אִישׁהוֹד = 영광의 사람]인(대상7:18) 므낫세 사람 길르앗의 누이 함몰레겟의 아들.

이슬[dew]명(창27:28) 공기 중의 물기가 찬 공기에 부딪쳐 물체의 겉면에 어리어 물방울로 된 것. 덧없는 생명에 비유.

* ①하나님께서 내리심(창27:28). ②진 사면에 내림(출16:13). ③마른다(출16:14). ④밤에 내림(민11:9). ⑤기드온이 시험한 이슬(삿6:37-40). ⑥여름에 많음(사18:4).

이슬리아[יִשְׁלִיאָה = 하나님의 보존]인(대상8:18) 베냐민 사람 엘바알의 아들.

이시[יִשְׁעִי = 유익한, 구원, 도움]인

① 유다사람 여라므엘자손 압바임의 아들(대상2:31).

② 유다사람 소헷과 벤소헷의 아버지(대상4:20).

③ 시므온 자손(대상4:42). 세일산에서 아말렉 잔당을 무찔렀다.

④ 므낫세 반 지파 족장중 한 사람(대상5:24).

이식[利息 ; 이할 이, 쉴 식, interest, usury]몡(레25:36) 변리. 이자.
＊성도는 이식을 받고 대금하지 아니한다.

이신득구(의)[以信得救(義) ; 서 이, 믿을 신, 얻을 득, 구원할 구, (옳을 의)]몡(롬1:17) 오직 예수 그리스도를 믿음으로 구원을 얻고 의롭게 됨을 일컫는 말.

이야기[speaking, talk, fable]몡(출33:11) 지난 일 또는 마음 속에 품은 것을 남에게 일러주는 말. 현실에 있는 사실 또는 없는 사실을 재미있게 꾸며서 하는 말. story. 서로 말을 주고 받음. conversation.

이어받다[succeed]타(겔46:16) 선대나 선임자의 지위, 신분, 권리, 의무 따위를 물려받다. 계승하다.

이에셀[אִיעֶזֶר = 아버지는 구조자]인(민26:30) 길르앗 자손의 가족.

이예아바림[עִיֵּי הָעֲבָרִים = 저쪽의 폐허]지(민21:11) 모압 남부에 있은 성읍. 출애굽한 이스라엘이 진을 친 곳 중의 하나(민33:44).

이와[ivvah]몡(왕하18:34) 하늘신. 이와사람들이 섬기던 우상.

이와[Eὖα=생명]인(고후11:3) 아담의 아내. 하와와 같은 사람.

이와[עַוָּה = 작은 마을, 정복시킴]지(사37:13) 사르곤이 정복한 수리아의 성읍. 앗수르왕 산헤립이 이 곳 백성을 사마리아로 식민시켰다. 아와와 같은 곳(왕하17:24).

이왕[已往 ; 이미 이, 갈 왕. past]몡(창20718) 이전. 이왕에의 준말.

이왕에[已往~ ; 이미 이, 갈 왕. if~at all]부(창20:18) 이미. 그렇게 된 바에. 기왕(既往)에. ㉠이왕.

이외[以外 ; 써 이, 밖(바깥) 외. besides]몡(민3:49) 일정한 범위의 밖. 이밖.

이욕[利慾 ; 이할 리, 욕심낼 욕. greed, covetousness]몡(겔33:31) 사적인 이익을 탐하는 욕심.

이온[עִיּוֹן =폐허]지(왕하15:20) 단 부근의 성읍. ①벤하닷이 점령한 팔레스틴 북부 납달리 산지에 있던 동네(대하16:4). ②디글랏빌레셀이 이 동네를 점령하고 그 주민을 전부 잡아갔다(왕하15:29).

이우다[begin to fall]자(나1:4) 꽃잎들이 지기 시작하다. 쇠약하여지다. decline.

이웃[neighbour]몡(출3:22) 가까이에 있는 곳. 가까이 사는 집. ①해하려고 거짓 증거, 탐내지 말라(출20:16,17). ②업신여기거나 속이지 말라(잠14:21, 26:9). ③사랑하고 도와주라(롬13:9,10,눅10:29,37).

이유[理由 ; 이치 리, 말미암을 유. reason]몡(창41:31) 까닭. 사유. 넓은 뜻으로는 존재의 기초 또는 진리라고 할 수 있는 조건. 좁은 뜻으로는 추리상의 결론 또는 귀결의 전제가 되는 것. 근거.

이익[利益 ; 이할 리, 더할 익. gain, increase]몡(레25:37) 이가 됨. 유익하고 도움이 됨. benefit. 기업의 결산 결과 일체의 부채와 경비를 제하고 난 뒤에 증가된 금액.

이임[עִיִּים =폐허]지
① 이스라엘이 진쳤던 요단 동편의 한 곳(민33:45).
② 유다 남쪽 에돔과 경계를 이루는 성읍(수15:29).

이자[利子 ; 이할 이, 아들 자. usury, interest]몡(사24:2) 변리. 이식. 이(利). ①고리대금으로 축재금지(잠28:8). ②가난한 사람에게 받지 말라(출22:25). ③받으면 책망을 듣게 됨(느5:1-13). ④하나님께서 금하심(겔18:18-9). ⑤받지 않는 자는 의인임(겔18:8-9). ⑥받는 자는 죽을 것이다(겔18:15-18). ⑦받지 않는 자는 요동하지 않는다(시15:5). ⑧형제에 대한 규정(신23:9). ⑨타국인에 대한 규정(신23:20). ⑩돈을 은행에 맡기면 받음(눅19:23).

이적[異蹟 ; 다를 이, 자취 적. sign, miracle]몡(출3:20) 하나님의 권능으로 되는 불가사의 한 일. 사람의 힘으로 불가능한 일을 행하는 기이한 일①기사(시88:10, 마24:24, 히2:4). ②기이한일(눅5:26). ③이상한일(마21:15). ④표적(마12:38). ⑤권능(마11:20). ⑥표징(시86:17). ⑦하나님의권능(행4:28). ⑧놀라운 일(렘5:30). ⑨하나님의 역사(골2:12). ⑩하나님의 영광을 나타내는 일(눅3:17).
*마귀도 이적을 행할 수 있으므로 미혹되지 말아야 한다.

이전[以前 ; 써 이, 앞 전. before]명(창41:31) 오래 전. 그 전.

이전[移轉 ; 옮길 이, 구를 전. transfer]명(렘6:12) ①옮기어 바꿈. ②사물의 소재를 옮김. ③이사.

이제[now]명부(창4:11) 지금 말하고 있는 바로 이때. 지금 현재.

이족[異族 ; 다를 이, 겨레 족. different race, strange]명(왕상11:8) 다른 혈족. 다른 민족. 다른 종족. 외국인. foreigner.

이종[移種 ; 옮길 이, 심을 종. set, transplantation]명(사17:10) 모종을 옮겨 심음.

이지러지다[ack, want]자(삿21:3) ①한 귀퉁이가 떨어지다. ②한쪽이 차지 않다.

이질[痢疾 ; 이질 리, 병 질. flux, dysentery]명(행28:8) 똥에 곱이 생기면서 뒤가 잦고 당기는 법정전염병. 멜리데섬의 보블리올의 아버지가 이질에 걸렸는데 바울이 안수하여 고쳐 주었다.

이처럼[like this]부(요3:16) 이와같이. 요같이.

이치[理致 ; 이치(도리) 리, 이를 치. reason, counsel]명(욥38:2) 사리의 정당한 조리와 도리에 맞는 취지.

이하[以下 ; 써 이, 아래 하. less]명(겔8:2) 일정한 한도의 아래.

이하다[gain]형(행16:16) 이롭다. 이익을 얻다.

이하다[利~ ; 날카로울 리. sharp, keen]형(계14:14) 날카롭다. 예리하다. 칼의 날. 낫의 날의 상태를 나타낸 말.

이해[理解 ; 이치 리, 풀 해. understanding]명(엡5:17) 사리를 분별하여 해석함. 깨달아 알아 들음.

이행[履行 ; 밟을 리, 행할 행. performance, establish]명(렘26:9) 실제로 행함. 말과 같이함.

이혼[離婚 ; 떠날 리, 혼인할 혼. divorce]명(레21:7) 살아있는 남편과 아내가 서로 갈라짐. 법률상 부부관계를 해제하는 행위. ①금지함(막10:29). ②간음한 자와의 이혼이 허용됨(막5:32). ③하나님이 미워하시는 일(말2:16). ④제한적 허용(신24:1). ⑤재결합을 금지(신24:3-4). ⑥이혼무효(신22:13-19) ⑦간음과 같다(눅16:18). ⑧화합하라(고전7:10-17). ⑨이방인 아내와의 이혼(스10:11). ⑩죽음으로관계가자유케됨(롬7:2-3).

이혼서[離婚書 ; 떠날 리, 혼인할 혼, 글 서. divorce notice]명(사50:1) 이혼한 것을 표시한 증명서.

이혼증서[離婚證書 ; 떠날 리, 혼인할 혼, 증거 증, 글 서. divorce notice]명(마19:7) 이혼서. 이혼한 사실을 증명하는 증서.

옛날 이혼증서

이후[以後 ; 서 이, 뒤 후. since then, from]명(창11:6) 일정한 때로부터 그 뒤. 이 다음. henceforth.

익게스[עִקֵּשׁ = 왜곡된, 구부린]인(삼하23:26) 다윗의 30용사 중 드고아 사람 이라의 아버지.

익다[ripen]㊅(창40:10) 열매나 싹이 여물다. 삶아지다. be boiled.

익다[be used to]㊎(삼하17:8) 서투르지 않다. 익숙하다.

익다랴[יְדַיְלָיהוּ=여호와는 크심]㊈(렘35:4) 하나님의 사람 한나의 아버지.

익숙하다[be skilled with]㊎(창25:27) 여러번 거듭하여 손에 익다. 자주 보거나 들어서 눈에 환하다.

인[人 ; 사람 인. man]㊂(민14:13) 사람. 인간.

인[仁 ; 어질 인. humanity, mercy]㊂(마23:23) 인도(人道)의 으뜸 미덕. 애정과 동정. 착함. 박애.

인[印 ; 도장 인. seal]㊂(출28:11) 인장. 도장. 구약에서 12족장 중 하나인 유다가 목에 인장을 걸고 다녔다(창38:18).

1. **사용과 그 상징** - ①권위의 표(창41:42). ②계약의 보증(렘30:10). ③증명서(렘32:10). ④봉인 - 내용물 확보(마27:66, 계20:3). ⑤하나님의 보증(요6:27). ⑥성령의 보증(엡4:30, 계7:2,4). ⑦사도직의 증명(고전9:2). ⑧그리스도의 증거를 받은 자(요3:33). ⑨하나님의 백성(계7:3-8). ⑩성도의 보증(고후1:22).

2. **휴대** - ①끈을 달아 목에 드리운다(창38:18). ②팔에 낀다(아8:6). ③인장반지(에3:12).

롤러식 도장

인가[認可 ; 인정할 인, 옳을 가. authorization, command]㊂(출18:23) 인정하여 허락함. 어떤 행위의 법률상의 효과를 발생시키는 행정처분. permission.

인간[人間 ; 사람 인, 사이 간. man]㊂(신32:26) 사람. 인류.

1. **본성** - ①허물과 죄로 죽었던 자이다(엡2:5). ②하나님을 기쁘시게 할 수 없다(롬8:8). ③육신을 좇음(롬8:5) ④죄의 길로 행함(요일2:16, 갈5:19-21). ⑤구원받지 못함(롬8:13)

2. **타락** - ①사단 마귀의 유혹에 넘어가(창3:1-5). ②하나님의 말씀을 가함(창3:3). ③불신감(창3:4, 롬14:23). ④교만해짐(창3:5, 잠16:18). ⑤그릇된 호기심(창3:6, 약1:15). ⑥하나님과 같이 되고자 함(창3:4-5). ⑦방종(롬5:12). ⑧죄가 세상에 들어옴(롬5:12).

3. **전적부패** - ①항상 악함(창6:5 -). ②선을 행치 아니함(약4:17). ③불법을 감행(삼상3:4). ④만물보다 거짓됨(렘17:9). ⑤의인이 없음(롬3:10-11). ⑥어두움을 더 사랑함(요3:19). ⑦주께로 가지 아니함(요5:40). ⑧사단 마귀에게 포로되어 있다(딤후2:36). ⑨성령의 일을 받지 아니함(고전2:14). ⑩거듭나야 구원 받는다(요3:3).

인구[人口 ; 사람 인, 입 구. population]㊂(삼하24:1)일정한 지역에 사는 사람의 수효.

인구조사[enrollment]㊂(삼하24:1) 국력이나 병력을 파악하기 위하여 국가에서 실시한다. 국세조사와 같다. ①출애굽하여 인구조사(출38:25). ②가나안에 들어가기전 인구조사(민26장). ③다윗왕의 인구조사(삼하24:1-9). ④다윗왕이 가책을 받음(삼하24:10). ⑤하나님께서 벌을 주심(삼하24:11-17). ⑥로마의 호적령(눅2:1-2).

인내[忍耐 ; 참을 인, 견딜 내. patience]㊂(눅8:15) 참고 견딤. 역경 속에서 소망을 가지고 주의 율례를 배우는 태도로 참고 견딘다.

인도[引導 ; 끌 인, 인도할 도. leading, be led of]㊂(창19:16) 가르쳐 일깨움. 지도함. 길을 안내함. guidance. ①하나님은 이스라엘을 불기둥과 구름기둥으로 인도하셨다(출13:20-22) 이는 방향제시와 진로의 인도이다. ②소경이 소경을 인도할 수 없다(마23:16, 24). ③진리로 인도(요16:13). ④주께로 인도(요1:29, 40, 46). ⑤주께서 이끄심(요6:44). ⑥영원한 언약의 피로 죽은 자 가운데서 평강의 하나님께서(히13:20) 인도하신다.

인도[india]명(에1:1) 구약시대 바사제국에 합병된 120도 중 하나. 지금의 인도국의 북단지역으로 바사제국으로는 동단이다. 지금의 파키스탄과 인도의 북부지역.

인도자[引導者 ; 끌 인, 인도할 도, 놈 자. guide]명(잠12:26) 인도하는 사람. 지도자. 교사. 사도. 장로. 선지자. 사사. 바른길로 인도하는 자.

* 주께로 죄인을 인도하는 자가 참 인도자이다(히13:20).

인류[人類 ; 사람 인, 같을 류. men, humankind]명(렘32:19) 사람을 다른 생물과 구별하는 말. 세계안의 모든 사람.

* ①하나님께서 창조하신 피조물(창1:27, 2:7, 행17:26). ②시조 - 아담, 하와(창1:27, 2:19, 3:20). ③타락(창3:1-6, 롬1:18-32). ④하나님의 언약(창3:15). ⑤언약의 표(창3:21). ⑥에덴에서 쫓겨남(창3:22-24). ⑦번성(창4:1-2). ⑧직업 - 농업, 축산업(창4:1-2). ⑨종교의식(창4:3-7). ⑩첫살인(창4:8).⑪문화적발달(창4:16-). ⑫홍수심판(창6장-9장). ⑬악을 행함(롬3:10-19, 창11:6). ⑭언어의 혼잡과 흩어져 살게됨(창11:7-). ⑮심판을 받게 됨(고후5:10). ⑯구원자가필요함(요3:17). ⑰구원의 방법(길)(요3:16, 14:6).

인 맞은 자[be sealed]명(계7:4) 표를 받은 사람. 소유권의 표시. 사단의 인을 맞은 자는 사단의 무리요, 하나님의 인을 맞은 자는 구속받은 성도이다.

인민[人民 ; 사람인, 백성민. people]명(창14:16) 사회를 구성하는 사람. 한 국가를 구성하고 있는 자연인. 국민.

인박히다[get into a habit]자(딤전3:8) 여러번 되풀이하여 습관이 아주 몸에 배다. 주로 술에 관한 기사.

인방[引枋 ; 끌 인, 박달나무 방. lintel, plate]명(출12:7) 출입구나 창 따위의 아래 위에 가로지른 나무. 또는 돌. 문인방.

인봉[印封 ; 도장(찍을) 인, 봉할 봉. sealing]명(렘32:11) 함부로 손을 대지 못하도록 봉한 물건에 도장을 찍음. ①내용물의 소유보존을 목적으로함(마27:66-예수님의 무덤. 계20:3-계시의 비밀). ②점토로 봉인(단6:17, 욥38:14). ③비밀유지(사29:11, 계10:4).

인분[人糞 ; 사람 인, 똥 분. dung]명(겔4:15) 사람의 똥. 대변. 사람의 배설물.

* 바울은 그리스도를 위하여 모든 것을 배설물로 여겼다(빌3:7).

인분불[dung]명(겔4:12) 극도의 생필품난으로 인분을 연료로 사용하게 되는 것을 뜻한다. 중동에서는 가축의 배설물을 말려 불을 피웠다.

인사[人事 ; 사람 인, 일 사. salute, greeting]명(왕하4:29) 안부를 묻거나 공경의 뜻을 표하기 위하여 예(禮)를 드리는 일. 문안하는 일. 받은 은혜에 대하여 갚거나 치하하는 일.

* ①권면이 따르는 인사(롬16:16). ②사랑의 인사(눅15:20). ③공적인사(롬16:13, 약1:1). ④개인적 인사(행25:13). ⑤축복이 따르는 인사(고후13:13). ⑥이단자에게 인사하는 것은 그 일에 동참하는 것이다(요이11).

인색[吝嗇 ; 인색할 린, 인색할 색. stinginess, grudge]명(고후9:7) 재

인생

물을 체면없이 아니꼽게 아낌.
* ①이기적일 때 생김(창13:5-11). ②탐욕이 생길때 생김(요12:5,6). ③부자는 인색 함(눅18:22-25). ④인색한 마음으로는 헌금을 하지 말라(고후9:7).

인생[人生 ; 사람 인, 살, 삶 생. man, life]명(창11:5) 이 세상에서의 인간생활. 사람의 일생.
* 은유적 표현 - ①나그네 길(창47:9). ②안개와 같음(약4:14). ③풀과 같음(벧전1:24). ④그림자(전6:12).⑤기다리지 아니함(선민과 다름)(미5:7).

인수[人數 ; 사람 인, 셀 수. number of man]명(출12:4) 사람의 수효.

인심[人心 ; 사람 인, 마음 심. the hearts of men, men's mind]명(삼하15:13) 사람의 마음. 인류의 마음. public feeling. 인정.

인애[仁愛 ; 어질 인, 사랑 애. mercy, steadfast love]명(창47:29) 어질고 남을 사랑하는 마음. 은혜, 인자, 자비와 같은 말.
* ①성심으로 대접하는 마음바탕(창47:29). ②베푸는 것(신7:9). ③인애의 법(잠31:26). ④여호와의 인애(렘9:24). ⑤이스라엘에 없음(호4:1)⑥구름과 이슬같음(호6:4). ⑦제사보와 인애를 원하심(호6:6). ⑧지켜야 할 것(호12:6). ⑨크심으로 재앙을 내리지 아니하심(욜2:13). ⑩크심으로 뜻을 돌이킴(욘4:2). ⑪기뻐하심으로 노를 품지 아니하심(미7:18). ⑫아브라함에게 더해 주신 것(미7:20).

인연[姻緣 ; 혼인할 인, 인연 연. karma connection, affinity]명(왕상3:1) 서로의 연분. 연고.

인자[人子 ; 사람 인, 아들 자. the son of man]명(민23:19) 사람의 아들. 예수님이 자기 자신을 가리켜 하신 말(마8:20).
* 주님께서 스스로를 가리키신 말. - ①사람으로 나심(마1:18,8:20). ②머리 둘 곳이 없다(마8:20). ③죄 사할 권세가 있다(마9:6). ④먹고 마심(마11:19). ⑤안식일의 주인(마12:8). ⑥거역하는 자는 사함을 받지 못함(마12:32). ⑦3일 땅속에 있을 것임(마12:40). ⑧씨를 뿌리는 자(마13:37). ⑨천사들을 보냄(마13:41). ⑩오해하고 있음(마16:13-14). ⑪아버지의 영광으로 천사와 함께 옴(마16:27). ⑫사람이 행한 대로 갚으심(마16:27). ⑬왕권을 가지고 오심(마16:28). ⑭죽은자 가운데서 살아나심(마17:9). ⑮고난을 받음(마17:12). ⑯사람에게 팔려 넘어감(마17:22). ⑰영광의 보좌에 앉으심(마19:28). ⑱섬기려고 오심(마20:28). ⑲번개처럼 임함(마24:27). ⑳징조가 있음(마24:30). ㉑문앞에 이름(마24:33). ㉒노아의 때와 같이 임함(마24:44). ㉓십자가에 못박히기 위하여 팔리움(마26:2). ㉔기록된 대로 이룸(마26:26). ㉕판 자는 화가 임함(마26:26). ㉖죄인의 손에 팔리움(마26:45). ㉗재림하심(마26:64). 생각지 않은 때에 오심(눅12:40). ㉘인자의 날 하루를 보지 못함(눅17:22). ㉙희롱을 받음(눅18:32). ㉚능욕을 받음(눅18:32). ㉛침 뱉음을 받음(눅18:32). ㉜잃어버린 자를 구원(눅19:10). ㉝앞에 서기 위해서는 깨어 기도해야 함(눅21:36). ㉞작정된 대로 감(눅22:22). ㉟입맞춤으로 팜(눅22:48). ㊱하나님의 사자가 인자 위에 오르내림(요1:51). ㊲인자외에는 하늘에 올라간 자가 없음(요3:13). ㊳들려야 함(요3:14). ㊴심판의 권세가 있다(요5:27). ㊵양식을 주심(요6:27). ㊶하나님의 인친자(요6:27). ㊷그의 피를 마시면 생명이 속에 있음(요6:53). ㊸이전에 있던 곳으로 감(요6:62). ㊹들린 후에야 알게 됨(요8:28). ㊺믿어야 함(요9:35). ㊻하나님 우편에 서심(행7:56). ㊼주께서 권고하심(히2:6). ㊽끌리는 옷을 입고 계심

(계1:13). ㊾가슴에 금띠를 띠심(계1:13). ㊿촛대 사이에 다니심(계1:13).

인자[仁慈 ; 어질 인, 사랑 자. mercy, charity]몡(창19:16) 어질고 자애함. 하나님의 성품 중의 하나(창19:19, 롬11:22). 그 인자하심은 영원함(시136편). →인애.

인장[印章 ; 도장 인, 글 자. seal]몡(창41:42) 도장. 인. →인

인장반지[印章斑指 ; 도장 인, 글 장, 얼룩질 반, 손가락 지. signet ring]몡(창41:42) 인장으로 사용하는 반지. 도장이 새겨져 있는 반지.

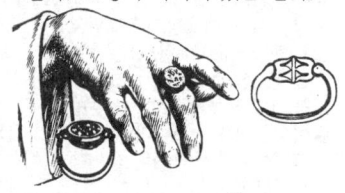

* 왕권력의 상징으로 대개 오른 손에 끼었다. ①바로의 반지(창41:42). ②여호야긴(고니야)의 반지(렘22:24). ③개인의 것(민31:50). ④하나님의 대리(하나님께서 세웠으므로)로서 권력을 사용함(렘22:24). ⑤아하스에로 바사왕의 반지(에3:10, 8:2).

인적[人跡 ; 사람 인, 자취 적. track]몡(출34:3) 사람의 발자취.

인정[人情 ; 사람 인, 뜻 정. sympathy]몡(욥16:13) 남을 동정하는 따뜻한 마음. 사람이 본디 가지고 있는 감정이나 심정. human nature.

인정[認定 ; 인정할 인, 정할 정. recognition]몡(창30:33) 그런 줄로 알아줌. 옳다고 믿고 정함.

성도가 인정할 것 - ①여호와가 하나님이심을(신26:17). ②자신이 죄인임을(딤전1:15). ③그리스도께서 구주이심을(요4:42). ④교회가 주님의 몸되심을(요15:1, 골1:18). ⑤주님이 세우신 사역자임을(고전16:15-20). ⑥하나님의 복 받을자 임을 (사61:9). ⑦천국 백성임을(벧전2:9).

인종[人種 ; 사람 인, 심을 종. race]몡(창19:32) ①사람의 종자. ②사람의 용모·골격 따위의 다름으로 구별되는 종별.

인증[引證 ; 끌 인, 증거 증. reference]몡(눅4:23) 옛글 따위를 끌어다가 증거를 삼음.

인진[茵蔯 ; 사철쑥 인, 약쑥 진. wormwood]몡(호10:4) 엉거시과에 속한 풀. 사철쑥. 사철쑥의 어린잎. 이뇨작용(오줌을 잘 누게), 습열, 황달 등에 약으로 쓰는 식물.

인치다[印~ ; 도장(찍을) 인. seal]囨(느9:38) 서류에 도장을 찍다. 표시를 하다. →인.
①성령으로 인침을 받음(엡1:13).
②구속의 날까지 유효함(엡4:30).

인하다[因~ ; 인연 인. due to]囨(창317) 고치지 아니하고 본디의 그대로 하다. 말미암다.

인형[人形 ; 사람 인, 형상(모양) 형. figure]몡(사44:13) 사람의 형상. 사람 형상같이 만든것.

일[work]몡(창2:2) 무엇을 짓거나 만들어 내기 위하여 몸과 마음을 쓰는 짓. 업으로 삼고 하는 모든 노동. 벌이. 사업. ①임무수행(창2:15). ②노동(창3:19, 5:29). ③전개되는 상황(창3:22, 욥1:22).

일의 종류 - ①인류 최초의 일 - 다스리는 일(창1:28, 2:15). ②직업적인 일(창4:1-2, 대하26:10). ③고된 일(출1:14). ④악한 일(약3:16). ⑤선한 일(살후2:17). ⑥육체적인 일(갈5:19). ⑦신령한 일(요6:29). ⑧세상 일(고전6:3). ⑨복음사역(행20:24). ⑩헛되고 가증한 일(레18:22, 말2:11). ⑪헛되지 않는 일(고전15:58). ⑫경건치 않는 일(유15). ⑬경건한 일(요4:24). ⑭어두운 일(롬13:12). ⑮봉사하는 일(엡4:12). ⑯하나님 나라 일(행1:3). ⑰일하기 싫으면 먹지도 말라(살후3:10).

일[יְמִינִי = 성읍]몡(대상7:12) 베냐민 사람 숩빔과 후빔의 아버지.

일가[一家 ; 한 일, 집 가. family]몡

(요18:26) 한 집안. 동성동본의 겨레붙이.

일경[一境 ; 한 일, 지경 경. in a boundary]명(창17:8) 어느지점의 전부.

일광[日光 ; 날 일, 빛 광. Sunshine. 명(욥8:16) 햇빛.

일구이언[一口二言 ; 한 일, 입 구, 두 이, 말씀 언. double-tongue]명(딤전3:8) 같은 입으로 두 가지 말을 함. 곧 말을 이랬다 저랬다 함. 여출일구와 비교되는 말. 특히 교회제직이 해서는 않된다.

일군[worker]명(왕하12:15) 품팔이 하는 사람. 어떤 일이든지 잘처리하는 사람. 맡은 일을 잘하는 사람. 일꾼.

* 여러가지 일꾼 - ①하나님이 세우신 일꾼(롬13:6,고후6:4). ②주님의 일꾼(고전4:1,롬15:16). ③새 언약의 일꾼(고후3:6). ④복음의 일꾼(골1:23). ⑤교회의 일꾼(골1:25,딤전3:1,롬16:1). ⑦신실한 일꾼(골4:7). ⑧선한 일꾼(딤전4:6). ⑨추수꾼(마9:37). ⑩사단의 일꾼(고후11:15).

일기[日記 ; 날 일, 기록할(적을) 기. diary, chronicle]명(에2:23) 날마다 있던 사실 또는 느낌같은 것을 적은 기록. 궁중기록을 말한다.

일깨우다[watch]타(벧후1:13) 자는 사람을 일찍 깨우다. 일으키다. 고무하다. 깨어있게 하다. 정신차리게 하다(계3:2-3).

일년중[一年中 ; 한 일, 해 년, 가운데 중. a whloe year]명(민28:14) 한해 동안.

일다[prosper]자(시41:8) 약하거나 희미하던 것이 성하거나 환하게 되다. 없던 것이 처음으로 생기다.

일락[逸樂 ; 편할 일, 즐길 락. pleasure]명(눅8:14) 편히 놀고 즐김.

일래[עִלַי = 가장 높은]인(대상11:29) 다윗의 용사 중 아호아 사람. 삼하23:28에는 살몬.

일러주다[tell]타(삼상23:11) 가르쳐 주다. 알려 주다.

일례[一例 ; 한 일, 본보기 례. an example]명(출22:17) 한 가지의 비유. 한결같음. uniformity. 한 낱의 예. precedent.

일루리곤['Ιλλυρικόν =기쁨]지(롬15:19) 바울이 전도한 지경 중 가장 서쪽에 있는 지명. 마게도냐의 북쪽 드라기아의 서쪽에 해당하는 아드리아바다의 동쪽 지방. 이 지역은 후에 달마티아라 불렀다.

일반[一般 ; 한 일, 일반 반. general, as, one thing]명(출9:34) 전반의. 온통. 전체. 모든 것에 미침.

일부러[intentionally]부(골2:18) 알면서 굳이. 짐짓. 고의로.

일부분[一部分 ; 한 일, 나눌 부. 나눌 분. part]명(창48:22) ①한 부분. ②몇 몫으로 나눈 얼마.

일삼다[work, stand]타(시15:2) ①그 일에 종사하다. ②자기의 직무로 알다.

일생[一生 ; 한 일, 날(삶) 생. whole life]명(민22:30) 나서 죽을 때까지의 동안. 살아 있는 동안. 평생.

일시[一時 ; 한 일, 때 시. once]부(사43:17) 한 때. 같은 때.

일시간[一時間 ; 한 일, 때 시, 사이 간. once]부(계18:10) 한 순간. 일제히 같은 시간 동안.

일식간[一息間 ; 한 일, 쉴 식, 사이 간. brief instant]부(시90:9) 한번 쉬는 동안. 순식간. 단번에.

일심[一心 ; 한 일, 마음 심. one accord, one mind]명(수9:2) 한 마음. 같은 마음. 일치된 마음.

일어나다[arise, rise up]자 (창13:17) ①누웠다가 앉거나 앉았다가 서다. ②한창 성하여지다. ③잠에서 깨어 나오다. ④몸과 마음을 모아 나서다.

일어서다[stand, rise up]자(창37:7) ①앉았다가 서다. ②기운이 생겨 번창하여지다.

일영표[日影表 ; 날 일, 그림자 영, 겉 표. sun dial]명(왕하20:11) 해시계. 시간을 측정하는 장치. 아하스왕의 일영표가 예루살렘에 있었다(사38:8). 아합왕의 해시계도 있었다(왕하20:11).

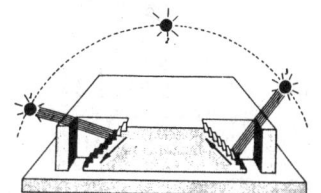

일용〔日用 ; 날 일, 쓸 용. everyday use〕명(출16:4) 매일 매일의 씀씀이. 또는 날마다 씀.

일용양식〔日用糧食 ; 날 일, 쓸 용, 양식 양, 먹을 식. daily food〕명(겔16:27) 그날 하루 먹을 거리. 식량. 날마다 먹을 거리.

일용품〔日用品 ; 날 일, 쓸 용, 물건 품. daily necessities, things〕명(에2:9) 날마다 쓰는 물건.

일월〔日月 ; 날 일, 달 월. sun and moon〕명(욜2:10) 해와 달.

일월성신〔日月星辰 ; 날 일, 달 월, 별 성, 별 신. hosts of heaven〕명(신4:19) 해와 달과 별. 하늘 군대 (왕상22:19). 우상(느9:6).

일자〔日字 ; 날 일, 글자 자. date, days〕명(창1:14) ①날자. ②날수.

일절〔一切 ; 한 일, 끊을 절. wholly, everything, not at all〕명(민8:16) 온갖 것. 모든 것. 일체. 부아주, 도무지의 뜻으로 사물을 부인, 금지할 때에 쓰는 말.

일점〔一點 ; 한 일, 점 점. one tittle, one jot〕명(마5:18) 한 점. 히브리 문자에서 제일 작은 요오드(')를 가리키는 말이다.

일정〔一定 ; 한 일, 정할 정. prepare〕명(욥23:12) 정해진 모양이나 범위. certain. 한번 결정함. settlement.

일제히〔一齊~ ; 한 일, 가지런할 제. altogether, together〕부(출19:8) 한결같이. 함께. 한꺼번에.

일주년〔一周年 ; 한 일, 돌 주, 해 년. anniversary〕명(대하24:23) 한돐.

일주야〔一晝夜 ; 한 일, 낮 주, 밤 야. whole day and night〕명(고후11:25) 하룻밤 하룻낮. 밤낮 하루.

일찍〔beginning〕부(삿6:13) 일찌기.

일차〔一次 ; 한 일, 다음 차. once〕명(레16:34) 한 차례, 한 번.

일천년〔thousand yeas〕명(계20:2) 천년. 오랜세월. 무한정의 기간. 사단이 결박당하는 기간.
*주의 날은 하루가 천년 같고 천년이 하루 같다(벧후3:8).

일체〔一體 ; 한 일, 몸 체. together, one body〕명(레17:4) 한몸. 전체. the whole body.

일체〔一切 ; 한 일, 모두 체. all〕명(빌4:12) 모두, 모든 것.

일치〔一致 ; 한 일, 이를 치. accord, coincidence〕명(겔11:19) 서로 합치함. 의견이 맞음. agreement.
*그리스도안에서 이루어져야 한다.

일컫다〔call〕타(창2:19) 무엇이라고 부르다. 칭찬하다. praise. 이름 지어 부르다. name.

일평생〔一平生 ; 한 일, 평평할 평, 날 생. whole life〕명(왕상11:25) 살아있는 동안. 일생.

일하다〔work〕자(창5:29) 일을 하다. 맡은 바 일을 하다. 직무를 수행하다. 노동을 하다.

일행〔一行 ; 한 일, 행할 행. party, go with〕명(창13:5) 같이 가는 사람. 동행자. 동반자. 동아리.

일향〔一向 ; 한 일, 향할 향. consistently〕부(민30:14) 한결같이. 꾸준히.

일호〔一毫 ; 한 일, 가는털 호. trifle, nothing〕명(렘38:14) 몹시 가늘고 작은 털. 또는그와 같이 작다는 뜻. 관일호반점.

일획〔一劃 ; 한 일, 그을 획. stroke〕명(마5:18) 한 획. 한 번 그음.

ㄱㄱ

임군〔king〕명(시47:2) 임금. 왕으로 번역된 말.

임금[king]몡(신28:36) 군주국가에 있어서 나라를 다스리는 왕.

임나[יִמְנָה = 하나님이 보존하신다]인(대상7:35) 아셀사람 헬렘의 아들. 그 가족의 족장.

임나[יִמְנָה = 행운, 병영]인
1 아셀의 아들. 임나가족의 족장(창46:17,대상7:30).
2 히스기야 시대 레위사람 고레의 아버지. 동문지기(대하31:14).

임마누엘[עִמָּנוּאֵל = 하나님께서 우리와 함께 계신다]몡(사7:14) ①이사야가 예언한 메시야의 칭호. 수리아와 에브라임 연합군에 놀란 아하스에게 임마누엘이 나실 것을 예언했다. 그러나 아하스 왕은 믿지 아니하였다. ②마리아에게 성령으로 잉태된 예수님에 대하여 요셉에게 현몽하여 이사야의 예언대로 탄생하시는 이임을 명백하게 하였다(마1:18-25).

임멜[אִמֵּר = 두드러진]인
1 제사장 아마새의 선조(대상9:12, 스2:37, 10:20, 느7:40, 11:13).
2 예레미야를 때리고 착고에 채웠다가 놓아준 바스훌의 아버지. 제사장(렘20:1-2).
3 예루살렘 성벽을 수리한 사독의 아버지(느3:29).
4 다윗시대의 제사장 제16반장(대상24:14).

임멜[אִמֵּר = 새끼 양]지(스2:59) 바벨론에 포로로 잡혀간 제사장 가족이 거주하던 곳(느7:61).

임명[任命 ; 맡길 임, 목숨 명. appointment]몡(왕하8:6) 직무를 맡김.

임박[臨迫 ; 임할임, 핍박할(다가올) 박. impending, drow]몡(왕상2:1) 어떤 시기가 가까이 닥쳐옴.

*①선지자들은 여호와의 날, 심판의 날이 임박한 것을 예언했다(욜2:1,겔7:5). ②신약에서는 환난의 날, 멸망의 날을 말하고 있다(고전7:26,벧후2:1). ③하나님의 진노(마3:7).

임산[臨産 ; 임할 임, 낳을 산. began to give birth, travail]몡(창35:16) 해산할 때가 다다름.

임시[臨時 ; 임할 임, 때 시. until, extraordinary]몡(겔33:22) 일정하지 아니한 시간. 잠시 아쉬운 것을 면하는 것. temporary.

임시[יִשְׁוִי = 족제비]인(대하22:7) 이스라엘왕 아합의 집을 멸하고 왕이 된 예후의 아버지. 님시와 같은 사람(왕상19:16).

임의[任意 ; 맡길 임, 뜻 의. treely, option]몡(창2:16) 내키는 대로 하는 일. 마음대로.

임자[owner]몡(창38:25) 물건을 소유한 사람.

임종[臨終 ; 임할 림, 마칠 종. dying hour]몡(히11:22) 숨이 끊일 때.

임종시[臨終時 ; 임할 림, 마칠 종, 때 시. end of life]몡(창15:1) 임종할 무렵. 죽으면서. 죽음에 즈음하여.

임하다[臨~ ; 임할 림. come upon, meet]자(창15:1) 높은 곳에서 낮은 곳을 대하다. 이르다. reach. 일을 당하다.

입[mouth]몡(창4:11) 음식을 먹거나 말을 하는 기관.

*기도하고 찬송하며 복음을 전하는 입이 가장 훌륭하다.

입관[入棺 ; 들 입, 관 관. putting in coffine, coffin]몡(창50:26) 시체를 관속에 넣는 일.

입교[入敎 ; 들 입, 가르칠 교. conversion]몡(행6:5) 종교를 믿기 시작함. 교에 가입함. 유아세례를 받고 만 14~15세가 되어 교인으로서의 권리와 의무를 수행하도록 한다.

입구[入口 ; 들 입, 입 구. entrance]몡(삿1:24) 들어가는 어귀. 들어가는 문.

입기운[blast]몡(욥4:9) 호흡. 정신. 생기를 가리키는 말.

입김[breath]몡(시62:9) 입에서 나오는 더운 김. 입으로 나오는 날숨의 기운.

입다[wear, put on]타(창6:8) 옷을 걸치다. 다른 사람의 도움을 받다.

입다[יִפְתָּח = 그가 열다]인

1. **인적관계** - 길르앗이 기생의 몸에서 낳은 아들(삿11:1).
2. **관련기사** - ①배다른 형제에게 쫓겨났다(삿11:2). ②돕 땅에서 잡배와 같이 지냄(삿11:3). ③암몬 사람이 이스라엘을 치려고 할 때 이스라엘 장로들이 입다를 데려오려고 돕 땅으로 찾아감(삿11:4-5). ④입다에게 장관이 되어 줄 것을 권유(삿11:6). ⑤입다가 과거를 상기시킴(삿11:7). ⑥장로들이 입다에게 길르앗의 두목이 되어 줄 것을 부탁(삿11:8). ⑦입다가 장로들에게 다짐을 함(삿11:9). ⑧장로들이 여호와가 증인임으로 반드시 시행할 것을 다짐함(삿11:10). ⑨돌아가 미스바에 진을 침(삿11:11). ⑩암몬과의 협상(삿11:12-28). ⑪여호와의 신이 입다에게 임함(삿11:29). ⑫여호와께서 권함(삿11:30-31). ⑬암몬사람이 항복함(삿11:32-33). ⑭그가 전쟁에 나갈 때 만일 하나님이 이기게 해 주시면 돌아와서는 자기를 제일 먼저 맞는 자를 번제로 드릴 것을 맹세했다. 그러나 뜻밖에도 제일 먼저 맞은 자는 그의 사랑하는 무남독녀 딸이었다(삿11:34-39). ⑮그 후 이스라엘의 딸들은 1년에 네번씩 이 비운의 딸을 위하여 곡했다(삿11:40). ⑯에브라임과 싸움에서 이겼다(삿12:1-6). ⑰사사로 이스라엘을 6년간 다스렸다(삿12:7). ⑱사무엘은 이스라엘을 구하려고 하나님이 세운 충실한 자라고 입다를 평했다(삼상12:11). ⑲히브리서에서는 그를 신앙의 인간으로 인용하고 있다(히11:32). ⑳입다의 후임 사사는 베드레헴의 입산(삿12:8).

입다[יִפְתָּה = 그가 열다]지(수15:43) 유다 평지의 성읍.

입다엘골짜기[יִפְתַּח־אֵל = 하나님이 여심]지(수19:14) 스불론 지파의 북쪽지역. 아셀과 경계를 이루는 골짜기(수19:27).

입맞추다[kiss]타(27:26) 상대방의 입, 볼, 손등에 입술을 대어 사랑과 존경의 뜻을 나타냄. 한 인사법. 문안(벧전5:14).

종류 - ①가족간(창27:27). ②이성간(아1:2). ③친구간(삼상20:41). ④친척간(창29:11). ⑤형제자매간(아8:1). ⑥군신간(시2:12). ⑦우상에게(호13:2). ⑧위선과 속임수로(삼하15:5, 눅22:48). ⑨암호로(마26:48). ⑩고부간(룻1:9).

나타낸 뜻 - ①일반적으로는 애정. 영접이다(눅7:45, 15:20). ②사랑(아1:2, 벧전5:14). ③존경(시2:12). ④굴복(호13:2). ⑤거룩한 입맞춤(살전5:26). ⑥작별(행20:37). ⑦화해(창33:4). ⑧축복(창48:10-16). ⑨기쁨(눅7:38). ⑩위임(삼상10:1). ⑪의와 화평(시85:10). ⑫거짓(잠27:6). ⑬대답회피(잠24:26). ⑭유혹(욥31:27, 잠7:13).

입번[入番 ; 들 입, 차례 번. enter]명(왕하11:5) 차례를 따라 근무하는데 들어가다. 자기 차례가 되어 일을 맡아보다.

입법[立法 ; 설 립, 법 법. legislation]명(약4:12) 삼권의 한 가지. 법률을 제정하는 행위.

입법자[立法者 ; 설 립, 법 법, 놈 자. lawgiver]명(약14:12) 법률을 제정하는 사람. ①하나님(약4:12). ②모세(요7:19).

입산[אִבְצָן = 화려한, 찬란한]인(삿12:8-10) 입다 다음에 사사가 되어 7년간 이스라엘을 치리한 블레셋 경내 베들레헴사람. 아들 30명과 딸 30명을 가졌다. 모두 이방혼인을 시켰다.

입삼[יִשְׂמַי = 향기, 즐거움]인(대상7:2) 잇사갈 자손 돌라의 아들.

입술[lip]명(민30:8) 입의 아래 위의 붉은 살. 입의 가장자리.

＊①범죄하기 쉬움(욥2:10). ②말, 기도함(시17:1). ③주를 찬양(시63:3). ④지식 전파(잠15:7). ⑤

다툼(잠18:6). ⑥거짓됨(마15:8). ⑦복음전파(고전14:21, 히13:15) 입술의 열매.

입참[入參 ; 들 입, 참여할 참. attendance, enter]명(민4:23) 궁중의 경축이나 제례에 참예하는 일.

입천장[palate]명(욥29:10) 입안위. 구개(口蓋).

입학[יִבְחָר = 여호와께서 택하셨다]인(삼하5:15) 예루살렘에서 낳은 다윗의 아들.

입히다[coat, cloth, bring]타(창3:21) 겉에 바르다.

입히다[inflict]타(26:10) 당하게 하다. 입게 하다. put on.

잇꺼풀[skin of teeth]명(욥19:20) ①잇과 풀의 합성어로 이(치)의 꺼풀(에나멜). ②살과 지방질은 없고 가죽(꺼풀) 밖에 남지 않았다는 말. ③몹시 야윈 상태를 표시하는 말.

잇난[יִתְנָן = 든든한곳, 강대한]지(수15:23) 유다 지파가 받은 기업 남쪽 에돔과 경계에 있는 성읍.

잇다[unite]타(출29:30) 마주 붙이다. 길게 만들다. connect.

잇대[יֵשׁ = 존재하다, 찍히다]인

1 블레셋사람 잇대. ①가드로부터 포로 6백명을 거느리고 이스라엘에 온 블레셋사람. 후에 다윗에게 충성을 했다(삼하15:19). 그러나 이름이 누락되었다. ②압살롬 토벌군 3분의 1의 지휘관으로 임명되었다(삼하18:2).

2 다윗의 용사(삼하23:29) 베냐민사람 기브아 거주자 리배의 아들. 이대와 같은 사람(대상11:31).

잇도[אִדּוֹ = 사랑스러운 자]인

1 솔로몬, 르호보암, 아비야가 다스린 동안의 역사를 쓴 예언자(대하9:29, 12:15, 13:22).

2 스가랴의 할아버지(슥1:1, 7 겔5:1, 6:14).

3 가시뱌에 있던 느디님 사람의 족장(스8:17).

4 그 밖에 3인이 있다(왕상4:14, 대상17:21, 스10:43).

잇바스[יִבְחָשׁ = 꿀 바른]인(대상4: 3) 유다 사람 에담 자손.

잇사갈[יִשָּׂשכָר = 그가 보상하심]인

1 야곱의 아들.

1. 인적관계 - ①야곱의 아홉째 아들. 레아가 낳은 다섯째 아들(창30:16-18, 35:23). ②스불론의 형(창46:13, 출1:3).

2. 관련기사 - ①야곱과 함께 네 아들을 데리고 애굽으로 이주(창46:13, 출1:3). ②야곱은 축복하기를 잇사갈은 양의 무리 가운데 꿇어앉은 건장한 나귀라 하였다(창49:14). ③출애굽시 인원수 - 54,400명(민1:28-29). ④가나안에 들어가기 전 - 64,300명(민26:25). ⑤다윗시대 - 87,000명(대상7:5). ⑥모세의 축복 - 장막에 있음을 즐거워하라(신33:18). ⑦가나안 기업 분배시 네번째 제비 뽑음(수18:10). ⑧지파의 구원받을 수가 계시록에 있다(계7:7).

3. 출신자 - ①시스라와 사사 드보라(삿5:15). ②사사 돌라(삿10:1). ③아히야의 아들 바아사는 이스라엘왕이 되었다(왕상15:27).

2 레위사람 오벳에돔의 아들. 다윗시대 문지기(대상26:5).

잇사갈[יִשָּׂשכָר = 값을 지불하다, 보상]지(수17:10) 잇사갈 지파에게 분배된 가나안 땅. 스블론과 납달리의 남쪽. 므낫세의 북쪽. 요단 서쪽 지역.

잇시야[יִשִּׁיָּה = 주는 잊으신다]인

1 잇사갈사람 웃시의 아들. 족장(대상7:3).

2 레위사람 고핫의 자손 웃시엘의 아들(대상23:20, 24:25).

3 레위사람 르하뱌의 아들. 족장(대상24:21).

4 다윗의 30용사(대상12:6).

5 포로에서 귀국하여 이방인 아내와 헤어진 하림자손(스10:31).

잇시야[יִשִּׁיָּה = 여호와가 기름부어 주신다]인(스10:25) 포로에서 돌아와 이방인 아내와 헤어진 바로스의 자손.

잇틀[alveolus, roof of mouth, jaw]

몡(시22:15) 턱뼈.
있다[be]몡(창1:3) 유형(有形) 무형하게 자리를 차지하다의 뜻. ①존재. exist. 방안에 있는 모든 물건. ②소재·위치. be situated. ③점거(占據). stand.
잉태[孕胎 ; 아이밸 잉, 아이밸 태. conception]몡(창3:16) 태기가 있음. 아이를 가짐. 아이를 뱀.
잉태하는 고통[pain in childbearing] (창3:16) 아이를 배고 해산하기까지의 고통. 입덧으로부터 출산의 고통을 말한다. 범죄로 인하여 여자에게 부과된 고통.
잉태하지 못한 여인[barren] (갈4:27) 불임여성. 저주로 생각하였으며 불행한 일이었다(창11:30, 욥24:21, 사54:1). 이사야는 그리스도의 속량으로 얻는 새 이스라엘에 대하여 말했다(사54:1-10). 비유적으로는 황폐한 시온(사54:1).
잊다[forget]目(창40:23) 기억하지 못하게 되다. 알아내지 못하다.
＊하나님은 잊으시는 일이 없다(눅12:6).
잊은 땅[land of fortetfulness](시88:12). 실지. 사자의 나라. 음부.
잎[leaf]몡(창3:7) 식물의 영양기관의 하나. 잎사귀.
잎사귀[leaf]몡(창8:11) 낱낱의 잎.

 ㅈ

자[ruler, measure]몡(대상23:29) 길이를 나타내는 말. 물건 길이를 재는데 쓰는 기구. 일반적으로 규빗을 말함. 약 30cm, 60cm 등 다양함. 보통규빗을 53cm로 한다.

자[者 ; 놈 자. person]몡(창3:20) 사람. 일. 물건 등.

자[字 ; 글자자. character]몡(출32:16) 글자.

자갈[bit, bridle]몡(왕하19:28) 말을 억제 조절하기 위하여 입에 물리는 쇠토막. 재갈. ①강제, 통제(사37:29). ②단속(시32:9). ③함구(시39:1). ④미련한 자에 대한 견제(잠26:3).

자객[刺客 ; 찌를 자, 손(나그네) 객. assassins]몡(행21:38) 정치적 목적으로 사람을 몰래 찔러 죽이는 사람. 암살자. 극우적인자에 대해 사용했다.

자결[自決 ; 스스로 자, 결단할 결. kill oneself, suicide]몡(요8:22) 스스로 자기의 목숨을 끊음. 스스로 해결함.

자고[鷓鴣;자고새 자, 자고새 고. partridge]몡(렘17:11) 꿩과의 새. 산과 들에 사는데 메추라기와 비슷하며 날개길이는 17cm가량된다. 바위자고, 사막자고가 있다. ①쫓기는 신세를 비유(삼상26:20). ②불의로 치부한 자(렘17:11).

자고[自高 ; 스스로(몸소) 자, 높을 고. self-consequence, loftiness]몡(출9:17) 스스로 높은 체함. 자만.

자고[自古 ; 스스로 자, 옛 고. old, before]몡(렘28:8) 예전부터.

자고이래[自古以來 ; 스스로 자, 옛고, 써 이, 올 래. from old time]뷔(욜2:2) 일이나 물건의 내력이 예로부터 내려오면서.

자고한자[arrogance of man]몡(사2:12) 교만한 사람. 거만한, 건방진 사람. 우월감을 갖는 사람. 스스로 높다고 뽐내는 어리석은 사람(마23:12, 잠16:18). ①악인들(시73:3,9). ②대적들(사14:12-15). ③적그리스도(살후2:4).

자국[trace]몡(요20:25) 닿거나 지나간 자리. ②일의 근원이 발달된 곳. origin.

자금[自今 ; 스스로(몸소) 자, 이제 금. from now on]뷔(사9:7) 지금부터. 이제부터.

자금이후[自今以後 ; 스스로 자, 이제 금, 써 이, 뒤 후. henceforth]몡(계14:13) 지금으로부터 이후. 이제 이후.

자긍[自矜 ; 스스로 자, 자랑할 긍. pride, self conceit]몡(삿7:2) 제 스스로 하는 자랑. 뽐냄. 자만.

자기[自己 ; 스스로 자, 몸 기. I]몡(창1:27) 나. 막연하게 사람을 가리키는 말. one's self 때 어떤 사람을 말할 때에 그를 도로 가리키는 말.

자녀[子女 ; 아들 자, 계집 녀. sons and daughters]몡(창5:4) 아들과 딸. * 하나님의 자녀는 성도들.

자녀간[子女間 ; 아들 자, 계집 녀, 사이 간. son or daughter]몡(레12:6) 아들과 딸 사이. 아들이나. 딸이나.

자다[sleep]자(창28:11) 잠이 들다. 움직이던 것이 멈추어 서다. calm.

자단[自斷 ; 스스로(몸소) 자, 끊을 단. self-determination]몡(출18:26) 스스로 완전히 결정함.

자라나다[grown up]자(왕상12:8) 자라서 크게 되다. 성장하다.

자라다[grow]**자**(창2:8) 성장하다. 점점 커지거나 많아지다. 발전하거나 정도가 높아지다. develop.
1. 식물 - ①식물이 자라면 열매를 맺음(마13:7). ②가라지는 자라서 불사름을 당함(마13:30). ③겨자씨는 자라면 나물보다 커서 새를 깃들게 함(마13:32). ④가시는 자라는 것을 막는다(눅8:7).
2. 그리스도 - ①강해짐(눅2:40). ②지혜가 충족함(눅2:40). ③키가 자람(눅2:52). ④하나님과 사람에게 사랑스러워짐(눅2:52). ⑤성전에 가심(눅2:42).
3. 성도 - ①그리스도에게까지 자라야 함(엡4:15). ②열매를 맺기까지 자라야 한다(골1:6, 갈5:22). ③신앙성장, 서로 사랑(살후1:3). ④그리스도를 아는 지식에까지 자란다(벧후3:18). ⑤구원에 이르도록(벧전2:2). ⑥하나님을 아는 일에(골1:10). ⑦범사에(엡4:5).
4. 자녀 - ①성인이 되도록(삿13:24). ②사랑안에서 세움(엡4:16). ③어릴 때의 일을 버림(고전13:11). 선악을 분별함(히5:14). ④하나님의 은총을 받는다(눅2:52).
5. 교회 - ①복음으로(골1:6). ②범사에(엡4:15, 골1:10). ③죄를 멀리하고(벧전2:1) ④말씀을 사모하면서(벧전2:2). ⑤열매를 맺기까지(마13:23). ⑥하나님께서 자라게 하신다(고전3:6).
6. 죄 - 사망을 낳는다(약1:15).
자락[skirt]명(룻3:9) 옷자락. 피륙 따위의 아래로 드린 넓은 조각.
＊혈루증 여인은 예수님의 옷자락을 만지고 나았다(눅8:44).
자랑[boasting pride]명(왕상20:11) 제 일이나 물건을 드러내서 높이 떠벌림. ①악인의 마음의 소욕(시10:3). ②자긍함(시49:6). ③거짓자랑(잠25:14). ④허탄한 자랑(약4:16). ⑤연수의 자랑 - 수고와 슬픔 뿐임(시90:10). ⑥눈의 자랑(사10:12). ⑦이생의 자랑 - 정욕(요일2:16). ⑧악함을 자랑(고후12:9).

자료[資料 ; 재물(근본) 자, 헤아릴 료. materials]명(사23:18) 일의 바탕이 될 재료.
자루[sack]명(창42:25) 곡식이나 과일 따위의 물건을 담을 수 있게 헝겊으로 길고 크게 만든 주머니.
자루[handle, helve]명(신19:5) 연장 따위의 손잡이.
자리[seat, place]명(창29:3) 서거나 앉거나 누울 곳. 무엇을 두거나 놓은 곳. 위치.

자리옷[night clothes]명(신22:17) 잠을 잘 때 입는 옷. 잠옷. 첫날 밤 증거로 된 옷.
자마[紫馬 ; 자주빛 자, 말 마. brown horse]명(슥1:8) 몸에 자주빛이 나는 말.
자만[自慢 ; 스스로 자, 교만할 만. self conceit]명(렘48:26) 자기 스스로가 자기 일을 거만하게 자랑함.
자매[姉妹 ; 누이 자, 누이매. sisters]명(레18:9) 손위 누이와 손아래의 누이, 여자끼리의 형제. ①혈육의 자매(눅10:39). ②동족(민25:18). ③사마리아와 예루살렘(겔23장). ④성도(마12:50, 롬16:1). ⑤교회(요이13).
자물쇠[lock]명(느3:3) 여닫는 물건을 잠그는 쇠. 자물통.
자민[子民 ; 아들(사람) 자, 백성 민. people]명(시149:2) 자기백성, 왕의 백성, 시온의 백성.
자백[自白 ; 스스로 자, 흰 백. confession]명(겔12:16) 스스로의 죄가 무엇인지 알고 뉘우쳐 고백함. 소송상 자기에게 불리한 사실을 자기가 시인하는 일.
＊①사죄 받음(요일1:9-10). ②병고침 받음(약5:16). ③하나님을 찬송함(겔12:15-16). ④심판을 면함(롬14:1-12). ⑤심판날에 죄를 자백하게 된다(롬14:11). ⑥하

나님과의 관계회복(시15:12-19). ⑦그리스도를 믿게 됨(눅23:41).

자복[自服 ; 스스로 자, 옷 복. make confession]명(레5:5) 범죄 사실을 스스로 고백하고 항복함. 죄를 모두 주님께 털어 놓는 일. *주께서 죄악을 사해주신다(시32:37).

자부[子婦 ; 아들 자, 지어미 부. daughter in law, sons's wife]명(창6:8) 며느리.
* 룻은 이방 여인으로서 시어머니와 아름다운 관계를 잘 나타내었다(룻1:6).

자비[慈悲 ; 사랑 자, 슬플 비. compassion, mercy]명(출22:27) 사랑하고 불쌍히 여김. ①가난한 자에게(잠14:21). ②친절한 행위(마12:17). ③긍휼, 측은한마음(골3:12, 빌2:1). ④은총, 은혜, 인자하심(롬2:4, 엡2:7).

1. 하나님의 자비 - ①하나님의 속성(딛3:4-7,고후1:3). ②그리스도 안에서 베푸심(엡2:7, 딛3:4). ③차별이 없다(눅6:35). ④크심(욘4:2). ⑤풍성함(느9:17). ⑥영원함(사54:8, 애3:22). ⑦사죄함(시51:1). ⑧긍휼히 여기심(애3:32). ⑨인자하심(약5:11,롬11:22).

2. 사람의 자비 - ①선행(눅10:37). ②성령의 열매(갈5:22). ③옷입을 것(골3:12). ④악한 자 격려(롬14:1-15). ⑤용서하고 위로한다(고후2:1-10).⑥짐을 나누어진다(갈6:2-4). ⑦하나님의 자비를 따라서(눅6:36). ⑧하나님께서 원하심(마12:7). ⑨하나님 안에 있어야 한다(롬12:11). ⑩비판하지 않는다(마7:1-3).

자비량[自備糧 ; 스스로 자, 갖출 비, 양식 량. own expense]명(고전9:7) 자기가 먹거나 쓸 것을 가지고 가거나 벌어서 씀. 바울이 자급전도를 한 것을 말함. 교역자의 다른 직업을 갖는 일에 대하여 찬반의 논란이 일어나게 된다(행18:3-4). 전도하기 위하여 가진 것이 부정적인 것이 될 수 없고 취부하기 위하여 갖는 것은 옳지 않다. 교역자, 주의 일꾼들에게는 정당한 보수가 지급되어야한다(고전9:7-10). 축재를 위한 것이 아니고 생활과 선교를 위해서이다.

자산[䃂山 ; 붉을 자, 뫼(무덤) 산. bare mountain]명(사13:2) 나무가 없는 민둥산. 헐벗은 산, 사막에 있는 산. 우상의 예배처. 산당.
* 장래 회복된다(사49:9).

자색[紫色 ; 자줏빛 자, 빛(빛날) 색. purple]명(출25:4) 자주색.

자색옷[purple robe]명(요19:5) 자색염료로 물들인 고운 베로 지은 옷. 고가의 의상. ①사치한 옷(눅16:19). ②왕복(삿8:26). ③귀족 방백의 옷(겔32:6). ④그리스도의 왕복(마15:17, 20). ⑤음녀의 옷(계17:4). ⑥성전의 휘장은 자색실로 짜고 수를 놓았다(출25:4, 26:1, 대하2:14). ⑦하만의 옷(에8:15). ⑧무역품(렘10:9).

자색 염료를 내는 뿔고동

자세[仔細 ; 자세할 자, 가늘(잘) 세. minuteness]명(창42:29) 자디잘거나 찬찬하여 빠짐이 없이 똑똑함. 세밀함.

자세[藉勢 ; 빙자할 자, 권세 세. relying upon one's influence]명(벧전5:3) 자기나 남의 세력을 빙자하고 의지함.

자손[子孫 ; 아들 자, 손자 손. seed, sons and grandsons]명(창5:1) 아들과 여러 대의 손자. 몇대가 지나간 뒤의 자식들. 후손. 자식. 자손, 종자로 번역된 말(마22:24, 눅1:55, 고전15:38).

자수정[紫水晶 ; 자줏빛 자, 물 수, 수정 정. amethyst]명(출28:19) 투명한 6각기둥의 결정체. 제사장의 흉패 세째줄에 단 보석(출39:

12). 새 예루살렘 성곽의 기초석 (계21:20) 자정(紫晶).

자식[子息 ; 아들 자, 쉴 식. one's child]명(창3:16) 아들과 딸.

자신[自身 ; 스스로 자, 몸 신. on self]명(창35:2) 자기. 제 몸. 의인은 겸손하여 자신을 낮춘다(잠30:2, 고전15:9).

자약[自若 ; 스스로 자, 같을 약. self possession]명(욥40:23) 큰 일을 당해도 당황하지 않고 기색이 평상시와 같이 침착함. 태연자약.

자여손[子與孫 ; 아들 자, 더불어 여, 손자 손. son and grandson]명(출34:7) 아들과 손자. 가문과 민족.

자연[自然 ; 스스로 자, 그럴 연. nature]명(눅21:30) 인력을 더하지 않은 본래의 상태. 조화의 힘으로 된 삼라만상. 피조물, 우주, 인간의 본성에 대하여 사용되었다.

*용예 - ①본성(롬2:14, 고전11:14). ②성품(벧후1:4). ③본질상(갈4:8, 엡2:3). ④본래(원래)(롬2:27, 갈2:15). ⑤원가지(롬11:21).

자욱하다[hazy, altogether]형(출19:18) 연기나 안개 같은 것이 잔뜩 끼어 몹시 흐리하다.

자원[自願 ; 스스로 자, 원할 원. volunteering]명(출35:21) 스스로 하고 싶어 바람. 스스로 지원함.

성도의 자원 - ①그리스도를 따름(마16:24). ②경건한 삶(딤후3:12). ③성도의 쓸것 공급(헌금, 성금)(고후8:2-15). ④직분자의 봉사(벧전5:2).

자유[自由 ; 스스로 자, 말미암을 유. freedom, liberty]명(출21:2) 남의 구속을 받지 않고 제 마음대로 함. 법률의 범위 안에서 마음대로 하는 행위. 개인의 의사존중, 부당하게 구속하지 아니하는 것.

* 자유의 뜻 - ①매인 것이 아님(욥39:5). ②눌린 것이 아님(눅4:18, 사51:14). ③갇힌 것이 아님(사61:1). ④종이 아님(욥3:19, 롬8:21). ⑤죄에서 해방(롬8:2).

⑥사망에서 해방(고후1:10). ⑦율법에서 해방(갈15:18). ⑧공포에서 해방(요일4:18). ⑨사단의 권세에서 해방(눅1:74). ⑩심판에서 해방(요5:24).

자유인[自由人 ; 스스로 자, 말미암을 유, 사람 인. free man]명(골3:11) 정당한 행위에 따라서 자기의 권리를 자유로 행사할 수 있는 국민. 자유민. 종이 아닌 모든 사람.
*구속함을 받은 그리스도인.

자유자[自由者 ; 스스로 자, 말미암을 유, 놈 자. free people]명(고전7:22) 자유인. 주께 속한 자. 그리스도의 종. 성령의 세례를 받은 자(고전12:13). 위에 있는 예루살렘(갈4:26) 우리의 어머니임.

자유하는 여자[free woman]명(갈4:22) 종이 아닌 여자. 아브라함의 아내 사라.

자의[自意 ; 스스로 자, 뜻 의. one's own will]명(레22:21) 스스로 생각. 자기의 뜻.

자의적[自意的 ; 스스로 자, 뜻 의, 적실할적. selfimpose]명(골2:23) 스스로의 생각.

자자[刺字 ; 찌를 자, 글자 자. marks shame]명(사3:24) 옛날 얼굴이나 팔뚝에 흠을 내어 죄명을 먹칠하여 넣던 일. 문신의 글. 낙인. 이스라엘 여인들에 관한 심판을 묘사. 전반적인 뜻은 수치를 말한다.

자자손손[子子孫孫 ; 아들 자, 아들 자, 손자 손, 손자 손. posterity]명(왕하17:41) 자손의 여러 후손.

자정[紫晶 ; 자주빛 자, 수정 정. amethyst]명(계21:20) 자수정.

자족[自足 ; 스스로 자, 발 족. self sufficiency, content]명(빌4:11) 스스로 넉넉함을 느낌. 다른 곳으로부터 구함이 없이 자기가 가진 것으로 충분함.

자존[自尊 ; 스스로 자, 높을 존. self importance]명(살후2:4) 스스로 제 몸을 높임. 자기의 품위를 높임.

자주[自主 ; 스스로 자, 임금 주. independence]명(갈3:28) 남의 보

호나 간섭을 아니 받고 독립하여 행함.

자주[紫紬 ; 자주빛 자, 명주 주. purple silk]명(행16:14) 자주빛이 나는 명주.

자주[紫朱 ; 자주빛 자, 붉을 주. purple]명(아7:5) 짙은 남색에 붉은 빛을 띤 색. ㉑자주빛. 부유하고 고귀한 색으로 알려졌다. 뿔고동에서 뽑은 염료로 염색한다. 고귀한 색으로 여긴다.

자주[frequently]부(욥10:17) 여러 번. 잇달아 잦게. 형자주 자주.

자주옷(감)[purple stuff](단5:7) 짙은 남색에 붉은 빛이 도는 옷이나 옷감. 자색옷(감)→자색옷.

자주자[自主者 ; 스스로 자, 임금 주, 놈 자. man of independance, free man]명(갈3:28) 다른 사람의 간섭이나 보호를 받지 않고 스스로 개척하여 활동하는 사람.

자주장사[seller of purple]명(행16:14) 자주색 명주를 파는 상인. 두아디라의 루디아. 빌립보에 와서 장사를 하던 중 바울에게서 복음을 듣고 신자가 되었다. 유럽 최초의 세례받은 성도(행16:11-40).

자책[自責 ; 스스로 자, 꾸짖을 책. self reproach]명(삼하24:10) 제 잘못을 스스로 꾸짖음. 뉘우침.

자처[自處 ; 스스로 자, 곳 처. pretension]명(행13:46) 스스로가 어떠한 사람인체 함. 자칭.

자청[自請 ; 스스로 자, 청할 청. volunteer]명(삼상3:13) 무슨 일에 나설 것을 제 스스로가 청함. 자원.

자체[自體 ; 스스로 자, 몸 체. one's body, being alone]명(약2:17) 제 몸. 그 자신. itself.

자취[traces]명(신12:30) 지나가거나 남긴 흔적. 공적.

자취[自取 ; 스스로 자, 가질 취. bring upon oneself]명(삼하16:8) 잘되고 잘못되고는 상관없이 제 스스로 만들어서 됨.

자칭[自稱 ; 스스로 자, 일컬을 칭. self style]명(렘29:26) 남에게 대하여 자기 스스로를 일컫는 말. 자기 스스로를 뽐내어 일컬음. →자처.

작다[small, tiny]형(창1:16) 크지 않다.

작대기[stick](사28:27)무엇을 버티는데 쓰는 긴 막대기. 두들길 때도 사용한다.

작벌[斫伐 ; 깎을 작, 칠 벌. felling, cut down]명(신20:19) 나무를 찍어 뱀. 벌목.

작별[作別 ; 지을 작, 다를 별. parting]명(미1:14) 서로 헤어짐.

작살[harpoons]명(욥41:7) 작대기 끝에 뾰족한 쇠를 두 개나 세 개 박아 물고기를 찔러서 잡는 기구.

작은 야고보[james the younger]인(막15:40) 마리아의 아들. 요세의 형제.

작은창[dart]명(욥39:23) 공격용무기의 하나. 단창, 창(수8:18, 렘6:23).

작정[作定 ; 지을 작, 정할 정. decision]명(삼하17:14) 일을 결정함.

잔[盞 ; 술잔 잔. cup]명(창40:11) 물. 차. 술등의 음료를 따라 먹는 작은 그릇. 향그릇(민7:14).

잔나비[monkey, ape]명(왕상10:22) 원숭이. 솔로몬의 무역품.

잔디[grass, turf]명(마14:19) 포아 풀과에 속하는 다년초. 만초. 산과 들에 난다. 마디 마디 뿌리가 내려 정원, 무덤 등에 심어 흙이 무너지는 것을 막는다.

잔뜩[extremely, full]부(사56:12) 어떤 한도에 꽉차게. 몹시 심하게. severely(마14:19).

잔멸[殘滅 ; 해칠 잔, 멸할 멸, ruin, desolate]명(렘25:38) 해쳐서 망하게 함. 해침을 받아 망함.

잔인[殘忍 ; 해칠 잔, 참을 인. brutality, cruelty]명(잠11:17) 인정이 없고 매우 악독함.

잔인한 자[cruel man]명(잠11:17) 인정이 없고 매우 모진 사람. ①성을 잘냄(잠17:4). ②생명을 존중하지 않음(잠12:10). ③자비가 없다(렘6:23). ④긍휼히 여기지 아니함(렘50:42). ⑤하나님의 징계의 도구(사19:4).

잔잔하다[潺潺~ ; 물흐를 잔, 물흐르는소리 잔. murmuring, be calm]명(시107:29) 물이 졸졸 흐르는 소리가 약하고 가늘다.

잔치[feast, banquet]명(창26:30) 경사가 있을 때에 음식을 장만하여 여러 사람이 모여 즐기는 일.
* 교훈 - 잔칫집에 가는 것보다 초상집에 가는 것이 낫다(전7:2).

잔포[殘暴 ; 남을 잔, 사나울 포. cruelty]명(단9:27) 잔인하고 포악함. 잔학.

잔포자[殘暴者 ; 남을 잔, 사나울 포, 놈 자. the cruel]명(잠5:9) 잔인하고 포악한 사람.

잔학[殘虐 ; 남을 잔, 사나울 학, cruelty]명(렘30:14) 잔포.

잔해[殘害 ; 남을 잔, 해할 해. cold-bloodedness]명(창49:5) 사람에게 잔인하게 굴고 물건을 해침.
* ①죄악과 악독, 괴사와 같이 있다(시55:10-11). ②학대함(사3:5). ③피를 흘림(합2:17). ④성도를 박해(행9:21). ⑤교회를 핍박(갈1:13).

잔혹[殘酷 ; 남을 잔, 혹독할 혹. cruelty]명(욥30:21) 잔인하고 혹독함. 잔학.

잘[well]부(창27:1) 좋게. 옳고 바르게 properly. 익숙하게 능란하게.

잘못 가다[err]자(사19:14) 그릇된 곳으로 가다. 동요하다. 비틀거리다. 방황하다. 실수하다. 멸망으로 가다. 바른 교훈을 따르지 않다. 하나님을 경배하지 않다. 우상을 섬긴다.

잘못 구하다[ask amiss]자(약4:3) 정욕에 따른 기도. 하나님께서 응답하지 않는 기도.

잘못하다[error, wrong]타(삼상26:21) ①일을 그릇되게 하다. ②실수하다. ③사리에 어그러진 일을 하다. ④어리석은 일을 하다. ⑤우상을 섬기다.

잘하다[be well]타(삼하23:1) 옳고 착하게 하다. 좋고 훌륭하게 하다. 익숙하고 능란하게 하다.

잠[sleep]명(창2:21) 눈을 감고 의식 없이 심신의 피로를 쉬는 상태.
* ①하나님께서 사랑하는 자에게 주심(시127:2). ②눈을 뜨야 잠을 깸(욥14:12). ③게으른 자가 잔다(잠6:9). ④노동자는 달게 잔다(전5:12). ⑤번민하면 잠을 이루지 못한다(단2:1). ⑥평안한 잠(눅8:24).

상징 - ①죄의 상태(엡5:14, 살전5:6). ②영적 무지와 무관심(사56:10, 마25:5). ③죽음(요11:11-14). ④폐허(렘51:39). ⑤태만함(삿16:14, 20). ⑥방심(삼상26:12). ⑦평화(겔34:25). ⑧멸망(시13:3).

잠간(깐)[暫間 ; 잠간 잠, 사이 간. moment]명(삿20:36) 매우 짧은 동안. 오래지 않은 사이.
* ①노여움은 잠간(시30:5). ②잠(시90:5). ③잠깐 견딤(막4:17). ④쉼(막6:31). ⑤바위 위에 떨어진 씨의 믿음(눅8:13). ⑥보이는 것(고후4:18). ⑦천사보다 못한 기간(히2:7). ⑧그리스도의 재림시기(히10:37). ⑨인생(약4:14). ⑩근심(벧전1:6). ⑪고난(벧전5:10). ⑫사단이 놓이는 기간(계20:3).

잠들다[sleeping]자(창2:21) ①자게 되다. ②죽음의 상태에 들어가다. 죽다.

잠시[暫時 ; 잠간 잠, 때 시. for a while]명부(민4:20) 오래 걸리지 않는 동안.

잠시간[暫時間 ; 잠간 잠, 때 시, 사이 간. for a while]명부(욥24:24)

짧은 시간. 오래지 아니한 동안.

잠언〔箴言 ; 경계할 잠, 말씀 언. proverbs〕圏(왕상4:32) 교훈이 되고 경계가 되는 말씀. 격언.

잠언〔Proverbs〕圏(잠) 구약 제20권째 성경. 본서의 대부분은 솔로몬 왕에 의하여 기록되었다. 예언이나 교리는 본서에 포함되어 있지 않으나 악한 세상에서 매일매일 사는 생활의 여러모양에 대하여 하나님의 거룩한 지혜를 갖도록 적용시키는 데 목적이 있다. 불의에 대하여 경고하고 하나님께 대한 경건한 마음, 부모에 대한 순종, 부모의 의무등에 대한 교훈이 수록된 지혜서이다. 내용분해는 박기원 편 성경총론을 참고하라

- **잠언에 나타난 그리스도의 모형** - 잠언 8장에는 지혜를 인격을 갖춘 형태로 그리스도를 묘사하였다. ①지혜의 부름(잠8:1-4) - 그리스도의 초청(마4:19). ②지혜의 근본(잠8:24-25) - 그리스도의 선재, 그의 신성(골1:15-16). ③지혜의 말씀(잠8:27-30) - 말씀이 육신이 되신 그리스도, 말씀으로 만물을 창조하셨다(요1:1). ④말씀(골2:3, 고전1:22-24, 30, 요1:14). ⑤지혜의 가르침(잠8:17, 32:35) - 그리스도께서는 서기관과 바리새인과 같지 아니하시고 권세있는 가르침이었다(마27:29). ⑥지혜의 통치(잠8:15-16) - 그리스고께서는 만왕의 왕이시며 그리스도로 말미암아 세상이 다스려진다(마2:6). ⑦생명의 근원(잠8:35-36) - 그리스도께서는 생명이시다(요1:4, 요6:35) 그리스도게로 나오는 자마다 생명을 얻게 된다(요5:24, 롬6:4, 빌2:16).

*지혜가 부족한 자는 모든 것을 후히 주시고 꾸짖지 아니하시는 하나님께 구해야 한다(약1:5).

잠자는 자〔sleeper〕圏(고전11:30) ①잠이 든 사람. ②죽은 사람.

*그리스도는 잠자는 자들의 첫 열매이다(고전15:20).

잠잠하다〔潛潛~ ; 잠길 잠, 잠길 잠. silent〕圏(창34:5) 아무 말이 없다. 조용하다. quiet.

잡다〔butcher, slay〕国(창22:10) ①동물을 죽이다. ②남을 모해하여 구렁에 빠뜨리다.

잡다〔catch, take〕国(창4:21) 움켜쥐고 놓지 않다.

잡류〔雜類 ; 섞을 잡, 같을 류. base fellows〕圏(신13:13) 점잖지 못한 사람들. 잡것들. 불한당.

잡세〔雜稅 ; 섞을(섞일) 잡, 세금 세. custom〕圏(스4:13) 여러가지 세. 잡다한 세. 바사국의 세금의 일종. 현금으로 바치는 지방세. 성전 봉사자들에게 면제한 세(느7:24).

잡수시다〔eat, take〕재国(창27:10) 먹다의 높인말.

잡족〔雜族 ; 섞을 잡, 겨레 족. mongred people〕圏(출12:38) 여러 족속에 섞인 겨레. 혼혈족. 포로 귀환후 유다사람의 순수성을 지키기 위하여 배제했다(느13:3).

잡풀〔雜~ ; 섞을(섞일) 잡. weeds〕圏(욥31:40) 저절로 나서 자라는 여러가지 풀. 잡초.

잣나무〔cyperss〕圏(창6:14) 솔과의 상록교목. 잎은 솔잎보다 굵으며 다섯개씩 묶음이 져서 난다. 레바논 지방에서 많이 난다(사55:13).

용도 - ①방주제조(창6:14). ②선박건조(겔27:5).③건재(아1:17).④성전건축재(왕상5:8). ⑤악기재조(삼하6:5).

장〔長 ; 길 장. length〕圏(창6:15) ①길이. ②좋은 점. 장점.

장〔長 ; 어른 장. the head〕圏(삼상

18:5) 조직의 우두머리.
장[帳 ; 휘장 장. curtain]몡(출26:31) 휘장. 막.
장가[marriage]몡(창11:29) 남자가 아내를 맞아들이는 예식.
장검[長劍 ; 길 장, 칼 검. swrod]몡(잠30:14) 썩 기다란 칼.
장관[長官 ; 어른 장, 벼슬 관. commander, ruler]몡(창21:22) 관청의 으뜸벼슬. 국무를 맡아보는 각 부의 책임자. minister. ①한 집단의 우두머리(민14:4). ②지도자(삿11:6, 11) ③왕의 신하(왕하9:25). ④방백(삿3:3, 삼상29:6). ⑤총독(느5:14). ⑥두목(출18:25). ⑦머리(창3:15). ⑧관리(대하11:11).
장관[將官 ; 장수 장, 벼슬 관. general, captain]몡(욥39:25) 장수(將帥). 장군의 총칭. ①군 지휘관(왕상2:5, 느2:9). ②시위대장(왕상14:27, 대하12:10).
장광[長廣 ; 길 장, 넓을(넓이) 광. width and length]몡(출28:16) 길이와 너비. 긴쪽과 폭.
장구[長久 ; 길 장, 오래 구. permanence]몡(신5:33) 길고 오램.
장군[將軍 ; 장수 장, 군사 군. general]몡(계6:15) 장관자리의 사람을 일컬음. 군 지휘관.
장난[children's play]몡(삼하2:14) 아이들의 놀음. 놀이.
장년[壯年 ; 씩씩할 장, 해 년. manhood]몡(욥30:2) 기운이 씩씩한 서른살 안팎의 나이 또는 그러한 사람. 30세 이상된 자. ①힘(욥18:12). ②세력(욥40:16). ③재물(욥20:10)등과 관계된다.
장년[長年 ; 어른 장, 해년. old age]몡(호12:3) 늙은이. 오래 삶. long life.
장단[長短 ; 길 장, 짧을 단. long and short]몡(출26:2) 길고 짧음. 장점과 단점. merits and demerits.
장담[壯談 ; 씩씩할 장, 말씀 담. assertion]몡(눅22:59) 자신이 있는 듯이 큰 소리를 함.

장대[長~ ; 길 장. pole, reed]몡(민21:8) 대나무로 된 긴 막대기. ①놋뱀을 달아 맨 장대(민21:8-9). ②척량을 하는 장대(겔40:5). 일정한 자. ③기(旗)로 번역된 말.
장대[長大 ; 길 장, 큰 대. big and long]몡(민13:32) 길고 큼.
장대[壯大 ; 씩씩할(굳셀) 장, 큰 대. grand]몡(사18:2) 크고 훌륭함.
장대한 자[man of great, stature]몡(민13:32) 거인. 아낙자손. 골리앗. 애굽자손.
장도리[hammer]몡(렘10:4) 못을 박고 빼는데 쓰는 연장.
장래[將來 ; 장차 장, 올 래. future]몡(출13:14) 앞날. 미래. 먼 훗날. 나타나지 않은 것(요일3:2).
장래사[將來事 ; 장차 장, 올 래, 일 사. events of future]몡(사41:22) 앞날의 일.
장래일[events of future]몡(전7:14) 장래사. ①사람은 알지 못함(전8:7). ②다 헛됨(전11:8). ③여호와께 물어라(사45:11). ④왕에게 알게 하라(단2:29). ⑤그림자(골2:17). ⑥주께서 알게 해 주신다(요16:13).
장려[壯麗 ; 씩씩할 장, 아름다울 려. grandness, magnifical]몡(대상22:5) 장엄하고 화려함.
장려[奬勵 ; 권면할 장, 힘쓸(권할) 려. encouragement]몡(시64:5) 권하여 힘쓰게 함.
*①건축할 전을(대상22:5) ②연혼을(시138:3). ③금강색을(사41:7). ④서로 장려함(시64:5).
장례법[葬禮法 ; 장사 장, 예도 례, 법 법. burial, funeral service]몡(요19:40) 장사지내는 예절과 법도. 아리마대 요셉과 니고데모가 이에 따라 예수님을 장사지냈다.
1. 매장 - ①눈을 감게 함(창46:4). ②슬퍼함(왕상13:29). ③조문객의 위로(요11:19). ④시체를 씻는다(행9:37). ⑤향유를바름(요19:40, 창50:26). ⑥세마포로 쌈(막15:46). ⑦호곡함(요11:33). ⑧

입관(창50:26). ⑨운반(삼하3:31, 눅7:14). ⑩장지준비(창23:5-20, 요19:41). ⑪애도하는 자가 따른다(전12:5). ⑫무덤에 넣는다(마27:60). ⑬비석을 세움(마23:27-29).

장례행렬

2. **화장** - ①극악한 경우(레20:14, 수7:25). ②벌 받을 원인(암2:1). ③사울의 화장(삼상31:12). ④해골의 화장(왕하23:20). ⑤집에서 화장(암6:2).

3. **시체유기** - 수치, 저주(시79:2, 왕하9:10).

장로〔長老 ; 어른 장, 늙을(익숙할) 로. elders, presbyter〕명

1. **구약** - 나이가 많고 덕이 높은 사람을 일컫는 말. 이스라엘 정치참여 지도자. ①바로궁의 장로(창50:7). ②모세가 모은 장로(출3:16). ③회중 장로, 성읍 장로→판관 증인(삿21:16, 룻4:11). ④왕을 세움(삼하5:3).

2. **신약** - ①유전을 지키도록 잘못 가르침(마15:2). ②예수님께 질문을 함(마21:23). ③예수님을 죽일 음모를 꾸밈(마26:3). ④예수님을 체포함(마26:47). ⑤예수님을 죽이려고 의논함(마27:1). ⑥유다가 은 30을 돌려줌(마27:3). ⑦예수님을 무고함(마27:12). ⑧무리를 선동함(마27:20). ⑨예수님을 희롱함(마27:41). ⑩군인들을 매수함(마28:12). ⑪70인의 장로. 산헤드린 공의회 의원을 말한다.

3. **성령강림후** - ①베드로와 요한을 심문함(행4:5). ②베드로와 요한의 책망을 들음(행4:8). ③사도들을 박해함(행6:12).

4. **사도시대** - ①사도들(행11:30). ②각 교회에 장로들을 세움(행14:23). ③장로회(노회, 총회)가 조직됨(행15:4, 6, 딤전4:14). ④대표를 안디옥교회에 파송하였다(행15:22, 23). ⑤규례를 작성함(행16:4). ⑥치리를 위한 장로 초빙(행20:17). ⑦교회의 지도자. 다스리는 자. '다스린다'는 것은 주장, 통솔한다는 것이 아니고 솔선수범한다는 말이다. 자원하는 마음으로 행하는 것이다(딤전3:1-5, 딛1:9, 벧전5:1-4, 약5:14).

5. **각 교회 장로** - 장로교회의 교직의 한 직책으로써 안수를 받아 장립하여 당회원으로 교회의 행정, 교인의 입회 전출, 직원의 선임 예배, 교육, 전도에 관한 사항을 의결 집행 감독한다. 재정은 본연의 의무는 아니나 헌금의 수집방법 사용범위를 정한다. 근래에 와서 장로교회 외에 감리회 성결교회 등에도 장로를 세운다(딤전3:1-5).

6. **천국의 장로** - ①24장로 - 구약의 이스라엘 12지파의 대표와 신약의 12사도를 합한 수로 성도의 대표. ②하나님을 찬양함(계4:10-11). ③천사가 둘러 서 있다(계5:11). ④엎드려 경배함(계5:14, 19:4). ⑤구원받은 성도가 그 앞에서 노래함(계14:3).

장로의 회〔the body of elders〕명(딤전4:14) 당회, 노회, 총회, 디모데가 안수를 받은 곳.

장립〔將立 ; 장수 장, 설 립. consecrate〕명(대하13:9) 직무를 맡김. 안수하여 목사, 장로, 집사의 교직을 맡아 보게 함.

장마비〔long rain〕명(겔34:26) 여러 날 계속해서 오는 비. 주로 여름철에 내린다. 복된 비.

장막〔帳幕 ; 휘장 장, 장막 막. tent, tabernacle〕명(창4:20)

1 한데에서 볕 또는 비를 막고 사람이 들어가 있도록 둘러치는 막, ㉥ 장(帳). 유목민, 목자, 병사들의 이동주거.

2 하나님의 법궤를 모셔두던 거룩한 처소로써 모세가 하나님의 명을 받아 지었다. 이는 광야를 여행하는

이스라엘 백성들이 쉽게 옮길 수 있도록 지었으며 내부는 휘장으로 성소와 지성소를 구분했고 법궤는 지성소에 안치했다.

1. **다른 명칭** - ①회막(민11:16). ②여호와의 장막(왕상2:28). ③증거의 장막(민17:7, 행7:44, 막9:15). ④하나님의 집 장막(대상6:48). ⑤여호와의 전(출34:26). ⑥여호와의 집(수6:24). ⑦증거막(민9:15). ⑧성막(출26:1).
2. **구조** - ①길이 30규빗. ②폭 10규빗. ③높이 10규빗. ④지성소 10규빗 성소 20규빗으로 나누었다.
3. **비품** - ①지성소에 언약궤. ②성소에 향단, 촛대, 진설상이 주가 된다(출25장-27장). ③외부에 물두멍과 제단이 있다.
4. **상징** - ①육신(고후5:1). ②거처(사54:2). ③하늘(사40:22). ④국가(행15:16).

장막을 만드는 자[tent-maker]명(행18:3) 구약에서는 필요로 하는 자가 직접 만든 것으로 보여진다. 신약에서 직업으로 나타난다. 바울과 아굴라 부부. 이들은 고린도에서 같이 업에 협력했다.

장막궁전[帳幕宮殿 ; 휘장 장, 장막 막, 집 궁, 대궐 전. royal tents wetween]명(단11:45) 애굽왕의 거처. 북벌정책으로 세운 진지로 여겨짐.

장막문[帳幕門 ; 휘장 장, 장막 막, 문 문. door of tent]명(창18:1) 장막에 출입하는 문.

장막절[帳幕節 ; 휘장 장, 장막 막, 마디 절. feast of booths]명(새번역 요7:1-2) 개역성경 초막절을 새번역에서 장막절로 번역하였다. 출애굽한 이스라엘이 40년동안 광야에서 장막을 치고 생활한 것을 기념하기 위한 절기→초막절.

장막 줄[tent line]명(욥4:21) 장막을 세울 때 휘장을 말뚝에 고정시키는 끈.

장막 터[place of tent]명(사54:2) 성막, 성전이 세워진 자리. 장막은 교회를 상징하는 것이며 장막터를 넓힌다는 것은 교회의 확장을 뜻한다.

장망성[將亡城 ; 장차 장, 망할 망, 재 성. city of destruction]명(사19:18) ①장차 망할 성의 명칭. ②이 세상을 일컬음. 〈원음 - 일 하헤레스 = 역어-태양성, 멸망의 성읍〉
* 애굽이 주변국가에 의해 국권을 유린당하는 시대가 올 때 그리스도로 말미암아 신령한 은혜를 받게 될 것을 이사야가 예언한 것이다. 애굽의 다섯 성읍 중 다른 넷 성은 복음을 받지 아니하여 멸망하고 한 성 - 장망성 - 은 구원을 받게 된다. 어느 한 성읍을 지칭하는 학자도 있다. 수치상 20%가 구원된다.

장모[丈母 ; 어른 장, 어미 모. mother in law]명(레20:14) 아내의 친어머니. 빙모(聘母). 구약에서는 불륜관계를 금했다. 신약에서는 예수님께서 베드로의 장모를 고쳐 주셨다. 베드로가 독신이었다는 것을 주장하는 천주교의 주장은 틀린 것이다. 베드로가 결혼한 것은 명백한 사실이며 베드로의 전도여행에 부인이 동참한 사실을 알 수 있다(고전9:5, 마8:14-17).

장부[丈夫 ; 어른 장, 사내 부. man]명(사46:8) 장성한 남자. 거인. ①네피림(창6:4). ②골리앗(삼상17:4). ③아낙자손(민13:28).

장부[臟腑 ; 오장 장, 육부 부. entrails]명(출29:17) 오장 육부의 준말. 〈오장〉폐장, 심장, 간장, 비장, 신장. 〈육부〉대장, 소장, 위, 담, 방광, 삼초. * 하나님이 창조하셨다.

장사[trade, merchant, sell]명(느3:8) 물건을 사서 파는 일로 생활하는 일. 상인, 장수.

장사[葬事 ; 장사 장, 일 사. mourning, bury]명(창15:15) 시체를 묻거나 화장하는 일. 사망 당일에 매장했다(요11:6, 7, 19:31-41). → 장례법.

장사[壯士 ; 씩씩할 장, 선비 사.

mighty man, valiant man]명(삼상31:12) 골격이 굳센 사람. 뛰어나게 힘이 센 사람. *하나님 앞에서는 무력한 자이다.

장색[匠色 ; 장인 장, 빛 색. craftsman, goldsmith]명(신27:15) 손으로 만드는 일을 업으로 하는 사람. 장인(匠人). 공장(工匠).

장성 ; 어른 장, 이룰 성. becoming a men, grow]명(창21:20) 자라서 어른이 됨.

장소[場所 ; 마당 장, 바 소. place]명(창26:22) 처소. 자리, 좌석.

장수[長壽 ; 길 장, 목숨 수. longevity]명(창15:15) 목숨이 김. 오래 삶. 만수. 영수.

1. 조건 - ①부모공경(출20:12, 엡6:3). ②하나님 경외(전8:12, 잠10:27). ③하나님의 법도 준수(신30:20). ④명철이 있다(욥12:12). ⑤구원을 본다(시91:16). ⑥은혜를 누림(잠3:2). ⑦탐욕을 미워하는 자(잠28:16). ⑧인생의 연수는 70(시90:10).
2. 악인의장수 - ①있다(전7:15). ②죄인(전8:12). ③길지 못함(전8:13).

장수[將帥 ; 장수 장, 장수 수. general]명(대상13:1) 군사를 거느리는 우두머리. 군장. 장군.

장식[裝飾 ; 단장할 장, 꾸밀 식. ornaments]명(삿8:21) 미적인 효과를 나타내기 위하여 몸을 치장하는 일 또는 그 꾸밈새. decoration

장식품[裝飾品 ; 단장할 장, 꾸밀 식, 물건 품. ornaments]명(겔16:17) 치레를 하는데 쓰는 물건. 패물. 금, 은, 보석으로 만들었다. 남, 녀가 같이 패용했다. ①반지, 지환, 가락지 ②귀고리 ③팔고리 ④손목고리 ⑤발목고리 ⑥머리망사 ⑦반달장식 ⑧면박 ⑨화관 ⑩발목사슬

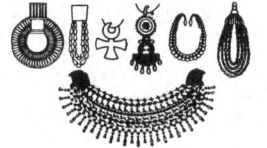

⑪띠 ⑫향합 ⑬호신부 ⑭코고리 ⑮예복 ⑯목도리 ⑰손주머니 ⑱손거울 ⑲머리수건 ⑳너울(이상-민31:50, 사3:18-23).

장안[帳~ ; 휘장 장. into the Most Holy place]명(레16:2) 지성소, 속죄소를 뜻함.

장애[障碍 ; 막힐 장, 막을 애. obstacle, hinder]명(시57:6)거치끼어서 거치적 거림. 막아서 거침.

장애물[障碍物 ; 막힐 장, 막을 애, 만물 물. stumble]명(레19:14) 장애가 되는 물건, 신앙생활에 방해가 되는 것을 비유적으로 한 말.
*①재물(마19:24). ②세상을 사랑함(딤후4:10). ③죄(삼상17:38, 창3:16-19). ④사람의 본성(딛1:12). ⑤불신앙(마11:20-24). ⑥외식, 형식(마15:1-9, 23:13). ⑦사단의 시험(마4:8-10). ⑧가족(마10:36). ⑨육신의 생각(롬8:7). ⑩박해(행13:8-10).

장엄[莊嚴 ; 씩씩할 장, 엄할 엄. grandeur, groly]명(사30:30) 규모가 크고 엄숙함.

장유[長幼 ; 어른 장, 어릴 유. young and old]명(창43:33) 어른과 아이.

장인[匠人 ; 장인 장, 사람 인. artificer, artisan]명(삿5:26) 물건을 만드는 것을 업으로 삼는 사람. 장색(匠色). 금, 은, 보석, 동철의 기술공업자의 일반적 명칭.

장인[丈人 ; 어른 장, 사람 인. father in-law]명(출371) 아내의 친아버지. 빙부. 빙장.

장자[長子 ; 어른 장, 아들 자. first-born]명(창10:15) 맏아들. 처음에 태어난 아들.

1. 규례 - ①하나님께 바친다(출22:29-31). ②대속함(출34:20). ③속전을 냄(민4:46-51). ④이스라엘의 장자는 레위인(민3:11-45). ⑤팔수도 있었다(창25:31-33, 히12:16). ⑥양여할 수 없다(신21:15-17). ⑦장자가 죽으면 차자가 승계함(민27:9-11, 마22:24-28).
2. 특권 - ①상속상의 혜택(신21:

17). ②어머니와 관계없이 특권이 부여됨(신27:15-17). ③나쁜 품행에 몰수 되는 일도 있다(대상5:1). ④권위가 부여됨(창27:1-29). ⑤지위를 유지함(창25:23, 48:19). ⑥왕위가 계승됨(대하21:1-3). ⑦사랑의 대상(렘31:20). ⑧아버지를 원망한 장자(눅15:27).
3. 비유 - ①이스라엘(시89:27, 렘31:9). ②그리스도(골1:13-15).

장자의 명분[birth-right]명(창25:31) 맏아들이 가지는권리. 장자권. 에서는 이 권리를 야곱에게 팥죽한 그릇에 팔았다(히12:16).

장절[章節 ; 글 장, 마디 절. chapter and verse] 성경을 읽고 찾는데 편리하도록 나눈 것. 성경기록자가 나눈 것이 아니고 영국의 캔터베리의 대주교 스티븐 랭튼(1150 - 1228)이 나눈 것으로 보고 있다. 영국 종교개혁의 선구자 위크리브가 영어 성경에 채택한 이래 오늘날까지 그대로 사용하고 있다. 약간의 변동이 필요하다.

장정[壯丁 ; 씩씩할(굳셀) 장, 일꾼 정. adult]명(출12:37) 나이가 젊고 기운이 좋은 남자. 부역·군역에 소집된 남자.

장중[掌中 ; 손바닥(말을) 장, 가운데 중. in one's hand]명(시71:4) 주먹안. 수중(手中).

장지[葬地 ; 장사 장, 땅 지. burial ground, burying place]명(삿16:31) 장사할 땅. 매장한 땅.

장차[將次 ; 장차 장, 차례 차. in future]부(창41:35) 앞으로. 미래에.

장터[場~ ; 마당(곳) 장. agora]명(마11:16) 장이 서는 장소. 저자, 장마당, 시장, 집회장소, 공회장 광장 등을 말함. ①아이들의 놀이터(마11:16). ②노동자 시장(마20:3). ③바리새인들이 문안받기를 좋아하는 곳(마23:7). ④집회장(행16:19).

장형[長兄 ; 어른 장, 맏 형. eldest brother]명(삼상17:28) 맏형. 큰형.

잦다[dry up, decay]자(욥6:15) 액체가 줄어들어 밑바닥에 깔린다.

재[ash]명(출9:8) 불에 타고 남은 찌꺼기. 티끌과 같은 말.
* 상징 - ①무가치 함(욥13:12). ②거짓됨(사44:20). ③격언(욥13:12). ④고난의 양식(시102:9). ⑤멸망(벧후2:6). ⑥슬픔(사61:3, 시102:2). ⑦이불(애3:16). ⑧죄악(겔28:18). ⑨짓밟힘(말4:3). ⑩악인(말4:3). ⑪낙담(렘6:26). ⑫인간(욥30:19).

재갈[bit]명(약1:26) 말의 입에 물리는 쇠로 만든 물건. →자갈.

재갈먹이다[bit a horse]타(약1:26) 말하지 못하도록 재갈을 물리다.

재계 ; 재게할 재, 경계할 계. perform purification]명(슥7:3) 제사지내는 사람이 마음을 가다듬고 심신을 깨끗이 하여 음식, 행동을 삼가하며 부정을 피함.

재는 법[survey]명(대하3:3) 물건의 길이를 자 따위로 헤아리는 법. 측량법.

재난[災難 ; 재앙 재, 어려울 난. calamity, mischief]명(창42:4) 뜻 밖에 일어난 불행한 일. 재앙. 하나님의 징벌로 일어난다(사59:1, 2). 택한 자는 깨달아 회개하지만 악인은 마음이 더 강퍅해져 멸망한다. 욥과 바로를 비교해 보라. 이세벨과 바울도 비교해 보라.

재능[才能 ; 재주(재간) 재, 능할 능. talent, ability]명(출3:23) 일을해내는 힘. 하나님께서 은사로 주신다. ㉗재간.

재다[measure]타(신3:11) 물건의 길이, 크기, 무게 정도를 기구로 헤아리다.

재덕[才德 ; 재주 재, 큰 덕. tlaent and virtue]명(출18:21) 재주와 덕행.

재료[材料 ; 재목(감, 재료) 재, 헤아릴 료. material]명(창50:3) 물건을 만드는데 필요한 원료. 일을 할 거리.

재리[財利 ; 재물 재, 이로울 리. pr-

재림

operty and profit, rich]몡(마13:22) 재물과 이익.

재림[再臨 ; 다시 재, 임할 임. parousia]몡(행1:11) 성경에는 재림이라는 말은 없으나 승천하신 예수님께서 다시 이 세상에 오실 것을 일컫는 기독교의 용어. 선과 악, 신자와 불신자를 심판하시며 영원한 천국이 임한다. 예수님의 재림 시기는 알 수 없으나 여러가지 징조를 보아 임박해진 것을 알 수 있다 (마24:~25:계시록).

재림의 날 - ①주님이 오실 때(요21:22). ②그 날(살전5:4). ③주의 날(살전5:2). ④인자의 날(눅7:22). ⑤나타나심(고전1:7). ⑥그리스도의 날(빌1:6). ⑦심판의 날(행17:31). ⑧영광을 나타낸다(딛2:13).

재목[材木 ; 재목재, 나무목. timber. tree]몡(레14:45) 건축·토목 또는 기구 등의 재료로 쓰는 나무. 주로 레바논의 백향목.

재무[財務 ; 재물 재, 힘쓸 무. treasurer, chamberlain]몡(롬16:23) 재정에 관한 사무. 그 담당자.

재무관[財務官 ; 재물 재, 힘쓸 무, 벼슬 관. treasurer, financial]몡(단3:2) 재정을 맡은 관리. 국고를 관리하였다(스1:8, 대상26:20). 국가 조직의 한 계급.

재물[lye, soap]몡(말3:2) 잿물. 세탁용 세제, 표백제→잿물.

재물[財物 ; 재물 재, 만물 물. property, wealth, the goods]몡(창14:11) 돈이나 그 밖의 값이 나가는 물건. 보물, 보배로 번역된 말.

*①근심하게 된다(막19:22). ②숨겨 놓는다(사45:3). ③의지하게 됨(시49:6). ④인색함(눅12:21). ⑤친구를 사귐(눅16:9). ⑥낭비함(고후12:15). ⑦협박을 당함(잠13:8). ⑧없어짐(전8:14). ⑨우상이 되기 쉬움(눅16:13). ⑩자만함(눅12:19). ⑪연락함(눅16:19). ⑫교만함(겔28:5). ⑬덧없는 것(딤전6:7). ⑭마음을 빼앗김(슥14:1). ⑮불의하게 만듦(미6:10). ⑯불의한 재물(미6:10, 눅16:9). ⑰썩는다(약5:3). ⑱불같이 살을 먹음(약5:3). ⑲빼앗김(창14:11). ⑳노략당함(창14:12). ㉑다시 찾음(창14:16). ㉒이끌어 나옴(창15:14). ㉓증여(창25:6). ㉔자루에 넣음(창43:23). ㉕탈취당함(민31:9). ㉖얻게 됨(신8:17). ㉗부하게 함(삼상17:25). ㉘하나님이 솔로몬에게 주시기로 약속하심(대하1:12). ㉙재앙이 됨(대하21:14). ㉚예물로 줌(욥6:22). ㉛즐거워함(욥20:18). ㉜배를 채움(시17:14). ㉝쌓아둠(시39:6). ㉞늘어남(시62:10). ㉟빈궁한 자에게 줌(시112:9). ㊱충족함(잠5:10). ㊲무익함(잠10:2). ㊳견고한 성(잠10:15). ㊴생명을 속할 수 있다(잠13:8). ㊵의인을 위해 쌓아야 함(잠13:22). ㊶망령되이 얻은 재물은 줄어감(잠13:11). ㊷지혜로운자의 재물은 면류관(잠14:24). ㊸부자의 재물 - 견고한 성(잠18:11). ㊹친구를 더하게 함(잠19:4). ㊺조상의 상속물(잠19:14). ㊻사취는 죽음(잠21:6). ㊼많은 재물보다 영예가 나음(잠21:1). ㊽하나님경외의 보응(잠22:44). ㊾날아감(잠23:5). ㊿영원하지 않음(잠27:4). ㈤①악한 자가 추구하는 것(잠28:22). ㈤②창기를 사귀면 없이 한다(잠29:3). ㈤③큰 결단이 됨(전5:13). ㈤④재난에 의해 패함(전5:14). ㈤⑤하나님이 주심(전5:19). ㈤⑥조공물(사30:6). ㈤⑦토색한 재물은 가증함(사33:15). ㈤⑧열 방의 재물(사60:5). ㈤⑨무역품, 교역물자(겔27:27, 33). ㈥⓪상업으로 느림(겔28:5). ㈥①북방왕의 재물(단11:28). ㈥②늑탈당함(욥11). ㈥③하나님과 겸 하여 섬기지 못함(마6:24). ㈥④하나님 나라에 들어 가기가 심히 어려움(막10:23). ㈥⑤강도의 분배(눅11:22). ㈥⑥자기만 위한 재물(눅12:21). ㈥⑦탕진한 재물(눅15:13). ㈥⑧성도의 재물관(행

4:32). ㉙우리의 것이 아님(고후 12:14). ㉚소망을 두지 말라(딤전 6:17). ㉛그리스도를 위해 받는 능욕(히11:26). ㉜구제 하라(요일 3:17). ㉝솔로몬이 구하지 아니한 것(대하1:11).

재미[pleasure]몡(창27:47) 아기자기한 취미. 유쾌한 맛.

재배[栽培 ; 심을 재, 북돋을 배. cultivation, plant]몡(시107:37) 초목을 심어 기름.

재산[財産 ; 재물 재, 낳을 산. fortune, substance]몡(창34:23) 개인·가정·단체가 소유하는 재물.

재삼[再三 ; 다시 재, 석 삼. again and again]몡(욥33:29) 두세 번. 거듭거듭.

재상[宰相 ; 재상(다스릴) 재, 서로 상. prince]몡(잠8:16) 국가의 높은 관리. 총리나 장관에 해당됨. 고대 재상은 왕을 보필하며 방백을 지휘 감독했다. 문맥에 따라 장관, 방백, 두목, 족장, 왕 등으로 번역된 말.

재앙[災殃 ; 재앙 재, 재앙 앙. calamity, plague]몡(창12:17) 천재지변으로 생기는 재해. 하나님께서 죄를 회개하도록 하기 위하여 내리시는 벌. 그에 따른 고통을 당한다.

1. 원인 - ①죄로 말미암음(창12:17). ②회개의 촉구로(출10:1). ③구속의 방법(출6:6-7). ④강퍅해 지기 때문에(출7:13). ⑤하나님의 진노의 표시(민11:33).

2. 여러가지 재앙 - ①바로에게 내린 열재앙 - (1) 피재앙(출7:14-25). (2) 개구리재앙(출8:1-15). (3) 이재앙(출8:16-19). (4) 파리재앙(출8:20-32). (5) 온역재앙(출9:1-7). (6)독창재앙(출9:8-12). (7) 우박과 불덩이 재앙(출9:13-32). (8)메뚜기재앙(출10:1-20). (9) 암흑재앙(출10:21-29). (10) 장사사망 재앙(출11:4-10). ②탐욕을 낸 백성에게 - 기브롯 핫다아와(민11:31-35). ③불신한 백성에게 - 죽음(민14:36-38). ④브올의 죄악으로(수22:17). ⑤우상을 섬기는 이스라엘에게(삿2:11-15). ⑥아스돗에 내림(삼상5:6). ⑦예루살렘에(삼하2:16-25). ⑧여로보암의 집에(왕상14:10). ⑨아합의 집에(왕상21:21-29). ⑩에브라임 집에(대상7:23). ⑪산헤립의 군대에(사37:36-37). ⑫계시록에 나타난 재앙 - (1) 전쟁(계6:3-4). (2) 기근(계6:5-6). (3) 죽음(계6:7-8). (4)이변(계6:12-17). (5) 우박과 불(계8:7). (6) 바다의 재난(계8:8-9). (7) 별이 떨어짐(계8:10-11). (8) 일월성신이 빛을 잃음(계8:12). (9) 황충(계9:1-10). (10)독종(계16:2). (11) 바다생물의 죽음(계16:3). (12) 물이 피로(계16:4-7). (13) 태양의 변화(계16:8-9). (14) 암흑과 고통(계16:10-11) (15) 아마겟돈 전쟁(계16:12-16). (16) 번개, 뇌성, 지진, 박해(계16:17-21).

재앙의 날[the day of calamity]몡(욥12) 죄인, 악인, 불신앙자들이 그들의 죄악으로 재앙을 받는 날. 여호와의 날. 재난의 날. 심판의 날(계15:1-8). →심판.

재주[talent]몡(출31:3) 무엇을 잘 할 수 있는 타고난 소질. 꾀. 교묘한 기술. 솜씨. 재질.

재차[再次 ; 다시 재, 차례 차. second time]몡(행7:13) 두 번째.

재채기[sneeze]몡(왕하4:35) 코의 신경이 간질간질하다가 기운을 내뿜는 것.

재촉[pressing, hasten]몡(창19:15) 일을 빨리 하게 몰아침. 남에게 받을 것이 있어서 달라고 조름.

재판[裁判 ; 마를 재, 판단할 판. justice, judgement]몡(출18:13) 옳고 그름을 살펴서 심판함. 고대 이스라엘에서는 사사, 제사장, 장로, 족장, 왕, 선지자들이 이를 맡았다. ①하나님께 속한 것이다(신1:17). ②불공정한 재판(잠17:23). ③정치재판(호5:11, 요19:7-12). ④

재판일까지 피고를 구금한다(행19:38, 24:27). ⑤사슬로 묶어둔다(행12:6, 21:33).

1. **재판절차** - ①공개재판(출18:13). ②사건접수(요18:29-32). ③재판정 설치(요18:33). ④고소자의 송사설명(요7:51, 18:30). ⑤증언 증거물을 채택(신19:15-19). ⑥피고에 대한심문(요18:33-38). ⑦절충안 제시(화해) (요18:39-40). ⑧여호와께 맹세하게 함(히6:16, 출22:11). ⑨하나님의 뜻을 구함(레24:12-14). ⑩판결(신17:8-13). ⑪제비를 뽑아서 결정하는 때도 있다(수7:19-21, 잠18:18). ⑫절대 공정해야한다(레19:35, 신25:1).

2. **관계법** - ①출애굽 후에 제정(신1:9-17, 16:18-20, 17:2-13). ②순회재판(삼상7:6-17). ③체계적정비(대하19:1-5). ④소송제도채택(신21:18-21).

재판관〔裁判官 ; 마를(헤아릴) 재, 판단할 판, 벼슬 관. judge〕명(삼하15:4) 재판에 관한 사무를 맡아 보는 법관. 관직의 하나. 신으로 불리울만하다(시82편). ①족장 - 족장시대(창38:24). ②지도자(출18:13-26, 수7장). ③사사 - 가나안 정착시대(삿4:5). ④선지자 - 사사시대와 왕정중간기(삼상7장). ⑤왕 - 왕정시대(왕상3:9). ⑥두목 - 출애굽이후(출18:14, 25, 26). ⑦장로 - 성읍재판(룻4:2, 민11:16). ⑧왕자(삼하15:2). ⑨총독(요19:13, 행25:6-7). ⑩제사장(신17:8-18, 19:5-21). ⑪황제(행25:11, 12). ⑫하나님(신1:17, 약4:12, 사33:22). ⑬그리스도(딤후4:8, 약5:9).

재판석〔裁判席 ; 마를 재, 판단할 판, 자리 석. judgment, seat〕명(사28:6) 재판하는 사람이 앉은 자리. 재판관의 좌석.
*①나무아래 (삿4:5). ②성문(룻4:1-2). ③진 밖(레24:14). ④법정(마27:19, 요19:13). ⑤대제사장의 집(마26:57). ⑥회막문(민27:2). ⑦총독관저(행18:12). ⑧백보좌(20:11).

재판자〔裁判者 ; 마를 재, 판단할 판, 놈 자. judge, lawgiver〕명(미5:1) 재판관. ①하나님(약4:12). ②불의의 재판자(미7:3).

재판자리〔judgement seat〕명(마27:19) 재판석. 재판관이 앉는 법정지정석. →재판석.

재판장〔裁判長 ; 마를 재, 판단할 판, 어른 장. judge〕명(출21:6) 재판관과 같다. 합의제 법원에서 합의체를 대표하는 재판관. 법관. *①구약시대, 예수님 당시 대제사장이 맡았다. ②간음한 여자에게(요8:11-11). ③그리스도(행10:42). ④총독(행24:10). ⑤재림하실 그리스도(딤후4:8).

재해〔災害 ; 재앙 재, 해할 해. the evil, calamity〕명(창44:29) 재앙으로 말미암아 받은 피해.

재화〔災禍 ; 재앙 재, 재화 화. evil, calamity〕명(삼하12:11) 재앙과 화난(禍難).

잿물〔lye, soap, nitre〕명(민19:12) 나무나 풀을 태운 재에 물을 부어 걸러서 내린 물. 알카리성으로 빨래와 염색에 쓰인다. 비누를 대용한 표백세제.

잿밀〔refuse of the wheat〕명(암8:6) 밀이 땅에 떨어진 것을 뜻하는 말. 채에서 떨어진 쭉정이. 아모스는 이것을 빈민에게 강매하는 부자의 탐욕을 비난했다.

쟁기〔plough〕명(눅9:62) 논·밭을 가는 연장의 한가지. 이 세상을 연연하고 애착을 버리지 못한 것에 대하여 쟁기를 사용하면서 뒤돌아 보는 것을 말했다.

쟁론〔爭論 ; 다툴 쟁, 의논할 론. dispute〕명(삿6:31) 서로 서로 다투어 가며 논박함. 또는 그 이론.

쟁반[錚盤 ; 징 쟁, 쟁반 반. tray]명(미6:2) 둘레의 높이가 얕고 둥글 납작한 그릇.

쟁변[爭辯 ; 다툴 쟁, 말잘할 변. controversy, dispute]명(욥9:3) 서로 다투어 토론함. 쟁론.

쟁쟁하다[錚錚~ ; 쇳소리 쟁, 쇳소리 쟁. clinkling, rattle]명(욥39:23) 여럿 가운데서 매우 뛰어나. 쇠소리가 맑게 울리다.

쟁쟁한 소리[tinkling]명(사3:16) 발목에 사슬(고리)을 달아 걸을 때 나는 소리를 묘사한 말. 예루살렘 상류부인들의 사치한 생활의 일면을 형용한것인데 교태를 부리면서 걸어갈때 나는 소리이다(사3:16-17, 4:1).

쟁투[爭鬪 ; 다툴 쟁, 싸움 투. strife]명(롬13:13) 서로 다투어 싸움.

저[pipe]명(삼상10:5) 가로 불게 된 관악기. 피리.

저녁[evening]명(창1:5) 해가 지고 밤이 오는 때. 저물 때. 황혼 때. 오후 6시경을 가리키는 말.

저녁별 그늘[evening grow]명(렘6:4) 저녁 그늘. 별이 보이지만 어두움이 들지 않은 상태. 군인들이 야간공격을 감행하려는데 어두움이 빨리 오지 않음을 말함.

저는 자[the lame]명(잠26:7) 절뚝발이. 주께서 고쳐주셨고 구원의 반열에 든다(눅14:13).

저물다[evening was come]자(수7:6) 해가 져서 어두워지다. ②한 해가 지나서 끝이 되다.

저물 때[twilight]명(창19:1) 오후 6시경 저녁 때. 저녁과 같은 시각. ①실족하는 때(사59:10). ②죄악 묘사(욥24:15). ③쾌적함을 상징한다(창24:64).

저미다[cut]타(사51:9) 칼로얇게 베거나 깎아서 여러개 조각을 내다.

저상[沮喪 ; 막을 저, 잃을 상. melt, depression]명(삼하17:10) 기운을 잃음. 낙담하다. 쓰러지다.

저수지[貯水池 ; 쌓을 저, 물 수, 못지. pool, reservoir]명(사22:11) 상수도나 관개용으로 둑을 쌓고 물을 모아 두는 곳. 히스기야의 수로에 언급된 말. 기혼의 윗샘(못)을 막아 아랫못(실로암)으로 도랑을 이용해서 내려 보내었다.

저술[著述 ; 지을 저, 지을 술. writing a book, deliver]명(눅1:2) 글을 지어 책을 만듦. 또는 그 책.

저울[balances]명(레19:36) 물건의 무게를 달아서 헤아리는 기계의 총칭.

*①창조자의 위대 하심(사40:12). ②피조물의 경미함(욥6:2, 시62:9). ③공평한 저울(레19:36). ④속이는 저울(잠11:1). ⑤부정한 저울(미6:11). ⑥심판의 저울(계6:5). ⑦믿음 선물의 분량(롬12:3, 엡4:7).

저울질[ponder]명(잠24:12) 저울로 무게를 달아보는 짓.

저울추[weight]명(신25:13) 저울대에 거는 일정한 무게의 쇳덩이.

저으기[some, few]부(왕하4:18) 얼마못되게. 약간. 다소. 조금. 적이.

저자[agora market]명(행16:19) 일용품을 사고 파는 가게. 아침·저녁으로 반찬거리를 팔고 사기 위해 열리는 장. 시장. *아덴의 집회장(행17:17). 광장, 법정을 가리키는 말(행16:19, 18:12).

저장[貯藏 ; 쌓을 저, 감출 장. store, gather]명(창41:36) 쌓아서 간직하여 둠. 갈무리.

저주[詛呪 ; 저주할 저, 저주할 주. curse]명(창3:14) 남이 잘 되지 못하도록 빌고 바람. 축복의 반대말. 일반적으로 적에 대하여 잘 되지 않도록 하나님께 간구하는 행위(욥31:30, 시10:7).

1. **저주를 받을 행위** - 신명기 27장에 나타난 것. ①우상 제조 건립자

(15). ②부모를 경홀히 여기는 자(16). ③이웃의 지계표를 옮기는 자(17). ④소경의 길을 잃게 하는 자(18). ⑤약자의 송사를 억울하게 하는자(19). ⑥계모와 상간하는 자(20). ⑦수간하는 자(21). ⑧근친상간자(22). ⑨장모와 상간하는 자(23). ⑩이웃을 암살하는 자(24). ⑪뇌물을 받고 무죄한 자를 죽인자(25). ⑫율법을 실행치 아니하는 자(26). ⑬다른 복음을 전하는 자(갈1:9). ⑭주를 사랑하지 않으면(고전16:22). ⑮율법을 알지 못하는 무리(요7:49). ⑯저주하는 자가 받음(창12:3). ⑰곡식을 내지 아니하는 자(잠11:26). ⑱언약의 말을 따르지 않는 자(렘11:3). ⑲여호와를 떠난 자(렘17:5). ⑳여호와의 일을 태만이 하는 자(렘48:10). ㉑속여 하나님께 드리는 자(말1:14).

2. **금지대상** - ①부모(출21:17). ②관리(출22:28). ③청각장애자(레19:14). ④핍박을 하는 자(롬12:14). ⑤사람(약3:9). ⑥왕(전10:20). ⑦저주하는 자(눅6:28). ⑧성민(성도)(창12:3). ⑨하나님(욥2:9). ⑩원수(눅6:28).

3. **교훈** - ①저주를 받은 자는 끊어진다(시37:22). ②저주하는 자는 저주를 받는다(창12:3). ③한 입으로 찬송과 저주가 나올 수 없다(약3:10). ④저주를 받은자 - 율법을 모르는 자(요7:49). ⑤율법대로 하지 않은 자는 저주를 받은자이다(갈3:10). ⑥사단, 거짓선지자, 불의를 행하는 자는 저주의 자식이다(벧후2:1-15). ⑦신천신지는 저주가 없는 곳이다(계22:3). ⑧위하여 기도하라(눅6:28). ⑨회개하라(신30:1, 2).

저축[貯蓄 ; 쌓을 저, 쌓을 축. store, gather]명(창6:21) 생긴 것을 다 써버리지 않고 장래를 대비하여 모아 두는 일.

*①홍수를 대비하여 노아의 식물저축(창6:21). ②흉년을 대비하여 요셉의 곡물저축(출41:48). ③십일조 저축(신14:28). ④성전건축을 위한 물건저축(대상29:16). ⑤국방강화를 위한 르호보암의 물자저축(대하11:11). ⑥격투의 날을 위한 저축(욥38:23). ⑦가난한 사람을 위한 재산 저축(잠28:8). ⑧금과 은을 저축함(겔28:4). ⑨헌금을 위하여 이를 저축(고전16:2). ⑩자녀를 위하여 부모의 재물저축(고후12:14).

저희[沮戲 ; 막을 저, 희롱할 희. aginst, frustrate]명(스4:5) 남을 지근덕거려 훼방을 놓음.

적[敵 ; 대적할 적. adversary, enemy]명(요일2:18) 전쟁의 상대. 자기와 원수인 사이. 경쟁의 상대. 적수.자기, 자기 나라에 대한 원수.

영적인 적 - ①하나님의 원수는 세상과 벗이 되고자 하는 자(시8:2, 약4:4). ②그리스도의 적은 유대인(요5:16, 히1:13). ③성령의 적(마12:24, 31, 32). ④성도의 원수는 사단과 그의 가족(욥1:9-11, 벧전5:8, 계12:10, 마12:21).

적국[敵國 ; 대적할(원수) 적, 나라 국. enemy country]명(민24:8) 상대가 되어 싸우는 나라.

적군[敵軍 ; 대적할 적, 군사 군. rebel army, enemies]명(신23:14) 적국의 군사.

적 그리스도[敵~ ; 대적할 적. antichrist]명(요일2:18) 그리스도를 대적하면서도 그리스도처럼 나타내 보이는 자. 그리스도의 재림까지 세력을 쓰고 성도를 박해한다.

1. **다른 이름** - ①짐승(계13:11). ②거짓 그리스도(마24:24). ③거짓선지자(마7:15, 막13:22). ④멸망의 가증한것(막13:14). ⑤벨리알(고후6:15). ⑥멸망의 아들(살후2:1-12).거짓사도(고후11:13). ⑦거짓 선생(벧후2:1). ⑧거짓의 아비(요8:44). ⑨이세벨(계2:20). ⑩이골라당(계2:6). ⑪짐승(계11:7). ⑫거짓말 하는 자(요일2:22).

2. **하는 일** - 사단의 힘을 빌려 ①교회를 박해한다(계11:1-13). ②복음전파를 방해한다(마13장). ③성도를 미혹한다(마24:23). ④표적과 기사도 행한다(마24:24). ⑤행음하게 한다(계2:20). ⑥그리스도를 부인한다(요일2:22). ⑦자신을 하나님이라 한다(살후2:4).

3. **적그리스도의 출현** - ①예고되었다(살후2:5). ②사단의 역사를 따라서(살후2:9-10). ③마지막때에(요일2:18). ④심판을 받아(살후2:8). ⑤영원히 괴로움을 받는다(계20:10).

적다[write down]〔타〕(창34:30) 글로 쓰다. 기록하다.

적다[little or few]〔형〕(창30:30) 수효나 분량이 모자라다.

적당[適當 ; 맞을 적, 마땅할 당. suitableness, moderate]〔명〕(민32:1) 사리에 알맞음.

적당[賊黨 ; 도둑 적, 무리 당. raiding bands]〔명〕(왕하13:20) 도둑의 떼. 주로 적진에 침입하여 약탈을 일삼는 무리.

적막[寂寞 ; 고요할 적, 고요할 막. loneliness, silence]〔명〕(욥3:7) 고요하고 쓸쓸함.

적몰[籍沒 ; 호적 적, 빠질 몰. confiscation of one's property, banish]〔명〕(스7:26) 죄인의 재산을 몰수하고 그 가족까지 벌하던 일.

적발[摘發 ; 딸 적, 들출 발. disclosure, hind out]〔명〕(창44:16) 숨어 드러나지 않는 것을 들추어 냄.

적병[敵兵 ; 대적할(원수) 적, 병사 병. enemy, battle]〔명〕(대하13:14) 적국의 병사.

적수[敵手 ; 대적할 적, 손 수. rival, fellow]〔명〕(출21:18) 재주나 힘이 서로 맞서 상대되는 사람. 대적.

적신[赤身 ; 붉을 적, 몸 신. nakedness]〔명〕(욥1:21) 벌거벗은 몸. 알몸. 아무 것도 가진 것이 없다. 예루살렘이 황폐할 것과 능욕당함의 표현.

*①인생의 출생(욥1:21). ②멸망과 수치(렘49:10). ③그리스도와의 관계를 끊을 수 없다(롬8:35).

적실[的實 ; 적실할 적, 열매 실. exactness, be true]〔명〕(단6:12) 틀림이 없음. 꼭 그러함.

적자[赤子 ; 붉을 적, 아들 자. baby]〔명〕(사3:4) 갓난 아이. 임금이 백성을 일컫는 말.

적진[敵陣 ; 대적할(원수) 적, 진칠 진. enemycamp]〔명〕(삿7:9) 적의 진영.

적축[積蓄 ; 쌓을 적, 쌓을 축. accumulation]〔명〕(창41:35) 쌓아 간직함. 축적.

적치[積置 ; 쌓을 적, 둘 치. piling up]〔명〕쌓아서 둠.

전[前 ; 앞 전. front]〔명〕(창8:11) 앞. 이전. 지난 때. priority. 먼저.

전[殿 ; 대궐 전. house, temple]〔명〕(창28:17) 궁궐. 성전 등의 집, 사당, 신전등을 가리키는 말. 성경에서는 성전에 대해서 '전'으로 번역하였고 이교 신전은 당(삼상5:2), 또는 집, 전각, 신사 등으로 번역했다(렘43:12, 행19:27, 롬2:20).

전각[殿閣 ; 대궐 전, 누각 각. temple]〔명〕(렘6:5) ①이교의 신전 ②에베소 사람이 섬기는 아데미 여신의 신전을 가리킨 말(행19:27, 37)

전각직이[殿閣直~ ; 대궐 전, 누각 각, 곧을 직. temple keeper]〔명〕(행19:35) 이교신전을 지키고 관리하는 사람. 황제 예배가 성행한 소아시아지역에서 황제를 위한 신전건립과 유지 관리를 위해 임직된 자.

전갈[全蝎 ; 온전 전, 빈대 갈. scorpion]〔명〕(신8:15) ①전갈과의곤충. 길이는 6~20cm정도이며 독침이 있다.

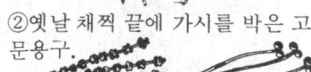

②옛날 채찍 끝에 가시를 박은 고문용구.

비유 - ①성도를 괴롭히는 적(겔2: 6, 눅10:19). ②무거운 멍에(대하 10:11,14). ③악의 권세(계9: 3,10). ④죽이지는 못함(계9:5). ⑤해로운 것(눅11:12).

전경[全境 ; 온전 전, 지경 경. all the land]명(출10:15) 온 지경. 그 지역 전체.

전국[全國 ; 온전 전, 나라 국. whole country]명(창41:43) 한 나라의 전체.

전군[前軍 ; 앞 전, 군사 군. advance guard]명(욜2:20) 전방의 군대. 앞장에 서는 군대.

전권[全權 ; 온전 전, 권세 권. full power, all authority]명(에9:29) 위임된 사항을 처리할 일체의 권한.

전능[全能 ; 온전 전, 능할 능. almighty]명(창17:1) 모든 일을 다할 수 있는 절대의 능력. 불가능이 없는 것을 말함.

전능자[全能者 ; 온전 전, 능할 능, 놈 자. Almighty God. Almighty]명 (창49:24) 모든 일을 다 할 수 있는 절대적인 능력을 가지신 하나님에 대한 다른 표현. ①만물을 창조하심(창1:1). ②만물을 다스리심(암4:13). ③생사 화복을 주관하심(시115:3, 롬4:17-24). ④보존하심(계4:11). ⑤통치하심(엡1: 11, 단4:35). ⑥징벌하심(롬1: 32). ⑦영원무궁하심(사41:28-31). ⑧그리스도(계1:8). ⑨주의 말씀(고후6:18).

전능하신 이 (주) [the Lord God Almighty]명(계21:22). 하나님을 일컫는 말. ①공의로 심판하심(욥8: 3). ②기도의 대상자(욥8:5). ③그리스도(계4:8). 무소부재. ④왕권을 가지신 이(계11:17). ⑤찬송을 받으실 이(계15:3). ⑥대적자는 마귀(계16:14). ⑦진노하심(계19:15). ⑧성전이심(계21:22).

전능하신 하나님[the power of God] 명(창28:3) 전능자, 주권자. 절대적인 통지자. 무소부재자. 하나님을 부르는 말. 그를 나타내는 말.

전당[典當 ; 전당잡힐 전, 마땅할 당. pawn]명(겔18:16) 재산을 담보로 하고 돈을 융통하는 일. * 여호와 앞에 신실치 못한 일(레6:22, 겔 18:16).

전당물[典當物 ; 전당잡힐 전, 마땅할 당, 만물 물. pledge, security] 명(겔18:7) 돈을 빌리기 위하여 전당잡힌 물건. 성경에 이 습관의 부정을 방지하기 위한 규정이 있다.

1. **저당 잡을 수 있는 것** - ①토지, 가옥(느5:3). ②가축(욥24:3). ③의복(욥22:6).

2. **저당 잡을 수 없는 것** - ①맷돌(신24:6). ②과부의 옷(신24:17). ③ 빈자의 것(신24:12).

3. **저당 잡는 방법** - ①채무자가 가지고 나오기를 밖에서 기다려야 한다 (신24:1). ②집안에 들어가서 가져 나올 수 없다(신24:11). ③옷은 해가 지기 전에 돌려 주어야 함 (출22:26). ④주인에게 돌려 주어야 한다(겔18:12).

4. **교훈** - ①신실하지 못한 일(레6: 22, 계18:16). ②학대, 억압, 불법을 자행하지 말라(암2:8).

전대[纏袋 ; 읽을(묶을) 전, 자루 대. 纏帶 ; 읽을(묶을) 전, 띠 대. purse, sack]명(수9:4) 돈이나 물건을 넣어 몸에 지니게 된 양쪽 끝이 터진 자루. ①여행용구의 일종. 염소나 약대털로 만든 자루주머니(수9:4) ②돈주머니(왕하5:23). ③손주머니(사3:22)④지갑(눅12:33, 마9:9). ⑤돈궤(요12:6,13:39).

전도[傳道 ; 전할 전, 길 도. preach] 명(마11:1) 하나님과 그리스도의 교리를 전하여 믿음을 갖도록 하는 일. 복음선교. 성령의 힘으로 전함.

전도서[Ecclesiastes]명(전) 구약 제 21권째 성경. 솔로몬의 기록으로 해 아래 인생의 헛됨을 지적하여 인간이 지혜를 가지고 인생의 기쁨과 선을 찾으려면 우리 인생 전체를 구석구석까지 엄밀하게 살펴 나아가야만 온갖 궂은 일에도 만족스러운 삶을 가질 수 있음을 말해준다. 인간의 평등(죄인)과 세상의 모든 것으로는 참 행복을 가질 수 없으며 인간을 만족시킬 수 없다는 것을 가르친다. 내용분해는 박기원 편 성경총론을 참고하라.

* **전도서에 나타난 그리스도의 모형** - 전도서에는 하나님과의 교제가 단절된 삶이 공허하며 혼란스러운 가운데 종교성이 있는 인간이 섬김을 받을 자 그리스도를 발견한다. ①한 목자(전12:11) - 그리스도는 참 목자이시다(요10:). ②섬김을 받을 자(전3:11) - 주는 그리스도시오 살아계신 하나님의 아들이시니이다(마16:16, 요12:26, 빌2:30). ③풍성하게 하시는 자(전1-2장) - 세상의 것은 헛되나 그리스도께서는 참된 삶을 풍성히 누리게 하신다(요10:9,10, 엡1:7, 2:7). ④낮아지신 자(전9:15) - 그리스도의 낮아지심, 그는 하나님과 동등됨을 취하지 아니하시고 종의 형체를 가져 사람들과 같이 되셨다(빌2:6-7). ⑤말씀을 기뻐하는 자(전5:1) - 그리스도께서는 어릴 적부터 말씀을 듣기도 하고 묻기도 하셨다(눅2:46). ⑥본분(의무)을 다한자(전12:13) - 그리스도는 신인 양성으로 구속주로서의 의무를 다하였다(히9:10).

전도인[傳道人 ; 전할 전, 길 도, 사람 인. preacher]몡(딤후4:5) 전도를 하는 사람. 전도자.

전도자[傳道者 ; 전할 전, 길 도, 놈 자. preacher]몡(행21:8) 복음을 전하는 사람(엡4:11). 목사(딤후4:5). 솔로몬(전1:1).

*①죄를 회개하고 복음을 믿으라고 전하는 자(막1:15). ②그리스도의 제자(마8:31). ③그리스도의 증인(행1:8). ④집사(행21:8). ⑤교회의 일꾼(행6:4, 골1:23).

*①노아(벧후2:5). ②솔로몬(전1:1). ③예수님(눅19:10). ④베드로와 요한(행3:1, 15:7). ⑤안디옥 교회 교인(행13:1). ⑥바울과 바나바(행131-5). ⑦집사 빌립(행21:8). ⑧디모데(딤후4:5). ⑨디도(고후8:6, 갈2:1). ⑩아볼로(행18:24, 25). ⑪흩어진 성도(행8:4). ⑫이외 초대교회 전도자가 많이 있었다.

전동[箭筒 ; 화살 전, 통 통. quiver]몡(욥39:23) 화살을 넣는 통. 전통이라고도 함. →전통.

전란[戰亂 ; 싸울 전, 어지러울 란. war, disturbances]몡(사3:25) 전쟁으로 인한 국내의 혼란.

전력[全力 ; 온전 전, 힘 력. all one's power]몡(딤전4:15) 모든 힘, 자신의 실력 전체.

전례[前例 ; 앞 전, 본보기 례. precedent]몡(룻4:7) 이미 있었던 일과 비교하면서 진행하는 사례.

*①신을 벗어 주며 증명하는 전례(룻4:7). ②율법을 아는 사람에게 묻는 전례(에1:13). ③성전에 올라가는 전례(슥1:6). ④가르치는 전례(막10:1). ⑤제사장의 추첨전례(눅1:9). ⑥부모의 율법준수 전례(눅2:42). ⑦절기에 참석하는 전례(눅2:42). ⑧명절에 죄인을 석방하는 전례(마27:15, 요18:39).

전례[傳例 ; 전할 전, 본보기 례. precedend]몡(시122:4) 전해오는 본보기. 위항 참조.

전률[戰慄 ; 싸울 전, 두려울 률. shivering]몡(합3:6) 몹시 두려워 몸이 떨림. 전율.

전리[田里 ; 밭 전, 마을 리. one's native village, field]몡(느13:10) 자기 고향 마을.

전마[戰馬 ; 싸울 전, 말 마. war horse]몡(겔27:41) 전쟁에서 쓰이는 말. 군대가 쓰는 말. 마병, 기병과 같은 말. 하나님께서는 말의 힘줄을 끊으라고 하셨다. 무역물자의 하나. 솔로몬은 애굽에서 말을 수입했다. 말의 힘줄과 말의 수입은 하나님을 의지하지 않는 행위이며 인간의 힘을 과시한 것이다.

전면[前面 ; 앞 전, 낯 면. front]명 (출26:9) 앞쪽.

전멸[全滅 ; 온전 전, 멸할 멸. annihilation, destroy]명 (수2:10) 모두 없어짐. 모조리 망해버림.

전무[專務 ; 오로지 전, 힘쓸 무. principal business]명 (행6:4) 전문적으로 맡아보는 사무.

전무후무[前無後無 ; 앞 전, 없을 무, 뒤 후, 없을 무. unique]명 (출11:6) 과거에도 앞으로도 없음.

전문[殿門 ; 대궐 전, 문 문. entrance of temple]명 (왕하12:9) 성전문.

전배[前陪 ; 앞 전, 따를 배. men to run, servant]명 (삼하15:1) 옛날에 관원을 인도하던 관청 하인. ①압살롬의 전배(삼하15:1). ②아도니야의 전배(왕상1:5).

전번[前番 ; 앞 전, 차례 번. former, last time]명 (왕하1:14) 지난번.

전병[煎餠 ; 지질 전, 떡 병. wafers, cake, unleavened bread]명 (출29:23) 곡식의 가루를 반죽하여 얇고 넓게 구운 것. 부꾸미. 누룩을 넣은 것은 유교병, 누룩을 넣지 않은 것은 무교병이라고 한다.

전복[轉覆 ; 구를(돌) 전, 뒤집을 복. overturning, throw down]명 (렘31:28) 뒤집혀 엎어짐.

전부[全部 ; 온전 전, 떼 부. all]명 (출25:36) 온통. 전체. 남김 없이.

전부[前夫 ; 앞 전, 지아비 부. one's former husband]명 (신24:4) 먼저 번의 남편. 이혼한 남편. 재결합이 금지되었다.

전사[戰死 ; 싸울 전, 죽을 사. death in battle]명 (신20:5) 싸움터에서 싸우다가 죽음. 전몰과 같은 말.

전사를 염려한 규례 - ①새 집을 짓고 낙성식을 하지 못한 자는 징집이 면제(신20:5). ②포도원을 만들고 열매를 먹지 못한 자는 병역면제 되었다(신20:6). ③약혼한 남자의 징집면제(민20:7).

전사[戰士 ; 싸움 전, 선비 사. soldier]명 (삿20:17) 군인. 어떤 일에 종사하여 분투하는 사람. champ.

전세[戰勢 ; 싸움 전, 권세 세. war situation, battle]명 (왕하3:26) 전쟁의 형편.

전송[餞送 ; 전송할 전, 보낼 송. seeing off]명 (창18:16) 떠나 보냄.

전신[全身 ; 온전 전, 몸 신. whole body]명 (창25:25) 온 몸.

전신갑주[全身甲胄 ; 온전 전, 몸 신, 갑옷 갑, 투구 주. whole armor]명 (엡6:11) 온 몸의 갑옷과 투구. 신령한 전쟁에 있어서 하나님께서 주시는 무장(엡6:14-18). ①진리의 허리띠. ②의의 흉배. ③복음의 신. ④믿음의 방패. ⑤구원의 투구. ⑥성령의 검. ⑦기도.

전심[全心 ; 온전 전, 마음 심. one's whole heart]명 (삼상7:3) 온 마음. 한 마음. 주를 따르는 마음.

전심전력[全心全力 ; 온전 전, 마음 심, 온전 전, 힘 력. diligent]명 (딤전4:15) 온 마음과 온 힘을 다 기울임. 부지런하게.

전언[傳言 ; 전할 전, 말씀 언. message]명 (출18:6) 전하여 주는 말.

전염[傳染 ; 전할 전, 물들일 염. infection]명 (레15:24) 병독이 남에게 옮음. 몹쓸 풍속이 전하여 전체에 물이 듦.

전염병[傳染病 ; 전할 전, 물들일 염, 병들 병. infection, pestilence]명 (민14:12) 병독이 남에게 전염하는 병. 염병. 재앙. 온역. 일반적인 유행병. *회개하지 아니하는 자에게 내리는 하나님의 형벌.

전옥[典獄 ; 법 전, 감옥 옥. jailer]

명(창39:21) 간수의 우두머리. 교도관의 계급.

전왕[前王 ; 앞 전, 임금 왕, former king]명(민21:26) 전번의 임금.

전원[田園 ; 밭 전, 동산 원. fields and gardens]명(출22:6) 논밭과 동산. 시골. 교외.

전율[戰慄 ; 싸울 전, 두려워할 율. drive asunder]명(합3:6) 두려워서 몸이 몹시 떨림.

전일[前日 ; 앞 전, 날 일. previous day]명(창43:18) 바로 앞날. 지난날. other day.

전장[戰場 ; 싸움 전, 마당 장. battle field]명(삿8:13) 전쟁이 일어난 곳. 싸움터.

전재[錢財 ; 돈 전, 재물 재. money]명(겔22:25) 돈.

전쟁[戰爭 ; 싸울 전, 다툴 쟁. war]명(출1:10) 싸움. 무력으로 국가간에 싸우는 일. ①하나님의 뜻에 의한 전쟁(출17:16). ②하나님의 심판의 전쟁(렘21:8-10,롬1:29). ③정욕에 의한 전쟁(약4:1-2). ④인간의 내적 죄악, 마귀와의 싸움(고후10:4,엡6:12). ⑤무장은 하나님의 전신갑주(엡6:14,18).

영적 말세의 전쟁 - 마귀와의 싸움 - ①짐승(사단)이 전쟁을 일으킴(계11:17). ②귀신의 영이 하나님과 대적하기 위하여 군사를 모음(계16:14). ③그리스도와 더불어 싸운다(계19:19).

전쟁기[戰爭記 ; 싸움 전, 다툴 쟁, 기록할 기. story of war]명(민21:14) 싸움에 있었던 모든 사실기록.

전쟁의 준마[steed of battle] 명(슥10:3) 전투중의 말을 가리킨다. 이스라엘의 회복.

전쟁준비[prepare to wage war]명(미3:5) 적과 싸우기 위하여 미리 마련하는 것. ①방어용 진지, 물자비축(욥38:23,대하11:11). ②상주군을 편성(민31:14). ③징집함(삿3:27). ④평화를 선언(신20:10). ⑤하나님의 뜻을 물음(왕상22:7-28). ⑥정탐군을 파견함(민13:17). ⑦제사를 드림(삼상7:9,13:8-10)⑧진을 배치(삼하17:1-5).

전쟁하는 활[battle bow]명(슥9:10) 전쟁무기, 전투하는데 쓰이는 활. 끊어짐은 절망, 싸우는 활은 승리를 말한다(슥10:4).

전정[殿庭 ; 대궐 전, 뜰 정. garden of a palace]명(시135:2) 궁전의 뜰.

전제[奠祭 ; 정할(제사지낼) 전, 제사제. drink offering]명(출29:40) 포도주 4분의 1힌(hin)을 부어 드리는 제사. 신약에서는 관제로 번역했다(빌2:17,딤후4:6). 포도주는 피를 상징한다.

*순교를 상징(빌2:17,딤후4:6).

전제물[奠祭物 ; 정할 전, 제사 제, 만물 물. wine for a drink offering]명(창35:14) 전제에 드리는 제물. 포도주 4분의 1힌(hin).

전지[田地 ; 밭전, 땅지. field, land]명(창47:18) 논과 밭. 토지, 땅, 들과 같은 말.

전직[前職 ; 앞 전, 맡을 직. former occupation]명(창40:13) 전에 가졌던 직업 또는 벼슬.

전진[前進 ; 앞 전, 나아갈 진. advanice, go up]명(느12:37) 앞으로 향하여 나아감.

전집[典執 ; 법 전, 잡을 집. pawn]명(신24:6) 전당을 잡히거나 잡음. 전당.

전집물[典執物 ; 법 전, 잡을 집, 만물 물. pawn, pledge]명(신24:10) 저당 잡은 물건. 전당물.

전철[煎鐵 ; 지질 전, 쇠 철. cooking plate]명(겔4:3) 지짐철에 쓰는 솥뚜껑 모양의 기구. 번철(燔鐵).

전체[全體 ; 온전 전, 몸 체. total]명(출34:10) 온통. 전부. 모두.

전치[全治 ; 온전할(모두) 전, 다스릴 치. complete recovery]명(출21:19) 병을 완전하게 고침.

전터[殿~ ; 대궐 전. field of temple]명(스2:68) 전을 지은 자리.

전토[田土 ; 밭 전, 흙 토. fields]명

(레25:31) 논밭. 전지(田地). 주로 들을 가리킨다.

전통[箭筒 ; 화살 전, 통 통. quiver] 명(창27:3) 전동(箭筒). 화살통. ①군인의 무구(사22:6, 욥39:23). ②사냥꾼이 사용(창27:3).

상징 - ①한 나라(열린 묘실)(렘5:15-16). ②보존(사49:2). ③자식 복(시127:4-5).

전파[傳播 ; 전할 전, 씨뿌릴 파. dissemination, declare throughout] 명(출9:16) 널리 전하여 퍼뜨림. 그리스도의 복음을 전하는 일. 알리는정도이상공격적인선전이다.

1. **전파하는 자** - 전도자. 선교사. 믿음과 진리안에서 스승(딤전2:7). ①세례 요한(마3:1). ②그리스도(마4:17). ③바울(딤전2:7). → 전도자. ④병고침을 받은 자(막7:36).

2. **전파하는 내용** - 그리스도는 하나님의 아들이신 메시야(행2:14-39, 3:12,-26). ①예언을 성취하신 그리스도. ②다윗의 자손이신 그리스도. ③예언대로 구속을 위하여 죽으신 그리스도. ④예언대로 다시 살아나신 그리스도. ⑤승천하시어 하나님 우편에 계시는그리스도. ⑥다시 오실 심판주 그리스도. ⑦천국복음(마9:35). ⑧의(벧후2:5). ⑨말씀(딤후4:2). ⑩하늘나라(행28:31). ⑪부활(고전15:12). ⑫언약(행13:32). ⑬회개와 세례(막1:4).

3. **전파 방법** - ①회개하고 복음을 믿으라(마3:1, 4:17). ②나가서(막1:45). ③가면서(마10:7). ④세례를 베풀며(막1:4,마28:19-20). ⑤세상끝까지(막13:10,막16:15). ⑥세상 끝날까지(마24:14). ⑦때를 얻든지 못 얻든지(딤후4:2). ⑧이방인 가운데서(갈2:2). ⑨영들에게 까지(벧전3:29).⑩죽은 자들에게(벧전4:6). ⑨⑩은 그리스도께서 하신 일. ⑪가르쳐 지키게 한다(마28:19-20).

전폐[全廢 ; 온전할(모두) 전, 폐할 폐. total abolition]명(사6:11) 아주 없애버림. 모두 그만 두게 함.

전하다[傳~ ; 전할 전. report, say] 타(창19:32) 소식을 알려주다. 이 사람이 저 사람에게 옮겨주다. → 전파. 전도자.

전혀[專~ ; 오로지 전. only, stedfastly]부(행2:42) 오로지.

전후[前後 ; 앞 전, 뒤 후 before and, after]명(출30:3) 앞과 뒤. 먼저와 나중.

전후좌우[all the sides]명(출30:3) 앞과 뒤 왼쪽과 오른쪽. 사방.

절[bow]명(창19:1) 공경의 뜻으로 남에게 몸을 굽혀 보이는 예(禮). ①경배(마2:11). ②존경(행10:25). ③부탁의 표시(마15:25). ④아첨할 때도 한다(삼상15:5-6). ⑤예속, 굴복(수23:7, 단3:18).

절교[絕交 ; 끊을(끊어질) 절, 사귈 교. breach of friendship, separate] 명(느9:2) 서로 사귐을 끊음. 이단자와는 절교해야 한다(요이7-10).

절구[mortar]명(민11:8) 사람의 힘으로 곡식을 찧거나 빻는데 쓰는 기구. 통나무와 돌의 속을 파내거나 쪼아내어 만듦.

절기[節期 ; 마디 절, 기약할 기. gala day, feast]명(출5:1) 명절. 종교사의 축제일 정한 절기. ①안식일(신5:12-15). ②월삭(레23:24-25). ③유월절(출12:1-28). ④무교절(출12:15-20). ⑤오순절(출23:16, 행2:1) - 칠칠절, 맥추절.

초실절. ⑥초막절(레23:33-43). 수장절(출23:16). ⑦수전절(요10:22). ⑧부림절(에9:24-). ⑨안식년(출23:11). ⑩희년(레25:8-55). ⑪나팔절(신년)(출12:2). ⑫속죄일(레16:29-34).

절기제[節期祭 ; 마디 절, 기약할 기, 제사 제. feast offering]명(민15:3) 절기에 드리는 제사.

절다[limp, halt]자(창32:31) 걸음을 절뚝거리며 걷다.

절대[絶對 ; 끊을 절, 대할 대. not at all absoluteness]명(렘11:12) 견줄만한 다른 것이 없는 상태. 아무 것에도 제약을 받지 않음. 아무 것에도 따르지 않고 모든 조건을 초월하여 독립한실재. 진리(요18:37).

절도[窃盜 ; 좀도죽질 절, 도둑 도. robber, theft]명(요10:1) 물건을 몰래 훔침. 또는 훔친 도둑.

절뚝발이[lame]명(레21:8) 절뚝거리며 걷는 사람. 저는 사람. ①짐승 - 제물이 될 수 없다(말1:8). ②사람 - 제사장이 될 수 없다(레21:17-18).

절로[of it self]부(레22:8) 제스스로. 자연의 힘으로. ㉑저절로.

절망[絶望 ; 끊을 절, 바랄 망. despair]명(삼상27:1) 소망이 끊어짐. 희망을 버리고 체념하는 일. 본래의 자기자신을 잃음. * 염려를 주께 맡기면 극복된다(벧전5:7).

절박[切迫 ; 끊을 절, 핍박할 박. pressure]명(삼상13:6) 마감·시기 따위가 다가서 여유가 없음. 일이 급하여 긴장하게 됨.

절반[折半 ; 꺾을 절, 반 반. halving a half]명(출26:9) 하나를 둘로 똑같이 나눔.

절벽[絶壁 ; 끊을 절, 벽 벽. precipice]명(겔38:20) 급한 낭떠러지.

절일[節日 ; 마디 절, 날 일. feast, festival]명(출32:5) 명절날이나 경축일의 통칭. * 하나님을 예배하기 위하여 구별된 날→절기.

절제[節制 ; 마디(예절) 절, 억제할 제. self-control, temperance]명(행24:15) 알맞게 조절함. 방종하지 않도록 욕망을 제어함. 극기(克己). 자제력에 의한 생활조절. 육의 지배에서 벗어나는 행위. 성령의 열매(갈6:16-21, 22-23). ①성령의 열매(갈5:23). ②성도의 덕목(벧후1:6). ③직분자의 자격중 하나(딤전3:2, 11, 딛1:8).

절제할 것 - ①음식(잠25:16). ②술(딤전3:8). ③말(약1:26). ④일(고전9:25).

절하다[bow]자(창19:1) ①몸을 굽히게 하여 존경의 뜻을 나타냄. ②경배하다. * 좋은 뜻으로 겸손하게 구하다. 나쁜 뜻으로 우상에게 굴복하다(마4:8-10).

젊다[young]형(출29:1) 나이가 적고 혈기가 왕성하다.

젊은이[young man]명(욜2:28) 나이가 젊은 사람. 혈기가 왕성한 사람. ous man.

점[點 ; 점 점. spot]명(창30:32) 작고 둥글게 찍힌 표나 자리. 얼룩 반점.

점[占 ; 점 점. divination]명(창44:15) 팔괘(八卦), 육효(六爻), 오행(五行) 따위로고 그림을 미리 판단하는 일. ①신접에 의해 길흉을 봄(행16:16). ②성경에서 금하는 행위(신18:10-14).

점고[點考 ; 점 점, 상고할 고. rollcall, number]명(수8:10) 명부에 다 일일이 점을 찍어가면서 사람의 수효를 조사하는 것.

점괘[占卦 ; 점칠 점, 점괘 괘. divination sign]명(겔13:6) 점에서 나오는 괘. 거짓임. 믿지 말 것.

점령[占領 ; 차지할 점, 거느릴 령. occupation]명(민21:24) 일정한 곳을 차지하여 남의 침입을 허락하지 않음. 한 국가나 병력으로 나라 밖의 일정한 지역을 점유함.

점복[占卜 ; 점 점, 점칠 복. divination]명(겔13:23) 점을 치는 일. 점술과 복술. →점.

점심[點心 ; 점 점, 마음 심. lunch,

dine]명(눅11:37) 낮에 먹는 끼니
점장이[占匠~ ; 점칠 점, 장인 장. sorcerer]명(단2:2) 남의 신수를 점쳐주고 돈을 받는 일로 업을 삼는 사람. 선지자들이 하나님의 뜻을 아는 방법과는 달리 거짓된 것, 거짓된 방법으로 하는 것이므로 죽어 마땅한 자. ①주술사(미5:12). ②술객, 술사(렘27:9).
점장이[店匠~ ; 가게 점, 장인 장. craftsman]명(왕상7:14) 물건을 파는 사람.
점점[漸漸 ; 차차 점, 차차 점. gradually]부(창8:3) 조금씩 차차.
접경[接境 ; 댈 접, 지경 경. boundary]명(슥9:2) 두 땅이 접한 경계.
접근[接近 ; 댈 접, 가까울 근. approach]명(민4:19) 서로 바짝 붙음.
접다[fold]타(출26:9) 꺾어 겹치다. 자기 의견이나 주장을 보류하다.
접대[接待 **접대**[接對] ; 대접할 접, 기다릴 대. 대할 대. reception]명(겔16:61) 손을 맞아서 대접함. (대상12:18)
접붙이다[接~ ; 댈 접. grafting]타(롬11:17) 다른 나무의 가지나 줄기를 옮겨 붙이는 일.

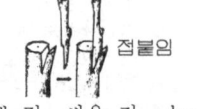 접붙임

접전[接戰 ; 댈 접, 싸울 전. close fighting]명(창14:8) 어울려 싸움.
접족[接足 ; 댈 접, 발 족. entering, rest]명(창8:9) 발을 들여놓음.
접촉[接觸 ; 댈 접, 닿을 촉. touch] (출29:37) 맞붙어서 닿음. 사귐. contact.
접하다[接~ ; 댈 접. adjoin, reach]자타(수12:5) 이어서 닿다. 어떤 일에 부닥치다. meet.
젓다[stir]타(잠30:30) 휘둘러 섞다. 배를 움직이려고 노를 두르다.
정[庭 ; 뜰 정. sanctuary]명(시116:19) 신성한 장소. 성전의 뜰.
정[情 ; 뜻 정. affection, feeling]명(창43:31) 느끼어 일어나는 마음. 친절하고 사랑하는 마음. affection.

정[釘 ; 못 정. tool]명(출20:25) 돌을 쪼아 다듬는 쇠연장.

정가[定價 ; 정할 정, 값 가. fixed price, estimation]명(레27:8) 정해놓은 값. 값을 정함.
정강이[shin, leg]명(출12:9) 아랫다리의 앞쪽의 뼈가 원형을 이룬 부분. 정강마루.
정갱이[shin]명(레1:9) 정강이.
정결[淨潔 ; 깨끗할 정, 깨끗할 결. clean pure, pureness]명(창7:2) 말쑥하고 깨끗함.
* 하나님과의 관계에서 의식적 성결, 윤리적 정결, 물질적 순수성.
***정결한 생활** - ①성경의 교훈(딤전4:12). ②신앙의 외적증거(약1:27). ③신앙의내적인증거(딤전1:5). ④정결한 자의 복(마5:8). 그리스도의 본을 따라한다(요일3:3)
정경[情境 ; 뜻 정, 지경 경. scenery, heart] 명(출23:9) 감흥과 경치·광경. 민망한 정상.
정교[情交 ; 뜻 정, 사귈 교. lie with one carnally, friendship]명(민5:13) 참된 마음으로 가까이 사귐. 두 남녀가 몸을 허락하여 사귐.
정교[精巧 ; 정할 정, 공교 교. elaborateness, service]명(출39:1) 세밀하고 교묘함.
정권[政權 ; 정사 정, 권세 권. political hegemony, government]명(시103:19) 정치를 좌우하는 권력. 정치에 참가하는 권리.
정규[正規 ; 바를 정, 법 규. for formality]명(사44:13) 바른 규정. 정당한 법.
정규[定規 ; 정할 정, 법 규. established rule]명(대하8:14) 정해진 규칙과 규약. *끌(사44:13). 제도(製圖)하는데 쓰이는 기구의 한 가지.
정금[精金 ; 정할 정, 쇠 금. pure gold]명(창2712) 불순물이 섞이지 않은 순금. ①지혜와 비교됨(잠3:13). ②하나님의 나라 소재(계21:21).

정기[定期 ; 정할(정해질) 정, 기약할 기. appointed time]명(민9:2) 일정한 기간. 또는 시기. 계절. 정한 때를 나타내는 말.

정녕[丁寧 ; 고무래 정, 평안할 녕. surely]부(창2:17) 틀림없이. 꼭.

정당[正當 ; 바를(바로 잡을) 정, 마땅할 당. rightfulness]명(욥33:23) 바르고 옳음. 이치에 당연함.

정대[正大 ; 바를 정, 큰 대. fairness, be bountiful]명(사32:5) 바르고 사사로움이 없음.

정도[程度 ; 법(한도) 정, 법도 도. proper limit]명(고후2:5) 알맞는 한도. 얼마의 분량.

정도[正道 ; 바를(바로 잡을) 정, 길 도. right principle]명(대하27:6) 올바른 길.

정돈[整頓 ; 가지런할 정, 조아릴 돈. arrangement]명(창43:25) 가지런히 바로 잡음.

정력[精力 ; 정할 정, 힘 력. vitality, soul]명(민11:6) 심신의 원기. 활동하는 힘.

정렬[整列 ; 가지런할 정, 벌릴 렬. standing in a row, array]명(사22:7) 가지런히 줄지어 섬.

정로[正路 ; 바를 정, 길 로. right path]명(잠23:19) 바른 길.

정리[整理 ; 정돈할 정, 이치 리. arrangement, dress]명(출30:7) ①정돈하여 가지런하게 함. ②필요 없는 일이나 인원을 줄이고 기구를 바로 잡음.

정명[定命 ; 정할 정, 목숨 명. fate]명(나2:7) 날 때부터 정해진 운명.

정미[精美 ; 정할 정, 아름다울 미. supremebeauty]명(시18:30) 정밀하고 아름다움. 순수.

정미[精微 ; 정할 정, 작을 미. try, minuteness]명(삼하22:31) 정밀하고 자세함. 원어는 精美와 같다.

정배[定配 ; 정할정, 짝 배. exile]명(스7:26) 죄인을 귀양 보냄.

정복[征服 ; 칠 정, 옷 복. conquest]명(창1:28) ①징벌하여 복종시킴. 전쟁에서 적을 이김. ②어려움을 이겨냄. master.

정사[政事 ; 정사 정, 일 사. poltical affairs, government]명(사9:6) ①정치상의 일. ②벼슬아치의 엄명과 출척(黜陟)에 관한 일.

정성[精誠 ; 정할 정, 정성 성. sincerity]명(대상29:19) 온갖 성의를 다하려는 참되고 거짓이 없는 마음.

정세[丁稅 ; 고무래 정, 세금 세. tribute]명(마17:25) 세금을 거두어 들임. 개인에게 부과되는 인두세를 말한다. 로마는 이 세금을 받기 위하여 유대인에게 호적령을 내렸다(눅2:1).

정수[定數 ; 정할 정, 셀 수. fixed number, allowance]명(왕하25:30) 정한 수효. 정하여진 운수. fate.

정수[精水 ; 정할 정, 물 수. semen, issue]명(레15:17) 남성의 생식기에서 분비되는 액. 정액.

정수리[頂~ ; 꼭대기 정. crown of the head]명(창49:26) 머리위에 숨구멍이 있는 자리. 하나님의 저주와 복에 비유된 말. (시7:16, 신33:16).

정숙[靜肅 ; 고요할 정, 엄숙할 숙. silence, solemn]명(느8:11) 고요하고 엄숙함. 숙정.

정식[正式 ; 바를 정, 법 식. formality]명(행19:39) 바른 격식. 올바른 식례. dueform.

정식[定式 ; 정할 정, 법 식. rule]명(대하4:7) 일정한 규칙과 격식 또는 의식.

정신[精神 ; 정할 정, 신령 신. mind]명(신28:65) 마음. 물체적인 것을 초월한 영적인 것. soul.

정오[正午 ; 바를정, 낮 오. noon]명(시37:6) 오정(午正) 때. 일오(日午). 낮12시. 생의 중간(욥11:17).

정온[靜穩 ; 고요할 정, 평온할 온. stillness, quiet]명(사14:7) 풍파가 없이 평안함.

정욕[情慾 ; 뜻정, 욕심낼 욕. sexual desire, lust]명(잠21:25) 색정(色情)의 욕심. 음욕. 색욕.

*제거법 - ①하나님을 가까이 함(약 4:8). ②마귀와 대적함(약4:7). ③성령을 의지함(롬8:1-8). ④회개함(고후7:9). ⑤하나님께 순종(롬12:1-2, 약4:7).

정월[正月 ; 바를 정, 달 월. first month]명(창8:13) 일년 중 첫달. 1월. 이스라엘은 봄이 1월이며 유월절이 있는 달. 모세가 성막을 세운달(출12:1-20, 40:17). 니산월. 처음 이름은 아빕월.

정월반[正月班 ; 바를 정, 달 월, 나눌 반. for the first month]명(대상27:3) 정월달에 해당하거나 담당한 반.

정을 통하는 눈[wanton, flirting with eyes]구(사3:16) 유혹하는 눈. 눈을 깜박임. 음탕함. 음탕스럽게.

정의[正義 ; 바를 정, 옳을 의. righteousness, justice]명(대하14:2) 올바른 도리. 바른 의리. 공의대로 하는 일.
*하나님은 정의로 심판하신다(벧전1:17, 골3:25).

정자[亭子 ; 정자(집) 정, 아들 자. arbour]명(왕하9:27)산수가 좋은 곳에 놀기 위하여 지은 집.

정절[貞節 ; 곧을 정, 마디 절. purity, modesty, sobriety]명(딤전2:9) 굳은 마음. 변하지 않는 외곬의 절개. 여자의 곧은 절개.

정재[整齋 ; 가지런할 정, 가지런할 재. symmetry, rank]명(대상12:33) 바로 잡아 가지런히 함.

정조[貞操 ; 곧을 정, 잡을 조. chastity]명(호5:7) ①여자의 깨끗한 절개. ②이성(異性)과의 순결을 지니는 일.

정죄[定罪 ; 정할 정, 허물 죄. guiltiness, condemnation]명(신25:1) 죄인으로 정함. 죄가 있음을 선포함.

정지[停止 ; 머무를 정, 그칠 지. stoppage]명(출36:4) 하던 일을 중도에서 그침. 잠시 금하여 막음.

정직[正直 ; 바를 정, 곧을 직. honesty]명(창44:16) 마음이 바르고 곧음. *악인은 정직하지 못함.

정직자[正直者 ; 바를 정, 곧을 직, 놈 자. the honest, the righteous]명(욥17:8) 정직한 사람.
*인간에게는 없다(미7:2). 정직한 자의 후대가 복이 있다(시112:2).

정처[定處 ; 정할 정, 곳 처. fixed place, dwelling]명(삼하15:20) 정한 곳. 일정한 곳.

정탐[偵探 ; 정탐할 정, 찾을 탐. spies, spy]명(창42:9) 몰래 형편을 알아 봄. 군사, 산업, 정치에 관한 비밀탐지.

정탐군[偵探軍 ; 정탐할 정, 찾을 탐, 군사 군. spies, spy]명(히11:31) 몰래 형편을 알아보는 사람.

정탐군 파견 - ①모세가 아모리인의 땅에서 야셀에(민21:32). ②모세가 가나안에(신1:24). ③여호수아가 여리고에(수2:1). ④여호수아가 아이에(수7:2). ⑤요셉족이 벧엘을(삿1:23). ⑥다윗이 사울이 진친곳에 (삼상26:4). ⑦압살롬이 각처에 (삼하15:10).

정탐자[偵探者 ; 정탐할 정, 찾을 탐, 놈 자. spy]명(창42:30) 정탐군. 첩보 활동자.

정하다[淨~ ; 깨끗할 정. pure]형(레10:10) 깨끗하다. 맑고 아름답다. clear.

정하다[精~ ; 정할 정. smooth]형(마27:59) 거칠지 않다. 아주 곱다.

정하다[定~ ; 정할 정. decide]타형(창23:18) 자리를 잡다. 일을 결정하다. 뜻을 세우다.

정형[情形 ; 뜻(사랑) 정, 형상 형. hardship]명(삿20:3) 심정이 밖에 드러난 형편. 어렵고 딱한 형편.

정혼[定婚 ; 정할정, 혼인할 혼. betroth, marry]명(창19:14) 혼인을 정함. 약혼.

정확[正確 ; 바를 정, 확실할(굳을) 확. exactness, correct]명(에4:7) 바르고 확실함. 부정확히.

젖[milk]명(창21:7) 유즙(乳汁). 포유동물의 유선. 유방.

젖기름[butter]명(신32:14) 젖에 있는 기름. 유지(乳脂). 버터.

젖다[get wet]자(신29:19) 물이 묻다. 축축하게 되다.

젖동생[~同生 ; 한가지 동, 날 생. member of the court]명(행13:1) 원문에는 '함께 자라다'의 뜻이 있다. 친형제 자매는 아니지만 같은 유모의 젖을 먹고 자란 사람을 일컫는 말. 분봉왕 헤롯 안디바와 마나엔의 관계를 말했다.

젖 부대[~ 負袋 ; 짐질 부, 자루 대. bottle of milk]명(삿4:19) 우유, 양젖을 넣는 큰 자루.

제[第 ; 차례 제. No., number]관(창14:4) 째나 차례

제[祭 ; 제사 제. offering, sacrifice]명(민15:3) 제사(祭祀).

제각기[~各其 ;각각 각,그 기. each]부(전10:15) 여럿이 다. 저마다.

제구[諸具 ; 모든(여러) 제, 갖출 구. weapons]명(삼상8:12) 여러가지 기구. 패물. 집물. 물건. 그릇.

제금[提琴 ; 끌 제, 거문고 금. cymbals]명(삼하6:5) 타악기의 한 종류. 오늘날 심벌즈와 같다. ①법궤 운반시(삼하6:5). ②성전 기공식(스3:10). ③성전 준공식(느12:27). ④속죄일(대하29:25). ⑤성전예배시에 사용했다(대상16:5).

제단[祭壇 ; 제사 지낼 제, 제단 단. altar]명(출28:43) 하나님께 제사를 드리기 위해 만든 단.

제단문[祭壇門 ; 제사 제, 제단 단, 문 문. gate of altar]명(겔8:5) 성전 바깥 뜰에서 제단이 있는 곳으로 들어가는 문.

제단뿔[horns of the altar]명(왕상1:50) ①제단의 네 귀에 난 뿔(출27:2). ②아도니야가 제단의 뿔을 잡고 임시 도피처로 삼았기 때문에 죽음을 면했다.

←제단뿔

제도[製圖 ; 지을 제, 그림 도. drafting]명(삼상8:9) 도면(圖面)을 제작함. 기하학의 원리에 따라 기구를 써서 평면상에 물체의 형상을 점선 따위로 나타내는 일. drawing.

제도[制度 ; 법 제, 법도 도. system]명(삼상8:9) 마련한 법도. 나라의 법칙. ①통치를 위한 제도(출18:13-27). ②직무를 수행하기 위한 제도(눅1:8-9). ③관리, 봉사를 위한 제도(행6:1-7).

제물[unmixed thing]명(사30:6) 음식을 익힐 때 처음부터 부어둔 물. 또는 제 몸에서 우러난 국물. 딴 것에 섞이지 않은 순수한 물건.

제물[祭物 ; 제사 제, 만물 물. offering]명(창4:3) 제사에 쓰이는 음식물. 제사, 희생, 예물과 같은 말. ①가장 좋은 것으로(말1:14). ②법이 정한대로(막1:44). ③온전한 것을(레22:21). ④즐거운 마음으로(시27:6). ⑤하나님께 드린다(출22:20).

＊진정한 제물은 나 자신이다.

제반[諸般 ; 모든 제, 일반 반. everything]명(창39:8) 여러가지. 모든 것.

제반사무[諸般事務 ; 모든 제, 일반 반, 일 사, 힘쓸 무. everything]명(창39:2) 여러 일. 모든 일.

제비[lot]명(레16:8) 결정하기 어려운 일에 대하여 종이에 적은 기호나 물건으로 가려 뽑음. 차례나 몫을 정하는 방법. 추첨. ①하나님께 물음(삿1:1). ②우림과 둠밈으로 결정(삼상28:6). ③기도한 후에 행함(행1:23-26). ④하나님이 제정하시고 결정한다(민26:55, 잠16:33).

1. **상황** - ①제물을 고를 때(레16:8). ②가나안 기업분배(민26:55). ③전쟁 수행(삿20:9). ④직무분담(대상24:8, 눅1:9). ⑤근무지 배정(대상26:14). ⑥단에 드릴 나무 공급을 위한 순서(느10:34). ⑦거주지 확정(스11:1). ⑧택일(에3:7). ⑨매매를 위하여(욥6:27). ⑩

소득을 위하여(사57:6). ⑪백성을 취함(욥3:3). ⑫예루살렘을 얻기 위하여(옵11). ⑬죄인 색출(욘1:7, 수21:10). ⑭예수님의 옷 분배(눅23:34, 요19:24, 시22:18). ⑮제자 충원(행1:26).

2. **교훈** - ①하나님이 작정 하심(잠16:33). ②다툼을 그치게 함(잠18:18). ③결과에 대하여 순복한다.

제비[swallow]명(시84:3) 제비과의 철새. 인가의 처마에 집을 짓고 삶으로 인간도 하나님의 제단 곁에서 봉사하기를 바란다(시84:3).

제사[祭祀; 제사지낼 제, 제사 사. sacrifice]명(창31:54) 하나님께 경배하기 위한 의식. 하나님과 인간과의 인격적 표현. 오늘날의 예배. 제사에는 제물이 따르고 모두 봉헌한다. 인류의 생활이 시작된 후에 제사도 하나님께 드리게 되었다. 범죄한 인생이 하나님께만 제사를 드려야 마땅한 것을 우상에게 제사드려 하나님을 반역하게 되었다.

1. **목적** - ①구원의 상징. 모형(창4:4). ②죄를 속하기 위하여(레6:26, 히9:26). ③하나님께 감사의 표시(시50:14, 23).
2. **종류** - ①번제(레6:8). ②상번제(민28:3). ③화제(민28:1). ④목제(레3:1-). ⑤속죄제(레4:1-). ⑥속건제(레5:14-). ⑦요제, 거제(레7:30-). ⑧소제(레2:1-). ⑨관제(레23:13-). ⑩감사제(시116:17). ⑪낙헌제(시119:108). ⑫전제(창35:14, 레23:13). ⑬희생(창46:1, 출5:8). ⑭산 제사(롬12:1). ⑮제사의 소멸(히10:18).
3. **그리스도의 희생 제사** - ①십자가의 죽으심(요19:30). ②희생양(벧전1:19, 요19:28-30). ③그의 피로 인류의 죄를 속함(롬3:25, 골1:14). ④하나님과의 화목, 교제 회복(요일2:2, 롬5:9-10). ④영원한 제사장으로서 완전히 속량(히9장-10장). ⑤제사가 소멸되었다(히10:18) ⑥단번에 성취(히7:27)

제사[祭司; 제사지낼 제, 맡을 사. priest]명(출35:19)하나님께 백성을 대신하여 제사(祭祀)를 드리던 사람. 사제(司祭). 제사장

제사장[祭司長; 제사 제, 맡을 사, 어른 장. priest]명(창14:18) 제사(祭司)들 중 우두머리. 하나님과 사람의 중보자. ①하나님께 드릴 제사를 주관하는 사람. 아론 이전의 제사장은 가장이었다(노아, 아브라함, 이삭, 야곱, 욥). ②레위인의 제사장직(출19:22). ③정규 제사장 외의 제사장(삿6:18, 24-26, 13:16). ③제단을 쌓고 희생을 드렸다(왕상18:20).

1. **직무** - ①성소와 제단에서 제사드림(민16:40, 18:5). ②율법을 백성에게 가르치는 일(대하15:3, 미3:11). ③하나님의 뜻을 묻는 일(출28:30, 스2:63). ④기타 직무(레10:8-). 언약궤와 성물운반, 소송취급, 문둥병 식별, 전쟁시 나팔을 부는 일 등. ⑤직무 수행을 위한조직, 반차(대상24:1-19, 스2:36-39, 눅1:59).
2. **계급** - ①대제사장. ②제사장. ③버금(차석) 제사장. ④평제사장(민8:11, 왕하25:18, 대하31:13, 느11:11).
3. **그리스도의 제사장직** - ①멜기세덱의 반차를 따름. 선조가 없고 후손, 후계자가 없으며 왕권을 가졌다(창14:18, 히7:1). ②하나님의

제사장(히5:56). ③영원한제사장 (히6:20, 7:10). ④무죄하신 제사장(히7:26). ⑤그의 몸과 피를 드린 제사장(히10:5-10, 골1:14). ⑥단번에 완성하신 제사장(히9: 12, 25). ⑦높이 올리사(히8:1, 10:21). ⑧우리를 위해 간구하시고(롬8:34). ⑨의문의 제사를 폐지하셨다(히10:18).
4. **성도의 제사장직** - ①그리스도를 말미암아(벧전2:5). ②하나님이 세우신(계1:6). ③왕같은 제사장이다(벧전2:9). ④땅에서 왕노릇하며(계5:10).⑤하나님께담대히, 당당하게 나아가(엡3:12).⑥성소에 들어갈 담력을 얻고(히10:19). ⑦하나님께 간구하며(고후5:20). ⑧천년동안 그리스도로 더불어 왕노릇 한다(계20:6).

제사장나라[祭司長~ ; 제사 제, 맡을 사, 어른 장. kingdom of priest] 명(출19:6) 하나님의 말씀(언약, 율법)을 잘 지키면 이루어지리라고 약속하신 나라. 이스라엘. 신약의 교회(벧전2:9, 계1:6, 5:10). 성도들이 제사장의 직무를 수행한다. → 제사. 제사장.

제사직[祭司職 ; 제사 제, 맡을 사, 맡을 직. priest]명(출31:10) 제사장의 직무.

제삼문[第三門 ; 차례 제, 석 삼, 문 문. third entrance]명(렘38:14) 세번째 문. 예레미야와 시드기야 왕이 밀담을 한 조용한 곳.

제삼층[第三層 ; 차례 제, 석 삼, 층계 층. third floor]명(왕상6:6) 셋째층. 성전 외각에 건축한 건축물의 층 높이. 너비가 7규빗.

제어[制馭 ; 법 제, 말부릴 어. control]명(민30:2) 통제하여 조종하는 일.

제육[祭肉 ; 제사 제, 살(고기) 육. flesh]명(레7:7) 제사를 드린 고기.

제이구역[second quarter] (습1:10) 예루살렘 성전 서쪽 낮은 지역의 시가지. 둘째 구역(왕하22:14). 제사장의 주거지. 멸망 때 곡성이 울려나오는 지역.

제일[第一 ; 차례 제, 한 일. number one]명(출22:5) 첫째. 으뜸.

제자[弟子 ; 아우 제, 아들 자. disciple, pupil]명(대상25:8) 학문의 가르침을 받는 사람. 가르침을 따라 익히는 사람. 집단과 개인
1. **제자의 유형** - ①선지자의 제자(왕하2:3, 사8:16). ②율법의 제자는 바리새인(요9:28). ③요한의 제자는 빌립, 안드레(요1:40-49, 마9: 14). ④예수님의 제자는 12사도(마10:1-). ⑤메시야의 제자는 성도(행6:1, 9:19, 11:26).
2. **제자도** - ①소유물을 포기(눅14: 33). ②세상을 포기(눅14:26). ③주의 말씀 안에 거하라(요8:31). ④서로 사랑하라(요13:35). ⑤서로 연합하라(요15:5). ⑥계명을 지키라(요14:15). ⑦순종 하라 (요13:12-17).⑧자기부인(마16: 24). ⑨십자가를 지라(마10:38, 16:24). ⑩짐을 서로 지라(갈6: 2,5, 행15:28). ⑪주를 사랑하라 (눅14:26, 33). ⑫말씀 안에 거하라(요14:15). ⑬모든 족속을 제자로 삼으라(마28:19-20). ⑭가르쳐 지키게 하라(마28:19-20). ⑮증인이 되라(막16:20, 행1:8). ⑯성령의 인도를 받아라(요16:13). ⑰귀히 쓰이는 그릇이 되어라(롬9: 21) ⑱죽도록 충성하라(계2:10). ⑲위로를 받게 되며(계7:17, 21: 4-). ⑳생명의 빛을 얻는다(요10: 27).

제재[制裁 ; 억제할 제, 마를(결단할) 재. restraint](고전6:12) 잘못한 것에 대하여 나무라거나 벌줌. 법범자에게 벌줌. sanction.

제조[製造 ; 지을 제, 지을 조. manufacture]명(출30:25) 지어서 만든 것.

제조품[製造品 ; 지을 제, 지을 조, 물건 품. manufactrues]명(겔27: 16) 만들어 낸 물품. 원료품을 가공하여 만듦.

제출[提出 ; 던질 제, 날출. presen-

tation, communicate]圖(행25: 18) 의견이나 안건을 내어 놓음.
제치다[put out of the way]타(창8: 13) 걸리지 않게 한쪽으로 치우다.
제하다[subtract]타(창14:24) 어떤 수에서 덜어 버리다. 없애거나 빼 버리다. exclude.
제한[制限 ; 억제 제, 한정 한. limitation, bound]圖(욥14:5) 어느 한 도를 넘지 못하게 함.
조[millet]圖(겔4:9) 곡식의 한 가지. 오곡의 하나. 포아풀과의 1년생 재배 식물. 가난한 자의 식량.

조각[piece]圖(레2:6) ①넓적하거나 얇은 물건에서 떼어낸 물건의 한 부분. ②갈라져서 따로 떨어져 나간 부분.
조각[彫刻 ; 새길 조, 새길 각. sculpture]圖(출35:35) 나무, 돌, 쇠붙이 따위에 글씨나 그림을 새기어 입체적 물상을 만듦. 또는 그 기술.
조각목[早角木 ; 검을 조, 뿔 각, 나무 목. shittim wood]圖(출25:5) 아카시아 나무의 일종. 성막의 목조부분에 쓰인 나무. 시내반도에 많다. 지명 싯딤은 이 나무가 많기 때문에 붙인 이름이다.
조각물[彫刻物 ; 새길 조, 새길 각, 만물 물. sculpture]圖(사2:16) 조각해 놓은 물건.
조각신상[graven image]圖(시97: 7) 금속, 석재, 목재에 새겨 만든 우상. 이것은 부어 만든 우상과 한가지로 불사르도록 명령을 받았다(신7:5, 12:2). 아로새긴 우상과 같다.
조각품[彫刻品 ; 새길 조, 새길 각, 물건 품. sculpture]圖(시74:6) 조각물.
조객[弔客 ; 조상할 조, 손 객. caller for condolence, comforter]圖(삼하10:3) 조상(弔喪) 하는 사람.

조건[條件 ; 가지 조, 물건 건. articles]圖(요8:6) 무슨 일을 어떻게 규정한 항목. 법률 행위의 효력의 발생이나 소멸을 장래의 불확실한 사실의 여부에 따라 결정지으려는 제한.
조공[朝貢 ; 아침 (왕조) 조, 바칠 공. tribute, gift]圖(삼하8:2) 작은 나라가 큰 나라에 물건을 바치는 일. 정복을 당한 나라가 정복한 나라에 바치는 금품. 현대전의 전쟁보상비.
조금[little]튀(창18:4) 정도나 분량이 적게. 시간적으로는 짧게. 많지 않게. 약간.
조금씩[little by little]튀(출23:30) 많지 않게 여러번 계속하여.
조급[躁急 ; 조급할 조, 급할 급. hasty temper]圖(잠14:29) 성질이 참을성 없이 급함.
조롱[嘲弄 ; 비웃음 조, 희롱할 롱. making sport of, taunt]圖(출32: 25) 비웃고 놀림. 깔보고 희롱함. 우롱. 마음대로 다루면서 데리고 놂. 농락. 모욕을 줌.
조롱[鳥籠 ; 새 조, 새장(종다래기) 롱. bird cage]圖(렘5:27) 새를 가두어 두고 기르는 장. 새장. 새잡이가 미끼새를 조롱에 두고 다른 새를 잡는 것과 같이 사취하여 부를 누린 사람을 책망하였다.
조명[詔命 ; 조서 조, 목숨 명. royal edict]圖(에2:8) 임금의 말을 국민에게 알릴 목적으로 적은 글. 조서.
조문[弔問 ; 조상할 조, 방문할 문. call of condolence]圖(욥2:11) 상주된 이를 조상하여서 위문함. 문상(問喪).
조문사[弔問使 ; 조상할 조, 방문할 문, 시킬 사. envoy to express condolence]圖(대상19:3) 상주된 이를 조상하여 위문하는 사신.
조문자[弔問者 ; 조상할 조, 방문할 문, 놈 자. callers to express condolence](전12:5) 조문하는 사람.
조물[造物 ; 지을 조, 만물 물. crea-

tion]몡(약1:18) 하늘·땅의 모든 물건을 만듦. 만들어진 물건. 창조된 만물.
＊하나님이 구원하신 성도.

조물주〔造物主 ; 지을 조, 만물 물, 주인 주. God, creator〕명(롬1:25) 창조주 하나님. 우주의 모든 자연을 만들고 그것을 주재하시는 이. 믿어야 할 분. 영혼을 부탁드려야 할 분(벧전4:19).

조밀〔稠密 ; 빽빽할 조, 빽빽할 밀. density, compact〕명(시122:3) 몹시 빽빽함. 촘촘함. 부조밀히.

조반〔朝飯 ; 아침 조, 밥 반. breakfast, dine〕명(요21:12) 아침 밥.

조복〔朝服 ; 아침 조, 옷 복. robe〕명(에8:15) 왕이 통치하던 시대 조정에 나아가 하례할 때 입는 정장. 국난이 있을 때에는 이 옷을 벗고 통회했다.

조부〔祖父 ; 할아비 조, 아비 부. grandfather〕명(창28:13) 할아버지.

조사〔調査 ; 고를 조, 조사할 사. search, inquiry〕명(창30:33) 실정을 살펴 알아봄.

조산〔助産 ; 도울 조, 낳을 산. midwifery〕명(출1:16) 분만을 도움. 해산 바라지.

조상〔祖上 ; 할아비 조, 위 상. fathers, ancestors〕명(창4:20) 돌아가신 아버지 위의 대대(代代)의 어른. 선조. 열조. 한 민족의 시조.

조상〔弔喪 ; 조상할 조, 잃을 상. lament〕명(삼하1:17) 사람의 죽음에 대하여 슬퍼하는 뜻을 표함. 문상(問喪). 애가. 곡하는 부녀 등으로 번역된 낱말. 두로의 멸망에 대한 표현(겔21:31).

조서〔詔書 ; 조서 조, 글 서. decree〕명(대하36:22) 왕명을 전하는 문서. 조명. ①문안을 작성하고 서명날인한 후 관원에게 전달(스8:8, 36). ②법률로 확정됨(에1:19). ③변경할 수 없다(단6:8). ④신속한 집행(스6:13). ⑤송달, 공포(에3:13, 눅2:1-2). ⑥집행(에9:1-). ⑦변경된 일도 있다(단3:29).

조석〔朝夕 ; 아침 조, 저녁 석. morining or evening〕명(삼상17:16) 아침이나 저녁. 조석반(朝夕飯).

조석간〔朝夕間 ; 아침 조, 저녁 석, 사이 간. morning or evening〕명(사38:12) 아침이나 저녁.

조성〔造成 ; 지을 조, 이룰 성. form, manufacture〕명(시90:2) 물건을 만들어서 이루어 냄.

조성물〔造成物 ; 지을 조, 이룰 성, 만물 물. creatures〕명(시104:24) 하나님께서 창조하신 모든 피조물. 재물, 소유, 얻은 것과 같은 낱말 〈부요의 난 외주의 낱말〉

조성자〔造成者 ; 지을 조, 이룰 성, 놈 자. one who made everything〕명(렘10:16) 창조주를 가리키는 말. 〈만들어 이루어 낸 사람〉

조소〔嘲笑 ; 비웃을 조, 웃음 소. derision, scorn〕명(시44:13) 조롱하는 태도로 웃는 웃음.

조심〔操心 ; 잡을 조, 마음 심. caution〕명(신6:12) 삼가 주의함.

조약〔條約 ; 가지 조, 약속할 약. agreement, covenant〕명(사33:8) 문서으로 맺은 언약. 문서에 의한 국가간의 합의.

조약돌〔pebble, gravelstone〕명(애3:16) 자잘하고 매끈한 돌.

조요〔照耀 ; 비칠 조, 빛날 요. shining〕명(행12:7) 밝게 비침.

조용하다〔quiet〕형(창25:27) 종용하다. 시끄럽지 않다. 말이 없다. 잠잠하다. 평안하다. 평온하다. 태평하다. 고요, 정숙, 그침 등의 뜻으로 번역된 말.

조조〔條條 ; 가지 조, 가지 조. every article〕명(행12:7) 조목 조목.

조직〔組職 ; 짤 조, 짤 직. formation〕명(시139:13) 짜서 이룸. 얽어서 만듦. 단체 구성의 방법.

조처〔措處 ; 둘 조, 곳(처리할) 처. management〕명(출21:34) 어떠한 문제나 일을 잘 살펴서 처리함. 조치.

조카〔nephew, brother's son〕명(창12:5) 형제, 자매의 아들.

조화[調和 ; 고를 조, 화목할 화. harmony]명(고후6:15) 이것 저것을 서로 어울리게 함. 서로 모순이나 충돌이 없이 잘 어울림.

조화[造化 ; 지을 조, 화할 화. way]명(잠8:22) 대자연의 이치를 가리키는 말로 모든 물건을 만들어 기른다는 뜻. creation. 사람의 힘으로는 어찌할 수 없이 신통하게 된 사물을 가리키는 말. 우주만물. wonders of nature. universe.

조회[朝會 ; 아침 조, 모을 회. seek, morning gathering]명(단4:36) 아침마다 모이는 일. 조례(朝禮). 백관이 임금을 뵙기 위해 아침에 모이는 일.

족대[足臺 ; 발 족, 집 대. foot stool]명(대하9:18) ①목기의 발 밑에 대는 널. ②발등상. 발을 올려놓는 발판.

족대

족보[族譜 ; 겨레 족, 계보 보. genealogy]명(대상5:1) 한 족속의 세계(世系)를 적은 책.

족보책[族譜册 ; 겨레 족, 계보 보, 책 책. genealogy]명(대하12:15) 계보를 기록해 놓은 책.

족속[族屬 ; 겨레(일가) 족, 붙을 속. clan, kindred]명(창10:8) 같은 종문(宗門)의 겨레붙이.

족장[族長 ; 겨레(친족) 족, 어른 장. chief, patriach]명(창36:15) 한 겨레붙이의 우두머리. 가족의 어른. 모세 이전의 아브라함, 이삭, 야곱을 지칭하는 말. 출애굽 이후 12지파에서 파생된 가문의 우두머리.

족제비[weasel]명(레1:29) 족제비과에 속하는 포유동물을 모두 일컫는 말. 성경에는 부정한 것으로 먹을 수 없는 동물. 인가 근처 낮은 산에 살면서 가축을 해한다.

족하다[足~ ; 발 족. sufficient]명(창24:25) 넉넉하다. 양에 차다.

존경[尊敬 ; 높을 존, 공경 경. respect]명(에1:20) 받들어 공경함.

존귀[尊貴 ; 높을 존, 귀할 귀. nobility]명(창34:19) 지위가 높고 귀함. 존영, 영광, 영화와 같은 말.

1. **하나님의 존귀** - ①위엄과 같이 나타남(대상16:27, 시21:5). ②영광과 같이 나타남(시145:5). ③그의 행사(시111:3). ④그리스도에서 받아야 함(빌1:20, 벧후1:17, 딤전1:17). ⑤그리스도께 영원히 돌려야 함(딤전6:16, 계5:13).

2. **사람의 존귀** - ①성도는 존귀한 자(시16:3). ②하나님께서 존귀케 하심(전6:2). ③스스로 취하지 못함(히5:4). ④그리스도의 나타나실 때 받아야 함(벧전1:7). ⑤영화와 함께 관 씌움을 받아야 함(시8:5). ⑥만국의 영광과 존귀를 가지고 천국으로 들어가야 한다(계21:26).

존귀한 자[favored man](시16:3) 지위가 높고 귀한 사람. 지도자, 권력자, 재판관, 왕 등을 가리키는 말. ①지도자 - 모세, 제사장, 장로, 여호수아(출24:9-11, 민27:20). ②다윗(삼상22:14). ③아비새(삼하23:19). ④나아만(왕하5:1). ⑤아합의 아들 70명을 교육한 자(왕하10:6). ⑥야베스(대상4:9). ⑦아하스에로의 방백(에6:9). ⑧과부와 고아를 돕는 자(욥22:7-9). ⑨여호와의 종(사49:5). ⑩심판의 주(사3:5, 23:8-9).

존대[尊大 ; 높을 존, 큰 대. honour, arrogance]명(대상29:25) 벼슬이나 학식이나 인격이 높고 큼.

존대[尊待 ; 높을 존, 기다릴 대. polite treatment]명(시15:4) 받들어 대접함.

존숭[尊崇 ; 높을 존, 높을 숭. reverence, honour]몡(삿13:17) 존경하고 숭배함.

존영[尊榮 ; 높을 존, 영화 영. nobility and glory, praise]몡(대하1:11) 지위가 높고 엄하고 영화로움.

존중[尊重 ; 높을 존, 무거울 중. respect]몡(삼상2:30) 높이고 중하게 여김.
* 교회 지도자의 가르침을 존중해야 한다(히13:17).

졸다[doze, slumber]자(욥33:15) 몸이 피곤하여 앉아서도, 서서도 잠자는 상태로 자꾸 들어가다.

졸음[drowsiness]몡(행20:9) 자고 싶은 느낌. ①여호와는 졸지 아니하신다(시121:3). ②빈궁이 강도같이 임함(잠6:10-11). ③졸다가 신랑을 만나지 못했다(마25:5). ④영광을 보지 못했다(눅9:32). ⑤졸다가 떨어져 죽었다(행20:9). ⑥택한 성도는 졸지 않는다(사5:26-27).

졸이다타(겔24:10) ①졸아들게 하다. 국물이 줄게 하다. boil down. ②속을 태우다시피 마음을 초조하게 먹다. feel anxious about.

졸지[猝地 ; 갑자기 졸,땅 지. sudden]몡(수11:7) 갑작스러운 판. ①습격을 당함(수11:7). ②멸망이 임함(시35:8). ③황폐해짐(시13:19). ④부르짖음(눅9:39).

졸하다[拙 ; 못날 졸. dull, rude]형(고후11:6) 재주가 없다. 서툴다.

좀[moth]몡(욥13:28) 빈대좀과의 벌레. 옷·종이 등의 풀기있는 물건을 잘 쏢. ①내적 패망(사50:9). ②패망시킴(호5:12). ③해충(마6:19).④악인의집(욥27:13-18). ⑤고난 당하는 욥의 처지(욥13:28). ⑥영화의 소멸(시39:11, 약5:2). ⑦하늘나라에는 없다(마6:20).

좀먹다[be moth-eaten]자타(욥13:28) 좀이 물건을 쏢다. 인생의 영화가 없어지는 것을 말한다.

좁은 길[narrow path]몡(민22:24) 넓지 않은 길. 성도가 걷는 이생 길.

좁은 문[narrow door]몡(마7:13) 천국으로 이르는 문. 성도가 지나야 하는 문. 신앙의 길. 핍박의 길.

종[servant, bondman slave]몡(창9:25) 남의 집에서 천한 일에 종사하는 사람. 남을 섬기는 사람. 강제적으로 되는 것을 노예라고 한다. ①낮은 신분(창19:2). ②섬기는 사람(계22:3). ③주인의 일을 알지 못한다(요15:15).

1. **종이 되는 법** - ①출생과 함께(출21:2-4). ②매매에 의하여(출12:44). ③빚으로 인하여(잠22:7, 왕하4:1). ④포로가 되어(신20:11-14). ⑤배상물로(출22:2-3). ⑥선물로(창29:24). ⑦상속으로(레25:46). ⑧자원하여(출21:5-6).

2. **그리스도의 종** - ①영화로운 성도(계22:3). ②그리스도를 따르는 자(딤후2:24). ③하나님의 뜻을 준행하는 자(엡6:5-8). ④사도들(롬1:1). ⑤죄의 종에서 의의 종으로 된 자(롬6:17-18). ⑥다투지 아니함(딤후2:24). ⑦일체가 됨(갈3:28).

3. **하나님의 종** - ①메시야, 그리스도(사42:1). ②성도(계11:18). ③구원의 길을 전하는 자(행16:17). ④예수(행3:13, 4:27). ⑤하나님을 경외하는 자(계19:5).

종[縱 ; 세로 종. length, vertical]몡(창13:17) 세로.

종가[宗家 ; 마루 종, 집 가. head family]몡(대상24:31) 가문의 근본되는 집. 큰 집.

종과 횡[縱~橫 ; 세로 종, 가로 횡. length and breadth]구(창13:17) 세로와 가로. 앞뒤로, 좌우로.

종교[宗敎 ; 마루(근본) 종, 가르칠 교. religion]몡(행25:19) 하나님을 경외하고 예배하는 일. 여호와 신교(神敎). 기독교. 우상을 하나님으로 알고 섬기는 것은 종교가 아니다. 학(學)은 종교가 아니다.

종교성[宗敎性 ; 마루(근본) 종, 가

르칠 교, 성품 성. superstitious]명 (행17:22) 하나님께서 인간에게 자기를 섬기도록 주신 종교적 성품 (전3:11, 롬1:9). 영원을 사모하는 마음.

종기[腫氣; 부스럼(부을) 종, 기운 기. boil, sore]명 (레13:18) 커다란 부스럼. ①애굽에 내린 여섯번째 재앙(출9:8-11). ②하나님의 말씀을 순종하지 아니한 자에게 내린 벌(신28:15,27). ③문둥병의 한 증세(레13:18-20).

종노릇[slaves to sin]명(롬6:6) 성도의 믿기 전 상태. ①썩어지는 것에 얽매어 있는 것(롬8:21). ②초등학문 아래 있는 것(갈3:4). ③하나님이 아닌 자에게 복종하였다(갈4:8). ④율법의 종노릇(갈4:25). ⑤행락에 종노릇(딛3:3). ⑥부자의 종노릇(잠22:7).

교훈 - ①옛 사람을 십자가에 못박고 죄의 몸이 해방되어 하나님의 자녀가 되었다(롬6:6, 8:21, 히2:13-18). ②성도는 사랑으로 서로 종노릇한다(갈5:13).

종려나무[棕櫚; 종려나무 종, 종려나무 려. palm tree]명(출15:27) 야자과의 상록교목. 대추 야자. 석류라고 번역된 곳도 있다(욜1:12). 높이는 3～10m이며 은행나무와 같이 암수 나무가 따로 있고 40년 후부터 열매를 맺기 시작해서 150년간 결실할 수 있는 장수목이다. ①성전 내, 외소에 새겨진 나무(대상6:29-35). ②칠칠절 축제에 사용(레23:40). ③감람목 문짝에 새겨진 나무(왕상6:32). ④재판하는 곳으로 이용됨(삿4:5).

1. **종려나무 가지** - ①초막절 축하에 사용(느8:15). ②왕의 입성을 환영할때 사용(요12:13). ③성도가 그리스도를 높일 때 사용(계7:9).
2. **교훈과 상징** - ①쓸모없는 것이 된다(사19:15). ②애인의외모(아7:7). ③승리(요12:13). ④의의(시92:12).

종류[種類; 심을 종, 같을 류. kind]명(창1:11) 물건의 갈래.

종말[終末; 마칠 종, 끝 말. end, last]명(민23:10) 끝 판. 나중의 끝. 시작에 대한 완료. 마지막.

종말을 맞을 준비 - ①깨어 준비할 것(마24:44). ②거룩한 옷으로 단장할 것(요일3:3). ③모이기를 힘쓸 것(히10:25). ④깨어 기도하고 믿음에 굳게 설 것(벧전4:7). ⑤주의 일을 힘쓸 것(벧전4:10). ⑥천국 복음을 온 천하에 전파할것(막16:15).

종말론[eschatology]명 세상 끝에 관한 기독교의 용어. 그리스도의 재림 전에 일어날 것과 그리스도의 재림 그리고 재림하신 이후 행할 심판에 관한 교리이다.

1. **재림에 관한 예언** - ①신약에 318번 예언되었다. ②재림의 날에 관한 표현들 - (1)진노의 날(롬2:5). (2)그리스도의 날(고전1:8). (3)그의 날(살후1:10). (4)형벌, 심판의 날(벧후2:9). (5) 진노의 큰 날(계6:17). (6)정한때 끝(단11:35, 12:4). (7)만물의 마지막(벧전4:7). ⑧말세(고전10:11).
2. **재림의 시기** - ①아무도 모르지만 하나님은 아신다(마24:36,행1:7) ②예기치 않을 때 주께서 오신다(마24:44, 계16:15).
3. **징조들** - ①적그리스도가 나타나서 반기독교 운동을 편다(붉은 용의 세력, 비성경적 신앙단체). ②거짓 선지자와 거짓 그리스도의 출현(요일2:18)→적그리스도. ③처처에 기근과 지진이 일어난다(마24:7). ④민족과 민족간에 분쟁이 일어난다(마24:7). ⑤불법이

성해지고 사랑이 식어진다(마24: 12, 딤후3:1-5). ⑥이스라엘 나라의 회복(마24:32). ⑦먼저 배도하는 일이 있다(살후2:3).

4. **재림의 목적** - ①구속함을 받은 성도들을 모든 고통과 슬픔과 환란에서 구하시고자 오신다(계13:15이하, 14:12, 요14:). ②성도들을 부활시키려 오신다(요5:29, 고전15:51-52, 42, 빌3:21). ③성도들에게 상급을 주시기 위하여 오신다(마16:27, 고전15:40-41, 잠11:18). ④악인은 심판의 부활로 나타나서 그들의 행위대로 형벌을 받게 된다(계14:10-11).

5. **재림의 양상** - ①부활 승천하신 몸 그대로 형체를 입고 오신다(눅24:39, 행1:11). ②인격적으로 볼 수 있게 오신다(눅21:27, 계1:7, 마24:27). ③영광스러운 몸으로 오신다(살전4:16). ④죽은 자의 부활(롬8:23, 고전15:42-44). ⑤살아 있는 자들의 변화(살전4:17, 고전15:51-52).

6. **심판** - ①하나님께서 정하신 날(행17:39). ②주께서 재림하시어 심판하신다(마25:31-34).

7. **심판주** - ①전지 전능하신 예수님(요13:10, 11, 18). ②전능하시며 죄가 없으신 그리스도(히4:15). ③공의로우신 그리스도(계15:3-14, 16:5). ④흰 보좌에 앉으신 이(계20:4, 11).

8. **심판의 대상** - ①배교하여 범죄한 천사들(벧후2:4, 유6). ②다시 살아난 자들(계1:7, 20:12, 딤후4:1). ③살아 남은 모든 사람들(고후5:10, 롬2:16, 14:10, 12).

9. **심판의 내용** - ①사람들의 생각(창6:5, 마5:27-28, 요3:18, 삼상16:7). ②사람들의 말한것(마12:36-37, 약5:9). ③각 사람의 행위(마16:27, 계20:13, 22:12).

10. **악한 자의 심판** - ①하나님의 공의를나타내신다(롬2:5-6, 시16:11). ②영원한 형벌을 받는다(마25:41, 46,막9:47-48,살후1:9).

11. **성도의 심판** - 영원한 영광을 위해서 심판을 받는다(롬9:23, 엡2:4-7). ①영생에 들어감(요5:24). ②주님과 함께 거하며(계22:3). ③주님이 주시는 기쁨과 행복을 영원히 누리며(딤후2:12, 계22:5). ④주님과 복음을 위해서 수고한대로 칭찬을 듣고 상급을 받게 된다(딤후4:8, 계2:10, 22:12).

종사[從事 ; 따를 종, 일 사. engaging in][명](민4:37)①일에 마음과 힘을 다함. ②어떤 일을 일삼아서 함.

종시[終是 ; 마칠 종, 이 시. to the end, afterward][부](마21:32) 나중까지. 끝이 나도록.

종식[種植 ; 심을 종, 심을 식. plantation][명](겔34:29) 씨앗을 심음. 그 땅.

종신[終身 ; 마칠 종, 몸 신. whole life][명](창3:14) 한 평생. 죽을 때까지. 임종.

종아리[calf, leg][명](단2:33) 다리. 무릎마디 아랫마디의 뒤쪽.

종야[終夜 ; 마칠 종, 밤 야. all night][명](민11:32) 하룻밤 동안. 밤새도록. 조소, 종석.

종용하다[縱容~ ; 따를 종, 얼굴 용. be quiet][형](창25:27) 조용하다.

종이[paper][명](딤후4:13) 주로식물섬유를 원료로 하여 펄프를 만들어서 서화・인쇄・포장 등에 쓰이도록 얇게 굳혀 낸 물건. 고대에는 파피루스 줄기로 만들었다.

종인[slave][명](왕하1:13) 종으로 부리는 사람.

종이축[~軸 ; 굴대 축. scroll][명](계6:14) 두루마리. 책.

* 이 구절에서는 '종이가 둘둘 말리는 것 같이' 라고 번역함이 좋겠다.

종일[終日 ; 마칠 종, 날 일. all day long][명](민11:32) 아침부터 저녁까지의 하루 동안.

종자[種子 ; 심을 종, 아들 자. seeds][명](창47:19) 씨. 씨앗.

종자[鍾子 ; 쇠북 종, 아들 자. small cup][명](대상28:17) 간장・고추

장 같은 것을 담아서 상에 놓는 작은 그릇. 종지. 국한문성경에 있는 낱말 개역 한글은 종지이다.

종자〔從者 ; 따를(좇을) 종, 놈 자. servant〕명(창24:32) 데리고 다니는 사람. 수종하여 다니는 사람.

종적〔踪跡 ; 자취 종, 발자취 적. traces, step〕명(시56:6) 발자취. 뒤에 드러난 일들.

종족〔宗族 ; 마루 종, 겨레(일가) 족. clansmen〕명(창10:5)동일한 선조를 가진 동종(同宗)의 겨레붙이. 지파.

종족〔種族 ; 심을 종, 겨레 족. tribe〕명(민3:15) 조상이 갖고 공통의 언어, 풍속, 집단 등을 가지는 사회집단.

종졸〔從卒 ; 따를 졸, 군사 졸. servant〕명(행10:7) 따라 다니며 심부름을 하는 사람. 딸린 병졸.

종처〔腫處 ; 부스럼 종, 곳 처. boil〕명(레13:19) 부스럼이 생긴 곳.

종친〔宗親 ; 마루 종, 친할 친. royal family〕명(렘41:1) ①임금의 겨레붙이. ②친척, 친족.

좇다〔follow〕타(창9:19) 남의 뒤를 따르다. 복종하다. 거역하지 않다.
1. **성도가 좇을 것** - ①언약의 말씀(왕하23:3). ②빛(요8:12). ③경건한 자(빌3:17, 약5:10). ④예수님(눅5:11-28, 딛1:4). ⑤화평(딤후2:22). ⑥의, 경건, 믿음, 사랑, 인내, 온유(딤전6:11). ⑦하나님의 뜻(롬15:32).
2. **좇는 방법** - ①모든 것을 버려두고(마4:18-22). ②성령을 좇아행함(갈5:16). ③율법의 요구를 이룬다(롬8:4).

좋다〔good〕형(창1:4) 마음이 흡족한 상태. 훌륭하다. 아름답다. 즐겁다. 유쾌하다. 바르다. 괜찮다.

좋은 땅〔good land〕(신1:35) 옥토. 기름진 땅. ①가나안(신1:35). ②성도의 마음밭(마13:8,23). ③많은 결실(마13:).

좋은 씨〔good seed〕(마13:24) 곡식. 복음. 하나님의 말씀.

좋은 의복〔best garment〕(창27:15) 리브가가 야곱에게 입힌 에서의 옷. 소중한 옷. 보배로운 옷.

좌〔左 ; 왼 좌. left〕명(창13:9) 어느 말 머리에 붙어 왼쪽의 뜻을 나타내는 말. 왼쪽. 북쪽을 가리킨다.

좌석〔座席 ; 앉을 좌, 자리 석. seat〕명(삿3:20) 앉은 자리. 깔고 앉는 물건의 총칭(레15:22).
* 잔치 집에서 상석에 앉지 말라.

좌수〔左手 ; 왼 좌, 손 수. left hand〕명(창48:13) 왼손.

좌우〔左右 ; 왼(왼쪽) 좌, 오른(오른쪽) 우. right and left〕명(출2:12) 왼쪽과 오른쪽. 곁. 옆. 주위에서 거느리고 있는 사람.

좌우간〔左右間 ; 왼 좌, 오른 우, 사이 간. anyhow〕부(창24:49) 이렇든 저렇든 간에. 양단간.

좌우면〔左右面 ; 왼 좌, 오른 우, 낯 면. both sides〕명(출30:3) 왼쪽과 오른쪽으로 향한 부분의 겉바다.

좌우에 날선 검〔two-edge sword〕(계1:16) 양쪽에 날이 있는 칼. 하나님의 말씀(히4:12). 구원의 능력을 말한다(롬1:16).

좌우편〔左右便 ; 왼 좌, 오른 우, 편할 편. right and left〕명(왕상10:20) 왼쪽 편과 오른쪽 편.

좌정〔座定 ; 자리(앉을) 좌, 정할 정. seated〕명(삼하6:2) 앉음(단7:9).

좌편〔左便 ; 왼 좌, 편할편. left side〕명(겔21:16) 왼쪽.

죄〔罪 ; 허물 죄. sin〕명(창4:7) 도덕상으로 그릇된 짓. 법률에 위반되는 행위. 양심을 속이는 일.
* 하나님의 뜻을 따르지 않거나 벗어나는 행위. 하나님의 뜻에 미달하거나 좌우로 벗어나는 것이나 지나쳐 넘어가는 것을 말한다.
1. **인간의 타락** - ①사단과의 교제로 정신이 혼미해짐(창3:2). ②하나님의 말씀을 가감함(창3:3, 계22:18,19). ③불신감(창3:4, 롬14:23). ④교만해짐(창3:5,잠16:18). ⑤그릇된 호기심 때문에(창3:6, 약1:15). ⑥방종, 망각(창3:6).

⑦불순종(롬5:12). ⑧의무태만(약4:17).⑨미련한생각(잠24:9). ⑩불법, 불의(요일3:4, 5:17).
2. **타락의 결과** - ①벗은 것을 알게 되었다(창3:7). ②하나님과의 교제가 끊어짐(창3:8). ③공포심이 생김(창3:10). ④인생에게 고통이 옴(창3:19). ⑤토지가 저주를 받음(창3:17-18). ⑥영생과 지배권을 잃음(창3:22). ⑦죽음에 이름(창3:19, 롬5:12). ⑧죄의 삯은 사망이요 하나님의 은사는 예수 그리스도 안에 있는 영생이니라(롬6:23).

죄값[罪~ ; 허물 죄. sin]명(민5:7) 일반적으로는 속전(贖錢). 인류의 죄값은 그리스도의 피.

죄건[罪愆 ; 허물 죄, 허물 건. iniquity]명(출28:38) 죄와 허물.

죄과[罪過 ; 허물 죄, 허물 과. transgression]명(삼상24:11) 그릇된 허물이나 과실. 부주의에 의한 실수. ①하나님을 배반하는 행위(렘51:5, 왕상8:50).②고범죄(시19:13, 히10:26). ③주께서 건지심(시39:8). ④주께서 도말하여 주심(시51:1).⑤주께서 아심(시51:3). ⑥주께서 사하심(시65:3). ⑦하나님께서 벌하심(시68:21). ⑧다툼을 좋아하는 자는 죄과를 좋아한다.(잠17:19).

죄목[罪目 ; 허물 죄, 눈 목. crime, charge]명(행25:27) 저지른 죄의 내용. 죄의 종류.
＊그리스도의 죄목은 나사렛 예수 유대인의 왕이다(요19:19).

죄벌[罪罰 ; 허물 죄, 벌줄 벌. punishment]명(창4:13) 죄와 벌. 죄에 대하여 주는 형벌.

죄사함[forgiveness](마9:2) 하나님의 사랑에 의한, 그리스도로 말미암아 죄에 대하여 벌하지 않고 없이하시는 일. 구원과 관계되며 죄의 종에서 하나님의 자녀가 되게 한다. 죄인이 의인이 되는 일.

방법 - ①고대 죄 사하는 법은 제물을 피흘려 속량(히9:22). ②실제는 그리스도의 죽음으로(마26:28, 골1:22). ③그리스도께서 그 권세를 가지셨다(눅5:21-24). ④하나님의 자비하심으로(눅7:42, 요3:16) ⑤그리스도를 믿음으로(행10:43). ⑥죄를 회개함으로(행2:38). ⑦용서를 받고(사55:7). ⑧고침을 받고(대하30:18-20). ⑨사라지고 도말되어(렘31:34, 사43:25). ⑩하나님의 자녀로, 의로 여기신다(롬8:17, 3:25).

죄수[罪囚 ; 허물 죄, 가둘 수. prisoner]명(창39:20) 교도소에 수감된 죄인. 수인(囚人). 갇힌 자.

형용 - ①왕들에게 임할 심판(사24:22). ②그리스도인에 대한 불법한 박해(엡3:1, 딤후1:8). ③이방인(사42:6-7).

죄악[罪惡 ; 허물 죄, 악할 악. wickedness, sin]명(창6:5) 도덕상으로나 종교상으로 나쁜 일. 의도적인 악행. 사악한 짓. → 죄.

죄얼[罪孼 ; 허물 죄, 재앙(서자) 얼. sin]명(레4:3) 죄악에 대한 재앙.

죄얼[罪蘖 ; 허물 죄, 움돋을 얼. sinfulness]명(시36:1) 죄의 씨. 범죄하려는 성향.

죄인[罪人 ; 허물 죄, 사람 인. transgressor, sinner]명(창13:13) ①죄를 지은 사람. 성도의 믿기전 상태. ③믿지 않는 사람. 하나님을 반역한 자. 하나님 없이 살겠다고 하나님을 떠난 교만한 자(롬5:8-19, 눅15:18, 23-).

1. **말의 뜻** - ①목적을 벗어난 자(창13:13, 시1:1, 5). ②목적에서 벗어난 자(잠11:31, 전2:26). ③위반자(호14:9). ④범죄자(시51:13) ⑤패역한 자(사1:28).⑥법을 범한 자(마9:10, 요9:24, 히7:26).
2. **특성** - ①악이 있다(시26:9, 10). ②상실한 마음대로 행함(시38:12, 롬1:30). ③의인을 유혹함(잠1:10). ④올무에 빠짐(전7:26). ⑤하나님을 대적함(유15).
3. **치유** - ①그리스도께서 하심(눅5:32). ②죄를 회개해야 한다(눅15:

7,10). ③형벌 면제(롬8:1-2). ④죄에서 자유(갈5:13). ⑤소망을 가짐(엡4:4). ⑥하나님의 자녀가 됨(롬8:15-16). ⑦그리스도의 후사로영생함(롬8:17, 벧전1:3-4).

죄인의 괴수〔foremost of sinners〕(딤전1:15) 바울이 그리스도를 믿기 전 교회를 핍박하던 때 자기가 주모자였던 것을 말하는 것(행7:58, 8:1-3, 9:1-9). 죄인의 두목.

죄중〔罪中 ; 허물 죄, 가운데 중. all their sins〕명(민16:26) 죄 가운데.

죄책〔罪責 ; 허물 죄, 꾸짖을 책. liability for a crime, guilty〕명(잠30:10) 범죄상의 책임. 죄벌.

죄패〔罪牌 ; 허물 죄, 패 패. inscription〕명(마27:37) 죄인에게 붙이던 패. 죄명을 써서 알리는 판. 예수님의 죄패에는 '나사렛 예수 유대인의 왕이라'를 히브리, 헬라, 라틴어로 기록하여 알렸다.

주〔主 ; 임금(주인) 주. lord〕명(창4:14) ①종의 주인(눅16:13). ②일꾼의 주인(마9:38). ③남편(벧전3:6). ④스승(요13:13). ⑤왕(삼상17:32). ⑥그리스도(요13:13-14). ⑦하나님(창4:14, 15:2).

주〔株 ; 그루 주. tree〕명(민33:9)산 나무의 그루. 수효를 세는 말.

주검〔dead body, carcass〕명(레11:8) 죽어있는 몸. 송장. 시체.

주관〔主管 ; 주인(임금) 주, 거느릴 관. dominion, rule〕명(창1:16) 일을 맡아 주장하여 관리함.

주관자〔主管者 ; 주인 주, 거느릴 관, 놈 자. the world ruleer〕명(시68:27) 어떤 일을 맡아서 주로 관리하는 사람. 주님을 뜻함→주.

주권〔主權 ; 주인 주, 권세 권. sovereignty〕명(대상29:11) 가장 중요한 권리. 나라를 구성하는 요소인 가장 높은 독립을 주장하는 권리.

주권자〔主權者 ; 주인 주, 권세 권, 놈 자. sovereign, dominion, lord, prince〕명(민24:19) 국가의 주권을 가진 사람. 민주국가의 주권은 국민에게 있다.

＊성경에서 말하는 주권자는 통치권자, 소유자를 뜻한다. 그러므로 만유의 주권자는 하나님이시며 국가국민의 주권자는 왕이다.

주 그리스도 예수〔jesus christ our Lord〕(롬8:39)그리스도의속성을 나타내는 칭호. 하나님으로서의 예수, 메시야이신 예수. 성도를 소유하신 주님을 나타낸 말. 신앙의 대상, 예배의 대상으로 확신하는 호칭이다.

주기도문〔主祈禱文 ; 임금 주, 빌 기, 빌 도, 글월 문. Lord's prayer〕명(마6:9-13) 주님께서 제자들에게, 누구에게 어떻게 기도해야 할 내용을 가르쳐 주신 기도문. 예배시 암송된다.
1. **하나님에 관한 부분** - ①하늘에 계신 우리 아버지. ②이름이 거룩히. ③나라의 임재. ④뜻의 실현.
2. **사람에 관한 부분** - ①매일의 양식. ②죄의 용서하심. ③시험, 악에서의 구원 승리. ④주께 영광돌리는 노래.

주년〔週年 ; 돌 주, 해 년. anniversary〕명(레25:30) 돌이 돌아온 해.

주다〔give〕타(창1:29) 남에게 가지게 하다. 감았던 것을 풀어서 가게 하다. let out.

주둔〔駐屯 ; 머무를 주, 모을 둔. stationing, abide〕명(민31:19) 군대가 어떤 지방에 거처를 마련하여 머물러 있음.

주름〔wrinkle〕명(엡5:27)피부가 노쇠하여 잔줄이 진 금. 흠이 생긴 모습.

주리다〔starve, hungry〕자(창41:55) 먹는 것을 먹지 못하여 배곯다.

주막〔酒幕 ; 술 주, 장막 막. inn〕명(눅10:34) 시골 길가에서 술과 밥을 팔거나 나그네를 재우는 집.

주머니〔purse, bag〕명(신25:13) 헝겊으로 만들어 허리띠에 차고 돈 따위를 넣는 물건. 전대(纏帶).

주먹〔fist〕명(출21:18) 다섯 손가락을 꼽아서 쥔 손.

주모〔主母 ; 주인 주, 어미 모. house

wife, lady]몡(왕상17:17) 집안의 살림을 주장하여 다스리는 부인.

주목[注目 ; 뜻들 주, 눈 목. watch]몡(창24:21) 자세히 살피어 눈을 쏘아 봄. 어떤 일에 주의하여 봄.

주무시다[sleep]자(창19:2) '자다'의 높임말. 예수님은 풍랑이 이는 가운데서도 주무셨다.

주민[住民 ; 살 주, 백성 민. inhabitants]몡(렘33:10) 그 지역에 사는 사람.

주밀[周密 ; 두루 주, 빽빽할 밀. cautiousness]몡(왕하4:13) 무슨 일에든지 빈 구석이 없고 자세함.

주발[周鉢 ; 두루미칠 주, 바릿대 발. bowl, pot]몡(민4:7) 놋쇠로 만든 밥그릇. 식기. 위가 벌어진 그릇. 재질에 따라 용도가 다양하다.

주뼛하다[towering]형(욥4:15) 물건의 끝이 비죽 솟아나는 모양.

주상[柱像 ; 기둥 주, 형상 상. obelisk, pillars, images]몡(출23:24) 기둥모양으로 만든 가나안 사람들의 우상. 돌로 만든 산당예배의 대상물. ①세우지 말라(레26:1). ②부셔라(출34:13).

주석[朱錫 ; 붉을 주, 주석 석. tin, brass]몡(계1:15) 금속 원소의 하나. 은백색 광택이 있고 도금 및 합금에 씀. 상납. 놋으로번역된 말.

주석[註釋 ; 글뜻풀 주, 풀 석. story, commentary, note]몡(대하24:27) 본문 사이에 주(註)를 내려 뜻을 밝히는 글. 주해. 강해.

주석책[註釋冊 ; 글뜻풀 주, 풀 석, 책 책. commentary]몡(대하13:22) 뜻을 잘 알도록 풀이를 해서 쓴 책. 교훈적인 강해. 연구서.

주소[住所 ; 머무를 주, 바 소. address, domicile]몡(창27:39) 살고 있는 곳. 생활의 근거를 둔 곳.

주악[奏樂 ; 연주할(아뢸) 주, 음악 악. music performance]몡(삼하6:5) 악기를 다루어 음악을 들려줌.

주야[晝夜 ; 낮 주, 밤 야. day and night]몡(창1:14) 밤낮.

주 예수[The Lord Jesus](막16:19) 예수님께서 우리 죄를 속량하시어 우리를 죄에서 해방시키사 우리의 주인이 되심을 나타내는 말.

주 예수 그리스도[The Lord Jesus Christ](행11:17) → 주 그리스도.

주위[周圍 ; 두루 주, 둘레 위. surrounding, round]몡(창41:49) 어떤 지점의 바깥 둘레.

주의[注意 ; 뜻 둘 주, 뜻 의. notice, keep]몡(신23:23) 마음을 새겨 조심함. 겉으로부터 경고, 충고함. advice.

주의할 것 - ①거짓 스승을 주의하라(행20:28-31). ②불신앙을 주의하라(히3:12). ③분쟁을 주의하라(갈5:15). ④미혹을 주의하라(마24:4). ⑤유혹을 주의하라(히3:13). ⑥세상적인 것을 주의하라(눅21:34). ⑦육체의 소욕을 주의하라(갈5:17-21). ⑧자유(고전8:9). ④교만(고전10:2). ⑩하나님의 말씀(잠16:20). ⑪부모의 훈계(잠5:1). ⑫외식(눅12:1). ⑬주의 도(시119:15). ⑭명철 얻기에(잠4:1). ⑮사두개인들의 누룩(마16:6). ⑯바리새인과 헤롯의 누룩(막8:15). ⑰행할것(엡5:15). ⑱노략할까(골2:8). ⑲주의 말을 대적하는 자(딤후4:14-15). ⑳이단, 성경을 사사로이 해석하는 자(벧후1:19-21). ㉑지도자의 행실의 종말(히13:7).

주의 길[the Lord's way](겔33:17) ①여호와의명령(시119:3,128:1). 여호와의 도와 같은 말. ②주께서 가시는 길, 십자가의 길, 구원의 길(마3:3, 행18:25). 주의 도와 같은 말. 주의 교훈. 복음.

주의 나라[the Lord's kingdom]몡

주의 날 (시145:11) 하나님이 다스리는 나라. 현세보다는 미래의 신천지. 영원한 천국을 가리키는 말.

주의 날[the Lord's day](살전5:2) ①종말론적인 주의 날. 그리스도의 재림의 날. 구원의 날(살전5:2, 살후2:2, 벧후3:10). ②안식일 후 첫날. 주께서 다시 살아나신 날. 주께서 요한에게 나타나신 날(계1:10, 요20:1). 주일.

주의 도[the Lord's way](시119:3) 십자가의 구원의 도. 주의 교훈. 멸망을 받을 자에게는 미련하게 보이나 구원을 받는 우리에게는 하나님의 능력이 된다(고전1:18).

주의 만찬[the Lord's supper](고전11:20) 예수님이 잡히시던 날 밤 제자들과 함께 (마가 요한의) 다락방에서 새 언약을 세우시면서 잡수신 만찬(눅22:12-38)을 가리키는 말. 초대교회 이후 이것을 교회의 식으로 지켰다(고전11:23-25).

주의 말씀[the Lord's word](창44:24) 일반적으로는 주인의 말이나 성경을 가리킨다(시119:105). 예수님의 말씀. 하나님의 말씀.

주의 백성[the Lord's people](눅2:32) 구약에서는 이스라엘. 신약에서는 구원받은 성도를 가리킨다.

주의 사자[angel of the Lord](마1:20) 천사, 보냄을 받은 성도.

주의 신[spirit of Lord](느9:20) 성령을 일컫는 말.

주의 얼굴[countenance, face of the Lord](시4:6) 하나님의 임재를 가리키는 말. 주의 낯, 그의 얼굴과 같은 말(벧전3:12, 계22:4). 사람은 볼 수 없다. 그러나 하늘나라에서는 대할 수 있다.

주의 은택[good pleasure](시51:18) 주님이 죄인을 구원하시는 은혜.

주의 이름[name of the Lord](마21:9) 구약에서는 여호와의 이름으로 된 말. 신약에서는 예수님의 이름을 말한다. 여인의 후손(창3:15), 기묘자(사9:6) 등 360여 다른 이름이 있다.

주의 종[servant of the Lord](출4:10) 하나님께서 택하시어 사명을 주어 쓰임을 받는 사람. ①아브라함(시105:6). ②요셉(시105:17-22). ③모세(시105:25). ④여호수아(수24:29). ⑤선지자(사44:26, 50:10). ⑥다윗(삼하3:18). ⑦엘리야(왕하9:36). ⑧이사야(사20:3). ⑨욥(욥1:8). ⑩스룹바벨(학2:23). ⑪느부갓네살(렘27:6). ⑫그리스도(막10:45). ⑬성도(딛1:1).

주의 주[the Lord](신10:17) 모든 주인의 주인. 소유자. 하나님.

주의 팔[the Lord's arm](출15:16) 하나님의 권능을 나타내는 말. 하나님은 영이시므로 인간의 형상과 같은 팔을 가지지 않으셨다. 상징적 표현으로 쓰이며 그의 팔과 같은 말(요12:38).

주의 형제[brothers of the Lord](고전9:5) ①일반적으로는 예수님의 육적 형제들을 가리킨다. 야고보, 요셉(요세). 유다와 시몬(막6:3, 마13:55). 유다와 야고보는 성경을 기록한 것으로 알려져 있다. 처음에는 예수님을 몰랐으나(막3:22). 예수님이 부활하시고 승천하신 이후부터 제자들과 협력한 것으로 본다(행1:14, 고전9:5). ②구속받은 성도를 일컫는 말. 하나님의 양자 됨으로 일컫는 말이다.

주인[主人 ; 주인(임금) 주, 사람 인. master, husband]몡(창18:12) 한 집안의 어른. 가장. 종, 고용인을 부리는 사람. 소유자. 임자. ①의와 공평을 베풀고(골4:1). ②고용자 학대를 금한다(신24:14). ③품 삯은 속이지 말고(창31:7). ④정당하게지불하라(레19:13, 약5:4).

하나님 - ①주재 자이심(계6:10, 행4:24). ②그리스도(벧전2:18, 딤후2:21).

주장[主張 ; 주인 주, 베풀 장. opinion, set forward]몡(대하34:12) 자기의 주의나 의견.

주장[主掌 ; 주인 주, 손바닥 장. charge]圈(대상15:22) 어떤 일을 오로지 맡아 봄. 또는 그 사람. 장악.

주재[主宰 ; 임금 주, 재상 재. creator, Lord]圈(창14:19) 사람들 위에서 주장하여서 처리함. 임금과 재상. 성경에서는 하나님께 대하여 쓰인 말 - 창조자. 주, 주재. 대주재.

주저[躊躇 ; 머뭇거릴 주, 머뭇거릴 저. hesitation]圈(신1:21) 망설여 머뭇거리고 나아가지 못함.

주초[主礎 ; 기둥 주, 주추 초. base, foundation]圈(욥38:6) 건축물을 세우기 위해 기둥 밑에 괴어 놓는 돌. ㉑주추. 주의 말씀(마7:25).

주택[住宅 ; 머무를 주, 집 택. dwelling house]圈(렘9:19) 사람이 사는 집.

주홍[朱紅 ; 붉을 주, 붉을 홍. red, scarlet]圈(사1:18) 누른빛과 붉은 빛의 중간 빛, 붉은 색에 가까운 빛깔. 죄를 나타낸 말.

주홍[酒興 ; 술 주, 일 흥. conviviality]圈(에1:10) 술 마신 뒤의 흥취.

죽[粥 ; 죽(미음) 죽. gruel]圈(창25:29) 곡식을 물에 묽게 끓여서 먹는 음식. 배가 고플 때 식욕을 일으키게 하고 장자의 명분까지 팔게 했다(창25:34).

죽다[die]㉧(창2:17) ①숨이 끊어지다. ②동식물이 생명을 잃다. ③움직이는 물건이 동작을 그치다.

죽은 자[the dead, deceased](왕20:9) ①목숨이 끊어진 사람(왕상17:17). ②혼이 떠난 사람(창35:18). ③죄인(롬6:11). ④흙으로되돌아간 자(전3:20).

죽은 행실[dead works](히6:1) 중생한 생활이 아닌 옛 사람의 생활모습. 죄의 행실, 범죄행위(참고 - 롬8:5-6, 갈5:19-21, 약2:17, 롬8:10, 골2:13, 엡5:14).

죽음[death]圈(출10:17) 죽는 일. 목숨이 끊어짐. 호흡의 정지.

1. **육신의 죽음** - ①죄의 결과(창2:17, 롬5:12). ②하나님이 정하신 일(히9:27). ③영혼과 육체의 분리(눅23:43, 행5:10). ④하나님께로돌아감(빌1:23, 고후5:6-8). ⑤흙으로돌아감(창3:19). ⑥기운이 진한다(창25:8). ⑦혼이 떠난다(행5:5). ⑧영원한 집으로 돌아간다(전12:5). ⑨존재의 소멸은 아니다(눅23:43). ⑩부활한다(행24:15). ⑪심판이 있다(요5:29).

2. **영혼의 죽음** - ①하나님과의 교제가 끊어짐(창3:7-8). ②죄의 댓가(롬6:23).③심판을 받음(계21:8)

3. **영원한 죽음** - ①심판의 부활로(요5:29). ②하나님의 노하심에 따라(살전1:10). ③둘째 사망에 들어가(계20:14). ④영원한 벌을 받는 것(마25:46, 벧후2:12).

4. **성도의 죽음** - ①그리스도 안에서 잠자는 것(살전4:14). ②수고를 그침(계14:13). ③낙원에 있는 것(눅23:43). ④아브라함의 품에 있는 것(눅16:22). ⑤복된 것이다(계14:13)⑥면류관이 예비됨(딤후4:8).

5. **그리스도의 죽음** - ①육체의 죽음(요19:33). ②영혼의 죽음(마27:46). ③기약된 죽음(롬5:6). ④우리를 위한 죽음(롬5:8). ⑤그의 죽으심과 합하여 세례받음(롬6:4). ⑥죄에 대한 단번의 죽음(롬6:10). ⑦우리 죄를 속하기 위한 죽음이다(히9:15). ⑧부활하시기 위한 죽음(마16:20, 요20:9).

죽음의 그늘[shadow of death](욥10:21) 음부를 가리키는 말. 암흑을 가리키는 말(욥12:22). 사망의 그늘. 사망의 음침한 골짜기 등으로 표현된 말.

죽이다[kill wither, slay]㉣(창4:8) 생물의 목숨을 빼앗다.

죽지 아니하다[immortality](딤전6:16) 하나님의 속성을 나타내는 말. ①그리스도께서 사망을 폐하셨다(딤후1:10). ②부활한 자가 썩지 아니할 것으로 변화됨(고전15:47)

준가[準價 ; 법도 준, 값 가. the full price, worth]圈(창23:9) 제 값어치에 찬 값.

준공[竣工 ; 일마칠(끝낼) 준, 장인

공. completion, finish]몡(출39: 32) 공사를 끝냄.
준령[峻嶺 ; 높을 준, 재 령. high and steep peak, high hill]몡(사30:25) 높고 가파른 고개.
준마[駿馬 ; 준마 준, 말 마. mare swift steed]몡(왕상4:28) 잘 달리는 말. 전쟁, 왕의 일에 쓰인다(슥 10:3, 에8:10).
준비[準備 ; 법도 준, 갖출 비. preparation]몡(창22:8) 미리 필요한 것을 마련하여서 갖춤.
*성도는 복음 전도를 위한 준비와 주의 재림에 대비할 준비를 해야 한다(롬1:15, 마24:44).
준수[俊秀 ; 준걸(뛰어날) 준, 빼어날 수. superior talent and elegance, goodly]몡(창39:6) 재주, 슬기, 풍채 등이 빼어남.
준승[準繩 ; 법도 준, 노 승. measuring line]몡(욥38:5) 평면을 헤아리기 위하여 치는 먹줄. 건축용구의 하나. 하나님의 창조의 오묘하심을 나타낸 말.
준종[遵從 ; 좇을 준, 따를 종. obey]몡(렘35:18) 순종하여 따라 감.
준행[遵行 ; 좇을 준, 행할 행. obervance]몡(창6:22) 그대로 따라 행함.
준행자[遵行者 ; 좇을 준, 행할 행, 놈 자. observant]몡(약4:11) 준행하는 사람.
줄[rope, cord, line]몡(출28:17) 새끼, 노끈 등의 총칭. 사람, 물건의 늘어선 열을 세는 말(삼하8:2).
줄기[trunk]몡(창41:5) 나무의 등걸이 되는 부분. 뿌리를 내리고 가지를 다는 부분. 물이 흐르는 선. stream. 다윗의 왕통(사11:1).
*이새의 줄기는 메시야를 가리키는 말이다(사11:1).
줄다[diminish]자(욥14:11) 작아지거나 적어지다.
줄줄이[every line]부(사28:25) 줄마다 전부. 여러 줄로.
줌[handful]몡(레2:2) 한 줌으로 쥘 만한 분량. 무엇을 쥘 때 손가락 구부리어주먹을 지은 것.주먹. 줌통.
줍다[pickup, find, gather]타(출5:7) 떨어진 것을 도로 손으로 집다. 흩어진 것을 거두다.
중[中 ; 가운데 (사이) 중]몡(창2: 23) 안. inside. 가운데. centre.
중간[中間 ; 가운데(사이) 중, 사이 간. midst]몡(창15:10) 사람, 물건의 거리 또는 간격. middle. 사물의 아직 끝이나지 않은 장소 또는 시간. midway.
중간에 막힌 담[dividing wall](엡2: 14) 유대인과 이방인 사이에 있는 장애물. 의문에 속하는 계명의 율법. 주께서 폐하시어 화평을 이루고 한 몸 되게 하셨다.
중건[重建 ; 거듭할(두번할) 중, 세울 건. repairing]몡(수19:50) 건물 특히 왕궁, 성전 등을 개축하는 일.
중년[中年 ; 가운데(사이) 중, 해 년. middle age]몡(시102:24) 청년과 노인의 중간되는 나이. 40세 전후.
중다[衆多 ; 무리 중, 많을 다. multitude]몡(창17:20) 수효가 많음.
중대[重大 ; 무거울 중, 큰 대. great, serious]몡(대하24:27) 예사가 아니고 매우 중요함. 썩 중요하여 업신여길 수가 없음.
중도[中途 ; 가운데 중, 길 도. half way]몡(시102:23) 일이 되어가는 동안. 중로(中路).
중동볼기[middle part of hips]몡(삼하10:4) 엉덩이 중간부분.
중량[重量 ; 무거울 중, 분량 량. weight]몡(삼하12:30) 무게.
중로[中路 ; 가운데 중, 길 로. halfway]몡(출33:3) 길의 중간. 일을 하여 나가거나 되어가는 중간.
중매[仲媒 ; 중개할 중, 중매할 매. betroth, espouse]몡(고후11:2) 남자쪽과 여자쪽의 사이에서 혼인이 되게 하는 일. 알맞게 결합시키는 일. 교회를 처녀로 비유하여 그리스도에게로 소개하는 일.
중문[中門 ; 가운데 중, 문 문. centrae gate]몡(렘39:3) 가운데 문.

중벌[重罰 ; 무거울 중, 벌줄 벌. heavy punishment, burden]명(렘23:36) 무거운 징벌. 중한 형벌.

중병[重病 ; 무거울 중, 병들 병. serious illness]명(대하21:15) 몹시 심한 병.

중보, 중보자[中保 ; 사이 중, 보호할 보, 사람 자. mediator]명(사38:14) 서로 대립되거나 적대관계 사이에서 화해를 시키는 사람.
* 하나님과 인간과의 사이에서 행하시는 예수님의 직무.
1. 구약 - ①아브라함(창15:18-21). ②모세(출3:7-12). ③선지자들과 제사장.
2. 그리스도 - ①예언된 메시야(사11:1-, 53:1-). ②하나님이 세우신 분(딤전2:5). ③양편을 위한 중보자(갈3:20). ④언약의 중보이심(히8:6). ⑤새 언약의 중보가 되심(히9:15). ⑥그를 통한 구원(히7:25).
3. 중보의 방법 - ①하나님이 성육신 하심(요1:18). ②십자가의 속죄와 화해(롬3:21-26). ③부활 승천하시어 하나님 우편에서의 기도(롬8:34, 히7:22-25). ④성령으로 우리에게 역사하심(요14:16, 16:23, 17:6-26).

중상[中傷 ; 가운데 중, 상할 상. slander]명(고후12:20) 남의 좋지 못한 말을 만들어 그 명예를 손상시키는 일.

중상[重傷 ; 무거울 중, 상할 상]명(삼상31:3) ①심하게 다침. serious wound. ②사회적인 명예나 지위를 떨어지게 함. libel.

중생[衆生 ; 무리 중, 날(살) 생. all living beings]명(시145:15) 많은 사람들. 인간을 비롯한 일체의 생물.

중생[重生 ; 거듭할 중, 날(살) 생. regeneration]명(딛3:5) 하나님과 예수 그리스도를 믿음으로, 죄로 인하여 영적으로 죽은 상태에서 영적 새 생명을 가지는, 새사람이 되는 거듭남을 말한다. 물과 성령에 의해서 된다(요3:1-17). 죄에 속한 자가 그리스도의 부름을 받아 그리스도의 것이 되는것이다(롬1:6). 인간의 노력으로 되는 것이 아니고 하나님의 역사이다(고후5:17).

다른 표현 - ①하나님의 씨(요일3:9). ②새로운 피조물(고후5:17). ③새 생명(롬6:4). ④마음의 할례(신30:6). ⑤거듭남(벧전1:3, 요3:7). ⑥하나님의 나라에 들어갈 자(요3:3,5). ⑦일치한 마음(겔11:19).

중수[重數 ; 무게 중, 셀 수. weight]명(출30:34) 무게의 단위로 헤아려 숫자를 나타낸 수효.

중수[重修 ; 거듭할(두번할) 중, 닦을 수. repair]명(대상11:8) 낡은 것을 다시 손대어 고침.

중심[中心 ; 가운데(사이) 중, 마음 심. soul]명(창8:21) ①한 가운데. center. ②마음의 가운데. 줏대. fixed principle.

중앙[中央 ; 가운데 중, 가운데 앙. midst, centre]명(창3:3) 사방에서 한 가운데가 되는 곳.

중언부언[重言復言 ; 거듭할(두번할) 중, 말씀 언, 다시 부, 말씀 언. reiteration]명(마6:7) 이미 한 말을 거듭 되풀이 하는 말. 순서나 목적이 없이 하는 말.

중역[重役 ; 무거울 중, 역사(부릴) 역. hard bondage]명(신26:60 강제 노동을 하므로 고된 것을 나타낸 말. 애굽의 바로가 이스라엘을 학대한 상태(출5:6-10).

중요[重要 ; 무거울 중, 중요할 요. importance]명(히8:1) 매우 귀중함. 중요한 것은 하나님의 우편에 대제사장이 계시는 것이다.

중재[仲裁 ; 버금 중, 마를 재. arbitration]명(사59:16) 다툼질의 화해를 붙임.

중재자[仲裁者 ; 버금 중, 마를 재, 놈 자. intermediary]명(사59:16) 중간에 서서 화해를 시키는 사람.
* 예수님은 하나님과 죄인의 중재자

중죄

중죄[重罪 ; 무거울 중, 허물 죄. felony]图(출32:21) 무거운 죄.

중천[中天 ; 가운데(사이) 중, 하늘 천. midair]图(수10:13) 그리 높지 않은 공중. 반 공중.

중층[中層 ; 가운데 중, 층계 층. midest]图(왕상6:6) 집이나 다락 따위의 가운데 층.

중풍병[中風病 ; 가운데 중, 바람 풍, 병들 병. paralytic]图(마8:6) 뇌일혈로 말미암아 반신 또는 팔다리 등 몸의 한 국부가 마비되어 감각이 없어지고 부자유하게 되는 병. 반신불수. 뇌졸증.

중풍병자[中風病者 ; 가운데 중, 바람 풍, 병들 병, 놈 자. paralytic]图(마4:24) 중풍병을 앓는 환자. ①예수님께서 치유하셨다. ②베드로가 주의 이름으로 고쳤다(행8:7, 9:33).

중하다[重~ ; 무거울(무게) 중, be great]图(창4:13) ①무게가 무겁다. heavy. ②병이 대단하다. serious. ③일이 소중하다. important.

쥐[mouse, rat]图(레11:29) 쥐과에 딸린 작은 짐승의 통칭. 음식 따위를 훔쳐 먹고 물건을 쏠아 뜯음. 식용이 금지된 동물. ①블레셋 사람의 금제 우상(삼상6:4). ②가증한 것(사66:17). ③먹는 자는 망한다 (사66:17).

쥐엄열매[husk, bean pods]图(눅15:16) 차풀과의 쥐엄나무의 열매. 이것은 다른 과일처럼 달리는 것이 아니라 아카시아씨와 같은 것으로 종자를 일컫는다. 대개 돼지나 짐승의 사료로 쓰인다. 세례 요한의 떡나무라고 부르기도 한다. 탕자는 곤궁하여 이것을 먹고 회개하게 되었다.

즉[卽 ; 곧 즉. namely]图(마27:33) 다름이 아니라 곧. 두말할것 없이.

즉시[卽時 ; 곧 즉, 때 시. at once]图图(창18:33) 그 때. 그 자리에서. 곧. 즉각, as soon as, immediately.

즉위[卽位 ; 곧 즉, 자리 위. accession to the throne]图(왕하25:27) 왕위(王位)에 처음으로 오름.

즐거움[joy, mirth]图(창31:27) 마음이 흐뭇하고 기쁜 상태. 근심과 반대되는 말.

1. 원인 - ①먹고 마심(룻3:7). ②추수(수확)(사9:3). ③자녀를 얻음 (시113:9). ④승리(대하20:37). ⑤자연미(전11:7). ⑥악인의 멸망 (왕하11:20). ⑦구원(슥9:16). ⑧소망(롬2:2-4). ⑨회개(행8:6-8). ⑩그리스도의 승리(요16:33).

2. 그릇된 즐거움 - ①술취한 후(삼상25:36). ②악한 일을 기뻐함(계11:10). ③낙관(왕하21:7).

즐겁다[pleasant]图(사48:20) 마음에 흐뭇하고 기쁘다. 반가운 느낌이 일어나서 좋다. joyful.

즐겨내는 자[cheerful giver](고후7:9) 헌금하는 태도를 바르게 한 사람. 억지로 헌금을 하지 아니하는 사람.

즐기다[enjoy]图(창27:4) 마음에 즐거움을 누리다. 매우 행복스러워서 마음을 기쁘게 가지다.

즙[汁 ; 진액 즙. juice]图(창40:11) 과일 따위에서 수분을 짜낸 액체.

즙짜는 구유[wine press](마21:33) 포도주를 만들기 위하여 포도를 넣어 밟아 즙을 내게하는 기구. 포도주 틀로 번역된 말(계14:19).

즙틀[vats]图(잠3:10) 포도주 틀.

틀어 짬

증거[證據 ; 증명할 증, 의거할(웅거할) 거, testimony, witness]图(창9:12) 증명할만한 근거, 증언, 증

증거궤〔證據櫃 ; 증명할 증, 의거할 거, 함 궤. ark of the testimony〕명(출25:22) 하나님이 손수 돌비에 새겨 모세에게 주신 10계명 두 돌비가 들어 있는 법궤. 언약궤. 그리스도에 의한 속죄의 예표로 해석한다(히9:4). 하나님의 궤.

증거막〔證據幕 ; 증명할 증, 의거할 거, 장막 막. tabernacle of the testimony〕명(출38:21) 법궤(언약궤)가 들어있는 장막. 성막. 하나님의 임재를 나타내신다. 이스라엘의 광야 여행 중 예배소였고 성전이 건립될 때까지 사용했다. 천국 장막의 모형이다(계15:5).

증거인〔證據人 ; 증명 증, 의거할 거, 사람 인. witness〕명(렘29:23) 증인.

증거판〔證據板 ; 증명할 증, 의거할 거, 널 판. tables of the testimony〕명(출16:34) 십계명이 새겨진 돌판. 모세가 시내산에서 하나님으로부터 받았다. 증거궤 안에 두었다.

증명〔證明 ; 증명할 증, 밝을 명. verification, prove〕명(창42:15) 어떤 사물 또는 판단의 진상이나 진위를 밝히는 일.

증서〔證書 ; 증명할 증, 글(문서) 서. certificate〕명(신24:1) 증거가 되는 서류.

증세〔症勢 ; 병증세 증, 기세(형세) 세. symptoms〕명(왕상17:17) 병으로 앓는 모양.

증손〔曾孫 ; 일찍(더할) 증, 손자 손. great-grandson〕명(민16:1) 손자의 아들.

증식〔增植 ; 더할 증, 번식할 식. propagation, prolong〕명(신8:13) 더욱 늘어남. 생물 또는 세포가 생식이나 분열에 의하여 늘어남.

증왕〔曾往 ; 일찍 증, 갈 왕. be gone days〕명(잠24:30) 이미 지나간. 일찌기.

증인〔證人 ; 증명할 증, 사람 인. witness〕명(출23:1) 어떠한 일에 증거로 나서는 사람.
*①진리를 증거하는 사람(히12:1). ②그리스도의 부활을 증거하는 사람(눅24:48, 행1:8). ③순교자(계2:13, 17:6). ④충성되고 참된 증인(계3:14). ⑤장로들(벧전5:1). ⑥그리스도(계3:14). ⑦하나님(빌1:3). ⑧뭇 성도(히12:1).

증참〔證參 ; 증거할 증, 참여할 참, witnesse〕명(마18:16) 참고가 될 만한 증거.

증축〔增築 ; 더할 증, 쌓을 축. extension〕명(대하27:3) 세워있는 건축물에 덧붙여 늘어지음.

증표〔證標 ; 증명할 증, 표 표. voucher, pledge〕명(삼상17:18) 증거가 될만한 표.

증험〔證驗 ; 증거할 증, 시험할 험. verification〕명(신18:22) 사실을 경험함.

지각〔知覺 ; 알 지, 깨달을 각. perception〕명(욥11:12) 알아 깨달음. 대상을 변별하는 감각의 인식작용.

지경〔地境 ; 땅 지, 지경 경. boundary〕형(창10:19) 땅 사이의 경계.

지계〔地界 ; 땅 지, 지경 계. boundary〕명(삿1:36) 지경(地境).

지계석〔地界石 ; 땅 지, 지경 계, 돌 석. landmark〕명(잠22:28) 땅의 경계를 표하는 돌. 지계석을 옮기는 행위는 침범하는 행위이다.

지계표〔地界標 ; 땅 지, 지경 계, 표 표. landmark〕명(신27:17) 땅과 땅 사이에 경계를 하는 표. 이를 옮기는 자는 저주를 받는다.

지공〔支供 ; 지탱할 지, 받들 공. supplied〕명(왕상9:11) 원하는대로 떠바쳐 공급하는 것을 말한다. 보

지구[地球 ; 땅 지, 구슬 구. earth]명(눅21:35) 사람이 살고 있는 땅덩어리. 태양계에 딸린 행성의 하나.

지구상[地球上 ; 땅 지, 구슬 구, 위 상. on the earth]명(눅21:35) 지구 위. 세상.

지극[至極 ; 이를 지, 다할 극. most, utmost]명(창14:18) 더없이 극진한데까지 이름. 더할 수 없는 정도. 그 이상이 없는 상태.

지극히높으신 이 [the most high](민24:16) 하나님. 여호와.

지금[只今 ; 다만 지, 이제 금. now]명(창7:4) 이제. 시방. 부이제 곧.

지금[至今 ; 이를 지, 이제 금. till now]부(창14:3) 이제. 시방. 금시.

지껄이다[chatter]자(욥39:7) 조금 떠들석한 목소리로 이야기하다.

~지기[area of land]접미(레27:16) 논이나 밭의 면적을 나타내는 말.

지나가다[pass]자(창18:3) 머무르지 않고 다른 곳으로 옮겨가다. 통과하다. 시간이 흘러가다.

지나치다[go too far]자타(전7:16) 표준이 될만한 정도를 넘어서다. 과하다.

지내다[live, get along]자타(창5:4) ①살아가다. ②세상 일을 겪다.

지느러미[fin]명(레11:9) 물고기의 헤엄치는 기관. 있는것은 정한 것. 없는 것은 부정한 것이다.

지능[知能 ; 알 지, 능할 능. wisdom, intelligence]명(욥36:5) ①지식과 지능. ②경험을 이용하여 새로운 경우에 대처할 적당한 처리 방법을 알아내는 지적 활동의 능력.

지다자(창15:17) ①해나 달이 넘어가다. go down. ②꽃이나 잎이 시들어 떨어지다. fade and fall.

지다[be defeated]자(롬12:21) 힘이나 재주를 겨루어 이기지 못하다.

지다[owe]타(눅7:41) 빚을 지다. 부채가 있다. 신세를 지게 되다.

지다[bear on one's back]타(창43:9) 물건을 짊어서 등에 얹다.

지단[地段 ; 땅 지, 조각 단. piece of land]명(삼상14:14) 땅을 나누어서 가른 조각.

지대[地臺 ; 땅 지, 집 대. foundation]명(대하3:3) 담, 집채들의 아랫도리에 돌로 쌓은 부분. ㉠토대.

지대[地帶 ; 땅 지, 띠 대. zone]명(시12:5) 한정된 땅의 구역.

지대[地坮 ; 땅지, 터 대. foundation]명(애4:11) 토대.

지도[指導 ; 손가락 지, 인도할 도. guidance]명(시25:9) 가리키어 이끌어 줌.

지도자[指導者 ; 손가락 지, 인도할 도, 놈 자. master, guide]명(삼상9:16) 가리키어서 이끌어 주는 사람.

지렁이[earthworm]명(사14:11) 환충류의 연형동물의 총칭. 습한 응달에서 산다. 벌레로 번역된 말.

지로[指路 ; 손가락 지, 길 로. guidance]명(행1:16) 길을 가리켜 안내함.

지르다[타](느7:3) ①팔, 다리나 막대기로 대상물을 힘껏 치거나 그 속에 꽂아 넣다. strike. ②한쪽과 다른 한쪽 사이나 위와 아래 사이에 막대로 줄을 건너 막거나 내리 꽂다. cross.

지르다[yell]타(창39:14) 목청을 높여 소리를 크게 내다.

지면[地面 ; 땅 지, 낯 면. surface]명(창1:29) 땅의 표면. 하나님께서 죄악이 관영한 노아 때 홍수로 지면을 쓸어 버리셨다.

지명[指名 ; 손가락 지, 이름 명. nomination]명(출31:2) 여러 사람 가운데서 이름을 지정함.

지목[指目 ; 손가락 지, 눈 목. spotting]명(삼후3:14) 사람이나 사물이 어떠하다고 가리키어 정함.

지방[地方 ; 땅 지, 모 방. locality]명(창10:20) 어느 한 방면의 땅. 수도 이외의 시골.

지방[脂肪 ; 비계 지, 기름 방. fat]명(시119:70) 동물 및 식물로부터 채취할 수 있는 불휘발성의 탄수화물. 굳기름. 희생수의 지방을 식용하지 못하게 하여 하나님께 제단에서 불태워 드렸다(출29:13).

지배〔支配 ; 지탱할 지, 짝 배. rule〕명(창42:6) 거느리어 모든 일을 감독하여 처리함.

지붕〔roof, house top〕명(신22:8) 비, 이슬, 바람, 눈, 추위, 더위를 막기 위하여 집의 위를 기와, 함석, 짚, 슬레이트 섶, 새 따위로 덮어 가린 부분.

*성경시대의 지붕은 평지붕이었다. ①외부 계단을 통해서 올라간다(수2:6, 삿9:51). ②낙하를 방지하기 위하여 난간을 만들도록 규정하고 있다(신22:8). ③거니는 곳(삼하11:2). ④초막절을 지키는 장소로 사용(느8:16). ⑤건조장(수2:6). ⑥작업장(마24:17). ⑦기도처(행10:9). ⑧우상을 섬기는 곳(렘32:29, 습1:5). ⑨중풍병자의 친구들이 지붕을 뜯어 예수님께로 내려 고침을 받았다(눅5:19). ⑩기생 라합은 정탐군을 숨겨 주었다(수2:6-8).

지상〔地上 ; 땅 지, 위 상. on the ground〕명(신7:6) 땅의 거죽이 되는 위. 지구 표면.

지선〔至善 ; 이를 지, 착할 선. highest good〕명(스3:11) 최상의 선. 가장 착함.

지성물〔至聖物 ; 이를 지, 거룩할 성, 만물 물, thing〕명(출30:29) 지극히 거룩한 물건. 최상으로 구별된 것.

지성소〔至聖所 ; 이를 지, 거룩할 성, 바 소. most holy place〕명(출26:33) 하나님의 법궤(언약궤)를 두었던 가장 거룩한 곳. 성막(성전)의 성소 뒤의 곳. 내소라고도 한다. 대제사장만 피를 가지고 1년에 한번 들어갈 수 있는 곳. 속죄소에 피를 붓고 백성의 죄를 속량하는 의식을 행한다. 그리스도는 자기 몸을 드려 단번에 속죄의 일을 완수하셨다(히9:1-10).

지시〔指示 ; 손가락 지, 보일 시. pointing〕명(창12:1) 가리켜 보임. 일러서 시킴.

지시표〔指示標 ; 손가락 지, 보일 시, 표 표. signpost〕명(겔21:19) 가리켜 보이는 표.

지식〔知識 ; 알(깨달을) 지, 알 식. knowledge〕명(출31:3) 사물을 아는 마음의 작용. 알고 있는 내용.

*성경에서 말하는 지식은 모든 지혜를 종합한 것으로 여호와를 알고 그에게 나아가며 어떻게 섬기며 어떤 일을 수행하여 하나님을 영화롭게 하는 방법을 아는 것을 말한다.

1. **지식의 근원** - ①여호와를 경외(잠1:7). ②여호와께서 주심(잠2:6). ③성경(딤후3:15). ③자연(시19:2).

2. **가치** - ①영혼을 즐겁게 함(잠2:10). ②힘을 더함(잠24:5). ③구원에 이르게 함(잠11:9). ④정금보다 귀하다(잠8:10).

3. **지식에 대한 태도** - ①자란다(벧후3:12). ②한계가 있다(고전12:8-9) ③영혼에 즐거움을 줌(잠2:10) ④입술로지식을지키게 하라(잠5:2). ⑤정금보다 지식을 얻어라(잠8:10). ⑥그리스도를 아는 지식에서 자라야 한다(벧후3:18). ⑦진리의 지식(딤후3:7). ⑧덕에 지식을 더함(벧후1:5-6). ⑨짐짓 죄를 범하지 말라(히10:26). ⑩약한 자를 멸망시키지 말라(고전8:11). ⑪교만하지 말라(고전8:1-2). ⑫욕망을 절제하라(전12:12).

지식자〔知識者 ; 알 지, 알 식, 놈 자. intellectuals〕명(단2:21) 지식 계급의 사람. 탁월한 지식의 소유자.

지아비〔my husband〕명(잠12:4) ①남편의 옛스러운 말. ②아내가 웃어른에게 자기 남편을 이르는 말. ③계집 하인의 남편을 일컫는 말.

지어내다〔make up〕타(느6:8) 없는 사실을 있는 것 같이 꾸며내다.

④성소
⑤지성소

지어미[my wife]圐(렘6:11) 아내의 옛스러운 말.

지역[地域 ; 땅 지, 지경 역. country, area]圐(창47:27) 땅의 갈라 놓은 부분. 땅의 경계 또는 그 안의 땅.

지옥[地獄 ; 땅 지, 감옥 옥. hell]圐 (마5:22) 현세에서 죄악을 범하고 회개하지 않는 사람이 사후(死後)에 가서 고통을 받는 환경을 형용한 말. 영육의 형벌을 받는곳(마5:29, 30; 10:28).
1. 형용어 - ①게헨나(마5:29 새번역). 힌놈의 골짜기의 아람어의 소리글. 우상을 섬기던 골짜기의 참상을 표현한 것. 개역에서는 지옥으로 번역되었다. ②불이 계속 타는 곳(마5:29). ③꺼지지 않는 불(막9:43). ④구더기도 죽지 않는 곳(막9:48). ⑤꺼지지 않는 불로 소금치듯 당하는 곳(막9:48-49). ⑥슬피 울며 이를 가는 곳(마25:30). ⑦마귀와 그 사자들을 위하여 예비된 곳(마25:41). ⑧영원히 불타는 곳(마25:41). ⑨유황불 붙는 못(계19:20). ⑩바깥 어두운 곳(마8:12). ⑪둘째 사망의 불못(계20:15) ⑫영벌 받는 곳(마25:46) ⑬영원한 멸망의 형벌(살후1:9).
2. 들어갈자 - ①마귀와 그의 사자(마25:41) ②범죄한 천사(벧후2:4). ③거짓 선지자(계19:20). ④두려워하는 자(계21:8 이하 같다). ⑤불신자. ⑥흉악한 자. ⑦살인자. ⑧행음자. ⑨술객. ⑩우상숭배자. ⑪거짓말 하는 자. ⑫형제를 욕하는 자(마5:22). ⑬주의 뜻을 따르지 않는 자(마25:40-46). 염소.
3. 교훈 - ①부구의 몸으로 천국에 가라(마5:29, 30). ②성도를 배나 지옥 자식으로 만들지 말라(마23:15). ③거짓된 말을 하는 혀. 지옥 불(약3:6).

지옥불[fire of hell]圐(약3:6) 멸망시키는 불. 흉악하고 사정없는 불. 심판의 불.

지우다[lay, burden]団(창22:3) 사람에게 물건을 등에 지게 하다.

1. **신약** - ①서기관과 바리새인들은 백성에게 율법의 짐을 지웠다(마23:4, 눅11:46). ②군인들이 구레네 시몬에게 예수님의 십자가를 지웠다(마27:32). ③예루살렘 총회는 이방인 성도에게 짐을 지우지 아니헸다(행15:28). ④사단이 성도에게 짐을 지우려고 한다(고후12:16, 계2:24).
2. **구약** - ①아브라함이 이삭에게 나무를(창22:3). ②애굽 감독이 이스라엘 백성에게 중노동을(출1:11). ③말, 나귀에게 안장을(렘46:4, 삼하19:26). ④게하시가 사환에게 봇짐을(왕하5:23). ⑤종주국이 속국에 짐을(왕하18:14). ⑥왕이 방백에게 임무를(호8:10). ⑦선지자의 멍에(나1:13).

지위[地位 ; 땅 지, 자리 위. status]圐(에3:1) 신분에 따르는 어떠한 자리나 계급. 처지.

지음을 받다[created](욥41:33) 피조물이 되었다. ①여호와께서 지으심(시103:22). ②은밀한 데서 기이하게(시139:15). ③여호와의 이름을 찬양하도록(시148:5). ④여자는 남자를 위하여(고전11:9). ⑤중생-거듭난 자(갈6:15). ⑥성도는 선한 일을 위하여(엡2:10). ⑦사람이 하나님의 형상대로 지음을 받음(약3:9). ⑧만물이 지음을 받음(계4:11). ⑨성도는 거룩함으로 지음을 받은 새 사람을 입어야 한다(엡4:24).

지저귀다[chirp, peep, chatter]困(사10:14) 새, 짐승 따위가 계속하여 소리내어 시끄럽게 지껄이다.

지적[指摘 ; 손가락 지, 들추어낼 적. indication]圐(욥17:5) 어떠한 사물을 꼭 집어서 가리킴.

지절거리다[chatter]困(사8:19) 여러말로 수다스럽게 되는대로 잇아서 지껄이다. 퇵지절지절.

지점[地點 ; 땅지, 점 점. spot]圐(겔43:12) 어디라고 지정한 그곳.

지정[指定 ; 손가락 지, 정할 정. appcintment]圐(레5:15) 어찌하라

지족[知足 ; 알 지, 발 족. contentment]몡(딤전6:6) 제 분수를 알아 족한 줄을 앎.

지존[至尊 ; 이를 지, 높을 존. his majesty]몡(삼하22:14) ①임금을 공경하는 말. ②더없이 존귀함.

지존무상[至尊無上 ; 이를 지, 높을 존, 없을 무, 위 상. the high and holy]몡(사57:15) 더없이 귀하고 더할 수 없이 높고 좋음.

지존자[至尊者 ; 이를 지, 높을 존, 놈 자. majestic, God]몡(삼상15:29) 지극히 존귀한 분. 하나님.

지중해[地中海 ; 땅 지, 가운데 중, 바다 해. mediterranean sea]몡 성경에 직접 쓰인 말은 아니나 성경지도에 표기한 말이다.

성경의 이름 - ①대해(민34:6, 수1:4). ②서해(신11:24, 수14:8). ③블레셋 바다(출23:31).

지지다[stew]타(대상9:31) ①국물을 약간 붓고 끓이다. ②녹이거나 타게 하다.

지진[地震 ; 땅 지, 진동할 진. earthquake]몡(왕상19:11) 지각 일부의 급격한 변화로 지반이 상하·좌우로 진동하여 이 진동이 사방으로 퍼지는 현상.

지체[肢體 ; 팔다리 지, 몸 체. body and limbs]몡(레21:18) 팔 다리와 몸. 교회. 그리스도인.

1. **영적지체** - ①성도는 그리스도의 지체이다(요15:5, 롬12:5). ②그리스도의 피로 샀다(롬8:32, 고후5:19). ③직분이 서로 다르다(롬12:4). ④요긴한 지체가 있다(고전12:22). ⑤부족한 지체에 존귀를 더함(고전12:24). ⑥다 같이 영욕을 받는다(고전12:26). ⑦그리스도 안에서 함께 후사가 된 지체(엡3:6). ⑧융합하라(고전6:16). ⑨분량대로 역사한다(엡4:16). ⑩의의 종으로 드려라(롬6:19).

2. **금지사항** - ①불의의 병기로 삼지 말라(롬6:13). ②사망을 위한 열매를 맺지 말라(롬7:5). ③죄의 법 아래로 사로잡히지 말라(롬7:23). ④창기의 지체를 만들지 말라(고전6:15). ⑤죽이라(골3:5). ⑥제어하라(약3:5-6, 4:1).

지체[遲滯 ; 더딜 지, 막힐 체. delay]몡(창19:16) 기한에 뒤짐. 어물어물하여 늦어짐.

* 하나님의 비밀 성취는 지체하지 아니한다(계10:6-7).

지친[至親 ; 이를 지, 친할 친. near relationship]몡(삼하19:42) ①부자간이나 형제간. ②아버지와 아들. 형과 아우의 사이와 같이 더할 수 없이 아주 친함.

지키다[keep, hold]타(창2:15) ①물건을 잃어버리지 않도록 두루 살피다. ②잡된 사람들의 출입을 금하며 감시(監視) 하다. ③환란(患亂)을 막으려고 주의하여 살피다. 약속이나 법률 또는 규칙 같은 것을 어기지 아니하고 그대로 행하다.

1. **지킬 것** - ①여호와 앞에서 절기(출10:9). ②10계명(출20:6). ③서약, 서원(민30:4). ④직분(민18:7). ⑤기업(민36:7). ⑥하나님의 명령(신4:2). ⑦안식일(신5:12). ⑧규례(신6:17). ⑨법도(신11:32). ⑩훈계(잠10:17). ⑪마음(잠4:23). ⑫입(잠13:3). ⑬영혼(잠22:5). ⑭자신(딤전5:22). ⑮생각(빌4:7). ⑯가르침을 받은 유전(살후2:15). ⑰부탁(딤후1:14). ⑱믿음(딤후4:7). ⑲말씀(딛1:9, 계1:3). ⑳교훈(마28:19-20, 계2:14, 22:9).

2. **방법** - ①본받아(딤후1:13). ②힘써(엡4:3). ③온전히(롬2:27). ④평생동안(신12:1).

지파[支派 ; 지탱할 지, 물갈래 파. branch, tribe]몡(창49:16) 종파(宗派)에서 갈라져 나간 파. 부족과 같은 말. 야곱의 아들 12지파를 말한다. 제사장계의 레위지파를 제외하고 요셉의 두 아들 므낫세와 에브라임을 12지파에 포함하여 가나안 기업을 분배했다. 에브라임이라고 할 때 북왕조 이스라엘을 가리키는 것으로 사용되기도 한다.

이름	어머니	성경구절
① 르우벤	레아	창29:32
② 시므온	레아	창29:33
· 레 위	레아	창29:34
③ 유 다	레아	창29:35
④ 단	빌하	창30:5-6
⑤ 납달리	빌하	창30:8
⑥ 갓	실바	창30:11
⑦ 아 셀	실바	창30:13
⑧ 잇사갈	레아	창30:18
⑨ 스불론	레아	창30:20
· 요 셉	라헬	창30:24
⑩ 베냐민	라헬	창35:18
⑪ 므낫세	아스낫	창41:51
⑫ 에브라임	아스낫	창41:52

* 요한계시록에 인 맞은 자 중에는 단과 에브라임이 빠졌고 레위와 요셉이 들어 있다.

지팡이[stick]명(창32:10) 걸을 때 걸음을 도우는 막대기. ①노인이 의지하고 다닌다(슥8:4). ②지도자의 권위표시(출4:17,왕하4:29). ③지파의 대표(민17:2). ④여행용구(마10:10). ⑤마술의 도구로 사용(출7:12). ⑥증거물로 사용(창38:18, 25). ⑦측량용(계11:1). ⑧목자의 용구(시23:4).
상징 - ①하나님의 보호하심(시23:4). ②하나님의 징계의 도구(시89:32). ③애굽(왕하18:21). ④모압(렘39:16-17). ⑤하나님의 임재(출4:2-5, 12:11).

지푸라기[stubble]명(나1:10) 짚의 부스러기. 초개(草芥). 잘타는 물질. 심판의 상태를 나타낸 말.

지피다[be possessed]자(막3:22) 신이 사람의 영(靈)을 내리다. 신들리다.

지하[地下; 땅 지, 아래 하. under the ground]명(욥28:5) 땅속. 대지의 밑. 들어나지 않는 곳.

지혜[智慧; 지혜(슬기) 지, 지혜 혜. wisdom]명(창3:6) 슬기. 인간의 경험과 관찰에 의한 산물.

1. 근원 - ①하나님의 신(영)(출31:3). ②여호와(출36:1, 잠2:6). ③하나님의 사자(삼하14:20). ④그리스도(고전1:24). ⑤위로부터(약3:17). ⑥성경(딤후3:15). ⑦여호와 경외(시111:10).

2. 교훈 - ①장로들을 교훈함(시105:22). ②구원함(잠2:16). ③선한 자의 길로 행하도록 함(잠2:20). ④복이 있다(잠3:13). ⑤은을 얻는 것보다 낫다(잠3:14). ⑥진주보다 더 귀하다(잠3:15). ⑦생명나무(잠3:18). ⑧악으로부터 지킴(잠5:1-6). ④누이와 같다(잠7:4). ⑩명철로 주소를 삼는다(잠8:12). ⑪훈계를 들어야 얻는다(잠8:33). ⑫집을 짓는다(잠9:1). ⑬날이 많아짐(잠9:11). ⑭입술을 제어함(잠10:19). ⑮명철한 자의 낙(잠10:23). ⑯겸손한 자에게 있는 것(잠11:2). ⑰칭찬을 받게 됨(잠12:8). ⑱방탕하지 아니함(잠12:11). ⑲권면을 들음(잠13:10). ⑳은혜를 베품(잠14:15). ㉑자기의 길을 안다(잠14:8). ㉒명철한 자의 마음에 머문다(잠14:33). ㉓금을 얻는 것보다 낫다(잠16:16). ㉔영혼을 사랑함(잠19:8). ㉕여호와를 당할 수 없다(잠21:30). ㉖사사로운 지혜는 버리라(잠23:4). ㉗너무 높다(잠24:7). ㉘사모하는 자는 아비를 즐겁게 한다(잠29:3). ㉙채찍과 꾸지람 준다(잠29:15). ㉚우매보다 뛰어남(전2:13).

3. 지혜로운 자 - ①여호와의 명하신 것을 만듦(출35:10). ②헛된 지식으로 대답하지 아니함(욥15:2). ③스스로 유익을 따름(욥22:2). ④영광을 기업으로 받음(잠3:35). ⑤명령을 받음(잠10:8). ⑥지식을 간직함(잠10:14). ⑦사람을 얻음(잠11:30). ⑧권고를 들음(잠12:15). ⑨혀는 양각 같음(잠12:18). ⑩스스로 보전함(잠14:3). ⑪악을 떠남(잠14:16). ⑫재물은 면류관임(잠14:24). ⑬지식을 전파함(잠

15:7). ⑭음부를 떠나게 됨(잠15: 24). ⑮생명의 경계를 들음(잠15: 31). ⑯명철함(잠16:21). ⑰슬기롭게 행함(잠16:23). ⑱지식을 구함(잠18:15). ⑲교훈을 받으면 지식이 더해짐(잠21:11). ⑳용사의 성을 정복(잠21:22). ㉑공정한 재판(잠24:23). ㉒노를 억제함(잠29:11). ㉓미련한 자가 되라(고전3:18).

지혜의 시〔psalm of praise〕명(시47: 7) 찬양의 노래말. 하나님을 바로 아는 노래말.

지혜자〔智慧者 ; 지혜 지, 지혜 혜, 놈 자. wise man〕명(신16:19) 슬기로운 사람. 요셉, 솔로몬, 에스라, 다니엘, 스데반, 바울, 동방박사가 있다.

지환〔指環 ; 손가락 지, 고리(돌릴) 환. ring〕명(사3:21) 가락지.

지휘〔指揮 ; 손가락 지, 휘두를 휘. command〕명(민4:19) 가르쳐보여서 일을 하도록 시킴.

직가〔 εὐθύς = 곧은 길〕지(행9:11) 다메섹성 중에 있는 곧은 한 거리. 주께서 아나니아에게 명하기를 이 거리에 거주하는 유다의 집에 가서 다소 사람 사울(바울)을 찾아 안수하여 보게 하라고 하셨다.

직경〔直經 ; 곧을(바를) 직, 지름길 경. diameter〕명(왕상7:23) 어떤 곡선의 중심을 지나는 선. 지름.

직고〔直告 ; 곧을 직, 알릴 고. telling the truth〕명(잠29:24) 곧이 곧대로 알리어 바침.

직공〔織工 ; 짤 직, 장인 공. weaver〕명(사38:12) 베를 짜는 사람. 직조공.

직공〔職工 ; 맡을 직, 장인 공. factory hand〕명(행19:24) 공장에서 일하는 노동자. 금 세공업자.

직무〔職務 ; 맡을 직, 힘쓸 무. duty〕명(민3:7) 직업상의 주된 임무.

직분〔職分 ; 맡을 직, 나눌 분. duty, function〕명(출28:1) 직무상의 본분. 자기가 마땅히 하여야 할 본분. 교회의 직분은 계급이 아니다. 기능상 해야 할 일을 나누어 지는 책임이 따르는 의무를 말하는 것이다(행6:1-6). 명예가 아니다. ①사도직(롬11:13). ②영의 직분(고후3:8). ③주 안에서 받는 직분(골4:17). ④감독, 장로(딤전3:1). ⑤집사(딤전3:10). ⑥제사장(히7:5). ⑦은사 - 선지자, 전도자, 목사, 교사(엡4:11). ⑧그리스도의 몸을 세우는 일(엡4:12).

직원〔職員 ; 맡을 직, 인원 원. personnel, officer〕명(대하23:18) 직무를 맡은 사람.

직임〔職任 ; 맡을 직, 맡길 임. duty〕명(민7:5) 직무상 맡은 바 책임.

직조〔織造 ; 짤 직, 지을(만들) 조. weaving〕명(출39:27) 피륙따위를 기계로 짜는 일.

직조틀〔織造~ ; 짤직,지을조.loom〕명(삿16:14) 옷감을 짜는 기계.

직책〔職責 ; 맡을 직, 책임 책. duty〕명(고후5:18) 직무상의 책임.

직행〔直行 ; 곧을 직, 행할 행. through running〕명(행16:11) 중도에 머물지 않고 줄곧 감.

진〔陳 ; 진칠 진 camp〕명(출14:19) 군사가 머물러 둔(屯)을 친 곳. 왜 진영. 진루(陳壘).

진〔津 ; 진액(침) 진. resin〕명(출2:3) 풀, 나무 따위에서 분비되는 끈끈한 액체. 연기나 눅눅한 기운이 서려서 생기는 끈끈한 물.

진개〔塵芥 ; 티끌 진, 보잘 것 없을 (천할) 개. dust, dirt〕명(애3:45) 티끌과 쓰레기. 먼지와 쓰레기.

진기〔陳旗 ; 진칠 진, 기 기. flag of camp〕명(민2:3) 진에서 게양하는 기. 군기. 부대기.

진기〔珍奇 ; 보배로울 진, 기이할 기.

rare]명(욥3:5) 보배롭고 기이함.

진노[震怒 ; 진동할(벼락칠) 진, 성낼 노. wrath, anger]명(출15:7) 존엄한 사람이 성냄. 하나님께서 인간의 행위를 보신 분노.

진노의 날 - 종말론적인 의미의 말세, 주께서 재림하시는 날, 심판의 날. 여호와의 날(욥21:30).

진단[診斷 ; 진찰할(볼) 진, 끊을 단. diagnosis]명(레13:3) 의사가 환자의 병든 상태를 진찰하여 판단함.

진동[震動 ; 진동할 진, 움직일 동. shock, quake]명(출19:18) 몹시 울려서 흔들림.

진력[盡力 ; 다할 진, 힘 력. endeavour]명(딤전4:10) 힘 닿는데까지 다함. 갖은 애를 다 씀.

진리[眞理 ; 참 진, 이치 리. truth]명(창32:10) 참된 도리. 논리의 법칙에 일치되는 지식.

1. **무엇이** - ①아버지의 말씀(요17:17). ②예수 그리스도(요14:6). ③성령(요일5:7, 요15:26). ④복음(갈2:5, 골1:5). ⑤주의 법(시119:142). ⑥계명(시119:151). ⑦말씀의 강령(시119:160). ⑧성경(단10:21).
2. **하는 일** - ①그리스도로 말미암아 온다(요1:17). ②자유케 함(요8:32). ③의의 병기로(고후6:7). ④기뻐하게 됨(고전13:6). ⑤거룩하게 함(요17:19). ⑥허리띠(엡6:14). ⑦우리를 낳음(약1:18). ⑧영혼을 깨끗하게 함(벧전1:22). ⑨수고하게 함(요삼8). ⑩증거를 받음(요삼12). 참인 줄 안다.

진멸[殄滅 ; 끊어질 진, 멸할 멸. annihilation, bedead]명(출32:10) 죽여 없애버림.

진문[陣門 ; 진칠 진, 문 문. gate of a camp]명(출32:26) 진중으로 드나드는 문.

진미[珍味 ; 보배(보배로울) 진, 맛미. delicacy]명(단1:5) 음식의 썩 좋은 맛. 또는 그 요리.

진보[進步 ; 나아갈 진, 걸음 보. progress]명(빌1:12) 사물이 점점 발달하는 일. 사물이 차차 나아짐.

진상[眞相 ; 참 진, 서로 상. real features]명(단7:16) 참된 모습. 진실한 형편.

진설[陳設 ; 베풀 진, 베풀 설. setting on table]명(창18:8) 제사나 잔치 때 음식을 갖추어 상을 차려놓음.

진설병[陳設餠 ; 베풀 진, 베풀 설, 떡 병. shewbread, bread of the presence]명(출25:30) 성막(후에 성전)의 성소에 차려 놓은 누룩 없는 12개의 떡.

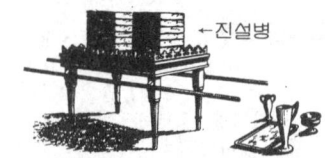
←진설병

* ①떡은 이스라엘 열 두 지파를 의미한다(출25:30). ②여섯개씩 두 줄로 차린다(레24:6). ③정결한 유향을두줄떡위에두었다(레24:5-9). ④안식일마다 새 떡으로 바꾸어 진설한다(레24:8). ⑤묵은 떡은 제사장이 성소에서 먹는다(레24:9, 삼상21:4-6). ⑥연중계속하여진설한다(출25:30, 대하2:4). ⑦그핫 자손이 맡아서 했다(대상9:32). ⑧다윗이 시장할 때 얻어 먹었다(삼상21:4-6).

진수[珍羞 ; 보배로울 진, 반찬 수. delicacy]명(창49:20) 썩 맛이 좋은 음식. 보기 드물게 잘 차린 음식.

진술[陳述 ; 베풀 진, 지을 술. statement]명(창24:33) 자세히 말함.

진실[眞實 ; 참 진, 열매 실. truth]명(창24:49) 성정이 바르고 참됨. 헛되지 않은 참 마음.

* ①성도의 신앙(딤전1:5). ②성도의 예배(요4:23-24). ③성도의 생활(고후1:12). ④복음사역(고후2:17). ⑤빛의 열매(엡5:9). ⑥성도의·직분(엡6:21). ⑦성도의 마음(벧전3:1). ⑧성도는 승리한다(계17:14).

진실로[truth, truly]부(창24:49) 정말로. 참으로. 거짓없이. 분명한.

확실하게.

진실로 진실로[the truth](요1:51) 진실로를 거듭 강조한 요한복음의 용법. '진리인 내가 거짓없이 너희에게 말한다'라고 풀이할 수 있다.

진실무망[眞實無妄 ; 참 진, 열매 실, 없을 무, 망녕될 망. trustworthy]⑱(출18:21) 성정이 바르고 참되어 망령됨이 없음. 진실하게 삶.

진심[眞心 ; 참 진, 마음 심. the whole heart]⑱(렘3:10) 참된 마음.

진액[津液 ; 진액 진, 진액 액. juice, moisture]⑱(시32:4) 생물의 몸안에서 생겨나는 액체.

진언[嗔言 ; 성낼 진, 말씀 언. enchantment]⑱(왕상18:29) 성을 내어서 꾸짖는 말. 실제의 뜻은 마법. 정신없이 떠들며, 꾸짖으며 겁을 주면서 하는 마법.

진언자[嗔言者 ; 성낼 진, 말씀 언, 놈 자. charmer]⑱(신18:11) 마술사. 마법사. 술객. 이스라엘에서 금지된 행위를 하는 사람.

진영[陣營 ; 진칠 진, 진 영. camp]⑱(삼상17:20) 적을 공격하기 위해 군대를 배치한 곳. 진지.

진영[鎭營 ; 요해지 진, 진 영, camp]⑱(민13:19) 군대의 주둔지. 병영. 군 천막을 친 곳. 진. 진지.

진유[眞鍮 ; 참(거짓 아닐) 진, 놋쇠 유. brass]⑱(계18:12) 놋쇠. 황동.

진정[眞情 ; 참(거짓 아닐) 진, 뜻 정. true heart]⑱(출21:5) 거짓없는 애뜻한 마음. 참된 사정 또는 정세.

진정[眞正 ; 참(바를) 진, 바를 정. genuineness]⑱(수24:14) 참되고 올바름.

진정[鎭靜 ; 편안하게할 진, 고요할 정. appeasement]⑱(대상22:19) 요란하던 것이 가라앉음. 왁자한 것을 가라앉혀서 조용하게 함.

진주[眞珠 ; 참(바를) 진, 구슬 주. pearl]⑱(민11:7) 진주조개의 껍질이나 살 속에 생기는 일종의 구슬. 매우 보배롭게 여기는 물건. ①만나의 모양(민11:7). ②여성장식품(딤전2:9, 계17:30). ③세상에 많음(잠20:15). ④신 바벨론의 상품(계18:12). ⑤하늘나라 문의 재료(계21:21).

진주조개의 핵

1. 교훈 - ①지혜보다 못하다(잠3:15). ②현숙한 여자보다 못하다(잠31:10). ③지혜로운 입술이 더 귀함(잠20:15). ④멸망할 자의 상품과 장식품(계18:12,16).
2. 상징 - ①진리(마7:6). ②천국(마13:45).

진중[陣中 ; 진칠 진, 가운데 중. in camp]⑱(출19:16) 진의 안.

진찬[珍饌 ; 보배 진, 음식 찬. delicacy]⑱(잠23:3) 진미, 맛좋은 고기. 진수(珍羞)

진찰[診察 ; 진찰할(볼) 진, 살필 찰. medical examination]⑱(레13:3) 의사가 환자의 병을 살펴봄.

진취[進就 ; 나아갈 진, 나아갈 취. gradual development]⑱(대하24:13) 점점 일을 이루어 감.

진치다[陣~ ; 진칠 진. encamp]㉑(출18:5) 진을 베풀다. 전쟁준비의 하나.

진토[塵土 ; 티끌 진, 흙 토. dust and soil]⑱(삼상2:8) 먼지와 흙. 성경은 무가치한 것. 비참한 것을 가리킨다.

진펄[marsh, mire]⑱(욥8:11) 진창으로 된 넓은 들. 황폐한 땅. 소성되지 못할 소금땅.

진하다[盡 ; 다할 진. fail, become exhausted]㉑(창25:8) 다하여 없어지다. 극한에 이르다. 죽다.

진행[進行 ; 나갈진, 행할 행. march]⑱(창32:1) 앞으로 나아감. 일을 처리하여 나감.

진홍[眞紅 ; 참 진, 붉을 홍. red, crimson]⑱(사1:18)진한 붉은 빛. 죄의 형용어. 메시야가 양털과 같이 희게 해 주신다.

진흙[clay, mortar]⑱(창11:3) 빛깔

이 붉은 차진 흙. 물기가 많은 흙. 찰흙. 점토.
*①바벨탑 벽돌 접착용재(역청)(창11:3). ②토기의 재료(렘18:4). ③느부갓네살이 꿈에 본 상의 다리 부분의 재료(단2:33). ④벽돌을 만듦(나3:13). ⑤벽에 바름(레14:42). ⑥진흙길(사10:6). ⑦진흙 웅덩이(렘38:22). ⑧예수님께서 소경을 고치실 때 사용(요9:6).
상징적 교훈 - ①멸망(삼하22:43). ②고통, 고난(욥30:19). ③무익한 것(욥42:30). ④악인의 행위(사57:20). ⑤인생(사64:8). ⑥주장하지 못함(렘18:6). ⑦풍부함(슥9:3). ⑧복종해야 함(롬9:21).

진흥[振興 ; 떨칠 진, 일 흥. promotion]명(민24:7) 떨쳐 일으킴.

~질[접미](창30:33) 노릇이나 짓을 나타내는 말. 예) 바느질. 물레질. 쌈질. 고자질.

질고[疾苦 ; 병 질, 쓸 고. sufferinng from illness, grief]명(사53:3) 병에 걸린 고통. 병고.

질그릇[earthenvessel]명(레11:33) 진흙으로 구워서 만든 그릇. 오지.
*①하나님의 절대적인 지배를 가리킨다(시2:9). ②쇠약한 인생(시22:15). ③보잘것 없는 존재(고후4:7). ④성도의 각양 은사(딤후2:20, 롬9:21). ⑤심판(계2:27).

질다[sloppy]형(겔47:11) 반죽한것이 물기가 너무 많다. 질척하다.

질려[疾藜 ; 남가새 질, 명아주 려. brier]명(사5:6) 남가새과의 일년생 풀. 바닷가나 모래 땅에 나는데 온 몸에 거센 털이 있음. 열매는 한약재로 씀. 납가새.

질문[質問 ; 바탕(근본) 질, 물을 문. question]명(렘12:1) 모르는 것이나 의심나는 점을 물어서 밝힘.

질병[疾病 ; 병 질, 병들 병. disease]명(출15:26) 신체의 온갖 기능의 장애. 건강하지 않은 이상이 있는 상태. 병. 질환. ①인간이 범죄하므로 생기게 되었다(창3:1-19). ②개인의 범죄로 말미암은 병(대하21:12-19). ③사단의 시험(눅13:6). ④하나님의 영광을 위한 질병(요9:1-3, 고후12:7-10). ⑤벌, 재앙(출15:26). ⑥주께서 고쳐주심(눅7:21). ⑦기도로 고침 받음(약5:14-15).

질서[秩序 ; 차례 질, 차례 서. order]명(고전14:40) 사물의 조리 또는 올바른 차례.
*성도는 질서대로 행해야 한다.

질시[嫉視 ; 미워할 질, 볼 시. glancing sidelong]명(신28:54) 흘겨봄. 밉게 봄.

질탕관[~湯罐 ; 끓일 탕, 두레박 관. stove]명(레11:35) 국이나 약을 끓이는 진흙으로 만든 그릇.

질투[嫉妬 ; 미워할 질, 투기할 투. jealousy]명(출20:5) 강샘. 시새우고 미워함. 열등한 사람이 우월한 사람에게 갖는 시샘. 특히 사랑의 대상을 갖기 위한 상대자에 대한 공격하는 심적 반응. 시기, 투기와 같은 말.
*①분쟁의 원인이 된다(욥5:2, 고전3:3). ②하나님의 다른 이름(출34:14).

질투심[嫉妬心 ; 미워할(투기할) 질, 투기할 투, 마음 심. jealousy]명(민25:11) 시새우고 미워하는 마음.

질투의 하나님[jealous God](출34:14) 하나님께서 택하신 이스라엘에게 나타내시는 사랑의 표현. 마땅히 섬겨야 할 하나님을 섬기지 않고 우상을 섬길 때 하나님께서 취하시는 태도(사42:8, 출20:5, 수24:19). 고후11:2의 하나님의 열심을 새번역에서는 질투로, 현대인의 성경은 시기로 번역했다.

질항아리[earthen pot]명(애4:2) 진흙으로 만든 항아리.

짊어지다[carry on one's back]타(고

후4:10) 짐을 등에 메다. 책임을 맡다.

짐[load]명(창24:32) ①지거나 실어서 나르는 물건. ②책임지고 치러 나갈 힘드는 일. ③수고가 되는 것 귀찮은 물건. 일. burden

상징과교훈 - ①죄악(시38:4). ②고난(욥7:20). ③치욕(습3:18). ④인생이 해결해야 할 것들(마11:28). ⑤규례, 유전(마23:4). ⑥책임, 수고(갈6:2).

짐승[animal]명(창1:24) 날짐승, 길짐승의 총칭. ①하나님이 창조하심(창1:21). ②아담이 이름을 지어 줌(창2:20). ③하나님의 주권 아래 있다(삼상6:7-14).

짐작[斟酌 ; 헤아릴(짐작할) 짐, 퍼낼 작. conjecture]명(행25:18) 어림대고 헤아림. 겉가량으로 생각함.

짐짓[on purpose, willfully]부(출21:14) 일부러. 고의로.

집[case]명(삼하17:51) 물건을 담아 두거나 끼워 두는 기구.

집[home]명(창7:1) 가정. 가족. 자손. 족속(행16:31, 34, 눅2:4, 사7:13).

집[house]명(창24:23) 사람이 거처하는 건물. 동물의 보금자리. ①성전(왕상6:1). ②육체(고후5:1, 전12:3). ③세상살이(시119:54). ④무덤(욥30:23). ⑤영원한 나라 천국(전12:5, 요14:2). ⑥교회(히10:21).

집게[tongs]명(출25:38) 물건을 잡는데 쓰는 끝이 두 가닥으로 갈라진 연장.

집권자[執權者 ; 잡을 집, 권세 권, 놈 자. seizure of political power, prince, ruler]명(마20:25) 정권을 잡거나 권력을 가진 사람.

집다[pick, take up]타(막16:18) 물건을 움켜 쥐다. 주워 가지다. 물건을 끼워 들다.

집머리[the leader]명(합3:13) 가장(家長). 우두머리. 통치자. 첫째의 책임자.

집비둘기[pigeon]명(창15:9) 집에서 기르는 비둘기. 산 비둘기와 구별해서 쓰인다.

집사[執事 ; 잡을 집, 일 사. deacon]명(행21:8) ①고용되어 그 집안 일을 맡아보는 사람. ②장로교회의 한 직분. '섬기는 자'의 뜻으로서 장로와 함께 교회의 제반 업무, 특히 재정을 전적으로 담당한다. 구제하는 일을 맡아 한다.

1. 의의 - ①하인(요2:5). ②일꾼(딤전4:6). ③수종드는 자.
2. 자격 - 딤전3:8-13.
3. 직무 - 구제와봉사(행6:6, 딤전3:12).
4. 선교활동 - ①스데반은 첫 순교자(행7:54-60). ②빌립은 첫 이방선교사(행8:38, 21:8).

집 사람[house hold]명(창17:23) 가족. 식솔. 딸린 모든 사람. 이스라엘 국민 모두.

집안[family]명(창27:15) 가까운 살붙이. 집속.

집에 있는 교회[church in the house] 개인 집에 있는 것으로 보아 초기 가정 교회라고 할 수 있다. ①브리스가와 아굴라의 집 교회(롬16:3-5, 고전16:19). ②눔바와 그 여자 집에 있는 교회(골4:15). ③빌레몬의 집 교회(몬2).

집회[集會 ; 모을 집, 모을 회. congregation]명(창49:6) 어떠한 목적으로 여러 사람이 모임. 교회의 예배를 말함(히10:25, 시26:12).

짓[motion, behavior]명(창19:8) 몸을 놀리는 일. 일을 하는 노릇. 비 짓거리.

짓다[make, build]타(창1:31) 만들어 내다. 건축하다.

짓다[commit]타(창44:32) 죄를 범하다. 농사를 짓다. grow raise.

짓밟다[trample under foot, tread]타(왕하14:9) 짓이기다시피하여 마구 밟다. 유린하다.

징계[懲戒 ; 징계할 징, 경계할(재계할) 계. chastise]명(민26:10) 허물을 뉘우치도록 경계하고 나무람. 선한 방향으로 인도하기 위하여 쓰임.

1. 원인 - ①범죄(욥34:31). ②죄악(사53:5). ③미련으로(잠22:15). ④경외심이 없으므로(렘2:19). ⑤연단하기 위하여(히12:11).
2. 방법 - ①채찍으로(삼하7:14). ②질병의 고통으로(욥33:19). ③재앙으로(신28:59). ④이방의 침략(신28:26-27). ⑤하나님의 말씀으로(딤후3:16).
3. 유익됨 - ①진리를 깨달음(딤후2:25). ②하나님의 사랑을 깨달음(히12:6-7). ③열매를 맺게 된다(히12:11).

징벌[懲罰 ; 징계할 징, 벌줄 벌. discipline]명(삿8:16) 뒷 일을 경계하는 뜻으로 벌을 줌. 바르지 못한 행위에 대하여 제재를 가함.

징조[徵兆 ; 부를 징, 억조 조. signs]명(창1:14) 미리 보이는 조짐. 표적, 표징, 이적, 기사, 증거와 같은 뜻말. 특히 종말에 일어난다.

징책[懲責 ; 징계할 징, 꾸짖을(나무랄) 책. punishment]명(레26:28) 꾸짖어 징계함. 충분한 응징을 가함.

징치[懲治 ; 징계할 징, 다스릴(병고칠) 치. correction, judge]명(창15:14) 징계하여 다스림.

짖다[bark]자(사56:10) ①개가 소리를 내어 떠들다. ②새가 지저귀다. caw.

짚[straw]명(창24:25) 벼, 밀, 보리, 조 따위의 이삭을 떨어낸 줄기.

짚다[take a stick]타(출21:19) ①지팡이를 들어서 그 끝을 땅위에 대다. ②바닥에 손을 대고 누르다. put one's hand on.

짜다[weave]타(출26:31) 실 따위를 세로와 가로로 엇걸어서 피륙이나 연장 따위를 이루다.

짜다[salty]형(욥39:6) 소금맛 같다.

짜다[squeeze]타(창40:11) 비틀거나 눌러서 물기나 기름기를 뽑다.

짝[pair, leaf, mate]명(왕상6:34) 두개 이상이 모여서 한 벌이 되는 물건의 낱개. 한 쌍 가운데 하나를 나머지 하나에 대하여 부르는 말.

짝짓다[pair, match]타(마19:6) 짝을 이루어지게 하다.

짝하다[partake, choose]자타(삼상10:24) 무슨 일에 있어서 어떤 누구와 함께 동무가 되다. 자기와 짝이 되게 하다.

짠나물[mallow]명(욥30:4) 염분이 많은 늪지대에서 자라는 식물. 사해 연안에 자생하는 바다 쇠비름으로 여긴다.

짠물[salt water]명(약3:12) 바닷물. 짠맛이 있는 우물. 간이 있는 물건에서 흐르는 물.

짧다[short]형(민11:23) 길지 못하다. 동안이 가깝다.

쪼개다[split, divide]타(창15:10) 하나를 둘이상 갈라지게 하다.

쪼다[pick, grave]타(출20:25) 뾰족

한 끝으로 연달아 찍다.
쪽발[split hoof, cloven foot]<u>명</u>(레 11:3) 갈라진 짐승의 발.
쪽제비[weasel]<u>명</u>(레11:29) 쪽제비과의 짐승. 길이는 40cm정도. 털빛은 적갈색임. 족제비.
쫓겨나다[driven out]<u>자</u>(출10:11) 쫓기어나다. 쫓음을 당하다. 축출되다. 내쫓다.
쫓기다[be chased]<u>자</u>(삿9:40) 남에게 쫓음을 당하다. 일에 몹시 몰려 지내다.
쫓다[drive away]<u>타</u>(창15:11) 있는 자리에서 억지로 떠나게 하다. 또는 몰아내다. 쫓아 버리다.
쫓아가다[pursuit]<u>자타</u>(창14:14) 앞선 것을 뛰어서 따르려고 급히 가다. 뒤에 바싹 붙어 따라가다. 추격하다.
쫓아내다[drive out]<u>타</u>(창3:24) 쫓아서 밖으로 몰아내다. 추방하다.
쫓아오다[come in pursuit]<u>타</u>(수7:5) 뒤에서 급히 뛰어오다. 뒤에서 바싹 따라오다.
쬐다[shine, heat]<u>자타</u>(삼하4:5) 볕이 들어서 비치다. 볕이나 불김에 쬐거나 말리다.
쭉정이[blasted ear, chaff]<u>명</u>(호13:3) 껍질만 있고 속 알맹이가 없는 곡식의 열매.
찌끼[dregs]<u>명</u>(시75:8) ①액체 속에 가라앉아 처져 남은 물건. 찌꺼기. 쓰고 남은 허접쓰레기. rubbish.
찌르다[pierce, thorn]<u>타</u>(민33:55) 날카로운 끝을 들이밀다. 악의로 남의 비밀을 알리어 주다.
찌르는 것(가시)[thorn](민33:55) 가시가 있는 막대기를 뜻하는 말. 바울에게는 육체의 가시 곧 사단의 사자가 있었다(고후12:7). 감당하고 견디어야 할 일을 뜻한다.
찍다[chop, cut]<u>타</u>(출34:13) 날이 있는 연장으로 때려 쳐서 베다. 무슨 표 따위에 구멍을 뚫다.
찍다[dip. dot]<u>타</u>(레4:6) 무슨 물건의 끝에 액체를 묻혀 내다. 무엇에 점(點)을 칠하다.
찔레[briar]<u>명</u>(삿8:10) 장미과의 낙엽 관목. 들장미.
찔리다[be stuck]<u>자</u>(삼상24:5) 날카로운 가시 따위에 찌름을 당하다. 양심에 가책을 받다. be ashamed of
찢기다[be torn]<u>피동</u>(창31:39) 찢김을 당하다.
찢다[tear, draw]<u>타</u>(창37:29) 잡아당기어 가르다. 이곳 저곳에서 끌다.
찢어지다[be torn]<u>자</u>(출28:32) 찢기어서 갈라지다.
찧다[pound]<u>타</u>(출27:20) 곡식 따위를 절구에 넣고 공이로 내려치다.

차[車 ; 수레 차(거), chrt, chariot] 명(사5:28) 온갖 수레. 성경에서는 짐을 옮기는 수레와 전쟁에서 쓰는 병거를 말한다.

차[次 ; 차례 차. order]명(삿17:3) 차례의 뜻을 나타내는 말.

차꼬[fetters]명(행16:24) 성경에는 취음으로 착고로 표기하고 있다.

차다[kick]타(신32:15) 발길로 힘있게 앞으로 내밀거나 발끝으로 냅다 질러서 위로 치뜨리다.

차다[gird, wear]타(출32:27) 끈을 달아 몸에 걸고 늘어 뜨리다. 시계 따위를 팔목에 끼우거나 잠그다.

차다[be full]자(창25:24) 더 들어갈 수 없이 가득하게 되다. 한정에 이르다.

차다[cold]형(욥37:9) 추운 느낌이 있다. 기온이 낮다. 온도가 낮다.

차돌[calcite]명(출4:25) 광석의 한 가지. 순수한 것은 빛이 없고 투명하며, 다른 잡물이 섞이지 않고 아주 맑은 것은 수정(水晶)이라 함. 석영(石英). 유리 만드는 재료로 쓰인다.

차등[差等 ; 어긋날 차, 무리 등. grade]명(대상24:5) 등급의 차이가 있음.

차라리[rather]부(삿9:28) 먼저의 것을 부인하고 이것을 택하는 뜻. 도리어.

차례[次例 ; 차례 차, 보기 례. order]명(에2:12) 순서. 나아가는 번.

차리다[prepare]타(창43:31) 장만하여 베풀다.

차마[too…to]부(잠13:24) 애틋하고 안타까운 정으로 감정을 누르고 참고자 하는 것을 뜻하는 말.

차별[差別 ; 어긋날 차, 다를 별. discrimination]명(롬3:22) 등급이 지게 나누어 가름.

차처[次序 ; 차례 차, 차례 서. order]명(창43:33) 차례. 순서.

차일[遮日 ; 가릴 차, 날 일. curtain, canopy, cover]명(사40:22) 햇볕을 가리려고 치는 포장. 천막. 장막. 휘장. 덮개를 가리키는 말.

차자[次子 ; 차례 차, 아들 자. second son]명(창41:52) 둘째 아들. 차남.

차지[own, one'sshare]명(출21:34) 무엇을 자기의 소유로 만들어 가짐.

차지다[sticky]형(왕상7:46) 끈기가 있어서 쩍쩍 달라붙다.

차지하다[inherit]타(민14:24) 자기의 것으로 만들어 가지다.

차진흙[clay]명(왕상7:46) 진흙. 차진흙. 점토. 벽돌, 기와, 옹기 등을 만드는 재료. 숙곳과 사르단 사이에 많다(대하4:17).

차차[次次 ; 차례 차, 차례 차. gradually]부(삼하18:25) 어떤 일이 조금씩 되어가는 상태. 점점.

차착[差錯 ; 어긋날 차, 섞일 착. discordance]명(창43:12) 순서가틀리고 앞뒤가 서로 잘 맞지 않음.

차하다[second]형(스1:10) 표준에 비하여 좀 모자라다. 순서, 지위, 연령, 품질 등에서 두번째.

착고[着錮 ; 붙을 착, 가둘 고. fetters]명(삼하3:34) 차꼬를 뜻과는 관계없이 한문으로 적은 말. 죄수의 발에 채우는 형구의 하나. 두개의 기다란 나무틀에 구멍을 파서 죄인의 발목을 넣고 자물쇠로 채운다. 족가. 고랑.

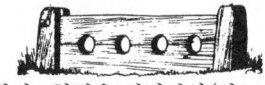

* 환난, 형벌을 상징한다(시149:8, 욥36:8).

착념[着念 ; 붙을 착, 생각 념. contemplation]명(렘31:21) 주의깊게 생각에 둠.

착심[着心 ; 이를 착, 마음 심. apply, giving one's mind to]명(잠23:12) 마음을 정함.

착하다[meek, be good]형(마5:16) 마음이 곱고 어질고 선하다.

착한 일[good work]명(행4:9) 온전한 선행, 인정을 베품. 하나님의 뜻대로 하는 일. 구제.

찬란[燦爛 ; 빛날 찬, 빛날 란. shine, brilliancy]명(눅24:4) 빛이 눈부시게 아름다움.

찬물[cold water]명(렘18:14) 온도가 낮은 물의 총칭. 냉수.

찬미[讚美 ; 기릴 찬, 아름다울 미. praise]명(마21:6) 하나님께 영광을 돌리는 일. 찬송.

찬성[贊成 ; 도울 찬, 이룰 성. agreement, consent]명(행22:20) 도와서 성취시킴. 동의.

찬송[讚頌 ; 기릴 찬, 칭송할 송. praise, hymn]명(창9:26) ①하나님의 은혜에 대한 감사의 감정적 표현. ②하나님께 예배하는 때의 음악. 노래. ③구약에서는 하나님의 구원에 관한 찬송이 많다(출15:). ④신약에서는 그리스도의 구원에 대한 찬송이다(계4:8, 19:1-8). ⑤하나님께 영광을 돌리기 위하여 (눅2:20). ⑥하나님을 증거하기 위하여 (히13:15).

찬송의 능력 - ①마음이 치료를 받는다(삼상16:23). ②하나님의 도움을 받는다(행16:25-26). ③회개하고 주를 의지한다(시40:3). ④기적이 일어난다(행16:26).

찬송가[讚頌歌 ; 기릴 찬, 칭송할 송, 노래 가. hymn]명(스3:11) 하나님의 은덕을 찬송하며 부르는 노래. 예배의 일부분을 차지하며 가사는 주로 성경을 인용하였다.

찬송시[讚頌詩 ; 기릴 찬, 칭송할 송, 노래 시. hymn, psalm]명(고전14:26) 하나님의 덕을 찬송하며 지은 글.

찬양[讚揚 ; 기릴 찬, 날릴(높일) 양. praise]명(삼하18:28) 하나님의 은혜를 기리고 영광을 돌리는 일. 찬미, 찬송. 예배식의 하나.

참[true]명(창27:24) 올바름. 겉과 속이 맞아 거짓이 없음. 진실.

참가[參加 ; 참가할 참, 더할 가. participation, enter]명(민4:3) 어떠한 모임이나 단체에 참여함.

참감람나무[olive tree]명(롬11:17) 순종의 올리브(감람) 나무. 교회. 그리스도. 이방인 성도는 참감람나무에 접붙임을 받은 자들이다.

참과부[~寡婦 ; 적을 과, 지어미 부. true widow]명(삼하14:5) 남편이 죽고 난뒤 다른 남자에게 시집가지 아니함은 물론, 죽은 남편을 생각하고 자녀들을 잘 양육하는 여자. 성경에는 60세가 되어 이성에 마음이 흔들리지 않을 여자를 참과부라 하였다(딤전5:3-16).

참나무[oak]명(호4:13) 너도밤나무과의 나무의 총칭. 상수리나무.

참다[bear, suffer]타(창21:16) 굳은 마음으로 어려운 고비를 견디다.

참담[慘憺 ; 참혹할 참, 담백할 담. sorrow]명(삿11:35) 괴롭고 슬픈 모양. 근심 걱정이 가득해 보임.

참되다[honest, be true]형(신22:20) 거짓이 없다. 진실하다.

＊그리스도와 하나님이 참되시다(계3:7, 요3:33, 롬3:4) 하나님의 말씀(요21:24).

참람[僭濫 ; 참람할 참, 넘칠 람. blasphemy, blaspheme]명(마9:3) 분수에 넘치게 함부로 함. 입에 담지 못할 행동이나 말. 하나님의 영광을 가리거나 욕되게 하는 일과 말.

참말[serious talk]명(행12:15) 참되고 거짓이 없는 진실한 말.

참빛[Jesus Christ]명(요1:9) 예수그리스도. ①세상에 오신 빛(요1:9). ②각 사람에게 비취는 빛(요1:9). ③세상의 빛(요1:5, 8:12). ④새 계명(요일2:8). ⑤어두움에 있는 자의 빛(롬2:19). ⑥이방인의 빛

(행26:23). ⑦이 빛을 얻어야 한다(요8:12, 엡5:8).

참새[sparrow](시84:3) 참새과의 새의 이름.

참석[參席;참여할 참, 자리 석. attendance]뗑(눅13:29) 모임의 자리에 같이 함.

참소[讒訴;헐뜯을 참, 아뢸 소. falsecharge, slander]뗑(삼하19:27) 남을 헐뜯어 없는 죄도 있는 것처럼 웃사람에게 고해 바침. 무고.
1. 특징 - ①말세의 징조로 나타난다(딤후3:1, 3). ②분을 일으키게 한다(잠25:23).
2. 종류 - ①종이 주인을(삼하19:27). ②이교도가 성도를(단3:8). ③집단이 개인을(요18:29). 사단이 성도를(요1:6-12). ④시기로 인한 올무(단6:11-15, 24). ⑤성도는 참소하지 않는다(딤전3:11, 딛2:3).

참소하는 자[accuser]뗑(계12:10) 고소를 하는 자. 사단, 마귀의 별명, 무고히 성도를 고소한다(욥1장). ①위선자, 외식하는 자(요8:6). ②훼방자(벧후2:10-11). ③대적(스4:6). ④미련한 자(잠10:18). ⑤사단의 무리(욥1:6-12, 계12:9).

참 신[God]뗑(삼하7:22) 하나님(스1:3). ①하나님 외에는 없다(삼하7:22). ②주님 외에는 없다(대상17:20). ③우상은 참 신이 아니다(사37:19). ④손으로 만든 것은 참 신이 아니다(호8:6).

참여[參與;참여할 참, 더불어 여. participation]뗑(창49:6) 무슨 일에 참가하여 관여함.
*성도는 악한 일에 참예치 말고 선한 일, 교회의 일, 복음전파에 참여해야 한다(마25:23, 벧전5:1).

참으로[truly, surely]튀(참3:1)정말로. 진실로.

참집[參集;참여할 참, 모을 집. gathering, attend]뗑(단3:2) 어떠한 자리에 참여하여 모임.

참패[慘敗;참혹할 참, 패할 패. crushing defeat]뗑(렘48:5) 여지없이 짐. 참혹하게 패함.

참혹[慘酷;참혹할 참, 혹독할 혹. misery, bitter]뗑(삼하2:26) 비참하고 끔찍함. 무자비함.

창[窓;창 창. window]뗑(창6:16) 채광과 통풍을 위하여 벽면 혹은 지붕에 낸 구멍. 창문.

창[槍;창 창. spear]뗑(민25:7) 옛날 무기의 한 가지. 가늘고 긴 나무자루 끝에 날이 선 뾰족한 쇠가 달렸다. 바알의 제사장이 바알을 부를 때 사용했다(왕상18:28).
1. 종류 - ①투창(수8:18). ②단창(삼상13:19). ③장창(삿5:8).
2. 상징 - ①힘(시35:3). ②분쟁(욥39:23). ③이(시57:4). ④평화의 시대에 쓸모없는 것이 됨(사2:4). ⑤창을 가는 것은 전쟁준비(렘46:4). ⑥심판(합3711).

창고[倉庫;곳집 창, 창고 고. warehouse]뗑(창41:56) 곳간. ㉠창(倉). 물건을 쌓아 두는 곳. ①식량창고(창41:56). ②산물 저장소(대하32:28). ③천국곳간(말3:10). ④우박창고(욥38:22).
상징-①가득찬 창고는 하나님의 은혜(잠3:10). ②하늘나라(마13:30). ③빈 창고는 흉년(욜1:17).

창군[槍軍;창 창, 군사 군. spearman]뗑(행23:23) 창을 쓰던 군사. 로마군 조직의 하나. 200명 정도.

창기[娼妓;창녀 창, 기생 기. whore, harlot]뗑(신22:11) 천하게 노는 기생. 윤락여성. 창녀.

창녀[娼女;창녀 창, 계집 녀. cult, prostitute]뗑(창34:1) 몸(성)을 파는 것을 업으로 삼는 여자. 위안부. 매춘부. 창부. ①매음녀(창38:15, 마21:31, 고전6:15). ②신전창녀(창38:21-, 신23:17). ③종교적 창녀의 행위-우상숭배(렘2:22, 호2:2).

창대[昌大 ; 창성할 창, 큰 대. prosperity]몡(창9:27) 크게 번창함.

창문[窓門 ; 창 창, 문 문. window]몡(수2:21) 채광·통풍을 위하여 지붕이나 벽에 만든 문. ㉡창(窓).

창백[蒼白 ; 푸를(무성할) 창, 흰 백. paleness]몡(렘30:6)해쓱함. 얼굴에 핏기가 없이 파리함.

창살[窓~ ; 창 창. lattice]몡(아2:9) 창짝이나 미닫이 따위에 가로세로 지른 나무.

창상[創傷 ; 날에 다칠 창, 상할 상. wound]몡(창4:23) 날이 있는 물건에 다친 상처. 타격, 상처, 멸망, 마멸등으로 번역된 말.

창설[創設 ; 비로소 창, 베풀 설. foundation, plant]몡(창2:8) 처음으로 세움. 처음 만들다.

창성[昌盛 ; 창성할 창, 성할(많을) 성. prosperity]몡(창24:35) 크게 번성하고 잘 되어감. 늘어남.

창세[創世 ; 시작할 창, 인간 세. creation of the world]몡(마13:35) 세상을 처음으로 만듦. 세계가 나타난 시초.
* 그리스도는 창세전부터 계셨다(요1:1, 17:5).

창세기[創世記 ; 시작할 창, 인간 세, 기록할(적을) 기. Genesis]몡(창) 구약 맨 처음에 있는 성경. 모세의 기록으로 모세 오경중의 하나. 만물의 기원과 순서를 서술. 우주, 물질, 인간, 가정, 죄, 속죄제물, 국가, 정부, 예술, 직업의 기원을 밝혔다. 하나님께서 이스라엘 민족을 통한 구속사역을 보여주고 있다. 내용분해는 박기원 편 성경총론을 참고하라.

창세기에 나타난 그리스도의 모형 - 창세기에는 하나님께서 메시야에 관하여 직접 예언하셨다. 이것을 새 언약이라고도 한다(창3:15).
〈후손으로서의 그리스도〉①여자의 후손(창3:15). ②셋의 후손(창4:25). ③셈의 후손(창9:26). ④아브라함의 후손(창12:3). ⑤이삭의 후손(창21:12). ⑥야곱의 후손(창25:26). ⑦유다지파의 후손(창49:10).
〈그리스도를 예표하는 사람들〉①아담(롬5:14) - 오실자의 표상. ②멜기세덱 - 의의 왕(창14:17, 히7:2-3).③여호와의사자(창16:7-14, 18:22, 19:1, 22:11, 15:16, 31:11, 13) - 사람으로오심. ④이삭(창22) - 희생양, 순종. ⑤유다(창43:9, 44:32)-죄를 담당하심. ⑥요셉(창37:28, 41:41-42) - 미움을 받아 팔리움과 통치. ⑦실로(창49:10)-장차 오실 이.
〈그리스도를 상징하는 것들〉①가시(창3:18) - 저주와 가시관. ②가죽 옷(창3:31) - 대속물, 속죄. ③어린양(창4:1-5)-화목제물, 희생양. ④방주(창7-8장) - 교회, 그리스도 안의 구원이시며 그리스도는 교회의 머리되심(엡5:23). ⑤사다리(창28:10) - 그리스도의 중보(딤전2:5). 하나님께로 인도.

창세전[創世前 ; 시작할 창, 인간 세, 앞(먼저) 전. before creation of the world]몡(벧전1:20) 세상을 만들기 전. 성도를 예정 예택(엡3:11).

창수[漲水 ; 넘칠 창, 물 수. flood, overflow, flood]몡(삼하22:5) 비가 많이 내려 강물이 불어서 둑위로 넘침.

창애[trap, snare]몡(욥18:9)미끼를 놓아 짐승을 꾀어 잡는 틀. 올가미, 올무, 함정으로 번역된 말.

창옥[蒼玉 ; 푸를 창, 구슬 옥. onyx]몡(겔28:13) 푸른 빛이 나는 옥. 그 부요함을 자랑하는 자는 망한다.

창일[漲溢 ; 넘칠 창, 넘칠 일. inundate, over flow]몡(창7:18) 물이 많이 불어서 둑에 넘침.

창자[intestiness, bowel]몡(민5:22) 소장과 대장을 이르는 말.

창작[創作 ; 시작할 창, 지을 작. origination]몡(대하26:15) 누구에게 묻거나 도움을 받지 않고 순전히 새로 만들어 내는 작품이나 물건. 문예작품을 만들어 냄.

창조[創造 ; 시작할 창, 지을 조. cr-

창조물 728

eation]圐(창1:1) 없던 것을 만들어 냄. 하나님이 우주를 처음 만듦. 무에서의 창조, 유에서 창조를 하셨다.

1. **창조주** - 삼격일신(삼위일체) 하나님(성부와 성자와 성령)(창1:1,26).
2. **우주창조**(창1:1-28) - ①빛(3-5). ②궁창(6-8). ③땅, 바다, 식물(9-13). ④광명(14-19). ⑤새, 물고기(20-23). ⑥땅의 생물, 동물(24-25). 사람26-28).
3. **창조방법** - ①말씀으로(요1:1-3). ②지혜로(시139:14, 104:24). ③능력으로(사40:26, 계4:11). ④무에서(시33:9, 히11:3). ⑤엿새동안(창1장, 출20:9-11). ⑥선하고 아름답게(창1:4, 요1:2).
4. **창조목적** - ①하나님의 영광을 선포(시19:1-2). ②하나님의 인자하심을 충만케(시33:5-6). ③하나님을 보여주심(롬1:20). ④그리스도를 위하여(요1:1-3, 골1:16). ⑤존귀를 받으시기에 합당하다(계4:11).
5. **새창조** - ①심령을 새롭게(시51:10). ②성도(고후5:17). ③새 하늘과 새 땅(벧후3:11, 계21:1).

창조물[創造物 ; 시작할 창, 지을 조, 만물 물. creature]圐(욥40:19) 하나님께서 만드신 물건.

창조시[創造時 ; 시작할 창, 지을 조, 때 시. at the time of creation]圐(막10:6) 하나님께서 우주를 처음 만드신 그 때.

창조자[創造者 ; 시작할 창, 지을 조, 놈 자. creator]圐(잠8:30) 세상을 처음 만드신 하나님. 하나님의 절대적 초월성을 나타내는 말. 조물주(롬1:25). ①하나님의 주권적 행사를 나타낼 때 쓰이는 말(사43:15). ②청년의 때에 창조자를 기억하라(잠12:1). ③창조자에게 영혼을 부탁하라(벧전4:19).

창졸간[倉猝間 ; 곳집 창, 갑자기 졸, 사이 간. sudden]圐(잠3:25) 전혀 예측하지 못할 때에 갑자기.

창질[瘡疾 ; 부스럼 창, 병 질. gangrene, pox]圐(딤후2:17) 화류병(花柳病)의 하나. 매독. ㉣창(瘡). 헛된 이야기가 미치는 영향이 성병과 같음을 나타낸 말.

창초[創初 ; 시작할 창, 처음 초. the beginning of the creation]圐(막13:19) 우주 창조의 초기. 창조의 시작.

창틀[窓~ ; 창 창. window]圐(왕상7:4) 창을 설치할 수 있도록 둘레에 짜 맞춘 틀.

창포[菖蒲 ; 창포 창, 부들 포. calamus]圐(출30:23) 창포과의 다년생 풀. 못가나 습한 땅에 남. ①수입한 고가의 향유로 성전에서 사용했다(겔27:19, 출30:23). ②사랑의 아름다움을 표현(아4:14).

창화[唱和 ; 노래부를 창, 화할 화. chorus]圐(삼상18:7) 한쪽에서 부르고 다른 쪽에서 화답함. 천사들이 하나님을 향하여 창화하는 노래를 불렀다(사6:3, 계4:8).

창황[蒼黃 ; 푸를 창, 누를 황. precipitation]圐(욥41:25) 어찌할 바를 모를 만큼 매우 급함.

찾다[look for, find, require]囘(창8:9) 숨은 것을 뒤지어 살피다.

찾아가다[go to visit]囘(삿15:1) 남을 만나러 가다. 방문하다.

찾아내다[find, search]囘(민32:23) 찾아서 드러내다.

채[stave](출25:13) 가마나 수레의 앞 뒤 양옆으로 길게 댄 나무. ①베틀채(삼상17:17). ②성전기구의 채(출25:13, 대하5:9). 조각목으로 만들고 금을 입혔다.

채[寨 ; 나무우리 채. castle, fortification]圐(대하17:12) 나무우리. 성채. 성의 둘레. 성곽.

채급[債給 ; 빚 채, 줄 급. lending]圐(사24:3) 빚으로 꾸어줌.

채색[彩色 ; 채색 채, 빛 색. colours]圐(창37:2) 여러가지의 고운 빛깔 또는 그 빛의 원료.

채색옷[彩色~ ; 색칠할 채, 빛 색. richly ornamented colours]圐(창

채석[採石 ; 캘 채, 돌 석. quarrying]몡(대상29:2) 산의 바위를 캐는 일. 돌을 뜸.

채소[采蔬 ; 나물 채, 나물 소. herb, vegetable]몡(창1:11) 야채. 들에서 나는 나물. 식용식물.

채소밭[vegetable garden]몡(신11:10) 남새를 심은 밭. 나물 밭.

채식[采食 ; 나물 채, 밥 식. pulse, vegetarian diet]몡(단1:12) 푸성귀로 만든 반찬만을 먹음. 다니엘과 세 친구의 식단(단1:16). 엘리사의 생도의 식사(왕하4:38-44).

채용[債用 ; 빚 채, 쓸 용. borrowing]몡(사24:2) 물건이나 돈을 빌리거나 꾸어 씀.

채우다[시]동(창2:21) ①차게 하다. 모자라는 수를 보태다. make up. ②빈 구석이 없도록 하다. fill.

채우다[put]타(삼하1:24) ①몸에 물건을 달아서 차도록 하다. let wear. ②자물쇠로 잠가서 열지 못하게 하다. lock. ③손이나 다리에 형구(刑具)를 차게 하다. shackle.

채전[菜田 ; 나물 채, 밭 전. vegetable garden]몡(눅13:19) 무, 배추, 오이 따위를 심어 가꾸는 야채밭.

채주[債主 ; 빚 채, 주인 주. creditor]몡(출22:25) 남에게 돈을 빌려 준 사람. 채권자. →변, 변리. 잔혹행위를 금한다(출22:25, 마18:23-35).

채찍[whip]몡(수23:13) 댓가지, 나뭇가지 혹은 가죽 노끈으로 만들어 말과 소를 모는데 쓰는 가늘고 긴 물건. 전갈이라고도 함(왕상12:11).

채찍질[beat, scourging]몡(민22:23) 채찍으로 때리는 것. 매질. ①형벌로 최고 40대까지 칠 수 있다 (신25:2-3, 고후11:24). ②범죄자의 신분에 따라 다르게 채찍질했다(고전4:21, 행16:22). ③고문으로 사용되었다(행22:24, 25).

책[冊 ; 책 책. book]몡(출17:14) 서적·장부·공책의 총칭. 두루마리, 두루마리책. ①구전으로 된 것을 기록(렘45:1). ②모세의 책 - 율법(막12:26). ③선지자의 글(눅4:17). ④마술책(행19:19). ⑤성경(요20:30, 21:25). ⑥서신(계1:11). ⑦인봉된 책(계5:1).

책망[責望 ; 꾸짖을 책, 바랄 망. blame]몡(창21:25) 허물을 꾸짖음.

1. 책망을 듣는 원인 - ①악을 행함(눅3:19). ②우상숭배(계2:14). ③불신앙(렘6:10). ④게으름(마26:40). ⑤비판(계3:19). ⑥회개하지 않음(마11:20). ⑦영적무지(마16:8-12). ⑧빼앗음(창21:25). ⑨배교(렘2:19). ⑩불법(민15:30). ⑪사랑을 버림(계2:4). ⑫썩은 양식을 위하므로(요6:27).

2. 책망하는 이유 - ①회개를 촉구함(단1:13). ②지혜를 주기 위하여(잠29:15). ③믿음을 온전케 하기 위하여(딛1:13). ④생명의 길이 되기 위하여(잠6:23). ⑤벌을 내리기 위하여(겔5:15). ⑥빛으로 나타남(엡5:13). ⑦예방을 위하여(딤전5:20).

책망자[責望者 ; 꾸짖을 책, 바랄 망, 놈 자. reprover]몡(겔3:26) 허물을 꾸짖는 사람.

책벌[責罰 ; 꾸짖을(나무랄) 책, 벌 줄 벌. rebuke, punishment]몡(왕하19:3) 견책과 형벌. 죄 지은 사람에게 벌을 주고 다른 사람에게는 두려워하고 조심하게 하는 일. 권징. 시벌.

책상[冊床 ; 책 책, 평상 상. desk]몡(왕하4:10) 책을 올려 놓거나 공부할 때 쓰는 상.

책선[責善 ; 꾸짖을 책, 착할 선. promotion of virtue]몡(레19:17) 친구 사이에 서로 착한 일을 하도록 권하는 일.

책임[責任 ; 임무(책임) 책, 맡길 임. responsibility]囹(민1:53) 맡아서 해야할 임무 또는 그 의무. 떼어 맡는 일. 임무와 수행(욥34:11, 롬14:10-12).

책잡다[責~ ; 꾸짖을 책. find faults with](막12:13) 남의 잘못된 일을 탈잡아 말하다.

책중[冊中 ; 책 책, 가운데 중. in the Book]囹(막12:26) 성경 가운데. 책 안에.

책하다[責~ ; 꾸짖을 책. blame]囝(시9:5) 남의 허물을 들어 꾸짖다. 책망하다.

처[妻 ; 아내 처. wife]囹(창7:13) 아내.

처결[處決 ; 곳 처, 결단할 결. decision]囹(행24:22) 결정하여 처분함. 조처함.

처녀[處女 ; 곳 처, 계집 녀. virgin]囹(창24:16) 아직 시집가지 아니한 소녀기를 지난 장성한 여자. 처녀인 표적(처녀성)을 중요시 했다(신22:14-20).
상징 - ①성도(마25:1-13). ②교회(고후11:2).

처량하다[凄凉~ ; 찰 처, 서늘할 량. desolate]囹(삼하13:20) 거칠고 쓸쓸하여 구슬프다. 딱한 처지.

처리[處理 ; 곳(처리할) 처, 이치 리. disposal]囹(창39:22) 일을 다스림. 일을 끝냄.

처마[eaves]囹(왕상7:9) 지붕의 도리 밖으로 내민 부분.

처벌[處罰 ; 곳 처, 벌줄 벌]囹(시106:30) 과실이나 죄의 대가를 주는 벌. punishment. 처형. execution.

처분[處分 ; 곳(처리할) 처, 나눌 분. management]囹(삼하19:27) 명령을 내리거나 또는 명령을 받아 일을 처리함.

처소[處所 ; 곳(있을) 처, 바소. room, place]囹(창24:37) 사람이 살거나 임시로 머물러 있는 곳. 물건이 놓여 있는 곳.

처음[beginning, first]囹(창10:8) 맨 첫번. 일의 시초.
*그리스도는 처음과 나중이시다(계22:13).

처음 난 자[first-born] 囹(민3:12) 초태생. 첫새끼. 첫아들. 초산의 것. 사람의 경우 맏아들. 장자로 번역된 곳이 많다. ①여호와의 것으로 성별해야 한다(출13:2). ②부정한 동물은 양으로 대속했다(출13:13). ③고기는 제사장의 몫이다(민18:15). ④8일만에 드리는 규정(출22:30).

처음 익은 곡식(열매)[first fruits]囹(민15:21) ①곡식은 떡을 만들어 하나님께 드렸다(롬11:16). ②열매는 하나님께 드림(출23:19). ③구속받은성도(계14:4). ④처음익은 성령의 열매 - 성도(롬8:23).

처자[妻子 ; 아내 처, 아들 자. wife and children]囹(창30:26) 아내와 자식.

처제[妻弟 ; 아내 처, 아우 제 wife's younger sister]囹(왕상11:19) 아내의 여동생.

처지[處地 ; 곳 처, 땅 지. situation]囹(고전14:16) 자기가 당하고 있는 환경. 몸을 두고 있는 곳.

처처[處處 ; 곳 처, 곳 처. various places]囹(시12:8) 곳곳.

처첩[妻妾 ; 아내 처, 첩 첩. wife and concubine]囹(삼하5:13) 아내와 첩. 후비, 여인으로 번역된 말.

처치[處置 ; 곳 처, 둘 치. dealing]囹(민15:34) 일을 감당하여 치러 감. 물건을 다루어서 치움.

처하다[處~ ; 곳(있을) 처. spread out dwell]囝囝(창10:18) 어떠한 처지에 이르다. 형벌을 주다.

척[隻 ; 외짝 척. number of boats]囹(요6:22) 배의 수효를 세는 말.

척량[尺量 ; 자 척, 분량 량. measurement]囹(시60:6) 길이를 자로

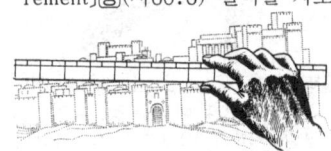

잼. 먹줄, 줄과 같은 말. ①측량하는 장대도 있다(겔40:3). ②그 길이를 척수라고 한다(왕상6:25).

천거[薦擧 ; 천거할 천, 들 거. recommendation]명(롬16:1) 인재를 어떤 자리에 쓰도록 추천함.

천거서[薦擧書 ; 천거할 천, 들 거, 글 서. letter of recommendation]명(고후3:1) 추천서.

천국[天國 ; 하늘 천, 나라 국. Kingdom of Heaven]명(마4:17) 하나님이 통치하시는 나라. 믿는 성도들이 지향하고 있는 목적지.

1. **명칭** - ①하나님의 나라(마19:24). ②아버지의 나라(마13:43). ③그리스도의나라(계11:15). ④영원한 나라(계11:11). ⑤하늘의 예루살렘(히12:22). ⑤아들의 나라(골1:13).

2. **특성** - ①이 세상에 속하지 아니했다(요18:36). ②영광의 나라(살전2:12). ③능력있는 나라(고전4:20). ④불행이 없는 나라(계21:1-4). ⑤우리 속에 있다(눅17:21). ⑥세례요한이증거한나라(마3:2). ⑦예수님이 증거하신 나라(마4:17). ⑧부자가 들어가기 힘든 나라(마19:23).

3. **천국에 들어갈 자** - ①심령이 가난한 자(마5:3). ②의를 위하여 핍박을 받는 자(마5:10). ③서기관과 바리새인의 의보다 더 나은 자(마5:20). ④하나님의 뜻대로 행하는 자(마7:21). ⑤거듭난 자(요3:5). ⑥어린 아이와 같은 자(마18:3). ⑦주께서 구원하신 자(딤후4:18). ⑧침노하는 자(마11:12). ⑨환난을 이긴 자(행14:22). ⑩하나님을 사랑하는 자(약2:5). ⑪주의 공로를 힘입은 자(계22:14). ⑫생명책에 기록된 자(계21:27). ⑬예비한 자(마25:10). ⑭회개한 자(마4:17). ⑮아버지께 복받은 자(마25:34). ⑯충성한 자(마25:21-23). ⑰승리한 자(계20:6, 21:7).

4. **천국에 들어가지 못할 자** - ①행음(음행)하는 자(엡5:5, 계22:15). ②불의한 자(고전6:9, 마7:23). ③게으른 자(마25:26-30). ④욕하는 자(마5:22, 고전6:10). ⑤복술자(계22:15). ⑥살인자(계22:15). ⑦귀신들린 자(눅4:33-34). ⑧탐하는 자(눅12:15). ⑨두려워하는 자(계21:8). ⑩육에 속한 자(고전15:50). ⑪투기하는자(갈5:21). ⑫흉악한 자(계21:8). ⑬술객(계21:8). ⑭우상숭배 자(계21:8). ⑮거짓말하는자(계21:8).

5. **비유** - ①씨를 뿌리는 비유(마13:1-23). ②좋은 씨와 가라지(마13:24-30). ③겨자씨(마13:31-32). ④누룩(마13:33). ⑤밭에 감추인 보화(마13:44). ⑥진주를 구하는 장사(마13:45-46). ⑦그물(마13:47-50). ⑧포도원의 품꾼(마20:1-16). ⑨아들을 위한 혼인잔치(마22:2-14). ⑩신랑을 맞으러 간 열처녀(마25:1-13). ⑪종과 회계하려는 임금(마18:23).

6. **교훈** - ①천국 곳간(마13:52, 6:20). ②천국을 위한 고자도 있다(마19:12). ③자기를 낮추는 자는 천국에서 큰 자(마18:4). ④부자가 들어가기가 힘든 나라(마19:23). ⑤성도의 행위(마16:19). ⑥천국문을 막지 말라(마23:13). ⑦복음이 모든 민족에게 전파된 후에 임한다(마24:14). ⑧천국과 계명(마5:19).

7. **백성** - 구원 받은 성도(딤후4:18, 계14:1-).

천군[天軍 ; 하늘 천, 군사 군. the host of heaven]명(시103:21) 천사를 가리키는 말. ①하늘나라의 군사(단4:35). ②일월성신뇌성벽력(시103:21). ③하늘의 만군(대하18:8). ④하나님의 군대(창32:1,2). ⑤허다한 천군(눅2:13). ⑥만상(사40:26). ⑦여호와의 군대장관(수5:15).

천기[天氣 ; 하늘 천, 기운 기. astronomical phenomenon, face of the sky]명(마16:3) 천문에 나타나는 징조. 일기 상태.

천년[千年 ; 일천 천, 해 년. thousand years]몡(시90:4) 오랜 세월을 뜻함. ①인생의 천년이 주의 하루만 못함(벧후3:8). ②인생은 그 갑절을 살아도 만족하지 못함(전6:6). ③사단이 옥에 갇혀 있는 기간(계20:3,7). ④성도가 왕노릇 하는 기간(계20:4,6).

천년왕국(설)〔chiliasm〕몡성경에 직접적으로 나타난 말은 아니지만 기독교 용어로 널리 사용된다. 그리스도와 더불어 성도가 왕노릇하는 기간으로 전천년설, 후천년설, 무천년설이 있다.

천답[踐踏 ; 밟을 천, 밟을 답. trampling down]몡(레26:37) 짓 밟음.

천대[千代 ; 일천 천, 이을 대. thousands]몡(출20:6) 자손의 대수가 천대. 1대를 30년을 치면 3만년. 무궁한 세월을 가리킴. 부모를 공경하는 자가 복을 누리는 기간.

천대[賤待 ; 천할천, 대접할(기다릴) 대. contempt]몡(욥16:10) 업신여겨서 푸대접함.

천막[天幕 ; 하늘 천, 장막 막. tent]몡(대하14:15) 비, 이슬, 바람, 볕을 가리기 위하여 천이나 가죽으로 만든 장막. 목자, 병사가 주로 사용한 이동식 주거. 베드윈족은 지금도 천막생활을 하고 있다. ①목축용(대하14:15). ②주거용(사4:6). ③검은 염소털로 만듦(아1:5). ④하나님의 전(사40:22, 렘4:20).

천만[千萬 ; 일천 천, 일만 만. ten milions]몡(히12:22) 만의 천 곱절의 수. 엄청나게 많은 수.

천만인[千萬人 ; 일천 천, 일만 만, 사람 인. ten millions of people]몡(창24:60) 만의 천 곱절의 사람. 이루 헤아릴 수 없이 많은 사람.

천배[千倍 ; 일천 천, 곱 배. thousand times]몡(신1:11) 천 곱절.

천부[天父 ; 하늘 천, 아비 부. Heavenly Father]몡(마6:4) 하나님 아버지. 아버지 하나님.

천부장[千夫長 ; 일천 천, 지아비 부, 어른 장. rulers of thousands]몡(출18:21) 천 명의 부하를 거느린 옛날 군인 지휘관. 구약에서는 재판관을 천부장이라고 불렀다(출18:21-22).

천사[天使 ; 하늘 천, 부릴 사. angel]몡(창19:1) 하나님의 창조물. 천군. 하늘에서 하나님을 모시는 영물. 하나님께 쓰이는 초자연적 영적 존재. 하나님의 명령을 받들어 인간세계로 내려오는 하나님의 사자(使者).

1. **존재** - ①하나님의 창조물(골1:16). ②예수님께서 존재를 말씀하심(마18:10). ③바울도 말하였다(골2:18, 살후1:7). ④눈에 보임(창19:1) ⑤음식을 먹는다(창18:1-8). ⑥영적 존재(히1:14). ⑦초자연적임(벧후2:11). ⑧불멸(눅20:36). ⑨불완전(욥4:18). ⑩먼저 창조되었다(욥38:7).

2. **본성** - ①부리는영(히1:14). ②하나님의 사역자(시104:4). ③강력함(시103:20). ④빠른 속도로 여행(단10:12-13). ⑤거룩함(막8:38). ⑥결혼을 안함(마22:30).

3. **수효** - ①만만천천(계5:11). ②천만(히12:22). ③허다함(눅2:13). ④하늘의 만군(대하18:8).

4. **타락** - ①범죄함(벧후2:4). ②처소를 떠났다(유6). ③하나님께 대한 반역(계12:7). ④심판을 기다리고 있다(마25:41). ⑤공중의 권세를 잡았다(엡1:21).

5. **사역** - ①하나님을 경배함(계5:11-12, 8:3-4). ②주님을 위한 심부름(마4:11) - 베드로의 사슬을 풀어줌(행5:19-20). 하나님의 자녀를 먹이고 강하게 함(왕상19:5-8).성도를지킴(시34:7, 마18:10). ③하나님의 심판 수행. 발람의 길을 막음(민22:22). 헤롯을 죽임(행12:23). 가라지를 풀태움(마13:41). ④성도를 인도함(창24:7, 행8:26). ⑤성도를 보호 - 엘리야(왕상19장). 다니엘(단6:22). ⑥주님의 재림 때 옹위(마25:31.

살후1:7-8). ⑦죽은 성도를 인도함(눅16:22). ⑧율법을 전함(갈3:19, 히2:2). ⑨사단을 결박함(계20:1-3). ⑩계시의 전달(단8:16-27, 9:21-27). ⑪하나님을 섬긴다(시103:20, 계5:11, 8:4).
6. **다른 이름** - ①그룹(창3:24). ②스랍(사6:2). ③거룩한 자(시89:7). ④순찰자(단4:13). ⑤하나님의 회(시82:1). ⑥하나님의 모의(욥15:8). ⑦여호와의 회의(렘23:18). ⑧하나님의 아들(시89:6). ⑨신(요10:34, 시138:1). ⑩하나님의 사자(창32:1-2). ⑪부리는 영(히1:14). ⑫어떤 사람(창33:24). ⑬파수군(단4:13, 17). ⑭영물(계4:6-8). ⑮군사(시148:2). ⑯천군(시103:21, 눅2:13). ⑰새벽별(욥38:7). ⑱하나님의 아들들(욥38:7). ⑲사람(막16:5). ⑳생물(겔1:4-14).
7. **성도와의 관계** - ①잠시 천사보다 못한 존재(시8:5). ②천사를 숭배하지 말라(계22:8-9). ③천사를 판단함(고전6:3). ④범죄한 천사를 심판한다(고전6:6).

천사장[天使長 ; 하늘 천, 부릴 사, 어른 장. archangel]명(살전4:16) 천사의 우두머리. 미가엘(유9).

천산[千山 ; 일천 천, 뫼 산. thousands hills]명(시50:10) 수 많은 산.

천신[薦新 ; 드릴 천, 새 신. offering a new product to the God, oblate]명(겔20:40) 새로 나는 물건을 먼저 하나님께 드리는 일.

천연[遷延 ; 옮길 천, 이을 연. delay]명(단2:8) 일을 더디게 하여 지체함. 시일을 미루어 감.

천은[天銀 ; 하늘 천, 은 은. silver of good quality]명(대상29:4) 품질이 좋은 은(銀). 의인의 혀는 천은보다 낫다(잠10:20).

천자[擅恣 ; 천단할 천, 방자할 자. arbitrariness]명(신1:43) 버릇과 예의없이 제 마음대로 함부로 날뛰는 일. 오만 무례 불손한 자. 교만한 자. 방자히 행하는 자(신18:20).

천장[天障 ; 하늘 천, 막힐(막을) 장. ceiling]명(왕상6:15) 천정. 성전의 천장은 잣나무로 만들었다.

천지[天地 ; 하늘 천, 땅 지. heaven and earth]명(창1:1) 하늘과 땅. 온 세상. 우주. 하나님의 창조물.

천지간[天地間 ; 하늘 천, 땅 지, 사이(틈) 간. heaven or earth]명(신3:24)하늘이나 땅이나. 온 우주간.

천지의 주재[天地~主宰 ; 하늘 천, 땅 지, 주인 주, 재상 재. maker of heaven and earth)(창14:19) 천지를 창조하신 하나님을 가리키는 말. 지극히 높으신 하나님(창14:22).

천천[千千 ; 일천 천, 일천 천. thousands]명(삼상18:7) 수천이나 되는 많은 수. 전체라는 말의 강조.

천천하다[slow]형(창33:14) 동작이나 또는 일의 진행, 변화등이 느리고 조용하다. 부천천히.

천하[天下 ; 하늘 천, 아래 하. the earth, whole world]명(창1:9) 하늘아래의 온 세상.

천하다[薦~ ; 천거할 천. appoint, recommend]타(행1:23) 천거하다. 추천하다. 정중히 소개하다.

천하다[賤~ ; 천할 천. mean]형(삼상18:23) 하는 짓이나 생김새가 고상하지 못하고 지저분하고 더럽다(모양, 신분, 행동을 말함).

천하만국[天下萬國 ; 하늘 천, 아래 하, 일만 만, 나라 국. whole country]명(왕하19:15) 모든 나라. 열국. 열방.

천하만민[天下萬民 ; 하늘 천, 아래 하, 일만 만, 백성 민. people of whole country]명(창18:18) 하늘 아래 있는 모든 백성. 온 인류.

철[鐵 ; 쇠 철. iron]명(레26:19) 쇠. 금속 원소의 하나. 무기, 농기구를 만듦.

비유적 표현 - ①강국을 비유(계2:27, 신28:23). ②고난을 상징한다(신4:20, 렘11:4). ③권세, 세계의 세력(시2:9, 단2:33-45). ④완악함(사48:4). ⑤철명에 - 고생(신28:48). ⑥강함(단2:41).

철고랑[fetters of iron]명(시149:8) 쇠고랑, 수갑을 일컫는 말.

철공[鐵工 ; 쇠 철, 장인 공. ironworker]명(삼상13:19) 쇠의 제련이나 쇠를 사용하여 물건을 만드는 사람. 가인의 후손 두발가인은 무기를 만들었다(창4:22).

철공장[鐵工匠 ; 쇠 철, 장인 공, 장인 장. iron maker]명(대하24:12) 철공. 철을 다루어 여러가지 기구를 만드는 사람.

철기[鐵器 ; 쇠 철, 그릇 기. iron ware]명(신27:5) 쇠로 만든 그릇.

철롱[鐵籠 ; 쇠 철, 새장(농) 롱. iron basket]명(19:9) 쇠로만든 바구니. 쇠로 만든 우리. 새장. 죄인을 수송할 때 넣는 임시 감옥. 철장.

철병거[鐵兵車 ; 쇠 철, 병사 병, 수레 거. iron warchariot]명(수17:16) 쇠로 만든 옛날 전차.

철병기[鐵兵器 ; 쇠 철, 병사 병, 그릇 기. iron arms]명(욥20:24) 쇠로 만든 무기.

철성[鐵城 ; 쇠 철, 재(성) 성. wall of iron]명(겔4:3) 뺏기 어려운 성. 견고한 성벽.

철연장[iron tool]명(민35:16) 쇠로 만든 기구. 철제도구. 철기.

철장[鐵杖 ; 쇠 철, 지팡이 장. iron stick]명(욥40:18) 쇠로 만든 지팡이. 막대기. 강한 무기.

철추[鐵推 ; 쇠 철, 쇠망치 추. iron hammer]명(시74:6) 병기의 하나. 쇠몽둥이. 내리치면 모두 가루가 되어 버리는 둥근 쇠둥이.

철퇴[鐵槌 ; 쇠 철, 던질 퇴. hammer]명(렘51:20) 철추. 쇠망치.

철필[鐵筆 ; 쇠 철, 붓 필. pen]명(욥19:24) 펜. 끝이 쇠로 뾰족하게 된 것. 촉. 돌을 쫓는 정.

철학[哲學 ; 밝을 철, 배울 학. philosophy]명(골2:8) 자연・인생・지식에 관한 근본원리를 연구하는 학문. 성경에서는 율법상의 모든 일에 대하여 쓸데 없는 이론을 제기하여 트집을 잡고 분쟁을 일삼는 것을 가리킨다.

철학자[哲學者 ; 밝을 철, 배울 학, 놈 자. philosopher]명(행17:18) 철학에 관심을 두고 연구하여 정통한 사람. 현자를 뜻하는 말이나 거짓 교사를 가리키는 말.

철흉갑[鐵胸甲 ; 쇠 철, 가슴 흉, 갑옷 갑. breast-plate of iron]명(계9:9) 쇠로 만든 가슴을 가리우는 갑옷. 방패. 흉배.

첨[諂 ; 아첨할 첨. favor, flattery]명(욥11:19) 잘 보이기 위하여 시비 분별도 없이 비위만 맞추는 것. 아첨.

첨가[添加 ; 더할 첨, 더할 가. addition]명(민36:3) 이미 있는 것에 다 비슷한 것을 더 보탬.

첩[妾 ; 첩 첩. concubine]명(창16:3) 본처 외에 혼인을 하지 않고 데리고 사는 여자. 제2, 제3의 아내(창4:23). ①여종(노예)이 남편에게 속한 자(삼하15:16, 16:21-). ②여주인을 위해 아이를 낳아 주는 자 - 하가(창16:1-). 빌하와 실바(창30:5-13).

첩[疊 ; 거듭 첩. be piled up]명(학2:15) 거듭, 중첩. 쌓이는 것.

첩경[捷徑 ; 빠를 첩, 지름길(곧을) 경. path]명(창49:17) 어떠한 일에 이르기 쉬운 방법. 빨리 가는 길.

첩장인[妾丈人 ; 첩 첩, 어른 장, 사람 인. concubine's father]명(삿19:4) 첩의 친정 아버지.

첫[first]관(창4:4) 처음을 뜻하는 말.

첫계명[first commandment]명(엡6:2) 제5계명. 네 부모를 공경하라.

첫 날[first day]명(출12:15) 시작되는 날. 처음 되는 날.

첫 성전[聖殿 ; 거룩 성, 집 전. the

첫 성전[former temple]명(스3:12) 솔로몬이 지은 성전. 느부갓네살에 의하여 파괴되었다.

첫 소산[~所產 ; 곳 소, 낳을 산. first product]명(민18:12) 처음 얻어지는 열매, 새끼, 곡식.

첫 언약[言約 ; 말씀 언, 약속할 약. first covenant] 명(히8:7) 하나님이 아담에게 선악과를 따 먹지 못하게 하신 일(창2:16~17).

첫 열매[first fruits]명(출23:16) 맨 먼저 익은 열매. ①맥추절(초실절)의 제물(출23:16). ②여호와의 전에 드리는 예물(느10:35). ③하나님이 요구하시는 것(겔20:40). ④여호와를 공경함(잠3:9). ⑤규례와 의식(레23:9-14, 신26:1-11).
가리킴 - ①그리스도 - 부활의 첫 열매(고전15:23). ②성도 - 진리의 말씀으로 낳았다(약1:18). ③스데바나의 집 - 아가야의 첫 성도(고전16:15).

첫 장막[first room]명(히9:2) 성전의 성소, 지성소 들어가기 전 분향하는 장소. 떡상과 촛대가 있다.

첫째[the first]명(창1:5) 맨 처음의 차례.

청[請 ; 청할 청. entreaty]명(창19:7) 청원하여 부탁함. ㉯청탁.

청결[清潔 ; 맑을 청, 깨끗할 결. be pure]명(욥8:6) 맑고 깨끗함. 섞인 것이 없는 순수함. 성경은 윤리적인 면을 강조한다(시24:4). ①마음(마5:8). ②양심(딤후1:3).

청구[請求 ; 청할 청, 구할 구. demand]명(창30:14) 달라고 요구함.

청년[青年 ; 푸를 청, 해 년. youth]명(창24:43) 2·30세 가량의 젊은 사람.
1.특성 - ①기골이 강장함(욥20:11). ②헛된 날을 보냄(전11:10). ③정욕이 많음(딤후2:22). ④성급한 행동을 한다(눅15:12-13). ⑤어리석은 조언을 왕에게 한다(왕상12:8-14) ⑥열정이 있다(잠20:29). ⑦악한 자를 이길 수 있다(요일2:13-14). ⑧성장한다(시144:12). ⑨열정적이다(요일2:14). ⑩결단이 필요하다(전12:1). ⑪힘이 강하다(잠20:29).
2.갖추어야 할 것 - ①지혜(잠2:1-20). ②지식과 근신(잠1:4). ③마음을 지킴(잠4:23). ④부모에게 순종(잠6:20-22). ⑤성경을 따라 삼가할 것(시119:9). ⑥하나님 의뢰(잠3:5-8).
3.주의사항 - ①정욕을 피하라(딤후2:22). ②주의 말씀을 따라 행실을 깨끗이 하라(시119:9). ③주의 말씀을 상고하라(시119:9). ④창조주를 기억하라(전12:1). ⑤물질에 집착하지 말라(마19:22). ⑥경솔하게 행동하지 말라(막14:51). ⑦졸지 말라(행20:9). ⑧유혹을 뿌리쳐라(잠1:10-12).

청명[清明 ; 맑을 청, 밝을 명. clear and bright]명(출24:10) 날씨가 맑고 깨끗함.

청보석[青寶石 ; 푸를 청, 보배 보, 돌 석. saphire]명(겔28:13) 푸른 광채가 나는 보석. 청옥. 남보석. 제사장의 흉패에 붙였다.

청색[青色 ; 푸를 청, 빛 색. blue]명(출25:4) 푸른 빛.

청색실[blue stuft]명(대하2:7) 보라빛 조개에서 채취한 염료로 물들인 실. 제사장의 옷(출28:31). 성막(출25:4). 솔로몬 왕궁의 문장(대하2:7). 조복(에8:15) 등에 사용했다.

청옥[青玉 ; 푸를 청, 구슬 옥. saphire]명(출24:10) 보석의 한 가지. 청보석. 남보석(계21:19).

청원[請願 ; 청할 청, 원할 원. petition]명(행25:24) ①어떤 일이 이루어지도록 간곡히 바라는 글이나 말. ②국가기관이나 지방자치단체에 원하는 것을 진술하는 일.

청종[聽從 ; 들을 청, 따를 종. obedience]명(창37:27) 시키는 대로 온순하게 순종하는 것. 하나님의 말씀에 대한 순종. 준행.

청지기[steward]명(창43:16) 고관 집의 여러가지 일을 맡아보고 시중

청청하다

드는사람. 하인(노예)의 우두머리.
1. 직무 - ①주인을 대신하여 일을 맡아 처리한다(마20:8). ②주인의 재정을 관리한다(눅16:1-3) ③종들을 맡아 양식을 공급한다(눅12:42). ④불의한청지기(눅16:1-8).
2. 성도 - ①하나님이 주인이심(롬14:8). ②하나님의 은사를 맡았다(벧전4:10). ③감독(딛1:7). ④하나님의 비밀을 맡은 자(고전4:1). ⑤충성하라(고전4:1,계2:10).

청청하다[青青~ ; 푸를 청, 푸를 청. verdant]혱(사15:6) 푸른 빛깔이 썩 곱고도 산뜻하다.

청초[青草 ; 푸를 청, 풀 초. verdant grass]명(단4:15) 푸릇푸릇한 풀.

청춘[青春 ; 푸를 청, 봄 춘. youth]명(시103:5) 20세 전후의 젊은이. 만물이 푸르른 봄철.

청컨대[請~ ; 청할 청. we earnestly desire that…]준(창19:8) 청하건대. 간청하다. 부르다.

청하다[請~ ; 청할 청. request]명(창19:7) 무슨 일을 남에게 부탁하다. 경의를 가지고 모시는 것.

청혼[請婚 ; 청할 청, 혼인할 혼. proposal for marriage]명(아8:8) 결혼하기를 청함. 구혼.

청황색[青黃色 ; 푸를 청, 누를 황, 빛 색. pale]명(계6:8) 푸르고 누런 색. 희미한 색.

청황색말[palehorse]명(계6:8) 사망이 탄 말의 이름. 그 뒤에 음부가 따르고 땅 4분의 1의 권세를 얻었다.

체[sieve]명(암9:9) 가루를 곱게 고르거나 액체를 거르는데 쓰는 기구. 판자로 만든 둥근 테 안에 구멍이 보이도록 짠 철사나 천을 받쳐 만든 것.

체번[替番 ; 바꿀 체, 차례 번. alternation]명(삿7:19) 당번을 서로 바꿈. 교대근무.

체부[遞夫 ; 갈릴 체, 지아비 부. a post, runner]명(욥9:25) 달리다, 돌진하다의 뜻이 있는 말. 체전부. 우체부. 마부. 모발군. 전령.

* 죽음을 향하여 달리고 있는 욥의 처지를 체부에 비유했다.

체용[體容 ; 몸 체, 얼굴 용. features]명(왕상1:6) 몸의 생긴 모습. 생김새. 체양(體樣).

체질[sifting in a sieve]명(암9:9) 체로 밀이나 보리등 가루를 치는 일.
* ①사단의 시험(눅22:13). ②하나님의 심판을 상징한다(암9:9).

체질[體質 ; 몸 체, 바탕 질. frame, constitution]명(시103:14) 몸의 성질과 생긴 근본바탕.
* 사람의 체질은 먼지(흙)이다.

체하다[pretence] 조동 (창42:7) 사실과 그럴듯하게 꾸미는 거짓태도를 나타내는 말. ~척하다.

체휼[體恤 ; 몸 체, 구제할 휼. sympathize]명(히4:15) 윗 자리의 사람이 아랫 사람의 어려움을 알고 돌보고 구해주는 일. 그리스도께서 우리의 죄과를 담당하신 일.

쳐[beat]준(시68:21) '치다'의 활용형. 치어의 주린말.

쳐다보다[look up, gaze up]타(민21:9) 치어다보다의 준말.

쳐들어가다[raid]타(단11:9) 무찔러 들어가다.

쳐부수다[smash]타(시74:6) 무찔러 부수다. 세차게 부수다.

쳐 죽이다[beat to death, slay]타(창4:8) 때리어 죽이다.

초[初 ; 처음 초. beginning]명(신16:6) 처음. 근본.

초[醋 ; 초 초. vinegar]명(민6:3) 시고도 조금 단맛이 나는 조미료. 포도주, 과일주가 시어진 것. ①자극성 식품으로 나실인에게 금지되었다(민6:3). ②빵조각을 찍어 먹었다(룻2:14). ③이를 아프게 하는 불쾌감(잠20:26). ④비정함(시69:21). ⑤괴로움(잠25:20). ⑥예수님을 희롱하는데 사용했다(눅23:36).

초[草 ; 풀 초. hay]명(아4:13) 풀, 건초. 짐승의 먹이.

초개[草芥 ; 풀 초, 보잘 것 없을 개. piece of straw]명(출15:7) 지푸라

기. 값없는 것을 형용하는 말로 많이 사용했다. 짚, 검불, 겨 등으로 번역된말.①적을 사른다(출15:7) ②모압의 파멸(사25:10). ③하나님의 바람에 날림(사40:14). ④심판의 바람에 날림(렘13:24). ⑤대군의 내습(욜2:5). ⑥에돔의 멸망(옵18). ⑦주의 날 악행자의 형편(말4:1).

초경[初更 ; 처음 초, 지날 경. the watches of the night begin]명(애2:19) 하룻밤을 오경으로 나눈 첫째의 경. 오후 8~10시. 삼경법에 따르면 오후 6~8시.

초급[焦急 ; 거스릴(델) 초, 급할 급. impatient, haste]명(욥19::27) 성미가 날카롭고 몹시 급함.

초달[楚撻 ; 매질할 초, 종아리칠 달. lashing, rod]명(잠13:24) 회초리로 볼기나 종아리를 때리는 일.

초대[招待 ; 부를 초, 대접할 대. invitation, call]명(슥3:10) ①어떤 모임에 외부 사람을 부르는 것. ②왕명으로 불러 오게 함.

초등[超等 ; 뛰어넘을 초, 무리 등. excel]명(창49:3) 모든 상징적인 실력을 초월한 상태.

초등[初等 ; 처음 초, 무리 등. primary]명(갈4:3) 맨 처음의 등급. 그 일에 전문성이 없는 초보자.

초등학문[初等學問 ; 처음 초, 무리 등, 배울 학, 문문. the basic principles, element]명(갈4:3) 가장 낮고 기초가 되는 것을 배우고 익힐 거리. 유치하고 빈약한 것을 말한다. 성경에서는 율법을 말한다.

초막[草幕 ; 풀 초, 장막 막. booth]명(레23:42) 나무와 풀을 엮어서 지은 집. 움집.

초막절[草幕節 ; 풀 초, 장막 막, 마디 절. feast booths]명(레23:34) 구약의 3대 절기 중의 하나. ①수장절이라고도 한다(출23:16). ②출애굽한 이스라엘 백성들이 광야에서 40년동안 고생하던 것을 기억하며 언약을 다시 새롭게 하는 절기이다. ③유대력 7월(티쉬리) 15일부터 일주일간 초막에 기거하면서 광야생활을 회상하며 하나님의 구원을 감사한다. ④농작물의 수학을 감사한다(레23:39). ⑤노동이 금지되며(레23:35). ⑥레위인이 낭독하는 율법을 들으며(신31:9-11). ⑦즐겁게 절기를 지킨다(레23:40). ⑧에스라 때도 지켰고(스3:4). ⑨예수님도 이 절기에 가셨다(요7:2-14). ⑩여호와의 날에는 이방인도 이 절기를 지키게 된다(슥14:16-19).

초망[草網 ; 풀 초, 그물 망. drag, fishing-net]명(합1:15) 옛날 풀이나 새끼로 엮은 고기잡이 그물. 어망.

초모[招募 ; 불러올 초, 모을 모]명(왕상25:19) ①불러서 모음. invitation. ②의병을 일으켜 모음. levy.

초목[草木 ; 풀 초, 나무 목. tree and grass]명(창2:5) 풀과 나무.

초보[初步 ; 처음 초, 걸음 보. elementary]명(히12:5) 첫 걸음. 시작. 신앙에 있어서 이제 막 믿는 것으로 차츰 발전하게 될 것을 말한다(히671).

초본[抄本 ; 베낄 초, 밑 본. copy, abstract]명(스4:11) 골라서 베껴낸 것.

초산[初産 ; 처음 초, 낳을 산. first childbirth]명(렘4:31) 처음 낳음. 처음 난 아이. 짐승의 첫새끼.

초상[初喪 ; 처음 초, 복입을 상]명(전7:2) ①사람이 죽은 것. death. ②사람이 죽어서 장사지내는 일까지 동안. period of mourning.

초상집[初喪~ ; 처음 초, 복입을 상. house of mourning]명(전7:2) 초상난 집. 사람이 죽어 슬픔을 당한 집. 위로가 필요한 집. 지혜자가 찾아가는 집(전7:4).

초실절[初實節 ; 처음 초, 열매 실, 마디 절. Feast of the first fruits]명(출34:22) 보리를 처음 추수하여 하나님께 드리는 절기. 맥추절. 칠칠절. 오순절.

초월[超越 ; 뛰어넘을 초, 넘을 월. transcendency, exalt]명(시97:9) 어떠한 한계나 표준을 넘음. 세상의 상식을 벗어 뛰어난 상태.

초인[超引 ; 불러올 초, 끌 인. invitation]명(렘14:19) 사람을 부름. 죄인이 남을 끌어들임.

초일일[初一日 ; 처음 초, 한 일, 날 일. the first day]명(출40:2) 첫날. 시작되는 날. 매월의 첫날. 월삭.

초장[草場 ; 풀 초, 마당 장. green pasture]명(삿20:33) 풀밭. 가축의 방목장. 들. 목자가 양을 쉬게 하는 곳(시23:2).

초췌[焦悴 ; 초조할 초, 파리할 췌. emaciation]명(단1:10) 고생이나 질병으로 몹시 마르고 파리함.

초태생[初胎生 ; 처음 초, 아이밸 태, 날 생. first-born, firstbirth]명(출13:2) 모태에서 처음으로 태어난 것. ①성별했다(출13:2). ②몰렉신에게 유아희생을 드렸다(레18:21, 왕하23:10).

초하루(날)[first day]명(왕하4:23) 그 달의 첫째날. 초일일. 월삭.

초혼자[招魂者 ; 부를 초, 넋 혼, 놈 자. necromancer]명(신18:11) 죽은 사람의 넋을 돌아오도록 부르는 사람. 영매의 일종으로 신접한 자. 강신술. 점쟁이. 무당. 이스라엘에 금지된 행위(신18:11).

촉[tenon]명(출26:17) 촉살. 긴대에 박은 끝이 뾰족한 물건을 모두 일컫는 말. 나무를 서로 연결하기 위하여 끝에 낸 부분.

촉급[促急 ; 재촉할(독촉할) 촉, 급할 급. urgency]명(삼하1:6) 기한이 가까와서 몹시 급함. 촉박. 시간적 여유가 없는 상태.

촉대[燭坮 ; 밝을 촉, 집 대. candle stick]명(렘52:19) 촛대. 등불을

켜서 올려 놓는 대. 국한문 성경에 촛대를 한문으로 옮긴 것이다.

촉범[觸犯 ; 닿을 촉, 범할 범. defy, provoke]명(사3:8) 꺼려서 피할 일을 저지름. 하나님의 영광에 대항하는 행위.

촌[村 ; 마을(시골) 촌. village, town]명(창25:16) 시골의 마음. 자연부락.

촌락[村落 ; 마을(시골) 촌, 떨어질 락. village]명(레25:31) 농어촌이나 산간 여기 저기 떨어져 있는 마을. 성읍. 동네.

촌촌[村村 ; 마을 촌, 마을 촌. every village]부(에9:19) 마을마다. 어느 마을이나 모두.

촛대[~臺 ; 토대 대. candle stick]명(왕하4:10) 촛불을 꽂아 두는 받침대. 등대로 번역한 말. 촉대.
*교회를 가리키는 말(계1:20).

촛밀[~蜜 ; 꿀 밀. wax]명(시22:14) 촉밀. 꿀벌의 집에서 뽑은 밀. 불에 잘타고 열에 잘 녹으므로 적에 대한 공포와 실망을 형용한 말(시68:2).

총[寵 ; 사랑할 총. favour]명(창29:31) 특별히 귀엽게 여기어 사랑함. ⑳총애.

총계[總計 ; 모두 총, 셈할 계. grand total]명(민1:46) 전체를 한데 모아서 계산한 수효. ⑳합계.

총담[毯毯 ; 푸른말총 총, 담요 담. sackcloth]명(계6:12) 검은 산양, 염소털로 두껍게 짠 담요. 어두움을 강한 인상을 주어 나타내는 말.

총독[總督 ; 거느릴 총, 감독할 독. governor-general]명(스5:3) 식민지에 파견되어 그곳을 다스리는 책임자. 빌라도는 예수님을 십자가에 못박았다(눅3:1, 요19:15-16).

총리[總理 ; 거느릴 총, 다스릴 리. governor]명(창41:41) 왕이나 대통령 다음 위치인 행정부 고위 직임. 총리대신.

총리대신[總理大臣 ; 모두 총, 다스릴 리, 큰 대, 신하 신. the next in

총명[聰明; 귀밝을 총, 밝을 명. sagacity]명(출31:3) 영리하고 기억력이 좋음. ①하나님이 주신다(딤후2:2, 욥38:36). ②하나님의 뜻이 무엇인지 알고 지킨다(골1:9, 대상22:12). ③외로운 말을 한다(잠8:9). ④사랑을 점점 풍성하게 한다(빌1:9). ⑤재물을 얻는다(겔28:4). ⑥짐승의 수를 헤아릴 수 있다(계13:18).

총무[總務; 모두 총, 힘쓸 무. general affairs, manager]명(창39:4) 전체의 사무를 맡아 보는 사람. 요셉은 보디발의 집 총무였다.

총수[總數; 모두 총, 셀 수. total number]명(민26:2) 전체를 합한 수효. 총계. 합계.

총회[總會; 모두 총, 모을 회. general assembly]명(민16:2) 그 단체 전원의 모임. 단체 구성원 전부로써 조직되고 그 단체의 모든 의사를 결정하는 최고 기관. ①이스라엘 총회(시11:1, 민10:2-8). ②예루살렘 총회(행15:6-21). ③하늘나라 총회 - 이는 즐거운 모임이다(히12:23).

최고[最高; 가장 최, 높을 고. royal, highest]명(약2:8) 가장 높음. 높은 위치. 제일. 으뜸.

최후[最後; 가장 최, 뒤 후. last]명(렘31:17) 맨 마지막. 임종(臨終).

최후의 만찬[last supper]명(마26:26-28) 성경에 직접 쓰인 말은 아니다. 주께서 세우신 성찬에 대한 여러가지 말 중의 하나. 주의 만찬, 성만찬과 같이 쓰이는 기독교 용어.

최후의 심판[last judgement]명(계20:11-15) 그리스도께서 재림하시어 인간의 행위에 대하여 가름하시는 일. 믿는 자는 영생의 심판으로, 불신자와 사단의 무리는 멸망의 심판으로, 목자가 양과 염소를 가름같이 흰 보좌에 앉으신 만왕의 왕께서 하신다.

추[錘; 저울(무게) 추. weight]명(레19:36) 저울의 추처럼 끈에 달려 흔들리게 된 물건의 총칭. 수직을 알아 보는데도 쓰임. *저울추. 무게를 다는 용구. 속이지 못하게 하였다. 추돌과 같은 말(잠16:11

추격[追擊; 쫓을 추, 칠 격. pursuit]명(창35:5) 뒤쫓아 가면서 침.

추돌[weight]명(잠16:11) 돌. 작은 돌. 무게를 다는데 쓰인다.

추수[秋收; 가을 추, 거둘 수. harvest]명(창45:6) 익은 곡식을 거두어 들이는 일. 곡식수확.
1. 규례 - ①가난한 자와 나그네를 위하여 일부를 남겨둠(레19:9-10). ②첫 이삭은 하나님께 드린다(레25:1-11). ③추수가 끝나면 무교절을 지킨다(레23:15-17).
2. 상징 - ①행위에 따른 보상(시126:5, 갈6:8-9). ②하나님나라의 임박성(마9:31, 요4:35). ③하나님의 은혜(고후9:6). ④복음시대의 도래(암9:13-15). ⑤말세의 심판(호6:11, 마13:39, 계14:15).

추숫군[秋收~; 가을 추, 거둘 수. harvest workers]명(마13:30) 익은 곡식을 거두어 들이는 일꾼. 말세의 추숫군은 천사들(마13:39).

추악[醜惡; 추할 추 악할 악. ugliness]명(롬1:29) 더럽고 치저분하여 좋지 않음. 악한 말과 행동.

추억[追憶; 쫓을(따를) 추, 생각할 억. recollection]명(창41:9) 지나간 일이나 가버린 사람을 잊을 수 없는 일들을 돌이켜 생각함.

추위[the cold]명(창8:22) 기온이 낮아 몸이 오그라지는 온도.

추장[酋長; 두목(추장) 추, 어른 장. chieftain]명(창34:2) 씨족사회에서 그들을 다스리던 대표.

추종[追從; 쫓을 추, 따를 종]명(레19:31) ①남이 시키는 대로 따라서 좇음. following. ②아무런 비판 없이 따르고 모방함. imitate.
추하다[醜~ ; 추할 추. dirty]휑(욥30:18) 몹시 더럽고 지저분하다. 깨끗하지 못하고 비루하다.
*죄가 가장 추하다.
축[軸 ; 굴대 축. axis, axletree]명 (왕상7:33) 굴대. 활동 또는 회전의 중심이 되는 부분.
축하다[縮~ ; 오그라질 축. being short of, lack]휑(민31:49) 모자라게 되다. 전에 있던 것보다 양이
축복[祝福 ; 빌 축, 복 복. blessing]명 (창12:3) 앞날의 자신을 위하여 하나님께 복을 빎. 다른 사람을 위하여 하나님께 복을 빎. ①평강(사26:11). ②인도(시23:2, 3). ③번영(대상29:12-14). ④그리스도의 중보(롬8:34). ⑤성부, 성자, 성령으로(고후13:13).
*성도들의 기도와 말가운데 '하나님이 축복해 주십시오' 라고 하는 것은 잘못이다. 하나님은 누구에게 복을 빌어서 우리에게 주시는 것이 아니다.
축사[祝謝 ; 빌 축, 사례할 사. blessing]명(삼상9:13) 축복하여 감사함. 신약에서는 주께서 음식과 관련하여 하나님께 감사기도 하셨다-5병 2어(마14:19). 성만찬(눅24:30).
축소[縮小 ; 오그라질 축, 작을 소. reduction, be scant]명(미6:10) 일하기 쉽도록 양을 줄이는 것.
축원[祝願 ; 빌 축, 원할 원. prayer]명(잠11:11) 하나님께 바라는 일이 잘되게 해 달라는 기도.
축축하다[damp]휑(레11:34) 물기가 있어서 젖은 듯하다.
축하[祝賀 ; 빌 축, 하례 하. bless, congratulation]명(시49:18) 기쁘고 즐거운 일을 하나님께 빌면서 하례함.
출[出 ; 날 출., out]명(출1:1) 밖으로 나감. 지출.
출가[出嫁 ; 날 출, 시집갈 가. be married, marriage of a maiden]명

레21:3) 처녀가 친가를 떠나 남편이 있는 시집으로 감. 집을 나감.
출교[黜敎 ; 내칠(물리칠)출, 가르칠 교. excommunication, put out]명(요9:22) 도저히 고려할 수 없는 일이 생겨 교인을 교적에서 삭제하는 견책. 이단자에게 행하는 조처.
출구[出口 ; 날(나갈) 출, 입구. exit]명(겔44:5) 나가는 곳.
출발[出發 ; 날 출, 필 발. departure]명(민10:12) 길을 떠나감. 일을 시작함.
출번[出番 ; 날 출, 차례 번. one's turn to be on duty]명(왕하11:7) 교대 당번의 나가는 차례. 숙직을 하고 집으로 나감.
출생[出生 ; 날 출, 날 생. birth]명(창10:21) 세상에 태어남. ①인간의 출생에는 고통이 따른다(창3:16). ②죄악 중에서 출생한다(시51:5).
출생지[出生地 ; 날 출, 날 생, 땅 지. land where one was born]명(창31:13) 태어난 고장.
출애굽기[出埃及記 ; 날 출, 티끌 애, 미칠 급, 기록할 기. Exodus]명(출20:2-17) 구약 제2권째 성경. 창세기 이후의 역사가 계속되는 책이며 애굽에 억류되어 노동과 인권을 착취당하던 이스라엘 민족이 모세의 인도를 받아 애굽을 떠난 사실과 광야 생활이 기록되었다. 하나님께서는 광야생활을 하는 이스라엘 사람들에게 하늘에서 식량으로 만나와 메추라기를 내려주셨고 도덕법으로 십계명을 주셨다. 하나님의 언약이 이루어지는 것이 보인다. 출애굽은 탈출이 아니다. 본향으로 돌아가는 것이다. 내용분해는 박기원 편 성경총론을 참고하라.
출애굽기에 나타난 그리스도의 모형 〈모세〉 - ①구원자(출3:10) - 구세주이신 그리스도(마1:21). ②말씀의 대언자(출4:12-16) 우리를 대신하여 말씀하심(요일2:1). ③ 모세의 신분은 선지자요, 중보자

요, 통치자이다(신18:15) 그리스도는 선지자요, 제사장이요, 왕이시다. ④갈대속의 모세(출2:3) - 애굽피난(마2:13-15).

〈유월절 어린양〉- ①어린양(출12:3) - 하나님의 어린양(요1:29, 고전5:7). ②흠없는 양(출12:5) - 그리스도는 무죄하심(요18:38, 19:4, 히4:15). ③양의 피(출12:7) - 그리스도의 보혈과 그의 죽으심(고후5:15).

〈만나〉- ①광야의 양식(출16:15) - 생명의 떡(요6:48). ②굶주림을 해결(출16:18) - 오병 이어(마14:13-21).

〈반석과 물〉- ①반석(출17:6, 민20:13) - 그리스도는 반석이시요 모퉁이돌이시다(고전10:4, 벧전2:6-8). ②물(출17:6, 민20:13) - 영원한 생수(요4:14, 고전10:4).

〈성막과 그 구조〉- ①성막(출26:1) - 교회, 그리스도는 교회의 머리이시다(엡5:23). ②성소의 진설병(출25:30) - 만나와같이그리스도의 몸을 상징(요6:48). ③등불(촛대)(출27:20) - 그리스도는 빛이시다(요1:4-13). ④물두명(출30:18-21) - 그리스도께서 죄를씻어주심.⑤번제단(출27:1-8) - 그리스도께서 십자가에서 대신 죽으심(마27:, 요19:). ⑥속죄소(출25:17) - 그리스도께서 단번에 들어가심(히9:28).

〈기타예표〉- ①대제사장 아론(출29:9) - 대제사장 이신 그리스도(히2:17, 9:11). ②출애굽(출13:17-22) - 죄에서의 해방, 구원(행4:12, 요3:16). ③홍해를 육지같이(출14:21-31) - 옛 사람의 죽음과 새 사람의 탄생(롬6:2-3, 고전10:1-2). ④여러가지 절기는 그리스도의 사역을 예표한다. ⑤구름기둥 불기둥(출13:21) - 그리스도의 임재.

출입[出入 ; 날 출, 들 입. coming in and out]명(창34:24) 나가고 들어오는 것.

출입구[出入口 : 나갈 출, 들 입, 입구. entrnce]명(겔42:11) 드나드는 문.

출전[出戰 ; 날 출, 싸움 전. departure for the front]명(삼하11:1) 싸우러 나감.

출정[出征 ; 날 출, 칠 정. departure for the front]명(대하21:9) 군에 입대하여 싸움터에 나감.

출진[出陣 ; 날 출, 진칠 진. going to war]명(신23:9) 싸움터에서 적을 공격할 수 있는 곳에 자리잡음.

출회[黜會 ; 내칠 출, 모을 회. expulsion from membership]명(요12:42) 단체나모임에서 쫓아냄. 출교.

춤[dance]명(출15:20) 손짓, 발짓을 하며 율동적으로 뛰노는 행동.

춤추다[dancing]자(출15:20) 장단에 맞추거나 흥에 겨워서 우쭐거리며 율동적으로 흔들다. ①하나님 찬양(시149:3, 삼하6:16). ②전승(출15:20). ③환영(삿11:34, 삼상18:6). ④기념행사(삿21:20-21). ⑤종교행사(삼하6:14-16). ⑥흥을 돋군다(마14:6). ⑦기쁨을 나타낸다(시30:11). ⑧세례 요한은 춤의 희생자이다(마14:6). ⑨우상을 찬양하는 사악한 춤(출32:19, 왕상18:26).

춥다[cold]형(잠25:20) 날씨가차다. 찬 기운이 느껴진다.

충[虫 ; 벌레 충. insect, worm]명(행12:33) 벌레. 하나님의 영광을 가로챈 헤롯은 충에 먹혀 죽었다.

충돌[衝突 ; 찌를 충, 부딪칠 돌. collision, breach]명(삼하6:8) 서로 부딪침. 서로 의견이 맞지 않음.

충동[衝動 ; 찌를 충, 움직일 동. instigation, move]명(삿9:31) 분한 마음이 들도록 흔들어 놓는 것.

충만[充滿 ; 찰 충, 찰 만. fullness]명(창1:22) 가득히 채워짐. ①그

리스도께 은혜와 진리가 충만하다(요1:14-16). ②성도에게 하나님의 넘치는 은혜가 충만하다(말3:10, 엡3:19). ③성도는 성령 충만과 기쁨이 충만해야 한다(엡5:18, 골1:9).

충분[充分 ; 찰 충, 나눌 분. sufficiency, abundantly]명(나2:12) 쓰는데 지장이 없도록 넉넉함.

충성[忠誠 ; 충성 충, 정성(진실) 성. faith, loyalty]명(민12:7) 마음에서 우러나는 정성. 나라를 위하여 바치는 마음. ①성도는 하나님께 대한 충성이다(느7:2). ②성령의 열매이다(갈5:22). ③충성되고 참된 증인은 그리스도시다(계3:14). ④맡은 자에게 구할 것(고전4:2). ⑤죽도록 충성하라(계2:10). ⑥지극히 작은 것에 충성(눅16:10). ⑦직분자의 충성(딤전1:12). ⑧복이 많다(잠28:20). ⑨장로의 자격(딤전3:11). ⑩일반적인 충성(삼상24:6-10, 롬13:1-2).

충수[充數 ; 찰 충, 셀 수. filling up the number]명(왕상25:20) 정한 수효를 채움. 또는 그 수. 총원.

충신[忠信 ; 충성 충, 믿을(참될) 신. faithfulness, loyal subject]명(계19:11) 충성과 신의. 성심을 다함에 거짓이 없는 일.

충신[忠臣 ; 충성 충, 신하 신. loyal subject]명(요19:2) 충성을 다하여 섬기는 신하.

충실[充實 ; 찰(가득할) 충, 열매 실. faithfulness]명(창41:5) 원만하고 성실함. ①거짓이 없다(잠14:5). ②지극히 작은 일에 충성함(눅16:10-12). ③선한 종(마24:45).

충실[忠實 ; 충성 충, 열매(참될) 실. faithfulness]명(삼상2:35) 충직하고 성실함.

충의[忠義 ; 충성 충, 옳을 의. loyalty]명(대하19:9) 충성과 절의. 나라를 사랑하고 바르게 살아가는 의지가 굳센 마음.

충족[充足 ; 찰(가득할) 충, 발 족. sufficiency, perfect]명(시78:25) 분량에 흐뭇하게 차서 부족함이 없음.

충직[忠直 ; 충성 충, 곧을 직. faithfulness]명(느13:13) 성실하고 정직함. 충성스럽고 곧음.

충천[衝天 ; 찌를 충, 하늘 천]명(신4:11) ①하늘을 찌를 듯이 높이 솟음. rising high. ②의롭거나 분한 생각이 복받쳐 오름. having a fit of. 고도로 흥분된 상태.

취리[取利 ; 취할(가질) 취, 이할 리. usury]명(느5:7) 돈놀이. 빚놀이.

취리하는 자[banker]명(마25:27) 맡은 돈을 활용하여 이윤을 늘려주는 사람. 돈 바꾸는 자(마21:12), 은행(눅19:23)과 같은 뜻으로 쓰이는 말.

취소[取消 ; 가질(취할) 취, 끌 소. reverse, cancellation]명(에8:5) 말한 것이나 쓴 흔적을 지워 없앰.

취하다[取~ ; 가질 취. take, inherit]형(창2:21) 손에 가지다. 쥐어 잡다.

취하다[娶~ ; 장가들 취. marry a lady]타(창4:19) 장가들어 아내를 맞아들이다.

취하다[醉~ ; 취할 취. be drunk]자(창9:21) 술기운이 온몸에 돌다.

측량[測量 ; 측량할(헤아릴) 측, 분량 량. measuring]명(민35:5) 물건의 크기・위치・방향을 재어서 헤아림. 지표상의 한 부분의 모양・위치・면적 등을 측량하는 작업.
* 하나님의 은혜는 측량 못한다.

측량줄[measuring line]명(레31:39) 건축용구의 하나. 길이를 재는 도구. 줄자.

측은[惻隱 ; 슬퍼할(가엾게 여길) 측, 숨을 은. sympathy, have mercy]명(렘31:20) 불쌍하고도 가엾게 생각함.

층[層 ; 층계(겹) 층. rank, layer]명(창6:16) 포개진 그 켜. 또는 격지. 층층대의 한 계단.

층계[層階 ; 층계 층, 섬돌 계. stairs]명(출20:26) 층층이 높이 올라가게 만들어 놓은 설비.

층대[層臺 ; 층계 층, 집 대. stairs]명(대하9:11) 여러층으로 된 대.

치다[smite, strike]타(창14:5) 손이나 물건을 가지고 목적물을 때리다. 적을 공격하다. 두들기다. 구타.

치다[sieve, season]타(레2:13) 채질을 하여 고운 가루를 뽑아 내다.

치다[feed, raise]타(창4:2) 짐승을 기르다. 동물이 새끼를 낳아 퍼뜨리다.

치다[divine]타(창44:15) 점괘를 알아보다.

치다[beat]타(출25:18) 두드리다. 바뀐 일, 가공, 세공, 제작 등의 뜻이 있는 말.

치다[seal]타(왕상21:8) 봉인, 밀봉, 밀폐하는 것을 나타낸다.

치다타(창12:8) ①천막, 장막 따위를 세우다. pitch. ②발이나 막을 가리거나 늘어뜨리다. hang. ③진을 치다. camp.

치도[治道 ; 다스릴 치, 길 도. politics]명(시78:50) 다스리는 방법.

치료[治療 ; 다스릴 치, 병고칠 료. medical treatment, health]명(창20:17) 병을 잘 돌보아서 낫게 함.

치리[治理 ; 다스릴 치, 이치 리. charge of country]명(창41:33) 나라를 다스림. 치국(治國).

치리자[治理者 ; 다스릴 치, 이치 리, 놈 자. ruler, prince]명(창45:8) 나라를 다스리는 사람.

치마[skirt, apron]명(창3:7) ①여자의 하의. 폭만 이어놓고 가랭이는 만들지 않은 옷. ②조복·제복 등의 아래에 덧두르는 옷.

치밀다[upsurge]자(창19:28) ①아래에서 위로 힘있게 솟아 오르다. ②아래에서 위로 힘있게 밀어 올리다. push.

치부[致富 ; 이를 치, 부자 부. attaining wealth, make rich]명(창14:23) 재물을 모아 부자가 됨.

치석[治石 ; 다스릴 치, 돌 석. trimming stone]명(왕상6:7) 돌을 다듬는 일. 석수가 하는 일.

치소[嗤笑 ; 비웃음 치, 웃음 소. derisive laugh, hissing]명(레25:18) 빈정거리며 웃는 웃음.

치스[cheese]명(삼상17:18) 우유 중 카세인을 뽑아 만든 식품. 치즈.

치심[置心 ; 둘 치, 마음 심. dependence]명(시62:10) 마음에 둠. 의지함.

치욕[恥辱 ; 부끄러울 치, 욕될 욕. disgrace]명(삼상17:26) 씻을 수 없는 창피. 부끄러움. 욕됨.

치우다[remove, take away]타(삼하5:21) ①물건을 다른 곳으로 옮기다. ②흩어진 것을 잘 간수하다.

치우치다[lean, decline]자(민20:17) 한편, 한쪽으로 쏠리다.

치이다[be trapped, crush]자 타(레22:24) ①고기나 짐승이 덫이나 무거운 물건에 걸리고 눌리다. ②센 힘에 치임을 당하다.

치중[輜重 ; 짐수레치, 무거울(무게) 중. carriage]명(사10:28) ①말에 실은 짐. pack on a horse. ②군에서 군사상 옮겨 나르는 온갖 군수품. military supplies.

치질[痔疾 ; 치질 치, 병 질. hemorrhoids]명(신28:27) 항문 안팎에 나는 병. 피가 흐르기도 한다.

친[親 ; 어버이 친. real](레21:3) 어버이 가족. 가까운 친족을 말함.

백성 - 이스라엘, 선민, 택한 백성(딛2:14).

아버지 - 예수님과 하나님을 가리키는 관계(요5:18).

친구[親舊 ; 친할 친, 옛 구. intimate friend]명(창26:26) 오래두고 정답게 사귀어 온 사람. ①그리스도(요15:14). ②그리스도인(요삼14). ③권고하며(잠27:9). ④목숨도 버릴 수 있어야 한다(요15:13). ⑤좋은 상을 얻는다(전4:9). ⑥협력함(전4:10). ⑦얼굴을 빛나게 한다(잠27:17).

친근[親近 ; 친할 친, 가까울 근. intimacy]명(신10:20) 사이가 아주 가깝고 정이 두터움. ㉠친밀.

친목[親睦 ; 친할 친, 화목할(친할) 목. friendship]명(창34:21) 서로

친하여 뜻이 맞고 정다움.
친밀[親密 ; 친할 친, 빽빽할 밀. intimacy]명(시25:14) 퍽 친하여 사이가 버성기지 않음. ㉠친근.
친속[親屬 ; 친할 친, 겨레 속. relative]명(삼상18:18) 가까운 친족.
친수[親手 ; 친할 친, 손 수. one's own hand]명(신9:10) 자신의 손.
친우[親友 ; 친할 친, 벗 우. friend]명(시55:13) 친구. 동무.
친절[親切 ; 친할 친, 끊을 절. kindness]명(행27:3) 태도가 매우 정답고 고마움. ①불쌍히 여긴다(눅10:33-37). ②괴로움에 동참한다(빌4:14-18).
친정[親庭 ; 친할 친, 뜰 정. one's parent's home]명(레22:13) 시집간 여자의 생가.
친족[親族 ; 친할 친, 겨레 족. relative]명(창43:7) 촌수가 가까운 겨레붙이. 친속.
친척[親戚 ; 친할 친, 겨레 척. relation]명(창12:1) 혈족관계와 배우자 관계에 있는 사람들. ①사랑하고(롬9:3). ②도와준다(딤전5:16).
친필[親筆 ; 친할 친, 붓 필. autograph, own hand]명(고전16:21) 자기 자신이 쓴 글씨.
친하다[親~ ; 가까울 친. intimate]명(잠16:28) 사귀는 사이가 썩 가깝고 정이 두텁다.
친합[親合 ; 친할 친, 합할 합. join]명(단11:34) 서로 친하여 합함.
친히[親~ ; 친할 친. personally]부(창22:8) 몸소, 손수, 직접.
칠면석척[七面蜥蜴 ; 일곱 칠, 낯 면, 도마뱀 석, 도마뱀 척. chameleon]명(레11:30) 열대지방에서 나는 빛이 변하는 도마뱀. '변덕쟁이' 라는 뜻을 가짐. 먹을 수 없는 부정한 동물.

칠월[七月 ; 일곱 칠, 달 월. July]명(창8:4) 한 해의 일곱째 달.
칠칠절[七七節 ; 일곱 칠, 일곱 칠, 마디 절. feast of weeks]명(출34:22) 오순절. 맥추절. 초실절.
칠하다[漆 ; 옻칠할 칠. paint, pitch]명(렘22:14) ①옻. lacquer. ②빛깔이나 광택을 내는 물질을 바르는 일. lacquering.
칡[arrowroot]명(삿16:7) 콩과의 다년생 덩굴진 풀. 뿌리는 약용. 잎은 사료가 됨.
침[spittle]명(레15:8) 입 속의 타액선에서 분비되는 끈기있는 소화액.
＊침을 남의 얼굴에 뱉는 것은 모욕, 경멸을 나타낸다(눅18:32, 민12:14).
침궁[寢宮 ; 잘 침, 집 궁. chamber]명(아1:4) 임금님이 주무시는 내실. 침실. 안방. 골방. 깊은 곳.
침대[寢臺 ; 잠잘 침, 대 대. bed]명(행5:15) 사람이 누워 잘 수 있도록 넓적하게 만든 상. 침상.
침로[侵擄 ; 침노할 침, 노략질할 로. invasion, break in]명(삼상23:27) 남의 나라를 침략하여 땅과 재물을 빼앗음.
침륜[沈淪 ; 잠길 침, 빠질 륜. sinking]명(렘51:64) 물속에 가라 앉음. 요술장이, 점성가, 멸망의 길을 뜻한다. 참고 : 성경에는 속자인 沉자를 사용하였다.
＊원어상으로 멸망, 파괴, 폐허, 죽음, 징계의 뜻이 있다.
침륜에 빠지다[destroyed]구(히10:39) 멸망의 길에 빠지다.
침망[寢網 ; 잠잘 침, 그물 망. hut, cottage]명(사24:20) 시골집. 오두막 등. 비바람을 가릴 정도로 허슬한 막. 상직막으로 번역된 곳도 있다(사1:8). 무너지기 쉽고 불안전한 것의 형용어(사24:20).
침몰[沈沒 ; 잠길 침, 빠질 몰. sinking, destory]명(창9:11) 물속에 가라 앉음. 침륜.
침묵[沈默 ; 잠길 침, 잠잠할 묵. silence]명(시83:1) 말없이 잠잠함.
침방[寢房 ; 잠잘침, 방 방. chamber]명(느3:30) 잠자는 방. 침실.

침법[侵犯 ; 침노할 침, 범할 범. invasion]명(왕하11:8) 침입하여 피해를 줌.

침상[寢床 ; 잠잘 침, 평상 상. bed]명(창47:31) 누워 잘 수 있게 만든 평상. 침대.

침소[寢所 ; 잘 침, 바 소. bed room]명(눅11:7) 사람이 자는 곳. 침실. 침방.

침수[寢睡 ; 잠잘 침, 잠잘 수. sleeping]명(단6:18) 수면, 잠든 상태.

침실[寢室 ; 잠잘침, 집실. bedroom]명(출8:3) 침방. 침소.

침입[侵入 ; 침노할 침, 들 입. invasion]명(눅16:16) 허락없이 강제로 들어옴.

침침하다[霙霙~ ; 침침할 침, 침침할 침. cliffs, gloomy]형(욥30:6) ①어둑 컴컴하거나 흐리다. ②눈이 어두워서 무엇이 또렷이 보이지 않다.

침향[沈香 ; 잠길 침, 향기 향. aloe]명(시45:8) 침향목에서 뽑은수지. 향을 피우는데 쓴다. 방부제로 쓴다(요19:39).

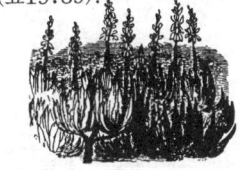

침향목[沈香木 ; 잠길 침, 향기 향, 나무 목. aloestree]명(민24:6) 침향을 뽑는 나무. 인도가 원산지로 알려진 팥꽃나무과에 속하는 다년생 교목으로 여긴다. 독수리 나무, 백향단으로 보는 학자도 있다.

칭량[測量 ; 측정할 측(칭), 헤아릴 량. measurement]명(사33:18) 넓이 위치를 잼. →측량.

칭송[稱頌 ; 일컬을 칭, 칭송할 송. praise]명(렘48:2) 공덕을 칭찬하여서 기림. 칭찬하여서 일컬음.

칭술[稱述 ; 일컬을 칭, 지을 술. praise]명(삿5:11) 칭찬하여 말함.

칭예[稱譽 ; 일컬을 칭, 기랄(명예)예. admiration]명(렘13:11) 칭찬하여 기림.

칭찬[稱讚 ; 일컬을 칭, 기릴(도울)찬. admiration]명(창12:15) 좋은 점을 일컬음. 미덕을 찬송하고 기림.

칭하다[稱~ ; 일컬을 칭. call]타(창1:5) 일컫다. 부르다.

칭호(稱呼 ; 일컬을 칭, 일컬을 호. call of name]명(사44:5) 다른 이름. 별명.

칭호[稱號 ; 일컬을칭, 이름호. title]명(호12:5) 어떠한 뜻으로 일컫는 이름.

ㅋ

칼〔knife, sword〕<u>명</u>(창22:6) 예리한 날이 있어 썰고 베고 깎는 데 쓰는 쇠로 만든 연장.

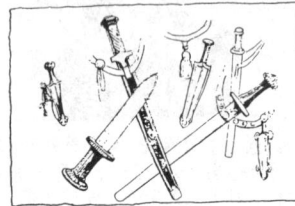

칼날〔edge〕<u>명</u>(출17:13) 칼중에 물건을 베는 날카로운 쪽.

칼자루〔handle, haft〕<u>명</u>(삿3:22) ①칼의 손잡이. ②실권을 쥐고 있는 사람을 비유하는 말.

칼집〔sheath〕<u>명</u>(대상21:27) 칼날을 보호하려고 칼의 몸을 꽂아 두는 물건. 도실(刀室).

캄캄하다〔darkness〕<u>형</u>(창15:12) 몹시 어둡다. 흑암.

캐다〔dig out〕<u>타</u>(왕하4:39) 땅에 묻힌 것을 캐내다. 은, 금, 쇠등.

커지다〔grow, be strong〕<u>자</u>(출19:19) 크게 되다. 부풀다. 확대.

켜〔ply, row〕<u>명</u>(왕상6:36) 층층이 포개어진 물건의 층.

켜다〔burn, light〕<u>타</u>(출27:20) 불을 붙이다.

켜다〔saw off〕<u>타</u>(왕상7:9) 톱으로 나무를 세로로 썰어 쪼개다.

켜다〔straighten one's back〕<u>타</u>(암6:7) 기지개를 켜다.

켤레〔pair〕<u>명</u>(암2:6) 두 짝이 한 벌이 되는 물건.

코〔nose〕<u>명</u>(창2:7) 오관기(五官器)의 한 가지. 얼굴 한 복판에 있는 우뚝하게 튀어 나와서 숨도 쉬고 냄새도 맡음.

코걸이〔nosering〕<u>명</u>(겔16:12) 코에 거는 여자들의 장신구.

코웃음〔snearing, sniff〕<u>명</u>(말1:13) 비웃을 때 코로 내는 소리.

콧김〔blast of nosterils〕<u>명</u>(출15:8) 숨이 헐떡거릴 때나 화가 났을 때 코에서 나는 더운 김.

콧소리〔nostril, snorting〕<u>명</u>(욥39:20) ①콧구멍에서 나오는 소리. ②코가 막힌 소리. 비성.

콩〔bean〕<u>명</u>(삼하17:28) 콩과(豆科)의 일년생 풀. 여름에 엽액에서 희거나 불그레한 나비모양의 작은 꽃이 피고, 가는 털이 있는 꼬투리를 맺음. 씨(콩)는 중요한 곡식의 한 가지. 단백질이 많아서 장·두부·기름따위 식료의 재료로 씀. 대두(大豆).

콩팥〔kidney〕<u>명</u>(출29:13) 동물의 배설작용을 맡은 기관. 신장.

쾌락〔快樂 ; 쾌할(시원할) 쾌, 즐길 락. pleasure〕<u>명</u>(전2:3) 기분이 좋아서 즐겁다. 만족할 때 생기는 감정. ①진정한 쾌락은 알지 못한다(전2:3). ②쾌락을 좋아하면 가난하게 된다(잠21:17). ③말세의 죄의 목록 중 하나(딤후3:4). ④하나님보다 더 사랑할 수 없다(딤후3:4).

쾌활〔快活 ; 쾌할(시원할) 쾌, 살 활. cheerfulness〕<u>명</u>(창18:5) 마음씨나 성질, 행동이 명랑하고 활발함.

크다〔big, be great〕<u>형</u>(창1:16) ①부

코걸이

피, 길이, 넓이, 키 따위가 보통 정도를 넘다. ②범위가 넓다. vast.

큰 강〔great river〕®(신1:7, 수1:4) 넓고 긴 강. 성경에서는 유브라데 강을 가리킨다.

큰 길〔the highway〕®(삿20:31). 넓은 길. 대로(大路).

큰 딸〔first born daughter〕®(창19:31) 위의 딸을 작은 딸에 상대하여 이르는 말.

큰 물〔mighty water〕®(출15:5) 장마가 져서 내나 강에 크게 불은 물. 홍수. ＊바다, 만, 호수 등으로 번역된 말.

큰 물결〔billow〕®(욘2:3) 높은 파도

큰 소리〔loud voice〕®(수6:5) ①목청을 크게 하여 내는 소리. ②야단치는 소리. ③호언장담.

큰 일〔great work〕®(출14:31). ①힘이 많이 들고 범위가 넓은 일. ②감당하기 어려운 일. ③대사(大事). ④많은 일. ⑤중요한 일. ⑥위대한 일. ⑦하나님이 하시는 일.

큰 자〔the strong, the great〕®(창25:23) ①섬김을 받는 사람. ②중요한 사람. ③위대한 사람. ④존중, 찬양을 받는 사람. ⑤연장자. ⑥부한 자. ⑦권력자.

키〔stature〕®(신2:10) 동물의 몸길이. 신장.

키〔winnow〕®(사30:24) 바람을 일으켜 곡식의 쭉정이를 날리고 알곡을 골라내는 물건. 대나 싸리, 버들가지 등을 엮어서 만든다.

키〔rudder〕®(약3:4) 물위에 떠있는 배의 방향을 조정하는 장치. 배 뒷쪽에 달렸다. 혀를 비유한다(약3:1-12).

키우다〔bring up〕®(겔19:3) 크게 하다. 기르다. 증가시키다.

키질〔winnowing, scatter〕®(렘4:11) 키로 일하는 것. 쭉정이를 바람에 날려 보내는 일. 심판을 상징한다(마3:12).

킷줄〔rudder, band〕®(행27:40) 배의 키를 조정하는 줄.

타격[打擊 ; 칠 타, 칠 격. hurt, damage]명(행27:10) ①손해. 손실. ②때려 침. blow.

타고난 자[to whom it has been given]명(마19:11) 사명, 목적을 부여받아 출생한 사람. 허락된 자. 알아들을 힘을 가지고 난 사람. 위탁된 자 등의 뜻이 있다.

타국[他國 ; 다를 타, 나라 국. foreign country]명(출2:22) 다른 나라. 이방(異邦). 외국.

타국인[他國人 ; 다를 타, 나라 국, 사람 인. foreigner]명(출12:19) 다른 나라 사람. 외국인. 이방인.

타다[burn]타(창15:17) ①불이 붙어 들어가다. ②몹시 뜨거워서 빛이 까맣게 되다. be charred.

타다[ride]타(창24:61) ①수레나 배나 짐승 따위에 몸을 싣다. 말을~. 기차를~.

타다[mix]타(마27:34) 많은 액체에 적은 액체나 가루 따위를 섞다.

타다[seize, take]타(창14:15) 때나 틈을 살피어 얻다.

타다[play]타(삼상16:16) 줄이 있는 악기를 연주하다.

타락 ; 떨어질 타, 떨어질 락. the fall, corrupt]명(렘14:7) 인류 본연의 지위에서 죄를 범하므로 순결과 평안을 상실하고 고통과 불신의 생활로 떨어지는 것을 말한다.

1. **타락의과정** - 창3:1-14. ①사단과 교제(1-2). ②하나님의 말씀을 가함(3). ③유혹에 빠짐(4-5). ④욕망을 이룸 - 하나님과 같이 되고자(6). ⑤하나님의 것을 도적질하여 먹고. ⑥눈이 밝아짐(7).

2. **타락의결과** - (창3:7-19). ①그들의 눈이 밝아져 몸이 벗은 줄 알게 됨(7). ②의복이 필요하게 됨(7). ③하나님의 낯을 피해 도피(8). ④회개하지 아니함(9). ⑤평계하게 됨(12). ⑥전가하게 됨(13). ⑦벌이 임함(14). ⑧새 언약이 세워짐(15). ⑨고통이 따름 - 해산, 노동(16-17). ⑩땅이 저주를 받음(18). ⑪채사를 하게 됨(19). ⑫흙으로 돌아감.

3. **타락 이후의 생활** - ①에덴동산에서 쫓겨남(창3:22-24). ②자식을 낳게 됨(창4:1-2). ③하나님께 제사(창4:3-7). 죄의 평창(창4:8-15). ⑤계속되는 죄(창4:16-24). ⑥마음의 부패(렘17:9). ⑦하나님을 찾지 아니함(롬3:11). ⑧세상을 사랑함(딤후4:10). ⑨악을 행함(요3:19, 왕상11:4). ⑩의인은 하나도 없다(롬3:9-19).

타락한 천사[setan] 사단의 형용어. ①자기 위치를 지키지 아니했다(유6). ②마귀, 큰 용, 옛 뱀(계12:9). ③그리스도의 대적(마4:1-3). ④성도의 대적(계12:7-17). ⑤영원히 멸망당함(마25:41, 벧후2:4). →사단. 적그리스도.

타인[他人 ; 다를 타, 사람 인. other man]명(창29:19) 남. 제가 아닌 다른 사람. 어떤 사람. 그 사람 또 다른 사람 등으로 표현된 말.

타작[打作 ; 칠 타, 지을 작. thresh, threshing]명(창50:10) 곡식의 이삭을 떨어서 그 알을 거두는 일.

타작기[打作機 ; 칠 타, 지을 작, 기계 기. threshing sledge]명(암1:3) 곡식의 이삭을 떨어서 그 알곡을 거두는 기계. 탈곡기.

*침략의 잔악행위를 형용한 말.

타작기계[threshing sledge]명(욥41:30) 곡식의 이삭을 떨어서 그 알곡을 거두는 기계. 탈곡기.

타작마당[threshing floor]몡(창50:10) 마당질(타작)을 하는 곳. 다윗은 아라우나의 타작마당을 사서 성전터로 하였다(삼하24:10-25, 대하3:1).

타조[駝鳥 ; 곱사등이 타, 새 조. ostrich]몡(레11:16) 타조과의 새. 새 중에 가장 큰 새. 날지는 못함. 사막의 모래속에 알을 낳는다. 부

정한 새로 먹지 못한다. ①거친 들에서 산다(욥30:29). ②잔인하다(욥39:14-16, 애4:3). ③즐거이 날개를 친다(욥39:13). ④말과 기수를 경히 여긴다(욥39:18). ⑤애통을 형용(미1:8). ⑥폐허에 서식(사13:21).

타처[他處 ; 다를 타, 곳 처. another place]몡(창36:6) 다른 곳.

타파[打破 ; 칠 타, 깨뜨릴 파. breaking down]몡(출23:24) 규율이나 관례를 깨뜨려 버림.

탁류[濁流 ; 흐릴 탁, 흐를 류]몡(눅6:48) 흘러가는 흙탕물. muddy stream. 타락한 사람들이나 불량한 무리. turbid current.

탁월[卓越 ; 뛰어날(높을) 탁, 넘을 월. excellence]몡(창49:3) 나보다 훨씬 뛰어남.

탄로[綻露 ; 옷자질 탄, 이슬 로. be known, disclosure]몡(출2:14) 숨기던 일이 드러남.

탄식[歎息 ; 탄식할 탄, 쉴 식. sigh, mourn]몡(출2:23) 뉘우치거나 원통하여 한숨을 쉼.

1.**원인** - ①근심(시52:2). ②고통(출2:23). ③패망(겔24:23). ④악인의 득세(잠29:2). ⑤적신(애1:8). ⑥가중한 일로 인하여(겔9:4). ⑦불신앙을 보고(막7:34). ⑧짐을 짐(고후5:4). ⑨죽음(겔24:17). ⑩굶주림(욜1:18). ⑪불법한 행실을 봄으로(벧후2:7-8). ⑫심판이 가까우므로(욜1:15). ⑬땅에 살기 때문에(고후5:4).

2.**방법** - ①마음속으로 깊이(막8:12). ②피조물이 다함께(롬8:22).

탄원[歎願 ; 탄식할 탄, 하고자할 원. entreaty]몡(렘37:20) 억울한 일이 있을 때의 사정을 간곡히 알려 도움을 청하는 것.

탄일[誕日 ; 태어날 탄, 날 일. birthday]몡(창40:20) 탄생한 날. 옙 탄생일. 명사의 생일을 일컫는 말.

탈[cloak, mask]몡(살전2:5) ①종이나 나무로 만든 가면. ②얼굴에 뒤집어 써서 가리는 물건. ③속 뜻을 감추는 거짓스러운 꾸밈.

탈무드[talmud]몡 유대인 랍비들의 구전 구약해설을 모은 것. 약 800년동안에 걸쳐 구전된 성경해석과 어떻게 지킬 것에 대한 지도서. 신약에서 그것을 장로들의 유전(막7:3)이라고 했다. 탈무드 원본이 번역된 것은 없고 여담(탈무드)이 번역 출판되었다.

탈취[奪取 ; 빼앗을 탈, 취할 취. capture]몡(민21:26) 빼앗아 가짐. 강제로 빼앗는 것.

탈취물[奪取物 ; 빼앗을 탈, 취할 취, 만물 물. spoil]몡(출15:9) 빼앗아 얻은 물건. 노략한 물건.

탐구[探究 ; 찾을 탐, 구할 구. inquire, quest]몡(신12:30) 더듬어 찾아 구함. 깊이 연구함.

탐남몡(렘6:13) → 탐람 * 구약과 신약의 한문은 같으나 한글표기만 다르며 뜻은 같다.

탐내다[貪~ ; 탐낼 탐. be covetous for]타(출20:17) 제것으로 만들고 싶은 욕심을 내다.

탐람[貪婪 ; 탐낼 탐, 탐할 람. covetousness]몡(고전5:11) 재물이나 음식을 탐냄. 탐도. 먹고 마시기를 너무 좋아함.

탐리[貪利 ; 탐낼 탐, 이할 리. covetousness]몡(시10:3) 지나치게 이익을 탐냄. 지나친 욕심을 냄. 탐람.

탐색[貪色 ; 탐낼 탐, 빛 색. lasciviousness]몡(고전6:9) 성(性)을 좋

아함. 호색. 색욕.
탐색하는 자[adulterer]명(고전6:9) 헬라어 말라코스의 상징어. 미동(남색의 상대자)을 가리킨다. 간부(姦夫). 하늘나라에 들어가지 못할 자이다.
탐스럽다[desirable]형(창3:6) 마음이 끌리도록 보기에 소담스럽거나 좋다.
탐식[貪食 ; 탐낼 탐, 먹을 식. appetite]명(잠23:21) 음식을 탐냄. 너무 많이 먹음.
탐식자[貪食者 ; 탐낼 탐, 밥 식, 놈 자. gluttons]명(잠23:2) 음식을 탐내는 사람. 식욕의 무절제자. 지나치게 많이 먹는 사람. 폭음, 폭식자를 가리킨다.
탐심[貪心 ; 탐낼 탐, 마음 심. avarice]명(사57:17) 남의 것을 탐내는 마음. ①죄악임(사57:17). ②물리쳐야 할것(눅12:15). ③율법이 가르쳐 줌(롬7:7). ④우상숭배(골3:5). ⑤육체의 일(골3:5). ⑥사기를 한다(벧후2:3).
탐욕[貪慾 ; 탐낼 탐, 욕심낼 욕. covetousness]명(민11:4) 매우 욕심이 많음. ①하나님을 시험함(시78:18). ②족한 줄을 모름(사56:11). ③서기관들과 바리새인들의 속마음(마23:25). ④마음속에서 나오는 것(막7:22). ⑤육의 사람의 행위(롬1:29). ⑥저주의 자식의 소행(벧후2:14).
  교훈 - ①사람의 생명이 그 소유의 넉넉한데 있지 않다(눅12:15). ②조심하라(출20:17). ③일만악의 뿌리(딤전6:9-11). ④탐욕을 미워하는 자는 장수함(잠28:16). ⑤이름이라도 부르지 말라(엡5:3).
탐정[探偵 ; 찾을 탐, 정탐할 정. spy]명(삼상26:4) 비밀을 몰래 살피는 사람. 적의 비밀 사정을 살핌.
탐지[探知 ; 찾을 탐, 알 지. detection]명(민13:2) 살펴 앎. 또는 알아냄. 적의 형편을 살핌.
탐지군[探知軍 ; 찾을 탐, 알 지, 군사 군. spy]명(왕상20:17) 살펴서 알아내는 사람.
탐학[貪虐 ; 탐낼 탐, 사나울 학. avarice and violence, oppression]명(전7:7) 탐욕이 많고 사납고 악함.
탕감[蕩減 ; 쓸(쓸어버릴) 탕, 덜 감. remission]명(느10:31) 진 빚을 없었던 것으로 해 줌. 청산.
*하나님이 우리 죄를 탕감해 주셨다.
탕패[蕩敗 ; 방탕할(흔들릴) 탕, 패할 패. squandering]명(잠13:23) 재물을 방탕한 방법으로 다 써서 없앰. 탕진.
태[胎 ; 아이밸 태. womb, placenta]명(창20:18) 뱃속의 아기를 싸고 있는 태반과 탯줄의 총칭.
*그리스도인은 하나님의 은혜로 태중에서 택정 받았다(갈1:15).
태고[太古 ; 클 태, 옛 고. ancient time]명(시55:19) 아주 오랜 옛날. 역사가 기록되기 이전.
태도[態度 ; 태도 태, 법도 도. attitude]명(고전11:16) 몸을 가지는 모양. 사람을 대하는 자세.
태만[怠慢 ; 게으를 태, 교만할 만. negligence]명(렘48:10) 게으르고 느림. 일을 뒤로 미룸.
태반[太半 ; 클 태, 반 반. greater part]명(대상12:29) 반수가 넘는.
태산[泰山 ; 클 태, 뫼 산. great mountain]명(단2:35) 높고 큰 산. 크고 많음을 비유.
태양[太陽 ; 클 태, 빛 양. sun]명(레26:30) 태양계의 중심 항성. 하나님의 창조사역 넷째 날에 만드신 큰 광명. 해로 번역되었다.
1. 관련기사 - ①하나님의 창조물(창1:14-16). ②낮을 주관하는 광명(창1:16). ③식물을 결실하게 한다(신33:14). ④백성의 두령을 태양을 향해 목을 매달았다(민25:4). ⑤아얄론 골짜기에서 머뭄(수10:12,13). ⑥우상숭배를 했다(왕하23:11)→해.
2. 상징 - ①하나님(시84:11). ②그리스도(말4:2). ③성도(삿5:31). ④신랑(시19:5). ⑤맑음(아6:10). ⑥장구함(시72:17).

태양상[太陽像 ; 클 태, 별 양, 형상 상. sun idol]몡(대하14:5) ①태양의 형상. ②태양을 신으로 섬기기 위하여 만든 우상.

태양 수레[chariots of the sun]몡(왕하23:11) 태양신을 섬기는데 사용된 수레. 태양신의 상징물. 나단멜렉의 집 곁에 있었다.

태양주상[太陽柱像 ; 클 태, 별 양, 기둥 주, 형상 상. incense altar]몡(레26:30) 태양신 예배를 위하여 세운 주상.

태우다[burn]타(출22:60) 불이 붙어 들어가게 하다.

태음[太陰 ; 클 태, 그늘 음. moon]몡(신33:14) 달을 지구의 위성으로 일컫는 말.

태장[苔杖 ; 볼기칠 태, 지팡이 장. flogging, rod]몡(고후11:25) 매로 볼기를 치던 형벌인 태형과 곤장으로 볼기를 치던 형벌.

태중[胎中 ; 아이 밸 태, 가운데 중. period of maternity, womb]몡(창25:23) 아이를 밴 동안. 임신 중.

태초[太初 ; 클 태, 처음 초. beginning]몡(창1:1) 우주의 시작. 처음.

태초[太初 ; 클 태, 처음 초. in the beginning]몡(요1:1) 하나님이 계시게 된 때. 시간 이전의 상태. 창1:1보다 앞선 태초이므로 그 때는 헤아릴 수 없다. 처음과 나중(계1:17).

태평[太平 ; 클 태, 평평할 평. perfect peace]몡(왕상5:4) 무사하고 평안함. 泰平과 같은 뜻으로 쓰임.

태평[泰平 ; 클(심할) 태, 평평할 평. peace]몡(삿3:11) 몸이나 마음, 집안 나라가 조용하고 평안함.

태평시대[太平時代 ; 클(심할) 태, 평평할평, 때 시, 대신할 대. peace times]몡(왕상2:5) 어질고 덕 많았는 임금이 잘 다스려 온 국민이 평화스러운 시대.

태형[笞刑 ; 볼기칠(매질할) 태, 형벌 형. flogging, stripe]몡(신25:2) 매로 볼기를 치던 형벌. 태장.

태후[太后 ; 클 태, 왕후 후. empress dawager, queen]몡(왕상15:13) 황제의 생존한 어머니.

택정[擇定 ; 가릴 택, 정할 정. selection, appoint]몡(수20:2) 가려서 뽑아 정함. 선정. 예택.
* ①하나님이 성도를 태중에서 택정하셨다(갈1:15). ②복음을 위하여 택정 받았다(롬1:1).

택하다[擇~ ; 가릴 택, 정할 정. select]타(창13:11) 골라서 뽑다.
* 하나님께서는 인간이 어떤 물건을 고르듯이 하는 것이 아니고 그의 뜻을 따라 택하여 하나님의 자녀로 삼으신다. 오직 하나님의 은혜로 말미암아 된다.
1. **누가** - ①그리스도께서 택하심(요15:16). ②하나님이 택하심(롬8:33). ③은혜로 택하심(롬11:5).
2. **왜** - ①죄악에서 구원하여(살후2:13). ②하나님의 자녀되게(엡1:5) ③그리스도를 본받게(롬8:29) ④강한 것들을 부끄럽게 하기 위하여(고전1:27). ⑤있는 것을 폐하려 하심(고전1:28). ⑥흠이 없이 거룩하게 하시려고(엡1:4). ⑦거룩하고 사랑하신 자 처럼 되도록(골3:12). ⑧사도로(딛1:1). ⑨믿음을 부요하게(약2:5). ⑩왕과 제사장을 삼기 위하여(벧전2:9). ⑪선한 일을 도모하며(엡2:10). ⑫영원한영광을 위하여 택하셨다(롬9:23).

택하신 족속[peculiar people]몡(벧전2:9) 선민과 같은 말. 성도를 일컫는 말. 하나님의 긍휼에 근거하여 무조건적 선택된 자(롬9:25). ①택한 백성(사43:20). ②왕같은 제사장. 나라(출19:6,벧전2:9). ③거룩한백성(출19:6). ④하나님의 소유(출19:5, 말3:17).

터[site]몡(신32:22) 건축이나 토목공사를 한 자리. 토목공사를 할 자리. 일이 이루어진 밑자리.
* **복음의 터** - ①예수 그리스도(고전3:11). ②사도와 선지자가 이룩한 터(엡2:20). ③교회(딤전3:15). ④심판에 관한 교훈의 터(히6:2).

⑤하나님이 견고하게 하신다(벧전5:10) ⑥하나님의 나라, 영원한 나라(고후5:1, 히11:10).

터[case or relation]명(삼하8:10) 처지. 형편.

터득[攄得 ; 펼 터, 얻을 득. understanding]명(욥8:8) 생각하여 깨달아 알아냄. 그 방면에 정통함.

터럭[hair]명(겔5:2) 포유동물의 머리나 몸에 난 털. 인간은 한 터럭도 희고 겁게 할 수 없다(마5:36).

터지다[crack, burst]자(창7:11) 뚫어지거나 쪼개어지다. 폭발하다.
＊노아의 홍수 때 깊음의 샘들이 터졌다.

턱[jaw, border]명(출25:25) ①사람이나 동물의 입의 위 아래에 있어서 소리를 내거나 씹는 일을 하는 기관. 상악골·하악골의 총칭. ②특히 아래턱의 바깥부분. ③평평한 곳에 조금 두둑한 자리. 문지방, 상의 둘레에 약간 높게 한 자리.

턱뼈[jawbone]명(삿15:15) 위 아래턱을 이룬 뼈. 삼손이 무기로 사용하여 블레셋과 싸웠다.

털[hair]명(창27:23) 포유동물의 피부에 나는 가느다란 실모양의 것. 머리카락. 터럭.

털[wool]명(왕하3:4) 성경은 주로 양털을 가리킨다. ①모직의 자료(잠31:13, 호2:9). ②교역품(겔27:18). ③베실과 혼방을 금지하고 있다(레19:19, 신22:11). ④제사장의 제복으로 금지되었다(겔44:17-19).
상징 - 순결(사1:18, 계1:14).

털사람[hairyman]명(창27:11) 온몸에 털이 많이 난 사람. 털보. 에서를 가리키는 말.

털옷[hair cloth, woollen garment]명(레13:47) 짐승의 털 또는 털 가죽으로 만든 옷. 선지자의 복장 - ①엘리야(왕하1:8). ②세례 요한(마3:4). ③스가랴(슥13:4).

테[band, hem]명(출25:11) 둘레에 둘린 줄. 테두리.

테두리[rope, hoop]명(왕상7:35) 테.

＊솔로몬의 성전앞 둥근 바다의 받침 위에 둘렸다.

토굴[土窟 ; 흙 토, 굴 굴. cavern]명(사2:19) 흙을 파낸 큰 구덩이. 땅 속으로 뚫린 큰 구멍. 옥으로도 사용했다(렘37:16).

토기[土器 ; 흙 토, 그릇 기. earthen vessel]명(레6:28) 진흙으로 만들어 잿물을 올리지 않고 구운 그릇. 질그릇. 오지그릇. ①성막에서 사용(민5:17). ②증서보관(렘32:14).
표현 - ①겉과 속이 다름(잠26:23). ②인간의 미약(시2:9, 계2:27).

토기장이[土器匠~ ; 흙 토, 그릇 기, 장인 장. potter]명(사29:16) 토기 만드는 일을 전문으로 하는 사람. ①진흙을 발로 밟고(사41:25). ②손으로 반죽하여(레18:3). ③마음대로 모양을 만들어 토기를 만든다(롬9:21).
＊하나님의 주권(사45:9, 롬9:21).

토기장이의 밭[potter's field]명(마27:7) 가룟 유다가 예수님을 판 은 30을 제사장에게 반환했으나 성전 곳간에 넣지 않고 협의 끝에 산 밭. 피밭. 예루살렘 흰놈골짜기 남쪽의 땅. →아겔다마.

토끼[hare]명(레11:6) 식물을 주식으로 하는 토끼과의 짐승. 야생과 가축이 있다. 성경에서는 산토끼를 말한다. 굽이 갈라져 있지 않으므로 먹을 수 없다(신14:7)

토단[土壇 ; 흙 토, 제단 단. altar of earth]명(출20:24) 흙을 쌓아 만든 단. 하나님을 위한 제단.

토둔[土屯 ; 흙 토, 모을 둔. hillock]명(겔4:2) 그리 높지도 않고 크지도 않은 언덕. 인공적인 언덕. 토성과 같은 말(삼하20:15).

토론[討論 ; 칠(찾을) 토, 의논할 론. discussion]명(막9:23) 어떤 문제

를 가지고 여러 사람이 각각 자기의 의견을 말하여 좋은 결론을 얻으려고 하는 논의.

토막[piece]명(사44:19) 둘 이상으로 나누어진 덩어리. 잘라진 동강을 세는 말.

토산[土産 ; 흙 토, 낳을 산. local products]명(왕상2:19) 그 땅에서 나는 산물. 그 지역의 특산물.

토산물[土産物 ; 흙 토, 낳을 산, 만물 물. local products, crops]명(시78:46) 그 지방이나 땅에서 특유하게 나는 산물.

토색[討索 ; 칠 토, 찾을 색. extort, oppression]명(왕하15:20) 돈이나 재물을 억지로 달라고 얻음. 강탈, 탈취, 늑탈과 같은 말. ①가증한 것으로 여김(사33:15). ②권력을 가진자가 함(느5:15, 사10:2) ③헌금을 할 수 없다(말1:13). ④성도에게 금진된 행위 - 절교하라(고전5:11). ⑤하나님의 나라를 유업으로 받지 못한다(고전6:10).

토설[吐說 ; 토할 토, 말씀 설. confession]명(사32:3) 일의 경위를 사실대로 말함. 실토. 고자질.

토성[土城 ; 흙 토, 재 성. mound, siege]명(삼하20:15) 흙으로 쌓아올린 성. 흙을 개자리 뒤에 쌓아 화살을 방어하는 둑. 토둔.

토인[土人 ; 흙 토, 사람 인. native]명(대상7:21) 지방에 대대로 살아온 사람. 야만인, 토착인.

토지[土地 ; 흙 토, 땅 지. ground, soil, earth]명(창3:23) ①땅. 흙. ②지면. 집터. 논. 밭. land. ③영토. territory.

*①소산을 낸다(창41:47, 신8:8-9). ②여호와의 것이다(레25:23).

토지법[土地法 ; 흙 토, 땅 지, 법 법. law for the land]명(창47:26) 토지에 관한 모든 법률. ①경작(창3:23, 겔48:19). ②상속(민27:6, 신27:16). ③여인상속(민27:6, 7수16:4-6). ④임대(막12:1-9). ⑤매매(창33:19, 레25:). ⑥반환(레25:25-34, 룻3-4장). ⑦희년의 원상회복(레25:13-16). ⑧지계표는 옮기지 못한다(신19:14).

토하다[吐~ ; 토할(뱉을) 토. spew, vomit]타(레18:28) 먹었던것이나 가래, 피 따위를 뱉다. 부정하게 얻은 재물을 다시 내어 놓다. 실토하다.

톱[saw]명(왕상7:9) 나무나 쇠붙이 돌을 자르거나 켜는데 쓰는 날이 수십개, 혹은 수백개 있는 도구.

톱질[sawing]명(삼하12:31) 톱을 가지고 나무, 쇠, 조가비 같은 것을 자르거나 켜거나 오리는 일. 톱으로 하는 작업. 포로들이 했다(대상20:3).

통[桶 ; 통 통. bucket, gallon]명(출27:3) ①물 등을 담아두는 나무그릇. 여러개의 나무조각을 맞추어 테를 메워 만든 그릇. ②액체를 헤아리는 용량(요2:6).

통[筒 ; 대통 통. pipe]명(왕상7:33) ①둥글고 길고 속이 빈 물건. ②물건 속의 너비.

통[通 ; 통할(다닐, 알릴) 통. authority]명(창35:22) 통하다. 다니다. 알리다.

통간[通姦 ; 통할통, 간사할(간음할) 간. lay with adultery]명(창35:22) 배우자 있는 자가 배우자 이외의 이성과 맺은 성관계. 간통.

통곡[痛哭 ; 아플 통, 울 곡. entawailingtion, crying, weep]명(신1:45) 소리를 높여 슬피 우는 것.

*①여호와의 날, 멸망의 날에 불신앙자가 통곡한다(눅22:62, 암5:16, 계1:7, 18:15). ②주께서 하나님께 호소하는 기도(히5:7). ③부자들이 통곡한다(약5:1).

통과[通過 ; 통할 통, 지날 과. passing]명(창12:6) 거쳐서 지나감.

통달[通達 ; 통할 통, 통달할 달]명(대하30:22) ①알려주는 일. information. ②그 도(道)에 숙달하여 막힘이 없이 통함. thorough knowledge. ③사물에 대한 모든 지식에 숙달함. conversance.

통도[痛悼 ; 아플 통, 슬퍼할 도. heartache, pain sorely]명(사23:5) 마음이 상하고 아파 슬퍼함.

통변[通辯 ; 통할 통, 말잘할 변. interpretation]명(창43:23) 통역.

통보[通報 ; 통할 통, 알릴 보. say, report]명(왕상21:14) 통지하여서 소식을 전함. 알려주는 서신.

통분[痛忿 ; 아플 통, 분할 분. bitter feeling, be wrath]명(왕하3:27) 원통하고 분함. 분개. 격노.

통상[通商 ; 통할 통, 장사 상. merchandise, trade]명(겔27:3) 외국과의 무역 거래.

통솔[統率 ; 거느릴 통, 거느릴(앞장설) 솔. command]명(왕상16:9) 단체나 그 구성원을 다스리는 일.

통역[通譯 ; 통할 통, 통역할 역. interpretation]명(고전12:10) 외국인의 말을 해석해서 전해주는 일.

통용[通用 ; 통할 통, 쓸(쓰일) 용. common]명(창23:16) 일반적으로 쓰임. 어디에든지 쓰임. 두루 쓰임.

통용문자[通用文字 ; 통할 통, 쓸 용, 글 문, 글 자. common characters]명(사8:1) 일반에게 쓰이는 글.

통일[統一 ; 거느릴 통, 한 일. unification]명(엡1:10) ①여럿이 모아서 관계를 지어 하나로 만듦. ②하나로 이루어진 의견.

통지[通知 ; 통할 통, 알 지. notice]명(마14:35) 기별하여 알림.

통찰[洞察 ; 꿰뚫을(통할) 통, 살필 찰. penetration]명(잠24:12) 전체를 밝혀서 환하게 알고 있음.

통책[痛責 ; 아플통, 꾸짖을(나무랄) 책. wound]명(잠27:6) 엄하게 꾸짖음. 엄중한 문책. 책망. 친구사이의 솔직한 마음가짐.

통촉[洞燭 ; 꿰뚫을(통할) 통, 촛불 촉. conside-ration, consider]명(시5:1) 헤아려 살핌. 양찰(諒察)의 높임말.

통치[統治 ; 거느릴 통, 다스릴 치. dominion, rule]명(대상16:31) 맡아 다스림. 국민을 지배하는 일. ①왕의 통치(단6:1). ②하나님의 통치(대상16:31). ③의로운왕(그리스도)의 통치(사32:1). ④영원한 통치(시103:19, 146:10).

통치자[統治者 ; 거느릴 통, 다스릴 치, 놈 자. ruler]명(시105:20) 통치하는 사람. 다스리는 사람.

* 관련기사 - ①족장(창27:29-39). ②사사(룻1:1). ③왕(삼상8:5). ④그리스도(렘30:21, 사9:6). ⑤하나님(출18:13-16).

통치하[統治下 ; 거느릴 통, 다스릴 치, 아래 하. under the dominion]명(렘34:1) 다스림의 아래.

통하다[be opened, throughout]자타(창25:18) 막힘이 없이 트이다. 지나다. 다니다. 출입.

통한[痛恨 ; 아플 통, 원한 한. deep regret]명(신29:28) 매우 한탄함. 뼈저린 탄식.

통할[統轄 ; 거느릴 통, 다스릴 할. supervision, keep, reign]명(민3:32) 모두 거느려서 관할함.

통행[通行 ; 통할 통, 행할 행. passage]명(민21:22) ①길로 통하여 다님. ②자유롭게 다닐 수 있는 공법상의 권리.

통행구[通行口 ; 통할 통, 행할 행, 입 구. entrance]명(겔42:9) 길로 통하여 다니는 어구. 비상구.

통혼[通婚 ; 통할(다닐) 통, 혼인할 혼. contracting marriage]명(창34:9) 서로 혼인관계를 맺음. 혼인할 뜻을 전함.

통회[痛悔 ; 아플 통, 뉘우칠 회. be contrite deep repentance]명(시34:18) ①과오를 마음 아프게 생각하고 뉘우침. ②하나님께 죄를 범한 사람이 사함을 얻고자 통곡하며 자복하는 뉘우침.

* 하나님이 기뻐하심(시51:17).

퇴[退 ; 물러날 퇴. verandah]명(겔40:12) 툇마루, 퇴간(退間)의 준말.

퇴락[頹落 ; 무너질 퇴, 떠러질 락. ruin, breach]명(왕하12:5)무너지고 떨어짐. 세상이 문란해짐.

퇴보[退步 ; 물러날(물리칠) 퇴, 걸음 보. retrogression]명(수23:12) ①뒤로 물러섬. ②지략이나 힘이 점점 줄어짐. *어리석은 자의 퇴보는 자기를 죽인다(잠1:32).

퇴축[退縮 ; 물러갈 퇴, 오그라질 축. shrink, turn back]명(시44:18) 움츠리고 물러 섬.

툇마루[verandah]명(겔42:3) 원마루 밖에 좁게 달아 낸 마루. 춘퇴.

투구[helmet]명(삼상17:5) 옛날 군인이 전쟁할 때 쓰던 쇠모자. 지금은 철모에 해당됨.

*①구원의 투구(엡6:17). ②소망의 투구(살전5:8).

투기[妬忌 ; 강새임할 투, 꺼릴 기. envy, jealousy]명(창30:1) 상대되는 이성(異性)이 다른 이성을 좋아함을 미워하는 새암. 질투. 시기.

투쟁[鬪爭 ; 싸움 투, 다툴 쟁. fight]명(신21:5) ①다투어 싸움. ②어떤 목적을 이루기 위한 경쟁. strife.

투절[偸切 ; 훔칠 투, 도둑 절. stealing]명(호4:2) 남의 물건을 훔침. 또는 그 사람. 투도.

투표[投票 ; 던질 투, 표 표. voting]명(행26:10) 선거 또는 어떤 사항을 채결할 때 유자격자가 자기의 의사를 부표(符票)로써 표시하여 일정한 장소에 넣는 일. 또는 그 표.

퉁소[洞簫 ; 꿰뚫을 통, 퉁소 소. flute]명(창4:21) 대로 만든 악기의 한 가지. 앞에 구멍이 다섯 개 있고 뒤에 하나가 있는 악기. 피리로 번역된 말(마11:17).

고대 퉁소의 일종. 오브에의 전신

퉁소부는 자[flute player]명(계18:22) 퉁소 연주자. 신바벨론의 풍유객. 멸망하여 없어진다.

특[特別 ; 특별할(홀로) 특, 다를 별. speciality]명(출14:7) 일반적으로 알고 있는 것보다 뛰어남. 특수.

특심[特甚 ; 특별할특, 매우심. very severity]명(왕상19:10) 유난히 심한 상태. 너무나 정도에 지나침.

특이[特異 ; 특별할(홀로) 특, 다를 이. peculiarity]명(창10:9) ①일반적으로 볼 수 없는 희귀하고도 별다른 것. ②훨씬 뛰어남.

튼튼하다[tough]형(히6:19) 됨됨이나 생김새가 굳고 실하다.

틀[loom, frame]명(민4:10) 기계의 속칭. 배를 짜는 틀. 꼴이나 또는 판이 되는 모형.

*단명을 상징하는 말(사38:12).

틀리다[mistake]자(수23:14) 맞지 않다. 정확하지 않다. 다르다.

틀림이 없다[turue]형(삿20:16) ①꼭같다. same. ②어긋남이 없다. ③의심의 여지가 없다.

틈[openning, chance]명(창42:9) ①벌어져서 사이가 난 자리. ②사람들의 교제 관계에서 생긴 거리.

틈타다[get leisur]타(왕하5:7) 겨를을 얻다. 기회를 얻다.

티[speck, spot, defect]명(마7:3) 작은 먼지의 종류. 잔부스러기. 찌꺼기. ①작은 흠(마7:3-5). ②오점, 흠점(엡5:27).

티끌[dust, mote]명(창13:16) 많이 모인 티. 먼지.

관련기사 - ①보잘것 없음(창18:27). ②많음(창13:16, 28:14). ③이로 변함(출8:16). ④계산할 수 없다(민23:10). ⑤사람을 만듦(창2:7, 욥10:9). ⑥더러운 것(욥16:15). ⑦인생이 티끌로 돌아감(시90:3).

상징 - ①무가치한 것(삼상2:8). ②겸허한 자세(창18:27, 사47:1).

파

파〔派 ; 갈래 파. sect〕명(행6:1) 같은 종류에서 갈려나온 계통. 사상이나 행동을 같이하는 계통. 기독교를 유대교의 일파로 여겼다(행28:22).

파〔破 ; 깨뜨릴 파. breakage〕명(창14:15) 깨어지거나 상한 물건.

파〔罷 ; 파할 파. close, finish〕명(대하16:5) 파하다. 마치다.

파〔onions〕명(민11:5) 나리과의 다년생 풀. 시베리아가 원산지이며 세계 각지에서 두루 재배된다. 이스라엘이 광야에서 그리워한 식품.

파견자〔派遣者 ; 물갈래 파, 보낼 견, 놈 자. messenger, dispatcher〕명(나2:13) 임무를 가지고 다른 곳으로 보내어진 사람.

파괴〔破壞 ; 깨뜨릴 파, 무너질 괴. breaking, destruction〕명(민15:31) 깨뜨림. 무너뜨림.

＊①멸망(애2:13). ②무너짐(마6:49). ③수치를 당함(렘48:1). ④광풍 때문에(사28:2).

파기〔破器 ; 깨뜨릴 파, 그릇 기. broken vessel〕명(시31:12) 깨어진 그릇. ＊잊어버림이 됨.

파다〔dig〕타(창21:30) ①구멍이나 구덩이를 만들다. ②모르는 것을 알아내거나 밝혀내기 위하여 깊이 궁리하여 들어가다. investigate.

파단행〔巴旦杏 ; 땅이름 파, 아침 단, 은행 행. almond〕명(창43:11) 살구의 일종으로 소아시아가 원산지이며 높이 3～10m정도의 나무. 그 열매는 먹을 수 있다. 살구나무.

파도〔波濤 ; 물결 파, 큰물결 도. surges, billows〕명(출15:8) 큰물결. 바닷물이 바람에 밀려 크게 일어나는 물결(요6:18).

1. **관련기사** - ①주의 콧김에 일어남(출15:8). ②엄몰함(시42:7). ③괴롭게 함(시88:7). ④흉용함(렘5:22). ⑤넘쳐덮음(렘51:42). ⑥주께서 다스림(시89:9, 렘31:35). ⑦곤고하게 함(눅21:25). ⑧주께서 밟으심(합3:15). ⑨주께서 잠잠케 하심(눅8:24).

2. **상징** - ①징조(눅21:25). ②소동(사17:12). ③주는 위대하심(시93:4).

파리〔fly〕명(출8:21) 집파리과에 딸린 벌레. 전염병을 매개하는 해충임. 애굽에 내린 네째 재앙.

상징 - ①우매자(전10:1). ②애굽(사7:18).

파리떼〔swarms of flies〕(시105:31) 파리의 무리. 하나님께서 애굽을 징계하는 도구로 사용하셨다(시78:45).

파리하다〔emaciated〕형(창41:3) 몸이 쇠약하여 마르고 해쓱하다.

파면〔罷免 ; 파할 파, 면할 면. dismissal, thrust up〕명(왕상2:27) 맡아있는 직무를 면제함.

파멸〔破滅 ; 깨뜨릴파, 멸할(깨어질) 멸. ruin〕명(민33:52) 깨어져 멸망함.

파사(바사)〔Persia〕지 이란(1939년 이전)의 옛이름(스1:1) 성경에는 바사라고 기록되어 있다. 성경에는 여섯 군주들이 기록되어 있다.

①고레스(주전538~529, 스1:1 5:13, 6:3). ②다리오(주전521~ 486, 스4:5, 학1:1, 슥1:1). ③아하수에로(주전486~665, 스4:6). ④아닥사스다왕 - 알타크셀크세스Ⅰ세 (주전465~425, 스4: 7,8,11, 느1:1, 2:1, 5:14, 13:6). ⑤아닥사스왕 - 알타크셀크세스Ⅱ세(주전405~395, 스7:1). ⑥다리오왕-다료스Ⅲ세(주전336~ 232) (느12:22).

파상[破傷 ; 깨뜨릴 파, 상할 상. injury]명(레24:20) 깨어져 상함.

파선[破船 ; 깨뜨릴 파, 배 선. shipwreck]명(왕상22:48) 배가 풍파로 인하여 깨어짐. 또는 그 배.

파송[派送 ; 물갈래 파, 보낼 송. dispatch]명(마23:37) 어떤 사람에게 임무를 주어 임지로 보내는 것.
*그리스도께서 복음사역을 위하여 성도들을 이 세상에 파송하셨다 (막16:15, 마28:19-20).

파쇄[破碎 ; 깨뜨릴 파, 부술 쇄. crushing]명(시74:14) 깨어져 부스러짐. 깨뜨리어 부수어 버림.

파수[把守 ; 잡을(가질) 파, 지킬 수. watch]명(삼하13:34) 어떤 곳을 경계하여 지킴 또는 그 사람.

파숫군[把守軍 ; 잡을 파, 지킬 수, 군사군. watchman]명(삼상14:16) 파수보는 사람. 수위, 호위.
*성도는 복음의 파숫군이다.

파약[破約 ; 깨뜨릴 파, 약속할 약. breach of promise]명(민30:2) 약속을 깨뜨림. 계약을 해소함. 해약.

파종[播種 ; 씨뿌릴 파, 심을 종. sowing]명(출23:10) 논밭에 씨앗을 뿌림. 씨앗을 심음.

파하다[破~ ; 깨뜨릴 파. defeat]타 (창14:15) 적을 쳐서 이기다. 물건을 깨뜨리다. 약속을 어기다.

파하다[罷 ; 파할 파. close]자타(대하16:5) ①어떤 모임이나 공동으로 하던 일이 시간이 끝나서 다 헤어지다. ②그 일을 마치거나 그만두어 버리다.

판[板 ; 널 판. board, plank]명(출24:12) 나무나 쇠붙이에 글을 쓰거나 그림을 그릴 수 있도록 판판하고 넓게 켜낸 조각.

판결[判決 ; 판단할(판결할) 판, 결단할 결. judgement]명(출21:22) 시비곡직을 결정하는 일. 소송사건을 처리하여 끝맺는 재판. ①손해에 대한 판결(출21:22). ②상속에 관한 판결(민27:11). ③치우치지 말라(신27:11). ④공정하게 하라(신1:16). ⑤뇌물을 취하여 굽게하지 말라(삼상8:3). ⑥오판에 의한 사형 판결(눅24:20). ⑦옛적부터 판결을 받은 자는 이단자와 사단(유4). ⑧지옥의 판결(마23: 33). ⑨훼방하는 판결(유9). ⑩황제의 판결(행25:21). ⑪빌라도의 판결(마27:24-26).

판결골짜기[the valley of decision] (욜3:14) 심판의 골짜기. 여호사밧골짜기(욜3:2, 12). 여호사밧의 이름의 뜻은 '여호와께서 심판하신다' 이다. 그러므로 그 골짜기가 어디인지는 확실하지 않으나 하나님께서 유다왕 여호사밧 때 침입한 열국을 멸하신 것과 같이 심판하실 것이다. 유대인들과 아랍인들은 기드론 골짜기로 여기고 그곳에 공동묘지를 쓰고 있다.

판결법[判決法 ; 판단할(판결할) 판, 결단할 결, 법 법. law of decision] 명(민27:21) 시비곡직을가리어서 결정하는 법. ①우림과 둠밈법(민27:21). ②제비뽑음(수7:16-21). ③규례대로(민35:24). ④말을 근거로(신21:5, 요7:51).

판결자[判決者 ; 판단할 판, 결단할 결, 놈 자. judge]명(욥9:33) 시비곡직을 결정짓는 사람. ①지도자, 백성의 두목(출18:21, 25). ②사사(삿2:16-19). ③제사장(신17: 8-9). ④선지자(삼상8:1-3). ⑤왕

(삼상3:9-28). ⑥사도(행6:1-6). ⑦하나님(삼상24:15). ⑧그리스도(마22:17-33).

판단[判斷 ; 판단할 판, 끊을 단. judgement]명(창16:5) ①어느 사물의 진위, 선악 등을 생각하여 정함. ②사유의 근본작용.
1. **누가** - ①하나님(창16:5).②인척(창31:37) ③스스로(신32:31).
2. **무엇을** - ①분쟁(출18:16). ②사람, 백성(시43:1, 50:4). ③세계, 세상을(시82:8, 94:2). ④땅을(시96:13).
3. **어떻게** - ①의롭게(시51:4). ②감찰하여(출5:21).③뇌물을 받지 말고(신16:19). ④정의로(시75:2).⑤어려운사람을위하여(시82:3). 진실하게 판단하라(겔18:8).
4. **교훈** - 하나님께서 판단하는 자를 판단하신다(롬2:3).

판단력[判斷力 ; 판단할 판, 끊을 단, 힘 력. judgment-power]명(시72:1) 판단을 바르게 하는 힘. 판단 능력. 바울은 판단할 지혜를 가진 자가 없느냐고 반문했다(고전6:5).

판명[判明 ; 판단할 판, 밝을(밝힐) 명. becoming clear, testify]명(신19:18) 분명하게 드러남.

판벽[板壁 ; 널 판, 벽 벽. board wall, ceil]명(학1:4) 널판으로 만든 벽.

판이[判異 ; 판단할 판, 다를 이. be entirely different]명(욥21:16) 아주 다름.

판자[板子 ; 널 판, 아들 자. board]명(왕상6:36) 나무를 켜서 만든 얇고 넓은 널판.

판장[板墻 ; 널 판, 담 장. board fence]명(출38:27) 널빤지로 만든 울타리. 목재 울타리. 목판장.

팔[arm]명(창48:14) 사람의 어깨와 손 사이의 부분. 사지 중의 위 2지.

팔걸이[elbow rest]명(왕상10:19) 의자의 양팔을 걸치는 부분. 솔로몬은 상아와 순금으로 팔걸이가 있는 왕좌를 만들었다.

팔고리[armlet, ellbowring]명(민31:50) 팔을 덧보이게 꾸미는 고리. 팔찌. 팔의 장신구. 팔목고리.

팔꿈치[elbow]명(겔40:5) 팔의 위 아래가 접어지는 곳의 바깥쪽.

팔다[sell]타(창25:31) ①돈을 받고 물건이나 권리나 노력을 남에게 주다. ②눈이나 정신을 다른 곳으로 옮기다.

* 소년 요셉은 은20에 팔렸고(창37:20), 예수님은 은 30에 팔렸다(마27:3).

팔뚝[forearm, armhole]명(겔13:18) 팔꿈치와 손목까지의 부분.

팔레스틴[palestine]지(신1:7) 〈이 지명은 성경에 기록되지는 아니하였다. 그러나 근대에 와서 성지를 가리켜 부르는 이름이기 때문에 설명을 가한다〉 옛 날에는 가나안이라고 부르다가 이스라엘이라 불렸고, 바벨론에서 돌아온 후에는 유대라 불렸다. 기독교가 발생한 후부터 성지라는 칭호가 생겼다. 팔레스틴이라고 부르는 땅은 북은 단, 남은 브엘세바, 동은 요단강, 서는 지중해로, 남북이 225km, 너비는 북방이 40km, 남방이 144km, 면적 15,540k㎡로 한국의 경기도 보다 조금 크다. 인구가 가장 번성하였던 다윗과 솔로몬시대에 약 200만 내지 300만으로 추측된다. 1948년 독립 당시 이스라엘인은 겨우 65만이었다. 귀환 동포 50만과 이 나라에 잔류하고 있던 아라비아인 70만을 합하여 185만이 된다. 이 곳은 아시아, 애굽, 유럽, 3대륙의 고대 문화를 접촉하는 교량이 되는 특수한 위치에 있고 애굽과 메소포타미아를 연결하는 대통로에 가깝고 주민은 통과하는 대상과 상인에게서 당시 세계 정세를 알기 쉬운 위치다. 그리고 땅은 천연적으로 구분되어 있다. ①요단강 유역의 저지 평원 - 아라바 사막. ②유대

중앙산맥 - 할 산지. ③산지와 연안 평원의 중간에 있는 구릉지(丘陵地) - 쉬히라(盆地). ④남부에 있는 건조지 - 네게브. ⑤지중해 연안의 블레셋평원 - 호후하얌(해변). ⑥모압고지와 미숄평야(신3:10) 등이다. 이 지역내에서 최고지가 1,219m, 북 헤르몬산은 2,852m로 사계절 백설에 덮여있고 이 산에서 발원하여 흐르는 요단강은 깊은 계곡을 이루고 사해는 지중해 수면보다 390m나 낮다. 이와 같은 지역의 환경으로 그 기후도 여러가지로 변동이 많고 동식물 분포도 한대에서 열대에 이르기까지 다양하다. 팔레스틴을 젖과 꿀이 흐르는 땅이라 하여 사막에 사는 사람들은 대단히 부러워하고 있다(출3:8, 17, 13:5, 33:3, 레20:24, 민13:27, 14:8, 16:13, 14, 신26:9, 15, 렘11:5, 32:22, 겔20:6, 15).

팔리다[be sold]타(레25:39) 물건을 돈을 주고 가져가게 되다.

팔목 고리[bracelets]명(사3:19) 팔목에 끼는 장식용 고리. 팔찌. 여자들의 허영의 표시.

팔쇠[bracelets]명(겔23:42) 팔찌. 팔 고리 장식품. 팔 가락지.

팟종이[palmerworm, grasshoper]명(레11:22). 표준말은 팟중이. 메뚜기과에 속하는 곤충. 짧은 촉각을 가지고 있는 메뚜기로 식용이 가능하다(레11:22). 회개의 경고로 사용된 메뚜기(욜1:4, 암4:9).

팥[red bean]명(창25:34) 콩과에 속한 일년생 풀의 열매 콩보다 작고 붉은 빛을 띤 것으로 떡고물과 죽을 쑤는데 쓰인다. ①죽의 재료(창25:34). ②진중음식 중 하나(삼하17:28). ③떡의 재료(겔4:9).

팥죽[pottage of red beans]명(창25:34) 팥을 넣어 끓인 죽. 에서가 이 죽 한 그릇에 장자권을 동생 야곱에게 팔았다.

패[牌 ; 방패 패. title, party]명(출28:36) ①어떠한 사실을 적는데 필요한 자그마한 나무조각. ②몇 사람이 모인 동아리나 무리.

종류 - ①제사장의 패-여호와께 성별(출28:36). ②예수님의 죄패 - 나사렛 예수 유대인의 왕(요19:19).

패가[敗家 ; 패할 패, 집 가. bankruptcy of a family]명(잠18:9) 집과 재산이 다 없어짐.

패괴[悖壞 ; 거스를 패. 무너질 괴. desolation]명(창6:11) 부서지고 무너짐.

패괴[悖乖 ; 거스를 패, 어그러질 괴. corruption]명(삿2:19) 거스러 어그러짐.

패권자[覇權者 ; 으뜸 패, 권세 권, 놈 자. the supreme]명(사14:5) 수령이나 승자. 권력을 가진 사람.

패다[chop up]타(신29:11) 도끼로 나무를 찍어 쪼개다. 장작을 패다.

패려[悖戾 ; 거스릴 패, 어그러질 려. crabbedness]명(잠11:20) 성질이 참되지 못하고 비꼬임.

패려한 자[perverse man]명(잠11:20) 성질이 못되고 비꼬인 사람. ①여호와의 미움을 받는다(잠11:20). ②멸시를 받는다(잠12:8). ③자기 행위대로 보응을 받는다(잠14:14) ④다툼을 일으킨다(잠16:28).

패리[悖理 ; 거스릴 패, 이치 리. irrationalism, perverse]명(사29:16) 사리에 어긋남.

패망[敗亡 ; 패할 패, 망할 망. destruction, defeat, perish]명(대하14:13) 싸움에 져서 망해 버림. ①가난한 자의 궁핍은 패망(잠10:15). ②멸시하는 자가 패망을 이룸(잠13:13). ③백성이 적은 것은 주권자의 패망(잠14:28). ④교만은 패망의 선봉(잠16:18). ⑤죄인에게는 패망(잠21:15). ⑥아첨하는 입은 패망을 일으킴(잠26:28). ⑦패망의 잔(겔23:33). ⑧홀연이 임한다(암5:9). ⑨목이 곧은 사람이 갑자기 당한다(잠29:1).
패멸[敗滅；패할(무너질) 패, 멸할 멸. decay, spoil]圀(사22:4) 패망하여 아주 없어져 버림. ㉠파멸(破滅).
패물[佩物；찰 패, 만물 물. jewel, personal ornaments]圀(창24:53) ①금·은·동 따위로 만들어 몸에 차는 장식물. ②노리개.
패역[悖逆；거스릴(어그러질) 패, 거스릴 역. rebelion]圀(민5:6) 이치나 도리에 일부러 어긋나게. 흉악하여서 순종하지 않고 거슬림. 악하고 불순종하는 일. 반역, 배역, 거역, 해악, 해독과 같은 말. 하나님을 저버리는 행위.
1. 원인 - ①악한 마음(잠6:12,14). ②어리석음(사32:6). ③거짓교훈(행20:29-30).
2. 행위 - ①하나님을 인정치 않는다(렘5:11-12). ②하나님을 배반한다(렘5:23). ③선악을 분별하지 못한다(겔12:2). ④자녀들이 그 죄과를 진다(민14:33). ⑤선민의 패역(신31:27).⑥악인의패역(잠2:14).⑦방백들의패역(호9:15). ⑧시대적 패역(마17:17).
패역부도[悖逆不道；거스릴 패, 거스릴 역, 아니 불, 길 도. perverse rebellion]圀(삼상20:30) 패악하고 불순하여 도덕에 어긋남. 요나단이 다윗을 도운 것을 안 사울이 요나단에게 한 욕.
패역자[悖逆者；거스릴 패, 거스릴 역, 사람 자. the rebellious]圀(시68:18) 이치에 어긋나게 거슬리는 자. 하나님을 대항하는 자.
패장[牌長；방패 패, 어른 장. foreman]圀(출5:6) 관청이나 일터의 인부를 거느린 사람. 인부의 두목.
패전[敗戰；패할 패, 싸움 전. lose a battle]圀(삼상31:3) 전쟁에서 지는 것.
패하다[敗~；패할(무너질) 패. be smitten, bedefeated]䂎(출32:18) ①싸움에 지다. ②살림이 망하다.
퍼지다[widen, spread, overspread]䂎(창9:19) ①끝이 점점 넓적하여지다. ②널리 미치다. ③자손이 번성하여지다.
퍼치다[spread]䂎(욥37:3) 퍼뜨리다. 널리 알게 하다. 널리 미치게 하다.
펄[marsh]圀(겔47:11) ①바닷가나 강가의 모래톱 또는 개흙탕. silt. ㉠개펄. ②진창으로 된 넓은 들. ㉠진펄. 벌의 거센 말.
펴놓다[open, spread]䁩(단7:10) 볼 수 있도록 펴서 놓다. ②숨김없이 마음 속을 나타내다.
펴다[unfold, stretch]䁩(창48:14) ①접히거나 개킨 것을 젖히어 놓다. ②굽은 것이나 구겨진 것을 곧게 만들다.
편[便；편할 편. side, party]圀(창18:2) ①한쪽. ②인편. 편짝. ③패로 갈린 한 쪽.
편[篇；책 편. volume, part]圀(행13:33) ①시문(詩文)이나 서적의 수효를 헤아리는 단위. ②성질이나 형식이 다름을 나타내는 말. ③책자 속에서 성질이 다른 갈래를 구분하는 말.
편견[偏見；치우칠 편, 볼 견. prejudice]圀(딤전5:21) 공정하지 못하고 한 쪽으로 기울어진 견해. ①출신지(눅4:24, 요1:46). ②신분(요7:52). ③외모에 따라(약2:1-4). ④인종에 따라(요4:9, 행10:28). ⑤편견을 없애라(딤전5:21).
편급[偏急；좁을 편, 급할 급. straiten, narrow-minded]圀(미2:7) 생각하는 것이 좁고 성미가 급함.
편답[遍踏；두루 편, 넓을 답. walk about travels]圀(시48:12) 이곳 저곳 두루 돌아다님.
편당[偏黨；치우칠 편, 무리 당. partisan-ship]圀(고전11:19) 한 무리의 당파.
편만[遍滿；두루 편, 찰 만. pervasion]圀(창9:7) 널리 참. 꽉 참. 없는 곳이 없이 널려 있음.
* 복음이 편만하도록 전해야 한다(롬15:19).

편벽[偏僻 ; 치우칠 편, 궁벽할 벽. eccentricity, partiality]명(출23:3) 한 쪽으로 분별없이 기울어짐.
* 하나님은 편벽하지 않다(대하19:7). ②가난한 자의 송사에 대한 태도(출23:3). ③사람은 편견되다(말2:9). ④성도에게 금지된 행위(딤전5:21). ⑤성도에게는 없는 행위(약3:17).

편지[便紙 ; 소식(편할) 편, 종이 지. letter]명(삼하11:14) 소식을 서로 알리는 글. 서한, 서신, 서간, 소식, 글과 같은 말.
* 성도는 그리스도의 편지(고후3:2).

편집[編輯 ; 엮을 편, 모을 집. compilation]명(잠25:1) 여러가지 재료를 모아서 책을 만드는 일.

편철[片鐵 ; 조각 편, 쇠 철. piece of iron]명(민16:38) ①넓게 늘린 쇠. ②쇳조각.

편하다[便~ ; 편할 편. comfortable, rest]형(출33:14) ①괴롭지 않다. ②근심이 없다. ③쉽다.

펼치다[spread]타(욥39:26) 넓게 하다. 펴서 드러나게 하다.

폄론[貶論 ; 깎아내릴 폄, 의논할 론. adverse criticism, gossip]명(골2:16) 남을 깎아내려 나쁘게 하는 말.

평강[平康 ; 평평할 평, 평안할 강. peace]명(민6:26) ①평강을 좇으라(딤후2:22). ②하나님이 주심(시29:11). ③근원이신 그리스도(요14:27).
* 성도의 평강 - ①그리스도로 말미암아(사53:5). ②주의 십자가로(골1:20). ③믿음으로(롬5:1). ④심지가 경고한 자에게(사26:3). ⑤영의 생각을 가진 자에게(롬8:6). ⑥하나님과 화친하므로(사27:5). ⑦하나님의 자녀이므로 얻는다(사54:10-13).

평균[平均 ; 평평할(고를) 평, 고를 균. equilibrium]명(레7:10) 많은 사물 사이에 많고 적음이 없이 균일함.

평론[評論 ; 비평할 평, 의논할 론. taunt, criticism]명(합2:6) 사물의 가치, 선악 등의 정확한 분석과 보완을 위하여 비평하여 논함.

평민[平民 ; 평평할 평, 백성 민. common people]명(레4:27) 벼슬이 없는 사람. 서민.

평상[平床 ; 평평할(평탄할) 평, 평상 상. bed]명(막4:21) 나무로 만든 침대의 한가지. 식사 때 기대어 눕는 대.

평생[平生 ; 평평할 평, 날(살) 생. one's whole life]명(신6:2) 사람이 태어나서 죽을 때까지. 일생. 하나님께서 세상에 있도록 정해 주신 시간. ①여호와 하나님을 경외하는 기간(신6:2). ②규례를 지켜 행함(신12:1). ③구원의 날을 기억하라(신16:3).

평시[平時 ; 평평할 평, 때 시. ordinary times, normal times]명(삼상20:25) 보통 때. ㉺평상시.

평안[平安 ; 평평할(화평할) 평, 편안 안. peace]명(창15:15) 무사하여 마음에 걱정이 없음. 평안을 주시는 이는 하나님.
* 영적 평안 - ①죄의 담이 파괴되고(엡2:14). ②하나님과 화평을 이룬다(롬5:1). ③큰 평안(시119:165). ④그리스도로 말미암아(눅24:36, 요14:27). ⑤하나님께서 주심(시29:11, 눅1:78-79).

평야[平野 ; 평평할 평, 들 야. plain open field]명(대상27:28) 넓은 들.

평온[平穩 ; 평평할 평, 평온할 온. calmness]명(왕하11:20) 고요하고 마음속 깊이 자리잡은 평안.

평원[平原 ; 평평할 평, 근본 원. plain]명(신3:10) 넓은 들판. 평야.

평일[平日 ; 보통 평, 날 일. ordinary day]명(삼상18:10) 보통 날. 보통 때. 주일이 아닌 다른 요일.

평정[平靜 ; 평평할 평, 고요할 정. tranquility, still]명(시89:9) 평안하고 고요함. 하나님의 능력을 나타내신 결과.

평지[平地 ; 평평할(고를) 평, 땅 지. level land]명(창11:2) 바닥이 편편한 땅. 산지와 대조되는 말.

평탄[平坦 ; 평평할 평, 평평할 탄. evenness, smoothness]명(창24:21) 지면이 편편함. 일이 순조롭게 되어 나감.

평토장[平土葬 ; 평평할 평, 흙 토, 장사 장. unmarked graves]명(눅11:44) 땅 위에 봉분을 만들지 않고 평평하게 하는 매장. burial.

평평하다[平平~ ; 평평할 평, 평평할평. even, balance]형(욥37:16) ①높고 낮은 곳이 없이 편편하다. ②특징이 없이 평범하다.

평화[平和 ; 평안할 평, 화해할 화. peace]명(레26:6) 평온하고 화목함. 전쟁없이 세상이 잘 다스려짐. 저해 요소를 제거하고 인간의 행복을 증진시키는 하나님의 은혜의 결과이다(시29:11).

실제적 평화 - ①그리스도의 중보로 인한 하나님과의 화목(엡2:15-16, 골1:20-22). ②마음의 평안(롬8:5-7). ③가정의평화(고전7:14-17). ④교회의 평화(고전14:26-40). ⑤그리스도를 영접(눅2:14, 19:42, 요14:27). ⑥하나님께서 주신다(고전14:33, 골1:18-20). ⑦거룩한 자가 된다(골1:22, 2:12, 3:10). ⑧그리스도의 선물(요14:27).

구원과의 관계 - ①그리스도를 통한 하나님의 사랑, 그의 은혜(막5:34). ②복음으로 말미암아 이루어진다(엡6:15, 눅19:42).

폐[幣 ; 폐낭 폐. trouble]명(레26:44) 남에게 괴로움을 끼침. 누를 끼침. 폐단.

폐다[be opened]피통(왕상6:27) 폄을 당하다. 얽혔던 일이 제대로 되다. 웹펴이다.

폐단[弊端 ; 폐단 폐, 끝 단. evil]명(전5:13) 괴롭고 번거로운 일. 좋지 못하고 해로운 점.

폐물[廢物 ; 폐할 폐, 만물(물건) 물. waste]명(애3:45) 못쓰게 되어버린 물건.

＊인간은 죄로 인하여 폐물처럼 되었다. 하나님이 일시적 버리셨다.

폐백[幣帛 ; 폐백(예물) 폐, 비단 백. dowry, marriage present]명(삼상18:25) ①일반적으로는 혼사 때 주는 예물. ②신부가 처음으로 시부모를 뵈올 때 올리는 음식물.

＊빙물, 빙폐로 번역된 말(창34:12, 출22:17).

폐병[肺病 ; 허파(부아) 폐, 병들 병. consumption]명(레26:16) ①폐장에 관한 모든 질병. ②폐에 결핵균이 침입하여 생기는 병. 폐결핵.

＊하나님의 징벌의 병 중의 하나(신28:22).

폐부[肺腑 ; 허파(부아) 폐, 장부 부. mind]명(레17:10) ①마음의 깊은 속. ②일의 요긴한 점. 또는 급소.

폐쇄[閉鎖 ; 닫을 폐, 쇠사슬 쇄. shut up closing]명(레14:38) ①자물쇠를 꼭 채워 문을 닫음. ②기능을 정지함. 길을 막음.

폐일언[蔽一言 ; 가릴 폐, 한 일, 말씀 언. in short]명(히7:7) 전체를 한 마디로 휩싸여 말함.

폐하다[廢~ ; 폐할(버릴) 폐. give up, discontinue]명(레26:44) ①행하지 아니하다. ②쓰지 아니하다. ③있던 기관을 없애다.

폐회[閉會 ; 닫을 폐, 모을 회. closing of a meeting]명(행13:43) 집회 또는 회의를 마침.

포도[葡萄 ; 포도 포, 포도 도. vine, grape]명(창9:20) 포도나무에 열리는 열매. 빛은 푸른 것, 갈색, 검은 것 등. ①즙을 만든다(창40:11).

②절기를 가름함(레26:5, 민13:20). ③가나안의 포도송이(민13:23). ④기호식품(민20:5). ⑤밟아 짬(삿9:27). ⑥속담에 이용(겔18:2). ⑦술을 만듦(창9:21).

포도나무[葡萄~ ; 포도 포, 포도 도. vine]명(창9:20) 포도과의 덩굴이 뻗는 낙엽 활엽 관목. ①노아가 심었다(창9:20). ②레갑 자손에게 금지된 작목(렘35:7-9). ③바로의 술맡은 관원이 꿈을 꾸었다(창40:9). ④야곱이 아들을 축복할 때 인용(창49:11). ⑤자생포도나무의 수확을 금함(레25:5). ⑥요담의 비유에 인용(삿9:12-13).

상징 - ①그리스도(요15:1). ②본성(약3:12). ③번영(왕상4:25, 요14:7). ④심판(계14:18, 사7:23). ⑤이스라엘(시80:4, 14).

포도송이[grapes](창40:10) 포도 열매가 모여 달린 한 꼭지. ①아름다움을 나타냄(아7:8). ②심판의 때가 이름(계14:18).

포도수확[葡萄收穫 ; 포도(포도나무) 포, 포도 도, 거둘 수, 거둘 확. vintage, grape harvest]명(사32:10) 포도를 거두어 들임.

* 말세, 형벌의 때 심판(사7:23, 계14:18).

포도원[葡萄園 ; 포도 포, 포도 도, 동산 원. vineyard]명(출22:5) 대규모로 가꾸는 포도밭.

상징적 의미 - ①선민(사5:1-7). ②하나님의 나라, 교회(마20:1-16).

포도원 주인[owner of vineyard](마20:8) 포도원 소유자. 하나님.

포도원지기[葡萄園直~ ; 포도 포, 포도 도, 동산 원, 곧을 직. keeper of vineyard]명(아1:6) 포도원을 지키는 사람. 포도원 관리자.

포도주[葡萄酒 ; 포도 포, 포도 도, 술 주. wine]명(창9:21) 포도 열매의 즙을 짜내어 자연 발효시켜 알콜이 발생하도록 만든 술.

* 교훈 - ①뱀의 독과 같다(신32:33). ②취하는 자에게는 화가 따름(사5:11, 22). ③이성을 잃음(창9:21). ④멸시를 당함(창9:22).

포도주 틀[wine vat]명(신15:14) 포도주를 만들기 위하여 포도를 밟아 짜는 틀. 포도즙 틀. 술틀.

포도즙[葡萄汁 ; 포도 포, 포도 도, 진액 즙. grape juice]명(창49:11) 포도를 짜서 만든 즙액.

포도즙틀[wine press]명(민18:27) 포도를 넣고 즙을 짜기 위하여 만든 용구. 술틀, 포도주틀. ①포도원에 설치(사5:2). ②발로 밟아 짬(느13:15). ③여러 사람이 협력함(시63:3).

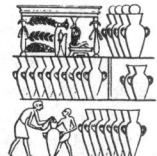

포로[捕虜 ; 잡을 포, 사로잡을 로, cpative, exile]명(민21:29) 사로잡힌 적군이나 볼모로 잡힌 사람. 왕족과 기술자를 잡아가 부역을 시켰다.

* 포로에 대한 대우 - ①사슬로 묶고(렘40:1). ②눈을 뽑음(삿16:21, 왕하25:7). ③옷을 벗기고 끌고 가(사20:4). ④종으로 삼고(왕하5:2). ⑤노역을 시킨다(삼하12:31).

* 상징 - ①마귀의 올무에 사로잡힘(딤후2:26). ②죄의 종(롬6:12).

포박[捕縛 ; 잡을포, 얽을 박. arrest]명(막15:7) 붙잡아서 줄로 묶음.

포수[捕手 ; 잡을 포, 손 수. bind, hunter]명(렘16:16) 사냥꾼.

포승[捕繩 ; 잡을 포, 노 승. fetter, band]명(전7:26) 죄인을 묶는 노끈. 오라줄.

* 악한 여인을 포승으로 비유했다.

포식[飽食 ; 배부를 포, 밥 식. gluttony]명(잠13:25) 배가 부르게 잔뜩 먹음. 기분좋게 많이 먹음.

포악[暴惡 ; 사나울 포, 악할 악. violent]圈(잠29:13) 성질이 사납고 악함.

포장[布帳 ; 베 포, 휘장 장. curtain]圈(출27:11) 베나 무명으로 만든 휘장. 성막을 지을 때 사용했다.

포장[褒章 ; 기릴(칭찬할) 포, 권면할 장. commendation]圈(삼상19:4) 칭찬하여서 장려함.

포장말뚝[tent peg]圈(출35:18) 휘장 또는 천막을 칠 때 넘어지지 아니하도록 박는 나무 막대기.

포학[暴虐 ; 사나울 포, 사나울(학대할) 학. tyranny, injustice]圈(삿9:24) 성질이 잔인하여 도리에 어긋나는 행위를 저지른 것. ①악인에게 있다(시10:7). ②의지하지 말라(시62:10). ③무지한 치리자의 행위(잠28:16). ④하나님을 등진 자의 행위(사59:13). ⑤죄악의 몽둥이(겔7:11). ⑥에브라임의 행위(호12:1). ⑦궁궐에서도 행함(암3:10). ⑧수욕을 입고 영원히 멸절된다(욥10). ⑨보응이 따름(삿9:24). ⑩회개할 수 있다(사25:3).

포학자[暴虐者 ; 사나울 포, 사나울 학, 놈 자. crue man]圈(사25:4) 횡포하고 사나운 사람. ①공존한다(잠29:13). ②부러워하지 말라(잠3:31).

포행[暴行 ; 사나울 포, 갈 행. violence]圈(행21:35) 폭력, 폭행. 난폭한 행동.

포행자[暴行者 ; 사나울 포, 갈 행, 사람 자. violence man]圈(딤전1:13) 해를 끼치는 사람. 악행자. 사도 바울이 회개하기 전의 신분과 행위.

폭[幅 ; 베 폭. width, length]圈(출26:2) ①물건의 가로의 길이. ②그림이나 족자 같은 것의 너비.

폭양[暴陽 ; 쪼일 폭, 빛 양. burning sun]圈(사25:4) 뜨겁게 내리쬐는 별. 가뭄, 황무와 같은 말.

폭우[暴雨 ; 사나울 폭, 비 우. pouring rain, tempest]圈(욥38:25) 갑자기 많이 쏟아지는 비. ①농작물에 피해를 준다(잠28:3). ②하나님께서 쓰시는 분노의 도구(사32:2, 겔13:11).

폭포[瀑布 ; 폭포 폭, 베 포. waterfall]圈(시42:7) 흐르는 물이 수직이나 또는 그와 비슷한 경사로 떨어지는 것.

폭풍[暴風 ; 사나울 폭, 바람 풍. tempest, storm]圈(욥9:17) 매우 세게 부는 바람. ①파괴적인 바람(마7:27). ②포학자의기세(사25:4). ③하나님께서 징벌하시는 도구(사29:6) ④여호와의 노(렘23:19) ⑤하나님이 주관하신다(학2:17, 막4:35-41).

상징 - ①심판(계8:5, 벧후2:17). ②하나님의 위엄(계4:5). ③징계(욥9:17). ④하나님의 임재(욥40:6).

폭행[暴行 ; 사나울 폭, 행할 행. violent]圈(행21:35) 난폭한 행동. 남에게 폭력을 가하여 상처를 입히는 것. 국한문 성경에 있는 말(한글 개역성경에는 포행).

폭행자[暴行者 ; 사나울 폭, 행할 행. 사람 자. violence man]圈(딤전1:13) 폭행하는 사람. 국한문 성경에 있는 말(한글 성경에는 포행자).

표[表 ; 겉 표. surface]團(신22:15) ①누구나 알아볼 수 있도록 짜서 그려놓은 것. ②위. 겉. 겉쪽.

표[豹 ; 표범 표. leopard]圈(아4:8) 표범. 괭이과의 사나운 짐승.

표[標 ; 표 표. mark, sign]圈(창4:15) 증거가 될 만한 필적이나 형적. 특별히 나타나는 특징. 그 점. 증거로 적은 것. ①하나님께서 가인에게 주신 보호의 표(창4:15). ②유월절에 관한 미간의 표(출13:5-9).. ③율법을 기록한 미간의 표(신6:8, 11:18). ④구원의 표(겔9:6). ⑤멸망의 표(계14:9-11). ⑥짐승의 표(계16:2). ⑦성도가 된표 - 세례(벧전3:21).⑧심판의 표(살후1:5). ⑨할례의 표(롬4:11). ⑩사도의표(고후12:12). ⑪묘표(겔39:15).

표류[漂流 ; 떠다닐 표, 흐를 류. drifting, sweep away]圈(삿5:21) ①

물 위에 떠서 흘러감. ②아무 정처 없이 돌아다님.

표면적〔表面的 ; 겉 표, 낯 면, 적실 할 적. on the outside, outward〕명 (롬2:28) 겉으로만 드러난 면.

표명〔表明 ; 겉 표, 밝을 명. betray, expression〕명(마26:73) 표시하여 명백히 함.

표목〔標木 ; 표 표, 나무 목. guideposts〕명(렘31:21) 표로 박아 세우는 말뚝. 푯말. 길표와 같은 말.

표백하는 자〔漂白~ ; 뜰 표, 흰 백, 놈 자. fuller〕명(말3:2) 바래서 희게 하는 사람. 세탁업자. 빨래하는 자.

표범〔豹~ ; 시범 표. leopard〕명(아4:8) 고양이과의 맹수. 몸빛은 엷은 담황색이고 털은 길고 연하다. 등에는 원형, 또는 난형의 검은 무늬가 있고 꼬리가 길다. ①산에서 살며(아4:8). ②매우 빠르고(합1:8). ③사납다(렘5:6). ④평화가 도래되면 어린 양과 함께 거한다(사11:6). ⑤반점이 있다(렘13:23).

상징 - ①빠른 정복자(단7:6). ②하나님의 활동(호13:7). ③신속함(합1:8). ④적그리스도(계13:2).

표상〔表象 ; 겉 표, 코끼리 상, type, figure〕명(롬5:14) 상징. 설명하기 어려운 것을, 구체적인 것을 예로 나타내는 일. *아담은 오실 자(그리스도)의 표상이다.

표시〔表示 ; 겉 표, 보일 시. beckon, show〕명(욥36:33) ①나타내어 보임. indication. ②남에게 알리려고 드러내어 발표함. expression.

표적〔表跡 ; 겉 표, 발자취 적. sign, mark, traces〕명(사19:20) 겉으로 나타난 형적. 사람들의 주목대상.

표적〔表蹟 ; 겉 표, 자취 적. mark〕명 (출12:13) 겉으로 나타난 흔적. 초자연적인 능력이 들어난 일. 진리가 되는 것을 나타내는 일. 기사. 이적.

*①그리스도께서 하나님의 아들이심과 구세주이심을 나타내 보이시는 일(요2:11, 요12:37). ②복음을 전파하는 일을 도움(행5:12). ③거짓 선지자의 유혹의 표적(마24:24). ④하나님이 증거하시는 일(히2:4). ⑤유대인들이 구함(고전1:22).

표적〔標的 ; 표 표, 적실할 적. sign, target〕명(시74:4) 목표로 삼는 물건.

표준〔標準 ; 표시 표, 법도 준. standard〕명(마2:16) ①사물의 집중되는 정도를 정하는 목표. ②규격.

표증〔表證 ; 겉 표, 증거 증. proof〕명(시86:17) 겉으로 드러난 증거.

표징〔表徵 ; 겉 표, 증거할 징. sign, token, mark〕명(창17:11) ①겉으로 드러나는 표적. ②상징.

표호〔表號 ; 겉 표, 이름 호. goal, name, memorial〕명(출3:15) 겉으로 나타낼 이름.

푯대〔標~ ; 표시 표. sign post〕명(욥36:32) 목표로 세운 기둥. 목표점.

푸다〔dip out, draw〕타(왕하4:40) 물이나 곡식을 퍼내다.

푸르다〔blue, green〕형(창1:30) ①하늘빛. 청색. ②곡식·열매 따위가 아직 다 익지 아니한 상태에 있다. 풀빛과 비슷한 모든 색깔.

푸주〔slaughter〕명(잠7:22) 쇠고기, 돼지고기 등을 파는 가게. 원어상으로는 학살을 가리킴. 도살장으로 함이 좋다.

풀〔grass〕명(창1:11) 줄기가 연하고 나무의 성질이 되지 못한 식물을 모두 일컫는 말. ①하나님의 창조물(창1:11-12). ②가축의 사료(창1:30). ③황충이 먹음(암7:2).

비유 - ①수명이 짧음(약1:11). ②인생의 덧없음(시90:5-, 벧전1:24).

풀다〔untie, find out, loose〕타(창27:42) ①맨 것을 끄르다. 감긴 것이나 얽힌 것을 흩어지게 하다. ②원한을 씻다. ③금령(禁令)을 터놓다.

풀무[furnace]명(창15:17) 불을 피울 때 바람을 일으키는 기구를 가리키나 성경상으로는 풀무불. 용광로, 화로 등으로 번역함이 옳다. ①금속의 단련(잠17:3, 렘6:29, 겔22:18). ②사람을 죽이는데 이용(단3:6-26).

상징 - ①단련함(잠17:3). ②심판(말4:1).③지옥(마13:42,계9:2).

풀무불[furnace of fire]명(말4:1) 풀무를 불어서 활활타게 하는 불. 용광로의 불. 가장 뜨거운 불. 심판을 뜻한다.

풀밭[plain, pasture]명(사49:9) 풀이 많이 난 땅. 초원. 초장.

풀언덕[flower-bed]명(아5:13) 원문은 꽃밭, 화단, 밭고랑을 말한다.

품[bosom]명(창16:5) 안거나 안기는 것으로서의 가슴. ①하나님의 품-보호(민11:12). ②아브라함의 품 - 천국(눅16:22). 하나님의 위로(사66:11).

품[labour, trouble]명(창30:28) 무슨 일에 드는 힘. 또는 수고.

품값[wage]명(창31:41) 품을 낸 값. 임금. 노임. 품삯.

품꾼(군)[軍;군사 군. labourer, hiredservant]명(출12:45) 품팔이를 하여 생활해 나가는 사람. ㉑품팔잇꾼.

＊품꾼의 삯은 해지기 전에 지불하고 억울하게 하지 말라(마20:8, 말3:5). 하나님께 호소한다(약5:4).

품다[embrace, befell, lay]타(민11:4) 가슴에 안거나 지니다.

품부[稟賦;받을 품, 줄 부. endue]명(대하2:12) 선천적으로 받음.

품삯[wage]명(창30:28) 품값. 임금. 노임. 노동의 대가. 품삯을 주지 아니하면 그 삯이 소리를 질러 하나님께 호소한다(약5:3-4).

품하다[稟~ ;여쭐 품. report, bring]타(민27:5) 허락을 얻기 위하여 상사에게 말씀을 여쭙다.

품행[品行;품격(온갖) 품, 행할 행. work, conduct]명(잠20:11) 성품과 행실.

풍년[豊年;풍성할 풍, 해 년. fruitful year]명(창41:29) 농사가 잘 된 해.

풍랑[風浪;바람 풍, 물결 랑. wind and waves, tempest]명(행27:18) ①바람과 물결. ②불어치는 바람에 따라서 일어나는 물결.

풍류[風流;바람 풍, 흐를 류. music, elegantpursuits]명(눅15:25)속된 일을 떠나 풍치가 있고 멋스럽게 노는 일. ②운치가 있는 일.

풍류하는 자[musician]명(계18:22) 음악하는 사람. 바벨론과 같이 망해 없어진다.

풍문[風聞;바람(바람 불) 풍, 들을 문. rumor]명(왕하19:7) 확실한 근거없이 떠도는 소문.

풍부[豊富;풍성할 풍, 넉넉할 부. abundance]명(창13:2) 넉넉하고 많음.

풍비[豊備;많을 풍, 갖출 비. provision of abundance]명(욥36:31) 풍성하게 갖춤. 넉넉히 준비함.

풍사[諷詞;욀 풍, 말씀 사. admonition]명(미2:4) ①가르쳐 경계가 되는 말. 잠언. ②비유로 말함.

풍설[風說;바람(바람 불) 풍, 말씀 설. false repots, rumor]명(출23:1) 실상이 없이 떠돌아 다니는 말.

풍성[豊盛;많을 풍, 성할 성. be plentiful abundance]명(창27:28) 넉넉하고 많음. ①소유(눅12:16, 빌4:19). ②사랑(살후1:3). ③소망(히6:11). ④은혜(엡2:4). ⑤영광(엡3:16). ⑥긍휼(엡2:4).

풍성[風聲 ; 바람 풍, 소리 성. sound of blowing wind]명(삼하22:45) ①바람소리. ②들리는 명성.

풍세[風勢 ; 바람 풍, 권세 세. the wind]명(전11:4) 바람의 세력. 곧 바람의 강약의 도수.

풍속[風俗 ; 바람 풍, 풍속 속. manners and customs]명(레18:3) ①옛적부터 내려오는 의식주 그 밖의 모든 습관 또는 그 때 그 곳의 버릇.

풍우[風雨 ; 바람 풍, 비 우. wind and rain]명(욥36:33) ①바람과 비 ②비바람.

풍자[諷刺 ; 욀 풍, 찌를 자. satire]명(합2:6) 빗대고 비유하는 뜻으로 남의 결점을 찌르는 말.

풍자향[楓子香 ; 단풍나무 풍, 아들 자, 향기 향. galbanum]명(출30:34) 구약성경에서 '성결하고 거룩한 향'으로 불리는 네가지 중의 하나. 다년생 초본식물. 꽃은 노란색이며 황갈색의 수지는 뿌리 쪽에서 나온다. 그 향기는 사향 비슷한 자극성의 냄새가 난다. 경련을 진정시키는 효력이 있다.

풍재[風災 ; 바람 풍, 재앙 재. damage from wind]명(신28:22) 바람으로 인하여 입은 재해.

풍조[風潮 ; 바람 풍, 조수(밀물, 썰물) 조. trend]명(엡4:14) 세상의 돌아가는 방향.

풍족[豊足 ; 풍성할 풍, 발 족. abundance]명(신28:47) 부족함이 없이 넉넉함.

풍채[風彩 ; 바람 풍, 빛 채. appearance]명(사53:2) 위엄이 있고 남보다 드러나 보이는 사람의 겉모습.

피[blood]명(창4:11, 마26:28) 사람 또는 동물의 혈관을 통해 몸 안을 돌며 영양을 맡은 붉은 빛의 액체. 혈액. ①생명이다(창9:4-6, 신12:23). ②피 안에 생명이 있다(레17:11,14). ③인류의 단일성(행17:26). ④인간의 속성(요1:13). ⑤인간의 죄성(겔16:6). ⑥언약이다(마26:28). ⑦구속한다(슥9:11).
1. **금지사항** - ①고기를 피채 먹지 말라(레19:26). ②피를 먹지 말라(레17:10). ③피를 흘리지 말라(민35:19, 잠6:16). ④하나님께 드리는 피(민18:17). ⑤과실로 피를 흘린 사람을 위한도피성(수20:1-9).
2. **그리스도의 피** - ①언약의 피(창3:15, 마26:28). ②구속, 죄사하는 피(엡1:17)③화목의 피(엡2:13). ④화평의 피(골1:20). ⑤제물(히9:7). ⑥깨끗하게 하는 피(히9:14). ⑦성소에 들어갈 담력을 준다(히10:19). ⑧거룩하게 하는 피(히13:12). ⑨영원한 언약의 피(히13:20)⑩보배로운 피(벧전1:19). ⑪해방시키는 피(계1:5). ⑫사서 하나님께 드리는 피(계5:9). ⑬단번에 드림(히10:10).
3. **가르침** - ①무죄한 자의 피를 흘리지 말라(신19:10). ②무죄한 피흘린 죄를 제하라(신19:13). ③그리스도의 피흘림이 없으면 사함도 없다(히9:22).④죄와는 피흘리기까지 싸워야 한다(히12:4).

피값[accountable for his blood]명(창42;22) 사람을 죽인데 대한 응당한 보응. 생명에 대한 댓가. ①가룟 유다가 받은 예수님의 피값 - 은 30(마26:14-16, 마27:6). ②죄인을 구원하시기 위한 예수님의 피값(계5:9). ③하나님이 자기 피로 사신 교회(행20:28). ④하나님이 찾으심(겔3:18, 20).

피고[被告 ; 입을 피, 고할 고. defendant, accused]명(잠18:17) ①민사소송에 있어서 소송을 당한 사람. ②형사소송에 있어서 형벌을 주기 위해 검찰관으로부터 공소 제기를 당한 사람.

피곤[疲困 ; 피곤할 피, 곤할 곤. fatigue]명(출17:12) 몹시 지쳐 기운이 풀리고 몸이 나른함.

* **심령의 피곤** - ①심적 불안(시38:8). ②간구로(시69:3). ③주리고 목마름(시107:5). ④주의 구원을 사모함(시119:81). ⑤주의 말씀을 바라고 사모함(시119:82,123)

⑥여호와의응답을바람(시143:7). ⑦살륙하는 자를 인하여(렘4:31).

피난〔避難 ; 피할 피, 어려울 난. refuge〕명(사4:2) 전쟁, 천재, 지변 따위의 재난을 피하여 있는 곳을 옮김.

피난처〔避難(亂)處 ; 피할 피, 어려울(어지러울)난, 곳 처. refuge〕명 (시14:6, 삼하22:3). 하나님(예수 그리스도)의 품. 어려움이나 난리를 만났을 때 피할만한 곳. ①여호와(시14:6). ②하나님(시46:1). ③주(시61:32).

피남편〔bloody husband〕명(출4:25) 할례를 인한 남편. 모세의 아내 십보라가 아들에게 할례를 행하여 피를 흘린 다음 하나님의 용서를 받고 살 수 있게 되어 남편을 가리켜 한 말(출4:24-25).

피다〔bloom, burn〕자(왕상6:18) ①꽃봉오리, 잎 따위가 벌어지다. ②불이 점점 일어나다.

피리〔flute, pipe〕명(대하15:14) 입으로 불어서 소리를 내는 악기. 저, 퉁소로 번역된 곳도 있다.

피방울〔drop of blood〕명(눅22:44) 핏방울, 핏덩이. 예수님께서 겟세마네 동산에서 기도하실 때 피가 땀에 섞여 나왔다.

피밭〔field of blood〕명(마27:8) 가룟 유다가 예수님을 판 돈 은 30을 제사장에게 반환한 것을 가지고 산 땅. 구약 성경의 예언성취(슥11:12-13). →아겔다마.

피부〔皮膚 ; 가죽 피, 살갗 부. skin〕명(레13:2) 동물의 표면을 싸고 있는 기관. 살갗.

피부병〔皮膚病 ; 가죽 피, 살갗 부, 병들 병. scab, skin disease〕명(레13:6) 살갗에 생기는 병.

피살〔被殺 ; 입을 피, 죽일 살. being killed〕명(신21:1) 생각지 않던 때 다른 사람에게 죽임을 당함.

피살자〔被殺者 ; 입을 피, 죽일 살, 놈 자. the slain〕명(신32:42) 죽임을 당한 사람.

피우다〔make a fire〕명(행28:2) 피게 하다. 냄새, 먼지 따위를 일으켜 퍼뜨리다.

피장〔皮匠 ; 가죽 피, 장인(장색) 장. tanner〕명(행9:43) 짐승의 가죽을 다루어 물건을 만드는 일을 업으로 하는 사람. 피혁공. 욥바의 시몬.

피조물〔被造物 ; 입을 피, 지을 조, 만물 물. creature〕명(롬1:25) 하나님께서 만드신 모든 것. 우주와 공간, 지상, 지하, 물 속에 있는 보이거나 보이지 않는 모든 것. 사람, 영물도 다 포함된다. ①그리스도로 말미암아 창조된 것(요1:1-3, 롬11:36, 고전8:6). ②없어진다(시102:26). ③흙으로 돌아간다(시104:29, 욥34:14-15). ④인간은 하나님의 형상대로 창조 되었다(창1:26-27). ⑤주께로부터 나와 주께로 돌아 간다(골1:16, 엡3:9, 고전8:6). ⑥이 세상(요일2:17). ⑦속되지 않음(롬14:14, 행10:15). ⑧모두 주의 것이다(고전10:26). ⑨멸망하게 됨(계8:9). ⑩탄식하며 고통함(롬8:22).

피차〔彼此 ; 저 피, 이 차. each other〕명(창31:49) 서로. 저것과 이것.

피차간〔彼此間 ; 저 피, 이 차, 사이 간. each another〕명(창42:23) 서로. 서로간.

피투성이〔covered with blood〕명(겔16:6) 온통 피가 묻은 몸.

피하다〔避~ ; 피할 피. avoid, hide〕타(창3:8) 몸을 숨겨 드러내지 않다. 비나 눈에 맞지 않게 하다.

* **피할 것** - ①다툼(딛3:9). ②하나님의 진노(마3:7). ③지옥의 판결(마23:33). ④음행(행21:25). ⑤풍랑(행27:4). ⑥우상숭배(고전10:14). ⑦탐욕(딤전6:11-12). ⑧허탄한 말과 변론(딤전6:20). ⑨정욕(딤후2:22).

필〔匹 ; 짝 필. head〕명(창24:10) 마리. 짐승을 세는데 쓰는 단위.

필객[筆客 ; 붓 필, 손 객. ready writer]圈(시45:1) 글을 잘 쓰는 사람. 문장가.

필경[畢竟 ; 다할 필, 끝날 경. after all. at last]圈周(창3:19) 마침내는. 결국에는. ①흙으로 돌아감(창3:19). ②소멸됨(민32:13). ③멸절됨(신2:15). ④진멸됨(신7:24). ⑤강하고 번성함(신26:5). ⑥사역을 함(삿1:35). ⑦죽는다(삼하14:14). ⑧손해가 됨(스4:13). ⑨대적이 받을 보응을 본다(시112:8). ⑩어리석은 자가 됨(렘17:11). ⑪망한다(겔6:11).

필역[畢役 ; 마침 필, 역사 역. completion of the work]圈(왕상3:1) 역사(役事)를 마침. 하던 일을 마침. 공사를 마침.

필연[必然 ; 반드시 필, 그러할 연. certainty]圈(출13:19) 꼭 그렇다고 정하여진 것. 周반드시. 꼭. 틀림없이. certainly.

필요[必要 ; 반드시 필, 구할(바랄) 요. necessity, need]圈(잠30:8) 반드시 있어야 함. 꼭 소용이 됨.

* **필요한것** - ①나눔(행4:35). ②정결(히9:23). ③교육(요일2:27). ④권면(유3).

필요없는 것 - ①그리스도는 사람의 증거를 받을 필요가 없다(행2:25). ②목욕한 자는 발 밖에 씻을 필요가 없다(요13:10). ③지금은 제사장을 세울 필요가 없다(7:11). ④날마다 제사드리는 것과 같이 할 필요가 없다(히7:27) ⑤천국에는 해, 달이 필요없다(계21:23).

필하다[畢~ ; 마칠 필. finish]圈(출39:42) 일을 마치다. 끝내다. 완성하다.

핍근[逼近 ; 다가올 핍, 가까울 근]圈(겔24:2) ①매우 가까이 닥쳐 옴. coming near. ②이유가 없음. becoming tight.

핍박[逼迫 ; 핍박할 핍, 핍박할(다가올) 박, persecution]圈(신30:7) 신앙을 압박하는 일. 권력에 의한 핍박, 불신, 이단자에 의한 핍박이 있다.

1. 원인 - ①하나님을 모르기 때문에(요16:1-3). ②하나님을미워하기 때문에(요15:20-23). ③그리스도를 모르기 때문에(행7:52, 요5:16). ④그리스도를 미워하기 때문에(살전2:15). ⑤경건하게 살기 때문에(딤후3:12). ⑥의롭기 때문에(마5:10). ⑦그리스도를 믿기 때문에(갈4:29). ⑧그리스도를전하기 때문에(행22:4, 갈5:11). ⑨잘못된 열심 때문에(행9:1-5, 13:50). ⑩인간의 죄성 때문에(갈4:29).

2. 교훈 - ①천국이 저희 것이다(마5:10). ②내세에 영생을 얻는다(막10:30). ③참아라(고전4:12). ④버린바 되지 아니한다(고후4:9). ⑤주께서 아시고 건지신다(딤후3:11). ⑥위하여 기도하라(마5:44). ⑦위하여 축복하라(롬12:14). ⑧계속 핍박을 받게 된다(갈4:29). ⑨피하라(마10:23). ⑩기뻐하라(마5:12).

핍박자[逼迫者 ; 핍박할 핍, 핍박할 박, 놈 자. persecutor]圈(딤전1:13) 핍박하는 사람. 유대인. 서기관과 바리새인. 제사장. 바울. 사단. 마귀. 불신앙인. 이단자.

핍절[乏絶 ; 모자랄 핍, 끊을 절. disappearance, want, hunger]圈(신28:48) 아주 없어짐. 절핍.

핏빛[red as blood]圈(욜2:31) 피와 같은 새빨간 빛.

핏소리[blood cries]圈(창4:10) 순교자의 소리. 아벨의 소리. 억울한 죽음을 당한 호소(마23:35).

핑계[excuse]圈(롬1:20) 다른 일을 빙자하여 변명함. 잘못을 다른 탓으로 돌려 내세워 말함.

핑계하다[excuse]圈(요15:22) 변명하고 남의 탓으로 미루다. ①아담은 하와에게, 하와는 뱀을 핑계함(창3:12-13). ②사울왕은 백성을 핑계함(삼상15:20-21). ③요나는 하나님의 자비를(요4:1-4). ④백성이 지도자를(민14:1-10).

ㅎ

하[下 ; 아래 하. low]명(창6:16) 아래. 밑. 못하거나 모자람.

하가['Aγάρ=도망]인(갈4:24) 하갈. 이스마엘의 어머니. 사라의 종.

하가랴[הֲכַלְיָה=여호와께서 막으신다]인(느1:1) 선지자 느헤미야의 아버지.

하가바[חֲגָבָא=메뚜기]인(스2:45) 솔로몬왕의 신복의 한 조상. 그 자손들은 스룹바벨을 따라 바벨론 포로에서 귀환했다.

하갈[הָגָר=도망]인(창16:1)
① 사라의 종.
1. 인적관계 - ①애굽여자. 사라의 종(창16:1). ②아브라함의 첩(창16:2-3). ③이스마엘의 어머니(창16:11, 15-16).
2. 관련기사 - ①사라를 조롱하였다(창16:4). ②사라의 학대를 못견디어 도망(창16:5-6) ③여호와의 사자를 만나 지시를 받음(창16:7-12). ④그곳 샘을 브엘라해로이라고 함(창16:13-14). ⑤돌아와서 이스마엘을 낳았다(창16:15-15). ⑥이스마엘이 이삭을 조롱하므로 사라가 그 모자를 축출하니 브엘세바 들에서 방황하다가 하나님의 은총을 받고 바란 광야로 옮겨가서 살면서 며느리를 얻었다(창21:9-21). ⑦하나님의 은혜로 그 자손이 큰 민족을 이루었다(창21:8).
3. 교훈 - 사도 바울은 하갈을 구약의 율법으로, 사라를 신약의 자유로 비유하여 모세의 율법에 속박되지 말고 자유의 새 예루살렘을 바라보라고 권면하였다(갈4:24-26).
② 야시스의 출신 부족(대상27:30).
③ 아라비아의 부족(대상5:10).

하갈[הָגָר=도망]지(대상5:10) 길르앗 동쪽 산.

하감[下鑑 ; 아래 하, 거울 감. look down]명(신26:7) 어른에게 글을 올려서 보기를 청함.

하감[חָגָם=메뚜기]인(스2:46) 솔로몬왕의 신복 느디님 사람의 조상. 하가바와 같은 사람.

하그돌림[הַגְּדוֹלִים=위대한 사람]인(느11:14) 바벨론에서 돌아온 성전공사 감독 삽디엘의 아버지.

하그리[הַגְרִי=도망자]인(대상11:38, 시83:7) 아라비아 사람들을 가리킨 말.

하그바[חֲגָבָה=꾸부린]인(스2:51, 느7:53) 스룹바벨과 함께 바벨론 포로에서 돌아온 사람.

하길라[הַחֲכִילָה=건조한 언덕]지(삼상23:19) 유다 남방에 있는 산. 다윗의 피난처요 사울이 다윗을 잡으려고 진을 쳤던 곳.

하나[one]명(창1:9) ①오직 그것 뿐. only. ②한쪽 one part. ③같은 것. same. ④수에서 일.
하나가된 것 - ①하나님과 예수님(요10:30, 요17:22). ②예수님과 성도(요17:23, 히2:11). ③성도와 성도(행4:32, 빌2:2). ④성령과 물과 피(요일5:8).

하나냐[חֲנַנְיָה=여호와는 자비하심, 여호와는 은혜로우심]인
① 바벨론에 포로된 유다지파의 세 소년 중 한 사람. 느부갓네살을 섬기기 위하여 갈대아 학문을 가르치려고 선택된 왕족. 그 이름을 사드락이라고 고쳤다(단1:7, 3:12).
② 기브온 사람 아술의 아들. 시드기야왕의 즉위 초 2년 이내에 바벨론에 포로된 백성과 성전 기명이 돌아온다고 예언한 거짓 선지자. 예레미야가 반박하였다(렘28장).
③ 스룹바벨의 아들. 블라댜와 여사야의 아버지(대상3:19, 21).
④ 베냐민 사람 시삭의 아들. 이스반의 11형제 중 하나(대상8:24-25).

5 헤만의 아들. 다윗시대 찬양대원 (대상25:4).
6 웃시야왕의 장관(대하26:11).
7 유다왕 여호야김 때의 서기관 시드기야의 아버지(렘36:12).
8 이리야의 아버지(렘37:13-15).
9 바벨론 포로에서 귀국한 사람 중 7명(스10:28, 느3:8, 30, 7:2, 10:23, 12, 41).

하나넬[tower of hananel]지(느3:1) 예루살렘성 양의 문과 어문(魚門) 사이에 있는 탑(망대)인데 건축사의 이름을 따라 붙인 이름(느12:39, 렘31:38, 슥14:10).

하나니[하나니=주는 은혜로우심]인
1 헤만의 아들. 다윗왕 때 3악대 중 헤만조의 조원(대상25:4, 25).
2 유다 아사왕이 아람왕을 의지하는 것을 보고 하나님을 의지하지 않는다고 아사왕을 책망한 선견자(대하16:7-10). 예후의 아버지(왕상16:1).
3 느헤미야의 형제. 예루살렘에 관한 소식을 수산에 전했다(느1:1-3, 7:2).
4 레위사람 스가랴의 형제. 바벨론에서 귀국한 유다 사람이 재건한 성벽 낙성식 때 악기를 다룬 사람(느12:36).
5 임멜의 아들 제사장. 에스라의 권면으로 이방인 아내와 이혼한 사람(스10:20).

하나님[God]명(창1:1) 유일하신 참 신(신6:4) 시작과 끝이 없으시고, 아니 계시는 곳이 없으시고, 모든, 어떤 것이든지 하실 수 있으며, 우주와 인간의 창조주시며, 세상의 모든 것을 섭리하시고 다스리시며, 죄인을 구속하시기 위하여 그리스도를 보내셨고 십자가를 지게 하여 구속사역을 하시고 성도를 불러 믿게 하시며 영원한 나라의 왕이시다. 하나님의 신격에 세 신격 즉 성부, 성자, 성령이 계셔 삼격일신[三格 一神(삼위일체)]이라고 한다. 자기를 계시하시고 성경을 주시어 인간에게 알게 하시고 믿어 경배하게 하신다.
1. **존재** - 하나님이 주신 본능으로 그의 존재하심을 알 수 있다. ①종교성(전3:11). ②양심(롬2:15). ③자연을 보아(시19:1-6, 히3:4). ④역사를 보아(시30:10,11,시14:24). ⑤성경을 보아(창1:1). ⑥그리스도의 증거(요14:9, 1:1-3).
2. **명칭** - ①하나님 - 보편적인 명칭(창1:1, 계22:19). ②주 - 그의 백성의 소유주가 되심(창15:2-8). ③아버지 - 그리스도의 피로 양자된 성도의 개인적인 칭호. 삼격일신 중 성부를 지칭하는 말(마6:9, 요14:11, 17:1). ④여호와 - 스스로 계신 분(출3:14).
3. **비공유적 속성** - ①자존성(출3:14, 요1:1).②불변성 - (1)본질의 불변(약1:17). (2)약속의불변(민23:19, 히6:18). (3)권능의 불변(사48:12-13). (4)결과의 불변(히6:17-18). (5)사랑이 불변(말3:6). (6)공의의 불변(창18:25). ③무한성 - (1)절대적 완전(시145:3). (2)영원함(시90:2, 엡3:21). (3)편재하심(시139:7-10, 행7:48-49). ④유일성(신4:35, 6:4).
4. **공유적 속성** - ①지식과 지혜(왕상8:39). ②섭리(롬8:28, 11:33). ③사랑(엡2:7-8). ④긍휼(눅15:20, 엡2:4).⑤참으심(벧후3:15). ⑥거룩(계4:8). ⑦의(시58:11, 99:4, 사6:5). ⑧진리(요3:33, 딤후2:13). ⑨주권. (1) 보존(계4:11). (2) 통치(엡1:11, 단4:35).

하나님 나라[kingdom of God]명(마12:28) 하나님이 다스리는 나라. 이 세상도 하나님의 나라이다. 그러나 일반적으로는 그리스도의 재림 후의 영원한 나라를 생각하게 된다. 하나님이 나를 주관하시고 계속적으로 섭리하시기 때문에 하나님 나라의 시민으로 일생을 살아야 한다. 천국.
1. **구약** - 창조이후(창1:26-28). 이스라엘(출3:1-10).

2. 신약 - ①회개하고 복음을 믿음으로 시작됨(막1:15). ②천국 비유를 참고하라. ③천년왕국에서 완성된다(계20:6-7).

하나님 아버지[God the Father]명(마6:8) 성부 하나님을 일컫는 말. 죄의 종에서 하나님의 자녀가 되게 하신 자애로운 하나님을 나타낸다.

하나님의 뜻[God's will](롬1:10) 하나님의 의지, 마음, 바라시는 것.
*성도는 성경에 나타난 하나님의 뜻을 따라야 한다. 그리고 성도에게 요구하시는 것을 준행해야 한다(마22:37-40).

하나님의 말씀[word of God, Bible]명(행12:24) 하나님께서 하신 말씀. 하나님의 말씀이 기록된 성경.

1. **명칭** - ①성경(요5:39, 딤후3:15-17). ②말씀(마8:17, 롬10:17-18). ③도(약1:21-23). ④율법(시1:2). ⑤책(계22:19).
2. **내용** - ①시작(창1:1), 끝(계22:21). ②구약과 신약. ③오실 메시야, 오신 메시야, 장차 오실 메시야. ④율법과 복음(행4:31). ⑤하나님의 작정과 섭리. ⑥구원과 심판. ⑦천국과 지옥 등.

하나님의 나라[the kingdom of God]명(마12:28) ①하나님이 다스리는 나라(이 세상 교회, 가정, 성도의 심령). ②천국.

하나님의 백성[people of God](히4:9). 하나님의 권속. 하나님이 돌보시는 무리. 구약에서는 이스라엘. 신약에서는 그리스도인을 가리키는 말. ①여호와의 백성(민11:29). ②내 백성(출3:10, 마2:6). ③자기 백성(시149:4). ④주의 백성(신26:15). ⑤백성(신33:3). ⑥그 백성(히10:30). ⑦구속하신 백성(엡1:7). ⑧따로 세운 백성(요15:19). ⑨택하신 백성(벧전2:9). ⑩거룩한 백성(벧전1:5). ⑪기뻐하시는 백성(요15:17). ⑫친 백성(딛2:14).

하나님의 사람[man of God]명(신33:1) 하나님의 쓰임을 받는 사람. 하나님이 보낸 사람. 선지자. 하나님의 종으로서의 성도(딤전6:11).

하나님의 사랑[love of God](롬1:7) 인류를 구하기 위한 지극한 사랑. ①독생자를 아낌없이 주신 사랑(요3:16). ②큰 사랑(엡2:4). ③희생의 사랑(롬5:8). ④영원한 사랑(렘31:3). ⑤끊을 사람은 없다(롬8:39).

하나님의 사자[angel]명(창21:17) 천사. ①하나님이 인간에게 보낸 영물(창28:2). ②그리스도도(요1:51). ③구속받은 성도.

하나님의 산[mountain of God]명(출3:1) 기브아엘로힘을 가리킨다.

하나님의 성령[spirit of God]명(마12:28) 성령을 가리켜 일컫는 말.

하나님의 아들[son of God]명(창6:2) ①예수 그리스도(눅3:22). ②성도(갈4:6). 천사(욥1:6).

하나님의 어린양[the Lamb of God](요1:29) 세상 죄를 지고 속죄 제사의 희생될 어린양과 같이 인류의 모든 죄를 지고 십자가를 지실 속죄제물이신 예수님을 가리켜 세례 요한이 소개한 말. 하나님께서 선정하신 제물. 구약에 예표된 어린양의 실상을 말한 것이다(출12장, 고전5:7, 레5장, 벧전1:19). 그리스도는 고난의 종이시다(사53장, 행8:32).

하나님의 우편[the right hand of God](막16:19) 부활 승천하신 그리스도의 위치에 관한 표현. 그의 영광과 권위, 인류의 구속자로서의 위엄을 나타낸 것이다.

하나님의 의[righteousness of God](롬1:17) 복음에 계시된 하나님의 속성. 그리스도를 믿는 자들에게 구원을 주시며 믿음으로 살게 하시어 의인이라 칭하신다. 하나님의 의는 성도와의 바른 관계를 이루게 하시고 믿음의 담력으로 그의 앞에 나아가 설 수 있는 신분상 변화를 주신다(롬5:1, 3:24, 8:15-16).

하나님의 이름[name of God]명(시20:7) 하나님의 속성과 사역을 나타낼 때 쓰이는 이름. ①엘(El). ②엘라(Elah). ③엘로힘(Elohim). ④여호와(Johovah). ⑤아돈(Adon). ⑥아도나이(Adonai). ⑦주(Lord) 이외에도 많이 있다.

하나님의 자녀[son and daughters of God]명(호1:10) 구속받은 성도. ①구약의 이스라엘(출4:22-23). ②신약에서는 그리스도(마4:3-6, 요일3:23). ③구속받은 성도(요1:12-14, 엡2:5, 요일3:2).

하나님의 전(집)[house of God](창28:17) 하나님이 거하시는 장소. 무소부재하시는 하나님께서 임재를 약속하신 장소. ①벧엘(창28:22). ②실로의 성막(삿18:31). ③성전(대상9:11, 눅2:49). ④성도(벧전4:17,고전3:16,고후6:16). ⑤교회(딤전3:15). ⑥하나님 나라(히3:2-6, 10:21).

하나님의 진노(심판)[wrath of God](요3:36) 불신앙과 그 행위에 대한 하나님의 노하심. 종국의 형벌. 하늘로 좇아 나타난다(롬1:18).

하나되다[unity]타(엡4:3) 뜻이 같이 되다. 서로 뭉쳐 하나가 되다. 만장일치. ①성령이 하나되게 하신다(엡4:3). ②부르심이 한 소망 안에 있다(엡4:4). ③그리스도와 하나님은 하나이다(요10:30). ④성도와 그리스도는 하나이다(히2:11). ⑤연합하여 하나가 된다(겔37:16-24). ⑥마음이 같아야 하나가 된다(행4:32, 빌2:2). ⑦성령으로 세례를 받으므로 한 몸을 이룬다(고전12:13).

하나인 것 - ①몸. ②부르심. ③소망. ④주. ⑤믿음. ⑥세례. ⑦그리스도. ⑧성령. ⑨하나님 (엡4:3-6).

하나멜[חֲנַמְאֵל = 하나님은 은혜로우심]인(렘32:7-12) 살룸의 아들. 선지자 예레미야의 사촌. 예레미야의 할아버지의 밭을 그에게서 은 17세겔에 사고 엄정한 계약서를 받았다. 이것은 여호와께서 유다 사람이 바벨론에서 귀국한 후에 될 일을 가리킴이다.

하난[חָנָן = 자비로운, 은혜로운]인
1 베냐민 사람 사삭의 열 한 아들 중 여섯째(대상8:23).
2 요나단의 자손 아셀의 여섯 아들 중 막내(대상8:38).
3 마아가의 아들이며 다윗의 용사(대상11:43).
4 삭굴의 아들이며 십일조 곳간을 지켰다(느13:13).
5 익다랴의 아들이며 선지자이다(렘35:4).
6 그 외에 다섯 사람이 있다(스2:46, 느8:7, 10:10, 22, 26).

하네스[חָנֵס = 수은]지(사30:4) 소안과 함께 기록된 애굽의 도시. 헤라클레오폴리스와 같은 곳.

하녹[חֲנוֹךְ = 헌신적인, 봉헌된 자]인
1 아브라함의 후처의 소생 미디안의 아들(창25:4, 대상1:33).
2 르우벤의 아들. 하녹 족속의 선조(출6:14).

하눈[חָנוּן = 은혜로운]명
1 암몬왕. 다윗이 그의 부친 나하스의 사망함을 듣고 조문사를 보냈더니 정탐군이라 하여 모욕적으로 그들의 수염을 깎고 의복을 벤 후에 보냈다. 다윗이 이 소식을 듣고 그들의 수염이 자라기까지 여리고에 머무르게 하고 한편으로는 전쟁을 준비하여 나아가 대파하였다(삼하10:1,2, 대상19:2-6).
2 이 외에 2인이 있다(느3:13, 30).

하늘[sky, heaven]명(창1:8) 해와 달과 무수한 별들이 있는 무한대의 공간. 천공. 태허. 허공. 중천. 대공. 땅에서 떨어진 공중. 궁창.

1.**관련기사** - ①하나님이 창조하심. 물이 나누인 곳(창1:1, 6-8). ②하나님이 펴신 것(욥37:8, 렘10:12). ③광명이 있고 새가 나는 곳(창1:15, 20)④창이 있다(창8:2).

⑤비가 내리는 곳(창8:2). ⑥재앙이 내리는 곳(창19:24). ⑦하나님의 보좌(욥22:12). ⑧영물의 거처(마24:36). ⑨악한 영의 싸움터(엡6:12, 계12:7-12). ⑩구속받은 성도들이 최후에 이르는 곳(마5:12, 벧전1:4, 계19:1).
2. 그리스도와의 관계 - ①하늘에서 내려오심(요3:13). ②부활하신 후 하늘ㄹ 올라가심(행1:11,엡4:10) ③중보적 사역을 계속하심(히10:12-14)④공중에 재림하심(마24:30, 살전4:16). ⑤소멸되며 그리스도께서 새롭게 하심(벧후3:13, 계21:1-4). ⑥주께서 하늘 흰 보좌에 앉아 선악을 심판하신다(계20:11-15).

하늘나라[Kingdom of God]하나님의 나라와 같은 뜻으로 쓰이는 말이나 내세를 두고 하는 말이다. 처음 하늘과 땅, 바다가 없어지고 새 하늘과 새 땅, 새 예루살렘이 있는 곳. 하나님의 보좌가 성도들 속에 있다(계21:1-7, 22:1-5).
1. 없는 것 - 계21:1-4 ①처음 하늘. ②처음 땅. ③바다. ④눈물. ⑤사망. ⑥애통. ⑦곡하는 것. ⑧아픈 것. ⑨밤(계22:5). ⑩저주(계22:3). ⑪혼인(마22:30). ⑫성전(계21:22). ⑬광명(계21:23, 22:5).
2. 있는 것 - ①새 예루살렘(계21:2, 10). ②하나님의 장막(계21:3). ③생명나무(계21:6). ④생명수(계22:1-3). ⑤하나님의 아들들(계21:7). ⑥성곽과 문들(계21:10-12). ⑦천사(계21:12). ⑧어린양의 생명책(계21:27).
3. 성도와의 관계 - ①하나님을 섬김 - 찬양, 경배(계4:8-11, 7:15, 18:20). ②위로를 받음(눅16:25, 계21:4). ③상을 받음(계2:10, 마5:11-12). ④상속을 받음(벧전1:4, 계21:7). ⑤영광을 받음(롬8:17-18). ⑥영원히 산다(계22:5).

하늘의 하늘[highest heaven](왕상8:27) 하늘의 가장 높은 곳. 하나님의 보좌 최고의 장소. 사물의 관점에서 우주의 공간(신10:14).

하늘 황후[queen of heaven]명(렘7:18) 하나님의 노를 격동케 하는 우상. 하늘의 여왕을 가리키는 별자리 - 금성. ①예루살렘에서 섬겼다(렘8:16-20). ②애굽에 피난간 유다 사람이 섬겼다(렘44:15-30). ③별모양의 과자에 여신상을 만들어 바쳤다(렘8:18). ④예루살렘 멸망을 가져오게 한 사악한 우상(렘44:20-30). ⑤유다인들은 이 우상을 잘 섬기지 않았기 때문이라고 회개할줄 몰랐다(렘44:15-19)
*유다 사람들은 하늘 황후를 하나님의 배우자로 생각했다고 한다.

하다드림몬[הֲדַדרִמּוֹן = 태풍의 신] 지(슥12:11) 무깃도 골짜기에 있던 수리아의 신. 스가랴 선지자가 예루살렘에 큰 애통이 있으리니 그 애통은 무깃도 골짜기 하다드림몬에 있던 애통과 같은 것이라고 하였다. 이것은 요시야왕 때를 지적한 것으로 본다(왕하23:29, 대하35:22).

하다사[הֲדַסָּה = 새로운 것]지(수15:37) 유다의 라기스지역 세벨라에 있던 성읍.

하닥[הֲדָךְ = 좋은, 진리]인(에4:5-10) 에스더를 시중드는 내시. 에스더와 모르드개 사이의 연락원이다.

하달[הֲדַד = 화신(火神), 강력한]인(창36:39) 바우에 도읍한 에돔왕. 처는 마드렛의 딸 므헤다벨이다.

하닷[הֲדַד = 우뢰의 신, 두려움]인
1 이스마엘의 여덟째 아들(창25:15, 대상1:30).
2 미디안 족속을 친 에돔왕. 브닷의 아들. 아윗에 도읍한 사람(창36:35, 36).
3 에돔왕. 다윗의 용장 요압이 에돔의 남자를 진멸할 때 애굽으로 도망하여 바로의 은총을 입어 왕비의 아우를 아내로 삼고 안락하게 생활하다가 다윗과 요압 사후에 귀국하여 솔로몬의 대적이 되었다(왕상11:14-25).

하닷[חֲדַת = 공포]인(대상4:13) 유

다 사람. 사사 옷니엘의 아들.

하닷다[הֲדַתָּה = 두 장소, 새롭다]지(수15:25) 유다 지파에게 배분된 가나안 남방지역의 성읍.

하닷사[הֲדַסָּה = 천인화 - 天人花, 도금양]인(에2:7) 에스더의 히브리 이름.

하닷에셀[הֲדַדְעֶזֶר = 하닷(神)은 도움이 된다]인(삼하8:3-12) 르홉의 아들. ①다윗에게 정복당한 수리아의 소바왕(왕상11:23). 아람 동맹군의 장. ②그는 암몬 사람의 원조를 받았으나 그 군대는 요압에게 패하고 헬람에서 다윗에게 정복 당하였다(삼하10:6-19). ③하닷에셀에 속했던 왕들은 다윗을 섬기게 되었다(대상19:16-19).

하도람[הֲדוֹרָם = 하달은 존귀]인

① 아라비아에 살았던 욕단의 다섯째 아들(창10:26-28, 대상1:21).

② 하맛왕 도이의 아들(삼하8:9). 하맛왕이 되어 다윗에게 축사했다(대상18:10).

③ 르호보암왕 때 역군의 감독. 돌에 맞아 죽었다(대하10:18). 왕상4:6, 5:14에는 아도니람.

하드락[חַדְרָךְ = 돌아옴]지(슥9:1) 아르바와 하맛 사이 북 수리아의 한 지방.

하들래[חַדְלַי = 느슨한, 참고 견딤]인(대하28:12) 에브라임 사람 아마샤의 아버지.

하디다[חֲדִידָא = 탐구, 밭이랑]인(스2:42) 스룹바벨과 함께 돌아온 레위사람. 성문지기 가족.

하디바[חֲטִיפָא = 붙잡힘]인(스2:54) 솔로몬왕 신복 느디님의 한 조상.

하딜[חַטִּיל = 요동하는, 수다쟁이]인(스2:57, 스7:59) 핫딜과 같은 사람. 스룹바벨과 같이 바벨론 포로에서 귀환한 느디님 사람.

하딧[חָדִיד = 날카롭다]지(스2:33) 포로 귀환 후 유다인의 성읍(느7:37, 11:34). 롯도의 동쪽 5km, 현재의 엘 하딧과 같은 곳으로 여김.

하라[הָרָא = 산지]지(대상5:26) 앗수르 왕국에 있던 한 고을. 사마리아 주민이 포로되어 간 곳.

하라다[חֲרָדָה = 두려움]지(민33:24-25) 시내산과 가데스 중간에 이스라엘 백성이 진을 쳤던 곳.

하란[הָרָן = 산악의 사람]인

① 데라의 아들. 아브라함의 형제이며 롯과 밀가와 이스가의 아버지(창11:26-31). 그는 일찌기 별세한 고로 롯이 그 숙부 아브라함과 오랫동안 동거하였다.

② 갈렙의 첩 에바가 낳은 아들(대상2:46).

③ 레위사람. 게르손 자손 시므이의 아들(대상23:9).

하란[חָרָן = 마르다, 가두]지(창11:27-32) 아브라함의 형제 하란의 거주지. 밧단아람의 한 성읍. ①아브라함이 우르에서 옮겨 이 성에 가서 사는 동안에 데라가 죽었다(행7:2). ②야곱이 이 성에 거주하는 외숙 라반의 집에서 20년간 있으면서 2처 2첩을 취하여 11남 1녀를 낳았다(창29:30). ③앗수르의 영토. 우상숭배로 인하여 망한 곳(왕하19:12, 사37:12). ④신약 시대 스데반이 하나님의 부름에 관하여 예를 들어 증거했다(행7:2-4).

신전제단

* 지금의 시리아국 메스케네성 부근인 듯하다.

하랄[הֲרָרִי = 산지의 사람]인(삼하23:33) 다윗의 30용사 중 삼마의 고향. 에브라임 산지마을.

하렙[חָרֵף = 뽑아내는, 예리한]인(대상2:51) 갈렙 자손 벧가델의 아버지. 홀의 아들.

하로셋[חֲרֹשֶׁת = 이방의 직공]지(삿4:2, 13) 가나안 왕 야빈의 휘하 장수 시스라의 거주지. 에스드라엘론 평원의 서단에 있어 전략상 중요한 땅. 바락이 시스라를 친 곳. 지금의 이름은 델엘할바지.

하로에[הָרֹאֶה = 여호와는 보셨다, 선견자]인(대상2:52) 유다사람갈렙의 후손. 소발의 아들. 르아야와 같은 사람(대상4:2).

하롤[חֲרוֹרִי = 산지사람]지(대상11:27) 삼훗의 고향. 솔로몬의 5월장관이 관장한 지역.

하롯사람[harodite]인(삼하23:25) 다윗의 30용사 중 삼훗과 엘리가를 가리키는 말. 하롤사람.

하롯(샘)[חֲרֹד = 떨다, 솟다]지(삿7:1) 길보아산 북서쪽 기슭의 샘. 기드온이 미디안을 야습하기 전에 진쳤던 곳 부근에 있은 우물(삿7:1). 이 물은 바위 틈에서 솟아나와 직경 20미터의 못(池)을 이루고 동으로 흘러 요단강에 들어간다.

하루[one day]명(창27:45) ①일주야(一晝夜). ②하룻날. ③아침에서 밤까지. ④24시간.

하루맙[חֲרוּמַף = 큰 코 가진 자]인(느3:10) 느헤미야시대 예루살렘 성벽을 수리한 여다야의 아버지.

하루살이[gnat]명(욥4:19) 하루살이과의 벌레의 총칭. 그날그날을 살아감. ①인생의 덧없음을 나타낼 때 쓰이는 말. ②아주 작은 것을 나타냄(마23:24). 영원한 여호와의 구원과 비교된 말(사51:6).

* 바리새인들의 외식과 실생활과의 모순되는 것을 예수님께서 책망하실 때, 작은 것에 신경을 쓰면서도 큰 부정은 태연하게 행한다는 것을 비유한 말씀에 사용되었다.

하루스[חָרוּץ = 부지런한, 금]인(왕하21:19) 므낫세왕의 장인. 므술레멧의 아버지. 아몬왕의 할아버지.

하룸[הָרֻם = 높음]인(대상4:8) 유다지파 아하헬의 아버지.

하룹(사람)[haruphite]인(대상12:5) 시글락에서 다윗을 따른 베냐민 사람 스바댜의 출신족. 하립의 출신 가계의 선조(느7:24).

하룻길[a day's walk]명(민11:31) 하룻동안 갈 수 있는 거리. 32km에서 48km 정도.

하르네벨[חַרְנֶפֶר = 숨을 할딱거림. 애굽말과 관련시키면 은혜로움]인(대상7:36) 아셀자손 소바의 아들.

하르몬[הַרְמוֹן = 요새]지(암4:3) 사마리아 사람이 포로되어 간 곳. 음변화를 봐서 아르메니아로 보는 사람도 있으나 분명하지 않다.

하르보나[הַרְבוֹנָא = 마부, 대머리]인(에1:10) ①아하수에로왕을 시위하는 7환관 중 한 사람. ②하만이 모르드개를 달아 죽이기 위하여 세운 나무에 하만을 달아 죽이는 것이 가하다고 왕에게 말하였다(에7:9).

하르사[חַרְשָׁא = 침묵, 기술자]인(스2:52) 솔로몬왕의 신복 자손의 선조. 스룹바벨과 같이 바벨론에서 귀국했다.

하림[הָרִם = 봉헌]인(대상24:8)
① 다윗이 제사장 직무를 나눌 때 제3반장 일가(대상24:8, 스2:39).
② 느헤미야시대 율법엄수에 서명하고 도장을 찍은 제사장(느10:5).
③ 율법엄수에 서명 날인한 사람(느10:27).
④ 바벨론에서 스룹바벨과 함께 돌아와 이방인 아내와 헤어진 사람의 가문(스2:32, 10:31).

하립[חָרִיף = 가을]인
① 스룹바벨과 같이 포로에서 귀환한 족속의 조상(느7:24).
② 율법엄수 계약서에 날인한 사람(느10:19).

하마[河馬 ; 물 하, 말 마. behemoth]명(욥40:15) 하마과의 짐승. 아프리카 남쪽의 늪에서 서식함. 낮에는 물, 밤에는 뭍에서 삶.

* 하나님께서 하마를 창조하셨다.

하만[הָמָן = 외로운, 고독함]인
1. 인적관계 - 아각 사람 함므다다의 아들(에3:1).
2. 관련기사 - ①아하스에로왕의 총리대신(에3:1). ②왕의 명대로 신

복이 하만에게 절함(에3:2). ③자기에게 절하지 아니하는 모르드게를 몹시 미워함(에3:4-5). ④유다 사람을 죽이기로 꾀함(에3:6-15). ⑤유다사람의 몸값을 왕에게 바침(에4:7). ⑥에스더의 잔치에 초대 받음(에5:4). ⑦왕의 명대로 모르드게를 말에 태워 거리를 다니며 모르드개를 높혔다(에6:10-11). ⑧하만은 번뇌하여 머리를 싸고 급히 집으로 돌아갔다(에6:12). ⑨하만의 음모가 밝혀짐(에5:9-14). ⑩모르드개를 달아 죽이려고 만든 교수대에 달림(에7:1-10). ⑪열 아들도 교수형을 받았다(에9:14-25).

＊유대인은 일반적인 원수의 대명사를 하만이라 하고 부림절에 에스더서를 낭독할 때에 하만의 이름이 나올 때마다 발을 구르며 특별히 만든 종을 울린다.

하맛[חֲמָת = 성채, 요해]囧
1. **위치** - 다메섹 북방 20km지점 수리아의 오론테스강 언덕.
2. **관련기사** - ①여호수아의 임종시까지 얻지 못한 동편 경계가 된 성. ②모세가 12정탐군을 보냈을 때 이 성까지 가서 정탐하고 돌아왔다(민13:21). ③이스라엘의 이상적 북단 경계(민34:8, 암6:14, 왕상8:65, 왕하14:25, 대상13:5). ④이 지역은 레바논과 안티 레바논의 중간에 있는 엘부가 평원의 남부라고 생각한다. ⑤주전 10세기경에는 아람 왕국에 속하였고 그후 이곳 왕 도이는 다윗과 우호관계를 맺었다(삼하8:9-12). ⑥솔로몬이 국고성을 쌓았다(대하8:4). ⑦여로보암 Ⅱ세는 이 성을 이스라엘에 환원시켰다(왕하14:28). ⑧유다왕 시드기야가 이 곳에서 느부갓네살에게 잡혔다(렘39:5). ⑨이 곳 주민은 앗수르왕의 식민으로 사마리아에 옮겼다(왕하17:24, 18:34). ⑩에스겔이 이스라엘 영토의 경계로 언급했다(겔47:16-20).

하맛소바[חֲמַת צוֹבָה = 하맛의요해]囧(대하8:3, 삼상14:47) 이스라엘 북방 경계. 솔로몬이 공약한 성읍. 하맛, 또는 소바와 같은 곳으로 여긴다.

하맛왕[king of hamath]囧(삼하8:9) 하맛을 다스린 도이와 도우(대상18:9). ①다윗을 찾아와 우호관계를 맺었다(삼하8:9). ②앗수르에 망한 왕(왕하19:3, 사37:13).

하맛 족속[hamathites]囧(창10:18) 함의 아들 가나안이 낳은 하맛의 후손들. 다메섹 북방 하맛에 거주한 민족.

하모나[חֲמוֹנָה = 많다, 군중]囧(겔39:16) 하몬곡 골짜기에 있던 성읍. 마곡의 대군이 장사된 데서 이 이름이 생겼다.

하몬곡[גיא הֲמוֹן גּוֹג = 곡의 무리들, 군중의 골짜기]囧(겔39:11,15) 이스라엘을 치러온 곡의 무리들을 장사한 성지 밖 골짜기에 붙인 이름.

하물[חֲמוֹר = 수나귀]囧(창33:18-19) ①야곱이 밧단아람에서 무사히 가나안에 돌아와 장막을 친 터를 판 히위족 세겜의 아버지. ②그의 아들들은 디나를 욕보였기 때문에 죽임을 당했다(창34:).

하무달[חֲמוּטַל = 의붓 아버지는이슬, 이슬의 친족]囧(왕하23:31) 립나사람 예레미야의 딸. 요시아왕의 한 왕비. 여호아하스왕과 시드기야왕의 어머니(렘52:1).

하물[荷物 ; 짐질 하, 만물 물. load, lade]囧(행27:10) 짐. 화물.

하물[חָמוּל = 자비를 경험한 사람]囧(창46:12, 대상2:5) 유다의 손자이며 베레스의 아들.

하물며[much more]凰(신31:27) 더군다나. 그 위에.

하므란[חַמְרָן = 붉은]囧(대상1:41) 에돔사람 디손의 아들. 에스반의 형. 창36:26의 헴단과 같다.

하바라임[חֲבָרַיִם = 두 우물]囧(수19:19) 잇사갈 지파의 성읍.

하바시냐[חֲבַצִּנְיָה = 여호와의 빛]囧(렘35:3) 레갑사람 아아사냐의 할아버지.

하바야[הֲבָיָה = 주는 숨기심]인(스 2:61) 계보가 밝혀지지 않은 제사장의 조상. 제사장직에서 제외되었다. 느7:63의 호바야와 같다.

하박국[חֲבַקּוּק = 씨름하는 자, 안기는 자, 박하]인(합1:1) 선지자 중 한 사람. 하박국서의 기록자. 그의 개인적인 사역은 전연 알 수 없고 동시대의 예레미야 보다도 전대의 이사야에게서 영향을 받은 것으로 추측한다. 바울이 가장 중대한 교리의 기초로 삼은 말씀을 하박국서에서 인용하였으니 곧 "의인은 믿음으로 말미암아 살리라"이다.

하박국[Habakkuk]명(합)구약 제 35권째 성경. 선지자 하박국의 기록으로 바벨론에게 망하기 전 유다에 대한 예언으로 죄에 대한 징벌, 바벨론의 멸망, 하나님의 영광이 가득할 때가 올 것을 노래하고 마친다. 주제는 '의인은 믿음으로 살리라'이다(합2:4). 내용분해는 박기원편 성경총론을 참고하라.

● **하박국에 예언된 그리스도의 모형**
- ①소망과구원의주(합3:17-18) - 그리스도께서 자신을 따르려던 서기관을 향해 말씀하신 것을 기억하라. 그리스도는 인류의 소망이시다(마8:20, 딤전1:1). ②사랑의 주(합3:2) - 요3:17, 18, 5:22, 13:1. ③믿음의주(합2:4) - (마9:22, 눅5:34, 엡2:8, 롬1:17, 갈3:11, 히10:37). ④재림의 주(합2:14) - 마24:30.

하볼[חָבוֹר = 결합]지(왕하17:6) 유브라데강 상류, 메소보다미아 북부 고산을 흐르는 강. 호세아왕 시대, 앗수르왕 사르곤 Ⅱ세에 의하여 이스라엘의 포로를 이 강가로 옮겨 갔다(대상5:26). 디글랏 빌레셀도 식민했다(왕하15:29). 현재의 이름은 가불이다.

하봇야일[חַוֹּת יָאִיר = 야일의 장막, 동네]지(민32:41) 길르앗땅의 성읍. ①구명은 바산. 므낫세의 아들 야일이 취하고 자기 이름으로 하봇야일이라 하였다. ②사사 야일이 이곳에서 22년간 이스라엘을 다스리며 역시 하봇야일이라 하였다(신3:14, 수13:30, 삿10:4). ③솔로몬시대에는 벤게벨이 이땅을 주관하여 솔로몬 왕실에 식물을 공급하였다(왕상4:13).

하사댜[חֲסַדְיָה = 하나님께서 친절, 사랑하신다]인(대상3:20) 스룹바벨의 아들.

하사뱌[חֲשַׁבְיָה = 여호와께서 평가(계수)하신다]인 다윗시대 므라리계 레위사람.
1 성전 음악대 제12조의 악장(대상25:3).
2 레위지파 자손으로 다윗 때 요단 서편의 주관자(대상26:30).
3 레위사람 므라리 자손 분니의 아들. 아스리감의 아버지(느11:15).
4 레위사람 므라리자손 분니의 아들(대상9:14). 아하와 강가에서 성전 기명을 운반한 사람.
5 에스라시대의 레위사람. 하삽냐와 같은 사람(스8:19).
6 느헤미야시대 그일라 반 지방을 다스린 자(느3:17). 예루살렘 성벽 일부를 재건했다.
7 요시야왕 때의 레위 사람의 두목(대하35:19).
8 므라리계 레위사람 아마시야의 아들. 성전 봉사자 에단의 아버지(대상6:45).
9 레위사람 아삽의 후손(느11:22).
10 대제사장 요야김시대 제사장(느12:21).

하사손다말[חַצְצוֹן תָּמָר = 종려나무의 본래 땅]지(창14:7) ①사해 서편 엔게디의 옛 이름. 그돌라오멜의 동맹군에게 정복 당한 아모리 족속의 거주지. ②여호사밧왕 때에 유다를 침공한 동맹군이 진을 쳤던 곳(대하20:2). ③종려나무성 여리고로 추정하며 이곳에서 겐사람이 유다광야로 이주하였다(삿1:16). ④발람이 겐 사람을 가리켜 말할 때 사해 서안과 겐 사람의 견고한 거처 그 요새인 엔게디를 바라보았을 것이다(민24:21). ⑤다말과 같은 곳(겔47:19).
하사야[חֲסָיָה = 여호와가 감시하심] 인(느11:5) 바벨론에서 귀국한 마아세야의 선조. 골호세의 아들.
하사엘[חֲזָהאֵל = 하나님께서 보심] 인(왕상19:15) ②수리아왕 벤하닷Ⅱ세를 섬긴 신하. 엘리사는 하사엘에게 기름을 부어 수리아의 왕을 삼도록 하나님의 명령을 받았다. ②하사엘은 왕을 죽이고 왕위에 올라다스렸다(왕하8:7-15). ③그는 같은 시대의 이스라엘왕 요람, 예후, 여호아하스와 싸웠다(왕하10:32). ④아들 벤하닷이 왕위를 계승했다(왕하13:24-25).
하살갓다[חֲצַר גַּדָּה = 행운의 성읍] 지(수15:27) 유다 남방의 성읍.
하살마웻[חֲצַרמָוֶת = 죽음의 성읍] 지(창10:26) 아라비아반도 남부 지방 이름. 기후는 좋지 않으나 향료, 몰약 등이 많이 난다.
하살수사[חֲצַר סוּסָה = 말의 성읍] 지(수19:5) 시므온 지파의 한 성읍. 말의 생산지인 듯하다. 하살수심과 같은 곳.
하살수심[חֲצַר סוּסִים = 말의 성읍] 지(대상4:31) 시므온의 성읍. 사루엔 동쪽 31km지점에 위치한 스발랏 아우수패인과 동일시 된다.
하살수알[חֲצַר שׁוּעָל = 여우의 마을] 지(수15:28) 유다 남부 시므온 지파의 성읍. 바벨론에서 돌아온 사람의 거주지(느11:27).
하살아달[חֲצַר אַדָּר = 아달의 마을] 지(민34:4, 수15:3) 유다 남방 가데스바네아 부근에 있던 성읍. 가나안의 남방경계가 되었다(민34:4). 앗달과 같은 곳.
하살에난(논)[חֲצַר עֵינָן = 샘들의 둘레] 지(민34:9-10) 이스라엘 북쪽 국경. 에스겔47:18, 48:1에는 이상적 국경이라 했다.
하삽나[חֲשַׁבְנָה= 여호와께서 돌보신다, 여호와가 평가하신다] 인(느10:25) 바벨론 포로에서 귀국한 후 국민의 죄를 반성하고, 율법을 엄수할 것을 서약한 사람.

하삽느야[חֲשַׁבְנְיָה = 여호와는 나를 생각하신다] 인
① 예루살렘 성벽을 재건한 핫두스의 아버지(느3:10).
② 레위사람. 바벨론 포로에서 귀국한 후 백성이 금식과 참회로 예배드릴 때 다른 레위 사람들과 같이 백성을 대표하여 하나님의 은혜와 관용을 찬양하면서 국민적 참회를 하였다(느9:5-31).
하세롯[חֲצֵרוֹת = 마을들] 지(민11:35) ①이스라엘 백성들이 시내산에서 북쪽에 두번째 진을 쳤던 곳(민12:16, 33:17). ②여기서 미리암과 아론이 모세의 아내의 일로 모세를 비난하다가 미리암이 문둥병에 걸렸다(민12:). ③바란 광야에 있었다(민33:17).
하셀핫디곤[הַצֵּר הַתִּיכוֹן = 중간 마을] 지(겔47:16) 약속의 땅 가나안의 동북쪽 성읍.
하셈[הָשֵׁם 살진, 잠] 인(대상11:34) 기손사람. 다윗의 30용사 중 한 사람(대상11:34). 야센과 같은 사람(삼하23:32).
하소[חֲזוֹ = 환상, 꿈] 인(창22:22) 아브라함의 동생 나홀과 밀가 사이에서 난 다섯째 아들.
하소베렛[הַסֹּפֶרֶת = 서기〈書記〉] 인(스2:55) 솔로몬왕의 신복 중 한 사람. 소베렛과 같다(느7:57).
하속[下屬 ; 아래 하, 붙을 속. servants] 명(마26:58) 하인들. 회당과 의회(산헤드린)에서 일하는 관속.
하솔[חָצוֹר = 촌락, 둘레] 지
① 팔레스틴 북쪽에 있던 가나안 사람의 왕 야빈의 수도. ①야빈은 이웃나라의 왕들과 동맹하여 스스로 맹주가 되어 이스라엘 백성들을 물리치려고 했으나 여호수아에게 점령당했다. 그의 수도는 불타버렸다(수11:1-11). ②납달리 지파에게 분배되었다(수19:32, 36). ③사사시대에 이르러 다시 가나안 사람의 손에 들어갔으나 여사사 드보라와 사사 바락에 의하여 멸망되었다(삿4:). ④솔로몬이 요새를 건

축했다(왕상9:15). ⑤디글랏빌레셀에게 빼앗겼으며 백성들은 앗수르로 끌려갔다(왕하15:29).
② 유다 남쪽 에돔 경계에 접한 성읍(수15:23).
③ 하솔하닷다(새 하솔) 유대 남방의 성읍(수15:25).
④ 예루살렘 북편에 있던 성읍. 바벨론에서 귀환한 베냐민 자손의 일부가 거주하였는데 바알하솔과 동일시하며 지금은 하수로라 한다(느11:33).
⑤ 느부갓네살이 정복한 아라비아의 한 지방(렘49:28-3:2).

하솔하닷다[חָצוֹר חֲדַתָּה = 새 마을]지(수15:25) 유다의 남방 성읍. 하릿의 동남쪽 11km지점에 있는 엘후데이라와 같은 곳으로 여김.

하수[河水 ; 물 하, 물 수. the river, river water]명(창41:2) 강물. 강수. 큰 강. 큰 물. 강 등을 가리키는 말. 건천이 아닌 언제나 물이 흐르는 강을 뜻한다.

하수바[חֲשֻׁבָה = 벗긴다, 생각]인
① 스룹바벨의 아들(대상3:20).
② 솔로몬의 신복 느디님 사람의 조상(느2:43).

하술렐보니[הַצְלֶלְפּוֹנִי = 나를 돌보심]인(대상4:3) 유다 지파 에담 자손 이스르엘의 매제.

하숨[חָשֻׁם = 부귀](스2:19)
① 스룹바벨과 같이 포로에서 귀국한 사람(스10:33, 느7:22).
② 바벨론 포로에서 귀국 후 민족적 자숙과 맹약을 체결하고 그 계약서에 날인한 족장 중 한 사람(느8:4, 10:18).

하숫가[by the river]명(창36:37) 강의 언저리. 강가.

하스나아[הַסְּנָאָה = 증오]인(느3:3) 예루살렘의 어문을 세운 자손의 조상. 느7:38에는 정관사가 생략된 스나아로 되어 있다.

하스라[הַסְרָה = 빛 남]인(대하34:22) 살룸의 할아버지. 할하스와 같은 사람(왕하22:14).

하스모나[חַשְׁמֹנָה = 살진, 옥토]자

(민33:29) 이스라엘 민족이 광야에 머문 곳.

하스밧다나[הַשְׁבַּדָּנָה = 이성, 친구되다. 현명한 판단]인(느8:4) 학사 에스라가 귀국자들에게 성경을 낭독할 때 좌편에 서 있던 자 중 한 사람.

하시드(문)[הַחֲרָסִית = 질그릇 조각의 문]지(렘19:2) 예루살렘의 문 이름. 두 성벽사이 왕의 동산 곁문(왕하25:4), 두람 샛문(렘39:4), 또는 분문(糞門)과 같다(느2:13, 3:13).

하시엘[חֲשִׂיאֵל = 하나님의 전]인(대하23:9) 레위사람 게르손가문 시므이의 아들로 족장.

하아하스다리[הָאֲחַשְׁתָּרִי = 노새 몰이꾼]인(대상4:6) 유다 자손 아스홀과 나아라사이에 출생한 아들.

하여간[何如間 ; 어찌 하, 같을 여, 사이 간. anyhow]명(고후12:16) 어찌 하였든지. 어쨌던.

하여금[부](삼하17:1) ①으로써. ②에게. ③시키어.

하와[חַוָּה = 산 자의 어미. 생명]인
1. 인적관계 - ①하나님이 아담의 갈빗대로 창조하신 아담의 아내(창2:18-22). ②가인과 아벨과 셋의 어머니(창4:1-2, 25). ③아담이 지어준 이름(창3:20).
2. 관련기사 - ①하나님께서 아담을 만드시고 그 외로움을 도우려고 아담의 갈빗대 하나를 뽑아서 만드심은 심오(深奧)한 의미가 있다고 해석한다. 만약 두골(頭骨)로 만들었다면 남자의 머리가 되려고 했을 것이다(창2:22). ②또 한가지 심장에 가까운 뼈로 만드심은 서로 사랑하게 하시려는 섭리인 것이다. ③이 하와가 뱀의 꾀임에 넘어감으로 인류에게 죄가 들어왔다고 정의하고 있다(고후11:3). ④하나님의 금단의 열매를 따 먹은 후에 전에는 하나님의 명령을 받다가 이제는 남자의 주장함을 받고 해산하는 고통의 수고를 하게 되었다(창3:3-6, 16-20). ⑤아담을 죄에 빠뜨린

자(딤전2:13,14). ⑥죄를 전가한 자(창3:13). ⑦잉태하는 고통이 크게 더해짐(창3:16). ⑧남편을 휘어 잡으려고 하지만 다스림을 받는다(창3:16). ⑨하나님께서 가죽옷을 입히셨다(창3:21). ⑩에덴에서 쫓겨났다(창3:22-24). ⑪자식을 낳았다(창4:1).

하우란[חַוְרָן = 깊은 땅]㊁(겔47:16) 가나안의 이상적 동편 경계로 기록되었다. 헤르몬산 동남 비옥한 분지. 밀의 주산지. 현재 아라비아인은 엘하우란이라 부른다.

하윌라[חֲוִילָה = 사막의 땅]㊀
① 노아의 아들 함의 손자. 구스의 아들(창10:7, 대상1:9).
② 노아의 아들 셈의 자손 욕단의 아들(창10:29, 대상1:23).

하윌라[חֲוִילָה = 모래땅]㊁(창2:11) ①에덴동산에서 발원한 비손강이 둘려있는 지방. 정금과 진주와 호마노 산지이다. ②후에 이스마엘 자손 거주지가 되었다(창25:18). ③셈족 중 구스인들과 욕단의 족속들이 살던 아라비아 지방을 지칭(대상1:9,23).④사울왕이 아말렉을 격퇴한 곳(삼상15:7).

하인[下人 ; 아래 하, 사람 인. servant]㊅(창18:7) ①사내 종. ②사내 종과 계집종의 총칭(롬14:4). 종과 같은 사람.
＊그리스도의 종으로서의 성도.

하지[下地 ; 아래 하, 땅 지. on the earth]㊅(신4:39) ①하늘 아래의 땅. 지구. 지표.

하체[下體 ; 아래 하, 몸 체, nakedness]㊅(창9:22) ①사람의 몸의 아랫부분. lower part of the body. ②남녀의 음부. 생식기. private parts.
＊구약에서는 ②를 많이 가리켰다. 숨긴 곳을 뜻하는 히브리어 마오르의 번역말.

하층[下層 ; 아래 하, 층계 층. nethermost, lowest]㊅(왕상6:6) ①아래층. 밑층. downstairs. ②아랫계급. lower class. ③몇개의 층을 이루고 있는 것 중의 제일 아래층. lower layer.

하하[ha ha, aha]㊆(시35:21) 아아, 오 등 슬픔, 놀람을 나타내는 말.

하히롯[הַחִירֹת]㊁(민33:8) 출애굽한 이스라엘 백성이 홍해를 건너기 전 마지막으로 진을 쳤던 곳. 비하히롯과 같은 곳.

학[鶴 ; 새 학. crane, stork]㊅(레11:19) 두루미. 성경에 나타난 부정한 새. 슬픔을 비유함(사38:14).

학가단[חַגְּדָן = 작은 자]㊀(스8:12) 에스라와 같이 바벨론 포로에서 귀환한 요하난의 아버지.

학개[חַגַּי = 쾌락, 경축, 명철]㊀
1. **인적관계** - 12소선지서의 하나인 학개의 기록자(학1:1)
2. **관련기사** - ①바벨론 포로 후기의 선지자(스5:1). ②스가랴와 동시대 사람(슥5:1, 6:14). ③바사왕 다리오 I 세 제2년 6월에서 9월까지 예언하였다. 그의 예언 내용은 이스라엘 백성들이 바벨론 포로에서 귀국한 후 의식주 생활에만 치중하고 성전 재건을 위해서는 관심이 없었기 때문에 이 사실을 책망하고 격려하였다. ④2:3의 말이 파괴 이전의 솔로몬의 성전을 직접 본 학개의 말이라면 그가 예언활동을 했던 시기는 노년기라고 생각할 수 있다.

학개[Haggai]㊅(학)구약 제37권째 성경. 스룹바벨과 함께 바벨론에서 돌아온 레위사람 선지자 학개의 기록으로 성전 재건을 촉구하고 백성들에게 힘과 용기를 주기 위하여, 성별에 관한 하나님의 말씀과 심판에 관한 하나님의 말씀을 대언하였다. 내용분해는 박기원 편 성경총론을 참고하라.

● 학개에 예언된 그리스도의 모형 - ①만물의 소유자(학2:8). ②성전 재건을 통한예언(학2:9) - 스룹바벨이 재건한 성전은 솔로몬의 성전에 비하면 아주 초라한 것이다. 그러나 재건될 성전이 이전 영광보다 크다는 것은 성전이신 그리스도의 영광을말함이다(고전3:16,6:19). ③스룹바벨은 다윗의 혈통(학2:13) - 스룹바벨은 포로된 선민의 영도자이었다. 그리스도는 우리의 목자이시며 왕이시다.

학고스[קוֹץ = 가시 나무]인(대상24:10) 아론의 자손 이다말의 후손 제사장. ①그의 가족은 다윗시대까지는 한 족속으로 번영하여 다윗의 제사장 구분에서 24반차 중 제7반차이었다. ②그의 자손은 스룹바벨과 같이 바벨론 포로에서 귀환했으나 보계에 자기의 이름이 없었기 때문에 제사장직에서 제외되었다(스2:61). ③후에 권리 회복을 했다(느3:21). ④예루살렘 성벽을 중건한 므레못의 할아버지(느3:4).

학기[חגי = 즐거운 축제의]인(창46:16) 갓의 둘째 아들(민26:15). 학기 가족의 선조(민26:15).

학기야[חגיה = 여호와의 축제]인(대상6:30) 레위사람으로 므라리 자손 중 하나. 시므아의 아들. 아사야의 아버지.

학깃[חגית = 명절]인(삼하3:4) 다윗의 네째 아들인 아도니아의 어머니.

학대[虐待 ; 사나울 학, 대할 대. ill treatment, oppress]명(창6:6) 매우 가혹하게 대우함. 남을 혹독하게 괴롭힘.

학대자[虐待者 ; 사나울 학, 대할 대, 놈 자. oppressor]명(사51:13) 학대하는 사람.

학모니[חכמוני = 아는 자, 지식인]인(대상27:32) 다윗의 아들들의 종자이었던 여히엘의 아버지.

학몬[חכמוני = 현명한]지(대상11:11) 다윗의 용사. 학몬사람의 아들. 야소브암의 출신지. 사무엘하23:8의 다그학몬인 듯하다.

학문[學問 ; 배울 학, 물을 문. learning]명(단1:4) 여러가지 지식을 배우고 익힘. 체계가 서 있는 지식.
*바울은 학문에 능했다(행26:24). 그리스도를 깨달을 때 그 가치가 나타남(골2:2-3).

학사[學士 ; 배울 학, 선비 사. scribe, scholar]명(스7:6) ①학문 연구에 전념하는 사람. scholar. ②성경, 법률, 신학 등을 연구하던 유대인 학자. 성경을 가르치고 해석하는 일을 맡은 사람. 랍비. 구약에서는 에스라를 가리킨 말.

학살[虐殺 ; 사나울 학, 죽일 살. slaughter, consume]명(삼하21:5) 참혹하게 마구 무찔러 죽임.

학술[學術 ; 배울 학, 꾀 술, wisdom]명(행7:22) ①학문과 예술. ②학문과 그 응용방법.

학식[學識 ; 배울 학, 알 식. learning]명(잠1:5) 학문과 식견. 학문에서 얻은 식견.

학자[學者 ; 배울(공부할) 학, 놈 자. learned]명(사50:4) 학문을 연구하거나 통달한 사람. 학문에 능란한 사람. 성경에서는 율법학자, 서기관을 가리킨다.

학질[瘧疾 ; 학질 학, 병 질. fiery heat, malaria]명(신28:22) 일정 시간이 되면 오한이 나고 발열하는 병. 고열병의 일종. 여섯가지 저주 중 하나(신28:20-68).

한 관(창1:9) ①하나의 뜻. one. ②대략의 뜻 about.

한[恨 ; 한할 한. grudge, bitter]명(창27:42) 원한. 한탄.

한[限 ; 한정 한]명(창41:49) ①사물의 정해 놓은 범위. 한계. limint. ②넘지 못하게 정함. 또는 이미 정하여진 정도나 범위. restriction.
한가[閑暇 ; 한가할 한, 한가할 가. leisure]⟨명⟩(신24:5) 별로 할 일이 없어 시간적 여유를 가짐.
한결[much more]⟨부⟩(잠20:10) 보다 더. 제법. 꽤.
한결같이[constantly, be like]⟨부⟩(히4:15) 처음부터 끝까지 꼭 같게.
한계[限界 ; 한정 한, 지경 계. limit bound, decree]⟨명⟩(잠8:29) 땅의 경계. 사물의 정해놓은 범위.
한나[חַנָּה = 은혜, 자비]⟨명⟩
1. 인적관계 - ①엘가나의 본처(삼상1:2). ②사무엘의 어머니(삼상1:20).
2. 관련기사(삼상1:-2:10) - ①에브라임 산지에 거주하였다(삼상1:1-2). ②남편의 사랑을 받았으나 아이가 없었다(삼상1:1-2). ③남편과 같이 해마다 실로에 가서 제사를 드렸다(삼상1:3-4). ④남편 엘가나는 한나를 위하여 갑절의 제물을 드렸다(삼상1:5). ⑤하나님께서 그에게 잉태하지 못하게 하셨다(삼상1:6). ⑥브닌나의 학대와 엘가나의 위로(삼상1:6-8). ⑦한나의 기도(삼상1:9-12). ⑧제사장엘리의 오해와 축복(삼상1:13-17) ⑨한나가 위로를 받고 돌아감(삼상1:18-19). ⑩사무엘을 낳음(삼상1:20). ⑪여호와께 서원하고 드림(삼상1:21-28). ⑫한나의 찬송(삼상2:1-11) - 마리아의 찬송과 비교(눅1:46-55).
3. 메시야 사상 - 기름부음을 받은 자(삼상2:10).
한나돈[חַנָּתֹן = 은혜스러움]⟨지⟩(수19:14) 스불론지파의 성읍.
한니엘[חַנִּיאֵל = 하나님은 은혜로우심]⟨인⟩(민34:32)
① 므낫세 지파의 족장으로 가나안땅 분배시 협조한 사람(민34:23).
② 울라의 아들. 아셀지파의 족장이며 큰 용사로 방백의 두목(대상7:39-40).
한담[閑談 ; 편안할 한, 말씀 담. quiet, talk]⟨명⟩(잠11:13) 심심풀이로 하는 이야기. 한가하게 서로 주고 받고 하는 이야기.
한담하는 자[talebearer]⟨인⟩(잠20:19) 한가하게 서로 주고 받고 이야기 하는 사람. 남의 비밀을 누설하게 된다.
한량[限量 ; 한정 한, 분량(헤아릴) 량. limited amount]⟨명⟩(사5:14) 일정한 분량. 한정된 양.
한량없이[限量~ 한정 한, 분량 량~. no bounds, without measure]⟨부⟩(사5:14) 그지없이, 다함이 없게, 무한정하게.
한 뭇[a bundle]⟨양수⟩(행28:3) 장작, 잎나무를 한 묶음씩 작게 묶은 단.
한 바탕[a bowchot]⟨명⟩(창21:16) 한 번 일이 크게 벌어진 일장(一場), 일진(一陳).
한 번[once, one time]⟨명⟩(출2:11) 한 돌림. 한 차례. 일회. 일차.
한 벌[changes]⟨명⟩(창45:22) 옷이나 그릇 같은 것이 짝을 이루는 것. 여러가지가 한데 모여서 갖추어진 한 덩이.
한 없다[be without number, forever]⟨형⟩(창41:49) 끝이 없다.
한재[旱災 ; 가물 한, 재앙 재. drought disaster, sword]⟨명⟩(신28:22) 가뭄으로 생기는 재앙. 한해(旱害). 하나님이 내리시는 재앙이다.
한적한 곳[閒寂 ; 편안할 한, 고요할 적. solitary place]⟨명⟩(막1:35) 한가롭고 고요한 장소. 예수님이 기도하신 곳.
한정[限定 ; 한정 한, 정할 정. limitation]⟨명⟩(욥13:27) 제한하여 정함. 개념에 속성을 붙여 그 뜻을 좁게 함. 규정. 제한.
한 주[one Lord](고전8:6) 주 예수 그리스도. 오직 한 분 뿐인 주님. 신앙고백에 쓰이는 말. 주 하나님의 유일하심을 나타내는 말(신6:10). 주 예수 그리스도의 신성에 관하여 유일하신 중보자임을 고백한다(고전8:5-6, 12:5, 엡4:5).
한 줌[handful]⟨명⟩(레2:2) 적은 분량. 한 웅큼. 한 주먹. 한 주먹이 될만한 분량. 소제 고운 가루의 양. ①사르밧 과부는 한 줌 밖에 없는 것으로 엘리야를 대접했다(왕상17:12). ②몇 줌 밖에 안되는 것으로 여호와를 욕되게 한 자도 있다(겔13:19).

한탄[恨嘆 ; 한할 한, 탄식할 탄. repent, deploring]명(창6:6) 원통하거나 뉘우침이 있을 때 한숨짓는 탄식. ㉠한(恨).

한편[~便 ; 쪽 편. on hand, side]명(갈3:30) ①함께 하는 편. ②서로 대립되는 편의 하나.

할라[חַלָה = 습기가 있는 성]지(왕하17:6) 이스라엘 백성이 앗수르 왕 살만에셀에게 사로 잡혀간 지방. 메소포다미아 하볼강 유역에 있는 한 성으로 여긴다(대상5:36).

할락산[הָלָק = 미끄럽다, 민둥산]지(수11:17) 여호수아가 점령한 땅 중 최남단 경계로 언급된 산.

할렐루야[הַלְלוּ יָהּ = 여호와를 찬양하라, 주를 찬양하라]명(시104:35) 시편에서 사용한 히브리 말. 환희, 승리, 감사의 외침을 나타내는 말. 하나님의 창조와 섭리 구원을 노래할 때 하나님을 찬양하였다(시104)시편 제5권(107:~150:)은 할렐루야 시이다. 신약에서는 계19:1-8에 있다. 음부의 멸망에 천사의 대 합창에 나타난다.

할례[割禮 ; 나눌 할, 예도 례, circumcision]명(창17:10) 이스라엘인의 남자가 난지 여드레 만에 생식기 끝의 껍질을 끊어내는 종교적 의식. 포경 절단. 야곱의 딸 디나의 일로 시므온과 레위가 세겜사람을 속여 할례를 행하고 복수한 일도 있었다(창34장).

시행 - ①아버지에 의하여 시행된다(창17:23). ②부싯돌 같은 것으로 잘랐다(출4:26, 수5:2). ③여성도 그의 아들에게 시행했다(출4:25). ④결례의 날 이름을 지으면서 같이 했다(눅1:59). ⑤예수님도 할례를 받았다(눅1:59).

* **신약의 의의** - ①그리스도인에게는 가치가 없다(고전7:19). ②그리스도 안에서의 할례(골2:11). ③육적인 몸을 벗고 그리스도께 몸 전부를 드리는 일(골2:11).

할례당[割禮黨 ; 나눌 할, 예도 례, 무리 당. the circumcision]명(엡2:11) 할례를 받은 무리. 유대인을 가리키는 말.

할례산[割禮山 ; 나눌할, 예도(예절) 례, 뫼 산. hill of the foreskins]지 (수5:3-5) 광야에서 출생한 이스라엘 백성은 할례를 하지 않았음으로 여호수아가 여호와의 명령을 받들어 이 산에서 할례를 행하였다. 길갈 부근의 낮은 산.

할례시[割禮時 ; 나눌 할, 예도 례, 때 시. when one is in circumcision]명(롬4:10) 할례를 받을 때.

할례자[割禮者 ; 나눌 할, 예도 례, 놈 자. the circumcised]명(행11:2) 할례를 받은 사람.

할로헤스[הַלּוֹחֵשׁ = 마술사, 속삭이는 자]인(느3:12, 10:20, 25) 에루살렘지방 절반을 다스린 살룸의 아버지. 할르헤스와 같은 사람. 율법엄수 계약에 참에 한 사람.

할리[חֲלִי = 목걸이]명(수19:25) 아셀지파의 땅.

할하스[הַרְהַס = 빛남]인(왕하22:14) 요시야왕 때의 여선지자 훌다의 남편 살룸의 할아버지. 대하34:22에는 하스라로 되었다.

할해야[הֲחַלְיָה = 여호와는 보호하심]인(느3:8) 금 세공업자 웃시엘의 아버지. 느헤미야시대 에루살렘 성벽을 쌓았다.

할훌[חַלְחוּל = 불꽃, 세찬열]인(스2:51) 느디님 사람으로 바벨론 포로에서 귀환한 족속의 한 선조(느7:53).

할훌[חַלְחוּל = 움푹 패인 곳이 많은

함[חָם = 검다, 덥다]인

1. **인적관계** - ①노아의 둘째 아들(창 5:32, 6:10). ②가나안의 아버지 (창9:18).

2. **관련기사** - ①노아와 같이 방주에 들어가 홍수를 피했다(창7:13). ②방주에서 나온 후 가나안을 낳았다(창9:18). ③노아가 술 취하여 벗은 몸으로 있는 것을 보고 형제들에게 가서 흉을 보았다(창9:22). ④구스, 미스라임, 붓과 가나안을 낳았다(창10:6). ⑤노아가 깨어 그것을 알고 저주하기를 "그 형제의 종이 되기를 원하노라"라고 하였다(창9:18-25). ⑥그의 자손은 앗수르, 바벨론, 가나안, 시돈, 애굽, 리비아등지에 거주한다(창10:6-20, 대상4:40). ⑦고대에는 상당한 문명국으로 알려졌으나 그 중에 앗수르와 애굽의 문화가 가장 발달하였고 전 세계를 지배하였으며, 두로와 시돈은 상업국으로 유명하였다. ⑧중세기 이후에는 쇠약하여 열등국으로서 열강의 식민지가 되어 오랫동안 압박을 받았다. ⑨시78:51, 105:23에 함의 땅이라함은 애굽을 가리킨다.

함[חָם = 검다, 덥다]지

1 애굽(미스라임)을 가리키는 명칭(시105:23). 함의 자손이 거주하는 현재의 아프리카로 고대에는 세계 강국이었으나 현세에는 약소국으로 백인들의 속국이 되었으며 독립은 하였으나 개발도상국으로 어려운 생활을 한다. 시105:23, 27, 106:22에 함과 애굽 땅에 대하여 노래한 것을 볼 수 있다.

2 수스족이 살고 있던 요단 동의 성읍. 그돌라오멜의 연합군의 침략을 받고 망했다(창14:5).

함락[陷落 ; 빠질 함, 떨어질 락. falling, be taken]명(신20:20) ①땅이 무너져 떨어짐. ②적의 성이나 진지를 빼앗음.

함맛[חַמַּת = 온천]인(대상2:55) 겐족속 레갑의 조상.

함맛[חַמַּת = 온천]지(수19:35) 납달리의 성읍. 견고한 성. 함몬(대상6:76). 함못 돌(수21:32)과 같은 곳으로 여긴다. 지금의 디베랴 남방에 있는 함맘 타바리엣으로 추정하며 유황온천이 있다.

함메아[הַמֵּאָה = 백의 망대]지(느3:1) 예루살렘 북벽의 망루. 성전 뜰 북면 하나넬 망대의 동쪽에 있던 망대(느12:33).

함몬[חַמּוֹן = 온천]지

1 아셀지파의 성읍(수19:28). 두로의 남방에 있은 것으로 여긴다.

2 납달리에 있던 레위인의 성읍(대상6:76). 함맛과 같은 곳(수19:35).

함몰[陷沒 ; 빠질 함, 빠질 몰. subsidence]명(욥22:16) ①빠짐. ②재난을 당하여 멸망함.

함물레겟[הַמֹּלֶכֶת = 여왕]인(대상7:18) 므낫세 족속 길르앗의 누이. 이스홋, 아비에셀, 말라의 어머니.

함못 돌[חַמֹּת דֹּאר 주거의 온천]지(수21:32) 납달리의 레위자손의 성읍. 함맛(수19:35)과 같은 곳.

함무엘[חַמּוּאֵל = 하나님은 태양(따뜻함)]인(대4:26) 시므온 자손 미스마의 아들.

함므다다[הַמְּדָתָא = 고루 주는 자]인(에3:1) 아각 사람. 아하수에로왕의 총리대신 하만의 아버지.

함밉갓 문[הַמִּפְקָד = 재판관의 문]지(느3:31) 감옥문과 같은 문(느12:39) 성전 성역의 북쪽 내벽에 있던 양문을 들어가면 가까운 곳에 있었다.

함소[含笑 ; 머금을 함, 웃음 소. laugh, wearing a smile]명(욥29:24) ①웃음을 머금거나 띰. ②꽃이 피기 시작함. beginning to bloom.

함정[陷穽 ; 빠질 함, 함정 정. pit, snare]명(출10:7) ①짐승을 잡기 위하여 파 놓은 구덩이. 허방다리. ②소생할 길이 없는 역경에 비유. ③남을 해롭게 할 목적으로 스스로 속게 함. ④올무, 덫, 그물 등으로 번역된 말.

함해〔陷害 ; 빠질 함, 해할 해. entrapping be ensnared〕명(욥34:30) 남에게 재앙의 해를 입힘.

합〔合 ; 합할(모을) 합. sum, total〕명(창46:18) 여럿을 한데 모음. 또는 그 수.

합〔盒 ; 합 합. perfume box〕명(마2:11) 둥글고 넓적하며 뚜껑이 있는 그릇.

합개〔蛤价 ; 조개 합, 조개 개. gecko, ferret〕명(레11:30) 푸르스름하고 꼬리가 새파란 도마뱀의 한 가지. 부정한 동물.

합계〔合計 ; 합할 합, 계산 계. sum total〕명(민3:22) 한데 몰아서 계산함. 또는 그 수.

합당〔合當 ; 합할 합, 마땅 당. be worthy, adequacy〕명(창20:9) 꼭 알맞음. 적당함. ①회개의 열매(마3:8). ②말씀 전파(마10:10). ③주를 위한 고난(행5:41, 히2:10). ④성례전에 참예(고전11:27). ⑤믿음을 인한 자랑(살후1:4-5). ⑥하나님 사랑(마10:37). ⑦복음(부름)에 합당한 생활(엡4:1, 골1:12). ⑧주의 쓰심(딤후2:21). ⑨상전 존경(딤전6:1-3).

합동〔合同 ; 합할 합, 한가지 동. union, join〕명(민18:2) 여럿이 모여 하나가 되어 함께 함.

합력〔合力 ; 합할 합, 힘 력. uniting efforts〕명(롬8:28) 흩어진 힘을 한데 합함. 서로 힘을 합함.

합리〔合理 ; 합할 합, 이치 리. rationality, be right〕명(욥35:2) 떳떳한 도리에 합당함.

합분태〔哈糞太 ; 집비둘기 합, 똥 분, 클 태. dove's dung〕명(왕하6:25) 비둘기 똥. 전쟁시 식량난 때 4분의 1갑에 은 다섯세겔이었다.

합비세스〔חבצצה = 부수는 자, 흩음〕

(대상24:15) 아론의 자손. 다윗시대 제18반열의 제사장.

합심〔合心 ; 합할 합, 마음 심. knit, being united〕명(삿20:11) 많은 사람이 마음을 한데 모음.

합의〔合意 ; 합할 합, 뜻 의. agreement〕명(출32:32) ①서로뜻이 같음. ②당사자간의 뜻이 일치함.

합의상〔合意上 ; 합할 합, 뜻 의, 위 상. with consent〕명(고전7:5) 서로의 뜻이 같음을 바탕으로 함.

합주〔合奏 ; 합할(모을) 합, 연주할 주. concert, ensemble〕명(대하20:28) 여러가지 악기로 연주함.

합창〔合瘡 ; 합할 합, 부스럼 창. healing up, broken〕명(욥7:5) 부스럼이 크게 하나로 됨.

합하다〔合~ ; 합할(모을) 합. unite, agree〕자(창46:15) ①여럿이 하나로 뭉치다. 여럿을 하나로 만들다. ②마음에 꼭 맞다.

합환채〔合歡菜 : 합할 합, 기쁠 환, 나물 채. mandrakes〕명(창30:14) 일반적으로 사랑의 열매로 간주된다. 연애에 연유된 말로 매우 희귀한 식물로 정력, 최음제의 효력이 있는 것으로 알려져 있다. 성욕을 증진시켜 수태하도록 하는 것으로 여겼다. 불임증 치료제.

핫두스〔חטוש = 경쟁자〕명

1 유다자손. 다윗의 후손 스마야의 아들로 바벨론 포로에서 귀환한 한 족속의 족장(대상3:22, 스8:22).

2 하삽느야의 아들. 예루살렘 성벽 일부를 쌓았다(느3:10).

3 스룹바벨과 같이 바벨론 포로에서 귀환한 제사장. 에스라의 율법준수의 계약서에 날인했다(느10:4, 12:2).

핫딜[חַטִּיל = 수다쟁이]圈(느7:59) 솔로몬 신복의 한 선조. 하딜.

핫슙[חַשֻּׁב = 사려깊은]圈
1 므라리 가족의 레위자손 스마야의 아버지(대상9:7,14, 느11:15).
2 바핫모압의 아들(느3:11). 예루살렘 돌담과 풀무망대를 수리했다.
3 유대 사람으로 예루살렘 성벽을 재건한 사람(느3:23).. 2와 같은 사람으로 여기는 학자도 있다.
4 에스라의 율법엄수 서약서에 인친 사람(느10:23).

핫스누아[הַסְּנֻאָה = 증오]圈(느11:9) 포로에서 귀환한 예루살렘 시민의 부감독이었던 베냐민 사람 유다의 아버지.

항거[抗拒; 대항할 항, 막을 거. resistance]圈(시74:23) 순종하지 않고 맞서서 반항함. 대항함.

항구[港口; 항구 항, 입 구. harbour, haven]圈(시107:30) 배가 드나들고 머무는 곳. 배를 대게 설비한 곳.

항렬[行列; 갈 항, 줄(나란히 설) 렬. to proceed]圈(느12:31) 줄을 지어 감.

항만[港灣; 항구 항, 물구비 만. harbors]圈(행27:39) 배를 대고 물건 또는 사람의 오르고 내림이 편리하도록 설비해 놓은 곳.

항복[降伏; 항복할 항, 엎드릴 복. surrender]圈(눅10:17) 힘에 눌려서 적에게 굴복함.

항복[降服; 항복할 항, 옷 복. surrender]圈(민32:29) 힘에 눌려서 적에게 굴복함.

항상[恒常; 항상 항, 항상 상. at all times,always,continually]圈(창5:5) 늘. 일상.

성도는 - ①주를 경외(대상6:31). ②기도하고 깨어 있어야 한다(눅21:36, 롬12:12). ③기뻐해야 한다(살전5:16). ④선을 좇으라(살전5:15). ⑤주와 함께 있으라(살전4:17). ⑥성도를 생각하라(살전3:6). ⑦하나님께 감사(살전1:2). ⑧양심에 거리낌없이 힘씀(행24:16). ⑨착한 일을 넘치게 함(고후9:8). ⑩복종(빌2:12). ⑪말을 은혜가운데 소금으로 고루게 함 같이 하라(골4:6). ⑫진리로 배움(딤후3:7). ⑬복음전파(딤후4:2). ⑭찬미의 제사를 드림(히13:15). ⑮대답을 예비하라(벧전3:15). ⑯사귈 것(요일1:7). ⑰섬길 것(벧전4:10, 5:5). ⑱받을 것(롬15:7). ⑲돌아볼것(빌2:4, 히10:24). ⑳가르칠 것(골3:16). ㉑위로할 것(살전4:18). ㉒구제할 것(히13:6). ㉓대접할 것(벧전4:9). ㉔문안할 것(벧전5:14).㉕순복할것(엡5:21). ㉖화답할 것(엡5:19). ㉗용서할 것(엡4:2, 32). ㉘종이 될 것(갈5:13). ㉙화평할 것(고전7:15). ㉚사랑할 것(롬13:8, 벧전4:8). ㉛우애할 것(롬12:10). ㉜권면할것(롬15:14, 골3:16, 살전5:11, 히3:24, 10:25). ㉝죄를 고할 것(약5:16). ㉞참된 말을 할것(엡4:25). ㉟덕을 세울 것(롬14:19). ㊱먼저 존경할 것(롬12:10). ㊲뜻을 같이 할 것(롬12:16. 15:5). ㊳인자하게 할 것(엡4:32). ㊴발을 씻어 줄 것(요13:14). ㊵수고를 당담할 것(갈6:2). ㊶나은 줄로 여길 것(빌2:3). ㊷겸손할 것(약4:10, 벧전5:5-6). ㊸의로울것(눅1:6, 롬4-5). ㊹의지할 것(시56:4, 11). ㊺자기를 이길것(고전9:27, 골3:5). ㊻예수님을 본받을 것(고후4:10, 빌2:5). ㊼산제사를 드릴것(롬12:1). ㊽성령 안에 거할 것(롬8:9, 요일4:13). ㊾예수 안에 있을 것(요15:1-7, 골3:3). ㊿믿음에서 자랄것(눅17:5, 엡6:16). ㉛항상 더 새로워질 것(고후5:17, 갈6:15). ㉜감사한 마음을 가질 것(골3:17, 살전5:18). ㉝의를 위하여 목말라 할 것(마5:6, 눅6:21). ㉞하나님께로 더 가까이 할 것(히10:22, 약4:8). ㉟하나님 안에서 즐거워할것(시33:1, 히3:18). ㊱그리스도를 증거할 것(마10:32, 요4:15). ㊲악한것은 모양이라도 버릴 것(살전5:22). ㊳주의 역사하는 가운데서 풍성한 은사를 더 얻을 것(고전15:58, 고후8:7).
불신자는 - ①자기 죄를 채움(살전2:16). ②거짓말을 함(딛1:12). ③소란함(막5:5). ④성령을 거스림(행7:51). ⑤버림을 당함(창6:3, 롬1:24).
항아리〔jar〕명(창24:14) 아래 위가 좁고 배가 몹시 부른 작은 그릇.

항오〔行伍 ; 항렬 항, 대오 오. rank and file, array〕명(출13:18) 군대를 편성한 행렬.
항용〔恒用 ; 항상 항, 쓸(쓰일) 용. common〕부(삼상21:4) ①드물거나 귀할 것 없이 보통임. 늘 있거나 써서 예사임. ②늘. 항상. alway.
항해〔航海 ; 배 항, 바다 해. voyage〕명(사42:10) 배로 바다를 건넘.
항해자〔航海者 ; 배 항, 바다 해, 놈 자. seaman〕명(겔26:17) 배를 타고 바다를 건너는 사람.
해〔sun〕명(창7:11) 태양계의 중심인 지구에서 가장 가까운 항성. ①하나님의 창조물, 큰 광명(창1:16). 낮을 주관함. ②만물육성의 본원(신33:14). ③일출에 의하여 낮이 시작됨(창19:23). ④일몰로 낮이 끝남(창15:12). ⑤인생에 기쁨을 줌(전11:7). ⑥마르게 함(은4:8). ⑦신랑에 비교됨(시19:4-6). ⑧하나님이 주관하심(욥9:7, 수10:12-13, 사38:8). ⑨해를 주지 아니함(시121:6-7). ⑩천국에는 없다(계21:23).
해〔year〕명(신31:10)①지구가 태양을 도는 동안. ②낮의 길고 짧음을 일컫는 말. daytime. ③시대. times. ④나이. age.
해〔害 ; 해할 해. harm〕명(창19:9) 건강, 물질, 사회적 지위 등 모든 것이 이롭지 못한 것의 총칭.
해갈〔解渴 ; 풀 해, 목마를 갈〕명(시104:11) ①갈증을 풀어 버림. appeasing one's thirst. ②비가 내려 가뭄을 면함. have a small rainfall
해결〔解決 ; 풀(풀어질) 해, 결단할 결. solution, be justified, divide〕명(창20:16) 여러 가닥 꽁꽁 얽힌 일을 처리함. 어려운 문제를 품.
해고〔海股 ; 바다 해, 넓적다리 고. tongue of sea〕명(사11:15) 바다, 호수, 하천이 합치는 곳의 반도보다 작은 육지.
해골〔骸骨 ; 뼈 해, 뼈 골. skull, skeleton〕명(창50:25) ①죽은 사람의 살이 썩고 남은 뼈. 몸을 이루고 있는 뼈. *골고다를 '해골의 곳'이라고 한다(마27:33).
해달〔海獺 ; 바다 해, 수달 달. goatskin, sealskin badger, sea otter〕명(출25:5) 족제비과의 물짐승. 해다리. 물돼지(돌고래)로 보는 이도 있다. 지중해의 바다표범으로 보는 이도 있다. 바다소로 보는 이도 있다. ①성막 덮게를 만듦(출26:14). ②신을 만듦(겔16:10). ③성전 기물을 담음(민4:10).

해당〔該當 ; 갖출 해, 마땅 당. applicability, be guilty of〕명(마26:66) ①무엇에 들어 맞음. ②무엇에 관계되는 바로 그것.
해독〔害毒 ; 해할 해, 독할 독. evil, harm〕명(민5:19) 해와 독. ㉤독.
해로〔海路 ; 바다 해, 길 로. path of the sea, sea way〕명(사8:8) 배가 다니는 바다의 길. 물고기가 다니는 바다 길.
해롭다〔hurt, be worse〕형(창42:36) 해가 있을만 하다. 해가 되는 점이 있다.
해만〔海灣 ; 바다해, 물구비 만. bay, gulf, shore〕명(수15:2) ①바닷가의 후미진 곳. ②바다와 바다와의 사이에 깊숙하게 후미진 곳.

해면[海面 ; 바다 해, 낯 면. surface of the sea]圐(욥38:30) 바닷물의 겉. 바다의 표면.

해몽[解夢 ; 풀 해, 꿈 몽. interpretation of a dream]圐(삿7:15) 꿈의 길흉을 풀어서 판단함.

해물[海物 ; 바다 해, 만물(물건) 물. things in sea, marine, products]圐(약3:7) 바다에서 나는 온갖 물건.

해방[解放 ; 풀 해, 놓을 방. liberation]圐(레19:20) 몸과 마음을 압박하거나 가두었던 것을 풀어 놓음.

* **영적해방** - ①죄에서(롬6:18, 22). ②사망의 법에서(롬8:2). ③하나님이(시146:7). ④그리스도의 피로(계1:5). ⑤생명의 성령의 법이(롬8:2). ⑥죽이기로 정한 자를(시102:20). ⑦하나님의 자녀들을 영광의 자유에 이르게 하셨다(롬8:21).

해변[海邊 ; 바다 해, 가 변. beach]圐(창49:13) 물과 바다가 서로 닿은 곳. 또는 그 근처. 바닷가. ①예수님이 다니심(마4:18). ②어부들의 작업장(마4:18, 13:48). ③말씀을 가르치신 곳(마13:2). ④음식을 잡수신 곳(요21:9). ⑤길과 집이 있다(마4:13, 15, 행10:6). ⑥선박의 항해(행27:13). ⑦기도하던 곳(행21:5).

해빈[海濱 ; 바다 해, 물가(다가올) 빈. beach]圐(삿5:17) 해변. 바닷가.

해산[解産 ; 풀 해, 낳을 산. travail, birth]圐(창25:24) 아이를 낳음. 분만. 출산. 해만. 해복. ①고통스럽다(창3:16). ②두렵다(시48:6). ③위험하다(창35:16-19).

교훈 - ①하나님의 뜻을 이룸(창1:28). ②즐거움을 준다(시113:9, 요16:21). ③악인은 죄악을 해산한다(시7:14). ④성도의 성화(갈4:19). ⑤구원(딤전2:15).

해산의 고통[travail](창3:16) 범죄한 하와에게 내린 벌. 아이를 낳을 때 겪는 고통. 후대의 임부들이 출산할 때 그 고통이 이어졌다. 인류가 범죄하지 않았다면 해산의 고통은 없었을 것이다.

영적표상 - ①메시야의 탄생(창3:15-16). ②새 이스라엘의 탄생(사66:7, 8). ③하나님의 나라 백성의 탄생(롬8:22). ④주의 재림, 심판(살전5:1-11). ⑤성도의 성화의 수고(갈4:19).

해석[解釋 ; 풀 해, 풀 석. interpretation]圐(창40:8) 알기 쉽게 설명함. ①성경해석(행8:30-35). ②외국어(창42:23). ③문자(단5:7-31). ④방언(고전12:10). ⑤꿈(창41:15-36, 단2:4). ⑥비유(막4:34). ⑦예언, 징조(단7:16-28).

해석자[解釋者 ; 풀 해, 풀 석, 놈 자. interpretater]圐(욥33:23) 알기 쉽게 설명하는 사람. ①천사(눅1:26-37). ②선지자와 사도들(엡3:2-11). ③그리스도와 성령(막4:34, 눅24:35-27, 고전2:11-16).

해안[海岸 ; 바다 해, 언덕 안. seashore]圐(눅6:17) 바닷가, 바닷가의 언덕.

해양[海洋 ; 바다 해, 큰 바다 양. ocean]圐(잠3:20) 크고 넓은 바다.

해어지다[wear out, wax]재(신8:4) 닳아서 떨어지다. 준해지다.

해융[海絨 ; 바다 해, 융 융. sponge]圐(마27:48) 바다 동물의 뼈로 물기를 흡수하도록 만든 갯솜(해면海綿). 예수님이 십자가에서 고통당하실 때 군인들이 마취제(신포도주)를 해융으로 찍어 빨아들여 마시게 하는 것을 예수님께서는 거절하셨다.

해이[解弛 ; 풀 해, 늦출 이. relaxation]圐(합1:4) [마음이나 규율이] 풀리어서 느즈러짐.

해자[垓子 ; 지경 해, 아들 자. rampart]圐(삼하20:15) ①능원이나 묘의 경계. ②성밖으로 둘러 판 호.

* 적의 공격을 대비하기 위한 방어시설을 말한다(단9:25). ①성벽, ②외벽, ③토루, ④곽, ⑤성루로 번역된 말.

해지다[the sun sets]재(출12:6) 해가 서산으로 넘어가다.

해태[懈怠 ; 게으를 해, 게으를 태. idle laziness]명(잠19:15) 대단히 게으름. 의무 불이행.

해하다[害~ ; 해할(해칠) 해. hurt, injure]타(창19:9) ①해롭게 하다. ②남을 상하게 하거나 죽이다.

햇볕[sunlight, shining]명(잠4:18) 해에서 내리쬐이는 뜨거운 기운. ㉜볕.

햇빛[sunlight]명(전6:5) 해의 빛, 일광(日光).

햇수[~數 ; 셀 수. number of years]명(욥15:20) 해의 수, 연수.

행각[行閣 ; 행할 행, 대궐 각. porch, portico]명(요5:2) 집의 한 부분으로 전면이나 안뜰에 지었다. 예루살렘에 있은 행각 ①베데스다못가의 행각. ②솔로몬 행각(요10:23, 행3:11, 5:12). ③성전안의 행각(겔41:1)이 있었다.

행객[行客 ; 행할 행, 손(나그네) 객. traveler]명(삿19:17) 나그네. 길 가는 사람.

행구[行具 ; 행할 행, 갖출 구. stuff, travelgear]명(삼상10:22) 여행할 때 쓰는 기구. 행장(行裝).

행동[行動 ; 행할 행, 움직일 동. action, behaviour]명(민24:18) 몸을 움직여 하는 짓. 신체적이거나 정신적 활동의 총칭. ①슬기로운 자는 행동을 삼간다(잠14:15). ②의인의 행동(롬5:18). ③악인의 괴악한 행동(행18:14). ④위험을 면하기 위한 행동(삼상21:13). ⑤행위가 더러운 음탕한 자의 행동(시106:39, 신21:21). ⑥이스라엘의 용감한 행동(민24:18). ⑦공교한 행동(삼상23:22).

행락[行樂 ; 행할 행, 즐거울 락. enjoyment]명(딛3:3) 잘 놀고 즐겁게 지냄. 성도들의 믿기전 행위.

행렬[行列 ; 행할 행, 벌릴 렬. procession]명(느12:31) 여러 사람이 줄을 지어감. 또는 그 줄.

행로[行路 ; 행할 행, 길 로. the way, road]명(신1:31) ①사람이 걸어다니는 길. ②인생이 세상에서 살아가는 길(딤후4:7).

행리[行李 ; 행할 행, 오얏 리. stuff, baggage]명(렘46:19) 여행할 때 쓰는 모든 기구. 행장, 행구.

행보[行步 ; 행할 행, 걸음 보. step, walking]명(창33:14) ①걸음. ②어떤 곳에 장사하러 나감.

행복[幸福 ; 다행 행, 복 복. blessing, happy]명(신10:13) 심신 욕구가 충족되어 만족감을 느끼는 정신 상태. ①하나님의 명령을 지킬 때(신10:13). ②믿음으로(롬4:6-9). ③이스라엘(성도)은 행복자이다(신33:29).
*영적인 복을 말한다(갈4:15).

행사[行事 ; 행할 행, 일 사. work]명(삼상8:8) 어떤 일을 행함. 그 일.
*일, 행위로 번역된 말.

행선[行船 ; 행할 행, 배 선. sailing]명(눅8:23) 배가 나감. 또는 그 배.

행순[行巡 ; 행할 행, 순행할 순. patrol]명(아3:3) 살피어 순을 돎.

행습[行習 ; 행할 행, 익힐 습. act]명(민22:30) 몸에 밴 버릇. 습성.

행실[行實 ; 행할 행, 열매 실. conduct, deed]명(스9:13) 실지로 드러난 행동. 일상적인 행위.

1. **좋은 것** - ①착한 행실(마5:16). ②선한 행실(딤전5:10). ③좋은 행실(렘11:16). ④온전한행실(잠2:7). ⑤정직한 행실(잠13:6). ⑥옳은 행실(계19:8). ⑦거룩한 행실(딛2:3).

2. **나쁜 것** - ①죽은 행실(히6:1, 9:14). ②악한 행실(골1:21). ③망령된 행실(벧전1:18). ④음란한 행실(벧후2:7). ⑤불법한행실(벧후2:8). ⑥더러운행실(겔16:27).

행악[行惡 ; 행할 행, 악할 악. evil, violence]명(시6:8) 모질고 나쁜 짓을 행함. ①불평하는 자가 치우침(시38:8). ②미련한 자가 낙으로 삼음(잠10:23).

행악자[行惡者 ; 행할 행, 악할 악, 놈 자. violent, the wicked]명(욥

31:3) 못된 짓을 하는 사람. 사단. 마귀. ①재앙이 따른다(욥31:3). ②주께서 미워하심(시5:5). ③실족하여 넘어짐(시27:2). ④하나님께서 보응하신다(시92:11). ⑤함정을 판다(시141:9). ⑥일시적으로 득의함(잠24:19). ⑦장래가 없다(잠24:20). ⑧악이 악한자를 건져낼 수 없다(전8:8). ⑨사형을 받는다(눅23:32). ⑩그리스도를 비방함(눅23:39). ⑪회개하고 믿으면 낙원에 들어간다(눅23:40-43).

행위〔行爲; 행할 행, 하 위. doing, work, deed〕명(창6:12) 사람의 의사 작용에 따라 도리를 판단하고 의식적으로 행하는 동작. 행실, 행습, 행사와 같이 쓰이는 말. ①일상생활(딤후2:4). ②인간으로서의 행위(살전4:11). ③믿음에 의한 행위(롬3:27, 엡2:8,9). ④신앙이 온전케 됨(약2:22, 24). ⑤사랑으로 역사함(갈5:6).

행음〔行淫; 행할 행, 음란할 음. lie, play the harlot〕명(창38:34) 부정한 남녀 관계를 행함. 도덕에 어긋난 성적 행위의 일체. ①스스로 더럽힘(레21:9). ②몸을 더럽힌다(고전6:18). ③부끄러움(겔16:27). ④만족이 없다(호4:10). ⑤하나님을 떠나게 함(호9:1).

행음자〔行淫者; 행할 행, 음란할 음, 사람자. whore-mongers〕명(계21:8) 부정한 남녀 관계를 행하는 자. 간음자. 음행자.
*하나님을 배반하고 우상숭배를 한 사람(겔16:15-28, 호1:2, 9:1).

행인〔行人; 행할 행, 사람 인. wayfarer〕명(삿5:6) 길을 가는 사람. 여로에 있는 사람. 나그네.
*성도의 이 세상에 대한 관계(히11:13, 벧전2:11).

행장〔行狀; 행할 행, 문서 장〕명(왕상11:41) ①행동. 몸가짐. 품행. behaviour. ②사람의 평생의 행적을 적은 글. brief record of one's life.

행장〔行裝; 행할 행, 꾸밀 장. travel gear〕명(행21:15) 여행할 때 쓰는 모든 기구.

행적〔行蹟〕명(왕상14:19) 평생에 한 일. 행위에 결과가 나타난 실적.

행진〔行進; 행할(걸을) 행, 나아갈 진. march, go forth〕명(시68:7) 줄을 지어 앞으로 걸어 나아감.

행진〔行陣; 행할(걸을) 행, 진칠 진. march〕명(민4:5) 군대가 대열을 지어 다른 곳으로 옮겨가는 일.

행차〔行次; 행할 행, 차례 차. honored going or coming〕명(시68:24) 웃어른이 길을 감.

행하다〔行~; 갈 행. go〕타(창4:7) ①하다. perform. ②행동하다. act. ③실행하다. practise.

향〔香; 향기 향. incense〕명(출25:6, 창50:2) ①향내가 나는 물건. ②제전에 피우는 물건으로 소합향, 나감향, 유향, 풍자향 등 향나무 재료의 가루를 반죽한 것.
*상징 - 성도의 기도와 제사(계8:3, 시141:2).

향기〔香氣; 향기 향, 기운 기. fragrance〕명(창8:21) 향냄새. 향취. 상징적 의미 - ①성도(고후2:15). ②헌금(빌4:18). ③그리스도의 속죄적 희생(빌4:18, 엡5:2).

향기롭다〔fragrant, saroury, sweet〕형(출29:18) 향기로운 냄새가 나다. 성도의 바른 생활.

향기름〔ointment〕명(출30:25) 감람나무의 기름. 향유, 향료. 성막, 성전에서 쓰는 기름.

향나무〔cypress, firtree〕명(사14:8) 전나무, 사이프레스 나무로 알려져 있다. 건축용재.

향낭〔香囊; 향기 향, 주머니 낭. bag〕명(아1:13) 향을 넣어 차고 다니는 말총으로 짠 주머니.

향년〔享年; 누릴 향, 해 년. one's age〕명(창9:29) 한평생 살아서 누린 나이. 이 세상에 생존한 햇수.

향단〔香壇; 향기 향, 제단 단. incense〕명(출30:10) 하나님 앞에 향을 피우는 제구. ①황금으로 만들었다(출40:5). ②성소에 두었다 (눅1:11). ③운반하는 채가 있다 (대하26:16-19). ④향단 뿔에 피를 바른다(레4:7).

향로[香爐 ; 향기로울 향, 화로 화. censer]명(레10:1) 향을 피우는데 쓰는 자그마한 화로. 불을 담고 그 위에 향을 놓아 분향한다. ①제사장은 속죄일에 향로를 가지고 지성소에 들어가 분향한다(레16:12, 겔8:11). ②처음에는 놋으로 만들었다(민16:38-39). ③후에 금으로 만들었다(대하4:22, 히9:4). ④계시록에는 금향로를 말한다(계8:3,5) 그리스도의 중보적 사역을 뜻한다.

향료[香料 ; 향기 향, 헤아릴 료. spice]명(사39:2) ①향기를 풍기는 물품. 그윽한 향기를 품고 있는 원료. ②향을 만드는 재료.

향리[鄕里 ; 시골 향, 마을 리. village, own country]명(수15:45) 고향의 마을. 고향.

향목[香木 ; 향기 향, 나무 목. scented wood]명(계18:12) 소나무목 향나무과의 상록 교목. 좋은 향기가 있음. 향나무. 바벨론의 교역품. 고가의 거목(계18:12).

향방[向方 ; 향할 향, 모 방. destination]명(고전9:26) 향하는 곳.

향수[享壽 ; 누릴 향, 목숨 수. live, being blessed with longevity]명(창5:5) 오래 사는 복을 누림.

향연[香煙 ; 향기 향, 연기 연. smoke an incense]명(레16:13) 향을 피우는 연기.

향유[香油 ; 향기 향, 기름 유. ointment]명(마26:7) 향내가 나는 화장용 기름. 향수. ①감람유(출30:25). ②나드(막14:3). ③고가임

(전7:1, 요12:5). ④화장품(룻3:3). ⑤의약품(사1:6, 눅10:34, 약5:14). ⑥장례품(마26:12, 막14:8). ⑦임직시 사용(레8:12, 삼상10:1). ⑧제물(레5:11,출29:40). ⑨영접(요11:2, 마26:7).

향응[饗應 ; 잔치할 향, 응할 응. entertainment]명(에2:18)특별하우 대하는 뜻으로 음식을 차려서 대접하거나 잔치를 베풂.

향재료[香材料 ; 향기 향, 재목 재, 헤아릴 료. spices]명(대하16:14) 향을 만드는 감. 향품으로 많이 번역된 말.

향촌[鄕村 ; 시골(고향) 향, 마을 촌. village]명(민32:42) 시골. 고향의 마을.

향취[香臭 ; 향기 향, 냄새 취. smell, fragrance]명(창27:27) 향기. 향냄새. 고국.

향품[香品 ; 향기 향, 물건 품. spice]명(창37:25) 향유, 향수나 향기나는 물건. 향의 재료, 방향물질.

향품장사[香品~ ; 향기 향, 물건 품. perfumer]명(느3:8) 성전의식에 쓰일 향을 제조하는 기술을 가진 사람. 그 상인. 하나냐를 가리킨다.

향하다[向~ ; 향할 향. face-towards]자(창18:16) 바라보다. 마주서다. 마음을 기울이다.

향합[香盒 ; 향기 향, 합 합. perfume box]명(사3:20) 향을 담는 용기. 부인들의 사치한 장신구로 사용되었다.

허깨비[phantom]명(고전3:20) 마음이 허하여 착각이 일어나서 무슨 물건이 다른 물건으로 보이는 일.

허공[虛空 ; 빌 허, 빌 공. void air]명(욥26:7) 아무 것도 없이 텅빈 공중.

*공간, 공기, 공중 등으로 번역된 말. 창1:2의 혼돈으로 번역된 말과 같은 원어.

허다[許多 ; 매우(가량) 허, 많을 다. multitude, many]명(신31:17) 몹시 많음. 수두룩함.

허락[許諾 ; 허락할 허, 승락할 락.

permission, promise]명(창16:2) 정하고 바라는 바를 들어 줌.
* 하나님께서 인류의 생사화복을 허락하신다.

허랑방탕[虛浪放蕩 ; 빌(헛될) 허, 결 랑, 놓을 방, 방탕할 탕. dissoluteness]명(눅15:13) 됨됨이가거 짓되고 방탕함. 쓸데없는 곳에 재물을 낭비함. 향락에 도취되어 주색에 빠져 지내는 행위.

허리[loin]명(창35:11) 사람의 몸의 갈빗대 아래 골반 위 배의 옆 잘록한 부분. 동물은 등뼈 아랫부분.
상징적 의미 - ①생식의 근원(창35:11, 히7:5,10). ②힘의 근원(시66:11). ③권세(신33:11). ④깨어 있음(눅12:35, 벧전1:13). ⑤정의와 공평으로 다스림(사11:5). ⑥악령과 싸우는 방어용(엡6:14).

허리띠[loingirt, belt]명(사5:27) 허리에 둘러매는 띠. ①옷을 단정하게 한다(왕하4:29). ②힘을 준다(잠31:17).③싸울 준비(엡6:14).
상징적의미 - ①공의(사11:5). ②준비(사5:27, 벧전1:13). ③기쁨(시30:11). ④진리(엡6:14).

허마[$'E\rho\mu\tilde{a}s$ = 가뭄]인(롬16:14) 로마의 성도. 바울이 문안했다.

허망[虛妄 ; 빌 허, 망녕될 망. falsehood]명(출23:1) 거짓이 많고 근거가 없음. 우상은 허망한 것이다(사44:9).

허메[$'E\rho\mu\tilde{\eta}s$ = 통역자]명 루스드라에 있는 우상의 이름. 그리스의 신화에 나오는 올림포스의 12신의 하나. 제우스와 마야의 막내. 동물계를 지배하고 부와 상업, 여행, 경기의 수호, 음악, 웅변 다재 다능한 신으로 숭배했다. 바울과 바나바가 루스도라에 갔을 때 바울의 설교와 이적을 목격한 주민들이 바울을 허메신이라 하여 제사하려고 하였다(행14:12).

허메[$'E\rho\mu\tilde{\eta}s$ = 통역자]인(롬16:14) 바울이 문안한 로마의 성도.

허모게네[$'E\rho\mu o\gamma\acute{e}\nu\eta s$ = 허메에서 난 자]인(딤후1:15) 소아시아 사람. 바울을 좇다가 바울이 갇히자 부겔로와 함께 바울을 배반한 사람.

허무[虛無 ; 빌 허, 없을 무. nothingness, be vain]명(신32:21) 아무것도 없는 상태. 텅빔.
* 사람의 생각(시94:11).

허물[fault](창31:36) 잘못, 그릇된 실수. 과실. 전과. *성경에서는 죄를 나타내는 말이다. 범죄, 죄악으로 번역된 말. 거역 배반과 같은 말.
* 하나님께서 도말하시고(사43:25), 그리스도를 통해 사해 주신다(히9:12-14).

허비[虛費 ; 빌(헛될) 허, 허비할 비. waste]명(마26:8) 쓸데없는 비용을 씀. 헛되게 없앰. 낭비.

허사[虛事 ; 빌 허, 일 사. failure]명(신32:47) 헛된 일. 헛 일.

허영[虛榮 ; 빌 허, 영화 영. vanity, vainglory]명(빌2:3) ①신분에 넘치는 외관상의 영화. ②필요 이상으로 하는 걷치레.
* 허영은 교회의 일치와 평화를 깨뜨리는 적이다(빌2:1-4).

허위[虛僞 ; 빌 허, 거짓 위. falsehood]명(사28:15) 없는 것을 있는 것처럼 하는 속임. 거짓된 행위.

허위다[paw]타(욥39:21) 앞발로 긁거나 치거나 두드리다.

허탄[虛誕 ; 빌 허, 낳을 탄. myth, falsehood]명(욥27:12) 거짓이 많아 미덥지 않음. 허황하고 망령됨. 가능성이 없는 큰 소리. ①거짓교사의 가르침(딤전4:7). ②유대인의 허탄한 이야기(딛1:4). ③허탄한 자랑(벧후2:18, 약4:16). ④허탄한 사람(약2:20). ⑤믿을 수 없는 말(눅24:11).

허하다[許~ ; 허락할 허. permit, accept]팀(삼상20:6) ①허가하다. ②청을 들어주다.

허한 말[falsehood]명(딤전6:20) 쓸데없는 말. 빈말. 잡담. 헛된 말.

헌금[獻金 ; 드릴 헌, 돈 금. gift, offering, contribution](눅21:1) 하나님의 은혜를 감사하는 마음으로 바치는 돈, 물질. 선교, 교육. 교역자와 교회직원의 생활비와 가난한 자의 구제를 위하여 하나님의 법칙 안에서 사용한다. 그리스도인들은 하나님의 청지기이다. 하나님의 것을 하나님의 사업에 써야 한다(고후9:5-15). 초대교인들은 전 재산을 드렸다(행2:44, 4:32-35).

헌데[sore]명(눅16:20) 부스럼이 나거나 피부병으로 상처가 난 곳.
*고통을 상징한다(계16:2, 11).

헌물[獻物 ; 드릴 헌, 만물(물건) 물. gift, offering]명(레23:28) 바치는 제물. 바치는 물건.
*십일조 외에 하나님께 드리는 것. 예물(출25:1). 자진하여 드린다(출35:21). 온전한 것을 바침(말1:13).

헌신[獻身 ; 드릴 헌, 몸 신. offer, devotion, offer]명(출32:29) 자기의 이해를 돌보지 않고 전력을 다함. 하나님과 이웃 사람에 대한 봉사.

헐다[bo sore]자(계16:2) 상한 자리가 나타나다.

헐다[destroy]타(출34:12) 집이나 담따위를 쌓은 물건을 넘어뜨리다. 모아 놓은 물건을 축나게 하다.

헐몬[חֶרְמוֹן = 거룩한 산]지(시133:3) 헤르몬산과 같음.

헐벗다[poor, naked]타(신28:48) 입을 만한 옷이 없다. 가난하다.

험악[險惡 ; 험할 험, 악할 악. ruggedness, be evil]명(창47:9) 길이나 날씨 따위가 험난함.

험준[險峻 ; 험할(위태로울) 험, 높을 준. steep, strong]명(욥39:28) 매우 높고도 가파름.

험하다[險~ ; 험할 험. steep]형(사40:4) ①지세가 사나와서 걷기가 어렵다. ②모양이 흉칙하고 무섭다. ③모든 형세가 음흉하고 위태하다.

헛것[false, vain, idol]명(고전3:20) 허깨비. 사실이 아닌 것. ①우상(레19:4). ②만방의 신(대상16:26). ③욥의 날(욥7:16). ④소망(욥41:9). ⑤구원의 말(시33:17). ⑥사람(시144:4). ⑦지혜있는 자의 생각(고전3:20). ⑧사람의 경건(약1:26). ⑨행함이 없는 믿음(약2:20). ⑩율법에 속한 믿음(롬4:14). ⑪그리스도가 부활하지 아니하셨다면 전파하는 것은 헛것이다(고전3:20).

헛되다[vanity]형(레26:16) 무가치하다. 쓸데없다. 허황대어 믿기 어렵다.

헛맹세[~盟誓 ; 맹세할 맹, 맹세할 세, false oath](마5:33) 거짓으로 서약 또는 약속을 하는 일. 거짓 증거, 위증, 서약을 어기는 일.

헛점[false divination sign]명(겔21:23) 거짓된 점쾌. 상징적으로 우상숭배.

헝겊[piece of cloth]명(렘38:11) 피륙의 조각.

헤개[חֵגַי = 물 붓는 자]인(에2:3-9) 아하수에로왕의 내시. 왕이 왕후를 간택할 때 그가 에스더를 보고 합당히 생각하여 왕에게 천거하여 왕후가 되게 하였다.

헤나[חֵנָע = 낮은 땅, 염려함]지(왕하18:34) 앗수르 군대에게 점령된 유브라데강 상류의 성읍(왕하18:34, 19:13).

헤나닷[חֵנָדָד = 하닷(神)의 은혜]인(스3:9) ①바벨론에서 돌아온 레위 지파 한 씨족의 조상. ②그일라 지방 절반을 다스린 자(느3:18). ③아들 바왜와 빈누이는 예루살렘 성벽을 재건하였다(느3:18, 24). ④그의 자손이 율법엄수에 인쳤다(느10:9).

헤나왕[~王 ; 임금 왕. king of hena]

인(사37:13) 유브라데강 상류의 헤나 성읍을 다스린 왕. 앗수르(산헤립)에 의하여 패했다.

헤들론[חֶתְלֹן = 요해, 감긴]지(겔47:15) 에스겔이 이상을 본 이스라엘의 이상적 북방 경계의 성읍.

헤레스[חֶרֶשׁ = 침묵]인(대상9:15) 바벨론 포로에서 돌아와 예루살렘에 거주한 레위사람.

헤레스[הַחֶרֶס = 태양]지(삿8:13) 요단강 동쪽 숙곳 가까운 곳. 압복강에서 올라오는 비탈길. 기드온이 미디안 사람을 추격하고 돌아온 길.

헤레스 산[mount heres]지(삿1:35) 단 지파가 아모리사람을 쫓아내지 못하고 오히려 아모리 사람들이 단 지파를 산지로 몰아넣고 거하던 산. 요셉 족속이 강해진 뒤 항복하였다. 유다와 단의 경계.

헤렛[חֶרֶת = 덤불]지(삼상22:5) 유다 땅에 있던 수풀. 그일라와 아둘람 사이의 수풀. 다윗이 사울을 피하여 숨은 곳이다.

헤로디아['Ηρωδιάς = 영웅의 딸]인(마14:3) 헤롯의 손녀. 아그립바 I세의 누이. 살로메의 어머니. 빌립에게 출가하였다가 버리고 그의 시숙 헤롯 안디바의 처가 되었다 (막6:17). 이것을 보고 세례 요한이 그것은 불가하다고 책망하였다 (눅3:19). 헤로디아가 노하였고, 안디바의 생일에 살로메를 시켜 세례 요한의 목을 요구하도록 하여 세례 요한의 목을 베어 죽게 했다 (마14:3-10, 막6:17-28).

헤로디온['Ηρωδίων = 거짓영웅]인(롬16:11) 로마의 바울의 친척.

헤롯['Ηρώδης 영웅의 아들]인 주전 55년경부터 주후 93년경까지 팔레스틴과 그 인접 지역을 통치한 로마의 분봉왕의 칭호.

1 헤롯대왕(주전37-4). 대헤롯. 팔레스틴의 통치권을 가졌던 안디바델(주전55-43)의 둘째 아들. ①헤롯왕가의 창시자이며 예수님 탄생시의 왕(마2:1-18). ②25세에 갈릴리의 총독을 역임하였고 주전 40년에 로마 황제 아구스도에 의해 유대왕으로 임명. ③이두매, 사마리아, 갈릴리 지방을 쳤으며 주전 37년에 예루살렘을 함락시키고 유대왕으로 군림하였다. ④성격이 강인하고 또 현명한 재질을 가졌으나 매우 잔인한 행위도 하였으니 곧 예수님의 탄생을 듣고 불안을 느껴 베들레헴의 어린아이들을 살해한 것을 대표로 들 수 있다(마2:16). ⑤그는 많은 공공 사업을 하고 예루살렘 성전의 증축에 착수하였다. 그는 10명의 아내를 두고 많은 자녀를 두었다. 주전 4년에 악질에 걸려 70세로 죽었다.

2 헤롯 안디바(주전3~주후39). ①헤롯대왕의 둘째 아들. 부왕 사후 베뢰아 영주가 되었다(눅3:1). ②세례 요한 및 예수님과 관계가 있다. 그 형제 빌립의 아내 헤로디아를 취하여 세례 요한의 충고를 받고 도리어 그를 체포 살해하였다 (막6:16-28, 마14:1-12). ③또 빌라도로부터 송치된 예수님을 심문하였다(눅23:7-12). ④성격이 교활 방종하고 미신에 깊이 빠져 예수님이 여우라고 하셨다(눅13:32, 막8:15). ⑤여러 도시를 건설했으나 만년에 유형(有刑)을 당하였다.

3 헤롯 아켈라오 : 아켈라오(마2:22). 헤롯대왕의 아들.

4 헤롯 빌립 1세. 헤롯 대왕과 대제사장 시몬의 딸 마리암메 1세와의 아들. 헤로디아의 처음 남편(막6:17). 살로메의 부친. 공직에 있지는 않았다.

5 헤롯 빌립 II세(주전4~주후34). ①헤롯대왕과 그의 다섯째 처와의 사이에 난 아들. ①이두래와 드라고닛 지방의 영주가 됨(눅3:1). ②헤롯가에서 가장 존경을 받은 인물. ③헤로디아의 딸 살로메와 결혼.

6 헤롯 아그립바 I 세(주후37-44). 사도 야고보를 참살(행12:1-33).

7 헤롯 아그립바 II 세(주후50-100).

바울을 송치한 왕(행25:13이하).

헤롯당(원)[hrodians]명(막3:6) 유대 분봉왕 헤롯의 무리. 헤롯의 일파. 그의 추종자. 로마의 지배하에서 만족을 누렸다.

헤르몬 산[חֶרְמוֹן =거룩한 산]지
1. **위치** - 팔레스틴의 북방 안티레바논 산맥의 남단에 있는 최고봉으로 높이 2,850m나 된다. 옛부터 성산으로 알려진 곳.
2. **관련기사** - ①여호수아가 점령한 북부 경계지역(수11:3, 17). ②바산왕 옥이 다스리던 곳(수12:5, 13:11). ③성지에서 가장 높은 산(신3:8, 4:48, 아4:8). ④정상에는 세 봉우리가 있다(시42:6-). ⑤하나님의 은혜에 비유(시133:3). ⑥베니게 사람들은 배를 만들 목재를 얻었다(겔27:5). ⑦야수의 서식지(아4:8). ⑧별명은 시온(신4:48). ⑨주께서 변화하신 산으로 추정한다(마17:1-, 눅9:28-). ⑩시돈 사람은 이 산을 시룐이라 하고 아모리 사람은 스닐이라고 불렀다(신3:9, 시29:6). ⑪시89:12에는 헐몬이라 하였다. 지금은 아라비아어로 제벨에식(추장 곧 백발의 산)이라 부른다. 사계절 눈이 녹지 않는다.

헤만[הֵימָן =신실함, 충실함]인
1 유다의 손자요 세라의 아들(대상2:6).
2 마홀의 아들. 솔로몬의 지혜와 겨룰만 한 사람(왕상4:31). 시편 88편을 지었다.
3 사무엘의 손자이며 요엘의 아들. 성전에서 찬송하는 자(대상6:33). 다윗왕의 선견자요 나팔부는 자로 그에게는 14남 3녀가 있어 다 성전의 찬양대 헤만조의 대원이다(대상25:5-6).

헤맘[הֵימָם = 맹렬함]인(창36:22) 세일자손 로단의 아들. 대상1:39에는 호맘으로 되었다.

헤버[Εβερ= 과거]인(눅3:35) 셈의 5대 손. 살라의 아들. 예수님의 계보에 든 사람.

헤벨[חֶבֶר= 협력, 동무]인
1 아셀의 손자이며 브리아의 아들(창46:17, 대상7:31) 헤벨 가문의 조상이 된 사람(민26:45).
2 호밥 자손 중 겐 사람으로 시스라를 죽인 야엘의 남편. 게데스 가까운 지방에서 살았다(삿4:11-24).
3 에스라의 손자 소고 집의 조상(대상4:17-18).
4 베냐민 사람 엘바알의 아들(대상8:17).
5 유다사람 아스훌이 나아라에게서 낳은 아들(대상4:6).
6 므게랏 사람으로 다윗의 용사(대상11:36).
7 므낫세 사람 슬로브핫의 아버지. 헤벨가문의 조상(민26:32-33, 수17:2-3).

헤벨[חֶבֶר = 구덩이, 우물]지(수12:17) 사론 평야에 있던 가나안 사람의 성읍. 솔로몬왕 12행정구역 중 제3구의 성읍(왕상4:10).

헤브론[חֶבְרוֹן = 친교, 동맹]인
1 레위자손 고핫의 아들(출6:18). 헤브론 사람의 선조(민3:27). 다윗왕 시대 큰 자(대상26:30-32).
2 유다 사람 갈렙 자손 마레사의 아들. 고라, 답부아, 레겜, 세마의 아버지(대상2:42, 43).

헤브론[חֶבְרוֹן =친교, 동맹]지
1 예루살렘 근처.
1. **위치와 개요** - 예루살렘 서남 30km 지점에 있는 고도. ①세계에서 제일 먼저 건설한 도시 중의 하나로 애굽의 유명한 소안보다도 7년이나 먼저 건설된 것으로 전한다. 해발 1,013m의 고지대. 포도 특산지

아브라함의 가족묘 위의 모스코

2. 관련기사 - ①아브라함이 거주했다(창13:18). ②막벨라 굴이 있는 지역(창23:2-20). ③이삭과 야곱의 거주지(창35:27). ④아브라함, 사라, 이삭, 리브가, 레아, 야곱이 장사된 곳(창23:17-19). ⑤출애굽한 이스라엘 정탐군이 탐지한 곳(민13:22). ⑥아낙 자손의 거주지(민13:22). ⑦포도, 석류, 무화과의 산지(민13:23). 포도송이는 두 사람이 메고 돌아왔다. ⑧여호수아가 이 성을 취하여 일부는 갈렙에게 일부는 레위지파의 아들에게 주었다(수10:36, 15:54, 21:10-12). ⑨여호수아가 헤브론왕을 죽였다(수10:1-39). ⑩도피성이 있는 성읍(수20:7). ⑪초기 다윗왕국의 수도. 7년을 통치한 곳(삼하2:1-11, 대상29:27). ⑫다윗의 여섯 아들의 출생지(삼하3:2-5, 대상3:1). ⑬아브넬이 죽은 곳(삼하4:1). ⑭압살롬이 다윗을 반역한 곳(삼하15:7-10). ⑮르호보암이 15新를건설했다(대하11:10). ⑯옛이름 기럇아르바, 마므레.

2 아셀지파 경내의 성. 압돈이라고도 부른다(수19:28, 21:30).

헤브론 왕[king of hebron]인(수10:3) 여호수아에게 망한 호함.

헤스래[חֶשְׁרַי = 활짝 편]인(삼하23:35) 다윗의 30용사 갈멜 사람. 대상11:37에는 헤스로로 되었다.

헤스로 인(대상11:37) 다윗의 30용사 헤스래와 같은 사람.

헤스론[חֶצְרוֹן = 울타리, 법정]인

1 야곱의 손자. 르우벤의 아들(창46:9). 그 가족의 족장(민26:6).

2 유다의 손자. 베레스의 아들. 예수님의 족보에 든 사람(마1:3, 창46:12).

헤스론[חֶצְרוֹן = 울타리, 법정]지 (민26:6) ①유다 남경 가데스바네아 서편의 성읍(수15:3). ②유다의 남부 그리욧 헤스론(가롯)과 같은 곳(수15:25). ③하솔이라고도 하며(수15:25). ④하살아달과 같은 곳(민34:4).

헤스몬[חֶשְׁמוֹן = 비옥함, 살찐]지(수15:27) 브엘세바 근처 유다 남부의 성읍.

헤스본[חֶשְׁבּוֹן = 요해, 계략]지

1. 위치 - 요단 동부 모압에 있었다.
2. 관련기사 - ①모압의 옛성읍. 아모리왕 시혼이 점령하여 수도로 정했다(민21:25-34). ②모세가 쳐서 점령한 곳(민21:23-26, 신4:46). ③르우벤 지파에게 준 땅(민32:37). ④레위자손의 거주지로 주었다. 후에 모압인에게 빼앗겼다(민32:37, 수21:39). ⑤갓의 영지가 되었다(수21:39). ⑥사사 입다가 귀속을 암몬왕에게 주장했다(삿11:19, 26). ⑦그곳에 있는 연못은 아가서에서 인용되었다(아7:4). ⑧아합이 죽은 후 모압에게 빼앗겼다(사15:4, 렘48:2, 49:3). ⑨심판, 멸망이 예언된 곳(사16:8-14, 렘48:34-35).

헤스본 왕[king of heshbon]인(신2:24) 아모리 사람 시혼. 아모리 왕(삿11:19).

헤스본 바드랍빔[heshbon-vathrabbim]지(아7:4) 솔로몬이 노래한 헤스본의 한 성문 이름. 그 부근에 연못이 있었다. 솔로몬이 술람미 여자의 눈의 아름다움을 이 못에 비유하였다.

헤시온[חֶזְיוֹן = 환상]인(왕상15:18) 다메섹에 거한 아람왕 벤하닷의 할아버지. 다브림몬의 아버지. 다메섹 초기 군주 르손과 같은 사람(왕상11:23).

헤실[חֵזִיר = 멧돼지]인

1 아론의 자손. 다윗시대 17번째로 하나님의 전에 들어가 제사장 직분을 수행한 사람(대상24:15).

2 느헤미야 시대 바벨론 포로에서 귀환한 후 율법 준수의 계약에서 날인한 백성의 두목(느10:20).

헤아리다[consider]사(동)(신16:10) 생각으로 가늠하여 따지고 살핀다. 셈하다.

헤엄[swimming]명(사25:11) 물 속에서 몸을 뜨게 하고 손발을 놀리며 다니는 짓. 수영.

헤치다[turn up, disperse, scatter]타 (삼하22:43) ①속에 있는 것을 파서 잡아 젖히다. ②흩어져 가게하다. ③옷자락을 벌리다.

헨[חֵן = 은혜, 긍휼]인(슥6:114) 스바냐의 아들. 스가랴의 동시대 포로 이후 사람.

헬갓[חֶלְקַת = 밭]지(수19:25) 아셀지파의 성읍. 레위 자손의 성읍이 되었다(수21:31).

헬갓 핫수림[חֶלְקַת הַצֻּרִים = 돌밭, 날카로운 돌]지(삼하2:16) 요압과 아브넬의 부하 각 12인이 서로 싸운 기브온의 못 가.

헬개[חֶלְקַי = 아첨]인(느12:15) 대제사장 요야김 시대의 제사장. 힐기야의 단축형.

헬대[חֶלְדַּי = 인내]인
① 느도바 사람 바아나의 아들. 다윗의 용사 중 한 사람으로 12월 담당 장관(대상27:15).
② 바벨론에서 예루살렘에 귀환한 유다사람(슥6:10).

헬라[חֶלְאָה = 목걸이]인(대상4:25) 드고아의 아버지 아스홀의 아내 중 하나. 다른 한 사람은 나아라(대상4:5,7). 세렛 형제의 어머니.

헬라[יָוָן = 거품] 인 (욜3:6) 헬라족을 가리키는 히브리 명칭. 야완과 같다. 이 족속은 무역을 하였다(겔27:13).

헬라['Ελλάς = 거품. greecc]지
1. **위치** - 유럽 동남부 발칸반도 남단. 작은 왕국이었으나 세력이 확장되어 주변국을 점령하고 식민지로 삼았다.
2. **배경해설** - ①유럽 동남부에 돌출한 큰 도시. 본래의 이름은 야완이었다. 헤리니족이 들어온 이후에 헬라로 고쳤고 로마인들이 그리스라 한 것이 지금까지 통용되고 있다. ②12국이 공수동맹(共守同盟)으로 서로의 평화를 유지하여 평안하다가 주전 340년경 포씨스인의 침공으로 이웃 북린(北隣) 마게도냐의 왕 빌립이 원병으로 오게 되어 그 기회에 빌립의 아들 알렉산더 대왕이 완전히 자기 영역내에 두었다. ③그후 주전 150년경에 로마제국이 일어나 마게도냐를 점령하여 로마제국에 속하게 되었고, 그 후도 많은 외침을 받다가 1829년에 다시 독립하여 오늘에 이르렀다. ④이 나라는 일찌기 베니게인으로부터 애굽과 바벨론의 문화를 수입하여 유럽 최초의 문명국이 되었을 뿐 아니라 서양 문명의 기원을 지워주는 세계적으로 유명한 문화의 발상지였다. ⑤웅변가 데모스테네스와 철학가 소크라테스, 플라톤, 아리스토텔레스와 사학가 헤로도투스, 투키디데스 등이 나왔다. ⑥헬라 문명이 고도로 발달

▲머리모습

함에 따라 각국에서 헬라어를 통용어로 쓰는 사람이 많아졌다(요19:20, 행6:1)). ⑦주전 250년경 알렉산드리아에서 유대인 70인이 성경 번역회를 조직하고 히브리어 구약을 헬라어로 번역하였으니 이것이 곧 70인역이다.

3. **관련기사** - ①구약에서 유다자손들을 헬라족속에게 팔았다 하고 또 헬라가 강성할 것과 유다인의 대적이 될 것을 예언하였다(욘3:6, 단8:21-25). ②신약에는 헬라인과 관계되는 기사가 10여차 있다(요12:20, 행6:1, 11:20, 16:1, 19:10,17, 20:2, 21:28, 롬1:14, 2:9-10, 고전1:22). ③데오빌로는 헬라인이며 바울은 헬라국내에서도 전도했다(행17:16-34).

헬라국 - 침략을 당한다(단11:2).

헬라군 - 바사군과 싸운 후에 침입할 군대(단10:20).

헬라말 - 예수님 당시 상용어(요19:20, 행21:37).

헬라음 - 헬라어 발음(계9:11).

헬라인 - 헤리니족의 후손. 그리스민

족, 그리스에서 태어난 사람(요7: 35, 행11:20, 14:1). 유대인과 대조적으로 쓰였다(롬1:14, 16, 10: 12).

헬라파 유대인 - 헬라어를 하는 유대인. ①구제에 불만을 나타내었다(행6:1). ②회개한 사울을 죽이려고 하였다(행9:29).

* 이들은 외국에서 살았던 사람들이며 아람어를 하는 히브리파 유대인과 대조된다.

헬람[הֵילָם =성체]지(삼하10:16-17) 요단강 동편 수리아의 한 성읍. 다윗이 아람의 하닷에셀을 멸한 곳.

헬레스[חֵלֶץ =힘, 구원하다]인
1 에브라임 지파 사람으로 발디(블론, 발론) 출신 다윗의 용사. 7월군 24,000명의 군장(지휘관) (삼하23:26, 대상11:27, 27:10).
2 유다지파 여라므엘사람 아사랴의 아들. 엘르아사의 아버지(대상2:39).

헬렉[חֵלֶק =분깃]인(민26:30, 수17:2) 므낫세지파 길르앗의 아들. 그 씨족의 조상.

헬렘[הֵלֶם =건강]인
1 아셀지파 소멜의 형제. 족장(대상7:35).
2 바벨론에서 귀국한 사람. 헬대와 같은 사람으로 본다(슥6:10, 14).

헬렙[חֵלֶב =비만]인(삼하23:29) 느도바사람. 바아나의 아들. 다윗의 30용사 중 한 사람.

헬렙[חֵלֶב =갈대의 곳]지(수19:33) 납달리지파의 성읍. 갈릴리호수 서남단의 곳.

헬렛[חֵלֶד =비만]인(대상11:30) 느도바사람 바아나의 아들. 다윗의 용사. 헬렙(삼하23:29), 헬대(대상27:15)와 같은 사람으로 봄.

헬론[חֵלֹן =용감한 사람]인(민1:9) 모세시대 스불론지파의 두목이었던 엘리압의 아버지.

헬리['Hλεί= 높다]인(눅3:23) 예수님의 모친 마리아의 남편 요셉의 아버지.

헬바[חֶלְבָּה =기름기]지(삿1:31) 베니게 연안에 있던 아셀지파의 성읍. 이곳 주민을 쫓아내지 못했다.

헬본[חֶלְבּוֹן =비옥]지(겔27:18) 다메섹 북방 21km지점에 있는 포도주와 양털이 유명한 아람(시리아)의 성읍. 현재의 이름은 할분이다.

헴단[חֶמְדָּן =즐거움]인(창36:26) 호리족속 디손의 맏아들. 대상1:41의 하므란과 같은 사람.

헵시바[חֶפְצִי־בָהּ =내 기쁨이 이 딸에게 있음]인
1 히스기야왕의 왕비. 므낫세왕의 어머니(왕하21:1).
2 시온의 상징적인 이름(사62:4). 하나님의 사랑을 받아 예루살렘이 회복되고 새 시온이 건설될 것을 이사야가 예언했다.

헷[חֵת =공포]인
1 함의 손자. 가나안의 아들(창10:15, 대상1:13).
2 헷족속의 조상. 힛타이트족의 선조. 아브라함이 그에게서 막벨라굴을 샀다(창23:3-5, 18:18, 25:10, 49:32).
3 에서의 처의 조상. 헤브론 근처에 거주하였다(창27:46).

헷 사람(족속)[חִתִּי =두려움]인지
1. **인적관계** - 수리아 전역을 장악했던 민족. ①노아의 손자 가나안(함의 아들)의 아들 헷의 후손(창10:15, 대상1:13). ②가나안 중앙 산지 정착민(민13:29, 수11:3).
2. **관련기사** - ①가나안 선주민, 하나님께서 이스라엘에 주시기로 약속된 땅의 원주민(창15:20). ②아브라함은 헷족속에게서 막벨라굴을 샀다(창23:16-20). ③에서는 헷족속의 두 여자를 취하였다. 야곱은 헷족속의 여자를 취하지 못하게 하였다(창26:74, 27:46). ④그후 그들의 세력이 쇠퇴하여 각지에 소수로 남아 있는 실태를 볼 수 있다(출3:17, 수3:10, 9:1, 11:3). ⑤가나안 7족 중 하나(신7:1). ⑥하나님께서 진멸하도록 명하신 족속(신7:24). ⑦이스라엘이 진멸하지 못한 족속(삿3:5). ⑧수리아에

옮겨가 독립국을 세웠다(삿1:26, 왕상10:29, 왕하7:9, 대하1:17). ⑨헷 족속의 온 땅이란 말은 '레바논에서 큰강 유브라데에 이르러'라는 어구를 보아 강한 세력임을 알 수 있다(수1:4, 왕하7:6). ⑩그들의 수도는 갈그마스이다(대하35:20). ⑪솔로몬도 통혼했다(왕상11:1). ⑫사르곤Ⅱ세에 의하여 정복당했다(사10:9). ⑬느부갓네살에 의하여 망했다. ⑭바벨론에서 돌아온 유다 사람과도 통혼했다(스9:1-2). ⑮에스겔선지는 예루살렘에 대하여 "네 아비는 아모리인이요 네 어미는 헷사람이라"하였다(겔16:3, 45).

3. 출신인물 - ①에브론(창23:10). ②에브리와 딸 위딧. 엘론과 딸 바스맛. 딸들은 에서의 아내가 되었다. ③아다(창36:2). 창26:34의 바스맛. ④아히멜렉(삼상26:6). ⑤우리아(삼하11:3,6). ⑥솔로몬이 사랑한 여인(왕상11:1).

혀[tongue]명(출4:10) 사람이나 짐승의 입안 아래쪽에 붙어있어 맛을 깨달으며 소리를 내는 구실을 하는 기관.
* ①혀가 둔하면 말을 잘하지 못한다(출4:10). ②의로운 말을 해야 한다(잠10:20). ③찬양을 해야 한다(시119:172, 126:2). ④선과 악에 영향을 끼친다(약3:5-6).

혁혁[赫赫; 빛날 혁, 빛날 혁. bright, honour]부(에1:4) 빛나는 모양.

현관[玄關; 가물 현, 상관할 관. vestibule, porch]명(삿3:23) 집의 정면 문간, 입구. 낭실, 행각.

현달[顯達; 나타날 현, 통달할 달. eminence]명(잠3:35) 벼슬과 덕망이 높아서 세상에 드러남.

현몽[現夢; 나타날 현, 꿈 몽. dream, vision]명(창20:3) 꿈에 나타남.
* 하나님께서 현몽하신 사람. ①아비멜렉(창20:3). ②라반(창31:24). ③요셉(마리아의 남편)(마1:20).

현상[現狀; 나타날 현, 모양 상. present situation]명(사64:5) 지금의 상태. 눈앞의 모습.

현손[玄孫; 가물 현, 손자 손. great-great-grandson]명(민27:1) 손자의 손자.

현숙[賢淑; 어질 현, 맑을 숙. gracefulness, be virtuous]명(룻3:11) 여자의 마음이 어질고 깨끗함.

현숙한 여자(여인)[賢淑~女子; 어질 현, 맑을 숙, 계집 여, 아들 자. woman of noble character](룻3:11) 어질고 깨끗한 여자. ①룻(룻3:11). ②사라(벧전3:1-7).
* 잠언31장에서 - ①값은 진주보다 더함(10). ②남편이 믿음(11). ③산업이 궁핍하지 않음(11). ④남편에게 선을 행함(12). ⑤부지런하다(13). ⑥식량공급(14). ⑥물을 나누어 줌(15). ⑦여종에게 일을 정함(15). ⑧산업을 확장함(16). ⑨경영을 잘함(16). ⑩강성함(17). ⑪준비함(18). ⑫직접 일을 함(19). ⑬가난한 자 구제(20). ⑭환난과 겨울을 대비(21). ⑮부요함(22). ⑯남편을 인정받도록 함(23). ⑰생산, 판매, 위탁판매를 한다(24). ⑱능력과 존귀로 옷을 삼는다(25). ⑲후일에 웃는다(25). ⑳지혜를 베풀고 인애의 법을 말한다(26). ㉑가정관리(27). ㉒가족의 칭송을 받는다(29). ㉓여호와를 경외한다(30). ㉔보응을 받는다(31).

현악[絃樂; 줄 현, 음악 악. string music]명(시45:8) 줄을 타는 악기. 거문고, 수금, 피파 등.

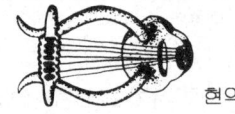

현악기

현장[現場 ; 나타날 현, 마당 장. scene]몡(요8:4) ①사물이 현존한 곳. ②사건이 발생한 곳.

현재[現在 ; 나타날 현(이제, 지금), 있을재. now, present]몡(신1:11) ①이제. 지금. ②이 세상.

현저[顯著 ; 나타날 현, 나타날 저. conspicuous, manifest]몡(단8:5) 드러나서 두드러짐. 閂현저히.

현황[眩恍 ; 아찔할 현, 황홀할 황. disconcert]몡(왕상10:5) 정신이 어지럽고 황홀함.

혈[血 ; 피 혈. blood, flesh]몡(고전15:50) 피.

혈기[血氣 ; 피 혈, 기운 기. vitality]몡(창9:15) ①목숨을 유지하는 체력. ②격동하기 쉬운 의기.

혈루[血漏 ; 피 혈, 샐 루. issue of blood]몡(막5:29) 음부에서 때때로 피가 나오는 병.

혈루증[血漏症 ; 피 혈, 샐 루, 병증세 증. flow of blood]몡(마9:20) 피의 유출. 음부에서 때없이 피가 흐르는 병. 부인병. 관성 자궁 출혈증.

혈속[血屬 ; 피 혈, 붙을 속. blood relation, the loins]몡(출1:5) 혈통을 잇는 족속.

혈육[血肉 ; 피 혈, 살 육. one's offspring, flesh]몡(창6:19) ①자기가 낳은 자녀. ②피와 살.

혈통[血統 ; 피 혈, 거느릴 통. lineage]몡(요1:13) 동성의 계통. 친족의 서로 관계가 있는 피의 계통.

혈혈단신[子子單身 ; 외로울 혈, 외로울 혈, 홀 단, 몸 신. alone in the world]몡(사51:2) 의지할 곳이 없는 홀몸. 아주 외로운 홀몸.

혐원[嫌怨 ; 싫어할 혐, 원망할 원. hatred, hate]몡(신19:4) 몹시 미워하여 원망함.

혐의[嫌疑 ; 싫어할 혐, 의심할 의. against, suspicion]몡(욥19:7) ①의심쩍음. ②꺼리고 미워함. ③범죄 사실이 있으리라는 의심.

협력[協力 ; 도울(힘을 합할) 협, 힘 력. joint efforts]몡(빌1:27) 힘을 합하여 서로 도움. 화평을 유지하는 것(막9:50).

협박[脅迫 ; 위험할 협, 협박할 박. rebuke, threat]몡(잠13:8) 으르고 대어 듦. 상대방에 공포심을 일으켜 해를 끼치려는 일. ①대부분 속임수임(느6:5-13). ②굴복해서는 안됨(렘26:8-16). ③학고하게 담대히 대응(단6:6-10, 암7:12-17). ④가난한 자는 협박받을 일이 없다(잠13:8).

협착[狹窄 ; 좁을 협, 좁을 착. narrowness]몡(애1:3) 자리, 터전, 공간이 매우 좁음.

형[兄 ; 맏 형. elder brother]몡(창10:21) 동기간 가운데서나 또는 같은 항렬 사이에 나이가 자기보다 많은 사람.

형극[刑棘 ; 형벌(형벌할) 형, 가시나무 극]몡(사5:6) ①나무의 가시. thorn. ②고난 distress(사9:18).

형님[兄~ ; 맏 형. dear brother]몡(창33:10) 형을 높여 부르는 말.

형벌[刑罰 ; 형벌 형, 벌(벌줄) 벌. punishment]몡(출21:10) ①국가가 범죄자에게 주는 제재. ②죄를 지은 자에게 벌로 주는 고통.

*눈은 눈으로 - 앙갚음을 하지 말라(마5:38-42). 무한정 용서(마18:22).

형상[形像 ; 형상 형, 형상 상. image, figure]몡(창1:26) ①물건 특유의 성질과 생긴 모양. ②상상의 형상.

형상[形狀 ; 형상 형, 형상 상. image, figure]몡(왕상6:29) 물건 특유의 성질과 생긴 모양. ①하나님의 형상(창1:26, 신4:12). 인간의 형상(창5:3). ③우상(출20:4). ④피조물(출25:33, 신4:17-). ⑤그리스도(갈4:19, 골1:15). ⑦본성으로의 회복(엡4:24, 골3:10). ⑧종의 형체(상)(빌2:6-7). ⑨새로 지음을 받은 형상(롬8:29, 고후3:18). ⑩영원한 형상(계21:1-22:5).

형세[形勢 ; 형상 형, 권세 세. condition, ability]몡(레27:8) ①살림살이 형편. ②세상 돌아가는 모습.

형수[兄嫂 ; 맏 형, 형수 수. elder brother's wife]명(창38:9) 형의 아내.

형용[形容 ; 형상 형, 얼굴 용. beckon]명(눅1:22) ①생긴 모양. ②사물의 어떠함을 설명함.

형적[形跡 ; 형상 형, 자취 적. make sign, mark]명(고전7:31) 남은 흔적.

형제[兄弟 ; 맏 형, 아우 제. brother]명(창9:5) 형과 아우. 동기.
* 성경의 용례 - ①육친의 형제(창9:5, 마4:18). ②동족(신23:7, 롬9:3). ③친구(암1:9, 마5:22-24). ④성도(약2:15, 롬16:1, 벧전2:15).

형제자매[兄弟姉妹 ; 맏 형, 아우 제, 누이 자, 누이 매. brothers and sisters]명(민6;7) 형제와 자매. 남녀 형제들. 구속받은 성도.

형제(자매) 사랑[brotherly love](롬12:10) 성도들이 서로 사랑하는 행위. ①성도간의 애정(살전4:9). ②성도의 의무(히13:1). ③중생한 자의 이상적 표준(벧전3:8). ④하나님의 명령을 따름(요일3:23). ⑤하나님의 사랑이 온전해짐(요일4:12). ⑥그리스도 안에서 한 몸을 이룬다(롬12:5). ⑦율법의 완성(롬13:8-10).

형질[形質 ; 형상 형, 바탕 질. shape and nature]명(시139:16) 형태와 성질. 생긴 모양과 그 바탕.

형체[形體 ; 형상 형, 몸 체. bodily, form]명(시139:15) 물건의 생김새와 바탕되는 몸.

형통[亨通 ; 형통할 형, 통할(다닐) 통. going well, prosperity]명(창24:42) 모든 일이 뜻과 같이 잘됨.

형편[形便 ; 형상 형, 편할(편리할) 편. course of an event, form]명(삼하14:20) ①일이 되어 가는 모양이나 경로. 또는 결과. ②땅의 생긴 모양.

호[好 ; 좋을 호. good, beautiful]명(민13:19) 좋음. good. 아름다움.

호각[號角 ; 이름 호, 뿔 각. whistle]명(시98:6) 신호용으로 불어서 소리를 내는 물건. 옛날에는 뿔로 만들었고 요즈음은 쇠붙이나 셀룰로이드 같은 것으로 만듦. 호루라기.

호곡[呼哭 ; 부를 호, 곡할 곡. cry, wailing]명(창50:10) 소리를 내어 슬피우는 울음.

호곡[號哭 ; 이름 호, 울 곡. wailing]명(삼하11:26) 소리를 내어 슬피우는 울음.

호글라[חָגְלָה = 자고새]인(민26:33) 므낫세자손 슬로브핫의 다섯 딸 중 세째 딸. 그의 부친이 아들이 없어 죽어 다섯 딸들이 모세에게 상속을 요구하였다. 모세는 하나님께 기도한 후 허락하여 상속에 대한 문제가 해결되었다. 단, 그 족속의 남자와 결혼해야 한다.

호기[豪氣 ; 호걸 호, 기운 기. heroic temper, valiance]명(삼항16:18) ①장한 의기. ②호방한 기상. ③쾌활하고 솔직함.

호다위아[הוֹדַוְיָה = 여호와의 엄위하심]인(대상9:7) 베냐민사람 핫수누아의 아들.

호다위야[הוֹדַוְיָה = 여호와의 엄위하심]인

① 다윗의 후손 엘료에내의 아들(대상3:24).

② 요단 동편의 므낫세 반지파 자손들의 족장(대상5:23-24).

③ 바벨론 포로에서 돌아온 레위 사람의 한 조상(스2:40).

호담[חֹתָם = 도장]인

① 아셀 자손 헤벨의 아들. 수아의 처남(대상7:32). 헬렘과 같은 사람으로 여김(대상7:35).

② 아로엘 사람. 그의 두 아들은 다윗의 용사였다(대상11:44). 호드야와 같은 사람(느7:44).

호데스[חֹדֶשׁ = 초승달]인(대상8:9) 베냐민지파 사하라임의 아내.

호도[胡桃 : 오래살(멀) 호, 복숭아도. nut]명(아6:11) 원어상으로는 껍질이 단단한 열매. 밤. 도토리. 호도 등의 총칭.

호드야[הוֹדַיָה = 하나님의 위엄]인(느7:43) 바벨론 포로에서 귀환한 레위사람. 호다위야와 같은 사람(스2:40).

호디야[הוֹדִיָּה = 주를 찬양하라]인
① 유다지파 사람. 나함의 매부(대상4:19).
② 에스라가 백성에게 율법을 깨닫게 하는데 협력한 레위사람(느8:7).
③ 바벨론에서 귀환한 후 율법준수의 맹약에 날인한 사람(느10:10).
④ 율법엄수에 날인한 다른 두목(느9:18).

호딜[הוֹתִיר = 풍부]인(대상25:4, 28) 헤만의 13째 아들. 다윗시대 성전 찬양대 헤만조의 대원이었다.

호람[הֹרָם = 높은]인(수10:33, 삿1:29) 게셀왕. 라기스를 도우려고 출병하였다가 여호수아에게 패망하였다(수16:10).

호렘[הֹרֵם = 울타리, 거룩한 장소]지(수19:38) 납달리 지파의 성읍(수19:38). 갈릴리 바다의 서북쪽 27km지점의 납달리 산지에 있던 길벳가다문과 같은 곳으로 여긴다.

호렙산[חֹרֵב = 건조한 곳]지
1. **위치** - 시나이 반도에 있는 산. 시내산과 같은 곳으로 여긴다.
2. **관련기사** - ① 하나님의 산(출3:1). ② 하나님이 모세를 이곳으로 인도하여 나타나신 곳(출3:1-22). ③ 반석을 쳐 물이 나온 곳(출17:6). ④ 하나님이 언약을 세우신 곳(신29:1). ⑤ 십계명을 받아 법궤 안에 넣은 곳(왕상8:9). ⑥ 엘리야가 40일동안 가서 이른 곳(왕상19:8). ⑦ 송아지 우상을 만들어 섬기던 곳(시106:19, 신9:8,9). ⑧ 율법을 주신 곳(말4:4).

호령[號令 ; 부르짖을 호, 명령할 령. command]명(욥39:25) ① 지휘하는 명령. ② 큰 소리로 꾸짖음.

호로나임[חֹרֹנַיִם = 두 웅덩이]지(사15:5, 렘48:3) 모압 남방 소알 부근에 있던 성읍. 비탈길 위의 성읍(렘48:5).

호론사람[horonite]인(느2:10) 호론출신. 산발랏(느13:28). 느헤미야의 대적이다.

호르(산)[mountain of hor]지
① 에돔땅 변경의 산(민20:22). ① 이스라엘 백성이 진친 곳(민20:23). ② 아론이 죽으매 백성들이 그를 위하여 30일간 기도하고 그 아들 엘르아살이 대신하여 제사장이 되었다(민33:37-41, 신32:50).
② 레바논산 동북에 있는 산뿌리. 이스라엘에게 허락한 한계의 땅이나 점령하지는 못하였다(민34:7-8).

호르마[חָרְמָה = 봉헌, 완전]지(민14:45) ① 가데스 부근의 땅. 이스라엘 사람이 침공했으나 패배한 장소(신1:44). ② 후일 이곳을 다시 점령하여 옛 이름 스밧을 호르마라고 고쳤다(민21:3, 수12:14, 삿1:17). ③ 시므온 자손에게 준 땅(수19:4). ④ 다윗이 전리품을 보낸 곳(삼상30:26, 30). ⑤ 홀마와 같은 곳(수15:30).

호리[毫厘 ; 가는털호, 털끝 리. mite, penny]명(삿20:16) ① 자의 눈 또는 저울의 눈의 호(毫)와 리(厘). ② 극히 적은 분량.

호리[毫理 ; 가는털 호, 다스릴 리. copper coin]명(마5:26)명 로마의 화폐 단위로 가장 낮은 청동화. 고드란트. 유대의 렙돈 두 개에 해당했고 4분의 1앗사리온 이었다(막12:42)

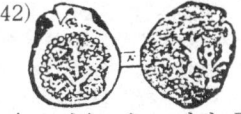

호리[חֹרִי = 자유로운, 고귀한, 굴에 사는 자]인
① 세일 산에 거주하던 옛 백성. 에돔족속에게 쫓겨났다(창14:6).
② 호리족속 로단의 맏아들(창36:22, 대상1:39).
③ 시므온지파 사밧의 아버지(민13:5).

호리다

*호리 족속은 후리 사람으로 본다.

호리다[bewitch, flatter]타(잠6:24) ①매력으로 남의 정신을 어지럽게 하여 빼앗다. ②그럴듯한 말로 속여서 끌어내다. ③퍼이다.

호마노[縞瑪瑙 ; 비단 호, 옥돌 마, 화반석 노. onyx]명(창2:12) 반귀금속 옥수 보석의 한가지. 겹겹으로 여러 빛깔의 줄이 졌다. 줄마노, 마노의 하나. 대제사장의 흉패(출25:7, 28:9), 성전 장식용(대상29:2) 등으로 쓰였다. 홍마노로 번역된 곳도 있다(겔28:13).

호맘[הוֹמָם = 혼란]인(대상1:39) 세일의 자손 로단의 아들. 창36:22의 헤만과 같은 사람.

호멜[homer]명(민11:32) 이스라엘 고체량의 제일 큰 단위. 당나귀 한 짐의 양. 10밧에 해당되고 약 230kg의 무게이다.

호멜지기 명(레27:16) 약 230kg의 곡식(밀, 보리)을 수확할 수 있는 땅의 크기(10에바).

호바[הֹבָה = 갈대 땅]인(대상7:34) 아셀자손 소멜의 아들.

호바[חוֹבָה = 숨기다]지(창14:15) 다메섹 좌편에 있는 성읍. 아브라함이 포로된 조카 롯을 찾기 위하여 이곳까지 가서 롯과 물건을 찾아왔다.

호바야[חֹבַיָה = 여호와는 숨기심]인(느7:36) 스룹바벨과 함께 바벨론 포로에서 돌아온 제사장의 한 조상. 하바야와 같은 사람(스2:61).

호박[琥珀 ; 호박 호, 호박 박. jacinth, liqure]명(출28:19) 제3기의 솔과 식물의 송진이 땅 속에 묻히어 굳어진 것. 황색 투명체, 광택이 있다. 불에 탄다. 대제사장의 흉패 12보석의 하나. 12지파의 표상의 요셉족을 나타냄.

호밥[חֹבָב = 사랑하는 자] 인 (민10:29) ①미디안 사람. 르우엘의 아들. 모세의 처남(민10:29). ②모세가 동행하면 후대하겠다고 하였으나 불응하고 고향으로 갔다(출18:1, 8, 27). ③광야에서 모세를 도왔다(민10:29, 삿1:16, 4:11). ④후손 중에는 사사시대를 지나 다윗시대에도 가나안에 있었다(삿1:16, 삼상15:6, 30:29). ⑤모압의 일족 겐 사람에 속했다(삿1:16, 4:11). ⑥그를 모세의 장인이라고도 하였다(삿4:11).

호불호[好不好 ; 좋을 호, 아닐 불, 좋을 호. likes and dislikes]명(민13:19) 좋음과 좋지 않음. 호부(好否).

호브라[חָפְרַע = 태양의 제사장]인(렘44:30) 바벨론 느부갓네살과 동시대의 사람으로 애굽왕.

호사[הֹסָה = 도피처]인(대상16:38) 레위사람. 므라리 자손. 그에게 아들 13명이 있었다. 여호와의 궤가 예루살렘에 도착한 후에는 문지기로 지냈다(대상26:10-19).

호사[הֹסָה = 피난처]지(수19:29) 두로 남방에 있는 아셀지파의 성읍.

호사마[הוֹשָׁמָע = 여호와는 응답하심]인(대상3:18) 유다왕여고냐의 일곱 아들 중 하나.

호사야[הוֹשַׁעְיָה = 여호와는 구원하심]인(렘42:1) 예레미야 시대의 유력자. 아사랴의 아버지.

호산나[ὡσαννά = 이제 구원하소서]명(마21:9) '간구합니다. 우리를 구원해 주십시오'란 뜻을 가진 경배와 환호성. ①구약에서는 초막절 때 제단 주위를 돌면서 외친 함성(시118:25). 축제의 기도말이다. ②신약에서는 예수님께서 나귀를 타고 예루살렘에 입성하실 때 메시야(왕)로 환영하여 소리높여 부른 환성(마21:9). ③성전에서 어린 아이들이 메시야를 환영한 말(마21:15).

호상군[護喪軍 ; 보호할 호, 복입을 상, 군사 군. funeral director]명(창50:14) 조상에 관한 모든 일을 주선하거나 장례시에 묘지까지 상주와 동행하는 사람들.

호새[יהוּא = 선지자]인(대하33:19) 이스라엘 열왕의 행적을 기록한 사기(史記)의 기록자. 사관.

호색[好色 ; 좋을 호, 빛 색. lasciviousness]명(롬13:13) 여색(女色)을 좋아함.

호세아[הוֹשֵׁעַ = 구원]인(민13:8)
1 여호수아의 본명. 여호수아를 참고(민13:8, 16).
2 다윗왕 때 에브라임 자손의 장관(대상27:20). 아사시야의 아들.
3 이스라엘 왕.
1. **인적관계** - 엘라의 아들(왕하15:30).
2. **관련기사** - ①베가를 쳐서 죽이고 왕이 된 자(왕하15:30). ②앗수르 왕 살만에셀에게 조공을 바침(왕하17:3). ③앗수르를 배반하여 투옥됨(왕하17:4). ④9년간 통치하였다(왕하17:1, 6, 왕하18:9, 10).
4 선지자
1. **인적관계** - 브에리의 아들(호1:1).
2. **관련기사** - ①유다 웃시야왕, 요담왕, 아하스왕, 히스기야왕시대, 이스라엘의 여로보암시대 예언한 선지자(호1:1). ②12소선지 중 호세아의 기록자(호1:1-2). ③이스라엘의 우상숭배를 책망(호3:1). ④임박한 하나님의 심판을 알림(호7:1-). ⑤하나님의 사랑을 알림(호11:1-14:9).
5 바벨론에서 귀국하여 언약서에 인친 사람(느10:23).

호세아[Hosea]명(호)구약 제28권째 성경. 호세아 선지자의 기록으로 이스라엘 민족과 하나님의 관계를 남편과 아내의 관계로 비유하였다. 하나님에 대한 부정과 우상숭배에 깊이 빠진 이스라엘 백성을 여호와 하나님께서 부정한 아내를 대가를 지불하고 사서 복의 처소(가정)로 돌아오게 하실 것을 호세아 선지의 개인적인 가정을 비유하여 설명하였다. 내용분해는 박기원 편 성경총론을 참고하라.
*신약 성경에 3차 인용되었다(마9:13, 롬9:25, 벧전3:10-12).
• **호세아에 예언된 그리스도** - ①애굽으로 피난하신 그리스도(호11:1) - 헤롯의 영아 살해 때 천사의 현몽을 따라 요셉이 어린왕 예수 그리스도를 애굽으로 피난하게 하였다(마2:13-15). ②애굽에서 돌아올 그리스도(호11:1) - 출애굽을 상기시키는 구원사역을 뜻하며 죄악 중에서 성도를 불러내시고 구원하실 것을 예언(롬8:30, 히5:4, 마1:19-23). ③이방인의 구원(호1:10, 2:23) - 선민 이스라엘의 거절로 예정된 이방인의 구원이 이루어짐(엡2:1, 눅2:32, 롬1:16, 2:9-10). ④그리스도의 사랑과 구속(호1-3장) - 신랑이신 그리스도께서 신부인 교회(성도)를 위하여 대속물이 되시어 속량하신다. ⑤그리스도의 부활(호6:2) - 그리스도는 부활이요 진리요 생명이시다(요11:25-26). 그는 죽은지 사흘만에 사망권세를 깨뜨리고 부활하셨다(마28장, 막16장, 눅24장, 요20-21장).

호세야[הוֹשַׁעְיָה = 여호와는 구원하심]인(느12:32) 아사랴의 아버지. 유다의 방백. 렘42:1, 43:2에는 호사야로 옮겼다.

호소[呼訴 ; 부를 호, 아뢸 소. apeal, cry]타(창4:10) 자기의 사정을 관청 또는 남에게 하소연 함.

호송[護送 ; 보호할 호, 보낼 송. escort]명(행23:32) 보호하여 보냄.

호수[湖水 ; 호수 호, 물 수. lake]명(출7:19) 육지가 우묵하게 패이고 물이 괴어 있는 곳. 못. 늪보다 깊고 넓은 곳. 호라고도 한다.

호신부[護身符 ; 보호할 호, 몸 신, 부적 부. earring, amulets]명(사3:20) 몸을 보호하기 위하여 가지는 부찰(符札). 부인들의 장신구(목걸이, 귀걸이 등) 심판날에 시온의 딸들의 호신부도 소용이 없게 된다(사3:23).

호심경[護心鏡 ; 보호할 호, 마음 심, 거울 경. breast plate] 명 (사59:17) 갑옷의 가슴 부분에 몸을 보호하기 위하여 붙이던 구릿 조각. 방어용 개인 무구. 무장의 형용어이나 권능을 상징하는 말이다(사59:

16-17). 성도들의 영적무장(엡4: 14-17, 살전5:8).

호위[護衛 ; 보호할 호, 호위할 위. guard]명(신32:10) 따라다니면서 보호함. 보호하는 그 사람.

호위대[護衛隊 ; 보호할 호, 호위할 위, 떼 대. escort, guard]명(왕하11:6) 따라다니며 지켜 보호하는 임무를 띤 군대. 경호대.

호위병[護衛兵 ; 보호할 호, 호위할 위, 병사병. guard]명(왕하10:25) 호위하기 위하여 딸린 졸병.

호위소[護衛所 ; 보호할 호, 호위할 위, 바 소. citadel]명(왕하15:25) 호위병들의 근무하는 곳.

호의[好意 ; 좋을 호, 뜻 의. good will, favour]명(행25:3) 타인에게 보이는 친절한 마음.

호적[戶籍 ; 집 호, 호적 적. enrollment, family register]명(겔13:9) ①호주나 식구별로 기록한 장부. ②부부를 중심으로 하여 그 집에 속한 사람의 본적지에 성명, 성별, 출생, 혼인, 양자, 사망 등 신분에 관한 사항을 기재한 공적인 장부.
＊호적은 포로귀환 이후 중요시 되었다(스8:1, 느7:5). 로마는 세금징수를 위해 유대인의 호적을 명했다(눅2:1-).

호지 않다[one piece]형(요19:23) 트이지 아니하고 통으로 되었다. 예수님의 겉옷은 호지 아니했다.

호출[呼出 ; 부를 호, 날 출. call]명(욥9:19) ①불러 냄. ②관청이 법정으로 특정한 개인을 일정한 처소에 부름. 소환.

호함[הוֹהָם = 여호와가 지키심]인(수10:3) 헤브론에 있던 가나안 사람의 왕. 기브온 공격의 동맹군에 가담하여 여호수아에게 패한 다섯 왕 중 하나.

호행[扈行 ; 따를 호, 갈 행. escort]명(삼하19:40) 길을 가는데 보호하여 따름.

호화[豪華 ; 호걸 호, 빛날 화. splendour, glory]명(사5:14) 사치스럽고 변화함.

호흡[呼吸 ; 숨내쉴 호, 빨아들 흡. breath]명(창7:22) ①숨의 내쉼과 들이마심. 또는 그 숨. ①하나님이 주관하신다(시104:29, 행17:25). ②호흡이 끊어지면 죽은 것이다(시146:4). ③생명을 상징한다(신20:16, 사42:5).

혹[或 ; 혹혹. if]부(창16:2) ①만일. 행여나. ②어떠한 경우. 왜혹시.

혹[惑 ; 미혹할(어지러울) 혹. temptation]명(잠7:21) 도덕적으로 비뚤어진 것. 구부러진 것. 뒤집어 엎다.

혹독[酷毒 ; 혹독할 혹, 독할 독. severity]명(창49:7) ①정도가 몹시 심함. ②성질, 행위가 매우 나쁨.

혹시[或是 ; 혹 혹, 이 시. if]부(창30:33) ①만일에. 행여나. ②어떠한 경우. by.

혹시[或時 ; 혹 혹, 때 시. by any chance]부(창30:33) 어떠한 때.

혹자[或者 ; 혹 혹, 놈 자. someone]명(사49:12) 어떠한 사람.

혹하다[惑~ ; 미혹할 혹. charmed, unsettl]자(잠7:21) 마음에 들어가 아주 반하다.

혼[魂 ; 넋 혼. soul]명(창35:18) 넋. 정신, 얼, 영, 영혼.
＊사람은 육과 혼을 가진 존재이다(창2:7, 살전5:23). 하나님과의 관계에서 생각할 때 영(spirit)이라 부른다(왕상22:21, 시16:9, 고전5:5).

혼곤[昏困 ; 어두울 혼, 곤할 곤. drowsiness]명(욘4:8) 정신이 흐릿하고 기운이 까무라져서 고달픔.

혼기[婚期 ; 혼인할 혼, 기약할 기. marriageable age]명(고전7:36) 혼인을 하기에 적당한 나이. 또는 그 시기.

혼나다[魂~ ; 넋 혼. heart fail, frightened]자(창42:28) ①몹시 놀라거나 무서워서 정신이 빠지다. ②끔찍한 시련을 겪다. ③호된 꾸지람을 듣다. 혼쭐나다.

혼돈[混沌 ; 섞을(섞일) 혼, 흐릴 돈. chaos]명(창1:2) ①천지가 아직 나누어지지 않음. ②사물이 구별할 수 없이 흐리멍덩함. disorder.

혼란[混亂 ; 섞을(섞일) 혼, 어지러울 란. confusion, chaso]몡(삼상 14:20) 이것 저것 뒤섞여서 질서를 잃음.

혼미[昏迷 ; 어두울 혼, 미혹할 미. err, swoon, confusion]몡(잠5:23) ①뒤섞여 모르게 됨. ②마음이 흐리고 사리에 어두움.

혼인[婚姻 ; 혼인할 혼, 혼인할 인. wedding, marriage]몡(신7:3) 장가들고 시집가는 일. 남녀가 부부가 되는 법적행위.

* 원리 - ①인류 창조 질서의 한 부분(창2:18). ②하나님이 제정하신 뜻을 이룸(창1:26-27, 2:23). ③사랑과 복종으로 성립(창3:16, 엡5:22-23). ④일남 일녀로 이루고 나누지못함(마19:5-6). ⑤생육과 번성(창1:27-28). ⑥경건한 자녀를 얻는다(창33:5, 말2:14-15). ⑦자녀에게 하나님의 말씀을 가르치고 지키게 한다(신6:7-20, 잠13:24). ⑧바른 성생활(잠5:15-19). ⑨존중해야할제도(히13:4). ⑩이 세상에서 있는 일(마22:30). ⑪음행을피해야한다(고전7:2, 9). ⑫사별로 의무가해소된다(고전7:39). ⑬신실하지 못할때 하나님께서 심판하신다(히13:4).

관습 - ①적령기. 소녀가 한창 때(잠2:17, 5:18). 총각이 힘이 왕성한 때(사62:5, 삼상9:2). ②부모가 그 배우자를 선택(창21:21, 24:3, 38:6). ③양가의 합의(창24:50-60). ④본인의 승락(창24:8, 61-67). ⑤축복과 연회(창24:60, 요2:8-10, 마22장).

정혼 - ①정혼한자는그식구이다(창19:14). ②군복무 연기(신20:7, 24:5). ③순결유지(신22:22-27). ③정혼식(삼상25:39-). ④맹세하고(삼상18:21) 선물을 주었다.

결혼 - ①신랑, 신부의 집에서(마25:1-13, 요2:9). ②하루 중 첫 시간(밤)에(마25:1-8, 창1:5). ③신랑은 관을 씀(사61:10, 아3:11). ④친구, 들러리와 함께(요3:29, 마9:15) ⑤불을 밝힘(마25:1-8). ⑥연회(요2:1-렘7:34삿14:10-). ⑥신부의 옷과 치장(시45:13-). ⑦너울을 씀(창24:65, 아4:1-3). ⑧일주일 동안 잔치를 했다(창29:27-, 삿14:10-18). ⑨초청자는 신랑의 아버지이다(마22:2). ⑩신방을 마련한다(삿15:1, 아1:4). ⑪신방에 가리개를 한다(욜2:16, 아1:16). ⑫신부의 순결증명(신22:13-21).

금혼 - ①근친간(레18:6-18). ②우상숭배자(출34:16). ③불신혼(고후6:14-16, 스10:2-4, 말2:11). ④중혼(레18:18).

비유 - ①하나님과 이스라엘(사54:5). ②그리스도와 성도(엡5:23-32).

혼인집[bride chamber]몡(마9:15) 혼례를 치르고 잔치를 베푸는 집.

혼인집 손님[wedding guests](마9:15) 혼인집에서 여러가지 일을 돌보아 주는 사람. 신랑의 친구들이 했다. 일주일동안 잔치가 계속되는 가운데 월요일과 목요일의 금식일에 금식하지 아니해도 된다.

혼자[alone]몡튀(출18:18) 자기 혼자. 단독으로.

혼잡[混雜 ; 흐릴 혼, 섞을 잡. bustling, mixture]몡(창11:7) 질서없이 뒤엉켜서 구분할 수 없음.

혼잡물[混雜物 ; 흐릴 혼, 섞을 잡, 만물 물. mixture, tin]몡(사1:25) 뒤섞이어 분잡해진 물건.

혼절[魂絶 ; 넋 혼, 끊을 절. fainting]몡(단8:27) 정신이 아찔하여 까무러침.

혼취[昏醉 ; 어두울 혼, 술취할 취. dead drunkenness, tremble]몡(슥12:2) 전후 좌우를 분간못할 정도로 정신 없이 술에 취함.

혼합[混合 ; 흐릴 혼, 합할 합. mixture, mingle]몡(창9:2) ①뒤섞어서 한데 합함. ②두가지 이상의 물질이 화학적인 결합을 하지 않고 섞이는 일.

홀[笏 ; 홀 홀. scepter]명(창49:10) 고대 왕들의 권력의 상징으로 약 1.5m 정도의 막대기에 장식하여 만들었다. 바사왕 아하수에로는 금홀을 갖었다(슥10:11, 에4:1).

*상징 - ①그리스도(창49:10, 히1:8). ②의로운 통치(히1:8). ③권위, 권세(에4:11, 암1:5).

홀로[alone, only]부(창7:23) 외롭게 혼자서만.

홀론[חֹלֹן = 움푹팬 땅, 모래 땅]지
1 드빌 산지의 유다지파의 성읍(수15:51). 레위인의 거주지.
2 모압 고지대의 성읍(렘48:21).

홀리다[be charmed]자(잠6:25) ①아주 반하다. ②유혹에 빠지다.

홀마[חָרְמָה= 완전히 멸함]지(수15:30) 호르마와 같은 곳.

홀연[忽然 ; 문득 홀, 그럴 연. suddenly]부(민6:9) ①문득. 얼씬 나서는 모양. ②갑자기 사라지는 모양.

홀하깃갓[חֹר הַגִּדְגָּד = 깃갓의 웅덩이]지(민33:32) 광야에서 이스라엘 백성의 숙영지. 굿고다와 같은 곳(신10:6,7).

홉니[חָפְנִי= 손바닥]인
1. 인적관계 - ①엘리의 아들, 비느하스의 형(삼상1:3).
2. 관련기사 - ①실로의 제사장(삼상2:12). ②하나님께 드리는 제사를 멸시했다(삼상2:13-17). ③행음한 자(삼상2:22) ④하나님의 사람의 견책을 받았다(삼상2:27-36). ⑤사무엘의 입을 통해서 벌이 예고되었다(삼상3장). ⑥법궤를 전장으로 가져갔다(삼상4:1-8). ⑦형제가 예언대로 같은 날 전사했다(삼상4:11). ⑧이로 인하여 엘리가 죽었다(삼상4:12-18).

홋[הוֹת= 위엄]인(대상7:37) 아셀사람. 소바의 아들.

홍마[紅馬 ; 붉을 홍, 말 마. red horse]명(슥1:18) 몸빛이 붉은 말.

홍마노[紅瑪瑙 ; 붉을 홍, 옥돌 마, 반석 노. emerald, sardonyx diamond]명(출28:18) 금강석으로 번역된 말. 순수한 탄소로 된 정팔각형의 결정체. ①제사장의 흉패 둘째줄의 보석. ②교만한 두로왕이 단장했던 보석(겔28:13). ③천국의 보석(계21:20). ④적, 원수를 비유하는 말(사10:17).

홍보석[紅寶石 ; 붉을 홍, 보배 보, 돌 석. sardius, carnelian, ruby]명(출28:17) 보석의 이름. 루비. 홍마노와 같이 사용되었다. 새 예루살렘 성곽 여섯째 기초석.

홍사[紅絲 ; 붉을 홍, 실 사. scarlet thread]명(창38:28) 붉은 실.

홍색[紅色 ; 붉을 홍, 빛 색. red]명(출25:4) 붉은색.

홍수[洪水 ; 넓을 홍, 물 수. flood]명(창6:17) 장마로 범람하는 큰 물. 강의 범람. 노아 때 전 지구를 덮은 물(창6-8장).
1. 노아 홍수 - ①죄의 심판(창6:5-13). ②40일동안(창7:4, 11-12). ③하늘의 창들이 열림(창7:11). ④깊음의 샘들이 터짐(창7:11). ⑤언약의 무지개(창8:21, 9:9).
2. 교훈 - ①세례(벧전3:21). ②심판과 구원(벧후2:5-10) ③말세에 대한 경고(마24:38-, 눅17:27-). ④엘르바스의 교훈(욥22:16-) ⑤이사야의 예언(사28:2, 6).

홍옥[紅玉 ; 붉을 홍, 구슬 옥. ruby]명(겔28:13) 붉은 빛깔의 옥. 수정을 가리키는 것으로 보는 학자도 있다. 멸망받을 자의 치장용구.

홍의[紅衣 ; 붉을 홍, 옷 의. red clothes]명(사63:1) 붉은 옷. 왕복.

홍포[紅袍 ; 붉을 홍, 도포 포. scarlet robe]명(마27:28) 임금이 입던

예복. 사치한 의복. 교역품이었다. 로마 군인은 예수님께 홍포를 입혀 조롱했다(요19:2, 막15:17).

홍해[紅海 = 갈대의 바다]지
1. **위치** - 아시아와 아프리카 사이에 있는 좁은 바다. 성경과는 아주 인연이 많은 바다이다. 오늘날 스에즈운하와 연결되는 바다.
2. **관련기사** - ①메뚜기가 들어감(출10:19). ②이스라엘 백성을 하나님께서 인도하심(출13:18). ③홍해를 육지같이 건넘(출14:21). ④애굽 군대가 몰살한 곳(출15:4). ⑤이스라엘 백성이 수르광야로 행함(출15:22). ⑥이스라엘 백성이 진을 침(민33:10). ⑦이스라엘의 경계(출23:31). ⑧솔로몬의 조선소(왕상9:26). ⑨믿음으로 건넌 바다(히11:29). ⑩홍해를 건넌 것은 세례를 상징한다(히11:29, 요3:3, 6, 8).

홑이불[sheet]명(막14:51) ①한겹으로 된 이불. ②이불 안쪽에 덧치는 한겹으로 된 이불.
* 마가가 몸을 가리고 갔다.

화[禍 ; 재화 화. disaster]명(창34:30) 몸과 마음이나 일에 뜻밖의 변고를 당하여 받는 괴로움이다.

화[~花. flower]접미(아1:14) 꽃의 뜻을 나타내는 말(아1:14).

화곡[禾穀 ; 벼 화, 곡식 곡. rice plant, corn]명(시72:16) 벼과에 속하는 곡식의 총칭.

화관[花冠 ; 꽃 화, 갓 관. diadem, garlands]명(사3:20) 꽃, 또는 보석으로 꾸민 관. 여자의 예장. 나라잔치 때 썼다. ①장식용 화관(사3:20). ②우상의 제사장의 관(행14:13). ③슬퍼하는 자에게 줌(사61:3). ④예식용 관(사61:10).

화광[火光 ; 불 화, 빛 광. sight of fire flame]명(시78:14) 불빛.

화광석[火光石 ; 불 화, 빛 광, 돌 석. stones of fire]명(겔28:14) 돌의 일종. 홍옥(紅玉).

화답[和答 ; 화목할 화, 대답할 답. answer response]명(출15:21) 시가(詩歌)를 응답함.

화덕[oven]명(출8:3) 숯불을 피워 쓰게 만든 화로. 가정의 취사용 열기구. 과자나 떡을 굽는데 사용했다.

화려[華麗 ; 빛날 화, 고울 려. splendour, beauty]명(삼하1:24) 빛나고 아름다움.

화로[火爐 ; 불 화, 화로 로. brazier, firepen]명(렘36:22) 숯불을 담아두는 그릇. 난방용 열기구.

화목[火木 ; 불 화, 나무 목. wood]명(대상21:23) 땔나무. 연료로 쓰이는 나무.

화목[和睦 ; 화목할 화, 화목할 목. harmony, reconciling]명(욥22:1) 서로 뜻이 맞고 정다움. 단란하고 친목함.
*그리스도께서 하나님과 원수되었던 우리를 화목케 하셨다(롬5:10). 구속의 동의어(롬5:11).

화목제[和睦祭 ; 화목할 화, 화목할 목, 제사 제. peace offering]명(출20:24) 하나님의 은혜를 감사하거나 또는 소원을 아뢸 때 흠이 없는 양과 염소의 피를 제단에 뿌리고 기름을 태워 드리는 구약시대 제사의 한가지. 수은제. 감사제. ①하나님과 사람 사이의 화목(출20:24). ②동물의 희생(레3:1-17). ③감사하프르로드림(레7:15). ④서원하여 드림(민6:14). ⑤경축시 드림(삼하6:17). ⑥절기때 드림(레23:19). ⑦임직시에드림(레9:14).

화목제물[和睦祭物 ; 화목할 화, 화목할 목, 제사 제, 만물 물. expiation]명(민6:14) 화목제를 드릴 때 사용한 물품.

화문석

1. **구약** - ①숫양(민6:14). ②무교병(민6:17). ③소(민7:17). ④숫염소(민7:17).
2. **그리스도** - ①하나님이 정하셨다(창3:15). ②그리스도의 피로 세우셨다(롬3:25). ③인류의 죄를 위한 제물(요일2:2). ④단번에 성취(히9:12). ⑤하나님께서 제거하심(엡5:2, 히10:14, 계1:5). ⑥하나님의 사랑으로 이루어진다(고후5:19-21, 골1:22). ⑦원천은 하나님이시다(요4=3:16, 요일4:10, 2:2, 롬3:25).

화문석〔花紋席 ; 꽃 화, 무늬 문, 자리 석. carpet〕명(삿5:10) 꽃 무늬를 넣어 짠 자리. 꽃 돗자리.

화문요〔花紋褥 ; 꽃 화, 무늬 문, 요 요. couch with coverings〕명(잠7:16) 꽃무늬를 수놓은 아름다운 요. 간음에 대한 경고에 인용된 말.

화미〔華美 ; 빛날 화, 아름다울 미. beauty, pomp〕명(욥40:10) 빛나고 아름다움. 예쁨. 뛰어남. 영광.

화반석〔花斑石 ; 꽃 화, 얼룩질 반, 돌 석. marble〕명(대상29:2) 홍백색의 무늬가 있고 바탕이 푸른 돌. 인장의 재료로 쓰임. 그릇도 만듦. 성전건축재.

화살〔arrow〕명(민24:8) 가는 대를 줄기로 삼고 끝에다 쇠로 만든 촉을 꽂고 한 끝에는 세 줄로 새의 깃을 단 활을 쏘는데 쓰는 살. ㉾살. 총알대신 사용한 옛날 무기.

화상〔火傷 ; 불 화, 다칠 상. burn〕명(레13:25) 불에 덴 상처.

화상〔畵像 ; 그림 화, 형상 상. portrait, image〕명(막12:16) 사람의 얼굴과 똑같이 그린 그림.

화석〔火石 ; 불 화, 돌 석. flint〕명(겔3:9) 부싯돌.

화석류나무〔花石榴~ ; 꽃 화, 돌 석, 석류 류. myrtle〕명(느8:15) 향기롭고 늘 푸른나무의 일종. 도금양이라고도 함. 천인화라고 부른다. ①초막의 재료(느8:15). ②복음을 상징한다(사41:19). 하나님의 관대하심을 나타낸다.

화액〔禍厄 ; 재화 화, 재앙 액. evil, disaster〕명(사57:1) 재앙과 곤란.

화염〔火焰 ; 불 화, 불꽃 염. flame〕명(창3:24) 타오르는 불꽃.

화염검〔火焰劍 ; 불 화, 불꽃 염, 칼 검. flaming sword〕명(창3:24) 불칼. 불이 나오는 칼. 그룹들과 같이 생명나무의 길을 지킨다. 죄에 대한 하나님의 영광과 진노의 표시이다(겔1:4).

화인맞다〔火印 ; 불 화, 도장 인. are sealed〕자(딤전4:2) 불에 달군 쇠로 만든 도장에 찍힌다.
* ①양심이 진리를 계속 모독하므로 진리에 대하여 무감한 심정을 표현한 말. ②사단의 소유물로 낙인 찍힌 심령. ③이렇게 화인맞은 심령에 예수님의 흔적이 박혀야 한다(갈6:17).

화 있다(화 있을 진저)〔woe〕명(사3:9, 24:16) 놀람, 탄식, 비통 등에 쓰이는 감탄사 '호오이'의 번역말로 저주를 나타내는 말로 쓰였다.

화장〔化粧 ; 화할 화, 단장할 장. toilet, make-up〕명(렘4:30) 분·연지 따위로 얼굴·머리털을 곱게 매만짐. 옷맵시를 매만짐. ①이세벨이 화장했다(왕하9:30). ②멸망할 때 필요가 없다(렘4:30).

화저〔火著 ; 불 화, 젓가락 저. fire tongs〕명(대하4:21) 화로에 쓰는 쇠젓가락. 부젓가락. 성전 제단에서 숯불을 취하는 금속제 부젓가락(사6:6). 불집게. 화젓가락.

화전[火箭 ; 불 화, 화살 전. fiery shafts]몡(시7:13) 불화살. 화살 끝에 불을 장치하여 적진을 공격한다. ①악한 자의 심판(시7:13). ②성도의 영적 무기(엡6:16).

화젓가락[火著~ ; 불 화, 젓가락 저. fire tongs]몡(대하4:21) 화저(火焰). 부젓가락, 불집게.

화제[火祭 ; 불 화, 제사 제. fire offering]몡(출29:18) 제물을 불에 태워 드리는 제사. 번제와 소제의 총칭. 눈에 보이지 않는 형태로 하나님께 드린다(레1:9, 민15:10).

제물 - ①숫양과 황소와 숫염소(민6:14, 18:17, 레1:10-13). ②기름과 가루(레2:2). ③유향(레2:16). ④수송아지(민15:24). ⑤포도주(민15:10).

화창[和暢 ; 화목할 화, 화창할 창. genial, okeasant]몡(아1:16) 날씨나 마음이 온화하고 맑음.

화친[和親 ; 화목할 화, 친할 친. friendlyrelation]몡(수9:15) 나라와 나라사이의 서로 의좋게 잘 지내는 정분.

화평[和平 ; 화목할 화, 평평할 평. peace]몡(삿4:17) 마음이 평안함. 온화하고 태평함. 화목과 같은 말. ①악에서 떠남(벧전3:8-13). ②그리스도로 말미암아(고후5:18-21). ③성도들이 이룸(마5:9, 롬14:19). ④성령의 열매(갈5:22).

화폐[貨幣 ; 재화 화, 돈 폐. money]몡(스2:69) 돈. 구약시대는 금과 은의 무게로 통용하다가 포로 이후에 쓰기 시작했다. 세겔은 무게를 의미하나 화폐의 단위이다. '다릭'이란 단위도 있다. 신약시대는 로마와 헬라의 돈을 사용하였는데 므나, 데나리온, 앗사리온, 고드란트, 렙돈 등으로 나타내었다.

화하다[化~ ; 화할 화]재(시32:4) 익숙하게 되다. 잘되다. be skilled. ②변하다. be change.

화합[和合 ; 화목할 화, 합할 합. peace, harmony]몡(삼상29:4) 화목하여 서로 의견이 맞음.

화해[和解 ; 화목할 화, 풀 해. amicable settlement]몡(눅12:58) 다투던 일을 풀고 사이좋게 지냄. 소송 당사자들이 서로 양보함으로써 분쟁이 그침.

화환[花環 ; 꽃 화, 고리 환. wreath]몡(왕상7:29) 조화 또는 생화로 원형으로 만들어 환영 또는 경조의 뜻을 표하는데 보내는 물건. 화륜.

확신[確信 ; 확실할(굳을) 확, 믿을 신. complete, conviction]몡(신28:66) 굳게 믿음. 확실히 믿음. ①하나님의 말씀을 믿으므로(살전2:13). ②그리스도를 영접하므로(롬10:9). ③성령이 내주하므로(요일4:13, 5:10). ④언약에 굳게 서서(요10:28). ⑤은혜 안에서 자란다(벧후1:5-11).

확신할것 - ①예정과 예택(엡1:5,3:11, 살전1:4). ②하나님과 화목을 이룸(롬5:1). ③그리스도와 연합(고전6:15). ④영생(요5:24). ⑤양자됨(엡1:4-5). ⑥기도응답(요일5:14-15). ⑦약속의성취(빌1:6). ⑧상 주심(히10:35). ⑨내세 소망(고후5:6,8). ⑩하나님의 뜻(빌1:25). ⑪복음(살전1:5). ⑫하나님께로 난 만족(고후3:4-6). ⑬주 안에서 확신한다(빌2:24, 살후3:4).

확실[確實 ; 확실할(굳을) 확, 열매 실. certainty, certain]몡(창29:32) 틀림없이 실상스러움. 장래 있을 하나님의 심판은 확실하다(전12:14, 마25:31-33, 살후1:9).

확언[確言 ; 확실할 확, 말씀 언. assertion, avouch]몡(신26:17) 정확히 말함. 확실한 말.

확장[擴張 ; 넓힐 확, 베풀 장. extension]몡(수19:47) 범위 또는 세력을 넓히어서 늘림. 㕨확대.

확정[確定 ; 확실할 확, 정할(정해질) 정. decision]몡(레25:30) 틀림없이 정함. 작정하여 변동되지 아니함.

확증[確證 ; 확실할 확, 증거 증. corroboration, commend]몡(행2:

40) 확실히 증명함. 또는 그 증거.

환관[宦官 ; 벼슬살이(내시) 환, 벼슬 관. eunuch]명(왕하20:18) 옛날 거세된 남자를 쓰던 내시부(内侍府)의 관리. 내시. 주로 심복을 침실관리로 맡겼다. 행8:27의 내시는 재정관리자로 본다.

환관장[宦官長 ; 벼슬살이 환, 벼슬 관, 어른 장. captain of the eunuch]명(렘39:13) 환관 중의 우두머리.

환난[患難 ; 근심할 환, 어려울 난. tribulation]명(창35:3) 근심과 뜻밖의 불행한 일. ①죄악에 대한 하나님의 진노가 현실로 나타나는 일(창3:16-17, 레26,14-20). ②믿음의 연단(벧전1:5-8). ③세상 끝날에(마24:6-14). ④하늘 나라에는 없다(계7:14-17).

1. **성도의 태도** - ①낙심하지 말고(엡3:13). ②오래 참고(약5:11). ③기도하며(욘2:17). ④하나님을 바라보고(롬5:3). ⑤극복한다(롬8:35-37). ⑥환난 당함을 즐거워할 줄 알아야 한다(약1:2-4, 롬5:3). ⑦예상한다(행14:22). ⑧담대히 대한다(요16:33). ⑨인내한다(롬12:12). ⑩두려워하지 않는다(계2:10). ⑪기뻐한다(고후7:4).

2. **하나님의 도우심** - ①연단 시키신다(벧전1:5-8, 롬5:3-4). ②교훈을 주신다(히12:5-11). ③겸손하게 만든다(대하33:12). ④형편을 아시므로(시31:7). ⑤숨기시고(시27:5). ⑥함께 하시고(시91:15). ⑦담력을 주시고(요16:33). ⑧구원하시어(시50:15). ⑨소성케 하여(시138:7). ⑩그리스도의 자취를 따르게 하신다(벧전2:21).

환난의 날[患難~ ; 근심 환, 어려울 난. day of calamity]명(창35:3) 어려움을 당하는 그 날, 여호와의 날, 재앙의 날과 같은 말로 쓰임. 성도의 고난보다 악인이 받는 재난의 날이다(신30:35,욥13). ①주를 찾으라(시77:2). ②진실한 자를 의뢰하라(잠25:19).

환난후[患難後 ; 근심 환, 어려울 난, 뒤 후. after misfortune]명(막13:24) 근심과 재난을 당한 뒤. ①잠시 받는 환난이나 영원한 영광으로 이루신다(고후4:16-17). ②강해짐(고후12:9-10).

환도뼈[環刀~ ; 고리 환, 칼 도. thigh]명(창24:2) 허리 아래 뼈. 넓적 다리 뼈. ①생식과 관련한 맹세(창24:2, 47:29). ②허리로 번역된 말(출32:27, 시45:3, 아3:8). ③생존을 상징한다.

환산[換算 ; 바꿀 환, 셈할 산. conversion, exchange]명(민14:34) 단위가 다른 수량으로 계산하여 고침. 또는 그 계산.

환상[幻像 ; 변할(바뀔) 환, 형상 상. vision]명(욥20:8) 눈 앞에 없는 사물이나 물건의 모습이 있는 것처럼 보이다가 가뭇없이 사라져 버리는 현상. 성경에서는 하나님의 사람, 예언자들에게 하나님으로 부터 주어진 특별한 전달을 가리킨다(암7:1-3, 호2:14-23, 사6:1-11, 렘1:11-16, 눅1:8-23, 행10:3행10-19). →이상.

환영[歡迎 ; 기뻐할 환, 영접할 영. welcome, rejoice]명(삿19:3) 기쁜 마음으로 맞아 주는 것.

환자[患者 ; 근심 환, 놈 자. patient]명(레13:3) 병을 앓고 있는 사람.

환처[患處 ; 근심 환, 곳 처. wound]명(레13:3) 아픈 곳.

환하다[open, bright]명(잠13:9) ①앞이 탁 틔어서 막힌 것이 없다. ②매우 밝다.

활[bow]명(창21:20) 나무를 반월형으로 휘어 맨 줄의 탄력을 이용하여 살을 멀리 날려 보내던 옛날 무기. 화살을 쏘는 기구. ①사냥(창27:3). ②전쟁(왕상22:34). ③신물로 쓰였다(삼상18:4).

활동[活動 ; 살 활, 움직일 동. activity]명(살후2:7) 활발하게 움직임.

활발[活潑 ; 살 활, 활발할 발. vivacity, be lively]명(시38:19) 생기가 있음. 원기가 좋음.

활시위[bows]명(시21:12) 활에 걸

어서 캥기는 줄. 궁현. 소나 약대의 창자를 말린 것을 사용했다.

활쏘는 자〔archers〕囹(삼하11:24) 활을 당기어 쏘는 사수.

황공〔惶恐 ; 두려울 황, 두려울 공. awe, horror〕囹(시55:5) 높은 자리에 눌리어 두려움. 변명할 여지가 없을 만큼 미안함.

황금〔黃金 ; 누를 황, 쇠 금. gold, money〕囹(스1:6) 금. 돈. 금전.

황급하다〔遑急~ ; 급할 황, 급할 급. haste, hurry〕囹(사52:12) 마음이 몹시 급하여 허둥지둥하다.

황량〔荒凉 ; 거칠 황, 서늘할 량. be desolate, waste〕囹(레26:31) 황폐하여 처량함. 허무맹랑하고 장애물이 있는 상태. 원어는 황무, 황폐, 허무, 마른, 놀람, 경악, 쓸쓸한 등의 뜻이 있다.

황망〔惶忙 ; 두려울 황, 바쁠 망. hot haste, be distracted〕囹(시88:15) 두렵고 바쁨. 너무 바빠서 다른 일을 기억할 겨를이 없음.

황무〔荒蕪 ; 거칠 황, 거칠 무. wildness〕囹(출23:29) 땅 따위를 제대로 거두지 않고 버려 두어서 거칠어 짐. 황폐된 상태(욥15:28).

황무지〔荒蕪地 ; 거칠 황, 거칠 무, 땅 지. waste land, ruin〕囹(신32:10) 손을 대지 않고 버려두어 거칠어 쓸모없는 땅. 불모지.

황보석〔黃寶石 ; 누를 황, 보배 보, 돌 석. topaz〕囹(겔28:13) 황색 광채가 나는 보석. 황옥과 같은 말(출28:17-20).

황새〔heron〕囹(레11:19) 황새과의 새. 해오라기와 비슷하나 훨씬 크다. 식용이 금지된 부정한 새.

황소〔ox, bull〕囹(창32:15) 하나님이 여섯째날에 창조하신 동물. 털빛이 누런 큰 수소. 수소로 많이 번역되었다. *강한 자를 나타낸다(시22:12, 68:30).

1. **용도** - ①수레를 끈다(민7:3). ②밭을 간다(왕상19:9). ③제물로 쓴다(출20:24). ④식용(신14:4).
2. **규례** - ①안식일에 쉬게 했다(출23:12). ②곡식을 떨 때 입에 망을 씌우지 말라(고전9:9). ③나귀와 같이 부리지 말라(신22:10). ④황소 도적에 대한 배상법(출22:4, 9-13).

황송〔惶悚 ; 두려울 황, 두려워할 송. awe〕囹(출33:4) 황공(惶恐). 너무 죄송함.

황야〔荒野 ; 거칠 황, 들 야. wilderness〕囹(시107:40) 거두지 아니하여 거칠게 된 들. 잡초와 가시 덩굴만 우거진 벌판.

황양목〔黃楊木 ; 누를 황, 버들 양, 나무 목. cypress wood〕囹(사41:19) 황양목과의 상록교목. 도장을 새기거나 빗을 만듦. 삼나무의 일종으로 보는 것이 옳다. 백향목. ①사막에 무성해 있는 나무(사41:19). ②조선재료(겔27:6). ③레바논의 영광(사60:13).

황옥〔黃玉 ; 누를 황, 구슬 옥. topaz〕囹(출28:17) 황색을 띤 보석의 일종. 황보석. ①대제사장의 흉패의 보석. ②새 예루살렘 성곽의 12기초석 중 하나(계21:20). ⑬구스에서 생산됨(욥28:19). ④에덴의 보석(겔28:13).

황적〔荒寂 ; 거칠 황, 고요할 적. desolation〕囹(애1:4) 못쓰게 되어 고요하고 쓸쓸함.

황제〔皇帝 ; 임금 황, 임금 제. augustus emperor〕囹(행25:21) 제국주의 국가의 군주의 칭호. 천자.

황충〔蝗蟲 ; 누리 황, 벌레 충. migratory locusts, caterpiller〕명(왕상8:37) 누리. 메뚜기과의 벌레. 풀무치와 비슷하다. 떼를 지어 다니며 풀과 농작물을 해한다.

황폐〔荒廢 ; 거칠 황, 폐할 폐. desolation〕명(창47:19) 버려 두어 못쓰게 되고 거칠어진 모양.

황혼〔黃昏 ; 누를 황, 어두울 혼. twilight, evening〕명(왕하7:5) 해가 지고 어둑어둑할 때. 저물 때.

황후〔皇后 ; 임금 황, 왕후 후. empress, queen〕명(렘7:18) 황제의 정실. 중전.
＊이스라엘 백성들이 섬기던 하늘의 여신(렘44:18, 19).

홰〔lantern, firebrand〕명(삿15:4) 횃불, 횃대. 나무가지, 대, 갈대 따위를 다발로 묶어 불을 붙여 밤길을 밝히는 데 사용했다.

횃불〔torch〕명(창15:17) 홰에 켠 불.

회〔會 ; 모일 회. congregation, assembly〕명(시111:1) ①여럿이 무슨 일을 위하여 모인 모임. ②여럿이 어떤 일을 함께 하려고 모임 또는 그 단체. society.

회〔灰 ; 재 회. lime〕명(겔13:12) 생석회와 소석회의 총칭. 시멘트·유리제조용·비료로쓰임. 한석회.

회개〔悔改 ; 뉘우칠(한 할) 회, 고칠 개. repentance〕명(욥42:6) ①죄를 뉘우치고 예수를 믿음(행9:35). ②하나님께로 돌아옴(삼상7:3). ③삶의 방향전환(행8:22, 마3:8). ④하나님의은혜로됨(행5:31, 11:18, 슥12:10).

회계〔會計 ; 모을 회, 셈할 계. accounting〕명(왕하12:15) ①따져서 계산함. 한데 몰아서 셈함. ②금전·물품의 출납의 계산. 또는 그 사무. ③대금의 지불.

회답〔回答 ; 돌아올 회, 대답할 답. answer〕명(신20:11) 물어본 것에 대한 대답. 또는 그 일.

회당〔會堂 ; 모을 회, 집 당. synagogue, church〕명(시74:8) ①유대인의 집회소. 안식일을 지키며 자녀를 교육하고 기도와 성경강론을 하며 재판소로 사용했다. 회당장이 관리했다(눅7:3-5). ②예배당. ③모이는 집.

회당의 잔해

회당장〔會堂長 ; 모을 회, 집 당, 어른 장. ruler of the synagogue〕명(막5:22) 회당의 우두머리. 회당관리자.

회리바람〔whirlwind〕명(왕하2:1) 원형으로 구르면서 불어오는 바람. 소용돌이로 일어나는 바람의 회전.

회리바람 날〔day of whirlwind〕명(암1:14) 전쟁의 날. 재앙의 날. 멸망의 날. 심판의 날.

회막〔會幕 ; 모을 회, 장막 막. tabernacle〕명(출27:21) 이스라엘 민족들이 하나님의 명령의 상징으로 항상 메고 다니던 법궤를 보관했던 장막. 하나님이 자기를 계시하시는 장소. 성막.

회막문〔會幕門 ; 모을 회, 장막 막, 문 문. door of tabernacle〕명(출29:11) 회막의 문.

회보〔回報 ; 돌아올 회, 갚을 보. reply〕명(출19:8) ①대답하는 보고 ②돌아와서 여쭘.

회복〔恢復 ; 넓을 회, 회복할 복. return, recovery〕명(창40:13) 이전의 상태와 같이 됨.

회복자〔回復者 ; 돌아올 회, 회복할 복, 놈 자. restorer〕명(룻4:15) 다시 갖게 하고 일으킨 사람.

회삼물〔灰三物 ; 재 회, 석 삼, 만물 물. mortar〕명(사41:25) 석회·세사·황토를 한데 섞은 물건. 진흙. 역청.

회상〔回想 ; 돌아올(돌이킬) 회, 생각 상. reminiscence, recall〕명(애3:21) 지나간 일을 돌이켜 생각됨.

회생〔回生 ; 돌아올 회, 날 생. revival〕명(왕하13:21) 다시 살아남. 소생.

회심[回心 ; 돌아올(돌이킬) 회, 마음 심. repentance]명 회개, ①하나님께 마음을 향하는 일(신30:10, 시51:31). ②하나님께로 돌아감(고후3:16, 살전1:9).

회의[會議 ; 모을(모일) 회, 의논할 의. meeting, counsel]명(렘23:18) 여러 사람이 모이어 의논함. 어떤 사항을 평의하는 기관.

회전[回轉 ; 돌 회, 구를 전. rotation, turn]명(약1:17) ①빙빙 돔. ②어떤 물체가 다른 물체의 둘레를 일정한 궤도로 움직임.

회정[回程 ; 돌아올 회, 한도 정. return way, turn]명(창33:16) 돌아오는 길에 오름.

회중[會中 ; 모을 회, 가운데 중. during meeting]명(시1:5) 무리 가운데. 그들의 집단.

회중[會衆 ; 모을 회, 무리 중. congregation]명(출12:3) 관중. 모여 있는 많은 무리. ＊이스라엘 백성을 가리키는 말.

회집[會集 ; 모을 회, 모을 집. gathering]명(사43:9) 여러사람이 많이 모임. 또는 모음.

회칠[灰漆 ; 재 회, 옷칠할 칠. whitewash, daubing]명(겔13:10) 회를 벽이나 겉에 칠함.

회향[茴香 ; 회양 회, 향기 향. dill, anise, cummin]명(마23:23) 미나리과에 속하는 회향풀의 열매. 건위, 구충제로 쓰임. 바리새인들은 성경에 명시되지 않은 십일조의 규정을 확장 잘못 적용하여 예수님의 책망을 들었다.

획[劃 ; 그을 획. stroke, title]명(눅16:17) ①글씨나 그림의 붓으로 그은 줄이나 점의 총칭. ②글자를 구성하는 점획 또는 획수.

횟돌[灰~ ; 재 회. lime stone]명(사27:9) 방해석(方解石)이 모이어 된 수성암. 석회를 만드는 돌. 석회석.

횡[橫 ; 가로(가로지를) 횡. breadth, horizontal]명(창13:17) 가로.

횡포[橫暴 ; 사나울 횡, 사나울 포. tyranny]명(욥35:15) 떳떳한도리에 벗어나고 몹시 사납게 구는 행동.

횡행[橫行 ; 가로 횡, 행할 행. being rampant]명(시12:8) ①거리낌 없이 함부로 돌아다님. ②모로 감. ③제 마음대로 행동함.

효[孝 ; 효도 효. filial piety]명(딤전5:4) 부모를 잘 섬기는 일. 5계명에서 요구하는것(출20:12). 자식의 의무이다.

효력[效力 ; 증험할 효, 힘 력. avail, efficacy, strenght]명(창4:12) ①일의 좋은 보람. ②효과·효험·보람·공로·효능을 나타내는 힘. effect. ③일한 보람. 표적.

효용[驍勇 ; 굳셀 효, 날랠 용. valiancy]명(삼하23:20) 사납고 날램.

효유[曉喩 ; 깨달을 효, 비유할 유. admonition]명(행12:21) 알아듣게 일러줌. 깨닫도록 타이름.

효험[效驗 ; 증험할 효, 시험할 험. efficacy, prevail]명(마27:24) 일의 좋은 보람. ㉠효(效).

후[後 ; 뒤(뒤질) 후. after, next]명(창4:3) 이다음. 뒤.

후[厚 ; 두터울(질을) 후. cordial]명(창30:20) 두텁다. 질다. 많다.

후견인[後見人 ; 뒤 후, 볼 견, 사람 인. tutor, trustee]명(갈4:2) 보호자. 대리자. 미성년자, 무능력자, 금치산자 등의 재산관리 등을 대신 맡아 주고 돌보아 주는 사람.
＊성경에서는 미성년자에 대한 감시자. 그 집의 재정관리자를 뜻한다. 신앙이 장성하기까지 살피고 돕는 자이다.

후곡[חקוק =도랑]固(대상6:75) 아

후군[後軍; 뒤(뒤질) 후, 군사 군. rear guard]명(수6:9) ①뒤에 있는 군대. 전군을 지원, 보충, 교대하기 위하여 대기중인 부대. ②임금의 나드리 때 뒤를 호위하는 군대.

후궁[後宮; 뒤 후, 집 궁. harem, concubine]명(삼하15:16) ①왕의 첩. ②주되는 궁전 뒤쪽에 있는 궁전.

후대[厚待; 두터울 후, 기다릴 대. give a warm reception, entreat]명(창12:16) 섭섭하지 않은 대접. 후하게 대접함.

후대[後隊; 뒤 후, 떼 대. rear ranks]명(민2:31) 뒤에 있는 대오.

후대[後代; 뒤 후, 세대 대. coming generation, hindmost]명(수22:28) 뒤의 세대.

후람[םָרוּח = 고상함]인
1 두로왕(대하2:3). 희람과 같은 사람(삼하5:11).
2 두로왕 희람의 아버지(대하3:13).
3 두로의 놋점장(대하2:13, 4:11-16). 금속주조 기술자.
4 베냐민의 손자이며 벨라의 아들. 아비수아의 형제(대상8:4-5).

후래[יַרוּח = 고귀한]인(대상11:32) 가아스 시냇가 출신으로 다윗의 용사 중 한 사람이다. 삼하23:30에는 힛대로 되었다.

후래사[後來事; 뒤 후, 올 래, 일 사. hereafter]명(사41:23) 장래일.

후르[רוּח = 고귀]인
1 미디안의 왕(민31:8). 수13:21에는 훌로 되었다.
2 느헤미야 시대 예루살렘 성벽 재건을 도운 르바야의 아버지(느3:9). 그 지방의 절반을 다스렸다.

후리[יִרוּח = 천 만드는 자]인(대상5:14) 갓자손 아비하일의 아버지.

후리다[steal, bewitch]타(출21:16) ①매력으로 남의 정신을 어지럽게 하여 빼앗다. ②갑자기 쳐서 빼앗다. snatch.

후메네오['Υμέναιος = 결혼의 노래]인(딤전1:20) 양심을 버린 사람. 바울이 징계하기 위하여 사단에게 주었다고 하였다(딤후2:17).

후박[厚薄; 두터울 후, 얇을 박]명(민13:20) 두터움과 얇음. thickness and thinness. ②후함과 박한 일. partiality. ③땅이 비옥함과 거칠음. fat and lean.

후밤[םָפוּח = 해안의 주민보호]인(민26:39) 베냐민의 아들. 후밤족속의 조상. 대상8:5에는 후람.

후부[後夫; 뒤 후, 지아비 부. second husband]명(신24:3) 후살이의 남편. 재혼하여 얻은 남편.

후비[后妃; 왕후 후, 비 비. queen]명(왕상11:3) 임금의 아내. 왕비.

후사[後嗣; 뒤 후, 이을 사. heir]명(창15:3) 대를 잇는 아들. 장자가 대를 이으나 바뀌는 수도 있다.

후사[הָשׁוּח = 재촉, 급함]인(대상4:4) 유다 사람. 훌의 자손. 에셀의 아들.

후사[יַתָשֻׁח = 급함, 재촉]지(삼하23:27) 다윗의 30용사 중 므분내와 십부개의 고향.

후삼[םָשֻׁח = 급속]인(창36:34, 대상1:45) 데만 족속. 요밥의 뒤를 이어 에돔의 세번째 왕이 됨.

후새[יַשׁוּח = 급속함]인
1 다윗의 친구(대상27:33). 다윗의 명령을 받고 거짓 귀순자로 압살롬의 궁정에 들어가 아히도벨이 압살롬을 위하여 좋은 계획을 베푼 것을 그가 알고 파괴시킴에 성공하였다(삼하15:33-37, 17:1-20).
2 솔로몬의 12관장 중의 한 사람인 바아나의 아버지(왕상4:16).

후생[後生; 뒤 후, 날 생. younger generation]명(시78:6) 뒤에 난 사람. 내세(來世)에 다시 태어날 일생. life after death.

후세[後世; 뒤 후, 인간 세. future world]명(시49:13) ①뒤의 세상. ②죽음후에 오는 세상. 내세.

후손[後孫; 뒤 후, 자손 손. descen-

묻기 위하여 힐기야를 파견하였다. 그가 하나님의 지시를 받아 "그 책에 있는 대로 재앙을 내릴 것이로되 왕이 이미 겸손히 옷을 찢고 통곡하였으므로 목전의 그 재앙을 면케 되리라"고 하였다. ②요시야왕의 종교개혁을 도왔다(왕하22:3-20, 대하34:8, 28). ③예루살렘 파멸을 예언했다(왕하22:15-17).

훌륭하다[splendid, comely]휑(욥41:12) ①매우 좋다. ②칭찬할 만하다. ③퍽 아름답다.

홈다[חָמְטָה = 둘러싸인 장소]지(수15:54) 유다 지파에 있는 성읍.

훔치다[steal]타(요12:6) 남의 물건을 몰래 슬그머니 가지다. 절도.

훔[חוּם]인(대하12:3) ①애굽의 왕 시삭을 따라서 르호보암을 치러온 사람들(대하16:8). ②리비아사람으로 여긴다(단11:43). ③루빔과 같은 사람(나3:9). 룹 사람.

훔바[חֻמְבָּה = 덮개]인(대상24:13) 다윗왕 때 제13반차의 제사장.

훔빔[חֻמִּים = 보호 덮음]인
① 베냐민의 아들(창46:21).
② 일의 아들(대상7:12, 15).

훤화[喧華, 喧譁 ; 시끄러울 훤, 시끄러울 화. cry, roar, tumult, clamour]명(시65:7) 지껄여서 떠듦(행32:9). 소란, 다툼, 싸움.

훼멸[毁滅 ; 헐 훼, 멸할 멸. destruction, overthrow]명(신29:23) ①상(喪)을 당하여 몹시 상심하여 몸이 쇠약해지고 마음이 약해짐. ②몹시 슬퍼함. ③헐고 깨뜨려 없앰. ④뒤집어 엎음.

훼방[毁謗 ; 비방할(헐어 말할) 훼, 헐뜯을 방. blasphemy]명(레24:11) ①남을 헐뜯어 꾸짖음. ②남의 일을 방해함.
＊하나님을(레24:11), 이웃을(시15:3), 부모를(마15:4), 교역자를 (벧후2:10). 훼방한다.

훼방자[譭謗者 ; 비방할(헐어 말할) 훼, 헐뜯을 방, 놈 자. blasphemer]명(딤전1:13) 훼방하는 사람. 불신앙인, 마귀, 사단.

＊하나님을 훼방하는 자는 죽는다(레24:11, 16).

훼상[毁傷 ; 헐 훼, 상할 상. injury]명(삼하12:18) 몸을 다침.

훼파[毁破 ; 헐 훼, 깨뜨릴 파. destruction, breakdown]명(출23:24) 헐어서 깨뜨림. 훼멸.

휘두르다[brandish, thrust]타(계14:15) ①무엇을 잡고 둥글게 휘휘 돌리다. ②정신차릴 수 없도록 얼을 빼다.

휘장[揮帳 ; 두를 휘, 휘장 장. curtain]명(출27:21) 여러 폭의 천을 이어서 둘러치는 막장. 앙장. 문장. 장막과 같은 말.·성전의 휘장은 예수님께서 운명하실 때 찢어졌다. 그리스도를 뜻한다(마27:51, 히10:20).

휘파람[whistle]명(슥10:8) 입술을 아주 좁고 동그랗게 오무려 그 사이로 김을 불어 소리를 내는 짓.

휙휙[suddenly, whip]부(3:2) 재빨리 돌아가는 모양. 바람이 한번 세게 부는 모양.

휩싸다[surround, wrap oneself]타(창38:14) ①휘돌려 감아서 싸다. ②나쁜 행실을 뒤덮어 주다. ③겉으로 드러나지 않게 하다.

휴식[休息 ; 쉴 휴, 쉴 식. rest]명(출16:23) 일의 도중에서 잠깐 쉼.

흉갑[胸甲 ; 가슴 흉, 갑옷 갑. breast plate]명(계9:9) 가슴을 가리우는 갑옷.

흉년[凶年 ; 흉할 흉, 해 년. lean year, famine]명(창26:1) 농작물이 잘 되지 않는 해.

흉배[胸背 ; 가슴 흉, 등(등질) 배. breast plate]명(엡6:14) ①관복의 가슴과 등에 붙이던 수를 놓은 물건. ②가슴과 등.

흉벽[胸壁 ; 가슴 흉, 벽 벽. mound]명(전9:14) 성곽·포대 따위에 쌓는 가슴 높이만한 담. 흉장이라고도 한다. 공성법, 토둔과 같은 말.

흉악[凶惡 ; 흉할 흉, 악할 악. atrocious, wickedness]명(창41:3) ①성질이 험상궂고 고약함. ②겉모

dant]몡(창3:15) 몇대가 지나간 뒤의 자손. 후예.

후시대[後時代 ; 뒤 후, 때 시, 시대 대. next generation]몡(욜1:3) 앞으로 오는 때.

후실[後室 ; 뒤 후, 아내 실. remarriage]몡(신22:30) 두번째 드는 장가 또는 그 아내의 높임말. 후취. 재취.

후심[חוּשִׁים = 서두르게 만드는 자, 성급함]몡

1 단의 아들(창46:23). 수함과 같은 사람(민26:42).

2 베냐민의 후손. 아헬의 아들(대상7:12).

3 베냐민 사람 사하라임의 두 아내 중 하나. 아비둡과 엘바알의 어머니(대상8:8, 11).

후예[後裔 ; 뒤 후, 후손 예. descendant]몡(창10:1) 후손.

후욕[后辱 ; 꾸짖을 후, 욕될 욕. curse, reviling]몡(시44:16) 꾸짖고 욕설을 퍼부음.

후원[後園 ; 뒤 후, 동산 원. back garden]몡(에1:5) 집 뒤에 있는 동산.

후원[後苑 ; 뒤 후, 동산 원. back garden in a palace]몡(에7:8) 대궐 안에 있는 동산. 나라동산.

후일[後日 ; 뒤 후, 날 일. later day]몡(창30:33) 훗날.

후진[後陣 ; 뒤 후, 진칠 진. rear guard]몡(민10:25) 후군(後軍).

후처[後妻 ; 뒤 후, 아내 처. second wife]몡(창25:1) 두번째로 맞는 아내. 후취. 재취.

후패[朽敗 ; 썩을 후, 패할(썩을) 패. consume, decay]몡(욥13:28) 썩어서 못쓰게 됨.

후하다[厚~ ; 두터울 후. cordial]형 (창30:20) ①인심이 두텁다. ②두께가 두껍다.

후회[後悔 ; 뒤 후, 뉘우칠 회. repentance]몡(민23:19) 이전의 잘못을 깨닫고 뉘우침.

혹곡[חֻקֹּק = 도랑]젱(수19:34) 디베랴 호수의 북쪽. 아셀과 납달리의 경계에 있던 성읍.

훈계[訓戒 ; 가르칠 훈, 경계할 계. admonition, instruction]몡(시16:7) 타일러 경계함.

1.**무엇으로** - ①성경(고전10:11). ②그리스도의 말씀(골3:16). ③지혜의 말씀(전12:11-12).

2.**훈계를 하는 이유** - ①환난을 벗어 나도록(시94:12-13). ②지혜를 얻도록(잠1:3, 19:20). ③하나님을 섬기도록(잠1:7). ④넘어지지 않도록(고후12:7-9). ⑤부지런하도록(살후3:10). ⑥이단자를 멀리하기 위하여(딛3:10). ⑦성도에게 일깨우기 위하여(렘20:31).

훈도[訓導 ; 가르칠 훈, 인도한 도. teacher]몡(롬2:20) 선생. 교육자. 훈계자. 교정하는 일.

훈시[訓示 ; 가르칠 훈, 보일 시. instruction]몡(스10:8) ①가르쳐 보임. ②상관이 집무상의 주의 사항을 부하직원에게 지시함.

훌[חוּר = 고귀, 둥글다]몡

1 모세의 처남으로 여긴다. ①이스라엘백성이 광야에서 아말렉과 싸울 때 그가 아론과 함께 모세의 팔을 들어주어 승리하게 하였다(출17:10-12). ②모세가 시내산에 올라 갈 때 아론과 함께 백성을 다스릴 직분을 맡았다(출24:14). ③유대인의 전설에는 미리암의 남편이라 전한다.

2 갈렙과 에브랏 사이에 낳은 아들(대상2:19, 50). 금, 은, 동, 보석으로 여러가지 물건을 교묘하게 잘 만드는 브사렐의 할아버지(출31:2-). 1과 같은 사람으로 여긴다.

3 셈의 손자요 아람의 아들(창10:23).

4 그 밖에 3인이 있다(민31:8, 왕상4:8베훌. 느3:9).

훌다[חֻלְדָּה = 두더지]몡

1.**인적관계** - 유다왕 요시아시대의 여선지. 예루살렘 제2통에 살던 살룸의 아내(왕하22:14).

2.**관련기사** - ①왕은 성전에서 발견된 율법책에 대하여 그 선지자에게

흑운[黑雲] :검은구름, 먹구름. 흑운 cloud(욥12:18) 짙은 구름 구름, 월 식(欲蝕) :해나 달 등 빛나 는 것이 가리워짐.

흑임자[胡麻] :검은 깨. 흑임자(잠 2:27) 참깨의 하나로 검은 열매, seed of alienation. ②서로 담판하는 시 초, going of a change.

흔들다[swing, wave](창29:24) ①좌우상하로 일정한 동요되게 하 다. ②가만히 있지 않도록 하다. 그들로 12지파의 이스라엘 자손에 게 12지파를 비유로 또 다른 별의 12지파, 중심심좌 가지게 된 비유로, 또는 바울이 가는 곳에 이르는 12지파를 비유로 놓았다. ①장 식패(욥28:15). ②우상숭배의 뜻의 한 물건.

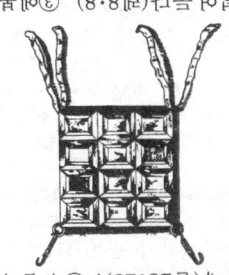

흔영[欣榮] :기쁨. 즐겁게 여김. 기뻐하는 모양. joyful-ness, rejoicing(창8:39) 매우 기뻐하는 모양.

흔적[痕迹] :자취, 종, 발자취, 표, tr-aces, boil, mark(왕상13:23) 민 에 남은 자국.

흔하다[common](롱상10:27) ① 귀하지 않고 어디든 많이 있다. ② 영기 쉽다.

흘기다[stare sidelong, look upon](아1:6) 눈 흘기다.

흘러가다[flow away](수3:16) ① 흘러서 가다. ②호르듯이 지나가다.

흘리다[shed, spill](민창9:6) ①불 등이 흩어지게 하다. ②영향을 말하여 흐르게 하다. ③물건 등을 떨어뜨리고 있다. lose. ③얽가는 곳에 떨어뜨리고 가다. drop. soil. ③이슬과 풀에 가득히 된 것. 바라보기고 씨를 뿌리는 자(창2: 7, 19). ④인생이 잠잠히 돌아가는 흙(창3:19).

흘어기(heaps of rubbish)(느4: 2) 기 쌓아 두어, 쓰레기더미를 만들어 둠. 사사시대의 중요한 전승지의 이르지 아이가 상한 신체가 조소적으로 된 일.

흙의 속한 자(man of dust)(고집 15:47) 땅의 티끌, 흙(가리스)인 든 사람을 이른다는 가리키는 말, 제 2의 아담인 예수와 하나님은 별 이 된 몸.

흙(흙:고기류(할)통. blemish(음 48, 49). 흙에 묻은 사람이다.

훔[黑]:짙은 검은 색.

흑마[黑馬] :검은 말. 말 타, black horse(욥6:2) 돌본의 검은 말.

흑사[黑蛇] :검은 뱀. black stone(여1:6) 검은 돌 따위.

흑야[黑夜] :검은 밤(어두움). 혹, 어두 움, darkness(창1:2) 별이 뜨지 않는, 달빛 없이 어두움. ①창 조에 관한 부분(창1:2-3). ②지구의 중심 부분(창1:2-3). ③지구의 중심으로 인한 흑암(창15:17). ④조직적인 죄의 흑암(암10:21-22). ⑤영원한 장사 형벌(마27:45). ⑥형벌의 장(유6, 13). ⑦고의 성가심의 어둠(벧후2:4, 17).

흐리게 되다.

흐리다[cloudy](마16:30)①날씨 가 흐리게 된다. ②근심하다.

흐리다[(삿34:7)]①희미, 분명치 않게 흐릿한 것으로 떠나가다.

흐리다[]: 희미하다, dim. ②분명하지 않다, vague.

흐르다[run, flow](창2:14) 물때 위의 ①움직여 옮기다. ②물 따위가 많이 옮겨 가다. ③얽기 일관된 가치이다.

흉하다[凶] :~흉(흉)한 흉. bad, heavy(5:8).

비후 - 이, 인물, 자양(약6:14, 창상 흉실(창39:21).

등을 많이 끓다(잡8:8). ③에끼우 이

흥 820

흩다[scatter][타] (창11:8) 흩어지게 하다.
흩뜨리다[blow off, thunder][타] (욥39:19) 흩어지어 버리다.
흩어지다[be separated, spread][자] (창10:18) ① 뜨엄뜨엄 떨어지다. 또 떼어지다. ② 풍기어 널리 퍼지게 되다.
희귀[稀貴][명] : 드물 희, 가질 귀. rareness, precious[원] (삼상3:1) 드물어 귀중함.
희년[禧年][명] ; 기쁠 희, 해 년. jubilee] (레25:10) 구약시대에 50년 마다 오는 거룩한 해.
희다[white][형] (창30:35) 눈 빛과 같다. 맑고 밝다. 분명하고 깨끗함. 또는 의심할 여지없이 분명하고 명백함.
희락[喜樂][명] ; 기쁠 희, 즐거울 락. pleasure, gladness[원] (애10:10) 기뻐하고 즐거워함.
희롱[戱弄][명] ; 희롱할 희, 희롱할 롱. raillery, mocking[원] (창21:9) 장난 삼아 놀리는 짓.
희망[希望][명] : 바랄 희, 바랄 망. hope] (삼21:4) ① 어떤 일을 이루거나 또는 그것을 얻고자 바람. ② 좋은 일이 있기를 기대하며 원하는 것.
희미[稀微][명] ; 드물 희, 작을 미. faint] (고전13:12) 분명하지 못함. 또렷하지 못함.
희색[喜色][명] ; 기쁠 희, 빛 색. glad countenance][원] (잠16:15) 얼굴에 나타난 기쁜 빛. 기뻐하는 얼굴 빛.
희생[犧牲][명] ; 희생 희, 희생 생. sacrifice][원] (창46:1) 하나님께 드리는 제물. 또는 어느 일을 이루기 위해 목숨을 잃는 일.
희소[稀少][명] ; 드물 희, 적을 소. rareness][원] (느7:4) 드물어서 적음.
희어지다[become white][타] (레13:3) 하얗게 되다. 밝아지다.
희옇[稀薄][명] ; 드물 희, 엷을 박. rareness][원] (민2:11) 썩 드물게 좋음.

희한[稀罕][명] ; 드물 희, 드물 한. 드문. 아주 드물어 신기함.
흰[白][명] ; 아름다울 흰. ④ 기뻐함.
*위, 생긴 것들을 나타내며 뜻, 체 힘들이지 못하고 뜻. (시17:11, 계22: 18-25), 모든 것이 정말한 피로로 조금도 어김이 없다(빌후2:13).
흠모[欽慕][명] ; 공경할 흠, 사모할 모. adoration, desire][원] (시53:2) 기쁜 마음으로 사모함.
흠없다[blemishless][원] (욥43:22) 결점이 없어 완전하다. 진실한 성품에 부족함이 없어 깨끗하다.
흠향[歆饗][명] : 누릴 흠(공경할) 흠, 진설한 음식 향, smell] (삼8:21) 신들이 하나님께서 제물을 받으신다.
*①그리스도(계1:19). ②교회 (계5:27). ③ 종말적인 상태 (계1: 27, 벧후3:14). ③ 흔들리는 자연들(렘2:15). ⑤ 왕이신 하나님이 임하고 있음(음1:22, 삼하5: 23).
흠씬[旁盈][명] ; 찬족할 흠, 많은 양. enough] (시68:9) 매우 탐스럽도록 넉넉함. 넘쳐 한 쪽 기운이 없음.
흡수[吸收][명] ; 빨아들일 흡, 거두 수, absorption][원] (신11:11) ① 빨아들임. ②흡수물 말아 들이는 일.
흥기[興起][명] ; 일어날 기, rise] (렘 5:11) ①떨치어 일어남. ②일어나 흥하기 시작함. ③세력이 생겨서 성하여 짐.
흥분[興奮][명] ; 일 흥, 떨칠 분. excitement] (렘1:14) ①마음이 감정이 자극되어 들뜨어 짐. ②기운등이 치솟아 오름. ③자극을 받아 생리적인 작용이 지나치게 일어남.
흥왕[興旺][명] ; 일 흥, 성황할 왕. grew and multiplide, flourish][원] (느2: 10) 매우 힘차게 일이 벌어져서 흥하여 짐.
흥하다[興∼ ; 일 흥. rise][자](욥22: 23) 잘되어 일어나다. ②번창하게 되다.

흰 떡[white bread]圖(창40:16) 새 길 이 질 때 (빵).
흰 돌[white stone]圖(계2:17) 흰것은 승리자에게 주는 상급. 받는 자만이 아는 이름이 기록된 돌.
흰 머리[gray hair]圖(잠44:29) 희어 진 머리카락, 백발.
흰자위[white of an egg]圖(욥6:6) 계란이나 달걀의 노른자위를 싸고 있는 흰 물질.

히

히드개[ㅎㄷㄱ=코가쌘]圖(창38:1, 12) 이불레 사람, 유다의 장인.

히라圖[ㅎㄹ=푸르름, 쪽=귀감]圖

1 히브리

1. **언어적**에 - 다볼과 훌로니보다 높은 곳(창5:11).

2. **신학기사** - ①다음의 옷을 찾추는 가 시계를 제출하였다(딛14:1).
   ②훌로기를 상속의 길을 행할 자가 아기를 갖는다(창15:1-12).
   ③훌로기로 그에게 대답할 길 이 기다려 살며 20년 동안 그에 게 이가(창9:10, 11). ④처음 맞은 다(창9:9, 10, 11). ⑤화로기의 축복.
   (창9:26-28, 대하8:17-18, 9:1 0). ⑥축복과 많은 사람(대하2:3).

② 축복지에 - ①부향리가 사람이 다. 그의 아버지는 기스 하란으로 다(창7:14). ②혼로기의 경영 후 아들에게 가는 자(대하3:13). ③경 설의 한부터가 방지가 봉용 주셨 다(창7:13-50). ④(대하3:14에 다(창7:13-50). ④(대하3:14에 조상 집은 조상과 가다다가 목적 할 능지의 시가지 만나의 가도 리(동방3:1-6). ⑤(대하4:11).

③ **햇살과 많은 사람**(대하4:11).

히드리 사람[ㄱㅎㅅ=장을 잘 쓴 사 람](창14:13) ①이두람(아프 말 단) 등 가리키는 말(창14:13).
② 2 세대들 가리키는 말(창39:14). ③ 3 세대를 가리키는 말(창43;).
32). ④ㄱㅎㅈ을 히리 사람이나 물 하는 것은 당호의 어려웠다(창1:19). ⑤에 곤을 이을러 돌았다(창1:19). ⑥에 곤이에

히ㄱㅇ[ㅎㄱㅇ=하나되어 함, 하나

하이에나 무리

단을 강화한다 圖

① 하나님(대하29:13).

1. 인간관계 - ①아버지와 아들의 아들(대하29:1).
하18:1); ②어머니를 자랑하는 딸
아이(대하29:1).
2. 결혼기자 - ①25세에 왕이 되었다
(대하29:1); ②정직한 자의 아들
(대하18:3); ③정직한 왕의 배우자가
하18:3-5); ④불의한 왕의 아들
된 아들(대하29장-31장); ④블레셋
자의 죄 많은 통란을 진멸하였다(대
하18:7-12); ⑤산당의 형상 숭배를
제거하였다(대하18:14); ⑥앗수르에게
제국에 공물을 주의 곳간 등, 금은 주기
다(대하18:14-16); ⑦앗수르의
로 하솜을 샀다(대하18:19-37);
⑧이사야에게 사람들을 보내었다(왕하
19:1-10); ⑨이사야의 기도(왕하
19:14-20); ⑩여호와의 백성을 위
기를 왕였다(대하19:20-37).
⑪백성들을 기도하므로 15만의 생명이
연장되었다(대하20:1-11); ⑫행
복과 번영을 얻고(대하20:1-11); ⑬바
벨론의 등을 잃었다(대하38:9-22); ⑭바
벨론 사신들에게 교회의 기물을 보
여주었으므로 이사야의 책망을 사
었다(대하20:20-19); ⑮일주기
인시의 덕을 지녔다(왕하13:4). ⑯므낫
세에게 어린 이들을 남겼다(왕하20;
21). ⑰이들의 개혁에 기도한 사
람(마1:9).

② 나단의 자손으로 바벨론의 장정이
간 중 느헤미야의 아들의 이름(대하37:23).

③ 바사왕 고레스 당시 바벨론에 억
류되어 있던 자들 중 한 사람(스2:16).
동족의 인질 사람(느10:17).

④ 유다자손 스바냐의 조상(슥1:1).

하이에나 무리 [Zepán∞kis=가볼을 질]
⌐⌐(渡4:13) ⊙아시야 부근지에
의 찬과 성름, 까기 그리스도인들의
피난저로 사용되기도 하였다.

하키온 [hiyĕgā∞ion] ⑨ (시9:16), '생각가.'
⌐⌐(渡9:16) 응상하게 저로, 고방모시
라는 운추으로 이기신, 고방표시
소기로 되는 이도 있다.

힌 [hin] ⑨(출29:40) 야벨에서 중량
의 단위의 보조류를 재는 액체의 용
양, 바트의 6분의 1이 해당하고 약

3. 8 을 (마 15:4, 막 9:36).

힘내[ㅁ기 = 마음의]图
1. 원기 - 예수님께서 사랑에서 우러나온 동정의 눈으로 끝까지 돌보심 (눅 15:8).
2. 진정한가사 - ①힘찬 믿음의 끝까지 돌봄가 힘찬 이들의 끝까지가 끝도 가 (눅 15:15; 8, 렘 7:32). ③르디아 부부에 있는 큰가자가 (수 18:16). ③이것은 요시야 아들의 자녀에게 베풀었던 지갑이 큰가자가 (대하 23:10). ④이것은 요시야 아들에게 베풀었던 지갑을 마치에 베풀었다 (대하 28:3). ⑤우상숭배의 끝까지 (대하 33:6, 렘 32:35). ⑦이때에 돌보시지 않고자 할 때

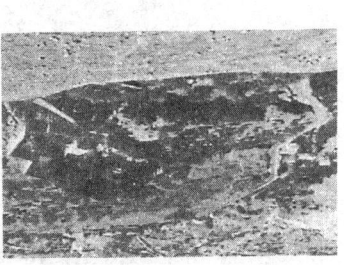

고지 마고자 바치면, 돌보심을 것을자
구하고 (대하 6:58). 图[ㅁ가] = 요청함.
다가자와 이들의 동등. 가 15:51는 다른 돈으로
기쁘신 것이다.
구하다[ㅁ가] = 장우로함] 图(삼하 12:13) 마
찾아가서 마치 동등.
간구[懇求 : 친밀한 간, ri-
gid request]图(삼상 43:7) 간절한 곰-
구, 사랑사람, 사랑 깊이의 아버지.
힘 [strength, power]图(삼상 31:6) 가
나 또는 용력이 있으로 동등이다가
자녀와.* 힘이 근원은 하나님이시니, 기
도와 믿음 등 선절한 하는 자에 주신다.
세다[strong]图(삼하 13:14) 힘이
땅다.
힘쓰다[be earnest, make efforts]图
(롬 20:9) 힘을 다하다, 노력하다,
애쓰다, 고집한다.
* 힘차는 성령과 기도로 사지에서 하
고 기적의 구가자를 힘이에 한다.
힘있다[stayed, made strong]图(창
49:24) 부이 토용함 한다.
힘줄[string, vessel, sinew](창 32:
32) ①근육의 기운가 지나고 힘이 진
진 부분. ②힘찬 붙음의 증거.

힘통을 돌다 [hough]国(수 11:6) 말이
진 다급가 더 이상 돌보지 못하게 힘
자르다. 진행이 여수아에게 다른들과 싸
운 여호와의 둘도 명하신 잘못이다. 그
단다 (수 11:9, 삼하 8:4). 그리나
수입 동을은 동에서 벌지 많은 것을
샀다 (수상 4:4).

힘다 [힘그 = 한 후이가 힘이]图(삼하
23:30) 다가자 30용자 중 가운스
사람(대 11:32).

힘빠진[ㅂ가짐 = 끝 가, 빼]国(창 2:
14) ①이 언 남에게 빌려받은 내용
것들이 잊어난다. 웃자구 동으로 들
산하였다 (창 10:4). ②힘이 1, 850km.
그러나 힘의 정확한 이를 가지 방명
으로 이는 것인지 발생치 않았다.

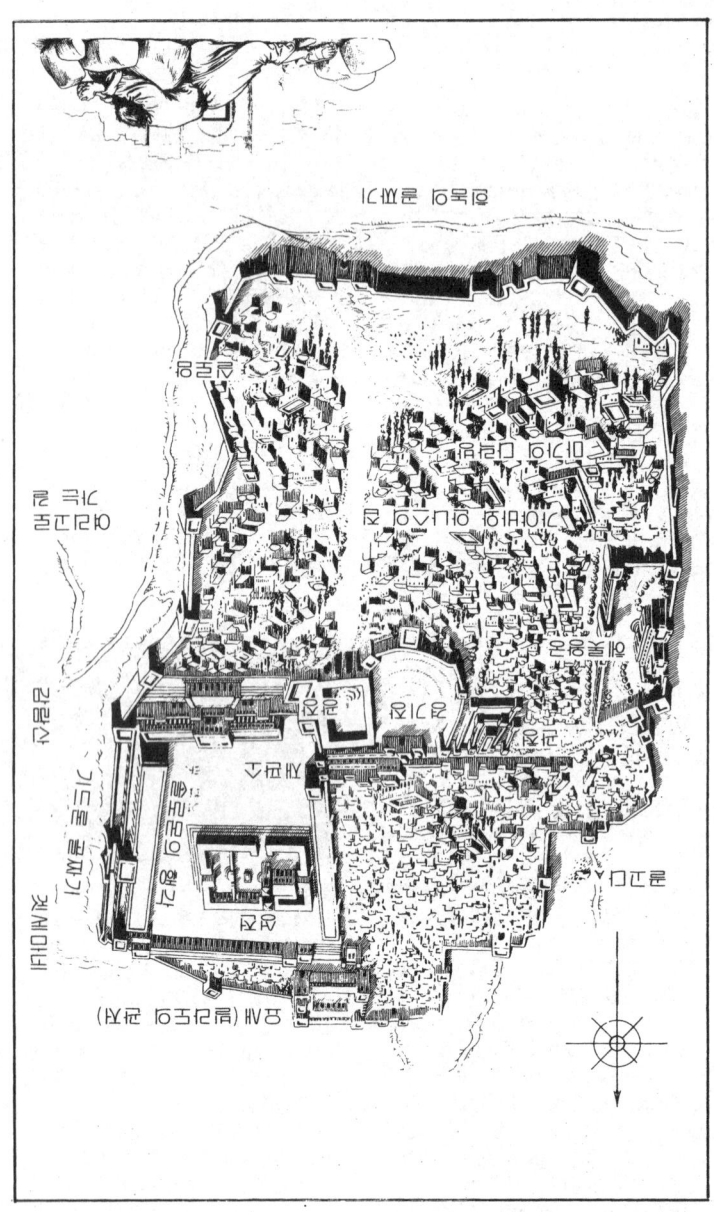

신약시대 예루살렘

성장기개표

내용	계	구 약	신 약
책	66권	39권	27권
장	1,189장	929장	260장
절	31,173절	23,214절	7,959절
수 기간	1,600년간	1,500년간	100년간
수	약	영아기(창 3:15)	성년(창 3:16)
창 기공리의 절	시 편	시 118:8	
창 기공리의 장	시 편	시 118:8	시 129장
창 기공리의 절	시 편	매하후 20:17	절 17:17
가장 긴 절	시 편	시 편	사건열절
가장 짧은 절	한절 2시	누가복음 단	요한 2시
가장 긴 장	시 119편	시 119편	마 26장
가장 짧은 장	시 117편	시 117편	계 15장
가장 긴 기	창 5:2	창 9:2	고후 12:20
가장 짧은 기	룻기 5:16	룻 20:13, 14	살전 5:16

시간환산표

구분	시	각	시간	각	영	점
주야			해 질 때 – 오후 10시		에 2:19	
	밤	이경	오전 10시 – 오전 2시		사 17:19	
		삼경 (새 벽)	오전 2시 – 해 뜰 때 (새 벽)		출 14:24	
주야		아 침	해 뜰 때 – 오전 10시			
	낮	오 정	오전 10시 – 오후 3시		창 18:1	
		저녁때	오후 3시 – 오후 6시		창 8:8	
		저 녁	오후 9시		창 7:9	
		제 일 루	해 질 때 – 오후 10시	제 10시	막 13:35	
밤		제 이 루	오후 10시 – 오전 1시	성 1시	막 13:35	
		제 삼 루	오전 1시 – 오전 4시		막 13:35	
		제 사 루	오전 4시 – 해 뜰 때	새 4시	막 14:35	

구분	시	각	유대식(유대력 – 기독시) (오후부터)	세계7시간 – 유대대식 (유전부터)	시	산	성
야간	아	일 문	제 6시	제 0시	오전 6시	요 19:14	
		(마 16:3)	제 9시	제 3시	오전 9시	마 20:3	
	오	정	제 10시	제 4시	오전 10시	요 1:39	
		(행 22:6)	제 12시	제 6시	오전 12시	요 5:20	
	미	시	제 3시	제 9시	오후 3시	요 5:20	
		(마 16:2)	제 5시	제 11시	오후 5시	요 5:20	
밤			제 6시	제 12시	오후 6시	요 4:6	
			제 7시	제 1시	오후 7시	요 4:52	

이스라엘 열왕 일람표

1. 통일왕국
   1. 사 울   주전 1020~1000
   2. 다 윗   주전 1000~961년 (통치 40년)
   3. 솔로몬 주전 961~922 공동통치까지
2. 분열왕국

대	왕 명	재위기간	대	왕 명	재위기간
1	르호보암	주전931-913	1	여로보암 I 세	주전931-910
2	아 비 야	주전913-911	2	나 답	주전910-909
3	아 사	주전911-870	3	바 아 사	주전909-886
4	여호사밧	주전870-845	4	엘 라	주전886-885
5	여호람	주전848-841	5	시 므 리	주전885
6	아하시야	주전841	6	오 므 리	주전885-874
7	아 달 랴	주전841-835	7	아 합	주전874-853
8	요아스	주전835-796	8	아하시야	주전853-852
9	아마샤	주전796-767	9	요 람 (여호람)	주전852-841
10	웃시야(아사랴)	주전767-739	10	예후	주전841-814
11	요담	주전739-731	11	여호아하스	주전814-798
12	아하스	주전731-715	12	요 아 스	주전798-782
13	히스기야	주전715-686	13	여로보암 II 세	주전782-753
14	므 낫 세	주전686-642	14	스 가 랴	주전753-752
15	아몬	주전642-640	15	살 룸	주전752
16	요 시 야	주전640-609	16	므 나 헴	주전752-742
17	여호아하스	주전609	17	브 가 히 야	주전742-740
18	여호야김	주전609-597	18	베 가	주전740-732
19	여호야긴	주전597	19	호 세 아	주전732-723
20	시드기야	주전597-586			
	(예루살렘 함락)	주전586		(아시리아유수)	주전722

제 사

제사명	성 경	내 용
1	번 제	레 6 : 8	동물을 태워 희생시킴
2	소 제	레 2 : 1-2	동식물과 곡물을 드림
3	속죄제	레 4 : 5-7	죄의 제사
4	속건제	레 5 : 14-19	장물의 제사
5	화목제	레 3 : 1-17	감사, 자원, 자신에 의해 드림

사사들의 활동

번호	사사이름	수탈자/적	햇수	성경고증	햇수	안식지	출 신	년
1	옷니엘	메소포타미아	8	삿3:8-11	40	유 다	갈렙의조카	8
2	에 훗	모 압	18	삿3:12-30	20	베냐민	왼손잡이	18
3	삼 갈			삿3:31	10		들 불 을 올 림	
4	드보라	하솔리아	40	삿4:-5:	40	에브라임	여자	20
5	기드온	미디안	8	삿6:-8:	40	므낫세	용사, 성공	7
6	아비멜렉			삿9:	3	(스스로 왕이됨)		
7	돌 라			삿10:1-2	23			
8	야 일			삿10:3-6	22		길르앗	
9	입 다			삿10:7-12:7	6		길르앗	18
10	입 산			삿12:8-10	7			
11	엘 론			삿12:11-12	10			
12	압 돈			삿12:13-15	7		에브라임	
13	삼 손	블레셋		삿13:-16:	20		단	40

예수님의 비유

번호	제 목	마태복음	마가복음	누가복음
1	세상의 빛	5:14-16	4:21-22	8:16-17, 11:33-36
2	소금이 그 맛을 잃으면			6:39
3	집을 짓는 사람	7:24-27		6:46-49
4	옷에 조각과 천조각	9:16	2:21	5:36
5	새 포도주 새 부대	9:17	2:22	5:37, 38
6	씨 뿌릴 그리고 결실	13:3-23	4:2-20	8:4-15
7	가라지	13:24-30		
8	겨자씨	13:31, 32	4:30-32	13:9
9	누룩	13:33		13:21
10	감추인 보화	13:44		
11	값진 진주	13:45, 46		
12	바다에 그물	13:47-50		
13	집 주인의 곳간	13:52		
14	잃었은 양	18:12-14		15:3-7
15	악한 종과 받지 못한 종	18:23-35		
16	포도원의 품꾼들	20:1-16		
17	두 아들(공손과 불공손)	21:28-32		
18	악한 농부들	21:33-46	12:1-12	20:9-19
19	왕의 아들 혼인잔치	22:1-14		
20	무화과나무	24:32-36		

길 기

	찾 기 명	때
1	산상설교 ← 부활절	1월 14일
2	오순절 ← 추석절, 장막절, 초실절, 예수절	유월절 후 7주
3	장막절 ← 초막절, 수장절, 사장절	7월 15일-21일
4	부림절 ← 미즈페영절	12월 14-15일
5	수전절 ← 성전낙성절	9월 25일

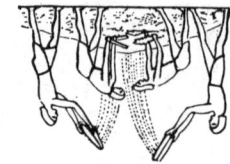

	비 유 내 용	마태복음	마가복음	누가복음
21	열매에 들날기	24:37-42		
22	충성된 종과 악한 종	24:43-51		
23	신랑을 맞으러 나간 열 처녀	25:1-13		
24	달란트를 종에게 맡김	25:14-30		
25	양과 염소	25:31-46		
26	깨어 있으라		13:33-37	
27	두 빚진 자			7:41-43
28	착한 사마리아 사람			10:25-37
29	밤중에 찾아온 친구			11:5-13
30	어리석은 부자			12:16-21
31	깨어 도둑을 조심함			12:35-40
32	지혜있는 청지기			12:42-48
33	열매 없는 무화과			13:6-9
34	새로 다투는 자			13:23-27
35	큰 잔치			14:16-24
36	제자의 희생			14:25-33
37	잃은 양을 찾음			14:34-35
38	잃어버린 은전			15:8-10
39	탕자의 아들			15:11-32
40	불의한 청지기			16:1-13
41	부자와 나사로			16:19-31
42	무익한 종			17:7-10
43	항상 기도하고 낙심치 않기			18:1-8
44	세리와 바리새인의 기도			18:9-14
45	열 므나			19:12-27

예수님의 이적

이 적	내 용	마태복음	마가복음	누가복음	요한복음
1	물을 포도주로 만드심				2:1-11
2	왕의 신하의 아들을 고치심				4:46-54
3	첫번째 고기를 잡게 하심			5:1-9	
4	더러운 귀신을 쫓아내심				
5	군중들 사이로 지나가심			4:29-30	
6	회당에서 귀신들린 자를 쫓아내심		1:23-28	4:31-36	
7	베드로의 장모를 고치심	8:14-15	1:29-31	4:38-39	
8	각종 병을 고치심	8:16	1:32	4:40	
9	한 문둥병자를 깨끗케 하심	8:2-4	1:40-45	5:12-16	
10	중풍병자를 고치심	9:6-8	2:3-12	5:18-26	
11	손 마른 자를 고치심	12:9-13	3:1-5	6:6-10	
12	백부장의 종을 고치심	8:5-13		7:1-10	
13	과부의 아들을 살리심			7:11-15	
14	맹인, 벙어리, 귀신들린 자를 고치심	12:22		11:14	
15	바다를 잠잠케 하심	8:18-23	4:35-41	8:22-25	
16	가다라사 귀신들린 자를 고치심	8:28-34	5:1-20	8:26-39	
17	혈루증 여인을 고치심	9:20-22	5:25-34	8:43-48	
18	야이로의 딸을 살리심	9:23-26	5:35-43	8:49-56	
19	두 소경을 고치심	9:27-31			
20	벙어리 귀신을 쫓아내심	9:32-33			
21	베데스다 병자를 고치심	14:13	6:30	9:10	6:1
22	오병이어로 오천명을 먹이심	14:14-21	6:34-44	9:12-17	6:5-13
23	물 위를 걸으심	14:24-33	6:45-52		6:16-21
24	수로보니게 여인의 딸을 고치심	15:21-28	7:24-30		
25	귀먹고 어눌한 자를 고치심		7:31-37		
26	칠병이어로 사천명을 먹이심	15:32-39	8:1-9		
27	벳새다의 소경을 고치심		8:22-26		
28	산 아래 귀신들린 아이를 고치심	17:14-18	9:14-29	9:38-42	
29	물고기 입에서 은전을 얻으심	17:24-27			
30	날 때부터 소경된 자를 고치심				9:1-7
31	안식일에 여인들의 귀신들린 것을 고치심			13:10-17	
32	고창병자를 고치심			14:1-6	
33	나사로를 살리심				11:17-44
34	나병환자를 고치심			17:11-19	
35	맹인 바디매오를 고치심	20:29-34	10:46-52	18:35-43	
36	무화과나무를 저주하심	21:18, 19	11:12-14		
37	말고의 귀를 회복시키심			22:49-51	18:10
38	부활 후 고기를 잡게 하심				21:1-11

명 이

명 칭	내 용	위 치	성 경
판유정지단	2755㎡ (초월기 하루 종일 등등 수)	없는 엄치	삼상 14:14 사 15:10
세	아 인걸한 양이 새를 빠뜨리 필요할 번		삼상 18:32

고대 이스라엘의 절기

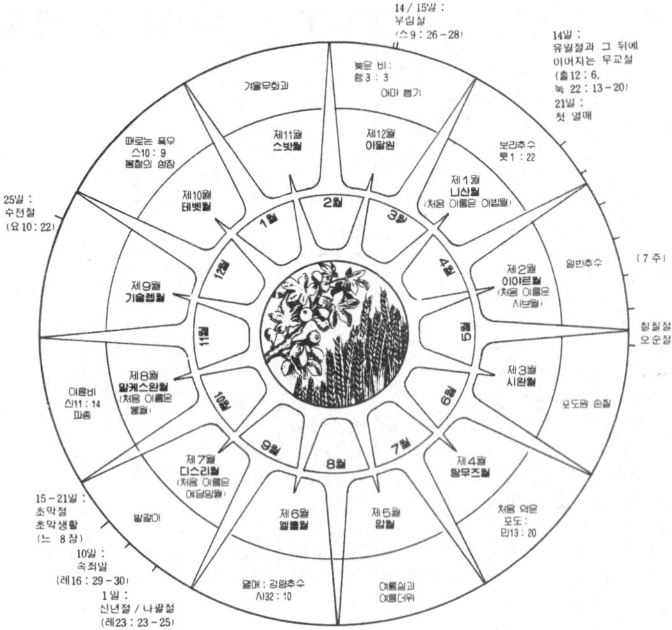

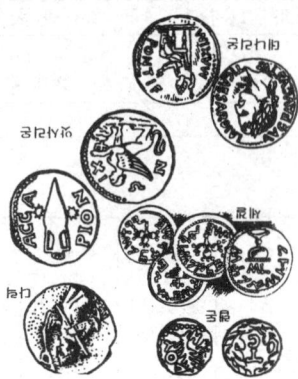

헬레니즘 시대의 돈

화폐

명칭	용도	가치
세 겔		대 상 21:25
달 란 트	금·은의 15세겔	대 상 29:4; 삼하 24:24
므나	금·은의 15세겔	대 상 29:4 (금); 마 18:24 6,000드라크마 (가치)
데 나 리 온	세 겔	창 38:26
시 겔	반 세 겔	창 30:13
베 가	금·은의 20세겔 (8.4g)	대상 29:7
게 라	세겔의 (5.60g)	출 5:15
		창 15:8
제 마	드라크마 가치	창 17:27
	세 겔	창 17:24
	세 겔	창 12:42; 눅 12:59
		마 18:28
앗 사 리 온	⅟₁₆ 데나리온	마 10:29
	⅟₆₄ 데나리온	마 10:29
고드란트	(고드란트)	
렙 돈	과 음, 장	마 10:9

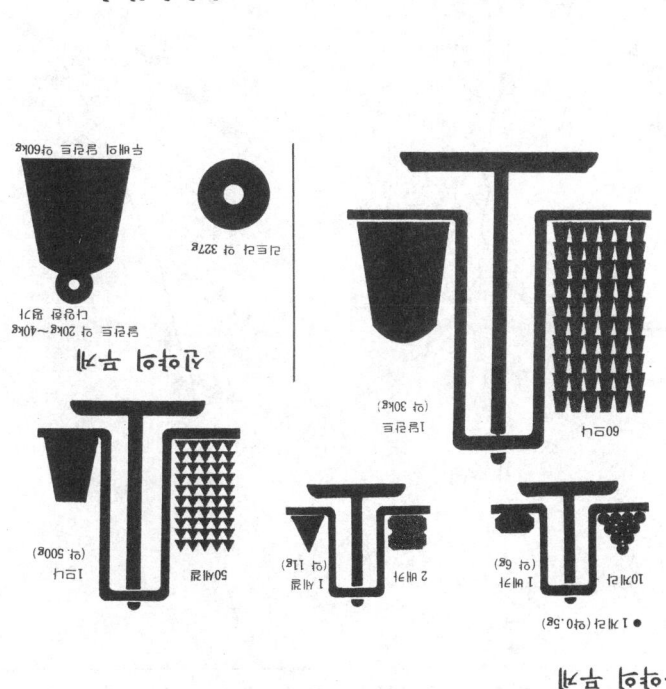

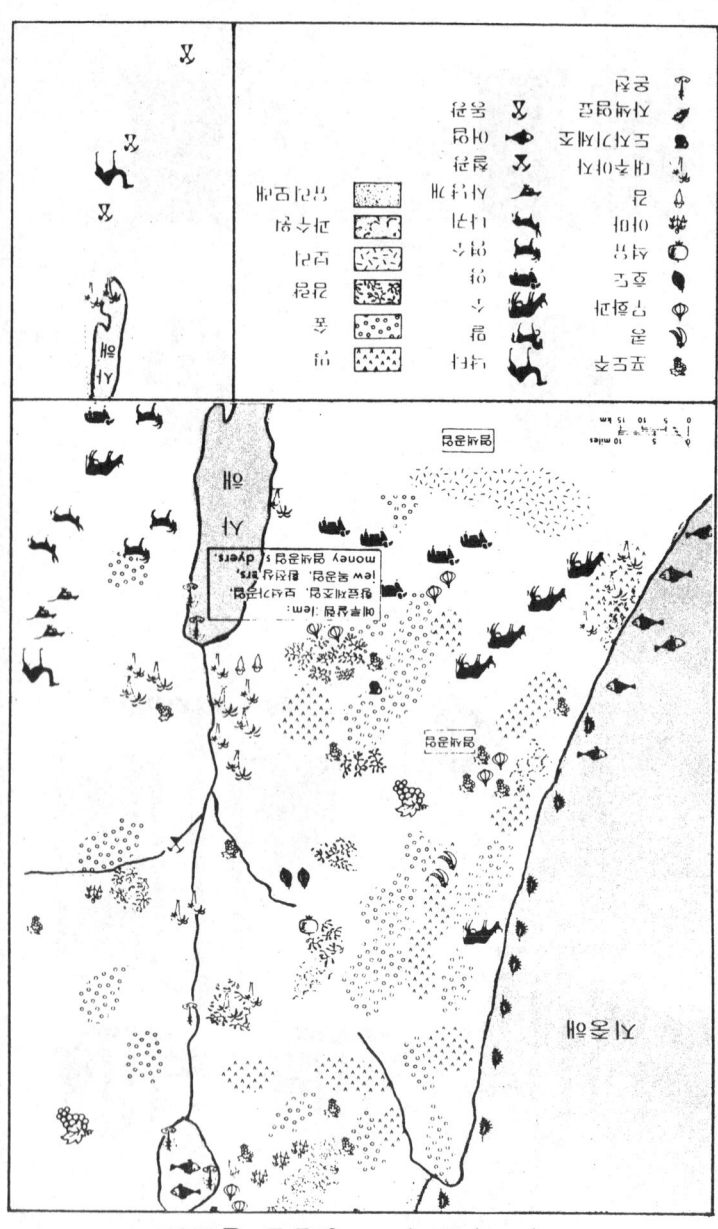

이스라엘 주요 생산품 분포도

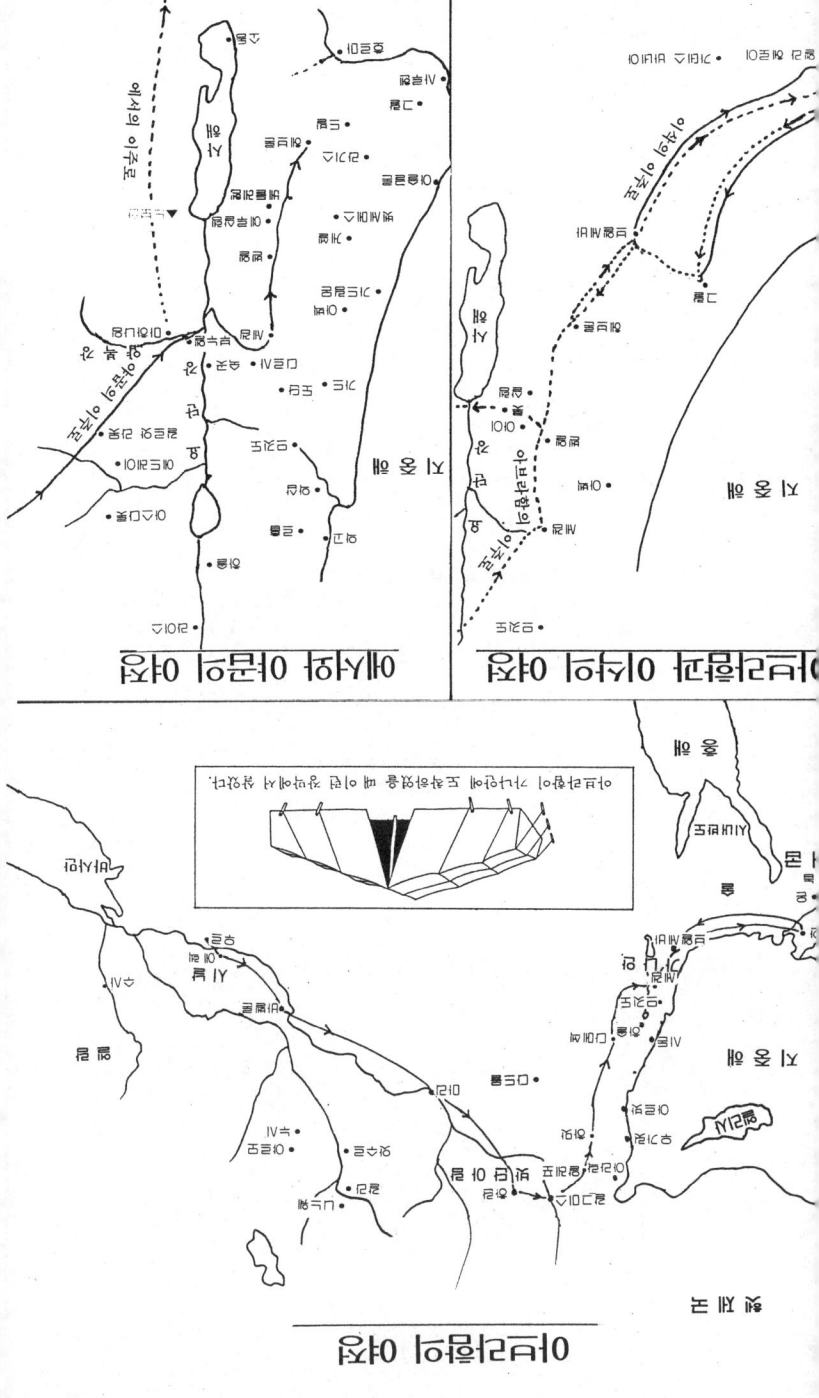

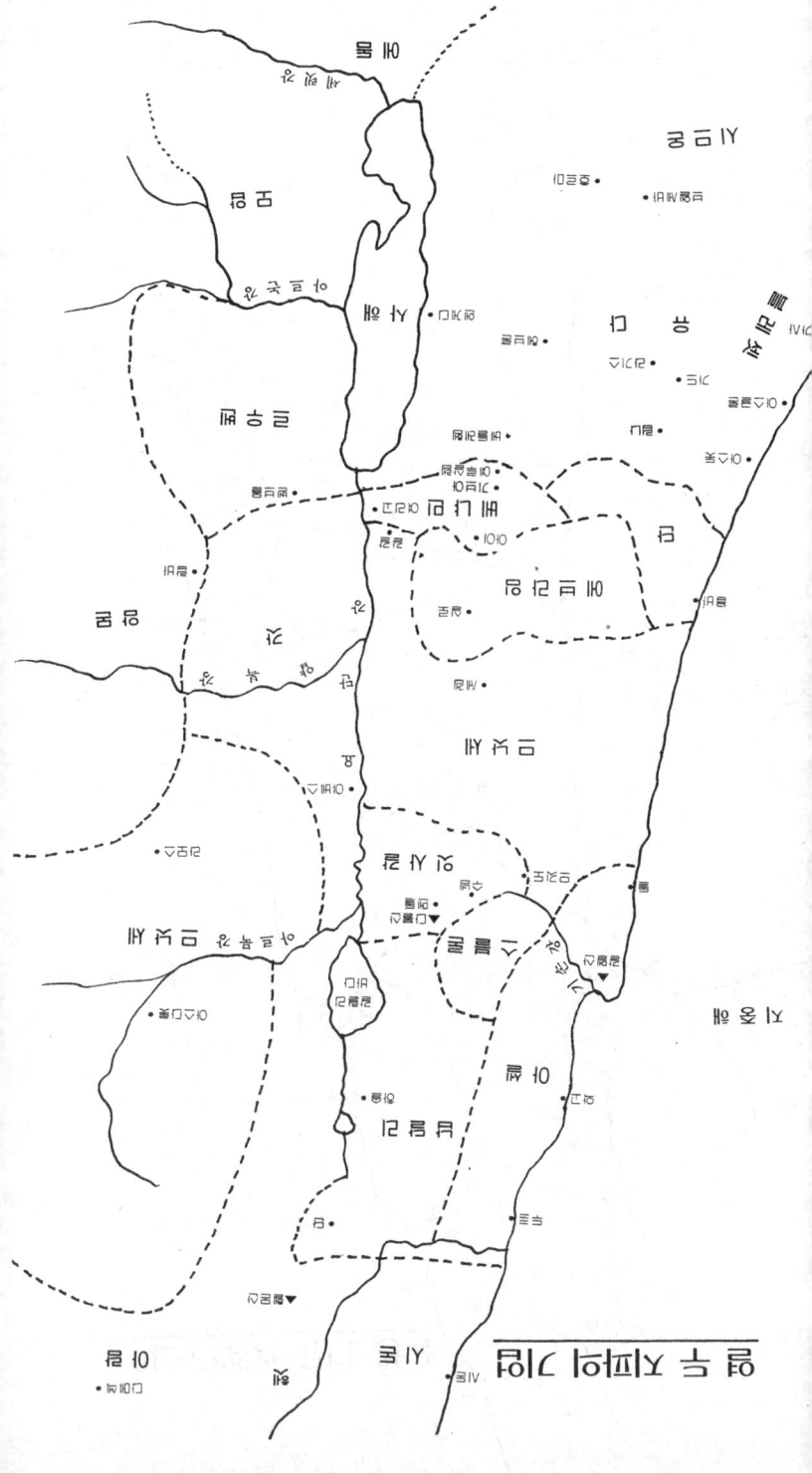

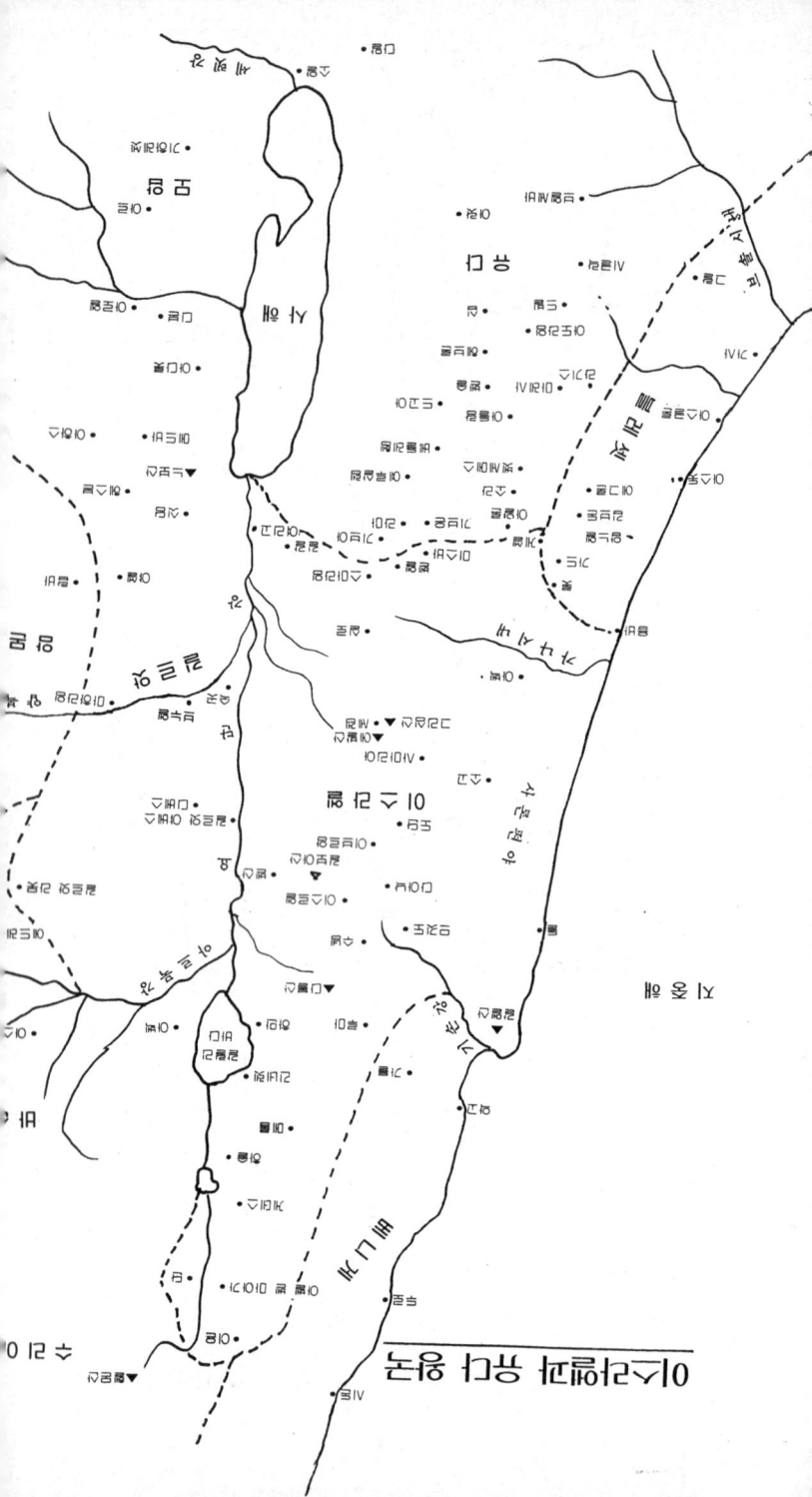

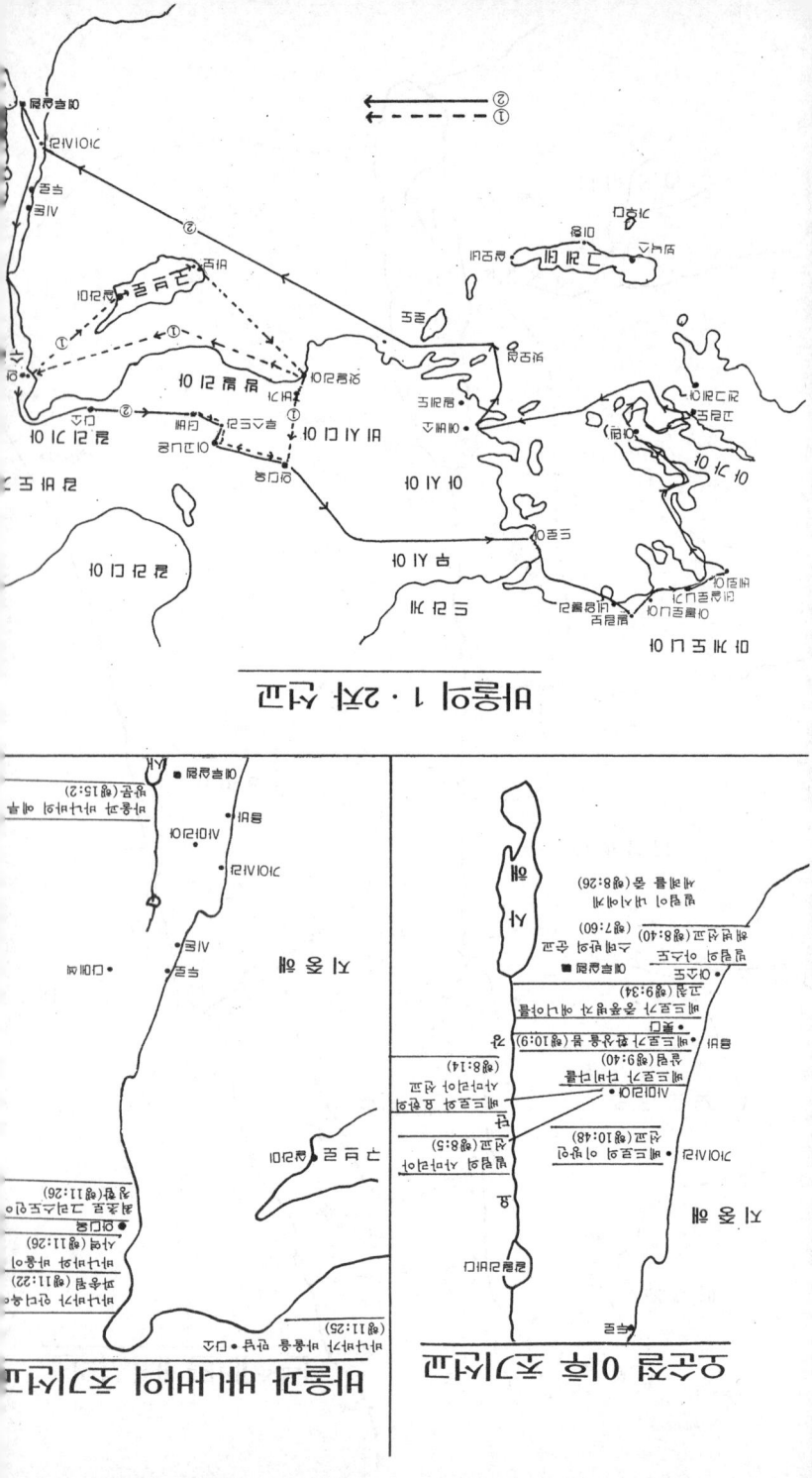

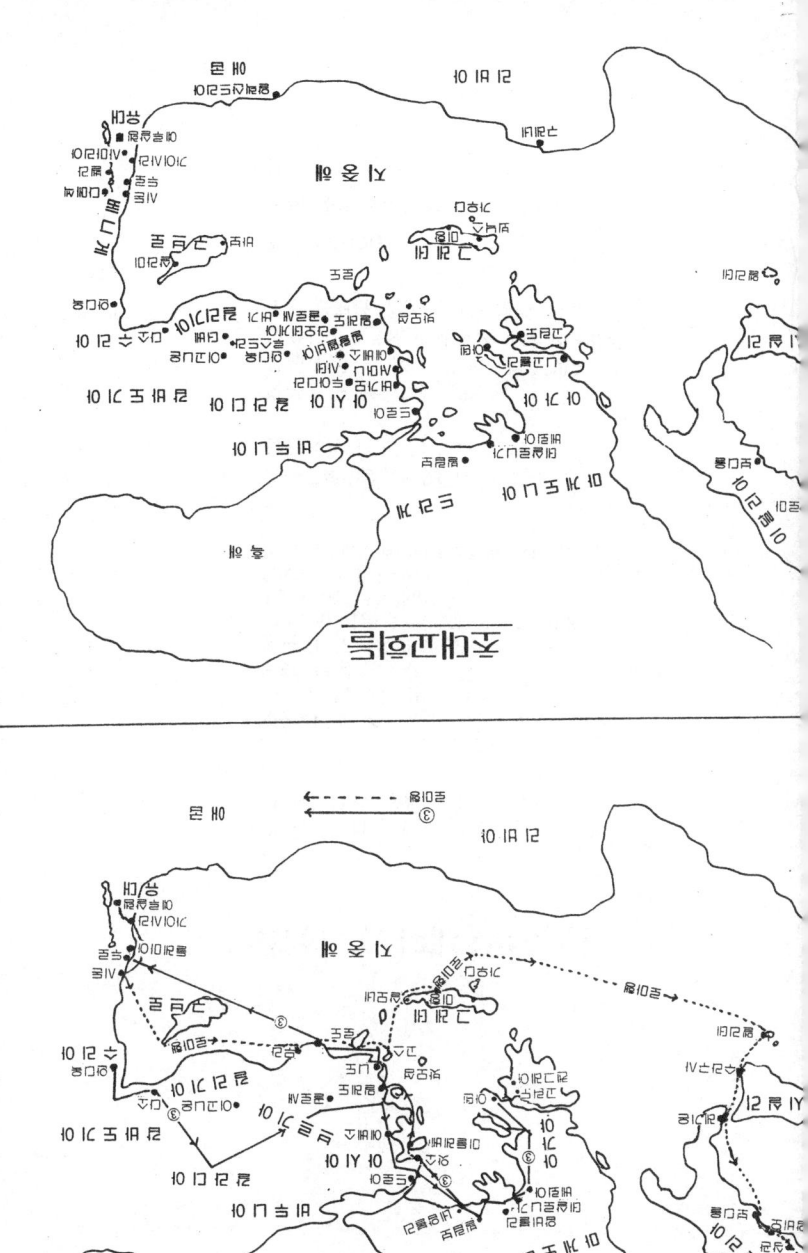

철신 그리메를담은시집

개정판 1쇄 발행 / 1989년 6월 5일
개정판 11쇄 발행 / 2017년 3월 25일

■
엮은이 / 정 공 채
  / 박 기 원
펴낸이 / 김 수 진
펴낸곳 / 도서출판 영림
122-070 서울시 은평구 역촌동 10-82
Tel · (02)357-8585
Fax · (02)382-4411
E-mail · kskym49@hanmail.net

■
출판등록번호 / 제 03-01016호
출판등록일 / 1997. 7. 24

파본은 교환해 드립니다.
본 출판물은 저작권법으로 보호 받는
저작물이므로 출판사의 서면 허락없이
무단 전재나 무단 복제 복사 등을 할 수 없습니다.

정가 17,000원

ISBN 89-8487-112-4   03230

Printed in Korea